西來寺蔵
仮名書き法華経
対照索引並びに研究

萩原義雄編

勉誠出版

緒　言

　『仮名書き法華経』を国語学研究資料として吾人が取り上げてからずいぶん年月が経過していることに気づく。この資料が世に表出したのは、平安時代後期に末法思想（日本仏教正法一千年、像法一千年＝（－949）＋1000＋1000＝1051で、西暦1051（永承6）年が像法末年となり、末法一千年は永承7年から始まるとされる）が世の巷を覆い尽くしていた頃だったと想定できる。漢訳『法華経』をあらゆるところで講じる時代、とりわけ女人往生が沙汰され、少しでも尊い経文の内容を理解したいと願う人々が和文脈でこれを聞きたい、知りたい、見たいという懇願があればこそ仮名書きの『法華経』が誕生する契機となっていったことは想像の域を出ないとはいえ、成し得るものとなっていたと信じる。

　今、最も古い写本資料としての『仮名書き法華経』は、中田祝夫編妙一記念館本『仮名書き法華経』全八巻が好資料として知られ、他に足利本は識語からその年次を明らかにできるもの、零本ではあるが内容的には古体を残す天理図書館蔵や瑞巌寺本などが世に知られ、その対照研究がなされてきた。そして、時代は降るものの、この妙一記念館本と類似する形態で綴られている西來寺本『仮名書き法華経』を影印編と翻字編として公刊してきたが、長年温めてきた索引編の作業を本格的に再開したのは2011年の秋のことであった。

　その年の10月25日、最愛の妻美和子が急死、それは吾人が大学の学生部員会の会議に出席中のことであった。会議を終えて歩き出したとき、見ず知らずの電話番号が入っていて電話をかけてみると、自宅近くの交番の巡査からであった。妻は突然襲った身体の異変に自ら救急車を呼ぼうとしてその場で倒れたということ、救急隊員が駆けつけたとき、戸締まりをしていたこともあって、部屋のなかに即入ることができなかったことも致命不運といわずにいられない。

　このことあって、3年を経過するなか、日々経文を唱える日々となった。『法華

経』の観音品だけでも、と架蔵する宋版『法華経』観音品を仏前に供え、読むことが慰めとなったからだ。そうしているなかで、『仮名書き法華経』のことを以前にも増して意識するようになったのは偽らざることである。漸くして西來寺本と妙一記念館本を対比して見ることで、和解注文をより明確にすることができるという方向性を見出し、比較対照作業にこつこつと取り組み続けたものの、思うように捗らず、納期締め切りを妻の命日にあわせんと照準を据えて見たのは浅はかな計画であって、世の中はゆっくり作業する時間を与えてはくれるものではないことを知らされた。

　その後、研究者の松阪の長谷川明紀様、元就実女子大学教授三宅ちぐさ先生のお力をかりてこの期日ぎりぎりまで作業を重ねた。お二人には深く御礼を申し上げたい。また、西來寺本を発見する契機をお与えいただいた木村晟先生、実地調査にも直接ご同行頂いて本資料の翻字編で監修いただいた北大寺のご住職故近藤聖欣(2015年2月22日遷化)先生には多大な御助言を毎事に渉って賜ることができたことは吾人にとって感慨無量である。そして学業の先輩でもある片山晴賢先生、本学の理事長須川法昭先生、総長池田魯山先生に励まされ、今日、平成26年度駒澤大学特別研究出版助成を受けることのできたご恩を感じざるを得ない。さらには、仮名書き法華経研究にあってはその重鎮であられる元名古屋大学教授(近くは、愛知学院大学教授)の田島毓堂先生からの助言と健康を第一とする人としての生き方を学ばせていただきながら本書を完成する時を迎えようとしている。奇しくも妻の命日より1ヶ月遅れの25日の山茶花時雨降る頃と相成った。

　また、今季、駒澤大学仏教学部の諸先生による公開講座で「法華経」が講じられた。その折に学んだことであるが、曹洞宗ご開祖道元禅師は、題詞に「法華経」として、

　　　谿にひびき　峰に鳴く猿　たえだえに　ただ此の経を　説くこそ聞け
　　　峰のいろ　谷のひびきも　皆ながら　わが釈迦牟尼の　声と姿と

緒　言

と、2首の和歌を詠じている。その和歌は「渓声山色」を見事に据え、仏祖との感応道交した境地を表出している。道元禅師は、続けて、

　　草の庵に　ねてもさめても　申すこと　南無釈迦牟尼佛　憐れみたまへ

と詠じているが、そこからは末法の世（教えはなおも脈々と伝わっているのだが、人の気根が低落して最早證果を得られない時代）を萬事萬縁を投げすて、行持そのものをつくそうではないかと響いてくるようであった。

　最後に、この『仮名書き法華経』に常日頃から目を向けていただいた勉誠出版会長である池嶋洋次さん、営業部部長の吉田祐輔さん、そして遅筆な吾人を叱咤激励しつつやきもきしながら編集実務を担当なされた黒古麻己さんに感謝の意を表して筆を擱くことにしたい。

（2015年1月25日　萩原義雄記す）

目　次

　　緒　言 …………………………………………………… (1)
　　凡　例 …………………………………………………… (6)
　　語の種類　略称・正式名称一覧 ……………………… (9)

西來寺蔵仮名書き法華経対照索引

　　あ行 ……………………………………………………… 3
　　か行 ……………………………………………………… 107
　　さ行 ……………………………………………………… 251
　　た行 ……………………………………………………… 417
　　な行 ……………………………………………………… 523
　　は行 ……………………………………………………… 571
　　ま行 ……………………………………………………… 651
　　や行 ……………………………………………………… 756
　　ら行 ……………………………………………………… 776
　　わ行 ……………………………………………………… 787

『仮名書き法華経』における語彙考察 …………… 右1

凡　例

　本語彙索引は、『仮名書き法華経』諸本中、西來寺本を基軸とし、鎌倉時代書写の妙一記念館本の語を比較対象にしながら、付属語を除く自立語(連語を含む)の語を五十音順に排列し、語及び語註記に於ける記述内容を比較読み取りができるようにした。

(1) 表の項目は、①当該語、②読みかな、③傍訓、④漢字表記、⑤品名、⑥西來寺本頁行数、⑦語の種類、⑧妙一記念館本頁行数、⑨和解語文、⑩可読(西來寺本右左書込み)、⑪異同語彙という順に十一項目を以て記載することにした。

(2) ①の当該語には、誤記補正記述がある語や本来の語が想定できる語については、「鬼歎{難}」や「心よから{快}」と{　}印で相当語を示すことで、見せ消ち部分を判るようにそのままにして示すこととした。また、重ね書きで記載されている語については、「い・ゐてき」の如く、その表記二字を「・」を以てその両方の仮名表記を太字で示した。この方法と同様に、傍訓の重ね書きも「きやうき・くゐ」【輕毀】の如く示すことにした。

(3) ②の読みかなについては、現代仮名遣いで示し、この表記に従って索引の排列を行った。これは、現代語で読み解く作業を容易にすることを旨としたからである。

(4) ③傍訓は、右傍訓については、そのまま記載することしにし、左右訓については「けちう／もとゞりのうち」【髻中】という具合に、右訓を前にし、／印で区切りの後に左訓を記載して示すことにした。なお、右訓の外側に記載する傍訓相当にある語については「・」を挿むかたちで「けちう・もとゝりのうち」【髻中】という具合に記載して示すことにした。さらに、語の傍訓が一部表記の場合には、「くゐ―／くさき」【卉木】として「―」で示すことにした。傍訓が未記載の語については×印で示すことにした。

(5) ④漢字表記は、西來寺本における漢字表記に旧字体を用いている用例が多いことから「經」「輕」といった旧字体を示し、それぞれの語における当該語の漢字表記のある語と対比できるようにした。×印は西來寺本、妙一記念館本における当該語が未記載で、該当の頁にその語がないことを示すものとした。

(6) ⑤品名については、「序品」「方便」「譬喩」「信解」「藥草」のように全て二字で示し、本来「如來壽量品」であっても「如來」とだけ略語品名を以て示すことにした。以下に示す。

　　妙法蓮華経二十八品一覧
　　第１：序品(じょほん)　　　　　　　　　　　　　［序品］
　　第２：方便品(ほうべんぼん)　　　　　　　　　　［方便］
　　第３：譬喩品(ひゆほん)　　　　　　　　　　　　［譬喩］
　　第４：信解品(しんげほん)　　　　　　　　　　　［信解］
　　第５：藥草喩品(やくそうゆほん)　　　　　　　　［藥草］
　　第６：授記品(じゅきほん)　　　　　　　　　　　［授記］
　　第７：化城喩品(けじょうゆほん)　　　　　　　　［化城］

第8：五百弟子受記品(ごひゃくでしじゅきほん)　　　　　　［五百］
第9：授学無学人記品(じゅがくむがくにんきほん)　　　　　［授學］
第10：法師品(ほっしほん)　　　　　　　　　　　　　　　［法師］
第11：見寶塔品(けんほうとうほん)　　　　　　　　　　　［見寶］
第12：提婆達多品(だいばだったほん)　　　　　　　　　　［提婆］
第13：觀持品(かんじほん)　　　　　　　　　　　　　　　［觀持］
第14：安樂行品(あんらくぎょうほん)　　　　　　　　　　［安樂］
第15：從地湧出品(じゅうじゆじゅつほん)　　　　　　　　［從地］
第16：如來壽量品(にょらいじゅうりょうほん)　　　　　　［壽量］
第17：分別功德品(ふんべつくどくほん)　　　　　　　　　［分別］
第18：隨喜功德品(ずいきくどくほん)　　　　　　　　　　［隨喜］
第19：法師功德品(ほっしくどくほん)　　　　　　　　　　［法師］
第20：常不輕菩薩品(じょうふきょうぼさつほん)　　　　　［常不］
第21：如來神力品(にょらいじんりきほん)　　　　　　　　［神力］
第22：囑累品(ぞくるいほん)　　　　　　　　　　　　　　［囑累］
第23：藥王菩薩本事品(やくおうぼさつほんじほん)　　　　［藥王］
第24：妙音菩薩品(みょうおんぼさつほん)　　　　　　　　［妙音］
第25：勸世音菩薩普門品(かんぜおんぼさつふもんほん)　　［觀音］
第26：陀羅尼品(だらにほん)　　　　　　　　　　　　　　［陀羅］
第27：妙莊嚴王本事品(みょうしょうごんのうほんじほん)　［妙莊］
第28：普賢菩薩勸發品(ふげんぼさつかんぼつほん)　　　　［普賢］

(7) ⑥西來寺本頁行數は、影印編(私家版)と翻字編(勉誠出版刊)に示した頁行数に対応した体裁で記載した。×印は西來寺本における当該語が未記載に基づき、該当の頁にその語がないことを示すものとした。

(8) ⑦語の種類は、上位・中位・下位の分類を示し、それぞれ略語で示した。語の種類の上位は和語・仏語・漢語の分類を、中位は意義分類を、下位は品詞を示した。
　　　たとえば、和語人倫名詞については、「和人名」のように略称で示した。(語の種類の正式名称は末尾の「語の種類　略称・正式名称一覧」を参照。)
　　　例：【梟】…「単漢字禽鳥名詞」、【釋迦牟尼佛】…「仏語人倫名詞」

(9) ⑧妙一記念館本(霊友会刊)頁行数は、妙一本の影印編及び翻字編に相当する頁行数を以て示すことにした。×印は、妙一記念館本における当該語が未記載で、該当の頁にその語がないことを示すものとした。

(10) ⑨和解語文については、妙一本の左右に記載された語文を所載した。
　　　例：【蛇】…「じや／からすくちなは［妙］」
　　　例：【赤旃檀】…「しやくせんたん／あかくかうはしきゝ［妙］」
　　　なお、補足語は｛　｝印で示した。また、語の一部が抜けている場合は「―」で示した。

(11) ⑩可読には、(西來寺本右左の書込み)の語文を示し、右にある場合は[西右]とし、左にある場合には[西左]と語の後に添えて示すことにした。不読字は、□で示した。特異な語については、他の諸本の名前も記載した(足利本は[足]、立本寺本は[立本寺]、瑞光寺本は[瑞]と略記)。

(12) ⑪異同語彙は、西來寺本と妙一本と比較して、異なる語や表記がなされている語を示すことにした。

　　　　例：【大梵王】…「たいほんてん」[妙]と訓読表記。

　　妙一記念館本の欠語は{　}の記号で漢訳原文(大正大蔵経(唐招提寺蔵春日版『定本法華経』兜木正亨編、霊友会、1978年))で補った。また、訓が未記載の語は×印で示した。

(13) この表に示しきれなかった付属語については、後日DB(データベース)資料で公開する予定にしている。

語の種類　略称・正式名称一覧（五十音順）

略称	正式名称	略称	正式名称	略称	正式名称
漢衣服名	漢語衣服名詞	漢身体名	漢語身体名詞	単漢魚類名	単漢字魚類名詞
漢王名名	漢語王名名詞	漢神名名	漢語神名名詞	単漢禽鳥名	単漢字禽鳥名詞
漢家屋名	漢語家屋名詞	漢人倫名	漢語人倫名詞	単漢建築名	単漢字建築名詞
漢花器名	漢語花器名詞	漢数名	漢語数名詞	単漢鉱物名	単漢字鉱物名詞
漢楽具名	漢語楽具名詞	漢接続	漢語接続詞	単漢五感名	単漢字五感名詞
漢花名名	漢語花名名詞	漢装具名	漢語装具名詞	単漢サ動	単漢字サ変動詞
漢器財名	漢語器財名詞	漢草木名	漢語草木名詞	単漢室具名	単漢字室具名詞
漢器物名	漢語器物名詞	漢地儀名	漢語地儀名詞	単漢獣類名	単漢字獣類名詞
漢鬼名名	漢語鬼名名詞	漢畜類名	漢語畜類名詞	単漢樹木名	単漢字樹木名詞
漢禽鳥名	漢語禽鳥名詞	漢虫類名	漢語虫類名詞	単漢乗物名	単漢字乗物名詞
漢刑具名	漢語刑具名詞	漢天象名	漢語天象名詞	単漢城名名	単漢字城名名詞
漢形動	漢語形容動詞	漢人称代名	漢語人称代名詞	単漢植物名	単漢字植物名詞
漢建物名	漢語建物名詞	漢爬類名	漢語爬虫類名詞	単漢身体名	単漢字身体名詞
漢鉱物名	漢語鉱物名詞	漢病症サ動	漢語病症サ変動詞	単漢人倫名	単漢字人倫名詞
漢香名名	漢語香名名詞	漢病症名	漢語病症名詞	単漢装具名	単漢字装具名詞
漢雑物名	漢語雑物名詞	漢副	漢語副詞	単漢草木名	単漢字草木名詞
漢サ動	漢語サ変動詞	漢武具名	漢語武具名詞	単漢地儀名	単漢字地儀名詞
漢山名名	漢語山名名詞	漢文具名	漢語文具名詞	単漢畜類名	単漢字畜類名詞
漢時間名	漢語時間名詞	漢方位名	漢語方位名詞	単漢天象名	単漢字天象名詞
漢色名名	漢語色名名詞	漢宝玉名	漢語宝玉名詞	単漢病症名	単漢字病症名詞
漢時候名	漢語時候名詞	漢宝物名	漢語宝物名詞	単漢副	単漢字副詞
漢四熟形動	漢語四熟形容動詞	漢名	漢語名詞	単漢仏名	単漢字仏語名詞
漢四熟サ動	漢語四熟サ変動詞	漢薬物名	漢語薬物名詞	単漢文具名	単漢字文具名詞
漢四熟数名	漢語四熟数名詞	漢暦日名	漢語暦日名詞	単漢宝玉名	単漢字宝玉名詞
漢四熟名	漢語四熟名詞	混種動	混種語動詞	単漢名	単漢字名詞
漢獣類名	漢語獣類名詞	混種名	混種語名詞	単和名	単漢字和語名詞
漢樹木名	漢語樹木名詞	単漢衣服名	単漢字衣服名詞	単漢虫類名	単漢字虫類名詞
漢畳語形動	漢語畳語形容動詞	単漢飲食名	単漢字飲食名詞	仏衣服名	仏語衣服名詞
漢畳語副	漢語畳語副詞	単漢家屋名	単漢字家屋名詞	仏王名名	仏語王名名詞
漢畳語名	漢語畳語名詞	単漢楽具名	単漢字楽具名詞	仏家屋名	仏語家屋名詞
漢症病名	漢語症病名詞	単漢花木名	単漢字花木名詞	仏楽具名	仏語楽具名詞
漢乗物名	漢語乗物名詞	単漢器財名	単漢字器財名詞	仏果樹名	仏語果樹名詞
漢城名名	漢語城名名詞	単漢鬼神名	単漢字鬼神名詞	仏花名名	仏語花名名詞
漢植物名	漢語植物名詞	単漢魚介名	単漢字魚介名詞	仏器財名	仏語器財名詞

略称	正式名称	略称	正式名称	略称	正式名称
仏鬼神名	仏語鬼神名詞	仏夜叉名	仏語夜叉名詞	和人倫名	和語人倫名詞
仏経巻名	仏語経巻名詞	仏龍族数名	仏語龍族数名詞	和数名	和語数名詞
仏香名	仏語香名名詞	仏龍族名	仏語龍族名詞	和接辞	和語接辞
仏経典名	仏語経典名詞	仏地儀名	仏語地儀名詞	和接	和語接続詞
仏禽鳥名	仏語禽鳥名詞	和衣服名	和語衣服名詞	和草木名	和語草木名詞
仏建築名	仏語建築名詞	和家屋名	和語家屋名詞	和代名	和語代名詞
仏五熟名	仏語五熟名詞	和楽具名	和語楽具名詞	和地儀名	和語地儀名詞
仏雑物名	仏語雑物名詞	和果実名	和語果実名詞	和虫類名	和語虫類名詞
仏サ動	仏語サ変動詞	和感	和語感動詞	和天象名	和語天象名詞
仏山名	仏語山名名詞	和器財名	和語器財名詞	和転成名	和語転成名詞
仏時候名	仏語時候名詞	和鬼神名	和語鬼神名詞	和動	和語動詞
仏四熟数名	仏語四熟数名詞	和疑問代名	和語疑問代名詞	和動ク	和語動詞ク語法
仏四熟名	仏語四熟名詞	和魚介名	和語魚介名詞	和人称代名	和語人称代名詞
仏樹木名	仏語樹木名詞	和禽類名	和語禽類名詞	和人称名	和語人称名詞
仏植物名	仏語植物名詞	和敬意動	和語敬意動詞	和派生動	和語派生動詞
仏身体名	仏語身体名詞	和敬補動	和語敬意補助動詞	和派生名	和語派生名詞
仏人名	仏語人名名詞	和敬意連	和語敬意連語	和複合形	和語複合形容詞
仏人倫数名	仏語人倫数名詞	和形式名	和語形式名詞	和複動	和語複合動詞
仏人倫名	仏語人倫名詞	和形	和語形容詞	和複合名	和語複合名詞
仏数名	仏語数名詞	和形動	和語形容動詞	和副	和語副詞
仏世尊名	仏語世尊名詞	和雑物名	和語雑物名詞	和武具名	和語武具名詞
仏装具名	仏語装具名詞	和サ動	和語サ変動詞	和文具名	和語文具名詞
仏尊号名	仏語尊号名詞	和時間名	和語時間名詞	和方位動	和語方位動詞
仏地名	仏語地名名詞	和色名	和語色名名詞	和方位名	和語方位名詞
仏天象名	仏語天象名詞	和時候名	和語時候名詞	和宝玉名	和語宝玉名詞
仏如来名	仏語如来名詞	和指代名	和語指示代名詞	和補助動	和語補助動詞
仏爬虫名	仏語爬虫類名詞	和獣類名	和語獣類名詞	和名	和語名詞
仏仏名名	仏語仏名名詞	和畳語形	和語畳語形容詞	和名ク	和語名詞ク語法
仏宝玉名	仏語宝玉名詞	和畳語副	和語畳語副詞	和薬物名	和語薬物名詞
仏法師名	仏語法師名詞	和畳語名	和語畳語名詞	和連語	和連語
仏菩薩名	仏語菩薩名詞	和症病名	和語症病名詞	和連語サ変	和語連語サ変動詞
仏梵語名	仏語梵語名詞	和乗物名	和語乗物名詞	和連体	和語連体詞
仏品名名	仏語品名名詞	和植物名	和語植物名詞		
仏名	仏語名詞	和身体名	和語身体名詞		

西來寺蔵仮名書き法華経対照索引

当該語	読みかな	傍訓	漢字表記	品名	頁数	語の種類	妙一本	和解語文	可読	異同語彙
瘂	あ	あ／おし	瘂	譬喩	309①	単漢名	281⑤	あ／おし[妙]		
瘂	あ	あ	瘂	譬喩	309⑥	単漢名	282⑤	あ／をし[妙]		
愛	あい	あひ	愛	譬喩	260④	単漢名	231⑥			
愛	あい	あい／あいちやく	愛	化城	503①	単漢名	506⑥			
愛	あい	×	愛	化城	503①	単漢名	506⑥	あい／あいする[妙]		
愛	あい	あい	愛	化城	504①	単漢名	508①	あいめつ／あいすることめつ[妙]		愛滅[妙]
愛	あい	×	愛	化城	504①	単漢名	508①	あいめつ／あいすることめつ[妙]		愛減[妙]
あひ	あい	×	相	序品	74①	和動	65①			
あひ	あい	×	相	序品	80⑥	和動	71①			
あひ	あい	×	相	方便	108⑥	和動	95②			
あひ	あい	×	相	譬喩	278②	和動	249⑥			
あひ	あい	×	相	信解	330⑥	和動	308②			
あひ	あい	×	相	信解	338②	和動	317③			
あひ	あい	×	相	信解	340③	和動	319⑥			
あひ	あい	×	相	法功	1041⑥	和動	1060⑤			
あひ	あい	×	相	提婆	722④	和動	740③			
あひ	あい	×	値	序品	77①	和動	67⑤			
あひ	あい	×	値	方便	160①	和動	138①			あふ[妙]
あひ	あい	×	値	化城	514①	和動	519①			
あひ	あい	×	値	化城	532②	和動	537①			
あひ	あい	×	値	化城	534②	和動	539⑥			あふ[妙]
あひ	あい	×	値	如來	918①	和動	936⑥			
あひ	あい	×	値	常不	1070②	和動	1088⑥			あふ[妙]
あひ	あい	×	値	常不	1072①	和動	1090④			あふ[妙]
あひ	あい	×	値	常不	1080①	和動	1098④			あふ[妙]
あひ	あい	×	値	常不	1081②	和動	1099④			あふ[妙]
あひ	あい	×	値	常不	1083②	和動	1101④			あふ[妙]
あひ	あい	×	値	妙荘	1284⑤	和動	1294②		一奉る事[西右]	あひかたし[妙]
あひ	あい	×	値	妙荘	1285⑤	和動	1295③			あふ[妙]
あひ	あい	×	値	妙荘	1287⑤	和動	1297①			あふ[妙]
あひ	あい	×	遇	序品	27③	和動	23③			
あひ	あい	×	遇	序品	77②	和動	67⑥			
あひ	あい	×	遇	方便	139④	和動	121④			
あひ	あい	×	遇	方便	153①	和動	132⑤			
あひ	あい	×	遇	常不	1074⑤	和動	1093⑤			
あひ	あい	×	遭	觀世	1239①	和動	1251④			
あひあふ	あいあう	×	會遇	五百	591④	和動	598④			
あひあふ	あいあう	×	遇会	信解	344⑤	和動	325⑤		たまたま[西右]	
愛樂し	あいぎょうし	あいげう	愛樂	方便	189②	漢サ動	162③			
愛敬せ	あいぎょうせ	あひきやう	愛敬	法功	1047⑥	漢サ動	1066③	あいきやう・せ／あいしうやまはれん[妙]		
愛敬せ	あいぎょうせ	あひぎやう	愛敬	觀世	1218⑥	漢サ動	1232②			あいきやう・せ[妙]
愛樂せ	あいぎょうせ	あいげう／ねかひ	愛樂	授記	430⑥	漢サ動	421⑤			
阿㖿沙履十三	あいしゃび	あゐしやび	阿㖿沙履十三	陀羅	1251④	仏梵語名	1263④			あいしやひ[妙]
愛する	あいする	あひ	愛	方便	176③	漢サ動	151⑤			
愛する	あいする	あひ	愛	譬喩	250②	漢サ動	220①			
愛せ	あいせ	あひ	愛	勸持	756③	漢サ動	776①		はおしま[西右]	
愛せ	あいせ	あい	愛	安樂	787①	漢サ動	808④		一する[西右]	
愛憎	あいぞう	あいぞう／あひしそねみ	愛憎	藥草	406②	漢名	393④	あいそう／あいしにくむ[妙]		
あひだ	あいだ	×	頃	提婆	728①	和名	746①			
あひだ	あいだ	×	頃	提婆	730②	和名	748②			
あひだ	あいだ	×	頃	提婆	735①	和名	753④			
あひた	あいだ	×	頃	神力	1093③	和名	1111⑥			
あいた	あいだ	×	間	譬喩	276⑥	和名	248③			
あひだ	あいだ	×	間	信解	344⑤	和名	325⑤			
あひた	あいだ	×	間	法師	626③	和名	637⑤			
あいた	あいだ	×	間	從地	825③	和名	847⑤			
あひだ	あいだ	×	間	從地	855⑤	和名	878⑤			
あひだ	あいだ	×	間	随喜	981⑥	和名	1000①			

当該語	読みかな	傍訓	漢字表記	品名	頁数	語の種類	妙一本	和解語文	可読	異同語彙
あひだ	あいだ	×	間	法功	1004②	和名	1022⑤			
あひだ	あいだ	×	間	法功	1010②	和名	1028⑤			
あひだ	あいだ	×	間	法功	1042①	和名	1060⑤			
靉靆	あいたい	あいだい／たなひくくも	靉靆	藥草	401②	漢名	387⑤	あいたい／たなひくくも[妙]		
阿逸	あいつ	一いつ	阿逸	從地	851⑥	仏菩薩名	874④	あい／みろく[妙]		
阿逸多	あいった	あいつた	阿逸多	從地	844⑥	仏菩薩名	867④			
阿逸多	あいった	あいつた	阿逸多	從地	848⑥	仏菩薩名	871③	あいた／みろく[妙]		
阿逸多	あいった	一いつ一	阿逸多	從地	850②	仏菩薩名	873①	あいた／みろく[妙]		
阿逸多	あいった	あいつた	阿逸多	分別	922①	仏菩薩名	941①	あいつた／みろく[妙]		
阿逸多	あいった	あいつた	阿逸多	分別	937①	仏菩薩名	955④			
阿逸多	あいった	あいつた	阿逸多	分別	947③	仏菩薩名	966①	あいた／みろく[妙]		
阿逸多	あいった	あいつた	阿逸多	分別	949①	仏菩薩名	967⑥			
阿逸多	あいった	あいつた	阿逸多	分別	951①	仏菩薩名	970④			
阿逸多	あいった	あいつた	阿逸多	分別	953⑥	仏菩薩名	972⑤			
阿逸多	あいった	×	阿逸多	分別	959⑤	仏菩薩名	978②			
阿逸多	あいった	×	阿逸多	分別	960④	仏菩薩名	979①			
阿逸多	あいった	×	阿逸多	随喜	970⑤	仏菩薩名	988⑥			
阿逸多	あいった	×	阿逸多	随喜	972③	仏菩薩名	990④	あいた／みろく[妙]		
阿逸多	あいった	×	阿逸多	随喜	978④	仏菩薩名	996⑥			
阿逸多	あいった	×	阿逸多	随喜	979①	仏菩薩名	997⑥			
阿逸多	あいった	×	阿逸多	随喜	981③	仏菩薩名	999④			
阿逸多	あいった	×	阿逸多	随喜	985①	仏菩薩名	1003③	あいた／みろく[妙]		
愛念する	あいねん	あいねんする	愛念	信解	355②	漢サ動	338⑤			
愛別離苦	あいべつりく	あいへつりく	愛別離苦	譬喩	256①	漢四熟名	227①	あいべつりく／あいするにはなるゝく[妙]		
あひ見	あいみ	×	相見	妙音	1185①	和動	1199⑤			あひみ[妙]
あひみる	あいみる	×	相見	化城	464①	和動	460②			
あひみる	あいみる	×	相見	五百	571④	和動	575④			
あひみる	あいみる	×	相見	提婆	721①	和動	739②			
哀愍し	あいみんし	あいみん	哀愍	授記	423②	漢サ動	412④			あはれみ[妙]
哀愍し	あいみんし	あいみん	哀愍	化城	469①	漢サ動	466②	あいみん／あはれみ[妙]		
哀愍し	あいみんし	あいみん	哀愍	化城	470③	漢サ動	468①	あいみん／あはれみ[妙]		
哀愍し	あいみんし	あいみん	哀愍	化城	477⑤	漢サ動	477①	あいみん／あはれみ[妙]		
哀愍し	あいみんし	あいみん	哀愍	化城	478⑤	漢サ動	478①	あいみん／あはれみ[妙]		
哀愍し	あいみんし	×	哀愍	化城	479⑥	漢サ動	479②			
哀愍し	あいみんし	あいみん／あはれみ	哀愍	化城	480④	漢サ動	480③	あいみん／あはれみて[妙]	一すと[西右]	
哀愍し	あいみんし	あいみん	哀愍	化城	486③	漢サ動	487②			
哀愍し	あいみんし	あいみん	哀愍	化城	495③	漢サ動	497⑥			
哀愍し	あいみんし	あいみん	哀愍	化城	498③	漢サ動	501③			あはれみ[妙]
哀愍し	あいみんし	あいみん	哀愍	化城	501③	漢サ動	504⑤			あはれみ[妙]
哀愍し	あいみんし	×	哀愍	法師	626②	漢サ動	637③		一すとしてィ[西右]	
哀愍し	あいみんし	あいみん	哀愍	安樂	804④	漢サ動	826⑤			あはれみ[妙]
哀愍する	あいみんする	あいみん	哀愍	妙荘	1303⑥	漢サ動	1310⑥	あいみん・する／あはれむ[妙]		
あひやとはれ	あいやとわれ	×	相雇	信解	360④	和動	345②			
愛欲	あいよく	あいよく	愛欲	譬喩	295③	漢名	267⑤			
あひよばふ	あいよばう	×	相呼	法功	1004⑤	和動	1023②			
あふ	あう	×	遇	見寶	686①	和動	703③			
あふ	あう	×	遇	随喜	990②	和動	1008④			
あふ	あう	×	値	序品	64②	和動	56②			
あふ	あう	×	値	譬喩	256⑥	和動	227⑥			
あふ	あう	×	値	化城	480①	和動	479④			
あふ	あう	×	値	常不	1069⑤	和動	1088②		一ひまつ[西右]	あふ[妙]

当該語	読みかな	傍訓	漢字表記	品名	頁数	語の種類	妙一本	和解語文	可読	異同語彙
あふ	あう	×	値	妙荘	1285①	和動	1294④		あひ奉る[西右]	あふ[妙]
あふ	あう	×	値	妙荘	1286④	和動	1296②		一ひ奉る[西右]	あふ[妙]
あふ	あう	×	値	妙荘	1287①	和動	1296④		あへる[西右]	あふ[妙]
あふ	あう	×	値	妙荘	1287⑤	和動	1297②			
あへ	あえ	×	敢	授記	423⑥	和動	413④		あて・あへれどもイ[西右]	
あへ	あえ	×	敢	授記	424②	和動	414①			
あへ	あえ	×	値	觀世	1238⑤	和動	1251⑤			
あへ	あえ	×	値	妙荘	1287②	和動	1296⑤			
あへ	あえ	×	値	妙音	1189③	和動	1203⑥			
あへて	あえて	×	敢	觀世	1240⑤	和副	1253②			
あへて	あえて	×	肯	譬喻	243③	和副	213①			
あへて	あえて	×	肯	授記	424①	和副	413⑤			
あへて	あえて	×	肯	授記	425①	和副	415①			
あへて	あえて	×	肯	安樂	798⑤	和副	820①			
あへて	あえて	×	肯	如來	903⑥	和副	922⑥			
あへて	あえて	×	肯	如來	905②	和副	924②			
あへて	あえて	×	肯	常不	1062⑥	和副	1081④			
あへて	あえて	×	肯	常不	1063⑥	和副	1082④			
あへて	あえて	×	肯	常不	1066③	和副	1085②			
あかく	あかく	×	赤	妙荘	1300⑥	和形	1308④			
あかさ	あかさ	×	明	信解	321⑥	和動	297③			
あかす	あかす	×	明	譬喻	238③	和動	207⑤			
あかづき	あかづき	×	垢	隨喜	982⑤	和動	1000⑥			
阿迦尼吒天	あかにたてん	あかにたてん	阿迦尼吒天	序品	17⑤	仏名	14④	あかにたてん／てんのきわめ[妙]		
あがり	あがり	×	褒	隨喜	983②	和動	1001③			
あがり	あがり	×	褒	隨喜	990⑥	和動	1009③			
あき	あき	×	飽	譬喻	273⑥	和動	245②			
阿耆膩 十八	あぎに	あぎに	阿耆膩 十八	陀羅	1251⑥	仏梵語名	1263⑤			あきに[妙]
あき人	あきびと	×	商人	藥王	1150①	和人倫名	1168①			あきひと[妙]
阿伽祢一	あきやねい	あきやねい	阿伽祢一	陀羅	1260⑥	仏梵語名	1272④			あかねい[妙]
あきらか	あきらか	×	諦	方便	120①	和形動	105②			
あきらか	あきらか	×	諦	五百	574⑤	和形動	579②			
あきらか	あきらか	×	諦	法師	651④	和形動	665④			
あきらか	あきらか	×	諦	見寶	691⑤	和形動	709⑤			
あきらか	あきらか	×	明	譬喻	293④	和形動	265⑤			
あきらか	あきらか	×	明	化城	463⑥	和形動	460①			
あきらか	あきらか	×	明	如來	893④	和形動	912④			
あきらか	あきらか	×	明	如來	899④	和形動	918⑤			
あきらか	あきらか	×	明	法功	1038①	和形動	1056⑥			
あきらかに	あきらかに	×	審	信解	332④	和形動	310④			
あきらかに	あきらかに	×	諦	如來	883①	和形動	901①			
あきらかに	あきらかに	×	明	妙音	1194②	和形動	1208⑥			
あきらかに	あきらかに	×	明	觀世	1244②	和形動	1256⑥			
あきらかに	あきらかに	×	明	妙荘	1300②	和形動	1307⑥			
あく	あく	×	厭	序品	81⑥	和動	71⑥			
悪	あく	あく	惡	方便	151②	単漢名	131②			
悪	あく	×	惡	信解	339②	単漢名	318④		あしき事[西右]	
あく	あく	×	惡	見寶	666③	和動	681③		んィ[西右訓]	
悪	あく	×	惡	勸持	754④	単漢名	774②			
悪	あく	×	惡	勸持	755①	単漢名	774⑤			
悪	あく	×	惡	勸持	757③	単漢名	777②			
悪	あく	あく	惡	分別	941⑥	単漢名	960⑥			
悪鬼	あくき	あつき	惡鬼	譬喻	273②	漢鬼名名	244③			あくき[妙]
悪鬼	あくき	×	惡鬼	譬喻	280⑥	漢鬼名名	252③	あくくゑ／おに[妙]		
悪鬼	あくき	あつき	惡鬼	勸持	755⑤	漢鬼名名	775③			
悪鬼	あくき	一き	惡鬼	觀世	1213①	漢鬼名名	1226②	あくき／あしきおに[妙]	一くる[西右]	
悪業	あくごう	あくごう	惡業	如來	916⑤	漢名	935④			
悪言	あくごん	あくこん	惡言	法師	628④	漢名	639⑥		あくこん／あしきことは[妙]	
悪言	あくごん	×	惡言	法師	635②	漢名	647③		あくこん／あしきことは[妙]	

当該語	読みかな	傍訓	漢字表記	品名	頁数	語の種類	妙一本	和解語文	可読	異同語彙
惡者	あくしゃ	×	惡者	普賢	1330④	漢人倫名	1334③	あくしゃ／あしきもの[妙]	あしきものと[西右]	
惡趣	あくしゅ	あくしゅ	惡趣	化城	459④	漢名	455①			
惡趣	あくしゅ	あくしゅ	惡趣	觀世	1243③	漢名	1255⑤		—たる[西右]	あくしゅ[妙]
惡趣	あくしゅ	あくしゅ	惡趣	妙莊	1288⑥	漢名	1298②			あくしふ[妙]
惡獸	あくじゅう	あくじゅ／あしきけだもの	惡獸	譬喩	277⑤	漢名	249③	あくしゅ／あしけたもの[妙]		
惡處	あくしょ	—しよ	惡處	法功	1035⑥	漢名	1054⑤		—と[西右]	
惡心	あくしん	あくしん・あしきこゝろ	惡心	譬喩	273⑥	漢名	245②			
惡心	あくしん	×	惡心	勸持	752⑥	漢名	772④			
惡世	あくせ	あくせ	惡世	譬喩	222③	漢名	191③	あくせ／あしき[妙]		
惡世	あくせ	×	惡世	法師	627①	漢名	638②	あくせ／あしきよに[妙]		
惡世	あくせ	×	惡世	法師	633①	漢名	644⑥			
惡世	あくせ	×	惡世	法師	633②	漢名	645②	あくせ／あしきよ[妙]		
惡世	あくせ	×	惡世	見寶	693①	漢名	711③	あくせ／あしきよ[妙]		
惡世	あくせ	×	惡世	見寶	694②	漢名	712⑥	あくせ／あしきよ[妙]		
惡世	あくせ	あく—	惡世	勸持	738④	漢名	757②	あくせ／あしきよ[妙]		
惡世	あくせ	×	惡世	勸持	751⑤	漢名	771⑥	あくせ／あしきよ[妙]		
惡世	あくせ	×	惡世	安樂	760①	漢名	779⑤	あくせ／あしきよ[妙]		
惡世	あくせ	×	惡世	安樂	760②	漢名	779⑥	あくせ／あしきよ[妙]	—して[西左]	
惡世	あくせ	×	惡世	安樂	760⑤	漢名	780②	あくせ／あしきよ[妙]		
惡世	あくせ	×	惡世	安樂	768⑥	漢名	789①	あくせ／あしきよ[妙]		
惡世	あくせ	×	惡世	安樂	816③	漢名	838⑥	あくせ／あしきよ[妙]		
惡世	あくせ	あくせ	惡世	分別	963②	漢名	981④	あくせ／あしきよの[妙]		
惡瘡膿血	あくそうのうけつ	あくさうのうけつ	惡瘡膿血	普賢	1336①	漢名	1339①	あくそうのうけつ／あしきかさうみしる[妙]		
惡知識	あくちしき	あくちしき	惡知識	譬喩	313③	漢名	287①			
惡虫	あくちゅう	あくちう／あしきむし	惡虫	譬喩	271⑥	漢名	243①			
惡道	あくどう	あくたう	惡道	方便	191⑥	漢名	164⑤			
惡道	あくどう	あくだう	惡道	譬喩	309③	漢名	282②			
惡道	あくどう	×	惡道	化城	481⑤	漢名	481④			
惡道	あくどう	あくだう	惡道	化城	497②	漢名	500②			
惡道	あくどう	×	惡道	化城	498①	漢名	501①			
惡道	あくどう	あくたう／—みち	惡道	化城	522①	漢名	527②	あくたう／あしきみち[妙]		
惡道	あくどう	あくたう	惡道	化城	525③	漢名	530⑤			
惡道	あくどう	あくだう	惡道	化城	527①	漢名	532③		—は・のィ[西右]	
惡道	あくどう	あくだう	惡道	五百	571⑤	漢名	575⑤			
惡道	あくどう	あくだう	惡道	五百	581⑤	漢名	587①			
惡道	あくどう	あくだう	惡道	從地	869⑥	漢名	892⑤			
惡道	あくどう	あくたう	惡道	如來	920②	漢名	939②			
惡人	あくにん	×	惡人	方便	191⑥	漢人倫名	164④			
惡人	あくにん	×	惡人	法師	628①	漢人倫名	639③			
惡人	あくにん	×	惡人	觀世	1238①	漢人倫名	1250④			あくにん[妙]
惡比丘	あくびく	×	惡比丘	勸持	756①	漢人倫名	776③			
惡魔	あくま	あくま	惡魔	藥王	1160①	漢名	1177⑥		—と[西右]	あくま[妙]
惡味	あくみ	あくミ	惡味	法功	1031①	漢名	1050⑥	あくみ／あしきあちはい[妙]		
惡羅利	あくらせつ	あくらせつ	惡羅利	觀世	1240③	漢名	1252⑥			あくらせつ[妙]
あくる	あぐる	×	—	序品	48②	和動	41④			なつく【号】[妙]
あくる	あぐる	×	—	序品	50④	和動	×			
あくる	あぐる	×	—	方便	109①	和動	95③			なつく【号】[妙]

当該語	読みかな	傍訓	漢字表記	品名	頁数	語の種類	妙一本	和解語文	可読	異同語彙
あくる	あぐる	×	一	見寶	661⑥	和動	×			
あげ	あげ	×	挙	方便	168①	和動	144⑥			
あげ	あげ	×	揚	譬喩	277④	和動	249①			
麻	あさ	ま／あさ	麻	方便	98③	和植物名	86②	ま／あさ[妙]		
あさき	あさき	×	淺	觀世	1210⑥	和形	1223⑤			
あざな	あざな	×	字	信解	339④	和名	319①			
あさむき	あざむき	×	欺	信解	339①	和動	318②		欺怠と瞋恨と怨言とあることなかれ[西右]	
あさむけ	あさむけ	×	欺	譬喩	210③	和動	178②			
阿三磨三履三十一	あさんまさんび	あーまーび	阿三磨三履三十一	陀羅	1252⑤	仏梵語名	1264④			あさんまさんひ[妙]
足	あし	あし	脚	譬喩	274④	和身体名	246①			
あし	あし	×	足	譬喩	223⑤	和身体名	192⑤			
あし	あし	×	足	譬喩	274④	和身体名	245⑥			
あし	あし	×	足	信解	326③	和身体名	302⑥			
あし	あし	×	足	信解	362①	和身体名	347①			
あし	あし	×	足	見寶	694①	和身体名	712③			
あし	あし	×	足	分別	967②	和身体名	985③			
あし	あし	×	足	藥王	1141①	和身体名	1159③			
葦	あし	ゐ／あし	葦	方便	98③	和植物名	86②	ゐ／あし[妙]		
あしき	あしき	×	惡	譬喩	273③	和形	244⑤			
あしき	あしき	×	惡	譬喩	275①	和形	246④			
あしき	あしき	×	惡	譬喩	276②	和形	247⑤			
あしき	あしき	×	惡	法師	653⑥	和形	668①			
あしき	あしき	×	惡	觀世	1213①	和形	1226③			
あしき	あしき	×	惡	觀世	1240⑤	和形	1253②			
あしき	あしき	×	惡	普賢	1336②	和形	1339②			
阿私仙	あしせん	あしせん	阿私仙	提婆	712⑥	仏名	730④			
阿叉裔 十七	あしゃゑい	あしやゑい	阿叉裔 十七	陀羅	1251⑤	仏梵語名	1263⑤			あしやゑい[妙]
阿闍世王	あじやせおう	あじやせー	阿闍世王	序品	14①	仏人名名	11②	あしやせわう／こゝをころすわう[妙]		
悪叉治多治 四十一	あしゃちたち	あしややたや	悪叉治多治 四十一	陀羅	1253④	仏梵語名	1265②			あくしややたや[妙]
悪叉羅 四十	あしゃら	あしやら	悪叉羅 四十	陀羅	1253③	仏梵語名	1265②			あくしやら[妙]
阿閦	あしゅく	あしゆく	阿閦	化城	515①	仏名	520①			
阿閦婆	あしゅくば	あしゆくは	阿閦婆	藥王	1128⑥	仏名	1147③			あしゆくば[妙]
阿修羅	あしゆら	あしゆら	阿修羅	序品	16④	仏人倫名	13③			
阿修羅	あしゆら	あしゆら	阿修羅	序品	55④	仏人倫名	48②	あしゆら／とうしやうするもの[妙]		
阿修羅	あしゆら	一しゆら	阿修羅	方便	114④	仏人倫名	100②		一は[西右]	
阿修羅	あしゆら	あしゆら	阿修羅	譬喩	230⑤	仏人倫名	199⑥	あしゆら／とうしやうするもの[妙]		
阿修羅	あしゆら	あしゆら	阿修羅	藥草	391①	仏人倫名	376④			
阿修羅	あしゆら	あしゆー	阿修羅	化城	497①	仏人倫名	499⑥	あしゆら／どうしやうするもの[妙]	一も[西右]	
阿修羅	あしゆら	×	阿修羅	授學	602②	仏人倫名	610⑥			
阿修羅	あしゆら	×	阿修羅	法師	621④	仏人倫名	632②		一と[西右]	
阿修羅	あしゆら	×	阿修羅	法師	648⑤	仏人倫名	662③			
阿修羅	あしゆら	×	阿修羅	見寶	658③	仏人倫名	672⑥	あしゆら／とうしやうするもの[妙]		
阿修羅	あしゆら	×	阿修羅	見寶	660⑤	仏人倫名	675①			
阿修羅	あしゆら	一しゆら	阿修羅	見寶	672⑤	仏人倫名	688②			
阿修羅	あしゆら	×	阿修羅	見寶	675①	仏人倫名	690⑥			
阿修羅	あしゆら	あしゆら	阿修羅	安樂	811④	仏人倫名	834①			
阿修羅	あしゆら	あしゆら	阿修羅	如來	883②	仏人倫名	902②			
阿修羅	あしゆら	あしゆら	阿修羅	法功	1003⑤	仏人倫名	1022②			
阿修羅	あしゆら	×	阿修羅	法功	1018④	仏人倫名	1037③			
阿修羅	あしゆら	あしゆら	阿修羅	法功	1028⑤	仏人倫名	1047④		一と[西右]	
阿修羅	あしゆら	あしゆら	阿修羅	法功	1032④	仏人倫名	1051③			
阿修羅	あしゆら	あしゆら	阿修羅	法功	1038⑥	仏人倫名	1057⑤			
阿修羅	あしゆら	あしゆら	阿修羅	常不	1058③	仏人倫名	1077②			
阿修羅	あしゆら	×	阿修羅	神力	1085⑥	仏人倫名	1104②			あしゆら[妙]
阿修羅	あしゆら	×	阿修羅	神力	1088②	仏人倫名	1106⑤			あしゆら[妙]
阿修羅	あしゆら	×	阿修羅	囑累	1113⑥	仏人倫名	1132④			あしゆら[妙]

当該語	読みかな	傍訓	漢字表記	品名	頁數	語の種類	妙一本	和解語文	可読	異同語彙
阿修羅	あしゅら	×	阿修羅	藥王	1115③	仏人倫名	1133⑥			あしゆら[妙]
阿修羅	あしゅら	×	阿修羅	藥王	1117③	仏人倫名	1135④			あしゆら[妙]
阿修羅	あしゅら	×	阿修羅	妙音	1192②	仏人倫名	1206②			あしゆら[妙]
阿修羅	あしゅら	あしゆら	阿修羅	觀世	1229①	仏人倫名	1242①	あしゆら／とうしやうするもの[妙]		
阿修羅	あしゅら	×	阿修羅	觀世	1233②	仏人倫名	1246①			あしゆら[妙]
阿修羅	あしゅら	×	阿修羅	普賢	1307①	仏人倫名	1313⑤			あしゆら[妙]
阿修羅衆	あしゅらしゅ	あしゆら	阿修羅衆	序品	59⑥	仏人倫名	52③		一と[西右]	
阿修羅衆	あしゅらしゅ	あしゆらしゆ	阿修羅衆	藥草	392⑤	仏人倫名	378②			
阿修羅衆	あしゅらしゅ	あしゆらしゆ	阿修羅衆	化城	530④	仏人倫名	536②			
阿修羅聲	あしゅらしょう	あしゆら一	阿修羅聲	法功	999⑥	仏名	1018④	あしゆらしやう／とうしやうのこゑ[妙]		
阿修羅等	あしゅらとう	×	阿修羅等	藥王	1137④	仏名	1155⑤			あしゆら[妙]
阿修羅道	あしゅらどう	あしゆらだう	阿修羅道	授記	435⑥	仏名	427②			
阿修羅女	あしゅらにょ	×	阿修羅女	法功	1028⑥	仏名	1047④		一と[西右]	
あつから	あずから	×	豫	譬喻	205④	和動	172④			
一阿僧祇	あそうぎ	一そうぎ	阿僧祇	從地	843①	仏名	865⑥			
阿僧祇	あそうぎ	あそうき	阿僧祇	藥草	386⑤	仏名	371⑥	あそうき／ほとりもなき[妙]		
阿僧祇	あそうぎ	×	阿僧祇	分別	921⑤	仏名	940⑤			
阿僧祇	あそうぎ	×	阿僧祇	隨喜	979①	仏名	997②			
阿僧祇	あそうぎ	×	阿僧祇	隨喜	979③	仏名	997②			
阿僧祇 十四	あそうぎ	あそうぎ	阿僧祇	普賢	1319①	仏名	1324②			あそうき[妙]
阿僧祇劫	あそうぎこう	あそうきこう	阿僧祇劫	化城	445⑤	仏名	438④	あそうぎこう／とし[妙]		
阿僧祇劫	あそうぎこう	×	阿僧祇劫	五百	585⑤	仏名	591②			
阿僧祇劫	あそうぎこう	×	阿僧祇劫	如來	914⑥	仏名	933⑤		———の一[西右]	
阿僧祇劫	あそうぎこう	×	阿僧祇劫	如來	916⑥	仏名	935⑤			
あそひ	あそび	×	遊	譬喻	288⑤	和動	260⑤			
あそひ	あそび	×	遊	信解	324②	和動	300①			
あそひ	あそび	×	遊	五百	586⑤	和動	592③			
あそひ	あそび	×	遊	見寶	690⑥	和動	708⑥			
あそひ	あそび	×	遊	觀世	1222①	和動	1235③		(あそ)はんィ[西右]	
あそひ	あそび	×	遊	觀世	1230②	和動	1243①			
あそふ	あそぶ	×	遊	序品	82①	和動	72①		あそん[西右]	あそひ[妙]
あそふ	あそぶ	×	遊	譬喻	309③	和動	282①			
あそふ	あそぶ	×	遊	藥王	1114⑥	和動	1133③		一ひ給ふ[西右]	あそふ[妙]
あそふ	あそぶ	×	遊	觀世	1234⑤	和動	1247②		あそひ給ふ[西右]	あそふ[妙]
あそふれ	あそぶれ	×	遊	從地	840③	和動	863②		一べ[西右]	ふれ[妙]
あた	あた	×	怨	安樂	802②	和名	824①			
あたひ	あたい	×	價	信解	335④	和転成名	314①			
あたひ	あたい	×	價	信解	337⑤	和転成名	316④			
あたひ	あたい	×	價	信解	347②	和転成名	328②			
あたひ	あたい	×	價	信解	349①	和転成名	330⑥			
あたひ	あたい	×	價	信解	360⑤	和転成名	345②			
あたひ	あたい	×	價	信解	361⑥	和転成名	347①			
あたひ	あたい	×	價	法功	1020⑥	和転成名	1039⑤			
あたひ	あたい	×	直	信解	334③	和転成名	312④			
阿提目多伽	あだいもくたか	あだいもくたか	阿提目多伽	分別	965①	仏梵語名	983③		一とを[西右]	
あたふ	あたう	×	與	譬喻	246②	和動	215⑥			
あたふ	あたう	×	與	譬喻	250①	和動	219⑥			
あたふ	あたう	×	與	譬喻	250④	和動	220④			
あたふ	あたう	×	與	譬喻	267⑥	和動	239①			
あたふ	あたう	×	與	安樂	806④	和動	828⑤		一へん[西右]	
あたふる	あたうる	×	與	譬喻	251④	和動	221④			
與ル	あたうる	あたふる	與	譬喻	253③	和動	223⑥			
あたふる	あたうる	×	與	譬喻	259②	和動	230④			
あたふる	あたうる	×	與	譬喻	268④	和動	239①			
あたふる	あたうる	×	與	安樂	803①	和動	824⑥			
あたふる	あたうる	×	與	安樂	803②	和動	825⑥			
あたふる	あたうる	×	與	如來	903⑥	和動	922⑥			
あたへ	あたえ	×	與	譬喻	247⑤	和動	217⑤			
あたへ	あたえ	×	與	譬喻	252⑤	和動	223①			

当該語	読みかな	傍訓	漢字表記	品名	頁数	語の種類	妙一本	和解語文	可読	異同語彙
あたへ	あたえ	×	與	譬喩	257③	和動	228④			
あたへ	あたえ	×	與	譬喩	267②	和動	238③			
あたへ	あたえ	×	與	譬喩	269⑤	和動	240⑥			
あたへ	あたえ	×	與	信解	334③	和動	312⑤			
あたへ	あたえ	×	與	信解	360⑤	和動	345④			
あたへ	あたえ	×	與	信解	363④	和動	348⑥			
あたへ	あたえ	×	與	五百	590⑤	和動	597④			
あたへ	あたえ	×	與	五百	597③	和動	605④			
あたへ	あたえ	×	與	五百	598②	和動	606④			
あたへ	あたえ	×	與	見寶	682③	和動	699④			
あたゑ	あたえ	×	與	提婆	713⑥	和動	731⑤			あたへ[妙]
あたへ	あたえ	×	與	安樂	797②	和動	818⑥			
あたへ	あたえ	×	與	安樂	797③	和動	818⑥			
あたへ	あたえ	×	與	安樂	797⑤	和動	819②			
あたへ	あたえ	×	與	安樂	797⑥	和動	819③			
あたへ	あたえ	×	與	安樂	798②	和動	819⑤			
あたへ	あたえ	×	與	安樂	799⑥	和動	821④			
あたへ	あたえ	×	與	安樂	800⑥	和動	822⑤			
あたへ	あたえ	×	與	安樂	800⑥	和動	822⑤			
あたへ	あたえ	×	與	安樂	806③	和動	828④			
あたへ	あたえ	×	與	安樂	808④	和動	830⑥		一ふる[西右]	
あたへ	あたえ	×	與	如來	902②	和動	921②			
あたへ	あたえ	×	與	随喜	974③	和動	992③			
あたへ	あたえ	×	與	囑累	1108①	和動	1126⑤			
あたへ	あたえ	×	與	觀世	1232①	和動	1244⑤			
あたへ	あたえ	×	與	陀羅	1250⑤	和動	1262⑤			
あたへ	あたえ	×	與	普賢	1317⑤	和動	1323①			
あたらしき	あたらしき	×	新	化城	453⑥	和形	448②			
あたらしく	あたらしく	×	新	化城	531①	和形	536⑤		新好なるィ[西右]	
あたらしく	あたらしく	×	新	安樂	779③	和形	800②		新浄のィ[西右]	
あたり	あたり	×	當	藥王	1139⑤	和形	1157⑥			
あたは	あたわ	×	能	方便	87④	和動	76⑤			
あたは	あたわ	×	能	方便	96②	和動	84④			
あたは	あたわ	×	能	方便	96⑥	和動	85①			
あたは	あたわ	×	能	方便	98⑤	和動	86⑤			
あたは	あたわ	×	能	方便	99③	和動	87②			
あたは	あたわ	×	能	方便	103④	和動	90⑤			
あたは	あたわ	×	能	方便	109⑥	和動	96①			
あたは	あたわ	×	能	方便	179⑤	和動	154③			
あたは	あたわ	×	能	方便	187①	和動	160③			
あたは	あたわ	×	能	方便	193②	和動	165⑤			
あたは	あたわ	×	能	譬喩	210⑤	和動	178④			
あたは	あたわ	×	能	譬喩	223③	和動	192⑤			
あたは	あたわ	×	能	譬喩	258②	和動	229③			
あたは	あたわ	×	能	譬喩	277⑤	和動	249③			
あたは	あたわ	×	能	譬喩	296②	和動	268④			
あたは	あたわ	×	能	譬喩	301③	和動	273⑤			
あたは	あたわ	×	能	信解	342⑤	和動	323②			
あたは	あたわ	×	能	信解	375③	和動	362⑤			
あたは	あたわ	×	能	信解	376④	和動	364②			
あたは	あたわ	×	能	藥草	387①	和動	372②			
あたは	あたわ	×	能	授記	421④	和動	410⑤			
あたは	あたわ	×	能	授記	428③	和動	418⑤			
あたゑ	あたわ	×	能	化城	463⑤	和動	459⑥			
あたは	あたわ	×	能	化城	502①	和動	505⑥			
あたは	あたわ	×	能	化城	523③	和動	528④			
あたは	あたわ	×	能	化城	536②	和動	541⑥			
あたは	あたわ	×	能	化城	547②	和動	553④		一ふまじき[西右]	
あたは	あたわ	×	能	五百	564④	和動	567③			
あたは	あたわ	×	能	五百	573②	和動	577③			
あたは	あたわ	×	能	授學	605⑥	和動	614⑤			
あたは	あたわ	×	能	法師	641⑤	和動	654③			
あたは	あたわ	×	能	法師	644①	和動	657②			
あたは	あたわ	×	能	安樂	783⑤	和動	804⑥			
あたは	あたわ	×	能	安樂	785③	和動	806⑤			

当該語	読みかな	傍訓	漢字表記	品名	頁数	語の種類	妙一本	和解語文	可読	異同語彙
あたは	あたわ	×	能	安樂	810④	和動	832⑥			
あたは	あたわ	×	能	從地	823②	和動	845③			
あたは	あたわ	×	能	從地	838⑤	和動	861④			
あたは	あたわ	×	能	從地	858①	和動	880⑥			
あたは	あたわ	×	能	如來	886③	和動	905②			
あたは	あたわ	×	能	如來	897②	和動	916①			
あたは	あたわ	×	能	分別	938⑥	和動	957③			
あたは	あたわ	×	能	随喜	978④	和動	996⑤			
あたは	あたわ	×	能	常不	1073②	和動	1091⑤			
あたは	あたわ	×	能	神力	1094②	和動	1113②			
あたは	あたわ	×	能	神力	1100①	和動	1118⑥			
あたは	あたわ	×	能	藥王	1125②	和動	1143④			
あたは	あたわ	×	能	藥王	1156②	和動	1174④			
あたは	あたわ	×	能	藥王	1157①	和動	1174⑤			
あたは	あたわ	×	能	藥王	1157②	和動	1174⑤			
あたは	あたわ	×	能	觀世	1210②	和動	1223③			
あたは	あたわ	×	能	觀世	1213②	和動	1226⑤			
あたは	あたわ	×	能	觀世	1237④	和動	1250①			
あたは	あたわ	×	能	觀世	1238③	和動	1250⑥			
阿檀地 途賣反一	あたんだい	あたんだい	阿檀地 途賣反一	普賢	1318⑥	仏梵語名	1324②			あたんち[妙]
阿亶哆波隷輸地 途賣反二十五	あたんたはれいしゅだい	あたんたはれいしゅだい	阿亶哆波隷輸地 途賣反二十五	陀羅	1252③	仏梵語名	1264②			あたんたはれいしゆち[妙]
あつから	あつから	×	厚	随喜	983④	和形	1001⑤			
あつく	あつく	×	厚	随喜	990⑥	和形	1009②			
惡口	あつく	あつく	惡口	法師	652⑤	漢名	666⑤		ーしてィ[西右]	
惡口し	あつくし	あつく	惡口	勸持	757①	漢サ動	776②	あくく・し／あしきくち[妙]	ーをも[西右]	
惡口せ	あつく	×	惡口	分別	966①	漢サ動	984⑤			
惡口罵詈	あつくめり	あくくめり／のりのる心也	惡口罵詈	勸持	751④	漢四熟名	770⑥	あくめり／あしきくちしてのり[妙]	ーをもて[西右]	
惡口罵詈し	あつくめりし	あつくめり	惡口罵詈	常不	1064③	漢四熟名	1083②	あくめり・し／あしきくちをもてのり[妙]	ーーをもてーー[西右]	
惡口罵詈誹謗する	あつくめりひばうする	あつくをもてめり・し ひほう・する 注:「をもて」「し」は別筆か	惡口罵詈誹謗	常不	1056⑤	漢サ動	1075⑤	あくくめりひはう・する／あしきくちをもてのりそしる[妙]		
頞底 九	あつち	あつち	頞底 九	陀羅	1261②	仏梵語名	1272⑤			あち[妙]
あつまり	あつまり	×	集	信解	343⑤	和動	324③			
あつまれ	あつまれ	×	集	譬喩	272③	和動	243④			
あつまれ	あつまれ	×	集	從地	835①	和動	858①			
あつまれ	あつまれ	×	集	神力	1093②	和動	1111⑤			あつまる[妙]
あつむ	あつむ	×	聚	信解	363⑤	和動	349①			
あつむる	あつむる	×	會	信解	343④	和動	324②			
あつめ	あつめ	×	聚	方便	162⑤	和動	140②			
あつめ	あつめ	×	集	随喜	975④	和動	993⑤			
あつめ	あつめ	×	集	化城	520⑥	和動	526①			
あつめ	あつめ	×	集	化城	543⑥	和動	552①			
あつめ	あつめ	×	集	化城	547⑥	和動	554③			
あつめ	あつめ	×	集	法師	647⑥	和動	661④			
あつめ	あつめ	×	集	法師	653⑥	和動	667⑤			
あつめ	あつめ	×	集	見寶	666③	和動	681⑤			
あつめ	あつめ	×	習	從地	860⑥	和動	883⑤		ーたり[西右]	ならひ[妙]
阿提履 四	あでいび	あでいび	阿提履 四	陀羅	1264②	仏梵語名	1275⑥			あていひ[妙]
あな	あな	あな	穴	譬喩	279①	和名	250⑤			
あな	あな	×	孔	妙莊	1286⑥	和名	1296④			
阿那含	あなごん	あなごん	阿那含	藥王	1146⑤	仏名	1164⑥		ーと[西右]	
阿那含道	あなごんどう	あなごんー	阿那含道	随喜	975④	仏名	994①			
阿那婆達多龍王	あなはだつたりゅうおう	あなはだつたーー	阿那婆達多龍王	序品	11③	仏王名名	9②			
阿那盧 四	あなろ	あなろ	阿那盧 四	陀羅	1258⑤	仏梵語名	1270⑤			あなろ[妙]
阿難	あなん	あなん	阿難	序品	6①	仏人名名	4⑥	あなん／ほとけにつかわるゝひと[妙]		
阿難	あなん	あなん	阿難	授學	601②	仏人名名	609④	あなん／ほとけのてし[妙]		

当該語	読みかな	傍訓	漢字表記	品名	頁数	語の種類	妙一本	和解語文	可読	異同語彙
阿難	あなん	×	阿難	授學	602③	仏人名名	611①			
阿難	あなん	一なん	阿難	授學	603⑤	仏人名名	612③			
阿難	あなん	×	阿難	授學	603⑥	仏人名名	612④			
阿難	あなん	×	阿難	授學	606①	仏人名名	615①			
阿難	あなん	×	阿難	授學	606⑥	仏人名名	615⑥			
阿難	あなん	×	阿難	授學	609④	仏人名名	618⑥			
阿難	あなん	×	阿難	授學	609⑥	仏人名名	619②			
阿難	あなん	×	阿難	授學	610②	仏人名名	619⑤			
阿難	あなん	×	阿難	授學	610⑤	仏人名名	620②			
阿難	あなん	×	阿難	授學	611⑤	仏人名名	621②			
阿難	あなん	×	阿難	授學	616⑤	仏人名名	626⑤			
阿難	あなん	×	阿難	授學	617①	仏人名名	627①			
あに	あに	×	豈	序品	64⑤	和副	56④			
あに	あに	×	豈	方便	119⑥	和副	105①			
あに	あに	×	豈	常不	1072④	和副	1091②			
あに	あに	×	豈	常不	1075②	和副	1093⑤			
あに	あに	×	豈	藥王	1140③	和副	1158④			
あに	あに	×	豈	妙音	1188④	和副	1203①			
あに	あに	×	豈	妙莊	1303②	和副	1310①			
安爾 一	あに	あに	安爾 一	陀羅	1251②	仏梵語名	1263②			あんに[妙]
阿若憍陳如	あにゃきょうちんにょ	あにやけうぢんによ	阿若憍陳如	序品	5②	仏名	4①			
阿若憍陳如	あにゃきょうちんにょ	一にやけうぢんによ	阿若憍陳如	方便	102①	仏名	89④			
阿若憍陳如	あにゃきょうちんにょ	あにやけうぢんによ	阿若憍陳如	五百	595⑤	仏名	603③			
阿㝹樓駄	あぬるた	あぬるだ	阿㝹樓駄	序品	5④	仏名	4③			
阿㝹樓駄	あぬるだ	あぬるだ	阿㝹樓駄	五百	584④	仏名	590①			
阿耨多羅三藐三菩提	あのくたらさんみゃくさんぼだい	×	阿耨多羅三藐三菩提	序品	7①	仏名	5⑤			
阿耨多羅三藐三菩提	あのくたらさんみゃくさんぼだい	×	阿耨多羅三藐三菩提	序品	49④	仏名	42⑥			
阿耨多羅三藐三菩提	あのくたらさんみゃくさんぼだい	あのくたら—みやく—ほたい	阿耨多羅三藐三菩提	序品	52⑤	仏名	45⑤	あのくたらさんみやくさんほたい／ほとけになる[妙]		
阿耨多羅三藐三菩提	あのくたらさんみゃくさんぼだい	×	阿耨多羅三藐三菩提	序品	62③	仏名	54③			
阿耨多羅三藐三菩提	あのくたらさんみゃくさんぼだい	—の く———みやく———	阿耨多羅三藐三菩提	方便	138①	仏名	120②	あのくたらさんミやくさんほたい／ほとけとなる[妙]		
阿耨多羅三藐三菩提	あのくたらさんみゃくさんぼだい	あのくたら—みやく—ほたい	阿耨多羅三藐三菩提	譬喩	206⑤	仏名	173⑥	あのくたらさんみやくさほだい／ほとけになる[妙]		
阿耨多羅三藐三菩提	あのくたらさんみゃくさんぼだい	あのくたら—みやく—ほたい	阿耨多羅三藐三菩提	譬喩	225③	仏名	194③			
阿耨多羅三藐三菩提	あのくたらさんみゃくさんぼだい	あのくたら—みやく—ほたい	阿耨多羅三藐三菩提	譬喩	230⑥	仏名	200①	あのくたらさんみやくさんほたい／ほとけになる[妙]		
阿耨多羅三藐三菩提	あのくたらさんみゃくさんぼだい	あのくたら—みやく—ほたい	阿耨多羅三藐三菩提	譬喩	235⑥	仏名	205①			
阿耨多羅三藐三菩提	あのくたらさんみゃくさんぼだい	あのくたら—みやく—ほたい	阿耨多羅三藐三菩提	譬喩	237⑥	仏名	207②			
阿耨多羅三藐三菩提	あのくたらさんみゃくさんぼだい	あのくたら—みやく—ほたい	阿耨多羅三藐三菩提	譬喩	254⑥	仏名	225⑥	あのくたらさんみやくさんほたい／ほとけになる[妙]		
阿耨多羅三藐三菩提	あのくたらさんみゃくさんぼだい	あのくたら—みやく—ほたい	阿耨多羅三藐三菩提	信解	317⑤	仏名	292③	あのくたらさんみやくさんほたい／ほとけになる[妙]		
阿耨多羅三藐三菩提	あのくたらさんみゃくさんぼだい	あのくたら—みやく—ほたい	阿耨多羅三藐三菩提	信解	319①	仏名	294①			

当該語	読みかな	傍訓	漢字表記	品名	頁数	語の種類	妙一本	和解語文	可読	異同語彙
阿耨多羅三藐三菩提	あのくたらさんみゃくさんぼだい	あのくたら—みやく—ほたい	阿耨多羅三藐三菩提	信解	320③	仏名	295④			
阿耨多羅三藐三菩提	あのくたらさんみゃくさんぼだい	あのくたら—みやく—ほたい	阿耨多羅三藐三菩提	信解	320⑥	仏名	296①			
阿耨多羅三藐三菩提	あのくたらさんみゃくさんぼだい	—のく———みやく—ほたい	阿耨多羅三藐三菩提	化城	452①	仏名	446③	あのくたらさんみやくさんほたい／ほとけになる[妙]		
阿耨多羅三藐三菩提	あのくたらさんみゃくさんぼだい	—のく———みやく———	阿耨多羅三藐三菩提	化城	453①	仏名	447④			
阿耨多羅三藐三菩提	あのくたらさんみゃくさんぼだい	×	阿耨多羅三藐三菩提	化城	455②	仏名	449⑥			
阿耨多羅三藐三菩提	あのくたらさんみゃくさんぼだい	×	阿耨多羅三藐三菩提	化城	455⑥	仏名	450⑤			
阿耨多羅三藐三菩提	あのくたらさんみゃくさんぼだい	×	阿耨多羅三藐三菩提	化城	463②	仏名	459②			
阿耨多羅三藐三菩提	あのくたらさんみゃくさんぼだい	×	阿耨多羅三藐三菩提	化城	506③	仏名	510⑥			
阿耨多羅三藐三菩提	あのくたらさんみゃくさんぼだい	×	阿耨多羅三藐三菩提	化城	507①	仏名	511④			
阿耨多羅三藐三菩提	あのくたらさんみゃくさんぼだい	——みやく——	阿耨多羅三藐三菩提	化城	508⑥	仏名	513④			
阿耨多羅三藐三菩提	あのくたらさんみゃくさんぼだい	×	阿耨多羅三藐三菩提	化城	511①	仏名	516①			
阿耨多羅三藐三菩提	あのくたらさんみゃくさんぼだい	×	阿耨多羅三藐三菩提	化城	513①	仏名	518①	あのくたらさんみやくさんほたい／ほとけになる[妙]		
阿耨多羅三藐三菩提	あのくたらさんみゃくさんぼだい	×	阿耨多羅三藐三菩提	化城	514④	仏名	519④			
阿耨多羅三藐三菩提	あのくたらさんみゃくさんぼだい	×	阿耨多羅三藐三菩提	化城	517②	仏名	522①			
阿耨多羅三藐三菩提	あのくたらさんみゃくさんぼだい	×	阿耨多羅三藐三菩提	化城	517⑤	仏名	522⑤			
阿耨多羅三藐三菩提	あのくたらさんみゃくさんぼだい	×	阿耨多羅三藐三菩提	化城	518①	仏名	523①			
阿耨多羅三藐三菩提	あのくたらさんみゃくさんぼだい	あのくたら—みやく—ほたい	阿耨多羅三藐三菩提	五百	562④	仏名	565⑤			
阿耨多羅三藐三菩提	あのくたらさんみゃくさんぼだい	×	阿耨多羅三藐三菩提	五百	568②	仏名	571⑥	あのくたら—みやく—ほたい／ほとけになる[妙]		
阿耨多羅三藐三菩提	あのくたらさんみゃくさんぼだい	×	阿耨多羅三藐三菩提	五百	569⑤	仏名	573④			
阿耨多羅三藐三菩提	あのくたらさんみゃくさんぼだい	×	阿耨多羅三藐三菩提	五百	570③	仏名	574②			
阿耨多羅三藐三菩提	あのくたらさんみゃくさんぼだい	×	阿耨多羅三藐三菩提	五百	583③	仏名	588⑥			
阿耨多羅三藐三菩提	あのくたらさんみゃくさんぼだい	×	阿耨多羅三藐三菩提	五百	584⑤	仏名	590②			
阿耨多羅三藐三菩提	あのくたらさんみゃくさんぼだい	×	阿耨多羅三藐三菩提	五百	595②	仏名	602⑥	あのくたら—みやく—ほたい／ほとけになる[妙]		

あの　13

当該語	読みかな	傍訓	漢字表記	品名	頁数	語の種類	妙一本	和解語文	可読	異同語彙
阿耨多羅三藐三菩提	あのくたらさんみやくさんぼだい	×	阿耨多羅三藐三菩提	授學	602⑤	仏名	611③			
阿耨多羅三藐三菩提	あのくたらさんみやくさんぼだい	×	阿耨多羅三藐三菩提	授學	604⑤	仏名	613③			
阿耨多羅三藐三菩提	あのくたらさんみやくさんぼだい	×	阿耨多羅三藐三菩提	授學	605①	仏名	613⑤			
阿耨多羅三藐三菩提心	あのくたらさんみやくさんぼだいしん	×	阿耨多羅三藐三菩提心	授學	609⑤	仏名	619①			
阿耨多羅三藐三菩提	あのくたらさんみやくさんぼだい	×	阿耨多羅三藐三菩提	授學	610②	仏名	619④			
阿耨多羅三藐三菩提	あのくたらさんみやくさんぼだい	×	阿耨多羅三藐三菩提	授學	614④	仏名	624②			
阿耨多羅三藐三菩提	あのくたらさんみやくさんぼだい	×	阿耨多羅三藐三菩提	法師	622④	仏名	633③			
阿耨多羅三藐三菩提	あのくたらさんみやくさんぼだい	×	阿耨多羅三藐三菩提	法師	623①	仏名	633⑥			
阿耨多羅三藐三菩提	あのくたらさんみやくさんぼだい	×	阿耨多羅三藐三菩提	法師	626①	仏名	637②	あのくたらーみやくーほたい／ほとけになる［妙］		
阿耨多羅三藐三菩提	あのくたらさんみやくさんぼだい	×	阿耨多羅三藐三菩提	法師	630⑤	仏名	642②	あのくたらーみやくーほたい／ほとけになること［妙］		
阿耨多羅三藐三菩提	あのくたらさんみやくさんぼだい	×	阿耨多羅三藐三菩提	法師	641②	仏名	653⑥	あのくたらーみやくーほたい／ほとけになる［妙］		
阿耨多羅三藐三菩提	あのくたらさんみやくさんぼだい	×	阿耨多羅三藐三菩提	法師	642⑤	仏名	655④			
阿耨多羅三藐三菩提	あのくたらさんみやくさんぼだい	×	阿耨多羅三藐三菩提	法師	644②	仏名	657②			
阿耨多羅三藐三菩提	あのくたらさんみやくさんぼだい	×	阿耨多羅三藐三菩提	法師	644④	仏名	657⑤			
阿耨多羅三藐三菩提	あのくたらさんみやくさんぼだい	×	阿耨多羅三藐三菩提	法師	644⑤	仏名	657⑥			
阿耨多羅三藐三菩提	あのくたらさんみやくさんぼだい	×	阿耨多羅三藐三菩提	勸持	742③	仏名	761②			
阿耨多羅三藐三菩提	あのくたらさんみやくさんぼだい	×	阿耨多羅三藐三菩提	勸持	744②	仏名	763②			
阿耨多羅三藐三菩提	あのくたらさんみやくさんぼだい	あのくたらさんみやくーぼだい	阿耨多羅三藐三菩提	安樂	792⑥	仏名	814③			
阿耨多羅三藐三菩提	あのくたらさんみやくさんぼだい	あのくたらーみやくーほたい	阿耨多羅三藐三菩提	從地	849②	仏名	871⑥			
阿耨多羅三藐三菩提	あのくたらさんみやくさんぼだい	あのくたらーみやくーほたい	阿耨多羅三藐三菩提	從地	855⑥	仏名	878⑤			
阿耨多羅三藐三菩提	あのくたらさんみやくさんぼだい	×	阿耨多羅三藐三菩提	從地	856④	仏名	879③			
阿耨多羅三藐三菩提	あのくたらさんみやくさんぼだい	×	阿耨多羅三藐三菩提	從地	857④	仏名	880③			
阿耨多羅三藐三菩提	あのくたらさんみやくさんぼだい	×	阿耨多羅三藐三菩提	從地	861④	仏名	884②	あのくたらさんみやくさんほたい／ほとけになる［妙］		

当該語	読みかな	傍訓	漢字表記	品名	頁数	語の種類	妙一本	和解語文	可読	異同語彙
阿耨多羅三藐三菩提	あのくたらさんみゃくさんぼだい	×	阿耨多羅三藐三菩提	如來	883⑤	仏名	902④	あのくたらさんみやくさんほたい／ほとけになる[妙]		
阿耨多羅三藐三菩提	あのくたらさんみゃくさんぼだい	×	阿耨多羅三藐三菩提	如來	890⑤	仏名	909⑥	あのくたらさんみやくさんほたい／ほとけになる[妙]		
阿耨多羅三藐三菩提	あのくたらさんみゃくさんぼだい	×	阿耨多羅三藐三菩提	分別	924①	仏名	942⑥			
阿耨多羅三藐三菩提	あのくたらさんみゃくさんぼだい	×	阿耨多羅三藐三菩提	分別	924③	仏名	943②			
阿耨多羅三藐三菩提	あのくたらさんみゃくさんぼだい	×	阿耨多羅三藐三菩提	分別	924⑥	仏名	943④			
阿耨多羅三藐三菩提	あのくたらさんみゃくさんぼだい	×	阿耨多羅三藐三菩提	分別	925①	仏名	943⑥			
阿耨多羅三藐三菩提	あのくたらさんみゃくさんぼだい	×	阿耨多羅三藐三菩提	分別	925③	仏名	944②			
阿耨多羅三藐三菩提	あのくたらさんみゃくさんぼだい	×	阿耨多羅三藐三菩提	分別	925⑤	仏名	944③			
阿耨多羅三藐三菩提	あのくたらさんみゃくさんぼだい	×	阿耨多羅三藐三菩提	分別	937⑤	仏名	956②			
阿耨多羅三藐三菩提	あのくたらさんみゃくさんぼだい	あのくたら—みやく—ぼだい	阿耨多羅三藐三菩提	分別	939①	仏名	957④			
阿耨多羅三藐三菩提	あのくたらさんみゃくさんぼだい	×	阿耨多羅三藐三菩提	分別	960③	仏名	978⑥	あのくたらさんみやくさんほたい／ほとけになる[妙]		
阿耨多羅三藐三菩提	あのくたらさんみゃくさんぼだい	×	阿耨多羅三藐三菩提	常不	1059②	仏名	1078①	あのくたらさんみやくさんほたい／ほとけとなる[妙]		
阿耨多羅三藐三菩提	あのくたらさんみゃくさんぼだい	×	阿耨多羅三藐三菩提	常不	1069③	仏名	1088①	あのくたらさんみやくさんほたい／ほとけとなる[妙]		
阿耨多羅三藐三菩提	あのくたらさんみゃくさんぼだい	×	阿耨多羅三藐三菩提	常不	1073①	仏名	1091⑤	あのくたらさんみやくさんほたい[妙]		
阿耨多羅三藐三菩提	あのくたらさんみゃくさんぼだい	×	阿耨多羅三藐三菩提	常不	1073④	仏名	1092②	あのくたらさんみやくさんほたい[妙]		
阿耨多羅三藐三菩提	あのくたらさんみゃくさんぼだい	×	阿耨多羅三藐三菩提	常不	1074④	仏名	1093②	あのくたらさんみやくさんほたい[妙]		
阿耨多羅三藐三菩提	あのくたらさんみゃくさんぼだい	×	阿耨多羅三藐三菩提	常不	1075⑤	仏名	1094②	あのくたらさんみやくさんほたい[妙]		
阿耨多羅三藐三菩提	あのくたらさんみゃくさんぼだい	×	阿耨多羅三藐三菩提	常不	1076②	仏名	1094⑤	あのくたらさんみやくさんほたい[妙]		
阿耨多羅三藐三菩提	あのくたらさんみゃくさんぼだい	×	阿耨多羅三藐三菩提	神力	1097②	仏名	1116①	あのくたらさんみやくさんほたい[妙]		
阿耨多羅三藐三菩提	あのくたらさんみゃくさんぼだい	×	阿耨多羅三藐三菩提	嘱累	1105④	仏名	1124③	あのくたらさんみやくさんほたい[妙]		
阿耨多羅三藐三菩提	あのくたらさんみゃくさんぼだい	×	阿耨多羅三藐三菩提	嘱累	1106⑤	仏名	1125③	あのくたらさんみやくさんほたい[妙]		
阿耨多羅三藐三菩提	あのくたらさんみゃくさんぼだいのほう	×	阿耨多羅三藐三菩提	藥王	1132①	仏名	1150④	あのくたらさんみやくさんほたい[妙]		
阿耨多羅三藐三菩提	あのくたらさんみゃくさんぼだい	×	阿耨多羅三藐三菩提	藥王	1137①	仏名	1155③	あのくたらさんみやくさんほたい[妙]	一の[西右]	

当該語	読みかな	傍訓	漢字表記	品名	頁数	語の種類	妙一本	和解語文	可読	異同語彙
阿耨多羅三藐三菩提	あのくたらさんみゃくさんぼだい	×	阿耨多羅三藐三菩提	藥王	1141①	仏名	1159②	あのくたらさんみやくさんほたい[妙]		
阿耨多羅三藐三菩提心	あのくたらさんみゃくさんぼだいしん	×	阿耨多羅三藐三菩提心	妙荘	1283②	仏名	1292⑥	あのくたらさんみやくさんほたいしん[妙]	―――――― の ―[西右]	阿耨多羅三藐{三菩提}心
阿耨多羅三藐三菩提	あのくたらさんみゃくさんぼだい	×	阿耨多羅三藐三菩提	妙荘	1297⑥	仏名	1305⑥	あのくたらさんみやくさんほたい[妙]		
阿耨多羅三藐三菩提心	あのくたらさんみゃくさんぼだいしん	×	阿耨多羅三藐三菩提心	妙荘	1298③	仏名	1306③	あのくたらさんみやくさんほたいしん[妙]		
阿耨多羅三藐三菩提	あのくたらさんみゃくさんぼだい	×	阿耨多羅三藐三菩提	普賢	1327③	和名	1331④	あのくたらさんみやくさんほたい[妙]		
阿耨多羅三藐三菩提	あのくたらさんみゃくさんぼだい	×	阿耨多羅三藐三菩提	普賢	1332④	仏名	1336②	あのくたらさんみやくさんほたい[妙]		
あばけおち	あばけおち	×	襥落	譬喩	271②	和複動	242③			
阿跋摩羅	あばつまら	あばつまら	阿跋摩羅	陀羅	1266①	仏名	1277②			あばつまら[妙]
あはら	あばら	×	疎	随喜	982⑥	和名	1001①		をろそか[西右]	
阿婆慮　四十二	あばろ	あばろ	阿婆慮　四十二	陀羅	1253④	仏梵語名	1265③	あろ／―はろ[妙]		
阿鼻獄	あびごく	×	阿鼻獄	序品	25③	仏名	21④			
阿鼻獄	あびごく	あびごく／ひてんなり	阿鼻獄	譬喩	302⑥	仏名	275①			
阿鼻獄	あびごく	あびごく	阿鼻獄	法功	997④	仏名	1016②			阿鼻地獄(あびごく)[妙]
阿鼻獄	あびごく	あびごく	阿鼻獄	法功	1007④	仏名	1025⑥			阿鼻地獄(あひこく)[妙]
阿鼻地獄	あびじごく	あびぢごく	阿鼻地獄	序品	17⑤	仏名	14③			
阿鼻地獄	あびじごく	あびぢごく	阿鼻地獄	法功	995④	仏名	1014②			
阿鼻地獄	あびじごく	―ひ―こく	阿鼻地獄	法功	998⑥	仏名	1017⑤			
阿鼻地獄	あびじごく	あびぢごく	阿鼻地獄	法功	1036④	仏名	1055③			
阿鼻地獄	あびじごく	×	阿鼻地獄	常不	1074③	仏名	1092⑥			あびちこく[妙]
阿鞞跋致	あびばつち	あびはつち／ふたいのくらゐ也	阿鞞跋致	譬喩	298⑥	仏名	271②	あびばちち／ほとけのちゑをうくる[妙]		
あぶら	あぶら	×	油	信解	362①	和雑物名	347①			
あぶら	あぶら	×	油	安樂	779②	和雑物名	800①			
あぶら	あぶら	×	油	陀羅	1267⑥	和雑物名	1278⑥			あふら[妙]
阿便哆　都餓反	あべんた	あべんた	阿便哆　都餓反	陀羅	1252②	仏梵語名	1264①			あへんた[妙]
阿摩若　荏蔗反　那多夜　四十三	あまにゃなたや	あまにやなたや	阿摩若　荏蔗反　那多夜　四十三	陀羅	1253④	仏梵語名	1265③			あまにやなたや[妙]
あまねく	あまねく	×	周	譬喩	250⑤	和副	220⑤			
あまねく	あまねく	×	周	分別	928②	和副	946⑤			
あまねく	あまねく	×	普	方便	88①	和副	77②			
あまねく	あまねく	×	普	方便	171③	和副	147④			
あまねく	あまねく	×	普	方便	190③	和副	163③			
あまねく	あまねく	×	普	譬喩	229⑤	和副	199①			
あまねく	あまねく	×	普	信解	374④	和副	361⑥			
あまねく	あまねく	×	普	藥草	389①	和副	374③			
あまねく	あまねく	×	普	藥草	389③	和副	374⑤			
あまねく	あまねく	×	普	藥草	391②	和副	376⑤			
あまねく	あまねく	×	普	藥草	400⑤	和副	387②			
あまねく	あまねく	×	普	藥草	401③	和副	387⑥			
あまねく	あまねく	×	普	藥草	402②	和副	388⑥			
あまねく	あまねく	×	普	藥草	403⑤	和副	390⑤			
あまねく	あまねく	×	普	藥草	406②	和副	393⑤			
あまねく	あまねく	×	普	藥草	407①	和副	394③			
あまねく	あまねく	×	普	藥草	411④	和副	399④			
あまねく	あまねく	×	普	化城	464④	和副	460⑤			
あまねく	あまねく	×	普	化城	467①	和副	463⑥			
あまねく	あまねく	×	普	化城	470④	和副	468②			
あまねく	あまねく	×	普	化城	490①	和副	491⑥			
あまねく	あまねく	×	普	化城	499③	和副	502④			

当該語	読みかな	傍訓	漢字表記	品名	頁数	語の種類	妙一本	和解語文	可読	異同語彙
あまねく	あまねく	×	普	化城	511④	和副	516④			
あまねく	あまねく	×	普	五百	572②	和副	576②			
あまねく	あまねく	×	普	五百	600④	和副	609②			
あまねく	あまねく	×	普	授學	620①	和副	630③			
あまねく	あまねく	×	普	提婆	714①	和副	731⑥			
あまねく	あまねく	×	普	提婆	735④	和副	754①			
あまねく	あまねく	×	普	提婆	736②	和副	754⑤			
あまねく	あまねく	×	普	神力	1086④	和副	1105①			
あまねく	あまねく	×	普	神力	1087⑥	和副	1106②			
あまねく	あまねく	×	普	神力	1093③	和副	1111⑥			
あまねく	あまねく	×	普	神力	1099①	和副	1117⑥			
あまねく	あまねく	×	普	囑累	1107③	和副	1126①			
あまねく	あまねく	×	普	藥王	1124①	和副	1142③			
あまねく	あまねく	×	普	妙音	1165⑤	和副	1182③			
あまねく	あまねく	×	普	妙音	1167②	和副	1183④			
あまねく	あまねく	×	普	觀世	1244②	和副	1256③			
あまねく	あまねく	×	普	普賢	1306④	和副	1313②			
あまねく	あまねく	×	普遍	序品	8③	和副	6⑤			
あまねく	あまねく	×	普遍	序品	16①	和副	13①			
あまねく	あまねく	×	普遍	序品	24①	和副	20③			
あまねく	あまねく	×	普遍	序品	55①	和副	47⑤			
あまねく	あまねく	×	普遍	序品	57③	和副	49⑥			
あまねく	あまねく	×	遍	見寶	667⑤	和副	682⑥			
あまねく	あまねく	×	遍	見寶	670①	和副	685③			
あまねく	あまねく	×	遍	見寶	674①	和副	689⑤			
あまねく	あまねく	×	遍	見寶	674③	和副	690①			
あまねく	あまねく	×	遍	見寶	676③	和副	692②			
あまねく	あまねく	×	遍	見寶	676④	和副	692⑤			
あまねく	あまねく	×	遍	見寶	684②	和副	701④			
あまねく	あまねく	×	遍	提婆	731①	和副	749②			
あみ	あみ	×	網	如來	896④	和名	915④			
阿弥陀	あみだ	—みた	阿弥陀	化城	516②	仏名	521①			
阿弥陀佛	あみだぶつ	×	阿弥陀佛	藥王	1154③	仏名	1172③			あみたふつ[妙]
あめ	あめ	×	雨	序品	45④	和天象名	39③			
あめ	あめ	×	雨	藥草	394⑥	和天象名	380⑤			
あめ	あめ	×	雨	藥草	401③	和天象名	387⑥			
あめ	あめ	×	雨	藥草	402①	和天象名	388④			
あめ	あめ	×	雨	藥草	407①	和天象名	394③			
あめ	あめ	×	雨	藥草	409④	和天象名	397⑤			
あめ	あめ	×	雨	藥草	413④	和天象名	401⑤			
あめ	あめ	×	雨	化城	490②	和天象名	491⑥			
あめ	あめ	×	雨	觀世	1242①	和天象名	1254④			
あめ	あめ	×	雨	普賢	1332⑥	和天象名	1336③			
あやうく	あやうく	×	危	譬喩	270⑥	和形	242①			
あやうし	あやうし	×	危	譬喩	239⑤	和形	209①			
あやしひ[ま]	あやしび	×	怪	安樂	798③	和動	819⑥		一ひてんと云[西右]	あやしまん[妙]
あやしふ	あやしぶ	×	怪	信解	335⑥	和動	314③			
あやしみ	あやしみ	×	怪	見寶	660②	和動	674⑤			
あやしみ	あやしみ	×	怪	從地	855①	和動	878②			
あやしむ	あやしむ	×	怪	信解	358①	和動	342②		一ん[西右]	
あやまら	あやまら	×	錯	法功	1011②	和動	1029④		あやまた[西右]	
あやまら	あやまら	×	錯	法功	1014③	和動	1032⑥		あやまた[西右]	
あやまら	あやまら	×	錯	法功	1046①	和動	1064④		一たざらん[西右]	
あやまら	あやまら	×	謬	法功	1014④	和動	1033②			
あやまり	あやまり	×	誤	如來	901②	和動	920④			
阿惟越致	あゆいおつち	あゆいおつち	阿惟越致	勸持	747⑥	仏梵語名	766②	あゆいをちち／ひさしくとをきとし[妙]		
阿惟越致	あゆいおつち	あゆいおつち	阿惟越致	如來	886③	仏梵語名	905②	あゆいおつち／ひさしくとをき[妙]		
あら	あら	×	在	五百	588⑤	和動	595①			
あら	あら	×	在	法師	634④	和動	646④			
あら	あら	×	在	法師	648④	和動	662②			
あら	あら	×	在	法師	655②	和動	669⑤			
あら	あら	×	在	見寶	686②	和動	703⑤			

当該語	読みかな	傍訓	漢字表記	品名	頁数	語の種類	妙一本	和解語文	可読	異同語彙
あら	あら	×		在	提婆	720②	和動	738③			ありては[妙]
あら	あら	×		在	安樂	794④	和動	816①			
あら	あら	×		在	從地	868⑤	和動	891④			
あら	あら	×		在	隨喜	973③	和動	991④			
あら	あら	×		有	序品	44④	和動	38③			
あら	あら	×		有	序品	86①	和動	75④			
あら	あら	×		有	方便	135③	和動	118②			
あら	あら	×		有	方便	149⑤	和動	×			
あら	あら	×		有	方便	170⑥	和動	147②			
あら	あら	×		有	方便	192②	和動	165①			
あら	あら	×		有	譬喩	206④	和動	173⑤			
あら	あら	×		有	譬喩	217②	和動	185⑤			
あら	あら	×		有	譬喩	222②	和動	191①			
あら	あら	×		有	譬喩	223④	和動	192③			
あら	あら	×		有	譬喩	225①	和動	193⑥			
あら	あら	×		有	譬喩	225②	和動	194②			
あら	あら	×		有	譬喩	226③	和動	195③			
あら	あら	×		有	譬喩	226④	和動	195④			
あら	あら	×		有	譬喩	228①	和動	197②			
あら	あら	×		有	譬喩	229①	和動	198③			
あら	あら	×		有	譬喩	229②	和動	198④			
あら	あら	×		有	譬喩	229⑤	和動	198⑥			
あら	あら	×		有	譬喩	238⑤	和動	208①			
あら	あら	×		有	譬喩	242①	和動	211④			
あら	あら	×		有	譬喩	270④	和動	241⑤			
あら	あら	×		有	譬喩	279⑤	和動	251③			
あら	あら	×		有	譬喩	294⑥	和動	267①			
あら	あら	×		有	譬喩	298⑤	和動	271①			
あら	あら	×		有	譬喩	299①	和動	271③			
あら	あら	×		有	譬喩	299④	和動	271⑥			
あら	あら	×		有	譬喩	300⑥	和動	273②			
あら	あら	×		有	譬喩	302③	和動	274④			
あら	あら	×		有	譬喩	302④	和動	274⑤			
あら	あら	×		有	譬喩	305①	和動	277②			
あら	あら	×		有	譬喩	306④	和動	279①			
あら	あら	×		有	譬喩	307③	和動	279⑤			
あら	あら	×		有	譬喩	307⑥	和動	280②			
あら	あら	×		有	譬喩	311⑥	和動	285①			
あら	あら	×		有	信解	328①	和動	×			
あら	あら	×		有	信解	351①	和動	333⑤			
あら	あら	×		有	信解	355①	和動	338④			
あら	あら	×		有	授記	416⑤	和動	405①		なイらん[西右]	
あら	あら	×		有	授記	416⑥	和動	405②		なイらん[西右]	
あら	あら	×		有	授記	417①	和動	405③			
あら	あら	×		有	授記	418①	和動	406④		なイらん[西右]	
あら	あら	×		有	授記	418②	和動	406⑤	むしゆ／かすもしらぬ[妙]	ならん[西右]	
あら	あら	×		有	授記	421⑥	和動	411①			
あら	あら	×		有	授記	422①	和動	411②			
あら	あら	×		有	授記	428④	和動	419①			
あら	あら	×		有	授記	428⑤	和動	419①		ならん[西右]	
あら	あら	×		有	授記	428⑥	和動	419②		ならん[西右]	
あら	あら	×		有	授記	428⑥	和動	419③			
あら	あら	×		有	授記	432①	和動	422⑥		一て[西右]	
あら	あら	×		有	授記	432⑤	和動	423⑤		ならん[西右]	
あら	あら	×		有	授記	432⑥	和動	423⑥		ならん[西右]	
あら	あら	×		有	授記	436②	和動	427②			
あら	あら	×		有	授記	436③	和動	427⑥		ならん[西右]	
あら	あら	×		有	授記	436③	和動	427⑥		ならん[西右]	
あら	あら	×		有	授記	436④	和動	428①		ならん[西右]	
あら	あら	×		有	授記	441④	和動	433⑤			
あら	あら	×		有	授記	441⑤	和動	433⑥			
あら	あら	×		有	授記	441⑥	和動	434①			
あら	あら	×		有	授記	443⑤	和動	436②			
あら	あら	×		有	授記	444①	和動	436⑤			

当該語	読みかな	傍訓	漢字表記	品名	頁数	語の種類	妙一本	和解語文	可読	異同語彙
あら	あら	×	有	授記	444④	和動	437②			
あら	あら	×	有	化城	462②	和動	458①			
あら	あら	×	有	化城	465③	和動	461⑤			
あら	あら	×	有	化城	473③	和動	471⑥			
あら	あら	×	有	化城	474⑤	和動	473③			
あら	あら	×	有	化城	482③	和動	482④			
あら	あら	×	有	化城	483⑤	和動	484①			
あら	あら	×	有	化城	491③	和動	493③			
あら	あら	×	有	化城	519⑤	和動	524⑤			
あら	あら	×	有	化城	532⑥	和動	538⑤			
あら	あら	×	有	化城	548④	和動	555②			
あら	あら	×	有	五百	572②	和動	576②			
あら	あら	×	有	五百	572⑥	和動	577①			
あら	あら	×	有	五百	578②	和動	583①			
あら	あら	×	有	五百	587①	和動	592⑥			
あら	あら	×	有	五百	587②	和動	593①			
あら	あら	×	有	五百	587⑥	和動	594①			
あら	あら	×	有	五百	588②	和動	594④			
あら	あら	×	有	授學	605④	和動	614③			
あら	あら	×	有	授學	607④	和動	616⑤			
あら	あら	×	有	授學	613⑥	和動	623③			
あら	あら	×	有	授學	619①	和動	629②			
あら	あら	×	有	授學	618①	和動	628①		なー［西右］	
あら	あら	×	有	法師	629①	和動	640②			
あら	あら	×	有	法師	631⑥	和動	643③			
あら	あら	×	有	法師	632②	和動	643⑤			
あら	あら	×	有	法師	632④	和動	644②			
あら	あら	×	有	法師	635②	和動	647②			
あら	あら	×	有	法師	639③	和動	651⑥			
あら	あら	×	有	法師	642⑥	和動	654⑥			
あら	あら	×	有	見寶	662③	和動	677①			
あら	あら	×	有	見寶	665⑤	和動	680④			
あら	あら	×	有	見寶	685①	和動	702②			
あら	あら	×	有	見寶	690④	和動	708③			
あら	あら	×	有	見寶	697②	和動	716②			
あら	あら	×	有	提婆	718①	和動	736①			
あら	あら	×	有	勸持	745⑥	和動	764⑤		ならん［西右］	
あら	あら	×	有	勸持	752④	和動	772①			
あら	あら	×	有	勸持	755⑤	和動	775③			
あら	あら	×	有	勸持	757⑥	和動	777④			
あら	あら	×	有	安樂	778②	和動	799①			
あら	あら	×	有	安樂	778③	和動	799②			
あら	あら	×	有	安樂	780①	和動	800⑥			
あら	あら	×	有	安樂	780③	和動	801②			
あら	あら	×	有	安樂	787④	和動	809①			
あら	あら	×	有	安樂	791⑤	和動	813①			
あら	あら	×	有	安樂	793⑤	和動	815②			
あら	あら	×	有	安樂	814⑥	和動	837③			
あら	あら	×	有	安樂	816⑤	和動	839②			
あら	あら	×	有	從地	869⑤	和動	892⑤			
あら	あら	×	有	如來	918③	和動	937③			
あら	あら	×	有	分別	936①	和動	954④			
あら	あら	×	有	分別	939①	和動	957④			
あら	あら	×	有	分別	944②	和動	962⑤			
あら	あら	×	有	分別	946⑤	和動	965②			
あら	あら	×	有	分別	947④	和動	966②			
あら	あら	×	有	分別	950⑤	和動	969④			
あら	あら	×	有	分別	954③	和動	973①			
あら	あら	×	有	分別	956②	和動	974⑥			
あら	あら	×	有	分別	960①	和動	978⑤			
あら	あら	×	有	隨喜	980⑤	和動	998⑥			
あら	あら	×	有	隨喜	982③	和動	1000④			
あら	あら	×	有	隨喜	983③	和動	1001④			
あら	あら	×	有	法功	998①	和動	1016⑤			
あら	あら	×	有	法功	1008③	和動	1026⑥			
あら	あら	×	有	法功	1027⑤	和動	1046④			
あら	あら	×	有	法功	1031⑤	和動	1050③		あらば［西右］	
あら	あら	×	有	法功	1043③	和動	1062①			

当該語	読みかな	傍訓	漢字表記	品名	頁数	語の種類	妙一本	和解語文	可読	異同語彙
あら	あら	×	有	法功	1043④	和動	1062①			
あら	あら	×	有	法功	1046⑤	和動	1065②			
あら	あら	×	有	法功	1047③	和動	1065⑥			
あら	あら	×	有	法功	1047④	和動	1066②			
あら	あら	×	有	常不	1056⑥	和動	1075⑤			
あら	あら	×	有	神力	1096①	和動	1114⑤			
あら	あら	×	有	囑累	1108⑤	和動	1127③			
あら	あら	×	有	囑累	1109②	和動	1127⑥		ものをは[西右]	あら[妙]
あら	あら	×	有	藥王	1115①	和動	1133④		います[西右]	あら[妙]
あら	あら	×	有	藥王	1141②	和動	1159③			
あら	あら	×	有	藥王	1161④	和動	1178⑤		あて[西右]	あら[妙]
あら	あら	×	有	藥王	1162①	和動	1179①			
あら	あら	×	有	藥王	1163③	和動	1180②			
あら	あら	×	有	觀世	1210①	和動	1223①			
あら	あら	×	有	觀世	1237②	和動	1249⑤			
あら	あら	×	有	觀世	1241④	和動	1253⑥			
あら	あら	×	有	陀羅	1248⑤	和動	1260⑥			
あら	あら	×	有	陀羅	1254①	和動	1266②			
あら	あら	×	有	陀羅	1257④	和動	1269③			
あら	あら	×	有	陀羅	1261⑤	和動	1273①			
あら	あら	×	有	妙莊	1294②	和動	1302⑥			
あら	あら	×	有	普賢	1311②	和動	1317③			
あら	あら	×	有	普賢	1314②	和動	1320②			
あら	あら	×	有	普賢	1321②	和動	1326②			
あら	あら	×	有	普賢	1321⑥	和動	1326⑤			
あら	あら	×	有	普賢	1325②	和動	1329⑤			あり[妙]
あら	あら	×	有	普賢	1328③	和動	1332③			
あら	あら	×	有	普賢	1331①	和動	1335①			
あら	あら	×	有	普賢	1334⑤	和動	1337⑥			
あら	あら	×	有	普賢	1335④	和動	1338④			
阿羅呵	あらか	あらか	阿羅呵	妙音	1186⑥	仏梵語名	1201④			あらか[妙]
阿羅呵	あらか	あらか	阿羅呵	妙莊	1272③	仏梵語名	1283②			あらか[妙]
阿羅訶	あらか	あらか	阿羅訶	序品	61②	仏梵語名	53③			
阿羅訶	あらか	あらか	阿羅訶	譬喩	225⑥	仏梵語名	194⑥			
阿羅漢	あらかん	あらかん	阿羅漢	序品	4⑤	仏人倫名	3⑤			
阿羅漢	あらかん	——かん	阿羅漢	方便	102①	仏人倫名	89④		—たる[西右]	
阿羅漢	あらかん	——かん	阿羅漢	方便	136⑤	仏人倫名	119②		—なり[西右]	
阿羅漢	あらかん	——かん	阿羅漢	方便	137①	仏人倫名	119⑤			
阿羅漢	あらかん	あらかん	阿羅漢	方便	137④	仏人倫名	120①			
阿羅漢	あらかん	×	阿羅漢	方便	138④	仏人倫名	120⑤			
阿羅漢	あらかん	——かん	阿羅漢	方便	184④	仏人倫名	158③		—と[西右]	
阿羅漢	あらかん	あらかん	阿羅漢	信解	374③	仏人倫名	361⑤			
阿羅漢	あらかん	あらかん	阿羅漢	化城	535④	仏人倫名	541②	あらかん/ほんなうをはなれうまれすしなす[妙]		
阿羅漢	あらかん	×	阿羅漢	化城	535⑤	仏人倫名	541④			
阿羅漢	あらかん	あらかん	阿羅漢	化城	547⑤	仏人倫名	554②			
阿羅漢	あらかん	あらかん	阿羅漢	五百	583⑤	仏人倫名	588⑤			
阿羅漢	あらかん	×	阿羅漢	五百	584③	仏人倫名	589⑥		—たる[西右]	
阿羅漢	あらかん	×	阿羅漢	五百	589①	仏人倫名	595③			
阿羅漢	あらかん	×	阿羅漢	五百	593⑤	仏人倫名	601①			
阿羅漢	あらかん	あらかん	阿羅漢	見寶	696②	仏人倫名	715①			
阿羅漢	あらかん	あらかん	阿羅漢	勸持	739④	仏人倫名	758②			
阿羅漢	あらかん	あらかん	阿羅漢	隨喜	988⑤	仏人倫名	1007②			
阿羅漢	あらかん	×	阿羅漢	藥王	1142③	仏人倫名	1160③		—と[西右]	あらかん[妙]
阿羅漢	あらかん	——かん	阿羅漢	藥王	1146⑥	仏人倫名	1165①		———と[西右]	
阿羅漢果	あらかんが	あらかんぐは	阿羅漢果	提婆	717③	仏名	735③			
阿羅漢果	あらかんが	あらかんのくは	阿羅漢果	提婆	718⑥	仏名	736⑥			
阿羅漢果	あらかんが	—らかんぐは	阿羅漢果	隨喜	977②	仏名	995③			
阿羅漢果	あらかんが	×	阿羅漢果	隨喜	977⑤	仏名	996①			
阿羅漢道	あらかんどう	—らかん—	阿羅漢道	隨喜	975⑥	仏名	994①			
あらく	あらく	×	麁	隨喜	983②	和形	1001④			
あらされ	あらざれ	×	非	如來	895⑤	和連語	914④			
あらし	あらじ	×	非	譬喩	267③	和連語	238④			
あらず	あらず	×	非	方便	124⑤	和連語	109③			
あらず	あらず	×	非	方便	137②	和連語	119⑤			

当該語	読みかな	傍訓	漢字表記	品名	頁数	語の種類	妙一本	和解語文	可読	異同語彙
あらず	あらず	×	非	方便	137②	和連語	119⑤			
あらず	あらず	×	非	方便	137③	和連語	119⑤			
あらず	あらず	×	非	方便	149③	和連語	129⑥			
あらず	あらず	×	非	方便	156⑤	和連語	135④			
あらず	あらず	×	非	譬喩	214①	和連語	182③			
あらず	あらず	×	非	譬喩	215④	和連語	183⑤			
あらず	あらず	×	非	譬喩	222④	和連語	191③			
あらず	あらず	×	非	譬喩	223⑥	和連語	192⑥			
あらず	あらず	×	非	譬喩	251②	和連語	221②			
あらす	あらず	×	非	譬喩	252②	和連語	222②			
あらず	あらず	×	非	信解	328②	和連語	305①			
あらす	あらず	×	非	信解	373①	和連語	360①		あらざるを[西右]	
あらず	あらず	×	非	藥草	414③	和連語	402⑤			
あらず	あらず	×	非	化城	466③	和連語	463②			
あらず	あらず	×	非	化城	528⑥	和連語	534④		一と[西右]	
あらず	あらず	×	非	化城	529⑤	和連語	535②			
あらず	あらず	×	非	五百	594③	和連語	602①			
あらず	あらず	×	非	五百	599⑥	和連語	608④			
あらず	あらず	×	非	提婆	723②	和連語	741③			
あらず	あらず	×	非	提婆	723③	和連語	741④			
あらず	あらず	×	非	提婆	732⑤	和連語	750⑥			
あらず	あらず	×	非	如來	885⑥	和連語	904⑥			
あらず	あらず	×	非	如來	886①	和連語	905①			
あらず	あらず	×	非	如來	893②	和連語	912②			
あらず	あらず	×	非	如來	893③	和連語	912③			
あらず	あらず	×	非	如來	893③	和連語	912③			
あらず	あらず	×	非	如來	893③	和連語	912③			
あらそひ	あらそい	×	争	譬喩	246⑤	和動	216④			
あらそひ	あらそい	×	争	譬喩	273⑤	和動	245①			
あらそひ	あらそい	×	争	譬喩	278⑥	和動	250④			あらそひ[妙]
阿羅婆第　六	あらはてい	あらはてい	阿羅婆第六	陀羅	1256⑤	仏梵語名	1268④			あらはてい[妙]
所有	あらゆる	あらゆる	所有	化城	446④	和副	439⑤	しよう／あるところ[妙]		
あられ	あられ	×	霰	觀世	1242①	和天象名	1254③			
阿羅隷　二十八	あられい	あられい	阿羅隷　二十八	陀羅	1252⑤	仏梵語名	1264③			あられい[妙]
あらは	あらわ	×	現	安樂	766②	和形動	786②			
あらは	あらわ	×	露	安樂	766①	和形動	786①			
あらは	あらわ	×	袒	信解	318②	和形動	292⑥			ぬぎたれ[西]
あらは	あらわ	×	袒	授學	603③	和形動	611⑥			
あらは	あらわ	×	袒	分別	929②	和形動	947⑥		ぬきたれ[西右]	
あらはに	あらわに	×	袒	觀世	1208③	和形動	1221③		ぬぎたれ[西右]	
あらはに	あらわに	×	袒	陀羅	1248①	和形動	1260②		ぬぎたれ[西右]	あらはに[妙]
阿梨一	あり	あり	阿梨一	陀羅	1258⑤	仏梵語名	1270③			あり[妙]
あり	あり	×	在	譬喩	210①	和動	177⑤			
あり	あり	×	在	譬喩	279⑥	和動	251③			
あり	あり	×	在	譬喩	283②	和動	254⑥			
あり	あり	×	在	譬喩	298④	和動	270⑥			
あり	あり	×	在	信解	319③	和動	294③			
あり	あり	×	在	信解	340②	和動	320③			
あり	あり	×	在	信解	342②	和動	323①			
あり	あり	×	在	信解	344④	和動	325③			
あり	あり	×	在	信解	358⑥	和動	343②			
あり	あり	×	在	五百	592③	和動	599④			
あり	あり	×	在	五百	594①	和動	601④			
あり	あり	×	在	法師	635⑤	和動	647⑥			
あり	あり	×	在	法師	648⑥	和動	662④			
あり	あり	×	在	法師	654④	和動	668⑤			
あり	あり	×	在	見寶	686②	和動	703⑤			
あり	あり	×	在	提婆	724④	和動	742⑤			
あり	あり	×	在	勧持	752②	和動	771⑤			
あり	あり	×	在	勧持	754②	和動	773⑤			
あり	あり	×	在	安樂	764③	和動	784②			
あり	あり	×	在	安樂	766⑥	和動	786⑥			

あら―あり　21

当該語	読みかな	傍訓	漢字表記	品名	頁数	語の種類	妙一本	和解語文	可読	異同語彙
あり	あり	×	在	安樂	774③	和動	794⑥			
あり	あり	×	在	安樂	793①	和動	814④			
あり	あり	×	在	安樂	800⑤	和動	822④			
あり	あり	×	在	安樂	814①	和動	836④			
あり	あり	×	在	安樂	815②	和動	837⑤			
あり	あり	×	在	從地	817⑥	和動	840②			
あり	あり	×	在	從地	820⑥	和動	843①			
あり	あり	×	在	從地	827④	和動	849⑤			
あり	あり	×	在	從地	850③	和動	873②			
あり	あり	×	在	從地	853④	和動	876①			
あり	あり	×	在	從地	868⑤	和動	891⑤			
あり	あり	×	在	如來	888①	和動	907②			
あり	あり	×	在	如來	913②	和動	932②			
あり	あり	×	在	如來	915①	和動	934①			
あり	あり	×	在	如來	917③	和動	936②			
あり	あり	×	在	分別	931④	和動	950②			
あり	あり	×	在	隨喜	971③	和動	989④		―らまし[西右]	
あり	あり	×	在	法功	1012④	和動	1031①			
あり	あり	×	在	法功	1012⑤	和動	1031②			
あり	あり	×	在	法功	1022①	和動	1040⑥			
あり	あり	×	在	法功	1024②	和動	1043①			
あり	あり	×	在	法功	1025③	和動	1044③			
あり	あり	×	在	法功	1039⑥	和動	1058⑤			
×	あり	×	在	妙音	1197⑤	和動	1211④		あて[西右]	あり[妙]
あり	あり	×	有	序品	6④	和動	5②			
あり	あり	×	有	序品	7①	和動	5⑤			
あり	あり	×	有	序品	7③	和動	5⑥			
あり	あり	×	有	序品	10③	和動	8③			
あり	あり	×	有	序品	11①	和動	8⑥			
あり	あり	×	有	序品	11⑥	和動	9④			
あり	あり	×	有	序品	12③	和動	9⑥			
あり	あり	×	有	序品	12⑥	和動	10③			
あり	あり	×	有	序品	13④	和動	10⑤			
あり	あり	×	有	序品	19①	和動	15⑤			
あり	あり	×	有	序品	27⑤	和動	23⑤			
あり	あり	×	有	序品	28②	和動	24①			
あり	あり	×	有	序品	30③	和動	25⑥			
あり	あり	×	有	序品	30③	和動	26①			
あり	あり	×	有	序品	30④	和動	26②			
あり	あり	×	有	序品	39①	和動	33④			
あり	あり	×	有	序品	40①	和動	34③			
あり	あり	×	有	序品	40⑥	和動	35①			
あり	あり	×	有	序品	43④	和動	37④			
あり	あり	×	有	序品	51⑤	和動	44⑤			ましましき[妙]
あり	あり	×	有	序品	57①	和動	49⑤			
あり	あり	×	有	序品	57⑥	和動	50③			
あり	あり	×	有	序品	58①	和動	50④			
あり	あり	×	有	序品	60③	和動	52⑤			
あり	あり	×	有	序品	63②	和動	55②			
あり	あり	×	有	序品	69⑥	和動	61①			
あり	あり	×	有	序品	71⑥	和動	63①			
あり	あり	×	有	序品	72②	和動	63③			
あり	あり	×	有	序品	77②	和動	67⑥			
あり	あり	×	有	序品	81④	和動	71④			
あり	あり	×	有	方便	89⑤	和動	78⑤		います[西右]	
あり	あり	×	有	方便	100⑤	和動	88②		し給ひ[西右]	
あり	あり	×	有	方便	102④	和動	89⑥			
あり	あり	×	有	方便	104⑤	和動	91⑤		をも[西右]	
あり	あり	×	有	方便	105④	和動	92④			
あり	あり	×	有	方便	106④	和動	93⑤		あて[西右]	
あり	あり	×	有	方便	110⑥	和動	97①		―るど[西右]	
あり	あり	×	有	方便	114②	和動	99⑥			
あり	あり	×	有	方便	120⑤	和動	105⑥		あて[西右]	
あり	あり	×	有	方便	121④	和動	106④			
あり	あり	×	有	方便	122②	和動	107②			
あり	あり	×	有	方便	123④	和動	108③			
あり	あり	×	有	方便	138③	和動	120⑤			

当該語	読みかな	傍訓	漢字表記	品名	頁数	語の種類	妙一本	和解語文	可読	異同語彙
あり	あり	×	有	方便	141②	和動	123①			
あり	あり	×	有	方便	141③	和動	123②			
あり	あり	×	有	方便	142②	和動	124①			
あり	あり	×	有	方便	146②	和動	127②		の[西右]	
あり	あり	×	有	方便	148③	和動	129①			
あり	あり	×	有	方便	157②	和動	136①		あて[西右]	
あり	あり	×	有	方便	159⑥	和動	138①			
あり	あり	×	有	方便	160⑥	和動	138②			
あり	あり	×	有	方便	162③	和動	140①			
あり	あり	×	有	方便	167⑥	和動	144④			
あり	あり	×	有	方便	184⑤	和動	158③		一き[西右]	
あり	あり	×	有	譬喩	221⑤	和動	190⑤			
あり	あり	×	有	譬喩	222①	和動	190⑥			
あり	あり	×	有	譬喩	239①	和動	208③			
あり	あり	×	有	譬喩	239②	和動	208④			
あり	あり	×	有	譬喩	240①	和動	209④			
あり	あり	×	有	譬喩	241③	和動	211①			
あり	あり	×	有	譬喩	241⑥	和動	211③			
あり	あり	×	有	譬喩	245⑤	和動	215④			
あり	あり	×	有	譬喩	248②	和動	218①			
あり	あり	×	有	譬喩	249①	和動	219①			
あり	あり	×	有	譬喩	250③	和動	220③			
あり	あり	×	有	譬喩	254②	和動	225①			
あり	あり	×	有	譬喩	255⑥	和動	227①			
あり	あり	×	有	譬喩	256②	和動	227②			
あり	あり	×	有	譬喩	258⑥	和動	230①			
あり	あり	×	有	譬喩	262③	和動	233⑤			
あり	あり	×	有	譬喩	262③	和動	233⑥		あて[西右]	
あり	あり	×	有	譬喩	263②	和動	234⑤			
あり	あり	×	有	譬喩	264②	和動	235④			
あり	あり	×	有	譬喩	267①	和動	238②			
あり	あり	×	有	譬喩	271④	和動	242⑤			
あり	あり	×	有	譬喩	273①	和動	244②			
あり	あり	×	有	譬喩	273②	和動	244③			
あり	あり	×	有	譬喩	274⑥	和動	246②			
あり	あり	×	有	譬喩	275③	和動	246⑤			
あり	あり	×	有	譬喩	275④	和動	246⑥			
あり	あり	×	有	譬喩	280⑥	和動	252③		あて[西]	
あり	あり	×	有	譬喩	283①	和動	254⑤			
あり	あり	×	有	譬喩	287⑥	和動	258⑤			
あり	あり	×	有	譬喩	288①	和動	259⑥			
あり	あり	×	有	譬喩	289⑤	和動	261⑥			
あり	あり	×	有	譬喩	293①	和動	265①			
あり	あり	×	有	譬喩	296①	和動	268②			
あり	あり	×	有	譬喩	303④	和動	275⑤			
あり	あり	×	有	譬喩	305①	和動	277③			
あり	あり	×	有	譬喩	313②	和動	286⑥			
あり	あり	×	有	譬喩	314③	和動	288③			
あり	あり	×	有	譬喩	315①	和動	289①			
あり	あり	×	有	信解	322①	和動	297④			
あり	あり	×	有	信解	323④	和動	299③			
あり	あり	×	有	信解	325①	和動	301②			
あり	あり	×	有	信解	327④	和動	304②			
あり	あり	×	有	信解	328④	和動	305③			
あり	あり	×	有	信解	329④	和動	306⑤			
あり	あり	×	有	信解	334③	和動	312④			
あり	あり	×	有	信解	338①	和動	316⑥			
あり	あり	×	有	信解	338②	和動	317②			
あり	あり	×	有	信解	340⑤	和動	320③			
あり	あり	×	有	信解	341①	和動	320⑥			
あり	あり	×	有	信解	355⑤	和動	339③			
あり	あり	×	有	信解	356①	和動	340④			
あり	あり	×	有	信解	357⑤	和動	341⑤			
あり	あり	×	有	信解	362④	和動	347⑤			
あり	あり	×	有	信解	371⑥	和動	358④			
あり	あり	×	有	薬草	390①	和動	375③			
あり	あり	×	有	薬草	395④	和動	381③			
あり	あり	×	有	授記	418③	和動	406⑥			

当該語	読みかな	傍訓	漢字表記	品名	頁数	語の種類	妙一本	和解語文	可読	異同語彙
あり	あり	×	有	授記	444①	和動	436④			
あり	あり	×	有	化城	446⑤	和動	439⑤			
あり	あり	×	有	化城	455④	和動	450③		いまし[西右]	
あり	あり	×	有	化城	455⑥	和動	450⑤		一き[西右]	
あり	あり	×	有	化城	465⑥	和動	462④			
あり	あり	×	有	化城	471②	和動	468⑥		をもて[西右]	
あり	あり	×	有	化城	473⑥	和動	472④		き[西右]	
あり	あり	×	有	化城	480①	和動	479④			
あり	あり	×	有	化城	483①	和動	483③			
あり	あり	×	有	化城	492①	和動	494①			
あり	あり	×	有	化城	509③	和動	514①			
あり	あり	×	有	化城	514⑥	和動	519⑥			
あり	あり	×	有	化城	518①	和動	522⑥			
あり	あり	×	有	化城	519①	和動	524①			
あり	あり	×	有	化城	522③	和動	527④			
あり	あり	×	有	化城	522④	和動	527⑥			
あり	あり	×	有	化城	526③	和動	531⑤			
あり	あり	×	有	化城	529④	和動	535②			
あり	あり	×	有	化城	532③	和動	538①			
あり	あり	×	有	化城	535①	和動	540⑤			
あり	あり	×	有	化城	538⑥	和動	544⑤			
あり	あり	×	有	化城	539⑤	和動	545④			
あり	あり	×	有	化城	540①	和動	545⑥			
あり	あり	×	有	化城	541③	和動	547②		の[西右]	
あり	あり	×	有	化城	541③	和動	547②			
あり	あり	×	有	化城	541④	和動	547③			
あり	あり	×	有	化城	543①	和動	548⑤		あてィ[西右]	
あり	あり	×	有	化城	548②	和動	554⑥			
あり	あり	×	有	五百	573④	和動	577⑥			
あり	あり	×	有	五百	576④	和動	581③			
あり	あり	×	有	五百	577⑥	和動	582⑤			
あり	あり	×	有	五百	580⑥	和動	586①			
あり	あり	×	有	五百	581④	和動	586⑤			
あり	あり	×	有	五百	590③	和動	597①			
あり	あり	×	有	五百	598②	和動	606④			
あり	あり	×	有	五百	598⑥	和動	607③			
あり	あり	×	有	授學	609①	和動	618②			
あり	あり	×	有	法師	622⑥	和動	633⑤			
あり	あり	×	有	法師	623②	和動	634①			
あり	あり	×	有	法師	624④	和動	635④			
あり	あり	×	有	法師	628②	和動	639③			
あり	あり	×	有	法師	635③	和動	647④			
あり	あり	×	有	法師	636⑥	和動	649②			
あり	あり	×	有	法師	637④	和動	649⑥			
あり	あり	×	有	法師	641①	和動	653④			
あり	あり	×	有	法師	641③	和動	654①			
あり	あり	×	有	法師	642③	和動	655①			
あり	あり	×	有	法師	642⑥	和動	655⑤			
あり	あり	×	有	法師	645④	和動	658⑤			
あり	あり	×	有	法師	646②	和動	659④			
あり	あり	×	有	法師	652⑤	和動	666⑤			
あり	あり	×	有	見寶	656⑥	和動	671①			
あり	あり	×	有	見寶	657②	和動	671④			
あり	あり	×	有	見寶	660④	和動	675①			
あり	あり	×	有	見寶	661①	和動	675④			
あり	あり	×	有	見寶	661⑤	和動	676②			
あり	あり	×	有	見寶	671③	和動	686⑤			
あり	あり	×	有	見寶	673③	和動	689①			
あり	あり	×	有	見寶	675⑤	和動	691④			
あり	あり	×	有	見寶	693③	和動	711⑤			
あり	あり	×	有	見寶	696②	和動	715②			
あり	あり	×	有	提婆	710③	和動	727④			
あり	あり	×	有	提婆	712⑥	和動	730④			
あり	あり	×	有	提婆	717②	和動	735②			
あり	あり	×	有	提婆	719③	和動	737③			
あり	あり	×	有	提婆	721①	和動	739②			
あり	あり	×	有	提婆	727①	和動	745②			
あり	あり	×	有	提婆	727③	和動	745③			

当該語	読みかな	傍訓	漢字表記	品名	頁数	語の種類	妙一本	和解語文	可読	異同語彙
あり	あり	×	有	提婆	728⑤	和動	746⑤			
あり	あり	×	有	提婆	733②	和動	751④			
あり	あり	×	有	提婆	733⑥	和動	752②		をたもてり[西右]	
あり	あり	×	有	提婆	735④	和動	754①			
あり	あり	×	有	勧持	740②	和動	758⑥			
あり	あり	×	有	勧持	751④	和動	770⑥			
あり	あり	×	有	安樂	765⑤	和動	785④			
あり	あり	×	有	安樂	768⑥	和動	789①			
あり	あり	×	有	安樂	775①	和動	795⑤			
あり	あり	×	有	安樂	782③	和動	803③			
あり	あり	×	有	安樂	794⑤	和動	816②			
あり	あり	×	有	安樂	798①	和動	819④			
あり	あり	×	有	安樂	801④	和動	823③			
あり	あり	×	有	安樂	806⑤	和動	828⑥			
あり	あり	×	有	安樂	807②	和動	829③			
あり	あり	×	有	安樂	813⑤	和動	836②			
あり	あり	×	有	從地	819②	和動	841④			
あり	あり	×	有	從地	819③	和動	841⑤			
あり	あり	×	有	從地	820②	和動	842④			
あり	あり	×	有	從地	820④	和動	842⑥		います[西右]	
あり	あり	×	有	從地	822⑥	和動	845②		をや[西右]	
あり	あり	×	有	從地	826⑥	和動	849①			
あり	あり	×	有	從地	835②	和動	858①			
有	あり	×	有	從地	835③	和動	858②			
あり	あり	×	有	從地	836②	和動	859①			
あり	あり	×	有	從地	836⑥	和動	859⑤			
あり	あり	×	有	從地	837⑥	和動	860⑤		とあり[西右]	
あり	あり	×	有	從地	839⑤	和動	862④			
あり	あり	×		從地	843⑤	和動	×			
あり	あり	×	有	從地	857⑥	和動	880⑤			
あり	あり	×	有	從地	858⑥	和動	881⑤			
あり	あり	×	有	從地	866⑤	和動	889③			
あり	あり	×	有	從地	868②	和動	891②			
あり	あり	×	有	從地	868④	和動	891③			
あり	あり	×	有	如來	884④	和動	903③			
あり	あり	×	有	如來	889①	和動	908②			
あり	あり	×	有	如來	897⑥	和動	916⑥			
あり	あり	×	有	如來	899③	和動	918④			
あり	あり	×	有	如來	909①	和動	927⑥			
あり	あり	×	有	如來	913③	和動	932③			
あり	あり	×	有	如來	917⑤	和動	936④			
あり	あり	×	有	分別	922④	和動	941④			
あり	あり	×	有	分別	922⑥	和動	941⑤			
あり	あり	×	有	分別	923①	和動	941⑥			
あり	あり	×	有	分別	923③	和動	942②			
あり	あり	×	有	分別	923⑤	和動	942④			
あり	あり	×	有	分別	924①	和動	942⑤			
あり	あり	×	有	分別	924③	和動	943①			
あり	あり	×	有	分別	924⑤	和動	943③			
あり	あり	×	有	分別	925①	和動	943⑤			
あり	あり	×	有	分別	925③	和動	944①			
あり	あり	×	有	分別	925⑤	和動	944③			
あり	あり	×	有	分別	928③	和動	947①			
あり	あり	×	有	分別	930⑥	和動	949④			
あり	あり	×	有	分別	931②	和動	949⑥			
あり	あり	×	有	分別	931④	和動	950①			
あり	あり	×	有	分別	931⑥	和動	950④			
あり	あり	×	有	分別	932②	和動	950⑥			
あり	あり	×	有	分別	932⑥	和動	951④			
あり	あり	×	有	分別	937①	和動	955⑤			
あり	あり	×	有	分別	937⑤	和動	956②			
あり	あり	×	有	分別	942①	和動	960③			
あり	あり	×	有	分別	944③	和動	962⑥			
あり	あり	×	有	分別	945②	和動	963⑤			
あり	あり	×	有	分別	946⑥	和動	965③			
あり	あり	×	有	分別	953③	和動	972②			
あり	あり	×	有	分別	956⑤	和動	975③			

あり 25

当該語	読みかな	傍訓	漢字表記	品名	頁数	語の種類	妙一本	和解語文	可読	異同語彙
あり	あり	×	有	分別	963⑥	和動	982③			
あり	あり	×	有	分別	964③	和動	982⑤			
あり	あり	×	有	分別	964③	和動	982⑥			
あり	あり	×	有	分別	964⑤	和動	983①			
あり	あり	×	有	分別	965⑥	和動	984②			
あり	あり	×	有	随喜	969④	和動	987④			
あり	あり	×	有	随喜	970②	和動	988③			
あり	あり	×	有	随喜	973④	和動	991④			
あり	あり	×	有	随喜	980④	和動	998④			
あり	あり	×	有	随喜	981③	和動	999④			
あり	あり	×	有	随喜	987②	和動	1005③			
あり	あり	×	有	随喜	990①	和動	1008③			
あり	あり	×	有	法功	1006①	和動	1024④			
あり	あり	×	有	法功	1019③	和動	1038①		あて[西右]	
あり	あり	×	有	法功	1021⑤	和動	1040③			
あり	あり	×	有	常不	1060⑤	和動	1079③			
あり	あり	×	有	常不	1061⑥	和動	1080④			
あり	あり	×	有	常不	1062①	和動	1080⑤			
あり	あり	×	有	常不	1064③	和動	1083①			
あり	あり	×	有	常不	1077⑥	和動	1096⑤			
あり	あり	×	有	神力	1090⑤	和動	1109①			
あり	あり	×	有	神力	1096⑤	和動	1115③			
あり	あり	×	有	藥王	1116⑥	和動	1135②			
あり	あり	×	有	藥王	1118②	和動	1136④			
あり	あり	×	有	藥王	1118④	和動	1136⑥			
あり	あり	×	有	藥王	1118⑥	和動	1137②			
あり	あり	×	有	藥王	1142①	和動	1160①			
あり	あり	×	有	藥王	1153①	和動	1171②			
あり	あり	×	有	藥王	1153③	和動	1171④		あて[西右]	あり[妙]
あり	あり	×	有	藥王	1154①	和動	1172①		あて[西右]	
あり	あり	×	有	藥王	1159①	和動	1176①			
あり	あり	×	有	妙音	1166②	和動	1182⑤			
あり	あり	×	有	妙音	1167④	和動	1183⑥			
あり	あり	×	有	妙音	1171②	和動	1187①			
あり	あり	×	有	妙音	1171⑥	和動	1187⑤			
あり	あり	×	有	妙音	1174③	和動	1189⑥			あり[妙]
あり	あり	×	有	妙音	1174④	和動	1190②		の[西右]	あり[妙]
あり	あり	×	有	妙音	1183②	和動	1198①		ならさるや[西右]	あり[妙]
あり	あり	×	有	妙音	1188①	和動	1202④		あるなり[西右]	あり[妙]
あり	あり	×	有	妙音	1189④	和動	1204①		あるのみやィ[西右]	
あり	あり	×	有	妙音	1193⑤	和動	1207④		あて[西右]	
あり	あり	×	有	觀世	1209②	和動	1222②			
あり	あり	×	有	觀世	1210⑤	和動	1224①			
あり	あり	×	有	觀世	1211③	和動	1224④			
あり	あり	×	有	觀世	1212①	和動	1225②			
あり	あり	×	有	觀世	1213③	和動	1226⑤			
あり	あり	×	有	觀世	1213④	和動	1226⑤			
あり	あり	×	有	觀世	1214③	和動	1227④			
あり	あり	×	有	觀世	1216④	和動	1229⑥			
あり	あり	×	有	觀世	1217⑥	和動	1231②		いましき[西右]	あり[妙]
あり	あり	×	有	觀世	1218②	和動	1231④			
あり	あり	×	有	觀世	1219②	和動	1232④			
あり	あり	×	有	觀世	1219②	和動	1232④			
あり	あり	×	有	觀世	1219⑤	和動	1233①			
あり	あり	×	有	觀世	1220⑤	和動	1234①			
あり	あり	×	有	觀世	1222④	和動	1235⑥			
あり	あり	×	有	觀世	1234④	和動	1247②		いまし[西右]	あり[妙]
あり	あり	×	有	觀世	1237①	和動	1250①			
あり	あり	×	有	觀世	1243⑤	和動	1256①			
あり	あり	×	有	觀世	1245③	和動	1257④		とまします[西右]	
あり	あり	×	有	觀世	1246⑤	和動	1258⑥			
あり	あり	×	有	陀羅	1249②	和動	1261②			
あり	あり	×	有	陀羅	1262①	和動	1273④			{あり}[妙]

当該語	読みかな	傍訓	漢字表記	品名	頁数	語の種類	妙一本	和解語文	可読	異同語彙
あり	あり	×	有	陀羅	1264①	和動	1275③		ことあらんものに[西右]	あり[妙]
あり	あり	×	有	妙荘	1273①	和動	1283⑤			
あり	あり	×	有	妙荘	1273②	和動	1283⑥		一き[西右]	
あり	あり	×	有	妙荘	1273④	和動	1284②		あて[西右]	あり[妙]
あり	あり	×	有	妙荘	1280①	和動	1290①			
あり	あり	×	有	妙荘	1291⑥	和動	1300⑥		あて[西右]	あり[妙]
あり	あり	×	有	妙荘	1300⑥	和動	1308⑤			
あり	あり	×	有	妙荘	1305①	和動	1311⑥			
あり	あり	×	有	普賢	1320⑤	和動	1325⑤			
あり	あり	×	有	普賢	1323⑥	和動	1328④			
あり	あり	×	有	普賢	1325①	和動	1329④			
あり	あり	×	有	普賢	1331②	和動	×		一らん[西右]	あり[妙]
あり	あり	×	有	普賢	1332①	和動	1335⑤			
あり	あり	×	有	普賢	1333⑥	和動	1337②			
ありがたし	ありがたし	×	有難	安樂	759⑤	和形	779③			
阿梨樹	ありじゆ	ありしゆ	阿梨樹	陀羅	1267④	仏植物名	1278④			ありじゆ[妙]
ありやいなや	ありやいなや	×	有否	譬喩	251⑤	和連語	221⑤			
ある	ある	×	或	譬喩	274②	和連体	245④			
ある	ある	×	或	信解	356④	和連体	340①			
ある	ある	×	或	信解	356⑤	和連体	340④			
ある	ある	×	或	安樂	763⑤	和連体	783③			
ある	ある	×	或	安樂	764④	和連体	784②			
ある	ある	×	或	如來	891⑥	和連体	910⑥			
ある	ある	×	或	如來	891⑥	和連体	911①			
ある	ある	×	或	如來	892①	和連体	911①			
ある	ある	×	或	如來	892①	和連体	911②			
ある	ある	×	或	如來	892②	和連体	911③			
ある	ある	×	或	如來	892③	和連体	911③			
ある	ある	×	或	如來	917③	和連体	936②			
ある	ある	×	或	法功	1034④	和連体	1053③			
ある	ある	×	在	見寶	685①	和動	702②			
ある	ある	×	在	分別	932②	和動	950⑥			
ある	ある	×	在	法功	1018①	和動	1036⑥			
ある	ある	×	在	法功	1045①	和動	1063⑤			
ある	ある	×	有	方便	128①	和動	112③			
ある	ある	×	有	藥草	387③	和動	372③			
ある	ある	×	有	序品	20②	和動	16⑤			
ある	ある	×	有	序品	38②	和動	32⑥			
ある	ある	×	有	序品	39②	和動	33⑤			
ある	ある	×	有	序品	59④	和動	51⑥			
ある	ある	×	有	序品	83⑤	和動	73③			
ある	ある	×	有	序品	86②	和動	75④			
ある	ある	×	有	方便	94⑥	和動	83②			
ある	ある	×	有	方便	103②	和動	90④			
ある	ある	×	有	方便	128⑥	和動	113①			
ある	ある	×	有	方便	134②	和動	117③			
ある	ある	×	有	方便	138⑤	和動	120⑥			
ある	ある	×	有	方便	140②	和動	122②			
ある	ある	×	有	方便	140⑤	和動	122⑤			
ある	ある	×	有	方便	170②	和動	146④			
ある	ある	×	有	方便	190②	和動	163③			
ある	ある	×	有	譬喩	216②	和動	184④			
ある	ある	×	有	譬喩	233⑤	和動	202⑥			
ある	ある	×	有	譬喩	234⑤	和動	204①			
ある	ある	×	有	譬喩	245①	和動	214④			
ある	ある	×	有	譬喩	268⑥	和動	240①			
ある	ある	×	有	譬喩	275⑤	和動	247②			
ある	ある	×	有	譬喩	279⑥	和動	251④			
ある	ある	×	有	譬喩	289③	和動	261③			
ある	ある	×	有	譬喩	292③	和動	264④			
ある	ある	×	有	譬喩	305③	和動	277④			
ある	ある	×	有	譬喩	306①	和動	278③			
ある	ある	×	有	譬喩	307⑤	和動	280①			
ある	ある	×	有	譬喩	309③	和動	282②			
ある	ある	×	有	譬喩	312⑥	和動	286③			
ある	ある	×	有	信解	325②	和動	301③			
ある	ある	×	有	信解	327⑤	和動	304③			

あり―ある　27

当該語	読みかな	傍訓	漢字表記	品名	頁数	語の種類	妙一本	和解語文	可読	異同語彙
ある	ある	×	有	信解	336⑥	和動	315④		て[西右]	
ある	ある	×	有	信解	337⑥	和動	316④		の[西右]	
ある	ある	×	有	信解	339②	和動	318④			
ある	ある	×	有	信解	345⑥	和動	327②			
ある	ある	×	有	信解	348④	和動	330③			
ある	ある	×	有	信解	349②	和動	331③			
ある	ある	×	有	信解	349⑤	和動	331⑥			
ある	ある	×	有	信解	352①	和動	335①			
ある	ある	×	有	藥草	390④	和動	375⑥			
ある	ある	×	有	藥草	406②	和動	393④			
ある	ある	×	有	藥草	413①	和動	401②			
ある	ある	×	有	授記	417③	和動	405⑥			
ある	ある	×	有	授記	418②	和動	406⑤			
ある	ある	×	有	授記	420⑤	和動	409⑥			
ある	ある	×	有	授記	421⑤	和動	410⑥		ならん[西右]	
ある	ある	×	有	授記	432⑤	和動	423④		ならん[西右]	
ある	ある	×	有	授記	444④	和動	437②		ならん[西右]	
ある	ある	×	有	化城	483①	和動	483②		一と[西右]	
ある	ある	×	有	化城	491⑥	和動	493⑥			
ある	ある	×	有	化城	521②	和動	526②			
ある	ある	×	有	化城	535⑤	和動	541⑤			
ある	ある	×	有	化城	539⑥	和動	545④			
ある	ある	×	有	五百	567②	和動	570⑥			
ある	ある	×	有	五百	571②	和動	575①			
ある	ある	×	有	五百	571⑥	和動	575⑥			
ある	ある	×	有	五百	581⑤	和動	586⑥			
ある	ある	×	有	五百	588④	和動	595①			
ある	ある	×	有	授學	602①	和動	610④			
ある	ある	×	有	授學	607⑤	和動	616⑥			
ある	ある	×	有	授學	619⑤	和動	630①			
ある	ある	×	有	見寶	663⑤	和動	678④			
ある	ある	×	有	見寶	672⑤	和動	688③			
ある	ある	×	有	見寶	675①	和動	690⑥			
ある	ある	×	有	提婆	708④	和動	725⑤			
ある	ある	×	有	提婆	723④	和動	741⑥			
ある	ある	×	有	提婆	729⑥	和動	747⑥			
ある	ある	×	有	安樂	763③	和動	782⑥			
ある	ある	×	有	安樂	773⑤	和動	794①			
ある	ある	×	有	安樂	774⑤	和動	795②			
ある	ある	×	有	安樂	775③	和動	795⑥			
ある	ある	×	有	安樂	775⑤	和動	796①			
ある	ある	×	有	安樂	776②	和動	796⑤			
ある	ある	×	有	安樂	785⑥	和動	807②			
ある	ある	×	有	安樂	793⑥	和動	815③			
ある	ある	×	有	安樂	796⑥	和動	818③			
ある	ある	×	有	安樂	799①	和動	820⑥			
ある	ある	×	有	安樂	800③	和動	822②			
ある	ある	×	有	安樂	805⑥	和動	828①			
ある	ある	×	有	從地	822③	和動	844④			あり[妙]
ある	ある	×	有	從地	822④	和動	844⑤			あり[妙]
ある	ある	×	有	從地	830②	和動	852④			
ある	ある	×	有	從地	836①	和動	858⑥			
ある	ある	×	有	從地	841①	和動	863⑥			
ある	ある	×	有	從地	841③	和動	864②			
ある	ある	×	有	從地	846④	和動	869②			
ある	ある	×	有	從地	850③	和動	873②			
ある	ある	×	有	從地	851①	和動	873⑤			
ある	ある	×	有	從地	865③	和動	888①			
ある	ある	×	有	如來	893①	和動	912①			
ある	ある	×	有	如來	893⑤	和動	912⑤			
ある	ある	×	有	如來	894①	和動	913①			
ある	ある	×	有	如來	899⑥	和動	919①			
ある	ある	×	有	如來	904②	和動	923②			
ある	ある	×	有	如來	910①	和動	929①			
ある	ある	×	有	如來	917②	和動	936①			
ある	ある	×	有	分別	933③	和動	952①			
ある	ある	×	有	分別	937④	和動	956①			
ある	ある	×	有	分別	939③	和動	957⑤			

当該語	読みかな	傍訓	漢字表記	品名	頁数	語の種類	妙一本	和解語文	可読	異同語彙
ある	ある	×	有	分別	944⑥	和動	963②			
ある	ある	×	有	分別	947②	和動	965⑤			
ある	ある	×	有	分別	947⑤	和動	966③			
ある	ある	×	有	随喜	984③	和動	1002④			
ある	ある	×	有	随喜	990⑥	和動	1009③			
ある	ある	×	有	法功	1028③	和動	1047①			
ある	ある	×	有	常不	1062③	和動	1081①			
ある	ある	×	有	神力	1100②	和動	1119①			
ある	ある	×	有	神力	1104③	和動	1123③			
ある	ある	×	有	藥王	1117①	和動	1135①			
ある	ある	×	有	藥王	1147④	和動	1165⑤		一らん[西右]	ある[妙]
ある	ある	×	有	藥王	1158⑤	和動	1176②			
ある	ある	×	有	妙音	1176④	和動	1191⑥			
ある	ある	×	有	妙音	1186③	和動	1201②			
ある	ある	×	有	普賢	1317⑥	和動	1323②			
ある	ある	×	有	普賢	1336②	和動	1339②			ある[妙]
あるひは	あるいは	×	或	序品	29③	和接	25①			
あるひは	あるいは	×	或	序品	30②	和接	25⑥			
あるひは	あるいは	×	或	序品	31⑥	和接	27①			
あるひは	あるいは	×	或	序品	37①	和接	31⑥			
あるひは	あるいは	×	或	序品	37④	和接	32②			
あるひは	あるいは	×	或	序品	38⑤	和接	33③			
あるひは	あるいは	×	或	序品	39①	和接	33⑤			
あるひは	あるいは	×	或	序品	71⑤	和接	62⑥			
あるひは	あるいは	×	或	方便	143④	和接	125①			
あるひは	あるいは	×	或	方便	160②	和接	138②			
あるひは	あるいは	×	或	方便	161⑥	和接	139⑤			
あるひは	あるいは	×	或	方便	163④	和接	141①			
あるひは	あるいは	×	或	方便	163⑥	和接	141①			
あるひは	あるいは	×	或	方便	165①	和接	142②			
あるひは	あるいは	×	或	方便	166②	和接	143⑤			
あるひは	あるいは	×	或	方便	167⑤	和接	144④			
あるひは	あるいは	×	或	方便	167⑥	和接	144⑤			
あるひは	あるいは	×	或	方便	168①	和接	144⑥			
あるひは	あるいは	×	或	方便	169⑤	和接	146②			
あるひは	あるいは	×	或	譬喩	209⑥	和接	177⑤			
あるひは	あるいは	×	或	譬喩	239⑥	和接	209③			
あるひは	あるいは	×	或	譬喩	242①	和接	211⑤			
あるひは	あるいは	×	或	譬喩	275④	和接	247①			あるとき[妙]
あるいは	あるいは	×	有	譬喩	291⑤	和接	263⑥			
あるひは	あるいは	×	或	譬喩	301⑥	和接	274①			
あるひは	あるいは	×	或	譬喩	304②	和接	276③			
あるひは	あるいは	×	或	譬喩	304⑥	和接	277①			
あるひは	あるいは	×	或	信解	322②	和接	297⑥			
あるひは	あるいは	×	或	信解	328⑤	和接	305⑤			
あるひは	あるいは	×	或	信解	357④	和接	341④			
あるい{ひ}は	あるいは	×	或	信解	358③	和接	342④			
あるひは	あるいは	×	或	藥草	407⑥	和接	395③			
あるひは	あるいは	×	或	法師	655①	和接	669②			
あるいは	あるいは	×	或	勸持	752①	和接	771④			
あるひは	あるいは	×	或	安樂	797①	和接	818⑤			
あるひは	あるいは	×	或	安樂	797②	和接	818⑥			
あるひは	あるいは	×	或	安樂	797③	和接	819①			
あるひは	あるいは	×	或	安樂	806②	和接	828③			
あるひは	あるいは	×	或	從地	836①	和接	858⑥			
あるひは	あるいは	×	或	從地	863①	和接	885⑤			あるいは[妙]
あるひは	あるいは	×	或	如來	897⑤	和接	916⑤			
あるひは	あるいは	×	或	如來	897⑥	和接	916⑥			
あるひは	あるいは	×	或	如來	900④	和接	919⑤			
あるひは	あるいは	×	或	如來	900⑤	和接	919⑤			
あるひは	あるいは	×	或	分別	930③	和接	949②			
あるひは	あるいは	×	或	分別	930④	和接	949②			
あるひは	あるいは	×	或	分別	930④	和接	949③			
あるひは	あるいは	×	或	分別	930⑤	和接	949③			
あるひは	あるいは	×	或	分別	931⑤	和接	950③			
あるひは	あるいは	×	或	分別	932①	和接	950⑤			
あるひは	あるいは	×	或	法功	1022③	和接	1041①		あるは[西右]	
あるひは	あるいは	×	或	法功	1024②	和接	1043①			

当該語	読みかな	傍訓	漢字表記	品名	頁数	語の種類	妙一本	和解語文	可読	異同語彙
あるひは	あるいは	×	或	法功	1024⑤	和接	1043④			
あるひは	あるいは	×	或	常不	1065⑥	和接	1084⑤			あるいは[妙]
あるひは	あるいは	×	或	妙音	1190②	和接	1204④		ある時には[西右]	あるいは[妙]
あるひは	あるいは	×	或	妙音	1190②	和接	1204⑤			あるいは[妙]
あるひは	あるいは	×	或	妙音	1190③	和接	1204⑤			あるいは[妙]
あるひは	あるいは	×	或	妙音	1190④	和接	1204⑥			あるいは[妙]
あるひは	あるいは	×	或	妙音	1190⑤	和接	1205①			あるいは[妙]
あるひは	あるいは	×	或	妙音	1190⑥	和接	1205②			あるいは[妙]
あるひは	あるいは	×	或	妙音	1191①	和接	1205③			あるいは[妙]
あるひは	あるいは	×	或	妙音	1191①	和接	1205③			あるいは[妙]
あるひは	あるいは	×	或	妙音	1191②	和接	1205④			あるいは[妙]
あるひは	あるいは	×	或	妙音	1191③	和接	1205④			×[妙]
あるひは	あるいは	×	或	妙音	1191④	和接	1205⑤			あるいは[妙]
あるひは	あるいは	×	或	妙音	1191④	和接	1205⑥			あるいは[妙]
あるひは	あるいは	×	或	妙音	1191⑤	和接	1206①			あるいは[妙]
あるひは	あるいは	×	或	妙音	1192①	和接	1206②			あるいは[妙]
あるひは	あるいは	×	或	觀世	1237①	和接	1249④			
あるひは	あるいは	×	或	觀世	1237④	和接	1250①			
あるひは	あるいは	×	或	觀世	1238①	和接	1250④			あるいは[妙]
あるひは	あるいは	×	或	觀世	1238③	和接	1250⑥			あるい[妙]
あるひは	あるいは	×	或	觀世	1238⑥	和接	1251④			あるい[妙]
あるひは	あるいは	×	或	觀世	1239③	和接	1252①			あるい[妙]
あるひは	あるいは	×	或	觀世	1240③	和接	1252⑥			あるい[妙]
あるひは	あるいは	×	或	妙莊	1278③	和接	1288④			あるいは[妙]
あるひは	あるいは	×	或	妙莊	1279④	和接	1289④			あるいは[妙]
あるひは	あるいは	×	或	妙音	1190①	和接	1204③		あるときには[西右]	あるいは[妙]
あるひは	あるときには	×	或	妙音	1190①	和接	1204④		ある時には[西右]	あるいは[妙]
あるは	あるは	×	有	方便	169⑥	和接	146③			
あれ	あれ	×	在	如來	919①	和動	938①			
あれ	あれ	×	在	如來	919⑤	和動	938⑤			
あれ	あれ	×	有	五百	591③	和動	598③			
あれ	あれ	×	有	法師	641③	和動	654①			まれ[妙]
あれ	あれ	×	有	法師	641③	和動	654①			まれ[妙]
あれ	あれ	×	有	如來	913④	和動	932④			
あれ	あれ	×	有	分別	966③	和動	984⑤			
あれ	あれ	×	有	神力	1096②	和動	1114⑥			
あれ	あれ	×	有	神力	1096③	和動	1115①			
あれ	あれ	×	有	神力	1096③	和動	1115②			
あれ	あれ	×	有	神力	1096④	和動	1115②		まれ[西右]	
あれ	あれ	×	有	神力	1096④	和動	1115②			
あれ	あれ	×	有	神力	1096⑤	和動	1115④			
あれ	あれ	×	有	神力	1096⑥	和動	1115④			
あれ	あれ	×	有	普賢	1335②	和動	1338③			
あれ	あれ	×	有	普賢	1335②	和動	1338③			
阿隷　五	あれい	あれい	阿隷　五	陀羅	1256①	仏梵語名	1268③			あれい[妙]
阿練若	あれんにゃ	あれんにや／しつかなる所也	阿練若	勸持	752②	仏名	771⑤	あれんにや／しつかなるところ[妙]		
阿練若	あれんにゃ	あれんにや／しつかなる所	阿練若	勸持	753①	仏名	772⑤	あれんにや／しつかなるところ[妙]		
阿盧伽婆娑 蘇奈反	あろきゃばさい	あろきやばさい	阿盧伽婆娑 蘇奈反	陀羅	1252①	仏梵語名	1263⑥			あろきやはしや[妙]
あは	あわ	×	遇	觀世	1240④	和動	1253①		あえら[西右]	あへら[妙]
あは	あわ	×	値	常不	1074②	和動	1092⑤			
あはせ	あわせ	×	并	譬喩	299⑤	和動	272①			ならびに[西]
あはせ	あわせ	×	并	信解	361⑥	和動	347⑤			
あはせ	あわせ	×	合	序品	85③	和動	75①			
あはせ	あわせ	×	合	方便	110②	和動	96③			
あはせ	あわせ	×	合	方便	111②	和動	97②			
あはせ	あわせ	×	合	方便	118④	和動	103⑥			
あはせ	あわせ	×	合	譬喩	204③	和動	171③			
あはせ	あわせ	×	合	授記	422④	和動	411⑥			
あはせ	あわせ	×	合	授記	432③	和動	423③		合掌してィ[西右]	
あはせ	あわせ	×	合	化城	477③	和動	476④			

当該語	読みかな	傍訓	漢字表記	品名	頁数	語の種類	妙一本	和解語文	可読	異同語彙
あはせ	あわせ	×	合	化城	486①	和動	486⑤			
あはせ	あわせ	×	合	化城	494⑤	和動	497③			
あはせ	あわせ	×	合	化城	530⑥	和動	536④			
あはせ	あわせ	×	合	授學	603④	和動	612②			
あはせ	あわせ	×	合	法師	629⑤	和動	641①			
あはせ	あわせ	×	合	法師	633⑤	和動	645④			
あはせ	あわせ	×	合	法師	635⑤	和動	647⑤			
あはせ	あわせ	×	合	見寶	679⑥	和動	696⑤			
あはせ	あわせ	×	合	勸持	740②	和動	759①			
あはせ	あわせ	×	合	勸持	741⑤	和動	760④			
あはせ	あわせ	×	合	勸持	748②	和動	767③			
あはせ	あわせ	×	合	安樂	812⑤	和動	835①		一て[西右]	
あはせ	あわせ	×	合	安樂	813⑥	和動	836③			
あはせ	あわせ	×	合	從地	817④	和動	839⑥			
あはせ	あわせ	×	合	從地	824③	和動	846⑤		合掌しィ[西右]	
あはせ	あわせ	×	合	從地	827⑤	和動	849⑥			
あはせ	あわせ	×	合	從地	833④	和動	856②			
あはせ	あわせ	×	合	從地	834②	和動	856⑥			
あはせ	あわせ	×	合	如來	881④	和動	900④		一て[西右]	
あはせ	あわせ	×	合	分別	929②	和動	948①			
あはせ	あわせ	×	合	常不	1081③	和動	1099⑤			
あはせ	あわせ	×	合	神力	1084①	和動	1102④		一て[西右]	あはせ[妙]
あはせ	あわせ	×	合	神力	1092②	和動	1110④		一て[西右]	
あはせ	あわせ	×	合	囑累	1110④	和動	1129②			
あはせ	あわせ	×	合	藥王	1129⑤	和動	1148②			
あはせ	あわせ	×	合	藥王	1132①	和動	1150④			
あはせ	あわせ	×	合	妙音	1187⑥	和動	1202②			
あはせ	あわせ	×	合	觀世	1208④	和動	1221④			
あはせ	あわせ	×	合	陀羅	1248②	和動	1260③			
あはせ	あわせ	×	合	陀羅	1260②	和動	1271⑥		一て[西右]	
あはせ	あわせ	×	合	妙莊	1275⑥	和動	1286②			
あはせ	あわせ	×	合	妙莊	1277④	和動	1287⑤			
あはせ	あわせ	×	合	妙莊	1281②	和動	1290⑥			
あはせ	あわせ	×	合	妙莊	1283①	和動	1292⑤			
あはせ	あわせ	×	合	妙莊	1301⑤	和動	1309⑥			
あはせて	あわせて	×	并	藥草	402②	和副	388⑥			
あはせて	あわせて	×	并	化城	468⑤	和連語	465⑥		一くありき[西右]	
あはせて	あわせて	×	并	勸持	749②	和連語	768③			
あはせて	あわせて	×	并	分別	926④	和連語	945②			
あはせて	あわせて	×	并	分別	940③	和連語	958⑤			
あはせて	あわせて	×	并	法功	997②	和連語	1016①			
あはせて	あわせて	×	并	法功	1013⑤	和連語	1032②			
あはせて	あわせて	×	并	神力	1101④	和連語	1120②			
あはせて	あわせて	×	并	囑累	1113③	和連語	1132②			
あはせて	あわせて	×	并	妙音	1185⑤	和連語	1200②			
あはれみ	あわれみ	×	愍	譬喩	314②	和動	288①			
あはれみ	あわれみ	×	愍	化城	499②	和動	502③			
あはれみ	あわれみ	×	愍	法功	1025②	和動	1044①		かなしむて[西右]	
あはれみ	あわれみ	×	愍	觀世	1233⑥	和動	1246④		あわれむとし[西右]	
あはれむ	あわれむ	×	愍	化城	523⑤	和動	529①			
あはれむ	あわれむ	×	愍	化城	542②	和動	548⑤			
あはれむ	あわれむ	×	愍	授學	607⑥	和動	617②			
あはれむ	あわれむ	×	愍	法師	624③	和動	635②		めぐむィ[西右]	
あはれむ	あわれむ	×	愍	法師	627①	和動	638②			
あはれむ	あわれむ	×	愍	法師	632⑤	和動	644③			
あはれむ	あわれむ	×	愍	安樂	790③	和動	811⑥			
あはれむ	あわれむ	×	愍	如來	904④	和動	923④			
あはれむ	あわれむ	×	愍	觀世	1232⑤	和動	1245④		あわれまむ[西右]	
あはれむ	あわれむ	×	愍	觀世	1233④	和動	1246②			
あはれん	あわれん	×	愍	化城	471③	単漢名	469②		かなし[西右]	
闇	あん	×		見寶	688②	単漢名	705⑥			
闇	あん	やみ	闇	神力	1103④	単漢名	1122④			あん[妙]
闇	あん	やみ	闇	藥王	1145①	単漢名	1163②	あん／やみ[妙]		

あわ—あん　31

当該語	読みかな	傍訓	漢字表記	品名	頁数	語の種類	妙一本	和解語文	可読	異同語彙
闇	あん	やみ	闇	藥王	1150⑥	単漢名	1169②	あん／やみ[妙]		
闇	あん	あん／やみ	闇	觀世	1244①	単漢名	1256③	あん／やみ[妙]		
安慰し	あんいし	あんゐ／こしらふる心	安慰	序品	77⑥	漢サ動	68④	あんらく・し／やすめ[妙]		安樂(あんらく)[妙]
安慰す	あんいす	あんい	安慰	從地	847②	漢サ動	869⑥	あん・す／やすら[妙]		安(あん)すやすら[妙]
安慰せ	あんいせ	あんゐ	安慰	普賢	1313③	漢サ動	1319⑤	あんい・せ／やすめ[妙]		
安穩	あんおん	あんおん	安隱	方便	116⑥	漢名	102④			
安穩	あんおん	あんおん	安隱	譬喩	208③	漢名	175⑤			
安穩	あんおん	あんおん	安隱	譬喩	240④	漢名	210①			
安穩	あんおん	あんおん	安隱	譬喩	246⑥	漢名	216⑤			
安穩	あんおん	あんおん	安隱	譬喩	262②	漢名	233⑤			
安穩	あんおん	あんおん	安隱	譬喩	265④	漢名	236⑤			
安穩	あんおん	あんおん	安隱	藥草	393⑥	漢名	379⑤			
安穩	あんおん	あんおん	安隱	藥草	404⑤	漢名	391⑥			
安穩	あんおん	あんおん	安隱	化城	458⑤	漢名	454⑤			
安穩	あんおん	あんおん	安隱	化城	459⑥	漢名	455③		—の[西右]	
安穩	あんおん	×	安隱	化城	489②	漢名	490⑤			
安穩	あんおん	あんおん	安隱	化城	500②	漢名	503④			
安穩	あんおん	あんおん	安隱	化城	524⑥	漢名	530②			
安穩	あんおん	あんおん	安隱	化城	525④	漢名	530⑥			
安穩	あんおん	×	安隱	化城	525⑥	漢名	531①			
安穩	あんおん	あんおん	安隱	化城	543④	漢名	551④			
安穩	あんおん	あんおん	安隱	五百	596①	漢名	603⑥			安穩(あんをん)[妙]
安穩	あんおん	あんおん	安隱	見寶	678④	漢名	695①			あんをん[妙]
安穩	あんおん	あんおん	安隱	勸持	746⑤	漢名	765④			
安穩	あんおん	あんおん	安隱	勸持	758④	漢名	778②			
安穩	あんおん	—おん	安隱	安樂	776②	漢名	796⑤			
安穩	あんおん	あんおん	安隱	安樂	779①	漢名	799⑥			
安穩	あんおん	—おん	安隱	安樂	809③	漢名	831④			
安穩	あんおん	あんおん	安隱	如來	901①	漢名	920①			
安穩	あんおん	あんおん	安隱	如來	915②	漢名	934②			
安穩	あんおん	あんおん	安隱	陀羅	1269①	漢名	1280①			あんをん[妙]
安穩快善	あんおんかいぜん	あんおんけ・くゑぜん	安隱快善	妙荘	1302②	漢四熟名	1309⑤			あんおんくゑぜん[妙]
安穩小悩	あんおんしょうのう	—おん—なう	安隱小悩	妙音	1184①	漢四熟名	1198⑥			あんをんせうなう[妙]
安穩する	あんおんする	あんをん	安隱	化城	461①	漢サ動	456④			
安穩せ	あんおんせ	あんをん	安隱	方便	173③	漢サ動	149②			
安穩せ	あんおんせ	あんおん	安隱	方便	175①	漢サ動	150④		—ならしめん[西右]	
安穩せ	あんおんせ	あんおん	安隱	譬喩	298①	漢サ動	270③			——なさしめ[西]
安穩せ	あんおんせ	あんおん	安隱	藥草	405③	漢サ動	392④			
安穩第一	あんおんだいいち	あんおん——	安隱第一	譬喩	268②	漢四熟名	239⑤			
安穩なる	あんおんなる	×	安隱	普賢	1311③	漢形動	1317④			あんをん・なる[妙]
安穩豊楽	あんおんふらく	あんをんぶらく／やすくゆたかなる心	安隱豊樂	譬喩	221④	漢四熟名	190③			
安坐し	あんざし	あんざ	安坐	譬喩	285④	漢サ動	257②			
安し	あんじ	×	安	化城	458③	漢サ動	453⑤	あん／やすらかに[妙]		
安住し	あんじゅうし	あんぢう	安住	譬喩	215⑥	漢サ動	184③			
安住し	あんじゅうし	あんぢう	安住	譬喩	217⑥	漢サ動	186④			
安住し	あんじゅうし	あんちう	安住	藥草	409③	漢サ動	397②	あんちう／やすくやすみて[妙]		
安住し	あんじゅうし	あんぢう	安住	化城	458⑥	漢サ動	454②			
安住し	あんじゅうし	あんぢう	安住	授學	612③	漢サ動	622①			
安住し	あんじゅうし	あんぢう	安住	授學	616②	漢サ動	625⑥			
安住し	あんじゅうし	あんぢう	安住	法師	647③	漢サ動	660⑥			
安住し	あんじゅうし	×	安住	安樂	761①	漢サ動	780⑤			
安住し	あんじゅうし	×	安住	安樂	774③	漢サ動	794⑥			
安住し	あんじゅうし	あんぢう	安住	安樂	776③	漢サ動	797①			
安住し	あんじゅうし	あんぢう	安住	分別	943③	漢サ動	961⑥			
安住し	あんじゅうし	あんぢう	安住	法功	1004⑤	漢サ動	1022⑤			
安住し	あんじゅうし	×	安住	法功	1047⑤	漢サ動	1066③			
安住す	あんじゅうす	あんぢう	安住	安樂	760⑥	漢サ動	780④			

当該語	読みかな	傍訓	漢字表記	品名	頁数	語の種類	妙一本	和解語文	可読	異同語彙
安住する	あんじゅうする	あんぢう	安住	安樂	783①	漢サ動	804①			
安住する	あんじゅうする	×	安住	妙莊	1296②	漢サ動	1304③			あんちう・する［妙］
安詳	あんしょう	あんしやう	安詳	方便	86⑥	漢名	76②	あんしやう／やうやく［妙］		
安詳	あんしょう	あんしやう	安詳	化城	511④	漢名	516④	あんしやう／やうやく［妙］		
安處し	あんしよし	あんしよ／いたる心	安處	譬喩	290②	漢サ動	262③	あんしよ・し／やすみ［妙］	安処(あんしょ)［妙］	あんしよ(あんしよ)［妙］
安處し	あんしよし	あんしよ	安處	安樂	779④	漢サ動	800④			
安す	あんず	×	安	法師	640③	漢サ動	652⑥	あん・す／おく［妙］	おくべからず・―ことをもちゐず［西右］	
安せ	あんぜ	あん	安	藥草	392①	漢サ動	377④	あん／やすから［妙］		
安せ	あんぜ	×	安	藥草	392①	漢サ動	377⑤	あん／やすから［妙］		
安施す	あんぜし	あんせ	安施	藥王	1131④	漢サ動	1149⑥			あんせ・す［妙］
安禪合掌し	あんぜんがっしょう	あんぜんがつしやう	安禪合掌し	序品	26⑥	漢サ動	28⑦	あんせんかしやう・し／やすくしつかに［妙］		
安置せ	あんぢせ	あんち／おく心也	安置	譬喩	248⑥	漢サ動	218⑤	あんぢ／おけり［妙］		
闇鈍	あんどん	あんどん／くらくにふく	闇鈍	譬喩	306③	漢名	278⑤	あんどん／くらくにふく［妙］		
暗蔽	あんへい	あんへい／くらき心也	暗蔽	譬喩	253⑥	漢名	224⑤	あんどん／かくす［妙］		
暗蔽	あんへい	あんへい	暗蔽	譬喩	254⑤	漢名	225⑥			
掩蔽し	あんへいし	あんへい／かくれ・おほひかくして	掩蔽	藥草	401②	漢サ動	387⑥	あんへい／おほひかくし［妙］	一かくられてィ［西右］	
暗瞑	あんみょう	あんみやう	暗瞑	化城	497①	漢名	499⑤	あんみやう／くらく［妙］		
安樂	あんらく	あんらく	安樂	授記	425③	漢名	415②			
安樂	あんらく	あんらく	安樂	五百	592①	漢名	599①			
安樂	あんらく	あんらく	安樂	安樂	772⑥	漢名	793③			
安樂	あんらく	×	安樂	安樂	778①	漢名	798⑤			
安樂	あんらく	あんらく	安樂	安樂	782⑥	漢名	803②			
安樂	あんらく	一らく	安樂	安樂	783②	漢名	804③			
安樂	あんらく	あんらく	安樂	安樂	791②	漢名	812⑤			
安樂	あんらく	一らく	安樂	從地	828①	漢名	850②			
安樂	あんらく	あんらく	安樂	從地	828⑥	漢名	851①			
安樂	あんらく	あんらく	安樂	從地	829⑥	漢名	852②			
安樂	あんらく	あんらく	安樂	法功	1019⑥	漢名	1038④			
安樂	あんらく	×	安樂	妙音	1182②	漢名	1197②			あんらく［妙］
安樂行	あんらくぎょう	×	安樂行	安樂	776⑥	漢名	797④		――の―［西右］	
安樂行	あんらくぎょう	あんらくぎやう	安樂行	安樂	787④	漢名	808⑥			
安樂し	あんらくし	×	安樂	方便	131⑤	漢サ動	115③			
安樂し	あんらくし	あんらく	安樂	譬喩	264⑤	漢サ動	236①			
安樂し	あんらくし	×	安樂	普賢	1326⑥	漢サ動	1331②			あんらく・し［妙］
安樂世界	あんらくせかい	×	安樂世界	藥王	1154②	漢四熟名	1172③			あんらくせかい［妙］
安立行	あんりゅうぎょう	あんりう―	安立行	從地	827②	漢名	849③			
ゐ	い	×	将	信解	330③	和動	307⑤			
ゐ	い	×	将	信解	331②	和動	308⑤			
ゐ	い	×	将	信解	334④	和動	312⑤			
ゐ	い	×	将	信解	359②	和動	343④			
ゐ	い	×	將	安樂	772③	和動	792⑥			
い	い	×	將	從地	836②	和動	859①			
い	い	×	將	從地	836⑥	和動	859⑤		ゐ［西右］	ゐ［妙］
異	い	い	異	方便	159④	単漢名	137⑥	い／ことなる［妙］		
異	い	こと	異	授學	619⑤	単漢名	630①	い／ことなること［妙］	―なる事ィ［西右］	
異	い	い	異	勸持	739⑥	単漢名	758④	い／こと［妙］		
異	い	い	異	如來	893③	単漢名	912③			

当該語	読みかな	傍訓	漢字表記	品名	頁数	語の種類	妙一本	和解語文	可読	異同語彙
いひ	いい	×		云	序品	84②	和動	73⑤		
いひ	いい	×		云	常不	1072④	和動	1091②		
いひ	いい	×		曰	序品	81②	和動	71③		
いゝ	いい	×		曰	見寶	661⑥	和動	676④		いふ[妙]
いひ	いい	×		曰	從地	843⑥	和動	866④		
いひ	いい	×		云	常不	1064⑤	和動	1083④	一ふ[西右]	いひ[妙]
いひ	いい	×		言	從地	867①	和動	889⑤		
いひ	いい	×		言	如來	888⑤	和動	907⑥		
いふ	いう	×		云	序品	17⑤	和動	14③		
いふ	いう	×		云	序品	56④	和動	49②		
いふ	いう	×		云	序品	57⑥	和動	50③		
いふ	いう	×		云	序品	60④	和動	52⑥		
いふ	いう	×		云	序品	63③	和動	55③		
いふ	いう	×		云	提婆	715②	和動	733①		
いふ	いう	×		云	提婆	715③	和動	733②		
いふ	いう	×		曰	譬喩	222⑥	和動	191⑤		
いふ	いう	×		曰	提婆	720④	和動	738④		
いふ	いう	×		曰	妙莊	1273⑥	和動	1283⑥	いひ[西右]	いふ[妙]
いふ	いう	×		云	方便	171①	和動	147③		
いふ	いう	×		云	譬喩	×	和動	213③		
いふ	いう	×		云	譬喩	253④	和動	224②		
いふ	いう	×		云	信解	355①	和動	338④		
いふ	いう	×		云	藥草	396⑤	和動	382⑤		
いふ	いう	×		云	藥草	402②	和動	388⑤		
いふ	いう	×		云	授記	430⑥	和動	421⑤		
いふ	いう	×		云	化城	455⑤	和動	450④	一ひき[西右]	
いふ	いう	×		云	化城	474①	和動	472④		
いふ	いう	×		云	化城	483②	和動	483④	一ひき[西右]	
いふ	いう	×		云	化城	492①	和動	494②	一ひき[西右]	
いふ	いう	×		云	化城	518⑤	和動	523⑤		
いふ	いう	×		云	化城	547④	和動	554①		
いふ	いう	×		云	法師	646⑥	和動	660③		
いふ	いう	×		云	法師	647①	和動	660④		
いふ	いう	×		云	法師	647②	和動	660⑤		
いふ	いう	×		云	法功	1012②	和動	1030⑤		
いふ	いう	×		云	法功	1020①	和動	1038⑤		
いふ	いう	×		云	法功	1042⑥	和動	×		
いふ	いう	×		云	法功	1043②	和動	1062②		
いふ	いう	×		云	常不	1065①	和動	1083⑥		
いふ	いう	×		云	常不	1080⑥	和動	1099③	一ひし[西右]	いふ[妙]
いふ	いう	×		云	觀世	1243②	和動	1255④		
いふ	いう	×		言	藥草	386④	和動	371⑤	いひつるィ[西右]	
いふ	いう	×		言	提婆	723④	和動	741⑥		
いふ	いう	×		言	如來	889⑥	和動	908⑥		
いふ	いう	×		言	如來	895⑥	和動	914⑥		
いふ	いう	×		言	如來	919②	和動	938②		
いふ	いう	×		言	如來	919⑥	和動	938⑥		
いふ	いう	×		言	妙莊	1297③	和動	1305④		
いふ	いう	×		言	安樂	785④	和動	806③		
いふ	いう	×		言	信解	339①	和動	318③	欺怠と瞋恨と怨言とあることなかれ[西右]	
いふ	いう	×		曰	序品	6②	和動	4⑥		
いふ	いう	×		曰	序品	9⑤	和動	7⑥		
いふ	いう	×		曰	序品	63②	和動	55②		
いふ	いう	×		曰	妙音	1167⑤	和動	1184①		
いふとも	いうとも	×		雖	方便	171⑥	和連語	148④		
いふとも	いうとも	×		雖	譬喩	307②	和連語	279④		
いふとも	いうとも	×		雖	授記	418③	和連語	406⑥		
いふとも	いうとも	×		雖	化城	519⑥	和連語	524⑥		
いふとも	いうとも	×		雖	法師	648⑥	和連語	662④		
いふとも	いうとも	×		雖	見寶	692①	和連語	710②		
いふとも	いうとも	×		雖	見寶	695④	和連語	714③		
いふとも	いうとも	×		雖	見寶	696③	和連語	715②		
いふとも	いうとも	×		雖	法功	997⑥	和連語	1016⑤		
いふとも	いうとも	×		雖	法功	1000⑥	和連語	1019④		

当該語	読みかな	傍訓	漢字表記	品名	頁数	語の種類	妙一本	和解語文	可読	異同語彙
いふとも	いうとも	×	雖	法功	1008②	和連語	1026⑤			
いふとも	いうとも	×	雖	法功	1011③	和連語	1029⑥			
いふとも	いうとも	×	雖	法功	1014②	和連語	1032⑤			
いふとも	いうとも	×	雖	法功	1026①	和連語	1044⑥			
いふとも	いうとも	×	雖	法功	1040②	和連語	1058⑥			
いふとも	いうとも	×	雖	法功	1043①	和連語	1061⑤			
いふとも	いうとも	×	雖	法功	1047③	和連語	1066①			
いゑ	いえ	×	家	序品	82①	和家屋名	72①			
いゑ	いえ	×	家	譬喩	239①	和家屋名	208③			
いゑ	いえ	×	家	譬喩	240①	和家屋名	209④			
いゑ	いえ	×	家	譬喩	241④	和家屋名	211②			
いゑ	いえ	×	家	譬喩	241⑤	和家屋名	211③			
いゑ	いえ	×	家	譬喩	242③	和家屋名	212①			
いゑ	いえ	×	家	譬喩	243⑤	和家屋名	213③			
いゑ	いえ	×	家	譬喩	244②	和家屋名	213⑥			
家	いえ	いへ	家	譬喩	270④	和家屋名	241⑤			いゑ[妙]
家	いえ	×	家	譬喩	270⑤	和家屋名	241⑥			いゑ[妙]
家	いえ	いへ	家	譬喩	279⑤	和家屋名	251③			いゑ[妙]
家	いえ	いへ	家	譬喩	280②	和家屋名	251⑤			いゑ[妙]
家	いえ	×	家	信解	323②	和家屋名	298⑥			いゑ[妙]
家	いえ	×	家	信解	354③	和家屋名	337⑥			いゑ[妙]
いゑ	いえ	×	家	五百	590③	和家屋名	597①			
いゑ	いえ	×	家	五百	596⑥	和家屋名	605①			
家	いえ	×	家	五百	597①	和家屋名	605①			
いゑ	いえ	×	家	安樂	765②	和家屋名	785①			
いへ	いえ	×	家	安樂	765④	和家屋名	785④			いゑ[妙]
いへ	いえ	×	家	如來	900④	和家屋名	919④			いゑ[妙]
いへ	いえ	×	家	藥王	1127①	和家屋名	1145③			いゑ[妙]
いへ	いえ	×	家	妙莊	1277⑥	和家屋名	1287⑥			いゑ[妙]
いへ	いえ	×	家	妙莊	1296⑥	和家屋名	1305①			いゑ[妙]
いゑ	いえ	×	舎	譬喩	272⑥	和家屋名	244②			
家	いえ	×	舎	譬喩	276④	和家屋名	248①			いゑ[妙]
家	いえ	×	舎	信解	326①	和家屋名	302③			
家	いえ	×	舎	信解	357①	和家屋名	341①			
いゑ	いえ	×	宅	譬喩	279④	和家屋名	251①			
いへ	いえ	×	云	序品	63④	和動	55④			
いへ	いえ	×	愈	如來	908③	和動	927②			
いへ	いえ	×	差	如來	906②	和動	925①	うれへとしていへすとふこと[西右]		
いへども	いえども	×	雖	方便	156④	和連語	135③			
いへども	いえども	×	雖	方便	173⑥	和連語	149⑤			
いへども	いえども	×	雖	方便	182④	和連語	156⑤			
いへとも	いえども	×	雖	譬喩	222④	和連語	191③			
いへども	いえども	×	雖	譬喩	240④	和連語	210①			
いへ共	いえども	×	雖	譬喩	243②	和連語	212⑥			
いへとも	いえども	×	雖	譬喩	256⑥	和連語	227⑥			
いへとも	いえども	×	雖	譬喩	258⑥	和連語	230①			
いへとも	いえども	×	雖	譬喩	259④	和連語	230⑥			
いへども	いえども	×	雖	譬喩	281⑥	和連語	253③			
いへとも	いえども	×	雖	譬喩	290⑤	和連語	262⑥			
いへ共	いえども	×	雖	譬喩	294④	和連語	266⑤			
いへ共	いえども	×	雖	譬喩	295②	和連語	267③			
いへども	いえども	×	雖	信解	330②	和連語	307③			
いへども	いえども	×	雖	信解	339⑥	和連語	319③			
いへども	いえども	×	雖	信解	368②	和連語	354③			
いへども	いえども	×	雖	信解	368③	和連語	354⑤			
いへども	いえども	×	雖	信解	371③	和連語	358①			
いへとも	いえども	×	雖	藥草	390③	和連語	375⑤			いふとも[西右]
いへども	いえども	×	雖	授記	425①	和連語	414⑥			
いへとも	いえども	×	雖	五百	576①	和連語	580⑤			
いへとも	いえども	×	雖	見寶	685③	和連語	702⑤			
いへとも	いえども	×	雖	見寶	689⑤	和連語	707④			
いへとも	いえども	×	雖	提婆	712③	和連語	729⑥			
いへども	いえども	×	雖	勸持	739①	和連語	757⑤			
いへども	いえども	×	雖	安樂	792⑥	和連語	814③			
いへども	いえども	×	雖	從地	862⑤	和連語	885③			

当該語	読みかな	傍訓	漢字表記	品名	頁数	語の種類	妙一本	和解語文	可読	異同語彙
いへども	いえども	×	雖	如來	898⑥	和連語	918①			
いへども	いえども	×	雖	如來	903⑤	和連語	922⑤			
いへども	いえども	×	雖	如來	905①	和連語	923⑥			
いへども	いえども	×	雖	如來	912①	和連語	930⑥			
いへども	いえども	×	雖	藥王	1122⑤	和連語	1140⑥			
いへとも	いえども	×	雖	藥王	1135③	和連語	1153④			
威音王	いおんおう	ゐおんわう	威音王	常不	1077②	仏名	1095⑤			ゐをんわう[妙]
威音王如来	いおんおうによらい	いおんわうによらい	威音王如來	常不	1057②	仏如来名	1076④			ゐをんわうによらい[妙]
威音王如来	いおんおうによらい	×	威音王如來	常不	1060⑤	仏如来名	1079③			ゐをんわうによらい[妙]
威音王如来	いおんおうによらい	×	威音王如來	常不	1061④	仏如来名	1080②			ゐをんわうによらい[妙]
威音王佛	いおんおうぶつ	ゐおんわうー	威音王佛	常不	1058②	仏仏名名	1077①			ゐをんわうふつ[妙]
威音王佛	いおんおうぶつ	ゐおんわうー	威音王佛	常不	1059③	仏仏名名	1078③			ゐをんわうふつ[妙]
威音王佛	いおんおうぶつ	×	威音王佛	常不	1067②	仏仏名名	1086①			いおんわうふつ[妙]
いかゝ	いかが	×	云何	勸持	749①	和副	768②			
いかゝせん	いかがせん	×	如之何	信解	356②	和副	340①			
いかづち	いかずち	×	雷	觀世	1241⑥	和天象名	1254②			いかつち[妙]
いかつち	いかずち	×	雷	觀世	1244③	和天象名	1256⑤		いかづちふるい[西右]	
いかなり	いかなり	×	云何	方便	109①	和副	95④			
いかなる	いかなる	×	云何	方便	125③	和副	110①			
いかなる	いかなる	×	云何	譬喩	243⑤	和副	213③			
いかなる	いかなる	×	云何	安樂	762②	和副	781⑥			
いかに	いかに	×	云何	方便	178③	和副	153③			
いかに	いかに	×	云何	法師	646③	和副	659⑥			
いかに	いかに	×	云何	安樂	760③	和副	779⑥			
いかに	いかに	×	云何	從地	865⑤	和副	888③			
いかに	いかに	×	云何	從地	870②	和副	893①			
いかに	いかに	×	何	藥草	396②	和副	382③		ーんが[西左]	
いかに	いかに	×	何	藥草	396②	和副	382③		ーんか[西左]	
いかに	いかに	×	何	藥草	396③	和副	382③			
いかに	いかに	×	何	授記	424④	和副	414③			
いかに	いかに	×	何	藥王	1114⑤	和副	1133①			
いかに	いかに	×	何	觀世	1221⑥	和副	1235②		いかん[西右]	{い}かに[妙]
いかに	いかに	×	何	觀世	1222①	和副	1235③			
いかにいはんや	いかにいわんや	×	何況	随喜	977①	和副	995③		ーや[西右]	
いかにいはんや	いかにいわんや	×	何況	方便	135②	和副	118①			
いかにいはんや	いかにいわんや	×	何況	譬喩	250⑥	和副	220⑥			
いかにいはんや	いかにいわんや	×	何況	法師	626④	和副	637④			
いかにいはんや	いかにいわんや	×	何況	分別	947⑥	和副	966④			
いかにいはんや	いかにいわんや	×	何況	随喜	979①	和副	997②			
いかにいはんや	いかにいわんや	×	何況	随喜	985④	和副	1003⑤			
いかにいはんや	いかにいわんや	×	何況	随喜	989④	和副	1007⑥			
いかにいはんや	いかにいわんや	×	何況	随喜	993①	和副	1011⑤			
いかにいはんや	いかにいわんや	×	何況	陀羅	1269⑥	和副	1280⑥			
いかにいはんや	いかにいわんや	×	何況	普賢	1323④	和副	1328②			
いかにいはんや	いかにいわんや	×	何況	法師	627⑥	和副	639①			
いかにいはんや	いかにいわんや	×	何況	安樂	795⑥	和副	817③			
何況	いかにいわんや	いかにいはんや	何況	譬喩	253②	和副	223④			
いかにしてか	いかにしてか	×	云何	普賢	1309①	和副	1315③			
いから	いから	×	瞋	分別	966①	和動	984②			

当該語	読みかな	傍訓	漢字表記	品名	頁数	語の種類	妙一本	和解語文	可読	異同語彙
いから	いから	×	瞋	分別	966③	和動	984⑤			
いかり	いかり	×	瞋	譬喩	314①	和動	287⑥			
いかり	いかり	×	瞋	分別	959①	和動	977⑤			
瞋	いかり	いかり	瞋	觀世	1217②	和動	1230④	しん／はらたつこと[妙]		
いかりうらみ	いかりうらみ	×	瞋恨	信解	339①	和複動	318②		欺怠と瞋恨と怨言とあることなかれ[西右]	
いかん	いかん	×	云何	譬喩	206④	和副	173⑤			
いかん	いかん	×	云何	譬喩	251③	和副	221③			
いかん	いかん	×	云何	信解	320①	和副	295①			
いかん	いかん	×	云何	藥草	395⑥	和副	381⑥		—なれば[西右]	
いかん	いかん	×	云何	藥草	398④	和副	385①		—ならは[西右]	
いかん	いかん	×	云何	化城	447③	和副	440⑤			
いかん	いかん	×	云何	化城	464②	和副	460③			
いかん	いかん	×	云何	化城	512①	和副	517⑤			
いかん	いかん	×	云何	見寶	685⑤	和副	703①			
いかん	いかん	×	云何	提婆	732⑤	和副	750⑥			
いかん	いかん	×	云何	提婆	733④	和副	751⑥			
いかん	いかん	×	云何	安樂	761②	和副	780⑥			いかなるを[妙]
いかん	いかん	×	云何	如來	885②	和副	904①			
いかん	いかん	×	云何	如來	908⑥	和副	927⑥			
いかん	いかん	×	云何	隨喜	976③	和副	994④			
いかん	いかん	×	云何	常不	1063①	和副	1081⑤		いかなれは[西右]	いかん[妙]
いかん	いかん	×	云何	常不	1072④	和副	1091①			
いかん	いかん	×	云何	常不	1074⑥	和副	1093④			
いかん	いかん	×	云何	神力	1084⑤	和副	1103②		いかなれば[西右]	いかん[妙]
いかん	いかん	×	云何	神力	1097①	和副	1115⑤		—なれば[西右]	いかん[妙]
いかん	いかん	×	云何	嘱累	1107④	和副	1126①			
いかん	いかん	×	云何	藥王	1161②	和副	1178③		—なれば[西右]	いかん[妙]
いかん	いかん	×	云何	妙音	1188②	和副	1202⑤			
いかん	いかん	×	云何	觀世	1220②	和副	1233④			
いかん	いかん	×	云何	觀世	1222③	和副	1235⑤		—ぞ[西右]	いかむ[妙]
いかん	いかん	×	云何	陀羅	1249④	和副	1261④			
いかん	いかん	×	云何	妙莊	1276④	和副	1286⑤		いかなれは[西右]	いかん[妙]
いかん	いかん	×	云何	妙莊	1286④	和副	1296①		—なれば[西右]	いかむ[妙]
いかん	いかん	×	云何	妙莊	1303②	和副	1310③			
いかん	いかん	×	云何	藥王	1140②	和副	1158④			
いかん	いかん	×	何	方便	87④	和副	76①			
いかん	いかん	×	何	方便	89②	和副	78②			
いかん	いかん	×	何	方便	91①	和副	79⑥			
いかん	いかん	×	何	方便	112④	和副	98④			
いかん	いかん	×	何	方便	120⑥	和副	106①			
いかん	いかん	×	何	方便	124②	和副	109①			
いかん	いかん	×	何	方便	125①	和副	109⑤			
いかん	いかん	×	何	方便	138③	和副	120④			
いかん	いかん	×	何	方便	139①	和副	121②		—なれば[西右]	
いかん	いかん	×	何	譬喩	205①	和副	172①			
いかん	いかん	×	何	譬喩	249③	和副	219③			
いかん	いかん	×	何	譬喩	250⑤	和副	220⑤			
いかん	いかん	×	何	譬喩	258②	和副	229③			
いかん	いかん	×	何	信解	332②	和副	310①			
いかん	いかん	×	何	信解	338⑤	和副	317⑤		—なれ[西右]	
いかん	いかん	×	何	信解	341⑤	和副	321⑤			
いかん	いかん	×	何	信解	349⑥	和副	332①			
いかん	いかん	×	何	信解	350⑤	和副	333②			
いかん	いかん	×	何	信解	369③	和副	355⑤		—なれは[西右]	

当該語	読みかな	傍訓	漢字表記	品名	頁数	語の種類	妙一本	和解語文	可読	異同語彙
いかん	いかん	×	何	化城	518③	和副	523③		—なれは[西右]	
いかん	いかん	×	何	五百	590①	和副	596④			
いかん	いかん	×	何	法師	630④	和副	642①			
いかん	いかん	×	何	法師	640④	和副	653①			
いかん	いかん	×	何	法師	644⑤	和副	657⑥			
いかん	いかん	×	何	提婆	732④	和副	750⑤			
いかん	いかん	×	何	勧持	740⑤	和副	759④			
いかん	いかん	×	何	安樂	785⑤	和副	806⑤		なれは[西右]	
いかん	いかん	×	何	安樂	795②	和副	816⑤			
いかん	いかん	×	何	安樂	797⑥	和副	819③		—なれは[西右]	
いかん	いかん	×	何	從地	819①	和副	841②		—なれは[西右]	
いかん	いかん	×	何	從地	830②	和副	852④			
いかん	いかん	×	何	如來	892⑤	和副	911⑤		—なれは[西右]	
いかん	いかん	×	何	如來	896①	和副	915①			
いかん	いかん	×	何	如來	897④	和副	916④			
いかん	いかん	×	何	如來	904①	和副	923①			
いかん	いかん	×	何	分別	951③	和副	970②			
いかん	いかん	×	何	分別	952②	和副	971①			
いかん	いかん	×	何	妙莊	1285⑤	和副	1295③			いかん[妙]
いかん	いかん	×	何	妙莊	1287④	和副	1297①		—なれは[西右]	いかん[妙]
いかん	いかん	×	何以	如來	920⑤	和副	939⑥			
いかんそ	いかんそ	×	如何	化城	542⑤	和連語	548①			
いかんそ	いかんそ	×	云何	譬喩	206⑤	和連語	173③			
いかんそ	いかんそ	×	云何	譬喩	210⑤	和連語	178①			
いかんそ	いかんそ	×	云何	從地	855④	和連語	878③		—して[西右]	
いかんそ	いかんそ	×	云何	從地	857①	和連語	879⑤			
いかんそ	いかんそ	×	云何	化城	523⑤	和連語	529①			
いき	いき	×	氣	譬喩	306⑤	和身体名	279①			
いき	いき	×	氣	随喜	982④	和身体名	1000⑤			
いき	いき	×	氣	随喜	991④	和身体名	1010②			
いき	いき	×	生	譬喩	303⑥	和動	276①			うまれんときにはィ[西]
威儀	いぎ	ゐぎ	威儀	序品	35③	漢名	30④	ゐき／とゝのへ[妙]		
威儀	いぎ	ゐぎ	威儀	妙音	1177③	漢名	1192⑤		—と[西右]	ゐき[妙]
威儀具足せ	いぎぐそくせ	いきくそく	威儀具足	藥草	407②	漢四熟サ動	394④	いきくそく／ふるまい—[妙]		
いくさ	いくさ	×	軍	安樂	801③	和名	823②			
いくさ	いくさ	×	軍	藥王	1157④	和名	1175②			
いくさ	いくさ	×	軍	觀世	1244⑥	和名	1257②		軍さ[西右]	
いくそばく	いくそばく	×	幾何	提婆	722⑥	和副	741①			
いくばく	いくばく	×	幾所	随喜	969⑤	和名	987⑤			
いくばく	いくばく	×	幾所	随喜	970②	和名	988③			
いくばく	いくばく	×	幾所	觀世	1237①	和名	1249④			
いくはく	いくばく	×	幾所	陀羅	1248⑥	和名	1261①			いくそはく[妙]
いけ	いけ	×	池	見寶	687⑥	和地儀名	705③			
いけ	いけ	×	池	藥王	1149④	和地儀名	1167⑤			
已後	いご	いこ・のちに	已後	授記	434③	漢名	425④	いこ／のち[妙]	のちに[西右]	
已後	いご	のち	已後	授記	440①	漢名	432①	いこ／のち[妙]		
已後	いご	いこ／のち	已後	化城	505⑤	漢名	510①	いこ／のち[妙]		
已後	いご	いこ	已後	授學	614③	漢名	624①	いこ／のち[妙]		
已後	いご	いご・おはてのち	已後	藥王	1126④	漢名	1144⑥			いご[妙]
已後	いご	いこ　のちに	已後	妙莊	1295④	漢名	1303⑤	いこ／のち[妙]		
威光	いこう	いくはう	威光	化城	463⑤	漢名	459⑤	ゐくわう／ひかり[妙]		
異國	いこく	いこく／ことなるくにィ	異國	法師	648⑥	漢名	662④	いこく／ことくに[妙]		
意根	いこん	いこん	意根	法功	1041②	漢名	1059⑥	いこん／こゝろ[妙]		
意根	いこん	いこん	意根	法功	1043①	漢名	1061⑤	いこん／こゝろ[妙]		
意根	いこん	いこん	意根	法功	1044②	漢名	1062⑥	いこん／こゝろ[妙]		

当該語	読みかな	傍訓	漢字表記	品名	頁数	語の種類	妙一本	和解語文	可読	異同語彙
意根	いこん	いこん	意根	法功	1047②	漢名	1065⑤	いこん／こゝろ[妙]		
いさこ	いさご	×	沙	方便	162⑤	和地儀名	140②			
為作せ	いさせ	×	爲作	常不	1068⑥	漢サ動	1087④	ゐさ・せ／つくり[妙]	な—[西右]	為作せ[妙]
いざや	いざや	×	去來	化城	526⑤	和感	531⑤		ゆききたれィ[西右]	
慰し	いし	い	慰	化城	543②	漢サ動	551①			
意趣	いしゅ	いしゅ	意趣	方便	88④	漢名	77④			
意趣	いしゅ	いしゅ	意趣	方便	103②	漢名	90④			
意趣	いしゅ	いしゆ	意趣	方便	124②	漢名	108⑥	いしう／こゝろのおもむき[妙]		
異心	いしん	いしん	異心	譬喩	312⑥	漢名	286③	いしん／ことこゝろ[妙]		
威神	いじん	いじん	威神	觀世	1210②	漢名	1223③		(威神)カィ[西右]	いしん[妙]
威神	いじん	×	威神	觀世	1216③	漢名	1229④			いしん[妙]
威神	いじん	×	威神	普賢	1321⑤	漢名	1326③			いじん[妙]
いづ	いず	×	出	譬喩	246⑤	和動	216①			
いづ	いず	×	出	譬喩	279①	和動	250⑤			
いづ	いず	×	出	如來	913①	和動	932①			
出る	いずる	いつる	出	譬喩	253①	和動	223③			
いづる	いずる	×	出	譬喩	265④	和動	236⑥			
いづる	いずる	×	出	譬喩	277⑤	和動	249③			
いづる	いずる	×	出	譬喩	284①	和動	255⑤			
いづる	いずる	×	出	方便	189④	和動	162④			
いづる	いずる	×	出	譬喩	240②	和動	210①			
いづる	いずる	×	出	譬喩	246⑥	和動	216⑤			
いづる	いずる	×	出	藥草	402③	和動	389①		—たす[西右]	
いづれ	いずれ	×	何	安樂	793①	和代名	814⑥			
いづれ	いずれ	×	何	從地	834⑥	和代名	857⑤			
いつれ	いずれ	×	何	從地	835④	和代名	858③			
いづれ	いずれ	×	何	從地	839②	和代名	862①			
いづれ	いずれ	×	何	從地	839③	和代名	862②			
いづれ	いずれ	×	何	從地	843②	和代名	866①			
いつれ	いずれ	×	何	常不	1064④	和代名	1083③			
いつれ	いずれ	×	何	妙音	1176⑤	和代名	1191⑥		いかなる[西右]	いつれ[妙]
いつれ	いずれ	×	何	妙音	1197④	和代名	1211③		いかなる[西右]	いつれ[妙]
威勢	いせい	ゐせい	威勢	安樂	796②	漢名	817⑤			
已説	いせつ	いせつ／さきにときて	已説	法師	637④	漢名	649⑥	いせち／すてにとく[妙]		
いそき	いそぎ	×	急	藥草	399⑤	和動	386②		いそいて[西右]	
いだ	いだ	×	出	譬喩	294③	和動	266④			
韋提希子	いだいけし	ゐだいけし	韋提希子	序品	13⑥	仏梵語名	11②	ゐたいけし／—こ[妙]		
伊提履三	いだいびん	いていび	伊提履三	陀羅	1264④	仏梵語名	1275⑥			いていひ[妙]
伊提泯二	いだいみん	いでいびん	伊提泯二	陀羅	1264⑤	仏梵語名	1275⑥			いていみん[妙]
いだか	いだか	×	懐	譬喩	301⑥	和動	274①			
いだか	いだか	×	懐	譬喩	302④	和動	274⑥			
いたか	いだか	×	懐	安樂	770⑤	和動	791①			
いたき	いだき	×	懐	序品	81⑤	和動	71⑤			
いだき	いだき	×	懐	方便	108⑥	和動	95③			
いだき	いだき	×	懐	譬喩	204⑥	和動	171⑥			
いだき	いだき	×	懐	譬喩	209②	和動	176⑤			
いだき	いだき	×	懐	信解	327⑤	和動	304③			
いだき{い}	いだき	×	懐	信解	344④	和動	325①			
いだき	いだき	×	懐	授記	424①	和動	413⑤			
いたき	いだき	×	懐	化城	531④	和動	537②		—けり[西右]	
いだき	いだき	×	懐	五百	577②	和動	582①			
いだき	いだき	×	懐	五百	586⑥	和動	592⑤			
いだき	いだき	×	懐	法師	634⑥	和動	646⑥			
いだき	いだき	×	懐	勸持	740⑥	和動	759⑤			
いだき	いだき	×	懐	勸持	752⑥	和動	772④			
いだき	いだき	×	懐	如來	897①	和動	915⑥			
いだき	いだき	×	懐	如來	898④	和動	917⑤		—て[西右]	
いだき	いだき	×	懐	如來	907⑥	和動	926⑤			

当該語	読みかな	傍訓	漢字表記	品名	頁数	語の種類	妙一本	和解語文	可読	異同語彙
いだき	いだき	×	懷	如來	912③	和動	931②		いだいて[西右]	
いだく	いだく	×	懷	序品	77④	和動	68②			
いだく	いだく	×	懷	化城	540⑤	和動	546③			
いだく	いだく	×	懷	安樂	784②	和動	805③			
いだく	いだく	×	懷	從地	847③	和動	870①			
いだけ	いだけ	×	懷	方便	140⑤	和動	122⑤			
いだけ	いだけ	×	懷	信解	324⑥	和動	300⑥			
いだけ	いだけ	×	懷	授記	425①	和動	414⑥		いたく[西右]	
いだけ	いだけ	×	懷	分別	942①	和動	960④			
いださ	いださ	×	致	譬喩	305③	和動	277⑤			
いださ	いださ	×	出	譬喩	307⑤	和動	280②			
いださ	いださ	×	出	勸持	753②	和動	772⑥			
いださ	いださ	×	出	法功	1031①	和動	1049⑤			
いださ	いださ	×	出	藥王	1159⑤	和動	1177②			いたさ[妙]
いださ	いださ	×	出	普賢	1335①	和動	1338②			
いたし	いたし	×	至	譬喩	315④	和動	289⑥			
いたし	いたし	×	至	分別	928②	和動	946⑥			
いだし	いだし	×	出	序品	26③	和動	22③			
いだし	いだし	×	出	方便	110③	和動	96④			
いだし	いだし	×	出	譬喩	242④	和動	212②			いたり[妙]
いだし	いだし	×	出	信解	320①	和動	295②			
いだし	いだし	×	出	授記	420③	和動	409③			
いだし	いだし	×	出	五百	572①	和動	576①			
いだし	いだし	×	出	見寶	657⑤	和動	672①			
いだし	いだし	×	出	見寶	659①	和動	673③			
いだし	いだし	×	出	見寶	688③	和動	706②			
いだし	いだし	×	出	從地	846⑥	和動	869④			
いだし	いだし	×	出	分別	962②	和動	981①			
いだし	いだし	×	出	法功	1027⑥	和動	1046④			
いだし	いだし	×	出	神力	1086②	和動	1104④			
いだし	いだし	×	出	神力	1087①	和動	1105③		一給ひ[西右]	
いだし	いだし	×	出	藥王	1159④	和動	1177①		いださん[西右]	いたし[妙]
いだし	いだし	×	出	妙莊	1279②	和動	1289②			いたし[妙]
いだし	いだし	×	出	妙莊	1279③	和動	1289③			いたし[妙]
いだし	いだし	×	出	妙莊	1279④	和動	1289③			いたし[妙]
いたし	いたし	×	出	從地	862④	和動	884⑥			
いたし	いたし	×	出	分別	934③	和動	953①		いだす[西右]	
いだす	いだす	×	出	方便	101⑤	和動	89②			
いだす	いだす	×	出	譬喩	241④	和動	211②			
いだす	いだす	×	出	見寶	660①	和動	674③			
いだす	いだす	×	出	見寶	680③	和動	697②			
いだす	いだす	×	出	法功	1004①	和動	1022④			
いだす	いだす	×	出	法功	1012②	和動	1030④			
いだす	いだす	×	出	藥王	1139④	和動	1157⑤			
いたせ	いたせ	×	致	提婆	714⑤	和動	732④			
いたゝき	いただき	×	頂	囑累	1105②	和動	1124①			いたたき[妙]
いたゝき	いただき	×	頂	囑累	1106①	和動	1125①			いたたき[妙]
いたつ	いたつ	×	詣	普賢	1332③	和動	1336①			ゆき[妙]
いたら	いたら	×	至	方便	145③	和動	126④			
いたら	いたら	×	至	譬喩	213①	和動	181②			
いたら	いたら	×	至	譬喩	297⑥	和動	270②			
いたら	いたら	×	至	譬喩	303②	和動	275③			
いたら	いたら	×	至	信解	359⑤	和動	344②			
いたら	いたら	×	至	化城	522④	和動	527⑤			
いたら	いたら	×	至	化城	533⑤	和動	539②			
いたら	いたら	×	至	提婆	719①	和動	737①			
いたら	いたら	×	至	安樂	802①	和動	824①			
いたら	いたら	×	至	如來	891③	和動	910③		いれ[西右]	いら【入】[妙]
いたら	いたら	×	至	分別	957④	和動	976②			
いたら	いたら	×	至	隨喜	971②	和動	989③		一て[西右]	
いたら	いたら	×	至	隨喜	972③	和動	990④			
いたら	いたら	×	至	隨喜	986⑥	和動	1005②			
いたら	いたら	×	至	法功	995⑤	和動	1014②			
いたら	いたら	×	至	法功	997④	和動	1016③			
いたら	いたら	×	至	法功	1033②	和動	1052①			

当該語	読みかな	傍訓	漢字表記	品名	頁数	語の種類	妙一本	和解語文	可読	異同語彙
いたら	いたら	×	至	法功	1041⑤	和動	1060③			
いたら	いたら	×	至	法功	1044⑤	和動	1063②			
いたら	いたら	×	至	常不	1076③	和動	1094⑥			
いたら	いたら	×	至	神力	1086③	和動	1104⑤			
いたら	いたら	×	至	妙音	1172⑤	和動	1188③			
韋陀羅	いだら	いだら	韋陀羅	普賢	1312③	仏梵語名	1318④			韋陀羅（いたら）[妙]
いたり	いたり	×	到	化城	547⑤	和動	554②		一ぬ[西右]	
いたり	いたり	×	到	五百	563③	和動	566③			
いたり	いたり	×	到	五百	591①	和動	597⑥			
いたり	いたり	×	到	授學	603③	和動	612①			
いたり	いたり	×	到	見寶	671①	和動	686③			
いたり	いたり	×	到	勸持	758①	和動	777⑤			
いたり	いたり	×	到	從地	823⑤	和動	846①			
いたり	いたり	×	詣	五百	597⑤	和動	605⑥			
いたり	いたり	×	詣	化城	476①	和動	475①			
いたり	いたり	×	詣	普賢	1313②	和動	1319②			
いたり	いたり	×	至	序品	17⑤	和動	14④			
いたり	いたり	×	至	信解	328③	和動	305②			
いたり	いたり	×	至	信解	333④	和動	311④			
いたり	いたり	×	至	信解	346①	和動	327③			
いたり	いたり	×	至	信解	356①	和動	339⑤			
いたり	いたり	×	至	信解	356③	和動	340②			
いたり	いたり	×	至	信解	357①	和動	341①			
いたり	いたり	×	至	信解	361⑤	和動	346⑤		一ん[西右]	
いたり	いたり	×	至	化城	457①	和動	452①			
いたり	いたり	×	至	化城	525①	和動	530③		一らんとおもはゝ[西右]	
いたり	いたり	×	至	化城	531⑥	和動	537④			
いたり	いたり	×	至	化城	533②	和動	538⑥			
いたり	いたり	×	至	五百	589③	和動	595⑤			
いたり	いたり	×	至	五百	590③	和動	597①			
いたり	いたり	×	至	五百	597①	和動	605①			
いたり	いたり	×	至	授學	601⑤	和動	610①			
いたり	いたり	×	至	法師	643④	和動	656④			
いたり	いたり	×	至	見寶	670⑥	和動	686②			
いたり	いたり	×	至	提婆	722②	和動	740②			
いたり	いたり	×	至	勸持	748②	和動	767②			
いたり	いたり	×	至	從地	837②	和動	859⑥		一る[西右]	
いたり	いたり	×	至	從地	837⑤	和動	860④		一るあり[西右]	
いたり	いたり	×	至	如來	900①	和動	919②			
いたり	いたり	×	至	如來	905⑥	和動	924⑤			
いたり	いたり	×	至	如來	906③	和動	925③			
いたり	いたり	×	至	分別	953①	和動	971⑥		一らしめ[西右]	
いたり	いたり	×	至	分別	962③	和動	980⑥			
いたり	いたり	×	至	法功	995④	和動	1014②			
いたり	いたり	×	至	法功	997④	和動	1016②			
いたり	いたり	×	至	法功	998⑥	和動	1017⑤			
いたり	いたり	×	至	法功	1007④	和動	1026①			
いたり	いたり	×	至	法功	1036④	和動	1055③			
いたり	いたり	×	至	常不	1078②	和動	1096⑤			
いたり	いたり	×	至	常不	1082②	和動	1100⑤			
いたり	いたり	×	至	常不	1082④	和動	1101①			
いたり	いたり	×	至	神力	1088①	和動	1106③			
いたり	いたり	×	至	神力	1098③	和動	1117②		いたらしめ[西右]	いたり[妙]
いたり	いたり	×	至	藥王	1129④	和動	1148①		いたて[西右]	
いたり	いたり	×	至	藥王	1131②	和動	1149⑤			
いたり	いたり	×	至	妙音	1181②	和動	1196②			
いたり	いたり	×	至	妙音	1181④	和動	1196④		一て[西右]	いたり[妙]
いたり	いたり	×	至	妙音	1200④	和動	1214②			
いたり	いたり	×	到	譬喩	265⑤	和動	236⑥			
いたり	いたり	×	到	譬喩	283⑥	和動	255④			
いたり	いたり	×	到	信解	324③	和動	300②			
いたり	いたり	×	到	信解	326①	和動	302③			
いたり	いたり	×	到	信解	353⑤	和動	337①			
いたり	いたり	×	到	信解	356⑥	和動	340⑥			

当該語	読みかな	傍訓	漢字表記	品名	頁数	語の種類	妙一本	和解語文	可読	異同語彙
いたり	いたり	×	到	藥草	405①	和動	392②			
いたり	いたり	×	到	化城	520④	和動	525④			
いたり	いたり	×	到	安樂	770④	和動	790⑤	一てもて[西右]		
いたり	いたり	×	到	妙音	1200①	和動	1213⑥			
いたり	いたり	×	到	妙音	1200⑤	和動	1214③			
いたり	いたり	×	到	妙荘	1275⑤	和動	1286①			
いたり	いたり	×	到	妙荘	1282⑥	和動	1292④			
いたり	いたり	×	到	普賢	1307④	和動	1314②		いたて[西右]	
いたりおはり	いたりおわり	×	到已	妙荘	1290①	和複動	1299④			
いたる	いたる	×	到	藥草	387①	和動	372⑥			
いたる	いたる	×	到	法師	645②	和動	658③			
いたる	いたる	×	至	序品	17⑥	和動	14④			
いたる	いたる	×	至	序品	25④	和動	21④			
いたる	いたる	×	至	譬喩	213⑥	和動	182①			
いたる	いたる	×	至	譬喩	240①	和動	209③			
いたる	いたる	×	至	譬喩	293④	和動	265⑤			
いたる	いたる	×	至	信解	322③	和動	297⑥			一らん[西]
いたる	いたる	×	至	信解	347②	和動	328⑥			
いたる	いたる	×	至	信解	356②	和動	340③			
いたる	いたる	×	至	藥草	392②	和動	378③			
いたる	いたる	×	至	藥草	395③	和動	381④		一なり[西左]	
いたる	いたる	×	至	化城	454⑤	和動	449④			
いたる	いたる	×	至	化城	456⑤	和動	451⑤			
いたる	いたる	×	至	化城	534⑥	和動	540⑤		一まで[西右]	
いたる	いたる	×	至	化城	544⑤	和動	552⑥			
いたる	いたる	×	至	見寶	658①	和動	672④			
いたる	いたる	×	至	見寶	696⑥	和動	715⑥			
いたる	いたる	×	至	分別	928④	和動	947②			
いたる	いたる	×	至	分別	935③	和動	953⑥		一れり[西右]	
いたる	いたる	×	至	法功	999①	和動	1017⑤			
いたる	いたる	×	至	法功	1007④	和動	1026①			
いたる	いたる	×	至	法功	1013④	和動	1032①			
いたる	いたる	×	至	法功	1023②	和動	1042①			
いたる	いたる	×	至	法功	1036⑤	和動	1055④			
いたる	いたる	×	至	法功	1039③	和動	1058①			
いたるゝ	いたるる	×	至	妙荘	1280②	和動	1290①		いるゝ[西右]	いる[妙]
いたれ	いたれ	×	到	方便	103⑥	和動	91①			
いたれ	いたれ	×	至	序品	8③	和動	6⑤			
いたれ	いたれ	×	至	方便	111①	和動	97②			
いたれ	いたれ	×	至	信解	352②	和動	335②			
いたれ	いたれ	×	至	信解	358②	和動	342②			
いたれ	いたれ	×	至	提婆	728⑥	和動	746⑥			
いたれ	いたれ	×	至	藥王	1131③	和動	1149⑤		一ぬ[西右]	いたれ[妙]
一	いち	×	一	從地	821⑥	漢数名	844②			
一	いち	×	一	從地	837⑤	漢数名	860②		一あり[西右]	
一一	いちいち	×	一一	序品	40⑤	漢畳語名	34⑥			
一一	いちいち	×	一一	化城	510⑥	漢畳語名	515⑥			
一一	いちいち	×	一一	化城	513④	漢畳語名	518④			
一一	いちいち	×	一一	化城	538⑤	漢畳語名	544③			
一一	いちいち	×	一一	見寶	671①	漢畳語名	686③			
一一	いちいち	×	一一	見寶	677②	漢畳語名	693④			
一一	いちいち	×	一一	從地	819②	漢畳語名	841④			
一一	いちいち	×	一一	從地	821②	漢畳語名	843③			
一一	いちいち	×	一一	從地	835⑤	漢畳語名	858④			
一々	いちいち	×	一一	分別	928④	漢畳語名	946⑥			一一[妙]
一々	いちいち	×	一一	分別	935③	漢畳語名	954①			
一々	いちいち	×	一一	随喜	973⑤	漢畳語名	991⑥			一一(いち〳〵)[妙]
一雨	いちう	一う	一雨	藥草	390③	漢数名	375⑤	いちう／ひとつのあめ[妙]		
一雨	いちう	一う	一雨	藥草	403①	漢数名	389⑤	いちう／ひとつのあめ[妙]		
一雲	いちうん	一うん	一雲	藥草	390①	漢数名	375③	いちうん／ひとつくも[妙]		
一閻浮提	いちえんぶだい	一ゑえんぶたい	一閻浮提	常不	1059⑥	漢四熟名	1078⑤			いちゑんふたい[妙]
一偈	いちげ	×	一偈	方便	148①	漢数名	128⑤			
一偈	いちげ	一げ	一偈	譬喩	315③	漢数名	289④			

当該語	読みかな	傍訓	漢字表記	品名	頁数	語の種類	妙一本	和解語文	可読	異同語彙
一偈	いちげ	ーけ	一偈	法師	623③	漢数名	634②			
一偈	いちげ	×	一偈	分別	968①	漢数名	986②			
一偈	いちげ	ーげ	一偈	随喜	978①	漢数名	996②			
一偈	いちげ	×	一偈	随喜	986①	漢数名	1004⑤			
一偈	いちげ	×	一偈	随喜	989①	漢数名	1007③			
一偈	いちげ	×	一偈	法功	1044①	漢数名	1063①			
一偈一句	いちげいっく	×	一偈一句	法師	622②	漢四熟名	633①			
一偈一句	いちげいっく	いちけ	一偈一句	法師	622⑥	漢四熟名	633④			
一偈一句	いちげいっく	ーげーく	一偈一句	法功	1041②	漢四熟名	1059⑥			
一解脱	いちげだつ	ーげたつ	一解脱	方便	103③	漢数名	90⑥			
一月	いちげつ	×	一月	法功	1041④	漢数名	1060⑦			
一眼	いちげん	ーげん	一眼	妙荘	1286⑥	漢数名	1296③	いちけん／まなこひとつある[妙]		
一号	いちごう	ーがう	一号	五百	584④	漢数名	590④			
一号	いちごう	×	一号	授學	617⑥	漢数名	627⑤		ひとつなィ[西右]	
一号	いちごう	ーかう	一号	常不	1061③	漢数名	1080②			いちかう[妙]
一恒河沙	いちごうがしゃ	ーかうかしや	一恒河沙	従地	821⑤	漢四熟名	844①			
一恒沙	いちごうしゃ	×	一恒沙	従地	837②	漢数名	860①		ーあり[西右]	
一言	いちごん	ーごん	一言	方便	189⑤	漢数名	162⑤	いちこん／ひとことは[妙]		
一湌	いちさん	ーさん／くいものとも	一湌	信解	342②	漢数名	322②			
一吃	いちじ	ーじ	一吃	譬喩	232①	漢数名	201①			ーし【一時】[妙]
一吃	いちじ	ーじ	一吃	薬草	389②	漢数名	374④	いつし／ひといき[妙]		一時[妙]
一字	いちじ	×	一字	序品	50③	漢数名	43⑤	ーし／ひとつあさな[妙]		
一字	いちじ	×	一字	序品	51①	漢数名	44②		ひとつのあざなィ[西右]	
一四句偈	いちしくげ	ーーくげ	一四句偈	陀羅	1250④	漢四熟名	1262①	いちしくけ／十六く[妙]		
一四天下	いちしてんげ	×	一四天下	分別	924⑥	漢四熟名	943④			
一十	いちじゅう	×	一十	従地	822④	漢数名	844⑤			
一十	いちじゅう	×	一十	従地	837⑥	漢数名	860④			
一生	いちしょう	×	一生	分別	925①	漢数名	943⑤			
一乗	いちじょう	×	一乗	方便	148③	漢数名	129①			
一乗	いちじょう	×	一乗	方便	157④	漢数名	136②			
一乗	いちじょう	×	一乗	方便	158①	漢数名	137③			
一乗	いちじょう	×	一乗	方便	171⑥	漢数名	148①		ーを[西右]	
一乗	いちじょう	×	一乗	方便	172②	漢数名	148⑤			
一乗	いちじょう	ーじょう	一乗	方便	190④	漢数名	163④			
一乗	いちじょう	×	一乗	方便	191⑤	漢数名	164④			
一乗	いちじょう	×	一乗	方便	192③	漢数名	165①			
一乗	いちじょう	×	一乗	信解	351④	漢数名	334①		たゞしー[西右]	
一乗	いちじょう	×	一乗	信解	378②	漢数名	366②			
一乗	いちじょう	×	一乗	提婆	725⑤	漢数名	743⑥			
一乗	いちじょう	ーじやう	一乗	神力	1103⑥	漢数名	1122⑤			ーしやう[妙]
一小劫	いちしょうごう	×	一小劫	化城	452③	漢数名	446④			
一塵	いちじん	×	一塵	化城	448①	漢数名	441④			
一塵	いちじん	ーちん	一塵	化城	450③	漢数名	444②	いちちん／ひとつのちり[妙]		
一塵	いちじん	ーぢん	一塵	如來	884⑥	漢数名	903④	ーちん／ひとつちり[妙]		
一塵	いちじん	ーぢん	一塵	如來	887④	漢数名	906④	いちちん／ひとつのちり[妙]		
一世界	いちせかい	×	一世界	分別	922⑤	漢数名	941⑤			
一世界	いちせかい	×	一世界	分別	923①	漢数名	941⑥			
一千	いちせん	×	一千	従地	822③	漢数名	844⑤			
一千	いちせん	×	一千	従地	837②	漢数名	860①			
一千	いちせん	×	一千	従地	837⑤	漢数名	860④		あり[西右]	
一大事	いちだいじ	ーーし	一大事	方便	125②	漢数名	109⑤			
一大事	いちだいじ	ーーし	一大事	方便	125④	漢数名	110①			
一大事	いちだいじ	×	一大事	方便	127③	漢数名	111④			
伊緻猪履反捉九	いちに	いちに	伊緻猪履反捉九	陀羅	1256⑥	仏梵語名	1268⑤			いちに[妙]

いち　43

当該語	読みかな	傍訓	漢字表記	品名	頁数	語の種類	妙一本	和解語文	可読	異同語彙
韋緻抳　十	いちに	いちに	韋緻抳　十	陀羅	1256⑥	仏梵語名	1268⑤			いちに[妙]
一日	いちにち	一／ことえたり	一日	信解	347②	漢数名	328⑥			
一日	いちにち	ことえたり	一日	信解	349①	漢数名	330⑥			
一日	いちにち	×	一日	陀羅	1266③	漢数名	1277③			いちにち[妙]
一人	いちにん	×	一人	序品	59②	漢数名	51⑤			
一人	いちにん	×	一人	序品	63②	漢数名	55②			
一人	いちにん	×	一人	方便	150④	漢数名	130⑤			
一人	いちにん	×	一人	譬喩	276④	漢数名	248②			
一人	いちにん	×	一人	譬喩	290⑤	漢数名	262⑥			
一人	いちにん	×	一人	藥草	406④	漢数名	393⑥			
一人	いちにん	×	一人	法師	627③	漢数名	638⑤			
一人	いちにん	×	一人	見寶	695①	漢数名	713⑤			
一人	いちにん	×	一人	從地	840⑤	漢数名	863④			
一人	いちにん	×	一人	隨喜	985②	漢数名	1003④			
一人	いちにん	×	一人	隨喜	989⑤	漢数名	1008②			
一人	いちにん	×	一人	觀世	1211③	漢数名	1224④			いちにん[妙]
一人	いちにん	ひとりのひと	一人	觀世	1214④	漢数名	1227⑥			いちにん[妙]
一念	いちねん	一ねん	一念	信解	320④	漢数名	295⑤			
一念	いちねん	×	一念	法師	622③	漢数名	633①			
一念	いちねん	×	一念	法師	623③	漢数名	633⑥			
一念	いちねん	×	一念	分別	937③	漢数名	955⑥			
一念	いちねん	×	一念	分別	944④	漢数名	962⑥			
一百	いちひゃく	×	一百	化城	456③	漢数名	451③			
一百	いちひゃく	×	一百	從地	822③	漢数名	844⑤			
一百	いちひゃく	×	一百	從地	837②	漢数名	860①			
一百	いちひゃく	×	一百	從地	837⑥	漢数名	860④		一あり[西右]	
一百二百	いちひゃくにひゃく	×	一百二百	譬喩	239②	漢数名	208④			
一百八十劫	いちひゃくはちじゅうごう	×	一百八十劫	化城	479①	漢数名	478④			
一分	いちぶ	×	一分	觀世	1234②	漢数名	1246⑤			
一分	いちぶ	×	一分	觀世	1234②	漢数名	1246⑥			いちふん[妙]
一佛國土	いちぶつこくど	×	一佛國土	見寶	673⑥	漢四熟数名	689④		ーー の ーー[西右]	
一佛國土	いちぶつこくど	ーーこくど	一佛國土	見寶	676②	漢四熟数名	692①		ーー の ーー[西右]	
一佛乘	いちぶつじょう	ーーじよう	一佛乘	方便	128②	漢数名	112⑤			
一佛乘	いちぶつじょう	ーーしよう	一佛乘	方便	129⑤	漢数名	113⑤		一をもて[西右]	
一佛乘	いちぶつじょう	×	一佛乘	方便	130⑥	漢数名	114⑤			
一佛乘	いちぶつじょう	ーーじよう	一佛乘	方便	132③	漢数名	115⑥			
一佛乘	いちぶつじょう	×	一佛乘	方便	134⑥	漢数名	117⑥		一の[西右]	
一佛乘	いちぶつじょう	ーーしよう	一佛乘	方便	136③	漢数名	119①			
一佛乘	いちぶつじょう	×	一佛乘	方便	140②	漢数名	122②			
一佛乘	いちぶつじょう	×	一佛乘	譬喩	270①	漢数名	241②			
一佛乘	いちぶつじょう	ーーしよう	一佛乘	譬喩	291③	漢数名	264①			
一佛乘	いちぶつじょう	×	一佛乘	化城	521②	漢数名	526③			
一佛乘	いちぶつじょう	×	一佛乘	化城	527②	漢数名	532⑤			
一佛乘	いちぶつじょう	×	一佛乘	化城	529①	漢数名	534④			
一佛乘	いちぶつじょう	×	一佛乘	化城	548②	漢数名	554⑥			
一佛土	いちぶつど	×	一佛土	五百	571②	漢数名	574⑥		ーー の ー[西右]	
一佛土	いちぶつど	ーーと	一佛土	神力	1093⑤	漢数名	1112②			一ふつと[妙]
一万	いちまん	×	一万	從地	822③	漢数名	844④			
一万	いちまん	×	一万	從地	837①	漢数名	859⑥			
一万	いちまん	×	一万	從地	837⑤	漢数名	860④			

当該語	読みかな	傍訓	漢字表記	品名	頁数	語の種類	妙一本	和解語文	可読	異同語彙
一万恒河沙	いちまんごうがしゃ	×	一万恒河沙	従地	821④	漢数名	843⑥			
一味	いちみ	一み	一味	藥草	402③	漢数名	389①	いちみ／ひとつのあちわい[妙]		
一味	いちみ	一み	一味	藥草	405⑤	漢数名	392⑥	いちみ／ひとつのあちわい[妙]		
一味	いちみ	一み	一味	藥草	409⑥	漢数名	397⑤	いちみ／ひとつのあちわい[妙]		
一味	いちみ	一み	一味	藥草	410⑥	漢数名	398⑥	いちみ／ひとつのあちわい[妙]		
一味	いちみ	×	一味	藥草	411④	漢数名	399③	いちみ／ひとつのあちわい[妙]		
一味	いちみ	一み	一味	藥草	413③	漢数名	401⑤	いちみ／ひとつ{の}あちわい[妙]		
一面	いちめん	一めん	一面	序品	14③	漢数名	11④	一めん／ひとつおもて[妙]		
一面	いちめん	一めん	一面	五百	563③	漢数名	566⑥			
一面	いちめん	一めん	一面	授學	603⑤	漢数名	612③			
一面	いちめん	×	一面	見寶	660③	漢数名	674⑥			
一面	いちめん	一めん	一面	提婆	722④	漢数名	740⑤			
一面	いちめん	×	一面	提婆	730⑤	漢数名	748⑤			
一面	いちめん	×	一面	従地	824⑤	漢数名	847①			
一面	いちめん	×	一面	妙莊	1290⑤	漢数名	1299⑥			いちめん[妙]
一由旬	いちゆじゅん	一ゆしゆん	一由旬	化城	453①	漢数名	447②	いちゆしゆん／ゆみこひやくいやうかたかさ[妙]	一なりき[西右]	
一	いつ	×	一	序品	51⑤	漢数名	44⑥		ひとんの[西右]	
一	いつ	ひとつ	一	譬喩	248①	漢数名	217⑥			
一	いつ	×	一	化城	515①	漢数名	520①			
一	いつ	×	一	化城	515③	漢数名	520③			
一	いつ	×	一	化城	515④	漢数名	520④			
一	いつ	×	一	化城	515⑥	漢数名	520⑥			
一	いつ	×	一	化城	516②	漢数名	521①			
一	いつ	×	一	化城	516③	漢数名	521③			
一	いつ	×	一	化城	516⑤	漢数名	521⑤			
一	いつ	×	一	従地	821③	漢数名	844①			
一	いつ	×	一	従地	822④	漢数名	844⑥			
一	いつ	ひとん	一	従地	826⑥	漢数名	849①		一の[西右]	
一	いつ	×	一	従地	837⑥	漢数名	860⑤			
一	いつ	×	一	陀羅	1262①	漢数名	1273④		一の[西右]	いち[妙]
一句	いつく	×	一句	法師	625②	漢数名	636②	一く／もしよつ[妙]		
一句	いつく	×	一句	法師	627④	漢数名	638⑤			
一句一偈	いつくいちげ	×	一句一偈	普賢	1314②	漢四熟名	1320①	いくいちげ／もんしよつ十六[妙]		
一句一偈	いつくいちげ	×	一句一偈	法功	1041④	漢四熟名	1060②			
慈	いつくしみ	し／いつくしみ	慈	序品	8①	和名	6④	し／いつくしみ[妙]		
一劫	いつこう	一こう	一劫	化城	448①	漢数名	441④			
一劫	いつこう	一こう	一劫	化城	450③	漢数名	444②			
一劫	いつこう	×	一劫	授學	618①	漢数名	628①			
一劫	いつこう	×	一劫	法師	628②	漢数名	639③			
一劫	いつこう	×	一劫	法師	634⑤	漢数名	646⑥	一こう／四十りのいわほころものそてにてなてつくすひさしき[妙]		
一劫	いつこう	×	一劫	法師	635④	漢数名	647④			
一劫	いつこう	一かう	一劫	如來	887④	漢数名	906⑤			
一劫	いつこう	一こう	一劫	譬喩	302⑥	漢数名	275①	いこう／ひさしきとし[妙]		
一国	いつこく	一こく	一国	譬喩	250⑥	漢数名	220⑥			
一歳	いっさい	×	一歳	法功	1041⑤	漢数名	1060③		一まで[西右]	一歳(いさい)[妙]
一切	いっさい	×	一切	序品	46⑥	漢数名	40④			
一切	いっさい	×	一切	序品	68⑤	漢数名	60①			
一切	いっさい	×	一切	序品	74④	漢数名	65④			
一切	いっさい	×	一切	方便	87③	漢数名	76④			一切(いさい)[妙]
一切	いっさい	×	一切	方便	89⑥	漢数名	78⑥			
一切	いっさい	×	一切	方便	95③	漢数名	83⑤			一切(いさい)[妙]

当該語	読みかな	傍訓	漢字表記	品名	頁数	語の種類	妙一本	和解語文	可読	異同語彙
一切	いっさい	×	一切	方便	103③	漢数名	90④			一切(いさい)[妙]
一切	いっさい	×	一切	方便	111⑥	漢数名	97④			一切(いさい)[妙]
一切	いっさい	×	一切	方便	114④	漢数名	100②			一切(いさい)[妙]
一切	いっさい	×	一切	方便	128⑥	漢数名	113①			一切(いさい)[妙]
一切	いっさい	×	一切	方便	130①	漢数名	114①			
一切	いっさい	×	一切	方便	131③	漢数名	115①			
一切	いっさい	×	一切	方便	132⑥	漢数名	116②			
一切	いっさい	×	一切	方便	134⑥	漢数名	117⑥			
一切	いっさい	×	一切	方便	143③	漢数名	124⑥			一切(いさい)[妙]
一切	いっさい	×	一切	方便	152③	漢数名	132①			一切(いさい)[妙]
一切	いっさい	×	一切	方便	157③	漢数名	136①			
一切	いっさい	×	一切	方便	159③	漢数名	137④			一切(いさい)[妙]
一切	いっさい	×	一切	方便	170③	漢数名	146⑥			一切(いさい)[妙]
一切	いっさい	×	一切	方便	181②	漢数名	155⑤			一切(いさい)[妙]
一切	いっさい	×	一切	方便	189②	漢数名	162③			一切(いさい)[妙]
一切	いっさい	×	一切	方便	189⑥	漢数名	162⑥			一切(いさい)[妙]
一切	いっさい	×	一切	譬喩	224④	漢数名	193④			
一切	いっさい	×	一切	譬喩	234④	漢数名	203⑥			
一さい	いっさい	×	一切	譬喩	253⑤	漢数名	224④			
一切	いっさい	一さい	一切	譬喩	254③	漢数名	225③			
一切	いっさい	×	一切	譬喩	264②	漢数名	236②			
一切	いっさい	×	一切	譬喩	292①	漢数名	264②			
一切	いっさい	×	一切	譬喩	297③	漢数名	269⑤			
一切	いっさい	×	一切	譬喩	300①	漢数名	272③			
一切	いっさい	×	一切	譬喩	301⑤	漢数名	273⑥			
一切	いっさい	×	一切	譬喩	314②	漢数名	288①			
一切	いっさい	×	一切	信解	345①	漢数名	326①			
一切	いっさい	×	一切	信解	365②	漢数名	350⑥			一切(いさい)[妙]
一切	いっさい	×	一切	信解	367④	漢数名	353⑤			
一切	いっさい	×	一切	信解	369③	漢数名	355⑤			
一切	いっさい	×	一切	信解	372②	漢数名	359①			
一切	いっさい	×	一切	信解	374③	漢数名	361④			一切(いさい)[妙]
一切	いっさい	×	一切	信解	375②	漢数名	362⑤			一切(いさい)[妙]
一切	いっさい	×	一切	藥草	387③	漢数名	372④			
一切	いっさい	×	一切	藥草	387⑤	漢数名	372⑥	いつさいち／ほとけのちゑ[妙]		
一切	いっさい	×	一切	藥草	387⑤	漢数名	373①			
一切	いっさい	×	一切	藥草	388③	漢数名	373⑤			
一切	いっさい	×	一切	藥草	392③	漢数名	378①	いさいちしや／いさいをしるもの[妙]		
一切	いっさい	×	一切	藥草	392④	漢数名	378①	いさいけんしや／いさいをみるもの[妙]		
一切	いっさい	一さい	一切	藥草	394⑤	漢数名	380④			
一切	いっさい	×	一切	藥草	395③	漢数名	381③	いさいしゆち／ほとけのちゑ[妙]		
一切	いっさい	×	一切	藥草	398②	漢数名	384④			
一切	いっさい	×	一切	藥草	400⑤	漢数名	387②			
一切	いっさい	×	一切	藥草	402⑤	漢数名	389③			
一切	いっさい	×	一切	藥草	403⑤	漢数名	390⑤			
一切	いっさい	×	一切	藥草	404④	漢数名	391⑤			
一切	いっさい	×	一切	藥草	406①	漢数名	393③			
一切	いっさい	×	一切	藥草	406③	漢数名	393⑤			
一切	いっさい	×	一切	授記	419⑤	漢数名	408④			
一切	いっさい	×	一切	授記	438④	漢数名	430③			
一切	いっさい	×	一切	化城	466①	漢数名	462④	くいさい／いさいをすくう[妙]		救一切[妙]
一切	いっさい	×	一切	化城	470③	漢数名	467⑥			
一切	いっさい	×	一切	化城	479⑤	漢数名	479②			
一切	いっさい	×	一切	化城	480④	漢数名	480③			
一切	いっさい	×	一切	化城	489①	漢数名	490④			
一切	いっさい	×	一切	化城	496④	漢数名	499②			
一切	いっさい	×	一切	化城	499③	漢数名	502⑤			
一切	いっさい	×	一切	化城	504⑤	漢数名	508⑥			
一切	いっさい	×	一切	化城	505③	漢数名	509⑤			
一切	いっさい	×	一切	化城	516②	漢数名	521②			
一切	いっさい	×	一切	化城	516⑥	漢数名	521⑥			
一切	いっさい	×	一切	化城	532②	漢数名	537⑤			

当該語	読みかな	傍訓	漢字表記	品名	頁数	語の種類	妙一本	和解語文	可読	異同語彙
一切	いっさい	×	一切	化城	532④	漢数名	538②			
一切	いっさい	×	一切	化城	544⑥	漢数名	553①			
一切	いっさい	×	一切	五百	586①	漢数名	591④			
一切	いっさい	×	一切	授學	602②	漢数名	610⑤			
一切	いっさい	×	一切	法師	625⑤	漢数名	636⑤			
一切	いっさい	×	一切	法師	640⑤	漢数名	653②			
一切	いっさい	×	一切	法師	644⑤	漢数名	657①			
一切	いっさい	×	一切	法師	647②	漢数名	660⑤			
一切	いっさい	×	一切	見寶	658④	漢数名	673①			
一切	いっさい	×	一切	見寶	660④	漢数名	675①			
一切	いっさい	×	一切	見寶	679⑤	漢数名	696④			
一切	いっさい	×	一切	見寶	680④	漢数名	697④			
一切	いっさい	×	一切	見寶	699④	漢数名	718⑤			
一切	いっさい	×	一切	提婆	737③	漢数名	755⑥			
一切	いっさい	×	一切	勸持	742⑤	漢数名	761④			
一切	いっさい	×	一切	安樂	767②	漢数名	787③			一切（いさい）[妙]
一切	いっさい	×	一切	安樂	767④	漢数名	787⑤			一切（いさい）[妙]
一切	いっさい	×	一切	安樂	773④	漢数名	794①			一切（いさい）[妙]
一切	いっさい	×	一切	安樂	774④	漢数名	795①			一切（いさい）[妙]
一切	いっさい	×	一切	安樂	778④	漢数名	799③	いさい／ほとけのちゑ[妙]		
一切	いっさい	×	一切	安樂	785②	漢数名	806④			一切（いさい）[妙]
一切	いっさい	×	一切	安樂	790①	漢数名	811④			一切（いさい）[妙]
一切	いっさい	×	一切	安樂	795①	漢数名	816⑥			一切（いさい）[妙]
一切	いっさい	×	一切	安樂	804④	漢数名	826⑤			一切（いさい）[妙]
一切	いっさい	×	一切	安樂	807③	漢数名	829④			一切（いさい）[妙]
一切	いっさい	×	一切	安樂	812②	漢数名	834④			
一切	いっさい	×	一切	從地	861①	漢数名	883⑥			一切（いさい）[妙]
一切	いっさい	×	一切	如來	880③	漢数名	899②			一切（いさい）[妙]
一切	いっさい	×	一切	如來	883②	漢数名	902①			一切（いさい）[妙]
一切	いっさい	×	一切	如來	886①	漢数名	905①			一切（いさい）[妙]
一切	いっさい	×	一切	分別	927①	漢数名	945⑤			一切（いさい）[妙]
一切	いっさい	×	一切	分別	936②	漢数名	954⑤			
一切	いっさい	×	一切	分別	936④	漢数名	955①			
一切	いっさい	×	一切	分別	944③	漢数名	963②			一切（いさい）[妙]
一切	いっさい	×	一切	分別	946③	漢数名	964⑥			一切（いさい）[妙]
一切	いっさい	×	一切	分別	948⑥	漢数名	967⑤			一切（いさい）[妙]
一切	いっさい	×	一切	分別	955①	漢数名	973⑥			
一切	いっさい	×	一切	分別	957①	漢数名	976②			一切（いさい）[妙]
一切	いっさい	×	一切	分別	961①	漢数名	979③			一切（いさい）[妙]
一切	いっさい	×	一切	分別	961⑥	漢数名	980③			一切（いさい）[妙]
一切	いっさい	×	一切	隨喜	976⑥	漢数名	995②			一切（いさい）[妙]
一切	いっさい	×	一切	隨喜	977④	漢数名	995⑤			一切（いさい）[妙]
一切	いっさい	×	一切	隨喜	984②	漢数名	1002④			一切（いさい）[妙]
一切	いっさい	×	一切	法功	997⑤	漢数名	1016④			一切（いさい）[妙]
一切	いっさい	×	一切	法功	1000②	漢数名	1019②			一切（いさい）[妙]
一切	いっさい	×	一切	法功	1005③	漢数名	1023⑥			一切（いさい）[妙]
一切	いっさい	×	一切	法功	1025①	漢数名	1043⑥			一切（いさい）[妙]
一切	いっさい	×	一切	法功	1030⑥	漢数名	1049④			一切（いさい）[妙]
一切	いっさい	×	一切	法功	1038⑥	漢数名	1057④			一切（いさい）[妙]
一切	いっさい	×	一切	法功	1040③	漢数名	1059①			
一切	いっさい	×	一切	法功	1044⑥	漢数名	1063③			一切（いさい）[妙]
一切	いっさい	×	一切	常不	1077③	漢数名	1095⑥			一切（いさい）[妙]
一切	いっさい	×	一切	神力	1086①	漢数名	1104③			一さい[妙]
一切	いっさい	×	一切	神力	1086②	漢数名	1104⑤			いさい[妙]
一切	いっさい	×	一切	神力	1094④	漢数名	1113③			一さい[妙]
一切	いっさい	×	一切	神力	1094⑥	漢数名	1113④			いさい[妙]
一切	いっさい	×	一切	神力	1095①	漢数名	1113⑤			いさい[妙]
一切	いっさい	×	一切	神力	1095①	漢数名	1113⑤			いさい[妙]
一切	いっさい	×	一切	神力	1101③	漢数名	1120②			いさい[妙]
一切	いっさい	×	一切	神力	1102⑥	漢数名	1121⑤		一に[西右]	一さい[妙]
一切	いっさい	×	一切	囑累	1113⑤	漢数名	1132⑤			いさい[妙]
一切	いっさい	×	一切	藥王	1120②	漢数名	1138③			いさい[妙]
一切	いっさい	×	一切	藥王	1120④	漢数名	1138⑥			いさい[妙]
一切	いっさい	×	一切	藥王	1127⑤	漢数名	1146①			いさい[妙]
一切	いっさい	×	一切	藥王	1135⑥	漢数名	1154②			いさい[妙]
一切	いっさい	×	一切	藥王	1137②	漢数名	1155④			いさい[妙]
一切	いっさい	×	一切	藥王	1139⑥	漢数名	1158①			いさい[妙]

いつ 47

当該語	読みかな	傍訓	漢字表記	品名	頁数	語の種類	妙一本	和解語文	可読	異同語彙
一切	いっさい	×	一切	藥王	1142⑥	漢数名	1160⑥			いさい[妙]
一切	いっさい	×	一切	藥王	1145①	漢数名	1163①			いさい[妙]
一切	いっさい	×	一切	藥王	1146③	漢数名	1164④			いさい[妙]
一切	いっさい	×	一切	藥王	1146④	漢数名	1164⑥			いさい[妙]
一切	いっさい	×	一切	藥王	1147①	漢数名	1165②			いさい[妙]
一切	いっさい	×	一切	藥王	1147②	漢数名	1166①			しさい[妙]
一切	いっさい	×	一切	藥王	1148①	漢数名	1166③			いさい[妙]
一切	いっさい	×	一切	藥王	1149②	漢数名	1167⑤			×
一切	いっさい	×	一切	藥王	1151①	漢数名	1169①			いさい[妙]
一切	いっさい	×	一切	藥王	1151②	漢数名	1169③			いさい[妙]
一切	いっさい	×	一切	藥王	1151③	漢数名	1169④			いさい[妙]
一切	いっさい	×	一切	藥王	1158①	漢数名	1175⑤			いさい[妙]
一切	いっさい	×	一切	妙音	1167③	漢数名	1183⑤			いさい[妙]
一切	いっさい	×	一切	觀世	1246①	漢数名	1258①			いさい[妙]
一切	いっさい	×	一切	妙荘	1276④	漢数名	1286⑤			いさい[妙]
一切	いっさい	×	一切	妙荘	1281⑥	漢数名	1291④			一さい[妙]
一切	いっさい	×	一切	妙荘	1295③	漢数名	1303⑤			いさい[妙]
一切	いっさい	×	一切	妙荘	1305⑥	漢数名	1312①			いさい[妙]
一切	いっさい	×	一切	普賢	1337⑤	漢数名	1340④			いさい[妙]
一切種	いっさいしゆ	×	一切種	法師	631⑤	漢数名	643②	一さいしゆ／一たね[妙]		
一切衆	いっさいしゆう	×	一切衆	藥草	404②	漢数名	391②		一の一[西右]	
一切衆	いっさいしゆう	×	一切衆	化城	498⑤	漢数名	501⑥			
一切衆生	いつさいしゆじやう	×	一切衆生	序品	69③	漢四熟数名	60④			
一切衆生	いつさいしゆじやう	×	一切衆生	方便	92③	漢四熟数名	81②		一と一[西右]	
一切衆生	いつさいしゆじやう	×	一切衆生	方便	152⑥	漢四熟数名	132④			
一切衆生	いつさいしゆじやう	×	一切衆生	譬喩	266①	漢四熟数名	237③			
一切衆生	いつさいしゆじやう	×	一切衆生	譬喩	269③	漢四熟数名	240⑤			
一切衆生	いつさいしゆじやう	×	一切衆生	譬喩	289②	漢四熟数名	261②			
一切衆生	いつさいしゆじやう	一さいしゆしやう	一切衆生	譬喩	292④	漢四熟数名	264⑤			
一切衆生	いつさいしゆじやう	×	一切衆生	藥草	388①	漢四熟数名	373②			
一切衆生	いつさいしゆじやう	×	一切衆生	藥草	407④	漢四熟数名	395①			
一切衆生	いつさいしゆじやう	×	一切衆生	五百	571⑥	漢四熟数名	575⑤			
一切衆生	いつさいしゆじやう	×	一切衆生	法師	646⑥	漢四熟数名	660③			
一切衆生	いつさいしゆじやう	×	一切衆生	提婆	731④	漢四熟数名	749⑤			
一切衆生	いつさいしゆじやう	×	一切衆生	提婆	735⑤	漢四熟数名	754②			
一切衆生	いつさいしゆじやう	×	一切衆生	勸持	743⑤	漢四熟数名	762⑤			
一切衆生	いつさいしゆじやう	×	一切衆生	勸持	744①	漢四熟数名	763①			
一切衆生	いつさいしゆじやう	×	一切衆生	安樂	785⑥	漢四熟数名	807③			一切衆生(いさいしゆしやう)[妙]
一切衆生	いつさいしゆじやう	×	一切衆生	安樂	786⑤	漢四熟数名	808①			一切衆生(いさいしゆしやう)[妙]
一切衆生	いつさいしゆじやう	×	一切衆生	安樂	801②	漢四熟数名	823①			
一切衆生	いつさいしゆじやう	×	一切衆生	法功	995⑤	漢四熟数名	1014③			
一切衆生	いつさいしゆじやう	×	一切衆生	法功	1047⑤	漢四熟数名	1066③			
一切衆生	いつさいしゆじやう	×	一切衆生	囑累	1107②	漢四熟数名	1125⑥			一さいしゆしやう[妙]
一切衆生	いつさいしゆじやう	×	一切衆生	囑累	1108①	漢四熟数名	1126⑤			いさいしゆしやう[妙]

当該語	読みかな	傍訓	漢字表記	品名	頁数	語の種類	妙一本	和解語文	可読	異同語彙
一切衆生	いっさいしゅじょう	×	一切衆生	藥王	1119②	漢四熟数名	1137④			いさいしゆしやう[妙]
一切衆生	いっさいしゅじょう	×	一切衆生	藥王	1119④	漢四熟数名	1137⑥			いさいしゆしやう[妙]
一切衆生	いっさいしゅじょう	×	一切衆生	藥王	1126④	漢四熟数名	1144⑥			いさいしゆしやう[妙]
一切衆生	いっさいしゅじょう	×	一切衆生	藥王	1128④	漢四熟数名	1147①			いさいしゆしやう[妙]
一切衆生	いっさいしゅじょう	×	一切衆生	藥王	1130④	漢四熟数名	1149①			いさいしゆしやう[妙]
一切衆生	いっさいしゅじょう	×	一切衆生	藥王	1131①	漢四熟数名	1149④			いさいしゆしやう[妙]
一切衆生	いっさいしゅじょう	×	一切衆生	藥王	1131⑤	漢四熟数名	1150①			いさいしゆしやう[妙]
一切衆生	いっさいしゅじょう	×	一切衆生	藥王	1133②	漢四熟数名	1151④			いさいしゆしやう[妙]
一切衆生	いっさいしゅじょう	×	一切衆生	藥王	1133④	漢四熟数名	1151⑥			いさいしゆしやう[妙]
一切衆生	いっさいしゅじょう	×	一切衆生	藥王	1135①	漢四熟数名	1153③			いさいしゆしやう[妙]
一切衆生	いっさいしゅじょう	×	一切衆生	藥王	1137⑥	漢四熟数名	1156①			いさいしゆしやう[妙]
一切衆生	いっさいしゅじょう	×	一切衆生	藥王	1138③	漢四熟数名	1156④			いさいしゆしやう[妙]
一切衆生	いっさいしゅじょう	×	一切衆生	藥王	1140③	漢四熟数名	1158④			いさいしゆしやう[妙]
一切衆生	いっさいしゅじょう	×	一切衆生	藥王	1146①	漢四熟数名	1164②			いさいしゆしやう[妙]
一切衆生	いっさいしゅじょう	×	一切衆生	藥王	1147⑤	漢四熟数名	1165⑥			いさいしゆしやう[妙]
一切衆生	いっさいしゅじょう	×	一切衆生	藥王	1148⑤	漢四熟数名	1167①			いさいしゆしやう[妙]
一切衆生	いっさいしゅじょう	×	一切衆生	藥王	1149①	漢四熟数名	1167②			いさいしゆしやう[妙]
一切衆生	いっさいしゅじょう	×	一切衆生	藥王	1149②	漢四熟数名	1167②			いさいしゆしやう[妙]
一切衆生	いっさいしゅじょう	×	一切衆生	藥王	1163①	漢四熟数名	1179⑥			いさいしゆしやう[妙]
一切衆生	いっさいしゅじょう	×	一切衆生	藥王	1164⑤	漢四熟数名	1181⑤			いさいしゆしやう[妙]
一切衆生	いっさいしゅじょう	×	一切衆生	妙音	1194③	漢四熟数名	1208②			一さいしゆしやう[妙]
一切衆生	いっさいしゅじょう	×	一切衆生	妙荘	1288⑤	漢四熟数名	1298②			いさいしゆしやう[妙]
一切衆生	いっさいしゅじょう	×	一切衆生	普賢	1310②	漢四熟数名	1316④			いさいしゆしやう[妙]
一切衆生	いっさいしゅじょう	×	一切衆生	普賢	1317①	漢四熟数名	1322④			いさいしゆしやう[妙]
一切種智	いっさいしゅち	――しゆち	一切種智	序品	49⑤	漢四熟数名	42⑥	一しゆち／ほとけのちゑ[妙]		
一切世間	いっさいせけん	―――けん	一切世間	安樂	802①	漢四熟数名	824①			
一切智	いっさいち	一さいち	一切智	譬喩	264④	漢数名	235⑥		一と[西右]	
一切智	いっさいち	一さいち	一切智	譬喩	315①	漢数名	289①			いさいち[妙]
一切智	いっさいち	――ち	一切智	化城	548④	漢数名	555②			
一切智	いっさいち	×	一切智	化城	548⑤	漢数名	555④			
一切智	いっさいち	×	一切智	五百	579⑤	漢数名	584⑤			
一切智	いっさいち	×	一切智	五百	593⑥	漢数名	600⑤			
一切智	いっさいち	×	一切智	五百	594①	漢数名	601③			
一切智	いっさいち	――ち	一切智	安樂	802①	漢数名	824①			
一切智	いっさいち	×	一切智	分別	932③	漢数名	951①			
一切智	いっさいち	×	一切智	分別	943⑤	漢数名	962②		―― の 一[西右]	
一事	いっし	一し	一事	方便	128①	漢数名	112③		一をもて[西右]	
一事	いっし	×	一事	方便	149②	漢数名	129⑤			
一時	いっし	一し	一時	譬喩	276⑥	漢数名	248④	いつし／ひととき[妙]		

いつ 49

当該語	読みかな	傍訓	漢字表記	品名	頁数	語の種類	妙一本	和解語文	可読	異同語彙
一時	いつし	ーし	一時	随喜	975⑤	漢数名	993⑥	ーし／ひとゝき[妙]		
一時	いつし	×	一時	法功	1045②	漢数名	1063⑥			一時(いちし)[妙]
一時	いつし	×	一時	神力	1087⑤	漢数名	1106①			ーし[妙]
一時	いつし	×	一時	觀世	1220⑥	漢数名	1234②	いちし／ひとゝき[妙]		
一時	いつし	×	一時	妙莊	1290③	漢数名	1299③	いちえ／ひとゝき[妙]		
一四句偈	いつしくげ	×	一四句偈	藥王	1142④	漢四熟数名	1160⑤			いしくげ[妙]
一四天下	いつしてんげ	×	一四天下	分別	925②	漢四熟数名	943⑥			
一四天下	いつしてんげ	×	一四天下	分別	932①	漢四熟数名	950⑤			
一車	いつしゃ	ひとつのくるま	一車	譬喩	252⑤	漢数名	222⑥			ひとつのくるま[妙]
一尺	いつしゃく	ーしゃく	一尺	譬喩	274②	漢数名	245④			
一處	いつしょ	ーしよ	一處	序品	58⑥	漢数名	51②			
一處	いつしょ	ーしよ	一處	化城	537④	漢数名	543⑤			
一處	いつしょ	ーしよ	一處	見寶	665⑤	漢数名	680⑥			
一處	いつしょ	×	一處	随喜	982⑥	漢数名	1000③			
一生	いつしょう	×	一生	分別	925③	漢数名	944①			
一生	いつしょう	×	一生	分別	932②	漢数名	950⑥			
一姓	いつしょう	ーしやう	一姓	序品	50④	漢数名	45⑥		ひとつのうちィ[西右]	
一心	いつしん	ー／心をとゝのへてィ	一心	序品	17①	漢数名	13⑥		心を一にして[西右]	
一心	いつしん	×	一心	序品	56①	漢数名	48⑤		心を一にして[西右]	
一心	いつしん	×	一心	序品	77⑤	漢数名	67④		心を一にして[西右]	
一心	いつしん	×	一心	方便	139⑥	漢数名	121⑥		こゝろをひとつにして[西右]	
一心	いつしん	ーしん・心をもはらにし	一心	信解	318②	漢数名	293①			
一心	いつしん	×	一心	化城	457②	漢数名	452③		一を一にし[西右]	
一心	いつしん	×	一心	化城	537⑥	漢数名	543④			
一心	いつしん	×	一心	授學	615④	漢数名	625②			
一心	いつしん	×	一心	授學	616④	漢数名	626④			
一心	いつしん	×	一心	安樂	765⑥	漢数名	785⑤			
一心	いつしん	×	一心	安樂	772④	漢数名	793①			一心(いしん)[妙]
一心	いつしん	×	一心	安樂	791②	漢数名	812⑤			
一心	いつしん	×	一心	從地	836③	漢数名	859②			
一心	いつしん	×	一心	從地	851②	漢数名	873⑥			一心(いしん)[妙]
一心	いつしん	×	一心	如來	912①	漢数名	931④			
一心	いつしん	×	一心	分別	943⑥	漢数名	962①			一心(いしん)[妙]
一心	いつしん	ーしん	一心	分別	956⑥	漢数名	975④			
一心	いつしん	×	一心	藥王	1119⑥	漢数名	1138②			一心(いしん)[妙]
一心	いつしん	心を一にして	一心	藥王	1136①	漢数名	1154⑤			一心(いしん)[妙]
一心	いつしん	ーしん／こゝろをひとつにして	一心	觀世	1209④	漢数名	1222④			一心(いしん)[妙]
一心	いつしん	×	一心	普賢	1316④	漢数名	1322①		(心)を一にして[西右]	一心(いしん)[妙]
×	いつそう	×	一相	安樂	774⑥	漢数名	795③			常住一相(いさう)なりと観(くわん)する[妙]
一相一味	いつそういちみ	ーさうーみ	一相一味	藥草	395②	漢四熟数名	381②	いさういちみ／ひとつさうひとつあちわい[妙]		
一相一味	いつそういちみ	ーさうーみ	一相一味	藥草	397④	漢四熟数名	383⑤	いさういちみ／ひとつさうひとつあちわい[妙]		
一相一種	いつそういっしゅ	ーさうーしゅ	一相一種	譬喩	267⑥	漢四熟数名	239①		ーなりー[西右]	
一旦	いつたん	×	一旦	信解	325②	漢数名	301③			
一地	いっち	×	一地	藥草	390②	漢数名	375⑤			
いつつ	いつつ	×	五	提婆	733④	和数名	751⑥			
一滴	いってい	ーてい{き}／したゝり	一滴	藥草	410⑤	漢数名	398④	いつてい／ひとつのしたゝり[妙]		

当該語	読みかな	傍訓	漢字表記	品名	頁数	語の種類	妙一本	和解語文	可読	異同語彙
一點	いってん	一てん	一點	化城	446⑥	漢数名	440①	いてん／ひとつのちり[妙]	一の[西右]	
一點	いってん	×	一點	化城	447②	漢数名	440①	いてん／ひとつのちり[妙]		
一方	いっぽう	×	一方	見寶	672①	漢数名	687④			
一法	いっぽう	一ほう	一法	譬喩	210⑥	漢数名	178⑤			
一法	いっぽう	×	一法	藥草	410④	漢数名	398③			
いで	いで	×	出	方便	130③	和動	114②			
いで	いで	×	出	方便	135③	和動	118③			
いで	いで	×	出	方便	141④	和動	123③			
いで	いで	×	出	方便	149①	和動	129④			
いで	いで	×	出	方便	183③	和動	157④			
いで	いで	×	出	方便	186②	和動	159⑤			
いで	いで	×	出	方便	188④	和動	161⑤			
いで	いで	×	出	譬喩	241②	和動	210⑤			
いで	いで	×	出	譬喩	243④	和動	213②			いつる[妙]
いで	いで	×	出	譬喩	244③	和動	214①			
いで	いで	×	出	譬喩	246①	和動	215⑤			
いで	いで	×	出	譬喩	260⑤	和動	232①			
いで	いで	×	出	譬喩	262⑤	和動	234②			
いて	いで	×	出	譬喩	263②	和動	234④			いつる[妙]
いて	いで	×	出	譬喩	264①	和動	235④			いつる[妙]
いて	いで	×	出	譬喩	265③	和動	236④			いつる[妙]
いで	いで	×	出	譬喩	266⑤	和動	237⑤			
いで	いで	×	出	譬喩	276⑤	和動	248②			
いで	いで	×	出	譬喩	283⑥	和動	255④			
いで	いで	×	出	譬喩	303⑥	和動	275③			
いて	いで	×	出	藥草	403⑥	和動	390⑥			
いて	いで	×	出	藥草	404④	和動	391⑥			
いて	いで	×	出	化城	466⑥	和動	463⑤			
いて	いで	×	出	化城	474⑥	和動	473④			
いて	いで	×	出	化城	475③	和動	474③			
いて	いで	×	出	化城	479④	和動	478⑥			
いて	いで	×	出	化城	484②	和動	484④			
いで	いで	×	出	化城	493①	和動	495③			
いで	いで	×	出	化城	496⑥	和動	499⑤			
いで	いで	×	出	化城	498②	和動	501①			
いで	いで	×	出	化城	538①	和動	543⑥			
いで	いで	×	出	見寶	665③	和動	680②			
いて	いで	×	出	安樂	801⑤	和動	823④		一て[西右]	
いで	いで	×	出	從地	840⑤	和動	863④			
いで	いで	×	出	從地	856③	和動	879②		給てか[西右]	
いて	いで	×	出	如來	883④	和動	902③			
いで	いで	×	出	如來	914⑤	和動	933④			
いで	いで	×	出	隨喜	971④	和動	989⑥			
いで	いで	×	出	隨喜	991⑥	和動	1010④			
いで	いで	×	出	常不	1060②	和動	1079⑤			いて[妙]
いて	いで	×	出	妙荘	1303①	和動	1310②		いづ[西右]	いて[妙]
伊提履一	いでいび	いでいび	伊提履一	陀羅	1264②	仏梵語名	1275⑤			いていひ[妙]
伊提履五	いでいび	いでいび	伊提履五	陀羅	1264④	仏梵語名	1275⑥			いていひ[妙]
いでおはり	いでおわり	×	出已	從地	823①	和複動	845⑤			
い・ゐてき	いてき	×	將來	信解	331④	和複動	309④		ゐてき[西右]	
いでき	いでき	×	出來	譬喩	286①	和複動	257⑥			
いできたれ	いできたれ	×	出來	譬喩	283②	和複動	254⑥			
いでよ	いでよ	×	出	譬喩	243①	和動	212⑤			
いと	いと	×	一何	序品	77⑤	和副	68③			
已度	いと	いと	已度	化城	525⑤	漢名	531①			
いとひ	いとい	×	厭	譬喩	241①	和動	210⑤			
いとふ	いとう	×	厭	序品	38④	和動	33①			
いとふ	いとう	×	厭	譬喩	256①	和動	227④			
醫道	いどう	いたう	醫道	譬喩	307③	漢名	279⑥	いだう／くすしのみち[妙]		
いとへ	いとえ	×	厭	五百	576③	和動	581②			
威徳	いとく	ゐとく	威徳	方便	141⑤	漢名	123④			
威徳	いとく	ゐとく	威徳	信解	334①	漢名	312①			
威徳	いとく	ゐとく	威徳	信解	360②	漢名	344⑥			
威徳	いとく	いとく	威徳	化城	492④	漢名	494⑤			
威徳	いとく	ゐとく	威徳	從地	868②	漢名	891②			ゐとく[妙]

当該語	読みかな	傍訓	漢字表記	品名	頁数	語の種類	妙一本	和解語文	可読	異同語彙
威德	いとく	ゐとく	威德	妙音	1180②	漢名	1195③			ゐとく[妙]
威德	いとく	×	威德	普賢	1306②	漢名	1312⑥			いとく[妙]
威德	いとく	いとく	威德	普賢	1307③	漢名	1314①			いとく[妙]
威德具足せ	いとくぐそくせ	いとくくそく	威德具足	授記	444⑤	漢四熟サ動	437③			
威德自在	いとくじざい	ゐとくじざい	威德自在	序品	52②	漢四熟名	45④			
威德特尊	いとくとくそん	ゐとくどくそん	威德特尊	信解	327④	仏四熟名	304②	いとくどくそん／まことにたうとき[妙]		
威德力	いとくりき	いとくりき	威德力	五百	580⑤	漢名	585⑥			
いとは	いとわ	×	厭	序品	27④	和動	23③			いとふ[妙]
いなびかりし	いなびかりし	×	掣電	觀世	1241⑥	和サ動	1254③		ひゝき[西右]	いなひかりし[妙]
一いなや	いなや	×	不	譬喻	251⑤	和副	221⑤			
いなや	いなや	×	不	化城	447⑤	和感	441①			
いなや	いなや	×	不	五百	565⑤	和感	568④			
いなや	いなや	×	不	授學	616⑥	和感	626⑥			
いなや	いなや	×	不	見寶	678⑤	和感	695①			
いなや	いなや	×	不	提婆	727②	和感	745②			
いなや	いなや	×	不	提婆	734④	和感	752②			
いなや	いなや	×	不	從地	828①	和感	850②			
いなや	いなや	×	不	從地	828③	和感	850④			
いなや	いなや	×	不	從地	829③	和感	851④			
いなや	いなや	×	不	如來	885④	和感	904③			
いなや	いなや	×	不	如來	909②	和感	928①			
いなや	いなや	×	不	隨喜	976④	和感	994⑤			
いなや	いなや	×	不	妙音	1182③	和感	1197②			
いなや	いなや	×	不	妙音	1182④	和感	1197③			
いなや	いなや	×	不	妙音	1182④	和感	1197④			
いなや	いなや	×	不	妙音	1182⑤	和感	1197⑤			
いなや	いなや	×	不	妙音	1182⑥	和感	1197⑤			
いなや	いなや	×	不	妙音	1183②	和感	1198①			いなや[妙]
いなや	いなや	×	不	妙音	1183②	和感	1198①			いなや[妙]
いなや	いなや	×	不	妙音	1183③	和感	1198②			
いなや	いなや	×	不	妙音	1183③	和感	1198③			
いなや	いなや	×	不	妙音	1183⑥	和感	1198⑤			
いなや	いなや	×	不	妙音	1184②	和感	1199①			
いなや	いなや	×	不	觀世	1220⑤	和感	1233⑤			いなや[妙]
いなや	いなや	×	不	陀羅	1249⑤	和感	1261⑤			
いなや	いなや	×	不	妙莊	1293②	和感	1302①			
いなや	いなや	×	不	妙莊	1298⑤	和感	1306⑤			
いなや	いなや	×	不也	譬喻	251⑤	和感	221⑤			
圍遶し	いにょうし	ゐねう	圍遶	信解	355①	漢サ動	338⑤	いねう・し／めくり[妙]		
圍遶し	いにょうし	いねう	圍遶	信解	357③	漢サ動	341⑤	ゐねう・し／めくり[妙]		
圍遶し	いにょうし	いねう	圍遶	化城	456④	漢サ動	451⑤			
圍遶し	いにょうし	いねう	圍遶	化城	531⑥	漢サ動	537③			
圍遶し	いにょうし	×	圍遶	神力	1089④	漢サ動	1108⑤	ゐねう・し／めくり[妙]		
圍遶し	いにょうし	ゐねう	圍遶	妙音	1180⑥	漢サ動	1196①	ゐねう・し／めくり[妙]		
圍遶せ	いにょうせ	ゐねう	圍遶	序品	14④	漢サ動	11⑤	ゐねう・し／めくられ[妙]	一し[西右]	
圍遶せ	いにょうせ	ゐねう	圍遶	譬喻	287④	漢サ動	259③	ゐねう・せ／めくり[妙]		
圍遶せ	いにょうせ	いねう	圍遶	信解	326④	漢サ動	303①	いねう／めくり[妙]		
圍遶せ	いにょうせ	いにやう	圍遶	化城	468①	漢サ動	465①	ゐねう／めくられ[妙]		
圍遶せ	いにょうせ	いねう	圍遶	化城	476④	漢サ動	475⑤			
圍遶せ	いにょうせ	いねう	圍遶	化城	485②	漢サ動	485⑤	ゐねう／めくり[妙]		
圍遶せ	いにょうせ	×	圍遶	化城	494①	漢サ動	496④			
圍繞せ	いにょうせ	いねう	圍遶	安樂	811③	漢サ動	833⑥	ゐねう・せ／めくられ[妙]		
圍遶せ	いにょうせ	ゐねう	圍遶	分別	949⑤	漢サ動	968④	いねう・せ／めくらし[妙]	一し[西右]	
圍遶せ	いにょうせ	いねう	圍遶	藥王	1154④	漢サ動	1172⑤			ゐねう・せ[妙]
圍遶せ	いにょうせ	いねう	圍遶	妙音	1167①	漢サ動	1183③			ゐねう・せ[妙]

当該語	読みかな	傍訓	漢字表記	品名	頁数	語の種類	妙一本	和解語文	可読	異同語彙
圍遶せ	いにょうせ	ゐねう	圍遶	妙音	1175④	漢サ動	1190⑥			ゐねう・せ[妙]
圍遶せ	いにょうせ	ゐねう	圍遶	妙音	1200②	漢サ動	1214①	ゐねう・せ／めくられ[妙]		
圍遶せ	いにょうせ	ゐねう	圍遶	觀世	1240⑥	漢サ動	1253①	いねう・せ／めくられ[妙]		
圍遶せ	いにょうせ	いねう	圍遶	陀羅	1260①	漢サ動	1271①	いねう・せ／めくられ[妙]		
圍遶せ	いにょうせ	いねう	圍遶	普賢	1307②	漢サ動	1313⑥	いねう・せ／めくられ[妙]		
圍遶せ	いにょうせ	×	圍遶	普賢	1317①	漢サ動	1322④	いねう・せ／めくら[妙]		
圍遶せ	いにょうせ	いねう	圍遶	普賢	1324⑥	漢サ動	1329①	いねう・せ／めくら[妙]		
いぬ	いぬ	×	狗	譬喩	274③	和獣類名	245⑤			
いぬ	いぬ	×	狗	譬喩	274⑤	和獣類名	246①			
いぬ	いぬ	×	狗	譬喩	275⑤	和獣類名	247②			
いぬ	いぬ	×	狗	譬喩	303③	和獣類名	275④			
いのち	いのち	×	壽	譬喩	224⑥	和名	193⑥			
いのち	いのち	×	壽	譬喩	225②	和名	194②			
いのち	いのち	×	壽	譬喩	229①	和名	198②			
いのち	いのち	×	壽	授記	421⑤	和名	410⑥		一は[西右]	
いのち	いのち	×	壽	化城	451⑥	和名	446①			
壽	いのち	×	壽	五百	587①	和名	592⑥			いのち[妙]
壽	いのち	×	壽	五百	587②	和名	593①			
いのち	いのち	×	壽	勸持	745⑥	和名	764⑤			
いのち	いのち	×	壽	如來	917④	和名	936③			
いのち	いのち	×	壽	分別	932②	和名	951②			
いのち	いのち	×	壽	分別	936①	和名	954⑤			
壽	いのち	×	壽	分別	946③	和名	965①	しゆ／いのち[妙]		
いのち	いのち	×	壽	觀世	1239①	和名	1251②			
いのち	いのち	×	命	授記	416⑤	和名	405①			
いのち	いのち	×	命	授記	428⑤	和名	419①			
いのち	いのち	×	命	授記	432④	和名	423④			
いのち	いのち	×	命	授記	436⑤	和名	427⑤		一は[西右]	
いのち	いのち	×	命	授記	441④	和名	433⑤			
いのち	いのち	×	命	常不	1059⑤	和名	1078④			
いのち	いのち	×	命	藥王	1117①	和名	1135②			
違背せ	いはいせ	ゐはい／そむく心也	違背	法功	1042①	漢サ動	1060⑤	いはい・せ／たかいそむく[妙]		
委付する	いふ	いふ	委付	信解	325③	漢サ動	301④	いふ／まかせつく[妙]		
委付し	いふ	いふ	委付	信解	325⑤	漢サ動	302①	いふ／まかせつけ[妙]		
今	いま	×	今	序品	20①	和時候名	16④			
×	いま	×	今	方便	×	和時候名	117①			
いま	いま	×	今	序品	20②	和時候名	16⑤			
いま	いま	×	今	序品	21③	和時候名	17⑤			
いま	いま	×	今	序品	22①	和時候名	18③			
いま	いま	×	今	序品	28⑥	和時候名	24⑤			
いま	いま	×	今	序品	45③	和時候名	39②			
いま	いま	×	今	序品	46④	和時候名	40②			
いま	いま	×	今	序品	56⑤	和時候名	49③			
いま	いま	×	今	序品	65①	和時候名	56⑥			
いま	いま	×	今	序品	77④	和時候名	67③			
いま	いま	×	今	序品	83②	和時候名	72⑥			
いま	いま	×	今	序品	84②	和時候名	73⑥			
いま	いま	×	今	序品	84④	和時候名	74③			
いま	いま	×	今	序品	84⑤	和時候名	74④			
いま	いま	×	今	序品	84⑥	和時候名	74④			
いま	いま	×	今	序品	85②	和時候名	74⑥			
いま	いま	×	今	方便	99⑤	和時候名	87③			
いま	いま	×	今	方便	104①	和時候名	91②			
いま	いま	×	今	方便	108②	和時候名	94⑤			
いま	いま	×	今	方便	109④	和時候名	95⑥			
いま	いま	×	今	方便	116②	和時候名	101⑥			
いま	いま	×	今	方便	119⑥	和時候名	105②			
いま	いま	×	今	方便	122①	和時候名	107①			
いま	いま	×	今	方便	122④	和時候名	107③			
いま	いま	×	今	方便	145③	和時候名	126④			

当該語	読みかな	傍訓	漢字表記	品名	頁数	語の種類	妙一本	和解語文	可読	異同語彙
いま	いま	×	今	方便	157④	和時候名	136②			
いま	いま	×	今	方便	174⑥	和時候名	150④			
いま	いま	×	今	方便	180③	和時候名	155①			
いま	いま	×	今	方便	186④	和時候名	159⑥			
いま	いま	×	今	方便	187①	和時候名	160③			
いま	いま	×	今	方便	188①	和時候名	161②			
いま	いま	×	今	譬喩	204⑤	和時候名	171⑤			
いま	いま	×	今	譬喩	207⑥	和時候名	175②			
いま	いま	×	今	譬喩	212⑤	和時候名	180⑤			
いま	いま	×	今	譬喩	214①	和時候名	182①			
いま	いま	×	今	譬喩	216③	和時候名	184⑥			
いま	いま	×	今	譬喩	218④	和時候名	187②			
いま	いま	×	今	譬喩	219⑤	和時候名	188③			
いま	いま	×	今	譬喩	219⑥	和時候名	188⑤			
いま	いま	×	今	譬喩	232⑤	和時候名	201⑥			
いま	いま	×	今	譬喩	233③	和時候名	202④			
いま	いま	×	今	譬喩	234③	和時候名	203④			
いま	いま	×	今	譬喩	235⑤	和時候名	204⑥			
いま	いま	×	今	譬喩	236⑥	和時候名	206②			
いま	いま	×	今	譬喩	238②	和時候名	207④			
いま	いま	×	今	譬喩	244④	和時候名	214②			
いま	いま	×	今	譬喩	245⑤	和時候名	215③			
いま	いま	×	今	譬喩	250①	和時候名	220①			
いま	いま	×	今	譬喩	260⑥	和時候名	232③			
いま	いま	×	今	譬喩	282②	和時候名	253⑥			
いま	いま	×	今	譬喩	283②	和時候名	254⑤			
いま	いま	×	今	譬喩	284③	和時候名	256①			
いま	いま	×	今	譬喩	285③	和時候名	257①			
いま	いま	×	今	譬喩	286②	和時候名	258②			
いま	いま	×	今	譬喩	290②	和時候名	262③			
いま	いま	×	今	譬喩	290④	和時候名	262⑤			
いま	いま	×	今	譬喩	294⑤	和時候名	266⑥			
いま	いま	×	今	譬喩	302⑤	和時候名	274⑥			
いま	いま	×	今	信解	320②	和時候名	295③			
いま	いま	×	今	信解	320⑤	和時候名	295⑥			
いま	いま	×	今	信解	321②	和時候名	296④			
いま	いま	×	今	信解	321⑤	和時候名	297②			
いま	いま	×	今	信解	329④	和時候名	306④			
いま	いま	×	今	信解	333①	和時候名	311①			
いま	いま	×	今	信解	339③	和時候名	318⑤			
いま	いま	×	今	信解	341①	和時候名	320⑥			
いま	いま	×	今	信解	341⑤	和時候名	321⑤			
いま	いま	×	今	信解	345①	和時候名	326①			
いま	いま	×	今	信解	345⑥	和時候名	327②			
いま	いま	×	今	信解	350③	和時候名	332⑤			
いま	いま	×	今	信解	351③	和時候名	334①			
いま	いま	×	今	信解	352②	和時候名	335①			
いま	いま	×	今	信解	364⑥	和時候名	350④			
いま	いま	×	今	信解	373②	和時候名	360③			
いま	いま	×	今	信解	373③	和時候名	360⑤			
いま	いま	×	今	信解	374①	和時候名	361②			
いま	いま	×	今	藥草	414①	和時候名	402③			
いま	いま	×	今	授記	429⑤	和時候名	420②			
いま	いま	×	今	授記	433②	和時候名	424②			
いま	いま	×	今	授記	439①	和時候名	430⑥			
いま	いま	×	今	授記	445②	和時候名	437⑥			
いま	いま	×	今	化城	451②	和時候名	445②			
いま	いま	×	今	化城	458⑥	和時候名	454②			
いま	いま	×	今	化城	459⑥	和時候名	455③			
いま	いま	×	今	化城	465②	和時候名	461⑤			
いま	いま	×	今	化城	471②	和時候名	469①			
いま	いま	×	今	化城	478⑤	和時候名	478①			
いま	いま	×	今	化城	479③	和時候名	478⑥			
いま	いま	×	今	化城	480①	和時候名	479④			
いま	いま	×	今	化城	487③	和時候名	488④			
いま	いま	×	今	化城	492③	和時候名	494④			
いま	いま	×	今	化城	499①	和時候名	502②			
いま	いま	×	今	化城	514②	和時候名	519②			

当該語	読みかな	傍訓	漢字表記	品名	頁数	語の種類	妙一本	和解語文	可読	異同語彙
いま	いま	×	今	化城	514③	和時候名	519③			
いま	いま	×	今	化城	514③	和時候名	519④			
いま	いま	×	今	化城	517⑥	和時候名	522⑥			
いま	いま	×	今	化城	523③	和時候名	528⑤			
いま	いま	×	今	化城	524④	和時候名	529⑥			
いま	いま	×	今	化城	525③	和時候名	530⑤			
いま	いま	×	今	化城	526⑥	和時候名	532②			
いま	いま	×	今	化城	539③	和時候名	545②			
いま	いま	×	今	化城	540③	和時候名	546②			
いま	いま	×	今	化城	541⑥	和時候名	547⑤			
いま	いま	×	今	化城	544④	和時候名	552⑤			
いま	いま	×	今	化城	548③	和時候名	555①			
いま	いま	×	今	五百	568⑤	和時候名	572④			
いま	いま	×	今	五百	577②	和時候名	582①			
いま	いま	×	今	五百	582②	和時候名	587④			
いま	いま	×	今	五百	583③	和時候名	588⑤			
いま	いま	×	今	五百	589⑥	和時候名	596②			
いま	いま	×	今	五百	592③	和時候名	599④			
いま	いま	×	今	五百	592⑤	和時候名	600①			
いま	いま	×	今	五百	594①	和時候名	601③			
いま	いま	×	今	五百	596③	和時候名	604②			
いま	いま	×	今	五百	599⑤	和時候名	608③			
いま	いま	×	今	五百	600②	和時候名	608⑥			
いま	いま	×	今	授學	606⑥	和時候名	615⑥			
いま	いま	×	今	授學	611④	和時候名	621①		けふィ[西右]	
いま	いま	×	今	授學	612③	和時候名	621⑥			
いま	いま	×	今	授學	613⑤	和時候名	623③			
いま	いま	×	今	授學	615①	和時候名	624⑥			
いま	いま	×	今	授學	618④	和時候名	628⑤			
いま	いま	×	今	法師	636⑤	和時候名	648⑥			
いま	いま	×	今	法師	636⑤	和時候名	649①			
いま	いま	×	今	法師	645②	和時候名	658④			
いま	いま	×	今	見寶	664①	和時候名	678⑥			
いま	いま	×	今	見寶	666③	和時候名	681③			
いま	いま	×	今	見寶	669①	和時候名	684②			
いま	いま	×	今	見寶	684④	和時候名	701⑥			
いま	いま	×	今	見寶	689③	和時候名	707②			
いま	いま	×	今	見寶	696⑥	和時候名	715⑤			
いま	いま	×	今	見寶	697④	和時候名	716④			
いま	いま	×	今	提婆	714⑤	和時候名	732④			
いま	いま	×	今	提婆	715③	和時候名	733②			
いま	いま	×	今	提婆	724⑤	和時候名	742⑥			
いま	いま	×	今	提婆	725③	和時候名	743④			
いま	いま	×	今	勸持	742⑤	和時候名	761⑤			
いま	いま	×	今	勸持	748⑥	和時候名	768①			
いま	いま	×	今	安樂	800⑥	和時候名	822⑤			
いま	いま	×	今	安樂	802③	和時候名	824③			
いま	いま	×	今	安樂	803②	和時候名	825②			
いま	いま	×	今	安樂	809①	和時候名	831②			
いま	いま	×	今	從地	831②	和時候名	853⑥		いまた[西右]	いまた[妙]
いま	いま	×	今	從地	840⑥	和時候名	863⑤			
いま	いま	×	今	從地	844②	和時候名	867①			
いま	いま	×	今	從地	845③	和時候名	868②			
いま	いま	×	今	從地	846⑤	和時候名	869③			
いま	いま	×	今	從地	847①	和時候名	869⑤			
いま	いま	×	今	從地	847②	和時候名	869⑥			
いま	いま	×	今	從地	847⑥	和時候名	870④			
いま	いま	×	今	從地	848③	和時候名	871②			
いま	いま	×	今	從地	854③	和時候名	877①			
いま	いま	×	今	從地	854⑤	和時候名	877③			
いま	いま	×	今	從地	869⑥	和時候名	892⑥			
いま	いま	×	今	如來	883③	和時候名	902②			
いま	いま	×	今	如來	887①	和時候名	906①			
いま	いま	×	今	如來	895③	和時候名	914②			
いま	いま	×	今	如來	895④	和時候名	914④			
いま	いま	×	今	如來	905②	和時候名	924②			
いま	いま	×	今	如來	905⑤	和時候名	924⑤			
いま	いま	×	今	如來	906①	和時候名	924⑥			

いま 55

当該語	読みかな	傍訓	漢字表記	品名	頁数	語の種類	妙一本	和解語文	可読	異同語彙
いま	いま	×	今	如來	907③	和時候名	926②			
いま	いま	×	今	隨喜	972⑤	和時候名	990⑤			
いま	いま	×	今	隨喜	977③	和時候名	995④			
いま	いま	×	今	隨喜	987①	和時候名	1005③			
いま	いま	×	今	隨喜	987⑥	和時候名	1006②			
いま	いま	×	今	隨喜	990③	和時候名	1008⑥			
いま	いま	×	今	隨喜	992②	和時候名	1010⑥			
いま	いま	×	今	常不	1056③	和時候名	1075③			
いま	いま	×	今	常不	1075②	和時候名	1093⑥			
いま	いま	×	今	常不	1081③	和時候名	1099⑥			
いま	いま	×	今	神力	1091①	和時候名	1109⑤			
いま	いま	×	今	囑累	1105⑤	和時候名	1124④			
いま	いま	×	今	囑累	1106⑥	和時候名	1125④			
いま	いま	×	今	藥王	1120⑥	和時候名	1139①			
いま	いま	×	今	藥王	1127④	和時候名	1145⑥			
いま	いま	×	今	藥王	1128②	和時候名	1146⑤			
いま	いま	×	今	藥王	1129②	和時候名	1147④			
いま	いま	×	今	藥王	1130②	和時候名	1148⑥			
いま	いま	×	今	藥王	1135②	和時候名	1153⑤			
いま	いま	×	今	藥王	1136①	和時候名	1154③			
いま	いま	×	今	藥王	1138②	和時候名	1156④			
いま	いま	×	今	藥王	1140④	和時候名	1158⑤			
いま	いま	×	今	藥王	1157③	和時候名	1175①			
いま	いま	×	今	妙音	1172④	和時候名	1188③			
いま	いま	×	今	妙音	1184③	和時候名	1199①			
いま	いま	×	今	妙音	1187⑥	和時候名	1202③			
いま	いま	×	今	妙音	1188⑤	和時候名	1203②			
いま	いま	×	今	觀世	1231④	和時候名	1244②			
いま	いま	×	今	觀世	1235①	和時候名	1247④			
いま	いま	×	今	陀羅	1250⑤	和時候名	1262⑤			
いま	いま	×	今	妙莊	1281⑤	和時候名	1291③			
いま	いま	×	今	妙莊	1282④	和時候名	1292①			
いま	いま	×	今	妙莊	1283②	和時候名	1292⑤			
いま	いま	×	今	妙莊	1303③	和時候名	1310④			
いま	いま	×	今	妙莊	1303④	和時候名	1310⑤			
いま	いま	×	今	妙莊	1304①	和時候名	1311②			
いま	いま	×	今	普賢	1325⑥	和時候名	1330②			
いま	いま	×	今者	方便	102⑤	和時候名	89⑥			
いま	いま	×	今者	方便	105④	和時候名	92③			
いま	いま	×	今者	方便	152⑤	和時候名	132④			
いま	いま	×	今者	信解	374②	和時候名	361③			
いま	いま	×	今者	信解	374④	和時候名	361⑤			
いまさ	いまさ	×	有	化城	458⑤	和動	454①	給ふことあらす[西右]		
いまし	いまし	×	乃	方便	91③	和副	80②			
いまし	いまし	×	乃	方便	94③	和副	82⑥			
いまし	いまし	×	乃	方便	106④	和副	93③			
いまし	いまし	×	乃	方便	123③	和副	108②			
いまし	いまし	×	乃	方便	124⑥	和副	109④			
いまし	いまし	×	乃	方便	189③	和副	162④			
いまし	いまし	×	乃	譬喩	313②	和副	286⑤			
いまし	いまし	×	乃	譬喩	313⑥	和副	287①			
いまし	いまし	×	乃	譬喩	314③	和副	288①			
いまし	いまし	×	乃	譬喩	314⑥	和副	288⑥			
いまし	いまし	×	乃	譬喩	315④	和副	289⑤			
いまし	いまし	×	乃	譬喩	316②	和副	290⑤			
いまし	いまし	×	乃	信解	354⑥	和副	338③			
いまし	いまし	×	乃	信解	372②	和副	359①			
いまし	いまし	×	乃	信解	372⑥	和副	359⑤			
いまし	いまし	×	乃	授記	421③	和副	410④			
いまし	いまし	×	乃	授記	424②	和副	414①			
いまし	いまし	×	乃	化城	446⑥	和副	440①			
いまし	いまし	×	乃	化城	449⑥	和副	443④			
いまし	いまし	×	乃	化城	455①	和副	449⑥			
いまし	いまし	×	乃	化城	457⑥	和副	453①			
いまし	いまし	×	乃	化城	479①	和副	478③			
いまし	いまし	×	乃	化城	498②	和副	501③			

当該語	読みかな	傍訓	漢字表記	品名	頁数	語の種類	妙一本	和解語文	可読	異同語彙
いまし	いまし	×	乃	化城	527⑤	和副	533②		すなはちィ[西右]	
いまし	いまし	×	乃	化城	531②	和副	537①			
いまし	いまし	×	乃	化城	547⑥	和副	554③			
いまし	いまし	×	乃	化城	548⑥	和副	555⑤			
いまし	いまし	×	乃	提婆	730①	和副	748①			
いまし	いまし	×	乃	提婆	733①	和副	751③			
いまし	いまし	×	乃	安樂	803⑥	和副	826①			
いまた{し}	いまし	×	乃	從地	840④	和副	863④			
いまし	いまし	×	乃	從地	844⑥	和副	867③			
いまし	いまし	×	乃	從地	861⑥	和副	884⑤			
いまし	いまし	×	乃	如來	884⑤	和副	903④			
いまし	いまし	×	乃	如來	914④	和副	933④			
いまし	いまし	×	乃	如來	917⑤	和副	936④			
いまし	いまし	×	乃	法功	1023②	和副	1042①			
いまし	いまし	×	乃	法功	1039②	和副	1058①			
いまし	いまし	×	乃	常不	1082③	和副	1100⑤			
います	います	×	在	安樂	803⑤	和敬意動	825⑤		にあり[西右]	まします[妙]
います	います	×	有	藥草	386⑥	和敬意動	371⑥			
いまた	いまだ	×	未	序品	35①	和副	30①			
いまた	いまだ	×	未	序品	51④	和副	44④			
いまた	いまだ	×	未	序品	66⑥	和副	58③			
いまた	いまだ	×	未	方便	104③	和副	91④			
いまた	いまだ	×	未	方便	105②	和副	92②			
いまた	いまだ	×	未	方便	121②	和副	106②			
いまた	いまだ	×	未	方便	121③	和副	106③			
いまた	いまだ	×	未	方便	144⑥	和副	126②			
いまた	いまだ	×	未	方便	145②	和副	126②			
いまた	いまだ	×	未	方便	145②	和副	126④			
いまた	いまだ	×	未	方便	153④	和副	133②			
いまた	いまだ	×	未	譬喩	208①	和副	175③			
いまた	いまだ	×	未	譬喩	225①	和副	194①			
いまた	いまだ	×	未	譬喩	234①	和副	203②			
いまた	いまだ	×	未	譬喩	236⑥	和副	206②			
いまた	いまだ	×	未	譬喩	242①	和副	211④			
いまた	いまだ	×	未	譬喩	258③	和副	229④			
いまた	いまだ	×	未	譬喩	276⑤	和副	248②			
いまた	いまだ	×	未	譬喩	297③	和副	269⑤			
いまた	いまだ	×	未	譬喩	297④	和副	269⑥			
いまた	いまだ	×	未	譬喩	297⑤	和副	270①			
いまた	いまだ	×	未	譬喩	316①	和副	290④			
いまた	いまだ	×	未	信解	324④	和副	300④			
いまた	いまだ	×	未	信解	342⑤	和副	323②			
いまた	いまだ	×	未	信解	365⑤	和副	351③			
いまた	いまだ	×	未	藥草	391⑤	和副	377②			
いまた	いまだ	×	未	藥草	391⑥	和副	377③			
いまた	いまだ	×	未	藥草	392①	和副	377④			
いまた	いまだ	×	未	藥草	392②	和副	377⑤			
いまた	いまだ	×	未	授記	424①	和副	413⑤			
いまた	いまだ	×	未	授記	425①	和副	415①			
いまた	いまだ	×	未	化城	455⑤	和副	450②			
いまた	いまだ	×	未	化城	458④	和副	453⑥			
いまた	いまだ	×	未	化城	465②	和副	461⑤			
いまた	いまだ	×	未	化城	466③	和副	463②			
いまた	いまだ	×	未	化城	473③	和副	471⑥			
いまた	いまだ	×	未	化城	474④	和副	473③			
いまた	いまだ	×	未	化城	474⑥	和副	473⑤			
いまた	いまだ	×	未	化城	482③	和副	482④			
いまた	いまだ	×	未	化城	483⑥	和副	484③			
いまた	いまだ	×	未	化城	487⑥	和副	489①			
いまた	いまだ	×	未	化城	491③	和副	493②			
いまた	いまだ	×	未	化城	492⑤	和副	495①			
いまた	いまだ	×	未	化城	496⑥	和副	499④			
いまた	いまだ	×	未	化城	509⑤	和副	514⑤			
いまた	いまだ	×	未	化城	528④	和副	534①			
いまた	いまだ	×	未	化城	532⑥	和副	538④			
いまた	いまだ	×	未	化城	533⑤	和副	539②			
いまた	いまだ	×	未	化城	538①	和副	543⑥			

当該語	読みかな	傍訓	漢字表記	品名	頁數	語の種類	妙一本	和解語文	可読	異同語彙
いまだ	いまだ	×	未	五百	578②	和副	583④			
いまだ	いまだ	×	未	法師	638②	和副	650④			
いまだ	いまだ	×	未	法師	641⑥	和副	654④			
いまだ	いまだ	×	未	法師	643⑥	和副	656⑥			
いまだ	いまだ	×	未	法師	644①	和副	657①			
いまだ	いまだ	×	未	法師	644①	和副	657①			
いまだ	いまだ	×	未	見寶	672①	和副	687④			
いまだ	いまだ	×	未	見寶	692①	和副	710②			
いまだ	いまだ	×	未	見寶	692③	和副	710④			
いまだ	いまだ	×	未	見寶	692⑤	和副	710⑥			
いまだ	いまだ	×	未	見寶	693①	和副	711②			
いまだ	いまだ	×	未	見寶	693④	和副	711⑥			
いまだ	いまだ	×	未	見寶	694②	和副	712⑤			
いまだ	いまだ	×	未	見寶	694⑤	和副	713③			
いまだ	いまだ	×	未	見寶	695④	和副	714③			
いまだ	いまだ	×	未	見寶	696③	和副	715②			
いまだ	いまだ	×	未	提婆	723⑤	和副	741⑥			
いまだ	いまだ	×	未	提婆	729③	和副	747③			
いまだ	いまだ	×	未	提婆	730③	和副	748③			
いまだ	いまだ	×	未	勸持	751⑥	和副	771③			
いまだ	いまだ	×	未	安樂	802②	和副	824②			
いまだ	いまだ	×	未	從地	834⑤	和副	857⑤			
いまだ	いまだ	×	未	從地	840①	和副	862⑥			
いまだ	いまだ	×	未	從地	840③	和副	863②			
いまだ	いまだ	×	未	從地	847①	和副	869⑤			
いまだ	いまだ	×	未	從地	849①	和副	871⑤			
いまだ	いまだ	×	未	從地	850⑤	和副	873④			
いまだ	いまだ	×	未	從地	859⑥	和副	882⑥			
いまだ	いまだ	×	未	從地	861⑤	和副	884④			
いまだ	いまだ	×	未	從地	862③	和副	885①			
いまだ	いまだ	×	未	從地	864②	和副	887③			
いまだ	いまだ	×	未	如來	894④	和副	913④			
いまだ	いまだ	×	未	如來	895③	和副	914③			
いまだ	いまだ	×	未	分別	929⑥	和副	948④			
いまだ	いまだ	×	未	分別	935⑥	和副	954④			
いまだ	いまだ	×	未	法功	997⑥	和副	1016④			
いまだ	いまだ	×	未	法功	1000⑤	和副	1019③			
いまだ	いまだ	×	未	法功	1008②	和副	1026⑤			
いまだ	いまだ	×	未	法功	1019③	和副	1038①			
いまだ	いまだ	×	未	法功	1025⑥	和副	1044⑤			
いまだ	いまだ	×	未	法功	1040①	和副	1058⑥			
いまだ	いまだ	×	未	法功	1042⑥	和副	1061④			
いまだ	いまだ	×	未	法功	1047③	和副	1065⑥			
いまだ	いまだ	×	未	藥王	1135③	和副	1153⑤			いまた[妙]
異名	いみょう	いみやう	異名	化城	519④	漢名	524⑤	いみやう／ことなるな[妙]		
威猛大勢	いみょうたいせい	いみやうーせい	威猛大勢	從地	845④	漢四熟名	868③			
姨母	いも	いも	姨母	勸持	741②	漢名	760①	いも／おは[妙]		
慰問し	いもんし	いもん／といたてまつる心也	慰問	提婆	722④	漢サ動	740②	いもん・し／とう[妙]	―して[西右]	
醫やく	いやく	い―	醫藥	安樂	781④	漢名	802④	いやく／くすり[妙]	―とに[西右]	
醫藥	いやく	いやく	醫藥	觀世	1220②	漢名	1233③	いやく／くすり[妙]	―と[西右]	
いやしき	いやしき	×	微	方便	154②	和形	133⑤			
いやしき	いやしき	×	鄙	信解	361②	和形	346②			
いやしくす	いやしくす	×	鄙	信解	343⑤	和サ動	323⑤			
いやしま	いやしま	×	賤	譬喩	303⑤	和動	275⑥			
慰喩し	いゆし	ゐゆ／こしらへ	慰喩	方便	180⑥	漢サ動	155⑤	いゆ・し／やすめさとし[妙]		
いゆる	いゆる	×	差	如來	908③	和動	927②			
いよいよ	いよいよ	×	愈	信解	331①	和副	308④			
いよいよ	いよいよ	×	愈	化城	497②	和副	500①			
いよいよ	いよいよ	×	轉	譬喩	273⑥	和副	245②			
威曜せ	いよう	いよう	威曜	化城	483④	漢サ動	484①	ゐえう／かゝやけり[妙]		
威曜せ	いよう	いよう	威曜	化城	491②	漢サ動	493②		―すィ[西右]	
いら	いら	×	入	序品	34⑥	和動	30①			

当該語	読みかな	傍訓	漢字表記	品名	頁数	語の種類	妙一本	和解語文	可読	異同語彙
いら	いら	×	入	序品	66⑥	和動	58③			
いら	いら	×	入	方便	127①	和動	111④			
いら	いら	×	入	方便	152⑥	和動	132⑤			
いら	いら	×	入	方便	159②	和動	137④			
いら	いら	×	入	譬喩	302⑥	和動	275①			
いら	いら	×	入	化城	512③	和動	517③			
いら	いら	×	入	化城	540④	和動	546③			
いら	いら	×	入	授學	620②	和動	630④			
いら	いら	×	入	安樂	765②	和動	785①			
いら	いら	×	入	安樂	765⑤	和動	785①		いりて[西右]	
いら	いら	×	入	如來	911①	和動	930①		いれ[西右]	
いら	いら	×	入	觀世	1211①	和動	1224②		いれ[西右]	いれら[妙]
いら	いら	×	入	妙莊	1298①	和動	1306①		いれ[西右]	いら[妙]
意樂	いらく	一らく	意樂	授記	440⑥	漢名	433①			
意樂國	いらくこく	いらくこく	意樂國	授記	443③	漢名	435⑥			
いり	いり	×	入	序品	8②	和動	6④			
いり	いり	×	入	序品	15③	和動	12③			
いり	いり	×	入	序品	20③	和動	16⑥			
いり	いり	×	入	序品	32③	和動	27⑤			
いり	いり	×	入	序品	54③	和動	47②			
いり	いり	×	入	序品	60③	和動	52⑤			
いり	いり	×	入	序品	61④	和動	53⑤			
いり	いり	×	入	序品	72⑥	和動	64①			
いり	いり	×	入	序品	77③	和動	68①			
いり	いり	×	入	方便	89⑥	和動	78⑥			
いり	いり	×	入	方便	169②	和動	145⑥			
いり	いり	×	入	方便	176②	和動	151④			
いり	いり	×	入	方便	177①	和動	152②			
いり	いり	×	入	方便	180①	和動	154⑤			
いり	いり	×	入	化城	459⑤	和動	455②			
いり	いり	×	入	化城	510①	和動	515①			
いり	いり	×	入	化城	510③	和動	515②			
いり	いり	×	入	化城	521④	和動	526⑤		さとれり[西右]	
いり	いり	×	入	化城	524⑥	和動	530②			
いり	いり	×	入	化城	525⑤	和動	531①			
いり	いり	×	入	化城	537⑥	和動	543④		一給て[西右]	
いり	いり	×	入	化城	543③	和動	551②			
いり	いり	×	入	化城	543④	和動	551②			
いり	いり	×	入	法師	646④	和動	660①			
いり	いり	×	入	法師	651⑥	和動	665①			
いり	いり	×	入	見寶	682⑥	和動	700①			
いり	いり	×	入	見寶	684⑥	和動	702①			
いり	いり	×	入	見寶	694⑤	和動	713③			
いり	いり	×	入	提婆	727⑥	和動	746①			
いり	いり	×	入	勸持	755⑤	和動	775③			
いり	いり	×	入	安樂	775②	和動	795⑥			
いり	いり	×	入	安樂	775④	和動	796①			
いり	いり	×	入	安樂	814②	和動	836⑤			
いり	いり	×	入	從地	830⑥	和動	853④			
いり	いり	×	入	如來	896④	和動	915④		一れるとは[西右]	
いり	いり	×	入	如來	904①	和動	923①			
いり	いり	×	入	藥王	1121②	和動	1139④			
いり	いり	×	入	藥王	1133③	和動	1151⑥			
いり	いり	×	入	妙音	1180⑤	和動	1195⑥			
威力	いりき	×	威力	勸持	750③	漢名	769④	いりき／いきをいのちから[妙]		
いる	いる	×	入	序品	77⑤	和動	67③			
いる	いる	×	入	方便	145⑥	和動	127①			
いる	いる	×	入	方便	168⑥	和動	145④			
いる	いる	×	入	譬喩	280④	和動	252①			
いる	いる	×	入	譬喩	300④	和動	272⑤			
いる	いる	×	入	藥草	394④	和動	380③			
いる	いる	×	入	化城	519⑤	和動	524⑥			
いる	いる	×	入	安樂	765⑤	和動	785⑤			
いる	いる	×	入	安樂	769②	和動	789③			
いる	いる	×	入	安樂	816①	和動	838⑤			

当該語	読みかな	傍訓	漢字表記	品名	頁数	語の種類	妙一本	和解語文	可読	異同語彙
いる	いる	×	入	如來	888⑤	和動	907⑥			
いる	いる	×	入	如來	889⑥	和動	908⑥			
いる	いる	×	入	如來	920⑥	和動	939⑥			
いる	いる	×	入	觀世	1210①	和動	1223②			
いる	いる	×	入	化城	518③	和動	523②			
いる	いる	×	入	化城	519③	和動	524④			
いる	いる	×	入	妙音	1173②	和動	1188⑥		いりぬ[西右]	いる[妙]
いるゝ	いるる	×	入	方便	144⑥	和動	126①			いる[妙]
いれ	いれ	×	入	方便	133⑤	和動	116⑥			
いれ	いれ	×	入	方便	154⑥	和動	134②			
いれ	いれ	×	入	方便	170⑤	和動	147②			
いれ	いれ	×	入	譬喩	206②	和動	173③			
いれ	いれ	×	入	譬喩	210④	和動	178③			
いれ	いれ	×	入	譬喩	284⑤	和動	256③			
いれ	いれ	×	入	化城	520⑤	和動	525⑥			
いれ	いれ	×	入	見寶	680⑥	和動	697⑥			
いれ	いれ	×	入	安樂	780⑤	和動	801⑤			
いれ	いれ	×	入	安樂	813②	和動	835④			
いれ	いれ	×	入	從地	831②	和動	854①			
いれ	いれ	×	入	法功	1027⑥	和動	1046⑤			
いれ	いれ	×	入	普賢	1310①	和動	1316③			
いろ	いろ	×	色	序品	69⑤	和名	60⑥			
いろ	いろ	×	色	序品	70⑤	和名	61⑥			
いろ	いろ	×	色	法師	634⑥	和名	646⑥			
いろ	いろ	×	色	從地	858⑥	和名	881⑤			
いろ	いろ	×	色	隨喜	984①	和名	1002③			
いろ	いろ	×	色	妙音	1180①	和名	1195②			
いろ	いろ	×	色	妙莊	1300④	和名	1308①			
いろ	いろ	×	色	妙莊	1300⑥	和名	1308③			
いは	いわ	×	謂	勸持	754⑤	和動	774③			
いは	いわ	×	曰	序品	83④	和動	73②			
いは	いわ	×	曰	譬喩	226①	和動	195①			
いは	いわ	×	曰	授記	416④	和動	404⑥			
いは	いわ	×	曰	授記	430①	和動	420⑤			
いは	いわ	×	曰	五百	570⑤	和動	574④			
いは	いわ	×	曰	五百	580①	和動	585②			
いは	いわ	×	曰	五百	587④	和動	593⑤			
いは	いわ	×	曰	授學	617⑥	和動	628①			
いは	いわ	×	曰	提婆	717①	和動	734⑥			
いは	いわ	×	曰	授學	617⑥	和動	628①			
いは	いわ	×	曰	提婆	717①	和動	734⑥			
いは	いわ	×	言	方便	90④	和動	79④			
いは	いわ	×	言	信解	334⑤	和動	313①			
いは	いわ	×	言	見寶	662⑤	和動	677③			
いは	いわ	×	言	勸持	755②	和動	774⑤			
いは	いわ	×	言	從地	859④	和動	882③			
いは	いわ	×	言	法功	1000④	和動	1019②			
いは	いわ	×	云	序品	61③	和動	53④			
いは	いわ	×	云	方便	138⑤	和動	120⑥			
いは	いわ	×	云	譬喩	221③	和動	190②			
いは	いわ	×	云	譬喩	227①	和動	196①			
いは	いわ	×	云	譬喩	237⑥	和動	207②			
いは	いわ	×	云	信解	332⑥	和動	310⑥			
いは	いわ	×	云	信解	346①	和動	327③			
いは	いわ	×	云	信解	365③	和動	351①			
いは	いわ	×	云	授記	427②	和動	417④			
いは	いわ	×	云	授記	435②	和動	426④			
いは	いわ	×	云	授記	438④	和動	430②			
いは	いわ	×	云	授記	440⑤	和動	432⑥			
いは	いわ	×	云	化城	526⑤	和動	532①			
いは	いわ	×	云	化城	529⑤	和動	535③			
いは	いわ	×	云	化城	544⑤	和動	553①			
いは	いわ	×	云	五百	584⑤	和動	589⑤			
いは	いわ	×	云	五百	585①	和動	590④			
いは	いわ	×	云	五百	593①	和動	600③			
いは	いわ	×	云	五百	599①	和動	607④			
いは	いわ	×	云	授學	607②	和動	616②			
いは	いわ	×	云	安樂	765③	和動	785②			

当該語	読みかな	傍訓	漢字表記	品名	頁数	語の種類	妙一本	和解語文	可読	異同語彙
いは	いわ	×	云	安樂	789⑥	和動	811③			
云	いわ	×	云	安樂	798③	和動	819⑥			いは[妙]
いは	いわ	×	云	從地	859②	和動	882①			
いは	いわ	×	云	如來	908⑤	和動	927④			
いは	いわ	×	云	分別	939②	和動	957⑤			
いは	いわ	×	云	神力	1094⑤	和動	1113③			
いはく	いわく	×	言	信解	331⑤	和派生名	309③		のたまはくィ[西右]	
いはく	いわく	×	言	信解	337③	和派生名	316②		のたまはくイ[西右]	
いはく	いわく	×	言	信解	340⑥	和派生名	320⑥		の給はく[西右]	
いはく	いわく	×	言	信解	343⑤	和派生名	324④			
いはく	いわく	×	言	信解	347⑤	和派生名	329③			
いはく	いわく	×	言	化城	529④	和派生名	535①			
いはく	いわく	×	言	提婆	723①	和派生名	741②			
いはく	いわく	×	言	提婆	726②	和派生名	744③			
いはく	いわく	×	言	提婆	726④	和派生名	744⑤			
いはく	いわく	×	言	提婆	727②	和派生名	745①			
いはく	いわく	×	言	提婆	728⑥	和派生名	747①		まうさく[西右]	
いはく	いわく	×	言	提婆	732②	和派生名	750③			
いはく	いわく	×	言	提婆	734③	和派生名	752⑤		まうさく[西右]	
いはく	いわく	×	言	提婆	734④	和派生名	753①			
いはく	いわく	×	言	提婆	734⑤	和派生名	753①			
いはく	いわく	×	言	妙莊	1282③	和派生名	1292①			
いはく	いわく	×	言	妙莊	1285④	和派生名	1295②			
いはく	いわく	×	告言	化城	544①	和派生名	552②			
いはく	いわく	×	曰	序品	22⑥	和派生名	19①			
いはく	いわく	×	曰	序品	23⑤	和派生名	19⑥			
いはく	いわく	×	曰	譬喩	245②	和派生名	214⑥			
いはく	いわく	×	曰	譬喩	284③	和派生名	256①			
いはく	いわく	×	曰	化城	466②	和派生名	462⑥			
いはく	いわく	×	曰	化城	474②	和派生名	472⑥			
いはく	いわく	×	曰	化城	483③	和派生名	483⑤			
いはく	いわく	×	曰	化城	492②	和派生名	494③		のたまはく[西右]	
いはく	いわく	×	曰	化城	502②	和派生名	506①			
いはく	いわく	×	曰	化城	524③	和派生名	529⑤			
いはく	いわく	×	曰	化城	526③	和派生名	531⑤			
いはく	いわく	×	曰	化城	543②	和派生名	551①			
いはく	いわく	×	曰	提婆	724⑥	和派生名	743①			
いはく	いわく	×	曰	提婆	725②	和派生名	743③			
いはく	いわく	×	曰	常不	1064②	和派生名	1083②			
いはく	いわく	×	曰	常不	1066②	和派生名	1085①			
いはく	いわく	×	曰	常不	1078③	和派生名	1096⑥			
いはく	いわく	×	曰	神力	1090④	和派生名	1108⑥			
いはく	いわく	×	曰	藥王	1127③	和派生名	1145⑤		まうさく[西右]	いはく[妙]
いはく	いわく	×	曰	觀世	1215⑥	和派生名	1229②		いわん[西右]	いはく[妙]
いはく	いわく	×	曰	陀羅	1258④	和派生名	1270②		まうさく[西右]	
いはく	いわく	×	曰	陀羅	1260⑤	和派生名	1272③		まうさく[西右]	
いはく	いわく	×	曰	陀羅	1264③	和派生名	1275⑤			
いはく	いわく	×	曰	妙莊	1276⑥	和派生名	1287①			
いはく	いわく	×	曰	妙莊	1277⑥	和派生名	1288①			
いはく	いわく	×	曰	妙莊	1281②	和派生名	1291①			
いはく	いわく	×	曰	普賢	1333⑥	和派生名	1337①		いはむ[西右]	いはん[妙]
いはまく	いわまく	×	云	信解	360⑥	和動ク	345①			
いはまく	いわまく	×	言	随喜	981④	和転成名	999⑤			
いはまく	いわまく	×	言	随喜	990①	和転成名	1008③			
いはゆる	いわゆる	×	所謂	方便	91④	和接	80③			
いはゆる	いわゆる	×	所謂	方便	135②	和接	118③			
いはゆる	いわゆる	×	所謂	藥草	395②	和接	381②			
いはゆる	いわゆる	×	所謂	藥草	397⑤	和接	383⑥			
いはゆる	いわゆる	×	所謂	妙莊	1273⑥	和接	1284③			
いはゆる	いわゆる	×	所謂	妙莊	1298②	和接	1306②			

当該語	読みかな	傍訓	漢字表記	品名	頁数	語の種類	妙一本	和解語文	可読	異同語彙
いはんや	いわんや	×	況	譬喩	252③	和副	222④			
いはんや	いわんや	×	況	譬喩	281④	和副	253②			
いはんや	いわんや	×	況	譬喩	300④	和副	272⑥			
いはんや	いわんや	×	況	法師	638④	和副	650⑥			
いはんや	いわんや	×	況	安樂	766③	和副	786③			
いはんや	いわんや	×	況	從地	821③	和副	843⑤			
いはんや	いわんや	×	況	從地	821⑤	和副	844①			
いはんや	いわんや	×	況	從地	822①	和副	844②			
いはんや	いわんや	×	況	從地	822②	和副	844③			
いはんや	いわんや	×	況	從地	822②	和副	844④			
いはんや	いわんや	×	況	從地	822③	和副	844⑤			
いはんや	いわんや	×	況	從地	822④	和副	844⑤			
いはんや	いわんや	×	況	從地	822⑤	和副	845①			
いはんや	いわんや	×	況	分別	951③	和副	970②			
いはんや	いわんや	×	況	分別	956④	和副	975②			
いはんや	いわんや	×	況	分別	965⑤	和副	984①			
いはんや	いわんや	×	況	觀世	1213②	和副	1226④			
印	いん	いん	印	方便	152①	単漢名	131⑥			
因	いん	いん	因	方便	104①	単漢名	91⑤			
因	いん	いん	因	譬喩	296②	単漢名	268③			
因縁	いんえん	いんゑん	因縁	序品	19①	漢名	15④			
因縁	いんえん	×	因縁	序品	20②	漢名	16⑤			
因縁	いんえん	×	因縁	序品	22⑥	漢名	19②			
因縁	いんえん	いんゑん	因縁	序品	24④	漢名	20⑤			
因縁	いんえん	×	因縁	序品	27①	漢名	23①			
因縁	いんえん	×	因縁	序品	29②	漢名	25①			
因縁	いんえん	いんゑん	因縁	序品	57⑤	漢名	50①	いんゑん／むかしのこと[妙]		
因縁	いんえん	いんゑん	因縁	序品	64①	漢名	56①			
因縁	いんえん	×	因縁	序品	74①	漢名	65①			
因縁	いんえん	×	因縁	序品	82③	漢名	72②			
因縁	いんえん	×	因縁	方便	88⑤	漢名	77⑥			
因縁	いんえん	いんゑん	因縁	方便	124③	漢名	109①			
因縁	いんえん	いんゑん	因縁	方便	125②	漢名	109⑥			
因縁	いんえん	いんー	因縁	方便	125④	漢名	110②			
因縁	いんえん	×	因縁	方便	127④	漢名	111⑥			
因縁	いんえん	いんゑん	因縁	方便	129③	漢名	113③			
因縁	いんえん	×	因縁	方便	130④	漢名	114③			
因縁	いんえん	×	因縁	方便	132②	漢名	115①			
因縁	いんえん	×	因縁	方便	134③	漢名	117④			
因縁	いんえん	いんー	因縁	方便	143⑤	漢名	125②			
因縁	いんえん	×	因縁	方便	154①	漢名	133④			
因縁	いんえん	いんゑん	因縁	方便	174④	漢名	150②			
因縁	いんえん	いんゑん	因縁	譬喩	237②	漢名	206④			
因縁	いんえん	いんゑん	因縁	譬喩	237⑤	漢名	207①			
因縁	いんえん	×	因縁	譬喩	253④	漢名	223④			
因縁	いんえん	いんゑん	因縁	譬喩	263⑤	漢名	235②			
因縁	いんえん	いんゑん	因縁	譬喩	269⑥	漢名	241①			
因縁	いんえん	いんゑん	因縁	譬喩	293④	漢名	265⑤			
因縁	いんえん	いんゑん	因縁	譬喩	311②	漢名	284③			
因縁	いんえん	いんゑん	因縁	譬喩	314⑤	漢名	288⑤			
因縁	いんえん	×	因縁	信解	366⑤	漢名	352⑤			
因縁	いんえん	いんゑん	因縁	藥草	406①	漢名	393②	いんえん／むかしのよのこと[妙]	一して・しかも因縁となるをもて也ィ[西右]	
因縁	いんえん	いんゑん	因縁	藥草	413⑥	漢名	402①		いんえん[西右]	
因縁	いんえん	×	因縁	授記	445②	漢名	437⑥			
因縁	いんえん	いんゑん	因縁	化城	465③	漢名	461⑥			
因縁	いんえん	×	因縁	化城	466⑦	漢名	463②			
因縁	いんえん	×	因縁	化城	474③	漢名	473①			
因縁	いんえん	いんゑん	因縁	化城	482⑥	漢名	483①			
因縁	いんえん	×	因縁	化城	483⑤	漢名	484①			
因縁	いんえん	一ゑん	因縁	化城	491⑤	漢名	493⑤			
因縁	いんえん	×	因縁	化城	492③	漢名	494④			
因縁	いんえん	×	因縁	化城	497⑤	漢名	500④			
因縁	いんえん	×	因縁	化城	514①	漢名	519①			
因縁	いんえん	いんゑん	因縁	化城	537①	漢名	542⑥		一と[西右]	

当該語	読みかな	傍訓	漢字表記	品名	頁数	語の種類	妙一本	和解語文	可読	異同語彙
因縁	いんえん	×	因縁	化城	540③	漢名	546②			
因縁	いんえん	×	因縁	五百	595③	漢名	603①			いんゑん[妙]
因縁	いんえん	×	因縁	授學	608③	漢名	617④			
因縁	いんえん	×	因縁	授學	609①	漢名	618②			
因縁	いんえん	いんゑん	因縁	見寳	660⑥	漢名	675③			
因縁	いんえん	いんゑん	因縁	安樂	765⑤	漢名	785④			
因縁	いんえん	いんゑん	因縁	安樂	768①	漢名	788①			
因縁	いんえん	×	因縁	安樂	780③	漢名	801③		—と[西右]	
因縁	いんえん	×	因縁	安樂	781③	漢名	802②			
因縁	いんえん	×	因縁	安樂	781⑥	漢名	802⑥			
因縁	いんえん	いんゑん	因縁	從地	835①	漢名	857⑥			
因縁	いんえん	×	因縁	從地	840⑥	漢名	863⑤			
因縁	いんえん	×	因縁	從地	841③	漢名	864②			
因縁	いんえん	いんゑん	因縁	從地	863②	漢名	885⑥			
因縁	いんえん	いんゑ{え}ん	因縁	如來	894②	漢名	913②		—を[西右]	
因縁	いんえん	いんゑん	因縁	如來	916②	漢名	935⑤			
因縁	いんえん	いんゑん	因縁	分別	943②	漢名	961⑤			
因縁	いんえん	いんゑん	因縁	分別	958④	漢名	977②			
因縁	いんえん	いんゑん	因縁	随喜	993①	漢名	1011③			
一因縁	いんえん	いんゑん	因縁	法功	995⑥	漢名	1014③			
因縁	いんえん	いんゑ{え}ん	因縁	法功	1032①	漢名	1050⑥		いんえん[西右]	
因縁	いんえん	×	因縁	常不	1062②	漢名	1080⑥			いんえん[妙]
因縁	いんえん	×	因縁	常不	1070①	漢名	1088⑤			いんえん[妙]
因縁	いんえん	×	因縁	常不	1081①	漢名	1099③			いんえん[妙]
因縁	いんえん	×	因縁	神力	1103①	漢名	1121⑥		—と[西右]	因縁(いんえん)[妙]
因縁	いんえん	×	因縁	妙音	1174③	漢名	1189⑥		— そ[西右・立本・瑞]	いんえん[妙]
因縁	いんえん	いんゑん	因縁	觀世	1208⑥	漢名	1221⑥		いんえん[西右]	いんえん[妙]
因縁	いんえん	×	因縁	觀世	1211③	漢名	1225①			いんえん[妙]
因縁	いんえん	×	因縁	觀世	1235②	漢名	1247⑤			
因縁果報	いんえんかほう	ーーくはほう	因縁果報	妙音	1187③	漢四熟名	1202③			いんゑんくわほう[妙]
引導し	いんどうし	いんとう	引導	方便	89①	漢サ動	78①	いんたう・し/みちひき[妙]		
引導し	いんどうし	いんだう	引導	方便	148⑥	漢サ動	129③	いんたう/みちひき[妙]		
引導し	いんどうし	いんだう	引導	譬喩	269①	漢サ動	240②			
引導し	いんどうし	いんたう	引導	法師	653⑤	漢サ動	667⑥	いんたう/みちひく[妙]		
引導し	いんどうし	いんだう	引導	妙莊	1275③	漢サ動	1285⑤	いんたう・せ/みちひかん[妙]	引導せ[妙]	いんどうせみ
引導し	いんどうし	いんだう	引導	安樂	800①	漢サ動	821⑤	いんたう/みちひきて[妙]		
引導せ	いんどうせ	いんだう	引導	譬喩	219②	漢サ動	187⑥	いんたう・せ/ミちひき[妙]		
引導せ	いんどうせ	いんだう	引導	法功	1032②	漢サ動	1050⑥	いんたう・せ/みちひかん[妙]		
茵蔣	いんにく	いんにく/しとねたみ	茵蔣	譬喩	287⑤	漢名	259④	いんにく/しとみたみ[妙]		
引入し	いんにゅうし	ゐん—	引入	化城	549③	漢サ動	556③		—いらしめィ[西右]	
姪女	いんにょ	いんによ	姪女	安樂	771⑥	漢名	792②		—と[西右]	
姪欲	いんよく	いんよく	姪欲	譬喩	310④	漢名	283⑤			
姪欲	いんよく	いんよく	姪欲	五百	571⑥	漢名	575⑥			
姪欲	いんよく	いんよく	姪欲	五百	581②	漢名	586③			
姪欲	いんよく	いんよく	姪欲	觀世	1216④	漢名	1229⑥			いんよく[妙]
う	う	×	獲	陀羅	1268③	和動	1279③			
う	う	×	爲	普賢	1329⑤	和動	1333⑤		えん[西右]	う[妙]
う	う	×	得	方便	130②	和動	114①			え[妙]
う	う	×	得	方便	131③	和動	115①			え[妙]
う	う	×	得	方便	145①	和動	126③			
う	う	×	得	方便	147②	和動	128①			
う	う	×	得	譬喩	221①	和動	189⑥			
う	う	×	得	譬喩	260②	和動	232②			
う	う	×	得	譬喩	262③	和動	233⑦			
う	う	×	得	譬喩	291⑤	和動	263⑥			うるもあり[西]

当該語	読みかな	傍訓	漢字表記	品名	頁数	語の種類	妙一本	和解語文	可読	異同語彙
う	う	×	得	譬喩	292②	和動	264③			
う	う	×	得	譬喩	295⑤	和動	268①			えつ[西]
う	う	×	得	譬喩	297①	和動	269③			
う	う	×	得	信解	328②	和動	305①			
う	う	×	得	信解	352③	和動	335③			
う	う	×	得	信解	353②	和動	336③			
う	う	×	得	信解	366④	和動	352③			
う	う	×	得	信解	367④	和動	353④			
う	う	×	得	藥草	394②	和動	379④			
う	う	×	得	藥草	394④	和動	380③			
う	う	×	得	藥草	396⑤	和動	382⑤		一るト[西右]	
う	う	×	得	藥草	402⑥	和動	389④			
う	う	×	得	藥草	403②	和動	389⑥		えんィ[西右]	
う	う	×	得	藥草	411⑥	和動	399⑥		えしむ[西右]	
う	う	×	得	藥草	412②	和動	400②			
う	う	×	得	藥草	412④	和動	400⑤			
う	う	×	得	藥草	413②	和動	401③			
う	う	×	得	授記	416②	和動	404④		えんィ[西右]	
う	う	×	得	授記	419②	和動	408①			
う	う	×	得	授記	424⑤	和動	414④		えんといふ事[西右]	
う	う	×	得	授記	430①	和動	420⑤			
う	う	×	得	授記	434⑥	和動	426②			
う	う	×	得	授記	440③	和動	432④			
う	う	×	得	化城	470②	和動	467⑤			
う	う	×	得	化城	513②	和動	518②			
う	う	×	得	化城	520②	和動	525②		えん[西右]	
う	う	×	得	化城	525②	和動	530③		えつ[西右]	
う	う	×	得	化城	527⑥	和動	533④			
う	う	×	得	五百	570③	和動	574③			
う	う	×	得	五百	575①	和動	579④			
う	う	×	得	五百	582①	和動	587②			
う	う	×	得	五百	583⑥	和動	589③			
う	う	×	得	五百	584⑥	和動	590③			
う	う	×	得	授學	604①	和動	612⑥			
う	う	×	得	授學	604⑥	和動	613④			
う	う	×	得	授學	610⑤	和動	620②		一と[西右]	
う	う	×	得	授學	614④	和動	624②			
う	う	×	得	授學	617④	和動	627④			
う	う	×	得	法師	622④	和動	633③			
う	う	×	得	法師	624⑤	和動	635⑤			
う	う	×	得	法師	625①	和動	636①		えんとしめすべし[西右]	
う	う	×	得	法師	630⑥	和動	642③		えてん[西右]	
う	う	×	得	提婆	716⑤	和動	734④			
う	う	×	得	勸持	743⑤	和動	762④			
う	う	×	得	勸持	745③	和動	764③			
う	う	×	得	安樂	795⑥	和動	817③			
う	う	×	得	安樂	813④	和動	836①		えん[西右]	
う	う	×	得	從地	844④	和動	867②			
う	う	×	得	從地	847②	和動	869⑥			
う	う	×	得	從地	854⑤	和動	877②			
う	う	×	得	如來	885③	和動	904③		えつ[西右]	
う	う	×	得	如來	898②	和動	917②			
う	う	×	得	分別	924②	和動	942⑥			
う	う	×	得	分別	924④	和動	943②			
う	う	×	得	分別	924⑥	和動	943④			
う	う	×	得	分別	925②	和動	943⑥			
う	う	×	得	分別	925④	和動	944②			
う	う	×	得	分別	930⑤	和動	949⑤			
う	う	×	得	分別	931⑤	和動	950③			
う	う	×	得	分別	932③	和動	951①			
う	う	×	得	隨喜	969⑤	和動	987⑥			
う	う	×	得	隨喜	970③	和動	988④			
う	う	×	得	隨喜	979④	和動	997⑤			
う	う	×	得	法功	994⑥	和動	1013④			
う	う	×	得	常不	1063②	和動	1081⑥			
う	う	×	得	常不	1065①	和動	1083⑥			

当該語	読みかな	傍訓	漢字表記	品名	頁数	語の種類	妙一本	和解語文	可読	異同語彙
う	う	×	得	常不	1072③	和動	1090⑥			う[妙]
う	う	×	得	常不	1082③	和動	1100⑥			
う	う	×	得	神力	1102③	和動	1121②			
う	う	×	得	藥王	1138⑥	和動	1157①			
う	う	×	得	觀世	1215⑤	和動	1228⑥			
う	う	×	得	妙莊	1293⑤	和動	1302③			
う	う	×	得	妙莊	1297⑤	和動	1305⑤		えたり[西右]	
う	う	×	得	普賢	1309⑤	和動	1316①			
う	う	×	得	普賢	1310④	和動	1316⑥			
う	う	×	得	普賢	1330①	和動	1334①			う[妙]
う	う	×	得	普賢	1334⑥	和動	1338①			う[妙]
憂	う	う	憂	譬喩	254⑤	単漢名	225⑤			
憂	う	う	憂	譬喩	255②	単漢名	226②			
憂	う	う	憂	譬喩	258③	単漢名	229④			
憂	う	う	憂	化城	503④	単漢名	507②			
憂	う	う	憂	化城	504③	単漢名	508④			
有	う	う	有	方便	154⑤	単漢名	134①			
有	う	あり	有	譬喩	259③	単漢名	230⑤		とましきます[西右]	います【有】[妙]
有	う	う	有	譬喩	290③	単漢名	262③			
有	う	×	有	信解	345①	単漢名	326②			
有	う	×	有	授記	438④	単漢名	430③			
有	う	う	有	化城	503①	単漢名	507①	う／ある[妙]		
有	う	×	有	化城	503①	単漢名	507①	う／ある[妙]		
有	う	う	有	化城	504②	単漢名	508②	うめつ／あること[妙]		有滅[妙]
有	う	う	有	化城	504②	単漢名	508②	うめつ／あること[妙]		有滅[妙]
有	う	う	有	安樂	768①	単漢名	788②			
有	う	う	有	安樂	774①	単漢名	794④	う／ある[妙]		
烏	う／からす	う／からす	烏	譬喩	271⑤	単漢禽鳥名	242⑥			
有意	うい	うい	有意	序品	51⑤	漢名	44⑥			
有為	うい	うい／むみやう	有為	安樂	773①	漢名	793③			有為[妙]
うへ	うえ	×	上	序品	7⑥	和方位名	6②			
うへ	うえ	×	上	序品	68①	和方位名	59④			
うへ	うえ	×	上	譬喩	248③	和方位名	218②			
うへ	うえ	×	上	譬喩	272②	和方位名	243④			
うへ	うえ	×	上	譬喩	279③	和方位名	250⑥			
うへ	うえ	×	上	譬喩	287②	和方位名	259①			
うへ	うえ	×	上	譬喩	287⑥	和方位名	259⑥			
うへ	うえ	×	上	藥草	401②	和方位名	387⑤			
うへ	うえ	×	上	見寶	657④	和方位名	671⑥			
うへ	うえ	×	上	見寶	667⑥	和方位名	682⑥			
うへ	うえ	×	上	見寶	670②	和方位名	685④			うゑ[妙]
うへ	うえ	×	上	見寶	674②	和方位名	689⑥			
うへ	うえ	×	上	見寶	676③	和方位名	692③			
うへ	うえ	×	上	見寶	683②	和方位名	700③			
うへ	うえ	×	上	見寶	688①	和方位名	705⑤			
うへ	うえ	×	上	見寶	694①	和方位名	712④			うゑ[妙]
うへ	うえ	×	上	從地	824①	和方位名	846⑥			
うへ	うえ	×	上	從地	842③	和方位名	865②			うゑ[妙]
うへ	うえ	×	上	分別	926④	和方位名	945②			
うへ	うえ	×	上	分別	926⑤	和方位名	945③			
うへ	うえ	×	上	法功	1012④	和方位名	1030⑥			
うへ	うえ	×	上	法功	1012⑤	和方位名	1031②			
うへ	うえ	×	上	常不	1071④	和方位名	1090③			うゑ[妙]
うへ	うえ	×	上	囑累	1113②	和方位名	1132①			
うへ	うえ	×	上	藥王	1117⑥	和方位名	1136①			
うへ	うえ	×	上	藥王	1118⑤	和方位名	1137①			
うへ	うえ	×	上	藥王	1154⑤	和方位名	1172⑤			
うへ	うえ	×	上	藥王	1162②	和方位名	1179⑤			
うへ	うえ	×	上	妙音	1167⑥	和方位名	1184①			うゑ[妙]
うへ	うえ	×	上	陀羅	1265③	和方位名	1276④			
うへ	うえ	×	上	妙莊	1279②	和方位名	1289②			
うへ	うえ	×	上	妙莊	1279④	和方位名	1289③			うゑ[妙]
うへ	うえ	×	上	妙莊	1281⑥	和方位名	1291④			
うへ	うえ	×	上	妙莊	1292①	和方位名	1300⑥			うゑ[妙]
うへ	うえ	×	上	普賢	1333①	和方位名	1336④			うゑ[妙]

当該語	読みかな	傍訓	漢字表記	品名	頁数	語の種類	妙一本	和解語文	可読	異同語彙
うゑ	うえ	×	饑	授記	423⑤	和動	413③			
うゑ	うえ	×	饑	授記	425⑤	和動	415⑥			
うゑ	うえ	×	殖	序品	53④	和動	46④			
うへ	うえ	×	殖	譬喩	224①	和動	193①			
うへ	うえ	×	殖	譬喩	312②	和動	285④			
うへ	うえ	×	殖	從地	858③	和動	881②			うゑ[妙]
うへ	うえ	×	殖	妙音	1189②	和動	1203⑤			うゑ[妙]
うへ	うえ	×	殖	觀世	1218⑥	和動	1232②			
うへ	うえ	×	殖	妙莊	1304②	和動	1311⑤			うゑ[妙]
うへ	うえ	×	殖	普賢	1310①	和動	1316②		一たる[西右]	
うへ	うえ	×	種	五百	594①	和動	602②			うゑ[妙]
うへ	うえ	×	種	五百	599③	和動	607⑥			うゑ[妙]
うへ	うえ	×	種	授學	608③	和動	617④			うゑ[妙]
うへ	うえ	×	種	如來	898⑤	和動	917⑥			うう[妙]
うへ	うえ	×	種	妙音	1176③	和動	1191⑤			
うへ	うえ	×	種	妙音	1197③	和動	1211②			うゑ[妙]
うへ	うえ	×	種	妙莊	1297④	和動	1305⑤			うゑ[妙]
うへ	うえ	×	種	普賢	1322②	和動	1327①			うゑ[妙]
うへ	うえ	×	種	序品	64①	和動	56①			
うへ	うえ	×	種	從地	830④	和動	853①			
うへ	うえ	×	種	如來	896③	和動	915③			うゑ[妙]
うへ	うえ	×	種	妙音	1186③	和動	1201①			うゑ[妙]
うかがひ	うかがい	×	窺	譬喩	276③	和動	247⑥			
うかゝひ	うかがい	×	窺	陀羅	1256①	和動	1267⑥			うかかひ[妙]
うかゞひ	うかがい	×	窺	陀羅	1264①	和動	1275③			うかかひ[妙]
うかゞひ	うかがい	×	窺	普賢	1311④	和動	1317⑤			うかかひ[妙]
有形	うぎょう	うぎやう	有形	随喜	973①	漢名	991②			
うく	うく	×	受	方便	154③	和動	133⑤			
うく	うく	×	受	譬喩	255③	和動	226④			
うく	うく	×	受	譬喩	255⑤	和動	226⑥			
うく	うく	×	受	信解	346⑤	和動	328②			
うく	うく	×	受	信解	374⑤	和動	362①			
うく	うく	×	受	藥草	398④	和動	385①			
うく	うく	×	受	藥草	402④	和動	389③			
うく	うく	×	受	勸持	755②	和動	775②			
うく	うく	×	受	常不	1074④	和動	1093①		一けき[西右]	うく[妙]
うく	うく	×	受	觀世	1233④	和動	1246②		一け給ィ[西右]	
憂懼	うぐ	うく	憂懼	授記	425①	漢名	414⑥	うく／うれへをそれ[妙]		
うくる	うくる	×	受	方便	141⑥	和動	123⑤			
うくる	うくる	×	受	譬喩	231①	和動	200②			
うくる	うくる	×	受	譬喩	234③	和動	203⑤			
うくる	うくる	×	受	譬喩	235⑥	和動	205②			
うくる	うくる	×	受	藥草	390①	和動	375③			
うくる	うくる	×	受	藥草	407⑤	和動	395②			
うくる	うくる	×	受	藥草	410①	和動	397⑥			
うくる	うくる	×	受	提婆	736⑤	和動	755③			
うくる	うくる	×	受	提婆	737②	和動	755⑤			
うくる	うくる	×	受	從地	828②	和動	850③			
うくる	うくる	×	受	從地	829②	和動	851③			
うくる	うくる	×	受	法功	1022③	和動	1041②			
うくる	うくる	×	裏	藥草	410②	和動	398①			
漚究隷二十六	うくれい	うくれい	漚究隷二十六	陀羅	1252③	仏梵語名	1264③			おうきうれい[妙]
うけ	うけ	×	承	譬喩	223⑤	和動	192⑤			うく[妙]
うけ	うけ	×	承	信解	326③	和動	302⑥			
うけ	うけ	×	受	方便	116⑤	和動	102②			
うけ	うけ	×	受	方便	153③	和動	133①			
うけ	うけ	×	受	方便	155②	和動	134③			
うけ	うけ	×	受	譬喩	255⑤	和動	226⑤			
うけ	うけ	×	受	譬喩	269⑤	和動	240⑥			
うけ	うけ	×	受	譬喩	282④	和動	254②			
うけ	うけ	×	受	譬喩	303⑥	和動	276②			
うけ	うけ	×	受	譬喩	304①	和動	276③			
うけ	うけ	×	受	譬喩	305③	和動	277④			
うけ	うけ	×	受	譬喩	305④	和動	277⑥			
うけ	うけ	×	受	譬喩	306①	和動	278③			
うけ	うけ	×	受	譬喩	315③	和動	289④			

当該語	読みかな	傍訓	漢字表記	品名	頁数	語の種類	妙一本	和解語文	可読	異同語彙
うけ	うけ	×	受	信解	342②	和動	322③			
うけ	うけ	×	受	信解	366④	和動	352④			
うけ	うけ	×	受	藥草	394①	和動	379⑥		うく[西右]	
うけ	うけ	×	受	化城	501①	和動	504④			
うけ	うけ	×	受	化城	501⑤	和動	505③			
うけ	うけ	×	受	化城	504⑤	和動	508⑥			
うけ	うけ	×	受	化城	505③	和動	509⑤			
うけ	うけ	×	受	化城	508②	和動	512⑥			
うけ	うけ	×	受	化城	527⑤	和動	533②			
うけ	うけ	×	受	化城	533⑤	和動	539③			
うけ	うけ	×	受	化城	534⑤	和動	540③			
うけ	うけ	×	受	化城	535⑤	和動	541③			
うけ	うけ	×	受	授學	615②	和動	624⑥			
うけ	うけ	×	受	提婆	720②	和動	738②			
うけ	うけ	×	受	提婆	734②	和動	752④			
うけ	うけ	×	受	安樂	807④	和動	829⑤		一くるが[西右]	
うけ	うけ	×	受	從地	830③	和動	852⑥			
うけ	うけ	×	受	隨喜	981⑥	和動	1000①			
うけ	うけ	×	受	隨喜	990②	和動	1008⑤			
うけ	うけ	×	受	法功	1031④	和動	1050②			
うけ	うけ	×	受	藥王	1153⑥	和動	1171⑥			
うけ	うけ	×	受	觀世	1209③	和動	1222③			
うけ	うけ	×	受	觀世	1232②	和動	1245①			
うけ	うけ	×	受	觀世	1232⑥	和動	1245④			
うけ	うけ	×	受	觀世	1234①	和動	1246⑤		一て[西右]	
うけかへ	うけがえ	×	肯	觀世	1232③	和動	1245②			
憂悔せ	うげせ	うけ／うれへくやむ	憂悔	譬喩	245④	漢サ動	215②	うくゑ／うれへくい[妙]	一しなん[西右]	
うけとり	うけとり	×	承攬	藥草	401②	和複動	387⑤		一るべきィ[西右]	
うけまなひ	うけまなび	×	受学	譬喩	219①	和複動	187⑤			
憂患	うげん	うげん	憂患	譬喩	253⑥	漢名	224⑤	うぐゑん／うれへ[妙]		
憂患	うげん	うけん／うれへ	憂患	譬喩	289⑤	漢名	261⑥			うくゑん[妙]
うごか	うごか	×	動	序品	58⑥	和動	51③			
うごかし	うごかし	×	動	見寶	692④	和動	710⑤			
うこかす	うこかす	×	動	序品	73①	和動	64①			
うごき	うごき	×	動	序品	15②	和動	12④			
うごき	うごき	×	動	序品	54③	和動	47③		動ぜざりき[西右]	
うごき	うごき	×	動	分別	962④	和動	980⑥			
うごく	うごく	×	動	神力	1099②	和動	1118①			うこく[妙]
嗚呼し	うこし	うこ・あ	嗚呼	譬喩	210②	漢サ動	178①	うこ／なけきてあい[右訓][妙]		
憂色	うしき	うしき／うれへのいろにして	憂色	勸持	742①	漢名	760⑥	うしき／うれへたるいろ[妙]		
うしなひ	うしない	×	失	信解	364②	和動	349⑤			
うしなひ	うしない	×	失	化城	497⑤	和動	500⑤		一なへり[西右]	
うしなひ	うしない	×	失	如來	900⑤	和動	919⑤			
うしなふ	うしなう	×	失	藥草	400②	和動	386④		失する事をしき[西右]	
うしなふ	うしなう	×	失	安樂	792③	和動	813⑥		うしなひ[西右]	
うしなへ	うしなえ	×	失	譬喩	205⑤	和動	172⑥			
うしなへ	うしなえ	×	失	譬喩	211③	和動	179②			
うしなへ	うしなえ	×	失	譬喩	211⑤	和動	179③			
うしなへ	うしなえ	×	失	譬喩	212②	和動	180②			
うしなへ	うしなえ	×	失	安樂	805③	和動	827④		失なりとす[西右]	
うしなへ	うしなえ	×	失	如來	904②	和動	923①			
うしなは	うしなわ	×	失	譬喩	209③	和動	177①			
うしなは	うしなわ	×	失	譬喩	212②	和動	180②			
うしなは	うしなわ	×	失	譬喩	274④	和動	245⑥			
うしなは	うしなわ	×	失	信解	341⑥	和動	322①			
うしなは	うしなわ	×	失	化城	542③	和動	548②			
うしなは	うしなわ	×	失	如來	900⑤	和動	919⑤			

当該語	読みかな	傍訓	漢字表記	品名	頁数	語の種類	妙一本	和解語文	可読	異同語彙
憂愁し	うしゅうし	うしゆ／うれへなやみ	憂愁	安樂	782⑤	漢サ動	803⑤	うしゆ・し／うれへ[妙]	―と[西右]	
うすき	うすき	×	薄	譬喩	278①	和形	249⑤			
うせ	うせ	×	失	五百	594①	和動	601④			
有想	うそう	うさう	有想	随喜	973②	漢名	991②			
うた	うた	×	歌	法功	1002⑤	和名	1021③			
うた	うた	×	鼓	妙音	1179③	和動	1194④			
優陀夷	うだい	うだい	優陀夷	五百	584④	仏名	590①		―と[西右]	
うたふ	うたう	×	歌	法功	1002③	和動	1020⑥			
うたがひ	うたがい	×	疑	序品	22②	和転成名	18④			
うたがひ	うたがい	×	疑	序品	42⑥	和転成名	36⑥			
うたがひ	うたがい	×	疑	序品	43②	和転成名	37③			
うたがひ	うたがい	×	疑	方便	104②	和転成名	91③			
うたがひ	うたがい	×	疑	方便	105④	和転成名	92④			
うたがひ	うたがい	×	疑	方便	148②	和転成名	128⑥			
うたがひ	うたがい	×	疑	方便	190②	和転成名	163②			
うたがひ	うたがい	×	疑	信解	338①	和転成名	317①			
うたがひ	うたがい	×	疑	藥草	409②	和転成名	396⑤			
うたがひ	うたがい	×	疑	授學	612③	和転成名	621⑥		―ふ事[西右]	
うたがひ	うたがい	×	疑	從地	841④	和転成名	864③			
うたがひ	うたがい	×	疑	從地	863④	和転成名	886②			
うたがひ	うたがい	×	疑	從地	863⑥	和転成名	886④			
うたがひ	うたがい	×	疑	從地	866②	和転成名	888⑥			
うたがひ	うたがい	×	疑	從地	869②	和転成名	892②			
うたがひ	うたがい	×	疑	從地	869④	和転成名	892④			
うたがひ	うたがい	×	疑	如來	918④	和転成名	937③			
うたがひ	うたがい	×	疑	分別	947②	和転成名	965⑤			
うたがひ	うたがい	×	疑	神力	1104③	和転成名	1123②			うたかひ[妙]
うたがひ	うたがい	×	疑	觀世	1245④	和転成名	1257⑥			うたかひ[妙]
轉	うたた	うたた・いよいよ	轉	信解	331④	和副	309①			いよいよ[妙]
うたゝ	うたた	×	轉	法師	643③	和副	656③			
轉	うたた	うたゝ	轉	勸持	738⑤	和副	757③			いよ〳〵[妙]
うたゝ	うたた	×	轉	從地	838④	和副	861①			
轉	うたた	うたゝ	轉	普賢	1315①	和副	1320⑤			いよいよ[妙]
うち	うち	×	内	譬喩	240⑤	和方位名	210②			
うち	うち	×	内	譬喩	262③	和方位名	233⑥			
うち	うち	×	内	信解	357②	和方位名	341①			
うち	うち	×	内	五百	576②	和方位名	580⑥			
うち	うち	×	内	陀羅	1259⑤	和方位名	1271①			
うち	うち	×	内	普賢	1326②	和方位名	1330④			
うち	うち	×	中	譬喩	215①	和方位名	183③			
うち	うち	×	中	見寶	658⑥	和方位名	673③			
うち	うち	×	中	見寶	660①	和方位名	674③			
うち	うち	×	中	見寶	661①	和方位名	675④			
うち	うち	×	中	見寶	661③	和方位名	676①			
うち	うち	×	中	見寶	663⑥	和方位名	678⑤			
うち	うち	×	中	見寶	680⑤	和方位名	697③			
うち	うち	×	中	見寶	682②	和方位名	699③			
うち	うち	×	中	見寶	682⑥	和方位名	699⑥			
うち	うち	×	中	見寶	683②	和方位名	700②			
うち	うち	×	中	見寶	685④	和方位名	702⑥			
うち	うち	×	中	勸持	740⑥	和方位名	759⑤			
うち	うち	×	中	分別	926⑤	和方位名	945③			
うち	うち	×	撲	譬喩	274④	和動	245⑥			
うち	うち	×	擊	序品	45⑤	和動	39④			
うち	うち	×	擊	序品	71①	和動	62①			
うち	うち	×	擊	方便	166②	和動	143③			
うち	うち	×	擊	譬喩	240①	和動	209④			
うち	うち	×	擊	化城	490①	和動	491⑤			
うち	うち	×	擊	化城	500⑤	和動	504②			
うち	うち	×	擊	化城	530⑥	和動	536⑥			
うち	うち	×	擊	提婆	709⑥	和動	727①			
うち	うち	×	擊	如來	915⑥	和動	934⑤			
うち	うち	×	擊	妙音	1183⑤	和動	1198④			
うち	うち	×	擊	神力	1089②	和動	1107④			
うち	うち	×	擊	藥王	1162⑥	和動	1179⑥			
うち	うち	×	擊	藥王	1164①	和動	1180⑥			
うち	うち	×	擊	普賢	1332⑤	和動	1336③		うて[西右]	うち[妙]

当該語	読みかな	傍訓	漢字表記	品名	頁数	語の種類	妙一本	和解語文	可読	異同語彙
うち	うち	×	撃	普賢	1332⑤	和動	1336③		うて[西右]	うち[妙]
有頂	うちょう	うちやう	有頂	序品	25③	漢名	21④			
有頂	うちょう	うちやう／てんかうへ	有頂	見寶	692⑤	漢名	711①			
有頂	うちょう	×	有頂	法功	995④	漢名	1014②			
有頂	うちょう	うちやう	有頂	法功	998⑥	漢名	1017⑤			
有頂	うちょう	うちやう	有頂	法功	1013④	漢名	1031⑥			
有頂	うちょう	うちやう	有頂	法功	1023④	漢名	1042⑤			
有頂	うちょう	うちやう	有頂	法功	1036④	漢名	1055③			
有頂	うちょう	うちやう	有頂	法功	1039②	漢名	1058①			
有頂天	うちょうてん	うちやうてん／てんのいたゝき	有頂天	法功	997④	漢名	1016②			
有頂天	うちょうてん	うちやう―	有頂天	法功	1005②	漢名	1023⑤			
有頂天	うちょうてん	うちやうてん	有頂天	法功	1007④	漢名	1026①			
うつ	うつ	×	撃	序品	34②	和動	29③			
郁枳 三	うつき	うつき	郁枳 三	陀羅	1256④	仏梵語名	1268③			ゆうき[妙]
うつくしみ	うつくしみ	×	慈	觀世	1244③	和動	1256⑤			いつくしみ[妙]
うつし	うつし	×	移	見寶	670④	和動	685⑥			
うつし	うつし	×	移	見寶	672⑥	和動	688⑥			
うつし	うつし	×	移	見寶	675②	和動	691①			
うつし	うつし	×	移	見寶	687④	和動	705②			
うつばり	うつばり	×	梁	譬喩	239②	和家屋名	208⑥			
うつばり	うつばり	×	梁	譬喩	270⑥	和家屋名	242①			
うつばり	うつばり	×	梁	譬喩	277①	和家屋名	248⑤			
うつはもの	うつわもの	×	器	信解	336②	和器財名	315③			
うつはもの	うつわもの	×	器	信解	361②	和器財名	346④			
臺	うてな	うてな	臺	妙音	1173⑥	和器財名	1189④			たい[妙]
優曇華	うとんげ	うどんくゑ	優曇華	方便	189②	仏花名名	162②	うとんくゑ／―はな[妙]		
優曇華	うとんげ	うどんくゑ	優曇華	方便	190①	仏花名名	163②	うとんくゑ／―はな[妙]		
優曇鉢華	うどんはつげ	うどんばつけ{くゑ}	優曇鉢華	方便	123③	仏花名名	108②	うとんはつくゑ／―はな[妙]	―くゑ[西右]	
優曇波羅	うどんばら	うとんはら	優曇波羅	化城	488①	仏四熟名	489①	うとんはら／―はな[妙]		
優曇波羅	うどんばら	うどんばら	優曇波羅	妙荘	1284⑥	仏四熟名	1294④			うどんはら[妙]
優曇波羅華	うどんばらげ	うどんばらけ	優曇波羅華	妙荘	1286④	仏花名名	1296③			うとんはらくゑ[妙]
うなたれ	うなだれ	×	低	方便	168②	和動	145①			
憂念し	うねんし	うねん・うれへおもふて	憂念	信解	353⑥	漢サ動	337②	うねん・し／うれへおもふ[妙]		
憂念し	うねんし	うねん	憂念	妙荘	1278①	漢サ動	1288②	うねん・し／うれへおもひ[妙]	―せば[西右]	憂念し[妙]
憂念す	うねんす	うねん／うれへ	憂念	信解	355⑥	漢サ動	339④	うねん・す／うれへおもふ[妙]		
憂悩	うのう	うなう	憂悩	譬喩	209⑥	漢名	177④		うれへなやみ[西右]	
憂悩	うのう	うなう	憂悩	安樂	781①	漢名	801⑥			
憂悩	うのう	うなう／うれへなやみ	憂悩	安樂	809⑤	漢名	832①	うなう／うれへなやむ[妙]		
憂悩し	うのうし	うなう／うれへなやむ	憂悩	五百	592④	漢サ動	599⑤	うなう・し／うれへなやみ[妙]		
憂悩し	うのうし	う―	憂悩	如來	906②	漢サ動	925⑥			
憂悩悲哀し	うのうひあいし	うなうひあい／うれへなやみかなしみあわれみ	憂悩悲哀	藥王	1137⑥	漢四熟サ動	1155⑥	うなうひあい・し／うれへ かなし[妙]		
優婆夷	うばい	――い	優婆夷	序品	16③	仏人倫名	13③			
優婆夷	うばい	――い	優婆夷	序品	18④	仏人倫名	15②	うはい／をんな[妙]		
優婆夷	うばい	――い	優婆夷	序品	21④	仏人倫名	17⑥			
優婆夷	うばい	×	優婆夷	序品	22④	仏人倫名	18⑤			
優婆夷	うばい	うはい	優婆夷	序品	55⑥	仏人倫名	48②	うはい／をんな[妙]		
優婆夷	うばい	うはい	優婆夷	方便	102④	仏人倫名	89⑤	うはい／をんな[妙]		
優婆夷	うばい	うはい	優婆夷	方便	120④	仏人倫名	105⑤	うはい／をんな[妙]		
優婆夷	うばい	――い	優婆夷	方便	140⑥	仏人倫名	122⑥			

当該語	読みかな	傍訓	漢字表記	品名	頁数	語の種類	妙一本	和解語文	可読	異同語彙
優婆夷	うばい	うはゐ	優婆夷	譬喩	230④	仏人倫名	199⑤	うはい／おんな[妙]		
優婆夷	うばい	×	優婆夷	法師	621⑤	仏人倫名	632④	うはい／おんな[妙]	一と[西右]	
優婆夷	うばい	×	優婆夷	法師	648①	仏人倫名	661⑤	うはい／おんな[妙]		
優婆夷	うばい	うはい	優婆夷	安樂	764①	仏人倫名	783⑤			
優婆夷	うばい	うはい	優婆夷	安樂	770②	仏人倫名	790⑤	うはそく{い}／をんなに		
優婆夷	うばい	うはい	優婆夷	安樂	779⑥	仏人倫名	800⑥	うはい／をんな[妙]	一と[西右]	
優婆夷	うばい	うはゐ{い}	優婆夷	安樂	784④	仏人倫名	805⑥	うはい／をんな[妙]		
優婆夷	うばい	うはい	優婆夷	安樂	793⑥	仏人倫名	815④	うはい／をんな[妙]	一と[西右]	
優婆夷	うばい	一一い	優婆夷	随喜	970⑥	仏人倫名	989⑥	うはい／をんな[妙]		
優婆夷	うばい	一一い	優婆夷	法功	1029③	仏人倫名	1048①			
優婆夷	うばい	一一い	優婆夷	常不	1056④	仏人倫名	1075④	うはい／おんな[妙]		
優婆夷	うばい	一一い	優婆夷	常不	1062④	仏人倫名	1081②	うはい／をんな[妙]		
優婆夷	うばい	×	優婆夷	常不	1066⑥	仏人倫名	1085⑤			うはい[妙]
優婆夷	うばい	×	優婆夷	常不	1068⑤	仏人倫名	1087③			うばい[妙]
優婆夷	うばい	一一い	優婆夷	常不	1073⑥	仏人倫名	1092④			うはい[妙]
優婆夷	うばい	×	優婆夷	神力	1085⑤	仏人倫名	1104①			うはい[妙]
優婆夷	うばい	×	優婆夷	妙音	1191⑥	仏人倫名	1205④	うはい／をんな[妙]		
優婆夷	うばい	うはい	優婆夷	觀世	1227⑤	仏人倫名	1240⑤	うはい／おんな[妙]	一と[西右]	
優婆夷	うばい	一一い	優婆夷	觀世	1227⑥	仏人倫名	1241①	うはい／おんなの[妙]		
優婆夷	うばい	×	優婆夷	普賢	1316①	仏人倫名	1321⑤	うはい／おんな[妙]		
優婆塞	うばそく	うばそく	優婆塞	序品	16③	仏人倫名	13②	うはそく／をとこ[妙]		
優婆塞	うばそく	うばそく	優婆塞	序品	18④	仏人倫名	15②	うはそく／をとこ[妙]		
優婆塞	うばそく	×	優婆塞	序品	21④	仏人倫名	17⑥			
優婆塞	うばそく	×	優婆塞	序品	22④	仏人倫名	18⑤			
優婆塞	うばそく	うはそく	優婆塞	序品	55③	仏人倫名	48②	うはそく／をとこ[妙]		
優婆塞	うばそく	うはそく	優婆塞	方便	102③	仏人倫名	89⑤	うはそく／をとこ[妙]		
優婆塞	うばそく	うはそく	優婆塞	方便	120④	仏人倫名	105⑤	うはそく／をとこ[妙]		
優婆塞	うばそく	うばそく	優婆塞	方便	140⑥	仏人倫名	122⑤			
優婆塞	うばそく	うばそく	優婆塞	譬喩	230④	仏人倫名	199⑤	うはそく／おとこ[妙]		
優婆塞	うばそく	×	優婆塞	法師	621⑤	仏人倫名	632④	うはそく／おとこ[妙]		
優婆塞	うばそく	×	優婆塞	法師	648①	仏人倫名	661⑤	うはそく／おとこ[妙]		
優婆塞	うばそく	うはそく	優婆塞	安樂	764①	仏人倫名	783⑤			
優婆塞	うばそく	うばそく	優婆塞	安樂	779⑥	仏人倫名	800⑤	うはそく／をとこ[妙]	一と[西右]	
優婆塞	うばそく	うばそく	優婆塞	安樂	784④	仏人倫名	805⑤	うはそく／をとこ[妙]		
優婆塞	うばそく	×	優婆塞	安樂	793⑥	仏人倫名	815③	うはそく／をとこ[妙]		
優婆塞	うばそく	うはそく	優婆塞	随喜	970⑥	仏人倫名	989①	うはそく／おとこ[妙]		
優婆塞	うばそく	うはそく	優婆塞	法功	1029③	仏人倫名	1048①			
優婆塞	うばそく	うはそく	優婆塞	常不	1056④	仏人倫名	1075④	うはそく／おとこ[妙]		
優婆塞	うばそく	うはそく	優婆塞	常不	1062④	仏人倫名	1081②	うはそく／おとこ[妙]		
優婆塞	うばそく	×	優婆塞	常不	1066⑥	仏人倫名	1085⑤			うはそく[妙]
優婆塞	うばそく	×	優婆塞	常不	1068④	仏人倫名	1087③			うはそく[妙]

当該語	読みかな	傍訓	漢字表記	品名	頁数	語の種類	妙一本	和解語文	可読	異同語彙
優婆塞	うばそく	×	優婆塞	常不	1073⑥	仏人倫名	1092③			うはそく[妙]
優婆塞	うばそく	×	優婆塞	常不	1075④	仏人倫名	1094②			うはそく[妙]
優婆塞	うばそく	×	優婆塞	神力	1085⑤	仏人倫名	1104①			うはそく[妙]
優婆塞	うばそく	×	優婆塞	妙音	1191③	仏人倫名	1205④	うはそく／おとこ[妙]		
優婆塞	うばそく	うばそく	優婆塞	觀世	1227⑤	仏人倫名	1240⑤	うはそく／おとこ[妙]		
優婆塞	うばそく	×	優婆塞	觀世	1227⑥	仏人倫名	1240⑥	うはそく／おとこ[妙]		
優婆塞	うばそく	×	優婆塞	普賢	1316①	仏人倫名	1321④	うはそく／おとこ[妙]		
優婆提舎経	うばだいしゃきょう		優婆提舎經	方便	143⑥	仏経典名	125③			
優鉢華	うはつげ	うはつけ{くゑ}／三千年に一たひ花さく	優鉢華	随喜	991⑤	仏花名名	1010③	うはつくゑ／一はな[妙]		
優盂羅華油燈	うはつらげゆとう	うはつらけゆとう	優鉢羅華油燈	陀羅	1270⑤	仏器財名	1281④			うはちらくゑゆとう[妙]
優鉢羅龍王	うはつらりゅうおう	うはつら――	優鉢羅龍王	序品	11④	仏王名名	9②			
憂怖	うふ	うふ	憂怖	如來	916③	漢名	935②	うふ／うれへをそれ[妙]	一す[西右]	
憂怖する	うふする	うふ／うれへおそるゝ	憂怖	序品	78②	漢サ動	68⑤	うふ・する／うれへをそるゝ[妙]		
うへから	うべから	×	得可	神力	1100③	和形	1119②			
うべかり	うべかり	×	得應	五百	590④	和形	596③			
有寶	うほう	うほう	有寶	授記	427③	漢名	417④			
むま	うま	×	産	法功	1019⑥	和動	1038⑤		うま[西右]	
むまる	うまる	×	生	藥草	394①	和動	379⑤		一れてィ[西右]	
むまれ	うまれ	×	生	譬喩	303①	和動	275②			
むまれ	うまれ	×	生	譬喩	308⑤	和動	281③			
むまれ	うまれ	×	生	譬喩	309①	和動	281⑤			
むまれ	うまれ	×	生	譬喩	219①	和動	188①			
生れ	うまれ	×	生	譬喩	254④	和動	225⑤			
うまれ	うまれ	×	生	譬喩	255⑥	和動	226④			
うまれ	うまれ	×	生	譬喩	304②	和動	276④			
むまれ	うまれ	×	生	法師	624③	和動	635③			
むまれ	うまれ	×	生	安樂	810①	和動	832②			むまれ[妙]
むまれ	うまれ	×	生	随喜	980①	和動	998②			うまれ[妙]
うまれ	うまれ	×	生	妙莊	1287②	和動	1296⑤			
烏摩勒伽	うまろきや	うまろきや	烏摩勒伽	陀羅	1266③	仏夜叉名	1277①	うまろきや[妙]		
海	うみ	×	海	提婆	723⑥	和地儀名	742①	かい／うみ[妙]		
海	うみ	うみ	海	藥王	1143②	和地儀名	1161①			
海	うみ	うみ	海	藥王	1150②	和地儀名	1169①			
うみ	うみ	×	海	觀世	1235⑥	和地儀名	1248⑤			
海	うみ	×	海	觀世	1246②	和地儀名	1258②	かい／うみ[妙]		
有無	うむ	うむ	有無	譬喩	236⑤	漢名	205⑥	うむ／ありなし[妙]		
うやまふ	うやまう	×	敬	五百	586①	和動	591④			
うやまふ	うやまう	×	敬	勸持	754⑥	和動	774④		一ひ奉る[西右]	
うやまふ	うやまう	×	敬	常不	1062⑥	和動	1081④			
うやまふ	うやまう	×	敬	普賢	1336⑤	和動	1339④			
うやまは	うやまわ	×	敬	譬喩	218②	和動	186④			
うやまは	うやまわ	×	敬	安樂	791⑥	和動	812⑤			
うやまは	うやまわ	×	敬	妙音	1183⑤	和動	1197⑥			
有餘涅槃	うよねはん	うよねはん	有餘涅槃	信解	370④	漢四熟名	357①	うよねはん／らかんのねはん[妙]		
うら	うら	×	裏	五百	590⑤	和名	597④			
うら	うら	×	裏	五百	592③	和名	599④			
うら	うら	×	裏	五百	597③	和名	605③			
うら	うら	×	裏	五百	598②	和名	606③			
うらおもひ	うらおもい	×	慮	方便	113⑥	和動	99④			
うらおもひ	うらおもい	×	慮	囑累	1111②	和動	1129⑥		おもひとし[西右]	うらおもふ[妙]
うらおもひ	うらおもい	×	慮	囑累	1111⑥	和動	1130④		一とし[西右]	うらおもひ[妙]
うらおもふ	うらおもう	×	慮	勸持	738②	和動	756⑥			
うらおもふ	うらおもう	×	慮	勸持	751①	和動	770③			

当該語	読みかな	傍訓	漢字表記	品名	頁数	語の種類	妙一本	和解語文	可読	異同語彙
うらみ	うらみ	×	怨	信解	339①	和動	318③		欺怠と瞋恨と怨言とあることなかれ[西右]	
うり	うり	×	販	安樂	771③	和動	791⑥		ひさい[西右]	
憂慮	うりょ	うりよ／うれへおもふ事	憂慮	信解	325⑥	漢名	302②	うりよ／うれへおもふこと[妙]		
憂慮する	うりょする	うりよ／うれへ	憂慮	信解	338④	漢サ動	317⑦	うりよ／うれへおもふ[妙]		
うる	うる	×	獲	普賢	1334②	和動	1337④			
うる	うる	×	得	序品	32⑤	和動	28①			
うる	うる	×	得	方便	139③	和動	121④		えん[西右]	
うる	うる	×	得	譬喩	252③	和動	222④			
うる	うる	×	得	譬喩	260②	和動	231④			
うる	うる	×	得	譬喩	266④	和動	237⑤			
うる	うる	×	得	譬喩	267④	和動	238④			
うる	うる	×	得	譬喩	297②	和動	269④			一とならは[西]
うる	うる	×	得	譬喩	307②	和動	279⑤			
うる	うる	×	得	信解	337②	和動	315⑦			
うる	うる	×	得	信解	347⑥	和動	329④			
うる	うる	×	得	信解	356⑤	和動	340③			
うる	うる	×	得	信解	356⑤	和動	340④			
うる	うる	×	得	信解	370⑤	和動	357③			
うる	うる	×	得	藥草	395①	和動	381①			
うる	うる	×	得	藥草	395⑤	和動	381⑤			
うる	うる	×	得	藥草	408③	和動	396①		一はィ[西右]	
うる	うる	×	得	授記	423④	和動	413②			
うる	うる	×	得	化城	521②	和動	526②		一こと[西右]	
うる	うる	×	得	化城	521③	和動	526③			うならく[妙]
うる	うる	×	得	化城	524④	和動	529⑥			
うる	うる	×	得	化城	536①	和動	541⑥			
うる	うる	×	得	五百	589①	和動	595④			え[妙]
うる	うる	×	得	五百	591③	和動	598③			
うる	うる	×	得	授學	605⑥	和動	614⑤			
うる	うる	×	得	授學	608⑥	和動	618①			
うる	うる	×	得	授學	609②	和動	618③			
うる	うる	×	得	法師	641⑤	和動	654②			
うる	うる	×	得	法師	642①	和動	654⑥			
うる	うる	×	得	法師	650①	和動	663⑤			
うる	うる	×	得	提婆	714⑤	和動	732④			
うる	うる	×	得	提婆	727①	和動	745②			
うる	うる	×	得	安樂	772②	和動	792⑤			
うる	うる	×	得	安樂	785③	和動	806④			
うる	うる	×	得	安樂	785⑤	和動	807①			
うる	うる	×	得	從地	846④	和動	869②			
うる	うる	×	得	從地	847③	和動	870①			
うる	うる	×	得	分別	926①	和動	944⑤			
うる	うる	×	得	分別	930②	和動	948⑥			
うる	うる	×	得	常不	1068①	和動	1086⑥		え[西右]	うる[妙]
うる	うる	×	得	常不	1073②	和動	1091⑥			うる[妙]
うる	うる	×	得	藥王	1155④	和動	1173③		え[西右]	うる[妙]
うる	うる	×	得	觀世	1214⑥	和動	1228①			
うる	うる	×	得	陀羅	1256②	和動	1268①			
うる	うる	×	得	妙莊	1286⑤	和動	1296②			
うる	うる	×	得	普賢	1311④	和動	1317⑤			
うる	うる	×	得	普賢	1317⑤	和動	1323①		えん[西右]	うる[妙]
うるほひ	うるおい	×	潤	藥草	389③	和轉成名	374④			
うるほひ	うるおい	×	潤	藥草	394⑥	和轉成名	380⑥			
うるおひ	うるおい	×	潤	藥草	400⑤	和轉成名	387⑤			
うるほひ	うるおい	×	潤	藥草	402②	和轉成名	388⑥			
うるほひ	うるおい	×	潤	藥草	402④	和轉成名	389②			
うるをへ	うるおえ	×	濕	法師	643④	和動	656①			うるへ[妙]
うるをへ	うるおえ	×	濕	法師	650④	和動	664③			
うるほし	うるおし	×	潤	藥草	413④	和動	401⑥			
うるほす	うるおす	×	潤	藥草	402①	和動	388⑤		一されてィ[西右]	
うるほす	うるおす	×	潤	藥草	403②	和動	390①			
うるほす	うるおす	×	潤	藥草	407①	和動	394④			

当該語	読みかな	傍訓	漢字表記	品名	頁数	語の種類	妙一本	和解語文	可読	異同語彙
うるほす	うるおす	×	洽	藥草	389⑤	和動	375①		一し／ふ[西右左]	
優樓頻螺迦葉	うるひんらかしょう	うるびんらかせう	優樓頻螺迦葉	序品	5③	仏名	4②			
優樓頻螺迦葉	うるひんらかしょう	うるひんらかせう	優樓頻螺迦葉	五百	584③	仏名	589⑥		一と[西右]	
うるはしき	うるわしき	×	好	妙荘	1301①	和形	1308④		一くして[西右]	うるはしき[妙]
うるはしく	うるわしく	×	美	從地	858⑥	和形	881⑤			
うれふる	うれうる	×	憂	如來	906①	和動	925①			
うれへ	うれえ	×	憂	譬喩	241①	和動	210⑤			
うれへ	うれえ	×	憂	譬喩	256①	和動	227⑥			
うれへ	うれえ	×	憂	信解	344④	和転成名	325③			
うれへ	うれえ	×	患	信解	370①	和動	356⑥			
うれへ	うれえ	×	患	如來	902⑤	和動	921⑥			
憂へ	うれえ	×	憂	五百	587③	和転成名	593⑥		一へむ[西右]	
有漏	うろ	一ろ	有漏	随喜	976①	漢名	994②	うろ／ほんなう[妙]		
郵樓哆 三十八	うろた	うろた	郵樓哆 三十八	陀羅	1253②	仏梵語名	1265①			ゆうろた[妙]
郵樓哆憍舍略 慮遮反三十九	うろたきょうしゃりや	うろたけうしやりや	郵樓哆憍舍略 慮遮反三十九	陀羅	1253②	仏梵語名	1265②			郵樓哆 郵樓哆三十八 憍舍略 慮遮反三十九（ゆうろたけうしやりや）[妙]
雲自在	うんじざい	うんしさい	雲自在	化城	516⑤	漢名	521⑤			
雲自在王	うんじざいおう	———わう	雲自在王	化城	516⑤	仏王名名	521⑤			
雲自在燈王	うんじざいとうわう	うんじざいとうわう	雲自在燈王	常不	1070③	仏王名名	1088⑥			うんしさいとうわう[妙]
雲雷音王	うんらいおんおう	うんらいおん—	雲雷音王	妙音	1186⑤	仏王名名	1201③			うんらいをんわう[妙]
雲雷音王佛	うんらいおんおうぶつ	うんらい———	雲雷音王佛	妙音	1187③	仏王名名	1202①			うんらいをんわうふつ[妙]
雲雷音王佛	うんらいおんおうぶつ	うんらいおんわう—	雲雷音王佛	妙音	1188②	仏王名名	1202⑤			うんらいをんわうふつ[妙]
雲雷音宿王華智	うんらいおんしゅくおうけち	うんらいおんしやくわうけ{くゑ}ち	雷雲音宿王華智	妙荘	1272③	漢名	1283①			うんらいおんすくわうくゑち[妙]
雲雷音宿王華智佛	うんらいおんしゅくけちぶつ	うんらいおんしゆく—けち—	雲雷音宿王華智佛	妙荘	1292⑤	仏王名名	1301④			うんらいおんしゆくゑちふつ[妙]
雲雷音宿王華智佛	うんらいおんしゅくげちぶつ	うんらいおんしゆくわうけち—	雲雷音宿王華智佛	妙荘	1276①	仏王名名	1286③			うんらいおんすくわうくゑち[妙]
雲雷音宿王華智佛	うんらいおんしゅくげちぶつ	うんらいおんしゆくわうけ・くゑち—	雲雷音宿王華智佛	妙荘	1281④	仏王名名	1291③			うんらいおんすくわうくゑちふつ[妙]
雲雷音宿王華智佛	うんらいおんしゅくげちぶつ	×	雲雷音宿王華智佛	妙荘	1286②	仏王名名	1295⑥			うんらいおんしゆくわうくゑちふつ[妙]
雲雷音宿王華智佛	うんらいおんしゅくげちぶつ	×	雲雷音宿王華智佛	妙荘	1297①	仏王名名	1305②			雲雷音{宿}王華智佛（うんらいをん{しゆく}わうくゑちふつ）[妙]
壊	え	ゑ	壊	化城	516⑥	単漢名	521⑥			
恵	え	×	恵	序品	28③	単漢名	24②	ゑ／ちゑ[妙]		
恵	え	×	恵	授記	419②	単漢名	408⑤	ゑ／ちゑを[妙]		
恵	え	×	恵	授記	424②	単漢名	414④	ゑ／ちゑ[妙]		
恵	え	×	恵	化城	513②	単漢名	518②	ゑ／ちゑ[妙]		
恵	え	ゑ	恵	化城	538③	単漢名	544①	ゑ／ちゑ[妙]		
恵	え	×	恵	五百	577④	単漢名	582⑤	ゑ／さとり[妙]		
恵	え	×	恵	五百	600①	単漢名	608⑤			
恵	え	×	恵	授學	619④	単漢名	629⑤	ゑ／ちゑ[妙]		
恵	え	×	恵	授學	620⑤	単漢名	631②	ゑ／ちゑ[妙]		
恵	え	×	恵	從地	830⑥	単漢名	853④			
恵	え	×	恵	從地	851③	単漢名	874①	ゑ／ほとけのゑ[妙]		
恵	え	×	恵	分別	947⑥	単漢名	966④			

うる―え 73

当該語	読みかな	傍訓	漢字表記	品名	頁数	語の種類	妙一本	和解語文	可読	異同語彙
慧	え	ゑ	慧	譬喩	263④	単漢名	234⑥			
會	え	ゑ	會	序品	16②	単漢名	13①	ゑ／ちゃうもん[妙]		得て[妙]
會	え	×	會	序品	55②	単漢名	48①	ゑ／ちゃうもんしゆ[妙]		得て[妙]
會	え	×	會	序品	57①	単漢名	49④	ゑ／ちゃうもん[妙]		得[妙]
會	え	×	會	序品	58⑤	単漢名	51②	ゑ／ちゃうもん[妙]		得[妙]
會	え	×	會	方便	112④	単漢名	98④	ゑ／ちゃうもんしゆ[妙]		得[妙]
會	え	×	會	方便	113⑥	単漢名	99⑤	ゑ／ちゃうもんしゆ[妙]		得[妙]
會	え	×	會	方便	116②	単漢名	101⑥	ゑ／ちゃうもんしゆ[妙]		え[妙]
會	え	×	會	方便	117⑥	単漢名	103③	ゑ／ちゃうもんの[妙]		得[妙]
會	え	×	會	方便	120③	単漢名	105⑤	ゑ／ちゃうもんしゆ[妙]		
會	え	×	會	五百	588⑤	単漢名	595①	ゑ／ちゃうもん[妙]		
會	え	×	會	授學	608④	単漢名	617⑤	ゑ／ちゃうもんしゆ[妙]		得[妙]
會	え	ゑ	會	見寶	670⑤	単漢名	685⑤	ゑのしゅ／ちゃうもんしゆ[妙]	得[妙]	
會	え	ゑ	會	提婆	736②	単漢名	754⑤	ゑ／ちゃうもん[妙]		得[妙]
會	え	ゑ	會	随喜	979①	単漢名	997③	え／ちゃうもんのこゝろ[妙]	得[妙]	
會	え	×	會	常不	1075②	単漢名	1093⑥	ゑ／ちゃうもん[妙]		得[妙]
會	え	ゑ	會	常不	1081②	単漢名	1099⑤	ゑ／ちゃうもんしゆ[妙]		ゑ[妙]
會	え	ゑ	會	陀羅	1259⑤	単漢名	1271④	ゑ／ちゃうもん[妙]		得得[妙]
衣	え	×	衣	序品	37④	単漢衣服名	32③			
衣	え	ゑ	衣	法師	646⑤	単漢衣服名	660①	え／ころもを[妙]		
衣	え	一・ころも	衣	法師	651⑤	単漢衣服名	665⑥	え／ころもを[妙]		
ゑ	え	×	獲	譬喩	304⑤	和動	277①			得[妙]
ゑ	え	×	獲	譬喩	306②	和動	278④			得[妙]
ゑ	え	×	獲	譬喩	309⑤	和動	282④			得[妙]
ゑ	え	×	獲	譬喩	310④	和動	283⑥			得[妙]
ゑ	え	×	獲	信解	365②	和動	350⑥			得[妙]
ゑ	え	×	獲	法師	635①	和動	647①			得[妙]
ゑ	え	×	獲	法師	636⑤	和動	648⑥			
え	え	×	獲	随喜	986⑥	和動	1005②			う[妙]
ゑ	え	×	得	序品	5①	和動	4①			
ゑ	え	×	得	序品	7③	和動	5⑥			
ゑ	え	×	得	序品	17①	和動	13⑥			
ゑ	え	×	得	序品	25①	和動	21②			
ゑ	え	×	得	序品	30②	和動	25⑥			
ゑ	え	×	得	序品	42⑤	和動	36⑥			
ゑ	え	×	得	序品	43⑤	和動	37⑤			
ゑ	え	×	得	序品	47①	和動	40⑤			
ゑ	え	×	得	序品	49⑤	和動	42⑥			
ゑ	え	×	得	序品	52⑥	和動	45②			
ゑ	え	×	得	序品	56①	和動	48⑤			
ゑ	え	×	得	序品	57④	和動	50②			
ゑ	え	×	得	序品	64③	和動	56②			
ゑ	え	×	得	序品	78④	和動	69①			
え	え	×	得	序品	80⑥	和動	71①			
え	え	×	得	序品	82⑥	和動	72⑤			
ゑ	え	×	得	方便	93⑥	和動	82④			
え	え	×	得	方便	99⑤	和動	87④			
ゑ	え	×	得	方便	101⑤	和動	89②			
え	え	×	得	方便	103①	和動	90②			
ゑ	え	×	得	方便	103⑥	和動	91①			
ゑ	え	×	得	方便	107①	和動	93⑤			う[妙]
ゑ	え	×	得	方便	107⑥	和動	94④			

当該語	読みかな	傍訓	漢字表記	品名	頁数	語の種類	妙一本	和解語文	可読	異同語彙
ゑ	え	×	得	方便	119⑥	和動	105②			得[妙]
ゑ	え	×	得	方便	121②	和動	106③			
ゑ	え	×	得	方便	121②	和動	106③			
ゑ	え	×	得	方便	125⑦	和動	110④			
う{え}	え	×	得	方便	132⑥	和動	116②			得[妙]
ゑ	え	×	得	方便	137⑤	和動	120①			
ゑ	え	×	得	方便	138④	和動	120⑤			
ゑ	え	×	得	方便	139⑤	和動	121⑤			
ゑ	え	×	得	方便	144⑥	和動	126①			
ゑ	え	×	得	方便	157②	和動	135⑥			
ゑ	え	×	得	方便	171④	和動	147⑤			
ゑ	え	×	得	方便	175⑤	和動	151①			
ゑ	え	×	得	方便	180③	和動	155①			
ゑ	え	×	得	方便	181①	和動	155④			
ゑ	え	×	得	方便	181④	和動	156①			
ゑ	え	×	得	譬喩	205①	和動	172①			
ゑ	え	×	得	譬喩	207①	和動	174②			
ゑ	え	×	得	譬喩	208③	和動	175⑤			うま[妙]
ゑ	え	×	得	譬喩	208⑤	和動	176①			
ゑ	え	×	得	譬喩	209①	和動	176⑤			
ゑ	え	×	得	譬喩	209⑤	和動	177④			
ゑ	え	×	得	譬喩	211①	和動	178⑥			
え	え	×	得	譬喩	213⑤	和動	181⑥			
ゑ	え	×	得	譬喩	213⑥	和動	182①			
ゑ	え	×	得	譬喩	214②	和動	182③			
ゑ	え	×	得	譬喩	219⑥	和動	188④			え[妙]
ゑ	え	×	得	譬喩	234③	和動	203⑤			
ゑ	え	×	得	譬喩	234④	和動	203⑥			
え	え	×	得	譬喩	236①	和動	205②			
ゑ	え	×	得	譬喩	236⑤	和動	206①			
ゑ	え	×	得	譬喩	238④	和動	207⑥			
ゑ	え	×	得	譬喩	240④	和動	210①			
ゑ	え	×	得	譬喩	244⑤	和動	214③			
ゑ	え	×	得	譬喩	245③	和動	215①			
ゑ	え	×	得	譬喩	247①	和動	216⑤			
ゑ	え	×	得	譬喩	251②	和動	221②			
得	え	×	得	譬喩	252①	和動	222①			
得	え	へ	得	譬喩	253①	和動	223③			
ゑ	え	×	得	譬喩	255①	和動	226①			
ゑ	え	×	得	譬喩	265④	和動	236⑥			
ゑ	え	×	得	譬喩	284②	和動	255⑤			
ゑ	え	×	得	譬喩	285③	和動	257①			
ゑ	え	×	得	譬喩	293①	和動	265②			
ゑ	え	×	得	譬喩	293②	和動	265③			え[西]
え	え	×	得	譬喩	297④	和動	269⑥			
ゑ	え	×	得	譬喩	297⑤	和動	270①			うる[妙]
ゑ	え	×	得	譬喩	300④	和動	272⑥			
ゑ	え	×	得	譬喩	306③	和動	278⑤			
ゑ	え	×	得	譬喩	309⑥	和動	282⑤			
ゑ	え	×	得	譬喩	315⑥	和動	290②			
え	え	×	得	信解	318⑥	和動	293⑤			
ゑ	え	×	得	信解	320②	和動	295②			
ゑ	え	×	得	信解	321②	和動	296③			
ゑ	え	×	得	信解	321③	和動	296⑤			
ゑ	え	×	得	信解	321④	和動	296⑥			
ゑ	え	×	得	信解	321⑤	和動	297②			
ゑ	え	×	得	信解	323①	和動	298⑤			
ゑ	え	×	得	信解	325⑤	和動	302①			
ゑ	え	×	得	信解	328④	和動	305③			
え	え	×	得	信解	332①	和動	309⑥			
ゑ	え	×	得	信解	333③	和動	311③			
え	え	×	得	信解	335③	和動	313⑥			
ゑ	え	×	得	信解	337③	和動	316①			
ゑ{え}	え	×	得	信解	344⑤	和動	325⑤			
ゑ{え}	え	×	得	信解	345④	和動	326①			
ゑ	え	×	得	信解	347③	和動	328⑥			
ゑ	え	×	得	信解	347③	和動	329①			
ゑ	え	×	得	信解	349①	和動	331①			

え 75

当該語	読みかな	傍訓	漢字表記	品名	頁数	語の種類	妙一本	和解語文	可読	異同語彙
ゑ	え	×		得	信解	349①	和動	331①		
ゑ	え	×		得	信解	352④	和動	335④		
ゑ	え	×		得	信解	353①	和動	336②		
ゑ	え	×		得	信解	353③	和動	336⑤		
ゑ	え	×		得	信解	365③	和動	351①		
ゑ	え	×		得	信解	366①	和動	351⑥		
ゑ	え	×		得	信解	368①	和動	354②		
ゑ	え	×		得	信解	370④	和動	357①		
ゑ	え	×		得	信解	371①	和動	357⑤		
ゑ	え	×		得	信解	373①	和動	360①		
ゑ	え	×		得	信解	373②	和動	360②		
え	え	×		得	信解	373③	和動	360③		
ゑ	え	×		得	信解	373④	和動	360④		
え	え	×		得	信解	373④	和動	360④		
ゑ	え	×		得	信解	373⑤	和動	360⑤		
ゑ	え	×		得	信解	373⑥	和動	361①		
ゑ	え	×		得	信解	374②	和動	361②		
ゑ	え	×		得	信解	377③	和動	365①		
ゑ	え	×		得	薬草	390②	和動	375④		
ゑ	え	×		得	薬草	392②	和動	377⑥		
ゑ	え	×		得	薬草	393⑤	和動	379③		
ゑ	え	×		得	薬草	400④	和動	386⑥		
ゑ	え	×		得	薬草	404⑥	和動	391⑥		
ゑ	え	×		得	薬草	408②	和動	395⑤		
ゑ	え	×		得	薬草	408②	和動	395⑥		
ゑ	え	×		得	薬草	411⑤	和動	399⑤		
ゑ	え	×		得	薬草	412⑤	和動	400⑥		
ゑ	え	×		得	薬草	413⑤	和動	401⑥		
ゑ	え	×		得	授記	415⑥	和動	404①		
ゑ	え	×		得	授記	419⑥	和動	408⑥		
ゑ	え	×		得	授記	424②	和動	413⑥		
え	え	×		得	授記	426⑥	和動	417②		
ゑ	え	×		得	授記	431⑥	和動	422⑤		
ゑ	え	×		得	授記	437⑥	和動	429④		
ゑ	え	×		得	授記	442③	和動	434⑥		
ゑ	え	×		得	授記	443④	和動	436①		
ゑ	え	×		得	授記	445①	和動	437⑤		
ゑ	え	×		得	化城	447⑤	和動	440⑥		
ゑ	え	×		得	化城	452②	和動	446③		
ゑ	え	×		得	化城	453②	和動	447④		
ゑ	え	×		得	化城	456①	和動	450⑥		
ゑ	え	×		得	化城	457⑥	和動	453②		
ゑ	え	×		得	化城	459①	和動	454④		
ゑ	え	×		得	化城	460①	和動	455④		
ゑ	え	×		得	化城	460②	和動	455⑤		
ゑ	え	×		得	化城	461④	和動	457②		
ゑ	え	×		得	化城	462②	和動	458①		
ゑ	え	×		得	化城	463②	和動	459②		
ゑ	え	×		得	化城	464①	和動	460②		
ゑ	え	×		得	化城	480①	和動	479④		
ゑ	え	×		得	化城	481③	和動	481②		
ゑ	え	×		得	化城	489③	和動	490⑤		
え	え	×		得	化城	489③	和動	490⑥		
ゑ	え	×		得	化城	505①	和動	509②		
ゑ	え	×		得	化城	505①	和動	509③		
ゑ	え	×		得	化城	505④	和動	509⑥		
ゑ	え	×		得	化城	514②	和動	519②		
ゑ	え	×		得	化城	520①	和動	525①		
え	え	×		得	化城	524⑥	和動	530②		
ゑ	え	×		得	化城	525④	和動	530⑥		
ゑ	え	×		得	化城	526①	和動	531③		
ゑ	え	×		得	化城	530③	和動	536①		
ゑ	え	×		得	化城	531③	和動	537①		
ゑ	え	×		得	化城	535③	和動	541②		
ゑ	え	×		得	化城	535⑤	和動	541④		
ゑ	え	×		得	化城	536⑥	和動	542⑤		
ゑ	え	×		得	化城	539④	和動	545③		
ゑ	え	×		得	化城	543⑤	和動	551⑤		

当該語	読みかな	傍訓	漢字表記	品名	頁数	語の種類	妙一本	和解語文	可読	異同語彙
ゑ	え	×	得	化城	547⑤	和動	554②			
ゑ	え	×	得	化城	548③	和動	555②			
ゑ	え	×	得	五百	563②	和動	566②			
ゑ	え	×	得	五百	567①	和動	570⑤			
ゑ	え	×	得	五百	568⑤	和動	572④			
え	え	×	得	五百	571⑤	和動	575④			
ゑ	え	×	得	五百	573①	和動	577④			
ゑ	え	×	得	五百	573③	和動	577⑤			
ゑ	え	×	得	五百	580①	和動	585①			
ゑ	え	×	得	五百	581①	和動	586②			
ゑ	え	×	得	五百	582⑤	和動	588①			
ゑ	え	×	得	五百	589⑤	和動	596②			
ゑ	え	×	得	五百	592①	和動	599②			
得	え	×	得	五百	593⑤	和動	601②			
ゑ	え	×	得	五百	593⑥	和動	601③			
え	え	×	得	五百	594③	和動	601⑥			
ゑ	え	×	得	五百	595③	和動	603①			
ゑ	え	×	得	五百	596④	和動	604④			
ゑ	え	×	得	五百	597⑥	和動	606②			得[妙]
ゑ	え	×	得	五百	599④	和動	608②			
ゑ	え	×	得	五百	600①	和動	608⑤			
ゑ	え	×	得	授學	601④	和動	609⑥			
え	え	×	得	授學	610②	和動	619④			
ゑ	え	×	得	授學	611②	和動	620⑤			
ゑ	え	×	得	法師	631⑤	和動	643③			
ゑ	え	×	得	法師	634②	和動	646②			
ゑ	え	×	得	法師	635⑥	和動	648①			
ゑ	え	×	得	法師	636④	和動	648⑤			
ゑ	え	×	得	法師	641①	和動	653⑤			
ゑ	え	×	得	法師	642⑥	和動	655⑤			
ゑ	え	×	得	法師	644④	和動	657④			
ゑ	え	×	得	法師	644⑤	和動	657⑥			
ゑ	え	×	得	法師	649①	和動	662⑤			
ゑ	え	×	得	法師	649③	和動	663①			
ゑ	え	×	得	法師	655③	和動	669④			
ゑ	え	×	得	法師	656①	和動	670④			
ゑ	え	×	得	法師	656③	和動	670⑤			
ゑ	え	×	得	見寶	660②	和動	674④			
ゑ	え	×	得	見寶	690③	和動	708②			
ゑ	え	×	得	見寶	695④	和動	714②			
ゑ{え}	え	×	得	見寶	696②	和動	715①			
ゑ{え}	え	×	得	見寶	698⑥	和動	717⑥			
ゑ	え	×	得	提婆	717④	和動	735④			
ゑ	え	×	得	提婆	717⑤	和動	735⑥			
ゑ	え	×	得	提婆	718⑥	和動	736⑥			
ゑ	え	×	得	提婆	727⑤	和動	745⑤			
ゑ	え	×	得	提婆	728②	和動	746②			
え	え	×	得	提婆	730②	和動	748②			
え	え	×	得	提婆	732③	和動	750④			
ゑ	え	×	得	提婆	732⑤	和動	751①			
ゑ	え	×	得	提婆	733③	和動	751④			
ゑ	え	×	得	提婆	733⑤	和動	752①			
ゑ	え	×	得	提婆	736⑤	和動	755②			
ゑ	え	×	得	提婆	736⑤	和動	755③			
え	え	×	得	提婆	737②	和動	755⑤			
ゑ	え	×	得	勸持	739④	和動	758③			
え	え	×	得	勸持	740①	和動	758⑥			
ゑ	え	×	得	勸持	744③	和動	763②			
ゑ	え	×	得	勸持	746③	和動	765②			
ゑ	え	×	得	勸持	748①	和動	767①			
え	え	×	得	勸持	751⑥	和動	771①			
え	え	×	得	勸持	752①	和動	771③			
え	え	×	得	安樂	773②	和動	793⑤			
え	え	×	得	安樂	778④	和動	799③			
え	え	×	得	安樂	788①	和動	809③			
え	え	×	得	安樂	788⑤	和動	810②			
ゑ	え	×	得	安樂	789⑥	和動	811③			
え	え	×	得	安樂	793①	和動	814③			

え 77

当該語	読みかな	傍訓	漢字表記	品名	頁数	語の種類	妙一本	和解語文	可読	異同語彙
え	え	×	得	安樂	793③	和動	814⑥			
え	え	×	得	安樂	795②	和動	816⑤			
え	え	×	得	安樂	796①	和動	817④			
え	え	×	得	安樂	798⑤	和動	820③			
え	え	×	得	安樂	799⑥	和動	821⑤			え[妙]
え	え	×	得	安樂	805④	和動	827⑤			
ゑ	え	×	得	安樂	808②	和動	830③			
ゑ	え	×	得	安樂	809③	和動	831⑤			
ゑ	え	×	得	安樂	813①	和動	835③			
ゑ	え	×	得	安樂	815④	和動	838①			
ゑ	え	×	得	安樂	816④	和動	839①			
ゑ	え	×	得	從地	829①	和動	851②			
はしめ{え}	え	×	得	從地	831②	和動	853⑥			
え	え	×	得	從地	847④	和動	870②			
え	え	×	得	從地	849②	和動	872①			
え	え	×	得	從地	854①	和動	876⑤			
え	え	×	得	從地	856⑤	和動	879③			
え	え	×	得	從地	858②	和動	880⑥			
え	え	×	得	從地	859⑤	和動	882⑤			
え	え	×	得	從地	860④	和動	883③			
え	え	×	得	從地	861②	和動	884①			得[妙]
え	え	×	得	從地	861⑤	和動	884④			
え	え	×	得	從地	865⑥	和動	888④			
え	え	×	得	從地	867③	和動	890②			得[妙]
え	え	×	得	如來	883⑤	和動	902⑤			
え	え	×	得	如來	890⑥	和動	909⑥			
え	え	×	得	如來	908④	和動	927③			
え	え	×	得	如來	910④	和動	929④			
え	え	×	得	如來	918③	和動	937②			
ゑ	え	×	得	如來	920⑥	和動	940①			
え	え	×	得	分別	921⑥	和動	940⑤			
え	え	×	得	分別	922③	和動	941③			
え	え	×	得	分別	922⑤	和動	941④			
え	え	×	得	分別	922⑥	和動	941⑤			
え	え	×	得	分別	923②	和動	942①			
え	え	×	得	分別	932⑤	和動	951③			
え	え	×	得	分別	943⑤	和動	962②			
ゑ	え	×	得	分別	959③	和動	977⑥			えしめ[妙]
え	え	×	得	分別	965③	和動	983⑤			
ゑ	え	×	得	隨喜	976①	和動	994①			
え	え	×	得	隨喜	976②	和動	994③			
え	え	×	得	隨喜	977②	和動	995③			
え	え	×	得	隨喜	977⑥	和動	996①			
ゑ	え	×	得	隨喜	977⑥	和動	996①			
え	え	×	得	隨喜	980③	和動	998④			
ゑ{え}	え	×	得	隨喜	981③	和動	999④			
え	え	×	得	隨喜	982②	和動	1000③			
え	え	×	得	隨喜	986④	和動	1004⑥			
え	え	×	得	隨喜	988①	和動	1006③			
え	え	×	得	隨喜	988⑥	和動	1007②			
ゑ	え	×	得	隨喜	992④	和動	1011②			
え	え	×	得	隨喜	993①	和動	1011⑤			
え	え	×	得	法功	996⑤	和動	1015③			
え	え	×	得	法功	997⑥	和動	1016④			
え	え	×	得	法功	998⑤	和動	1017③			
え	え	×	得	法功	1000⑤	和動	1019③			
え	え	×	得	法功	1005③	和動	1023⑥			
え	え	×	得	法功	1006①	和動	1024④			
え	え	×	得	法功	1006④	和動	1025①			
え	え	×	得	法功	1007②	和動	1025⑤			
え	え	×	得	法功	1008②	和動	1026②			
え	え	×	得	法功	1011①	和動	1029④			
え	え	×	得	法功	1025⑥	和動	1044⑤			
え	え	×	得	法功	1026②	和動	1045①			
え	え	×	得	法功	1026⑥	和動	1045④			
え	え	×	得	法功	1035③	和動	1054②			
え	え	×	得	法功	1035④	和動	1054③			
え	え	×	得	法功	1040②	和動	1058⑥			

当該語	読みかな	傍訓	漢字表記	品名	頁数	語の種類	妙一本	和解語文	可読	異同語彙
え	え	×	得	法功	1041①	和動	1059⑥			
え	え	×	得	法功	1042⑥	和動	1061④			
え	え	×	得	法功	1047③	和動	1066①			
え	え	×	得	常不	1056⑥	和動	1075⑥			
え	え	×	得	常不	1068①	和動	1086⑤			
え	え	×	得	常不	1069①	和動	1087⑤			
え	え	×	得	常不	1069⑤	和動	1088③			
え	え	×	得	常不	1071①	和動	1089⑤			
得	え	×	得	常不	1073⑤	和動	1092②			
え	え	×	得	常不	1079②	和動	1097⑤			
え	え	×	得	常不	1080②	和動	1098⑤			
得	得	×	得	神力	1084⑥	和動	1103③			
え	え	×	得	神力	1090②	和動	1108④			
得	え	×	得	神力	1097③	和動	1116②			
得	え	×	得	神力	1101⑥	和動	1120⑤			
え	え	×	得	神力	1102①	和動	1120⑥			
え	え	×	得	嘱累	1105④	和動	1124③			
え	え	×	得	嘱累	1106⑤	和動	1125③			
え	え	×	得	嘱累	1107③	和動	1126①			
え	え	×	得	嘱累	1108⑥	和動	1127①			
え	え	×	得	嘱累	1109①	和動	1127⑤			
え	え	×	得	薬王	1120②	和動	1138④			
え	え	×	得	薬王	1120②	和動	1138④			
え	え	×	得	薬王	1120④	和動	1138⑥			
え	え	×	得	薬王	1120⑤	和動	1139①			
得	え	×	得	薬王	1127⑤	和動	1146②			
え	え	×	得	薬王	1128④	和動	1147②			
え	え	×	得	薬王	1137③	和動	1155④			
え	え	×	得	薬王	1140①	和動	1158②			
え	え	×	得	薬王	1141①	和動	1159②			
え	え	×	得	薬王	1149⑥	和動	1168①			
え	え	×	得	薬王	1150①	和動	×			
え	え	×	得	薬王	1150①	和動	1168②			
え	え	×	得	薬王	1150②	和動	1168②			
え	え	×	得	薬王	1150②	和動	1168③			
え	え	×	得	薬王	1150③	和動	1168④			
え	え	×	得	薬王	1150④	和動	1168⑤			
え	え	×	得	薬王	1150⑤	和動	1168⑥			
え	え	×	得	薬王	1150⑤	和動	1168⑥			ヘ［妙］
え	え	×	得	薬王	1150⑥	和動	1169①			
え	え	×	得	薬王	1151⑤	和動	1169⑥			
え	え	×	得	薬王	1152①	和動	1170③			
え	え	×	得	薬王	1153③	和動	1171③			え［妙］
え	え	×	得	薬王	1155③	和動	1173②			
え	え	×	得	薬王	1160⑥	和動	1178①			
え	え	×	得	薬王	1161④	和動	1178⑥			
え	え	×	得	薬王	1163⑥	和動	1180⑥			え［妙］
え	え	×	得	妙音	1169①	和動	1185②			
え	え	×	得	妙音	1169②	和動	1185③			
え	え	×	得	妙音	1177⑤	和動	1193①			
え	え	×	得	妙音	1185①	和動	1199⑥			
え	え	×	得	妙音	1194④	和動	1208③			
え	え	×	得	妙音	1198⑥	和動	1212⑤			
え	え	×	得	妙音	1199②	和動	1213①			
え	え	×	得	妙音	1201⑤	和動	1215③			
え	え	×	得	妙音	1202①	和動	1215⑤			
え	え	×	得	妙音	1202①	和動	1215⑥			得［妙］
え	え	×	得	観世	1209⑤	和動	1222⑥			得［妙］
え	え	×	得	観世	1210⑤	和動	1223⑥			得［妙］
え	え	×	得	観世	1211⑥	和動	1224⑥			
え	え	×	得	観世	1212④	和動	1225⑤			得［妙］
え	え	×	得	観世	1214①	和動	1227③			得［妙］
え	え	×	得	観世	1216②	和動	1229③			得［妙］
え	え	×	得	観世	1216⑥	和動	1230②			得［妙］
え	え	×	得	観世	1217②	和動	1230④			×［妙］
え	え	×	得	観世	1217④	和動	1231①			得［妙］
え	え	×	得	観世	1221④	和動	1234⑥			得［妙］
え	え	×	得	観世	1239⑥	和動	1252③			得［妙］

当該語	読みかな	傍訓	漢字表記	品名	頁数	語の種類	妙一本	和解語文	可読	異同語彙
え	え	×	得	觀世	1242③	和動	1254⑥			得[妙]
え	え	×	得	陀羅	1249①	和動	1261①			得[妙]
え	え	×	得	陀羅	1249④	和動	1261④			得[妙]
え	え	×	得	陀羅	1255⑤	和動	1267④			得[妙]
え	え	×	得	陀羅	1264①	和動	1275④			得[妙]
え	え	×	得	陀羅	1269①	和動	1280②			得[妙]
え	え	×	得	陀羅	1271④	和動	1282③			得[妙]
え	え	×	得	妙荘	1275①	和動	1285①			得[妙]
え	え	×	得	妙荘	1278②	和動	1288③			得[妙]
え	え	×	得	妙荘	1281①	和動	1290⑥			得[妙]
え	え	×	得	妙荘	1287④	和動	1297①			得[妙]
え	え	×	得	妙荘	1289②	和動	1298③			得[妙]
え	え	×	得	妙荘	1295④	和動	1303⑥			得[妙]
え	え	×	得	妙荘	1296③	和動	1304④			
え	え	×	得	妙荘	1296④	和動	1304④			得[妙]
え	え	×	得	妙荘	1298③	和動	1306④			得[妙]
え	え	×	得	妙荘	1305⑤	和動	1312③			得[妙]
ゑ	え	×	得	普賢	1309④	和動	1315④			
え	え	×	得	普賢	1311③	和動	1317④			得[妙]
え	え	×	得	普賢	1312⑤	和動	1318⑤			得[妙]
え	え	×	得	普賢	1314⑥	和動	1320⑤			得[妙]
え	え	×	得	普賢	1315③	和動	1321①			
え	え	×	得	普賢	1315⑤	和動	1321③			得[妙]
え	え	×	得	普賢	1320⑥	和動	1325⑥			へ[妙]
え	え	×	得	普賢	1332⑤	和動	1336②			得[妙]
え	え	×	得	普賢	1333⑥	和動	1337②			得[妙]
え	え	×	得	普賢	1335③	和動	1338④			得[妙]
え	え	×	得	普賢	1337③	和動	1340①			得[妙]
ゑ	え	×	得	五百	572①	和動	576①			
ゑ	え	×	得	五百	575⑥	和動	580④			
×	え	×	得	分別	×	和動	985⑥			
穢悪	えあく	ゑあく	穢悪	授記	417②	漢名	405②	ゑあく／けがれあしく[妙]		
穢悪	えあく	ゑあく	穢悪	妙音	1171④	漢名	1187①			ゑあく[妙]
衛護	えいご	ゑご／めくみまほり	衛護	法師	654②	漢名	668③	ゑこ／まほり[妙]		
恵雲	えうん	ゑうん	恵雲	薬草	400⑤	漢名	387①	ゑうん／ちゑのくも[妙]	―のくも[西右]	
畫がき	えがき	ゑがき	畫	方便	165①	和動	142③	ゑさ・せ／かきなせる[妙]		畫作(ゑさ)かきなせるせ[妙]
益	えき	×	益	見寶	696②	単漢名	715①			
依求する	えぐする	ゑぐ	依求	譬喩	261⑥	漢サ動	233②	ゑくする／よりもとむ[妙]		
恵眼	えげん	ゑけん	恵眼	化城	536⑤	漢名	542④	ゑけん／ちゑのまなこ[妙]		
依怙	えこ	えこ	依怙	觀世	1245⑥	漢名	1258①			ゑこ[妙]
恵光	えこう	ゑくわう／ちゑのひかり	恵光	如來	918③	漢名	937①	ゑくわう／ちゑのひかり[妙]	―のひかりをもて[西右]	
廻向し	えこうし	ゑかう	廻向	序品	29⑥	漢サ動	25③			
廻向す	えこうす	ゑかう	廻向	譬喩	235③	漢サ動	204⑤			
廻向せ	えこうせ	×	廻向	分別	941②	漢サ動	959④			廻向(ゑかう)[妙]
衣襏	えこく	ゑこく／花いるゝもの	衣襏	譬喩	241③	漢花器名	211①	えこく／はなはこ[妙]		
衣襏	えこく	ゑこく／花をもる物也	衣襏	化城	467②	漢花器名	464②	えこく／はなはこ[妙]		
衣襏	えこく	ゑ{え}こく	衣襏	化城	475③	漢花器名	474⑥		え―[西右]	
衣襏	えこく	ゑこく／はなかこ	衣襏	化城	484③	漢花器名	485①	えこく／はなはこ[妙]		
衣襏	えこく	ゑこく	衣襏	化城	493③	漢花器名	495⑤	えこく／はなはこ[妙]		
恵炬三昧	えこさんまい	ゑこ――	恵炬三昧	妙音	1168⑤	漢四熟名	1184⑥			ゑこさんまい[妙]
衛護し	えごし	ゑご	衛護	安樂	795①	漢サ動	816④	ゑこ・し／まほり[妙]	―て[西右]	
壊し	えし	ゑ・おれて	壊	觀世	1212③	漢サ動	1225④	え・し／おれ[妙]		
壊し	えし	ゑ・やぶれん	壊	觀世	1239③	漢サ動	1252①	え・し／おれ[妙]		
衣食	えじき	ゑじき	衣食	信解	322⑤	漢名	298②	ゑしき／きものくひもの[妙]		衣服[妙]
衣食	えじき	えじき	衣食	信解	328④	漢名	305③			
衣食	えじき	ゑ{え}じき	衣食	信解	333②	漢名	311④	―しき／―くいもの[妙]	え―[西右]	

当該語	読みかな	傍訓	漢字表記	品名	頁数	語の種類	妙一本	和解語文	可読	異同語彙
衣食	えじき	えじき	衣食	信解	356③	漢名	340②	えしき／きものくいもの[妙]		
衣食	えじき	えじき	衣食	信解	359⑤	漢名	344①			
衣食	えじき	ゑ{え}じき	衣食	五百	591①	漢名	598①	えしき／きもの[妙]	え―[西右]	
衣食	えじき	×	衣食	五百	591⑥	漢名	598⑥	えしき／きものくいもの[妙]		
衣食	えじき	ゑじき	衣食	五百	597⑤	漢名	605⑥	えしき／きものくいもの[妙]		
依止し	えしし	ゑし	依止	方便	155①	漢サ動	134②			
依止し	えしせ	ゑ{え}し	依止	従地	850⑥	漢サ動	873④	えし・し／よりとゝまり[妙]	え―[西右]	
依止する	えしする	ゑし	依止	譬喩	296④	漢サ動	268⑥	えし・する／よりとゝまる[妙]		
依止せ	えし	ゑ{え}し	依止	従地	852④	漢サ動	875④	えし・し／よりとゝまれり[妙]	え―[西右]	
穢濁	えじょく	ゑぢよく	穢濁	法功	1044②	漢名	1062②	ゑぢよく／けかれにこり[妙]		
慧心	えしん	ゑしん	慧心	譬喩	289③	漢名	261③	ゑしん／ちゑのこゝろ[妙]		
畫像	えぞう	ゑざう	畫像	方便	165⑥	漢名	143①			
畫像	えぞう	ゑさう	畫像	方便	167④	漢名	144③			
枝	えだ	し／ゑた	枝	藥草	402⑥	和植物名	389⑤	し／えた[妙]		
枝	えだ	し／ゑた	枝	見寶	671①	和植物名	686④	し／えた[妙]		
枝	えだ	×	枝	見寶	673②	和植物名	688⑤	し／えた[妙]		
枝	えだ	し	枝	見寶	675④	和植物名	691⑤	し／えた[妙]		
えだ	えだ	×	枝	見寶	688⑥	和植物名	706④			
えだ	えだ	×	枝	陀羅	1267⑤	和植物名	1278④			えた[妙]
悦可し	えつかし	ゑつか／よろこふ	悦可	譬喩	292④	漢サ動	264⑤	えちか／よろこひ[妙]		
悦可す	えつかす	ゑつか	悦可	方便	90③	漢サ動	79④	えつか・す／よろこはしむ[妙]	―せしめ給ふ[西右]	
悦可する	えっかする	ゑつか／よろこばす	悦可	序品	24③	漢サ動	20⑤	えつか・する／よろこはしむる[妙]	―― せしむ[西右]	
悦豫せ	えつよせ	ゑつよ／よろこふ	悦豫	藥草	401①	漢サ動	387⑥	えつよ／よろこは[妙]		
回轉す	えてんす	ゑてん	回轉	譬喩	232②	漢サ動	201②			りんてんす【廻轉】[妙]
恵日	えにち	ゑ―	恵日	觀世	1244①	漢暦日名	1256②	ゑにち／ちえのひ[妙]		
恵日大聖尊	えにちだいしょうそん	ゑ――しやうそん	恵日大聖尊	方便	106④	仏尊号名	93③	ゑにちたいしやうそん／ちゑのひかりのほとけ[妙]	―― の ――[西右]	慧日大聖尊[妙]
衣服	えぶく	×	衣服	譬喩	310②	和衣服名	283②			
衣服	えぶく	ゑぶく／きるもの	衣服	信解	318①	和衣服名	292⑤	えぶく／きもの[妙]		
衣服	えぶく	ゑぶく	衣服	法師	623⑤	和衣服名	634⑤	えふく／きるもの[妙]		
衣服	えぶく	ゑぶく	衣服	法師	625④	和衣服名	636④	えふく／きるもの[妙]		
衣服	えぶく	ゑふく	衣服	法師	630①	和衣服名	641②	えふく／ころも[妙]		
衣服	えぶく	×	衣服	法師	634①	和衣服名	646①			
衣服	えぶく	えぶく	衣服	提婆	718④	和衣服名	736④	えふく／きもの[妙]		
衣服	えぶく	ゑぶく	衣服	安樂	781④	和衣服名	802④	えふく／きもの[妙]	―と[西右]	
衣服	えぶく	ゑぶく	衣服	安樂	797③	和衣服名	818⑥	えふく／きもの[妙]		
衣服	えぶく	えぶく	衣服	安樂	806③	和衣服名	828④	えふく／きもの[妙]		
衣服	えぶく	ゑぶく	衣服	分別	955①	和衣服名	973⑤	えふく／きもの[妙]		
衣服	えぶく	ゑぶく	衣服	分別	964①	和衣服名	982④	えふく／きもの[妙]	―と[西右]	
衣服	えぶく	ゑぶく	衣服	法功	1016⑤	和衣服名	1035③		―と[西右]	衣服(ゑふく)[妙]
衣服	えぶく	ゑぶく	衣服	藥王	1152②	和衣服名	1170④		―と[西右]	えふく[妙]
衣服	えぶく	えぶく	衣服	觀世	1220①	和衣服名	1233③	ゑふく／きもの[妙]	―と[西右]	

当該語	読みかな	傍訓	漢字表記	品名	頁数	語の種類	妙一本	和解語文	可読	異同語彙
衣服	えぶく	ゑ{え}ぶく	衣服	普賢	1333③	和衣服名	1336⑥	いふく／きもの[妙]	えーと[西右]	
ゑま	えま	×	笑	安樂	766①	和動	786①		えま[西右]	
恵命	えみょう	ゑみやう	惠命	信解	317②	漢名	291⑥			
えらは	えらば	×	擇	譬喩	310⑤	和動	283⑤			
縁	えん	ゑ{え}ん	縁	方便	104⑤	単漢名	91⑤		えー[西右]	
縁	えん	ゑ{え}ん	縁	方便	143②	単漢名	124⑥		えー[西右]	
縁	えん	えん	縁	方便	158④	単漢名	137①			
縁	えん	×	縁	方便	172②	単漢名	148③			
縁	えん	ゑん	縁	譬喩	215③	単漢名	183⑤			
縁	えん	えん	縁	信解	355③	単漢名	339①			
縁	えん	ゑん	縁	薬草	400③	単漢名	386⑥			
縁	えん	ゑん	縁	化城	502④	単漢名	506④	えん／まことにえんたりまといのさとりは[妙]		
縁	えん	×	縁	化城	502⑤	単漢名	506④			
縁	えん	×	縁	化城	502⑤	単漢名	506⑤			
縁	えん	×	縁	化城	502⑥	単漢名	506⑤			
縁	えん	×	縁	化城	502⑥	単漢名	506⑥			
縁	えん	×	縁	化城	503①	単漢名	506⑥			
縁	えん	×	縁	化城	503①	単漢名	507①			
縁	えん	×	縁	化城	503①	単漢名	507①			
縁	えん	×	縁	化城	503②	単漢名	507①			
縁	えん	×	縁	化城	503②	単漢名	507①			
縁	えん	ゑん	縁	如來	899⑥	単漢名	919①			
鉛	えん	ゑん	鉛	方便	163⑤	単漢名	141②			
塩	えん	ゑん／しほ	塩	信解	337⑥	単漢飲食名	316②	ゑん／しを[妙]		
烟火	えんか	ゑんくは／とくのほのほのひ	煙火	觀世	1241③	漢名	1253⑥	えんくわ／けふりひ[妙]		
縁覚	えんがく	ゑ{え}んがく	縁覚	序品	28①	漢名	23①		えー[西右]	
縁覚	えんがく	×	縁覺	方便	108④	漢名	95①			
縁覺	えんがく	ゑんがく	縁覺	譬喩	291⑤	漢名	263⑥			
縁覺	えんがく	ゑんがく	縁覺	薬草	408③	漢名	396①			
縁覺	えんがく	ゑんがく	縁覺	薬草	411⑥	漢名	399⑥			
縁覺	えんがく	ゑんがく	縁覺	五百	575②	漢名	579⑥			
縁覺	えんがく	ゑんがく	縁覺	提婆	717④	漢名	735④			
縁覚	えんがく	ゑんがく	縁覺	分別	940②	漢名	958⑥			
縁覚乗	えんがくじょう	ゑ{え}んがくじょう	縁覺乗	方便	101①	漢名	88④		えー[西右]	
宴寂	えんじゃく	ゑんしゃく	宴寂	化城	538④	漢名	544③	えんしゃく／しつかなる[妙]		
捐捨し	えんしゃし	ゑんしゃ／いといすて	捐捨	提婆	709⑤	漢サ動	726⑥	えんじや・し／すて[妙]		
演せつし	えんぜつし	ゑん――	演説	序品	26①	漢サ動	22②	えんせつ・し／のへとき[妙]		
演説し	えんぜつし	ゑ{え}んぜつ	演説	序品	48②	漢サ動	41④	えんせつ・し／のへとき[妙]	えー[西右]	
演説し	えんぜつし	ゑんぜつ	演説	序品	66④	漢サ動	58②	えんせつ・し／のへとく[妙]		
演説し	えんぜつし	ゑんぜつ	演説	方便	129④	漢サ動	113④	えんせつ・し／のへとき[妙]	――したまひき[西右]	
演説し	えんぜつし	ゑんぜつ	演説	方便	130⑤	漢サ動	114④	えんせつ・し／のへとき[妙]		
演説し	えんぜつし	ゑ{え}んぜつ	演説	方便	132②	漢サ動	115⑤	えんせつ・し／のへとき[妙]	えー[西右]	
演説し	えんぜつし	ゑんぜつ	演説	方便	158⑤	漢サ動	137②			
演説し	えんぜつし	ゑんぜつ	演説	譬喩	216③	漢サ動	184⑥			
演説し	えんぜつし	ゑんぜつ	演説	薬草	387④	漢サ動	372⑤	えんせつ・し／のへとき[妙]		
演説し	えんぜつし	ゑんせつ	演説	薬草	404①	漢サ動	391①	えんせつ／のへとき[妙]		
演説し	えんぜつし	ゑんぜつ	演説	薬草	410④	漢サ動	398③	えんせつ／のへとき[妙]		
演説し	えんぜつし	ゑんぜつ	演説	化城	472④	漢サ動	470⑤	えんせつ／のへとき[妙]	―給へ[西右]	
演説し	えんぜつし	えんぜつ	演説	化城	536④	漢サ動	542②	ゑんせつ／のへとき[妙]		

当該語	読みかな	傍訓	漢字表記	品名	頁数	語の種類	妙一本	和解語文	可読	異同語彙
演説し	ゑんぜつし	ゑん―	演説	見寶	695③	漢サ動	714①	ゑんせち／のへとき[妙]		
演説し	ゑんぜつし	ゑんぜつ	演説	安樂	812③	漢サ動	834⑤	ゑんせつ・し／のへとく[妙]		
演説し	ゑんぜつし	ゑ{え}んぜつ	演説	從地	869⑥	漢サ動	892④	ゑんせつ・し／のへときて[妙]	え―[西右]	
演説し	ゑんぜつし	ゑんぜつ	演説	法功	1007①	漢サ動	1025②	ゑんせつ・し／のへとき[妙]		
演説し	ゑんぜつし	ゑんせつ	演説	囑累	1108⑥	漢サ動	1127③	ゑんぜつ・し／のへときて[妙]		
演説す	ゑんぜつす	ゑんせつ／のへとく心也	演説	序品	62①	漢サ動	54②			
演説す	ゑんぜつす	ゑんぜつ	演説	方便	124④	漢サ動	109②			
演説す	ゑんぜつす	ゑんせつ	演説	藥草	406⑤	漢サ動	394①	ゑんせつ／のへとく[妙]	―して[西右]	
演説す	ゑんぜつす	ゑ{え}んぜつ	演説	安樂	761①	漢サ動	780⑤	ゑんせつ・す／のへとき[妙]	え―[西右]	
演説する	ゑんぜつする	ゑんせつ	演説	譬喩	210⑤	漢サ動	178④	ゑんせつ／のへとく[妙]		
演説する	ゑんぜつする	ゑんせつ／のへとく	演説	提婆	735⑤	漢サ動	754②	ゑんせつ・する／のへとく[妙]		
演説する	ゑんぜつする	ゑんせつ／のへとく	演説	安樂	809③	漢サ動	831⑤	ゑんせつ・する／のへとく[妙]		
演説する	ゑんぜつする	ゑ{え}んぜつ	演説	法功	1027⑤	漢サ動	1046③		え―[西右]	演説(ゑんせつ)[妙]
演説する	ゑんぜつする	ゑんぜつ	演説	法功	1028②	漢サ動	1047①			
演説する	ゑんぜつする	ゑんぜつ・のへとかん	演説	法功	1041④	漢サ動	1060②	ゑんせつ・する／のへとく[妙]		
演説せ	ゑんぜつせ	ゑんぜつし／のふときも	演説	信解	349④	漢サ動	331⑤	ゑんせつ・せ／のへとき[妙]		
演説せ	ゑんぜつせ	ゑんぜつ	演説	授記	443⑥	漢サ動	436⑤	ゑんせつ／のへとかん[妙]		
演説せ	ゑんぜつせ	ゑんせつ	演説	見寶	692⑥	漢サ動	711⑤	ゑんせつ・せ／のへとく[妙]	―― するィ[西右]	
演説せ	ゑんぜつせ	ゑんせつ・のへとかんには	演説	安樂	782④	漢サ動	803④	ゑんせつ・せ／のへとかん[妙]		
演説せ	ゑんぜつせ	ゑ{え}んぜつ・のへとかん	演説	随喜	971⑥	漢サ動	989⑥	ゑんせつ・せ／のへとかん[妙]		
演説せ	ゑんぜつせ	ゑんぜつ・のへとかん	演説	法功	1046④	漢サ動	1065②	ゑんせつ・せ／のへとか[妙]		
演説せ	ゑんぜつせ	×	演説	法功	1048②	漢サ動	1066①	ゑんせつ・せ／のへとかん[妙]		
演説せよ	ゑんぜつせよ	ゑんぜつ	演説	安樂	804⑥	漢サ動	826⑥	ゑんせつ／のへとけ[妙]		
厭怠	えんたい	ゑん{えい}たい／いといおこたる心[西右]	厭怠	如來	896⑥	漢名	915⑥	えんたい／いとひをこたること[妙]		
闇提	えんだい	しやたい	闇提	法功	1015③	仏名	1034②		―と[西右]	
闇提華香	えんだいけこう	しやたいけ―	闇提華香	法功	1009③	漢四熟名	1027⑤	しやたいくゑかう／はなのか[妙]		
演暢し	ゑんちょうし	ゑんちやう	演暢	譬喩	217⑤	漢サ動	186②	えんせつし／のへ[妙]		演説(ゑんぜつ)のへし[妙]
演暢し	ゑんちょうし	ゑんちやう／のへたまふ也	演暢	提婆	725⑤	漢サ動	743⑥	ゑんぢやう・し／のへ[妙]		
演暢し	ゑんちょうし	ゑんちやう	演暢	安樂	776①	漢サ動	796④	ゑんぢやう・し／をしへのへ[妙]		
演暢し	ゑんちょうし	ゑ・えんちやう／のふる心	演暢	五百	578③	漢サ動	583⑤	ゑんちやう・し／のへ[妙]		
演暢す	ゑんちょうす	えんちやう	演暢	藥草	405⑥	漢サ動	393①	えんちやう／のへ[妙]	―して[西右]	
蜿転	えんてん	ゑんてん／まろひまろひ	蜿転	譬喩	305⑥	漢名	278①	えんでん／もこよ[妙]		
宛轉す	えんてんす	ゑんでん	宛轉	如來	900③	漢サ動	919③	ゑんてん・す／まろふ[妙]		
閻浮金光	えんぶこんこう	ゑんふこうくわう	閻浮金光	授記	438③	漢名	430②			
閻浮提	えんぶだい	ゑんぶだい	閻浮提	随喜	973⑥	漢名	992①			
閻浮提	えんぶだい	ゑんぶだい	閻浮提	藥王	1160③	漢名	1177⑤		ひろく ―[西右]	えんふたい[妙]

当該語	読みかな	傍訓	漢字表記	品名	頁数	語の種類	妙一本	和解語文	可読	異同語彙
閻浮提	えんぶだい	ゑ{え}んふたい	閻浮提	藥王	1161②	漢名	1178④			えんふたい[妙]
閻浮提	えんぶだい	ゑんぶだい	閻浮提	普賢	1321②	漢名	1326①			ゑんぶだい[妙]
閻浮提	えんぶだい	ゑ{え}んふたい	閻浮提	普賢	1326③	漢名	1330④			えんふたい[妙]
閻浮檀金	えんぶだごん	ゑんぶだーごん	閻浮檀金	分別	950①	漢名	968⑤	えんふたいこん／—こかね[妙]		
閻浮檀金	えんぶだごん	ゑ{え}ぶだごむ・ん	閻浮檀金	妙音	1173⑤	漢名	1189②			えんふたんこん[妙]
閻浮檀金	えんぶだごん	ゑ{え}ぶだごむ・ん	閻浮檀金	妙音	1174④	漢名	1190②			えんふたんこん[妙]
閻浮那提金光如来	えんぶなだいこんこうにょらい	ゑんふなたいこんくはうによらい	閻浮那提金光如来	授記	435①	仏如来名	426②	えんふなたいこうくわうにょらい／ほとけのとをのな[妙]		
圓満せ	えんまんせ	ゑんまん	圓満	随喜	984④	漢サ動	1002⑥	えんまん・せ／まとかにして[妙]		
厭離	えんり	えんり	厭離	随喜	988④	漢名	1006⑥	えんり／いとひはなるゝ[妙]		
お	お	×	尾	方便	176③	和名	151②			
おひ	おい	×	負	譬喩	304③	和動	276⑤		おふて[西右]	おふて[西]
おひ	おい	×	追	信解	330③	和動	307⑤			
おひ	おい	×	老	從地	867②	和動	889⑥			
おひ	おい	×	生	藥草	388⑤	和動	373⑥			
おひ	おい	×	生	藥草	401⑤	和動	388③			
於	おいて	×	於	序品	53④	和連語	46④			
於	おいて	×	於	序品	59⑤	和連語	×			
於	おいて	×	於	序品	60②	和連語	×		してィ[西右]	
於	おいて	×	於	序品	61④	和連語	53⑤			
一於	おいて	×	於	方便	93⑤	和連語	×			
一於	おいて	×	於	方便	98⑤	和連語	×			
一おゐて	おいて	×	於	方便	139④	和連語	×			し[妙]
一於	おいて	おいて	於	方便	144③	和連語	125⑤			おきて[妙]
一於	おいて	おいて	於	方便	165⑥	和連語	143①			
一於	おいて	おゐて	於	方便	169④	和連語	×			
一於	おいて	おいて	於	方便	177⑤	和連語	152⑤			
於	おいて	×	於	譬喩	212①	和連語	179⑥			つねに【毎】[妙]
於	おいて	×	於	譬喩	218⑥	和連語	187④			
於	おいて	×	於	譬喩	220④	和連語	×			
於	おいて	×	於	譬喩	228③	和連語	197④			して[妙]
於	おいて	×	於	譬喩	232②	和連語	201③			
一於	おいて	おいて	於	譬喩	234⑤	和連語	203⑥			おきて[妙]
於	おいて	×	於	譬喩	235⑥	和連語	205①			
於	おいて	×	於	譬喩	236⑥	和連語	206②			して[妙]
於	おいて	×	於	譬喩	248③	和連語	218②			
一おゐて	おいて	×	於	譬喩	252④	和連語	222⑤			
一おゐて	おいて	×	於	譬喩	294⑥	和連語	267①			
一於	おいて	おいて	於	五百	566④	和連語	570①		一して[西右]	
一於	おいて	×	於	五百	570③	和連語	574②		して[西右]	
於	おいて	×	於	五百	592④	和連語	×			
一於	おいて	×	於	五百	599②	和連語	×			
於	おいて	×	於	授學	604①	和連語	612⑤			
一於	おいて	×	於	授學	613①	和連語	622④			
一於	おいて	×	於	授學	617④	和連語	627④		一して[西右]	
一於	おいて	×	於	法師	624②	和連語	635②			
一於	おいて	×	於	法師	624⑥	和連語	635⑥			
一於	おいて	×	於	法師	627①	和連語	638①			
於	おいて	×	於	法師	628①	和連語	639②			
一於	おいて	×	於	法師	628②	和連語	639④			
於	おいて	×	於	法師	634③	和連語	646③			
於	おいて	×	於	法師	634⑥	和連語	646⑥			
一於	おいて	×	於	法師	635④	和連語	647⑤			
於	おいて	×	於	法師	636②	和連語	648③			
一於	おいて	×	於	法師	637①	和連語	649②			
於	おいて	×	於	法師	643①	和連語	655⑥			
一おゐて	おいて	×	於	法師	647⑤	和連語	661③			にして[妙]
一於	おいて	おいて	於	法師	653②	和連語	667②			
於	おいて	×	於	見寶	674⑤	和連語	690④			
一おゐて	おいて	×	於	提婆	726②	和連語	744③			
一おゐて	おいて	×	於	提婆	728①	和連語	746②			
一於	おいて	おいて	於	提婆	730②	和連語	748③			

当該語	読みかな	傍訓	漢字表記	品名	頁数	語の種類	妙一本	和解語文	可読	異同語彙
一おゐて	おいて	×	於	安樂	781⑤	和連語	×			
一おゐて	おいて	×	於	安樂	785④	和連語	806⑥			
於	おいて	おいて	於	安樂	803⑥	和連語	826①			
一おきて	おいて	×	於	藥王	1140②	和連語	1158④			おき[妙]
一おきて	おいて	×	於	藥王	1143③	和連語	1161③			おき[妙]
一おきて	おいて	×	於	藥王	1144①	和連語	1162①			おき[妙]
一おきて	おいて	×	於	藥王	1144③	和連語	1162④			おき[妙]
一おきて	おいて	×	於	藥王	1145④	和連語	1163⑤			おき[妙]
一をきて	おいて	×	於	藥王	1145⑤	和連語	1163⑥			
一をきて	おいて	×	於	藥王	1147⑤	和連語	1166①			
一をきて	おいて	×	於	藥王	1148②	和連語	1166④			おき[妙]
一をきて	おいて	×	於	藥王	1158②	和連語	1175⑤			おき[妙]
一をきて	おいて	×	於	妙音	1173③	和連語	1189①			おき[妙]
一をきて	おいて	×	於	妙音	1187②	和連語	1201⑥			おき[妙]
一をきて	おいて	×	於	妙音	1188①	和連語	1202⑤			おきて[妙]
於	おいて	×	於	妙莊	1293②	和連語	1301⑥			×[妙]
於	おいて	おゐて	於	普賢	1309④	和連語	1315⑥			×[妙]
於	おいて	×	於	普賢	1311②	和連語	1317②			×[妙]
於	おいて	おゐて	於	普賢	1318④	和連語	1323⑥			×[妙]
一於	おいて	×	於	普賢	1333⑤	和連語	1337②			×[妙]
おひとらへ	おいとらえ	×	追捉	信解	359②	和複動	343④			
王	おう	×	王	序品	33①	単漢人倫名	28③			
王	おう	わう	王	序品	77⑥	単漢人倫名	68④			
王	おう	わう	王	譬喩	308④	単漢人倫名	281①			
王	おう	わう	王	信解	328①	単漢人倫名	304⑤			
王	おう	×	王	信解	328①	単漢人倫名	304⑥			
王	おう	×	王	信解	357②	単漢人倫名	342①			
王	おう	×	王	信解	376⑥	単漢人倫名	364④			
王	おう	×	王	藥草	387④	単漢人倫名	372③			
王	おう	×	王	授記	424①	単漢人倫名	413⑥			
王	おう	×	王	化城	508①	単漢人倫名	512⑤			
王	おう	×	王	法師	651③	単漢人倫名	665③			
王	おう	×	王	見寶	673⑥	単漢人倫名	689④			
王	おう	×	王	見寶	676①	単漢人倫名	692①			
王	おう	×	王	提婆	710③	単漢人倫名	727⑤	一に[西右]		
王	おう	わう	王	提婆	710⑥	単漢人倫名	728②			
王	おう	わう	王	提婆	713③	単漢人倫名	731②			
王	おう	×	王	提婆	714④	単漢人倫名	732③	一たりしかとも[西右]		
王	おう	×	王	提婆	715②	単漢人倫名	733①			
王	おう	×	王	安樂	796⑥	単漢人倫名	818③			
王	おう	×	王	安樂	797⑥	単漢人倫名	819④			
王	おう	×	王	安樂	798②	単漢人倫名	819⑤			
王	おう	×	王	安樂	798⑤	単漢人倫名	820③			
王	おう	×	王	安樂	801②	単漢人倫名	823①			
王	おう	×	王	安樂	803①	単漢人倫名	825①			
王	おう	×	王	安樂	805⑥	単漢人倫名	828①			
王	おう	わう	王	安樂	806⑤	単漢人倫名	828⑥			
王	おう	×	王	安樂	807①	単漢人倫名	829②			
王	おう	×	王	安樂	808③	単漢人倫名	830②			
王	おう	×	王	分別	945⑥	単漢人倫名	964③			
王	おう	×	王	藥王	1145⑥	単漢人倫名	1163⑥			わう[妙]
王	おう	×	王	藥王	1146①	単漢人倫名	1164②			わう[妙]
王	おう	×	王	藥王	1148③	単漢人倫名	1166④			わう[妙]
王	おう	×	王	藥王	1148⑤	単漢人倫名	1166⑥			
王	おう	×	王	藥王	1150⑤	単漢人倫名	1168⑥			わう[妙]
王	おう	×	王	妙音	1192⑤	単漢人倫名	1206⑥			わう[妙]
王	おう	×	王	妙莊	1273①	単漢人倫名	1283⑤			わう[妙]
王	おう	×	王	妙莊	1273①	単漢人倫名	1283⑤			わう[妙]
王	おう	×	王	妙莊	1280④	単漢人倫名	1290③			わう[妙]
王	おう	×	王	妙莊	1283②	単漢人倫名	1292⑤			わう[妙]
王	おう	×	王	妙莊	1289①	単漢人倫名	1298⑤			わう[妙]
王	おう	×	王	妙莊	1290②	単漢人倫名	1299②			わう[妙]
王	おう	×	王	妙莊	1290⑥	単漢人倫名	1299⑥			わう[妙]
王	おう	×	王	妙莊	1291①	単漢人倫名	1300①			わう[妙]
王	おう	×	王	妙莊	1293②	単漢人倫名	1302①			わう[妙]
王	おう	×	王	妙莊	1294④	単漢人倫名	1303①			わう[妙]
王	おう	×	王	妙莊	1294⑤	単漢人倫名	1303②			わう[妙]

当該語	読みかな	傍訓	漢字表記	品名	頁数	語の種類	妙一本	和解語文	可読	異同語彙
王	おう	×	王	妙荘	1295①	単漢人倫名	1303③			わう[妙]
王	おう	×	王	妙荘	1295①	単漢人倫名	1303③			わう[妙]
邑	おう	いう	邑	譬喩	238⑤	単漢地儀名	208①		一と[西右]	
邑	おう	おう／さかい	邑	信解	324②	単漢地儀名	300①	をう／さとに[妙]		
邑	おう	おふ／さと	邑	信解	356③	単漢地儀名	340②	おう／さと[妙]		
邑	おう	おふ	邑	信解	356③	単漢地儀名	340②			
狂	おう	わう／くるひ	狂	譬喩	308⑤	単漢名	281③	わう／たふれ[妙]		
王位	おうい	一ゐ	王位	序品	53①	漢名	46①			
應供	おうぐ	おうく／にんてんのくやうをうく	應供	序品	47⑥	漢名	41③			
應供	おうぐ	おうぐ	應供	譬喩	221②	漢名	190①			
應供	おうぐ	おうく	應供	薬草	391④	漢名	377①			
應供	おうぐ	おうく	應供	授記	416②	漢名	404④			
應供	おうぐ	×	應供	授記	427①	漢名	417③			
應供	おうぐ	おうく	應供	授記	435①	漢名	426②			
應供	おうぐ	×	應供	授記	440④	漢名	432④			
應供	おうぐ	×	應供	化城	445⑥	漢名	438⑥			
應供	おうぐ	おうぐ	應供	五百	570⑤	漢名	574①			
應供	おうぐ	×	應供	五百	584①	漢名	589④			
應供	おうぐ	×	應供	授學	604②	漢名	612⑥			
應供	おうぐ	×	應供	授學	613①	漢名	622⑤			
應供	おうぐ	×	應供	授學	617⑤	漢名	627⑤			
應供	おうぐ	おうぐ	應供	提婆	716⑤	漢名	734⑤			
應供	おうぐ	×	應供	勸持	743⑤	漢名	762⑤			
應供	おうぐ	×	應供	勸持	745④	漢名	764③			
應供	おうぐ	おうぐ	應供	常不	1057⑤	漢名	1076④			をうく[妙]
應供	おうぐ	×	應供	常不	1060⑥	漢名	1079④			をうく[妙]
應供	おうぐ	×	應供	薬王	1116③	漢名	1134⑤			をうく[妙]
應供	おうぐ	×	應供	妙音	1166②	漢名	1182⑤			をうく[妙]
徃詣し	おうげいし	わうげい／ゆきまふて	徃詣	序品	31③	漢サ動	26⑥			
徃詣し	おうげいし	わうけい	徃詣	化城	456②	漢サ動	451①	わうけい／ゆきいたりき[妙]	一するに[西右]	
徃詣し	おうげいし	わうけい	徃詣	化城	511③	漢サ動	516③	わうけい／ゆきいたりて[妙]		
徃詣し	おうげいし	わうけい／ゆきいたる	徃詣	見寶	678②	漢サ動	694⑤			
徃詣し	おうげいし	お{わ}うげい	徃詣	随喜	979⑤	漢サ動	997⑥	わうけい・し／ゆきいたりて[妙]		
徃詣し	おうげいし	わうげい	徃詣	妙音	1169⑤	漢サ動	1185⑥	わうけい・し／ゆきまいり[妙]		
徃詣し	おうげいし	わうけい	徃詣	妙荘	1276②	漢サ動	1286③	わうけい・し／ゆきまして[妙]		
徃詣し	おうげいし	わうけい	徃詣	妙荘	1286③	漢サ動	1295⑥	わうけい・し／ゆきまうて[妙]		
擁護し	おうごし	×	擁護	陀羅	1259③	漢サ動	1271①	おうこ・し／まほり[妙]		
擁護し	おうごし	おうご	擁護	陀羅	1263⑤	漢サ動	1275①	おうこ・し／まほり[妙]		
擁護し	おうごし	おうご	擁護	陀羅	1269①	漢サ動	1280①	おうご・し／まほり		
擁護す	おうごす	×	擁護	陀羅	1269⑥	漢サ動	1280⑥	おうこ・せ／まほる	一せんすら[西右]	擁護せす[妙]
擁護す	おうごす	×	擁護	陀羅	1271②	漢サ動	1282①	おうご・す／まほる[妙]		
擁{擁}護せ	おうごせ	おうご	擁護	陀羅	1254⑤	漢サ動	1266④	おうご・せ／まほらん[妙]	木扁→扌扁[西]	
擁護せ	おうごせ	おうこ	擁護	陀羅	1255③	漢サ動	1267③	おうこ・せ／まほらん[妙]		
擁護せ	おうごせ	おうこ	擁護	陀羅	1258②	漢サ動	1270①	をうご・せ／まほらん[妙]		
擁護せ	おうごせ	おうご	擁護	陀羅	1259①	漢サ動	1270⑤	しゆご・せ／まほらん[妙]		
擁護せ	おうごせ	おうご	擁護	陀羅	1260④	漢サ動	1272②	しゆこ・せ／まほらん[妙]		
擁護せ	おうごせ	おうご	擁護	陀羅	1271①	漢サ動	1281⑥	おうご・せ／まほらん[妙]		
黄金	おうごん	わうこん	黄金	譬喩	221⑥	漢宝物名	190⑤	わうごん／こかね[妙]		

当該語	読みかな	傍訓	漢字表記	品名	頁数	語の種類	妙一本	和解語文	可読	異同語彙
黄金	おうごん	わうこん	黄金	授記	417④	漢宝物名	406①	わうこん／こかね[妙]		
黄金	おうごん	わうこん	黄金	授記	435③	漢宝物名	426⑤	わうこん／こかね[妙]		
黄金	おうごん	×	黄金	見寶	669⑤	漢宝物名	684⑥	わうこむ／こかね[妙]		
狂子	おうし	わうし／くるへるこ・おろかなるこの	狂子	如來	919①	漢人倫名	937⑥	わうし／くるへるこ[妙]		
王子	おうじ	×	王子	序品	52⑤	漢人倫名	45③			
王子	おうじ	×	王子	序品	62④	漢人倫名	54⑤			
王子	おうじ	×	王子	譬喩	225①	漢人倫名	193⑥			
王子	おうじ	わうじ	王子	譬喩	228④	漢人倫名	197⑥			
王子	おうじ	×	王子	安樂	762⑤	漢人倫名	782①		一と[西右]	
王子	おうじ	×	王子	安樂	775⑥	漢人倫名	796③			
王子	おうじ	一し	王子	安樂	780⑤	漢人倫名	800⑥		一と[西右]	
王子	おうじ	×	王子	安樂	794⑤	漢人倫名	815④		一と[西右]	
王子	おうじ	×	王子	法功	1029③	漢人倫名	1048①			
應し	おうじ	×	應	觀世	1242⑥	単漢サ動	1254⑤			おう・し[妙]
王者	おうじゃ	わしや	王者	信解	355⑤	漢人倫名	338⑤			
往昔	おうじゃく	わうしやく／むかし	往昔	信解	319②	漢名	294②	わうしやく／むかし[妙]		
王舎城	おうしゃじょう	わうしやしやう	王舎城	序品	4③	漢城名名	3③			
狂人	おうじん	わう一	狂人	普賢	1334①	漢人倫名	1337③		くるへる一[西右]	×[妙]
應す	おうず	×	應	觀世	1235②	単漢サ動	1248②	おう・す[妙]	かなへるをきけ[西右]	
應ぜ	おうぜ	おう	應	序品	48⑥	単漢サ動	42②			
應ぜ	おうぜ	おう	應	序品	49②	単漢サ動	42④			
應ぜ	おうぜ	おう	應	序品	49④	単漢サ動	42⑤			
應ぜ	おうぜ	おう	應	常不	1059①	単漢サ動	1077⑥			應(をう)せ[妙]
應ぜ	おうぜ	×	應	常不	1059③	単漢サ動	1078②			應(をう)せ[妙]
應ぜる	おうぜる	おう	應	方便	174⑤	単漢サ動	150③	をう／かなう[妙]	一ぜる	
應ぜる	おうぜる	おう	應	常不	1058④	単漢サ動	1077③			をう・せる[妙]
癰疽	おうそ	おうそ／はれものかさ也	癰疽	譬喩	310②	漢名	283①			
王歎{難}	おうなん	一なん	王難	觀世	1239①	漢名	1251④			王難(わうなん)[妙]
惶怖	おうふし	わうふ／おのゝきおそる	惶怖	譬喩	×	漢サ動	249③	わうふし／をのゝき[妙]		
往返し	おうへんし	わうへん／ゆきかへり	往返	勸持	749⑥	漢サ動	769①	わうへん・し／ゆきかへり[妙]		
往返遊行し	おうへんゆぎょうし	わうへんしゆきやう／ゆきかへりあそひゆきて	往返遊行	譬喩	274③	漢四熟サ動	245⑤	わうへんしゆきやう・し／わうへんゆきやう・し／ゆきかへりあそひありきて[妙]		
往来する	おうらいする	わうらい	往來	信解	355④	漢サ動	339①	わうらい／ゆききたる[妙]		
おふる	おうる	×	終	提婆	710②	和動	727③			
おふる	おうる	×	畢	常不	1074③	和動	1093①			
誑惑す	おうわくす	おうわく	誑惑	勸持	753⑥	漢サ動	773④			
おほい	おおい	×	大	譬喩	215②	和形動	183③			おほきに[妙]
おほひ	おおい	×	蔽	方便	176④	和動	151⑥			
おほひ	おおい	×	覆	授記	427⑥	和動	418②			
おほひ	おおい	×	覆	授記	435⑥	和動	426⑥			
おほひ	おおい	×	覆	法師	639①	和動	651①			おほふ[妙]
おほひ	おおい	×	覆	見寶	674②	和動	689⑥			
おほひ	おおい	×	覆	見寶	676③	和動	692③			
おほひ	おおい	×	覆	分別	967①	和動	985③			
おほひ	おおい	×	覆	藥王	1117⑥	和動	1136①			
おほふ	おおう	×	覆	信解	327①	和動	303④			
おほふ	おおう	×	覆	藥草	389②	和動	374④		一て[西右]	
おほふ	おおう	×	覆	藥草	391②	和動	376⑤			
おほふ	おおう	×	覆	藥草	400⑤	和動	387②			
おほふ	おおう	×	覆	藥草	403⑤	和動	390⑤			
おほふ	おおう	×	覆	神力	1093④	和動	1112①			
おほへ	おおえ	×	覆	譬喩	288①	和動	259⑥			
おゝへ	おおえ	×	覆	譬喩	271②	和動	242③			

当該語	読みかな	傍訓	漢字表記	品名	頁数	語の種類	妙一本	和解語文	可読	異同語彙
おほから	おおから	×	多	方便	117①	和形	102④			
おほから	おおから	×	多	化城	461①	和形	456⑤			
おほから	おおから	×	多	化城	500③	和形	503⑥			
おほから	おおから	×	多	五百	582①	和形	587③			
おほから	おおから	×	多	觀世	1216④	和形	1229⑥			
おほから	おおから	×	多	觀世	1216⑥	和形	1230②			
おほから	おおから	×	多	觀世	1217①	和形	1230⑤			
おほから	おおから	×	多	陀羅	1250③	和形	1262③			
おほし	おおからん	×／おほきにはィ	多	藥王	1142⑤	和形	1160⑥		多には{からん}[西右]	おほし[妙]
おほき	おおき	×	大	序品	24①	和形動	20②			
おほき	おおき	×	大	方便	147③	和形動	128②			
おほき	おおき	×	大	譬喩	217⑤	和形動	186③			
おほき	おおき	×	大	譬喩	231①	和形動	200②			
おほき	おおき	×	大	譬喩	240④	和形動	209⑤			
おほき	おおき	×	大	譬喩	270④	和形動	241⑤			
おほき	おおき	×	大	譬喩	275④	和形動	246④			
おほき	おおき	×	大	譬喩	277④	和形動	249⑤			
おほき	おおき	×	大	譬喩	286④	和形動	258⑤			
おほき	おおき	×	大	譬喩	305⑤	和形動	277⑥			
おほき	おおき	×	大	化城	501①	和形動	504④			
おほき	おおき	×	大	化城	525②	和形動	530④			
おほき	おおき	×	大	化城	542④	和形動	548③			
おほき	おおき	×	大	化城	543④	和形動	551④			
おほき	おおき	×	大	五百	591②	和形動	598②			
おほき	おおき	×	大	五百	595④	和形動	603②			
おほき	おおき	×	大	五百	597①	和形動	605②			
おほき	おおき	×	大	見寶	663③	和形動	678①			
おほき	おおき	×	大	見寶	667⑥	和形動	683①			
おほき	おおき	×	大	見寶	688②	和形動	705⑤			
おほき	おおき	×	大	見寶	688⑤	和形動	706④			
おほき	おおき	×	大	提婆	721③	和形動	739④			
おほき	おおき	×	大	提婆	736③	和形動	754⑥			
おほき	おおき	×	大	勸持	746②	和形動	765①			
おほき	おおき	×	大	安樂	800③	和形動	822②			
おほき	おおき	×	大	安樂	801④	和形動	823③			
おほき	おおき	×	大	安樂	805③	和形動	827④		おほいに[西右]	
おほき	おおき	×	大	從地	852⑥	和形動	875④			
おほき	おおき	×	大	從地	857①	和形動	879⑥			
おほき	おおき	×	大	如來	900⑥	和形動	920①			
おほき	おおき	×	大	如來	906⑥	和形動	925⑥			
おほき	おおき	×	大	随喜	983④	和形動	1001⑥			
おほき	おおき	×	大	常不	1076①	和形動	1094④		おほいに[西右]	おほき[妙]
おほき	おおき	×	大	囑累	1110②	和形動	1128⑥		一いに[西右]	おほき[妙]
おほき	おおき	×	大	妙音	1182⑤	和形動	1197⑤			
おほき	おおき	×	大	觀世	1236⑤	和形動	1249②			
おほき	おおき	×	大	觀世	1242①	和形動	1254④		おほいなる[西右]	おほき[妙]
おほきさ	おおきさ	×	大	化城	446⑥	和名	440①			
おほきなる	おおきなる	×	大	譬喩	249①	和形動	218⑥			
おほきなる	おおきなる	×	大	譬喩	284⑥	和形動	256④			
おほきなる	おおきなる	×	大	信解	343①	和形動	323④			
おほきなる	おおきなる	×	大	觀世	1244④	和形動	1256⑥		おほいなる[西右]	おほきなる[妙]
おほきに	おおきに	×	大	信解	323②	和形動	298⑥			
おほきに	おおきに	×	大	信解	330⑤	和形動	308②			
おほきに	おおきに	×	大	信解	345④	和形動	326⑤			
おほきに	おおきに	×	大	信解	347③	和形動	329①			
おほきに	おおきに	×	大	信解	349①	和形動	331①			
おほきに	おおきに	×	大	信解	365①	和形動	350⑤			
おほきに	おおきに	×	大	信解	365②	和形動	350⑥			
おほきに	おおきに	×	大	藥草	412⑥	和形動	401①			
おほきに	おおきに	×	大	化城	459②	和形動	454④			
おほきに	おおきに	×	大	化城	463⑥	和形動	459⑥			
おほきに	おおきに	×	大	五百	565⑥	和形動	569③			
おほきに	おおきに	×	大	五百	598⑤	和形動	607②			
おほきに	おおきに	×	大	授學	611①	和形動	620④			

当該語	読みかな	傍訓	漢字表記	品名	頁数	語の種類	妙一本	和解語文	可読	異同語彙
おほきに	おおきに	×	大	安樂	792②	和形動	813⑥			
おほきに	おおきに	×	大	安樂	797①	和形動	818④			
おほきに	おおきに	×	大	安樂	798②	和形動	819⑥			
おほきに	おおきに	×	大	安樂	801⑥	和形動	823⑤			
おほきに	おおきに	×	大	藥王	1149②	和形動	1167④		おほいに[西右]	おほきに[妙]
おほきに	おおきに	×	大	序品	68⑥	和形動	60②			
おほきに	おおきに	×	大	信解	329③	和形動	306③			
おほきに	おおきに	×	大	神力	1090①	和形動	1108③		おほいに[西右]	おほきに[妙]
おほきに	おおきに	×	大	囑累	1114①	和形動	1132⑤		おほいに[西右]	おほきに[妙]
おほきに	おおきに	×	大	藥王	1120③	和形動	1138④			
おほきに	おおきに	×	大	妙莊	1280⑥	和形動	1290⑤		おほいに[西右]	おほきに[妙]
おほきに	おおきに	×	大	妙莊	1291①	和形動	1300①		おおいに[西右]	おほきに[妙]
おほきに	おおきに	×	大	普賢	1314⑥	和形動	1320⑤		おおいに[西右]	
おほきに	おおきに	×	大	普賢	1338①	和形動	1340⑤		おおいに[西右]	おほきに[妙]
おほきに	おおきに	×	巨	信解	354③	和形動	337⑥			
おほく	おおく	×	多	序品	82①	和形	71⑥			
おほく	おおく	×	多	譬喩	238⑥	和形	208②			
おほく	おおく	×	多	譬喩	239②	和形	208④			
おほく	おおく	×	多	譬喩	249②	和形	219②			
おほく	おおく	×	多	譬喩	284④	和形	256⑤			
おほく	おおく	×	多	譬喩	288②	和形	260②			
おほく	おおく	×	多	信解	323④	和形	299③			
おほく	おおく	×	多	信解	325①	和形	301①			
おほく	おおく	×	多	信解	341①	和形	320⑥			
おほく	おおく	×	多	信解	341②	和形	321①			
おほく	おおく	×	多	信解	354④	和形	338①			
おほく	おおく	×	多	授記	420①	和形	409①			
おほく	おおく	×	多	授記	431③	和形	422①		一して・一からんィ[西右]	
おほく	おおく	×	多	授記	435⑥	和形	427②			
おほく	おおく	×	多	授記	441③	和形	433④			
おほく	おおく	×	多	化城	475③	和形	474②			
おほく	おおく	×	多	化城	497②	和形	500①			
おほく	おおく	×	多	化城	500②	和形	503⑤			
おほく	おおく	×	多	化城	522③	和形	527④			
おほく	おおく	×	多	化城	540⑥	和形	546⑤			
おほく	おおく	×	多	五百	580③	和形	585⑤			
おほく	おおく	×	多	法師	641⑥	和形	653⑥			
おほく	おおく	×	多	勸持	738⑤	和形	757③			
おほく	おおく	×	多	勸持	740⑥	和形	759⑤			
おほく	おおく	×	多	勸持	755④	和形	775②			
おほく	おおく	×	多	安樂	786⑥	和形	808③			
おほく	おおく	×	多	安樂	787②	和形	808④			
おほく	おおく	×	多	安樂	802②	和形	824①			
おほく	おおく	×	多	從地	850③	和形	873②			
おほく	おおく	×	多	如來	915④	和形	934④			
おほく	おおく	×	多	分別	933③	和形	951⑥			
おほく	おおく	×	多	隨喜	976⑤	和形	995①		おほし[西右]	
おほくし	おおくし	×	多	化城	523③	和複動	528⑥			
おほし	おおし	×	衆	信解	355③	和形	339②			
おほし	おおし	×	多	序品	63⑥	和形	55⑤			
おほし	おおし	×	多	方便	131⑥	和形	115③			
おほし	おおし	×	多	譬喩	290④	和形	262⑤			
おほし	おおし	×	多	信解	348①	和形	329⑤			
おほし	おおし	×	多	藥草	399②	和形	385④			
おほし	おおし	×	多	授記	436⑤	和形	428②			
おほし	おおし	×	多	法師	638④	和形	650⑥			
おほし	おおし	×	多	安樂	778⑥	和形	799⑤			
おほし	おおし	×	多	從地	866①	和形	888⑥			をほし[妙]
おほし	おおし	×	多	如來	899⑤	和形	918⑥			
おほし	おおし	×	多	隨喜	976④	和形	994⑤			
おほし	おおし	×	多	神力	1097④	和形	1116⑤			

当該語	読みかな	傍訓	漢字表記	品名	頁数	語の種類	妙一本	和解語文	可読	異同語彙
おほし	おおし	×	多	觀世	1217⑥	和形	1231②			をほし[妙]
おほし	おおし	×	多	觀世	1220③	和形	1233⑤			
おほし	おおし	×	多	觀世	1220④	和形	1233⑥			
おほし	おおし	×	多	陀羅	1249④	和形	1261⑤			
おほし	おおし	×	多	陀羅	1249⑤	和形	1261⑥			
おほし	おおし	×	多	陀羅	1255①	和形	1266⑥			
おほち	おおじ	×	祖	化城	456②	和人倫名	451③			
おほよそ	おおよそ	×	凡	信解	364②	和副	349⑥			
おほよそ	おおよそ	×	凡	常不	1062⑥	和副	1081①			
おほはれ	おおわれ	×	覆	普賢	1330①	和動	1333⑥		―るゝことを えん[西右]	
―をか	おか	×	置	見寶	692③	和動	710④			
おか	おか	×	在	譬喩	307②	和動	279④			
おか	おか	×	在	法功	1027②	和動	1046①			
をかさ	おかさ	×	犯	信解	330⑥	和動	308②			
をかさ	おかさ	×	犯	陀羅	1268②	和動	1279②			
をき	おき	×	起	信解	333③	和動	311③			
をき	おき	×	起	五百	590⑥	和動	597⑥			
をき	おき	×	起	五百	597④	和動	605⑤			
をき	おき	×	置	見寶	694①	和動	712④			
をき	おき	×	在	見寶	684②	和動	701③			
おき	おき	×	捨	五百	566①	和動	569③		―いてよりは [妙]	
おき	おき	×	除	藥王	1158③	和動	1175⑥		のぞきたてま つるィ[西右]	
おき	おき	×	於	序品	7②	和連語	5⑤			
をき	おき	×	於	序品	77②	和連語	67①			
をき	おき	×	於	譬喩	213⑤	和連語	181⑥			
をき	おき	×	於	譬喩	251③	和連語	221③			
をき	おき	×	於	譬喩	270①	和連語	241③			
―をき	おき	×	於	譬喩	292③	和連語	264④			
をき	おき	×	於	信解	349②	和連語	331②			
をき	おき	×	於	信解	350④	和連語	332⑥			
をき	おき	×	於	藥草	388②	和連語	373④			
をき	おき	×	於	化城	504⑥	和連語	509①			
をき	おき	×	於	化城	509⑤	和連語	514⑤			
をき	おき	×	於	化城	510④	和連語	515⑤			
をき	おき	×	於	化城	519③	和連語	524⑤			
をき	おき	×	於	五百	565②	和連語	568⑤		をいて[西右]	
をき	おき	×	於	五百	566⑥	和連語	570④			
をき	おき	×	於	勸持	749⑤	和連語	768⑥			
―おき	おき	×	於	安樂	779②	和連語	800①			
をき	おき	×	於	法功	1023⑥	和連語	1042⑤			
をき	おき	×	於	常不	1072③	和連語	1091①			おき[妙]
をき	おき	×	於	常不	1074④	和連語	1093④		おいて[西右]	おき[妙]
をき	おき	×	於	常不	1075⑤	和連語	1094③		おいて[西右]	おきて[妙]
をき	おき	×	於	神力	1094②	和連語	1113①			をき[妙]
をき	おき	×	於	神力	1099⑥	和連語	1118⑤		をい―[西右]	をき[妙]
をき	おき	×	於	嘱累	1109②	和連語	1128①		して[西右]	をき[妙]
をき	おき	×	於	藥王	1125⑥	和連語	1144②			おき[妙]
―をきて	おきて	×	於	序品	78③	和連語	68⑥			
―をきて	おきて	×	於	方便	97④	和連語	85⑤			
―をきて	おきて	×	於	方便	100③	和連語	88①			
―おきて	おきて	×	於	方便	109③	和連語	95⑤			
―をきて	おきて	×	於	方便	109⑤	和連語	96①			
―をきて	おきて	×	於	方便	136③	和連語	119①			
―をきて	おきて	×	於	方便	141②	和連語	123②			
―をきて	おきて	×	於	方便	148①	和連語	128⑤			おき[妙]
―をきて	おきて	×	於	方便	150④	和連語	130⑤			
―をきて	おきて	×	於	方便	151③	和連語	131⑤			
―おきて	おきて	×	於	方便	155③	和連語	134⑤			
―をきて	おきて	×	於	方便	169⑤	和連語	146②			
―をきて	おきて	×	於	譬喩	253⑥	和連語	224⑤			
―をきて	おきて	×	於	譬喩	256⑤	和連語	227⑤			
―をきて	おきて	×	於	譬喩	290⑥	和連語	263①			
―をきて	おきて	×	於	譬喩	297②	和連語	269③			
―をきて	おきて	×	於	譬喩	298①	和連語	270③			
―おきて	おきて	×	於	譬喩	300②	和連語	272④			

当該語	読みかな	傍訓	漢字表記	品名	頁数	語の種類	妙一本	和解語文	可読	異同語彙
一をきて	おきて	×	於	譬喩	300③	和連語	272⑤			
一をきて	おきて	×	於	譬喩	309①	和連語	281⑤			
一をきて	おきて	×	於	信解	319⑥	和連語	294⑥			
一をきて	おきて	×	於	信解	320④	和連語	295⑤			
一をきて	おきて	×	於	信解	321②	和連語	296④			
一をきて	おきて	×	於	信解	347②	和連語	328⑤			
一をきて	おきて	×	於	信解	349⑤	和連語	331⑥			
一をきて	おきて	×	於	信解	369⑥	和連語	356③			
一をきて	おきて	×	於	信解	370①	和連語	356⑥			
一をきて	おきて	×	於	信解	371③	和連語	358①			
一をきて	おきて	×	於	信解	373④	和連語	360④			
一をきて	おきて	×	於	信解	373⑥	和連語	360⑥			
一をきて	おきて	×	於	信解	374④	和連語	361⑥			
一をきて	おきて	×	於	信解	376③	和連語	364①		にをいて[西右]	
一をきて	おきて	×	於	信解	377②	和連語	365①		において[西右]	
一をきて	おきて	×	於	信解	378②	和連語	366②			
一をきて	おきて	×	於	藥草	386⑥	和連語	372①			
一をきて	おきて	×	於	藥草	387③	和連語	372④			
一をきて	おきて	×	於	藥草	394③	和連語	380②			
一をきて	おきて	×	於	藥草	410⑤	和連語	398④			
一をきて	おきて	×	於	授記	419①	和連語	407⑤			
一をきて	おきて	×	於	授記	442⑤	和連語	435②			
一をきて	おきて	×	於	授記	444③	和連語	436⑥			
一をきて	おきて	×	於	化城	447②	和連語	440④			
一をきて	おきて	×	於	化城	505④	和連語	509⑥			
一おきて	おきて	×	於	化城	524②	和連語	529③			
一をきて	おきて	×	於	化城	529①	和連語	534④			
一をきて	おきて	×	於	化城	535⑤	和連語	541⑥			
一をきて	おきて	×	於	五百	564③	和連語	567⑤			
一おきて	おきて	×	於	五百	565⑤	和連語	569①			
一をきて	おきて	×	於	五百	566⑤	和連語	570③		一をいて[西右]	
一をきて	おきて	×	於	五百	568⑤	和連語	572③			
一をきて	おきて	×	於	五百	583④	和連語	589①			
一をきて	おきて	×	於	五百	596④	和連語	604④			
一をきて	おきて	×	於	授學	602①	和連語	610③			
一おきて	おきて	×	於	授學	605⑤	和連語	614④			
一をきて	おきて	×	於	授學	615③	和連語	625①			
一おきて	おきて	×	於	法師	623④	和連語	634③			
一をきて	おきて	×	於	法師	625②	和連語	636②			
一をきて	おきて	×	於	法師	637④	和連語	649⑥			
一をきて	おきて	×	於	法師	649②	和連語	662⑥			
おきて	おきて	×	於	見寶	672①	和連語	687④			
一おきて	おきて	×	於	見寶	693④	和連語	712①			
一をきて	おきて	×	於	見寶	694③	和連語	712⑥			
一をきて	おきて	×	於	見寶	695⑤	和連語	714④			
一をきて	おきて	×	於	見寶	696④	和連語	715③			
一おきて	おきて	×	於	見寶	697①	和連語	716①			
一おきて	おきて	×	於	見寶	697④	和連語	716③			
一をきて	おきて	×	於	見寶	698⑥	和連語	717⑥			
一おきて	おきて	×	於	見寶	699④	和連語	718④			
一おきて	おきて	×	於	提婆	708④	和連語	725④			
一をきて	おきて	×	於	提婆	708⑤	和連語	725⑤			
一をきて	おきて	×	於	提婆	729②	和連語	747②			
一をきて	おきて	×	於	勸持	758⑤	和連語	778③			
一をきて	おきて	×	於	安樂	761⑤	和連語	781③			
一おきて	おきて	×	於	安樂	764⑥	和連語	784⑤			
一おきて	おきて	×	於	安樂	777④	和連語	798②			
一をきて	おきて	×	於	安樂	786①	和連語	807③			
一おきて	おきて	×	於	安樂	786①	和連語	807④			
一をきて	おきて	×	於	安樂	786②	和連語	807⑤			
一をきて	おきて	×	於	安樂	786④	和連語	807⑥			
一おきて	おきて	×	於	安樂	786⑤	和連語	808①			
一おきて	おきて	×	於	安樂	790⑤	和連語	812②			
一おきて	おきて	×	於	安樂	791⑥	和連語	813②		一は[西右]	
一をきて	おきて	×	於	安樂	792①	和連語	813④			

当該語	読みかな	傍訓	漢字表記	品名	頁数	語の種類	妙一本	和解語文	可読	異同語彙
—おきて	おきて	×	於	安樂	795⑤	和連語	817②			
—をきて	おきて	×	於	安樂	803④	和連語	825④			
—をきて	おきて	×	於	安樂	805①	和連語	827②			
—をきて	おきて	×	於	從地	827③	和連語	849④			
—おきて	おきて	×	於	從地	830④	和連語	852⑥			
—おきて	おきて	×	於	從地	832④	和連語	855③			
—おきて	おきて	×	於	從地	837④	和連語	860③			
—をきて	おきて	×	於	從地	840④	和連語	863③			
—をきて	おきて	×	於	從地	850①	和連語	872⑥			
—をきて	おきて	×	於	從地	855①	和連語	878⑤			
—おきて	おきて	×	於	從地	857①	和連語	879⑤			
—をきて	おきて	×	於	從地	860②	和連語	883②			
—をきて	おきて	×	於	從地	862⑥	和連語	885⑤			
—をきて	おきて	×	於	從地	869②	和連語	892①			
—をきて	おきて	×	於	從地	869④	和連語	892④			
—をきて	おきて	×	於	從地	870②	和連語	893①			
—おきて	おきて	×	於	如來	885②	和連語	904①			
—をきて	おきて	×	於	如來	886④	和連語	905④			
—をきて	おきて	×	於	如來	888④	和連語	907⑤			
—おきて	おきて	×	於	如來	904③	和連語	923②			
—をきて	おきて	×	於	如來	908④	和連語	927⑤		において[西右]	
—をきて	おきて	×	於	如來	914⑥	和連語	933⑤		において[西右]	
—をきて	おきて	×	於	如來	918④	和連語	937③			
—おきて	おきて	×	於	分別	938①	和連語	956③			
—おきて	おきて	×	於	分別	939②	和連語	957④			
—をきて	おきて	×	於	分別	940②	和連語	958④			
—をきて	おきて	×	於	分別	944①	和連語	962④			
—をきて	おきて	×	於	分別	947②	和連語	965③			
—おきて	おきて	×	於	隨喜	976①	和連語	994②			
—おきて	おきて	×	於	隨喜	976③	和連語	994③			
—おきて	おきて	×	於	法功	1014③	和連語	1032⑥			
—おきて	おきて	×	於	法功	1038③	和連語	1057②			
—をきて	おきて	×	於	法功	1047①	和連語	1065④			
—をきて	おきて	×	於	神力	1095②	和連語	1113⑥			をき[妙]
—をきて	おきて	×	於	神力	1102④	和連語	1121④			おき[妙]
—をきて	おきて	×	於	神力	1104③	和連語	1123②			をき[妙]
—をきて	おきて	×	於	藥王	1131④	和連語	1149⑥			おき[妙]
—おきて	おきて	×	於	妙音	1193⑥	和連語	1207⑥		においては[西右]	おき[妙]
—おきて	おきて	×	於	觀世	1215④	和連語	1228⑤			おき[妙]
—おきて	おきて	×	於	觀世	1220②	和連語	1233④			おき[妙]
—おきて	おきて	×	於	觀世	1245⑥	和連語	1258①		において[西右]	おき[妙]
—おきて	おきて	×	於	陀羅	1249④	和連語	1261④			おき[妙]
—をきて	おきて	×	於	陀羅	1250①	和連語	1262①			おき[妙]
—をきて	おきて	×	於	陀羅	1254⑥	和連語	1266⑤		においで[西右]	おき[妙]
—をきて	おきて	×	於	妙莊	1275①	和連語	1285③		において[西右]	おい[妙]
—おきて	おきて	×	於	妙莊	1288③	和連語	1297⑤			おき[妙]
—をきて	おきて	×	於	妙莊	1288⑤	和連語	1298①			おき[妙]
—をきて	おきて	×	於	妙莊	1303②	和連語	1310③		において[西右]	おき[妙]
—をきて	おきて	×	於	妙莊	1305⑤	和連語	1312④			—おきて[妙]
—をきて	おきて	×	於	普賢	1314①	和連語	1320①			おき[妙]
—をきて	おきて	×	於	普賢	1316④	和連語	1322①			をき[妙]
—おきても	おきても	×	於	五百	568⑥	和連語	572⑤		—おいても[西右]	
—をきても	おきても	×	於	五百	569②	和連語	573①			
—をきても	おきても	×	於	五百	569③	和連語	573②		—をいても[西右]	
—おきても	おきても	×	於	五百	577③	和連語	582②			
をく	おく	×	置	見寶	670④	和動	685⑥			
をく	おく	×	置	見寶	672⑥	和動	688④			
をく	おく	×	置	見寶	675②	和動	691①			
をく	おく	×	在	如來	906①	和動	924⑥			
除	おく	×	除	方便	95①	和動	83④		のぞく[西右]	

当該語	読みかな	傍訓	漢字表記	品名	頁数	語の種類	妙一本	和解語文	可読	異同語彙
おく	おく	×	除	分別	938③	和動	956⑥		のぞくィ[西右]	
億々万劫	おくおくまんごう	×	億億万劫	常不	1082②	漢四熟数名	1100④			億億万劫(おくおくまんこう)[妙]
億億万劫	おくおくまんごう	×	億億万劫	常不	1082③	漢四熟数名	1100⑥			億億万劫(おくおくまんこう)[妙]
億劫	おくごう	おくこう	億劫	序品	77②	漢数名	67⑥			
億千万歳	おくせんまんさい	おくせんまんさい	億千万歳	序品	36⑥	漢四熟数名	31⑥	をくせんまんさい／ーとし[妙]		
憶想	おくそう	おくさう	憶想	如來	894①	漢数名	913①	をくさう／おもひ[妙]		
憶想妄見	おくそうもうけん	おくそうまうけん	憶想妄見	如來	896④	漢四熟数名	915③			
憶念し	おくねんし	おくねん	憶念	法功	1014④	漢サ動	1033①	をくねん・し／おもい[妙]		
憶念する	おくねんする	をくねん	憶念	授學	611③	漢サ動	620⑥	おくねん・する／おもふ[妙]		
憶念せ	おくねんせ	おくねん	憶念	譬喻	220①	漢サ動	188⑥	をくねん／たもつ[妙]		
億百千	おくひゃくせん	おくーせん	億百千	譬喻	312①	漢数名	285③			
億万	おくまん	×	億万	從地	822②	漢数名	844③			
億万分	おくまんぶん	×	億万分	從地	837③	漢数名	860①			
億無量劫	おくむりょうごう	×	億無量劫	方便	97④	漢四熟数名	85④			
おくる	おくる	×	送	化城	456③	和動	451③		ーりき[西右]	
おこさ	おこさ	×	起	分別	947⑥	和動	966①			
おこさ	おこさ	×	起	分別	951②	和動	970①			
おこさ	おこさ	×	起	藥王	1137②	和動	1155③			
おこさ	おこさ	×	起	妙莊	1298④	和動	1306③			
おこさ	おこさ	×	發	五百	593③	和動	600⑥			
おこさ	おこさ	×	發	化城	511②	和動	516②			
おこさ	おこさ	×	發	安樂	780⑤	和動	801④			
おこさ	おこさ	×	發	從地	849④	和動	872③			
おこさ	おこさ	×	發	從地	852③	和動	875①			
おこさ	おこさ	×	發	從地	854③	和動	877①			
おこさ	おこさ	×	發	如來	890②	和動	909②			
おこさく	おこさく	×	作	見寶	662①	和転成名	676⑤			
おこさく	おこさく	×	發	勸持	749④	和転成名	768⑤			
をこし	おこし	×	起	從地	865④	和動	888②			
おこし	おこし	×	起	觀世	1238⑥	和動	1251④			
おこし	おこし	×	發	序品	53②	和動	46②			
おこし	おこし	×	發	信解	317②	和動	292④			
おこし	おこし	×	發	授學	609⑥	和動	619②			
おこし	おこし	×	發	見寶	661②	和動	675④			
おこし	おこし	×	發	見寶	690②	和動	708①			
おこし	おこし	×	發	提婆	708⑥	和動	725①			
おこし	おこし	×	發	提婆	717④	和動	735④			
おこし	おこし	×	發	提婆	717⑤	和動	735⑤			
おこし	おこし	×	發	提婆	719①	和動	737①			
おこし	おこし	×	發	提婆	728②	和動	746②			
おこし	おこし	×	發	提婆	737①	和動	755⑤			
おこし	おこし	×	發	勸持	739②	和動	757⑥			
おこし	おこし	×	發	勸持	750⑤	和動	770①			
おこし	おこし	×	發	分別	925⑥	和動	944④			
おこし	おこし	×	發	分別	933①	和動	951⑤			
おこし	おこし	×	發	囑累	1110⑥	和動	1129③			
おこし	おこし	×	發	囑累	1111④	和動	1130③			
おこし	おこし	×	發	觀世	1215⑥	和動	1229①			
おこし	おこし	×	發	觀世	1236⑤	和動	1249②			
おこし	おこし	×	發	觀世	1247④	和動	1259⑤			
おこし	おこし	×	發	妙莊	1283③	和動	1292⑥			
おこし	おこし	×	發	普賢	1327④	和動	1331⑤		ーて[西右]	
おこし	おこし	×	起	方便	177③	和動	152④			
おこし	おこし	×	起	藥草	408②	和動	395⑤			
おこし	おこし	×	起	安樂	786①	和動	807③			
おこし	おこし	×	起	安樂	786②	和動	807④			
おこし	おこし	×	起	安樂	796⑤	和動	818④			
おこし	おこし	×	起	從地	863②	和動	885⑥			

当該語	読みかな	傍訓	漢字表記	品名	頁数	語の種類	妙一本	和解語文	可読	異同語彙
おこし	おこし	×	起	如來	896⑥	和動	915⑥			
おこす	おこす	×	起	安樂	786③	和動	807⑤			
おこす	おこす	×	發	方便	107②	和動	93⑥			
おこす	おこす	×	發	方便	189⑤	和動	162⑤			
おこす	おこす	×	發	化城	548⑤	和動	555③			
おこす	おこす	×	發	見寶	691⑥	和動	710①			
おこす	おこす	×	發	勸持	758⑥	和動	778④			
おこす	おこす	×	發	安樂	759⑥	和動	779④			
おこす	おこす	×	發	從地	832⑤	和動	855③			
おこす	おこす	×	發	從地	845③	和動	868①			
おこせ	おこせ	×	發	方便	102③	和動	89③			
おこせ	おこせ	×	發	譬喩	223⑥	和動	192⑥			
おこせ	おこせ	×	發	藥王	1146④	和動	1164⑤			
おこせ	おこせ	×	發	觀世	1236②	和動	1248④			
おこせ	おこせ	×	發	普賢	1310②	和動	1316④			
をこたり	おこたり	×	怠	信解	339①	和動	318②		欺怠と瞋恨と怨言とあることなかれ[西右]	
おこり	おこり	×	起	譬喩	239⑤	和動	209②			
をこり	おこり	×	起	譬喩	276⑥	和動	248④			
おこり	おこり	×	起	藥草	400⑤	和動	387②			
おこる	おこる	×	起	方便	172②	和動	148③			
おこる	おこる	×	起	譬喩	240②	和動	209⑤			
おこる	おこる	×	起	藥草	390⑥	和動	376③			
おこれ	おこれ	×	起	譬喩	285①	和動	256⑤			
おさなくし	おさなくし	×	少	如來	890⑤	和サ動	909⑤			
おさめ	おさめ	×	修	序品	8①	和動	6④			
おさめ	おさめ	×	攝	序品	36⑥	和動	31⑤			
おさめ	おさめ	×	攝	分別	943②	和動	961④			
おさめ	おさめ	×	攝	神力	1087④	和動	1106①			
をしふる	おしうる	×	教	方便	153②	和動	132⑥			
をしふる	おしうる	×	教	化城	539⑥	和動	545⑤			
をしふる	おしうる	×	教	隨喜	986⑤	和動	1005①			
をしへ	おしえ	×	教	授記	424②	和動	413⑥		教ィ[西右]	
をしへ	おしえ	×	教	授記	425⑥	和動	415⑥			
をしへ	おしえ	×	教	五百	578⑤	和動	583⑥			
おしゑ	おしえ	×	教	如來	906②	和動	925②			
おしえ	おしえ	×	教	分別	948②	和動	967①			
をしへ	おしえ	×	教	分別	954②	和動	973①			
おしへ	おしえ	×	教	序品	26④	和動	22④			
おしへ	おしえ	×	教	方便	182④	和動	156⑥			
おしへ	おしえ	×	教	譬喩	219④	和動	188②			
おしへ	おしえ	×	教	譬喩	282④	和動	254②			
おしへ	おしえ	×	教	信解	372⑥	和動	359⑤			
おしへ	おしえ	×	教	勸持	748⑤	和動	767⑤			
おしへ	おしえ	×	教	分別	948①	和動	966⑤			
おしへ	おしえ	×	教	分別	948④	和動	967③			
おしへ	おしえ	×	教	分別	956①	和動	974⑤			
おしへ	おしえ	×	教	分別	957⑥	和動	976④			
おしへ	おしえ	×	教	分別	964②	和動	983②			
おしへ	おしえ	×	教	隨喜	981⑥	和動	1000④			
おしへ	おしえ	×	教	隨喜	987⑥	和動	1006②			
をしへ	おしえ	×	教	常不	1081⑥	和動	1100③			
おしへ	おしえ	×	教	神力	1103⑤	和動	1122⑤			をしへ[妙]
おしへ	おしえ	×	教	藥王	1151⑤	和動	1169⑥		しても[西右]	
おしへ	おしえ	×	教	普賢	1314③	和動	1320②			
をしへ	おしえ	×	誨	譬喩	281⑤	和動	253③			
おしをとし	おしおとさ	×	推落	觀世	1236⑥	和複動	1249②			
おしま	おしま	×	惜	譬喩	312⑤	和動	286⑥			
おしま	おしま	×	惜	提婆	709④	和動	726⑤			をしま[妙]
おしま	おしま	×	惜	勸持	739②	和動	758①			
おしま	おしま	×	惜	如來	912⑥	和動	931⑤			
一おしむ	おしむ	×	惜	方便	141③	和動	123③			
おしむ	おしむ	×	惜	勸持	756③	和動	776②			をしむ[妙]
おす	おす	×	壓	陀羅	1267⑥	和動	1278⑥			
おそる	おそる	×	畏	譬喩	284⑥	和動	256③			
おそる	おそる	×	怖	觀世	1241①	和動	1253④			

当該語	読みかな	傍訓	漢字表記	品名	頁数	語の種類	妙一本	和解語文	可読	異同語彙
おそるゝ	おそるる	×	畏	方便	151④	和動	131④			
おそるゝ	おそるる	×	畏	信解	336⑥	和動	315③		かたち[西右]	
おそるゝ	おそるる	×	畏	化城	524③	和動	529⑤			
おそるゝ	おそるる	×	畏	化城	543②	和動	551①			
をそるゝ	おそるる	×	畏	五百	575①	和動	579⑤			
おそるゝ	おそるる	×	畏	五百	578①	和動	582⑥			
おそるゝ	おそるる	×	畏	五百	579④	和動	584④			
おそるゝ	おそるる	×	畏	法師	652②	和動	666①			
をそるゝ	おそるる	×	畏	勧持	758②	和動	777⑥			
おそるゝ	おそるる	×	畏	従地	853⑥	和動	876⑤			
おそるゝ	おそるる	×	畏	従地	868①	和動	890⑥			
おそるゝ	おそるる	×	畏	分別	946①	和動	964⑤			
をそるゝ	おそるる	×	畏	法功	1047①	和動	1065④			
おそるゝ	おそるる	×	畏	常不	1071②	和動	1089⑥			おそるる[妙]
おそるゝ	おそるる	×	畏	嘱累	1107⑤	和動	1126③			おそるる[妙]
おそれ	おそれ	×	畏	方便	187①	和動	160③			
おそれ	おそれ	×	畏	譬喩	243④	和動	213①			
おそれ	おそれ	×	畏	譬喩	256⑥	和動	227④			
おそれ	おそれ	×	畏	安樂	810⑤	和動	833②			
おそれ	おそれ	×	怖	譬喩	240⑥	和動	210③			
おち	おち	×	堕	提婆	719⑤	和動	737⑥			
おち	おち	×	堕	如來	920②	和動	939②			
おち	おち	×	堕	普賢	1324③	和動	1329①			をちら[妙]
おち	おち	×	墜	方便	191⑥	和動	164⑤			
おちおち	おちおち	×	堕落	譬喩	277③	和複動	248⑥			
おつ	おつ	×	堕	譬喩	303②	和動	275④			おちむ[西]
おつ	おつ	×	堕	化城	497②	和動	500②			
おつ	おつ	×	堕	化城	498①	和動	501①			
おつ	おつ	×	堕	従地	869⑥	和動	892⑥			
おつ	おつ	×	墜	方便	114⑥	和動	100④			
おつ	おつ	×	墜	方便	179⑥	和動	154④			おちなん[妙]
越三界菩薩	おつさんがいぼさつ	お・をつさんがい――	越三界菩薩	序品	9③	仏菩薩名	7④			
おとさ	おとさ	×	推堕	觀世	1237⑤	和動	1250②		―るゝ事をかうふらんに[西右]	
おどし	おどし	×	怖	譬喩	274⑤	和動	246①			
おとゝ	おとと	×	弟	妙荘	1294②	和人倫名	1303①		つぎ[西右]	おとと[妙]
おとろか	おどろか	×	驚	譬喩	240⑥	和動	210③			
おとろか	おどろか	×	驚	譬喩	243③	和動	213①			
おどろか	おどろか	×	驚	譬喩	256③	和動	227④			
おとろか	おどろか	×	驚	安樂	761⑤	和動	781②			
おとろき	おどろき	×	驚	譬喩	280③	和動	252①			
おどろき	おどろき	×	驚	信解	330④	和動	308①			
おとろき	おどろき	×	驚	安樂	798③	和動	819⑥			
おとろきさけん	おどろきさけん	×	驚喚	信解	359③	和複動	343⑤			
同一	おなじく	おなしく	同一	授學	619②	和形	629④			
おなしく	おなじく	×	同	序品	50③	和形	43④			
おなしく	おなじく	×	同	序品	50④	和形	45③			
おなじく	おなじく	×	同	序品	50⑥	和形	44②			
おなじく	おなじく	×	同	方便	171③	和形	147⑤			
おなしく	おなじく	×	同	譬喩	206①	和形	173③			
おなしく	おなじく	×	同	譬喩	210④	和形	178③			
おなしく	おなじく	×	同	譬喩	210⑥	和形	178⑤			
おなしく	おなじく	×	同	授記	422⑤	和形	412②			
おなしく	おなじく	×	同	化城	469⑥	和形	467②			
おなしく	おなじく	×	同	化城	472②	和形	470④			
おなしく	おなじく	×	同	化城	478②	和形	477②			
おなじく	おなじく	×	同	化城	480⑥	和形	480⑤			
おなしく	おなじく	×	同	化城	489④	和形	491②			
おなしく	おなじく	×	同	化城	495⑤	和形	498③			
おなじく	おなじく	×	同	五百	584⑥	和形	590③			
同	おなじく	×	同	五百	587④	和形	593④			おなしく[妙]
おなしく	おなじく	×	同	授學	617④	和形	627⑤			
おなしく	おなじく	×	同	見寶	679③	和形	696②			
おなじく	おなじく	×	同	勧持	750⑤	和形	770①			
おなじく	おなじく	×	同	常不	1061③	和形	1080①			をなしく[妙]

当該語	読みかな	傍訓	漢字表記	品名	頁数	語の種類	妙一本	和解語文	可読	異同語彙
おなじく	おなじく	×	同	常不	1070②	和形	1088⑥			おなしく[妙]
おなじく	おなじく	×	同	陀羅	1263③	和形	1274⑤			おなしく[妙]
をなじくし	おなじくし	×	同	化城	486⑥	和サ動	487⑥			
鬼	おに	×	鬼	譬喩	275⑤	和鬼神名	246⑤	くゐ／おに[妙]		
鬼	おに	×	鬼	譬喩	275④	和鬼神名	246⑥	くゐ／おに[妙]		
鬼	おに	き	鬼	法功	1039①	和鬼神名	1057⑤			
鬼	おに	き・くゐ	鬼	觀世	1243③	和鬼神名	1255⑤		一と[西右]	くゐ[妙]
をの	おの	×	己	譬喩	309③	和人称名	282②			
をのをの	おのおの	×	各	從地	819②	和畳語副	841④			
おのおの	おのおの	×	各	序品	11⑤	和畳語副	9③			
おのおの	おのおの	×	各	序品	12②	和畳語副	9⑤			
おのおの	おのおの	×	各	序品	12⑤	和畳語副	10②			
おのおの	おのおの	×	各	序品	13②	和畳語副	10④			
をのをの	おのおの	×	各	序品	13⑤	和畳語副	11①			
おのおの	おのおの	×	各	序品	14①	和畳語副	11③			
おのおの	おのおの	×	各	序品	26⑥	和畳語副	22⑥			
をのをの	おのおの	×	各	序品	40⑤	和畳語副	35①			
おのおの	おのおの	×	各	序品	52④	和畳語副	45④			
おのおの	おのおの	×	各	序品	70②	和畳語副	61④			
おのおの	おのおの	×	各	序品	73③	和畳語副	64③			
をのをの	おのおの	×	各	方便	102④	和畳語副	89⑥			
をのをの	おのおの	×	各	譬喩	222①	和畳語副	190⑥			
をのをの	おのおの	×	各	譬喩	236④	和畳語副	205⑥			
おのおの	おのおの	×	各	譬喩	244⑥	和畳語副	214④			
をのをの	おのおの	×	各	譬喩	246④	和畳語副	216③			
をのをの	おのおの	×	各	譬喩	247③	和畳語副	217②			
をのをの	おのおの	×	各	譬喩	247⑥	和畳語副	217⑤			
をのをの	おのおの	×	各	譬喩	251①	和畳語副	221⑤			
をのをの	おのおの	×	各	譬喩	259②	和畳語副	230④			
をのをの	おのおの	×	各	譬喩	273④	和畳語副	244⑥			
をのをの	おのおの	×	各	藥草	388⑥	和畳語副	374②			
をのをの	おのおの	×	各	藥草	389⑥	和畳語副	375②			
をのをの	おのおの	×	各	藥草	390④	和畳語副	375⑥			
をのをの	おのおの	×	各	藥草	395①	和畳語副	380⑥			
をのをの	おのおの	×	各	藥草	402⑥	和畳語副	389④			
をのをの	おのおの	×	各	藥草	403③	和畳語副	390②			
をのをの	おのおの	×	各	藥草	410②	和畳語副	398①			
をのをの	おのおの	×	各	藥草	412①	和畳語副	400②			
をのをの	おのおの	×	各	藥草	413⑤	和畳語副	401⑥			
をのをの	おのおの	×	各	授記	433⑤	和畳語副	424⑤			
をのをの	おのおの	×	各	授記	439①	和畳語副	431③			
をのをの	おのおの	×	各	化城	455⑤	和畳語副	450④			
をのをの	おのおの	×	各	化城	463③	和畳語副	459③			
をのをの	おのおの	×	各	化城	463⑥	和畳語副	460①			
をのをの	おのおの	×	各	化城	465①	和畳語副	461④			
をのをの	おのおの	×	各	化城	465⑤	和畳語副	462②			
をのをの	おのおの	×	各	化城	466④	和畳語副	463③			
をのをの	おのおの	×	各	化城	467③	和畳語副	464②			
をのをの	おのおの	×	各	化城	469①	和畳語副	466②			
をのをの	おのおの	×	各	化城	471⑤	和畳語副	469⑥			
をのをの	おのおの	×	各	化城	473⑤	和畳語副	471⑤			
をのをの	おのおの	×	各	化城	473⑥	和畳語副	472⑤			
をのをの	おのおの	×	各	化城	475⑥	和畳語副	474⑥			
をのをの	おのおの	×	各	化城	477④	和畳語副	476⑤			
をのをの	おのおの	×	各	化城	480③	和畳語副	480①			
をのをの	おのおの	×	各	化城	482②	和畳語副	482②			
をのをの	おのおの	×	各	化城	482⑤	和畳語副	482⑥			
をのをの	おのおの	×	各	化城	484④	和畳語副	485①			
をのをの	おのおの	×	各	化城	486②	和畳語副	486⑥			
をのをの	おのおの	×	各	化城	488⑥	和畳語副	490②			
をのをの	おのおの	×	各	化城	491④	和畳語副	493④			
をのをの	おのおの	×	各	化城	493⑤	和畳語副	495⑤			
をのをの	おのおの	×	各	化城	495①	和畳語副	497④			
おのおの	おのおの	×	各	化城	499⑥	和畳語副	503③			
をのをの	おのおの	×	各	化城	510④	和畳語副	515③			
をのをの	おのおの	×	各	化城	539④	和畳語副	545②			
おのおの	おのおの	×	各	化城	539⑤	和畳語副	545③			
をのをの	おのおの	×	各	化城	543③	和畳語副	551②			

当該語	読みかな	傍訓	漢字表記	品名	頁数	語の種類	妙一本	和解語文	可読	異同語彙
をのをの	おのおの	×	各	五百	582⑤	和畳語副	588①			
をのをの	おのおの	×	各	授學	619②	和畳語副	629③			
をのをの	おのおの	×	各	授學	617④	和畳語副	627④			
をのをの	おのおの	×	各	見寶	668⑥	和畳語副	684①			
をのをの	おのおの	×	各	見寶	670⑤	和畳語副	686①			
をのをの	おのおの	×	各	見寶	670⑥	和畳語副	686②			
おのおの	おのおの	×	各	見寶	671①	和畳語副	687①			
おのおの	おのおの	×	各	見寶	672③	和畳語副	687⑥			
をのをの	おのおの	×	各	見寶	674⑤	和畳語副	690④			
をのをの	おのおの	×	各	見寶	677③	和畳語副	693⑤			
をのをの	おのおの	×	各	見寶	677⑥	和畳語副	694②			
をのをの	おのおの	×	各	見寶	683③	和畳語副	700④			
をのをの	おのおの	×	各	見寶	686⑥	和畳語副	704③			
をのをの	おのおの	×	各	見寶	691⑤	和畳語副	709⑤			
をのをの	おのおの	×	各	從地	821③	和畳語副	843④			
をのをの	おのおの	×	各	從地	823③	和畳語副	845⑤			おのおの[妙]
をのをの	おのおの	×	各	從地	827④	和畳語副	849⑥			
をのをの	おのおの	×	各	從地	842⑤	和畳語副	865⑤			
をのをの	おのおの	×	各	從地	843③	和畳語副	866②			
をのをの	おのおの	×	各	分別	931③	和畳語副	950②			
おの〳〵	おのおの	×	各	嘱累	1112③	和畳語副	1131①			をのおの[妙]
おの〳〵	おのおの	×	各	嘱累	1112⑤	和畳語副	1131②			おのをの[妙]
をの〳〵	おのおの	×	各	藥王	1118⑤	和畳語副	1137①			をのおの[妙]
おの〳〵	おのおの	×	各	藥王	1126②	和畳語副	1144④			おのおの[妙]
おの〳〵	おのおの	×	各	妙音	1194③	和畳語副	1208③			おのおの[妙]
をの〳〵	おのおの	×	各	觀世	1238④	和畳語副	1251①			おのおの[妙]
おの〳〵	おのおの	×	各	普賢	1307③	和畳語副	1313⑥			をのおの[妙]
をのづから	おのずから	×	自	方便	156⑥	和副	135⑤			
をのづから	おのずから	×	自	譬喩	232①	和副	201②			おのつから[妙]
をのづから	おのずから	×	自	信解	321⑤	和副	297①			
をのづから	おのずから	×	自	信解	329⑥	和副	307①			
をのづから	おのずから	×	自	信解	353③	和副	336⑤			
をのづから	おのずから	×	自	信解	373②	和副	360②			
をのづから	おのずから	×	自	提婆	723④	和副	741⑤			
をのづから	おのずから	×	自	從地	819①	和副	841③			
おのづから	おのずから	×	自	從地	844③	和副	867②			
おのつから	おのずから	×	自	分別	927③	和副	946①			
をのづから	おのずから	×	自	妙音	1179④	和副	1194⑤			おのつから[妙]
をのつから	おのずから	×	自	觀世	1241⑤	和副	1254①			おのつから[妙]
おのれ	おのれ	×	己	譬喩	241①	和人称名	210④			
おのれ	おのれ	×	己	譬喩	300⑥	和人称名	273①			
をのれ	おのれ	×	己	提婆	714①	和人称名	732①			
をびへ	おびえ	×	愕	信解	330⑤	和動	308①			
おぼし	おぼし	×	欲	序品	23⑤	和動	19⑥			
欲し	おぼし	×	欲	序品	47②	和動	40⑤			
おぼし	おぼし	×	欲	序品	65⑥	和動	57⑤			
欲し	おぼし	×	欲	序品	84⑤	和動	74③			おほせ[妙]
おぼし	おぼし	×	欲	方便	92②	和動	80⑥			
欲し	おぼし	×	欲	方便	106③	和動	93②			おもひ[妙]
欲し	おぼし	×	欲	方便	113④	和動	99②			おもひ[妙]
欲し	おぼし	×	欲	方便	140④	和動	122③			
おぼし	おぼし	×	欲	譬喩	226⑤	和動	195①			
欲し	おぼし	×	欲	譬喩	233①	和動	202②			おもひ[妙]
欲し	おぼし	×	欲	譬喩	270②	和動	241③			
おぼし	おぼし	×	欲	授記	418④	和動	407②			
おぼし	おぼし	×	欲	授記	429④	和動	420①			
おぼし	おぼし	×	欲	授記	442①	和動	434②			
おぼし	おぼし	×	欲	化城	448⑥	和動	442④			
おぼし	おぼし	×	欲	化城	529⑥	和動	535④			
欲し	おぼし	×	欲	五百	574④	和動	578⑥			
欲し	おぼし	×	欲	五百	585②	和動	590⑤			
欲し	おぼし	×	欲	五百	592②	和動	599②			おもひ[妙]
欲し	おぼし	×	欲	授學	606⑤	和動	615④			
おぼし	おぼし	×	欲	授學	614⑤	和動	624④			
おぼし	おぼし	×	欲	授學	618③	和動	628④			
欲し	おぼし	×	欲	法師	631①	和動	642④			おぼし[妙]
おぼし	おぼし	×	欲	法師	649④	和動	663③			
おぼし	おぼし	×	欲	見寶	685②	和動	702④			

当該語	読みかな	傍訓	漢字表記	品名	頁数	語の種類	妙一本	和解語文	可読	異同語彙
欲し	おぼし	×	欲	見寶	686⑥	和動	704③			
おぼし	おぼし	×	欲	提婆	712①	和動	729③			
おぼし	おぼし	×	欲	安樂	768⑤	和動	788⑤			
おぼし	おぼし	×	欲	安樂	788⑥	和動	810③			
おぼし	おぼし	×	欲	安樂	804②	和動	826③			
おぼし	おぼし	×	欲	從地	846②	和動	868⑥			
おぼし	おぼし	×	欲	從地	851④	和動	874②			
おぼし	おぼし	×	欲	從地	864①	和動	886⑥			
おぼし	おぼし	×	欲	如來	894②	和動	913②			
おほし	おぼし	×	欲	如來	910③	和動	929②			
おぼし	おぼし	×	欲	分別	939④	和動	958①			
おぼし	おぼし	×	欲	分別	961③	和動	979⑥			
おぼし	おぼし	×	欲	随喜	986②	和動	1004③			
おぼし	おぼし	×	欲	法功	996②	和動	1014⑤			
おほし	おぼし	×	欲	法功	1001④	和動	1020②			
おぼし	おぼし	×	欲	法功	1014⑥	和動	1033②			
おぼし	おぼし	×	欲	法功	1031②	和動	1049⑥			
おほし	おぼし	×	欲	法功	1037③	和動	1056②			
おぼし	おぼし	×	欲	法功	1043②	和動	1062⑥			
おぼし	おぼし	×	欲	常不	1076⑥	和動	1095③			おほし[妙]
おぼす	おぼす	×	欲	序品	43⑥	和動	37⑥			
おぼす	おぼす	×	欲	序品	45⑥	和動	39④			
欲す	おぼす	×	欲	方便	126①	和動	110⑤			おほす[妙]
欲す	おぼす	×	欲	方便	126②	和動	110⑥			おほす[妙]
欲す	おぼす	×	欲	方便	126④	和動	111②			
おぼす	おぼす	×	欲	方便	133④	和動	116⑤			
おぼす	おぼす	×	欲	方便	133⑤	和動	117①			
おぼす	おぼす	×	欲	方便	171④	和動	147⑤			
おぼす	おぼす	×	欲	授記	425⑤	和動	415⑤			
おぼす	おぼす	×	欲	見寶	672⑤	和動	687⑥			
おほす	おぼす	×	欲	從地	845⑥	和動	868④			
欲する	おぼする	×	欲	方便	127②	和動	111④			おほす[妙]
悪罵捶打する	をめすいちやう・うする	をめすいちやう／にくみのりうちうつを	悪罵捶打	序品	36①	漢四熟サ動	31①	をめすいちやう・する／にくみのりうちうつ[妙]	うちうてども／[西右]	
おもひ	おもい	×	惟	譬喩	265⑥	和轉成名	237①			
おもひ	おもい	×	惟	如來	907④	和轉成名	926③			
おもひ	おもい	×	意	如來	920⑤	和轉成名	939⑤			
おもひ	おもい	×	謂	方便	121②	和轉成名	106③			
おもひ	おもい	×	謂	方便	137⑥	和轉成名	120②			
おもひ	おもい	×	謂	譬喩	213⑥	和轉成名	181⑥	×／おもひ[妙]		思[妙]
おもひ	おもい	×	謂	譬喩	217③	和轉成名	185⑥			
おもひ	おもい	×	謂	譬喩	242⑤	和轉成名	212③			
おもひ	おもい	×	謂	信解	319①	和轉成名	293⑥			おもふて[西]
おもひ	おもい	×	謂	信解	347⑤	和轉成名	329③			
おもひ	おもい	×	謂	信解	368⑤	和轉成名	355①			
おもひ	おもい	×	謂	信解	370②	和轉成名	356⑤			
おもひ	おもい	×	謂	五百	589⑤	和轉成名	596②			
おもひ	おもい	×	謂	五百	593⑥	和轉成名	601②			
おもひ	おもい	×	謂	勸持	752①	和轉成名	771②			
おもひ	おもい	×	謂	勸持	752③	和轉成名	771④			
おもひ	おもい	×	思	方便	96①	和轉成名	84②			
おもひ	おもい	×	思	方便	96⑤	和轉成名	84⑥			
おもひ	おもい	×	思	方便	115④	和轉成名	101①			
おもひ	おもい	×	思	譬喩	244①	和轉成名	213⑤			
おもひ	おもい	×	思	譬喩	266⑤	和轉成名	237⑥			思(おもひ)[妙]
想	おもい	おもひ	想	化城	497⑤	和轉成名	500⑤			
おもひ	おもい	×	想	如來	897①	和轉成名	915⑥			
おもひ	おもい	×	想	如來	898④	和轉成名	917④		一と[西右]	
おもひ	おもい	×	想	分別	967③	和轉成名	985④			
おもひ	おもい	×	念	序品	19⑥	和轉成名	16③			
おもひ	おもい	×	念	序品	20⑥	和轉成名	17②			
おもひ	おもい	×	念	序品	21⑤	和轉成名	18②			
おもひ	おもい	×	念	序品	36⑤	和轉成名	31⑤			
おもひ	おもい	×	念	方便	183②	和轉成名	157③			
おもひ	おもい	×	念	方便	186②	和轉成名	159④			
おもひ	おもい	×	念	譬喩	206①	和轉成名	173②			
おもひ	おもい	×	念	譬喩	249⑤	和轉成名	219⑤			

当該語	読みかな	傍訓	漢字表記	品名	頁数	語の種類	妙一本	和解語文	可読	異同語彙
おもひ	おもい	×	念	譬喩	257①	和転成名	228②			
おもひ	おもい	×	念	譬喩	257④	和転成名	228⑤			
おもひ	おもい	×	念	譬喩	282①	和転成名	253⑤			
おもひ	おもい	×	念	譬喩	304④	和転成名	276⑥			あんじて[西]
おもひ	おもい	×	念	信解	319④	和転成名	294④			おもふて[西]
おもひ	おもい	×	念	信解	325④	和転成名	301⑥			
おもひ	おもい	×	念	信解	327④	和転成名	304⑤			
おもひ	おもい	×	念	信解	328⑥	和転成名	305⑥			
おもひ	おもい	×	念	信解	329③	和転成名	306②			
おもひ	おもい	×	念	信解	345⑤	和転成名	326⑥			
おもひ	おもい	×	念	授記	424④	和転成名	414③			
おもひ	おもい	×	念	化城	457①	和転成名	452①		—ほしき[西右]	
おもひ	おもい	×	念	化城	465②	和転成名	461④			
おもひ	おもい	×	念	化城	523④	和転成名	528⑥			
おもひ	おもい	×	念	化城	523⑥	和転成名	529②			
おもひ	おもい	×	念	化城	527④	和転成名	533①			
おもひ	おもい	×	念	化城	542①	和転成名	547⑥			
おもひ	おもい	×	念	五百	563⑤	和転成名	566⑥			
おもひ	おもい	×	念	五百	582③	和転成名	587⑥			
おもひ	おもい	×	念	五百	589④	和転成名	596①			
おもひ	おもい	×	念	五百	594⑥	和転成名	602④			
おもひ	おもい	×	念	授學	601②	和転成名	609④			
おもひ	おもい	×	念	授學	608⑤	和転成名	617⑥			
おもひ	おもい	×	念	勸持	744④	和転成名	763③			
おもひ	おもい	×	念	勸持	748③	和転成名	767③			
おもひ	おもい	×	念	勸持	748⑥	和転成名	768①			
おもひ	おもい	×	念	勸持	753①	和転成名	772⑤			
おもひ	おもい	×	念	安樂	792①	和転成名	813④			
おもひ	おもい	×	念	從地	832⑥	和転成名	855⑤			
おもひ	おもい	×	念	從地	855④	和転成名	878②			
おもひ	おもい	×	念	如來	904④	和転成名	923③			
おもひ	おもい	×	念	如來	907①	和転成名	925⑥			
おもひ	おもい	×	念	随喜	974④	和転成名	992⑤			
おもひ	おもい	×	念	随喜	988①	和転成名	1006③			
おもひ	おもい	×	念	妙音	1170⑥	和転成名	1186⑤			
おもひ	おもい	×	念	普賢	1332②	和転成名	1335⑥			
おもひ	おもい	×	欲	序品	22②	和転成名	18⑤			
おもひ	おもい	×	欲	方便	117③	和転成名	102⑥			
おもひ	おもい	×	欲	譬喩	208⑥	和転成名	176②			
おもひ	おもい	×	欲	譬喩	262⑥	和転成名	234②			
おもひ	おもい	×	欲	信解	333⑤	和転成名	311⑥			
おもひ	おもい	×	欲	信解	352⑤	和転成名	335⑤			
おもひ	おもい	×	欲	信解	363④	和転成名	348⑥		おもつ[西右]	
おもひ	おもい	×	欲	五百	595⑥	和転成名	603④			
おもひ	おもい	×	欲	勸持	749③	和転成名	768④			
おもひ	おもい	×	欲	安樂	807④	和転成名	829⑤			
おもひ	おもい	×	欲	從地	834①	和転成名	856⑥			
おもひ	おもい	×	欲	如來	912⑤	和転成名	931⑤			
おもひ	おもい	×	欲	随喜	992①	和転成名	1010②		おもふ[西右]	
おもひ	おもい	×	欲	妙音	1175⑥	和転成名	1191②			
おもひ	おもい	×	欲	信解	334⑤	和転成名	313①		—せんとする[西右]	
おもふ	おもう	×	謂	譬喩	214③	和動	182⑤			
おもふ	おもう	×	憶	信解	325④	和動	301⑤			
おもふ	おもう	×	念	勸持	757④	和動	777②			
おもふ	おもう	×	念	方便	180②	和動	154⑥			
おもふ	おもう	×	念	信解	324③	和動	300③			
おもふ	おもう	×	念	信解	361③	和動	346③			
おもふ	おもう	×	念	信解	363②	和動	348④		ことゝして[西右]	
おもふ	おもう	×	念	妙莊	1278⑤	和動	1288⑤			
おもふ	おもう	×	欲	譬喩	220①	和動	188⑥			
おもふ	おもう	×	欲	譬喩	298③	和動	270⑤			
おもふ	おもう	×	欲	化城	523④	和動	528⑤		退還しなんとおもふと[西右]	
おもふ	おもう	×	欲	化城	542①	和動	547⑥		—と[西右]	
おもふ	おもう	×	欲	五百	566③	和動	569⑥			

おも 99

当該語	読みかな	傍訓	漢字表記	品名	頁数	語の種類	妙一本	和解語文	可読	異同語彙
おもふ	おもう	×	欲	法師	632⑥	和動	644⑤			
欲	おもう	ほつす／おもふと	欲	見寶	666⑥	和動	681⑥			おもふ[妙]
おもふ	おもう	×	欲	提婆	709①	和動	726②			
おもふ	おもう	×	欲	勸持	754②	和動	773⑥			
おもふ	おもう	×	欲	從地	846④	和動	869②			
おもふ	おもう	×	欲	神力	1085②	和動	1103⑤		一をもてなり[西右]	おもふ[妙]
おもふ	おもう	×	欲	藥王	1141②	和動	1159②			
おもふ	おもう	×	欲	妙音	1177①	和動	1192③			おもふ[妙]
おもふ	おもう	×	欲	妙音	1184④	和動	1199③			
欲	おもう	おもふ	欲	妙莊	1282④	和動	1292②			おもふ[妙]
おもふ	おもう	×	欲	妙莊	1289①	和動	1298③			
一おもふ	おもう	×	慮	勸持	751①	和動	770③			
おもへ	おもえ	×	謂	方便	121①	和動	106④			
おもへ	おもえ	×	謂	方便	136⑤	和動	119③			
おもへ	おもえ	×	謂	信解	340①	和動	319④		なり[西右]	
おもへ	おもえ	×	謂	化城	543⑥	和動	551⑥			
おもへ	おもえ	×	謂	五百	567⑤	和動	571⑥			
おもへ	おもえ	×	謂	提婆	732③	和動	750④			
おもへ	おもえ	×	謂	勸持	742④	和動	761③			
おもへ	おもえ	×	謂	如來	883⑥	和動	902⑤			
おもへ	おもえ	×	謂	如來	904③	和動	923③			
おもへ	おもえ	×	謂	如來	914①	和動	932⑥			
おもへ	おもえ	×	欲	方便	111①	和動	97③			
おもへ	おもえ	×	欲	從地	841①	和動	864①			
おもへ	おもえ	×	欲	妙音	1178⑤	和動	1193⑥			
おもへ	おもえ	×	欲	妙音	1185②	和動	1199⑥			
おもへ	おもえ	×	念	序品	59②	和動	51④			
おもへ	おもえ	×	念	序品	66②	和動	57⑤			
おもへ	おもえ	×	念	譬喩	219⑥	和動	188①			
おもへ	おもえ	×	念	譬喩	236⑥	和動	206①			
おもへ	おもえ	×	念	化城	449②	和動	442⑤			
おもへ	おもえ	×	念	提婆	712②	和動	729⑤			
おもへ	おもえ	×	念	安樂	782①	和動	802⑥			
おもへ	おもえ	×	念	妙音	1176①	和動	1191③		（おも）ひてィ[西右]	
おもから	おもから	×	重	法師	628⑥	和形	640①			
おもき	おもき	×	重	譬喩	304③	和形	276④			
おもく	おもく	×	重	方便	135⑥	和形	118⑤			
おもて	おもて	×	面	信解	332①	和名	309⑤			
をもて	おもて	×	面	化城	453④	和名	448①		おもて[西右]	
おもて	おもて	×	面	從地	866⑤	和名	889④			
おもて	おもて	×	面	隨喜	987④	和名	1005⑥			
おもて	おもて	×	面	隨喜	983⑥	和名	1002②			
おもて	おもて	×	面	隨喜	975②	和名	993③			
おもむか	おもむか	×	趣	信解	333②	和動	311①			
おもむき	おもむき	×	趣	分別	960②	和動	978⑥			
おもむく	おもむく	×	赴	化城	540③	和動	546①			
おもむく	おもむく	×	趣	方便	104①	和動	91②			
おもむく	おもむく	×	趣	方便	183⑤	和動	157⑥			
おもは	おもわ	×	謂	信解	321②	和動	296④			
おもは	おもわ	×	謂	從地	826②	和動	848④			
おもは	おもわ	×	思	方便	97⑤	和動	85⑤			
おもは	おもわ	×	念	譬喩	316②	和動	290④			
おもは	おもわ	×	欲	譬喩	297⑥	和動	270②			
おもは	おもわ	×	欲	化城	527④	和動	532⑤			
おもは	おもわ	×	欲	化城	×	和動	533①			
おもは	おもわ	×	欲	法師	631③	和動	642⑤			
おもは	おもわ	×	欲	勸持	742⑥	和動	761⑤			
おもは	おもわ	×	欲	安樂	760⑤	和動	780③			
おもは	おもわ	×	欲	安樂	769①	和動	789②			
おもは	おもわ	×	欲	安樂	776⑥	和動	797④			
おもは	おもわ	×	欲	安樂	789②	和動	810⑤			
おもは	おもわ	×	欲	安樂	796③	和動	817⑥		一ふ[西右]	
おもは	おもわ	×	欲	安樂	809②	和動	831⑤			
おもは	おもわ	×	欲	法功	1014②	和動	1033①			
おもは	おもわ	×	欲	法功	1033①	和動	1051⑤			
おもはく	おもわく	×	謂	信解	357⑥	和轉成名	341⑥			

当該語	読みかな	傍訓	漢字表記	品名	頁数	語の種類	妙一本	和解語文	可読	異同語彙
おもはく	おもわく	×	思	化城	542④	和転成名	548②			
おもはく	おもわく	×	念	信解	324⑥	和転成名	301①			
おもはく	おもわく	×	念	信解	331②	和転成名	308⑤			
おもはく	おもわく	×	念	信解	364⑤	和転成名	350③			
おもはく	おもわく	×	惟	譬喩	211⑤	和転成名	179⑤			
をよば	および	×	及	随喜	978③	和動	996④			
および	および	×	及	譬喩	300②	和動	272④			
および	および	×	及	分別	938⑤	和動	957②			
および	および	×	及	藥王	1125④	和動	1143⑥			およは[妙]
をよひ	および	×	逮	授記	421①	和接	410②	一ぺらん[西右]		
をよひ	および	×	及與	方便	176⑥	和接	152①			
および	および	×	及	序品	15⑥	和接	12⑥			
および	および	×	及	序品	16⑤	和接	13④			
および	および	×	及	序品	18②	和接	15①			
および	および	×	及	序品	21④	和接	18①			
および	および	×	及	序品	22④	和接	18⑥			
および	および	×	及	序品	30⑤	和接	26②			
および	および	×	及	序品	36③	和接	31③			
および	および	×	及	序品	37③	和接	32②			
および	および	×	及	序品	37⑤	和接	32③			
および	および	×	及	序品	38①	和接	32⑤			
および	および	×	及	序品	38③	和接	32⑥			
および	および	×	及	序品	41①	和接	35③			
をよひ	および	×	及	序品	42①	和接	36②			
をよび	および	×	及	序品	44③	和接	38②			
および	および	×	及	序品	45②	和接	38⑥			
をよび	および	×	及	序品	54⑥	和接	47⑤			
および	および	×	及	序品	55⑤	和接	48③			
および	および	×	及	序品	59⑥	和接	52②			
および	および	×	及	序品	70①	和接	61②			
および	および	×	及	方便	92③	和接	81②			
をよび	および	×	及	方便	92⑤	和接	81④			
および	および	×	及	方便	94②	和接	82⑤			
および	および	×	及	方便	96④	和接	84⑤			
および	および	×	及	方便	101①	和接	88④			
および	および	×	及	方便	102②	和接	89④			
をよび	および	×	及	方便	108①	和接	94⑤			
および	および	×	及	方便	108⑤	和接	95②			
および	および	×	及	方便	111⑥	和接	97⑥			
をよび	および	×	及	方便	118⑤	和接	104①			
および	および	×	及	方便	121①	和接	106②			
をよび	および	×	及	方便	143④	和接	125②			およひ[妙]
および	および	×	及	方便	161④	和接	139③			
および	および	×	及	方便	162①	和接	139⑤			
および	および	×	及	方便	163⑤	和接	141②			
および	および	×	及	方便	163⑤	和接	141②			
および	および	×	及	方便	164⑥	和接	142②			
および	および	×	及	方便	165①	和接	143①			
をよび	および	×	及	方便	174⑤	和接	150①			
をよび	および	×	及	方便	178④	和接	153④			
および	および	×	及	方便	178⑤	和接	153④			
をよび	および	×	及	方便	190⑥	和接	163⑥			
および	および	×	及	譬喩	216④	和接	185①			
をよび	および	×	及	譬喩	235①	和接	204④			
をよび	および	×	及	譬喩	236④	和接	205⑥			
をよび	および	×	及	譬喩	238⑥	和接	208②			
および	および	×	及	譬喩	244③	和接	213⑥			
をよび	および	×	及	譬喩	254①	和接	225①			
をよび	および	×	及	譬喩	255⑥	和接	226⑥			
をよび	および	×	及	譬喩	257⑤	和接	228②			
をよび	および	×	及	譬喩	281②	和接	252⑤			およひ[妙]
をよび	および	×	及	譬喩	291④	和接	263⑤			
をよび	および	×	及	譬喩	292⑥	和接	265①			
および	および	×	及	譬喩	293③	和接	265④			
をよび	および	×	及	譬喩	299④	和接	272①			と[西]
をよび	および	×	及	譬喩	300①	和接	272③			
をよひ	および	×	及	信解	342②	和接	322④			

当該語	読みかな	傍訓	漢字表記	品名	頁数	語の種類	妙一本	和解語文	可読	異同語彙
をよび	および	×	及	信解	365①	和接	350⑤			
および	および	×	及	信解	375⑤	和接	363③			
をよび	および	×	及	信解	376①	和接	363④			
をよび	および	×	及	信解	377③	和接	365②			
をよび	および	×	及	藥草	386②	和接	371②			
をよび	および	×	及	藥草	388⑤	和接	374①			
をよび	および	×	及	藥草	389③	和接	374⑤			
をよび	および	×	及	藥草	394⑤	和接	380④			
をよび	および	×	及	藥草	404⑥	和接	391⑥			
をよび	および	×	及	藥草	407②	和接	394⑤			
をよび	および	×	及	藥草	408②	和接	395⑤			
をよび	および	×	及	授記	418②	和接	406⑤			
をよひ	および	×	及	授記	436①	和接	427③			
をよひ	および	×	及	授記	429②	和接	419⑤			
および	および	×	及	授記	445①	和接	437⑥			
および	および	×	及	化城	451①	和接	445①			
および	および	×	及	化城	456④	和接	451④		をよび[西右]	
および	および	×	及	化城	458③	和接	453⑤			
および	および	×	及	化城	460①	和接	455④			
および	および	×	及	化城	461⑤	和接	457④			
および	および	×	及	化城	462④	和接	458③			
をよび	および	×	及	化城	468①	和接	465①			
および	および	×	及	化城	476⑤	和接	475⑤			
および	および	×	及	化城	485③	和接	485⑥			
および	および	×	及	化城	494①	和接	496④			
および	および	×	及	化城	497④	和接	500③			
をよび	および	×	及	化城	497⑤	和接	500⑤			
および	および	×	及	化城	498⑤	和接	501⑤			
をよび	および	×	及	化城	501⑤	和接	505③			
をよび	および	×	及	化城	502①	和接	505⑥			
をよび	および	×	及	化城	502③	和接	506③			
をよび	および	×	及	化城	512⑤	和接	517⑤			
をよび	および	×	及	化城	518⑤	和接	523⑤			
をよび	および	×	及	化城	520⑥	和接	526①			
および	および	×	及	化城	531③	和接	537①			
および	および	×	及	化城	532①	和接	537⑤			
をよび	および	×	及	化城	533⑥	和接	539④			
をよび	および	×	及	化城	536④	和接	542③			
をよび	および	×	及	化城	537②	和接	543①			
をよび	および	×	及	化城	542⑥	和接	548⑤			および[妙]
をよび	および	×	及	五百	573③	和接	577④			
および	および	×	及	五百	588①	和接	594②			
および	および	×	及	五百	588①	和接	594③			
をよび	および	×	及	五百	600③	和接	609①			
をよび	および	×	及	授學	610⑥	和接	620⑤			
をよび	および	×	及	授學	619④	和接	629⑥			
をよび	および	×	及	法師	621⑤	和接	632③			
をよび	および	×	及	法師	633②	和接	645①			
をよひ	および	×	及	法師	634①	和接	645⑥			
および	および	×	及	法師	636②	和接	648③			
および	および	×	及	法師	639③	和接	651⑤			
および	および	×	及	法師	647④	和接	661②			
および	および	×	及	法師	653④	和接	667④			
をよび	および	×	及	法師	653⑥	和接	668①			
および	および	×	及	見寶	668②	和接	683②			
および	および	×	及	見寶	672⑤	和接	688②			
および	および	×	及	見寶	673⑤	和接	689②			
をよび	および	×	及	見寶	675①	和接	690⑤			
をよひ	および	×	及	見寶	675⑥	和接	691⑤			および[妙]
および	および	×	及	見寶	678③	和接	694⑥			
および	および	×	及	見寶	682①	和接	699②			
および	および	×	及	見寶	686②	和接	704②			
および	および	×	及	見寶	686⑥	和接	704④			
および	および	×	及	見寶	689⑥	和接	707⑤			
および	および	×	及	見寶	690④	和接	708④			
および	および	×	及	見寶	691④	和接	709④			
をよひ	および	×	及	提婆	708②	和接	725②			
および	および	×	及	提婆	713⑤	和接	731④			をよひ[妙]

当該語	読みかな	傍訓	漢字表記	品名	頁数	語の種類	妙一本	和解語文	可読	異同語彙
をよび	およひ	×	及	提婆	725④	和接	743⑤			およひ[妙]
をよび	およひ	×	及	提婆	737②	和接	755⑥			
をよび	およひ	×	及	勧持	737⑤	和接	756③			
をよび	およひ	×	及	勧持	743②	和接	762①			
およひ	およひ	×	及	勧持	744①	和接	763①			
をよひ	およひ	×	及	勧持	746①	和接	764⑥			
およひ	およひ	×	及	勧持	751④	和接	771①			
およひ	およひ	×	及	勧持	754③	和接	774①			
をよび	およひ	×	及	安樂	762⑤	和接	782②			
およひ	およひ	×	及	安樂	762⑥	和接	782③			
およひ	およひ	×	及	安樂	763②	和接	782⑤			
をよび	およひ	×	及	安樂	763③	和接	783①			
およひ	およひ	×	及	安樂	769①	和接	789②			
およひ	およひ	×	及	安樂	769②	和接	789③			
をよひ	およひ	×	及	安樂	769③	和接	789④			
をよび	およひ	×	及	安樂	769⑥	和接	790①			
およひ	およひ	×	及	安樂	770⑥	和接	791②			をよひ[妙]
をよひ	およひ	×	及	安樂	775②	和接	795⑤			
およひ	およひ	×	及	安樂	777②	和接	797⑥			
をよび	およひ	×	及	安樂	779⑥	和接	800⑤			
をよび	およひ	×	及	安樂	779⑥	和接	800⑥			
およひ	およひ	×	及	安樂	780⑥	和接	801⑤			
およひ	およひ	×	及	安樂	782⑤	和接	803⑤			
およひ	およひ	×	及	安樂	805①	和接	827②			
およひ	およひ	×	及	安樂	806①	和接	828②			
をよび	およひ	×	及	安樂	815①	和接	837④			
およひ	およひ	×	及	從地	825⑤	和接	848①			
およひ	およひ	×	及	從地	832⑤	和接	855④			
およひ	およひ	×	及	從地	836⑤	和接	859④			
をよひ	およひ	×	及	從地	837①	和接	859⑥			
をよひ	およひ	×	及	從地	837②	和接	860①			
およひ	およひ	×	及	從地	837⑤	和接	860④			
をよび	およひ	×	及	從地	855②	和接	877⑥			
およひ	およひ	×	及	從地	863④	和接	886②			
およひ	およひ	×	及	如來	880②	和接	899②			
およひ	およひ	×	及	如來	883②	和接	902②			
及	およひ	×	及	如來	887③	和接	906④			
およひ	およひ	×	及	如來	893②	和接	912②			
をよひ	およひ	×	及	如來	912⑥	和接	931⑥			
をよひ	およひ	×	及	如來	914⑥	和接	933⑥			
をよび	およひ	×	及	如來	916②	和接	935①			
をよび	およひ	×	及	分別	926⑥	和接	945④			
およひ	およひ	×	及	分別	927①	和接	945⑤			
およひ	およひ	×	及	分別	940②	和接	958④			
およひ	およひ	×	及	分別	952①	和接	970⑥			
をよび	およひ	×	及	分別	953①	和接	971⑥			
をよび	およひ	×	及	分別	955④	和接	974②			
およひ	およひ	×	及	分別	956③	和接	975①			
およひ	およひ	×	及	分別	958①	和接	976⑤			
をよひ	およひ	×	及	分別	964③	和接	982⑤			
およひ	およひ	×	及	分別	964⑥	和接	983②			
およひ	およひ	×	及	随喜	970⑥	和接	989①			
をよひ	およひ	×	及	随喜	974①	和接	992②			
およひ	およひ	×	及	随喜	980③	和接	998④			
およひ	およひ	×	及	随喜	992④	和接	1011②			
およひ	およひ	×	及	法功	995⑤	和接	1014③			
およひ	およひ	×	及	法功	997②	和接	1015⑥			
およひ	およひ	×	及	法功	1002⑥	和接	1021③			
およひ	およひ	×	及	法功	1005①	和接	1023④			
およひ	およひ	×	及	法功	1005④	和接	1024①			
およひ	およひ	×	及	法功	1009⑥	和接	1028③			
およひ	およひ	×	及	法功	1010⑤	和接	1029①			
をよび	およひ	×	及	法功	1011④	和接	1030①			およひ[妙]
およひ	およひ	×	及	法功	1013①	和接	1031④			
をよび	およひ	×	及	法功	1013⑥	和接	1032③			
およひ	およひ	×	及	法功	1015④	和接	1034②			
およひ	およひ	×	及	法功	1015⑤	和接	1034③			
をよび	およひ	×	及	法功	1016①	和接	1034⑤			

およ 103

当該語	読みかな	傍訓	漢字表記	品名	頁数	語の種類	妙一本	和解語文	可読	異同語彙
および	および	×	及	法功	1016③	和接	1035①			
および	および	×	及	法功	1016⑤	和接	1035③			
および	および	×	及	法功	1017②	和接	1035⑥			
および	および	×	及	法功	1017④	和接	1036②			
をよび	および	×	及	法功	1018④	和接	1037③			
および	および	×	及	法功	1019③	和接	1038①			
および	および	×	及	法功	1021①	和接	1039⑥			
およひ	および	×	及	法功	1023④	和接	1042③			
をよび	および	×	及	法功	1024①	和接	1042⑥			
をよび	および	×	及	法功	1027①	和接	1045⑤			
および	および	×	及	法功	1028④	和接	1047②			
および	および	×	及	法功	1029②	和接	1048①			
および	および	×	及	法功	1032④	和接	1051②			
および	および	×	及	法功	1033③	和接	1052①			
をよび	および	×	及	法功	1034②	和接	1053②			
をよび	および	×	及	法功	1036①	和接	1054⑥			
をよび	および	×	及	法功	1036③	和接	1055①			
をよび	および	×	及	法功	1036⑤	和接	1055④			
をよび	および	×	及	法功	1039③	和接	1058②			
をよび	および	×	及	法功	1039⑤	和接	1058③			
をよび	および	×	及	法功	1044⑥	和接	1063④			
をよび	および	×	及	常不	1081③	和接	1099⑤			およひ[妙]
をよび	および	×	及	神力	1085④	和接	1103⑥			
および	および	×	及	神力	1087②	和接	1105⑤			およひ[妙]
および	および	×	及	神力	1089①	和接	1107③			およひ[妙]
および	および	×	及	神力	1089⑤	和接	1107⑥			をよひ[妙]
をよび	および	×	及	神力	1092④	和接	1111①			をよひ[妙]
をよび	および	×	及	神力	1098⑥	和接	1117⑤			をよひ[妙]
をよび	および	×	及	神力	1100⑤	和接	1119④			をよひ[妙]
をよび	および	×	及	神力	1101②	和接	1120①			をよひ[妙]
をよび	および	×	及	神力	1102④	和接	1121③			をよひ[妙]
および	および	×	及	神力	1103①	和接	1121⑥			およひ[妙]
および	および	×	及	嘱累	1113③	和接	1132①			およひ[妙]
をよび	および	×	及	嘱累	1113⑤	和接	1132③			をよひ[妙]
および	および	×	及	藥王	1115⑤	和接	1134②			をよひ[妙]
をよび	および	×	及	藥王	1117③	和接	1135⑤			およひ[妙]
をよび	および	×	及	藥王	1119②	和接	1137④			およひ[妙]
をよび	および	×	及	藥王	1121①	和接	1139②			およひ[妙]
をよび	および	×	及	藥王	1124⑥	和接	1143⑤			およひ[妙]
をよび	および	×	及	藥王	1132①	和接	1150③			およひ[妙]
をよび	および	×	及	藥王	1132③	和接	1150⑥			およひ[妙]
および	および	×	及	藥王	1135⑤	和接	1154①			およひ[妙]
をよび	および	×	及	藥王	1141④	和接	1159⑤			およひ[妙]
をよび	および	×	及	藥王	1142②	和接	1160③			およひ[妙]
をよび	および	×	及	藥王	1143④	和接	1161⑤			およひ[妙]
および	および	×	及	藥王	1146②	和接	1164④			およひ[妙]
をよび	および	×	及	妙音	1165④	和接	1182②			およひ[妙]
および	および	×	及	妙音	1170①	和接	1186①			およひ[妙]
をよび	および	×	及	妙音	1172②	和接	1188①			およひ[妙]
をよび	および	×	及	妙音	1185④	和接	1200③			およひ[妙]
をよび	および	×	及	妙音	1192④	和接	1206⑤			およひ[妙]
および	および	×	及	妙音	1199②	和接	1212⑥			およひ[妙]
をよび	および	×	及	妙音	1199③	和接	1213②			およひ[妙]
をよび	および	×	及	妙音	1200⑥	和接	1214⑤			およひ[妙]
および	および	×	及	妙音	1201③	和接	1215①			
をよび	および	×	及	觀世	1233②	和接	1245⑥			およひ[妙]
および	および	×	及	觀世	1233⑥	和接	1246③			
および	および	×	及	觀世	1236③	和接	1248⑥			およひ[妙]
および	および	×	及	觀世	1241③	和接	1253⑤			およひ[妙]
をよび	および	×	及	觀世	1243⑤	和接	1256⑦			およひ[妙]
および	および	×	及	陀羅	1263②	和接	1274④			およひ[妙]
および	および	×	及	陀羅	1271①	和接	1281⑤			およひ[妙]
及	および	および	及	妙莊	1275③	和接	1285④			およひ[妙]
および	および	×	及	妙莊	1291②	和接	1300②			およひ[妙]
および	および	×	及	妙莊	1294②	和接	1302⑥			およひ[妙]
をよび	および	×	及	妙莊	1303⑤	和接	1310⑥			およひ[妙]
をよび	および	×	及	普賢	1315②	和接	1321①			およひ[妙]
および	および	×	及	普賢	1330④	和接	1334③			およひ[妙]

当該語	読みかな	傍訓	漢字表記	品名	頁数	語の種類	妙一本	和解語文	可読	異同語彙
をよび	および	×	及	普賢	1337⑥	和接	1340④			および[妙]
をよび	および	×	及以	方便	184④	和接	158③			
および	および	×	及以	提婆	714②	和接	732①			
をよぶ	およぶ	×	及	方便	103④	和動	90⑤			
をよぶ	およぶ	×	及	譬喩	223③	和動	192②			
をよふ	およふ	×	及	藥草	405③	和動	392④			
およぶ	およぶ	×	及	如來	886⑥	和動	904⑥			
をよぶ	およぶ	×	及	藥王	1125②	和動	1143④			およふ[妙]
およへ	およべ	×	及	序品	28⑤	和動	24④			
をよほし	およぼし	×	及	化城	499③	和動	502⑤			
およほす	およぼす	×	及	序品	43①	和動	37①			
をよほす	およぼす	×	及	藥草	403①	和動	389⑤		一ぶィ[西右]	
おり	おり	×	下	提婆	722①	和方位動	740②			
おり	おり	×	下	妙音	1181③	和方位動	1196③			
おろかなる	おろかなる	×	癡	序品	36③	和形動	31③			
おろかなる	おろかなる	×	癡	信解	356①	和形動	339⑤			
おろそか	おろそか	×	疎	隨喜	987⑤	和形動	1006①			
おろそかに	おろそかに	×	疎	普賢	1335⑤	和形動	1338⑤			
おはら	おわら	×	訖	提婆	730③	和動	748④			をはら[妙]
おはら	おわら	×	已	普賢	1316⑤	和動	1322②		おはりなは[西右]	おはら[妙]
おはら	おわら	×	竟	提婆	723⑤	和動	741⑥			
をはり	おわり	×	終	信解	343②	和動	323⑥			
おはり	おわり	×	終	觀世	1239①	和動	1251⑤			
おはり	おわり	×	已	序品	15②	和動	12③			
おはり	おわり	×	已	序品	54①	和動	47①			
おはり	おわり	×	已	序品	59⑤	和動	52②			
おはり	おわり	×	已	序品	61③	和動	53④			
をはり	おわり	×	已	序品	62⑥	和動	54⑥			
おはり	おわり	×	已	序品	68①	和動	59③			
おはり	おわり	×	已	序品	77①	和動	66⑥			
おはり	おわり	×	已	序品	80⑤	和動	70⑥			
おはり	おわり	×	已	方便	93⑤	和動	82③			
をはり	おわり	×	已	方便	143②	和動	124⑤			
をはり	おわり	×	已	方便	157①	和動	135⑥			
をはり	おわり	×	已	方便	160⑤	和動	138⑤			
をはり	おわり	×	已	方便	161②	和動	139②			
をはり	おわり	×	已	方便	172⑤	和動	148⑤			
をはり	おわり	×	已	方便	183⑤	和動	157⑤			
おはり	おわり	×	已	譬喩	227③	和動	196④			
おはり	おわり	×	已	譬喩	229④	和動	198⑤			
をわり	おわり	×	已	譬喩	242⑥	和動	212③			
をはり	おわり	×	已	譬喩	257①	和動	228①			
をはり	おわり	×	已	譬喩	280③	和動	251⑥			
をはり	おわり	×	已	譬喩	305④	和動	277⑤			
をはり	おわり	×	已	譬喩	315⑥	和動	290②			
おはり	おわり	×	已	信解	347③	和動	329①			
をはり	おわり	×	已	信解	358④	和動	342⑥			
をはり	おわり	×	已	信解	378②	和動	366②			
おはり	おわり	×	已	藥草	397⑦	和動	384②			
おはり	おわり	×	已	授記	415②	和動	403④			
おはり	おわり	×	已	授記	419⑤	和動	408④			
おはり	おわり	×	已	授記	434⑤	和動	425⑥			
おはり	おわり	×	已	授記	443③	和動	435⑥			
おはり	おわり	×	已	化城	452①	和動	446③			
をはり	おわり	×	已	化城	457①	和動	452②			
おはり	おわり	×	已	化城	457②	和動	452③			
おはり	おわり	×	已	化城	460⑤	和動	456②			
おはり	おわり	×	已	化城	469①	和動	466⑤			
おはり	おわり	×	已	化城	471⑤	和動	469⑤			
おはり	おわり	×	已	化城	477④	和動	476⑤			
おはり	おわり	×	已	化城	480③	和動	480①			
おはり	おわり	×	已	化城	486②	和動	486⑥			
おはり	おわり	×	已	化城	488⑥	和動	490②			
おはり	おわり	×	已	化城	494⑥	和動	497④			
おはり	おわり	×	已	化城	499⑥	和動	503②			
おはり	おわり	×	已	化城	507②	和動	511⑤		給へ[西右]	
おはり	おわり	×	已	化城	508⑤	和動	513④			

およ—おん 105

当該語	読みかな	傍訓	漢字表記	品名	頁数	語の種類	妙一本	和解語文	可読	異同語彙
おはり	おわり	×	已	化城	510①	和動	514⑥			
おはり	おわり	×	已	化城	529③	和動	534⑥			
をはり	おわり	×	已	化城	531②	和動	536⑥			
おはり	おわり	×	已	化城	537⑤	和動	543④			
おはり	おわり	×	已	化城	543⑥	和動	551⑥			
おはり	おわり	×	已	化城	549②	和動	556②			
をはり	おわり	×	已	五百	586⑥	和動	592④			
をはり	おわり	×	已	五百	589②	和動	595④			おはり[妙]
おはり	おわり	×	已	五百	591①	和動	597⑥			
おはり	おわり	×	已	五百	598④	和動	606⑥			
おはり	おわり	×	已	法師	636③	和動	648④			
をはり	おわり	×	已	法師	642④	和動	655③			
をはり	おわり	×	已	見寶	662⑥	和動	677④			
おはり	おわり	×	已	見寶	667⑥	和動	682⑥			
おはり	おわり	×	已	勸持	747①	和動	766①			
おはり	おわり	×	已	安樂	788②	和動	809⑤			
おはり	おわり	×	已	安樂	788③	和動	809⑤			
をはり	おわり	×	已	安樂	788③	和動	809⑥			
おはり	おわり	×	已	安樂	808②	和動	830③			
おはり	おわり	×	已	安樂	815④	和動	838①			
おはり	おわり	×	已	從地	823⑤	和動	846①			
おはり	おわり	×	已	從地	848②	和動	871①			
おはり	おわり	×	已	從地	849②	和動	872①			
をはり	おわり	×	已	如來	882②	和動	901①			おはりて[妙・瑞]
をはり	おわり	×	已	隨喜	971②	和動	989②			
をはり	おわり	×	已	隨喜	972②	和動	990③			
おはり	おわり	×	已	隨喜	974④	和動	992⑤			
おはり	おわり	×	已	常不	1060③	和動	1079①			
をはり	おわり	×	已	常不	1067①	和動	1085⑥			
おはり	おわり	×	已	常不	1068①	和動	1086⑥			
おはり	おわり	×	已	常不	1074④	和動	1093①			
をはり	おわり	×	已	常不	1079①	和動	1097④			
おはり	おわり	×	已	神力	1090①	和動	1108③			
おはり	おわり	×	已	神力	1092①	和動	1110③			をはり[妙]
おはり	おわり	×	已	藥王	1120①	和動	1138③			をはり[妙]
おはり	おわり	×	已	藥王	1120②	和動	1138④			をはり[妙]
おはり	おわり	×	已	藥王	1122②	和動	1140④			
おはり	おわり	×	已	藥王	1123②	和動	1141④			
おはり	おわり	×	已	藥王	1123⑤	和動	1142①			
おはり	おわり	×	已	藥王	1128①	和動	1146④			
おはり	おわり	×	已	藥王	1128④	和動	1147①			
おはり	おわり	×	已	藥王	1129②	和動	1147⑤			
おはり	おわり	×	已	藥王	1130⑤	和動	1149②			をはり[妙]
おはり	おわり	×	已	藥王	1133③	和動	1151⑤			をはり[妙]
おはり	おわり	×	已	藥王	1134③	和動	1152⑤			おはり[妙]
おはり	おわり	×	已	藥王	1155④	和動	1173③			
おはり	おわり	×	已	藥王	1162③	和動	1179③			
おはり	おわり	×	已	妙音	1181②	和動	1196②			
おはり	おわり	×	已	妙音	1199④	和動	1213③			
おはり	おわり	×	已	陀羅	1268④	和動	1279④			
一おはり	おわり	×	已	妙莊	1290④	和動	1299④			
おはり	おわり	×	已	妙莊	1295①	和動	1303④			
おはり	おわり	×	已	妙莊	1301④	和動	1308⑥			
おはり	おわり	×	已	妙莊	1302⑥	和動	1310①		おわて[西右]	
おはり	おわり	×	已畢	提婆	722③	和動	740①			
おはる	おわる	×	已	陀羅	1257⑤	和動	1269④	一りぬる也[西右]		おはる[妙]
おはる	おわる	×	已	陀羅	1261⑥	和動	1273②	一りあるなり[西右]		おはる[妙]
おはれ	おわれ	×	逐	觀世	1238①	和動	1250④			
怨	おん	おん／あた	怨	信解	330⑤	単漢名	308②	をん／あた[妙]		
恩	おん	おん	恩	信解	370⑥	単漢名	357④			
恩{恩}	おん	おん	恩	囑累	1109⑤	単漢名	1128③			をん[妙]
一音	おん	一おん	音	化城	515③	単漢名	520③			
音	おん	×	音	觀世	1245③	単漢名	1257④			をん[妙]
瘖	おん	おん	瘖	譬喩	309⑥	単漢名	282⑤	をん／ことゝもり[妙]		

当該語	読みかな	傍訓	漢字表記	品名	頁数	語の種類	妙一本	和解語文	可読	異同語彙
瘖瘂	おんあ	おんあ・をしこと\もり	瘖瘂	随喜	982③	漢名	1000④	をんあ／ことゝもりおし[妙]		
繐縦	おんえん	おんゑん／むしろ	繐縦	譬喩	248⑤	漢名	218④	をんゑん／むしろ[妙]		
園観	おんかん	おんくはん／その	園観	譬喩	309②	漢名	282①	をんくわん／その[妙]		
音教	おんぎょう	おんげう	音教	信解	352⑥	漢名	336①	おんけう／―おしへ[妙]		
怨嫌	おんけん	をんけん／にくみきらふ	怨嫌	安樂	777⑥	漢名	798④	をんけん／あたみそねむ[妙]		
慇懃	おんごん	おんごん	慇懃	譬喩	258⑥	漢名	230②	をんごんの／ねんころ[妙]	―の[西右]	
慇懃	おんごん	いんごん	慇懃	譬喩	262⑤	漢名	234①	をんごんの／ねんころに[妙]		
慇懃	おんごん	おんごん	慇懃	譬喩	263④	漢形動	234⑥	をんごんの／ねんころに[妙]		
おんごん	おんごん	×	慇懃	信解	325③	和形動	301⑤			ねんごろ[妙]
飲食	おんじき	おんじき	飲食	信解	362①	漢名	347②			
飲食	おんじき	おんしき	飲食	安樂	781④	漢名	802④	をんしき／くいものゝ[妙]	―と[西右]	
飲食	おんじき	おんじき	飲食	分別	940④	漢名	958⑥	をんしき／くいものゝ[妙]		
飲食	おんじき	おんじき	飲食	分別	955①	漢名	973⑤	をんしき／くいものゝ[妙]		
飲食	おんじき	おんじき	飲食	法功	1003⑤	漢名	1022②			飲食(をんしき)[妙]
飲食	おんじき	おんしき	飲食	觀世	1220①	漢名	1233③	おんしき／のみものゝくいもの[妙]	―と[西右]	
飲食	おんじき	おんじき	飲食	普賢	1333④	漢名	1336⑥	おんしき／くいものゝ[妙]	―と[西右]	
怨嫉	おんしつ	おんじつ／あたそねみ	怨嫉	法師	638④	漢名	650⑥	おんしち／ねたみそねむもの[妙]		
音聲	おんじょう	おんじやう	音聲	譬喩	212⑤	漢名	180⑥			音聲(をんしやう)し[妙]
音聲	おんじょう	おんじやう	音聲	授記	423②	漢名	412⑤			
音聲	おんじょう	おんじやう	音聲	授記	424⑤	漢名	414④			
音聲	おんじょう	おんじやう	音聲	見寶	660①	漢名	674④	をんしやう／こゑ[妙]		
音聲	おんじょう	おんじやう	音聲	見寶	661③	漢名	675⑤			
音聲	おんじょう	×	音聲	從地	821①	漢名	843②			
音聲	おんじょう	おんじやう	音聲	法功	999②	漢名	1017⑥	をんじやう／こへ[妙]		
音聲	おんじょう	おんじやう	音聲	法功	1001②	漢名	1019⑥	をんしやう／こへ[妙]		
音聲	おんじょう	おんじやう	音聲	法功	1002②	漢名	1020⑥			
音声	おんじょう	×	音聲	法功	1003③	漢名	1021⑥	をんしやう／こへ[妙]		
音聲	おんじょう	おんじやう	音聲	法功	1005②	漢名	1023⑤		―を[西右]	
音声	おんじょう	×	音聲	法功	1006②	漢名	1025①			
音声	おんじょう	おんじやう	音聲	法功	1007②	漢名	1025⑥	をんしやう／こへ[妙]		
音声	おんじょう	×	音聲	法功	1007⑤	漢名	1026①	をんしやう／こへ[妙]		
音聲	おんじょう	おんしやう	音聲	法功	1028②	漢名	1046⑥	をんしやう／こ(ゑ)[妙]		
音聲	おんじょう	おんしやう	音聲	神力	1087⑥	漢名	1106⑤			おんじやう[妙]
音聲	おんじょう	×	音聲	觀世	1209④	漢名	1222⑤			おんじやう[妙]
遠塵離垢し	おんじんりくし	をんぢんりく	遠塵離垢	妙莊	1305④	漢四熟サ動	1312④	おんぢんりく・し／ちりをとをさかりあかをはなれ[妙]	―て[西右]	
怨増會苦	おんぞうえく	おんそうゑく／あたをます事にあふ	怨増會苦	譬喩	256①	漢四熟名	227①	をんぞうりく／かたきにあふく[妙]		
怨賊	おんぞく	おんぞく	怨賊	觀世	1214②	漢人倫名	1227④	おんぞく／あたぬすひと[妙]		
怨賊	おんぞく	おんぞく	怨賊	觀世	1215④	漢人倫名	1228⑤	をんぞく／あたぬすひと[妙]		
怨賊	おんぞく	おんぞく	怨賊	觀世	1238③	漢人倫名	1251①	おんぞく／あたぬすひと[妙]		

おん―か 107

当該語	読みかな	傍訓	漢字表記	品名	頁数	語の種類	妙一本	和解語文	可読	異同語彙
園中	おんちゅう	×	園中	神力	1096①	漢名	1114⑥			そののなか[妙]
怨敵	おんてき	おんてき	怨敵	藥王	1157⑤	漢人倫名	1175③	をんてき／あたかたき[妙]		
女	おんな	×	女	觀世	1218⑥	漢人倫名	1232②			
遠離	おんり	おんり	遠離	從地	822⑥	漢名	845①	をんり／とをさかりはなるゝ[妙]		
遠離し	おんりし	をんり／とをさかり	遠離	勸持	738⑥	漢サ動	757④	をんり・し／とをさかりはなれ[妙]		
遠離し	おんりし	をんり	遠離	分別	966②	漢サ動	984④	をんり・し／とをさかりはなれ[妙]		
遠離せ	おんりせ	おんり	遠離	勸持	757②	漢サ動	776⑥	をんり・せ／とをさかりはなれん[妙]		
園林	おんりん	おんりん／そのはやし	園林	序品	38①	漢地儀名	32⑤			
園林	おんりん	おんりん	園林	化城	542⑥	漢地儀名	548⑤	をんりん／そのはやし[妙]		
園林	おんりん	おんりん	園林	如來	915③	漢地儀名	934③			
園林	おんりん	をんりん／そのはやし	園林	分別	940⑤	漢地儀名	959①	をんりん／そのはやし[妙]		
園林	おんりん	をんりん	園林	分別	954⑥	漢地儀名	973⑤	をんりん／そのはやし[妙]		
園林	おんりん	をんりん	園林	分別	964②	漢地儀名	982④		―と[西右]	
園林	おんりん	をんりん	園林	法功	1021⑥	漢地儀名	1040⑤	をんりん／そのはやし[妙]		
香	か	か	香	隨喜	991⑤	和名	1010③			か[妙]
か	か	×	香	法功	1009③	和名	1027⑤			
か	か	×	香	法功	1011①	和名	1029③			
か	か	×	香	法功	1011③	和名	1029⑥			
か	か	×	香	法功	1012②	和名	1030⑤		―を[西右]	
か	か	×	香	法功	1012⑥	和名	1031③			
か	か	×	香	法功	1013①	和名	1031④		―をかゝん[西右]	
か	か	×	香	法功	1013③	和名	1031⑤			
か	か	×	香	法功	1013⑥	和名	1032①			
か	か	×	香	法功	1014①	和名	1032③			
か	か	×	香	法功	1014②	和名	1032⑤			
か	か	×	香	法功	1015⑤	和名	1034③			
か	か	×	香	法功	1015⑥	和名	1034④			
か	か	×	香	法功	1016②	和名	1034⑥			
か	か	×	香	法功	1016④	和名	1035②			
か	か	×	香	法功	1016⑥	和名	1035④			
か	か	×	香	法功	1017③	和名	1036①			
か	か	×	香	法功	1018①	和名	1036⑥			
か	か	×	香	法功	1018⑤	和名	1037④			
か	か	×	香	法功	1019①	和名	1037⑥			
か	か	×	香	法功	1019④	和名	1038②			
か	か	×	香	法功	1019⑤	和名	1038③			
か	か	×	香	法功	1020①	和名	1038⑤			
か	か	×	香	法功	1020⑤	和名	1039③			
か	か	×	香	法功	1021①	和名	1039⑤			
か	か	×	香	法功	1021③	和名	1040①			
か	か	×	香	法功	1021⑤	和名	1040④			
か	か	×	香	法功	1022①	和名	1040⑥			
か	か	×	香	法功	1022④	和名	1041②			
か	か	×	香	法功	1022⑥	和名	1041⑤			
か	か	×	香	法功	1023②	和名	1042②			
か	か	×	香	法功	1023⑤	和名	1042④			
か	か	×	香	法功	1024③	和名	1043②			
か	か	×	香	法功	1024⑥	和名	1043⑤			
か	か	×	香	法功	1025②	和名	1044①			
か	か	×	香	法功	1025⑤	和名	1044④			
菓[果]	か	くハ／このみ	菓[果]	序品	38②	単漢名	32⑥			
果	か	くは	果	方便	93⑥	単和名	82③			
果	か	くは	果	信解	373④	単漢名	360④			くわ[妙]
菓	か	くは	菓	藥草	390②	単漢名	375④	くわ／このみ[妙]		
菓	か	くわ	菓	藥草	403②	単漢名	389⑤			
菓	か	ぐハ／このみ	菓	見寶	671②	単漢花木名	686④	くわ／このみ[妙]		
菓	か	×	菓	見寶	673②	単漢花木名	688⑥	くわ／このみ[妙]		

当該語	読みかな	傍訓	漢字表記	品名	頁数	語の種類	妙一本	和解語文	可読	異同語彙
菓	か	くハ	菓	見寶	675④	単漢花木名	691④	くわ／このみ[妙]		
菓	か	くハ	菓	如來	915④	単漢花木名	934④	くわ／このみ[妙]		
菓	か	くハ	菓	法功	1015④	単漢花木名	1034④	くわ／このみの[妙]		
瓦	が	ぐは	瓦	常不	1066①	単漢花木名	1084⑤	くわ／かはら[妙]		
過悪	かあく	くはあく／とか	過悪	安樂	777⑤	漢名	798③	くわあく／とか[妙]		
過悪	かあく	くはあく／とか あしき	過悪	普賢	1335①	漢名	1338②			くわあく[妙]
かい	かい	×	貝	序品	45⑤	和魚介名	39③			
かひ	かい	×	貝	化城	490①	和魚介名	491⑤			
かひ	かい	×	螺	藥王	1162⑥	和楽具名	1179⑥			
かひ	かい	×	螺	普賢	1332⑥	和楽具名	1336①			
戒	かい	×	戒	序品	35③	単漢名	30③			
戒	かい	かい	戒	方便	141②	単漢名	123②			
戒	かい	×	戒	見寶	698④	単漢名	717④			
戒	かい	かい	戒	觀世	1244③	単漢名	1256⑤	かい／いましめ[妙]		
海	かい	かい	海	譬喩	215④	単漢地儀名	184①	かい／うみ[妙]		
海	かい	かい	海	藥草	410⑤	単漢地儀名	398④	かい／うみ[妙]		
海	かい	×	海	提婆	724⑥	単漢地儀名	743①	かい／うみ[妙]		
界	かい	×	界	從地	820⑤	単漢名	843①			
界	かい	×	界	從地	849⑥	単漢名	872④			
害	がい	×	害	譬喩	244⑤	単漢名	214③	かい／ころす[妙]		
害	がい	かい	害	觀世	1213③	単漢名	1226④			かい[妙]
害	がい	がい	害	觀世	1236⑤	単漢名	1249①			かい[妙]
害	がい	がい	害	觀世	1238④	単漢名	1251④			かい[妙]
駭	がい	がい／ほれて	駭	譬喩	305⑤	単漢名	278①	がい／ほれ[妙]		
開化	かいげ	かいけ{くゑ}	開化	安樂	776①	漢名	796④	かいくゑ／ひらき[妙]		
開化せ	かいげせ	かいけ	開化	序品	80②	漢サ動	70④	かいくゑ・せ／ひらきをしへ[妙]		
開解せ	かいげせ	かいけ	開解	從地	869③	漢サ動	892③	かいげ・せ／ひらきとかしめ[妙]		
開悟せ	かいごせ	かいご	開悟	序品	27②	漢サ動	23②	かいこ・せ／さとりひらか[妙]		
唯喋嘷吠す	がいざいこうばいす	がいざいこうばい・す／いがみかまいさけほゆ	唯喋嘷吠	譬喩	272⑥	漢四熟サ動	244①	がうさいかうばい／いかみほゆ[妙]		
開示演説す	かいじえんぜつす	かいじゑんぜつ／ひらきしめしのへとき	開示演説	譬喩	291③	漢四熟サ動	263④	かいじえんぜつ・す／ひらきしめしのへとく[妙]		
海此岸栴檀	かいしがんせんだん	かいしかんせんだん	海此岸栴檀	藥王	1121⑥	仏名	1140①		ーーーのーー[西右]	かいしがんせんだん[妙]
海此岸栴檀	かいしがんせんだん	かいしかんせんだん	海此岸栴檀	藥王	1124⑥	仏名	1143②		ーーーのーー[西右]	かいしかんせんた[妙]
海此岸栴檀	かいしがんせんだん	かいしがんせんだん	海此岸栴檀	藥王	1133⑥	仏名	1152③		ーーーのーー[西右]	かいしがんせんだん[妙]
開示し	かいじし	かいじ／しめす心	開示	信解	349④	漢サ動	331⑤	ーー・し／ひらきしめし[妙]		
開示し	かいじし	かいし／しめし	開示	藥草	410③	漢サ動	398②	かいし／ひらきしめし[妙]		
開示し	かいじし	かいじ／しめし	開示	化城	500⑥	漢サ動	504③	かいし／ひらきしめし[妙]		
開示し	かいじし	かいじ	開示	化城	512②	漢サ動	517③	かいし／ひらきしめして[妙]		
開示し	かいじし	かいし	開示	法師	645③	漢サ動	658⑤	かいし／ひらきしめし[妙]		
開示し	かいじし	かいじ	開示	安樂	781③	漢サ動	802③	かいし・し／ひらきしめす[妙]		
開示し	かいじし	かいじ	開示	常不	1081⑥	漢サ動	1100③	かいし・し／ひらきしめし[妙]		
開示す	かいじす	かいじ	開示	方便	157③	漢サ動	136①	かいし／ひらきしめす[妙]		
開示す	かいじす	かいし	開示	藥草	413⑥	漢サ動	402②	かいし・す／ひらきしめす[妙]	ーせし事は[西右]	
開示せ	かいじせ	かいじ／ひらきしめす	開示	安樂	808⑥	漢サ動	831②	かいし・せ／ひらきしめす[妙]		

当該語	読みかな	傍訓	漢字表記	品名	頁数	語の種類	妙一本	和解語文	可読	異同語彙
害する	がいする	×	害	安樂	810④	漢サ動	832⑤	かい・する／ころす[妙]		
害せ	がいせ	かい	害	譬喩	282⑤	漢サ動	254②			がいを[西]
害せ	がいせ	がい	害	觀世	1212①	漢サ動	1225②			かい・せ[妙]
害せ	がいせ	かい	害	觀世	1240①	漢サ動	1252④			かい・せ[妙]
害せ	がいせ	×	害	觀世	1240⑤	漢サ動	1253②			かい／ころさし[妙]
開闢し	かいせんし	かいせん／ひらく	開闢	提婆	725⑤	漢サ動	743⑥	かいせん・し／ひらき[妙]		
海中	かいちゅう	かいのなか	海中	提婆	726②	漢名	744③	かいちう／うみのなか[妙]		
海潮音	かいちょうおん	かいてう―	海潮音	觀世	1245③	漢名	1257④	かいてうをん／うしほのこへ[妙]	―と[西右]	
開道者	かいどうしゃ	かい――	開道者	藥草	392④	漢名	378①	かいたうしゃ／たうをひらくもの[妙]	―なり[西左]	
憒丙	かいにょう	くハいねう／さはかしき	憒丙	從地	852⑥	漢名	875④			憒閙[西左]
懷妊	かいにん	くはいにん	懷妊	法功	1019②	漢名	1037⑥	くわいにん／はらめる[妙]	―せる[西右]	
懷妊せ	かいにんせ	くはいにん	懷妊	法功	1019⑤	漢サ動	1038④	くわいにん／はらめる[妙]	―し[西右]	
開敷せ	かいふ	かいふ／ひらけしき	開敷	序品	41⑤	漢サ動	35⑥		ひらけしき	
快樂	かいらく	けらく／心よく	快樂	譬喩	262⑤	漢名	233⑤			
快樂し	かいらくし	けらく	快樂	譬喩	288⑤	漢サ動	260⑤	くゑらく／―たのしみ[妙]		
かへし	かえし	×	還	如來	906④	和動	925③		かへり[西右]	
かへすかへす	かえずがえす	×	覆	信解	358②	和副	342③		おへきいてィ[西右]	
かへら	かえら	×	還	信解	330③	和動	307⑤			
かへら	かえら	×	還	五百	587①	和動	592⑤			
かへら	かえら	×	還	囑累	1112③	和動	1131②		(かへ)てみて[西右]	かへら[妙]
かえり	かえり	×	帰	如來	900④	和動	919④		かへり[西右]	
かえり	かえり	×	帰	如來	901①	和動	920②			
かえり	かえり	×	帰	如來	908⑤	和動	927④			
かへり	かえり	×	還	譬喩	219⑥	和動	188⑤			
かへり	かえり	×	還	化城	523③	和動	528⑤		退還しなんとおもふと[西右]	
かへり	かえり	×	還	化城	523⑥	和動	529②		退還しなんとする[西右]	
かへり	かえり	×	還	提婆	720⑤	和動	738⑤			
かゑり	かえり	×	還	神力	1087④	和動	1105⑥			かへり[妙]
かへり	かえり	×	還	囑累	1112⑥	和動	1131④			
かへり	かえり	×	還	藥王	1130⑥	和動	1148⑥			
かへり	かえり	×	還	觀世	1240②	和動	1252⑤		かへ[西右]	かへり[妙]
かへり	かえり	×	還	普賢	1314④	和動	1320③		かへて[西右]	かへり[妙]
かへりさり	かえりさり	×	廻去	觀世	1241⑤	和複動	1254②			
かへりみ	かえりみ	×	遇	信解	339⑥	和動	319③			
かへる	かえる	×	還	信解	331②	和動	308⑤			
かへる	かえる	×	還	提婆	721②	和動	739③			
か[ほ]	かお	×	香	法功	1018③	和名	1037②			かをかきて[妙]
かほはしき	かおばしき	×	香	法功	1015③	和形	1033⑥		かうはしく[西右]	
かゝ	かか	×	書	見寶	693⑥	和動	712②			
かゝ	かか	×	書	安樂	788④	和動	810①			
かゝ	かか	×	書	分別	948④	和動	967③			
かゝ	かか	×	書	分別	954②	和動	973①			
かゝ	かか	×	書	分別	956②	和動	974⑥			
かゝ	かか	×	書	分別	958①	和動	976④			
かゝ	かか	×	書	分別	964⑥	和動	983②			
かゝ	かか	×	書	藥王	1151⑥	和動	1170①			かか[妙]
かゝ	かか	×	書	普賢	1325④	和動	1330①			かか[妙]
かか	かが	×	聞	法功	1011③	和動	1029⑥			
かが	かが	×	聞	法功	1013②	和動	1031⑤			
かが	かが	×	聞	法功	1013⑤	和動	1032②			
かが	かが	×	聞	法功	1013⑥	和動	1032③			

当該語	読みかな	傍訓	漢字表記	品名	頁数	語の種類	妙一本	和解語文	可読	異同語彙
河海	がかい	がかい	河海	法功	995③	漢地儀名	1014①	がかい／かわうみ[妙]		
かゞみ	かがみ	×	鏡	法功	1038②	和器財名	1056⑥			
かゝやき	かかやき	×	輝	化城	492④	和動	494⑤		一い[西右]	
かゝら	かから	×	罹	譬喩	308③	和動	280⑥			
かゝき	かき	×	墻	譬喩	239③	和地儀名	208⑥			
かゝき	かき	×	墻	譬喩	271①	和地儀名	242③			
かゝき	かき	×	墻	譬喩	277③	和地儀名	248③			
かき	かき	×	書	見寶	693⑤	和動	712①			
かき	かき	×	書	安樂	788③	和動	810①			
かき	かき	×	書	分別	948③	和動	967②			
かき	かき	×	書	分別	954②	和動	972⑥			
かき	かき	×	書	分別	956①	和動	974⑤			
かき	かき	×	書	分別	957③	和動	976④			
かき	かき	×	書	分別	964⑤	和動	983①		書し[西右]	
かき	かき	×	書	藥王	1151⑤	和動	1169⑥			
かき{い}	かき	×	書	藥王	1152②	和動	1170③			かき[妙]
かき	かき	×	書	普賢	1325④	和動	1329⑥		書[西右]	かき[妙]
かき	かき	×	書	法師	640①	和動	652③			
鎰	かぎ	やく／かき	鎰	見寶	680③	和器財名	697②	やく／かき[妙]	かいて[西右]	
かき	かぎ	×	聞	法功	1014①	和動	1032②		かいて[西右]	
かき	かぎ	×	聞	法功	1015⑥	和動	1034④		かいて[西右]	
かき	かぎ	×	聞	法功	1016②	和動	1034⑥		かいて[西右]	
かき	かぎ	×	聞	法功	1016④	和動	1035②		かいて[西右]	
かき	かぎ	×	聞	法功	1016⑥	和動	1035④		かいて[西右]	
かき	かぎ	×	聞	法功	1017④	和動	1036①		かいて[西右]	
かき	かぎ	×	聞	法功	1018①	和動	1036⑥		かいて[西右]	
かき	かぎ	×	聞	法功	1018③	和動	1037②		かいて[西右]	
かき	かぎ	×	聞	法功	1018⑥	和動	1037④		かいて[西右]	
かき	かぎ	×	聞	法功	1019②	和動	1037⑥		かいて[西右]	
かき	かぎ	×	聞	法功	1019⑤	和動	1038③		かいて[西右]	
かき	かぎ	×	聞	法功	1020⑤	和動	1039③		かいて[西右]	
かき	かぎ	×	聞	法功	1021①	和動	1039⑥		かいて[西右]	
かき	かぎ	×	聞	法功	1021③	和動	1040①		かいて[西右]	
かき	かぎ	×	聞	法功	1021⑤	和動	1040④		かいて[西右]	
かき	かぎ	×	聞	法功	1022①	和動	1040⑥		かいて[西右]	
かき	かぎ	×	聞	法功	1022④	和動	1041②		かいて[西右]	
かき	かぎ	×	聞	法功	1022⑥	和動	1041⑤		かいて[西右]	
かき	かぎ	×	聞	法功	1023③	和動	1042①		かいて[西右]	
かき	かぎ	×	聞	法功	1023⑤	和動	1042④		かいて[西右]	
かき	かぎ	×	聞	法功	1024③	和動	1043②		かいて[西右]	
かき	かぎ	×	聞	法功	1024⑥	和動	1043⑤		かいて[西右]	
かき	かぎ	×	聞	法功	1025②	和動	1044②		かいて[西右]	
かき	かぎ	×	聞	法功	1025⑤	和動	1044④		かいて[西右]	
餓鬼	がき	がき	餓鬼	譬喩	255⑤	仏鬼神名	226⑥			
餓鬼	がき	かき	餓鬼	譬喩	276②	仏鬼神名	247④			がき[妙]
餓鬼	がき	かき	餓鬼	譬喩	279②	仏鬼神名	250⑥			かくね[妙]
餓鬼	がき	がき	餓鬼	授記	435⑥	仏鬼神名	427②			
餓鬼	がき	がき	餓鬼	見寶	672⑤	仏鬼神名	688②			
餓鬼	がき	×	餓鬼	見寶	675①	仏鬼神名	690⑤			
餓鬼	がき	がき	餓鬼	提婆	719⑤	仏鬼神名	737⑤			
餓鬼	がき	がき・くゐ	餓鬼	法功	1003④	仏鬼神名	1022①			
餓鬼	がき	がき	餓鬼	藥王	1117②	仏鬼神名	1135④		一と[西右]	かき[妙]
餓鬼	がき	かき	餓鬼	妙音	1192④	仏鬼神名	1206④			かき[妙]
餓鬼	がき	×	餓鬼	陀羅	1256①	仏鬼神名	1267⑥			かくね[妙]
餓鬼	がき	がき・くゐ	餓鬼	陀羅	1265⑤	仏鬼神名	1276⑥			がくね[妙]
餓鬼声	がきしょう	がき一	餓鬼聲	法功	1000②	仏名	1018⑥	かきしやう／かきのこへ[妙]		
かぎしら	かぎしら	×	聞知	法功	1012②	和複動	1030⑤			
かぎしら	かぎしら	×	聞知	法功	1015③	和複動	1034①			
火坑	かきょう	くはきやう／ひのあな	火坑	觀世	1236⑤	漢地儀名	1249②	くわきやう／ひのあな[妙]		
火坑	かきょう	くはきやう・ひのあな	火坑	觀世	1237①	漢地儀名	1249③	くわきやう／ひのあな[妙]		
かぎる	かぎる	×	限	随喜	993⑤	和動	1012①		はかる[西右]	
角	かく	かく	角	方便	166②	単漢名	143③			
かく	かく	×	是	藥草	409⑤	和副	397③			
かく	かく	×	是	授記	415③	和副	403④			

当該語	読みかな	傍訓	漢字表記	品名	頁数	語の種類	妙一本	和解語文	可読	異同語彙
かく	かく	×	是	授記	422①	和副	411③			
かく	かく	×	是	授記	424③	和副	414②			
かく	かく	×	是	授記	434④	和副	425⑤			
きく{かぐ}	かぐ	×	聞	法功	1011①	和動	1029④			かぐ[妙]
かぐ	かぐ	×	聞	法功	1014②	和動	1032⑤			
かぐ	かぐ	×	聞	法功	1019⑤	和副	1038③			
かぐ	かぐ	×	聞	法功	1020①	和動	1038⑤			
學	がく	×	學	序品	6③	単漢名	5②	かく／かくする[妙]		
學	がく	×	學	譬喩	236④	単漢名	205⑤	がく／かくする[妙]		
學	がく	がく	學	授學	603①	単漢名	611⑤	かく／かくする[妙]		
學	がく	かく	學	授學	616③	単漢名	626②			
學	がく	×	學	授學	620③	単漢名	630⑤			
學	がく	×	學	授學	616⑥	単漢名	626⑤			
學	がく	がく	學	勸持	740①	単漢名	758⑤	かく／かくする[妙]		
學	がく	がく	學	勸持	741②	単漢名	760⑤			
學	がく	×	學	勸持	743②	単漢名	762②			
學	がく	がく	學	藥王	1146②	単漢名	1164④		一と[西右]	がく[妙]
樂	がく	らく	樂	方便	178②	単漢名	153①			
樂	がく	がく	樂	方便	166②	単漢名	143②			
樂	がく	らく	樂	譬喩	257②	単漢名	228④			
樂	がく	らく	樂	譬喩	266④	単漢名	237⑤			
樂	がく	らく	樂	譬喩	268①	単漢名	239③			
樂	がく	×	樂	藥草	404⑥	単漢名	391⑥			
樂	がく	×	樂	藥草	404⑥	単漢名	391⑥			
樂	がく	×	樂	提婆	720①	単漢名	738②	らく／らく[妙]		
樂	がく	がく	樂	妙音	1179⑤	単漢名	1194⑩			かく[妙]
臥具	がぐ	ぐはく	臥具	序品	37⑥	漢器財名	32⑤	くわく／しきもの[妙]	しきものィ[西右]	
臥具	がぐ	くわく	臥具	信解	375⑥	漢器財名	363③	くわく／しきもの[妙]		
臥具	がぐ	ぐはぐ	臥具	安樂	781④	漢器財名	802④	くわく／しきもの[妙]	一と[西右]	
臥具	がぐ	ぐはぐ	臥具	分別	940④	漢器財名	958⑥	ぐわく／しきもの[妙]		
臥具	がぐ	ぐはぐ	臥具	觀世	1220①	漢器財名	1233③	くわく／しきもの[妙]	一と[西右]	
臥具	がぐ	ぐはぐ	臥具	普賢	1333③	漢器財名	1336⑥	くわく／しきもの[妙]		
樂音乾闥婆王	がくおんけんだつばおう	がくおん―――	樂音乾闥婆王	序品	12③	仏王名名	10①			
各各に	かくかくに	かく―	各各	化城	517③	漢畳語形動	522③			
各各に	かくかくに	かく―	各各	化城	538③	漢畳語形動	544①	かくかく／おの―[妙]		
各各に	かくかくに	かく―	各各	見寶	676⑥	漢畳語形動	693①	かく―／おの―[妙]		
各各に	かくかくに	かく―	各各	見寶	679②	漢畳語形動	695⑥	かく―／おの―[妙]		
各各に	かくかくに	かく―	各各	見寶	687⑤	漢畳語形動	705②			
各々に	かくかくに	かく―	各々	譬喩	231②	漢畳語形動	200③	かく―／をの―[妙]		
各々に	かくかくに	かく―	各々	譬喩	250④	漢畳語形動	220④	かく―／おの―[妙]		
各々に	かくかくに	かくかく	各々	從地	842④	漢畳語形動	865③	かくかく／をの―[妙]	おのおの[西右]	
各々に	かくかくに	×	各々	分別	930⑥	漢畳語形動	949④	かく―／おの―[妙]		
各々に	かくかくに	×	各々	分別	931②	漢畳語形動	949⑥	かく―／をの―[妙]		
各各に	かくかくに	かくかく	各各	序品	73⑥	漢畳語形動	64⑥		をの―[西右]	
各各に	かくかくに	×	各各	序品	77④	漢畳語形動	68②	かく―／をの―[妙]	をの―[西右]	
樂乾闥婆王	がくけんだつばおう	がくけんだつばー	樂乾闥婆王	序品	12③	仏王名名	9⑥			
覺悟し	かくごし	かくご	覺悟	五百	594②	漢サ動	601⑤			

当該語	読みかな	傍訓	漢字表記	品名	頁数	語の種類	妙一本	和解語文	可読	異同語彙
覺悟せ	かくごせ	かくこ／さとる心也	覺悟	化城	532④	漢サ動	538①	かくこ／さとら[妙]		
覺悟せ	かくごせ	かくこ	覺悟	五百	599⑥	漢サ動	608④	かくこ・せ／さとら[妙]		
學し	がくし	がく	學	從地	865②	漢サ動	887⑥		一て[西右]	
かくしまほる	かくしまぼる	×	藏護	譬喩	273④	和複動	244⑥			
學習し	がくしゅうし	かくしゆ	學習	從地	853①	漢サ動	875⑥	かくしう・し／ならい[妙]		
楽声	がくしょう	らく一	樂聲	法功	999④	漢名	1018③	らくしやう／こゑたのしみ[妙]		
學す	がくす	かく	學	囑累	1108③	単漢サ動	1127①			かく・す[妙]
學する	がくする	かく	學	安樂	769⑤	単漢サ動	789⑥			
學する	がくする	×	學	安樂	784③	単漢サ動	805④		一せん[西右]	
学する	がくする	がく	學	從地	831①	単漢サ動	853④	かく・せ／ならう[妙]	一せる[西右]	
学せ	がくせ	がく	學	譬喩	228④	単漢サ動	197⑤			
学せ	がくせ	かく	學	法師	656①	単漢サ動	670④			
学せ	がくせ	がく	學	妙莊	1284④	単漢サ動	1294⑤	かく・せ／ならはん[妙]		
學せ	がくせ	がく	學	五百	574⑥	単漢サ動	579③			
学地	がくぢ	がくぢ	學地	譬喩	236②	漢名	205③			がくぢ【學地】[妙]
覺知せ	かくちせ	かくち／さとりしる	覺知	藥草	395⑥	漢サ動	381⑥	かくち／さとりしら[妙]		
覚知せ	かくちせ	かくち	覺知	五百	590⑥	漢サ動	597⑤	かくち・せ／さとりしらす[妙]	さとりしらずィ[西右]	
覺知せ	かくちせ	かくち	覺知	五百	597④	漢サ動	605⑥	かくち・せ／さとりしらす[妙]		
覚道	かくどう	かくだう	覺道	譬喩	262①	漢名	233③	がく・だう／さとる・みち[妙]	一と一と[西右]	
かくのごとき	かくのごとき	×	斯如	方便	178②	和連語	153②			
かくのごとき	かくのごとき	×	斯如	見寶	696④	和連語	715③			
かくのごとき	かくのごとき	×	此如	方便	121③	和連語	106④			
かくのごとき	かくのごとき	×	此如	勸持	755③	和連語	774⑥			
かくのごとき	かくのごとき	×	此如	分別	931⑤	和連語	950③			
かくのごとき	かくのごとき	×	此如	方便	116⑤	和連語	102②			
かくのごとき	かくのごとき	×	此如	方便	134⑤	和連語	117⑤			
かくのごとき	かくのごとき	×	此如	妙莊	1304②	和連語	1311③			
かくのごとき	かくのごとき	×	如是	授學	608⑥	和連語	618①			
かくのごとき	かくのごとき	×	如是	譬喩	289⑥	和連語	261⑤			
かくのごとき	かくのごとき	×	是如	序品	4②	和連語	3②			
かくのごとき	かくのごとき	×	是如	序品	6②	和連語	4⑥			
かくのごとき	かくのごとき	×	是如	序品	9⑤	和連語	7⑥			
かくのごとき	かくのごとき	×	是如	序品	38③	和連語	33①			
かくのごとき	かくのごとき	×	是如	方便	94①	和連語	82④			
かくのごとき	かくのごとき	×	是如	方便	105③	和連語	92②			
かくのごとき	かくのごとき	×	是如	方便	106⑤	和連語	93④			
かくのごとき	かくのごとき	×	是如	方便	118②	和連語	103⑤			
かくのごとき	かくのごとき	×	是如	方便	122②	和連語	107②			
かくのごとき	かくのごとき	×	是如	方便	123①	和連語	108①			
かくのごとき	かくのごとき	×	是如	方便	135⑤	和連語	118④			
かくのごとき	かくのごとき	×	是如	方便	139①	和連語	121②			
かくのごとき	かくのごとき	×	是如	方便	141①	和連語	122⑥			
かくのごとき	かくのごとき	×	是如	方便	146⑥	和連語	127⑤			
かくのごとき	かくのごとき	×	是如	方便	155⑥	和連語	134⑥			
かくのごとき	かくのごとき	×	是如	方便	158③	和連語	136⑥			
かくのごとき	かくのごとき	×	是如	方便	160③	和連語	138④			
かくのごとき	かくのごとき	×	是如	方便	160⑥	和連語	138⑥			
かくのごとき	かくのごとき	×	是如	方便	162⑥	和連語	140③			
かくのごとき	かくのごとき	×	是如	方便	164①	和連語	141③			
かくのごとき	かくのごとき	×	是如	方便	165②	和連語	142③			
かくのごとき	かくのごとき	×	是如	方便	166④	和連語	143④			
かくのごとき	かくのごとき	×	是如	方便	173③	和連語	149③			
かくのごとき	かくのごとき	×	是如	方便	183②	和連語	157②			
かくのごとき	かくのごとき	×	是如	方便	191③	和連語	164②			
かくのごとき	かくのごとき	×	是如	方便	192②	和連語	165①			
かくのごとき	かくのごとき	×	是如	譬喩	205②	和連語	172②			
かくのごとき	かくのごとき	×	是如	譬喩	211②	和連語	179①			
かくのごとき	かくのごとき	×	是如	譬喩	212④	和連語	180⑤			
かくのごとき	かくのごとき	×	是如	譬喩	214⑤	和連語	183①			

かく 113

当該語	読みかな	傍訓	漢字表記	品名	頁数	語の種類	妙一本	和解語文	可読	異同語彙
かくのごとき	かくのごとき	×	是如	譬喩	216③	和連語	184⑤			
かくのごとき	かくのごとき	×	是如	譬喩	224⑤	和連語	193⑤			
かくのごとき	かくのごとき	×	是如	譬喩	228③	和連語	197⑤			
かくのごとき	かくのごとき	×	是如	譬喩	234①	和連語	203②			
かくのごとき	かくのごとき	×	是如	譬喩	245④	和連語	215③			
かくのごとき	かくのごとき	×	是如	譬喩	250②	和連語	220②			
かくのごとき	かくのごとき	×	是如	譬喩	256①	和連語	227①			
かくのごとき	かくのごとき	×	是如	譬喩	276③	和連語	247⑥			
かくのごとき	かくのごとき	×	是如	譬喩	293①	和連語	265①			
かくのごとき	かくのごとき	×	是如	譬喩	302②	和連語	274③			
かくのごとき	かくのごとき	×	是如	譬喩	303①	和連語	275②			
かくのごとき	かくのごとき	×	是如	譬喩	308②	和連語	280⑤			
かくのごとき	かくのごとき	×	是如	譬喩	308③	和連語	280⑥			
かくのごとき	かくのごとき	×	是如	譬喩	308④	和連語	281②			
かくのごとき	かくのごとき	×	是如	譬喩	310②	和連語	283①			
かくのごとき	かくのごとき	×	是如	譬喩	311⑥	和連語	285①			
かくのごとき	かくのごとき	×	是如	譬喩	312③	和連語	285⑤			
かくのごとき	かくのごとき	×	是如	譬喩	313①	和連語	286⑤			
かくのごとき	かくのごとき	×	是如	譬喩	313③	和連語	287①			
かくのごとき	かくのごとき	×	是如	譬喩	313⑥	和連語	287⑤			
かくのごとき	かくのごとき	×	是如	譬喩	314②	和連語	288②			
かくのごとき	かくのごとき	×	是如	譬喩	314⑥	和連語	288⑥			
かくのごとき	かくのごとき	×	是如	譬喩	315③	和連語	289⑤			
かくのごとき	かくのごとき	×	是如	譬喩	316②	和連語	290⑤			
かくのごとき	かくのごとき	×	是如	譬喩	316⑤	和連語	291②			
かくのごとき	かくのごとき	×	是如	信解	324⑤	和連語	300⑤			
かくのごとき	かくのごとき	×	是如	信解	327③	和連語	304①			
かくのごとき	かくのごとき	×	是如	信解	376②	和連語	363⑥			
かくのごとき	かくのごとき	×	是如	化城	450①	和連語	443⑥			
かくのごとき	かくのごとき	×	是如	化城	474③	和連語	473①			
かくのごとき	かくのごとき	×	是如	化城	492⑤	和連語	494⑥			
かくのごとき	かくのごとき	×	是如	化城	526⑤	和連語	532②			
かくのごとき	かくのごとき	×	是如	化城	535①	和連語	540⑤			
かくのごとき	かくのごとき	×	是如	五百	573④	和連語	577⑤			
かくのごとき	かくのごとき	×	是如	五百	578④	和連語	583④			
かくのごとき	かくのごとき	×	是如	五百	582①	和連語	587③			
かくのごとき	かくのごとき	×	是如	五百	587①	和連語	592⑥			
かくのごとき	かくのごとき	×	是如	五百	594②	和連語	601⑤			
かくのごとき	かくのごとき	×	是如	授學	609①	和連語	618③			
かくのごとき	かくのごとき	×	是如	法師	622①	和連語	632⑥			
かくのごとき	かくのごとき	×	是如	法師	632⑥	和連語	644⑤			
かくのごとき	かくのごとき	×	是如	法師	650⑥	和連語	664⑥			
かくのごとき	かくのごとき	×	是如	見寶	681⑤	和連語	698⑥			
かくのごとき	かくのごとき	×	是如	見寶	698②	和連語	717②			
かくのごとき	かくのごとき	×	是如	勸持	753⑤	和連語	772⑥			
かくのごとき	かくのごとき	×	是如	勸持	757③	和連語	777①			
かくのごとき	かくのごとき	×	是如	勸持	758⑤	和連語	778③			
かくのごとき	かくのごとき	×	是如	安樂	763⑤	和連語	783②			
かくのごとき	かくのごとき	×	是如	安樂	771④	和連語	791⑥			
かくのごとき	かくのごとき	×	是如	安樂	778①	和連語	798⑤			
かくのごとき	かくのごとき	×	是如	安樂	792②	和連語	813⑤			
かくのごとき	かくのごとき	×	是如	安樂	809④	和連語	831⑤			
かくのごとき	かくのごとき	×	是如	從地	822⑥	和連語	845②			
かくのごとき	かくのごとき	×	是如	從地	825③	和連語	847⑤			
如是	かくのごとき	かくのごと―	是如	從地	831①	和連語	853⑤			
かくのごとき	かくのごとき	×	是如	從地	833②	和連語	855⑥			
かくのごとき	かくのごとき	×	是如	從地	836②	和連語	859①			
かくのごとき	かくのごとき	×	是如	從地	838③	和連語	861①			
かくのごとき	かくのごとき	×	是如	從地	839④	和連語	862③			
かくのごとき	かくのごとき	×	是如	從地	844⑥	和連語	867⑤			
かくのごとき	かくのごとき	×	是如	從地	847⑤	和連語	870④			
かくのごとき	かくのごとき	×	是如	從地	853①	和連語	875⑤			
かくのごとき	かくのごとき	×	是如	從地	855①	和連語	878④			
かくのごとき	かくのごとき	×	是如	從地	857③	和連語	880②			
かくのごとき	かくのごとき	×	是如	從地	858⑤	和連語	881④			
かくのごとき	かくのごとき	×	是如	如來	886⑤	和連語	905⑤			
かくのごとき	かくのごとき	×	是如	如來	888⑥	和連語	907⑥			
かくのごとき	かくのごとき	×	是如	如來	891③	和連語	910④			

当該語	読みかな	傍訓	漢字表記	品名	頁数	語の種類	妙一本	和解語文	可読	異同語彙
かくのごとき	かくのごとき	×	是如	如來	893④	和連語	912④			
かくのごとき	かくのごとき	×	是如	如來	898③	和連語	917③			
かくのごとき	かくのごとき	×	是如	如來	901⑤	和連語	920⑤			
かくのごとき	かくのごとき	×	是如	如來	905①	和連語	924①			
かくのごとき	かくのごとき	×	是如	分別	921④	和連語	940④		一のごとしと[西右]	
かくのごとき	かくのごとき	×	是如	分別	932③	和連語	951①			
かくのごとき	かくのごとき	×	是如	分別	935⑥	和連語	954③			
かくのごとき	かくのごとき	×	是如	分別	937②	和連語	955⑤			
かくのごとき	かくのごとき	×	是如	分別	939①	和連語	957③			
かくのごとき	かくのごとき	×	是如	分別	940⑥	和連語	959①			
かくのごとき	かくのごとき	×	是如	分別	945③	和連語	964①			
かくのごとき	かくのごとき	×	是如	分別	947①	和連語	965④			
かくのごとき	かくのごとき	×	是如	分別	955②	和連語	973⑥			
かくのごとき	かくのごとき	×	是如	分別	960①	和連語	978④			
かくのごとき	かくのごとき	×	是如	分別	966⑥	和連語	985①			
かくのごとき	かくのごとき	×	是如	隨喜	972③	和連語	990③		かくのことく[西右]	
かくのごとき	かくのごとき	×	是如	隨喜	973③	和連語	991③			
かくのごとき	かくのごとき	×	是如	隨喜	974③	和連語	992④			
かくのごとき	かくのごとき	×	是如	法功	1004②	和連語	1022⑤			
かくのごとき	かくのごとき	×	是如	法功	1006③	和連語	1024⑥			
かくのごとき	かくのごとき	×	是如	法功	1012①	和連語	1030④			
かくのごとき	かくのごとき	×	是如	法功	1034①	和連語	1052⑥			
かくのごとき	かくのごとき	×	是如	法功	1039①	和連語	1057⑤			
かくのごとき	かくのごとき	×	是如	法功	1047④	和連語	1066①			
かくのごとき	かくのごとき	×	是如	常不	1065①	和連語	1083⑥			
かくのごとき	かくのごとき	×	是如	常不	1071④	和連語	1090①			
かくのごとき	かくのごとき	×	是如	常不	1082①	和連語	1100④			
かくのごとき	かくのごとき	×	是如	常不	1082⑥	和連語	1101③			
かくのごとき	かくのごとき	×	是如	神力	1092②	和連語	1110⑤			
かくのごとき	かくのごとき	×	是如	藥王	1125①	和連語	1143③			
かくのごとき	かくのごとき	×	是如	藥王	1126⑤	和連語	1145①			
かくのごとき	かくのごとき	×	是如	藥王	1158⑥	和連語	1176③			
かくのごとき	かくのごとき	×	是如	藥王	1164④	和連語	1181④		一の事を[西右]	かくのことき[妙]
かくのごとき	かくのごとき	×	是如	妙音	1169①	和連語	1185②			
かくのごとき	かくのごとき	×	是如	觀世	1217⑤	和連語	1231①			
かくのごとき	かくのごとき	×	是如	觀世	1219②	和連語	1232④			
かくのごとき	かくのごとき	×	是如	觀世	1230③	和連語	1242④			
かくのごとき	かくのごとき	×	是如	觀世	1234④	和連語	1248①			
かくのごとき	かくのごとき	×	是如	陀羅	1268②	和連語	1279②		一の[西右]	かくのことき[妙]
かくのごとき	かくのごとき	×	是如	陀羅	1270⑤	和連語	1281④			
かくのごとき	かくのごとき	×	是如	陀羅	1271②	和連語	1282①			
かくのごとき	かくのごとき	×	是如	妙莊	1280③	和連語	1290②			
かくのごとき	かくのごとき	×	是如	妙莊	1280⑤	和連語	1290④			
かくのごとき	かくのごとき	×	是如	妙莊	1301②	和連語	1308⑤			
かくのごとき	かくのごとき	×	是如	普賢	1325①	和連語	1329⑤			
かくのごとき	かくのごとき	×	是如	普賢	1315④	和連語	1321②			
かくのごとき	かくのごとき	×	是如	普賢	1330①	和連語	1334①			かくのことき[妙]
かくのごとき	かくのごとき	×	是如	普賢	1334③	和連語	1337⑤			
かくのごとき	かくのごとく	×	斯若	法功	1047②	和連語	1065⑥			
かくのごとく	かくのごとく	×	此如	分別	945①	和連語	963③			
かくのごとく	かくのごとく	×	是如	藥王	1140⑤	和連語	1158⑥		かく一[西右]	かくのごとく[妙]
かくのごとく	かくのごとく	×	如是	五百	591⑥	和連語	598⑥			
かくのごとく	かくのごとく	×	是如	序品	28⑥	和連語	24⑤			
かくのごとく	かくのごとく	×	是如	序品	50②	和連語	43④			
かくのごとく	かくのごとく	×	是如	方便	95④	和連語	83⑥			
かくのごとく	かくのごとく	×	是如	方便	185①	和連語	158⑤			
かくのごとく	かくのごとく	×	是如	譬喩	226①	和連語	195①			
かくのごとく	かくのごとく	×	是如	譬喩	234③	和連語	203⑤			
かくのごとく	かくのごとく	×	是如	譬喩	279③	和連語	251①			
かくのごとく	かくのごとく	×	是如	譬喩	282②	和連語	253⑤			
かくのごとく	かくのごとく	×	是如	譬喩	283⑤	和連語	255②			
かくのごとく	かくのごとく	×	是如	譬喩	315⑤	和連語	290①			
かくのごとく	かくのごとく	×	是如	信解	355④	和連語	339②			
かくのごとく	かくのごとく	×	是如	信解	362②	和連語	347③			
かくのごとく	かくのごとく	×	是如	信解	369④	和連語	356①			

かく 115

当該語	読みかな	傍訓	漢字表記	品名	頁数	語の種類	妙一本	和解語文	可読	異同語彙
かくのことく	かくのごとく	×	是如	藥草	413②	和連語	401④			
かくのことく	かくのごとく	×	是如	授記	440②	和連語	432②			
かくのことく	かくのごとく	×	是如	化城	447②	和連語	440③			
かくのことく	かくのごとく	×	是如	化城	449⑥	和連語	443④			
かくのことく	かくのごとく	×	是如	化城	450⑥	和連語	444⑤			
かくのことく	かくのごとく	×	是如	化城	452③	和連語	446④			
かくのことく	かくのごとく	×	是如	化城	453⑥	和連語	448③			
かくのことく	かくのごとく	×	是如	五百	576⑤	和連語	581④			
かくのことく	かくのごとく	×	是如	五百	588④	和連語	594⑥			
かくのことく	かくのごとく	×	是如	法師	636⑤	和連語	648④			
かくのことく	かくのごとく	×	是如	見寶	695④	和連語	714②			
かくのことく	かくのごとく	×	是如	勸持	743③	和連語	762③			
かくのことく	かくのごとく	×	是如	安樂	768②	和連語	788③			
かくのことく	かくのごとく	×	是如	安樂	783②	和連語	804②			
かくのことく	かくのごとく	×	是如	從地	867③	和連語	×			ごとく[妙]
かくのことく	かくのごとく	×	是如	如來	882①	和連語	901①			
かくのことく	かくのごとく	×	是如	如來	884⑥	和連語	903⑤			
かくのことく	かくのごとく	×	是如	如來	894⑤	和連語	913⑤			
かくのことく	かくのごとく	×	是如	如來	916④	和連語	935③			
かくのことく	かくのごとく	×	是如	分別	942②	和連語	960⑤			
かくのことく	かくのごとく	×	是如	分別	946②	和連語	965①			
かくのことく	かくのごとく	×	是如	分別	950⑤	和連語	969③			
かくのことく	かくのごとく	×	是如	分別	965③	和連語	983⑤			
かくのことく	かくのごとく	×	是如	隨喜	978④	和連語	996⑥			
かくのことく	かくのごとく	×	是如	隨喜	986⑤	和連語	1005①			
かくのことく	かくのごとく	×	是如	隨喜	989②	和連語	1007⑤			
かくのことく	かくのごとく	×	是如	法功	998①	和連語	1016⑤			
かくのことく	かくのごとく	×	是如	法功	1001①	和連語	1019⑤			
かくのことく	かくのごとく	×	是如	法功	1008③	和連語	1026⑥			
かくのことく	かくのごとく	×	是如	法功	1013③	和連語	1031⑤			
かくのことく	かくのごとく	×	是如	法功	1023①	和連語	1041⑥			
かくのことく	かくのごとく	×	是如	常不	1061②	和連語	1079⑥			
かくのことく	かくのごとく	×	是如	常不	1065②	和連語	1084①			
かくのことく	かくのごとく	×	是如	神力	1086⑥	和連語	1105③			かくのことく[妙]
かくのことく	かくのごとく	×	是如	神力	1094①	和連語	1112④			かくのことく[妙]
かくのことく	かくのごとく	×	是如	囑累	1106②	和連語	1124⑥			かくのことく[妙]
かくのことく	かくのごとく	×	是如	囑累	1109④	和連語	1128②			かくのことく[妙]
かくのことく	かくのごとく	×	是如	囑累	1111③	和連語	1130①			
かくのことく	かくのごとく	×	是如	藥王	1133①	和連語	1151③			
かくのことく	かくのごとく	×	是如	藥王	1163③	和連語	1180③			かくのことく[妙]
かくのことく	かくのごとく	×	是如	妙音	1193③	和連語	1207⑤			
かくのことく	かくのごとく	×	是如	妙音	1196②	和連語	1210①			
かくのことく	かくのごとく	×	是如	妙音	1197④	和連語	1211③			
かくのことく	かくのごとく	×	是如	妙音	1198③	和連語	1212②			
かくのことく	かくのごとく	×	是如	觀世	1221④	和連語	1234⑥	―――――き[西右]		
かくのことく	かくのごとく	×	是如	妙莊	1289③	和連語	1298⑤			
かくのことく	かくのごとく	×	是如	普賢	1310③	和連語	1316⑤			
かくのことし	かくのごとし	×	斯若	如來	891②	和連語	910②			
かくのことし	かくのごとし	×	此如	序品	84③	和連語	74①			
かくのことし	かくのごとし	×	此如	隨喜	985③	和連語	1003⑤			
かくのことし	かくのごとし	×	此如	法功	1043①	和連語	1061⑤			
かくのことし	かくのごとし	×	是如	序品	28⑤	和連語	24④			
かくのことし	かくのごとし	×	是如	序品	46⑤	和連語	40③			
かくのことし	かくのごとし	×	是如	方便	129①	和連語	113②			
かくのことし	かくのごとし	×	是如	方便	133⑥	和連語	117②			
かくのことし	かくのごとし	×	是如	方便	174⑥	和連語	150④			
かくのことし	かくのごとし	×	是如	方便	177⑤	和連語	152⑤			
かくのことし	かくのごとし	×	是如	方便	188②	和連語	161②			
かくのことし	かくのごとし	×	是如	方便	192④	和連語	165③			
かくのことし	かくのごとし	×	是如	譬喩	229⑥	和連語	199②			
かくのことし	かくのごとし	×	是如	譬喩	259③	和連語	230⑤			
かくのことし	かくのごとし	×	是如	譬喩	266②	和連語	237③			
かくのことし	かくのごとし	×	是如	譬喩	268⑥	和連語	240④			
かくのことし	かくのごとし	×	是如	譬喩	273①	和連語	244②			
かくのことし	かくのごとし	×	是如	譬喩	289①	和連語	261①			
かくのことし	かくのごとし	×	是如	譬喩	304⑤	和連語	277①			
かくのことし	かくのごとし	×	是如	譬喩	306②	和連語	278④			

当該語	読みかな	傍訓	漢字表記	品名	頁数	語の種類	妙一本	和解語文	可読	異同語彙
かくのことし	かくのごとし	×		是如	譬喩	309⑤	和連語	282④		
かくのことし	かくのごとし	×		是如	譬喩	310⑥	和連語	283⑥		
かくのことし	かくのごとし	×		是如	信解	341④	和連語	321④		
かくのことし	かくのごとし	×		是如	信解	365④	和連語	351②		
かくのことし	かくのごとし	×		是如	信解	368④	和連語	354⑥		
かくのことし	かくのごとし	×		是如	信解	372③	和連語	359③		
かくのことし	かくのごとし	×		是如	藥草	390⑤	和連語	376②		
かくのことし	かくのごとし	×		是如	藥草	403④	和連語	390③		
かくのことし	かくのごとし	×		是如	化城	454⑥	和連語	449④		
かくのことし	かくのごとし	×		是如	化城	490⑥	和連語	492⑥	一くありき[西右]	
かくのことし	かくのごとし	×		是如	化城	544⑥	和連語	553①		
かくのことし	かくのごとし	×		是如	五百	593②	和連語	600④		
かくのことし	かくのごとし	×		是如	五百	599①	和連語	607④		
かくのことし	かくのごとし	×		是如	授學	610⑤	和連語	620①		
かくのことし	かくのごとし	×		是如	法師	643⑥	和連語	656⑥		
かくのことし	かくのごとし	×		是如	見寶	659④	和連語	673⑥		
かくのことし	かくのごとし	×		是如	見寶	659④	和連語	674①		
かくのことし	かくのごとし	×		是如	見寶	668⑤	和連語	683⑥		
かくのことし	かくのごとし	×		是如	見寶	671③	和連語	687②		
かくのことく	かくのごとく	×		是如	見寶	677①	和連語	693②		
かくのことし	かくのごとし	×		是如	見寶	679①	和連語	695⑤		
かくのことし	かくのごとし	×		是如	提婆	725①	和連語	743②		
かくのことし	かくのごとし	×		是如	安樂	791①	和連語	812④		
かくのことし	かくのごとし	×		是如	安樂	798④	和連語	820②		
かくのことし	かくのごとし	×		是如	安樂	801①	和連語	822⑥		
かくのことし	かくのごとし	×		是如	從地	829⑤	和連語	852①		かくのことしかくのことし[妙]
かくのことし	かくのごとし	×		是如	從地	859⑤	和連語	882④		
かくのことし	かくのごとし	×		是如	從地	867③	和連語	890②		
かくのことし	かくのごとし	×		是如	如來	899②	和連語	918②		
かくのことし	かくのごとし	×		是如	如來	909③	和連語	928②		
かくのことし	かくのごとし	×		是如	如來	914⑤	和連語	933⑤	一のごとくして[西右]	
かくのことし	かくのごとし	×		是如	如來	918①	和連語	936⑥		
かくのことし	かくのごとし	×		是如	分別	957③	和連語	976①		
かくのことし	かくのごとし	×		是如	分別	965⑤	和連語	983⑥		
かくのことし	かくのごとし	×		是如	藥王	1143②	和連語	1161②		かくのことし[妙]
かくのことし	かくのごとし	×		是如	藥王	1143⑥	和連語	1161⑥		かくのことし[妙]
かくのことし	かくのごとし	×		是如	藥王	1144③	和連語	1162⑥		かくのことし[妙]
かくのことし	かくのごとし	×		是如	藥王	1144⑥	和連語	1163①		
かくのことし	かくのごとし	×		是如	藥王	1145③	和連語	1163④		
かくのことし	かくのごとし	×		是如	藥王	1145⑥	和連語	1164①		
かくのことし	かくのごとし	×		是如	藥王	1146②	和連語	1164④		かくのことし[妙]
かくのことし	かくのごとし	×		是如	藥王	1147①	和連語	1165②		
かくのことし	かくのごとし	×		是如	藥王	1147⑤	和連語	1165⑥		かくのことし[妙]
かくのことし	かくのごとし	×		是如	藥王	1148①	和連語	1166③		かくのことし[妙]
かくのことし	かくのごとし	×		是如	藥王	1148④	和連語	1166⑤		
かくのことし	かくのごとし	×		是如	藥王	1151①	和連語	1169③		かくのことし[妙]
かくのことし	かくのごとし	×		是如	妙音	1194⑤	和連語	1208④		
かくのことし	かくのごとし	×		是如	妙音	1196⑥	和連語	1210④		
かくのことし	かくのごとし	×		是如	觀世	1216③	和連語	1229⑤		
かくのことし	かくのごとし	×		是如	妙莊	1294③	和連語	1302⑥		
かくのことし	かくのごとし	×		是如	妙莊	1297③	和連語	1305③		
〻(かくのことし)	かくのごとし	×		是如	妙莊	1297③	和連語	1305③		かくのことし[妙]
如是	かくのごとし	かくのごとし	如是	譬喩	253⑤	和連語	224③			
角睞{角睞}	かくらい	かくらい・すかめたらん	角睞	普賢	1335⑤	漢名	1338⑥			角睞(かくらい)[妙]
かくる	かくる	×	欠	序品	35④	和動	30④			
かくれかくる	かくれかくる	×	藏竄	譬喩	277⑥	和複動	249④			
かけ	かけ	×	懸	譬喩	248②	和動	218②			
かけ	かけ	×	懸	譬喩	287①	和動	258⑥			
かけ	かけ	×	懸	見寶	657④	和動	671⑥			
かけ	かけ	×	懸	見寶	670③	和動	685⑤			
かけ	かけ	×	懸	見寶	674②	和動	689⑥			
かけ	かけ	×	懸	見寶	676③	和動	692④			
かけ	かけ	×	懸	分別	935④	和動	954①	一たり[西右]		
かけ	かけ	×	懸	分別	953②	和動	972①			

当該語	読みかな	傍訓	漢字表記	品名	頁数	語の種類	妙一本	和解語文	可読	異同語彙
かけ	かけ	×	懸	藥王	1134⑥	和動	1153②			
かけ	かけ	×	駕	譬喩	288②	和動	260②			
かけ	かけ	×	繋	五百	590⑤	和動	597④			
かけ	かけ	×	繋	五百	592③	和動	599④			
かけ	かけ	×	繋	五百	598④	和動	606⑥			
かけ	かけ	×	羅	見寶	667⑥	和動	682⑥			
かけ	かけ	×	歃	随喜	990⑥	和動	1009③			かけたら[妙]
かけ	かけ	×	歃	普賢	1335⑤	和動	1338⑤			
かけおほひ	かけおおい	×	羅覆	見寶	670②	和複動	685④			かけをよひ[妙]
かけおち	かけおち	×	歃落	随喜	982⑥	和複動	1001②			
珂月	かげつ	かげつ／たまのな・たまとつきとィ	珂月	妙莊	1300⑤	漢名	1308②			かくわち[妙]
かけやぶれ	かけやぶれ	×	歃壊	随喜	983③	和複動	1001⑤			
過患	かげん	くはげん／とか	過患	化城	535①	漢名	540⑥	くわくえん／とかうれへ[妙]		
我見	がけん	がけん	我見	譬喩	236④	漢名	205⑥	がけん／われしれりとおもふ[妙]		
我見	がけん	がけん	我見	譬喩	301①	漢名	273②	かけん／われしれりと[妙]		
我見	がけん	がけん	我見	譬喩	310④	漢名	283④	かけん・に／われしれりとおもふに[妙]		
過去	かこ	くはこ	過去	序品	21①	漢時候名	17③	くわこ／さきのよ[妙]		
過去	かこ	くわこ	過去	序品	46①	漢時候名	39⑤	くわこ／さきのよ[妙]		
過去	かこ	くわこ	過去	序品	47③	漢時候名	41①			
過去	かこ	くはこ	過去	序品	66②	漢時候名	57⑥	くわこ／さきのよ[妙]		
過去	かこ	くはこ	過去	方便	129①	漢時候名	113②			
過去	かこ	くはこ	過去	方便	158①	漢時候名	136④	くわこ／さきのよ[妙]		
過去	かこ	くはこ	過去	方便	159⑥	漢時候名	138①	くわこ／さきのよ[妙]		
過去	かこ	くはこ	過去	方便	169④	漢時候名	146①	くわこ／さきのよ[妙]		
過去	かこ	くはこ	過去	方便	174②	漢時候名	150①			
過去	かこ	×	過去	方便	180①	漢時候名	154⑤	くわこ／さきのよ[妙]		
過去	かこ	×	過去	譬喩	299②	漢時候名	271④	くわこ／さきのよ[妙]		
過去	かこ	くはこ	過去	五百	566④	漢時候名	570①			
過去	かこ	くハこ	過去	授學	611③	漢時候名	620⑤			
過去	かこ	×	過去	授學	612①	漢時候名	621④			
過去	かこ	くはこ	過去	見寶	661④	漢時候名	676①			
過去	かこ	くはこ	過去	見寶	681⑥	漢時候名	698④			
過去	かこ	くはこ	過去	提婆	708③	漢時候名	725③			
過去	かこ	くはこ	過去	提婆	712②	漢時候名	729⑤	くわこ／さきのよの[妙]		
過去	かこ	くはこ	過去	安樂	795③	漢時候名	816⑥	くわこ／すきにしよ[妙]		
過去	かこ	くはこ	過去	從地	830③	漢時候名	852⑥	くわこ／さきのよ[妙]		
過去	かこ	くはこ	過去	常不	1077②	漢時候名	1095⑤	くわこ／さきのよ[妙]		
過去	かこ	くはこ	過去	神力	1101④	漢時候名	1120④	くわこ／さきのよ[妙]		
過去	かこ	くはこ	過去	妙音	1186④	漢時候名	1201③			くわこ[妙]
過去世	かこせ	くはこせ	過去世	譬喩	215⑥	仏時候名	184②	くわこ／さきのよ[妙]		過去のよの[妙]
過去世	かこせ	くはこ―	過去世	化城	449②	仏時候名	442⑤	くわこせ／さきのよ[妙]		
過去無量恒河沙劫	かこむりようごうがしゃこう	くはこの――――	過去無量恒河沙劫	藥王	1116①	漢名	1134④	くわこむりやうこうかしやこう[妙]	――の―――の―[西右]	過去無量恒河沙劫[妙]
かこん	かこん	×	續	觀世	1238④	和動	1251①			かくん[妙]
枷櫪	かさ	かさ／くびかせしかなくさり	枷櫪	觀世	1213④	漢刑具名	1226⑥	かさ／くひかしほたし[妙]		

当該語	読みかな	傍訓	漢字表記	品名	頁数	語の種類	妙一本	和解語文	可読	異同語彙
枷鏁	かさ	かさ／くひかしかなくさり	枷鏁	觀世	1239③	漢刑具名	1252①	かさ／くひかし[妙]		
火災	かさい	くわさい	火灾	譬喩	279⑤	漢名	251②	くわさい／ひのわさわい[妙]	火災[妙]	火災[妙]
かさねて	かさね	×	累	提婆	729②	和動	747②			かね[妙]
かさねしき	かさねしき	×	重敷	譬喩	248②	和複動	218⑤			
かさねて	かさねて	×	重	序品	23④	和副	19⑤			
かさねて	かさねて	×	重	序品	65⑤	和副	57④			
かさねて	かさねて	×	重	方便	92②	和副	80⑥			
かさねて	かさねて	×	重	方便	106②	和副	93①			
かさねて	かさねて	×	重	方便	112①	和副	98①			
かさねて	かさねて	×	重	方便	113③	和副	99②			
かさねて	かさねて	×	重	方便	115①	和副	100④			
かさねて	かさねて	×	重	方便	115⑥	和副	101③			
かさねて	かさねて	×	重	方便	117②	和副	102⑤			
かさねて	かさねて	×	重	方便	140③	和動	122③			
かさねて	かさねて	×	重	譬喩	208⑤	和副	176②			
かさねて	かさねて	×	重	譬喩	226④	和副	195④			
かさねて	かさねて	×	重	譬喩	232⑥	和副	202①			
かさねて	かさねて	×	重	譬喩	270④	和副	241③			
かさねて	かさねて	×	重	信解	352④	和副	335④			
かさねて	かさねて	×	重	藥草	399①	和副	385③			
かさねて	かさねて	×	重	授記	418④	和副	407①			
かさねて	かさねて	×	重	授記	429③	和副	419⑥			
かさねて	かさねて	×	重	授記	436⑤	和副	428①			
かさねて	かさねて	×	重	授記	441⑥	和副	434②			
かさねて	かさねて	×	重	化城	448⑥	和副	442③			
かさねて	かさねて	×	重	化城	461②	和副	456⑥			
かさねて	かさねて	×	重	化城	529⑥	和副	535④			
かさねて	かさねて	×	重	五百	574⑤	和副	578⑥			
かさねて	かさねて	×	重	五百	585①	和副	590⑤			
かさねて	かさねて	×	重	五百	595⑤	和副	603③			
かさねて	かさねて	×	重	授學	606④	和副	615④			
かさねて	かさねて	×	重	授學	614⑤	和動	624③			
かさねて	かさねて	×	重	授學	618②	和副	628③			
かさねて	かさねて	×	重	法師	631①	和副	642④			
かさねて	かさねて	×	重	法師	649③	和副	663②			
かさねて	かさねて	×	重	見寶	685①	和副	702③			
かさねて	かさねて	×	重	提婆	711⑥	和副	729③			
かさねて	かさねて	×	重	安樂	768②	和副	788⑤			
かさねて	かさねて	×	重	安樂	778⑤	和副	799④			
かさねて	かさねて	×	重	安樂	788⑥	和副	810③			
かさねて	かさねて	×	重	安樂	804②	和副	826②			
かさねて	かさねて	×	重	從地	846①	和副	868⑤			
かさねて	かさねて	×	重	從地	851③	和副	874②			
かさねて	かさねて	×	重	從地	864①	和副	886⑤			
かさねて	かさねて	×	重	如來	910②	和副	929①			
かさねて	かさねて	×	重	分別	939③	和副	957⑥			
かさねて	かさねて	×	重	分別	961②	和副	979⑤			
かさねて	かさねて	×	重	随喜	986①	和副	1004③			
かさねて	かさねて	×	重	法功	996⑤	和副	1014⑤			
かさねて	かさねて	×	重	法功	1001③	和副	1020①			
かさねて	かさねて	×	重	法功	1014⑤	和副	1033②			
かさねて	かさねて	×	重	法功	1031②	和副	1049⑤			
かさねて	かさねて	×	重	法功	1037②	和副	1056①			
かさねて	かさねて	×	重	法功	1043⑤	和副	1062⑥			
かさねて	かさねて	×	重	常不	1076⑥	和副	1095③			
かさねて	かさねて	×	重	神力	1097⑤	和副	1116④			
かさねて	かさねて	×	重	觀世	1235①	和副	1247④			
かさねて	かさねて	×	重	妙莊	1284①	和副	1293④			
かざり	かざり	×	嚴	方便	151⑤	和動	131⑤			
歌し	かし	か・うたふ	歌	分別	928⑤	漢サ動	947⑤			
牙齒	がし	がし	牙齒	普賢	1335④	漢身体名	1338⑤	けし／きは[妙]		
かしこ	かしこ	×	彼	信解	334①	和名	312②			
過失	かしつ	くはしつ／とか	過失	安樂	793⑤	漢名	815③	くわしつ／とか[妙]		
菓實	かじつ	くはしつ	菓實	譬喩	228①	漢花名名	197①	くわじち／このみ[妙]		くはじち[妙]

当該語	読みかな	傍訓	漢字表記	品名	頁数	語の種類	妙一本	和解語文	可読	異同語彙
菓實	かじつ	くハじつ	菓實	法功	1017④	漢花名名	1036②	くわじち／このみ[妙]		くはじち[妙]
瓦石	がしゃく	ぐハしやく／かはらいし	瓦石	法師	652⑤	漢家屋名	666⑥	くわしやく／かはらいし[妙]		
瓦石	がしゃく	ぐはしやく	瓦石	法師	654①	漢家屋名	668②	くわしやく／かはらいし[妙]	一と[西右]	
瓦石	がじゃく	ぐはじやく／かはらいし	瓦石	譬喩	303⑥	漢家屋名	276②	ぐわしやく／かわらいし[妙]		
歌頌	かじゅ	かしゆ	歌頌	法師	640⑤	漢名	653③	かしゆ／うた[妙]		
歌頌	かじゅ	かじゆ	歌頌	提婆	718④	漢名	736④	かしゆ／うたふ[妙]		
菓樹香	かじゅこう	くハじゆ―	菓樹香	法功	1009⑤	漢名	1028②		ーーー の ー[西右]	
火声	かしょう	くは―	火聲	法功	1000①	漢香名名	1018⑤	くわしやう／ひのこえ[妙]		
迦葉	かしょう	かせう	迦葉	藥草	386③	仏名	371④			
迦葉	かしょう	かせう	迦葉	藥草	387①	仏名	372②			
迦葉	かしょう	かせう	迦葉	藥草	388④	仏名	373⑤			
迦葉	かしょう	かせう	迦葉	藥草	390④	仏名	376③			
迦葉	かしょう	かせう	迦葉	藥草	398④	仏名	384⑤			
迦葉	かしょう	かせう	迦葉	藥草	400②	仏名	386⑤			
迦葉	かしょう	×	迦葉	藥草	400④	仏名	387①			
迦葉	かしょう	×	迦葉	藥草	413③	仏名	401④			
迦葉	かしょう	×	迦葉	藥草	413⑤	仏名	402①			
迦葉	かしょう	×	迦葉	授記	418⑥	仏名	407⑤			
迦葉	かしょう	かせう	迦葉	五百	588②	仏名	594④			
かしら	かしら	×	頭	譬喩	275⑥	和身体名	247②			
かす	かず	×	數	序品	72③	和名	63④			
かす	かず	×	數	序品	79③	和名	69⑥			
かす	かず	×	數	序品	83⑤	和名	73③			
かす	かず	×	數	方便	97②	和名	85③			
かす	かず	×	數	方便	99①	和名	86⑥			
かす	かず	×	數	方便	110⑤	和名	96⑤			
かす	かず	×	數	方便	141①	和名	123①			
かす	かず	×	數	方便	158③	和名	136⑥			
かす	かず	×	數	方便	170①	和名	146④			
かす	かず	×	數	方便	173②	和名	149①			
かす	かず	×	數	譬喩	216②	和名	184④			
かす	かず	×	數	譬喩	250②	和名	220③			
かす	かず	×	數	授記	432②	和名	423②			
かす	かず	×	數	授記	441③	和名	433④			
かす	かず	×	數	授記	444⑤	和名	437④			
かす	かず	×	數	化城	447⑤	和名	441①			
かす	かず	×	數	化城	448③	和名	441⑥			
かす	かず	×	數	化城	450④	和名	444③			
かす	かず	×	數	化城	535⑥	和名	541⑤			
かす	かず	×	數	化城	540①	和名	545⑤			
かす	かず	×	數	五百	580④	和名	585⑤			
かす	かず	×	數	授學	607④	和名	616④			
かす	かず	×	數	見寶	691⑥	和名	710①			
かす	かず	×	數	提婆	722⑥	和名	741①			
かす	かず	×	數	提婆	723①	和名	741④			
かす	かず	×	數	安樂	811⑤	和名	834①			
かす	かず	×	數	從地	817③	和名	839⑤			
かす	かず	×	數	從地	835⑥	和名	858⑤			
かす	かず	×	數	從地	836⑥	和名	859⑤			
かす	かず	×	數	從地	837④	和名	860③			
かす	かず	×	數	從地	838②	和名	×			
かす	かず	×	數	從地	864⑤	和名	887④			
かす	かず	×	數	如來	885③	和名	904②			
かす	かず	×	數	如來	895③	和名	914③			
かす	かず	×	數	分別	931⑥	和名	950②			
かす	かず	×	數	分別	955③	和名	974①			
かす	かず	×	數	隨喜	973③	和名	991④			
かす	かず	×	數	藥王	1142⑤	和名	1160⑥			×[妙]
かす	かず	×	數	妙音	1166①	和名	1182④			かす[妙]
駕する	がする	×	駕	譬喩	248⑥	漢サ動	218⑤		か゛くる[西右]	

当該語	読みかな	傍訓	漢字表記	品名	頁数	語の種類	妙一本	和解語文	可読	異同語彙
過世	かせ	くはせ・さきの世にあれ	過世	譬喩	235①	漢時候名	204④	くわせ／すきにしよ[妙]		
かぜ	かぜ	×	風	序品	24③	和天象名	20⑤			
かぜ	かぜ	×	風	譬喩	249②	和天象名	219①			
かぜ	かぜ	×	風	化城	531①	和天象名	536⑤			
かぜ	かぜ	×	風	見寶	688⑤	和天象名	706④			
かぜ	かぜ	×	風	分別	962③	和天象名	980⑥			
かぜ	かぜ	×	風	神力	1102⑤	和天象名	1121④			
迦旃延	かせんえん	かせんゑん	迦旃延	授記	437②	仏名	428⑥			
かぞふ	かぞう	×	數	授學	616①	和動	625⑥			
かぞふる	かぞうる	×	數	從地	858①	和動	880⑤			かそふ[妙]
かそへ	かぞえ	×	數	從地	838④	和動	861②			
かぞへしる	かぞえしる	×	數知	授記	421④	和複動	410⑤			
かた	かた	×	肩	信解	318②	和身体名	292⑥			
かた	かた	×	肩	信解	375④	和身体名	363①			
かた	かた	×	肩	授學	603②	和身体名	611⑥			
かた	かた	×	肩	法師	629⑤	和身体名	640⑤		みかたィ[西右]	
かた	かた	×	肩	分別	929②	和身体名	947⑥			
かた	かた	×	肩	觀世	1208③	和身体名	1221③			
かた	かた	×	肩	陀羅	1248①	和身体名	1260②			
一かた	かた	×	來	譬喩	233⑥	和名	203①			
一かた	かた	×	已來	如來	884①	和名	902⑥			
一かた	かた	×	來	普賢	1327③	和名	1331④			
伽陀	かだ	かだ	伽陀	方便	143④	仏名	125①			
かたき	かたき	×	難	藥草	398⑤	和形	385②		一けれは也[西右]	
かたき	かたき	×	難	見寶	686①	和形	703④			
かたき	かたき	×	難	安樂	806⑤	和形	828⑥			
かたき	かたき	×	難	從地	858⑤	和形	881⑤			
かたき	かたき	×	難	從地	859④	和形	882④			
かたき	かたき	×	難	妙莊	1285⑥	和形	1295④			
がたき	がたき	×	難	囑累	1105④	和形	1124③			かたき[妙]
がたき	がたき	×	難	囑累	1106⑤	和形	1125③			かたき[妙]
かたく	かたく	×	堅	方便	153⑤	和形	133②			
かたく	かたく	×	堅	方便	155②	和形	134③			
かたく	かたく	×	難	方便	93④	和形	82①			
かたく	かたく	×	難	方便	103②	和形	90③			
かたく	かたく	×	難	藥草	398⑤	和形	385②			
かたく	かたく	×	固	授記	444②	和形	436⑤			
火宅	かたく	くはたく	火宅	譬喩	240⑤	漢名	210②	くわたく／ひのいゑ[妙]		
火宅	かたく	くはたく／ひのいへ	火宅	譬喩	245⑥	漢名	215④	くわたく／ひのいゑ[妙]		
火宅	かたく	くはたく	火宅	譬喩	246⑤	漢名	216④	くゑたく／ひのいゑ[妙]		くゑたく[妙]
火宅	かたく	くはたく	火宅	譬喩	252④	漢名	222⑤	くわたく／ひのいゑ[妙]		
火宅	かたく	くはたく	火宅	譬喩	254④	漢名	225④	くわたく／ひのいへ[妙]		
火宅	かたく	くはたく	火宅	譬喩	256⑤	漢名	227⑤	くわたく／ひのいゑ[妙]		
火宅	かたく	くはたく	火宅	譬喩	258④	漢名	229⑤	くわたく／ひのいへ[妙]		
火宅	かたく	くはたく	火宅	譬喩	259①	漢名	230③			
火宅	かたく	くはたく	火宅	譬喩	259⑤	漢名	231①	くわたく／ひのいへ[妙]		
火宅	かたく	×	火宅	譬喩	263②	漢名	234④			
火宅	かたく	くはたく	火宅	譬喩	264①	漢名	235③	くわたく／ひのいへ[妙]		
火宅	かたく	くはたく	火宅	譬喩	265②	漢名	236④	くわたく／ひのいへ[妙]		
火宅	かたく	×	火宅	譬喩	265④	漢名	236⑤	くわたく／ひのいへ[妙]		
火宅	かたく	×	火宅	譬喩	280③	漢名	252①	くわたく／ひのいへ[妙]		
火宅	かたく	くはたく	火宅	譬喩	284①	漢名	255⑤	くわたく／ひのいへ[妙]		

当該語	読みかな	傍訓	漢字表記	品名	頁数	語の種類	妙一本	和解語文	可読	異同語彙
火宅	かたく	一たく	火宅	譬喩	289④	漢名	261④	くわたく／ひのいへ[妙]		
火宅	かたく	一たく	火宅	譬喩	290①	漢名	262②	くわたく／ひのいへ[妙]		
かたく	かたく	×	固	妙荘	1286⑤	和形	1296②			
かたく	かたく	×	難	安樂	802②	和形	824②			
かたくし	かたくし	×	固	序品	33③	和サ動	28④			
かたくし	かたくし	×	固	從地	867⑤	和サ動	890④			
かたし	かたし	×	難	序品	77①	和形	67⑤			
かたし	かたし	×	難	方便	88④	和形	77⑤			
かたし	かたし	×	難	方便	93④	和形	82②			
かたし	かたし	×	難	方便	103③	和形	90④			
かたし	かたし	×	難	方便	107③	和形	94①			
がたし	かたし	×	難	方便	115④	和形	101①			
がたし	かたし	×	難	方便	124②	和形	108⑥			
かたし	かたし	×	難	方便	139③	和形	121④	一きをもてなり[西右]		
かたし	かたし	×	難	方便	155⑥	和形	135①			
かたし	かたし	×	難	方便	188④	和形	161④			
かたし	かたし	×	難	方便	188⑥	和形	161⑥			
かたし	かたし	×	難	方便	189①	和形	162①			
かたし	かたし	×	難	方便	189①	和形	162②			
かたし	かたし	×	難	譬喩	213①	和形	181②			
がたし	かたし	×	難	譬喩	234⑥	和形	204②			
かたし	かたし	×	難	譬喩	245③	和形	215①			
かたし	かたし	×	難	譬喩	284④	和形	256②			
かたし	かたし	×	難	化城	470①	和形	467⑤			
かたし	かたし	×	難	化城	487②	和形	488⑥			
かたし	かたし	×	難	化城	532③	和形	537⑥			
かたし	かたし	×	難	化城	534③	和形	540①			
かたし	かたし	×	難	法師	650①	和形	663⑥			
かたし	かたし	×	難	法師	650②	和形	663⑥			
かたし	かたし	×	難	見寶	692①	和形	710②			
かたし	かたし	×	難	見寶	692③	和形	710④			
かたし	かたし	×	難	見寶	692⑤	和形	710⑥			
かたし	かたし	×	難	見寶	693①	和形	711①			
かたし	かたし	×	難	見寶	693②	和形	711②			
かたし	かたし	×	難	見寶	693②	和形	711④			
かたし	かたし	×	難	見寶	693⑥	和形	712③			
かたし	かたし	×	難	見寶	694②	和形	712⑤			
かたし	かたし	×	難	見寶	694④	和形	713①			
かたし	かたし	×	難	見寶	694⑤	和形	713③			
かたし	かたし	×	難	見寶	695①	和形	713⑤			
かたし	かたし	×	難	見寶	695⑤	和形	714③			
かたし	かたし	×	難	見寶	695⑥	和形	714⑤			
かたし	かたし	×	難	見寶	696③	和形	715②			
かたし	かたし	×	難	見寶	696⑤	和形	715④			
かたし	かたし	×	難	見寶	697⑥	和形	716⑥			
がたし	かたし	×	難	提婆	732④	和形	750⑤			
かたし	かたし	×	難	勸持	739①	和形	757⑤			
かたし	かたし	×	難	從地	865⑤	和形	888③			
かたし	かたし	×	難	如來	897④	和形	916③			
かたし	かたし	×	難	如來	898②	和形	917②			
かたし	かたし	×	難	如來	918①	和形	936⑥			
かたし	かたし	×	難	隨喜	990②	和形	1008④			
かたし	かたし	×	難	妙荘	1284⑤	和形	1294②			
かたし	かたし	×	難	妙荘	1285①	和形	1294⑤			
かたし	かたし	×	難	妙荘	1285②	和形	1294⑥			
かたし	かたし	×	難	妙荘	1287⑤	和形	1297②			
かたし	かたし	×	難	妙荘	1287⑥	和形	1297④			
がたし	かたし	×	叵	從地	835③	和形	858②			
かたし	かたし	×	叵	從地	846⑤	和形	869③			
かたし	かたし	×	叵	從地	847⑤	和形	870④			
かたち	かたち	×	形	方便	154③	和名	133⑥			
かたち	かたち	×	形	譬喩	303③	和名	275④			
かたち	かたち	×	形	譬喩	305④	和名	277⑥			
かたち	かたち	×	形	隨喜	987⑤	和名	1006①			
かたち	かたち	×	形	妙音	1171③	和名	1187②			

当該語	読みかな	傍訓	漢字表記	品名	頁数	語の種類	妙一本	和解語文	可読	異同語彙
かたち	かたち	×	形	妙音	1194⑤	和名	1208⑤			
かたち	かたち	×	形	妙音	1195①	和名	1208⑥			
かたち	かたち	×	形	妙音	1195②	和名	1209①			
かたち	かたち	×	形	妙音	1195③	和名	1209②			
かたち	かたち	×	形	妙音	1195④	和名	1209③			
かたち	かたち	×	形	妙音	1195⑤	和名	1209④			
かたち	かたち	×	形	妙音	1195⑥	和名	1209⑤			
かたち	かたち	×	形	妙音	1196①	和名	1209⑥			
かたち	かたち	×	形	妙音	1196④	和名	1210②			
かたち	かたち	×	形	觀世	1220①	和名	1233②			
かたち	かたち	×	形	觀世	1230②	和名	1243①			
かたち	かたち	×	状	譬喩	273①	和名	244②			
かたつ	かたつ	×	語	信解	331⑤	和動	309③			
かたとれ	かたどれ	×	状	信解	336⑥	和動	315④			
かたふき	かたぶき	×	傾	譬喩	239④	和動	209①			
かたふき	かたぶき	×	傾	譬喩	271①	和動	242②			
かたらひ	かたらい	×	語	信解	361⑤	和動	346⑥	一ふ[西右]		
かたらはく	かたらわく	×	語	序品	45②	和動ク	39①			
かたらはく	かたらわく	×	語	信解	333①	和動ク	310⑥			
かたらはく	かたらわく	×	語	信解	337①	和動ク	315⑤			
かたらはく	かたらわく	×	語	藥王	1135⑥	和動ク	1154②			
かたり	かたり	×	謂	提婆	724⑥	和動	743①			
かたり	かたり	×	謂	提婆	734③	和動	752⑤			
かたり	かたり	×	語	信解	332⑥	和動	310⑤			
かたり	かたり	×	語	信解	340⑥	和動	320⑤			
かたり	かたり	×	語	化城	526②	和動	531④			
かたり	かたり	×	語	提婆	732②	和動	750②			
かたり	かたり	×	語	安樂	785①	和動	806③	一らひ[西右]		
かたり	かたり	×	語	随喜	981④	和動	999④			
かたり	かたり	×	語	常不	1078③	和動	1096①			
かたり	かたり	×	語	妙音	1184⑥	和動	1199④			かたりたり[妙]
かたり	かたり	×	語	妙莊	1282③	和動	1292①			
かたる	かたる	×	語	譬喩	311③	和動	284④			かたらく[西]
かたる	かたる	×	語	信解	334②	和動	312①			
かたる	かたる	×	語	信解	334⑥	和動	313①			
かたる	かたる	×	語	信解	360③	和動	345①			
かたる	かたる	×	語	授記	433③	和動	424②			
かたる	かたる	×	語	授記	439①	和動	430②			
かたる	かたる	×	語	化城	514③	和動	519③			
かたる	かたる	×	語	如來	913②	和動	932①		一らく[西右]	
かたる	かたる	×	語	随喜	977③	和動	995⑤			
かたはら	かたわら	×	傍	譬喩	222①	和名	190⑥			
かたはら	かたわら	×	傍	信解	330②	和名	307④			
歌歎し	かたんし	か―	歌歎	藥王	1118⑥	漢サ動	1137②	かたん・し／うたひほめ[妙]		
荷擔し	かたんし	かたん／になふ心也	荷擔	法師	629③	漢サ動	640⑤	かたん・し／になはれ[妙]	になひにはなるゝ事をえんィ[西右]	になひになはるゝ事をえん[妙]
河池	がち	がち	河池	藥王	1141⑤	漢地儀名	1159⑥	かち／かはいけ[妙]	一と[西右]	河池[妙]
蝎	かつ／さそり	かち／のつちさそり	蝎	譬喩	271⑤	単漢虫類名	243①			
蝎	かつ	かつ	蝎	觀世	1241③	単漢虫類名	1253⑥	がち／おゝはち[妙]		
かつ	かっ	×	驅	信解	358③	和動	342⑤		かり[西右]	かり[妙]
月	がつ	×	月	法功	1044⑤	単漢天象名	1063②			
月	がつ	×	月	常不	1075③	単漢天象名	1094①			くわつ[妙]
渇仰	かつごう	かつがう	渇仰	如來	912③	漢名	931③	かちかう／まほりあをく[妙]		
渇仰	かつごう	かつかう	渇仰	如來	914③	漢名	933③			渇仰(かちごう)[妙]
渇仰し	かつごうし	かつがう／うやまふ心	渇仰	如來	898⑤	漢サ動	917⑤		一奉り[西右]	
活し	かつし	くはつ・わたらひ	活	安樂	771④	単漢サ動	791⑥	ぐわつ・し／わたらひ[妙]	わたらひ[西右]	
渇し	かつし	かつ／かつへ	渇	法師	650②	単漢サ動	664①	かち・し／かわく[妙]		
合掌	がっしょう	がつしやう	合掌	法師	623⑥	漢名	634⑤		掌をあはし[西右]	合掌(かふしやう)[妙]
合掌	がっしょう	かつしやう	合掌	法師	625④	漢名	636⑤			

当該語	読みかな	傍訓	漢字表記	品名	頁数	語の種類	妙一本	和解語文	可読	異同語彙
合掌し	がっしょうし	がつしやう	合掌	序品	17①	漢サ動	13⑥			
合掌し	がっしょうし	かつしやう	合掌	序品	56①	漢サ動	48⑤		一て[西右]	
合掌し	がっしょうし	かつしやう	合掌	方便	167⑥	漢サ動	144⑤			
合掌し	がっしょうし	かつしやう	合掌	譬喩	315②	漢サ動	289②		掌をあはせて[西右]	
合掌し	がっしょうし	かつしやう／掌をあはせて	合掌	信解	318③	漢サ動	293①			
合掌し	がっしょうし	かつしやう	合掌	化城	457③	漢サ動	452③		一をあはせて[西右]	
合掌し	がっしょうし	かつしやう	合掌	見寶	660③	漢サ動	674⑤			
合掌し	がっしょうし	かつしやう	合掌	法功	1033③	漢サ動	1052②			
合掌し	がっしょうし	かつしやう	合掌	妙莊	1293②	漢サ動	1301⑥		一を合て[西右]	合掌（かつしやう）し[妙]
合掌せ	がっしょうせ	がつしやう	合掌	安樂	811③	漢サ動	834①			
かつて	かって	×	曾	方便	105②	和副	92②			
かつて	かって	×	曾	方便	144⑥	和副	126②			
かつて	かって	×	曾	方便	145②	和副	126⑥			
かつて	かって	×	曾	方便	153④	和副	133②			
かつて	かって	×	曾	信解	324⑤	和副	300④			
かつて	かって	×	曾	信解	365③	和副	351③			
かつて	かって	×	曾	五百	578②	和副	583①			
かつて	かって	×	曾	法師	638②	和副	650⑤			
かつて	かって	×	曾	提婆	729③	和副	747③			
かつて	かって	×	曾	從地	834⑤	和副	857④			
かつて	かって	×	曾	從地	840①	和副	862⑥			
かつて	かって	×	曾	從地	840③	和副	863①			
かつて	かって	×	曾	從地	850⑤	和副	873②			
かつて	かって	×	曾	從地	862③	和副	885②			
かつて	かって	×	曾	如來	894④	和副	913④			
かつて	かって	×	曾	分別	929②	和副	948②			
かつて	かって	×	曾	分別	935⑥	和副	954④			
かつて	かって	×	嘗	序品	35①	和副	30①			「むかし【嘗】」[妙]と訓読。
かつて	かって	×	嘗	譬喩	234①	和副	203②			
かつて	かって	×	嘗	譬喩	316①	和副	290④			
かつて	かって	×	嘗	藥草	406⑤	和副	394②			
かつて	かって	×	嘗	化城	458④	和副	454①			
かつて	かって	×	嘗	化城	474⑥	和副	473⑤		むかしより[西右]	
かつて	かって	×	嘗	化城	483⑥	和副	484③			
かつて	かって	×	嘗	化城	487⑥	和副	489①			
かつて	かって	×	嘗	化城	509⑥	和副	514⑤			
かつて	かって	×	嘗	化城	532⑥	和副	538④			
郤て	かって	しりそひ	郤	見寶	660③	和副	674⑥		かへてィ[西右]	さりて【刧】[妙]
月天子	がつてんし	×	月天子	藥王	1144②	漢名	1162②	くわつてんし／つきを[妙]		
渇乏	かつぼく	かつぼく	渇乏	藥王	1149④	漢名	1167⑥	かつほく／かはきとほしき[妙]		
渇乏し	かつぼくし	かつぼく／かつへつかれて	渇乏	法師	643①	漢サ動	655⑤	かつほく・し／かれ[妙]		
かと	かど	×	門	譬喩	239①	和家屋名	208④			
かと	かど	×	門	譬喩	240③	和家屋名	210①			
かと	かど	×	門	譬喩	241⑥	和家屋名	211③			
かど	かど	×	門	信解	326①	和家屋名	302④			
かなひ	かない	×	稱	藥草	390①	和動	375④			
かなひ	かない	×	稱	藥草	402⑤	和動	389④		一ふ[西右]	
かなへ	かなえ	×	適	譬喩	246④	和動	216②			
かなへ	かなえ	×	適	信解	330①	和動	307②			
かなしみ	かなしみ	×	悲	觀世	1244②	和動	1256④			
かなしん	かなしん	×	憨	信解	335①	和動	314②			しかも[西]
かならず	かならず	×	必	序品	21②	和副	17④			
かならず	かならず	×	必	方便	115⑤	和副	101②			
かならず	かならず	×	必	方便	116⑥	和副	102③			
かならす	かならず	×	必	譬喩	206⑥	和副	174①			
かならす	かならず	×	必	譬喩	234④	和副	203⑥			
かならず	かならず	×	必	譬喩	244③	和副	214①			
かならず	かならず	×	必	譬喩	245①	和副	214⑤			
かならず	かならず	×	必	譬喩	245④	和副	215②			

当該語	読みかな	傍訓	漢字表記	品名	頁数	語の種類	妙一本	和解語文	可読	異同語彙
かならず	かならず	×	必	信解	359④	和副	343⑥			
かならず	かならず	×	必	法師	624⑥	和副	635⑥			
かならす	かならず	×	必	法師	643⑤	和副	656⑤			
かならず	かならず	×	必	法師	644④	和副	657⑤			
かならず	かならず	×	必	安樂	798②	和副	819⑥			
かならず	かならず	×	必	如來	898②	和副	917④			
かならず	かならず	×	必	藥王	1138①	和副	1156⑥			
かならず	かならず	×	必	藥王	1162④	和副	1179④			かならす[妙]
かならず	かならず	×	必	妙莊	1278③	和副	1288③			かならす[妙]
かならす	かならず	×	必	普賢	1310④	和副	1316⑥			
かならす	かならず	×	要	方便	100⑤	和副	88③			
火難	かなん	くはなん	火難	譬喩	251⑥	漢名	221⑥	くわなん／ひのなん[妙]		
寡女	かにょ	くはによ／×	寡女	安樂	765③	漢人倫名	785②	ぐわによ／やもめ[妙]		
寡女	かにょ	くはによ／やもめ	寡女	安樂	770⑥	漢人倫名	791②	くわによ／やもめ[妙]		
かね	かね	×	鐘	提婆	712④	和器財名	730①			
かね	かね	×	兼	分別	956⑤	和動	975③			
かねて	かねて	×	兼	分別	965⑤	和副	984①			
かの	かの	×	彼	序品	18①	和連体	14⑤			
かの	かの	×	彼	序品	18①	和連体	14⑥			
かの	かの	×	彼	序品	18④	和連体	15②			
かの	かの	×	彼	序品	23③	和連体	19④			
かの	かの	×	彼	序品	29①	和連体	24⑥			
かの	かの	×	彼	序品	71⑤	和連体	62⑥			
かの	かの	×	彼	序品	83⑥	和連体	73④			
かの	かの	×	彼	譬喩	222③	和連体	191②			
かの	かの	×	彼	譬喩	223①	和連体	192①			
かの	かの	×	彼	譬喩	228①	和連体	197②			
かの	かの	×	彼	譬喩	252④	和連体	222⑤			
かの	かの	×	彼	譬喩	258⑤	和連体	229⑥			
かの	かの	×	彼	譬喩	263①	和連体	234③			
かの	かの	×	彼	譬喩	263⑥	和連体	235③			
かの	かの	×	彼	譬喩	265②	和連体	236④			
かの	かの	×	彼	譬喩	265③	和連体	236⑤			
かの	かの	×	彼	譬喩	268②	和連体	239⑤			
かの	かの	×	彼	譬喩	268④	和連体	239⑥			
かの	かの	×	彼	信解	368①	和連体	354①			
かの	かの	×	彼	信解	373②	和連体	360②			
かの	かの	×	彼	藥草	391②	和連体	376④			
かの	かの	×	彼	藥草	394④	和連体	380④			
かの	かの	×	彼	藥草	397②	和連体	383③			
かの	かの	×	彼	藥草	410①	和連体	397⑥			
かの	かの	×	彼	藥草	411①	和連体	399①			
かの	かの	×	彼	授記	431④	和連体	422③			
かの	かの	×	彼	化城	446③	和連体	439③			
かの	かの	×	彼	化城	448②	和連体	441④			
かの	かの	×	彼	化城	448⑤	和連体	442②			
かの	かの	×	彼	化城	450⑤	和連体	444④			
かの	かの	×	彼	化城	451①	和連体	444⑤			
かの	かの	×	彼	化城	452⑤	和連体	447②			
かの	かの	×	彼	化城	469②	和連体	466③			
かの	かの	×	彼	化城	473⑥	和連体	472③			
かの	かの	×	彼	化城	477④	和連体	476⑥			
かの	かの	×	彼	化城	483①	和連体	483②			
かの	かの	×	彼	化城	486②	和連体	487①			
かの	かの	×	彼	化城	491⑥	和連体	494①			
かの	かの	×	彼	化城	495①	和連体	497⑤			
かの	かの	×	彼	化城	508②	和連体	512⑥			
かの	かの	×	彼	化城	514③	和連体	519②			
かの	かの	×	彼	化城	519⑥	和連体	524⑥			
かの	かの	×	彼	化城	529②	和連体	534⑤			
かの	かの	×	彼	化城	530④	和連体	536③			
かの	かの	×	彼	化城	531④	和連体	537②			
かの	かの	×	彼	化城	534④	和連体	540③			
かの	かの	×	彼	化城	536③	和連体	542②			
かの	かの	×	彼	化城	537④	和連体	543③			

当該語	読みかな	傍訓	漢字表記	品名	頁数	語の種類	妙一本	和解語文	可読	異同語彙
かの	かの	×	彼	化城	538⑥	和連体	544⑤			
かの	かの	×	彼	五百	566⑤	和連体	570②			
かの	かの	×	彼	五百	567④	和連体	571②			
かの	かの	×	彼	法師	643①	和連体	655⑥			
かの	かの	×	彼	見寶	661⑤	和連体	676③			
かの	かの	×	彼	見寶	662⑥	和連体	677④			
かの	かの	×	彼	見寶	663⑤	和連体	678④			
かの	かの	×	彼	見寶	665⑤	和連体	680④			
かの	かの	×	彼	見寶	667③	和連体	682③			
かの	かの	×	彼	見寶	667⑥	和連体	683①			
かの	かの	×	彼	見寶	678⑤	和連体	695③			
かの	かの	×	彼	見寶	686①	和連体	703④			
かの	かの	×	彼	提婆	736①	和連体	754④			
かの	かの	×	彼	安樂	803①	和連体	825①			
かの	かの	×	彼	如來	913⑤	和連体	932④			
かの	かの	×	彼	隨喜	987③	和連体	1005⑤			
かの	かの	×	彼	法功	1037④	和連体	1056④			
かの	かの	×	彼	常不	1058②	和連体	1077①			
かの	かの	×	彼	常不	1073⑤	和連体	1092④			
かの	かの	×	彼	常不	1080④	和連体	1098⑤			
かの	かの	×	彼	藥王	1117②	和連体	1135④			
かの	かの	×	彼	藥王	1119②	和連体	1137③			
かの{彼の}	かの	×	彼	藥王	1127④	和連体	1145⑥			
かの	かの	×	彼	妙音	1170⑤	和連体	1186⑤			
かの	かの	×	彼	妙音	1171①	和連体	1186⑥			
かの	かの	×	彼	妙音	1172②	和連体	1187⑥			
かの	かの	×	彼	妙音	1177④	和連体	1192⑤			
かの	かの	×	彼	妙音	1178③	和連体	1193⑤			
かの	かの	×	彼	妙音	1178⑥	和連体	1194①			
かの	かの	×	彼	觀世	1212②	和連体	1225④			
かの	かの	×	彼	觀世	1236⑥	和連体	1249③			
かの	かの	×	彼	觀世	1237③	和連体	1249⑤			
かの	かの	×	彼	觀世	1237⑤	和連体	1250②			
かの	かの	×	彼	觀世	1238②	和連体	1250⑤			
かの	かの	×	彼	觀世	1238⑤	和連体	1251①			
かの	かの	×	彼	觀世	1239②	和連体	1251⑤			
かの	かの	×	彼	觀世	1239⑤	和連体	1252②			
かの	かの	×	彼	觀世	1240①	和連体	1252⑤			
かの	かの	×	彼	觀世	1240④	和連体	1253①			
かの	かの	×	彼	觀世	1241①	和連体	1253④			
かの	かの	×	彼	觀世	1241④	和連体	1254①			
かの	かの	×	彼	觀世	1242②	和連体	1254④			
かの	かの	×	彼	觀世	1245①	和連体	1257②			
かの	かの	×	彼	妙荘	1272⑥	和連体	1283④			
かの	かの	×	彼	妙荘	1275②	和連体	1285④			
かの	かの	×	彼	妙荘	1281④	和連体	1291③			
かの	かの	×	彼	妙荘	1283⑤	和連体	1293③			
かの	かの	×	彼	妙荘	1287⑥	和連体	1297③			
かの	かの	×	彼	妙荘	1290⑥	和連体	1299⑥			
かの	かの	×	彼	妙荘	1303⑥	和連体	1311①			
歌唄し	かばいし	かばい	歌唄	方便	166⑥	漢サ動	143⑥	かはい・し／うたいて[妙]		
歌唄し	かばいし	かばい	歌唄	分別	953④	漢サ動	972③	かばい・し／うたい[妙]		
荷負し	かふし	かふ／になふ也	荷負	信解	375④	漢サ動	363①	かふ・し／にないおい[妙]	になひおひて[西右]	
跏趺し	かふし	かふ	跏趺	序品	68②	漢サ動	59④	かふ・し／あなうらをかさねてしづかに[妙]		
かべ	かべ	×	壁	譬喩	239③	和家屋名	208⑥			
かべ	かべ	×	壁	譬喩	271①	和家屋名	242①			
かべ	かべ	×	壁	譬喩	277③	和家屋名	249①			
一果報	かほう	くはほう	果報	方便	94②	漢名	82⑤			
果報	かほう	くハほう	果報	信解	373⑥	漢名	361①			
果報	かほう	くハほう	果報	分別	932⑤	漢名	951③			
一果報	かほう	くはほう	果報	妙音	1187⑤	漢名	1202②			くわほう[妙]
果報	かほう	くはほう	果報	普賢	1334⑤	漢名	1338①			くわほう[妙]
果報生處	かほうしょうじょ	くハほうしやうしょ	果報生處	法功	995⑥	漢四熟名	1014③		一と一[西右]	

当該語	読みかな	傍訓	漢字表記	品名	頁数	語の種類	妙一本	和解語文	可読	異同語彙
我慢	がまん	がまん	我慢	方便	140⑥	漢名	122⑥			
我慢	がまん	がまん	我慢	方便	155③	漢名	134④	かまん／われしれりとおもひ[妙]		
我慢	がまん	がまん	我慢	勧持	752①	漢名	771④	がまん／きやうをそむく[妙]		
我慢	がまん	がまん	我慢	普賢	1331③	漢名	1335②			かまん[妙]
かみ	かみ	×	髪	譬喩	275⑥	和身体名	247①			
かみ	かみ	×	髪	從地	859①	和身体名	881⑥			
かみ	かみ	×	髪	從地	866⑤	和身体名	889③			
かみ	かみ	×	髪	随喜	975②	和身体名	993②			
かみ	かみ	×	髪	随喜	987⑥	和身体名	1005⑥			
上	かみ	かみ	上	序品	17⑤	和方位名	14④			
かみ	かみ	×	上	序品	25③	和方位名	21④			
かみ	かみ	×	上	譬喩	234⑤	和方位名	204①			
かみ	かみ	×	上	譬喩	292③	和方位名	264④			
かみ	かみ	×	上	信解	335④	和方位名	313⑤			
かみ	かみ	×	上	五百	577⑥	和方位名	582⑤			
かみ	かみ	×	上	五百	588②	和方位名	594③			
かみ	かみ	×	上	授學	618⑥	和方位名	629①			
かみ	かみ	×	上	安樂	783③	和方位名	804③			
かみ	かみ	×	上	安樂	803⑤	和方位名	825⑤			
かみ	かみ	×	上	安樂	808⑤	和方位名	831①			
かみ	かみ	×	上	安樂	816④	和方位名	839②			
かみ	かみ	×	上	從地	837④	和方位名	860②			
かみ	かみ	×	上	從地	838②	和方位名	861②			
かみ	かみ	×	上	如來	895③	和方位名	914⑤			
かみ	かみ	×	上	分別	944②	和方位名	962⑤			
かみ	かみ	×	上	分別	961②	和方位名	980②			
かみ	かみ	×	上	分別	963③	和方位名	981⑤			
かみ	かみ	×	上	法功	995④	和方位名	1014②	—は[西右]		
かみ	かみ	×	上	法功	997④	和方位名	1016②	—は[西右]		
かみ	かみ	×	上	法功	998⑥	和方位名	1017⑤	—は[西右]		
かみ	かみ	×	上	法功	1007④	和方位名	1026①	—は[西右]		
かみ	かみ	×	上	法功	1013⑤	和方位名	1031⑥			
かみ	かみ	×	上	法功	1036④	和方位名	1055⑤			
かみ	かみ	×	上	常不	1067⑤	和方位名	1086⑤			
かみ	かみ	×	上	神力	1086②	和方位名	1104②			
かみ	かみ	×	上	藥王	1144①	和方位名	1162①			
かみ	かみ	×	上	藥王	1159⑥	和方位名	1177③			
かめ	かめ	×	亀	妙荘	1286⑥	和獣類名	1296③			
伽耶	がや	がや／ところの名也	伽耶	從地	864②	仏地名名	887①			
伽耶迦葉	がやかしょう	がやかせう	伽耶迦葉	序品	5③	仏名	4②			
伽耶迦葉	がやかしょう	かやかせう	伽耶迦葉	五百	584③	仏名	589⑥		—と[西右]	
伽耶城	がやじょう	がやじゃう	伽耶城	從地	853⑥	漢城名名	876④		—の[西右]	
伽耶城	がやじょう	かやしゃう	伽耶城	從地	856③	漢城名名	879①			
伽耶城	がやじょう	がやじゃう	伽耶城	如來	883④	漢城名名	902③			
かゆへに	がゆえに	×	故	提婆	714①	和連語	731⑤			
歌詠し	かようし	かゑう	歌詠	分別	935⑤	漢サ動	954②	かやう・し／うたひ[妙]		
菓蓏	から	くはら／このみかづらのみ	菓蓏	提婆	713⑥	漢名	731④	くわら／このみくさのみ[妙]		
佉羅騫駄阿修羅王	からこんだあしゆらおう	からこんだあしゆ—	佉羅騫駄阿修羅王	序品	13①	仏王名名	10③			
かり	かり	×	假	方便	148⑤	和名	129②			
かり	かり	×	假	勧持	753②	和動	772⑤			
かりに	かりに	×	權化	化城	544④	和副	552④			權化(ごんげ)[妙]
瓦礫	がりゃく	ぐはりやく	瓦礫	授記	417②	漢名	405④	くわりやく／かわらくつれ[妙]		
迦陵頻伽	かりょうびんが	かれうひんか	迦陵頻伽	化城	478④	仏禽鳥名	477⑥	かれうひんか／とり[妙]		
迦陵頻伽	かりょうびんが	かりやうびんが	迦陵頻伽	法功	1003①	仏禽鳥名	1021③	かれうひんか／—とり[妙]		
かるがゆへ	かるがゆえ	×	故	序品	63⑥	和接	55⑤			
かるかゆへ	かるがゆえ	×	故	方便	147⑤	和接	128③			
かるかゆへ	かるがゆえ	×	故	五百	586②	和接	591⑥			
かるかゆへ	かるがゆえ	×	故	提婆	714⑥	和接	732⑤			ことさら[妙]
かるがゆへに	かるがゆえに	×	故	序品	47②	和接	40⑤			「がゆへに」[妙]と訓読。
かるかゆへに	かるがゆえに	×	故	方便	151③	和接	131③			

当該語	読みかな	傍訓	漢字表記	品々	頁数	語の種類	妙一本	和解語文	可読	異同語彙
かるかゆへに	かるがゆえに	×	故	授學	610⑤	和接	620①			
かるかゆへに	かるがゆえに	×	故	如來	914②	和接	933②		ことさら[西右]	
迦留陀夷	かるたい	かるだい	迦留陀夷	五百	584④	仏名	590①		一と[西右]	
迦樓羅	かるら	かるら	迦樓羅	序品	16④	仏禽鳥名	13③			
迦樓羅	かるら	かるら	迦樓羅	序品	55④	仏禽鳥名	48③	かるら／とり[妙]		
迦樓羅	かるら	かるら	迦樓羅	譬喩	230⑤	仏禽鳥名	199⑥	かるら／とり[妙]		
迦樓羅	かるら	×	迦樓羅	法師	621④	仏禽鳥名	632②			
迦樓羅	かるら	×	迦樓羅	見寶	658③	仏禽鳥名	672⑥	かるら／とり[妙]		
迦楼羅	かるら	かるら	迦樓羅	法功	1028⑥	仏禽鳥名	1047④		一と[西右]	
迦楼羅	かるら	かろら	迦樓羅	神力	1085⑥	仏禽鳥名	1104②			かるら[妙]
迦樓羅	かるら	×	迦樓羅	神力	1088④	仏禽鳥名	1106④			かるら[妙]
迦樓羅	かるら	かろー	迦樓羅	藥王	1115②	仏禽鳥名	1133⑥			かるら[妙]
迦樓羅	かるら	×	迦樓羅	妙音	1192②	仏禽鳥名	1206④			かるら[妙]
迦樓羅	かるら	かるら	迦樓羅	觀世	1229①	仏禽鳥名	1242①	かるら／とり[妙]		
迦樓羅	かるら	×	迦樓羅	觀世	1233③	仏禽鳥名	1246①			かるら[妙]
迦楼羅	かるら	×	迦樓羅	普賢	1307①	仏禽鳥名	1313⑤			かろら[妙]
迦楼羅聲	かるらしょう	かるら―	迦樓羅聲	法功	999⑥	仏名	1018④			迦楼羅声(かるらしやう)[妙]
迦楼羅女	かるらにょ	―ろ――	迦樓羅女	法功	1028⑥	仏人倫名	1047④		一と[西右]	
かれ	かれ	×	彼	方便	147④	和指代名	128③			
かれ	かれ	×	彼	譬喩	230①	和指代名	199③			
かれ	かれ	×	彼	法師	635③	和指代名	647③			
かれ	かれ	×	彼	法師	636①	和指代名	648②			
かれ	かれ	×	彼	分別	944④	和人称代名	963①			
かれ	かれ	×	彼	随喜	989②	和人称代名	1007②			
かれ	かれ	×	彼	觀世	1235①	和人称代名	1247①			
かれ	かれ	×	乾	法師	650①	和動	664②			
かれ	かれ	×	乾	見寶	694④	和動	713⑤			
かろし	かろし	×	輕	法師	628④	和形	639⑤		かろからんィ[西右]	
かろみ	かろみ	×	輕	勸持	755①	和動	774⑤		かるしめ[西右]	
かろめ	かろめ	×	輕	分別	942②	和動	960④			
かろめ	かろめ	×	輕	常不	1064①	和動	1082⑤		―るまさ[西右]	かろめ[妙]
かろめ	かろめ	×	輕	常不	1064⑤	和動	1083④			
かろめ	かろめ	×	輕	常不	1066③	和動	1085④			
かろめ	かろめ	×	輕	常不	1075②	和動	1093⑤			
かろめ	かろめ	×	輕	常不	1078③	和動	1096⑥			
かろめ	かろめ	×	輕	妙音	1170⑥	和動	1186⑤			
かろめ	かろめ	×	輕	妙音	1172②	和動	1187⑥			かろめ[妙]
かはき	かわき	×	乾	随喜	991①	和動	1009④			
かはけ	かわけ	×	乾	法師	643②	和動	656①			
かはけ	かわけ	×	燥	法師	650③	和動	664②			
關	かん	くはん／かき	關	見寶	680③	和名	697②	くゑん／せき[妙]		関(くゑん)せき[妙]
冠	かん	くはん	冠	普賢	1323②	単漢装具名	1328①	くわん／かふり[妙]		
丸	がん	ぐはん	丸	法功	1010①	単漢名	1028④	くわん／まろける[妙]		
願	がん	くはん	願	化城	458①	単漢名	453②			
願	がん	ぐはん	願	五百	594①	単漢名	601④			
願	がん	×	願	五百	599③	単漢名	607⑥			
願	がん	ぐはん	願	授學	602⑥	単漢名	611④			
願	がん	×	願	見寶	665②	単漢名	680①			
願	がん	ぐわん	願	提婆	708⑥	単漢名	725⑥		しかども[西右]	
願	がん	ぐわんと	願	藥王	1123⑥	単漢名	1142②		と[西右]	くわん[妙]
願	がん	くわん	願	藥王	1149③	単漢名	1167②			くわん[妙]
願	がん	ぐはん	願	觀世	1236②	単漢名	1248④			くわん[妙]
蚖	がん／からすへみ	くわん／からす	蚖	譬喩	271⑤	単漢虫類名	242⑥			
蚖	がん	ぐはん	蚖	譬喩	281①	単漢虫類名	252⑤			くわん[妙]
蚖	がん	ぐはん／からすくちなは	蚖	觀世	1241②	単漢虫類名	1253⑤	くわんじや／からすくちなは[妙]		
歓悦す	かんえつす	くわんゑつ	歡悦	妙莊	1291①	漢サ動	1300②	くわんえち・す／よろこふ[妙]	―しき[西右]	歓悦す[妙]
觀音	かんおん	×	觀音	觀世	1235④	仏仏名名	1248①			くわんおん[妙]

当該語	読みかな	傍訓	漢字表記	品名	頁数	語の種類	妙一本	和解語文	可読	異同語彙
觀音	かんおん	×	觀音	觀世	1236⑥	仏仏名名	1249③			くわんおん[妙]
觀音	かんおん	×	觀音	觀世	1237③	仏仏名名	1249⑤			くわんおん[妙]
觀音	かんおん	×	觀音	觀世	1237⑤	仏仏名名	1250②			くわんおん[妙]
觀音	かんおん	×	觀音	觀世	1238②	仏仏名名	1250⑤			くわんおん[妙]
觀音	かんおん	×	觀音	觀世	1238⑤	仏仏名名	1251②			くわんおん[妙]
觀音	かんおん	×	觀音	觀世	1239②	仏仏名名	1251⑥			くわんおん[妙]
觀音	かんおん	×	觀音	觀世	1239⑤	仏仏名名	1252②			くわんおん[妙]
觀音	かんおん	×	觀音	觀世	1240②	仏仏名名	1252⑤			くわんおん[妙]
觀音	かんおん	×	觀音	觀世	1240⑤	仏仏名名	1253①			かんおん[妙]
觀音	かんおん	×	觀音	觀世	1241①	仏仏名名	1253④			くわんおん[妙]
觀音	かんおん	×	觀音	觀世	1241④	仏仏名名	1254①			くわんをん[妙]
觀音	かんおん	×	觀音	觀世	1242②	仏仏名名	1254④			くわんをん[妙]
觀音	かんおん	×	觀音	觀世	1245①	仏仏名名	1257③			くわんをん[妙]
觀音妙智	かんおんみょうち	―――ち	觀音妙智	觀世	1242④	仏仏名名	1255①			くわんをんめうち[妙]
歡喜	かんぎ	くはんぎ	歡喜	序品	17①	漢名	13⑥	くわんき／よろこひ[妙]	――し[西右]	
歡喜	かんぎ	くはんき	歡喜	序品	56①	漢名	48⑤			
歡喜	かんぎ	くはんぎ	歡喜	方便	166①	漢名	143⑤			
歡喜	かんぎ	くはんぎ／よろこび	歡喜	提婆	710⑥	漢名	728②	くわんき／よろこひ[妙]		
歡喜	かんぎ	×	歡喜	如來	890②	漢名	909②	くわんき／よろこひ[妙]		
歡喜	かんぎ	×	歡喜	分別	930③	漢名	949①	くわんき／よろこひ[妙]		
歡喜	かんぎ	×	歡喜	法功	1033⑤	漢名	1052④	くわんき／よろこひ[妙]		
歡喜快楽せ	かんぎかいらくせ	くはんぎけらく	歡喜快楽	法功	1028①	漢四熟サ動	1046⑤	くわんきくゑらく・せ／よろこひ[妙]		
歡喜國	かんぎこく	くはんぎこく	歡喜國	化城	515②	漢地儀名	520②			
歡喜し	かんぎし	くはんぎ	歡喜	序品	24⑥	漢サ動	21①	くわんき・し／よろこひ[妙]		
歡喜し	かんぎし	くはんぎ	歡喜	序品	29⑥	漢サ動	25④		――しィ[西右]	
歡喜し	かんぎし	くはんぎ	歡喜	序品	38④	漢サ動	33②	くわんき・し／よろこひ[妙]		
歡喜し	かんぎし	くわんき	歡喜	序品	73⑥	漢サ動	64⑥	くわんき・し／よろこひ[妙]		
歡喜し	かんぎし	くはんぎ	歡喜	方便	189④	漢サ動	162⑤	くわんき・し／よろこひ[妙]		
歡喜し	かんぎし	くはんぎ／よろこふ心	歡喜	譬喩	204②	漢サ動	171②	くわんき・し／よろこひ[妙]		
歡喜し	かんぎし	×	歡喜	譬喩	217⑤	漢サ動	186⑤			
歡喜し	かんぎし	くはんぎ／よろこふ	歡喜	譬喩	231②	漢サ動	200②	くわんき／よろこひ[妙]		
歡喜し	かんぎし	くはんぎ	歡喜	譬喩	247②	漢サ動	217①			
歡喜し	かんぎし	くはんぎ	歡喜	譬喩	256②	漢サ動	227③	くわんきし／よろこひ[妙]		
歡喜し	かんぎし	くはんぎ	歡喜	信解	321①	漢サ動	296③	くわんぎ／よろこひ[妙]		
歡喜し	かんぎし	くはんぎ	歡喜	信解	329③	漢サ動	306③			
歡喜し	かんぎし	くはんぎ	歡喜	信解	333②	漢サ動	311②	くわんぎ／よろこひ[妙]		
歡喜し	かんぎし	×	歡喜	信解	345④	漢サ動	326⑤	くわんき・し／よろこひ[妙]		
歡喜し	かんぎし	×	歡喜	信解	347④	漢サ動	329②			
歡喜し	かんぎし	くはんぎ	歡喜	信解	352⑥	漢サ動	336②	くわんき・し／よろこひ[妙]		
歡喜し	かんぎし	×	歡喜	信解	360②	漢サ動	345④	くわんき／よろこひ[妙]		
歡喜し	かんぎし	×	歡喜	信解	365②	漢サ動	350⑥	くわんき・し／よろこひて[妙]		
歡喜し	かんぎし	×	歡喜	藥草	393④	漢サ動	379②	くわんき／よろこひ[妙]		
歡喜し	かんぎし	くはんき	歡喜	藥草	412⑥	漢サ動	401①	くわんき／よろこび[妙]		

当該語	読みかな	傍訓	漢字表記	品名	頁数	語の種類	妙一本	和解語文	可読	異同語彙
歓喜し	かんぎし	くはんき	歓喜	授記	420③	漢サ動	409③	くわんき・し／よろこひ[妙]	—せむ[西右]	
歓喜し	かんぎし	くはんき	歓喜	化城	525②	漢サ動	530④	くわんき／よろこひ[妙]		
歓喜し	かんぎし	くわんき	歓喜	五百	582④	漢サ動	587⑥	くわんき／よろこひて[妙]		
歓喜し	かんぎし	×	歓喜	五百	595④	漢サ動	603②	くわんき・し／よろこひ[妙]		
歓喜し	かんぎし	×	歓喜	五百	596②	漢サ動	604①	くわんき・し／よろこひ[妙]		
歓喜し	かんぎし	×	歓喜	授學	611①	漢サ動	620④	くわんき・し／よろこひ[妙]		
歓喜し	かんぎし	×	歓喜	法師	630④	漢サ動	642①			
観喜し	かんぎし	くはんぎ	歓喜	提婆	736③	漢サ動	754⑥	くわんき・し／よろこひ[妙]		
歓喜し	かんぎし	くはんき	歓喜	勸持	746②	漢サ動	765①			
歓喜し	かんぎし	くはんき	歓喜	安樂	797①	漢サ動	818④	くわんき・し／よろこひ[妙]		
歓喜し	かんぎし	くはんき	歓喜	安樂	799②	漢サ動	820⑥	くわんき・し／よろこひ[妙]		
歓喜し	かんぎし	×	歓喜	安樂	800④	漢サ動	822③	くわんき・し／よろこひ[妙]		
歓喜し	かんぎし	×	歓喜	安樂	801⑥	漢サ動	823⑥			
歓喜し	かんぎし	くはんぎ	歓喜	安樂	806④	漢サ動	828⑤	くわんき／よろこひ[妙]		
歓喜し	かんぎし	×	歓喜	安樂	812⑥	漢サ動	835②	くわんき・し／よろこひ[妙]		
歓喜し	かんぎし	くわんぎ	歓喜	如來	900⑥	漢サ動	920①	くわんき・し／よろこひ[妙]		
歓喜し	かんぎし	くはんき	歓喜	如來	903④	漢サ動	922④	くわんき・し／よろこひ[妙]		
歓喜し	かんぎし	くはんき	歓喜	法功	1025④	漢サ動	1044③	くわんき・し／よろこひ[妙]		
歓喜し	かんぎし	くはんき	歓喜	法功	1032③	漢サ動	1051①	くわんき・し／よろこひ[妙]		
觀喜し	かんぎし	くはんき	歓喜	法功	1047⑥	漢サ動	1066③	くわんき・し／よろこひて[妙]		
歓喜し	かんぎし	くはんき	歓喜	神力	1090①	漢サ動	1108③			くわんき・し[妙]
歓喜し	かんぎし	×	歓喜	神力	1099④	漢サ動	1118③	くわんき・し／よろこひ[妙]		
歓喜し	かんぎし	くはんき	歓喜	囑累	1114①	漢サ動	1132⑤			くわんき・し[妙]
歓喜し	かんぎし	×	歓喜	藥王	1120③	漢サ動	1138⑤	くわんき・し／よろこひて[妙]		
歓喜し	かんぎし	くわんぎ	歓喜	妙荘	1280⑥	漢サ動	1290⑤	くわんき・し／よろこひて[妙]		
歓喜し	かんぎし	×	歓喜	普賢	1314⑥	漢サ動	1320⑤	くわんき・し／よろこひ[妙]		
歓喜し	かんぎし	×	歓喜	普賢	1338①	漢サ動	1340⑤	くわんき・し／よろこひ[妙]		
歓喜充満し	かんぎじゅうまんし	かんぎじうまん／—する事ィ	歓喜充満	授學	620⑥	漢四熟サ動	631③			
歓喜す	かんぎす	×	歓喜	化城	459②	漢サ動	454④	くわんき／よろこふ[妙]		
歓喜す	かんぎす	くはんき	歓喜	化城	543④	漢サ動	551④		—して[西右]	
観喜す	かんぎす	×	歓喜	五百	598⑤	漢サ動	607②	くわんき・す／よろこひ[妙]	—して[西右]	
歓喜す	かんぎす	×	歓喜	五百	600④	漢サ動	609②	くわんき・す／よろこひ[妙]		
歓喜す	かんぎす	くはんき	歓喜	見寶	698①	漢サ動	717①	くわんき・す／よろこふ[妙]		
歓喜す	かんぎす	くはんき	歓喜	分別	936②	漢サ動	954⑥			
歓喜する	かんぎする	くはんき	歓喜	方便	175④	漢サ動	151①			
歓喜する	かんぎする	×	歓喜	安樂	795②	漢サ動	816④	くわんき・する／よろこふ[妙]		
歓喜する	かんぎする	×	歓喜	神力	1101⑤	漢サ動	1120⑤	くわんき・する／よろこひ[妙]		
歓喜	かんぎすること	×	歓喜	囑累	1110②	漢サ動	1128⑥	くわんき／よろこひ[妙]	—する事[西右]	歓喜[妙]

当該語	読みかな	傍訓	漢字表記	品名	頁数	語の種類	妙一本	和解語文	可読	異同語彙
歓喜せ	かんぎせ	くわんぎ	歓喜	序品	75②	漢サ動	66①	くわんき・せ／よろこひ[妙]		
歓喜せ	かんぎせ	×	歓喜	序品	77①	漢サ動	66⑥			
歓喜せ	かんぎせ	くはんぎ	歓喜	方便	143③	漢サ動	125①	くわんき／よろこひ[妙]		
歓喜せ	かんぎせ	×	歓喜	授記	435⑤	漢サ動	427①	くわんき／よろこひ[妙]		
歓喜せ	かんぎせ	×	歓喜	授記	441②	漢サ動	433③	くわんき／よろこはん[妙]		
歓喜せ	かんぎせ	くはんき	歓喜	安樂	781④	漢サ動	802④	くわんき・せ／よろこは[妙]		
歓喜せ	かんぎせ	くはんぎ／よろこふ	歓喜	安樂	800①	漢サ動	821⑥	くわんき・し／よろこひ[妙]		
歓喜せ	かんぎせ	くはんぎ	歓喜	随喜	992②	漢サ動	1010⑤	くわんき・せ／よろこはん[妙]		
歓喜せ	かんぎせ	くわんき	歓喜	神力	1101③	漢サ動	1120⑤	くわんき・せ／よろこは[妙]		
歓喜せ	かんぎせ	×	歓喜	藥王	1115⑥	漢サ動	1134②		一し奉る[西右]	くわんき・せ[妙]
歓喜せ	かんぎせ	くはんぎ／よろこふ	歓喜	五百	578①	漢サ動	583①	くわんき／よろこひ[妙]		
歓喜踊躍し	かんぎゆやくし	くはんぎゆやく	歓喜踊躍	譬喩	288④	漢四熟サ動	260①	くわんきゆやく・し／よろこひおとりて[妙]		
歓喜踊躍し	かんぎゆやくし	くはんぎゆやく	歓喜踊躍	化城	473④	漢四熟サ動	472①	くわんきゆやく／よろこひをとり[妙]		
歓喜踊躍し	かんぎゆやくし	くはんぎゆやく	歓喜踊躍	化城	482④	漢四熟サ動	482⑤	くわんきゆやく／よろこひをとり[妙]	一し一[西右]	
歓喜踊躍し	かんぎゆやくし	くはんぎゆやく	歓喜踊躍	化城	491③	漢四熟サ動	493③	くわんきゆやく／よろこひをとり[妙]	一し一[西右]	
歓喜踊躍し	かんぎゆやくし	くはんぎゆやく	歓喜踊躍	授學	620④	漢四熟サ動	630⑥	くわんきゆやく・し／よろこひをとり[妙]		
歓喜踊躍す	かんぎゆやくす	くはんぎゆやく	歓喜踊躍	信解	317⑥	漢四熟サ動	292④	くわんぎゆやく・す／よろこひをとり[妙]		
歓喜踊躍す	かんぎゆやくす	×／よろこひをとり	歓喜踊躍	五百	589②	漢四熟サ動	595④	くわんきゆやく・す／よろこひをとり[妙]		
願樂する	がんぎょうする	ぐはんげう	願樂	信解	371④	漢サ動	358②	ぐわんげう・する／ねかう[妙]		
願求せ	がんぐせ	くはんく	願求	分別	943⑤	漢サ動	962②	くわんく・せ／ねかいもとめん[妙]		
観見する	かんけんする	くはんけん	觀見	方便	175⑥	漢サ動	151③	くわんけん・する／一みる[妙]		
玩好	がんこう	ぐはんかう／もてあそひ物	玩好	譬喩	247④	漢名	217③	くわんがう／もてあそひものゝく[妙]		
玩好	がんこう	ぐわんがう	玩好	譬喩	252③	漢名	222④	くわんかう／もてあそひ[妙]		
歓娯し	かんごし	くはんご／よろこひ	歓娯	譬喩	280②	漢サ動	251⑥	くわんご・し／よろこひこのみ[妙]		
観察し	かんさつし	くはんさつ	觀察	化城	528⑤	漢サ動	534③			
官事	かんじ	くはんじ／おほやけ事	官事	五百	590④	漢名	597②		一ありて[西右]	
観じ	かんじ	くはんじ	觀	序品	22⑤	単漢サ動	19①			
観じ	かんじ	×	觀	信解	371⑤	単漢サ動	358③			
観し	かんじ	くはん	觀	藥草	393②	単漢サ動	378⑥		み給ひし[西右]	
観し	かんじ	くわん	觀	藥草	397⑦	単漢サ動	384③		み給ひて[西右]	
観し	かんじ	くはん	觀	授學	616⑤	単漢サ動	626④		みる事をなし給ひき	
観じ	かんじ	×	觀	安樂	775⑤	単漢サ動	796②			
観じ	かんじ	くはん	觀	安樂	761⑥	単漢サ動	781④			
観じ	かんじ	くはん	觀	如來	889③	単漢サ動	908④			
観し	かんじ	×	觀	觀世	1209⑤	単漢サ動	1222⑤			くわん・し[妙]

かん 131

当該語	読みかな	傍訓	漢字表記	品名	頁數	語の種類	妙一本	和解語文	可讀	異同語彙
軒飾せ	かんじきせ	かんじき／のきかざり	軒飾	序品	30④	漢サ動	26①		―(かざ)れィ[西右]	
龕室	がんしつ	かんしつ	龕室	見寶	657②	漢名	671④			龕室(かんしち)[妙]
甘蔗	かんじゃ	かんじや	甘蔗	藥草	402①	漢植物名	388④	かんしや／あまかつら[妙]		
観樹し	かんじゅし	くはんしゆ	觀樹	方便	177④	漢サ動	152④	くわんしゆ・し／うへきをくわんす[妙]	―を観し[西右]	
官處	かんじょ	くはんじょ／つかさところ	官處	觀世	1244⑥	漢名	1257②	くわんしよ／おほやけところ[妙]		
乾痟	かんしょう	かんせう／かれやせ	乾痟	譬喩	310①	漢名	283①			―やまひ[西]
感傷し	かんしょうし	かんしやう・いたみなけき	感傷	譬喩	×	漢サ動	172⑤	かんしやう／いたみ[妙]		
感傷し	かんしょうし	かんしやう・いたみなけき	感傷	譬喩	205⑤	漢サ動	×			
勸請し	かんじょうし	くはんしやう	歡請	化城	460⑤	漢サ動	456③	くわんしやう／すめこい[妙]		
勸進し	かんじんし	くはんじん	歡進	信解	371⑤	漢サ動	358④	くわんじん・し／すんて[妙]		
観す	かんず	くはん	觀	安樂	768②	単漢サ動	788③		―る[西右]	観(くわん)す[妙]
觀ずる	かんずる	くはん	觀	序品	39③	単漢サ動	33⑥			
觀する	かんずる	くはん／みる	觀	藥草	406①	単漢サ動	393③			
観する	かんずる	くはん	觀	化城	448⑤	単漢サ動	442②			
観ずる	かんずる	×	觀	提婆	729④	単漢サ動	747④			
観する	かんずる	くはん	觀	安樂	775①	単漢サ動	795④			
観する	かんずる	×	觀	分別	950③	単漢サ動	969③			
観せ	かんぜ	くハん	觀	提婆	734⑥	単漢サ動	753②			
願せ	がんぜ	―はん	願	分別	946④	単漢サ動	965①			
觀世音	かんぜおん	×	觀世音	觀世	1208⑥	仏菩薩名	1221⑥			くわんせをん[妙]
觀世音	かんぜおん	×	觀世音	觀世	1211⑥	仏菩薩名	1225①			くわんせをん[妙]
觀世音	かんぜおん	×	觀世音	觀世	1235③	仏菩薩名	1247⑥			くわんせおん[妙]
觀世音	かんぜおん	×	觀世音	觀世	1245②	仏菩薩名	1257④	くわんせをん／よをくわんするこゑ[妙]	―と[西右]	
觀世音淨聖	かんぜおんじょうしょう	―じやうしやう	觀世音淨聖	觀世	1245⑤	仏菩薩名	1257⑥	くわんせをんしやう／(くわんせをん)のきよきひしりは[妙]	――――の――[西右]	
観世音菩薩	かんぜおんぼさつ	くわんぜおんぼさつ	觀世音菩薩	序品	8⑤	仏菩薩名	7①			
觀世音菩薩	かんぜおんぼさつ	くはん―おんほさつ	觀世音菩薩	觀世	1208⑤	仏菩薩名	1221⑤		―を[西右]	くわんぜをんぼさつ[妙]
觀世音菩薩	かんぜおんぼさつ	×	觀世音菩薩	觀世	1209③	仏菩薩名	1222③			くわんせをんほさつ[妙]
觀世音菩薩	かんぜおんぼさつ	×	觀世音菩薩	觀世	1209④	仏菩薩名	1222④			くわんせをんほさつ[妙]
觀世音菩薩	かんぜおんぼさつ	×	觀世音菩薩	觀世	1209⑥	仏菩薩名	1223③			くわんせおんほさつ[妙]
觀世音菩薩	かんぜおんぼさつ	×	觀世音菩薩	觀世	1211③	仏菩薩名	1224⑤			かんせおんほさつ[妙]
觀世音菩薩	かんぜおんぼさつ	×	觀世音菩薩	觀世	1212②	仏菩薩名	1225③			くわんせおんほさつ[妙]
觀世音菩薩	かんぜおんぼさつ	×	觀世音菩薩	觀世	1212⑥	仏菩薩名	1226①			かんせおんほさつ[妙]
觀世音菩薩	かんぜおんぼさつ	×	觀世音菩薩	觀世	1213⑤	仏菩薩名	1227①			くわんせおんほさつ[妙]
觀世音菩薩	かんぜおんぼさつ	×	觀世音菩薩	觀世	1215①	仏菩薩名	1228③			くわんせおんほさつ[妙]
觀世音菩薩	かんぜおんぼさつ	×	觀世音菩薩	觀世	1216⑤	仏菩薩名	1230①			くわんせおんほさつ[妙]
觀世音菩薩	かんぜおんぼさつ	×	觀世音菩薩	觀世	1217①	仏菩薩名	1230③			くわんせおんほさつ[妙]
觀世音菩薩	かんぜおんぼさつ	×	觀世音菩薩	觀世	1217③	仏菩薩名	1230⑤			くわんせおんほさつ[妙]
觀世音菩薩	かんぜおんぼさつ	×	觀世音菩薩	觀世	1217⑤	仏菩薩名	1231①			かんせおんほさつ[妙]
觀世音菩薩	かんぜおんぼさつ	×	觀世音菩薩	觀世	1218③	仏菩薩名	1231⑤			くわんせおんほさつ[妙]

当該語	読みかな	傍訓	漢字表記	品名	頁数	語の種類	妙一本	和解語文	可読	異同語彙
觀世音菩薩	かんぜおんぼさつ	×	觀世音菩薩	觀世	1219①	仏菩薩名	1232③			くわんせおんほさつ[妙]
觀世音菩薩	かんぜおんぼさつ	×	觀世音菩薩	觀世	1219②	仏菩薩名	1232⑤			くわんせおんほさつ[妙]
觀世音菩薩	かんぜおんぼさつ	×	觀世音菩薩	觀世	1219④	仏菩薩名	1232⑥			くわんせおんほさつ[妙]
觀世音菩薩	かんぜおんぼさつ	×	觀世音菩薩	觀世	1220⑤	仏菩薩名	1234①			くわんせおんほさつ[妙]
觀世音菩薩	かんぜおんぼさつ	×	觀世音菩薩	觀世	1221③	仏菩薩名	1234⑤			くわんせおんほさつ[妙]
觀世音菩薩	かんぜおんぼさつ	×	觀世音菩薩	觀世	1221⑥	仏菩薩名	1235②			くわんせおんほさつ[妙]
觀世音菩薩	かんぜおんぼさつ	×	觀世音菩薩	觀世	1222⑤	仏菩薩名	1236①			くわんせおんほさつ[妙]
觀世音菩薩	かんぜおんぼさつ	×	觀世音菩薩	觀世	1229⑥	仏菩薩名	1242⑥			かんせおんほさつ[妙]
觀世音菩薩	かんぜおんぼさつ	×	觀世音菩薩	觀世	1230④	仏菩薩名	1243⑤			くわんせおんほさつ[妙]
觀世音菩薩	かんぜおんぼさつ	×	觀世音菩薩	觀世	1231④	仏菩薩名	1244③			くわんせおんほさつ[妙]
觀世音菩薩	かんぜおんぼさつ	×	觀世音菩薩	觀世	1232③	仏菩薩名	1245①		一あへて[西右]	くわんせおんほさつ[妙]
觀世音菩薩	かんぜおんぼさつ	×	觀世音菩薩	觀世	1232④	仏菩薩名	1245②			くわんせおんほさつ[妙]
觀世音菩薩	かんぜおんぼさつ	×	觀世音菩薩	觀世	1232⑤	仏菩薩名	1245⑤			くわんせおんほさつ[妙]
觀世音菩薩	かんぜおんぼさつ	×	觀世音菩薩	觀世	1233⑤	仏菩薩名	1246③			くわんせおんほさつ[妙]
觀世音菩薩	かんぜおんぼさつ	×	觀世音菩薩	觀世	1234③	仏菩薩名	1248①			くわんせおんほさつ[妙]
觀世音菩薩品	かんぜおんぼさつぼん	————ほん	觀世音菩薩品	觀世	1246⑤	仏菩薩名	1258⑥			くわんせおんほさつほん[妙]
觀世音菩薩摩訶薩	かんぜおんぼさつまかさつ	×	觀世音菩薩摩訶薩	觀世	1216②	仏菩薩名	1229④			くわんせおんほさつまかさつ[妙]
觀世音菩薩摩訶薩	かんぜおんぼさつまかさつ	×	觀世音菩薩摩訶薩	觀世	1230⑤	仏菩薩名	1243④			くわんせおんほさつまかさつ[妙]
観せ	かんぜよ	くはん	觀	安樂	768①	単漢サ動	788①			観(くわん)す[妙]
観せよ	かんぜよ	くはん	觀	隨喜	985②	単漢サ動	1003④			
乾地	かんち	かんち／かはけるち	乾地	藥草	402②	漢名	388⑥	かんち／かわけるち[妙]		
觀知し	かんちし	くわんち／みしる心也	觀知	藥草	387⑥	漢サ動	373②			
官長	かんちょう	くはんちやう	官長	安樂	762④	漢名	782①		一とに[西右]	官長に[妙]
官長	かんちょう	くはんてう	官長	安樂	769②	漢人倫名	789④		一と[西右]	
艱難	かんなん	かんなん／かたき心	艱難	五百	591③	漢名	598②		一一す[西右]	
艱難	かんなん	かんなん／かたき	艱難	五百	593⑥	漢名	601③		一なり[西右]	
艱難	かんなん	かんなん	艱難	五百	597⑥	漢名	606①			
堪任し	かんにんし	かんにん	堪任し	妙莊	1283③	漢サ動	1293①	かんにん・し／たえ[妙]		
堪任し	かんにんし	かんにん	堪任し	妙莊	1288②	漢サ動	1297④	かんにん・し／たへ[妙]		
堪忍し	かんにんし	かむにん	堪忍し	妙音	1184①	漢サ動	1198①	□□□□・し／しのひ[妙]	一て[西左]	
堪任する	かんにんする	かんにん／くらふる也	堪任	信解	318⑥	漢サ動	293⑥			
堪任する	かんにんする	かんにん	堪任	信解	377④	漢地儀名	365③	かんにん・する／たうる[妙]		
甘美	かんみ	かんみ／あまきあぢはひ	甘美	法師	634①	漢サ動	645⑥	かむみ／あまきあちわい[妙]		
關鑰	かんやく	くはんやく／かき	關鑰	見寶	680②	漢人倫名	697②	くゑんやく／せきかき		くゑんやく[妙]
願力	がんりき	ぐはんりき	願力	見寶	663②	漢名	678②	くわんりき／ちから[妙]		
甘露	かんろ	かんろ	甘露	藥草	405④	漢名	392⑤	かんろ／あまきあちわい[妙]		
甘露	かんろ	かんろ	甘露	授記	423④	漢名	413①	かんろ／あまきあちわい[妙]		
甘露	かんろ	かんろ	甘露	化城	496③	漢名	499②			
甘露	かんろ	かんろ	甘露	化城	500⑤	漢名	504②			

当該語	読みかな	傍訓	漢字表記	品名	頁数	語の種類	妙一本	和解語文	可読	異同語彙
甘露	かんろ	かんろ	甘露	化城	534③	漢名	540①			
甘露	かんろ	かんろ	甘露	授學	620⑥	漢名	631③			
一甘露	かんろ	かんろ	甘露	法功	1027③	漢名	1046①			
甘露	かんろ	かんろ	甘露	法功	1031⑥	漢名	1050④			
甘露	かんろ	かんろ	甘露	觀世	1244⑤	漢名	1256⑥			かんろ[妙]
記	き	き	記	序品	60⑤	単漢名	53①	き／ほとけのくらひ[妙]		
記	き	き	記	譬喩	225④	単漢名	194②			
記	き	き	記	譬喩	231①	単漢名	200②			
記	き	き	記	譬喩	235⑥	単漢名	205①			
記	き	き	記	信解	317⑤	単漢名	292③			
記	き	き	記	信解	320⑥	単漢名	296②			
記	き	き	記	信解	367③	単漢名	353③			
記	き	き	記	授記	425⑤	単漢名	415⑥	き／ほとけのくらい[妙]		
記	き	き	記	五百	562⑤	単漢名	565⑤			
記	き	き	記	五百	583④	単漢名	588⑥			
記	き	×	記	五百	595②	単漢名	603①	き／くらゐ[妙]		
記	き	き	記	授學	602⑥	単漢名	611④			
記	き	き	記	授學	608⑥	単漢名	618①	き／ほとけのくらい[妙]		
記	き	×	記	授學	610⑤	単漢名	620②	き／ほとけになること[妙]		
記	き	×	記	法師	622③	単漢名	633②	き／ほとけのくらひを[妙]		
記	き	×	記	授學	618⑤	単漢名	628⑥	き／ほとけのくらいを[妙]		
記	き	×	記	法師	623②	単漢名	634①			
記	き	き	記	提婆	736⑤	単漢名	755④			
記	き	き	記	提婆	737②	単漢名	755⑤	き／ほとけのくらい[妙]	受記[西右]	
記	き	×	記	勧持	742③	単漢名	761③			
記	き	×	記	勧持	742⑥	単漢名	761⑤			
記	き	×	記	勧持	746⑥	単漢名	765⑤	き／ほとけになるへきくらい[妙]		
記	き	き	記	安樂	813②	単漢名	835⑤	き／ほとけのくらい[妙]		
記	き	×	記	常不	1064⑥	単漢名	1083⑤	き／ほとけのくらゐ[妙]		
鬼	き	き	鬼	譬喩	274⑥	単漢鬼神名	246②	くゐ／おに[妙]		
鬼	き	くゐ	鬼	觀世	1240③	単漢鬼神名	1253⑥			くい[妙]
き	き	×	木	藥草	401⑥	和草木名	388④			
き	き	×	樹	藥草	402⑤	和草木名	389③			
木{樹}	き	じゅ	樹	見寶	673①	和草木名	688⑤		一のィ[西右]	
き	き	×	樹	法功	1017③	和植物名	1036⑤			
き	き	×	樹	藥王	1118②	和草木名	1136⑤			
き	き	×	樹	藥王	1118⑤	和草木名	1136⑥			とき[妙]
き	き	×	着	譬喩	231②	和動	200⑤			
き	き	×	着	信解	336④	和動	315②			
き	き	×	着	信解	361④	和動	346④			
き	き	×	着	安樂	779④	和動	800③		一て[西右]	
き	き	×	着	法功	1016②	和動	1035①			
き	き	×	着	法功	1022④	和動	1041③			
き	き	×	着	普賢	1323③	和動	1328①			
き	き	×	被	從地	845③	和動	868①			
き	き	×	來	譬喩	240⑥	和動	210④			
き	き	×	來	信解	334④	和動	312⑤			
き	き	×	來	信解	359②	和動	343④			
き	き	×	來	信解	360⑤	和動	345⑤			
き	き	×	來	見寶	685④	和動	702⑥			
き	き	×	來	見寶	686④	和動	704②			
き	き	×	來	提婆	710③	和動	727④			
き	き	×	來	安樂	763⑤	和動	783⑤			
き	き	×	來	安樂	764④	和動	784③			
き	き	×	來	安樂	770③	和動	790⑤			
き	き	×	來	安樂	788①	和動	809④			
き	き	×	來	安樂	794⑤	和動	816②			
き	き	×	來	從地	834⑥	和動	857⑥			
き	き	×	來	從地	835⑤	和動	858④			

当該語	読みかな	傍訓	漢字表記	品名	頁数	語の種類	妙一本	和解語文	可読	異同語彙
き	き	×	來	從地	836④	和動	859③			
き	き	×	來	從地	842①	和動	864⑥			
き	き	×	來	從地	843③	和動	866②			
き	き	×	來	如來	903③	和動	922③			
き	き	×	來	如來	908④	和動	927③			
き	き	×	來	分別	933⑥	和動	952③			
き	き	×	來	分別	941⑥	和動	960②			
き	き	×	來	法功	1028④	和動	1047②			
き	き	×	來	法功	1029③	和動	1047⑥			
き	き	×	來	法功	1029⑤	和動	1048③			
き	き	×	來	法功	1032⑤	和動	1051④			
き	き	×	來	法功	1033④	和動	1052③			
き	き	×	來	法功	1033⑥	和動	1052⑤			
き	き	×	來	囑累	1112②	和動	1130⑥			
き	き	×	來	妙音	1177④	和動	1192⑥			
き	き	×	來	妙音	1178④	和動	1193⑤			
き	き	×	來	妙音	1198⑤	和動	1212④			
来	き	き	來	觀世	1212⑤	和動	1225⑥			き[妙]
き	き	×	來	普賢	1308③	和動	1315①			
き	き	×	來	普賢	1323①	和動	1327⑥		きたて[西右]	
義	ぎ	×	義	序品	23④	単漢名	19⑥			
義	ぎ	ぎ	義	序品	45⑥	単漢名	39④			
義	ぎ	ぎ	義	序品	48③	単漢名	41⑤			
義	ぎ	×	義	序品	65⑥	単漢名	57④			
義	ぎ	き	義	序品	71③	単漢名	62③			
義	ぎ	×	義	序品	77③	単漢名	67②			
義	ぎ	×	義	序品	85②	単漢名	74⑤			
義	ぎ	×	義	方便	92①	単漢名	80⑥			
義	ぎ	×	義	方便	94②	単漢名	82⑤			
義	ぎ	き	義	方便	103⑤	単漢名	90⑥			
義	ぎ	×	義	方便	104①	単漢名	91②			
義	ぎ	×	義	方便	106②	単漢名	93①			
義	ぎ	×	義	方便	113③	単漢名	99②			
義	ぎ	×	義	方便	117②	単漢名	102⑤			
義	ぎ	×	義	方便	139②	単漢名	121③			
義	ぎ	×	義	方便	140③	単漢名	122③			
義	ぎ	ぎ	義	譬喩	208⑤	単漢名	176②			
義	ぎ	き	義	譬喩	226④	単漢名	195⑤			
義	ぎ	き	義	譬喩	233①	単漢名	202②			
義	ぎ	き	義	譬喩	238③	単漢名	207⑤			
義	ぎ	ぎ	義	譬喩	270②	単漢名	241③			
義	ぎ	ぎ	義	信解	321⑥	単漢名	297③			
義	ぎ	き	義	信解	352④	単漢名	335⑤			
義	ぎ	×	義	藥草	399①	単漢名	385③			
義	ぎ	き	義	藥草	405⑥	単漢名	393①			
義	ぎ	き	義	授記	418④	単漢名	407①			
義	ぎ	き	義	授記	429③	単漢名	419⑥			
義	ぎ	×	義	授記	436⑤	単漢名	428②			
義	ぎ	×	義	授記	442①	単漢名	434②			
義	ぎ	ぎ	義	化城	448⑥	単漢名	442③			
義	ぎ	き	義	化城	529⑥	単漢名	535④			
義	ぎ	×	義	五百	574③	単漢名	578⑥			
義	ぎ	×	義	五百	578⑤	単漢名	583⑤			
義	ぎ	×	義	五百	585②	単漢名	590⑤			
義	ぎ	×	義	五百	595⑤	単漢名	603④			
義	ぎ	×	義	授學	606④	単漢名	615④			
義	ぎ	×	義	授學	614⑤	単漢名	624③			
義	ぎ	×	義	授學	618⑤	単漢名	628③			
義	ぎ	×	義	法師	631①	単漢名	642④			
義	ぎ	×	義	法師	649②	単漢名	663②			
義	ぎ	×	義	見寶	685②	単漢名	702④			
義	ぎ	×	義	見寶	699②	単漢名	718②			
義	ぎ	ぎ	義	提婆	711⑥	単漢名	729③			
義	ぎ	×	義	提婆	724⑤	単漢名	742⑥			
義	ぎ	×	義	提婆	725⑤	単漢名	743⑥			
義	ぎ	×	義	勸持	750①	単漢名	769②			
義	ぎ	き	義	安樂	768④	単漢名	788⑤			
義	ぎ	き	義	安樂	775④	単漢名	796②			

当該語	読みかな	傍訓	漢字表記	品名	頁数	語の種類	妙一本	和解語文	可読	異同語彙
義	ぎ	×	義	安樂	778⑤	単漢名	799④			
義	ぎ	×	義	安樂	780①	単漢名	801①			
義	ぎ	×	義	安樂	780③	単漢名	801②			
義	ぎ	×	義	安樂	788⑥	単漢名	810③			
義	ぎ	×	義	安樂	804②	単漢名	826③			
義	ぎ	ぎ	義	從地	846①	単漢名	868⑤			
義	ぎ	×	義	從地	851④	単漢名	874②			
義	ぎ	×	義	從地	864①	単漢名	886⑥			
義	ぎ	×	義	如來	910②	単漢名	929②			
義	ぎ	き	義	分別	939①	単漢名	957⑤			
義	ぎ	×	義	分別	946⑥	単漢名	965③			
義	ぎ	×	義	分別	958⑤	単漢名	977②			
義	ぎ	×	義	分別	961②	単漢名	979⑤			
義	ぎ	×	義	随喜	986①	単漢名	1004②			
義	ぎ	×	義	法功	996①	単漢名	1014⑤			
義	ぎ	×	義	法功	1001③	単漢名	1020①			
義	ぎ	×	義	法功	1006③	単漢名	1024⑥			
義	ぎ	×	義	法功	1014⑤	単漢名	1033③			
義	ぎ	×	義	法功	1031②	単漢名	1049⑥			
義	ぎ	×	義	法功	1037②	単漢名	1056①			
義	ぎ	×	義	法功	1041①	単漢名	1060①	き／きを[妙]		
義	ぎ	×	義	法功	1041③	単漢名	1060②			
義	ぎ	×	義	法功	1043⑥	単漢名	1062③			
義	ぎ	×	義	法功	1044④	単漢名	1063①			
義	ぎ	×	義	法功	1045⑥	単漢名	1064③			
義	ぎ	×	義	法功	1046③	単漢名	1064⑥			
義	ぎ	×	義	常不	1076⑥	単漢名	1095③			き[妙]
義	ぎ	×	義	神力	1097⑤	単漢名	1116④			き[妙]
義	ぎ	ぎ	義	神力	1102④	単漢名	1121③			き[妙]
義	ぎ	×	義	神力	1103②	単漢名	1122①			ぎ[妙]
几案	きあん	きあん／ものをく物	几案	譬喩	241④	漢名	211①	きあん／つくゑ[妙]		
きい	きい	×	聞	譬喩	246③	和動	216②			
きほひ	きおい	×	競	譬喩	272④	和動	243⑥			
きほひ	きおい	×	競	譬喩	278④	和動	250②			
欺誑し	ぎおうし	×	欺誑	方便	151①	漢サ動	131①			
欺誑する	ぎおうする	こわう／あざむく心	欺誑	譬喩	211⑥	漢サ動	179⑤			
きか	きか	×	聽	法師	648②	和動	661⑥			
きか	きか	×	聽	法師	648⑤	和動	662④			
きか	きか	×	聽	見寶	686③	和動	703⑥			
きか	きか	×	聽	見寶	695③	和動	714①			
きか	きか	×	聽	安樂	794③	和動	815⑥	一くをもて[西右]		
きか	きか	×	聽	安樂	795①	和動	816④			
きか	きか	×	聽	随喜	980⑤	和動	998⑥			
きか	きか	×	聽	随喜	985③	和動	1003④			
きか	きか	×	聽	随喜	989⑥	和動	1008③			
きか	きか	×	聽	随喜	990③	和動	1008⑤			
きか	きか	×	聽	随喜	992①	和動	1010⑤			
きか	きか	×	聽	法功	1028④	和動	1047②			
きか	きか	×	聽	法功	1029⑥	和動	1048④			
きか	きか	×	聽	法功	1032⑥	和動	1051④			
きか	きか	×	聞	序品	26⑤	和動	22⑤			
きか	きか	×	聞	序品	57②	和動	49⑤			
きか	きか	×	聞	方便	105③	和動	92③			ききたまへ[妙]
きか	きか	×	聞	方便	111③	和動	97③			
きか	きか	×	聞	方便	119③	和動	104④			
きか	きか	×	聞	方便	122⑥	和動	107⑥			
きか	きか	×	聞	方便	131②	和動	114⑥			
きか	きか	×	聞	方便	137①	和動	119④			
きか	きか	×	聞	方便	155⑤	和動	134⑥			
きか	きか	×	聞	方便	155⑤	和動	134⑥			
きか	きか	×	聞	譬喩	208①	和動	175③			
きか	きか	×	聞	譬喩	234①	和動	203③			
きか	きか	×	聞	譬喩	237①	和動	206②			
きか	きか	×	聞	譬喩	308⑥	和動	281④			
きか	きか	×	聞	信解	374③	和動	361④			
きか	きか	×	聞	藥草	392⑤	和動	378③			

当該語	読みかな	傍訓	漢字表記	品名	頁数	語の種類	妙一本	和解語文	可読	異同語彙
きか	きか	×	聞	化城	459⑥	和動	455③			
きか	きか	×	聞	化城	497③	和動	500②			
きか	きか	×	聞	化城	519①	和動	524②			
きか	きか	×	聞	化城	527③	和動	532⑤			
きか	きか	×	聞	五百	577①	和動	581⑥			
きか	きか	×	聞	授學	608⑥	和動	618②			
きか	きか	×	聞	法師	630⑤	和動	642②		ききて[西右]	
きか	きか	×	聞	法師	643⑥	和動	657①			
きか	きか	×	聞	法師	651①	和動	665①			
きか	きか	×	聞	法師	653⑥	和動	668①			
きか	きか	×	聞	見寶	662④	和動	677②			
きか	きか	×	聞	見寶	665③	和動	680②			
きか	きか	×	聞	見寶	681③	和動	698③			
きか	きか	×	聞	提婆	720①	和動	738①			
きか	きか	×	聞	安樂	770④	和動	790⑥			
きか	きか	×	聞	安樂	792④	和動	814①			
きか	きか	×	聞	安樂	805②	和動	827③			
きか	きか	×	聞	從地	833①	和動	855⑥			
きか	きか	×	聞	從地	847①	和動	869②			
きか	きか	×	聞	從地	863①	和動	885⑤			
きか	きか	×	聞	如來	913⑥	和動	932⑥			
きか	きか	×	聞	如來	917①	和動	935⑥			
きか	きか	×	聞	分別	929⑥	和動	948④			
きか	きか	×	聞	分別	948②	和動	966⑥			
きか	きか	×	聞	隨喜	982①	和動	1000①			
きか	きか	×	聞	隨喜	989③	和動	1007⑤		きく[西右]	
きか	きか	×	聞	隨喜	990③	和動	1008⑥			
きか	きか	×	聞	隨喜	992⑥	和動	1011④			
きか	きか	×	聞	法功	1000③	和動	1019①			
きか	きか	×	聞	法功	1002①	和動	1020①			
きか	きか	×	聞	法功	1002⑥	和動	1021③			
きか	きか	×	聞	法功	1003①	和動	1021④			
きか	きか	×	聞	法功	1003③	和動	1021⑥			
きか	きか	×	聞	法功	1004⑥	和動	1023③			
きか	きか	×	聞	法功	1009③	和動	1027⑤		かゝん[西右]	かか[妙]
きか	きか	×	聞	法功	1032②	和動	1051①			
きか	きか	×	聞	常不	1074②	和動	1092⑥			
きか	きか	×	聞	藥王	1153②	和動	1171②			
きか	きか	×	聞	觀世	1213①	和動	1226②			
きか	きか	×	聞	觀世	1247①	和動	1259①			
毀戒	きかい	きかい／やふり	毀戒	藥草	407②	漢名	394④	くゐかい／かいをやふる[妙]		
妓樂	ぎがく	きがく	妓樂	序品	41①	漢名	35③			
妓楽	ぎがく	ぎがく	妓樂	譬喩	232②	漢名	201③			
妓樂	ぎがく	きかく	妓樂	授記	443①	漢名	435④			
妓樂	ぎがく	きかく	妓樂	化城	454⑤	漢名	449③			
妓樂	ぎがく	ぎがく	妓樂	化城	530⑥	漢名	536④			
妓樂	ぎがく	ぎがく	妓樂	法師	623⑤	漢名	634⑤			
妓樂	ぎがく	ぎがく	妓樂	法師	625④	漢名	636④			
妓樂	ぎがく	きかく	妓樂	法師	630①	漢名	641④			
妓樂	ぎがく	きかく	妓樂	法師	640⑤	漢名	653③			
妓樂	ぎがく	ぎがく	妓樂	見寶	658⑤	漢名	673①			
妓樂	ぎがく	きかく	妓樂	提婆	718④	漢名	736④	きかく／きかく[妙]		
妓樂	ぎがく	ぎがく	妓樂	如來	916①	漢名	934⑥			
妓樂	ぎがく	きかく	妓樂	分別	953③	漢名	972①			きらく[妙]
妓樂	ぎがく	ぎがく	妓樂	分別	962⑥	漢名	981②			
妓樂	ぎがく	ぎがく	妓樂	藥王	1118⑥	漢名	1137②			きかく[妙]
妓樂	ぎがく	きかく	妓樂	妙音	1187③	漢名	1202①			きかく[妙]
妓樂	ぎがく	ぎがく	妓樂	妙音	1188③	漢名	1202⑥			きらく[妙]
妓樂	ぎがく	ぎがく	妓樂	妙音	1200①	漢名	1213⑤			きかく[妙]
妓樂	ぎがく	ぎかく	妓樂	陀羅	1270②	漢名	1281②			ぎかく[妙]
妓樂	ぎがく	×	妓樂	普賢	1306⑤	漢名	1313④			ぎがく[妙]
妓樂	ぎがく	ぎがく	妓樂	普賢	1323①	漢名	1327⑤			ぎがく[妙]
きゝ	きき	×	聽	見寶	686⑤	和動	704②			
きゝ	きき	×	聽	隨喜	985④	和動	1003⑥			
きゝ	きき	×	聽	隨喜	993②	和動	1011⑥			
きゝ	きき	×	聽	法功	1022③	和動	1041①			

当該語	読みかな	傍訓	漢字表記	品名	頁数	語の種類	妙一本	和解語文	可読	異同語彙
きゝ	きき	×	聞	序品	4②	和動	3②			
きゝ	きき	×	聞	序品	18③	和動	15①			
きゝ	きき	×	聞	序品	33④	和動	28⑤			
きゝ	きき	×	聞	序品	52⑥	和動	45⑥			
きゝ	きき	×	聞	序品	58⑤	和動	51②			
きゝ	きき	×	聞	序品	77④	和動	68②			
きゝ	きき	×	聞	方便	113②	和動	99①			
きゝ	きき	×	聞	方便	115⑤	和動	101②			
きゝ	きき	×	聞	方便	130①	和動	113⑥			
きゝ	きき	×	聞	方便	147③	和動	128①			
きき	きき	×	聞	方便	160①	和動	138②			
きゝ	きき	×	聞	方便	183①	和動	157①			
きゝ	きき	×	聞	方便	187④	和動	160⑤			
きゝ	きき	×	聞	方便	189④	和動	162⑤			
きゝ	きき	×	聞	方便	191⑤	和動	164④			
きゝ	きき	×	聞	譬喩	204⑥	和動	171⑥			
きゝ	きき	×	聞	譬喩	205②	和動	172③			
きゝ	きき	×	聞	譬喩	207③	和動	174⑤			
きゝ	きき	×	聞	譬喩	208①	和動	175③			
きき	きき	×	聞	譬喩	209①	和動	176③			
きゝ	きき	×	聞	譬喩	209⑥	和動	177④			
きゝ	きき	×	聞	譬喩	212⑤	和動	180⑥			
きゝ	きき	×	聞	譬喩	215①	和動	183③			
きゝ	きき	×	聞	譬喩	215⑤	和動	184①			
きゝ	きき	×	聞	譬喩	217⑤	和動	186②			
きゝ	きき	×	聞	譬喩	233⑥	和動	203①			
きゝ	きき	×	聞	譬喩	237①	和動	206③			
きゝ	きき	×	聞	譬喩	262④	和動	234①			
きゝ	きき	×	聞	譬喩	263③	和動	234⑥			
きゝ	きき	×	聞	譬喩	264③	和動	235⑤			
きゝ	きき	×	聞	譬喩	280③	和動	251⑥			
きゝ	きき	×	聞	譬喩	283⑤	和動	255⑤			
きゝ	きき	×	聞	譬喩	300①	和動	272③			
きゝ	きき	×	聞	信解	321①	和動	296②			
きゝ	きき	×	聞	信解	345③	和動	326④			
きゝ	きき	×	聞	信解	352⑥	和動	336①			
きゝ	きき	×	聞	信解	360⑤	和動	345④			
きゝ	きき	×	聞	信解	367①	和動	353①			
きゝ	きき	×	聞	信解	369②	和動	355④			
きゝ	きき	×	聞	藥草	395④	和動	381④		きけどもィ[西左]	
きゝ	きき	×	聞	藥草	399⑥	和動	386③			
きゝ	きき	×	聞	藥草	412⑥	和動	400⑥			
きゝ	きき	×	聞	化城	456①	和動	450⑥			
きゝ	きき	×	聞	化城	481④	和動	481①			
きゝ	きき	×	聞	化城	492⑤	和動	495①			
きゝ	きき	×	聞	化城	507②	和動	511⑤			
きゝ	きき	×	聞	化城	513⑥	和動	518⑥			
きゝ	きき	×	聞	化城	517⑤	和動	522④			
きゝ	きき	×	聞	化城	521⑥	和動	527①		一かはィ[西右]	
きゝ	きき	×	聞	化城	539①	和動	544⑥			
きゝ	きき	×	聞	化城	539⑤	和動	545③			
きゝ	きき	×	聞	五百	562④	和動	565④			
きき	きき	×	聞	五百	562⑤	和動	565⑥			
きゝ	きき	×	聞	五百	562⑥	和動	565⑥			
きゝ	きき	×	聞	五百	563①	和動	566②		一給ィ[西右]	
きゝ	きき	×	聞	五百	596①	和動	603⑥			
きゝ	きき	×	聞	五百	600④	和動	609②			
きゝ	きき	×	聞	授學	611①	和動	620③			
きゝ	きき	×	聞	授學	620③	和動	630⑤			
きゝ	きき	×	聞	授學	620⑤	和動	631③			ききたまへて[妙]
きゝ	きき	×	聞	法師	622②	和動	633③			
きゝ	きき	×	聞	法師	622⑥	和動	633⑤			
きゝ	きき	×	聞	法師	642④	和動	655②			
聞	きき	×	聞	法師	642④	和動	655③			
聞	きき	×	聞	法師	645⑥	和動	659②			
きゝ	きき	×	聞	法師	648②	和動	662①			

当該語	読みかな	傍訓	漢字表記	品名	頁数	語の種類	妙一本	和解語文	可読	異同語彙
きゝ	きき	×	聞	見寶	660①	和動	674④			
きゝ	きき	×	聞	見寶	664②	和動	679①			
きゝ	きき	×	聞	見寶	679④	和動	696③			
きゝ	きき	×	聞	提婆	710⑥	和動	728②			
きゝ	きき	×	聞	提婆	713④	和動	731②			
きゝ	きき	×	聞	提婆	719④	和動	737④			
きゝ	きき	×	聞	提婆	736④	和動	755②			
きゝ	きき	×	聞	勧持	746⑥	和動	765⑤			
きゝ	きき	×	聞	安樂	812⑥	和動	835②			
きゝ	きき	×	聞	安樂	814⑤	和動	837②			
きゝ	きき	×	聞	從地	821①	和動	843③			
きゝ	きき	×	聞	從地	830⑥	和動	853③			
きゝ	きき	×	聞	從地	869①	和動	892①		きゝ給へつれば[西左]	
きゝ	きき	×	聞	如來	898③	和動	917③			
きゝ	きき	×	聞	如來	906⑥	和動	925⑤			
きゝ	きき	×	聞	如來	908④	和動	927③			
きき	きき	×	聞	分別	921④	和動	940⑤			
きゝ	きき	×	聞	分別	932④	和動	951②			
きゝ	きき	×	聞	分別	933①	和動	951⑤			
きゝ	きき	×	聞	分別	936②	和動	954⑤			
きゝ	きき	×	聞	分別	937③	和動	955⑥			
きき	きき	×	聞	分別	944③	和動	962⑥			
きゝ	きき	×	聞	分別	945③	和動	963⑥			
きゝ	きき	×	聞	分別	947④	和動	966②			
きゝ	きき	×	聞	分別	948①	和動	966⑤			
きゝ	きき	×	聞	分別	949②	和動	968①			
きゝ	きき	×	聞	分別	951①	和動	969⑥			
きゝ	きき	×	聞	分別	954①	和動	972⑤			
きゝ	きき	×	聞	随喜	969④	和動	987⑤			
きゝ	きき	×	聞	随喜	971①	和動	989②			
きゝ	きき	×	聞	随喜	972②	和動	990②			
きゝ	きき	×	聞	随喜	978①	和動	996③			
きゝ	きき	×	聞	随喜	978⑥	和動	997①			
きゝ	きき	×	聞	随喜	979②	和動	997③			
きゝ	きき	×	聞	随喜	988⑤	和動	1007①			
きゝ	きき	×	聞	随喜	989①	和動	1007③			
きゝ	きき	×	聞	随喜	989⑤	和動	1008①			
きゝ	きき	×	聞	随喜	992②	和動	1010⑤			
きゝ	きき	×	聞	法功	1002④	和動	1021⑤			
きゝ	きき	×	聞	法功	1004④	和動	1022⑥			
きゝ	きき	×	聞	法功	1025④	和動	1044③			
きゝ	きき	×	聞	法功	1028③	和動	1047①			
きゝ	きき	×	聞	法功	1034③	和動	1053②			
きゝ	きき	×	聞	法功	1045⑤	和動	1064②			
きゝ	きき	×	聞	常不	1067④	和動	1086③			きき[妙]
きき	きき	×	聞	常不	1069①	和動	1087⑥			
きゝ	きき	×	聞	常不	1081①	和動	1099③			きき[妙]
きゝ	きき	×	聞	常不	1082⑥	和動	1101③			きき[妙]
きゝ	きき	×	聞	神力	1104①	和動	1122⑥			きき[妙]
きゝ	きき	×	聞	嘱累	1113⑥	和動	1132⑤			きき[妙]
きゝ	きき	×	聞	藥王	1115⑤	和動	1134②			きき[妙]
きゝ	きき	×	聞	藥王	1153④	和動	1171④			きき[妙]
きゝ	きき	×	聞	藥王	1154①	和動	1172①			きき[妙]
きゝ	きき	×	聞	藥王	1159②	和動	1176⑤			きき[妙]
きゝ	きき	×	聞	妙音	1176①	和動	1191③			きき[妙]
きゝ	きき	×	聞	妙音	1183⑥	和動	1198④			きき[妙]
きゝ	きき	×	聞	妙音	1185⑤	和動	1200③			きき[妙]
きゝ	きき	×	聞	觀世	1209③	和動	1222④			きき[妙]
きゝ	きき	×	聞	觀世	1215⑤	和動	1229①			きき[妙]
きゝ	きき	×	聞	觀世	1236③	和動	1248⑤			きき[妙]
きゝ	きき	×	聞	普賢	1308③	和動	1314⑤			きき[妙]
きゝい	ききい	×	聞居	譬喩	214⑥	和複動	183①			ききたまへ[妙]
きゝおはり	ききおわり	×	聞已	藥草	393⑥	和複動	379④			
きゝおはり	ききおわり	×	聞已	藥草	394②	和複動	380①			
きゝおはり	ききおわり	×	聞已	法師	651④	和複動	665③			
きゝをはり	ききおわり	×	聞已	從地	832①	和複動	854⑤			
きゝおはり	ききおわり	×	聞已	從地	863⑤	和複動	886④			

当該語	読みかな	傍訓	漢字表記	品名	頁数	語の種類	妙一本	和解語文	可読	異同語彙
きゝおはり	ききおわり	×	聞已	随喜	972①	和複動	990①			
きゝおはり	ききおわり	×	聞已	常不	1078⑤	和複動	1097②			ききおはり[妙]
きゝおはり	ききおわり	×	聞已	嘱累	1110①	和複動	1128⑤			ききをはり[妙]
きゝおはり	ききおわり	×	聽已	安樂	788①	和複動	809④			
きゝさとり	ききさとり	×	聞解	法師	644③	和複動	657④			
きゝしら	ききしら	×	聞知	法功	1001①	和複動	1019⑤			
巍巍たる	ぎぎたる	ぎ・ぐゐ	巍巍	觀世	1216③	漢畳語形動	1229④			ぐゐ〰・たる[妙]
喜樂	きぎょう	きけう	喜樂	信解	369⑤	漢名	356②	きけう／ねかひをなさす[妙]		
喜樂せ	きぎょうせ	きらく・一げう	喜樂	信解	319⑥	漢サ動	295①	きげう／ねかわ[妙]		
きく	きく	×	聽	授記	429⑥	和動	420④			
きく	きく	×	聽	法師	650①	和動	663⑤			
きく	きく	×	聽	安樂	778②	和動	798⑥			
きく	きく	×	聽	安樂	813⑥	和動	836③			
きく	きく	×	聽	從地	848①	和動	870⑤		一け[西右]	
きく	きく	×	聽	随喜	972⑥	和動	990⑥			
きく	きく	×	聽	随喜	981⑤	和動	999⑥			
きく	きく	×	聽	法功	1002③	和動	1021①		きゝて[西右]	
きく	きく	×	聞	序品	46①	和動	39⑤			
きく	きく	×	聞	序品	59①	和動	51③			
きく	きく	×	聞	方便	132⑤	和動	116①			
きく	きく	×	聞	方便	147⑥	和動	128⑤			
きく	きく	×	聞	方便	169⑥	和動	146③			
きく	きく	×	聞	方便	170⑥	和動	147②			
きく	きく	×	聞	方便	188⑥	和動	162①			
きく	きく	×	聞	方便	189①	和動	162②			
きく	きく	×	聞	譬喩	279⑥	和動	251④			
きく	きく	×	聞	譬喩	281⑥	和動	253③			
きく	きく	×	聞	譬喩	298⑤	和動	271①			
きく	きく	×	聞	譬喩	301③	和動	273④			
きく	きく	×	聞	譬喩	302①	和動	274②			
きく	きく	×	聞	信解	321③	和動	296⑤			
きく	きく	×	聞	藥草	393①	和動	378⑤			
きく	きく	×	聞	藥草	394①	和動	379⑥			
きく	きく	×	聞	藥草	407④	和動	395①			
きく	きく	×	聞	授記	424⑥	和動	414⑥			
きく	きく	×	聞	化城	520①	和動	525①			
きく	きく	×	聞	授學	611④	和動	621①			
きく	きく	×	聞	授學	612②	和動	621⑥			
きく	きく	×	聞	法師	634②	和動	646②			
きく	きく	×	聞	法師	636④	和動	648⑤			
きく	きく	×	聞	法師	642①	和動	654⑤			
きく	きく	×	聞	法師	650①	和動	663⑤			
きく	きく	×	聞	見寶	681①	和動	698④			
きく	きく	×	聞	提婆	731⑤	和動	749⑥			
きく	きく	×	聞	安樂	795⑥	和動	817③			
聞	きく	×	聞	從地	831②	和動	853⑥			きく[妙]
きく	きく	×	聞	從地	844④	和動	867②			
きく	きく	×	聞	分別	930③	和動	949①			
きく	きく	ぐゐ	聞	随喜	970①	和動	988②			
きく	きく	×	聞	随喜	986④	和動	1004⑥			
きく	きく	×	聞	法功	1005③	和動	1023⑥			
きく	きく	×	聞	法功	1005⑥	和動	1024⑥			
きく	きく	×	聞	法功	1006③	和動	1025①			
きく	きく	×	聞	法功	1007②	和動	1025⑥			
きく	きく	×	聞	法功	1007⑤	和動	1026②			
きく	きく	×	聞	法功	1041②	和動	1060④			
きく	きく	×	聞	常不	1079②	和動	1097⑤			
きく	きく	×	聞	常不	1081④	和動	1099⑥			
きく	きく	×	聞	常不	1082③	和動	1100⑤			
きく	きく	×	聞	神力	1092①	和動	1110③		一き[西右]	きく[妙]
きく	きく	×	聞	藥王	1120⑤	和動	1139①			
きく	きく	×	聞	藥王	1151④	和動	1169⑤			
きく	きく	×	聞	藥王	1161④	和動	1178⑤			
きく	きく	×	聞	普賢	1320⑥	和動	1325⑤			
きく	きく	×	聞	普賢	1328②	和動	1332⑥			

当該語	読みかな	傍訓	漢字表記	品名	頁数	語の種類	妙一本	和解語文	可読	異同語彙
掬	きく	きく／とる心也	掬	見寶	677⑥	和動	694③	きく／てをくほめたる[妙]	みてもてィ[西右]	
疑懼	ぎく	ぎく／うたがひおそれ	疑懼	授記	423⑥	漢名	413⑤	きく／うたかひをそれ[妙]		
疑懼	ぎく	ぎく	疑懼	從地	847⑥	漢名	870①	ぎく／うたかひをそれ[妙]		
きけ	きけ	×	聽	方便	120①	和動	105②			
きけ	きけ	×	聽	方便	122④	和動	107④			
きけ	きけ	×	聽	方便	142③	和動	124③			
きけ	きけ	×	聽	譬喩	295①	和動	267②			きく事[西]
きけ	きけ	×	聽	譬喩	302⑤	和動	275①			
きけ	きけ	×	聽	藥草	405①	和動	392②			
きけ	きけ	×	聽	授記	437①	和動	428⑤			
きけ	きけ	×	聽	授記	445②	和動	438①			
きけ	きけ	×	聽	五百	574⑤	和動	579②			
きけ	きけ	×	聽	如來	883①	和動	902①			
きけ	きけ	×	聽	法功	996④	和動	1015②			
きけ	きけ	×	聽	藥王	1128⑤	和動	1147③			
きけ	きけ	×	聽	觀世	1235⑥	和動	1248①			きけ[妙]
きけ	きけ	×	聞	方便	186①	和動	159④			
きけ	きけ	×	聞	譬喩	299③	和動	271⑤			きく[西]
きけ	きけ	×	聞	信解	317④	和動	292②			
嬉戲	きげ	きけ／よろこひたはふるゝ也	嬉戲	譬喩	240⑤	漢名	210②	きけ／たわふれ[妙]	樂着し――して[西右]	
嬉戲	きげ	きけ／たはふれ	嬉戲	譬喩	243③	漢名	212⑥	きけ／あそひたわふれ[妙]	樂着し[西右]	
嬉戲	きげ	きけ	嬉戲	安樂	771⑤	漢名	792②	――／たわふれ[妙]	―と[西右]	
疑悔	ぎげ	ぎけ／うたかふ心	疑悔	序品	86①	漢名	75④	きくゑ／うたかい[妙]		
疑悔	ぎげ	ぎげ／うたかひ	疑悔	譬喩	208②	漢名	175④	きくゑ／うたかひくゆるを[妙]		
疑悔	ぎげ	ぎけ	疑悔	譬喩	214⑥	漢名	183②	ぎけ／うたかひくゆ[妙]		
疑悔	ぎげ	ぎけ／うたかひ	疑悔	譬喩	217⑥	漢名	186③	きくゑ／うたかひ[妙]		
疑悔	ぎげ	ぎけ／うたかひ	疑悔	譬喩	235⑤	漢名	204⑥	きくゑ／うたかい[妙]		
疑悔	ぎげ	ぎけ	疑悔	譬喩	237⑥	漢名	206⑤	きくゑ／うたかひくゆること[妙]		
疑悔	ぎげ	ぎけ	疑悔	從地	846⑥	漢名	869②	きくゑ／うたかたくゆ[妙]		
疑悔	ぎげ	ぎけ{くゑ}	疑悔	分別	944⑥	漢名	963②	きくゑ／うたかい[妙]		
嬉戲し	きげし	きけ	嬉戲	譬喩	288⑤	漢サ動	260⑤	きけ・し／たわふれ[妙]		
疑悔し	ぎげし	きくゑ	疑悔	藥草	400①	漢サ動	386④	きくゑ／うたかひくい[妙]		
一嬉戲す	きげす	きげ	嬉戲	譬喩	274⑥	漢サ動	245⑤			
嬉戲する	きげする	きけ	嬉戲	譬喩	281⑥	漢サ動	253⑤	きけ・する／あそひたわふるゝ[妙]		
疑悔せ	ぎげせ	ぎくゑ／うたかひ	疑悔	安樂	785①	漢サ動	806②	ぎくゑ／うたかひくひ[妙]		
疑悔せ	ぎげせ	きけ	疑悔	安樂	789⑤	漢サ動	811②	きくゑ・せ／うたいくい[妙]		
喜見	きげん	×	喜見	妙音	1187①	漢名	1201⑤			きけん[妙]
喜見	きげん	きけん	喜見	妙莊	1272⑥	漢名	1283④			きけん[妙]
喜見如來	きげんにょらい	×	喜見如來	勸持	743⑤	仏如来名	762⑤			
喜見佛	きげんぶつ	きけん	喜見佛	勸持	744①	仏仏名名	763①			
喜見菩薩	きげんぼさつ	きけん――	喜見菩薩	藥王	1119②	仏菩薩名	1137④		―と[西右]	きけんほさつ[妙]
喜見菩薩	きげんぼさつ	×	喜見菩薩	藥王	1119④	仏菩薩名	1137⑥			きけんほさつ[妙]
喜見菩薩	きげんぼさつ	×	喜見菩薩	藥王	1126④	仏菩薩名	1144⑥			きけんほさつ[妙]
喜見菩薩	きげんぼさつ	×	喜見菩薩	藥王	1130④	仏菩薩名	1149①			きけんほさつ[妙]
喜見菩薩	きげんぼさつ	×	喜見菩薩	藥王	1131①	仏菩薩名	1149③			きけんほさつ[妙]
喜見菩薩	きげんぼさつ	×	喜見菩薩	藥王	1131⑤	仏菩薩名	1150①			きけんほさつ[妙]
喜見菩薩	きげんぼさつ	×	喜見菩薩	藥王	1133②	仏菩薩名	1151④			きけんほさつ[妙]
喜見菩薩	きげんぼさつ	×	喜見菩薩	藥王	1133④	仏菩薩名	1152①			きけんほさつ[妙]
喜見菩薩	きげんぼさつ	×	喜見菩薩	藥王	1135①	仏菩薩名	1153③			きけんほさつ[妙]

当該語	読みかな	傍訓	漢字表記	品名	頁数	語の種類	妙一本	和解語文	可読	異同語彙
憙見菩薩	きげんぼさつ	×	憙見菩薩	藥王	1137⑥	仏菩薩名	1156①			きけんほさつ[妙]
喜見菩薩	きげんぼさつ	×	喜見菩薩	藥王	1138⑦	仏菩薩名	1156④			きけんほさつ[妙]
喜見菩薩	きげんぼさつ	×	喜見菩薩	藥王	1140②	仏菩薩名	1158④		一は[西右]	きけんほさつ[妙]
きこへ	きこえ	×	聞	序品	8④	和動	6⑥			
きこへ	きこえ	×	聞	方便	88②	和動	77③			
きこえ	きこえ	×	聞	分別	936③	和動	954⑥			
きこえ	きこえ	×	聞	神力	1099①	和動	1117⑤			きこへ[妙]
起居軽利	きこきょうり	きこきやうり	起居軽利	妙音	1182②	漢四熟名	1197①	きこきやうり／たちゐにかろく[妙]		
儀式	ぎしき	きしき	儀式	方便	188①	漢名	161②			
毀呰し	きしし	きし／そしりにくみ	毀呰	信解	351⑤	漢サ動	334③	きし・し／そしり[妙]		
毀呰せ	きしせ	きし／そしる心也	毀呰	法師	628⑤	漢サ動	640①	くゐし・せ／そしらん[妙]		
毀呰せ	きしせ	きし	毀呰	分別	951①	漢サ動	969⑥	きし・せ／そしらす[妙]		
鬼子母	きしも	きしも	鬼子母	陀羅	1263①	仏名	1274④	くゐしも／おにのこはわ[妙]	一と[西右]	
喜捨	きしゃ	きしや	喜捨	提婆	715⑤	漢名	733②			
耆闍崛山	ぎしゃくっせん	ぎしやくせん	耆闍崛山	序品	4③	漢山名名	3③			
耆闍崛山	ぎしゃくっせん	ぎしやくせん	耆闍崛山	見寶	678①	漢山名名	694④			
耆闍崛山	ぎしゃくっせん	ぎしやくせん	耆闍崛山	分別	949④	漢山名名	968②			
耆闍崛山	ぎしゃくっせん	ぎしやくせん	耆闍崛山	妙音	1173③	漢山名名	1189①			きしやくせん[妙]
耆闍崛山	ぎしゃくっせん	ぎしやくつせん	耆闍崛山	妙音	1181①	漢山名名	1196①			きしやくつせん[妙]
耆闍崛山	ぎしゃくっせん	ぎしやくー	耆闍崛山	普賢	1307④	漢山名名	1314⑥	ぎしやくくつせん／ーーーーやま[妙]		
棄捨し	きしゃし	きしや／すつる心	棄捨	序品	82②	漢サ動	72②			すつる心[妙]
義趣	ぎしゅ	ぎしゆ	義趣	方便	98②	漢名	86①	きしう／きのをもむきを[妙]		
義趣	ぎしゅ	ぎしゆ	義趣	見寶	695⑥	漢名	714④			
義趣	ぎしゅ	ぎしゆ	義趣	随喜	993②	漢名	1011⑥	きしゆ／きのをもむき[妙]		
義趣	ぎしゅ	きしゆ	義趣	法功	1041⑥	漢名	1060⑥			
義趣	ぎしゅ	きしゆ	義趣	普賢	1321②	漢名	1326④	きしゆ／きのおもむきをさとり[妙]		
義趣	ぎしゅ	ーしゆ	義趣	普賢	1323⑤	漢名	1328③	きしゆ／きのおもむき[妙]		
義趣	ぎしゅ	×	義趣	普賢	1323⑥	漢名	1328④	きしゆ／きのおもむき[妙]		
歸趣する	きしゅする	くゐしゆ／きするところ	歸趣	藥草	387⑥	漢サ動	373①	くゐしゆ／かへりをもむく[妙]		
歸趣する	きしゅする	くゐしゆ	歸趣	化城	479④	漢サ動	479①			
喜聲	きしょう	きー	喜聲	法功	999⑤	漢名	1018③	きしやう／よろこひのこゑ[妙]		
歸請し	きしょうし	ーしやう	歸請	化城	490③	漢サ動	492②	くゐしやう／したかい[妙]		
鬼神	きじん	くゐー	鬼神	序品	21⑤	仏名	18①			くゐしん[妙]
鬼神	きじん	きー	鬼神	序品	22④	仏名	18⑥			くゐしん[妙]
鬼神	きじん	×	鬼神	序品	68④	仏名	59⑥			くゐしん[妙]
鬼神	きじん	×	鬼神	方便	108⑤	仏名	95②		一と[西右]	くゐしん[妙]
鬼神	きじん	きしん	鬼神	譬喩	277⑤	仏名	249⑥			くゐしん[妙]
鬼神	きじん	×	鬼神	法師	648⑤	仏名	662③			くゐしん[妙]
鬼神	きじん	×	鬼神	法師	655③	仏名	669⑤			くゐしん[妙]
鬼神	きじん	きじん	鬼神	法功	1045①	仏名	1063④			鬼神（くゐしん）[妙]
歸信する	きしんする	きしん	歸信	序品	74④	漢サ動	65④	くゐしん・する／したかいしん[妙]	ーーせられて[西右]	
記す	きす	×	記	方便	147①	単漢サ動	127⑥			
議す	ぎす	き・はかりき	議	化城	465⑤	単漢サ動	462③			
議す	ぎす	き・はかりき	議	化城	473⑤	単漢サ動	472③			
議す	ぎす	き・はかりき	議	化城	482⑤	単漢サ動	483①	き／はかる[妙]		
議す	ぎす	き・はかりき	議	化城	491⑤	単漢サ動	493⑤	き／はかる[妙]		
歸する	きする	くゐ	歸	藥草	397⑥	単漢サ動	384①	くゐ／かへる[妙]		

当該語	読みかな	傍訓	漢字表記	品名	頁数	語の種類	妙一本	和解語文	可読	異同語彙
歸する	きする	き	歸	授學	602②	単漢サ動	610④	くゐ・する／したかふ[妙]		
起せ	きせ	き	起	安樂	767⑤	和動	787⑥	き・せ／をこらす[妙]		
貴賤	きせん	きせん	貴賤	藥草	407②	漢名	394④	きせん／たうときいやしき[妙]		
貴賤	きせん	きせん	貴賤	法功	1021①	漢名	1039⑥	きせん／たときいやしき[妙]	一と[西右]	
きそひ	きそい	×	競	譬喩	273⑤	和動	244⑥			
きそひ	きそい	×	競	譬喩	283⑤	和動	255④			
儀則	ぎそく	きそく	儀則	化城	497②	漢名	500⑥			
吉無上	きちむしょう	きちむしやう／一かな一	吉無上	化城	458①	漢名	453③			
吉蔗	きっしゃ	きつしや	吉蔗	陀羅	1255⑥	漢名	1267⑤			きつしや[妙]
吉蔗	きっしゃ	きつしや	吉蔗	陀羅	1265⑥	漢名	1277①			きつしや[妙]
吉蔗	きっしゃ	×	吉蔗	普賢	1312⑥	漢名	1318⑤			きつしや[妙]
髻中	きっちゅう	けちう／もとゞりのうち	髻中	安樂	797⑤	漢名	819⑥	けちう／もとゞりのなか[妙]		
髻中	きっちゅう	けちう・もとゞりのうち	髻中	安樂	800⑤	漢名	822④	けちう／もとゞりのなか[妙]		
髻中	きっちゅう	けちう	髻中	安樂	806⑤	漢名	829①	けちう／もとゞりのなか[妙]	一のうちの[西右]	
奇特	きどく	きとく	奇特	五百	563⑥	漢名	567①			
鬼歎{難}	きなん	きなん	鬼難	觀世	1237⑥	仏名	1249⑤	くいなん／おにのなん[妙]	くゐとの一[西右]	鬼難[妙]
毀辱せ	きにくせ	きにく	毀辱	勸持	755⑥	漢サ動	775④	きにく・せ／そしりはちしめん[妙]		
きば	きば	×	牙	觀世	1240⑤	和名	1253③		牙[西左]	
きばみ	きばみ	×	黃	随喜	990⑤	和動	1009②			
きばめ	きばめ	×	黃	随喜	982⑥	和動	1001①			
毀謗せ	きぼうせ	きはう／そしる心也	毀謗	譬喩	301⑤	漢サ動	273⑥	くゐはう／そしらは[妙]		
喜滿	きまん	きまん	喜滿	授記	440⑥	漢名	432⑥			
鬼魅	きみ	きみ	鬼魅	譬喩	306⑤	仏名	279⑤			
きみ	きみ	×	仁	提婆	722⑤	和人称名	740⑥	にん／きみ[妙]		
仁者	きみ	きみ	仁者	觀世	1232⑤	和人称名	1245③	にんしや／きみ[妙]		
奇妙	きみょう	きめう	奇妙	授記	420④	漢名	409④			
奇妙	きみょう	きめう	奇妙	藥王	1130①	漢名	1148④			きめう[妙]
歸命し	きみょうし	きみやう	歸命	化城	460③	漢サ動	455④	くゐみやう／したかひ[妙]		
毀罵せ	きめせ	きめ	毀罵	法師	628③	漢サ動	639⑤			
起滅	きめつ	きめつ	起滅	安樂	773⑤	漢名	794②	きめつ／をこりほろふること[妙]	一する事[西右]	
疑網	ぎもう	ぎまう／うたかふ心	疑網	方便	108②	漢名	94⑥	きまう／うたかい[妙]		
疑網	ぎもう	ぎまう	疑網	方便	187④	漢名	160⑥	きまう／うたかいのあみ[妙]		
疑網	ぎもう	ぎまう	疑網	譬喩	209②	漢名	176⑥			
疑網	ぎもう	ぎまう	疑網	譬喩	215⑤	漢名	184①	ぎまう／うたかひ[妙]		
疑網	ぎもう	ぎまう	疑網	譬喩	217②	漢名	185⑤	ぎまう／うたかひに[妙]		
卉木	きもく	くいもく／くさき	卉木	藥草	388⑤	漢名	374①	きもく／くさき[妙]		
卉木	きもく	くゐもく	卉木	藥草	389⑤	漢名	374⑤	きもく／くさき[妙]		
卉木	きもく	くゐ一／くさき	卉木	藥草	394⑤	漢名	380④	きもく／くさき[妙]		
卉木	きもく	きもく	卉木	藥草	397②	漢名	383③	きもく／くさき[妙]		
卉木	きもく	×	卉木	藥草	401⑥	漢名	388③	きもく／くさき[妙]		
祇夜	ぎや	ぎや	祇夜	方便	143⑥	漢名	125③			
客作	きゃくさ	きやくさ／まらうと	客作	信解	340①	漢名	319④	きやくさ／まらうとの[妙]		
逆路伽耶陀	ぎゃくろかやだ	きやくろかやだ	逆路伽耶陀	安樂	762⑥	仏梵語名	782④			
伽祢二	きゃねい	きやねい	伽祢二	陀羅	1260⑥	仏梵語名	1272④			きやねい[妙]

当該語	読みかな	傍訓	漢字表記	品名	頁数	語の種類	妙一本	和解語文	可読	異同語彙
給侍	きゅうじ	きうじ	給侍	藥王	1132③	漢名	1150⑥	きうじ／つかわるゝ[妙]		
給侍し	きゅうじし	きうじ	給侍	提婆	711⑤	漢サ動	729②			
給便{使}せ	きゅうじせ	きうじ	給使爲	安樂	810③	漢サ動	832④	たうし・せ／たまいつかへん[妙]	一使する事なさん[西左]	給使(たうし)[妙]
九十億	きゅうじゅうおく	×	九十億	五百	566④	漢数名	570①			
急難	きゅうなん	きうなん	急難	觀世	1230⑥	漢名	1243④		一と[西右]	きうなん[妙]
急に	きゅうに	きう・とみ	急	信解	330③	漢形動	307⑤	きう／いそき[妙]		
急に	きゅうに	きう	急	信解	331①	漢形動	308④	きう／いそき[妙]		
九部	きゅうぶ	一フ	九部	方便	145⑤	漢数名	126⑥			
給與する	きゅうよする	きうよ／あたふる心	給與	譬喩	286③	漢サ動	258②	きうよ・する／たまひあたふ[妙]		
給與せ	きゅうよせ	×	給與	隨喜	973⑤	漢サ動	991⑥	きうよ・せ／たまひあたへん[妙]		
きゆる	きゆる	×	滅	安樂	816②	和動	838⑤			
きゆる	きゆる	×	滅	序品	79②	和動	69④			滅するイ
魚	ぎょ	きよ	魚	觀世	1237②	単漢魚類名	1249⑤	きよ／うを[妙]		
経	きょう	×	經	序品	15①	単漢名	12①			
経	きょう	×	經	序品	54①	単漢名	46⑥			
経	きょう	×	經	序品	59⑤	単漢名	52①			
経	きょう	×	經	序品	63④	単漢名	55④			
経	きょう	×	經	序品	67⑥	単漢名	59③			
経	きょう	×	經	方便	139②	単漢名	121③			
経	きょう	×	經	方便	146①	単漢名	127①			
経	きょう	きやう	經	譬喩	300②	単漢名	272③			
経	きょう	×	經	譬喩	300⑤	単漢名	272⑤			
経	きょう	きやう	經	譬喩	300⑥	単漢名	273①			
経	きょう	×	經	譬喩	301②	単漢名	273③			
経	きょう	×	經	譬喩	301④	単漢名	273⑥			
経	きょう	×	經	譬喩	302③	単漢名	274④			
経	きょう	×	經	譬喩	304⑤	単漢名	276⑥			
経	きょう	きやう	經	譬喩	306②	単漢名	278④			
経	きょう	×	經	譬喩	309⑤	単漢名	282③			
経	きょう	×	經	譬喩	310⑤	単漢名	283⑤			
経	きょう	×	經	譬喩	311③	単漢名	284③			
経	きょう	×	經	譬喩	311④	単漢名	284⑤			
経	きょう	×	經	譬喩	315⑤	単漢名	290①			
經	きょう	×	經	信解	351③	単漢名	334①			
経	きょう	×	經	化城	508⑤	単漢名	513③			
経	きょう	×	經	化城	509①	単漢名	513⑥			
経	きょう	×	經	化城	509⑤	単漢名	514④			
経	きょう	×	經	化城	509⑥	単漢名	514⑥			
経	きょう	×	經	化城	519①	単漢名	524①			
経	きょう	×	經	化城	520①	単漢名	525①			
経	きょう	×	經	化城	521①	単漢名	526①			
経	きょう	×	經	化城	537⑤	単漢名	543③			
経	きょう	×	經	法師	627②	単漢名	638③			
経	きょう	×	經	法師	631⑥	単漢名	643④			
経	きょう	×	經	法師	633④	単漢名	645③			
経	きょう	×	經	法師	634③	単漢名	646③			
経	きょう	×	經	法師	636⑥	単漢名	649②			
経	きょう	×	經	法師	637①	単漢名	649④			
経	きょう	×	經	法師	637⑥	単漢名	650②			
経	きょう	×	經	法師	638③	単漢名	650⑤			
経	きょう	×	經	法師	644⑥	単漢名	658①			
経	きょう	×	經	法師	644⑥	単漢名	658①			
経	きょう	×	經	法師	645②	単漢名	659②			
経	きょう	×	経	法師	646⑥	単漢名	660⑤			
経	きょう	×	經	法師	649①	単漢名	662⑥			
経	きょう	×	經	法師	649⑥	単漢名	663⑤			
経	きょう	×	經	法師	650①	単漢名	663⑤			
経	きょう	×	經	法師	651⑥	単漢名	665⑥			
経	きょう	×	經	法師	652④	単漢名	666④			
経	きょう	×	經	法師	653③	単漢名	667③			
経	きょう	×	經	法師	655②	単漢名	669③			
経	きょう	×	經	見寶	662④	単漢名	677②			
経	きょう	×	経	見寶	681②	単漢名	698③			
経	きょう	×	經	見寶	689③	単漢名	707①			

当該語	読みかな	傍訓	漢字表記	品名	頁数	語の種類	妙一本	和解語文	可読	異同語彙
経	きょう	×	經	見寶	690⑥	単漢名	708⑥			
経	きょう	×	經	見寶	691③	単漢名	709③			
経	きょう	×	經	見寶	693②	単漢名	711④			
経	きょう	×	經	見寶	694③	単漢名	712⑥			
経	きょう	×	經	見寶	694⑥	単漢名	713④			
経	きょう	×	經	見寶	695⑤	単漢名	714④			
経	きょう	×	經	見寶	697②	単漢名	716①			
経	きょう	×	經	見寶	697④	単漢名	716④			
経	きょう	×	經	見寶	697⑤	単漢名	716⑤			
経	きょう	×	經	見寶	698⑥	単漢名	717⑥			
経	きょう	×	經	提婆	720①	単漢名	738①			
経	きょう	×	經	提婆	726④	単漢名	744⑤			
経	きょう	×	經	提婆	727①	単漢名	745①			
経	きょう	×	經	勧持	739②	単漢名	757⑥			
経	きょう	×	經	勧持	739⑥	単漢名	758⑤			
経	きょう	×	經	勧持	740⑤	単漢名	759④			
経	きょう	×	經	勧持	747③	単漢名	766④			
経	きょう	×	經	勧持	748③	単漢名	767④			
経	きょう	×	經	勧持	749⑥	単漢名	769①			
経	きょう	×	經	勧持	754①	単漢名	773⑤			
経	きょう	×	經	勧持	756②	単漢名	775⑤			
経	きょう	×	經	安樂	760③	単漢名	780①			
経	きょう	×	經	安樂	760⑤	単漢名	780③			
経	きょう	×	經	安樂	761①	単漢名	780⑤			
経	きょう	×	經	安樂	769①	単漢名	789②			
経	きょう	×	經	安樂	775③	単漢名	795⑥			
経	きょう	×	經	安樂	776⑥	単漢名	797④			
経	きょう	×	經	安樂	777①	単漢名	797⑤			
経	きょう	×	經	安樂	787⑥	単漢名	809③			
経	きょう	×	經	安樂	789②	単漢名	810⑤			
経	きょう	×	經	安樂	792⑤	単漢名	814②			
経	きょう	×	經	安樂	795②	単漢名	816⑤			
経	きょう	×	經	安樂	799③	単漢名	821①			
経	きょう	×	經	安樂	803④	単漢名	825④			
経	きょう	×	經	安樂	804⑤	単漢名	826⑥			
経	きょう	×	經	安樂	804⑥	単漢名	827①			
経	きょう	×	經	安樂	805②	単漢名	827③			
経	きょう	×	經	安樂	808①	単漢名	830②			
経	きょう	×	經	安樂	808③	単漢名	830⑥			
経	きょう	×	經	安樂	808⑤	単漢名	831①			
経	きょう	×	經	安樂	809③	単漢名	831④			
経	きょう	×	經	安樂	809⑤	単漢名	831⑥			
経	きょう	×	經	従地	818⑥	単漢名	841②			
経	きょう	×	經	従地	819⑤	単漢名	842①			
経	きょう	×	經	従地	831②	単漢名	853⑥			
経	きょう	×	經	従地	836⑤	単漢名	859④			
経	きょう	×	經	従地	839③	単漢名	862②			
経	きょう	×	經	従地	869④	単漢名	892④			
経	きょう	×	經	分別	948①	単漢名	966⑤			
経	きょう	×	經	分別	951①	単漢名	969⑥			
経	きょう	×	經	分別	956⑤	単漢名	975③			
経	きょう	×	經	分別	957⑤	単漢名	976③			
経	きょう	×	經	分別	961④	単漢名	980①			
経	きょう	×	經	分別	963②	単漢名	981⑤			
経	きょう	×	經	分別	963④	単漢名	982①			
経	きょう	×	經	分別	965⑤	単漢名	984①			
経	きょう	×	經	随喜	970①	単漢名	988②			
経	きょう	×	經	随喜	971①	単漢名	989②			
経	きょう	×	經	随喜	979⑤	単漢名	997⑥			
経	きょう	×	經	随喜	981④	単漢名	999⑤			
経	きょう	×	經	随喜	990①	単漢名	1008③			
経	きょう	×	經	随喜	992⑥	単漢名	1011③			
経	きょう	×	經	法功	998③	単漢名	1017①			
経	きょう	×	經	法功	1008⑤	単漢名	1027①			
経	きょう	×	經	法功	1010②	単漢名	1028④			
経	きょう	×	經	法功	1011②	単漢名	1029⑤			
経	きょう	×	經	法功	1025④	単漢名	1044③			
経	きょう	×	經	法功	1026④	単漢名	1045②			

きよ 145

当該語	読みかな	傍訓	漢字表記	品名	頁数	語の種類	妙一本	和解語文	可読	異同語彙
経	きょう	×	經	法功	1035①	単漢名	1053⑥			
経	きょう	×	經	法功	1040⑤	単漢名	1059④			
経	きょう	×	經	法功	1043⑤	単漢名	1062②			
経	きょう	×	經	法功	1047④	単漢名	1066②			
経	きょう	×	經	常不	1072⑥	単漢名	1091④			きやう[妙]
経	きょう	×	經	常不	1073③	単漢名	1092①			きやう[妙]
経	きょう	×	經	常不	1076④	単漢名	1095①			きやう[妙]
経	きょう	×	經	常不	1079②	単漢名	1097⑤			
経	きょう	×	經	常不	1079④	単漢名	1098①			きやう[妙]
経	きょう	×	經	常不	1080②	単漢名	1098⑤			きやう[妙]
経	きょう	×	經	常不	1081⑤	単漢名	1100②			きやう[妙]
経	きょう	×	經	常不	1082⑤	単漢名	1101①			きよう[妙]
経	きょう	×	經	常不	1082⑥	単漢名	1101③			きやう[妙]
経	きょう	×	經	常不	1083②	単漢名	1101⑤			きやう[妙]
経	きょう	×	經	神力	1084⑤	単漢名	1103②			きやう[妙]
経	きょう	×	經	神力	1094④	単漢名	1113③			きやう[妙]
経	きょう	×	經	神力	1095②	単漢名	1113⑥			きやう[妙]
経	きょう	×	經	神力	1099③	単漢名	1118②			
経	きょう	×	經	神力	1099⑤	単漢名	1118④			きやう[妙]
経	きょう	×	經	神力	1100④	単漢名	1119③			きやう[妙]
経	きょう	×	經	神力	1101①	単漢名	1120③			きやう[妙]
経	きょう	×	經	神力	1102②	単漢名	1121①			きやう[妙]
経	きょう	×	經	神力	1102③	単漢名	1121③			きやう[妙]
経	きょう	×	經	神力	1103①	単漢名	1121⑥			きやう[妙]
経	きょう	×	經	神力	1104②	単漢名	1123①			きやう[妙]
経	きょう	×	經	藥王	1143③	単漢名	1161③			きやう[妙]
経	きょう	×	經	藥王	1144⑥	単漢名	1162⑥			きやう[妙]
経	きょう	×	經	藥王	1145③	単漢名	1163④			きやう[妙]
経	きょう	×	經	藥王	1145④	単漢名	1163⑤			きやう[妙]
経	きょう	×	經	藥王	1145⑤	単漢名	1164①			きやう[妙]
経	きょう	×	經	藥王	1146②	単漢名	1164⑤			きよう[妙]
経	きょう	×	經	藥王	1146⑥	単漢名	1165②			きやう[妙]
経	きょう	×	經	藥王	1148①	単漢名	1166②			きやう[妙]
経	きょう	×	經	藥王	1148④	単漢名	1166⑤			きよう[妙]
経	きょう	×	經	藥王	1148⑤	単漢名	1167①			きやう[妙]
経	きょう	×	經	藥王	1148⑥	単漢名	1167②			きやう[妙]
経	きょう	×	經	藥王	1149②	単漢名	1167③			きやう[妙]
経	きょう	×	經	藥王	1156④	単漢名	1174②			きやう[妙]
経	きょう	×	經	藥王	1161①	単漢名	1178③			きやう[妙]
経	きょう	×	經	藥王	1161②	単漢名	1178④			きやう[妙]
経	きょう	×	經	藥王	1161⑥	単漢名	1179①			きやう[妙]
経	きょう	×	經	妙音	1189⑥	単漢名	1204③	きやうてん[妙]		経典[妙]
経	きょう	×	經	妙音	1192③	単漢名	1206④			きやう[妙]
経	きょう	×	經	妙音	1192⑥	単漢名	1207①			きやう[妙]
経	きょう	×	經	陀羅	1250①	単漢名	1262①			きやう[妙]
経	きょう	×	經	陀羅	1259②	単漢名	1270⑥			きやう[妙]
経	きょう	×	經	陀羅	1268⑥	単漢名	1279⑥			きやう[妙]
経	きょう	×	經	普賢	1310④	単漢名	1316⑥			きやう[妙]
経	きょう	×	經	普賢	1312⑥	単漢名	1318⑥			きやう[妙]
経	きょう	×	經	普賢	1313⑤	単漢名	1319⑤			きやう[妙]
経	きょう	×	經	普賢	1326①	単漢名	1330③			きやう[妙]
経	きょう	×	經	普賢	1326⑤	単漢名	1331①			きやう[妙]
経	きょう	×	經	普賢	1327⑤	単漢名	1331⑥			きやう[妙]
経	きょう	×	經	普賢	1337④	単漢名	1340②			きやう[妙]
教	きょう	×	教	方便	101④	単漢名	89①	けう/をしへ[妙]		
教	きょう	けう	教	方便	153③	単漢名	133①			
教	きょう	おしへ	教	安樂	781②	単漢名	802②	けう/をしへ[妙]		
教	きょう	けう	教	從地	828②	単漢名	850③	けう/をしへ[妙]		
教	きょう	×	教	随喜	990②	単漢名	1008⑤	けう/おしへ[妙]		
慶	きょう	きやう	慶	化城	480①	単漢名	479③	きやう/よろこひ[妙]		
膠	きょう	けう	膠	方便	163⑥	単漢名	141②	けう/にかは[妙]		
莖	きょう	きやう/くき	莖	藥草	402⑥	単漢草木名	389⑤	きやう/くき[妙]		
荊	きょう	きやう	荊	授記	427⑤	単漢草木名	418①	きやう/をどろ[妙]		
梟	きょう/ふくろう	けう/ふくろふ	梟	譬喩	271⑤	単漢禽鳥名	242⑥			

当該語	読みかな	傍訓	漢字表記	品名	頁数	語の種類	妙一本	和解語文	可読	異同語彙
梟	きょう／ふくろう	けう／ふくろう	梟	譬喩	281③	単漢禽鳥名	252⑥	はう／ふくろう[妙]		※妙本字音「はう」は「けう」の誤り
今日	きょう	けふ	今日	序品	60②	和時候名	52④			
今日	きょう	×	今日	化城	488①	和時候名	489③			
けふ	きょう	×	今日	授學	612②	和時候名	621⑥			
今日	きょう	×	今日	分別	945⑥	和時候名	964③			
今日	きょう	×	今日	神力	1100⑥	和時候名	1119⑤			今者[妙]こんにち[妙]
今日	きょう	×	今日	妙莊	1302③	和時候名	1309⑤			こんにち[妙]
刑	ぎょう	きやう・ころさるゝ／はつせらるゝ心也	刑	觀世	1239①	単漢名	1251④	ぎやう／ころすへき[妙]		
行	ぎょう	×	行	序品	28②	単漢名	24①			
行	ぎょう	×	行	方便	174②	単漢名	149⑥	きやう／しこと[妙]	一と[西右]	
行	ぎょう	×	行	譬喩	227②	単漢名	196②			
行	ぎょう	×	行	化城	502②	単漢名	506④	きやう／しことは[妙]		
行	ぎょう	×	行	化城	502⑤	単漢名	506④			
行	ぎょう	きやう	行	化城	503③	単漢名	507③	きやうめつ／しこと—[妙]		行滅[妙]
行	ぎょう	×	行	化城	503③	単漢名	507③			
行	ぎょう	×	行	五百	576②	単漢名	580⑥			
行	ぎょう	×	行	提婆	724②	単漢名	742④			
行	ぎょう	×	行	提婆	724④	単漢名	742⑥			
行	ぎょう	×	行	提婆	735②	単漢名	753⑤	ほさつのきやう／いさいしゆしやうをあわれむ[妙]		
行	ぎょう	×	行	勸持	745①	単漢名	764⑤			
行	ぎょう	×	行	安樂	789③	単漢名	811①			
行	ぎょう	×	行	從地	822⑥	単漢名	845①			
行	ぎょう	×	行	如來	893⑥	単漢名	912⑥	きやう／ふるまい[妙]		
行	ぎょう	×	行	分別	966⑤	単漢名	984⑥			
行	ぎょう	×	行	觀世	1235④	単漢名	1248①			きやう[妙]
行	ぎょう	×	行	普賢	1322③	単漢名	1326⑥			きやう[妙]
行	ぎょう	×	行	普賢	1331⑤	単漢名	1335④			きやう[妙]
行	ぎょう	×	行	普賢	1334⑤	単漢名	1337⑤			きやう[妙]
交横馳走す	きょうおうちそうす	けうわうちそう・す／ましはりよこたはりはせはしり	交横馳走	譬喩	272①	漢四熟サ動	243②	けうわうちそう・す／ましわりよこたへはせせはしる[妙]		
教誡	きょうかい	きやうかい	教誡	妙莊	1302①	漢名	1309④		一の[西]	けうかい[妙]
謦欬	きょうがい	きやうがい	謦欬	神力	1098⑥	漢名	1117⑥	きやうかい／おとろかし[妙]		
謦欬し	きょうがいし	きやうかい／すいふき	謦欬	神力	1087⑤	漢サ動	1106⑤	きやうかい／おとろかす[妙]		
抗坎	きょうかん	きやうかん／あなこあな	抗坎	授記	417③	漢地儀名	405⑤	きやうかん／あなよこふけ[妙]		
経巻	きょうがん	×	經卷	法師	623②	漢名	634③			
経巻	きょうがん	×	經卷	法師	625②	漢名	636③			
経巻	きょうがん	×	經卷	法師	640①	漢名	652④		一の[西右]	
経巻	きょうがん	×	經卷	安樂	788②	漢名	810①			
経巻	きょうがん	×	經卷	分別	948⑤	漢名	967④		一に[西右]	
経巻	きょうがん	×	經卷	分別	956②	漢名	974⑥			
経巻	きょうがん	×	經卷	分別	964⑥	漢名	983②			
経巻	きょうがん	×	經卷	藥王	1152②	漢名	1170③			きやうまき[妙]
経巻	きょうがん	×	經卷	陀羅	1248⑤	漢名	1261①			きやうくわん[妙]
経巻	きょうがん	一ぐわん	經卷	陀羅	1270①	漢名	1281①		一を供養するに[西右]	きやうくわん[妙]
経巻	きょうがん	×	経卷	神力	1096①	漢名	1114⑤	きやうくわん／きやうくわんのまします[妙]		
叫喚馳走す	きょうかんちそうす	けうくわんちそう／さけびよははりはしり	叫喚馳走	譬喩	276①	漢四熟サ動	247②	けうくわんちそう・す／よはいさけひはせはしる[妙]		
驚疑	きょうぎ	きやうぎ	驚疑	法師	645④	漢名	658⑥	きやうき／をとろき[妙]		
驚疑	きょうぎ	きやうぎ	驚疑	法師	645⑥	漢名	659②			

きよ 147

当該語	読みかな	傍訓	漢字表記	品名	頁数	語の種類	妙一本	和解語文	可読	異同語彙
軽毀し	きょうきし	きやうき・くゐ	輕毀	常不	1078⑤	漢サ動	1097③	きやうき・し／かろめそしり[妙]		
軽毀し	きょうきし	きやうき・くゐ	輕毀	普賢	1333⑥	漢サ動	1337②	きやうくゐ・し／かろめあなつり[妙]		
驚疑し	きょうぎし	きやうぎ／おとろきうたかふ	驚疑	方便	112①	漢サ動	98①		ーーす[西右]	
驚疑し	きょうぎし	きやうぎ	驚疑	方便	114⑤	漢サ動	100③	きやうき・し／をとろきうたかい[妙]	ーす[西右]	
驚疑し	きょうぎし	きやうぎ／おとろきうたかひき	驚疑	譬喩	215②	漢サ動	183④	きやうぎし／おとろきうたかひ[妙]		
経行	きょうぎょう	×	經行	安樂	764③	漢名	784①			
経行	きょうぎょう	×	經行	分別	955①	漢名	973⑤	きやう へ／へめくり[妙]		
経行	きょうぎょう	×	經行	分別	964③	漢名	982⑤		ーと[西右]	
経行し	きょうぎょうし	×	經行	序品	35②	漢サ動	30②			
経行し	きょうぎょうし	きやうぎやう	經行	方便	177④	漢サ動	152⑤			
経行し	きょうぎょうし	きやうぎやう	經行	譬喩	210①	漢サ動	177⑥			
経行し	きょうぎょうし	きやうぎやう	經行	分別	943①	漢サ動	961③			
経行し	きょうぎょうし	×	經行	分別	967⑥	漢サ動	986②			
経行し	きょうぎょうし	×	經行	分別	968⑤	漢サ動	986⑥			
経行し	きょうぎょうし	×	經行	法功	1024①	漢サ動	1042⑥			
経行し	きょうぎょうし	×	經行	藥王	1127④	漢サ動	1146①			きやう べ・し[妙]
経行せ	きょうぎょうせ	きやうきやう	經行	譬喩	211③	漢サ動	179②			
経行せ	きょうぎょうせ	×	經行	分別	960⑤	漢サ動	979②			
驚懼	きょうく	きやうく／おとろきおそるゝ	驚懼	化城	540⑤	漢名	546③	きやうく／おとろきおそるゝこと[妙]		
競共馳走し	きょうぐちそうし	きやうぐちそう／きおひはしる	競共馳走	譬喩	246⑤	漢四熟サ動	216③	きやうくちそう／きをいてともにはしり[妙]		
教化	きょうげ	きやうけ	教化	從地	849③	漢名	872②	けうくゑ／をしへ[妙]	けうくゑし[西右]	
教化	きょうげ	きや・けうけ	教化	從地	861③	漢名	884②			
教化	きょうげ	きや・けうけ	教化	常不	1079⑤	漢名	1098②			けうくゑ[妙]
教誨	きょうげ	けうけ	教誨	随喜	985①	漢名	1003③	けうくゑ／をしへ[妙]	佛みたてまつり法をきゝて信受し教誨せられん[西右]	
行詣し	ぎょうけいし	ぎやうけい	行詣	安樂	815②	漢サ動	837⑤			
教化し	きょうげし	×	教化	序品	62②	漢サ動	54③	けうくゑ・し／をしへ[妙]		
教化し	きょうげし	けうくゑ	教化	方便	118③	漢サ動	103②			
教化し	きょうげし	×	教化	方便	127⑥	漢サ動	112②	けうくゑ・し／をしへ[妙]		
教化し	きょうげし	×	教化	方便	133①	漢サ動	116③			
教化し	きょうげし	けうくゑ	教化	方便	136⑥	漢サ動	119④			
教化し	きょうげし	×	教化	譬喩	219①	漢サ動	187④			
教化し	きょうげし	けうけ	教化	譬喩	222②	漢サ動	191②			
教化し	きょうげし	けうけ	教化	譬喩	236②	漢サ動	205③			
教化し	きょうげし	けうけ	教化	譬喩	254⑥	漢サ動	225⑥			
教化し	きょうげし	きやうけ	教化	譬喩	308④	漢サ動	281①			
教化し	きょうげし	けうけ	教化	信解	320④	漢サ動	295⑤			
教化し	きょうげし	けうくゑ	教化	信解	351⑥	漢サ動	334⑤	けうくゑ／おしへ[妙]		
教化し	きょうげし	けうけ	教化	信解	370⑤	漢サ動	357②	けうけ・し／おしへ[妙]		

当該語	読みかな	傍訓	漢字表記	品名	頁数	語の種類	妙一本	和解語文	可読	異同語彙
教化し	きょうげし	けうけ	教化	信解	374⑥	漢サ動	362②	けうけ・し／をしへて[妙]		
教化し	きょうげし	きやうけ	教化	化城	517④	漢サ動	522④			
教化し	きょうげし	けうけ	教化	五百	568④	漢サ動	572②			
教化し	きょうげし	×	教化	五百	569⑤	漢サ動	573④			
教化し	きょうげし	×	教化	五百	570①	漢サ動	573⑥			
教化し	きょうげし	×	教化	五百	593③	漢サ動	600⑤			
教化し	きょうげし	×	教化	授學	604②	漢サ動	613⑤			
教化し	きょうげし	×	教化	授學	610④	漢サ動	619⑥			
教化し	きょうげし	×	教化	法師	645②	漢サ動	658④			
教化し	きょうげし	×	教化	安樂	801②	漢サ動	823①		一するにィ[西右]	
教化し	きょうげし	きやうけ	教化	從地	829①	漢サ動	851②		けうくゑ[西右]	
教化し	きょうげし	×	教化	從地	839①	漢サ動	861⑥		一しかも[西右]	
教化し	きょうげし	きや・けうけ・くゑ	教化	從地	854②	漢サ動	876⑥	けうくゑ・し／をしへ[妙]		
教化し	きょうげし	きやうけ	教化	從地	855⑥	漢サ動	878⑤			
教化し	きょうげし	×	教化	從地	857④	漢サ動	880②			
教化し	きょうげし	×	教化	從地	870②	漢サ動	893②			
教化し	きょうげし	きや・けうけ・くゑ	教化	如來	891②	漢サ動	910③			
教化し	きょうげし	×	教化	如來	896①	漢サ動	915①	けうけ・し／おしへ[妙]		
教化し	きょうげし	×	教化	如來	911①	漢サ動	929⑥			
教化し	きょうげし	×	教化	法功	1006⑤	漢サ動	1025②			
教化し	きょうげし	×	教化	藥王	1138①	漢サ動	1156②		一する[西右]	教化(けうゑ)し[妙]
教化す	きょうげす	きやうけ	教化	方便	190⑤	漢サ動	163⑤			
教化す	きょうげす	けうけ	教化	譬喩	218③	漢サ動	186⑥			
教化す	きょうげす	きやうけ	教化	化城	518②	漢サ動	523①			
教化す	きょうげす	けうけ	教化	勸持	738⑥	漢サ動	757⑤			
挍計す	きょうげす	けうけ／かんかへかそふる	教化	五百	573②	漢サ動	577②	けうけ・す／かむかへかそふ[妙]		
教化する	きょうげする	けうけ	教化	信解	369①	漢サ動	355④			
教化する	きょうげする	きや・けうけ・くゑ	教化	常不	1074⑤	漢サ動	1093③		一せられてィ・んィ[西右]	けうくゑ・する[妙]
教化せ	きょうげせ	けうけ	教化	五百	599②	漢サ動	607⑤			教化(けうゑ)せ[妙]
教化せ	きょうげせ	×	教化	授學	607③	漢サ動	616④			
教化せ	きょうげせ	きやうけ	教化	提婆	724⑥	漢サ動	743②			
教化せ	きょうげせ	×	教化	從地	855①	漢サ動	877⑤			
教化せ	きょうげせ	×	教化	神力	1100⑥	漢サ動	1119⑤			教化(けうゑ)せ[妙]
教化せ	きょうげせ	×	教化	五百	573①	漢サ動	577②			
樂見せ	ぎょうけんせ	げうけん／みんとねかひ	樂見	安樂	765②	漢サ動	785③	けうけん／ねかひみ[妙]	みんとねがはされ[西右訓]	
膠香	きょうこう	きやうかう	膠香	藥王	1123①	漢名	1141③		一と[西右]	膠香(けうかう)[妙]
行業	ぎょうごう	ぎやうごう	行業	提婆	727④	漢名	745⑤			
慶幸す	きょうこうす	きやうかう／よろこふ心	慶幸	信解	321④	漢サ動	296⑥	きやうかう・す／よろこふ[妙]		
荊棘	きょうこく	きやうこく	荊棘	授記	417②	漢名	405④	きやうこく／おとろからたち[妙]		
憍恣	きょうし	けうし／おこりほしいまゝ	憍恣	如來	896⑥	漢名	915⑤			
憍恣	きょうし	けうし／おこりほしきまゝ	憍恣	如來	920①	漢名	939①			
行じ	ぎょうじ	ぎやう	行	序品	80⑤	漢サ動	70⑥			
行し	ぎょうじ	×	行	序品	82⑤	漢サ動	72④			
行じ	ぎょうじ	×	行	序品	83①	漢サ動	72⑥			
行じ	ぎょうじ	×	行	方便	88①	漢サ動	77②			
行し	ぎょうじ	×	行	方便	93③	漢サ動	82①			
行じ	ぎょうじ	×	行	方便	93⑤	漢サ動	82③			
行し	ぎょうじ	×	行	方便	157①	漢サ動	135⑥		一ずる事[西右]	
行し	ぎょうじ	×	行	譬喩	205⑥	漢サ動	173②			

きよ 149

当該語	読みかな	傍訓	漢字表記	品名	頁数	語の種類	妙一本	和解語文	可読	異同語彙
行し	ぎょうじ	きゃう	行	藥草	408③	漢サ動	396①		—し・おこなひィ[西右]	
行し	ぎょうじ	×	行	藥草	409①	漢サ動	396⑤			
行じ	ぎょうじ	×	行	化城	497④	漢サ動	500③			
行し	ぎょうじ	×	行	化城	539③	漢サ動	545①			
行し	ぎょうじ	×	行	安樂	804④	漢サ動	826⑤			
行し	ぎょうじ	×	行	從地	828①	漢サ動	850②			
行し	ぎょうじ	×	行	從地	852⑤	漢サ動	875⑤			
行じ	ぎょうじ	×	行	從地	865⑤	漢サ動	887⑤		—て[西右]	
行し	ぎょうじ	×	行	如來	920③	漢サ動	939③		—ずるを[西右]	
行じ	ぎょうじ	×	行	分別	941④	漢サ動	960①			
行し	ぎょうじ	×	行	法功	1017①	漢サ動	1035⑤			
行じ	ぎょうじ	×	行	常不	1063①	漢サ動	1081⑥			行(きゃう)し[妙]
行し	ぎょうじ	×	行	常不	1063④	漢サ動	1082②		—ず[西右]	行(きゃう)し[妙]
行じ	ぎょうじ	×	行	常不	1078④	漢サ動	1097①			行(きゃう)し[妙]
行し	ぎょうじ	×	行	神力	1103④	漢サ動	1122④			
行し	ぎょうじ	×	行	藥王	1127⑤	漢サ動	1146②			
行し	ぎょうじ	×	行	妙音	1177②	漢サ動	1192④			×[妙]
行じ	ぎょうじ	×	行	妙音	1182②	漢サ動	1197③			行(きゃう)し[妙]
行じ	ぎょうじ	×	行	普賢	1312⑤	漢サ動	1318⑤			行(きゃう)し[妙]
形色憔悴し	ぎょうしきしょうすいし	ぎゃうしきせうすい／やせおとろへ	形色憔悴	信解	333⑥	漢四熟サ動	312①	ぎゃうしきせうずい／かたちいろかしかめ[妙]		
挍餙せ	きょうじきせ	けうじき／かざり	挍餙	見寶	671④	漢サ動	686⑥	けうしき・せ／ましへかさる[妙]		
挍餙せ	きょうじきせ	けうじき／かざり	挍餙	見寶	675⑥	漢サ動	691⑤	けうしき・せ／ましへかさる[妙]		
敬視する	きょうしする	×	敬視	法師	623④	漢サ動	634⑤	きゃうし・する／うやまひみる[妙]	うやまひ見る事ィ[西右]	
行者	ぎょうじゃ	×	行者	常不	1082⑤	漢名	1101②	きゃうしゃ[妙]		
形壽	ぎょうじゅ	ぎゃうじゅ	形壽	法功	1030②	漢名	1048⑤	きゃうしゅ／かたちいのち[妙]		
行樹	ぎょうじゅ	ぎゃうじゅ	行樹	譬喩	222①	漢名	190⑥	きゃうしゅ／うゑき[妙]		
行住坐臥し	ぎょうじゅうざがし	ぎゃうぢうざぐは	行住坐臥	妙莊	1279②	漢四熟サ動	1289①	ぎゃうわうざぐわ・し／あるきとまりいふし[妙]		
敬順し	きょうじゅんし	きゃうじゅん	敬順	勸持	749②	漢サ動	768③	きゃうしゅん・し／うやまいしたかい[妙]		
敬順し	きょうじゅんし	きゃうじゅん	敬順	安樂	759⑥	漢サ動	779④	きゃうじゅん・し／うやまひしたかい[妙]	—する[西右]	
経書	きょうじょ	—しょ	經書	法功	1042①	漢名	1060⑥			
経書	きょうじょ	—しょ	經書	普賢	1330③	漢名	1334②	きゃうしょ／きゃうふみ[妙]		
行處	ぎょうしょ	ぎゃうしょ	行處	譬喩	309④	漢名	282③	きゃうしょ／ゆくところ[妙]		
行處	ぎょうしょ	ぎゃうしょ／おこなふところ	行處	安樂	760⑥	漢名	780④	きゃうしょ／をこなうところ[妙]		
行處	ぎょうしょ	—しょ	行處	安樂	761②	漢名	780⑥			
行處	ぎょうしょ	×	行處	安樂	762②	漢名	781⑤	きゃうしょ／をこなうところ[妙]		
行處	ぎょうしょ	ぎゃうしょ	行處	安樂	769①	漢名	789②		—と[西右]	
行處	ぎょうしょ	ぎゃうしょ	行處	安樂	772⑤	漢名	793②	きゃうしょ／をこなうところ[妙]		
行處	ぎょうしょ	ぎゃうしょ	行處	安樂	773④	漢名	793⑥			
行處	ぎょうしょ	きゃうしょ	行處	安樂	775②	漢名	795⑤			
狹小	きょうしょう	けうせう／せはしちいさし	狹小	譬喩	241⑥	漢名	211④	けうせう／せはくちいさき[妙]		
交接し	きょうしょう	けうせう／まじはりついてィ	交接	五百	571④	漢サ動	575③			
教詔す	きょうしょうす	けうぜう／おしうる心也	教詔	譬喩	290⑤	漢サ動	262⑥	けうせう・す／おしう[妙]		
教詔する	きょうしょうする	けうぜう／みことのり	教詔	序品	39①	漢サ動	33④	けうせう・する／をしう[妙]		

当該語	読みかな	傍訓	漢字表記	品名	頁数	語の種類	妙一本	和解語文	可読	異同語彙
輕笑する	きょうしょうする	きやうしやう・かろめわらふ	輕笑	普賢	1335④	漢サ動	1338④	きやうせう・する／かろめわらふ[妙]		
敬心	きょうしん	うやまうこゝろ	敬心	方便	111②	漢名	97③	きやうしん／うやまうところ[妙]		
敬心	きょうしん	きやうしん	敬心	方便	166①	漢名	143①	きやうしん／うやまふこゝろ[妙]		
敬信し	きょうしんし	きやうしん	敬信	方便	113②	漢サ動	99①	きやうしん／うやまいしん[妙]		
敬信し	きょうしんし	きやうしん	敬信	方便	116⑥	漢サ動	102③	きやうしん・し／うやまいしん[妙]		
敬信し	きょうしんし	×	敬信	方便	118③	単漢サ動	103④	きやうしん・し／うやまいしん[妙]		
敬信し	きょうしんし	×	敬信	勧持	756①	単漢サ動	775④	きやうしん・し／うやまひ[妙]	一すと[西右]	
敬信す	きょうしんす	きやうしん	敬信	方便	114①	単漢サ動	99⑥			
敬信せ	きょうしんせ	きやうしん	敬信	方便	115⑤	単漢サ動	101②			
行す	ぎょうず	×	行	方便	146②	単漢サ動	127④		一ずるあり[西右]	
行す	ぎょうず	×	行	法師	627⑥	単漢サ動	639①			
行ず	ぎょうず	×	行	勧持	752③	単漢サ動	771⑥	きやう・す／をこなう[妙]		
行ずる	ぎょうずる	×	行	序品	19②	単漢サ動	15⑤	きやう・する／おこなう[妙]		
行ずる	ぎょうずる	×	行	序品	29③	単漢サ動	25②			
行する	ぎょうずる	ぎやう	行	序品	72③	単漢サ動	63④			
行する	ぎょうずる	きやう	行	藥草	408⑤	単漢サ動	396②	きやう／をこなへる[妙]		
行する	ぎょうずる	×	行	法師	642②	単漢サ動	655①			
行ずる	ぎょうずる	×	行	見寶	698④	単漢サ動	717④			
行ずる	ぎょうずる	×	行	安樂	761⑤	単漢サ動	781③			
行する	ぎょうずる	×	行	安樂	790③	単漢サ動	811⑥		一ぜんをば[西右]	
行ずる	ぎょうずる	×	行	從地	839③	単漢サ動	862②		受持し[西右]	
行する	ぎょうずる	×	行	分別	945②	単漢サ動	963⑤	きやう・する／おこなへ[妙]		
行ずる	ぎょうずる	×	行	法功	1042④	単漢サ動	1061②			
行する	ぎょうずる	×	行	妙音	1176⑤	単漢サ動	1192①		一せる[西右]	
行する	ぎょうずる	×	行	普賢	1322①	単漢サ動	1326⑥			きやう・する[妙]
教{孝}せ	きょうせ	けう	孝	妙音	1183①	単漢サ動	1197⑥			孝せ(けう・せ)[妙]
供ぜ	きょうぜ	×	供	序品	41③	単漢サ動	35④			
行ぜ	ぎょうぜ	ぎやう	行	方便	144④	単漢サ動	125⑤			
行ぜ	ぎょうぜ	×	行	方便	183④	単漢サ動	157④			
行ぜ	ぎょうぜ	×	行	譬喩	223④	単漢サ動	192⑤	きやうせ／ゆかんと[妙]		
行ぜ	ぎょうぜ	×	行	法師	634⑤	単漢サ動	646④			
行ぜ	ぎょうぜ	×	行	法師	641④	単漢サ動	654②			
行ぜ	ぎょうぜ	×	行	法師	642①	単漢サ動	654④			
行ぜ	ぎょうぜ	×	行	見寶	662①	単漢サ動	676⑤		一ずる[西右]	
行ぜ	ぎょうぜ	×	行	安樂	762①	単漢サ動	781④			
行ぜ	ぎょうぜ	×	行	安樂	773①	単漢サ動	793④			
行ぜ	ぎょうぜ	×	行	安樂	791②	単漢サ動	812⑤			
行ぜ	ぎょうぜ	×	行	從地	867⑥	単漢サ動	890⑥	きやう・せ／をこなへる[妙]		
行ぜ	ぎょうぜ	×	行	如來	895②	単漢サ動	914⑤		一して[西右]	
行ぜ	ぎょうぜ	×	行	如來	920③	単漢サ動	939③			
行ぜ	ぎょうぜ	×	行	分別	938①	単漢サ動	956④			
行ぜ	ぎょうぜ	×	行	分別	940①	単漢サ動	958③			
行ぜ	ぎょうぜ	×	行	分別	944②	単漢サ動	962④			
行ぜ	ぎょうぜ	×	行	分別	956⑥	単漢サ動	975④			
行ぜ	ぎょうぜ	×	行	分別	966⑤	単漢サ動	984⑥			
行ぜ	ぎょうぜ	×	行	妙莊	1302④	単漢サ動	1309⑥			行せ(きやう・せ)[妙]
行ぜ	ぎょうぜ	×	行	普賢	1321④	単漢サ動	1326①			行せ(きやう・せ)[妙]
樂説	ぎょうぜつ	げうせつ	樂説	神力	1102⑤	漢名	1121④	けうせつ／ねかひとくにきはめつくすこと[妙]	一に[西右]	樂説[妙]

きよ 151

当該語	読みかな	傍訓	漢字表記	品名	頁数	語の種類	妙一本	和解語文	可読	異同語彙
樂説辯才	ぎょうぜつべんざい	げうせつべんざい／せつほうのき也	樂説弁才	序品	7③	漢四熟名	5⑥	げうせつへんさい／ねかいとくにくちきよく[妙]		
樂説辨力	ぎょうぜつべんりき	ーーべんー	樂説辨力	常不	1068⑥	漢四熟名	1087④	げうせつへんりき／くちきよくのりをとくちから[妙]	ーと[西右]	樂説辨力[妙]
樂説無导辦才	ぎょうせつむげべんさい	げうせつむげべんざい	樂説無导辦才	分別	922⑥	漢名	941⑤	げうせつむげへんさい／くちきよくさわりなくのりをとくこと[妙]		
軽賎	きょうせん	きゃうせん／かろめいやしみ	輕賎	譬喩	302④	漢名	274⑤	きゃうせん／かろめいやしみ[妙]		
看膳	きょうぜん	けうぜん	看膳	法師	630①	漢名	641③	けうせん／くいもの[妙]		
餚饍	きょうぜん	けうぜん／くゐもの	餚饍	五百	597②	漢名	605②	けうせん／さかなそなへ[妙]		
看膳飲食	きょうぜんおんじき	けうぜんおんじき	看膳飲食	序品	37①	漢四熟名	32①	けうせんをんしき／くたものそなへくいもの[妙]	ーー の ーー[西右]	
軽賎し	きょうせんし	きゃうせん	輕賎	常不	1068⑤	漢サ動	1087③	きゃうせん・し／かろめいやしめ[妙]		
軽賎する	きょうせんする	きゃうせん／かろめいやしむ	輕賎	勧持	752③	漢サ動	772①	きゃうせん・する／かろめいやしむ[妙]	ーせん[西右]	
軽賎せ	きょうせんせ	きゃうせん	輕賎	常不	1074①	漢サ動	1092④	きゃうせん・せ／かろめいやしめ[妙]		
形像	ぎょうぞう	ぎゃうざう	形像	方便	163②	漢名	140⑤	きゃうさう／かたちをつくり[妙]		
形体	ぎょうたい	きゃうたい	形體	譬喩	249①	漢名	218⑥	きゃうたい／かたちすかた[妙]		
形體	ぎょうたい	ぎゃうたい／かたち	形體	譬喩	288①	漢名	260①	きゃうたい／かたちすかた[妙]		
楽著し	ぎょうちゃくし	げうちやく	樂著	譬喩	240⑤	漢サ動	210③			
楽着し	ぎょうちゃくし	げうちやく	樂著	譬喩	243③	漢サ動	212⑥	げうちやく／ねかひつき[妙]		
楽着し	ぎょうちゃくし	げうちやく	樂著	譬喩	245①	漢サ動	214⑤	げうぢやく／ねかひつき[妙]	ーすへき[西右]	
楽着し	ぎょうちゃくし	げうぢやく	樂著	譬喩	281⑥	漢サ動	253③	げうぢやく・し／ねかひつきて[妙]		
楽着せ	ぎょうちゃくせ	げうぢやく	樂着	方便	191②	漢サ動	164②	げうちやく・せ／ねかいつけ[妙]		
楽着せ	ぎょうちゃくせ	げうぢやく	樂著	譬喩	280③	漢サ動	251⑥	げうぢやく・せ／ねかひつき[妙]		
樂着せ	ぎょうちゃくせ	げうぢやく	樂着	信解	346⑥	漢サ動	328③	けうぢやく・せ／ねかひつけり[妙]		
教勅	きょうちょく	けうちよく／つかひ	教勅	信解	342①	漢名	322③	けうちよく／おしへ[妙]		
憍陳如比丘	きょうちんにょびく	けうちんによびく	憍陳如比丘	五百	583⑤	仏人名名	589②			
憍陳如比丘	きょうちんにょびく	けうちんによーー	憍陳如比丘	五百	585④	仏人名名	591①			
經典	きょうでん	きゃうでん	經典	序品	26①	漢名	22②			
經典	きょうでん	きゃうでん	經典	序品	32①	漢名	27④			
經典	きょうでん	きゃうてん	經典	譬喩	302③	漢名	274④			
經典	きょうでん	ーでん	經典	法師	637③	漢名	649⑤			
經典	きょうでん	きゃうてん	經典	法師	642①	漢名	654⑤			
經典	きょうでん	×	經典	法師	654④	漢名	668⑤			
經典	きょうでん	ーでん	經典	見寶	691⑥	漢名	710①		ーのィ[西右]	
經典	きょうでん	ーてん	經典	見寶	696④	漢名	715③			
經典	きょうでん	ーでん	經典	勧持	738③	漢名	757⑦			
經典	きょうでん	きゃうでん	經典	勧持	753⑤	漢名	773③			
經典	きょうでん	ーてん	經典	安樂	776①	漢名	796④			
經典	きょうでん	ーでん	經典	安樂	777②	漢名	797⑥			
經典	きょうでん	ーでん	經典	安樂	784①	漢名	805②			
經典	きょうでん	ーでん	經典	従地	818①	漢名	840③			
經典	きょうでん	×	經典	従地	850①	漢名	872⑤			

当該語	読みかな	傍訓	漢字表記	品名	頁数	語の種類	妙一本	和解語文	可読	異同語彙
経典	きょうでん	一てん	經典	如來	891⑤	漢名	910⑤			
経典	きょうでん	一てん	經典	分別	945④	漢名	964①			
経典	きょうでん	一てん	經典	分別	952③	漢名	971②			
経典	きょうでん	一てん	經典	分別	954①	漢名	972⑤			
経典	きょうでん	×	經典	分別	959⑥	漢名	978③			
経典	きょうでん	一てん	經典	随喜	986③	漢名	1004⑤			
経典	きょうでん	一てん	經典	法功	1005④	漢名	1024①			
経典	きょうでん	きやうでん	經典	常不	1063③	漢名	1082①			きやうでん[妙]
経典	きょうでん	一てん	經典	常不	1070⑤	漢名	1089③			きやうてん[妙]
経典	きょうでん	一てん	經典	常不	1072②	漢名	1090⑤			きやうてん[妙]
経典	きょうでん	×	經典	常不	1082①	漢名	1100④			きやうてん[妙]
経典	きょうでん	一でん	經典	藥王	1147④	漢名	1165⑤			きやうでん[妙]
経典	きょうでん	×	經典	藥王	1154①	漢名	1172①			きようてん[妙]
経典	きょうでん	×	經典	藥王	1163②	漢名	1180②			きやうてん[妙]
経典	きょうでん	×	經典	妙音	1193⑤	漢名	1207⑤			きやうてん[妙]
経典	きょうでん	×	經典	普賢	1311①	漢名	1317②			きやう[妙]
経典	きょうでん	一でん	經典	普賢	1328②	漢名	1332⑥			きやうでん[妙]
経典	きょうでん	一でん	經典	普賢	1333②	漢名	1336⑤			きやうてん[妙]
経典	きょうでん	×	經典	普賢	1334③	漢名	1338①			
経典	きょうでん	×	經典	普賢	1336③	和連体	1339②			きやうてん[妙]
傾動せ	きょうどうせ	きやうどう	傾動	分別	941⑥	漢サ動	960②	きやうどう・せ／かたふき[妙]		
憍曇弥	きょうどんみ	けうどんミ	憍曇弥	勧持	741⑥	仏人名名	760⑥			
憍曇弥	きょうどんみ	けうどんミ	憍曇弥	勧持	742①	仏人名名	761④			
憍曇弥	きょうどんみ	けうどんミ	憍曇弥	勧持	744②	仏人名名	763①			
行歩	ぎょうぶ	きやうぶ／ゆきあゆむこと	行歩	譬喩	249⑤	漢名	219①	きやうふ／ゆきあゆふ[妙]		
驚怖し	きょうふし	きやうふ／おとろきおそれ	驚怖	譬喩	240②	漢サ動	209⑥			
驚怖し	きょうふし	きやうふ／おとろく	驚怖	信解	358①	漢サ動	342①	きやうふ・し／おとろきおそれ[妙]		
輕蔑せ	きょうべつ	きやうへつ／かろしめあなとり	輕蔑	安樂	789④	漢サ動	811①	きやうめつ・せ／かろめあなつる[妙]	かろめあなつら[西右]	かるめあなつら
経方	きょうほう	一ほう	經方	如來	901⑤	漢名	920⑥		一の一[西右]	
経法	きょうほう	×	經法	序品	18③	漢名	15①			
経法	きょうほう	×	經法	譬喩	299①	漢名	271③			
経法	きょうほう	×	經法	化城	512⑥	漢名	517⑥			
経法	きょうほう	×	經法	見寶	690③	漢名	708③			
経法	きょうほう	×	經法	法功	1006①	漢名	1024④			
経法	きょうほう	×	經法	法功	1024①	漢名	1042⑥			
経法	きょうほう	×	經法	藥王	1144④	漢名	1162④			きやうほう[妙]
経法	きょうほう	×	經法	藥王	1147①	漢名	1165④			きやうほう[妙]
経法	きょうほう	×	經法	藥王	1148①	漢名	1166③			きやうぼう[妙]
教菩薩法	きょぼさつほう	けう――ほう	教菩薩法	序品	14⑥	仏四熟名	12①			
教菩薩法	きょうぼさつほう	けう―――	教菩薩法	序品	53⑥	仏四熟名	46⑥			
教菩薩法	きょうぼさつほう	けう―――	教菩薩法	序品	58③	仏四熟名	50⑥			
教菩薩法	きょうぼさつほう	×	教菩薩法	序品	65③	仏四熟名	57②			
教菩薩法	きょうぼさつほう	けうぼさつほう	教菩薩法	譬喩	220②	仏四熟名	189②			
教菩薩法	きょうぼさつほう	きやう――ほう	教菩薩法	化城	508④	仏四熟名	513②			
教菩薩法	きょうぼさつほう	×	教菩薩法	見寶	659②	仏四熟名	673⑤	けうぼさつほう／ほとけになるめうほうれんくゑきやう[妙]		
教菩薩法	きょうぼさつほう	×	教菩薩法	神力	1091③	仏四熟名	1109④	けうほさつほう[妙]		
憍梵波提	きょうぼんはだい	けうぼんはだい	憍梵波提	序品	5⑤	仏四熟名	4④			
慳慢	きょうまん	けうまん	慳慢	妙音	1182⑥	漢名	1197⑤			けうまん[妙]
輕慢	きょうまん	きやまん	輕慢	勧持	755⑥	漢名	775①			
憍慢	きょうまん	けうまん	憍慢	方便	186⑥	漢名	160②		一なる[西右]	
憍慢	きょうまん	けうまん	憍慢	譬喩	301①	漢名	273②			
憍慢	きょうまん	きや・けうまん	憍慢	安樂	790⑤	漢名	812③			

当該語	読みかな	傍訓	漢字表記	品名	頁数	語の種類	妙一本	和解語文	可読	異同語彙
憍{憍}慢	きょうまん	けうまん	憍慢	藥王	1155②	漢名	1173①		一と[西右]	けうまん[妙]
憍慢	きょうまん	きや・けうまん	憍慢	妙荘	1302⑤	漢名	1309⑥		一と[西右]	けうまん[妙]
輕慢せ	きょうまんせ	きやうまん	輕慢	安樂	777③	漢サ動	798①	きやうまん・せ[妙]		
輕慢せ	きょうまんせ	きやうまん	輕慢	常不	1062⑥	漢サ動	1081④			
輕罵し	きょうめし	きやうめ	輕罵	安樂	784③	漢サ動	805④	きやうめ・し／かろめのり[妙]		
教門	きょうもん	けうもん	教門	譬喩	266③	漢名	237④	けうもん／おしへのかと[妙]		
樂欲し	ぎょうよくし	げうよく	樂欲	序品	57②	漢サ動	49⑤	げうよく／ねかい[妙]		
敬礼し	きょうらい	きやうらい	敬礼	化城	478⑤	漢サ動	478①	きやうらい／うやまひをかみ[妙]		
敬礼し	きょうらいし	きやうらい	敬礼	提婆	722②	漢サ動	740③	きやうらい・し／うやまひをかみ[妙]	を一[西右]	
絞絡し	きょうらくし	けうらく／まとひて	絞絡	譬喩	248④	漢サ動	218④	けうらく／まついて[妙]		
經歷し	きょうりゃく	きやうりやく／としひさしくいたる事也	經歷	信解	324②	漢サ動	300①			
經歷し	きょうりゃく	一りやく	經歷	信解	356⑥	漢サ動	340⑤			
経暦{歷}し	きょうりゃくし	一りやく	経暦	常不	1065③	漢サ動	1084②			きやうりやく・し[妙]
暁了する	きょうりょうする	きやうりやう	暁了	方便	193①	漢サ動	165⑤	けうれう・する／さとる[妙]		
狭劣	きょうれつ	けうれつ／こゝろせはき	狭劣	信解	359⑥		344③			
行列し	ぎょうれつし	ぎやうれつ	行列	授記	417④	漢サ動	405⑥	きやうれつ／なみつらなり[妙]		
行烈し	ぎょうれつし	ぎやうれつ	行烈	分別	950②	漢サ動	968⑤	きやうれつ・し／なみつらなり[妙]		
行列せ	ぎょうれつせ	一れつ	行列	授記	420②	漢サ動	409②	きやうれつ・せ／なみつらならん[妙]		
きよき	きよき	×	淨	序品	35④	和形	30④			
きよき	きよき	×	淨	譬喩	313⑤	和形	287④			
きよき	きよき	×	淨	安樂	779③	和形	800②			
きよき	きよき	×	淨	法功	1035④	和形	1054③			
きよき	きよき	×	淨	法功	1047②	和形	1065⑥			
きよく	きよく	×	淨	五百	563②	和形	566③			
きよく	きよく	×	淨	方便	146②	和形	127④			
きよく	きよく	×	淨	譬喩	224②	和形	193①			
きよめ	きよく	×	淨	信解	319⑤	和形	294⑥			
きよめ	きよく	×	淨	信解	369①	和形	355③			
きよく	きよく	×	淨	授記	419③	和形	408③			
きよく	きよく	×	淨	化城	451②	和形	445③			
きよく	きよく	×	淨	化城	506②	和形	510⑥			
きよめ	きよく	×	淨	五百	568②	和形	572①		一むる[西右]	
きよむ	きよく	×	淨	五百	576④	和形	581②			
きよめ	きよく	×	淨	五百	579①	和形	584①			
きよむ	きよく	×	淨	五百	579③	和形	584③			
きよく	きよく	×	淨	法功	1031④	和形	1050②			
きよく	きよく	×	淨	法功	1038①	和形	1056⑤			
きよく	きよく	×	淨	妙荘	1280④	和形	1290③			
きよくし	きよくし	×	淨	安樂	779④	和サ動	800③			
曲戾	きよくらい	きよくらい	曲戾	随喜	983⑥	漢名	1002②	こくらい／もとれらじ[妙]	まがりもどれらじ[西右]	こくらい[妙・足]
漁捕	ぎょぶ	ぎょぶ	漁捕	安樂	771②	漢名	791④	きよふ／すなとり[妙]	一と[西右]	
きよむる	きよむる	×	淨	信解	361①	和動	345⑥			
きよめ	きよめ	×	淨	五百	569⑥	和動	573⑤		一むる[西右]	
起立し	きりゅうし	きりう／たちつらなる心	起立	見寶	679⑥	漢サ動	696④	きりう・し／たち[妙]		
起立し	きりゅうし	×	起立	從地	817④	漢サ動	839⑤	きりう・し／たち[妙]		
起立し	きりゅうし	きりう	起立	分別	954③	漢サ動	973②	きりう・し／たて[妙]		
きる	きる	×	着	勧持	756①	和動	775⑤		着すィ[西右]	

当該語	読みかな	傍訓	漢字表記	品名	頁数	語の種類	妙一本	和解語文	可読	異同語彙
きる	きる	×	被	序品	31⑤	和動	27②			
疑惑	ぎわく	ぎわく	疑惑	方便	157⑤	漢名	136③	きわく／うたかい[妙]		疑或[妙]
疑惑	ぎわく	ぎわく	疑惑	方便	193④	漢名	166①	きわく／うたかい[妙]		
疑惑	ぎわく	ぎわく	疑惑	譬喩	237①	漢名	206③	ぎわく／うたかひまとふ[妙]		
疑惑	ぎわく	ぎわく／うたかふ心也	疑惑	譬喩	301⑥	漢名	274①			
疑惑	ぎわく	きはく／うたかい	疑惑	化城	509④	漢名	514③	きわく／うたかひ[妙]		
疑惑	ぎわく	ぎわく	疑惑	五百	567②	漢名	570⑥	きわく／うたかひ[妙]		
疑惑	ぎわく	ぎわく	疑惑	五百	577②	漢名	582①			
疑惑	ぎわく	ぎわく	疑惑	提婆	719④	漢名	737⑤	きわく／うたかひまとひ[妙]		
疑惑	ぎわく	ぎわく	疑惑	從地	855③	漢名	878①	ぎわく／うたかひ[妙]		
疑惑	ぎわく	ぎわく	疑惑	常不	1082⑥	漢名	1101③			
疑惑し	ぎわくし	ぎわく	疑惑	方便	109⑤	漢サ動	96①	きわく・し／うたかいまとい[妙]		
きはまり	きわまり	×	極	譬喩	249⑥	和動	219⑤			
きわまり	きわまり	×	極	神力	1100④	和動	1119①			きはまり[妙]
きはむ	きわむ	×	窮	譬喩	311②	和動	284②			
きはむ	きわむ	×	窮	譬喩	316④	和動	291②			
きはめつくし	きわめつくし	×	究盡	方便	91④	和複動	80③			
きはめつくす	きわめつくす	×	窮盡	觀世	1221⑥	和複動	1234④			
きはめて	きわめて	×	極	法師	640②	和副	652⑤			
琴	きん	きん	琴	方便	166③	単漢名	143⑨			
禁戒	きんかい	きんかい	禁戒	分別	941②	漢名	959④			
琴瑟	きんしつ	きんじつ	琴瑟	法功	1002②	漢名	1020⑤			
禽獸	きんじゅ	きんじゆ／とりけたもの	禽獸	譬喩	310⑤	漢名	283⑦	きんじゆ／とりけたもの[妙]		
禽獸	きんじゅ	きんしゆ	禽獸	法功	1004⑤	漢名	1023①	きんしゆ／けたもの[妙]		
緊那羅	きんなら	きんなら	緊那羅	序品	16④	仏人倫名	13④			
緊那羅	きんなら	きんなら	緊那羅	序品	55④	仏人倫名	48③	きんなら／まいうと[妙]		
緊那羅	きんなら	きんなら	緊那羅	序品	70④	仏人倫名	61④		一との[西右]	
緊那羅	きんなら	きんなら	緊那羅	譬喩	230⑤	仏人倫名	199⑥	きんなら／まいうと[妙]		
緊那羅	きんなら	きんなら	緊那羅	化城	467⑥	仏人倫名	464④	きんなら／まいうと[妙]		
緊那羅	きんなら	きんなら	緊那羅	化城	476③	仏人倫名	475④	きんなら／まいうと[妙]		
緊那羅	きんなら	きんなら	緊那羅	化城	485①	仏人倫名	485⑤			
緊那羅	きんなら	きんなら	緊那羅	化城	493⑥	仏人倫名	496③			
緊那羅	きんなら	×	緊那羅	法師	621④	仏人倫名	632③		一と[西右]	
緊那羅	きんなら	×	緊那羅	見寶	658③	仏人倫名	672⑥	きんなら／まいうと[妙]		
緊那羅	きんなら	きんなら	緊那羅	法功	1028⑥	仏人倫名	1047④		一と[西右]	
緊那羅	きんなら	きんなら	緊那羅	神力	1085⑥	仏人倫名	1104②			きんなら[妙]
緊那羅	きんなら	×	緊那羅	神力	1088③	仏人倫名	1106⑤			きんなら[妙]
緊那羅	きんなら	きんな一	緊那羅	藥王	1115④	仏人倫名	1133⑥			きんなら[妙]
緊那羅	きんなら	×	緊那羅	妙音	1192②	仏人倫名	1206③			緊那羅緊那羅(きんならきんなら)[妙]
緊那羅	きんなら	きんなら	緊那羅	觀世	1229①	仏人倫名	1242①	きんなら／まいうと[妙]		
緊那羅	きんなら	×	緊那羅	觀世	1233③	仏人倫名	1246①			きんなら[妙]
緊那羅	きんなら	×	緊那羅	普賢	1307①	仏人倫名	1313⑤			きんなら[妙]
緊那羅聲	きんならしょう	きんならしやう	緊那羅聲	法功	1000①	仏名	1018⑤	きんならしやう／まいうとのこゑ[妙]		
緊那羅女	きんならにょ	×	緊那羅女	法功	1028④	仏人倫名	1047⑤		一と[西右]	
九	く	×	九	陀羅	1262②	漢数名	1274②			
狗	く	く	狗	譬喩	281②	単漢獣類名	252⑥	くう／いぬ[妙]		
狗	く	く	狗	譬喩	309④	単漢獣類名	282③	く／いぬ[妙]		

当該語	読みかな	傍訓	漢字表記	品名	頁数	語の種類	妙一本	和解語文	可読	異同語彙
狗	く	く	狗	安樂	763④	単漢獸類名	783①	く／いぬ[妙]	一をやしなふと[西右]一するど[西左]	
狗	く	く／いぬ	狗	普賢	1330⑤	単漢獸類名	1334④	く／いぬ[妙]		
鳩	く	く／いゑはと	鳩	譬喻	271⑤	単漢禽鳥名	242⑥			
苦	く	く	苦	序品	27③	単漢名	23③			
苦	く	く	苦	序品	34⑤	単漢名	29⑥			
苦	く	く	苦	方便	176②	単漢名	151④			
苦	く	く	苦	方便	177①	単漢名	152②			
苦	く	×	苦	方便	177①	単漢名	152②			
苦	く	×	苦	方便	179④	単漢名	154②			
苦	く	く	苦	方便	184⑥	単漢名	158⑤			
苦	く	く	苦	譬喻	254⑤	単漢名	225⑤			
苦	く	く	苦	譬喻	255②	単漢名	226②			
苦	く	く	苦	譬喻	255③	単漢名	226②			
苦	く	く	苦	譬喻	255④	単漢名	226⑥			
苦	く	く	苦	譬喻	255⑤	単漢名	226⑥			
苦	く	×	苦	譬喻	256②	単漢名	227②			
苦	く	く	苦	譬喻	258③	単漢名	229④			
苦	く	く	苦	譬喻	266③	単漢名	237④	く／くるしミ[妙]		
苦	く	く	苦	譬喻	281②	単漢名	252②			
苦	く	く	苦	譬喻	291②	単漢名	263③			
苦	く	く	苦	譬喻	294②	単漢名	266②			
苦	く	く	苦	譬喻	296①	単漢名	268②			
苦	く	く	苦	譬喻	296①	単漢名	268③			
苦	く	く	苦	譬喻	296⑤	単漢名	268⑥			
苦	く	く	苦	譬喻	306①	単漢名	278④			
苦	く	く	苦	藥草	404⑤	単漢名	391⑤			
苦	く	×	苦	化城	475③	単漢名	474③			
苦	く	×	苦	化城	502②	単漢名	506①			
苦	く	×	苦	化城	502②	単漢名	506①			
苦	く	×	苦	化城	502⑤	単漢名	506②			
苦	く	く	苦	化城	503②	単漢名	507②			
苦	く	く	苦	化城	504③	単漢名	508④			
苦	く	×	苦	提婆	732①	単漢名	750②			
苦	く	×	苦	藥王	1151②	単漢名	1169③			く[妙]
苦	く	く	苦	觀世	1236④	単漢名	1249①			く[妙]
苦	く	く	苦	觀世	1239①	単漢名	1251④			く[妙]
苦	く	×	苦	觀世	1242④	単漢名	1254⑥			く[妙]
苦	く	×	苦	觀世	1242⑤	単漢名	1255②			く[妙]
苦	く	×	苦	觀世	1243⑦	単漢名	1255⑤			く[妙]
垢	く	く・あか	垢	方便	135⑥	単漢名	118⑤		く・あか[西右訓]	
具	ぐ	ぐ	具	譬喻	247⑤	単漢名	217④		一なる[西右]	
具	ぐ	ぐ	具	譬喻	252③	単漢名	222④			
具	ぐ	く	具	譬喻	267⑥	単漢名	239①			
具	ぐ	ぐ	具	譬喻	283①	単漢名	254④			
具	ぐ	ぐ	具	信解	336③	単漢名	315①			
具	ぐ	ぐ	具	化城	455⑥	単漢名	450⑤			
具	ぐ	く	具	安樂	797③	単漢名	818⑥			
具	ぐ	ぐ	具	安樂	806①	単漢名	828②			
具	ぐ	×	具	随喜	973⑤	単漢名	991⑥			
具	ぐ	×	具	随喜	974⑤	単漢名	992⑥			
具	ぐ	ぐ	具	法功	1016⑤	単漢名	1035③	く／みをかさるきもの[妙]	一たる[西右]	
具	ぐ	ぐ	具	神力	1092⑤	単漢名	1111①			ぐ[妙]
くい	くい	×	悔	五百	589③	和動	595⑥			
恐畏	くい	くい	恐畏	見寶	699③	漢名	718④			
恐畏無量	くいむりょう	くゐ—	恐畏無量	譬喻	276④	漢四熟名	248①			くゐむりやう[妙]
空	くう	くう	空	信解	319④	単漢名	294④	くう／むなしく[妙]		
空	くう	くう	空	藥草	397⑥	単漢名	384⑥			
空	くう	くう	空	藥草	412⑥	単漢名	400⑥			
空	くう	くう	空	法師	652③	単漢名	666③			
空	くう	×	空	提婆	724⑤	単漢名	742⑥			
空	くう	くう	空	安樂	767②	単漢名	787⑤			
空	くう	くう	空	安樂	773④	単漢名	794①	くう／むなしく[妙]		
そら	くう	×	空	妙莊	1282⑤	単漢名	1292③			

当該語	読みかな	傍訓	漢字表記	品名	頁数	語の種類	妙一本	和解語文	可読	異同語彙
空王佛	くうおうぶつ	×	空王佛	授學	609④	仏仏名名	618⑥			
空閑	くうげん	くうげん／しつかなる	空閑	序品	32④	漢名	27⑥	くうけん／しつか[妙]		
空閑	くうげん	くうげん	空閑	法師	648③	漢名	662②	くうけん／しつかなる[妙]		
空閑	くうげん	くうげん／しつかなり	空閑	法師	654③	漢名	668④			
空閑	くうげん	×	空閑	法師	655③	漢名	669⑤	くうけん／しつかなる[妙]		
空閑	くうげん	くうげん／しつかなる	空閑	勧持	752②	漢名	771⑤	くうけん／むなしくしつかに[妙]		
空{間}閑	くうげん	くうげん	空閑	分別	942⑥	漢名	961②	くうけん／しつかなる[妙]		
空閑	くうげん	くうげん／しつかなる	空閑	随喜	971③	漢名	989④	くうけん／しつかなる[妙]		
空閑林中	くうげんりんちゅう	くうげんりんちう	空閑林中	安樂	794④	漢四熟名	816①	くうけんりんちう／しつかなるはやしのなか[妙]		
箜篌	くうご	くうご	箜篌	方便	166②	漢楽具名	143③			
箜篌	くうご	くうご	箜篌	分別	953③	漢楽具名	972②		一をもて[西右]	
箜篌	くうご	くうご	箜篌	法功	1002②	漢楽具名	1020⑤			
窮困し	ぐうこんし	くうこん／くるしみ	窮困	信解	322④	漢サ動	298②	ぐうこん・し／きわめたしなみ[妙]		
窮子	ぐうじ	ぐうし／ぢゃくしやの子也	窮子	信解	325⑥	漢人倫名	302②	ぐうし／まつしき[妙]		
窮子	ぐうじ	くうじ	窮子	信解	327④	漢人倫名	304②	ぐうし／まつしきこ[妙]		
窮子	ぐうじ	くうし	窮子	信解	330④	漢人倫名	308①	くうし／まつしきこ[妙]		
窮子	ぐうじ	ぐうじ	窮子	信解	331②	漢人倫名	308⑤	くうし／まつしきこ[妙]		
窮子	ぐうじ	ぐうし	窮子	信解	333②	漢人倫名	311②	ぐうし／まつしきこ[妙]		
窮子	ぐうじ	ぐうじ	窮子	信解	334②	漢人倫名	312③	くうし／まつしきこ[妙]		
窮子	ぐうじ	くうし	窮子	信解	334④	漢人倫名	312⑤	くうし／まつしきこ[妙]		
窮子	ぐうじ	ぐうし	窮子	信解	335②	漢人倫名	313⑤	くうし／まつしきこ[妙]		
窮子	ぐうじ	くうし	窮子	信解	335④	漢人倫名	314①	くうし／まつしきこ[妙]		
窮子	ぐうじ	くうし	窮子	信解	339⑥	漢人倫名	319③	くうし／まつしきこ[妙]		
窮子	ぐうじ	くうし	窮子	信解	340⑥	漢人倫名	320⑤	くうし／まつしきこ[妙]		
窮子	ぐうじ	くうし	窮子	信解	342①	漢人倫名	322②			
窮子	ぐうじ	くうし	窮子	信解	345③	漢人倫名	326④	くうし／まつしきこ[妙]		
窮子	ぐうじ	ぐうじ	窮子	信解	356③	漢人倫名	340②	くうし／まつしきこ[妙]		
窮子	ぐうじ	くうし	窮子	信解	357⑤	漢人倫名	341⑤	くうし／まつしきこ[妙]		
窮子	ぐうじ	くうし	窮子	信解	359②	漢人倫名	343⑤	くうし／まつしきこ[妙]		
窮子	ぐうじ	くうし	窮子	信解	360⑤	漢人倫名	345④	くうし／まつしきこ[妙]		
窮子	ぐうじ	×	窮子	信解	368①	漢人倫名	354①	くうし／まつしきこ[妙]		
窮子	ぐうじ	ぐうじ	窮子	信解	373②	漢人倫名	360②	くうし／まつしきこ[妙]		
空寂	くうじゃく	くうじゃく	空寂	信解	369③	漢名	355⑥	くうじやく／しつか[妙]		
空處	くうしょ	×	空處	法師	655②	漢名	669③	くうしよ／むなしきところ[妙]		
窮盡	ぐうじん	くうじん	窮盡	神力	1102⑤	漢名	1121④	くうしん／ねかひとくにきはめつくすこと[妙]	一する事[西右]	窮盡[妙]

くう-くお 157

当該語	読みかな	傍訓	漢字表記	品名	頁数	語の種類	妙一本	和解語文	可読	異同語彙
究盡明了	くうじんみょうりょう	くうじんみやうれう・きはめつくして	究盡明了	藥草	388②	漢四熟名	373④	くうしんみやうれう／きわめつくしあきらか[妙]		
空地	くうち	くうぢ	空地	譬喩	283⑥	漢名	255④	くうち／むなしきところ[妙]		
空中	くうちゅう	×／そらの一	空中	見寶	657①	漢名	671②	くうちう／そらのなか[妙]	[右]そらの一[西]	
空中	くうちゅう	×	空中	見寶	659⑥	漢名	674②	くうちう／そら一[妙]	[右]そらの一[西]	
空中	くうちゅう	くう一	空中	從地	853③	漢名	876①	くうちう／そらのなか[妙]	そらの一[西右]	
空中	くうちゅう	×	空中	從地	868⑥	漢名	891⑥	くうちう／そらのなか[妙]	中[西右]	
空中	くうちゅう	くうちう	空中	神力	1102⑤	漢名	1121⑤			くうぢう[妙]
空中	くうちゅう	くうちう	空中	妙莊	1280①	漢名	1289⑥	くうちう／そらのなか[妙]	そらのなか[西右]	
宮殿	くうでん	くうでん	宮殿	序品	31④	漢家屋名	27①			
宮殿	くうでん	くうてん	宮殿	化城	464④	漢家屋名	460④			
宮殿	くうでん	くうてん	宮殿	化城	464⑥	漢家屋名	461⑤			
宮殿	くうでん	くうてん	宮殿	化城	465②	漢家屋名	461⑤			
宮殿	くうでん	くうてん	宮殿	化城	466③	漢家屋名	463①			
宮殿	くうでん	くうてん	宮殿	化城	467②	漢家屋名	464②			
宮殿	くうでん	くうでん	宮殿	化城	469②	漢家屋名	466③			
宮殿	くうでん	×	宮殿	化城	469④	漢家屋名	466⑤			
宮殿	くうでん	×	宮殿	化城	471②	漢家屋名	468⑥			
宮殿	くうでん	×	宮殿	化城	473②	漢家屋名	471⑤	くうてん／ひかり[妙]		
宮殿	くうでん	くうてん	宮殿	化城	474④	漢家屋名	473②			
宮殿	くうでん	×	宮殿	化城	475⑤	漢家屋名	474⑥			
宮殿	くうでん	×	宮殿	化城	477④	漢家屋名	476⑤			
宮殿	くうでん	×	宮殿	化城	477⑥	漢家屋名	477②			
宮殿	くうでん	×	宮殿	化城	482②	漢家屋名	482③			
宮殿	くうでん	×	宮殿	化城	482⑥	漢家屋名	483②		一に[西右]	
宮殿	くうでん	×	宮殿	化城	483④	漢家屋名	483⑥			
宮殿	くうでん	×	宮殿	化城	484③	漢家屋名	485①			
宮殿	くうでん	×	宮殿	化城	486②	漢家屋名	487①			
宮殿	くうでん	×	宮殿	化城	486④	漢家屋名	487②		一を[西右]	
宮殿	くうでん	×	宮殿	化城	488②	漢家屋名	489②			
宮殿	くうでん	×	宮殿	化城	491②	漢家屋名	493②			
宮殿	くうでん	×	宮殿	化城	491⑥	漢家屋名	493⑥			
宮殿	くうでん	×	宮殿	化城	492③	漢家屋名	494⑤			
宮殿	くうでん	×	宮殿	化城	493②	漢家屋名	495⑤			
宮殿	くうでん	×	宮殿	化城	495①	漢家屋名	497④			
宮殿	くうでん	×	宮殿	化城	495③	漢家屋名	498①			
宮殿	くうでん	くうでん	宮殿	化城	498⑥	漢家屋名	502①			
宮殿	くうでん	くうでん	宮殿	化城	532⑥	漢家屋名	538③			
宮殿	くうでん	きうてん	宮殿	化城	533③	漢家屋名	539①			
宮殿	くうでん	くうでん	宮殿	化城	534③	漢家屋名	539⑤			
宮殿	くうでん	くうてん	宮殿	五百	571③	漢家屋名	575②			
宮殿	くうでん	くうでん	宮殿	安樂	815①	漢家屋名	837④			
宮殿	くうでん	くうでん	宮殿	隨喜	974②	漢家屋名	992③			
宮殿	くうでん	くうてん	宮殿	隨喜	992⑤	漢家屋名	1011②			
宮殿	くうでん	くうてん	宮殿	法功	1021④	漢家屋名	1040③			
宮殿	くうでん	くうてん	宮殿	法功	1029⑤	漢家屋名	1048③			
宮殿	くうでん	くうでん	宮殿	法功	1039②	漢家屋名	1058①			
空法	くうほう	くうほう	空法	譬喩	213⑤	漢名	181⑤			
空法	くうほう	くうほう	空法	信解	370②	漢名	356⑥	くうほう／むなしきほうを[妙]	一の一[西右]	
空法	くうほう	×	空法	化城	520④	漢名	525⑤			
空法	くうほう	×	空法	五百	566⑤	漢名	570④			
垢穢	くえ	くゑ／けかれ	垢穢	提婆	732④	漢名	750⑥	くゑ／あかつきけかれ[妙]		
垢穢不浄	くえふじょう	くゑふじやう／あかづきけがらはしく	垢穢不浄	譬喩	310③	漢四熟名	283③	くゑふじやう／あかつきけかれはしく[妙]。あかつきけかれきよからす[妙]		
胸臆	くおく	くおく／むね	胸臆	安樂	766②	漢名	786①	くをく／むね[妙]		

当該語	読みかな	傍訓	漢字表記	品名	頁数	語の種類	妙一本	和解語文	可読	異同語彙
久遠	くおん	くおん	久遠	化城	448⑤	漢名	442②	くをん／ひさしくとをし[妙]	ひさしき	
久遠	くおん	くおん／ひさしき	久遠	化城	479①	漢名	478③	くをん／ひさしくとをく[妙]	ひさしくとをくして[西右]	
久遠	くおん	一おん・ひさしくとをくして	久遠	化城	498②	漢名	501①	くをん／ひさしくとをし[妙]	ひさしくとをくして[西右]	
久遠	くおん	くおん／ひさしき	久遠	化城	532③	漢名	538①	くおん／ひさしくとをき[妙]		
久遠	くおん	くおん	久遠	従地	854⑥	漢名	877④	くをん／ひさしくとをき[妙]		
久遠	くおん	くおん	久遠	従地	858②	漢名	881①	くをん／ひさしくとをき[妙]		
久遠	くおん	くおん・ひさしくとをき	久遠	如來	891①	漢名	910②	くをん／ひさしくとをき[妙]		
久遠	くおん	くをん	久遠	普賢	1327②	漢名	1331④	くおん／ひさしくとをき[妙]		
久遠劫	くおんこう	くおんこう	久遠劫	方便	184⑤	漢名	158④	くをんこう／ひさしくとをきとし[妙]		
苦海	くかい	くかい／くるしみのうみに	苦海	如來	914②	漢名	933①			
くき	くき	×	茎	妙音	1173⑤	和草木名	1189③			
くき	くき	×	茎	妙音	1174②	和草木名	1190②			
一恭敬し	くぎやうし	くぎやう	恭敬	序品	14④	漢サ動	11⑤	くきやう・し／うやまひ[妙]		
恭敬すれ	くぎやうすれ	くぎやう	恭敬	序品	34③	漢サ動	29④			
供給	くぎゅう	くぎう／つかへつかふる心也	供給	提婆	710③	漢名	727④	くぎう／たまい[妙]		
供給し	くぎゅうし	くぎう	供給	信解	375⑤	漢サ動	362④			
供給し	くぎゅうし	くぎう／あたふる心	供給	提婆	711①	漢サ動	728③	くぎう・し／たまい[妙]		
供給す	くぎゅうす	くぎう	供給	提婆	713⑤	漢サ動	731③	くぎう・す／たまひ[妙]		
供給する	くぎゅうする	×	供給	随喜	987②	漢サ動	1005④			
丘坑	くきょう	くきやう	丘坑	授記	427⑤	漢名	418①	くきやう／をかあな[妙]		
丘抗	くきょう	くきやう	丘抗	授記	420⑤	漢名	409⑥	くきやう／をかあな[妙]		
究竟	くぎょう	くきやう／きはむる心	究竟	方便	109⑥	漢名	96①			
究竟	くぎょう	くきやう	究竟	方便	137⑤	漢名	120①		一せりと[西右]	
究竟	くぎょう	くぎやう	究竟	五百	589⑤	漢名	596②			
究竟	くぎょう	くぎやう	究竟	五百	594③	漢名	602①			
恭敬	くぎょう	くぎやう	恭敬	方便	185④	漢名	159②	くきやう／うやまう[妙]		
恭敬	くぎょう	くぎやう	恭敬	安樂	786④	漢名	808①	くきやう／つつしみうやまひ[妙]		
恭敬	くぎょう	くぎやう	恭敬	安樂	788④	漢名	810②	くきやう／うやまひ[妙]	一し[西右]	
恭敬	くぎょう	くぎやう	恭敬	安樂	790③	漢名	811⑥		一の[西右]	
恭敬	くぎょう	くぎやう	恭敬	従地	865④	漢名	888②	くきやう／うやまう[妙]		
恭敬	くぎょう	くぎやう	恭敬	如來	897①	漢名	916①	くぎやう／うやまひ[妙]		
恭敬	くぎょう	くぎやう	恭敬	法功	1032⑤	漢名	1051③			
恭敬	くぎょう	くぎやう	恭敬	法功	1033③	漢名	1052②			
恭敬	くぎょう	×	恭敬	嘱累	1110③	漢名	1129①			くきやう[妙]
恭敬	くぎょう	×	恭敬	藥王	1163④	漢名	1180③	くきやう／うやまふ[妙]		
苦行	くぎょう	×	苦行	藥王	1119⑤	漢名	1138①			くぎやう[妙]
恭敬合掌し	くぎょうがっしょうし	くぎやうがつしやう	恭敬合掌	方便	179①	漢四熟サ動	153⑥			
恭敬合掌せ	くぎょうがっしょうせ	くぎやうがつしやう	恭敬合掌	安樂	811⑤	漢四熟サ動	834①			
恭敬供養し	くぎょうくようし	くぎやうくやう	恭敬供養	譬喩	299②	漢四熟サ動	271④			
恭敬供養し	くぎょうくようし	×	恭敬供養	法師	629⑤	漢四熟サ動	641②			

当該語	読みかな	傍訓	漢字表記	品名	頁数	語の種類	妙一本	和解語文	可読	異同語彙
恭敬供養せ	くぎょうくようせ	くぎゃうくやう	恭敬供養	法功	1029②	漢四熟サ動	1047⑥		―し―[西右]	
究竟し	くぎょうし	くきゃう／きはむる心	究竟	方便	130①	漢サ動	114①			
究竟し	くぎょうし	くきゃう	究竟	方便	131②	漢サ動	115①			
究竟じ	くぎょうし	くきゃう	究竟	方便	132⑥	漢サ動	116②			
究竟し	くぎょうし	くきゃう	究竟	藥草	395③	漢サ動	381③			
究竟し	くぎょうし	くきゃう	究竟	化城	458⑤	漢サ動	454①			
恭敬し	くぎょうし	くぎゃう	恭敬	信解	355②	漢サ動	338⑤	くぎゃう・し／うやまい[妙]		
恭敬し	くぎょうし	くぎゃう	恭敬	譬喩	312⑥	漢サ動	286③	くぎゃう／うやまうて[妙]		
恭敬し	くぎょうし	くぎゃう	恭敬	信解	326④	漢サ動	303①	くぎゃう／うやまい[妙]		
恭敬し	くぎょうし	くぎゃう	恭敬	授記	433④	漢サ動	424⑤			
恭敬し	くぎょうし	×	恭敬	授記	439②	漢サ動	431②	くぎゃう／うやまい[妙]		
恭敬し	くぎょうし	くぎゃう	恭敬	化城	456⑥	漢サ動	451⑥			
恭敬し	くぎょうし	くぎゃう	恭敬	化城	468①	漢サ動	465①	くぎゃう／うやまい[妙]		
恭敬し	くぎょうし	くぎゃう	恭敬	化城	476④	漢サ動	475④	くぎゃう／うやまい[妙]		
恭敬し	くぎょうし	×	恭敬	化城	485②	漢サ動	485⑤	くぎゃう／うやまい[妙]		
恭敬し	くぎょうし	×	恭敬	化城	494①	漢サ動	496④			
恭敬し	くぎょうし	くぎゃう	恭敬	法師	640⑥	漢サ動	653③	くぎゃう・し／うやまひ[妙]		
恭敬し	くぎょうし	×	恭敬	見寶	658⑤	漢サ動	673②	くぎゃう／うやまい[妙]	―し[西右]	
恭敬し	くぎょうし	くぎゃう	恭敬	見寶	660③	漢サ動	674⑤			
恭敬し	くぎょうし	くぎゃう	恭敬	提婆	713⑥	漢サ動	731⑤	くぎゃう・し／つゝしみうやまひ[妙]		
恭敬し	くぎょうし	くぎゃう	恭敬	安樂	794②	漢サ動	815⑤	くぎゃう・し／つゝしみうやまい[妙]		
恭敬し	くぎょうし	×	恭敬	從地	824③	漢サ動	846⑤	くぎゃう・し／うやまひ[妙]		
恭敬し	くぎょうし	くぎゃう	恭敬	如來	913④	漢サ動	932③	くぎゃう・し／うやまい[妙]		
恭敬し	くぎょうし	くぎゃう	恭敬	分別	966①	漢サ動	984③	くぎゃう・し／うやまい[妙]		
恭敬し	くぎょうし	×	恭敬	神力	1089⑤	漢サ動	1108①	くぎゃう・し／うやまい[妙]		
恭敬し	くぎょうし	×	恭敬	妙音	1166⑥	漢サ動	1183②	くぎゃう・し[妙]		
恭敬し	くぎょうし	×	恭敬	妙音	1180⑥	漢サ動	1195⑥	くぎゃう・し[妙]		
恭敬し	くぎょうし	くぎゃう	恭敬	陀羅	1260①	漢サ動	1271④	くぎよう・し／うやまい[妙]		
恭敬し	くぎょうし	くぎゃう	恭敬	妙荘	1299②	漢サ動	1307①		―て[西右]	×[妙]
恭敬す	くぎょうす	くぎゃう	恭敬	提婆	731④	漢サ動	749⑤	くぎゃう・す／うやまひ[妙]		
究竟す	くぎょうす	くきゃう	究竟	譬喩	236③	漢サ動	205⑤			
究竟する	くぎょうする	くきゃう	究竟	法師	630⑥	漢サ動	642③			
究竟せ	くぎょうせ	きゃう／きはむる	究竟	序品	49①	漢サ動	42③			
究竟せ	くぎょうせ	くきゃう	究竟	信解	370④	漢サ動	356⑤			
究竟せ	くぎょうせ	くきゃう	究竟	常不	1058⑥	漢サ動	1077⑤	くぎゃう・せ[妙]		
究竟せ	くぎょうせ	くきゃう	究竟	常不	1059④	漢サ動	1078②	くぎゃう・せ[妙]		
恭敬せ	くぎょうせ	くぎゃう	恭敬	譬喩	214③	漢サ動	182④	くぎゃう／うやまはん[妙]		
恭敬せ	くぎょうせ	くぎゃう	恭敬	譬喩	314②	漢サ動	288②	くぎゃう／うやまはん[妙]		
恭敬せ	くぎょうせ	くぎゃう	恭敬	信解	375④	漢サ動	363②	くぎゃう・せ／うやまはん[妙]		
恭敬せ	くぎょうせ	くぎゃう	恭敬	法師	623⑥	漢サ動	634⑤	くぎゃう・せ／やまはん[妙]	恭敬する[西右]	
恭敬せ	くぎょうせ	×	恭敬	法師	625⑤	漢サ動	636⑤		―を合せィ[西右]	
恭敬せ	くぎょうせ	×	恭敬	勸持	752⑤	漢サ動	772②	くぎゃう／うやまい[妙]		

当該語	読みかな	傍訓	漢字表記	品名	頁数	語の種類	妙一本	和解語文	可読	異同語彙
恭敬せ	くぎょうせ	くぎゃう	恭敬	法功	1025①	漢サ動	1043⑥			
恭敬せ	くぎょうせ	くぎゃう	恭敬	觀世	1216⑤	漢サ動	1230①	くきやう・せ／うやまわは[妙]		
恭敬せ	くぎょうせ	くきゃう	恭敬	觀世	1217①	漢サ動	1230③	くきやう・せ[妙]		
恭敬せ	くぎょうせ	×	恭敬	觀世	1217④	漢サ動	1230⑥	くきやう・せ／うやまわは[妙]		
恭敬尊重し	くぎょうそんじゅうし	くきゃうそんちょう	恭敬尊重	授學	617②	漢四熟サ動	627②			
恭敬尊重讃歎し	くぎょうそんぢゅうちょうさんたんし	くぎゃうそんぢうさんたん	恭敬尊重讃歎	常不	1071⑤	漢サ動	1090②	くきやうそんちうさんだん・し／うやまひたうとみおもくしほめ[妙]	――し――し――して[西右]	恭敬尊重讃歎し[妙]
究竟涅槃	くぎょうねはん	くきゃうのねはん	究竟涅槃	藥草	397⑤	漢四熟名	383⑥			
恭敬礼拝せ	くぎょうらいはいせ	×	恭敬礼拝	觀世	1219①	漢サ動	1232⑥	くきやう・らいはい・せ[妙]	―― し ―― [西右]	恭敬・礼拝せ[妙]
供具	くぐ	くぐ	供具	授記	433③	漢名	424②			
供具	くぐ	×	供具	授記	437③	漢名	429①			
供具	くぐ	×	供具	授記	439②	漢名	431①			
供具	くぐ	×	供具	五百	586⑤	漢名	592③			
凶戲	くげ	くけ／あしき	凶戲	安樂	763①	漢名	782⑤	くけ／あしきたわふれ[妙]		
孔穴	くけつ	くくゑつ	孔穴	譬喩	277⑥	漢名	249④	くくゑつ／あな[妙]		
兇險	くけん	くけん／あしくけしくして	兇險	譬喩	276①	漢名	247③	くけん／あしくけはしき[妙]		
凶險	くげん	くけん／あしくけし	凶險	安樂	769③	漢名	789④	くけん／あしくけわしき[妙]		
凶險	くげん	くけん	凶險	安樂	771⑤	漢名	792①	くけん／あしくけわしき[妙]		
苦患	くげん	くけ・くゑん	苦患	如來	919⑥	漢名	938④			
救護し	くごし	くこ	救護	化城	470②	漢サ動	467⑥	くこ／すくひまほり[妙]	―給ふ[西右]	
救護し	くごし	くご	救護	化城	479⑤	漢サ動	479①	くこ／すくひまほり[妙]		
救護す	くごす	くご／すくいまほる	救護	譬喩	290⑤	漢サ動	262⑥	くこ・す／すくひまほる[妙]		
救護する	くごする	くご	救護	妙音	1193②	漢サ動	1207②	くこ・する／すくいまほる[妙]		
救護せ	くごせ	くご／すくいまぼろ	救護	如來	907②	漢サ動	926②	くご・せ／すくいまほ[妙]		
苦言	くごん	くこん	苦言	信解	362②	漢名	347③		ねんごろにことばをもて[西右]	
くさ	くさ	×	草	見寶	694④	和草木名	713②			
くさ	くさ	×	草	藥王	1162④	和草木名	1179④			
苦際	くさい	くさい	苦際	序品	27⑤	漢名	23④	くさい／くるしみのきわ[妙]		
苦際	くさい	くさい	苦際	化城	535③	漢名	541①	くさい／くるしみのきわ[妙]		
救濟し	ぐさいし	くさい／すくい	救濟	譬喩	280④	漢サ動	252②	くさい・し／すくいて[妙]		
救濟す	くさいす	くさい	救濟	妙音	1192⑤	漢サ動	1206⑤	くさい・す／すくい[妙]		
くさから	くさから	×	臭	随喜	982④	和形	1000⑤			
くさき	くさき	×	臭	譬喩	272①	和形	243②			
くさき	くさき	×	臭	譬喩	278⑤	和形	250②			
くさき	くさき	×	臭	譬喩	310③	和形	283③			
くさき	くさき	×	臭	法功	1015②	和形	1033⑥			
くさく	くさく	×	臭	譬喩	306②	和形	279①			
くさく	くさく	×	臭	随喜	991④	和形	1010②			
くさく	くさく	×	臭	普賢	1335⑥	和形	1338⑥			
供散し	くさんし	くさん	供散	分別	934②	漢サ動	952⑥			
供散す	くさんす	くさん	供散	藥王	1162⑤	漢サ動	1179⑤			くさん・す[妙]
供し	くし	く	供	授記	430②	単漢サ動	420⑥	く／くやう[妙]		
吼し	くし	く	吼	分別	946④	漢サ動	964⑥			
倶時	くじ	くじ／とき	倶時	譬喩	239②	漢名	209①	くじ／ともに[妙]		
倶時	くじ	くじ	倶時	授學	619②	漢名	629④	くじ／とも[妙]		
具し	ぐし	ぐ	具	序品	35③	単漢サ動	30③			

当該語	読みかな	傍訓	漢字表記	品名	頁数	語の種類	妙一本	和解語文	可読	異同語彙
具し	ぐし	ぐ	具	序品	83①	単漢サ動	72⑥			
具し	ぐし	ぐ	具	譬喩	214②	単漢サ動	182④			
具し	ぐし	ぐ	具	譬喩	224④	単漢サ動	193③			具足（ぐそく）し［妙］
具し	ぐし	ぐ	具	授記	431⑥	単漢サ動	422⑤			
具し	ぐし	×	具	授記	434⑥	単漢サ動	426①			
具し	ぐし	ぐ	具	化城	470②	単漢サ動	467⑥			
具し	ぐし	ぐ	具	化城	505②	単漢サ動	509③			
具し	ぐし	ぐ	具	五百	578②	単漢サ動	583③			
具し	ぐし	×	具	五百	581③	単漢サ動	586④			
具し	ぐし	×	具	法師	655①	単漢サ動	669②			
具し	ぐし	×	具	提婆	724②	単漢サ動	742④			
具し	ぐし	ぐ	具	提婆	735②	単漢サ動	753⑤			
具し	ぐし	×	具	勧持	743④	単漢サ動	762④			
具し	ぐし	×	具	勧持	745②	単漢サ動	764②			
具し	ぐし	×	具	分別	936④	単漢サ動	955①		—せるものは［西右］	
具し	ぐし	×	具	常不	1080③	単漢サ動	1098⑥			ぐ・し［妙］
具し	ぐし	×	具	觀世	1246①	単漢サ動	1258②		そなへて［西右］	ぐ・し［妙］
具し	ぐし	×	具	普賢	1337③	単漢サ動	1340②			
求索し	ぐしゃくし	くしやく／もとむる	求索	信解	356③	漢サ動	340②	くしやく・し／も（と）めて［妙］		
求索し	ぐしゃくし	ぐしやく	求索	信解	364②	漢サ動	349⑥	くしやく・し／もとめて［妙］		
求索す	ぐしゃくす	くしやく／もとむ	求索	如來	903⑤	漢サ動	922⑤	ぐしやく・す［妙］		
求索す	ぐしゃくす	ぐしやく	求索	如來	905①	漢サ動	923⑥	くしやく・す／もとむ［妙］		
求索する	ぐしゃくする	くじやく／もとむる	求索	五百	591②	漢サ動	598①	くしやく・する／もとめ［妙］	—せんにィ［西右］	
求索する	ぐしゃくする	ぐしやく	求索	法功	1003⑤	漢サ動	1022②	くしやく・する／もとむる［妙］		
求索せ	ぐしゃくせ	ぐしやく	求索	普賢	1316①	漢サ動	1321⑤	くしやく・せ／もとめん［妙］		
舊住娑婆世界	くじゅうしゃばせかい	く｛もとより｝ぢうせる————	舊住娑婆世界	神力	1085③	漢名	1103⑥	くぢうしやばせかい／もとよりすみたまへる［妙］	もとより——せる［西右］	舊住［妙］
苦充満し	くじゅうまんし	くじゆうまん	苦充満	譬喩	289④	漢サ動	261⑤	くじゆまん・し／くみちへ［妙］		
苦声	くしょう	く—	苦声	法功	999④	漢名	1018③	くしやう／くるしみのこゑ［妙］		
皷聲	くしょう	く—	皷聲	法功	999③	漢名	1018①	くしやう／つゝみのこゑ［妙］		
愚小無知	ぐしょうむち	ぐせう—ち／—にしてしる事なくして	愚小無知	譬喩	284⑤	漢四熟名	256②	くせうむち／おろかにをさなく—［妙］		
苦盡	くじん	くしん	苦盡	化城	459③	漢名	454⑥	くしん／くをつくす［妙］		
具す	ぐす	ぐ	具	授記	430③	単漢サ動	421①		—せん［西右］	
くすし	くすし	×	醫	如來	918⑥	和人倫名	937⑥			
くすり	くすり	×	藥	如來	903⑥	和薬物名	922⑤			
くすり	くすり	×	藥	如來	904③	和薬物名	923②			
くすり	くすり	×	藥	如來	905②	和薬物名	924①			
くすり	くすり	×	藥	如來	905③	和薬物名	924③			
くすり	くすり	×	藥	如來	908①	和薬物名	926⑥			
くすり	くすり	×	藥	藥王	1150③	和薬物名	1168④			
くづれおち	くずれおち	×	隨落	譬喩	239③	和複動	208⑥			
くづれたをる	くずれたおる	×	崩倒	譬喩	277③	和複動	249①			
くづれやぶれ	くずれやぶれ	×	頽毀	譬喩	271①	和複動	242②			
具せ	ぐせ	ぐ	具	授記	426⑤	漢サ動	417①			
具せ	ぐせ	ぐ	具	化城	548⑥	漢サ動	555⑤			
具せ	ぐせ	×	具	見寶	696②	漢サ動	715①			
具せ	ぐせ	×	具	提婆	731②	漢サ動	749②		そなへ給へる［西右］	
具せ	ぐせ	×	具	随喜	976②	漢サ動	994③			
救世	ぐせ	く—	救世	化城	496①	漢名	498⑤	くせ／よをすくう［妙］		
弘誓	ぐせい	ぐせい	弘誓	觀世	1235⑤	漢名	1248②	くせい／ひろきちかい［妙］		

当該語	読みかな	傍訓	漢字表記	品名	頁数	語の種類	妙一本	和解語文	可読	異同語彙
救世者	ぐせしゃ	ぐせいしや／世をすくふ	救世者	神力	1098①	漢名	1116⑥	くせしや／ほとけよをすくうといは[妙]		
具足	ぐそく	ぐそく	具足	序品	48④	漢名	42①			
具足	ぐそく	×	具足	方便	111③	漢名	97③			
具足	ぐそく	ぐそく	具足	觀世	1235③	漢名	1247⑥		妙相を[西右]	×[妙]
具足し	ぐそくし	×	具足	序品	51①	漢サ動	44③		ーーせり[西右]	
具足し	ぐそくし	ぐそく	具足	方便	89③	漢サ動	78③			
具足し	ぐそくし	ぐそく	具足	方便	93②	漢サ動	81⑥			
具足し	ぐそくし	ぐそく	具足	方便	165③	漢サ動	142④			
具足し	ぐそくし	ぐー	具足	譬喩	220⑥	漢サ動	189⑤			
具足し	ぐそくし	ぐそく	具足	譬喩	227②	漢サ動	196③			
具足し	ぐそくし	ぐそく	具足	譬喩	228②	漢サ動	197④		一せん[西左]	
具足し	ぐそくし	くそく	具足	譬喩	302⑥	漢サ動	275①			
具足し	ぐそくし	くそく	具足	藥草	394⑥	漢サ動	380⑥			
具足し	ぐそくし	くそく	具足	化城	458①	漢サ動	453③		一せり／給へり[西右左]	
具足し	ぐそくし	くそく	具足	化城	539②	漢サ動	545①			
具足し	ぐそくし	くそく	具足	五百	565⑤	漢サ動	569②			
具足し	ぐそくし	×	具足	五百	567③	漢サ動	571①			
具足し	ぐそくし	くそく	具足	五百	570②	漢サ動	574①		一せん[西右]	
具足し	ぐそくし	×	具足	五百	576⑥	漢サ動	581⑤			
具足し	ぐそくし	くそく	具足	五百	580⑤	漢サ動	585⑥			
具足し	ぐそくし	×	具足	五百	585⑥	漢サ動	591④		一せむ[西右]	
具足し	ぐそくし	×	具足	授學	611①	漢サ動	620④			
具足し	ぐそくし	ぐそく	具足	提婆	728③	漢サ動	746④		一せり[西右]	
具足し	ぐそくし	×	具足	勸持	746⑥	漢サ動	765⑤			
具足し	ぐそくし	×	具足	分別	961⑥	漢サ動	980③			
具足し	ぐそくし	ふ	具足	分別	964②	漢サ動	982④			
具足し	ぐそくし	ぐそく	具足	藥王	1138②	漢サ動	1156③			具足(くそく)し[妙]
具足し	ぐそくし	×	具足	妙音	1180③	漢サ動	1195④		ーーせり[西右]	具足(くそく)し[妙]
具足し	ぐそくし	×	具足	觀世	1242⑥	漢サ動	1255②		一て[西右]	具足(くそく)し[妙]
具足し	ぐそくし	ぐそく	具足	陀羅	1270①	漢サ動	1281①			具足(くそく)し[妙]
具足し	ぐそくし	×	具足	妙莊	1302②	漢サ動	1309④			具足(くそく)し[妙]
具足す	ぐそくす	くそく	具足	譬喩	291④	漢サ動	263⑤			
休息する	くそくする	くそく／やすむ	休息	譬喩	306①	漢サ動	278③	くそく／やすむ[妙]		
具足する	ぐそくする	くそく	具足	藥草	411④	漢サ動	399⑤			
具足する	ぐそくする	×	具足	授記	443③	漢サ動	435⑤		一し[西右]	
具足する	ぐそくする	×	具足	法師	649⑤	漢サ動	663①			
具足する	ぐそくする	×	具足	分別	963④	漢サ動	981⑥			
具足する	ぐそくする	ふ	具足	五百	573⑥	漢サ動	577④			
休息せ	くそくせ	くそく	休息	從地	850⑤	漢サ動	873④	くそく・せ／やすま[妙]		
具足せ	ぐそくせ	ぐそく	具足	方便	155①	漢サ動	134③			
具足せ	ぐそくせ	ぐそく	具足	譬喩	254②	漢サ動	225②			
具足せ	ぐそくせ	×	具足	藥草	407②	漢サ動	394⑤			
具足せ	ぐそくせ	ぐー	具足	提婆	715⑥	漢サ動	733⑥			
具足せ	ぐそくせ	×	具足	如來	902①	漢サ動	921①			
具足せ	ぐそくせ	×	具足	如來	902④	漢サ動	921④			
具足せ	ぐそくせ	ぐそく	具足	隨喜	984⑥	漢サ動	1003①			
具足せ	ぐそくせ	ぐそく	具足	隨喜	988⑥	漢サ動	1007②			
具足千万光相如来	ぐそくせんまんこうそうによらい	ぐそくーーかうさうによらい	具足千万光相如來	勸持	745③	仏如来名	764③			
苦諦	くたい	くたい	苦諦	譬喩	295④	漢名	267⑤			
苦諦	くたい	くたい	苦諦	譬喩	295⑥	漢名	268①			
くだけおれ	くだけおれ	×	摧折	譬喩	277②	和複動	248⑥			
くだけくち	くだけくち	×	摧朽	譬喩	270⑥	和複動	242①			
くださ	くださ	×	下	化城	446⑥	和動	440①			
くださ	くださ	×	下	化城	447②	和動	440②			
くださ	くださ	×	下	化城	449⑥	和動	443⑥			
くださ	くださ	×	下	如來	884⑥	和動	903⑤			

くせーくと　163

当該語	読みかな	傍訓	漢字表記	品名	頁数	語の種類	妙一本	和解語文	可読	異同語彙
くだし	くだし	×	下	藥王	1121⑤	和動	1140①		くだりき[西右]	くたし[妙]
くたり	くたり	×	下	妙莊	1282⑥	和動	1292③		くたて[西右]	くたり[妙]
くだり	くだり	×	下	隨喜	983①	和動	1001③			
くだり	くだり	×	下	妙莊	1299⑤	和動	1307③			くたり[妙]
くだる	くだる	×	下	藥草	401④	和動	388①			
くだる	くだる	×	下	分別	934①	和動	952⑤			
くち	くち	×	口	譬喩	306⑤	和身体名	279①			
くち	くち	×	口	提婆	723②	和身体名	741③			
くち	くち	×	口	提婆	728④	和身体名	746④			
くち	くち	×	口	安樂	777①	和身体名	797⑤			
くち	くち	×	口	安樂	810⑤	和身体名	832⑥			
くち	くち	×	口	隨喜	982④	和身体名	1000④			
くち	くち	×	口	隨喜	982⑤	和身体名	1000⑥			
くち	くち	×	口	隨喜	990④	和身体名	1009①			
くち	くち	×	口	隨喜	991④	和身体名	1010②			
くち	くち	×	口	隨喜	991⑥	和身体名	1010③			
くち	くち	×	口	藥王	1159③	和身体名	1176⑥			
くち	くち	×	朽	信解	330①	和動	307③			
愚痴	ぐち	くち	愚痴	譬喩	254⑤	漢名	225⑥			
愚癡	ぐち	ぐち／おろかに	愚癡	信解	359⑥	漢名	344③			
愚癡	ぐち	ぐち	愚癡	如來	901②	漢名	920②			
愚癡	ぐち	ぐぢ	愚癡	藥王	1155①	漢名	1172⑥		一と[西右]	くち[妙]
愚癡	ぐち	ぐち	愚癡	妙音	1182⑥	漢名	1197⑤			くち[妙]
愚癡	ぐち	ぐち	愚癡	觀世	1217②	漢名	1230⑤			ぐち[妙]
くちびる	くちびる	×	唇	隨喜	983①	和身体名	1001②		一は[西右]	
くちひる	くちひる	×	唇	隨喜	990⑤	和身体名	1009②			
くちびる	くちびる	×	唇	妙莊	1300⑥	和身体名	1308③			くちひる[妙]
くちふり	くちぶり	×	朽故	譬喩	254④	和動	225④			
くちふり	くちぶり	×	朽故	譬喩	270⑤	和動	241⑥			
くちふり	くちぶり	×	朽故	譬喩	276④	和動	248①			
くちふるひ	ちふるび	×	朽故	譬喩	239③	和動	208⑤			くちふり【朽故】[妙]
くちやぶれ	くちやぶれ	×	腐敗	譬喩	239④	和動	208⑥			
苦痛	くつう	くつう／いたむ心也	苦痛	譬喩	241①	漢名	210④			
苦痛	くつう	くつう	苦痛	譬喩	305②	漢名	277④	くつう／くるしみいたみ[妙]		
苦痛	くつう	くつう	苦痛	法功	1003③	漢名	1022①		一にいたむ[西右]	
屈曲し	くつこくし	くつこく／くしけまかり	屈曲	譬喩	271③	漢サ動	242⑤			
句逗	くとう	くとう	句逗	法師	649②	漢名	662⑥	くとう／くのはしを[妙]	一つゥィ[西右]	
苦毒	くどく	くどく	苦毒	方便	154②	漢名	133⑤			
功德	くどく	くどく	功德	方便	165②	漢名	142④			
功德	くどく	くどく	功德	譬喩	211②	漢名	179①			
功德	くどく	くどく	功德	譬喩	227②	漢名	196②			
功德	くどく	くどく	功德	譬喩	235②	漢名	204④			
功德	くどく	くどく	功德	藥草	386④	漢名	371④			
功德	くどく	くとく	功德	藥草	386⑥	漢名	371⑥			
功德	くどく	くとく	功德	藥草	395⑤	漢名	381⑤			
功德	くどく	くとく	功德	化城	470②	漢名	467⑥			
功德	くどく	くとく	功德	化城	499③	漢名	502④			
功德	くどく	くとく	功德	化城	519②	漢名	524③			
功德	くどく	×	功德	五百	564③	漢名	567④			
功德	くどく	くとく	功德	五百	565③	漢名	568④			
功德	くどく	×	功德	五百	573④	漢名	577⑥			
功德	くどく	×	功德	五百	581⑥	漢名	587①			
功德	くどく	×	功德	授學	606③	漢名	615③			
功德	くどく	×	功德	授學	616②	漢名	625⑥			
功德	くどく	×	功德	法師	635⑥	漢名	648①			
功德	くどく	くどく	功德	提婆	728③	漢名	746④			
功德	くどく	くどく	功德	勸持	741①	漢名	759⑥			
功德	くどく	くとく	功德	安樂	783④	漢名	804④			
功德	くどく	×	功德	安樂	816④	漢名	839②			
くとく	くどく	×	功德	從地	857③	漢名	880①			
功德	くどく	×	功德	如來	917①	漢名	935⑥			
功德	くどく	×	功德	分別	937④	漢名	956①			
功德	くどく	×	功德	分別	938③	漢名	956⑥			

当該語	読みかな	傍訓	漢字表記	品名	頁数	語の種類	妙一本	和解語文	可読	異同語彙
功徳	くどく	×	功徳	分別	938④	漢名	956⑥			
功徳	くどく	×	功徳	分別	939①	漢名	957④			
功徳	くどく	×	功徳	分別	944②	漢名	962④			
功徳	くどく	一どく	功徳	分別	947⑤	漢名	966③			
功徳	くどく	×	功徳	分別	948⑥	漢名	967⑤		一は[西右]	
功徳	くどく	×	功徳	分別	957③	漢名	976①			
功徳	くどく	×	功徳	分別	958③	漢名	977①			
功徳	くどく	×	功徳	分別	965③	漢名	983⑤			
功徳	くどく	×	功徳	分別	966③	漢名	984⑤			
功徳	くどく	×	功徳	随喜	972④	漢名	990⑤			
功徳	くどく	×	功徳	随喜	976③	漢名	994④		一は[西右]	
功徳	くどく	×	功徳	随喜	976⑤	漢名	994⑥		一は[西右]	
功徳	くどく	×	功徳	随喜	977①	漢名	995②			
功徳	くどく	×	功徳	随喜	977⑥	漢名	996②			
功徳	くどく	×	功徳	随喜	978②	漢名	996③			
功徳	くどく	×	功徳	随喜	978⑥	漢名	997①			
功徳	くどく	×	功徳	随喜	980①	漢名	998②			
功徳	くどく	×	功徳	随喜	981①	漢名	999②			
功徳	くどく	×	功徳	随喜	982①	漢名	1000②			
功徳	くどく	×	功徳	随喜	985③	漢名	1003⑤		一すら[西右]	
功徳	くどく	×	功徳	法功	994④	漢名	1013①		一と[西右]	
功徳	くどく	×	功徳	法功	994④	漢名	1013②			
功徳	くどく	×	功徳	法功	994④	漢名	1013③			
功徳	くどく	×	功徳	法功	994⑤	漢名	1013③			
功徳	くどく	×	功徳	法功	994⑤	漢名	1013③			
功徳	くどく	×	功徳	法功	994⑥	漢名	1013④			
功徳	くどく	×	功徳	法功	994⑥	漢名	1013④			
功徳	くどく	×	功徳	法功	996④	漢名	1015②			
功徳	くどく	くどく	功徳	法功	996⑤	漢名	1015③		一ある[西右]	
くとく	くどく	×	功徳	法功	998④	漢名	1017③			
功徳	くどく	×	功徳	法功	1008③	漢名	1026①			
功徳	くどく	×	功徳	法功	1008⑥	漢名	1027①			
功徳	くどく	×	功徳	法功	1026⑥	漢名	1045④			
功徳	くどく	×	功徳	法功	1035②	漢名	1054①			
功徳	くどく	×	功徳	法功	1041①	漢名	1059⑥			
功徳	くどく	×	功徳	常不	1057①	漢名	1076①			
功徳	くどく	×	功徳	常不	1072②	漢名	1090⑤			
功徳	くどく	×	功徳	常不	1080③	漢名	1098⑥			
功徳	くどく	×	功徳	神力	1094④	漢名	1113②			
功徳	くどく	×	功徳	神力	1100①	漢名	1118⑤			
功徳	くどく	×	功徳	神力	1104①	漢名	1122⑥			
功徳	くどく	×	功徳	藥王	1142③	漢名	1160④		一は[西右]	
功徳	くどく	×	功徳	藥王	1151⑥	漢名	1170①			
功徳	くどく	×	功徳	藥王	1153①	漢名	1171①			
功徳	くどく	×	功徳	藥王	1153③	漢名	1171③			
功徳	くどく	×	功徳	藥王	1157①	漢名	1174⑤			
功徳	くどく	×	功徳	藥王	1158⑥	漢名	1176④			
功徳	くどく	×	功徳	藥王	1159⑥	漢名	1177②			
功徳	くどく	×	功徳	藥王	1164③	漢名	1181②			
功徳	くどく	×	功徳	妙音	1172⑥	漢名	1188④			
功徳	くどく	×	功徳	妙音	1176③	漢名	1191⑤			
功徳	くどく	×	功徳	妙音	1180②	漢名	1195③		一をもて[西右]	
功徳	くどく	×	功徳	妙音	1186③	漢名	1201①			
功徳	くどく	×	功徳	觀世	1220③	漢名	1233⑤		一は[西右]	
功徳	くどく	×	功徳	觀世	1230①	漢名	1242⑥			
功徳	くどく	×	功徳	觀世	1246①	漢名	1258①			
功徳	くどく	×	功徳	觀世	1247①	漢名	1259②			
功徳	くどく	×	功徳	陀羅	1250③	漢名	1262③			
功徳	くどく	×	功徳	妙荘	1294③	漢名	1302⑥			
功徳	くどく	×	功徳	妙荘	1300①	漢名	1307⑤			
功徳	くどく	×	功徳	妙荘	1301①	漢名	1308①			
功徳	くどく	×	功徳	妙荘	1302②	漢名	1309④			
功徳	くどく	×	功徳	普賢	1327②	漢名	1331③		一を成就して[西右]	
拘那履六	くなび	くなび	拘那履六	陀羅	1258⑥	仏梵語名	1270④			
苦難	くなん	くなん	苦難	譬喩	257②	漢名	228③			
苦難	くなん	くなん	苦難	譬喩	281④	漢名	253①			

当該語	読みかな	傍訓	漢字表記	品名	頁数	語の種類	妙一本	和解語文	可読	異同語彙
垢膩	くに	くに／けかれたる	垢膩	信解	336④	漢名	315①	くに／あかつきたる[妙]		
くに	くに	×	國	序品	42③	和地儀名	36⑤			
くに	くに	×	國	方便	111①	和地儀名	97①			
くに	くに	×	國	譬喩	221③	和地儀名	190②			
くに	くに	×	國	譬喩	222⑥	和地儀名	191⑥			
くに	くに	×	國	譬喩	224⑤	和地儀名	193⑤			
くに	くに	×	國	譬喩	225②	和地儀名	194①			
くに	くに	×	國	授記	416④	和地儀名	404②			
くに	くに	×	國	授記	417⑥	和地儀名	406②			
くに	くに	×	國	授記	423⑤	和地儀名	413③			
くに	くに	×	國	授記	427③	和地儀名	417⑤			
くに	くに	×	國	授記	431④	和地儀名	422③			
くに	くに	×	國	授記	436②	和地儀名	427④			
くに	くに	×	國	授記	438⑤	和地儀名	430④			
くに	くに	×	國	授記	440⑥	和地儀名	432⑥			
くに	くに	×	國	化城	446②	和地儀名	439①			
くに	くに	×	國	化城	463④	和地儀名	459④			
くに	くに	×	國	化城	470⑥	和地儀名	468③			
くに	くに	×	國	五百	572③	和地儀名	576④			
くに	くに	×	國	五百	573⑤	和地儀名	578①			
くに	くに	×	國	五百	574②	和地儀名	578⑤			
くに	くに	×	國	五百	580①	和地儀名	585②			
くに	くに	×	國	五百	581①	和地儀名	586③			
くに	くに	×	國	五百	586④	和地儀名	592②			
くに	くに	×	國	授學	605①	和地儀名	613⑥			
くに	くに	×	國	授學	619②	和地儀名	629④			
くに	くに	×	國	授學	617③	和地儀名	627④			
くに	くに	×	國	見寶	661⑤	和地儀名	676②			
くに	くに	×	國	見寶	672④	和地儀名	688①			
くに	くに	×	國	見寶	673①	和地儀名	688④			
くに	くに	×	國	見寶	674⑥	和地儀名	690④			
くに	くに	×	國	見寶	675②	和地儀名	691①			
くに	くに	×	國	見寶	687④	和地儀名	705②			
くに	くに	×	國	見寶	688④	和地儀名	706②			
くに	くに	×	國	安樂	795⑤	和地儀名	817②			
くに	くに	×	國	安樂	796③	和地儀名	817⑥			
くに	くに	×	國	從地	840③	和地儀名	863②			
くに	くに	×	國	如來	884⑤	和地儀名	903④			
くに	くに	×	國	如來	888③	和地儀名	907③			
くに	くに	×	國	常不	1058①	和地儀名	1076⑥			
くに	くに	×	國	神力	1090⑤	和地儀名	1109①			
くに	くに	×	國	神力	1099①	和地儀名	1117⑥			
くに	くに	×	國	藥王	1117②	和地儀名	1135④			
くに	くに	×	國	藥王	1126⑥	和地儀名	1145②			
くに	くに	×	國	妙音	1166②	和地儀名	1182⑤			
くに	くに	×	國	妙音	1167③	和地儀名	1183⑤			
くに	くに	×	國	妙音	1170⑤	和地儀名	1186⑤			
くに	くに	×	國	妙音	1172①	和地儀名	1187⑥			
くに	くに	×	國	妙音	1175③	和地儀名	1190⑥			
国	くに	×	國	妙音	1178⑥	和地儀名	1194①			くに[妙]
くに	くに	×	國	妙音	1179②	和地儀名	1194④			
くに	くに	×	國	妙音	1187①	和地儀名	1201⑤			
くに	くに	×	國	妙音	1187⑥	和地儀名	1202④			
くに	くに	×	國	妙音	1199⑤	和地儀名	1213④			
くに	くに	×	國	觀世	1211②	和地儀名	1224③			
くに	くに	×	國	妙莊	1272⑤	和地儀名	1283③			
くに	くに	×	國	妙莊	1293⑥	和地儀名	1302④			
くに	くに	×	國	妙莊	1294③	和地儀名	1302⑥			
くに	くに	×	國	妙莊	1294④	和地儀名	1303①			
くに	くに	×	國	普賢	1306④	和地儀名	1313②			
くに	くに	×	國	普賢	1308①	和地儀名	1314⑤			
愚人	ぐにん	×	愚人	五百	596⑤	漢人倫名	604⑤	くにん／おろかなるひと[妙]		
苦悩	くのう	くなう	苦悩	譬喩	284①	漢名	255⑤			
苦悩	くのう	くなう	苦悩	信解	370③	漢名	356⑥			
苦悩	くのう	くなう	苦悩	化城	472⑤	漢名	470⑥			
苦悩	くのう	くなう	苦悩	化城	481②	漢名	481①			

当該語	読みかな	傍訓	漢字表記	品名	頁数	語の種類	妙一本	和解語文	可読	異同語彙
苦悩	くのう	くなう	苦悩	化城	500⑤	漢名	504③			
苦悩	くのう	くなう	苦悩	化城	516②	漢名	521②			
苦悩	くのう	くなう	苦悩	安樂	807④	漢名	829⑤			
くなう	くのう	×	苦悩	如來	902①	漢名	921⑤			
苦悩	くのう	くなう	苦悩	如來	916②	漢名	935③		——し[西右]	
苦悩	くのう	くなう	苦悩	藥王	1149①	漢名	1167③			くなう[妙]
苦悩	くのう	くなう／くるしみなやみ	苦悩	觀世	1209②	漢名	1222③			くなう[妙]
苦悩	くのう	くなう	苦悩	觀世	1245⑤	漢名	1257⑥		——の[西右]	くなう[妙]
苦悩し	くのうし	くなう	苦悩	化城	459②	漢サ動	454⑤		——す[西右]	
苦悩する	くのうする	くなう	苦悩	如來	901④	漢サ動	920④			
休癈し	くはいし	くはい／やむ心也	休癈	化城	509⑥	漢サ動	514⑤	くはい／やみ[妙]		
光明大梵	くはうみやうたいぼん	ハうミやう——	光明大梵	序品	10⑥	漢四熟名	8⑤			
苦縛	くばく	くばく	苦縛	方便	101①	漢名	88②	くはく／くるしみ[妙]	——の—[西右]	
苦縛	くばく	くばく／くのみにまとふ也	苦縛	譬喩	297①	漢名	269②			
鳩槃茶	くはんだ	くはんだ	鳩槃茶	譬喩	277④	漢鬼名名	249②			くはんた[妙]
鳩般茶	くはんだ	くはんた	鳩般茶	藥王	1160⑤	漢鬼名名	1178①			くはんた[妙]
鳩槃茶	くはんだ	くはんだ	鳩槃茶	陀羅	1255⑥	漢鬼名名	1267⑥			くはんた[妙]
鳩槃茶	くはんだ	くはんだ	鳩槃茶	普賢	1312②	漢鬼名名	1318②			くはんた[妙]
鳩槃茶鬼	くはんだき	くはんだき	鳩槃茶鬼	譬喩	274①	漢鬼名名	245③			くばんだき[妙]
鳩槃茶鬼	くはんだき	くはんだ—	鳩槃茶鬼	譬喩	279①	漢鬼名名	250②	くはんだき／——おに[妙]		
鳩槃茶鬼	くはんだき	くはんだき	鳩槃茶鬼	譬喩	281②	漢鬼名名	252⑤			
くび	くび	×	頸	譬喩	274①	和身体名	246①			
くび	くび	×	頸	觀世	1231⑤	和身体名	1244④			くひ[妙]
くび	くび	×	頸	妙莊	1291③	和身体名	1300③			くひ[妙]
拘鞞陀羅樹香	くびだらじゆこう	くびたらしゆ—	拘鞞陀羅樹香	法功	1011④	漢香名名	1030①	くびだらじゆかう／—のか[妙]	——————の—[西右]	
恐怖	くふ	くふ	恐怖	譬喩	273①	漢名	244②	くふ／をそれ[妙]		
恐怖	くふ	くふ	恐怖	信解	327⑤	漢名	304③	くふ／おそれ[妙]		
恐怖	くふ	くふ	恐怖	勸持	755⑤	漢名	775③	くふ／をそれ[妙]		
恐怖惡世	くふあくせ	くふあくせ／おそろしき	恐怖惡世	勸持	751②	漢四熟名	770④	くふあくせ／をるゝあしきよ[妙]		
恐怖する	くふする	くふ／おそるゝ	恐怖	觀世	1214⑥	漢サ動	1228①	くふ・する／をそれ[妙]		
九方	くほう	×	九方	分別	927⑥	漢数名	946④			
くぼみ	くぼみ	×	窊	隨喜	984①	和動	1002④			
朽邁し	くまいし	くまい	朽邁	信解	320③	漢サ動	295②	くまい・せ／くちすき[妙]		
朽邁し	くまいし	くまい	朽邁	信解	355⑤	漢サ動	339③	くまい／くちすきて[妙]		
朽邁せ	くまいせ	くまい／くちすきたり	朽邁	信解	318⑤	漢サ動	293⑤	くまい・せ／くちすきたり[妙]		
くみ	くみ	×	汲	提婆	711②	和動	728④			
くみしかたる	くみしかたる	×	與語	信解	332②	和複動	309⑥		ともに—[西]	ともに—[西]
軀命	くみょう	くみやう／みいのち	軀命	譬喩	252①	漢名	222①	くみやう／いのち[妙]		
軀命	くみょう	くみやう／みいのち	軀命	提婆	709④	漢名	726④	くみやう／みいのち[妙]		
求名	ぐみょう	ぐみやう	求名	序品	63③	漢名	55②	くみやう／みろく[妙]		
求名	ぐみょう	×	求名	序品	63⑥	漢名	55②			
求名	ぐみょう	ぐみやう	求名	序品	82④	漢名	72③			
求名菩薩	くみょうぼさつ	くみやう——	求名菩薩	序品	64⑥	仏菩薩名	56⑤			
苦滅	くめつ	くめつ	苦滅	化城	502③	漢名	506②	くめつ／くのうする[妙]		
苦滅し	くめつし	くめつ	苦滅	化城	547④	漢サ動	553⑥		—をィ—[西右]	
久滅度	くめつど	くめつど・ひさしく——	久滅度	分別	926⑥	漢名	945④	くめつと／ひさしきねはん[妙]		
久滅度	くめつど	くめつど	久滅度	妙音	1178①	漢名	1193③	くめつと／ひさしき[妙]	ひさしく度し給ひし[西右]	くもつと[妙]
久滅度	くめつど	くめつど	久滅度	妙音	1183④	漢名	1198③	くめつと／ひさしき[妙]	ひさしく度し給ひし[西右]	
くも	くも	×	雲	藥草	402③	和天象名	389①			

当該語	読みかな	傍訓	漢字表記	品名	頁数	語の種類	妙一本	和解語文	可読	異同語彙
くも	くも	×	雲	神力	1093①	和天象名	1111④			
くも	くも	×	雲	藥王	1121⑤	和天象名	1139⑥			
くも	くも	×	雲	觀世	1241⑥	和天象名	1254②			
くも	くも	×	雲	觀世	1244④	和天象名	1256⑥		ーくもりィ[西右]	
くもり	くもり	×	曇	觀世	1241⑥	和動	1254②			
くゆ	くゆ	×	悔	信解	327⑥	和動	304④			
くゆ	くゆ	×	悔	五百	596③	和動	604②			
供養	くよう	くやう	供養	信解	374⑤	漢名	362①			
供養	くよう	くやう	供養	化城	456⑥	漢名	451⑥		ーし[西右]	
供養	くよう	×	供養	化城	469①	漢名	466②		ーし[西右]	
供養	くよう	×	供養	化城	477④	漢名	476⑤			
供養	くよう	×	供養	化城	486②	漢名	486⑥			
供養	くよう	×	供養	化城	494⑥	漢名	497④			
供養	くよう	×	供養	五百	579①	漢名	584②			
供養	くよう	×	供養	五百	586⑥	漢名	592④			
供養	くよう	×	供養	法師	625⑥	漢名	636⑥			
供養	くよう	×	供養	見實	687①	漢名	704⑤			
供養	くよう	くやう	供養	勸持	738⑤	漢名	757③			
供養	くよう	×	供養	安樂	782②	漢名	803②			
供養	くよう	×	供養	安樂	794②	漢名	815⑤			
くやう	くよう	×	供養	安樂	812⑥	漢名	835②			
供養	くよう	×	供養	分別	953⑤	漢名	972④			
供養	くよう	×	供養	分別	961⑥	漢名	980③			
供養	くよう	×	供養	分別	963③	漢名	981⑥			
供養	くよう	×	供養	藥王	1119①	漢名	1137③			くやう[妙]
供養	くよう	×	供養	藥王	1122②	漢名	1140③			くやう[妙]
供養	くよう	×	供養	藥王	1126⑤	漢名	1145①			くやう[妙]
供養	くよう	×	供養	藥王	1132⑥	漢名	1151③			くやう[妙]
供養	くよう	×	供養	藥王	1135⑤	漢名	1153⑤			くやう[妙]
供養恭敬し	くようきょうぎょうし	くやうくぎやう	供養恭敬	序品	14④	漢四熟サ動	11⑤	くやうくきやう・し／ーうやまひ[妙]	ーーしーー[西右]	
供養恭敬し	くようきょうぎょうし	くやうくぎやう	供養恭敬	序品	64③	漢四熟サ動	56②	くやうくきやう・し／ーうやまい[妙]	ーーしーー[西右]	
供養恭敬し	くようきょうぎょうし	くやうくきやう	供養恭敬	授記	415⑥	漢四熟サ動	404①			
供養恭敬し	くようきょうぎょうし	くやうくきやう	供養恭敬	授記	426④	漢四熟サ動	416⑥	くやうくきやう／うやまい[妙]		
供養恭敬せ	くようきょうぎょうせ	くやうくきやう	供養恭敬	授記	442④	漢四熟サ動	434⑥		ーしィ[西右]	
供養讃歎し	くようさんたんし	くやうさんだん	供養讃歎	分別	958②	漢四熟サ動	976⑥		ーーしーー[西右]	
供養し	くようじ	くやうし	供養	序品	7④	漢サ動	6①			
供養し	くようじ	×	供養	序品	27⑥	漢サ動	23⑤			
供養し	くようじ	×	供養	序品	68⑤	漢サ動	60①			
供養し	くようじ	×	供養	序品	70③	漢サ動	61④			
供養し	くようじ	くやう	供養	序品	82⑥	漢サ動	72⑤		ー奉る[西右]	
供養じ	くようじ	×	供養	方便	95②	漢サ動	84⑥			
供養し	くようじ	×	供養	方便	98①	漢サ動	86①			
供養し	くようじ	×	供養	方便	166①	漢サ動	143②		ーせ[西右]	
供養し	くようじ	×	供養	方便	166⑤	漢サ動	143⑤			
供養し	くようじ	×	供養	方便	172⑥	漢サ動	148⑥			
供養し	くようじ	×	供養	譬喩	220⑤	漢サ動	189④			
供養し	くようじ	くやう	供養	譬喩	227②	漢サ動	196②			
供養し	くようじ	×	供養	譬喩	231③	漢サ動	200④			
供養し	くようじ	×	供養	譬喩	231⑥	漢サ動	201①			
供養し	くようじ	くやう	供養	譬喩	292⑤	漢サ動	264②			
供養し	くようじ	くやう	供養	授記	419③	漢サ動	408②			
供養し	くようじ	くやう	供養	授記	419④	漢サ動	408④			
供養し	くようじ	くやう	供養	授記	433③	漢サ動	424④			
供養し	くようじ	×	供養	授記	434④	漢サ動	425⑥			
供養し	くようじ	×	供養	授記	437③	漢サ動	429①			
供養し	くようじ	×	供養	授記	439②	漢サ動	431②			
供養し	くようじ	くやう	供養	化城	454①	漢サ動	448⑤			
供養し	くようじ	×	供養	化城	454③	漢サ動	449①			
供養し	くようじ	×	供養	化城	471①	漢サ動	468⑤			
供養し	くようじ	×	供養	化城	506②	漢サ動	510⑤			

当該語	読みかな	傍訓	漢字表記	品名	頁数	語の種類	妙一本	和解語文	可読	異同語彙
供養し	くようじ	×	供養	化城	512①	漢サ動	517①			
供養し	くようじ	×	供養	化城	530⑤	漢サ動	536③			
供養し	くようじ	×	供養	化城	533③	漢サ動	538⑥		一奉る[西右]	
供養し	くようじ	×	供養	五百	579⑤	漢サ動	584⑥			
供養じ	くようじ	×	供養	五百	583⑥	漢サ動	589②			
供養し	くようじ	×	供養	授學	604④	漢サ動	613②			
供養し	くようじ	×	供養	授學	607②	漢サ動	616①			
供養し	くようじ	くやう	供養	授學	613④	漢サ動	623①		一す[西右]	
供養し	くようじ	×	供養	授學	617②	漢サ動	627②			
供養し	くようじ	×	供養	法師	623⑥	漢サ動	634⑤			
供養し	くようじ	×	供養	法師	624②	漢サ動	635①			
供養し	くようじ	×	供養	法師	633⑥	漢サ動	645⑤			
供養し	くようじ	×	供養	法師	634②	漢サ動	646①			
供養し	くようじ	×	供養	法師	636③	漢サ動	648④			
供養し	くようじ	×	供養	法師	638⑤	漢サ動	651②	くやう・し／しゆし[妙]		
供養し	くようじ	×	供養	法師	640⑥	漢サ動	653③			
供養し	くようじ	×	供養	見寶	658⑤	漢サ動	673②		一して[西右]	
供養し	くようじ	×	供養	見寶	669⑥	漢サ動	684④		一すべしとィ[西右]	
供養し	くようじ	×	供養	見寶	678⑤	漢サ動	695②			
供養し	くようじ	×	供養	見寶	691②	漢サ動	709②			
供養し	くようじ	くやう	供養	勸持	739③	漢サ動	758①			
供養じ	くようじ	×	供養	安樂	788④	漢サ動	810②			
供養し	くようじ	×	供養	從地	833④	漢サ動	856②		一て[西右]	
供養し	くようじ	×	供養	從地	836⑤	漢サ動	859④			
供養し	くようじ	くよう	供養	如來	912②	漢サ動	931②			
供養し	くようじ	くやう	供養	分別	934⑥	漢サ動	953④			
供養し	くようじ	×	供養	分別	962⑥	漢サ動	981②			
供養し	くようじ	×	供養	分別	963⑥	漢サ動	982②			
供養し	くようじ	×	供養	分別	965①	漢サ動	983③			
供養し	くようじ	×	供養	常不	1071④	漢サ動	1090②			くやう・し[妙]
供養し	くようじ	×	供養	常不	1077④	漢サ動	1096①			くやう・し[妙]
供養し	くようじ	×	供養	神力	1085①	漢サ動	1103④			くやう・し[妙]
供養し	くようじ	×	供養	神力	1091⑥	漢サ動	1110①			くやう・し[妙]
供養し	くようじ	×	供養	神力	1101⑤	漢サ動	1120④			くやう・し[妙]
供養し	くようじ	×	供養	藥王	1121①	漢サ動	1139②			くやう・し[妙]
供養し	くようじ	×	供養	藥王	1122②	漢サ動	1140③			くやう・し[妙]
供養し	くようじ	×	供養	藥王	1122④	漢サ動	1140⑤			くやう・し[妙]
供養じ	くようじ	×	供養	藥王	1122⑤	漢サ動	1141①	くやう・し[妙]		供養(くやう)し[妙]
供養し	くようじ	×	供養	藥王	1124⑤	漢サ動	1143①			くやう・し[妙]
供養し	くようじ	×	供養	藥王	1126①	漢サ動	1144③			くやう・し[妙]
供養し	くようじ	×	供養	藥王	1128③	漢サ動	1146⑥			くやう・し[妙]
供養し	くようじ	×	供養	藥王	1129①	漢サ動	1147④			くやう・し[妙]
供養し	くようじ	×	供養	藥王	1130②	漢サ動	1148⑤			くやう・し[妙]
供養し	くようじ	×	供養	藥王	1134①	漢サ動	1152③			くやう・し[妙]
供養し	くようじ	×	供養	藥王	1135④	漢サ動	1153⑥			□□□・し[妙]
供養し	くようじ	×	供養	藥王	1136④	漢サ動	1154④			くやう・し[妙]
供養し	くようじ	×	供養	藥王	1136⑤	漢サ動	1155①			くやう・し[妙]
供養し	くようじ	×	供養	藥王	1141④	漢サ動	1159④			くやう・し[妙]
供養せ	くようじ	×	供養	藥王	1152⑥	漢サ動	1170⑥	くやう・せ[妙]	ーーして[西右]	供養(くやう)せ[妙]
供養し	くようじ	×	供養	妙音	1168①	漢サ動	1184②			くやう・し[妙]
供養し	くようじ	×	供養	妙音	1175⑤	漢サ動	1191②			くやう・し[妙]
供養し	くようじ	×	供養	妙音	1175⑥	漢サ動	1191③			くやう・し[妙]
供養し	くようじ	×	供養	妙音	1185④	漢サ動	1200②			くやう・し[妙]
供養し	くようじ	×	供養	妙音	1187④	漢サ動	1202①			くやう・し[妙]
供養し	くようじ	×	供養	妙音	1188③	漢サ動	1203①			くやう・し[妙]
供養し	くようじ	×	供養	妙音	1189②	漢サ動	1203④			くやう・し[妙]
供養し	くようじ	×	供養	妙音	1199④	漢サ動	1213②			くやう・し[妙]
供養し	くようじ	×	供養	妙音	1201①	漢サ動	1214⑥		一奉り[西右・立本寺]	くやう・し[妙]
供養し	くようじ	×	供養	觀世	1231④	漢サ動	1244③			くやう・し[妙]
供養し	くようじ	くやう	供養	陀羅	1270②	漢サ動	1281②			供養(くやう)し[妙]
供養し	くようじ	×	供養	妙莊	1286③	漢サ動	1296①			しんごんくやう・し[妙]
供養し	くようじ	×	供養	妙莊	1299①	漢サ動	1306⑥			くやう・し[妙]

くよ 169

当該語	読みかな	傍訓	漢字表記	品名	頁数	語の種類	妙一本	和解語文	可読	異同語彙
供養し	くようじ	×	供養	普賢	1313③	漢サ動	1319②			くやう・し[妙]
供養し	くようじ	×	供養	普賢	1329①	漢サ動	1333①			くやう・し[妙]
供養し	くようじ	×	供養	普賢	1334④	漢サ動	1337⑥			くやう・し[妙]
供養す	くようす	×	供養	序品	41②	漢サ動	35③			
供養す	くようす	×	供養	信解	375②	漢サ動	362⑤			
供養す	くようす	×	供養	化城	468⑥	漢サ動	466①		一し奉りき[西右]	
供養す	くようす	×	供養	化城	477③	漢サ動	476④			
供養す	くようす	×	供養	化城	486①	漢サ動	486⑥		一しき[西右]	
供養す	くようす	×	供養	化城	494⑥	漢サ動	497④			
供養す	くようす	×	供養	化城	512④	漢サ動	517④			
供養す	くようす	×	供養	法師	625⑥	漢サ動	637①			
供養す	くようす	×	供養	法師	631⑤	漢サ動	643②			
供養す	くようす	×	供養	法師	632①	漢サ動	643②			
供養す	くようす	×	供養	法師	633④	漢サ動	645③			
供養す	くようす	×	供養	見寶	658②	漢サ動	672⑤			
供養す	くようす	×	供養	見寶	699⑤	漢サ動	718⑤			
供養す	くようじ	くやう	供養	分別	928②	漢サ動	946⑥			
供養す	くようす	くよう	供養	神力	1096⑤	漢サ動	1115⑤			くやう・す[妙]
供養す	くようす	×	供養	藥王	1125②	漢サ動	1143④			くやう・す[妙]
供養す	くようす	×	供養	觀世	1230④	漢サ動	1243④			くやう・す[妙]
供養する	くようする	×	供養	序品	39⑥	漢サ動	34③			
供養する	くようする	くやう	供養	序品	62⑤	漢サ動	54⑤		一し事[西右]	
供養する	くようする	×	供養	序品	80④	漢サ動	70⑥			
供養する	くようする	くやう	供養	信解	376③	漢サ動	364①		一し奉らんこと[西右]	
供養する	くようする	×	供養	授記	438②	漢サ動	429⑥		一せらるゝことえん[西右]	
供養する	くようする	×	供養	法師	625③	漢サ動	636③			
供養する	くようする	×	供養	法師	641⑤	漢サ動	654⑤			
供養する	くようする	×	供養	見寶	690④	漢サ動	708④			
供養する	くようする	く一	供養	從地	818②	漢サ動	840③			
供養する	くようする	一やう	供養	分別	952①	漢サ動	970⑥			
供養する	くようする	×	供養	分別	952④	漢サ動	971③			
供養する	くようする	×	供養	分別	955⑤	漢サ動	974③			
供養する	くようする	×	供養	分別	956②	漢サ動	974⑥			
供養する	くようする	×	供養	分別	956④	漢サ動	975②			
供養する	くようする	×	供養	分別	961①	漢サ動	979④		一せん[西右]	
供養せ	くようせ	くやう	供養	序品	21②	漢サ動	17④			
供養せ	くようせ	×	供養	方便	161③	漢サ動	139②			
供養せ	くようせ	×	供養	方便	167④	漢サ動	144③		一せしまで[西右]	
供養せ	くようせ	×	供養	方便	168③	漢サ動	145①		一せんもィ[西左]	
供養せ	くようせ	×	供養	方便	189⑥	漢サ動	163①		一し奉る[西右]	
供養せ	くようせ	くやう	供養	譬喩	229⑤	漢サ動	199①			
供養せ	くようせ	くやう	供養	授記	434②	漢サ動	425③			
供養せ	くようせ	×	供養	授記	434③	漢サ動	425④		一すへき[西右]	
供養せ	くようせ	×	供養	授記	437⑤	漢サ動	429③			
供養せ	くようせ	×	供養	授記	440①	漢サ動	432①			
供養せ	くようせ	×	供養	授記	440②	漢サ動	432②		一すィ[西右]	
供養せ	くようせ	×	供養	授記	443②	漢サ動	435⑤			
供養せ	くようせ	×	供養	授學	618⑥	漢サ動	629①			
供養せ	くようせ	×	供養	法師	626⑤	漢サ動	637⑤			供養する[妙]
供養せ	くようせ	×	供養	法師	653⑤	漢サ動	667⑤			
供養せ	くようせ	×	供養	見寶	663②	漢サ動	678①			
供養せ	くようせ	×	供養	見寶	666⑥	漢サ動	681⑥			
供養せ	くようせ	くやう	供養	提婆	718⑤	漢サ動	736⑤			
供養せ	くようせ	×	供養	分別	940④	漢サ動	958⑥			
供養せ	くようせ	×	供養	分別	948⑤	漢サ動	967④			
供養せ	くようせ	×	供養	分別	965③	漢サ動	983⑤			
一供養せ	くようせ	くやう	供養	法功	1030②	漢サ動	1048⑥			
一供養せ	くようせ	くやう	供養	法功	1029②	漢サ動	1047⑥	くやう・せ／うやまひ[妙]		
供養せ	くようせ	×	供養	法功	1033⑥	漢サ動	1052⑤			
供養せ	くようせ	×	供養	藥王	1141⑥	漢サ動	1159⑥			くやう・せ[妙]
供養せ	くようせ	×	供養	藥王	1142③	漢サ動	1160③			くやう・せ[妙]

当該語	読みかな	傍訓	漢字表記	品名	頁数	語の種類	妙一本	和解語文	可読	異同語彙
供養せ	くようせ	くやう・せ	供養	觀世	1218③	漢サ動	1231⑤			くやう・せ[妙]
供養せ	くようせ	×	供養	觀世	1220②	漢サ動	1233③			くやう・せ[妙]
供養せ	くようせ	×	供養	觀世	1221①	漢サ動	1234②			くやう・せ[妙]
供養せ	くようせ	×	供養	陀羅	1249③	漢サ動	1261③	くやう・せ[妙]	ーし奉らん[西右]	供養(くやう)せ[妙]
供養せ	くようせ	×	供養	陀羅	1270⑥	漢サ動	1281⑤			くやう・せ[妙]
供養せ	くようせ	×	供養	普賢	1313④	漢サ動	1319⑤			くやう・せ[妙]
供養せよ	くようせよ	×	供養	法師	630②	漢サ動	641⑤		ーす・すべし[西右]	
供養せよ	くようせよ	×	供養	法師	636③	漢サ動	648④			
供養せよ	くようせよ	×	供養	分別	968②	漢サ動	986④			
供養尊重し	くようそんちょうし	ーーそんちう	供養尊重	從地	830④	漢サ動	853①		ーーし ーー[西右]	
供養礼拝す	くようらいはいす	くようらいはい	供養礼拝	妙莊	1276⑤	漢サ動	1286④		ーせん[西右]	供養礼拝(くやうらいはい)す[妙]
倶来	くらい	くらい／ともにきたれる	倶来	提婆	721④	漢名	739⑤	くらい／ともにきたる[妙]		
くらふ	くらう	×	食	譬喩	279⑥	和動	250②			
くらふ	くらう	×	噉	譬喩	275⑤	和動	247②			
瞿利三	くり	くり	瞿利三	陀羅	1260⑥	仏梵語名	1272④			
救療する	ぐりょうする	くりやう	救療	譬喩	307⑥	漢サ動	280②	くれう・する／たすけつくろう[妙]		
救療せ	ぐりょうせ	くれう／すくひなをす	救療	如來	901③	漢サ動	920③	くれう・せ／すくいいやされて[妙]		
救療せ	ぐりょうせ	くりや{れ}う	救療	如來	904⑥	漢サ動	923⑥	くれう・せ／すくいいやさん[妙]		
くるま	くるま	×	車	譬喩	248①	和乗物名	217⑥			
くるま	くるま	×	車	譬喩	283②	和乗物名	254⑤			
くるま	くるま	×	車	譬喩	283③	和乗物名	255①			
くるま	くるま	×	車	譬喩	283⑤	和乗物名	255③			
くるま	くるま	×	車	譬喩	286②	和乗物名	258①			
くるま	くるま	×	車	譬喩	288③	和乗物名	260③			
愚劣	ぐれつ	ぐれつ	愚劣	信解	361②	和形動	346①	くれつ／をろかにおとり[妙]		くれう[妙]
くろから	くろから	×	黒	隨喜	982⑤	和色名名	1000⑥		くろめらじ[西右]	
くろから	くろから	×	黒	隨喜	984①	和色名名	1002③			
くろから	くろから	×	黒	隨喜	990⑤	和色名名	1009②			
くろく	くろく	×	黒	從地	859①	和色名名	881⑥		ーして[西右]	
くろみ	くろみ	×	黒	隨喜	991①	和色名名	1009④			
果	くわ	くは	果	方便	182③	単漢花木名	156④			
くはふ	くわう	×	加	信解	337③	和動	316⑤			
くはふ	くわう	×	加	信解	341⑥	和動	322①			
くはふ	くわう	×	加	分別	941⑥	和動	960②			
くはふる	くわうる	×	加	法師	652⑥	和動	666⑥			
くはふる	くわうる	×	加	安樂	782⑥	和動	803⑥		ーへらるゝ[西右]	
くはふる	くわうる	×	加	觀世	1238④	和動	1251②		くはへん[西右]	くはふる[妙]
くはへ	くわえ	×	加	序品	79③	和動	70①			
くはへ	くわえ	×	加	譬喩	274⑤	和動	246①			
くはへ	くわえ	×	加	譬喩	304③	和動	276⑤			
くはへ	くわえ	×	加	法師	635③	和動	647③			
くはへ	くわえ	×	加	法師	654①	和動	668②			
くはへ	くわえ	×	加	勸持	751④	和動	771①			
くはへ	くわえ	×	加	安樂	810③	和動	832⑤			
くはへ	くわえ	×	加	囑累	1110②	和動	1129①			
くはへ	くわえ	×	加	觀世	1213③	和動	1226④			
月光菩薩	ぐわつこうぼさつ	ぐはつくはうーー	月光菩薩	序品	9②	仏菩薩名	7③			
羣狗	ぐんく	ぐんく／むらがれいぬ	羣狗	譬喩	272④	漢獣類名	243⑥	くんく／むらいぬ[妙]		
群生	ぐんじょう	ぐんじゃう	群生	方便	159③	漢名	137⑤	くんしやう／いきものゝ[妙]		
群生	ぐんじょう	くんー	群生	化城	532④	漢名	538①	くんしやう／いさいのいきものを[妙]		
群生	ぐんじょう	ぐんじやう／もるしやう	群生	提婆	725⑥	漢名	744①	ぐんじやう／いきもの[妙]		

くよーけ 171

当該語	読みかな	傍訓	漢字表記	品名	頁数	語の種類	妙一本	和解語文	可読	異同語彙
群臣	ぐんじん	ぐんじん	群臣	信解	355②	漢人倫名	338⑥			
群臣	ぐんじん	ぐんしん	群臣	安樂	780①	漢人倫名	800⑥		一と[西右]	
一群臣	ぐんじん	ぐんじん	群臣	法功	1016①	漢人倫名	1034⑤			
群臣	ぐんじん	ぐんじん	群臣	法功	1029③	漢人倫名	1048②			
群臣	ぐんじん	ぐんしん	群臣	妙莊	1289⑥	漢人倫名	1299①			くんしん[妙]
訓導す	くんどうす	くんたう／みちひく	訓導	随喜	975④	漢サ動	993④	くんたう・す／おしへみちひく[妙]	おしへみちびかんと[西右]	
群萌	ぐんもう	くんまう	群萌	化城	496③	漢名	499①	くんまう／くらきともからを[妙]		
群萌	ぐんもう	くんまう	群萌	法功	1038⑥	漢名	1057⑤			
薫油	くんゆ	くんゆ／たきものほひの有あふら	薫油	分別	965②	漢名	983④	くんゆ／くんせるあふら[妙]	油にくんして[西右]	
薫陸	くんろく	くんろく	薫陸	藥王	1122⑥	漢名	1141⑤		一と[西右]	くんろく[妙]
化	け	け・くゑ	化	方便	116⑤	単漢名	102②	くゑ／こしらへ[妙]		
化	け	×	化	化城	543①	単漢名	548⑥			
化	け	×	化	法師	648①	単漢名	661⑤			
化	け	×	化	法師	653③	単漢名	667④			化(くゑ)[妙]
化	け	×	化	從地	829②	単漢名	851①	くゑ／をしへ[妙]		
化	け	け	化	從地	830③	単漢名	852⑥	くゑ／をしへ[妙]		
家	け	け	家	安樂	805①	単漢家屋名	827②		一と[西右]	在家(さいけ)[妙]
華	け	け・くゑ／はな	華	序品	38②	単漢花木名	32⑥			
華	け	け・くゑ	華	序品	41①	単漢花木名	35③			
華	け	け	華	譬喩	228①	単漢花木名	197③	くゑ／はな[妙]		
華	け	け・くゑ	華	藥草	390②	単漢花木名	375④	くゑ／はな[妙]		
華	け	け・くゑ／はな	華	藥草	402⑥	単漢花木名	389⑤	くゑ／はな[妙]		
華	け	くゑ	華	藥草	413④	単漢花木名	401⑥			
華	け	け／はな	華	見寶	671①	単漢花木名	686④	くゑ／はな[妙]		
華	け	×	華	見寶	673②	単漢花木名	688⑥	くゑ／はな[妙]		
華	け	け	華	見寶	675③	単漢花木名	691③	くゑ／はな[妙]		
華	け	け	華	如來	915③	単漢花木名	934④	くゑ／はな[妙]		
華	け	け	華	法功	1015④	単漢花木名	1034②	くゑ／はな[妙]		
華	け	け	華	法功	1017④	単漢花木名	1036②	くゑ／はな[妙]		
毛	け	け	毛	觀世	1238③	和身体名	1250⑥		け[妙]	
氣	け	け	氣	如來	904①	単漢身体名	923①			
疥	け	け／はたけ	疥	譬喩	303④	単漢病症名	275⑤	け／はたけ[妙]		
疥	け	け／はたけ	疥	譬喩	305①	単漢病症名	277②	け／はたけ[妙]		
疥	け	け／はたけ	疥	譬喩	310①	単漢病症名	283①			
牙	げ	け・きは	牙	随喜	984①	単漢身体名	1002⑤	げ／きは[妙]		
一解	げ	け	解	藥草	391⑤	単漢名	377①			
一解	げ	一け	解	授記	416③	単漢名	404⑤			
一解	げ	×	解	授學	604②	単漢名	613①			
一解	げ	×	解	授學	613②	単漢名	622⑥			
一解	げ	×	解	授學	617⑥	単漢名	627④			
一解	げ	×	解	勸持	743⑥	単漢名	762⑤			
一解	げ	×	解	常不	1060⑥	単漢名	1079⑤			×[妙]
解	げ	×	解	藥王	1128④	単漢名	1147①			げ[妙]
偈	げ	け	偈	序品	33①	単漢名	28②			
偈	げ	げ	偈	序品	23⑤	単漢名	19⑥			
偈	げ	げ	偈	序品	65⑥	単漢名	57⑤			
偈	げ	×	偈	方便	92②	単漢名	80⑥		しかも 一[西右]	
偈	げ	げ	偈	方便	106③	単漢名	93②			
偈	げ	×	偈	方便	113④	単漢名	99③			
偈	げ	×	偈	方便	115①	単漢名	100④			
偈	げ	×	偈	方便	117③	単漢名	102⑥		しかも 一[西右]	
偈	げ	×	偈	方便	140④	単漢名	122③			
偈	げ	げ	偈	譬喩	208⑥	単漢名	176③			
偈	げ	け	偈	譬喩	226⑤	単漢名	195⑤			
偈	げ	け	偈	譬喩	233①	単漢名	202②			
偈	げ	げ	偈	譬喩	270③	単漢名	241③			
偈	げ	け	偈	信解	352⑤	単漢名	335⑤			
偈	げ	け	偈	藥草	399②	単漢名	385④			
偈	げ	け	偈	授記	415②	単漢名	403③			
偈	げ	け	偈	授記	418④	単漢名	407②			
偈	げ	×	偈	授記	422⑥	単漢名	412③	け／かさねて[妙]		
偈	げ	け	偈	授記	429④	単漢名	420①			

当該語	読みかな	傍訓	漢字表記	品名	頁数	語の種類	妙一本	和解語文	可読	異同語彙
偈	げ	×	偈	授記	436⑤	単漢名	428②			
偈	げ	×	偈	授記	442①	単漢名	434②			
偈	げ	げ	偈	化城	448⑥	単漢名	442④			
偈	げ	け	偈	化城	457③	単漢名	452④			
偈	げ	け	偈	化城	460④	単漢名	456①	け／かさねて[妙]		
偈	げ	け	偈	化城	461①	単漢名	456⑥			
偈	げ	け	偈	化城	466②	単漢名	462⑤			
偈	げ	×	偈	化城	469⑥	単漢名	467②			
偈	げ	×	偈	化城	471④	単漢名	469④			
偈	げ	×	偈	化城	472②	単漢名	470④	け／かさねて[妙]		
偈	げ	×	偈	化城	474②	単漢名	472⑤			
偈	げ	×	偈	化城	478③	単漢名	477⑤			
偈	げ	×	偈	化城	480②	単漢名	479⑥			
偈	げ	×	偈	化城	481①	単漢名	480⑥			
偈	げ	×	偈	化城	483③	単漢名	483⑤			
偈	げ	×	偈	化城	487①	単漢名	487⑥	け／かさねて[妙]		
偈	げ	×	偈	化城	488⑤	単漢名	490①			
偈	げ	×	偈	化城	489⑤	単漢名	491②			
偈	げ	×	偈	化城	492②	単漢名	494①			
偈	げ	×	偈	化城	495⑤	単漢名	498③	け／かさねて[妙]		
偈	げ	げ	偈	化城	499⑤	単漢名	503②			
偈	げ	×	偈	化城	500③	単漢名	504①	け／かさねて[妙]		
偈	げ	×	偈	化城	530①	単漢名	535⑤			
偈	げ	け	偈	化城	533④	単漢名	539②			
偈	げ	け	偈	化城	537④	単漢名	543③			
偈	げ	け	偈	五百	574④	単漢名	578⑥			
偈	げ	×	偈	五百	585②	単漢名	590⑥			
偈	げ	×	偈	五百	595⑥	単漢名	603④			
偈	げ	け	偈	授學	606②	単漢名	615⑤			
偈	げ	×	偈	授學	611⑤	単漢名	621②			
偈	げ	け	偈	授學	614⑤	単漢名	624④			
偈	げ	け	偈	授學	620④	単漢名	630②			
偈	げ	×	偈	授學	618③	単漢名	628④			
偈	げ	×	偈	法師	631②	単漢名	642④			
偈	げ	×	偈	法師	635⑤	単漢名	647⑥			
偈	げ	×	偈	法師	649④	単漢名	663③			
偈	げ	け	偈	見寶	685②	単漢名	702④			
偈	げ	げ	偈	提婆	712①	単漢名	729④			
偈	げ	×	偈	提婆	725②	単漢名	743③			
偈	げ	け	偈	提婆	730⑤	単漢名	748⑥			
偈	げ	×	偈	勸持	746④	単漢名	765①			
偈	げ	×	偈	勸持	747①	単漢名	766①			
偈	げ	×	偈	勸持	750⑥	単漢名	770①			
偈	げ	×	偈	安樂	768⑤	単漢名	788⑤			
偈	げ	け	偈	安樂	778⑥	単漢名	799⑤			
偈	げ	×	偈	安樂	788⑥	単漢名	810④			
偈	げ	×	偈	安樂	804③	単漢名	826③			
偈	げ	け	偈	從地	828④	単漢名	850⑤			
偈	げ	×	偈	從地	831②	単漢名	854②			
偈	げ	×	偈	從地	834③	単漢名	857①			
偈	げ	×	偈	從地	846②	単漢名	868⑥			
偈	げ	げ	偈	從地	848②	単漢名	871①			
偈	げ	け	偈	從地	851④	単漢名	874②			
偈	げ	×	偈	從地	864①	単漢名	886⑥			
偈	げ	×	偈	如來	910③	単漢名	929②			
偈	げ	×	偈	分別	929③	単漢名	948②			
偈	げ	×	偈	分別	935④	単漢名	954②			
偈	げ	×	偈	分別	939④	単漢名	958①			
偈	げ	×	偈	分別	961③	単漢名	979⑥			
偈	げ	×	偈	隨喜	969⑥	単漢名	987⑥	け／かさねて[妙]		
偈	げ	×	偈	隨喜	986①	単漢名	1004③			
偈	げ	×	偈	法功	996②	単漢名	1014⑥			
偈	げ	×	偈	法功	1001④	単漢名	1020②			
偈	げ	×	偈	法功	1014⑥	単漢名	1033④			
偈	げ	×	偈	法功	1031③	単漢名	1049⑥			
偈	げ	×	偈	法功	1037③	単漢名	1056②			
偈	げ	×	偈	法功	1043⑥	単漢名	1062④			
偈	げ	×	偈	常不	1067④	単漢名	1086③			げ[妙]
偈	げ	×	偈	常不	1076⑥	単漢名	1095③			

当該語	読みかな	傍訓	漢字表記	品名	頁数	語の種類	妙一本	和解語文	可読	異同語彙
偈	げ	×	偈	神力	1097⑥	単漢名	1116⑤			
偈	げ	×	偈	藥王	1127③	単漢名	1145⑤			
偈	げ	×	偈	藥王	1128①	単漢名	1146④			げ[妙]
偈	げ	×	偈	藥王	1128⑥	単漢名	1147③			げ[妙]
偈	げ	×	偈	藥王	1129⑤	単漢名	1148③			け[妙]
偈	げ	×	偈	藥王	1130④	単漢名	1149①			げ[妙]
偈	げ	×	偈	觀世	1234⑥	単漢名	1247③	げ／かさねて[妙]		
偈	げ	け	偈	觀世	1235③	単漢名	1247⑥			け[妙]
偈	げ	×	偈	陀羅	1267②	単漢名	1278②			け[妙]
偈	げ	×	偈	陀羅	1268②	単漢名	1279③			け[妙]
偈	げ	×	偈	妙莊	1284②	単漢名	1293⑤			け[妙]
雞	けい	けい	雞	安樂	763④	単漢禽鳥名	783①	けい／にわとり[妙]		
雞	けい	けい／にはとり	雞	普賢	1330⑤	単漢禽鳥名	1334④	けい／にわとり[妙]		
鼷	けい／あまくち	けい／あまくち	鼷	譬喩	271⑥	単漢獣類名	243①	けい／たけのあまくち[妙]		
谿潤	けいけん	けいけん／たに	谿潤	五百	571②	漢地儀名	575①			
桂香	けいこう	けいかう	桂香	法功	1015④	漢香名名	1034②	けいかう／かつらのかう[妙]	一と[西右]	
谿谷	けいこく	けいこく／たに	谿谷	藥草	388④	漢香名名	373⑥	けいこく／たに[妙]		
詣し	けいし	けい／まふつる心也	詣	見寶	687⑤	漢サ動	705③		いたり給へる事[西右]	
稽首し	けいしゅし	げいしゆ	稽首	化城	460②	漢サ動	455⑥	けしゆ／かうへをかたふけ[妙]		
繋着し	けいちゃくし	けんちやく／かけつく・一けて	繋着	五百	597③	漢サ動	605④	けちやく・し／かけつけて[妙]		
解一切衆生語言三昧	げっさいしゅじょうごごんざんまい	けーーーーここんーー	解一切衆生語言三昧	妙音	1168④	仏名	1184⑤			けいさいしゆしやうここんさんまい[妙]
解一切衆生語言陀羅尼	げっさいしゅじょうごごんだらに	げーーーーここんだらに	解一切衆生語言陀羅尼	藥王	1163⑤	仏名	1180⑤			けいさいしゆしやうここんたらに[妙]
希有	けう	けう	希有	序品	20④	漢名	16⑥	けう／まれ[妙]		
希有	けう	けう	希有	序品	21②	漢名	17⑤	けう／まれ[妙]		
希有	けう	けう	希有	序品	42②	漢名	36③			
希有	けう	けう	希有	序品	69①	漢名	60③	けう／まれ[妙]		
希有	けう	けう	希有	方便	91②	漢名	80①			
希有	けう	けう	希有	方便	189②	漢名	162③			
希有	けう	けう	希有	方便	190①	漢名	163①	けう／まれ[妙]		
希有	けう	けう	希有	譬喩	209④	漢名	177②			
希有	けう	けう	希有	譬喩	245③	漢名	215①	けう／まれ[妙]		
希有	けう	けう	希有	信解	317⑥	漢名	292④	けう／ありかたき[妙]		
希有	けう	けう	希有	信解	321③	漢名	296⑤	けう／まれ[妙]	.	
希有	けう	けう	希有	信解	372④	漢名	359③	けう／まれなること[妙]		
希有	けう	けう	希有	信解	374⑥	漢名	362②	けう／ありかたき[妙]		
希有	けう	けう	希有	信解	376④	漢名	364③	けう／まれ[妙]		
希有	けう	けう	希有	藥草	398③	漢名	384⑤	けう／ありかたき[妙]		
希有	けう	けう	希有	化城	458②	漢名	453④	けう／まれ[妙]		
希有	けう	けう	希有	化城	470①	漢名	467④	けう／まれ[妙]		
希有	けう	けう	希有	化城	473④	漢名	472①	けう／ありかたき[妙]		
希有	けう	けう	希有	化城	478⑥	漢名	478②	けう／まれ[妙]		
希有	けう	けう	希有	化城	482④	漢名	482⑤	けう／まれ[妙]		
希有	けう	けう	希有	化城	491④	漢名	493④	けう／まれ[妙]		
希有	けう	けう	希有	化城	511⑤	漢名	516⑥	けう／まれ[妙]		
希有	けう	けう	希有	五百	563⑥	漢名	567①			
希有	けう	ー／まれにめつらしく	希有	授學	612①	漢名	621④			
希有	けう	けう	希有	提婆	713②	漢名	730⑥	けう／まれ[妙]		
希有	けう	×	希有	提婆	726⑤	漢名	744⑥	けう／まれ[妙]		
希有	けう	けう	希有	從地	861①	漢名	883⑥	けう／まれ[妙]		
希有	けう	けう	希有	分別	929⑤	漢名	948③			
希有	けう	けう	希有	法功	1047⑤	漢名	1066②	けう／まれ[妙]		

当該語	読みかな	傍訓	漢字表記	品名	頁数	語の種類	妙一本	和解語文	可読	異同語彙
希有	けう	けう	希有	神力	1098⑤	漢名	1117④	けう／まれ[妙]		
希有	けう	けう	希有	妙荘	1292④	漢名	1301③	けう／まれ[妙]		
希有	けう	けう	希有	妙荘	1300①	漢名	1307⑤	けう／まれ[妙]		
魁膾	けえ	け・くゑゑ	魁膾	安樂	771②	漢名	791④	くゑえ／なます[妙]	ーと[西右]	
瑕穢	げえ	げえ	瑕穢	譬喩	227⑤	漢名	196⑤	げえ／けかれ[妙]		
華菓	けか	くゑくは／はなこのみ	華菓	譬喩	222①	単漢植物名	191①	くゑくわ／はなこのみ[妙]		
飢餓	けが	けが／うへかつへ	飢餓	信解	356⑤	漢名	340①			けかち[妙]
華蓋	けがい	け・くゑかい	華蓋	序品	30③	漢器物名	26①			
けがす	けがす	×	坌	信解	336④	和動	315②			
飢渇	けかつ	けかつ	飢渇	譬喩	276①	漢名	247④			
飢渇	けかつ	けかつ	飢渇	譬喩	281③	漢名	252⑥			
飢渇	けかつ	けかつ／うへたる心	飢渇	譬喩	303⑤	漢名	276①		けかち[妙]	
飢渇	けかつ	けかつ	飢渇	化城	487⑤	漢名	488⑥			
飢渇	けかつ	けかつ	飢渇	法功	1003④	漢名	1022①			飢渇(けかち)[妙]
飢渇熱悩し	けかつねつのうし	けかつねつなう	飢渇熱悩	譬喩	279③	漢四熟サ動	251①		ーーしーー[西右]	けかちねつなう[妙]
けからはしき	けがらはしき	×	穢	授記	427⑤	和形	418①		穢ィ[西右]	
けからはしき	けがらはしき	×	穢	随喜	991⑤	和形	1010①			
けからはしく	けがらはしく	×	穢	普賢	1336①	和形	1339①			
解義し	げぎし	けき	解義	陀羅	1250②	漢サ動	1262②	げき・し／さとり[妙]	義をさとり[西右]	
飢急し	けきゅうし	けきう／うへすみやかに	飢急	譬喩	276②	漢サ動	247⑤	けきう・し／うへすみやかに[妙]		
希求する	けぐする	けぐ／もとむる心也	希求	信解	345⑤	漢サ動	327①	けぐう／ねかひもとむる[妙]		
悕求する	けぐする	けぐ／もとむる	悕求	信解	352①	漢サ動	334①	けぐう・する／ねがいもとむる[妙]		
悕求する	けぐする	けぐ	悕求	安樂	764⑤	漢サ動	784④	けぐ・する／とまら[妙]		
懈倦	げけん	けけん／おこたる心	懈倦	序品	59③	漢名	51⑥	けくゑん／ものうきこと[妙]		
懈倦	げけん	げくゑん／おこたる心	懈倦	譬喩	254③	漢名	225③	げくゑん／おこたりものうきこと[妙]		
懈倦	げけん	けくゑん／をこたる	懈倦	薬草	407④	漢名	394⑥	けくゑん／ものうきこと[妙]		
懈倦	げけん	けくゑん／おこたりものうきこと也	懈倦	提婆	708④	漢名	725④	げくゑん／をこあたりものうく[妙]		
懈倦	げけん	けくはん／おこたりものうき事	懈倦	提婆	714①	漢名	731⑥	けくゑん／をこたりものうきこと[妙]		
花香	けこう	けかう	華香	分別	962⑤	漢名	981⑤	くゑかう／はなー[妙]	ーと[西右]	
華光	けこう	けー	華光	譬喩	226⑥	漢名	196①		なづけてー[西左]	
華香	けこう	くゑかう	華香	方便	166①	漢名	143①			
華香	けこう	×	華香	授記	437⑤	漢名	429③	くゑかう／はなかう[妙]		
華香	けこう	けかう	華香	授記	443①	漢名	435④	くゑかう／はな[妙]		
華香	けこう	けかう	華香	法師	623⑤	漢名	634④	くゑかう／はなかう[妙]		
華香	けこう	けかう	華香	法師	625③	漢名	636④	くゑかう／はなかう[妙]		
華香	けこう	けー	華香	法師	629⑥	漢名	641②			
華香	けこう	×	華香	法師	633②	漢名	645①	くゑかう／はなかう[妙]	ーと[西右]	
華香	けこう	×	華香	法師	640⑤	漢名	653②	くゑかう／はなかう[妙]		
華香	けこう	×	華香	見寶	658⑤	漢名	673①	くゑかう／はなかう[妙]		
華香	けこう	くゑかう	華香	分別	948④	漢名	967③	くゑかう／はなかう[妙]		
華香	けこう	くゑかう	華香	分別	953②	漢名	972①	くゑかう／はなかう[妙]		

けう―けし 175

当該語	読みかな	傍訓	漢字表記	品名	頁数	語の種類	妙一本	和解語文	可読	異同語彙
華香	けこう	け・くゑかう	華香	分別	965①	漢名	983③	くゑかう／はな―[妙]		
華香	けこう	け―	華香	法功	1022⑤	漢名	1041④	くゑかう／はなかう[妙]		
華香	けこう	けかう	華香	神力	1092④	漢名	1110⑥			くゑかう[妙]
華香	けこう	×	華香	藥王	1124⑤	漢名	1143①	くゑかう／はなかう[妙]		
華香	けこう	けかう	華香	藥王	1152⑤	漢名	1170③			くゑかう[妙]
華香	けこう	けかう	華香	陀羅	1270①	漢名	1281①	くゑかう／はな[妙]		
華光如来	けこうにょらい	くゑくはうによらい	華光如來	譬喩	221①	仏如来名	189⑥	くゑくわうによらい／ほとけのとおのな[妙]		
華光如来	けこうにょらい	くゑくはうによらい	華光如來	譬喩	222②	仏如来名	191①			
華光如来	けこうにょらい	けくはう――	華光如來	譬喩	225②	仏如来名	194②			
華光仏	けこうぶつ	けくはうぶつ	華光佛	譬喩	228④	仏仏名名	197⑤			
華光佛	けこうぶつ	けくはう―	華光佛	譬喩	224⑥	仏仏名名	193⑥			
華光佛	けこうぶつ	けくはう―	華光佛	譬喩	226②	仏仏名名	195②			
華光佛	けこうぶつ	けくはう―	華光佛	譬喩	229①	仏仏名名	198②			
華光佛	けこうぶつ	くくはう―	華光佛	譬喩	229⑥	仏仏名名	199①			
華香油	けこうゆ	けかうゆ	華香油	藥王	1123②	漢名	1141③	くゑかうゆ／はなかうあふら[妙]	一のはなとのかうあふら[西右]	
解悟し	げごし	げこ／さとる	解悟	提婆	736④	漢サ動	755②	けご・し／さとり[妙]		
悔恨	けこん	くゑこん・くひうらむるを／くゆる心	悔恨	信解	324⑥	漢名	300⑥	くゑこん／くいうらみ[妙]		
化作し	けさし	くゑさ	化作	化城	529②	漢サ動	534⑥	くゑさ／かりにつくり[妙]	一て[西右]	
化作し	けさし	けさ	化作	化城	542⑤	漢サ動	548④			
化作す	けさす	くゑさ／つくりいたす	化作	化城	524②	漢サ動	529④	くゑさ／かりにつくる[妙]		
化作す	けさす	けさ	化作	妙音	1173④	漢サ動	1189②	くゑさ・す[妙]		
化作せ	けさせ	くゑさ	化作	化城	526④	漢サ動	531⑥	くゑさ／かりにつくる[妙]		
化作せ	けさせ	×	化作	化城	529⑤	漢サ動	535③	くゑさ／かりになせる[妙]		
化作せ	けさせ	けさ	化作	化城	544④	漢サ動	552⑤			
計算し	けさんし	けさん／かそへ	計算	信解	357④	漢サ動	341④	けさん・し／かそへ[妙]		
化し	けし	×	化	序品	34①	漢サ動	29②	くゑ・し／をしへ[妙]		
化し	けし	くゑ	化	方便	152⑥	単漢サ動	132④			
化し	けし	×	化	方便	159①	単漢サ動	137③			
化し	けし	くゑ	化	方便	165⑤	単漢サ動	142⑥			
化し	けし	け	化	五百	568①	単漢サ動	571⑥	くゑ・し／こしらゑ[妙]		
化し	けし	×	化	安樂	807③	単漢サ動	829④			
化し	けし	×	化	常不	1069③	単漢サ動	1088①	くゑ・し／こしらへて[妙]		
化し	けし	×	化	妙荘	1289④	単漢サ動	1298⑥	くゑ・し／おしへ[妙]		
化し	けし	×	化	妙荘	1291⑤	単漢サ動	1300④			くゑ・し[妙]
化し	けし	×	化	五百	575④	単漢サ動	580①			
華歯	けし	けし	華歯	陀羅	1262③	漢身体名	1273⑥			くゑし[妙]
芥子	けし	けし	芥子	提婆	729④	漢草木名	747②	けし／なたね[妙]		
瑕疵	けし	けし／きず・体ノキズ	瑕疵	方便	141③	漢症病名	123②	けし／きす[妙]		きず。体ノキズ
家事	けじ	けし	家事	信解	362⑤	漢名	347⑥	けじ／いゑのことを[妙]		
解し	げし	×	解	普賢	1323⑤	漢サ動	1328③	げ・し／さとり[妙]		
價値	けぢき	けきち／あたひ	價値	提婆	733⑥	漢名	752②	けぢき／あたい[妙]		
價直	けぢき	げちき／あたい	價直	譬喩	287⑤	漢名	259⑤	けぢき／あたい[妙]		
價直	けぢき	けちき・あたひ	價直	藥王	1122①	漢名	1140②			けちき[妙]

当該語	読みかな	傍訓	漢字表記	品名	頁数	語の種類	妙一本	和解語文	可読	異同語彙
價直	けじき	けちき・あたい	價直	妙音	1181③	漢名	1196③	けちき／あたいもしらぬ[妙]		
價値千万	けぢきせんまん	けぢき／あたい	價値千万	信解	326⑤	漢四熟名	303②			
價直千万	けじきせんまん	けじき――／あたい――	價値千万	序品	37③	漢四熟名	32②	けちきせんまん／あたい[妙]		
價値百千両	けじきせんまんりょう	けちき――りやう／あたひ――りやう	價値百千兩	觀世	1231⑥	漢名	1244④	けぢきひやくせんりやう／あたい[妙]		
價直百千	けじきひゃくせん	けちき・あたひ	價直百千	妙莊	1291③	漢四熟名	1300③	けちきひやくせん／あたい[妙]		
喝邪	けしゃ	けしや・ゆがめらじ／もとりゆかみ	喝邪	随喜	983①	漢名	1001⑤	くわじや／もとりゆかめ[妙]		
解釋し	けしゃくし	げしやく	解釋	五百	565⑥	漢サ動	569②	けしやく・し／とき[妙]		
戯処	げしゅ	げしよ／たはふるゝところ	戯処	譬喩	242①	漢名	211⑤	けしゆ／たわふるゝところに[妙]		
華樹香	けじゅこう	けじゆ―	華樹香	法功	1009⑤	漢香名名	1028①		―――の―[西右]	
化生	けしょう	くゑ―／ふかしてむまれる	化生	随喜	973①	漢名	991②			
化城	けじょう	けしやう	化城	化城	525⑤	漢城名名	531①	くゑしやう／かりのみやこ[妙]		
化城	けじょう	けしやう	化城	化城	526②	漢城名名	531④			
化城	けじょう	けしやう	化城	化城	544②	漢城名名	552②			
戯笑	げしょう	けせう／たはふれわらふ	戯笑	序品	36③	漢名	31③	けせう／たわふれ[妙]		
戯笑	げしょう	けしよう／たはふれわらひ	戯笑	安樂	769⑥	漢名	790①	けせう／たわふれわらい[妙]		
化生し	けしょうし	×	化生	藥王	1127②	漢サ動	1145④		―ぬ[西右]	くゑしやう・し[妙]
化生し	けしょうし	×	化生	五百	571⑥	漢サ動	575⑥			
戯笑する	げしょうする	けせう	戯笑	安樂	772②	漢サ動	792⑤	けせう／たわふれわらひ[妙]		
化生せ	けしょうせ	×	化生	提婆	720②	漢サ動	738②			化生・せ[妙]
化する	けする	×	化	方便	150③	単漢サ動	130⑤	くゑする／をしう[妙]		
計する	けする	―／おもふ心也	計	譬喩	301①	単漢サ動	273③	け・する／おもふ[妙]		
解する	げする	け	解	方便	124⑤	単漢サ動	109③		さとる[西右]	
解する	げする	け・さとる	解	分別	947④	単漢サ動	966②			
化せ	けせ	け	化	譬喩	238①	単漢サ動	207③	くゑせ／おしへん[妙]	―する[西右]	
化せ	けせ	×	化	提婆	722⑥	単漢サ動	740⑥	くゑ・せ／をしへ[妙]		
解せ	げせ	け・さとらざる	解	藥草	391⑥	単漢サ動	377⑥	け／さとら[妙]		
解せ	げせ	け・さとら	解	藥草	392①	単漢サ動	377④	け／さとら[妙]		
解せ	げせ	け	解	見寶	699②	単漢サ動	718③	け・せ／さとらん[妙]		
解せ	げせ	げ	解	安樂	792④	単漢サ動	814④			
解せ	げせ	×	解	安樂	792⑤	単漢サ動	814②	けせ／さとら[妙]		
解せ	げせ	け／さとる心也	解	分別	947①	単漢サ動	965④		さとらん[西右]	
解せ	げせ	×	解	法功	1006③	単漢サ動	1024⑥	け・せ／さとらん[妙]		
解せ	げせ	×	解	普賢	1324①	単漢サ動	1328④	け・せ／さとらん[妙]		
解説し	げせつ	げせつ	解説	方便	109②	漢サ動	95④			
解説し	げせつ	×	解説	勧持	750①	漢サ動	769②	けせつ・し／とき[妙]		
解説し	げせつ	げせつ	解説	安樂	778④	漢サ動	799③	けせつ・し／ときて[妙]		
解説し	げせつ	げせつ	解説	随喜	993③	漢サ動	1011⑥	けせつ・し／とき[妙]		
解説し	げせつ	×	解説	法功	998④	漢サ動	1017②	けせつ・し／さとりとき[妙]		
解説し	げせつ	×	解説	法功	1008⑥	漢サ動	1027③	けせつ・し／―とき[妙]		

当該語	読みかな	傍訓	漢字表記	品名	頁数	語の種類	妙一本	和解語文	可読	異同語彙
解説し	げせつ	×	解説	法功	1026⑤	漢サ動	1045③	けせつ・し／とき[妙]		
解説し	げせつ	×	解説	法功	1035②	漢サ動	1054①	けせつ・し／とき[妙]		
解説し	げせつ	げせつ	解説	法功	1040⑥	漢サ動	1059⑤	けせつ・し／とき[妙]		
解説し	げせつし	けたつ／きをたんずる	解説	法師	623③	漢サ動	634②			
解説し	げせつし	げせつ	解説	法師	625③	漢サ動	636③	けせつ／とき[妙]		
解説し	げせつし	×	解説	分別	958⑤	漢サ動	977③	けせつ・し／とき[妙]		
解説し	げせつし	×	解説	法功	994②	漢サ動	1013①			
解説し	げせつし	けせつ	解説	從地	863③	漢サ動	886①			
解{解}説し	げせつし	×	解説	藥王	1115②	漢サ動	1133⑤			解脱(げたつ)し[妙]
一解説書寫す	げせつしょしゃす	げせつしよしやす	解脱書寫	常不	1076⑤	漢四熟サ動	1095②	げせつしよしや・す／ときかきうつす[妙]	―― し ――[西右]	解説・書寫す[妙]
解説す	げせつす	げだつ	解説	方便	120②	漢サ動	105④	けせつ・す／とく[妙]		
解説せ	げせつせ	げせつ	解説	提婆	712⑤	漢サ動	730③	けせつ／かは[妙]		
解説せ	げせつせ	げせつ	解説	分別	966④	漢サ動	984⑥	けせつ・せ／とかん[妙]		
下賤	げせん	げせん／いやしく	下賤	譬喩	306⑥	漢名	279②			
下賤	げせん	げせん	下賤	如來	896③	漢名	915③			
華足安行多陀阿伽度	けそくあんぎょうただあかど	けそくあんぎやうただだあかど	華足安行多陀阿伽度	譬喩	225②	仏梵語名	194⑥			
懈息する	けそくする	けそく／をこたる	懈息	信解	337①	漢サ動	315⑥	げそく／おこたりやすむ[妙]		
懈怠	けたい	けたい	懈怠	序品	81⑤	漢名	71⑤			
懈怠	けたい	けたい	懈怠	序品	83⑥	漢名	73④			
懈怠	けたい	けたい	懈怠	譬喩	301①	漢名	273②			
懈怠	けたい	けたい	懈怠	藥草	393②	漢名	378⑥	けたい／をこたり[妙]		
懈怠	けたい	けたい	懈怠	法師	649⑥	漢名	663④			
懈怠	けたい	けたい	懈怠	安樂	780⑥	漢名	801⑥			
懈怠	けたい	けたい	懈怠	安樂	785④	漢名	806⑥			
懈怠	けたい	けたい	懈怠	安樂	790②	漢名	811⑤			
懈怠	けたい	けたい	懈怠	五百	575⑥	漢名	580⑤			
懈退し	けたいし	けたい	懈退	化城	523①	漢サ動	528②			
懈怠せ	けたいせ	けたい	懈怠	分別	942⑤	漢サ動	961②			
解脱	げだつ	げだつ	解脱	方便	89⑤	漢名	78⑤			
解脱	げだつ	げだつ	解脱	方便	92⑤	漢名	81④	けたつ／つみをときぬく[妙]		
解脱	げだつ	けたつ	解脱	方便	106⑥	漢名	93③	けたつ／つみをときぬく[妙]		
解脱	げだつ	げだつ	解脱	譬喩	210⑥	漢名	178⑤	げだつ／つみをとくぬく[妙]		
解脱	げだつ	げだつ	解脱	譬喩	256④	漢名	227⑤	けたつ／つみをきぬく[妙]		
解脱	げだつ	げだつ	解脱	譬喩	262①	漢名	233④	げだつ／つみをきぬく[妙]		
解脱	げだつ	げだつ	解脱	譬喩	267⑤	漢名	238⑥			
解脱	げだつ	げだつ	解脱	譬喩	292⑥	漢名	265①	げだつ／つみをときぬく[妙]		
解脱	げだつ	げだつ	解脱	譬喩	297①	漢名	269③			
解脱	げだつ	げだつ	解脱	譬喩	297②	漢名	269④	けたつ／つみをときぬくこと[妙]		
解{解}脱	げだつ	×	解脱	譬喩	297③	漢名	269⑤			
解脱	げだつ	×	解脱	譬喩	297④	漢名	269⑤	けたつ／つみをときぬくこと[妙]		
解脱	げだつ	けたつ	解脱	藥草	405⑤	漢名	392⑥	けたつ／つみをときくたく[妙]	―なり[西右]	
解脱	げだつ	けたつ	解脱	化城	459③	漢名	454⑥	けたつ／つみをときぬく[妙]		
解脱	げだつ	けたつ	解脱	化城	505①	漢名	509②	けたつ／つみをときぬく[妙]	―する□えてき[西右]	

当該語	読みかな	傍訓	漢字表記	品名	頁数	語の種類	妙一本	和解語文	可読	異同語彙
解脱	げだつ	×	解脱	化城	505④	漢名	509⑥	けたつ／とけぬくること[妙]		
解脱	げだつ	げだつ	解脱	勸持	738⑥	漢名	757④	けたつ／つみをときぬくこと[妙]		
解脱	げだつ	げたつ	解脱	安樂	799④	漢名	821③	けたつ／つみをきぬく[妙]		
解脱	げだつ	げたつ	解脱	安樂	807④	漢名	829⑤	けたつ／つみをきぬく[妙]		
解脱	げだつ	げだつ／まぬかるゝ心也	解脱	觀世	1209⑤	漢名	1222⑥	けたつ／つみをのかるゝこと[妙]	―する事[西右]	
解脱し	げだつし	×	解脱	從地	870①	漢サ動	892⑥	けせつ・し／とき[妙]		
解脱する	げだつする	×	解脱	觀世	1211⑤	漢サ動	1224⑥	けたつ・する／のかるゝ[妙]		
解脱する	げだつする	×	解脱	觀世	1212⑤	漢サ動	1225⑤	けたつ・する／のかるゝ[妙]		
解脱する	げだつする	×	解脱	觀世	1214①	漢サ動	1227④	けたつ・する／つみを[妙]		
解脱する	げだつする	×	解脱	觀世	1215④	漢サ動	1228⑥	けたつ・する／のかるゝ[妙]		
解脱する	げだつする	×	解脱	觀世	1216①	漢サ動	1229③	けたつ・する[妙]		
解脱する	げだつする	×	解脱	觀世	1239⑥	漢サ動	1252⑥	けたつ・する／とけぬく[妙]		
解脱相	げだつそう	けたつさう	解脱相	藥草	395②	漢名	381⑥	けたつさう／つみをときくたき[妙]	――の―[西右]	
解脱相	げだつそう	けたつさう	解脱相	藥草	397⑤	漢名	383⑥	けたつさう／つみをときくたく[妙]	――の―[西右]	
けだもの	けだもの	×	獸	譬喻	273⑤	和獸類名	244⑤			けたもの[妙]
けだもの	けだもの	×	獸	譬喻	276⑤	和獸類名	247⑤			
けだもの	けだもの	×	獸	譬喻	278④	和獸類名	250②	しゆ／けたもの[妙]		
けだもの	けだもの	×	獸	觀世	1240⑥	和獸類名	1253③			けたもの[妙]
計着せ	けちゃくせ	けぢやく	計着	常不	1078②	漢サ動	1096④	けぢやく・せ[妙]		
決	けつ	けつ	決	授學	609②	単漢名	618③			決(くゑつ)[妙]
結	けつ	×	結	序品	5①	単漢名	3⑥	けち／ほんなう[妙]		
結伽趺坐し	けつかふざし	けつかふざ	結跏趺坐	序品	15②	漢四熟サ動	12③			
結跏趺坐し	けつかふざし	けつかふざ	結跏趺坐	序品	54②	漢四熟サ動	47②	けかふさ・し／あなうらをかさねてしつかにゐて[妙]		
結跏趺坐し	けつかふざし	けつかふざ	結跏趺坐	化城	452③	漢四熟サ動	446④			
結跏趺坐し	けつかふざし	けつかふざ	結跏趺坐	見寶	671②	漢四熟サ動	687①		―し[西右]	
結跏趺坐し	けつかふざし	けつ―――	結跏趺坐	見寶	682⑥	漢四熟サ動	700①			
結跏趺坐し	けつかふざし	×	結跏趺坐	見寶	683②	漢四熟サ動	700③	けかふさ／させん[妙]	―するを[西右]	
結跏趺座し	けつかふざし	けつかふざ	結跏趺坐	從地	842③	漢四熟サ動	865②			
結跏趺坐し	けつかふざし	けつかふざ	結跏趺坐	藥王	1127①	漢四熟サ動	1145③	けつかふざ・し[妙]		
結跏趺坐し	けつかふざし	けつかふざ	結跏趺坐	妙莊	1292⑥	漢四熟サ動	1301⑤	けかふさ・し[妙]		
結恨	けつこん	けつこん／うらみをなす	結恨	譬喻	302④	漢名	274②	けつこん／うらみをむすふこと[妙]		
決し	けつし	×	決	序品	42⑥	単漢サ動	37①	くゑ・し／さくり[妙]		
決し	けつし	けつ	決	序品	43③	単漢サ動	37③			
決し	けつし	×	決	從地	841④	単漢サ動	864④	くゑ・し／さくり[妙]		
決定し	けつじょうし	けつぢやう	決定	方便	145②	漢サ動	126⑤			
決定し	けつじょうし	×	決定	譬喻	291④	漢サ動	263⑤		くゑつちやう[西右]	
決定し	けつじょうし	けつちやう	決定	藥草	409④	漢サ動	396⑥			
決定し	けつじょうし	けつじやう	決定	法師	643⑤	漢サ動	656④			決定(くゑちちやう)[妙]
決定し	けつじょうし	×	決定	法師	650⑤	漢サ動	664④			決定(くゑちゝやう)し[妙]
決定し	けつじょうし	けつぢやう	決定	從地	868②	漢サ動	891①	くゑつちやう・し／さたまり[妙]	―せり[西右]	
決定し	けつじょうし	けつぢやう	決定	神力	1104③	漢サ動	1123②	くゑつちやう・し[妙]		

当該語	読みかな	傍訓	漢字表記	品名	頁数	語の種類	妙一本	和解語文	可読	異同語彙
決定せ	けつじょうせ	けつちゃう	決定	化城	541④	漢サ動	547③		一してィ[西右]	
決せ	けつせ	けつ・あきらか	決	序品	22②	単漢サ動	18④			
決せ	けつせ	けつ	決	従地	834①	単漢サ動	856⑥	くゑつ・せ／さとらん[妙]		
決了し	けつりょうし	けつれう／あきらむる心	決了	法師	651③	漢サ動	665②	くゑちれう・し／さとり[妙]	一するをきく[西右]	
決了する	けつりょうする	けつりゃう	決了	方便	139⑤	漢サ動	121⑤	くゑちれう／さとる[妙]		
缺漏	けつろ	けつろ／かけもるゝ心	缺漏	方便	141③	漢名	123②	けちろ／かきもるゝ[妙]	かけもられる事[西右]	かけもられる事・かけもるゝ心[西]
缺漏	けつろ	けつろ	缺漏	分別	941③	漢名	959⑤	くゑちろ／かけもること[妙]		
外道	げどう	げだう	外道	譬喩	316①	漢名	290④			
外道	げどう	けどう	外道	勧持	753④	漢名	773②			外道くゑたう[妙]
外道	げどう	げとう	外道	勧持	754⑤	漢名	774③			外道くゑたう[妙]
外道	げどう	ぐゑだう	外道	安樂	762④	漢名	782②		一の[西右]	
外道	げどう	けたう	外道	安樂	769③	漢名	789⑤		一の[西右]	外道(ぐゑだう)[妙]
外道	げどう	けだう	外道	妙荘	1277①	漢名	1287②			ぐゑだう[妙]
外道	げどう	×	外道	普賢	1330②	漢名	1334②			ぐゑだう[妙]
化導し	けどうし	け・くゑだう	化導	妙荘	1298③	漢サ動	1306②			くゑだう・し[妙]
華徳	けとく	×	華徳	妙音	1188①	漢名	1202④			くゑとく[妙]
華徳	けとく	×	華徳	妙音	1188⑥	漢名	1203③			くゑとく[妙]
華徳	けとく	×	華徳	妙音	1189③	漢名	1203⑥			くゑとく[妙]
華徳	けとく	×	華徳	妙音	1193①	漢名	1207①			くゑとく[妙]
華徳	けとく	×	華徳	妙音	1196⑤	漢名	1210④			くゑとく[妙]
氣毒	けどく	けどくの・いきの一／とくのほのほの心	氣毒	觀世	1241③	漢名	1253⑤	けとく／とくのいき[妙]		
華徳菩薩	けとくぼさつ	×	華徳菩薩	妙音	1186①	仏菩薩名	1200⑤			くゑとくほさつ[妙]
華徳菩薩	けとくぼさつ	×	華徳菩薩	妙音	1186④	仏菩薩名	1201②			くゑとくほさつ[妙]
華徳菩薩	けとくぼさつ	×	華徳菩薩	妙音	1197①	仏菩薩名	1210⑥			くゑとくほさつ[妙]
華徳菩薩	けとくぼさつ	×	華徳菩薩	妙音	1197⑥	仏菩薩名	1211⑤			くゑとくほさつ[妙]
華徳菩薩	けとくぼさつ	×	華徳菩薩	妙音	1202①	仏菩薩名	1215⑤		一は[西右]	くゑとくほさつ[妙]
華徳菩薩	けとくぼさつ	×	華徳菩薩	妙荘	1303③	仏菩薩名	1310④			くゑとくほさつ[妙]
化度す	けどす	け・くゑど	化度	従地	830①	漢サ動	852③			
化度す	けどす	×	化度	従地	831⑤	漢サ動	854④	くゑと／をしへわたす[妙]		
化度せ	けどせ	×	化度	提婆	724②	漢サ動	742③	くと・せ／をしへわたす[妙]		
化度せ	けどせ	×	化度	提婆	725③	漢サ動	743④	くゑと・せ／をしへわたす[妙]	一し給へり[西右]	
化人	けにん	×	化人	法師	647⑥	仏人倫名	661③			
化人	けにん	けー	化人	法師	648②	仏人倫名	661⑥			
快然と	けねんと	くゑねん	快然	序品	25①	漢形動	21②	くゑねん／よくし て[妙]	たくましくィ[西右]	
懈癈し	けはいし	けはい	懈癈	化城	547①	漢サ動	553③			
華幡	けばん	けはん	華幡	信解	327①	漢名	303⑤	くゑばん／はなのはた[妙]		
華幡	けばん	けはん	華幡	薬王	1117⑥	漢名	1136⑤	くゑばん／はなのはた[妙]		
化佛	けぶつ	けー	化佛	見寶	689⑥	漢名	707⑤			
化佛	けぶつ	×	化佛	見寶	691①	漢名	709①			
化佛	けぶつ	×	化佛	見寶	691④	漢名	709④		一と[西右]	
けふり	けぶり	×	煙	譬喩	278⑤	和天象名	250②			
けふり	けぶり	×	煙	安樂	816①	和天象名	838⑤			
下方	げほう	×	下方	化城	490⑥	漢名	492⑤	けはう／しものはう[妙]		
下方	げほう	×	下方	化城	493④	漢名	495⑥	けはう／しものはう[妙]		
下方	げほう	×	下方	提婆	720③	漢名	738③			
下方	げほう	×	下方	従地	853③	漢名	876①	けはう／しものはう[妙]	一の[西右]	

当該語	読みかな	傍訓	漢字表記	品名	頁数	語の種類	妙一本	和解語文	可読	異同語彙
悕望	けもう	けまう	悕望	安樂	770⑤	漢名	791①	けまう／ねかいのそみ[妙]		
悕望する	けもうする	けまう	悕望	安樂	763⑥	漢サ動	783④	けまう・する／ねかひのそむ[妙]		
悕望する	けもうする	けまう	悕望	安樂	781⑤	漢サ動	802⑤	けまう・する／ねかいのそむ[妙]		
華瓔	けよう	けやう	華瓔	譬喩	248⑤	漢植物名	218⑤	くゑやう／はなふさ[妙]		
快楽	けらく	けらく・こゝろよくたのしく	快樂	譬喩	284③	漢名	256①			
快楽	けらく	けらく／こゝろたのしむ	快樂	譬喩	285③	漢名	257①	くゑらく／こゝちよくたのしき[妙]		
快楽せ	けらくせ	くゑらく	快樂	普賢	1323③	漢サ動	1328②	ごらくくゑらく・せ[妙]		
氣力安樂	けりきあんらく	けりきあんらく	氣力安樂	見寶	678⑤	漢四熟名	694⑥		一にやィ[西右]	
解了せ	げりょうせ	けりやう	解了	法功	1002⑤	漢サ動	1021②	けれう・せ／さとらん[妙]		
飢羸憔惶	けるいしょうおう	けるいしやうわう／うへつかれ{やせ}あわておのゝき	飢羸憔惶	譬喩	272⑤	漢四熟名	243⑥	うゑてかれあわておのゝきて[妙]		
下劣	げれつ	げれつ／いやしき	下劣	譬喩	249⑥	漢名	219⑥			
下劣	げれつ	げれつ／いやしき	下劣	信解	332③	漢名	310②			
下劣	げれつ	けれつ	下劣	信解	342③	漢名	323①			
下劣	げれつ	げれつ	下劣	信解	364③	漢名	350④			
下劣	げれつ	げれつ	下劣	信解	376③	漢名	364④			
下劣	げれつ	げれつ	下劣	化城	527⑥	漢名	533⑤			
下劣	げれつ	—れつ	下劣	妙音	1170⑥	漢名	1186⑤			けれつ[妙]
下劣	げれつ	けれつ	下劣	妙音	1172②	漢名	1188①			けれい[妙]
戲論	げろん	けろん／かりなる心也	戲論	信解	347①	漢名	328④	けろん／たわふれの[妙]		
戲論し	げろん	けろん	戲論	安樂	785⑤	漢サ動	807①			
戲論せ	げろん	げろん	戲論	安樂	789④	漢サ動	811②	けろん・せ／たわふれ[妙]		
戲論する	げろんする	けろん	戲論	法功	1042⑤	漢サ動	1061③			
けはしき	けわしき	×	嶮	法功	1017⑥	和形	1036④			
見	けん	けん	見	方便	154⑥	単漢名	134②			
見	けん	けん	見	譬喩	236⑤	単漢名	205⑥	けん／みる[妙]		
見	けん	×	見	譬喩	299②	単漢名	271④			
見	けん	×	見	化城	487⑥	単漢名	489①		一奉ら[西右]	
嶮	けん	けん	嶮	化城	541④	単漢名	547③	けん／けわしき[妙]		
眼	げん	げん・まなこ	眼	法功	994③	単漢身体名	1013②	げん／まなこ[妙]		
眼	げん	けん・まなこ	眼	法功	996⑤	単漢身体名	1015③	けん／まなこ[妙]		
眼	げん	げん	眼	常不	1057⑦	単漢身体名	1076③	けん／まなこ[妙]		
顔	げん	けん	顔	勸持	741⑤	単漢身体名	760④	そんげん／ほとけのみかをゝ[妙]		
現	げん	げん	現	譬喩	255④	単漢名	226④			
現	げん	げん	現	化城	539④	単漢名	545②			
現	げん	げん	現	安樂	770①	単漢名	790③			
現	げん	×	現	藥王	1120①	単漢名	1138③			げん[妙]
現	げん	×	現	藥王	1120①	単漢名	1138⑥			けん[妙]
現	げん	×	現	藥王	1128②	単漢名	1146⑤			げん[妙]
現	げん	×	現	藥王	1137②	単漢名	1155⑤			げん[妙]
現	げん	×	現	普賢	1334⑤	単漢名	1338⑦			けん[妙]
嶮隘	けんあい	けんあい	嶮隘	法功	1018②	漢名	1037⑤	けんあい／けわしくせはき[妙]	一と[西右]	
嶮惡道	けんあくどう	×	嶮惡道	化城	540⑤	漢地儀名	546④	けんあくたう／けわしくあしきみち[妙]	——のみち[西右]	
現一切色身	げんいっさいしきしん	——さいしきしん	現一切色身	妙音	1198①	仏名	1211⑥			けんいさいしきしん[妙]
現一切色身三昧	げんいっさいしきしんさんまい	×	現一切色身三昧	妙音	1198⑥	仏名	1212⑤			けんいさいしきしんさんまい[妙]
現一切色身三昧	げんいっさいしきしんさんまい	×	現一切色身三昧	妙音	1201④	仏名	1215③			けんいさいしきしんさんまい[妙]

当該語	読みかな	傍訓	漢字表記	品名	頁数	語の種類	妙一本	和解語文	可読	異同語彙
現一切世間	げんいっさいせけん	×	現一切世間	妙音	1187①	仏名	1201⑤			けんいさいせけん[妙]
弭蓋	けんがい	けんがい／てんかい	弭蓋	譬喩	248③	漢名	218②	けんかい／おほい[妙]		弭蓋おほい[妙]
甄迦羅	けんがら	けんから	甄迦羅	藥王	1128③	仏鬼神名	1147③	げんから[妙]		
還歸す	げんきす	けんき	還歸	妙音	1199⑤	漢サ動	1213③	くゑんき・す／かへる[妙]	かへりかへぬ[西右・立本寺]	
罣礙	けんげ	けんげ／さはり	罣礙	法師	655⑤	漢名	670①	くゑんけ／さわり[妙]		
現化	げんけ	げんけ	現化	五百	577①	漢名	581⑤	けむくゑ／あらはれこしらふること[妙]		
限导	げんげ	げんげ／かきりさは	限导	藥草	406③	漢名	393⑤	けんけ／かきりさわり[妙]		
謙下し	けんげし	けんげ／へりくたり	謙下	分別	966②	漢サ動	984②	けん・し／へりくたり[妙]		
檢繫せ	けんげせ	けんげ	檢繫	觀世	1213⑤	漢サ動	1227①	けんけ・せ／とらへつなかれん[妙]	とらへこめられん[西右]	
堅固	けんご	けんご／かたき心	堅固	序品	62④	漢名	54④	けんこ／かたき心[妙]	かたき心[西右]	かたき心[妙]
堅固	けんご	けんこ	堅固	序品	80③	漢名	70④	けんこ／かたく[妙]		
堅固	けんご	けんご	堅固	譬喩	228①	漢名	197③	けんご／かたく[妙]		
堅固	けんご	けんこ／かたき心	堅固	譬喩	312②	漢名	285⑤	けんご／かたからん[妙]		
堅固	けんご	けんこ	堅固	藥草	412③	漢名	400③	けんこ／かたく[妙]		
堅固	けんご	けんご	堅固	五百	572②	漢名	576②	けんこ／かたく[妙]		
堅固	けんご	けんご	堅固	安樂	774⑤	漢名	795②	けんこ／かたく[妙]		
堅固	けんご	けんご	堅固	從地	835③	漢名	858②	けんこ／かたく[妙]		
堅固	けんご	けんご	堅固	從地	845③	漢名	868①	けんご／かたき[妙]		
堅固	けんご	けんご	堅固	從地	853④	漢名	876②	けんこ／かたく[妙]		
堅固	けんご	けんご	堅固	分別	942④	漢名	961①	けんこ／かたき[妙]		
堅固	けんご	けんご	堅固	分別	959②	漢名	977⑤	けんこ／かたく[妙]		
堅固	けんご	けんご	堅固	法功	1024⑤	漢名	1043④	けんこ／かたく[妙]		
堅固	けんご	けんご	堅固	妙音	1180④	漢名	1195④			
賢劫	けんごう	×	賢劫	五百	569①	漢名	572⑥			
懸曠	げんこう	けんくはう／はるか(也)にはるか	懸曠	提婆	732⑥	漢名	751①	ぐゑんくわう／はるかなり[妙]		
嶮谷	けんこく	けんこく[西右]	嶮谷	法功	1003①	漢名	1021⑤	けんこく／けわしきたに[妙]		
險谷	けんこく	けんこく／けはしきおかに	險谷	藥草	401⑤	漢地儀名	388②	けいこく／たに[妙]		
堅黒栴檀	けんこくせんだん	けんこくせんたん	堅黒栴檀	藥王	1121④	漢四熟名	1139⑤	けんこくせんだん／かたくくろき[妙]	―― の ―― [西右]	
閑居し	げんこし	けんこ／しつかにいたる	閑居	譬喩	290①	漢サ動	262②	げんこ・し／しつかにい[妙]		げんこ[妙]
眼根	げんこん	×	眼根	藥王	1155⑤	漢名	1173④			けんこん[妙]
眼根清浄	げんこんしょうじょう	げんこん――	眼根清浄	常不	1067⑥	漢四熟名	1086④	けんこんしやうしやう[妙]		
眼根清浄	げんこんしょうじょう	げんこんしやうじやう	眼根清淨	藥王	1155④	漢四熟名	1173⑤	けんこんしやう――／まなこ[妙]		
現在	げんざい	げんざい	現在	序品	18②	漢名	14⑥			
現在	げんざい	けんさい	現在	方便	131④	漢名	115①			
現在	げんざい	×	現在	方便	169⑤	漢名	146②		―にも[西右]	
現在	げんざい	けんさい	現在	方便	173①	漢名	149①			
現在	げんざい	けんさい	現在	化城	514⑤	漢名	519⑤			

当該語	読みかな	傍訓	漢字表記	品名	頁数	語の種類	妙一本	和解語文	可読	異同語彙
現在	げんざい	けんさい	現在	法師	638③	漢名	650⑤		ーにいますィ[西右]	現在(げむさい)[妙]
現在	げんざい	×	現在	法師	639②	漢名	651④			
現在	げんざい	げんざひ	現在	譬喩	216①	漢名	184④			
現在	げんざい	げんざい	現在	安樂	795③	漢名	816⑥	けんさい／このよ[妙]		
現在	げんざい	げんざい	現在	分別	963⑤	漢名	982②		ーにいます[西右]	
現在前し	げんざいぜんし	げんざいぜん	現在前	化城	455①	漢サ動	449⑥			
現在前せ	げんざいぜんせ	げんざいぜん	現在前	化城	452③	漢サ動	446③			
減じ	げんじ	げん	減	化城	497②	漢サ動	500①	けん／ほろひ[妙]		
現じ	げんじ	げん	現	序品	20①	漢サ動	16④			
現じ	げんじ	×	現	序品	46⑤	漢サ動	40③			
現し	げんじ	×	現	序品	47②	漢サ動	40⑥			
現し	げんじ	けん	現	序品	69②	漢サ動	60⑤			
現じ	げんじ	×	現	序品	73⑤	漢サ動	64⑥			
現じ	げんじ	けん	現	方便	180⑤	漢サ動	155②			
現じ	げんじ	けん	現	信解	372④	漢サ動	359③			
現し	げんじ	×	現	化城	479①	漢サ動	478③			
現し	げんじ	けん	現	化城	498④	漢サ動	501④			
現し	げんじ	けん	現	化城	532③	漢サ動	538①		ー給ふ[西右]	
現し	げんじ	げん	現	法師	653①	漢サ動	667①			現(けむ)し[妙]
現じ	げんじ	×	現	提婆	730④	漢サ動	748⑤			
現し	げんじ	けん・しめ	現	如來	889⑤	漢サ動	908⑥			
現し	げんじ	×	現	神力	1086②	漢サ動	1104④			けん・し[妙]
現し	げんじ	×	現	神力	1087②	漢サ動	1105⑤			げん・し[妙]
現じ	げんじ	×	現	神力	1098③	漢サ動	1117①			現(げん)し[妙]
現じ	げんじ	×	現	神力	1098⑤	漢サ動	1117⑤			現(げん)し[妙]
現じ	げんじ	×	現	神力	1099④	漢サ動	1118③			現(げん)し[妙]
現し	げんじ	×	現	囑累	1105①	漢サ動	1123⑥			げん・し[妙]
現じ	げんじ	×	現	妙音	1178③	漢サ動	1193④			けん・し[妙]
現じ	げんじ	×	現	妙音	1189⑤	漢サ動	1204②			現(げん)し[妙]
現し	げんじ	×	現	妙音	1190①	漢サ動	1204④		(現)すィ[西右]	けん・し[妙]
現し	げんじ	×	現	妙音	1190②	漢サ動	1204④			けん・し[妙]
現し	げんじ	×	現	妙音	1190③	漢サ動	1204⑤			けん・し[妙]
現し	げんじ	×	現	妙音	1190④	漢サ動	1204⑥			けん・し[妙]
現し	げんじ	×	現	妙音	1190④	漢サ動	1205①			けん・し[妙]
現し	げんじ	×	現	妙音	1190⑤	漢サ動	1205①			けん・し[妙]
現し	げんじ	×	現	妙音	1190⑥	漢サ動	1205②			けん・し[妙]
現し	げんじ	×	現	妙音	1190⑥	漢サ動	1205③			けん・し[妙]
現し	げんじ	×	現	妙音	1191①	漢サ動	1205③			けん・し[妙]
現し	げんじ	×	現	妙音	1191②	漢サ動	1205④			けん・し[妙]
現し	げんじ	×	現	妙音	1191②	漢サ動	1205④			×[妙]
現し	げんじ	×	現	妙音	1191③	漢サ動	1205⑤			けん・し[妙]
現し	げんじ	×	現	妙音	1191④	漢サ動	1205⑥			けん・し[妙]
現し	げんじ	×	現	妙音	1191⑤	漢サ動	1205⑥			けん・し[妙]
現し	げんじ	×	現	妙音	1191⑥	漢サ動	1206①			けん・し[妙]
現し	げんじ	×	現	妙音	1192①	漢サ動	1206②			けん・し[妙]
現し	げんじ	×	現	妙音	1192③	漢サ動	1206④			けん・し[妙]
現じ	げんじ	×	現	妙音	1193④	漢サ動	1207④			現(げん)し[妙]
現し	げんじ	×	現	妙音	1195①	漢サ動	1208⑥			けん・し[妙]
現し	げんじ	×	現	妙音	1195③	漢サ動	1209②			けん・し[妙]
現し	げんじ	×	現	妙音	1195⑤	漢サ動	1209④			けん・し[妙]
現し	げんじ	×	現	妙音	1196①	漢サ動	1209⑥			けん・し[妙]
現じ	げんじ	げん	現	觀世	1222⑥	漢サ動	1236②			現(げん)し[妙]
現じ	げんじ	けん	現	觀世	1223①	漢サ動	1236⑥			げん・し[妙]
現じ	げんじ	けん	現	觀世	1223③	漢サ動	1236⑥			現(げん)し[妙]
現じ	げんじ	×	現	觀世	1223⑥	漢サ動	1237②			けん・し[妙]
現し	げんじ	×	現	觀世	1224③	漢サ動	1237④			けん・し[妙]
現し	げんじ	×	現	觀世	1224⑤	漢サ動	1237⑥			けん・し[妙]
現し	げんじ	×	現	觀世	1225①	漢サ動	1238②			けん・し[妙]
現し	げんじ	×	現	觀世	1225③	漢サ動	1238④			けん・し[妙]
現し	げんじ	×	現	觀世	1225⑤	漢サ動	1238⑥			けん・し[妙]
現し	げんじ	×	現	觀世	1226①	漢サ動	1239②			けん・し[妙]
現し	げんじ	×	現	觀世	1226③	漢サ動	1239④			けん・し[妙]

当該語	読みかな	傍訓	漢字表記	品名	頁数	語の種類	妙一本	和解語文	可読	異同語彙
現し	げんじ	×	現	觀世	1226⑤	漢サ動	1239⑥			けん・し[妙]
現し	げんじ	×	現	觀世	1227①	漢サ動	1240①			けん・し[妙]
現し	げんじ	×	現	觀世	1227④	漢サ動	1240④			けん・し[妙]
現し	げんじ	×	現	觀世	1228①	漢サ動	1241①			けん・し[妙]
現し	げんじ	×	現	觀世	1228④	漢サ動	1241④			けん・し[妙]
現し	げんじ	×	現	觀世	1228⑥	漢サ動	1241⑥			けん・し[妙]
現じ	げんじ	×	現	觀世	1229③	漢サ動	1242③			現現(げん)し[妙]
現し	げんじ	×	現	觀世	1229⑥	漢サ動	1242⑤			けん・し[妙]
現じ	げんじ	×	現	妙莊	1279⑤	漢サ動	1289④			現(げん)し[妙]
現し	げんじ	×	現	妙莊	1280①	漢サ動	1289⑤		一ず[西右]	けん・し[妙]
現し	げんじ	×	現	妙莊	1280④	漢サ動	1290④			けん・し[妙]
現じ	げんじ	×	現	普賢	1307③	漢サ動	1314①			現(げん)し[妙]
現し	げんじ	×	現	普賢	1313②	漢サ動	1319②			けん・し[妙]
現じ	げんじ	×	現	普賢	1317③	漢サ動	1322⑤			現(げん)し[妙]
顯示し	けんじし	けんし	顯示	化城	462①	漢サ動	457⑤	けんし／あらはししめし[妙]	一することを[西右]	
顯示し	けんじし	けんじ／あらはししめす	顯示	化城	481②	漢サ動	481①	けんし／あらはししめし[妙]		
現に{して}	げんじて	げんして	現	授學	615⑥	単漢サ動	625④			現(げん)して[妙]
見者	けんじゃ	けん一	見者	藥草	392④	漢人倫名	378①	いさいけんしや／いさいをみるもの[妙]	一なり[西左]	
閑靜	げんじやう	げんじやう	閑靜	序品	32①	漢名	27③	けんしやう／しつかに[妙]		
限數	げんしゅ	げんじゆ	限數	如來	886②	漢名	905②	けんしゆ／かきりかす[妙]		
還集せ	げんしゅうせ	げんしう／かへりあつまり	還集	見寶	665⑥	漢サ動	680⑥	くゑんしゆ／かへりあつまる[妙]		
賢聖	けんしょう	×	賢聖	安樂	799①	漢名	820④			
賢聖	けんしょう	×	賢聖	安樂	801③	漢名	823②	げんじやう／ひしり[妙]		
賢聖	けんしょう	げんしやう	賢聖	安樂	810②	漢名	832③			
賢聖	けんしょう	げんじやう	賢聖	藥王	1146③	漢名	1164④	げんしやう[妙]	一と[西右]	
減少	げんしょう	げんせう	減少	化城	497④	漢名	500④	けんせう／をとれり[妙]		
減少し	げんしょうし	けんせう	減少	化城	481⑤	漢サ動	481④			
賢聖衆	けんしょうしゅう	げんじやうの一	賢聖衆	五百	582①	漢名	587②			
減少せ	げんしょうせ	けんせう	減少	化城	479③	漢サ動	478⑤	けんせう／ほろひ[妙]		
見濁	けんじょく	けん一	見濁	方便	135④	漢名	118③			
顏色	げんしょく	げんしき	顏色	安樂	809⑥	漢名	832②	けんしき／かをのいろ[妙]		
現諸身	げんしょしん	×	現諸身	藥王	1127⑤	漢名	1146②			げんしよじん[妙]
蠲除せ	けんぢょせ	くゑんぢょ／のぞく	蠲除	信解	347①	漢サ動	328④	くゑんぢょ／のぞか[妙]		
現す	げんず	けん	現	如來	911③	漢サ動	930③			
現す	げんず	けん	現	如來	913③	漢サ動	932⑤			
現す	げんず	×	現	妙音	1196④	漢サ動	1210③		一してィ[西右]	現(けん)す[妙]
現ず	げんず	×	現	妙莊	1278②	漢サ動	1288②			現(けん)す[妙]
現す	げんず	×	現	妙莊	1279①	漢サ動	1289①			けん・す[妙]
現す	げんず	×	現	妙莊	1279⑥	漢サ動	1289⑥			けん・す[妙]
現す	げんず	けん	現	五百	576③	漢サ動	581①			
現す	げんず	×	現	五百	576⑤	漢サ動	581③			
現す	げんず	×	現	五百	577⑥	漢サ動	582⑥			
現ずる	げんずる	×	現	方便	123④	漢サ動	108③			
現する	げんずる	けん	現	化城	465④	漢サ動	462①		一ぜ[西右]	
げんせ	げんせ	×	現	法功	1034④	漢サ動	1053④			
現せ	げんぜ	×	現	序品	20④	漢サ動	17①			
現ぜ	げんぜ	けん	現	序品	71①	漢サ動	62②			
現ぜ	げんぜ	げん	現	譬喩	298②	漢サ動	270④			
現せ	げんぜ	×	現	藥草	405④	漢サ動	392⑤			
現せ	げんぜ	げん	現	授記	432②	漢サ動	423①			
現せ	げんぜ	げん	現	化城	474③	漢サ動	473②			
現せ	げんぜ	×	現	法師	654⑤	漢サ動	669①		一する事をして[西右]	
現せ	げんぜ	けん	現	如來	914③	漢サ動	933②			
現ぜ	げんぜ	×	現	法功	1036①	漢サ動	1054⑥			

当該語	読みかな	傍訓	漢字表記	品名	頁数	語の種類	妙一本	和解語文	可読	異同語彙
現ぜ	げんぜ	げん	現	法功	1036④	漢サ動	1055②			
現ぜ	げんぜ	げん	現	法功	1036⑥	漢サ動	1055⑤			
現ぜ	げんぜ	×	現	法功	1037②	漢サ動	1056①			
現ぜ	げんぜ	×	現	法功	1039②	漢サ動	1057⑥			
現ぜ	げんぜ	×	現	法功	1039④	漢サ動	1058③			
現ぜ	げんぜ	×	現	法功	1040②	漢サ動	1058⑥			
現ぜ	げんぜ	×	現	法功	1040③	漢サ動	1059②			
現ぜ	げんぜ	×	現	妙音	1174②	漢サ動	1190①			けん・せ[妙]
現ぜ	げんぜ	×	現	觀世	1243②	漢サ動	1255④			現(けん)す[妙]
現ぜ	げんぜ	×	現	普賢	1314②	漢サ動	1319⑤			現(けん)す[妙]
現世	げんぜ	げんせ	現世	藥草	393⑥	漢名	379④			
現世	げんぜ	×	現世	藥王	1159③	漢名	1176⑥			けんせ[妙]
現世	げんぜ	×	現世	普賢	1333⑤	漢名	1337①			けんせ[妙]
現世	げんぜ	×	現世	普賢	1335③	漢名	1338③			けんせ[妙]
顕説せ	けんせつせ	けんぜつ	顕説	法師	638③	漢サ動	650⑤	けむせち・す／あらはにとく[妙]	―し給はす[西右]	
現前	げんぜん	げんぜん	現前	方便	138⑥	漢名	121①			
現前	げんぜん	げんぜん	現前	五百	583③	漢名	588⑥			
現前	げんぜん	げんぜん	現前	分別	955③	漢名	974②			
現前せ	げんぜんせ	げんぜん	現前	化城	530②	漢名	535⑥			
眷属	けんぞく	け・くゑんぞく	眷屬	序品	6⑤	漢名	5③			
眷属	けんぞく	×	眷屬	序品	6⑥	漢名	5④			
眷属	けんぞく	け・くゑんぞく	眷屬	序品	10①	漢名	8①			
眷属	けんぞく	×	眷屬	序品	10③	漢名	8③			
眷属	けんぞく	×	眷屬	序品	10⑤	漢名	8④			
眷属	けんぞく	けんぞく	眷屬	序品	11①	漢名	8⑥			
眷属	けんぞく	けん―	眷屬	序品	11⑤	漢名	9③			
眷属	けんぞく	×	眷屬	序品	12②	漢名	9⑥			
くゑ[け]んぞく	けんぞく	くゑんぞく	眷屬	序品	12⑤	漢名	10②			
眷属	けんぞく	けんぞく	眷屬	序品	13③	漢名	10⑤			
眷属	けんぞく	けんぞく	眷屬	序品	13⑥	漢名	11①			
眷属	けんぞく	けんぞく	眷屬	序品	14①	漢名	11③			
眷属	けんぞく	けんぞく	眷屬	序品	36④	漢名	31③		―と[西右]	
眷属	けんぞく	けんぞく	眷屬	方便	178⑥	漢名	153⑥			
眷属	けんぞく	くゑんそく	眷屬	信解	357③	漢名	341③			くゑんぞく[妙]
眷属	けんぞく	けんぞく	眷屬	化城	514⑥	漢名	519⑥			
眷属	けんぞく	くゑんそく	眷屬	化城	531⑤	漢名	537③			
眷属	けんぞく	けんぞく	眷屬	勸持	737⑥	漢名	756④			
眷属	けんぞく	×	眷屬	勸持	746②	漢名	765①		―と[西右]	
眷属	けんぞく	け・くゑんぞく	眷屬	安樂	798②	漢名	819⑤			
眷属	けんぞく	くゑんぞく	眷屬	安樂	815①	漢名	837④			
眷属	けんぞく	くゑんぞく	眷屬	從地	819③	漢名	841⑤			
眷属	けんぞく	けんぞく	眷屬	從地	821③	漢名	843⑤			
眷属	けんぞく	×	眷屬	從地	821④	漢名	843⑥			
眷属	けんぞく	くゑんぞく	眷屬	從地	822①	漢名	844③		―ある[西右]	眷属(くゑんぞく)[妙]
眷属	けんぞく	×	眷屬	從地	822②	漢名	844④			
眷属	けんぞく	け・くゑんぞく	眷屬	從地	835⑥	漢名	858⑤			
眷属	けんぞく	×	眷屬	從地	838①	漢名	860⑤			
眷属	けんぞく	くゑんぞく	眷屬	法功	1018⑤	漢名	1037③			
眷属	けんぞく	くゑんぞく	眷屬	法功	1029④	漢名	1048②			
眷属	けんぞく	×	眷屬	法功	1029⑤	漢名	1048②			
眷属	けんぞく	けんそく	眷屬	法功	1033③	漢名	1052②		と[西右]	
眷属	けんぞく	け・くゑむ・んぞく	眷屬	陀羅	1263②	漢名	1274④			くゑんぞく[妙]
眷属	けんぞく	くゑんぞく	眷屬	陀羅	1271①	漢名	1281⑥			くゑんぞく[妙]
眷属	けんぞく	けんぞく	眷屬	妙莊	1289⑥	漢名	1299①		―と[西右]	くゑんぞく[妙]
眷属	けんぞく	×	眷屬	妙莊	1290①	漢名	1299②			くゑんぞく[妙]
眷属	けんぞく	け・くゑんぞく	眷屬	妙莊	1294⑥	漢名	1303②		―と[西右]	くゑんぞく[妙]
眷属	けんぞく	けんぞく	眷屬	妙莊	1303③	漢名	1310⑥		―と[西右]	くゑんぞく[妙]
眷属	けんぞく	けんぞく	眷屬	普賢	1325②	漢名	1329⑤			くゑんぞく[妙]
減損す	げんそんす	げんそん	減損	化城	459⑤	漢サ動	455②	けんそん／ほろほす[妙]	―し[西右]	
揵駄	けんだ	けんだ	揵駄	陀羅	1265⑥	仏名	1277①			けんだ[妙]
険宅	けんたく	けんたく／けはしきいゑ	險宅	譬喩	284⑤	漢名	256⑤	けんたく／けはしきいへ[妙]		
乾闥	けんだつ	けんたつ	乾闥	序品	70②	仏人倫名	61③		―と[西右]	
乾闥婆	けんだっぱ	けんたつば	乾闥婆	序品	16④	仏人倫名	13③			

当該語	読みかな	傍訓	漢字表記	品名	頁数	語の種類	妙一本	和解語文	可読	異同語彙
乾闥婆	けんだっぱ	けんたつは	乾闥婆	序品	55③	仏人倫名	48②	けんたつは／かくにん[妙]		
乾闥婆	けんだっぱ	けんたつは	乾闥婆	方便	108⑤	仏人倫名	95②			
乾闥婆	けんだっぱ	けんたつは	乾闥婆	譬喩	230⑤	仏人倫名	199⑥	けんたつは／かくにん[妙]		
乾闥婆	けんだっぱ	けんたつは	乾闥婆	化城	467⑥	仏人倫名	464⑥	けんたつは／かくにん[妙]		
乾闥婆	けんだっぱ	けんたつは	乾闥婆	化城	476③	仏人倫名	475④	けんたつは／かくにん[妙]		
乾闥婆	けんだっぱ	けんたつは	乾闥婆	化城	485①	仏人倫名	485⑤			
乾闥婆	けんだっぱ	けんたつは	乾闥婆	化城	493⑥	仏人倫名	496②			
乾闥婆	けんだっぱ	×	乾闥婆	法師	621④	仏人倫名	632②		一と[西右]	
乾闥婆	けんだっぱ	×	乾闥婆	法師	648④	仏人倫名	662③			
乾闥婆	けんだっぱ	×	乾闥婆	見寶	658③	仏人倫名	672⑤	けんたつは／かくにん[妙]		
乾闥婆	けんだっぱ	けんたつは	乾闥婆	法功	1028⑤	仏人倫名	1047③		一と[西右]	
乾闥婆	けんだっぱ	けんたつは	乾闥婆	神力	1085⑥	仏人倫名	1104②			けんたつは[妙]
乾闥婆	けんだっぱ	×	乾闥婆	神力	1088⑤	仏人倫名	1106⑤			けんたつ[妙]
乾闥婆	けんだっぱ	けんたつは	乾闥婆	藥王	1115⑤	仏人倫名	1133⑤			けんたつは[妙]
乾闥婆	けんだっぱ	×	乾闥婆	妙音	1192⑤	仏人倫名	1206②			けんたつは[妙]
乾闥婆	けんだっぱ	けんたつば	乾闥婆	觀世	1229①	仏人倫名	1241⑥	けんだちは／かくにん[妙]		
乾闥婆	けんだっぱ	×	乾闥婆	觀世	1233②	仏人倫名	1245⑥			けんたちは[妙]
乾闥婆	けんだっぱ	×	乾闥婆	普賢	1306⑥	仏人倫名	1313⑤			けんたつは[妙]
乾闥婆衆	けんだつばしゅ	けんたつばしゆ	乾闥婆衆	陀羅	1259⑥	仏名	1271④	けんたちはしゆ[妙]	一のために[西右]	
乾闥婆聲	けんだつばしょう	けんたつは―	乾闥婆聲	法功	999⑥	仏名	1018④	けんだつばしやう／かくにんのこゑ[妙]		
乾闥婆女	けんだつばにょ	―――によ	乾闥婆女	法功	1028⑤	仏人倫名	1047③		一と[西右]	
乾陀利 四	けんだり	けんだり	乾陀利 四	陀羅	1260⑥	仏梵語名	1272④			けんたり[妙]
險道	けんどう	けんたう／けはしきみち	險道	方便	176②	漢地儀名	151④			
險道	けんどう	けんだう／けはしきみち	險道	譬喩	266③	漢地儀名	237⑤	けんたう／けわしきミち[妙]		
險道	けんどう	けんだう／けはしきみちを	險道	化城	522⑤	漢地儀名	527⑥	けんたう／けわしきみちと[妙]		
險道	けんどう	けんたう	險道	化城	524①	漢地儀名	529③	けんたう／けわしきみちと[妙]		
險道	けんどう	けんだう／けはしきみち	險道	化城	541①	漢地儀名	546⑥	けんたう／けわしきみち[妙]		
險道	けんどう	けんたう	險道	化城	547②	漢地儀名	553④			
慳貪	けんどん	けんどん	慳貪	方便	135⑥	漢名	118⑤	けんとん／をしみねたみ[妙]		
慳貪	けんどん	けんどん	慳貪	方便	150⑤	漢名	130⑥			
患難	けんなん	けんなん・ぐゑん―／うれへ	患難	譬喩	290④	漢名	262⑤	ぐゑなん／うれへ[妙]		
險難	けんなん	けんなん／けはしき	險難	化城	522①	漢名	527②	けんなん／けわしく[妙]		
險難	けんなん	けんなん	險難	化城	527①	漢名	532③	けんなん／けわしき[妙]		
患難	げんなん	げんなん	患難	譬喩	280⑥	漢名	252③			ぐゑんなん[妙]
現に	げんに	げん	現	五百	592③	漢形動	599④			
現に	げんに	×	現	法師	628②	漢形動	639④			
還復し	げんぷくし	げんぶく	還復	藥王	1139③	漢サ動	1157④	くゑんふ・し／もとのこと[妙]		
還復する	げんぷくする	ぐゑんぶく	還復	藥王	1139①	漢サ動	1157②	くゑんふ・する[妙]		
見佛	けんぶつ	けんふつ	見佛	隨喜	985①	漢名	1003②	けんふつ／ほとけをみ[妙]	佛みたてまつり法をきゝて信受し教誨せられん[西右]	
顯發し	けんほつし	けんほつ	顯發	從地	845⑥	漢サ動	868④	けんほつ・し／あらはしをこし[妙]		
衒賣する	げんまいする	けんまい／あいはかる心	衒賣	安樂	771④	漢サ動	791⑥	くゑんまい・する／てらいうる[妙]	てらいうる[西右]	
衒賣する	げんまいする	けんまい	衒賣	普賢	1330⑥	漢サ動	1334⑤	くゑんまい・する[妙]		

当該語	読みかな	傍訓	漢字表記	品名	頁数	語の種類	妙一本	和解語文	可読	異同語彙
堅満菩薩	けんまんぼさつ	けんまんほさつ	堅満菩薩	譬喩	225③	仏菩薩名	194③			
堅満菩薩	けんまんぼさつ	けんまん――	堅満菩薩	譬喩	225⑤	仏菩薩名	194⑤			
眼目	げんもく	げんもく	眼目	普賢	1335⑥	漢名	1338⑥	けんもく／め[妙]		
見聞	けんもん	けんもん	見聞	法師	641⑤	漢サ動	654②	けんもん／みきゝ[妙]		
見聞する	けんもんする	けんもん・みきゝ	見聞	序品	28④	漢サ動	24④	けんもん・する／みきく[妙]		
還来し	げんらいし	けんらい・かへりきたり	還来	如來	900③	漢サ動	919④	ぐゑんらい・し／かへりきたり[妙]		
限量	げんりょう	げん―	限量	分別	937④	漢名	956①	けんりやう／かきりはかり[妙]		
限量	げんりょう	げんりやう	限量	分別	947⑤	漢名	966③			
慳悋	けんりん	けんりん	慳悋	嘱累	1107④	漢名	1126②	けんりん／かたくをしむこと[妙]		
慳悋	けんりん	けんりん	慳悋	嘱累	1108③	漢名	1127①			けんりん[妙]
險路	けんろ	けんろ／けはしきみち	險路	觀世	1214④	漢地儀名	1227⑤	けんろ／けはしきみちを[妙]		
一子	こ	×	子	譬喩	251①	和人倫名	221①			
一子	こ	×	子	譬喩	251④	和人倫名	221④			
こ	こ	×	子	信解	324③	和人倫名	300③			
こ	こ	×	子	信解	329②	和人倫名	306②			
こ	こ	×	子	信解	336①	和人倫名	314⑤			
こ	こ	×	子	信解	339③	和人倫名	318⑥			
こ	こ	×	子	信解	342⑥	和人倫名	323③			
こ	こ	×	子	信解	345①	和人倫名	326①			
こ	こ	×	子	信解	345②	和人倫名	326③			
こ	こ	×	子	信解	355⑥	和人倫名	339④			
こ	こ	×	子	信解	361②	和人倫名	346①			
こ	こ	×	子	信解	361④	和人倫名	346④			
こ	こ	×	子	信解	363②	和人倫名	348⑤			
こ	こ	×	子	信解	371⑥	和人倫名	358⑤			
一子	こ	×	子	安樂	769②	和人倫名	789④			
こ	こ	×	子	從地	852③	和人倫名	875①			
こ	こ	×	子	從地	859②	和人倫名	882①			
こ	こ	×	子	如來	902②	和人倫名	921②			
子	こ	×	子	譬喩	239⑥	和人倫名	209①			
子	こ	×	子	譬喩	244③	和人倫名	214①			
子	こ	×	子	譬喩	244⑥	和人倫名	214④			
子	こ	×	子	譬喩	250②	和人倫名	220①			
子	こ	×	子	譬喩	251⑥	和人倫名	221⑥			
子	こ	こ	子	譬喩	253①	和人倫名	223③			
子	こ	こ	子	譬喩	253③	和人倫名	223⑥			
子	こ	×	子	譬喩	259①	和人倫名	230③	しよし／もろ〳〵のこ[妙]		
子	こ	×	子	譬喩	267①	和人倫名	238②			
一子	こ	×	子	譬喩	281⑤	和人倫名	253②			
一子	こ	×	子	譬喩	282②	和人倫名	253⑤			
子	こ	×	子	譬喩	283⑤	和人倫名	255②	しよし／もろ〳〵のこ[妙]		
子	こ	×	子	譬喩	286①	和人倫名	257⑥	しよし／もろ〳〵のこ[妙]		
子	こ	×	子	譬喩	288④	和人倫名	260④	しよし／もろ〳〵のこ[妙]		
子	こ	×	子	譬喩	288④	和人倫名	260④			しよし[妙]
子	こ	×	子	譬喩	289②	和人倫名	261③			
子	こ	×	子	譬喩	290③	和人倫名	262④			
子	こ	×	子	譬喩	294①	和人倫名	266②			
子	こ	×	子	信解	322⑥	和人倫名	298④			
子	こ	×	子	信解	324①	和人倫名	299⑥			
子	こ	×	子	信解	324③	和人倫名	300③			
子	こ	×	子	信解	325④	和人倫名	301⑤			
子	こ	×	子	信解	325⑤	和人倫名	302①			
子	こ	×	子	信解	329⑤	和人倫名	306⑥			
子	こ	×	子	信解	332③	和人倫名	310②			
こ	こ	×	子	信解	332④	和人倫名	310④			
子	こ	×	子	信解	332⑤	和人倫名	310④			
子	こ	×	子	信解	332⑥	和人倫名	310⑥			

けんーこう 187

当該語	読みかな	傍訓	漢字表記	品名	頁数	語の種類	妙一本	和解語文	可読	異同語彙
子	こ	×	子	信解	333⑤	和人倫名	311⑥			
子	こ	×	子	信解	335⑥	和人倫名	314③			
子	こ	×	子	信解	337②	和人倫名	316①			
子	こ	×	子	信解	343③	和人倫名	324①			
子	こ	×	子	信解	343⑥	和人倫名	324⑤			
子	こ	×	子	信解	344⑥	和人倫名	325⑥			
子	こ	×	子	信解	346③	和人倫名	327⑥			
子	こ	×	子	信解	356①	和人倫名	339⑥			
子	こ	×	子	信解	359①	和人倫名	343③			
子	こ	×	子	信解	361②	和人倫名	346①			
子	こ	×	子	信解	362④	和人倫名	347⑤			
子	こ	×	子	信解	363⑥	和人倫名	349②			
子	こ	×	子	信解	364①	和人倫名	349③			
子	こ	×	子	信解	364②	和人倫名	349⑤			
子	こ	×	子	信解	364⑤	和人倫名	350③			
子	こ	×	子	從地	866⑤	和人倫名	889③			
子	こ	×	子	從地	867①	和人倫名	889⑤			
子	こ	×	子	從地	867①	和人倫名	889⑥			
子	こ	こ	子	如來	900①	和人倫名	919②	しよし／もろ＼のこ[妙]		諸子(しよし)もろ＼のこ[妙]
子	こ	こ	子	如來	900④	和人倫名	919③			諸子(しよし)[妙]
子	こ	×	子	如來	902⑥	和人倫名	921⑥	しよし／もろ＼のこ[妙]		諸子[妙]
子	こ	×	子	如來	904④	和人倫名	923④			
子	こ	×	子	如來	906⑤	和人倫名	925⑤	しよし／もろ＼のこ[妙]		諸子[妙]
子	こ	×	子	藥王	1150②	和人倫名	1168②			こ[妙]
子	こ	×	子	陀羅	1263②	和人倫名	1274④			こ[妙]
子	こ	×	子	妙莊	1273②	和人倫名	1283⑥			こ[妙]
子	こ	×	子	妙莊	1273⑥	和人倫名	1284②			こ[妙]
子	こ	×	子	妙莊	1275⑤	和人倫名	1286⑤			こ[妙]
子	こ	×	子	妙莊	1276⑥	和人倫名	1287⑤			こ[妙]
子	こ	×	子	妙莊	1277⑤	和人倫名	1287⑥			こ[妙]
子	こ	×	子	妙莊	1277⑥	和人倫名	1288①			こ[妙]
子	こ	×	子	妙莊	1281②	和人倫名	1290⑥			こ[妙]
子	こ	×	子	妙莊	1281④	和人倫名	1291②			こ[妙]
子	こ	×	子	妙莊	1282③	和人倫名	1292①			こ[妙]
子	こ	×	子	妙莊	1282⑤	和人倫名	1292③			こ[妙]
子	こ	×	子	妙莊	1284①	和人倫名	1293②			こ[妙]
子	こ	×	子	妙莊	1285②	和人倫名	1295④			こ[妙]
子	こ	×	子	妙莊	1289③	和人倫名	1298⑤			こ[妙]
子	こ	×	子	妙莊	1290②	和人倫名	1299③			こ[妙]
子	こ	×	子	妙莊	1295⑥	和人倫名	1304②			こ[妙]
子	こ	×	子	妙莊	1296④	和人倫名	1304⑤			こ[妙]
子	こ	×	子	妙莊	1298⑤	和人倫名	1306④			こ[妙]
子	こ	×	子	妙莊	1298⑥	和人倫名	1306⑤			こ[妙]
子	こ	×	子	妙莊	1304①	和人倫名	1311①			こ[妙]
牛	ご	ご	牛	信解	323⑤	単漢畜類名	299④	ご／うし[妙]		
虚	こ	こ	虚	如來	893②	単漢名	912②	こ／むなしき[妙]		
狐	こ	こ	狐	譬喩	281②	単漢獣類名	252⑥	こ／のきつね[妙]		
虎	こ	こ	虎	法功	1019①	単漢獣類名	1037⑤	こ／とら[妙]	一と[西右]	
牛	ご	ご	牛	信解	354④	単漢畜類名	338①			
牛	ご	ご	牛	法功	1002①	単漢畜類名	1020⑤	こ／うし[妙]		
五	ご	×	五	序品	52①	漢数名	45②			
五	ご	×	五	從地	822④	漢数名	844⑥			
五	ご	×	五	陀羅	1262③	漢数名	1273⑥			
語	ご	ご	語	從地	847④	単漢名	870②			
語	ご	×	語	藥王	1126①	単漢名	1144③	ご／こと[妙]		
語	ご・みことば	こ	語	方便	120③	単漢名	105④	こ／こと[妙]	右訓:みことば	
功	こう	×	功	法師	643③	単漢名	656②			
功	こう	こう	功	提婆	729②	単漢名	747②			
功	こう	こう	功	安樂	796⑥	単漢名	818③			
功	こう	こう	功	安樂	797①	単漢名	818④			
功	こう	×	功	安樂	799①	単漢名	820⑥			
功	こう	×	功	安樂	800③	単漢名	822②			
功	こう	こう	功	安樂	805⑥	単漢名	828①			
好	こう	かう・よき	好	法功	1026⑥	単漢名	1045⑤	かう／よき[妙]	よき[西右]	

当該語	読みかな	傍訓	漢字表記	品名	頁數	語の種類	妙一本	和解語文	可讀	異同語彙
香	こう	かう	香	序品	41①	単漢名	35③			
香	こう	かう／か	香	譬喩	260③	単漢名	231⑤	かう／か[妙]		
香	こう	かう	香	法師	636②	単漢名	648③			
香	こう	×	香	見寶	657⑤	単漢名	672①			
香	こう	×	香	見寶	670①	単漢名	685②			
香	こう	×	香	見寶	674②	単漢名	690①			
香	こう	×	香	見寶	676④	単漢名	692④			
香	こう	×	香	見寶	688③	単漢名	706①			
香	こう	かう・か	香	如來	901⑥	単漢名	920⑥	かう／か[妙]	一との[西右]	
香	こう	かう	香	如來	902③	単漢名	921⑤	かう／か[妙]	一と[西右]	
香	こう	かう	香	如來	903①	単漢名	922①	かう／か[妙]		
香	こう	かう	香	如來	904②	単漢名	923②	かう／か[妙]		
香	こう	かう	香	如來	908①	単漢名	926⑥	かう／か[妙]		
香	こう	かう	香	分別	928①	単漢名	946⑤			
香	こう	×	香	分別	934⑤	単漢名	953③			
香	こう	かう	香	法功	1010④	単漢名	1028⑥			か[妙]
香	こう	×	香	法功	1010④	単漢名	1028⑥			か[妙]
香	こう	か	香	法功	1010⑤	単漢名	1029②			か[妙]
香	こう	×	香	法功	1012③	単漢名	1030⑥			か[妙]
香	こう	×	香	法功	1013⑤	単漢名	1032②		か[西右]	か[妙]
香	こう	×	香	法功	1013⑤	単漢名	1032③		か[西右]	か[妙]
香	こう	×	香	法功	1013⑥	単漢名	1032③		か[西右]	か[妙]
一香	こう	一かう	香	法功	1014①	単漢名	1032④			か[妙]
香	こう	×	香	法功	1015④	単漢名	1034③	かう／か[妙]	一となり[西右]	
香	こう	かう	香	藥王	1121⑥	単漢名	1140①			かう[妙]
香	こう	×	香	藥王	1121⑥	単漢名	1140②		一は[西右]	かう[妙]
香	こう	×	香	藥王	1122⑥	単漢名	1141①		一と[西右]	かう[妙]
香	こう	×	香	藥王	1125①	単漢名	1143①		一と[西右]	かう[妙]
香	こう	か	香	藥王	1159④	単漢名	1177①			か[妙]
香	こう	×	香	藥王	1159⑤	単漢名	1177②			か[妙]
高	こう	かう／たかく	高	隨喜	984④	単漢名	1002⑥	かう／たかく[妙]	はなはながくしかもたかくなをからん[西右]	
業	ごう	ごう	業	方便	143①	単漢名	124④		一とをとく[西右]	
業	ごう	ごう	業	方便	174③	単漢名	150①		一と[西右]	
業	ごう	こう	業	化城	462⑤	単漢名	458④			
業	ごう	こう	業	如來	918②	単漢名	937②			
業	ごう	ごふ	業	法功	1042②	単漢名	1060⑥			
劫	ごう	こう	劫	譬喩	220⑤	単漢名	189④			
劫	ごう	こう	劫	譬喩	222⑤	単漢名	191④			
劫	ごう	×	劫	譬喩	227③	単漢名	196④			
劫	こう	こう	劫	譬喩	303①	単漢名	275②			
劫	ごう	こう	劫	譬喩	311②	単漢名	284②			
劫	ごう	こう	劫	譬喩	316④	単漢名	291①	こう／ひさしきとし[妙]		
劫	ごう	こう	劫	授記	416④	単漢名	404②			
劫	ごう	×	劫	授記	427②	単漢名	417④	こう／とし[妙]		
劫	ごう	×	劫	授記	440⑤	単漢名	432⑥			
劫	ごう	×	劫	化城	446②	単漢名	439②	こう／とし[妙]		
劫	ごう	×	劫	化城	450④	単漢名	444④			
劫	ごう	こう・	劫	五百	573⑤	単漢名	578①			
劫	ごう	×	劫	五百	580②	単漢名	585④			
劫	ごう	×	劫	授學	605③	単漢名	614①			
劫	ごう	ごう	劫	提婆	712②	単漢名	729②	こふ／ひさしきとし[妙]		
劫	ごう	こう	劫	如來	915①	単漢名	934①			
劫	ごう	×	劫	分別	940②	単漢名	958①			
劫	ごう	×	劫	常不	1058①	単漢名	1076⑥			こう[妙]
劫	ごう	こう	劫	妙音	1187①	単漢名	1201⑤			こう[妙]
劫	ごう	×	劫	觀世	1235⑥	単漢名	1248⑥	こう／ひさしきとし[妙]	(劫)をへても[西右]	劫をふ[妙]
劫	ごう	こふ	劫	妙荘	1272⑤	単漢名	1283④			こう[妙]
劫	ごう	×	劫	妙荘	1293⑥	単漢名	1302④			こふ[妙]
鳩	ごう／やまばと	がう／やまはと	鳩	譬喩	271⑤	単漢禽鳥名	242⑥			
響意	ごうい	かう一	響意	序品	52②	漢名	45③			

当該語	読みかな	傍訓	漢字表記	品名	頁数	語の種類	妙一本	和解語文	可読	異同語彙
業因縁	ごういんえん	ごふ{と}いんゑん	業因縁	法功	995⑥	漢名	1014③			
業縁	ごうえん	ごうゑ{え}ん	業縁	序品	25⑤	漢名	21⑥			
好悪	こうあく	かうあく／よしあし	好惡	安樂	777③	漢名	798①	かうあく／よきあしき[妙]		
光音	こうおん	くはうおん	光音	法功	1005①	漢名	1023④		一と[西右]	
光音	こうおん	くはうおん	光音	法功	1023④	漢名	1042③		一と[西右]	
高遠	こうおん	かうおん／たかくとをきなりィ	高遠	見寶	683④	漢名	700⑤	かうをん／たかくとおき[妙]		
江河	ごうが	がうが	江河	見寶	669⑥	漢名	685②	かうか／えかは[妙]		
江河	ごうが	がうが	江河	見寶	673④	漢名	689②	かうか／えかは[妙]	一と[西右]	
江河	ごうが	×	江河	見寶	675⑥	漢名	691⑤	かうか／えかは[妙]		
江河	ごうが	かうか	江河	藥王	1142⑥	漢名	1161①	かう一[妙]	一の[西右]	江河[妙]
溝壑	こうがく	こうがく／みそあな	溝壑	五百	571②	漢名	575①			
恒河沙	ごうがしゃ	ごうがしや	恒河沙	譬喩	308⑥	漢名	281④	こうかしや／こうかしや[妙]		
恒河沙	ごうがしゃ	こうかしや	恒河沙	授記	444①	漢名	436④	こうかしや／こうかわのいさこのかす[妙]		
恒河沙	ごうがしゃ	こうかしや	恒河沙	化城	537④	漢名	543②	こうかしや／こうかわのいさこのかす[妙]		
恒河沙	ごうがしゃ	ごうがしや	恒河沙	五百	570⑥	漢名	574⑤			
恒河沙	ごうがしゃ	×	恒河沙	授學	608①	漢名	617②			
恒河沙	ごうがしゃ	×	恒河沙	見寶	686④	漢名	704①			
恒河沙	ごうがしゃ	×	恒河沙	提婆	717③	漢名	735②	こうかしや／こうかか(は)のいさこのかす[妙]		
恒河沙	ごうがしゃ	×	恒河沙	提婆	717④	漢名	735④			
恒河沙	ごうがしゃ	こうかしや	恒河沙	從地	836①	漢名	858⑥	こうかしや／こうかかはのいさこのかす[妙]		
恒河沙	ごうがしゃ	×	恒河沙	妙音	1189②	漢名	1203⑤			こうかしや[妙]
恒河沙	ごうがしゃ	×	恒河沙	陀羅	1257②	漢名	1269①	こうかしや／こうかゝわのすなこのかす[妙]		
恒河沙	ごうがしゃ	×	恒河沙	普賢	1336⑥	漢名	1339⑥			こうかしや[妙]
恒河沙劫	ごうがしゃこう	こうかしやこう	恒河沙劫	方便	98⑤	漢四熟名	86④	こうかしやこう／こうかゝのいさこのかす[妙]		
恒河沙劫	ごうがしゃこう	×	恒河沙劫	藥王	1116②	漢四熟名	1134④		―――の―[西右]	恒河沙劫(こうかしやこう)[妙]
江河水	ごうがすい	かうがすい	江河水	法功	997③	漢名	1016①	かうかすい／えかはのみつ[妙]	一と[西右]	
廣宣	こうぎ	くわうせん／ひろくのへ	廣宣	藥王	1160③	漢名	1177⑤		のへ[西右]	くわうせん[妙]
豪貴	ごうき	がうき／たかくたうとく	豪貴	信解	332③	漢名	310③	かうき／たかくたうとく[妙]	高貴(かうき)[妙]	かうき(かうき)[妙]
豪貴尊嚴	ごうきそんごん	がうきそんごん／たかくたつときかさり	豪貴尊嚴	信解	357⑤	漢四熟名	341⑥	かうくゐそんこん／すくれたうとくかされる[妙]		
好樂	こうぎょう	かうげう／ねかふ心	好樂	信解	320④	漢名	295④	かうげう／たのみねかう[妙]		
好楽せ	こうぎょうせ	かうげう	好樂	妙莊	1289⑤	漢サ動	1298⑥	かうけう・せ／このみねかい[妙]		
功勳	こうくん	くこん	功勳	安樂	801④	漢名	823③			
香氣	こうけ	かうけ	香氣	法功	1017④	漢名	1036②		一とを[西右]	
高下	こうげ	かうげ	高下	授記	417③	漢名	405⑤	かうけ／たかくひきく[妙]		
高下不平	こうげふひょう	かうげふひやう	高下不平	妙音	1171①	漢四熟名	1186⑥		一なり[西右]	かうけふちやう[妙]
高原	こうげん	かうげん／たかきところ	高原	法師	643①	漢名	655⑥	かうけん／たかきはら[妙]		
高原	こうげん	かうげん／たかきところ	高原	法師	650②	漢名	664①	かうくゑん／たかきはら[妙]		
好香	こうこう	かうかう	好香	授記	420③	漢名	409③	かうかう／よきか[妙]		

当該語	読みかな	傍訓	漢字表記	品名	頁数	語の種類	妙一本	和解語文	可読	異同語彙
高廣	こうこう	かうくはう／たかくひろく	高廣	譬喩	248①	漢名	217⑥	かうくわう／たかくひろく[妙]		
高廣	こうこう	かうくはう・たかくひろく	高廣	法師	640②	漢名	652⑥	かうくわう／たかくひろく[妙]		
高廣	こうこう	かうくはう	高廣	分別	962②	漢名	980⑤	かうくわう／たかくひろく[妙]	たかくひろくして[西右]	
高廣厳好	こうこうごんごう	かうくはうごんこう	高廣厳好	分別	954⑤	漢四熟名	973④	かうくわうこんかう／たかくひろくいつくしく[妙]	たかくひろくー[西右]	
矜高し	こうこうし	こうかう／おこりたかく	矜高	方便	155③	漢サ動	134④	こかう／をこりたかく[妙]		
高廣漸(小)し	こうこうぜんしょうし	かうくはうせんー	高廣漸小	分別	952⑥	漢四熟サ動	971④	かうくわうせむせう／たかくひろくやうやくちいさく[妙]	たかくひろくしてやうやく小きを[西右]	
講	こうじ	かう	講	序品	33⑥	単漢名	29①			
號し	ごうし	かう／ーくるいましき	號	序品	48①	漢サ動	41④		なつけ奉りき[西右]	
號し	ごうし	かう	號	序品	50④	漢サ動	43⑤		なつけき[西右]	[妙]なつく右
號上る	ごうしあぐる	かうしー	號上	序品	66③	混種動	58①		なつけ奉りき[西右]	
強識	ごうしき	がうしき	強識	化城	541③	漢名	547②	かうしき／こはきさとり[妙]		
好車	こうしゃ	かうしや／よきー	好車	譬喩	283①	漢乗物名	254⑤	ーー／よきくるま[妙]		
恒沙	ごうしゃ	×	恒沙	序品	29①	漢名	24⑥	こうしや／こうかゝはのいさこのかす[妙]		
恒沙	ごうしゃ	こうじや	恒沙	方便	99①	漢名	86⑥			
恒沙	ごうしゃ	ごうじや	恒沙	方便	110⑤	漢名	96⑥			
恒沙	ごうしゃ	ごうじや	恒沙	方便	173②	漢名	149①			
恒沙	ごうしゃ	がうじや	恒沙	授記	432②	漢名	423②	こうしや／こうかわのいさこのかす[妙]		
恒沙	ごうしゃ	×	恒沙	授學	607④	漢名	616④			
恒沙	ごうしゃ	ごうしや	恒沙	法師	656②	漢名	670②	こうしや／こうかゝわのいさこのかす[妙]		
恒沙	ごうしゃ	×	恒沙	見寶	692①	漢名	710①	こうしや／こうかゝはのいさこのかす[妙]		
恒沙	ごうしゃ	ごうじや	恒沙	安樂	811⑤	漢名	834①	こうしや／こうかゝのいさこのかす[妙]		
恒沙	ごうしゃ	ごうじや	恒沙	分別	933⑤	漢名	952③			
恒沙	ごうしや	×	恒沙	序品	79④	漢名	69①	こうしや／こうかゝのいさこのかす[妙]		
恒沙	ごうじや	ごうじや	恒沙	序品	72③	漢名	63④	こうしや／こうかゝのいさこのかす[妙]		
恒沙劫	ごうしゃごう	かうじやこう	恒沙劫	信解	375④	漢名	363①	ごうしやこう／こうかゝわのいさこのかすのとしに[妙]		
恒沙劫	ごうしゃごう	こうじやこう	恒沙劫	信解	376③	漢名	364①	こうしやこう／こうかゝわのいさこのかすのとし[妙]		
恒沙劫	ごうしゃごう	×	恒沙劫	從地	838④	漢名	861③		ーのー[西右]	
好醜	こうしゅ	かうしゆ／よきとみにくきと	好醜	序品	25⑥	漢名	21⑥		ーーーと[西右]	かうしゆよきみにくき[妙]
好醜	こうしゅ	かうしゆ	好醜	法功	1035⑥	漢名	1054⑤	かうしん{ゆ}／よきあしき[妙]	ーと[西右]	
劫數	ごうしゅ	×	劫數	授學	614①	漢名	623④	こうしゆ／としのかす[妙]	ーと[西右]	
劫數	ごうしゅ	こうしゆ	劫數	如來	910⑤	漢名	929⑤	こうしゆ／としのかす[妙]		
劫數	ごうしゅ	ごうしゆ	劫數	分別	921③	漢名	940③	こうしゆ／としのかす[妙]		

こう 191

当該語	読みかな	傍訓	漢字表記	品名	頁数	語の種類	妙一本	和解語文	可読	異同語彙
劫數	ごうしゅ	こうしゆ	劫數	分別	941①	漢名	959③	こうしゆ／としのかす[妙]		
劫數	ごうしゅ	×	劫數	常不	1059⑥	漢名	1078⑤			こうしゆ[妙]
劫數	ごうしゅ	かうしゆ	劫數	常不	1060①	漢名	1078⑥	こうしゆ／としのかす[妙]		
劫數	ごうじゅ	—しゆ	劫數	譬喩	293②	漢名	265③			
興出し	こうしゅつし	こうしゆつ	興出	方便	188③	漢サ動	161③	こうしゆつ・し／—いて[妙]		
高聲	こうしょう	かうしやう	高聲	常不	1066②	漢名	1085①	かうしやう／こゑをたかく[妙]		
高聲	こうしょう	かうしやう	高聲	神力	1090③	漢名	1108⑤	かうしやう／こゑをたかく[妙]		
好成	こうじょう	かうじやう	好成	化城	446②	漢名	439①			
劫燒	ごうしょう	こつせう／三さいゑかうの時せかいみなやかるときの事也	劫燒	見寶	694④	漢名	713①	こふせう／せかいのやくる[妙]		
合成し	ごうじょうし	がうじよう	合成	授記	434①	漢サ動	425②	かうしやう／あはせなす[妙]	—せらん[西左]	
合成し	ごうじょうし	ごうじやう	合成	授記	439⑤	漢サ動	431⑤	がうしやう／あはせなし[妙]	—せん[西右]	
光照荘嚴相菩薩	こうしょうしょうごんそうぼさつ	×	光照荘嚴相菩薩	妙荘	1303④	仏菩薩名	1310⑤	くわうみやうしやうごんさうほさつ[妙]		
合成せ	ごうじょうせ	×	合成	見寶	658①	漢サ動	672③	かうしやう・せ／あはせなす[妙]		
合成せ	ごうじょうせ	がうじやう	合成	五百	580②	漢サ動	585③			
劫濁	ごうじょく	こうぢよく	劫濁	方便	135④	漢名	118③	こうちよく／よのにこる[妙]		
劫濁	ごうじょく	こうぢよく	劫濁	方便	135⑤	漢名	118④			
後身	こうしん	こしん	後身	授記	421②	漢名	410③	こしん／のちのみ[妙]		
好心	こうしん	かうしん	好心	安樂	770③	漢名	790④	かうしん／よきこゝろ[妙]		
香水	こうすい	かうずい	香水	信解	327②	漢名	303⑤	—／かうをいれたるみつ[妙]		
光瑞	こうずい	くはうずい	光瑞	序品	84③	漢名	74①	くわうすい／ひかりををこすこと[妙]		
講説し	こうぜつし	かうぜつ	講説	序品	26⑥	漢サ動	22⑥	かうせつ・し／ほめとき[妙]		
豪相	ごうそう	がうそう	豪相	妙荘	1300④	漢名	1308②		—は[西右]	がうさう[妙]
豪族	ごうぞく	がうぞく	豪族	信解	355②	漢人倫名	338⑥	かうそく／すくれたるやから[妙]		
皐諦	こうたい	かうたい	皐諦	陀羅	1262⑥	漢名	1274②			かうたい[妙]
皐諦	こうたい	かうたい	皐諦	陀羅	1271①	漢名	1281⑥			かうたい[妙]
廣大	こうだい	くはう—	廣大	譬喩	239①	漢名	208③			
廣大	こうだい	くはう—	廣大	妙音	1179④	漢名	1194⑤			くわうたい[妙]
曠大	こうだい	くわうたい／ひろき	曠大	信解	363③	漢名	348⑤			
廣大深遠	こうだいしんおん	くはうたいしんおん	廣大深遠	方便	89④	漢四熟名	78④	くわうたいしんをん／ひろくおほきにふかくとをく[妙]	—なり—なり也[西右]	
廣大智恵觀	こうだいちえかん	くはうたいちゑ—	廣大智恵觀	觀世	1243⑤	漢名	1255⑥	くわうたいちゑくわん／おほきなるちゑのくわん[妙]	————の—と[西右]	
廣大無比	こうだいむひ	くはうだいむび／ならひなき心也	廣大無比	安樂	813⑤	漢四熟名	836①	くわうたいむひ／ひろくをときにならひなからん[妙]		
廣長舌	こうちょうぜつ	くわうちやうのせつ{した}	廣長舌	神力	1086②	漢名	1104④	くわうちやうぜつ／ひろくなかきみした[妙]		
廣長舌	こうちょうぜつ	くはうちやうのせつ{した}	廣長舌	神力	1087①	漢名	1105③			くわうちやうせつ[妙]
告勅	ごうちょく	がうちよく	告勅	勸持	757④	漢名	777②			かうちよく／をしへ[妙]
告勅し	ごうちょくし	がうちよく	告勅	勸持	748④	漢サ動	767⑤	かうちよく・し／つけ[妙]		
告勅せ	ごうちょくせ	がうちよく	告勅	勸持	749①	漢サ動	768①	がうちよく・せ／つけ[妙]		

当該語	読みかな	傍訓	漢字表記	品名	頁数	語の種類	妙一本	和解語文	可読	異同語彙
講堂	こうどう	かうだう	講堂	安樂	764③	漢建築名	784①			
光徳	こうとく	くはうとく	光徳	授記	416④	漢名	404⑥			
厚暖	こうなん	かうなん／あつくあたゝか	厚暖	信解	362②	漢名	347②	かうなん／あつくあたゝか[妙]		
怯弱	こうにゃく	かうにやく	怯弱	化城	527⑥	漢名	533③			
怯弱	こうにゃく	かうにやく／よわき心	怯弱	安樂	775③	漢名	795⑥	かうにやく／つたなく[妙]		
怯弱	こうにゃく	かうにやく	怯弱	安樂	776③	漢名	796⑤	かうにやく／つたなくゆわく[妙]		
怯弱	こうにゃく	かうにやく／よわき	怯弱	從地	867⑤	漢名	890④	かうにやく／よわきこと[妙]		
巷陌	こうはく	かうはく	巷陌	随喜	971④	漢名	989④			
かほばしき	こうばしき	×	香	序品	24③	和形	20④		すくるゝィ[西右]	
かほばしき	こうばしき	×	香	化城	530⑥	和形	536④			
劫賓那	ごうひんな	こうひんな	劫賓那	序品	5⑤	漢名	4④			
劫賓那	ごうひんな	こうひんな	劫賓那	五百	584②	漢名	590②		一と[西右]	
豪富	ごうふ	かうふ	豪富	信解	355②	漢名	339②	かうふ／すくれとめる[妙]		
香風	こうふう	かうふう／かうはしきかぜ	香風	化城	453④	漢地儀名	448①	かうふう／かうはしきかぜ[妙]		
降伏す	ごうぶくす	がうぶく	降伏	妙音	1183④	漢サ動	1198③		一せり[西右]	降伏(かうふく)す[妙]
降伏せ	ごうぶくせ	がうぶく	降伏	安樂	796③	漢サ動	817⑥	かうふく・せ／くたしふせん[妙]		
惶怖し	こうふし	かうふ・おののきおちて／おそるゝ	惶怖	信解	331④	漢サ動	309①	わうふ／おそれて[妙]		
かうふら	こうぶら	×	被	譬喩	304①	和動	276②			
かうふら	こうぶら	×	蒙	化城	498①	和動	501①			
かうふり	こうぶり	×	蒙	譬喩	209③	和動	177①			
かふふり	こうぶり	×	蒙	藥草	395①	和動	380⑥		かふふて[西右]	
かうふり	こうぶり	×	蒙	授記	425③	和動	415②			
かうふり	こうぶり	×	蒙	見寶	688④	和動	706③			
かうふり	こうぶり	×	蒙	觀世	1242③	和動	1254⑥		一て[西右]	
かうふる	こうぶる	×	蒙	化城	470⑤	和動	468②			
かうふる	こうぶる	×	蒙	化城	488③	和動	489④			
かうふる	こうぶる	×	蒙	化城	498⑥	和動	502②			
かうふる	こうぶる	×	蒙	常不	1079⑥	和動	1098③		一らん[西右]	かうふる[妙]
かうふれ	こうぶれ	×	蒙	觀世	1239④	和動	1252②			
かうべ	こうべ	×	首	譬喩	275④	和身体名	246⑥			
かうへ	こうべ	×	頭	方便	168④	和身体名	144⑥			
かうべ	こうべ	×	頭	譬喩	279④	和身体名	250⑥			
かうべ	こうべ	×	頭	法師	639⑤	和身体名	652②			
かうべ	こうべ	×	頭	囑累	1110⑤	和身体名	1129②			かうへ[妙]
かうべ	こうべ	×	頭	陀羅	1265③	和身体名	1276④			かうへ[妙]
かうべ	こうべ	×	頭	陀羅	1267④	和身体名	1278④			かうへ[妙]
かうべ	こうべ	×	頭	普賢	1322④	和身体名	1327②			かうへ[妙]
かうべ	こうべ	×	頭	普賢	1329⑤	和身体名	1333④			かうへ[妙]
講法	こうほう	かうほう	講法	随喜	980④	漢名	998⑤			講法(かうぼう)[妙]
講法	こうほう	かうぼう	講法	随喜	992⑤	漢名	1011②			
業報	ごうほう	ごふほう	業報	序品	69③	漢名	60⑤			
業報	ごうほう	×	業報	法師	626⑥	漢名	638①			
光明	こうみょう	くハミやう	光明	序品	21⑥	漢名	18②	くわうみやう／ひかり[妙]		
光明	こうみょう	×	光明	序品	25②	漢名	21③	くわうみやう／ひかり[妙]		
光明	こうみょう	×	光明	序品	43①	漢名	37②	くわうみやう／ひかり[妙]		
光明	こうみょう	×	光明	序品	43④	漢名	37⑤	くわうみやう／ひかり[妙]		
光明	こうみょう	×	光明	序品	57③	漢名	49⑥			
光明	こうみょう	×	光明	序品	85①	漢名	74④			
光明	こうみょう	×	光明	方便	151②	漢名	131⑤	くわうみやう／ひかり[妙]		
光明	こうみょう	×	光明	授記	438②	漢名	430①	くわうみやう／ひかり[妙]	に・にはィ[西右]	

こう 193

当該語	読みかな	傍訓	漢字表記	品名	頁数	語の種類	妙一本	和解語文	可読	異同語彙
光明	こうみょう	くハうミやう	光明	化城	464⑥	漢名	461②	くわうみやう／ひかり[妙]		
光明	こうみょう	×	光明	化城	465②	漢名	461⑤	くわうみやう／ひかり[妙]		
光明	こうみょう	×	光明	化城	466③	漢名	463①	くわうみやう／ひかり[妙]		
光明	こうみょう	くハうミやう	光明	化城	473②	漢名	471⑤			
光明	こうみょう	くハうミやう	光明	化城	474④	漢名	473②	くわうみやう／ひかり[妙]		
光明	こうみょう	×	光明	化城	482②	漢名	482③	くわうみやう／ひかり[妙]		
光明	こうみょう	くハうミやう	光明	化城	483④	漢名	483⑥	くわうみやう／ひかり[妙]		
光明	こうみょう	×	光明	化城	491②	漢名	493②	くわうみやう／ひかり[妙]		
光明	こうみょう	×	光明	化城	491⑥	漢名	493⑥	くわうみやう／ひかり[妙]		
光明	こうみょう	×	光明	化城	492④	漢名	494⑤	くわうみやう／ひかり[妙]		
光明	こうみょう	×	光明	五百	572①	漢名	576①			
光明	こうみょう	×	光明	見寶	688②	漢名	705⑥	くわうみやう／ひかり[妙]		
光明	こうみょう	×	光明	安樂	810⑥	漢名	833②	くわうみやう／ひかり[妙]		
光明	こうみょう	×	光明	從地	820④	漢名	842⑥			
光明	こうみょう	×	光明	神力	1103③	漢名	1122②			くわうみやう[妙]
光明	こうみょう	×	光明	藥王	1124①	漢名	1142⑤			くわうみやう[妙]
光明	こうみょう	×	光明	藥王	1130①	漢名	1148④	くわうみやう／ひかり[妙]		
光明	こうみょう	×	光明	妙音	1165④	漢名	1182①			くわうみやう[妙]
光明	こうみょう	×	光明	妙音	1167②	漢名	1183④			くわうみやう[妙]
光明	こうみょう	×	光明	妙音	1171⑥	漢名	1187⑤			くわうみやう[妙]
光明	こうみょう	×	光明	妙音	1180③	漢名	1195③			くわうみやう[妙]
光明	こうみょう	×	光明	妙莊	1300②	漢名	1307⑥	くわうみやう／ひかり[妙]		
光明	こうみょう	×	光明	妙莊	1300⑥	漢名	1308③	くわうみやう／ひかり[妙]		
巧妙	こうみょう	けうめう	巧妙	序品	48④	漢形動	41⑥	けうめう／たくにたへ[妙]	一なり[西右]	
高妙	こうみょう	かうめう・たかくたへ	高妙	分別	935②	漢名	953⑤	かうめう／たかくたへ[妙]		
光明荘嚴	こうみょうしょうごん	くはうみやうしやごん・む	光明荘嚴	妙莊	1272⑤	漢四熟名	1283③			くわうみやうしやうごん[妙]
光明世尊	こうみょうせそん	くハうミやうーそん	光明世尊	授記	422①	仏世尊名	411②			
光明如来	こうみょうにょらい	くハうミやうーー	光明如來	授記	416②	仏如来名	404④			
曠野	こうや	くはうや	曠野	方便	162③	漢名	140①			
曠野	こうや	くはうや	曠野	法功	1018⑥	漢名	1037⑤	くわうや／ひろきの[妙]	一と[西右]	
曠野	こうや	くはうや	曠野	神力	1096⑤	漢名	1115④	くわうや／ひろきの[妙]		
香油	こうゆ	かうゆ	香油	分別	948⑤	漢雑物名	967④			
香油	こうゆ	かうゆ	香油	分別	962⑥	漢雑物名	981③	かうゆ／ーあふら[妙]		
香油	こうゆ	×	香油	藥王	1123③	漢雑物名	1141⑤	かうゆ／かふあふら[妙]		
香油	こうゆ	×	香油	藥王	1123⑤	漢雑物名	1142①	かうゆ／かふあふら[妙]		
告喩し	ごうゆし	かうゆ	告喩	譬喩	280⑤	漢サ動	252③	がうゆ・し／つけさと・し[妙]		
光曜	こうよう	かうよう	光曜	化城	482⑥	漢名	483②	くわうえう／ひかりかゝ(やく)こと[妙]		
晃曜し	こうようし	くわうよう／かゝく	晃曜	藥草	400⑥	漢サ動	387③	くわうよう／てりかゝやき[妙]	かゝやく[西右]	
光曜する	こうようする	くはうよう	光曜	化城	532⑥	漢サ動	538③	くわうよう／ひかりかゝやく[妙]		

当該語	読みかな	傍訓	漢字表記	品名	頁数	語の種類	妙一本	和解語文	可読	異同語彙
強力	ごうりき	がうりき／つよきちから	強力	安樂	796②	漢名	817⑤	かうりき／ちからこわき［妙］		
強力	ごうりき	がうりき	強力	安樂	803①	漢名	825①			
強力	ごうりき	がうりき	強力	安樂	805⑥	漢名	828①			
香爐	こうろ	かうろ	香爐	分別	928①	漢器財名	946⑤			
香爐	こうろ	かうろ	香爐	分別	934①	漢器財名	953③			
香炉	こうろ	一ろ	香爐	藥王	1118①	漢器財名	1136②		一と［西右］	かうろ［妙］
蜈蚣	こうろう	かうらう／つのむしくそむし	蜈蚣	譬喩	272②	漢虫類名	243⑤	かうらう／かへたむし［妙］		
高樓閣	こうろうかく	かうろうかく	高樓閣	化城	542⑥	漢家屋名	548⑤	かうろうかく／たかきろうかく［妙］		
こゑ	こえ	×	音	方便	166④	和身体名	143④			
こゑ	こえ	×	音	方便	184④	和身体名	158③			
こゑ	こえ	×	音	法功	1033①	和身体名	1051⑤			
こゑ	こえ	×	音	法功	1002④	和身体名	1021③			
こゑ	こえ	×	聲	譬喩	274①	和身体名	245③			
こゑ	こえ	×	聲	譬喩	274①	和身体名	245⑥			
こゑ	こえ	×	聲	譬喩	275②	和身体名	246③			
こゑ	こえ	×	聲	譬喩	277②	和身体名	248⑤			
こゑ	こえ	×	聲	譬喩	277③	和身体名	249①			
こゑ	こえ	×	聲	信解	374③	和身体名	361④			
こゑ	こえ	×	聲	授記	422⑤	和身体名	412②			
こゑ	こえ	×	聲	化城	469⑥	和身体名	467②			
こゑ	こえ	×	聲	化城	472③	和身体名	470③			
こゑ	こえ	×	聲	化城	478②	和身体名	477④			
こゑ	こえ	×	聲	化城	480⑥	和身体名	480⑤			
こゑ	こえ	×	聲	化城	486⑤	和身体名	487⑥			
こゑ	こえ	×	聲	化城	489④	和身体名	491③			
こゑ	こえ	×	聲	化城	495⑤	和身体名	498③			
こゑ	こえ	×	聲	勸持	750⑤	和身体名	770①			
こゑ	こえ	×	聲	分別	927④	和身体名	946②			
こゑ	こえ	×	聲	分別	934③	和身体名	953①			
こゑ	こえ	×	聲	分別	962④	和身体名	981①			
こゑ	こえ	×	聲	法功	1000⑤	和身体名	1019③		一を［西右］	
こゑ	こえ	×	聲	法功	1001⑥	和身体名	1020④			
こゑ	こえ	×	聲	法功	1002①	和身体名	1020⑤			
こゑ	こえ	×	聲	法功	1002①	和身体名	1020⑤			
こゑ	こえ	×	聲	法功	1002③	和身体名	1020⑥			
こゑ	こえ	×	聲	法功	1002④	和身体名	1021①			
こゑ	こえ	×	聲	法功	1002⑤	和身体名	1021③		一と［西右］	
こゑ	こえ	×	聲	法功	1002⑥	和身体名	1021④		一と［西右］	
こゑ	こえ	×	聲	法功	1003①	和身体名	1021④			
こゑ	こえ	×	聲	法功	1003②	和身体名	1021⑤			
こゑ	こえ	×	聲	法功	1003④	和身体名	1022①			
こゑ	こえ	×	聲	法功	1003⑤	和身体名	1022②			
こゑ	こえ	×	聲	法功	1004③	和身体名	1022⑥			
こゑ	こえ	×	聲	法功	1027⑥	和身体名	1046④			
こゑ	こえ	×	聲	法功	1031⑥	和身体名	1050④			
こゑ	こえ	×	聲	神力	1092①	和身体名	1110③			
こゑ	こえ	×	聲	囑累	1110⑤	和身体名	1129③			
こゑ	こえ	×	聲	囑累	1111④	和身体名	1130②			
こゑ	こえ	×	聲	觀世	1215⑤	和身体名	1229①			
こゑ	こえ	×	聲	觀世	1241⑤	和身体名	1254①			こゑ［妙］
こゑ	こえ	×	聲	陀羅	1263③	和身体名	1274⑤			
聲［音］	こえ	こゑ	聲［音］	法功	1034①	和身体名	1053②			
欺誑し	ごおうし	ごおう／あさむく	欺誑	陀羅	1268①	漢サ動	1279①	こわう・し／あさむきたふらかし［妙］		
五陰魔	ごおんま	こおんま	五陰魔	安樂	801③	漢数名	823②		一の一と［西右］	
炬火	こか	こくは／ともしひ	炬火	見寶	688③	漢雑物名	706①	こくわ／ともしひ［妙］		
巨海	こかい	こかい	巨海	觀世	1237②	漢名	1249④	こかい／おほきなるうみにたよひなかれ［妙］		
賈客	こかく	こきやく／かいおさむる也	賈客	信解	323⑥	漢名	299⑤			

こう 195

当該語	読みかな	傍訓	漢字表記	品名	頁数	語の種類	妙一本	和解語文	可読	異同語彙
枯竭せ	こかちせ	こかち／かれかわかん・かれつらん	枯竭	譬喩	303⑥	漢サ動	276①	こかち／かれつけん[妙]		
枯竭せ	こかちせ	こかつ	枯竭	随喜	987⑤	漢サ動	1006①	こかち・せ／かれつき[妙]	かれつくるを[西右]	
こかね	こがね	×	金	觀世	1231⑥	和宝玉名	1244⑤			
賈客	こきゃく	こきやく	賈客	藥王	1150⑤	漢人倫名	1169①	こきやく／あきひと[妙]		
国	こく	×	國	譬喩	228①	単漢地儀名	197②			
国	こく	×	國	譬喩	228⑤	単漢地儀名	197⑥			
国	こく	×	國	譬喩	229②	単漢地儀名	198③			
国	こく	こく	國	譬喩	238⑤	単漢地儀名	208①		一と[西右]	
國	こく	こく／くにの	國	信解	324②	単漢地儀名	300①	こく／くに[妙]		
國	こく	こく・くに	國	信解	356③	単漢地儀名	340③	こく／くに[妙]		くに[妙]
國	こく	こく	國	信解	356④	単漢地儀名	340③			くに[妙]
国	こく	×	國	見寶	667⑥	単漢地儀名	683①			
国	こく	×	國	見寶	668④	単漢地儀名	683③			
棘	こく	こく	棘	授記	427②	和草木名	418①	こく／からたち[妙]		
獄	ごく	こく・ひとや	獄	化城	496②	単漢名	498⑥	こく／ひとや[妙]		
蜈蚣	ごく／むかて	ごく／むかて	蜈蚣	譬喩	271⑤	漢虫類名	243①			
蜈蚣	ごく	ごく／むかで	蜈蚣	譬喩	278⑤	漢虫類名	250③			
國位	こくい	一のくらゐ	國位	提婆	709⑤	漢名	726⑥	こくゐ／くにのくらゐ[妙]		
虚空	こくう	こくう	虚空	序品	39③	漢天象名	33⑥			
虚空	こくう	こくう	虚空	譬喩	232①	漢天象名	201②	こくう／おほそら[妙]		
虚空	こくう	こくう	虚空	譬喩	232②	漢天象名	201③			
虚空	こくう	こくう	虚空	授記	429①	漢天象名	419④			
虚空	こくう	こくう	虚空	見寶	679⑤	漢天象名	696①			
虚空	こくう	こくう	虚空	見寶	683⑤	漢天象名	701①	こくう／そら[妙]		
虚空	こくう	×	虚空	見寶	684②	漢天象名	701③			
虚空	こくう	こくう	虚空	見寶	693③	漢天象名	711⑤			
虚空	こくう	こくう	虚空	提婆	721⑥	漢天象名	740①			
虚空	こくう	こくう	虚空	提婆	723⑥	漢天象名	742②			
虚空	こくう	×	虚空	提婆	724④	漢天象名	742⑤			
虚空	こくう	こくう	虚空	安樂	767③	漢天象名	787④			
虚空	こくう	こくう	虚空	安樂	774⑤	漢天象名	795②			
虚空	こくう	こくう	虚空	安樂	794⑤	漢天象名	815⑤			
虚空	こくう	こくう	虚空	從地	820⑤	漢天象名	843①			
虚空	こくう	こくう	虚空	從地	823③	漢天象名	845④			
虚空	こくう	×	虚空	從地	826④	漢天象名	848⑥			
虚空	こくう	×	虚空	從地	842⑥	漢天象名	865④			
虚空	こくう	こくう	虚空	從地	849⑥	漢天象名	872⑤			
虚空	こくう	×	虚空	分別	926②	漢天象名	944⑥			
虚空	こくう	こくう	虚空	分別	927③	漢天象名	945⑥			
虚空	こくう	こくう	虚空	分別	933③	漢天象名	952①			
虚空	こくう	こくう	虚空	分別	934②	漢天象名	952⑥			
虚空	こくう	こくう	虚空	分別	957③	漢天象名	975⑤			
虚空	こくう	こくう	虚空	分別	965④	漢天象名	983⑤			
虚空	こくう	こくう	虚空	常不	1067②	漢天象名	1086⑤			
虚空	こくう	こくう	虚空	神力	1090③	漢天象名	1108⑤			こくう[妙]
虚空	こくう	こくう	虚空	神力	1091⑥	漢天象名	1110③			こくう[妙]
虚空	こくう	こくう	虚空	神力	1100③	漢天象名	1119②			こくう[妙]
虚空	こくう	こくう	虚空	藥王	1121③	漢天象名	1139④			こくう[妙]
虚空	こくう	×	虚空	藥王	1121④	漢天象名	1139⑥			こくう[妙]
虚空	こくう	こくう	虚空	藥王	1129⑤	漢天象名	1147⑥			こくう[妙]
虚空	こくう	×	虚空	妙音	1180⑤	漢天象名	1195⑤		虚空に[西右補入符号にて所載]	虚空(こくう)[妙]
虚空	こくう	こくう	虚空	觀世	1237⑥	漢天象名	1250③			こくう[妙]
虚空	こくう	こくう	虚空	妙荘	1278⑥	漢天象名	1288⑥			こくう[妙]
虚空	こくう	こくう	虚空	妙荘	1279①	漢天象名	1289①			こくう[妙]
虚空	こくう	×	虚空	妙荘	1279⑤	漢天象名	1289④			こくう[妙]
虚空	こくう	こくう	虚空	妙荘	1291④	漢天象名	1300④			こくう[妙]
虚空	こくう	×	虚空	妙荘	1295④	漢天象名	1303⑥			こくう[妙]
虚空	こくう	×	虚空	妙荘	1299⑤	漢天象名	1307③			こくう[妙]
虚空	こくう	こくう	虚空	五百	571③	漢天象名	575③			
後宮	ごくう	ごくう	後宮	妙音	1192⑤	漢家屋名	1206⑥	こくう／きさき[妙]		
後宮	ごう	ごくう	後宮	妙荘	1287⑥	漢名	1297③			こくう[妙]

当該語	読みかな	傍訓	漢字表記	品名	頁数	語の種類	妙一本	和解語文	可読	異同語彙
後宮	ごくう	ごくう	後宮	妙荘	1290①	漢家屋名	1299②	こくう／みやのうち[妙]		
虚空住	こくうじゅう	こくうちう	虚空住	化城	515⑤	漢名	520④			
國王	こくおう	こくわう	國王	信解	343③	漢人倫名	324①			
國王	こくおう	こくわう	國王	信解	357⑥	漢人倫名	341⑥			
國王	こくおう	こくわう	國王	信解	363④	漢人倫名	349①			
國王	こくおう	×	國王	提婆	708⑤	漢人倫名	725⑥			
国王	こくおう	こくわう	國王	提婆	712③	漢人倫名	729⑥			
国王	こくおう	こくわう	國王	勧持	754②	漢人倫名	773⑥			
国王	こくおう	×	國王	安樂	762③	漢人倫名	782①		一と[西右]	
国王	こくおう	こく―	國王	安樂	769②	漢人倫名	789③		一と[西右]	
国王	こくおう	×	國王	安樂	775⑥	漢人倫名	796③			
国王	こくおう	こくわう	國王	安樂	780①	漢人倫名	800⑥		一と[西右]	
国王	こくおう	×	國王	安樂	794①	漢人倫名	815④			
国王	こくおう	×	國王	安樂	814⑥	漢人倫名	837④			
国王	こくおう	×	國王	法功	1029③	漢人倫名	1048①			
国王子	こくおうじ	こく―	國王子	安樂	769②	漢人倫名	789③		―――の―[西右]	
國界	こくかい	こくかい	國界	序品	23③	漢地儀名	19④	こくかい／くにさかい[妙]		
國界	こくかい	こくかい	國界	序品	40③	漢地儀名	34⑤	こくかい／くにさかいをかさり[妙]		
國界	こくかい	こくかい	國界	序品	41④	漢地儀名	35⑤	こくかい／くにさかい[妙]		
國界	こくかい	―かい	國界	序品	42①	漢地儀名	36②			
國界	こくかい	こくかい	國界	授記	417①	漢地儀名	405③	こくかい／くにさかい[妙]		
國界	こくかい	こくかい	國界	化城	464②	漢地儀名	460④	こくかい／くにさかひ[妙]		
国界	こくかい	×	國界	藥王	1118①	漢地儀名	1136②			國界(こくかい)[妙]
曲躬恭敬し	こくぐくぎょうし	こくぐくぎやう・みをかゞめ	曲躬恭敬	信解	318③	漢四熟サ動	293①	こくくくぎやう／みをかゞめうやまい[妙]		
曲歯	こくし	こくし	曲歯	陀羅	1262②	漢身体名	1273⑤			こくし[妙]
黒歯	こくし	こくし	黒歯	陀羅	1262②	漢身体名	1273⑥			こくしう[妙]
剋責し	こくしゃくし	こくしゃく	剋責	譬喩	207②	漢サ動	175①	こくしゃく／せめき[妙]		
国城	こくじょう	こくじやう	国城	藥王	1125③	漢城名名	1143⑤	こくしやう／くにいえ[妙]	一と[西右]	國城[妙]
国城	こくじょう	こくじやう	国城	藥王	1141④	漢城名名	1159⑤	こくじやう／くにいへ[妙]	一と[西右]	國城[妙]
國城	こくじょう	こくじやう	國城	提婆	709②	漢城名名	726③	こくしやう／くに[妙]		
黒山	こくせん	こく―	黒山	藥王	1143④	漢山名名	1161⑤	こくせん／つちのくろやま[妙]	一と[西右]	
刻彫し	こくちょうし	こくてう／きさみゑりて	刻彫	方便	163②	漢サ動	140⑤			きさみゑりり[妙]
國土	こくと	こくと	國土	序品	73③	漢地儀名	64④			
國土	こくと	こくと	國土	信解	319③	漢地儀名	294⑤			
國土	こくと	こくど	國土	信解	369①	漢地儀名	355③			
國土	こくと	こくと	國土	藥草	391②	漢地儀名	376⑤			
國土	こくと	こくと	國土	授記	430⑤	漢地儀名	421④			
國土	こくと	×	國土	化城	446⑥	漢地儀名	439⑥			
國土	こくと	×	國土	化城	447①	漢地儀名	440②			
國土	こくと	×	國土	化城	447⑤	漢地儀名	440⑤			
國土	こくと	×	國土	化城	449⑤	漢地儀名	443③			
國土	こくと	×	國土	化城	450②	漢地儀名	444①			
國土	こくと	こくと	國土	化城	464⑥	漢地儀名	461②			
國土	こくと	×	國土	化城	467②	漢地儀名	464①			
國土	こくと	こくと	國土	化城	473①	漢地儀名	471④			
國土	こくと	×	國土	化城	482①	漢地儀名	482②			
國土	こくと	×	國土	化城	491①	漢地儀名	492⑥			
國土	こくと	×	國土	化城	514④	漢地儀名	519⑤			
國土	こくと	×	國土	五百	586③	漢地儀名	591⑥			
國土	こくと	×	國土	五百	587⑥	漢地儀名	594②			
國土	こくと	×	國土	授學	607②	漢地儀名	616②			
國土	こくと	×	國土	授學	610⑥	漢地儀名	620③			
國土	こくと	×	國土	授學	613⑥	漢地儀名	623④			

当該語	読みかな	傍訓	漢字表記	品名	頁数	語の種類	妙一本	和解語文	可読	異同語彙
國土	こくと	×	國土	授學	619④	漢地儀名	629⑥			
國土	こくと	×	國土	授學	618①	漢地儀名	628①			
國土	こくと	×	國土	見寶	662②	漢地儀名	676⑥			
國土	こくと	×	國土	見寶	667②	漢地儀名	682②			
國土	こくと	×	國土	見寶	667③	漢地儀名	682③			
國土	こくと	×	國土	見寶	676⑥	漢地儀名	693①			
國土	こくと	×	國土	見寶	677③	漢地儀名	693⑤			
國土	こくと	×	國土	五百	573④	漢地儀名	577⑤			
國土	こくと	×	國土	五百	580⑤	漢地儀名	585⑥			
国土	こくど	こくと	國土	安樂	798⑤	漢地儀名	820③	こくと／くに[妙]		
国土	こくど	こくと	國土	譬喩	226①	漢地儀名	195①			
国土	こくど	×	國土	化城	447⑥	漢地儀名	441②			
国土	こくど	こくど	國土	勸持	739⑥	漢地儀名	758④	こくと／くに─[妙]		
国土	こくど	こくど	國土	勸持	740④	漢地儀名	759③			
国土	こくど	×	國土	勸持	747③	漢地儀名	766③			
国土	こくど	こくど	國土	安樂	813⑤	漢地儀名	836①			
国土	こくど	こくど	國土	從地	817②	漢地儀名	839④			
国土	こくど	×	國土	從地	826④	漢地儀名	848⑥			
国土	こくど		國土	從地	840②	漢地儀名	863①	こくと／くにのな[妙]		
国土	こくど	×	國土	從地	842①	漢地儀名	864⑥			
国土	こくど	こくど	國土	常不	1060④	漢地儀名	1079③			國土(こくと)[妙]
国土	こくど	×	國土	神力	1084④	漢地儀名	1103①		─の[西右]	國土(こくど)[妙]
国土	こくど	×	國土	神力	1095⑤	漢地儀名	1114③			國土(こくと)[妙]
国土	こくど	×	國土	藥王	1115④	漢地儀名	1134①			國土(こくと)[妙]
国土	こくど	こくど	國土	妙音	1172②	漢地儀名	1188①		─をかろめて[西右]	國土(こくと)[妙]
国土	こくど	こくど	國土	觀世	1222④	漢地儀名	1235⑥			國土(こくと)[妙]
国土	こくど	こくど	國土	觀世	1230②	漢地儀名	1243①			國土(こくと)[妙]
国土	こくど	×	國土	觀世	1243①	漢地儀名	1255④			國土(こくと)[妙]
國土清淨	こくどしょうじょう	×	國土清淨	授記	438①	漢四熟名	429⑤			
国内	こくない	こくない	國内	法功	1030①	漢名	1048⑤			
黒風	こくふう	こくふう／くろきかせ	黒風	觀世	1211②	漢名	1224③		─あて[西右]	こくふう[妙]
こ群臣	こぐんじん	─ぐんじん	小群臣	法功	1016①	混種名	×		─と[西右]	
こゝ	ここ	×	於此	譬喩	305③	和指代名	277⑤			
こゝ	ここ	×	此	信解	337⑤	和指代名	316⑤			
こゝ	ここ	×	此	信解	327⑤	和指代名	304④			
こゝ	ここ	×	此	信解	334②	和指代名	312③			
こゝ	ここ	×	此	信解	359⑤	和指代名	344②			
こゝ	ここ	×	此	法功	1004⑥	和指代名	1023③			
こゝ	ここ	×	此	序品	25⑥	和指代名	21⑥			
こゝ	ここ	×	此	神力	1097④	和指代名	1116③			ここ[妙]
こゝ	ここ	×	是	方便	121④	和指代名	106④			
こゝ	ここ	×	是	譬喩	212④	和指代名	180④			
こゝ	ここ	×	茲	方便	145⑥	和指代名	×			
ここ	ここ	×	茲	譬喩	217①	和指代名	185④			
こゝ	ここ	×	茲	譬喩	291①	和指代名	263②			
枯橋	ここう	こかう／かれかれたる心	枯橋	藥草	404④	漢名	391⑤	こかう／かれかわく[妙]	かれかはける心ィ[西右]	
こゝに	ここに	×	於是	信解	361③	和接	346③			
こゝに	ここに	×	於是	妙莊	1278⑤	和接	1288⑤			ここに[妙]
こゝに	ここに	×	於是	妙莊	1285⑥	和接	1295④			ことに[妙]
こゝに	ここに	×	此	序品	23④	和接	19⑤			ことに[妙]
こゝに	ここに	×	此	序品	28④	和接	24③			
こゝに	ここに	×	此	信解	328⑤	和接	305④			
こゝに	ここに	×	此	信解	358①	和接	342②			
こゝに	ここに	×	此	信解	364③	和接	349⑤			
こゝに	ここに	×	此	藥草	392⑤	和接	378③			
こゝに	ここに	×	此	藥草	405①	和接	392②			
こゝに	ここに	×	此	化城	525④	和接	530⑥			
こゝに	ここに	×	此	法師	632⑤	和接	644④			
こゝに	ここに	×	此	見寶	677①	和接	693②			
こゝに	ここに	×	此	見寶	681③	和接	698③			
こゝに	ここに	×	此	見寶	687②	和接	704⑥			
こゝに	ここに	×	此	提婆	721①	和接	739①			
こゝに	ここに	×	此	如來	906①	和接	924⑥			

当該語	読みかな	傍訓	漢字表記	品名	頁数	語の種類	妙一本	和解語文	可読	異同語彙
こゝに	ここに	×	此	如來	911④	和接	930④			
こゝに	ここに	×	此	如來	911⑤	和接	930⑤			
こゝに	ここに	×	此	如來	913②	和接	932②			
こゝに	ここに	×	此	如來	917③	和接	936②			
こゝに	ここに	×	此	法功	1005②	和接	1023⑤			
ここに	ここに	×	此	法功	1005⑤	和接	1024②			
こゝに	ここに	×	此	法功	1011②	和接	1029⑤			
こゝに	ここに	×	此	法功	1017④	和接	1036③			
こゝに	ここに	×	此	神力	1097②	和接	1116①			ここに[妙]
こゝに	ここに	×	此	神力	1097③	和接	1116②			ここに[妙]
こゝに	ここに	×	此	藥王	1154②	和接	1172②			ここに[妙]
こゝに	ここに	×	此	妙音	1173①	和接	1188⑤			ここに[妙]
こゝに	ここに	×	此	妙音	1185⑥	和接	1200④			ここに[妙]
こゝに	ここに	×	此	妙音	1189④	和接	1204①			ここに[妙]
こゝに	ここに	×	是	妙莊	1282⑤	和接	1292③			ここに[妙]
こゝに	ここに	×	是	見寶	680①	和接	696⑥			
ここに	ここに	×	是	妙莊	1289⑤	和接	1299①			
こゝろ	こころ	×	意	方便	107②	和身体名	94①			
こころ	こころ	×	意	方便	151①	和身体名	131②			
心	こころ	×	意	譬喩	223⑥	和身体名	192⑤			
こゝろ	こころ	×	意	譬喩	283③	和身体名	255①			
心	こころ	×	意	譬喩	251③	和身体名	221③			
意	こころ	こゝろ	意	譬喩	253①	和身体名	223②			
こゝろ	こころ	×	意	譬喩	307②	和身体名	279④			
心	こころ	×	意	信解	320④	和身体名	295⑥			
心	こころ	×	意	信解	321①	和身体名	296②			
心	こころ	×	意	信解	324⑥	和身体名	300⑥			
心	こころ	×	意	信解	333②	和身体名	311①			
心	こころ	×	意	信解	338③	和身体名	317③			
心	こころ	×	意	信解	341④	和身体名	321④			
心	こころ	×	意	信解	342④	和身体名	322②			
心	こころ	×	意	信解	342⑥	和身体名	323③			
心	こころ	×	意	信解	363③	和身体名	348⑤			
心	こころ	×	意	信解	371⑤	和身体名	358③			
心	こころ	×	意	藥草	406②	和身体名	393④			
心	こころ	×	意	藥草	408⑥	和身体名	396④			
心	こころ	×	意	藥草	412⑥	和身体名	400⑥			
心	こころ	×	意	授記	423⑥	和身体名	413④			
心	こころ	×	意	授記	425③	和身体名	415③			
心	こころ	×	意	授記	426①	和身体名	416③			
心	こころ	×	意	授記	437①	和身体名	428④			
心	こころ	×	意	化城	447③	和身体名	440④			
心	こころ	×	意	化城	458④	和身体名	453⑥			
心	こころ	×	意	化城	469⑤	和身体名	467①			
心	こころ	×	意	化城	472②	和身体名	470③			
心	こころ	×	意	化城	473④	和身体名	472①			
心	こころ	×	意	化城	475①	和身体名	473⑥			
心	こころ	×	意	化城	478②	和身体名	477④			
心	こころ	×	意	化城	482④	和身体名	482⑤			
心	こころ	×	意	化城	486⑥	和身体名	487⑤			
心	こころ	×	意	化城	489④	和身体名	491①			
心	こころ	×	意	化城	491④	和身体名	493④			
心	こころ	×	意	化城	495⑤	和身体名	498③			
心	こころ	×	意	化城	505④	和身体名	509⑥		一に[西右]	
心	こころ	×	意	化城	511②	和身体名	516②			
心	こころ	×	意	化城	524⑤	和身体名	530①			
心	こころ	×	意	化城	524⑥	和身体名	530②		一よく[西左]	
心	こころ	×	意	化城	525②	和身体名	530④			
心	こころ	×	意	化城	525④	和身体名	530⑥			
心	こころ	×	意	化城	527⑥	和身体名	533③			
心	こころ	×	意	化城	531②	和身体名	537②			
心	こころ	×	意	化城	536⑥	和身体名	542⑤			
心	こころ	×	意	化城	541④	和身体名	547⑤			
心	こころ	×	意	五百	592⑥	和身体名	600②			
心	こころ	×	意	授學	616④	和身体名	626③			
心	こころ	こゝろ	意	勸持	741①	和身体名	759⑥			
心	こころ	×	意	勸持	746⑥	和身体名	765⑤			
心	こころ	×	意	安樂	778②	和身体名	799①			

ここ 199

当該語	読みかな	傍訓	漢字表記	品名	頁数	語の種類	妙一本	和解語文	可読	異同語彙
心	こころ	×	意	安樂	780⑥	和身体名	801⑤			
心	こころ	×	意	安樂	813①	和身体名	835④			
心	こころ	×	意	從地	845③	和身体名	868①			
心	こころ	こゝろ	意	從地	849④	和身体名	872③			
心	こころ	×	意	如來	908⑥	和身体名	927⑤			
心	こころ	×	意	分別	966②	和身体名	984④			
心	こころ	×	意	隨喜	974⑥	和身体名	992⑥			
心	こころ	×	意	隨喜	976②	和身体名	994③			
心	こころ	×	意	隨喜	987③	和身体名	1005⑤			
意	こころ	い・こゝろ	意	法功	994⑥	和身体名	1013④	い／こゝろ[妙]		
心	こころ	×	意	法功	1033②	和身体名	1051⑥			
心	こころ	×	意	法功	1033⑥	和身体名	1052④			
意	こころ	×	意	法功	1041①	和身体名	1059⑤			意(い)[妙]
意	こころ	い	意	常不	1057②	和身体名	1076②	い／こゝろ[妙]		
心	こころ	こころ	意	常不	1064③	和身体名	1083①			こころ[妙]
意	こころ	い	意	常不	1071①	和身体名	1089④			
心	こころ	×	意	常不	1071②	和身体名	1089⑥			こころ[妙]
心	こころ	×	意	常不	1083①	和身体名	1101②			こころ[妙]
心	こころ	×	意	神力	1084①	和身体名	1102④			こころ[妙]
心	こころ	×	意	神力	1095④	和身体名	1114②			こゝろ[妙]
心	こころ	×	意	囑累	1106①	和身体名	1124⑤			こころ[妙]
心	こころ	×	意	藥王	1120③	和身体名	1138④			こころ[妙]
心	こころ	×	意	藥王	1135③	和身体名	1153②			こころ[妙]
心	こころ	×	意	藥王	1137②	和身体名	1155③			しん[妙]
心	こころ	×	意	藥王	1140②	和身体名	1158③			こころ[妙]
心	こころ	×	意	藥王	1163④	和身体名	1180③			こころ[妙]
心	こころ	×	意	妙音	1188①	和身体名	1202⑤			こころ[妙]
心	こころ	×	意	觀世	1220②	和身体名	1233④			こころ[妙]
心	こころ	×	意	觀世	1230④	和身体名	1243⑤			こころ[妙]
心	こころ	×	意	觀世	1236⑤	和身体名	1249②			こころ[妙]
心	こころ	×	意	觀世	1244④	和身体名	1256⑤			こころ[妙]
心	こころ	×	意	妙莊	1303①	和身体名	1310⑥			こころ[妙]
心	こころ	×	意	普賢	1310②	和身体名	1316④			こころ[妙]
こゝろ	こころ	×	意	法功	1044①	和身体名	1062⑤			
こゝろ	こころ	×	意	妙莊	1284①	和身体名	1293④			こころ[妙]
こゝろ	こころ	×	心	序品	5①	和身体名	4①			
心	こころ	×	心	序品	17①	和身体名	13⑥			
こゝろ	こころ	×	心	序品	22⑤	和身体名	19①			
こゝろ	こころ	×	心	序品	24③	和身体名	20⑤			
こゝろ	こころ	×	心	序品	36④	和身体名	31④			
こゝろ	こころ	×	心	序品	39④	和身体名	34①			
こゝろ	こころ	×	心	序品	53②	和身体名	46②			
こゝろ	こころ	×	心	序品	59③	和身体名	51⑤			
こゝろ	こころ	×	心	序品	73⑥	和身体名	64⑥			
こゝろ	こころ	×	心	序品	78③	和身体名	68⑥			
こゝろ	こころ	×	心	序品	81⑤	和身体名	71④			
こゝろ	こころ	×	心	序品	85③	和身体名	75①			
こゝろ	こころ	×	心	方便	90③	和身体名	79③			
こゝろ	こころ	×	心	方便	97③	和身体名	85④			
こゝろ	こころ	×	心	方便	98④	和身体名	86③			
こゝろ	こころ	×	心	方便	99②	和身体名	87①			
こゝろ	こころ	×	心	方便	102③	和身体名	89⑤			
こゝろ	こころ	×	心	方便	104②	和身体名	91③			
こゝろ	こころ	×	心	方便	118③	和身体名	103⑤			
こゝろ	こころ	×	心	方便	142⑤	和身体名	124③			
こゝろ	こころ	×	心	方便	146②	和身体名	127②			
こゝろ	こころ	×	心	方便	155④	和身体名	134⑤			
こゝろ	こころ	×	心	方便	160⑥	和身体名	138⑥			
こゝろ	こころ	×	心	方便	166⑥	和身体名	143⑤			
こゝろ	こころ	×	心	方便	167③	和身体名	144②			
こゝろ	こころ	×	心	方便	169①	和身体名	145⑤			
こゝろ	こころ	×	心	方便	174②	和身体名	149⑥			
こゝろ	こころ	×	心	方便	185④	和身体名	159②			
こゝろ	こころ	×	心	方便	193④	和身体名	166①			
心	こころ	×	心	譬喩	204⑥	和身体名	171⑥			
心	こころ	×	心	譬喩	209①	和身体名	176⑤			
こゝろ	こころ	×	心	譬喩	213③	和身体名	181④			
心	こころ	×	心	譬喩	213⑤	和身体名	181⑥			

当該語	読みかな	傍訓	漢字表記	品名	頁数	語の種類	妙一本	和解語文	可読	異同語彙
こころ	こころ	×	心	譬喩	215①	和身体名	183③			
心	こころ	×	心	譬喩	215③	和身体名	183④			
心	こころ	×	心	譬喩	215④	和身体名	183⑥			
心	こころ	×	心	譬喩	217⑤	和身体名	186③			
心	こころ	×	心	譬喩	236①	和身体名	205②	しん／こゝろ[妙]		
心	こころ	×	心	譬喩	247②	和身体名	217①			
心	こころ	×	心	譬喩	241①	和身体名	210⑤			
心	こころ	×	心	譬喩	241②	和身体名	210⑤			
心	こころ	×	心	譬喩	243④	和身体名	213②			
心	こころ	×	心	譬喩	244⑥	和身体名	214④			
心	こころ	×	心	譬喩	245①	和身体名	214⑤			
心	こころ	×	心	譬喩	246④	和身体名	216③			
こゝろ	こころ	×	心	譬喩	291④	和身体名	263⑤			
心	こころ	×	心	譬喩	295①	和身体名	267②			
こゝろ	こころ	×	心	譬喩	295⑤	和身体名	267⑥			
心	こころ	×	心	譬喩	297⑥	和身体名	270②			
心	こころ	×	心	譬喩	312②	和身体名	285⑤			
心	こころ	×	心	譬喩	314④	和身体名	288④			
心	こころ	×	心	譬喩	315④	和身体名	289⑥			
心	こころ	×	心	信解	317⑥	和身体名	292④			
心	こころ	×	心	信解	319⑥	和身体名	294⑥			
心	こころ	×	心	信解	329③	和身体名	306③			
こゝろ	こころ	×	心	信解	340②	和身体名	319⑥			
心	こころ	×	心	信解	341④	和身体名	321④			
心	こころ	×	心	信解	342⑤	和身体名	323①			
心	こころ	×	心	信解	343①	和身体名	323⑤			
心	こころ	×	心	信解	345①	和身体名	327①			
心	こころ	×	心	信解	347③	和身体名	329①			
心	こころ	×	心	信解	348①	和身体名	329⑥			
心	こころ	×	心	信解	349⑥	和身体名	332②			
心	こころ	×	心	信解	351①	和身体名	333⑤			
心	こころ	×	心	信解	352①	和身体名	334⑥			
心	こころ	×	心	信解	368②	和身体名	354③			
心	こころ	×	心	信解	372②	和身体名	358⑥			
心	こころ	×	心	信解	372⑤	和身体名	359⑤			
心	こころ	×	心	信解	375④	和身体名	363②			
こゝろ	こころ	×	心	藥草	393④	和身体名	379③			
心	こころ	×	心	藥草	405①	和身体名	392①			
こゝろ	こころ	×	心	授記	420⑥	和身体名	410①			
心	こころ	×	心	授記	422③	和身体名	411⑤			
心	こころ	×	心	授記	429⑤	和身体名	420③			
心	こころ	×	心	化城	480⑥	和身体名	480⑤			
こゝろ	こころ	×	心	化城	504⑥	和身体名	509②			
心	こころ	×	心	化城	543④	和身体名	551③			
心	こころ	×	心	五百	563②	和身体名	566②			
心	こころ	×	心	五百	577①	和身体名	581⑥			
心	こころ	×	心	五百	583①	和身体名	588③			
心	こころ	×	心	五百	586⑥	和身体名	592④			
心	こころ	×	心	五百	593③	和身体名	600⑤			
心	こころ	×	心	五百	598⑤	和身体名	607①			
心	こころ	×	心	授學	603③	和身体名	612①			
こゝろ	こころ	×	心	授學	609②	和身体名	618④			
心	こころ	×	心	授學	611①	和身体名	620④			
心	こころ	×	心	授學	620⑥	和身体名	631③			
心	こころ	×	心	法師	628②	和身体名	639③			
心	こころ	×	心	法師	629④	和身体名	641①			
心	こころ	こゝろ	心	法師	634⑥	和身体名	646⑤			
心	こころ	×	心	法師	643⑤	和身体名	656④			
心	こころ	×	心	法師	647①	和身体名	660⑤			
心	こころ	×	心	法師	647③	和身体名	661①			
心	こころ	×	心	見寶	660⑤	和身体名	675②			
こゝろ	こころ	×	心	見寶	679⑥	和身体名	696⑤			
心	こころ	×	心	提婆	708⑥	和身体名	726①			
心	こころ	×	心	提婆	709②	和身体名	726③			
心	こころ	×	心	提婆	713④	和身体名	731②			
こゝろ	こころ	×	心	提婆	728④	和身体名	746④			
心	こころ	×	心	提婆	714①	和身体名	731⑤			
心	こころ	×	心	提婆	717④	和身体名	735④			

ここ 201

当該語	読みかな	傍訓	漢字表記	品名	頁数	語の種類	妙一本	和解語文	可読	異同語彙
心	こころ	×	心	提婆	717⑤	和身体名	735⑤			
心	こころ	×	心	提婆	723③	和身体名	741③			
心	こころ	×	心	提婆	736③	和身体名	754⑥			
心	こころ	×	心	勧持	741④	和身体名	760③			
こゝろ	こころ	×	心	勧持	742②	和身体名	761①			
心	こころ	×	心	勧持	748②	和身体名	767②			
心	こころ	×	心	勧持	751⑥	和身体名	771②			
心	こころ	×	心	勧持	752①	和身体名	771④			
心	こころ	×	心	勧持	759①	和身体名	778⑤			
心	こころ	×	心	安樂	761④	和身体名	781①			
心	こころ	×	心	安樂	766⑥	和身体名	787①			
こゝろ	こころ	×	心	安樂	768⑥	和身体名	789①			
心	こころ	×	心	安樂	770⑤	和身体名	791①			
心	こころ	×	心	安樂	774③	和身体名	794⑥			
こゝろ	こころ	×	心	安樂	776①	和身体名	796⑤			
心	こころ	×	心	安樂	777⑥	和身体名	798⑤			
心	こころ	×	心	安樂	778①	和身体名	798⑥			
心	こころ	×	心	安樂	780⑤	和身体名	801④			
心	こころ	×	心	安樂	781⑥	和身体名	802⑤			
こゝろ	こころ	×	心	安樂	782④	和身体名	803②			
心	こころ	×	心	安樂	783②	和身体名	804②			
心	こころ	×	心	安樂	784②	和身体名	805③			
心	こころ	×	心	安樂	789③	和身体名	810⑥			
心	こころ	×	心	安樂	790②	和身体名	811⑤			
こゝろ	こころ	×	心	安樂	790③	和身体名	812①			
心	こころ	×	心	安樂	790⑥	和身体名	812③			
心	こころ	×	心	安樂	791⑥	和身体名	813③			
心	こころ	×	心	安樂	792①	和身体名	813④			
心	こころ	×	心	安樂	799②	和身体名	820⑥		一に[西右]	
心	こころ	×	心	安樂	799③	和身体名	821②			
心	こころ	×	心	安樂	800①	和身体名	821⑤			
心	こころ	×	心	安樂	800④	和身体名	822③			
こゝろ	こころ	×	心	從地	832④	和身体名	855③			
心	こころ	×	心	從地	833⑥	和身体名	856⑤			
心	こころ	×	心	從地	839②	和身体名	862①	ほつしん・せ／こゝろをおこし[妙]		発心(ほつしん)せこゝろをおこし[妙]
心	こころ	×	心	從地	845②	和身体名	867⑥			
心	こころ	×	心	從地	846③	和身体名	869①			
心	こころ	×	心	從地	847⑥	和身体名	870⑤			
こころ	こころ	×	心	從地	849④	和身体名	872②			
心	こころ	×	心	從地	853⑥	和身体名	876③			
心	こころ	×	心	從地	854⑤	和身体名	877③			
心	こころ	×	心	從地	855③	和身体名	878①			
心	こころ	×	心	從地	865④	和身体名	888②			
心	こころ	×	心	從地	868①	和身体名	890⑥			
こゝろ	こころ	×	心	從地	868②	和身体名	891①			
心	こころ	×	心	如來	885②	和身体名	904①			
心	こころ	×	心	如來	890②	和身体名	909②			
心	こころ	×	心	如來	897①	和身体名	916①		一と[西右]	
心	こころ	×	心	如來	898④	和身体名	917②			
心	こころ	×	心	如來	904⑤	和身体名	923⑤			
心	こころ	×	心	如來	906⑥	和身体名	925⑤			
心	こころ	×	心	如來	907⑥	和身体名	926⑤			
心	こころ	×	心	如來	914④	和身体名	933④			
こゝろ	こころ	×	心	如來	920①	和身体名	939①			
心	こころ	×	心	分別	933①	和身体名	951⑤			
心	こころ	×	心	分別	936④	和身体名	955②			
心	こころ	×	心	分別	941⑥	和身体名	960②			
心	こころ	×	心	分別	942⑤	和身体名	961①			
心	こころ	×	心	分別	943③	和身体名	961④			
こゝろ	こころ	×	心	分別	943④	和身体名	961⑥			
こゝろ	こころ	×	心	分別	951②	和身体名	969⑥			
心	こころ	×	心	分別	967②	和身体名	985④			
心	こころ	×	心	随喜	985④	和身体名	1003⑥			
心	こころ	×	心	随喜	988④	和身体名	1006⑥			
心	こころ	×	心	随喜	993②	和身体名	1011⑤			
こゝろ	こころ	×	心	分別	964⑤	和身体名	983①			

当該語	読みかな	傍訓	漢字表記	品名	頁数	語の種類	妙一本	和解語文	可読	異同語彙
こゝろ	こころ	×	心	法功	996③	和身体名	1015①			
こゝろ	こころ	×	心	法功	1020②	和身体名	1038⑥			
心	こころ	×	心	法功	1027③	和身体名	1046⑤			
心	こころ	×	心	法功	1032②	和身体名	1050⑥			
心	こころ	×	心	法功	1032⑤	和身体名	1051③			
心	こころ	×	心	法功	1033④	和身体名	1052②			
心	こころ	×	心	法功	1042③	和身体名	1061①			
心	こころ	×	心	法功	1042④	和身体名	1061②			
こゝろ	こころ	×	心	法功	1042⑤	和身体名	1061②			
こゝろ	こころ	×	心	常不	1072③	和身体名	1091①			こころ[妙]
こゝろ	こころ	×	心	常不	1073⑥	和身体名	1092④			こころ[妙]
こゝろ	こころ	×	心	常不	1074⑥	和身体名	1093④			こころ[妙]
こゝろ	こころ	×	心	藥王	1146④	和身体名	1164⑤			こころ[妙]
こゝろ	こころ	×	心	觀世	1214⑥	和身体名	1228②			こころ[妙]
こゝろ	こころ	×	心	觀世	1218①	和身体名	1231⑤			こころ[妙]
こゝろ	こころ	×	心	陀羅	1249②	和身体名	1261④			こころ[妙]
こゝろ	こころ	×	心	妙莊	1278③	和身体名	1288②			こころ[妙]
こゝろ	こころ	×	心	妙莊	1280④	和身体名	1290④			こころ[妙]
こゝろ	こころ	×	心	妙莊	1280⑥	和身体名	1290⑤			こころ[妙]
心	こころ	×	心	妙莊	1289④	和身体名	1298④			こころ[妙]
こゝろ	こころ	×	心	妙莊	1301⑤	和身体名	1309①			こころ[妙]
こゝろ	こころ	×	心	妙莊	1302④	和身体名	1309⑥			こころ[妙]
こゝろ	こころ	×	心	妙莊	1302⑤	和身体名	1310①			こころ[妙]
こゝろ	こころ	×	心	普賢	1313③	和身体名	1319③			こころ[妙]
こゝろ	こころ	×	心	普賢	1325③	和身体名	1329⑥			こころ[妙]
こゝろ	こころ	×	心	普賢	1327③	和身体名	1331⑤			こころ[妙]
こゝろざし	こころざし	×	志	序品	27⑥	和名	23⑥			
心ざし	こころざし	×	志	序品	33②	和名	28④			
心さし	こころざし	×	志	譬喩	219④	和名	188②			
心さし	こころざし	×	志	譬喩	316①	和名	290③			
心さし	こころざし	×	志	信解	343①	和名	323④			
心さし	こころざし	×	志	信解	349②	和名	331②			
心ざし	こころざし	×	志	信解	349⑤	和名	331⑥			
こゝろざし	こころざし	×	志	信解	371⑥	和名	358⑤			
心ざし	こころざし	×	志	授記	444②	和名	436⑤			
心さし	こころざし	×	志	化城	507④	和名	512①		志願す[西右]	
心さし	こころざし	×	志	化城	521④	和名	526⑤		志樂してィ[西右]	
心さし	こころざし	×	志	從地	852⑤	和名	875③			
心さし	こころざし	×	志	從地	867⑤	和名	890④			
心ざし	こころざし	×	志	法功	1024④	和名	1043③			
心よから{快}	こころよから	×	快	授學	601④	和形	609⑥			
心よから	こころよから	×	快	五百	582⑥	和形	588③			
こゝろよく	こころよく	×	快	譬喩	208②	和形	175④			
こゝろよく	こころよく	×	快	見寶	681②	和形	698①			
語言	ごごん	ごごん	語言	安樂	767④	漢名	787⑤	ここん／ことは[妙]		
語言	ごごん	ごごん	語言	法功	999①	漢名	1017⑥	ここん／ことは[妙]		
語言	ごごん	ごごん	語言	法功	1042②	漢名	1060⑥	ここん／ことは[妙]		
語言	ごごん	ごごん	語言	法功	1046②	漢名	1065①	ここん／ことは[妙]		
語言陀羅尼	ごごんだらに	×	語言陀羅尼	藥王	1128④	仏梵語名	1147①			ごごんたらに[妙]
居在し	こざいし	こさい	居在	法功	1003⑥	漢サ動	1022③	こさい・し／あり[妙]		
居し	こし	こ	居	信解	318⑤	漢サ動	293④	こ・し／ゐる[妙]		
居し	こし	こ	居	五百	577⑥	漢サ動	582⑤	こ・し／ゑ[妙]		
己事	こし	こし・をのが一	己事	如來	892②	漢名	911③	こし／をのれかこと[妙]		
踞し	こし	こ／いたる心	踞	信解	326③	単漢サ動	302⑤	こ・し／しりうちかけ[妙]		
居士	こじ	こし	居士	信解	326④	漢人倫名	303①			
居士	こじ	こし	居士	信解	343④	漢人倫名	324②			
居士	こじ	こじ	居士	信解	363⑤	漢人倫名	349①			
居士	こじ	こじ	居士	勸持	754③	漢人倫名	774①			
居士	こじ	こし	居士	安樂	794①	漢人倫名	815④			
居士	こじ	こし	居士	法功	1030①	漢人倫名	1048⑤			
居士	こじ	こし	居士	妙音	1191①	漢人倫名	1205②			こし[妙]

当該語	読みかな	傍訓	漢字表記	品名	頁数	語の種類	妙一本	和解語文	可読	異同語彙
居士	こじ	こし	居士	妙音	1191④	漢人倫名	1205⑤			こし[妙]
居士	こじ	こし	居士	觀世	1226④	漢人倫名	1239⑤			こじ[妙]
居士	こじ	×	居士	觀世	1226⑤	漢人倫名	1239⑥			こし[妙]
居士	こじ	こじ	居士	觀世	1228①	漢人倫名	1241⑤		ーと[西右]	こじ[妙]
護持	ごじ	ごぢ	護持	五百	566⑤	漢名	570②	こちしよせん・し／まほりたもちたすけのふ[妙]		
護持	ごじ	ごぢ	護持	五百	569③	漢名	573②	ごちしよせん・し／まほりたもちたすけのへん[妙]	ーし[西右]	
護持	ごじ	ごぢ	護持	五百	569④	漢名	573③		ーし[西右]	
護持	ごじ	ごぢ	護持	從地	818①	漢名	840③	こち／まほりたもち[妙]	ーし[西右]	
護持	ごじ	ごぢ	護持	從地	819④	漢名	841⑥		ーし[西右]	
護持し	ごじし	×	護持	授學	604④	漢サ動	613③	こち・し／まほりたもつ[妙]		
護持し	ごじし	×	護持	授學	619①	漢サ動	629②	こち・し／まほりたもち[妙]		
護持し	ごじし	ごぢ	護持	授學	617③	漢サ動	627③	こち・し／まほりたもち[妙]	ーする事[西右]	
護持し	ごじし	ごぢ	護持	安樂	760①	漢サ動	779⑤	こち・し／まほりたもち[妙]		
護持助宣し	ごじじょせんし	ごぢーせん／たもちのぶる心	護持助宣	五百	565④	漢四熟サ動	569①	こちしよせん・し／まほりたもちたすけのふ[妙]		
護持助宣す	ごじじょせんす	ごぢじょせん	護持助宣	五百	566③	漢四熟サ動	569⑥	こちしよせん・し／まほりたもちたすけのふ[妙]		
護持す	ごじす	こち	護持	授學	602④	漢サ動	611①	こち・す／まほるたもつ[妙]		
護持す	ごじす	こぢ	護持	授學	610③	漢サ動	619⑤	こち・す／まほりたもち[妙]		
護持す	ごじす	ごぢ	護持	從地	836⑤	漢サ動	859④	こち・す／まほりたもち[妙]		
護持せ	ごじせ	ごぢ	護持	五百	579⑥	漢サ動	585①	こち・せ／まほりたもたん[妙]		
護持せ	ごじせ	ごぢ	護持	授學	612④	漢サ動	622②	こち・し／まほりたもつ[妙]	ーしけりィ[西右]	
護持せ	ごじせ	ごぢ／まいる	護持	勸持	756④	漢サ動	776②	こち／まほりたもたん[妙]		
護持せ	ごじせ	ごぢ	護持	從地	818⑥	漢サ動	841②	こち／まほりたもたん[妙]		
護持讀誦せ	ごじどくじゅせ	ごぢどくじゅ	護持讀誦	見寶	689③	漢四熟サ動	707①	こちとくしゆ・せ／まほりたもちよまん[妙]	ーー し ーー[西右]	
牛車	ごしゃ	ごしゃ／うしー	牛車	譬喩	245⑤	漢乘物名	215③		ーと[西右]	
牛車	ごしゃ	ごしゃ	牛車	譬喩	247⑤	漢乘物名	217④			
牛車	ごしゃ	こしゃ	牛車	譬喩	265②	漢乘物名	236④	こしや／うしのくるま[妙]		
五種	ごしゅ	こしゆ	五種	安樂	765③	漢數名	785③			
五衆	ごしゅ	×	五衆	譬喩	233③	漢數名	202④			
五十	ごじゅう	×	五十	從地	837⑥	漢數名	860④			
五十小劫	ごじゅうしょうごう	×	五十小劫	從地	825④	漢四熟數名	847⑤			
五十小劫	ごじゅうしょうごう	×	五十小劫	從地	825⑥	漢四熟數名	848②			
五十世界	ごじゅうせかい	×	五十世界	授學	617①	漢四熟數名	627②			
五十餘年	ごじゅうよねん	ーーよねん	五十餘年	信解	324④	漢四熟數名	300③			
五十餘年	ごじゅうよねん	ーーよねん	五十餘年	信解	344②	漢四熟數名	325①			
五十餘年	ごじゅうよねん	ーよー	五十餘年	信解	353⑤	漢四熟數名	337①			
五十餘年	ごじゅうよねん	×	五十餘年	信解	356①	漢四熟數名	339⑥		ーになんぬ[西左]	
五十歳	ごじゅさい	ーさい	五十歳	信解	322③	漢數名	297⑥			
五十歳	ごじゅさい	ーーさい	五十歳	信解	363⑥	漢數名	349③			

当該語	読みかな	傍訓	漢字表記	品名	頁数	語の種類	妙一本	和解語文	可読	異同語彙
牛聲	ごしょう	ご―	牛聲	法功	999②	漢名	1018①	こしやう／うしのこゑ[妙]		
五障	ごしょう	こしやう／いつゝのさはり	五障	提婆	733②	漢数名	751③	こしやう／いつゝのさはり[妙]		
語声	ごしょう	ご―	語声	法功	999③	漢名	1018②	こしやう／ものいふこゑ[妙]		
五情	ごじょう	ごじやう	五情	妙音	1183②	漢数名	1198①	こしやう／いつゝのこゝろをおさむ[妙]		
五濁悪世	ごじょくあくせ	―ぢよくあくせ	五濁悪世	方便	135③	漢四熟数名	118②			
五濁悪世	ごじょくあくせ	―ぢよくあくせ	五濁悪世	方便	191③	漢四熟数名	164②			
護助し	ごじょし	ごじやう・まもりたすけ	護助	普賢	1326⑥	漢サ動	1331①	ごしよ・し／まもりたすけて[妙]		
巨身	こしん	こしん	巨身	従地	835②	漢名	858①	こしん／をゝきなるみ[妙]		
己身	こしん	こしん・をのがみ	己身	如來	892①	漢名	911②	こしん／をのれかみ[妙]		己身[妙]
己身	こしん	こしん・をのかみ	己身	如來	891⑥	漢名	910⑥	こしん／をのれかみ[妙]		
五神通	ごじんづう	ごじんづう	五神通	序品	32⑤	漢数名	28①	こしんつう／てんのまなこてんのみゝをえ人の心をしりむかしのことをしりとひかける[妙]		
牛頭	ごず	こつ・うしのかしら	牛頭	譬喩	275④	漢名	247①	ごづ／うしのかしら[妙]		
牛頭栴檀	ごずせんだん	こつせんたん	牛頭栴檀	信解	376①	仏四熟名	363④			
牛頭栴檀	ごずせんだん	ごづせんだん	牛頭栴檀	分別	963⑤	仏四熟名	982②	ごづせんだん／かうはしきき[妙]		
牛頭栴檀	ごずせんだん	ごづせんだん	牛頭栴檀	藥王	1159⑤	仏四熟名	1177②			こつせんたん[妙]
後世	ごせ	ごせ	後世	藥草	392②	漢名	377⑥		―をも[西右]	
護世四天王	ごせしてんのう	ご――――	護世四天王	方便	178⑤	仏王名名	153④	こせしてんわう／よをまほる[妙]		
五千	ごせん	×	五千	方便	141①	漢数名	123②			
五千	ごせん	×	五千	見寶	657②	漢数名	671④			
後善	ごぜん	ごせん	後善	序品	48③	漢名	41⑤	こせん／のちよく[妙]	のちよし[西右]	
五千人	ごせんにん	×	五千人	方便	120④	漢数名	105⑤		―のひと[西右]	
五千由旬	ごせんゆじゅん	――ゆしゆん	五千由旬	序品	40④	漢数名	34⑥			
庫蔵	こぞう	こざう	庫蔵	譬喩	249④	漢名	219⑥	こざう／くらくら[妙]		
庫蔵	こぞう	こざう	庫蔵	譬喩	286④	漢名	258③	こざう／くらくら[妙]		
庫蔵	こぞう	こざう	庫蔵	信解	329④	漢名	306④	こざう／くらくら[妙]		
庫蔵	こぞう	こざう	庫蔵	信解	342③	漢名	322④	こさう／くらくらを[妙]		
庫蔵	こぞう	こざう	庫蔵	信解	356②	漢名	339⑥	こざう／くらくら[妙]		
互相推排し	ごそうすいばいし	こさうすいばい	互相推排	譬喩	246④	漢四熟サ動	216③	こさうすいはい／たかいにおしはらひ[妙]		
こぞり	こぞり	×	舉	従地	867②	和複動	889⑥		こぞて[西右]	
こたへ	こたえ	×	答	序品	20⑤	和動	17②			
こたへ	こたえ	×	答	序品	43②	和動	37③			
こたへ	こたえ	×	答	提婆	734④	和動	753①			
こたへ	こたえ	×	答	安樂	778③	和動	799②			
こたへ	こたえ	×	答	従地	844②	和動	867①			
こたえ	こたえ	×	答	分別	959③	和動	978②			こたへ[妙]
こたへ	こたえ	×	答	觀世	1235④	和動	1248①			
こたへよ	こたえよ	×	答	安樂	780③	和動	801②			
胠痩し	こちしゅ	こちしゆ／かしけやせて	胠痩	譬喩	303③	漢サ動	275⑤	こちしゆ・し／かしけやせ[妙]		

当該語	読みかな	傍訓	漢字表記	品名	頁数	語の種類	妙一本	和解語文	可読	異同語彙
乞食せ	こつじきせ	こつじき	乞食	安樂	772③	漢サ動	792⑥	こつしき・せ／しきをこはん[妙]		
骨肉	こつにく	こつにく／ほねしいむら	骨肉	譬喩	272④	漢名	243⑤	こつにく／ほねしいむら[妙]		
骨肉	こつにく	こつにく／ほねにく・しいむら	骨肉	譬喩	303⑥	漢名	276①	こつにく／ほねしい[妙]		
欻然	こつねん	こつねん／にわかに	欻然	譬喩	239⑤	漢名	209②	こつねん／にわか[妙]		
忽然	ごつねん	こつせん／たちまちに	忽然	譬喩	276⑥	漢名	248③	こつねん／たちまち[妙]		
忽然	ごつねん	こつねん	忽然	提婆	735①	漢名	753④	こつねん／たちまち[妙]		
忽ねん	ごつねん	こつ—	忽然	従地	840⑤	漢名	863④	こつねん／たちまち[妙]		
忽然	ごつねん	こつねん	忽然	藥王	1127②	漢名	1145④	こつねん・たちまち[妙]		
忽然	ごつねん	こつねん	忽然	妙莊	1280①	漢名	1289⑥	こちねん／たちまち[妙]	一に[西右]	
こと	こと	×	事	序品	4②	和形式名	3②			
こと	こと	×	事	序品	15②	和形式名	12①			
こと	こと	×	事	序品	17①	和形式名	13⑤			
こと	こと	×	事	序品	17⑤	和形式名	14③			
こと	こと	×	事	序品	25①	和形式名	21②			
こと	こと	×	事	序品	26②	和形式名	22②			
こと	こと	×	事	序品	26④	和形式名	22④			
こと	こと	×	事	序品	28⑤	和形式名	24④			
こと	こと	×	事	序品	35④	和形式名	30④			
こと	こと	×	事	序品	35④	和形式名	30④			
こと	こと	×	事	序品	38⑤	和形式名	33②			
こと	こと	×	事	序品	39②	和形式名	33⑤			
こと	こと	×	事	序品	40②	和形式名	34④			
こと	こと	×	事	序品	41④	和形式名	35⑥			
こと	こと	×	事	序品	42⑤	和形式名	36⑥			
こと	こと	×	事	序品	44④	和形式名	38③			
こと	こと	×	事	序品	46⑤	和形式名	40③			
こと	こと	×	事	序品	47①	和形式名	40⑤			
こと	こと	×	事	序品	48②	和形式名	41⑤			
こと	こと	×	事	序品	54①	和形式名	47①			
こと	こと	×	事	序品	56①	和形式名	48⑤			
こと	こと	×	事	序品	56④	和形式名	49②			
こと	こと	×	事	序品	57④	和形式名	50①			
こと	こと	×	事	序品	59①	和形式名	51④			
こと	こと	×	事	序品	59④	和形式名	51⑥			
こと	こと	×	事	序品	59④	和形式名	51⑥			
こと	こと	×	事	序品	59⑤	和形式名	52②			
こと	こと	×	事	序品	62⑥	和形式名	54⑤			
こと	こと	×	事	序品	64③	和形式名	56②			
こと	こと	×	事	序品	65①	和形式名	56⑥			
こと	こと	×	事	序品	68②	和形式名	59③			
こと	こと	×	事	序品	69⑥	和形式名	61①			
こと	こと	×	事	序品	70⑥	和形式名	62①			
こと	こと	×	事	序品	72①	和形式名	63②			
こと	こと	×	事	序品	72③	和形式名	63④			
こと	こと	×	事	序品	75③	和形式名	66②			
こと	こと	×	事	序品	77①	和形式名	66⑥			
こと	こと	×	事	序品	77①	和形式名	67⑤			
こと	こと	×	事	序品	77④	和形式名	68②			
こと	こと	×	事	序品	77⑤	和形式名	68③			
こと	こと	×	事	序品	78②	和形式名	68⑤			
こと	こと	×	事	序品	78④	和形式名	69①			
こと	こと	×	事	序品	79①	和形式名	69④			
こと	こと	×	事	序品	80⑤	和形式名	70⑥			
こと	こと	×	事	序品	80⑥	和形式名	71①			
こと	こと	×	事	序品	81⑥	和形式名	71⑥			
こと	こと	×	事	序品	82⑥	和形式名	72⑤			
こと	こと	×	事	序品	83⑤	和形式名	73④			
こと	こと	×	事	序品	85①	和形式名	74⑤			
こと	こと	×	事	序品	86②	和形式名	75⑤			
こと	こと	×	事	方便	87④	和形式名	76⑤			

当該語	読みかな	傍訓	漢字表記	品名	頁数	語の種類	妙一本	和解語文	可読	異同語彙
こと	こと	×	事	方便	93③	和形式名	82①			
こと	こと	×	事	方便	93③	和形式名	82②			
こと	こと	×	事	方便	93⑥	和形式名	82③			
こと	こと	×	事	方便	94⑥	和形式名	83②			
こと	こと	×	事	方便	94⑥	和形式名	83②			
こと	こと	×	事	方便	96②	和形式名	84③			
こと	こと	×	事	方便	96⑥	和形式名	85①			
こと	こと	×	事	方便	97⑥	和形式名	85⑥			
こと	こと	×	事	方便	98⑤	和形式名	86⑤			
こと	こと	×	事	方便	99③	和形式名	87②			
こと	こと	×	事	方便	100③	和形式名	87⑥			
こと	こと	×	事	方便	101⑤	和形式名	89②			
こと	こと	×	事	方便	103④	和形式名	90⑤			
こと	こと	×	事	方便	107③	和形式名	94①			
こと	こと	×	事	方便	107④	和形式名	94②			
こと	こと	×	事	方便	109⑤	和形式名	96①			
こと	こと	×	事	方便	111⑤	和形式名	97⑥			
こと	こと	×	事	方便	113⑥	和形式名	99⑤			
こと	こと	×	事	方便	114④	和形式名	100②			
こと	こと	×	事	方便	117⑥	和形式名	103③			
こと	こと	×	事	方便	119②	和形式名	104③			
こと	こと	×	事	方便	119⑥	和形式名	105②			
こと	こと	×	事	方便	125⑦	和形式名	110④			
こと	こと	×	事	方便	128⑥	和形式名	113①			
こと	こと	×	事	方便	134②	和形式名	117③			
こと	こと	×	事	方便	137①	和形式名	119④			
こと	こと	×	事	方便	138⑤	和形式名	120⑥			
こと	こと	×	事	方便	139③	和形式名	121④			
こと	こと	×	事	方便	139⑤	和形式名	121⑤			
こと	こと	×	事	方便	140②	和形式名	122②			
こと	こと	×	事	方便	140⑤	和形式名	122⑤			
こと	こと	×	事	方便	144⑥	和形式名	126①			
こと	こと	×	事	方便	145①	和形式名	126③			
こと	こと	×	事	方便	148①	和形式名	128⑤			
こと	こと	×	事	方便	148②	和形式名	128⑥			
こと	こと	×	事	方便	150④	和形式名	130⑤			と［妙］
こと	こと	×	事	方便	152④	和形式名	132③			
こと	こと	×	事	方便	157②	和形式名	135⑥			
こと	こと	×	事	方便	157⑥	和形式名	136④			
こと	こと	×	事	方便	160⑤	和形式名	138⑤			
こと	こと	×	事	方便	161②	和形式名	139②			
こと	こと	×	事	方便	167①	和形式名	×			
事	こと	×	事	方便	168⑥	和形式名	145④			
こと	こと	×	事	方便	169⑥	和形式名	146③			
こと	こと	×	事	方便	170②	和形式名	146④			
こと	こと	×	事	方便	170⑥	和形式名	147②			
こと	こと	×	事	方便	171①	和形式名	147③			
こと	こと	×	事	方便	175⑤	和形式名	151①			
こと	こと	×	事	方便	176③	和形式名	151⑤			
こと	こと	×	事	方便	179⑤	和形式名	154③			
こと	こと	×	事	方便	182①	和形式名	156③			土と［妙］
こと	こと	×	事	方便	187①	和形式名	160②			
こと	こと	×	事	方便	188③	和形式名	161③			
こと	こと	×	事	方便	188④	和形式名	161④			
こと	こと	×	事	方便	188⑤	和形式名	161⑥			
こと	こと	×	事	方便	190①	和形式名	163②			
こと	こと	×	事	方便	190③	和形式名	163③			
こと	こと	×	事	方便	192②	和形式名	164⑥			
こと	こと	×	事	方便	193①	和形式名	165⑤			
こと	こと	×	事	譬喩	205①	和形式名	172①			
こと	こと	×	事	譬喩	206⑥	和形式名	174②			
こと	こと	×	事	譬喩	208⑤	和形式名	175③			
こと	こと	×	事	譬喩	209⑤	和形式名	177③			
こと	こと	×	事	譬喩	210⑤	和形式名	178④			
こと	こと	×	事	譬喩	211⑥	和形式名	179⑥			
こと	こと	×	事	譬喩	213①	和形式名	181①			
こと	こと	×	事	譬喩	213⑥	和形式名	182①			
こと	こと	×	事	譬喩	214②	和形式名	182③			

こと 207

当該語	読みかな	傍訓	漢字表記	品名	頁数	語の種類	妙一本	和解語文	可読	異同語彙
こと	こと	×	事	譬喩	215④	和形式名	184①			
こと	こと	×	事	譬喩	216②	和形式名	184⑤			
こと	こと	×	事	譬喩	221①	和形式名	189⑥			
こと	こと	×	事	譬喩	223③	和形式名	192②			事［妙］
こと	こと	×	事	譬喩	226③	和形式名	195③			
こと	こと	×	事	譬喩	226④	和形式名	195③			
こと	こと	×	事	譬喩	229①	和形式名	198②			
こと	こと	×	事	譬喩	231②	和形式名	200③			
こと	こと	×	事	譬喩	232④	和形式名	201④			ことは［妙］
こと	こと	×	事	譬喩	233⑤	和形式名	202⑥			
こと	こと	×	事	譬喩	234③	和形式名	203⑤			
こと	こと	×	事	譬喩	234④	和形式名	203⑥			
こと	こと	×	事	譬喩	234⑤	和形式名	204①			
こと	こと	×	事	譬喩	234⑥	和形式名	204②			
こと	こと	×	事	譬喩	235⑥	和形式名	205②			
こと	こと	×	事	譬喩	238④	和形式名	207⑥			【事】こと［妙］
こと	こと	×	事	譬喩	240④	和形式名	210①			
事	こと	×	事	譬喩	×	和形式名	213③			
こと	こと	×	事	譬喩	244⑤	和形式名	214③			
こと	こと	×	事	譬喩	247①	和形式名	216⑤			
こと	こと	×	事	譬喩	249②	和形式名	219①			
こと	こと	×	事	譬喩	251②	和形式名	221②			
こと	こと	×	事	譬喩	251④	和形式名	221④			
こと	こと	×	事	譬喩	252①	和形式名	222①			
こと	こと	×	事	譬喩	253①	和形式名	223③			
こと	こと	×	事	譬喩	254⑤	和形式名	225⑤			
こと	こと	×	事	譬喩	256④	和形式名	227④			
こと	こと	×	事	譬喩	258②	和形式名	229③			
こと	こと	×	事	譬喩	260②	和形式名	231④			
こと	こと	×	事	譬喩	260②	和形式名	231④			
こと	こと	×	事	譬喩	260③	和形式名	231⑤			
こと	こと	×	事	譬喩	263⑤	和形式名	235①			
こと	こと	×	事	譬喩	265④	和形式名	236⑥			
こと	こと	×	事	譬喩	265⑥	和形式名	237①			
こと	こと	×	事	譬喩	267③	和形式名	238④			
こと	こと	×	事	譬喩	268⑥	和形式名	240①			
こと	こと	×	事	譬喩	273⑥	和形式名	245①			
こと	こと	×	事	譬喩	274②	和形式名	245④			
こと	こと	×	事	譬喩	277⑤	和形式名	249③			
こと	こと	×	事	譬喩	280⑤	和形式名	252②			
こと	こと	×	事	譬喩	281⑤	和形式名	253②			
こと	こと	×	事	譬喩	281⑥	和形式名	253④			
こと	こと	×	事	譬喩	282③	和形式名	253⑥			
こと	こと	×	事	譬喩	284①	和形式名	255⑤			
こと	こと	×	事	譬喩	284④	和形式名	256②			
こと	こと	×	事	譬喩	285③	和形式名	257①			
こと	こと	×	事	譬喩	286④	和形式名	258③			
こと	こと	×	事	譬喩	289③	和形式名	261④			
こと	こと	×	事	譬喩	289③	和形式名	261④			
こと	こと	×	事	譬喩	292②	和形式名	264③			
こと	こと	×	事	譬喩	292③	和形式名	264④			
こと	こと	×	事	譬喩	293②	和形式名	265③			
こと	こと	×	事	譬喩	295⑤	和形式名	267⑥			
こと	こと	×	事	譬喩	295⑥	和形式名	268①			
こと	こと	×	事	譬喩	296②	和形式名	268④			
こと	こと	×	事	譬喩	298⑤	和形式名	271①			
こと	こと	×	事	譬喩	298⑤	和形式名	271①			
こと	こと	×	事	譬喩	299①	和形式名	271③			
こと	こと	×	事	譬喩	299④	和形式名	271⑥			
こと	こと	×	事	譬喩	300④	和形式名	272⑥			
こと	こと	×	事	譬喩	301②	和形式名	273③			
こと	こと	×	事	譬喩	301③	和形式名	273④			
こと	こと	×	事	譬喩	301④	和形式名	273⑤			
こと	こと	×	事	譬喩	302③	和形式名	274④			
こと	こと	×	事	譬喩	302④	和形式名	274⑤			
こと	こと	×	事	譬喩	304⑤	和形式名	277①			
こと	こと	×	事	譬喩	304⑥	和形式名	277②			
こと	こと	×	事	譬喩	305③	和形式名	277⑤			

当該語	読みかな	傍訓	漢字表記	品名	頁数	語の種類	妙一本	和解語文	可読	異同語彙
こと	こと	×	事	譬喩	305④	和形式名	277⑤			
こと	こと	×	事	譬喩	306①	和形式名	278②			
こと	こと	×	事	譬喩	306①	和形式名	278③			
こと	こと	×	事	譬喩	306②	和形式名	278④			
こと	こと	×	事	譬喩	306③	和形式名	278⑤			
こと	こと	×	事	譬喩	307⑤	和形式名	280②			
こと	こと	×	事	譬喩	309①	和形式名	282①			
こと	こと	×	事	譬喩	309③	和形式名	282②			
こと	こと	×	事	譬喩	309⑤	和形式名	282④			
こと	こと	×	事	譬喩	309⑥	和形式名	282⑤			
こと	こと	×	事	譬喩	310⑥	和形式名	283⑥			
こと	こと	×	事	譬喩	311②	和形式名	284②			
こと	こと	×	事	譬喩	311④	和形式名	284⑤			
こと	こと	×	事	譬喩	311⑥	和形式名	285①			
こと	こと	×	事	譬喩	312⑥	和形式名	286③			
こと	こと	×	事	譬喩	313⑤	和形式名	287③			
こと	こと	×	事	譬喩	314⑤	和形式名	288⑥			
こと	こと	×	事	譬喩	316④	和形式名	291①			
こと	こと	×	事	信解	319②	和形式名	294②			
こと	こと	×	事	信解	321①	和形式名	296③			
こと	こと	×	事	信解	321④	和形式名	296⑤			
こと	こと	×	事	信解	321④	和形式名	296⑥			
こと	こと	×	事	信解	323⑤	和形式名	299④			
こと	こと	×	事	信解	325②	和形式名	301③			
こと	こと	×	事	信解	327⑥	和形式名	304④			
こと	こと	×	事	信解	331①	和形式名	308④			
こと	こと	×	事	信解	331⑥	和形式名	309④			
こと	こと	×	事	信解	332①	和形式名	309⑥			
こと	こと	×	事	信解	332②	和形式名	310①			
こと	こと	×	事	信解	332③	和形式名	310②			
こと	こと	×	事	信解	333①	和形式名	311③			
こと	こと	×	事	信解	334⑥	和形式名	313②			
こと	こと	×	事	信解	337①	和形式名	315②			
こと	こと	×	事	信解	337②	和形式名	315⑥			
こと	こと	×	事	信解	337③	和形式名	316①			
こと	こと	×	事	信解	337⑤	和形式名	316④			
こと	こと	×	事	信解	338①	和形式名	317①			
こと	こと	×	事	信解	338④	和形式名	317⑤			
こと	こと	×	事	信解	339①	和形式名	318③	欺怠と瞋恨と怨言とあることなかれ[西右]		
こと	こと	×	事	信解	339②	和形式名	318④			
こと	こと	×	事	信解	340⑤	和形式名	320④			
こと	こと	×	事	信解	342①	和形式名	322②			
こと	こと	×	事	信解	342⑤	和形式名	323②			
こと	こと	×	事	信解	344②	和形式名	325①			
こと	こと	×	事	信解	345④	和形式名	326⑥			
こと	こと	×	事	信解	345⑥	和形式名	327②			
こと	こと	×	事	信解	349②	和形式名	331③			
こと	こと	×	事	信解	349②	和形式名	331③			
こと	こと	×	事	信解	349④	和形式名	331⑥			
こと	こと	×	事	信解	349⑤	和形式名	332①			
こと	こと	×	事	信解	351⑤	和形式名	334④			
こと	こと	×	事	信解	352②	和形式名	335①			
こと	こと	×	事	信解	353①	和形式名	336②			
こと	こと	×	事	信解	353②	和形式名	336③			
こと	こと	×	事	信解	353⑤	和形式名	337①			
こと	こと	×	事	信解	354⑥	和形式名	338③			
こと	こと	×	事	信解	355①	和形式名	338④			
こと	こと	×	事	信解	355④	和形式名	339②			
こと	こと	×	事	信解	357②	和形式名	341⑤			
こと	こと	×	事	信解	358④	和形式名	342⑥			
こと	こと	×	事	信解	361①	和形式名	345⑥			
こと	こと	×	事	信解	361③	和形式名	346②			
こと	こと	×	事	信解	361③	和形式名	346②			
こと	こと	×	事	信解	363②	和形式名	348④			
こと	こと	×	事	信解	363③	和形式名	348⑥			

こと 209

当該語	読みかな	傍訓	漢字表記	品名	頁数	語の種類	妙一本	和解語文	可読	異同語彙
こと	こと	×	事	信解	365③	和形式名	351①			
こと	こと	×	事	信解	365④	和形式名	351③			
こと	こと	×	事	信解	366④	和形式名	352③			
こと	こと	×	事	信解	367④	和形式名	353④			
こと	こと	×	事	信解	368①	和形式名	354②			
こと	こと	×	事	信解	368④	和形式名	354⑤			
こと	こと	×	事	信解	369②	和形式名	355④			
こと	こと	×	事	信解	369②	和形式名	355⑤			
こと	こと	×	事	信解	370④	和形式名	357①			
こと	こと	×	事	信解	370⑤	和形式名	357③			
こと	こと	×	事	信解	371①	和形式名	357④			
こと	こと	×	事	信解	371④	和形式名	358②			
こと	こと	×	事	信解	371④	和形式名	358②			
こと	こと	×	事	信解	373①	和形式名	360①			
こと	こと	×	事	信解	373②	和形式名	360②			
こと	こと	×	事	信解	375③	和形式名	362⑥			
こと	こと	×	事	信解	376③	和形式名	364①			
こと	こと	×	事	信解	376④	和形式名	364②			
こと	こと	×	事	藥草	387①	和形式名	372②			
こと	こと	×	事	藥草	390②	和形式名	375④			
こと	こと	×	事	藥草	390⑥	和形式名	376②			
こと	こと	×	事	藥草	391①	和形式名	376④			
こと	こと	×	事	藥草	394①	和形式名	379⑥			
こと	こと	×	事	藥草	394④	和形式名	380③			
こと	こと	×	事	藥草	395①	和形式名	381①			
こと	こと	×	事	藥草	396①	和形式名	382②			
こと	こと	×	事	藥草	396⑤	和形式名	382⑥			
こと	こと	×	事	藥草	396⑥	和形式名	383①			
こと	こと	×	事	藥草	400②	和形式名	386④			
こと	こと	×	事	藥草	401④	和形式名	388②			
こと	こと	×	事	藥草	402②	和形式名	388⑤			
こと	こと	×	事	藥草	402⑥	和形式名	389④			
こと	こと	×	事	藥草	403①	和形式名	389⑥			
こと	こと	×	事	藥草	403④	和形式名	390④			
こと	こと	×	事	藥草	404④	和形式名	391④			
こと	こと	×	事	藥草	406①	和形式名	393③			
こと	こと	×	事	藥草	406②	和形式名	393④			
こと	こと	×	事	藥草	407①	和形式名	394③			
こと	こと	×	事	藥草	409②	和形式名	396⑥	としる事。しりてィ[西右]		
こと	こと	×	事	藥草	409⑥	和形式名	397⑤			
こと	こと	×	事	藥草	411①	和形式名	398⑥			
こと	こと	×	事	藥草	411③	和形式名	399②			
こと	こと	×	事	藥草	411⑤	和形式名	399⑤			
こと	こと	×	事	藥草	412②	和形式名	400②			
こと	こと	×	事	藥草	412④	和形式名	400⑤			
こと	こと	×	事	藥草	413①	和形式名	401②			
こと	こと	×	事	藥草	413②	和形式名	401③			
こと	こと	×	事	藥草	413⑤	和形式名	401⑥			
こと	こと	×	事	授記	415③	和形式名	403③			
こと	こと	×	事	授記	415⑤	和形式名	404①			
こと	こと	×	事	授記	416②	和形式名	404③			
こと	こと	×	事	授記	417①	和形式名	405③			
こと	こと	×	事	授記	417③	和形式名	405⑥			
こと	こと	×	事	授記	418②	和形式名	406⑤			
こと	こと	×	事	授記	419①	和形式名	408①			
こと	こと	×	事	授記	419⑤	和形式名	408④			
こと	こと	×	事	授記	419⑥	和形式名	408⑥			
こと	こと	×	事	授記	420⑤	和形式名	409⑥			
こと	こと	×	事	授記	421④	和形式名	410⑤			
こと	こと	×	事	授記	421⑥	和形式名	411②			
こと	こと	×	事	授記	423③	和形式名	413①			
こと	こと	×	事	授記	425①	和形式名	415①			
こと	こと	×	事	授記	426⑥	和形式名	417②			
こと	こと	×	事	授記	428③	和形式名	418⑤			
こと	こと	×	事	授記	428⑥	和形式名	419③			
こと	こと	×	事	授記	430①	和形式名	420⑤			
こと	こと	×	事	授記	430④	和形式名	421②			

当該語	読みかな	傍訓	漢字表記	品名	頁数	語の種類	妙一本	和解語文	可読	異同語彙
こと	こと	×	事	授記	431①	和形式名	421⑤			
こと	こと	×	事	授記	432⑥	和形式名	423⑥			
こと	こと	×	事	授記	434④	和形式名	425⑤			
こと	こと	×	事	授記	434⑤	和形式名	425⑥			
こと	こと	×	事	授記	434⑥	和形式名	426①			
こと	こと	×	事	授記	436④	和形式名	427⑥			
こと	こと	×	事	授記	437②	和形式名	428⑥			
こと	こと	×	事	授記	440②	和形式名	432②			
こと	こと	×	事	授記	440③	和形式名	432③			
こと	こと	×	事	授記	441⑥	和形式名	434①			
こと	こと	×	事	授記	442③	和形式名	434⑥			
こと	こと	×	事	授記	443③	和形式名	435⑥			
こと	こと	×	事	授記	443④	和形式名	436①			
こと	こと	×	事	授記	445①	和形式名	437⑤			
こと	こと	×	事	化城	448⑤	和形式名	442②			
こと	こと	×	事	化城	451②	和形式名	445①			
こと	こと	×	事	化城	453④	和形式名	447⑥			
こと	こと	×	事	化城	453⑥	和形式名	448④			
こと	こと	×	事	化城	454②	和形式名	449③			
こと	こと	×	事	化城	455⑥	和形式名	450⑥			
こと	こと	×	事	化城	457②	和形式名	452③			
こと	こと	×	事	化城	457⑥	和形式名	453②			
こと	こと	×	事	化城	460⑤	和形式名	456②			
こと	こと	×	事	化城	463⑤	和形式名	459⑥			
こと	こと	×	事	化城	464①	和形式名	460②			
こと	こと	×	事	化城	465①	和形式名	461③			
こと	こと	×	事	化城	468④	和形式名	465④			
こと	こと	×	事	化城	470②	和形式名	467⑤			
こと	こと	×	事	化城	470②	和形式名	467⑤			
こと	こと	×	事	化城	470⑥	和形式名	468④			
こと	こと	×	事	化城	471⑤	和形式名	469⑤			
こと	こと	×	事	化城	473③	和形式名	471⑥			
こと	こと	×	事	化城	477①	和形式名	476②			
こと	こと	×	事	化城	479②	和形式名	478⑤			
こと	こと	×	事	化城	480①	和形式名	479④			
こと	こと	×	事	化城	480③	和形式名	480①			
こと	こと	×	事	化城	482③	和形式名	482③			
こと	こと	×	事	化城	485⑤	和形式名	486③			
こと	こと	×	事	化城	487②	和形式名	488②			
こと	こと	×	事	化城	487④	和形式名	488⑤			
こと	こと	×	事	化城	488⑥	和形式名	490②			
こと	こと	×	事	化城	489③	和形式名	490⑤			
こと	こと	×	事	化城	489③	和形式名	490⑥			
こと	こと	×	事	化城	491②	和形式名	493②			
こと	こと	×	事	化城	492④	和形式名	494⑥			
こと	こと	×	事	化城	494④	和形式名	497①			
こと	こと	×	事	化城	496⑤	和形式名	499④			
こと	こと	×	事	化城	499⑥	和形式名	503②			
こと	こと	×	事	化城	502①	和形式名	505⑥			
こと	こと	×	事	化城	508⑤	和形式名	513④			
こと	こと	×	事	化城	509⑤	和形式名	514④			
こと	こと	×	事	化城	509⑥	和形式名	514⑥			
こと	こと	×	事	化城	510②	和形式名	515①			
こと	こと	×	事	化城	514②	和形式名	519②			
こと	こと	×	事	化城	520①	和形式名	525①			
こと	こと	×	事	化城	521②	和形式名	526③			
こと	こと	×	事	化城	521⑤	和形式名	526⑥		をィ[西右]	
こと	こと	×	事	化城	523③	和形式名	528④			
こと	こと	×	事	化城	524③	和形式名	529⑤			
こと	こと	×	事	化城	524④	和形式名	529⑥			
こと	こと	×	事	化城	524⑥	和形式名	530②			
こと	こと	×	事	化城	525①	和形式名	530③			
こと	こと	×	事	化城	525④	和形式名	530⑥			
こと	こと	×	事	化城	526①	和形式名	531③			
こと	こと	×	事	化城	527②	和形式名	532④			
こと	こと	×	事	化城	527⑤	和形式名	533③			
こと	こと	×	事	化城	530③	和形式名	536①			

こと 211

当該語	読みかな	傍訓	漢字表記	品名	頁数	語の種類	妙一本	和解語文	可読	異同語彙
こと	こと	×	事	化城	531③	和形式名	537①			
こと	こと	×	事	化城	532③	和形式名	537⑥			
こと	こと	×	事	化城	532⑥	和形式名	538③			
こと	こと	×	事	化城	534②	和形式名	540①			
こと	こと	×	事	化城	535③	和形式名	541②			
こと	こと	×	事	化城	536①	和形式名	541⑤			
こと	こと	×	事	化城	536①	和形式名	541⑥			
こと	こと	×	事	化城	536⑥	和形式名	542④			
こと	こと	×	事	化城	537⑤	和形式名	543④			
こと	こと	×	事	化城	537⑥	和形式名	543⑤			
こと	こと	×	事	化城	539④	和形式名	545②			
こと	こと	×	事	化城	539⑥	和形式名	545④			
こと	こと	×	事	化城	540⑤	和形式名	546③			
こと	こと	×	事	化城	543②	和形式名	551①			
こと	こと	×	事	化城	543⑤	和形式名	551⑤			
こと	こと	×	事	化城	547②	和形式名	553④			
こと	こと	×	事	五百	563①	和形式名	566①			
こと	こと	×	事	五百	563①	和形式名	566②			
こと	こと	×	事	五百	564④	和形式名	567⑤			
こと	こと	×	事	五百	566③	和形式名	569⑥			
こと	こと	×	事	五百	567②	和形式名	570⑥			
こと	こと	×	事	五百	568⑤	和形式名	572④			
こと	こと	×	事	五百	571②	和形式名	575①			
こと	こと	×	事	五百	571②	和形式名	575②			
こと	こと	×	事	五百	571⑤	和形式名	575④			
こと	こと	×	事	五百	571⑥	和形式名	575⑥			
こと	こと	×	事	五百	573②	和形式名	577③			
こと	こと	×	事	五百	573③	和形式名	577⑤			
こと	こと	×	事	五百	574①	和形式名	578③			
こと	こと	×	事	五百	574④	和形式名	579④			
こと	こと	×	事	五百	575②	和形式名	579⑤			
こと	こと	×	事	五百	575⑤	和形式名	580②			
こと	こと	×	事	五百	575⑥	和形式名	580④			
こと	こと	×	事	五百	579⑥	和形式名	585①			
こと	こと	×	事	五百	581⑤	和形式名	586⑥			
こと	こと	×	事	五百	582⑤	和形式名	588①			
こと	こと	×	事	五百	582⑤	和形式名	588②			
こと	こと	×	事	五百	583⑥	和形式名	589③			
こと	こと	×	事	五百	587②	和形式名	593①			
こと	こと	×	事	五百	589②	和形式名	×			
こと	こと	×	事	五百	591②	和形式名	598②			
こと	こと	×	事	五百	592①	和形式名	599②			
こと	こと	×	事	五百	595③	和形式名	603①			
こと	こと	×	事	五百	595④	和形式名	603③			
こと	こと	×	事	五百	600④	和形式名	609②			
こと	こと	×	事	授學	604①	和形式名	612⑤			
こと	こと	×	事	授學	605⑥	和形式名	614⑤			
こと	こと	×	事	授學	605⑥	和形式名	614⑤			
こと	こと	×	事	授學	605⑥	和形式名	614⑥			
こと	こと	×	事	授學	606①	和形式名	614⑥			
こと	こと	×	事	授學	607④	和形式名	616④			
こと	こと	×	事	授學	607⑤	和形式名	616⑥			
こと	こと	×	事	授學	610②	和形式名	619③			
こと	こと	×	事	授學	611②	和形式名	620⑤			
こと	こと	×	事	授學	611④	和形式名	621①			
こと	こと	×	事	授學	612②	和形式名	621⑤			
こと	こと	×	事	授學	613⑤	和形式名	623③			
こと	こと	×	事	授學	614②	和形式名	623⑥			
こと	こと	×	事	授學	619⑤	和形式名	630①			
こと	こと	×	事	授學	617④	和形式名	627④			
こと	こと	×	事	法師	623④	和形式名	634③			
こと	こと	×	事	法師	624⑤	和形式名	635⑤			
こと	こと	×	事	法師	625①	和形式名	636①			
こと	こと	×	事	法師	629①	和形式名	640②			
こと	こと	×	事	法師	630⑥	和形式名	642③			
こと	こと	×	事	法師	631⑥	和形式名	643③			
こと	こと	×	事	法師	632②	和形式名	643⑤			
こと	こと	×	事	法師	632④	和形式名	644②			

当該語	読みかな	傍訓	漢字表記	品名	頁数	語の種類	妙一本	和解語文	可読	異同語彙
こと	こと	×	事	法師	634②	和形式名	646②			
こと	こと	×	事	法師	635②	和形式名	647②			
こと	こと	×	事	法師	636④	和形式名	648⑤			
こと	こと	×	事	法師	641①	和形式名	653④			
こと	こと	×	事	法師	641⑤	和形式名	654③			
こと	こと	×	事	法師	641⑤	和形式名	654③			
こと	こと	×	事	法師	642①	和形式名	654⑤			
こと	こと	×	事	法師	642①	和形式名	654⑥			
こと	こと	×	事	法師	642⑥	和形式名	655⑤			
こと	こと	×	事	法師	643①	和形式名	656①			
こと	こと	×	事	法師	644①	和形式名	657①			
こと	こと	×	事	法師	644③	和形式名	657③			
こと	こと	×	事	法師	644③	和形式名	657④			
こと	こと	×	事	法師	644④	和形式名	657⑤			
こと	こと	×	事	法師	649①	和形式名	662⑤			
こと	こと	×	事	法師	649③	和形式名	663①			
こと	こと	×	事	法師	650①	和形式名	663⑤			
こと	こと	×	事	法師	650①	和形式名	663⑥			
こと	こと	×	事	法師	650④	和形式名	664③			
こと	こと	×	事	法師	651②	和形式名	665①			
こと	こと	×	事	法師	655③	和形式名	669④			
こと	こと	×	事	法師	656③	和形式名	670⑤			
こと	こと	×	事	見寶	662③	和形式名	677①			ところ【処】[妙]
こと	こと	×	事	見寶	663⑤	和形式名	678④			
こと	こと	×	事	見寶	665④	和形式名	680④			
こと	こと	×	事	見寶	672⑤	和形式名	688③			
こと	こと	×	事	見寶	675①	和形式名	690⑥			
こと	こと	×	事	見寶	680③	和形式名	697②			
こと	こと	×	事	見寶	680⑥	和形式名	697⑤			
こと	こと	×	事	見寶	685①	和形式名	702②			
こと	こと	×	事	見寶	686①	和形式名	703③			
こと	こと	×	事	見寶	686①	和形式名	703④			
こと	こと	×	事	見寶	688②	和形式名	705⑥			
こと	こと	×	事	見寶	690③	和形式名	708②			
こと	こと	×	事	見寶	690③	和形式名	708③			
こと	こと	×	事	見寶	690⑥	和形式名	708⑥			
こと	こと	×	事	見寶	697②	和形式名	716②			
こと	こと	×	事	見寶	697⑥	和形式名	716⑥			
こと	こと	×	事	提婆	708④	和形式名	725⑤			
こと	こと	×	事	提婆	709③	和形式名	726④			事（こと）[妙]
こと	こと	×	事	提婆	711③	和形式名	728⑥			
こと	こと	×	事	提婆	711④	和形式名	729①			
こと	こと	×	事	提婆	714⑤	和形式名	732④			
こと	こと	×	事	提婆	714⑤	和形式名	732④			
こと	こと	×	事	提婆	716②	和形式名	734①			
こと	こと	×	事	提婆	716⑤	和形式名	734④			
こと	こと	×	事	提婆	717②	和形式名	735②			
こと	こと	×	事	提婆	721④	和形式名	739④			
こと	こと	×	事	提婆	722③	和形式名	740④			
こと	こと	×	事	提婆	725①	和形式名	743②			
こと	こと	×	事	提婆	728③	和形式名	746③			
こと	こと	×	事	提婆	728④	和形式名	746⑤			
こと	こと	×	事	提婆	729③	和形式名	747③			
こと	こと	×	事	提婆	729⑥	和形式名	747⑥			
こと	こと	×	事	提婆	730①	和形式名	748②			
こと	こと	×	事	提婆	731②	和形式名	749②			
こと	こと	×	事	提婆	731⑤	和形式名	749⑥			
こと	こと	×	事	提婆	732④	和形式名	750⑤			
こと	こと	×	事	提婆	733③	和形式名	751④			
こと	こと	×	事	提婆	733⑤	和形式名	752①			
こと	こと	×	事	提婆	736⑤	和形式名	755③			
こと	こと	×	事	提婆	737⑤	和形式名	755⑤			
こと	こと	×	事	勧持	738②	和形式名	756⑥			
こと	こと	×	事	勧持	739①	和形式名	757⑤			
こと	こと	×	事	勧持	742④	和形式名	761③			
こと	こと	×	事	勧持	743④	和形式名	762④			
こと	こと	×	事	勧持	745③	和形式名	764③			
こと	こと	×	事	勧持	746③	和形式名	765②			

こと 213

当該語	読みかな	傍訓	漢字表記	品名	頁数	語の種類	妙一本	和解語文	可読	異同語彙
こと	こと	×	事	勧持	746⑥	和形式名	765⑤			
こと	こと	×	事	勧持	747①	和形式名	766①			
こと	こと	×	事	勧持	750②	和形式名	769③			
こと	こと	×	事	勧持	751①	和形式名	770③			
こと	こと	×	事	勧持	752⑤	和形式名	772③			
こと	こと	×	事	安樂	763③	和形式名	782⑥		ものと[西右]	
こと	こと	×	事	安樂	766⑤	和形式名	786⑤		を同しくせされ[西右]	
こと	こと	×	事	安樂	770②	和形式名	790④			
こと	こと	×	事	安樂	771①	和形式名	791③			
こと	こと	×	事	安樂	771③	和形式名	791⑤			
こと	こと	×	事	安樂	771⑤	和形式名	792①			
こと	こと	×	事	安樂	771⑥	和形式名	792③			
こと	こと	×	事	安樂	772①	和形式名	792④			
こと	こと	×	事	安樂	772②	和形式名	792⑤			
こと	こと	×	事	安樂	772②	和形式名	792⑤			
こと	こと	×	事	安樂	773⑤	和形式名	794②			
こと	こと	×	事	安樂	774④	和形式名	795①			
こと	こと	×	事	安樂	774⑤	和形式名	795③			
こと	こと	×	事	安樂	775③	和形式名	796①			
こと	こと	×	事	安樂	776②	和形式名	796⑥			
こと	こと	×	事	安樂	777⑤	和形式名	798④			
こと	こと	×	事	安樂	778②	和形式名	798⑥			
こと	こと	×	事	安樂	780②	和形式名	801②			
こと	こと	×	事	安樂	782⑥	和形式名	803⑥			
こと	こと	×	事	安樂	783①	和形式名	804①			
こと	こと	×	事	安樂	783③	和形式名	804③			
こと	こと	×	事	安樂	783⑤	和形式名	804⑤			
こと	こと	×	事	安樂	784③	和形式名	805③			
こと	こと	×	事	安樂	784④	和形式名	805⑤			
こと	こと	×	事	安樂	785②	和形式名	806③			
こと	こと	×	事	安樂	785③	和形式名	806④			
こと	こと	×	事	安樂	785④	和形式名	807①			
こと	こと	×	事	安樂	785⑤	和形式名	807①			
こと	こと	×	事	安樂	787④	和形式名	809①			
こと	こと	×	事	安樂	791⑤	和形式名	813①			
こと	こと	×	事	安樂	793③	和形式名	814⑥			
こと	こと	×	事	安樂	793⑤	和形式名	815②			
こと	こと	×	事	安樂	793⑥	和形式名	815③			
こと	こと	×	事	安樂	795②	和形式名	816⑤			
こと	こと	×	事	安樂	795⑥	和形式名	817③			
こと	こと	×	事	安樂	796①	和形式名	817④			
こと	こと	×	事	安樂	802②	和形式名	824②			
こと	こと	×	事	安樂	803①	和形式名	825①			
こと	こと	×	事	安樂	806⑤	和形式名	828⑥			
こと	こと	×	事	安樂	808③	和形式名	830⑤			
こと	こと	×	事	安樂	809③	和形式名	831⑤			
こと	こと	×	事	安樂	810①	和形式名	832③			
こと	こと	×	事	安樂	810④	和形式名	832⑤			
こと	こと	×	事	安樂	810⑥	和形式名	833①			
こと	こと	×	事	安樂	811②	和形式名	833④			
こと	こと	×	事	安樂	815③	和形式名	837⑥			
こと	こと	×	事	安樂	815④	和形式名	838①			
こと	こと	×	事	安樂	815⑤	和形式名	838③			
こと	こと	×	事	安樂	816①	和形式名	838⑤			
こと	こと	×	事	安樂	816④	和形式名	839①			
こと	こと	×	事	從地	818②	和形式名	840④			
こと	こと	×	事	從地	818⑥	和形式名	841②			
こと	こと	×	事	從地	823②	和形式名	845③			
こと	こと	×	事	從地	824③	和形式名	846⑤			
こと	こと	×	事	從地	828②	和形式名	850③			
こと	こと	×	事	從地	829①	和形式名	851②			
こと	こと	×	事	從地	829②	和形式名	851③			
こと	こと	×	事	從地	830①	和形式名	852④			
こと	こと	×	事	從地	830②	和形式名	852④			
こと	こと	×	事	從地	831③	和形式名	853⑥			
こと	こと	×	事	從地	831⑤	和形式名	854④			

当該語	読みかな	傍訓	漢字表記	品名	頁数	語の種類	妙一本	和解語文	可読	異同語彙
こと	こと	×	事	從地	833⑤	和形式名	856③		をはみずきかず[西右]	
こと	こと	×	事	從地	836①	和形式名	858⑥			
こと	こと	×	事	從地	838④	和形式名	861③			
こと	こと	×	事	從地	838⑤	和形式名	861④			
こと	こと	×	事	從地	844④	和形式名	867②			
こと	こと	×	事	從地	846④	和形式名	869②			
こと	こと	×	事	從地	846④	和形式名	869③			
こと	こと	×	事	從地	847②	和形式名	869⑥			
こと	こと	×	事	從地	847③	和形式名	870①			
こと	こと	×	事	從地	847③	和形式名	870①			
こと	こと	×	事	從地	847⑥	和形式名	870④			
こと	こと	×	事	從地	850④	和形式名	873②			
こと	こと	×	事	從地	851①	和形式名	873⑥			
こと	こと	×	事	從地	852⑥	和形式名	875④			
こと	こと	×	事	從地	854①	和形式名	876⑤			
こと	こと	×	事	從地	854④	和形式名	877②			
こと	こと	×	事	從地	856④	和形式名	879②			
こと	こと	×	事	從地	856⑤	和形式名	879③			
こと	こと	×	事	從地	858①	和形式名	880⑥			
こと	こと	×	事	從地	861⑤	和形式名	884④			
こと	こと	×	事	從地	865②	和形式名	887⑥			
こと	こと	×	事	從地	865⑥	和形式名	888④			
こと	こと	×	事	從地	869⑤	和形式名	892⑤		もの[西右]	
こと	こと	×	事	如來	883④	和形式名	902③			
こと	こと	×	事	如來	885③	和形式名	904③			
こと	こと	×	事	如來	886③	和形式名	905②			
こと	こと	×	事	如來	887⑤	和形式名	906⑥			
こと	こと	×	事	如來	891①	和形式名	910②			
こと	こと	×	事	如來	893①	和形式名	912①			
こと	こと	×	事	如來	893⑤	和形式名	912⑤			
こと	こと	×	事	如來	897①	和形式名	916①			
こと	こと	×	事	如來	897④	和形式名	916③			
こと	こと	×	事	如來	898②	和形式名	917②			
こと	こと	×	事	如來	898②	和形式名	917②			
こと	こと	×	事	如來	899⑥	和形式名	919①			
こと	こと	×	事	如來	901④	和形式名	920⑤			
こと	こと	×	事	如來	903⑤	和形式名	922⑤			
こと	こと	×	事	如來	905①	和形式名	923⑥			
こと	こと	×	事	如來	906②	和形式名	925②			
こと	こと	×	事	如來	907⑤	和形式名	926④			
こと	こと	×	事	如來	908④	和形式名	927③			
こと	こと	×	事	如來	910①	和形式名	929①			
こと	こと	×	事	如來	917②	和形式名	936①			
こと	こと	×	事	如來	918②	和形式名	937①			
こと	こと	×	事	如來	918④	和形式名	937④			
こと	こと	×	事	如來	920⑥	和形式名	940①			
こと	こと	×	事	分別	921④	和形式名	940④			
こと	こと	×	事	分別	922②	和形式名	941①			
こと	こと	×	事	分別	926①	和形式名	944⑤			
こと	こと	×	事	分別	931⑤	和形式名	950③			
こと	こと	×	事	分別	932②	和形式名	950⑥			
こと	こと	×	事	分別	932④	和形式名	951②			
こと	こと	×	事	分別	933③	和形式名	952①			
こと	こと	×	事	分別	934①	和形式名	952⑤			
こと	こと	×	事	分別	936②	和形式名	954⑤			
こと	こと	×	事	分別	937②	和形式名	955⑤			
こと	こと	×	事	分別	937④	和形式名	956①			
こと	こと	×	事	分別	938⑥	和形式名	957②			
こと	こと	×	事	分別	939③	和形式名	957⑤			
こと	こと	×	事	分別	944②	和形式名	962⑤			
こと	こと	×	事	分別	944⑥	和形式名	963②			
こと	こと	×	事	分別	945⑥	和形式名	964③			
こと	こと	×	事	分別	946④	和形式名	965①			
こと	こと	×	事	分別	947②	和形式名	965⑤			
こと	こと	×	事	分別	947④	和形式名	966②			
こと	こと	×	事	分別	947④	和形式名	966②			
こと	こと	×	事	分別	947⑤	和形式名	966③			

こと 215

当該語	読みかな	傍訓	漢字表記	品名	頁数	語の種類	妙一本	和解語文	可読	異同語彙
こと	こと	×	事	分別	949②	和形式名	968①			
こと	こと	×	事	分別	950⑤	和形式名	969④			
こと	こと	×	事	分別	952②	和形式名	971①			
こと	こと	×	事	分別	954②	和形式名	973①			
こと	こと	×	事	分別	954④	和形式名	973③			
こと	こと	×	事	分別	956②	和形式名	974⑥			
こと	こと	×	事	分別	956④	和形式名	975②			
こと	こと	×	事	分別	961①	和形式名	979④			
こと	こと	×	事	分別	961⑤	和形式名	980②			
こと	こと	×	事	分別	966②	和形式名	984⑤			
こと	こと	×	事	随喜	970①	和形式名	988①			
こと	こと	×	事	随喜	974③	和形式名	992④			
こと	こと	×	事	随喜	974⑥	和形式名	992⑥			
こと	こと	×	事	随喜	975②	和形式名	993③			
こと	こと	×	事	随喜	978④	和形式名	996⑤			
こと	こと	×	事	随喜	979③	和形式名	997④			
こと	こと	×	事	随喜	979④	和形式名	997⑤			
こと	こと	×	事	随喜	980⑤	和形式名	998⑥			
こと	こと	×	事	随喜	982②	和形式名	1000③			
こと	こと	×	事	随喜	984②	和形式名	1002④			
こと	こと	×	事	随喜	986②	和形式名	1004⑥			
こと	こと	×	事	随喜	986⑤	和形式名	1005①			
こと	こと	×	事	随喜	986⑥	和形式名	1005②			
こと	こと	×	事	随喜	987②	和形式名	1005④			
こと	こと	×	事	随喜	987⑥	和形式名	1006②			
こと	こと	×	事	随喜	989②	和形式名	1007④			
こと	こと	×	事	随喜	989⑥	和形式名	1008③			
こと	こと	×	事	随喜	990②	和形式名	1008④			
こと	こと	×	事	随喜	990③	和形式名	1008⑤			
こと	こと	×	事	随喜	990⑥	和形式名	1009④			
こと	こと	×	事	随喜	991⑤	和形式名	1010③			
こと	こと	×	事	法功	995④	和形式名	1014①			
こと	こと	×	事	法功	997④	和形式名	1016②			
こと	こと	×	事	法功	1005③	和形式名	1023⑥			
こと	こと	×	事	法功	1005⑥	和形式名	1024③			
こと	こと	×	事	法功	1006④	和形式名	1025①			
こと	こと	×	事	法功	1007②	和形式名	1025⑤			
こと	こと	×	事	法功	1011①	和形式名	1029④			
こと	こと	×	事	法功	1012②	和形式名	1030⑤			
こと	こと	×	事	法功	1020①	和形式名	1038⑤			
こと	こと	×	事	法功	1021①	和形式名	1039⑥			
こと	こと	×	事	法功	1037⑥	和形式名	1056④			
こと	こと	×	事	法功	1041④	和形式名	1060③			
こと	こと	×	事	法功	1043①	和形式名	1061⑤			
こと	こと	×	事	法功	1043④	和形式名	1062②			
こと	こと	×	事	法功	1044④	和形式名	1063②			
こと	こと	×	事	法功	1045⑥	和形式名	1064④			
こと	こと	×	事	法功	1047②	和形式名	1065⑥			
こと	こと	×	事	常不	1056⑥	和形式名	1075⑤			
こと	こと	×	事	常不	1056⑥	和形式名	1075⑥			
こと	こと	×	事	常不	1060⑤	和形式名	1079③			
こと	こと	×	事	常不	1063②	和形式名	1081⑥			
こと	こと	×	事	常不	1065①	和形式名	1083⑤			
こと	こと	×	事	常不	1068①	和形式名	1086⑥			こと［妙］
こと	こと	×	事	常不	1068②	和形式名	1087①			
こと	こと	×	事	常不	1069⑤	和形式名	1088②			
こと	こと	×	事	常不	1071①	和形式名	1089⑤			
こと	こと	×	事	常不	1072③	和形式名	1090⑥			
こと	こと	×	事	常不	1073②	和形式名	1091⑥			
こと	こと	×	事	常不	1074④	和形式名	1093①			
こと	こと	×	事	常不	1079②	和形式名	1097⑤			
こと	こと	×	事	常不	1079⑥	和形式名	1098③			
こと	こと	×	事	常不	1082③	和形式名	1100⑥			
こと	こと	×	事	常不	1083①	和形式名	1101④			
こと	こと	×	事	神力	1090①	和形式名	1108③			
こと	こと	×	事	神力	1090②	和形式名	1108④			
こと	こと	×	事	神力	1092①	和形式名	1110③			こと［妙］
こと	こと	×	事	神力	1093①	和形式名	1111④			

当該語	読みかな	傍訓	漢字表記	品名	頁数	語の種類	妙一本	和解語文	可読	異同語彙
こと	こと	×	事	神力	1093⑤	和形式名	1112②			
こと	こと	×	事	神力	1094④	和形式名	1113②			
こと	こと	×	事	神力	1096①	和形式名	1114⑤			
こと	こと	×	事	神力	1099⑥	和形式名	1118⑤			
こと	こと	×	事	神力	1100①	和形式名	1118⑥			×[妙]
こと	こと	×	事	神力	1100①	和形式名	1118⑥			
こと	こと	×	事	神力	1100②	和形式名	1119①			
こと	こと	×	事	神力	1101⑥	和形式名	1120⑤			
こと	こと	×	事	神力	1102⑤	和形式名	1121④			
こと	こと	×	事	神力	1104②	和形式名	1123③			
こと	こと	×	事	嘱累	1107③	和形式名	1126①			
こと	こと	×	事	嘱累	1108③	和形式名	1127①			
こと	こと	×	事	嘱累	1108⑥	和形式名	1127④			
こと	こと	×	事	嘱累	1111②	和形式名	1129⑥		一あらざれィ [西右]	
こと	こと	×	事	嘱累	1112①	和形式名	1130⑤			
こと	こと	×	事	藥王	1117④	和形式名	1135⑤			
こと	こと	×	事	藥王	1117④	和形式名	1135⑥			
こと	こと	×	事	藥王	1118③	和形式名	1136④			
こと	こと	×	事	藥王	1120①	和形式名	1138③			こと[妙]
こと	こと	×	事	藥王	1120⑤	和形式名	1138⑥		一は[西右]	
こと	こと	×	事	藥王	1120⑤	和形式名	1139①			
こと	こと	×	事	藥王	1122②	和形式名	1140④			
こと	こと	×	事	藥王	1123②	和形式名	1141④		て[西右]	こと[妙]
こと	こと	×	事	藥王	1125②	和形式名	1143④			
こと	こと	×	事	藥王	1126③	和形式名	1144⑤			
こと	こと	×	事	藥王	1129③	和形式名	1147⑥			
こと	こと	×	事	藥王	1130④	和形式名	1149②			
こと	こと	×	事	藥王	1133③	和形式名	1151⑤			こと[妙]
こと	こと	×	事	藥王	1136⑤	和形式名	1154⑥			
こと	こと	×	事	藥王	1137③	和形式名	1155④			
こと	こと	×	事	藥王	1139①	和形式名	1157②			
こと	こと	×	事	藥王	1140①	和形式名	1158②			
こと	こと	×	事	藥王	1141②	和形式名	1159③			
こと	こと	×	事	藥王	1147④	和形式名	1165⑤			
こと	こと	×	事	藥王	1151④	和形式名	1169⑤			
こと	こと	×	事	藥王	1155④	和形式名	1173③			こと[妙]
こと	こと	×	事	藥王	1156⑥	和形式名	1174④			
こと	こと	×	事	藥王	1157①	和形式名	1174⑤			
こと	こと	×	事	藥王	1157③	和形式名	1174⑥			
こと	こと	×	事	藥王	1158⑤	和形式名	1176③			
こと	こと	×	事	藥王	1160⑥	和形式名	1178②			
こと	こと	×	事	藥王	1161④	和形式名	1178⑤			
こと	こと	×	事	藥王	1161⑥	和形式名	1179①			
こと	こと	×	事	藥王	1163③	和形式名	1180②			
こと	こと	×	事	藥王	1164⑤	和形式名	1181⑤			×[妙]
こと	こと	×	事	妙音	1170⑥	和形式名	1186⑥			
こと	こと	×	事	妙音	1172③	和形式名	1188①			
こと	こと	×	事	妙音	1172⑤	和形式名	1188③		一は[西右]	
こと	こと	×	事	妙音	1173③	和形式名	1189①			
こと	こと	×	事	妙音	1177⑤	和形式名	1193①			
こと	こと	×	事	妙音	1179⑥	和形式名	1195①			
こと	こと	×	事	妙音	1180⑤	和形式名	1195⑥			
こと	こと	×	事	妙音	1182⑥	和形式名	1197⑤			
こと	こと	×	事	妙音	1183②	和形式名	1197⑥			こと[妙]
こと	こと	×	事	妙音	1185①	和形式名	1199⑥			
こと	こと	×	事	妙音	1196⑥	和形式名	1210⑥			
こと	こと	×	事	妙音	1199④	和形式名	1213③			
こと	こと	×	事	觀世	1209⑥	和形式名	1223①			
こと	こと	×	事	觀世	1210②	和形式名	1223③			
こと	こと	×	事	觀世	1211⑤	和形式名	1224⑥			
こと	こと	×	事	觀世	1212④	和形式名	1225⑤			
こと	こと	×	事	觀世	1213②	和形式名	1226①			
こと	こと	×	事	觀世	1214①	和形式名	1227③			
こと	こと	×	事	觀世	1214⑥	和形式名	1228①			
こと	こと	×	事	觀世	1214⑥	和形式名	1228②			
こと	こと	×	事	觀世	1215④	和形式名	1228⑥			
こと	こと	×	事	觀世	1216①	和形式名	1229③			

こと 217

当該語	読みかな	傍訓	漢字表記	品名	頁数	語の種類	妙一本	和解語文	可読	異同語彙
こと	こと	×	事	觀世	1216③	和形式名	1229⑤			
こと	こと	×	事	觀世	1216⑥	和形式名	1230②			
こと	こと	×	事	觀世	1217②	和形式名	1230④			
こと	こと	×	事	觀世	1217④	和形式名	1230⑥			
こと	こと	×	事	觀世	1221①	和形式名	1234③			
こと	こと	×	事	觀世	1235⑥	和形式名	1248②			
こと	こと	×	事	觀世	1237④	和形式名	1249⑥			
こと	こと	×	事	觀世	1238③	和形式名	1250⑥			
こと	こと	×	事	觀世	1239⑥	和形式名	1252③			
こと	こと	×	事	觀世	1242③	和形式名	1254⑥			
こと	こと	×	事	觀世	1243⑤	和形式名	1255④			
こと	こと	×	事	觀世	1245⑤	和形式名	1257⑥			
こと	こと	×	事	陀羅	1248⑤	和形式名	1260⑤			
こと	こと	×	事	陀羅	1254①	和形式名	1265⑥			
こと	こと	×	事	陀羅	1256②	和形式名	1268①			
こと	こと	×	事	陀羅	1257④	和形式名	1269③			
こと	こと	×	事	陀羅	1261⑤	和形式名	1273①			
こと	こと	×	事	陀羅	1265④	和形式名	1276⑤			
こと	こと	×	事	陀羅	1266③	和形式名	1277③			
こと	こと	×	事	陀羅	1267①	和形式名	1278①			
こと	こと	×	事	陀羅	1267④	和形式名	1278④			
こと	こと	×	事	陀羅	1269②	和形式名	1280②			
こと	こと	×	事	妙莊	1278②	和形式名	1288②			
こと	こと	×	事	妙莊	1278④	和形式名	1288④			
こと	こと	×	事	妙莊	1278⑥	和形式名	1288⑥			
こと	こと	×	事	妙莊	1280②	和形式名	1290①			
こと	こと	×	事	妙莊	1280②	和形式名	1290②			
こと	こと	×	事	妙莊	1281①	和形式名	1290⑥			
こと	こと	×	事	妙莊	1285①	和形式名	1294④			
こと	こと	×	事	妙莊	1285②	和形式名	1294⑥			
こと	こと	×	事	妙莊	1285⑥	和形式名	1295④			
こと	こと	×	事	妙莊	1286⑤	和形式名	1296①			
こと	こと	×	事	妙莊	1286⑤	和形式名	1296②			
こと	こと	×	事	妙莊	1287④	和形式名	1296⑥			
こと	こと	×	事	妙莊	1287⑤	和形式名	1297②			
こと	こと	×	事	妙莊	1287⑥	和形式名	1297②			
こと	こと	×	事	妙莊	1290⑤	和形式名	1299⑤			
こと	こと	×	事	妙莊	1293⑤	和形式名	1302③			
こと	こと	×	事	妙莊	1295④	和形式名	1303⑥			
こと	こと	×	事	妙莊	1296③	和形式名	1304④			
こと	こと	×	事	妙莊	1296③	和形式名	1304④			
こと	こと	×	事	妙莊	1298③	和形式名	1306④			
こと	こと	×	事	妙莊	1300⑤	和形式名	1308②			
こと	こと	×	事	妙莊	1301④	和形式名	1308⑥			こと[妙]
こと	こと	×	事	普賢	1307⑥	和形式名	1314③			
こと	こと	×	事	普賢	1311①	和形式名	1317③			
こと	こと	×	事	普賢	1311③	和形式名	1317③			
こと	こと	×	事	普賢	1314⑥	和形式名	1320④			
こと	こと	×	事	普賢	1317⑥	和形式名	1323②			
こと	こと	×	事	普賢	1318③	和形式名	1323⑤			
こと	こと	×	事	普賢	1320⑥	和形式名	1325⑥			
こと	こと	×	事	普賢	1321③	和形式名	1326②			
こと	こと	×	事	普賢	1321⑥	和形式名	1326⑥			
こと	こと	×	事	普賢	1328③	和形式名	1332③			
こと	こと	×	事	普賢	1329⑤	和形式名	1333⑤			
こと	こと	×	事	普賢	1330①	和形式名	1333⑥			
こと	こと	×	事	普賢	1334④	和形式名	1337⑥			
こと	こと	×	事	普賢	1335④	和形式名	1338④			
こと	こと	×	是	信解	325③	和形式名	301④			
ことごとく	ことごとく	×	咸	方便	98⑤	和副	86④			
ことごとく	ことごとく	×	咸	方便	105④	和副	92③			
ことごとく	ことごとく	×	咸	方便	185④	和副	159①			
ことごとく	ことごとく	×	咸	授記	444⑥	和副	437⑤			
ことごとく	ことごとく	×	咸	化城	456⑤	和副	451⑤			
ことごとく	ことごとく	×	咸	化城	460②	和副	455⑥			
ことごとく	ことごとく	×	咸	化城	460⑥	和副	456③			
ことごとく	ことごとく	×	咸	五百	567④	和副	571③			
ことごとく	ことごとく	×	咸	五百	586④	和副	592①			

当該語	読みかな	傍訓	漢字表記	品名	頁数	語の種類	妙一本	和解語文	可読	異同語彙
ことことく	ことごとく	×	咸	授學	608④	和副	617⑥			
ことことく	ことごとく	×	咸	授學	619⑥	和副	630②			
ことことく	ことごとく	×	咸	法師	622②	和副	632⑥			
ことことく	ことごとく	×	咸	提婆	731④	和副	749④			
ことことく	ことごとく	×	咸	安樂	781③	和副	802③			
ことことく	ことごとく	×	咸	如來	908⑤	和副	927④			
ことことく	ことごとく	×	咸	如來	912②	和副	931②			つくして[妙]
ことことく	ことごとく	×	咸	分別	950④	和副	969②			
ことことく	ことごとく	×	咸	随喜	988④	和副	1006⑥			
ことごとく	ことごとく	×	悉	序品	18①	和副	14⑤			
ことごとく	ことごとく	×	悉	序品	21⑤	和副	18①			
ことごとく	ことごとく	×	悉	序品	36①	和副	31①			
ことごとく	ことごとく	×	悉	方便	90⑤	和副	79⑤			
ことごとく	ことごとく	×	悉	方便	143①	和副	124⑤			
ことごとく	ことごとく	×	悉	方便	187⑤	和副	160⑥			
ことごとく	ことごとく	×	悉	譬喩	213④	和副	181⑤			
ことごとく	ことごとく	×	悉	譬喩	214⑥	和副	183②			
ことごとく	ことごとく	×	悉	譬喩	219⑤	和副	188③			
ことごとく	ことごとく	×	悉	譬喩	228②	和副	197④			
ことごとく	ことごとく	×	悉	譬喩	249④	和副	219④			
悉	ことごとく	ことごとく	悉	譬喩	253⑥	和副	224⑥			
ことごとく	ことごとく	×	悉	譬喩	290③	和副	262④			
ことごとく	ことごとく	×	悉	信解	341③	和副	321③			
ことごとく	ことごとく	×	悉	信解	343④	和副	324②			
ことごとく	ことごとく	×	悉	信解	364④	和副	350①			
ことごとく	ことごとく	×	悉	信解	369③	和副	355⑥			
ことごとく	ことごとく	×	悉	藥草	414④	和副	403①			
ことごとく	ことごとく	×	悉	授記	422③	和副	411⑤			
ことごとく	ことごとく	×	悉	授記	424③	和副	414①			
ことごとく	ことごとく	×	悉	授記	431③	和副	422②			
ことごとく	ことごとく	×	悉	化城	449⑤	和副	443③			
ことごとく	ことごとく	×	悉	五百	575⑥	和副	580④			
ことごとく	ことごとく	×	悉	五百	581⑥	和副	587①			
ことごとく	ことごとく	×	悉	授學	619②	和副	629④			
ことごとく	ことごとく	×	悉	授學	619⑤	和副	630①			
ことごとく	ことごとく	×	悉	授學	618②	和副	628②			
ことごとく	ことごとく	×	悉	授學	618④	和副	628⑤			
ことごとく	ことごとく	×	悉	見寶	677②	和副	693③			
ことごとく	ことごとく	×	悉	見寶	678④	和副	695①			
ことごとく	ことごとく	×	悉	見寶	679②	和副	695⑥			
ことごとく	ことごとく	×	悉	提婆	718③	和副	736③			
ことごとく	ことごとく	×	悉	提婆	727⑤	和副	745②			
ことごとく	ことごとく	×	悉	提婆	736③	和副	754⑥			
ことごとく	ことごとく	×	悉	勸持	754⑥	和副	774④			
ことごとく	ことごとく	×	悉	從地	852②	和副	874⑥			
ことごとく	ことごとく	×	悉	從地	854④	和副	877①			
ことごとく	ことごとく	×	悉	從地	862④	和副	885②			
ことごとく	ことごとく	×	悉	如來	901⑥	和副	921①			
ことごとく	ことごとく	×	悉	如來	916④	和副	935③			
ことごとく	ことごとく	×	悉	分別	934⑥	和副	953③			
ことごとく	ことごとく	×	悉	分別	944⑤	和副	963②			
ことごとく	ことごとく	×	悉	分別	950③	和副	969①			
ことごとく	ことごとく	×	悉	随喜	984③	和副	1002⑤			
ことごとく	ことごとく	×	悉	随喜	991③	和副	1010①			
ことごとく	ことごとく	×	悉	法功	995⑥	和副	1014④			
ことごとく	ことごとく	×	悉	法功	995⑥	和副	1014④			
ことごとく	ことごとく	×	悉	法功	997①	和副	1015⑤			
ことごとく	ことごとく	×	悉	法功	997⑤	和副	1016④			
ことごとく	ことごとく	×	悉	法功	1001①	和副	1019⑤			
ことごとく	ことごとく	×	悉	法功	1002④	和副	1021②			
ことごとく	ことごとく	×	悉	法功	1003②	和副	1021⑥			
ことごとく	ことごとく	×	悉	法功	1004⑥	和副	1023③			
ことごとく	ことごとく	×	悉	法功	1005⑥	和副	1023⑥			
ことごとく	ことごとく	×	悉	法功	1005⑥	和副	1024①			
ことごとく	ことごとく	×	悉	法功	1006④	和副	1025①			
ことごとく	ことごとく	×	悉	法功	1007②	和副	1025④			
ことごとく	ことごとく	×	悉	法功	1007⑥	和副	1026③			
ことごとく	ことごとく	×	悉	法功	1010③	和副	1028⑤			

こと 219

当該語	読みかな	傍訓	漢字表記	品名	頁数	語の種類	妙一本	和解語文	可読	異同語彙
ことごとく	ことごとく	×	悉	法功	1011①	和副	1029③			
ことごとく	ことごとく	×	悉	法功	1013②	和副	1031⑤			
ことごとく	ことごとく	×	悉	法功	1015③	和副	1034①			
ことごとく	ことごとく	×	悉	法功	1017③	和副	1036①			
ことごとく	ことごとく	×	悉	法功	1017⑤	和副	1036③			
ことごとく	ことごとく	×	悉	法功	1018③	和副	1037②			
ことごとく	ことごとく	×	悉	法功	1019④	和副	1038②			
ことごとく	ことごとく	×	悉	法功	1020⑤	和副	1039③			
ことごとく	ことごとく	×	悉	法功	1021③	和副	1040②			
ことごとく	ことごとく	×	悉	法功	1021⑥	和副	1040④			
ことごとく	ことごとく	×	悉	法功	1022②	和副	1040⑥			
ことごとく	ことごとく	×	悉	法功	1022④	和副	1041③			
ことごとく	ことごとく	×	悉	法功	1023①	和副	1041⑤			
ことごとく	ことごとく	×	悉	法功	1023③	和副	1042②			
ことごとく	ことごとく	×	悉	法功	1023⑤	和副	1042④			
ことごとく	ことごとく	×	悉	法功	1024④	和副	1043②			
ことごとく	ことごとく	×	悉	法功	1024⑥	和副	1043⑤			
ことごとく	ことごとく	×	悉	法功	1025③	和副	1044②			
ことごとく	ことごとく	×	悉	法功	1025⑤	和副	1044④			
ことごとく	ことごとく	×	悉	法功	1028③	和副	1047②			
ことごとく	ことごとく	×	悉	法功	1030⑥	和副	1049③			
ことごとく	ことごとく	×	悉	法功	1031⑤	和副	1050③			
ことごとく	ことごとく	×	悉	法功	1036①	和副	1054⑥			
ことごとく	ことごとく	×	悉	法功	1036③	和副	1055②			
ことごとく	ことごとく	×	悉	法功	1036⑤	和副	1055④			
ことごとく	ことごとく	×	悉	法功	1038②	和副	1056⑥			
ことごとく	ことごとく	×	悉	法功	1040①	和副	1058⑤			
ことごとく	ことごとく	×	悉	法功	1042⑤	和副	1061③			
ことごとく	ことごとく	×	悉	法功	1045③	和副	1063⑥			
ことごとく	ことごとく	×	悉	法功	1045⑤	和副	1064②			
ことごとく	ことごとく	×	悉	法功	1046②	和副	1064⑤			
ことべく	ことごとく	×	悉	觀世	1213⑥	和副	1227②			
ことべく	ことごとく	×	悉	觀世	1238⑥	和副	1251③			
ことべく	ことごとく	×	悉	觀世	1240⑤	和副	1253②			
ことべく	ことごとく	×	悉	觀世	1243④	和副	1255⑥			
ことべく	ことごとく	×	悉	妙荘	1274③	和副	1284⑥			
ことべく	ことごとく	×	悉	妙荘	1275①	和副	1285③			
ことへく	ことごとく	×	悉	妙荘	1288①	和副	1297③			
ことごとく	ことごとく	×	盡	序品	23②	和副	19④			
ことごとく	ことごとく	×	盡	序品	24⑥	和副	21①			
ことごとく	ことごとく	×	盡	序品	25⑥	和副	22①			
ことごとく	ことごとく	×	盡	序品	33④	和副	28⑤			
ことごとく	ことごとく	×	盡	序品	46⑥	和副	40④			
ことごとく	ことごとく	×	盡	序品	52⑥	和副	46①			
ことごとく	ことごとく	×	盡	序品	71⑤	和副	62⑥			
ことごとく	ことごとく	×	盡	序品	75⑤	和副	66④			
ことごとく	ことごとく	×	盡	方便	87⑥	和副	77①			
ことごとく	ことごとく	×	盡	方便	94①	和副	82④			
ことごとく	ことごとく	×	盡	方便	153①	和副	132⑥			
ことごとく	ことごとく	×	盡	方便	166⑤	和副	143⑤			
ことごとく	ことごとく	×	盡	譬喩	235②	和副	204④			
ことごとく	ことごとく	×	盡	譬喩	267⑤	和副	238⑥			
ことごとく	ことごとく	×	盡	譬喩	269⑤	和副	240⑥			
ことごとく	ことごとく	×	盡	信解	323③	和副	299②			
ことごとく	ことごとく	×	盡	藥草	387⑤	和副	372⑥			
ことごとく	ことごとく	×	盡	化城	448①	和副	441③			
ことごとく	ことごとく	×	盡	化城	450③	和副	444②			
ことごとく	ことごとく	×	盡	化城	462⑤	和副	458④			
ことごとく	ことごとく	×	盡	化城	464①	和副	460②			
ことごとく	ことごとく	×	盡	化城	490③	和副	492①			
ことごとく	ことごとく	×	盡	化城	509②	和副	514①			
ことごとく	ことごとく	×	盡	化城	513⑥	和副	518⑥			ことごとく[妙]
ことごとく	ことごとく	×	盡	五百	584⑥	和副	590③			ことごとく[妙]
ことごとく	ことごとく	×	盡	見寶	665⑥	和副	680⑤			
ことごとく	ことごとく	×	盡	安樂	771⑥	和副	792②			ことごとく[妙]
ことごとく	ことごとく	×	盡	從地	820④	和副	842⑥			ことごとく[妙]
ことごとく	ことごとく	×	盡	如來	903②	和副	922②			ことごとく[妙]
ことごとく	ことごとく	×	盡	如來	908③	和副	927②			ことごとく[妙]

当該語	読みかな	傍訓	漢字表記	品名	頁數	語の種類	妙一本	和解語文	可讀	異同語彙
ことごとく	ことごとく	×	盡	常不	1062④	和副	1081②			ことことく[妙]
ことべく	ことごとく	×	盡	常不	1067⑤	和副	1086③			ことことく[妙]
ことべく	ことごとく	×	盡	神力	1086④	和副	1104⑥			ことことく[妙]
ことごとく	ことごとく	×	盡	藥王	1132④	和副	1150⑥			ことことく[妙]
ことへく	ことごとく	×	盡	藥王	1157⑤	和副	1175③			ことことく[妙]
ことへく	ことごとく	×	盡	妙音	1168②	和副	1184⑤			ことことく[妙]
ことへく	ことごとく	×	盡	妙音	1179②	和副	1194③			ことことく[妙]
ことへく	ことごとく	×	盡	觀世	1245②	和副	1257⑤			ことことく[妙]
ことさらに	ことさらに	×	故	方便	146①	和形動	127①			
ことさらに	ことさらに	×	故	譬喩	298②	和形動	270④			
ことさらに	ことさらに	×	故	譬喩	311③	和形動	284④			
ことさらに	ことさらに	×	故	藥草	405③	和形動	392⑤			
ことさらに	ことさらに	×	故	化城	498③	和形動	501④			
ことさらに	ことさらに	×	故	化城	544③	和形動	552④			
ことさらに	ことさらに	×	故	化城	547③	和形動	553④			
ことさらに	ことさらに	×	故	提婆	714③	和形動	732②			
ことさらに	ことさらに	×	故	隨喜	991③	和形動	1010④			
ことさらに	ことさらに	×	故	常不	1063⑤	和形動	1082④			
ことさらに	ことさらに	×	故	妙音	1185⑥	和形動	1200④			
ことなら	ことなら	×	異	信解	341⑤	和形動	321⑥			
ことなり	ことなり	×	異	藥草	389①	和形動	374②			
ことなく{る}	ことなる	×	異	授學	614②	和形動	623⑥		異ならんィ[西右]	
ことなる	ことなる	×	異	序品	65①	和形動	56⑥			
ことなる	ことなる	×	異	方便	100②	和形動	87⑥			
ことなる	ことなる	×	異	方便	152④	和形動	132②			
ことなる	ことなる	×	異	方便	157⑥	和形動	136④			
ことなる	ことなる	×	異	譬喩	295⑥	和形動	268①			
ことなる	ことなる	×	異	藥草	410②	和形動	398①			
ことなる	ことなる	×	異	授記	437②	和形動	428⑤			
ことなる	ことなる	×	異	觀世	1221①	和形動	1234③			
ことば	ことば	×	言	方便	184①	和名	157⑥			
ことば	ことば	×	言	五百	564③	和名	567⑤			
ことは	ことば	×	言	譬喩	279⑥	和名	251①	こん／ことは[妙]		
ことば	ことば	×	辭	見寶	678②	和名	694⑤			
語	ことば	ことば	語	譬喩	292①	和名	264②			
語	ことば	ことバ	語	從地	863①	和名	885⑤	こ／ことは[妙]		
語	ことば	ことば	語	常不	1065④	和名	1084④			こ[妙]
語	ことば	ことば	語	常不	1066⑤	和名	1085④			こ[妙]
語	ことば	ことは	語	藥王	1136③	和名	1154④	ご／こと[妙]		
語	ことば	ことば	語	妙莊	1302⑥	單漢名	1310①	こ／こと[妙]		
こと人	ことひと	×	異人	序品	64①	和人倫名	56④			
こと人	ことひと	×	異人	常不	1072④	和人倫名	1091②			ことひと[妙]
こと人	ことひと	×	異人	常不	1075②	和人倫名	1093⑤			ことひと[妙]
こと人	ことひと	×	異人	藥王	1140③	和人倫名	1158④		こと一[西右]	ことひと[妙]
こと人	ことひと	×	異人	妙音	1188④	和人倫名	1203①			ことひと[妙]
ことひと	ことひと	×	異人	妙莊	1303②	和人倫名	1310④			
子共	こども	×	子共	譬喩	240⑤	和人倫名	210②			子(こ)とも[妙]
子ども	こども	×	子等	譬喩	243②	和人倫名	212④			
子ども	こども	×	子等	譬喩	246⑥	和人倫名	216④			
子共	こども	×	子等	譬喩	247③	和人倫名	217②			
子ども	こども	×	子等	譬喩	250①	和人倫名	219⑥			
子ども	こども	×	子等	譬喩	265③	和人倫名	236⑤			
子共	こども	×	子等	譬喩	280①	和人倫名	251④		一は[西右]	
子共	こども	×	子等	譬喩	282②	和人倫名	254①			
子共	こども	×	子等	譬喩	282⑥	和人倫名	254④			
子共	こども	×	子等	譬喩	284④	和人倫名	256②		一は[西左]	
子共	こども	×	子等	譬喩	291③	和人倫名	263④			
子共	こども	×	子等	譬喩	293①	和人倫名	265②			
子等	こども	こども	子等	從地	853①	和人倫名	875⑤	しよし／もろへのこ[妙]		
子ども	こども	×	子等	如來	901④	和人倫名	920⑤			
ことはり	ことわり	×	處	方便	138⑤	和名	120⑥			
ことはり	ことわり	×	處	分別	939③	和名	957⑤			
ことんなき	ことんなき	×	好	藥草	411③	和形	399②		うるはしきかことし[西右]	
買人	こにん	こ―／かふ心	買人	信解	354⑥	漢人倫名	338③	こにん／かうひと[妙]		

当該語	読みかな	傍訓	漢字表記	品名	頁数	語の種類	妙一本	和解語文	可読	異同語彙
護念し	ごねんし	こー	護念	法師	639②	漢サ動	651④	こねむ・し／まほりおもひ[妙]	ーせられ奉る事をゑんィ[西右]	
護念し	ごねんし	ごねん／まほり	護念	法師	655⑤	漢サ動	670①	こねん・し／まほりおもひ[妙]		
護念せ	ごねんせ	ごねん	護念	普賢	1309⑥	漢サ動	1316①			こねん・せ[妙]
この	この	×	斯	方便	105⑤	和連体	92⑤			
この	この	×	斯	方便	141⑥	和連体	123④			
この	この	×	斯	譬喩	297⑤	和連体	270①			
この	この	×	斯	譬喩	299⑥	和連体	272①			
この	この	×	斯	譬喩	304①	和連体	276③			
この	この	×	斯	譬喩	306①	和連体	278④			
この	この	×	斯	譬喩	310⑤	和連体	283⑤			
この	この	×	斯	譬喩	311①	和連体	284①			
この	この	×	斯	信解	367⑥	和連体	354①			
この	この	×	斯	信解	377①	和連体	364⑤			
この	この	×	斯	五百	567⑥	和連体	571④			
この	この	×	斯	授學	610⑤	和連体	620②			
この	この	×	斯	法師	646⑥	和連体	660②			
この	この	×	斯	勸持	748⑤	和連体	767⑥			
この	この	×	斯	安樂	775③	和連体	795⑥			
この	この	×	斯	安樂	776①	和連体	796④			
この	この	×	斯	安樂	784①	和連体	805②			
この	この	×	斯	安樂	809③	和連体	831④			
この	この	×	斯	如來	898②	和連体	917③			
この	この	×	斯	分別	951④	和連体	970③			
この	この	×	斯	分別	961⑤	和連体	980②			
この	この	×	斯	隨喜	990③	和連体	1008⑥			
この	この	×	是	序品	53⑤	和連体	46④			
この	この	×	是	序品	80①	和連体	70③			
この	この	×	是	序品	81③	和連体	71④			
この	この	×	是	序品	82③	和連体	72②			
この	この	×	是	方便	94③	和連体	82⑥			
この	この	×	是	方便	94④	和連体	83①			
この	この	×	是	方便	95③	和連体	83⑤			
この	この	×	是	方便	102⑥	和連体	90①			
この	この	×	是	方便	104①	和連体	91②			
この	この	×	是	方便	106④	和連体	93③			
この	この	×	是	方便	109①	和連体	95③			
この	この	×	是	方便	111⑤	和連体	97⑤			
この	この	×	是	方便	112④	和連体	98④			
この	この	×	是	方便	113⑥	和連体	99⑤			
この	この	×	是	方便	114④	和連体	100②			
この	この	×	是	方便	117⑥	和連体	103③			
この	この	×	是	方便	124④	和連体	109②			
この	この	×	是	方便	129④	和連体	113④			
この	この	×	是	方便	129⑤	和連体	113⑤			
この	この	×	是	方便	130⑥	和連体	114⑤			
この	この	×	是	方便	131①	和連体	114⑤			
この	この	×	是	方便	131⑥	和連体	115③			
この	この	×	是	方便	132③	和連体	115⑤			
この	この	×	是	方便	132④	和連体	115⑥			
この	この	×	是	方便	133①	和連体	116②			
この	この	×	是	方便	137③	和連体	119⑥			
この	この	×	是	方便	138⑤	和連体	120⑥			
この	この	×	是	方便	139③	和連体	121③			
この	この	×	是	方便	141④	和連体	123③			
この	この	×	是	方便	141⑥	和連体	123⑤			
この	この	×	是	方便	144⑤	和連体	126①			
この	この	×	是	方便	146①	和連体	127①			
この	この	×	是	方便	146⑤	和連体	127④			
この	この	×	是	方便	155⑥	和連体	135①			
この	この	×	是	方便	169⑤	和連体	146②			
この	この	×	是	方便	158⑥	和連体	137⑤			
この	この	×	是	方便	170②	和連体	146⑤			
この	この	×	是	方便	172③	和連体	148③			
この	この	×	是	方便	172③	和連体	148④			
この	この	×	是	方便	177②	和連体	152③			

当該語	読みかな	傍訓	漢字表記	品名	頁数	語の種類	妙一本	和解語文	可読	異同語彙
この	この	×	是	方便	179④	和連体	154③			
この	この	×	是	方便	180④	和連体	155②			
この	この	×	是	方便	181①	和連体	155④			
この	この	×	是	方便	182②	和連体	156③			
この	この	×	是	方便	183⑤	和連体	157⑤			
この	この	×	是	方便	186⑤	和連体	159④			
この	この	×	是	方便	186⑥	和連体	160②			
この	この	×	是	方便	187④	和連体	160⑤			
この	この	×	是	方便	188⑤	和連体	161⑤			
この	この	×	是	方便	188⑥	和連体	161⑥			
この	この	×	是	方便	189①	和連体	162①			
この	この	×	是	方便	190①	和連体	163①			
この	この	×	是	方便	191①	和連体	164①			
この	この	×	是	譬喩	208⑥	和連体	176④			
この	この	×	是	譬喩	210②	和連体	177⑥			
この	この	×	是	譬喩	214③	和連体	182④			
この	この	×	是	譬喩	216①	和連体	184③			
この	この	×	是	譬喩	225⑤	和連体	194④			
この	この	×	是	譬喩	226②	和連体	195②			
この	この	×	是	譬喩	251①	和連体	221①			
この	この	×	是	譬喩	257①	和連体	228②			
この	この	×	是	譬喩	257④	和連体	228⑤			
この	この	×	是	譬喩	276④	和連体	248①			
この	この	×	是	譬喩	282①	和連体	253④			
この	この	×	是	譬喩	282①	和連体	253④			
この	この	×	是	譬喩	288③	和連体	260③			
この	この	×	是	譬喩	288④	和連体	260④			
この	この	×	是	譬喩	288④	和連体	260⑤			
この	この	×	是	譬喩	292①	和連体	264②			
この	この	×	是	譬喩	292②	和連体	264③			
この	この	×	是	譬喩	293④	和連体	265⑤			
この	この	×	是	譬喩	298⑥	和連体	271②			
この	この	×	是	譬喩	299①	和連体	271③			
この	この	×	是	譬喩	299③	和連体	271⑤			
この	この	×	是	信解	325④	和連体	301⑥			
この	この	×	是	信解	327⑥	和連体	304⑤			
この	この	×	是	信解	329③	和連体	306④			
この	この	×	是	信解	345④	和連体	326④			
この	この	×	是	信解	345⑤	和連体	326⑥			
この	この	×	是	信解	352①	和連体	334⑤			
この	この	×	是	信解	358⑥	和連体	343②			
この	この	×	是	信解	364②	和連体	349⑤			
この	この	×	是	信解	367②	和連体	353②			
この	この	×	是	信解	371③	和連体	358①			
この	この	×	是	授記	418⑥	和連体	407⑤			
この	この	×	是	授記	433②	和連体	424②			
この	この	×	是	授記	442②	和連体	434④			
この	この	×	是	化城	447⑥	和連体	441②			
この	この	×	是	化城	448③	和連体	441⑥			
この	この	×	是	化城	460②	和連体	455⑤			
この	この	×	是	化城	460⑥	和連体	456③			
この	この	×	是	化城	518②	和連体	523①			
この	この	×	是	化城	523④	和連体	528⑥			
この	この	×	是	化城	539①	和連体	544⑤			
この	この	×	是	化城	540②	和連体	545⑥			
この	この	×	是	化城	540③	和連体	546①			
この	この	×	是	五百	575②	和連体	579⑤			
この	この	×	是	五百	582③	和連体	587⑥			
この	この	×	是	五百	583②	和連体	588⑤			
この	この	×	是	五百	589④	和連体	596①			
この	この	×	是	五百	590③	和連体	597②			
この	この	×	是	五百	591⑤	和連体	598⑤			
この	この	×	是	五百	595③	和連体	603①			
この	この	×	是	五百	597④	和連体	605⑤			
この	この	×	是	授學	601②	和連体	609④			
この	この	×	是	授學	606①	和連体	615①			
この	この	×	是	授學	608⑤	和連体	617⑥			
この	この	×	是	授學	610①	和連体	619③			

当該語	読みかな	傍訓	漢字表記	品名	頁数	語の種類	妙一本	和解語文	可読	異同語彙
この	この	×	是	授學	613⑥	和連体	623③			
この	この	×	是	授學	617①	和連体	627①			
この	この	×	是	授學	618④	和連体	628⑤			
この	この	×	是	法師	621③	和連体	632①			
この	この	×	是	法師	624①	和連体	634⑥			
この	この	×	是	法師	624⑥	和連体	635⑥			
この	この	×	是	法師	625⑤	和連体	636⑤			
この	この	×	是	法師	627②	和連体	638③			
この	この	×	是	法師	627④	和連体	638⑤			
この	この	×	是	法師	629②	和連体	640③			
この	この	×	是	法師	630④	和連体	642①			
この	この	×	是	法師	631⑥	和連体	643③			
この	この	×	是	法師	633④	和連体	645③			
この	この	×	是	法師	634①	和連体	646①			
この	この	×	是	法師	635①	和連体	647①			
この	この	×	是	法師	635⑥	和連体	647⑥			
この	この	×	是	法師	639②	和連体	651①			
この	この	×	是	法師	639④	和連体	651⑥			
この	この	×	是	法師	641④	和連体	654②			
この	この	×	是	法師	641⑥	和連体	654④			
この	この	×	是	法師	642①	和連体	654⑤			
この	この	×	是	法師	642③	和連体	655②			
この	この	×	是	法師	642⑤	和連体	655④			
この	この	×	是	法師	643⑥	和連体	656⑥			
この	この	×	是	法師	645①	和連体	658②			
この	この	×	是	法師	645④	和連体	658⑥			
この	この	×	是	法師	645⑥	和連体	659②			
この	この	×	是	法師	646②	和連体	659⑤			
この	この	×	是	法師	647②	和連体	660⑥			
この	この	×	是	法師	647⑤	和連体	661②			
この	この	×	是	法師	648②	和連体	661⑥			
この	この	×	是	法師	650①	和連体	663⑤			
この	この	×	是	法師	651②	和連体	665②			
この	この	×	是	法師	655①	和連体	669②			
この	この	×	是	法師	655④	和連体	669⑥			
この	この	×	是	法師	656①	和連体	670④			
この	この	×	是	見寶	662④	和連体	677①			
この	この	×	是	見寶	664③	和連体	679②			
この	この	×	是	見寶	665①	和連体	679⑥			
この	この	×	是	見寶	670④	和連体	686①			
この	この	×	是	見寶	677④	和連体	693⑥			
この	この	×	是	見寶	678⑤	和連体	695②			
この	この	×	是	見寶	681②	和連体	698②			
この	この	×	是	見寶	681②	和連体	698②			
この	この	×	是	見寶	683③	和連体	700④			
この	この	×	是	見寶	690⑥	和連体	708⑥			
この	この	×	是	見寶	696②	和連体	715①			
この	この	×	是	提婆	729⑤	和連体	747⑤			
この	この	×	是	提婆	732③	和連体	750⑤			
この	この	×	是	提婆	734④	和連体	752⑥			
この	この	×	是	勸持	738①	和連体	756⑤			
この	この	×	是	勸持	740③	和連体	759②			
この	この	×	是	勸持	740⑤	和連体	759④			
この	この	×	是	勸持	744①	和連体	763①			
この	この	×	是	勸持	744④	和連体	763③			
この	この	×	是	勸持	747①	和連体	766①			
この	この	×	是	勸持	747⑤	和連体	766⑤			
この	この	×	是	勸持	748⑥	和連体	767⑥			
この	この	×	是	勸持	752⑥	和連体	772④			
この	この	×	是	勸持	754①	和連体	773①			
この	この	×	是	勸持	755①	和連体	774④			
この	この	×	是	勸持	756①	和連体	775⑤			
この	この	×	是	安樂	759④	和連体	779②			
この	この	×	是	安樂	760①	和連体	779⑤			
この	この	×	是	安樂	760③	和連体	780①			
この	この	×	是	安樂	760⑤	和連体	780③			
この	この	×	是	安樂	761①	和連体	780⑤			
この	この	×	是	安樂	769①	和連体	789②			

当該語	読みかな	傍訓	漢字表記	品名	頁数	語の種類	妙一本	和解語文	可読	異同語彙
この	この	×	是	安樂	770③	和連体	790④			
この	この	×	是	安樂	775②	和連体	795⑤			
この	この	×	是	安樂	776⑥	和連体	797④			
この	この	×	是	安樂	787②	和連体	808⑤			
この	この	×	是	安樂	787③	和連体	808⑥			
この	この	×	是	安樂	787⑤	和連体	809①			
この	この	×	是	安樂	787⑥	和連体	809③			
この	この	×	是	安樂	789⑥	和連体	811③			
この	この	×	是	安樂	792①	和連体	813④			
この	この	×	是	安樂	792⑤	和連体	814②			
この	この	×	是	安樂	793②	和連体	814⑤			
この	この	×	是	安樂	793③	和連体	814⑥			
この	この	×	是	安樂	793⑤	和連体	815②			
この	この	×	是	安樂	795⑤	和連体	817①			
この	この	×	是	安樂	800②	和連体	821⑥			
この	この	×	是	安樂	805②	和連体	827③			
この	この	×	是	安樂	807②	和連体	830①			
この	この	×	是	安樂	808③	和連体	830④			
この	この	×	是	安樂	809⑤	和連体	831⑥			
この	この	×	是	安樂	816③	和連体	838⑥			
この	この	×	是	安樂	816③	和連体	839①			
この	この	×	是	從地	818①	和連体	840③			
この	この	×	是	從地	819③	和連体	841⑤			
この	この	×	是	從地	820③	和連体	842④			
此	この	×	是	從地	820⑥	和連体	843①			
この	この	×	是	從地	825①	和連体	847②			
この	この	×	是	從地	825④	和連体	847⑥			
この	この	×	是	從地	827②	和連体	849③			
この	この	×	是	從地	829⑤	和連体	852①			
この	この	×	是	從地	830②	和連体	852⑤			
この	この	×	是	從地	831②	和連体	853⑥			
この	この	×	是	從地	832⑥	和連体	855⑤			
この	この	×	是	從地	836③	和連体	859②			
この	この	×	是	從地	836⑤	和連体	859④			
この	この	×	是	從地	838⑤	和連体	861④			
この	この	×	是	從地	840①	和連体	862⑥			
この	この	×	是	從地	840③	和連体	863③			
この	この	×	是	從地	841①	和連体	863⑥			
この	この	×	是	從地	841②	和連体	864①			
この	この	×	是	從地	842④	和連体	865③			
この	この	×	是	從地	848⑤	和連体	871③			
この	この	×	是	從地	849①	和連体	871⑥			
この	この	×	是	從地	849③	和連体	872①			
この	この	×	是	從地	849⑤	和連体	872④			
この	この	×	是	從地	850②	和連体	873①			
この	この	×	是	從地	851⑥	和連体	874④			
この	この	×	是	從地	852④	和連体	875②			
この	この	×	是	從地	855④	和連体	878②			
この	この	×	是	從地	859④	和連体	882③			
この	この	×	是	從地	863①	和連体	885⑤			
この	この	×	是	從地	865⑤	和連体	888③			
この	この	×	是	從地	867④	和連体	890③			
この	この	×	是	從地	870①	和連体	893①			
この	この	×	是	如來	881③	和連体	900③			
この	この	×	是	如來	885①	和連体	903⑥			
この	この	×	是	如來	885②	和連体	904①			
この	この	×	是	如來	885⑤	和連体	904④			
この	この	×	是	如來	886④	和連体	905③			
この	この	×	是	如來	887②	和連体	906①			
この	この	×	是	如來	888④	和連体	907④			
この	この	×	是	如來	890④	和連体	909④			
この	この	×	是	如來	895⑥	和連体	914⑥			
この	この	×	是	如來	897②	和連体	916②			
この	この	×	是	如來	898①	和連体	917①			
この	この	×	是	如來	898⑥	和連体	917⑥			
この	この	×	是	如來	900③	和連体	919③			
この	この	×	是	如來	902②	和連体	921②			
この	この	×	是	如來	904③	和連体	923③			

当該語	読みかな	傍訓	漢字表記	品名	頁数	語の種類	妙一本	和解語文	可読	異同語彙
この	この	×	是	如來	905④	和連体	924④			
この	この	×	是	如來	905⑥	和連体	924⑥			
この	この	×	是	如來	906②	和連体	925②			
この	この	×	是	如來	906⑤	和連体	925④			
この	この	×	是	如來	907①	和連体	925⑥			
この	この	×	是	如來	916④	和連体	935④			
この	この	×	是	如來	920⑤	和連体	939⑤			
この	この	×	是	分別	922①	和連体	941①			
この	この	×	是	分別	928⑤	和連体	947②			
この	この	×	是	分別	938③	和連体	956⑥			
この	この	×	是	分別	939②	和連体	957⑤			
この	この	×	是	分別	940①	和連体	958③			
この	この	×	是	分別	943②	和連体	961⑤			
この	この	×	是	分別	943⑥	和連体	962③			
この	この	×	是	分別	947⑤	和連体	966③			
この	この	×	是	分別	948①	和連体	966⑤		こゝにあへる事を［西右］	
この	この	×	是	分別	948⑥	和連体	967④			
この	この	×	是	分別	951①	和連体	969⑥			
この	この	×	是	分別	951⑤	和連体	970④			
この	この	×	是	分別	952②	和連体	971①			
この	この	×	是	分別	952③	和連体	971②			
この	この	×	是	分別	953⑤	和連体	972④			
この	この	×	是	分別	954①	和連体	972⑤			
この	この	×	是	分別	955⑤	和連体	974③			
この	この	×	是	分別	956⑤	和連体	975③			
この	この	×	是	分別	957③	和連体	975⑥			
この	この	×	是	分別	957④	和連体	976②			
この	この	×	是	分別	959⑥	和連体	978③			
この	この	×	是	分別	960②	和連体	978⑤			
この	この	×	是	分別	960④	和連体	979①			
この	この	×	是	分別	963②	和連体	981④			
この	この	×	是	分別	966⑤	和連体	984⑥		我に一［西右］	
この	この	×	是	分別	967③	和連体	985⑤			
この	この	×	是	分別	968①	和連体	986③		しかも［西右］	
この	この	×	是	随喜	969④	和連体	987⑤			
この	この	×	是	随喜	970①	和連体	988②			
この	この	×	是	随喜	971①	和連体	989②			
この	この	×	是	随喜	971⑥	和連体	990①			
この	この	×	是	随喜	974③	和連体	992③			
この	この	×	是	随喜	974④	和連体	992⑤		しかも［西右］	
この	この	×	是	随喜	976③	和連体	994④			
この	この	×	是	随喜	976⑤	和連体	994⑥			
この	この	×	是	随喜	976⑥	和連体	995①			
この	この	×	是	随喜	977④	和連体	995⑤			
この	この	×	是	随喜	977⑥	和連体	996②			
この	この	×	是	随喜	979⑤	和連体	997⑥			
この	この	×	是	随喜	980①	和連体	998②			
この	この	×	是	随喜	980⑥	和連体	999①			
この	この	×	是	随喜	982①	和連体	1000②			
この	この	×	是	随喜	986③	和連体	1004⑤			
この	この	×	是	随喜	988⑤	和連体	1007①			
この	この	×	是	随喜	989①	和連体	1007③			
この	この	×	是	随喜	992⑥	和連体	1011④			
この	この	×	是	法功	994①	和連体	1012⑤			
この	この	×	是	法功	994③	和連体	1013①			
この	この	×	是	法功	994⑥	和連体	1013④			
この	この	×	是	法功	995①	和連体	1013⑤			
この	この	×	是	法功	996④	和連体	1015②			
この	この	×	是	法功	996⑤	和連体	1015③			
この	この	×	是	法功	998⑤	和連体	1017④			
この	この	×	是	法功	1004③	和連体	1022⑥			
この	この	×	是	法功	1008⑤	和連体	1027①			
この	この	×	是	法功	1009①	和連体	1027④			
この	この	×	是	法功	1010②	和連体	1028④			
この	この	×	是	法功	1011②	和連体	1029⑤			
この	この	×	是	法功	1015①	和連体	1033⑤			
この	この	×	是	法功	1017②	和連体	1035⑥			

当該語	読みかな	傍訓	漢字表記	品名	頁数	語の種類	妙一本	和解語文	可読	異同語彙
この	この	×	是	法功	1026①	和連体	1044⑥			
この	この	×	是	法功	1026④	和連体	1045②			
この	この	×	是	法功	1028②	和連体	1046⑥			
この	この	×	是	法功	1029⑥	和連体	1048④			
この	この	×	是	法功	1030④	和連体	1049②			
この	この	×	是	法功	1031④	和連体	1050②			
この	この	×	是	法功	1032⑥	和連体	1051④			
この	この	×	是	法功	1035①	和連体	1053⑤			
この	この	×	是	法功	1040⑤	和連体	1059⑥			
この	この	×	是	法功	1041①	和連体	1059⑥			
この	この	×	是	法功	1041③	和連体	1060①			
この	この	×	是	法功	1043②	和連体	1061⑥			
この	この	×	是	法功	1044①	和連体	1062⑤			
この	この	×	是	法功	1044⑤	和連体	1063③			
この	この	×	是	法功	1047④	和連体	1066②			
×	この	×	是	藥王	1163④	和連体	1180④			
この	この	×	是	妙音	1166①	和連体	1182④			
この	この	×	是	妙音	1172①	和連体	1187⑤			
この	この	×	是	妙音	1177②	和連体	1192④			
この	この	×	是	妙音	1189⑤	和連体	1204①			
この	この	×	是	妙音	1193⑤	和連体	1207⑤			
この	この	×	是	妙音	1194①	和連体	1208①			
この	この	×	是	妙音	1199①	和連体	1212⑥			
この	この	×	是	觀世	1215②	和連体	1228③			
この	この	×	是	陀羅	1254①	和連体	1266①			
この	この	×	是	陀羅	1254⑤	和連体	1266④			
この	この	×	是	陀羅	1255④	和連体	1267④			
この	この	×	是	陀羅	1258③	和連体	1270①			
この	この	×	是	陀羅	1263①	和連体	1274③			
この	この	×	是	陀羅	1271③	和連体	1282⑤			
この	この	×	是	妙莊	1287②	和連体	1296⑤			
この	この	×	是	妙莊	1288①	和連体	1297④			
この	この	×	是	妙莊	1302⑤	和連体	1310①			
この	この	×	是	妙莊	1304②	和連体	1311②			
この	この	×	是	普賢	1309②	和連体	1315④			
この	この	×	是	普賢	1310④	和連体	1316⑥			
この	この	×	是	普賢	1311①	和連体	1317②			
この	この	×	是	普賢	1312②	和連体	1318⑤			
この	この	×	是	普賢	1313①	和連体	1319④			
この	この	×	是	普賢	1317⑤	和連体	1323①			
この	この	×	是	普賢	1320⑤	和連体	1325⑤			
この	この	×	是	普賢	1321⑥	和連体	1326⑤			
この	この	×	是	普賢	1322⑥	和連体	1327⑤			
この	この	×	是	普賢	1325②	和連体	1329⑤			
この	この	×	是	普賢	1327④	和連体	1331⑤			
この	この	×	是	普賢	1327⑤	和連体	1331⑥			
この	この	×	是	普賢	1329⑥	和連体	1333⑤			
この	この	×	是	普賢	1331①	和連体	1334⑥			
この	この	×	是	普賢	1331②	和連体	1335①			
この	この	×	是	普賢	1331④	和連体	1335③			
この	この	×	是	普賢	1333②	和連体	1336⑤			
この	この	×	是	普賢	1333③	和連体	1336⑥			
この	この	×	是	普賢	1334①	和連体	1337③			
この	この	×	是	普賢	1334⑥	和連体	1338①			
この	この	×	是	普賢	1336②	和連体	1339②			
この	この	×	是	普賢	1336③	和連体	1339②			
この	この	×	此	序品	15①	和連体	12①			
この	この	×	此	序品	15④	和連体	12④			
この	この	×	此	序品	16⑥	和連体	13⑤			
この	この	×	此	序品	17⑥	和連体	14④			
この	この	×	此	序品	19⑥	和連体	16③			
この	この	×	此	序品	20②	和連体	16⑤			
この	この	×	此	序品	20③	和連体	16⑥			
この	この	×	此	序品	20⑥	和連体	17②			
この	この	×	此	序品	20⑥	和連体	17③			
この	この	×	此	序品	21②	和連体	17⑤			
この	この	×	此	序品	21⑤	和連体	18②			
この	この	×	此	序品	21⑥	和連体	18②			

当該語	読みかな	傍訓	漢字表記	品名	頁数	語の種類	妙一本	和解語文	可読	異同語彙
この	この	×	此	序品	22⑥	和連体	19②			
この	この	×	此	序品	23④	和連体	19⑤			
この	この	×	此	序品	24④	和連体	20⑤			
この	この	×	此	序品	24⑤	和連体	20⑥			
この	この	×	此	序品	30①	和連体	25④			
この	この	×	此	序品	39④	和連体	34①			
この	この	×	此	序品	42①	和連体	36②			
この	この	×	此	序品	43①	和連体	37②			
この	この	×	此	序品	43④	和連体	37④			
この	この	×	此	序品	46②	和連体	39⑤			
この	この	×	此	序品	46②	和連体	39⑥			
この	この	×	此	序品	46④	和連体	40②			
この	この	×	此	序品	47②	和連体	40⑥			
この	この	×	此	序品	52③	和連体	45④			
この	この	×	此	序品	52④	和連体	45⑤			
この	この	×	此	序品	54①	和連体	46⑥			
この	この	×	此	序品	54④	和連体	47③			
この	この	×	此	序品	55⑥	和連体	48④			
この	この	×	此	序品	56⑤	和連体	49③			
この	この	×	此	序品	57②	和連体	49⑥			
この	この	×	此	序品	57③	和連体	49⑥			
この	この	×	此	序品	57④	和連体	50②			
この	この	×	此	序品	58①	和連体	50④			
この	この	×	此	序品	59②	和連体	51④			
この	この	×	此	序品	60①	和連体	52③			
この	この	×	此	序品	60⑥	和連体	53②			
この	この	×	此	序品	62④	和連体	54④			
この	この	×	此	序品	63⑥	和連体	55⑥			
この	この	×	此	序品	65①	和連体	56⑥			
この	この	×	此	序品	65②	和連体	57①			
この	この	×	此	序品	65⑥	和連体	57④			
この	この	×	此	序品	67⑥	和連体	59③			
この	この	×	此	序品	69②	和連体	60④			
この	この	×	此	序品	74①	和連体	65①			
この	この	×	此	序品	75②	和連体	66①			
この	この	×	此	序品	75③	和連体	66②			
この	この	×	此	序品	75⑤	和連体	66④			
この	この	×	此	序品	75⑥	和連体	66⑤			
この	この	×	此	序品	77②	和連体	67①			
この	この	×	此	序品	78②	和連体	68⑥			
この	この	×	此	序品	79①	和連体	69③			
この	この	×	此	序品	79⑤	和連体	70①			
この	この	×	此	方便	×	和連体	82②			
この	この	×	此	方便	92①	和連体	80⑥			
この	この	×	此	方便	99⑥	和連体	×			
この	この	×	此	方便	102④	和連体	×			
この	この	×	此	方便	103⑥	和連体	91①			
この	この	×	此	方便	106②	和連体	93①			
この	この	×	此	方便	113③	和連体	99②			
この	この	×	此	方便	116②	和連体	101⑥			
この	この	×	此	方便	117②	和連体	102⑤			
この	この	×	此	方便	118①	和連体	103④			
この	この	×	此	方便	119①	和連体	104②			
この	この	×	此	方便	119②	和連体	104④			
この	この	×	此	方便	120③	和連体	105④			
この	この	×	此	方便	121①	和連体	106①			
この	この	×	此	方便	122①	和連体	107①			
この	この	×	此	方便	138②	和連体	120③			
この	この	×	此	方便	138④	和連体	120⑤			
この	この	×	此	方便	139④	和連体	121⑤			
この	この	×	此	方便	140③	和連体	122③			
この	この	×	此	方便	142①	和連体	123⑥			
この	この	×	此	方便	145⑤	和連体	126⑥			
この	この	×	此	方便	146④	和連体	127④			
この	この	×	此	方便	149②	和連体	129⑤			
この	この	×	此	方便	150⑤	和連体	130⑥			
この	この	×	此	方便	153④	和連体	133①			
この	この	×	此	方便	154⑥	和連体	134②			

当該語	読みかな	傍訓	漢字表記	品名	頁数	語の種類	妙一本	和解語文	可読	異同語彙
この	この	×	此	方便	157④	和連体	136②			
この	この	×	此	方便	171③	和連体	147⑤			
この	この	×	此	方便	189①	和連体	162②			
この	この	×	此	譬喩	204⑤	和連体	171⑤			
この	この	×	此	譬喩	205③	和連体	172④			
この	この	×	此	譬喩	206①	和連体	173②			
この	この	×	此	譬喩	208⑤	和連体	176②			
この	この	×	此	譬喩	211①	和連体	178⑥			
この	この	×	此	譬喩	211⑤	和連体	179⑤			
この	この	×	此	譬喩	212①	和連体	180①			
この	この	×	此	譬喩	216⑥	和連体	185③			
この	この	×	此	譬喩	220②	和連体	189①			
この	この	×	此	譬喩	223⑤	和連体	192⑤			
この	この	×	此	譬喩	226④	和連体	195⑤			
この	この	×	此	譬喩	232③	和連体	201④			
この	この	×	此	譬喩	232⑥	和連体	202②			
この	この	×	此	譬喩	233④	和連体	202⑤			
この	この	×	此	譬喩	233⑥	和連体	203①			
この	この	×	此	譬喩	234②	和連体	203③			
この	この	×	此	譬喩	236①	和連体	205②			
この	この	×	此	譬喩	236④	和連体	205⑤			
この	この	×	此	譬喩	238①	和連体	207③			
この	この	×	此	譬喩	238③	和連体	207⑤			
この	この	×	此	譬喩	240①	和連体	209④			
この	この	×	此	譬喩	240①	和連体	209④			
この	この	×	此	譬喩	240③	和連体	209⑥			
この	この	×	此	譬喩	240③	和連体	209⑥			
この	この	×	此	譬喩	241②	和連体	210⑥			
この	この	×	此	譬喩	241②	和連体	210⑥			
この	この	×	此	譬喩	241⑤	和連体	211③			
この	この	×	此	譬喩	242③	和連体	212①			
この	この	×	此	譬喩	242⑤	和連体	212③			
この	この	×	此	譬喩	244①	和連体	213⑤			
この	この	×	此	譬喩	244②	和連体	213⑥			
この	この	×	此	譬喩	244⑤	和連体	214③			
この	この	×	此	譬喩	245⑥	和連体	215④			
この	この	×	此	譬喩	246⑥	和連体	216④			
この	この	×	此	譬喩	249③	和連体	219③			
この	この	×	此	譬喩	249⑤	和連体	219⑤			
この	この	×	此	譬喩	250①	和連体	220①			
この	この	×	此	譬喩	250⑤	和連体	220⑤			
この	この	×	此	譬喩	251③	和連体	221③			
この	この	×	此	譬喩	251⑥	和連体	221⑤			
この	この	×	此	譬喩	252⑥	和連体	223②			
この	この	×	此	譬喩	252⑥	和連体	223②			
この	この	×	此	譬喩	253②	和連体	223④			
この	この	×	此	譬喩	256④	和連体	227⑤			
この	この	×	此	譬喩	258②	和連体	229③			
この	この	×	此	譬喩	260①	和連体	231③			
この	この	×	此	譬喩	261①	和連体	232③			
この	この	×	此	譬喩	261②	和連体	232⑤			
この	この	×	此	譬喩	261③	和連体	232⑥			
この	この	×	此	譬喩	261④	和連体	233①			
この	この	×	此	譬喩	261⑥	和連体	233③			
この	この	×	此	譬喩	265①	和連体	236③			
この	この	×	此	譬喩	266⑤	和連体	237⑥			
この	この	×	此	譬喩	267①	和連体	238②			
この	この	×	此	譬喩	267④	和連体	238⑤			
この	この	×	此	譬喩	269⑥	和連体	241①			
この	この	×	此	譬喩	270②	和連体	241③			
この	この	×	此	譬喩	279⑤	和連体	251③			
この	この	×	此	譬喩	280②	和連体	251⑤			
この	この	×	此	譬喩	282②	和連体	253⑥			
この	この	×	此	譬喩	283③	和連体	254⑥			
この	この	×	此	譬喩	284①	和連体	255⑤			
この	この	×	此	譬喩	284④	和連体	256①			
この	この	×	此	譬喩	285①	和連体	256⑤			
この	この	×	此	譬喩	285③	和連体	257①			

この 229

当該語	読みかな	傍訓	漢字表記	品名	頁数	語の種類	妙一本	和解語文	可読	異同語彙
この	この	×	此	譬喩	290②	和連体	262③			
この	この	×	此	譬喩	290④	和連体	262⑤			
この	この	×	此	譬喩	291③	和連体	263④			
この	この	×	此	譬喩	291⑥	和連体	264①			
この	この	×	此	譬喩	293③	和連体	265④			
この	この	×	此	譬喩	294⑥	和連体	267①			
この	この	×	此	譬喩	297①	和連体	269③			
この	この	×	此	譬喩	297④	和連体	269⑥			
この	この	×	此	譬喩	298③	和連体	270⑤			
この	この	×	此	譬喩	299①	和連体	271③			
この	この	×	此	譬喩	300②	和連体	272③			
この	この	×	此	譬喩	300③	和連体	272⑤			
この	この	×	此	譬喩	300⑥	和連体	273①			
この	この	×	此	譬喩	301②	和連体	273③			
この	この	×	此	譬喩	301④	和連体	273⑥			
この	この	×	此	譬喩	302①	和連体	274②			
この	この	×	此	譬喩	302⑤	和連体	274⑥			
この	この	×	此	譬喩	304⑤	和連体	276⑥			
この	この	×	此	譬喩	309④	和連体	282③			
この	この	×	此	譬喩	311②	和連体	284③			
この	この	×	此	譬喩	311④	和連体	284⑤			
この	この	×	此	譬喩	316③	和連体	290⑥			
この	この	×	此	信解	321⑥	和連体	297③			
この	この	×	此	信解	328⑥	和連体	305⑥			
この	この	×	此	信解	329⑤	和連体	306⑤			
この	この	×	此	信解	331⑤	和連体	309③			
この	この	×	此	信解	339②	和連体	318④			
この	この	×	此	信解	339⑥	和連体	319③			
この	この	×	此	信解	341④	和連体	321④			
この	この	×	此	信解	344⑤	和連体	325④			
この	この	×	此	信解	345③	和連体	326④			
この	この	×	此	信解	345⑥	和連体	327②			
この	この	×	此	信解	349①	和連体	331②			
この	この	×	此	信解	351③	和連体	334①			
この	この	×	此	信解	352④	和連体	335⑤			
この	この	×	此	信解	359③	和連体	343⑥			
この	この	×	此	信解	359⑥	和連体	344③			
この	この	×	此	信解	363②	和連体	348④			
この	この	×	此	信解	363⑤	和連体	349②			
この	この	×	此	信解	368⑤	和連体	355②			
この	この	×	此	藥草	391③	和連体	376⑥			
この	この	×	此	藥草	393②	和連体	378⑥			
この	この	×	此	藥草	393⑤	和連体	379③			
この	この	×	此	藥草	393⑤	和連体	379④			
この	この	×	此	藥草	396①	和連体	382①			
この	この	×	此	藥草	398①	和連体	384③			
この	この	×	此	藥草	399①	和連体	385③			
この	この	×	此	藥草	399⑤	和連体	386①			
この	この	×	此	藥草	400②	和連体	386⑤			
この	この	×	此	藥草	404②	和連体	391②			
この	この	×	此	藥草	405⑥	和連体	393①			
この	この	×	此	藥草	410③	和連体	398②			
この	この	×	此	授記	415②	和連体	403③			
この	この	×	此	授記	415④	和連体	403⑤			
この	この	×	此	授記	418④	和連体	407①			
この	この	×	此	授記	426②	和連体	416④			
この	この	×	此	授記	429③	和連体	419⑥			
この	この	×	此	授記	434④	和連体	425⑥			
この	この	×	此	授記	436⑤	和連体	428①			
この	この	×	此	授記	437②	和連体	428⑥			
この	この	×	此	授記	439①	和連体	430⑥			
この	この	×	此	授記	442①	和連体	434②			
この	この	×	此	授記	442②	和連体	434④			
この	この	×	此	化城	447③	和連体	440⑤			
この	この	×	此	化城	448⑥	和連体	442③			
この	この	×	此	化城	449④	和連体	443①			
この	この	×	此	化城	450①	和連体	443⑤			
この	この	×	此	化城	450④	和連体	444③			

当該語	読みかな	傍訓	漢字表記	品名	頁数	語の種類	妙一本	和解語文	可読	異同語彙
この	この	×	此	化城	453①	和連体	447③			
この	この	×	此	化城	453②	和連体	447⑤			
この	この	×	此	化城	454②	和連体	448⑥			
この	この	×	此	化城	462①	和連体	457⑤			
この	この	×	此	化城	464①	和連体	460③			
この	この	×	此	化城	465①	和連体	461④			
この	この	×	此	化城	465④	和連体	462①			
この	この	×	此	化城	465④	和連体	462①			
この	この	×	此	化城	465⑤	和連体	462③			
この	この	×	此	化城	465⑥	和連体	462⑤			
この	この	×	此	化城	467①	和連体	463⑤			
この	この	×	此	化城	467④	和連体	464④			
この	この	×	此	化城	469②	和連体	466③			
この	この	×	此	化城	471⑤	和連体	469⑥			
この	この	×	此	化城	473⑤	和連体	472③			
この	この	×	此	化城	474③	和連体	473①			
この	この	×	此	化城	474⑥	和連体	473⑤			
この	この	×	此	化城	476①	和連体	475②			
この	この	×	此	化城	477⑤	和連体	476⑥			
この	この	×	此	化城	480③	和連体	480②			
この	この	×	此	化城	481③	和連体	481③			
この	この	×	此	化城	482⑤	和連体	483①			
この	この	×	此	化城	482⑥	和連体	483②			
この	この	×	此	化城	483⑤	和連体	484①			
この	この	×	此	化城	483⑥	和連体	484③			
この	この	×	此	化城	484⑤	和連体	485③			
この	この	×	此	化城	486③	和連体	487①			
この	この	×	此	化城	488⑥	和連体	490③			
この	この	×	此	化城	491⑤	和連体	493⑤			
この	この	×	此	化城	491⑥	和連体	493⑥			
この	この	×	此	化城	493④	和連体	496①			
この	この	×	此	化城	495②	和連体	497⑤			
この	この	×	此	化城	499②	和連体	502④			
この	この	×	此	化城	504④	和連体	508⑤			
この	この	×	此	化城	506⑤	和連体	511②			
この	この	×	此	化城	508③	和連体	513②			
この	この	×	此	化城	508⑤	和連体	513③			
この	この	×	此	化城	509①	和連体	513⑥			
この	この	×	此	化城	509⑤	和連体	514④			
この	この	×	此	化城	509⑥	和連体	514⑤			
この	この	×	此	化城	510②	和連体	515②			
この	この	×	此	化城	511⑤	和連体	516⑤			
この	この	×	此	化城	512⑤	和連体	517⑥			
この	この	×	此	化城	513①	和連体	518①			
この	この	×	此	化城	513③	和連体	518③			
この	この	×	此	化城	513③	和連体	518③			
この	この	×	此	化城	514①	和連体	519①			
この	この	×	此	化城	517⑥	和連体	522⑤			
この	この	×	此	化城	518②	和連体	523②			
この	この	×	此	化城	519①	和連体	524①			
この	この	×	此	化城	519⑤	和連体	524⑤			
この	この	×	此	化城	520①	和連体	525①			
この	この	×	此	化城	521①	和連体	526①			
この	この	×	此	化城	521⑥	和連体	527①			
この	この	×	此	化城	522③	和連体	527④			
この	この	×	此	化城	522⑥	和連体	528①			
この	この	×	此	化城	523⑥	和連体	529②			
この	この	×	此	化城	524④	和連体	529⑥			
この	この	×	此	化城	524⑥	和連体	530①			
この	この	×	此	化城	525②	和連体	530④			
この	この	×	此	化城	525③	和連体	530⑤			
この	この	×	此	化城	525⑥	和連体	531②			
この	この	×	此	化城	527④	和連体	533①			
この	この	×	此	化城	527⑥	和連体	533⑤			
この	この	×	此	化城	529④	和連体	535②			
この	この	×	此	化城	529⑥	和連体	535④			
この	この	×	此	化城	533①	和連体	538⑤			
この	この	×	此	化城	535②	和連体	540⑥			

この 231

当該語	読みかな	傍訓	漢字表記	品名	頁数	語の種類	妙一本	和解語文	可読	異同語彙
この	この	×	此	化城	537③	和連体	543②			
この	この	×	此	化城	538①	和連体	543⑤			
この	この	×	此	化城	538③	和連体	544②			
この	この	×	此	化城	539②	和連体	545①			
この	この	×	此	化城	541①	和連体	546⑥			
この	この	×	此	化城	542①	和連体	547⑥			
この	この	×	此	化城	542②	和連体	547⑥			
この	この	×	此	化城	543①	和連体	548⑥			
この	この	×	此	化城	543②	和連体	551②			
この	この	×	此	化城	544④	和連体	552⑤			
この	この	×	此	五百	562③	和連体	565③			
この	この	×	此	五百	563⑤	和連体	566⑥			
この	この	×	此	五百	565①	和連体	568③			
この	この	×	此	五百	570③	和連体	574②			
この	この	×	此	五百	574③	和連体	578⑥			
この	この	×	此	五百	577②	和連体	582①			
この	この	×	此	五百	581⑥	和連体	587②			
この	この	×	此	五百	583④	和連体	589①			
この	この	×	此	五百	585②	和連体	590⑤			
この	この	×	此	五百	586⑤	和連体	592④			
この	この	×	此	五百	588⑤	和連体	595①			
この	この	×	此	五百	592⑤	和連体	600①			
この	この	×	此	五百	595⑤	和連体	603④			
この	この	×	此	五百	598③	和連体	606⑤			
この	この	×	此	五百	598⑤	和連体	607①			
この	この	×	此	授學	606④	和連体	615④			
この	この	×	此	授學	608②	和連体	617③			
この	この	×	此	授學	614②	和連体	623⑥			
この	この	×	此	授學	614⑤	和連体	624③			
この	この	×	此	授學	616⑥	和連体	626⑤			
この	この	×	此	授學	618③	和連体	628③			
この	この	×	此	法師	623③	和連体	634③			
この	この	×	此	法師	624③	和連体	635③			
この	この	×	此	法師	626①	和連体	637①			
この	この	×	此	法師	626③	和連体	637③			
この	この	×	此	法師	626⑤	和連体	637⑥			
この	この	×	此	法師	627②	和連体	638②			
この	この	×	此	法師	631①	和連体	642④			
この	この	×	此	法師	633①	和連体	644⑥			
この	この	×	此	法師	634③	和連体	646③			
この	この	×	此	法師	636⑥	和連体	649②			
この	この	×	此	法師	637⑤	和連体	650①			
この	この	×	此	法師	637⑥	和連体	650②			
この	この	×	此	法師	638③	和連体	650⑤			
この	この	×	此	法師	640④	和連体	653①			
この	この	×	此	法師	640⑤	和連体	653②			
この	この	×	此	法師	641①	和連体	653④			
この	この	×	此	法師	644②	和連体	657②			
この	この	×	此	法師	644⑥	和連体	658①			
この	この	×	此	法師	644⑥	和連体	658①			
この	この	×	此	法師	646③	和連体	659⑥			
この	この	×	此	法師	649①	和連体	662⑥			
この	この	×	此	法師	649④	和連体	663②			
この	この	×	此	法師	649⑥	和連体	663⑤			
この	この	×	此	法師	651⑤	和連体	665④			
この	この	×	此	法師	651⑥	和連体	665⑤			
この	この	×	此	法師	652④	和連体	666④			
この	この	×	此	法師	653③	和連体	667③			
この	この	×	此	法師	654④	和連体	668⑤			
この	この	×	此	見寶	661①	和連体	675③			
この	この	×	此	見寶	661②	和連体	675⑤			
この	この	×	此	見寶	661③	和連体	675⑥			
この	この	×	此	見寶	664⑥	和連体	679⑤			
この	この	×	此	見寶	670③	和連体	685⑤			
この	この	×	此	見寶	671④	和連体	687①			
この	この	×	此	見寶	678④	和連体	695①			
この	この	×	此	見寶	678⑤	和連体	695③			
この	この	×	此	見寶	682④	和連体	699④			

当該語	読みかな	傍訓	漢字表記	品名	頁数	語の種類	妙一本	和解語文	可読	異同語彙
この	この	×	此	見寶	682④	和連体	699⑤			
この	この	×	此	見寶	684③	和連体	701⑤			
この	この	×	此	見寶	684⑥	和連体	702②			
この	この	×	此	見寶	685①	和連体	702④			
この	この	×	此	見寶	685⑤	和連体	703②			
この	この	×	此	見寶	688⑥	和連体	706⑤			
この	この	×	此	見寶	689②	和連体	707①			
この	この	×	此	見寶	690①	和連体	707⑤			
この	この	×	此	見寶	690③	和連体	708②			
この	この	×	此	見寶	690⑤	和連体	708⑤			
この	この	×	此	見寶	691③	和連体	709③			
この	この	×	此	見寶	693②	和連体	711④			
この	この	×	此	見寶	694③	和連体	712⑥			
この	この	×	此	見寶	694⑥	和連体	713④			
この	この	×	此	見寶	695⑤	和連体	714④			
この	この	×	此	見寶	697①	和連体	716①			
この	この	×	此	見寶	697④	和連体	716④			
この	この	×	此	見寶	697⑤	和連体	716⑤			
この	この	×	此	見寶	698⑥	和連体	717⑥			
この	この	×	此	提婆	711⑥	和連体	729③			
この	この	×	此	提婆	714④	和連体	732③			
この	この	×	此	提婆	720①	和連体	738①			
この	この	×	此	提婆	724①	和連体	742②			
この	この	×	此	提婆	725④	和連体	743⑤			
この	この	×	此	提婆	726④	和連体	744⑤			
この	この	×	此	提婆	726⑥	和連体	745①			
この	この	×	此	提婆	730②	和連体	748②			
この	この	×	此	勧持	738③	和連体	757①			
この	この	×	此	勧持	739②	和連体	757⑥			
この	この	×	此	勧持	739⑥	和連体	758⑤			
この	この	×	此	勧持	740⑤	和連体	759④			
この	この	×	此	勧持	747③	和連体	766③			
この	この	×	此	勧持	748③	和連体	767③			
この	この	×	此	勧持	748③	和連体	767④			
この	この	×	此	勧持	749⑥	和連体	769①			
この	この	×	此	勧持	753③	和連体	773①			
この	この	×	此	勧持	753⑤	和連体	773③			
この	この	×	此	勧持	756②	和連体	775⑥			
この	この	×	此	勧持	757④	和連体	777②			
この	この	×	此	安樂	768④	和連体	788⑤			
この	この	×	此	安樂	772⑥	和連体	793②			
この	この	×	此	安樂	778⑤	和連体	799④			
この	この	×	此	安樂	782③	和連体	803③			
この	この	×	此	安樂	788⑥	和連体	810③			
この	この	×	此	安樂	789②	和連体	810⑤			
この	この	×	此	安樂	793④	和連体	815①			
この	この	×	此	安樂	795②	和連体	816⑤			
この	この	×	此	安樂	798①	和連体	819④			
この	この	×	此	安樂	800④	和連体	822③			
この	この	×	此	安樂	801⑥	和連体	823⑥			
この	この	×	此	安樂	802④	和連体	824④			
この	この	×	此	安樂	803③	和連体	825③			
この	この	×	此	安樂	804②	和連体	826②			
この	この	×	此	安樂	804⑥	和連体	827①			
この	この	×	此	安樂	805⑤	和連体	827⑤			
この	この	×	此	安樂	808①	和連体	830②			
この	この	×	此	安樂	808④	和連体	830⑥			
この	この	×	此	安樂	814⑤	和連体	837③			
この	この	×	此	從地	817⑥	和連体	840②			
この	この	×	此	從地	818②	和連体	840⑤			
この	この	×	此	從地	818⑥	和連体	841①			
この	この	×	此	從地	819⑤	和連体	842①			
この	この	×	此	從地	820⑤	和連体	843①			
この	この	×	此	從地	823②	和連体	845④			
この	この	×	此	從地	826⑤	和連体	849①			
この	この	×	此	從地	830⑤	和連体	853②			
この	この	×	此	從地	840④	和連体	863③			
この	この	×	此	從地	841①	和連体	863⑤			

当該語	読みかな	傍訓	漢字表記	品名	頁数	語の種類	妙一本	和解語文	可読	異同語彙
この	この	×	此	従地	841②	和連体	864①			
この	この	×	此	従地	843①	和連体	865⑥			
この	この	×	此	従地	844①	和連体	866⑥			
この	この	×	此	従地	846①	和連体	868⑤			
この	この	×	此	従地	846④	和連体	869②			
この	この	×	此	従地	848②	和連体	871①			
この	この	×	此	従地	848③	和連体	871②			
この	この	×	此	従地	849⑤	和連体	872③			
この	この	×	此	従地	849⑥	和連体	872④			
この	この	×	此	従地	851③	和連体	874②			
この	この	×	此	従地	857①	和連体	879⑤			
この	この	×	此	従地	857⑤	和連体	880④			
この	この	×	此	従地	860①	和連体	882⑥			
この	この	×	此	従地	861⑥	和連体	884⑤			
この	この	×	此	従地	863⑤	和連体	886③			
この	この	×	此	従地	864①	和連体	886⑤			
この	この	×	此	従地	864④	和連体	887③			
この	この	×	此	従地	869②	和連体	892①			
この	この	×	此	従地	869④	和連体	892③			
この	この	×	此	如來	888①	和連体	907②			
この	この	×	此	如來	897⑥	和連体	916⑥			
この	この	×	此	如來	902③	和連体	921③			
この	この	×	此	如來	902⑥	和連体	922①			
この	この	×	此	如來	904②	和連体	923②			
この	この	×	此	如來	904④	和連体	923④			
この	この	×	此	如來	905③	和連体	924③			
この	この	×	此	如來	908①	和連体	926⑥			
この	この	×	此	如來	909①	和連体	927⑥			
この	この	×	此	如來	910②	和連体	929②			
この	この	×	此	如來	915②	和連体	934②			
この	この	×	此	如來	917④	和連体	936③			
この	この	×	此	分別	925⑥	和連体	944④			
この	この	×	此	分別	939④	和連体	957⑥			
この	この	×	此	分別	941①	和連体	959③			
この	この	×	此	分別	943④	和連体	962①			
この	この	×	此	分別	944①	和連体	962④			
この	この	×	此	分別	945④	和連体	964①			
この	この	×	此	分別	949⑥	和連体	968⑤			
この	この	×	此	分別	958⑤	和連体	977③			
この	この	×	此	分別	960⑥	和連体	979③			
この	この	×	此	分別	961②	和連体	979⑤			
この	この	×	此	分別	961④	和連体	980①			
この	この	×	此	分別	962⑤	和連体	981①			
この	この	×	此	分別	963④	和連体	982①			
この	この	×	此	分別	965⑤	和連体	984①			
この	この	×	此	分別	966⑤	和連体	985①			
この	この	×	此	分別	968③	和連体	986④			
この	この	×	此	随喜	974⑥	和連体	993①			
この	この	×	此	随喜	975④	和連体	993⑤			
この	この	×	此	随喜	986①	和連体	1004③			
この	この	×	此	随喜	990①	和連体	1008③			
この	この	×	此	法功	996①	和連体	1014⑤			
この	この	×	此	法功	998②	和連体	1017①			
この	この	×	此	法功	1001③	和連体	1020①			
この	この	×	此	法功	1001⑥	和連体	1020③			
この	この	×	此	法功	1004②	和連体	1022⑤			
この	この	×	此	法功	1007①	和連体	1025④			
この	この	×	此	法功	1010②	和連体	1028④			
この	この	×	此	法功	1014②	和連体	1032⑤			
この	この	×	此	法功	1014⑤	和連体	1033③			
この	この	×	此	法功	1015①	和連体	1033⑤			
この	この	×	此	法功	1026①	和連体	1044⑥			
この	この	×	此	法功	1031②	和連体	1049⑥			
此	この	×	此	法功	1037②	和連体	1056①			
この	この	×	此	法功	1043⑥	和連体	1062③			
この	この	×	此	法功	1044②	和連体	1062⑥			
この	この	×	此	法功	1046⑤	和連体	1065②			
この	この	×	此	法功	1046⑥	和連体	1065③			

当該語	読みかな	傍訓	漢字表記	品名	頁数	語の種類	妙一本	和解語文	可読	異同語彙
この	この	×	此	法功	1047④	和連体	1066②			
この	この	×	此	常不	1059④	和連体	1078③			
この	この	×	此	常不	1060④	和連体	1079③			
この	この	×	此	常不	1062②	和連体	1081①			
この	この	×	此	常不	1062⑤	和連体	1081③			
この	この	×	此	常不	1063③	和連体	1082①			
この	この	×	此	常不	1063⑥	和連体	1082④			
この	この	×	此	常不	1064④	和連体	1083②			
この	この	×	此	常不	1065④	和連体	1084③			
この	この	×	此	常不	1065⑥	和連体	1084④			
この	この	×	此	常不	1066⑤	和連体	1085③			
この	この	×	此	常不	1067①	和連体	1085⑥			
この	この	×	此	常不	1068①	和連体	1086⑤			
この	この	×	此	常不	1068③	和連体	1087②			
この	この	×	此	常不	1068⑤	和連体	1087③			
この	この	×	此	常不	1069②	和連体	1087⑥	あひ奉りて―	この[妙][西右]	
この	この	×	此	常不	1070①	和連体	1088④			
この	この	×	此	常不	1070①	和連体	1088⑤			
この	この	×	此	常不	1070④	和連体	1089①			
この	この	×	此	常不	1070⑤	和連体	1089③			
この	この	×	此	常不	1070⑥	和連体	1089③			
この	この	×	此	常不	1071③	和連体	1089⑥			
この	この	×	此	常不	1072②	和連体	1090⑤			
この	この	×	此	常不	1072⑥	和連体	1091④			
この	この	×	此	常不	1073③	和連体	1092①			
この	この	×	此	常不	1074③	和連体	1093①			
この	この	×	此	常不	1075①	和連体	1093⑤			
この	この	×	此	常不	1075②	和連体	1093⑥			
この	この	×	此	常不	1076①	和連体	1094③			
この	この	×	此	常不	1076③	和連体	1094⑥			
この	この	×	此	常不	1076④	和連体	1095①			
この	この	×	此	常不	1076⑥	和連体	1095③			
この	この	×	此	常不	1077⑤	和連体	1096②			
この	この	×	此	常不	1079②	和連体	1097⑤			
この	この	×	此	常不	1079④	和連体	1098①			
この	この	×	此	常不	1080②	和連体	1098④			
この	この	×	此	常不	1081①	和連体	1099③			
この	この	×	此	常不	1081②	和連体	1099④			
この	この	×	此	常不	1081⑤	和連体	1100①			
この	この	×	此	常不	1081⑤	和連体	1100②			
この	この	×	此	常不	1082③	和連体	1100⑥			
この	この	×	此	常不	1082⑤	和連体	1101①			
この	この	×	此	常不	1082⑤	和連体	1101②			
この	この	×	此	常不	1083②	和連体	1101⑤			
この	この	×	此	神力	1084⑤	和連体	1103②			
この	この	×	此	神力	1084⑥	和連体	1103③			
この	この	×	此	神力	1087⑥	和連体	1106②			
この	この	×	此	神力	1088④	和連体	1107①			
この	この	×	此	神力	1090④	和連体	1108⑥			
この	この	×	此	神力	1090⑥	和連体	1109②			
この	この	×	此	神力	1093③	和連体	1111⑥			
この	この	×	此	神力	1094②	和連体	1112⑤			
この	この	×	此	神力	1094④	和連体	1113①			
この	この	×	此	神力	1095②	和連体	1113⑥			
この	この	×	此	神力	1095③	和連体	1114①			
この	この	×	此	神力	1096⑥	和連体	1115④			
この	この	×	此	神力	1097①	和連体	1115⑥			
この	この	×	此	神力	1097⑤	和連体	1116④			
この	この	×	此	神力	1098⑤	和連体	1117④			
この	この	×	此	神力	1099②	和連体	1118②			
この	この	×	此	神力	1099⑤	和連体	1118④			
この	この	×	此	神力	1100①	和連体	1118⑥			
この	この	×	此	神力	1100④	和連体	1119③			
この	この	×	此	神力	1101①	和連体	1120①			
この	この	×	此	神力	1102②	和連体	1121①			
この	この	×	此	神力	1102③	和連体	1121②			
この	この	×	此	神力	1103④	和連体	1122③			

この 235

当該語	読みかな	傍訓	漢字表記	品名	頁数	語の種類	妙一本	和解語文	可読	異同語彙
この	この	×	此	神力	1103⑥	和連体	1122⑤			
この	この	×	此	神力	1104①	和連体	1122⑥			
この	この	×	此	神力	1104②	和連体	1123①			
この	この	×	此	神力	1104②	和連体	1123①			
この	この	×	此	嘱累	1105③	和連体	1124①			
この	この	×	此	嘱累	1105④	和連体	1124③			
この	この	×	此	嘱累	1106①	和連体	1124⑤			
この	この	×	此	嘱累	1106③	和連体	1125②			
この	この	×	此	嘱累	1106⑤	和連体	1125⑤			
この	この	×	此	嘱累	1107②	和連体	1125⑥			
この	この	×	此	嘱累	1108⑤	和連体	1127③			
この	この	×	此	嘱累	1110①	和連体	1128④			の[妙]
この	この	×	此	嘱累	1112④	和連体	1131②			
この	この	×	此	嘱累	1113①	和連体	1131⑤			
この	この	×	此	薬王	1114⑥	和連体	1133③			
この	この	×	此	薬王	1115⑤	和連体	1134②			
この	この	×	此	薬王	1118③	和連体	1136⑤			
この	この	×	此	薬王	1119④	和連体	1137⑥			
この	この	×	此	薬王	1120②	和連体	1138④			
この	この	×	此	薬王	1121②	和連体	1139③			
この	この	×	此	薬王	1121⑥	和連体	1140②			
この	この	×	此	薬王	1122②	和連体	1140③			
この	この	×	此	薬王	1126①	和連体	1144①			
この	この	×	此	薬王	1128①	和連体	1146④			
この	この	×	此	薬王	1128⑤	和連体	1147②			
この	この	×	此	薬王	1129①	和連体	1147④			
この	この	×	此	薬王	1130④	和連体	1149①			
この	この	×	此	薬王	1135②	和連体	1153④			
この	この	×	此	薬王	1136③	和連体	1154②			
この	この	×	此	薬王	1137⑤	和連体	1155⑥			
この	この	×	此	薬王	1137⑥	和連体	1156①			
この	この	×	此	薬王	1138④	和連体	1156⑤			
この	この	×	此	薬王	1139②	和連体	1157③		此(この)[西右]	×[妙]
この	この	×	此	薬王	1139③	和連体	1157④			
この	この	×	此	薬王	1142③	和連体	1160④			
此	この	この	此	薬王	1142④	和連体	1160④			
この	この	×	此	薬王	1143①	和連体	1161②			
この	この	×	此	薬王	1143⑥	和連体	1161⑥			
この	この	×	此	薬王	1144③	和連体	1162③			
この	この	×	此	薬王	1144⑥	和連体	1162⑥			
この	この	×	此	薬王	1145③	和連体	1163③			
この	この	×	此	薬王	1145⑥	和連体	1164①			
この	この	×	此	薬王	1146②	和連体	1164③			
この	この	×	此	薬王	1146⑥	和連体	1165①			
この	この	×	此	薬王	1147③	和連体	1165⑤			
この	この	×	此	薬王	1148①	和連体	1166②			
この	この	×	此	薬王	1148④	和連体	1166⑤			
この	この	×	此	薬王	1148⑤	和連体	1166⑥			
この	この	×	此	薬王	1148⑥	和連体	1167②			
この	この	×	此	薬王	1149②	和連体	1167③			
この	この	×	此	薬王	1151①	和連体	1169②			
この	この	×	此	薬王	1151④	和連体	1169⑤			
この	この	×	此	薬王	1152②	和連体	1170③			
この	この	×	此	薬王	1153②	和連体	1171③			
この	この	×	此	薬王	1153④	和連体	1171④			
この	この	×	此	薬王	1153⑤	和連体	1171⑤			
この	この	×	此	薬王	1154①	和連体	1172①			
この	この	×	此	薬王	1155③	和連体	1173②			
この	この	×	此	薬王	1155④	和連体	1173③			
この	この	×	此	薬王	1156①	和連体	1173⑤			
この	この	×	此	薬王	1156④	和連体	1174②			
この	この	×	此	薬王	1158⑥	和連体	1176③			
この	この	×	此	薬王	1159①	和連体	1176⑤			
この	この	×	此	薬王	1159③	和連体	1176⑥			
この	この	×	此	薬王	1160①	和連体	1177③			
この	この	×	此	薬王	1160①	和連体	1177③			
この	この	×	此	薬王	1161①	和連体	1178③			

当該語	読みかな	傍訓	漢字表記	品名	頁数	語の種類	妙一本	和解語文	可読	異同語彙
この	この	×	此	藥王	1161②	和連体	1178③			
この	この	×	此	藥王	1161④	和連体	1178⑤			
この	この	×	此	藥王	1161⑥	和連体	1179①			
この	この	×	此	藥王	1162②	和連体	1179③			
この	この	×	此	藥王	1162③	和連体	1179④		この一[西右]	この[妙]
この	この	×	此	藥王	1163①	和連体	1180①			
この	この	×	此	藥王	1163②	和連体	1180②			
この	この	×	此	妙音	1174①	和連体	1189⑤			
この	この	×	此	妙音	1174③	和連体	1190①			
この	この	×	此	妙音	1175④	和連体	1191①			
この	この	×	此	妙音	1176③	和連体	1191⑤			
この	この	×	此	妙音	1176④	和連体	1191⑥			
この	この	×	此	妙音	1176⑥	和連体	1192②			
この	この	×	此	妙音	1177②	和連体	1192③			
この	この	×	此	妙音	1178①	和連体	1193②			
この	この	×	此	妙音	1179④	和連体	1194⑤			
この	この	×	此	妙音	1181①	和連体	1196①			
この	この	×	此	妙音	1184⑥	和連体	1199⑤			
この	この	×	此	妙音	1186②	和連体	1200⑥			
この	この	×	此	妙音	1186③	和連体	1201②			
この	この	×	此	妙音	1187⑤	和連体	1202③			
この	この	×	此	妙音	1188①	和連体	1202④			
この	この	×	此	妙音	1188⑤	和連体	1203②			
この	この	×	此	妙音	1188⑥	和連体	1203③			
この	この	×	此	妙音	1189⑥	和連体	1204③			
この	この	×	此	妙音	1192③	和連体	1206④			
この	この	×	此	妙音	1192⑥	和連体	1207①			
この	この	×	此	妙音	1193①	和連体	1207③			
この	この	×	此	妙音	1193③	和連体	1207③			
この	この	×	此	妙音	1193④	和連体	1207③			
この	この	×	此	妙音	1197②	和連体	1211①			
この	この	×	此	妙音	1197③	和連体	1211②			
この	この	×	此	妙音	1198②	和連体	1212①			
この	この	×	此	妙音	1198④	和連体	1212③			
この	この	×	此	妙音	1198⑥	和連体	1212⑤			
この	この	×	此	妙音	1201④	和連体	1215②			
この	この	×	此	妙音	1201⑤	和連体	1215③			
この	この	×	此	觀世	1208⑤	和連体	1221⑤			
この	この	×	此	觀世	1209③	和連体	1222③			
この	この	×	此	觀世	1209⑥	和連体	1223①			
この	この	×	此	觀世	1210②	和連体	1223③			
この	この	×	此	觀世	1211④	和連体	1224⑤			
この	この	×	此	觀世	1211⑥	和連体	1225①			
この	この	×	此	觀世	1213①	和連体	1226②			
この	この	×	此	觀世	1214④	和連体	1227⑥			
この	この	×	此	觀世	1215④	和連体	1228⑤			
この	この	×	此	觀世	1218①	和連体	1231③			
この	この	×	此	觀世	1219④	和連体	1232⑥			
この	この	×	此	觀世	1220②	和連体	1233④			
この	この	×	此	觀世	1221①	和連体	1234③			
この	この	×	此	觀世	1221⑥	和連体	1235②			
この	この	×	此	觀世	1229⑥	和連体	1242⑤			
この	この	×	此	觀世	1230③	和連体	1243②			
この	この	×	此	觀世	1230⑤	和連体	1243④			
この	この	×	此	觀世	1231①	和連体	1243⑥			
この	この	×	此	觀世	1231①	和連体	1243⑥			
この	この	×	此	觀世	1232①	和連体	1244⑥			
この	この	×	此	觀世	1232②	和連体	1244⑥			
この	この	×	此	觀世	1232⑥	和連体	1245④			
この	この	×	此	觀世	1233①	和連体	1245⑥			
この	この	×	此	觀世	1233④	和連体	1246②			
この	この	×	此	觀世	1245③	和連体	1257③			
この	この	×	此	觀世	1246②	和連体	1258③			
この	この	×	此	觀世	1246⑤	和連体	1258⑥			
この	この	×	此	觀世	1247①	和連体	1259②			
この	この	×	此	觀世	1247②	和連体	1259③			
この	この	×	此	陀羅	1250①	和連体	1262①			
この	この	×	此	陀羅	1253⑤	和連体	1265⑤			

この 237

当該語	読みかな	傍訓	漢字表記	品名	頁数	語の種類	妙一本	和解語文	可読	異同語彙
この	この	×	此	陀羅	1253⑥	和連体	1265⑥			
この	この	×	此	陀羅	1254④	和連体	1266④			
この	この	×	此	陀羅	1255④	和連体	1267④			
この	この	×	此	陀羅	1257②	和連体	1269①			
この	この	×	此	陀羅	1257④	和連体	1269②			
この	この	×	此	陀羅	1257⑤	和連体	1269④			
この	この	×	此	陀羅	1257⑥	和連体	1269⑤			
この	この	×	此	陀羅	1258②	和連体	1270①		これ―［西右］	
この	この	×	此	陀羅	1259①	和連体	1270⑤			
この	この	×	此	陀羅	1259②	和連体	1270⑥			
この	この	×	此	陀羅	1259⑤	和連体	1271③			
この	この	×	此	陀羅	1261③	和連体	1272⑥			
この	この	×	此	陀羅	1261④	和連体	1273①			
この	この	×	此	陀羅	1261⑤	和連体	1273②			
この	この	×	此	陀羅	1268②	和連体	1279②			
この	この	×	此	陀羅	1268④	和連体	1279④		その［西右］	その［妙］
この	この	×	此	陀羅	1268⑥	和連体	1279⑥			
この	この	×	此	妙荘	1273②	和連体	1284②			
この	この	×	此	妙荘	1275①	和連体	1285②			
この	この	×	此	妙荘	1275④	和連体	1285⑥			
この	この	×	此	妙荘	1276④	和連体	1286⑤			
この	この	×	此	妙荘	1277⑤	和連体	1287⑥			
この	この	×	此	妙荘	1280⑤	和連体	1290④			
この	この	×	此	妙荘	1292③	和連体	1301②		これ―［西右］	
この	この	×	此	妙荘	1293①	和連体	1301⑤			
この	この	×	此	妙荘	1293②	和連体	1302①			
この	この	×	此	妙荘	1295⑥	和連体	1304②			
この	この	×	此	妙荘	1296④	和連体	1304⑤			
この	この	×	此	妙荘	1298⑤	和連体	1306④			
この	この	×	此	妙荘	1298⑥	和連体	1306⑤			
この	この	×	此	妙荘	1305①	和連体	1312①			
この	この	×	此	妙荘	1305③	和連体	1312②			
この	この	×	此	普賢	1308②	和連体	1314⑤			
この	この	×	此	普賢	1309④	和連体	1315⑥			
この	この	×	此	普賢	1312⑥	和連体	1318⑥			
この	この	×	此	普賢	1313⑤	和連体	1319⑤			
この	この	×	此	普賢	1316③	和連体	1321⑥			
この	この	×	此	普賢	1318②	和連体	1323④			
この	この	×	此	普賢	1318③	和連体	1323⑤			
この	この	×	此	普賢	1321③	和連体	1326②			
この	この	×	此	普賢	1322⑤	和連体	1327④			
この	この	×	此	普賢	1324①	和連体	1328⑤			
この	この	×	此	普賢	1326①	和連体	1330③			
この	この	×	此	普賢	1326⑤	和連体	1331①			
この	この	×	此	普賢	1328②	和連体	1332②			こ｛の｝［妙］
この	この	×	此	普賢	1328④	和連体	1332④			
この	この	×	此	普賢	1328⑥	和連体	1332⑥			
この	この	×	此	普賢	1329①	和連体	1333①			
この	この	×	此	普賢	1329②	和連体	1333②			
この	この	×	此	普賢	1329③	和連体	1333③			
この	この	×	此	普賢	1332②	和連体	1335⑥			
この	この	×	此	普賢	1332②	和連体	1335⑥			
この	この	×	此	普賢	1335②	和連体	1338③			
この	この	×	此	普賢	1336⑤	和連体	1339⑤			
この	この	×	此	普賢	1337④	和連体	1340②			この［妙］
このかた	このかた	×	已來	方便	88⑤	和連語	77⑤			
このかた	このかた	×	已來	化城	446③	和連語	439③			
このかた	このかた	×	已來	化城	448②	和連語	441⑤			
このかた	このかた	×	已來	法師	638②	和連語	650④			
このかた	このかた	×	已來	從地	830③	和連語	852⑤			
このかた	このかた	×	已來	從地	833①	和連語	855⑥			
此かた	このかた	×	已來	從地	858②	和連語	881①			
このかた	このかた	×	已來	從地	859⑥	和連語	882⑤			
このかた	このかた	×	已來	如來	884①	和連語	902⑥			
已来	このかた	このかた	已來	如來	887⑤	和連語	906⑤			
このかた	このかた	×	已來	如來	891①	和連語	910①			
このかた	このかた	×	已來	如來	894⑤	和連語	913⑤			
このかた	このかた	×	已來	如來	909③	和連語	928③			

当該語	読みかな	傍訓	漢字表記	品名	頁数	語の種類	妙一本	和解語文	可読	異同語彙
このかた	このかた	×	來	方便	105②	和連語	92①			
このかた	このかた	×	來	方便	156⑤	和連語	135⑤			
このかた	このかた	×	來	方便	184④	和連語	158④			
このかた	このかた	×	來	譬喩	207④	和連語	174⑥			
このかた	このかた	×	來	譬喩	209③	和連語	176⑥			
このかた	このかた	×	來	信解	322⑥	和連語	298④			
このかた	このかた	×	來	信解	350⑤	和連語	333②			
このかた	このかた	×	來	信解	364①	和連語	349④			
このかた	このかた	×	來	化城	450⑤	和連語	444⑤			
このかた	このかた	×	來	從地	840①	和連語	862⑥			
このかた	このかた	×	來	從地	852①	和連語	874⑤			
このかた	このかた	×	來	從地	854①	和連語	877④			
このかた	このかた	×	來	從地	856①	和連語	879④			このかた[妙]
このかた	このかた	×	來	從地	864①	和連語	887②			
このかた	このかた	×	來	從地	867④	和連語	890③			
此かた	このかた	×	來	從地	867⑥	和連語	890⑤			
この	このかた	このかた	來	如來	887⑥	和連語	907①			
このかた	このかた	×	來	如來	910④	和連語	929④			
このかた	このかた	×	來	如來	911②	和連語	930①			
このかた	このかた	×	來	普賢	1327③	和連語	1331④			
このま	このま	×	好	普賢	1330③	和動	1334②			
このみ	このみ	×	好	勸持	753②	和動	772⑤		このむ[西右]	
このみ	このみ	×	好	安樂	766⑤	和動	786⑥			
このみ	このみ	×	好	從地	868⑤	和動	891④		このむ[西右]	
このみ	このみ	×	果實	提婆	711②	和果実名	728③			
このむ	このむ	×	好	譬喩	244⑥	和動	214④			
このむ	このむ	×	好	譬喩	245③	和動	215①			
このむ	このむ	×	好	安樂	769⑥	和動	790⑥			
虎魄	こはく	こはく	琥珀	信解	323②	漢宝玉名	299①			
虎魄	こはく	くはく	琥珀	安樂	797⑤	漢宝玉名	819②			虎魄（くはく）[妙]
虎魄	こはく	こはく	琥珀	随喜	974①	漢宝玉名	992①			虎魄（くはく）[妙]
虎珀	こはく	こはく	琥珀	觀世	1210⑥	漢宝玉名	1224①			くはく[妙]
五波羅蜜	ごはらみつ	―はらみつ	五波羅蜜	分別	938②	漢四熟数名	956③			
五波羅蜜	ごはらみつ	×	五波羅蜜	分別	940①	漢四熟数名	958③			
五比丘	ごびく	×	五比丘	方便	184②	漢数名	158①			
五百	ごひゃく	×	五百	譬喩	271④	漢数名	242⑤			
五百	ごひゃく	×	五百	授記	444⑤	漢数名	437④			
五百	ごひゃく	×	五百	五百	584②	漢数名	589④			
五百	ごひゃく	×	五百	五百	587③	漢数名	593④			
五百	ごひゃく	×	五百	五百	588③	漢数名	594⑤			
五百	ごひゃく	×	五百	五百	589①	漢数名	595③			
五百	ごひゃく	×	五百	勸持	739②	漢数名	758②			
五百	ごひゃく	×	五百	常不	1075②	漢数名	1094①			こひやく[妙]
五百	ごひゃく	×	五百	常不	1075④	漢数名	1094①			こひやく[妙]
五百	ごひゃく	×	五百	常不	1075④	漢数名	1094①			こひやく[妙]
五百	ごひゃく	×	五百	常不	1081②	漢数名	1099⑤			こひやく[妙]
五百歳	ごひゃくさい	×	五百歳	藥王	1153⑥	漢数名	1171⑥			こひやくさい[妙]
五百歳	ごひゃくさい	×	五百歳	藥王	1160③	漢数名	1177⑤			こひやくさい[妙]
五百歳	ごひやくさい	×	五百歳	普賢	1331③	漢数名	1335④			こひやくさい[妙]
五百歳濁悪世	ごひやくさいぢよくあくせ	――ざいのぢよくあく―	五百歳濁悪世	普賢	1310⑥	漢数名	1317②	こひやくさいちよくあくせ／―――にこりあしきよ[妙]		
五百歳濁悪世	ごひやくさいぢよくあくせ	―――のぢよくあく―	五百歳濁悪世	普賢	1315⑥	漢数名	1321④	こひやくさいちよくあくせ／―――にこりあしきよ[妙]		
五百四十万億那由他劫	ごひゃくしじゅうまんおくなゆた	―――――おくなゆた	五百四十万億那由他劫	化城	451⑥	漢数名	446①			
五百千万億那由他阿僧祇	ごひゃくせんまんおくなゆたあそうぎ	―――――そうぎ	五百千万億那由他阿僧祇	如來	884②	漢数名	903①			
五百千万億那由他阿僧祇	ごひゃくせんまんおくなゆたあそうぎ	×	五百千万億那由他阿僧祇の	如來	884④	漢数名	903③			
五百人	ごひゃくにん	×	五百人	譬喩	239②	漢四熟数名	208⑤		――のひと[西右]	

当該語	読みかな	傍訓	漢字表記	品名	頁数	語の種類	妙一本	和解語文	可読	異同語彙
五百万億	ごひゃくまんおく	×	五百万億	化城	463③	漢四熟数名	459③			
五百万億	ごひゃくまんおく	×	五百万億	化城	464⑤	漢四熟数名	461①			
五百万億	ごひゃくまんおく	×	五百万億	化城	467②	漢四熟数名	464①			
五百万億	ごひゃくまんおく	×	五百万億	化城	470⑤	漢四熟数名	468③			
五百万億	ごひゃくまんおく	×	五百万億	化城	473①	漢四熟数名	471④			
五百万億	ごひゃくまんおく	×	五百万億	化城	475⑤	漢四熟数名	474⑤			
五百万億	ごひゃくまんおく	×	五百万億	化城	482①	漢四熟数名	482②			
五百万億	ごひゃくまんおく	×	五百万億	化城	484③	漢四熟数名	484⑥			
五百万億	ごひゃくまんおく	×	五百万億	化城	491①	漢四熟数名	492⑥			
五百万億	ごひゃくまんおく	×	五百万億	化城	493②	漢四熟数名	495④			
五百万億	ごひゃくまんおく	×	五百万億	化城	499⑤	漢四熟数名	503①			
五百万億國	ごひゃくまんおくこく	×	五百万億國	化城	532⑤	漢数名	538③			
五百万億那由他恒河沙	ごひゃくまんおくなゆたごうがしゃ	×	五百万億那由他恒河沙	見寶	667①	漢数名	682②	とうはうこひやくまんおくなゆたこうかしや／こうかかわのいさこのかす[妙]		
五百由旬	ごひゃくゆじゅん	——ゆしゅん	五百由旬	譬喩	305⑤	漢四熟数名	278①			
五百由旬	ごひゃくゆじゅん	×	五百由旬	授記	433⑥	漢四熟数名	425①			
五百由旬	ごひゃくゆじゅん	×	五百由旬	授記	439④	漢四熟数名	431④			
五百由旬	ごひゃくゆじゅん	——ゆしゅん	五百由旬	化城	522①	漢四熟数名	527②			
五百由旬	ごひゃくゆじゅん	×	五百由旬	化城	541②	漢四熟数名	547①			
五百由旬	ごひゃくゆじゅん	×	五百由旬	見寶	656⑤	漢四熟数名	671①			
五百由旬	ごひゃくゆじゅん	×	五百由旬	見寶	671①	漢四熟数名	686④			
五百由旬	ごひゃくゆじゅん	×	五百由旬	見寶	673②	漢四熟数名	688⑤			ーなりィ[西右]
五百由旬	ごひゃくゆじゅん	×	五百由旬	見寶	675③	漢四熟数名	691③			
鮫{漁}捕	こぶ	こふ	鮫捕	安樂	763④	漢名	783①	いうぼ／すなとりする[妙]	ーすると[西右]	
後分	ごぶん	ごふん	後分	藥王	1133③	漢名	1151⑤			こふん[妙]
五万	ごまん	×	五万	從地	821④	漢数名	843⑤			
五万恒沙	ごまんごうしゃ	×	五万恒沙	從地	836⑥	漢四熟数名	859④			
虛妄	こもう	こまう	虛妄	方便	123⑥	漢名	108⑤			
虛妄	こもう	こまう	虛妄	方便	140①	漢名	122①	こもう／そらこと[妙]	ーなる事なし[西右]	
虛妄	こもう	こまう	虛妄	方便	155①	漢名	134③	こもう／そらこと[妙]		
虛妄	こもう	こまう／そらこと	虛妄	譬喩	251⑤	漢名	221④	こもう／こと[妙]		
虛妄	こもう	こまう	虛妄	譬喩	252①	漢名	222②	こもう／そらこと[妙]		
虛妄	こもう	こまう	虛妄	譬喩	252⑥	漢名	223①	こもう／そらこと[妙]		
虛妄	こもう	こまう	虛妄	譬喩	253②	漢名	223④	こもう／そらこと[妙]		
虛妄	こもう	こまう	虛妄	譬喩	268⑤	漢名	239⑥			
虛妄	こもう	こまう	虛妄	譬喩	268⑥	漢名	240①			
虛妄	こもう	こまう	虛妄	譬喩	297②	漢名	269④	こもう／そらこと[妙]		

当該語	読みかな	傍訓	漢字表記	品名	頁数	語の種類	妙一本	和解語文	可読	異同語彙
虚妄	こもう	こもう	虚妄	從地	862③	漢名	885①			
虚妄	こもう	こまう	虚妄	如來	909①	漢名	927⑥	こまう／そらこと[妙]		
虚妄	こもう	こまう	虚妄	如來	910①	漢名	928⑥			
虚妄	こもう	こまう	虚妄	如來	919②	漢名	938②			
虚妄	こもう	こまう	虚妄	常不	1065②	漢名	1084①			こまう[妙]
五由旬	ごゆじゅん	×	五由旬	見寶	671③	漢数名	686⑥			
五由旬	ごゆじゅん	×	五由旬	見寶	673③	漢数名	689①			
五由旬	ごゆじゅん	×	五由旬	見寶	675⑤	漢数名	691④			
牛羊	ごよう	ごやう	牛羊	法功	1010④	漢畜類名	1028⑥	こやう／うしひつし[妙]		
五欲	ごよく	一よく	五欲	方便	153⑤	漢数名	133②			
五欲	ごよく	一よく	五欲	方便	176⑤	漢数名	151④			
五欲	ごよく	一よく	五欲	譬喩	255⑤	漢数名	226③			
五欲	ごよく	一よく	五欲	譬喩	301②	漢数名	273④	ごよく／いろこへかあちはいふるゝ[妙]		
五欲	ごよく	一よく	五欲	信解	354②	漢数名	337⑤	ごよく／いろこへかあちわひふるゝ[妙]		
五欲	ごよく	一よく	五欲	化城	521⑤	漢数名	526⑥			
五欲	ごよく	一よく	五欲	五百	592①	漢数名	599②	一よく／いろこゑかあちわいふるゝに[妙]		
五欲	ごよく	一よく	五欲	五百	598⑥	漢数名	607③	一よく／いろこゑかあちわいふるゝ[妙]		
五欲	ごよく	ごよく	五欲	提婆	712③	漢数名	729⑥			
五欲	ごよく	ごよく	五欲	提婆	714③	漢数名	732②	こよく／いろこへかあちわいふるゝ[妙]		
五欲	ごよく	一よく	五欲	安樂	770①	漢数名	790②	こよく／いろこゑかあちわひふるゝ[妙]		
五欲	ごよく	ごよく	五欲	安樂	815①	漢数名	837④			
五欲	ごよく	ごよく	五欲	如來	896③	漢数名	915③			
五欲	ごよく	一よく	五欲	如來	920①	漢数名	939①			
五欲	ごよく	ごよく	五欲	法功	1012④	漢数名	1031①	こよく／ころかこへ[妙]		
五欲	ごよく	一よく	五欲	法功	1022③	漢数名	1041⑥	こよく／いろこへかあちわいふるゝ[妙]		
去来	こらい	こらい／さりきたり	去来	藥草	406⑥	漢名	394②	こらい／さりてもきたりても[妙]		
娯楽	ごらく	ごらく	娯樂	譬喩	267⑤	漢名	239①			
娯樂	ごらく	こらく／おこりたのしむ	娯樂	随喜	973⑤	漢名	991⑥			
娯樂	ごらく	ごらく	娯樂	随喜	974⑤	漢名	992⑥			
娯楽嬉戯する	ごらくきげする	ごらくきげ	娯樂嬉戯	法功	1012④	漢四熟サ動	1031①			
娯楽快楽せ	ごらくけらくせ	ごらくくゑらく	娯樂快樂	普賢	1323③	漢四熟サ動	1328②			ごらくくゑらく・せ[妙]
娯楽し	ごらくし	こ{ご}らく	娯樂	譬喩	262①	漢サ動	233④			
娯楽する	ごらくする	ごらく	娯樂	法功	1022①	漢サ動	1040⑥		一を[西右]	
己利	こり	こり	己利	序品	4⑥	漢名	3⑥	こり／おのれかりをうくるに[妙]		
渠流	こる	こる	渠流	化城	542⑥	漢名	548⑤	こる／みそなかれ[妙]	一と[西右]	
これ	これ	×	斯	方便	97③	和指代名	85④			
これ	これ	×	斯	勧持	755①	和指代名	774⑤			
これ	これ	×	斯	安樂	805②	和指代名	827③			
これ	これ	×	斯	從地	858②	和指代名	880⑥			
これ	これ	×	此	方便	137①	和指代名	119④			
これ	これ	×	此	方便	147②	和指代名	128①			
これ	これ	×	此	方便	150①	和指代名	130③			
これ	これ	×	此	方便	168②	和指代名	145①			
これ	これ	×	此	方便	193①	和指代名	165⑤			
これ	これ	×	此	譬喩	257①	和指代名	228①			
これ	これ	×	此	信解	328①	和指代名	304⑤			

当該語	読みかな	傍訓	漢字表記	品名	頁数	語の種類	妙一本	和解語文	可読	異同語彙
これ	これ	×	此	信解	331③	和指代名	308⑥			
これ	これ	×	此	信解	343⑥	和指代名	324④			
これ	これ	×	此	信解	344⑥	和指代名	325⑥			
これ	これ	×	此	信解	347③	和指代名	329①			
これ	これ	×	此	信解	349⑤	和指代名	331⑥			
これ	これ	×	此	信解	366③	和指代名	352②			
これ	これ	×	此	化城	523⑤	和指代名	528⑥			
これ	これ	×	此	化城	541⑥	和指代名	547⑤			
これ	これ	×	此	五百	583①	和指代名	588③			
これ	これ	×	此	授學	602①	和指代名	610③			
これ	これ	×	此	法師	652④	和指代名	666④			
これ	これ	×	此	見寶	692①	和指代名	710②			
これ	これ	×	此	從地	852③	和指代名	875①			
これ	これ	×	此	如來	887⑤	和指代名	906⑥			
これ	これ	×	此	分別	942②	和指代名	960④			
これ	これ	×	此	分別	947①	和指代名	965⑤			
これ	これ	×	此	如來	913⑥	和指代名	932⑤			
これ	これ	×	此	如來	918④	和指代名	937③			
これ	これ	×	此	分別	955①	和指代名	974②			
これ	これ	×	爲	信解	341⑤	和指代名	321⑥			
これ	これ	×	爲	五百	568⑥	和指代名	572⑤			
これ	これ	×	爲	五百	592⑤	和指代名	599⑥			
これ	これ	×	爲	安樂	759⑤	和指代名	779③			
これ	これ	×	爲	安樂	792②	和指代名	813⑤			
これ	これ	×	爲	安樂	802⑥	和指代名	824⑥			
これ	これ	×	爲	安樂	805③	和指代名	827④			
これ	これ	×	爲	安樂	808⑤	和指代名	830⑥			
これ	これ	×	爲	從地	827③	和指代名	849⑤		上首たりィ[西右]	
これ	これ	×	爲	從地	861①	和指代名	883⑥			
これ	これ	×	為	分別	949③	和指代名	968②			
これ	これ	×	為	分別	954③	和指代名	973②			
これ	これ	×	爲	隨喜	976④	和指代名	994⑤			
これ	これ	×	之	方便	90④	和指代名	79④			
これ	これ	×	之	方便	101⑤	和指代名	89①			
これ	これ	×	之	方便	112③	和指代名	98②			
これ	これ	×	之	方便	112④	和指代名	98③			
これ	これ	×	之	方便	116②	和指代名	101④			
これ	これ	×	之	方便	120①	和指代名	105③			
これ	これ	×	之	方便	123③	和指代名	108②			
これ	これ	×	之	方便	124⑥	和指代名	109④			
これ	これ	×	之	方便	156③	和指代名	135②			
これ	これ	×	之	譬喻	250④	和指代名	220④			
これ	これ	×	之	譬喻	258⑥	和指代名	230②			
これ	これ	×	之	譬喻	259④	和指代名	230⑥			
これ	これ	×	之	譬喻	285②	和指代名	256⑥			
これ	これ	×	之	信解	329⑤	和指代名	306⑥			
これ	これ	×	之	信解	330⑥	和指代名	308③			
これ	これ	×	之	信解	331⑤	和指代名	309②			
これ	これ	×	之	信解	333①	和指代名	310②			
これ	これ	×	之	信解	334⑥	和指代名	313①			
これ	これ	×	之	信解	335③	和指代名	313⑥			
これ	これ	×	之	信解	335⑥	和指代名	314③			
これ	これ	×	之	信解	339⑤	和指代名	319②			
これ	これ	×	之	信解	341③	和指代名	321③			
これ	これ	×	之	信解	344⑤	和指代名	325⑤			
これ	これ	×	之	信解	352③	和指代名	335③			
これ	これ	×	之	信解	354①	和指代名	337③			
これ	これ	×	之	信解	359①	和指代名	343③			
これ	これ	×	之	信解	360⑤	和指代名	345④			
これ	これ	×	之	信解	364②	和指代名	350①			
これ	これ	×	之	藥草	387④	和指代名	372⑤			
これ	これ	×	之	化城	481⑥	和指代名	481⑥			
これ	これ	×	之	化城	529③	和指代名	535①			
これ	これ	×	之	五百	567⑤	和指代名	571③			
これ	これ	×	之	五百	590⑤	和指代名	597④			
これ	これ	×	之	五百	591④	和指代名	598⑤			
これ	これ	×	之	五百	598③	和指代名	606⑤			

当該語	読みかな	傍訓	漢字表記	品名	頁数	語の種類	妙一本	和解語文	可読	異同語彙
これ	これ	×	之	授學	609③	和指代名	618⑤			
これ	これ	×	之	授學	615⑤	和指代名	625④			
これ	これ	×	之	法師	625⑥	和指代名	636⑥			
これ	これ	×	之	法師	630②	和指代名	641④		一しかも[西右]	
これ	これ	×	之	法師	630③	和指代名	641⑤			
これ	これ	×	之	法師	630⑤	和指代名	642②			
これ	これ	×	之	法師	639①	和指代名	651③			
これ	これ	×	之	法師	643②	和指代名	656①			
これ	これ	×	之	法師	653⑤	和指代名	667⑥			
これ	これ	×	之	法師	654②	和指代名	668③			
これ	これ	×	之	見寶	657①	和指代名	671③			
これ	これ	×	之	見寶	671③	和指代名	686⑥			
これ	これ	×	之	見寶	677⑥	和指代名	694③			
これ	これ	×	之	提婆	734②	和指代名	752③			
これ	これ	×	之	勸持	755④	和指代名	775①			
これ	これ	×	之	安樂	784⑥	和指代名	806①			
これ	これ	×	之	安樂	793②	和指代名	814⑤			
これ	これ	×	之	安樂	797⑥	和指代名	819③			
これ	これ	×	之	安樂	798①	和指代名	819⑤			
これ	これ	×	之	安樂	799①	和指代名	820⑤			
これ	これ	×	之	安樂	800⑥	和指代名	822⑤			
これ	これ	×	之	安樂	802③	和指代名	824③			
これ	これ	×	之	安樂	804①	和指代名	826②			
これ	これ	×	之	安樂	806⑥	和指代名	829①			
これ	これ	×	之	安樂	808④	和指代名	830⑤			
これ	これ	×	之	從地	818③	和指代名	840⑤			
これ	これ	×	之	從地	844②	和指代名	867①			
これ	これ	×	之	從地	854②	和指代名	876⑥			
これ	これ	×	之	如來	881⑥	和指代名	900⑤			
これ	これ	×	之	如來	882③	和指代名	901②			
これ	これ	×	之	如來	882⑥	和指代名	901⑥			
これ	これ	×	之	如來	903②	和指代名	922②			
これ	これ	×	之	如來	908②	和指代名	927①			
これ	これ	×	之	如來	908⑤	和指代名	927④			
これ	これ	×	之	分別	951③	和指代名	970②			
これ	これ	×	之	分別	965②	和指代名	983④			
これ	これ	×	之	隨喜	972⑤	和指代名	990⑥			
これ	これ	×	之	隨喜	973⑤	和指代名	991⑥			
これ	これ	×	之	隨喜	975③	和指代名	993④			
これ	これ	×	之	隨喜	987①	和指代名	1005③			
これ	これ	×	之	法功	1000③	和指代名	1019①			
これ	これ	×	之	法功	1002③	和指代名	1021①			
これ	これ	×	之	法功	1004⑥	和指代名	1023③			
これ	これ	×	之	法功	1005③	和指代名	1023⑥			
これ	これ	×	之	法功	1005⑤	和指代名	1024③			
これ	これ	×	之	法功	1006④	和指代名	1025①			
これ	これ	×	之	法功	1007②	和指代名	1025⑤			
これ	これ	×	之	法功	1013⑥	和指代名	1032①			
これ	これ	×	之	法功	1030③	和指代名	1049①			
これ	これ	×	之	法功	1042⑤	和指代名	1061④			
これ	これ	×	之	觀世	1213②	和指代名	1226③			
これ	これ	×	之	觀世	1229③	和指代名	1242③			
これ	これ	×	之	觀世	1232③	和指代名	1245②			
これ	これ	×	是	序品	4⑤	和指代名	3⑤			
これ	これ	×	是	序品	42④	和指代名	36⑤			
これ	これ	×	是	序品	43⑥	和指代名	37⑥			
これ	これ	×	是	序品	44④	和指代名	38③			
これ	これ	×	是	序品	64⑤	和指代名	56④			
これ	これ	×	是	序品	64⑥	和指代名	56⑤			
これ	これ	×	是	序品	69⑥	和指代名	61①			
これ	これ	×	是	序品	72④	和指代名	63⑤			
これ	これ	×	是	序品	82④	和指代名	72③			
これ	これ	×	是	序品	84①	和指代名	73⑤			
これ	これ	×	是	序品	84②	和指代名	73⑥			
これ	これ	×	是	序品	84④	和指代名	74①			
これ	これ	×	是	序品	84⑥	和指代名	74④			
これ	これ	×	是	方便	108③	和指代名	94⑥			

これ 243

当該語	読みかな	傍訓	漢字表記	品名	頁数	語の種類	妙一本	和解語文	可読	異同語彙
これ	これ	×	是	方便	109⑥	和指代名	96①			
是	これ	×	是	方便	109⑥	和指代名	96②			
これ	これ	×	是	方便	127③	和指代名	111⑤			
これ	これ	×	是	方便	137⑤	和指代名	120①			
これ	これ	×	是	方便	138②	和指代名	120④			
これ	これ	×	是	方便	143①	和指代名	124⑤			
これ	これ	×	是	方便	144④	和指代名	125⑥			
これ	これ	×	是	方便	145④	和指代名	126⑤			
これ	これ	×	是	方便	156④	和指代名	135④			
これ	これ	×	是	方便	184③	和指代名	158②			
これ	これ	×	是	方便	186④	和指代名	160①			
これ	これ	×	是	譬喩	206③	和指代名	173④			
これ	これ	×	是	譬喩	208③	和指代名	175⑥			
これ	これ	×	是	譬喩	214①	和指代名	182②			
これ	これ	×	是	譬喩	217①	和指代名	185④			
これ	これ	×	是	譬喩	217①	和指代名	185⑥			
これ	これ	×	是	譬喩	230②	和指代名	199③			
これ	これ	×	是	譬喩	241④	和指代名	211②			
これ	これ	×	是	譬喩	243⑤	和指代名	213②			
これ	これ	×	是	譬喩	243⑤	和指代名	213③			
これ	これ	×	是	譬喩	245②	和指代名	214⑥			
これ	これ	×	是	譬喩	248④	和指代名	218③			
これ	これ	×	是	譬喩	249③	和指代名	219②			
これ	これ	×	是	譬喩	250①	和指代名	220①			
これ	これ	×	是	譬喩	252④	和指代名	222⑤			
これ	これ	×	是	譬喩	258①	和指代名	229②			
これ	これ	×	是	譬喩	261⑤	和指代名	233①			
これ	これ	×	是	譬喩	262⑥	和指代名	234③			
これ	これ	×	是	譬喩	263⑥	和指代名	235②			
これ	これ	×	是	譬喩	264⑥	和指代名	236①			
これ	これ	×	是	譬喩	267①	和指代名	238②			
これ	これ	×	是	譬喩	267③	和指代名	238⑤			
これ	これ	×	是	譬喩	267⑥	和指代名	239①			
これ	これ	×	是	譬喩	269②	和指代名	240③			
これ	これ	×	是	譬喩	272④	和指代名	243⑤			
これ	これ	×	是	譬喩	273⑤	和指代名	245①			
これ	これ	×	是	譬喩	281④	和指代名	253①			
これ	これ	×	是	譬喩	286③	和指代名	258②			
これ	これ	×	是	譬喩	287④	和指代名	259④			
これ	これ	×	是	譬喩	288①	和指代名	260①			
これ	これ	×	是	譬喩	288③	和指代名	260②			
これ	これ	×	是	譬喩	289②	和指代名	261②			
これ	これ	×	是	譬喩	290②	和指代名	262③			
これ	これ	×	是	譬喩	290③	和指代名	262④			
これ	これ	×	是	譬喩	294①	和指代名	266①			
これ	これ	×	是	譬喩	294①	和指代名	266②			
これ	これ	×	是	譬喩	295③	和指代名	267④			
これ	これ	×	是	譬喩	299⑥	和指代名	272②			
これ	これ	×	是	譬喩	309④	和指代名	282③			
これ	これ	×	是	譬喩	310①	和指代名	282⑥			
これ	これ	×	是	譬喩	310②	和指代名	283②			
これ	これ	×	是	信解	328①	和指代名	304⑤			
これ	これ	×	是	信解	328①	和指代名	304⑥			
これ	これ	×	是	信解	332⑤	和指代名	310④			
これ	これ	×	是	信解	332⑥	和指代名	310⑤			
これ	これ	×	是	信解	340①	和指代名	319④			
これ	これ	×	是	信解	340②	和指代名	319⑥			
これ	これ	×	是	信解	343⑥	和指代名	324⑤			
これ	これ	×	是	信解	345①	和指代名	326②			
これ	これ	×	是	信解	345②	和指代名	326③			
これ	これ	×	是	信解	346②	和指代名	327④			
これ	これ	×	是	信解	350②	和指代名	332⑤			
これ	これ	×	是	信解	350②	和指代名	333③			
これ	これ	×	是	信解	357⑥	和指代名	341⑥			
これ	これ	×	是	信解	357⑥	和指代名	342①			
これ	これ	×	是	信解	358④	和指代名	342⑤			
これ	これ	×	是	信解	360①	和指代名	344④			
これ	これ	×	是	信解	360③	和指代名	345①			

当該語	読みかな	傍訓	漢字表記	品名	頁数	語の種類	妙一本	和解語文	可読	異同語彙
これ	これ	×	是	信解	363⑤	和指代名	349②			
これ	これ	×	是	信解	370②	和指代名	356⑤			
これ	これ	×	是	信解	370⑥	和指代名	357③			
これ	これ	×	是	信解	374②	和指代名	361③			
これ	これ	×	是	信解	376①	和指代名	363⑤			
これ	これ	×	是	藥草	387②	和指代名	372②			
これ	これ	×	是	藥草	391④	和指代名	377①			
これ	これ	×	是	藥草	392③	和指代名	377⑥			
これ	これ	×	是	藥草	392④	和指代名	378①			
これ	これ	×	是	藥草	397①	和指代名	383②			
これ	これ	×	是	藥草	397④	和指代名	383⑤			
これ	これ	×	是	藥草	397⑦	和指代名	384②			
これ	これ	×	是	藥草	398①	和指代名	384③			
これ	これ	×	是	藥草	403③	和指代名	390①			
これ	これ	×	是	藥草	404③	和指代名	391③			
これ	これ	×	是	藥草	405②	和指代名	392③			
これ	これ	×	是	藥草	408①	和指代名	395④			
これ	これ	×	是	藥草	408④	和指代名	396①			
これ	これ	×	是	藥草	408⑥	和指代名	396③			
これ	これ	×	是	藥草	409③	和指代名	397①			
これ	これ	×	是	藥草	412①	和指代名	400①			
これ	これ	×	是	藥草	412④	和指代名	400④			
これ	これ	×	是	藥草	413①	和指代名	401②			
これ	これ	×	是	藥草	414①	和指代名	402②			
これ	これ	×	是	授記	420④	和指代名	409④			
これ	これ	×	是	授記	434②	和指代名	425③			
これ	これ	×	是	授記	440①	和指代名	432①			
これ	これ	×	是	化城	450④	和指代名	444④			
これ	これ	×	是	化城	456③	和指代名	451②			
これ	これ	×	是	化城	466③	和指代名	463②			
これ	これ	×	是	化城	466④	和指代名	463②			
これ	これ	×	是	化城	466⑤	和指代名	463③			
これ	これ	×	是	化城	472⑥	和指代名	471②			
これ	これ	×	是	化城	475②	和指代名	474②			
これ	これ	×	是	化城	475③	和指代名	474②			
これ	これ	×	是	化城	483⑤	和指代名	484①			
これ	これ	×	是	化城	483⑤	和指代名	484②			
これ	これ	×	是	化城	490⑤	和指代名	492④			
これ	これ	×	是	化城	502②	和指代名	506①			
これ	これ	×	是	化城	502②	和指代名	506①			
これ	これ	×	是	化城	502③	和指代名	506②			
これ	これ	×	是	化城	502③	和指代名	506②			
これ	これ	×	是	化城	505⑤	和指代名	510①			
{これ}添え書き	これ	×	是	化城	511⑤	和指代名	516⑥			
これ	これ	×	是	化城	512④	和指代名	517④			
これ	これ	×	是	化城	518⑥	和指代名	523⑥			
これ	これ	×	是	化城	521⑤	和指代名	526⑥			
これ	これ	×	是	化城	528⑥	和指代名	534④			
これ	これ	×	是	化城	535⑥	和指代名	541④			
これ	これ	×	是	化城	544①	和指代名	552②			
これ	これ	×	是	化城	544②	和指代名	552②			
これ	これ	×	是	化城	548⑥	和指代名	555⑤			
これ	これ	×	是	化城	549②	和指代名	556①			
これ	これ	×	是	五百	567⑤	和指代名	571③			
これ	これ	×	是	五百	575④	和指代名	580②			
これ	これ	×	是	五百	576②	和指代名	581①			
これ	これ	×	是	五百	577①	和指代名	581⑥			
これ	これ	×	是	五百	581①	和指代名	586②			
これ	これ	×	是	五百	589⑥	和指代名	596③			
これ	これ	×	是	五百	595②	和指代名	602⑥			
これ	これ	×	是	授學	602④	和指代名	611②			
これ	これ	×	是	授學	608①	和指代名	617②			
これ	これ	×	是	授學	614③	和指代名	624①			
これ	これ	×	是	法師	626①	和指代名	637①			
これ	これ	×	是	法師	637⑥	和指代名	650②			
これ	これ	×	是	法師	641②	和指代名	653⑤			
これ	これ	×	是	法師	645⑤	和指代名	659①			
これ	これ	×	是	法師	646①	和指代名	659③			

これ 245

当該語	読みかな	傍訓	漢字表記	品名	頁数	語の種類	妙一本	和解語文	可読	異同語彙
これ	これ	×	是	法師	647①	和指代名	660④			
これ	これ	×	是	法師	647②	和指代名	660⑤			
これ	これ	×	是	法師	647②	和指代名	660⑤			
これ	これ	×	是	法師	651③	和指代名	665③			
これ	これ	×	是	法師	653⑥	和指代名	×			
これ	これ	×	是	見寶	659⑤	和指代名	674②			
これ	これ	×	是	見寶	675⑤	和指代名	691⑤			
これ	これ	×	是	見寶	684④	和指代名	701③			
これ	これ	×	是	見寶	691⑤	和指代名	709⑥			
これ	これ	×	是	見寶	693②	和指代名	711④		一を[西右]	
これ	これ	×	是	見寶	693⑥	和指代名	712②			
これ	これ	×	是	見寶	694③	和指代名	713①			
これ	これ	×	是	見寶	695①	和指代名	713⑤		一を[西右]	
これ	これ	×	是	見寶	695⑥	和指代名	714⑤			
これ	これ	×	是	見寶	696④	和指代名	715④			
これ	これ	×	是	見寶	698③	和指代名	717③			
これ	これ	×	是	見寶	698③	和指代名	717③			
これ	これ	×	是	見寶	698③	和指代名	717④			
これ	これ	×	是	見寶	699①	和指代名	718①			
これ	これ	×	是	見寶	699③	和指代名	718③			
これ	これ	×	是	提婆	715②	和指代名	733①			
これ	これ	×	是	提婆	715③	和指代名	733②			
これ	これ	×	是	提婆	724①	和指代名	742③			
これ	これ	×	是	提婆	732⑤	和指代名	750⑥			
これ	これ	×	是	提婆	734⑥	和指代名	753③			
これ	これ	×	是	勸持	747⑥	和指代名	766⑥			
これ	これ	×	是	勸持	750②	和指代名	769③			
これ	これ	×	是	勸持	754④	和指代名	774②			
これ	これ	×	是	勸持	755⑥	和指代名	774⑥			
これ	これ	×	是	勸持	758②	和指代名	777⑥			
これ	これ	×	是	安樂	762①	和指代名	781⑤			
これ	これ	×	是	安樂	767①	和指代名	787①			
これ	これ	×	是	安樂	768③	和指代名	788③			
これ	これ	×	是	安樂	772⑤	和指代名	793①			
これ	これ	×	是	安樂	773②	和指代名	793④			
これ	これ	×	是	安樂	773②	和指代名	793⑤			
これ	これ	×	是	安樂	773⑤	和指代名	794②			
これ	これ	×	是	安樂	774①	和指代名	794④			
これ	これ	×	是	安樂	774②	和指代名	794⑤			
これ	これ	×	是	安樂	775①	和指代名	795④			
これ	これ	×	是	安樂	776②	和指代名	796⑥			
これ	これ	×	是	安樂	782②	和指代名	803①			
これ	これ	×	是	安樂	785③	和指代名	806⑤			
これ	これ	×	是	安樂	790④	和指代名	812①			
これ	これ	×	是	安樂	795①	和指代名	816③			
これ	これ	×	是	安樂	795③	和指代名	816⑤			
これ	これ	×	是	安樂	802④	和指代名	824④			
これ	これ	×	是	安樂	803②	和指代名	825②			
これ	これ	×	是	安樂	809⑥	和指代名	831②		この[西右]	
これ	これ	×	是	從地	819⑤	和指代名	842①			
これ	これ	×	是	從地	821②	和指代名	843④			
これ	これ	×	是	從地	834⑥	和指代名	857⑤			
これ	これ	×	是	從地	836⑥	和指代名	859⑤			
これ	これ	×	是	從地	844③	和指代名	867②			
これ	これ	×	是	從地	852②	和指代名	874⑥			
これ	これ	×	是	從地	852③	和指代名	875①			
これ	これ	×	是	從地	855①	和指代名	877④			
これ	これ	×	是	從地	856⑥	和指代名	879④			
これ	これ	×	是	從地	859②	和指代名	882①			
これ	これ	×	是	從地	859②	和指代名	882②			
×	これ	×	是	從地	×	和指代名	889⑤		これ[西右]	
これ	これ	×	是	如來	887⑥	和指代名	907①			
これ	これ	×	是	分別	945③	和指代名	963⑥			
これ	これ	×	是	分別	950⑥	和指代名	969④			
これ	これ	×	是	分別	961⑥	和指代名	980③			
これ	これ	×	是	分別	968③	和指代名	986⑤			
これ	これ	×	是	隨喜	985②	和指代名	1003③			

当該語	読みかな	傍訓	漢字表記	品名	頁数	語の種類	妙一本	和解語文	可読	異同語彙
これ	これ	×	是	法功	996⑤	和指代名	1015③			
これ	これ	×	是	法功	1043③	和指代名	1062①			
これ	これ	×	是	法功	1043④	和指代名	1062②			
これ	これ	×	是	法功	1046⑤	和指代名	1065③			
これ	これ	×	是	常不	1066①	和指代名	1084⑥			
これ	これ	×	是	常不	1066⑥	和指代名	1085⑤			
これ	これ	×	是	常不	1072⑤	和指代名	1091③			
これ	これ	×	是	常不	1075⑤	和指代名	1094⑤			
これ	これ	×	是	常不	1078③	和指代名	1096⑤			
これ	これ	×	是	常不	1078⑥	和指代名	1097③			
これ	これ	×	是	常不	1080④	和指代名	1099①			
これ	これ	×	是	常不	1081④	和指代名	1100①			
これ	これ	×	是	神力	1085①	和指代名	1103④			
これ	これ	×	是	神力	1089⑥	和指代名	1108②			
これ	これ	×	是	神力	1094⑤	和指代名	1113③			
これ	これ	×	是	神力	1097②	和指代名	1115⑥			
これ	これ	×	是	神力	1100④	和指代名	1119③			
これ	これ	×	是	囑累	1108①	和指代名	1126⑤			
これ	これ	×	是	藥王	1120⑤	和指代名	1138⑥			
これ	これ	×	是	藥王	1124③	和指代名	1142⑤		一は［西右］	
これ	これ	×	是	藥王	1124④	和指代名	1142⑥			
これ	これ	×	是	藥王	1125⑤	和指代名	1143⑥			
これ	これ	×	是	藥王	1126③	和指代名	1144⑤			
これ	これ	×	是	藥王	1134②	和指代名	1152④			
これ	これ	×	是	藥王	1137⑥	和指代名	1156①			
これ	これ	×	是	藥王	1140④	和指代名	1158⑤			
これ	これ	×	是	藥王	1145④	和指代名	1163⑤			
これ	これ	×	是	妙音	1172⑤	和指代名	1188④			
これ	これ	×	是	妙音	1174④	和指代名	1189⑥			
これ	これ	×	是	妙音	1175②	和指代名	1190⑤			
これ	これ	×	是	妙音	1177①	和指代名	1192③			
これ	これ	×	是	妙音	1180①	和指代名	1195①			
これ	これ	×	是	妙音	1188⑤	和指代名	1203③			
これ	これ	×	是	觀世	1231②	和指代名	1243⑥			
これ	これ	×	是	觀世	1232①	和指代名	1244⑤			
これ	これ	×	是	陀羅	1250⑥	和指代名	1262⑥			
これ	これ	×	是	妙莊	1277⑤	和指代名	1287⑤			
これ	これ	×	是	妙莊	1281③	和指代名	1291①		まさに一［西右］	
これ	これ	×	是	妙莊	1282②	和指代名	1291⑥			
これ	これ	×	是	妙莊	1282③	和指代名	1291⑥			
これ	これ	×	是	妙莊	1285①	和指代名	1294⑤			
これ	これ	×	是	妙莊	1295③	和指代名	1303⑤			
これ	これ	×	是	妙莊	1296④	和指代名	1304⑤			
これ	これ	×	是	妙莊	1298②	和指代名	1306②			
これ	これ	×	是	妙莊	1303③	和指代名	1310④			
これ	これ	×	是	妙莊	1303⑤	和指代名	1310⑤			
これ	これ	×	是	妙莊	1304②	和指代名	1311②			
これ	これ	×	是	普賢	1308①	和指代名	1315②			
これ	これ	×	是	普賢	1314③	和指代名	1320②			
これ	これ	×	是	普賢	1321③	和指代名	1326③			
これ	これ	×	是	普賢	1323②	和指代名	1327⑥			
これ	これ	×	是	普賢	1333⑥	和指代名	1337②			
これ	これ	×	是	普賢	1334④	和指代名	1337⑤			
これ	これ	×	是	普賢	1335③	和指代名	1338④			恩［妙］
これら	これら	×	此等	譬喩	295④	和指代名	267⑤			
これら	これら	×	是等	方便	119②	和指代名	104④			
これら	これら	×	是等	譬喩	296②	和指代名	268④			
これら	これら	×	是等	化城	497④	和指代名	500④			
これら	これら	×	是等	從地	866⑥	和指代名	889④			
孤露	ころ	ころ・ひとりうど	孤露	如來	907④	漢人倫名	926②	ころ／みなしこ［妙］		
狐狼	ころう	こらう／きつね大かみ	狐狼	譬喩	272③	漢獸類名	243④	こらう／おゝかみ［妙］		
ころさ	ころさ	×	殺	信解	359④	和動	344①			
ころせ	ころせ	×	殺	陀羅	1267⑤	和動	1278⑤			
ころも	ころも	×	衣	信解	336⑤	和衣服名	315①			
ころも	ころも	×	衣	信解	361③	和衣服名	346③			

当該語	読みかな	傍訓	漢字表記	品名	頁数	語の種類	妙一本	和解語文	可読	異同語彙
ころも	ころも	×	衣	五百	590⑤	和衣服名	597④			
ころも	ころも	×	衣	五百	592③	和衣服名	599③			
ころも	ころも	×	衣	法師	639①	和衣服名	651③			
ころも	ころも	×	衣	法師	652③	和衣服名	666③			
ころも	ころも	×	衣	安樂	779③	和衣服名	800③			
ころも	ころも	×	衣	法功	1022⑤	和衣服名	1041④			
ころも	ころも	×	衣	藥王	1149⑥	和衣服名	×			
ころも	ころも	×	衣	普賢	1329⑥	和衣服名	1333⑥			
金	こん	こん／こかね	金	序品	29③	単漢宝玉名	25②	こん／こかね[妙]	こかね	
金	こん	×	金	方便	161④	単漢宝玉名	139③	こん／こかね[妙]	一と[西右]	
金	こん	こん	金	譬喩	286⑤	単漢宝玉名	258④	こん／こかね[妙]		
金	こん	こん	金	信解	323②	単漢宝玉名	299①			
金	こん	×	金	信解	325①	単漢宝玉名	301②	こん／こかね[妙]		
金	こん	こん	金	信解	341①	単漢宝玉名	320⑥	こん／こかね[妙]		
金	こん	こん	金	信解	342②	単漢宝玉名	322③	こん／こかね[妙]		
金	こん	こん	金	信解	354③	単漢宝玉名	338①			
金	こん	きん	金	信解	357④	単漢宝玉名	341④			
金	こん	×	金	信解	362⑤	単漢宝玉名	348①	こん／こかね[妙]		
金	こん	こん	金	授記	433⑥	単漢宝玉名	425①	こん／こかね[妙]		
金	こん	こん	金	授記	439④	単漢宝玉名	431④	こん／こかね[妙]		
金	こん	×	金	見寶	657⑥	単漢宝玉名	672②			
金	こん	きん	金	安樂	797④	単漢宝玉名	819①	こん／こかね[妙]		
金	こん	こん	金	随喜	973⑥	単漢宝玉名	992①	こん／こかね[妙]	一と[西右]	
金	こん	こん	金	法功	1020④	単漢宝玉名	1039②	こん／こかね[妙]		
金	こん	こん	金	觀世	1210⑥	単漢宝玉名	1224①	きん／こかね[妙]		
根	こん	こん／ね	根	藥草	402⑥	単漢草木名	389⑤	こん／ね[妙]		
根	こん	こん	根	五百	578④	単漢草木名	583③			
銀	ごん	ごん／しろかね	銀	序品	29③	単漢宝玉名	25②	こん／しろかね[妙]	しろかね	
銀	ごん	×	銀	方便	161④	単漢宝玉名	139③	こん／しろかね[妙]	一と[西右]	
銀	ごん	ごん	銀	譬喩	286⑤	単漢宝玉名	258④	ごん／しろかね[妙]		
銀	ごん	こん	銀	信解	323②	単漢宝玉名	299①			
銀	ごん	×	銀	信解	325①	単漢宝玉名	301②	ごん／しろかね[妙]		
銀	ごん	こん	銀	信解	341①	単漢宝玉名	320⑥			
銀	ごん	ごん	銀	信解	342②	単漢宝玉名	322③	こん／しろかね[妙]		
銀	ごん	ごん	銀	信解	354③	単漢宝玉名	338①			
銀	ごん	ぎん	銀	信解	357④	単漢宝玉名	341④	ごん／しろかね[妙]		
銀	ごん	×	銀	信解	362⑤	単漢宝玉名	348①	こん／しろかね[妙]		
銀	ごん	こん	銀	授記	433⑥	単漢宝玉名	425①	こん／しろかね[妙]		
銀	ごん	こん	銀	授記	439⑤	単漢宝玉名	431④	こん／しろかね[妙]		
銀	ごん	×	銀	見寶	657⑥	単漢宝玉名	672②			
銀	ごん	こん	銀	安樂	797④	単漢宝玉名	819①	こん／しろかね[妙]		
銀	ごん	こん	銀	随喜	973⑥	単漢宝玉名	992①	こん／しろかね[妙]	一と[西右]	
銀	ごん	ごん	銀	法功	1020④	単漢宝玉名	1039②	ごん／しろかね[妙]		
銀	ごん	ごん	銀	觀世	1210⑥	単漢宝玉名	1224①	こん／しろかね[妙]		
言	ごん	みことば	言	序品	60①	単漢名	52③	こん／ことは[妙]		
言	ごん	こん・みこと	言	方便	102⑥	単漢名	90②			
言	ごん	こん	言	譬喩	260①	単漢名	231③			
言	ごん	ことは	言	譬喩	261③	単漢名	232⑥	こん／ことは[妙]		
言	ごん	こん・ことば	言	信解	345③	単漢名	326④	こん／ことは[妙]		
言	ごん	こん・ことば	言	信解	359⑥	単漢名	344③			
言	ごん	こん	言	藥草	391③	単漢名	376⑥	こん／ことは[妙]		
言	ごん	こん	言	藥草	404②	単漢名	391②	こん／ことは[妙]		
言	ごん	×	言	授記	415③	単漢名	403⑤	こん／ことは[妙]		
言	ごん	こん	言	化城	460⑥	単漢名	456④	こん／ことは[妙]		
言	ごん	こん	言	化城	464①	単漢名	460②	こん／ことは[妙]		

当該語	読みかな	傍訓	漢字表記	品名	頁数	語の種類	妙一本	和解語文	可読	異同語彙
言	ごん	×	言	化城	469②	単漢名	466④	こん／ことは[妙]		
言	ごん	×	言	化城	471⑤	単漢名	469⑥	こん／ことは[妙]		
言	ごん	×	言	化城	477⑤	単漢名	476⑥	こん／ことは[妙]		
言	ごん	×	言	化城	480③	単漢名	480②	こん／ことは[妙]		
言	ごん	×	言	化城	486③	単漢名	487②	こん／ことは[妙]		
言	ごん	×	言	化城	488⑥	単漢名	490③	こん／ことは[妙]		
言	ごん	×	言	化城	495⑥	単漢名	497⑤	こん／ことは[妙]		
言	ごん	ごん	言	五百	591⑤	単漢名	598①			
言	ごん	×	言	五百	594②	単漢名	601⑤			
言	ごん	×	言	見寶	678⑤	単漢名	695③	こん／ことは[妙]		
言	ごん	ごん	言	見寶	681⑤	単漢名	698⑥			
言	ごん	ごん	言	見寶	682④	単漢名	699④	こん／ことは[妙]		
言	ごん	ことば	言	提婆	710⑥	単漢名	728②	こん／ことは[妙]		
言	ごん	こと	言	提婆	713④	単漢名	731②	こん／ことは[妙]		
言	ごん	×	言	勧持	753⑤	単漢名	773①	こん／ことは[妙]		
言	ごん	ことば	言	勧持	755⑤	単漢名	775①			
言	ごん	×	言	従地	829⑤	単漢名	852①	こん／ことは[妙]		
言	ごん	×	言	如來	898①	単漢名	917①	こん／ことは[妙]		
言	ごん	ごん・ことば	言	如來	902②	単漢名	921③			
言	ごん	こん・ことば	言	如來	905④	単漢名	924④	こん／ことは[妙]		
言	ごん	×	言	常不	1062⑤	単漢名	1081③	こん／ことは[妙]		
言	ごん	×	言	常不	1063⑥	単漢名	1082④	こん／ことは[妙]		
言	ごん	×	言	常不	1065⑤	単漢名	1084③	こん／ことは[妙]		
言	ごん	×	言	神力	1092⑤	単漢名	1110⑤			ごん[妙]
言	ごん	×	言	嘱累	1105⑤	単漢名	1124①	こん／ことは[妙]		
言	ごん	×	言	嘱累	1106④	単漢名	1125②	ごん／ことは[妙]		
言	ごん	×	言	嘱累	1112⑤	単漢名	1131⑤	ごん／ことは[妙]		
言	ごん	ことば	言	藥王	1137⑤	単漢名	1155⑥	ごん／ことは[妙]		
言	ごん	ことば	言	觀世	1208⑤	単漢名	1221⑤	ごん／ことは[妙]		
言	ごん	×	言	觀世	1232①	単漢名	1244⑥	ごん／ことは[妙]		
金剛	こんがう	こんがう	金剛	序品	29④	漢宝玉名	25③			
金剛	こんがう	こむ・んがう	金剛	妙音	1173⑤	漢宝玉名	1189③			こんかう[妙]
金剛	こんがう	こんかう	金剛	妙音	1174⑤	漢宝玉名	1190③			こんかう[妙]
勤加精進し	ごんがしょうじんし	こんかしやうじん・つとめてくはへて	勤加精進	信解	347②	漢四熟サ動	328⑤	ごんかしやうじん・し／つとめすゝみ[妙]		
勤加精進し	ごんがしょうじんし	ごんかしやうじん・し	勤加精進	提婆	726⑥	漢四熟サ動	745①	こんかしやうしん・し／つとめすゝみ[妙]	つとめて――をくわへて[西右]	
勤加精進し	ごんがしょうじんし	ごんがしやうじん／つとむる心也	勤加精進	従地	818①	漢四熟サ動	840③	こんかしやうじん・し／つとめすゝむ[妙]	―めて[西左]	
言教	ごんきょう	ごんけう	言教	方便	88⑥	漢名	78①	こんけう／ことはのをしへ[妙]		
勤行し	ごんぎょうし	×	勤行	提婆	709②	漢サ動	726②			
欣仰し	ごんぎょうし	ごんがう	欣仰	序品	42⑥	漢サ動	37①	こんかう・し／あをきて[妙]		
欣樂	ごんぎょう	ごんげう	欣樂	序品	31①	漢名	26④	こんけう／ねかいほとこし[妙]	――し[西右]	
欣樂し	ごんぎょうし	こんげう	欣樂	従地	824⑥	漢サ動	847①	ごんげう・し／ありて[妙]		
欣樂説法し	ごんぎょうせつほうし	ごんげうせつほう	欣樂説法	序品	33⑥	漢四熟サ動	29①		―して法をといてィ[西右]	
勤行精進し	ごんぎょうしょうじんし	ごん―しやうじん	勤行精進	従地	850⑤	漢四熟サ動	873⑥	こんきやうしやうしん・し／つとめをこなひすゝみ[妙]		
勤行精進せ	ごんぎょうしょうじんし	こん―――	勤行精進	従地	860③	漢四熟サ動	883②			
欣慶す	ごんぎょうす	ごんきやう／ねかひよろこふ	欣慶	譬喩	230②	漢サ動	199④	ごんぎやう／よろこふ[妙]		
欣慶す	ごんぎょうす	ごんぎやう	欣慶	化城	498⑤	漢サ動	501⑤	こんきやう／ねかひよろこひ[妙]		
欣慶す	ごんぎょうす	ごんきやう／ねかひよろこふ	欣慶	法師	636⑤	漢サ動	648⑥	こんきやう／ねかいよろこふ[妙]		
欣樂する	ごんぎょうする	こんげう／ねがふ心也	欣樂	信解	369②	漢サ動	355⑤	こんげう・する／ねかう[妙]		
勤苦	ごんぐ	ごんく	勤苦	化城	527⑤	漢名	533②	こんく／つとめくるしむこと[妙]		

こん 249

当該語	読みかな	傍訓	漢字表記	品名	頁数	語の種類	妙一本	和解語文	可読	異同語彙
勤苦	ごんぐ	ごんく／くるしみ	勤苦	五百	592④	漢名	599⑤	こむく／つとめくるしみ[妙]		
勤求し	ごんぐし	ごんく／もとむる心	勤求	提婆	714②	漢サ動	732①	こんく・し／つとめもとめ[妙]	もとめき[西右]	
勤求し	ごんぐし	×	勤求	提婆	714④	漢サ動	732③	こんく／つとめもとめ[妙]		
勤求し	ごんぐし	ごんく	勤求	從地	853⑤	漢サ動	876②	こんく・し／つとめもとむ[妙]	つとめてもとめん[西右]	
勤苦積行し	ごんぐしゃくぎょうし	こんくしゃくきゃう	勤苦積行	提婆	732⑥	漢四熟サ動	751②	こんくしゃくきゃう・し／ねんころにつとめをこない[妙]	つとめてねんごろに行をつみ[西右]	
勤求する	ごんぐする	ごんく／ーもとむ	勤求	序品	35②	漢サ動	30③			
金華	こんげ	こんけ	金華	譬喩	287③	漢名	259②	こんくゑ／こかねのはな[妙]		
言語	ごんご	ごんご	言語	法功	1005②	漢名	1023⑤			
厳好	ごんごう	ごんがう／いつくし	厳好	分別	964④	漢名	982⑥	こんかう／かさりいつくしからん[妙]	ーする[西右]	
厳好	ごんごう	ごんかう	厳好	随喜	984③	漢名	1002⑤	ごんかう／いつくしからん[妙]		
金剛山	こんごうせん	こんがうー	金剛山	觀世	1238①	漢地儀名	1250④			こんかうせん[妙]
言語する	ごんごする	ごんご	言語	法功	1004①	漢サ動	1022④			
勤作す	ごんさす	こんさ	勤作	信解	362③	漢サ動	347③			
勤作せ	ごんさせ	ごんさ／つとめ	勤作	信解	361⑥	漢サ動	346⑥	ごんさ・せ／つとめなさ[妙]		
言詞	ごんじ	ごんじ	言詞	方便	124③	漢名	109①		ーと[西右]	
言辞	ごんじ	ごんじ	言辞	方便	90②	漢名	79②	こんし／ことは[妙]		
言辞	ごんじ	ごんじ	言辞	方便	94④	漢名	83①			
言辞	ごんじ	ごんじ	言辞	方便	129③	漢名	113③	こんし／ことは[妙]	ーと[西右]	
言辞	ごんじ	ごんじ	言辞	方便	130④	漢名	114③			ことは[妙]
言辞	ごんじ	ごんじ	言辞	方便	132①	漢名	115④			
言辞	ごんじ	ごんじ	言辞	方便	134④	漢名	117④	こんし／ことは[妙]	ーと[西右]	
言辞	ごんじ	こんし	言辞	方便	143③	漢名	124⑥			
言辞	ごんじ	こんし	言辞	方便	174④	漢名	150③			ことは[妙]
言辞	ごんじ	こんし	言辞	譬喩	237⑤	漢名	207①	こんじ／ことハ[妙]	ーと[西右]	
言辞	ごんじ	こんじ	言辞	譬喩	314⑤	漢名	288⑤	ごんじ／ことは[妙]		
言辞	ごんじ	こんし	言辞	信解	366⑥	漢名	352⑤	こんじ／ことは[妙]		
言辞	ごんじ	こんし	言辞	藥草	410④	漢名	398③	こんし／ことは[妙]		
言辞	ごんじ	こんし	言辞	如來	894③	漢名	913③	ごんじ／ことは[妙]	ーと[西右]	
言辞	ごんじ	ごんじ	言辞	神力	1102④	漢名	1121④	ごんじ／ことは[妙]	ーと[西右]	
金色	こんじき	こんじき	金色	序品	25③	漢色名名	21④	こんしき／こかねいろ[妙]		
金色	こんじき	こんじき	金色	譬喩	210⑤	漢色名名	178④			
金色	こんじき	×	金色	五百	572②	漢色名名	576③			
金色	こんじき	こんじき	金色	提婆	715②	漢色名名	733⑤			きんしき[妙]
金色	こんじき	×	金色	安樂	814②	漢色名名	837⑥	こんしき・し／こかねのいろ[妙]	ーなり[西右]	
金色	こんじき	×	金色	從地	820③	漢色名名	842⑤	こんしき／こかねのいろ[妙]		
金色	こんじき	こんじき	金色	藥王	1138⑤	漢色名名	1156⑥	こんじき／こかねのいろの[妙]		
厳飾	ごんじき	ごんじき	厳飾	譬喩	221④	漢名	190②	ごんじき／かさらん[妙]		
厳飾	ごんじき	ごんじき	厳飾	信解	327④	漢名	304①	ごんじき／かさり[妙]		
厳飾	ごんじき	ごんじき	厳飾	信解	336③	漢名	314⑥	ごんじき／かさり[妙]		
厳餝	ごんじき	こんしき／かさり	厳餝	見寶	657③	漢名	671⑤	こんしき／かさり[妙]		

当該語	読みかな	傍訓	漢字表記	品名	頁数	語の種類	妙一本	和解語文	可読	異同語彙
金色し	こんじきし	こんじき	金色	安樂	812①	漢サ動	834③	こんしき・し／こかねのいろ[妙]		
嚴飾し	ごんじきし	ごんじき	嚴飾	方便	161⑥	漢サ動	139④	こんしき／かさり[妙]		
嚴飾し	ごんじきし	ごんじき	嚴飾	方便	163⑥	漢サ動	141①			
嚴飾し	ごんじきし	ごんじき／かされる	嚴飾	譬喻	248④	漢サ動	218③	ごんじき／かされり[妙]	ーー せり[西右]	
嚴飾し	ごんじきし	ごんじき	嚴飾	授記	417①	漢サ動	405③	こんしき・し／かさり[妙]		
嚴飾す	ごんじきす	こんじき	嚴飾	序品	41④	漢サ動	35⑤	こんしき・す／かさり[妙]		
嚴飾する	ごんじきする	こんじき	嚴飾	序品	40③	漢サ動	34⑤			
嚴飾せ	ごんじきせ	こんしき	嚴飾	化城	471②	漢サ動	468⑥	こんしき／かされり[妙]		
嚴飾せ	ごんじきせ	ごんじき	嚴飾	化城	488③	漢サ動	489⑤	こんしき／かさり[妙]		
嚴飾せ	ごんじきせ	ごんじき／かさり	嚴飾	化城	492④	漢サ動	494⑤	こんしき／かさり[妙]		
嚴飾せ	ごんじきせ	ごんじき	嚴飾	化城	499①	漢サ動	502②	こんしき／かされり[妙]		
嚴飾せ	ごんじきせ	ごんしき	嚴飾	法師	640③	漢サ動	652⑥	こんしき／かさり[妙]		
嚴飾せ	ごんじきせ	ごんじき	嚴飾	見寶	673②	漢サ動	688⑥			
嚴飾せ	ごんじきせ	こんしき／かさる	嚴飾	見寶	688②	漢サ動	705⑥	こんしき・せ／いつくしくかされる[妙]		
言趣	ごんしゅ	こんしゆ	言趣	分別	947④	漢名	966②	ごんしゆ／ことはのおもむきおさと[妙]		
勤修精進し	ごんしゅうしょうじんし	こんしゆしやうしん	勤修精進	譬喻	264③	漢四熟サ動	235①	ごんしゆしやうじんし／つとめすゝむ[妙]	つとめてーん修[西右]	
勤修精進す	ごんしゅうしょうじんす	ごんしゆしやうじん	勤修精進	譬喻	261②	漢四熟サ動	232①	ごんしゆしやうじんす／つとめすゝむ[妙]	つとめてーをすィ[西右]	
近處	こんじょ	こんしよ	近處	安樂	775①	漢名	795④	こんしよ／ちかつくところ[妙]		
近處	こんじょ	こんじよ	近處	安樂	772⑤	漢名	793②	こんしよ／ちかつくところ[妙]		
紺青	こんじょう	こん・むじやう	紺青	妙莊	1300④	漢色名名	1308①	こんしやう／あをき[妙]		
金縄	こんじよう	こんじよう	金縄	譬喻	227⑤	漢名	196⑥			
金縄	こんじよう	こんしよう／こかねのなはみち	金縄	授記	420②	漢名	409④	こんしよう／こかねのなはの[妙]		
嚴淨	ごんじょう	こんしやう／かさりきよく	嚴淨	授記	430⑤	漢名	421④			
嚴淨	ごんじょう	ごんじやう	嚴淨	五百	587⑥	漢名	594②			こむしやう[妙]
嚴淨	ごんじょう	ごんじやう	嚴淨	安樂	813⑤	漢名	836①	こんしやう／いつくしくきよく[妙]		
金縄絞絡せ	こんじょうきょうらくせ	こんぜうけうらく／こかねのなはまとひまとふ心	金縄絞絡	譬喻	287②	漢四熟サ動	259①	こんじようけうらく／こかねのなはまとへり[妙]		
嚴淨せ	ごんじょうせ	ごんじやう	嚴淨	序品	44②	漢サ動	38②			
嚴淨せ	ごんじょうせ	ごんじやう	嚴淨	序品	24④	漢サ動	20⑥		ーーなり・ーーして[西右]	
嚴身	ごんしん	ごんじん	嚴身	法功	1016⑤	漢名	1035③	ごんしん／みをかさるきもの[妙]		
嚴身	ごんしん	ごんじん	嚴身	安樂	797⑤	漢名	818⑥	こんしん／みのかさり[妙]		
嚴身	ごんしん	ごんじん	嚴身	安樂	806①	漢名	828②	こんしん／みをかさる[妙]		
嚴身	ごんじん	こんじん	嚴身	神力	1092⑤	漢名	1111①			ごんしん[妙]
今世	こんぜ	こんせ・いまのよ	今世	譬喻	235①	漢時候名	204②	こんぜ／このよ[妙]		
今世	こんぜ	こんぜ	今世	藥草	392④	漢時候名	377⑥		ーをも[西右]	
今世	こんぜ	×	今世	普賢	1334⑥	漢時候名	1337⑥			こんせ[妙]
金利	こんせつ	こんせつ	金利	授記	443①	漢名	435④	こんせつ／こかねのくに[妙]	長表の金利あらんィ[西右]	

当該語	読みかな	傍訓	漢字表記	品名	頁数	語の種類	妙一本	和解語文	可読	異同語彙
今説	こんせつ	こん―／いまとき	今説	法師	637④	漢名	649⑥	こむせち／いまとく[妙]		
言説し	ごんせつし	ごんせつ	言説	方便	103②	漢サ動	90③			
言説し	ごんせつし	こんせつ	言説	譬喩	215④	漢サ動	183⑥		とをもてとき給ふ[西右]	
言説する	ごんせつする	ごんぜつ	言説	譬喩	306④	漢サ動	278⑥	ごんせつ・する／ことはとく[妙]		
言説する	ごんせつする	ごんぜつ	言説	如來	892④	漢サ動	911④	こんぜつ／とく[妙]		
言説する	ごんせつする	×	言説	法功	1043②	漢サ動	1061②	こんせつ・する／ことはにとく[妙]		
金山	こんぜん	こんぜん	金山	序品	70⑤	漢名	61⑥	こんせん／こかねのやま[妙]		
今日	こんにち	×	今日	序品	65②	漢時候名	57①			
今日	こんにち	こんにち	今日	譬喩	208③	漢時候名	175⑤			けふ[妙]
今日	こんにち	こん―	今日	信解	346⑥	漢時候名	328③			
今日	こんにち	×	今日	信解	352⑥	漢時候名	336①			
今日	こんにち	こん―・けふ	今日	信解	373①	漢時候名	359⑥			
今日	こんにち	×	今日	信解	373③	漢時候名	360①			
今日	こんにち	×	今日	化城	448⑤	漢時候名	442②			
今日	こんにち	×	今日	五百	587⑥	漢時候名	594①			
今日	こんにち	×	今日	安樂	803⑥	漢時候名	825⑥			
今日	こんにち	×	今日	從地	861②	漢時候名	883⑥			
今夜	こんや	×	今夜	藥王	1131④	漢時候名	1149⑥			こんや[妙]
困厄	こんやく	こんにやく／くるしみなやみ	困厄	觀世	1242③	漢名	1254⑥	こんやく／くるしみ[妙]		
筋力	こんりき	こんりき／すちちから	筋力	譬喩	249①	漢名	218⑥	こんりき／すちちから[妙]		
根力	こんりき	こんりき	根力	譬喩	262①	漢名	233④	ごん・りき／ちから[妙]	―と―と[西右]	
建立し	こんりゅうし	こんりう	建立	方便	163②	漢サ動	140⑤	こんりう／たて[妙]		
言論	ごんろん	ごんろん	言論	五百	566①	漢名	569④	こんろん／ことはの[妙]		
言論	ごんろん	ごんろん	言論	提婆	730③	漢名	748③	こんろん／しはらく[妙]		
言論	ごんろん	ごんろん	言論	法功	1028③	漢名	1047①	こんりん／ことは[妙]		
坐	ざ	×	坐	譬喩	205⑥	単漢名	173①			
坐	ざ	さ	坐	譬喩	210①	単漢名	177⑥			
坐{座}	ざ	さ	坐	見寶	679⑤	単漢名	696③			
坐{座}	ざ	さ	坐	見寶	683②	単漢名	700③			
坐{座}	ざ	×	坐	安樂	815②	単漢名	837⑥			
坐	ざ	×	坐	分別	926⑤	単漢名	945③			
坐	ざ	×	坐	随喜	980⑥	単漢名	999①			
坐{座}	ざ	×	坐	囑累	1113②	単漢名	1131⑥			さ[妙]
座	ざ	×	座	序品	58④	単漢名	51①			
座	ざ	×	座	序品	75③	単漢名	66②			
座	ざ	ざ	座	方便	120⑤	単漢名	105⑤			
座	ざ	さ	座	譬喩	284②	単漢名	255⑥			
座	ざ	さ	座	信解	318①	単漢名	292⑤			
座	ざ	ざ	座	信解	319③	単漢名	294③			
座	ざ	ざ	座	信解	329②	単漢名	306②			
座	ざ	さ	座	信解	357③	単漢名	341③			
座	ざ	ざ	座	信解	358⑥	単漢名	343②			
座	ざ	さ	座	化城	452⑥	単漢名	447②			
座	ざ	さ	座	化城	453①	単漢名	447③			
座	ざ	さ	座	化城	453③	単漢名	447⑤			
座	ざ	さ	座	化城	467⑤	単漢名	464⑤			
座	ざ	×	座	化城	476③	単漢名	475③			
座	ざ	×	座	化城	485①	単漢名	485④			
座	ざ	×	座	化城	493⑤	単漢名	496②			
座	ざ	さ	座	五百	563②	単漢名	566③			
座	ざ	ざ	座	五百	589②	単漢名	595④			
座	ざ	×	座	授學	601④	単漢名	610①			
座	ざ	×	座	授學	603②	単漢名	611⑥			
座	ざ	ざ	座	法師	646⑤	単漢名	660①			
座	ざ	×	座	法師	652①	単漢名	666①			
坐	ざ	×	座	法師	652③	単漢名	666③			座[妙]

当該語	読みかな	傍訓	漢字表記	品名	頁数	語の種類	妙一本	和解語文	可読	異同語彙
座	ざ	×	座	見寶	660②	単漢名	674⑤			
座	ざ	×	座	見寶	671③	単漢名	686⑤		一のィ[西右]	
座	ざ	×	座	見寶	671④	単漢名	687①			
座	ざ	×	座	見寶	673③	単漢名	689①		一はィ[西右]	
座	ざ	×	座	見寶	675⑤	単漢名	691④			
座	ざ	×	座	見寶	677⑤	単漢名	694①			
座	ざ	×	座	見寶	679③	単漢名	696①			
座	ざ	×	座	見寶	680⑤	単漢名	697⑤			
座	ざ	さ	座	見寶	682⑤	単漢名	699⑤			
座	ざ	×	座	見寶	688①	単漢名	705⑤			
坐	ざ	×	座	勸持	740②	単漢名	758⑥			座[妙]
坐	ざ	×	座	勸持	741④	単漢名	760②			座[妙]
坐	ざ	×	座	勸持	748①	単漢名	767②		座[西左]	
座{坐}	ざ	×	座	安樂	811③	単漢名	833⑤			
座	ざ	×	座	從地	824①	単漢名	846③			
座	ざ	×	座	從地	842③	単漢名	865②			
座	ざ	×	座	分別	926④	単漢名	945②			
坐{座}	ざ	さ	座	分別	929①	単漢名	947⑤			
座	ざ	×	座	隨喜	993①	単漢名	1011⑤			
座	ざ	×	座	神力	1089①	単漢名	1107④			さ[妙]
座	ざ	×	座	妙音	1173①	単漢名	1188⑤			さ[妙]
座	ざ	×	座	觀世	1208②	単漢名	1221①			さ[妙]
座	ざ	さ	座	觀世	1246③	単漢名	1258④			さ[妙]
座	ざ	×	座	陀羅	1247⑥	単漢名	1260①			さ[妙]
歳	さい	さい	歳	法功	1044⑤	単漢名	1063②	さい／とし[妙]		
災	さい	一／わさはひ	災	觀世	1244①	単漢名	1256⑤		災(さい)[妙]	
際	さい	さい・きは	際	分別	943④	単漢名	962②	さい／きは[妙]		
在	ざい	あつて／いまして	在	見寶	664①	単漢名	678⑤			
材	ざい	ざい	材	方便	162②	単漢名	139⑥			
綵畫し	さいえし	さいゑ	綵畫	方便	164②	漢サ動	141⑤	さいが・し／ゑにかきて[妙]		
災火	さいか	さいくハ	災火	譬喩	280⑥	漢名	252④	さいくわ／わさわひのひ[妙]	災火[妙]	わざわひ[妙]
宰{宰}官	さいかん	さいくはん	宰官	妙音	1191①	漢名	1205③			宰官(さいくわん)[妙]
宰官	さいかん	さいくはん	宰官	妙音	1191⑤	漢名	1205⑥			さいくわん[妙]
宰官	さいかん	さいくはん	宰官	觀世	1226④	漢名	1239⑥			さいくわん[妙]
宰官	さいかん	さいくはん	宰官	觀世	1227①	漢名	1240②			さいくわん[妙]
宰官	さいかん	さいくはん	宰官	觀世	1228②	漢名	1241①		一と[西右]	さいくわん[妙]
在家	ざいけ	×	在家	法師	628④	漢名	639⑥		一にまれィ[西右]	
在家	ざいけ	×	在家	法師	641③	漢名	654①		一にまれ[西右]	
在家	ざいけ	ざいけ	在家	安樂	791③	漢名	813②			
戰慄し	ざいげつし	さいげつ／くらいかみ	戰慄	譬喩	272④	漢サ動	243⑤	さつはち／くいかむ[妙]		
最後	さいご	さいご	最後	序品	51③	漢名	44④			
最後	さいご	さいご	最後	序品	63①	漢名	54⑥			
最後	さいご	さいこ	最後	序品	81①	漢名	71②			
最後	さいご	さいご	最後	隨喜	986②	漢名	1005②			
最後	さいご	さい一	最後	隨喜	988⑥	漢名	1007②			
罪業	ざいごう	さいこう	最後	化城	497⑤	漢名	500④	さいこう／つみの[妙]		
最後身	さいごしん	さいごしん	最後身	授記	426⑥	漢名	417①			
最後身	さいごしん	さいごしん	最後身	方便	95③	漢名	83②	さいこしん／ほとけになるへきみ[妙]	ーーのー[西右]	
最後身	さいごしん	さいごしん	最後身	方便	97①	漢名	85②	さいこしん／のちのみ[妙]	ーーのー[西右]	
最後身	さいごしん	さいごしん	最後身	方便	137⑤	漢名	120①	さいこしん／のちのミ[妙]	ーーのー[西右]	
最後身	さいごしん	さいこしん	最後身	信解	370④	漢名	357⑤			
最後身	さいごしん	さいこしん	最後身	藥草	411⑥	漢名	400①			
最後身	さいごしん	さいこしん	最後身	授記	416①	漢名	404③		ーのー[西左]	
最後身	さいごしん	さいこしん	最後身	授記	419⑥	漢名	408⑦	さいこしん／ほとけになるへきみ[妙]		
最後身	さいごしん	さいこしん	最後身	授記	430③	漢名	421②			
最後身	さいごしん	×	最後身	授記	437⑥	漢名	429③			

当該語	読みかな	傍訓	漢字表記	品名	頁数	語の種類	妙一本	和解語文	可読	異同語彙
罪根深重	ざいこんしんちょう	ざいこんしんちう	罪根深重	方便	121①	漢四熟名	106②	さいこんしんちう／つみふかくおもき[妙]	――ふかくおもし[西右]	
在々	ざいざい	さい〳〵／ありある・ありとしあるィ	在々	化城	539①	漢畳語名	544⑥			
在々	ざいざい	×	在々	法功	1025①	漢畳語名	1043⑥	さい〳〵／ありとしある[妙]	ありとしある[西右]	
在々處々	ざいざいしょしょ	さい〳〵しよ〳〵	在々處々	法師	639⑥	漢畳語名	652③		ありあるところ・ありとあらんところのところ[西右]	
在々處々	ざいざいしょしょ	さい〳〵しよしよ・ありあるところ〳〵	在々處々	見寶	663⑤	漢畳語名	678③			
財産	ざいさん	ざいさん／たからのもと	財産	信解	357④	漢名	341④			さいせん[妙]
妻子	さいし	さいし	妻子	序品	30⑤	漢人倫名	26②			
妻子	さいし	さいし	妻子	提婆	709②	漢人倫名	726③	さいし／めこ[妙]		
妻子	さいし	さいし	妻子	藥王	1125④	漢人倫名	1143⑤			
妻子	さいし	さいし	妻子	藥王	1141④	漢人倫名	1159⑤	さいし／めこ[妙]		
最自在	さいじざい	さいじさい	最自在	信解	377②	漢名	365①			
齋持し	さいじし	さいち・とて	齋持	觀世	1214④	漢サ動	1227⑤	さいち・し／もち[妙]		
最實	さいじつ	さいしつ	最實	藥草	414②	漢名	402④	さいしち／もともまこと[妙]		
最初	さいしょ	さいしよ	最初	随喜	979①	漢名	997③	さいしよ／はしめに[妙]		
最初	さいしょ	さいしよ	最初	常不	1061③	漢名	1080⑤			
采女	さいじょ	×	采女	普賢	1323③	和人倫名	1328①			さいちよ[妙]
最勝	さいしょう	さいしよう	最勝	譬喩	230①	漢名	199②	さいしよう／もともすくれて[妙]		
最勝	さいしょう	さいせう	最勝	分別	957①	漢名	975⑤			
最小	さいしょう	さいせう	最小	譬喩	252⑤	漢名	222⑥			
最上	さいじょう	さい―	最上	信解	366③	漢名	352②			
最上	さいじょう	さいしやう	最上	授記	419④	漢名	408③			
最上	さいじょう	さい―	最上	化城	459⑥	漢名	455③			
細氎	さいじょう	さいてう・こまなるきぬ	細氎	譬喩	287⑤	漢名	259⑤			細氎(さいてう)[妙]
最正覺	さいしょうがく	さいしやうがく／ほとけに	最正覺	安樂	813③	漢名	835⑤	さいしやうかく[妙]		
最正覺	さいしょうがく	さいしやうがく	最正覺	從地	854①	漢名	876⑤		一を[西右]	
最上乘	さいじょうじょう	さいしやうしやう	最上乘	藥草	412③	漢名	400④	さいしやうせう／ほくゑきやう[妙]		
在世	ざいせ	さい―	在世	譬喩	302②	漢名	274③	ざいせ／よ[妙]		
在世	ざいせ	ざい―	在世	如來	893①	漢名	912①	さいせ／ある[妙]		
在前せ	ざいぜんせ	ざい―ぜん	在前	化城	452②	漢サ動	446⑤			
最尊	さいそん	さいそん	最尊	譬喩	234⑤	漢名	204①			
最尊最上	さいそんさいじょう	さいそん――	最尊最上	藥王	1125⑥	漢四熟名	1144②			さいそんさいしやう[妙]
最大	さいだい	さい―	最大	化城	460①	漢名	455⑤			
濟度し	さいたくし	さいど	濟度	方便	149④	漢サ動	130①	さいと・し／すくいわたし[妙]		
濟度せ	さいどせ	さいど／すくふ	濟度	譬喩	206②	漢サ動	173④	さいと／わたさ[妙]		
細奧	さいなん	さいなん	細奧	信解	336③	漢名	314⑥			
西南方	さいなんほう	さいなん―	西南方	化城	490②	漢方位名	492⑤	さいなんはう／にしみなみのはう[妙]		
西南方	さいなんほう	×	西南方	化城	515⑥	漢方位名	520⑤	さいなんはう／にしみなみのはう[妙]		
采女	さいにょ	さい―	采女	妙莊	1290①	漢人倫名	1299②			さいによ[妙]
罪人	ざいにん	ざい―	罪人	譬喩	308③	漢人倫名	280⑥	ざいにん／つみひと[妙]		
罪人	ざいにん	ざい―	罪人	譬喩	308⑤	漢人倫名	281⑤	ざいにん／つみひと[妙]		
濟抜し	さいばつし	さいばつ／すくいぬく	濟抜	譬喩	294②	漢サ動	266③	さいばつ・し／すくいぬき[妙]		

当該語	読みかな	傍訓	漢字表記	品名	頁数	語の種類	妙一本	和解語文	可読	異同語彙
財富	ざいふ	×	財富	譬喩	238⑥	漢名	208②	ざいふく／たからとミ［妙］		
財富	ざいふ	ざいふ／たから	財富	譬喩	249④	漢名	219③	ざいふく／たからとみ［妙］		
罪福	ざいふく	さいふく	罪福	提婆	731①	漢名	749①	さいふく／つみさいわい［妙］		
財富無量	ざいふむりょう	ざいふむりやう	財富無量	譬喩	253②	漢四熟名	223⑤	ざいふくむりやう／たからとみー［妙］		
財冨無量	ざいふむりょう	ざいふ――	財冨無量	譬喩	265⑤	漢四熟名	237①	さいふくむりやう／たからとみはかりなき［妙］		
罪報	ざいほう	ざいほう	罪報	譬喩	302①	漢名	274②	ざいほう／つみのむくい［妙］		
罪報	ざいほう	ざいほう	罪報	譬喩	302⑤	漢名	274⑥	さいほう／つみのほう［妙］		
罪報	ざいほう	ざいほう	罪報	譬喩	304①	漢名	276③	ざいほう／つみのむくい［妙］		
罪報	ざいほう	さいほう	罪報	普賢	1334③	漢名	1337④	さいほう／つみのほう［妙］		
財寶	ざいほう	さいほう	財寶	信解	323⑤	漢名	299①			
財寶	ざいほう	さいほう	財寶	信解	372⑤	漢名	359②			
西方	さいほう	×	西方	化城	467④	漢方位名	464③			さいはう［妙］
西方	さいほう	×	西方	化城	516①	漢方位名	521①			さいはう［妙］
西北方	さいほくほう	さいほく―	西北方	化城	516③	漢方位名	521②	さいほはう／にしきたのはう［妙］		最北方（さいほほう）［妙］
西北方	さいほっぽう	さいほつほう	西北方	化城	476①	漢方位名	475①	さいほくはう／にしきたのはう［妙］		
細抹	さいまつ	さいまつ	細抹	分別	927②	漢名	945⑥	さいまつ／こまかにくたきたる［妙］		
細抹	さいまつ	さいまつ	細抹	藥王	1121④	漢名	1139⑤			さいまつ［妙］
最末後	さいまつご	さいまつご	最末後	譬喩	228⑤	漢名	198①	さいまつご／ほとけになるへきみ［妙］		
斉{齊}密	さいみつ	さいみつ／ひとしくきびしく	斉密	妙荘	1300⑤	漢名	1308③	さいみち／ひとしくきひしく［妙］		
最妙	さいみょう	さいめう	最妙	方便	181④	漢名	155⑥	さいめう／すくれたる［妙］		
最妙	さいみょう	さいめう	最妙	譬喩	233④	漢名	202④	さいめう／もともたへなる［妙］		
最妙	さいみょう	×	最妙	法師	636②	漢名	648③			
摧滅し	さいめつし	ざいめつ／くたきめつし	摧滅	藥王	1157⑤	漢サ動	1175④	さいめつ・し／くたきほろほし［妙］	―すべし［西右］	
財物	ざいもつ	ざいもつ	財物	譬喩	249⑥	漢名	219⑤	ざいもつ／たからきもの［妙］		
財物	ざいもつ	×	財物	信解	325①	漢名	301②	ざいもつ／たからもの［妙］		
財物	ざいもつ	×	財物	信解	325②	漢名	301③	ざいもつ／たからもの［妙］		
財物	ざいもつ	ざいもつ	財物	信解	325⑤	漢名	302①	ざいもつ／たからものを［妙］		
財物	ざいもつ	ざいもつ	財物	信解	329④	漢名	306④	ざいもつ／たからもの［妙］		
財物	ざいもつ	ざいもつ	財物	信解	345①	漢名	326①			
財物	ざいもつ	ざいもつ	財物	信解	363③	漢名	348⑥			
財物	ざいもつ	ざいもつ	財物	信解	365②	漢名	350⑥	さいもつ／たからもの［妙］		
財物	ざいもつ	ざいもつ	財物	五百	598⑥	漢名	607②			
財物	ざいもつ	ざいもつ	財物	安樂	806②	漢名	828④			
財利	ざいり	ざいり	財利	譬喩	255③	漢名	226③			
左右	さう	さう	左右	信解	326⑥	漢方位名	303③	さう／ひたりみきり［妙］		
草	さう	さう	草	譬喩	304④	単漢草木名	276⑤	さう／くさ［妙］		
坐臥し	ざが	ざぐハ	坐臥	分別	968⑤	漢サ動	987①	さくわ・し／ゐふし［妙］		
さかひ	さかい	×	界	譬喩	221⑥	和名	190⑤			
さかひ	さかい	×	界	譬喩	227⑥	和名	196⑥			さかへらん［妙］
さかひ	さかい	×	界	授記	417⑤	和名	406②			
さかひ	さかい	×	界	授記	420②	和名	409②		さかへ［西右］	

当該語	読みかな	傍訓	漢字表記	品名	頁数	語の種類	妙一本	和解語文	可読	異同語彙
さかひ	さかい	×	界	授記	435④	和名	426⑥		一へらん[西右]	
さかひ	さかい	×	界	分別	950②	和名	968⑤			
さかへ	さかえ	×	逆	安樂	778②	和動	799①			
さかへ	さかえ	×	逆	法師	648③	和動	662①			
さかへ	さかえ	×	界	見寶	669⑤	和動	685①			
さかへ	さかえ	×	栄	譬喩	228⑤	和動	198①			
坐臥し	ざがし	ざぐハ	坐臥	分別	967⑥	漢サ動	986②	さぐわ・し／ゐふし[妙]		
莎伽陀	さかた	しやかだ	莎伽陀	五百	584⑤	仏梵語名	590②		一と[西右]	
さかり	さかり	×	盛	化城	497①	和動	499⑥			
さかり{ん}	さかり	×	壯	信解	338⑥	和動	318①			
さかり	さかり	×	熾	譬喩	273⑥	和動	245②			
さかりなる	さかりなる	×	壯	從地	866③	和形動	889②			
さかむ	さかん	×	熾	譬喩	277①	和動	248④			
さき	さき	×	先	譬喩	237④	和方位名	206⑥			
さき	さき	×	先	譬喩	244④	和方位名	214④			
さき	さき	×	先	譬喩	247②	和方位名	217③			
さき[さま]	さき	×	先	譬喩	252⑥	和方位名	223②		さき[西右]	さき[妙]
さき	さき	×	先	譬喩	280①	和方位名	251⑤			
さき	さき	×	先	譬喩	294③	和方位名	266④			
さき	さき	×	先	信解	322⑥	和方位名	298④			
さき	さき	×	先	信解	343①	和方位名	323⑤			
さき	さき	×	先	信解	345②	和方位名	326②			
さき	さき	×	先	信解	348①	和方位名	329⑥			
さき	さき	×	先	信解	373①	和方位名	360①			
さき	さき	×	先	勸持	742④	和方位名	761④			
さき	さき	×	先	安樂	802②	和方位名	824②			
さき	さき	×	先	從地	820④	和方位名	842⑤			
さき	さき	×	先	常不	1056⑥	和方位名	1075⑥			
さき	さき	×	先	常不	1057①	和方位名	1076①			
さき	さき	×	先	常不	1067③	和方位名	1086②			
さき	さき	×	先	藥王	1128③	和方位名	1146⑥			
さき	さき	×	前	譬喩	278③	和方位名	250①			
さき	さき	×	前	譬喩	286①	和方位名	257⑤			
さき	さき	×	前	分別	938④	和方位名	956⑥			
さき	さき	×	向者	化城	526③	和方位名	531⑤			
さけ	さけ	×	却	見寶	680④	和動	697②		まけ[妙]	
さけ	さけ	×	裂	譬喩	277②	和動	248④			
さけ	さけ	×	敷	法功	1018①	和動	1036⑤			
さけ	さけ	×	坼	譬喩	271②	和動	242③			
さけびよばひ	さけびよばい	×	叫呼	譬喩	275②	和複動	246④			
さけふ	さけぶ	×	喚	信解	330⑤	和動	308②	よばゝむィ[西]一びき[西右]		
さけぶ	さけぶ	×	叫	譬喩	277④	和動	249②			
さし	さし	×	指	從地	859①	和動	882①			
さし	さし	×	指	從地	859③	和動	882②			
坐し	ざし	ざ	坐	序品	14③	漢サ動	11④			
坐し	ざし	ざ	坐	序品	43⑤	漢サ動	37⑤			
坐し	ざし	さ	坐	序品	58⑥	漢サ動	51②			
坐し	ざし	さ	坐	序品	68②	漢サ動	59④			
坐し	ざし	×	坐	方便	177④	漢サ動	152④			
坐し	ざし	×	坐	譬喩	247①	漢サ動	216⑥		しかも一[西右]	
坐し	ざし	さ・いまして	坐	化城	452①	漢サ動	446②			
坐し	ざし	×	坐	化城	458②	漢サ動	453④			
坐し	ざし	さ	坐	化城	467⑥	漢サ動	464⑤			
坐し	ざし	×	坐	化城	476③	漢サ動	475③			
坐し	ざし	×	坐	化城	485①	漢サ動	485③			
坐し	ざし	×	坐	化城	493⑥	漢サ動	496②			
坐し	ざし	ざ	坐	化城	530②	漢サ動	535⑥		一給[西右]	
坐し	ざし	さ	坐	化城	533⑥	漢サ動	539④			
坐し	ざし	×	坐	化城	537⑥	漢サ動	543⑤			
坐し	ざし	さ	坐	化城	538③	漢サ動	544②			
坐し	ざし	ざ	坐	授學	619③	漢サ動	629⑤			
坐し	ざし	×	坐	法師	646⑤	漢サ動	660①			
坐し	ざし	×	坐	見寶	674④	漢サ動	690③			
坐し	ざし	×	坐	見寶	677②	漢サ動	693④			

当該語	読みかな	傍訓	漢字表記	品名	頁数	語の種類	妙一本	和解語文	可読	異同語彙
坐し	ざし	×	坐	見寶	677⑤	漢サ動	694①			
坐し	ざし	×	坐	見寶	679③	漢サ動	696①			
坐し	ざし	×	坐	見寶	680⑤	漢サ動	697⑤			
坐し	ざし	×	坐	見寶	682⑥	漢サ動	700①			
坐し	ざし	×	坐	見寶	688②	漢サ動	705⑤			
坐し	ざし	×	坐	提婆	721④	漢サ動	739⑤		—せり[西右]	
坐し	ざし	×	坐	提婆	721⑤	漢サ動	739⑥		—せり[西右]	
坐し	ざし	ざ	坐	提婆	722④	漢サ動	740⑤			
坐し	ざし	×	坐	提婆	723③	漢サ動	742④			
坐し	ざし	×	坐	提婆	735③	漢サ動	753⑥			
坐{座}し	ざし	×	坐	安樂	811③	漢サ動	833⑤			
坐し	ざし	さ	坐	從地	825⑤	漢サ動	848①			
坐し	ざし	×	坐	從地	854①	漢サ動	876④			
坐し	ざし	ざ	坐	從地	856④	漢サ動	879③			
坐し	ざし	さ	坐	從地	864②	漢サ動	887②			
坐し	ざし	ざ	坐	如來	883⑤	漢サ動	902④			
坐し	ざし	×	坐	分別	943①	漢サ動	961③			
坐し	ざし	×	坐	分別	960⑤	漢サ動	979②	さ・し／ゐ[妙]		
坐し	ざし	×	坐	随喜	979⑥	漢サ動	998①			
坐し	ざし	×	坐	随喜	980⑤	漢サ動	998⑥			
坐し	ざし	×	坐	随喜	992⑥	漢サ動	1011③			
坐し	ざし	×	坐	法功	1017①	漢サ動	1035⑤			
坐し	ざし	×	坐	法功	1024①	漢サ動	1042⑥			
坐し	ざし	×	坐	神力	1089③	漢サ動	1107⑤			さ・し[妙]
坐し	ざし	×	坐	神力	1102②	漢サ動	1120⑥			さ・し[妙]
座{坐}し	ざし	×	坐	囑累	1113③	漢サ動	1132①			さ・し[妙]
坐し	ざし	×	坐	藥王	1129②	漢サ動	1147⑥			ざ・し[妙]
坐し	ざし	×	坐	藥王	1162⑤	漢サ動	1179⑤		—て[西右]	さ・し[妙]
坐し	ざし	×	坐	妙莊	1281⑥	漢サ動	1291④		—て[西右]	
坐し	ざし	×	坐	普賢	1313⑥	漢サ動	1319⑥			さ・し[妙]
坐處	ざしょ	さしょ	坐處	随喜	981①	漢名	999②			
坐處	ざしょ	×	坐處	随喜	981②	漢名	999③			
坐{座の}上	ざじょう	ざのうへ	坐上	神力	1086⑥	漢名	1105②			座上(さしやう)[妙]
坐{座}上	ざじょう	さ—	坐上	神力	1088⑥	漢名	1107②			座上(さしやう)[妙]
坐す	ざす	×	坐	法師	652①	漢サ動	666①			
坐す	ざす	×	坐	普賢	1333①	単漢サ動	1336④			さ・す[妙]
さづけ	さづけ	×	授	序品	60⑤	和動	53①			
さづけ	さづけ	×	授	譬喩	225④	和動	194④			
さづけ	さづけ	×	授	信解	317⑤	和動	292③			
さづけ	さづけ	×	授	信解	320⑥	和動	296②			
さづけ	さづけ	×	授	信解	367⑤	和動	353③			
さづけ	さづけ	×	授	五百	562⑤	和動	565⑤			
さづけ	さづけ	×	授	五百	595③	和動	603①			
さづけ	さづけ	×	授	授學	602⑥	和動	611③			
さづけ	さづけ	×	授	勸持	742③	和動	761③			
さづけ	さづけ	×	授	安樂	813②	和動	835⑤			
さづけ	さづけ	×	授	常不	1064⑥	和動	1083⑤			さつけ[妙]
さづけ	さづけ	×	授	普賢	1324②	和動	1328⑥			さつけ[妙]
坐せ	ざせ	さ	坐	譬喩	284②	漢サ動	255⑥			坐してんからィ[西]
坐せ	ざせ	ざ	坐	化城	453②	漢サ動	447⑤		—し給[西右]	
坐せ	ざせ	×	坐	見寶	687③	漢サ動	704⑥			
坐せ	ざせ	×	坐	分別	946③	漢サ動	964⑥			
坐せ	ざせ	×	坐	分別	960④	漢サ動	979①		—す[西右]	
坐せ	ざせ	×	坐	随喜	980④	漢サ動	998⑤			
坐せ	ざせ	×	坐	随喜	980⑥	漢サ動	999①			
坐せ	ざせ	×	坐	藥王	1118⑤	漢サ動	1136⑥			さ・せ[妙]
坐禪	ざぜん	させん	坐禪	安樂	766⑤	漢名	786⑥			
坐禪	ざぜん	ざぜん	坐禪	分別	959②	漢名	977②			
坐禪し	ざぜんし	×	坐禪	法功	1024⑤	漢サ動	1043④			
坐禪する	ざぜんする	ざぜん	坐禪	法功	1024①	漢サ動	1043②			
さだめ	さだめ	×	定	譬喩	217①	和動	185④			
さだめ	さだめ	×	定	譬喩	218①	和動	186④			
雜穢	ざつえ	ざうゑ／ましへけかれる	雜穢	譬喩	271④	漢名	242⑤			
雜華	ざつけ	ざつけ	雜華	提婆	718③	漢名	736③	さつくゑ／くさ〴〵のはな[妙]		

当該語	読みかな	傍訓	漢字表記	品名	頁数	語の種類	妙一本	和解語文	可読	異同語彙
薩婆薩埵樓駄憍舍略阿㝹伽地 十九	さつばさつたろだきょうしゃりゃあとぎゃだい	さつばさつたろだけうしやりやあとぎやだい	薩婆薩埵樓駄憍舍略阿㝹伽地 十九	普賢	1320③	仏梵語名	1325③			さるはさつたろたけうしやりやくあときやち[妙]
薩婆僧伽三摩地伽蘭地 十七	さつばそうぎゃさんまじきゃらんだい	さつばそうぎやさんまぢきやらんだい	薩婆僧伽三摩地伽蘭地 十七	普賢	1320①	仏梵語名	1325②			薩婆僧伽三摩地僧伽蘭地(さるはそうきやさんまちきやらんち)[妙]
薩婆陀羅尼阿婆多尼 九	さつばたらにあばたに	さつばだらにあばた に	薩婆陀羅尼阿婆多尼 九	普賢	1319②	仏梵語名	1324④			さるはたらにあはたに[妙]
薩婆達磨修波利刹帝 十八	さつばだるましゅはりせつてい	さるばだるましゆはりせつてい	薩婆達磨修波利刹帝 十八	普賢	1320③	仏梵語名	1325③			さるはたるましゆはりせちてい[妙]
薩婆沙阿婆多尼 十	さつばばしゃあばたに	さつばばしやあばたに	薩婆沙阿婆多尼 十	普賢	1319②	仏梵語名	1324⑤			さるははしやあはたに[妙]
雜寶	ざつほう	さつほう／ましらへたるたから	雜寶	譬喩	248④	漢名	218③			ざうぼう／めつらしきくさ〳〵のたから[妙]
さと	さと	×	里	信解	328③	和地儀名	305②			
さと	さと	×	里	信解	333④	和地儀名	311④			
さとつ	さとつ	×	了	信解	368⑥	和動	355⑦	れう・し／さとり[妙]		
さとら	さとら	×	解	譬喩	207②	和動	174①			
さとら	さとら	×	解	譬喩	258⑤	和動	229⑥			
さとら	さとら	×	解	譬喩	300①	和動	272③			
さとら	さとら	×	解	法師	644①	和動	657①			
さとら	さとら	×	覺	譬喩	240⑥	和動	210③			
さとら	さとら	×	覺	譬喩	256③	和動	227③			
さとら	さとら	×	覺	化城	519②	和動	524②			
さとら	さとら	×	覺	五百	593⑤	和動	601①			
さとら	さとら	×	覺	五百	598④	和動	606④			
さとら	さとら	×	覺	五百	599④	和動	608①			
さとら	さとら	×	覺	安樂	792④	和動	814①			
さとら	さとら	×	悟	方便	126④	和動	111②			
さとら	さとら	×	悟	方便	133④	和動	116⑤			
さとら	さとら	×	悟	化城	497⑥	和動	500⑥			
さとら	さとら	×	了	方便	104④	和動	91④			
さとら	さとら	×	識	化城	459③	和動	454⑥		しらす[西右]	
さとり	さとり	×	解	方便	124②	和動	108⑥			
さとり	さとり	×	覺	譬喩	214①	和動	182②			
さとり	さとり	×	悟	藥草	398⑤	和動	385②		一る事[西右]	
さとり	さとり	×	悟	提婆	718⑥	和動	736⑥			
さとり	さとり	×	識	法功	1046⑥	和動	1064⑥			
さとり	さとり	×	解	方便	88④	和動	77⑤			
さとり	さとり	×	解脱	方便	103①	和動	90③			
さとりおはり	さとりおわり	×	解已	法功	1041③	和複動	1060②			
解し	さとりし	さとり	解	普賢	1321⑤	和サ動	1326④			げ・し[妙]
さとる	さとる	×	解	方便	139②	和動	121③			
さとる	さとる	×	解	譬喩	238④	和動	207⑥			
さとる	さとる	×	解	譬喩	301③	和動	273④			
さとる	さとる	×	體	信解	341④	和動	321⑤			
さとる	さとる	×	了	方便	93④	和動	82②			
さとる	さとる	×	了	方便	109⑤	和動	96①			
作人	さにん	さにん	作人	信解	336②	漢名	315⑤	さにん／つくるひと[妙]		
作人	さにん	さ―	作人	信解	339②	漢名	318⑤	さにん／つくるひと[妙]		
さむき	さむき	×	寒	藥王	1149⑤	和形	1168①			
さらに	さらに	×	更	方便	159④	和副	137⑤			
さらに	さらに	×	更	譬喩	238③	和副	207⑤			
さらに	さらに	×	更	譬喩	241⑤	和副	211②			
さらに	さらに	×	更	譬喩	293⑤	和副	265⑥			
さらに	さらに	×	更	譬喩	303①	和副	275②			
さらに	さらに	×	更	譬喩	305②	和副	277⑥			
さらに	さらに	×	更	譬喩	307④	和副	280⑤			
さらに	さらに	×	更	信解	331④	和副	309①			
さらに	さらに	×	更	信解	336④	和副	315①			
さらに	さらに	×	更	信解	339④	和副	319①			

当該語	読みかな	傍訓	漢字表記	品名	頁数	語の種類	妙一本	和解語文	可読	異同語彙
さらに	さらに	×	更	信解	360②	和副	344⑤			
さらに	さらに	×	更	信解	368⑥	和副	355②			
さらに	さらに	×	更	化城	453⑤	和副	448②			
さらに	さらに	×	更	化城	519④	和副	524⑤			
さらに	さらに	×	更	化城	520②	和副	525②			
さらに	さらに	×	更	化城	531①	和副	536⑤			
さらに	さらに	×	更	五百	581④	和副	586⑤			
さらに	さらに	×	更	五百	598①	和副	606②			
さらに	さらに	×	更	見寶	672⑤	和副	687⑤			
さらに	さらに	×	更	如來	901③	和副	920④			
さらに	さらに	×	更	隨喜	980④	和副	998⑤			
さらに	さらに	×	更	常不	1068②	和副	1086⑥			
さらに{×}	さらに	×	更	神力	1100①	和副	1118⑥			×[妙]
さらに	さらに	×	更	藥王	1135④	和副	1153⑥			
さり	さり	×	却	提婆	722④	和動	740⑤			
さり	さり	×	却	提婆	730⑤	和動	748⑤			
さり	さり	×	却	妙莊	1290⑤	和動	1299⑤			
さり	さり	×	去	方便	141⑤	和動	123④			
さり	さり	×	去	信解	329①	和動	306①			
さり	さり	×	去	信解	358⑤	和動	342⑥		しかも[西右]	
さり	さり	×	去	化城	530③	和動	536①		ず[西右]	
さり	さり	×	去	五百	590⑥	和動	597⑤			
さり	さり	×	去	五百	599⑤	和動	608③			
さり	さり	×	去	普賢	1338②	和動	1340⑥			
さりはしり	さりはしり	×	避走	常不	1066②	和複動	1084⑥		さりはして[西右]	さり・はしり[妙]
坐立	ざりゅう	さりう／いたつ	坐立	藥草	406⑥	漢名	394②	さりう／いてもたちても[妙]		
さる	さる	×	去	信解	337④	和動	316③			さる【去】[妙]
さる	さる	×	去	化城	525①	和動	530③			
さる	さる	×	去	化城	527①	和動	532④		ゆくィ[西右]	
さる	さる	×	去	安樂	785②	和動	806③		され[西右]	
さる	さる	×	去	如來	883④	和動	902③		される[西右]	
さる	さる	×	去	妙音	1173③	和動	1189①		される[西右]	さる[妙]
さる	さる	×	去	妙莊	1277③	和動	1287④			
痤陋	ざる	さる・ひきにかたくなにて／たけひきくみにくゝ	痤陋	譬喩	306③	漢病症名	278⑤	ざる／ひきにつたなく[妙]		
痤陋	ざる	さる／みにくき	痤陋	信解	360②	漢病症名	344⑥	ざる／ひざにつたなく[妙]	ひきはみにくし[西左]	
され	され	×	去	五百	575④	和動	580②			
され	され	×	去	法師	644②	和動	657③			
され	され	×	去	法師	650④	和動	664③			
され	され	×	去	法師	651②	和動	665①			
され	され	×	去	從地	856④	和動	879④			
され	され	×	去	藥王	1118③	和動	1136④			
され	され	×	去	妙音	1180⑤	和動	1195⑤			
座誓螺反隷一	ざれい	ざれい	座誓螺反隷	陀羅	1256②	仏梵語名	1268③			されい[妙]
さはり	さわり	×	礙	藥草	388②	和転成名	373③			
三	さん	×	三	序品	51⑥	漢数名	45①			
三	さん	×	三	方便	128⑥	漢数名	113①			
三	さん	×	三	方便	135②	漢数名	118②			
三	さん	×	三	方便	136③	漢数名	119①			
三	さん	×	三	方便	148④	漢数名	129②		一も[西右]	
三	さん	×	三	譬喩	270①	漢数名	241⑤			
三	さん	さん	三	信解	378③	漢数名	366③	さん／みつ[妙]		
三	さん	×	三	化城	529①	漢数名	534⑤			
三	さん	×	三	從地	822④	漢数名	844⑥			
三	さん	×	三	從地	827①	漢数名	849②			
三	さん	×	三	從地	837⑥	漢数名	860⑤			
三	さん	×	三	陀羅	1262②	漢数名	1273⑤			
三悪道	さんあくどう	×	三惡道	方便	154①	漢数名	133④	さんあくたう／ちこくかきちくしやう[妙]		
三悪道	さんあくどう	×	三惡道	方便	179⑤	漢数名	154④	さんあくたう／ちこくかきちくしやう[妙]		
三悪道	さんあくどう	×	三惡道	化城	479②	漢数名	478⑤			

当該語	読みかな	傍訓	漢字表記	品名	頁数	語の種類	妙一本	和解語文	可読	異同語彙
三悪道	さんあくどう	×	三悪道	化城	497①	漢数名	499⑥	一あくたう／ちこくかきちくしやう[妙]		
三界	さんがい	×	三界	序品	30①	漢数名	25⑤			
三界	さんがい	一かい	三界	譬喩	254④	漢数名	225④			
三界	さんがい	一かい	三界	譬喩	256⑤	漢数名	227⑤			
三界	さんがい	一がい	三界	譬喩	258⑤	漢数名	229⑤			
三界	さんがい	一がい	三界	譬喩	259⑤	漢数名	231①			
三界	さんがい	一がい	三界	譬喩	260⑤	漢数名	232①			
三界	さんがい	一がい	三界	譬喩	262⑤	漢数名	234②			
三界	さんがい	一がい	三界	譬喩	266③	漢数名	237④			
三界	さんがい	一がい	三界	譬喩	267④	漢数名	238⑤			
三界	さんがい	一がい	三界	譬喩	289③	漢数名	261④			
三界	さんがい	一がい	三界	譬喩	290①	漢数名	262①			
三界	さんがい	一がい	三界	譬喩	290⑤	漢数名	262③			
三界	さんがい	一がい	三界	譬喩	291⑤	漢数名	263⑤			
三界	さんがい	一がい	三界	譬喩	294⑤	漢数名	266③			
三界	さんがい	×	三界	信解	320①	漢数名	295②			
三界	さんがい	×	三界	信解	370①	漢数名	356⑥			
三界	さんがい	×	三界	薬草	412③	漢数名	400④			
三界	さんがい	×	三界	化城	496②	漢数名	498⑥			
三界	さんがい	一がい	三界	安樂	798⑤	漢数名	820③			
三界	さんがい	×	三界	安樂	801①	漢数名	822⑥			
三界	さんがい	×	三界	安樂	801⑤	漢数名	823④			
三界	さんがい	一がい	三界	如來	892⑤	漢数名	911⑥			
三界	さんがい	×	三界	如來	892⑥	漢数名	911⑥			
三界	さんがい	×	三界	如來	893③	漢数名	912⑤			
三界	さんがい	×	三界	如來	893⑤	漢数名	912⑥			
三界火宅	さんがいかたく	一かい一たく	三界火宅	譬喩	260④	漢四熟数名	231④		一の一[西右]	
残害し	ざんがいし	さんかい／そこないやぶり	残害	譬喩	275⑥	漢サ動	247③	さんかいし／ざんがいし／そこなひやふり[妙]		
残害し	ざんがいし	さんかい・そこないやぶれて	残害	譬喩	278②	漢サ動	249⑥	さんかいし／そこないやふり[妙]		
慙愧	ざんぎ	ざんぐゐ	慙愧	方便	192①	漢名	164⑥	さんくゐ・し／はちはつること[妙]		
三苦	さんく	一／みつのく	三苦	信解	346④	漢数名	328①	一く／よくはらたちくち[妙]		
珊瑚	さんご	さんご／たま	珊瑚	序品	29③	漢宝玉名	25②		たま	
珊瑚	さんご	さんご	珊瑚	信解	323②	漢宝玉名	299①			
珊瑚	さんご	さんこ	珊瑚	安樂	797②	漢宝玉名	819①			
珊瑚	さんご	さんご	珊瑚	随喜	974①	漢宝玉名	992①			
珊瑚	さんご	さんこ	珊瑚	觀世	1210⑥	漢宝玉名	1224①			さんこ[妙]
山谷	さんごく	一こく	山谷	神力	1096⑤	漢地儀名	1115④	せんこく／やまたに[妙]		
筝師	さんし	さんし	筝師	化城	447④	漢人倫名	440⑥			
筝師	さんし	さんし	筝師	化城	447⑤	漢人倫名	440⑥			
さんし	さんじ	×	讃	提婆	725②	単漢サ動	743③			ほめ[妙]
さんじ	さんじ	×	讃	提婆	730⑤	単漢サ動	748⑥			
散じ	さんじ	さん	散	序品	16①	漢サ動	13①			
散じ	さんじ	さん	散	序品	55①	漢サ動	47⑤	さん・し／ちら[妙]		
散し	さんじ	さん	散	信解	327②	漢サ動	303⑥	さん・し／ちらし[妙]		
散し	さんじ	さん	散	授記	417⑤	漢サ動	406②	さん・し／ちら[妙]		
散し	さんじ	さん	散	授記	420④	漢サ動	409④			
散し	さんじ	さん	散	授記	441②	漢サ動	433②	さん／ちらし[妙]	一て[西右]	
散し	さんじ	さん	散	化城	533②	漢サ動	538⑥	さん／ちらし[妙]		
散し	さんじ	×	散	化城	534①	漢サ動	539⑤			
散じ	さんじ	さん	散	見寶	678⑤	漢サ動	695②	さん・し／ちらし[妙]		
散し	さんじ	さん	散	分別	926④	漢サ動	945②	さん・し／ちら[妙]		
散じ	さんじ	さん	散	分別	926⑥	漢サ動	945④			
散し	さんじ	さん	散	分別	965①	漢サ動	983③	さん・し／ちらし[妙]		

当該語	読みかな	傍訓	漢字表記	品名	頁数	語の種類	妙一本	和解語文	可読	異同語彙
散じ	さんじ	さん	散	分別	967①	漢サ動	985②	さん・し／ちらし[妙]		
散じ	さんじ	×	散	藥王	1162②	漢サ動	1179③			散(さん)し[妙]
讚じ	さんじ	さん	讚	見寶	662⑤	漢サ動	677③			
讚じ	さんじ	さん	讚	見寶	664①	漢サ動	678⑤			ほめて[妙]
讚示し	さんじし	さんじ	讚示	方便	184⑥	漢サ動	158④	さんし・す／ほめしめす[妙]		讚示す[妙]
三七日	さんしちにち	×	三七日	方便	177⑤	漢数名	152⑤			
三七日	さんしちにち	×	三七日	普賢	1316④	漢数名	1322①			さんしちにち[妙]
三七日	さんしちにち	×	三七日	普賢	1316⑤	漢数名	1322②			さんしちにち[妙]
散失し	さんしつ	×	散失	信解	325②	漢サ動	301③	さんじち／ちり[妙]		
三四分	さんしぶん	×	三四分	從地	837②	漢数名	860①			
三車	さんしゃ	―じや	三車	譬喩	268②	漢数名	239④			
三種	さんじゅ	―じゆ／ひつししく	三種	譬喩	285⑥	漢数名	257④			
算數	さんじゅ	さんじゆ／さんのかず	算數	譬喩	223④	漢名	192②	さんじゆ／さんおかす[妙]		
算數	さんじゅ	さんじゆ	算數	随喜	978③	漢名	996⑤			
筭數	さんじゅ	さんしゆ	筭數	授記	428②	漢名	418⑤			
筭數	さんじゅ	さんじゆ	筭數	安樂	783④	漢名	804⑤	さんしゆ／かす		
筭數	さんじゅ	さんじゆ	筭數	從地	823①	漢名	845③	さんしゆ／かす[妙]		
筭數	さんじゅ	さんじゆ	筭數	如來	885⑥	漢名	904⑤	さんじゆ／さんおかす[妙]		
筭數	さんじゅ	さんしゆ	筭數	分別	938⑥	漢名	957②			
筭數	さんじゅ	さんじゆ／さんのかす	筭數	五百	573①	漢名	577③			
三十	さんじゅう	×	三十	譬喩	240①	漢数名	209④			
三十有二	さんじゅううに	×	三十有二	分別	954③	漢数名	973③			
三十三天	さんじゅうさんてん	×	三十三天	見寶	658①	漢数名	672④	×／たいしやくのてん[妙]	―はィ／―下[西右左]	
三十三天	さんじゅうさんてん	×	三十三天	藥王	1145⑤	漢数名	1163⑥			―しうさんてん[妙]
三十七品助道法	さんじゅうしちぼんじょどうほう	――――ほんじよだう―	三十七品助道法	妙莊	1274③	漢数名	1284⑥	――しちほんじよだうほう[妙]		
三十二	さんじゅうに	×	三十二	譬喩	229④	漢数名	198⑥			
三十二	さんじゅうに	×	三十二	譬喩	210⑤	漢数名	178④			
三十二	さんじゅうに	×	三十二	提婆	731②	漢数名	749③		―なり[西右]	
三十二	さんじゅうに	×	三十二	分別	963⑥	漢数名	982③			
三十二小劫	さんじゅうにしょうこう	――――こう	三十二小劫	譬喩	226③	漢数名	195③		―ならん[西左]	
三十二小劫	さんじゅうにしょうこう	――――こう	三十二小劫	譬喩	226④	漢数名	195④			
三十二小劫	さんじゅうにしょうこう	――――かう	三十二小劫	譬喩	229③	漢数名	198⑤		―ならん[西右]	
三十二相	さんじゅうにそう	×	三十二相	普賢	1324③	漢四熟数名	1329②			さんしうにさう[妙]
三十二相	さんじゅうにそう	――さう	三十二相	譬喩	214④	漢四熟数名	182③			
三十二相	さんじゅうにそう	×	三十二相	授記	430④	漢四熟数名	421②			
三十二相	さんじゅうにそう	――さう	三十二相	化城	548⑥	漢四熟数名	555⑤			
三十二相	さんじゅうにそう	――さう	三十二相	提婆	715⑤	漢四熟数名	733④			
三十二相	さんじゅうにそう	×	三十二相	提婆	735④	漢四熟数名	754①			
三十二相	さんじゅうにそう	×	三十二相	從地	820⑥	漢四熟数名	842⑤		―あり[西右]	
三十二相	さんじゅうにそう	×	三十二相	五百	572①	漢四熟数名	576③			
筭數挍計す	さんじゅきょうげす	さんじつけうげ	筭數挍計	授學	605⑤	漢四熟サ動	614④	さんしゆけうけ／さんをもてかそふ[妙]		
筭數す	さんじゅす	さんしゆ	筭數	化城	536①	漢サ動	541⑥			
讚頌する	さんじゅする	さんじゆ	讚頌	分別	953④	漢サ動	972③	さんじゆ・する／ほめしゆ[妙]		

さん 261

当該語	読みかな	傍訓	漢字表記	品名	頁数	語の種類	妙一本	和解語文	可読	異同語彙
三乗	さんじょう	―しよう	三乗	序品	85⑥	漢数名	75④			
三乗	さんじょう	×	三乗	方便	101④	漢数名	88⑥			
三乗	さんじょう	―しやう	三乗	方便	157②	漢数名	136①			
三乗	さんじょう	×	三乗	方便	180③	漢数名	155①			
三乗	さんじょう	―じょう	三乗	方便	181②	漢数名	156②			
三乗	さんじょう	―じょう	三乗	方便	182②	漢数名	156⑤			
三乗	さんじょう	―じょう	三乗	譬喩	222②	漢数名	191②			
三乗	さんじょう	×	三乗	譬喩	222②	漢数名	191④			
三乗	さんじょう	―じょう	三乗	譬喩	259⑥	漢数名	231②		―の[西右]	
三乗	さんじょう	―じょう	三乗	譬喩	260⑤	漢数名	232②			
三乗	さんじょう	―しよう	三乗	譬喩	261④	漢数名	233①			
三乗	さんじょう	×	三乗	譬喩	261⑥	漢数名	233③			
三乗	さんじょう	×	三乗	譬喩	269①	漢数名	240②			
三乗	さんじょう	―じょう	三乗	譬喩	291①	漢数名	263②			
三乗	さんじょう	×	三乗	化城	548①	漢数名	554⑤			
散す	さんず	さん	散	化城	468⑥	漢サ動	465⑤	さん/ちらす[妙]	―じき[西右]	
散す	さんず	さん	散	化城	477②	漢サ動	476③	さん/ちらす[妙]		
散す	さんず	さん	散	化城	485②	漢サ動	486④	さん/ちらす[妙]	―したてまつる[西右]	
散す	さんず	×	散	化城	494⑤	漢サ動	497②	さん/ちらす[妙]		
散す	さんず	×	散	法師	630③	漢サ動	641⑤			
散す	さんず	さん	散	見寶	682②	漢サ動	699②	さん・す/ちらす[妙]		
散ず	さんず	さん	散	如來	916②	漢サ動	935①	さん・す/ちら[妙]		
散ず	さんず	×	散	分別	927②	漢サ動	945⑤			
散ず	さんず	さん	散	神力	1092②	漢サ動	1111③			散(さん)す[妙]
散す	さんず	さん	散	妙荘	1291②	漢サ動	1300④	さん・す/ほとけのみうゑにちらす[妙]	―じき[西右]	散す[妙]
散ずる	さんずる	×	散	神力	1092⑥	漢サ動	1111③	さん・す/ちらす[妙]		散する[妙]
三世	さんぜ	×	三世	方便	187⑥	漢数名	161①			
三世	さんぜ	×	三世	方便	189②	漢数名	162⑥			
散せ	さんぜ	×/ほとけのみちら	散	見寶	680⑤	漢サ動	697⑤	さん・せ/ちらさる[妙]		
さんせ	さんぜ	×	讃	譬喩	258①	漢サ動	229②			ほめ[妙]
讃せ	さんぜ	さん	讃	法師	635⑤	漢サ動	647⑥	さん・せ/ほめん[妙]		
三世界	さんせかい	×	三世界	藥王	1134⑤	漢数名	1153①		―なりき[西右]	―せかい[妙]
三千	さんぜん	×	三千	提婆	736⑥	漢数名	755④			
三千	さんぜん	×	三千	提婆	737①	漢数名	755④			
三千界	さんぜんかい	×	三千界	法功	997②	漢数名	1015⑥			
三千界	さんぜんかい	――がい	三千界	法功	1033②	漢数名	1051⑤			
讃善せ	さんぜんせ	さんぜん	讃善	藥王	1159②	漢サ動	1176②	さんせん・せ/ほめん[妙]		
三千世界	さんせんせかい	×	三千世界	法功	1001⑥	漢四熟数名	1020④			
三千世界	さんせんせかい	×	三千世界	法功	1038②	漢四熟数名	1057④			
三千大世界	さんせんたいせかい	×	三千大世界	法功	1000④	漢数名	1019②			
三千大千	さんぜんたいせん	×	三千大千	藥草	391②	漢四熟数名	376⑤			
三千大千	さんぜんたいせん	×	三千大千	化城	449③	漢四熟数名	443①			
三千大千界	さんぜんたいせんかい	×	三千大千界	法功	1007②	漢数名	1025⑤			
三千大千国土	さんぜんたいせんこくど	×	三千大千国土	從地	819⑥	漢数名	842②		―の―[西右]	
三千大千国土	さんぜんたいせんこくど	―――こくど	三千大千國土	藥王	1141④	漢数名	1159⑤			三千大千國土(―せんたいせんこくど)[妙]
三千大千国土	さんぜんたいせんこくど	×	三千大千國土	觀世	1212④	漢数名	1225⑤			三千大千國土(さんせんたいせんこくと)[妙]

当該語	読みかな	傍訓	漢字表記	品名	頁数	語の種類	妙一本	和解語文	可読	異同語彙
三千大千国土	さんぜんたいせんこくど	×	三千大千國土	觀世	1214①	漢数名	1227③		————の——[西右]	三千大千國土(さんせんたいせんこくと)[妙]
三千大千七寶世界	さんせんたいせんしちほうせかい	×	三千大千七寶世界	藥王	1132②	漢数名	1150⑤		——の——の——[西右]	三千大千・七寶世界(さんせんたいせん・しちほうせかい)[妙]
三千大千世界	さんぜんたいせんせかい	×	三千大千世界	藥草	388④	漢数名	373⑥			
三千大千世界	さんぜんたいせんせかい	×	三千大千世界	藥草	389②	漢数名	374③			
三千大千世界	さんぜんたいせんせかい	×	三千大千世界	化城	446④	漢数名	439④			
三千大千世界	さんぜんたいせんせかい	×	三千大千世界	五百	570⑥	漢数名	574⑤			
三千大千世界	さんぜんたいせんせかい	×	三千大千世界	見寶	671⑤	漢数名	687②			
三千大千世界	さんぜんたいせんせかい	×	三千大千世界	提婆	729④	漢数名	747④			
三千大千世界	さんぜんたいせんせかい	×	三千大千世界	提婆	733⑥	漢数名	752②			
三千大千世界	さんぜんたいせんせかい	×	三千大千世界	從地	842④	漢数名	865④			
三千大千世界	さんぜんたいせんせかい	×	三千大千世界	如來	884③	漢数名	903②			
三千大千世界	さんぜんたいせんせかい	×	三千大千世界	分別	923②	漢数名	942①			
三千大千世界	さんぜんたいせんせかい	×	三千大千世界	法功	995③	漢数名	1013⑥			
三千大千世界	さんぜんたいせんせかい	×	三千大千世界	法功	998⑤	漢数名	1017④			
三千大千世界	さんぜんたいせんせかい	×	三千大千世界	法功	1009②	漢数名	1027④			
三千大千世界	さんぜんたいせんせかい	×	三千大千世界	法功	1035⑤	漢数名	1054④			
三千大千世界	さんぜんたいせんせかい	×	三千大千世界	法功	1042③	漢数名	1061①			
三千大千世界	さんぜんたいせんせかい	×	三千大千世界	藥王	1139⑤	漢数名	1157⑥			一せんたいせんせかい[妙]
三千大千世界	さんぜんたいせんせかい	×	三千大千世界	藥王	1142①	漢数名	1160②			一せんたいせんせかい[妙]
三千大千世界	さんぜんたいせんせかい	×	三千大千世界	普賢	1337②	漢数名	1340①			さんせんたいせんせかい[妙]
三匝	さんそう	一さう	三匝	妙莊	1290⑤	漢数名	1299⑤			さんざう・し[妙]
三市	さんそう	一さう	三市	從地	824③	漢数名	846⑤		一さう/みたひめくる[西右]	三市(さんさう)[妙]
三蔵	さんぞう	一ざう	三蔵	安樂	769④	漢数名	789⑥			
山澤	さんたく	さんたく／一さわ	山澤	譬喩	313①	漢名	286④	せんたく／やまさわ[妙]		せんたく[足]
讚歎	さんだん	×	讚歎	分別	958②	漢名	977②	さんたん／ほむる[妙]		
讚歎し	さんだんし	さんだん／ほむる心	讚歎	序品	75①	漢サ動	66②			
讚歎し	さんだんし	さんたん	化城	457①	漢サ動	452①	さんたん／ほめ[妙]			
讚歎し	さんだんし	さんだん	讚歎	化城	533④	漢サ動	539②			
讚歎し	さんだんし	さんたん	讚歎	授學	606③	漢サ動	615③	さんたん・し／ほめ[妙]		
一讚歎し	さんだんし	さんだん	讚歎	法師	629⑤	漢サ動	641②	さんたん・し／ほめ[妙]		
讚歎し	さんだんし	一たん	讚歎	從地	824⑤	漢サ動	847①	さんたん・し／ほめ[妙]	一て[西右]	
讚歎し	さんだんし	さんだん	讚歎	從地	832③	漢サ動	855①	さんたん・し／ほめ[妙]		
讚歎し	さんだんし	さんだん	讚歎	分別	928⑥	漢サ動	947④			
讚歎し	さんだんし	さんだん	讚歎	分別	958④	漢サ動	977①			
讚歎し	さんだんし	さんだん	讚歎	妙莊	1301③	漢サ動	1308⑥	さんたん・し／ほめ[妙]		

さん 263

当該語	読みかな	傍訓	漢字表記	品名	頁数	語の種類	妙一本	和解語文	可読	異同語彙
讚歎す	さんたんす	さんたん	讚歎	見寶	658⑥	漢サ動	673②	さんたん・す／ほむ[妙]	一し奉る[西右]	
讚歎す	さんだんす	さんたん	讚歎	法師	640⑥	漢サ動	653④	さんたん・す／ほめ[妙]		
讚歎する	さんだんする	さんだん	讚歎	安樂	788⑤	漢サ動	810②	さんたん・する／ほむる[妙]		
讚歎する	さんだんする	さんたん	讚歎	普賢	1334④	漢サ動	1337⑥			さんたん・する[妙]
一讚歎せ	さんだんせ	さんだん	讚歎	序品	14④	漢サ動	11⑤			
讚歎せ	さんだんせ	×	讚歎	安樂	777⑥	漢サ動	798④	さんたん／ほめ[妙]		
讚歎せ	さんだんせ	さんだん	讚歎	安樂	794②	漢サ動	815⑤	さんたん・せ／ほめ[妙]		
三毒	さんどく	一とく	三毒	譬喩	254⑥	漢数名	225⑥	さんとく／よくはらたつくち[妙]		
三毒	さんどく	一とく	三毒	五百	576④	漢数名	581②	一とく／よくとはらたつとくちと[妙]		
三毒	さんどく	一どく	三毒	安樂	801④	漢数名	823④	さんとく／はらたちものほしかり[妙]		
三毒	さんどく	一どく	三毒	普賢	1331②	漢数名	1335①			さんとく[妙]
三日	さんにち	×	三日	陀羅	1266③	漢数名	1277④			さんにち[妙]
山王	さんのう	×	山王	法功	1036⑥	仏名	1055①			
讚美する	さんびする	さんび	讚美	神力	1099⑤	漢サ動	1118⑤	さんみ・する／ほむる[妙]	讚美せ[西右]	讚美する[妙]
三百万億	さんびゃくまんおく	×	三百万億	授記	415⑤	漢数名	403⑥			
三百万億	さんびゃくまんおく	×	三百万億	授記	419②	漢数名	408①			
三百万億那由他	さんびゃくまんおくなゆた	ーーーーなゆた	三百万億那由他	授記	426③	漢数名	416⑤			
三百由旬	さんびゃくゆじゅん	×	三百由旬	化城	524②	漢数名	529③			
讚佛	さんぶつ	さん一	讚佛	法師	635⑥	漢名	647⑥	さんふつ／ほとけをほむる[妙]		
三反	さんへん	一へん	三反	囑累	1111④	漢数名	1130②			さんべん[妙]
三方	さんぽう	×	三方	化城	533⑥	漢数名	539④		一と[西右]	
三寶	さんぽう	一ほう	三寶	如來	916⑥	漢数名	935⑤			
讚法	さんほう	さん一	讚法	從地	824④	漢名	846⑥	さんほう／ほむるのり[妙]		
讚法	さんぽう	さん一	讚法	從地	825②	漢名	847④	さんほう／ほむるのり[妙]		
三昧	さんまい	さむまい	三昧	序品	20③	漢数名	16①			
三昧	さんまい	×	三昧	序品	58②	漢数名	50④			
三昧	さんまい	一まい	三昧	序品	68②	漢数名	59④			
三昧	さんまい	×	三昧	序品	74②	漢数名	65②			
三昧	さんまい	一まい	三昧	方便	86⑥	漢数名	76②	さんまい／させん[妙]		
三昧	さんまい	×	三昧	方便	89⑤	漢数名	78⑤		一と[西右]	
三昧	さんまい	×	三昧	方便	92⑤	漢数名	81④		一と[西右]	
三昧	さんまい	一まい	三昧	方便	106⑥	漢数名	93④		一と[西右]	
三昧	さんまい	一まい	三昧	譬喩	262①	漢数名	233④			
三昧	さんまい	一まい	三昧	化城	511③	漢数名	516③			
三昧	さんまい	一まい	三昧	從地	860⑥	漢数名	883⑤			
三昧	さんまい	一まい	三昧	藥王	1120②	漢数名	1138③			
三昧	さんまい	一まい	三昧	藥王	1120②	漢数名	1138④			ざんまい[妙]
三昧	さんまい	×	三昧	藥王	1120④	漢数名	1138⑥			ざんまい[妙]
三昧	さんまい	×	三昧	藥王	1121②	漢数名	1139④			さんまい[妙]
三昧	さんまい	×	三昧	藥王	1122②	漢数名	1140④			さんまい[妙]
三昧	さんまい	×	三昧	藥王	1127⑤	漢数名	1146②			さんまい[妙]
三昧	さんまい	×	三昧	藥王	1137②	漢数名	1155④			さんまい[妙]
三昧	さんまい	×	三昧	妙音	1173②	漢数名	1188⑥			さんまい[妙]
三昧	さんまい	×	三昧	妙音	1173②	漢数名	1188⑥			さんまい[妙]
三昧	さんまい	×	三昧	妙音	1176⑤	漢数名	1192①			さんまい[妙]
三昧	さんまい	×	三昧	妙音	1176②	漢数名	1192②			さんまい[妙]
三昧	さんまい	×	三昧	妙音	1177②	漢数名	1192③			さんまい[妙]
三昧	さんまい	×	三昧	妙音	1197④	漢数名	1211③			さんまい[妙]
三昧	さんまい	×	三昧	妙音	1198①	漢数名	1211⑥			さんまい[妙]

当該語	読みかな	傍訓	漢字表記	品名	頁数	語の種類	妙一本	和解語文	可読	異同語彙
三昧	さんまい	×	三昧	妙音	1198②	漢数名	1212①			さんまい[妙]
三昧	さんまい	×	三昧	妙音	1199①	漢数名	1212⑥			さんまい[妙]
三昧	さんまい	×	三昧	妙荘	1275②	漢数名	1285③			さんまい[妙]
三昧	さんまい	×	三昧	普賢	1315②	漢数名	1321①			さんまい[妙]
三万	さんまん	×	三万	序品	10⑤	漢数名	8④			
三万	さんまん	×	三万	從地	821④	漢数名	843⑥			
三万	さんまん	×	三万	從地	837①	漢数名	859⑥			
三藐三佛陀	さんみゃくさんぶつだ	—みやく—ふつた	三藐三佛陀	序品	61②	漢数名	53④			
三藐三佛陀	さんみゃくさんぶつだ	—みやく———	三藐三佛陀	譬喩	225⑥	漢数名	194⑥			
三藐三佛陀	さんみゃくさんぶつだ	————た	三藐三佛陀	妙音	1186⑤	漢数名	1201④			さんみやくさんふつた[妙]
三藐三佛陀	さんみゃくさんぶつだ	—みやく—ぶつた	三藐三佛陀	妙荘	1272④	漢数名	1283②			さんみやくさんふつだ[妙]
三明	さんみょう	—みやう／三みやうとは諸仏みやう菩薩みやうむみやう也	三明	譬喩	291④	漢数名	263⑤			
三明	さんみょう	×	三明	藥草	408②	漢数名	395⑥			
三明	さんみょう	—みやう	三明	授記	431⑤	漢数名	422⑤	さんみやう／さきのよこのよのちのよてんちをしる[妙]		
三明	さんみょう	—みやう	三明	授記	444①	漢数名	436④			
三明	さんみょう	—みやう	三明	化城	505①	漢数名	509②		—と[西右]	
三明	さんみょう	×	三明	随喜	988⑤	漢数名	1007①		—と[西右]	
三明	さんみょう	×	三明	五百	573⑤	漢数名	577④			
三明	さんみょう	×	三明	五百	580⑥	漢数名	586①	—みやう／さきのよこのよのちのよをしる[妙]		
讚詠外書	さんようげしょ	さんようげしよ	讚詠外書	安樂	762⑤	漢四熟名	782③		——すると——[西右]	さんやうぐゑしよ[妙]
散乱	さんらん	さんらん	散乱	方便	167③	漢名	144②	さんらん／ちりみたす[妙]		
散乱	さんらん	さんらん	散乱	方便	169①	漢名	145⑤			
散乱	さんらん	さんらん	散乱	化城	458⑤	漢名	454①	さんらん／ちりみたるゝこと[妙]		
山林樹下	さんりんじゆげ	せんりんじゆげ／はやしのきのもと	山林樹下	譬喩	205⑥	漢樹木名	173①	せんりんしゆけ／やまハやしきのもと[妙]		
四	し	×	四	序品	51⑥	漢数名	45①			
四	し	×	四	從地	822④	漢数名	844⑥			
四	し	×	四	從地	827①	漢数名	849③			
四	し	×	四	陀羅	1262③	漢数名	1273⑤			し[妙]
師	し	×	師	序品	62②	単漢人倫名	54③			
師	し	し	師	方便	193③	単漢人倫名	165⑥			
師	し	し	師	譬喩	213②	単漢人倫名	181③			
一師	し	し	師	譬喩	221⑤	単漢名	190②			
一師	し	—し	師	授記	416②	単漢名	404⑤			
一師	し	し	師	授記	435②	単漢名	426③			
一師	し	×	師	授記	440⑤	単漢人倫名	432⑥			
師	し	し	師	化城	539②	単漢人倫名	545①			
一師	し	×	師	授學	604③	単漢名	613①			
一師	し	×	師	授學	613③	単漢人倫名	622⑥			
一師	し	×	師	授學	617⑥	単漢人倫名	628①			
師	し	×	師	法師	656⑤	単漢人倫名	670④			
師	し	×	師	勸持	743⑥	単漢人倫名	762⑥			
師	し	×	師	從地	827⑤	単漢人倫名	849⑤			
一師	し	し	師	常不	1057⑤	単漢人倫名	1076⑤			
師	し	×	師	藥王	1116⑤	単漢人倫名	1134⑥			し[妙]
師	し	×	師	藥王	1138①	単漢人倫名	1156②			し[妙]
一師	し	×	師	妙音	1166⑤	単漢名	1183①			し[妙]
師	し	し	師	妙荘	1281③	単漢人倫名	1291①			
師	し	×	師	妙荘	1282②	単漢人倫名	1291⑥			し[妙]
師	し	×	師	妙荘	1282④	単漢人倫名	1292⑤			し[妙]
死	し	し	死	序品	27③	単漢名	23③	し／しぬる[妙]		
死	し	し	死	序品	49①	単漢名	42③	し／しぬる[妙]		
死	し	×	死	譬喩	236③	単漢名	205④	し／しぬる[妙]		
死	し	×	死	譬喩	254⑤	単漢名	225⑤	し／しぬる[妙]		

さん—し 265

当該語	読みかな	傍訓	漢字表記	品名	頁数	語の種類	妙一本	和解語文	可読	異同語彙
死	し	し	死	譬喩	255②	単漢名	226②	し／しぬる[妙]		
死	し	し	死	譬喩	258③	単漢名	229④	し／しぬる[妙]		
死	し	し	死	譬喩	289⑤	単漢名	261⑥	し／しぬる[妙]		
死	し	し	死	化城	503②	単漢名	507②	し／しに[妙]		
死	し	し	死	化城	504③	単漢名	508④	し／しに[妙]		
死	し	し	死	如來	905⑥	単漢名	924⑤	し／しぬへき[妙]	一なん[西右]	
死	し	し	死	常不	1058⑤	単漢名	1077④	し／しぬる[妙]		
死	し	し	死	觀世	1243③	単漢名	1255⑤	し／しぬる[妙]		
鵄	し	し／とび	鵄	譬喩	271⑤	単漢禽鳥名	242⑥			
鵄	し	し／とび	鵄	譬喩	281⑤	単漢禽鳥名	252⑥	し／とひ[妙]		
し	し	×	爲	譬喩	227①	和サ動	196⑩			
し	し	×	爲	譬喩	295②	和サ動	267③			
し	し	×	爲	信解	375⑥	和サ動	363④			
し	し	×	爲	化城	469⑤	和サ動	467②			
し	し	×	爲	五百	571①	和サ動	574⑥		せん[西右]	せ[妙]
し	し	×	爲	法師	630①	和サ動	641③			
歯	し	し・は	齒	隨喜	984③	単漢身体名	1002⑤			
事	じ	じ	事	序品	20④	単漢名	16⑥	し／こと[妙]		
事	じ	じ	事	序品	28⑤	単漢名	24④	し／こと[妙]		
事	じ	じ	事	序品	69②	単漢名	60③			
事	じ	じ	事	序品	74①	単漢名	65①	し／こと[妙]		
事	じ	じ	事	方便	94③	単漢名	82⑥			
事	じ	じ	事	方便	105⑤	単漢名	92⑤	し／こと[妙]		
事	じ	じ	事	方便	109①	単漢名	95③	し／こと[妙]	一まさに[西右]	
事	じ	×	事	方便	150⑤	単漢名	130⑥			
事	じ	し	事	方便	177⑤	単漢名	152⑥	し／こと[妙]		
事	じ	し	事	方便	183⑤	単漢名	157⑤	し／こと[妙]		
事	じ	×	事	方便	188⑥	単漢名	162①			
事	じ	じ	事	方便	193⑤	単漢名	165⑥	し／こと[妙]		
事	じ	じ	事	譬喩	205③	単漢名	172⑥			
事	じ	し	事	譬喩	210②	単漢名	177⑥			
事	じ	し	事	譬喩	211①	単漢名	178⑥	じ／こと[妙]		
事	じ	じ	事	譬喩	212①	単漢名	180①			
事	じ	じ	事	譬喩	212⑤	単漢名	180⑤			
事	じ	じ	事	譬喩	217①	単漢名	185③	じ／こと[妙]		
事	じ	じ	事	譬喩	229⑥	単漢名	199①	じ／こと[妙]		
事	じ	し	事	譬喩	242③	単漢名	212①			
事	じ	×	事	譬喩	242⑤	単漢名	212③			
事	じ	じ	事	譬喩	261①	単漢名	232③	し／ことを[妙]		
事	じ	し	事	信解	324⑤	単漢名	300⑤	し／こと[妙]		
事	じ	し	事	信解	335④	単漢名	313⑥	し／こと[妙]		
事	じ	し	事	信解	368⑥	単漢名	355②	し／こと[妙]		
事	じ	じ	事	信解	368⑥	単漢名	355②	し／こと[妙]		
事	じ	し	事	信解	372④	単漢名	359③			
事	じ	し	事	信解	374⑥	単漢名	362②	し／こと[妙]		
事	じ	し	事	信解	376②	単漢名	363⑥			
事	じ	×	事	信解	377①	単漢名	364⑤	し／こと[妙]		
事	じ	し	事	藥草	414②	単漢名	402④			
事	じ	し	事	授記	422①	単漢名	411③			
事	じ	し	事	化城	465⑤	単漢名	462③	し／こと[妙]		
事	じ	し	事	化城	473⑤	単漢名	472⑤			
事	じ	×	事	化城	474③	単漢名	473①	し／こと[妙]		
事	じ	し	事	化城	482⑤	単漢名	483①	し／こと[妙]		
事	じ	し	事	化城	491⑤	単漢名	493⑤			
事	じ	じ	事	化城	497③	単漢名	500③	し／こと[妙]		
事	じ	し	事	化城	537②	単漢名	543①		一とィ[西右]	
事	じ	し	事	五百	562⑥	単漢名	565⑥			
事	じ	×	事	五百	577①	単漢名	581⑤			
事	じ	し	事	五百	582②	単漢名	587④			
事	じ	じ	事	五百	600③	単漢名	609①			
事	じ	し	事	法師	627⑥	単漢名	639①	し／こと[妙]		
事	じ	×	事	法師	634④	単漢名	646④			
事	じ	じ	事	見寶	687①	単漢名	704⑤			
事	じ	×	事	提婆	725①	単漢名	743②	し／こと[妙]		
事	じ	し	事	提婆	734④	単漢名	752⑥	し／こと[妙]		
事	じ	×	事	勸持	753①	単漢名	772④	し／こと[妙]		
事	じ	じ	事	勸持	757④	単漢名	777②	し／こと[妙]		

当該語	読みかな	傍訓	漢字表記	品名	頁数	語の種類	妙一本	和解語文	可読	異同語彙
事	じ	じ	事	從地	840①	単漢名	862⑥	し／こと[妙]		
事	じ	×	事	從地	840④	単漢名	863③	し／こと[妙]		
事	じ	×	事	從地	841②	単漢名	864①	し／こと[妙]		
事	じ	じ	事	從地	844②	単漢名	866⑥	し／こと[妙]		
事	じ	×	事	從地	846②	単漢名	869②	し／こと[妙]		
事	じ	じ	事	從地	852②	単漢名	875②			
事	じ	×	事	從地	858⑤	単漢名	881④	し／こと[妙]		
事	じ	し	事	從地	859④	単漢名	882③	し／こと[妙]		
事	じ	×	事	從地	862①	単漢名	884⑤	し／こと[妙]		
事	じ	×	事	從地	863⑤	単漢名	886③	し／こと[妙]		
事	じ	×	事	從地	865⑤	単漢名	888③	し／こと[妙]		
事	じ	×	事	從地	869②	単漢名	892①	し／こと[妙]		
事	じ	じ	事	如來	886④	単漢名	905③			
一事	し	し	事	如來	892②	単漢名	911②			
事	じ	じ	事	如來	893④	単漢名	912④	し／こと[妙]		
事	じ	×	事	如來	897⑥	単漢名	916⑥			
事	じ	×	事	分別	935②	単漢名	954③		は[西右]	
事	じ	×	事	神力	1095①	単漢名	1113⑤		一と[西右]	事(じ)[妙]
事	じ	じ	事	神力	1098⑤	単漢名	1117④			し[妙]
事	じ	×	事	妙音	1182④	単漢名	1197③		一は[西右]	し[妙]
事	じ	×	事	妙音	1196⑥	単漢名	1210⑥			し[妙]
事	じ	じ	事	觀世	1222③	単漢名	1235④	し／こと[妙]		
四悪道	しあくどう	×	四悪道	授記	435⑥	漢数名	427①		よつのーーのイ[西右]	
しひ	しい	×	強	信解	328⑥	和動	305⑤			
しゐ	しい	×	強	信解	358⑤	和動	342⑤			しひ[妙]
志意	しい	しい／こゝろ	志意	信解	332③	漢名	310①	しい／こころ[妙]		
志意	しい	しい	志意	信解	364⑥	漢名	350④	しい／こゝろさし[妙]		
しひて	しいて	×	強	信解	331①	和副	308④			
しいて	しいて	×	強	信解	331⑥	和副	309①			
志意和雅	しいわが	しいわげ／心さしやはらかなる也	志意和雅	提婆	728⑤	漢四熟名	746②	しいわげ／こころやはらか[妙]		
侍衛せ	じえ	しゑ／はんへり	侍衛	信解	357④	漢サ動	341④			
侍衛せ	じえせ	じゑ／つかいめくる心	侍衛	譬喩	249③	漢サ動	219③	じえ／さふらひまほれ[妙]		
侍衛せ	じえせ	じゑ／つかいめくり	侍衛	譬喩	288③	漢サ動	260③	じゑ・せ／さふらひまほれり[妙]		
四王	しおう	×	四王	化城	454③	漢数名	448⑥			
しか	しか	×	爾	安樂	807①	和接	829②			
しか	しか	×	然	見寶	698①	和副	717①			
しか	しか	×	布	信解	376②	和動	363⑥			
しかあらん	しかあらん	×	爾	授記	444④	和連語	437②		ならん[西右]	
しかあらん	しかあらん	×	爾	化城	462②	和連語	458①		ならん[西右]	
しかあるに	しかあるに	×	然	如來	883⑥	和接	902⑤			
しかあるに	しかあるに	×	然	隨喜	974④	和接	993①		しかも[西右]	
而	しかあるに	×	而	授學	610②	和接	619④			しかあるに[妙]
しかあるに	しかあるに	×	而	從地	860①	和接	882⑥		一を[西右]	
しかあるに	しかあるに	×	而	藥王	1138②	和接	1156③		しかあるを[西右]	しかあるに[妙]
しかあるに	しかあるに	×	而	妙音	1171④	和接	1187③			
しかあるに	しかあるに	×	而	妙莊	1287①	和接	1296④		一を[西右]	しかある[妙]
しかあるに	しかあるに	×	而	普賢	1325①	和接	1329④		しかも[西右]	しかあるに[妙]
しかあるを	しかあるを	×	而	方便	103⑥	和接	91①			
しかあるを	しかあるを	×	而	譬喩	207⑥	和接	175①			
しかあるを	しかあるを	×	而	譬喩	213⑥	和接	182①			
しかあるを	しかあるを	×	而	譬喩	236⑥	和接	206②			
しかあるを	しかあるを	×	而	譬喩	282③	和接	254①			
しかあるを	しかあるを	×	而	信解	329⑥	和接	307①			
しかあるを	しかあるを	×	而	信解	350②	和接	332④			
しかあるを	しかあるを	×	而	信解	350⑥	和接	333③			
しかあるを	しかあるを	×	而	安樂	798⑤	和接	820②			
しかあるを	しかあるを	×	而	如來	916②	和接	935②		ざるにしかも[西右]	
しかあるを	しかあるを	×	然	譬喩	207①	和接	174②			
しかあるを	しかあるを	×	然	如來	895④	和接	914④			
持戒	じかい	ぢかい	持戒	方便	160②	漢名	138③	ちかい／かいをたもち[妙]		

当該語	読みかな	傍訓	漢字表記	品名	頁数	語の種類	妙一本	和解語文	可読	異同語彙
持戒	じかい	ちがい／たもち	持戒	藥草	407②	漢名	394④	ちかい／かいをたもつ[妙]		
持戒	じかい	じかい	持戒	分別	956⑥	漢名	975④			
持戒	じかい	ぢかい	持戒	分別	965⑥	漢名	984②		―し[西右]	
持戒清潔	じかいしょうけつ	ぢかいしやうけつ／きよくいさぎよき心	持戒清潔	譬喩	313⑤	漢四熟名	287③	ちかいしやうけつ／かいをたもちいさきよき[妙]		
鹿車	しかぐるま	ろくしや	鹿車	譬喩	264①	和乗物名	235③	ろくしや／かせきのくるま[妙]		
しかし	しかじ	×	如不	信解	328③	和連語	305①			
しかじ	しかじ	×	如不	随喜	978②	和連語	996③			
而して	しかして	×	然	授學	604⑤	和接	613③			
四月	しがつ	×	四月	法功	1041④	漢数名	1060③			
四月	しがつ	×	四月	法功	1044⑤	漢数名	1063②			
自活	じかつ	じくはつ／みづからよみかへらん	自活	五百	592⑤	漢名	599⑥	しくわち／みつからわたらふ[妙]		
しかども	しかども	×	然	信解	352②	和副	335①			
しかども	しかども	×	然	信解	369②	和副	355④			
しかども	しかども	×	然	常不	1065④	和副	1084②			しかとも[妙]
しかなり	しかなり	×	然	方便	100①	和連語	87⑤			
しかなり	しかなり	×	然	方便	122⑥	和連語	107⑤			
しかなり	しかなり	×	然	信解	351⑤	和連語	334④			
しかなり	しかなり	×	然	藥草	406⑤	和連語	394①			
しかなり	しかなり	×	然	藥草	414①	和連語	402③			
しかなり	しかなり	×	然	化城	534①	和連語	539④		―りィ[西右]	
しかなり	しかなり	×	然	授學	616⑥	和連語	626⑥			
しかなり	しかなり	×	然	從地	863②	和連語	886①			
しかも	しかも	×	然	信解	340③	和接	320①			
しかも	しかも	×	然	信解	342④	和接	322⑥			
しかも	しかも	×	然	信解	348①	和接	329⑤			
しかも	しかも	×	然	從地	862⑤	和接	885③			
しかも	しかも	×	然	如來	890⑥	和接	909⑥			
しかも	しかも	×	然	如來	903⑤	和接	922⑤			
しかも	しかも	×	然	法功	1014②	和接	1032⑤			
而	しかも	しかも	而	序品	29②	和接	×			
しかも	しかも	×	而	序品	31⑥	和接	27③			
しかも	しかも	×	而	序品	59③	和接	51⑥			
しかも	しかも	×	而	序品	60①	和接	52③			
しかも	しかも	×	而	序品	63④	和接	55④			
而	しかも	しかも	而	序品	67⑤	和接	59②			
而	しかも	しかも	而	序品	81①	和接	71①		して[妙]	
しかも	しかも	×	而	方便	107④	和接	94②			
而	しかも	しかも	而	方便	130⑤	和接	×			
而	しかも	しかも	而	方便	132②	和接	×			
しかも	しかも	×	而	方便	134④	和接	117⑤			
而	しかも	しかも	而	方便	142④	和接	×			
而	しかも	しかも	而	方便	146④	和接	127③			
しかも	しかも	×	而	方便	151④	和接	131④			
しかも	しかも	×	而	方便	177③	和接	152③			
しかも	しかも	×	而	譬喩	205③	和接	172④			
しかも	しかも	×	而	譬喩	210③	和接	178①			
しかも	しかも	×	而	譬喩	211①	和接	178⑥			
しかも	しかも	×	而	譬喩	211②	和接	179①			
しかも	しかも	×	而	譬喩	232①	和接	×			
しかも	しかも	×	而	譬喩	238②	和接	207④			
しかも	しかも	×	而	譬喩	240④	和接	210②			
しかも	しかも	×	而	譬喩	241⑥	和接	211③			
しかも	しかも	×	而	譬喩	243②	和接	212⑥			
しかも	しかも	×	而	譬喩	249⑤	和接	219⑤			
しかも	しかも	×	而	譬喩	252④	和接	222⑤			
しかも	しかも	×	而	譬喩	254④	和接	225④			
しかも	しかも	×	而	譬喩	258③	和接	229⑤			
しかも	しかも	×	而	譬喩	258⑥	和接	230①			
しかも	しかも	×	而	譬喩	259④	和接	230⑥			
しかも	しかも	×	而	譬喩	268④	和接	239⑥			
しかも	しかも	×	而	譬喩	272②	和接	243③			
しかも	しかも	×	而	譬喩	279②	和接	×			
しかも	しかも	×	而	譬喩	282①	和接	253④			
しかも	しかも	×	而	譬喩	284②	和接	255⑥			

当該語	読みかな	傍訓	漢字表記	品名	頁数	語の種類	妙一本	和解語文	可読	異同語彙
しかも	しかも	×	而	譬喩	285①	和接	256⑤			しかあるを【而】[妙]
しかも	しかも	×	而	譬喩	290④	和接	262⑤			
しかも	しかも	×	而	譬喩	290⑥	和接	263①			
しかも	しかも	×	而	譬喩	294④	和接	266⑤			
しかも	しかも	×	而	譬喩	297②	和接	269③			
しかも	しかも	×	而	譬喩	308①	和接	280④			
しかも	しかも	×	而	信解	324④	和接	300④			
しかも	しかも	×	而	信解	332⑤	和接	310⑤			
しかも	しかも	×	而	信解	338⑤	和接	317⑥			
しかも	しかも	×	而	信解	342③	和接	322⑤			
しかも	しかも	×	而	信解	349④	和接	331⑤			
しかも	しかも	×	而	信解	351④	和接	334②			
しかも	しかも	×	而	信解	355⑤	和接	339③			
しかも	しかも	×	而	信解	365⑥	和接	351⑤			
しかも	しかも	×	而	信解	371③	和接	358①			
しかも	しかも	×	而	信解	373②	和接	360①			
しかも	しかも	×	而	藥草	390②	和接	375④			
しかも	しかも	×	而	藥草	390③	和接	375⑥			
しかも	しかも	×	而	藥草	397③	和接	383④			
しかも	しかも	×	而	藥草	403③	和接	390②			
しかも	しかも	×	而	藥草	404②	和接	391②			
しかも	しかも	×	而	藥草	406①	和接	393②		一して・しかも因縁となるをもて也ィ[西右]	
しかも	しかも	×	而	藥草	407④	和接	394⑥			
しかも	しかも	×	而	藥草	412④	和接	400④			
しかも	しかも	×	而	藥草	413②	和接	401③			
しかも	しかも	×	而	授記	419②	和接	408①		一してィ[西右]	
しかも	しかも	×	而	授記	423②	和接	412⑤		しかうして[西右]	
しかも	しかも	×	而	授記	443①	和接	435④			
しかも	しかも	×	而	化城	452②	和接	446③			
しかも	しかも	×	而	化城	452④	和接	446⑤		ざりしかども[西右]	
しかも	しかも	×	而	化城	463⑤	和接	459⑥			
しかも	しかも	×	而	化城	465③	和接	462①			
しかも	しかも	×	而	化城	465⑥	和接	462③			
しかも	しかも	×	而	化城	466①	和接	462⑤			
しかも	しかも	×	而	化城	466⑥	和接	463⑤			
しかも	しかも	×	而	化城	474①	和接	472⑤			
しかも	しかも	×	而	化城	474③	和接	473①			
しかも	しかも	×	而	化城	483①	和接	483②			
しかも	しかも	×	而	化城	483②	和接	483④			
しかも	しかも	×	而	化城	489③	和接	490⑥			
しかも	しかも	×	而	化城	491⑥	和接	493⑥			
しかも	しかも	×	而	化城	492②	和接	494③			
しかも	しかも	×	而	化城	500③	和接	504①			
しかも	しかも	×	而	化城	504⑥	和接	509①			
しかも	しかも	×	而	化城	505④	和接	509⑥			
しかも	しかも	×	而	化城	519⑥	和接	524⑥			
しかも	しかも	×	而	化城	523②	和接	528③			
しかも	しかも	×	而	化城	529③	和接	535①			
而	しかも	しかも	而	五百	563⑤	和接	566⑥			
而	しかも	しかも	而	五百	564②	和接	567③			
而	しかも	しかも	而	五百	565⑥	和接	×			
しかも	しかも	×	而	五百	567⑥	和接	571④			
而	しかも	しかも	而	五百	569②	和接	573①			
而	しかも	しかも・しかして	而	五百	572③	和接	576③			
しかも	しかも	×	而	五百	577⑤	和接	582④			
而	しかも	しかも	而	五百	578②	和接	583②			
しかも	しかも	×	而	五百	590①	和接	596⑤			しかあるを[妙]
而	しかも	しかも	而	五百	591⑤	和接	×		てしかして一て[西右]	て[妙]
しかも	しかも	×	而	五百	592④	和接	599④			しかあるを[妙]
しかも	しかも	×	而	五百	594⑥	和接	602④			しかあるを[妙]
しかも	しかも	×	而	五百	598⑥	和接	607③			

しか 269

当該語	読みかな	傍訓	漢字表記	品名	頁数	語の種類	妙一本	和解語文	可読	異同語彙
しかも	しかも	×	而	授學	601②	和接	609④			
しかも	しかも	×	而	授學	609①	和接	618②			
しかも	しかも	×	而	授學	611⑤	和接	621②		一して[西右]	
しかも	しかも	×	而	授學	613⑤	和接	623②			
而	しかも	しかも	而	授學	614③	和接	624①			
而	しかも	しかも	而	法師	635④	和接	×			
しかも	しかも	×	而	法師	636⑥	和接	649②			
しかも	しかも	×	而	法師	637④	和接	649⑥			
しかも	しかも	×	而	法師	638③	和接	650⑤			
而	しかも	しかも	而	法師	645③	和接	×			
而	しかも	×	而	法師	652①	和接	×			
しかも	しかも	×	而	見寶	660②	和接	674⑤			
しかも	しかも	×	而	見寶	671⑥	和接	687③			
しかも	しかも	×	而	見寶	681③	和接	698③			
而も	しかも	しか	而	見寶	682④	和接	×			
而	しかも	しかも	而	見寶	693③	和接	×			
しかも	しかも	×	而	見寶	697①	和接	715⑥			
しかも	しかも	×	而	勸持	740②	和接	758⑥			
しかも	しかも	×	而	勸持	741④	和接	760③			
しかも	しかも	×	而	安樂	781⑤	和接	802④			
しかも	しかも	×	而	安樂	788①	和接	809④			
しかも	しかも	×	而	安樂	794⑥	和接	816③			
しかも	しかも	×	而	安樂	796③	和接	818①			
しかも	しかも	×	而	安樂	800①	和接	821⑥		一れど[西右]	
しかも	しかも	×	而	安樂	802③	和接	824③			
しかも	しかも	×	而	安樂	804①	和接	826①			
しかも	しかも	×	而	安樂	811⑥	和接	834②			
しかも	しかも	×	而	從地	828④	和接	850⑤			
しかも	しかも	×	而	從地	831③	和接	854①			
しかも	しかも	×	而	從地	867②	和接	890⑤			
しかも	しかも	×	而	如來	895⑤	和接	914⑤			
しかも	しかも	×	而	如來	899①	和接	918①			
しかも	しかも	×	而	如來	903⑥	和接	922⑥			
しかも	しかも	×	而	如來	905②	和接	924①			
しかも	しかも	×	而	如來	911③	和接	930③			
しかも	しかも	×	而	如來	912①	和接	930⑥			
しかも	しかも	×	而	如來	919②	和接	938①			
しかも	しかも	×	而	如來	919⑤	和接	938⑤			
しかも	しかも	×	而	如來	919⑥	和接	938⑥			
しかも	しかも	×	而	分別	959①	和接	977④			
しかも	しかも	×	而	分別	962⑤	和接	981①			
しかも	しかも	×	而	隨喜	969⑤	和接	987⑥			
しかも	しかも	×	而	隨喜	985⑤	和接	1004①			
しかも	しかも	×	而	隨喜	993③	和接	1012①			
しかも	しかも	×	而	法功	1001②	和接	1019⑥			
しかも	しかも	×	而	法功	1002③	和接	1021①			
しかも	しかも	×	而	法功	1007⑤	和接	1026②			
しかも	しかも	×	而	法功	1025④	和接	1044④			
しかも	しかも	×	而	法功	1026①	和接	1044⑥			
しかも	しかも	×	而	法功	1043①	和接	1061⑤			
しかも	しかも	×	而	常不	1063③	和接	1082①			
しかも	しかも	×	而	藥王	1127③	和接	1145②			
しかも	しかも	×	而	妙音	1176④	和接	1191⑥			
しかも	しかも	×	而	妙音	1178②	和接	1193④			
しかも	しかも	×	而	妙音	1189④	和接	1204①			
しかも	しかも	×	而	普賢	1317①	和接	1322③			
しかも	しかも	×	而	普賢	1327④	和接	1331⑤			
しからしめ	しからしめ	×	爾令	安樂	782①	和動	803①			
しかるに	しかるに	×	而	妙莊	1277⑤	和接	1287⑥		しかあるを[妙][西右]	しかあるに[妙]
しかるを	しかるを	×	而	五百	593④	和接	600⑥			
志願	しがん	しくはん・こゝろさしねかふ	志願	信解	368④	漢名	354⑤	しくわん／こゝろさしねかはぬ[妙]		
志願	しがん	しくはん	志願	信解	370①	漢名	356④	しくわん／こゝろさしねかふこと[妙]		
慈觀	じかん	じ一	慈觀	觀世	1243⑤	漢名	1256①	しくわん／あはれみのくわん[妙]	いつくしみの一[西右]	

当該語	読みかな	傍訓	漢字表記	品名	頁数	語の種類	妙一本	和解語文	可読	異同語彙
志願力	しがんりき	しくはん―	志願力	法師	639③	漢名	651⑤	しくわんりき／こころさしねかうちから[妙]	―と[西右]	
しき	しき	×	敷	化城	452⑥	和動	447③			
しき	しき	×	布	見寶	670②	単漢名	685③			
識	しき	しき／こゝろ	識	化城	502⑤	単漢名	506④			
識	しき	×	識	化城	502⑤	単漢名	506④			
識	しき	しき	識	化城	503③	単漢名	507③	しきめつ／さとりめつ[妙]		識滅[妙]
識	しき	×	識	化城	503③	単漢名	507④	しきめつ／さとりめつ[妙]		識滅[妙]
色	しき	しき／いろ	色	譬喩	260②	単漢名	231⑤	しき／いろ[妙]		
色	しき	×	色	藥草	403①	単漢名	389⑤	しき／いろ[妙]	―あり[西右]	
色	しき	×	色	法師	636③	単漢名	648③			
色	しき	しき・いろ	色	如來	901⑥	単漢名	920⑥	しき／いろ[妙]	―と[西右]	
色	しき	しき	色	如來	902③	単漢名	921③	しき／いろ[妙]	―と[西右]	
色	しき	しき	色	如來	903③	単漢名	922①	しき／いろ[妙]		
色	しき	しき	色	如來	904②	単漢名	923③	しき／いろ[妙]		
色	しき	しき	色	如來	908①	単漢名	926⑥	しき／いろ[妙]		
色	しき	いろ	色	妙荘	1292⑤	単漢名	1301④	しき／いろ[妙]		
食	しき	じき	食	提婆	711②	単漢名	728④			
尸棄	しき	しき	尸棄	化城	492②	漢名	494②			
食	じき	じき	食	譬喩	272⑤	単漢名	244①			しき[妙]
食	じき	じき	食	譬喩	275②	単漢名	246⑤			しき[妙]
食	じき	×	食	五百	581④	単漢名	586⑤			
食頃	じききょう	じきちやう／物くふあいた／ときのあいだ	食頃	序品	59③	漢名	51④	しききやう／しきのあいだ[妙]		
思議し	しぎし	しき	思議	従地	835②	漢サ動	858①	しき・し／をもひはかり[妙]		
思議し	しぎし	しぎ	思議	従地	846⑤	漢サ動	869③	しき・し／をもひはかり[妙]	―する事[西右]	
思議し	しぎし	しぎ	思議	従地	865⑤	漢サ動	888③	しき・し／おもひはかり[妙]		
色身	しきしん	しきしん	色身	藥王	1120②	漢名	1138③			しきしん[妙]
色身	しきしん	×	色身	藥王	1120④	漢名	1138⑥			しきじん[妙]
色身	しきしん	×	色身	藥王	1137③	漢名	1155③			しきじん[妙]
思議す	しぎす	しき	思議	觀世	1235⑥	漢サ動	1248③	しき・す／おもひはかる[妙]		
思議する	しぎする	しぎ	思議	譬喩	213①	漢サ動	181①	しきする／おもひはかる[妙]		
思議する	しぎする	しぎ	思議	譬喩	234⑤	漢サ動	204②	しぎする／おもひはかる[妙]		
思議する	しぎする	しき	思議	五百	574⑥	漢サ動	579③			
食する	じきする	×	食	授記	425⑥	漢サ動	416①			
食せ	じきせ	じき	食	授記	424①	漢サ動	413⑤			
食せ	じきせ	じき	食	授記	424⑤	漢サ動	414①			
食せ	じきせ	×	食	授記	425②	漢サ動	415①			
色相	しきそう	しきさう	色相	妙音	1177③	漢名	1192④			しきさう[妙]
色像	しきぞう	しきそ・ざう	色像	法功	1037①	漢名	1055⑥	しきさう／いろかたち[妙]		
色像	しきぞう	しきざう	色像	法功	1038③	漢名	1057①	しきさう／いろすかた[妙]		
色像	しきぞう	しきざう	色像	法功	1039①	漢名	1057⑥	しきさう／いろすかた[妙]		
尸棄大梵	しきたいぼん	しきたいぼん	尸棄大梵	序品	10⑤	漢四熟名	8⑤			
食噉	じきだんす	じきだん／くらふ	食噉	譬喩	273②	漢サ動	244④			
食噉す	じきだんす	じきだん／くらう心	食噉	譬喩	278④	漢サ動	250②	しきだん／くらう[妙]		
食噉する	じきだんする	じきだん	食噉	法功	1031③	漢サ動	1050③			
直に	じきに	×	直	譬喩	293④	漢副	265④			
持経者	じきょうしゃ	×	持経者	法師	636①	漢人倫名	648①			
持経者	じきょうしゃ	×	持経者	法師	636③	漢人倫名	648④			
持経者	じきょうしゃ	ぢきやうしゃ	持経者	法功	1017②	漢人倫名	1036③			
持経者	じきょうしゃ	×	持経者	法功	1018③	漢人倫名	1037①			
持経者	じきょうしゃ	×	持経者	法功	1024②	漢人倫名	1043②			
持経者	じきょうしゃ	×	持経者	法功	1026①	漢人倫名	1044⑥			

しか—しこ 271

当該語	読みかな	傍訓	漢字表記	品名	頁数	語の種類	妙一本	和解語文	可読	異同語彙
示教利喜し	じきょうりきし	じきやうりきし	示教利喜	化城	511①	漢四熟サ動	516①	しけうりき／しめしをしへよろこひ[妙]		
示教利喜し	じきょうりきし	じけうりき	示教利喜	五百	565⑤	漢四熟サ動	569①	しけうりき・し／しめしをしへ—よろこひ[妙]		
示教利喜し	じきょうりきし	じげうりき	示教利喜	随喜	975⑤	漢四熟サ動	993⑥	しけうりき・し／しめしをしへて[妙]	—せしめ[西右]	
示教利喜し	じきょうりきし	じけうりき	示教利喜	妙荘	1291①	漢四熟サ動	1300①		—せしめ[西右]	じけうりき・し[妙]
示教利喜し	じきょうりきし	じけうりき	示教利喜	妙荘	1297⑥	漢四熟サ動	1305⑥	しけうりき・し／しめしおしへよろこひ[妙]		
示教利喜す	じきょうりきす	じけうりき	示教利喜	嘱累	1109③	漢四熟サ動	1128①	しけう・りき／しめしおしへよろこはしむ[妙]		
示教利喜す	じきょうりきす	じけうりき	示教利喜	普賢	1317③	漢四熟サ動	1322⑥	しけうりき・す／しめしおしへよろこはしむ[妙]	—せしめむ[西右]	示教利喜す[妙]
色力	しきりき	しきりき	色力	化城	497④	漢名	500③	しきりき／いろちから[妙]		
測量する	しきりやう	しきりやう／はかる心也	測量	方便	92⑥	漢サ動	81⑤	しきりやう・する／はかる[妙]		
しく	しく		如	藥王	1158②	和動	1175⑥			
四衢	しく	しく／よつのちまた	四衢	譬喩	284②	漢数名	255⑥	—く／よつのちまた[妙]		
思求す	しぐす	しぐ／もとむる心	思求	方便	99②	漢サ動	87①	しく・す／おもひもとむ[妙]		
志求する	しぐする	しぐ	志求	方便	185③	漢サ動	159①	しく・する／こゝろさしもとむ[妙]		
志求する	しぐする	しぐ	志求	方便	192①	漢サ動	164⑥	しく・する／こゝろさしをもとむ[妙]		
志求せ	しぐせ	しく	志求	方便	138①	漢サ動	120③	しく／こゝろさしもとめ[妙]		
四衢道	しくどう	—くわだう／よつのちまた	四衢道	譬喩	247①	漢数名	216⑤	—くだう／よつのちまたのみち[妙]		
しけ	しけ	×	布	見寶	674③	和動	690②			
しけ	しけ	×	布	見寶	676④	和動	692⑤			
しげき	しげき	×	滋茂	藥草	403③	和形	390②		しけく・しけくしけらん[西右]	しけくしけらん。しけく。[西]しけくもす[妙]
しげく	しげく	×	茂	藥草	411②	和形	399②		まして[西右]	
慈眼	じげん	じげん／いつくしみのまなこ	慈眼	觀世	1246①	漢名	1258②	じげん／あはれみのまなこ[妙]		
示現す	じげんす	×	示現	妙音	1196④	漢サ動	1210④			しけん・す[妙]
自高	じこう	しかう／みつからたかき	自高	分別	966②	漢名	984④	しかう／みつからたかき[妙]		
しかうして	しこうして	×	爾	法師	646⑤	和接	660①			
しかうして	しこうして	×	爾	從地	854②	和接	876⑤			
しかうして	しこうして	×	序品	序品	24⑤	和接	20⑥			
而	しこうして	しかうして・—も	而	序品	31⑤	和接	×			
しかうして	しこうして	×	而	譬喩	204④	和接	171④			
而	しこうして	しかふして	而	譬喩	253⑥	和接	224⑥			
しかうして	しこうして	×	而	信解	318④	和接	293②			しかも[西]
しかうして	しこうして	×	而	信解	345④	和接	326⑥			
しかうして	しこうして	×	而	信解	370①	和接	356④			
而し	しこうして	しかう—	而	五百	600①	和接	608⑤			
而	しこうして	しかも	而	授學	620④	和接	×			
而	しこうして	×	而	法師	629②	和接	640④			
而	しこうして	しかも	而	見寶	657①	和接	671③			
而	しこうして	しかも	而	見寶	668①	和接	683②			
而	しこうして	しかうして・しかも／奉りて	而	見寶	678⑤	和接	695②			
而	しこうして	しかも	而	見寶	689⑤	和接	707④		もてしかも[西右]	
しかうして	しこうして	×	而	勸持	749④	和接	768⑤			
しかうして	しこうして	×	而	勸持	753②	和接	772⑥			

当該語	読みかな	傍訓	漢字表記	品名	頁数	語の種類	妙一本	和解語文	可読	異同語彙
しかうして	しこうして	×	而	從地	820①	和接	842③			
しかうして	しこうして	×	而	從地	870③	和接	893②		しかも[西右]	
しかうして	しこうして	×	而	如來	902②	和接	921②			
しかうして	しこうして	×	而	妙莊	1279⑤	和接	1289⑤			
しかうして	しこうして	×	而	妙莊	1295⑤	和接	1304①		しかも[西右]	しかうして[妙]
しかうして	しこうして	×	然	譬喩	232①	和接	201④			
しかうして	しこうして	×	然	譬喩	259②	和接	230③			
しかうして	しこうして	×	然	譬喩	259⑥	和接	231①			
しかうして	しこうして	×	然	譬喩	268③	和接	239④			
しかうして	しこうして	×	然	譬喩	269①	和接	240②			
しかうして	しこうして	×	然	信解	372②	和接	359①			
しかうして	しこうして	×	然	授記	424②	和接	413⑥			
しかうして	しこうして	×	然	授記	425③	和接	415③			
しかうして	しこうして	×	然	化城	457⑥	和接	453①			
しかうして	しこうして	×	然	化城	547⑤	和接	554③			
しかうして	しこうして	×	然	五百	583⑥	和接	589③			
しかうして	しこうして	×	然	授學	607②	和接	616⑥			
しかうして	しこうして	×	然	法師	647⑤	和接	660⑥			
しかうして	しこうして	×	然	見寶	666①	和接	680⑤			
しかうして	しこうして	×	然	提婆	730①	和接	748①			
しかうして	しこうして	×	然	提婆	733①	和接	751②			
しかうして	しこうして	×	然	常不	1060③	和接	1079①			
しかうして	しこうして	×	然	神力	1087④	和接	1105⑥			
しかうして	しこうして	×	然	藥王	1136⑤	和接	1154⑥		にしてしかも[西右]	
しかうして	しこうして	×	然	妙音	1168①	和接	1184③			
しかうして	しこうして	×	然	妙音	1181⑥	和接	1196⑤			
地獄	じごく	ぢこく	地獄	序品	34⑤	漢名	29⑥			
地獄	じごく	ぢこく	地獄	譬喩	255⑤	漢名	226⑤			
地獄	じごく	ちこく	地獄	譬喩	303②	漢名	275⑤			
地獄	じごく	ぢこく	地獄	譬喩	309②	漢名	281⑥			
地獄	じごく	ちこく	地獄	授記	435⑥	漢名	427②			
地獄	じごく	ぢこく	地獄	見寶	672⑤	漢名	688②			
地獄	じごく	×	地獄	見寶	675①	漢名	690⑤			
地獄	じごく	ちごく	地獄	提婆	719⑤	漢名	737⑤			
地獄	じごく	ぢごく	地獄	法功	1003③	漢名	1021⑥			
地獄	じごく	ちこく	地獄	法功	1039③	漢名	1057⑤			
地獄	じごく	ーごく	地獄	藥王	1117②	漢名	1135④		ーと[西右]	ちこく[妙]
地獄	じごく	×	地獄	妙音	1192①	漢名	1206①			ちこく[妙]
地獄	じごく	ちこく	地獄	觀世	1243③	漢名	1255⑤		ーと[西右]	ちこく[妙]
地獄聲	じごくしょう	ぢこくー	地獄聲	法功	1000①	漢名	1018⑤	ちこくしやう／ちこくのこゑ[妙]		
持国天王	じこくてんのう	ぢこくーーー	持國天王	陀羅	1259②	仏王名名	1271③			持國天王(ぢこくてんわう)[妙]
示悟す	しごす	しご／しめしさとる	示悟	方便	128③	漢サ動	112④	しご・せ／しめしさとら[妙]	ーせしめ給ふ[西右]	ーせむとなり[妙]
恃怙する	じこする	じこ・たのみたのむ	恃怙	如來	907⑤	漢サ動	926④	じこ／たのむ[妙]		
自在	じざい	じざい	自在	序品	5①	漢名	4①			
自在	じざい	じざい	自在	譬喩	236①	漢名	205③			
自在	じざい	じざい	自在	譬喩	298①	漢名	270③			
一自在	じざい	じざい	自在	五百	572①	漢名	576①			
自在	じざい	じざい	自在	五百	588③	漢名	594⑤			自在者(じさいしゃ)[妙]
自在	じざい	×	自在	法師	633①	漢名	644⑥			
自在	じざい	じざい	自在	隨喜	976③	漢名	994②			
自在	じざい	じざい	自在	法功	1034③	漢名	1052⑥		ーと[西右]	
自在	じざい	×	自在	妙音	1190③	漢名	1204④			しさい[妙]
自在之業	じざいしごう	しさいしごう	自在之業	觀世	1246⑥	漢四熟名	1259①		ーーーのーーたる[西右]	自在の業(しさいのこう)[妙]
自在神通	じざいじんつう	じざいーづう	自在神通	從地	845④	漢四熟名	868②			
自在神通	じざいじんつう	×	自在神通	普賢	1306①	漢四熟名	1312⑥	しさいしんつう[妙]	ー力[西右]	
自在神力	じざいじんりき	じざいーー	自在神力	神力	1094⑥	漢四熟名	1113⑤	しざいしんりき[妙]	ーーのーーと[西右]	
自在神力	じざいじんりき	×	自在神力	觀世	1234④	漢四熟名	1247⑥	しさいしんりき[妙]		
自在天	じざいてん	しさいてん	自在天	觀世	1224③	漢名	1237④	じざいてん[妙]		
自在天	じざいてん	×	自在天	觀世	1224④	漢名	1237⑤	しさいてん[妙]		

しこーしし 273

当該語	読みかな	傍訓	漢字表記	品名	頁数	語の種類	妙一本	和解語文	可読	異同語彙
自在天子	じざいてんし	じざい――／しかいのぬし也	自在天子	序品	10④	仏梵語名	8③			
自在無导	じざいむげ	じざいむげ	自在無礙	譬喩	288⑥	漢四熟名	260⑥	じざいむげ／―さわりなからん[妙]		自在無礙[妙]
自在無导{繫}	じざいむげ	じざいむげ	自在無导{繫}	譬喩	261⑤	漢四熟名	233②	しさいむげ／さりなく[妙]		
四三二	しさんに	×	四三二	分別	931⑤	漢数名	950③			
師子	しし	しし	獅子	譬喩	284②	漢獣類名	255⑥			
師子	しし	しゝ	獅子	信解	326②	漢獣類名	302⑤			
師子	しし	しゝ	獅子	信解	329②	漢獣類名	306②			
師子	しし	しゝ	獅子	信解	357③	漢獣類名	341③			
師子	しし	しゝ	獅子	信解	358⑥	漢獣類名	343⑤			
師子	しし	しし	獅子	化城	452⑥	漢獣類名	447②			
師子	しし	しゝ	獅子	化城	467⑤	漢獣類名	464⑤			
師子	しし	×	獅子	化城	476③	漢獣類名	475③			
師子	しし	×	獅子	化城	485①	漢獣類名	485④			
師子	しし	×	獅子	化城	493⑤	漢獣類名	496⑤			
師子	しし	しし	獅子	見寶	671⑤	漢獣類名	686⑤			
師子	しし	しし	獅子	見寶	677④	漢獣類名	694①			
師子	しし	しゝ	獅子	見寶	679②	漢獣類名	696①			
師子	しし	×	獅子	見寶	680⑤	漢獣類名	697⑤			
師子	しし	×	獅子	見寶	683⑤	漢獣類名	700⑤			
師子	しし	×	獅子	見寶	688①	漢獣類名	705⑤			
師子	しし	しゝ	獅子	安樂	811③	漢獣類名	833⑤			
師子	しし	×	獅子	安樂	815⑤	漢獣類名	837⑤			
師子	しし	×	獅子	從地	824①	漢獣類名	846③			
師子	しし	×	獅子	從地	842⑤	漢獣類名	865①			
師子	しし	×	獅子	從地	845⑤	漢獣類名	868③			
師子	しし	しゝ	獅子	分別	926④	漢獣類名	945②			
師子	しし	×	獅子	分別	926⑤	漢獣類名	945③			
師子	しし	しゝ	獅子	法功	1019①	漢獣類名	1037⑤		―と[西右]	
師子	しし	×	獅子	常不	1075③	漢獣類名	1094①			しし[妙]
師子	しし	ししの	獅子	神力	1086⑥	漢獣類名	1105②		―の[西右]	師子(しし)[妙]
師子	しし	ししの	獅子	神力	1088⑥	漢獣類名	1107②		―の[西右]	師子(しし)[妙]
師子	しし	×	獅子	神力	1089①	漢獣類名	1107④			しし[妙]
師子	しし	しゝ	獅子	囑累	1113②	漢獣類名	1131⑥			しし[妙]
師子	しし	×	獅子	普賢	1333①	漢獣類名	1336④		――の[西右]	しし[妙]
師子	しし	しゝ	獅子	囑累	1113②	漢獣類名	1131⑥			しし[妙]
師子	しし	×	獅子	普賢	1333①	漢獣類名	1336④		――の[西右]	しし[妙]
思し	しし	し	思	藥草	396②	漢サ動	382②			
思し	しし	し	思	藥草	396②	漢サ動	382③			
思し	しし	×	思	藥草	396④	漢サ動	382④	し／をもひ[妙]		
死し	しし	×	死	譬喩	303⑥	漢サ動	276②	し・し／しに[妙]		
死し	しし	×	死	化城	497②	漢サ動	500①	し／しに[妙]		
死し	しし	×	死	如來	906⑤	漢サ動	925④	し・し／しに[妙]	しす[西右]	
四事	しじ	―し	四事	分別	952①	漢数名	970⑥	―し／くいものしきものくすり[妙]		
持し	じし	×	持	藥草	395④	漢サ動	381④	ち／たもち[妙]		
持し	じし	ぢ	持	安樂	788②	漢サ動	809⑤	ち・し／たもち[妙]		
時々	じじ	×	時々	方便	189②	漢畳語名	162④	しし／とき〰[妙]	―あて[西右]	
時々	じじ	とき〰	時々	法師	648⑥	漢畳語名	662⑤			
師子王	ししおう	×	獅子王	安樂	810⑥	漢名	833②			
師子音	ししおん	しゝおん	獅子音	化城	515③	漢名	520③			
師子吼	ししく	×	獅子吼	勸持	749⑤	漢名	768⑤			
師子吼し	ししくし	ししく／しゝのほほゆることくおひたゝしくある心也	獅子吼	見寶	689⑤	漢サ動	707⑤	ししく・し／しゝのほゆるかことく[妙]		
師子吼し	ししくし	ししく／とゝのをふれはもろ〰のけたものおそるゝかことくほとけのせつほうを人みなうとむ也	獅子吼	分別	946①	漢サ動	964④	ししく・し／しゝのほゆるかことく[妙]	―して[西右]	
自恣せ	じしせ	しし／ほしきまゝ	自恣	五百	592①	漢サ動	599②	しし・せ／みつからほしきまゝに[妙]		みづからほしきまゝに[西右]
師子相	ししそう	――さう	獅子相	化城	515④	漢名	520④			

当該語	読みかな	傍訓	漢字表記	品名	頁数	語の種類	妙一本	和解語文	可読	異同語彙
四四天下	ししてんげ	×	四四天下	分別	924②	漢四熟数名	943①			
しゝむら	ししむら	×	肉	譬喩	273②	和身体名	244④			
しゝむら	ししむら	×	肉	譬喩	275⑤	和身体名	247①			しし[西右訓]
しゝむら	ししむら	×	肉	譬喩	278②	和身体名	249⑥			
しゝむら	ししむら	×	肉	安樂	771①	和身体名	791⑤			
使者	ししや	ししや／つかひ	使者	信解	330④	漢人倫名	307⑥	ししや／つかい[妙]		
使者	ししや	×	使者	信解	330⑥	漢人倫名	308③	ししや／つかい[妙]		
使者	ししや	ししや	使者	信解	333①	漢人倫名	310⑥	ししや／つかい[妙]		
使者	ししや	ししや	使者	信解	359②	漢人倫名	343④	ししや／つかい[妙]		
侍者	じしゃ	ししや	侍者	授學	602④	漢人倫名	611①	ししや／ほとけにつかへ[妙]		
侍者	じしゃ	×	侍者	見寶	670⑥	漢人倫名	686③	ししや／つかはれひと[妙]		
侍者	じしゃ	ししや／つかふもの	侍者	見寶	677⑤	漢人倫名	694①	ししや／つかまつりひと[妙]		
侍者	じしゃ	じしや	侍者	從地	842④	漢人倫名	865③	ししや／つかうもの[妙]		
侍者	じしゃ	×	侍者	從地	843③	漢人倫名	866②			
侍者	じしゃ	ししや	侍者	授學	612④	漢人倫名	622①	ししや／ほとけにつかまつるもの[妙]	一と[西右]	
持者	じしゃ	ちしや	持者	法師	632①	漢人倫名	643④			
四衆	ししゅ	一しゆ	四衆	序品	14③	漢数名	11⑤	ししう／ほうしあまをとこをんなに[妙]		
四衆	ししゅ	ししゆ	四衆	序品	22③	漢数名	18⑤			
四衆	ししゅ	一しゆ	四衆	序品	42⑥	漢数名	37①	ししう／ほうしあまをとこをんな[妙]		
四衆	ししゅ	×	四衆	序品	44⑤	漢数名	38④	ししう／ほうしあまをとこをんな[妙]		
四衆	ししゅ	×	四衆	方便	104②	漢数名	91③	ししう／ほうしあまをとこをんな[妙]		
四衆	ししゅ	×	四衆	方便	105④	漢数名	92③		一の[西右]	
四衆	ししゅ	×	四衆	方便	141②	漢数名	123①			
四衆	ししゅ	×	四衆	譬喩	237②	漢数名	206④	一しう／ほふしあまおとこをんな[妙]		
四衆	ししゅ	×	四衆	化城	508③	漢数名	513①	ししゆ／ほうしあまをとこをんな[妙]		
四衆	ししゅ	一しゆ	四衆	五百	565②	漢数名	569①			
四衆	ししゅ	×	四衆	法師	646②	漢数名	659④			
四衆	ししゅ	一しゆ	四衆	法師	646⑤	漢数名	660②			
四衆	ししゅ	×	四衆	法師	647④	漢数名	661②			
四衆	ししゅ	×	四衆	法師	653③	漢数名	667④		一たる[西右]	
四衆	ししゅ	×	四衆	法師	655①	漢数名	669③	ししゆ／ほうしあまおとこおんな[妙]		
四衆	ししゅ	×	四衆	見寶	659⑥	漢数名	674②	一しゆ／ほうしあまおとこおんな[妙]		
四衆	ししゅ	×	四衆	見寶	665④	漢数名	680③	一しゆ／ほうしあまおとこおんな[妙]		
四衆	ししゅ	一しゆ	四衆	見寶	679⑤	漢数名	696④			
四衆	ししゅ	×	四衆	見寶	681④	漢数名	698④	ししゆ／ほうしあまおとこおんな[妙]		
四衆	ししゅ	×	四衆	見寶	684②	漢数名	701④			
四衆	ししゅ	×	四衆	提婆	708③	漢数名	725③	ししゆ／ほふしあまをとこをんな[妙]		

しし 275

当該語	読みかな	傍訓	漢字表記	品名	頁数	語の種類	妙一本	和解語文	可読	異同語彙
四衆	ししゅ	×	四衆	提婆	716③	漢数名	734②			
四衆	ししゅ	—しゆ	四衆	安樂	799②	漢数名	820⑥			
四しゆ	ししゅ	×	四衆	安樂	812③	漢数名	834⑤			
四衆	ししゅ	—しゆ	四衆	安樂	813⑤	漢数名	836②	ししゆ／ほふしあまをとこをんな[妙]		
四衆	ししゅ	—しゆ	四衆	安樂	815⑤	漢数名	838②			
四衆	ししゅ	—しゆ	四衆	從地	825⑤	漢数名	848①			
四衆	ししゅ	×	四衆	從地	826⑤	漢数名	848③			
四衆	ししゅ	×	四衆	常不	1063④	漢数名	1082③	ししう／ほうしあまおとこおんな[妙]		
四衆	ししゅ	—しゆ	四衆	常不	1064②	漢数名	1082⑥			ししう[妙]
四衆	ししゅ	×	四衆	常不	1068④	漢数名	1087②		—たる[西右]	四衆(ししゆ)[妙]
四衆	ししゅ	×	四衆	常不	1070⑤	漢数名	1089②			ししゆ[妙]
四衆	ししゅ	×	四衆	常不	1071①	漢数名	1089④	ししゆ／ほふしあまおとこおんな[妙]		
四衆	ししゅ	×	四衆	常不	1073⑤	漢数名	1092③	ししゆ[妙]	—の[西右]	四衆(ししゆ)[妙]
四衆	ししゅ	×	四衆	常不	1075①	漢数名	1093④			ししゆ[妙]
四衆	ししゅ	×	四衆	常不	1078①	漢数名	1096④			—しゆ[妙]
四衆	ししゅ	×	四衆	神力	1089⑤	漢数名	1108①			ししゆ[妙]
四衆	ししゅ	×	四衆	觀世	1233②	漢数名	1245⑥		—と[西右]	ししゆ[妙]
四衆	ししゅ	×	四衆	觀世	1233⑥	漢数名	1246④	ししゆ／ほうしあまおとこおんな[妙]	—と[西右]	
四衆	ししゅ	×	四衆	妙莊	1292⑥	漢数名	1301⑤			ししう[妙]
侍從	じじゅう	しじう	侍從	妙莊	1276②	漢人倫名	1286④		—して[西右]	じじゆ[妙]
四十小劫	しじゅうしょうごう	×	四十小劫	授記	441③	漢四熟数名	433⑥			
四十小劫	しじゅうしょうごう	×	四十小劫	授記	441⑥	漢四熟数名	434①			
四十小劫	しじゅうしょうごう	×	四十小劫	授記	444④	漢四熟数名	437②			
止住せ	しじゅうせ	しちう／とまりすむ也	止住	譬喩	239①	漢サ動	208⑤	しぢうせ／とゝまりすめ[妙]		
止住せ	しじゅうせ	×	止住	譬喩	271⑤	漢サ動	242①			
四十二億	しじゅうにおく	×	四十二億	陀羅	1261③	漢四熟数名	1272⑥			ししうにおく[妙]
四十万億那他恒河沙劫	しじゅうまんおくなゆたごうがしゃこう	————なゆたかうかしや—	四十万億那由他恒河沙劫	常不	1059⑤	漢数名	1078④	——まんおくなゆた・こうかしやう[妙]	四十万億那由他・恒河沙劫[妙]	四十万億那由他・恒河沙劫ミ
四十由旬	しじゅうゆじゅん	×	四十由旬	提婆	718②	漢四熟数名	736③			
四十餘年	しじゅうよねん	——よねん	四十餘年	從地	856⑥	漢四熟数名	879④			
止宿し	しじゅくし	ししゆくせり／とゝまりやとり	止宿	信解	363①	漢サ動	348③	ししゆく・し／とゝまりやとる[妙]		
四生	ししょう	×	四生	分別	924③	漢数名	943①			
四生	ししょう	—しやう／ちくしやうしゆらにんけんてん	四生	隨喜	973①	漢数名	991①			
資生	ししょう	し—／たすくる心	資生	五百	593⑥	漢名	601②		生をたすくるに[西右]	
資生	ししょう	×	資生	五百	597⑥	漢名	606①	ししやう／しやうをたすくること[妙]	生をたすくる事[西右]	
資生	ししょう	ししやう	資生	法功	1042②	漢名	1060⑥	ししやう／しやうをたすくる[妙]		
資生	ししょう	し—	資生	普賢	1333④	漢名	1336⑥			ししやう[妙]
熾盛	しじょう	しじやう／さかりなる心	熾盛	譬喩	221⑤	漢名	190④			
熾盛	しじょう	しじやう	熾盛	譬喩	310④	漢名	283⑤	しじやう／さかり[妙]		
熾盛	しじょう	しじやう	熾盛	妙音	1180③	漢名	1195③			ししやう[妙]
四攝法	ししょうぼう	—せうぼう	四攝法	提婆	715⑥	漢数名	733⑤			
慈心	じしん	ししん／しひしん也	慈心	譬喩	312④	漢名	286①			

当該語	読みかな	傍訓	漢字表記	品名	頁数	語の種類	妙一本	和解語文	可読	異同語彙
慈心	じしん	ししん	慈心	安樂	781①	漢名	802①	ししん／いつくしみのこゝろ[妙]		
慈心	じしん	じー	慈心	觀世	1238⑥	漢名	1251③	じしん／あはれみのこゝろ[妙]		
死す	しす	し	死	譬喩	278③	漢サ動	250①	しす／しぬ[妙]		
死す	しす	し	死	如來	919②	漢サ動	938②	し／しぬ[妙]		
治す	じす	ぢ	治	如來	899⑤	単漢サ動	918⑥			
しづか	しずか	×	静	從地	850④	和形動	873③			
しづか	しずか	×	静	從地	852⑤	和形動	875③			
しづか	しずか	×	閑	序品	72⑥	和形動	64①			
しづか	しずか	×	閑	安樂	766⑥	和形動	786⑥			
しづか	しずか	×	閑	安樂	774②	和形動	794⑤			
しづかなる	しずかなる	×	寂	譬喩	263⑤	和形動	235①			
死する	しする	し	死	譬喩	305③	漢サ動	277⑤	し・する／しぬる[妙]		
死する	しする	×	死	譬喩	305③	漢サ動	277⑤	し・する／しぬる[妙]		
死する	しする	し	死	譬喩	307⑤	漢サ動	280①	し・する／しぬ		
死する	しする	し	死	法功	1035⑥	漢サ動	1054④	し・する／しぬる[妙]		
持する	じする	×	持	法師	635②	漢サ動	647②	—／たもつ[妙]		
死せ	しせ	し	死	信解	355⑥	漢サ動	339⑤	し・せ／しなん[妙]		
死せ	しせ	×	死	信解	340⑤	漢サ動	320④			
死せ	しせ	し	死	隨喜	975②	漢サ動	993③		しな[西右]	
しせ	しせ	×	死	隨喜	987⑥	和動	1006①	し・せ／しなん[妙]		
治せ	じせ	ち	治	譬喩	307④	漢サ動	280①			
持せ	じせ	ち・たもたん	持	陀羅	1259②	漢サ動	1270⑥			たもた[妙]
持説し	じせつし	ぢせつ	持説	勸持	739②	漢サ動	757⑥	ちせつ／たもちとき[妙]		
持説せ	じせつせ	ぢせつ	持説	勸持	748④	漢サ動	767⑦	ちせつ・せ／たもちとけ[妙]		
指{指}爪	しそう	しさう	指爪	藥王	1129⑤	漢身体名	1148②	しさう／ゆひつめ[妙]		
四足	しそく	×	四足	隨喜	973②	漢数名	991③			
子息	しそく	×	子息	信解	325②	漢人倫名	301②	しそく／こ[妙]		
子息	しそく	しそく	子息	如來	899⑤	漢人倫名	918⑥			
止息	しそく	しそく	止息	化城	526④	漢名	531⑥	しそく／やすみ[妙]	やすめやすむる事をすまくのみと[西右]	
止息	しそく	しそく	止息	化城	528①	漢名	533⑤	しそく／やすみ[妙]		
止息	しそく	しそく	止息	化城	529②	漢名	534⑧	しそく／やすむ[妙]		
止息し	しそくし	しそく	止息	提婆	729③	漢サ動	747③			
止息する	しそくする	しそく／とゝまりやすみ	止息	化城	526①	漢サ動	531③	しそく／やすむ[妙]		
した	した	×	下	從地	820⑤	和方位名	842⑥			
した	した	×	下	從地	821①	和方位名	843③			
した	した	×	下	從地	868⑥	和方位名	891⑥		下空[西右]	
した	した	×	下	妙莊	1279②	和方位名	1289②			
した	した	×	下	妙莊	1279②	和方位名	1289③			
した	した	×	下	從地	849②	和方位名	872④			
した	した	×	舌	隨喜	982④	和身体名	1000⑤			
舌	した	した	舌	隨喜	991①	和身体名	1009④			
舌	した	せつ・した	舌	法功	994⑤	和身体名	1013⑥	せつ／した[妙]		
舌	した	×	舌	法功	1026⑥	和身体名	1045④	せつ／した[妙]		
舌	した	ぜつ	舌	常不	1057②	和身体名	1076②	せつ／した[妙]		
舌	した	せつ	舌	常不	1071①	和身体名	1089④			せつ[妙]
四諦	したい	したい	四諦	序品	48⑥	漢数名	42②			
四諦	したい	一たい	四諦	譬喩	233⑥	漢数名	202③			
四諦	したい	一たい	四諦	常不	1058⑤	漢数名	1077③			一たい[妙]
次第	しだい	×	次第	法功	1028②	漢名	1047①			
次第	しだい	×	次第	法功	1046②	漢名	1064⑥			
次第	しだい	×	次第	神力	1103②	漢名	1122①			しだい[妙]

しし―した 277

当該語	読みかな	傍訓	漢字表記	品名	頁数	語の種類	妙一本	和解語文	可読	異同語彙
四諦十二縁	したいじゅうにえん	したい――ゑん	四諦十二縁	化城	534⑤	漢数名	540④	したいしうにんゑん／ほんなうをたちしやうしをはなるゝほうを[妙]	―と[西右]	
四大調和し	しだいちょうわし	――でうは	四大調和	妙音	1182③	漢四熟数名	1197②	したいてうわ・し／とゝのほり[妙]		
四大天王	しだいてんのう	――てんおう	四大天王	序品	10③	仏四熟名	8③			
次第に	しだいに	したい	次第	譬喩	281①	漢副	252④			
次第に	しだいに	したい	次第	五百	583③	漢副	588⑥			
次第に	しだいに	×	次第	五百	587③	漢副	593③			
次第に	しだいに	×	次第	見寶	671②	漢副	686④			
次第に	しだいに	×	次第	見寶	673②	漢副	688⑥			
次第に	しだいに	×	次第	見寶	675②	漢副	691③			
次第に	しだいに	×	次第	見寶	677①	漢副	693②			
次第に	しだいに	×	次第	從地	860⑤	漢副	883②			
次第に	しだいに	×	次第	分別	928④	漢副	947②	したい／ついて[妙]		
次第に	しだいに	×	次第	分別	935②	漢副	953⑤			
次第に	しだいに	×	次第	法功	1044④	漢副	1063①			
次第に	しだいに	×	次第	常不	1061②	漢副	1079⑥			したい・に[妙]
四大菩薩	しだいぼさつ	×	四大菩薩	從地	828④	仏四熟数名	850⑤		よたんの―[西右]	
したふ	したう	×	慕	安樂	810②	和動	832③		こふる[西右]	
したかひ	したがい	×	從	序品	53①	和動	46①			
したかひ	したがい	×	從	序品	67②	和動	58⑤			
したかひ	したがい	×	從	方便	93①	和動	81①			
したかひ	したがい	×	從	方便	105②	和動	92②			
したかひ	したがい	×	從	方便	116④	和動	102①			
したかひ	したがい	×	從	方便	129⑥	和動	113⑥			
したかひ	したがい	×	從	方便	131②	和動	114⑥			
したかひ	したがい	×	從	方便	132⑤	和動	116①			
したがひ	したがい	×	從	方便	185⑥	和動	159③			
したかひ	したがい	×	從	譬喩	204⑤	和動	171⑤			
したかひ	したがい	×	從	譬喩	205①	和動	172②			
したかひ	したがい	×	從	譬喩	207⑥	和動	175③			
したかひ	したがい	×	從	譬喩	234⑥	和動	204②			
したかひ	したがい	×	從	譬喩	246①	和動	215⑥			
したかひ	したがい	×	從	譬喩	262④	和動	233⑥			
したがひ	したがい	×	從	譬喩	263③	和動	234⑤			したかふ[妙]
したかひ	したがい	×	從	譬喩	264②	和動	235④			
したかひ	したがい	×	從	信解	317③	和動	292①			
したかひ	したがい	×	從	信解	367①	和動	353①			
したかひ	したがい	×	從	藥草	393③	和動	379①			
したかひ	したがい	×	從	藥草	407⑤	和動	395②			
したかひ	したがい	×	從	藥草	410①	和動	397⑤			
したかひ	したがい	×	從	藥草	411①	和動	398①			
したかひ	したがい	×	從	藥草	411②	和動	399②			
したかひ	したがい	×	從	化城	456②	和動	451②			
したかひ	したがい	×	從	化城	456⑤	和動	451⑤			
したかひ	したがい	×	從	化城	513⑥	和動	518⑥			
したかひ	したがい	×	從	化城	517⑤	和動	522④			
したかひ	したがい	×	從	化城	535①	和動	540⑤			
したかひ	したがい	×	從	五百	562②	和動	565②			
したかひ	したがい	×	從	五百	600②	和動	608⑥			したかふ[妙]
したかひ	したがい	×	從	從地	839①	和動	861⑥			
したかひ	したがい	×	從	信解	348⑥	和動	330⑤			
したかひ	したがい	×	從	囑累	1108②	和動	1126⑥			
したかひ	したがい	×	從	妙莊	1302④	和動	1309①			
したかひ	したがい	×	隨	方便	88③	和動	77④			
したかひ	したがい	×	隨	方便	134③	和動	117③			
したかひ	したがい	×	隨	方便	174⑤	和動	150③			
したかひ	したがい	×	隨	方便	181②	和動	155⑤			
したかひ	したがい	×	隨	方便	192⑥	和動	165④			
したかひ	したがい	×	隨	譬喩	207②	和動	174③			
したかひ	したがい	×	隨	譬喩	212⑥	和動	180⑥			
したかひ	したがい	×	隨	譬喩	219①	和動	187⑤			
したかひ	したがい	×	隨	譬喩	279①	和動	250④			
したかひ	したがい	×	隨	譬喩	283④	和動	255②			

当該語	読みかな	傍訓	漢字表記	品名	頁数	語の種類	妙一本	和解語文	可読	異同語彙
したかひ	したがい	×	隨	信解	360⑥	和動	345⑤			
したがひ	したがい	×	隨	信解	377①	和動	364⑥			
したがひ	したがい	×	隨	信解	377④	和動	365④			
したがひ	したがい	×	隨	信解	377⑥	和動	365⑥			
したがひ	したがい	×	隨	信解	378③	和動	366③			
したがひ	したがい	×	隨	藥草	389⑥	和動	375②			
したがひ	したがい	×	隨	藥草	399③	和動	385⑤			
したがひ	したがい	×	隨	藥草	400③	和動	386⑤			
したがひ	したがい	×	隨	藥草	402④	和動	389②			
したがひ	したがい	×	隨	授記	430③	和動	421①			
したがひ	したがい	×	隨	化城	497③	和動	500②			
したがひ	したがい	×	隨	五百	567③	和動	571①			
したかひ	したがい	×	隨	法師	629④	和動	640⑥			
したがひ	したがい	×	隨	提婆	711①	和動	728③			
したがひ	したがい	×	隨	提婆	713⑤	和動	731③			
したがひ	したがい	×	隨	提婆	713⑥	和動	731④			
したがひ	したがい	×	隨	勸持	756⑥	和動	776④			
したがひ	したがい	×	隨	安樂	764⑤	和動	784③			
したがひ	したがい	×	隨	安樂	775⑤	和動	796②			
したがひ	したがい	×	隨	安樂	780③	和動	801②			
したがひ	したがい	×	隨	安樂	793①	和動	814④			
したがひ	したがい	×	隨	安樂	797①	和動	818⑤			
したがひ	したがい	×	隨	如來	889④	和動	908④			
したがひ	したがい	×	隨	如來	920④	和動	939④			
したがひ	したがい	×	隨	分別	932①	和動	950④			
したがひ	したがい	×	隨	分別	946⑥	和動	965③			
したがひ	したがい	×	隨	分別	958⑤	和動	977②			
したがひ	したがい	×	隨	隨喜	971⑥	和動	989⑥			
したがひ	したがい	×	隨	隨喜	973⑥	和動	991⑤			
したがひ	したがい	×	隨	法功	1033⑥	和動	1051⑥			
したがひ	したがい	×	隨	法功	1041⑥	和動	1060④			
したがひ	したがい	×	隨	法功	1046③	和動	1064⑥			
したがひ	したがい	×	隨	神力	1103②	和動	1122①			したかひ[妙]
したがひ	したがい	×	隨	囑累	1112⑤	和動	1131③			したかひ[妙]
したがひ	したがい	×	隨	妙音	1196③	和動	1210②			したかひ[妙]
したかひ	したがい	×	隨	妙莊	1284⑤	和動	1294③			したかふ[妙]
したかふ	したがう	×	從	從地	869①	和動	892①			
したがふ	したがう	×	隨	譬喩	286③	和動	258①			
したがふ	したがう	×	隨	化城	524⑤	和動	530①			
したがふ	したがう	×	隨	化城	543③	和動	551③			
したがふ	したがう	×	隨	隨喜	974⑥	和動	993①		したがへつ[西右]	
したがへ	したがえ	×	隨	信解	333②	和動	311②			
したがへ	したがえ	×	隨	信解	350①	和動	332③			
したがは	したがわ	×	隨	隨喜	987③	和動	1005⑤		したがへ[西右]	
したかは	したがわ	×	順	安樂	796④	和動	818①			
斯陀含	しだごん	しだごん	斯陀含	藥王	1146①	仏名	1164⑥		―と[西右]	
斯陀含道	しだごんどう	したごん―	斯陀含道	隨喜	975③	仏四熟名	994①			
旨緻捉 十一	しち	しちに	旨緻捉十一	陀羅	1256⑤	仏梵語名	1268⑤			しちに[妙]
七	しち	×	七	序品	52②	漢数名	45③			
七	しち	×	七	陀羅	1262④	漢数名	1274①			
實	じち	×	實	方便	138④	単漢名	120⑤			
質直	しちじき	しちちき	質直	分別	946⑤	漢名	965②	しちちき/すなを[妙]	しかも――ならん[西右]	
七十二恒河沙	しちじゅうにごうがしゃ	×	七十二恒河沙	藥王	1116⑥	漢数名	1135⑤	しちしうにこうかしや[妙]		
七匝し	しちそうし	―さう	七匝	普賢	1307⑥	漢数名	1314⑥			しちさう・し[妙]
七多羅樹	しちたらじゆ	―――しゆ	七多羅樹	藥王	1129⑤	漢四熟数名	1147⑥	―たらしゆ/――き[妙]		
七多羅樹	しちたらじゆ	―――じゆ	七多羅樹	妙音	1180⑤	漢四熟数名	1195⑥	―たらしゆ/きのたかさ[妙]		
七多羅樹	しちたらじゆ	×	七多羅樹	妙莊	1295⑤	漢四熟数名	1304①	しちたらしゆ/きのたかさ[妙]	―して[西右]	
七多羅樹し	しちたらじゆし	―たらしゆ	七多羅樹	妙莊	1278⑤	漢四熟数名	1288⑥	しちたらじゆ・し/きのたかさ[妙]		

した―しち 279

当該語	読みかな	傍訓	漢字表記	品名	頁数	語の種類	妙一本	和解語文	可読	異同語彙
質直無偽	しちきむき	しちぢき―ぎ／すくにいつはりなく	質直無偽	譬喩	224④	漢四熟名	193④	しちちきむくい／―なき[妙]	――にしているはる事なく[西右]	
七珍	しちちん	―ちん	七珍	提婆	709②	漢数名	726③	しつちん／なゝつのたからの[妙]		
七日	しちにち	×	七日	安樂	815③	漢数名	837⑥			
七日	しちにち	×	七日	陀羅	1266④	漢数名	1277④			しちにち[妙]
七百万二千億那由他恒河沙	しちひゃくまんにせんおくなゆたごうがしゃ	×	七百万二千億那由他恒河沙	藥王	1155⑤	漢数名	1173④	―ひゃくまんにせんをくなゆたこうかしや[妙]		
七分に	しちぶ	×	七分	陀羅	1267④	漢数名	1278④			しちふん[妙]
七佛	しちぶつ	―ふつ	七佛	五百	568④	漢数名	572③			
七寶	しちほう	―ほう	七寶	序品	19⑤	漢数名	16②	―ほう／なゝつのたから[妙]		
七寶	しちほう	×	七寶	方便	163④	漢数名	141①	―ほう／なゝつのたから[妙]		
七寶	しちほう	―ほう	七寶	譬喩	222①	漢数名	190⑥	しちほうの／なゝつのたからの[妙]		
七寶	しちほう	―ほう	七寶	譬喩	227⑥	漢数名	197①	しちほうの／なゝつのたからの[妙]		
七寶	しちほう	―ほう	七寶	譬喩	250③	漢数名	220②	(しち)ほう／なゝつのたからの[妙]		
七寶	しちほう	×	七寶	授記	434①	漢数名	425②	しつほう／なゝつのたから[妙]		
七寶	しちほう	×	七寶	授記	437④	漢数名	429④	―ほう／なゝつのたから[妙]		
七寶	しちほう	×	七寶	授記	439⑤	漢数名	431⑤	しつほう／なゝつのたから[妙]		
七寶	しちほう	×	七寶	授記	442⑥	漢数名	435③	しつほう／なゝつのたから[妙]		
七寶	しちほう	×	七寶	五百	571①	漢数名	574⑥			
七寶	しちほう	×	七寶	五百	571②	漢数名	575②			
七寶	しちほう	×	七寶	五百	574②	漢数名	578④	―ほう／なゝつのたから[妙]		
七寶	しちほう	×	七寶	五百	580②	漢数名	585③			
七宝	しちほう	×	七寶	法師	640②	漢数名	652⑤			
七寶	しちほう	―ほう	七寶	見寶	656⑤	漢数名	671①	――／なゝつのたから[妙]		
七寶	しちほう	×	七寶	見寶	657⑥	漢数名	672③			
七寶	しちほう	×	七寶	見寶	680②	漢数名	697①	―ほう／なゝつのたから[妙]		
七寶	しちほう	×	七寶	見寶	683①	漢数名	700②	―ほう／なゝつのたから[妙]		
七寶	しちほう	×	七寶	提婆	718②	漢数名	736②	―ほう／なゝつのたから[妙]		
七寶	しちほう	×	七寶	提婆	718⑤	漢数名	736⑤	―ほう／なゝつのたから[妙]		
七寶	しちほう	―ほう	七寶	從地	823③	漢数名	845⑤			
七寶	しちほう	×	七寶	分別	926④	漢数名	945②			
七寶	しちほう	×	七寶	分別	935①	漢数名	953⑤	―ほう／なゝつのたから[妙]		
七寶	しちほう	×	七寶	分別	952⑤	漢数名	971⑤	―ほう／なゝつのたから[妙]		
七寶	しちほう	×	七寶	分別	962①	漢数名	980④	―ほう／なゝつのたから[妙]		
七寶	しちほう	―ほう	七寶	随喜	974②	漢数名	992③	―ほう／なゝつのたから[妙]		
七寶	しちほう	×	七寶	藥王	1118①	漢数名	1136③	―ほう／なゝつのたから[妙]		
七寶	しちほう	×	七寶	藥王	1129②	漢数名	1147⑤	―ほう／なゝつのたから[妙]		
七寶	しちほう	×	七寶	藥王	1142①	漢数名	1160②	―ほう／なゝつのたから[妙]		
七寶	しちほう	×	七寶	妙音	1179②	漢数名	1194③	しつほう／なゝつのたから[妙]		
七寶	しちほう	×	七寶	妙音	1180④	漢数名	1195⑤	―ほう／なゝつのたからのうてな[妙]		

当該語	読みかな	傍訓	漢字表記	品名	頁数	語の種類	妙一本	和解語文	可読	異同語彙
七寶	しちほう	×	七寶	妙音	1181②	漢数名	1196②	一ほう／なゝつのたからのうてな[妙]		
七寶	しちほう	×	七寶	妙音	1183⑤	漢数名	1198③	しちほう／なゝつのたから[妙]		
七寶	しちほう	×	七寶	妙音	1187⑤	漢数名	1202②			一ほう[妙]
七寶	しちほう	×	七寶	普賢	1323②	漢数名	1328①	しちほう／なゝつのたから[妙]		
七寶千子	しちほうせんし	一ほう――	七寶千子	法功	1029④	漢四熟数名	1048⑤	一ほうせんし／しほうのせんのこ[妙]	―― の ――[西右]	
七寶菩提樹下	しちほうぼだいじゅげ	一ほうほだいじゆけ	七寶菩提樹下	妙莊	1281⑤	漢数名	1291⑤	しちほうほたいしゆけ／なゝつのたからのほたいしゆきのしたの[妙]	――の―――に[西右]	
持地菩薩	じちぼさつ	しち――	持地菩薩	觀世	1246⑤	仏菩薩名	1258④			ちちほさつ[妙]
七万二千歳	しちまんにせんさい	×	七万二千歳	藥王	1136⑤	漢数名	1154⑥			一まんにせんざい[妙]
四柱	しちゅう	一ちう	四柱	妙莊	1291⑤	漢数名	1300⑤	しちう／よつのはしら[妙]		
室	しつ	しつ	室	化城	510②	単漢名	515②			
室	しつ	むろ	室	法師	646④	単漢名	660①			室(しち)[妙]
室	しつ	しつ・むろ	室	法師	651⑥	単漢名	665⑥			
室	しつ	しつ	室	法師	652②	単漢名	666③			室(しち)[妙]
漆	しつ	しつ	漆	方便	163⑥	単漢名	141②	しち／うるし[妙]		室(しち)[妙]
實	じつ	じつ	實	方便	110④	単漢名	96③			
實	じつ	じつ	實	方便	149②	単漢名	129⑤			
實	じつ	じつ	實	方便	171⑥	単漢名	148①			
實	じつ	じつ	實	方便	173⑥	単漢名	149⑤			
實	じつ	じつ	實	譬喩	214①	単漢名	182②			
實	じつ	じつ	實	譬喩	294④	単漢名	266⑤			
實	じつ	じつ	實	譬喩	297④	単漢名	269⑤			
實	じつ	×	實	譬喩	297④	単漢名	269⑥			
實	じつ	じつ	實	信解	344⑥	単漢名	325⑥			
實	じつ	×	實	信解	344⑥	単漢名	325⑥			
實	じつ	×	實	信解	351④	単漢名	334④			
實	じつ	じつ	實	信解	371⑤	単漢名	358④			しちの[妙]
實	じつ	じつ	實	藥草	392③	単漢名	377⑥			
實	じつ	しつ	實	藥草	397①	単漢名	383①			
實	じつ	しつ	實	藥草	404①	単漢名	390⑥			
實	じつ	しつ	實	化城	529④	単漢名	535②			
實	じつ	しつ	實	化城	548⑤	単漢名	555①			
實	じつ	しつ	實	五百	567⑤	単漢名	571③			
實	じつ	しつ	實	五百	599⑥	単漢名	608④			実(しち)[妙]
實	じつ	しつ	實	安樂	767⑥	単漢名	787⑥			
實	じつ	じつ	實	安樂	773⑤	単漢名	793⑥		一と[西右]	
實	じつ	じつ	實	安樂	774①	単漢名	794④			実(しち)[妙]
實	じつ	じつ	實	從地	859⑥	単漢名	882⑤			
實	じつ	じつ	實	從地	866②	単漢名	889①			
實	じつ	しつ	實	如來	883⑥	単漢名	902⑥			
實	じつ	×	實	如來	892⑤	単漢名	911⑥			
實	じつ	×	實	如來	895④	単漢名	914④			しち[妙]
實	じつ	×	實	如來	911①	単漢名	930③			實(しち)[妙]
實	じつ	しつ	實	如來	918⑥	単漢名	937⑤			実[妙]
實	じつ	×	實	如來	919①	単漢名	938①			
實	じつ	×	實	如來	919⑤	単漢名	938⑤			
實	じつ	じつ	實	神力	1103②	単漢名	1122①			じち[妙]
實	じつ	しつ	實	普賢	1335①	単漢名	1338⑦			しち[妙]
實	じつ	じつ	實	五百	576③	単漢名	581②			
嫉恚	しつい	しつり／ねたみはらたち	嫉恚	安樂	782④	漢名	803④	しつい／ねたみいかり[妙]		
嫉恚	しつい	しつい	嫉恚	安樂	789②	漢名	810⑤	しつい／はらたち[妙]	一と一と[西右]	
實語	じつご	じつご	實語	從地	854④	漢名	877③	じつご／まことのことは[妙]		
實事	じつじ	じつじ	實事	信解	367⑤	漢名	353⑥			
質直	しつじき	しつちき／すくにたゝしく	質直	譬喩	314①	漢名	288①	しつちき／すくにたゝしく[妙]		

当該語	読みかな	傍訓	漢字表記	品名	頁数	語の種類	妙一本	和解語文	可読	異同語彙
質直	しつじき	×	質直	安樂	789③	漢形動	810⑥	しつちき／すなを[妙]		
質直	しつじき	しちしき	質直	如來	912④	漢名	931③	しちちき／すなほ[妙]		
質直	しつじき	しちしき／すくなる心也	質直	如來	917①	漢形動	936①	しちぢき／すなを[妙]		
質直	しつじき	じつぢき	質直	普賢	1331①	漢名	1334⑥			しちちきすなを[妙]
湿生	しっしょう	しつ―／うるほう所より生す	湿生	随喜	973①	漢名	991②			
失心	しっしん	しつ―・こゝろうしなへる	失心	如來	903③	漢名	922③	しちしん／こゝろうせたる[妙]	こころをうしなへる[西右]	
失せ	しつせ	しつ	失	譬喩	243⑥	漢サ動	213③		うしなへりとすともしらすして[西右]	
實相	じっそう	しつさう	實相	序品	85①	漢名	74⑤			
實相	じっそう	しつさう	實相	方便	91③	漢名	80③			
實相	じっそう	じつさう	實相	方便	152①	漢名	131⑥			實相(しちさう)[妙]
實相	じっそう	×	實相	提婆	725⑤	漢名	743⑥			
實相	じっそう	しつさう	實相	安樂	814②	漢名	836⑤			
實相	じっそう	じつさう	實相	法功	1041⑥	漢名	1060⑤			実相(じちさう)[妙]
實智	じっち	じつち	實智	方便	97④	漢名	85⑤	しつち／まことのちゑ[妙]		
實智	じっち	じつち	實智	譬喩	217⑥	漢名	186④	じちち／まことのちゑ[妙]		
嫉妬	しっと	しつと	嫉妬	方便	136①	漢名	118⑤	しつと／むさふり[妙]		
嫉妬	しっと	しつと／そねみ	嫉妬	安樂	784②	漢名	805③	しつと／ねたみ[妙]		
嫉妬	しっと	しつと	嫉妬	藥王	1155②	漢名	1173①	しつと／ねたむ[妙]	―と[西右]	
嫉妬	しっと	しつと	嫉妬	妙音	1182⑥	漢名	1197⑤			しつと[妙]
嫉妬	しっと	しつと	嫉妬	普賢	1331③	漢名	1335②			しつと[妙]
實道	じつどう	じつだう	實道	譬喩	216⑥	漢名	185③	じつだう／まことのみち[妙]		
しつに	じつに	×	實	五百	595①	単漢副	602⑥			しちに[妙]
實に	じつに	×	實	五百	594⑥	単漢副	602④			しちに[妙]
實に	じつに	じつ	實	如來	890⑥	単漢副	910①			じちに[妙]
實に	じつに	じつ	實	如來	892④	単漢副	911⑤			
實	じつに	じつ	實	如來	893⑥	単漢副	912②			
實に	じつに	じつ	實	如來	898⑥	単漢副	917⑥			実(しち)に[妙]
實に	じつに	×	實	如來	899③	単漢副	918③	しち・に／まこと[妙]		実(しち)に[妙]
實法	じつほう	じつ―	實法	譬喩	295①	漢名	267②	しつほう／まことののり[妙]		
十方	じっぽう	×	十方	方便	94③	漢数名	82⑤			
十方	じっぽう	×	十方	方便	96②	漢数名	84④			
十方	じっぽう	×	十方	方便	96④	漢数名	84⑥			
十方	じっぽう	×	十方	方便	98③	漢数名	86③			
十方	じっぽう	×	十方	方便	99⑥	漢数名	87⑤			
十方	じっぽう	×	十方	方便	128⑤	漢数名	113①			
十方	じっぽう	×	十方	方便	131④	漢数名	115①			
十方	じっぽう	×	十方	方便	151①	漢数名	131③			
十方	じっぽう	×	十方	方便	173③	漢数名	149⑤			
十方	じっぽう	×	十方	方便	180④	漢数名	155②			
十方	じっぽう	×	十方	譬喩	211④	漢数名	179③			
十方	じっぽう	×	十方	譬喩	293④	漢数名	265⑤			
十方	じっぽう	×	十方	授記	438②	漢数名	429⑥			
十方	じっぽう	×	十方	化城	463③	漢数名	459③		に[西右]	
十方	じっぽう	×	十方	化城	467①	漢数名	463⑥			
十方	じっぽう	×	十方	化城	470③	漢数名	468①			
十方	じっぽう	×	十方	化城	496⑥	漢数名	499⑤			
十方	じっぽう	×	十方	化城	501②	漢数名	505②			
十方	じっぽう	×	十方	化城	514②	漢数名	519④			
十方	じっぽう	×	十方	化城	539②	漢数名	545②			
十方	じっぽう	×	十方	五百	586①	漢数名	591⑥			
十方	じっぽう	×	十方	五百	586④	漢数名	592②			

当該語	読みかな	傍訓	漢字表記	品名	頁数	語の種類	妙一本	和解語文	可読	異同語彙
十方	じっぽう	×	十方	授學	606②	漢数名	615②			
十方	じっぽう	×	十方	授學	607⑤	漢数名	616⑤			
十方	じっぽう	×	十方	授學	619②	漢数名	629③			
十方	じっぽう	×	十方	授學	619⑥	漢数名	630②			
十方	じっぽう	×	十方	授學	617③	漢数名	627③			
十方	じっぽう	×	十方	見寶	662⑥	漢数名	676⑥			
十方	じっぽう	×	十方	見寶	668⑥	漢数名	684①			
十方	じっぽう	×	十方	見寶	677①	漢数名	693③			
十方	じっぽう	×	十方	見寶	688④	漢数名	706②			
十方	じっぽう	×	十方	見寶	690⑥	漢数名	708③			
十方	じっぽう	×	十方	提婆	719⑥	漢数名	737⑥			
十方	じっぽう	×	十方	提婆	731①	漢数名	749①			
十方	じっぽう	×	十方	提婆	735⑤	漢数名	754①			
十方	じっぽう	×	十方	勸持	758⑤	漢数名	778③			しはう[妙]
十方	じっぽう	×	十方	安樂	786③	漢数名	807⑥			十方(しはう)[妙]
十方	じっぽう	×	十方	安樂	790⑥	漢数名	811⑤			十方(しはう)[妙]
十方	じっぽう	×	十方	安樂	814⑥	漢数名	836⑤			十方(しはう)[妙]
十方	じっぽう	×	十方	從地	868⑥	漢数名	891②			十方(しはう)[妙]
十方	じっぽう	×	十方	分別	936⑥	漢数名	954⑥			
十方	じっぽう	×	十方	神力	1087⑥	漢数名	1106①			
十方	じっぽう	×	十方	神力	1093①	漢数名	1111④			一はう[妙]
十方	じっぽう	×	十方	神力	1099①	漢数名	1117⑥			一はう[妙]
十方	じっぽう	×	十方	神力	1100②	漢数名	1119②			一はう[妙]
十方	じっぽう	×	十方	囑累	1112②	漢数名	1130⑥			しはう[妙]
十方	じっぽう	×	十方	囑累	1113①	漢数名	1131⑤			しはう[妙]
十方	じっぽう	×	十方	藥王	1130①	漢数名	1148④			しはう[妙]
十方	じっぽう	×	十方	觀世	1243①	漢数名	1255③			しはう[妙]
十方界	じっぽうかい	×	十方界	方便	97②	漢数名	85③			
十方現在	じっぽうげんざい	ーーげんざい	十方現在	神力	1101①	漢四熟数名	1120③			一はうげんざい[妙]
十方恒河沙	じっぽうごうがしゃ	×	十方恒河沙	妙音	1194④	漢数名	1208③			一はうこうかしや[妙]
十方無數	じっぽうむしゅ	ーーーーしゆ	十方無數	法功	1045③	漢数名	1063⑥			
四天下	してんげ	一てんげ	四天下	序品	52④	漢数名	45④			
四天下	してんげ	×	四天下	分別	931⑥	漢数名	950③			
四天下	してんげ	×	四天下	常不	1060①	漢数名	1078⑥			一てんけ[妙]
四天王宮	してんのうぐう	×	四天王宮	見寶	658④	漢四熟数名	672③			四天王宮(てんわうくう)[妙]
示導し	じどうし	しだう	示導	從地	849⑥	漢サ動	872②	したう・し／しめしみちひき[妙]	ーて[西右]	
示導し	しどうし	じだう	示導	從地	861③	漢サ動	884②	したう・し／しめしみちひきて[妙]		
死な	しな	し	死	信解	331①	和動	309①	し／しに[妙]		
四日	しにち	×	四日	陀羅	1266⑥	漢数名	1277④			しにち[妙]
士女	じにょ	じにょ	士女	法師	653⑥	漢人倫名	667⑤	しにょ／おとこをんな[妙]		
士女	じにょ	じにょ	士女	常不	1081③	漢人倫名	1099⑥			しによ[妙]
屎尿	しにょう	しねう／くそいはり	屎尿	譬喩	272⑥	漢身体名	243②	しねう／くそいはり[妙]		
志念	しねん	しねん	志念	譬喩	228①	漢名	197②	しねん／こゝろさしおもひ[妙]		
志念	しねん	しねん	志念	從地	835③	漢名	858②	しねん／こゝろさしおもひ[妙]		
志念	しねん	しねん	志念	分別	942④	漢名	961①	しねん／こゝろさしおもふ[妙]		
志念	しねん	しねん	志念	分別	959②	漢名	977⑤	しねん／こころさし[妙]		
志念	しねん	しねん／心さし	志念	五百	572①	漢名	576②	しねん／こゝろさしおもひ[妙]		
熾然	しねん	しねん／さかり	熾然	譬喩	289⑥	漢名	262①	しねん／さかり[妙]		
自然	じねん	じねん	自然	序品	41④	漢名	35⑤	しねん／をのつから[妙]		
自然	じねん	しねん	自然	序品	68④	漢名	59⑥	しねん／うたさる[妙]		
自然	じねん	じねん	自然	序品	70④	漢名	61⑤			
自然	じねん	しねん	自然	譬喩	263④	漢名	234⑥			
自然	じねん	しねん	自然	信解	345⑥	漢名	327③			

当該語	読みかな	傍訓	漢字表記	品名	頁数	語の種類	妙一本	和解語文	可読	異同語彙
自然	じねん	じねん	自然	提婆	721⑥	漢名	739⑥			
自然	じねん	じねん	自然	分別	928①	漢名	946⑤			
自然	じねん	しねん	自然	分別	934③	漢名	953①			
自然	じねん	じねん	自然	分別	934⑤	漢名	953③			
自然	じねん	じねん	自然	嘱累	1107⑥	漢名	1126④			じねん[妙]
自然	じねん	じねん	自然	藥王	1139③	漢名	1157④			じぜん[妙]
志念堅固	しねんけんご	しねんけんこ	志念堅固	譬喩	224⑤	漢四熟名	193④	しねんけんこ／こゝろさしおもひかたし[妙]		
思念し	しねんし	しねん	思念	信解	329⑤	漢サ動	306⑤	しねん／おもひ[妙]		
慈念する	じねんする	しねん／しひの心	慈念	提婆	728③	漢サ動	746③	しねん・する／あはれみおもふ[妙]		
思念せ	しねんせよ	しねん	思念	方便	120①	漢サ動	105③	しねん・せ／おもひ[妙]		
自然智	じねんち	しねんち	自然智	譬喩	264④	漢名	235⑥		一と[西右]	
自然智	じねんち	一ねん一	自然智	法師	631③	漢名	642⑥			
自然に	じねんに	じねん	自然	信解	352③	漢名	335②			
志念力	しねんりき	しねんりき	志念力	從地	853③	漢名	876⑤	しねんりき／こゝろさし[妙]	一のちから[西右]	
しのは	しのば	×	忍	勸持	756②	和動	776①			
しのば	しのば	×	忍	分別	942③	和動	960⑥			
しのひ	しのび	×	忍	信解	377①	和動	364⑤			
しのび	しのび	×	忍	安樂	790①	和動	811④		一よ[西右]	
しのひ	しのび	×	忍	妙音	1182④	和動	1197③			
しのび	しのび	×	偈	序品	36②	和動	31①			
しのび	しのび	×	忍	勸持	755③	和動	775①			
しのぶ	しのぶ	×	忍	法師	652⑥	和動	666⑥			
しのふ	しのぶ	×	忍	勸持	751⑤	和動	771②			
しのぶ	しのぶ	×	忍	勸持	757③	和動	777③			
しのん	しのん	×	忍	勸持	755①	和動	774⑤		一ばん[西右]	
しばし	しばし	×	暫	譬喩	233⑥	和副	203①			
しばしば	しばしば	×	數數	化城	512③	和畳語副	517④			
しばしば	しばしば	×	數數	勸持	757②	和畳語副	776⑥			
しばらく	しばらく	×	且	提婆	720⑥	和副	739①			
しばらく	しばらく	×	且	提婆	723②	和副	741④			
しばらく	しばらく	×	且	從地	843④	和副	866③			
しばらく	しばらく	×	且	隨喜	985②	和副	1003③			
しばらく	しばらく	×	暫	譬喩	296②	和副	268③			
しばらく	しばらく	×	暫	授記	422⑤	和副	412①			
しはらく	しばらく	×	暫	五百	563④	和副	566⑤			
しはらく	しばらく	×	暫	見寶	694③	和副	712⑥			
しはらく	しばらく	×	暫	見寶	697⑥	和副	716⑥			
しばらく	しばらく	×	暫	勸持	741⑤	和副	760⑤			
しばらく	しばらく	×	暫	如來	894④	和副	913④			
慈悲	じひ	しひ	慈悲	藥草	409②	漢名	396⑤			
慈悲	じひ	じひ	慈悲	提婆	715⑤	漢名	733④			
慈悲	じひ	じひ	慈悲	提婆	728⑤	漢名	746⑤	しひ／あはれみかなしみ[妙]		
慈悲	じひ	じひ	慈悲	安樂	805②	漢名	827⑤	しひ／あはれみかなしむ[妙]		
慈悲	じひ	×	慈悲	普賢	1327②	漢名	1331③			しひ[妙]
慈悲喜捨	じひきしゃ	しひきしや	慈悲喜捨	妙莊	1274④	漢四熟名	1284⑤		一と[西右]	じひきしや[妙]
慈悲し	じひし	じひ	慈悲	安樂	790②	漢サ動	811④			
四百万億阿僧祇	しひゃくまんおくあそうぎ	×	四百万億阿僧祇	隨喜	972⑥	漢数名	991①			
四百万億阿僧祇	しひゃくまんおくあそうぎ	×	四百万億阿僧祇	隨喜	977④	漢数名	995⑥			
四百万億那由他	しひゃくまんおくなゆた	×	四百万億那由他	見寶	677③	漢数名	693②			
四部	しぶ	一ふ	四部	序品	73④	漢数名	64⑤	一ふ／ほうしあまをとこをんな[妙]		
四部	しぶ	一ぶ	四部	常不	1081③	漢数名	1099⑤			しふ[妙]
慈父	じふ	じぶ	慈父	安樂	786②	漢人倫名	807④	しふ／ちゝの[妙]		
しふから	しぶから	×	澁	隨喜	983②	和形	1001③			
しぶき	しぶき	×	澁	法功	1027④	和形	1045⑥			
四部衆	しぶしゅう	一ぶしゆ	四部衆	序品	24④	漢数名	21①			
四部衆	しぶしゅう	一ふ一	四部衆	譬喩	230④	漢数名	199⑤		一たる[西右]	

当該語	読みかな	傍訓	漢字表記	品名	頁数	語の種類	妙一本	和解語文	可読	異同語彙
四部衆	しぶしゅう	―ふしゆ	四部衆	化城	510⑤	漢数名	515⑤	しふしう／ほうしあまをとこ―[妙]		
四部衆	しぶしゅう	×	四部衆	分別	927①	漢数名	945⑤		――の―[西右]	
四部衆	しぶしゅゆ	×	四部衆	常不	1080⑤	漢数名	1099②		――の―[西右]	四部衆(しふしゆ)[妙]
思佛	しぶつ	し――	思佛	常不	1075④	漢名	1094①			じふつ[妙]
四分	しふん	―ふん	四分	従地	821⑥	漢数名	844①			
四方	しほう	×	四方	譬喩	288⑤	漢数名	260⑤			
四方	しほう	×	四方	譬喩	315①	漢数名	289②			
四方	しほう	×	四方	信解	322④	漢数名	298②			
四方	しほう	×	四方	信解	353⑥	漢数名	337②			
四方	しほう	×	四方	藥草	401④	漢数名	388①			
四方	しほう	よも	四方	提婆	710①	漢数名	727①			四方(しはう)[妙]
四方	しほう	×	四方	提婆	712④	漢数名	730②			
四方	しほう	×	四方	従地	839⑤	漢数名	862④			
四方	しほう	×	四方	従地	842⑤	漢数名	865④			
四法	しほう	×	四法	安樂	760⑤	漢数名	780③		―の―[西右]	四法しほふ[妙]
四法	しほう	×	四法	安樂	809⑤	漢数名	831⑥			
四法	しほう	×	四法	普賢	1309⑤	漢数名	1315⑤			しほう[妙]
四法	しほう	×	四法	普賢	1310⑤	漢数名	1316⑤			しほう[妙]
持法	じほう	ちほう	持法	授學	606⑥	仏名	615⑥	ちほうしや／のりをたもつもの[妙]		
持法緊那羅王	じほうきんならおう	ぢほう―――	持法緊那羅王	序品	12①	仏王名名	9⑤			
しぼめ	しぼめ	×	萎	化城	531①	和動	536⑤			
しぼめ	しぼめ	×	凋	化城	453⑤	和動	448②			
死魔	しま	しま	死魔	安樂	801⑤	仏名	823②		―の―[西右]	
紫磨	しま	しま	紫磨	提婆	715⑤	漢鉱物名	733④			
四万	しまん	×	四万	従地	821⑤	漢数名	843⑤			
四万	しまん	×	四万	従地	837⑤	漢数名	859⑥			
四万二千劫	しまんいせんごう	×	四万二千劫	藥王	1117②	漢数名	1135③			―――にせんごう[妙]
四万億	しまんおく	×	四万億	化城	514①	漢数名	519①			
四万二千	しまんにせん	×	四万二千	妙音	1201⑥	漢四熟数名	1215④			―まんにせん[妙]
四万二千人	しまんにせん	×	四万二千人	妙荘	1290②	漢数名	1299③			しまんにせんにん[妙]
四万二千由旬	しまんにせんゆじゅん	×	四万二千由旬	妙音	1171④	漢数名	1187③		―なり[西右]	しまんにせんゆしゆん[妙]
士民	しみん	しみん	士民	安樂	780①	漢人倫名	800⑥		―と[西右]	
慈愍し	じみんし	じみん	慈愍	如來	907②	漢サ動	926①	じみん・し／あはれみ[妙]		
四無导恵	しむけえ	――け―	四無导惠	五百	578④	漢四熟数名	583③			四無礙惠[妙]
四無导智	しむけち	――け―	四無导智	五百	567④	漢四熟数名	570⑤			四无礙智[妙]
四無导智	しむげち	――け―	四無导智	五百	572⑥	漢四熟数名	577①			四無礙智[妙]
四無导智	しむげち	――け―	四無导智	五百	580⑥	漢四熟数名	586②			四無礙智[妙]
四無所畏	しむしょい	―むしよい	四無所畏	提婆	715⑤	漢四熟数名	733⑤			
駟馬	しめ	しめ	駟馬	序品	30⑥	漢獣類名	25⑥	しめ／よつのむま[妙]		
しめさ	しめさ	×	示	方便	126②	和動	110②			
しめさ	しめさ	×	示	方便	133②	和動	116④			
しめさ	しめさ	×	示	見寶	665④	和動	680③			
しめし	しめし	×	示	序品	44③	和動	38②			
しめし	しめし	×	示	信解	362⑥	和動	348①			
しめし	しめし	×	示	藥草	388③	和動	373⑤			
しめし	しめし	×	示	五百	576④	和動	581③			
しめし	しめし	×	示	五百	594⑥	和動	602③			
しめし	しめし	×	示	従地	866④	和動	×			
しめし	しめし	×	示	従地	866⑥	和動	889④			
しめし	しめし	×	示	如來	892①	和動	911②			しめ[妙]
しめし	しめし	×	示	如來	892②	和動	911③			
しめし	しめし	×	示	妙音	1184④	和動	1199③			
しめす	しめす	×	示	方便	94④	和動	83①			
しめす	しめす	×	示	方便	101③	和動	88⑥			
しめす	しめす	×	示	方便	156③	和動	135③			
しめす	しめす	×	示	方便	173⑥	和動	149⑤			
しめす	しめす	×	示	五百	598④	和動	606⑥			
しめす	しめす	×	示	授學	616①	和動	625⑤			
しめす	しめす	×	示	法師	624⑤	和動	635⑤			

当該語	読みかな	傍訓	漢字表記	品名	頁数	語の種類	妙一本	和解語文	可読	異同語彙
しめす	しめす	×	示	法師	645①	和動	658②			
しめす	しめす	×	示	如來	892②	和動	911②			
しめす	しめす	×	示	如來	892③	和動	911④			
しめす	しめす	×	示	序品	69④	和動	60⑤			
四面	しめん	しめん	四面	譬喩	240②	漢数名	209⑤			
四面	しめん	一めん	四面	譬喩	248②	漢数名	218①			
四面	しめん	一めん	四面	譬喩	276⑥	漢数名	248④			
四面	しめん	一めん	四面	譬喩	278⑤	漢数名	250③			
四面	しめん	一めん	四面	譬喩	285①	漢数名	256④			
四面	しめん	一めん	四面	譬喩	287①	漢数名	258⑤			
四面	しめん	×	四面	見寶	657④	漢数名	671⑥		一より[西右]	
下	しも	しも	下	序品	17⑤	単和名	14③		一は[西右]	
しも	しも	×	下	法功	995④	和方位名	1014①		一は[西右]	
しも	しも	×	下	法功	997④	和方位名	1016②		一は[西右]	
しも	しも	×	下	法功	998⑥	和方位名	1017④		一は[西右]	
しも	しも	×	下	法功	1007③	和方位名	1025⑥			
しも	しも	×	下	法功	1036④	和方位名	1055③			
者	しゃ	×	者	五百	588③	単漢名	594⑤			自在者(じさいしゃ)[妙]
者	しゃ	×	者	授學	606⑥	単漢名	615⑥		ものは[西]	
者	しゃ	×	者	神力	1100⑥	単漢名	1119⑤		のものと[西右]	しゃ[妙]
車	しゃ	しゃ	車	随喜	992④	単漢乗物名	1011①	しゃ／くるま[妙]		
車	しゃ	しゃ	車	法功	1002①	単漢乗物名	1020⑤	しゃ／くるま[妙]		
邪	じゃ	じゃ	邪	譬喩	213③	単漢名	181④			
蛇	じゃ／くちなわ	じゃ／くちなは	蛇	譬喩	271⑤	単漢虫類名	242⑥			
蛇	じゃ	しゃ／へんびと	蛇	觀世	1241③	単漢虫類名	1253⑤	じゃ／からすくちなは[妙]		
叉裔 十六	しゃえい	しゃえい	叉裔 十六	陀羅	1251⑤	仏梵語名	1263⑥			しやえい[妙]
沙竭羅龍宮	しゃかつらりゅうぐう	しゃかつらりうぐう	沙竭羅龍宮	提婆	721⑤	仏家屋名	739⑥			
沙竭羅龍王	しゃかつらりょうおう	しゃかつらりうわう	沙竭羅龍王	提婆	727②	仏王名名	745③			
釋迦如来	しゃかにょらい	×	釋迦如来	提婆	729①	仏人倫名	747①			
釋迦牟尼	しゃかむに	×	釋迦牟尼	神力	1090⑥	仏人倫名	1109②			しゃかむに[妙]
釋迦牟尼世尊	しゃかむにせそん	×	釋迦牟尼世尊	見寶	659②	仏人倫名	673④			
釋迦牟尼世尊	しゃかむにせそん	×	釋迦牟尼世尊	見寶	659④	仏人倫名	674①			
釋伽牟尼佛	しゃかむにぶつ	×	釋伽牟尼佛	見寶	671⑥	仏人倫名	687③			
釋伽牟尼佛	しゃかむにぶつ	×	釋伽牟尼佛	見寶	672②	仏人倫名	687⑤			
釋迦牟尼佛	しゃかむにぶつ	×	釋迦牟尼佛	化城	517①	仏人倫名	522①			
釋迦牟尼佛	しゃかむにぶつ	×	釋迦牟尼佛	見寶	669①	仏人倫名	684③			
釋迦牟尼佛	しゃかむにぶつ	×	釋迦牟尼佛	見寶	674③	仏人倫名	690②			
釋迦牟尼佛	しゃかむにぶつ	×	釋迦牟尼佛	見寶	676⑤	仏人倫名	692⑥			
釋迦牟尼佛	しゃかむにぶつ	×	釋迦牟尼佛	見寶	677⑤	仏人倫名	694②			
釋迦牟尼佛	しゃかむにぶつ	×	釋迦牟尼佛	見寶	678①	仏人倫名	694⑤			
釋迦牟尼佛	しゃかむにぶつ	×	釋迦牟尼佛	見寶	679①	仏人倫名	695⑤			
釋迦牟尼佛	しゃかむにぶつ	×	釋迦牟尼佛	見寶	680①	仏人倫名	696⑥			
釋迦牟尼佛	しゃかむにぶつ	×	釋迦牟尼佛	見寶	681①	仏人倫名	698①			
釋迦牟尼佛	しゃかむにぶつ	×	釋迦牟尼佛	見寶	682①	仏人倫名	699②		一と[西右]	
釋迦牟尼佛	しゃかむにぶつ	×	釋迦牟尼佛	見寶	682③	仏人倫名	699④		奉り給ふて一[西右]	
釋迦牟尼佛	しゃかむにぶつ	×	釋迦牟尼佛	見寶	682④	仏人倫名	699⑤			

当該語	読みかな	傍訓	漢字表記	品名	頁数	語の種類	妙一本	和解語文	可読	異同語彙
釋迦牟尼佛	しゃかむにぶつ	×	釋迦牟尼佛	見寶	682⑤	仏人倫名	699⑥			
釋迦牟尼佛	しゃかむにぶつ	×	釋迦牟尼佛	見寶	683⑥	仏人倫名	701②			
釋迦牟尼佛	しゃかむにぶつ	×	釋迦牟尼佛	提婆	720⑤	仏人倫名	738⑥			
釋迦牟尼佛	しゃかむにぶつ	しやかむ{も}に—	釋迦牟尼佛	從地	820⑥	仏人倫名	843②			
釋迦牟尼佛	しゃかむにぶつ	しやかむに—	釋迦牟尼佛	從地	823④	仏人倫名	845⑥			
釋迦牟尼佛	しゃかむにぶつ	×	釋迦牟尼佛	從地	825④	仏人倫名	847⑥			
釋迦牟尼佛	しゃかむにぶつ	×	釋迦牟尼佛	從地	827⑤	仏人倫名	849⑥			
釋迦牟尼佛	しゃかむにぶつ	×	釋迦牟尼佛	從地	841⑥	仏人倫名	864⑤			
釋迦牟尼佛	しゃかむにぶつ	×	釋迦牟尼佛	從地	843⑥	仏人倫名	866④			
釋迦牟尼佛	しゃかむにぶつ	×	釋迦牟尼佛	從地	844④	仏人倫名	867③			
釋迦牟尼佛	しゃかむにぶつ	×	釋迦牟尼佛	如來	883③	仏人倫名	902②			
釋迦牟尼佛	しゃかむにぶつ	×	釋迦牟尼佛	分別	926⑤	仏人倫名	945③			
釋迦牟尼佛	しゃかむにぶつ	×	釋迦牟尼佛	神力	1087②	仏人倫名	1105④			しやかむにふつ[妙]
釋迦牟尼佛	しゃかむにぶつ	×	釋迦牟尼佛	神力	1089①	仏人倫名	1107③		—と[西右]	しやかむにふつ[妙]
釋迦牟尼佛	しゃかむにぶつ	×	釋迦牟尼佛	神力	1089⑤	仏人倫名	1108①			しやかむにふつ[妙]
釋迦牟尼佛	しゃかむにぶつ	×	釋迦牟尼佛	神力	1091⑤	仏人倫名	1110①			しやかむにふつ[妙]
釋迦牟尼佛	しゃかむにぶつ	×	釋迦牟尼佛	囑累	1104⑥	仏人倫名	1123⑤			しやかむにふつ[妙]
釋迦牟尼佛	しゃかむにぶつ	×	釋迦牟尼佛	囑累	1112①	仏人倫名	1130⑥			しやかむにふつ[妙]
釋迦牟尼佛	しゃかむにぶつ	×	釋迦牟尼佛	藥王	1156③	仏人倫名	1174①			しやかむにふつ[妙]
釋迦牟尼佛	しゃかむにぶつ	×	釋迦牟尼佛	藥王	1164②	仏人倫名	1181③			しやかむにふつ[妙]
釋迦牟尼佛	しゃかむにぶつ	×	釋迦牟尼佛	妙音	1165③	仏人倫名	1182①			しやかむにふつ[妙]
釋迦牟尼佛	しゃかむにぶつ	×	釋迦牟尼佛	妙音	1167②	仏人倫名	1183④			しやかむにふつ[妙]
釋迦牟尼佛	しゃかむにぶつ	×	釋迦牟尼佛	妙音	1169③	仏人倫名	1185③			しやかむにふつ[妙]
釋迦牟尼佛	しゃかむにぶつ	×	釋迦牟尼佛	妙音	1169⑥	仏人倫名	1185⑥			しやかむにふつ[妙]
釋迦牟尼佛	しゃかむにぶつ	×	釋迦牟尼佛	妙音	1175①	仏人倫名	1190④			しやかむにふつ[妙]
釋迦牟尼佛	しゃかむにぶつ	×	釋迦牟尼佛	妙音	1177⑥	仏人倫名	1193①			しやかむにふつ[妙]
釋迦牟尼佛	しゃかむにぶつ	×	釋迦牟尼佛	妙音	1181④	仏人倫名	1196③			しやかむにふつ[妙]
釋迦牟尼佛	しゃかむにぶつ	×	釋迦牟尼佛	妙音	1184⑤	仏人倫名	1199④			しやかむにふつ[妙]
釋迦牟尼佛	しゃかむにぶつ	×	釋迦牟尼佛	妙音	1185③	仏人倫名	1200②			しやかむにふつ[妙]
釋迦牟尼佛	しゃかむにぶつ	×	釋迦牟尼佛	妙音	1199③	仏人倫名	1213②		—と[西右]	しやかむにふつ[妙]
釋迦牟尼佛	しゃかむにぶつ	×	釋迦牟尼佛	妙音	1200⑥	仏人倫名	1214④			しやかむにふつ[妙]
釋迦牟尼佛	しゃかむにぶつ	×	釋迦牟尼佛	觀世	1234②	仏人倫名	1246⑤			しやかむにふつ[妙]
釋迦牟尼佛	しゃかむにぶつ	×	釋迦牟尼佛	陀羅	1254③	仏人倫名	1266②			しやかむにふつ[妙]
釋迦牟尼佛	しゃかむにぶつ	×	釋迦牟尼佛	普賢	1307⑤	仏人倫名	1314②			しやかむにふつ[妙]
釋迦牟尼佛	しゃかむにぶつ	×	釋迦牟尼佛	普賢	1326④	仏人倫名	1330⑥			しやかむにふつ[妙]

しや 287

当該語	読みかな	傍訓	漢字表記	品名	頁数	語の種類	妙一本	和解語文	可読	異同語彙
釋迦牟尼佛	しゃかむにぶつ	×	釋迦牟尼佛	普賢	1328④	仏人倫名	1332④			しゃかむにふつ[妙]
釋迦牟尼佛	しゃかむにぶつ	×	釋迦牟尼佛	普賢	1329①	仏人倫名	1333①			しゃかむにふつ[妙]
釋迦牟尼佛	しゃかむにぶつ	×	釋迦牟尼佛	普賢	1329④	仏人倫名	1333④			しゃかむにふつ[妙]
釋迦牟尼佛	しゃかむにぶつ	×	釋迦牟尼佛	普賢	1329⑥	仏人倫名	1333⑥			しゃかむにふつ[妙]
釋迦文	しゃかもん	しゃかもん	釋迦文	方便	180⑥	仏仏名名	155④			
娑伽羅龍王	しゃからりゅうおう	しゃから――	娑伽羅龍王	序品	11②	仏王名名	9①			
邪偽	じゃぎ	じゃぎ	邪偽	安樂	789⑤	漢名	810⑥	しゃくゐ／ゆかみいつわり[妙]		
錫	しゃく	じゃく	錫	方便	163⑤	単漢鉱物名	141②			
石	しゃく	しゃく	石	常不	1066①	単漢地儀名	1084⑤	しゃく／いし[妙]		
釋	しゃく	しゃく	釋	從地	856④	単漢仏名	879①			
死厄	しゃく	しゃく	死厄	觀世	1245⑥	漢名	1258①		しゃく[妙]	
鵲	しゃく／かささぎ	しゃく／かささぎ	鵲	譬喩	271⑤	単漢禽鳥名	242⑥			
釋氏	しゃくし	しゃくし	釋氏	如來	883③	仏人倫名	902②	しゃくし／わうのうち[妙]		
赤子	しゃくし	しゃくし／あかこ	赤子	提婆	728②	漢人倫名	746②	しゃくし／あかこ[妙]		
釋師子	しゃくしし	しゃくしい	釋師子	序品	83②	仏人倫名	72⑥	しゃくしし／ほとけ[妙]		
釋種	しゃくしゅ	しゃくしゅ／ほとけのたね	釋種	從地	864②	仏名	887①			
釋然	しゃくぜん	しゃくせん	釋然	觀世	1239⑤	仏名	1252③	しゃくねん／しつかに[妙]		
赤栴檀	しゃくせんだん	しゃくせんたん	赤栴檀	分別	954③	仏名	973②	しゃくせんたん／あかくかうはしき[妙]		
釋提桓因	しゃくだいかんいん	しゃくたいくわんいん／たうりのぬし也にん	釋提桓因	序品	10①	仏梵語名	8①			
釋提桓因	しゃくだいかんいん	しゃくたいくはんいん	釋提桓因	譬喩	231④	仏梵語名	200⑤	しゃくだいくわいん／たいしゃく[妙]		
釋提桓因	しゃくだいかんいん	しゃくだいくはんいん	釋提桓因	法功	1012③	仏梵語名	1030⑥			
寂然	じゃくねん	じゃくねん／しつかなる	寂然	譬喩	290①	漢形動	262②	じゃくねん・と／しつかに[妙]		
寂然	じゃくねん	しゃくねん	寂然	化城	510③	漢形動	515③	しゃくねん／しつかに[妙]		
寂然宴黙し	じゃくねんえんもくし	じゃくねんゑんもく／しづかにことばをやめてィ	寂然宴黙	序品	34②	漢四熟サ動	29③	しゃくねんえんもく・し／しつかに―[妙]		
寂然清淨	じゃくねんしょうじょう	じゃくねん――	寂然清淨	授學	616⑥	漢四熟名	626③			
赤白銅	しゃくびゃくどう	しゃくびゃくどう	赤白銅	方便	163④	漢鉱物名	141①			
釋梵	しゃくぼん	しゃくぼむ／たいしゃくほんてん	釋梵	分別	933⑤	仏名	952③			
釋梵	しゃくぼん	しゃくぼん	釋梵	随喜	993①	仏名	1011④		―と―と[西右]	
釋梵	しゃくぼん	しゃくぼん	釋梵	法功	1028②	漢名	1046⑥		―と――と[西右]	
釋梵諸王	しゃくぼんしょおう	しゃくほんしょ―	釋梵諸王	藥草	407②	仏王名名	395③			
寂寞	じゃくまく	じゃくまく	寂寞	法師	654②	漢名	668④			
錯謬	しゃくみょう	しゃくめう	錯謬	如來	893④	漢名	912⑤	しゃくめう／あやまり[妙]		
石蓆	しゃくみょう	しゃくめう	石蓆	方便	162①	漢地儀名	139⑤		いしの―[西]	
寂滅	じゃくめつ	じゃくめつ	寂滅	序品	38⑥	漢名	33③	しゃくめつ／しつかなる[妙]		
寂滅	じゃくめつ	しゃくめつ	寂滅	序品	73②	漢名	64③	しゃくめつ／しつか[妙]		
寂滅	じゃくめつ	じゃくめつ	寂滅	方便	156⑥	漢名	135⑤			

当該語	読みかな	傍訓	漢字表記	品名	頁数	語の種類	妙一本	和解語文	可読	異同語彙
寂滅	じゃくめつ	しゃくめつ	寂滅	方便	173④	漢名	149④	しゃくめつ／しつかなる[妙]		
寂滅	じゃくめつ	しゃくめつ	寂滅	方便	183⑥	漢名	157⑥	しゃくめつ／しつか[妙]		
寂滅し	じゃくめつし	じゃくめつ	寂滅	化城	458⑤	漢サ動	454②	しゃくめつ／しつかに[妙]	―て[西右]	
寂滅せ	じゃくめつせ	じゃくめつ	寂滅	方便	94①	漢サ動	83①	しゃくめつ・せ／しつかなり[妙]		
借問し	しゃくもんし	しゃもん／とひて	借問	信解	358⑤	漢サ動	343①			
錯乱し	しゃくらんし	しゃくらん／あやまりみたれ	錯亂	方便	153③	漢サ動	133①	しゃくらん／あやまり[妙]		
赤蓮華香	しゃくれんげこう	しゃくれん―	赤蓮華香	法功	1009④	漢香名名	1028①		――― の―[西右]	
邪見	じゃけん	じゃけん	邪見	方便	154⑤	漢名	134①			
邪見	じゃけん	じゃけん	邪見	方便	177①	漢名	152②			
邪見	じゃけん	じゃけん	邪見	譬喩	213④	漢名	181③			
邪見	じゃけん	じゃけん	邪見	譬喩	213⑤	漢名	181⑤			
邪見	じゃけん	じゃけん	邪見	藥草	407③	漢名	394③			
邪見	じゃけん	しゃ―	邪見	化城	497⑥	漢名	500⑤			
邪見	じゃけん	じゃけん	邪見	五百	576⑤	漢名	581③			
邪見	じゃけん	じゃけん	邪見	勧持	754④	漢名	774②		―は[西右]	
邪見	じゃけん	じゃけん	邪見	妙音	1183①	漢名	1197⑥			しゃけん[妙]
邪見	じゃけん	しゃけん	邪見	妙荘	1277⑤	漢名	1287⑥			じゃけん[妙]
邪見	じゃけん	しゃけん	邪見	妙荘	1299②	漢名	1307②			じゃけん[妙]
邪見	じゃけん	×	邪見	妙荘	1302②	漢名	1309⑥		―と[西右]	しゃけん[妙]
車渠	しゃこ	しゃこ	車渠	譬喩	286②	漢宝玉名	258④			硨磲[西]
車渠	しゃこ	しゃこ	車渠	授記	439⑤	漢宝玉名	431⑤			
車渠	しゃこ	しゃこ	車渠	安樂	797②	漢宝玉名	819①			
車渠	しゃこ	しゃこ	車渠	随喜	973⑥	漢宝玉名	992⑤		―と[西右]	
車渠	しゃこ	しゃこ	車渠	觀世	1210⑥	漢宝玉名	1224①			しゃこ[妙]
硨磲	しゃこ	しゃこ	硨磲	序品	29④	漢宝玉名	25②			車渠[妙]
硨磲	しゃこ	しゃこ	硨磲	方便	161④	漢宝玉名	139③			車渠(しゃこ)[妙]
硨磲	しゃこ	しゃこ	硨磲	信解	354③	漢宝玉名	338①			
硨磲	しゃこ	しゃこ	硨磲	授記	433⑥	漢宝玉名	425①			
硨磲	しゃこ	しゃこ	硨磲	見寶	657⑤	漢宝玉名	672②			車渠(しゃこ)[妙]
車聲	しゃしょう	しゃ―	車聲	法功	999①	漢名	1018①	しゃしやう／くるまのこゑ[妙]		
車乘	しゃじょう	しゃじよう	車乘	序品	29⑤	漢名	25③	しゃしよう／くるま[妙]		
車乘	しゃじょう	しゃじよう	車乘	信解	323⑤	漢名	299④			しゃじよう[妙]
車乘	しゃじょう	しゃじよう	車乘	信解	354④	漢名	338②	しゃじよう／くるま[妙]		
車乘	しゃじょう	しゃじよう	車乘	安樂	797⑤	漢名	819②	しゃしよう／くるま[妙]		
車乘	しゃじょう	しゃじよう	車乘	安樂	806①	漢名	828②	しゃしよう／くるま[妙]		
車乘	しゃじょう	しゃじよう	車乘	随喜	974②	漢名	992②	しゃ―／くるま―[妙]		
車乘	しゃじょう	しゃじやう	車乘	随喜	980②	漢名	998③	しゃしよう／くるまののりもの[妙]		
邪心	じゃしん	じゃしん	邪心	妙荘	1296②	漢名	1304③			しゃしん[妙]
舎宅	しゃたく	しゃたく／いへ	舎宅	譬喩	239⑤	漢家屋名	209②	しゃたく／いゑ[妙]		
舎宅	しゃたく	しゃたく	舎宅	譬喩	276⑥	漢家屋名	248③	しゃたく／いゑ[妙]		
舎宅	しゃたく	しゃたく	舎宅	譬喩	282②	漢家屋名	253⑥	しゃたく／いゑ[妙]		
舎宅	しゃたく	しゃたく	舎宅	譬喩	309③	漢家屋名	282②	しゃたく／いゑ[妙]		
舎宅	しゃたく	しゃたく	舎宅	信解	354④	漢家屋名	337⑤	しゃたく／いゑを[妙]		
舎宅	しゃたく	しゃたく	舎宅	信解	364④	漢家屋名	350①			
舎宅	しゃたく	しゃたく	舎宅	信解	365②	漢家屋名	350⑥	しゃたく／いゑ[妙]		
舎宅	しゃたく	しゃたく	舎宅	化城	542⑤	漢家屋名	548④			
邪智	しゃち	じゃち	邪智	勧持	751②	漢名	771②			
娑婆	しゃば	×	娑婆	神力	1090④	漢地儀名	1109①			しゃは[妙]
娑婆國	しゃばこく	しゃバ―	娑婆國	勧持	740②	漢地儀名	759④			
娑婆國土	しゃばこくど	しゃは――	娑婆國土	化城	517②	漢地儀名	522①			

当該語	読みかな	傍訓	漢字表記	品名	頁数	語の種類	妙一本	和解語文	可読	異同語彙
娑婆國土	しゃばこくど	しゃは——	娑婆國土	見寶	684③	漢地儀名	701⑤			
娑婆国土	しゃばこくど	×	娑婆國土	妙音	1193④	漢地儀名	1207④			娑婆國土(しやはこくと)[妙]
娑婆世界	しゃばせかい	しやは—かい	娑婆世界	序品	10⑤	漢四熟名	8⑤			
娑婆世界	しゃばせかい	×	娑婆世界	見寶	669①	漢四熟名	684②			
娑婆世界	しゃばせかい	×	娑婆世界	見寶	669⑤	漢四熟名	684⑤			
娑婆世界	しゃばせかい	×	娑婆世界	見寶	670⑥	漢四熟名	686②			
娑婆世界	しゃばせかい	しやバせかい	娑婆世界	提婆	735⑥	漢四熟名	754③			
娑婆世界	しゃばせかい	しやハ—かい	娑婆世界	提婆	736⑥	漢四熟名	755④			
娑婆世界	しゃばせかい	しやは—かい	娑婆世界	從地	817⑥	漢四熟名	840②			
娑婆世界	しゃばせかい	×	娑婆世界	從地	819①	漢四熟名	841③			
娑婆世界	しゃばせかい	×	娑婆世界	從地	819⑥	漢四熟名	842②			
娑婆世界	しゃばせかい	×	娑婆世界	從地	820⑤	漢四熟名	842⑥			
娑婆世界	しゃばせかい	しやハ——	娑婆世界	從地	849①	漢四熟名	871⑥			
娑婆世界	しゃばせかい	×	娑婆世界	從地	849⑤	漢四熟名	872④			
娑婆世界	しゃばせかい	しやハ—かい	娑婆世界	從地	853③	漢四熟名	876①			
娑婆世界	しゃばせかい	しやバ—かい	娑婆世界	如來	888⑤	漢四熟名	907②			
娑婆世界	しゃばせかい	しやば—かい	娑婆世界	分別	949⑥	漢四熟名	968⑤			
娑婆世界	しゃばせかい	×	娑婆世界	神力	1088⑤	漢四熟名	1107①			しやはせかい[妙]
娑婆世界	しゃばせかい	しやは—かい	娑婆世界	神力	1092②	漢四熟名	1110③			しやはせかい[妙]
娑婆世界	しゃばせかい	×	娑婆世界	神力	1092⑥	漢四熟名	1111③			しやはせかい[妙]
娑婆世界	しゃばせかい	しやば——	娑婆世界	藥王	1114⑤	漢四熟名	1133②			しやはせかい[妙]
娑婆世界	しゃばせかい	×	娑婆世界	藥王	1122①	漢四熟名	1140②			しやはせかい[妙]
娑婆世界	しゃばせかい	×	娑婆世界	妙音	1169⑤	漢四熟名	1185⑤			しやはせかい[妙]
娑婆世界	しゃばせかい	×	娑婆世界	妙音	1171①	漢四熟名	1186⑥			しやはせかい[妙]
娑婆世界	しゃばせかい	×	娑婆世界	妙音	1172④	漢四熟名	1188③			しやはせかい[妙]
娑婆世界	しゃばせかい	×	娑婆世界	妙音	1175⑤	漢四熟名	1191①			しやはせかい[妙]
娑婆世界	しゃばせかい	×	娑婆世界	妙音	1181⑤	漢四熟名	1196①			しやはせかい[妙]
娑婆世界	しゃばせかい	×	娑婆世界	妙音	1193⑤	漢四熟名	1207②			しやはせかい[妙]
娑婆世界	しゃばせかい	×	娑婆世界	妙音	1194②	漢四熟名	1208②			しやはせかい[妙]
娑婆世界	しゃばせかい	×	娑婆世界	妙音	1199②	漢四熟名	1212⑤			しやはせかい[妙]
娑婆世界	しゃばせかい	×	娑婆世界	妙音	1200⑤	漢四熟名	1214③			しやはせかい[妙]
娑婆世界	しゃばせかい	しやば——	娑婆世界	觀世	1221⑥	漢四熟名	1235②			しやはせかい[妙]
娑婆世界	しゃばせかい	×	娑婆世界	觀世	1231①	漢四熟名	1243⑥			しやはせかい[妙]
娑婆世界	しゃばせかい	×	娑婆世界	觀世	1234⑤	漢四熟名	1247②			しやはせかい[妙]
娑婆世界	しゃばせかい	×	娑婆世界	普賢	1307④	漢四熟名	1314①			しやはせかい[妙]
娑婆世界	しゃばせかい	×	娑婆世界	普賢	1308②	漢四熟名	1314⑤			しやはせかい[妙]
沙履 十二	しゃび	しやび	沙履	陀羅	1251②	仏梵語名	1263④			しやひ[妙]
睒履 二十	しゃび	しやび	睒履	陀羅	1251⑥	仏梵語名	1263⑥			しひ[妙]
睒履多瑋 网雉反 八	しゃひたい	しやひたゐ	睒履多瑋	陀羅	1251⑤	仏梵語名	1263③			しやひたい[妙]
差別	しゃべつ	しや—	差別	方便	184⑤	漢名	158③			
差別	しゃべつ	しやへつ	差別	藥草	390④	漢名	375⑥			
差別	しゃべつ	しやべつ	差別	法功	1021④	漢名	1040③		—して[西右]	差別(しやへち)[妙]
差別す	しゃべつす	しやべつ	差別	譬喩	250④	漢サ動	220④			しやべち[妙]
邪慢	じゃまん	じやまん	邪慢	普賢	1331③	漢名	1335②			しやまん[妙]
沙弥	しゃみ	しやみ	沙弥	化城	506①	漢人倫名	510③			
沙弥	しゃみ	しやみ	沙弥	化城	508②	漢人倫名	512⑥			
沙弥	しゃみ	×	沙弥	化城	515⑥	漢人倫名	520①			
沙弥	しゃみ	×	沙弥	化城	517⑥	漢人倫名	522②			
沙弥	しゃみ	しやみ	沙弥	化城	536②	漢人倫名	542①			
沙弥	しゃみ	しやみ	沙弥	化城	538①	漢人倫名	543⑥			
沙弥	しゃみ	×	沙弥	化城	538⑤	漢人倫名	544③			
沙弥	しゃみ	しやみ	沙弥	安樂	766④	漢人倫名	786④			
睒咩 羊鳴音 七	しゃみや	しやみや	睒咩	陀羅	1251③	仏梵語名	1263③			しやめい[妙]
沙門	しゃもん	しやもん	沙門	序品	59⑥	漢人倫名	52②			
沙門	しゃもん	しやもん	沙門	譬喩	218④	漢人倫名	187②			
沙門	しゃもん	しやもん	沙門	化城	489②	漢人倫名	490④			
沙門	しゃもん	しや—	沙門	化城	501⑥	漢人倫名	505⑤		—と[西右]	
沙門	しゃもん	×	沙門	妙音	1183①	漢人倫名	1197⑥			しやもん[妙]
沙門	しゃもん	×	沙門	妙莊	1284④	漢人倫名	1294②			しやもん[妙]
娑羅樹王	しゃらじゅおう	しやらじゆわう	娑羅樹王	妙莊	1293⑤	仏王名名	1302③			しやらじゆわう[妙]
婆{娑}羅樹王佛	しゃらじゅおうぶつ	しやらじゆ——うぶつ	娑羅樹王佛	妙莊	1294①	仏仏名名	1302⑤			娑羅樹王佛(しやらしゆわうふつ)[妙]
沙履 十五	しゃり	しやび	沙履 十五	陀羅	1251⑤	仏梵語名	1263⑤			しやひ[妙]

当該語	読みかな	傍訓	漢字表記	品名	頁数	語の種類	妙一本	和解語文	可読	異同語彙
舍利	しやり	しやり	舍利	序品	19⑤	仏梵語名	16②			
舍利	しやり	×	舍利	序品	39⑥	仏梵語名	34③			
舍利	しやり	×	舍利	序品	41③	仏梵語名	35④			
舍利	しやり	×	舍利	序品	79⑤	仏梵語名	69⑤			
舍利	しやり	×	舍利	方便	161②	仏梵語名	139②			
舍利	しやり	×	舍利	譬喻	229⑤	仏梵語名	198⑥			
舍利	しやり	×	舍利	授記	437⑤	仏梵語名	429③			
舍利	しやり	×	舍利	法師	640③	仏梵語名	652⑥			
舍利	しやり	×	舍利	提婆	718①	仏梵語名	736②			
舍利	しやり	しやり	舍利	如來	912②	仏梵語名	931②			
一舍利	しやり	×	舍利	分別	952⑤	仏梵語名	971④			
舍利	しやり	×	舍利	分別	962①	仏梵語名	980④			
舍利	しやり	×	舍利	藥王	1132⑤	仏梵語名	1151①	をも[西右]		しやり[妙]
舍利	しやり	×	舍利	藥王	1134③	仏梵語名	1152⑤			しやり[妙]
舍利	しやり	×	舍利	藥王	1135④	仏梵語名	1153⑥			舍利弗(しやり)を[妙]
舍利	しやり	×	舍利	藥王	1136②	仏梵語名	1154④			しやり[妙]
遮梨第六	しやりてい	しやりてい	遮梨第六	陀羅	1251②	仏梵語名	1263②			しやりてい[妙]
舍利弗	しやりほつ	しやりほつ	舍利弗	序品	5③	仏梵語名	4③			
舍利弗	しやりほつ	×	舍利弗	方便	87①	仏梵語名	76③			
舍利弗	しやりほつ	ーーほつ	舍利弗	方便	88④	仏梵語名	77⑤			
舍利弗	しやりほつ	×	舍利弗	方便	89③	仏梵語名	78④			
舍利弗	しやりほつ	×	舍利弗	方便	90①	仏梵語名	79①			
舍利弗	しやりほつ	×	舍利弗	方便	90③	仏梵語名	79③			
舍利弗	しやりほつ	×	舍利弗	方便	90⑥	仏梵語名	79⑥			
舍利弗	しやりほつ	×	舍利弗	方便	95⑥	仏梵語名	84②			
舍利弗	しやりほつ	×	舍利弗	方便	96③	仏梵語名	84⑤			
舍利弗	しやりほつ	×	舍利弗	方便	99③	仏梵語名	87②			
舍利弗	しやりほつ	×	舍利弗	方便	100①	仏梵語名	87⑤			
舍利弗	しやりほつ	×	舍利弗	方便	104②	仏梵語名	91③			
舍利弗	しやりほつ	×	舍利弗	方便	106②	仏梵語名	93①			
舍利弗	しやりほつ	×	舍利弗	方便	111④	仏梵語名	97④			
舍利弗	しやりほつ	×	舍利弗	方便	112①	仏梵語名	98①			
舍利弗	しやりほつ	×	舍利弗	方便	113③	仏梵語名	99②			
舍利弗	しやりほつ	×	舍利弗	方便	114③	仏梵語名	100①			
舍利弗	しやりほつ	×	舍利弗	方便	115⑥	仏梵語名	101③			
舍利弗	しやりほつ	×	舍利弗	方便	117②	仏梵語名	102⑤			
舍利弗	しやりほつ	×	舍利弗	方便	119④	仏梵語名	104⑥			
舍利弗	しやりほつ	×	舍利弗	方便	121⑥	仏梵語名	106⑥			
舍利弗	しやりほつ	×	舍利弗	方便	122②	仏梵語名	107②			
舍利弗	しやりほつ	×	舍利弗	方便	122⑤	仏梵語名	107⑤			
舍利弗	しやりほつ	×	舍利弗	方便	123①	仏梵語名	107⑥			舍利弗(しやりほち)[妙]
舍利弗	しやりほつ	×	舍利弗	方便	123⑤	仏梵語名	108④			
舍利弗	しやりほつ	×	舍利弗	方便	124①	仏梵語名	108⑤			
舍利弗	しやりほつ	×	舍利弗	方便	125③	仏梵語名	109⑥			舍利弗[妙]
舍利弗	しやりほつ	×	舍利弗	方便	127③	仏梵語名	111⑤			
舍利弗	しやりほつ	×	舍利弗	方便	127⑤	仏梵語名	112①			
舍利弗	しやりほつ	×	舍利弗	方便	128③	仏梵語名	112④			
舍利弗	しやりほつ	×	舍利弗	方便	128⑥	仏梵語名	113①			
舍利弗	しやりほつ	×	舍利弗	方便	129①	仏梵語名	113②			舍利弗[妙]
舍利弗	しやりほつ	×	舍利弗	方便	130②	仏梵語名	114①			舍利弗[妙]
舍利弗	しやりほつ	×	舍利弗	方便	131③	仏梵語名	115①			舍利弗[妙]
舍利弗	しやりほつ	×	舍利弗	方便	132⑥	仏梵語名	116②			
舍利弗	しやりほつ	×	舍利弗	方便	133⑥	仏梵語名	117①			舍利弗[妙]
舍利弗	しやりほつ	×	舍利弗	方便	134⑤	仏梵語名	117⑤			舍利弗[妙]
舍利弗	しやりほつ	×	舍利弗	方便	135①	仏梵語名	118①			舍利弗[妙]
舍利弗	しやりほつ	×	舍利弗	方便	135③	仏梵語名	118②			舍利弗[妙]
舍利弗	しやりほつ	×	舍利弗	方便	135⑤	仏梵語名	118④			
舍利弗	しやりほつ	×	舍利弗	方便	136④	仏梵語名	119②			
舍利弗	しやりほつ	×	舍利弗	方便	137③	仏梵語名	119⑥			
舍利弗	しやりほつ	×	舍利弗	方便	139⑤	仏梵語名	121⑥			舍利弗[妙]
舍利弗	しやりほつ	×	舍利弗	方便	142②	仏梵語名	124①			
舍利弗	しやりほつ	×	舍利弗	方便	152①	仏梵語名	131⑥			
舍利弗	しやりほつ	×	舍利弗	方便	156①	仏梵語名	135①			
舍利弗	しやりほつ	×	舍利弗	方便	175⑤	仏梵語名	151①			
舍利弗	しやりほつ	×	舍利弗	方便	182⑤	仏梵語名	156⑥			
舍利弗	しやりほつ	×	舍利弗	方便	185②	仏梵語名	158⑥			

当該語	読みかな	傍訓	漢字表記	品名	頁数	語の種類	妙一本	和解語文	可読	異同語彙
舎利弗	しゃりほつ	×	舎利弗	方便	186④	仏梵語名	160①			
舎利弗	しゃりほつ	×	舎利弗	方便	190⑥	仏梵語名	163⑥			
舎利弗	しゃりほつ	×	舎利弗	方便	192③	仏梵語名	165②			
舎利弗	しゃりほつ	しやりほつ	舎利弗	譬喩	204②	仏梵語名	171②			
舎利弗	しゃりほつ	しやりほつ	舎利弗	譬喩	208⑤	仏梵語名	176②			
舎利弗	しゃりほつ	×	舎利弗	譬喩	218③	仏梵語名	187①			
舎利弗	しゃりほつ	×	舎利弗	譬喩	219①	仏梵語名	188①			
舎利弗	しゃりほつ	×	舎利弗	譬喩	220①	仏梵語名	189③			
舎利弗	しゃりほつ	×	舎利弗	譬喩	222④	仏梵語名	191②			
舎利弗	しゃりほつ	×	舎利弗	譬喩	224⑥	仏梵語名	193⑥			
舎利弗	しゃりほつ	×	舎利弗	譬喩	226②	仏梵語名	195②			
舎利弗	しゃりほつ	×	舎利弗	譬喩	226⑥	仏梵語名	195⑥			
舎利弗	しゃりほつ	×	舎利弗	譬喩	230⑥	仏梵語名	200①			
舎利弗	しゃりほつ	×	舎利弗	譬喩	234②	仏梵語名	203④			
舎利弗	しゃりほつ	×	舎利弗	譬喩	235④	仏梵語名	204⑤			
舎利弗	しゃりほつ	×	舎利弗	譬喩	237③	仏梵語名	206⑤			
舎利弗	しゃりほつ	×	舎利弗	譬喩	238②	仏梵語名	207④			
舎利弗	しゃりほつ	×	舎利弗	譬喩	238⑤	仏梵語名	208①			
舎利弗	しゃりほつ	×	舎利弗	譬喩	241②	仏梵語名	210⑥			
舎利弗	しゃりほつ	×	舎利弗	譬喩	247⑥	仏梵語名	217⑤			
舎利弗	しゃりほつ	×	舎利弗	譬喩	251②	仏梵語名	221②			
舎利弗	しゃりほつ	×	舎利弗	譬喩	251⑤	仏梵語名	221⑤			
舎利弗	しゃりほつ	しやりほつ	舎利弗	譬喩	253④	仏梵語名	224①			
舎利弗	しゃりほつ	×	舎利弗	譬喩	253⑤	仏梵語名	224②			
舎利弗	しゃりほつ	×	舎利弗	譬喩	256⑥	仏梵語名	228①			
舎利弗	しゃりほつ	×	舎利弗	譬喩	257④	仏梵語名	228⑤			
舎利弗	しゃりほつ	×	舎利弗	譬喩	258⑤	仏梵語名	229⑥			
舎利弗	しゃりほつ	×	舎利弗	譬喩	262③	仏梵語名	233⑤			
舎利弗	しゃりほつ	×	舎利弗	譬喩	265③	仏梵語名	236⑤			
舎利弗	しゃりほつ	×	舎利弗	譬喩	268②	仏梵語名	239③			
舎利弗	しゃりほつ	×	舎利弗	譬喩	269⑤	仏梵語名	240⑥			
舎利弗	しゃりほつ	×	舎利弗	譬喩	288⑥	仏梵語名	260⑥			
舎利弗	しゃりほつ	×	舎利弗	譬喩	291⑤	仏梵語名	263⑥			
舎利弗	しゃりほつ	×	舎利弗	譬喩	293⑥	仏梵語名	266①			
舎利弗	しゃりほつ	×	舎利弗	譬喩	298②	仏梵語名	270④			
舎利弗	しゃりほつ	×	舎利弗	譬喩	300③	仏梵語名	272④			
舎利弗	しゃりほつ	×	舎利弗	譬喩	301①	仏梵語名	273②			
舎利弗	しゃりほつ	×	舎利弗	譬喩	310⑥	仏梵語名	284①			
舎利弗	しゃりほつ	×	舎利弗	譬喩	313③	仏梵語名	286⑤			
舎利弗	しゃりほつ	×	舎利弗	譬喩	316③	仏梵語名	290⑥			
舎利弗	しゃりほつ	×	舎利弗	信解	317④	仏梵語名	292②			
舎利弗	しゃりほつ	×	舎利弗	提婆	732②	仏梵語名	750③			
舎利弗	しゃりほつ	しやりほつと	舎利弗	提婆	734②	仏梵語名	752④			
舎利弗	しゃりほつ	×	舎利弗	提婆	737③	仏梵語名	755⑥			
舎利弗	しゃりほつ	しやりほつ	舎利弗	嘱累	1113⑤	仏梵語名	1132③			しやりほつ[妙]
舎利弗	しゃりほつ	×	舎利弗	普賢	1337⑤	仏梵語名	1340③			しやりほつ[妙]
砂礫	じゃりゃく	じやりやく	砂礫	授記	427⑤	漢地儀名	418①	しやりやく／ーくつ[妙]		
車輪	しゃりん	しやりん	車輪	提婆	721⑤	漢乗物名	739④	しやりん／くるまのわ[妙]		
修	しゅ	しゆ	修	随喜	984④	単漢名	1002⑥	しゆ／なかく[妙]	はなはながくしかもたかくなをからん[西右]	
手	しゅ	しゆ	手	序品	30⑤	単漢身体名	26②			
手	しゅ	しゆ	手	譬喩	241④	単漢身体名	210⑥	しゆ／て[妙]	ーと[西右]	
手	しゅ	しゆ	手	譬喩	258⑤	単漢身体名	230①	しゆ／て[妙]	ーと[西右]	
手	しゅ	×	手	見寶	693③	単漢身体名	711⑤			
主	しゅ	しゆ	主	序品	10⑥	単漢名	8⑤			
取	しゅ	しゆ	取	化城	503①	単漢名	507①	しゆ／とる[妙]		
取	しゅ	×	取	化城	503①	単漢名	507①	しゆ／とる[妙]		
取	しゅ	しゆ	取	化城	504①	単漢名	508②	しゆめつ／とるこ とめつ[妙]		取滅[妙]
取	しゅ	×	取	化城	504①	単漢名	508②	しゆめつ／とるこ とめつ[妙]		取滅[妙]
種	しゅ	しゆ	種	法功	1045②	単漢名	1063⑤	しゆ／たね[妙]		
首	しゅ	しゆ／かしら	首	從地	821⑤	単漢身体名	843④		かうべ[西右]	
衆	しゅ	しゆ	衆	序品	6②	単漢名	5①	しゆ／おほくのひとに[妙]		

当該語	読みかな	傍訓	漢字表記	品名	頁数	語の種類	妙一本	和解語文	可読	異同語彙
衆	しゆ	しゆ	衆	序品	24③	単漢名	20⑤			
衆	しゆ	しゆ	衆	序品	33⑥	単漢名	29①			
衆	しゆ	しゆ	衆	序品	73④	単漢名	64⑤			
衆	しゆ	×	衆	方便	141④	単漢名	123③			
一衆	しゆ	しゆ	一衆	藥草	392⑤	単漢名	378②			
一衆	しゆ	×	一衆	藥草	404②	単漢名	391②			
衆	しゆ	しゆ	衆	授記	429①	単漢名	419④			
衆	しゆ	しゆ	衆	授記	431①	単漢名	421⑥			
衆	しゆ	しゆ	衆	化城	473⑥	単漢名	472⑤			
衆	しゆ	しゆ	衆	化城	523①	単漢名	528②			
衆	しゆ	しゆ	衆	見寶	687①	単漢名	704④			
一衆	しゆ	×	一衆	從地	868④	単漢名	891④			
衆	しゆ	×	衆	常不	1069③	単漢名	1088①			しゆ[妙]
衆	しゆ	×	衆	常不	1079⑤	単漢名	1098②			しゆ[妙]
衆	しゆ	×	衆	常不	1081⑤	単漢名	1099⑤		一と[西右]	衆(しゆ)[妙]
衆	しゆ	もろ〲	衆	神力	1086①	単漢名	1104③			しう[妙]
衆	しゆ	×	衆	藥王	1136⑥	単漢名	1155⑤		一と[西右]	しゆ[妙]
衆	しゆ	×	衆	藥王	1143⑤	単漢名	1161⑤	しゆせん／もろ〲のやま[妙]		衆山[妙] しゆうやまみ[妙]
衆	しゆ	×	衆	觀世	1247③	単漢名	1259④			しゆ[妙]
衆	しゆ	×	衆	妙莊	1276④	単漢名	1286⑥			しう[妙]
數	しゆ	しゆ	數	分別	923③	単漢名	942②			微塵數(みちんしゆ)[妙]
受	じゆ	しゆ／うくる	受	化城	502⑥	単漢名	506⑥	しゆ／うくる[妙]		
受	じゆ	×	受	化城	502⑥	単漢名	506⑥	しゆ／うくる[妙]		
受	じゆ	じゆ	受	化城	503⑥	単漢名	507⑥			受滅[妙]
受	じゆ	×	受	化城	503⑥	単漢名	507⑥	しゆめつ／うくるめつ[妙]		受滅[妙]
呪	じゆ	×	呪	陀羅	1251①	単漢名	1263①			
呪	じゆ	×	呪	陀羅	1256③	単漢名	1268②			
呪	じゆ	しゆ	呪	陀羅	1258④	単漢名	1270②			しゆ[妙]
呪	じゆ	しゆ	呪	陀羅	1260⑤	単漢名	1272③			
呪	じゆ	×	呪	陀羅	1264②	単漢名	1275④			しゆ[妙]
呪	じゆ	×	呪	陀羅	1267④	単漢名	1278③			しゆ[妙]
呪	じゆ	しゆ	呪	普賢	1318④	単漢名	1323⑥			しゆ[妙]
鷲	じゆ／わし	じゆ／わし	鷲	譬喩	271⑤	単漢禽鳥名	242⑥			
鷲	じゆ	じゆ／わし	鷲	譬喩	277④	単漢禽鳥名	249②	じゆ／わし[妙]		
鷲	じゆ	じゆ／わし	鷲	譬喩	281③	単漢禽鳥名	252⑤	じゆ／わし[妙]		
頌	じゆ	しゆ	頌	分別	928②	単漢名	947④			
修阿婆多尼十一	しゆあはたに	しゆあばたに	修阿婆多尼十一	普賢	1319③	仏梵語名	1324⑤			しゆあはたに[妙]
四維	しゆい	一ゆい	四維	化城	533④	漢数名	539④		一と[西右]	
四維	しゆい	一ゆい／よつのすみ	四維	見寶	668④	漢数名	683⑤			
四維	しゆい	しゆい	四維	分別	957④	漢数名	975②	しゆい／よつのすみ[妙]		
思惟	しゆい	しゆい	思惟	方便	180④	漢名	155②			
思惟	しゆい	しゆい	思惟	譬喩	241②	漢名	210⑥			
思惟	しゆい	しゆい	思惟	授學	601③	漢名	609⑤	しゆい／おもひはからはく[妙]	一しつ・しつィ[西右]	
思惟	しゆい	しゆい	思惟	從地	850①	漢名	872⑥	しゆい／おもひ[妙]		
思惟挍計し	しゆいさんけいし	しゆいけうけ	思惟挍計	如來	885③	漢四熟サ動	904②	しゆいけうけ・し／おもひはかりかそへ[妙]	一一し一一[西右]	
思惟し	しゆいし	しゆい	思惟	方便	177⑤	漢サ動	152⑥	しゆい・し／おもひ[妙]		
思惟し	しゆいし	しゆい	思惟	方便	183⑤	漢サ動	157⑤			
思惟し	しゆいし	しゆい	思惟	譬喩	207④	漢サ動	174⑤	しゆい・し／おもひはかり[妙]		
思惟し	しゆいし	しゆい	思惟	譬喩	210②	漢サ動	177⑥	しゆい／おもひはかり[妙]		
思惟し	しゆいし	しゆい	思惟	譬喩	212③	漢サ動	180①	しゆい／おもひはかりき[妙]		
思惟し	しゆいし	×	思惟	譬喩	282⑤	漢サ動	254③	しゆい／おもひはかり[妙]		
思惟し	しゆいし	しゆい	思惟	信解	324⑤	漢サ動	300⑥	しゆい／おもひはかり[妙]		
思惟し	しゆいし	しゆい	思惟	信解	346⑥	漢サ動	328④	しゆい・し／おもひはかり[妙]		

当該語	読みかな	傍訓	漢字表記	品名	頁数	語の種類	妙一本	和解語文	可読	異同語彙
思惟し	しゆいし	しゆい	思惟	信解	367②	漢サ動	353①	しゆい・し／おもひはかり[妙]		
思惟し	しゆいし	しゆい	思惟	信解	369⑤	漢サ動	356①	しゆい・し／おもひはかり[妙]		
思惟し	しゆいし	しゆい	思惟	法師	644③	漢サ動	657④			
思惟し	しゆいし	しゆい	思惟	如來	886⑤	漢サ動	905②	しゆい・し／おもひはかり[妙]		
思惟し	しゆいし	しゆい	思惟	分別	966③	漢サ動	984⑤	しゆい・し／おもひはかり[妙]		
思惟し	しゆいし	しゆい	思惟	法功	1043②	漢サ動	1061⑥	しゆい・し／おもひ[妙]		
思惟し	しゆいし	しゆい	思惟	法功	1045②	漢サ動	1064⑥	しゆい・し／おもひはかり[妙]		
思惟し	しゆいし	しゆい	思惟	藥王	1156④	漢サ動	1174②	しゆい・し／おもいはかり[妙]		
思惟す	しゆいす	しゆい	思惟	方便	179③	漢サ動	154①	しゆい・す／おもひはかる[妙]	―すらく[西右]	
思惟す	しゆいす	しゆい	思惟	譬喩	241⑤	漢サ動	211②	しゆい／おもひからはく[妙]	―すらく[西右]	
思惟する	しゆいする	しゆい／おもひはかららひ	思惟	序品	32③	漢サ動	27⑤	しゆい・する／おもひはかる[妙]		
思惟する	しゆいする	しゆい	思惟	譬喩	242⑥	漢サ動	212④	しゆい／おもひはかる[妙]		
思惟する	しゆいする	しゆい	思惟	信解	358④	漢サ動	342⑥			
思惟せ	しゆいせ	しゆい	思惟	法師	651④	漢サ動	665⑤		―する[西右]	
思惟せ	しゆいせ	×	思惟	見寶	691⑤	漢サ動	709⑥	しゆい・せ／おもひはかる[妙]		
思惟せ	しゆいせ	しゆい	思惟	普賢	1313⑤	漢サ動	1319⑤	しゆい・せ／おもひはからう[妙]		
衆	しゅう	もろ〲	衆	序品	42①	単漢名	36⑥			
衆	しゅう	×	衆	序品	59②	単漢名	51①	しう／ちやうもんしゆ[妙]		
衆	しゅう	×	衆	序品	77①	単漢名	66⑤			
衆	しゅう	×	衆	序品	77⑥	単漢名	68④			
衆	しゅう	×	衆	序品	78⑥	単漢名	69③			
衆	しゅう	×	衆	序品	81③	単漢名	71③			
衆	しゅう	もろ〲	衆	方便	90③	単漢名	79③			
衆	しゅう	×	衆	方便	95②	単漢名	84⑥			
衆	しゅう	×	衆	方便	114①	単漢名	99⑤			
衆	しゅう	×	衆	方便	118①	単漢名	103③			
衆	しゅう	×	衆	方便	119①	単漢名	104③			
衆	しゅう	×	衆	方便	122①	単漢名	107①			
衆	しゅう	×	衆	方便	142①	単漢名	123⑥		には[西右]	しう[妙]
衆	しゅう	×	衆	方便	151⑥	単漢名	131⑤			
衆	しゅう	×	衆	方便	163③	単漢名	140⑥			
衆	しゅう	×	衆	方便	165⑤	単漢名	142⑥			
衆	しゅう	×	衆	方便	168⑤	単漢名	145③	しう／しゆしやうを[妙]		
衆	しゅう	×	衆	譬喩	213①	単漢名	181②			
衆	しゅう	×	衆	譬喩	227①	単漢名	196①			
衆	しゅう	×	衆	譬喩	239②	単漢名	208④			
衆	しゅう	×	衆	譬喩	294⑥	単漢名	267①			
衆	しゅう	×	衆	信解	355①	単漢名	338⑤			
衆	しゅう	×	衆	藥草	401①	単漢名	387④			
衆	しゅう	×	衆	化城	465⑤	単漢名	462⑤			
衆	しゅう	×	衆	化城	483①	単漢名	483②			
衆	しゅう	×	衆	化城	491⑥	単漢名	494①			
衆	しゅう	×	衆	化城	507⑥	単漢名	512③			
衆	しゅう	×	衆	化城	520④	単漢名	525④		も[西右]	
衆	しゅう	×	衆	化城	522③	単漢名	527④			
衆	しゅう	×	衆	化城	525②	単漢名	530④			
衆	しゅう	×	衆	化城	535⑤	単漢名	541③			
衆	しゅう	×	衆	化城	538②	単漢名	544①			
衆	しゅう	×	衆	化城	538⑥	単漢名	544⑤			
衆	しゅう	×	衆	化城	541②	単漢名	546⑥			
衆	しゅう	×	衆	化城	543②	単漢名	551①			
衆	しゅう	×	衆	化城	543⑥	単漢名	551⑥			
衆	しゅう	×	衆	五百	575①	単漢名	579④			
衆	しゅう	×	衆	五百	575⑤	単漢名	580③			

当該語	読みかな	傍訓	漢字表記	品名	頁数	語の種類	妙一本	和解語文	可読	異同語彙
衆	しゅう	×	衆	五百	576④	単漢名	581②			
衆	しゅう	×	衆	五百	578①	単漢名	582⑥			
衆	しゅう	×	衆	五百	578⑤	単漢名	583⑤			
衆	しゅう	×	衆	五百	579④	単漢名	584⑤	しゆ／しゆ[妙]		
衆	しゅう	×	衆	五百	583④	単漢名	589①			
衆	しゅう	×	衆	授學	603①	単漢名	611④			
衆	しゅう	×	衆	法師	632⑤	単漢名	644③			
衆	しゅう	×	衆	法師	647⑥	単漢名	661④			
衆	しゅう	×	衆	法師	652①	単漢名	666①			
衆	しゅう	×	衆	法師	655④	単漢名	669⑥			
衆	しゅう	×	衆	見寶	658④	単漢名	673①		一は[西右]	
衆	しゅう	×	衆	見寶	668③	単漢名	683④			
衆	しゅう	×	衆	見寶	670③	単漢名	685⑤	ゑのしゆ／ちやうもんしゆ[妙]		
衆	しゅう	×	衆	見寶	687④	単漢名	705①			
衆	しゅう	×	衆	見寶	692⑥	単漢名	711①			
衆	しゅう	×	衆	提婆	725③	単漢名	743④			
衆	しゅう	×	衆	勸持	739④	単漢名	758②	しゆ／ちやうもんしゆ[妙]		
衆	しゅう	×	衆	勸持	758②	単漢名	777⑥			
衆	しゅう	×	衆	安樂	782①	単漢名	803①			
衆	しゅう	×	衆	安樂	790②	単漢名	811⑥			
衆	しゅう	×	衆	安樂	791②	単漢名	812⑤			
衆	しゅう	×	衆	從地	827③	単漢名	849④			
衆	しゅう	×	衆	從地	840④	単漢名	863③			
衆	しゅう	×	衆	從地	841④	単漢名	864③			
衆	しゅう	×	衆	從地	850③	単漢名	873①			
衆	しゅう	×	衆	從地	855①	単漢名	877⑤			
衆	しゅう	×	衆	從地	866②	単漢名	888⑥			
衆	しゅう	×	衆	如來	899②	単漢名	918⑤	しゆびやう／もろ〳〵のやまいをつくろう[妙]		衆病(しゆびやう)もろ〳〵のやまいをつくろう[妙]
衆	しゅう	×	衆	如來	912①	単漢名	931①			
衆	しゅう	×	衆	如來	916③	単漢名	935②			
衆	しゅう	×	衆	如來	917④	単漢名	936③			
衆	しゅう	×	衆	分別	964②	単漢名	982④	しゆ／もろ〳〵[妙]		
衆	しゅう	×	衆	隨喜	987②	単漢名	1005④			
衆	しゅう	×	衆	法功	1025②	単漢名	1044①			衆生(しゆしやう)[妙]
衆	しゅう	×	衆	法功	1039⑥	単漢名	1058④			
衆	しゅう	×	衆	法功	1047①	単漢名	1065④			
集	しゅう	しゆう	集	化城	502②	単漢名	506①	しゆ／あつまる[妙]		
醜	しゅう	しゆ／みにくし	醜	法功	1026⑥	単漢名	1045⑤	しう／あしき[妙]	あしき[西右]	
十	じゅう	×	十	譬喩	239⑤	漢数名	209③			
十	じゅう	×	十	如來	899⑥	漢数名	918⑥			
十	じゅう	×	十	藥王	1129⑤	漢数名	1148⑤			とほ[妙]
十	じゅう	×	十	陀羅	1262⑥	漢数名	1274③			
十一	じゅういち	×	十一	序品	71③	漢数名	62④			
充溢せ	じゅういちせ	じゅういつ／みちみてり	充溢	譬喩	249⑤	漢サ動	219④			
縱逸嬉戲す	じゅういつきげす	じゅういつしきげ・す／ほしきまゝにあそひたはふれ	縱逸嬉戲	譬喩	274③	漢四熟サ動	245⑤	じゆういつしきげ・す／しゆいちきけ／ほしきまゝにあそひたわふる[妙]		
集一切功德三昧	しゅういっさいくどくざんまい	しふ――くとく――	集一切功德三昧	妙音	1168④	漢数名	1184⑤			しういさいくとくさんまい[妙]
習學せ	しゅうがくせ	しゆかく	習學	方便	192⑥	漢サ動	165④	しうかく・せ／ならい[妙]		
囚禁せ	しゅうきんせ	しゆきん	囚禁	觀世	1239④	漢サ動	1252⑥	しうきん・せ／ほたしにとられいましめられ[妙]		
守宮	しゅうぐう／いもり	しうぐう／いもり	守宮	譬喩	271⑥	和虫類名	243①			
充潔	じゅうけつ	しうけつ／いさきよし	充潔	譬喩	249①	漢名	218⑥	しゆうけつ／みちきら〳〵し[妙]		

しゆ 295

当該語	読みかな	傍訓	漢字表記	品名	頁数	語の種類	妙一本	和解語文	可読	異同語彙
縱廣	じゅうこう	じゆうくはう	縱廣	序品	40④	漢名	34⑥	しゆくわう／よこさひろさひとしく[妙]		
縱廣	じゅうこう	しうくはう	縱廣	授記	433⑤	漢名	424⑥	しうくわう／よこさまひろさ[妙]		
縱廣	じゅうこう	しゆうくはう	縱廣	授記	439④	漢名	431④	しうくわう／よこさまひろさ[妙]		
縱廣	じゅうこう	×	縱廣	見寶	656⑥	漢名	671③	しゆくわう／よこさまひろさ[妙]		
縱廣	じゅうこう	じゆうくはう	縱廣	提婆	718②	漢名	736②	しうくわう／よこさまひろさ[妙]		
十劫	じゅうごう	一こう	十劫	化城	530②	漢数名	535⑥			
十号	じゅうごう	×	十号	序品	51①	漢数名	44②	しうかう／ほとけのとをのな[妙]		
充洽す	じゅうごうす	じうがう・みちうるほふ	充洽	藥草	401⑤	漢サ動	388②	しうかう／みちうるをふ[妙]	一しィ[西右]	
執金剛神	しゅこんごうしん	しゆこんがうじん	執金剛神	觀世	1229④	仏鬼神名	1242⑤	しふこんがうじん／やまのかみのみ[妙]		
執金剛神	しゅこんごうしん	×	執金剛神	觀世	1229⑤	仏鬼神名	1242④			しふこんかうしん[妙]
重罪	じゅうざい	ぢうざい	重罪	法師	635①	漢名	647①	ちうさい／おもきつみ[妙]		
住在し	じゅうざいし	ぢうざい	住在	提婆	724①	漢サ動	742②			
住在し	じゅうざいし	×	住在	從地	824⑤	漢サ動	847①	ちうさい・し／ありて[妙]		
住在す	じゅうざいす	×	住在	見寶	657①	漢サ動	671⑤		一せり[西右]	
住在せ	じゅうざいせ	×	住在	見寶	659⑥	漢サ動	674③			
執作せ	しゅうさせ	しうさ	執作	信解	362⑤	漢サ動	347⑥	しふさ・せ／とりなさ[妙]		
終始	じゅうし	じうし・おはりはじめる	終始	法功	1046①	漢名	1064④	じゆうし／をはりはしめ[妙]		
住し	じゅうし	ちう	住	序品	4③	単漢サ動	3④			
住し	じゅうし	×	住	序品	28③	単漢サ動	24③			
住し	じゅうし	ぢう	住	序品	35⑥	単漢サ動	30⑥			
住し	じゅうし	×	住	方便	149⑤	単漢サ動	130①			
住し	じゅうし	×	住	方便	172④	単漢サ動	148④			
住し	じゅうし	×	住	譬喩	229①	単漢サ動	198②			
住し	じゅうし	ちう	住	譬喩	229③	単漢サ動	198④			
住し	じゅうし	×	住	譬喩	232①	単漢サ動	201②			
住し	じゅうし	×	住	譬喩	284②	単漢サ動	255⑥			一せるをみて[西]
住し	じゅうし	×	住	藥草	412①	単漢サ動	400①			
住し	じゅうし	ちう	住	藥草	412⑤	単漢サ動	400⑤			
住し	じゅうし	ぢう	住	授記	416⑥	単漢サ動	405②			
住し	じゅうし	×	住	授記	421⑤	単漢サ動	411①			
住し	じゅうし	×	住	授記	428④	単漢サ動	419②		一せんこと[西右]	
住し	じゅうし	×	住	授記	431⑥	単漢サ動	422⑤			
住し	じゅうし	×	住	授記	432⑤	単漢サ動	423⑤		一する事[西右]	
住し	じゅうし	×	住	授記	436③	単漢サ動	427⑤			
住し	じゅうし	×	住	授記	441⑤	単漢サ動	433⑥		一すること[西右]	
住し	じゅうし	×	住	授記	444④	単漢サ動	437①		一せんことィ[西右]	
住し	じゅうし	ちう	住	化城	497⑥	単漢サ動	500⑥			
住し	じゅうし	ちう	住	化城	510①	単漢サ動	515①			
住し	じゅうし	×	住	化城	528②	単漢サ動	533⑥			
住し	じゅうし	×	住	五百	563④	単漢サ動	566⑤			
住し	じゅうし	×	住	法師	631③	単漢サ動	642⑥			
住し	じゅうし	×	住	見寶	660③	単漢サ動	674⑥		一す[西右]	
住し	じゅうし	×	住	見寶	679⑤	単漢サ動	696④			
住じ	じゅうし	×	住	見寶	699②	単漢サ動	718②			
住し	じゅうし	×	住	提婆	718①	単漢サ動	736①			
住し	じゅうし	×	住	提婆	721②	単漢サ動	740①		一して[西右]	
住し	じゅうし	×	住	提婆	730⑤	単漢サ動	748⑤			
住し	じゅうし	×	住	提婆	737①	単漢サ動	755⑤			
住し	じゅうし	×	住	勸持	758④	単漢サ動	778②			
住し	じゅうし	×	住	安樂	761④	単漢サ動	781①		一て[西左]	

当該語	読みかな	傍訓	漢字表記	品名	頁数	語の種類	妙一本	和解語文	可読	異同語彙
住し	じゅうし	×	住	從地	833③	単漢サ動	856②		一て[西右]	
住し	じゅうし	×	住	從地	860④	単漢サ動	883③	ぢう・し／とゝまり[妙]		
住し	じゅうし	×	住	從地	865①	単漢サ動	887⑤		一せり[西右]	
住し	じゅうし	×	住	如來	896②	単漢サ動	915②			
住し	じゅうし	ぢう	住	如來	911②	単漢サ動	930④			
住し	じゅうし	×	住	分別	930④	単漢サ動	949②		一すィ[西右]	
住し	じゅうし	×	住	分別	941⑤	単漢サ動	960①		一して[西右]	
住し	じゅうし	ちう	住	分別	942⑥	単漢サ動	961③			
住し	じゅうし	×	住	法功	1005②	単漢サ動	1023⑤			
住し	じゅうし	×	住	法功	1005⑥	単漢サ動	1024③			
住し	じゅうし	×	住	法功	1010③	単漢サ動	1028⑤			
住し	じゅうし	×	住	法功	1015③	単漢サ動	1034④		一せりとも[西右]	
住し	じゅうし	×	住	法功	1017⑤	単漢サ動	1036③			
住し	じゅうし	×	住	常不	1066②	単漢サ動	1085①			ちう・し[妙]
住し	じゅうし	ぢう・し	住	神力	1098①	単漢サ動	1116⑥			ちう・し[妙]
住し	じゅうし	×	住	妙音	1184②	単漢サ動	1198⑤			ちう・し[妙]
住し	じゅうし	×	住	妙音	1197②	単漢サ動	1211③			ちう・し[妙]
住し	じゅうし	×	住	妙音	1198②	単漢サ動	1212①			ちう・し[妙]
住し	じゅうし	×	住	觀世	1237⑥	単漢サ動	1250⑤			ぢう・し[妙]
住し	じゅうし	×	住	妙莊	1290⑤	単漢サ動	1299⑥		一き[西右]	ぢう・し[妙]
住止せ	じゅうしせ	ちうし	住止	安樂	764④	単漢サ動	784②	ぢうし・せ／とゝまら[妙]		
住止せ	じゅうしせ	ぢうし	住止	分別	967⑤	単漢サ動	986①			
十指爪掌	じゅうしそうしょう	一しのさうしやう	十指爪掌	妙莊	1275⑥	漢身体名	1286⑤	しうしさうしやう／とをのゆひつめたなこゝろ[妙]		
十指爪掌	じゅうしそうしょう	一しさう一	十指爪掌	妙莊	1277③	漢身体名	1287④	しうしさうしやう／とをのゆひつめたなこゝろ[妙]	一の一一[西右]	
宗重し	しゅうじゅうし	しゆうぢう	宗重	信解	355③	漢サ動	338⑥	しうぢう・し／あかめたうとみ[妙]		
囚執せ	しゅうじゅうせ	しゆしう／とらへ	囚執	信解	331③	漢サ動	308⑥	しゆしふ／とらへ[妙]		
住處	じゅうしょ	ぢうしょ	住處	如來	915①	漢名	933⑥			
住處	じゅうしょ	×	住處	分別	964②	漢名	982④		一として[西左]	
住處	じゅうしょ	×	住處	藥王	1154④	漢名	1172④		一し給へる處[西右]	住處(ちうしよ)[妙]
十小劫	じゅうしょうごう	×	十小劫	化城	452③	漢数名	446④		にいたるまて[西左]	
十小劫	じゅうしょうごう	——こう	十小劫	化城	454①	漢数名	448④			
十小劫	じゅうしょうごう	×	十小劫	化城	454⑤	漢数名	449②			
十小劫	じゅうしょうごう	×	十小劫	化城	455①	漢数名	449⑤			
十小劫	じゅうしょうごう	×	十小劫	化城	458②	漢数名	453④			
十小劫	じゅうしょうごう	——こう	十小劫	化城	531②	漢数名	536⑥			
宗親	しゅうしん	そうしん	宗親	随喜	971⑤	漢名	989⑤	しよ{う}しん／したしく[妙]		
住す	じゅうす	ちう	住	藥草	407⑥	単漢サ動	395③			
住す	じゅうす	×	住	安樂	776⑥	単漢サ動	797③			
住す	じゅうす	ぢう	住	從地	853④	単漢サ動	876②		一せり[西右]	
住する	じゅうする	ぢう	住	譬喩	260②	単漢サ動	231④			
住する	じゅうする	ぢう	住	藥草	396⑥	単漢サ動	382⑥		一せるをは[西右]	
住する	じゅうする	ぢう	住	化城	539⑥	単漢サ動	545④			
住する	じゅうする	×	住	見寶	690④	単漢サ動	708②			
住する	じゅうする	×	住	安樂	793③	単漢サ動	814⑥			
住する	じゅうする	×	住	藥王	1137③	単漢サ動	1155④			ぢう・する[妙]
住すれ	じゅうすれ	×	住	如來	911⑤	単漢サ動	930⑤			
住せ	じゅうせ	ぢう	住	方便	95④	単漢サ動	83⑥			
住せ	じゅうせ	×	住	方便	121②	単漢サ動	106⑤			
住せ	じゅうせ	ちう	住	譬喩	226②	単漢サ動	195②			
住せ	じゅうせ	×	住	譬喩	226③	単漢サ動	195③			

しゅ 297

当該語	読みかな	傍訓	漢字表記	品名	頁数	語の種類	妙一本	和解語文	可読	異同語彙
住せ	じゅうせ	ぢう	住	譬喩	236②	単漢サ動	205③			
住せ	じゅうせ	×	住	譬喩	275①	単漢サ動	246④			ちうせ[妙]
住せ	じゅうせ	×	住	譬喩	278①	単漢サ動	249⑤			
住せ	じゅうせ	ぢう	住	信解	322②	単漢サ動	297⑤			一する事[西]
住せ	じゅうせ	ぢう	住	信解	328⑤	単漢サ動	305④			
住せ	じゅうせ	ちう	住	信解	356⑥	単漢サ動	340⑥			
住せ	じゅうせ	×	住	信解	358③	単漢サ動	342④			
住せ	じゅうせ	ぢう	住	信解	370④	単漢サ動	357①			
住せ	じゅうせ	×	住	授記	417①	単漢サ動	405③			
住せ	じゅうせ	ちう	住	授記	421③	単漢サ動	411②			
住せ	じゅうせ	×	住	授記	428⑥	単漢サ動	419⑥			
住せ	じゅうせ	×	住	授記	432⑥	単漢サ動	423⑥			
住せ	じゅうせ	×	住	授記	436④	単漢サ動	427⑥			
住せ	じゅうせ	×	住	授記	441⑤	単漢サ動	434①			
住せ	じゅうせ	×	住	化城	518①	単漢サ動	522⑥			
住せ	じゅうせ	×	住	五百	574①	単漢サ動	578③			
住せ	じゅうせ	×	住	五百	578⑥	単漢サ動	583⑥			
住せ	じゅうせ	×	住	五百	587②	単漢サ動	593①			
住せ	じゅうせ	×	住	授學	605⑥	単漢サ動	614⑥		一する[西右]	
住せ	じゅうせ	×	住	授學	606①	単漢サ動	614⑥		一する[西右]	
住せ	じゅうせ	×	住	授學	618④	単漢サ動	628⑥		一して[西右]	
住せ	じゅうせ	×	住	見寶	687②	単漢サ動	704⑤			
住せ	じゅうせ	×	住	見寶	689①	単漢サ動	706⑤			
住せ	じゅうせ	×	住	提婆	717②	単漢サ動	735②			
住せ	じゅうせ	×	住	提婆	717⑥	単漢サ動	735⑥			
住せ	じゅうせ	×	住	安樂	783③	単漢サ動	804③			
信[住]せ	じゅうせ	×	住	安樂	805⑤	単漢サ動	827⑥			
住せ	じゅうせ	×	住	從地	820⑥	単漢サ動	843①			
住せ	じゅうせ	×	住	從地	842⑥	単漢サ動	865⑤			
住せ	じゅうせ	×	住	從地	849⑤	単漢サ動	872⑤			
住せ	じゅうせ	×	住	從地	850⑥	単漢サ動	873⑤			
住せ	じゅうせ	×	住	從地	854④	単漢サ動	877①		一して[西右]	
住せ	じゅうせ	ちう	住	從地	856①	単漢サ動	878⑤			
住せ	じゅうせ	×	住	從地	865④	単漢サ動	888③			
住せ	じゅうせ	×	住	從地	868⑥	単漢サ動	891⑥			
住せ	じゅうせ	×	住	從地	870⑥	単漢サ動	893④			
住せ	じゅうせ	×	住	如來	886⑥	単漢サ動	905③			
住せ	じゅうせ	×	住	分別	968②	単漢サ動	986⑤			
住せ	じゅうせ	×	住	法功	1011③	単漢サ動	1029⑤			
住せ	じゅうせ	×	住	常不	1059⑥	単漢サ動	1078⑤			ちう・せ[妙]
住せ	じゅうせ	×	住	常不	1060①	単漢サ動	1078⑤		一せる[西右]	ちう・せ[妙]
住せ	じゅうせ	×	住	常不	1069④	単漢サ動	1088①			ちう・せ[妙]
住せ	じゅうせ	×	住	常不	1079⑥	単漢サ動	1098③			ちう・せ[妙]
住せ	じゅうせ	×	住	常不	1082①	単漢サ動	1100③			ちう・せ[妙]
住せ	じゅうせ	×	住	神力	1103⑥	単漢サ動	1122⑤			ちう・せ[妙]
住せ	じゅうせ	×	住	妙莊	1299④	単漢サ動	1307②			ちう・せ[妙]
十世界微塵等數	じゅうせかいみじんとうしゅ	————ミちんとうしゆ	十世界微塵等數	授學	613③	漢数名	623①			
住せよ	じゅうせよ	×	住	從地	846⑥	単漢サ動	869④			
衆僧	しゅうそう	×	衆僧	如來	913①	漢名	931⑥			
充足し	じゅうそくし	じうそく／みちたらんせる心	充足	序品	85⑤	漢サ動	75④	しゆそく・し／みてたし[妙]		
充足する	じゅうそくする	しゆそく	充足	藥草	407①	漢サ動	394③	しゆそく／みてたす[妙]		
充足せ	じゅうそくせ	しうそく／みちたら	充足	信解	362②	漢サ動	347⑤	しゆそく・せ／みちたら[妙]		
愁歎聲	しゅうたんしょう	しうたん—	愁歎聲	法功	999②	漢名	1018⑦	しうたんしやう／うれへなけくこゑ[妙]		
十二	じゅうに	×	十二	信解	322②	漢数名	297⑥			
十二因縁	じゅうにいんねん	——いんゑ{え}ん	十二因縁	序品	49②	漢四熟数名	42④	一いんゑん／しやうしをはなるゝ[妙]		
十二因縁	じゅうにいんねん	×	十二因縁	化城	502④	漢四熟数名	506③			
十二因縁	じゅうにいんねん	——いんゑ{え}ん	十二因縁	常不	1059①	漢四熟数名	1077⑥			——いんえん[妙]
十二縁	じゅうにえん	——ゑん	十二縁	化城	534⑤	漢数名	540④		一と[西右]	

当該語	読みかな	傍訓	漢字表記	品名	頁数	語の種類	妙一本	和解語文	可読	異同語彙
十二行	じゅうにぎょう	×	十二行	化城	501⑥	漢数名	505④			
十二小劫	じゅうにしょうごう	―――かう	十二小劫	譬喩	224⑥	漢四熟数名	193⑥		―な[西右]	
十二小劫	じゅうにしょうごう	×	十二小劫	譬喩	225⑥	漢四熟数名	194②			
十二小劫	じゅうにしょうごう	――せうかう	十二小劫	譬喩	229①	漢四熟数名	198③		―な[西左]	
十二小劫	じゅうにしょうごう	――せうこう	十二小劫	授記	416⑤	漢四熟数名	405①			
十二小劫	じゅうにしょうごう	×	十二小劫	授記	421⑤	漢四熟数名	410⑥			
十二小劫	じゅうにしょうごう	×	十二小劫	授記	428⑤	漢四熟数名	419①		―ならん[西右]	
十二小劫	じゅうにしょうごう	×	十二小劫	授記	432⑤	漢四熟数名	423④			
十二小劫	じゅうにしょうごう	×	十二小劫	授記	436③	漢四熟数名	427⑤			
十二部経	じゅうにぶきょう	×	十二部経	見寶	695②	漢四熟数名	713⑥			
充潤し	じゅうにんし	じゅうにん／―うるほふ	充潤	藥草	404⑤	漢サ動	391⑤	しゆにん／うるをいをみてい[妙]		
愁悩	しゅうのう	じゆうなう／うれへ	愁悩	譬喩	282②	漢名	253⑤	しゆなう／うれへなやみ[妙]		
十八	じゅうはち	×	十八	譬喩	211①	漢数名	178⑥			
十八不共	じゅうはちふぐ	―――ふぐ	十八不共	提婆	715①	漢四熟数名	733⑤			
重病	ぢゅうびゃう	ぢうびやう	重病	普賢	1336②	漢名	1339②			ちうひやう[妙]
宗奉せ	しゅうぶせ	しうふ	宗奉	提婆	731④	漢サ動	749⑤	しゆふ・せ／たうとみたてまつる[妙]	たふとひつかうまつらすといふ[西右]	
充遍す	じゅうへんす	じうへん	充遍	見寶	657⑤	漢サ動	672①			
充遍す	じゅうへんす	じうへん	充遍	分別	930③	漢サ動	949①		―して[西右]	
充遍せ	じゅうへんせ	じうへん／みちみてり	充遍	譬喩	271④	漢サ動	242⑤			
十万億	じゅうまんおく	×	十万億	法師	624①	漢数名	635①			
充満し	じゅうまんし	しうまん	充満	化城	479③	漢サ動	478⑤			
充満し	じゅうまんし	じゆまん	充満	如來	915③	漢サ動	934②		―せり[西右]	
充満せ	じゅうまんし	―まん	充満	藥王	1149③	漢サ動	1167⑤		―せしめ[西右]	充満(じゆまん)し[妙]
充満し	じゅうまんし	じゆまん	充満	妙音	1171②	漢サ動	1187①		―せり[西右]	充満(しうまん)し[妙]
十万種	じゅうまんしゅ	×	十万種	妙音	1187③	漢数名	1202①			―まんしう[妙]
充満す	じゅうまんす	しうまん	充満	藥草	410⑥	漢サ動	398⑤			
充満せ	じゅうまんせ	じゆまん	充満	方便	98③	漢サ動	86③			
充満せ	じゅうまんせ	じゅうまん	充満	譬喩	224⑥	漢サ動	193⑤	じうまん／みちみてらん[妙]		
充満せ	じゅうまんせ	しゆまん	充満	化城	487⑤	漢サ動	488⑥			
充満せ	じゅうまんせ	じうまん	充満	化城	543①	漢サ動	548⑥		―せるを[西右]	
充満せ	じゅうまんせ	じうまん	充満	五百	571③	漢サ動	575②			
充満せ	じゅうまんせ	じうまん	充満	五百	580⑤	漢サ動	585⑥			
充満せ	じゅうまんせ	しうまん	充満	見寶	667⑤	漢サ動	682⑤			
充満せ	じゅうまんせ	じうまん	充満	勸持	752②	漢サ動	771④			
充満せ	じゅうまんせ	じうまん	充満	如來	916④	漢サ動	935③			
充満せ	じゅうまんせ	しうまん	充満	分別	955②	漢サ動	973⑥			
終没し	じゅうもつ	×	終没	信解	325②	漢サ動	301③	じゆもつ／おわり[妙]		
重門	じゅうもん	ちうもん	重門	化城	542⑥	漢名	548⑥	ちうもん／かさなれかと[妙]		
十由旬	じゅうゆじゅん	―ゆじゅん	十由旬	化城	469①	漢数名	466②			
従来せ	じゅうらいせ	×	從來	化城	470③	漢サ動	468③	しゆらい／したかひきたる[妙]	―ひーれるィ[西右]	
十羅利女	じゅうらせつにょ	―らせつ―	十羅利女	陀羅	1263①	仏人倫名	1274④		―の―――[西右]	しょらせちによ[妙]

当該語	読みかな	傍訓	漢字表記	品名	頁数	語の種類	妙一本	和解語文	可読	異同語彙
住立し	じゅうりう	ぢうりう・す／たちやすらふ心	住立	信解	326②	漢サ動	302④	ぢうりう／とゝまりたち[妙]		
十力	じゅうりき	一りき	十力	譬喩	210⑥	漢数名	178④		一と[西右]	
十力	じゅうりき	一りき	十力	譬喩	227②	漢数名	196②			
住立す	じゅうりゅうす	×	住立	授學	603⑥	漢サ動	612④	ちうりう・す／とゝまりたつ[妙]	一せり[西右]	
十六	じゅうろく	×	十六	化城	455④	漢数名	450②			
十六	じゅうろく	×	十六	化城	509②	漢数名	513⑥			
十六	じゅうろく	×	十六	化城	510②	漢数名	515②			
十六	じゅうろく	×	十六	化城	511⑤	漢数名	516⑤			
十六	じゅうろく	×	十六	化城	531④	漢数名	537②			
十六	じゅうろく	×	十六	化城	540①	漢数名	545⑤			
十六王子	じゅうろくおうじ	×	十六王子	化城	460④	仏人倫名	456①			
十六王子	じゅうろくおうじ	×	十六王子	化城	468②	仏人倫名	465②			
十六王子	じゅうろくおうじ	×	十六王子	化城	476②	仏人倫名	475⑤			
十六王子	じゅうろくおうじ	×	十六王子	化城	485③	仏人倫名	485⑥			
十六王子	じゅうろくおうじ	×	十六王子	化城	494②	仏人倫名	496④			
十六王子	じゅうろくおうじ	×	十六王子	化城	501⑤	仏人倫名	505③			
十六王子	じゅうろくおうじ	×	十六王子	化城	505⑥	仏人倫名	510②			
十六王子	じゅうろくおうじ	×	十六王子	化城	507⑥	仏人倫名	512④			
十六王子	じゅうろくおうじ	×	十六王子	化城	536②	仏人倫名	542①		一のィ一[西右]	
十六沙弥	じゅうろくしゃみ	×	十六沙弥	化城	508⑤	仏人倫名	513④		一の一[西右]	
十六沙弥	じゅうろくしゃみ	×	十六沙弥	化城	514③	仏人倫名	519③		一の一[西右]	
十六沙弥	じゅうろくしゃみ	——しやみ	十六沙弥	化城	539②	仏人倫名	545①		一の一[西右]	
十六菩薩	じゅうろくぼさつ	×	十六菩薩	化城	512⑤	仏菩薩名	517⑥			
十六菩薩	じゅうろくぼさつ	×	十六菩薩	化城	513⑤	仏菩薩名	518③			
衆會	しゅえ	しゆゑ	衆會	序品	22⑤	漢名	18⑥			
衆會	しゅえ	しゆゑ	衆會	序品	42①	漢名	36②	しゆゑ／ちやうもんしゆ[妙]		
衆會	しゅえ	×	衆會	見寶	680④	漢名	697④	しゆゑ／ちやうもんしゆ[妙]		
衆會	しゅえ	しゆゑ	衆會	提婆	735①	漢名	753④	しゆゑ／ちやうもんしゆ[妙]		
衆會	しゅえ	×	衆會	提婆	737③	漢名	755⑥			
樹王	じゅおう	じゆわう	樹王	序品	41⑤	仏王名名	35⑥	しゆわう／ほたいしゆのき[妙]		
衆怨	しゅおん	しゆおん／もろ〳〵のあた	衆怨	觀世	1245②	漢名	1257⑥	しゆおん／もろ〳〵のあた[妙]		
修學し	しゅがくし	しゆかく	修學	藥草	414④	漢サ動	402⑥	しゆかく・し／ならいて[妙]		
修學せ	しゅがくせ	しゆかく	修學	化城	507③	漢サ動	511⑥	しゆかく／ならはん[妙]		
受記	じゅき	×	受記	五百	589①	漢名	595③		記をうくる事え[西右]	
受記	じゅき	じゆき	受記	勸持	739④	漢名	758②	しゆき／ほとけになること[妙]		
受記	じゅき	じゆき	受記	勸持	740①	漢名	758⑥	しゆき／ほとけのくらい[妙]		
授記	じゅき	しゆき	授記	授記	425②	漢サ動	415②	しゆき／ほとけになること[妙]		
授記	じゅき	×	授記	五百	596①	漢名	603⑥	しゆき／ほとけになるへき事[妙]		
授記	じゅき	しゆき	授記	五百	600②	漢名	609①			
授記	じゅき	しゆき	授記	授學	601③	漢名	609⑥			
授記	じゅき	×	授記	授學	610⑥	漢名	620③			

当該語	読みかな	傍訓	漢字表記	品名	頁数	語の種類	妙一本	和解語文	可読	異同語彙
授記	じゅき	しゅき	授記	授学	620③	漢名	630⑤			
授記	じゅき	×	授記	授学	620⑤	漢名	631②			
授記	じゅき	×	授記	勧持	744④	漢名	763④			
授記	じゅき	じゅき	授記	常不	1065②	漢サ動	1084①			しゅき[妙]
受記作佛する	じゅきさぶつする	しゅきさぶつ	受記作佛	譬喩	205③	漢四熟サ動	172②	しゅきさふつ／ほとけになる[妙]	死をうけて佛となるを[西右]	
授記し	じゅきし	じゅき	授記	序品	44①	漢サ動	38①			
授記し	じゅきし	しゅき	授記	序品	61③	漢サ動	53④		記をさつけ給ひ[西右]	
授記し	じゅきし	—／記をさつく	授記	序品	81①	漢サ動	71②	しゅき・す／ほとけのくらひをさつく[妙]		
授記し	じゅきし	じゅき	授記	勧持	744②	漢サ動	763②			
授記す	じゅきす	しゅき	授記	授記	444⑥	漢サ動	437④	しゅき／ほとけになる[妙]		
授記す	じゅきす	しゅき	授記	勧持	742⑤	漢サ動	761②			
授記する	じゅきする	しゅき／ために授記せらればィ	授記	授記	423②	漢サ動	412⑥	しゅき／ほとけのくらいをさつけ[妙]	記を授くる事をせられば[西右]	
授記せ	じゅきせ	じゅき	授記	五百	587④	漢サ動	593⑤			
授記せ	じゅきせ	じゅき	授記	五百	582⑤	漢サ動	588①	しゅき・せ／ほとけにならんすること[妙]		
授記せ	じゅきせ	じゅき	授記	従地	843⑥	漢サ動	866⑤			
手脚	しゅきゃく	しゅきやく・てあし	手脚	普賢	1335②	漢名	1338⑥	しゅかく／てあし[妙]		
首迦差 初几反三十	しゅきやし	しゅきやし	首迦差 初几反三十	陀羅	1252④	仏梵語名	1264④			しゅきやし[妙]
周行し	しゅぎょうし	しゅぎやう	周行	信解	364②	漢サ動	349⑤	しゅきやう・し／めくりありき[妙]		
修行し	しゅぎょうし	しゅぎやうし	修行	序品	18⑤	漢サ動	15③			
修行し	しゅぎょうし	しゅぎやう	修行	薬草	411⑤	漢サ動	399⑤			
修行し	しゅぎょうし	×	修行	提婆	727①	漢サ動	745②	しゅきやう・し／をこない[妙]	——して[西右]	
修行し	しゅぎょうし	×	修行	勧持	750②	漢サ動	769②			
修行す	しゅぎょうす	しゅぎやう	修行	譬喩	296⑥	漢サ動	269②			——して[西]
修行す	しゅぎょうす	しゅぎやう	修行	提婆	724⑤	漢サ動	743①			
修行す	しゅぎょうす	×	修行	神力	1095⑤	漢サ動	1114③			しゅきやう・す[妙]
修行す	しゅぎょうす	×	修行	妙荘	1295②	漢サ動	1303⑤		——しき[西右]	修行(しゅきやう)す[妙]
修敬する	しゅぎょうする	しゅきやう／うやまふ心也	修敬	提婆	722③	漢サ動	740③	しゅきやう・す／うやまう[妙]	うやまひを修[西右]	
修行する	しゅぎょうする	しゅきやう	修行	薬草	395⑤	漢サ動	381⑤		——して[西右]するものは[西左]	
修行する	しゅぎょうする	×	修行	薬草	411①	漢サ動	398⑥			
修行する	しゅぎょうする	×	修行	法功	1025⑤	漢サ動	1044④			
修行する	しゅぎょうする	×	修行	神力	1095⑤	漢サ動	1114⑤			しゅきやう・する[妙]
修行する	しゅぎょうする	×	修行	普賢	1321⑥	漢サ動	1326⑤			しゅぎやう・する[妙]
修行せ	しゅぎょうせ	しゅぎやう	修行	提婆	713②	漢サ動	730⑥			
修行せ	しゅぎょうせ	×	修行	随喜	985⑥	漢サ動	1004②			
修行せ	しゅぎょうせ	×	修行	随喜	993③	漢サ動	1012①			
修行せ	しゅぎょうせ	×	修行	薬王	1154②	漢サ動	1172②			しゅきやう・せ[妙]
修行せ	しゅぎょうせ	×	修行	妙音	1177①	漢サ動	1192③		———して[西右]	修行(しゅきやう)せ[妙]
修行せ	しゅぎょうせ	×	修行	陀羅	1250②	漢サ動	1262②			しゅきやう・せ[妙]
修行せ	しゅぎょうせ	×	修行	陀羅	1269①	漢サ動	1280①			しゅきやう・せ[妙]
修行せ	しゅぎょうせ	×	修行	普賢	1323⑤	漢サ動	1328③			しゅきやう・せ[妙]

当該語	読みかな	傍訓	漢字表記	品名	頁数	語の種類	妙一本	和解語文	可読	異同語彙
衆苦	しゅく	しゅく	衆苦	方便	144③	漢名	125⑤			しうく／もろ〳〵くるしミ[妙]
衆苦	しゅく	しゅく	衆苦	方便	154④	漢名	134①			しうく／もろ〳〵くるしミに[妙]
宿王華	しゅくおうげ	×	宿王華	藥王	1140⑥	仏菩薩名	1159①			しゅくわうくゑ[妙]
宿王華	しゅくおうげ	×	宿王華	藥王	1142⑥	仏菩薩名	1160⑥			しゅくわうけ[妙]
宿王華	しゅくおうげ	×	宿王華	藥王	1148⑤	仏菩薩名	1166⑥			しゅくわうくゑ[妙]
宿王華	しゅくおうげ	×	宿王華	藥王	1153①	仏菩薩名	1171①			しゅくわうくゑ[妙]
宿王華	しゅくおうげ	×	宿王華	藥王	1158⑥	仏菩薩名	1176③			しゅくわうくゑ[妙]
宿王華	しゅくおうげ	×	宿王華	藥王	1160①	仏菩薩名	1177③			しゅくわうくゑ[妙]
宿王華	しゅくおうげ	×	宿王華	藥王	1160⑥	仏菩薩名	1178②			しゅくわうくゑ[妙]
宿王華	しゅくおうげ	×	宿王華	藥王	1161⑥	仏菩薩名	1179①			しゅくわうくゑ[妙]
宿王華	しゅくおうげ	×	宿王華	藥王	1164②	仏菩薩名	1181②			しゅくわうくゑ[妙]
宿王戯三昧	しゅくおうげざんまい	ーーけーー	宿王戯三昧	妙音	1168③	仏名	1184④			しゅくわうけさんまい[妙]
宿王華菩薩	しゅくおうげぼさつ	しゅくーーーー	宿王華菩薩	藥王	1114④	仏菩薩名	1133①			しゅくわうけほさつ[妙]
宿王華菩薩	しゅくおうげぼさつ	しゅくわうーーー	宿王華菩薩	藥王	1115⑥	仏菩薩名	1134①			しゅくわうけほさつ[妙]
宿王華菩薩	しゅくおうげぼさつ	しゅくわうけーー	宿王華菩薩	藥王	1140①	仏菩薩名	1158②			しゅくわうくゑほさつ[妙]
宿王華菩薩	しゅくおうげぼさつ	×	宿王華菩薩	藥王	1164①	仏菩薩名	1181①			しゅくわうくゑほさつ[妙]
宿王華菩薩	しゅくおうげぼさつ	×	宿王華菩薩	妙音	1170②	仏菩薩名	1186②			しゅくわうくゑほさつ[妙]
宿する	しゅくする	しゅく	宿	法師	639④	漢サ動	652①		ーして・せんィ[西右]	
宿世	しゅくせ	×	宿世	信解	377⑥	漢名	365⑥			しゆくせ[妙]
宿世	しゅくせ	×	宿世	授記	445①	漢名	437⑥	しゆくせ／むかし[妙]		
宿世	しゅくせ	しゅくせ	宿世	化城	536⑥	漢名	542⑤	しゆくせ／むかしのよ[妙]		
宿世	しゅくせ	しゅくせ{むかしのよ}	宿世	常不	1072⑥	漢名	1091④			しゆくせ[妙]
宿世	しゅくせ	×	宿世	妙荘	1296⑤	漢名	1304⑤	しゆくせ／むかしのよ[妙]		
宿世因縁	しゅくせいんねん	しゅくせいんえん	宿世因縁	五百	562⑤	漢四熟名	565⑥	しゆくせいんえん／むかしのよの[妙]		
宿福	しゅくふく	しゅくふく／むかしのふく也	宿福	化城	479⑥	漢名	479③	しゆくふく／むかしのふく[妙]	むかし[西右]	
宿福	しゅくふく	しゅくふく	宿福	妙荘	1287①	漢名	1296④	しゆくふく／むかしのふく[妙]	むかしの—[西右]	
宿命	しゅくみょう	しゅくみやう	宿命	化城	462④	漢名	458④	しゆくみやう／さきのよに[妙]		
夙夜	しゅくや	しくや／ひるよる。よもすがら	夙夜	信解	355⑥	漢名	339④	しくや／ひるよる[妙]		
衆華	しゅげ	しゆけ	衆華	授記	434①	漢名	425②	しゆくゑ／もろ〳〵のはな[妙]		
衆華	しゅげ	×	衆華	授記	439⑥	漢名	431⑥	しゆくゑ／おほくのはな[妙]		
樹下	じゅげ	じゅげ	樹下	安樂	815②	漢地儀名	837⑤	しゆけ／きのした[妙]		
樹下	じゅげ	しゅー	樹下	化城	484⑥	漢地儀名	485④	しゆけ／きのした[妙]		
樹下	じゅげ	×	樹下	見寶	673②	漢地儀名	688⑥	しゆけ／ほたいしゆのもと[妙]		
樹下	じゅげ	×	樹下	見寶	675④	漢地儀名	691③	しゆけ／きのもと[妙]	ーのもとィ[西右]	
樹下	じゅげ	じゅげ	樹下	神力	1096③	漢地儀名	1115①	じゆげ／きのもと[妙]		

当該語	読みかな	傍訓	漢字表記	品名	頁数	語の種類	妙一本	和解語文	可読	異同語彙
受決せ	じゅけつせ	一けつ	受決	五百	600④	漢サ動	609①			授記(じゅき)[妙]
衆皷	しゅこ	×	衆皷	分別	953②	漢名	972①	しゆく／一つゝみ[妙]		
姝好	しゅこう	しゆかう／このもしく	姝好	譬喩	249①	漢名	218⑥	しゆかう／うるはしく[妙]		
姝好	しゅこう	しゆかう／うるはしく	姝好	譬喩	288①	漢名	260①	しゆがう／うるはしき[妙]		
數劫	しゅごう	×	數劫	化城	449②	漢名	442⑤			
守護し	しゅごし	×	守護	法師	638①	漢サ動	650③	しゆこ・し／まほり[妙]		
守護し	しゅごし	しゆご	守護	安樂	803⑤	漢サ動	825⑤	しゆこ・し／まほり[妙]		
守護し	しゅごし	しゆこ	守護	安樂	808⑥	漢サ動	831①	しゆこ・し／まほり[妙]		
守護し	しゅごし	しゆご	守護	法功	1034④	漢サ動	1053③			
守護し	しゅごし	しゆご	守護	藥王	1158①	漢サ動	1175⑧	しゆこ・し／まほり[妙]		
守護し	しゅごし	しゆこ	守護	普賢	1311②	漢サ動	1317③	しゆご・し／まほり[妙]		
守護し	しゅごし	×	守護	普賢	1313②	漢サ動	1319②	しゆこ・し／まほりて[妙]		
守護し	しゅごし	しゆこ	守護	普賢	1326②	漢サ動	1330①			しゆこ・し[妙]
守護す	しゅごす	しゆご	守護	安樂	791⑤	漢サ動	812④	しゆ・す／まほる[妙]		
守護す	しゅごす	しゆご	守護	藥王	1161①	漢サ動	1178⑧			しゆこ・す[妙]
守護す	しゅごす	しゆご	守護	陀羅	1250⑥	漢サ動	1262⑥	しゆこ・す／まほる[妙]	一せんと[西右]	守護す[妙]
守護す	しゅごす	しゆこ	守護	普賢	1327⑤	漢サ動	1331⑥	しゆこ・す／まほる[妙]		
守護す	しゅごす	×	守護	普賢	1328②	漢サ動	1332⑤	しゆこ・す／まほる[妙]		
守護せ	しゅごせ	しゆご	守護	勸持	750④	漢サ動	769⑤			
衆綵雜飾し	しゆさいざうしきし	しゆさいざうしき／もろ〳〵のいろましへたるかざり	衆綵雜飾	譬喩	287④	漢四熟サ動	259④	しうさいざうしき／もろ〳〵のいろくさ〳〵のかさり[妙]		
修し	しゅし	×	修	序品	28②	漢サ動	24②			
修し	しゅし	しゆ	修	序品	32⑤	漢サ動	28①			
修し	しゅし	しゆ	修	序品	53②	漢サ動	46③			
修し	しゅし	しゆ	修	譬喩	224②	漢サ動	193②			
修し	しゅし	しゆ	修	譬喩	224③	漢サ動	193③			
修し	しゅし	しゆ	修	譬喩	307③	漢サ動	279⑥			
修し	しゅし	しゆ	修	譬喩	312④	漢サ動	286①			
修し	しゅし	しゆ	修	信解	374①	単漢サ動	361②			
修し	しゅし	しゆ	修	授記	426⑤	単漢サ動	417①			
修し	しゅし	×	修	授記	442⑤	単漢サ動	435②		一て[西右]	
修し	しゅし	しゆ	修	化城	506③	単漢サ動	510⑥			
修し	しゅし	×	修	化城	512②	単漢サ動	517②			
修し	しゅし	しゆ	修	五百	567④	単漢サ動	571②		一せり[西右]	
修し	しゅし	しゆ	修	五百	577④	単漢サ動	582③			
修し	しゅし	しゆ	修	提婆	733①	単漢サ動	751②	しゆ・し／おこなう[妙]		
修し	しゅし	×	修	勸持	745①	単漢サ動	764①	しゆ・し／をこない[妙]	一て[西右]	
修し	しゅし	しゆ	修	安樂	783②	単漢サ動	804③	しゆ・し／をさめ[妙]		
修し	しゅし	×	修	從地	860⑤	単漢サ動	883④		一せり[西右]	
修し	しゅし	×	修	如來	917①	単漢サ動	935⑥			
修し	しゅし	×	修	如來	918③	単漢サ動	937②			
修し	しゅし	×	修	妙音	1176④	単漢サ動	1191⑥			しゆ・し[妙]
修し	しゅし	×	修	妙音	1186②	単漢サ動	1201①			しゆ・し[妙]
修し	しゅし	×	修	觀世	1243②	単漢サ動	1255③			しゆ・し[妙]
誦し	じゅし	×	誦	法師	640①	単漢サ動	652④			
誦し	じゅし	じゆ	誦	安樂	788③	単漢サ動	809⑤			
誦し	じゅし	×	誦	安樂	788③	単漢サ動	809⑥			
誦し	じゅし	×	誦	法功	994②	単漢サ動	1012⑥			
誦し	じゅし	×	誦	法功	998③	単漢サ動	1017①			
誦し	じゅし	×	誦	法功	1008⑤	単漢サ動	1027②			
誦し	じゅし	×	誦	法功	1026⑤	単漢サ動	1045③			

しゆ 303

当該語	読みかな	傍訓	漢字表記	品名	頁数	語の種類	妙一本	和解語文	可読	異同語彙
誦し	じゆし	×	誦	法功	1035①	単漢サ動	1053⑥			
誦し	じゆし	×	誦	法功	1040⑥	単漢サ動	1059④			
頌し	じゆし	しゆ	頌	化城	457④	単漢サ動	452④			
頌し	じゆし	しゆ	頌	化城	469④	単漢サ動	467②			
頌し	じゆし	しゆ	頌	化城	478④	単漢サ動	477⑤			
頌し	じゆし	しゆ	頌	化城	487①	単漢サ動	487⑥			
頌し	じゆし	しゆ	頌	化城	489⑤	単漢サ動	491②			
頌し	じゆし	しゆ	頌	化城	495⑥	単漢サ動	498④			
受持	じゆじ	×	受持	安樂	784①	漢名	805②	しゆち／うけたもち[妙]	一し[西右]	
受持	じゆじ	じゆじ	受持	安樂	796①	漢名	817④	しゆち／うけたもち[妙]		
執持し	しゆぢし	しゆぢ／とりもち	執持	信解	336⑤	漢サ動	315③	しうぢ／とりもち[妙]		
執持し	しゆぢし	しゆぢ	執持	分別	928③	漢サ動	947①			執持(しうぢ)[妙]
受持し	じゆじし	じゆぢ	受持	序品	75⑤	漢サ動	66④			
受持し	じゆじし	じゆぢ	受持	譬喩	315③	漢サ動	289⑤			
受持し	じゆじし	じゆぢ	受持	化城	509⑤	漢サ動	513⑤	しゆち／うけたもち[妙]		
受持し	じゆじし	しゆち	受持	化城	512②	漢サ動	517②	じゆち／うけたもち[妙]		
受持し	じゆじし	×	受持	化城	512⑥	漢サ動	517⑥	しゆち／うけたもち[妙]		
受持し	じゆじし	しゆち／たもつ	受持	法師	623③	漢サ動	634②	しゆち／うけたもち[妙]		
受持し	じゆじし	じゆぢ	受持	法師	625②	漢サ動	636⑥			
受持し	じゆじし	×	受持	法師	626④	漢サ動	637⑤	しゆち／うけたもち[妙]		
受持し	じゆじし	×	受持	法師	631⑥	漢サ動	643④	しゆち・せ／うけたもち[妙]		
受持し	じゆじし	じゆぢ	受持	提婆	727⑥	漢サ動	745⑥	しゆち／うけたもち[妙]	一せり[西右]	
受持し	じゆじし	じゆぢ	受持	勸持	750①	漢サ動	769①	しゆち／うけたもち[妙]		
受持し	じゆじし	しゆち	受持	從地	839③	漢サ動	862②	しゆち・し／うけたもち[妙]		
受持し	じゆじし	じゆぢ	受持	分別	954①	漢サ動	972⑥	しゆち・し／うけたもち[妙]		
受持し	じゆじし	×	受持	分別	957⑤	漢サ動	976③	しゆち・し／うけたもち[妙]		
受持し	じゆじし	×	受持	法功	994②	漢サ動	1012⑥	しゆち・し／うけたもち[妙]		
受持し	じゆじし	×	受持	法功	998③	漢サ動	1017②	しゆち・し／うけたもち[妙]		
受持し	じゆじし	じゆぢ	受持	法功	1008⑤	漢サ動	1027②	しゆち・し／うけたもち[妙]		
受持し	じゆじし	×	受持	法功	1026④	漢サ動	1045③	しゆち・し／うけたもち[妙]		
受持し	じゆじし	×	受持	法功	1035①	漢サ動	1053⑥	しゆち・し／うけたもち[妙]		
受持し	じゆじし	×	受持	法功	1040⑤	漢サ動	1059④	しゆち・し／うけたもち[妙]		
受持し	じゆじし	×	受持	常不	1067⑤	漢サ動	1086④			じゆぢ・し[妙]
受持し	じゆじし	×	受持	常不	1082①	漢サ動	1100④		一せしめ[西右]	受持(しゆち)し[妙]
受持し	じゆじし	×	受持	藥王	1156④	漢サ動	1174②	しゆち・し／うけたもち[妙]		
受持し	じゆじし	×	受持	觀世	1219⑥	漢サ動	1233②	しゆち・し／うけたもつ[妙]		
受持し	じゆじし	×	受持	觀世	1220⑥	漢サ動	1234②	しゆち・し／うけたもち[妙]	一て[西右]	
受持し	じゆじし	×	受持	陀羅	1250①	漢サ動	1262②	しゆち・し／うけたもつ[妙]		
受持し	じゆじし	×	受持	陀羅	1270①	漢サ動	1281①	しゆち・し／うけたもち[妙]		
受持し	じゆじし	×	受持	妙莊	1299③	漢サ動	1307①	しゆち・し／うけたもち[妙]	一て[西右]	

当該語	読みかな	傍訓	漢字表記	品名	頁数	語の種類	妙一本	和解語文	可読	異同語彙
受持し	じゅじし	×	受持	普賢	1338②	漢サ動	1340⑤	しゅち・し／うけたもち[妙]	―て[西右]	
受持読誦解説書寫し	じゅじしどくじゅげせつしょしゃ	×	受持讀誦解説書寫	神力	1095⑥	漢サ動	1114④		――――し――し――[西右]	受持(しゅち)・讀誦(とくしゅ)・解説(げせつ)・書寫(しょしゃ)し[妙]
受持読誦し	じゅじしどくじゅし	×	受持讀誦	常不	1070④	漢四熟サ動	1089②	しゅちとくしゅ・し／うけたもちよみ[妙]	――し――[西右]	受持・讀誦し[妙]
受持読誦し	じゅじしどくじゅし	×	受持讀誦	嘱累	1107①	漢四熟サ動	1125⑤		――し――[西右]	しゅちとくしゅ・し[妙]
受持者	じゅじしゃ	×	受持者	神力	1099⑤	漢名	1118④	しゅちしゃ／うけたもつもの[妙]		
受持す	じゅぢす	じゅぢ	受持	方便	140①	漢サ動	122①		信解し―[西右]	
受持す	じゅじす	×	受持	神力	1104②	漢サ動	1123①	しゅち・す／たもつ[妙]		
受持す	じゅじす	じゅぢ	受持	觀世	1219⑤	漢サ動	1232⑥	しゅち・す／たもつ[妙]		
修持する	しゅぢする	しゅぢ／たもつ心	修持	方便	147①	漢サ動	127⑥	しゅち／をこないたもつ[妙]		
受持する	じゅじする	じゅぢする	受持	序品	33④	漢サ動	28⑤	しゅち・する／うけたもつ[妙]		
受持する	じゅじする	×	受持	法師	632①	漢サ動	643⑤	しゅち・する／うけたもつ[妙]		
受持する	じゅじする	×	受持	法師	632④	漢サ動	644②	しゅち・する／うけたもつ[妙]		
受持する	じゅじする	じゅぢ	受持	安樂	791④	漢サ動	813①	しゅち・する／うけたもち[妙]		
受持する	じゅじする	じゅぢ	受持	藥王	1147④	漢サ動	1165⑤			しゅち・する[妙]
受持する	じゅじする	×	受持	藥王	1161⑥	漢サ動	1179①			しゅち・する[妙]
受持する	じゅじする	×	受持	藥王	1163②	漢サ動	1180②	しゅち・する／うけたもつ[妙]		
受持する	じゅじする	×	受持	陀羅	1248④	漢サ動	1260⑤	じゅち・する／うけたもつ[妙]		
受持する	じゅじする	×	受持	妙莊	1288②	漢サ動	1297④	しゅち・する／うけたもつに[妙]		
受持する	じゅじする	×	受持	普賢	1311①	漢サ動	1317③	しゅち・する／うけたもつ[妙]		
受持する	じゅじする	×	受持	普賢	1321①	漢サ動	1326②	しゅち・する／うけたもつ[妙]		
受持せ	じゅじせ	じゅぢ	受持	法師	631④	漢サ動	643①	しゅち・せ／うけたもたん[妙]		
受持せ	じゅじせ	しゅち／うけたもつ	受持	法師	634③	漢サ動	646③	しゅち・せ／うけたもたん[妙]		
受持せ	じゅじせ	じゅぢ	受持	法師	642④	漢サ動	655③	しゅち・せ／うけたもち[妙]		
受持せ	じゅじせ	じゅぢ	受持	分別	951④	漢サ動	970②	しゅち・せ／うけたもたん[妙]		
受持せ	じゅじせ	じゅぢ	受持	法功	1030⑥	漢サ動	1049④	しゅち・せ／うけたもち[妙]		
受持せ	じゅじせ	×	受持	法功	1045⑤	漢サ動	1064③	しゅち・せ／うけたもち[妙]		
受持せ	じゅじせ	×／―するィ	受持	藥王	1142⑤	漢サ動	1160⑤		―する[西右]	しゅち・せ[妙]
受持せ	じゅじせ	×	受持	藥王	1153⑤	漢サ動	1171⑤		―んを[西右]	しゅち・せ[妙]
受持せ	じゅじせ	×	受持	觀世	1221③	漢サ動	1234③	しゅち・せ／うけたもたは[妙]		
受持せ	じゅじせ	じゅじ	受持	陀羅	1255③	漢サ動	1267②	しゅち・せ／うけたもたん[妙]		
受持せ	じゅじせ	×	受持	陀羅	1263⑤	漢サ動	1275①	しゅち・せ／うけたもたん[妙]		
受持せ	じゅじせ	×	受持	陀羅	1269⑤	漢サ動	1280⑤	しゅち・せ／うけたもたん[妙]		
受持せ	じゅじせ	×	受持	普賢	1316②	漢サ動	1321⑤	しゅち・せ／うけたもたん[妙]		
受持せ	じゅじせ	×	受持	普賢	1328②	漢サ動	1332①			しゅち・せ[妙]
受持せ	じゅじせ	×	受持	普賢	1334⑥	漢サ動	1338①	しゅち・せ／うけたもたん[妙]		

しゆ 305

当該語	読みかな	傍訓	漢字表記	品名	頁数	語の種類	妙一本	和解語文	可読	異同語彙
受持せ	じゆじせ	×	受持	普賢	1336③	漢サ動	1339③	しゆち・せ／うけたもたん[妙]		
受持読誦し	じゆじどくし じゆし	×	受持讀誦	常不	1072⑥	漢四熟サ動	1091④	しゆちとくしゆ・し／うけたもちよみ[妙]	ーー し ーー[西右]	受持・読誦し[妙]
受持読誦解説書寫し	じゆじどくじゆげせつしよしやし	×	受持讀誦解説書寫	神力	1085①	漢サ動	1103③		ーーしーーーー[西右]	受持(しゆち)・読誦(とくしゆ)・解説(けせつ)・書寫(しよしや)し[妙]
受持読誦解説書寫し	じゆじどくじゆげせつしよしやし	ーーどくしゆげせつしよしや	受持讀誦解説書寫	神力	1095④	漢サ動	1114②	しゆち・とくじゆ・げせつしよしや・し／うけたもち よみ とき かきうつし	ーーーーし ーー し ーー[西ウ]	受持・讀誦・解説・書寫し[妙]
受持読誦解説書寫す	じゆじどくじゆげせつしよしやす	じゆぢどくしゆげせつしよしやす	受持讀誦解説書寫	常不	1076④	漢サ動	1095①	しゆちとくしゆけせつしよしや・す／うけたもちよみときかきうつす[妙]	ーーしーーし ーー ーー[西右]	受持・読誦・解説・書寫す[妙]
受持読誦し	じゆじどくじゆし	じゆぢどくじゆし	受持讀誦	方便	139②	漢四熟サ動	121③			
受讀誦し	じゆじどくじゆし	じゆぢどくじゆし	受持讀誦	分別	955⑥	漢四熟サ動	974④	しゆちとくしゆ・せ／うけたもちよみ[妙]	ーし－[西右]	
受讀誦し	じゆじどくじゆし	じゆぢどくじゆし	受持讀誦	分別	964⑤	漢四熟サ動	983①	しゆちとくしゆ・し／うけたもち[妙]	ーー し ーー[西右]	
受持読誦し	じゆじどくじゆし	×	受持讀誦	常不	1073③	漢四熟サ動	1092①	しゆち・とくじゆ・し／うけたもちよみ[妙]	ーー し ーー[西右]	受持・読誦し[妙]
受讀誦し	じゆじどくじゆし	しゆぢどくー	受持讀誦	陀羅	1268⑥	漢四熟サ動	1279⑥	しゆちそくしゆ・し／うけたもちよみ[妙]	ーー し ーー[西右]	
受讀誦し	じゆじどくじゆし	×	受持讀誦	普賢	1321④	漢四熟サ動	1326④	しゆちとくしゆ・し／たもち[妙]	ーー し ーー[西右]	受持讀誦し[妙]
受讀誦し	じゆじどくじゆし	×	受持讀誦	普賢	1323④	漢四熟サ動	1328②	しゆち・とくしゆ・し／うけたもちよみ[妙]	ーー し ーー[西右]	受持・讀誦し
受讀誦し	じゆじどくじゆし	×	受持讀誦	普賢	1323⑥	漢四熟サ動	1328④	しゆちとくしゆ・し／うけたもちよみ[妙]	受持讀誦し[妙]	受持讀誦しみ
受讀誦し	じゆじどくじゆし	×	受持讀誦	普賢	1325④	漢四熟サ動	1330①	しゆちとくしゆ・し／うけたもちよみ[妙]	ーー し ーー[西右]	受持讀誦し[妙]
受讀誦し	じゆじどくじゆし	ーーーじゆ	受持讀誦	普賢	1328②	漢四熟サ動	1332②	しゆちとくしゆ・し／うけたもちよみ[妙]	ーー し ーー[西右]	受持讀誦し[妙]
受持讀誦せ	じゆじどくじゆせ	じゆぢ	受持讀誦	見寶	697④	漢四熟サ動	716④	しゆちとくしゆ・せ／うけたもちよまん[妙]		
受持讀誦せ	じゆじどくじゆせ	じゆぢどくじゆ／たもちうけよむ也	受持讀誦	分別	952③	漢四熟サ動	971②	しゆちとくしゆ・せ／うけたもちよまん[妙]	ーー し ーー[西右]	
受持讀誦せ	じゆじどくじゆせ	×	受持讀誦	分別	959⑥	漢四熟サ動	978③	しゆちとくしゆ・せ／うけたもち	ーー し ーー[西右]	
受持讀誦せ	じゆじどくじゆせ	×	受持讀誦	普賢	1314⑤	漢四熟サ動	1320④	しゆちとくしゆ・せ／うけたもちよみしゆ[妙]		
受持讀誦せ	じゆじどくじゆせ	×	受持讀誦	普賢	1332①	漢四熟サ動	1335⑤	しゆちとくしゆ・せ／うけたもちよみしゆ[妙]		受持讀誦せ[妙]
受持讀誦せ	じゆじどくじゆせ	×	受持讀誦	普賢	1333③	漢四熟サ動	1336⑤	しゆちとくしゆ・せ／うけたもちよみしゆ[妙]		受持讀誦せ[妙]
種々	しゆじゆ	しゆ〳〵	種種	序品	18⑥	漢疊語名	15④			
種々	しゆじゆ	しゆ〳〵	種種	序品	19①	漢疊語名	15④			
種々	しゆじゆ	×	種種	序品	19①	漢疊語名	15⑤			
種々	しゆじゆ	×	種種	序品	27①	漢疊語名	23①			
種々	しゆじゆ	×	種種	序品	28②	漢疊語名	24①			

当該語	読みかな	傍訓	漢字表記	品名	頁数	語の種類	妙一本	和解語文	可読	異同語彙
種々	しゆじゆ	×	種種	序品	29②	漢畳語名	25①			
種々	しゆじゆ	×	種種	序品	38④	漢畳語名	33①		一に[西右]	
種々	しゆじゆ	×	種種	序品	38⑥	漢畳語名	33④			
種々	しゆじゆ	×	種種	序品	42②	漢畳語名	36②			
種々	しゆじゆ	しゆへ	種種	方便	88⑤	漢畳語名	77⑥			
種々	しゆじゆ	×	種種	方便	88⑤	漢畳語名	77⑥			
種々	しゆじゆ	×	種種	方便	90①	漢畳語名	79①			
種々	しゆじゆ	×	種種	方便	94②	漢畳語名	82⑤			
種々	しゆじゆ	×	種種	方便	124③	漢畳語名	109①			
種々	しゆじゆ	×	種種	方便	129②	漢畳語名	113③			
種々	しゆじゆ	×	種種	方便	130④	漢畳語名	114③			
種々	しゆじゆ	×	種種	方便	132①	漢畳語名	115④			
種々	しゆじゆ	×	種種	方便	134①	漢畳語名	117②			
種々	しゆじゆ	×	種種	方便	134③	漢畳語名	117④			
種々	しゆじゆ	×	種種	方便	142⑤	漢畳語名	124③			
種々	しゆじゆ	×	種種	方便	158④	漢畳語名	137①			
種々	しゆじゆ	しゆ—	種種	方便	160③	漢畳語名	138③			
種々	しゆじゆ	×	種種	方便	173⑥	漢畳語名	149⑤			
種々	しゆじゆ	×	種種	方便	174④	漢畳語名	150②			
種々	しゆじゆ	×	種種	方便	175①	漢畳語名	150⑤			
種々	しゆじゆ	しゆ—	種種	譬喩	215③	漢畳語名	183⑤			
種々	しゆじゆ	しゆ—	種種	譬喩	237②	漢畳語名	206⑥			
種々	しゆじゆ	しゆ—	種種	譬喩	245①	漢畳語名	214④		ありとしりて 一[西右]	種々(しうしう)[妙]
種々	しゆじゆ	×	種種	譬喩	245⑤	漢畳語名	215③			
種々	しゆじゆ	しゆ—	種種	譬喩	249④	漢畳語名	219④			しう〲[妙]
種々	しゆじゆ	しゆ—	種種	譬喩	255③	漢畳語名	226④			
しゆしゆ	しゆじゆ	×	種種	譬喩	256①	漢畳語名	227②			
種々	しゆじゆ	しゆ—	種種	譬喩	283①	漢畳語名	254②			
種々	しゆじゆ	×	種種	譬喩	314④	漢畳語名	288⑤			
種々	しゆじゆ	×	種種	信解	327③	漢畳語名	304①			
種々	しゆじゆ	×	種種	信解	366⑤	漢畳語名	352⑤			しう〲[妙]
しゆしゆ	しゆじゆ	×	種種	信解	375⑥	漢畳語名	363③			しうしう[妙]
種々	しゆじゆ	×	種種	信解	377⑦	漢畳語名	365②			しう〲の[妙]
種々	しゆじゆ	×	種種	信解	378①	漢畳語名	366①			しう〲[妙]
種々	しゆじゆ	しゆへ	種種	藥草	393④	漢畳語名	379②			
種々	しゆじゆ	しゆ—	種種	藥草	396⑥	漢畳語名	382⑥			
種々	しゆじゆ	×	種種	藥草	399④	漢畳語名	385⑤			
種々	しゆじゆ	×	種種	藥草	400③	漢畳語名	386⑥			
種々	しゆじゆ	×	種種	藥草	410④	漢畳語名	398③			
種々	しゆじゆ	しゆ—	種種	藥草	413⑥	漢畳語名	402①			
種々	しゆじゆ	しゆ—	種種	授記	420④	漢畳語名	409④			
種々	しゆじゆ	×	種種	授記	437②	漢畳語名	428⑥			
種々	しゆじゆ	×	種種	授記	439①	漢畳語名	431①			
種々	しゆじゆ	しゆへ	種種	化城	455⑤	漢畳語名	450④			
種々	しゆじゆ	×	種種	化城	534⑤	漢畳語名	540③			
種々	しゆじゆ	×	種種	化城	537①	漢畳語名	542⑥			
種種	しゆじゆ	しゆ—	種種	五百	565③	漢畳語名	568⑥			
種種	しゆじゆ	×	種種	五百	576⑥	漢畳語名	581②			
種々	しゆじゆ	×	種種	法師	623④	漢畳語名	634④			
種々	しゆじゆ	×	種種	法師	625③	漢畳語名	636③			
種種	しゆじゆ	×	種種	法師	626④	漢畳語名	637⑤			
種々	しゆじゆ	×	種種	法師	634①	漢畳語名	645⑥			
種々	しゆじゆ	×	種種	見寳	657①	漢畳語名	671③			
種々	しゆじゆ	×	種種	見寳	673③	漢畳語名	689①			
種々	しゆじゆ	しゆじゆ	種種	勸持	739③	漢畳語名	758①			
種々	しゆじゆ	×	種種	安樂	763②	漢畳語名	782⑤			
種々	しゆじゆ	しゆへ	種種	安樂	771⑤	漢畳語名	792②			
種々	しゆじゆ	しゆじゆ	種種	安樂	796⑤	漢畳語名	818②			
種々	しゆじゆ	×	種種	安樂	797②	漢畳語名	819①			
種々	しゆじゆ	しゆ—	種種	安樂	806③	漢畳語名	828③			
種々	しゆじゆ	×	種種	安樂	807⑥	漢畳語名	830①			
種々	しゆじゆ	×	種種	從地	824④	漢畳語名	846⑥			
種々	しゆじゆ	しゆ——	種種	從地	825②	漢畳語名	847④			
種々	しゆじゆ	×	種種	從地	853⑤	漢畳語名	876③			
種々	しゆじゆ	×	種種	如來	889⑥	漢畳語名	909①			しうしう[妙]
種々	しゆじゆ	×	種種	如來	893⑥	漢畳語名	912⑥			しうしう[妙]
種々	しゆじゆ	×	種種	如來	893⑥	漢畳語名	912⑥			しうしう[妙]

しゅ 307

当該語	読みかな	傍訓	漢字表記	品名	頁数	語の種類	妙一本	和解語文	可読	異同語彙
種々	しゅじゅ	×	種種	如來	893⑥	漢畳語名	913①			しうしう[妙]
種々	しゅじゅ	×	種種	如來	894③	漢畳語名	913③			
種々	しゅじゅ	しゆじゆ	種種	如來	915③	漢畳語名	934③			
種々	しゅじゅ	しゆ〳〵	種種	如來	920④	漢畳語名	939④			
種々	しゅじゅ	×	種種	分別	935⑥	漢畳語名	954③			種種(しう〳〵)[妙]
種々	しゅじゅ	×	種種	分別	940⑥	漢畳語名	959②			
種々	しゅじゅ	しゆじゆ	種種	分別	953③	漢畳語名	972②			
種々	しゅじゅ	×	種種	分別	958③	漢畳語名	977②			種種(しうしう)[妙]
種々	しゅじゅ	×	種種	分別	964④	漢畳語名	982⑥			
種々	しゅじゅ	×	種種	分別	968②	漢畳語名	986④			
種々	しゅじゅ	しゆ―	種種	法功	999①	漢畳語名	1017⑥			
種種	しゅじゅ	しゆじゆ	種種	法功	1001①	漢畳語名	1019⑥			
種々	しゅじゅ	×	種種	法功	1002④	漢畳語名	1021①	しゆにん／いきもの[妙]		種人(しゆにん)いきもの[妙]
種々	しゅじゅ	しゆじゆ	種種	法功	1003③	漢畳語名	1022①			種種(しうしう)[妙]
種々	しゅじゅ	×	種種	法功	1009②	漢畳語名	1027⑤			
種々	しゅじゅ	×	種種	法功	1011⑥	漢畳語名	1030③			
種々	しゅじゅ	×	種種	法功	1015②	漢畳語名	1034①			
種々	しゅじゅ	×	種種	法功	1015④	漢畳語名	1034②			
種々	しゅじゅ	×	種種	法功	1016⑤	漢畳語名	1035③			
種々	しゅじゅ	×	種種	法功	1020⑥	漢畳語名	1039④			
種々	しゅじゅ	×	種種	神力	1092④	漢畳語名	1110⑥			しう〳〵[妙]
種々	しゅじゅ	×	種種	藥王	1125①	漢畳語名	1143③			しう〳〵[妙]
種々	しゅじゅ	×	種種	藥王	1152③	漢畳語名	1170④			しう〳〵[妙]
種々	しゅじゅ	×	種種	妙音	1189⑤	漢畳語名	1204②			しう〳〵[妙]
種々	しゅじゅ	×	種種	妙音	1193③	漢畳語名	1207③			しう〳〵[妙]
種々	しゅじゅ	×	種種	妙音	1196②	漢畳語名	1210①			しう〳〵[妙]
種々	しゅじゅ	×	種種	妙音	1200①	漢畳語名	1213⑤			しう〳〵[妙]
種々	しゅじゅ	×	種種	觀世	1230②	漢畳語名	1243①			しう〳〵[妙]
種々	しゅじゅ	×	種種	觀世	1243②	漢畳語名	1255④			しう〳〵[妙]
種々	しゅじゅ	×	種種	陀羅	1270③	漢畳語名	1281②			種種(しう〳〵)[妙]
種々	しゅじゅ	×	種種	妙莊	1279①	漢畳語名	1289①			種種(しう〳〵)[妙]
種々	しゅじゅ	×	種種	妙莊	1280③	漢畳語名	1290②			種種(しう〳〵)[妙]
種々	しゅじゅ	×	種種	普賢	1306⑤	漢畳語名	1313④			種種(しう〳〵)[妙]
修習し	しゅしゅうし	しゆしう	修習	信解	367②	漢サ動	353②	しゆしう・し／ならひ[妙]		
修習し	しゅしゅうし	しゆしう	修習	信解	370③	漢サ動	356⑥	しゆしう・し／ならひ[妙]		
修習し	しゅしゅうし	しゆしゅ	修習	授記	419⑤	漢サ動	408⑤	しゆしう・し／ならい[妙]		
修習し	しゅしゅうし	しゆしう	修習	安樂	814①	漢サ動	836④	しゆしう・し／ならひ[妙]		
修習し	しゅしゅうし	×	修習	從地	831①	漢サ動	853④	しゆしう・し／らい[妙]		
修習し	しゅしゅうし	しゆしう	修習	妙莊	1293③	漢サ動	1302②	しゆしふ・し／らい[妙]		
修習し	しゅしゅうし	しゆしふ	修習	普賢	1328③	漢サ動	1332③	しゆしふ・し／らい[妙]		
修習す	しゅしゅうす	しゆしう	修習	從地	852②	漢サ動	874⑤	しゆしう・す／ならう[妙]	―せり[西右]	
修習する	しゅしゅうする	しゆしう	修習	信解	366③	漢サ動	352②	しゆしう・する／ならう[妙]	―せん[西右]	
修習する	しゅしゅうする	×	修習	法師	644①	漢サ動	657①	しゆしゅう・する／ならう[妙]		
修習する	しゅしゅうする	×	修習	法師	644③	漢サ動	657④			
修習する	しゅしゅうする	×	修習	從地	839④	漢サ動	862③	しゆしう・する／ならう[妙]		
修習せ	しゅしゅうせ	しゆすふ	修習	囑累	1105⑤	漢サ動	1124①	しゆしう・し／ならへり[妙]	――して[西右]	修習せ[妙]
修習せ	しゅしゅうせ	しゆしふ	修習	囑累	1106⑥	漢サ動	1125④	しゆしう・せ／ならへり[妙]	―して[西右]	

当該語	読みかな	傍訓	漢字表記	品名	頁数	語の種類	妙一本	和解語文	可読	異同語彙
修習せ	しゆじゅうせ	しゆじふ	修習	普賢	1316③	漢サ動	1321⑥	しゆしう・せ／ならはん[妙]		
取證し	しゆしょう	しゆしよう	取證	譬喩	207④	漢サ動	174⑥			
殊勝	しゆしょう	しゆせ{しよ}う	殊勝	法功	996⑤	漢名	1015③	しゆしよう／ことにすくれたる[妙]		
種性	しゆしょう	しゆしやう	種性	薬草	390①	漢名	375③	しゆしやう／たねしやう[妙]		
種性	しゆしょう	しゆしやう	種性	薬草	394⑥	漢名	380⑤	しゆしやう／たねしやう[妙]		
種性	しゆしょう	しゆしやう	種性	五百	564①	漢名	567②	しゆしやう／たねに[妙]		
周章	しゆしょう	しゆしやう／めくりかへりて	周章	譬喩	277④	漢名	249②	しゆしやう／あはて[妙]		
周障	しゆしょう	しゆしやう／めくれるかき	周障	譬喩	271③	漢名	242④		一にして[西右]	
衆星	しゆしょう	しゆしやう・もろ〳〵のほし	衆星	薬王	1144①	漢名	1162②	しうしやう／もろ〳〵のほし[妙]		
衆聖	しゆしょう	一しやう	衆聖	譬喩	289①	漢名	261①	しゆしやう／もろ〳〵のひしり[妙]		
衆聖	しゆしょう	しゆしやう	衆聖	譬喩	308④	漢名	281①	しゆしやう／もろ〳〵のひしり[妙]		
衆生	しゆじょう	×	衆生	序品	8④	漢人倫名	6⑥			
衆生	しゆじょう	×	衆生	序品	18①	漢人倫名	14⑤			
衆生	しゆじょう	×	衆生	序品	25⑤	漢人倫名	21⑤			
衆生	しゆじょう	×	衆生	序品	27②	漢人倫名	23②			
衆生	しゆじょう	×	衆生	序品	39①	漢人倫名	33④			
衆生	しゆじょう	×	衆生	序品	46⑥	漢人倫名	40④			
衆生	しゆじょう	×	衆生	序品	66④	漢人倫名	58②			
衆生	しゆじょう	×	衆生	序品	83⑤	漢人倫名	73③			
衆生	しゆじょう	×	衆生	方便	89①	漢人倫名	78①			
衆生	しゆじょう	×	衆生	方便	94⑥	漢人倫名	83②			
衆生	しゆじょう	×	衆生	方便	101④	漢人倫名	89①			
衆生	しゆじょう	×	衆生	方便	112⑤	漢人倫名	98⑤			
衆生	しゆじょう	×	衆生	方便	125⑥	漢人倫名	110③			
衆生	しゆじょう	×	衆生	方便	126①	漢人倫名	110⑤			
衆生	しゆじょう	×	衆生	方便	126③	漢人倫名	111①			
衆生	しゆじょう	×	衆生	方便	126⑤	漢人倫名	111③			
衆生	しゆじょう	×	衆生	方便	128③	漢人倫名	112④			
衆生	しゆじょう	×	衆生	方便	128④	漢人倫名	112⑤			
衆生	しゆじょう	×	衆生	方便	129③	漢人倫名	113④			
衆生	しゆじょう	×	衆生	方便	129⑥	漢人倫名	113⑥			
衆生	しゆじょう	×	衆生	方便	130⑤	漢人倫名	114④			
衆生	しゆじょう	×	衆生	方便	131①	漢人倫名	114⑥			
衆生	しゆじょう	×	衆生	方便	131⑤	漢人倫名	115②			
衆生	しゆじょう	×	衆生	方便	132②	漢人倫名	115⑥			
衆生	しゆじょう	×	衆生	方便	132④	漢人倫名	115⑥			
衆生	しゆじょう	×	衆生	方便	133②	漢人倫名	116④			
衆生	しゆじょう	×	衆生	方便	133③	漢人倫名	116⑤			
衆生	しゆじょう	×	衆生	方便	133④	漢人倫名	116⑥			
衆生	しゆじょう	×	衆生	方便	134①	漢人倫名	117②			
衆生	しゆじょう	×	衆生	方便	135⑥	漢人倫名	118⑤			
衆生	しゆじょう	×	衆生	方便	142②	漢人倫名	124②			
衆生	しゆじょう	×	衆生	方便	142⑤	漢人倫名	124③			
衆生	しゆじょう	×	衆生	方便	145⑤	漢人倫名	126⑥			
衆生	しゆじょう	×	衆生	五百	148⑥	漢人倫名	129③			
衆生	しゆじょう	×	衆生	方便	149④	漢人倫名	129⑥			
衆生	しゆじょう	×	衆生	方便	150①	漢人倫名	130③			
衆生	しゆじょう	×	衆生	方便	152③	漢人倫名	132②			
衆生	しゆじょう	×	衆生	方便	153①	漢人倫名	132⑤			
衆生	しゆじょう	×	衆生	方便	153④	漢人倫名	133②			
衆生	しゆじょう	×	衆生	方便	159①	漢人倫名	137③			
衆生	しゆじょう	×	衆生	方便	159⑤	漢人倫名	138①			
衆生	しゆじょう	×	衆生	方便	161①	漢人倫名	139①			
衆生	しゆじょう	×	衆生	方便	170④	漢人倫名	147①			
衆生	しゆじょう	×	衆生	方便	171③	漢人倫名	147④			
衆生	しゆじょう	×	衆生	方便	173③	漢人倫名	149②			
衆生	しゆじょう	×	衆生	方便	174①	漢人倫名	149⑥			
衆生	しゆじょう	×	衆生	方便	175①	漢人倫名	150④			
衆生	しゆじょう	×	衆生	方便	175③	漢人倫名	150⑥			

当該語	読みかな	傍訓	漢字表記	品名	頁数	語の種類	妙一本	和解語文	可読	異同語彙
衆生	しゅじょう	×	衆生	方便	175⑥	漢人倫名	151②			
衆生	しゅじょう	×	衆生	方便	177②	漢人倫名	152③			
衆生	しゅじょう	×	衆生	方便	178①	漢人倫名	153①			
衆生	しゅじょう	×	衆生	方便	179③	漢人倫名	154②			
衆生	しゅじょう	×	衆生	方便	181⑤	漢人倫名	156①			
衆生	しゅじょう	×	衆生	方便	191③	漢人倫名	164③			
衆生	しゅじょう	×	衆生	譬喩	209④	漢人倫名	177②			
衆生	しゅじょう	×	衆生	譬喩	211④	漢人倫名	179④			
衆生	しゅじょう	×	衆生	譬喩	222②	漢人倫名	191⑤			
衆生	しゅじょう	×	衆生	譬喩	229④	漢人倫名	198⑤			
衆生	しゅじょう	×	衆生	譬喩	254⑤	漢人倫名	225⑤			
衆生	しゅじょう	×	衆生	譬喩	255①	漢人倫名	226②			
衆生	しゅじょう	×	衆生	譬喩	256②	漢人倫名	227②			
衆生	しゅじょう	×	衆生	譬喩	257②	漢人倫名	228②			
衆生	しゅじょう	×	衆生	譬喩	257⑥	漢人倫名	229①			
衆生	しゅじょう	×	衆生	譬喩	258①	漢人倫名	229②			
衆生	しゅじょう	×	衆生	譬喩	258②	漢人倫名	229④			
衆生	しゅじょう	×	衆生	譬喩	259⑤	漢人倫名	231①			
衆生	しゅじょう	×	衆生	譬喩	261③	漢人倫名	232⑤			
衆生	しゅじょう	×	衆生	譬喩	262③	漢人倫名	233⑤			
衆生	しゅじょう	×	衆生	譬喩	263②	漢人倫名	234⑤			
衆生	しゅじょう	×	衆生	譬喩	264②	漢人倫名	235④			
衆生	しゅじょう	×	衆生	譬喩	264⑤	漢人倫名	236①			
衆生	しゅじょう	×	衆生	譬喩	266②	漢人倫名	237④			
衆生	しゅじょう	×	衆生	譬喩	267①	漢人倫名	238②			
衆生	しゅじょう	×	衆生	譬喩	267④	漢人倫名	238⑤			
衆生	しゅじょう	×	衆生	譬喩	269①	漢人倫名	240②			
衆生	しゅじょう	×	衆生	譬喩	290③	漢人倫名	262④			
衆生	しゅじょう	×	衆生	譬喩	291②	漢人倫名	263③			
衆生	しゅじょう	×	衆生	譬喩	291⑥	漢人倫名	264①			
衆生	しゅじょう	×	衆生	譬喩	295②	漢人倫名	267③			
衆生	しゅじょう	×	衆生	譬喩	295⑤	漢人倫名	267⑥			
衆生	しゅじょう	×	衆生	譬喩	296①	漢人倫名	268②			
衆生	しゅじょう	×	衆生	譬喩	298①	漢人倫名	270③			
衆生	しゅじょう	×	衆生	信解	319⑥	漢人倫名	294⑥			
衆生	しゅじょう	×	衆生	信解	369①	漢人倫名	355③			
衆生	しゅじょう	×	衆生	信解	377③	漢人倫名	365②			
衆生	しゅじょう	×	衆生	信解	377⑥	漢人倫名	365⑤			
衆生	しゅじょう	×	衆生	藥草	388③	漢人倫名	373⑤			
衆生	しゅじょう	×	衆生	藥草	392⑥	漢人倫名	378④			
衆生	しゅじょう	×	衆生	藥草	393②	漢人倫名	378⑥			
衆生	しゅじょう	×	衆生	藥草	393⑤	漢人倫名	379④			
衆生	しゅじょう	×	衆生	藥草	395②	漢人倫名	381③			
衆生	しゅじょう	×	衆生	藥草	396①	漢人倫名	382①			
衆生	しゅじょう	×	衆生	藥草	396⑥	漢人倫名	382⑥			
衆生	しゅじょう	×	衆生	藥草	397⑦	漢人倫名	384②			
衆生	しゅじょう	×	衆生	藥草	399③	漢人倫名	385⑤			
衆生	しゅじょう	×	衆生	藥草	403⑥	漢人倫名	390⑥			
衆生	しゅじょう	×	衆生	藥草	404⑤	漢人倫名	391⑤			
衆生	しゅじょう	×	衆生	藥草	405③	漢人倫名	392④			
衆生	しゅじょう	×	衆生	藥草	409④	漢人倫名	397③			
衆生	しゅじょう	×	衆生	藥草	410①	漢人倫名	397⑤			
衆生	しゅじょう	×	衆生	藥草	413①	漢人倫名	401②			
衆生	しゅじょう	しゆしやう	衆生	授記	430⑥	漢人倫名	421④			
衆生	しゅじょう	×	衆生	授記	438①	漢人倫名	429⑤			
衆生	しゅじょう	×	衆生	化城	457②	漢人倫名	452⑥			
衆生	しゅじょう	×	衆生	化城	459②	漢人倫名	454④			
衆生	しゅじょう	×	衆生	化城	461⑥	漢人倫名	457④			
衆生	しゅじょう	×	衆生	化城	462②	漢人倫名	458①			
衆生	しゅじょう	×	衆生	化城	462②	漢人倫名	458①			
衆生	しゅじょう	×	衆生	化城	463⑥	漢人倫名	460①			
衆生	しゅじょう	×	衆生	化城	464②	漢人倫名	460④			
衆生	しゅじょう	×	衆生	化城	470④	漢人倫名	468②			
衆生	しゅじょう	×	衆生	化城	471⑥	漢人倫名	470①			
衆生	しゅじょう	×	衆生	化城	472⑤	漢人倫名	470⑥			
衆生	しゅじょう	×	衆生	化城	475③	漢人倫名	474③			
衆生	しゅじょう	×	衆生	化城	478④	漢人倫名	477⑥			
衆生	しゅじょう	×	衆生	化城	479④	漢人倫名	478⑥			

当該語	読みかな	傍訓	漢字表記	品名	頁数	語の種類	妙一本	和解語文	可読	異同語彙
衆生	しゅじょう	×	衆生	化城	479⑤	漢人倫名	479③			
衆生	しゅじょう	×	衆生	化城	480⑤	漢人倫名	480③			
衆生	しゅじょう	×	衆生	化城	481③	漢人倫名	481②			
衆生	しゅじょう	×	衆生	化城	481③	漢人倫名	481③			
衆生	しゅじょう	×	衆生	化城	487⑤	漢人倫名	488⑥			
衆生	しゅじょう	×	衆生	化城	490②	漢人倫名	492①			
衆生	しゅじょう	×	衆生	化城	496②	漢人倫名	498⑥			
衆生	しゅじょう	×	衆生	化城	498③	漢人倫名	501③			
衆生	しゅじょう	×	衆生	化城	499④	漢人倫名	502⑤			
衆生	しゅじょう	×	衆生	化城	500⑤	漢人倫名	504③			
衆生	しゅじょう	×	衆生	化城	505③	漢人倫名	509④			
衆生	しゅじょう	×	衆生	化城	509④	漢人倫名	514③			
衆生	しゅじょう	×	衆生	化城	511①	漢人倫名	516①			
衆生	しゅじょう	×	衆生	化城	512②	漢人倫名	517③			
衆生	しゅじょう	×	衆生	化城	513⑤	漢人倫名	518⑤			
衆生	しゅじょう	×	衆生	化城	517④	漢人倫名	522④			
衆生	しゅじょう	×	衆生	化城	517⑥	漢人倫名	522⑥			
衆生	しゅじょう	×	衆生	化城	518⑤	漢人倫名	523⑤			
衆生	しゅじょう	×	衆生	化城	521③	漢人倫名	526④			
衆生	しゅじょう	×	衆生	化城	527②	漢人倫名	532⑤			
衆生	しゅじょう	×	衆生	化城	528②	漢人倫名	533⑥			
衆生	しゅじょう	×	衆生	化城	538⑤	漢人倫名	544④			
衆生	しゅじょう	×	衆生	五百	564②	漢人倫名	567③			
衆生	しゅじょう	×	衆生	五百	568①	漢人倫名	571⑤			
衆生	しゅじょう	×	衆生	五百	568③	漢人倫名	572②			
衆生	しゅじょう	×	衆生	五百	569④	漢人倫名	573④			
衆生	しゅじょう	×	衆生	五百	570①	漢人倫名	573⑥			
衆生	しゅじょう	×	衆生	五百	572④	漢人倫名	576④			
衆生	しゅじょう	×	衆生	五百	573③	漢人倫名	577②			
衆生	しゅじょう	×	衆生	五百	575③	漢人倫名	580①			
衆生	しゅじょう	×	衆生	五百	576⑥	漢人倫名	581④			
衆生	しゅじょう	×	衆生	五百	577①	漢人倫名	581⑥			
衆生	しゅじょう	×	衆生	五百	581②	漢人倫名	586③			
衆生	しゅじょう	×	衆生	授學	607⑥	漢人倫名	616⑥			
衆生	しゅじょう	×	衆生	授學	608②	漢人倫名	617③			
衆生	しゅじょう	×	衆生	授學	616①	漢人倫名	625⑤			
衆生	しゅじょう	×	衆生	授學	620①	漢人倫名	630③			
衆生	しゅじょう	×	衆生	法師	624②	漢人倫名	635②			
衆生	しゅじょう	×	衆生	法師	624④	漢人倫名	635④			
衆生	しゅじょう	×	衆生	法師	626②	漢人倫名	637②			
衆生	しゅじょう	×	衆生	法師	627①	漢人倫名	638①			
衆生	しゅじょう	×	衆生	法師	632③	漢人倫名	644①			
衆生	しゅじょう	×	衆生	法師	642③	漢人倫名	655①			
衆生	しゅじょう	×	衆生	法師	653②	漢人倫名	667②			
衆生	しゅじょう	×	衆生	法師	653⑤	漢人倫名	667⑥			
衆生	しゅじょう	×	衆生	見寶	688④	漢人倫名	706②			
衆生	しゅじょう	×	衆生	見寶	696①	漢人倫名	714⑥			
衆生	しゅじょう	×	衆生	提婆	714②	漢人倫名	731⑥			
衆生	しゅじょう	×	衆生	提婆	716①	漢人倫名	733⑥			
衆生	しゅじょう	×	衆生	提婆	717③	漢人倫名	735②			
衆生	しゅじょう	×	衆生	提婆	717③	漢人倫名	735③			
衆生	しゅじょう	×	衆生	提婆	717④	漢人倫名	735④			
衆生	しゅじょう	×	衆生	提婆	717⑤	漢人倫名	735⑤			
衆生	しゅじょう	×	衆生	提婆	718⑤	漢人倫名	736⑤			
衆生	しゅじょう	×	衆生	提婆	718⑥	漢人倫名	736⑥			
衆生	しゅじょう	×	衆生	提婆	719①	漢人倫名	737①			
衆生	しゅじょう	×	衆生	提婆	722⑥	漢人倫名	741①			
衆生	しゅじょう	×	衆生	提婆	726⑥	漢人倫名	745①			
衆生	しゅじょう	×	衆生	提婆	727③	漢人倫名	745④			
衆生	しゅじょう	×	衆生	提婆	728③	漢人倫名	746③			
衆生	しゅじょう	×	衆生	提婆	729⑥	漢人倫名	747⑥			
衆生	しゅじょう	×	衆生	提婆	732③	漢人倫名	750②			
衆生	しゅじょう	×	衆生	提婆	736③	漢人倫名	755①			
衆生	しゅじょう	×	衆生	提婆	736⑤	漢人倫名	755②			
衆生	しゅじょう	×	衆生	提婆	737①	漢人倫名	755④			
衆生	しゅじょう	×	衆生	提婆	737①	漢人倫名	755⑤			
衆生	しゅじょう	×	衆生	勸持	738④	漢人倫名	757②			
衆生	しゅじょう	×	衆生	勸持	749⑥	漢人倫名	769①			

しゆ 311

当該語	読みかな	傍訓	漢字表記	品名	頁数	語の種類	妙一本	和解語文	可読	異同語彙
衆生	しゅじょう	×	衆生	安樂	761①	漢人倫名	780⑤			
衆生	しゅじょう	×	衆生	安樂	781③	漢人倫名	802③			
衆生	しゅじょう	×	衆生	安樂	802①	漢人倫名	823⑥			
衆生	しゅじょう	×	衆生	安樂	807⑥	漢人倫名	830①			
衆生	しゅじょう	×	衆生	安樂	808①	漢人倫名	830③			
衆生	しゅじょう	×	衆生	安樂	810①	漢人倫名	832③		一の[西右]	
衆生	しゅじょう	×	衆生	安樂	815⑥	漢人倫名	838④			
衆生	しゅじょう	×	衆生	從地	829①	漢人倫名	851①			
衆生	しゅじょう	×	衆生	從地	829②	漢人倫名	851③		一は[西右]	
衆生	しゅじょう	×	衆生	從地	830①	漢人倫名	852③			
衆生	しゅじょう	×	衆生	從地	830②	漢人倫名	852⑤			
衆生	しゅじょう	×	衆生	從地	830⑤	漢人倫名	853②			
衆生	しゅじょう	×	衆生	從地	831⑤	漢人倫名	854③			
衆生	しゅじょう	×	衆生	從地	835④	漢人倫名	858③			
衆生	しゅじょう	×	衆生	如來	888③	漢人倫名	907④			
衆生	しゅじょう	×	衆生	如來	889①	漢人倫名	908②			
衆生	しゅじょう	×	衆生	如來	890①	漢人倫名	909②			
衆生	しゅじょう	×	衆生	如來	890⑤	漢人倫名	909③			
衆生	しゅじょう	×	衆生	如來	891①	漢人倫名	910③			
衆生	しゅじょう	×	衆生	如來	891⑤	漢人倫名	910⑤			
衆生	しゅじょう	×	衆生	如來	893⑥	漢人倫名	912⑥			
衆生	しゅじょう	×	衆生	如來	896①	漢人倫名	914⑥			
衆生	しゅじょう	×	衆生	如來	898②	漢人倫名	917③			
衆生	しゅじょう	×	衆生	如來	899②	漢人倫名	918③			
衆生	しゅじょう	×	衆生	如來	909⑤	漢人倫名	928④			
衆生	しゅじょう	×	衆生	如來	910⑥	漢人倫名	929⑥			
衆生	しゅじょう	×	衆生	如來	911②	漢人倫名	930②			
衆生	しゅじょう	×	衆生	如來	911⑥	漢人倫名	930⑥			
衆生	しゅじょう	×	衆生	如來	912⑤	漢人倫名	931③			
衆生	しゅじょう	×	衆生	如來	913①	漢人倫名	932①			
衆生	しゅじょう	×	衆生	如來	913④	漢人倫名	932③			
衆生	しゅじょう	×	衆生	如來	914②	漢人倫名	933①			
衆生	しゅじょう	×	衆生	如來	915①	漢人倫名	934①			
衆生	しゅじょう	×	衆生	如來	915⑤	漢人倫名	934④			
衆生	しゅじょう	×	衆生	如來	916⑤	漢人倫名	935④			
衆生	しゅじょう	×	衆生	如來	920②	漢人倫名	939②			
衆生	しゅじょう	×	衆生	如來	920⑥	漢人倫名	939⑥			
衆生	しゅじょう	×	衆生	分別	921⑤	漢人倫名	940⑤			
衆生	しゅじょう	×	衆生	分別	922③	漢人倫名	941③			
衆生	しゅじょう	×	衆生	分別	925⑤	漢人倫名	944③			
衆生	しゅじょう	×	衆生	分別	932③	漢人倫名	951①			
衆生	しゅじょう	×	衆生	分別	936③	漢人倫名	955①			
衆生	しゅじょう	×	衆生	分別	937①	漢人倫名	955④			
衆生	しゅじょう	×	衆生	分別	945⑤	漢人倫名	964②			
衆生	しゅじょう	×	衆生	随喜	973①	漢人倫名	991①			
衆生	しゅじょう	×	衆生	随喜	973③	漢人倫名	991④			
衆生	しゅじょう	×	衆生	随喜	973⑥	漢人倫名	991⑥			
衆生	しゅじょう	×	衆生	随喜	974⑤	漢人倫名	992⑥			
衆生	しゅじょう	×	衆生	随喜	974⑥	漢人倫名	993①		一は[西右]	
衆生	しゅじょう	×	衆生	随喜	975③	漢人倫名	993⑤			
衆生	しゅじょう	×	衆生	随喜	976⑥	漢人倫名	995②			
衆生	しゅじょう	×	衆生	随喜	977⑤	漢人倫名	995⑥			
衆生	しゅじょう	×	衆生	法功	997⑤	漢人倫名	1016③			
衆生	しゅじょう	×	衆生	法功	1006⑤	漢人倫名	1025②			
衆生	しゅじょう	×	衆生	法功	1010③	漢人倫名	1028⑥			
衆生	しゅじょう	×	衆生	法功	1015⑤	漢人倫名	1034③			
衆生	しゅじょう	×	衆生	法功	1018①	漢人倫名	1036⑤		一の[西右]	
衆生	しゅじょう	×	衆生	法功	1018③	漢人倫名	1037①			
衆生	しゅじょう	×	衆生	法功	1025③	漢人倫名	1044②			
衆生	しゅじょう	×	衆生	法功	1032②	漢人倫名	1050⑥			
衆生	しゅじょう	×	衆生	法功	1035④	漢人倫名	1054②			
衆生	しゅじょう	×	衆生	法功	1035⑤	漢人倫名	1054③			
衆生	しゅじょう	×	衆生	法功	1036③	漢人倫名	1055②			
衆生	しゅじょう	×	衆生	法功	1036⑤	漢人倫名	1055④			
衆生	しゅじょう	×	衆生	法功	1038①	漢人倫名	1056⑤			
衆生	しゅじょう	×	衆生	法功	1042③	漢人倫名	1061①			
衆生	しゅじょう	×	衆生	法功	1044⑥	漢人倫名	1063③			
衆生	しゅじょう	×	衆生	法功	1045④	漢人倫名	1064①			

当該語	読みかな	傍訓	漢字表記	品名	頁数	語の種類	妙一本	和解語文	可読	異同語彙
衆生	しゅじょう	×	衆生	常不	1060②	漢人倫名	1079①			しゆしやう[妙]
衆生	しゅじょう	×	衆生	神力	1088②	漢人倫名	1106④			しゆしやう[妙]
衆生	しゅじょう	×	衆生	神力	1091③	漢人倫名	1110②			しゆしやう[妙]
衆生	しゅじょう	×	衆生	神力	1098①	漢人倫名	1116⑥			しゆしやう[妙]
衆生	しゅじょう	×	衆生	神力	1103②	漢人倫名	1122④			しゆしやう[妙]
衆生	しゅじょう	×	衆生	嘱累	1107⑤	漢人倫名	1126③			しゆしやう[妙]
衆生	しゅじょう	×	衆生	嘱累	1109②	漢人倫名	1127⑤			しゆしやう[妙]
衆生	しゅじょう	×	衆生	藥王	1151②	漢人倫名	1169③			しゆしやう[妙]
衆生	しゅじょう	×	衆生	妙音	1182⑤	漢人倫名	1197④			しゆしやう[妙]
衆生	しゅじょう	×	衆生	妙音	1183③	漢人倫名	1198②			しゆしやう[妙]
衆生	しゅじょう	×	衆生	妙音	1189⑥	漢人倫名	1204③			しゆしやう[妙]
衆生	しゅじょう	×	衆生	妙音	1193③	漢人倫名	1207②			しゆしやう[妙]
衆生	しゅじょう	×	衆生	妙音	1193⑤	漢人倫名	1207⑤			しゆしやう[妙]
衆生	しゅじょう	×	衆生	妙音	1197③	漢人倫名	1211④			しゆしやう[妙]
衆生	しゅじょう	×	衆生	妙音	1198③	漢人倫名	1212②			しゆしやう[妙]
衆生	しゅじょう	×	衆生	妙音	1200⑤	漢人倫名	1214④			しゆしやう[妙]
衆生	しゅじょう	×	衆生	觀世	1209③	漢人倫名	1222④			しゆしやう[妙]
衆生	しゅじょう	×	衆生	觀世	1210⑤	漢人倫名	1223⑥			しゆしやう[妙]
衆生	しゅじょう	×	衆生	觀世	1215③	漢人倫名	1228④			しゆしやう[妙]
衆生	しゅじょう	×	衆生	觀世	1216④	漢人倫名	1229⑥			しゆしやう[妙]
衆生	しゅじょう	×	衆生	觀世	1218①	漢人倫名	1231③			しゆしやう[妙]
衆生	しゅじょう	×	衆生	觀世	1219②	漢人倫名	1232④			しゆしやう[妙]
衆生	しゅじょう	×	衆生	觀世	1219⑤	漢人倫名	1232⑥			しゆしやう[妙]
衆生	しゅじょう	×	衆生	觀世	1222①	漢人倫名	1235③			しゆしやう[妙]
衆生	しゅじょう	×	衆生	觀世	1222④	漢人倫名	1235⑥			しゆしやう[妙]
衆生	しゅじょう	×	衆生	觀世	1230③	漢人倫名	1243②			しゆしやう[妙]
衆生	しゅじょう	×	衆生	觀世	1242③	漢人倫名	1254⑥		一の[西右]	しゆしやう[妙]
衆生	しゅじょう	×	衆生	觀世	1246①	漢人倫名	1258⑤			しゆしやう[妙]
衆生	しゅじょう	×	衆生	觀世	1246⑤	漢人倫名	1258⑥			しゆしやう[妙]
衆生	しゅじょう	×	衆生	觀世	1247③	漢人倫名	1259④			しゆしやう[妙]
衆生	しゅじょう	×	衆生	陀羅	1254⑥	漢人倫名	1266⑤			しゆしやう[妙]
衆生	しゅじょう	×	衆生	陀羅	1258②	漢人倫名	1269⑥			しゆしやう[妙]
衆生	しゅじょう	×	衆生	妙荘	1275③	漢人倫名	1285⑤			しゆしやう[妙]
衆生	しゅじょう	×	衆生	妙荘	1299③	漢人倫名	1307②			しゆしやう[妙]
衆生	しゅじょう	×	衆生	普賢	1326⑥	漢人倫名	1331②			しゆしやう[妙]
衆生濁	しゅじょうじょく	×	衆生濁	方便	135④	漢名	118③			
修攝せよ	しゅしょうせよ	しゆせう／おさめ	修攝	安樂	766⑥	漢サ動	787①	しゆせう・せ／をさめ[妙]		
修攝せよ	しゅしょうせよ	しゆせう	修攝	安樂	774③	漢サ動	794⑥	しゆせう・せ／をさめ[妙]	一して[西右]	
周章悶走す	しゅしょうもんそうす	しゆしやうもんそう／めくりあはていたはしる・あはて一	周章悶走	譬喩	279③	漢四熟サ動	251①	しゆしやうもんそう・す／あわていきたへはしる[妙]		
醜唇	しゅしん	しゆしん・みにくきくちびる	醜唇	普賢	1335⑤	漢身体名	1338⑦	しゆしん／みにくきくちひる[妙]		
修す	しゅす	しゆ	修	序品	67③	単漢サ動	58⑥		一しき[西右]	
修す	しゅす	しゆ	修	藥草	396②	単漢サ動	382②		一する[西右]	
修す	しゅす	しゆ	修	藥草	396③	単漢サ動	382③		一する[西右]	
修す	しゅす	しゆ	修	藥草	396④	単漢サ動	382⑤		一する[西右]	
修す	しゅす	×	修	安樂	789④	単漢サ動	811①	しゆ・す／をこなう[妙]		
修する	しゅする	×	修	法功	1020④	単漢サ動	1039①			
誦する	じゅする	じゆ	誦	序品	32①	単漢サ動	27④			
頌する	じゅする	じゆ	頌	方便	166⑥	単漢サ動	143⑥			頌(しゆ)し[妙]
修せ	しゅせ	しゆ	修	方便	153⑤	単漢サ動	133②			
修せ	しゅせ	×	修	方便	160③	単漢サ動	138③			
修せ	しゅせ	しゆ	修	授記	419④	単漢サ動	408③			
修せ	しゅせ	しゆ	修	安樂	778①	単漢サ動	798⑤		一する[西右]	
修せ	しゅせ	×	修	從地	858④	漢サ動	881③			
修せ	しゅせ	しゆ	修	妙荘	1273⑤	漢サ動	1284③			修(しゆ)せ[妙]
修せ	しゅせ	×	修	普賢	1331⑤	漢サ動	1335④			しゆ・せ[妙]
誦せ	じゅせ	じゆ	誦	序品	82②	漢サ動	72①			
周旋	しゅせん	しゆせん／めくり	周旋	勸持	749⑥	漢名	768⑥	しゆせん／めくり[妙]		
周旋シ	しゅせんし	しゆせんシ	周旋	法功	1022②	漢サ動	1041⑤	しゆせん・し／めくり[妙]	一し[西右]	
呪詛	じゅそ	しゆそ	呪詛	觀世	1239⑥	漢名	1252④		一と[西右]	しゆしよ[妙]

当該語	読みかな	傍訓	漢字表記	品名	頁数	語の種類	妙一本	和解語文	可読	異同語彙
取相	しゆそう	しゆさう／ほんふはさうをとるものなるかゆへ也	取相	信解	377①	漢名	364⑤			しゆさう[妙]
種相	しゆそう	しゆさう	種相	藥草	396①	漢名	382①			
周市	しゆそう	しゆさう	周市	譬喩	248②	漢名	218①	しゆさう／めくり[妙]	一して[西右]	
周市	しゆそう	しゆさう	周市	譬喩	287④	漢名	259③	しゆさう／めくり[妙]		
衆僧	しゆそう	しゆぞう	衆僧	分別	952①	漢名	970⑥			
衆僧	しゆそう	×	衆僧	分別	952④	漢名	971③		一の一[西右]	
衆僧	しゆそう	×	衆僧	分別	956③	漢名	975①			
周市し	しゆそうし	しゆさう／めくり	周市	譬喩	239⑤	漢サ動	209①	しゆさう／めくり[妙]		
周市し	しゆそうし	しゆさう	周市	譬喩	287①	漢サ動	258⑥	しゆさう／めくりて[妙]		
周市し	しゆそうし	しゆさう	周市	化城	542⑥	漢サ動	548⑤		一て[西左]	
周市し	しゆそうし	しゆさう	周市	分別	963④	漢サ動	981①	しゆさう・し／めくり[妙]		
手足	しゆそく	しゆそく／てあし	手足	信解	375①	漢身体名	362④	しゆそく／てあし[妙]		
手足	しゆそく	しゆそく／てあし	手足	化城	458③	漢身体名	453⑤	しゆそく／てあし[妙]	一と[西右]	
手足	しゆそく	しゆそく	手足	提婆	709③	漢身体名	726④	しゆそく／てあし[妙]		
手足	しゆそく	しゆそく	手足	觀世	1239④	漢身体名	1252①	しゆそく／てあしにてかしあしかし[妙]		
衆多	しゆだ	しゆた／あまたおほき	衆多	序品	28⑥	漢名	24⑤			
衆多	しゆだ	しゆた	衆多	譬喩	286⑤	漢名	258④	しゆだ／をゝかり[妙]		
衆多	しゆだ	×	衆多	信解	324①	漢名	299⑥	しゆだ／おほし[妙]		
衆多	しゆだ	しゆた／あまた	衆多	信解	354⑤	漢名	338②			
衆多	しゆだ	しゆた／あまた	衆多	藥草	406⑤	漢名	394①	しゆた／おほく[妙]		
周陀	しゆだ	しゆだ	周陀	五百	584⑤	漢名	590②		一と[西右]	
受胎	じゆたい	じゆたい	受胎	方便	154③	漢名	133⑤			
湏陀洹	しゆたおん	しゆだをん	湏陀洹	藥王	1146⑤	仏名	1164⑥		一と[西右]	
湏陀洹道	しゆたおんどう	しゆたおん一	湏陀洹道	隨喜	975⑥	仏四熟名	993⑥			
修多羅	しゆたら	しゆたら	修多羅	方便	143④	仏名	125①			
修陀羅婆底七	しゆたらはち	しゆだらばち	修陀羅婆底	普賢	1319②	仏梵語名	1324③			しゆたらはち[妙]
修陀隷 六	しゆたれい	しゆだれい	修陀隷	普賢	1319①	仏梵語名	1324③			しゆたれい[妙]
種智	しゆち	しゆち	種智	方便	130①	仏名	114①			
種智	しゆち	×	種智	方便	131③	仏名	115①			
種智	しゆち	しゆち	種智	方便	132⑥	仏名	116②			
種智	しゆち	×	種智	方便	134⑥	仏名	117⑥			
種智	しゆち	しゆち	種智	藥草	395③	仏名	381②	いさいしゆち／ほとけのちゑ[妙]		
種智	しゆち	しゆち／ほとけのちゑ	種智	藥草	398②	仏名	384④			
種智	しゆち	しゆち	種智	安樂	778④	仏名	799③	しゆち／ほとけのちゑ[妙]		
種智	しゆち	しゆち	種智	安樂	785②	仏名	806④			
種智	しゆち	×	種智	分別	949①	仏名	967⑤			
種智	しゆち	×	種智	分別	957④	仏名	976②	しゆち／たねちゑ[妙]		
出	しゆつ	しゆつ	出	如來	893①	単漢名	912①	すつ／いつる[妙]		
出家	しゆっけ	しゆつけ	出家	序品	67②	漢名	58⑤			すつけ[妙]
出家	しゆっけ	×	出家	法師	628⑤	漢名	639⑥			
出家	しゆっけ	×	出家	法師	641⑤	漢名	654①			
出家	しゆっけ	しゆつけ	出家	安樂	791⑤	漢名	813②			
出家	しゆっけ	しゆつけ	出家	安樂	805⑤	漢名	827②		一と[西右]	
出家	しゆっけ	しゆつけ	出家	妙荘	1283⑥	漢名	1293③		——し[西右]	しゆつけしゆだう・せ[妙]
出家	しゆっけ	しゆつけ	出家	妙荘	1285③	漢名	1295①			しゆつけ[妙]
出家	しゆっけ	×	出家	妙荘	1285④	漢名	1295②			しゆつけ[妙]

当該語	読みかな	傍訓	漢字表記	品名	頁数	語の種類	妙一本	和解語文	可読	異同語彙
出家	しゅっけ	×	出家	妙荘	1295①	漢名	1303③			すつけ・し[妙]
出家し	しゅっけし	しゆつけ	出家	序品	51④	漢サ動	44⑤			すつけ[妙]
出家し	しゅっけし	しゆつけ	出家	序品	52⑤	漢サ動	45⑤			すつけ[妙]
出家し	しゅっけし	×	出家	序品	53①	漢サ動	46①			すつけ[妙]
出家し	しゅっけし	×	出家	序品	66⑥	漢サ動	58④			すつけ[妙]
出家し	しゅっけし	×	出家	譬喩	216④	漢サ動	185①			出家(すつけ)し[妙]すつけ[妙]
出家し	しゅっけし	×	出家	譬喩	228⑥	漢サ動	198②			すつけ[妙]
出家し	しゅっけし	しゆつけ	出家	化城	455③	漢サ動	450②			
出家し	しゅっけし	しゆつけ	出家	化城	506①	漢サ動	510③			
出家し	しゅっけし	しゆつけ	出家	化城	536②	漢サ動	542①			
出家し	しゅっけし	しゆつけ	出家	從地	864③	漢サ動	887①	しゆつけ・し／いゑをいて[妙]		
出家し	しゅっけし	しゆつけ	出家	如來	890⑤	漢サ動	909⑤			
出家し	しゅっけし	×	出家	妙荘	1284③	漢サ動	1294①			しゆつけ・し[妙]
出家修道す	しゅっけしゅどうす	――しゆだう	出家修道	妙荘	1294⑥	漢四熟サ動	1303③		―して[西左]―しき[西右]	出家修道(すつけしゆたう)す[妙]
出家(する)	しゅっけする	しゆつけ	出家	化城	507⑥	漢サ動	512④		―する[西右]	
出家する	しゅっけする	×	出家	妙荘	1287④	漢サ動	1296⑥			しゆつけ・する[妙]
出家(せ)	しゅっけせ	しゆつけ	出家	化城	508①	漢サ動	512⑤			
出現し	しゅつげんし	しゆつけん	出現	方便	125③	漢サ動	109⑥	しゆつけん／いてあらはれ[妙]		
出現し	しゅつげんし	しゆつけん	出現	方便	125⑤	漢サ動	110②	しゆつけん・し／いてあらハれ[妙]		
出現し	しゅつげんし	しゆつけん	出現	方便	126①	漢サ動	110⑤	しゆつけん・し／いてあらハれ[妙]		
出現し	しゅつげんし	×	出現	方便	126③	漢サ動	111①			
出現し	しゅつげんし	×	出現	方便	126⑤	漢サ動	111②			
出現し	しゅつげんし	×	出現	方便	127②	漢サ動	111④			
出現し	しゅつげんし	×	出現	方便	127④	漢サ動	111⑥	しゆつけん・し／いてあらはれ[妙]		
出現し	しゅつげんし	×	出現	方便	173②	漢サ動	149②	しゆつけん・し／いてあらはれ[妙]		
出現し	しゅつげんし	しゆつけん	出現	藥草	390⑤	漢サ動	376②	しゆつけん／いてあらはれ[妙]		
出現し	しゅつげんし	しゆつけん	出現	藥草	399③	漢サ動	385⑤	しゆつけん／いてあらはれ[妙]		
出現し	しゅつげんし	しゆつけん	出現	藥草	403④	漢サ動	390④			
出現せ	しゅつげんせ	×	出現	見寶	666①	漢サ動	681①	しゆつけん・せ／いてあらはれ[妙]		
出時	じゅつじ	しゆつし・いでつらん	出時	譬喩	222②	漢名	191②	じゆつじ／いてんとき[妙]		
出處	しゅつしょ	しゆつしよ	出處	法功	1021②	漢名	1039⑤	しゆつしよ／いてところ[妙]	―と[西右]	
出せ	しゅつせ	しゆつ	出	安樂	767⑤	漢サ動	787⑤	しゆつ・せ／いてす[妙]		
出せ	しゅつせ	しゆつ	出	安樂	774⑥	漢サ動	795⑤	しゆつ・せ／いてす[妙]		
出世	しゅつせ	×	出世	如來	897②	漢名	916②	しゆつせ／よにいてたまう[妙]		
出世間	しゅつせけん	しゆつせけん	出世間	譬喩	291②	漢名	263②	しゆつせけん／よをいつる[妙]		
出内し	しゅつないし	×	出内	信解	357②	漢サ動	341②	すいぬい・し／いたしいれ[妙]		
出内取與す	しゅつないしゅよす	すいぬいしゆよ・いだしいれとりあたふ	出内取與	信解	327③	漢四熟名	304①	すいぬいしゆよ・す／いたしいれとりあたふ[妙]		
出入	しゅつにゅう	しゆつにう・すい―	出入	信解	354⑤	漢名	338②	すつにう／いてい り[妙]		
出入	しゅつにゅう	×	出入	信解	362⑥	漢名	348⑤	すつにう／いたしいれ[妙]		
出入息利する	しゅつにゅうそくりする	しゆつにうそくり／みちみてる也	出入息利	信解	323⑤	漢四熟サ動	299②	しゆつにうそくり／いたしいれ[妙]		
十方世界	じゅっぽうせかい	×	十方世界	方便	135①	漢四熟数名	118①			
十方世界	じゅっぽうせかい	×	十方世界	見寶	663④	漢四熟数名	678③			

当該語	読みかな	傍訓	漢字表記	品名	頁数	語の種類	妙一本	和解語文	可読	異同語彙
十方世界	じゅっぽうせかい	×	十方世界	見寶	665⑤	漢四熟数名	680④			
十方世界	じゅっぽうせかい	×	十方世界	見寶	666②	漢四熟数名	681②			
十方世界	じゅっぽうせかい	───かい	十方世界	勸持	749⑤	漢四熟数名	768⑥			
十方世界	じゅっぽうせかい	×	十方世界	法功	1004④	漢四熟数名	1023①			
十方世界	じゅっぽうせかい	×	十方世界	神力	1086⑤	漢四熟数名	1105①			─はうせかい[妙]
十方世界	じゅっぽうせかい	×	十方世界	神力	1093④	漢四熟数名	1112①		── の ──[西右]	十方世界(はうせかい)[妙]
十方佛土	じゅっぽうぶつど	×	十方佛土	方便	148②	漢四熟数名	128⑥			─はうふつと[妙]
修道す	しゅどうす	しゆだう	修道	妙荘	1294⑥	漢サ動	1303③		─しき[西右]	すつけしゆたう・す[妙]
修道せ	しゅどうせ	しゆたう	修道	妙荘	1283⑥	漢サ動	1293③		道を修せんことをゆるされよ[西右]	しゆつけしゆたう・せ[妙]
殊特	しゅどく	しゆとう	殊特	序品	41④	漢名	35⑤	しゆとく／ことに[妙]		
衆人	しゅにん	×	衆人	常不	1065⑥	漢人倫名	1084⑤	しゆにん／もろ〳〵のひと[妙]	もろもろのひと[西右]	
衆人	しゅにん	×	衆人	化城	522⑤	漢人倫名	528①			
衆人	しゅにん	×	衆人	化城	541⑤	漢人倫名	547④	─にん／もろ〳〵のひと[妙]		
衆人	しゅにん	もろ〳〵の─	衆人	觀世	1218⑥	漢人倫名	1232⑥	しゆにん／もろ〳〵のひと[妙]		衆人[妙]
手筆	しゅひつ	しゆひつ	手筆	普賢	1330③	漢名	1334②	しゆひつ／ふてかきを[妙]		
修福	しゅふく	しゆふく	修福	化城	462④	漢名	458④			
周遍	しゅへん	しゆへん	周遍	授記	441②	漢名	433③		して[西右]	
周遍し	しゅへんし	しゆへん	周遍	授記	417⑥	漢サ動	406②			
周遍し	しゅへんし	しゆへん	周遍	授記	427⑥	漢サ動	418②	しゆへん／あまねく[妙]		
周遍し	しゅへんし	×	周遍	授學	620①	漢サ動	630⑤			
周遍し	しゅへんし	しゆへん	周遍	分別	934⑥	漢サ動	953④	しゆへん・し／あまねく[妙]		
周遍清浄	しゅへんしょうじょう	しゆへんしやう〳〵	周遍清浄	授記	435⑤	漢四熟名	426⑥	しゆへんしやう〳〵／あまねく─[妙]	─して─なら─ん[西右]	
充遍す	じゅへんす	じゆへんしぬ	充遍	方便	147③	漢サ動	128②			充遍(しゆへん)しぬ[妙]
周遍せ	しゅへんせ	しゆへん	周遍	序品	17④	漢サ動	14③			
周遍せ	しゅへんせ	しゆへん／あまねくへんせず	周遍	序品	56④	漢サ動	49⑤			
周遍せ	しゅへんせ	しゆへん	周遍	藥王	1118①	漢サ動	1136③			しゆへん・せ[妙]
衆寶	しゅほう	しゆほう／もろ〳〵たから	衆寶	序品	69④	漢名	60⑥			もろもろのたから[妙]
衆寶	しゅほう	─ほう	衆寶	分別	928①	漢名	946④	しゆほう／もろ〳〵の─[妙]		
衆寶	しゅほう	×	衆寶	分別	934⑤	漢名	953②			
受報	じゅほう	じゆほう／ほうをくる	受報	序品	25⑤	漢名	21⑥	しゆほう／ほうをうくる[妙]		
衆宝荘挍せ	しゅほうしょうぎょうせ	しゆほうしやうけう／もろもろのたからかさり	衆寶荘挍	譬喩	248①	漢四熟サ動	217⑥		──をもて──せる[西右]	衆宝をもて荘挍して[妙]
衆寶蓮華	しゅほうれんげ	しゆほうれんけ	衆寶蓮華	妙音	1173④	漢四熟名	1189②		── の ──[西右]	しゆほうれんくゑ[妙]
濵菩提	しゅぼだい	しゆぼだい	濵菩提	序品	6①	仏人名名	4⑥			
濵菩提	しゅぼだい	しゆぼだい	濵菩提	信解	317①	仏人名名	291⑥			
濵菩提	しゅぼだい	しゆほたい	濵菩提	授記	422④	仏人名名	411④			
濵菩提	しゅぼだい	×	濵菩提	授記	426②	仏人名名	416④			
濵菩提	しゅぼだい	しゆぼだい	濵菩提	授記	429⑥	仏人名名	420④		─は[西右]	
鬚髮	しゅほつ	しゆほつ／ひげかみ	鬚髮	序品	31⑤	漢身体名	27①	しゆほつ／ひけかみを[妙]		
濵曼那	しゅまな	しゆまな	濵曼那	法功	1015③	仏名	1034①		─と[西右]	
濵曼那華香	しゅまなけこう	しゆまなけかう	濵曼那華香	法功	1009③	仏香名名	1027⑤	しゆまなくゑかう／はなのか[妙]	────の─[西右]	

当該語	読みかな	傍訓	漢字表記	品名	頁数	語の種類	妙一本	和解語文	可読	異同語彙
須曼那油燈	しゆまなゆとう	しゆまなゆとう	須曼那油燈	藥王	1152④	仏雑物名	1170⑤			しゆまなゆとう[妙]
須曼	しゆまん	しゆまん	須曼	分別	965①	仏名	983③		一と[西右]	
須弥	しゆみ	しゆみ	須弥	見寶	692②	仏名	710③			
須弥	しゆみ	しゆみ	須弥	法功	997②	仏名	1015⑥		一と[西右]	
須弥	しゆみ	しゆみ	須弥	觀世	1237④	仏名	1250①			しゆみ[妙]
須弥山	しゆみせん	しゆみせん	須弥山	化城	468⑤	仏山名名	465⑥	しゆみせん／一やま[妙]		
須弥山	しゆみせん	しゆみせん	須弥山	化城	477②	仏山名名	476③	しゆみせん／一やま[妙]		
須弥山	しゆみせん	しゆみせん	須弥山	化城	485⑥	仏山名名	486④			
須弥山	しゆみせん	×	須弥山	化城	494②	仏山名名	497②			
須弥山	しゆみせん	しゆみ—	須弥山	見寶	673⑤	仏山名名	689③		一と[西右]	
須弥山	しゆみせん	しゆみ—	須弥山	見寶	676①	仏山名名	692①	しゆみせん／一やま[妙]		
須弥山	しゆみせん	しゆみせん	須弥山	安樂	774④	仏山名名	795①			
須弥山	しゆみせん	しゆみ—	須弥山	藥王	1143⑤	仏山名名	1161⑤		一これ[西右]	しゆみせん[妙]
須弥相	しゆみそう	しゆみさう	須弥相	化城	516④	仏名	521④			
須弥頂	しゆみちよう	しゆみちやう	須弥頂	化城	515②	仏名	520②			
殊妙	しゆみよう	しゆめう	殊妙	序品	42①	漢形動	36③			
殊妙	しゆみよう	しゆめう	殊妙	妙音	1172①	漢形動	1187⑤			しゆめう[妙]
壽命	じゆみよう	じゆみやう	壽命	譬喩	229②	漢名	198③			
壽命	じゆみよう	じゆみやう	壽命	授記	443⑤	漢名	436②	しゆみやう／いのち[妙]		
壽命	じゆみよう	しゆみやう	壽命	五百	567②	漢名	571①			
壽命	じゆみよう	しゆみやう	壽命	五百	573⑥	漢名	578②	しゆみやう／いのち[妙]		
壽命	じゆみよう	しゆみやう	壽命	授學	605③	漢名	614②	しゆみやう／いのち[妙]		
壽命	じゆみよう	しゆみやう	壽命	授學	605⑥	漢名	614⑥			
壽命	じゆみよう	×	壽命	授學	607⑤	漢名	616⑥			
壽命	じゆみよう	×	壽命	授學	607⑥	漢名	617①			
壽命	じゆみよう	じゆミやう	壽命	授學	613⑥	漢名	623④	しゆみやう／いのちの[妙]		
壽命	じゆみよう	しゆ—	壽命	授學	617⑥	漢名	628①			
壽命	じゆみよう	しゆみやう	壽命	提婆	709④	漢名	726⑤			
壽命	じゆみよう	しゆみやう	壽命	如來	894⑥	漢名	913⑥	しゆみやう／いのち[妙]		
壽命	じゆみよう	しゆみやう	壽命	如來	895③	漢名	914②	しゆみやう／いのち[妙]		
壽命	じゆみよう	しゆみやう	壽命	如來	901④	漢名	920④			
壽命	じゆみよう	しゆみやう	壽命	如來	918②	漢名	937①			
壽命	じゆみよう	しゆみやう	壽命	分別	921③	漢名	940②	しゆみやう／いちの[妙]		
壽命	じゆみよう	じゆ—	壽命	分別	922①	漢名	941①			
壽命	じゆみよう	×	壽命	分別	930①	漢名	948⑤		一も[西右]	
壽命	じゆみよう	しゆみやう	壽命	分別	932⑥	漢名	951④	しゆみやう／いちの[妙]		
壽命	じゆみよう	×	壽命	分別	937②	漢名	955⑤	しゆみやう／いのち[妙]		
壽命	じゆみよう	しゆみやう	壽命	分別	944③	漢名	962⑥	しゆみやう／いちの[妙]		
壽命	じゆみよう	×	壽命	分別	945③	漢名	963⑤	しゆみやう／いのち[妙]		
壽命	じゆみよう	×	壽命	分別	947③	漢名	966①	しゆみやう／いのち[妙]		
壽命	じゆみよう	×	壽命	分別	949②	漢名	967⑥	しゆみやう／いのち[妙]	一の[西右]	
壽命	じゆみよう	しゆみやう	壽命	常不	1068②	漢名	1086⑥			しゆみやう[妙]
壽命	じゆみよう	×	壽命	常不	1079③	漢名	1097⑥	しゆみやう／いのち[妙]		
壽命	じゆみよう	×	壽命	藥王	1117①	漢名	1135③			しゆみやう[妙]
壽命劫	じゆみようこう	じゆみやうこう	壽命劫	五百	588②	漢名	594③		一の一[西右]	
須臾	しゆゆ	しゆゆ	須臾	五百	586⑥	仏数名	592⑤	しゆゆ／しはらく[妙]		
須臾	しゆゆ	しゆゆ	須臾	法師	630④	仏数名	642①			
須臾	しゆゆ	しゆゆ	須臾	法師	634②	仏数名	646①	しゆゆ／しはらく[妙]		

しゆ 317

当該語	読みかな	傍訓	漢字表記	品名	頁数	語の種類	妙一本	和解語文	可読	異同語彙
須臾	しゆゆ	しゆゆ	須臾	法師	635②	仏数名	647②	しゆゆ／しはらく[妙]		
須臾	しゆゆ	しゆゆ	須臾	法師	636④	仏数名	648⑤			
須臾	しゆゆ	×	須臾	見寶	699④	仏数名	718④	しゆゆ／一日を十六にわけて一[妙]		
須臾	しゆゆ	しゆゆ	須臾	提婆	720⑥	仏数名	739①			
須臾	しゆゆ	しゆゆ	須臾	提婆	723③	仏数名	741⑤	しゆゆ／一日を十六にわけたるひとつ[妙]		
須臾	しゆゆ	しゆゆ	須臾	提婆	730②	仏数名	748②	しゆゆ／しはらく[妙]		
須臾	しゆゆ	しゆゆ	須臾	從地	843④	仏数名	866③			
須臾	しゆゆ	しゆゆ／しはらく	須臾	分別	944⑥	仏数名	963③	しゆゆ／一日を十六にわけてひとつを[妙]		
須臾	しゆゆ	しゆゆ	須臾	随喜	979⑥	仏数名	998①	しゆゆ／一日十六にわくるそのひとつ[妙]		
須臾	しゆゆ	しゆゆ	須臾	随喜	981⑥	仏数名	1000①			
須臾	しゆゆ	しゆゆ	須臾	随喜	990③	仏数名	1008⑥	しゆゆ／しはらく[妙]		
須臾	しゆゆ	しゆゆ	須臾	随喜	992②	仏数名	1010⑤	しゆゆ／しはらくも[妙]		
受用	じゆよう	じゆよう	受用	分別	968④	漢名	986⑤		一して[西右]	
授與す	じゆよす	じゆよ／あたふる心	授與	法師	638①	漢サ動	650①	しゆよ・す／さつけあたふ[妙]		
聚樂	じゆらく	じゆらく／さと也	聚樂	譬喩	304⑥	漢地儀名	277⑥	じゆらく／さとに[妙]		
聚落	じゆらく	じゆらく／むらさと	聚落	譬喩	238⑤	漢地儀名	208①	じゆらく／さと[妙]	一と[西右]	
聚落	じゆらく	じゆらく	聚落	信解	324②	漢地儀名	300①	じゆらく／さと[妙]		
聚落	じゆらく	じゆらく／さと	聚落	見寶	669⑥	漢地儀名	685①	しゆらく／さと[妙]		
聚落	じゆらく	じゆらく	聚落	勸持	757⑤	漢地儀名	777③	しゆらく／さと[妙]		
聚落	じゆらく	じゆらく	聚落	安樂	794④	漢地儀名	816①	しゆらく／さと[妙]		
聚落	じゆらく	じゆらく	聚落	安樂	797②	漢地儀名	818⑤	しゆらく／さと[妙]		
聚落	じゆらく	じゆらく	聚落	安樂	806②	漢地儀名	828③	しゆらく／さと[妙]		
聚落	じゆらく	じゆらく	聚落	随喜	971④	漢地儀名	989⑤	じゆらく／さと[妙]		
籌量し	じゆりょうし	ちうりやう	籌量	法功	1043②	漢サ動	1061⑥	ちうりやう・し／はかり[妙]		
籌量す	じゆりょうす	ちうりやう	籌量	化城	528⑤	漢サ動	534③	ちうりやう／はかる[妙]		
籌量す	じゆりょうす	ちうりやう／かそへはかる	籌量	藥王	1152①	漢サ動	1170②			ちうりやう・す[妙]
醜陋	しゆる	しゆる／みにくき	醜陋	安樂	810①	漢名	832②	しゆる／みにくし[妙]	一と[西右]	
種類	しゆるい	しゆるい	種類	藥草	388⑥	漢名	374②	しゆるい／たねたくい[妙]		
周流する	しゆるする	しゆる	周流	信解	353⑤	漢サ動	337①	しゆる・する／めくる[妙]		
純一	じゆんいち	しゆんいち／もつはら	純一	序品	48④	漢名	41⑥			
純一	じゆんいち	じゆん一／もつはら	純一	五百	581②	漢名	586④			
淳厚	じゆんこう	じゆんこう	淳厚	藥王	1139④	漢名	1157⑤	じゆんかう／あつき[妙]		
順じ	じゆんじ	しゆん	順	譬喩	307④	漢サ動	279⑥	しゆん・し／したかふ[妙]		
順ずる	じゆんずる	じゆん	順	安樂	786⑤	漢サ動	808②	しゆん・する／したかう[妙]		
順ぜ	じゆんぜ	×	順	法功	1042③	漢サ動	1061①	しゆん・せ／したかはん[妙]		

当該語	読みかな	傍訓	漢字表記	品名	頁数	語の種類	妙一本	和解語文	可読	異同語彙
順せ	じゅんぜ	×	順	陀羅	1267③	漢サ動	1278③		したかはん[西右]	ずん・せ[妙]
淳善	じゅんぜん	じゅんぜん	淳善	見寶	699①	漢名	718①	しゅんせん／よき[妙]		
順伏せ	じゅんぶくせ	じゅんぶく	順伏	安樂	798⑥	漢サ動	820④	しゅんふく・せ／したがひふす[妙]		
村營	しゅんよう	じゅんゐやう／むら	村營	見寶	669⑥	漢名	685①	しゅんゐやう／むら[妙]		
所	しょ	×	所	譬喩	253④	単漢名	224①			
所受{愛}	しょあい	×	所愛	藥王	1127⑥	漢名	1146③			しょあい[妙]
諸悪	しょあく	しょあく	諸悪	妙莊	1302⑤	漢名	1310①	しょあく／もろ〳〵の	ーと[西右]	
諸悪律儀	しょあくりつぎ	しょあくりつき	諸悪律儀	安樂	763④	漢四熟名	783②	しょあくりつぎ／もろ〳〵のー[妙]	ー の ーーー[西左]	
所安	しょあん	×	所安	嘱累	1112⑤	漢名	1131①			しょあん[妙]
諸闇	しょあん	しょあん／もろ〳〵やみ	諸闇	藥王	1144⑤	漢名	1162⑥	ーあん／やみ[妙]		もろもろの闇[妙]
所為	しょい	しょゐ	所爲	序品	57⑤	漢名	50②			
所為	しょい	しょい	所爲	譬喩	217③	漢名	185⑥	しょい／なすところ[妙]		
所為	しょい	しょい	所爲	譬喩	229⑥	漢名	199①	しょい／なすところのこと[妙]		
所爲	しょい	しょい	所爲	五百	563⑥	漢名	567①			
所因	しょいん	しょいん	所因	譬喩	206④	漢名	173⑥			
所因	しょいん	しょいん	所因	譬喩	296③	漢名	268⑤	しょいん／よりところ[妙]		
称	しょう	しょう	稱	譬喩	267⑥	単漢名	239①			
所雨	しょう	しょう	所雨	藥草	390①	漢名	375③	しょう／ふらすところ[妙]	あめのふるところなれとも[西右]	
所有	しょう	しょう・あらゆる	所有	譬喩	235①	漢名	204③	しょう／あらゆるところ[妙]		
所有	しょう	しょう・あらゆる	所有	信解	345①	漢名	326①	しょう／あるところ[妙]		
所有	しょう	しょう・あらゆる	所有	信解	364④	漢名	350①			
所有	しょう	しょう	所有	安樂	767④	漢名	787④	しょう／あるところ[妙]		
所有	しょう	しょう	所有	安樂	767⑥	漢名	787⑥	しょう／ち{あ}るところ[妙]		
所有	しょう	しょう	所有	安樂	773①	漢名	794①	しょう／あるところ[妙]		
所有	しょう	しょう	所有	安樂	774⑤	漢名	795②	しょう／あるところ[妙]		
所有	しょう	×	所有	法功	995③	漢名	1014①	しょう／あるところ[妙]	あらゆる[西右]	
所有	しょう	しょう	所有	法功	999①	漢名	1017⑥	しょう／あるところの[妙]		
所有	しょう	×	所有	法功	1000④	漢名	1019②	しょう／あるところ[妙]	あらゆる[西右]	
所有	しょう	×	所有	法功	1010⑥	漢名	1029③	しょう／あるところ[妙]	あらゆる[西右]	
所有	しょう	×	所有	法功	1036⑤	漢名	1055④	しょう／あるところ[妙]	あらゆる[西右]	
所有	しょう	×	所有	法功	1038④	漢名	1057②	しょう／あるところ[妙]	あるところ[西右]	
所有{愛}	しょう	×	所有	神力	1094⑥	漢名	1113④			しょう[妙]
所有	しょう	×・あらんところ	所有	藥王	1132⑤	漢名	1151①	しょう／あらゆるところ[妙]		
諸有	しょう	しょう	諸有	序品	5①	漢名	3⑥	しょう／もろ〳〵のある[妙]		
諸有	しょう	×	諸有	妙音	1192④	漢名	1206④			しょう[妙]
諸有	しょう	しょう	諸有	觀世	1236③	漢名	1249①	しょう／もろ〳〵のある[妙]	ーのー[西右]	
一将	しょう	しゃう	將	安樂	799①	単漢名	820⑤		ーいくさ[西右]	
小	しょう	×	小	信解	365④	単漢名	351②			
小	しょう	×	小	信解	372④	単漢名	359③			
小	しょう	×	小	藥草	408①	単漢名	395④			
小	しょう	×	小	五百	593⑥	単漢名	601③			

当該語	読みかな	傍訓	漢字表記	品名	頁数	語の種類	妙一本	和解語文	可読	異同語彙
小	しょう	×	小	妙莊	1279⑥	単漢名	1289⑤			せう[妙]
小	しょう	×	小	妙莊	1279⑥	単漢名	1289⑤			せう[妙]
掌	しょう	しやう	掌	五百	571②	単漢名	575①			
鐘	しょう	しやう	鐘	法功	1002①	単漢楽具名	1020②	しゆう／かね[妙]		
上	しょう	×	上	藥草	408⑥	単漢名	396④			
姓	しょう	×	姓	序品	50⑤	単漢名	43⑥			しやう[妙]
性	しょう	しやう	性	序品	39②	単漢名	33⑤			
性	しょう	しやう	性	藥草	397③	単漢名	383⑤			
性	しょう	しやう	性	藥草	403②	単漢名	389⑥			
性	しょう	×	性	藥草	410①	単漢名	397⑤			
性	しょう	しやう	性	化城	521④	単漢名	526⑤			
性	しょう	しやう	性	安樂	767④	単漢名	787⑤			
生	しょう	しやう	生	序品	48⑥	単漢名	42②	しやう／むまれ[妙]		
生	しょう	しやう	生	譬喩	236③	単漢名	205④	しやう／うまれ[妙]		
生	しょう	しやう	生	譬喩	254⑤	単漢名	225⑤	しやう／うまれ[妙]		
生	しょう	しやう	生	譬喩	255②	単漢名	226②	しやう／うまれ[妙]		
生	しょう	しやう	生	譬喩	258②	単漢名	229④	しやう／うまれ[妙]		
生	しょう	しやう	生	譬喩	289⑤	単漢名	261⑥	しやう／うまれ[妙]		
生	しょう	×	生	化城	503②	単漢名	507①	しやう／うまるゝ[妙]		
生	しょう	×	生	化城	503②	単漢名	507②	しやう／うまるゝ[妙]		
生	しょう	しやう	生	化城	504③	単漢名	508③	しやうめつ／うまるゝことめつ[妙]		生滅[妙]
生	しょう	しやう	生	化城	504③	単漢名	508③	しやうめつ／うまるゝことめつ[妙]		生滅[妙]
生	しょう	しやう	生	安樂	774②	単漢名	794⑤	しやう／うまるゝ[妙]		
生	しょう	×	生	分別	931⑥	単漢名	950④			
生	しょう	×	生	常不	1058⑤	単漢名	1077④	しやう／うまれ[妙]		
生	しょう	しやう	生	觀世	1243③	単漢名	1255⑤	しやう／うまれ[妙]		
聖	しょう	しやう	聖	譬喩	261⑤	単漢名	233①	しやう／ひしり[妙]		
聖	しょう	しやう	聖	譬喩	267⑥	単漢名	239②			
請	しょう	しやう	請	化城	501①	単漢名	504④			
請	しょう	×	請	化城	501①	単漢名	505③			
請	しょう	しやう	請	化城	508②	単漢名	512②			
請	しょう	×	請	化城	533⑤	単漢名	539③			
請	しょう	しやう	請	化城	534⑤	単漢名	540③			
簫	しょう	せう	簫	方便	166③	単漢名	143③			
簫	しょう	せう	簫	法功	1002①	単漢楽具名	1020⑥	せう／せう[妙]		
聲	しょう	しやう／こゑ	聲	譬喩	260②	単漢名	231⑤	しやう／こへ[妙]		
聲	しょう	×	聲	法師	636②	単漢名	648③		一と[西右]	
聲	しょう	こへ	聲	法師	654③	単漢名	668⑤			
證	しょう	しよう	證	譬喩	213⑤	単漢名	181⑥			
證	しょう	しよう	證	信解	320②	単漢名	295②			
證	しょう	しよう／かなふ心	證	藥草	408②	単漢名	396①			
證	しょう	しよう	證	提婆	723③	単漢名	741⑤			
枝葉	しよう	しえう	枝葉	方便	122①	漢植物名	107①	しえう／えたは[妙]		
枝葉	しよう	しえふ	枝葉	方便	142①	漢植物名	123⑥	しえう／えたは[妙]		
城	じょう	しやう	城	信解	323①	単漢城名名	298⑥			
城	じょう	しやう	城	信解	324②	単漢城名名	300②			
城	じょう	しやう	城	信解	344②	単漢城名名	324⑥			
城	じょう	しやう	城	信解	344②	単漢城名名	325③			
城	じょう	しやう	城	信解	354②	単漢城名名	337④			
城	じょう	しやう	城	信解	356②	単漢城名名	340⑤			
城	じょう	しやう	城	信解	364②	単漢城名名	349⑤			
城	じょう	じやう／みやこ	城	化城	524②	単漢城名名	529④			
城	じょう	しやう	城	化城	524⑥	単漢城名名	530①			

当該語	読みかな	傍訓	漢字表記	品名	頁数	語の種類	妙一本	和解語文	可読	異同語彙
城	じょう	×	城	化城	529④	単漢城名名	535②			
城	じょう	しゃう	城	化城	543③	単漢城名名	551②			
城	じょう	×	城	化城	543③	単漢城名名	551③			
城	じょう	×	城	化城	544③	単漢城名名	552⑤			
城	じょう	じゃう	城	安樂	799⑤	単漢城名名	821④			
杖	じょう	ぢゃう	杖	常不	1065⑥	単漢器財名	1084⑤	ちゃう／つゑ[妙]		
浄	じょう	×	浄	化城	536⑥	単漢名	542④			
定	じょう	ちゃう	定	薬草	408⑤	単漢名	396②	しゃうしんちゃう／すゝみしつかに[妙]		
乗	じょう	じょう	乗	序品	30①	単漢名	25④	しよう／のりもの[妙]		
一乗	じょう	×	乗	譬喩	263①	単漢名	234③			
乗	じょう	×	乗	譬喩	265①	単漢名	236③			
乗	じょう	×	乗	譬喩	292④	単漢名	264③	じょう／のり[妙]		
乗	じょう	×	乗	譬喩	293④	単漢名	265②			
鵰	じょう／くまたか	でう／くまたか	鵰	譬喩	271⑤	漢禽鳥名	242⑥			
鵰	じょう／くまたか	でう／くまたか	鵰	譬喩	277④	漢禽鳥名	249②	でう／くまたか[妙]		
鵰	じょう／くまたか	でう／くまたか	鵰	譬喩	281②	漢禽鳥名	252⑥	でう／くまたか[妙]		
生育する	しょういくする	しゃういく	生育	譬喩	284④	漢サ動	256②	しゃういく・する／うみやしなふ[妙]		
生育せ	しょういくせ	しゃういく／うみはこくみ	生育	從地	859④	漢サ動	882③	しゃういく・せ／うみはくゝめり[妙]		
将引し	しょういんし	しゃういん	将引	随喜	989⑥	漢サ動	1008②	しゃういん・し／ひきいて[妙]		
上衣	しょうえ	×	上衣	譬喩	231①	漢名	200④	しゃうえ／よきころも[妙]		
定慧	じょうえ	ぢゃうとゑ	定慧	方便	149②	漢名	130②			
定恵具足し	じょうえぞくし	ぢゃうゑぐそく	定恵具足	序品	33⑤	漢四熟サ動	28⑥	ちゃうゑぐそく・し／させんちゑー[妙]		
小縁	しょうえん	せうゑん	小縁	序品	44④	漢名	38③			
生縁	しょうえん	×	生縁	化城	534⑥	漢名	540⑤		一の一[西右]	
小王	しょうおう	せうわう	小王	序品	16⑤	漢王名名	13④			
小王	しょうおう	一わう	小王	序品	55⑤	漢王名名	48④			
小王	しょうおう	×	小王	安樂	796⑤	漢王名名	818①			
小王	しょうおう	×	小王	藥王	1145②	漢王名名	1163②			せうわう[妙]
小王	しょうおう	×	小王	妙音	1190⑥	漢王名名	1205②			せうわう[妙]
小王	しょうおう	せうわう	小王	觀世	1225⑥	漢王名名	1239①			せうわう[妙]
小王	しょうおう	×	小王	觀世	1226①	漢王名名	1239②			せうわう[妙]
城邑	じょうおう	じゃうおう	城邑	見寶	669⑥	漢地儀名	685②	しゃうをう／くに[妙]		
城邑	じょうおう	じゃうをう	城邑	勸持	757⑤	漢地儀名	777③	しゃうをう／さと[妙]		
城邑	じょうおう	じゃうおう	城邑	安樂	794②	漢地儀名	816①	しゃうをう／くに[妙]		
城邑	じょうおう	じゃうおう	城邑	安樂	797②	漢地儀名	818⑥	しゃうをう／くに[妙]		
城邑	じょうおう	じゃうをう	城邑	安樂	806②	漢地儀名	828③	しゃうをう／くに[妙]		
城邑	じょうおう	じゃうおふ	城邑	随喜	971④	漢地儀名	989④	しゃうをう／一ゐ[妙]		
正憶念	しょうおくねん	×	正憶念	普賢	1331①	漢名	1334⑥			×[妙]
正念{憶念}し	しょうおくねんし	一おく一	正憶念	普賢	1328②	漢サ動	1332⑤	しゃうおくねん・し／まさにおもひ[妙]	正憶念し[妙]	せいおくねんしみ
正憶念し	しょうおくねんし	×	正憶念	普賢	1321⑤	漢サ動	1326④			しゃうおくねん・し[妙]
正憶念し	しょうおくねんし	×	正憶念	普賢	1323④	漢サ動	1328②			しゃうおくねん・し[妙]
正憶念し	しょうおくねんし	×	正憶念	普賢	1325⑤	漢サ動	1330①			しゃうおくねん・し[妙]

しょ 321

当該語	読みかな	傍訓	漢字表記	品名	頁数	語の種類	妙一本	和解語文	可読	異同語彙
正憶念せ	しょうおくねんせ	しやうおくねん・まさしく――	正憶念	勧持	750②	漢サ動	769③	しやうをくねん・せ／まさしくおもわ［妙］		
正憶念せ	しょうおくねんせ	―おく―	正憶念	從地	850②	漢サ動	872⑥	しやうをくねん・せ／まさしくをもへり［妙］		
小音	しょうおん	せうおん	小音	方便	167①	漢名	144①			
牀臥	しょうが	しやうぐは	牀臥	分別	964①	漢名	982④	しやうくわ／しきもの［妙］	―とを［西右］	
浄戒	じょうかい	しやうかい	淨戒	序品	72①	漢名	63①			
浄戒	じょうかい	じやうかい	淨戒	方便	147①	漢名	127⑥			
浄戒	じょうかい	じやうかい	淨戒	信解	373⑤	漢名	360⑤			
焼害する	しょうがいする	せうがい・やきかいする	燒害	譬喩	280④	漢サ動	252②	せうがい・する／やきころす［妙］		
焼害せ	しょうがいせ	せうがい	燒害	譬喩	242⑤	漢サ動	212②	せうがい／やきころす［妙］		燒害(せうがい)す る［妙］
正覺	しょうがく	しやうかく	正覺	化城	498④	漢名	501⑤	しやうかく／ほとけ［妙］		
正覺	しょうがく	しやうかく	正覺	化城	539④	漢名	545②			
正覚	しょうがく	×	正覺	授學	607①	漢名	616①	しやうかく／ほとけに［妙］		
正覺	しょうがく	―かく	正覺	授學	619①	漢名	629③			
正覺	しょうがく	×	正覺	提婆	730③	漢名	748③	しやうかく／ほとけに［妙］		
城郭	じょうかく	しやうかく	城郭	化城	542⑤	漢地儀名	548④			
小莖	しょうきょう	―きやう／―くき	小莖	藥草	389④	漢植物名	374⑥	せきやう／ちいさきくき［妙］		
上行	しょうきょう	―ぎやう	上行	從地	826⑥	漢名	849②			
上行	しょうきょう	―きやう	上行	神力	1093⑤	漢名	1112③			しやうきやう［妙］
上行	しょうきょう	×	上行	囑累	1113④	漢名	1132②			しやうきやう［妙］
靜競する	しょうきょうする	しやうきやう／あらそいきをふ	靜競	安樂	785⑤	漢サ動	807②	しやうきやう・する／あらそいきをふ［妙］		
莊挍	しょうぎょう	×	莊挍	見寶	673④	漢名	689②			莊嚴(しやうこん)［妙］
浄行	じょうぎょう	しやう―	淨行	從地	827①	漢名	849③			
上行意菩薩	しょうぎょういぼさつ	×	上行意菩薩	妙音	1170①	仏菩薩名	1186②			しやうきやういぼさつ［妙］
莊挍厳飾せ	しょうぎょうごんしきせ	しやうけうこんじき／かざる心也	莊挍嚴飾	譬喩	286⑥	漢四熟サ動	258⑤	しやうけうこんしき／かさりましへて［妙］		
莊挍し	しょうぎょうし	しやうけう	莊挍	方便	161⑥	漢サ動	139⑤			莊嚴(しやうこん)［妙］
莊挍せ	しょうぎょうせ	しやうけう／かさり	莊挍	見寶	657①	漢サ動	671③	しやうけう・せ／かさりましへ［妙］		
章句	しょうく	しやうく	章句	法師	654⑥	漢名	669①			
上供	しょうく	×	上供	法師	630②	漢名	641④		すくれたる供をして［西］	
淨功徳莊嚴三昧	じょうくどくしょうごんざんまい	×	淨功徳莊嚴三昧	妙荘	1295③	漢名	1303⑤			しやうくとくしやうこんさんまい［妙］
浄光	じょうくはう	じやうくはう	淨光	序品	42③	漢名	36④	しやうくわう／きよきひかり［妙］		
上供養	しょうくよう	×	上供養	法功	1032③	漢名	1051①		すくれたる［西右］	
常求利七	じょうぐり	じやうぐり	常求利七	陀羅	1261①	仏梵語名	1272⑤			しやうくより［妙］
上下	しょうけ	×	上下	藥草	407②	漢名	394④			
上下	しょうけ	×	上下	化城	533⑥	漢名	539④		―と［西右］	
上下	しょうけ	×	上下	見寶	668④	漢名	683⑤			
上下	しょうけ	×	上下	分別	957②	漢名	975⑥	しやうけ／かみしも［妙］		
上下	しょうけ	×	上下	法功	1009①	漢名	1027⑤	しやうけ／かみしも［妙］		
上下	しょうけ	×	上下	法功	1035⑥	漢名	1054⑤	しやうけ／かみしも［妙］		
障礙	しょうげ	しやうげ	障礙	神力	1102⑥	漢名	1121⑤			樂{障}礙(しやうげ)［妙］
障导	しょうげ	しやうげ／さわり	障导	譬喩	247②	漢名	217①	しやうげ／さわり［妙］		障礙［妙］

当該語	読みかな	傍訓	漢字表記	品名	頁数	語の種類	妙一本	和解語文	可読	異同語彙
障导	しょうげ	しやうげ／さはり	障导	藥草	394②	漢名	380①	しやうけ／さはり[妙]		
障导	しょうげ	しやうげ／さはり	障导	安樂	782④	漢名	803④	しやうけ／なやみさはり[妙]		
障导	しょうげ	しやうけ	障导	安樂	790⑥	漢名	812④	しやうけ／さわり[妙]		障礙(しやうげ)[妙]
障导	しょうげ	しやうげ	障导	從地	851①	漢名	873⑤	しやうけ／さわり[妙]		
稱慶し	しょうけいし	しやうけい	稱慶	化城	459①	漢サ動	454④	しやうきやう／となへよろこひて[妙]		稱慶(しようきやう)となへよろこひて[妙]
浄華宿王智如来	じょうけしゅくおうちにょらい	×	淨華宿王智如来	妙音	1166③	仏如来名	1182⑥			しやうくゑしゆくわうちによらい[妙]
浄華宿王智佛	じょうけしゅくおうちぶつ	×	淨華宿王智佛	妙音	1169④	仏仏名名	1185④			しやうくゑしゆくわうちふつ[妙]
浄華宿王智佛	じょうけしゅくおうちぶつ	×	淨華宿王智佛	妙音	1170④	仏仏名名	1186⑤			しやうくゑしゆくわうちふつ[妙]
浄華宿王智佛	じょうけしゅくおうちぶつ	×	淨華宿王智佛	妙音	1175③	仏仏名名	1190⑤			しやうくゑしゆくわうちふつ[妙]
浄華宿王智佛	じょうけしゅくおうちぶつ	×	淨華宿王智佛	妙音	1182⑤	仏仏名名	1196⑥			しやうくゑしゆくわうちふつ[妙]
浄華宿王智佛	じょうけしゅくおうちぶつ	×	淨華宿王智佛	妙音	1187⑥	仏仏名名	1202③			しやうくゑしゆくわうちふつ[妙]
浄華宿王智佛	じょうけしゅくおうちぶつ	×	淨華宿王智佛	妙音	1200③	仏仏名名	1214①			しやうくゑしゆくわうちふつ[妙]
稱計す	しょうけす	しやうけ	稱計	授記	420⑥	漢サ動	409⑥	せうけ・す／かそへはかる[妙]		
稱計す	しょうけす	しようけ／かなふ	稱計	提婆	723⑥	漢サ動	741②			
正見	しょうけん	しやうけん	正見	藥草	400②	漢名	386⑥			
正見	しょうけん	しやうけん	正見	藥草	407②	漢名	394⑤			
正見	しょうけん	×	正見	妙莊	1299⑤	漢名	1307②			しやうけん[妙]
淨眼	じょうげん	一げん	淨眼	妙莊	1273⑤	漢名	1284①			じやうげん[妙]
淨眼	じょうげん	一げん	淨眼	妙莊	1275⑤	漢名	1286⑤			じやうげん[妙]
淨眼	じょうげん	×	淨眼	妙莊	1277③	漢名	1287④			しやうけん[妙]
淨堅固	じょうけんご	じやうけんご	淨堅固	法師	653①	漢名	667①	しやうけんこ／きよくかたき[妙]		
淨眼菩薩	じょうげんぼさつ	一げん——	淨眼菩薩	妙莊	1288②	仏菩薩名	1297④			しやうけんほさつ[妙]
商估	しょうこ	しやうこ／あきうとものうり	商估	信解	323⑥	漢名	299⑤	しやうこ／あきなう[妙]		
商估	しょうこ	しやうこ／あきないうり	商估	信解	354⑥	漢名	338③	しやうこ／あきないうり[妙]		
燒香	しょうこう	せうかう	燒香	授記	434②	漢名	425③	せうかう／ひにたくかう[妙]		
燒香	しょうこう	せう—	燒香	授記	439⑥	漢名	431⑥			
燒香	しょうこう	せうかう	燒香	法師	623⑤	漢名	634④	せうかう／ひにたくかう[妙]		
燒香	しょうこう	せう—	燒香	法師	625④	漢名	636④			
燒香	しょうこう	せう—	燒香	法師	629⑥	漢名	641③	せうかう／ひにたくかう[妙]		
燒香	しょうこう	せうかう	燒香	提婆	718③	漢名	736④	せうかう／ひにたくかう[妙]		
燒香	しょうこう	せうかう	燒香	分別	953②	漢名	972①	せうかう／ひにたくかう[妙]	—をはしめ[西右]	
燒香	しょうこう	せう—	燒香	藥王	1124⑥	漢名	1143②	せうかう／たまひにたくかう[妙]		
燒香	しょうこう	せうかう	燒香	藥王	1152②	漢名	1170③			せうかう[妙]
燒香	しょうこう	せう—	燒香	陀羅	1270②	漢名	1281⑤	せうかう／ひにたくかう[妙]		
抄劫	しょうごう	せうこう／かすめ	抄劫	譬喩	308②	漢名	280④	せうこう／かすめ[妙]		
淨光	じょうこう	しやうかう	淨光	妙音	1167②	漢名	1183⑤			しやうくわう[妙]
淨光三昧	じょうこうざんまい	—くはう——	淨光三昧	妙莊	1274⑤	漢四熟名	1285①		—と[西右]	じやうくわうさんまい[妙]
淨光莊嚴	じょうこうしょうごん	×	淨光莊嚴	妙音	1166②	漢四熟名	1182⑤			しやうくはうしやうこん[妙]

しょ 323

当該語	読みかな	傍訓	漢字表記	品名	頁数	語の種類	妙一本	和解語文	可読	異同語彙
浄光明三昧	じょうこうみょうさんまい	×	淨光明三昧	妙音	1168⑥	漢名	1185①			しゃうくわうみやうさんまい[妙]
将護し	しょうごし	しやうご	將護	藥草	398①	漢サ動	384③	しやうこ／まさにまほり[妙]		
醒悟し	しょうごし	しやうご・さめさとり	醒悟	如來	907⑥	漢サ動	926②	しやうこ・し／さめさとり[妙]		
醒悟する	しょうごする	しやうご／さめたる心	醒悟	信解	332①	漢サ動	309⑥	しやうご／さめさとる[妙]		
調御丈夫	じょうごじょうぶ	でうごぢやうぶ	調御丈夫	序品	48①	漢四熟名	41④			調御丈夫(てうこちゃうふ)[妙]
調御丈夫	じょうごじょうぶ	でうごぢやうぶ	調御丈夫	譬喩	221②	漢四熟名	190①			調御丈夫(でうごぢやうふ)[妙]
調御丈夫	じょうごじょうぶ	てうこちやうふ	調御丈夫	藥草	391⑤	漢四熟名	377②			調御丈夫(てうこちゃうふ)[妙]
調御丈夫	じょうごじょうぶ	てんことやうふ	調御丈夫	授記	416③	漢四熟名	404⑤			調御丈夫(てうこちゃうふ)[妙]
調御丈夫	じょうごじょうぶ	×	調御丈夫	授記	427②	漢四熟名	417③			調御丈夫(てうこちゃうふ)[妙]
調御丈夫	じょうごじょうぶ	てうこしやうふ	調御丈夫	授記	435②	漢四熟名	426③			調御丈夫(てうこちゃうふ)[妙]
調御丈夫	じょうごじょうぶ	×	調御丈夫	授記	440⑤	漢四熟名	432⑤			調御丈夫(てうこちゃうふ)[妙]
調御丈夫	じょうごじょうぶ	×	調御丈夫	化城	446①	漢四熟名	438⑥			調御丈夫(てうこちゃうふ)[妙]
調御丈夫	じょうごじょうぶ	てうごぢやうぶ	調御丈夫	五百	570⑤	漢四熟名	574④			調御丈夫(てうこちゃうふ)[妙]
調御丈夫	じょうごじょうぶ	×	調御丈夫	五百	584②	漢四熟名	589⑤			調御丈夫(てうこちゃうふ)[妙]
調御丈夫	じょうごじょうぶ	×	調御丈夫	授學	604③	漢四熟名	613①			調御丈夫(てうこちゃうふ)[妙]
調御丈夫	じょうごじょうぶ	でうごぢやうぶ	調御丈夫	提婆	716⑥	漢四熟名	734⑥			調御丈夫(てうこちゃうふ)[妙]
調御丈夫	じょうごじょうぶ	てうこじうぶ	調御丈夫	常不	1057⑥	漢四熟名	1076⑤			調御丈夫(でうごぢやうふ)[妙]
調御丈夫	じょうごじょうぶ	×	調御丈夫	常不	1061①	漢四熟名	1079⑤			調御丈夫(でうごぢやうふ)[妙]
調御丈夫	じょうごじょうぶ	×	調御丈夫	藥王	1116④	漢四熟名	1134⑥			調御丈夫(でうごぢやうふ)[妙]
調御丈夫	じょうごじょうぶ	×	調御丈夫	妙音	1166④	漢四熟名	1183①			調御丈夫(てうこちゃうふ)[妙]
調御丈夫	じょうごじょうぶ	×	調御丈夫	授學	613②	漢四熟名	622⑥			
調御丈夫	じょうごじょうぶ	×	調御丈夫	授學	617⑥	漢四熟名	627⑥			
調御丈夫	じょうごじょうぶ	×	調御丈夫	勸持	743⑥	漢四熟名	762⑥			
調御丈夫	じょうごじょうぶ	×	調御丈夫	勸持	745⑤	漢四熟名	764④			
小根	しょうこん	一こん／一ね	小根	藥草	389④	漢名	374⑥	せうこん／ちいさきね[妙]		
庄嚴	しょうごん	しやうごん	庄嚴	序品	23③	漢名	19④			莊嚴(しやうこん)[妙]
莊嚴	しょうごん	しやうこん	莊嚴	方便	164③	漢名	141⑤			
莊嚴	しょうごん	しやうこん	莊嚴	五百	600③	漢名	609①			
莊嚴	しょうごん	しやうごん	莊嚴	授學	611①	漢名	620③			
莊嚴	しょうごん	しやんごう	莊嚴	授學	613⑥	漢名	623④		一と[西右]	
莊嚴	しょうごん	×	莊嚴	授學	618①	漢名	628②			
莊嚴	しょうごん	×	莊嚴	法師	629②	漢名	640④			
莊嚴	しょうごん	しやうごん	莊嚴	見寶	667④	漢名	682⑤			
莊嚴	しょうごん	しやうごん	莊嚴	法功	1045④	漢名	1064①			
莊嚴	しょうごん	×	莊嚴	妙音	1172⑥	漢名	1188⑤			しやうこん[妙]
唱言	しょうごん	しやうこん	唱言	觀世	1214⑤	漢名	1227⑥	しやうこん／となへ[妙]	となへをなしていはまく[西右]	
精勤	しょうごん	しやうごん	精勤	提婆	711⑤	漢名	729①	しやうごん／ねんころにつとめ[妙]		
莊嚴王三昧	しょうごんおうざんまい	しやうごむ・んわう ──	莊嚴王三昧	妙音	1168⑥	漢名	1184⑥			しやうこんわうさんまい[妙]

当該語	読みかな	傍訓	漢字表記	品名	頁数	語の種類	妙一本	和解語文	可読	異同語彙
荘厳王菩薩	しょうごんおうぼさつ	×	莊嚴王菩薩	妙音	1170③	漢名	1186②			しやうこんわうほさつ[妙]
荘厳光飾し	しょうごんかうしょくし	しやうごんかうしき	莊嚴光飾	見寶	691①	漢四熟サ動	709②	しやうごんくわうしき・し／いつくしきひかりかさり[妙]	——し——せる[西右]	
荘厳国	しょうごんこく	しやうごんこく	莊嚴國	妙音	1167④	漢名	1183⑤			荘嚴國(しやうごんこく)[妙]
荘厳し	しょうごんし	しやうごん	莊嚴	序品	69⑤	漢サ動	60⑥			
荘厳し	しょうごんし	しやうごむ	莊嚴	譬喩	268④	漢サ動	239⑤		—して[西左]	
荘厳し	しょうごんし	しやうごん	莊嚴	信解	326⑤	漢サ動	303②			
荘厳し	しょうごんし	しやうこん	莊嚴	授記	427④	漢サ動	417⑥	しやうこん／かさり[妙]		
荘厳し	しょうごんし	しやうこん	莊嚴	授記	441①	漢サ動	433②		せィ[西右]	
荘厳し	しょうごんし	しやうごん	莊嚴	化城	461④	漢サ動	457②		—して[西右]	
荘厳し	しょうごんし	×	莊嚴	見寶	669④	漢サ動	684⑥			
荘厳し	しょうごんし	しやうごん	莊嚴	安樂	814④	漢サ動	837①			
荘厳し	しょうごんし	しやうごん	莊嚴	如來	915④	漢サ動	934③		—せり[西右]	
荘厳し	しょうごんし	しやうごん	莊嚴	分別	940⑤	漢サ動	959①		—せり[西右]	
荘厳し	しょうごんし	しやうごん	莊嚴	分別	962②	漢サ動	980④			
荘厳し	しょうごんし	×	莊嚴	分別	968①	漢サ動	986③			
荘厳し	しょうごんし	しやうごん	莊嚴	法功	995①	漢サ動	1013④			
荘厳し	しょうごんし	—ごん	莊嚴	法功	1022⑤	漢サ動	1041⑥			
荘厳し	しょうごんし	×	莊嚴	藥王	1117⑤	漢サ動	1136④	しやうごん・し／ほたいしゆをかさりて[妙]		
荘厳し	しょうごんし	×	莊嚴	五百	573⑤	漢サ動	577⑥			
精勤し	しょうごんし	しやうこん／つとめ	精勤	信解	367④	漢サ動	353②	しやうしん・し／つ〈と〉め[妙]	精進し[妙]	しょうじんし[みょう]
精勤し	しょうごんし	しやうごん	精勤	五百	565④	漢サ動	568⑥	しやうこん・し／ねんころにつとめ[妙]		
精勤修習し	しょうごんしゅうしゅうし	しやうごんしゆしう	精勤修習	妙荘	1293③	漢四熟サ動	1302②	しやうしん{ごん}しゆしふ・し／つとめ ならい[妙]	精ヒ進[勤]修習[妙]	せいひすすむ{つとむ}しゅうしゅう[みょう]
荘厳す	しょうごんす	しやうごん	莊嚴	化城	542⑤	漢サ動	548④		—しィ[西右]	
荘厳する	しょうごんする	しやうごん	莊嚴	法功	996⑥	漢サ動	1015④			
荘厳せ	しょうごんせ	しやうごむ	莊嚴	方便	150①	漢サ動	130③		—して[西右]	
荘厳せ	しょうごんせ	しやうごん	莊嚴	譬喩	310①	漢サ動	283①			しやうこん[妙]
荘厳せ	しょうごんせ	しやうごん	莊嚴	授記	431④	漢サ動	422③			
荘厳せ	しょうごんせ	しやうごん	莊嚴	授記	435③	漢サ動	426⑤			
荘厳せ	しょうごんせ	しやうごん	莊嚴	授記	436②	漢サ動	427④			
荘厳せ	しょうごんせ	しやうごん	莊嚴	授記	438⑤	漢サ動	430④			
荘厳せ	しょうごんせ	しやうごん	莊嚴	五百	572④	漢サ動	576④			
荘厳せ	しょうごんせ	しやうごん	莊嚴	五百	581③	漢サ動	586⑤			
荘嚴せ	しょうごんせ	×	莊嚴	法師	629②	漢サ動	640④		—して[西右]	
荘厳せ	しょうごんせ	しやうごん	莊嚴	見寶	671②	漢サ動	686④			
荘厳せ	しょうごんせ	×	莊嚴	見寶	673①	漢サ動	688⑤			
荘厳せ	しょうごんせ	×	莊嚴	見寶	675③	漢サ動	691②			
荘厳せ	しょうごんせ	×	莊嚴	見寶	675⑥	漢サ動	691⑤			
荘厳せ	しょうごんせ	しやうこん／かさる	莊嚴	見寶	687⑥	漢サ動	705④			
荘厳せ	しょうごんせ	しやうごん	莊嚴	提婆	731③	漢サ動	749③		—し給へ[西右]	
荘厳せ	しょうごんせ	しやうこん	莊嚴	法功	1021⑤	漢サ動	1040④			
荘厳せ	しょうごんせ	×	莊嚴	妙音	1180②	漢サ動	1195③			しやうこん・せ[妙]
荘厳と	しょうごんと	しやうこん	莊嚴	授記	420④	漢名	409⑤	みやうくゑ／よきはな[妙]		
牀座	しょうざ	しやうさ／—ゆか	牀座	提婆	711③	漢名	728⑤	しやうさ／ゆかさ[妙]		
牀座	しょうざ	しやうさ	牀座	安樂	779③	漢名	800①	しやうさ／ゆかさ[妙]		
林{牀}座	しょうざ	じやうさ	牀座	藥王	1131③	漢名	1149⑤	じやうざ／ゆかざ[妙]		林座[妙]
稱讃し	しょうさんし	しようさん	稱讃	譬喩	212④	漢サ動	180④	しょうさんし／ほめ[妙]		
稱讃し	しょうさんし	しようさん	稱讃	譬喩	292④	漢サ動	264⑤	しようたん・し／ほめ[妙]		称讃(しようたん)[妙]

しょ 325

当該語	読みかな	傍訓	漢字表記	品名	頁数	語の種類	妙一本	和解語文	可読	異同語彙
消散する	しょうさんする	せうさん／きへさる	消散	觀世	1242③	漢サ動	1254⑤	せうさん・する／きゑちる[妙]		
稱し	しょうし	しよう	稱	信解	330⑤	漢サ動	308②			
小枝	しょうし	一し／一ゑた	小枝	藥草	389④	漢草木名	374⑥	せうし／ちいさきえた[妙]		
接し	しょうし	せつ	接	見寶	684①	漢サ動	701①	せう・し／おさめ[妙]		
稱し	しょうし	しよう	稱	方便	183①	漢サ動	157②			となヘ[妙]
稱し	しょうし	しやう	稱	五百	565②	漢サ動	568④			
稱し	しょうし	しよう	稱	安樂	777④	漢サ動	798③			
稱し	しょうし	しよう	稱	安樂	777⑤	漢サ動	798③			
證し	しょうし	せう	證	化城	548⑤	漢サ動	555④			
證し	しょうし	しよう	證	授學	619④	漢サ動	629⑤		一せん[西右]	
證し	しょうし	しよう	證	安樂	814④	漢サ動	836⑤			
しやうじ	しょうじ	×	生	提婆	713④	単漢サ動	731②			
少時	しょうじ	せうし	少時	信解	342⑥	漢名	323②	せうじ／すこしのとき[妙]		
少時	しょうじ	せうし	少時	從地	855④	漢名	878①			
少時	しょうじ	せうし	少時	從地	857①	漢名	879⑤			
少時	しょうじ	×	少時	從地	870②	漢名	893①			
生し	しょうじ	しやう	生	譬喻	208④	漢サ動	175⑥			
生じ	しょうじ	しやう	生	譬喻	208④	漢サ動	176①			
生じ	しょうじ	×	生	譬喻	216④	漢サ動	185①	しやうし／うまれ[妙]		
生し	しょうじ	×	生	化城	481④	漢サ動	481④			
生し	しょうじ	×	生	化城	539④	漢サ動	545①		一れ[西右]	
生じ	しょうじ	×	生	五百	581③	漢サ動	586④			
生し	しょうじ	×	生	法師	626④	漢サ動	637③		誕生してィ[西右]	
生し	しょうじ	×	生	法師	627①	漢サ動	638②	しやう・し／むまれ[妙]	一れ[西右]	
生し	しょうじ	×	生	安樂	792①	漢サ動	813④		なせ[西右]	
生し	しょうじ	×	生	如來	920①	漢サ動	939③	しやう・し／なし[妙]	なして[西右]	
生し	しょうじ	×	生	分別	943③	漢サ動	961⑥			
生し	しょうじ	×	生	隨喜	992③	漢サ動	1011③	しやう・し／うまれ[妙]	うまれて[西右]	
生し	しょうじ	×	生	妙音	1187⑥	漢サ動	1202④	しやう・し／むまれ[妙]	うまれて[西右]	
生し	しょうじ	×	生	觀世	1218④	漢サ動	1231⑥		うまん[西右]	生(しやう)し[妙]
生し	しょうじ	×	生	觀世	1219①	漢サ動	1232③	しやう・し／うみ[妙]	一まん[西右]	
生死	しょうじ	しやうじ	生死	序品	25⑤	漢名	21⑥			
生死	しょうじ	×	生死	序品	69③	漢名	60⑤	しやうし／むまれしぬる[妙]		
生死	しょうじ	×	生死	方便	144①	漢名	125③			
生死	しょうじ	×	生死	方便	176①	漢名	151③	しやうし／うまれしぬる[妙]		
生死	しょうじ	一し	生死	方便	184⑥	漢名	158④	しやうし／むまれしぬる[妙]		
生死	しょうじ	一じ	生死	譬喻	294④	漢名	266⑤	しやうし／うまれしぬる[妙]		
生死	しょうじ	×	生死	信解	346③	漢名	328①	しやうし／うまれしぬる[妙]		
生死	しょうじ	しやうじ	生死	化城	527①	漢名	532⑤	しやうし／うまれしぬる[妙]	一の[西右]	
生死	しょうじ	×	生死	五百	576③	漢名	581①			
生死	しょうじ	しやうし	生死	如來	892⑥	漢名	911⑥	しやうし／うまれしぬる[妙]		
生死	しょうじ	しやうし	生死	藥王	1151③	漢名	1169④			しやうし[妙]
生死	しょうじ	×	生死	藥王	1157④	漢名	1175②	しやうし／うまれしぬる[妙]		
請し	しょうじ	しやう・まで	請	方便	119⑤	漢サ動	105①			
請し	しょうじ	しやう・請うせよと	請	方便	179②	漢サ動	154①			
請し	しょうじ	しやう	請	化城	476⑤	漢サ動	475⑥		轉し給へと[西右]	
請し	しょうじ	しやう	請	化城	485③	漢サ動	486①		轉し給へと[西右]	

当該語	読みかな	傍訓	漢字表記	品名	頁数	語の種類	妙一本	和解語文	可読	異同語彙
請し	しょうじ	×	請	化城	494②	漢サ動	496⑤		一轉し給へと[西右]	
請し	しょうじ	しやう／轉し給へと	請	化城	532①	漢サ動	537⑤			
請し	しょうじ	しやう	請	化城	533④	漢サ動	539①		轉し給へと[西右]	
請し	しょうじ	しやう	請	化城	534③	漢サ動	539⑥		轉し給へと[西左]	
請し	しょうじ	しやう	請	化城	536③	漢サ動	542②			
請し	しょうじ	しやう	請	如來	882②	単漢サ動	901⑤			
乘し	じょうし	×	乘	譬喩	261⑥	漢サ動	233③		の[西右]	
乘し	じょうし	しょう	乘	譬喩	293③	漢サ動	265④			
乘し	じょうし	□□□・のて	乘	法功	1029⑤	漢サ動	1048③			
成し	じょうし	じやう	成	方便	168⑤	漢サ動	145③			なり[妙]
成し	じょうし	じやう	成	方便	169④	漢サ動	146①			なり[妙]
成し	じょうし	しやう・ならしめん	成	化城	455②	漢サ動	450①	しやう／なり[妙]		
成し	じょうし	×	成	分別	950③	漢サ動	969②	しやう・し／なし[妙]	一ぜり[西右]	
正直	しょうじき	しやうぢき	正直	方便	187②	漢名	160④			
淨色三昧	じょうしきざんまい	一しき――	淨色三昧	妙莊	1274⑤	漢四熟名	1285①		一と[西右]	じやうしきさんまい[妙]
賞賜し	しょうしし	しやうし	賞賜	安樂	806②	漢サ動	828③	しやうし・し／たまう[妙]	たまひたまふィ[西右]	
聖師子	しょうしし	しやうしし	聖師子	方便	182⑥	漢名	157①	しやうしし／ほとけ[妙]		
聖師子	しょうしし	しやうし―	聖師子	化城	532②	漢名	537⑤		一のィ[西右]	
賞賜せ	しょうしせ	しやうし／おんしやうの心	賞賜	安樂	797②	漢サ動	818⑤	しやうし・せ／たまわらん[妙]	一し給ひィ[西右]	
靜室	じょうしつ	しやうしつ／しつかなるいへ	靜室	化城	510①	漢家屋名	514⑥	しやうしつ／しつかなる―[妙]		
靜室	じょうしつ	じやうしつ／しつかなるいへ	靜室	化城	537③	漢家屋名	543④	じやうしつ／しつかなるむろ[妙]		
靜室	じょうしつ	しやうしつ／しつかなるいへ	靜室	安樂	775④	漢家屋名	796①	じやうしつ／しつかなるむろ[妙]		
貞實	じょうじつ	ちやうじつ	貞實	方便	122②	漢名	107②	ちやうしち／まこと[妙]		
貞實	じょうじつ	ちやうじつ	貞實	方便	142②	漢名	123⑥	ちやうしち／一まこと[妙]		
生死煩惱	しょうしぼんのう	一しほんなう	生死煩惱	化城	547②	漢四熟名	553③			
小車	しょうしゃ	一しや	小車	譬喩	249⑥	漢乗物名	219⑥	せうしや／ちいさきくるま[妙]		
精舎	しょうじゃ	しやうじや	精舎	分別	940⑤	漢地儀名	959①			
常精進	じょうしょうじん	じやうしやうじん	常精進	法功	1008④	漢名	1027①			
常精進菩薩	じょうしょうじんぼさつ	じやうしやうじん――	常精進菩薩	序品	8⑥	仏菩薩名	7②			
清淨に	しょうじょうに	しやうじやう	清淨	序品	26③	漢形動	22③			
常寂滅相	じょうじゃくめつそう	じやうじやくめつさう	常寂滅相	藥草	397⑥	漢四熟名	384①	しやうしやくめつさう／しつかなるさう[妙]		
商主	しょうしゅ	しやうしゆ	商主	觀世	1214②	漢名	1227④	しやうしゆ／あきひと[妙]		
上首	しょうしゅ	一しゆ	上首	從地	827③	漢名	849⑤			
上首	しょうしゅ	×	上首	從地	832②	漢名	855①			
聖主	しょうしゅ	しやうじゆ	聖主	序品	26①	漢人倫名	22①			
聖主	しょうしゅ	しやうしゆ／ほとけのな也	聖主	序品	77⑥	漢人倫名	68③			
聖主	しょうしゅ	しやうしゆ／ほとけの事	聖主	化城	478④	漢人倫名	477⑥	しやうしゆ／ほとけ[妙]		
小樹	しょうじゅ	一しゆ	小樹	藥草	409②	漢植物名	397①	せうしゆ／ちさき[妙]		
小樹	しょうじゅ	一しゆ	小樹	藥草	412②	漢植物名	400④	せうしゆ／ちいさきき[妙]	一にしてィ[西右]	
小樹	しょうじゅ	×	小樹	見寶	688⑥	漢植物名	706①	せうしゆ／ちひさきゝ[妙]		
成就	じょうじゅ	じやうじゆ	成就	從地	857⑤	漢名	×			
成就	じょうじゅ	じやうじゆ	成就	法功	1019⑥	漢名	1038④		一せん[西右]	

しよ 327

当該語	読みかな	傍訓	漢字表記	品名	頁数	語の種類	妙一本	和解語文	可読	異同語彙
常住	じょうじゅう	×	常住	方便	172④	漢名	148④		一なるを[西右]	
常住	じょうじゅう	しゃうちう	常住	安樂	773⑤	漢名	794①	しゃうちう／つねに[妙]		
常住	じょうじゅう	じゃうぢう	常住	安樂	774⑥	漢名	795③			常住一相(いさう)なりと観(くわん)する[妙]
常住	じょうじゅう	しゃうぢう・つねに	常住	如來	895①	漢名	913⑥			
成熟	じょうじゅく	しゃうしゅ	成熟	信解	377⑥	漢名	365⑥			
成就し	じょうじゅし	じゃうじゅ	成就	方便	88②	漢サ動	77③			
成就し	じょうじゅし	×	成就	方便	89⑥	漢サ動	78⑥			
成就し	じょうじゅし	×	成就	方便	90⑤	漢サ動	79⑤			
成就し	じょうじゅし	×	成就	方便	91①	漢サ動	80①			
成就し	じょうじゅし	じゃうじゅ	成就	譬喩	228⑥	漢サ動	198②			
成就し	じょうじゅし	じゃうじゅ	成就	信解	343①	漢サ動	323④			
成就し	じょうじゅし	じゃうじゅ	成就	化城	506⑥	漢サ動	511③			
成就し	じょうじゅし	×	成就	法師	624②	漢サ動	635②		一せるかィ[西右]	
成就し	じょうじゅし	×	成就	法師	626②	漢サ動	637②		一せるが[西右]	成就せるが[妙]
成就し	じょうじゅし	しゃうしゅ	成就	法師	645③	漢サ動	658④		一せんと[西右]	
成就し	じょうじゅし	×	成就	從地	858④	漢サ動	881③			
成就し	じょうじゅし	じゃうしう	成就	從地	866①	漢サ動	888⑤			
成就し	じょうじゅし	じゃうじゅ	成就	常不	1072②	漢サ動	1090⑥			しゃうじゅ・し[妙]
成就し	じょうじゅし	じゃうじゅ	成就	常不	1079⑤	漢サ動	1098①			しゃうしゅ・し[妙]
成就し	じょうじゅし	×	成就	藥王	1164③	漢サ動	1181③			しゃうしゅ・し[妙]
成就し	じょうじゅし	×	成就	妙音	1168②	漢サ動	1184④		ーーす[西右]	しゃうしゅ・し[妙]
成就し	じょうじゅし	じゃうじゅ	成就	觀世	1230①	漢サ動	1242⑥			じゃうしゅ・し[妙]
成就し	じょうじゅし	じゃうじゅ	成就	妙莊	1292⑤	漢サ動	1301④			しゃうしゅ・し[妙]
成就し	じょうじゅし	×	成就	妙莊	1302②	漢サ動	1309④			しゃうじゅ・し[妙]
成就し	じょうじゅし	じゃうじゅ	成就	普賢	1309④	漢サ動	1315⑥			しゃうしゅ・し[妙]
成就し	じょうじゅし	×	成就	普賢	1310③	漢サ動	1316⑤			じゃうしゅ・し[妙]
称數す	しょうじゅす	しようしゅ／もちふる心	稱數	化城	505⑤	漢サ動	510②	しょしゆ／あけてかすう[妙]		
稱數す	しょうじゅす	しょうしゅ・あけてかす	稱數	授記	431⑤	漢サ動	422④	せうしゆ／あけてかそふ[妙]		
成就す	じょうじゅす	×	成就	授學	610④	漢サ動	620①	しゃうしゆ・す[妙]		
成就する	じょうじゅする	しゃうしゅ	成就	信解	319⑥	漢サ動	294⑥			しゃうしゆ・する[妙]
成就する	じょうじゅする	×	成就	五百	575⑥	漢サ動	580④			しゃうしゆ・する[妙]
成就する	じょうじゅする	じゃうじゅ	成就	安樂	787④	漢サ動	809①			しゃうしゆ・する[妙]
成就する	じょうじゅする	じゃうじゅ	成就	安樂	793⑤	漢サ動	815①			しゃうしゆ・する[妙]
成就せ	じょうじゅせ	じゃうじゅ	成就	方便	136①	漢サ動	118⑥			しゃうしゆ・せ[妙]
成就せ	じょうじゅせ	しゃうしゅ	成就	譬喩	206⑤	漢サ動	174①	一する事説給ふをまたましかはイ[西右]		しゃうしゆ・せ[妙]
成就せ	じょうじゅせ	しゃうしゅ	成就	譬喩	254①	漢サ動	225①			しゃうしゆ・せ[妙]
成就せ	じょうじゅせ	しゃうしゅ	成就	信解	366①	漢サ動	351⑥			しゃうしゆ・せ[妙]
成就せ	じょうじゅせ	じゃうじゅ	成就	五百	573⑤	漢サ動	577⑥			□□□□□・せ[妙]
成就せ	じょうじゅせ	しゃうしゅ	成就	五百	579⑤	漢サ動	584⑤			しゃうしゆ・せ[妙]

当該語	読みかな	傍訓	漢字表記	品名	頁数	語の種類	妙一本	和解語文	可読	異同語彙
成就せ	じょうじゅせ	ーーじゅ	成就	法師	631③	漢サ動	642⑥			しゃうしゆ・せ[妙]
成就せ	じょうじゅせ	×	成就	從地	839①	漢サ動	861⑥			しゃうしゆ・せ[妙]
成就せ	じょうじゅせ	×	成就	如來	921①	漢サ動	940①			しゃうしゆ・せ[妙]
成就せ	じょうじゅせ	じゃうじゅ	成就	分別	966⑥	漢サ動	985②			しゃうしゆ・せ[妙]
成就せ	じょうじゅせ	じゃうじゅ	成就	法功	1009①	漢サ動	1027③			しゃうしゆ・せ[妙]
成就せ	じょうじゅせ	じゃうじゅ	成就	藥王	1159⑥	漢サ動	1176④			しゃうしゆ・せ[妙]
成就せ	じょうじゅせ	×	成就	妙音	1196⑥	漢サ動	1210⑤			しゃうしゆ・せ[妙]
成就せ	じょうじゅせ	×	成就	妙莊	1304③	漢サ動	1311④	しゃうしゆ・せ[妙]	ーして[西右]	成就(しゃうしゅ)せ[妙]
成就せ	じょうじゅせ	×	成就	妙莊	1304⑥	漢サ動	1311⑥			しゃうしゆ・せ[妙]
成就せ	じょうじゅせ	×	成就	普賢	1327②	漢サ動	1331⑤	しゃうしゆ・せ[妙]		成就(しゃうしゅ)せ[妙]
聖主世尊	しょうじゅせそん	しゃうしゆせそん	聖主世尊	見寶	685②	仏尊号名	702⑤	しゃうしゆせそん／ーほとけ[妙]		
一生處	しょうじょ	しゃうしょ	生處	法功	995⑥	漢名	1014④	しゃうじょ／うまるゝところ[妙]		
笑声	しょうしょう	せうー	笑声	法功	999③	漢名	1018②	せうしやう／わらうこゑ[妙]		
鐘聲	しょうしょう	しやうー	鐘聲	法功	999③	漢名	1018①	しょうしやう／かねのこゑ[妙]		
小乘	しょうじょう	せうじょう	小乘	方便	149③	漢名	129⑥			
小乘	しょうじょう	×	小乘	方便	150③	漢名	130④			
小乘	しょうじょう	せうじょう	小乘	譬喩	206②	漢名	173③			
小乘	しょうじょう	×	小乘	信解	366③	漢名	351⑥			
小乘	しょうじょう	×	小乘	授記	424④	漢名	414②			
小乘	しょうじょう	ーじゃ{よ}う	小乘	安樂	769④	漢名	789⑥			
小乘	しょうじょう	ーじょう	小乘	安樂	778③	漢名	799②			
小乘	しょうじょう	ーじゃ{よ}う	小乘	從地	831①	漢名	853④			
清淨	しょうじょう	しゃうしゃう	清淨	序品	38①	漢名	32⑤			
清淨	しょうじょう	しゃうー	清淨	方便	125⑦	漢名	110④			
清淨	しょうじょう	しゃうじゃう	清淨	方便	161⑤	漢名	139④			
清淨	しょうじょう	しゃうじゃう	清淨	方便	192①	漢名	164⑥			
清淨	しょうじょう	しゃうしゃう	清淨	譬喩	217④	漢名	186②			
清淨	しょうじょう	しゃうしゃう	清淨	譬喩	221④	漢名	190③			
清淨	しょうじょう	×	清淨	譬喩	227④	漢名	196⑤			
清淨	しょうじょう	しゃうしゃう	清淨	譬喩	292②	漢名	264③			ーーなり[西]
清淨	しょうじょう	しゃうー	清淨	譬喩	314②	漢名	288④			
清淨	しょうじょう	しゃうじゃう	清淨	信解	373④	漢名	360④			
清淨	しょうじょう	しゃうー	清淨	授記	417⑥	漢名	406③			
清淨	しょうじょう	しゃうー	清淨	授記	419⑥	漢名	408⑥			
清淨	しょうじょう	しゃうー	清淨	授記	427⑥	漢名	418②			
清淨	しょうじょう	×	清淨	授記	441②	漢名	433③			
清淨	しょうじょう	しゃうー	清淨	化城	520④	漢名	525⑤			
清淨	しょうじょう	×	清淨	五百	567②	漢名	570⑤			
清淨	しょうじょう	×	清淨	五百	578④	漢名	583④			
清淨	しょうじょう	×	清淨	五百	586③	漢名	592①			
清淨	しょうじょう	×	清淨	授學	605②	漢名	614①			
清淨	しょうじょう	×	清淨	授學	607②	漢名	616③		ーならん[西右]	
清淨	しょうじょう	×	清淨	法師	626⑥	漢名	638①			
清淨	しょうじょう	×	清淨	法師	632④	漢名	644③			
清淨	しょうじょう	×	清淨	見寶	669④	漢名	684⑤			
清淨	しょうじょう	×	清淨	見寶	672④	漢名	688①			
清淨	しょうじょう	×	清淨	見寶	674⑥	漢名	690⑤			
清淨	しょうじょう	×	清淨	見寶	687④	漢名	705②			
清淨	しょうじょう	しゃうじゃう	清淨	安樂	779①	漢名	800①			
清淨	しょうじょう	×	清淨	分別	923⑥	漢名	942①			
清淨	しょうじょう	×	清淨	分別	931②	漢名	949⑥			
清淨	しょうじょう	×	清淨	分別	932⑤	漢名	951③			
清淨	しょうじょう	×	清淨	分別	941②	漢名	959④			
清淨	しょうじょう	×	清淨	分別	946⑤	漢名	965②			

当該語	読みかな	傍訓	漢字表記	品名	頁数	語の種類	妙一本	和解語文	可読	異同語彙
清淨	しょうじょう	×	清淨	法功	995①	漢名	1013⑤			
清淨	しょうじょう	×	清淨	法功	995②	漢名	1013⑥			
清淨	しょうじょう	×	清淨	法功	997①	漢名	1015⑤			
清淨	しょうじょう	×	清淨	法功	998⑤	漢名	1017④			
清淨	しょうじょう	×	清淨	法功	1000⑥	漢名	1019④			
清淨	しょうじょう	×	清淨	法功	1001⑤	漢名	1020③			
清淨	しょうじょう	×	清淨	法功	1002②	漢名	1020⑥			
清淨	しょうじょう	×	清淨	法功	1009①	漢名	1027④			
清淨	しょうじょう	しやうじやう	清淨	法功	1015①	漢名	1033⑤			
清淨	しょうじょう	×	清淨	法功	1035③	漢名	1054②			
清淨	しょうじょう	×	清淨	法功	1037⑥	漢名	1056④			
清淨	しょうじょう	×	清淨	法功	1040②	漢名	1059①			
清淨	しょうじょう	×	清淨	法功	1041①	漢名	1059⑥			
清淨	しょうじょう	×	清淨	法功	1043①	漢名	1061⑤			
清淨	しょうじょう	×	清淨	法功	1044①	漢名	1062⑤			
清淨	しょうじょう	しやう〳〵	清淨	常不	1057②	漢名	1076②			しやう〳〵[妙]
清淨	しょうじょう	×	清淨	常不	1070⑥	漢名	1089④			しやう〳〵[妙]
清淨	しょうじょう	×	清淨	常不	1071①	漢名	1089④			しやう〳〵[妙]
清淨	しょうじょう	×	清淨	藥王	1155⑤	漢名	1173④			しやう〳〵[妙]
清淨	しょうじょう	×	清淨	妙莊	1278③	漢名	1288③		―になりなん[西右]	しやう〳〵[妙]
清淨觀	しょうじょうかん	×	清淨觀	觀世	1243④	漢名	1255⑥	しやう〳〵くわん／きよきくわん[妙]	―― のーと[西右]	
清浄光明	しょうじょうこうみょう	×	清淨光明	法師	654⑤	漢四熟名	668⑥	しやう〳〵／――ひかり[妙]		
清浄三昧	しょうじょうざんまい	×	清淨三昧	妙音	1168⑤	漢四熟名	1184⑥			しやう〳〵さんまい[妙]
諍訟{訟}し	しょうしょうし	じやうしよう{しゆ}	諍訟	觀世	1244⑥	漢サ動	1257①	しやうしゆ・し／あらそいうたえて[妙]		
清淨持戒	しょうじょうじかい	―しかい・―にかいをたもち	清淨持戒	分別	958⑥	漢四熟名	977③			
正定聚	しょうじょうじゅ	×	正定聚	普賢	1310①	漢名	1316③			しやうぢやうじゆ[妙]
常精淨	じょうしょうじょう	じやうしやうじん	常精淨	法功	1040②	漢名	1059③			
常精進	じょうしょうじん	じやう――	常精進	法功	998②	漢名	1017①			
常精進	じょうしょうじん	×	常精進	法功	1026③	漢名	1045②			
常精進	じょうしょうじん	×	常精進	法功	1034⑥	漢名	1053⑤			
常精進菩薩摩訶薩	じょうしょうじんぼさつまかさつ	×	常精進菩薩摩訶薩	法功	993⑥	仏菩薩名	1012④			
上昇する	じょうしょうする	―せう・のぼ―	上昇	藥王	1129③	漢サ動	1147⑥	しやうせう・する／のほる[妙]		
上昇せ	しょうしょうせ	―せう／のぼて	上昇	妙音	1180⑤	漢サ動	1195⑤	しやうせう・せ／のほれり[妙]		
淨照明三昧	じょうしょうみょうざんまい	―せうみやう――	淨照明三昧	妙莊	1274⑤	漢名			―と[西右]	じやうせうみやうさんまい[妙]
燒煮せ	しょうしょせ	せうしよ／やきやかる	燒煮	譬喩	255②	漢サ動	226③	せうしよ／やきいらる[妙]		
清信	しょうしん	しやうしん	清信	法師	653④	漢名	667②	しやうしん／きよくしんある[妙]		
清信	しょうしん	しやうしん	清信	常不	1081③	漢名	1099⑥			しやうじん[妙]
精進	しょうじん	しやうしん	精進	序品	79④	漢名	70①			
精進	しょうじん	しやうじん	精進	方便	160②	漢名	138③	しやうしん／すゝみ[妙]		
精進	しょうじん	しやうじん	精進	藥草	393②	漢名	378⑥	しやうしん／すゝみ[妙]		
精進	しょうじん	しやうじん	精進	藥草	408⑤	漢名	396⑥	しやうしんちやう／すゝみしつかに[妙]		
精進	しょうじん	×	精進	見寶	698④	漢名	717④	しやうしん／すむ[妙]		
精進	しょうじん	しやうしん	精進	從地	838⑥	漢名	861⑤			

当該語	読みかな	傍訓	漢字表記	品名	頁数	語の種類	妙一本	和解語文	可読	異同語彙
精進	しょうじん	しやうじん	精進	從地	845②	漢名	868①	しやうしん／すむ[妙]		
精進	しょうじん	しやうじん	精進	分別	956⑥	漢名	975④	しやうしん／すみ[妙]		
精進	しょうじん	しやうじん	精進	分別	959③	漢名	977⑥	しやうしん／すみ[妙]		
精進	しょうじん	×	精進	藥王	1124④	漢名	1142⑥			しやうしん[妙]
精進	しょうじん	しやうじん	精進	五百	572②	漢名	576②	しやうしむ／すみ[妙]		
浄心	じょうしん	じやうしん	淨心	提婆	719④	漢名	737④	しやうしん／きよきこころ[妙]		
浄身	じょうしん	じやうしん	淨身	序品	61①	漢名	53③		―といはん[西右]	
浄身	じょうしん	じやうしん	淨身	序品	78⑤	漢名	69②			
浄身	じょうしん	×	淨身	法功	1038⑥	漢名	1057⑦	しやうしん／きよきみ[妙]		
精進経行し	しょうじんきょうぎょうし	しやうじん――	精進經行	藥王	1119⑥	漢四熟サ動	1138⑦	しやうじんきやうべ・し[妙]	――し―て[西右]	精進経行(しやうじんきやうべ)し[妙]
精進し	しょうじんし	しやうじん	精進	序品	71⑥	漢サ動	63①	しやうしん・し／すゝみ[妙]		
精進し	しょうじんし	しやうじん	精進	序品	77⑥	漢サ動	67④			
精進し	しょうじんし	しやうじん	精進	譬喩	262⑤	漢サ動	234①	しやうじんし／すゝみ[妙]		
精進し	しょうじんし	しやうじん	精進	譬喩	263④	漢サ動	234⑥	――／すゝみ[妙]		
精進し	しょうじんし	しやうじん	精進	譬喩	312④	漢サ動	286①			
精進し	しょうじんし	しやうじん	精進	化城	544⑤	漢サ動	552⑤			
精進し	しょうじんし	しやうじん	精進	五百	570①	漢サ動	573⑥	しやうしん・し／すゝみ[妙]	―て[西右]	
精進し	しょうじんし	×	精進	授學	610①	漢サ動	619③	しやうしん・し／すゝみ[妙]		
精進し	しょうじんし	しやうじん	精進	從地	846③	漢サ動	869②	しやうしん／すむ[妙]		
精進し	しょうじんし	×	精進	從地	851②	漢サ動	874①	しやうしん・し／すゝみ[妙]		
精進し	しょうじんし	しやうじん	精進	分別	942④	漢サ動	960⑥	しやうしん・し／すゝみ[妙]		
精進し	しょうじんし	しやうじん	精進	法功	1024①	漢サ動	1042⑤	しやうしん・し／すゝみ[妙]		
精進し	しょうじんし	×	精進	妙莊	1295②	漢サ動	1303④	しやうしん・し／すゝみて[妙]	―て[西左]	
精進す	しょうじんす	しやうじん	精進	從地	853②	漢サ動	875⑥	しやうしん・す／すゝみ[妙]		
精進す	しょうじんす	×	精進	普賢	1316④	漢サ動	1322①	しやうしん・す／すゝむ[妙]		
精進する	しょうじんする	しやうじん	精進	信解	347⑥	漢サ動	329④	しやうしん／すむ[妙]		
精進せ	しょうじんせ	×	精進	授記	444②	漢サ動	436⑥	しやうしん／すゝまん[妙]		
精進せ	しょうじんせ	×	精進	普賢	1315②	漢サ動	1320⑥	しやうしん・せ／すゝまん[妙]		
精進力	しょうじんりき	しやうしんりき	精進力	方便	174③	漢名	150①		――とのちから[西右]	
摂す	しょうす	せう	摂	妙音	1183③	単漢サ動	1198①	せつ・す／いつゝのこゝろをおさむ[妙]	をさめざるや[西右]	攝す[妙]
稱す	しょうす	×	稱	觀世	1215①	単漢サ動	1228③	しょう・す／となふ[妙]	―し奉る[西右]	稱す[妙]
生ず	しょうず	しやう	生	方便	100④	単漢サ動	88②			なす[妙]
生す	しょうず	×	生	方便	153⑥	単漢サ動	133③	しやうす／なす[妙]	なす[西右]	
生ず	しょうず	×	生	譬喩	268①	単漢サ動	239③			
生す	しょうず	×	生	如來	912③	単漢サ動	931③		なす[西右]	
生す	しょうず	×	生	随喜	988⑤	単漢サ動	1007①	しやう・す／なす[妙]	なす[西右]	
生す	しょうず	×	生	普賢	1322⑥	単漢サ動	1327④	しやう・す／うまる[妙]	うまる[西右]	
じゃうず	じょうず	じやうず	成	提婆	733②	単漢サ動	751③		なる[西右]	なる[妙]

しょ 331

当該語	読みかな	傍訓	漢字表記	品名	頁数	語の種類	妙一本	和解語文	可読	異同語彙
憔悴し	しょうすいし	せうすい／やせおとろへ	憔悴	信解	336②	単漢サ動	314⑤	せうすい／かしかむ[妙]		
杖捶	じょうすい	ぢゃうすい／つへしもと	杖捶	譬喩	304③	単漢名	276⑤	ちゃうすい／つへふち[妙]		
請する	しょうする	しやう／轉し給へと	請	化城	468②	単漢サ動	465②			
稱する	しょうする	×	稱	觀世	1212⑥	単漢サ動	1226②	しよう・する／となう[妙]		
稱する	しょうする	×	稱	觀世	1216①	単漢サ動	1229③	しよう・する／となうる[妙]		
生する	しょうずる	しやう	生	安樂	768①	単漢サ動	788②			
生する	しょうずる	×	生	隨喜	982②	単漢サ動	1000③	しやう・する／うまるゝ[妙]	うまるゝィ[西右]	
生ずる	しょうずる	×	生	法功	1035⑤	単漢サ動	1054④	しやう・する／うまる[妙]		
生する	しょうずる	×	生	法功	1035⑥	単漢サ動	1054⑤	しやう・する／うまるゝ[妙]	うまるゝことく[西右]	
しょうする	しょうずる	×	生	觀世	1245⑤	単漢サ動	1257⑥		なすことィ[西右]	なす[妙]
成する	じょうずる	しやう	成	方便	93⑥	単漢サ動	82③			
成する	じょうずる	×	成	化城	455⑥	単漢サ動	450⑥			
成ずる	じょうずる	じゃう	成	提婆	730①	単漢サ動	748①			なる[妙]
じゃうする	じょうずる	×	成	從地	856⑤	単漢サ動	879③			なる[妙]
證せ	しょうせ	しよう	證	方便	121③	単漢サ動	106③			
證せ	しょうせ	しよう	證	方便	121③	単漢サ動	106④	しよう・せ／さとれ[妙]		
證せ	しょうせ	しよう	證	方便	150③	単漢サ動	130④			
證せ	しょうせ	しよう	證	譬喩	227③	単漢サ動	196⑤			
證す	しょうせ	しよう	證	安樂	813①	単漢サ動	835③			
消せ し	しょうせ	せう	消	陀羅	1269③	単漢サ動	1280⑤	せう・せ／けさ[妙]	けさしめむ[西右]	
稱せ	しょうせ	せう	稱	方便	169③	単漢サ動	145⑥	しよう・せ／となへ[妙]		
しようせ	しょうせ	×	稱	譬喩	256④	単漢サ動	227④			
稱せ	しょうせ	しよう	稱	授學	606④	単漢サ動	615③			
稱せ	しょうせ	しよう／となふる也	稱	觀世	1209④	単漢サ動	1222④			しよう・せ[妙]
稱せ	しょうせ	しよう	稱	觀世	1210④	単漢サ動	1223⑤	しよう・せ／となへ[妙]		
稱せ	しょうせ	×	稱	觀世	1211④	単漢サ動	1224⑤	しやう・せ／となへ[妙]		
稱せ	しょうせ	×	稱	觀世	1212②	単漢サ動	1225③	しよう・せ／となへ[妙]		
稱せ	しょうせ	×	稱	觀世	1213⑥	単漢サ動	1227②			しやう・せ[妙]
稱せ	しょうせ	×	稱	觀世	1215③	単漢サ動	1228⑤	しよう・せ／となへ[妙]		
生せ	しょうぜ	しやう	生	序品	67①	単漢サ動	58④			
生せ	しょうぜ	なさ	生	信解	320⑤	単漢サ動	295⑥			
生せ	しょうぜ	しやう	生	信解	356⑤	単漢サ動	340⑤	しやう・せ／なせり[妙]		
生せ	しょうぜ	×	生	信解	369⑤	単漢サ動	356②		する事なさりき[西右]	
生せ	しょうぜ	×	生	化城	466⑤	単漢サ動	463④		うまれたりとやィ[西右]	
生せ	しょうぜ	×	生	化城	474⑤	単漢サ動	473③	しやう／うまる[妙]	—しき[西右]	
生せ	しょうぜ	×	生	化城	484①	単漢サ動	484③	しやう／うまるゝ[妙]	—れたるか[西右]	
生せ	しょうぜ	×	生	化城	492⑥	単漢サ動	495⑤	しやう／うまるゝ[妙]	うまれたるか[西右]	
生せ	しょうぜ	×	生	法師	632⑤	単漢サ動	644④		—れたるなりィ[西右]	
生せ	しょうぜ	×	生	法師	632⑥	単漢サ動	644⑤		ほする所の生に自在なれは／—れィ[西右左]	
生せ	しょうぜ	×	生	提婆	719⑥	単漢サ動	737⑥	しやう・せ／うまれん[妙]	うまれ[西右]	
生せ	しょうぜ	×	生	提婆	720①	単漢サ動	738②	しやう・せ／うまれ[妙]	うまれては[西右]	

当該語	読みかな	傍訓	漢字表記	品名	頁数	語の種類	妙一本	和解語文	可読	異同語彙
生せ	しょうぜ	しやう	生	安樂	767⑤	単漢サ動	787⑤	しやう・せ／うまれす[妙]		
生せ	しょうぜ	×	生	安樂	774⑥	単漢サ動	795③	しやう・せ／うまれす[妙]		
生せ	しょうぜ	×	生	如來	894②	単漢サ動	913②			
生せ	しょうぜ	×	生	分別	949①	単漢サ動	967⑥			
生せ	しょうぜ	×	生	隨喜	984⑥	単漢サ動	1003②	しやう・せ／うまれん[妙]	むまれ[西右]	
生せ	しょうぜ	×	生	藥王	1127①	単漢サ動	1145②		一れて[西右]	生せ[妙]
生せ	しょうぜ	×	生	藥王	1154⑤	単漢サ動	1172⑤	しやう／うまれん[妙]	うまれしむ[西右]	生せ[妙]
生せ	しょうぜ	×	生	妙莊	1277⑥	単漢サ動	1287⑥	しやう／うまれ[妙]	むまれにけりとィ[西右]	生せ[妙]
生せ	しょうぜ	×	生	妙莊	1302⑥	単漢サ動	1310⑥	しやう・せ／なき[妙]	なさじ[西右]	生せ[妙]
生せ	しょうぜ	×	生	妙莊	1303⑥	単漢サ動	1311①		うまれたりき[西右]	しやう・せ／うまれた[妙]
生せ	しょうぜ	×	生	普賢	1325①	単漢サ動	1329④	しやう・せ／うまれん[妙]	うまれ[西右]	
じやうせ	じょうせ	×	成	提婆	726①	単漢サ動	744②			なら[妙]
成ぜ	じょうぜ	じやう	成	序品	49⑤	単漢サ動	43①			
成ぜ	じょうぜ	しやう・なら	成	方便	146⑤	単漢サ動	127⑤			なら[妙]
成ぜ	じょうぜ	×	成	如來	895②	単漢サ動	914②			
逃逝し	じょうぜいし	でうぜい・さりゆいて／にけきりて	逃逝	信解	322②	漢サ動	297⑤	でうぜい・し／にけさり[妙]		
逃逝し	じょうぜいし	でうせい／にげさりき	逃逝	信解	353④	漢サ動	336⑥	でうせい・し／にけさり[妙]		
生ぜる	しょうぜる	しやう	生	化城	464⑤	単漢サ動	460④		一と[西右]	
上饍	しょうぜん	一せん	上饍	法師	633⑥	漢名	645⑥			
上饍	しょうぜん	一ぜん／すくれたるそなへ	上饍	分別	964①	漢名	982③		一と[西右]	
小千界	しょうせんがい	×	小千界	分別	931③	漢地儀名	950①			
小千国土	しょうせんこくど	×	小千国土	分別	923⑥	漢地儀名	942⑤			
性相	しょうそう	しやうざう	性相	方便	94②	漢名	82⑤			
淨蔵	じょうぞう	一ざう	淨蔵	妙莊	1273③	仏名	1284①			じやうざう[妙]
淨蔵	じょうぞう	一ざう	淨蔵	妙莊	1275③	仏名	1285⑥			じやうざう[妙]
淨蔵	じょうぞう	×	淨蔵	妙莊	1277③	仏名	1287④	しやうさう／しやう[妙]		
浄蔵三昧	じょうぞうさんまい	一ざう――	浄蔵三昧	妙音	1168②	仏四熟名	1185①			しやうさうさんまい[妙]
逃走し	じょうそうし	でうそう／にけはしり	逃走	信解	344①	漢サ動	324⑥	でうそう／にけはしり[妙]		
淨蔵菩薩	じょうぞうぼさつ	―さう――	淨蔵菩薩	妙莊	1288③	仏菩薩名	1297⑥			しやうさうほさつ[妙]
聖尊	しょうそん	しやうそん	聖尊	譬喩	230①	仏尊号名	199②	しやうそん／ほとけ[妙]		
聖尊	しょうそん	しやう―	聖尊	化城	496①	仏尊号名	498⑤	しやうそん／ほとけ[妙]		
誠諦	じょうたい	じやうたい／まこと	誠諦	如來	880④	漢名	899④	じやうたい／まこと[妙]		
誠諦	じょうたい	じやうたい	誠諦	如來	880⑥	漢名	899⑥	じやうたい／まこと[妙]		
誠諦	じょうたい	じやうたい	誠諦	如來	881②	漢名	900②	じやうたい／まこと[妙]		
浄道	じょうたう	じやうたう	淨道	序品	28③	漢名	24②			
稱歎し	しょうたんし	しや・ようたん	稱歎	方便	102⑥	漢サ動	90①	しようたん・し／ほめ[妙]		
稱歎し	しょうたんし	せうたん	稱歎	方便	105①	漢サ動	92①	せうたん・し／ほめ[妙]		
稱歎し	しょうたんし	×	稱歎	方便	106①	漢サ動	92⑥	しようたん・し／ほめ[妙]		
稱歎し	しょうたんし	しようたん	稱歎	譬喩	261⑤	漢サ動	233①	しようたんし／ほめ[妙]	一し[西右]	
稱歎す	しょうたんす	しようたん	稱歎	方便	107⑤	漢サ動	94③	しようたん・す／ほむ[妙]	一し給ふ[西右]	
稱歎せ	しょうたんせ	しようたん／ほむる事	稱歎	序品	7⑥	漢サ動	6③	しようたん・せ／ほめ[妙]		

しょ 333

当該語	読みかな	傍訓	漢字表記	品名	頁数	語の種類	妙一本	和解語文	可読	異同語彙
稱歎せ	しょうたんせ	しようたん／ほむる心	稱歎	譬喩	224③	漢サ動	193②	しようたんし／ほめ[妙]		稱歎(しようたん)ほめし[妙]
小智	しょうち	×	小智	方便	141④	漢名	123③			
小智	しょうち	一ち	小智	方便	181⑥	漢名	156②			
小智	しょうち	せうち	小智	譬喩	295③	漢名	267④			
小智	しょうち	×	小智	五百	590②	漢名	596⑥			
證知し	しょうちし	しやうち	證知	化城	507④	漢サ動	512②	しようち／さとり[妙]		
證知し	しょうちし	しようち	證知	提婆	731⑥	漢サ動	750①	しようち／しり[妙]		
證知せ	しょうちせ	しようち	證知	序品	74⑥	漢サ動	65⑥	しようち・せ／しれり[妙]		
簫笛	しょうちゃく	せうちやく	簫笛	分別	953③	漢名	972②			
小虫	しょうちゅう	せうちう	小虫	譬喩	305②	漢虫類名	278②	せうちう／ちいさきむし[妙]		
上中下	じょうちゅうげ	×	上中下	藥草	389⑥	漢名	375②			
上中下	じょうちゅうげ	×	上中下	藥草	397③	漢名	383④			
上中下	じょうちゅうげ	×	上中下	藥草	402⑤	漢名	389③			
上中下	じょうちゅうげ	×	上中下	安樂	772⑥	漢名	793③			
上中下	じょうちゅうげ	×	上中下	法功	1021④	漢名	1040③			
上中下	じょうちゅうげ	×	上中下	法功	1044③	漢名	1062⑥			
生長する	しょうちょうする	×	生長	藥草	390②	漢サ動	375④	しやつちやう／をいそたつ[妙]		
生長する	しょうちょうする	しやうちやう	生長	藥草	395①	漢サ動	381①	しやうちやう／おいそたつ[妙]		
生長する	しょうちょうする	しやうちやう／そたつ	生長	藥草	402⑥	漢サ動	389④	しやうちやう／おいそたつ[妙]		
小鐵圍山	しょうてついせん	一てつい一	小鐵圍山	藥王	1143④	仏山名名	1161④		一と[西右]	せうてつゐせん[妙]
勝殿	しょうでん	しようでん	勝殿	法功	1012③	漢名	1030⑥			
勝殿	しょうでん	しようでん	勝殿	法功	1021⑥	漢名	1040⑤			
小轉輪	しょうてんりん	一てんりん	小轉輪	法功	1016①	仏名	1034⑤		一と[西右]	
小轉輪王	しょうてんりんおう	一てんりん一	小轉輪王	法功	1029④	仏王名名	1048②			
淨土	じょうど	×	淨土	五百	581⑥	仏名	587②			
淨土	じょうど	じやうど	淨土	如來	916②	仏名	935①			
正等	しょうとう	しやうとう	正等	序品	40④	漢名	34⑥			
正等	しょうとう	しやうとう	正等	授記	433⑤	漢名	424⑥	しやうとう／ひとしく[妙]		
正等	しょうとう	×	正等	授記	439④	漢名	431④	しやうとう／おなしく[妙]		
正等	しょうとう	しやうとう	正等	觀世	1221①	漢サ動	1234③			しやうどう[妙]
唱導	しょうどう	しやうたう	唱導	從地	821②	漢名	843④	しやうだう／みちひく[妙]		
唱導	しょうどう	しやうたう	唱導	從地	827③	漢名	849⑤	しやうだう／みちひく[妙]		
將道し	しょうどうし	しやうたう	將道	化城	522⑥	漢サ動	528①			
將導し	しょうどうし	しやうだう・し／みちひく心也	將導	常不	1077③	漢サ動	1095⑥	しやうたう・し／みちひき[妙]	をみちひき給ひき[西右]	
成道し	じょうどうし	しやうたう	成道	見寶	662⑥	漢サ動	677⑤	しやうたう・し／ほとけになる[妙]		
淨德	じょうとく	じやうとく	淨德	妙莊	1273②	漢名	1283⑥			しやうとく[妙]
淨德王	じょうとくおう	×	淨德王	藥王	1127①	仏王名名	1145③			じやうとくわう[妙]
淨德三昧	じょうとくさんまい	じやうとく一一一	淨德三昧	妙音	1168③	仏名	1184④			しやうとくさんまい[妙]
淨德夫人	じょうとくふじん	じやうとくぶ一	淨德夫人	妙莊	1290①	仏人倫名	1299①			しやうとくふにん[妙]
淨德夫人	じょうとくふじん	×	淨德夫人	妙莊	1303③	仏人倫名	1310⑤	じやうとくふにん／きさき[妙]		
小児	しょうに	せうに	小児	安樂	766④	漢人倫名	786④	せうに／ちこ[妙]		

当該語	読みかな	傍訓	漢字表記	品名	頁数	語の種類	妙一本	和解語文	可読	異同語彙
牀辱	しょうにく	じゃうにく／ゆかむしろ	牀辱	分別	955①	漢家屋名	973⑤	しゃうにく／しきもの[妙]		
調柔	じょうにゅう	でうにう	調柔	授記	421①	漢名	410①	てうにう／とゝのへやわらか[妙]		
調柔	じょうにゅう	でうにう	調柔	分別	941⑤	漢名	960①	でうにう／とゝのわりやわらかなる[妙]		
小女	しょうにょ	せうによ／×	小女	安樂	765②	漢人倫名	785①	せうによ／わかきをんな[妙]		
商人	しょうにん	しゃうにん・あきひと	商人	觀世	1214③	漢人倫名	1227⑤	しゃうにん／あきひと[妙]		
商人	しょうにん	しゃう―・あき―	商人	觀世	1215⑤	漢人倫名	1229①	しゃうにん／あきひと[妙]		
聖人声	しょうにんしょう	しゃうにん―	聖人聲	法功	999⑤	漢名	1018③	しゃうにんしゃう／しゃうにんのこゑ[妙]		
静然	じょうねん	じゃうねん／しつかに	靜然	化城	458③	漢名	453⑤	しゃうねん／しつかに[妙]		
少悩	しょうのう	×	少悩	見寶	678③	漢名	694⑥	せうなう／なやみすくなく[妙]		
少悩	しょうのう	せうなう	少悩	從地	828①	漢名	850②			
少悩	しょうのう	×	少悩	從地	828⑥	漢名	851①	せうなう／なやみすくなく[妙]		
少悩	しょうのう	―なう	少悩	從地	829⑥	漢名	852③			
勝幡	しょうばん	しようばん	勝幡	分別	935④	漢名	954①	せうばん／すぐれたるはた[妙]		
勝彼	しょうひ	せ・しようひ	勝彼	觀世	1245③	漢名	1257④	せうひ／かのせけんのこえにすぐれたり[妙]		
清白	しょうひゃく	しゃうびゃく	清白	序品	48④	漢形容	42①			
少病	しょうびょう	×	少病	見寶	678②	漢名	694⑤	せうひゃう／やまひすくなく[妙]		
少病	しょうびょう	せうひやう	少病	從地	828①	漢名	850②	せうひやう／やまひすくなく[妙]		
少病	しょうびょう	×	少病	從地	828⑥	漢名	851①	せうひやう／やまひすくなく[妙]		
少病	しょうびょう	―ひやう	少病	從地	829⑥	漢名	852③		―ひやう	
少病少悩	しょうびょうしょうのう	せうびやう―なう	少病少悩	妙音	1182②	漢四熟名	1197②	せうひやうせうなう／やまひすくなくなやみすくなく[妙]	―にいますや[西左]	
丈夫	じょうぶ	ぢゃうぶ	丈夫	五百	591⑤	漢名	598⑥			
常不軽	じょうふきょう	じゃうふきやう	常不輕	常不	1062①	仏名	1080⑤			じゃうふきやう[妙]
常不軽	じょうふきょう	×	常不輕	常不	1062②	仏名	1080⑥			じゃうふきやう[妙]
常不軽	じょうふきょう	――きやう	常不輕	常不	1067①	仏名	1085⑤			しゃうふきやう[妙]
常不軽	じょうふきょう	じゃうふ―	常不輕	常不	1077⑥	仏名	1096③			しゃうふきやう[妙]
常不軽菩薩	じょうふきょうぼさつ	×	常不輕菩薩	常不	1072④	仏菩薩名	1091②			しゃうふきやうぼさつ[妙]
常不軽菩薩	じょうふきょうぼさつ	×	常不輕菩薩	常不	1074④	仏菩薩名	1093②			しゃうふきやうぼさつ[妙]
常不軽菩薩摩訶薩	じょうふきょうぼさつまかさつ	じゃうふきやう――――	常不輕菩薩摩訶薩	常不	1071③	仏菩薩名	1090①			しゃうふきやうぼさつまかさつ[妙]
上服	しょうぶく	―ぶく	上服	序品	37③	漢衣服名	32②		すぐれたるきものィ[西右]	
上服	しょうぶく	―ぶく／うはきのかさり	上服	信解	336③	漢衣服名	314⑥	しゃうぶく／よきころも[妙]		
上服	しょうぶく	―ぶく	上服	分別	940④	漢衣服名	958⑥	しゃうふく／きもの[妙]		
成佛	じょうぶつ	しゃうふつ	成佛	方便	88④	漢名	77⑤	しゃうふつ・し／ほとけになり[妙]	ほとけに{と}成[西右]	
成佛	じょうぶつ	しゃうふつ	成佛	提婆	716②	漢名	734④			ほとけになる[妙]
成佛	じょうぶつ	しゃう―	成佛	提婆	734⑥	漢名	753②		佛とならん事をみよ／ときにあたて[西右]	ほとけにならんこと[妙]

しょ 335

当該語	読みかな	傍訓	漢字表記	品名	頁数	語の種類	妙一本	和解語文	可読	異同語彙
成佛し	じょうぶつし	×	成佛	見寶	662②	漢サ動	676⑥	しやうふつ・し／ほとけになりて[妙]	佛と成て[西右]	
成佛する	じょうぶつする	しやうふつ	成佛	提婆	733⑤	漢サ動	752①		佛となる[西右]	ほとけになる[妙]
少分	しょうぶん	せうぶん	少分	方便	97⑤	漢名	85⑥			
正遍知	しょうへんち	しやうへんち／しやうへんちとはあまねく一さいのほうをしる	正遍知	序品	47⑥	漢名	41③			
正遍知	しょうへんち	しやうへんち	正遍知	譬喩	221②	漢名	190①			
正遍知	しょうへんち	しやうへんち	正遍知	藥草	391④	漢名	377①			
正遍知	しょうへんち	しやうへんち	正遍知	授記	416④	漢名	404④			
正遍知	しょうへんち	×	正遍知	授記	427④	漢名	417③			
正遍知	しょうへんち	しやうへんち	正遍知	授記	435④	漢名	426②			
正遍知	しょうへんち	×	正遍知	授記	440④	漢名	432④			
正遍知	しょうへんち	×	正遍知	化城	445④	漢名	438⑥			
正遍知	しょうへんち	しやうへんち	正遍知	五百	570④	漢名	574③			
正遍知	しょうへんち	×	正遍知	五百	584①	漢名	589④			
正遍知	しょうへんち	×	正遍知	授學	604②	漢名	612⑥			
正遍知	しょうへんち	×	正遍知	授學	613②	漢名	622⑤			
正遍知	しょうへんち	×	正遍知	授學	617⑤	漢名	627⑥			
正遍知	しょうへんち	せうへんち	正遍知	提婆	716⑤	漢名	734⑤			
正遍知	しょうへんち	×	正遍知	勸持	743⑤	漢名	762⑤			
正遍知	しょうへんち	×	正遍知	勸持	745⑤	漢名	764⑤			
正遍知	しょうへんち	しやうへんち	正遍知	常不	1057⑤	漢名	1076④			しやうへんち[妙]
正遍知	しょうへんち	×	正遍知	常不	1060②	漢名	1079④			しやうへんち[妙]
正遍知	しょうへんち	×	正遍知	藥王	1116③	漢名	1134⑤			しやうへんぢ[妙]
正遍知	しょうへんち	×	正遍知	妙音	1166④	漢名	1182⑥			しやうへんち[妙]
小法	しょうほう	×	小法	方便	144①	漢名	125④			
小法	しょうほう	一ほう	小法	方便	181⑥	漢名	156②			
小法	しょうほう	×	小法	信解	346⑤	漢名	328③			
小法	しょうほう	×	小法	信解	348②	漢名	329⑥			
小法	しょうほう	せうほう	小法	信解	349⑥	漢名	332②			
小法	しょうほう	×	小法	信解	350⑥	漢名	333③		たゞし一[西右]	
小法	しょうほう	せうほう	小法	信解	351④	漢名	334③	せうほう／たをみちひかさるひと[妙]		
小法	しょうほう	×	小法	化城	521④	漢名	526⑤			
小法	しょうほう	×	小法	五百	575①	漢名	579④			
小法	しょうほう	×	小法	如來	890③	漢名	909④			
上方	しょうほう	×	上方	化城	491①	漢名	492⑥	しやうはう／かみのはう[妙]		
上法	しょうほう	×	上法	譬喩	234①	漢名	203③			
勝法	しょうほう	しようほう／すくれたる	勝法	序品	27②	漢名	23⑥	しようほう／すくれたるのり[妙]		
正法	しょうぼう	しやうぼう	正法	序品	26⑥	漢名	22②			
正法	しょうぼう	しやうぼう	正法	序品	48②	漢名	41④			
正法	しょうぼう	×	正法	方便	155⑤	漢名	134⑥			
正法	しょうぼう	しやうほう	正法	譬喩	220⑥	漢名	189⑤			
正法	しょうぼう	しやうほう	正法	譬喩	226②	漢名	195②			
正法	しょうぼう	しやうぼう	正法	譬喩	229③	漢名	198④			
正法	しょうぼう	×	正法	譬喩	229④	漢名	198⑤			
正法	しょうぼう	しやうほう	正法	授記	416⑥	漢名	405②			
正法	しょうぼう	×	正法	授記	421⑤	漢名	411①			
正法	しょうぼう	×	正法	授記	428②	漢名	419②			
正法	しょうぼう	×	正法	授記	432⑤	漢名	423⑤			
正法	しょうぼう	×	正法	授記	436③	漢名	427⑤			
正法	しょうぼう	×	正法	授記	441④	漢名	433⑤			
正法	しょうぼう	×	正法	授記	444③	漢名	437①			
正法	しょうぼう	×	正法	五百	565⑤	漢名	569②			
正法	しょうぼう	×	正法	五百	566④	漢名	570②			
正法	しょうぼう	×	正法	五百	587②	漢名	593①			
正法	しょうぼう	×	正法	五百	579②	漢名	584②			
正法	しょうぼう	×	正法	五百	588①	漢名	594③		一と[西右]	
正法	しょうぼう	×	正法	授學	605⑥	漢名	614⑤			
正法	しょうぼう	×	正法	授學	606②	漢名	615①			
正法	しょうぼう	×	正法	授學	607⑥	漢名	617①			

当該語	読みかな	傍訓	漢字表記	品名	頁数	語の種類	妙一本	和解語文	可読	異同語彙
正法	しょうぼう	×	正法	授學	614①	漢名	623④		一と[西右]	
正法	しょうぼう	×	正法	授學	619⑤	漢名	629⑥			
正法	しょうぼう	×	正法	授學	618①	漢名	628②		一と[西右]	
正法	しょうぼう	×	正法	提婆	718①	漢名	736①			
正法	しょうぼう	×	正法	法功	1042②	漢名	1061①			
正法	しょうぼう	×	正法	常不	1059⑥	漢名	1078④			しゃうほう[妙]
正法	しょうぼう	しゃう―	正法	常不	1060④	漢名	1079②		一も[西右]	正法(しゃうほう)[妙]
正法	しょうぼう	×	正法	常不	1061④	漢名	1080③			しゃうほう[妙]
重寶	じょうほう	ぢゃうほう	重寶	觀世	1214③	漢名	1227⑤	ちうほう/おもきたからを[妙]		
淨法	じょうほう	じゃうほう/きよきほう	淨法	藥草	405④	漢名	392⑥			
淨法身	じょうほっしん	じゃうほつしん	淨法身	提婆	731②	漢名	749②	きよき、ほつしん/ほふのみ[妙]	きよき法身[妙]	きよきほっしん[みょう]
成満し	じょうまんし	しゃうまん	成満	五百	581⑥	漢サ動	587②			
上味	しょうみ	×	上味	法功	1027③	漢名	1046①	しゃうみ/よきあちわい[妙]		
勝妙	しょうみょう	しよう―	勝妙	提婆	720①	漢名	738②	しようめう/すくれたる[妙]		
照明	しょうみょう	せうみやう	照明	藥王	1144⑤	漢名	1162⑤			せうみやう[妙]
上妙	しょうみょう	×	上妙	序品	75④	漢名	66③			
上妙	しょうみょう	×	上妙	譬喩	287⑤	漢名	259④			
上妙	しょうみょう	×	上妙	安樂	815①	漢名	837④			
上妙	しょうみょう	×	上妙	随喜	980②	漢名	998③	しゃうみやう/すくれたへなる[妙]		
證明	しょうみょう	せうみやう	證明	見寶	662⑤	漢名	677③			
淨妙	じょうみょう	じゃうめう	淨妙	譬喩	268①	漢名	239②			
照明し	しょうみょうし	せうみやう	照明	序品	27②	漢サ動	23②			
照明する	しょうみょうする	せうみやう	照明	分別	963①	漢サ動	981③	しようみやう・する/てらしあきらかに[妙]		
生滅	しょうめつ	しゃうめつ	生滅	譬喩	233③	漢名	202④			
常滅	じょうめつ	じゃうめつ	常滅	化城	515②	漢名	520⑤			
消滅し	しょうめつし	せうめつ	消滅	藥王	1161⑥	漢サ動	1178⑥			せうめつ・し[妙]
聲聞四衆	しょうもししゅ	しゃうもん――	聲聞四衆	囑累	1113②	漢四熟名	1132③			聲聞四衆(しゃうもん・ししゆ)[妙]
聲聞	しょうもん	しゃうもん	聲聞	序品	48⑤	漢名	42①			
聲聞	しょうもん	しゃうもん	聲聞	方便	87③	漢名	76⑤			
聲聞	しょうもん	しゃうもん	聲聞	方便	102①	漢名	89③		一の[西右]	
聲聞	しょうもん	しゃうもん	聲聞	方便	102②	漢名	89④			
声聞	しょうもん	しゃうもん	聲聞	方便	103③	漢名	90④			
聲聞	しょうもん	しゃうもん	聲聞	方便	147⑥	漢名	128④			
聲聞	しょうもん	しゃうもん	聲聞	方便	190⑤	漢名	163⑤			
声聞し	しょうもんし	しゃうもん	聲聞	方便	190⑥	漢名	163⑥			
声聞	しょうもん	しゃうもん	聲聞	譬喩	220②	漢名	189①			
聲聞	しょうもん	しゃうもん	聲聞	譬喩	259⑥	漢名	231②		一と[西右]	
聲聞	しょうもん	しゃうもん	聲聞	譬喩	260⑤	漢名	232②			
声聞	しょうもん	しゃうもん	聲聞	譬喩	300①	漢名	272③			
聲聞	しょうもん	しゃうもん	聲聞	譬喩	300④	漢名	272⑥			
声聞	しょうもん	しゃうもん	聲聞	譬喩	300⑤	漢名	272⑥			
聲聞	しょうもん	しゃうもん	聲聞	信解	320⑤	漢名	296①			
聲聞	しょうもん	しゃうもん	聲聞	信解	351④	漢名	334③	しゃうもん/たをみちひかさるひと[妙]		
聲聞	しょうもん	しゃうもん	聲聞	信解	353①	漢名	336①			
聲聞	しょうもん	しゃうもん	聲聞	信解	366①	漢名	351⑥			
聲聞	しょうもん	しゃうもん	聲聞	信解	374②	漢名	361③			
聲聞	しょうもん	しゃうもん	聲聞	藥草	411⑥	漢名	399⑥			
聲聞	しょうもん	しゃうもん	聲聞	授記	428②	漢名	418④			
聲聞	しょうもん	×	聲聞	授記	438④	漢名	430③			
聲聞	しょうもん	×	聲聞	授記	443⑥	漢名	436③			
聲聞	しょうもん	×	聲聞	化城	451①	漢名	445①		一と[西右]	
聲聞	しょうもん	×	聲聞	化城	512④	漢名	517⑤			
声聞	しょうもん	しゃうもん	聲聞	化城	514⑥	漢名	519⑥			
聲聞	しょうもん	しゃうもん	聲聞	化城	518⑥	漢名	523⑥			
声聞	しょうもん	しゃうもん	聲聞	化城	539⑥	漢名	545⑥			

しょ 337

当該語	読みかな	傍訓	漢字表記	品名	頁数	語の種類	妙一本	和解語文	可読	異同語彙
声聞	しょうもん	しゃうもん	聲聞	五百	567⑤	漢名	571④			
声聞	しょうもん	しゃうもん	聲聞	五百	575②	漢名	579⑥			
聲聞	しょうもん	しゃうもん	聲聞	五百	575④	漢名	580②			
声聞	しょうもん	しゃうもん	聲聞	五百	576②	漢名	581①			
声聞	しょうもん	×	聲聞	五百	580⑤	漢名	586①			
声聞	しょうもん	しゃうもん	聲聞	授學	603①	漢名	611⑤			
声聞	しょうもん	×	聲聞	授學	609①	漢名	618③			
声聞	しょうもん	×	聲聞	授學	618①	漢名	628②			一と[西右]
聲聞	しょうもん	×	聲聞	法師	621⑥	漢名	632④			
聲聞	しょうもん	×	聲聞	授學	618④	漢名	628⑤			
聲聞	しょうもん	×	聲聞	法師	645⑤	漢名	659②			
聲聞	しょうもん	しゃうもん	聲聞	法師	651③	漢名	665②			
聲聞	しょうもん	しゃうもん	聲聞	提婆	724③	漢名	742⑤			
聲聞	しょうもん	しゃうもん	聲聞	提婆	724④	漢名	742⑥			
聲聞	しょうもん	しゃうもん	聲聞	提婆	735⑥	漢名	754③			
聲聞	しょうもん	しゃうもん	聲聞	勸持	742⑤	漢名	761④			
聲聞	しょうもん	×	聲聞	安樂	764①	漢名	783④			
聲聞	しょうもん	しゃうもん	聲聞	安樂	777③	漢名	798②			
聲聞	しょうもん	しゃうもん	聲聞	安樂	784③	漢名	805⑥			
聲聞	しょうもん	しゃうもん	聲聞	如來	886①	漢名	905①			
聲聞	しょうもん	しゃうもん	聲聞	法功	1013⑥	漢名	1032③			
聲聞	しょうもん	しゃうもん	聲聞	法功	1030③	漢名	1048⑥			
聲聞	しょうもん	しゃうもん	聲聞	法功	1036⑥	漢名	1055⑤		と[西右]	
聲聞	しょうもん	しゃうもん	聲聞	法功	1039⑤	漢名	1058③			
聲聞	しょうもん	しゃうもん	聲聞	常不	1058④	漢名	1077③			しゃうもん[妙]
声聞	しょうもん	×	聲聞	藥王	1136⑥	漢名	1155①			聲聞(しゃうもん)[妙]
声聞	しょうもん	しゃうもん	聲聞	藥王	1147②	漢名	1165③			聲聞(しゃうもん)[妙]
声聞	しょうもん	×	聲聞	藥王	1147⑥	漢名	1166①			聲聞(しゃうもん)[妙]
声聞	しょうもん	しゃうもん	聲聞	藥王	1158④	漢名	1176①			聲聞(しゃうもん)[妙]
声聞	しょうもん	しょうもん	聲聞	妙音	1194⑤	漢名	1208⑤			聲聞(しゃうもん)[妙]
声聞	しょうもん	×	聲聞	妙音	1194⑥	漢名	1208⑥			聲聞(しゃうもん)[妙]
声聞	しょうもん	しゃうもん	聲聞	觀世	1223③	漢名	1236④			聲聞(しゃうもん)[妙]
聲聞	しょうもん	しゃう―	聲聞	觀世	1223④	漢名	1236⑥			しゃうもん[妙]
聲聞	しょうもん	しゃうもん	聲聞	妙莊	1294②	漢名	1302⑥		一と[西右]	しゃうもん[妙]
聲聞	しょうもん	しゃうもん	聲聞	普賢	1337⑤	漢名	1340④			諸聲聞(しゃうもん)[妙]
聲聞衆	しょうもんじゅ	しゃうもんしゆ	聲聞衆	序品	71③	漢名	62④			
聲聞衆	しょうもんじゅ	しゃうもんじゅ	聲聞衆	方便	100⑥	漢名	88④			
声聞衆	しょうもんじゅ	しゃうもん―	聲聞衆	方便	109③	漢名	95⑤			
聲聞衆	しょうもんじゅ	しゃうもん―	聲聞衆	譬喩	293③	漢名	265④			
聲聞衆	しょうもんじゅ	しゃうもんしゆ	聲聞衆	藥草	414②	漢名	402④			
聲聞衆	しょうもんじゅ	しゃうもんしゆ	聲聞衆	授記	418①	漢名	406④			
聲聞衆	しょうもんじゅ	×	聲聞衆	授記	421②	漢名	410③			
聲聞衆	しょうもんじゅ	しゃうもんしゆ	聲聞衆	授記	429②	漢名	419⑤			
聲聞衆	しょうもんじゅ	しゃうもんしゆ	聲聞衆	授記	431⑤	漢名	422④			
聲聞衆	しょうもんじゅ	×	聲聞衆	授記	436①	漢名	427③		一と[西右]	
聲聞衆	しょうもんじゅ	しゃうもん―	聲聞衆	化城	505⑤	漢名	510①			
聲聞衆	しょうもんじゅ	しゃうもん―	聲聞衆	化城	509②	漢名	514①			
聲聞衆	しょうもんじゅ	×	聲聞衆	化城	520⑥	漢名	526①			

当該語	読みかな	傍訓	漢字表記	品名	頁数	語の種類	妙一本	和解語文	可読	異同語彙
声聞衆	しょうもんじゅ	しやうもんしゆ	聲聞衆	五百	573①	漢名	577②			
声聞衆	しょうもんじゅ	×	聲聞衆	五百	588①	漢名	594③		一と[西右]	
声聞衆	しょうもんじゅ	×	聲聞衆	五百	588④	漢名	594⑥			
聲聞衆	しょうもんじゅ	しやうもんしゆ	聲聞衆	見寶	678③	漢名	695①			
聲聞衆	しょうもんじゅ	しやうもんじゆ	聲聞衆	分別	949⑤	漢名	968③			
声聞衆	しょうもんじゅ	×	聲聞衆	藥王	1115⑤	漢名	1134②		一と[西右]	聲聞衆(しやうもん一)[妙]
声聞衆	しょうもんじゅ	×	聲聞衆	藥王	1119③	漢名	1137⑤		一と[西右]	聲聞衆(しやうもんじゆ)[妙]
聲聞衆僧	しょうもんしゅそう	しやうもん――	聲聞衆僧	分別	958⑤	漢四熟名	976⑥			
聲聞声	しょうもんしょう	しやうもんしやう	聲聞声	法功	1000②	漢名	1018⑥	しやうもんしやう/そのこゑ[妙]		
声聞乗	しょうもんじょう	しやうもん―	聲聞乗	譬喩	262⑥	漢名	234⑤			
声聞地	しょうもんち	しやうもんぢ	聲聞地	化城	517⑥	漢名	522⑥		一の一[西右]	
長夜	じょうや	ぢやうや	長夜	方便	116⑥	漢時候名	102④	ちやうや/なかきよ[妙]		
長夜	じょうや	ぢやうや	長夜	譬喩	219①	漢時候名	187③	ちやうや/なかきよに[妙]		
長夜	じょうや	ぢやうや	長夜	信解	369⑤	漢時候名	356③	ちやうや/なかきよ[妙]		
長夜	じょうや	ぢやうや	長夜	信解	370②	漢時候名	356⑤	ちやうや/なかきよ[妙]		
長夜	じょうや	ぢやうや	長夜	化城	459④	漢時候名	455①	ちやうや/なかきよ[妙]		
長夜	じょうや	ぢやうや	長夜	五百	599③	漢時候名	607⑤	ちやうや/なかきよ[妙]		
長夜	じょうや	ぢやうや	長夜	安樂	803⑤	漢時候名	825⑤	ちやうや/なかきよ[妙]		
小葉	しょうよう	―ゑう/―は	小葉	藥草	389④	漢植物名	374⑥	せうよう/ちいさきは[妙]		
照曜し	しょうようし	せうよう	照曜	妙音	1180③	漢サ動	1195③		――す[西右]	照曜(せうよう)し[妙]
照曜する	しょうようする	せうよう	照曜	化城	464⑥	漢サ動	461③	せうえう/てりかかやく[妙]		
稱揚する	しょうようする	しようやう	稱揚	從地	839②	漢サ動	862①			しようやう・する[妙]
照曜せ	しょうようせ	せうよう	照曜	化城	473②	漢サ動	471⑤	せうよう/てりかゝやける[妙]	―す[西右]	
照曜せ	しょうようせ	せうよう	照曜	化城	482②	漢サ動	482⑤	せうよう/かゝやく[妙]		
小欲	しょうよく	―よく	小欲	五百	575②	漢名	580④			
小欲	しょうよく	―よく	小欲	五百	576②	漢名	581①			
性欲	しょうよく	しやうよく	性欲	方便	175②	漢名	150⑥		一と一と[西右]	
少欲知足	しょうよくちそく	―よく――	少欲知足	普賢	1331④	漢四熟名	1335③			せうよくちそく[妙]
将来	しょうらい	しやうらい	將來	授學	610③	漢名	619⑤	しやうらい/のちのよの[妙]		
将来	しょうらい	しやうらい	將來	勸持	742⑥	漢名	761⑥			
持瓔珞	じょうらく	ぢやうらく	持瓔珞	陀羅	1262⑤	漢名	1274②			ぢやうらく[妙]
常立勝幡	じょうりゅうしょうはん	しやうりうしようばん	常立勝幡	授學	605②	漢四熟名	613⑥			
常立勝幡	じょうりゅうしょうはん	じやうりうせうはん	常立勝幡	授學	607③	漢四熟名	616③			
清涼	しょうりょう	しやうりやう/すゝしき	清涼	藥草	401②	漢名	387⑤	しやうりやう/きよくすゝしき[妙]	きよくすゝし[西右]	
清涼	しょうりょう	しやうりやう/すゝしき	清涼	授記	423④	漢名	413②	しやうりやう/きよくすゝき[妙]		
清涼	しょうりょう	しやうりやう	清涼	見寶	687⑥	漢名	705③			
清涼	しょうりょう	せいりやう/きよくすゝしき	清涼	藥王	1149④	漢名	1167⑤	しやうりやう/きよくすゝしき[妙]		

当該語	読みかな	傍訓	漢字表記	品名	頁数	語の種類	妙一本	和解語文	可読	異同語彙
浄瑠璃	じょうるり	しやうるり	淨瑠璃	序品	70⑥	漢名	62①	しやうるり／きよきたま[妙]	きよきィ[西右]	
浄瑠璃	じょうるり	じやうるり	淨瑠璃	法功	1035③	漢宝玉名	1054②	じやうるり／きよきたま[妙]		
浄瑠璃	じょうるり	じやうるり	淨瑠璃	法功	1037③	漢宝玉名	1056④	じやうるり／きよきたま[妙]		
青蓮華	しょうれんげ	×	青蓮華	藥王	1159④	漢花名名	1177①			しやうれんくゑ[妙]
青蓮華	しょうれんげ	しやうれんぐゑ	青蓮華	藥王	1162①	漢花名名	1179②			しやうれんくゑ[妙]
青蓮華	しょうれんげ	しやう――	青蓮華	妙音	1179⑤	漢花名名	1194⑤			しやうれんくゑ[妙]
青蓮華香	しょうれんげこう	しやうれん―	青蓮華香	法功	1009③	漢香名名	1028①		―――の―[西右]	
諸王	しおう	しよわう・もろ へ の―	諸王	序品	31②	仏名	26⑤	しよわう／もろ へ のわう[妙]		
正憶念	しょおくねん	しやうおくねん	正憶念	安樂	775④	漢名	796⑤	しやうをくねん／まさしきをもひ[妙]		
所化	しょか	しよけ	所化	譬喩	228④	漢名	197⑥	しよくゑ／こしらふるところ[妙]		
所化	しょか	しよけ	所化	五百	587⑤	漢名	594①			
所化	しょか	×	所化	授學	614①	漢名	623④	しよくゑ／をしふるところ[妙]		
所化	しょか	×	所化	見寶	672⑥	漢名	688④			
所化	しょか	×	所化	從地	852②	漢名	874⑥	しよくゑ／をしうるところ[妙]		
諸観	しょかん	しよくはん	諸觀	法功	1021⑥	漢名	1040⑤		―と[西右]	
所願	しょがん	しよぐはん	所願	方便	152⑤	漢名	132③	しよくわん／ねかうところ[妙]		
所願	しょがん	×	所願	授學	603②	漢名	612⑤	しよくわん／ねかうところ[妙]		
所願	しょがん	×	所願	普賢	1333②	漢名	1337①	しよくわん／ねかうところ[妙]		
所願具足	しょがんぐそくし	×	所願具足	授學	611①	漢四熟サ動	620④			
所疑	しょぎ	―き／うたかふ所	所疑	見寶	660⑤	漢名	675②	しよき／うたかふところ[妙]	―にうたかふところをしろしめしてしかして[西右]	
所疑	しょぎ	しよき／うたかはしきところ	所疑	從地	834①	漢名	856⑥	しよき／うたかふところ[妙]		
除疑意	じょぎい	ぢよぎ―	除疑意	序品	52②	漢名	45②			
所経	しょきょう	――・ふるところ	所經	妙音	1179①	漢名	1194①	しよきやう／ふるところ[妙]		
所経	しょきょう	×	所經	妙音	1199⑤	漢名	1213③	しよきやう／ふるこころ[妙]		
所経	しょきょう	×・へるところ	所經	普賢	1306②	漢名	1313②	しよきやう／ふるところ[妙]		
諸経	しょきよう	しよ―	諸經	法師	651③	漢名	665③			
諸経	しょきよう	×	諸經	見寶	697①	漢名	715⑥			
諸経	しょきよう	×	諸經	提婆	726⑤	漢名	744⑤	しよきやう／もろ へ のきやう[妙]		
諸経	しょきよう	×	諸經	藥王	1143⑥	漢名	1162①	しよきやう／もろ へ の[妙]		
諸経	しょきよう	×	諸經	藥王	1146①	漢名	1164②			しよきやう[妙]
諸経	しょきよう	×	諸經	藥王	1148④	漢名	1166⑤			しよきやう[妙]
所行	しょぎょう	しよ―	所行	方便	107⑤	漢名	94②	しよきやう／をこなうところの[妙]		
所行	しょぎょう	×	所行	方便	110①	漢名	96②			
所行	しょぎょう	しよぎやう	所行	方便	142⑤	漢名	124③	しよきやう／おこなふところ[妙]		
所行	しょぎょう	×	所行	方便	171②	漢名	147④	しよきやう／をこなふところ[妙]		
所行	しょぎょう	×	所行	方便	180②	漢名	154⑥	しよきやう／をこなふところ[妙]		
所行	しょぎょう	しよぎやう	所行	譬喩	220⑥	漢名	189⑤	しよぎやう／おこなうところ[妙]		

当該語	読みかな	傍訓	漢字表記	品名	頁数	語の種類	妙一本	和解語文	可読	異同語彙
所行	しょぎょう	しよ―	所行	藥草	388①	漢名	373③	しよきやう／をこなうところ[妙]		
所行	しょぎょう	しよきやう	所行	藥草	414③	漢名	402⑥	しよきやう／おこなうところ[妙]		
所行	しょぎょう	しよきやう	所行	授記	430③	漢名	420⑥	しよきやう／おこなふところ[妙]		
所行	しょぎょう	×	所行	化城	462②	漢名	458②	しよきやう／おこなうところ[妙]		
所行	しょぎょう	しよきやう	所行	化城	462④	漢名	458④	しよきやう／おこなうところ[妙]		
所行	しょぎょう	×	所行	化城	519②	漢名	524②	しよきやう／おこなうところ[妙]		
所行	しょぎょう	×	所行	化城	536⑥	漢名	542⑤	しよきやう／おこなうところ[妙]		
所行	しょぎょう	×	所行	化城	537③	漢名	543②	しよきやう／おこなうところ[妙]		
所行	しょぎょう	しよぎやう	所行	五百	574⑤	漢名	579②			
所行	しょぎょう	×	所行	五百	577③	漢名	582②			
所行	しょぎょう	×	所行	妙莊	1273⑤	漢名	1284③			しよぎやう[妙]
所行	しょぎょう	しよきやう	所行	妙莊	1302②	漢名	1309⑤			しよぎやう[妙]
所樂	しょぎょう	しよらく	所樂	化城	543③	漢名	551②			
諸苦	しょく	しよく	諸苦	譬喩	296③	漢名	268⑤	しよく／もろ〳〵のくるしみの[妙]		
諸垢	しょく	しよく	諸垢	藥王	1155②	漢名	1173①	しよく／もろ〳〵のあか[妙]		
濁悪世	じょくあくせ	ちよくあく―	濁悪世	方便	183③	漢名	157①	ちよくあくせ／にこりあしきよ[妙]	――のよ[西右]	
濁穢	じょくえ	ぢよくゑ	濁穢	法功	1001⑤	漢名	1020③	ぢよくゑ／にこりけかれ[妙]		
濁世	じょくせ	×	濁世	勧持	756⑤	漢名	776③	ちよくせ／にこれるよ[妙]		
諸君	しょくん	しよくん・もろ〳〵のきみ	諸君	信解	343⑤	漢名	324④	しよくん／もろもろのきみ[妙]		
所化	しょけ	しよけ／ほとけのとするをしよけといふ	所化	譬喩	295②	漢名	267⑦	しよくゑの／こしらうるところ[妙]		
所化	しょけ	×	所化	化城	498①	漢名	500⑥	しよくゑ／をしうるところ[妙]		
所化	しょけ	しよけ	所化	化城	513④	漢名	518④		―の[西右]	
所化	しょけ	しよけ	所化	化城	518④	漢名	523④	しよくゑ／おしうるところ[妙]	化せしところの[西右]	
所化	しょけ	×	所化	見寶	675②	漢名	691①			
諸華	しょげ	×	諸華	法功	1021②	漢名	1040①	しよくゑ／もろ〳〵のはな[妙]		
助顯し	じょけんし	じよけん／あらはす心	助顯	方便	159⑤	漢サ動	137⑧	しよけん／たすけあらはし[妙]		
濁劫悪世	じょごうあくせ	ちよくこうあく―	濁劫悪世	勧持	755④	漢四熟名	775②	ちよくこうあくせ／にこりあしきよ[妙]		
諸香油燈	しょこうゆとう	しよかうゆとう	諸香油燈	藥王	1152②	漢雑物名	1170⑤			しよかうゆ[妙]
諸香油燈	しょこうゆとう	しよかうゆ―	諸香油燈	陀羅	1270②	漢雑物名	1281③			しよかうゆとう[妙]
諸國	しょこく	―こく	諸國	信解	353⑤	漢名	337①	しよこく／もろ〳〵のくに[妙]		
所獻	しょこん	しよこん	所獻	化城	469③	漢名	466⑤			
所獻	しょこん	―こん	所獻	化城	477⑥	漢名	477①	しよこん／そなうるところ[妙]		
所獻	しょこん	―こん	所獻	化城	486④	漢名	487③	しよこん／たてまつるところ[妙]		
所獻	しょこん	―ごん	所獻	化城	495③	漢名	497⑥	しよこん／たてまつるところ[妙]		
諸根	しょこん	しよこん・もろ〳〵の―	諸根	方便	174③	漢名	150①			
諸根	しょこん	しよこん	諸根	方便	178①	漢名	153①			
諸根	しょこん	しよこん／けんにひせつしんの心也	諸根	譬喩	306③	漢名	278⑤			
諸根	しょこん	しよこん	諸根	譬喩	309②	漢名	281⑥	しゆこん／ろこん[妙]		
諸根	しょこん	しよこん	諸根	藥草	393②	漢名	378⑥			

しよ 341

当該語	読みかな	傍訓	漢字表記	品名	頁数	語の種類	妙一本	和解語文	可読	異同語彙
諸根	しょこん	しょこん	諸根	提婆	727④	漢名	745⑤			
諸根	しょこん	しょこん	諸根	如來	889③	漢名	908③			
諸根	しょこん	しょこん	諸根	常不	1071①	漢名	1089④			しよこん[西・妙]
諸根通利	しょこんつうり	しよこんつうり	諸根通利	化城	506①	漢四熟名	510②	しよこんつり／もろ〴〵のこんをさとり[妙]		
諸根通利	しょこんつうり	しよこんつうり	諸根通利	化城	511⑥	漢四熟名	516⑥	しよこんつうり／―さとり[妙]		
諸根猛利	しょこんみょうり	しよこんみやうり	諸根猛利	方便	112⑥	漢四熟名	98⑤			
所作	しょさ	しよさ	所作	方便	128①	漢名	112②			
所作	しょさ	しよさ	所作	信解	334⑤	漢名	312⑥			
所作	しょさ	しよさ	所作	化城	524⑤	漢名	530①			
所作	しょさ	しよさ	所作	化城	528④	漢名	534①			
所作	しょさ	しよさ	所作	化城	547⑤	漢名	554①			
所作	しょさ	しよさ	所作	如來	894③	漢名	913③			
所坐	しょざ	×	所坐	随喜	981②	漢名	999③			所生(しよしやう)[妙]
所在	しょざい	しよざい	所在	法功	1014②	漢名	1032⑤	しよざい／ありところ[妙]		
所在	しょざい	×	所在	法功	1015②	漢名	1034④			
所在	しょざい	×	所在	法功	1016②	漢名	1034⑥	しよざい／ありところ[妙]		
所在	しょざい	×	所在	法功	1016④	漢名	1035③	しよざい／ありところ[妙]		
所在	しょざい	×	所在	法功	1017⑤	漢名	1036③	しよざい／ありところ[妙]		
所在	しょざい	×	所在	法功	1018④	漢名	1037②	しよざい／ありところ[妙]		
所在	しょざい	×	所在	法功	1019②	漢名	1037⑥	しよざい／ありところ[妙]		
所在	しょざい	×	所在	法功	1021②	漢名	1039⑥	しよざい／ありところ[妙]	―と[西右]	
所在	しょざい	×	所在	法功	1024④	漢名	1043③	しよざい／ありところ[妙]		
所在	しょざい	×	所在	法功	1030④	漢名	1049②	しよざい／あるところ[妙]		
所在	しょざい	×	所在	神力	1084④	漢名	1103①	しよざい／ありところ[妙]		
所在	しょざい	×	所在	神力	1095⑤	漢名	1114③			しよざい[妙]
所散	しょさん	しよさん	所散	譬喩	232②	漢名	201②	しよさん／ちらすところの[妙]		
所散	しょさん	しよさん	所散	化城	468⑤	漢名	465⑤	しよさん／ちらすところ[妙]	―ずるところ[西右]	
所散	しょさん	しよー	所散	化城	477②	漢名	476②	しよさん／ちらすところ[妙]		
所散	しょさん	しよー	所散	化城	485⑥	漢名	486④			
所散	しょさん	×	所散	化城	494②	漢名	497②	しよさん／ちらすところ[妙]		
諸山	しょさん	×	諸山	見寶	673⑥	漢名	689④		―の―[西右]	
處し	しょし	しよし	處	序品	32①	単漢サ動	27③			
處し	しょし	しよ	處	序品	32④	単漢サ動	27⑥			
處し	しょし	しよ	處	序品	34④	単漢サ動	29⑤			
處し	しょし	しよ	處	譬喩	205⑥	単漢サ動	173①			
處し	しょし	しよ	處	譬喩	209⑥	単漢サ動	177⑤			
處し	しょし	しよ	處	信解	363①	単漢サ動	348③			
處し	しょし	しよ	處	藥草	408③	単漢サ動	395⑥		して[西右イ]	
處し	しょし	しよ	處	藥草	411⑥	単漢サ動	399⑥			
處し	しょし	しよ	處	授記	429①	単漢サ動	419④			
處し	しょし	しよ	處	化城	467⑤	単漢サ動	464⑤			
處し	しょし	しよ	處	化城	476②	単漢サ動	475③		―て[西右]	
處し	しょし	しよ	處	化城	484⑥	単漢サ動	485④		―て[西右]	
處し	しょし	×	處	化城	493⑤	単漢サ動	496②			
處し	しょし	しよ	處	五百	571④	単漢サ動	575②			
處し	しょし	×	處	法師	652①	単漢サ動	666①		―せんに[西右]	
處し	しょし	×	處	法師	652②	単漢サ動	666④			
處し	しょし	×	處	見寶	690⑤	単漢サ動	708⑤			
處し	しょし	しよ	處	勸持	758②	単漢サ動	777⑥		―する[西右]	

当該語	読みかな	傍訓	漢字表記	品名	頁数	語の種類	妙一本	和解語文	可読	異同語彙
處し	しょし	×	處	安樂	812⑤	単漢サ動	834⑥			
處し	しょし	×	處	安樂	815③	単漢サ動	837⑥			
所使	しょし	しよし／つかひ	所使	法師	632②	漢名	643⑥	しよし／つかはすところ[妙]		につかはされて[妙]
所止	しょし	しよし	所止	信解	324③	漢名	300②	しよし／ととまるところ[妙]		
所止	しょし	×	所止	化城	491②	漢名	493①	しよし／とゝまるところ[妙]		
所至	しょし	しよし	所至	法師	629④	漢名	640⑥			
諸子	しょし	しよし	諸子	序品	77③	漢人倫名	68①	しよし／もろ〳〵のてし[妙]	もろ〳〵のみこども・たちらィ[西右]	
諸子	しょし	×	諸子	譬喻	241⑥	漢人倫名	211④	しよし／もろ〳〵の[妙]		
諸子	しょし	しよし	諸子	譬喻	242②	漢人倫名	212④	しよし／もろ〳〵のこ[妙]	−の−[西右]	
諸子	しょし	しよし	諸子	譬喻	244④	漢人倫名	214②		−の−[西右]	諸(もろ〳〵の)の子(こ)とも[妙]
諸子	しょし	しよし	諸子	譬喻	246③	漢人倫名	216①		−の−[西右]	
諸子	しょし	しよし	諸子	譬喻	247⑥	漢人倫名	217⑤			
諸子	しょし	しよし	諸子	譬喻	251①	漢人倫名	221①	しよし／もろ〳〵のこ[妙]		
諸子	しょし	×	諸子	譬喻	251①	漢人倫名	221①		−の−[西右]	
諸子	しょし	×	諸子	譬喻	251①	漢人倫名	221④			
諸子	しょし	×	諸子	譬喻	263①	漢人倫名	234③	しよし／もろ〳〵のこ[妙]	−の−[西右]	
諸子	しょし	しよし・もろもろのこ	諸子	譬喻	264①	漢人倫名	235②	しよし／もろ〳〵のこ[妙]		
諸子	しょし	しよし	諸子	譬喻	265②	漢人倫名	236④	しよし／もろ〳〵のこ[妙]	−の−[西右]	
諸子	しょし	×	諸子	譬喻	265⑥	漢人倫名	237②	しよし／もろ〳〵のこ[妙]	−の−[西右]	
諸子	しょし	×	諸子	譬喻	268②	漢人倫名	239④		−の−を[西右]	
諸子	しょし	しよし	諸子	譬喻	280⑤	漢人倫名	252②	しよし／もろ〳〵のこ[妙]	−の−[西右]	
諸子	しょし	−の−	諸子	譬喻	281⑤	漢人倫名	253②	しよし／もろ〳〵のこ[妙]		
諸子	しょし	×	諸子	譬喻	282②	漢人倫名	253⑤	しよし／もろ〳〵のこ[妙]	−の−[西右]	
諸子	しょし	×	諸子	譬喻	285①	漢人倫名	256⑤	しよし／もろ〳〵のこ[妙]	−の−[西右]	
諸子	しょし	×	諸子	譬喻	285④	漢人倫名	257②			
書持	しょじ	しょち	書持	法師	641②	漢名	654②	しよち／かきたもち[妙]		
書持し	しょじし	しよぢ	書持	法師	638⑤	漢サ動	651②	しよち／かきたもち[妙]		
書持する	しょじする	しよぢ	書持	譬喻	302③	漢サ動	274⑤	しよち・する／かきたもち[妙]		
書寫	しょしゃ	しよしや	書寫	從地	818①	漢名	840③	しよしや／かきうつし[妙]	−し[西右]	
諸釋	しょしゃく	−しやく	諸釋	授記	423①	漢名	412④			
諸釋	しょしゃく	×	諸釋	分別	945⑥	漢名	964③			
所着	しょぢゃく	しよぢやく	所着	序品	39④	漢名	34①			
所着	しょぢゃく	しよぢやく	所着	方便	134②	漢名	117①		−と[西右]	
書寫し	しょしゃし	しよしや／かきうつす	書寫	法師	623③	漢サ動	634②	しよしや／かきうつし[妙]		
書寫し	しょしゃし	しよしや	書寫	法師	625③	漢サ動	636③	しよしや・し／かきうつし[妙]		
書寫し	しょしゃし	しよしや	書寫	勸持	750①	漢サ動	769①	しよしや・し／かきうつし[妙]		
書寫す	しょしゃす	しよしや	書寫	勸持	739②	漢サ動	757⑥	しよしや・す／かきうつす[妙]		
一書寫す	しょしゃす	しよしや	書寫	常不	1076⑤	漢サ動	1095②	しよしや・す／かきうつす[妙]		
書寫する	しょしゃする	しよしや	書寫	普賢	1328③	漢サ動	1332③	しよしや・する／かきうつす[妙]		
書寫せ	しょしゃせ	しよしや	書寫	法功	994③	漢サ動	1013①			しよしや・せ[妙]

しょ 343

当該語	読みかな	傍訓	漢字表記	品名	頁数	語の種類	妙一本	和解語文	可読	異同語彙
書寫せ	しょしゃせ	しよしや	書寫	法功	998④	漢サ動	1017③	しよしや・せ／かきうつさん[妙]		
書寫せ	しょしゃせ	しよしや	書寫	法功	1026⑤	漢サ動	1045④	しよしや・せ／かきうつさん[妙]		
書写せ	しょしゃせ	しよしや	書寫	法功	1035②	漢サ動	1054①			
書寫せ	しょしゃせ	しよしや	書寫	法功	1040⑥	漢サ動	1059⑤	しよしや・せ／かきうつさん[妙]		
書寫せ	しょしゃせ	しよしや	書寫	陀羅	1248⑥	漢サ動	1261①	しよしや・せ／かきうつさん[妙]		
書寫せ	しょしゃせ	×	書寫	普賢	1316②	漢サ動	1321⑥	しよしや・せ／かきうつさん[妙]		
書寫せ	しょしゃせ	×	書寫	普賢	1322⑤	漢サ動	1327③	しよしや・せ／かきうつさん[妙]		
書寫せ	しょしゃせ	しよしや	書寫	法功	1008⑥	漢サ動	1027③	しよしや・せ／かきうつさん[妙]		
所趣	しょしゅ	しよしゆ	所趣	序品	25⑤	漢名	21⑥	しよしう／おもむくところ[妙]		
所濡	しょしゅ	×／おもひのまゝ	所濡	五百	592⑥	漢名	600①	しよしゆ／もちゐるところ[妙]		
所濡	しょしゅ	しよしゆ／もちゐるところ	所濡	提婆	711①	漢名	728③	しよしゆ／もちゐるところを[西・妙]		
所濡	しょしゅ	しよしゆ	所濡	提婆	713⑤	漢名	731③	しよしゆ／もちゐるところ[妙]		
所習	しょしゅう	しよじう	所習	方便	174②	漢名	150①			
所集	しょしゅう	しよしう	所集	見寶	689⑥	漢名	707⑤	しよしゆ／あつむるところ[妙]	あつまれるところ[西右]	
所住	しょじゅう	ーちう	所住	化城	528④	漢名	534②	しよちう／すむところ[妙]		
所住	しょじゅう	×	所住	法師	640①	漢名	652⑤	しよちう／とゝまるところ[妙]		
所住	しょじゅう	×	所住	神力	1096①	漢名	1114⑤	しよぢう／きやうくわんのましますところ[妙]		
所從	しょじゅう	しよじゆう	所從	提婆	720③	漢名	738④			
所從	しょじゅう	しよじう	所從	從地	840②	漢名	863①	しよしう／したかうところの[妙]		
處々	しょじょ	しよへ	處處	方便	101④	漢名	89①	しよへ／ところへ[妙]		
處々	しょじょ	しよへ／ところへ	處處	譬喩	272⑤	漢名	244①	しよへ／ところへ[妙]		
處々	しょじょ	しよへ／ところへ	處處	譬喩	273①	漢名	244③			しよへ[妙]
處々	しょじょ	しよしよ・ところ	處處	譬喩	287②	漢名	259②			
處々	しょじょ	しよへ	處處	五百	564②	漢名	567③	しよへ／ところへ[妙]		
處處	しょじょ	しよへ	處處	見寶	685⑥	漢名	703③	しよへ／ところへ[妙]		
處々	しょじょ	しよー	處處	如來	889④	漢名	908⑤			
處々	しょじょ	しよへ	處處	妙音	1189⑤	漢名	1204②			しよへ[妙]
所生	しょしょう	しよしやう	所生	化城	513⑤	漢名	518⑤	しよしやう／うまるゝところ[妙]	にうまれしところ[西右]	
初生	しょしょう	しよしやう	初生	法功	1023④	漢名	1042⑤	しよしやう／うまれはしめ[妙]	ーと[西右]	
所將	しょしょう	ーしやう・ゐたるところ	所將	化城	507⑤	漢名	512③	しよしやう／ひきいたるところ[妙]		
所將	しょしょう	しよしやう	所將	化城	522⑥	漢名	528②	しよしやう／ゐたるところ[妙]	ゐたるところのイ[西右]	
所將	しょしょう	しよしやう／もつところ	所將	從地	835⑥	漢名	858⑤	しよしやう／ゐたるところ[妙]	ゐたるところ[西右]	
所燒	しょしょう	しよせう／やくところ	所燒	譬喩	240②	漢名	210①	しよせう／やけるところ[妙]		
所照	しょしょう	しよしよう／てらすところ	所照	見寶	668④	漢名	683⑤	しよしよう／てらすところ[妙]		
所生	しょしょう	しよしやう	所生	序品	67①	漢名	58④		うみしところイ[西右]	
所生	しょしょう	しよしやう	所生	信解	339③	漢名	318⑥	しよしやう／うむところ[妙]		

当該語	読みかな	傍訓	漢字表記	品名	頁数	語の種類	妙一本	和解語文	可読	異同語彙
所生	しょしょう	しよしやう	所生	信解	343⑥	漢名	324⑤	しよしやう／うむところ[妙]		
所生	しょしょう	しよしやう・をひたるところ	所生	藥草	390③	漢名	375⑤	しよしやう／おほすところ[妙]		
所生	しょしょう	×	所生	提婆	719⑥	漢名	737⑦	しよしやう／うまるゝところ[妙]		
所生	しょしょう	しよしやう	所生	從地	866⑥	漢名	889⑤	しよしやう／うめるところ[妙]		
所生	しょしょう	×	所生	法功	995②	漢名	1013⑥	しよしやう／うめるところ[妙]		
所生	しょしょう	×	所生	法功	997①	漢名	1015⑤	しよしやう／うめるところ[妙]		
所生	しょしょう	×	所生	法功	1000⑥	漢名	1019④	しよしやう／うめるところ[妙]		
所生	しょしょう	×	所生	法功	1001⑤	漢名	1020③	しよしやう／しよしやう[妙]		
所生	しょしょう	×	所生	法功	1008②	漢名	1026⑤	しよしやう／うまるゝところ[妙]		
諸将	しょしょう	しよしやう	諸將	安樂	799①	漢名	820⑤		もろ〳〵のいくさ[西右]	もろもろのいくさ[妙]
所成	しょじょう	しよしやう	所成	随喜	974②	漢名	992③	しよしやう／なされたる[妙]		
所親近	しょしんごん	しよしんごん	所親近	安樂	773⑥	漢名	794⑦	しよしんこん／一ちかつくところ[妙]	親近するの事[西右]	
處す	しょす	しよ	處	藥草	408①	単漢サ動	395④		一せりィ[西右]	
除す	じょす	×	除	譬喩	209②	単漢サ動	176⑥		のぞこり・一ひつ[西右]	のそこほる[妙]
諸水	しょすい	しよすい／もろ〳〵のみづ	諸水	藥王	1142⑥	漢名	1161①		一の一[西右]	しよすい[妙]
諸衰	しょすい	しよすい・もろ〳〵のおとろへ	諸衰	譬喩	310①	漢名	282⑥			
處する	しょする	しよ	處	譬喩	309②	単漢サ動	281⑥			
處せ	しょせ	しよ	處	譬喩	313①	単漢サ動	286⑤			
處せ	しょせ	しよ	處	信解	357③	単漢サ動	341①			
處せ	しょせ	しよ	處	授記	428②	単漢サ動	418④			
處せ	しょせ	しよ	處	見寶	683⑥	単漢サ動	701①			
處せ	しょせ	×	處	分別	950④	単漢サ動	969②			
所説	しょせつ	しよせつ	所説	序品	18③	漢名	15①	しよせつ／ときたまふところ[妙]		
所説	しょせつ	しよせつ	所説	序品	59③	漢名	51①	しよせつ／ときたまふところ[妙]		
所説	しょせつ	×	所説	方便	100③	漢名	88①	しよせつ／とくところ[妙]		
所説	しょせつ	しよせつ	所説	方便	113①	漢名	98⑥	しよせつ／ときたまふところ[妙]		
所説	しょせつ	しよせつ	所説	方便	123⑥	漢名	108④			
所説	しょせつ	しよせつ	所説	方便	147⑥	漢名	128④	しよせつ／とくところ[妙]		
所説	しょせつ	×	所説	方便	183③	漢名	157④	しよせつ／ときたまふところ[妙]	とき給ふところ[西右]	
所説	しょせつ	×	所説	方便	186①	漢名	159④	しよせつ／ときたまふところ[妙]		
所説	しょせつ	しよせつ	所説	譬喩	215①	漢名	183③	しよせつ／ときたまふところ[妙]		
所説	しょせつ	しよせつ	所説	譬喩	238①	漢名	207③	しよせつ／とくところ[妙]		
所説	しょせつ	しよせつ	所説	譬喩	299③	漢名	271⑤	しよせつ／とくところ[妙]		
所説	しょせつ	×	所説	藥草	387④	漢名	372⑥	しよせつ／とくところ[妙]	とき給ふところィ[西右]	
所説	しょせつ	しよせつ	所説	藥草	413③	漢名	401④	しよせつ／とき給ところ[妙]		
所説	しょせつ	しよせつ	所説	授記	429⑥	漢名	420③	しよせつ／とくところ[妙]		
所説	しょせつ	×	所説	授記	437②	漢名	428⑤	しよせつ／とくところ[妙]		

しょ 345

当該語	読みかな	傍訓	漢字表記	品名	頁数	語の種類	妙一本	和解語文	可読	異同語彙
所説	しょせつ	×	所説	化城	512⑥	漢名	517⑥	しょせつ／とくところ[妙]		
所説	しょせつ	×	所説	五百	566⑥	漢名	570④	しょせつ／ときたまふところ[妙]		
所説	しょせつ	しよせつ	所説	五百	578①	漢名	582⑥	しよせち／とくところ[妙]		
所説	しょせつ	とくところ	所説	五百	588②	漢名	594④			しよせち[妙]
所説	しょせつ	×	所説	法師	636⑥	漢名	649①	しょせつ／とくところ[妙]		
所説	しょせつ	×	所説	法師	637③	漢名	649⑤			
所説	しょせつ	×	所説	見寶	659④	漢名	674①	しよせち／ときたまふところ[妙]	のとき給ところのイ[西右]	
所説	しょせつ	しよせつ	所説	提婆	727⑤	漢名	745⑤	しょせつ／ときたまふところ[妙]		
所説	しょせつ	×	所説	從地	821①	漢名	843②			
所説	しょせつ	×	所説	從地	830⑤	漢名	853③	しょせつ／とくところ[妙]		
所説	しょせつ	×	所説	從地	850④	漢名	873②	しょせつ／とくところ[妙]	とくところあらん[西右]	
所説	しょせつ	しよせつ	所説	從地	852⑥	漢名	875③	しょせつ／とくところ[妙]	一の[西右]	
所説	しょせつ	×	所説	從地	862②	漢名	884⑥	しょせつ／ときたまふところ[妙]	よろしきにしたかひて説給ふところを信し[西右]	
所説	しょせつ	しよせつ	所説	分別	944②	漢名	962⑤	しょせつ／とくところ[妙]		
所説	しょせつ	×	所説	分別	961⑤	漢名	980②	しょせつ／とくところ[妙]	とくところ[西右]	
所説	しょせつ	×	所説	法功	1041⑤	漢名	1060④	しょせつ／とくところ[妙]		
所説	しょせつ	×	所説	法功	1043⑤	漢名	1062③	しょせつ／とくところ[妙]	ときはへるところ[西右]	
所説	しょせつ	×	所説	常不	1069①	漢名	1087⑤	しょせつ／とくところ[妙]		
所説	しょせつ	×	所説	神力	1103①	漢名	1121⑥			しよせつ[妙]
所説	しょせつ	×	所説	囑累	1113②	漢名	1132④	しょせつ／ときたまふところ[妙]		
所説	しょせつ	×	所説	藥王	1143②	漢名	1161③	しょせつ[妙]		
所説	しょせつ	しよせつ	所説	藥王	1147①	漢名	1165②	しょせつ／ときたまふところ[妙]	一と[西右]	
所説	しょせつ	×	所説	藥王	1147①	漢名	1165③		一と[西右]	しよせつ[妙]
所説	しょせつ	×	所説	藥王	1147①	漢名	1165③		一と[西右]	しよせつ[妙]
所説	しょせつ	×	所説	藥王	1159⑥	漢名	1177③		一ときつるところ[西右]	しよせつ[妙]
所説	しょせつ	×	所説	陀羅	1253⑥	漢名	1265⑥	しょせつ／ときたまふところ[妙]		
所説	しょせつ	×	所説	陀羅	1257③	漢名	1269②	しょせつ／ときたまふところ[妙]		
所説	しょせつ	×	所説	陀羅	1261④	漢名	1272⑥	しょせつ／ときたまふところ[妙]		
諸山	しょせん	しよ一	諸山	見寶	676①	漢名	692①	しょせん／もろ〴〵のやま[妙]	一の一[西右]	
諸仙	しょせん	しよせん	諸仙	序品	81②	漢名	71③	しょせん／もろ〴〵のせ(ん)にん[妙]		
初善	しょぜん	しよせん／はしめなかおはりおなしといふ心也・一もよくなかもよくかはりもよかりき	初善	序品	48②	漢名	41⑤	しょせん／はしめよく[妙]	はしめよく[西右]	
諸善根	しょぜんこんりき	しよぜんごん	諸善根	從地	830④	漢名	853①		もろ〴〵の一[西右]	もろもろの善根(せんこん)[妙]
諸善根力	しょぜんこんりき	しよぜんこん一	諸善根力	法師	639③	漢四熟名	651⑥	しょせんこんりき／もろ〴〵のせんこんのちから[妙]	一と[西右]	
助宣し	じょせんし	じよせん	助宣	五百	566⑤	漢サ動	570②	こちしよせん・し／まほりたもちたすけのふ[妙]	一す[西右]	
助宣し	じょせんし	しよせん	助宣	五百	569④	漢サ動	573③		一一て[西右]	

当該語	読みかな	傍訓	漢字表記	品名	頁数	語の種類	妙一本	和解語文	可読	異同語彙
助宣し	じょせんし	しよせん	助宣	五百	579②	漢サ動	584②		たすけのへて[西右]	
助宣せ	じょせんせ	じよせん	助宣	五百	569③	漢サ動	573②	ごちしよせん・し／まほりたもちたすけのへん[妙]		
諸相	しょそう	×	諸相	妙音	1180③	漢名	1195④	しよさう／もろ〴〵のさう[妙]		
所属	しょぞく	しよぞく／けんそく	所属	勧持	756④	漢名	776④	しよそく／つくるところ[妙]		
所属	しょぞく	－ぞく	所属	勧持	758①	漢名	777⑤	しよぞく／つくるところ[妙]		
諸大三昧	しょたいさんまい	×	諸大三昧	妙音	1169②	漢四熟名	1185③		－の――－[西右]	諸大三昧(しよたいさんまい)[妙]
諸大梵王	しょたいぼんおう	×	諸大梵王	化城	491②	仏王名名	493①			
諸臺楼観	しょだいろうかん	しよだいろうくはん	諸臺楼觀	分別	950②	漢四熟名	969④	しよたいろうくわん／もろ〴〵のうてな[妙]		
除断し	じょだんし	ちよだん／のぞきたんする	除断	序品	86①	漢サ動	75④	ちよたん・し／のそきたち[妙]		
所知	しょち	しょち	所知	妙音	1194③	漢名	1208⑥	しよち／しるところ[妙]		
初中後善	しょちゅうごぜん	しよちうごせん／－－－も－なりき	初中後善	序品	51③	漢四熟名	44④		はしめもなかのものちのもぜんィ[西右]	
諸鳥	しょちょう	－てう／－のとり	諸鳥	譬喩	277④	漢禽鳥名	249②	しよてう／もろ〴〵のとり[妙]		
諸鳥	しょちょう	しよてう	諸鳥	法功	1003②	漢禽鳥名	1021⑥	しよてう／もろ〴〵のとり[妙]	－とを[西右]	
所珍	しょちん	しよちん	所珍	化城	456①	漢名	451①	しよちん／たから[妙]	珎とする所[西右]	
諸天	しょてん	しょてん	諸天	序品	41②	漢名	35②			
諸天	しょてん	×	諸天	方便	92③	漢名	81②			
諸天	しょてん	しよ－・もろ〴〵の－	諸天	方便	110④	漢名	96⑤			
諸天	しょてん	しよ－	諸天	譬喩	232②	漢名	201②			
諸天	しょてん	しよ－	諸天	授記	432②	漢名	423①			
諸天	しょてん	しょてん	諸天	化城	452⑤	漢名	447①			
諸天	しょてん	×	諸天	化城	454③	漢名	448⑥		－いたるに[西右]	
諸天	しょてん	×	諸天	化城	454④	漢名	449③			
諸天	しょてん	しよ－	諸天	化城	461③	漢名	456⑤			
諸天	しょてん	しよ－	諸天	化城	464③	漢名	460④			
諸天	しょてん	しよ－	諸天	化城	464④	漢名	460⑥			
諸天	しょてん	しよ－	諸天	化城	467⑥	漢名	464⑥			
諸天	しょてん	しよ－	諸天	化城	476③	漢名	475⑤			
諸天	しょてん	×	諸天	化城	485①	漢名	485④		－の－[西右]	
諸天	しょてん	しよ－	諸天	化城	493⑥	漢名	496③	しよてん／もろ〴〵の－[妙]	－の－[西右]	
諸天	しょてん	しょてん	諸天	化城	530⑤	漢名	536③		－の[西右]	
諸天	しょてん	×	諸天	化城	531③	漢名	537①		－の－[西右]	
諸天	しょてん	×	諸天	五百	571③	漢名	575③			
諸天	しょてん	×	諸天	法師	621④	漢名	632②		－の－と[西]	
諸天	しょてん	×	諸天	見寳	674③	漢名	690①		－の－ィ[西右]	
諸天	しょてん	×	諸天	提婆	718③	漢名	736③			
諸天	しょてん	×	諸天	安樂	794③	漢名	815⑥			
諸天	しょてん	×	諸天	安樂	794⑥	漢名	816②			
諸天	しょてん	×	諸天	如來	915⑥	漢名	934⑤		－は[西右]	
諸天	しょてん	×	諸天	法功	1002⑤	漢名	1021③			
諸天	しょてん	×	諸天	法功	1011③	漢名	1029⑥			
諸天	しょてん	×	諸天	法功	1012③	漢名	1030⑥			
諸天	しょてん	×	諸天	法功	1012③	漢名	1031②			
諸天	しょてん	しよ－	諸天	法功	1013④	漢名	1032①			
諸天	しょてん	×	諸天	法功	1013⑤	漢名	1032②			
諸天	しょてん	×	諸天	法功	1017③	漢名	1035⑤			
諸天	しょてん	×	諸天	法功	1022⑥	漢名	1041①			
諸天	しょてん	しょてん	諸天	法功	1028③	漢名	1046⑥			
諸天	しょてん	しよ－	諸天	法功	1039②	漢名	1057⑥			

しょ 347

当該語	読みかな	傍訓	漢字表記	品名	頁数	語の種類	妙一本	和解語文	可読	異同語彙
諸天	しょてん	しょー	諸天	神力	1090③	漢名	1108⑤			しょてん[妙]
諸天	しょてん	×	諸天	藥王	1115③	漢名	1133⑥			しょてん[妙]
諸天	しょてん	×	諸天	藥王	1118⑥	漢名	1137①			しょてん[妙]
諸天	しょてん	×	諸天	藥王	1132④	漢名	1150⑥		一と[西右]	しょてん[妙]
諸天	しょてん	×	諸天	妙莊	1305②	漢名	1312②			しょてん[妙]
諸天衆	しょてんしゅ	×	諸天衆	化城	459④	漢名	455①		一のィー[西右]	
諸天衆	しょてんしゅ	×	諸天衆	化城	479③	漢名	478⑤			
諸天衆	しょてんしゅ	×	諸天衆	化城	497②	漢名	500①		一の一[西右]	
諸天魔	しょてんま	×	諸天魔	化城	489②	漢名	490④			
諸度	しょど	×	諸度	提婆	733①	漢名	751②			
所得	しょとく	しょとく	所得	方便	107①	漢名	93⑥		一え給へる[西右]	
所得	しょとく	しょとく	所得	方便	142③	漢名	124①			
所得	しょとく	×	所得	方便	149⑥	漢名	130②			
所得	しょとく	しょとく	所得	方便	177⑥	漢名	152⑥	しょとく／うるところ[妙]	えるところィ[西右]	
所得	しょとく	しょとく	所得	化城	519②	漢名	524①	しょとく／うるところ[妙]		
所得	しょとく	一とく	所得	化城	528⑤	漢名	534③			
所得	しょとく	しょとく／うるところ也	所得	分別	937④	漢名	956①			
所得	しょとく	×	所得	分別	947⑤	漢名	966③		えんところ[西右]	
所得	しょとく	しょとく	所得	随喜	976③	漢名	994④			
所得	しょとく	しょとく　うるところ	所得	藥王	1142③	漢名	1160④			しょとく[妙]
所得	しょとく	しょとく	所得	常不	1057①	漢名	1076①		えんところ[西右]	しょとく[妙]
所得	しょとく	×	所得	藥王	1151⑥	漢名	1170①			しょとく[妙]
所得	しょとく	しょとく・えんところ	所得	藥王	1152⑥	漢名	1170⑥			しょとく[妙]
所得	しょとく	えんところ	所得	藥王	1156⑤	漢名	1174③			しょとく[妙]
所得	しょとく	×	所得	藥王	1159⑥	漢名	1177②		えんところ[西右]	しょとく[妙]
處女	しょにょ	しよにょ／×	處女	安樂	765②	漢人倫名	785②	しよにょ／うからめ[妙]		
處女	しょにょ	しよにょ／うかれめ	處女	安樂	770⑥	漢人倫名	791②	しよにょ／うからめ[妙]		
所潤	しょにん	しよにん／うるほふ也	所潤	藥草	390③	漢名	375⑤	×／うるをすところ[妙]	うるをさるゝところ[西右]	
諸人	しょにん	しよー	諸人	譬喩	285③	漢名	257①			
諸人	しょにん	しよー	諸人	譬喩	294①	漢名	266①			
諸人	しょにん	しよー	諸人	信解	357③	漢名	341③			
諸人	しょにん	×	諸人	化城	543⑤	漢名	551①			
諸人	しょにん	×	諸人	見寶	685③	漢名	703①		一の一[西右]	
諸人	しょにん	×	諸人	随喜	988⑤	漢名	1007①			
諸人	しょにん	×	諸人	常不	1078⑤	漢名	1097②			しょにん[妙]
所念	しょねん	しょねん	所念	方便	142⑤	漢名	124③	しょねん／おもふところ[妙]	一と[西右]	
所念	しょねん	しょねん	所念	方便	174②	漢名	150①		一と[西右]	
所念	しょねん	しょねん	所念	授記	426①	漢名	416③	しょねん／おもふところ[妙]		
所念	しょねん	しょねん	所念	化城	462③	漢名	458②	しょねん／おもふところ[妙]		
所念	しょねん	しょねん	所念	化城	507④	漢名	512①	しょねん／おもふところ[妙]		
所念	しょねん	×	所念	五百	583①	漢名	588④	しょねん／おもふところ[妙]		
所念	しょねん	×	所念	授學	609③	漢名	618④	しょねん／おもふところ[妙]		
所念	しょねん	しょねん	所念	從地	833⑥	漢名	856⑤	しょねん／おもふところ[妙]		
所念	しょねん	しょねん	所念	法功	1020②	漢名	1038⑥	しょねん／おもふところ[妙]	一と[西右]	
所念	しょねん	しよねん・おもふところ	所念	法功	1045②	漢名	1063⑤	しょねん／おもふこゝろの[妙]		
諸悩	しょのう	しよなう／もろ〴〵のなやみ	諸悩	安樂	782④	漢名	803④	しよなう／もろ〴〵のなやみ[妙]		

当該語	読みかな	傍訓	漢字表記	品名	頁数	語の種類	妙一本	和解語文	可読	異同語彙
所奉	しよふ	しよふ・つかまつるところの	所奉	序品	74①	漢名	65②	しよふ／うくるところのほとけ[妙]		
所{○}福	しよふく	[しよ]ふく	所福	随喜	969⑤	漢名	987⑥			
所福	しよふく	しよふく	所福	陀羅	1248⑥	漢名	1261①			福（ふく）[妙]
諸佛	しよぶつ	しよぶつ	諸佛	序品	7④	漢名	6①	しよふつ／もろ〴〵のほとけ[妙]		
諸佛	しよぶつ	×	諸佛	序品	7⑤	漢名	6②			
諸佛	しよぶつ	×	諸佛	序品	7⑥	漢名	6③			
諸佛	しよぶつ	しよぶつ	諸佛	序品	18②	漢名	14⑥			
諸佛	しよぶつ	×	諸佛	序品	18③	漢名	15①			
諸佛	しよぶつ	×	諸佛	序品	19②	漢名	15⑥			
諸佛	しよぶつ	しよ—	諸佛	序品	19④	漢名	16①			
諸佛	しよぶつ	×	諸佛	序品	21①	漢名	17④			
諸佛	しよぶつ	×	諸佛	序品	25⑥	漢名	22①			ーーの[西左]
諸佛	しよぶつ	×	諸佛	序品	30①	漢名	25⑤			
諸佛	しよぶつ	×	諸佛	序品	33③	漢名	28④			
諸佛	しよぶつ	×	諸佛	序品	42②	漢名	36③			ーのー[西右]
諸佛	しよぶつ	×	諸佛	序品	44①	漢名	38①			
諸佛	しよぶつ	×	諸佛	序品	44③	漢名	38③			
諸佛	しよぶつ	×	諸佛	序品	46①	漢名	39⑤			
諸佛	しよぶつ	しよ—	諸佛	序品	56⑤	漢名	49③			ーのー[西右]
諸佛	しよぶつ	×	諸佛	序品	64②	漢名	56②			
諸佛	しよぶつ	×	諸佛	序品	68⑤	漢名	60①			
諸佛	しよぶつ	×	諸佛	序品	71③	漢名	62④			ーのー[西右]
諸佛	しよぶつ	×	諸佛	序品	77①	漢名	67⑤			
諸佛	しよぶつ	×	諸佛	序品	80④	漢名	70⑥			
諸佛	しよぶつ	×	諸佛	序品	82⑥	漢名	72⑤			
諸佛	しよぶつ	×	諸佛	序品	84⑥	漢名	74④			
諸佛	しよぶつ	×	諸佛	方便	87①	漢名	76③			
諸佛	しよぶつ	×	諸佛	方便	87⑤	漢名	77①			
諸佛	しよぶつ	×	諸佛	方便	87⑥	漢名	77①			
諸佛	しよぶつ	×	諸佛	方便	95②	漢名	84⑥			
諸佛	しよぶつ	×	諸佛	方便	100②	漢名	87⑥			
諸佛	しよぶつ	×	諸佛	方便	104⑥	漢名	91⑥			
諸佛	しよぶつ	×	諸佛	方便	107⑥	漢名	94④	しよふつ／もろ〴〵のほとけ[妙]		
諸佛	しよぶつ	×	諸佛	方便	112⑥	漢名	98⑤			
諸佛	しよぶつ	×	諸佛	方便	123②	漢名	108①			
諸佛	しよぶつ	×	諸佛	方便	124①	漢名	108⑤			
諸佛	しよぶつ	×	諸佛	方便	124⑥	漢名	109③			
諸佛	しよぶつ	×	諸佛	方便	125①	漢名	109⑤	しよふつ／もろ〴〵のほとけ[妙]		
諸佛	しよぶつ	×	諸佛	方便	125③	漢名	110①			
諸佛	しよぶつ	×	諸佛	方便	125⑥	漢名	110③	しよふつ／もろ〴〵の[妙]		
諸佛	しよぶつ	×	諸佛	方便	127③	漢名	111⑤			
諸佛	しよぶつ	×	諸佛	方便	127⑥	漢名	112①			
諸佛	しよぶつ	×	諸佛	方便	128⑤	漢名	113①			
諸佛	しよぶつ	×	諸佛	陀羅	129②	漢名	113②			ーも[西右]
諸佛	しよぶつ	×	諸佛	方便	129⑥	漢名	113⑥			
諸佛	しよぶつ	×	諸佛	方便	130②	漢名	114②			
諸佛	しよぶつ	×	諸佛	方便	131⑤	漢名	115②			
諸佛	しよぶつ	×	諸佛	方便	131⑥	漢名	115③			
諸佛	しよぶつ	×	諸佛	方便	133①	漢名	116②			
諸佛	しよぶつ	×	諸佛	方便	135③	漢名	118②			
諸佛	しよぶつ	×	諸佛	方便	136②	漢名	118⑥			ーは[西右]
諸佛	しよぶつ	×	諸佛	方便	136⑥	漢名	119③			
諸佛	しよぶつ	×	諸佛	方便	140①	漢名	122①			
諸佛	しよぶつ	×	諸佛	方便	142③	漢名	124①			
諸佛	しよぶつ	×	諸佛	方便	146③	漢名	127③			
諸佛	しよぶつ	×	諸佛	方便	149①	漢名	129④			
諸佛	しよぶつ	×	諸佛	方便	157⑥	漢名	136③			
諸佛	しよぶつ	×	諸佛	方便	160⑤	漢名	138⑤			
諸佛	しよぶつ	×	諸佛	方便	161②	漢名	139①			
諸佛	しよぶつ	×	諸佛	方便	171②	漢名	147③			
諸佛	しよぶつ	×	諸佛	方便	171④	漢名	147⑥			ーも[西右]
諸佛	しよぶつ	×	諸佛	方便	172①	漢名	148②	しよふつ／もろ〴〵のほとけ[妙]		
諸佛	しよぶつ	×	諸佛	方便	183③	漢名	157③			

しょ 349

当該語	読みかな	傍訓	漢字表記	品名	頁数	語の種類	妙一本	和解語文	可読	異同語彙
諸佛	しょぶつ	×	諸佛	方便	185⑥	漢名	159③			
諸佛	しょぶつ	×	諸佛	方便	187⑥	漢名	161①			
諸佛	しょぶつ	×	諸佛	方便	188②	漢名	161③			
諸佛	しょぶつ	×	諸佛	方便	191①	漢名	164①			
諸佛	しょぶつ	×	諸佛	方便	192④	漢名	165③			
諸佛	しょぶつ	×	諸佛	方便	193②	漢名	165⑥			
諸佛	しょぶつ	×	諸佛	譬喩	224②	漢名	193②			
諸佛	しょぶつ	×	諸佛	譬喩	237④	漢名	206①			
諸佛	しょぶつ	×	諸佛	譬喩	266⑥	漢名	238①			
諸佛	しょぶつ	×	諸佛	譬喩	267⑤	漢名	238⑥			
諸佛	しょぶつ	×	諸佛	譬喩	269⑥	漢名	241①			
諸仏	しょぶつ	×	諸佛	譬喩	295①	漢名	267②			
諸佛	しょぶつ	しょぶつ	諸佛	譬喩	295①	漢名	267②			
諸佛	しょぶつ	×	諸佛	譬喩	314②	漢名	288②			
諸佛	しょぶつ	×	諸佛	信解	367②	漢名	353②		一の一[西右]	
諸佛	しょぶつ	しょふつ	諸佛	信解	367④	漢名	353⑤			
諸佛	しょぶつ	しょー	諸佛	信解	376④	漢名	364②			
諸佛	しょぶつ	×	諸佛	信解	377②	漢名	365①			
諸佛	しょぶつ	しょー	諸佛	藥草	411③	漢名	399③			
諸佛	しょぶつ	×	諸佛	藥草	414①	漢名	402③			
諸佛	しょぶつ	×	諸佛	授記	415⑤	漢名	404①			
諸佛	しょぶつ	×	諸佛	授記	416①	漢名	404②			
諸佛	しょぶつ	×	諸佛	授記	419②	漢名	408①	しょふつ／もろ／＼ほとけ[妙]		
諸佛	しょぶつ	×	諸佛	授記	421①	漢名	410②			
諸佛	しょぶつ	×	諸佛	授記	430②	漢名	420⑥			
諸佛	しょぶつ	×	諸佛	授記	433④	漢名	424⑤			
諸佛	しょぶつ	×	諸佛	授記	434④	漢名	425⑥			
諸佛	しょぶつ	×	諸佛	授記	437③	漢名	429①			
諸佛	しょぶつ	×	諸佛	授記	437④	漢名	429②			
諸佛	しょぶつ	×	諸佛	授記	439②	漢名	431①	しょふつ／もろ／＼のほとけ[妙]		
諸佛	しょぶつ	×	諸佛	授記	439③	漢名	431②			
諸佛	しょぶつ	×	諸佛	授記	440②	漢名	432②			
諸佛	しょぶつ	×	諸佛	授記	442③	漢名	434⑤	しょふつ／もろ／＼のほとけ[妙]		
諸佛	しょぶつ	×	諸佛	授記	442④	漢名	435①			
諸佛	しょぶつ	×	諸佛	授記	442⑥	漢名	435③	しょふつ／もろ／＼のほとけ[妙]		
諸佛	しょぶつ	×	諸佛	授記	443②	漢名	435④			
諸佛	しょぶつ	×	諸佛	化城	452②	漢名	446③			
諸佛	しょぶつ	×	諸佛	化城	452④	漢名	446⑤			
諸佛	しょぶつ	しょー	諸佛	化城	455①	漢名	449⑥			
諸佛	しょぶつ	×	諸佛	化城	463③	漢名	459③			
諸佛	しょぶつ	×	諸佛	化城	496①	漢名	498⑤			
諸佛	しょぶつ	×	諸佛	化城	506②	漢名	510⑤			
諸佛	しょぶつ	×	諸佛	化城	512①	漢名	517①			
諸佛	しょぶつ	×	諸佛	化城	512①	漢名	517①			
諸佛	しょぶつ	×	諸佛	化城	514①	漢名	519①	しょふつ／もろ／＼のほとけ[妙]		
諸佛	しょぶつ	×	諸佛	化城	539①	漢名	544⑥			
諸佛	しょぶつ	×	諸佛	化城	539⑤	漢名	545④			
諸佛	しょぶつ	×	諸佛	化城	548①	漢名	554④			
諸佛	しょぶつ	×	諸佛	化城	549①	漢名	555⑥			
諸佛	しょぶつ	×	諸佛	五百	562⑥	漢名	566①	しょふつ／もろもろのほとけ[妙]		
諸佛	しょぶつ	×	諸佛	五百	566④	漢名	570①			
諸佛	しょぶつ	×	諸佛	五百	566⑥	漢名	570④			
諸佛	しょぶつ	×	諸佛	五百	569①	漢名	572④			
諸佛	しょぶつ	×	諸佛	五百	569④	漢名	573③			
諸佛	しょぶつ	×	諸佛	五百	577④	漢名	582③			
諸佛	しょぶつ	×	諸佛	五百	577⑤	漢名	582④			
諸佛	しょぶつ	×	諸佛	五百	586⑤	漢名	592③			
諸佛	しょぶつ	×	諸佛	授學	604④	漢名	613②			
諸佛	しょぶつ	×	諸佛	授學	606③	漢名	615②			
諸佛	しょぶつ	×	諸佛	授學	607①	漢名	616①			
諸佛	しょぶつ	×	諸佛	授學	610③	漢名	619⑤	しょふつ／もろ／＼のほとけ[妙]		
諸佛	しょぶつ	×	諸佛	授學	611③	漢名	620⑥			

当該語	読みかな	傍訓	漢字表記	品名	頁数	語の種類	妙一本	和解語文	可読	異同語彙
諸佛	しょぶつ	×	諸佛	授學	612②	漢名	621⑤			
諸佛	しょぶつ	×	諸佛	授學	612④	漢名	622②			
諸佛	しょぶつ	×	諸佛	授學	613④	漢名	623①			
諸佛	しょぶつ	×	諸佛	授學	613④	漢名	623②			
諸佛	しょぶつ	×	諸佛	授學	617②	漢名	627②			
諸佛	しょぶつ	×	諸佛	授學	618⑥	漢名	629①			
諸佛	しょぶつ	×	諸佛	法師	624②	漢名	635①	しよふつ／もろ／＼のほとけ[妙]		
諸佛	しょぶつ	×	諸佛	法師	637⑥	漢名	650①			
諸佛	しょぶつ	×	諸佛	法師	638①	漢名	650③	しよふつ／もろ／＼の[妙]		
諸佛	しょぶつ	×	諸佛	法師	639②	漢名	651④			
諸佛	しょぶつ	×	諸佛	法師	655⑤	漢名	670①			
諸佛	しょぶつ	×	諸佛	見寶	665③	漢名	680②			
諸佛	しょぶつ	×	諸佛	見寶	665⑤	漢名	680④			
諸佛	しょぶつ	×	諸佛	見寶	666②	漢名	681④			
諸仏	しょぶつ	×	諸佛	見寶	666⑤	漢名	681⑤			
諸佛	しょぶつ	×	諸佛	見寶	667②	漢名	682③	しよふつ／もろ／＼のほとけ[妙]		
諸佛	しょぶつ	×	諸佛	見寶	667⑥	漢名	683①		一は[西右]	
諸佛	しょぶつ	×	諸佛	見寶	668⑥	漢名	684①			
諸佛	しょぶつ	×	諸佛	見寶	670⑤	漢名	686①	しよふつ／もろ／＼のほとけ[妙]		
諸佛	しょぶつ	×	諸佛	見寶	671④	漢名	687①			
諸佛	しょぶつ	×	諸佛	見寶	672②	漢名	687⑤			
諸佛	しょぶつ	×	諸佛	見寶	674④	漢名	690②			
諸佛	しょぶつ	×	諸佛	見寶	676⑥	漢名	693①	しよふつ／もろ／＼のほとけ[妙]		
諸佛	しょぶつ	×	諸佛	見寶	677①	漢名	693③			
諸佛	しょぶつ	×	諸佛	見寶	677③	漢名	693⑤			
諸佛	しょぶつ	×	諸佛	見寶	677④	漢名	693⑥			
諸佛	しょぶつ	×	諸佛	見寶	678⑥	漢名	695④			
諸佛	しょぶつ	×	諸佛	見寶	679②	漢名	695⑥			
諸佛	しょぶつ	×	諸佛	見寶	679③	漢名	696②			
諸佛	しょぶつ	×	諸佛	見寶	686④	漢名	704①			
諸佛	しょぶつ	×	諸佛	見寶	687③	漢名	704⑥			
諸佛	しょぶつ	×	諸佛	見寶	687⑤	漢名	705②			
諸佛	しょぶつ	×	諸佛	見寶	698①	漢名	717①			
諸佛	しょぶつ	×	諸佛	見寶	698②	漢名	717②			
諸佛	しょぶつ	×	諸佛	提婆	727⑤	漢名	745⑤			
諸佛	しょぶつ	×	諸佛	勸持	743①	漢名	761⑥	しよふつ／もろ／＼のほとけ[妙]		
諸佛	しょぶつ	×	諸佛	勸持	744⑥	漢名	763⑥	しゆふつ／ほとけ[妙]		
諸佛	しょぶつ	×	諸佛	安樂	790④	漢名	812②			
諸佛	しょぶつ	×	諸佛	安樂	795③	漢名	816⑥		一の[西右]	
諸佛	しょぶつ	×	諸佛	安樂	803③	漢名	825③			
諸佛	しょぶつ	×	諸佛	安樂	815③	漢名	838①			
諸佛	しょぶつ	×	諸佛	從地	830③	漢名	852⑥			
諸佛	しょぶつ	×	諸佛	從地	831⑥	漢名	854⑤	しよふつ／もろ／＼のほとけ[妙]		
諸佛	しょぶつ	×	諸佛	從地	841⑥	漢名	864⑤			
諸佛	しょぶつ	×	諸佛	從地	843③	漢名	866②	しよふつ／もろ／＼のほとけ[妙]		
諸佛	しょぶつ	×	諸佛	從地	845③	漢名	868②			
諸佛	しょぶつ	×	諸佛	從地	845④	漢名	868②			
諸佛	しょぶつ	×	諸佛	從地	845⑤	漢名	868③			
諸佛	しょぶつ	×	諸佛	從地	845⑤	漢名	868③			
諸佛	しょぶつ	×	諸佛	從地	851②	漢名	873⑥			
諸佛	しょぶつ	×	諸佛	從地	858②	漢名	881①			
諸佛	しょぶつ	×	諸佛	如來	897③	漢名	916③			
諸佛	しょぶつ	×	諸佛	如來	899①	漢名	918②			
諸佛	しょぶつ	×	諸佛	分別	926④	漢名	945②	しよふつ／もろ／＼のほとけ[妙]		
諸佛	しょぶつ	×	諸佛	分別	928⑥	漢名	947④			
諸佛	しょぶつ	×	諸佛	分別	934②	漢名	952⑥			
諸佛	しょぶつ	×	諸佛	分別	935③	漢名	954①	しよふつ／もろ／＼のほとけ[妙]		
諸佛	しょぶつ	×	諸佛	分別	941③	漢名	959⑤			

しょ 351

当該語	読みかな	傍訓	漢字表記	品名	頁数	語の種類	妙一本	和解語文	可読	異同語彙
諸佛	しょぶつ	×	諸佛	法功	1006④	漢名	1025②			
諸佛	しょぶつ	×	諸佛	法功	1014①	漢名	1032④			
諸佛	しょぶつ	×	諸佛	法功	1030③	漢名	1049①			
諸佛	しょぶつ	×	諸佛	法功	1030⑤	漢名	1049②			
諸佛	しょぶつ	×	諸佛	法功	1034①	漢名	1053②			
諸佛	しょぶつ	×	諸佛	法功	1036⑥	漢名	1055⑤		と[西右]	
諸佛	しょぶつ	×	諸佛	法功	1039⑤	漢名	1058③	しよふつ／もろ〰のほとけ[妙]		
諸佛	しょぶつ	×	諸佛	常不	1070④	漢名	1089①	しよふつ／もろ〰のほとけ[妙]		
諸佛	しょぶつ	×	諸佛	常不	1071④	漢名	1090②			
諸佛	しょぶつ	×	諸佛	常不	1072①	漢名	1090⑤			
諸佛	しょぶつ	×	諸佛	常不	1082④	漢名	1101①			
諸佛	しょぶつ	×	諸佛	神力	1086⑥	漢名	1105②			
諸佛	しょぶつ	×	諸佛	神力	1087②	漢名	1105⑤			諸佛(しよふつ)[妙]
諸佛	しょぶつ	×	諸佛	神力	1087⑥	漢名	1106③			
諸佛	しょぶつ	×	諸佛	神力	1088⑥	漢名	1107②			
諸佛	しょぶつ	×	諸佛	神力	1093③	漢名	1111⑥			
諸佛	しょぶつ	×	諸佛	神力	1093⑥	漢名	1112④			
諸佛	しょぶつ	しよー	諸佛	神力	1097②	漢名	1116①			
諸佛	しょぶつ	×	諸佛	神力	1097③	漢名	1116②			
諸佛	しょぶつ	×	諸佛	神力	1097④	漢名	1116③			
諸佛	しょぶつ	×	諸佛	神力	1098①	漢名	1116⑥	しよふつ／ほとけよをすくうといは[妙]		
諸佛	しょぶつ	×	諸佛	神力	1098⑥	漢名	1117②			諸佛[妙]
諸佛	しょぶつ	×	諸佛	神力	1099③	漢名	1118②			
諸佛	しょぶつ	×	諸佛	神力	1101⑥	漢名	1120⑥			
諸佛	しょぶつ	×	諸佛	囑累	1109⑤	漢名	1128③			
諸佛	しょぶつ	×	諸佛	囑累	1112⑤	漢名	1131③		—は[西右]	
諸佛	しょぶつ	×	諸佛	囑累	1113②	漢名	1131⑥			
諸佛	しょぶつ	×	諸佛	藥王	1124②	漢名	1142④			
諸佛	しょぶつ	×	諸佛	藥王	1155⑥	漢名	1173⑤			
諸佛	しょぶつ	×	諸佛	藥王	1156①	漢名	1173⑤			
諸佛	しょぶつ	×	諸佛	藥王	1157⑥	漢名	1175④			
諸佛	しょぶつ	×	諸佛	妙音	1165⑥	漢名	1182④			
諸佛	しょぶつ	×	諸佛	妙音	1167⑥	漢名	1184②			
諸佛	しょぶつ	×	諸佛	妙音	1188⑥	漢名	1203④			
諸佛	しょぶつ	×	諸佛	陀羅	1249③	漢名	1261③			
諸佛	しょぶつ	×	諸佛	陀羅	1253⑥	漢名	1265⑤			
諸佛	しょぶつ	×	諸佛	陀羅	1254②	漢名	1266①			
諸佛	しょぶつ	×	諸佛	陀羅	1257②	漢名	1269①			
諸佛	しょぶつ	×	諸佛	陀羅	1257⑤	漢名	1269④			
諸佛	しょぶつ	×	諸佛	陀羅	1261②	漢名	1272⑥			
諸佛	しょぶつ	×	諸佛	陀羅	1261⑤	漢名	1273②			
諸佛	しょぶつ	×	諸佛	妙莊	1284②	漢名	1294②			
諸佛	しょぶつ	×	諸佛	妙莊	1287④	漢名	1297①			
諸佛	しょぶつ	×	諸佛	妙莊	1289②	漢名	1298④			
諸佛	しょぶつ	×	諸佛	妙莊	1299①	漢名	1306⑥			
諸佛	しょぶつ	×	諸佛	妙莊	1299②	漢名	1307①			
諸佛	しょぶつ	×	諸佛	妙莊	1304④	漢名	1311④			
諸佛	しょぶつ	×	諸佛	普賢	1309⑤	漢名	1316①	しよふつ／もろ〰のほとけ[妙]		
諸佛	しょぶつ	×	諸佛	普賢	1322②	漢名	1327①			しよふつ[妙]
諸佛集三昧	しょぶつしゅうさんまい	——しふ——	諸佛集三昧	妙莊	1289②	漢名	1298③			しよふつしふさんまい[妙]
諸佛身	しょぶつしん	×	諸佛	安樂	814③	漢名	837①	しよふつしん／もろ〰のほとけのみ[妙]	—の[西右]	
諸佛身	しょぶつしん	——しむ	諸佛身	安樂	812①	漢名	834③	しよふつしん／もろ〰のほとけのみ[妙]	—いまして[西右]	
諸仏世尊	しょぶつせそん	×	諸仏世尊	藥草	398④	仏尊号名	385①			
所分	しょぶん	×	所分	見寶	672①	漢名	687④	にわかち給へるところのィ[西右]		

当該語	読みかな	傍訓	漢字表記	品名	頁数	語の種類	妙一本	和解語文	可読	異同語彙
所分	しょぶん	しよふん	所分	見寶	676⑤	漢名	692⑥	しよふんのしん／わかつところのみ[妙]	わかち給へる所のしん[西右]	
除糞	じょふん	ちよふん・あくたをはらふ／くそをすくふ	除糞	信解	336⑤	漢名	315②	ちよふん／あくたをはらふ[妙]		
除糞	じょふん	ちよふん・ふんをはらふ	除糞	信解	361④	漢名	346④	ちよふん／あくたをはらふ[妙]		
所分身	しょぶんじん	×	所分身	見寶	672②	漢名	687⑤	しよふんしん／身をわかちたまへるところ[妙]		
所分身	しょぶんじん	×	所分身	見寶	679①	漢名	695①	しよふんしん／みをわかつところ[妙]		
諸法	しょほう	しょ―	諸法	序品	33①	漢名	28①			
諸法	しょほう	しょ―	諸法	序品	39②	漢名	33⑤			
諸法	しょほう	×	諸法	方便	90②	漢名	79②			
諸法	しょほう	しょ―	諸法	方便	91③	漢名	80②			
諸法	しょほう	×	諸法	方便	91④	漢名	80③			
諸法	しょほう	×	諸法	方便	124④	漢名	109②			
諸法	しょほう	×	諸法	方便	129②	漢名	113④			
諸法	しょほう	×	諸法	方便	130⑤	漢名	114④			
諸法	しょほう	×	諸法	方便	132②	漢名	115⑤			
諸法	しょほう	×	諸法	方便	151②	漢名	131②			
諸法	しょほう	×	諸法	方便	156⑤	漢名	135④			
諸法	しょほう	×	諸法	方便	158⑤	漢名	137①			
諸法	しょほう	×	諸法	方便	175④	漢名	151①			
諸法	しょほう	×	諸法	方便	183⑥	漢名	157⑥			
諸法	しょほう	×	諸法	方便	190③	漢名	163③			
諸法	しょほう	×	諸法	譬喩	224④	漢名	193④			
諸法	しょほう	×	諸法	譬喩	233③	漢名	202④			
諸法	しょほう	しよほう	諸法	譬喩	263⑤	漢名	235②			
諸法	しょほう	しよほう	諸法	譬喩	269④	漢名	240⑤			
諸法	しょほう	しよほう	諸法	信解	347①	漢名	328④			
諸法	しょほう	×	諸法	信解	369③	漢名	355⑥			
諸法	しょほう	×	諸法	信解	376⑥	漢名	364④			
諸法	しょほう	しよほう	諸法	藥草	387②	漢名	372③			
諸法	しょほう	×	諸法	藥草	387⑥	漢名	373①			
諸法	しょほう	×	諸法	藥草	388②	漢名	373④			
諸法	しょほう	×	諸法	藥草	394③	漢名	380②			
諸法	しょほう	×	諸法	藥草	403⑥	漢名	390⑥			
諸法	しょほう	×	諸法	藥草	412⑤	漢名	400⑥			
諸法	しょほう	×	諸法	化城	481②	漢名	481①			
諸法	しょほう	×	諸法	化城	535⑤	漢名	541③			
諸法	しょほう	×	諸法	法師	652③	漢名	666③		―のィ[西右]	
諸法	しょほう	×	諸法	見寶	668④	漢名	683②			
諸法	しょほう	しよほう	諸法	提婆	727⑥	漢名	746①			
諸法	しょほう	×	諸法	安樂	761⑥	漢名	781④			
諸法	しょほう	しょ―	諸法	安樂	773②	漢名	793⑤			諸法（しよほふ）[妙]
諸法	しょほう	×	諸法	安樂	773④	漢名	794①			諸法（しよほふ）[妙]
諸法	しょほう	×	諸法	安樂	774①	漢名	794④			諸法（しよほふ）[妙]
諸法	しょほう	×	諸法	安樂	785⑤	漢名	807①			
諸法	しょほう	×	諸法	安樂	799④	漢名	821⑤			
諸法	しょほう	×	諸法	安樂	807①	漢名	829②			
諸法	しょほう	×	諸法	安樂	812③	漢名	834⑤			
諸法	しょほう	×	諸法	法功	1046②	漢名	1064⑥			
諸法	しょほう	×	諸法	神力	1102④	漢名	1121③			しよほう[妙]
諸法	しょほう	×	諸法	藥王	1148③	漢名	1166④		これ―[西右]	しよほう[妙]
諸法	しょほう	しょ―	諸法	妙莊	1305⑤	漢名	1312④			しよほう[妙]
諸法實相	しよほうじつさう	――ほう{じつ}さう	諸法實相	序品	77③	漢名	67②			
諸寶臺	しょほうだい	―ほうたい	諸寶臺	藥王	1118⑤	漢名	1136⑥		もろ〳〵の―[西]	もろもろの―ほうたい[妙]
諸菩薩	しょぼさつ	×	諸菩薩	普賢	1337⑤	仏名	1340③			しよぼさつ[妙]
諸菩薩摩訶薩衆	しょぼさつまかさつしゆ	×	諸菩薩摩訶薩衆	嘱累	1111③	仏菩薩名	1130①		―の―[西右]	もろもろほさつまかさつしゆ[妙]

当該語	読みかな	傍訓	漢字表記	品名	頁数	語の種類	妙一本	和解語文	可読	異同語彙
助發せ	じょほつせ	じょほつ	助發	序品	85②	漢サ動	74⑤	しよほつ・せ／をこさん[妙]		
所望	しょもう	しよまう／のそむ心	所望	譬喩	251②	漢名	221②	しよまう／のそむところ[妙]		
所望	しょもう	しよまう	所望	信解	373①	漢名	360①			
諸母涕泣し	しょもていきゅうし	しよもていきう／もろ〲のはゝなき	諸母涕泣	化城	456②	漢四熟サ動	451①	しよもていつ／もろ〲のはゝなき[妙]		
所聞	しょもん	しよもん	所聞	随喜	971④	漢名	989⑤	しよもん／きくところ[妙]		
所遊	しょゆ	しよゆ	所遊	譬喩	298④	漢名	270⑥	しよゆ／あそふところ[妙]		
除愈し	じょゆし	ぢよゆ	除愈	如來	903②	漢サ動	922②	ぢよゆ・し／のぞこりいゑぬ[妙]		
諸餘	しょよ	しよよ・もろ〲の一	諸餘	方便	94⑤	漢名	83②			
諸餘	しょよ	×	諸餘	見寶	691⑥	漢名	710①	しよよ／もろ〲[妙]		
諸餘	しょよ	しよよ・もろ〲の一	諸餘	安樂	777②	漢名	798①			
諸餘	しょよ	×・もろ〲の一	諸餘	藥王	1157④	漢名	1175②	しよよ／もろ〲の[妙]		
所欲	しょよく	しよよく	所欲	方便	159④	漢名	137⑤	しよよく／おもふところ[妙]		
所欲	しょよく	しよよく／おもふところ	所欲	譬喩	246①	漢名	215⑥	しよよく／おもふところ[妙]		
所欲	しょよく	しよよく	所欲	譬喩	286②	漢名	258①	しよよく／おもふところ[妙]		
所欲	しょよく	しよよく	所欲	随喜	973④	漢名	991⑤			
所欲	しょよく	一よく	所欲	随喜	974⑥	漢名	993①			
所欲	しょよく	一よく	所欲	随喜	987③	漢名	1005⑤			
諸欲	しょよく	しよよく	諸欲	方便	191③	漢名	164②	しよよく／もろもろのよくに[妙]		
諸来	しょらい	×	諸來	見寶	691①	漢名	709①	しよらい／もろ〲のきたれる[妙]	一のきたり給へる[西右]	
諸来	しょらい	しよらい	諸來	勸持	758⑤	漢名	778③	しよらい／もろ〲のきたれる[妙]	もろもろのきたり給へる[西右]	
諸来	しょらい	しよらい	諸來	從地	817②	漢名	839④			
諸来	しょらい	しよらい	諸來	藥王	1115⑤	漢名	1134①		もろ〲のきたれる[西右]	しよらい[妙]
悚慄し	しょりつし	しようりつ／心よき心也	悚慄	授記	422③	漢サ動	411⑤	しよりつ／かしこまりをそれて[妙]		
諸漏	しょろ	しよろ	諸漏	序品	4⑤	漢名	3⑤	しよろ／もろ〲のほんなう[妙]		
諸漏	しょろ	しよろ	諸漏	化城	504⑥	漢名	509①	しよろ／もろ〲のほんなう[妙]		
諸漏	しょろ	しよろ	諸漏	化城	505④	漢名	509⑥	しよろ／もろ〲のほんなう[妙]		
しら	しら	×	識	從地	840⑤	和動	863④			
しら	しら	×	知	序品	57③	和動	50②			
しら	しら	×	知	方便	104②	和動	91②			
しら	しら	×	知	方便	137①	和動	119④			
しら	しら	×	知	譬喩	224④	和動	193④			
しら	しら	×	知	譬喩	240⑥	和動	210③			
しら	しら	×	知	譬喩	×	和動	213④			
しら	しら	×	知	譬喩	256③	和動	227③			
しら	しら	×	知	譬喩	291②	和動	263③			
しら	しら	×	知	譬喩	296①	和動	268②			
しら	しら	×	知	信解	350③	和動	332⑤			
しら	しら	×	知	藥草	397③	和動	383④			
しら	しら	×	知	授記	424④	和動	414④			
しら	しら	×	知	化城	459④	和動	455①			
しら	しら	×	知	化城	519②	和動	524②			
しら	しら	×	知	五百	592④	和動	599⑤			
しら	しら	×	知	五百	593④	和動	601①			
しら	しら	×	知	五百	599④	和動	608①			
しら	しら	×	知	法師	643⑤	和動	656⑤			

当該語	読みかな	傍訓	漢字表記	品名	頁数	語の種類	妙一本	和解語文	可読	異同語彙
しら	しら	×	知	勧持	742⑥	和動	761⑤			
しら	しら	×	知	勧持	757①	和動	776⑤			
しら	しら	×	知	安樂	773③	和動	793⑤			
しら	しら	×	知	安樂	792④	和動	814①			
しら	しら	×	知	從地	841②	和動	864①			
しら	しら	×	知	法功	996①	和動	1014④			
しら	しら	×	知	法功	1008①	和動	1026④			
しら	しら	×	知	法功	1010⑥	和動	1029③		しり[西右]	
しら	しら	×	知	法功	1014②	和動	1032⑤			
しら	しら	×	知	法功	1015⑤	和動	1034③			
しら	しら	×	知	法功	1015⑥	和動	1034④			
しら	しら	×	知	法功	1016②	和動	1034⑥			
しら	しら	×	知	法功	1016④	和動	1035②			
しら	しら	×	知	法功	1017①	和動	1035⑤			
しら	しら	×	知	法功	1017③	和動	1036①			
しら	しら	×	知	法功	1017⑤	和動	1036④			
しら	しら	×	知	法功	1018①	和動	1036⑥			
しら	しら	×	知	法功	1018⑥	和動	1037④			
しら	しら	×	知	法功	1019②	和動	1037⑥			
しら	しら	×	知	法功	1019④	和動	1038②			
しら	しら	×	知	法功	1020①	和動	1038⑤			
しら	しら	×	知	法功	1020③	和動	1039①			
しら	しら	×	知	法功	1020⑤	和動	1039④			
しら	しら	×	知	法功	1021②	和動	1039⑥			
しら	しら	×	知	法功	1021④	和動	1040②			
しら	しら	×	知	法功	1021⑥	和動	1040⑤			
しら	しら	×	知	法功	1022②	和動	1041①			
しら	しら	×	知	法功	1022④	和動	1041③			
しら	しら	×	知	法功	1023①	和動	1041⑥			
しら	しら	×	知	法功	1023③	和動	1042②			
しら	しら	×	知	法功	1023⑤	和動	1042④			
しら	しら	×	知	法功	1024④	和動	1043③			
しら	しら	×	知	法功	1025①	和動	1043⑥			
しら	しら	×	知	法功	1025③	和動	1044②			
しら	しら	×	知	法功	1025⑤	和動	1044⑥			
しら	しら	×	知	法功	1042⑥	和動	1061④			
しら	しら	×	知	法功	1045③	和動	1063⑥			
しら	しら	×	知	妙荘	1305①	和動	1312①		一れ[西右]	しら[妙]
尸羅波羅蜜	しらはらみつ	しらはらみつ	尸羅波羅蜜	分別	938①	仏梵語名	956④	しらはらみつ／かい[妙]		
尸羅波羅蜜	しらはらみつ	しらはらみつ	尸羅波羅蜜	妙荘	1273⑥	仏梵語名		しらはらみつ／かいおたもち[妙]	一と[西右]	尸羅{波羅}蜜
しり	しり	×	識	信解	329②	和動	306③			
しり	しり	×	識	授學	611⑤	和動	621②			
しり	しり	×	知	序品	73②	和動	64③			
しり	しり	×	知	序品	84④	和動	74②			
しり	しり	×	知	方便	94④	和動	82⑥			
しり	しり	×	知	方便	103③	和動	90④			
しり	しり	×	知	方便	104③	和動	91③			
しり	しり	×	知	方便	153④	和動	133①			
しり	しり	×	知	方便	159④	和動	137⑤			しろしめし
しり	しり	×	知	方便	172⑤	和動	148⑤			
しり	しり	×	知	方便	174④	和動	150②			
しり	しり	×	知	方便	175③	和動	150⑥			
しり	しり	×	知	方便	193③	和動	165⑥			
しり	しり	×	知	譬喩	208③	和動	175⑥			
しり	しり	×	知	譬喩	217①	和動	185④			
しり	しり	×	知	譬喩	245②	和動	214⑥			
知	しり	×	知	譬喩	253③	和動	223⑤			しり[妙]
しり	しり	×	知	譬喩	285④	和動	257②			
しり	しり	×	知	信解	332④	和動	310③			
しり	しり	×	知	信解	340⑥	和動	320⑤		一ろしめして[西右]	
しり	しり	×	知	信解	343②	和動	323⑥			
しり	しり	×	知	信解	350③	和動	332⑥			
しり	しり	×	知	信解	359①	和動	343③			
しり	しり	×	知	信解	360①	和動	344④			

当該語	読みかな	傍訓	漢字表記	品名	頁数	語の種類	妙一本	和解語文	可読	異同語彙
しり	しり	×	知	信解	363③	和動	348⑥			
しり	しり	×	知	信解	372①	和動	358⑥			
しり	しり	×	知	薬草	398④	和動	384⑥			
しり	しり	×	知	薬草	398⑤	和動	385②		ーる事[西右]	
しり	しり	×	知	薬草	408①	和動	395④			
しり	しり	×	知	薬草	409③	和動	397①			
しり	しり	×	知	化城	462③	和動	458②		しろしめし[西右]	
しり	しり	×	知	化城	462③	和動	458②		ーろしめし[西右]	
しり	しり	×	知	化城	510③	和動	515③			
しり	しり	×	知	化城	521⑤	和動	526⑥			
しり	しり	×	知	化城	526②	和動	531③			
しり	しり	×	知	化城	529③	和動	535①			
しり	しり	×	知	化城	537①	和動	542⑤		ーろしめしてィ[西右]	
しり	しり	×	知	化城	538②	和動	543⑥			
しり	しり	×	知	化城	543⑥	和動	551⑥			
しり	しり	×	知	化城	547⑤	和動	554③			
しり	しり	×	知	化城	549②	和動	556②		ーろしめし引て[西右]	
しり	しり	×	知	五百	578④	和動	583④			
しり	しり	×	知	五百	588③	和動	594⑤			
しり	しり	×	知	五百	589⑥	和動	596③			
しり	しり	×	知	五百	595①	和動	602⑤			
しり	しり	×	知	見寶	660⑤	和動	675②			
しり	しり	×	知	見寶	690①	和動	707⑥			
しり	しり	×	知	提婆	727④	和動	745⑤			
しり	しり	×	知	安樂	808②	和動	830③		しろしめし[西右]	
しり	しり	×	知	安樂	813②	和動	835④			
知	しり	しり	知	從地	833⑥	和動	856⑤			
しり	しり	×	知	如來	908①	和動	926⑥			
しり	しり	×	知	如來	920③	和動	939③			
しり	しり	×	知	法功	1020②	和動	1039①		しらん[西左]	
しり	しり	×	知	法功	1044③	和動	1062⑥		ーらん[西右]	
しり	しり	×	知	法功	1046②	和動	1064⑥			
しり	しり	×	知	神力	1103②	和動	1122①			
しりおはり	しりおわり	×	知已	化城	462③	和複動	458⑤		ーろしめしおはれ[西右]	
志力	しりき	×	志力	信解	377④	漢名	365③	しりき／こゝろさしちから[妙]		
しりぞい	しりぞい	×	却	提婆	716④	和動	734③			さり[妙]
しりぞき	しりぞき	×	退	序品	14②	和動	11④			
しりぞき	しりぞき	×	退	方便	120⑥	和動	106①			
しりぞき	しりぞき	×	退	方便	122③	和動	107③			
しりそき	しりぞき	×	退	化城	523③	和動	528⑤		退還しなんとおもふと[西右]	
しりぞき	しりぞき	×	退	化城	523⑥	和動	529①		退還しなんとする[西右]	
却	しりぞき	しりぞき{いて}	却	五百	563③	和動	566④			さりて[妙]
侍立せ	じりゅうせ	じりう／はんへる心	侍立	信解	326⑥	漢サ動	303③	じりう・せ／さふらひたてり[妙]		
思量	しりょう	×	思量	方便	124④	漢名	109④	しりやう／おもひはかり[妙]		
思量す	しりょうす	×	思量	方便	98⑤	漢サ動	86⑤	しりやう・す／おもひはかる[妙]		
しる	しる	×	識	譬喻	242①	和動	211④			
しる	しる	×	識	法功	1021①	和動	1039⑤			
しる	しる	×	知	序品	44④	和動	38④			
しる	しる	×	知	序品	46④	和動	40②			
しる	しる	×	知	序品	50⑤	和動	44①			
しる	しる	×	知	序品	56⑥	和動	49④			
しる	しる	×	知	序品	64④	和動	56③			
しる	しる	×	知	序品	85③	和動	74⑥			
しる	しる	×	知	方便	87④	和動	76⑤			
しる	しる	×	知	方便	92⑥	和動	81③			
しる	しる	×	知	方便	96⑥	和動	85①			

当該語	読みかな	傍訓	漢字表記	品名	頁数	語の種類	妙一本	和解語文	可読	異同語彙
しる	しる	×	知	方便	97⑥	和動	85⑨			
しる	しる	×	知	方便	98⑤	和動	86⑤			
しる	しる	×	知	方便	99③	和動	87②			
しる	しる	×	知	方便	100②	和動	87⑥			
しる	しる	×	知	方便	138②	和動	120③			
しる	しる	×	知	方便	152②	和動	132①			
しる	しる	×	知	方便	175⑤	和動	151②			
しる	しる	×	知	方便	182⑤	和動	156⑥			
しる	しる	×	知	方便	185②	和動	158⑥			
しる	しる	×	知	方便	186⑤	和動	160①			
しる	しる	×	知	方便	191①	和動	164①			
しる	しる	×	知	方便	192④	和動	165②			
しる	しる	×	知	譬喩	223④	和動	192③			
しる	しる	×	知	譬喩	261④	和動	232⑥			
しる	しる	×	知	譬喩	263⑥	和動	235②			
しる	しる	×	知	譬喩	269⑥	和動	241①			
しる	しる	×	知	譬喩	281⑤	和動	253②			
しる	しる	×	知	譬喩	298⑥	和動	271②			
しる	しる	×	知	譬喩	304④	和動	276⑥			
しる	しる	×	知	信解	343⑥	和動	324④			
しる	しる	×	知	信解	368②	和動	354③			
しる	しる	×	知	藥草	387①	和動	372②			
しる	しる	×	知	藥草	390⑤	和動	376①			
しる	しる	×	知	藥草	400④	和動	387①			
しる	しる	×	知	藥草	413⑤	和動	402①			
しる	しる	×	知	授記	428③	和動	418⑤			
しる	しる	×	知	化城	447⑤	和動	441①		—りなんや ［西右］	
しる	しる	×	知	化城	451③	和動	445③			
しる	しる	×	知	化城	521③	和動	526④			
しる	しる	×	知	化城	535②	和動	540⑥			
しる	しる	×	知	五百	573②	和動	577③			
しる	しる	×	知	授學	605⑤	和動	614⑤			
しる	しる	×	知	法師	623⑥	和動	634⑥			
しる	しる	×	知	法師	626①	和動	637①			
しる	しる	×	知	法師	626⑤	和動	637⑥			
しる	しる	×	知	法師	627④	和動	638⑤			
しる	しる	×	知	法師	629①	和動	640③			
しる	しる	×	知	法師	632②	和動	643⑥			
しる	しる	×	知	法師	632⑥	和動	644④			
しる	しる	×	知	法師	638⑤	和動	651①			
しる	しる	×	知	法師	639③	和動	651⑥			
しる	しる	×	知	法師	641②	和動	653⑤			
しる	しる	×	知	法師	641⑥	和動	654③			
しる	しる	×	知	法師	642⑤	和動	655③			
しる	しる	×	知	法師	643③	和動	656②			
しる	しる	×	知	法師	644②	和動	657②			
しる	しる	×	知	法師	645⑤	和動	659①			
しる	しる	×	知	法師	645⑥	和動	659③			
しる	しる	×	知	法師	650④	和動	664③			
しる	しる	×	知	法師	650⑤	和動	664④			
しる	しる	×	知	法師	650⑥	和動	664⑤			
しる	しる	×	知	法師	651④	和動	665④			
しる	しる	×	知	從地	823①	和動	845③			
しる	しる	×	知	從地	838⑤	和動	861④			
しる	しる	×	知	從地	851⑥	和動	874④			
しる	しる	×	知	如來	885③	和動	904③			
しる	しる	×	知	如來	885⑥	和動	904⑤			
しる	しる	×	知	如來	886⑥	和動	905②			
しる	しる	×	知	如來	897③	和動	916③			
しる	しる	×	知	如來	905⑤	和動	924④			
しる	しる	×	知	分別	938⑥	和動	957②			
しる	しる	×	知	分別	950⑥	和動	969④			
しる	しる	×	知	分別	951②	和動	970①			
しる	しる	×	知	分別	960②	和動	978⑤			
しる	しる	×	知	随喜	978④	和動	996⑤			
しる	しる	×	知	常不	1056③	和動	1075③			
しる	しる	×	知	常不	1076①	和動	1094④			

当該語	読みかな	傍訓	漢字表記	品名	頁数	語の種類	妙一本	和解語文	可読	異同語彙
しる	しる	×	知	神力	1097①	和動	1115⑥			
しる	しる	×	知	觀世	1247①	和動	1259②			
しる	しる	×	知	妙莊	1298②	和動	1306①			
しる	しる	×	知	普賢	1320⑥	和動	1325⑥			
しる	しる	×	知	普賢	1321⑥	和動	1326⑤			
しる	しる	×	知	普賢	1328④	和動	1332④			
しる	しる	×	知	普賢	1328⑥	和動	1332⑥			
しる	しる	×	知	普賢	1329②	和動	1333②			
しる	しる	×	知	普賢	1329③	和動	1333③			
しる	しる	×	知	普賢	1329⑤	和動	1333⑤			
しれ	しれ	×	知	方便	99⑥	和動	87⑤			
しれ	しれ	×	知	方便	193⑥	和動	166②			
しれ	しれ	×	知	信解	332③	和動	310②			
しれ	しれ	×	知	信解	332⑤	和動	310④			
しれ	しれ	×	知	信解	341③	和動	321③			
しれ	しれ	×	知	信解	345②	和動	326③			所知なり[西右]
しれ	しれ	×	知	藥草	392③	和動	378①			
しれ	しれ	×	知	化城	522⑤	和動	528①			
しれ	しれ	×	知	五百	575②	和動	579⑤			
しれ	しれ	×	知	授學	615⑥	和動	625④			
しれ	しれ	×	知	法師	644⑤	和動	657⑥			
しれ	しれ	×	知	法功	1046④	和動	1065①			
しれ	しれ	×	知	妙莊	1289③	和動	1298④		一りぬ[西右]	しれ[妙]
旨隷 五	しれい	しれい	旨隷 五	陀羅	1251②	仏梵語名	1263②			
しろ	しろ	×	知	方便	147④	和動	128③			
しろき	しろき	×	白	妙莊	1300④	和形	1308②			
しろく	しろく	×	白	從地	866⑤	和形	889③		一しかも[西右]	
しろく	しろく	×	白	随喜	975②	和形	993②			
しろく	しろく	×	白	随喜	987④	和形	1005⑥			
しろく	しろく	×	白	妙莊	1300⑤	和形	1308②			
しろしめ	しろしめ	×	知	方便	173⑤	和動	149④			
しろしめ	しろしめ	×	知	信解	372⑤	和動	359④			
しろしめ	しろしめ	×	知	信解	377④	和動	365③			
しろしめ	しろしめ	×	知	授記	423③	和動	412⑥			
しろしめ	しろしめ	×	知	化城	520⑤	和動	525⑥			
しろしめ	しろしめ	×	知	化城	527②	和動	532④		一れり[西右]	
しろしめ	しろしめ	×	知	授學	609③	和動	618⑤			
しろしめ	しろしめ	×	知	從地	862④	和動	885②			
しろしめ	しろしめ	×	知	如來	882⑤	和動	901⑤			しろしめし【妙】
しろしめし	しろしめし	×	知	方便	134②	和動	117③			
しろしめし	しろしめし	×	知	方便	143①	和動	124⑤			
しろしめし	しろしめし	×	知	譬喩	213③	和動	181④			
しろしめし	しろしめし	×	知	信解	348②	和動	330①			
しろしめし	しろしめし	×	知	信解	350①	和動	332②			
しろしめし	しろしめし	×	知	信解	365④	和動	351③			
しろしめし	しろしめし	×	知	信解	378①	和動	366①			
しろしめし	しろしめし	×	知	信解	378②	和動	366②			
しろしめし	しろしめし	×	知	藥草	388①	和動	373③		一す事ィ[西右]	
しろしめし	しろしめし	×	知	藥草	397⑦	和動	384②			
しろしめし	しろしめし	×	知	授記	426②	和動	416③			
しろしめし	しろしめし	×	知	化城	527⑥	和動	533④			
しろしめし	しろしめし	×	知	化城	533⑤	和動	539③			しりたまひ[妙]
しろしめし	しろしめし	×	知	五百	583①	和動	588④			
しろしめす	しろしめす	×	知	方便	172②	和動	148③			
しろしめす	しろしめす	×	知	勧持	756⑤	和動	776③			
しろしめす	しろしめす	×	知	藥王	1127④	和動	1145⑥		しるべし[西右]	しろしめす[妙]
しろしめせ	しろしめせ	×	知	方便	125①	和動	109④			
しろしめせ	しろしめせ	×	知	藥草	396⑤	和動	382⑥			
しろしめせ	しろしめせ	×	知	藥草	397④	和動	383⑤		一すィ[西右]	
しろしめせ	しろしめせ	×	知	化城	451①	和動	445①			
しろしめせ	しろしめせ	×	知	化城	462④	和動	458③			
しろしめせ	しろしめせ	×	知	勧持	759①	和動	778⑤			
しろしめせ	しろしめせ	×	知召	五百	564⑤	和動	568①			
しはみ	しわみ	×	皺	随喜	975②	和動	993③			
しはみ	しわみ	×	皺	随喜	987④	和動	1005⑥			

当該語	読みかな	傍訓	漢字表記	品名	頁数	語の種類	妙一本	和解語文	可読	異同語彙
しはめ	しわめ	×	皺	從地	866⑥	和動	889④			
一心	しん	×	心	五百	600④	単漢名	609②			
一心	しん	×	心	授學	609⑥	和名	619①			
心	しん	×	心	分別	925⑥	単漢身体名	×			
信	しん	しん	信	譬喩	300④	単漢名	272⑤			
信	しん	しん	信	如來	889③	単漢名	908③			
真	しん	しん	眞	方便	149③	単漢名	129⑥	しん／まこと[妙]		
しむ	しん	×	眞	五百	600①	単漢名	608⑤	しん／まこと[妙]		
身	しん	しん	身	序品	30⑤	単漢身体名	26②			
身	しん	しん・み	身	序品	64⑤	単漢身体名	56④			み[妙]
身	しん	×	身	序品	64⑥	単漢身体名	56⑥			み[妙]
身	しん	×	身	序品	84②	単漢身体名	73⑥	しん／みもんしゆ[妙]		
身	しん	×	身	方便	147③	単漢身体名	128②			
身	しん	×	身	方便	151⑤	単漢身体名	131⑤			み[妙]
身	しん	しん	身	譬喩	228⑥	単漢身体名	198①	しん／み[妙]		
身	しん	×	身	譬喩	230②	単漢身体名	199③			
身	しん	×	身	譬喩	241①	単漢身体名	210④			
身	しん	しん	身	譬喩	241⑤	単漢身体名	210⑥	しん／み[妙]	一と[西右]	
身	しん	しん	身	譬喩	258⑤	単漢身体名	230④	しん／み[妙]	一と[西右]	
身	しん	しん	身	譬喩	274⑥	単漢身体名	246②			
身	しん	×	身	譬喩	310③	単漢身体名	283②			
身	しん	×	身	法師	649①	単漢身体名	662⑤			
身	しん	×	身	法師	653①	単漢身体名	667①	しん／み[妙]		
身	しん	×	身	法師	654⑤	単漢身体名	668⑥	しん／み[妙]		
身	しん	×	身	見寶	665④	単漢身体名	680③			
身	しん	×	身	見寶	666①	単漢身体名	681①			
身	しん	しん	身	見寶	672①	単漢身体名	687④	しん／み[妙]		
身	しん	×	身	見寶	676⑤	単漢身体名	692⑥	しよふんのしん／わかつところのみ[妙]		
身	しん	×	身	見寶	689⑥	単漢身体名	707⑤	しん／み[妙]		
身	しん	×	身	提婆	715②	単漢身体名	733①			
身	しん	×	身	勸持	755⑤	単漢身体名	775③			
身	しん	×	身	安樂	779②	単漢身体名	800②			み[妙]
身	しん	×	身	安樂	812④	単漢身体名	834⑥			
身	しん	×	身	從地	830⑤	単漢身体名	853②	しん／み[妙]		
身	しん	×	身	如來	914⑤	単漢身体名	933②			
身	しん	×	身	如來	917⑤	単漢身体名	936②	しん／み[妙]		
身	しん	しん・み	身	法功	994⑤	単漢身体名	1013③	しん／み[妙]		
身	しん	×	身	法功	1012③	単漢身体名	1030⑥	しん／み[妙]		
身	しん	しん	身	法功	1013②	単漢身体名	1031④	しん／み[妙]		
身	しん	×	身	法功	1013④	単漢身体名	1032①	しん／み[妙]		
身	しん	×	身	法功	1016②	単漢身体名	1034⑥			
身	しん	×	身	法功	1034④	単漢身体名	1053④	しん／み[妙]		
身	しん	×	身	法功	1035④	単漢身体名	1054①	しん／み[妙]		
身	しん	×	身	法功	1035③	単漢身体名	1054②	しん／み[妙]		
身	しん	×	身	法功	1035④	単漢身体名	1054③	しん／み[妙]		
身	しん	×	身	法功	1037⑤	単漢身体名	1056③			
身	しん	しん	身	常不	1057②	単漢身体名	1076②	しん／み[妙]		
身	しん	しん	身	常不	1071①	単漢身体名	1089④			しん[妙]
身	しん	×	身	常不	1072⑤	単漢身体名	1091③			しん[妙]
身	しん	×	身	常不	1080④	単漢身体名	1099①	しん／わかみしやかほとけ[妙]		
身	しん	×	身	藥王	1138②	単漢身体名	1156③	しん／みに[妙]		みに[妙]
身	しん	×	身	藥王	1138⑥	単漢身体名	1157①	しん／み[妙]		
身	しん	×	身	妙音	1171①	単漢身体名	1187③			しん[妙]
身	しん	×	身	妙音	1171⑤	単漢身体名	1187④			しん[妙]
身	しん	×	身	妙音	1171⑤	単漢身体名	1187④			しん[妙]
身	しん	×	身	妙音	1178⑤	単漢身体名	1193⑥			しん[妙]
身	しん	×	身	妙音	1184⑤	単漢身体名	1199⑤	しん／み[妙]		
身	しん	×	身	妙音	1189④	単漢身体名	1204①	しん／み[妙]		
身	しん	×	身	妙音	1189⑤	単漢身体名	1204②	しん／み[妙]		
身	しん	×	身	妙音	1190①	単漢身体名	1204③	しん／み[妙]		
身	しん	×	身	妙音	1190②	単漢身体名	1204④	しん／み[妙]		
身	しん	×	身	妙音	1190②	単漢身体名	1204⑤			×[妙]
身	しん	×	身	妙音	1190③	単漢身体名	1204⑤			しん[妙]
身	しん	×	身	妙音	1190④	単漢身体名	1204⑥			しん[妙]

当該語	読みかな	傍訓	漢字表記	品名	頁数	語の種類	妙一本	和解語文	可読	異同語彙
身	しん	×	身	妙音	1190④	単漢身体名	1204⑥			しん[妙]
身	しん	×	身	妙音	1190⑤	単漢身体名	1205①			しん[妙]
身	しん	×	身	妙音	1190⑥	単漢身体名	1205②			しん[妙]
身	しん	×	身	妙音	1190⑥	単漢身体名	1205②			しん[妙]
身	しん	×	身	妙音	1191①	単漢身体名	1205③			しん[妙]
身	しん	×	身	妙音	1191②	単漢身体名	1205④			しん[妙]
身	しん	×	身	妙音	1191②	単漢身体名	1205④			
身	しん	×	身	妙音	1191③	単漢身体名	1205⑤			しん[妙]
身	しん	×	身	妙音	1191④	単漢身体名	1205⑤			しん[妙]
身	しん	×	身	妙音	1191⑤	単漢身体名	1205⑥			しん[妙]
身	しん	×	身	妙音	1191⑥	単漢身体名	1206①			しん[妙]
身	しん	×	身	妙音	1192①	単漢身体名	1206②			しん[妙]
身	しん	×	身	妙音	1192③	単漢身体名	1206④			しん[妙]
身	しん	×	身	觀世	1223①	単漢身体名	1236③			しん[妙]
身	しん	×	身	觀世	1223②	単漢身体名	1236④	しん／み[妙]		
身	しん	×	身	觀世	1223③	単漢身体名	1236⑤	しん／み[妙]		
身	しん	×	身	觀世	1223④	単漢身体名	1236⑥	しん／み[妙]		
身	しん	×	身	觀世	1223⑤	単漢身体名	1237①	しん／み[妙]		
身	しん	×	身	觀世	1223⑥	単漢身体名	1237②	しん／み[妙]		
身	しん	×	身	觀世	1224①	単漢身体名	1237③	しん／み[妙]		
身	しん	×	身	觀世	1224②	単漢身体名	1237④	しん／み[妙]		
身	しん	×	身	觀世	1224③	単漢身体名	1237⑤	しん／み[妙]		
身	しん	×	身	觀世	1224⑤	単漢身体名	1237⑥	しん／み[妙]		
身	しん	×	身	觀世	1224⑥	単漢身体名	1238①	しん／み[妙]		
身	しん	×	身	觀世	1225①	単漢身体名	1238②			しん[妙]
身	しん	×	身	觀世	1225②	単漢身体名	1238③	しん／み[妙]		
身	しん	×	身	觀世	1225③	単漢身体名	1238④	しん／み[妙]		
身	しん	×	身	觀世	1225④	単漢身体名	1238⑤			しん[妙]
身	しん	×	身	觀世	1225⑤	単漢身体名	1238⑥			しん[妙]
身	しん	×	身	觀世	1225⑥	単漢身体名	1239①			しん[妙]
身	しん	×	身	觀世	1226①	単漢身体名	1239②	しん／み[妙]		
身	しん	×	身	觀世	1226②	単漢身体名	1239③	しん／み[妙]		
身	しん	×	身	觀世	1226③	単漢身体名	1239④	しん／み[妙]		
身	しん	×	身	觀世	1226④	単漢身体名	1239⑤	しん／み[妙]		
身	しん	×	身	觀世	1226⑤	単漢身体名	1239⑥	しん／み[妙]		
身	しん	×	身	觀世	1226⑥	単漢身体名	1240①	しん／み[妙]		
身	しん	×	身	觀世	1227①	単漢身体名	1240②	しん／み[妙]		
身	しん	×	身	觀世	1227②	単漢身体名	1240③	しん／み[妙]		
身	しん	×	身	觀世	1227⑤	単漢身体名	1240⑤	しん／み[妙]		
身	しん	×	身	觀世	1228①	単漢身体名	1241①			しん[妙]
身	しん	×	身	觀世	1228②	単漢身体名	1241②	しん／み[妙]		
身	しん	×	身	觀世	1228③	単漢身体名	1241③	しん／み[妙]		
身	しん	×	身	觀世	1228④	単漢身体名	1241④	しん／み[妙]		
身	しん	×	身	觀世	1228⑥	単漢身体名	1241⑥			しん[妙]
身	しん	×	身	觀世	1229②	単漢身体名	1242②	しん／み[妙]		
身	しん	×	身	觀世	1236③	単漢身体名	1248⑥	しん／み[妙]		
心	しん	×	身	觀世	1236③	単漢身体名	1248⑥			こころ[妙]
身	しん	×	身	普賢	1314⑤	単漢身体名	1320④	しん／み[妙]		
身	しん	×	身	普賢	1318①	単漢身体名	1323③	しん／み[妙]		
一身	しん	しん	身	方便	95③	単漢身体名	83⑤	しん／み[妙]		
一身	しん	しん	身	方便	97①	単漢身体名	85②	しん／み[妙]		
一身	しん	しん	身	授記	430④	単漢身体名	421②			
一身	しん	×	身	授記	437⑥	単漢身体名	429④			
一身	しん	×	身	安樂	814③	単漢身体名	837①		一は[西右]	
一身	しん	しん・み	身	如來	891⑥	単漢身体名	910⑥			
一身	しん	しん	身	如來	892①	単漢身体名	911①			
一身	しん	み	身	如來	892①	単漢身体名	911②			
一身	しん	×	身	神力	1100⑥	単漢身体名	1119⑤			じん[妙]
一身	しん	じん	身	神力	1101②	単漢身体名	1120②		じんと[西右]	じん[妙]
脣	しん	しん・くちびる	脣	随喜	984③	単漢身体名	1002⑤	しん／くちひる[妙]		
×	じん	ちり	塵	如來	887④	単漢地儀名	906④	ちん／ちり[妙]		
塵	じん	ちん	塵	化城	448①	単漢地儀名	441④			
塵	じん	ちん	塵	化城	450③	単漢地儀名	444②	もく／すみ[妙]		墨[妙]
陣	じん	×	陣	觀世	1244⑥	単漢名	1257②			ちん[妙]
辛阿毗吉利地帝 十二	しんあびきりだいてい	しんあびきりだいてい	辛阿毗吉利地帝 十二	普賢	1320③	仏梵語名	1325④			しんあひきりちてい[妙]

当該語	読みかな	傍訓	漢字表記	品名	頁数	語の種類	妙一本	和解語文	可読	異同語彙
心意	しんい	一い	心意	普賢	1331①	漢名	1334⑥	しんい／こゝろ[妙]		
身意	しんい	しんい	身意	序品	24⑥	漢名	21②	しんい／みこゝろ[妙]		
身意	しんい	しんい	身意	譬喩	208②	漢名	175④	しんい／みこゝろ[妙]		
瞋恚	しんい	しんい／はらたつ心	瞋恚	譬喩	310④	漢名	283④	しんい／はらたつこと[妙]		
瞋恚	しんい	しんい	瞋恚	常不	1064②	漢名	1083①	しんい／いかりはらたつこと[妙]		
瞋恚	しんい	しんい	瞋恚	常不	1065④	漢名	1084②	しんい／はらたつこと[妙]		
瞋恚	しんい	しんい	瞋恚	常不	1073⑥	漢名	1092④	しんい／はらたつ[妙]		
瞋恚	しんい	しんい	瞋恚	藥王	1155①	漢名	1172⑥		一と[西右]	しんい[妙]
瞋恚	しんい	しんい	瞋恚	妙音	1182⑤	漢名	1197④	しんい／はらたち[妙]		
瞋恚	しんい	しんい	瞋恚	觀世	1216⑥	漢名	1230②	しんゐ／はらたつこと[妙]		
瞋恚	しんい	しんい	瞋恚	妙荘	1302⑤	漢名	1310①	しんい／いかり[妙]	一と[西右]	
盡一箭道	じんいちせんどう	じん一せんだう	盡一箭道	藥王	1118③	漢四熟名	1136④	しんいちぜんたう／ひとやたけをつくせり[妙]	一をつくせり[西右]	
塵穢	じんお	ぢんゑ／ちりあくた	塵穢	安樂	779③	漢名	800②	ちんゑ／けかれ[妙]		
深奥	じんおう	じんあう	深奥	譬喩	233④	漢名	202⑥	しんあう／ふかく[妙]		
深遠	じんおん	しんおん	深遠	序品	48③	漢名	41⑤	一おん／とをし[妙]		
深遠	じんおん	しんおん	深遠	藥草	399⑤	漢名	386①	しんをん／ふかくとをき[妙]		
深遠	じんおん	しんおん	深遠	化城	490③	漢名	492②	しんをん／ふかくとをき[妙]		
深遠	じんおん	しんおん・ふかくとをし	深遠	分別	927④	漢名	946②	じんをん／ふかくとをき[妙]		
身香	しんかう	しんかう	身香	法功	1014①	漢香名名	1032④			身のか[妙・瑞]
眞觀	しんかん	しんくわん	眞觀	觀世	1243①	漢名	1255⑥	しんくわん／まことのくわん[妙]	一の一[西右]	
侵毀し	しんきし	しんき	侵毀	陀羅	1254②	漢サ動	1266①	しんくゐ・し／をかしやふり[妙]		
侵毀し	しんきし	しんき	侵毀	陀羅	1257⑤	漢サ動	1269④			しんき・し[妙]
侵毀し	しんきし	×	侵毀	陀羅	1261⑥	漢サ動	1273②	しんき・し／おかしやふり[妙]		
侵毀する	しんきする	しんけ／おかしそしる	侵毀	陀羅	1254①	漢サ動	1265⑥	しんき／おかしやふる[妙]		
侵毀する	しんきする	しんき	侵毀	陀羅	1257④	漢サ動	1269③	しんぎ・する／おかしやふる[妙]		
侵毀する	しんきする	しんき	侵毀	陀羅	1261④	漢サ動	1273①	しんき・す／おかしやふる[妙]		
信歸すれ	しんぎすれ	しんき	信歸	方便	150⑥	漢名	131①			
心行	しんぎょう	×	心行	方便	147④	漢名	128③			
深経	じんきょう	じんきやう	深経	法師	651②	漢名	665②	しむきやう／ふかき[妙]	一の[西左]	
信敬し	しんぎょうし	しんきやう	信敬	提婆	719④	漢サ動	737④	しんきやう・し／一うやまうて[妙]		
信樂する	しんぎょうする	しんらく{げう}	信樂	如來	913④	漢サ動	932④	しんげう・する／ねかう[妙]		
盡苦	じんく	じんく	盡苦	方便	156②	漢名	135②	しんく・くをつくす[妙]		
信解	しんげ	しんげ	信解	序品	19①	漢名	15⑤	しんけ／さとり[妙]	ーーと[西右]	
信解	しんげ	しんげ	信解	分別	937③	漢名	955⑤			
信解	しんげ	しんげ	信解	分別	964⑤	漢名	983①			
信解堅固	しんげけんご	しんげけんご	信解堅固	化城	520④	漢四熟名	525⑤	しんけけんこ／さとりかたく[妙]		
信解し	しんげし	しんげ	信解	方便	139⑥	漢サ動	121⑥	しんけ・し／さとり[妙]		

しん 361

当該語	読みかな	傍訓	漢字表記	品名	頁数	語の種類	妙一本	和解語文	可読	異同語彙
信解し	しんげし	しんけ	信解	化城	513⑥	漢サ動	518⑥	しんけ／さとり[妙]		
信解し	しんげし	しんげ	信解	法師	642④	漢サ動	655③	しむけ・し／しんしさとり[妙]		
信解し	しんげし	しんげ	信解	從地	832①	漢サ動	854⑥			
信解し	しんげし	しんけ	信解	妙莊	1283②	漢サ動	1292⑥	しんけ・し／さとり[妙]		
信解し	しんげし	しんげ	信解	妙莊	1289⑤	漢サ動	1298⑥	しんけ・し／さとり[妙]		
信解す	しんげす	しんげ	信解	藥草	400①	漢サ動	386③	しんけ／しんしさとる[妙]	―し[西右]	
信解す	しんげす	しんげ	信解	如來	880⑤	漢サ動	899⑤	しんけ・す／ときたまふ[妙]		
信解す	しんげす	×	信解	如來	881①	漢サ動	899⑥	しんげ・す／ときたまふ[妙]		
信解す	しんげす	しんげ	信解	如來	881③	漢サ動	900②			
信解する	しんげする	しんけ	信解	化城	509②	漢サ動	514②	しんけ／さとる[妙]		
信解せ	しんげせ	しんげ	信解	譬喩	316⑤	漢サ動	291③			
信解せ	しんげせ	しんげ	信解	分別	949③	漢サ動	968①			
信解せ	しんげせ	しんげ	信解	妙莊	1280⑤	漢サ動	1290④	しんげ・せ／さとら[妙]		
深厚	しんこう	しんかう	深厚	妙莊	1287①	漢名	1296④	しんかう／ふかくあつく[妙]	ふかくあつくして[西右]	
親厚	しんこう	―かう・したしみあつく	親厚	安樂	771①	漢名	791②	しんかう／したしみあつく[妙]		
親厚せ	しんこうせ	しんかう／したしみあつく	親厚	安樂	765④	漢サ動	785②	しんかう・せ／したしみあつく[妙]	―しつる事さゝれ[西右]	
親厚せ	しんこうせ	しんかう	親厚	安樂	766②	漢サ動	786②	しんかう・せ／ちかつきあつく[妙]		
深固幽遠	しんごゆうおん	しんごゆうおん・ふかくかたくはるかにとをく／―かすかなる心	深固幽遠	法師	645①	漢四熟名	658③	しんこえうをん／ふかくかたくはるかにとをく[妙]	深固幽遠(しんこえうをん)[妙]	しんこえうをん(しんこうをん)[妙]
真金	しんこん	しんこん	真金	序品	71①	漢鉱物名	62①	しんこん／まことのこかね[妙]		
真金	しんこん	×	真金	妙音	1180⑤	漢鉱物名	1195②			しんこん[妙]
親覲	しんごん	しんごん	親覲	妙莊	1286③	漢サ動	1296①		――し[西右]	しんごんくやう・し[妙]
親近恭敬し	しんごんくぎょうし	しんごんくぎやう	親近恭敬	妙莊	1299②	漢四熟サ動	1307①		―て[西右]	しんこんくきやう・し[妙]
親近供養し	しんごんくようし	しんごんく――	親近供養	妙音	1169②	漢四熟サ動	1185⑥		―― し――[西右]	親近供養(しんこんくやう)し[妙]
親近し	しんごんし	しんこん／ちかつき	親近	序品	21①	漢サ動	17④	しんこん・し／ちかつき[妙]		
親近し	しんごんし	しんこん	親近	序品	36④	漢サ動	31④			
親近し	しんごんし	しんこん／ちかつく心	親近	方便	87⑥	漢サ動	77①	しんこん・し／ちかつきて[妙]		
親近し	しんごんし	しんこん	親近	化城	456⑥	漢サ動	451⑥	しんつう／ちかつき[妙]		
親近し	しんごんし	しんこん	親近	化城	512④	漢サ動	517④	しんこん／ちかつき[妙]		
親近し	しんごんし	×	親近	化城	×	漢サ動	532⑥		親近せんとおもはじ[西右]	
親近し	しんごんし	×	親近	安樂	771①	漢サ動	791③			
親近し	しんごんし	しんごん	親近	法功	1029②	漢サ動	1047⑥	しんごん・し／ちかつき[妙]		
親近し	しんごんし	しんこん／したみちかつく	親近	藥王	1130③	漢サ動	1148⑥	しんごん・し／ちかつき[妙]		
親近し	しんごんし	しんごん	親近	妙音	1168①	漢サ動	1184②	しんきん・し[妙]	してィ[西右]	
親近し	しんごんし	しんごん	親近	妙音	1189①	漢サ動	1203④	しんこん・し／ちかつき[妙]		
親近し	しんごんし	しんごん	親近	妙莊	1276③	漢サ動	1286⑥	しんごん・し[妙]		
親近處	しんごんじょ	しんごんじよ／ちかつくところ	親近處	安樂	760⑥	漢名	780④	しんこんしよ／ちかつくところ[妙]		
親近處	しんごんじょ	しんごんしよ／したしみちかつく所	親近處	安樂	762③	漢名	781⑥	しんこんしよ／ちかつくところ[妙]		
親近處	しんごんじょ	しんこんしよ	親近處	安樂	767①	漢名	787②	しんこんしよ／したかふところ[妙]		

当該語	読みかな	傍訓	漢字表記	品名	頁数	語の種類	妙一本	和解語文	可読	異同語彙
親近處	しんごんじょ	しんこんしよ	親近處	安樂	768③	漢名	788④			
親近處	しんごんじょ	しんこんしよ	親近處	安樂	769②	漢名	789③		―と[西右]	
親近處	しんごんじょ	しんこんしよ	親近處	安樂	775②	漢名	795⑤			親近(しんこん)[妙]
親近す	しんごんす	しんごん	親近	安樂	809④	漢サ動	831⑥			
親近する	しんごんする	しんごん／ちかつく心	親近	譬喩	313③	漢サ動	287①	しんごん／したしみちかつく[妙]	―せん	―せん
親近する	しんごんする	×	親近	安樂	770②	漢サ動	790④			
親近する	しんごんする	×	親近	安樂	771③	漢サ動	791⑤	しんこん・する／ちかつく[妙]		
親近する	しんごんする	×	親近	安樂	771⑤	漢サ動	792①	しんこん・する／ちかつく[妙]		
親近する	しんごんする	×	親近	安樂	771⑥	漢サ動	792③			
親近せ	しんごんせ	しんこん／ちかつく	親近	法師	656①	漢サ動	670④	しんこん・せ／むつひちかつく[妙]		
親近せ	しんごんせ	しんごん	親近	安樂	762④	漢サ動	782①			
親近せ	しんごんせ	しんこん	親近	安樂	763①	漢サ動	782④	しんごん・せ／したしみちかつき[妙]		
親近せ	しんごんせ	しんごん	親近	安樂	763③	漢サ動	782⑥	しんごん／ちかつか[妙]		
親近せ	しんごんせ	しんごん	親近	安樂	763④	漢サ動	783②			
親近せ	しんごんせ	しんごん	親近	安樂	764①	漢サ動	783⑤			
親近せ	しんごんせ	しん―	親近	安樂	769⑥	漢サ動	790②	しんこん・せ／したしみちかつか[妙]		
親近せ	しんごんせ	×	親近	普賢	1331①	漢サ動	1334⑥	しんこん・せ／ちかつく[妙]		
親近礼拝せ	しんごんらいはいせ	しんこんらいはい	親近禮拜	妙音	1175⑥	漢四熟サ動	1191②			しんこん・らいい・せ[妙]
臣佐	じんさ	じんさ	臣佐	信解	323②	漢名	299③			
信じ	しんじ	しん	信	藥草	398②	漢サ動	384⑥			
信し	しんじ	しん	信	化城	512⑥	漢サ動	517⑥		―て[西右]	
信じ	しんじ	×	信	提婆	732②	漢サ動	750⑤			
信じ	しんじ	×	信	從地	858⑤	漢サ動	881④		―する事[西右]	
信し	しんじ	しん	信	從地	859④	漢サ動	882④			
進止	しんじ	しんし	進止	妙音	1177③	漢名	1192⑤		―と[西右]	しんし[妙]
真實	しんじつ	しんじつ	眞實	方便	100⑤	漢名	88③			真実(しんしち)[妙]
真實	しんじつ	しんしつ	眞實	譬喩	295⑥	漢名	268①			真実(しんしち)[妙]
真實	しんじつ	しんしつ	眞實	藥草	386④	漢名	371④			真実(しんしち)[妙]
真實	しんじつ	×	眞實	授記	437②	漢名	428⑤			真実(しんしち)[妙]
真實	しんじつ	しんしつ	眞實	化城	528⑥	漢名	534③			真実(しんしち)[妙]
真實	しんじつ	しんしつ	眞實	化城	537③	漢名	543①			真実(しんしち)[妙]
真實	しんじつ	しんしつ	眞實	化城	546⑥	漢名	555⑤			真実(しんしち)[妙]
真実	しんじつ	しんじつ	眞實	化城	547⑥	漢名	554④			真実(しんしち)[妙]
真実	しんじつ	しんじつ	眞實	法師	645①	漢名	658②			真実(しんしち)[妙]
真實	しんじつ	しんじつ	眞實	見寶	659⑤	漢名	674②			真実(しんしち)[妙]
真實	しんじつ	しんじつ	眞實	随喜	988②	漢名	1006④			真実(しんしち)[妙]
真實	しんじつ	しんじつ	眞實	法功	1043③	漢名	1062①			
仁者	じんしゃ	しんしや・きみ―	仁者	序品	44⑤	漢名	38④	にんしや／きみを[妙]		
仁者	じんしゃ	しんしや・きみ	仁者	觀世	1232②	漢名	1244⑥	にんしや／きみ[妙]		
神呪	しんしゅ	×	神呪	陀羅	1259②	漢名	1270⑤			しんしゅ[妙]
信受す	しんじゅ	しんじゅ	信受	如來	882②	漢サ動	901①			
信受す	しんじゅ	しんじゅ	信受	如來	882④	漢サ動	901④			

当該語	読みかな	傍訓	漢字表記	品名	頁数	語の種類	妙一本	和解語文	可読	異同語彙
真珠	しんじゅ	しんじゆ／かいのたま	眞珠	序品	29④	漢宝玉名	25②			
真珠	しんじゅ	しんしゆ	眞珠	譬喩	287②	漢宝玉名	259①	しんじゆ／たま[妙]		
真珠	しんじゅ	しんしゆ	眞珠	信解	326④	漢宝玉名	303①			
真珠	しんじゅ	しんしゆ	眞珠	信解	354④	漢宝玉名	338①			
真珠	しんじゅ	しんしゆ	眞珠	信解	362⑥	漢宝玉名	348①			
真珠	しんじゅ	しんしゆ	眞珠	授記	434④	漢宝玉名	425①			
真珠	しんじゅ	しんしゆ	眞珠	授記	439④	漢宝玉名	431⑤	しんしゆ／たま[妙]		
真珠	しんじゅ	しんじゆ	眞珠	見寶	657⑥	漢宝玉名	672②			
真珠	しんじゅ	しんじゆ	眞珠	觀世	1210⑥	漢宝玉名	1224①			しんしゆ[妙]
塵數	じんじゅ	×	塵數	授學	618⑥	漢名	629②	ちんしゆ／ちりのかす[妙]		
真珠華	しんじゅげ	しんしゆけ	眞珠華	授記	441⑥	漢花名名	433①	しんしゆくゑ／—はな[妙]		
信受し	しんじゅし	しんじゆ	信受	譬喩	207③	漢サ動	174⑤			
信受し	しんじゅし	しんじゆ	信受	譬喩	262①	漢サ動	234①			
信受し	しんじゅし	しんじゆ	信受	譬喩	263①	漢サ動	234⑥			
信受し	しんじゅし	しんじゆ	信受	譬喩	264③	漢サ動	235⑤			
信受し	しんじゅし	しんじゆ	信受	化城	509②	漢サ動	514①			
信受し	しんじゅし	×	信受	法師	648③	漢サ動	662①	しむしゆ・し／しんしうけ[妙]		
信受し	しんじゅし	しんじゆ	信受	從地	830⑥	漢サ動	853③			
信受し	しんじゅし	しんじゆ	信受	妙莊	1277①	漢サ動	1287②			しんしゆ・し[妙]
信受す	しんじゅす	しんじゆ	信受	化城	522①	漢サ動	527②		—しき・—しなん[西右]	
信受す	しんじゅす	しんじゆ—	信受	提婆	737③	漢サ動	756①			
信受する	しんじゅする	しんしゆ	信受	譬喩	299①	漢サ動	271③			
信受する	しんじゅする	×	信受	法師	650①	漢サ動	663⑥			
信受せ	しんじゅせ	しんじゆ	信受	方便	191⑥	漢サ動	164⑤			
信受せ	しんじゅせ	しんじゆ	信受	譬喩	243③	漢サ動	213①			
信受せ	しんじゅせ	しんじゆ	信受	譬喩	290⑥	漢サ動	263①			
信受せ	しんじゅせ	しんじゆ	信受	譬喩	292①	漢サ動	264②			
信受せ	しんじゅせ	しんじゆ	信受	譬喩	306④	漢サ動	279①			
信受せ	しんじゅせ	しんしゆ	信受	從地	863①	漢サ動	885⑤	しんしゆ・せ／うけ[妙]		
信受せ	しんじゅせ	しんじゆ	信受	分別	945③	漢サ動	963⑥			
信受せ	しんじゅせ	しんじゆ	信受	随喜	985①	漢サ動	1003③		佛みたてまつり法をきいて信受し教誨せられん[西右]	
信受せ	しんじゅせ	しんじゆ・せ	信受	囑累	1109②	漢サ動	1127⑥			しんじゆ・せ[妙]
真珠瓔珞	しんじゅようらく	しんじゆやうらく	眞珠瓔珞	分別	927⑤	漢宝玉名	946③	しんじゆやうらく／—よるをとらす[妙]		
真珠瓔珞	しんじゅようらく	しんじゆやうらく	眞珠瓔珞	妙莊	1291③	漢宝玉名	1300①	しんしゆやうらく／まことのたまの[妙]		
真浄	しんじょう	しんじやう	眞淨	神力	1084⑥	漢名	1103③	しんしやう／まことにきよき[妙]		
臣妾	じんしょう	じんせう	臣妾	序品	31④	漢名	27①	しんせう／たいしんきさき[妙]		
深浄	じんじょう	しんしやう・ふかくきよき	深淨	方便	182⑥	漢名	157①			
深浄	じんじょう	じんじやう	深淨	法功	1031⑥	漢名	1050④	じんじやう／ふかくきよく[妙]		
深定	じんじょう	じんぢやう	深定	分別	959③	漢名	977⑥	しんちやう／ふかきさせん[妙]		
瞋濁	しんじょく	しんぢよく	瞋濁	勧持	741①	漢名	759⑥	しんちよく／いかりにこり[妙]		
身心	しんじん	しんじむ	身心	序品	15③	漢名	12④			
身心	しんじん	しんじん{む}	身心	序品	54③	漢名	47②	しんしん／みこゝろ[妙]		
身心	しんじん	しんしん	身心	序品	58⑥	漢名	51①	しんしん／みこゝろ[妙]		
身心	しんじん	しんじん	身心	化城	452④	漢名	446⑤	しんしん／みこゝろ[妙]		

当該語	読みかな	傍訓	漢字表記	品名	頁数	語の種類	妙一本	和解語文	可読	異同語彙
身心	しんじん	×	身心	五百	600④	漢名	609②	しんしむ/みこゝろ[妙]		
身心	しんじん	じんしん	身心	提婆	711③	漢名	728⑤	しんしん/みこゝろ[妙]		
身心	しんじん	×	身心	提婆	714①	漢名	731⑥	しん〳〵/みこゝろ[妙]	一に[西右]	
深心	しんしん	じんじん・ふかきこゝろ	深心	方便	134②	漢名	117②	しんしん/ふかきこゝろ[妙]		
深妙{心}	じんじん	――・ふかき心をもて	深心	方便	147①	漢名	127⑥	しんしん/ふかきこゝろ[妙]	ふかき心をもて[西]深心[妙]	ふかき心をもて[にし]じんしん[みょう]
深心	じんじん	しんしん/ふかき	深心	方便	159③	漢名	137⑤			ふかきこゝろ[妙]
深心	じんじん	しんしん・ふかきこゝろ	深心	薬草	388①	漢名	373②			
深心	じんじん	しんしん	深心	授記	423②	漢名	412⑥	しんしん/ふかきこころ[妙]		
深心	じんじん	しんしん・ふかきこゝろ	深心	化城	462②	漢名	458②	しん〳〵/ふかきこゝろ[妙]		
深心	じんじん	しんしん	深心	化城	507④	漢名	512①	しんしん/ふかきこゝろ[妙]		
深心	じんじん	しんしん	深心	五百	564⑤	漢名	568①			しむしむ[妙]
深心	じんじん	じんしん	深心	安樂	786④	漢名	808①			
深心	じんじん	しんしん	深心	分別	944⑥	漢名	963③		ふかきこゝろをもて[西右]	
深心	じんじん	しんしん・ふかきこゝろ	深心	分別	946⑤	漢名	965②			
深心	じんじん	じんしん	深心	分別	949③	漢名	968①		一をもて[西右]	
深心	じんじん	じむしん	深心	神力	1091④	漢名	1109⑥	じんしん/ふかきこゝろに[妙]		
甚深	じんじん	じんじん	甚深	方便	88②	漢名	77③			
甚深	じんじん	じんじん	甚深	方便	93②	漢名	82①			
甚深	じんじん	じん〳〵	甚深	方便	99④	漢名	87③		一也[西右]	
甚深	じんじん	じん〳〵	甚深	方便	103①	漢名	90③			
甚深	じんじん	じんじん	甚深	提婆	727⑤	漢名	745⑥			
甚深	じんじん	じんじん	甚深	安樂	802⑥	漢名	824①			
甚深	じんじん	しん[む]しん[む]	甚深	從地	831⑥	漢名	854⑤			
甚深	じんじん	じんじん	甚深	從地	847⑤	漢名	870③			
甚深	じんじん	しん〳〵	甚深	神力	1095①	漢名	1113⑤			じん〳〵[妙]
甚深	じんじん	しんしん	甚深	妙音	1168②	漢名	1184③			しん〳〵[妙]
深信解	じんしんげ	じん{む}しんげ	深信解	分別	950⑥	漢名	969②	しん〳〵け/ふかきさとり[妙]		
深信解	じんしんげ	しんしんけ――	深信解	分別	951②	漢名	970①			
甚深微妙	じんじんみみょう	×	甚深微妙	方便	104⑥	漢四熟名	91⑥	しんしんみめう/はなはたふかくたへに[妙]	一なり一なり[西右]	
甚深微妙	じんじんみみょう	じんじんみめう	甚深微妙	方便	106①	漢四熟名	92⑥		一なり一也[西左]	
甚深微妙	じんじんみみょう	じんじんみめう	甚深微妙	提婆	726④	漢四熟名	744⑤		一なり[西右]	
甚深無量	じんじんむりょう	じんじん――	甚深無量	方便	87②	漢四熟名	76③		一なり一[西右]	
信す	しんず	しん	信	方便	123⑥	漢サ動	108⑤			
信す	しんず	しん	信	信解	360①	漢サ動	344④			
信す	しんず	×	信	從地	854⑥	漢サ動	877④		一せよ[西右]	
信す	しんず	×	信	從地	862⑤	漢サ動	885③			
信ず	しんず	×	信	從地	865④	漢サ動	888④			
沈水	じんすい	ぢんずい	沈水	方便	162①	漢名	139⑥			
沈水	じんすい	ぢんすい	沈水	分別	933⑥	漢名	952④			
沈水	じんすい	ぢんすい	沈水	法功	1011⑥	漢名	1030③			
沈水	じんすい	ぢんすい	沈水	法功	1015⑥	漢名	1034②		一と[西右]	
沈水	じんすい	ぢんすい	沈水	薬王	1123①	漢名	1141②		一と[西右]	ちんすい[妙]
沈水香	じんすいこう	ぢんずいかう	沈水香	分別	927②	漢香名名	945⑥			
沈水香	じんすいこう	ぢんずい―	沈水香	法功	1009⑥	漢香名名	1028②		――の一[西右]	
信する	しんずる	×	信	方便	179④	漢サ動	154③			
信ずる	しんずる	しん	信	方便	186⑥	漢サ動	160②			
信する	しんずる	しん	信	譬喩	233⑤	漢サ動	202⑥			

当該語	読みかな	傍訓	漢字表記	品名	頁数	語の種類	妙一本	和解語文	可読	異同語彙
信ずる	しんずる	しん	信	譬喩	299④	漢サ動	271⑥			
信ずる	しんずる	しん	信	譬喩	300⑤	漢サ動	273①			
信する	しんずる	×	信	安樂	802②	漢サ動	824②			
信する	しんずる	×	信	嘱累	1108④	漢サ動	1127②		一せんものにはィ[西右]	しん・する[妙]
信せ	しんぜ	×	信	方便	138④	漢サ動	120⑤			
信せ	しんぜ	しん	信	方便	182①	漢サ動	156③			
信ぜ	しんぜ	しん	信	譬喩	301④	漢サ動	273⑤			
信ぜ	しんぜ	しん	信	信解	359⑥	漢サ動	344④			
信せ	しんぜ	×	信	提婆	730②	漢サ動	748②			
信ぜ	しんぜ	しん	信	安樂	792④	漢サ動	814①			
信せ	しんぜ	×	信	安樂	792⑤	漢サ動	814①			
信ぜ	しんぜ	×	信	安樂	805③	漢サ動	827③			
信ぜ	しんぜ	×	信	從地	867②	漢サ動	890①			
信せ	しんぜ	×	信	從地	869⑤	漢サ動	892④			
信ぜ	しんぜ	×	信	分別	944④	漢サ動	963①		一ぜは[西右]	
信せ	しんぜ	×	信	分別	944⑥	漢サ動	963③		一ぜは[西右]	
深禪定	じんせんじょう	しんせんちやう	深禪定	化城	470⑥	漢名	468④			
深禪定	じんせんじょう	じんぜんぢやう	深禪定	随喜	976①	漢名	994②	じんせんぢやう／ふかきさせん[妙]		
親族	しんぞく	しんぞく	親族	信解	343③	漢人倫名	324①	しんぞく／したしきやから[妙]		
親族	しんぞく	しんぞく	親族	信解	363④	漢人倫名	349①	しんぞく／したしきやから[妙]		
審諦	しんたい	しんたい／つまひらかに	審諦	五百	567②	漢名	570⑤	しんたい／あきらかに[妙]	あきらかに[西右]	
身躰	しんたい	しんたい	身躰	序品	30⑥	漢身体名	26④			
身躰	しんたい	しんたい	身躰	譬喩	305①	漢身体名	277②	しんだい／みすかたに[妙]		
身躰	しんたい	しんたい	身躰	信解	319③	漢身体名	294③	しんたい／みすかた[妙]		
身躰	しんたい	しんたい	身躰	化城	458③	漢身体名	453⑤	しんたい／みすかた[妙]	一と[西右]	
身躰	しんたい	しんたい	身躰	普賢	1335⑥	漢身体名	1338⑥			身體(しんたい)[妙]
深大	しんだい	じむ	深大	藥王	1143③	漢名	1161④	じんたい／ふかくをゝき[妙]		
深大	しんだい	じん一	深大	普賢	1327②	漢名	1331③	しんたい／ふかくおゝきなる[妙]		
甚大久遠	じんたいくおん	しん一くおん・はなはたひとしくとほし	甚大久遠	化城	446④	漢四熟名	439④			
甚大久遠	じんたいくおん	しん一くおん／はなはだひさしき・一くとをし	甚大久遠	如來	894⑥	漢四熟名	913⑥	じんたいくをん／はなはたひさしくとをきなり[妙]		
深智	じんち	じんち	深智	譬喩	299⑥	漢名	272②	じんち／ふかきちえ[妙]		
深智	じんち	じんち	深智	從地	851①	漢名	873⑤			
神智無量	じんちむりょう	×	神智無量	常不	1077③	漢四熟名	1095⑥			しんちむりやう[妙]
深重	しんちゅう	しんちう／ふかき一	深重	見寶	665②	漢名	680①	しんちう／ふかきをもき[妙]		
身中	しんちゅう	×	身中	法功	1037①	漢身体名	1055⑥	しんちう／みのなか[妙]	一の一一[西右]	
身中	しんちゅう	×	身中	法功	1039②	漢身体名	1057⑥	しんちう／みなか[妙]		
身中	しんちゅう	×	身中	法功	1039④	漢身体名	1058③	しんちう／みのなか[妙]		
神通	じんつう	しんつう	神通	序品	21⑥	漢名	18②			
神通	じんづう	しんつう	神通	譬喩	228②	漢名	197③			
神通	じんづう	しんつう	神通	信解	319⑤	漢名	294⑤			
神通	じんづう	しんつう	神通	藥草	409③	漢名	397①			
神通	じんづう	一つう	神通	授記	432①	漢名	423①			
神通	じんづう	じんつう	神通	化城	516④	漢名	521③			
神通	じんづう	しんつう	神通	化城	537③	漢名	543⑥			
神通	じんづう	しんつう	神通	五百	567③	漢名	570⑥			
神通	じんづう	×	神通	五百	585⑥	漢名	591④			
神通	じんづう	×	神通	授學	619⑥	漢名	630②			
神通	じんづう	×	神通	見寶	663④	漢名	678②			

当該語	読みかな	傍訓	漢字表記	品名	頁数	語の種類	妙一本	和解語文	可読	異同語彙
神通	じんづう	×	神通	見寶	684①	漢名	701②			神通力(しんつうりき)[妙]
神通	じんづう	一つう	神通	見寶	687③	漢名	705①			神通力[妙]
神通	じんづう	じんづう	神通	提婆	715⑥	漢名	733⑤			
神通	じんづう	×	神通	從地	839⑤	漢名	862④			
神通	じんづう	一づう	神通	從地	845④	漢名	868②			
神通	じんづう	×	神通	從地	865①	漢名	887⑤			
神通	じんづう	×	神通	如來	883①	漢名	902①			神通(じんづう)【妙】
神通	じんづう	×	神通	藥王	1155⑥	漢名	1173②		一と[西右]	しんつう[妙]
神通	じんづう	×	神通	藥王	1161②	漢名	1178⑤			しんつう[妙]
神通	じんづう	×	神通	妙音	1172⑥	漢名	1188④			しんつう[妙]
神通	じんづう	×	神通	妙音	1193⑥	漢名	1207⑥			しんつう[妙]
神通	じんづう	×	神通	觀世	1242⑥	漢名	1255④			しんつう[妙]
神通	じんづう	×	神通	觀世	1246⑥	漢名	1259①		──カィ[西右]	しんつ[妙]
神通	じんづう	×	神通	普賢	1307②	漢名	1314①			しんつ[妙]
神通	じんづう	×	神通	普賢	1321②	漢名	1325①			しんづう[妙]
神通	じんづう	×	神通	普賢	1327②	漢名	1331⑤			しんつ[妙]
神通變化	じんづうへんげ	一づうへんげ	神通変化	妙莊	1296①	漢四熟名	1304②			しんつへんくゑ[妙]
神通遊戲三昧	じんづうゆげざんまい	ーーゆけーー	神通遊戲三昧	妙音	1168⑤	漢名	1184⑥			しんつうゆけさんまい[妙]
神通力	じんづうりき	しんつうりき	神通力	藥草	412⑤	漢名	400⑥	しんつうりき／一ちから[妙]		
神通力	じんづうりき	じんづうりき	神通力	化城	542④	漢名	548③			
神通力	じんづうりき	×	神通力	五百	588①	漢名	594②		一と[西右]	
神通力	じんづうりき	×	神通力	見寶	683④	漢名	700⑥			
神通力	じんづうりき	×	神通力	安樂	793⑥	漢名	814④		一と[西右]	
神通力	じんづうりき	じんづうりき	神通力	如來	911②	漢名	930⑤			
神通力	じんづうりき	一づうりき	神通力	如來	914⑤	漢名	933⑤			
神通力	じんづうりき	×	神通力	常不	1079④	漢名	1097⑥			しんつうりき[妙]
神通力	じんづうりき	×	神通力	藥王	1123②	漢名	1142②			しんづう一[妙]
神通力	じんづうりき	×	神通力	藥王	1157⑥	漢名	1175④			神通(しんつう)[妙]
神通力	じんづうりき	×	神通力	妙音	1177④	漢名	1192⑤			しんつうりき[妙]
神通力	じんづうりき	×	神通力	普賢	1325②	漢名	1330②			しんつりき[妙]
神通力	じんづうりき	×	神通力	普賢	1327⑥	漢名	1331⑥		ーーの一[西右]	神通力(しんづうりき)[妙]
塵點	じんてん	ぢんてん	塵點	化城	449⑥	漢名	443④		一の一[西右]	ちんと／ちりつけて[妙]
塵土	じんと	×	塵土	信解	336④	漢名	315②			
振動し	しんどうし	しんどう	振動	藥王	1139⑥	漢サ動	1158①			震動(しんどう)し[妙]
震動し	しんどうし	しんとう	震動	化城	463③	漢サ動	459④			
震動し	しんどうし	しんとう	震動	化城	464③	漢サ動	460⑤			
震動し	しんどうし	しんとう	震動	化城	532④	漢サ動	538⑦			
震動し	しんどうし	しんどう	震動	妙音	1179④	漢サ動	1194③			しんとう・し[妙]
震動し	しんどうし	しんどう	震動	妙音	1199⑥	漢サ動	1213④			しんとう・し[妙]
震動す	しんどうす	しんどう	震動	序品	16②	漢サ動	13②	しんとう・す／ふるいうこく[妙]		
震動す	しんどうす	しんどう	震動	序品	24⑤	漢サ動	21①		ーーしきィ[西右]	
震動す	しんどうす	しんどう	震動	序品	55②	漢サ動	48①		しき[西右]	
震動す	しんどうす	しんどう／うこく心	震動	序品	68⑥	漢サ動	60②	しんとう・す／ふるいうこく[妙]	一しき[西右]	
震動す	しんどうす	しんどう	震動	神力	1088①	漢サ動	1106④			しんどう・す[妙]
震動す	しんどうす	しんどう	震動	普賢	1306④	漢サ動	1313③			しんとう・す[妙]
身肉	しんにく	しんにく	身肉	提婆	709③	漢身体名	726④	しんにく／一いむら[妙]		
信伏し	しんぷくし	しんぶく	信伏	如來	912④	漢サ動	931③			
信伏随従し	しんぷくずいじゅうし	しんぶくずいじう	信伏随従	常不	1069②	漢四熟サ動	1087⑥		ーーしーー[西右]	信伏随従(しんふくずいじゆう)し[妙]
親附す	しんぶす	しんぶ／したしみつく心	親附	譬喩	307②	漢サ動	279④	しんふ・す／むつひつく[妙]		
塵坌	じんぶん	ぢんぶん／ちりけれたる心也	塵坌	信解	336②	漢名	314⑤	ちりふん／ちり一[妙]		
神變	じんべん	じんべん	神變	序品	20①	漢名	16④			

しん 367

当該語	読みかな	傍訓	漢字表記	品名	頁数	語の種類	妙一本	和解語文	可読	異同語彙
神變	じんべん	じんべん	神變	妙莊	1278②	漢名	1288②			じんべん[妙]
神變	じんべん	一べん	神變	妙莊	1279①	漢名	1289①			しんへん[妙]
神變	じんべん	一べん	神變	妙莊	1280③	漢名	1290③			じんべん[妙]
神變する	しんべんする	じんべん	神變	法功	1017②	漢サ動	1035⑥		一を[西右]	
深法	しんほう	じん・むほう	深法	囑累	1109②	漢名	1127⑥			じんほう[妙]
真法	しんぽう	しん一	眞法	藥王	1124①	漢名	1142⑦	しんほう／まことのり[妙]		
深法	じんほう	じん・むほう／ふかきほう	深法	序品	71②	漢名	62③	しんほう／ふかきのり[妙]		
塵墨	じんぼく	ぢんもく	塵墨	化城	450①	漢名	443⑥	ちんもく／ちりすみ[妙]		
新發意	しんほつい	しんぽつい／はじめてほつしんする	新發意	方便	97⑥	漢名	85①	しんほつい／あらたにこゝろをゝこす[妙]		
新發意	しんほつい	しんほつい	新發意	授學	608④	漢名	617⑤	しんほつい／あらたにこゝろをゝこす[妙]		
新發意	しんほつい	しんぼつい	新發意	法師	645⑤	漢名	659①	しんほつい／あらたに心をおこす[妙]		
新發意	しんほつい	しんほつい	新發意	從地	862⑤	漢名	885④	しんほつい／あらたにこゝろをゝこす[妙]		
身命	しんみょう	しんみやう	身命	譬喩	252②	漢名	222③	しんみやう／みいのち[妙]		
身命	しんみょう	しんみやう	身命	譬喩	312④	漢名	286⑤			
身命	しんみょう	しんみやう	身命	提婆	729⑤	漢名	747⑤	しんみやう／みいのち[妙]		
身命	しんみょう	しんみやう	身命	勸持	739③	漢名	758①	しんみやう／みいのち[妙]		
身命	しんみょう	しんみやう	身命	勸持	756⑤	漢名	776①			
身命	しんみょう	しんみやう	身命	如來	912⑥	漢名	931⑤			
深妙	じんみょう	じんめう・ふかくたへ	深妙	序品	26⑤	漢名	22⑤	しんめう／ふかくたへ[妙]		
深妙	じんみょう	じんめう	深妙	方便	144③	漢名	125⑤	しんめう／ふかくたへなる[妙]		
深妙	じんみょう	じん一	深妙	方便	146④	漢名	127③	しんめう／ふかくたへなる[妙]		
深妙	じんみょう	しんめう	深妙	譬喩	234①	漢名	203⑦	しんめう／ふかくたへなる[妙]		
深妙	じんみょう	じんめう	深妙	化城	505①	漢名	509②	しんみやう／ふかくたへなるさせん[妙]		
深妙	じんみょう	じんめう	深妙	随喜	990①	漢名	1008④	しんめう／ふかくたへなる[妙]		
深妙	じんみょう	じんめう	深妙	法功	1027⑤	漢名	1046④	しんめう／ふかくたへなる[妙]		
深妙	じんみょう	じんめう	深妙	法功	1028③	漢名	1046⑥	しんめう／ふかくたへなる[妙]		
深妙	じんみょう	じん一	深妙	法功	1031②	漢名	1049④			
臣民	しんみん	しんみん	臣民	安樂	775⑥	漢人倫名	796⑤			
盡滅し	じんめつし	しんめつ／ことへく	盡滅	譬喩	214④	漢サ動	182⑤	じんめつ／つきほろひて[妙]	つくして無餘に滅しぬとィ[西右]	
親友	しんゆう	しんゆう／したしきとも	親友	五百	590③	漢人倫名	597①	しんう／したしきとも[妙]		しんう[妙]
親友	しんゆう	しんゆう	親友	五百	590④	漢人倫名	597②			しんう[妙]
親友	しんゆう	しんゆう	親友	五百	591④	漢人倫名	598④	しんう／したしきとも[妙]		しんう[妙]
親友	しんゆう	しんう／したしきともたち	親友	五百	596⑥	漢人倫名	605①	しんう／したしきとも[妙]		
親友	しんゆう	しんう	親友	五百	598③	漢人倫名	606⑤	しんう／したしきとも[妙]		しんう[妙]
真要	しんよう	しんよう	眞要	信解	367⑥	漢名	354①	しんえう／まこと[妙]		
心欲	しんよく	しんよく	心欲	藥草	397⑦	漢名	384②	しんよく／こゝろよく[妙]		
心乱	しんらん	しんらん／こゝろみだれ	心乱	譬喩	308⑤	漢名	281③	しんらん／こゝろみたれ[妙]		

当該語	読みかな	傍訓	漢字表記	品名	頁数	語の種類	妙一本	和解語文	可読	異同語彙
信力	しんりき	×	信力	從地	846⑥	漢名	869④			
心力	しんりき	×	心力	如來	886①	漢名	904⑥	しんりき／こゝろちから[妙]		
神力	しんりき	×	神力	序品	42②	漢名	36③			
神力	しんりき	じんりき	神力	譬喩	257⑤	漢名	228⑥		――と[西右]	
神力	しんりき	×	神力	五百	587①	漢名	592⑥			
神力	しんりき	×	神力	見寶	664④	漢名	679③			
神力	しんりき	×	神力	提婆	734⑤	漢名	753②			
神力	しんりき	×	神力	安樂	795③	漢名	816⑥			
神力	しんりき	×	神力	從地	826①	漢名	848②			
神力	しんりき	×	神力	從地	826③	漢名	848⑤			
神力	しんりき	×	神力	神力	1087③	漢名	1105⑤			しんりき[妙]
神力	しんりき	×	神力	神力	1088④	漢名	1106⑥			しんりき[妙]
神力	しんりき	×	神力	神力	1093⑥	漢名	1112④			しんりき[妙]
神力	しんりき	×	神力	神力	1094②	漢名	1112⑥			しんりき[妙]
神力	しんりき	×	神力	神力	1098②	漢名	1117①			しんりき[妙]
神力	しんりき	×	神力	神力	1099④	漢名	1118③			しんりき[妙]
神力	しんりき	×	神力	藥王	1122④	漢名	1140⑤			じんりき[妙]
神力	しんりき	×	神力	妙音	1186⑤	漢名	1201②			しんりき[妙]
神力	しんりき	×	神力	妙音	1188②	漢名	1202⑥			しんりき[妙]
神力	しんりき	×	神力	妙莊	1280⑤	漢名	1290④		―の[西右]	しんりき[妙]
信力堅固	しんりきけんご	しんりきけんご	信力堅固	方便	95①	漢四熟名	83③			
震裂し	しんれつし	しんれつ	震裂	從地	820①	漢サ動	842②	しんれつ・し／ふるいさく[妙]		
震裂し	しんれつし	しんれつ	震裂	從地	839⑤	漢サ動	862④	しんれつ・し／ふるいさけ[妙]		
す	す	×	爲	方便	145⑥	和サ動	×			たり[妙]
す	す	×	爲	方便	156⑤	和サ動	135③			
す	す	×	爲	譬喩	241③	和サ動	211①			
一す	す	×	爲	譬喩	282⑤	和サ動	254③			
す	す	×	爲	譬喩	296④	和サ動	268⑤			すなり[西]
す	す	×	爲	譬喩	299⑤	和サ動	272①			
す	す	×	爲	信解	339⑤	和サ動	319②			
一す	す	×	爲	信解	347④	和サ動	329②			
一す	す	×	爲	信解	356①	和サ動	339⑤			
す	す	×	爲	信解	361①	和サ動	345⑥			
す	す	×	爲	信解	376③	和サ動	364①			
す	す	×	爲	藥草	409⑤	和サ動	397③			
す	す	×	爲	授記	434④	和サ動	425⑤			
す	す	×	爲	五百	598⑤	和サ動	607①			
す	す	×	爲	法師	637⑤	和サ動	650①			
す	す	×	爲	見寶	695④	和サ動	714③			
す	す	×	爲	安樂	799⑤	和サ動	821④			
す	す	×	爲	從地	846③	和サ動	869①			
す	す	×	欲	化城	522⑥	和サ動	528①		せんに[西左]	
す	す	×	欲	化城	541②	和サ動	546⑥		おもふにそのみち[西右]	
頭	ず	づ	頭	序品	30⑥	単漢身体名	26③			
水	すい	すい	水	譬喩	304④	単漢地儀名	276⑤	すい／みつ[妙]		
水	すい	×	水	信解	332①	単漢地儀名	309⑤			みつ[妙]
水	すい	×	水	法師	643①	単漢地儀名	655⑥			みつ[妙]
水	すい	×	水	法師	650②	単漢地儀名	664①			みつ[妙]
水	すい	×	水	從地	865③	単漢地儀名	888①			みつ[妙]
瑞	ずい	ずい	瑞	序品	20②	単漢名	16⑤	すい／むかしのことををこす[妙]		
瑞	ずい	ずい	瑞	序品	46②	単漢名	39⑥	すい／むかしのことををこす[妙]		
瑞	ずい	×	瑞	序品	47②	単漢名	40⑥	すい／むかしのことを―[妙]		
瑞	ずい	ずい	瑞	序品	65①	単漢名	56⑥	すい／むかしのことををこす[妙]		
瑞	ずい	ずい	瑞	序品	84⑥	単漢名	74③			
瑞	ずい	ずい	瑞	妙音	1174③	単漢名	1190①			すい[妙]
酔臥し	すいがし	すいくハ／ゑいふして	酔臥	五百	590⑥	漢サ動	597⑤	すいくわ／ゑいふし[妙]		
隨喜	ずいき	×	隨喜	從地	832④	漢名	855③	すいき／したかいよろこふ[妙]		

当該語	読みかな	傍訓	漢字表記	品名	頁数	語の種類	妙一本	和解語文	可読	異同語彙
随喜	ずいき	ずいき	随喜	分別	951①	漢名	969⑥	すいき／したかひよろこふ[妙]		
随喜	ずいき	×	随喜	随喜	972④	漢名	990⑤	すいき／一よろこひ[妙]		
随宜	ずいき	すいき・よろしきにしたかひて	随宜	方便	124①	漢名	108⑥			
随宜	ずいき	すいき	随宜	五百	562③	漢名	565③	すいき／したかひてよろしきに[妙]	よろしきにしたかひ[西右]	
随宜	ずいき	ずいぎ	随宜	安樂	792③	漢名	813③	すいき／よろしきにしたかいて[妙]		
随宜	ずいき	すいき	随宜	從地	862①	漢名	884⑥	すいき／よろしきにしたかうて[妙]	よろしきにしたかひて説給ふところを信し[西右]	
随宜	ずいぎ	すいき	随宜	藥草	398③	漢名	384⑥	すいき／よろしきにしたかふ[妙]		
随宜	ずいぎ	すいき	随宜	藥草	398⑤	漢名	385①	すいき／よろしきにしたかう[妙]		
随喜し	ずいきし	ずいき	随喜	譬喩	298⑤	漢サ動	271①	すいき・し／よろこひ[妙]		
随喜し	ずいきし	×	随喜	随喜	971①	漢サ動	989②	すいき・し／したかひよろこひ[妙]		
随喜し	ずいきし	ずいき	随喜	随喜	972②	漢サ動	990②	すいき・し／一よろこひ[妙]		
随喜し	ずいきし	×	随喜	随喜	972④	漢サ動	990③	すいき・し／一よろこひ[妙]	一て[西右]	
随喜し	ずいきし	×	随喜	随喜	986④	漢サ動	1004⑥			
随喜し	ずいきし	×	随喜	藥王	1159②	漢サ動	1176⑤	すいき・し／よろこひ[妙]		
随喜し	ずいきし	すいき	随喜	陀羅	1257③	漢サ動	1269②	ずいき・し／したかいよろこふ[妙]		
随喜す	ずいきす	ずいき	随喜	譬喩	234②	漢サ動	203④	すいきす／したかひよろこふ[妙]		
随喜す	ずいきす	ずいき	随喜	從地	832②	漢サ動	854⑥			
随喜す	ずいきす	ずいぎ	随喜	神力	1091④	漢サ動	1109⑤	ずいき・す／よろこふ[妙]		
随喜する	ずいきする	ずいき	随喜	随喜	978①	漢サ動	996③	すいき・する／一よろこふ[妙]	ーーせん[西右]	
随喜せ	ずいきせ	ずいき	随喜	法師	622③	漢サ動	633②	すいき・せ／よろこはん[妙]	一する[西右]	
随喜せ	ずいきせ	×	随喜	法師	623①	漢サ動	633⑥	すいき・せ／よろこはん[妙]		
随喜せ	ずいきせ	すいき	随喜	随喜	969④	漢サ動	987⑤	すいき・せ／したかひよろこはん[妙]		
随喜せ	ずいきせ	すいき	随喜	随喜	970②	漢サ動	988③	すいき・せ／したかひよろこはん[妙]		
随喜せ	ずいきせ	×	随喜	随喜	978⑥	漢サ動	997①	すいき・せ／一よろこひ[妙]		
随喜せ	ずいきせ	×	随喜	随喜	979②	漢サ動	997③	すいき・せ／一よろこはん[妙]	一せる[西右]	
随喜せ	ずいきせ	×	随喜	随喜	989①	漢サ動	1007①	すいき・せ／よろこはん[妙]		
随喜せ	ずいきせ	×	随喜	随喜	989⑤	漢サ動	1008①	すいき・せ／よろこはん[妙]		
随宜方便	ずいきほうべん	すいきはうべん	随宜方便	方便	193③	漢四熟名	165⑥	すいきはうへん／よろしきにしたかふこと[妙]		
衰患	すいげん	すいくゑ・はん	衰患	陀羅	1259④	漢名	1271①	すいぐゑん／おとろへうれへ[妙]		
衰患	すいげん	すいげむ	衰患	陀羅	1263⑥	漢名	1275⑦	すいくゑん／おとろへうれへ[妙]		
衰患	すいげん	すいげ・ぐゑん	衰患	陀羅	1269②	漢名	1280②	すいくゑん／おとろへうれへ[妙]		
衰患	すいげん	すいぐゑん	衰患	普賢	1311③	漢名	1317④	すいくゑん／おとろへうれへ[妙]		
水牛	すいご	すいご	水牛	法功	1019①	漢獣類名	1037⑤	すいこ／みつうし[妙]	一と[西右]	

当該語	読みかな	傍訓	漢字表記	品名	頁数	語の種類	妙一本	和解語文	可読	異同語彙
随侍供養せ	ずいじくようせ	ずいじくやう	隨時供養	法功	1030②	漢四熟サ動	1048⑥	すいし／したかひさふらう［妙］		
随侍せ	ずいじせ	×	隨侍	安樂	794④	漢サ動	816①	すいし・せ／したかいとふらはん［妙］		
水腫	すいしゅ	一しゆ／みつふくれ	水腫	譬喩	310①	漢病症名	283①			
酔酒	すいしゅ	すいしゆ／さけにえいてしかも・さけにえう	酔酒	五百	590③	漢名	597②		さけにゑう・さけにえいてしかも	すいしゅ［妙］
一随従し	ずいじゅうし	ずいじう	隨従	常不	1069②	漢サ動	1087⑥			随従（すいじゆう）し［妙］
随順し	ずいじゅんし	すいしゆん	隨順	序品	80⑤	漢サ動	70⑥			
随順し	ずいじゅんし	×	隨順	序品	83①	漢サ動	72⑤			
随順し	ずいじゅんし	ずいじゆん	隨順	方便	145⑤	漢サ動	126⑥	すいしゆん／したかう［妙］		
随順し	ずいじゅんし	ずいじゆん	隨順	方便	183④	漢サ動	157④	すいしゆん／したかう［妙］		
随順し	ずいじゅんし	すいしゆん	隨順	五百	564①	漢サ動	567②	すいしゆん・し／したかう［妙］		
随順し	ずいじゅんし	×	隨順	法師	648③	漢サ動	662①	すいしゆん・し／したかう［妙］		
随順し	ずいじゅんし	すいしゆん	隨順	法師	656③	漢サ動	670④	すいしゆん／したかふ［妙］		
随順し	ずいじゅんし	ずいじゆん	隨順	分別	966②	漢サ動	984⑤	すいしゆん・し／したかひ［妙］		
随順す	ずいじゅんす	ずいじゆん／したがふ心	隨順	譬喩	300⑥	漢サ動	273①	すいしゆん・す／したかふ［妙］		
水声	すいしょう	すい—	水聲	法功	1000①	漢名	1018⑤	すいしやう／みつのこゑ［妙］		
推尋せ	すいじんせ	すいしん／をしたつね	推尋	化城	467④	漢サ動	464④	すいしん／たつね［妙］		
推尋せ	すいじんせ	すいしん／たつね	推尋	化城	476①	漢サ動	475②	すいしん／たつね［妙］		
推尋せ	すいじんせ	すいしん	推尋	化城	484⑤	漢サ動	485③	すいしん／たつね［妙］		
推尋せ	すいじんせ	すいしん	推尋	化城	493④	漢サ動	496①	すいしん／たつね［妙］		
瑞神通	ずいじんつう	ずい——	瑞神通	序品	23①	漢名	19②			
推せ	すいせ	すい・おさん	推	化城	475③	漢サ動	474②	すい／たつねん［妙］		
水草	すいそう	×	水草	化城	540⑥	漢植物名	546⑤	すいさう／みつくさ［妙］		
出内する	すいぬいする	すいぬい／いだしいれし	出内	信解	345②	漢サ動	326②	すいぬい・する／いたしいる［妙］		
衰悩	すいのう	すいなう／おとろへなやみ	衰悩	譬喩	253⑥	漢名	224④	すいなう／おとろへなやみ［妙］		
髄脳	ずいのう	ずいなう	髄脳	提婆	709③	漢名	726④			
すいはま	すいはま	×	接食	譬喩	305⑥	和動	278②		すいはまるゝを／かうふらん［西右左］	
垂布し	すいふし	ずいふ／たれしひてィ	垂布	藥草	401②	漢サ動	387⑤	すいふ／たれしき［妙］		たれしひてィ［西］
水腹短氣	すいふくたんげ	すいふくたんけ	水腹短氣	普賢	1336②	漢四熟名	1339①			
衰邁し	すいまいし	すいまい／おとろへすきたり	衰邁	譬喩	238⑤	漢サ動	208②	すいまい／おとろへすきて［妙］		
水沫	すいまつ	すいまつ	水沫	随喜	988③	漢名	1006②	すいまつ／みつのあわ［妙］	みつの—を［西右］	
睡眠せ	すいめんせ	すいめん／ねふり	睡眠	序品	35①	漢サ動	30②	すいめん・せ／ねふり［妙］		
衰老	すいろう	すいらう	衰老	随喜	987④	漢名	1005⑥	すいらう／おとろへいたる［妙］		
衰老し	すいろうし	すいらう・をとろへをいて	衰老	如來	905⑤	漢サ動	924⑤	すいらう・し／おいをとろへて［妙］		
衰老し	すいろうし	すいらう・おとろへおいて	衰老	随喜	975①	漢サ動	993②	すいらう・し／おとろへをいて［妙］		
すき	すき	×	疎	随喜	990⑤	和動	1009②		おろそかに［西右］	あらはに［妙］
すぎ	すぎ	×	過	方便	190②	和動	163②			

当該語	読みかな	傍訓	漢字表記	品名	頁数	語の種類	妙一本	和解語文	可読	異同語彙
すぎ	すぎ	×	過	譬喩	220⑤	和動	189④			
すぎ	すぎ	×	過	譬喩	225③	和動	194②			
すぎ	すぎ	×	過	譬喩	227③	和動	196③			
すぎ	すぎ	×	過	信解	340②	和動	319⑥			
すぎ	すぎ	×	過	授記	419①	和動	407⑥			
すぎ	すぎ	×	過	授記	434③	和動	425③			
すぎ	すぎ	×	過	授記	440①	和動	432①			
すぎ	すぎ	×	過	化城	446⑥	和動	439⑥			
すぎ	すぎ	×	過	化城	447①	和動	440②			
すぎ	すぎ	×	過	化城	448③	和動	441⑥		一くるること[西右]	
すぎ	すぎ	×	過	化城	449⑤	和動	443③			
すぎ	すぎ	×	過	化城	450⑤	和動	444④			
すぎ	すぎ	×	過	化城	455①	和動	449⑥			
すぎ	すぎ	×	過	化城	479②	和動	478④			
すぎ	すぎ	×	過	化城	483⑥	和動	484②		一くれとも[西右]	
すぎ	すぎ	×	過	化城	487③	和動	488④			
すぎ	すぎ	×	過	化城	496⑤	和動	499③			
すぎ	すぎ	×	過	化城	522③	和動	527④			
すぎ	すぎ	×	過	化城	522⑥	和動	528①			
すぎ	すぎ	×	過	化城	524②	和動	529③			
すぎ	すぎ	×	過	化城	531②	和動	536⑥			
すぎ	すぎ	×	過	化城	541②	和動	546⑥			
すぎ	すぎ	×	過	五百	570②	和動	574②			
すぎ	すぎ	×	過	五百	585⑤	和動	591②			
すぎ	すぎ	×	過	授學	614③	和動	624①			
すぎ	すぎ	×	過	法師	635③	和動	647③			
すぎ	すぎ	×	過	法師	636①	和動	648②			
すぎ	すぎ	×	過	提婆	716④	和動	734②			
すぎ	すぎ	×	過	安樂	815③	和動	837⑥			
すぎ	すぎ	×	過	從地	817③	和動	839⑤			
すぎ	すぎ	×	過	從地	837①	和動	859⑤			
すぎ	すぎ	×	過	從地	837⑤	和動	860③			
すぎ	すぎ	×	過	從地	838②	和動	861①			
すぎ	すぎ	×	過	從地	857①	和動	879⑤			
すぎ	すぎ	×	過	如來	884⑤	和動	903④			
すぎ	すぎ	×	過	如來	887⑤	和動	906⑥			
すぎ	すぎ	×	過	如來	897⑤	和動	916⑤			
すぎ	すぎ	×	過	分別	944⑤	和動	963①			
すぎ	すぎ	×	過	随喜	975①	和動	993②			
すぎ	すぎ	×	過	常不	1057④	和動	1076③			すき[妙]
すぎ	すぎ	×	過	神力	1090⑤	和動	1109①			すき[妙]
すぎ	すぎ	×	過	藥王	1126③	和動	1144⑤			
すぎ	すぎ	×	過	妙音	1180①	和動	1195②			すき[妙]
すぎ	すぎ	×	過	觀世	1214④	和動	1227⑥			
すぎ	すぎ	×	過	觀世	1236④	和動	1249①		すくさずして[西右]	すこさ[妙]
すぎ	すぎ	×		妙莊	1272②	和動	1283①			すき[妙]
すぎ	すぎ	×		妙莊	1295③	和動	1303⑤			
すぎおはり	すぎおわり	×	過已	化城	508②	和複動	513①		一くすこと[西右]	
すぎおはり	すぎおわり	×	過已	化城	511③	和複動	516③		すくし[西右]	
すぎおはり	すぎおわり	×	過已	妙音	1166①	和複動	1182④			すきおはり[妙]
すぐ	すぐ	×	過	化城	475②	和動	474①			
すぐ	すぐ	×	過	從地	838④	和動	861③			
すくひ	すくい	×	救	序品	34⑤	和動	29⑥			
すくひ	すくい	×	救	譬喩	285②	和動	256②			
救	すくい	×	救	化城	466①	和動	462④	くいさい／いさいをすくう[妙]		
すくひ	すくい	×	救	藥王	1148⑥	和動	1167①			
すくふ	すくう	×	救	如來	919④	和動	938④			
すくふ	すくう	×	救	普賢	1310②	和動	1316④			
すくふ	すくう	×	済	化城	541⑤	和動	547④		一あり[西右]	
すくふ	すくう	×	救	觀世	1242⑤	和動	1255②		すくひ給ふ[西右]	すくふ[妙]
すくなから	すくなから	×	少	觀世	1247②	和形	1259②			
すくなく	すくなく	×	少	信解	341②	和形	321②			
すくなく	すくなく	×	少	勸持	738⑤	和形	757③			

当該語	読みかな	傍訓	漢字表記	品名	頁数	語の種類	妙一本	和解語文	可読	異同語彙
すくなく	すくなく	×	少	安樂	786⑥	和形	808③			
すくなく	すくなく	×	尠	方便	141⑥	和形	123⑤			
すくなし	すくなし	×	少	譬喩	233⑤	和形	202⑥			
すぐれ	すぐれ	×	過	如來	916⑥	和動	935⑤			
すぐれ	すぐれ	×	勝	化城	464⑤	和動	460⑥			
すぐれ	すぐれ	×	勝	隨喜	979③	和動	997④		無量無辺阿僧祇よりまされりィ[西右]	
すぐれ	すぐれ	×	勝	隨喜	989②	和動	1007④			
塗香	ずこう	つかう	塗香	授記	434①	漢香名名	425②	つかう／みつにたてたるかう[妙]		
塗香	ずこう	つかう	塗香	授記	439⑥	漢香名名	431⑥	つかう／みつにたてたるかう[妙]		
塗香	ずこう	つかう	塗香	法師	623⑤	漢香名名	634④	つかう／みつにたてたるかう[妙]		
塗香	ずこう	つ―	塗香	法師	625④	漢香名名	636⑥	つかう／みつにたてたるかう[妙]		
塗香	ずこう	つ―	塗香	法師	629⑥	漢香名名	641⑤	つかう／みにぬるかう[妙]		
塗香	ずこう	づかう	塗香	提婆	718④	漢香名名	736④	つかう／みつにたてたるかう[妙]		
塗香	ずこう	つかう	塗香	分別	953②	漢香名名	972①	つかう／みつにたるかう[妙]		
塗香	ずこう	づ―	塗香	法功	1010②	漢香名名	1028④	づかう／みつにたてたるかう[妙]		
塗香	ずこう	つ―	塗香	藥王	1124⑥	漢香名名	1143②	つかう／みつにたてたるかう[妙]		
塗香	ずこう	づかう	塗香	藥王	1152③	漢香名名	1170④		―と[西右]	つかう[妙]
塗香	ずこう	つかう	塗香	陀羅	1270②	漢香名名	1281②	つかう／みつにたてたるかう[妙]		
すこし	すこし	×	小	方便	168②	和副	144⑥			
すこし	すこし	×	少	五百	591③	和副	598③			
すこしき	すこしき	×	少	五百	596③	和形	604④			
すこしき	すこしき	×	少	五百	597①	和形	606①			
すこしき	すこしき	×	少	五百	599④	和形	608①			
すこしき	すこしき	×	少	藥王	1115②	和形	1133⑤			
すゞ	すず	×	鈴	譬喩	248②	和楽具名	218①			
すゞ	すず	×	鈴	譬喩	287①	和楽具名	258⑥			
鈴	すず	りやう	鈴	法功	1002①	和楽具名	1020⑤	りやう／すゝ[妙]		
すゝしき	すずしき	×	冷	信解	331⑥	和形	309⑤		ひやゝかなる[西][西右]	ひやゝかなる[西]
すゝま	すすま	×	前	化城	525①	和動	530③			
すゝみ	すすみ	×	進	信解	319①	和動	293⑥			
すゝみ	すすみ	×	前	觀世	1246④	和動	1258⑤			すすみ[妙]
すゝみ	すゝみ	×	前	陀羅	1260①	和動	1271⑤		すゝむ[西右]	すすみ[妙]
すゝみすゝむ	すすみすすむ	×	前進	化城	544①	和複動	552①			
すゝむ	すすむ	×	進	化城	523②	和動	528②			
すゝめ	すすめ	×	勸	隨喜	980⑤	和動	998⑥			
すゝめ	すすめ	×	勸	隨喜	985②	和動	1003④			
すゝめ	すすめ	×	勸	隨喜	989⑥	和動	1008②		―て[西右]	
すゝめ	すすめ	×	勸	隨喜	992⑥	和動	1011③			
すゝめ	すすめ	×	勸	常不	1081⑤	和動	1100②			すすめ[妙]
すゝん	すすん	×	前	化城	525⑤	和動	531①			
頭陀	ずだ	づだ／ものこいにいつる也	頭陀	見寶	698④	漢名	717④	つた／やまはやしにまはる[妙]		
頭陀	ずだ	づだ	頭陀	從地	852④	漢名	875④	づだ／やまはやしにましわること[妙]		
頭頂	ずちょう	つちやう	頭頂	信解	375②	漢名	362④	つちやう／かうへいたゝき[妙]		
すつ	すつ	×	捨	方便	155②	和動	134④			
すつる	すつる	×	捨	譬喩	296②	和動	268③			
すつる	すつる	×	捨	信解	342⑤	和動	323②			
すて	すて	×	捨	序品	31④	和動	27①			
すて	すて	×	捨	序品	53①	和動	46①			
すて	すて	×	捨	方便	177②	和動	152②			
すて	すて	×	捨	方便	187②	和動	160④			
すて	すて	×	捨	譬喩	228⑤	和動	198①			
すて	すて	×	捨	譬喩	228⑤	和動	198①			

すく―すて 373

当該語	読みかな	傍訓	漢字表記	品名	頁数	語の種類	妙一本	和解語文	可読	異同語彙
すて	すて	×	捨	譬喩	257⑥	和動	229①			
すて	すて	×	捨	譬喩	313③	和動	287①			
すて	すて	×	捨	信解	322②	和動	297⑤			
すて	すて	×	捨	信解	344①	和動	324⑥			
すて	すて	×	捨	信解	348③	和動	330②			
すて	すて	×	捨	信解	353④	和動	336⑥			
すて	すて	×	捨	信解	356①	和動	339⑥			
すて	すて	×	捨	信解	363⑥	和動	349③			
すて	すて	×	捨	信解	371④	和動	358②			
すて	すて	×	捨	授記	422⑤	和動	412①			
すて	すて	×	捨	化城	456①	和動	451①			
すて	すて	×	捨	化城	470⑥	和動	468④			
すて	すて	×	捨	化城	523⑥	和動	529①			
すて	すて	×	捨	五百	563⑤	和動	566⑥			
すて	すて	×	捨	法師	626⑥	和動	638①			
すて	すて	×	捨	法師	632⑤	和動	644③			
すて	すて	×	捨	法師	649⑥	和動	663④			
すて	すて	×	捨	見寶	687①	和動	704⑤			
すて	すて	×	捨	提婆	729⑤	和動	747⑤			
すて	すて	×	捨	勸持	741⑥	和動	760⑤			
すて	すて	×	捨	安樂	789③	和動	810⑥			
すて	すて	×	捨	安樂	815①	和動	837⑤			
すて	すて	×	捨	從地	852⑥	和動	875④			
すて	すて	×	捨	如來	907③	和動	926②			
すて	すて	×	捨	藥王	1127⑥	和動	1146③		一つ[西右]	
すて	すて	×	捨	藥王	1138⑤	和動	1156⑥			
すて	すて	×	捨	藥王	1140④	和動	1158⑥			
すておはり	すておわり	×	捨已	授記	442②	和複動	434④		一つること[西右]	
すてさり	すてさり	×	捨去	五百	597③	和複動	605④			
すでに	すでに	×	既	序品	78③	和副	69①			
すでに	すでに	×	既	譬喩	273⑥	和副	245①			
すでに	すでに	×	既	信解	322③	和副	298①			
すでに	すでに	×	既	信解	347③	和副	328⑥			
すでに	すでに	×	既	信解	354①	和副	337③			
すでに	すでに	×	既	信解	361⑥	和副	346⑥			
すでに	すでに	×	既	藥草	403⑤	和副	390⑤			
すでに	すでに	×	既	化城	506⑥	和副	511⑤			
すでに	すでに	×	既	化城	526①	和副	531②			
すでに	すでに	×	既	化城	529③	和副	534⑥			
すでに	すでに	×	既	化城	547④	和副	554①			
すでに	すでに	×	既	化城	549②	和副	556①			
すでに	すでに	×	既	五百	593⑤	和副	601①			
すでに	すでに	×	既	授學	602⑥	和副	611④			
すでに	すでに	×	既	安樂	808①	和副	830③			
すでに	すでに	×	既	如來	912③	和副	931③			
すでに	すでに	×	已	序品	4⑤	和副	3⑤			
すでに	すでに	×	已	序品	53③	和副	46③			
すでに	すでに	×	已	序品	75①	和副	65⑥			
すでに	すでに	×	已	序品	77③	和副	67②			
すでに	すでに	×	已	方便	89③	和副	78③			
すでに	すでに	×	已	方便	94①	和副	82④			
すでに	すでに	×	已	方便	95③	和副	83⑤			
すでに	すでに	×	已	方便	99⑤	和副	87④			
すでに	すでに	×	已	方便	119⑤	和副	105①			
すでに	すでに	×	已	方便	137④	和副	120①			
すでに	すでに	×	已	方便	141④	和副	123③			
すでに	すでに	×	已	方便	152⑤	和副	132④			
すでに	すでに	×	已	方便	160④	和副	138④			
すでに	すでに	×	已	方便	161①	和副	139①			
すでに	すでに	×	已	方便	163①	和副	140④			
すでに	すでに	×	已	方便	163③	和副	140⑥			
すでに	すでに	×	已	方便	164②	和副	141④			
すでに	すでに	×	已	方便	164⑤	和副	141⑥			
すでに	すでに	×	已	方便	165③	和副	142⑤			
すでに	すでに	×	已	方便	167②	和副	144①			
すでに	すでに	×	已	方便	169③	和副	145⑥			
すでに	すでに	×	已	方便	169⑥	和副	146③			

当該語	読みかな	傍訓	漢字表記	品名	頁数	語の種類	妙一本	和解語文	可読	異同語彙
すでに	すでに	×	已	方便	187④	和副	160⑥			
すでに	すでに	×	已	方便	189⑤	和副	162⑥			
すでに	すでに	×	已	譬喩	209②	和副	176⑥			
すでに	すでに	×	已	譬喩	209⑤	和副	177③			
すでに	すでに	×	已	譬喩	211②	和副	179②			
すでに	すでに	×	已	譬喩	214⑥	和副	183②			
すでに	すでに	×	已	譬喩	217⑥	和副	186③			
すでに	すでに	×	已	譬喩	219⑥	和副	188④			
すでに	すでに	×	已	譬喩	228②	和副	197③			
すでに	すでに	×	已	譬喩	242③	和副	212①			
すでに	すでに	×	已	譬喩	244②	和副	213⑥			
すでに	すでに	×	已	譬喩	252③	和副	222③			
すでに	すでに	×	已	譬喩	278③	和副	250①			
すでに	すでに	×	已	譬喩	285②	和副	256⑥			
すでに	すでに	×	已	譬喩	290①	和副	262①			
すでに	すでに	×	已	信解	318⑥	和副	293⑤			
すでに	すでに	×	已	信解	319②	和副	294②			
すでに	すでに	×	已	信解	320②	和副	295③			
すでに	すでに	×	已	信解	322①	和副	297④			
すでに	すでに	×	已	信解	342⑥	和副	323③			
すでに	すでに	×	已	信解	343④	和副	324③			
すでに	すでに	×	已	信解	352③	和副	335③			
すでに	すでに	×	已	信解	363③	和副	348⑤			
すでに	すでに	×	已	信解	364①	和副	349④			
すでに	すでに	×	已	信解	370⑥	和副	357③			
すでに	すでに	×	已	藥草	394②	和副	379⑥			
すでに	すでに	×	已	化城	458①	和副	453②			
すでに	すでに	×	已	化城	543③	和副	551③			
すでに	すでに	×	已	化城	543⑤	和副	551⑤			
すでに	すでに	×	已	五百	578③	和副	583②			
すでに	すでに	×	已	五百	581②	和副	586③			
すでに	すでに	×	已	五百	588③	和副	594④			
すでに	すでに	×	已	五百	589⑤	和副	596①			
すでに	すでに	×	已	五百	597④	和副	605⑤			
すでに	すでに	×	已	授學	610①	和副	619③			
すでに	すでに	×	已	授學	617①	和副	626⑥			
すでに	すでに	×	已	法師	640④	和副	653①			
すでに	すでに	×	已	見寶	679②	和副	695⑥			
すでに	すでに	×	已	提婆	725④	和副	743⑤			
すでに	すでに	×	已	勸持	742⑤	和副	761⑤			
すでに	すでに	×	已	從地	844①	和副	866⑥			
すでに	すでに	×	已	從地	860②	和副	883①			
すでに	すでに	×	已	從地	864⑤	和副	887⑤			
すでに	すでに	×	已	如來	905⑥	和副	924⑤			
すでに	すでに	×	已	如來	906⑤	和副	925④			
すでに	すでに	×	已	如來	908③	和副	927②			
すでに	すでに	×	已	分別	951②	和副	970①			
すでに	すでに	×	已	分別	952③	和副	971③			
すでに	すでに	×	已	分別	953⑤	和副	972③			
すでに	すでに	×	已	分別	960②	和副	978⑤			
すでに	すでに	×	已	分別	963③	和副	981⑤			
すでに	すでに	×	已	随喜	974⑤	和副	992⑤			
すでに	すでに	×	已	随喜	975①	和副	993①			
すでに	すでに	×	已	法功	1008③	和副	1026⑥			
すでに	すでに	×	已	常不	1061④	和副	1080②			すてに[妙]
すでに	すでに	×	已	神力	1089⑥	和副	1108②			すてに[妙]
すでに	すでに	×	已	神力	1100④	和副	1119③			すてに[妙]
すでに	すでに	×	已	嘱累	1109⑤	和副	1128②			すてに[妙]
すでに	すでに	×	已	藥王	1157③	和副	1175①			すてに[妙]
すでに	すでに	×	已	妙音	1167⑤	和副	1184①			すてに[妙]
すでに	すでに	×	已	妙音	1200①	和副	1213⑥			すてに[妙]
すでに	すでに	×	已	妙莊	1283②	和副	1292⑥			すてに[妙]
すでに	すでに	×	已	妙莊	1283④	和副	1293①			すてに
すでに	すでに	×	已	妙莊	1288③	和副	1297⑤			すてに[妙]
すでに	すでに	×	已	妙莊	1288④	和副	1297⑥			すてに[妙]
すでに	すでに	×	已	妙莊	1296①	和副	1304②			すてに[妙]
すでに	すでに	×	已	妙莊	1298⑥	和副	1306⑤			
すでに	すでに	×	已	妙莊	1304④	和副	1311④			すてに[妙]

当該語	読みかな	傍訓	漢字表記	品名	頁数	語の種類	妙一本	和解語文	可読	異同語彙
すでに	すでに	×	已	普賢	1327①	和副	1331③			すてに[妙]
すでに	すでに	×	既已	方便	193②	和副	165⑥			
すでに	すでに	×	既已	信解	335③	和副	313⑤			
乃至	すなはち	すなはち	乃至	化城	454②	和接	448⑤			ないし[妙]
すなはち	すなわち	×	則	序品	84②	和接	73⑥			
すなはち	すなわち	×	則	方便	113②	和接	99①			
すなはち	すなわち	×	則	方便	119③	和接	104④			
すなはち	すなわち	×	則	方便	149③	和接	129⑤			
すなはち	すなわち	×	則	方便	150④	和接	130⑥			
すなはち	すなわち	×	則	方便	189⑤	和接	162⑥			
すなはち	すなわち	×	則	譬喩	240②	和接	209⑤			
則	すなわち	すなはちこれ	則	譬喩	253⑤	和接	224③			
すなはち	すなわち	×	則	譬喩	260④	和接	231⑥			
すなはち	すなわち	×	則	信解	351②	和接	333⑤			
すなはち	すなわち	×	則	信解	370⑥	和接	357③			
すなはち	すなわち	×	則	化城	503③	和接	507③			
すなはち	すなわち	×	則	化城	503④	和接	507④			
すなはち	すなわち	×	則	化城	503⑤	和接	507⑤			
すなはち	すなわち	×	則	化城	503⑥	和接	507⑦			
すなはち	すなわち	×	則	化城	503⑥	和接	508①			
すなはち	すなわち	×	則	化城	504①	和接	508①			
すなはち	すなわち	×	則	化城	504②	和接	508②			
すなはち	すなわち	×	則	化城	504②	和接	508③			
すなはち	すなわち	×	則	化城	504②	和接	508④			
すなはち	すなわち	×	則	化城	527③	和接	532⑤			
すなはち	すなわち	×	則	化城	527④	和接	533①			
すなはち	すなわち	×	則	五百	577②	和接	581⑥			
すなはち	すなわち	×	則	法師	627⑤	和接	638⑥			
すなはち	すなわち	×	則	法師	629③	和接	640④			
すなはち	すなわち	×	則	法師	636④	和接	648⑤			
すなはち	すなわち	×	則	法師	638⑥	和接	651③			
すなはち	すなわち	×	則	法師	654①	和接	668②			
すなはち	すなわち	×	則	見寳	690④	和接	708③			
すなはち	すなわち	×	則	見寳	691③	和接	709③			
すなはち	すなわち	×	則	見寳	693②	和接	711④			
すなはち	すなわち	×	則	見寳	693⑥	和接	712②			
すなはち	すなわち	×	則	見寳	694③	和接	713①			
すなはち	すなわち	×	則	見寳	695①	和接	713⑤			
すなはち	すなわち	×	則	見寳	695⑥	和接	714⑤			
すなはち	すなわち	×	則	見寳	696⑤	和接	715④			
すなはち	すなわち	×	則	見寳	697②	和接	716②			
すなはち	すなわち	×	則	見寳	698①	和接	717①			
すなはち	すなわち	×	則	見寳	698③	和接	717③			
すなはち	すなわち	×	則	見寳	698③	和接	717③			
すなはち	すなわち	×	則	見寳	698⑤	和接	717⑤			
則	すなわち	すなはち	則	提婆	711①	和接	728③			
すなはち	すなわち	×	則	安樂	763⑤	和接	783③			
すなはち	すなわち	×	則	安樂	770④	和接	790⑥			
すなはち	すなわち	×	則	安樂	772⑤	和接	793②			
すなはち	すなわち	×	則	安樂	773③	和接	793⑥			
すなはち	すなわち	×	則	安樂	782②	和接	803②			
すなはち	すなわち	×	則	安樂	790④	和接	812①			
すなはち	すなわち	×	則	安樂	792②	和接	813⑤			
すなはち	すなわち	×	則	安樂	805③	和接	827④			
すなはち	すなわち	×	則	安樂	810⑤	和接	832⑥			
すなはち	すなわち	×	則	如來	917②	和接	936①			
すなはち	すなわち	×	則	分別	945③	和接	963⑥			
すなはち	すなわち	×	則	分別	949③	和接	968②			
すなはち	すなわち	×	則	分別	951④	和接	970③			
すなはち	すなわち	×	則	分別	952④	和接	971④			
すなはち	すなわち	×	則	分別	953④	和接	972④			
すなはち	すなわち	×	則	分別	954③	和接	973①			
すなはち	すなわち	×	則	分別	961⑥	和接	980③			
すなはち	すなわち	×	則	分別	963③	和接	981⑤			
すなはち	すなわち	×	則	分別	963⑤	和接	982①			
すなはち	すなわち	×	則	分別	968③	和接	986⑤			
すなはち	すなわち	×	則	法功	1016⑥	和接	1035④			

当該語	読みかな	傍訓	漢字表記	品名	頁数	語の種類	妙一本	和解語文	可読	異同語彙
すなはち	すなわち	×	乃	譬喩	208③	和接	175⑤			
すなはち	すなわち	×	乃	譬喩	214①	和接	182②			
すなはち	すなわち	×	乃	譬喩	214③	和接	182⑤			
すなはち	すなわち	×	乃	譬喩	311⑥	和接	285②		いまし[西右]	
すなはち	すなわち	×	乃	譬喩	312③	和接	285⑥			
すなはち	すなわち	×	乃	五百	585⑤	和接	591②			
すなはち	すなわち	×	乃	五百	589⑥	和接	596③			
すなはち	すなわち	×	乃	五百	600①	和接	608⑤			
すなはち	すなわち	×	乃	法師	642②	和接	654①			
すなはち	すなわち	×	乃	法師	646⑤	和接	660②			
すなはち	すなわち	×	乃	安樂	804④	和接	826⑤		いましィ[西右]	
すなはち	すなわち	×	乃	安樂	808②	和接	830④		いまし[西右]	
すなはち	すなわち	×	乃	從地	854②	和接	876⑥			
すなはち	すなわち	×	乃	如來	907⑥	和接	926⑥			
すなはち	すなわち	×	便	序品	31④	和接	27①			
すなはち	すなわち	×	便	方便	137⑥	和接	120②			
すなはち	すなわち	×	便	方便	139⑤	和接	121⑤			
すなはち	すなわち	×	便	方便	184③	和接	158②			
すなはち	すなわち	×	便	譬喩	207③	和接	174⑤			
すなはち	すなわち	×	便	譬喩	252②	和接	222③			
すなはち	すなわち	×	便	譬喩	262②	和接	233④			
すなはち	すなわち	×	便	信解	329②	和接	306②			
すなはち	すなわち	×	便	信解	334⑤	和接	313①			
すなはち	すなわち	×	便	信解	341⑤	和接	321⑥			
すなはち	すなわち	×	便	信解	347④	和接	329②			
すなはち	すなわち	×	便	信解	348②	和接	330①			
すなはち	すなわち	×	便	五百	590①	和接	596⑤			
すなはち	すなわち	×	便	五百	591③	和接	598③			
すなはち	すなわち	×	便	五百	596⑤	和接	604②			
すなはち	すなわち	×	便	五百	597⑥	和接	606②			
すなはち	すなわち	×	便	勸持	749③	和接	768④			
すなはち	すなわち	×	便	如來	895⑤	和接	914⑤			
すなはち	すなわち	×	便	如來	896⑥	和接	915⑤			
すなはち	すなわち	×	便	如來	898⑤	和接	917⑤			
すなはち	すなわち	×	便	如來	908④	和接	927③			
すなはち	すなわち	×	便	分別	960⑥	和接	979③			
すなはち	すなわち	×	即	序品	46③	和接	40①			
すなはち	すなわち	×	即	序品	54②	和接	47①			
すなはち	すなわち	×	即	序品	59⑤	和接	52②			
すなはち	すなわち	×	即	序品	60④	和接	52⑥			
すなはち	すなわち	×	即	序品	61③	和接	53⑤			
すなはち	すなわち	×	即	序品	68①	和接	59③			
すなはち	すなわち	×	即	序品	77②	和接	66⑥			
すなはち	すなわち	×	即	方便	120⑤	和接	105⑥			
すなはち	すなわち	×	即	方便	179④	和接	154①			
すなはち	すなわち	×	即	方便	183⑤	和接	157⑤			
すなはち	すなわち	×	即	方便	186①	和接	159④			
すなはち	すなわち	×	即	譬喩	204②	和接	171②			
すなはち	すなわち	×	即	譬喩	219⑤	和接	188④			
すなはち	すなわち	×	即	譬喩	230①	和接	199③			
すなはち	すなわち	×	即	譬喩	232⑤	和接	201⑥			
すなはち	すなわち	×	即	譬喩	244①	和接	213⑤			
すなはち	すなわち	×	即	譬喩	257①	和接	228②			
すなはち	すなわち	×	即	譬喩	266⑤	和接	237⑥			
すなはち	すなわち	×	即	譬喩	282⑤	和接	254③			
すなはち	すなわち	×	即	譬喩	283⑤	和接	255③			即時に[西]
すなはち	すなわち	×	即	譬喩	294①	和接	266②			
すなはち	すなわち	×	即	譬喩	299④	和接	271⑥			
すなはち	すなわち	×	即	譬喩	301⑤	和接	273⑥			
すなはち	すなわち	×	即	譬喩	312⑤	和接	286②			
すなはち	すなわち	×	即	譬喩	313④	和接	287②			いまし[妙]
すなはち	すなわち	×	即	譬喩	316⑤	和接	291③			
すなはち	すなわち	×	即	信解	317⑥	和接	292⑤			
すなはち	すなわち	×	即	信解	323⑤	和接	299⑤			いまし[西]
すなはち	すなわち	×	即	信解	327⑤	和接	304③			
すなはち	すなわち	×	即	信解	329③	和接	306③			
すなはち	すなわち	×	即	信解	330②	和接	307④			

すな 377

当該語	読みかな	傍訓	漢字表記	品名	頁数	語の種類	妙一本	和解語文	可読	異同語彙
すなはち	すなわち	×	即	信解	335②	和接	313⑤			
すなはち	すなわち	×	即	信解	336③	和接	314⑥			
すなはち	すなわち	×	即	信解	339④	和接	318⑥			
すなはち	すなわち	×	即	信解	342①	和接	322②			
すなはち	すなわち	×	即	信解	343⑤	和接	324③			
すなはち	すなわち	×	即	信解	345③	和接	326⑤			
すなはち	すなわち	×	即	信解	346②	和接	327④			
すなはち	すなわち	×	即	信解	359①	和接	343③			
すなはち	すなわち	×	即	信解	360①	和接	344⑤			
すなはち	すなわち	×	即	信解	363④	和接	349①			
すなはち	すなわち	×	即	信解	367②	和接	353②			
すなはち	すなわち	×	即	藥草	398①	和接	384④			
すなはち	すなわち	×	即	藥草	400①	和接	386③			
すなはち	すなわち	×	即	藥草	400①	和接	386④			
すなはち	すなわち	×	即	授記	422⑤	和接	412②			
すなはち	すなわち	×	即	授記	424①	和接	413⑤			
すなはち	すなわち	×	即	授記	425②	和接	415①			
すなはち	すなわち	×	即	授記	425③	和接	415③		いまし[西右]	
すなはち	すなわち	×	即	化城	465⑤	和接	462②			
すなはち	すなわち	×	即	化城	468③	和接	465③			
すなはち	すなわち	×	即	化城	468④	和接	465④			
すなはち	すなわち	×	即	化城	469⑤	和接	467①			
すなはち	すなわち	×	即	化城	473④	和接	472②			
すなはち	すなわち	×	即	化城	477①	和接	476②			
すなはち	すなわち	×	即	化城	478①	和接	477③			
すなはち	すなわち	×	即	化城	482⑤	和接	482⑥			
すなはち	すなわち	×	即	化城	485⑤	和接	486③			
すなはち	すなわち	×	即	化城	486⑤	和接	487⑤			
すなはち	すなわち	×	即	化城	487④	和接	488④			
すなはち	すなわち	×	即	化城	488①	和接	489③			
すなはち	すなわち	×	即	化城	491④	和接	493④			
すなはち	すなわち	×	即	化城	494④	和接	497①			
すなはち	すなわち	×	即	化城	495④	和接	498②			
すなはち	すなわち	×	即	化城	501⑤	和接	505③			
すなはち	すなわち	×	即	化城	503③	和接	507③			
すなはち	すなわち	×	即	化城	508①	和接	512⑤			
すなはち	すなわち	×	即	化城	508③	和接	513①			
すなはち	すなわち	×	即	化城	510①	和接	514⑥			
すなはち	すなわち	×	即	化城	520⑥	和接	525⑥			
すなはち	すなわち	×	即	化城	522①	和接	527②			
すなはち	すなわち	×	即	化城	526②	和接	531④			
すなはち	すなわち	×	即	化城	543①	和接	548⑥			
すなはち	すなわち	×	即	五百	563②	和接	566③			
すなはち	すなわち	×	即	五百	589②	和接	595④			
すなはち	すなわち	×	即	授學	601④	和接	610①			
すなはち	すなわち	×	即	授學	611②	和接	620⑤			
すなはち	すなわち	×	即	法師	630⑤	和接	642②			
すなはち	すなわち	×	即	法師	639④	和接	652①			
すなはち	すなわち	×	即	見寶	667①	和接	682②			
すなはち	すなわち	×	即	見寶	669③	和接	684⑤			
すなはち	すなわち	×	即	見寶	679④	和接	696③			
すなはち	すなわち	×	即	見寶	680④	和接	697③			すなはちの[妙]
すなはち	すなわち	×	即	見寶	682⑤	和接	699⑥			
すなはち	すなわち	×	即	見寶	683⑥	和接	701①			
すなはち	すなわち	×	即	提婆	715②	和接	733①			
すなはち	すなわち	×	即	提婆	730②	和接	748③			
すなはち	すなわち	×	即	提婆	734①	和接	752③			
すなはち	すなわち	×	即	提婆	735②	和接	753⑤			
すなはち	すなわち	×	即	勸持	746③	和接	765②			
すなはち	すなわち	×	即	勸持	748①	和接	767②			
すなはち	すなわち	×	即	勸持	750④	和接	769⑥		即時に[西右]	
すなはち	すなわち	×	即	安樂	797①	和接	818④			
すなはち	すなわち	×	即	安樂	803②	和接	825②			
すなはち	すなわち	×	即	安樂	813②	和接	835④			
即	すなわち	すなはち	即	從地	830⑥	和接	853③			
すなはち	すなわち	×	即	從地	856①	和接	878⑥			
すなはち	すなわち	×	即	從地	869⑤	和接	892⑤			
すなはち	すなわち	×	即	如來	905④	和接	924③			

当該語	読みかな	傍訓	漢字表記	品名	頁数	語の種類	妙一本	和解語文	可読	異同語彙
すなはち	すなわち	×	即	如來	908①	和接	927①			
すなはち	すなわち	×	即	随喜	975④	和接	993⑤			
すなはち	すなわち	×	即	随喜	981⑤	和接	999⑥			
すなはち	すなわち	×	即	随喜	988①	和接	1006③			
すなはち	すなわち	×	即	随喜	990②	和接	1008④			
すなはち	すなわち	×	即	法功	1033②	和接	1051⑥			
すなはち	すなわち	×	即	常不	1067⑤	和接	1086④			
すなはち	すなわち	×	即	常不	1072⑤	和接	1091③			
すなはち	すなわち	×	即	常不	1080④	和接	1099①			
すなはち	すなわち	×	即	神力	1090④	和接	1108④			
すなはち	すなわち	×	即	神力	1097①	和接	1115⑥			
すなはち	すなわち	×	即	神力	1100④	和接	1119③			
すなはち	すなわち	×	即	囑累	1109⑤	和接	1128②		一これ[西右]	
すなはち	すなわち	×	即	藥王	1120③	和接	1138⑤			
すなはち	すなわち	×	即	藥王	1121②	和接	1139③			
すなはち	すなわち	×	即	藥王	1122⑥	和接	1141①			
すなはち	すなわち	×	即	藥王	1126④	和接	1144⑥			
すなはち	すなわち	×	即	藥王	1127②	和接	1145④			
すなはち	すなわち	×	即	藥王	1129②	和接	1147⑤			
すなはち	すなわち	×	即	藥王	1133⑥	和接	1152②			
すなはち	すなわち	×	即	藥王	1135⑤	和接	1153⑥			
すなはち	すなわち	×	即	藥王	1136③	和接	1154⑤			
すなはち	すなわち	×	即	藥王	1154②	和接	1172②			
すなはち	すなわち	×	即	藥王	1161②	和接	1178④		一これ[西右]	
すなはち	すなわち	×	即	藥王	1161⑤	和接	1178⑥			
すなはち	すなわち	×	即	藥王	1164③	和接	1181③		いまし[西右]	すなはち[妙]
すなはち	すなわち	×	即	妙音	1169④	和接	1185④			
すなはち	すなわち	×	即	妙音	1177②	和接	1192④		いまし[西右]	すなはち[妙]
すなはち	すなわち	×	即	妙音	1196①	和接	1209⑥			
すなはち	すなわち	×	即	觀世	1208②	和接	1221②			
すなはち	すなわち	×	即	觀世	1210②	和接	1223⑤			
すなはち	すなわち	×	即	觀世	1214①	和接	1227②			
すなはち	すなわち	×	即	觀世	1216①	和接	1229③			
すなはち	すなわち	×	即	觀世	1216⑤	和接	1230①			
すなはち	すなわち	×	即	觀世	1217②	和接	1230④			
すなはち	すなわち	×	即	觀世	1217④	和接	1230⑥			
すなはち	すなわち	×	即	觀世	1218③	和接	1231⑤			
すなはち	すなわち	×	即	觀世	1218⑤	和接	1232①			
すなはち	すなわち	×	即	觀世	1222⑥	和接	1236①			
すなはち	すなわち	×	即	觀世	1223③	和接	1236③			
すなはち	すなわち	×	即	觀世	1223④	和接	1236⑤			
すなはち	すなわち	×	即	觀世	1223⑥	和接	1237①			
すなはち	すなわち	×	即	觀世	1224②	和接	1237③			
すなはち	すなわち	×	即	觀世	1224④	和接	1237⑤			
すなはち	すなわち	×	即	觀世	1224⑥	和接	1238①			
すなはち	すなわち	×	即	觀世	1225②	和接	1238④			
すなはち	すなわち	×	即	觀世	1225⑤	和接	1238⑥			
すなはち	すなわち	×	即	觀世	1226①	和接	1239②			
すなはち	すなわち	×	即	觀世	1226③	和接	1239③			
すなはち	すなわち	×	即	觀世	1226⑤	和接	1239⑤			
すなはち	すなわち	×	即	觀世	1227①	和接	1240①			
すなはち	すなわち	×	即	觀世	1227③	和接	1240③			
すなはち	すなわち	×	即	觀世	1227⑥	和接	1240⑥			
すなはち	すなわち	×	即	觀世	1228③	和接	1241③			
すなはち	すなわち	×	即	觀世	1228⑤	和接	1241⑤			
すなはち	すなわち	×	即	觀世	1229③	和接	1242②			
すなはち	すなわち	×	即	觀世	1229⑤	和接	1242④			
すなはち	すなわち	×	即	觀世	1231⑤	和接	1244③			
すなはち	すなわち	×	即	觀世	1233⑤	和接	1246②		即時ィ[西右]	
すなはち	すなわち	×	即	觀世	1238⑥	和接	1251③			
すなはち	すなわち	×	即	觀世	1246③	和接	1258④			
すなはち	すなわち	×	即	陀羅	1247⑥	和接	1260①			
すなはち	すなわち	×	即	陀羅	1250⑥	和接	1262⑥			
すなはち	すなわち	×	即	陀羅	1254①	和接	1266①			
すなはち	すなわち	×	即	陀羅	1256②	和接	1268①			
すなはち	すなわち	×	即	陀羅	1257⑤	和接	1269③			
すなはち	すなわち	×	即	陀羅	1258④	和接	1270②			
すなはち	すなわち	×	即	陀羅	1260⑤	和接	1272②			

当該語	読みかな	傍訓	漢字表記	品名	頁数	語の種類	妙一本	和解語文	可読	異同語彙
すなはち	すなわち	×	即	陀羅	1261⑤	和接	1273②			
すなはち	すなわち	×	即	陀羅	1264②	和接	1275④			
すなはち	すなわち	×	即	陀羅	1267①	和接	1278①			
すなはち	すなわち	×	即	妙荘	1285④	和接	1295②			
すなはち	すなわち	×	即	妙荘	1294④	和接	1303①		即時[西右]	
すなはち	すなわち	×	即	妙荘	1295④	和接	1303⑥			
すなはち	すなわち	×	即	妙荘	1299⑤	和接	1307③			
すなはち	すなわち	×	即	普賢	1315②	和接	1320⑥			
すなはち	すなわち	×	即	普賢	1318③	和接	1323⑥			
すなはち	すなわち	×	即	普賢	1323②	和接	1327⑥			
すなはち	すなわち	×	即	普賢	1324③	和接	1329①			
すなはち	すなわち	×	即	普賢	1328④	和接	1332④			
すなはち	すなわち	×	即便	化城	528③	和接	533⑥			
すなはち	すなわち	×	即便	提婆	713④	和接	731③			
すなはち	すなわち	×	即便	如來	903①	和接	922①			
すなはち	すなわち	×	輒	譬喩	309①	和接	281⑤			
すべからく	すべからく	×	須	觀世	1245④	和副	1257⑤			すへからく[妙]
すへて	すべて	×	都	信解	339②	和副	318③			
すへて	すべて	×	都	信解	369④	和副	355④		かつて[西右]	
すへて	すべて	×	都	五百	590⑥	和副	597⑥			
すみ	すみ	×	墨	化城	446⑤	和文具名	439⑥			
すみ	すみ	×	止	分別	954⑥	和動	973⑤		すましめ[西右]	
すみやか	すみやか	×	速	序品	77⑤	和形動	68③			
すみやか	すみやか	×	速	譬喩	243①	和形動	212⑤			
すみやか	すみやか	×	速	譬喩	246①	和形動	215⑤			
すみやか	すみやか	×	速	譬喩	260⑤	和形動	232①			
すみやか	すみやか	×	速	譬喩	262⑤	和形動	234②			
すみやか	すみやか	×	速	法師	656①	和形動	670③			
すみやか	すみやか	×	速	提婆	725②	和形動	744①			
すみやか	すみやか	×	速	提婆	727①	和形動	745①			
すみやか	すみやか	×	速	提婆	733⑤	和形動	751⑥			
すみやか	すみやか	×	速	提婆	734⑥	和形動	753③			
すみやか	すみやか	×	速	如來	902④	和形動	921④			
すみやか	すみやか	×	速	如來	920⑥	和形動	940①			
すみやかに	すみやかに	×	速	藥草	399⑥	和形動	386②			
頭面	ずめん	×		頭面	化城	494③	漢身体名	496⑥	つめん／かしらをもて[妙]	
頭面	ずめん	づめん	頭面	化城	457①	漢身体名	452②	つめん／かしらをもて[妙]		
頭面	ずめん	づめん	頭面	化城	468③	漢身体名	465③	つめん／かしらをもて[妙]		
頭面	ずめん	つめん	頭面	化城	476⑥	漢身体名	476①	つめん／かしらをもて[妙]		
頭面	ずめん	づめん	頭面	化城	485④	漢身体名	486②	つめん／かしらをもて[妙]		
頭面	ずめん	づめん	頭面	化城	531⑥	漢身体名	537④	つめん／かしらをもて[妙]		
頭面	ずめん	づめん	頭面	五百	563③	漢身体名	566④	つめん／かう―[妙]		
頭面	ずめん	づめん	頭面	五百	589③	漢身体名	595②			
頭面	ずめん	づめん	頭面	授學	601⑤	漢身体名	610②	つめん／かうへおもて[妙]		
頭面	ずめん	づめん	頭面	提婆	722②	漢身体名	740②	つめん／かうへをもて[妙]		
頭面	ずめん	づめん	頭面	提婆	730②	漢身体名	748⑤	つめん／かしらをもて[妙]		
頭面	ずめん	づめん	頭面	從地	823⑥	漢身体名	846④	つめん／かしらをもて[妙]		
頭面	ずめん	×	頭面	分別	967②	漢身体名	985③	つめん／かしらをもて[妙]		
頭面	ずめん	づめん	頭面	藥王	1129④	漢身体名	1148②	づめん／かしらをもて[妙]		
頭面	ずめん	づめん	頭面	妙音	1181⑤	漢身体名	1196④			つめん[妙]
頭面	ずめん	づめん	頭面	妙荘	1290④	漢身体名	1299④	つめん／かしらをもて[妙]		
頭面	ずめん	づめん	頭面	普賢	1307⑤	漢身体名	1314②	つめん／かしらおもて[妙]		

当該語	読みかな	傍訓	漢字表記	品名	頁数	語の種類	妙一本	和解語文	可読	異同語彙
頭目	ずもく	づもく	頭目	提婆	709③	漢身体名	726③	つもく／かうへめ[妙]		
すらく	すらく	×	爲一	信解	355⑥	和動	339④			
すらく	すらく	×	爲一	信解	358②	和動	342③			
すらく	すらく	×	爲一	信解	362②	和動	347③			
すらく	すらく	×	爲一	信解	362③	和動	347④			
すらく	すらく	×	爲一	授學	601③	和動	609⑤			
する	する	×	爲	序品	72②	漢サ動	63②			
する	する	×	爲	方便	162③	漢サ動	139⑥			
する	する	×	爲	方便	189②	漢サ動	162③			
する	する	×	爲	譬喩	223①	和サ動	191⑥			
する	する	×	爲	譬喩	243④	漢サ動	×			
する	する	×	爲	譬喩	243⑥	漢サ動	213③			
する	する	×	爲	譬喩	252②	漢サ動	222②			
する	する	×	爲	藥草	406④	漢サ動	393⑥			
する	する	×	爲	藥草	413④	漢サ動	401⑤			
する	する	×	爲	化城	453⑥	漢サ動	448③			
する	する	×	爲	化城	523⑥	漢サ動	529②			
する	する	×	爲	化城	542③	漢サ動	548②			
する	する	×	爲	化城	544③	漢サ動	552④			
する	する	×	爲	五百	591⑥	漢サ動	599①			
する	する	×	爲	見寶	692②	和サ動	710②			
する	する	×	爲	安樂	763③	漢サ動	782⑥			
する	する	×	爲	安樂	769③	漢サ動	789④			
する{なる}	する	×	爲	分別	967③	漢サ動	985④			
する{なる}	する	×	爲	藥王	1143①	漢サ動	1161①			する[妙]
する	する	×	爲	觀世	1235③	漢サ動	1247⑥			
せ	せ	×	垂	化城	452②	和サ動	446③		するィ[西右]	
せ	せ	×	爲	序品	50⑤	和サ動	45⑥			
せ	せ	×	爲	方便	109①	和サ動	95④			
せ	せ	×	爲	方便	147④	和サ動	128③			
せ	せ	×	爲	方便	148①	和サ動	128⑤			
せ	せ	×	爲	方便	150④	和サ動	130⑤			
せ	せ	×	爲	方便	153②	和サ動	132⑥			
せ	せ	×	爲	方便	162⑥	和サ動	140③			なせる[妙]
せ	せ	×	爲	方便	164④	和サ動	141⑥			
せ	せ	×	爲	譬喩	256⑥	和サ動	227⑥			
せ	せ	×	爲	譬喩	287⑤	和サ動	259④			
せ	せ	×	爲	譬喩	309③	和サ動	282①			
せ	せ	×	爲	譬喩	310③	和サ動	283②			
せ	せ	×	爲	信解	339③	和サ動	318⑥			
せ	せ	×	爲	信解	362②	和サ動	347②			
せ	せ	×	爲	信解	362④	和サ動	347⑤			
せ	せ	×	爲	授記	420⑤	和サ動	409⑤			
せ	せ	×	爲	化城	466⑥	和サ動	463④		これィ[西右]	
せ	せ	×	爲	化城	466⑥	和サ動	463⑤			
せ	せ	×	爲	化城	474⑤	和サ動	473④			
せ	せ	×	爲	化城	474⑥	和サ動	473⑤			
せ	せ	×	爲	化城	484①	和サ動	484④			
せ	せ	×	爲	化城	484②	和サ動	484⑤			
せ	せ	×	爲	化城	492⑥	和サ動	495②			
せ	せ	×	爲	化城	493①	和サ動	495③			
せ	せ	×	爲	化城	514⑥	和サ動	519⑥			
せ	せ	×	爲	五百	572④	和サ動	576⑤			
せ	せ	×	爲	見寶	685⑤	和サ動	703②			
せ	せ	×	爲	提婆	714③	和サ動	732②			
せ	せ	×	爲	勸持	749①	和サ動	768②			
せ	せ	×	爲	安樂	766②	和サ動	786②			
せ	せ	×	爲	安樂	786⑥	和サ動	808③			
せ	せ	×	爲	安樂	787①	和サ動	808⑤			
せ	せ	×	爲	安樂	810②	和サ動	832④			
せ	せ	×	爲	從地	835⑤	和サ動	858⑥			
せ	せ	×	爲	分別	946④	和サ動	965①			
せ	せ	×	爲	分別	964④	和サ動	982⑥			
せ	せ	×	爲	常不	1067①	和サ動	1085⑥		する[西右]	
せ	せ	×	爲	囑累	1109⑤	和サ動	1128②			
せ	せ	×	爲	妙荘	1281③	和サ動	1291①			せ[妙]
せ	せ	×	欲	安樂	787③	和サ動	808⑥			

当該語	読みかな	傍訓	漢字表記	品名	頁数	語の種類	妙一本	和解語文	可読	異同語彙
せ	せ	×	欲	安樂	791④	和サ動	813①			
せ	せ	×	欲	安樂	794⑤	和サ動	816②		おもはんものは[西右]	
せ	せ	×	欲	安樂	795②	和サ動	×			
施	せ	せ	施	序品	29③	単漢名	25②			
施	せ	×	施	序品	38④	単漢名	33①			
施	せ	せ	施	序品	72②	単漢名	63③		一と[西右]	
施	せ	×	施	藥王	1125⑤	単漢名	1144①			せ[妙]
施	せ	×	施	藥王	1125⑥	単漢名	1144①			
世	せ	×	世	普賢	1330②	単漢名	1334①			せ[妙]
是	ぜ	こたひ・この	是	譬喩	252⑤	単漢名	222⑥			
是	ぜ	この	是	序品	59⑤	単漢名	52①			
是	ぜ	×	是	五百	587②	単漢名	593②			
誓願	せいがん	せいぐはん	誓願	方便	152②	漢名	132①	せいくわん／ちかい[妙]		
誓願す	せいがんす	せいぐはん	誓願	勸持	739⑥	漢サ動	758④	せいくわん・す／ちかい[妙]		
誓言	せいごん	せいごん／ちかいのことは	誓言	見寶	689④	漢名	707②			
誓言	せいごん	せいごん	誓言	見寶	697⑤	漢名	716⑤			
誓言	せいごん	せいごん	誓言	勸持	738①	漢名	756⑤			
誓言	せいごん	せいごん	誓言	勸持	740③	漢名	759②			
誓言	せいごん	せいごん	誓言	勸持	749④	漢名	768⑤			
誓言	せいごん	せいごん	誓言	勸持	758⑥	漢名	778④			
誓言	せいごん	せいごん	誓言	藥王	1138④	漢名	1156⑤			せいごん[妙]
制止し	せいしし	せいし	制止	方便	121⑤	漢サ動	106⑤			
勢力	せいりき	せい―	勢力	從地	857②	漢名	879⑥			せいりき[妙]
清凉	せいりょう	せいりやう／きよくすゝしき	清凉	藥王	1149④	漢名	1167⑤	しやうりやう／きよくすゝしき[妙]	清凉(しやうりやう)[妙]	しやうりやう(しやうりやう)[妙]
世雄	せおう	せおう／ほとけたる也	世雄	方便	92③	漢名	81②	せをう／ほとけ[妙]		
世雄	せおう	―おう	世雄	化城	461③	漢名	457①	せをう／ほとけ[妙]		
世雄両足尊	せおうりょうそくそん	―おうりやうそくそん	世雄兩足尊	化城	472④	漢名	470⑤	せをうりやうそん／ほとけ[妙]		
世界	せかい	―かい	世界	序品	8③	漢名	6⑥			
世界	せかい	×	世界	序品	16②	漢名	13①			
世界	せかい	せかい	世界	序品	17④	漢名	14②			
世界	せかい	×	世界	序品	17⑥	漢名	14⑤			
世界	せかい	×	世界	序品	24⑤	漢名	20⑥			
世界	せかい	せかい	世界	序品	25④	漢名	21⑤			
世界	せかい	×	世界	序品	26⑥	漢名	22⑥			
世界	せかい	×	世界	序品	55①	漢名	47⑤			
世界	せかい	―かい	世界	譬喩	227④	漢名	196④			
世界	せかい	×	世界	藥草	391①	漢名	376③			
世界	せかい	×	世界	化城	463③	漢名	459④			
世界	せかい	―かい	世界	化城	464⑤	漢名	460⑥			
世界	せかい	×	世界	化城	532⑤	漢名	538⑤			
世界	せかい	×	世界	見寶	657⑤	漢名	672①			
世界	せかい	×	世界	見寶	661⑤	漢名	676②			
世界	せかい	―かい	世界	見寶	691①	漢名	709①			
世界	せかい	―かい	世界	提婆	717①	漢名	735①			
世界	せかい	×	世界	從地	852④	漢名	875②			
世界	せかい	×	世界	如來	885②	漢名	904②			
世界	せかい	×	世界	如來	885⑤	漢名	904⑤			
世界	せかい	×	世界	如來	886⑥	漢名	905⑤		一は[西右]	
世界	せかい	×	世界	如來	887③	漢名	906⑥			
世界	せかい	――／六道也ちこくかき	世界	隨喜	972⑥	漢名	991①		一の[西右]	
世界	せかい	×	世界	隨喜	977⑤	漢名	995⑥			
世界	せかい	×	世界	法功	1015①	漢名	1033⑤			
世界	せかい	×	世界	法功	1044⑤	漢名	1063③			
世界	せかい	×	世界	神力	1088①	漢名	1106③			せかい[妙]
世界	せかい	×	世界	神力	1090⑤	漢名	1109①			せかい[妙]
世界	せかい	×	世界	藥王	1124①	漢名	1142③			せかい[妙]
世界	せかい	×	世界	妙音	1165⑥	漢名	1182④			せかい[妙]
世界	せかい	×	世界	妙音	1166①	漢名	1182⑤			せかい[妙]
世界	せかい	×	世界	妙音	1194⑥	漢名	1208③			せかい[妙]
世間	せけん	せけん	世間	序品	46⑥	漢名	40④			

当該語	読みかな	傍訓	漢字表記	品名	頁数	語の種類	妙一本	和解語文	可読	異同語彙
世間	せけん	一けん	世間	序品	74③	漢名	65③			
世間	せけん	一けん	世間	方便	95⑤	漢名	84①			
世間	せけん	×	世間	方便	111⑥	漢名	97⑥			
世間	せけん	×	世間	方便	114④	漢名	100②			
世間	せけん	一けん	世間	方便	151⑤	漢名	131⑤			
世間	せけん	×	世間	方便	159③	漢名	137⑤			
世間	せけん	×	世間	方便	172④	漢名	148④			
世間	せけん	×	世間	方便	173②	漢名	149②			
世間	せけん	せけん	世間	譬喩	234④	漢名	203⑥			
世間	せけん	せけん	世間	譬喩	253⑤	漢名	224④			
世間	せけん	一けん	世間	譬喩	289①	漢名	261②			
一世間	せけん	せけん	世間	譬喩	291③	漢名	263④			
世間	せけん	一けん	世間	譬喩	292②	漢名	264④			
世間	せけん	一けん	世間	譬喩	298③	漢名	270⑤			
世間	せけん	一けん	世間	譬喩	301⑤	漢名	273⑥			
世間	せけん	×	世間	信解	374④	漢名	361⑥			
世間	せけん	せけん	世間	藥草	399③	漢名	385⑤			
世間	せけん	せけん	世間	藥草	400⑤	漢名	387①			
世間	せけん	一けん	世間	藥草	404③	漢名	391④			
世間	せけん	×	世間	藥草	404⑤	漢名	391⑥			
世間	せけん	×	世間	藥草	407①	漢名	394③			
世間	せけん	×	世間	藥草	410⑥	漢名	398⑤			
世間	せけん	×	世間	藥草	411②	漢名	399④			
世間	せけん	一けん	世間	授記	425②	漢名	415④			
世間	せけん	×	世間	化城	461⑤	漢名	457③			
世間	せけん	×	世間	化城	466⑥	漢名	463④			
世間	せけん	×	世間	化城	470③	漢名	468①			
世間	せけん	×	世間	化城	474⑤	漢名	473②			
世間	せけん	×	世間	化城	479④	漢名	479①			
世間	せけん	×	世間	化城	484①	漢名	484④			
世間	せけん	×	世間	化城	489②	漢名	490④			
世間	せけん	×	世間	化城	492⑥	漢名	495②			
世間	せけん	×	世間	化城	498②	漢名	501②			
世間	せけん	×	世間	化城	498③	漢名	501④			
世間	せけん	×	世間	化城	502①	漢名	505⑥		一と［西右］	
世間	せけん	一けん	世間	化城	516②	漢名	521②			
世間	せけん	一けん	世間	化城	516⑥	漢名	521⑥			
世間	せけん	×	世間	化城	521①	漢名	526②			
世間	せけん	×	世間	五百	564①	漢名	567②			
世間	せけん	×	世間	五百	587⑥	漢名	594①			
世間	せけん	×	世間	授學	602②	漢名	610⑤			
世間	せけん	×	世間	法師	625⑤	漢名	636⑤			
世間	せけん	×	世間	見寶	660④	漢名	675①			
世間	せけん	×	世間	見寶	699③	漢名	718③			
世間	せけん	せけん	世間	提婆	713②	漢名	730⑤			
世間	せけん	×	世間	勸持	753⑥	漢名	773③			
世間	せけん	一けん	世間	從地	861①	漢名	883⑥			
世間	せけん	せけん	世間	從地	865②	漢名	887⑥			
世間	せけん	×	世間	如來	883②	漢名	902②			
世間	せけん	×	世間	神力	1103④	漢名	1122③			せけん［妙］
世間	せけん	×	世間	囑累	1113⑤	漢名	1132②		一の［西右］	せけん［妙］
世間	せけん	×	世間	藥王	1158①	漢名	1175⑤			せけん［妙］
世間	せけん	せけん	世間	觀世	1242⑤	漢名	1255①			せけん［妙］
世間	せけん	×	世間	觀世	1244②	漢名	1256④			せけん［妙］
世間	せけん	一けん	世間	觀世	1245③	漢名	1257④			せけん［妙］
世間	せけん	×	世間	妙莊	1282②	漢名	1291⑤			せけん［妙］
世間	せけん	×	世間	妙莊	1305②	漢名	1312①			せけん［妙］
世間解	せけんげ	せけんげ	世間解	序品	47⑥	仏名	41③			
世間解	せけんげ	せけんげ	世間解	譬喩	221②	仏名	190①			
世間解	せけんげ	せけんけ	世間解	藥草	391④	仏名	377①			
世間解	せけんげ	せけんけ	世間解	授記	416①	仏名	404②			
世間解	せけんげ	せけんけ	世間解	授記	427①	仏名	417③			
世間解	せけんげ	せけんけ	世間解	授記	435①	仏名	426③			
世間解	せけんげ	×	世間解	授記	440④	仏名	432⑤			
世間解	せけんげ	×	世間解	化城	446②	仏名	438⑥			
世間解	せけんげ	せけんげ	世間解	五百	570④	仏名	574④			
世間解	せけんげ	×	世間解	五百	584①	仏名	589⑤			
世間解	せけんげ	×	世間解	授學	604②	仏名	613①			

当該語	読みかな	傍訓	漢字表記	品名	頁数	語の種類	妙一本	和解語文	可読	異同語彙
世間解	せけんげ	×	世間解	授學	613②	仏名	622⑤			
世間解	せけんげ	×	世間解	授學	617⑥	仏名	627⑤			
世間解	せけんげ	せけんげ	世間解	提婆	716⑥	仏名	734⑥			
世間解	せけんげ	×	世間解	勧持	743⑥	仏名	762⑥			
世間解	せけんげ	×	世間解	勧持	745④	仏名	764④			
世間解	せけんげ	—けんげ	世間解	常不	1057⑤	仏名	1076⑤			せけんげ[妙]
世間解{解}	せけんげ	×	世間解	常不	1060⑥	仏名	1079⑤			せけんげ[妙]
世間解	せけんげ	×	世間解	藥王	1116⑥	仏名	1134⑥			せけんげ[妙]
世間解	せけんげ	×	世間解	妙音	1166④	仏名	1183①			せけんけ[妙]
施し	せし	せ・ほとこ	施	序品	30⑤	漢サ動	26③			
施し	せし	せ	施	序品	37③	漢サ動	32②	せ・し／ほとこす[妙]		
施し	せし	ほとこ	施	序品	37③	漢サ動	32③			
施し	せし	せ	施	序品	38①	漢サ動	32⑤			
施し	せし	×	施	序品	38③	漢サ動	33①	せ・し／ほとこす[妙]		
施主	せしゅ	×	施主	随喜	976⑥	漢人倫名	995②			
施す	せす	×	施	随喜	977③	漢サ動	995②			
施する	せする	×	施	随喜	974⑤	漢サ動	992⑥			
世世	せぜ	せゝ	世世	化城	513③	漢畳語名	518⑤			せせ／よゝ[妙]
世々	せぜ	×	世世	随喜	990④	漢畳語名	1009①			せゝ／よゝ[妙]
世々	せぜ	×	世世	普賢	1334③	漢畳語名	1337⑤			せゝ[妙]
世々	ぜぜ	×	世世	普賢	1335④	漢畳語名	1338⑤			せゝ[妙]
世俗	せぞく	×	世俗	勧持	753⑥	漢名	772④			
世俗	せぞく	—ぞく	世俗	安樂	762⑤	漢名	782③			
世尊	せそん	×	世尊	序品	14③	仏梵語名	11⑤	せそん／ほとけ[妙]		
世尊	せそん	×	世尊	序品	20①	仏梵語名	16④	せそん／ほとけ[妙]		
世尊	せそん	×	世尊	序品	43①	仏梵語名	37②	せそん／ほとけ[妙]		
世尊	せそん	×	世尊	序品	48①	仏梵語名	41④			
世尊	せそん	×	世尊	序品	66④	仏梵語名	58①			ほとけ[妙]
世尊	せそん	×	世尊	序品	71②	仏梵語名	62③	せそん／ほとけ[妙]		
世尊	せそん	×	世尊	序品	75①	仏梵語名	65⑥	せそん／ほとけ[妙]		
世尊	せそん	×	世尊	序品	77③	仏梵語名	68①	せそん／ほとけ[妙]		
世尊	せそん	×	世尊	方便	86⑥	仏梵語名	76②	せそん／ほとけの[妙]		
世尊	せそん	×	世尊	方便	92①	仏梵語名	80⑥	せそん／ほとけ[妙]		
世尊	せそん	×	世尊	方便	100④	仏梵語名	88②	せそん／ほとけ[妙]		
世尊	せそん	×	世尊	方便	102⑤	仏梵語名	89⑥			
世尊	せそん	×	世尊	方便	104⑤	仏梵語名	91⑤	せそん／ほとけ[妙]		
世尊	せそん	×	世尊	方便	105⑤	仏梵語名	92⑤			
世尊	せそん	×	世尊	方便	105⑥	仏梵語名	92⑤			
世尊	せそん	×	世尊	方便	112②	仏梵語名	98②			
世尊	せそん	×	世尊	方便	115①	仏梵語名	100④	せそん／ほとけ[妙]		
世尊	せそん	×	世尊	方便	116①	仏梵語名	101④	せそん／ほとけ[妙]		
世尊	せそん	×	世尊	方便	119④	仏梵語名	104⑥	せそん／ほとけ[妙]		
世尊	せそん	×	世尊	方便	121④	仏梵語名	106⑤			
世尊	せそん	×	世尊	方便	122⑥	仏梵語名	107⑤	せそん／ほとけ[妙]		
世尊	せそん	×	世尊	方便	125①	仏梵語名	109⑤	せそん／ほとけ[妙]		
世尊	せそん	×	世尊	方便	125④	仏梵語名	110①			ほとけ[妙]
世尊	せそん	×	世尊	方便	125⑥	仏梵語名	110③	せそん／ほとけ[妙]		
世尊	せそん	×	世尊	方便	131⑤	仏梵語名	115②			
世尊	せそん	×	世尊	方便	140③	仏梵語名	122③	せそん／ほとけ[妙]		
世尊	せそん	×	世尊	方便	157③	仏梵語名	136②			ほとけ[妙]

当該語	読みかな	傍訓	漢字表記	品名	頁数	語の種類	妙一本	和解語文	可読	異同語彙
世尊	せそん	×	世尊	方便	158④	仏梵語名	137①			
世尊	せそん	×	世尊	方便	158⑥	仏梵語名	137②			
世尊	せそん	×	世尊	方便	170①	仏梵語名	146④			ほとけ[妙]
世尊	せそん	×	世尊	譬喩	204⑤	仏梵語名	171⑤	せそん／ほとけ[妙]		
世尊	せそん	×	世尊	譬喩	205⑤	仏梵語名	172⑥	せそん／ほとけ[妙]		
世尊	せそん	×	世尊	譬喩	206③	仏梵語名	173⑤	せそん／ほとけ[妙]		
世尊	せそん	×	世尊	譬喩	207④	仏梵語名	174⑥	せそん／ほとけ[妙]		
世尊	せそん	×	世尊	譬喩	212①	仏梵語名	180①	せそん／ほとけ[妙]		
世尊	せそん	×	世尊	譬喩	212⑥	仏梵語名	180③	せそん／ほとけ[妙]		
世尊	せそん	×	世尊	譬喩	213③	仏梵語名	181①	せそん／ほとけ[妙]		
世尊	せそん	×	世尊	譬喩	216④	仏梵語名	184⑥	せそん／ほとけ[妙]		
世尊	せそん	×	世尊	譬喩	216⑥	仏梵語名	185③	せそん／ほとけ[妙]		
世尊	せそん	×	世尊	譬喩	221③	仏梵語名	190②			ほとけ[妙]
世尊	せそん	×	世尊	譬喩	226④	仏梵語名	195④			ほとけ[妙]
世尊	せそん	×	世尊	譬喩	233⑥	仏梵語名	203①			ほとけ[妙]
世尊	せそん	×	世尊	譬喩	234①	仏梵語名	203③			
世尊	せそん	×	世尊	譬喩	235⑤	仏梵語名	204⑥			ほとけ[妙]
世尊	せそん	×	世尊	譬喩	236⑥	仏梵語名	206②			ほとけ[妙]
世尊	せそん	×	世尊	譬喩	237②	仏梵語名	206④	せそん／ほとけ[妙]		
世尊	せそん	×	世尊	譬喩	237④	仏梵語名	206⑥			
世尊	せそん	×	世尊	譬喩	251⑥	仏梵語名	221⑤	せそん／ほとけ[妙]		
世尊	せそん	×	世尊	譬喩	252④	仏梵語名	222⑥	せそん／ほとけ[妙]		
世尊	せそん	せそん	世尊	譬喩	295①	仏梵語名	267③			
世尊	せそん	×	世尊	信解	317④	仏梵語名	292②			ほとけ[妙]
世尊	せそん	×	世尊	信解	319②	仏梵語名	294①			
世尊	せそん	×	世尊	信解	320①	仏梵語名	295①			ほとけ[妙]
世尊	せそん	×	世尊	信解	321⑤	仏梵語名	297②	せそん／ほとけ[妙]		
世尊	せそん	せそん	世尊	信解	325⑥	仏梵語名	302②			ほとけ[妙]
世尊	せそん	×	世尊	信解	340④	仏梵語名	320③	せそん／ほとけ[妙]		
世尊	せそん	×	世尊	信解	345③	仏梵語名	326④	せそん／ほとけ[妙]		
世尊	せそん	一そん	世尊	信解	346①	仏梵語名	327③			ほとけ[妙]
世尊	せそん	×	世尊	信解	346④	仏梵語名	327⑥	せそん／ほとけ[妙]		
世尊	せそん	×	世尊	信解	346⑥	仏梵語名	328③			ほとけ[妙]
世尊	せそん	×	世尊	信解	348①	仏梵語名	329⑤			ほとけ[妙]
世尊	せそん	×	世尊	信解	348④	仏梵語名	330④	せそん／ほとけ[妙]		
世尊	せそん	×	世尊	信解	350③	仏梵語名	332⑥			ほとけ[妙]
世尊	せそん	×	世尊	信解	373③	仏梵語名	360③	せそん／ほとけ[妙]		
世尊	せそん	×	世尊	信解	374⑤	仏梵語名	362①			ほとけ[妙]
世尊	せそん	×	世尊	藥草	386②	仏梵語名	371②	せそん／しやか[妙]		
世尊	せそん	せそん	世尊	藥草	391⑤	仏梵語名	377②			ほとけ[妙]
世尊	せそん	×	世尊	藥草	399①	仏梵語名	385③			ほとけ[妙]
世尊	せそん	×	世尊	藥草	405②	仏梵語名	392③			
世尊	せそん	×	世尊	藥草	408④	仏梵語名	396②	せそん／ほとけ[妙]		
世尊	せそん	×	世尊	授記	415②	仏梵語名	403③	せそん／ほとけ[妙]		
世尊	せそん	×	世尊	授記	415⑤	仏梵語名	404①			ほとけ[妙]
世尊	せそん	せそん	世尊	授記	416④	仏梵語名	404⑤			
世尊	せそん	×	世尊	授記	418④	仏梵語名	407①	せそん／ほとけ[妙]		

当該語	読みかな	傍訓	漢字表記	品名	頁数	語の種類	妙一本	和解語文	可読	異同語彙
世尊	せそん	×	世尊	授記	419②	仏梵語名	408①	せそん／ほとけ[妙]		
世尊	せそん	×	世尊	授記	422④	仏梵語名	411⑥	せそん／ほとけ[妙]		
世尊	せそん	×	世尊	授記	426①	仏梵語名	416②			ほとけ[妙]
世尊	せそん	×	世尊	授記	427②	仏梵語名	417④			
世尊	せそん	×	世尊	授記	429③	仏梵語名	419⑥	せそん／ほとけ[妙]		
世尊	せそん	×	世尊	授記	433①	仏梵語名	424①	せそん／ほとけ[妙]		
世尊	せそん	せそん	世尊	授記	435②	仏梵語名	426④			ほとけ[妙]
世尊	せそん	×	世尊	授記	436⑤	仏梵語名	428①	せそん／ほとけ[妙]		
世尊	せそん	×	世尊	授記	438⑥	仏梵語名	430⑤	せそん／ほとけ[妙]		
世尊	せそん	×	世尊	授記	440⑤	仏梵語名	432⑥			
世尊	せそん	×	世尊	授記	441⑥	仏梵語名	434①	せそん／ほとけ[妙]		
世尊	せそん	×	世尊	授記	442③	仏梵語名	434⑤	せそん／ほとけ[妙]		
世尊	せそん	×	世尊	化城	446①	仏梵語名	439①	せそん／ほとけのとをのな[妙]		
世尊	せそん	×	世尊	化城	447⑤	仏梵語名	441①	せそん／ほとけ[妙]		
世尊	せそん	×	世尊	化城	448⑥	仏梵語名	442③	せそん／ほとけ[妙]		
世尊	せそん	×	世尊	化城	457③	仏梵語名	452③			
世尊	せそん	×	世尊	化城	458①	仏梵語名	453③	せそん／ほとけ[妙]		
世尊	せそん	×	世尊	化城	458⑥	仏梵語名	454②	せそん／ほとけ[妙]		
世尊	せそん	×	世尊	化城	460⑤	仏梵語名	456②	せそん／ほとけ[妙]		
世尊	せそん	×	世尊	化城	460⑥	仏梵語名	456④	せそん／ほとけ[妙]		
世尊	せそん	×	世尊	化城	462②	仏梵語名	458①	せそん／ほとけ[妙]		
世尊	せそん	×	世尊	化城	462⑤	仏梵語名	458④			
世尊	せそん	×	世尊	化城	470①	仏梵語名	467④	せそん／ほとけ[妙]		
世尊	せそん	×	世尊	化城	471②	仏梵語名	469①	せそん／ほとけ[妙]		
世尊	せそん	一そん	世尊	化城	471⑥	仏梵語名	470①	せそん／ほとけ[妙]		
世尊	せそん	×	世尊	化城	478⑥	仏梵語名	478②	せそん／ほとけ[妙]		
世尊	せそん	×	世尊	化城	480①	仏梵語名	479④	せそん／ほとけ[妙]		
世尊	せそん	×	世尊	化城	480④	仏梵語名	480③	せそん／ほとけ[妙]		
世尊	せそん	×	世尊	化城	487②	仏梵語名	488②	せそん／ほとけ[妙]		
世尊	せそん	×	世尊	化城	488③	仏梵語名	489⑤	せそん／ほとけ[妙]		
世尊	せそん	×	世尊	化城	489①	仏梵語名	490④	せそん／ほとけ[妙]		
世尊	せそん	×	世尊	化城	496⑥	仏梵語名	499④	せそん／ほとけ[妙]		
世尊	せそん	×	世尊	化城	499①	仏梵語名	502②	せそん／ほとけ[妙]		
世尊	せそん	×	世尊	化城	500①	仏梵語名	503④	せそん／ほとけ[妙]		
世尊	せそん	×	世尊	化城	500⑤	仏梵語名	504①	せそん／ほとけ[妙]		
世尊	せそん	×	世尊	化城	506⑤	仏梵語名	511②	せそん／ほとけ[妙]		
世尊	せそん	×	世尊	化城	506⑥	仏梵語名	511③	せそん／ほとけ[妙]		
世尊	せそん	×	世尊	化城	507③	仏梵語名	511⑥			

当該語	読みかな	傍訓	漢字表記	品名	頁数	語の種類	妙一本	和解語文	可読	異同語彙
世尊	せそん	×	世尊	化城	514①	仏梵語名	519①	せそん／ほとけ[妙]		
世尊	せそん	×	世尊	化城	529⑥	仏梵語名	535④			
世尊	せそん	×	世尊	化城	532②	仏梵語名	537⑥		一にィ[西右]	
世尊	せそん	×	世尊	化城	534②	仏梵語名	539⑥			
世尊	せそん	×	世尊	化城	534④	仏梵語名	540③			ほとけ[妙]
世尊	せそん	×	世尊	化城	536⑤	仏梵語名	542④			
世尊	せそん	せそん	世尊	五百	563⑤	仏梵語名	566⑥	せそん／ほとけ[妙]		
世尊	せそん	せそん	世尊	五百	570⑤	仏梵語名	574④			
世尊	せそん	×	世尊	五百	574③	仏梵語名	578⑤	せそん／ほとけ[妙]		
世尊	せそん	×	世尊	五百	582⑤	仏梵語名	588①	せそん／ほとけ[妙]		
世尊	せそん	×	世尊	五百	584②	仏梵語名	589⑤			ほとけ[妙]
世尊	せそん	×	世尊	五百	585①	仏梵語名	590⑤			ほとけ[妙]
世尊	せそん	×	世尊	五百	589④	仏梵語名	595⑥			
世尊	せそん	×	世尊	五百	590②	仏梵語名	596⑥	せそん／ほとけ[妙]		
世尊	せそん	×	世尊	五百	594②	仏梵語名	601④	せそん／ほとけ[妙]		
世尊	せそん	×	世尊	五百	596③	仏梵語名	604②			ほとけ[妙]
世尊	せそん	×	世尊	五百	599③	仏梵語名	607⑤			
世尊	せそん	×	世尊	授學	601⑥	仏梵語名	610③	せそん／ほとけ[妙]		
世尊	せそん	×	世尊	授學	603④	仏梵語名	612②			ほとけ[妙]
世尊	せそん	×	世尊	授學	604③	仏梵語名	613①			ほとけ[妙]
世尊	せそん	×	世尊	授學	606④	仏梵語名	615④			ほとけ[妙]
世尊	せそん	×	世尊	授學	609②	仏梵語名	618④			
世尊	せそん	×	世尊	授學	612①	仏梵語名	621④			
世尊	せそん	×	世尊	授學	613③	仏梵語名	622⑥			ほとけ[妙]
世尊	せそん	×	世尊	授學	614④	仏梵語名	624③			
世尊	せそん	×	世尊	授學	616③	仏梵語名	626②			
世尊	せそん	×	世尊	授學	620④	仏梵語名	631②			
世尊	せそん	×	世尊	法師	621②	仏梵語名	631⑥			ほとけ[妙]
世尊	せそん	×	世尊	授學	617⑥	仏梵語名	628①			
世尊	せそん	×	世尊	授學	618②	仏梵語名	628③			
世尊	せそん	×	世尊	法師	631①	仏梵語名	642④			ほとけ[妙]
世尊	せそん	×	世尊	法師	633⑥	仏梵語名	645⑤			ほとけ[妙]
世尊	せそん	×	世尊	法師	638①	仏梵語名	650③	せそん／ほとけ[妙]		
世尊	せそん	×	世尊	法師	649③	仏梵語名	663②	せそん／ほとけ[妙]		
世尊	せそん	×	世尊	見寳	660⑥	仏梵語名	675③			ほとけ[妙]
世尊	せそん	×	世尊	見寳	664⑤	仏梵語名	679④			ほとけ[妙]
世尊	せそん	×	世尊	見寳	666④	仏梵語名	681④			ほとけ[妙]
世尊	せそん	×	世尊	見寳	666⑤	仏梵語名	681⑤			ほとけ[妙]
世尊	せそん	×	世尊	見寳	685①	仏梵語名	702③			ほとけ[妙]
世尊	せそん	せそん	世尊	提婆	711⑥	仏梵語名	729③			ほとけ[妙]
世尊	せそん	せそん	世尊	提婆	716⑥	仏梵語名	734⑥			
世尊	せそん	×	世尊	提婆	734③	仏梵語名	752⑥	せそん／ほとけ[妙]		
世尊	せそん	×	世尊	勸持	738②	仏梵語名	756⑥			ほとけ[妙]
世尊	せそん	一そん	世尊	勸持	739⑤	仏梵語名	758④			ほとけ[妙]
世尊	せそん	×	世尊	勸持	740④	仏梵語名	759②	せそん／ほとけ[妙]		
世尊	せそん	一そん	世尊	勸持	741⑥	仏梵語名	760⑤			ほとけ[妙]
世尊	せそん	×	世尊	勸持	743⑥	仏梵語名	762⑥			
世尊	せそん	×	世尊	勸持	744④	仏梵語名	763④			
世尊	せそん	×	世尊	勸持	745⑤	仏梵語名	764④			
世尊	せそん	×	世尊	勸持	747②	仏梵語名	766②	せそん／ほとけ[妙]		
世尊	せそん	×	世尊	勸持	747④	仏梵語名	766④			ほとけ[妙]
世尊	せそん	×	世尊	勸持	748③	仏梵語名	767④			
世尊	せそん	×	世尊	勸持	749⑤	仏梵語名	768⑥			ほとけ[妙]
世尊	せそん	×	世尊	勸持	750③	仏梵語名	769④			
世尊	せそん	×	世尊	勸持	756④	仏梵語名	776③			
世尊	せそん	×	世尊	勸持	758②	仏梵語名	777⑥	せそん／ほとけ[妙]		

せそ 387

当該語	読みかな	傍訓	漢字表記	品名	頁数	語の種類	妙一本	和解語文	可読	異同語彙
世尊	せそん	×	世尊	勧持	758④	仏梵語名	778②	せそん／ほとけ[妙]		
世尊	せそん	×	世尊	安樂	759④	仏梵語名	779②	せそん／ほとけ[妙]		
世尊	せそん	×	世尊	安樂	760②	仏梵語名	779⑥			
世尊	せそん	×	世尊	安樂	768④	仏梵語名	788⑤			
世尊	せそん	×	世尊	安樂	778⑤	仏梵語名	799④			ほとけ[妙]
世尊	せそん	×	世尊	安樂	788⑤	仏梵語名	810③			ほとけ[妙]
世尊	せそん	×	世尊	安樂	790⑤	仏梵語名	812②			ほとけ[妙]
世尊	せそん	×	世尊	安樂	804②	仏梵語名	826②			ほとけ[妙]
世尊	せそん	×	世尊	從地	817⑤	仏梵語名	840①			ほとけ[妙]
世尊	せそん	—そん	世尊	從地	827⑥	仏梵語名	850②	せそん・ほとけ[妙]	—は[西右]	
世尊	せそん	×	世尊	從地	828③	仏梵語名	850④			
世尊	せそん	×	世尊	從地	828⑥	仏梵語名	851①		—は[西右]	
世尊	せそん	×	世尊	從地	829③	仏梵語名	851④	×／ほとけ[妙]		
世尊	せそん	×	世尊	從地	829④	仏梵語名	851⑥			
世尊	せそん	×	世尊	從地	832②	仏梵語名	855①			
世尊	せそん	×	世尊	從地	833③	仏梵語名	856①			ほとけ[妙]
世尊	せそん	×	世尊	從地	839⑥	仏梵語名	862⑤			
世尊	せそん	×	世尊	從地	841③	仏梵語名	864③			ほとけ[妙]
世尊	せそん	×	世尊	從地	843①	仏梵語名	865⑥			ほとけ[妙]
世尊	せそん	×	世尊	從地	846①	仏梵語名	868⑤	せそん／ほとけ[妙]		
世尊	せそん	×	世尊	從地	848②	仏梵語名	871①	せそん／ほとけ[妙]		
世尊	せそん	×	世尊	從地	851③	仏梵語名	874③			ほとけ[妙]
世尊	せそん	×	世尊	從地	855④	仏梵語名	878③	せそん／ほとけ[妙]		
世尊	せそん	×	世尊	從地	856②	仏梵語名	879①	せそん／ほとけ[妙]		
世尊	せそん	×	世尊	從地	857①	仏梵語名	879⑤			
世尊	せそん	×	世尊	從地	857⑤	仏梵語名	880④	せそん／ほとけ[妙]		
世尊	せそん	×	世尊	從地	858⑤	仏梵語名	881④			
世尊	せそん	×	世尊	從地	861②	仏梵語名	884①			
世尊	せそん	×	世尊	從地	861⑤	仏梵語名	884③			
世尊	せそん	×	世尊	從地	863③	仏梵語名	886①	せそん／ほとけ[妙]		
世尊	せそん	×	世尊	從地	865④	仏梵語名	888②	せそん／ほとけ[妙]		
世尊	せそん	×	世尊	從地	867③	仏梵語名	890②			
世尊	せそん	×	世尊	如來	881⑤	仏梵語名	900⑤	せそん／ほとけ[妙]		
世尊	せそん	×	世尊	如來	882④	仏梵語名	901④			
世尊	せそん	×	世尊	如來	885⑤	仏梵語名	904④			
世尊	せそん	×	世尊	如來	886⑤	仏梵語名	905⑤	せそん／ほとけ[妙]		
世尊	せそん	×	世尊	如來	909②	仏梵語名	928①			ほとけ[妙]
世尊	せそん	×	世尊	如來	910②	仏梵語名	929①			ほとけ[妙]
世尊	せそん	×	世尊	分別	921⑥	仏梵語名	940⑥			ほとけ[妙]
世尊	せそん	×	世尊	分別	929⑥	仏梵語名	948④			
世尊	せそん	×	世尊	分別	930②	仏梵語名	948⑥			ほとけ[妙]
世尊	せそん	×	世尊	分別	933②	仏梵語名	951⑥			
世尊	せそん	×	世尊	分別	934⑥	仏梵語名	953④			ほとけ[妙]
世尊	せそん	×	世尊	分別	939③	仏梵語名	957⑥	せそん／ほとけ[妙]		
世尊	せそん	×	世尊	分別	945⑥	仏梵語名	964③	せそん／ほとけ[妙]		
世尊	せそん	×	世尊	分別	961②	仏梵語名	979⑤	せそん／ほとけ[妙]		
世尊	せそん	×	世尊	随喜	969③	仏梵語名	987④	せそん／ほとけ[妙]		
世尊	せそん	×	世尊	随喜	970①	仏梵語名	988②	せそん／ほとけ[妙]		
世尊	せそん	×	世尊	随喜	976⑤	仏梵語名	994⑥	せそん／ほとけ[妙]		

当該語	読みかな	傍訓	漢字表記	品名	頁数	語の種類	妙一本	和解語文	可読	異同語彙
世尊	せそん	×	世尊	随喜	986①	仏梵語名	1004②	せそん／ほとけ[妙]		
世尊	せそん	×	世尊	法功	996①	仏梵語名	1014⑤			
世尊	せそん	×	世尊	法功	1001③	仏梵語名	1020①	せそん／ほとけ[妙]		
世尊	せそん	×	世尊	法功	1014⑤	仏梵語名	1033②	せそん／ほとけ[妙]		
世尊	せそん	×	世尊	法功	1025①	仏梵語名	1043⑥	せそん／ほとけ[妙]		
世尊	せそん	×	世尊	法功	1031②	仏梵語名	1049⑤			
世尊	せそん	×	世尊	法功	1037②	仏梵語名	1056①	せそん／ほとけ[妙]		
世尊	せそん	×	世尊	法功	1043⑤	仏梵語名	1062③	せそん／ほとけ[妙]		
世尊	せそん	せそん	世尊	常不	1057⑥	仏梵語名	1076⑤			せそん[西・妙]
世尊	せそん	×	世尊	常不	1061①	仏梵語名	1079⑤			せそん[妙]
世尊	せそん	×	世尊	常不	1076⑤	仏梵語名	1095②	せそん／ほとけ[妙]		
世尊	せそん	×	世尊	常不	1082④	仏梵語名	1101①			せそん[妙]
世尊	せそん	×	世尊	神力	1084③	仏梵語名	1102⑥			せそん[妙]
世尊	せそん	×	世尊	神力	1084④	仏梵語名	1102⑥	せそん／ほとけ[妙]		
世尊	せそん	×	世尊	神力	1085②	仏梵語名	1103⑤			せそん[妙]
世尊	せそん	×	世尊	神力	1097⑤	仏梵語名	1116④			せそん[妙]
世尊	せそん	×	世尊	嘱累	1110⑥	仏梵語名	1129④	せそん／ほとけ[妙]		
世尊	せそん	×	世尊	嘱累	1111②	仏梵語名	1129⑤			せそん[妙]
世尊	せそん	×	世尊	嘱累	1111④	仏梵語名	1130②			せそん[妙]
世尊	せそん	×	世尊	嘱累	1111⑥	仏梵語名	1130④			せそん[妙]
世尊	せそん	×	世尊	藥王	1114⑤	仏梵語名	1133②	せそん／ほとけ[妙]		
世尊	せそん	×	世尊	藥王	1114⑥	仏梵語名	1133③			せそん[妙]
世尊	せそん	×	世尊	藥王	1115②	仏梵語名	1133⑤			せそん[妙]
世尊	せそん	×	世尊	藥王	1116④	仏梵語名	1134⑥			せそん[妙]
世尊	せそん	×	世尊	藥王	1130⑥	仏梵語名	1149③			せそん[妙]
世尊	せそん	×	世尊	藥王	1130⑥	仏梵語名	1149③		は[西右]	せそん[妙]
世尊	せそん	×	世尊	妙音	1166⑤	仏梵語名	1183①			せそん[妙]
世尊	せそん	×	世尊	妙音	1169⑤	仏梵語名	1185③			せそん[妙]
世尊	せそん	×	世尊	妙音	1172④	仏梵語名	1188③			せそん[妙]
世尊	せそん	×	世尊	妙音	1174③	仏梵語名	1189⑥			せけん[妙]
世尊	せそん	×	世尊	妙音	1176②	仏梵語名	1191⑤			せそん[妙]
世尊	せそん	×	世尊	妙音	1177④	仏梵語名	1192⑤	せそん／ほとけ[妙]		
世尊	せそん	×	世尊	妙音	1181⑥	仏梵語名	1196⑥			せそん[妙]
世尊	せそん	×	世尊	妙音	1182①	仏梵語名	1196⑥		一を[西右]	せそん[妙]
世尊	せそん	×	世尊	妙音	1183③	仏梵語名	1198②			せそん[妙]
世尊	せそん	×	世尊	妙音	1184①	仏梵語名	1199①	せそん／ほとけ[妙]		
世尊	せそん	×	世尊	妙音	1184④	仏梵語名	1199③	せそん／ほとけ[妙]		
世尊	せそん	×	世尊	妙音	1186②	仏梵語名	1200⑥			せそん[妙]
世尊	せそん	×	世尊	妙音	1197②	仏梵語名	1211①	せそん／ほとけ[妙]		
世尊	せそん	×	世尊	妙音	1197③	仏梵語名	1211②			せそん[妙]
世尊	せそん	×	世尊	妙音	1200④	仏梵語名	1214③			せそん[妙]
世尊	せそん	×	世尊	觀世	1208⑤	仏梵語名	1221⑤			せそん[妙]
世尊	せそん	×	世尊	觀世	1220⑤	仏梵語名	1233⑥			せそん[妙]
世尊	せそん	×	世尊	觀世	1221⑥	仏梵語名	1235④			せそん[妙]
世尊	せそん	×	世尊	觀世	1231③	仏梵語名	1244②	せそん／ほとけ[妙]		
世尊	せそん	×	世尊	觀世	1235①	仏梵語名	1247④	せそん／ほとけは[妙]	一の[西右]	
世尊	せそん	×	世尊	觀世	1246⑤	仏梵語名	1258⑥			せそん[妙]
世尊	せそん	×	世尊	陀羅	1248③	仏梵語名	1260④			せそん[妙]
世尊	せそん	×	世尊	陀羅	1249⑤	仏梵語名	1261⑥			せそん[妙]
世尊	せそん	×	世尊	陀羅	1250④	仏梵語名	1262④	せそん／ほとけ[妙]		
世尊	せそん	×	世尊	陀羅	1253⑤	仏梵語名	1265⑤			せそん[妙]

当該語	読みかな	傍訓	漢字表記	品名	頁数	語の種類	妙一本	和解語文	可読	異同語彙
世尊	せそん	×	世尊	陀羅	1255②	仏梵語名	1267②	せそん／ほとけ[妙]		
世尊	せそん	×	世尊	陀羅	1257②	仏梵語名	1269①			せそん[妙]
世尊	せそん	×	世尊	陀羅	1258①	仏梵語名	1269⑥			せそん[妙]
世尊	せそん	×	世尊	陀羅	1259①	仏梵語名	1270⑤	せそん／ほとけ[妙]		
世尊	せそん	×	世尊	陀羅	1260③	仏梵語名	1272①	せけん／ほとけ[妙]		
世尊	せそん	×	世尊	陀羅	1261③	仏梵語名	1272⑥	せそん／ほとけ[妙]		
世尊	せそん	×	世尊	陀羅	1263④	仏梵語名	1274⑥	せそん／ほとけ[妙]		
世尊	せそん	×	世尊	陀羅	1268⑤	仏梵語名	1279⑤			せそん[妙]
世尊	せそん	×	世尊	妙荘	1295①	仏梵語名	1304②	せそん／ほとけ[妙]		
世尊	せそん	×	世尊	妙荘	1296①	仏梵語名	1304⑥	せそん／ほとけ[妙]		
世尊	せそん	×	世尊	妙荘	1299⑥	仏梵語名	1307④	せそん／ほとけ[妙]		
世尊	せそん	×	世尊	妙荘	1301⑥	仏梵語名	1309③	せそん／ほとけは[妙]		
世尊	せそん	×	世尊	普賢	1308①	仏梵語名	1314④	せそん／ほとけ[妙]		
世尊	せそん	×	世尊	普賢	1308⑤	仏梵語名	1315①	せそん／ほとけ[妙]		
世尊	せそん	×	世尊	普賢	1310⑥	仏梵語名	1317①	せそん／ほとけ[妙]		
世尊	せそん	×	世尊	普賢	1315⑤	仏梵語名	1321③	せそん／ほとけ[妙]		
世尊	せそん	×	世尊	普賢	1318⑤	仏梵語名	1323⑤	せそん／ほとけ[妙]		
世尊	せそん	×	世尊	普賢	1320⑤	仏梵語名	1325⑤	せそん／ほとけ[妙]		
世尊導師	せそんどうし	――たうし	世尊導師	勧持	746⑤	漢人倫名	765④			
説	せつ	×	説	方便	105②	単漢名	92③	せつ／とく[妙]	一を[西右]	
説	せつ	×	説	方便	148④	単漢名	129②			
説	せつ	×	説	譬喩	233⑥	単漢名	203①			
説	せつ	せつ	説	薬草	395⑤	単漢名	381⑤			
説	せつ	×	説	勧持	742③	単漢名	761②			
説	せつ	×	説	安樂	802⑤	単漢名	824⑤			
説	せつ	×	説	安樂	802⑤	単漢名	824⑤			
説	せつ	せつ	説	如來	891③	単漢名	910⑤	せつ／とくこと[妙]		
説	せつ	×	説	随喜	985⑥	単漢名	1004②			
説	せつ	×	説	随喜	993③	単漢名	1011⑥			
説	せつ	×	説	神力	1095⑤	単漢名	1114③			せつ[妙]
説	せつ	×	説	神力	1095⑥	単漢名	1114④			せつ[妙]
説	せつ	×	説	嘱累	1110①	単漢名	1128⑤			せつ[妙]
説	せつ	×	説	薬王	1154①	単漢名	1172①			せつ[妙]
説	せつ	×	説	陀羅	1250①	単漢名	1262②			せつ[妙]
説	せつ	×	説	普賢	1321②	単漢名	1326④			せつ[妙]
説	せつ	×	説	普賢	1323②	単漢名	1328③			せつ[妙]
説	せつ	×	説	普賢	1325⑤	漢サ動	1330②			せつ[妙]
刹	せつ	せつ	刹	方便	96⑤	単漢名	84⑥	せつ／くに[妙]		
刹	せつ	せつ	刹	方便	98③	単漢名	86③	せつ／くに[妙]		
刹	せつ	せつ・くに	刹	觀世	1243①	単漢名	1255④	せつ／くに[妙]		
舌	ぜつ	せつ・した	舌	随喜	984①	単漢身体名	1002⑤	ぜつ／した[妙]		
煞害する	せつがいする	せつかい	煞害	安樂	771②	漢サ動	791④	せつがい・する／ころす[妙]		殺害[妙]
舌根	ぜっこん	せつこん	舌根	法功	1027②	漢名	1045⑥	せつこん／した―[妙]		
舌根	ぜっこん	×	舌根	法功	1027④	漢名	1046②	せつこん／した―[妙]		
舌根	ぜっこん	ぜつこん	舌根	法功	1031④	漢名	1050②	ぜつこん／した―[妙]		
接し	せつし	せつ／とりて・さゝけゝ	接	見寶	692②	漢サ動	710③	せふ・し／とる[妙]		
接し	せつし	せつ・さゝげ	接	分別	967②	漢サ動	985③	せつ・し／おさめ[妙]		

当該語	読みかな	傍訓	漢字表記	品名	頁数	語の種類	妙一本	和解語文	可読	異同語彙
摂し	せつし	せう・おさめ	摂	分別	959④	漢サ動	978①	せつ・し／おさめ[妙]		
説時	せつじ	せつじ	説時	方便	145②	漢名	126④			
切責し	せっしゃくし	せつしやく／かたる心也	切責	五百	598④	漢サ動	606⑥	せちしやく・し／せめ[妙]	一する事[西右]	
舌相	ぜっそう	せつさう	舌相	神力	1087④	漢名	1106①	せつさう／つまはしき[妙]		
舌相	ぜっそう	ぜつさう	舌相	神力	1098③	漢名	1117②	ぜつさう／みした[妙]	一を[西右]	
竊盗せ	せっとう	せつたう／ぬすみ	竊盗	譬喩	308②	漢サ動	280④	せつたう・せ／ぬすみ[妙]		
説道者	せつどうしゃ	×	説道者	薬草	392④	漢人倫名	378②	せつたうしや／たうをとくもの[妙]		
刹那	せつな	×	刹那	提婆	728①	漢名	746①	せつな／はやき[妙]		
説法	せっぽう	せつ一・法をとき給ふ	説法	方便	124①	漢名	108⑥			
説法	せっぽう	×	説法	方便	188①	漢名	161②			
説法	せっぽう	せつほう・法をとて	説法	譬喩	308④	漢名	281①			
説法	せっぽう	せつ一	説法	薬草	395②	漢名	381①			
説法	せっぽう	せつほう	説法	薬草	398③	漢名	384⑥			
説法	せっぽう	×	説法	薬草	398⑤	漢名	385②			
説法	せっぽう	×	説法	授記	432①	漢名	422⑥		法をとき給はんに[西右]	
説法	せっぽう	せつほう	説法	化城	505②	漢名	509④			
説法	せっぽう	×	説法	化城	520②	漢名	525③			
説法	せっぽう	×	説法	化城	535④	漢名	541③			
説法	せっぽう	せちほう	説法	五百	562③	漢名	565④		法をとく事ィ[西右]	
説法	せっぽう	×	説法	法師	648②	漢名	661⑥			
説法	せっぽう	×	説法	法師	648⑤	漢名	662④			
説法	せっぽう	×	説法	法師	654②	漢名	668③			
説法	せっぽう	×	説法	安樂	781⑥	漢名	802⑥			
説法	せっぽう	×	説法	安樂	792③	漢名	813⑥	せつほう／のりをとく[妙]		
説法	せっぽう	×	説法	法功	1004⑤	漢名	1023⑥			
説法	せっぽう	×	説法	法功	1032⑥	漢名	1051④			
説法	せっぽう	×	説法	法功	1034③	漢名	1053②			
説法教化す	せっぽうきょうげす	せつほうきやうけ・くゑ	説法教化	如來	888①	漢四熟サ動	907②		法を説て[西右]	
説法し	せっぽうし	×	説法	法師	655②	漢サ動	670①			
説法し	せっぽうし	×	説法	見寶	665⑥	漢サ動	680⑤		法をとかんを[西右]	
説法し	せっぽうし	×	説法	見寶	666③	漢サ動	681②			
説法し	せっぽうし	せつ一	説法	見寶	676⑥	漢サ動	693①		法をとき給ひ[西右]	
説法し	せっぽうし	×	説法	分別	949⑤	漢サ動	968④		一を[西右]	
説法し	せっぽうし	×	説法	法功	1025②	漢サ動	1044①		法をとくを[西右]	
説法者	せっぽうしゃ	×	説法者	法師	633②	漢人倫名	645②			
説法者	せっぽうしゃ	×	説法者	法師	648③	漢人倫名	662①			
説法者	せっぽうしゃ	×	説法者	法師	648⑤	漢人倫名	662⑤			
説法者	せっぽうしゃ	せつほうしや	説法者	法功	1004③	漢人倫名	1022⑤			
説法者	せっぽうしゃ	×	説法者	法功	1015③	漢人倫名	1034④		―― の 一[西右]	
説法者	せっぽうしゃ	×	説法者	陀羅	1250⑤	漢人倫名	1262⑤			せつほうしや[妙]
説法者	せっぽうしゃ	せつほうしや	説法者	陀羅	1267③	漢人倫名	1278③			せつほうしや[妙]
説法する	せっぽうする	せつ一／法をとくこと	説法	譬喩	314⑤	漢サ動	288⑤			
説法する	せっぽうする	×	説法	法功	1012⑥	漢サ動	1031③			
説法する	せっぽうする	×	説法	法功	1024⑥	漢サ動	1043⑤		法をとくを[西右]	
説法せ	せっぽうせ	×	説法	法師	630③	漢サ動	642①		法をとくに[西右]	法をとくに
説法人	せっぽうにん	×	説法人	五百	565②	漢人倫名	568④			
説法人	せっぽうにん	×	説法人	五百	566⑤	漢人倫名	570②			
説法人	せっぽうにん	×	説法人	五百	568④	漢人倫名	572③			せちほうにん[妙]
説法人	せっぽうにん	×	説法人	五百	568⑥	漢人倫名	572⑤			せちほうにん[妙]

当該語	読みかな	傍訓	漢字表記	品名	頁数	語の種類	妙一本	和解語文	可読	異同語彙
説法人	せっぽうにん	×	説法人	五百	569①	漢人倫名	572⑥			せちほうにん[妙]
刹利	せつり	せつり	刹利	信解	326④	漢名	303①			
刹利	せつり	せつり	刹利	信解	343④	漢名	324②			
刹利	せつり	せつり	刹利	信解	363⑤	漢名	349①			
世人	せにん	×	世人	方便	92③	漢名	81②			せにん／よのひと[妙]
世人	せにん	×	世人	化城	531③	漢名	537①			せにん／よのひと[妙]
せん	せむ	×	責	五百	589④	和動	595⑥			
施無畏者	せむいしゃ	せむゐしや	施無畏者	觀世	1231②	漢人倫名	1244①			せむいしや[妙]
せむれ	せむれ	×	責	譬喩	241①	和動	210④			
せめ	せめ	×	逼	譬喩	278①	和動	249⑤			
せめ	せめ	×	責	譬喩	210③	和動	178①			
せめ	せめ	×	責	譬喩	241①	和動	210④			
せめ	せめ	×	逼	譬喩	276①	和動	247④			
せめ	せめ	×	逼	法功	1003④	和動	1022②			
せめら	せめら	×	逼	觀世	1242④	和動	1255①			
せよ	せよ	×	爲	信解	338①	和サ動	317④			
せよ	せよ	×	爲	信解	364①	和サ動	350③		して[西右]	
せよ	せよ	×	爲	安樂	783③	和サ動	804②			
施與し	せよし	せよ	施與	序品	31①	漢サ動	26④	せよ・し／あたへて[妙]		
仙	せん	せん	仙	提婆	710⑥	単漢名	728②			
仙	せん	せん	仙	提婆	713④	単漢名	731⑤			
先	せん	×	先	從地	831①	単漢名	853④			
千	せん	×	千	序品	40⑤	漢数名	35①			
千	せん	×	千	化城	446⑥	漢数名	439⑥			
千	せん	×	千	化城	447①	漢数名	440②			
千	せん	×	千	化城	449②	漢数名	443③			
千	せん	×	千	藥王	1133①	漢数名	1151①			
禅	ぜん	ぜん	禪	方便	160②	単漢名	138③	せん／させん[妙]		
禅	ぜん	せん	禪	藥草	412⑤	単漢名	400⑤	せん／しつかに[妙]		
禅	ぜん	せん	禪	化城	538①	単漢名	543⑥			
善悪	ぜんあく	ぜんあく	善惡	序品	25⑤	漢名	21⑥	せんあく／よきわろき[妙]		
善悪	ぜんあく	ぜんあく	善惡	方便	143①	漢名	124④			
善意	ぜんい	ぜんい	善意	序品	51①	漢名	44⑥			
善友	ぜんう	せんう	善友	譬喩	313①	漢名	287①	ぜんう／よきともに[妙]		
善友	ぜんう	せんう	善友	随喜	971⑤	漢名	989⑥	せんう／よきとも[妙]		
禅悦	ぜんえつ	せんゑつ	禪悦	五百	581③	漢名	586⑤	せんえつ／させんをよろこぶ[妙]		
禅悦食	ぜんえつじき	ぜんゑつ―	禪悦食	五百	572⑤	漢名	576⑥	せんえちしき／させんをよろこふしき[妙]		せんえちしき[妙]
千億	せんおく	×	千億	序品	28⑤	漢数名	24①			
千億	せんおく	―おく	千億	譬喩	287⑤	漢数名	259⑤			
千億	せんおく	×	千億	五百	577③	漢数名	582②			
千億	せんおく	×	千億	五百	578⑤	漢数名	583⑤			
甎瓦	せんが	せんぐは	甎瓦	方便	162②	漢家屋名	139⑥	せんくわ／かわら[妙]		
山海恵自在通王如来	せんかいえじざいつうおうにょらい	―かいゑじさいつうわう――	山海恵自在通王如來	授學	614①	仏如来名	623⑤			
山海恵自在通王如来	せんかいえじざいつうわう	さんかいゑしさいつうわう	山海恵自在通王如來	授學	604①	仏如来名	612⑥			
山海恵自在通王佛	せんかいえじざいつうわう	―かいゑじざいつうわう	山海恵自在通王佛	授學	606②	仏仏名名	615①			山海恵自在通王佛（せんかいゑしさいつうわうふつ）[妙]
山海恵自在通王佛	せんかいえじざいつうわう	×	山海恵自在通王佛	授學	607②	仏仏名名	616②			山海恵自在通王佛（せんかいゑしさいつうわうふつ）[妙]
善巧語言	ぜんきょうごごん	×	善巧語言	法功	1048①	漢四熟名	1066④	せんけうここん／よくたくみなることは[妙]	―― の ――[西右]	

当該語	読みかな	傍訓	漢字表記	品名	頁数	語の種類	妙一本	和解語文	可読	異同語彙
宣語す	せんごす	せんご／のへかたる	宣語	如來	887②	漢サ動	906②	せんご・す／のへかたる[妙]		
禪窟	ぜんくつ	ぜんくつ	禪窟	分別	955①	漢地儀名	973⑤	せんくつ／しつかなる(い)わや[妙]		
禪窟	ぜんくつ	せんくつ／させんるいわや	禪窟	分別	964③	漢地儀名	982⑤	せんくつ／させんのいはや[妙]		
善功徳	ぜんくどく	×	善功徳	分別	960①	漢名	978④			
善{の}功徳	ぜんくどく	×	善功徳	妙荘	1304⑥	漢名	1311⑥		―の――[西]	善功徳(ぜんくとく)[妙]
千劫	せんごう	×	千劫	常不	1074②	漢数名	1092⑥			せんこう[妙]
善業	ぜんごう	せんごう	善業	序品	82⑤	漢名	72④			
瞻仰し	せんごうし	せんがう	瞻仰	方便	109①	漢サ動	95③	せんかう・す／まほりあをく[妙]		
瞻仰し	せんごうし	せんがう	瞻仰	方便	110②	漢サ動	96①			
瞻仰し	せんごうし	せんがう／まほる心	瞻仰	譬喩	204②	漢サ動	171③	せんがう・し／まほりあをき[妙]		
瞻仰し	せんごうし	せんかう／まほりあふく也	瞻仰	信解	318③	漢サ動	293②	せんかう・し／まほりあをき[妙]		
瞻仰し	せんごうし	せんかう	瞻仰	授記	422④	漢サ動	411⑥	せんかう・し／まほりあをき[妙]		
瞻仰し	せんごうし	せんかう	瞻仰	化城	457③	漢サ動	452④	せんかう／まほりあをき[妙]		
瞻仰し	せんごうし	せんかう／まほりたてまつる	瞻仰	五百	563②	漢サ動	566⑤	せんかう・し／ほりあをき[妙]		
瞻仰し	せんごうし	せんかう／まほり	瞻仰	授學	603④	漢サ動	612②			
瞻仰し	せんごうし	せんがう	瞻仰	勧持	741③	漢サ動	760④	せんがう／まほりあをき[妙]		
瞻仰し	せんごうし	せんがう	瞻仰	從地	824⑥	漢サ動	847②			
瞻仰し	せんごうし	せんがう	瞻仰	神力	1084②	漢サ動	1102⑤	せんがう・し／まほりあふき[妙]	―たり[西右]	瞻仰し[妙]
宣告す	せんごうす	せんがう	宣告	從地	848④	漢サ動	871③			せんかう・す[妙]
瞻仰す	せんごうす	せんかう	瞻仰	觀世	1243⑥	漢サ動	1256②	せんかう・す／まほりあをく[妙]	――し奉る[西右]	
山谷	せんこく	―ごく／―たに	山谷	譬喩	209⑥	漢地儀名	177⑤	せんこく／やまたに[妙]		
善国	ぜんこく	せんこく	善国	勧持	745②	漢名	764⑤			
宣護し	せんごし	せんこ	宣護	五百	577④	漢サ動	582③	せんこ・し／のへまほり[妙]		
善言	ぜんごん	せんごん／よきことは	善言	譬喩	243①	漢名	212⑤	せんこん／よきことは[妙]		
善根	ぜんごん	せんこん	善根	序品	64①	漢名	55⑥			
善根	ぜんごん	せんこん	善根	信解	377①	漢名	365⑥			
善根	ぜんごん	ぜんごん	善根	五百	594⑤	漢名	602②			
善根	ぜんごん	せんこん	善根	勧持	738④	漢名	757②			
善根	ぜんごん	―ごん	善根	從地	858③	漢名	881②			
善根	ぜんごん	―ごん	善根	如來	894①	漢名	913②			
善根	ぜんごん	―ごん	善根	如來	896②	漢名	915②			
善根	ぜんごん	×	善根	如來	898⑤	漢名	917⑥			
善根	ぜんごん	ぜんごん	善根	分別	936④	漢名	955①			
善根	ぜんごん	×	善根	常不	1071⑥	漢名	1090③			せんこん[妙]
善根	ぜんごん	―ごん	善根	妙音	1186②	漢名	1201①			せんこん[妙]
善根	ぜんごん	×	善根	妙音	1197③	漢名	1211②			せんこん[妙]
善根	ぜんごん	×	善根	妙荘	1296②	漢名	1304⑥			せんこん[妙]
善根	ぜんごん	×	善根	妙荘	1297④	漢名	1305⑤			せんこん[妙]
善根	ぜんごん	×	善根	普賢	1322②	漢名	1327①			ぜんこん[妙]
千歳	せんざい	せんざい	千歳	提婆	711④	漢数名	729②			
善哉	ぜんさい	せんさい／よいかな	善哉	化城	458①	漢名	453③	せんさい／よきかな[妙]		
善哉	ぜんさい	せんさい・よいかな	善哉	見寶	662⑤	漢名	677③	せんさい／よきかな[妙]		
善哉	ぜんさい	せんさい／よいかな	善哉	見寶	664①	漢名	678⑤	せんさい／よきかな[妙]		善哉(ぜんさい)[妙]
善哉	ぜんさい	せんさい／よいかな	善哉	見寶	664①	漢名	678⑥	せんさい／よきかな[妙]		善哉(ぜんさい)[妙]
善哉	ぜんさい	せんさい・よいかな	善哉	見寶	664③	漢名	679②	せんさい／よきかな[妙]		善哉(ぜんさい)[妙]
善哉	ぜんさい	せんさい・よいかな	善哉	見寶	664③	漢名	679②	せんさい／よきかな[妙]		善哉(ぜんさい)[妙]

せん 393

当該語	読みかな	傍訓	漢字表記	品名	頁数	語の種類	妙一本	和解語文	可読	異同語彙
善哉	ぜんさい	せんさい・よいかな	善哉	見寶	681①	漢名	698①	せんさい／よきかな[妙]		善哉(ぜんさい)[妙]
善哉	ぜんさい	せんさい・よいかな	善哉	見寶	681①	漢名	698①	せんさい／よきかな[妙]		善哉(ぜんさい)[妙]
善哉	ぜんさい	×	善哉	普賢	1329②	漢名	1333③			ぜんざい[妙]
瞻察す	せんざつす	せんざつ／まほりある心也ィ	瞻察	序品	44⑤	漢サ動	38④	せんさつ・す／まほる[妙]		
千子	せんし	×	千子	法功	1033③	漢数名	1052②	せんじ／せんのこと[妙]	と[西右]	
善事	ぜんじ	ぜんじ	善事	譬喩	254③	漢名	225②			
漸次	ぜんじ	せんし／やうやく	漸次	信解	356⑥	漢名	340⑤	ぜんしに／やうやく[妙]		
漸次	ぜんじ	せんし	漸次	藥草	411⑤	漢名	399⑤	せんし／やうやく[妙]		
浅識	せんしき	せんしき／あさき心なきもの也	浅識	譬喩	299⑥	漢名	272②	せんしき／さとりあさき[妙]		
浅識	せんしき	せんしき	浅識	譬喩	301②	漢名	273⑤	せんしき／さとりあさく[妙]		
宣示顕説し	せんじけんぜつし	せんじけんぜつ	宣示顕説	神力	1095②	漢四熟サ動	1113⑤	――し――せし／のへしめしあらはしとき[妙]	――し――せしあり[西右]	宣示顯説し[妙]
宣示し	せんじし	せんじ	宣示	從地	845⑥	漢サ動	868④	せんし・し／のへしめし[妙]		
宣示す	せんじす	せんじ	宣示	方便	175②	漢サ動	150⑤	せんし・す／のへしめす[妙]		
薦席	せんじゃく	せんじやく／こもむしろ	薦席	信解	362①	漢名	347②	―じやく／こもむしろ[妙]		
穿鑿し	せんしゃくし	せんしやく／うがちほり	穿鑿	法師	643①	漢サ動	655⑤	せんしやく・し／うかちほり[妙]		
穿鑿する	せんしゃくする	せんしやく／うがちほり	穿鑿	法師	650③	漢サ動	664①	せんしゃく・する／うかちほる[妙]		
千種	せんじゅ	×	千種	分別	927④	漢数名	946②			千種(しう)[妙]
撰集し	せんじゅうし	せんじふ	撰集	法功	1006②	漢サ動	1024⑤	せんしふ・し／えらひあつめて[妙]		
甄叔{叔}迦寶	せんしゅくかほう	けんしやくかほう／たからのななり	甄叔迦寶	妙音	1173⑥	漢四熟名	1189④			けんしくかほう[妙]
甄叔{叔}迦寶	せんしゅくかほう		甄叔迦寶	妙音	1174⑥	漢四熟名	1190⑤			けんしくかほう[妙]
善順	ぜんじゅん	ぜんじゅん	善順	安樂	761④	漢名	781②	ぜんじゆん／よくしたかひて[妙]		
善處	ぜんしょ	せんしょ	善處	藥草	393⑥	漢名	379⑤	せんしょ／よきところ[妙]		
善處	ぜんしょ	―しよ	善處	法功	1035⑥	漢名	1054⑤		―と[西右]	
専精	せんしょう	せんしやう・つとめて	専精	法功	1024②	漢名	1043①			
漸小	ぜんしょう	×	漸小	分別	962②	漢名	980⑤	せんせう／やうやく[妙]	やうやくちいさく[西右]	
禅定	ぜんじょう	ぜんぢやう	禪定	序品	32⑤	漢名	28①			
禅定	ぜんじょう	ぜんぢやう	禪定	序品	72⑥	漢名	64①			
禅定	ぜんじょう	ぜんぢやう	禪定	方便	89⑤	漢名	78⑤		―と[西右]	
禅定	ぜんじょう	ぜんぢやう	禪定	方便	106⑥	漢名	93④	せんちやう／させん[妙]	―と[西右]	
禅定	ぜんじょう	ぜんぢやう	禪定	譬喩	262①	漢名	233⑥	ぜんぢやう／させん[妙]	―と[西右]	
禅定	ぜんじょう	ぜんぢやう	禪定	譬喩	267⑤	漢名	238⑥			
禅定	ぜんじょう	ぜんぢやう	禪定	譬喩	292⑤	漢名	265①	せんぢやう／させん[妙]		
禅定	ぜんじょう	せんちやう	禪定	藥草	408③	漢名	395⑥	せんちやう／させん[妙]		
禅定	ぜんじょう	せんちやう	禪定	化城	505①	漢名	509②	せんちやう／ふかくたへなるさせん[妙]		
禅定	ぜんじょう	せんちやう	禪定	化城	510①	漢名	515①	せんちやう／させん[妙]		
禅定	ぜんじょう	せんちやう	禪定	化城	520⑤	漢名	525⑥	せんちやう／させん[妙]		
禅定	ぜんじょう	せんちやう	禪定	化城	537⑤	漢名	543④	せんちやう／させん[妙]		

当該語	読みかな	傍訓	漢字表記	品名	頁数	語の種類	妙一本	和解語文	可読	異同語彙
禅定	ぜんじょう	×	禪定	見寶	680⑥	漢名	697⑥	せんちやう／させん[妙]		
禅定	ぜんじょう	ぜんぢやう	禪定	提婆	727⑥	漢名	746①	せんちやう／させん[妙]		
禅定	ぜんじょう	ぜんぢやう	禪定	安樂	775⑤	漢名	796⑤	せんちやう／させん[妙]		
禅定	ぜんじょう	ぜんぢやう	禪定	安樂	798④	漢名	820②	せんちやう／させん[妙]		
禅定	ぜんじょう	ぜんぢやう	禪定	安樂	799④	漢名	821③	せんちやう／させん[妙]		
禅定	ぜんじょう	ぜんぢやう	禪定	安樂	814②	漢名	836⑤	せんちやう／させん[妙]		
禅定	ぜんじょう	ぜんぢやう	禪定	從地	868②	漢名	891⑤	せんちやう／させん[妙]		
禅定	ぜんじょう	ぜんぢやう	禪定	分別	943④	漢名	961⑥	せんちやう／させん[妙]		
禅定	ぜんじょう	×	禪定	分別	943⑥	漢名	962②			
禅定	ぜんじょう	×	禪定	分別	965⑥	漢名	984②	せんちやう／させん[妙]		
禅定	ぜんじょう	×	禪定	藥王	1158⑤	漢名	1176②		一も[西右]	せんちやう[妙]
善浄	ぜんじょう	ぜんじやう	善淨	五百	573⑥	漢名	578①			
善浄	ぜんじょう	ぜんじやう	善淨	五百	580①	漢名	585③			
産生し	せんじょうし	せんじやう／うみうんて	産生	譬喩	273④	漢サ動	244⑤	せんしやう・し／うみうむて[妙]		
禅定し	ぜんじょうし	×	禪定	化城	510③	漢サ動	515③	せんちやう／させん[妙]		
善心	ぜんしん	×	善心	妙音	1183②	漢名	1198①			せんしん[妙]
全身	ぜんしん	×	全身	法師	640④	漢名	653②	せんしん／ほくゑきやう[妙]		
全身	ぜんしん	せんしん	全身	見寶	661③	漢名	676①			
全身	ぜんしん	せんしん	全身	見寶	663②	漢名	677⑥			
全身	ぜんしん	×	全身	見寶	663④	漢名	678⑤			
全身	ぜんしん	×／ほとけのみちる	全身	見寶	680⑤	漢名	697⑤			
全身	ぜんしん	せんしん	全身	提婆	718①	漢名	736①			
先世	せんぜ	せんぜ	先世	方便	142③	漢名	124④	せんせ／さきのよ[妙]		
先世	せんぜ	せん—	先世	化城	471①	漢名	468⑥			
染せ	せんぜ	せん・そま	染	從地	865②	漢サ動	887⑥	ぜん・せ／そま[妙]	そま[西右]	
前世	ぜんせ	ぜん{さきの}	前世	常不	1081⑤	漢名	1100①	せんせ／さきのよ[妙]		
善逝	ぜんぜい	せんぜい	善逝	序品	47⑥	漢名	41③			
善逝	ぜんぜい	せんぜい	善逝	譬喩	221③	漢名	190①			
善逝	ぜんぜい	せんせい	善逝	藥草	391④	漢名	377①			
善逝	ぜんぜい	せんせ	善逝	授記	416③	漢名	404⑤			
善逝	ぜんぜい	×	善逝	授記	427①	漢名	417③			
善逝	ぜんぜい	せんせ	善逝	授記	435①	漢名	426③			
善逝	ぜんぜい	×	善逝	授記	440④	漢名	432⑤			
善逝	ぜんぜい	×	善逝	化城	445⑥	漢名	438⑥			
善逝	ぜんぜい	ぜんぜい	善逝	五百	570④	漢名	574④			
善逝	ぜんぜい	×	善逝	五百	584①	漢名	589④			
善逝	ぜんぜい	×	善逝	授學	604②	漢名	613①			
善逝	ぜんぜい	×	善逝	授學	613②	漢名	622⑤			
善逝	ぜんぜい	×	善逝	授學	617⑤	漢名	627⑥			
善逝	ぜんぜい	ぜんぜい	善逝	提婆	716⑥	漢名	734⑤			
善逝	ぜんぜい	×	善逝	勸持	743⑥	漢名	762⑤			
善逝	ぜんぜい	×	善逝	勸持	745④	漢名	764⑤			
善逝	ぜんぜい	ぜんぜい	善逝	常不	1057⑤	漢名	1076④			
善逝	ぜんぜい	×	善逝	常不	1060⑥	漢名	1079④			せんぜい[妙]
善逝	ぜんぜい	×	善逝	藥王	1116③	漢名	1134⑥			ぜんぜい[妙]
善逝	ぜんぜい	×	善逝	妙音	1166④	漢名	1183①			せんせい[妙]
千世界	せんせかい	×	千世界	神力	1083⑤	漢数名	1102②			せんぜかい[妙]
宣説し	せんぜつし	×	宣説	提婆	726③	漢サ動	744④	せんせつ・し／のへとき[妙]	のへときつと[西右]	
宣説し	せんぜつし	せんせつ・のべとき	宣説	安樂	777①	漢サ動	797⑤	せんせつ・し／のへとき[妙]		

当該語	読みかな	傍訓	漢字表記	品名	頁数	語の種類	妙一本	和解語文	可読	異同語彙
宣説す	せんぜつす	×	宣説	五百	588⑤	漢サ動	595②		一する事をすへし[西右] 一と[西左]	
宣説す	せんぜつす	せんせつ	宣説	提婆	710⑥	漢サ動	728①	せんぜつ・す/のへとく[妙]		
宣説せ	せんぜつせ	せんせつ/のべとき	宣説	安樂	803⑥	漢サ動	825⑥		一給はさりしを[西右]	
山川	せんせん	せんせん/一かは	山川	藥草	388④	漢地儀名	373⑥	せんせん/やまかは[妙]		
山川	せんせん	一せん	山川	藥草	401⑤	漢地儀名	388②	せんせん/やまかは[妙]		
山川	せんせん	一ぜん	山川	見寶	669⑥	漢地儀名	685②	せんせん/やまかは[妙]		
山川	せんせん	×	山川	法功	1003①	漢地儀名	1021④	せんせん/やまかわ[妙]	さんせん[西右]	
漸漸	ぜんぜん	ぜんぜん	漸漸	方便	165②	漢畳語名	142④			
漸漸	ぜんぜん	ぜん〳〵/やうやく	漸漸	五百	570⑤	漢畳語名	574⑥			
漸々	ぜんぜん	せん〳〵	漸漸	藥草	414④	漢畳語名	402⑥			
漸々	ぜんぜん	せん―	漸漸	授記	443②	漢畳語名	435⑤			
漸々	ぜんぜん	×	漸漸	勧持	743③	漢畳語名	762③			
漸々	ぜんぜん	ぜんぜん	漸漸	安樂	780⑤	漢畳語名	801④			
旋轉{旋}し	せんせんし	せんて{せ}ん	旋旋	分別	934④	漢サ動	953②			旋転(せんてん)[妙]
漸々に	ぜんぜんに	せんせん・やうやく	漸漸	信解	322⑤	漢畳語副	298③	せん〳〵・に/やうやく[妙]		
旋捻持	せんそうじ	せんそうぢ	旋捻持	分別	930⑤	漢名	949⑤			
羼提波羅蜜	せんだいはらみつ	せんだいハらみつ	羼提波羅蜜	分別	938⑤	仏梵語名	956④	せんたいはらみつ/はちしのふ[妙]		
羼提波羅蜜	ぜんだいばらみつ	ぜんだいばらみつ	羼提波羅蜜	妙荘	1273⑥	仏梵語名	1284④	せんだいはらみつ/はらをたいす[妙]	一と[西右]	
鮮澤	せんたく	せんたく/あざやかなる心	鮮澤	藥草	403①	漢名	389⑥	せんたく/あさやかにうるをへる[妙]		
旃陀羅	せんだら	せんだら	旃陀羅	安樂	763③	仏人倫名	783④	せんだら/ものころすもの[妙]		
旃陀羅	せんだら	せんだら	旃陀羅	安樂	769③	仏人倫名	789⑤	せんだら/ものころすもの[妙]	一と[西右]	
旋陀羅尼	せんだらに	せんだらに	旋陀羅尼	分別	923⑤	仏四熟名	942①			
旋陀羅尼	せんだらに	せんたら―	旋陀羅尼	普賢	1315③	仏四熟名	1321①	せんたらに/ほとけのちゑ[妙]		
旃陀利 五	せんだり	せんだり	旃陀利 五	陀羅	1261⑤	仏梵語名	1272④			せんたり[妙]
栴檀	せんだん	せんだん	栴檀	序品	24②	漢植物名	20④			
栴檀	せんだん	せんだん	栴檀	序品	37⑤	漢植物名	32④			
栴檀	せんだん	せんだん	栴檀	方便	162②	漢植物名	139⑤	せんたん/すくれたるかう[妙]		
旃檀	せんだん	せんだん	旃檀	分別	927②	漢植物名	945⑥			
旃壇	せんだん	せんだん	旃壇	分別	933⑥	漢植物名	952④			
栴檀	せんだん	せんだん	栴檀	分別	940④	漢植物名	958⑥			
栴檀	せんだん	せんだん	栴檀	法功	1011⑥	漢植物名	1030③			
栴檀	せんだん	せんだん	栴檀	法功	1015④	漢植物名	1034②		一と[西右]	
栴檀	せんだん	×	栴檀	藥王	1122⑥	漢植物名	1141②		一と[西右]	せんだん[妙]
一栴檀	せんだん	せんだん	栴檀	藥王	1124⑤	漢植物名	1143②			せんたん[妙]
一栴檀	せんだん	せんだん	栴檀	藥王	1133⑤	漢植物名	1152⑤			せんだん[妙]
一栴檀	せんだん	せんだん	栴檀	藥王	1121⑤	漢植物名	1139⑤			せんだん[妙]
一栴檀	せんだん	せんだん	栴檀	藥王	1121⑥	漢植物名	1140①			せんだん[妙]
栴檀香	せんだんこう	せんだん―	栴檀香	法功	1009⑤	漢香名名	1028②		―――の―[西右]	
栴檀樹	せんだんじゅ	せんだんしゆ	栴檀樹	法功	1017⑥	漢植物名	1036⑤	せんたんしゆ/―のき[妙]	―のきと[西右]	
善知識	ぜんちしき	ぜんちしき	善知識	提婆	715④	漢名	733③			
善知識	ぜんちしき	×	善知識	提婆	716②	漢名	734①			
善知識	ぜんちしき	ぜんちしき	善知識	妙荘	1296⑤	漢名	1304⑤			ぜんちしき[妙]
善知識	ぜんちしき	×	善知識	妙荘	1297③	漢名	1305⑤			ぜんぢしき[妙]
善知識	ぜんちしき	×	善知識	妙荘	1297⑤	漢名	1305⑤			ぜんぢしき[妙]
善知識	ぜんちしき	×	善知識	妙荘	1298②	漢名	1306①			ぜんぢしき[妙]
宣暢し	せんちょうし	ゑ{せ}んちやう	宣暢	化城	535②	漢サ動	540⑥			
羶帝 十九	せんてい	せんてい	羶帝 十九	陀羅	1251⑥	仏梵語名	1263⑥			せんてい[妙]

当該語	読みかな	傍訓	漢字表記	品名	頁数	語の種類	妙一本	和解語文	可読	異同語彙
旃輪千反帝九	せんてい	せんてい	旃輪千反帝九	陀羅	1251③	仏梵語名	1263③			せんてい[妙]
宣傳する	せんでんする	せんでん／のべつたふる心	宣傳	譬喩	298④	漢サ動	270⑥	せんでん・する／のへつたう[妙]		
善軟	ぜんなん	せんなん／よく心をやはらかにして	善軟	方便	160⑥	漢名	138⑥	せんなん／よくやはらかに[妙]		
善男子	ぜんなんし	ぜんなん―	善男子	序品	45②	漢人倫名	39①			
善男子	ぜんなんし	ぜんなん―	善男子	序品	46①	漢人倫名	39⑤			
善男子	ぜんなんし	×	善男子	序品	47③	漢人倫名	41①			
善男子	ぜんなんし	×	善男子	授學	609④	漢人倫名	618⑥			
善男子	ぜんなんし	×	善男子	法師	625①	漢人倫名	636⑥	せんなんし／ほくゑきやうをたもつをとこ[妙]		
善男子	ぜんなんし	×	善男子	法師	627②	漢人倫名	638③			
善男子	ぜんなんし	×	善男子	法師	646④	漢人倫名	659④			
善男子	ぜんなんし	×	善男子	法師	646③	漢人倫名	659⑥			
善男子	ぜんなんし	×	善男子	見寶	669④	漢人倫名	684⑤			
善男子	ぜんなんし	×	善男子	見寶	678①	漢人倫名	694④			
善男子	ぜんなんし	×	善男子	見寶	691⑤	漢人倫名	709⑤			
善男子	ぜんなんし	×	善男子	見寶	697③	漢人倫名	716③			
善男子	ぜんなんし	×	善男子	提婆	719③	漢人倫名	737③			
善男子	ぜんなんし	×	善男子	提婆	720⑥	漢人倫名	738⑥			
善男子	ぜんなんし	ぜんなんし	善男子	安樂	813③	漢人倫名	835⑥	せんなんし／ほけきやうたもつをとこ[妙]		
善男子	ぜんなんし	×	善男子	從地	818⑤	漢人倫名	841①			
善男子	ぜんなんし	せん――	善男子	從地	829⑥	漢人倫名	852②			
善男子	ぜんなんし	×	善男子	從地	832③	漢人倫名	855③			
善男子	ぜんなんし	ぜん――	善男子	從地	843④	漢人倫名	866③			
善男子	ぜんなんし	×	善男子	從地	850③	漢人倫名	873①			
善男子	ぜんなんし	×	善男子	從地	863⑤	漢人倫名	886③			
善男子	ぜんなんし	×	善男子	如來	880⑤	漢人倫名	899③			
善男子	ぜんなんし	×	善男子	如來	883⑥	漢人倫名	902⑤			
善男子	ぜんなんし	×	善男子	如來	885①	漢人倫名	904①			
善男子	ぜんなんし	×	善男子	如來	887①	漢人倫名	906①			
善男子	ぜんなんし	せん――	善男子	如來	888④	漢人倫名	907④			
善男子	ぜんなんし	ぜん――	善男子	如來	889①	漢人倫名	908②			
善男子	ぜんなんし	×	善男子	如來	890②	漢人倫名	909③			
善男子	ぜんなんし	×	善男子	如來	891④	漢人倫名	910④			
善男子	ぜんなんし	×	善男子	如來	895①	漢人倫名	914①			
善男子	ぜんなんし	×	善男子	如來	899①	漢人倫名	918②			
善男子	ぜんなんし	×	善男子	如來	908⑥	漢人倫名	927⑤			
善男子	ぜんなんし	×	善男子	分別	937⑤	漢人倫名	956①			
善男子	ぜんなんし	×	善男子	分別	939①	漢人倫名	957③			
善男子	ぜんなんし	×	善男子	分別	949①	漢人倫名	967⑥			
善男子	ぜんなんし	せんなんし	善男子	分別	951⑤	漢人倫名	970④			
善男子	ぜんなんし	×	善男子	分別	952②	漢人倫名	971②			
善男子	ぜんなんし	×	善男子	分別	959⑤	漢人倫名	978②			
善男子	ぜんなんし	×	善男子	分別	960④	漢人倫名	979①			
善男子	ぜんなんし	×	善男子	隨喜	969③	漢人倫名	987④			
善男子	ぜんなんし	×	善男子	隨喜	972④	漢人倫名	990⑤			
善男子	ぜんなんし	×	善男子	法功	994①	漢人倫名	1012⑤			
善男子	ぜんなんし	×	善男子	法功	995②	漢人倫名	1013⑤			
善男子	ぜんなんし	×	善男子	法功	998②	漢人倫名	1017①			
善男子	ぜんなんし	×	善男子	法功	1008④	漢人倫名	1027①			
善男子	ぜんなんし	×	善男子	法功	1026④	漢人倫名	1045②			
善男子	ぜんなんし	×	善男子	法功	1034⑥	漢人倫名	1053⑤			
善男子	ぜんなんし	―なんし	善男子	法功	1040④	漢人倫名	1059⑥			
善男子	ぜんなんし	×	善男子	囑累	1108④	漢人倫名	1127⑤			せんなんし[妙]
善男子	ぜんなんし	×	善男子	藥王	1124③	漢人倫名	1142⑤			せんなんし[妙]
善男子	ぜんなんし	せん――	善男子	藥王	1125④	漢人倫名	1143⑥			ぜんなんし[妙]
善男子	ぜんなんし	×	善男子	藥王	1131②	漢人倫名	1149⑤			せんなんし[妙]
善男子	ぜんなんし	×	善男子	藥王	1131⑥	漢人倫名	1150②			せんなんし[妙]
善男子	ぜんなんし	×	善男子	藥王	1156②	漢人倫名	1174①			せんなんし[妙]
善男子	ぜんなんし	×	善男子	藥王	1157③	漢人倫名	1175③			せんなんし[妙]
善男子	ぜんなんし	×	善男子	妙音	1171②	漢人倫名	1186⑥			せんなんし[妙]
善男子	ぜんなんし	×	善男子	妙音	1178④	漢人倫名	1193⑤			せんなんし[妙]
善男子	ぜんなんし	×	善男子	妙音	1197⑥	漢人倫名	1211⑥			せんなんし[妙]
善男子	ぜんなんし	×	善男子	觀世	1209①	漢人倫名	1222②			ぜんなんし[妙]

せん 397

当該語	読みかな	傍訓	漢字表記	品名	頁数	語の種類	妙一本	和解語文	可読	異同語彙
善男子	ぜんなんし	×	善男子	觀世	1214⑤	漢人倫名	1228①			せんなんし[妙]
善男子	ぜんなんし	×	善男子	觀世	1220③	漢人倫名	1233④			せんなんし[妙]
善男子	ぜんなんし	×	善男子	觀世	1222④	漢人倫名	1235⑥			せんなんし[妙]
善男子	ぜんなんし	×	善男子	陀羅	1248④	漢人倫名	1260⑤			せんなんし[妙]
善男子	ぜんなんし	×	善男子	陀羅	1249②	漢人倫名	1261②			せんなんし[妙]
善男子	ぜんなんし	×	善男子	陀羅	1249⑥	漢人倫名	1261⑥			せんなんし[妙]
善男子	ぜんなんし	×	善男子	妙莊	1297④	漢人倫名	1305④			せんなんし[妙]
善男子	ぜんなんし	×	善男子	普賢	1308⑥	漢人倫名	1315⑤	せんなんし／ほくゑきやうたもつおとこおんな[妙]		
善男子	ぜんなんし	×	善男子	普賢	1309③	漢人倫名	1315⑤			せんなんし[妙]
善男子	ぜんなんし	×	善男子	普賢	1310②	漢人倫名	1316④			せんなんし[妙]
善男女	ぜんなんにょ	×	善男女	分別	944③	漢人倫名	962⑤			
千二百	せんにひゃく	×	千二百	方便	118⑤	漢数名	104①			
千二百	せんにひゃく	×	千二百	方便	187⑤	漢数名	160⑥			
千二百	せんにひゃく	×	千二百	譬喩	236①	漢数名	205②			
千二百	せんにひゃく	×	千二百	五百	583②	漢数名	588⑤			
千二百	せんにひゃく	×	千二百	法功	994④	漢数名	1013②			
千二百	せんにひゃく	×	千二百	法功	994⑤	漢数名	1013③			
千二百	せんにひゃく	×	千二百	法功	994⑤	漢数名	1013③			
千二百	せんにひゃく	×	千二百	法功	998④	漢数名	1017③			
千二百	せんにひゃく	×	千二百	法功	1026⑤	漢数名	1045④			
千二百	せんにひゃく	×	千二百	法功	1041①	漢数名	1059⑤			
千二百歳	せんにひゃくさい	———さい	千二百歳	藥王	1123②	漢四熟数名	1141④			せんにひやくさい[妙]
千二百歳	せんにひゃくさい	×	千二百歳	藥王	1126③	漢四熟数名	1144⑤		—なりき[西右]	せんにひやくさい[妙]
千二百人	せんにひゃくにん	×	千二百人	方便	102②	漢四熟数名	89④		———の—[西右]	
善女人	ぜんにょにん	×	善女人	法師	625②	漢人倫名	636②	せんによにん／ほくゑきやうをたもつをんな[妙]		
善女人	ぜんにょにん	×	善女人	法師	627②	漢人倫名	638③		—のィ[西右]	
善女人	ぜんにょにん	×	善女人	法師	646①	漢人倫名	659④			
善女人	ぜんにょにん	×	善女人	法師	646④	漢人倫名	659⑥			
善女人	ぜんにょにん	×	善女人	提婆	719③	漢人倫名	737③			
善女人	ぜんにょにん	×	善女人	分別	937③	漢人倫名	956②			
善女人	ぜんにょにん	×	善女人	分別	949①	漢人倫名	967⑥			
善女人	ぜんにょにん	×	善女人	分別	951⑥	漢人倫名	970⑤			
善女人	ぜんにょにん	×	善女人	分別	952③	漢人倫名	971②			
善女人	ぜんにょにん	×	善女人	分別	959⑥	漢人倫名	978③			
善女人	ぜんにょにん	×	善女人	分別	960④	漢人倫名	979②			
善女人	ぜんにょにん	×	善女人	隨喜	969③	漢人倫名	987④			
善女人	ぜんにょにん	×	善女人	隨喜	972④	漢人倫名	990⑤		—の[西右]	
善女人	ぜんにょにん	×	善女人	法功	994①	漢人倫名	1012⑤			
善女人	ぜんにょにん	×	善女人	法功	995②	漢人倫名	1013①			
善女人	ぜんにょにん	×	善女人	法功	998②	漢人倫名	1017①			
善女人	ぜんにょにん	×	善女人	法功	1008④	漢人倫名	1027①			
善女人	ぜんにょにん	×	善女人	法功	1026③	漢人倫名	1045②			
善女人	ぜんにょにん	×	善女人	法功	1034⑥	漢人倫名	1053⑤			
善女人	ぜんにょにん	×	善女人	法功	1040④	漢人倫名	1059③			
善女人	ぜんにょにん	×	善女人	囑累	1108④	漢人倫名	1127②			せんにょにん[妙]
善女人	ぜんにょにん	×	善女人	觀世	1220③	漢人倫名	1233⑤			せんにょにん[妙]
善女人	ぜんにょにん	×	善女人	陀羅	1248④	漢人倫名	1260⑤			せんにょにん[妙]
善女人	ぜんにょにん	×	善女人	陀羅	1249②	漢人倫名	1261②			せんにょにん[妙]
善女人	ぜんにょにん	×	善女人	陀羅	1249⑥	漢人倫名	1262①			せんにょにん[妙]
善女人	ぜんにょにん	×	善女人	妙莊	1297④	漢人倫名	1305④			せんにょにん[妙]
善女人	ぜんにょにん	×	善女人	普賢	1309①	漢人倫名	1315⑤	せんによにん／ほくゑきやうたもつおとこおんな[妙]		
善女人	ぜんにょにん	×	善女人	普賢	1309③	漢人倫名	1315⑤			せんによにん[妙]
善女人	ぜんにょにん	×	善女人	普賢	1310③	漢人倫名	1316⑤			せんによにん[妙]
賤人	せんにん	せん—／いやしきひと	賤人	信解	340①	漢人倫名	319④	せんにん／いやしきひと[妙]		
仙人	せんにん	—にん	仙人	提婆	710③	漢人倫名	727④			
仙人	せんにん	せんにん	仙人	提婆	711①	漢人倫名	728③			
仙人	せんにん	×	仙人	提婆	713⑤	漢人倫名	731③			
仙人	せんにん	×	仙人	提婆	715⑤	漢人倫名	733②			
千倍	せんばい	—はい	千倍	分別	922④	漢数名	941③			

当該語	読みかな	傍訓	漢字表記	品名	頁数	語の種類	妙一本	和解語文	可読	異同語彙
浅薄	せんはく	せんはく／あさくうすき	浅薄	勧持	741①	漢名	759⑥	せんはく／あさくうすき[妙]		
禪波羅蜜	ぜんはらみつ	ぜん―――	禪波羅蜜	分別	938②	仏梵語名	956⑤			
禪波羅蜜	ぜんはらみつ	せんばらみつ	禪波羅蜜	妙莊	1274①	仏梵語名	1284④	ぜんはらみつ／さぜんし[妙]	―と[西右]	
鮮白	せんびゃく	せんびやく	鮮白	安樂	809⑥	漢名	832②	せんひやく／あさやか[妙]		
鮮白淨潔	せんびゃくじょうけつ	せんびやくじやうけつ／あさやかにしろくきよくいさきよし	鮮白淨潔	譬喩	287⑥	漢四熟名	259⑤	せんひやくしやうけつ／あさやかにいさきよくいさきよし[妙]		
瞻蔔	せんぶく	せんぶく	瞻蔔	分別	965①	漢名	983③		―と[西右]	
瞻蔔	せんぶく	せんぶく	瞻蔔	藥王	1123①	漢名	1141③			せんふく[妙]
瞻蔔華香	せんぶくけこう	せんぶくけ―	瞻蔔華香	法功	1009④	漢香名名	1027⑥	せんぷく くゑかう／はなのか[妙]	――― の ―[西右]	
瞻蔔華油燈	せんぶくけげゆとう	せんぶくけ――	瞻蔔華油燈	陀羅	1270④	漢雑物名	1281⑤			せんぶく くゑゆとう[妙]
瞻蔔油燈	せんぶくゆとう	せんほくゆとう	瞻蔔油燈	藥王	1152④	漢雑物名	1170⑤			せんふくゆとう[妙]
宣布し	せんぷし	せんふ	宣布	随喜	975⑤	漢サ動	993⑥	せんふ・し／のへしき[妙]		
瞻奉す	せんぶす	せんぶ／みたてまつる	瞻奉	法師	625⑤	漢名	636⑤	せんふ・す／まほりたてまつる[妙]		
先佛	せんぶつ	ぜん―／さきのよのほとけ	先佛	法功	1043④	漢名	1062②	ぜんぷつ／さきのほとけ[妙]		
先佛	せんぶつ	ぜんぷつ	先佛	法功	1046⑤	漢名	1065③	ぜんぷつ／さきのほとけ[妙]		
先佛	せんぶつ	×	先佛	常不	1073⑤	漢名	1091⑥	ぜんふつ／さきのほとけ[妙]		
千佛	せんぶつ	×	千佛	藥王	1157②	漢数名	1174⑤			せんふつ[妙]
千佛	せんぶつ	×	千佛	普賢	1324①	漢数名	1328⑤			せんふつ[妙]
千分	せんぶん	×	千分	分別	938④	漢数名	957①			
千分	せんぶん	×	千分	随喜	978②	漢数名	996③			
船舫	せんぼう	せんはう	船舫	觀世	1211②	漢名	1224③			せんはう[妙]
善法	ぜんほう	×	善法	安樂	814①	漢名	836④	せんほう／よきのり[妙]		
善法	ぜんほう	×	善法	從地	860⑥	漢名	883⑤			
善法	ぜんほう	×	善法	分別	959③	漢名	978①			
善本	ぜんほん	ぜんほん	善本	序品	53④	漢名	46④		―のもとィ[西右]	
善本	ぜんほん	―のもと	善本	方便	153⑤	漢名	133②	せんほん／くとくのもと[妙]		
善本	ぜんほん	ぜんほん	善本	譬喩	312②	漢名	285④			―のもと[西]
善本	ぜんほん	ぜんほん	善本	妙音	1176③	漢名	1191⑤			せんほん[妙]
千万	せんまん	×	千万	序品	33①	漢数名	28②			
千万	せんまん	×	千万	序品	53③	漢数名	46③			
千万	せんまん	×	千万	見寶	657②	漢数名	671④			
千万	せんまん	×	千万	從地	822②	漢数名	844④			
千万	せんまん	×	千万	分別	935④	漢数名	954②			
千万	せんまん	×	千万	妙音	1174④	漢数名	1190①			せんまん[妙]
千万億	せんまんおく	――おく	千万億	譬喩	220⑤	漢数名	189④			
千万億	せんまんおく	×	千万億	信解	355①	漢数名	338④			
千万億	せんまんおく	×	千万億	化城	475①	漢数名	474①			
千万億	せんまんおく	×	千万億	化城	531⑤	漢数名	537⑤			
千万億	せんまんおく	×	千万億	法師	653②	漢数名	667①			
千万億	せんまんおく	×	千万億	見寶	658④	漢数名	673⑤			
千万億	せんまんおく	×	千万億	分別	934④	漢数名	953①			
千万億	せんまんおく	×	千万億	分別	962③	漢数名	980⑥			
千万億	せんまんおく	×	千万億	常不	1069③	漢数名	1088①			―まんをく[妙]
千万億	せんまんおく	×	千万億	常不	1071⑥	漢数名	1090④			せんまんをく[妙]
千万億劫	せんまんおくごう	×	千万億劫	方便	155④	漢四熟数名	134⑤		――― の ―[西右]	
千万億劫	せんまんおくごう	――おくこう	千万億劫	安樂	783④	漢四熟数名	804④			
千万億劫	せんまんおくごう	―――こう	千万億劫	安樂	815⑤	漢四熟数名	838③			
千万億劫	せんまんおくごう	×	千万億劫	從地	857⑥	漢四熟数名	880⑤			

せん―そ 399

当該語	読みかな	傍訓	漢字表記	品名	頁数	語の種類	妙一本	和解語文	可読	異同語彙
千万億恒河沙那由他	せんまんおくごうがしゃなゆた	―――こうかしやなゆた	千万億恒河沙那由他	化城	505②	漢数名	509④	―をくこうかしゆなゆた／こうかかわのいさこのかす[妙]		
千万億種	せんまんおくしゆ	―――おくしゆ	千万億種	序品	37⑤	漢四熟数名	32④			
千万億種	せんまんおくしゆ	―――しゆ	千万億種	化城	509④	漢四熟数名	514③			
千万億種	せんまんおくしゆ	×	千万億種	薬王	1144③	漢四熟数名	1162④			せんまんをくしゆ[妙]
千万億那由他	せんまんおくなゆた	―――おくなゆた	千万億那由他	従地	822①	漢数名	844②			
千万億那由他	せんまんおくなゆた	×	千万億那由他	陀羅	1259⑤	漢数名	1271④			せんまんおくなゆた[妙]
千万億那由他分	せんまんおくなゆたぶん	―――おくなゆたふん	千万億那由他分	従地	821⑥	漢数名	844④			
千万億無量阿僧祇劫	せんまんおくむりょうあそうぎこう	×	千万億無量阿僧祇劫	授學	605④	漢数名	614③			
千万億無量無數恒沙	せんまんおくむりょうむしゅごうしゃ	―――おくむりやうむしゆかう―	千万億無量無數恒沙	見寶	696①	漢数名	714⑥	せんまんおくむりやうむしゆこうしや／―はかりなくかすもしらす[妙]		
千万劫	せんまんごう	×	千万劫	随喜	990①	漢数名	1008④			
千万恒沙	せんまんごうしゃ	―――こうしや	千万恒沙	化城	535④	漢四熟数名	541③			
千万光相如来	せんまんこうそうにょらい	―――かうさうによらい	千万光相如來	勸持	745④	仏如来名	764③			
千万種	せんまんしゆ	×	千万種	法功	1010①	漢数名	1028③			
千万種	せんまんしゆ	×	千万種	法功	1048⑥	漢数名	1066④			千万種(せんまんをくの)[妙]
千万那由他	せんまんなゆた	×	千万那由他	従地	837③	漢数名	860②			
千由旬	せんゆじゅん	―ゆしゆん	千由旬	授記	433⑤	漢数名	424⑥		―なるをたてんイ[西右]／―ならん[西左]	
千由旬	せんゆじゅん	―ゆしゆん	千由旬	授記	439④	漢数名	431③		―ならん[西右]	
千葉	せんよう	せんよ{え}う	千葉	提婆	721③	漢数名	739④			
宣揚し	せんようし	せんやう	宣揚	化城	538②	漢サ動	544④	せんやう／ほめあけ[妙]		
染欲	せんよく	ぜんよく	染欲	法功	1020②	漢名	1038⑥	せんよく／よくにそみ[妙]	―と[西右]	
善利	ぜんり	せんり／よき事也	善利	薬草	393⑤	漢名	379③	せんり／よきり[妙]		
善利	ぜんり	せんり	善利	化城	459①	漢名	454④			
山陵	せんりょう	―れう／―をか	山陵	五百	571②	漢地儀名	575①			
宣令し	せんりょうし	せんりやう／令をのべ	宣令	提婆	709②	漢サ動	727①	せんりやう・し／のへしめし[妙]		
山林	せんりん	せんりん／やまはやし	山林	序品	36⑥	漢地儀名	31⑤	せんりん／やまはやし[妙]		
山林	せんりん	せんりん	山林	序品	71⑥	漢地儀名	63①	せんりん／やまはやし[妙]		
山林	せんりん	―りん	山林	薬草	408②	漢地儀名	395⑥	せんりん／やまはやし[妙]		
山林	せんりん	―りん	山林	薬草	411⑥	漢地儀名	399⑥	せんりん／やまはやし[妙]		
山林	せんりん	×	山林	安樂	814⑦	漢地儀名	836④	せんりん／やまはやし[妙]		
山林	せんりん	さんりん	山林	法功	995③	漢地儀名	1014⑦	せんりん／やまはやし[妙]		
山林	せんりん	さんりん	山林	法功	997③	漢地儀名	1016①	せんりん／やまはやし[妙]		
山林	せんりん	さんりん	山林	薬王	1141⑤	漢地儀名	1159⑥	せんりん／やまはやし[妙]	―と[西右]	
川流	せんる	せんる	川流	薬王	1142⑥	漢地儀名	1160⑥			せんる[妙]
前路	せんろ	せんろ／ゆくさきのみち	前路	化城	523②	漢地儀名	528⑥	せんろ／まへのみち[妙]		
酢	そ	そ／す	酢	信解	337⑥	単漢飲食名	316⑥	そ／す[妙]		

当該語	読みかな	傍訓	漢字表記	品名	頁数	語の種類	妙一本	和解語文	可読	異同語彙
鼠	そ	そ／ねずみ	鼠	譬喩	271⑥	単漢獣類名	243①	そ／ねすみ[妙]		
僧	そう	×	僧	序品	37③	単漢人倫名	32②			
僧	そう	×	僧	序品	37⑤	単漢人倫名	32③			
僧	そう	×	僧	序品	38①	単漢人倫名	32⑤			
僧	そう	×	僧	序品	38③	単漢人倫名	33①			
僧	そう	×	僧	方便	184④	単漢人倫名	158③		一と[西右]	
僧	そう	そう	僧	信解	318⑤	単漢人倫名	293④			
僧	そう	×	僧	五百	581①	単漢人倫名	586②			
僧	そう	×	僧	常不	1074②	単漢人倫名	1092⑥			そう[妙]
僧	そう	そう	僧	陀羅	1268①	単漢人倫名	1279①			そう[妙]
想	そう	さう・おもひ	想	化城	519③	単漢名	524③	さう／おもひ[妙]		
想	そう	さう	想	化城	519⑤	単漢名	524③	さう／おもひ[妙]		
想	そう	さう／おもひ	想	化城	525⑤	単漢名	531①			
想	そう	×	想	化城	525⑥	単漢名	531②			
想	そう	さう	想	化城	543⑤	単漢名	551④			
想	そう	さう・おもひィ	想	五百	581④	和転成名	586⑥		おもひィ[西右]	
想	そう	さう・おもひ	想	安樂	765①	単漢名	784⑤	さう／をもひ[妙]		
想	そう	そう／おもひ	想	安樂	780⑥	単漢名	801⑥	さう／おもひ[妙]		
想	そう	さう・おもひ	想	安樂	786①	単漢名	807③	さう／おもひ[妙]		
想	そう	×	想	安樂	786②	単漢名	807④	さう／をもひ[妙]		
想	そう	×	想	安樂	786③	単漢名	807⑤			
想	そう	おもい	想	安樂	790⑤	単漢名	812②			
相	そう	さう	相	序品	20①	単漢名	16④			
相	そう	×	相	序品	21②	単漢名	17⑤			
相	そう	さう	相	序品	22①	単漢名	18③			
相	そう	×	相	序品	23①	単漢名	19②			
相	そう	さう	相	序品	48⑤	単漢名	42①		一いましき[西右]	
相	そう	×	相	序品	73②	単漢名	64③			
相	そう	さう	相	序品	84⑤	単漢名	74③			
相	そう	×	相	方便	94⑤	単漢名	83①			
相	そう	さう	相	方便	99⑥	単漢名	87④			
相	そう	さう	相	方便	151⑤	単漢名	131④			
相	そう	さう	相	方便	156⑥	単漢名	135⑤			
相	そう	×	相	方便	158⑤	単漢名	137②			
相	そう	×	相	方便	163⑥	単漢名	140⑥			
相	そう	×	相	方便	164⑦	単漢名	141⑤			
相	そう	×	相	方便	172④	単漢名	148④		一として[西右]	
相	そう	×	相	方便	184①	単漢名	157⑥			
相	そう	さう	相	譬喩	316③	単漢名	290⑥			
相	そう	さう	相	藥草	403②	単漢名	389⑥		一のことく[西右]	
相	そう	さう	相	化城	465④	単漢名	462①			
相	そう	×	相	化城	467④	単漢名	464④			
相	そう	さう	相	化城	474③	単漢名	473②			
相	そう	さう	相	化城	474⑥	単漢名	473⑤			
相	そう	×	相	化城	476①	単漢名	475②			
相	そう	×	相	化城	481②	単漢名	481①			
相	そう	×	相	化城	483⑤	単漢名	484①			
相	そう	×	相	化城	483⑥	単漢名	484③			
相	そう	×	相	化城	484⑤	単漢名	485③			
相	そう	×	相	化城	493④	単漢名	496①			
一相	そう	×	相	化城	515④	単漢名	520④			
相	そう	さう	相	化城	522⑤	単漢名	527⑥			
相	そう	×	相	化城	533①	単漢名	538⑤			
相	そう	さう	相	五百	576⑤	単漢名	581③			
相	そう	×	相	五百	594⑥	単漢名	602③			
相	そう	×	相	法師	645①	単漢名	658②			
相	そう	さう	相	提婆	731①	単漢名	749①			
相	そう	×	相	提婆	731②	単漢名	749②			
相	そう	×	相	五百	581③	単漢名	586④			
相	そう	さう	相	安樂	765①	単漢名	784⑥			
相	そう	さう	相	安樂	767③	単漢名	787③			
相	そう	さう	相	安樂	812①	単漢名	834③			
相	そう	×	相	安樂	814④	単漢名	837①			
相	そう	さう	相	如來	892⑥	単漢名	911⑥			

当該語	読みかな	傍訓	漢字表記	品名	頁数	語の種類	妙一本	和解語文	可読	異同語彙
相	そう	さう	相	如來	892⑥	単漢名	911⑥			
相	そう	×	相	分別	950⑥	単漢名	969⑤			
相	そう	×	相	分別	951③	単漢名	970②		一なり[西右]	
相	そう	さう	相	随喜	984②	単漢名	1002④			
相	そう	さう	相	随喜	987④	単漢名	1005⑥			
相	そう	さう	相	随喜	990⑥	単漢名	1009③			
相	そう	さう	相	法功	1026②	単漢名	1045①			
相	そう	×	相	法功	1045②	単漢名	1064①			
相	そう	×	相	法功	1046②	単漢名	1064⑥			
相	そう	×	相	法功	1047④	単漢名	1066①			
想	そう	おもひ	相	妙音	1172③	単漢名	1188①			さう[妙]
相	そう	×	相	妙音	1178②	単漢名	1193④			さう[妙]
蔵	ぞう	そう	蔵	譬喩	269④	単漢名	240⑤			
蔵	ぞう	ざう	蔵	五百	579⑥	単漢名	584⑥	さう／くら[妙]		
蔵	ぞう	さう	蔵	法師	637⑥	単漢名	650②	さう／くら[妙]		
蔵	ぞう	ざう	蔵	法師	645①	単漢名	658③	さう／くら[妙]		
蔵	ぞう	ざう	蔵	安樂	803②	単漢名	825④	さう／くら[妙]		
蔵	ぞう	×	蔵	神力	1095①	単漢名	1113⑤		一と[西右]	
蔵	ぞう	ざう	蔵	妙莊	1289③	単漢名	1298①			蔵(さう)[妙]
象	ぞう	ざう	象	信解	323④	単漢名	299④			
象	ぞう	ざう	象	信解	354④	単漢名	338①			
象	ぞう	ざう	象	提婆	709②	単漢名	726③			
象	ぞう	ざう	象	安樂	797④	単漢名	819②			
象	ぞう	ざう	象	安樂	806①	単漢名	828②			
象	ぞう	ざう	象	随喜	974②	単漢名	992②			
象	ぞう	ざう	象	随喜	980②	単漢名	998③			
象	ぞう	ざう	象	随喜	992④	単漢名	1011①			
象	ぞう	ざう	象	法功	1002②	単漢名	1020⑤			
象	ぞう	ざう	象	法功	1019②	単漢獣類名	1037⑤		一と[西右]	
像	ぞう	ざう	像	序品	71①	単漢名	62②			
像	ぞう	×	像	方便	168③	単漢名	145①	さう／ほとけのかたち[妙]		
雑	ぞう	ざう／ましはりなくィ	雑	序品	48④	単漢名	41⑥	さう／ましはり[妙]	ましはれる事なかりきィ[西右]	
草庵	そうあん	さうあん／くさのいほり	草庵	信解	363①	漢名	348③	さうあん・し／くさのいほりに[妙]		
増意	ぞうい	ぞう一	増意	序品	52①	漢名	45②			
繪蓋	ぞうがい	そうかい	繪蓋	授記	434②	漢名	425③			
繪蓋	ぞうがい	そうかい	繪蓋	授記	439⑥	漢名	431⑥			
繪蓋	ぞうがい	ぞうがい	繪蓋	法師	623⑤	漢名	634④			
繪蓋	ぞうがい	ぞうかい	繪蓋	法師	625④	漢名	636④	そうかい／てんかい[妙]		
繪蓋	ぞうがい	ぞうかい	繪蓋	法師	629⑥	漢名	641⑤	そうかい／てんかい[妙]		
繪蓋	ぞうがい	ぞうかい	繪蓋	法師	640⑤	漢名	653③			
繪蓋	ぞうがい	ぞうかい	繪蓋	分別	948⑤	漢名	967④			
僧伽波伽地十五	そうかはかち	そうきやはぎやち	僧伽波伽地十五	普賢	1319②	仏梵語名	1325①			そうきやはきやち[妙]
僧伽婆履叉尼十二	そうかはりしゃに	そうぎやはびしやに	僧伽履叉尼十二	普賢	1319④	仏梵語名	1324⑥			そうきやてりしやに[妙]
増劇せ	ぞうぎゃくせ	ぞうぎやく・はなはだしきをまさん／ますますはなたしからん	増劇	譬喩	308①	漢名	280④	ぞうきやく／はなはたしきことをまさん[妙]		
僧伽涅瞿沙祢三十四	そうやねつぐしやねい	そうぎやねつぐしやねい	僧伽涅瞿沙祢三十四	陀羅	1252⑥	仏梵語名	1264⑥			そうきやうねつくしねい[妙]
相詣し	そうけいし	さうけい・あいいたて	相詣	化城	465⑤	漢サ動	462②	さうけい／あいいたり[妙]		
相詣し	そうけいし	さうけい／まうつる心	相詣	化城	473⑤	漢サ動	472②	さうけい／あいまうてゝ[妙]	あいいたて[西右]	
相詣し	そうけいし	さうけい・あいいたて	相詣	化城	482⑤	漢サ動	482⑥	さうけい／あいいたり[妙]		
相詣し	そうけいし	さうけい・あいいたて	相詣	化城	491④	漢サ動	493⑤	さうけい／あいまうてゝ[妙]		
聡恵明達	そうけいみょうたつ	そうゑみやうたつ	聡恵明達	化城	522④	漢四熟名	527⑥	そうゑみやうたつ／さかしくあきらか[妙]		

当該語	読みかな	傍訓	漢字表記	品名	頁数	語の種類	妙一本	和解語文	可読	異同語彙
雑華香	ぞうげこう	さつけー	雑華香	法功	1012①	漢香名名	1030③	さうくゑかう／くさへのはなのかう[妙]	——の—[西右]	
倉庫	そうこ	さうこ／くら	倉庫	信解	323②	漢家屋名	299②			
倉庫	そうこ	さうこ	倉庫	信解	325①	漢家屋名	301②	さうこ／くらに[妙]		
倉庫	そうこ	さうこ	倉庫	信解	341①	漢家屋名	320⑥	さうこ／くら[妙]		
糟糠	そうこう	さうかう	糟糠	方便	141⑤	漢名	123④	さうかう／ぬかすくも[妙]		かすぬか
象香	ぞうこう	ざう—	象香	法功	1010④	漢香名名	1028⑥	さうかう／—のか[妙]		
繒纊	ぞうこう	ぞうくはう／かとり	繒纊	譬喩	287④	漢名	259④	ぞうくわう／かとりわた[妙]		
造作せ	ぞうさせ	さうさく／つくる心也	造作	譬喩	283④	漢サ動	255①	ざうさ・せ／つくれり[妙]		
喪し	そうし	さう／しする心	喪し	如來	907④	漢サ動	926④	さう・し／しに[妙]	ほろひ[西右]	
捴持	そうじ	そうぢ	捴持	分別	946⑥	漢名	965③	そうぢ／ほとけのちゑ[妙]		
増し	ぞうし	そう・まし／ます也	増	化城	459④	漢サ動	455①	そう／まし[妙]		
雑色	ぞうしき	ざつしき	雑色	譬喩	227⑥	漢名	197①	ざうしき／ましわれるいろ[妙]		
走使す	そうしす	そうし	走使	提婆	710③	漢サ動	727④	そうし・す／はしりつかはる[妙]		
憎嫉し	ぞうしつ	ぞうしつ／そねみそねむ心	憎嫉	譬喩	302④	漢サ動	274⑤	ぞうしち・し／にくみそねみ[妙]		
相扠	そうしゃ	さうしや／たかあし	相扠	安樂	763①	漢名	782⑤	しやうしや／たかへし[妙]		
象聲	ぞうしょう	ざうしやう	象聲	法功	999②	漢名	1017⑥	さうしやう／さうのこへ[妙]		
増上慢	ぞうじょうまん	ぞう—まん	増上慢	序品	35⑥	仏名	30⑥	そうしやうまん／えさるをえたりとおもふ[妙]		
増上慢	ぞうじょうまん	ぞう—まん／まんしんをおこす	増上慢	方便	114⑤	仏名	100③	そうしやうまん／えさるをえたりとおもふそう[妙]		
増上慢	ぞうじょうまん	ぞうじやうまん	増上慢	方便	115④	仏名	101①	そうしやうまん／えさるをえたりとおもふ[妙]		
増上慢	ぞうじょうまん	ぞう—まん	増上慢	方便	121①	仏名	106②			
増上慢	ぞうじょうまん	ぞうじやうまん	増上慢	方便	122③	仏名	107②	そうしやうまん／えさるをえたりとおもふ[妙]		
増上慢	ぞうじょうまん	ぞうじやうまん	増上慢	方便	138②	仏名	120④			
増上慢	ぞうじょうまん	ぞう—まん	増上慢	方便	140⑤	仏名	122⑤			
増上慢	ぞうじょうまん	ぞう—まん	増上慢	法師	646①	仏名	659③	そうしやうまん／えさるを[妙]		
増上慢	ぞうじょうまん	ぞうじやうまん	増上慢	勧持	738⑤	仏名	757③	ぞうじやうまん／いまたえさるをえたりとおもふもの[妙]		
増上慢	ぞうじょうまん	ぞう—まん	増上慢	勧持	740⑥	仏名	759⑤	そうしやうまん／えさるをえたりとおもふこと[妙]		
増上慢	ぞうじょうまん	ぞうじやうまん	増上慢	安樂	769④	仏名	789⑤	そうしやうまん／えさるをえたりとおもふ[妙]		
増上慢	ぞうじょうまん	ぞう—まん	増上慢	分別	942①	仏名	960④	そうしやうまん／えさるをえたりとおもふこと[妙]		
増上慢	ぞうじょうまん	ぞう—まん	増上慢	常不	1061⑤	仏名	1080④	そうしやうまん／えさるをえたるとおもふそう[妙]		
増上慢	ぞうじょうまん	×	増上慢	常不	1066⑤	仏名	1085④			そうじやうまん[妙]
増上慢	ぞうじょうまん	×	増上慢	常不	1068④	仏名	1087②			そうじやうまん[妙]

そう 403

当該語	読みかな	傍訓	漢字表記	品名	頁数	語の種類	妙一本	和解語文	可読	異同語彙
増上慢	ぞうじょうまん	ぞうじやうまん	増上慢	普賢	1331③	仏名	1335②			そうしやうまん[妙]
瘡胗	そうしん	さうしん／かさくち	瘡胗	随喜	983③	漢名	1001④		かさあぎくちひぢ[西右]	
捴{説}じ	そうせつじ	そう{せつ}じ	捴説	勧持	742⑤	勧サ動	761④	そうせつ・し／すへてとき[妙]		
瘡癬	そうせん	さうせん／かさはれもの	瘡癬	信解	356⑤	漢病症名	340⑤	さうせん／かさを[妙]		
相續し	そうぞくし	さうそく	相續	方便	176②	漢サ動	151④	さうぞく／あいつき[妙]		
相續し	そうぞくし	さうそく／つくこゝろ	相續	譬喩	281①	漢サ動	252④	さうぞく／あいつきて[妙]		
僧中	そうちゅう	×	僧中	授學	606⑥	漢名	615⑥	そうちう／そのなか[妙]	一の一[西右]	
増長し	ぞうちょうし	そうちやう	増長	化城	497③	漢サ動	499⑥	そうちやう／まさる[妙]	一して[西右]	
増長す	ぞうちょうす	ぞうぢやう	増長	方便	154④	漢サ動	133⑥	そうちやう／まし[妙]		
増長する	ぞうちょうする	そうちやう／ますー	増長	藥草	412②	漢サ動	400②			
増長する	ぞうちょうする	そうちやう	増長	藥草	412④	漢サ動	400④	そうちやう／まさる[妙]		
増長する	ぞうちょうする	そうちやう	増長	藥草	413⑥	漢サ動	401①	そうちやう／まさる[妙]		
僧伽涅伽陀尼十三	そうねかだらに	そうきやねつきやだに	僧伽涅伽陀尼十三	普賢	1319③	仏梵語名	1324⑥	そうきやねつきやたに[妙]		
僧坊	そうぼう	そうばう	僧坊	分別	952①	漢家屋名	970④			
僧坊	そうぼう	×	僧坊	分別	952④	漢家屋名	971③			
僧坊	そうぼう	そうばう	僧坊	分別	954③	漢家屋名	973②			
僧坊	そうぼう	そうばう	僧坊	分別	955③	漢家屋名	974①			
僧坊	そうぼう	×	僧坊	分別	956③	漢家屋名	975①			
僧坊	そうぼう	×	僧坊	分別	958④	漢家屋名	976⑤			
僧坊	そうぼう	×	僧坊	分別	963⑥	漢家屋名	982②			
僧坊	そうぼう	×	僧坊	随喜	971③	漢家屋名	989③			
僧坊	そうぼう	×	僧坊	随喜	979⑤	漢家屋名	997⑥			
僧坊	そうぼう	一ばう	僧坊	随喜	992①	漢家屋名	1010④			
僧坊	そうぼう	そうほう	僧坊	神力	1096③	漢家屋名	1115②			そうばう[妙]
像法	ぞうほう	そうほう	像法	譬喩	226③	漢名	195③		一の[西右]	
像法	ぞうほう	ざうほう	像法	譬喩	229④	漢名	198⑥		一も[西右]	
像法	ぞうほう	さうほう	像法	授記	416⑥	漢名	405②			
像法	ぞうほう	さうほう	像法	授記	421⑥	漢名	411①			
像法	ぞうほう	さうほう	像法	授記	428⑥	漢名	419②			
像法	ぞうほう	そうほう	像法	授記	432④	漢名	423⑤			
像法	ぞうほう	×	像法	授記	436④	漢名	427⑥			
像法	ぞうほう	×	像法	授記	441⑤	漢名	433⑥			
像法	ぞうほう	×	像法	授記	444④	漢名	437②			
像法	ぞうほう	そう一	像法	五百	587②	漢名	593②			
像法	ぞうほう	×	像法	五百	588①	漢名	594③			
像法	ぞうほう	ざう一	像法	授學	606①	漢名	614⑥			
像法	ぞうほう	×	像法	授學	608①	漢名	617②			
像法	ぞうほう	×	像法	授學	614①	漢名	623⑤		一とは[西右]	
像法	ぞうほう	×	像法	授學	619⑤	漢名	629⑥			
像法	ぞうほう	×	像法	授學	618①	漢名	628②		一と[西右]	
像法	ぞうほう	ざうほうの／しやうほうざうほうまつほうまで世に三つのしなあり	像法	常不	1060①	漢名	1078⑥		一の[西右]	さうほう[妙]
像法	ぞうほう	ざう一	像法	常不	1060④	漢名	1079②		一も[西右]	像法(さうほう)[妙]
像法	ぞうほう	×	像法	常不	1061⑤	漢名	1080③			さうほう[妙]
相僕	そうぼく	さうぼく／すまひ	相僕	安樂	763①	漢名	782⑤	さうほく／すまふ[妙]		
相撲	そうぼく	さうほく	相撲	安樂	771⑤	漢名	792②	さうぼく／すまう[妙]	一と[西右]	
相貌	そうみょう	さうめう	相貌	序品	19①	漢名	15⑤	さうめう／かたち[妙]		
草木	そうもく	さうもく／くさときと	草木	方便	164⑥	漢植物名	142④	さうもく／くさき[妙]		

当該語	読みかな	傍訓	漢字表記	品名	頁数	語の種類	妙一本	和解語文	可読	異同語彙
草木	さうもく	さうもく	草木	藥草	390④	漢植物名	375⑥	さうもく／くさき[妙]		
草木	さうもく	×	草木	藥草	402④	漢植物名	389②	さうもく／くさき[妙]		
草木	さうもく	×	草木	藥草	410④	漢植物名	397⑥	さうもく／くさき[妙]		
草木	さうもく	さうもく	草木	法功	1010④	漢植物名	1029①	さうもく／くさき[妙]		
増益し	ぞうやくし	ぞうやく	増益	安樂	780⑤	漢サ動	801④			
増益し	ぞうやくし	ざうやく	増益	常不	1079③	漢サ動	1097⑥	そうやく・し／まして[妙]		
増益せ	ぞうやくせ	そうやく／ます心	増益	譬喩	310④	漢サ動	283④			まさらん[妙]
増益せ	ぞうやくせ	そうやく	増益	化城	481⑤	漢サ動	481⑤	そうやく／まさらん[妙]		
増益せ	ぞうやくせ	×	増益	囑累	1106②	漢サ動	1124⑥	ぞうやく・せ／まさら[妙]		
窓牖	そうゆ	そうゆ／まとと	窓牖	譬喩	276⑤	漢家屋名	247⑤	そうよう／まと[妙]		
窓牖	そうゆ	そうゆ／まど	窓牖	信解	336①	漢家屋名	314④	そうよう／まど[妙]		
澡浴し	さうよくし	さうよく	澡浴	安樂	779③	漢サ動	800②	さうよく・し／あらい[妙]		
桑履　十四	そうり	さうび	桑履　十四	陀羅	1251⑤	仏梵語名	1263⑤			さうひ[妙]
聡利	そうり	そうり／さかしくえん	聡利	法功	1007⑤	漢名	1026③	そうり／さかしき[妙]	さかしくえん	
造立し	ぞうりゅうし	ざうりう	造立	信解	354⑤	漢サ動	337②	さうりう・し／つくり[妙]		
造立し	ぞうりゅうし	×	造立	分別	952④	漢サ動	971③			
叢林	そうりん	そうりん／くさむらはやし	叢林	藥草	388⑤	漢地儀名	374①	そうりん／くさむらはやし[妙]		
叢林	そうりん	そうりん	叢林	藥草	389③	漢地儀名	374⑤	そうりん／くさむらはやし[妙]		
叢林	そうりん	そうりん／くさむらはやし	叢林	藥草	394③	漢地儀名	380④	そうりん／くさむらはやし[妙]		
叢林	そうりん	そうりん	叢林	藥草	397②	漢地儀名	383③	そうりん／くさむらはやし[妙]		
叢林	そうりん	そうりん	叢林	藥草	402④	漢地儀名	389②	そうりん／くさむらはやし[妙]		
叢林	そうりん	そうりん	叢林	法功	1010④	漢地儀名	1029①	そうりん／くさむらはやし[妙]		
叢林藥草	そうりんやくそう	そうりん――	叢林藥草	藥草	411①	漢四熟名	399⑤	そうりんやくさう／くさむらはやしくすりのくさ[妙]		
足	そく	×	足	見寶	692③	単漢身体名	710⑤			
触	そく	そく／ふるゝ	觸	譬喩	260④	単漢名	231⑤	そく／ふるゝ[妙]		
觸	そく	そく／ふるゝ	觸	化城	502⑥	単漢名	506⑤	そく／みにふるゝ[妙]		
觸	そく	×	觸	化城	502⑥	単漢名	506⑥	そく／ふるゝ[妙]		
觸	そく	そく	觸	化城	503⑤	単漢名	507⑤	そくめつ／ふるゝめつ[妙]		觸滅[妙]
觸	そく	×	觸	化城	503⑤	単漢名	507⑤			觸滅[妙]
觸	そく	そく	觸	法師	636④	単漢名	648③			
俗	ぞく	×	俗	法功	1042⑤	単漢名	1060⑤			
そくじ	そくじ	×	即時	觀世	1209④	漢名	1222⑤			すなはちの・とき[妙]
即吃	そくじ	そくじ	即吃	序品	68⑥	漢名	60②	そくし／すなはちのとき[妙]		
即時	そくじ	×	即時	藥王	1127⑤	漢名	1146⑤			すなはちのとき[妙]
族姓	ぞくしやう	そくしやう	族姓	序品	82①	漢名	72①			
息處	そくしょ	そくしょ	息處	化城	548⑤	漢名	554⑥		やすむところィ[西右]	
属せ	ぞくせ	ぞく	属	譬喩	276⑤	漢サ動	248②	ぞく・せ／つけり[妙]		
属せ	ぞくせ	ぞく／つく	属	法師	644⑥	漢サ動	658①	ぞく・せ／つけた[妙]		
觸嬈せ	そくにょう	そくねう／ふれなやまされ	觸嬈	譬喩	303④	漢サ動	275⑤	そくねう・せ／ふれなやまさ[妙]		
息利する	そくりする	そくり／心めくり	息利	信解	354⑤	漢サ動	338②			

当該語	読みかな	傍訓	漢字表記	品名	頁数	語の種類	妙一本	和解語文	可読	異同語彙
属累	ぞくるい	ぞくるい	属累	神力	1094③	漢名	1113①			そくるい[妙]
属累す	ぞくるいす	ぞくるいす	属累	薬王	1131⑥	漢サ動	1150③			ぞくるい・す[妙]
属累す	ぞくるいす	ぞくるいす	属累	薬王	1160②	漢サ動	1177④			ぞくるい・す[妙]
属累せ	ぞくるいせ	ぞくるい	属累	神力	1099⑤	漢サ動	1118④	そくるい／つけん[妙]		
そこばく	そこばく	×	若干	普賢	1326⑥	和副	1331②			そこはく[妙]
咀嚼踐蹋し	そしゃくせんだうごうし	そしやくせんだうし／くらいかみふみふむて	咀嚼踐蹋	譬喩	272③	漢四熟サ動	243①	しよじやくせんたう／くひかみふみふむ[妙]		
そしら	そしら	×	毀	化城	512⑥	和動	517⑥			
そしら	そしら	×	毀	勧持	754②	和動	773⑥			
そゝか	そそが	×	灌	授学	620⑥	和動	631④			
そゝか	そそが	×	澍	觀世	1242①	和動	1254④			そそか[妙]
そゝき	そそぎ	×	灑	信解	327②	和動	303⑤			
そゝき	そそぎ	×	灑	信解	332①	和動	309⑤			
そゝき	そそぎ	×	灑	薬王	1123⑥	和動	1142②		そゝいて[西右]	そそき[妙]
そゝき	そそぎ	×	澍	觀世	1244⑤	和動	1257①			そそき[妙]
そゝく	そそぐ	×	灑	薬草	389②	和動	374④		一ひて[西右]	
そゝく	そそぐ	×	灑	授記	423④	和動	413①			
卒土	そつど	そつど	卒土	薬草	401⑤	漢名	388②			
卒暴	そつぼ	ほ{そ}つぼ／にはかならず	卒暴	安樂	761④	漢名	781④	そつぼ／にわか[妙]		
蘇燈	そとう	そとう	蘇燈	分別	948⑤	漢雑物名	967④	そとう／あふら[妙]		
蘇燈	そとう	そとう	蘇燈	分別	962⑥	漢雑物名	981③	そとう／とほしひ[妙]		
蘇燈	そとう	そとう	蘇燈	薬王	1152③	漢雑物名	1170④			そとう[妙]
蘇燈	そとう	そとう	蘇燈	陀羅	1270③	漢雑物名	1281③			そとう[妙]
楚毒	そどく	そどく	楚毒	譬喩	303⑥	漢名	276①	そどく／おかい[妙]		
楚毒	そどく	そどく	楚毒	法功	1003④	漢名	1022①			
そなへ	そなえ	×	備	授記	423⑥	和動	413④			
その	その	×	園	法功	1013①	和地儀名	1031③			
その	その	×	爾	序品	16②	和連体	13②			
その	その	×	爾	序品	17②	和連体	14①			
その	その	×	爾	序品	19⑥	和連体	16③			
その	その	×	爾	序品	21③	和連体	17⑥			
その	その	×	爾	序品	22①	和連体	18③			
その	その	×	爾	序品	26②	和連体	22③			
その	その	×	爾	序品	41⑤	和連体	35⑥			
その	その	×	爾	序品	45①	和連体	38⑥			
その	その	×	爾	序品	47⑤	和連体	41②			
その	その	×	爾	序品	48③	和連体	41⑤			
その	その	×	爾	序品	48③	和連体	41⑤			
その	その	×	爾	序品	51③	和連体	44④			
その	その	×	爾	序品	55②	和連体	48①			
その	その	×	爾	序品	56②	和連体	48⑥			
その	その	×	爾	序品	56⑥	和連体	49④			
その	その	×	爾	序品	64④	和連体	56③			
その	その	×	爾	序品	65④	和連体	57③			
その	その	×	爾	序品	70③	和連体	61④			
その	その	×	爾	序品	72③	和連体	63④			
その	その	×	爾	序品	73③	和連体	64③			
その	その	×	爾	序品	73④	和連体	64⑤			
その	その	×	爾	序品	73⑥	和連体	64⑥			
その	その	×	爾	序品	78④	和連体	69①			
その	その	×	爾	方便	86②	和連体	76②			
その	その	×	爾	方便	92①	和連体	80⑤			
その	その	×	爾	方便	101⑥	和連体	89③			
その	その	×	爾	方便	104②	和連体	91②			
その	その	×	爾	方便	106②	和連体	93①			
その	その	×	爾	方便	111③	和連体	97④			
その	その	×	爾	方便	113②	和連体	99①			
その	その	×	爾	方便	114⑥	和連体	100④			
その	その	×	爾	方便	115⑥	和連体	101③			
その	その	×	爾	方便	117①	和連体	102⑤			
その	その	×	爾	方便	119④	和連体	104⑥			
その	その	×	爾	方便	121⑤	和連体	106⑥			

当該語	読みかな	傍訓	漢字表記	品名	頁数	語の種類	妙一本	和解語文	可読	異同語彙
その	その	×	爾	方便	140③	和連体	122②			
その	その	×	爾	方便	178③	和連体	153③			
その	その	×	爾	譬喩	204②	和連体	171②			
その	その	×	爾	譬喩	208⑤	和連体	176①			
その	その	×	爾	譬喩	213⑤	和連体	181⑥			
その	その	×	爾	譬喩	218③	和連体	187①			
その	その	×	爾	譬喩	226④	和連体	195④			
その	その	×	爾	譬喩	230④	和連体	199⑤			
その	その	×	爾	譬喩	246②	和連体	216①			
その	その	×	爾	譬喩	285⑤	和連体	257⑤			
その	その	×	爾	信解	317②	和連体	291⑥			
その	その	×	爾	信解	325⑥	和連体	302②			
その	その	×	爾	信解	330③	和連体	307⑥			
その	その	×	爾	信解	333④	和連体	311⑤			
その	その	×	爾	信解	335④	和連体	313⑥			
その	その	×	爾	信解	339⑤	和連体	319②			
その	その	×	爾	信解	340④	和連体	320③			
その	その	×	爾	信解	342①	和連体	322②			
その	その	×	爾	信解	352④	和連体	335④			
その	その	×	爾	信解	356①	和連体	340①			
その	その	×	爾	信解	357①	和連体	341①			
その	その	×	爾	藥草	386②	和連体	371②			
その	その	×	爾	藥草	401③	和連体	387⑥			
その	その	×	爾	授記	415②	和連体	403③			
その	その	×	爾	授記	422②	和連体	411④			
その	その	×	爾	授記	426①	和連体	416②			
その	その	×	爾	授記	429③	和連体	419⑤			
その	その	×	爾	授記	432⑥	和連体	424①			
その	その	×	爾	授記	436④	和連体	428①			
その	その	×	爾	授記	438⑥	和連体	430⑤			
その	その	×	爾	化城	445⑤	和連体	438④			
その	その	×	爾	化城	448⑤	和連体	442③			
その	その	×	爾	化城	452⑤	和連体	447①			
その	その	×	爾	化城	460④	和連体	456①			
その	その	×	爾	化城	464⑤	和連体	461①			
その	その	×	爾	化城	467②	和連体	464①			
その	その	×	爾	化城	471④	和連体	469④			
その	その	×	爾	化城	472⑤	和連体	471②			
その	その	×	爾	化城	475⑤	和連体	474⑤			
その	その	×	爾	化城	478①	和連体	477②			
その	その	×	爾	化城	480②	和連体	479⑥			
その	その	×	爾	化城	481⑥	和連体	481⑥			
その	その	×	爾	化城	484③	和連体	484⑥			
その	その	×	爾	化城	486⑤	和連体	487④			
その	その	×	爾	化城	488⑤	和連体	490①			
その	その	×	爾	化城	490⑤	和連体	492④			
その	その	×	爾	化城	491①	和連体	492⑥			
その	その	×	爾	化城	493②	和連体	495④			
その	その	×	爾	化城	499⑤	和連体	503①			
その	その	×	爾	化城	501④	和連体	505②			
その	その	×	爾	化城	505⑥	和連体	510②			
その	その	×	爾	化城	507⑤	和連体	512②			
その	その	×	爾	化城	508①	和連体	512⑤			
その	その	×	爾	化城	518④	和連体	523④			
その	その	×	爾	化城	525⑥	和連体	531②			
その	その	×	爾	化城	528③	和連体	533⑥			
その	その	×	爾	化城	529⑥	和連体	535③			
その	その	×	爾	化城	539④	和連体	545③			
その	その	×	爾	五百	562②	和連体	565②			
その	その	×	爾	五百	564⑤	和連体	568①			
その	その	×	爾	五百	574③	和連体	578⑤			
その	その	×	爾	五百	582⑤	和連体	587⑤			
その	その	×	爾	五百	585①	和連体	590④			
その	その	×	爾	五百	589①	和連体	595③			
その	その	×	爾	五百	595⑤	和連体	603③			
その	その	×	爾	授學	601②	和連体	609④			
その	その	×	爾	授學	603①	和連体	611⑤			
その	その	×	爾	授學	603⑥	和連体	612④			

当該語	読みかな	傍訓	漢字表記	品名	頁数	語の種類	妙一本	和解語文	可読	異同語彙
その	その	×	爾	授學	606④	和連体	615③			
その	その	×	爾	授學	608④	和連体	617⑤			
その	その	×	爾	授學	609②	和連体	618③			
その	その	×	爾	授學	611⑤	和連体	621②			
その	その	×	爾	授學	612⑥	和連体	622③			
その	その	×	爾	授學	614④	和連体	624②			
その	その	×	爾	授學	616③	和連体	626②			
その	その	×	爾	授學	620③	和連体	630⑤			
その	その	×	爾	法師	621②	和連体	631⑥			
その	その	×	爾	授學	618②	和連体	628③			
その	その	×	爾	法師	630⑥	和連体	642③			
その	その	×	爾	法師	637②	和連体	649④			
その	その	×	爾	法師	649③	和連体	663②			
その	その	×	爾	法師	654④	和連体	668⑥			
その	その	×	爾	見寶	656⑤	和連体	671①			
その	その	×	爾	見寶	658⑥	和連体	673②			
その	その	×	爾	見寶	659⑤	和連体	674②			
その	その	×	爾	見寶	660③	和連体	674⑥			
その	その	×	爾	見寶	661①	和連体	675④			
その	その	×	爾	見寶	661①	和連体	675⑤			
その	その	×	爾	見寶	666⑥	和連体	681⑥			
その	その	×	爾	見寶	668⑤	和連体	684①			
その	その	×	爾	見寶	671④	和連体	687①			
その	その	×	爾	見寶	676④	和連体	692⑤			
その	その	×	爾	見寶	677②	和連体	693④			
その	その	×	爾	見寶	679①	和連体	695⑤			
その	その	×	爾	見寶	681④	和連体	698④			
その	その	×	爾	見寶	682②	和連体	699②			
その	その	×	爾	見寶	683①	和連体	700②			
その	その	×	爾	見寶	685①	和連体	702③			
その	その	×	爾	提婆	711⑥	和連体	729②			
その	その	×	爾	提婆	715①	和連体	732⑥			
その	その	×	爾	提婆	721②	和連体	739③			
その	その	×	爾	提婆	725①	和連体	743②			
その	その	×	爾	提婆	732②	和連体	750③			
その	その	×	爾	提婆	733⑤	和連体	752①			
その	その	×	爾	提婆	735⑥	和連体	754②			
その	その	×	爾	勸持	737⑤	和連体	756③			
その	その	×	爾	勸持	739③	和連体	758②			
その	その	×	爾	勸持	741②	和連体	760①			
その	その	×	爾	勸持	744③	和連体	763②			
その	その	×	爾	勸持	745⑥	和連体	764⑥			
その	その	×	爾	勸持	747③	和連体	766④			
その	その	×	爾	安樂	759③	和連体	779①			
その	その	×	爾	安樂	768④	和連体	788④			
その	その	×	爾	安樂	778⑤	和連体	799④			
その	その	×	爾	安樂	788⑤	和連体	810②			
その	その	×	爾	安樂	801⑤	和連体	823⑤			
その	その	×	爾	安樂	804①	和連体	826②			
その	その	×	爾	從地	817②	和連体	839④			
その	その	×	爾	從地	818③	和連体	840⑤			
その	その	×	爾	從地	826②	和連体	848④			
その	その	×	爾	從地	828④	和連体	850⑤			
その	その	×	爾	從地	829④	和連体	851⑥			
その	その	×	爾	從地	831③	和連体	854①			
その	その	×	爾	從地	832⑤	和連体	855③			
その	その	×	爾	從地	841⑥	和連体	864⑤			
その	その	×	爾	從地	843③	和連体	866②			
その	その	×	爾	從地	844④	和連体	867③			
その	その	×	爾	從地	846①	和連体	868⑤			
その	その	×	爾	從地	848②	和連体	871①			
その	その	×	爾	從地	851③	和連体	874①			
その	その	×	爾	從地	855⑤	和連体	877⑥			
その	その	×	爾	從地	863⑥	和連体	886⑤			
その	その	×	爾	如來	880②	和連体	899②			
その	その	×	爾	如來	882④	和連体	901④			
その	その	×	爾	如來	886⑥	和連体	905⑥			
その	その	×	爾	如來	910②	和連体	929①			

当該語	読みかな	傍訓	漢字表記	品名	頁数	語の種類	妙一本	和解語文	可読	異同語彙
その	その	×	爾	分別	921③	和連体	940③			
その	その	×	爾	分別	929①	和連体	947⑤			
その	その	×	爾	分別	936⑥	和連体	955③			
その	その	×	爾	分別	939③	和連体	957⑥			
その	その	×	爾	分別	961②	和連体	979⑤			
その	その	×	爾	随喜	969②	和連体	987③			
その	その	×	爾	随喜	970④	和連体	988⑤			
その	その	×	爾	随喜	985⑥	和連体	1004②			
その	その	×	爾	法功	993⑥	和連体	1012④			
その	その	×	爾	法功	996①	和連体	1014④			
その	その	×	爾	法功	1001③	和連体	1020①			
その	その	×	爾	法功	1014⑤	和連体	1033②			
その	その	×	爾	法功	1031①	和連体	1049⑤			
その	その	×	爾	法功	1037②	和連体	1056①			
その	その	×	爾	法功	1043⑤	和連体	1062③			
その	その	×	爾	常不	1056②	和連体	1075②			
その	その	×	爾	嘱累	1112①	和連体	1130⑤			
その	その	×	爾	藥王	1114④	和連体	1133①			
その	その	×	爾	藥王	1115⑥	和連体	1134③			
その	その	×	爾	藥王	1119①	和連体	1137③			
その	その	×	爾	藥王	1130③	和連体	1149①			
その	その	×	爾	藥王	1130⑥	和連体	1149③			
その	その	×	爾	藥王	1133④	和連体	1151⑥			そのときそのときに[妙]
その	その	×	爾	藥王	1135①	和連体	1153③			
その	その	×	爾	藥王	1137③	和連体	1155④			
その	その	×	爾	藥王	1139⑤	和連体	1157⑥			
その	その	×	爾	妙音	1165③	和連体	1182①			
その	その	×	爾	妙音	1167②	和連体	1183⑤			
その	その	×	爾	妙音	1170④	和連体	1186③			
その	その	×	爾	妙音	1174①	和連体	1189④			
その	その	×	爾	妙音	1175①	和連体	1190④			
その	その	×	爾	妙音	1177⑥	和連体	1193①			
その	その	×	爾	妙音	1184⑤	和連体	1199③			
その	その	×	爾	妙音	1185⑥	和連体	1200⑤			
その	その	×	爾	妙音	1188②	和連体	1202⑤			
その	その	×	爾	妙音	1197①	和連体	1210⑥			
その	その	×	爾	妙音	1199②	和連体	1213①			
その	その	×	爾	觀世	1208②	和連体	1221⑥			
その	その	×	爾	觀世	1232⑥	和連体	1245④			
その	その	×	爾	觀世	1234⑤	和連体	1247②			
その	その	×	爾	觀世	1246③	和連体	1258④			
その	その	×	爾	陀羅	1247⑥	和連体	1260①			
その	その	×	爾	陀羅	1250③	和連体	1262③			
その	その	×	爾	陀羅	1255①	和連体	1267①			
その	その	×	爾	陀羅	1259⑤	和連体	1271③			
その	その	×	爾	陀羅	1262①	和連体	1273④			
その	その	×	爾	妙莊	1271⑥	和連体	1282⑤			
その	その	×	爾	妙莊	1275②	和連体	1285④			
その	その	×	爾	妙莊	1283⑥	和連体	1293④			
その	その	×	爾	妙莊	1290⑥	和連体	1299⑥			
その	その	×	爾	妙莊	1291②	和連体	1300②			
その	その	×	爾	妙莊	1292②	和連体	1301②			
その	その	×	爾	妙莊	1297①	和連体	1305②			
その	その	×	爾	妙莊	1301①	和連体	1308⑤			
その	その	×	爾	普賢	1306①	和連体	1312⑥			
その	その	×	爾	普賢	1310④	和連体	1316⑥			
その	その	×	爾	普賢	1312⑥	和連体	1318⑥			
その	その	×	爾	普賢	1313⑤	和連体	1319⑤			
その	その	×	爾	普賢	1314④	和連体	1320③			
その	その	×	爾	普賢	1326③	和連体	1330⑤			
その	その	×	其	序品	5②	和連体	4①			
その	その	×	其	序品	8④	和連体	7①			
その	その	×	其	序品	9⑥	和連体	8①			
その	その	×	其	序品	10①	和連体	8①			
その	その	×	其	序品	10③	和連体	8③			
その	その	×	其	序品	10④	和連体	8④			
その	その	×	其	序品	10⑥	和連体	8⑤			

その 409

当該語	読みかな	傍訓	漢字表記	品名	頁数	語の種類	妙一本	和解語文	可読	異同語彙
その	その	×	其	序品	14③	和連体	11④			
その	その	×	其	序品	62⑥	和連体	54⑥			
その	その	×	其	序品	79③	和連体	69⑥			
その	その	×	其	序品	83⑤	和連体	73③			
その	その	×	其	方便	87②	和連体	76④			
その	その	×	其	方便	95⑤	和連体	83⑥			
その	その	×	其	方便	97②	和連体	85③			
その	その	×	其	方便	99①	和連体	86⑥			
その	その	×	其	方便	110⑤	和連体	96⑤			
その	その	×	其	方便	134③	和連体	117③			
その	その	×	其	方便	139②	和連体	121③			
その	その	×	其	方便	141①	和連体	123①			
その	その	×	其	方便	141②	和連体	123①			
その	その	×	其	方便	141③	和連体	123②			
その	その	×	其	方便	145④	和連体	126⑤			
その	その	×	其	方便	149⑥	和連体	130②			
その	その	×	其	方便	158③	和連体	136⑤			
その	その	×	其	方便	170①	和連体	146④			
その	その	×	其	方便	173①	和連体	149①			
その	その	×	其	方便	186④	和連体	160①			
その	その	×	其	方便	192⑥	和連体	165④			
その	その	×	其	譬喩	215④	和連体	183⑥			
その	その	×	其	譬喩	216②	和連体	184④			
その	その	×	其	譬喩	221④	和連体	190③			
その	その	×	其	譬喩	221⑥	和連体	190⑤			
その	その	×	其	譬喩	221⑥	和連体	190⑥			
その	その	×	其	譬喩	222⑤	和連体	191④			
その	その	×	其	譬喩	222⑥	和連体	191⑤			
その	その	×	其	譬喩	224⑤	和連体	193⑤			
その	その	×	其	譬喩	225②	和連体	194①			
その	その	×	其	譬喩	226①	和連体	195①			
その	その	×	其	譬喩	227⑥	和連体	196⑥			
その	その	×	其	譬喩	229②	和連体	198③			
その	その	×	其	譬喩	229⑥	和連体	199①			
その	その	×	其	譬喩	230①	和連体	199②			
その	その	×	其	譬喩	232⑥	和連体	202①			
その	その	×	其	譬喩	235④	和連体	204⑤			
その	その	×	其	譬喩	237②	和連体	206④			
その	その	×	其	譬喩	237③	和連体	206⑤			
その	その	×	其	譬喩	238⑤	和連体	208①			
その	その	×	其	譬喩	239①	和連体	208③			
その	その	×	其	譬喩	239③	和連体	208⑤			
その	その	×	其	譬喩	244①	和連体	213⑤			
その	その	×	其	譬喩	246③	和連体	216②			
その	その	×	其	譬喩	247②	和連体	217①			
その	その	×	其	譬喩	247⑥	和連体	217⑤			
その	その	×	其	譬喩	248①	和連体	217⑥			
その	その	×	其	譬喩	248③	和連体	218②			
その	その	×	其	譬喩	249②	和連体	219①			
その	その	×	其	譬喩	250③	和連体	220③			
その	その	×	其	譬喩	252①	和連体	222①			
その	その	×	其	譬喩	256②	和連体	227②			
その	その	×	其	譬喩	257②	和連体	228③			
その	その	×	其	譬喩	266④	和連体	237⑥			
その	その	×	其	譬喩	270④	和連体	241⑥			
その	その	×	其	譬喩	271④	和連体	242⑤			
その	その	×	其	譬喩	272②	和連体	243④			
その	その	×	其	譬喩	272⑥	和連体	244②			
その	その	×	其	譬喩	274⑥	和連体	246②			
その	その	×	其	譬喩	275①	和連体	246③			
その	その	×	其	譬喩	275③	和連体	246⑤			
その	その	×	其	譬喩	276⑤	和連体	248②			
その	その	×	其	譬喩	×	和連体	248④			
その	その	×	其	譬喩	277⑥	和連体	249④			
その	その	×	其	譬喩	279④	和連体	251①			
その	その	×	其	譬喩	287②	和連体	259①			
その	その	×	其	譬喩	287⑥	和連体	259⑥			
その	その	×	其	譬喩	290③	和連体	262④			

当該語	読みかな	傍訓	漢字表記	品名	頁数	語の種類	妙一本	和解語文	可読	異同語彙
その	その	×	其	譬喩	300⑤	和連体	272⑥			
その	その	×	其	譬喩	302⑤	和連体	275①			
その	その	×	其	譬喩	303③	和連体	275④			
その	その	×	其	譬喩	305④	和連体	277⑥			
その	その	×	其	譬喩	308③	和連体	280⑤			
その	その	×	其	譬喩	309④	和連体	282③			
その	その	×	其	譬喩	311①	和連体	284②			
その	その	×	其	譬喩	315⑥	和連体	290②			
その	その	×	其	信解	322⑥	和連体	298④			
その	その	×	其	信解	323①	和連体	298⑥			
その	その	×	其	信解	323③	和連体	299②			
その	その	×	其	信解	324②	和連体	300②			
その	その	×	其	信解	325④	和連体	301⑤			
その	その	×	其	信解	326②	和連体	302⑤			
その	その	×	其	信解	326⑤	和連体	303②			
その	その	×	其	信解	332④	和連体	310①			
その	その	×	其	信解	333⑤	和連体	311⑤			
その	その	×	其	信解	335④	和連体	314①			
その	その	×	其	信解	335⑤	和連体	314①			
その	その	×	其	信解	337②	和連体	316①			
その	その	×	其	信解	340③	和連体	320②			
その	その	×	其	信解	341②	和連体	321①			
その	その	×	其	信解	342④	和連体	322⑥			
その	その	×	其	信解	343③	和連体	324①			
その	その	×	其	信解	344②	和連体	325①			
その	その	×	其	信解	344⑥	和連体	325⑥			
その	その	×	其	信解	353⑥	和連体	337②			
その	その	×	其	信解	354③	和連体	337⑥			
その	その	×	其	信解	357②	和連体	341②			
その	その	×	其	信解	359①	和連体	343③			
その	その	×	其	信解	361②	和連体	346①			
その	その	×	其	信解	364④	和連体	350②			
その	その	×	其	信解	367⑤	和連体	353⑥			
その	その	×	其	信解	368①	和連体	354②			
その	その	×	其	信解	372①	和連体	358⑥			
その	その	×	其	信解	372⑤	和連体	359⑤			
その	その	×	其	信解	373⑥	和連体	360⑥			
その	その	×	其	信解	374⑤	和連体	361⑥			
その	その	×	其	信解	377④	和連体	365③			
その	その	×	其	藥草	387④	和連体	372⑤			
その	その	×	其	藥草	389③	和連体	374④			
その	その	×	其	藥草	392⑥	和連体	378④			
その	その	×	其	藥草	393③	和連体	379①			
その	その	×	其	藥草	394⑥	和連体	380⑤			
その	その	×	其	藥草	399①	和連体	385③			
その	その	×	其	藥草	402③	和連体	388⑥			
その	その	×	其	藥草	402⑤	和連体	389③			
その	その	×	其	藥草	403②	和連体	389⑥			
その	その	×	其	藥草	405⑤	和連体	392⑥			
その	その	×	其	藥草	411②	和連体	399①			
その	その	×	其	授記	417②	和連体	405⑤			
その	その	×	其	授記	417⑥	和連体	406③			
その	その	×	其	授記	418③	和連体	407①			
その	その	×	其	授記	419⑥	和連体	408⑥			
その	その	×	其	授記	420⑤	和連体	409⑤			
その	その	×	其	授記	420⑥	和連体	410①			
その	その	×	其	授記	421④	和連体	410⑤			
その	その	×	其	授記	422①	和連体	411②			
その	その	×	其	授記	427③	和連体	417⑤			
その	その	×	其	授記	428①	和連体	418③			
その	その	×	其	授記	429①	和連体	419③			
その	その	×	其	授記	430⑤	和連体	421③			
その	その	×	其	授記	431①	和連体	421⑤			
その	その	×	其	授記	431②	和連体	421⑥			
その	その	×	其	授記	432①	和連体	422⑥			
その	その	×	其	授記	432④	和連体	423④			
その	その	×	其	授記	435②	和連体	426④			
その	その	×	其	授記	436②	和連体	427④			

当該語	読みかな	傍訓	漢字表記	品名	頁数	語の種類	妙一本	和解語文	可読	異同語彙
その	その	×	其	授記	437⑤	和連体	429③			
その	その	×	其	授記	438③	和連体	430①			
その	その	×	其	授記	438⑤	和連体	430④			
その	その	×	其	授記	440⑥	和連体	433①			
その	その	×	其	授記	441③	和連体	433④			
その	その	×	其	授記	441⑥	和連体	434①			
その	その	×	其	授記	443⑤	和連体	436①			
その	その	×	其	授記	444⑤	和連体	437③			
その	その	×	其	化城	446②	和連体	439①			
その	その	×	其	化城	447⑤	和連体	441①			
その	その	×	其	化城	450④	和連体	444③			
その	その	×	其	化城	451⑥	和連体	446②			
その	その	×	其	化城	454④	和連体	449②			
その	その	×	其	化城	455②	和連体	450①			
その	その	×	其	化城	455④	和連体	450③			
その	その	×	其	化城	456③	和連体	451③			
その	その	×	其	化城	458④	和連体	453⑥			
その	その	×	其	化城	463④	和連体	459④			
その	その	×	其	化城	463⑥	和連体	460①			
その	その	×	其	化城	464②	和連体	460④			
その	その	×	其	化城	468⑤	和連体	465⑤			
その	その	×	其	化城	468⑥	和連体	466①			
その	その	×	其	化城	509③	和連体	514③			
その	その	×	其	化城	512③	和連体	517③			
その	その	×	其	化城	514⑥	和連体	519⑥			
その	その	×	其	化城	521④	和連体	526⑤			
その	その	×	其	化城	531⑤	和連体	537③			
その	その	×	其	化城	535⑥	和連体	541⑤			
その	その	×	其	化城	536①	和連体	541⑥			
その	その	×	其	化城	539⑤	和連体	545④		一れィ[西右]	
その	その	×	其	化城	×	和連体	546⑥		おもふにその みち[西右]	
その	その	×	其	五百	565③	和連体	568⑥			
その	その	×	其	五百	566①	和連体	569④			
その	その	×	其	五百	567③	和連体	571①			
その	その	×	其	五百	570⑤	和連体	574⑤			
その	その	×	其	五百	571③	和連体	575②			
その	その	×	其	五百	572③	和連体	576④			
その	その	×	其	五百	573①	和連体	577②			
その	その	×	其	五百	573③	和連体	577⑤			
その	その	×	其	五百	573⑥	和連体	578②			
その	その	×	其	五百	574②	和連体	578⑤			
その	その	×	其	五百	579⑥	和連体	585①			
その	その	×	其	五百	580①	和連体	585②			
その	その	×	其	五百	580④	和連体	585⑤			
その	その	×	其	五百	580⑤	和連体	585⑥			
その	その	×	其	五百	581①	和連体	586③			
その	その	×	其	五百	584②	和連体	589⑤			
その	その	×	其	五百	586③	和連体	591⑥			
其	その	×	其	五百	587⑤	和連体	593⑥			
その	その	×	其	五百	590⑤	和連体	597④			
その	その	×	其	五百	590⑥	和連体	597⑤			
その	その	×	其	五百	597①	和連体	605①			
その	その	×	其	五百	598⑤	和連体	607①			
その	その	×	其	授學	605②	和連体	614①			
その	その	×	其	授學	605③	和連体	614②			
その	その	×	其	授學	606③	和連体	615③			
その	その	×	其	授學	607②	和連体	616②			
その	その	×	其	授學	607④	和連体	616④			
その	その	×	其	授學	610⑤	和連体	620①			
その	その	×	其	授學	619①	和連体	629②			
その	その	×	其	授學	615④	和連体	625②			
その	その	×	其	授學	616④	和連体	626③			
その	その	×	其	法師	628③	和連体	639⑤			
その	その	×	其	法師	628⑥	和連体	640①			
その	その	×	其	法師	629④	和連体	640⑤			
その	その	×	其	法師	635③	和連体	647③			
その	その	×	其	法師	636①	和連体	648②			

当該語	読みかな	傍訓	漢字表記	品名	頁数	語の種類	妙一本	和解語文	可読	異同語彙
その	その	×	其	法師	637④	和連体	649⑥			
その	その	×	其	法師	639⑤	和連体	652②			
その	その	×	其	法師	643④	和連体	656④			
その	その	×	其	法師	648①	和連体	661⑥			
その	その	×	其	法師	648⑤	和連体	662③			
その	その	×	其	見寶	657④	和連体	671⑥			
その	その	×	其	見寶	657⑤	和連体	672①			
その	その	×	其	見寶	661⑥	和連体	676④			
その	その	×	其	見寶	662④	和連体	677②			
その	その	×	其	見寶	663③	和連体	678②			
その	その	×	其	見寶	663⑥	和連体	678④			
その	その	×	其	見寶	667⑤	和連体	682⑤			
その	その	×	其	見寶	670①	和連体	685③			
その	その	×	其	見寶	670②	和連体	685④			
その	その	×	其	見寶	674②	和連体	689⑥			
その	その	×	其	見寶	674③	和連体	690①			
その	その	×	其	見寶	676③	和連体	692③			
その	その	×	其	見寶	676④	和連体	692⑤			
その	その	×	其	見寶	677③	和連体	693⑤			
その	その	×	其	見寶	681①	和連体	698①			
その	その	×	其	見寶	682⑥	和連体	699⑥			
その	その	×	其	見寶	682⑥	和連体	700①			
その	その	×	其	見寶	687⑥	和連体	705④			
その	その	×	其	見寶	688①	和連体	705⑤			
その	その	×	其	見寶	695⑥	和連体	714④			
その	その	×	其	見寶	697①	和連体	716①			
その	その	×	其	見寶	699②	和連体	718②			
その	その	×	其	提婆	708②	和連体	725②			
その	その	×	其	提婆	722⑥	和連体	741①			
その	その	×	其	提婆	723①	和連体	741②			
その	その	×	其	提婆	725①	和連体	743②			
その	その	×	其	勧持	746②	和連体	765①			
その	その	×	其	勧持	750①	和連体	769②			
その	その	×	其	勧持	755⑤	和連体	775③			
その	その	×	其	勧持	757⑥	和連体	777④			
その	その	×	其	安樂	766⑥	和連体	786⑥			
その	その	×	其	安樂	774③	和連体	794⑥			
その	その	×	其	安樂	776①	和連体	796⑤			
その	その	×	其	安樂	777④	和連体	798③			
その	その	×	其	安樂	777⑤	和連体	798⑤			
その	その	×	其	安樂	778②	和連体	799①			
その	その	×	其	安樂	781⑤	和連体	802④			
その	その	×	其	安樂	783②	和連体	804②			
その	その	×	其	安樂	783③	和連体	804④			
その	その	×	其	安樂	784③	和連体	805④			
その	その	×	其	安樂	785①	和連体	806②			それ[妙]
その	その	×	其	安樂	792⑤	和連体	814②			
その	その	×	其	安樂	796④	和連体	818①			
その	その	×	其	安樂	799①	和連体	820⑤			
その	その	×	其	安樂	799③	和連体	821②			
その	その	×	其	安樂	799⑥	和連体	821⑤			
その	その	×	其	安樂	803⑤	和連体	825⑤			
その	その	×	其	安樂	805⑤	和連体	827⑥			
その	その	×	其	安樂	808②	和連体	830③			
その	その	×	其	安樂	811⑥	和連体	834②			
その	その	×	其	從地	820①	和連体	842③			
その	その	×	其	從地	827②	和連体	849④			
その	その	×	其	從地	835③	和連体	858②			
その	その	×	其	從地	835⑥	和連体	858⑤			
その	その	×	其	從地	836⑥	和連体	859⑤			
その	その	×	其	從地	837④	和連体	860③			
その	その	×	其	從地	838②	和連体	860⑥			
その	その	×	其	從地	840②	和連体	863①			
その	その	×	其	從地	840⑥	和連体	863⑤			
その	その	×	其	從地	842③	和連体	865③			
その	その	×	其	從地	842⑥	和連体	865⑤			
その	その	×	其	從地	849③	和連体	872②			
その	その	×	其	從地	853⑤	和連体	876③			

その 413

当該語	読みかな	傍訓	漢字表記	品名	頁数	語の種類	妙一本	和解語文	可読	異同語彙
その	その	×	其	從地	858①	和連体	880⑥			
その	その	×	其	從地	859②	和連体	882①			
その	その	×	其	從地	864⑤	和連体	887④			
その	その	×	其	從地	868①	和連体	890⑥			
その	その	×	其	如來	885③	和連体	904②			
その	その	×	其	如來	886②	和連体	905②			
その	その	×	其	如來	889②	和連体	908③			
その	その	×	其	如來	899⑤	和連体	918⑥			
その	その	×	其	如來	900③	和連体	919③			
その	その	×	其	如來	900⑥	和連体	919⑥			
その	その	×	其	如來	902⑥	和連体	921⑥			
その	その	×	其	如來	903③	和連体	922③			
その	その	×	其	如來	903⑥	和連体	922⑤			
その	その	×	其	如來	908③	和連体	927②			
その	その	×	其	如來	914④	和連体	933③			
その	その	×	其	分別	935①	和連体	953⑤			
その	その	×	其	分別	938⑤	和連体	957①			
その	その	×	其	分別	941⑥	和連体	960②			
その	その	×	其	分別	944④	和連体	963①			
その	その	×	其	分別	945①	和連体	963③			
その	その	×	其	分別	947④	和連体	966②			
その	その	×	其	分別	949⑥	和連体	968⑤			
その	その	×	其	分別	950③	和連体	969②			
その	その	×	其	分別	950④	和連体	969②			
その	その	×	其	分別	954⑥	和連体	973④			
その	その	×	其	分別	955②	和連体	973⑥			
その	その	×	其	分別	955③	和連体	974①			
その	その	×	其	分別	956⑥	和連体	975④			
その	その	×	其	分別	965④	和連体	983⑥			
その	その	×	其	分別	967①	和連体	985③			
その	その	×	其	分別	967⑤	和連体	986①			
その	その	×	其	分別	968④	和連体	986⑥			
その	その	×	其	随喜	971④	和連体	989⑤			
その	その	×	其	随喜	972④	和連体	990④			
その	その	×	其	随喜	973④	和連体	991⑤			
その	その	×	其	随喜	978③	和連体	996④			
その	その	×	其	随喜	979②	和連体	997④			
その	その	×	其	随喜	981⑥	和連体	999⑥			
その	その	×	其	随喜	989③	和連体	1007④			
その	その	×	其	随喜	991⑥	和連体	1010③			
その	その	×	其	随喜	992②	和連体	1010⑥			
その	その	×	其	随喜	993②	和連体	1011⑥			
その	その	×	其	随喜	993③	和連体	1012①			
その	その	×	其	法功	995⑤	和連体	1014③			
その	その	×	其	法功	996④	和連体	1015②			
その	その	×	其	法功	996⑥	和連体	1015④			
その	その	×	其	法功	997⑤	和連体	1016③			
その	その	×	其	法功	999①	和連体	1017⑥			
その	その	×	其	法功	1003②	和連体	1021⑥			
その	その	×	其	法功	1004⑤	和連体	1023②			
その	その	×	其	法功	1004⑥	和連体	1023③			
その	その	×	其	法功	1006③	和連体	1024⑥			
その	その	×	其	法功	1007⑤	和連体	1026①			
その	その	×	其	法功	1007⑥	和連体	1026②			
その	その	×	其	法功	1014②	和連体	1032④			
その	その	×	其	法功	1016⑥	和連体	1035⑤			
その	その	×	其	法功	1017⑤	和連体	1036③			
その	その	×	其	法功	1018④	和連体	1037②			
その	その	×	其	法功	1018⑤	和連体	1037③			
その	その	×	其	法功	1019③	和連体	1038①			
その	その	×	其	法功	1019⑤	和連体	1038③			
その	その	×	其	法功	1020⑥	和連体	1039⑤			
その	その	×	其	法功	1027②	和連体	1045⑥			
その	その	×	其	法功	1027⑥	和連体	1046④			
その	その	×	其	法功	1029⑤	和連体	1048③			
その	その	×	其	法功	1030①	和連体	1048⑤			
その	その	×	其	法功	1030⑤	和連体	1049②			
その	その	×	其	法功	1031⑤	和連体	1050③			

当該語	読みかな	傍訓	漢字表記	品名	頁数	語の種類	妙一本	和解語文	可読	異同語彙
その	その	×	其	法功	1034②	和連体	1053①			
その	その	×	其	法功	1034③	和連体	1053②			
その	その	×	其	法功	1035④	和連体	1054③			
その	その	×	其	法功	1036③	和連体	1055②			
その	その	×	其	法功	1037①	和連体	1055⑥			
その	その	×	其	法功	1037⑤	和連体	1056①			
その	その	×	其	法功	1041⑥	和連体	1060④			
その	その	×	其	法功	1043①	和連体	1061⑤			
その	その	×	其	常不	1057①	和連体	1076①			
その	その	×	其	常不	1058②	和連体	1077①			
その	その	×	其	常不	1060②	和連体	1079①			
その	その	×	其	常不	1061⑥	和連体	1080④			
その	その	×	其	常不	1068⑥	和連体	1087④			
その	その	×	其	常不	1069①	和連体	1087⑤			
その	その	×	其	常不	1069⑥	和連体	1088④			
その	その	×	其	常不	1072④	和連体	1091①			
その	その	×	其	常不	1075①	和連体	1093④			
その	その	×	其	常不	1076⑤	和連体	1095④			
その	その	×	其	常不	1078②	和連体	1096⑤			
その	その	×	其	常不	1079①	和連体	1097④			
その	その	×	其	神力	1083⑤	和連体	1102②			
その	その	×	其	神力	1085②	和連体	1103⑤			
その	その	×	其	神力	1088②	和連体	1106④			
その	その	×	其	神力	1093⑤	和連体	1112②			
その	その	×	其	神力	1096①	和連体	1114⑥			
その	その	×	其	神力	1097⑤	和連体	1116③		一をもてし[西右]	
その	その	×	其	嘱累	1104⑥	和連体	1123⑤			
その	その	×	其	嘱累	1109①	和連体	1127④			
その	その	×	其	嘱累	1110②	和連体	1128⑥			
その	その	×	其	藥王	1116⑤	和連体	1135①			
その	その	×	其	藥王	1118②	和連体	1136④			
その	その	×	其	藥王	1118④	和連体	1136⑥			
その	その	×	其	藥王	1124②	和連体	1142④			
その	その	×	其	藥王	1126②	和連体	1144④			
その	その	×	其	藥王	1126④	和連体	1144⑥			
その	その	×	其	藥王	1127②	和連体	1145④			
その	その	×	其	藥王	1137④	和連体	1155⑤			
その	その	×	其	藥王	1140④	和連体	1158⑥			
その	その	×	其	藥王	1142⑤	和連体	1160⑤			
その	その	×	其	藥王	1144①	和連体	1162①			
その	その	×	其	藥王	1145④	和連体	1163⑤			
その	その	×	其	藥王	1149③	和連体	1167④			
その	その	×	其	藥王	1152①	和連体	1170②			
その	その	×	其	藥王	1158③	和連体	1176①			
その	その	×	其	藥王	1160⑤	和連体	1178①			
その	その	×	其	藥王	1162②	和連体	1179③			
その	その	×	其	妙音	1166②	和連体	1182⑤			
その	その	×	其	妙音	1167③	和連体	1183④			
その	その	×	其	妙音	1169③	和連体	1185③			
その	その	×	其	妙音	1171③	和連体	1187②			
その	その	×	其	妙音	1172③	和連体	1188②			
その	その	×	其	妙音	1173⑥	和連体	1189④			
その	その	×	其	妙音	1174⑥	和連体	1190③			
その	その	×	其	妙音	1178②	和連体	1193④			
その	その	×	其	妙音	1179⑥	和連体	1195①			
その	その	×	其	妙音	1189④	和連体	1204①			
その	その	×	其	妙音	1196⑥	和連体	1210⑥			
その	その	×	其	妙音	1198①	和連体	1211⑥			
その	その	×	其	觀世	1209④	和連体	1222⑤			
その	その	×	其	觀世	1210④	和連体	1223⑤			
その	その	×	其	觀世	1211②	和連体	1224③			
その	その	×	其	觀世	1211③	和連体	1224④			
その	その	×	其	觀世	1212⑥	和連体	1226①		それ[西右]	その[妙]
その	その	×	其	觀世	1213⑤	和連体	1227①			
その	その	×	其	觀世	1214④	和連体	1227⑥			
その	その	×	其	觀世	1215⑥	和連体	1229②			
その	その	×	其	觀世	1222②	和連体	1235④			

当該語	読みかな	傍訓	漢字表記	品名	頁数	語の種類	妙一本	和解語文	可読	異同語彙
その	その	×	其	觀世	1234①	和連体	1246④			
その	その	×	其	陀羅	1249④	和連体	1261④			
その	その	×	其	陀羅	1256①	和連体	1267⑥			
その	その	×	其	陀羅	1263②	和連体	1274④			
その	その	×	其	陀羅	1263⑤	和連体	1275②			
その	その	×	其	妙荘	1273①	和連体	1283⑤			
その	その	×	其	妙荘	1275②	和連体	1286①			
その	その	×	其	妙荘	1278⑤	和連体	1288⑤			
その	その	×	其	妙荘	1280④	和連体	1290③			
その	その	×	其	妙荘	1282⑥	和連体	1292④			
その	その	×	其	妙荘	1284①	和連体	1293④			
その	その	×	其	妙荘	1289①	和連体	1298③			
その	その	×	其	妙荘	1289④	和連体	1298⑤			
その	その	×	其	妙荘	1290②	和連体	1299②			
その	その	×	其	妙荘	1291②	和連体	1300②			
その	その	×	其	妙荘	1292①	和連体	1300⑥			
その	その	×	其	妙荘	1294①	和連体	1302⑤			
その	その	×	其	妙荘	1294②	和連体	1302⑥			
その	その	×	其	妙荘	1294③	和連体	1303①			
その	その	×	其	妙荘	1297⑤	和連体	1305⑤			
その	その	×	其	妙荘	1300③	和連体	1307⑥			
その	その	×	其	妙荘	1303③	和連体	×			
その	その	×	其	妙荘	1304①	和連体	1311①			
その	その	×	其	普賢	1311②	和連体	1317④			
その	その	×	其	普賢	1311④	和連体	1317⑤			
その	その	×	其	普賢	1313②	和連体	1319①			
その	その	×	其	普賢	1313⑤	和連体	1319①			
その	その	×	其	普賢	1313⑥	和連体	1319⑥			
その	その	×	其	普賢	1314①	和連体	1319①			
その	その	×	其	普賢	1317②	和連体	1322⑤			
その	その	×	其	普賢	1321⑤	和連体	1326④			
その	その	×	其	普賢	1322④	和連体	1327②			
その	その	×	其	普賢	1323②	和連体	1327⑥			
その	その	×	其	普賢	1323⑤	和連体	1328③			
その	その	×	其	普賢	1323⑥	和連体	1328④			
その	その	×	其	普賢	1329④	和連体	1333④			
その	その	×	其	普賢	1330②	和連体	1334⑤			
その	その	×	其	普賢	1333②	和連体	1337②			
その	その	×	其	普賢	1335①	和連体	1338②			
その	その	×	某	五百	592②	和連体	599②			
麁弊	そへい	そへい／あらくけかれたり	麁弊	譬喩	260②	漢名	231⑤	そへい／あらくつかれたる[妙]		
麁弊	そへい	そへい／あらくやつれ	麁弊	信解	336④	漢名	315①	そへい／あらくやつれ[妙]		
蘇摩那華油燈	そまなげゆとう	そまなけ――	蘇摩那華油燈	陀羅	1270③	漢雑物名	1281③			そまなくゑゆとう[妙]
蘇油	そゆ	そゆ	蘇油	法功	1017④	漢雑物名	1036②	そゆ／あふら[妙]		
そら	そら	×	空	分別	934②	和天象名	952⑤			
それ	それ	×	爾	從地	864③	和指代名	887②		しかし[西右]	
それ	それ	×	爾	如來	911①	和指代名	930①			
それ	それ	×	其	序品	60⑤	和指代名	52⑥			
それ	それ	×	其	序品	62③	和指代名	54③			
それ	それ	×	其	序品	83②	和指代名	73①			
それ	それ	×	其	方便	108④	和指代名	95①			
それ	それ	×	其	方便	171⑥	和指代名	148①			
それ	それ	×	其	方便	173⑥	和指代名	149⑤			
それ	それ	×	其	譬喩	257③	和指代名	228④			
それ	それ	×	其	譬喩	297③	和指代名	269⑤			
それ	それ	×	其	譬喩	302②	和指代名	274⑤			
それ	それ	×	其	信解	362⑤	和指代名	348①		その[西右]	
それ	それ	×	其	信解	367③	和指代名	353③			
其	それ	×	其	藥草	390①	和指代名	375③			
それ	それ	×	其	藥草	395③	和指代名	381③			
それ	それ	×	其	化城	513⑥	和指代名	518⑥			
それ	それ	×	其	五百	565②	和指代名	568④			
其	それ	×	其	五百	587③	和指代名	593③			
それ	それ	×	其	五百	588④	和指代名	595①			
それ	それ	×	其	法師	628⑥	和指代名	640②			

当該語	読みかな	傍訓	漢字表記	品名	頁数	語の種類	妙一本	和解語文	可読	異同語彙
それ	それ	×	其	法師	631⑤	和指代名	643②			
それ	それ	×	其	法師	635①	和指代名	647①			
それ	それ	×	其	法師	638⑤	和指代名	651①			
それ	それ	×	其	法師	642⑤	和指代名	655①			
それ	それ	×	其	法師	647⑥	和指代名	661④		一をして法をきく衆をあつめむる事なさしめん[西右]	
それ	それ	×	其	見寶	665④	和指代名	680③			
それ	それ	×	其	見寶	689④	和指代名	707③			
それ	それ	×	其	見寶	690③	和指代名	708②			
それ	それ	×	其	勸持	757⑤	和指代名	777③			
それ	それ	×	其	安樂	784⑥	和指代名	806②			
それ	それ	×	其	從地	838⑥	和指代名	861⑤			
それ	それ	×	其	從地	859⑥	和指代名	882⑤			
それ	それ	×	其	如來	888⑤	和指代名	907⑥			
それ	それ	×	其	如來	914③	和指代名	933②			
それ	それ	×	其	分別	937③	和指代名	955②			
それ	それ	×	其	分別	945①	和指代名	963④			
それ	それ	×	其	隨喜	970①	和指代名	988②			
それ	それ	×	其	隨喜	987⑤	和指代名	1006①			
それ	それ	×	其	法功	1045①	和指代名	1063④			
それ	それ	×	其	常不	1066④	和指代名	1085③			
それ	それ	×	其	普賢	1311①	和指代名	1317②			
それ	それ	×	其	普賢	1317⑦	和指代名	1322⑥			
それ	それ	×	某	信解	344③	和人称代名	325②		一がしといひき[西右]	
それ	それ	×	某	信解	364②	和人称代名	349⑤		一がし[西右]	
それがし	それがし	×	某	信解	344①	和人称代名	324⑤			それ[妙]
尊	そん	×	尊	序品	74②	単漢名	65②			
尊	そん	そん	尊	譬喩	289①	単漢名	261②	そん／ほとけ[妙]		
尊	そん	そん	尊	藥草	404③	単漢名	391②			
尊	そん	×	尊	授記	419②	単漢名	408④	そん／ほとけ[妙]		
一尊	そん	そん	尊	化城	489⑥	単漢名	491④			
一尊	そん	×	尊	化城	496②	単漢名	499①			
尊	そん	そん	尊	勸持	741⑤	単漢名	760④	そんげん／ほとけのみかを[妙]		
尊	そん	×	尊	安樂	808⑤	単漢名	830②			
尊	そん	×	尊	藥王	1145④	単漢名	1163⑤			そん[妙]
尊	そん	そん	尊	觀世	1235③	単漢名	1247⑥	そん／ほとけ[妙]		
尊記	そんき	そんき	尊記	譬喩	234③	漢名	203④	そんのき／ほとけのくらひ[妙]	一の一[西右]	【尊の記】[妙]
尊敬せ	そんぎょうせ	そんきやう	尊敬	分別	946③	漢サ動	964②	そんきやう・せ／たとひうやまひ[妙]		
尊顔	そんげん	そんかん／ほとけのみかん	尊顔	譬喩	204③	漢名	171③	そんげん／ほとけのみかを[妙]	そんげん	そんげん[妙]
尊顔	そんげん	そんがん／ほとけのみかほ	尊顔	信解	318③	漢名	293②	そんげん／たうときみかを[妙]		
尊顔	そんげん	そんけん／ほとけのみかほ	尊顔	五百	563④	漢名	566②	そんけん／たうときみかほ[妙]		
尊顔	そんげん	そんげん	尊顔	神力	1084①	漢名	1102⑤			そんげん[妙]
損減する	そんげんする	そんけん	損減	妙音	1194②	漢サ動	1207⑥			そんけん・する[妙]
蹲踞せ	そんこせ	そんこ／うつくまりいる・うつくはりしりうたけ	蹲踞	譬喩	274②	漢サ動	245④	そんこ・そんこ／しりうちかけ[妙]		
尊者	そんじゃ	そんじゃ	尊者	提婆	734③	漢人倫名	752④			
尊重	そんじゅう	そんぢう／たとくおもく	尊重	藥草	399④	漢名	385⑥	そんちう／たうとくをもく[妙]		
尊重	そんじゅう	そんぢう	尊重	化城	456⑥	漢名	452①	そんちう／たうとみ[妙]	一し[西右]	
尊重	そんじゅう	そんぢう	尊重	安樂	788⑤	漢名	810②	そんちう／たうとみをもくし[妙]	一し[西右]	
尊重	そんじゅう	そんぢう	尊重	安樂	794②	漢名	815⑤	そんちう／たうとみをもくし[妙]		

当該語	読みかな	傍訓	漢字表記	品名	頁数	語の種類	妙一本	和解語文	可読	異同語彙
尊重讃歎せ	そんじゅうさんだん	そんぢうさんだん	尊重讃歎	序品	64③	漢四熟サ動	56②	そんちうさんたん・せ／たうとみおもくしほむる[妙]	――し――[西右]	
尊重讃歎せ	そんじゅうさんだん	そんぢうさんだん	尊重讃歎	序品	14④	漢四熟サ動	11⑤	そんちうさんたん・せ／たうとみをもくしほめ[妙]	――し――[西右]	
尊重讃歎し	そんじゅうさんだん	そんちうさんたん	尊重讃歎	授記	415⑥	漢四熟サ動	404②	そんちうさんたん・し／たうとみほめ[妙]		
尊重讃歎し	そんじゅうさんだんし	そんちうさんたん	尊重讃歎	授記	426④	漢四熟サ動	416⑥	そんちうさんたん／たとみほめ[妙]		
尊重讃歎し	そんじゅうさんだんし	――さんだん	尊重讃歎	法師	629⑤	漢四熟サ動	641②	そんちう／たとみ[妙]		
尊重し	そんじゅうし	×	尊重	授學	617②	漢サ動	627①	そんちう・し／おもくし[妙]		
尊重し	そんじゅうし	そんちう	尊重	從地	830④	漢サ動	853①	そんちう・し／たうとみをもく[妙]		
尊重し	そんじゅうし	そんぢう	尊重	法師	640⑥	漢サ動	653③	そんちう／たうとひおもくし[妙]	―し[西右]	
尊重し	そんじゅうし	×	尊重	見寶	658⑤	漢サ動	673②	そんちう／たうとひ[妙]	―し[西右]	
尊重す	そんじゅうす	そんちう	尊重	授記	439②	漢サ動	431⑤	そんちう／たとくをもく[妙]	―せんィ[西右]	
尊重せ	そんじゅうせ	そんぢう	尊重	授記	433④	漢サ動	424⑤	そんちう／たとくをもく[妙]		
損する	そんする	そん	損	觀世	1238③	漢サ動	1250⑥			そん・する[妙]
存ぜ	ぞんぜ	×	存	提婆	714①	漢サ動	731⑤			
孫陀羅難陀	そんだらなんだ	そんだらなんだ	孫陀羅難陀	序品	5⑥	仏人名名	4⑤			
他	た	た	他	譬喩	307④	単漢名	280①			
他	た	た	他	譬喩	308①	単漢名	280④			
他	た	×	他	信解	335⑥	単漢名	314④			
他	た	た	他	勸持	740④	単漢名	759①			
他	た	×	他	安樂	765②	単漢名	785①			
他	た	×	他	安樂	765④	単漢名	785④		―の[西右]	
他	た	×	他	安樂	789⑤	単漢名	811②			
他	た	×	他	如來	900②	単漢名	919②			
他	た	×	他	隨喜	986④	単漢名	1004⑥			
他	た	×	他	藥王	1115④	単漢名	1134①			た[妙]
駝	だ	だ／うさきむま	駝	譬喩	309④	単漢畜類名	282③	た／うさきうま[妙]		
諦	たい	たい	諦	譬喩	296⑤	単漢名	269①			
退	たい	たい／しりそく心	退	如來	893①	単漢名	912①			
躰	たい	たい	躰	信解	356⑤	単漢名	340⑤	たい／み[妙]		
躰	たい	たい	躰	法功	1040③	単漢名	1059①	たい／み[妙]		
躰	たい	たひ	躰	觀世	1244③	単漢名	1256④	たい／すかたの[妙]	すかた[西右]	
躰	たい	たひ	躰	藥草	403②	単漢名	389⑥			
大	だい	×	大	信解	351①	単漢名	333④			
大	だい	×	大	妙莊	1279⑥	単漢名	1289⑥			たい[妙]
臺	だい	たい・うてな	臺	藥王	1118①	単漢家屋名	1136③			だい[妙]
臺	だい	×	臺	藥王	1118②	単漢家屋名	1136④			たい[妙]
臺	だい	×	臺	藥王	1118③	単漢家屋名	1136⑤	たい／うてな[妙]		
臺	だい	うてな	臺	藥王	1129③	単漢家屋名	1147⑥	たい／うてな[妙]		
臺	だい	うてな	臺	妙音	1174⑥	単漢家屋名	1190③			たい[妙]
臺	だい	×	臺	妙音	1180⑤	単漢家屋名	1195⑤	たい／なゝつのたからのうてな[妙]		
臺	だい	うてな	臺	妙音	1181②	単漢家屋名	1196②	たい／なゝつのたからのうてな[妙]		
臺	だい	たい	臺	妙莊	1291⑤	単漢家屋名	1300⑤	だい／うてな[妙]		
大悪	たいあく	―あしき	大悪	譬喩	278④	漢名	250②		―なる[西右]	
大阿羅漢	だいあらかん	だいあらかん	大阿羅漢	序品	6③	漢四熟名	5①	たいあらかん／ほんなうをはなれたるそう[妙]		
大威神力	だいいしんりき	―ゐ――	大威神	觀世	1217⑥	漢四熟名	1231②	たいゐしんりき／おほきなる[妙]		
第一	だいいち	だい―	第一	序品	26②	漢数名	22②			
第一	だいいち	×	第一	序品	30①	漢数名	25⑤			

当該語	読みかな	傍訓	漢字表記	品名	頁数	語の種類	妙一本	和解語文	可読	異同語彙
第一	だいいち	たい―	第一	方便	91②	漢数名	80①			
第一	だいいち	×	第一	方便	104⑥	漢数名	91⑥			
第一	だいいち	×	第一	方便	109④	漢数名	95⑥			
第一	だいいち	×	第一	方便	117④	漢数名	103①			
第一	だいいち	×	第一	方便	173④	漢数名	149③			
第一	だいいち	×	第一	方便	178①	漢数名	153①			
第一	だいいち	×	第一	方便	181④	漢数名	155④			
第一	だいいち	×	第一	方便	181④	漢数名	155⑥			
第一	だいいち	×	第一	譬喩	268①	漢数名	239②			
第一	だいいち	だい―	第一	譬喩	292③	漢数名	264④			
第一	だいいち	×	第一	授記	430⑥	漢数名	421④			
第一	だいいち	×	第一	化城	455④	漢数名	450③			
第一	だいいち	×	第一	化城	536⑤	漢数名	542④			
第一	だいいち	×	第一	五百	565③	漢数名	568⑤			
第一	だいいち	×	第一	五百	566⑥	漢数名	570③			
第一	だいいち	×	第一	五百	568⑤	漢数名	572④			
第一	だいいち	×	第一	五百	569①	漢数名	572⑤		第一 たりィ [西右]	
第一	だいいち	×	第一	五百	569②	漢数名	573①			
第一	だいいち	×	第一	法師	637①	漢数名	649②			
第一	だいいち	×	第一	見寶	697②	漢数名	716①		―をは[西右]	
第一	だいいち	×	第一	安樂	802⑤	漢数名	824⑤			
第一	だいいち	×	第一	安樂	816③	漢数名	839①			
第一	だいいち	×	第一	從地	847⑤	漢数名	870③			
第一	だいいち	×	第一	常不	1081⑥	漢数名	1100②			たいいち[妙]
第一	だいいち	×	第一	藥王	1125②	漢数名	1144①			たいいち[妙]
第一	だいいち	×	第一	藥王	1143②	漢数名	1161①			たいいち[妙]
第一	だいいち	×	第一	藥王	1143⑤	漢数名	1161⑤			たいいち[妙]
第一	だいいち	×	第一	藥王	1144②	漢数名	1162②		なる[西右]	たいいち[妙]
第一	だいいち	×	第一	藥王	1145②	漢数名	1163⑤			たいいち[妙]
第一	だいいち	×	第一	藥王	1146⑥	漢数名	1165①		これ―[西右]	たいいち[妙]
第一	だいいち	×	第一	藥王	1147②	漢数名	1165④			たいいち[妙]
第一	だいいち	×	第一	藥王	1147⑤	漢数名	1166①			たいいち[妙]
第一	だいいち	×	第一	藥王	1148②	漢数名	1166②		これ―[西右]	たいいち[妙]
第一	だいいち	×	第一	藥王	1148③	漢数名	1166④			たいいち[妙]
第一	だいいち	×	第一	妙莊	1292②	漢数名	1301③			たいいち[妙]
第一端正	だいいちたんじやう	――たんじやう	第一端正	妙音	1171④	漢四熟数名	1187④			たいいちたんしやう[妙]
大威徳	だいとく	―いとく	大威徳	授記	431⑥	漢名	422⑥			
大威徳	だいとく	―いとく	大威徳	授記	444①	漢名	436④			
大威徳	だいとく	―いとく	大威徳	授學	607④	漢名	616⑤			
大威徳	だいとく	―いとく	大威徳	從地	838②	漢名	861④			
大威徳迦樓羅王	だいとくかるらおう	―いとくかる――	大威徳迦樓羅王	序品	13④	仏王名名	10⑥			
大威徳世尊	だいとくせそん	―いとく――	大威徳世尊	化城	457⑤	仏尊号名	452⑥		――――の――[西右]	
大威徳蔵三昧	だいとくぞうざんまい	―ゐとくさう――	大威徳蔵三昧	妙莊	1274⑤	仏名	1285②		―と[西右]	だい―とくざうさんまい[妙]
大因縁	だいんねん	×	大因縁	妙莊	1298②	漢名	1306②			たいいんゑん[妙]
大雲	たいうん	―うん	大雲	藥草	390⑥	漢名	376②	たいうん／おほきなるくも[妙]		
大雲	たいうん	―うん	大雲	藥草	391②	漢名	376④	たいうん／おほきなるくも[妙]		
大雲	たいうん	―うん	大雲	藥草	394⑤	漢名	380④	たいうん／おほきなるくも[妙]		
大雲	たいうん	―うん	大雲	藥草	400④	漢名	387①	たいうん／おほきなるくも[妙]	大きなる雲[西右]	
大雲	たいうん	―うん	大雲	藥草	403⑤	漢名	390④	たいうん／おほきなるくも[妙]		
大雲	たいうん	―うん	大雲	藥草	404④	漢名	391④	たいうん／おほきなるくも[妙]		
大雲	たいうん	―うん	大雲	藥草	413③	漢名	401⑤	たいうん／おほきなるくも[妙]		
大會	だいゑ	―ゑ	大會	提婆	725④	漢名	743⑤	たいゑ／おほくのちやうもんしゆ[妙]		
大會	だいゑ	×	大會	從地	841①	漢名	863⑥			
大會	だいゑ	―ゑ	大會	分別	921②	漢名	940③			
大會	だいゑ	―ゑ	大會	分別	928②	漢名	946⑥			

たい 419

当該語	読みかな	傍訓	漢字表記	品名	頁数	語の種類	妙一本	和解語文	可読	異同語彙
大會	だいえ	×	大會	法功	1006⑥	漢名	1025③	たいゑ／おほくのしやうもんしゆ[妙]		
大會	だいえ	×	大會	普賢	1338①	漢名	1340④	たいゑ／おゝくのちやうもんしゆ[妙]		
大王	だいおう	×	大王	授記	423⑥	仏人倫名	413④			
大王	だいおう	×	大王	提婆	713①	仏人倫名	730④			
大王	だいおう	×	大王	藥王	1127④	仏人倫名	1145⑥			たいわう[妙]
大王	だいおう	×	大王	藥王	1128⑥	仏人倫名	1147④			
大王	だいおう	×	大王	妙莊	1281④	仏人倫名	1291③			たいわう[妙]
大王	だいおう	×	大王	妙莊	1298①	仏人倫名	1306①			たいわう[妙]
大王	だいおう	×	大王	妙莊	1298⑤	仏人倫名	1306④			たいわう[妙]
大恩	だいおん	—おん	大恩	信解	374⑤	漢名	362①			
大音声	だいおんじょう	×	大音聲	見寶	658⑥	漢名	673③			
大音聲	だいおんじょう	—おんしやう	大音聲	藥草	390⑤	漢名	376③			
大音聲	だいおんじょう	—おんしやう	大音聲	見寶	680②	漢名	697②			
大音聲	だいおんじょう	—おんじやう	大音聲	見寶	684②	漢名	701③			
大音聲	だいおんじょう	×	大音聲	法功	1004①	漢名	1022④			
大火	たいか	×	大火	譬喩	240①	漢名	209④	たいくわ／おほきなるひ[妙]	—なる—[西右]	
大火	たいか	—くわ	大火	譬喩	244②	漢名	213⑥	たいくわ／おほきなるひ[妙]	—なる火にかゝふれり[西右]	
大火	たいか	×	大火	譬喩	281⑤	漢名	253②	たいくわ／おほきなるひ[妙]	—なる—[西右]	
大火	たいか	—くは／三たひゑこうの時せかいみなやくる也	大火	如來	915②	漢名	934①	たいくわ／おほきなるひ[妙]		
大火	たいか	×	大火	觀世	1210①	漢名	1223②	だいくわ／おほきなるひ[妙]	(大)なる[西右]	
大果	だいか	—くは	大果	信解	374①	漢名	361②			
大海	たいかい	—かい	大海	見寶	669⑥	漢地儀名	685②	たいかい／うみ[妙]		
大海	たいかい	—かい	大海	見寶	673①	漢地儀名	689②	たいかい／うみ[妙]	—と[西右]	
大海	たいかい	×	大海	見寶	675⑥	漢地儀名	691⑤	たいかい／うみ[妙]		
大海	たいかい	—かい	大海	提婆	721⑤	漢地儀名	739⑥			
大海	たいかい	—かい	大海	法功	997③	漢地儀名	1016①	たいかい／—うみ[妙]	—と[西右]	
大海	たいかい	×	大海	法功	1003⑥	漢地儀名	1022③			
大海	たいかい	—かい	大海	法功	1018②	漢地儀名	1037①		—と[西右]	
大海	たいかい	—かい	大海	觀世	1211①	漢地儀名	1224②			たいかい[妙]
大海水	たいかいすい	—かい—	大海水	法功	1039④	漢地儀名	1058②			
大果報	たいかほう	—くはほう	大果報	方便	94②	漢名	82⑤			
大願	たいがん	×	大願	法師	624②	漢名	635②			
大願	たいがん	×	大願	見寶	690②	漢名	708①			
大願	たいがん	×	大願	見寶	691②	漢名	709⑥			
臺觀	だいかん	だいくわん／うてな	臺觀	五百	571②	漢名	575②			
大歡喜	たいかんぎ	—くはんぎ	大歡喜	方便	119②	漢名	104⑤	たいくわんき／おほきなるよろこひ[妙]	おほいに——する事を[西右]	
大歡喜	たいかんぎ	×	大歡喜	方便	193④	漢名	166①	たいくわんき／おほきによろこひ[妙]		
大歡喜	たいかんぎ	×	大歡喜	譬喩	209②	漢名	176⑤	だいくわんぎ／おほきなるよろこひ[妙]	—いに—する事[西右]	
大歡喜	たいかんぎ	—くはんき	大歡喜	化城	481③	漢名	481②	たいくわんき／おほきなるよろこひ[妙]		

当該語	読みかな	傍訓	漢字表記	品名	頁数	語の種類	妙一本	和解語文	可読	異同語彙
大歓喜	たいかんぎ	×	大歡喜	五百	586⑥	漢名	592⑤	たいくわんき／おほきなるよろこひ[妙]		
大喜悦	だいきえつ	だいきゑつ	大喜悦	提婆	713④	漢名	731②	たいきえつ／おほきなるところ[妙]		
大迦旃延	たいきゃせんえん	一かせんゑん	大迦旃延	授記	433②	漢四熟名	424③			
大坑	たいきょう	一きやう／一あな	大坑	方便	114⑥	漢名	100③	たいきやう／おほきなるあな[妙]	おほいなるあな[西右]	右訓：おほいなるあな。左訓：一あな
大莖	たいきょう	一きやう	大莖	藥草	389⑤	漢名	375①	たいきやう／おほきなるくき[妙]		
大樂説	だいぎょうせつ	×	大樂説	見寶	660④	漢名	675①			
大樂説	だいぎょうせつ	一けう一	大樂説	見寶	661②	漢名	675⑥			
大樂説	だいぎょうせつ	一げうせつ	大樂説	見寶	664①	漢名	678⑥			
大樂説	だいぎょうせつ	×	大樂説	見寶	666②	漢名	681①			大樂説[妙]
大樂説	だいぎょうせつ	×	大樂説	見寶	666④	漢名	681③			
大樂説菩薩	だいぎょうせつぼさつ	一げうせつ一一	大樂説菩薩	見寶	664④	仏菩薩名	679③			
大樂説菩薩摩訶薩	だいぎょうせつぼさつまかさつ	×	大樂説菩薩摩訶薩	見寶	665①	仏菩薩名	679⑤			大樂説菩薩摩訶薩（たいけうせちほさつ）[妙]
大樂説菩薩摩訶薩	だいぎょうせつぼさつまかさつ	一げうせつ一	大樂説菩薩摩訶薩	勧持	737⑤	仏菩薩名	756③			
大苦	だいく	一く	大苦	譬喩	256⑤	漢名	227⑥			
大功徳	だいくどく	一くどく	大功徳	從地	861⑥	漢名	884⑤			
大功徳	だいくどく	×	大功徳	妙荘	1304③	漢名	1311③			たいくとく[妙]
大苦悩	だいくのう	一くなう	大苦悩	常不	1074①	漢名	1093①			たいくなう[妙]
退還し	たいけんし	たいけん／しりそき	退還	化城	541⑥	漢サ動	547⑤	たいくゑん／しりそきかへり[妙]		
退還し	たいけんし	たいげん／しりそき	退還	化城	542②	漢サ動	548①			
退還し	たいけんし	たいげん／しりそきかへる	退還	化城	544②	漢サ動	552③			
退還する	たいけんする	たいくゑん／しりそきかへる	退還	化城	524④	漢サ動	529⑤	たいくゑん・する／しりそきかゑる[妙]		
大牛	たいご	一ご	大牛	譬喩	283②	漢畜類名	254⑤	たいこ／おほきなるうし[妙]		
大光	だいこう	×	大光	化城	464④	漢名	460⑤	たいくわう／おほきなるひかり[妙]	一なるひかり[西右]	
大光	だいこう	×	大光	妙荘	1293⑥	漢名	1302④			たいくわう[妙]
大高王	だいこうおう	一かう一	大高王	妙荘	1293⑤	仏名	1302③			たいかうわう[妙]
戴仰する	たいごうする	たいがう／いたゝきあふく	戴仰	提婆	731③	漢サ動	749④	たいかう／いたゝきあをく[妙]	一し奉る[西右]	
大光明	だいこうみょう	×	大光明	序品	23①	漢名	19③			
大光明	だいこうみょう	×	大光明	化城	467①	漢名	463⑤	たいくわうみやう／おほきなるひかり[妙]		
大光明	だいこうみょう	×	大光明	五百	585⑥	漢名	591②	一くわうみやう／おほきなるひかり[妙]		
大光明	だいこうみょう	×	大光明	妙荘	1292②	漢名	1301①	たいくわうみやう／おほきなるひかり[妙]		
大國	たいこく	×	大國	提婆	714④	漢名	732②			
第五十	だいごじゅう	×	第五十	随喜	972③	漢数名	990④			
第五十	だいごじゅう	×	第五十	随喜	972⑤	漢数名	990⑤			
第五十	だいごじゅう	×	第五十	随喜	978①	漢数名	996②			
第五十	だいごじゅう	×	第五十	随喜	978③	漢数名	996⑥			
第五十	だいごじゅう	×	第五十	随喜	986⑤	漢数名	1005①			
第五十	だいごじゅう	×	第五十	随喜	989①	漢数名	1007③			

当該語	読みかな	傍訓	漢字表記	品名	頁数	語の種類	妙一本	和解語文	可読	異同語彙
大根	だいこん	ーこん	大根	藥草	389⑤	漢植物名	375①	たいこん／おほきなるね[妙]		
大罪報{報}	だいざいほう	ーさいほう／つみ	大罪報	常不	1056⑥	漢名	1075⑥	たいさいほう／おほきなるつみ[妙]		
第三	だいさん	たいー	第三	譬喩	296⑤	漢数名	269①			
第三	だいさん	×	第三	化城	505②	漢数名	509③			
第三	だいさん	×	第三	安樂	787⑥	漢数名	808⑥			
第三	だいさん	×	第三	安樂	791⑥	漢数名	812④			
退散し	たいさんし	たいさん	退散	觀世	1245②	漢サ動	1257⑦	たいさん・し／しりそきちり[妙]		
太子	たいし	×	太子	授學	615①	漢人倫名	624⑤			
太子	たいし	×	太子	提婆	709⑥	漢人倫名	727①			
太子	たいし	たいし	太子	從地	856②	漢人倫名	879①			
大枝	たいし	ーし	大枝	藥草	389⑤	漢植物名	375①	たいし／おほきなるえた[妙]		
大士	たいじ	たいじ	大士	序品	45②	漢人倫名	39①	たいし／ほさつ[妙]		
大士	たいじ	ーじ	大士	譬喩	228④	漢人倫名	197⑤	たいじ／ほさつ[妙]		
大士	たいじ	×	大士	法師	621②	漢人倫名	631⑥			
大師	だいし	ーし	大師	化城	470③	漢人倫名	467⑥			
大師	だいし	×	大師	安樂	786⑥	漢人倫名	807⑤			
大師	だいし	×	大師	安樂	790⑥	漢人倫名	812①			
大師	だいし	ーし	大師	從地	836⑥	漢人倫名	859③			
第四	だいし	×	第四	化城	505②	漢数名	509③			
第四	だいし	×	第四	安樂	793⑥	漢数名	815①			
大事	だいじ	×	大事	從地	845⑥	漢名	867⑥			
大慈	だいじ	ーじ	大慈	安樂	791⑥	漢名	813①	たいし／をゝきなるあわれみ[妙]		
大自在	だいじざい	×	大自在	法功	1034①	漢名	1052⑥		ーと[西右]	
大自在神通	たいじざいじんつう	ーじさいじんづう	大自在神通	五百	562⑥	漢名	566①			
大自在天	たいじざいてん	ーしさいー	大自在天	方便	178②	仏梵語名	153⑤			
大自在天	たいじざいてん	×	大自在天	妙音	1190⑥	仏梵語名	1204⑤			たいしさいてん[妙]
大自在天	たいじざいてん	×	大自在天	觀世	1224⑤	仏梵語名	1237⑥			たいしさいてん[妙]
大自在天	たいじざいてん	×	大自在天	觀世	1225①	仏梵語名	1238②			たいしさいてん[妙]
大自在天子	たいじざいてんし	×	大自在天子	序品	10④	仏梵語名	8④			
大慈大悲	たいじたいひ	ーじーひ	大慈大悲	譬喩	254②	仏四熟名	225②			
大慈悲	だいじひ	ーしひ	大慈悲	化城	488⑥	漢名	489⑤		ーに[西右]	
大慈悲	だいじひ	ーじひ	大慈悲	化城	534③	漢名	540①			
大慈悲	だいじひ	×	大慈悲	法師	652②	漢名	666①			
大慈悲	だいじひ	ーじひ	大慈悲	安樂	807②	漢名	829③			
大慈悲	だいじひ	ーじひ	大慈悲	嘱累	1107④	漢名	1126②			たいしひ[妙]
大慈悲心	だいじひしん	ーーーしん	大慈悲心	法師	647①	仏四熟名	660④		ーのこゝろ／[西右]	
大慈悲力	だいじひりき	ーしひりき	大慈悲力	化城	472④	仏四熟名	470⑥	たいしひりき／ーちから[妙]		
大車	たいしゃ	×	大車	譬喩	248①	漢名	217⑥		ーなるー[西右]	
大車	たいしゃ	ーしゃ	大車	譬喩	250③	漢名	220②	たいしや／おほきなるくるま[妙]		
大車	たいしゃ	ーしゃ	大車	譬喩	251①	漢名	221①	たいしや／おほきなるくるま[妙]		
大車	たいしゃ	ーしゃ	大車	譬喩	251①	漢名	221④	たいしや／おほきなるくるま[妙]	ーなるー[西右]	
大車	たいしゃ	×	大車	譬喩	253③	漢名	223⑥		ーなるー[西右]	
大車	たいしゃ	ーしゃ	大車	譬喩	259②	漢名	230④	たいしや／おほきなるくるま[妙]		
大車	たいしゃ	ーしゃ	大車	譬喩	265⑥	漢名	237①	たいしや／おほきなるくるま[妙]	ーなるー[西右]	
大車	たいしゃ	ーしゃ	大車	譬喩	268③	漢名	239⑤			
大車	たいしゃ	ーしゃ	大車	譬喩	286⑥	漢名	258⑤	たいしや／おほきなるくるま[妙]		

当該語	読みかな	傍訓	漢字表記	品名	頁数	語の種類	妙一本	和解語文	可読	異同語彙
帝釋	たいしゃく	たいしやく	帝釋	提婆	733③	漢名	751⑤			
帝釋	たいしゃく	たいしやく	帝釋	随喜	981①	漢名	999②			
帝釋	たいしゃく	たいしやく	帝釋	藥王	1145⑤	漢名	1163⑥			たいしやく[妙]
帝釋	たいしゃく	たいしやく	帝釋	妙音	1190①	漢名	1204④			たいしやく[妙]
帝釋	たいしゃく	たいしやく	帝釋	觀世	1224①	漢名	1237②			たいしやく[妙]
帝釋	たいしゃく	×	帝釋	觀世	1224②	漢名	1237④			たいしやく[妙]
大樹	たいじゅ	—しゆ	大樹	藥草	409⑤	漢植物名	397④			
大樹	たいじゅ	—しゆ	大樹	藥草	413③	漢植物名	401①	たいしゆ／おほきなるき[妙]	にしてィ[西右]	
大衆	だいしゅ	×	大衆	序品	16①	漢名	13①	たいしう／おほくのひとにちらす[妙]		
大衆	だいしゅ	だいしゆ	大衆	序品	16⑥	漢名	13⑤			
大衆	だいしゅ	—しゆ	大衆	序品	54②	漢名	47①			
大衆	だいしゅ	×	大衆	序品	55①	漢名	47⑤			
大衆	だいしゅ	×	大衆	序品	55⑥	漢名	48④			
大衆	だいしゅ	×	大衆	序品	65⑤	漢名	57③			
大衆	だいしゅ	×	大衆	序品	67⑤	漢名	59①			
大衆	だいしゅ	—しゆ	大衆	序品	71②	漢名	62③			
大衆	だいしゅ	×	大衆	序品	71⑤	漢名	62⑥			
大衆	だいしゅ	×	大衆	方便	101⑥	漢名	89③			
大衆	だいしゅ	×	大衆	方便	157⑤	漢名	136③			
大衆	だいしゅ	×	大衆	方便	190④	漢名	163④			
大衆	だいしゅ	×	大衆	譬喩	211③	漢名	179③			
大衆	だいしゅ	×	大衆	譬喩	214④	漢名	182⑥			
大衆	だいしゅ	×	大衆	譬喩	218④	漢名	187②			
大衆	だいしゅ	×	大衆	譬喩	230⑥	漢名	200①			大衆(たいしう)[妙]
大衆	だいしゅ	×	大衆	譬喩	314④	漢名	288④			
大衆	だいしゅ	×	大衆	信解	363⑤	漢名	349②			
大衆	だいしゅ	×	大衆	藥	391③	漢名	376⑤			
大衆	だいしゅ	×	大衆	藥草	405④	漢名	392⑤			
大衆	だいしゅ	×	大衆	授記	415③	漢名	403④			
大衆	だいしゅ	×	大衆	授記	438⑥	漢名	430⑤			
大衆	だいしゅ	×	大衆	化城	504④	漢名	508④			
大衆	だいしゅ	×	大衆	化城	511④	漢名	516④			
大衆	だいしゅ	×	大衆	化城	547⑥	漢名	554③			
大衆	だいしゅ	×	大衆	法師	621⑥	漢名	632①			
大衆	だいしゅ	×	大衆	法師	627⑥	漢名	639①			
大衆	だいしゅ	×	大衆	法師	655⑥	漢名	670②			
大衆	だいしゅ	×	大衆	見寶	659③	漢名	673⑥			
大衆	だいしゅ	×	大衆	見寶	663①	漢名	677⑤			
大衆	だいしゅ	×	大衆	見寶	683①	漢名	700②			
大衆	だいしゅ	×	大衆	見寶	684①	漢名	701③			
大衆	だいしゅ	×	大衆	見寶	689①	漢名	706⑥			
大衆	だいしゅ	×	大衆	勸持	754①	漢名	773⑤			
大衆	だいしゅ	×	大衆	安樂	788①	漢名	809④			
大衆	だいしゅ	×	大衆	從地	817③	漢名	839⑤			
大衆	だいしゅ	×	大衆	從地	821②	漢名	843④			
大衆	だいしゅ	×	大衆	從地	826①	漢名	848③			
大衆	だいしゅ	×	大衆	從地	827④	漢名	849⑤			
大衆	だいしゅ	×	大衆	從地	834④	漢名	857③			
大衆	だいしゅ	×	大衆	從地	836③	漢名	859②			
大衆	だいしゅ	×	大衆	從地	838③	漢名	861②			
大衆	だいしゅ	×	大衆	從地	842④	漢名	865③			
大衆	だいしゅ	×	大衆	從地	848④	漢名	871②			
大衆	だいしゅ	×	大衆	從地	852⑥	漢名	875④			
大衆	だいしゅ	×	大衆	從地	860①	漢名	882⑥			
大衆	だいしゅ	×	大衆	如來	880①	漢名	899③			
大衆	だいしゅ	×	大衆	如來	880⑤	漢名	899⑤			
大衆	だいしゅ	×	大衆	如來	881①	漢名	900①			
大衆	だいしゅ	×	大衆	如來	916②	漢名	935①			
大衆	だいしゅ	×	大衆	随喜	985⑤	漢名	1004①			
大衆	だいしゅ	×	大衆	法功	996③	漢名	1015①			
大衆	だいしゅ	×	大衆	法功	1027④	漢名	1046③			
大衆	だいしゅ	×	大衆	法功	1032①	漢名	1050⑤			
大衆	だいしゅ	×	大衆	藥王	1135⑥	漢名	1154②			たいしゆ[妙]
大衆	だいしゅ	×	大衆	藥王	1138③	漢名	1156④			たいしゆ[妙]

当該語	読みかな	傍訓	漢字表記	品名	頁数	語の種類	妙一本	和解語文	可読	異同語彙
大衆	だいしゅ	×	大衆	妙荘	1271⑥	漢名	1282⑤			たいしゅ[妙]
大衆	だいしゅ	×	大衆	妙荘	1303①	漢名	1310②			たいしゅ[妙]
大衆	だいしゅ	×	大衆	普賢	1307②	漢名	1313⑥			たいしゅ[妙]
大衆	だいしゅ	×	大衆	普賢	1333①	漢名	1336④			たいしゅ[妙]
第十六	だいじゅうろく	×	第十六	化城	517①	漢数名	521⑥			
大數八万	たいじゅはちまん	だいしゅーー	大數八万	方便	110⑥	漢四熟数名	97①			
胎生	たいしょう	たい―/にんけんのことし	胎生	随喜	973①	漢名	991①			
大聖	たいしょう	―しやう	大聖	序品	67②	漢名	58⑤			ほとけ[妙]
大聖	たいしょう	―しやう	大聖	化城	481②	漢名	481①	たいしやう／ほとけ[妙]		
大城	たいじょう	×	大城	化城	524⑤	漢名	529⑥	たいしやう／おほきなるみやこ[妙]		
大城	たいじょう	―しやう	大城	化城	526④	漢名	531⑥			
大城	たいじょう	―しやう	大城	化城	529②	漢名	534⑥			
大城	たいじょう	―じやう	大城	見寶	680③	漢名	697③			
大小	だいしょう	×	大小	藥草	389⑥	漢名	375②		―あて[西右]	
大小	だいしょう	×	大小	藥草	401⑥	漢名	388③			
大小	だいしょう	×	大小	藥草	402⑤	漢名	389④		―あて[西右]	
大小	だいしょう	×	大小	藥草	403⑥	漢名	389⑥			
大小	だいしょう	×	大小	藥草	411②	漢名	399①			
大小	だいしょう	×	大小	如來	889⑤	漢名	908⑤			
大小	だいしょう	×	大小	法功	1033②	漢名	1052①			
大小	だいしょう	×	大小	妙音	1177③	漢名	1192④		―と[西右]	たいせう[妙]
大乗	だいじょう	―じよう	大乗	序品	53②	漢名	46②			
大乗	だいじょう	―じよう	大乗	方便	145④	漢名	126④			
大乗	だいじょう	×	大乗	方便	145⑥	漢名	126⑥			
大乗	だいじょう	×	大乗	方便	149⑤	漢名	130①			
大乗	だいじょう	×	大乗	方便	150②	漢名	130④		―との[西右]	
大乗	だいじょう	―しよう	大乗	譬喩	206⑥	漢名	174①			
大乗	だいじょう	―しよう	大乗	譬喩	209③	漢名	177①			
大乗	だいじょう	×	大乗	譬喩	264⑥	漢名	236②			
大乗	だいじょう	―しよう	大乗	譬喩	267②	漢名	238③			
大乗	だいじょう	×	大乗	譬喩	269②	漢名	240③			
大乗	だいじょう	×	大乗	譬喩	269④	漢名	240⑤			
大乗	だいじょう	×	大乗	信解	349②	漢名	331②			
大乗	だいじょう	×	大乗	信解	351②	漢名	333⑥			
大乗	だいじょう	×	大乗	信解	351⑥	漢名	334④			
大乗	だいじょう	×	大乗	藥草	405⑥	漢名	393②			
大乗	だいじょう	×	大乗	化城	536③	漢名	542②			
大乗	だいじょう	×	大乗	五百	578⑥	漢名	583⑥			
大乗	だいじょう	だいじよう	大乗	提婆	710②	漢名	727③			
大乗	だいじょう	だいしよう	大乗	提婆	710④	漢名	727⑥			
大乗	だいじょう	―じよう	大乗	提婆	724②	漢名	742⑥			
大乗	だいじょう	×	大乗	安樂	778④	漢名	799③			
大乗経	だいじようぎやう	―じようぎやう	大乗經	序品	14⑥	仏梵語名	12①			
大乗経	だいじようぎやう	―しやうきやう	大乗經	序品	53⑤	仏梵語名	46⑤			
大乗経	だいじようぎやう	×	大乗經	序品	58⑤	仏梵語名	50⑤			
大乗経	だいじようぎやう	×	大乗經	序品	65③	仏梵語名	57①			
大乗経	だいじようぎやう	×	大乗經	序品	67③	仏梵語名	58⑥			
大乗経	だいじようぎやう	―じようきやう	大乗經	方便	146⑤	仏梵語名	127④			
大乗経	だいじようぎやう	×	大乗經	方便	147⑤	仏梵語名	128④			
大乗経	だいじようぎやう	―じようきやう	大乗經	譬喩	220②	仏梵語名	189①			
大乗経	だいじようぎよう	―しようきやう	大乗教	譬喩	313⑥	仏梵語名	287④			だいじようぎやう[妙]
大乗経	だいじようぎよう	―しようきやう	大乗經	化城	508③	仏梵語名	513②			
大乗経	だいじようぎよう	―しやう―	大乗經	化城	538③	仏梵語名	544②			

当該語	読みかな	傍訓	漢字表記	品名	頁数	語の種類	妙一本	和解語文	可読	異同語彙
大乗教	だいじょうきょう	ーじやうきやう	大乘教	提婆	732①	仏梵語名	750①			
大乗経	だいじょうぎょう	ーじやうー	大乘經	神力	1091②	仏梵語名	1109④			たいじようきやう[妙]
大乗経典	だいじょうぎょうでん	ーじようきやうでん	大乘經典	譬喩	315②	仏梵語名	289③			
大乗経典	だいじょうぎょうでん	ーーきやうてん	大乘經典	授記	421①	仏梵語名	410②			
大荘厳	たいしょうごん	ーしやうこん	大莊嚴	授記	416⑤	漢名	404⑥			
大聖主	たいしょうしゅ	ーしやうしゆ	大聖主	方便	159②	漢名	137④			
大清浄	たいしょうじょう	ーしやうべ	大清淨	觀世	1236①	漢名	1248④			だいしやう べ[妙]
大精進	たいしょうじん	ーしやうしん	大精進	化城	548④	漢名	555③			
大精進	たいしょうじん	×	大精進	藥王	1127⑤	漢名	1146②		大に精進を行して[西右]	たいしやうしん[妙]
大聖世尊	たいしょうせそん	ーしやうーー	大聖世尊	藥草	404①	仏尊号名	391②	たいしやうせそん／ほとけ[妙]		
大聖尊	たいしょうそん	×	大聖尊	法功	1006⑤	仏尊号名	1025②	たいしやうそん／ほとけ[妙]		
大声聞衆	たいしょうもんしゅ	×	大声聞衆	藥王	1116⑥	漢四熟名	1135②			大聲聞衆(たいしやうもんじゆ)[妙]
大身	たいしん	×	大身	妙莊	1279④	漢名	1289④	たいしん／おほきなるみ[妙]		
大臣	だいじん	だいじん	大臣	信解	343⑤	漢人倫名	324①			
大臣	だいじん	だいじん	大臣	信解	363④	漢人倫名	349①			
大臣	だいじん	ーじん	大臣	化城	456⑤	漢人倫名	451③			
大臣	だいじん	だいじん	大臣	勧持	754③	漢人倫名	774①			
大臣	だいじん	ーじん	大臣	安樂	762④	漢人倫名	782①		ーと[西右]	
大臣	だいじん	ーしん	大臣	安樂	769②	漢人倫名	789①		ーと[西右]	
大臣	だいじん	ーじん	大臣	安樂	794①	漢人倫名	815④			
大身迦樓羅王	だいしんかるらおう	だいしんかるーー	大身迦樓羅王	序品	13④	仏王名名	10⑥			
躰信し	たいしんし	たいしん・こゝろにまかせて／心にまかせてをたやかにしてイ	躰信	信解	340③	漢サ動	320②	たいしん・し／こゝろにまかせて[妙]		
大神通	だいじんつう	ーしんつう	大神通	譬喩	224③	漢名	193③			
大神通	だいじんつう	ーしんつう	大神通	授記	421①	漢名	410②			
大神通	だいじんつう	×	大神通	五百	572①	漢名	575⑥			
大神通	だいじんつう	×	大神通	五百	572⑥	漢名	577①			
大神通	だいじんつう	×	大神通	五百	578③	漢名	583②			
大神通	だいじんつう	×	大神通	五百	580④	漢名	585⑤			
大神通	だいじんつう	ーーづう	大神通	從地	835②	漢名	858①		ーと[西右]	
大神通	だいじんつう	×	大神通	從地	860④	漢名	883③			
大神通	だいじんつう	ーじんづう	大神通	神力	1098①	漢名	1116⑥			たいしんづう[妙]
大神通	だいじんつう	×	大神通	妙音	1196⑤	漢名	1210⑤		ーと[西右]	たいしんつう[妙]
大神通力	たいじんつうりき	ーーつうー	大神通力	序品	73⑤	漢四熟名	64⑤	たいしんつうりき／ーちから[妙]		
大神通力	たいじんつうりき	ーじんづうりき	大神通力	信解	376⑤	漢四熟名	364③	たいじんづうりき／ーのちから[妙]		
大神通力	たいじんつうりき	×	大神通力	常不	1068⑥	漢四熟名	1087④		ーと[西右]	大神通力(たいしんつうりき)[妙]
大神通力	たいじんつうりき	×	大神通力	妙音	1176④	漢四熟名	1191⑥		ーーーのー[西右]	大神通力(たいしんつうりき)[妙]
大神力	たいじんりき	ーじんりき	大神力	譬喩	254①	漢名	225①			
大神力	たいじんりき	×	大神力	神力	1086①	漢名	1104④			たいしんりき[妙]
大神力	たいじんりき	×	大神力	囑累	1105②	漢名	1123⑤			たいしんりき[妙]
大神力	たいじんりき	×	大神力	妙莊	1273④	漢名	1284②		ーーーあて[西右]	たいしんりき[妙]
大信力	だいしんりき	×	大信力	方便	100④	漢名	88①			
大信力	だいしんりき	ーしんりき	大信力	法師	639③	漢名	651⑤		ーと[西右]	大信力(たいしむりき)[妙]
退す	たいす	たい	退	分別	939②	漢サ動	957⑤			
大水	たいすい	×	大水	觀世	1210③	漢名	1223④	たいすい／おほきなるみつ[妙]	(大)なる[西右]	

当該語	読みかな	傍訓	漢字表記	品名	頁数	語の種類	妙一本	和解語文	可読	異同語彙
退せ	たいせ	たい	退	安樂	767③	漢サ動	787④	たい・せ／しりそかす[妙]		
退せ	たいせ	たい	退	安樂	774⑥	漢サ動	795③	たい・せ／しりそか[妙]		
大勢	たいせい	×	大勢	方便	176⑤	漢名	152①			
大勢	たいせい	ーせい	大勢	法功	1016①	漢名	1034⑤			
大成	たいせい	ーじやう	大成	常不	1058②	漢名	1077①			たいしやう[妙]
大誓願	たいせいがん	×	大誓願	見寶	662①	漢名	676⑤	たいせいくわん／おほきなるねかい[妙]		
大誓願	たいせいがん	ーせいくはん	大誓願	見寶	689⑤	漢名	707④			
大誓願	たいせいがん	ーせいぐはん	大誓願	安樂	759⑥	漢名	779④			
大勢力	たいせいりき	ーせいー	大勢力	常不	1061⑥	漢名	1080④	たいせいりき／ーーちから[妙]		
大施主	だいせしゅ	ーせしゆ	大施主	随喜	974③	漢人倫名	992③			
大施主	だいせしゅ	×	大施主	随喜	976④	漢人倫名	994④			
大施主	だいせしゅ	×	大施主	随喜	987①	漢人倫名	1005③			
大施主	だいせしゆ	×	大施主	嘱累	1108②	漢人倫名	1126⑤			たいせしゆ[妙]
大善	たいぜん	ーせん	大善	信解	321④	漢名	296⑥			
大千界	たいせんかい	ーせんかい	大千界	見寶	692④	漢名	710⑤			
大千界	たいせんかい	×	大千界	分別	930⑤	漢名	949③			
大善寂力	たいぜんじゃくりき	ーせんしやくー	大善寂力	常不	1069①	漢四熟名	1087⑤	たいぜんじやくりき／おゝきによくしつかなるちから[妙]		
大相	たいそう	ーさう	大相	化城	446②	漢名	439②			
帝相	たいそう	たいそう	帝相	化城	515⑥	漢名	520⑥			
大智	たいち	たいち	大智	序品	8②	漢名	6⑤		通達する大智あり[西右]	
大智	たいち	ーち	大智	譬喩	234②	漢名	203④			
大智	たいち	ーち	大智	信解	372⑥	漢名	359⑥			
大智	たいち	×	大智	提婆	725③	漢名	743④			
大智	たいち	ーち	大智	五百	575①	漢名	579⑤			
大地	だいち	×	大地	見寶	693⑥	漢名	712③			
第一義	だいちぎ	×	第一義	方便	159⑤	漢名	137⑥			
大長者	だいちょうじゃ	ーちやうじや	大長者	譬喩	238①	漢人倫名	208①		ーなるーー[西右]	
大長者	だいちょうじゃ	ーてうじや	大長者	譬喩	249③	漢人倫名	219③		ーなるー[西右]	
大智力	たいちりき	×	大智力	從地	839⑤	漢名	862④	たいちりき／をゝきなるちゑから[妙]	ーーのー[西右]	
大珍寶	だいちんぼう	ーちんほう	大珍寶	化城	523⑤	漢名	529①	たいちんほう／おほきにたから[妙]		
大珍寶	だいちんぼう	ーちんほう	大珍寶	化城	542③	漢名	548②	たいちんほう／おゝきなるたから[妙]		
大通智勝	たいつうちしょう	ーつうちせう	大通智勝	化城	449③	仏名	442⑥			
大通智勝如来	たいつうちしょうにょらい	ーつうちせうーー	大通智勝如來	化城	445⑥	仏如来名	438⑤			
大通智勝如来	たいつうちしょうにょらい	ーつうーせうーー	大通智勝如來	化城	456⑤	仏如来名	451⑥			
大通智勝如来	たいつうちしょうにょらい	ーーーせうーー	大通智勝如來	化城	467④	仏如来名	464④			
大通智勝如来	たいつうちしょうにょらい	ーつうーせうーー	大通智勝如來	化城	472⑥	仏如来名	471②			
大通智勝如来	たいつうちしょうにょらい	×	大通智勝如來	化城	476①	仏如来名	475②			
大通智勝如来	たいつうちしょうにょらい	×	大通智勝如來	化城	481⑥	仏如来名	481⑥			
大通智勝如来	たいつうちしょうにょらい	×	大通智勝如來	化城	484⑥	仏如来名	485③			
大通智勝如来	たいつうちしょうにょらい	×	大通智勝如來	化城	490⑤	仏如来名	492④			
大通智勝如来	たいつうちしょうにょらい	×	大通智勝如來	化城	493④	仏如来名	496①			
大通智勝如来	たいつうちしょうにょらい	×	大通智勝如來	化城	501④	仏如来名	505②			

当該語	読みかな	傍訓	漢字表記	品名	頁数	語の種類	妙一本	和解語文	可読	異同語彙
大通智勝佛	たいつうちしょうぶつ	―つうちせう――	大通智勝佛	化城	451⑤	仏仏名名	446①			
大通智勝佛	たいつうちしょうぶつ	―つう―せう―	大通智勝佛	化城	454⑥	仏仏名名	449⑤			
大通智勝佛	たいつうちしょうぶつ	―つう―せう―	大通智勝佛	化城	463①	仏仏名名	459②			
大通智勝佛	たいつうちしょうぶつ	×	大通智勝佛	化城	511②	仏仏名名	516②			
大通智勝佛	たいつうちしょうぶつ	―つう―しやう	大通智勝佛	化城	530②	仏仏名名	535⑥			
大弟子	たいでし	×	大弟子	藥草	386②	漢人倫名	371③			
大弟子	たいでし	―てし	大弟子	授記	426①	漢人倫名	416②			
大弟子	たいでし	―てし	大弟子	授記	429⑥	漢人倫名	420④			
大弟子	たいでし	―てし	大弟子	五百	562④	漢人倫名	565④			
大弟子	たいでし	×	大弟子	五百	582⑥	漢人倫名	588②			
大弟子	たいでし	×	大弟子	五百	583⑤	漢人倫名	589①			
大弟子	たいでし	×	大弟子	藥王	1132①	漢人倫名	1150③		―と[西右]	たいてし[妙]
大{弟}子	たいでし	×	大弟子	藥王	1135②	漢人倫名	1154②			
大鐵囲山	だいてつせん	×	大鐵囲山	見寶	676②	仏山名名	691⑥			
大鐵圍山	だいてつせん	×	大鐵圍山	法功	1036②	仏山名名	1054⑥			
大鐵圍山	だいてつせん	×	大鐵圍山	藥王	1143④	仏山名名	1161④		―と[西右]	たいてつゐせん[妙]
退轉せ	たいてんせ	たいてん	退轉	序品	7②	漢サ動	5⑥	たいてん・せ／しりそかす[妙]		
退轉せ	たいてんせ	たいてん	退轉	授記	444③	漢サ動	436⑥			
退轉せ	たいてんせ	たいてん	退轉	提婆	709①	漢サ動	726①			
退轉せ	たいてんせ	たいてん	退轉	常不	1075⑥	漢サ動	1094③			
大轉輪王	だいてんりんおう	×	大轉輪王	法功	1029④	仏王名名	1048②			
大道	たいどう	たいだう	大道	序品	80⑤	漢名	70⑥			
大道	たいどう	×	大道	序品	83②	漢名	72⑤			
大道	たいどう	×	大道	授記	430③	漢名	421①			
大道	たいどう	×	大道	安樂	813④	漢名	836②			
大導師	たいどうし	―だうし	大導師	化城	526⑥	漢人倫名	532②	―たうし／みちひく[妙]		
大道心	たいどうしん	×	大道心	從地	852②	漢名	874⑥			
大德	だいとく	×	大德	化城	466⑤	漢名	463④			
大德	だいとく	×	大德	化城	474⑤	漢名	473③			
大德	だいとく	×	大德	化城	484①	漢名	484③		これ―[西右]	
大德	だいとく	―とく	大德	化城	492⑥	漢名	495②			
大德聲聞	だいとくしょうもん	―とくしやうもん	大德聲聞	化城	506⑤	漢四熟名	511③			
逮得する	たいとくする	たいとく・うるにおよべる	逮得	方便	101②	漢サ動	88⑤			
逮得せ	たいとくせ	たいとく／うるにおよびィ	逮得	序品	4⑥	漢サ動	3⑥	たいとく・せ／およへり[妙]	うるにをよびィ[西右]	
第二	だいに	たい―	第二	化城	505⑤	漢名	509②			
第二	だいに	×	第二	化城	535④	漢名	541②			
第二	だいに	×	第二	安樂	768②	漢名	788④			
大饒益	だいにょうやく	―ねうやく	大饒益	分別	921⑤	漢名	940⑤	たいねうやく／おゝきなるたのしみ[妙]		
大人相	だいにんそう	――さう	大人相	妙音	1165③	漢名	1182①			たいにんさう[妙]
大忍辱力	だいにんにくりき	―にんにくりき	大忍辱力	從地	835③	漢四熟名	858②	たいにんにくりき／をゝきにしのひはつるちから[妙]	―のりき[西右]	
大忍力	だいにんりき	×	大忍力	勸持	739①	漢名	757⑥	たいにんりき／をほきにしのふちから[妙]		
泰然	たいねん	たいねん／やすき心	泰然	譬喩	208②	漢名	175④			やすく[妙]
泰然	たいねん	たいねん／たやすく	泰然	譬喩	247②	漢名	217①			
提婆達多	だいばだった	だいばだつた	提婆達多	提婆	715③	仏人名名	733②			
提婆達多	だいばだった	だいばだつた	提婆達多	提婆	715③	仏人名名	733②			
提婆達多	だいばだった	×	提婆達多	提婆	716②	仏人名名	734②			
提婆達多	だいばだった	×	提婆達多	提婆	716③	仏人名名	734③			
提婆達多品	だいばだったほん	だいばだつたほん	提婆達多品	提婆	719④	仏経巻名	737③			
大悲	だいひ	―ひ	大悲	化城	474⑥	漢名	472④			
大悲	だいひ	―ひ	大悲	安樂	786①	漢名	807③			

当該語	読みかな	傍訓	漢字表記	品名	頁数	語の種類	妙一本	和解語文	可読	異同語彙
大悲	だいひ	―ひ	大悲	安樂	792①	漢名	813④	たいひ／をゝきなるかなしみ[妙]		
大比丘衆	だいびくしゅ	だいびくしゆ	大比丘衆	序品	4④	漢人倫名	3④			
大悲心	だいひしん	―ひしん	大悲心	方便	165③	漢名	142④			
大悲心	だいひしん	―ひ―	大悲心	方便	177③	漢名	152④			
大白牛	だいびやくご	―びやくご	大白牛	譬喩	288①	漢畜類名	259⑥	たいひやくこ／おほきなるしろきうし[妙]		
堆阜	たいふ	たいふ／をかつふれ	堆阜	授記	417③	漢名	405⑤	ついふ／をかつふれ[妙]		
大富長者	たいふちょうじゃ	たいふちやうじや	大富長者	信解	346①	漢人倫名	327④			
大寶	たいほう	―ほう	大寶	譬喩	223①	漢名	191⑥	たいほう／おほきなるたから[妙]		
大寶	たいほう	―ほう	大寶	信解	352②	漢名	335②			
大寶	たいほう	―ほう	大寶	信解	357②	漢名	341②	たいほう／おほきなるたからの[妙]		
大寶	たいほう	×	大寶	見寶	670①	漢名	685②	たいほう／おほきなるたから[妙]		
大寶	たいほう	×	大寶	見寶	671③	漢名	686⑥			
大寶	たいほう	×	大寶	見寶	674②	漢名	690①	たいほう／おほきなるたから[妙]		
大寶	たいほう	×	大寶	見寶	675⑤	漢名	691④			
大寶	たいほう	×	大寶	見寶	676③	漢名	692⑤			
大寶	たいほう	―ほう	大寶	妙荘	1291⑥	漢名	1300⑤	たいほう／おほきなるたからの[妙]		
大法	だいほう	×	大法	序品	45④	漢名	39②			
大法	だいほう	×	大法	序品	45④	漢名	39②			
大法	だいほう	×	大法	序品	45⑤	漢名	39③			
大法	だいほう	×	大法	序品	45⑤	漢名	39④			
大法	だいほう	×	大法	序品	46③	漢名	40①			
大法	だいほう	×	大法	授記	416①	漢名	404②			
大法	だいほう	×	大法	化城	489⑥	漢名	491⑤			
大法	だいほう	×	大法	化城	490①	漢名	491⑤			
大法	だいほう	×	大法	化城	490①	漢名	491⑥			
大法	だいほう	×	大法	提婆	712②	漢名	729⑤			
大法	だいほう	×	大法	提婆	712④	漢名	730②			
大法	だいほう	×	大法	提婆	714②	漢名	732①			
大法	だいほう	×	大法	安樂	801②	漢名	823①			
大法	だいほう	×	大法	神力	1084⑥	漢名	1103③			たいほう[妙]
大法	だいほう	×	大法	藥王	1162⑥	漢名	1179⑥			たいほう[妙]
大法緊那羅王	だいほうきんならおう	―ほう―――	大法緊那羅王	序品	12①	仏王名名	9④			
大寶嚴	たいほうごん	―ほうごん{む}	大寶嚴	譬喩	227④	漢名	196④			
大法師	だいほうし	×	大法師	勸持	743①	漢人倫名	762①			
大法師	だいほうし	×	大法師	勸持	745②	漢人倫名	764①			
大寶荘嚴	たいほうしょうごん	―ほうしやうごむ	大寶荘嚴	譬喩	222④	漢四熟名	191④			
大寶荘嚴	たいほうしょうごん	×	大寶荘嚴	譬喩	222⑥	漢四熟名	191⑤			
大寶塔	だいほうとう	×	大寶塔	見寶	659⑥	漢サ動	674②			
大方便	だいほうべん	×	大方便	安樂	807⑥	漢名	830①	―なる―[西右]		
大法利	だいほうり	×	大法利	分別	926①	漢名	944⑤			
大菩薩	だいぼさつ	×	大菩薩	信解	366⑤	仏菩薩名	352④			
大菩薩	だいぼさつ	×	大菩薩	授學	608⑥	仏菩薩名	618①			
大菩薩	だいぼさつ	×	大菩薩	法師	626①	仏菩薩名	637②			
大菩薩	だいぼさつ	×	大菩薩	見寶	670⑤	仏菩薩名	686①			
大菩薩	だいぼさつ	×	大菩薩	安樂	786③	仏菩薩名	807⑥			
大菩薩	だいぼさつ	×	大菩薩	安樂	790②	仏菩薩名	811⑤			
大菩薩	だいぼさつ	×	大菩薩	從地	831③	仏菩薩名	854①			
大菩薩	だいぼさつ	×	大菩薩	從地	832②	仏菩薩名	855①			
大菩薩	だいぼさつ	×	大菩薩	從地	836②	仏菩薩名	859①			
大菩薩	だいぼさつ	×	大菩薩	從地	852①	仏菩薩名	874⑤			
大菩薩	だいぼさつ	×	大菩薩	從地	855⑥	仏菩薩名	878⑤			
大菩薩	だいぼさつ	×	大菩薩	分別	927①	仏菩薩名	945⑤			
大菩薩	だいぼさつ	×	大菩薩	分別	949④	仏菩薩名	968③			

当該語	読みかな	傍訓	漢字表記	品名	頁数	語の種類	妙一本	和解語文	可読	異同語彙
大菩薩	だいぼさつ	×	大菩薩	藥王	1142②	仏菩薩名	1160③		———と[西右]	大菩薩(たいほさつ)[妙]
大菩薩	だいぼさつ	×	大菩薩	普賢	1306②	仏菩薩名	1313①			たいほさつ[妙]
大菩薩衆	だいぼさつしゅ	×	大菩薩衆	從地	857③	仏菩薩名	880②			
大菩薩衆	だいぼさつしゅ	×	大菩薩衆	從地	857⑤	仏菩薩名	880④			
大菩薩衆	だいぼさつしゅ	×	大菩薩衆	如來	886⑥	仏菩薩名	905⑥			
大菩薩衆	だいぼさつしゅ	×	大菩薩衆	分別	935①	仏菩薩名	953⑤			
大菩薩衆	だいぼさつしゅ	×	大菩薩衆	藥王	1154③	仏菩薩名	1172③			たいほさつしゆ[妙]
大菩薩衆	だいぼさつしゅ	×	大菩薩衆	普賢	1313①	仏菩薩名	1319①			大菩薩衆(たいほさつしゆ)[妙]
大菩薩摩訶薩	だいぼさつまかさつ	×	大菩薩摩訶薩	從地	848⑤	仏菩薩名	871④			
大菩薩摩訶薩	だいぼさつまかさつ	×	大菩薩摩訶薩	藥王	1116⑤	仏菩薩名	1135④			たいほさつまかさつ[妙]
大菩薩摩訶薩衆	だいぼさつまかさつしゅ	×	大菩薩摩訶薩衆	從地	833②	仏菩薩名	856①			
大梵王	だいぼんおう	×	大梵王	化城	473②	仏王名名	471④			
大梵王	だいぼんおう	×	大梵王	化城	482②	仏王名名	482②			[妙]「たいほんてん」と訓読表記。
大梵天王	だいぼんてんおう	―ほん―わうし	大梵天王	化城	465⑥	仏王名名	462④			
大梵天王	だいぼんてんおう	×	大梵天王	化城	473⑥	仏王名名	472④			
大梵天王	だいぼんてんおう	×	大梵天王	化城	483①	仏王名名	483③			
大梵天王	だいぼんてんおう	×	大梵天王	化城	492①	仏王名名	494①			
大梵天王	だいぼんてんおう	―ぼむ――	大梵天王	藥王	1146①	仏王名名	1164②			たいぽんてんわう[妙]
大満迦樓羅王	たいまんかるらおう	たいまんかる――	大滿迦樓羅王	序品	13④	仏王名名	10⑥			
大目犍連	だいもくけんれん	だいもくけんれん	大目犍連	序品	5④	仏名	4③			
大目犍連	だいもくごれん	―もくけんれん	大目犍連	授記	422②	仏名	411④			
大目犍連	だいもくごれん	―もくけんれん	大目犍連	授記	439①	仏名	430⑥			
大目犍連	だいもくごれん	―もくけんれん	大目犍連	授記	442②	仏名	434⑥			
退没	たいもつ	たいもつ/五すいの心也	退没	法功	1023⑤	仏名	1042④	たいもつ/しぬる[妙]	―とを[西右]	
大雄世尊	たいゆうせそん	―をう――	大雄世尊	從地	831④	仏世尊名	854③			
大雄猛世尊	たいゆうみょうせそん	―おうみやう――	大雄猛世尊	授記	423①	仏世尊名	412④	たいをうみやうせそん/ほとけ[妙]		
大雄猛世尊	たいゆうみょうせそん	―おうみやう――/たけくたつとき	大雄猛世尊	授記	425④	仏世尊名	415④			
大葉	たいよう	―よう	大葉	藥草	389⑤	漢植物名	375①	たいえう/おほきなるは[妙]		
たいらか	たいらか	×	平	五百	571①	和形動	574①			
たいらか	たいらか	×	平	藥王	1117②	和形動	1135⑥			
大利	だいり	×	大利	法師	636⑤	漢名	648⑥			
大利	だいり	×	大利	安樂	782②	漢名	803②			
大利	だいり	×	大利	安樂	816④	漢名	839①			
大力	たいりき	×	大力	安樂	807②	漢名	829③			
大力	たいりき	×	大力	分別	929⑥	漢名	948④	たいりき/―ちから[妙]	―いなる―[西右]	
大力勢	たいりきせい	だいりきせい	大力勢	信解	327④	漢名	304②	だいりきせい/おほきなるちからいきをひ[妙]		
大力勢	たいりきせい	――せい	大力勢	信解	355⑤	漢名	339③	だいりきせい/おほきなるちから[妙]		

当該語	読みかな	傍訓	漢字表記	品名	頁数	語の種類	妙一本	和解語文	可読	異同語彙
大力菩薩	たいりきぼさつ	だいりき――	大力菩薩	序品	9②	仏菩薩名	7④			
大良藥	だいろうやく	たいらうやく	大良藥	如來	902③	漢名	921③	だいらうやく／おゝきによきくすり[妙]		
たふる	たうる	×	堪	藥草	393③	和動	379①		たへたるィ[西右]	
たふる	たうる	×	堪	藥草	394③	和動	380②		たへたる[西右]	
たへ	たえ	×	堪	序品	40④	和動	34⑥			
たへ	たえ	×	堪	方便	95⑤	和動	84①			
たへ	たえ	×	堪	方便	142①	和動	123⑤			たへ[妙]
たへ	たえ	×	勝	見寶	688⑤	和動	706③			
たへ	たえ	×	斷	方便	176②	和動	151④			
たへ	たえ	×	斷	安樂	767④	和動	787⑤			
たへ	たえ	×	絶	譬喩	281①	和動	252⑤			
たへ	たえ	×	絶	化城	453⑥	和動	448④			
たへ	たえ	×	絶	化城	540⑤	和動	546⑥			
たへ	たえ	×	妙	方便	115③	和形動	100④			
たへ	たえ	×	妙	方便	166④	和形動	143④			
たへ	たえ	×	妙	見寶	668①	和形動	683①			
たへ	たえ	×	妙	見寶	688③	和形動	706①			
たへ	たえ	×	妙	安樂	811②	和形動	833④			
たへ	たえ	×	妙	分別	927④	和形動	946②			たえ[妙]
たへ	たえ	×	妙	分別	934③	和形動	953①			たえ[妙]
たへ	たえ	×	妙	分別	934⑤	和形動	953②			たえ[妙]
たへ	たえ	×	妙	分別	962④	和形動	980⑥			
たへ	たえ	×	妙	分別	964①	和形動	982③			
たへ	たえ	×	妙	隨喜	974①	和形動	992②			
たへ	たえ	×	妙	隨喜	992③	和形動	1011②			
たへ	たえ	×	妙	法功	1031⑥	和形動	1050④			
たへ	たえ	×	妙	法功	1032⑥	和形動	1051⑤			
たへ	たえ	×	妙	法功	1044②	和形動	1062⑥			
たへなる	たえなる	×	妙	序品	37⑥	和形動	32④			
たへなる	たえなる	×	妙	譬喩	288③	和形動	260③			
たへに	たえに	×	妙	觀世	1244④	和形動	1256⑥			
たがひ	たがい	×	違	譬喩	271③	和動	242④			
たがひ	たがい	×	違	提婆	710⑤	和動	728①			
たがへ	たがえ	×	差	隨喜	983②	和動	1001②		ちがへ[西右]	
たかく	たかく	×	高	序品	40③	和形	34⑤			
たかく	たかく	×	高	譬喩	270⑤	和形	241⑥			
たかく	たかく	×	高	隨喜	984④	和形	1002⑥			
たかく	たかく	×	高	隨喜	991①	和形	1009⑤			
たかさ	たかさ	×	高	授記	433⑤	和転成名	424⑥			
たかさ	たかさ	×	高	授記	439③	和転成名	431③			
たかさ	たかさ	×	高	化城	453①	和転成名	447③			
たかさ	たかさ	×	高	化城	469①	和転成名	466①			
たかさ	たかさ	×	高	見寶	656⑤	和転成名	671①			
たかさ	たかさ	×	高	見寶	658①	和転成名	672③			
たかさ	たかさ	×	高	見寶	671③	和転成名	686④			
たかさ	たかさ	×	高	見寶	671③	和転成名	686⑥			
たかさ	たかさ	×	高	見寶	673①	和転成名	688⑤			
たかさ	たかさ	×	高	見寶	673③	和転成名	689①			
たかさ	たかさ	×	高	見寶	675③	和転成名	691④			
たかさ	たかさ	×	高	見寶	675⑤	和転成名	691④			
たかさ	たかさ	×	高	提婆	718②	和転成名	736②			
たかさ	たかさ	×	高	分別	954⑤	和転成名	973④			
たかさ	たかさ	×	高	分別	964①	和転成名	982③			
たかさ	たかさ	×	高	藥王	1129③	和転成名	1147⑥			
たかさ	たかさ	×	高	藥王	1134⑤	和転成名	1153①			
たかさ	たかさ	×	高	妙荘	1278⑥	和転成名	1288②			
たかさ	たかさ	×	高	妙荘	1295⑤	和転成名	1303⑥			
たから	たから	×	財	安樂	799⑤	和器財名	821③			
たから	たから	×	寶	序品	29⑤	和器財名	25③			
たから	たから	×	寶	序品	44②	和器財名	38②			
たから	たから	×	寶	信解	373③	和器財名	360③			
たから	たから	×	寶	五百	592⑥	和器財名	600①			
たから	たから	×	寶	見寶	670②	和器財名	685③			
たから	たから	×	寶	見寶	673④	和器財名	689①			

当該語	読みかな	傍訓	漢字表記	品名	頁数	語の種類	妙一本	和解語文	可読	異同語彙
たから	たから	×	寶	見寶	674①	和器財名	689⑤			
たから	たから	×	寶	見寶	676②	和器財名	692②			
たから	たから	×	寶	提婆	726⑤	和器財名	744⑥			
たから	たから	×	寶	從地	861①	和器財名	883⑤			
たから	たから	×	寶	如來	915④	和器財名	934③			
たから	たから	×	寶	分別	950③	和器財名	969①			
たから	たから	×	寶	藥王	1117⑥	和器財名	1136②			
たから	たから	×	寶	藥王	1150④	和器財名	1168⑤			
たから	たから	×	寶	觀世	1211⑥	和器財名	1224①			
多伽羅香	たからこう	たから―	多伽羅香	法功	1009⑥	漢香名名	1028②		―――の―[西右]	
たき	たき	×	燒	見寶	670①	和動	685②			
たき	たき	×	燒	見寶	674③	和動	690①			
たき	たき	×	燒	見寶	676④	和動	692④			
たき	たき	×	燒	分別	928①	和動	946⑤		たいて[西右]	
たき	たき	×	燒	分別	934⑤	和動	953③			
たきぎ	たきぎ	×	薪	提婆	711②	和雑物名	728④			
たきぎ	たきぎ	×	薪	提婆	713⑤	和雑物名	731④			
たきゝ	たきぎ	×	薪	序品	79①	和雑物名	69④			
たきぎ	たきぎ	×	薪	方便	168⑥	和雑物名	145④			
他行し	たぎょうし	たぎやう	他行	信解	363⑥	漢サ動	349③			
たく	たく	×	燒	法功	1013⑤	和動	1032②			
たぐひ	たぐい	×	屬	譬喩	273③	和転成名	244④			
たぐひ	たぐい	×	屬	譬喩	278③	和転成名	250①			
たぐひ	たぐい	×	屬	譬喩	281③	和転成名	252⑥			
たぐひ	たぐい	×	屬	信解	337⑥	和転成名	316⑥			
たぐひ	たぐい	×	類	譬喩	278⑥	和転成名	250④			
たぐひ	たぐい	×	比	方便	116③	和転成名	101⑥			
たぐひ	たぐい	×	比	從地	823①	和転成名	845②			
たくみ	たくみ	×	巧	方便	90②	和転成名	79②			
たくみ	たくみ	×	巧	從地	860⑤	和転成名	883⑤			
たくみ	たくみ	×	巧	從地	868①	和転成名	890⑥			
巧	たくみ	げう／たくみ	巧	譬喩	215④	和形動	183⑥			
たくらふる	たくらぶる	×	比	分別	938④	和動	956⑥			
たくらぶる	たくらぶる	×	比	随喜	979③	和動	997⑤			
度量す	たくりょうす	たくりやう	度量	方便	96①	漢サ動	84③			
度量す	たくりょうす	たくりやう	度量	方便	96⑥	漢サ動	85①	たくりやう・す／はかる[妙]		
たくはへ	たくわえ	×	畜	安樂	766④	和動	786④			やしなは[妙]
竹	たけ	ちく／たけ	竹	方便	98③	和植物名	86②	ちく／たけ[妙]		
多醯十五	たけい	たけい	多醯十五	陀羅	1265①	仏梵語名	1276②			たけい[妙]
多醯十七	たけい	たけい	多醯十七	陀羅	1265①	仏梵語名	1276②			たけい[妙]
多醯十六	たけい	たけい	多醯十六	陀羅	1265①	仏梵語名	1276②			たけい[妙]
たけき	たけき	×	猛	譬喩	284⑥	和形	256④			
多劫	たごう	たごう	多劫	提婆	708⑤	漢名	725⑤	たこう／おほくのとし[妙]		
他國	たこく	たこく・ひとのくに	他國	信解	322②	漢地儀名	297⑤			
他國	たこく	たこく	他國	信解	323⑥	漢地儀名	299⑤			
他国	たこく	たこく・ひとのくに	他國	信解	354⑥	漢地儀名	338⑤			
他國	たこく	たこく	他國	五百	591①	漢地儀名	597⑥		ひとの―[西右]	
他國	たこく	×	他國	五百	597⑤	漢地儀名	605⑥		―の―[西右]	
他國	たこく	×	他國	見寶	692④	漢地儀名	710⑥			
他国	たこく	たこく	他國	如來	906③	漢地儀名	925③		―の―[西右]	
他国	たこく	×	他國	如來	907①	漢地儀名	926①		―の―[西右]	
他事	たし	たし／よのこと	他事	藥草	406⑥	漢名	394②			
他事	たし	たし	他事	如來	892②	漢名	911②	たしん／たのみ[妙]	―の―[西右]	他身[妙]
他事	たし	たし	他事	如來	892③	漢名	911④	たじ／たのこと[妙]		
堕し	だし	だ	堕	方便	108③	漢サ動	94⑥	た・し／をち[妙]		
堕し	だし	おち	堕	方便	150⑤	漢サ動	130⑥			
たしなん	たしなん	×	困	譬喩	303⑤	和動	276①			
多少	たしょう	たせう	多少	五百	588②	漢名	594③			
多少	たしょう	×	多少	藥王	1152①	漢名	1170②	たせう／おゝきすくなきをはかる[妙]		
他身	たしん	たしん	他身	如來	892①	漢名	911①	たしん／たのみ[妙]	―の―[西右]	

当該語	読みかな	傍訓	漢字表記	品名	頁数	語の種類	妙一本	和解語文	可読	異同語彙
たすく	たすく	×	助	化城	538④	和動	544③		一けき[西右]	
たすく	たすく	×	助	分別	936⑤	和動	955②			
たすけ	たすけ	×	助	五百	578②	和動	583②			
たすけ	たすけ	×	助	妙荘	1293④	和動	1302②		一て[西右]	
たづね	たずね	×	尋	化城	475②	和動	474①			
たつねき	たずねき	×	尋來	化城	533①	和動	538⑤			
たつねもとむ	たずねもとむ	×	推求	信解	353⑥	和動	337②			
たつね{をし}もとめ	たずねもとめ	×	推覓	信解	344④	和複動	325④			
墜する	だする	た	墜	譬喩	217②	漢サ動	185⑤	だする／をつ[妙]	おとたるが[西右]	
堕せ	だせ	だ	堕	譬喩	237①	漢サ動	206③		一しぬ[西右]	おち[妙]
多千億	たせんおく	×	多千億	觀世	1236③	漢数名	1248③	だせんおく／おほくの[妙]		
多足	たそく	×	多足	隨喜	973②	漢名	991③			
たゞ	たた	×	起	妙音	1173①	和動	1188⑤			たた[妙]
たゞ	ただ	×	但	方便	133①	和副	116③			
たゞ	ただ	×	但	方便	136⑥	和副	119③			
たゞ	ただ	×	但	方便	167⑥	和副	144③			
たゞ	ただ	×	但	方便	179③	和副	154②			
たゞ	ただ	×	但	方便	182④	和副	156⑤			
たゞ	ただ	×	但	方便	191②	和副	164②			
たゞ	ただ	×	但	譬喩	239①	和副	208③			
たゞ	ただ	×	但	譬喩	241⑤	和副	211③			
たゞ	ただ	×	但	譬喩	243⑥	和副	213④			
たゞ	ただ	×	但	譬喩	251⑥	和副	221⑥			
たゞ	ただ	×	但	譬喩	259④	和副	230⑥			
たゞ	ただ	×	但	譬喩	261⑤	和副	232④			
たゞ	ただ	×	但	譬喩	268③	和副	239④			
たゞ	ただ	×	但	譬喩	297②	和副	269④			
たゞ	ただ	×	但	信解	350⑥	和副	333③			
たゞ	ただ	×	但	五百	566②	和副	569⑤			
たゞ	ただ	×	但	五百	582②	和副	587④			たたし[妙]
たゞ	ただ	×	但	安樂	765⑥	和副	785⑤			
たゞ	ただ	×	但	安樂	781⑥	和副	802⑤			
たゞ	ただ	×	但	如來	913⑥	和副	932⑥			
たゞ	ただ	×	但	隨喜	976⑥	和副	995②			
たゞ	ただ	×	但	常不	1063④	和副	1082②		一し[西右]	たた[妙]
たゞ	ただ	×	但	妙音	1189③	和副	1203⑥		一し[西 左・立本寺・瑞]	たた[妙]
たゞ	ただ	×	但	陀羅	1269⑤	和副	1280⑤			たた[妙]
たゞ	ただ	×	唯	信解	351③	和副	334①			
たゞ	ただ	×	唯	譬喩	290④	和副	262⑥			たゝし[妙]
たゞ	ただ	×	唯	普賢	1322⑤	和副	1327③			たた[妙]
多陀阿伽度	ただあかど	×	多陀阿伽度	序品	61②	仏梵語名	53③			
多陀阿伽度	ただあかど	ただあかと	多陀阿伽度	妙音	1186②	仏梵語名	1201④			
多陀阿伽度	ただあかど	ただあかど	多陀阿伽度	妙荘	1272⑥	仏梵語名	1283②			
たゝかひ	たたかい	×	戰	安樂	805⑥	和動	828①		たゝかふに[西右]	
たゝかふ	たたかう	×	戰	安樂	796⑥	和動	818③			
たゝかふ	たたかう	×	戰	安樂	799①	和動	820⑤			
たゝかふ	たたかう	×	戰	安樂	801④	和動	823③			
たゝかふ	たたかう	×	戰	安樂	807⑤	和動	829⑥			
たゞし	ただし	×	但	方便	128③	和副	112⑤			
たゞし	ただし	×	但	方便	148⑤	和副	129②			
たゞし	ただし	×	但	方便	165④	和副	142⑤			
たゞし	ただし	×	但	方便	187③	和副	160⑤			
たゞし	ただし	×	但	方便	190④	和副	163④			
たゞし	ただし	×	但	譬喩	258⑥	和副	230②			
たゞし	ただし	×	但	譬喩	294④	和副	266⑤			
たゞし	ただし	×	但	譬喩	304②	和副	276⑤			
たゞし	ただし	×	但	譬喩	315②	和副	289③			
たゞし	ただし	×	但	信解	319④	和副	294④			
たゞし	ただし	×	但	信解	324⑤	和副	300⑤			
たゞし	ただし	×	但	信解	367⑤	和副	353⑤			
たゞし	ただし	×	但	勸持	756③	和副	776①			たた[妙]
たゞし	ただし	×	但	安樂	768②	和副	788①			
たゞし	ただし	×	但	安樂	778③	和副	799②			

当該語	読みかな	傍訓	漢字表記	品名	頁数	語の種類	妙一本	和解語文	可読	異同語彙
たゞし	ただし	×	但	安樂	811②	和副	833④		つねにィ[西右]	
たゞし	ただし	×	但	如來	891②	和副	910②			
たゞし	ただし	×	但	法功	1008②	和副	1026⑤			
たゞし	ただし	×	但	譬喩	257⑤	和副	228⑥			
たゞし	ただし	×	唯	序品	74⑥	和副	65⑥			
たゞし	ただし	×	唯	方便	91②	和副	80②			
たゞし	ただし	×	唯	方便	99⑥	和副	87④			
たゞし	ただし	×	唯	方便	105⑤	和副	92④			
たゞし	ただし	×	唯	方便	112②	和副	98②			
たゞし	ただし	×	唯	方便	112③	和副	98③			
たゞし	ただし	×	唯	方便	113⑤	和副	99④			
たゞし	ただし	×	唯	方便	116①	和副	101④			
たゞし	ただし	×	唯	方便	117⑤	和副	103②			
たゞし	ただし	×	唯	方便	119①	和副	104③			
たゞし	ただし	×	唯	方便	122⑥	和副	107⑤			
たゞし	ただし	×	唯	方便	124⑤	和副	109③			
たゞし	ただし	×	唯	方便	125②	和副	109⑤			
たゞし	ただし	×	唯	方便	125④	和副	110①			
たゞし	ただし	×	唯	方便	127③	和副	111⑤			
たゞし	ただし	×	唯	方便	127⑥	和副	112②			
たゞし	ただし	×	唯	方便	128②	和副	112③			
たゞし	ただし	×	唯	方便	140②	和副	122②			
たゞし	ただし	×	唯	方便	142①	和副	123⑥			
たゞし	ただし	×	唯	方便	148③	和副	129①			
たゞし	ただし	×	唯	方便	149②	和副	129⑤			
たゞし	ただし	×	唯	譬喩	269②	和副	240③			
たゞし	ただし	×	唯	譬喩	269⑤	和副	240⑥			
たゞし	ただし	×	唯	譬喩	286③	和副	258②			
たゞし	ただし	×	唯	譬喩	294⑤	和副	266③			
たゞし	ただし	×	唯	信解	368⑤	和副	355①			
たゞし	ただし	×	唯	藥草	395⑥	和副	381⑥			
たゞし	ただし	×	唯	藥草	396⑥	和副	383①			
たゞし	ただし	×	唯	化城	469③	和副	466④			
たゞし	ただし	×	唯	化城	471③	和副	469②			
たゞし	ただし	×	唯	化城	471⑥	和副	469⑥			
たゞし	ただし	×	唯	化城	472④	和副	470⑤			
たゞし	ただし	×	唯	化城	477⑤	和副	477①			
たゞし	ただし	×	唯	化城	480④	和副	480②			
たゞし	ただし	×	唯	化城	486③	和副	487②			
たゞし	ただし	×	唯	化城	488③	和副	489⑤			
たゞし	ただし	×	唯	化城	489①	和副	490③			
たゞし	ただし	×	唯	化城	489⑥	和副	491④			
たゞし	ただし	×	唯	化城	495②	和副	497⑥			
たゞし	ただし	×	唯	化城	499①	和副	502③			
たゞし	ただし	×	唯	化城	500①	和副	503③			
たゞし	ただし	×	唯	化城	500⑥	和副	504④			
たゞし	ただし	×	唯	化城	520①	和副	525①			
たゞし	ただし	×	唯	化城	521②	和副	526③			
たゞし	ただし	×	唯	化城	527②	和副	532⑤			
たゞし	ただし	×	唯	化城	528⑥	和副	534④			
たゞし	ただし	×	唯	化城	548②	和副	554⑤			
たゞし	ただし	×	唯	五百	564④	和副	567⑥			
たゞし	ただし	×	唯	授學	602①	和副	610④			
たゞし	ただし	×	唯	授學	615⑤	和副	625③			
たゞし	ただし	×	唯	授學	616⑥	和副	626⑥			
たゞし	ただし	×	唯	見寶	670③	和副	685⑤			
たゞし	ただし	×	唯	見寶	683④	和副	700⑤			
たゞし	ただし	×	唯	提婆	726②	和副	744③			
たゞし	ただし	×	唯	提婆	731⑥	和副	749⑥			
たゞし	ただし	×	唯	勸持	738①	和副	756⑤			
たゞし	ただし	×	唯	勸持	750③	和副	769⑤			
たゞし	ただし	×	唯	勸持	751①	和副	770③			
たゞし	ただし	×	唯	安樂	797⑤	和副	819②			
たたし	ただし	×	唯	從地	841④	和副	864③			
たゞし	ただし	×	唯	從地	863②	和副	885⑥			
たゞし	ただし	×	唯	如來	881⑤	和副	900⑤			
たゞし	ただし	×	唯	如來	882②	和副	901②			

当該語	読みかな	傍訓	漢字表記	品名	頁数	語の種類	妙一本	和解語文	可読	異同語彙
たゞし	ただし	×	唯	法功	1038④	和副	1057②			
たゞし	ただし	×	唯	嘱累	1111①	和副	1129⑤			たたし[妙]
たゝし	ただし	×	唯	嘱累	1111⑥	和副	1130④			たたし[妙]
たゞし	ただし	×	唯	藥王	1158③	和副	1175⑥			たたし[妙]
たゞし	ただし	×	唯	妙音	1177③	和副	1192⑤			たたし[妙]
たゝし	ただし	×	唯	妙音	1184④	和副	1199②			たたし[妙]
たゞし	ただし	×	唯	普賢	1308⑤	和副	1315①			たたし[妙]
たゝし	ただし	×	唯	普賢	1318②	和副	1323④			たたし[妙]
たゞよはさ	ただよわさ	×	漂	觀世	1210③	和動	1223④		たゞよはさるゝ事をかしふるとも[西右]	たたよはさ[妙]
たゞよはす	ただよわす	×	漂	藥王	1157①	和動	1174④			たゝよはす[妙]
たち	たち	×	起	序品	58②	和動	50⑤			
たち	たち	×	起	序品	58⑤	和動	51①			
たち	たち	×	起	序品	74②	和動	65②			
たち	たち	×	起	序品	75③	和動	66③			
たち	たち	×	起	方便	87②	和動	76②			
たち	たち	×	起	方便	120②	和動	105⑥			
たち	たち	×	起	譬喩	204③	和動	171③			
たち	たち	×	起	信解	318①	和動	292⑤			
たち	たち	×	起	化城	511③	和動	516③			
たち	たち	×	起	五百	563②	和動	566③			
たち	たち	×	起	五百	589②	和動	595⑤			
たち	たち	×	起	授學	601④	和動	610①			
たち	たち	×	起	授學	603②	和動	611⑥			
たち	たち	×	起	見寶	660③	和動	674⑤			
たち	たち	×	起	勸持	740②	和動	759①			
たち	たち	×	起	勸持	741②	和動	760②			
たち	たち	×	起	勸持	748①	和動	767②			
たち	たち	×	起	安樂	775⑤	和動	796③		いてゝ[西右]	
たち	たち	×	起	安樂	815④	和動	838②			
たち	たち	×	起	分別	929①	和動	947⑤			
たち	たち	×	起	嘱累	1105①	和動	1123⑤		一給ふ[西右]	
たち	たち	×	起	藥王	1122③	和動	1140④		いて[西右]	たち[妙]
たち	たち	×	起	觀世	1208③	和動	1221③			
たち	たち	×	起	觀世	1246③	和動	1258④			
たち	たち	×	起	陀羅	1248①	和動	1260①			
たち	たち	×	起	普賢	1336②	和動	1339⑤			
たち	たち	×	起	見寶	679⑤	和動	696③			
たち	たち	×	立	見寶	692⑤	和動	711①			
たちまち	たちまち	×	忽	信解	329⑥	和副	307①			
たちまち	たちまち	×	忽	授記	423⑥	和副	413③			
たちまち	たちまち	×	忽	化城	464②	和副	460③			
たちまち	たちまち	×	忽	提婆	730④	和副	748④			
たちまちに	たちまちに	×	忽	信解	321②	和副	296④			
たちまちに	たちまちに	×	忽	信解	344⑥	和副	325④			
たちまちに	たちまちに	×	頓	信解	354①	和副	337④		たしなむでィ[西右]	
たつ	たつ	×	起	序品	79③	和動	69⑥			
たつ	たつ	×	起	法師	640②	和動	652⑤			
たつ	たつ	×	起	見寶	663③	和動	678②			
たつ	たつ	×	起	分別	960⑥	和動	979③			
たつ	たつ	×	起	分別	968①	和動	986③			
たつ	たつ	×	起	藥王	1133①	和動	1151③			
たつ	たつ	×	起	藥王	1134⑤	和動	1152⑥		たて[西右]	たつ[妙]
たつ	たつ	×	起	藥王	1138②	和動	1156⑤			
奪一切衆生精氣	だついっさいしょうじょうしょうき	だつ―――しやうけ・き	奪一切衆生精氣	陀羅	1262⑥	仏鬼神名	1274③			たついさいしゆしやうしやうけ[妙]
達し	たつし	だつ	達	提婆	731①	漢サ動	749①	たつ・し／さとり[妙]		
達し	たつし	だつ	達	法功	1046④	漢サ動	1065①	たつ・し／さとり[妙]		
達せ	たつせ	だつ	達	如來	886④	漢サ動	905④	たち・せ／さとらさる[妙]		
たつる	たつる	×	起	序品	19⑤	和動	16②			
たて	たて	×	起	方便	161③	和動	139③			
たて	たて	×	起	方便	162①	和動	139⑤			

当該語	読みかな	傍訓	漢字表記	品名	頁数	語の種類	妙一本	和解語文	可読	異同語彙
たて	たて	×	起	信解	376②	和動	363⑤			
たて	たて	×	起	授記	433⑤	和動	424⑥			
たて	たて	×	起	授記	437⑤	和動	429②			
たて	たて	×	起	授記	439③	和動	431③			
たて	たて	×	起	授記	443①	和動	435③			
たて	たて	×	起	五百	574②	和動	578④			
たて	たて	×	起	提婆	718②	和動	736②			
たて	たて	×	起	分別	951⑥	和動	970⑤			
たて	たて	×	起	分別	952④	和動	971③			
たて	たて	×	起	分別	954②	和動	971⑤			
たて	たて	×	起	分別	956③	和動	975①			
たて	たて	×	起	分別	958①	和動	976⑤			
たて	たて	×	起	分別	962①	和動	980④			
たて	たて	×	起	分別	963⑥	和動	982②			
たて	たて	×	起	神力	1096⑥	和動	1115⑤			
たて	たて	×	起	妙莊	1293②	和動	1301⑥			
たて	たて	×	立	譬喩	279⑥	和動	251③			たち[妙]
たて	たて	×	立	分別	940⑤	和動	959①		一たる[西右]	
たて	たて	×	立	方便	152②	和動	132①			
たてまつら	たてまつら	×	奉	譬喩	212②	和敬補動	180①			
たてまつら	たてまつら	×	奉	譬喩	308④	和敬補動	281①			
たてまつら	たてまつら	×	奉	化城	454③	和敬補動	449①			
たてまつら	たてまつら	×	奉	化城	457①	和敬補動	452①			
たてまつら	たてまつら	×	奉	化城	471①	和敬補動	468⑤			
たてまつら	たてまつら	×	奉	化城	527③	和敬補動	532⑥			
たてまつら	たてまつら	×	奉	化城	×	和敬補動	533①			
たてまつら	たてまつら	×	奉	法師	635①	和敬補動	646⑥			
たてまつら	たてまつら	×	奉	見寶	664⑥	和敬補動	679⑤			
たてまつら	たてまつら	×	奉	見寶	686⑥	和敬補動	704③			
たてまつら	たてまつら	×	奉	從地	828③	和敬補動	850⑤			
たてまつら	たてまつら	×	奉	從地	829③	和敬補動	851⑤			
たてまつら	たてまつら	×	奉	如來	912⑤	和敬補動	931⑤			
たてまつら	たてまつら	×	奉	神力	1085②	和敬補動	1103④			
たてまつら	たてまつら	×	奉	藥王	1122⑤	和敬補動	1141①			
たてまつら	たてまつら	×	奉	藥王	1136②	和敬補動	1154④			
たてまつら	たてまつら	×	奉	藥王	1155⑥	和敬補動	1173⑤			
たてまつら	たてまつら	×	奉	妙音	1176①	和敬補動	1191③			
たてまつら	たてまつら	×	奉	妙音	1184③	和敬補動	1199②			
たてまつら	たてまつら	×	奉	普賢	1322④	和敬補動	1327③			
奉り	たてまつり	×	奉	方便	95②	和敬補動	×			
たてまつり	たてまつり	×	奉	序品	18②	和敬補動	14⑥			
たてまつり	たてまつり	×	奉	序品	33③	和敬補動	28⑤			
たてまつり	たてまつり	×	奉	方便	105③	和敬補動	92②			
たてまつり	たてまつり	×	奉	方便	112⑥	和敬補動	98⑤			
たてまつり	たてまつり	×	奉	方便	116④	和敬補動	102②			
たてまつり	たてまつり	×	奉	方便	129⑥	和敬補動	113⑥			
たてまつり	たてまつり	×	奉	方便	131⑥	和敬補動	114⑥			
たてまつり	たてまつり	×	奉	方便	132⑤	和敬補動	116①			
たてまつり	たてまつり	×	奉	方便	160①	和敬補動	138②			
たてまつり	たてまつり	×	奉	方便	167⑤	和敬補動	144④			
たてまつり	たてまつり	×	奉	方便	168④	和敬補動	145②			
たてまつり	たてまつり	×	奉	方便	185⑥	和敬補動	159③			
たてまつり	たてまつり	×	奉	譬喩	204⑤	和敬補動	171⑤			
たてまつり	たてまつり	×	奉	譬喩	205①	和敬補動	172②			
たてまつり	たてまつり	×	奉	譬喩	207⑥	和敬補動	175②			
たてまつり	たてまつり	×	奉	譬喩	262④	和敬補動	233⑥			
たてまつり	たてまつり	×	奉	譬喩	263③	和敬補動	234⑤			
たてまつり	たてまつり	×	奉	譬喩	264②	和敬補動	235⑤			
たてまつり	たてまつり	×	奉	譬喩	299②	和敬補動	271④			
たてまつり	たてまつり	×	奉	譬喩	312②	和敬補動	285④			
たてまつり	たてまつり	×	奉	信解	317②	和敬補動	292①			
たてまつり	たてまつり	×	奉	信解	348⑥	和敬補動	330⑥			
たてまつり	たてまつり	×	奉	化城	454①	和敬補動	448⑤		一き[西右]	
たてまつり	たてまつり	×	奉	化城	457③	和敬補動	452④			
たてまつり	たてまつり	×	奉	化城	506③	和敬補動	510⑤			
たてまつり	たてまつり	×	奉	化城	533④	和敬補動	539①		一る[西右]	
たてまつり	たてまつり	×	奉	化城	534①	和敬補動	539⑤			
たてまつり	たてまつり	×	奉	化城	536③	和敬補動	542②			

当該語	読みかな	傍訓	漢字表記	品名	頁数	語の種類	妙一本	和解語文	可読	異同語彙
たてまつり	たてまつり	×	奉	五百	562③	和敬補動	565③			
たてまつり	たてまつり	×	奉	五百	566①	和敬補動	569④			
たてまつり	たてまつり	×	奉	五百	585④	和敬補動	591①			
たてまつり	たてまつり	×	奉	五百	600③	和敬補動	608⑥			
たてまつり	たてまつり	×	奉	授學	603④	和敬補動	612②			
たてまつり	たてまつり	×	奉	授學	615③	和敬補動	625②		一らん[西右]	
たてまつり	たてまつり	×	奉	見寶	666⑥	和敬補動	681⑤			
たてまつり	たてまつり	×	奉	見寶	681①	和敬補動	697⑥			
たてまつり	たてまつり	×	奉	見寶	683③	和敬補動	700④			
たてまつり	たてまつり	×	奉	勸持	740③	和敬補動	759②			
たてまつり	たてまつり	×	奉	安樂	812⑤	和敬補動	835②			
たてまつり	たてまつり	×	奉	從地	823⑥	和敬補動	846①			
たてまつり	たてまつり	×	奉	從地	824⑤	和敬補動	847①			
たてまつり	たてまつり	×	奉	從地	827⑥	和敬補動	850①		一しし[西右]	
たてまつり	たてまつり	×	奉	從地	831⑥	和敬補動	854⑤			
たてまつり	たてまつり	×	奉	從地	834②	和敬補動	857①			
たてまつり	たてまつり	×	奉	從地	868⑥	和敬補動	891⑤			
たてまつり	たてまつり	×	奉	從地	869①	和敬補動	892①			
たてまつり	たてまつり	×	奉	分別	929③	和敬補動	948①			
たてまつり	たてまつり	×	奉	常不	1069⑥	和敬補動	1088③			
たてまつり	たてまつり	×	奉	常不	1072①	和敬補動	1090④			
たてまつり	たてまつり	×	奉	常不	1080①	和敬補動	1098④		一て[西右]	
たてまつり	たてまつり	×	奉	常不	1083②	和敬補動	1101⑥			
たてまつり	たてまつり	×	奉	神力	1088⑥	和敬補動	1107②			
たてまつり	たてまつり	×	奉	神力	1089③	和敬補動	1107⑤			
たてまつり	たてまつり	×	奉	神力	1101⑤	和敬補動	1120⑤			たてまつり[妙]
たてまつり	たてまつり	×	奉	囑累	1110⑤	和敬補動	1129③			
たてまつり	たてまつり	×	奉	藥王	1128⑤	和敬補動	1146⑥			
たてまつり	たてまつり	×	奉	藥王	1130②	和敬補動	1148⑤			
たてまつり	たてまつり	×	奉	藥王	1158③	和敬補動	1176①			
たてまつり	たてまつり	×	奉	藥王	1164④	和敬補動	1181④			
たてまつり	たてまつり	×	奉	妙音	1170①	和敬補動	1186①			
たてまつり	たてまつり	×	奉	妙音	1185④	和敬補動	1200②			
たてまつり	たてまつり	×	奉	妙音	1200⑥	和敬補動	1214④			
たてまつり	たてまつり	×	奉	妙音	1201①	和敬補動	1214⑤			
たてまつり	たてまつり	×	奉	觀世	1208④	和敬補動	1221⑤			たてまつり[妙]
たてまつり	たてまつり	×	奉	觀世	1234②	和敬補動	1246⑥			
たてまつり	たてまつり	×	奉	陀羅	1248②	和敬補動	1260①			
たてまつり	たてまつり	×	奉	妙莊	1284⑤	和敬補動	1294③			
たてまつり	たてまつり	×	奉	妙莊	1286③	和敬補動	1296①			
たてまつり	たてまつり	×	奉	妙莊	1299②	和敬補動	1306⑥		一て[西左]	たてまつる{り}[妙]
たてまつり	たてまつり	×	奉	普賢	1324②	和敬補動	1328⑥			たてまつり[妙]
たてまつる	たてまつりき	×	奉	藥王	1133⑥	和敬補類	1152②		一りき[西右]	たてまつる[妙]
たてまつる	たてまつる	×	上	提婆	734①	和敬補類	752③			
たてまつる	たてまつる	×	獻	提婆	734③	和敬補動	752⑤			
奉る	たてまつる	×	奉	法師	639⑥	和敬補動	652②			たてまつ[妙]
たてまつる	たてまつる	×	奉	序品	8①	和敬補動	6③			
たてまつる	たてまつる	×	奉	序品	17②	和敬補動	13⑥			
たてまつる	たてまつる	×	奉	序品	19③	和敬補動	16①			
たてまつる	たてまつる	×	奉	序品	31④	和敬補動	26⑥			たてまつり[妙]
たてまつる	たてまつる	×	奉	序品	33①	和敬補動	28③			
たてまつる	たてまつる	×	奉	序品	56②	和敬補動	48⑥			
たてまつる	たてまつる	×	奉	序品	68⑤	和敬補動	60①			
たてまつる	たてまつる	×	奉	序品	70③	和敬補動	61④			
たてまつる	たてまつる	×	奉	序品	71②	和敬補動	62②			
たてまつる	たてまつる	×	奉	序品	77①	和敬補動	67⑤			
たてまつる	たてまつる	×	奉	序品	77②	和敬補動	67⑥			
たてまつる	たてまつる	×	奉	序品	80④	和敬補動	70⑤			
たてまつる	たてまつる	×	奉	序品	82⑤	和敬補動	72④			
たてまつる	たてまつる	×	奉	序品	83②	和敬補動	72⑥			
たてまつる	たてまつる	×	奉	方便	139④	和敬補動	×			て[妙]
たてまつる	たてまつる	×	奉	方便	172⑥	和敬補動	148⑥			
たてまつる	たてまつる	×	奉	譬喩	204④	和敬補動	171④			
たてまつる	たてまつる	×	奉	譬喩	212③	和敬補動	180③			
たてまつる	たてまつる	×	奉	譬喩	231④	和敬補動	200④			
たてまつる	たてまつる	×	奉	譬喩	231⑥	和敬補動	201①			
たてまつる	たてまつる	×	奉	譬喩	233⑥	和敬補動	203②			

当該語	読みかな	傍訓	漢字表記	品名	頁数	語の種類	妙一本	和解語文	可読	異同語彙
たてまつる	たてまつる	×	奉	譬喩	235②	和敬補動	204④			
たてまつる	たてまつる	×	奉	信解	318③	和敬補動	293②			たてまつりて[西]
たてまつる	たてまつる	×	奉	信解	371①	和敬補動	357④			
たてまつる	たてまつる	×	奉	信解	375③	和敬補動	362⑥			
たてまつる	たてまつる	×	奉	信解	376④	和敬補動	364②			
たてまつる	たてまつる	×	奉	藥草	405②	和敬補動	392③		まみえ奉るィ[西右]	
たてまつる	たてまつる	×	奉	授記	419⑤	和敬補動	408④			
たてまつる	たてまつる	×	奉	授記	422④	和敬補動	412①			
たてまつる	たてまつる	×	奉	授記	434⑤	和敬補動	425⑥			
たてまつる	たてまつる	×	奉	授記	437④	和敬補動	429①		一らん[西右]	
たてまつる	たてまつる	×	奉	授記	442③	和敬補動	434⑤			
たてまつる	たてまつる	×	奉	化城	460③	和敬補動	455⑥			
たてまつる	たてまつる	×	奉	化城	460④	和敬補動	456②			
たてまつる	たてまつる	×	奉	化城	470①	和敬補動	467⑤			
たてまつる	たてまつる	×	奉	化城	471③	和敬補動	469①			
たてまつる	たてまつる	×	奉	化城	471⑤	和敬補動	469⑤			
たてまつる	たてまつる	×	奉	化城	476③	和敬補動	475⑤			
たてまつる	たてまつる	×	奉	化城	478⑤	和敬補動	478②			
たてまつる	たてまつる	×	奉	化城	480①	和敬補動	479④			
たてまつる	たてまつる	×	奉	化城	480③	和敬補動	480①			
たてまつる	たてまつる	×	奉	化城	485④	和敬補動	486①			
たてまつる	たてまつる	×	奉	化城	487②	和敬補動	488②			
たてまつる	たてまつる	×	奉	化城	487④	和敬補動	488⑤			
たてまつる	たてまつる	×	奉	化城	488⑥	和敬補動	490②			
たてまつる	たてまつる	×	奉	化城	490③	和敬補動	492②			
たてまつる	たてまつる	×	奉	化城	494②	和敬補動	496⑤			
たてまつる	たてまつる	×	奉	化城	499①	和敬補動	502③			
たてまつる	たてまつる	×	奉	化城	499⑤	和敬補動	503②			
たてまつる	たてまつる	×	奉	化城	514①	和敬補動	519①			
たてまつる	たてまつる	×	奉	化城	530⑤	和敬補動	536③		一りき[西右]	
たてまつる	たてまつる	×	奉	化城	532②	和敬補動	537⑥			
たてまつる	たてまつる	×	奉	化城	534②	和敬補動	539⑥			
たてまつる	たてまつる	×	奉	五百	563④	和敬補動	566⑤			
たてまつる	たてまつる	×	奉	五百	596②	和敬補動	604②			
たてまつる	たてまつる	×	奉	授學	616⑤	和敬補動	626④			
たてまつる	たてまつる	×	奉	法師	633⑥	和敬補動	645⑤			
たてまつる	たてまつる	×	奉	法師	656②	和敬補動	670⑤			
たてまつる	たてまつる	×	奉	見寶	669③	和敬補動	684④			
たてまつる	たてまつる	×	奉	見寶	680①	和敬補動	696⑥			
たてまつる	たてまつる	×	奉	見寶	691②	和敬補動	709②			
たてまつる	たてまつる	×	奉	提婆	722②	和敬補動	740③			
たてまつる	たてまつる	×	奉	勸持	741⑤	和敬補動	760④			
たてまつる	たてまつる	×	奉	勸持	742②	和敬補動	761①			
たてまつる	たてまつる	×	奉	安樂	759⑥	和敬補動	779④			
たてまつる	たてまつる	×	奉	安樂	796①	和敬補動	817④			
たてまつる	たてまつる	×	奉	安樂	814③	和敬補動	836⑥			
たてまつる	たてまつる	×	奉	從地	824⑥	和敬補動	847②			
たてまつる	たてまつる	×	奉	從地	825③	和敬補動	847⑦			
たてまつる	たてまつる	×	奉	從地	833④	和敬補動	856③			
たてまつる	たてまつる	×	奉	從地	836⑤	和敬補動	×		一り[西右]	
たてまつる	たてまつる	×	奉	從地	844②	和敬補動	866⑥			
たてまつる	たてまつる	×	奉	從地	845①	和敬補動	867⑤			
たてまつる	たてまつる	×	奉	如來	898①	和敬補動	917②			
たてまつる	たてまつる	×	奉	如來	917⑥	和敬補動	936⑤			
たてまつる	たてまつる	×	奉	分別	928⑥	和敬補動	947④			
たてまつる	たてまつる	×	奉	分別	935①	和敬補動	953④			
たてまつる	たてまつる	×	奉	分別	935⑤	和敬補動	954③			
たてまつる	たてまつる	×	奉	分別	951⑤	和敬補動	970④			
たてまつる	たてまつる	×	奉	常不	1058①	和敬補動	1076⑥			たてまつる[妙]
たてまつる	たてまつる	×	奉	常不	1061①	和敬補動	1079⑤		一りき[西右]	たてまつる[妙]
たてまつる	たてまつる	×	奉	常不	1070③	和敬補動	1089①			
たてまつる	たてまつる	×	奉	常不	1077③	和敬補動	1095⑥			たてまつる[妙]
たてまつる	たてまつる	×	奉	常不	1077④	和敬補動	1096①			
たてまつる	たてまつる	×	奉	神力	1089⑥	和敬補動	1108②		たまへる[西右]	たてまつる[妙]
たてまつる	たてまつる	×	奉	神力	1091①	和敬補動	1109③			
たてまつる	たてまつる	×	奉	神力	1091⑥	和敬補動	1110②			

当該語	読みかな	傍訓	漢字表記	品名	頁数	語の種類	妙一本	和解語文	可読	異同語彙
たてまつる	たてまつる	×	奉	嘱累	1109⑥	和敬補動	1128③			
たてまつる	たてまつる	×	奉	薬王	1121①	和敬補動	1139③			
たてまつる	たてまつる	×	奉	薬王	1122③	和敬補動	1140③		―りき[西右]	たてまつる[妙]
たてまつる	たてまつる	×	奉	薬王	1122④	和敬補動	1140⑥			
たてまつる	たてまつる	×	奉	薬王	1124⑤	和敬補動	1143①			
たてまつる	たてまつる	×	奉	薬王	1126②	和敬補動	1144①			
たてまつる	たてまつる	×	奉	薬王	1129②	和敬補動	1147⑤			
たてまつる	たてまつる	×	奉	薬王	1129⑥	和敬補動	1148③			
たてまつる	たてまつる	×	奉	薬王	1130③	和敬補動	1148⑥		―と[西右]	
たてまつる	たてまつる	×	奉	薬王	1134②	和敬補動	1152④		―りき[西右]	たてまつる[妙]
たてまつる	たてまつる	×	奉	薬王	1135④	和敬補動	1153⑥			
たてまつる	たてまつる	×	奉	薬王	1136⑥	和敬補動	1155①		―りき[西右]	たてまつる[妙]
たてまつる	たてまつる	×	奉	妙音	1185①	和敬補動	1199⑤			
たてまつる	たてまつる	×	奉	妙音	1186⑥	和敬補動	1201⑤			
たてまつる	たてまつる	×	奉	妙音	1199④	和敬補動	1213③		―り[西右]	
たてまつる	たてまつる	×	奉	觀世	1231⑤	和敬補動	1244③			
たてまつる	たてまつる	×	奉	觀世	1234③	和敬補動	1246⑥			
たてまつる	たてまつる	×	奉	觀世	1235①	和敬補動	1247④			
たてまつる	たてまつる	×	奉	妙荘	1285⑤	和敬補動	1295③			
たてまつる	たてまつる	×	奉	妙荘	1287⑤	和敬補動	1297①			
たてまつる	たてまつる	×	奉	妙荘	1296③	和敬補動	1304④			
たてまつる	たてまつる	×	奉	妙荘	1301③	和敬補動	1308⑥		―り[西右]	たてまつる[妙]
×	たてまつる	×	奉	普賢	1309⑥	和敬補動	1316②			たてまつる[妙]
たてまつる	たてまつる	×	奉	普賢	1328⑤	和敬補動	1332⑤			
たてまつる	たてまつる	×	奉	普賢	1329①	和敬補動	1333①			
たてまつる	たてまつる	×	奉	普賢	1329⑤	和敬補動	1333③			
たてまつる	たてまつる	×	奉	普賢	1330①	和敬補動	1333⑥			たてまつる[妙]
たてまつれ	たてまつれ	×	奉	序品	26①	和敬補動	22①			
たてまつれ	たてまつれ	×	奉	譬喩	212⑤	和敬補動	180⑥			
たてまつれ	たてまつれ	×	奉	化城	488②	和敬補動	489③		―ること[西右]	
たてまつれ	たてまつれ	×	奉	化城	496①	和敬補動	498⑤			
たてまつれ	たてまつれ	×	奉	提婆	729①	和敬補動	747①			
たてまつれ	たてまつれ	×	奉	安樂	765⑥	和敬補動	785⑥			
たてまつれ	たてまつれ	×	奉	安樂	772④	和敬補動	793①			
たてまつれ	たてまつれ	×	奉	常不	1081②	和敬補動	1099④			たてまつれ[妙]
たてまつれ	たてまつれ	×	奉	薬王	1141④	和敬補動	1159⑤			
たてまつれ	たてまつれ	×	奉	妙音	1168①	和敬補動	1184②			
他土	たど	―・ひとのくに	他土	信解	353⑤	漢地儀名	337①			たと[妙]
他土	たど	たど	他土	見寶	670④	漢地儀名	685⑥			たと[妙]
他土	たど	×	他土	見寶	672⑥	漢地儀名	688④			たと[妙]
他土	たど	た―	他土	見寶	675②	漢地儀名	691①			たと[妙]
たとひ	たとい	×	正使	方便	96②	和副	84④			
たとひ	たとい	×	正使	方便	188④	和副	161⑤			
たとひ	たとい	×	假使	方便	95⑤	和副	84①			
たとひ	たとい	×	假使	見寶	693③	和副	711⑤			
たとひ	たとい	×	假使	見寶	694④	和副	713①			
たとひ	たとい	×	假使	從地	857⑥	和副	880①			
たとひ	たとい	×	假使	如來	884③	和副	903②			
たとひ	たとい	×	喩	信解	377⑤	和副	365④			
たとひ	たとい	×	喩	法功	1032②	和副	1050⑥			
たとひ	たとい	×	設	序品	33⑤	和副	29①			
たとひ	たとい	×	設	譬喩	307⑥	和副	280③			
たとひ	たとい	×	設	薬草	410③	和副	398②			
たとひ	たとい	×	設	化城	446⑤	和副	439⑤			
設	たとい	×	設	授學	601③	和副	609⑥			たとひ[妙]
たとひ	たとい	×	設	分別	941⑤	和副	960①			
たとひ	たとい	×	設	薬王	1125③	和副	1143⑤			
たとひ	たとい	×	設	妙音	1179⑤	和副	1194⑥			
たとひ	たとい	×	設	觀世	1210①	和副	1223②			
たとひ	たとい	×	設	觀世	1211①	和副	1224②			
たとひ	たとい	×	設	觀世	1213③	和副	1226⑤			
たとひ	たとい	×	設	觀世	1218②	和副	1231④			
たとひ	たとい	×	設	觀世	1218④	和副	1231⑥			
たとひ	たとい	×	設	觀世	1236⑤	和副	1249①			
たとへ	たとえ	×	譬	信解	322①	和転成名	297③			
たとへ	たとえ	×	喩	序品	27①	和転成名	23①			たとひ[妙]
たとへ	たとえ	×	喩	薬草	403⑤	和転成名	390④			

当該語	読みかな	傍訓	漢字表記	品名	頁数	語の種類	妙一本	和解語文	可読	異同語彙
たとへ	たとえ	×	喩	神力	1093①	和転成名	1111④			
たとへば	たとえば	×	譬	方便	189①	和副	162②			
たとへば	たとえば	×	譬	譬喩	270④	和副	241⑤			
たとへば	たとえば	×	譬	信解	353③	和副	336⑤			
たとへば	たとえば	×	譬	藥草	388④	和副	373⑥			
たとへば	たとえば	×	譬	藥草	400④	和副	387①			
たとへば	たとえば	×	譬	藥草	413③	和副	401④			
たとへば	たとえば	×	譬	化城	446④	和副	439①			
たとへば	たとえば	×	譬	化城	522①	和副	527②			
たとへば	たとえば	×	譬	化城	540⑤	和副	546④			
たとへば	たとえば	×	譬	五百	590②	和副	597①			
たとへば	たとえば	×	譬	五百	596⑥	和副	604⑥			
たとへば	たとえば	×	譬	法師	642⑥	和副	655⑤			
たとへば	たとえば	×	譬	見寶	688⑤	和副	706③			
たとへば	たとえば	×	譬	安樂	796②	和副	817⑤			
たとへば	たとえば	×	譬	安樂	805⑥	和副	827⑥			
たとへば	たとえば	×	譬	從地	858⑥	和副	881⑤			
たとへば	たとえば	×	譬	從地	866③	和副	889②			
たとへば	たとえば	×	譬	如來	884②	和副	903①			
たとへば	たとえば	×	譬	如來	899③	和副	918④			
たとへば	たとえば	×	譬	分別	957①	和副	975⑤			
たとへば	たとえば	×	譬	藥王	1142⑥	和副	1160⑥			たとへば[妙]
たなごゝろ	たなごころ	×	掌	序品	85③	和身体名	74⑥			
たなごゝろ	たなごころ	×	掌	方便	110①	和身体名	96③			
たなごゝろ	たなごころ	×	掌	方便	111②	和身体名	97②			
たなごゝろ	たなごころ	×	掌	方便	118④	和身体名	103⑥			
たなごゝろ	たなごころ	×	掌	譬喩	204③	和身体名	171③			
たな心	たなごころ	×	掌	授記	422③	和身体名	411⑥			
たな心	たなごころ	×	掌	授記	432②	和身体名	423③	合掌してィ[西右]		
たな心	たなごころ	×	掌	授學	603④	和身体名	612②			
たな心	たなごころ	×	掌	法師	629⑤	和身体名	641①			
たな心	たなごころ	×	掌	法師	633⑤	和身体名	645④			
たな心	たなごころ	×	掌	法師	635④	和身体名	647⑤			
たなごゝろ	たなごころ	×	掌	見寶	679⑥	和身体名	696⑤			
たな心	たなごころ	×	掌	勸持	740②	和身体名	759①			
たなごゝろ	たなごころ	×	掌	勸持	741④	和身体名	760③			
たな心	たなごころ	×	掌	勸持	748②	和身体名	767③			
たな心	たなごころ	×	掌	安樂	812⑤	和身体名	835①			
たな心	たなごころ	×	掌	安樂	813⑥	和身体名	836②			
たな心	たなごころ	×	掌	從地	817④	和身体名	839⑥			
たなごゝろ	たなごころ	×	掌	從地	824③	和身体名	846⑤			
たなごゝろ	たなごころ	×	掌	從地	827⑤	和身体名	849⑥			
たな心	たなごころ	×	掌	從地	833③	和身体名	856②	合掌しィ[西右]		
たな心	たなごころ	×	掌	從地	834②	和身体名	856⑥			
たなごゝろ	たなごころ	×	掌	如來	881②	和身体名	900④			
たな心	たなごころ	×	掌	分別	929②	和身体名	947⑥			
たな心	たなごころ	×	掌	神力	1084⑤	和身体名	1102③			たなこころ[妙]
たな心	たなごころ	×	掌	神力	1092①	和身体名	1110④			たなこころ[妙]
たなごゝろ	たなごころ	×	掌	囑累	1110④	和身体名	1129②			たなこころ
常{掌}	たなごころ	×	掌	藥王	1117④	和身体名	1135⑥	しやう／たなここ ろ[妙]		
たなごゝろ	たなごころ	×	掌	觀世	1208④	和身体名	1221④			たなこころ[妙]
たなごゝろ	たなごころ	×	掌	陀羅	1248②	和身体名	1260②			たなこころ[妙]
たな心	たなごころ	×	掌	陀羅	1260②	和身体名	1271⑤			たなこころ[妙]
たなごゝろ	たなごころ	×	掌	妙莊	1281①	和身体名	1290⑥			たなこころ[妙]
たなごゝろ	たなごころ	×	掌	妙莊	1283①	和身体名	1292④			たなこころ[妙]
たなごゝろ	たなごころ	×	掌	妙莊	1301⑤	和身体名	1309①			{た}なこころ[妙]
他人	たにん	たにん	他人	信解	332⑥	漢人倫名	310⑥			
他人	たにん	×	他人	法師	638⑥	漢人倫名	651②			
他人	たにん	た―	他人	安樂	777③	漢人倫名	798①			
他人	たにん	た―	他人	分別	955⑥	漢人倫名	974④			
他人	たにん	×	他人	分別	957③	漢人倫名	976③			
他人	たにん	×	他人	分別	958③	漢人倫名	977②			
他人	たにん	×	他人	法功	1005⑤	漢人倫名	1024②			
他人	たにん	×	他人	法功	1006⑦	漢人倫名	1024⑤			
他人	たにん	×	他人	法功	1014④	漢人倫名	1033①			

当該語	読みかな	傍訓	漢字表記	品名	頁数	語の種類	妙一本	和解語文	可読	異同語彙
他人	たにん	×	他人	常不	1072⑥	漢人倫名	1091④			たにん[妙]
他人	たにん	×	他人	藥王	1156⑤	漢人倫名	1174③			たにん[妙]
多年	たねん	×	多年	常不	1065③	漢時候名	1084①	たねん／をゝくのとし[妙]	一とし・のとし[西右]	
多年	たねん	×	多年	常不	1065③	漢時候名	1084①	たねん／をゝくのとし[妙]	一のとし[西右]	
たのしむ	たのしむ	×	娯	信解	354③	和動	337⑤			
たのしむ	たのしむ	×	樂	譬喩	274⑤	和動	246②			
たのしむ	たのしむ	×	樂	譬喩	282③	和動	253⑥			
たのむ	たのむ	×	怙	譬喩	307①	和動	279③			
多病痟瘦	たびょうしょうしゅ	たひやうせうしゆ／やまひおほくかしげやせて	多病痟瘦	譬喩	307①	漢四熟名	279③	たひやうせうしゆ／やまひおほくかしけやせ[妙]		
たふれ	たふれ	×	躄	信解	359③	和動	343⑥		一る[西右]	
他方	たほう	×	他方	法師	639①	漢名	651④			
他方	たほう	×	他方	見寶	692②	漢名	710③			
他方	たほう	×	他方	勸持	747③	漢名	766②			
他方	たほう	たはう	他方	勸持	750③	漢名	769④			
他方	たほう	×	他方	從地	817②	漢名	839④			
他方	たほう	×	他方	從地	842①	漢名	864⑥			
多寶	たほう	たほう	多寶	見寶	661⑥	漢名	676④			
多寶	たほう	×	多寶	見寶	690④	漢名	708④			
多寶世尊	たほうせそん	×	多寶世尊	提婆	720⑤	仏世尊名	738③			
多寶如来	たほうにょらい	×	多寶如來	見寶	664①	仏如来名	678⑥			
多寶如来	たほうにょらい	×	多寶如來	見寶	669④	仏如来名	684④			
多寶如来	たほうにょらい	×	多寶如來	見寶	680④	仏如来名	697④			
多寶如来	たほうにょらい	×	多寶如來	見寶	686⑤	仏如来名	704③			
多寶如来	たほうにょらい	×	多寶如來	見寶	689⑥	仏如来名	707④		一と[西右]	
多寶如来	たほうにょらい	×	多寶如來	見寶	691③	仏如来名	709④		一と[西右]	
多寶如来	たほうにょらい	たほう――	多寶如來	從地	823④	仏如来名	845⑥			
多寶如来	たほうにょらい	たほう――	多寶如來	分別	926⑥	仏如来名	945④			
多寶如来	たほうにょらい	×	多寶如來	神力	1089①	仏如来名	1107③			たほうにょらい[妙]
多寶如来	たほうにょらい	×	多寶如來	藥王	1163⑥	仏如来名	1180⑥			たほうにょらい[妙]
多寶如来	たほうにょらい	×	多寶如來	妙音	1178①	仏如来名	1193③			たほうにょらい[妙]
多寶如来	たほうにょらい	×	多寶如來	妙音	1183④	仏如来名	1198③			たほうにょらい[妙]
多寶如来	たほうにょらい	×	多寶如來	妙音	1183⑥	仏如来名	1198⑤			たほうにょらい[妙]
多寶仏	たほうぶつ	×	多寶佛	見寶	665①	仏仏名名	679⑥			
多寶佛	たほうぶつ	×	多寶佛	見寶	682①	仏仏名名	699①		一と[西右]	
多寶佛	たほうぶつ	×	多寶佛	見寶	682②	仏仏名名	699③			
多寶佛	たほうぶつ	×	多寶佛	見寶	689④	仏仏名名	707③			
多寶佛	たほうぶつ	たほう―	多寶佛	見寶	690⑤	仏仏名名	708⑤			
多寶佛	たほうぶつ	×	多寶佛	提婆	720④	仏仏名名	738⑤			
多寶佛	たほうぶつ	×	多寶佛	神力	1100⑤	仏仏名名	1119⑤			一ほうふつ[妙]
多寶佛	たほうぶつ	×	多寶佛	神力	1101②	仏仏名名	1120②			一ほうふつ[妙]
多寶佛	たほうぶつ	×	多寶佛	囑累	1113③	仏仏名名	1132①			たほうふつ[妙]
多寶佛	たほうぶつ	×	多寶佛	妙音	1178③	仏仏名名	1193④			たほうふつ[妙]
多寶佛	たほうぶつ	×	多寶佛	妙音	1184③	仏仏名名	1199①			たほうふつ[妙]
多寶佛	たほうぶつ	×	多寶佛	妙音	1184⑥	仏仏名名	1199④			たほうふつ[妙]
多寶佛	たほうぶつ	×	多寶佛	妙音	1185②	仏仏名名	1199⑥			たほうふつ[妙]
多寶佛塔	たほうぶつとう	×	多寶佛塔	囑累	1112⑤	仏建築名	1131④		一は[西右]	たほうふつたう[妙]
多寶仏塔	たほうぶつとう	×	多寶佛塔	妙音	1199③	仏建築名	1213②		一と[西右]	たほうふつたう[妙]
多寶佛塔	たほうぶつとう	×	多寶佛塔	妙音	1201①	仏建築名	1214⑤			たほうふつたう[妙]

当該語	読みかな	傍訓	漢字表記	品名	頁数	語の種類	妙一本	和解語文	可読	異同語彙
多寶佛塔	たほうぶつとう	×	多寶佛塔	觀世	1234③	仏建築名	1246⑥			たほうぶつたう[妙]
多髮	たほつ	たほつ	多髮	陀羅	1262④	仏鬼神名	1274①			たほち[妙]
たま	たま	×	珠	序品	40⑥	和宝玉名	35①			
たま	たま	×	珠	五百	598③	和宝玉名	606④			
たま	たま	×	珠	五百	598④	和宝玉名	607①			
たま	たま	×	珠	五百	598⑤	和宝玉名	607①			
たま	たま	×	珠	安樂	798①	和宝玉名	819④			
たま	たま	×	珠	安樂	800④	和宝玉名	822③			
たまひ	たまい	×	給	信解	352⑥	和補助動	336①			
たまひ	たまい	×	給	從地	861②	和補助動	884①			
たまひ	たまい	×	給	從地	867③	和補助動	890②			
たまひ	たまい	×	給	從地	861②	和補助動	884①			
たまひ	たまい	×	給	從地	867④	和補助動	890②			
たまひ	たまい	×	給	信解	352⑥	和補助動	336①			
たまひ	たまい	×	賜	安樂	799⑤	和補助動	821④			
たまひ	たまい	×	賜	安樂	802⑥	和補助動	824③			
たまひ	たまい	×	賜	安樂	806④	和補助動	828⑤			
たまひ	たまい	×	給	序品	19④	和補助動	16①			
たまひ	たまい	×	給	序品	46③	和補助動	40①			
たまひ	たまい	×	給	序品	49⑤	和補助動	43①			
たまひ	たまい	×	給	序品	52⑥	和補助動	45⑥			
たまひ	たまい	×	給	序品	61④	和補助動	53⑤			
たまひ	たまい	×	給	序品	67④	和補助動	59①			
たまひ	たまい	×	給	方便	103⑤	和補助動	90⑥			
給ひ	たまい	×	給	譬喩	204⑥	和補助動	171⑥			
給ひ	たまい	×	給	譬喩	209①	和補助動	176④			
給ひ	たまい	×	給	譬喩	212④	和補助動	180⑤			
給ひ	たまい	×	給	譬喩	212⑥	和補助動	181①			
たまひ	たまい	×	給	譬喩	213④	和補助動	181⑤			
給ひ	たまい	×	給	譬喩	215①	和補助動	183③			
給ひ	たまい	×	給	譬喩	216④	和補助動	185①			
たまひ	たまい	×	給	譬喩	233③	和補助動	202④			
給ひ	たまい	×	給	譬喩	235①	和補助動	204③			
給ひ	たまい	×	給	譬喩	237⑥	和補助動	207②			たまふは[妙]
給ひ	たまい	×	給	譬喩	247⑤	和補助動	217④			
たまひ	たまい	×	給	譬喩	286①	和補助動	257⑤			
たまひ	たまい	×	給	信解	319②	和補助動	294②			
たまひ	たまい	×	給	信解	348⑤	和補助動	330⑤			
たまひ	たまい	×	給	信解	351⑤	和補助動	334③			
給ひ	たまい	×	給	信解	366②	和補助動	352①			
給ひ	たまい	×	給	信解	367③	和補助動	353③			
給ひ	たまい	×	給	信解	367⑥	和補助動	353⑥			
たまひ	たまい	×	給	化城	446③	和補助動	439③			
たまひ	たまい	×	給	化城	448②	和補助動	441⑤			
たまひ	たまい	×	給	化城	450⑤	和補助動	444⑤			
たまひ	たまい	×	給	化城	455②	和補助動	450①			
たまひ	たまい	×	給	化城	463②	和補助動	459③			
たまひ	たまい	×	給	化城	482①	和補助動	482①			
給ひ	たまい	×	給	化城	504⑤	和補助動	508⑥			
給ひ	たまい	×	給	化城	509①	和補助動	513⑥			
給ひ	たまい	×	給	化城	521⑤	和補助動	526⑥			
たまひ	たまい	×	給	化城	531③	和補助動	537①		一へり[西右]	
たまひ	たまい	×	給	化城	535②	和補助動	541①			
給ひ	たまい	×	給	化城	537①	和補助動	542⑤			
給ひ	たまい	×	給	化城	537①	和補助動	543③			
たまひ	たまい	×	給	五百	593④	和補助動	600⑥			
給ひ	たまい	×	給	授學	611②	和補助動	620③			たまへ[妙]
給ひ	たまい	×	給	授學	620③	和補助動	630⑥		給ヘィ[西右]	
たまひ	たまい	×	給	見寶	671⑤	和補助動	687⑤			
たまひ	たまい	×	給	見寶	677①	和補助動	693②			
たまひ	たまい	×	給	見寶	677④	和補助動	693⑤			
たまひ	たまい	×	給	見寶	679④	和補助動	696③			
たまひ	たまい	×	給	見寶	683①	和補助動	700①			
たまひ	たまい	×	給	見寶	685⑥	和補助動	703②			
°給ひ	たまい	×	給	從地	848②	和補助動	871①			
たまひ	たまい	×	給	從地	859⑤	和補助動	882⑤			
たまひ	たまい	×	給	如來	907④	和補助動	926③			

たほーたま 441

当該語	読みかな	傍訓	漢字表記	品名	頁数	語の種類	妙一本	和解語文	可読	異同語彙
たまひ	たまい	×	給	分別	933②	和補助動	951⑥			
たまひ	たまい	×	給	常不	1058④	和補助動	1077②			
たまひ	たまい	×	給	常不	1059④	和補助動	1078③			
たまひ	たまい	×	給	常不	1060③	和補助動	1079②			
たまひ	たまい	×	給	常不	1061④	和補助動	1080③			
たまひ	たまい	×	給	嘱累	1113⑥	和補助動	1132④		たまへ[西右]	たまへ[妙]
たまひ	たまい	×	給	藥王	1119④	和補助動	1137⑥			
たまひ	たまい	×	給	藥王	1126②	和補助動	1144④			
たまひ	たまい	×	給	藥王	1133③	和補助動	1151⑥			
たまひ	たまい	×	給	藥王	1163⑤	和補助動	1180⑤			
たまひ	たまい	×	給	妙音	1167①	和補助動	1183③			
たまひ	たまい	×	給	妙音	1182④	和補助動	1197③			
たまひ	たまい	×	給	妙音	1198④	和補助動	1212③			
たまひ	たまい	×	給	妙音	1201⑥	和補助動	1215④			
たまひ	たまい	×	給	普賢	1336⑥	和補助動	1339⑤			
たまふ	たまう	×	給	序品	14⑥	和補助動	12①			
たまふ	たまう	×	給	序品	15②	和補助動	12①			
たまふ	たまう	×	給	序品	17④	和補助動	14③			
たまふ	たまう	×	給	序品	19③	和補助動	15⑥			
たまふ	たまう	×	給	序品	20①	和補助動	16④			
たまふ	たまう	×	給	序品	23③	和補助動	19⑤			
たまふ	たまう	×	給	序品	24②	和補助動	20③			
たまふ	たまう	×	給	序品	25②	和補助動	21③			
たまふ	たまう	×	給	序品	26②	和補助動	22②			
たまふ	たまう	×	給	序品	26④	和補助動	22④			
たまふ	たまう	×	給	序品	27①	和補助動	23①			
たまふ	たまう	×	給	序品	27③	和補助動	23②			
たまふ	たまう	×	給	序品	28①	和補助動	24①			
たまふ	たまう	×	給	序品	28④	和補助動	24③			
たまふ	たまう	×	給	序品	30①	和補助動	25⑤			
たまふ	たまう	×	給	序品	41⑥	和補助動	36①			
たまふ	たまう	×	給	序品	42④	和補助動	36⑤			
たまふ	たまう	×	給	序品	43②	和補助動	37②			
たまふ	たまう	×	給	序品	43⑤	和補助動	37⑤			
たまふ	たまう	×	給	序品	44①	和補助動	38①			
たまふ	たまう	×	給	序品	44③	和補助動	38③			
たまふ	たまう	×	給	序品	46⑤	和補助動	40③			
たまふ	たまう	×	給	序品	47②	和補助動	40⑤			
たまふ	たまう	×	給	序品	47③	和補助動	40⑥			
たまふ	たまう	×	給	序品	48②	和補助動	41⑤			
たまふ	たまう	×	給	序品	51②	和補助動	44③			
たまふ	たまう	×	給	序品	53⑥	和補助動	46⑤			
たまふ	たまう	×	給	序品	54①	和補助動	47①		たまひ[西右]	
たまふ	たまう	×	給	序品	56④	和補助動	49②			
たまふ	たまう	×	給	序品	58③	和補助動	50⑥			
たまふ	たまう	×	給	序品	59⑤	和補助動	52①			
たまふ	たまう	×	給	序品	60③	和補助動	52⑤			
たまふ	たまう	×	給	序品	65④	和補助動	57③			
たまふ	たまう	×	給	序品	67⑥	和補助動	59②			
たまふ	たまう	×	給	序品	67⑥	和補助動	59③			
たまふ	たまう	×	給	序品	68②	和補助動	59④			
たまふ	たまう	×	給	序品	69②	和補助動	60③			
たまふ	たまう	×	給	序品	70①	和補助動	61②			
たまふ	たまう	×	給	序品	71③	和補助動	62④			
たまふ	たまう	×	給	序品	72④	和補助動	63⑤			
たまふ	たまう	×	給	序品	73⑤	和補助動	64⑥			
たまふ	たまう	×	給	序品	75②	和補助動	66②			
たまふ	たまう	×	給	序品	75④	和補助動	66③			
たまふ	たまう	×	給	序品	75⑥	和補助動	66⑤			
たまふ	たまう	×	給	序品	77⑤	和補助動	68③			
たまふ	たまう	×	給	序品	79①	和補助動	69④			
たまふ	たまう	×	給	序品	81①	和補助動	×			
たまふ	たまう	×	給	序品	84⑤	和補助動	74③			る[妙]
たまふ	たまう	×	給	序品	85①	和補助動	74⑤			
たまふ	たまう	×	給	序品	85④	和補助動	×			
たまふ	たまう	×	給	序品	85⑤	和補助動	75③			
たまふ	たまう	×	給	序品	86③	和補助動	75⑤			
たまふ	たまう	×	給	方便	88③	和補助動	77④			

当該語	読みかな	傍訓	漢字表記	品名	頁数	語の種類	妙一本	和解語文	可読	異同語彙
たまふ	たまう	×	給	方便	90②	和補助動	79②			
たまふ	たまう	×	給	方便	93②	和補助動	×			
たまふ	たまう	×	給	方便	100⑥	和補助動	88③			
たまふ	たまう	×	給	方便	101⑥	和補助動	89②			
たまふ	たまう	×	給	方便	102⑥	和補助動	90②			
たまふ	たまう	×	給	方便	103②	和補助動	90③			
たまふ	たまう	×	給	方便	105①	和補助動	92①			
たまふ	たまう	×	給	方便	106①	和補助動	92⑥			
たまふ	たまう	×	給	方便	106⑤	和補助動	93④			
たまふ	たまう	×	給	方便	107①	和補助動	93⑤			
たまふ	たまう	×	給	方便	108④	和補助動	95①			
たまふ	たまう	×	給	方便	109④	和補助動	95⑥			
たまふ	たまう	×	給	方便	113⑥	和補助動	99⑤			
たまふ	たまう	×	給	方便	120③	和補助動	105④			
たまふ	たまう	×	給	方便	123③	和補助動	108②			
たまふ	たまう	×	給	方便	125③	和補助動	109⑥			
たまふ	たまう	×	給	方便	125⑤	和補助動	110②			
たまふ	たまう	×	給	方便	126①	和補助動	110⑤			
たまふ	たまう	×	給	方便	126③	和補助動	111①			
たまふ	たまう	×	給	方便	126⑤	和補助動	111③			
たまふ	たまう	×	給	方便	127②	和補助動	111④			
たまふ	たまう	×	給	方便	127④	和補助動	111⑥			
たまふ	たまう	×	給	方便	128①	和補助動	112②			
たまふ	たまう	×	給	方便	128⑤	和補助動	112⑥			
たまふ	たまう	×	給	方便	129④	和補助動	113④			
たまふ	たまう	×	給	方便	130③	和補助動	114②			
たまふ	たまう	×	給	方便	131⑥	和補助動	115③			
たまふ	たまう	×	給	方便	132③	和補助動	115⑤			
たまふ	たまう	×	給	方便	133①	和補助動	116③			
たまふ	たまう	×	給	方便	135④	和補助動	118③			
たまふ	たまう	×	給	方便	136④	和補助動	119①			
たまふ	たまう	×	給	方便	137①	和補助動	119④			
たまふ	たまう	×	給	方便	142⑤	和補助動	124③			
たまふ	たまう	×	給	方便	143④	和補助動	125①			
たまふ	たまう	×	給	方便	144①	和補助動	125③			
たまふ	たまう	×	給	方便	147⑤	和補助動	128④			
たまふ	たまう	×	給	方便	148⑥	和補助動	129③			
たまふ	たまう	×	給	方便	149①	和補助動	129④			
たまふ	たまう	×	給	方便	150②	和補助動	130③			
たまふ	たまう	×	給	方便	157④	和補助動	136②			
たまふ	たまう	×	給	方便	158⑤	和補助動	137②			たまひき[妙]
たまふ	たまう	×	給	方便	159②	和補助動	137④			
たまふ	たまう	×	給	方便	159⑤	和補助動	137⑥			
たまふ	たまう	×	給	方便	160⑤	和補助動	138⑤			
たまふ	たまう	×	給	方便	161②	和補助動	139②			
たまふ	たまう	×	給	方便	171⑥	和補助動	148①			
たまふ	たまう	×	給	方便	173③	和補助動	149②			
たまふ	たまう	×	給	方便	173④	和補助動	149③			
たまふ	たまう	×	給	方便	174⑥	和補助動	150③			
たまふ	たまう	×	給	方便	180⑥	和補助動	155③			
たまふ	たまう	×	給	方便	181③	和補助動	155⑥			
たまふ	たまう	×	給	方便	188③	和補助動	161③			
たまふ	たまう	×	給	方便	188⑤	和補助動	161⑤			
たまふ	たまう	×	給	方便	191⑤	和補助動	164④			
たまふ	たまう	×	給	方便	192⑥	和補助動	165④			
給ふ	たまう	×	給	譬喩	206⑤	和補助動	173⑥			
給ふ	たまう	×	×	譬喩	207②	和補助動	174④			
給ふ	たまう	×	給	譬喩	209⑤	和補助動	177③			
たまふ	たまう	×	給	譬喩	211⑤	和補助動	179④			
給ふ	たまう	×	×	譬喩	214⑤	和補助動	183①			
たまふ	たまう	×	給	譬喩	215④	和補助動	183⑥			
たまふ	たまう	×	給	譬喩	216①	和補助動	184②			
たまふ	たまう	×	給	譬喩	216③	和補助動	184⑥			
給ふ	たまう	×	×	譬喩	216⑤	和補助動	185②			
給ふ	たまう	×	×	譬喩	216⑥	和補助動	185③			
給ふ	たまう	×	×	譬喩	216⑥	和補助動	185③			
給ふ	たまう	×	×	譬喩	217⑤	和補助動	186②			
給ふ	たまう	×	×	譬喩	232⑥	和補助動	202①			

たま 443

当該語	読みかな	傍訓	漢字表記	品名	頁数	語の種類	妙一本	和解語文	可読	異同語彙
給ふ	たまう	×	×	譬喩	233④	和補助動	202⑤			たまふ[妙]
給ふ	たまう	×	×	譬喩	234②	和補助動	203④			たまふ[妙]
給ふ	たまう	×	×	譬喩	247④	和補助動	217③			
給ふ	たまう	×	×	譬喩	248①	和補助動	217⑥			
給ふ	たまう	×	×	譬喩	250⑥	和補助動	220⑥			あたふ【給】[妙]
たまふ	たまう	×	給	譬喩	254④	和補助動	225④			
たまふ	たまう	×	×	譬喩	259⑥	和補助動	231②			
たまふ	たまう	×	給	譬喩	261③	和補助動	232⑤			
たまふ	たまう	×	給	譬喩	261⑤	和補助動	233①			
たまふ	たまう	×	給	譬喩	268①	和補助動	239②			
給ふ	たまう	×	×	譬喩	269②	和補助動	240③			
給ふ	たまう	×	×	譬喩	269⑤	和補助動	240⑥			
給ふ	たまう	×	×	譬喩	270②	和補助動	241②			
給ふ	たまう	×	×	譬喩	288④	和補助動	260④			
たまふ	たまう	×	給	譬喩	292④	和補助動	264⑤			
たまふ	たまう	×	給	譬喩	295⑥	和補助動	268②			
たまふ	たまう	×	×	譬喩	296③	和補助動	268⑤			
たまふ	たまう	×	×	譬喩	297⑤	和補助動	270①			
たまふ	たまう	×	×	譬喩	308④	和補助動	281①			
たまふ	たまう	×	給	信解	317⑤	和補助動	292④			
たまふ	たまう	×	給	信解	320④	和補助動	295⑤			たまひしに[西]
給ふ	たまう	×	×	信解	320⑥	和補助動	296⑤			
たまふ	たまう	×	給	信解	346③	和補助動	327⑥			
たまふ	たまう	×	給	信解	347①	和補助動	328④			
給ふ	たまう	×	×	信解	350②	和補助動	332④			
たまふ	たまう	×	給	信解	350④	和補助動	333①			
給ふ	たまう	×	×	信解	351④	和補助動	334②			
たまふ	たまう	×	給	信解	370⑤	和補助動	357②		せられて[西右]	
たまふ	たまう	×	給	信解	371⑤	和補助動	358③		一へる[西右]	
たまふ	たまう	×	給	信解	372①	和補助動	359③			
給ふ	たまう	×	給	信解	372⑥	和補助動	359⑥			
たまふ	たまう	×	給	信解	375①	和補助動	362③			
給ふ	たまう	×	×	信解	377①	和補助動	364⑤			
給ふ	たまう	×	×	信解	377②	和補助動	365①			
給ふ	たまう	×	×	信解	377⑤	和補助動	365⑤			
たまふ	たまう	×	給	信解	378③	和補助動	366③			
給ふ	たまう	×	給	藥草	387②	和補助動	372③			
たまふ	たまう	×	給	藥草	387④	和補助動	372⑤			
たまふ	たまう	×	給	藥草	388③	和補助動	373⑤			
たまふ	たまう	×	給	藥草	390⑥	和補助動	376②			
たまふ	たまう	×	給	藥草	391①	和補助動	376④			
たまふ	たまう	×	給	藥草	393④	和補助動	379②		一こと[西右]	
たまふ	たまう	×	給	藥草	393⑤	和補助動	379③			
給ふ	たまう	×	給	藥草	398①	和補助動	384③		き[西右]	
給ふ	たまう	×	給	藥草	399④	和補助動	385⑥			
たまふ	たまう	×	給	藥草	403④	和補助動	390④			
たまふ	たまう	×	給	藥草	404①	和補助動	391①			
たまふ	たまう	×	給	藥草	409⑥	和補助動	397④			
たまふ	たまう	×	給	藥草	410③	和補助動	398③			
たまふ	たまう	×	給	藥草	411⑤	和補助動	399⑤			
たまふ	たまう	×	給	授記	415②	和補助動	403③			
たまふ	たまう	×	給	授記	423①	和補助動	412①			
たまふ	たまう	×	給	化城	453②	和補助動	447④		一へかりき[西右]	
給ふ	たまう	×	給	化城	462⑥	和補助動	458⑥			
たまふ	たまう	×	給	化城	470③	和補助動	468①			
たまふ	たまう	×	給	化城	473①	和補助動	471③			
たまふ	たまう	×	給	化城	475④	和補助動	474③			
たまふ	たまう	×	給	化城	478⑤	和補助動	478①			
たまふ	たまう	×	給	化城	479⑥	和補助動	479③			
たまふ	たまう	×	給	化城	487⑤	和補助動	488⑥		一へ[西右]	
給ふ	たまう	×	給	化城	490②	和補助動	492③			
たまふ	たまう	×	給	化城	490⑥	和補助動	492⑤			
たまふ	たまう	×	給	化城	496②	和補助動	499①			
給ふ	たまう	×	給	化城	496④	和補助動	499③			
給ふ	たまう	×	給	化城	500②	和補助動	503⑤			
給ふ	たまう	×	給	化城	500②	和補助動	503⑥			

当該語	読みかな	傍訓	漢字表記	品名	頁数	語の種類	妙一本	和解語文	可読	異同語彙
給ふ	たまう	×	給	化城	501⑥	和補助動	505⑤			
給ふ	たまう	×	給	化城	502④	和補助動	506③			
給ふ	たまう	×	給	化城	507②	和補助動	511⑤			
給ふ	たまう	×	給	化城	508⑤	和補助動	513③			
給ふ	たまう	×	給	化城	508⑤	和補助動	513③			
給ふ	たまう	×	給	化城	509⑤	和補助動	514④		一ひし[西右]	
給ふ	たまう	×	給	化城	509⑥	和補助動	514⑥			
給ふ	たまう	×	給	化城	510①	和補助動	515①			
給ふ	たまう	×	給	化城	514⑤	和補助動	519⑤			
給ふ	たまう	×	給	化城	521①	和補助動	526②		事し給ふ[西右]	
給ふ	たまう	×	給	化城	521⑥	和補助動	527①			
給ふ	たまう	×	給	化城	528②	和補助動	533⑤			
給ふ	たまう	×	×	化城	528③	和補助動	534①			
給ふ	たまう	×	給	化城	529①	和補助動	534⑤		一ひし[西右]	
たまふ	たまう	×	給	化城	532④	和補助動	538②			
給ふ	たまう	×	給	化城	534⑥	和補助動	540④			
たまふ	たまう	×	×	化城	537⑤	和補助動	543④			
給	たまう	×	給	化城	537⑥	和補助動	543⑤			
たまふ	たまう	×	給	化城	537⑥	和補助動	543⑤			
たまふ	たまう	×	給	化城	548①	和補助動	554⑤		き[西右]	
給ふ	たまう	×	給	化城	549②	和補助動	556①			
給ふ	たまう	×	×	化城	549③	和補助動	556③			
たまふ	たまう	×	給	五百	562⑤	和補助動	565⑤			
給ふ	たまう	×	×	五百	564③	和補助動	567④			
給ふ	たまう	×	×	五百	594②	和補助動	601⑥			たまはく[妙]
給ふ	たまう	×	×	授學	612②	和補助動	621⑤			
給ふ	たまう	×	×	授學	616③	和補助動	626③			
給ふ	たまう	×	×	法師	629③	和補助動	640⑤			
たまふ	たまう	×	給	法師	638②	和補助動	650④			
給ふ	たまう	×	×	法師	639①	和補助動	651④			
たまふ	たまう	×	給	法師	639②	和補助動	651⑤			
たまふ	たまう	×	給	法師	645③	和補助動	658⑤			
たまふ	たまう	×	給	法師	655⑥	和補助動	670②			
給ふ	たまう	×	×	見寶	659④	和補助動	673⑥			
たまふ	たまう	×	給	見寶	661②	和補助動	675⑤			
たまふ	たまう	×	給	見寶	665⑥	和補助動	680⑤			
たまふ	たまう	×	給	見寶	666③	和補助動	681②			
たまふ	たまう	×	給	見寶	667③	和補助動	682③			
給ふ	たまう	×	×	見寶	668②	和補助動	683②			
給ふ	たまう	×	×	見寶	668④	和補助動	683④			
給ふ	たまう	×	×	見寶	672④	和補助動	688②			
たまふ	たまう	×	給	見寶	674④	和補助動	690③			
給ふ	たまう	×	×	見寶	674⑥	和補助動	690⑤			
たまふ	たまう	×	給	見寶	676⑥	和補助動	693①			
たまふ	たまう	×	給	見寶	677②	和補助動	693④			
たまふ	たまう	×	給	見寶	677⑥	和補助動	694②			
たまふ	たまう	×	給	見寶	678⑥	和補助動	695④			
たまふ	たまう	×	給	見寶	679④	和補助動	696③			
たまふ	たまう	×	給	見寶	679⑤	和補助動	696④			
給ふ	たまう	×	×	見寶	680②	和補助動	697②			
給ふ	たまう	×	×	見寶	681②	和補助動	698②			
たまふ	たまう	×	給	見寶	681⑥	和補助動	698⑥			
給ふ	たまう	×	×	見寶	682⑤	和補助動	699⑤			
給ふ	たまう	×	×	見寶	684②	和補助動	701③			
たまふ	たまう	×	給	見寶	684⑥	和補助動	702①			
たまふ	たまう	×	給	見寶	685⑥	和補助動	703③			
たまふ	たまう	×	給	見寶	687⑤	和補助動	705③			
給ふ	たまう	×	×	見寶	688④	和補助動	706②			
給ふ	たまう	×	×	見寶	689⑥	和補助動	707④			
給ふ	たまう	×	×	見寶	690①	和補助動	707⑥			
給ふ	たまう	×	×	見寶	690⑥	和補助動	708⑥			
たまふ	たまう	×	給	見寶	691②	和補助動	709②			
給ふ	たまう	×	×	見寶	698②	和補助動	717②			
給ふ	たまう	×	給	提婆	720⑤	和補助動	738⑤			
給ふ	たまう	×	×	提婆	731⑥	和補助動	750①			たまふ[妙]
給ふ	たまう	×	×	提婆	734②	和補助動	752④			まします[妙]
給ふ	たまう	×	×	提婆	734④	和補助動	752⑥			

たま 445

当該語	読みかな	傍訓	漢字表記	品名	頁数	語の種類	妙一本	和解語文	可読	異同語彙
給ふ	たまう	×	×	勧持	746⑤	和補助動	765④			
給ふ	たまう	×	給	勧持	757①	和補助動	776⑤		—へる[西右]	
給ふ	たまう	×	給	安樂	795④	和補助動	817①			
給ふ	たまう	×	給	安樂	800①	和補助動	821⑥			
給ふ	たまう	×	給	安樂	801②	和補助動	823②			
給ふ	たまう	×	給	安樂	804⑤	和補助動	826⑥			
給ふ	たまう	×	給	安樂	807③	和補助動	829④			
給ふ	たまう	×	給	安樂	808①	和補助動	830②			
たまふ	たまう	×	給	安樂	811④	和補助動	833⑥			
給ふ	たまう	×	給	安樂	812④	和補助動	834⑥			
給ふ	たまう	×	給	從地	819⑥	和補助動	842①			
給ぷ	たまう	×	給	從地	828①	和補助動	850②		—へき[西右]	
給ふ	たまう	×	×	從地	829①	和補助動	851②			
給ふ	たまう	×	給	從地	844③	和補助動	867①		—はむ[西右]	たまふへし[妙]
給ふ	たまう	×	×	從地	857⑤	和補助動	880③			
たまふ	たまう	×	給	從地	862②	和補助動	885①			
給ふ	たまう	×	給	如來	891④	和補助動	910⑤			
給ふ	たまう	×	給	如來	892⑥	和補助動	911⑥			
給ふ	たまう	×	給	如來	894③	和補助動	913③			
給ふ	たまう	×	給	如來	896①	和補助動	915①			
給ふ	たまう	×	給	分別	921④	和補助動	940④			
たまふ	たまう	×	給	分別	922②	和補助動	941②			
たまふ	たまう	×	給	分別	926①	和補助動	944⑤			
たまふ	たまう	×	給	分別	929⑤	和補助動	948③			
たまふ	たまう	×	給	分別	930③	和補助動	949①			
たまふ	たまう	×	給	分別	933①	和補助動	951⑤			
たまふ	たまう	×	給	分別	933③	和補助動	952①			
たまふ	たまう	×	給	分別	936④	和補助動	955①			
給ふ	たまう	×	給	分別	941③	和補助動	959⑤			
たまふ	たまう	×	給	分別	946①	和補助動	964⑤			
給ふ	たまう	×	給	分別	949⑥	和補助動	968④			
たまふ	たまう	×	給	法功	1006⑤	和補助動	1025②			
たまふ	たまう	×	給	法功	1007①	和補助動	1025④			
たまふ	たまう	×	給	法功	1025②	和補助動	1044①			
たまふ	たまう	×	給	法功	1045⑤	和補助動	1064②			
たまふ	たまう	×	給	常不	1060⑤	和補助動	1079③			
たまふ	たまう	×	給	常不	1067③	和補助動	1086②		—ひし[西右]	たまふ[妙]
たまふ	たまう	×	給	常不	1082⑤	和補助動	1101②			
たまふ	たまう	×	給	神力	1086②	和補助動	1104④			
たまふ	たまう	×	給	神力	1086⑤	和補助動	1105①			
たまふ	たまう	×	給	神力	1087②	和補助動	1105④			
たまふ	たまう	×	給	神力	1087③	和補助動	1105⑤			
たまふ	たまう	×	給	神力	1087⑤	和補助動	1106②			
たまふ	たまう	×	給	神力	1091④	和補助動	1109⑤			
たまふ	たまう	×	給	神力	1095③	和補助動	1113⑥			たまふ[妙]
たまふ{て}	たまう	×	給	神力	1097②	和補助動	1116②			たまふ[妙]
たまふ	たまう	×	給	神力	1097④	和補助動	1116③			
給ふ	たまう	×	×	神力	1097⑤	和補助動	1116③			たまふ[妙]
たまふ	たまう	×	給	神力	1098③	和補助動	1117②			
給ふ	たまう	×	×	神力	1098⑤	和補助動	1117④			たまふ[妙]
給ふ	たまう	×	×	神力	1099④	和補助動	1118③			たまふ[妙]
たまふ	たまう	×	給	囑累	1105①	和補助動	1123⑥		—て[西右]	たまふ[妙]
たまふ	たまう	×	給	囑累	1108①	和補助動	1126⑤			
たまふ	たまう	×	給	囑累	1110①	和補助動	1128⑤			
たまふ	たまう	×	給	囑累	1111②	和補助動	1129⑥			
たまふ	たまう	×	給	囑累	1112①	和補助動	1130⑤			
たまふ	たまう	×	給	囑累	1113①	和補助動	1131⑤			
たまふ	たまう	×	給	藥王	1130②	和補助動	1148⑤			
たまふ	たまう	×	給	藥王	1133③	和補助動	1151⑤			たまふ[妙]
たまふ	たまう	×	給	藥王	1138①	和補助動	1156②			たまふ[妙]
たまふ	たまう	×	給	藥王	1148⑥	和補助動	1167①			
たまふ	たまう	×	給	藥王	1149②	和補助動	1167③			
たまふ	たまう	×	給	藥王	1149⑤	和補助動	1167④			
たまふ	たまう	×	給	藥王	1151④	和補助動	1169⑤			
たまふ	たまう	×	給	藥王	1157②	和補助動	1174⑥			
たまふ	たまう	×	給	藥王	1158①	和補助動	1175⑤			
たまふ	たまう	×	給	妙音	1166①	和補助動	1182④			
給ふ	たまう	×	×	妙音	1167①	和補助動	1183③			たまふ[妙]

当該語	読みかな	傍訓	漢字表記	品名	頁数	語の種類	妙一本	和解語文	可読	異同語彙
たまふ	たまう	×	給	妙音	1167③	和補助動	1183⑤			
給ふ	たまう	×	×	妙音	1169③	和補助動	1185④		一ひし時にイ[西右]	たまふ[妙]
たまふ	たまう	×	給	妙音	1178③	和補助動	1193④			
たまふ	たまう	×	給	妙音	1182①	和補助動	1197①			
給ふ	たまう	×	×	妙音	1182③	和補助動	1197②			たまふ[妙]
給ふ	たまう	×	×	妙音	1183⑥	和補助動	1198⑤			たまふ[妙]
たまふ	たまう	×	給	妙音	1184①	和補助動	1198⑥			
たまふ	たまう	×	給	妙音	1184②	和補助動	1199①			
たまふ	たまう	×	給	妙音	1197⑤	和補助動	1211⑤			たまふ[妙]
給ふ	たまう	×	給	觀世	1215③	和補助動	1228④			たまふ[妙]
たまふ	たまう	×	給	觀世	1222①	和補助動	1235③			
給ふ	たまう	×	×	觀世	1222②	和補助動	1235④			たまふ[妙]
たまふ	たまう	×	給	觀世	1247②	和補助動	1259③		たまひし[西右]	
たまふ	たまう.	×	給	陀羅	1257③	和補助動	1269②			
給ふ	たまう	×	×	妙莊	1275③	和補助動	1285⑤			たまふ[妙]
たまふ	たまう	×	給	妙莊	1276⑤	和補助動	1286⑥			
たまふ	たまう	×	給	妙莊	1282②	和補助動	1291⑥			
たまふ	たまう	×	給	妙莊	1283③	和補助動	1293①		給にイ[西右]	
たまふ	たまう	×	給	妙莊	1291①	和補助動	1300①			
たまふ	たまう	×	給	妙莊	1300③	和補助動	1307⑥			たまふ[妙]
たまふ	たまう	×	給	普賢	1308③	和補助動	1314⑤			
たまふ	たまう	×	給	普賢	1308⑥	和補助動	1315②		たまへ[西右]	たまふ[妙]
たまふ	たまう	×	給	普賢	1329③	和補助動	1333③			
たまふ	たまう	×	給	普賢	1337④	和補助動	1340②			
賜	たまう	たまふ	賜	安樂	799④	和補助動	821②			
たまへ	たまえ	×	賜	授記	423②	和補助動	412⑤			
たまへ	たまえ	×	賜	如來	901④	和補助動	920④			
たまへ	たまえ	×	給	序品	4②	和補助動	3②			
たまへ	たまえ	×	給	序品	4④	和補助動	3④			
たまへ	たまえ	×	給	序品	14④	和補助動	11⑤			
たまへ	たまえ	×	給	序品	14⑤	和補助動	11⑥			
たまへ	たまえ	×	給	序品	20③	和補助動	16⑥			
給へ	たまえ	×	給	序品	42⑥	和補助動	37①			
たまへ	たまえ	×	給	序品	43③	和補助動	37④			
たまへ	たまえ	×	給	序品	43⑤	和補助動	37⑤			
たまへ	たまえ	×	給	序品	44⑥	和補助動	38⑤			
たまへ	たまえ	×	給	序品	51②	和補助動	44③			
たまへ	たまえ	×	給	方便	89③	和補助動	78③			
たまへ	たまえ	×	給	方便	90①	和補助動	79①			
たまへ	たまえ	×	給	方便	90⑥	和補助動	79⑤			
たまへ	たまえ	×	給	方便	91①	和補助動	80①			
たまへ	たまえ	×	給	方便	91④	和補助動	80③			
たまへ	たまえ	×	給	方便	93③	和補助動	82①			
たまへ	たまえ	×	給	方便	94④	和補助動	82⑥			
たまへ	たまえ	×	給	方便	103①	和補助動	90②			
たまへ	たまえ	×	給	方便	105⑥	和補助動	92⑤			
たまへ	たまえ	×	給	方便	107⑥	和補助動	94④			
たまへ	たまえ	×	給	方便	109②	和補助動	95⑤			
たまへ	たまえ	×	給	方便	110④	和補助動	96⑤			
たまへ	たまえ	×	給	方便	112③	和補助動	98③			
たまへ	たまえ	×	給	方便	112④	和補助動	98③			
たまへ	たまえ	×	給	方便	113⑤	和補助動	99④			
たまへ	たまえ	×	給	方便	116②	和補助動	101⑤			
たまへ	たまえ	×	給	方便	117⑤	和補助動	103①			
たまへ	たまえ	×	給	方便	117⑥	和補助動	103③			
たまへ	たまえ	×	給	方便	118③	和補助動	103⑤			
たまへ	たまえ	×	給	方便	119②	和補助動	104④			
たまへ	たまえ	×	給	方便	149⑤	和補助動	130①			
たまへ	たまえ	×	給	方便	151②	和補助動	131③			
たまへ	たまえ	×	給	方便	181①	和補助動	×			以て[妙]
たまへ	たまえ	×	給	方便	183①	和補助動	157⑤			
たまへ	たまえ	×	給	方便	186③	和補助動	159⑤			
たまへ	たまえ	×	給	方便	188⑤	和補助動	161⑤			
給へ	たまえ	×	給	譬喩	214⑥	和補助動	183①			
給へ	たまえ	×	給	譬喩	237③	和補助動	206⑤			
たまへ	たまえ	×	給	譬喩	285④	和補助動	257②			せりとイ[西]

たま 447

当該語	読みかな	傍訓	漢字表記	品名	頁数	語の種類	妙一本	和解語文	可読	異同語彙
たまへ	たまえ	×	給	譬喩	285⑥	和補助動	257⑤			
たまへ	たまえ	×	給	譬喩	286④	和補助動	258③			
たまへ	たまえ	×	給	譬喩	290②	和補助動	262③			
たまへ	たまえ	×	給	信解	320②	和補助動	295③			
たまへ	たまえ	×	給	信解	353②	和補助動	336④			
たまへ	たまえ	×	給	信解	377③	和補助動	365①			
たまへ	たまえ	×	給	藥草	387⑥	和補助動	373②		たまひ[西右]	
たまへ	たまえ	×	給	藥草	410④	和補助動	398③			
たまへ	たまえ	×	給	授記	425⑤	和補助動	415⑥			
たまへ	たまえ	×	給	化城	451④	和補助動	445⑤		一ふと[西右]	
たまへ	たまえ	×	給	化城	456①	和補助動	450⑥		一ひつ[西右]	
たまゑ	たまえ	×	給	化城	457⑥	和補助動	453②			
たまへ	たまえ	×	給	化城	458⑥	和補助動	454②			
たまへ	たまえ	×	給	化城	459①	和補助動	454③			
たまへ	たまえ	×	給	化城	460①	和補助動	455④			
たまへ	たまえ	×	給	化城	460⑤	和補助動	456③			
たまへ	たまえ	×	給	化城	461①	和補助動	456④			
たまへ	たまえ	×	給	化城	461②	和補助動	456⑥			
たまへ	たまえ	×	給	化城	461④	和補助動	457②			
たまへ	たまえ	×	給	化城	461⑤	和補助動	457③			
たまへ	たまえ	×	給	化城	462①	和補助動	457⑥			
たまへ	たまえ	×	給	化城	462⑤	和補助動	458⑤			
たまへ	たまえ	×	給	化城	466⑥	和補助動	463⑤			
たまへ	たまえ	×	給	化城	468①	和補助動	465①			
たまへ	たまえ	×	給	化城	469④	和補助動	466⑥			
給へ	たまえ	×	給	化城	471③	和補助動	469②			
給へ	たまえ	×	給	化城	472①	和補助動	470②		一と[西右]	
給へ	たまえ	×	給	化城	472⑤	和補助動	471①			
給へ	たまえ	×	給	化城	474⑥	和補助動	473④			
たまへ	たまえ	×	給	化城	476④	和補助動	475⑤			
たまへ	たまえ	×	給	化城	478①	和補助動	477②			
給へ	たまえ	×	給	化城	479①	和補助動	478③			
給へ	たまえ	×	給	化城	480⑤	和補助動	480④			
給へ	たまえ	×	給	化城	481③	和補助動	481②			
給へ	たまえ	×	給	化城	484②	和補助動	484④			
たまへ	たまえ	×	給	化城	485②	和補助動	485⑥			
たまへ	たまえ	×	給	化城	486⑤	和補助動	487④			
給へ	たまえ	×	給	化城	487③	和補助動	488③			
給へ	たまえ	×	給	化城	488①	和補助動	489⑥			
給へ	たまえ	×	給	化城	489③	和補助動	490⑥			
たまへ	たまえ	×	給	化城	490②	和補助動	492①			
たまへ	たまえ	×	給	化城	493①	和補助動	495③			
たまへ	たまえ	×	給	化城	494①	和補助動	496④			
たまへ	たまえ	×	給	化城	495③	和補助動	498①			
たまへ	たまえ	×	給	化城	498③	和補助動	501③		一ふィ[西右]	
たまへ	たまえ	×	給	化城	498④	和補助動	501⑤			
たまへ	たまえ	×	給	化城	499②	和補助動	502④			
たまへ	たまえ	×	給	化城	500①	和補助動	503④		一ふて[西右]	
たまへ	たまえ	×	給	化城	500⑥	和補助動	504③			
たまへ	たまえ	×	給	化城	501②	和補助動	504⑥			
たまへ	たまえ	×	給	化城	501③	和補助動	504⑥		一と[西右]	
たまへ	たまえ	×	給	化城	507⑤	和補助動	512②			
給へ	たまえ	×	給	化城	510③	和補助動	515③		一ひぬるを[西右]	
たまへ	たまえ	×	給	化城	521④	和補助動	526⑤			
たまへ	たまえ	×	給	化城	532②	和補助動	537⑥			
給へ	たまえ	×	給	化城	533⑥	和補助動	539④			
給へ	たまえ	×	給	化城	534④	和補助動	540②			
たまへ	たまえ	×	給	化城	536④	和補助動	542③			
たまへ	たまえ	×	給	化城	539④	和補助動	545③		えたり[西右]	
たまへ	たまえ	×	給	五百	599③	和補助動	607⑥			
たまへ	たまえ	×	給	見寶	671⑥	和補助動	687⑤			
たまへ	たまえ	×	給	見寶	679③	和補助動	696①			
たまへ	たまえ	×	給	見寶	681⑤	和補助動	698⑤			
給へ	たまえ	×	給	見寶	683③	和補助動	700④			
たまへ	たまえ	×	給	見寶	683⑥	和補助動	701①			
たまへ	たまえ	×	給	見寶	685③	和補助動	702⑤			
たまへ	たまえ	×	給	見寶	685④	和補助動	703①			

当該語	読みかな	傍訓	漢字表記	品名	頁数	語の種類	妙一本	和解語文	可読	異同語彙
たまへ	たまえ	×	給	見寶	687②	和補助動	704⑥			
たまへ	たまえ	×	給	見寶	689⑤	和補助動	707③			
たまへ	たまえ	×	給	提婆	730②	和補助動	748②			
給へ	たまえ	×	給	勸持	758④	和補助動	778②			
たまへ	たまえ	×	給	安樂	814④	和補助動	837②			
たまへ	たまえ	×	給	從地	825⑤	和補助動	848①			
たまへ	たまえ	×	給	從地	829①	和補助動	851②			
たまへ	たまえ	×	給	從地	834⑥	和補助動	857⑤			
給へ	たまえ	×	給	從地	840③	和補助動	863①			
給へ	たまえ	×	給	從地	840⑥	和補助動	863⑤			
たまへ	たまえ	×	給	從地	841⑤	和補助動	864④			
たまへ	たまえ	×	給	從地	842①	和補助動	864⑥			
たまへ	たまえ	×	給	從地	842③	和補助動	865②			
給へ	たまえ	×	給	從地	847④	和補助動	870②			
給へ	たまえ	×	給	從地	856①	和補助動	878⑥			
たまゑ	たまえ	×	給	從地	856⑤	和補助動	879④		たまへ[西右]	
たまへ	たまえ	×	給	從地	857①	和補助動	879⑥		一ひし[西右]	
たまへ	たまえ	×	給	從地	861②	和補助動	884④			
たまへ	たまえ	×	給	從地	862①	和補助動	884⑥			
たまへ	たまえ	×	給	從地	862③	和補助動	885⑤			
給へ	たまえ	×	給	從地	863④	和補助動	886②			たまへ[妙]
たまへ	たまえ	×	給	從地	864③	和補助動	887②		一ひき[西右]	
たまへ	たまえ	×	給	從地	865⑥	和補助動	888④			
たまへ	たまえ	×	給	從地	866①	和補助動	888⑤			
たまへ	たまえ	×	給	從地	866③	和補助動	889①			
たまへ	たまえ	×	給	從地	869④	和補助動	892③			
たまへ	たまえ	×	給	從地	870①	和補助動	892⑥			
給へ	たまえ	×	給	從地	870④	和補助動	893④			
たまへ	たまえ	×	給	如來	881⑥	和補助動	900⑥			
たまへ	たまえ	×	給	如來	882③	和補助動	901③			
たまへ	たまえ	×	給	如來	883⑤	和補助動	902⑤			
たまへ	たまえ	×	給	如來	901①	和補助動	920②			
たまへ	たまえ	×	給	神力	1089③	和補助動	1107⑤			
たまへ	たまえ	×	給	神力	1102①	和補助動	1120⑥			
給へ	たまえ	×	給	囑累	1112②	和補助動	1130⑥			たまへ[妙]
たまへ	たまえ	×	給	囑累	1112⑤	和補助動	1131④			
たまへ	たまえ	×	給	囑累	1113③	和補助動	1132①			
給へ	たまえ	×	給	藥王	1115②	和補助動	1133⑤			たまへ[妙]
たまへ	たまえ	×	給	藥王	1154④	和補助動	1172④		一て[西右]	たまへ[妙]
給へ	たまえ	×	給	妙音	1176⑥	和補助動	1192②			たまへ[妙]
たまへ	たまえ	×	給	妙音	1177⑥	和補助動	1193②			
たまへ	たまえ	×	給	妙音	1184⑤	和補助動	1199③			
たまへ	たまえ	×	給	觀世	1232②	和補助動	1245①			
たまへ	たまえ	×	給	觀世	1232⑥	和補助動	1245④			たまへ[妙]
たまへ	たまえ	×	給	妙莊	1276②	和補助動	1286②			
たまへ	たまえ	×	給	妙莊	1281⑥	和補助動	1291④			たまへ[妙]
たまへ	たまえ	×	給	妙莊	1284②	和補助動	1294①			たまへ[妙]
たまへ	たまえ	×	給	妙莊	1285③	和補助動	1295①			
たまへ	たまえ	×	給	妙莊	1286②	和補助動	1296①			
たまへ	たまえ	×	給	妙莊	1287④	和補助動	1297②			
たまへ	たまえ	×	給	妙莊	1292⑤	和補助動	1301④			
たまへ	たまえ	×	給	妙莊	1302②	和補助動	1309④			
たまへ	たまえ	×	給	普賢	1318④	和補助動	1323⑥			
たまたま	たまたま	×	遇	譬喩	207③	和畳語副	174⑤			
たまたま	たまたま	×	遇	信解	322⑤	和畳語副	298③			
たまたま	たまたま	×	遇	信解	326①	和畳語副	302③			
多摩羅	たまら	たまら	多摩羅	法功	1015②	仏鬼神名	1034②		一と[西右]	
多摩羅栴檀之香	たまらせんだんのこう	たまらせんたんしかう	多摩羅栴檀之香	授記	443④	仏香名名	436①			
多摩羅跋香	たまらばつこう	たまらばつ一	多摩羅跋香	法功	1009⑥	仏香名名	1028②		―――――の―[西右]	
多摩羅跋栴檀	たまらばつせんだん	たまらばつせんたん	多摩羅跋栴檀	見寶	657④	仏雑物名	671⑥			
多摩羅跋栴檀香	たまらばつせんだんこう	たまらばつせんたんかう	多摩羅跋栴檀香	化城	516③	仏香名名	521③			
多摩羅跋栴檀香如来	たまらばつせんだんこうにょらい	たまらはつせんたんかう――	多摩羅跋栴檀香如来	授記	440③	仏鬼神名	432④			
たまは	たまわ	×	給	序品	15④	和補助動	12④			

当該語	読みかな	傍訓	漢字表記	品名	頁数	語の種類	妙一本	和解語文	可読	異同語彙
たまは	たまわ	×	給	序品	51④	和補助動	44⑤			
たまは	たまわ	×	給	序品	54③	和補助動	47③			
たまは	たまわ	×	給	序品	58⑤	和補助動	51①			
たまは	たまわ	×	給	序品	67①	和補助動	58④			
たまは	たまわ	×	給	序品	74④	和補助動	65③			
たまは	たまわ	×	給	序品	75④	和補助動	66③			
たまは	たまわ	×	給	序品	77③	和補助動	67①			
たまは	たまわ	×	給	序品	77④	和補助動	68①			
たまは	たまわ	×	給	序品	78①	和補助動	68④			
たまは	たまわ	×	給	方便	121⑤	和補助動	106⑤			
たまは	たまわ	×	給	方便	130⑤	和補助動	114④			
たまは	たまわ	×	給	方便	149④	和補助動	130①			
たまは	たまわ	×	給	方便	151①	和補助動	131①			
たまは	たまわ	×	給	方便	170③	和補助動	146⑥			
たまは	たまわ	×	給	方便	170⑥	和補助動	147②			
たまは	たまわ	×	給	方便	172③	和補助動	148④			
たまは	たまわ	×	給	方便	172⑥	和補助動	148⑥			
たまは	たまわ	×	給	譬喩	222③	和補助動	191②			
たまは	たまわ	×	給	譬喩	228⑥	和補助動	198②			
たまは	たまわ	×	給	譬喩	229①	和補助動	198②			
たまは	たまわ	×	給	信解	338②	和補助動	317③			
たまは	たまわ	×	給	信解	348④	和補助動	330④			
たまは	たまわ	×	給	信解	351③	和補助動	333⑥			
たまは	たまわ	×	給	信解	351⑥	和補助動	334⑤			
たまは	たまわ	×	給	信解	367⑥	和補助動	354①			
給は	たまわ	×	給	信解	371⑥	和補助動	358④			
たまは	たまわ	×	給	藥草	398②	和補助動	384④			
たまは	たまわ	×	給	藥草	399⑥	和補助動	386②			
たまは	たまわ	×	給	化城	452②	和補助動	446③			
たまは	たまわ	×	給	化城	455③	和補助動	450②			
たまは	たまわ	×	給	化城	458④	和補助動	453⑤			
たまは	たまわ	×	給	化城	461⑥	和補助動	457④			
たまは	たまわ	×	給	化城	496⑥	和補助動	499⑤			
たまは	たまわ	×	給	化城	509⑥	和補助動	514⑤			
たまは	たまわ	×	給	化城	530③	和補助動	536①			
たまは	たまわ	×	給	化城	538①	和補助動	543⑥			
たまは	たまわ	×	給	見寶	664②	和補助動	679①			
たまは	たまわ	×	給	提婆	710⑤	和補助動	728①			
たまは	たまわ	×	給	提婆	729③	和補助動	747④			
たまは	たまわ	×	給	提婆	729⑤	和補助動	747⑥			
たまは	たまわ	×	給	勸持	738②	和補助動	756⑥			
たまは	たまわ	×	給	勸持	744⑤	和補助動	763④			
たまは	たまわ	×	給	勸持	748④	和補助動	767⑤			
たまは	たまわ	×	給	勸持	751①	和補助動	770③			
たまは	たまわ	×	給	從地	818②	和補助動	840④			
給は	たまわ	×	給	從地	845⑥	和補助動	868④			
たまは	たまわ	×	給	如來	896②	和補助動	915②			
たまは	たまわ	×	給	如來	896⑤	和補助動	915⑤			
たまは	たまわ	×	給	如來	898⑥	和補助動	918①			
たまは	たまわ	×	給	分別	968⑤	和補助動	987①		たまふるらん[西右]	
たまは	たまわ	×	給	囑累	1112④	和補助動	1131②			たまは[妙]
たまは	たまわ	×	給	藥王	1138②	和補助動	1156③			
たまは	たまわ	×	賜	譬喩	266①	和補助動	237②			
たまは	たまわ	×	賜	安樂	806⑥	和補助動	829①			
たまはく	たまわく	×	給	方便	87①	和敬意連	76③			
たまはく	たまわく	×	曰	序品	60①	和敬意連	52④			
たまはく	たまわく	×	曰	序品	60⑥	和敬意連	53①			
たまはく	たまわく	×	曰	方便	99②	和敬意連	87②			
たまはく	たまわく	×	曰	方便	111④	和敬意連	97④			
たまはく	たまわく	×	曰	方便	114③	和敬意連	100①			
たまはく	たまわく	×	曰	方便	119④	和敬意連	104⑥			
たまはく	たまわく	×	曰	方便	121⑥	和敬意連	106⑥			
たまはく	たまわく	×	曰	方便	123①	和敬意連	108①			
たまはく	たまわく	×	曰	方便	127⑤	和敬意連	112①			
たまはく	たまわく	×	曰	譬喩	215⑤	和敬意連	184②			
たまはく	たまわく	×	曰	譬喩	218④	和敬意連	187①			
たまはく	たまわく	×	曰	譬喩	225④	和敬意連	194④			

当該語	読みかな	傍訓	漢字表記	品名	頁数	語の種類	妙一本	和解語文	可読	異同語彙
たまはく	たまわく	×	日	譬喩	237④	和敬意連	206⑥			
たまはく	たまわく	×	日	譬喩	253④	和敬意連	224①			
たまはく	たまわく	×	日	譬喩	257⑤	和敬意連	228⑤			
たまはく	たまわく	×	日	譬喩	260①	和敬意連	231③			
たまはく	たまわく	×	日	譬喩	261③	和敬意連	232⑥			
たまはく	たまわく	×	日	譬喩	266⑤	和敬意連	237⑥			
たまはく	たまわく	×	日	譬喩	288⑥	和敬意連	261①			
たまはく	たまわく	×	日	譬喩	293⑥	和敬意連	266①			
たまはく	たまわく	×	日	譬喩	311①	和敬意連	284①			
たまはく	たまわく	×	日	譬喩	316③	和敬意連	290⑥			
たまはく	たまわく	×	日	信解	366②	和敬意連	352②		てィ[西右]	
たまはく	たまわく	×	日	藥草	386③	和敬意連	371③			
たまはく	たまわく	×	日	藥草	391③	和敬意連	376⑥			
たまはく	たまわく	×	日	藥草	404③	和敬意連	391③			
たまはく	たまわく	×	日	授記	415④	和敬意連	403⑤			
たまはく	たまわく	×	日	授記	418⑤	和敬意連	407④			
たまはく	たまわく	×	日	授記	426②	和敬意連	416④			
たまはく	たまわく	×	日	授記	433①	和敬意連	424②			
たまはく	たまわく	×	日	授記	438⑥	和敬意連	430⑤			
たまはく	たまわく	×	日	化城	445④	和敬意連	438①			
たまはく	たまわく	×	日	化城	451⑤	和敬意連	445⑥			
たまはく	たまわく	×	日	化城	463①	和敬意連	459①			
たまはく	たまわく	×	日	化城	511④	和敬意連	516⑤			
たまはく	たまわく	×	日	化城	513②	和敬意連	518③			
たまはく	たまわく	×	日	五百	564⑥	和敬意連	568②			
たまはく	たまわく	×	日	五百	583③	和敬意連	588④			
たまはく	たまわく	×	日	授學	603⑥	和敬意連	612④			
たまはく	たまわく	×	日	授學	612⑥	和敬意連	622③			
たまはく	たまわく	×	日	授學	616⑤	和敬意連	626⑤			
たまはく	たまわく	×	日	法師	621③	和敬意連	632①			
たまはく	たまわく	×	日	法師	622⑤	和敬意連	633④			
たまはく	たまわく	×	日	法師	637③	和敬意連	649⑤			
たまはく	たまわく	×	日	見寶	661③	和敬意連	675⑥			
たまはく	たまわく	×	日	見寶	663②	和敬意連	677⑥			
たまはく	たまわく	×	日	見寶	665①	和敬意連	679⑥			
たまはく	たまわく	×	日	見寶	682②	和敬意連	699⑤			
たまはく	たまわく	×	日	見寶	684③	和敬意連	701④			
たまはく	たまわく	×	日	見寶	689②	和敬意連	706⑥			
たまはく	たまわく	×	日	提婆	708②	和敬意連	725③			
たまはく	たまわく	×	日	提婆	715①	和敬意連	732⑤			
たまはく	たまわく	×	日	提婆	716③	和敬意連	734③			
たまはく	たまわく	×	日	提婆	719②	和敬意連	737②			
たまはく	たまわく	×	日	勸持	742①	和敬意連	760⑥			
たまはく	たまわく	×	日	勸持	744⑥	和敬意連	763⑤			
たまはく	たまわく	×	日	安樂	760④	和敬意連	780②			
たまはく	たまわく	×	日	安樂	813③	和敬意連	835⑤			
たまはく	たまわく	×	日	從地	818⑤	和敬意連	841①			
たまはく	たまわく	×	日	從地	829⑤	和敬意連	852①			
たまはく	たまわく	×	日	從地	832③	和敬意連	855②			
たまはく	たまわく	×	日	從地	843④	和敬意連	866③			
たまはく	たまわく	×	日	從地	844⑤	和敬意連	867③			
たまはく	たまわく	×	日	從地	848③	和敬意連	871②			
たまはく	たまわく	×	日	如來	880③	和敬意連	899③			
たまはく	たまわく	×	日	如來	880⑤	和敬意連	899⑤			
たまはく	たまわく	×	日	如來	881①	和敬意連	900①			
たまはく	たまわく	×	日	如來	887①	和敬意連	906①			
たまはく	たまわく	×	日	分別	921⑥	和敬意連	940⑥			
たまはく	たまわく	×	日	分別	937①	和敬意連	955③			
たまはく	たまわく	×	日	隨喜	970⑤	和敬意連	988⑥			
たまはく	たまわく	×	日	隨喜	977③	和敬意連	995④			
たまはく	たまわく	×	日	法功	994①	和敬意連	1012⑤			
たまはく	たまわく	×	日	常不	1056③	和敬意連	1075②			
たまはく	たまわく	×	日	神力	1093⑥	和敬意連	1112①			
たまはく	たまわく	×	日	囑累	1105③	和敬意連	1124②			
たまはく	たまわく	×	日	囑累	1106④	和敬意連	1125②			
たまはく	たまわく	×	日	囑累	1112④	和敬意連	1131③			
たまはく	たまわく	×	日	藥王	1116①	和敬意連	1134④			
たまはく	たまわく	×	日	藥王	1131②	和敬意連	1149④			

当該語	読みかな	傍訓	漢字表記	品名	頁数	語の種類	妙一本	和解語文	可読	異同語彙
たまはく	たまわく	×	曰	藥王	1131⑤	和敬意連	1150②			
たまはく	たまわく	×	曰	藥王	1140②	和敬意連	1158③			
たまはく	たまわく	×	曰	妙音	1170⑥	和敬意連	1186④			
たまはく	たまわく	×	曰	妙音	1175②	和敬意連	1190④			
たまはく	たまわく	×	曰	妙音	1178①	和敬意連	1193②			
たまはく	たまわく	×	曰	妙音	1178④	和敬意連	1193⑤			
たまはく	たまわく	×	曰	妙音	1184②	和敬意連	1199④			
たまはく	たまわく	×	曰	妙音	1186④	和敬意連	1201②			
たまはく	たまわく	×	曰	妙音	1197⑥	和敬意連	1211⑤			
たまはく	たまわく	×	曰	觀世	1209①	和敬意連	1222①			
たまはく	たまわく	×	曰	觀世	1222③	和敬意連	1235⑤			
たまはく	たまわく	×	曰	觀世	1233①	和敬意連	1245⑤			
たまはく	たまわく	×	曰	觀世	1235④	和敬意連	1248①			
たまはく	たまわく	×	曰	陀羅	1249①	和敬意連	1261②			
たまはく	たまわく	×	曰	陀羅	1269①	和敬意連	1280④			
たまはく	たまわく	×	曰	妙莊	1272①	和敬意連	1282⑥			
たまはく	たまわく	×	曰	妙莊	1303①	和敬意連	1310③			
たまはく	たまわく	×	曰	普賢	1309③	和敬意連	1315③			
たみ	たみ	×	民	藥王	1150⑤	和人倫名	1168⑥			
ため	ため	×	爲	方便	119①	和形式名	104③			
ため	ため	×	爲	方便	128②	和形式名	112③			
ため	ため	×	爲	方便	129⑤	和形式名	113⑤			
ため	ため	×	爲	方便	130⑥	和形式名	114⑤			
ため	ため	×	爲	方便	132③	和形式名	115⑥			
ため	ため	×	爲	方便	135①	和形式名	117⑥			
ため	ため	×	爲	方便	163①	和形式名	140⑤			
ため	ため	×	爲	方便	172①	和形式名	148①			
ため	ため	×	爲	方便	174①	和形式名	149⑥			
ため	ため	×	爲	方便	177②	和形式名	152③			
ため	ため	×	爲	方便	182④	和形式名	156⑥			
ため	ため	×	爲	方便	186③	和形式名	159⑥			
ため	ため	×	爲	譬喩	218⑥	和形式名	187④			
ため	ため	×	爲	譬喩	237⑥	和形式名	207②			
ため	ため	×	爲	譬喩	238②	和形式名	207④			
ため	ため	×	爲	譬喩	255①	和形式名	226①			
ため	ため	×	爲	譬喩	258④	和形式名	229⑤			
ため	ため	×	爲	譬喩	264①	和形式名	235③			
ため	ため	×	爲	譬喩	295④	和形式名	267⑤			
ため	ため	×	爲	譬喩	296③	和形式名	268④			
ため	ため	×	爲	譬喩	296⑥	和形式名	269①			
ため	ため	×	爲	譬喩	298③	和形式名	270⑤			
ため	ため	×	爲	藥草	392⑤	和形式名	378③			
ため	ため	×	爲	授記	442④	和形式名	434⑥			
ため	ため	×	爲	化城	457⑤	和形式名	452⑥			
ため	ため	×	爲	化城	471①	和形式名	468⑤			
ため	ため	×	爲	化城	508⑥	和形式名	513⑤			
ため	ため	×	爲	化城	517⑥	和形式名	522⑤			
ため	ため	×	爲	化城	521⑤	和形式名	526⑥			
ため	ため	×	爲	化城	528①	和形式名	533⑤			
ため	ため	×	爲	化城	529②	和形式名	534⑥			
ため	ため	×	爲	五百	568③	和形式名	572①			
ため	ため	×	爲	五百	569⑥	和形式名	573⑤			
ため	ため	×	爲	五百	591①	和形式名	598①			
ため	ため	×	爲	見寶	662④	和形式名	677②			
ため	ため	×	爲	見寶	665③	和形式名	680②			
ため	ため	×	爲	見寶	674⑤	和形式名	690③			
ため	ため	×	爲	見寶	681①	和形式名	698③			
ため	ため	×	爲	見寶	690⑥	和形式名	708⑥			
ため	ため	×	爲	提婆	709⑤	和形式名	726⑥			
ため	ため	×	爲	提婆	711⑤	和形式名	729①			
ため	ため	×	爲	提婆	712②	和形式名	729⑤			
ため	ため	×	爲	提婆	729⑥	和形式名	747⑥			
ため	ため	×	爲	勸持	753④	和形式名	773②		をもての[西右]	
ため	ため	×	爲	勸持	753⑥	和形式名	773④		をもて[西右]	
ため	ため	×	爲	安樂	794③	和形式名	815⑥		―くをもて[西右]	
ため	ため	×	爲	安樂	794⑥	和形式名	816③			

当該語	読みかな	傍訓	漢字表記	品名	頁数	語の種類	妙一本	和解語文	可読	異同語彙
ため	ため	×	爲	從地	853③	和形式名	876①			
ため	ため	×	爲	從地	860③	和形式名	883②			
ため	ため	×	爲	從地	868⑥	和形式名	891⑤			
ため	ため	×	爲	如來	891⑤	和形式名	910⑥			
ため	ため	×	爲	如來	909⑤	和形式名	928④			
ため	ため	×	爲	如來	911②	和形式名	930②			
ため	ため	×	爲	如來	919①	和形式名	938①			
ため	ため	×	爲	分別	937⑥	和形式名	956②			
ため	ため	×	爲	隨喜	979⑤	和形式名	997⑥			
ため	ため	×	爲	法功	1029①	和形式名	1047⑤			
ため	ため	×	爲	常不	1058④	和形式名	1077③			
ため	ため	×	爲	常不	1059①	和形式名	1077⑤			
ため	ため	×	爲	常不	1059②	和形式名	1078①			
ため	ため	×	爲	神力	1094③	和形式名	1113①		せんをとてのィ[西右]	
ため	ため	×	爲	神力	1098②	和形式名	1117①		をもて[西右]	ため[妙]
ため	ため	×	爲	囑累	1109④	和形式名	1127⑤			
ため	ため	×	爲	陀羅	1258③	和形式名	1270①			
ため	ため	×	爲	妙莊	1296⑥	和形式名	1305①			ため[妙]
ため	ため	×	爲	普賢	1313④	和形式名	1319④			ため[妙]
ために	ために	×	爲	序品	7⑥	和接	6③			
ために	ために	×	爲	序品	14⑤	和接	11⑥			
ために	ために	×	爲	序品	27④	和接	23③			
ために	ために	×	爲	序品	28①	和接	23⑥			
ために	ために	×	爲	序品	28③	和接	24②			
ために	ために	×	爲	序品	33⑥	和接	29①			
ために	ために	×	爲	序品	41③	和接	35⑤			
ために	ために	×	爲	序品	44⑤	和接	38⑤			
ために	ために	×	爲	序品	48⑥	和接	42②			
ために	ために	×	爲	序品	49②	和接	42④			
ために	ために	×	爲	序品	49③	和接	42⑤			
ために	ために	×	爲	序品	62①	和接	54②			
ために	ために	×	爲	序品	67⑤	和接	59②			
ために	ために	×	爲	序品	77④	和接	67②			
ために	ために	×	爲	序品	86①	和接	75④			
ために	ために	×	爲	方便	109②	和接	95④			
ために	ために	×	爲	方便	110④	和接	96④			
ために	ために	×	爲	方便	120②	和接	105④			
ために	ために	×	爲	方便	122⑤	和接	107④			
ために	ために	×	爲	方便	128④	和接	112⑥			
ために	ために	×	爲	方便	129③	和接	113④			
ために	ために	×	爲	方便	130⑤	和接	114④			
ために	ために	×	爲	方便	132②	和接	115⑤			
ために	ために	×	爲	方便	134⑤	和接	117⑤			
ために	ために	×	爲	方便	142④	和接	124②			
ために	ために	×	爲	方便	144④	和接	125⑥			
ために	ために	×	爲	方便	146⑤	和接	127④			
ために	ために	×	爲	方便	147⑤	和接	128③			
ために	ために	×	爲	方便	152①	和接	131⑥			
ために	ために	×	爲	方便	156①	和接	135①			
ために	ために	×	爲	方便	181⑤	和接	156①			
ために	ために	×	爲	方便	184②	和接	158②			
ために	ために	×	爲	方便	192③	和接	165①			
ために	ために	×	爲	譬喩	218①	和接	186⑤			
ために	ために	×	爲	譬喩	220②	和接	189①			
ために	ために	×	爲	譬喩	224①	和接	×			
ために	ために	×	爲	譬喩	237②	和接	206④			
ために	ために	×	爲	譬喩	242②	和接	211⑥			
ために	ために	×	爲	譬喩	242③	和接	211⑥			
ために	ために	×	爲	譬喩	242④	和接	212②			たら[妙]
ために	ために	×	爲	譬喩	244②	和接	213⑥			
ために	ために	×	爲	譬喩	244③	和接	214①			
ために	ために	×	爲	譬喩	255②	和接	226②			
ために	ために	×	爲	譬喩	257⑥	和接	229①			
ために	ために	×	爲	譬喩	259⑤	和接	231②			
ために	ために	×	爲	譬喩	260④	和接	231⑥			
ために	ために	×	爲	譬喩	260⑥	和接	232③			
ために	ために	×	爲	譬喩	263①	和接	234④			

ため 453

当該語	読みかな	傍訓	漢字表記	品名	頁数	語の種類	妙一本	和解語文	可読	異同語彙
ために	ために	×	爲	譬喩	265②	和接	236④			
ために	ために	×	爲	譬喩	278①	和接	249⑤			
ために	ために	×	爲	譬喩	278⑥	和接	250④			
ために	ために	×	爲	譬喩	282⑤	和接	254②			
ために	ために	×	爲	譬喩	283③	和接	254⑥			
ために	ために	×	爲	譬喩	291①	和接	263②			
ために	ために	×	爲	譬喩	291⑥	和接	264①			
ために	ために	×	爲	譬喩	299⑥	和接	272②			
ために	ために	×	爲	譬喩	301③	和接	273⑤			
ために	ために	×	爲	譬喩	303⑤	和接	275⑥			
ために	ために	×	爲	譬喩	305②	和接	277③			
ために	ために	×	爲	譬喩	305⑥	和接	278②			
ために	ために	×	爲	譬喩	306⑥	和接	279②			
ために	ために	×	爲	譬喩	311⑥	和接	285②			
ために	ために	×	爲	譬喩	312③	和接	285⑥			
ために	ために	×	爲	譬喩	312⑤	和接	286②			
ために	ために	×	爲	譬喩	313②	和接	286⑥			
ために	ために	×	爲	譬喩	313④	和接	287②			
ために	ために	×	爲	譬喩	314①	和接	287⑥			
ために	ために	×	爲	譬喩	314③	和接	288③			
ために	ために	×	爲	譬喩	314⑥	和接	289①			
ために	ために	×	爲	譬喩	315①	和接	289②			
ために	ために	×	爲	譬喩	315④	和接	289⑤			
ために	ために	×	爲	譬喩	316②	和接	290⑤			
ために	ために	×	爲	譬喩	316⑥	和接	291④			
ために	ために	×	爲	信解	332④	和接	310③			
ために	ために	×	爲	信解	339④	和接	319①			
ために	ために	×	爲	信解	348③	和接	330②			
ために	ために	×	爲	信解	349④	和接	331④			
ために	ために	×	爲	信解	351②	和接	333⑥			
ために	ために	×	爲	信解	366⑤	和接	352④			
ために	ために	×	爲	信解	367⑤	和接	353⑤			
ために	ために	×	爲	信解	367⑥	和接	353⑥			
ために	ために	×	爲	信解	371①	和接	357⑤			
ために	ために	×	爲	信解	376⑥	和接	364⑤			
ために	ために	×	爲	信解	377②	和接	364⑥			
ために	ために	×	爲	信解	377⑤	和接	365⑤			
ために	ために	×	爲	藥草	393③	和接	379①			
ために	ために	×	爲	藥草	398①	和接	384④			
ために	ために	×	爲	藥草	400③	和接	386⑥			
ために	ために	×	爲	藥草	403⑥	和接	390⑥			
ために	ために	×	爲	藥草	405④	和接	392⑤			
ために	ために	×	爲	藥草	406①	和接	393②			
ために	ために	×	爲	藥草	406④	和接	393⑤			
ために	ために	×	爲	藥草	406④	和接	393⑥			
ために	ために	×	爲	藥草	414②	和接	402④			
ために	ために	×	爲	授記	419③	和接	408②			
ために	ために	×	爲	授記	429①	和接	419④			
ために	ために	×	爲	授記	438②	和接	429⑥			
ために	ために	×	爲	授記	443⑥	和接	436③			
ために	ために	×	爲	化城	452⑥	和接	447②			
ために	ために	×	爲	化城	454③	和接	449①			
ために	ために	×	爲	化城	461⑤	和接	457③			
ために	ために	×	爲	化城	461⑥	和接	457⑤			
ために	ために	×	爲	化城	466①	和接	462⑤			
ために	ために	×	爲	化城	474①	和接	472⑤			
ために	ために	×	爲	化城	479④	和接	478⑥			
ために	ために	×	爲	化城	483②	和接	483④			
ために	ために	×	爲	化城	492②	和接	494③			
ために	ために	×	爲	化城	507①	和接	511④			
ために	ために	×	爲	化城	510⑤	和接	515⑤			
ために	ために	×	爲	化城	521①	和接	526①			
ために	ために	×	爲	化城	526④	和接	531⑥			
ために	ために	×	爲	化城	526⑥	和接	532②			
ために	ために	×	爲	化城	528③	和接	534①			
ために	ために	×	爲	化城	532④	和接	538②			
ために	ために	×	爲	化城	534⑤	和接	540③			
ために	ために	×	爲	化城	538②	和接	544①			

当該語	読みかな	傍訓	漢字表記	品名	頁数	語の種類	妙一本	和解語文	可読	異同語彙
ために	ために	×	爲	化城	540②	和接	545⑥			
ために	ために	×	爲	化城	547③	和接	553⑤			
ために	ために	×	爲	化城	547⑥	和接	554④			
ために	ために	×	爲	化城	548③	和接	555①			
ために	ために	×	爲	化城	548④	和接	555③			
ために	ために	×	爲	化城	549①	和接	555⑥			
ために	ために	×	爲	五百	564②	和接	567③			
ために	ために	×	爲	五百	577⑤	和接	582④			
ために	ために	×	爲	五百	588⑤	和接	595②			
ために	ために	×	爲	五百	591⑥	和接	598⑥			
ために	ために	×	爲	授學	602③	和接	610⑥			
ために	ために	×	爲	授學	606③	和接	615②			
ために	ために	×	爲	授學	613④	和接	623②			
ために	ために	×	爲	授學	614③	和接	623⑥			
ために	ために	×	爲	法師	627③	和接	638④			
ために	ために	×	爲	法師	628①	和接	639②			
ために	ために	×	爲	法師	638⑥	和接	651②			
ために	ために	×	爲	法師	639⑤	和接	652①			
ために	ために	×	爲	法師	645③	和接	658⑤			
ために	ために	×	爲	法師	646②	和接	659⑤			
ために	ために	×	爲	法師	646⑤	和接	660②			
ために	ために	×	爲	法師	647④	和接	661②			
ために	ために	×	爲	法師	647⑥	和接	661④			
ために	ために	×	爲	法師	649②	和接	663①			
ために	ために	×	爲	法師	652②	和接	666②			
ために	ために	×	爲	法師	652④	和接	666④			
ために	ために	×	爲	法師	653②	和接	667②			
ために	ために	×	爲	法師	654②	和接	668③			
ために	ために	×	爲	法師	654④	和接	668⑥			
ために	ために	×	爲	法師	654⑥	和接	669①			
ために	ために	×	爲	法師	655①	和接	669③			
ために	ために	×	爲	法師	655④	和接	669⑥			
ために	ために	×	爲	見寶	659③	和接	673⑥			
ために	ために	×	爲	見寶	662⑤	和接	677③			
ために	ために	×	爲	見寶	668③	和接	683④			
ために	ために	×	爲	見寶	685④	和接	702⑥			
ために	ために	×	爲	見寶	685⑤	和接	703①			
ために	ために	×	爲	見寶	686③	和接	703⑥			
ために	ために	×	爲	見寶	687③	和接	705①			
ために	ために	×	爲	見寶	692⑥	和接	711①			
ために	ために	×	爲	見寶	695①	和接	713⑤			
ために	ために	×	爲	見寶	695②	和接	714①			
ために	ために	×	爲	見寶	696⑤	和接	715⑤			
ために	ために	×	爲	提婆	709①	和接	726②			
ために	ために	×	爲	提婆	710①	和接	727②			
ために	ために	×	爲	提婆	710⑥	和接	728①			
ために	ために	×	爲	提婆	712⑤	和接	730③			
ために	ために	×	爲	提婆	713③	和接	731①			
ために	ために	×	爲	提婆	714②	和接	732①			
ために	ために	×	爲	提婆	714③	和接	732②			なさざりき[妙]
ために	ために	×	爲	提婆	714⑥	和接	732⑤			
ために	ために	×	爲	提婆	717③	和接	735③			
ために	ために	×	爲	提婆	735⑤	和接	754②			
ために	ために	×	爲	提婆	736②	和接	754⑤			
ために	ために	×	爲	勸持	752⑤	和接	772②			
ために	ために	×	爲	勸持	752⑤	和接	772②			
ために	ために	×	爲	勸持	755①	和接	774⑤			
ために	ために	×	爲	勸持	756②	和接	775⑥		をもてのゆへ[西右]	ための[妙]
ために	ために	×	爲	安樂	761①	和接	780⑤			
ために	ために	×	爲	安樂	763⑤	和接	783③			
ために	ために	×	爲	安樂	765①	和接	784⑥			
ために	ために	×	爲	安樂	766①	和接	785⑥			
ために	ために	×	爲	安樂	766②	和接	786②		をもてたにも[西右]	
ために	ために	×	爲	安樂	770④	和接	790⑥			
ために	ために	×	爲	安樂	770⑥	和接	791①			
ために	ために	×	爲	安樂	771②	和接	791④		をもて[西右]	

ため 455

当該語	読みかな	傍訓	漢字表記	品名	頁数	語の種類	妙一本	和解語文	可読	異同語彙
ために	ために	×	爲	安樂	772①	和接	792④			
ために	ために	×	爲	安樂	775⑥	和接	796④			
ために	ために	×	爲	安樂	778④	和接	799③			
ために	ために	×	爲	安樂	779⑤	和接	800④			
ために	ために	×	爲	安樂	780②	和接	801①			
ために	ために	×	爲	安樂	787①	和接	808④			
ために	ために	×	爲	安樂	794①	和接	815⑤			
ために	ために	×	爲	安樂	799③	和接	821①			
ために	ために	×	爲	安樂	800②	和接	821⑥			
ために	ために	×	爲	安樂	805⑤	和接	827⑤			
ために	ために	×	爲	安樂	807⑥	和接	830①			
ために	ために	×	爲	安樂	808③	和接	830④			
ために	ために	×	爲	安樂	809①	和接	831③			
ために	ために	×	爲	安樂	811⑥	和接	834②			
ために	ために	×	爲	安樂	812④	和接	834⑤			
ために	ために	×	爲	安樂	813②	和接	835⑤			
ために	ために	×	爲	安樂	814⑤	和接	837②			
ために	ために	×	爲	安樂	815⑥	和接	838②			
ために	ために	×	爲	從地	838⑥	和接	861⑤			
ために	ために	×	爲	從地	863③	和接	886①			
ために	ために	×	爲	從地	866②	和接	889①			
ために	ために	×	爲	從地	869③	和接	892③			
ために	ために	×	爲	從地	870①	和接	892⑥			
ために	ために	×	爲	如來	890④	和接	909⑤			
ために	ために	×	爲	如來	899②	和接	918③			
ために	ために	×	爲	如來	904⑤	和接	923④			
ために	ために	×	爲	如來	913⑤	和接	932⑤			
ために	ために	×	爲	如來	914③	和接	933②			
ために	ために	×	爲	如來	914⑤	和接	933④			
ために	ために	×	爲	如來	917④	和接	936③			
ために	ために	×	爲	如來	917⑥	和接	936⑤			
ために	ために	×	爲	如來	919⑤	和接	938⑤			
ために	ために	×	爲	如來	920④	和接	939④			
ために	ために	×	爲	分別	942②	和接	960④			
ために	ために	×	爲	分別	951⑥	和接	970⑤			
ために	ために	×	爲	分別	956①	和接	974④			
ために	ために	×	爲	分別	957⑤	和接	976③			
ために	ために	×	爲	分別	958④	和接	977②			
ために	ために	×	爲	分別	966④	和接	984⑥			
ために	ために	×	爲	随喜	971⑤	和接	989⑥			
ために	ために	×	爲	随喜	985⑤	和接	1004①			
ために	ために	×	爲	随喜	986④	和接	1004⑥			
ために	ために	×	爲	随喜	988②	和接	1006④			
ために	ために	×	爲	法功	1005⑤	和接	1024②			
ために	ために	×	爲	法功	1006②	和接	1024⑤			
ために	ために	×	爲	法功	1012⑥	和接	1031②			
ために	ために	×	爲	法功	1014④	和接	1033①			
ために	ために	×	爲	法功	1024⑥	和接	1043⑤			
ために	ために	×	爲	法功	1034④	和接	1053④			
ために	ために	×	爲	法功	1045④	和接	1064①			
ために	ために	×	爲	法功	1047⑥	和接	1066③			
ために	ために	×	爲	常不	1058③	和接	1077②			
ために	ために	×	爲	常不	1064⑥	和接	1083⑤			
ために	ために	×	爲	常不	1068③	和接	1087①			
ために	ために	×	爲	常不	1070⑤	和接	1089②			
ために	ために	×	爲	常不	1073①	和接	1091④			
ために	ために	×	爲	常不	1073④	和接	1092①			
ために	ために	×	爲	常不	1079④	和接	1098①			
ために	ために	×	爲	神力	1091②	和接	1109④			
ために	ために	×	爲	神力	1098⑤	和接	1117④			
ために	ために	×	爲	嘱累	1108⑤	和接	1127③			
ために	ために	×	爲	藥王	1119③	和接	1137⑤			
ために	ために	×	爲	藥王	1127②	和接	1145⑤			
ために	ために	×	爲	藥王	1154⑥	和接	1172⑤			ために[妙]
ために	ために	×	爲	藥王	1155①	和接	1172⑥		に[西右]	ために[妙]
ために	ために	×	爲	藥王	1155②	和接	1173①		に[西右]	ために[妙]
ために	ために	×	爲	藥王	1156⑤	和接	1174③			
ために	ために	×	爲	妙音	1166⑥	和接	1183②			

当該語	読みかな	傍訓	漢字表記	品名	頁数	語の種類	妙一本	和解語文	可読	異同語彙
ために	ために	×	爲	妙音	1167①	和接	1183③			
ために	ために	×	爲	妙音	1175④	和接	1190⑥			
ために	ために	×	爲	妙音	1176⑥	和接	1192①			
ために	ために	×	爲	妙音	1178②	和接	1193③			
ために	ために	×	爲	妙音	1185⑥	和接	1200④			ために[妙]
ために	ために	×	爲	妙音	1189⑥	和接	1204③			
ために	ために	×	爲	妙音	1193⑤	和接	1207⑤			
ために	ために	×	爲	妙音	1195①	和接	1208⑥			
ために	ために	×	爲	妙音	1195③	和接	1209②			
ために	ために	×	爲	妙音	1195⑤	和接	1209④			
ために	ために	×	爲	妙音	1196②	和接	1209⑥			
ために	ために	×	爲	妙音	1196③	和接	1210②			
ために	ために	×	爲	妙音	1200②	和接	1214①			
ために	ために	×	爲	觀世	1210③	和接	1223④			ために[妙]
ために	ために	×	爲	觀世	1211①	和接	1224②			
ために	ために	×	爲	觀世	1222①	和接	1235③			
ために	ために	×	爲	觀世	1222⑥	和接	1236②			
ために	ために	×	爲	觀世	1223③	和接	1236④			
ために	ために	×	爲	觀世	1223⑤	和接	1236⑥			
ために	ために	×	爲	觀世	1224①	和接	1237②			
ために	ために	×	爲	觀世	1224③	和接	1237④			
ために	ために	×	爲	觀世	1224⑤	和接	1237⑥			
ために	ために	×	爲	觀世	1225①	和接	1238②			
ために	ために	×	爲	觀世	1225③	和接	1238④			
ために	ために	×	爲	觀世	1225⑤	和接	1238⑥			
ために	ために	×	爲	觀世	1226①	和接	1239②			
ために	ために	×	爲	觀世	1226③	和接	1239④			
ために	ために	×	爲	觀世	1226⑤	和接	1239⑥			
ために	ために	×	爲	觀世	1227①	和接	1240②			
ために	ために	×	爲	觀世	1227④	和接	1240④			
ために	ために	×	爲	觀世	1228①	和接	1241①			
ために	ために	×	爲	觀世	1228④	和接	1241④			
ために	ために	×	爲	觀世	1228⑥	和接	1241⑥			
ために	ために	×	爲	觀世	1229④	和接	1242③			
ために	ために	×	爲	觀世	1229⑥	和接	1242⑤			
ために	ために	×	爲	觀世	1236②	和接	1248⑤			
ために	ために	×	爲	觀世	1237⑤	和接	1250②			
ために	ために	×	爲	觀世	1245⑥	和接	1258①			
ために	ために	×	爲	陀羅	1255④	和接	1267③			
ために	ために	×	爲	妙莊	1278①	和接	1288②			
ために	ために	×	爲	妙莊	1283④	和接	1293①			
ために	ために	×	爲	妙莊	1290⑥	和接	1300①			
ために	ために	×	爲	普賢	1307②	和接	1313⑥			とに[妙]
ために	ために	×	爲	普賢	1308⑥	和接	1315②			
ために	ために	×	爲	普賢	1309⑤	和接	1316①			
ために	ために	×	爲	普賢	1312①	和接	1318①	つかることをかうふるもの[西右]	ために[妙]	
ために	ために	×	爲	普賢	1316⑥	和接	1322③			
ために	ために	×	爲	普賢	1317③	和接	1322⑤			
ために	ために	×	爲	普賢	1318①	和接	1323③			
ために	ために	×	爲	普賢	1322③	和接	1327②			
ために	ために	×	爲	普賢	1324①	和接	1328⑤			ために[妙]
ために	ために	×	爲	普賢	1331②	和接	1335①			ために[妙]
ために	ために	×	爲	普賢	1331④	和接	1335②			
ために	ために	×	與	安樂	804①	和接	826①			
たもふ	たもう	×	給	譬喩	295②	和補助動	267③			
たもた	たもた	×	持	法師	633④	和動	645④			
たもた	たもた	×	持	安樂	804⑥	和動	827①			
たもた	たもた	×	持	分別	948③	和動	967①			
たもた	たもた	×	持	分別	963②	和動	981⑤			
たもた	たもた	×	持	分別	963④	和動	982①			
たもた	たもた	×	持	法功	1007①	和動	1025④			
たもた	たもた	×	持	法功	1008①	和動	1026④			
たもた	たもた	×	持	法功	1010②	和動	1028④			
たもた	たもた	×	持	法功	1011②	和動	1029⑤			
たもた	たもた	×	持	法功	1017②	和動	1035⑥			
たもた	たもた	×	持	法功	1037⑤	和動	1056③			

当該語	読みかな	傍訓	漢字表記	品名	頁数	語の種類	妙一本	和解語文	可読	異同語彙
たもた	たもた	×	持	法功	1045②	和動	1063⑤			
たもた	たもた	×	持	法功	1047②	和動	1065⑤			
たもた	たもた	×	持	常不	1056⑤	和動	1075④			
たもた	たもた	×	持	神力	1099③	和動	1118②			
たもた	たもた	×	持	神力	1100④	和動	1119③			
たもた	たもた	×	持	神力	1101②	和動	1120①			
たもた	たもた	×	持	神力	1102②	和動	1121①			
たもた	たもた	×	持	神力	1102③	和動	1121③			
たもた	たもた	×	持	陀羅	1260②	和動	1272②			
たもち	たもち	×	持	序品	61⑥	和動	54①			
たもち	たもち	×	持	信解	373⑤	和動	360⑥			
たもち	たもち	×	持	見寶	693⑤	和動	712①			
たもち	たもち	×	持	見寶	694⑥	和動	713④			
たもち	たもち	×	持	見寶	695②	和動	713⑥			
たもち	たもち	×	持	見寶	698④	和動	717④			
たもち	たもち	×	持	分別	941②	和動	959④			
たもち	たもち	×	持	分別	948②	和動	967①			
たもち	たもち	×	持	分別	956⑤	和動	975③			
たもち	たもち	×	持	分別	965⑤	和動	984①			
たもち	たもち	×	持	法功	1047⑤	和動	1066②			
たもつ	たもつ	×	持	序品	72①	和動	63②			
たもつ	たもつ	×	持	見寶	697②	和動	716②		たてまつる[西右]	
たもつ	たもつ	×	持	見寶	697③	和動	716②			
たもつ	たもつ	×	持	見寶	697⑥	和動	716⑤		持せん[西右]	
たもつ	たもつ	×	持	見寶	697⑥	和動	716⑥			
たもつ	たもつ	×	持	法功	1046①	和動	1064⑤			
たもつ	たもつ	×	持	法功	1048②	和動	1066⑤			
たもつ	たもつ	×	持	觀世	1209⑥	和動	1223①			
たもて	たもて	×	有	提婆	710④	和動	727⑥			
たもて	たもて	×	有	提婆	712⑤	和動	730②			
たもて	たもて	×	有	提婆	713①	和動	730⑤			
多聞	たもん	×	多聞	五百	577⑥	漢名	582⑤	たもん／おほくきゝて[妙]		
多聞	たもん	たもん／あまたのほうをきく	多聞	授學	609⑥	漢名	619②			
多聞	たもん	たもん	多聞	分別	946②	漢名	965③	たもん／おほくきゝて[妙]		
多聞強識	たもんごうしき	たもんがうしき／おほくぶつほうをしりて	多聞強識	譬喩	311⑤	漢四熟名	284⑥	たもんがうしき／おほくきくこわきさとり[妙]		
たより	たより	×	便	藥王	1160⑤	和名	1178①			
たより	たより	×	便	陀羅	1256②	和名	1268①			
たより	たより	×	便	陀羅	1264①	和名	1275③			
たより	たより	×	便	普賢	1311④	和名	1317⑤			
たより	たより	×	便	普賢	1312④	和名	1318⑤			
堕落し	だらくし	たらく／おつるところ	堕落	譬喩	242②	漢サ動	211⑤			
堕落せ	だらくせ	だらく／おつる心也	堕落	觀世	1238①	漢サ動	1250⑤	だらく・せ／おちん[妙]		
陀羅尼	だらに	だら―	陀羅尼	序品	7②	仏梵語名	5⑥	たらに／ほとけのちゑ[妙]		
陀羅尼	だらに	たらに	陀羅尼	提婆	727④	仏梵語名	745⑤			
陀羅尼	だらに	だらに	陀羅尼	勸持	748①	仏梵語名	767①			
陀羅尼	だらに	だらに	陀羅尼	安樂	812⑥	仏梵語名	835③			
陀羅尼	だらに	だらに	陀羅尼	分別	930④	仏梵語名	949②		―をえ[西右]	
陀羅尼	だらに	×	陀羅尼	妙音	1199②	仏梵語名	1212⑥		―と[西右]	たらに[妙]
陀羅尼	だらに	×	陀羅尼	陀羅	1254⑤	仏梵語名	1266⑤			たらに[妙]
陀羅尼	だらに	だらに	陀羅尼	陀羅	1255④	仏梵語名	1267③			たらに[妙]
陀羅尼	だらに	×	陀羅尼	陀羅	1255⑤	仏梵語名	1267④			たらに[妙]
陀羅尼	だらに	×	陀羅尼	陀羅	1258③	仏梵語名	1270①			たらに[妙]
陀羅尼	だらに	×	陀羅尼	普賢	1315②	仏梵語名	1321①			たらに[妙]
陀羅尼	だらに	×	陀羅尼	普賢	1315⑤	仏梵語名	1321③			たらに[妙]
陀羅尼	だらに	×	陀羅尼	普賢	1317⑤	仏梵語名	1323①			たらに[妙]
陀羅尼	だらに	×	陀羅尼	普賢	1318③	仏梵語名	1323⑤			たらに[妙]
陀羅尼	だらに	×	陀羅尼	普賢	1320⑤	仏梵語名	1325⑤			だらに[妙]
陀羅尼二十一	だらに	だらに	陀羅尼二十一	陀羅	1251⑥	仏梵語名	1263⑥			たらに[妙]
陀羅尼呪	だらにしゆ	たらにしゆ	陀羅尼呪	陀羅尼呪	1250⑤	仏梵語名	1262⑤			たらにしゆ[妙]

当該語	読みかな	傍訓	漢字表記	品名	頁数	語の種類	妙一本	和解語文	可読	異同語彙
陀羅尼呪	だらにしゆ	×	陀羅尼呪	普賢	1317④	仏梵語名	1322⑥			たらにしゆ[妙]
陀羅尼神呪	だらにしゆ	×	陀羅尼神呪	陀羅	1253⑤	仏梵語名	1265⑤			たらにじんしゆ[妙]
陀羅尼神呪	だらにじんしゆ	だらにじんしゆ	陀羅尼神呪	陀羅	1257⑤	仏梵語名	1269①			たらにしんしゆ[妙]
陀羅尼神呪	だらにじんしゆ	だらにじんしゆ	陀羅尼神呪	陀羅	1260③	仏梵語名	1272①			たらにしんしゆ[妙]
陀羅尼神呪	だらにじんしゆ	×	陀羅尼神呪	陀羅	1261③	仏梵語名	1272⑥			たらにしんしゆ[妙]
陀羅尼菩薩	だらにぼさつ	だらに	陀羅尼菩薩	随喜	982①	仏菩薩名	1000②			
陀羅尼品	だらにほん	×	陀羅尼品	陀羅	1271⑤	仏経巻名	1282②			たらにほん[妙]
たり	たり	×	足	信解	347④	和動	329②			
たり	たり	×	足	信解	368⑤	和動	355①			
たり	たり	×	足	五百	590②	和動	596⑥			
たり	たり	×	足	五百	593⑥	和動	601③			
たり	たり	×	足	五百	596⑥	和動	604⑥			
たり	たり	×	足	五百	598①	和動	606②			
たり	たり	×	足	五百	599⑤	和動	608②			
たり	たり	×	足	授學	603①	和動	611④			
たり	たり	×	足	五百	591④	和動	598④			
たるき	たるき	×	椽	譬喩	271③	和器財名	242④			
たるき	たるき	×	椽	譬喩	277①	和器財名	248⑤			
達磨波利差猶離反 帝 三十三	だるまはりしてい	だるまはりしてい	達磨波利差猶離反 帝 三十三	陀羅	1252⑥	仏梵語名	1264⑤			たつまはりしてい[妙]
たれ	たれ	×	誰	序品	20④	和疑問代名	17①			
たれ	たれ	×	誰	序品	20⑤	和疑問代名	17①			
たれ	たれ	×	誰	序品	22①	和疑問代名	18③			
たれ	たれ	×	誰	信解	375①	和疑問代名	362③			
たれ	たれ	×	誰	見寶	684③	和疑問代名	701④			
たれ	たれ	×	誰	見寶	689②	和疑問代名	707①			
たれ	たれ	×	誰	見寶	690②	和疑問代名	707⑥			
たれ	たれ	×	誰	見寶	697④	和疑問代名	716④			
たれ	たれ	×	誰	提婆	710①	和疑問代名	727②			
たれ	たれ	×	誰	提婆	712②	和疑問代名	730②			
たれ	たれ	×	誰	從地	838⑥	和疑問代名	861⑤			
たれ	たれ	×	誰	從地	839①	和疑問代名	861⑥			
たれ	たれ	×	誰	從地	839③	和疑問代名	862②		いづれの[西右]	
たれ	たれ	×	誰	妙莊	1281③	和疑問代名	1291①		一そ[西右]	
たれ	たれ	×	誰	妙莊	1281③	和疑問代名	1291②			
たれ	たれ	×	誰	妙莊	1281③	和疑問代名	1291①		一そ[西右]	
たれ	たれ	×	誰	妙莊	1281③	和疑問代名	1291②			
たれ	たれ	×	垂	方便	117⑥	和動	103③			
たれ	たれ	×	垂	方便	119②	和動	104④			
たれ	たれ	×	垂	譬喩	248⑤	和動	218④			
たれ	たれ	×	垂	譬喩	286⑥	和動	258③			
たれ	たれ	×	垂	信解	327①	和動	303⑤			
たれ	たれ	×	垂	化城	469④	和動	466②			
たれ	たれ	×	垂	化城	478①	和動	477②			
たれ	たれ	×	垂	化城	486④	和動	487③			
たれ	たれ	×	垂	化城	488④	和動	489⑥			
たれ	たれ	×	垂	化城	495③	和動	498①			
たれ	たれ	×	垂	化城	499②	和動	502③			
たれ	たれ	×	垂	見寶	657③	和動	671⑤			
たれ	たれ	×	垂	分別	927⑥	和動	946④			
たれ	たれ	×	垂	随喜	983②	和動	1001③			
たれ	たれ	×	垂	藥王	1117⑥	和動	1136②		一たりき[西右]	
たれ	たれ	×	垂	藥王	1134⑥	和動	1153②			
たれ	たれ	×	垂	藥王	1134⑥	和動	1153②			
たれ	たれ	×	低	囑累	1110④	和動	1129②		うな一[西右]	たれ[妙]
たれくだせ	たれくだせ	×	垂下	譬喩	287③	和複動	259③			
たはふれ	たわぶれ	×	戲	方便	162⑤	和動	140②			
たはふれ	たわぶれ	×	戲	譬喩	243⑥	和動	213④			
たはふれ	たわぶれ	×	戲	安樂	763②	和動	782⑥			
たはふれ	たわぶれ	×	戲	安樂	769②	和動	789④			
たはむれ	たわむれ	×	戲	方便	164⑥	和動	142①			
短	たん	×	短	陀羅	1256①	単漢名	1267⑥			たん[妙]

当該語	読みかな	傍訓	漢字表記	品名	頁数	語の種類	妙一本	和解語文	可読	異同語彙
短	たん	たん	短	陀羅	1263⑥	単漢名	1275②			たん[妙]
断壊し	だんえし	だんゑ	斷壞	觀世	1213⑥	漢サ動	1227②	たんえ・し／たゑやふれ[妙]		
断苦	だんく	たんく	斷苦	方便	176⑥	漢名	152①	たんく／くをたつ[妙]		
単己	たんこ	たんこ	單己	從地	822⑤	漢名	845①	たんこ／ひとり[妙]	一とィ[西右]	
単己	たんこ	たんこ	單己	從地	837⑥	漢名	860⑤			
端厳	たんごん	たんごん／いつくしき	端嚴	序品	70⑤	漢名	61⑥			いつくしき
端厳	たんごん	たんごん	端嚴	隨喜	991③	漢名	1010①	たんごん／いつくしく[妙]		
端厳殊特	たんごんしゆとく	たんごん・むしゆとく	端嚴殊特	妙荘	1292④	漢四熟名	1301③			たんこんしゆとく[妙]
歎し	たんじ	たん	歎	見寶	681⑥	漢サ動	699①	たん・し／ほめ[妙]		
弾指	だんし	たんじ	弾指	神力	1098⑥	漢名	1117⑤			たんじ[妙]
断し	だんじ	だん	斷	方便	151②	漢サ動	131③		一せるをもて[西右]	
断し	だんじ	だん／ことはる心也	斷	譬喩	208②	漢サ動	175④	だんじ／たち[妙]	たち[西右]	たち[妙]
断し	だんじ	たん・たち	斷	譬喩	215⑤	漢サ動	184①	だんじ／たへぬ[妙]		
断し	だんじ	たん・たち／たへる心也	斷	譬喩	301⑤	漢サ動	273⑥	たん・し／たち[妙]		
断じ	だんじ	だん／たへなる心	斷	如來	918⑤	漢サ動	937④	たん・し／たち[妙]		
断じ	だんじ	だん	斷	五百	581②	漢サ動	586④			
弾指し	だんしし	たんじ	弾指	神力	1087⑤	漢サ動	1106②	たんし・し／つまはしき[妙]		弾指・し[妙]
端正	たんじょう	たんじやう	端正	從地	868②	漢名	891②	たんしやう／うるはしく[妙]		
端正有相	たんじょううそう	たんしやううさう	端正有相	觀世	1218⑤	漢四熟名	1232①			たんじやううさう[妙]
端正殊妙	たんじょうしゆみょう	たんしやうしゆみやう／いつくしきかたち也	端正殊妙	授記	430④	漢四熟形動	421②			
端正なる	たんじょうなる	たんじやう	端正	妙音	1179⑥	漢形動	1195①			たんしやう・なる[妙]
丹枕	たんじん	たんしん／あかきまくら	丹枕	譬喩	248⑥	漢名	218⑤	たんしん／あかきまくら[妙]		
歎ず	たんず	たん	歎	化城	498⑥	漢サ動	502①	たん／ほむ[妙]		
歎す	たんず	たん	歎	化城	525③	漢サ動	530⑤	たん／ほむ[妙]		
歎ず	たんず	たん	歎	五百	565③	漢サ動	568⑥	たん・す／ほむ[妙]		
断ずる	だんずる	だん	斷	譬喩	304①	単漢サ動	276④	だん・する／たつ[妙]		
断せ	だんぜ	×	斷	授記	438④	漢サ動	430③	だん・せ／たつ[妙]		
断絶せ	だんぜつし	だんぜつ	斷絶	藥王	1160④	漢サ動	1177⑥		ーーして[西右]	断絶(たんせつ)せ[妙]
断絶せ	だんぜつせ	だんぜつ	斷絶	普賢	1326②	漢サ動	1330④			たんせん・せ[妙]
檀陀鳩睺隷四	たんだくしゃれい	だんだくしやれい	檀陀鳩睺隷四	普賢	1319①	仏梵語名	1324②			たんたくしやれい[妙]
檀陀修陀隷五	たんだしゅたれい	たんだしゆだれい	檀陀修陀隷五	普賢	1319①	仏梵語名	1324③			たんたしゆたれい[妙]
檀陀婆地二	たんだばち	たんだばち	檀陀婆地二	普賢	1318⑥	仏梵語名	1324②			たんたはち[妙]
檀陀婆帝三	たんだばてい	たんだはてい	檀陀婆帝三	普賢	1318⑥	仏梵語名	1324②			たんたはてい[妙]
段段	だんだん	だん〳〵	段段	觀世	1239③	漢畳語名	1251⑥			たんたん[妙]
段々	だんだん	だん〳〵	段段	觀世	1212③	漢畳語名	1225④			たんたん[妙]
湛然快樂	たんねんけらく	たんねんけらく／やすらかに心よき	湛然快樂	信解	325②	漢四熟名	302①	たんねんくゑらく／やすくたのしく[妙]		
坦然平正	たんねんひょうじょう	たんねんひやうじやう	坦然平正	分別	950①	漢四熟名	968⑤			
憺怕	たんはく	たんはく／しつかなる心	憺怕	化城	458④	漢名	453⑥	たんはく／しつか[妙]	ーと[西右]	
檀波羅蜜	たんはらみつ	だんーーー	檀波羅蜜	分別	938①	仏梵語名	956④	たんはらみつ／ふせ[妙]		

当該語	読みかな	傍訓	漢字表記	品名	頁數	語の種類	妙一本	和解語文	可読	異同語彙
檀波羅蜜	たんはらみつ	たんはらみつ	檀波羅蜜	妙莊	1273⑥	仏梵語名	1284③		一と[西右]	だんはらみつ[妙]
歎美せ	たんみせ	たんみ	歎美	法師	636①	漢サ動	648②	たんみ・せ／ほめ[妙]		
閑涵嬉戯す	たんめんきげす	たんめんきげ／ふけりをもねりよろこひたハふれ	閑涵嬉戯	譬喩	282④	漢四熟サ動	254①	たんめんきけ／ふけりをもねりあそひたわふる[妙]	耽湎嬉戯[妙]	耽湎嬉戯[妙]
ち	ち	×	血	譬喩	278②	和身体名	249⑥			
地	ち	×	地	序品	24④	和地儀名	20⑥			
地	ち	ち	地	譬喩	221⑤	和地儀名	190④			
地	ち	ぢ	地	譬喩	227⑤	和地儀名	196⑥			
地	ち	ち	地	譬喩	274②	和地儀名	245④			
地	ち	ち	地	信解	318②	和地儀名	293①			
地	ち	ぢ	地	信解	327②	和地儀名	303⑤			
地	ち	ち	地	信解	333③	和地儀名	311③			
地	ち	ち	地	信解	359③	和地儀名	343⑤			
地	ち	ち	地	信解	376③	和地儀名	363⑥			
地	ち	×	地	藥草	387⑤	和地儀名	372⑥			
地	ち	ち	地	藥草	396⑥	和地儀名	382⑤			
地	ち	×	地	藥草	401②	和地儀名	387⑤			
地	ち	×	地	藥草	407⑥	和地儀名	395③			
地	ち	×	地	授記	417④	和地儀名	405⑥			
地	ち	×	地	授記	420①	和地儀名	409①			
地	ち	ち	地	授記	420⑤	和地儀名	409⑤			
地	ち	ち	地	授記	427④	和地儀名	417⑥			
地	ち	ち	地	授記	427⑥	和地儀名	418②			
地	ち	ち	地	授記	435③	和地儀名	426⑤			
地	ち	×	地	授記	435⑤	和地儀名	426⑥			ち／ち[妙]
地	ち	×	地	授記	441①	和地儀名	433②			
地	ち	×	地	化城	528④	和地儀名	534②			
地	ち	×	地	五百	571③	和地儀名	574⑤			
地	ち	×	地	五百	571①	和地儀名	574⑥			
地	ち	×	地	授學	605③	和地儀名	614①			
地	ち	×	地	見寶	656⑥	和地儀名	671②			
地	ち	×	地	見寶	661①	和地儀名	675④			
地	ち	×	地	見寶	664②	和地儀名	679①			
地	ち	×	地	見寶	667④	和地儀名	682④			
地	ち	×	地	見寶	669④	和地儀名	684⑥			
地	ち	×	地	見寶	670①	和地儀名	685③			
地	ち	×	地	見寶	673①	和地儀名	688⑤			
地	ち	×	地	見寶	674③	和地儀名	690②			
地	ち	×	地	見寶	675③	和地儀名	691②			
地	ち	×	地	見寶	676④	和地儀名	692⑤			
地	ち	×	地	見寶	699①	和地儀名	718①			
地	ち	×	地	提婆	737①	和地儀名	755④			
地	ち	×	地	安樂	761④	和地儀名	781①			
檀	ち	×	檀	安樂	779②	和梵語名	800①			
地	ち	×	地	安樂	793①	和地儀名	814④			
地	ち	×	地	從地	820①	和地儀名	842②			
地	ち	×	地	從地	823③	和地儀名	845④			
地	ち	×	地	從地	825①	和地儀名	847⑤			
地	ち	×	地	從地	833②	和地儀名	856⑤			
地	ち	×	血	從地	839⑤	和身体名	862④			
地	ち	×	地	從地	840⑤	和地儀名	863④			
地	ち	×	地	從地	842⑤	和地儀名	865④			
地	ち	×	地	從地	848⑥	和地儀名	871④			
地	ち	×	地	從地	865③	和地儀名	888①			
地	ち	×	地	從地	870③	和地儀名	893④			
地	ち	×	地	如來	886③	和地儀名	905③			地(ぢ)[妙]
地	ち	×	地	如來	900②	和地儀名	919③			ち／ち[妙]
地	ち	×	地	分別	930④	和地儀名	949②			
ぢ	ち	×	地	分別	941⑤	和地儀名	960③			
地	ち	×	地	分別	950①	和地儀名	968⑤			
地	ち	×	地	分別	968③	和地儀名	986⑤			
地	ち	ぢ	地	隨喜	971③	和地儀名	989④	ち／ところ[妙]	一にしてあれ[西右]	
地	ち	×	地	法功	1016③	和地儀名	1035①			
地	ち	×	地	法功	1018②	和地儀名	1037①			
地	ち	×	地	法功	1020③	和地儀名	1039①			

当該語	読みかな	傍訓	漢字表記	品名	頁数	語の種類	妙一本	和解語文	可読	異同語彙
地	ち	×	地	法功	1047⑤	和地儀名	1066③			
地	ち	×	地	神力	1083⑥	和地儀名	1102③			
地	ち	×	地	神力	1088①	和地儀名	1106③			
地	ち	×	地	神力	1099①	和地儀名	1117⑥			
地	ち	×	地	藥王	1117④	和地儀名	1135⑥			
地	ち	×	地	妙音	1180⑤	和地儀名	1195⑤			
地	ち	×	地	妙莊	1280①	和地儀名	1290①			
地	ち	×	地	妙莊	1280②	和地儀名	1290①			
地	ち	×	地	妙莊	1280②	和地儀名	1290②			
智	ち	ち	智	序品	33②	単漢名	28④			
智	ち	×	智	方便	109⑤	単漢名	95⑥			
智	ち	ち	智	方便	160②	単漢名	138③	ち／ちゑ[妙]		
智	ち	ち・さとりあて	智	信解	362④	単漢名	347⑤			
智	ち	ち	智	藥草	387③	単漢名	372⑤			
智	ち	ち	智	藥草	387⑤	単漢名	372⑥			
智	ち	ち	智	安樂	813①	単漢名	835③			
智	ち	×	智	安樂	815④	単漢名	838①			
智	ち	×	智	如來	918③	単漢名	937③		有智のィ[西右]	
智	ち	×	智	觀世	1242⑥	単漢名	1255③			ち[妙]
癡	ち	ち	癡	方便	178②	単漢名	153②	ち／をろか[妙]		
癡	ち	一／おろかなり	癡	五百	592⑤	単漢名	599⑥			つたなし[妙]
癡	ち	ち	癡	觀世	1217④	単漢名	1230⑥	ち／おろかなること[妙]		
癡愛	ちあい	ちあひ	癡愛	方便	153⑥	漢名	133③		一と一と[西右]	
癡恚	ちい	ちい	癡恚	法功	1020②	漢名	1038⑥	ちい／くらくはらたつ[妙]	一と[西右]	
ちひさし	ちいさし	×	小	妙音	1171③	和形	1187②		小なりィ[西右]	
智印三昧	ちいんざんまい	一いん一一	智印三昧	妙音	1168④	仏四熟名	1184⑤			ちいんさんまい[妙]
智恵	ちえ	ちゑ	智恵	序品	31①	漢名	26④			
智恵	ちえ	ちゑ	智恵	序品	42②	漢名	36③			
智恵	ちえ	ちゑ	智恵	序品	66⑥	漢名	58③			
智恵	ちえ	ちゑ	智恵	方便	87②	漢名	76③			
智恵	ちえ	ちゑ	智恵	方便	87②	漢名	76④			
智恵	ちえ	ちゑ	智恵	方便	107⑤	漢名	94③			
智恵	ちえ	ちゑ	智恵	方便	148⑥	漢名	129③			智慧（ちゑ）[妙]
智恵	ちえ	ちゑ	智恵	方便	175②	漢名	150⑤			智慧[妙]
智恵	ちえ	ちゑ	智恵	方便	177⑥	漢名	152⑥			智慧[妙]
智恵	ちえ	ちゑ	智恵	譬喩	269③	漢名	240④			
智恵	ちえ	ちゑ	智恵	譬喩	292⑥	漢名	265①			智慧（ちゑ）[妙]
知恵	ちえ	ちゑ	知恵	譬喩	294⑤	漢名	267①			智恵[西]
智恵	ちえ	ちゑ	智恵	譬喩	311⑤	漢名	284⑥			
知恵	ちえ	ちゑ	知恵	信解	348⑤	漢名	330④			
知恵	ちえ	ちゑ	知恵	信解	349③	漢名	331④			
知恵	ちえ	ちゑ	知恵	信解	350④	漢名	332⑥			
智恵	ちえ	ちゑ	智恵	信解	369⑥	漢名	356③			
智恵	ちえ	×	智恵	藥草	388⑤	漢名	373⑤			
知恵	ちえ	ちゑ	知恵	藥草	399⑤	漢名	386①			智一[西右]
智恵	ちえ	ちゑ	智恵	藥草	410⑤	漢名	398④			
知恵	ちえ	ちゑ	知恵	藥草	412③	漢名	400③			
智恵	ちえ	×	智恵	授記	419③	漢名	408②			
智恵	ちえ	×	智恵	授記	437⑥	漢名	429④			
智恵	ちえ	×	智恵	授記	444②	漢名	436⑥			
智恵	ちえ	ちゑ	智恵	化城	461④	漢名	457②			
智恵	ちえ	×	智恵	化城	462①	漢名	457⑤			
智恵	ちえ	ちゑ	智恵	化城	497④	漢名	500③		一と[西右]	
智恵	ちえ	ちゑ	智恵	化城	518③	漢名	523③			
智恵	ちえ	×	智恵	化城	519⑥	漢名	525①			
智恵	ちえ	×	智恵	化城	541③	漢名	547②			
智恵	ちえ	ちゑ	智恵	五百	562③	漢名	565③			
智恵	ちえ	ちゑ	智恵	五百	572②	漢名	576②			
智恵	ちえ	ちゑ	智恵	五百	577⑥	漢名	582⑤			
智恵	ちえ	ちゑ	智恵	五百	590①	漢名	596⑤			
智恵	ちえ	ちゑ	智恵	法師	631⑤	漢名	643②			
智恵	ちえ	ちゑ	智恵	法師	651⑤	漢名	665⑤			
智恵	ちえ	ちゑ	智恵	提婆	727③	漢名	745④			

当該語	読みかな	傍訓	漢字表記	品名	頁数	語の種類	妙一本	和解語文	可読	異同語彙
智恵	ちえ	ちゑ	智恵	安樂	798④	漢名	820②			
智恵	ちえ	×	智恵	安樂	807②	漢名	829③			
智恵	ちえ	ちゑ	智恵	安樂	810③	漢名	833②			
智恵	ちえ	×	智恵	從地	831⑥	漢名	854⑤			
智恵	ちえ	ちゑ	智恵	從地	835②	漢名	858①		一と[西右]	
智恵	ちえ	ちゑ	智恵	從地	845④	漢名	868②			
智恵	ちえ	ちゑ	智恵	從地	847④	漢名	870②			
智恵	ちえ	ちゑ	智恵	從地	852①	漢名	874⑤			
智恵	ちえ	ちゑ	智恵	從地	853⑤	漢名	876②			
智恵	ちえ	ちゑ	智恵	分別	956⑥	漢名	975④			
智恵	ちえ	ちゑ	智恵	分別	959④	漢名	978①			
智恵	ちえ	×	智恵	分別	966③	漢名	984④			智恵(ちゑ)[妙]
智恵	ちえ	×	智恵	随喜	982③	漢名	1000③			智恵(ちゑ)[妙]
智恵	ちえ	×	智恵	法功	1042⑥	漢名	1061④			智恵(ちゑ)[妙]
智恵	ちえ	×	智恵	囑累	1107⑥	漢名	1126④		一と[西右]	智恵(ちゑ)[妙]
智恵	ちえ	×	智恵	囑累	1107⑥	漢名	1126④		一と[西右]	智恵(ちゑ)[妙]
智恵	ちえ	×	智恵	囑累	1107⑥	漢名	1126④		一と[西右]	智恵(ちゑ)[妙]
智恵	ちえ	×	智恵	囑累	1108③	漢名	1127②			智恵(ちゑ)[妙]
智恵	ちえ	×	智恵	藥王	1139④	漢名	1157⑤		一の[西右]	智恵(ちゑ)[妙]
智恵	ちえ	×	智恵	藥王	1151⑥	漢名	1170①			智恵(ちゑ)[妙]
智恵	ちえ	×	智恵	藥王	1158④	漢名	1176②			智恵(ちゑ)[妙]
智恵	ちえ	×	智恵	藥王	1158⑥	漢名	1176④			智恵(ちゑ)[妙]
智恵	ちえ	×	智恵	妙音	1168②	漢名	1184③			智恵(ちゑ)[妙]
智恵	ちえ	×	智恵	妙音	1172⑥	漢名	1188⑤		一との[西右]	智恵(ちゑ)[妙]
智恵	ちえ	×	智恵	妙音	1193⑥	漢名	1207⑥			智恵(ちゑ)[妙]
智恵	ちえ	×	智恵	妙音	1194②	漢名	1208①			智恵(ちゑ)[妙]
智恵	ちえ	×	智恵	妙音	1196⑥	漢名	1210⑤		一と[西右]	智恵(ちゑ)[妙]
智恵	ちえ	ちゑ	智恵	觀世	1218④	漢名	1231⑥			
智恵	ちえ	ちゑ	智恵	妙莊	1273④	漢名	1284②		一と[西右]	
智恵	ちえ	×	智恵	妙莊	1300①	漢名	1307⑤			智恵(ちゑ)[妙]
智慧	ちえ	ちゑ	智慧	譬喩	258⑤	漢名	229⑥			
智慧	ちえ	ちゑ	智慧	譬喩	259④	漢名	230⑥			
智恵者	ちえしゃ	×	智恵者	化城	488①	漢人倫名	489②	いますもの[西右]		
智恵聰達	ちえそうたつ	ーーそうたつ	智恵聰達	如來	899④	漢四熟名	918④	ちゑそうたつ／さかしくさとり[妙]		
智慧波羅蜜	ちえはらみつ	ちゑはらみつ	智慧波羅蜜	譬喩	254②	仏五熟名	225②			
智恵明了	ちえみょうりょう	ーーみやうれう	智恵明了	方便	113①	漢四熟名	98⑥			
智恵明了	ちえみょうりょう	ーーみやうりやう	智恵明了	化城	506①	漢四熟名	510④	ちゑみやうれう／一あきらか[妙]		
智恵明了	ちえみょうりょう	ちゑみやうりやう	智恵明了	化城	511⑥	漢四熟名	516⑥	ちゑみやうれう／一あからか[妙]		
智慧力	ちえりき	ちゑりき	智慧力	譬喩	254①	漢名	225①	ちゑりき／一ちから[妙]		
智慧力	ちえりき	ちゑりき	智慧力	譬喩	257⑤	漢名	228⑥	ちゑりき／一ちから[妙]	一と[西右]	
智慧力	ちえりき	ちゑりき	智慧力	化城	462③	漢名	458③	ーーりき／一ちから[妙]	ーーの一と[西右]	知恵力[妙]
智恵力	ちえりき	ちゑりき	智恵力	譬喩	266⑥	漢名	238①	ちゑりき／一ちから[妙]	ーーと一と[西右]	
智恵力	ちえりき	ちゑー	智恵力	安樂	793②	漢名	814⑤	ちゑりき／一ちから[妙]	一と[西右]	
ちかひ	ちかい	×	誓	藥王	1139②	和転成名	1157③			
ちかき	ちかき	×	近	化城	526③	和形	531⑤			
ちかき	ちかき	×	近	化城	529④	和形	535②			
ちかき	ちかき	×	近	法功	1010⑥	和形	1029②		一と[西右]	
ちかく	ちかく	×	近	從地	864③	和形	887①			
ちかく	ちかく	×	近	譬喩	276⑤	和形	248⑦			
ちかく	ちかく	×	近	五百	571③	和形	575③			
ちかし	ちかし	×	近	化城	528⑤	和形	534②			
ちかし	ちかし	×	近	法師	643⑤	和形	656⑤			
ちかし	ちかし	×	近	從地	865⑥	和形	888⑤			
ちかし	ちかし	×	近	從地	867④	和形	890③			
ちかし	ちかし	×	近	如來	911⑥	和形	930⑥			
ちかつき	ちかづき	×	近	法師	641③	和動	653⑥			
ちかつき	ちかづき	×	近	法師	650⑤	和動	664④			
ちかづき	ちかづき	×	近	法師	651⑤	和動	665⑤			
ちかつき	ちかづき	×	近	安樂	765④	和動	785③			

当該語	読みかな	傍訓	漢字表記	品名	頁数	語の種類	妙一本	和解語文	可読	異同語彙
ちかづき	ちかづき	×	近	分別	960③	和動	978⑥			
ちかづく	ちかづく	×	近	信解	337②	和動	316①			
ちかづく	ちかづく	×	近	信解	368①	和動	354②			
ちかづく	ちかづく	×	近	法師	642⑥	和動	655④			
ちかづく	ちかづく	×	近	法師	644④	和動	657⑤			
ちから	ちから	×	力	序品	35⑥	和名	30⑥			
ちから	ちから	×	力	方便	95⑤	和名	84①			
ちから	ちから	×	力	方便	150①	和名	130②			
ちから	ちから	×	力	方便	175②	和名	150⑥			
ちから	ちから	×	力	譬喩	241③	和名	211①			
ちから	ちから	×	力	譬喩	258⑤	和名	230①			
ちから	ちから	×	力	譬喩	300②	和名	272④			
ちから	ちから	×	力	信解	328③	和名	305②			
ちから	ちから	×	力	信解	372①	和名	358⑥			
ちから	ちから	×	力	信解	372⑤	和名	359⑤			
ちから	ちから	×	力	藥草	394③	和名	380②			
ちから	ちから	×	力	藥草	400②	和名	386⑤			
ちから	ちから	×	力	藥草	407⑤	和名	395①			
ちから	ちから	×	力	藥草	410⑥	和名	398⑥			
ちから	ちから	×	力	化城	449③	和名	443①			
ちから	ちから	×	力	化城	524①	和名	529③			
ちから	ちから	×	力	化城	528①	和名	533④			
ちから	ちから	×	力	化城	529①	和名	534④			
ちから	ちから	×	力	五百	563①	和名	566①			
ちから	ちから	×	力	五百	567③	和名	571①			
ちから	ちから	×	力	五百	591②	和名	598①			
ちから	ちから	×	力	見寶	684①	和名	701②			神通力(しんつうりき)[妙]
ちから	ちから	×	力	見寶	687③	和名	705①			神通力[妙]
ちから	ちから	×	力	安樂	798④	和名	820②			
ちから	ちから	×	力	安樂	808②	和名	830③			
ちから	ちから	×	力	從地	845④	和名	868③		一と[西右]	
ちから	ちから	×	力	從地	845⑤	和名	868③		一と[西右]	
ちから	ちから	×	力	從地	845⑥	和名	868④		一と[西右]	
ちから	ちから	×	力	如來	883②	和名	902①			
ちから	ちから	×	力	随喜	971⑤	和名	989⑥			
ちから	ちから	×	力	法功	997⑥	和名	1016⑤			
ちから	ちから	×	力	法功	1019⑤	和名	1038③			
ちから	ちから	×	力	法功	1020①	和名	1038⑤			
ちから	ちから	×	力	藥王	1120⑥	和名	1139①			
ちから	ちから	×	力	藥王	1159①	和名	1176④			
ちから	ちから	×	力	藥王	1161①	和名	1178②			
ちから	ちから	×	力	妙音	1172⑤	和名	1188④		一ならん[西右]	
ちから	ちから	×	力	妙音	1173②	和名	1188⑥			
ちから	ちから	×	力	妙音	1196⑥	和名	1210⑤			
ちから	ちから	×	力	觀世	1210②	和名	1223③			
ちから	ちから	×	力	觀世	1216③	和名	1229④			
ちから	ちから	×	力	觀世	1219②	和名	1232④			
ちから	ちから	×	力	觀世	1222②	和名	1235④			
ちから	ちから	×	力	觀世	1237①	和名	1249④			
ちから	ちから	×	力	觀世	1237③	和名	1249⑥			
ちから	ちから	×	力	觀世	1237⑥	和名	1250③			
ちから	ちから	×	力	觀世	1238②	和名	1250⑤			
ちから	ちから	×	力	觀世	1238⑤	和名	1251③			
ちから	ちから	×	力	觀世	1239②	和名	1251⑥			
ちから	ちから	×	力	觀世	1239⑤	和名	1252③			
ちから	ちから	×	力	觀世	1240②	和名	1252⑤			
ちから	ちから	×	力	觀世	1240④	和名	1253①			
ちから	ちから	×	力	觀世	1241②	和名	1253④			
ちから	ちから	×	力	觀世	1241④	和名	1254①			
ちから	ちから	×	力	觀世	1242②	和名	1254⑤			
ちから	ちから	×	力	觀世	1242⑤	和名	1255①		一に[西右]	
ちから	ちから	×	力	觀世	1242⑥	和名	1255②			
ちから	ちから	×	力	觀世	1245①	和名	1257③			
ちから	ちから	×	力	觀世	1246⑥	和名	1259①			
ちから	ちから	×	力	普賢	1306①	和名	1312⑥			ちから[妙]
ちから	ちから	×	力	普賢	1307③	和名	1314①			

当該語	読みかな	傍訓	漢字表記	品名	頁数	語の種類	妙一本	和解語文	可読	異同語彙
ちから	ちから	×	力	普賢	1321①	和名	1326①			
ちから	ちから	×	力	普賢	1321④	和名	1326③			
直	ぢき	しき／すくに	直	随喜	984④	単漢名	1002⑥	ぢき／なをくして[妙]	はなはながくしかもたかくなをからん[西右]	
畜	ちく	ちく	畜	安樂	763④	単漢名	783①			
値遇し	ちぐし	ちぐ	値遇	化城	470①	漢サ動	467④			
値遇し	ちぐし	ちぐ	値遇	化城	488②	漢サ動	489④			
畜生	ちくしょう	ちくしやう	畜生	譬喩	255⑤	漢名	226⑤			
畜生	ちくしょう	ちくしやう	畜生	譬喩	303②	漢名	275④			
畜生	ちくしょう	ちくしやう	畜生	授記	435⑥	漢名	427②			
畜生	ちくしょう	ちくしやう	畜生	見寶	672⑤	漢名	688②			
畜生	ちくしょう	×	畜生	見寶	675①	漢名	690⑤			
畜生	ちくしょう	ちくしやう	畜生	提婆	719⑤	漢名	737⑤			
畜生	ちくしょう	ちくしやう	畜生	法功	1039①	漢名	1057⑤			
畜生	ちくしょう	ちくしやう	畜生	藥王	1117③	漢名	1135④		一と[西右]	ちくしやう[妙]
畜生	ちくしょう	ちくしやう	畜生	妙音	1192⑤	漢名	1206⑤			ちくしやう[妙]
畜生	ちくしょう	ちくしやう	畜生	觀世	1243⑤	漢名	1255⑤		一と[西右]	ちくしやう[妙]
畜生声	ちくしょうしょう	ちくしやう―	畜生声	法功	1000②	漢名	1018⑥	ちくしやうしやう／ちくしやうのこへ[妙]		
値遇す	ちぐす	ちぐ／あふこと也	値遇	如來	897③	漢サ動	916③		ちぐし奉る[西右]	値遇(ちぐ)す[妙]
値遇する	ちぐする	ちぐ	値遇	方便	188④	漢サ動	161④	ちく・する／あいあふ[妙]		
竹林	ちくりん	ちくりん	竹林	方便	97②	漢地儀名	85①	ちくりん／たけのはやし[妙]		
智見	ちけん	ちけん	知見	方便	89②	漢名	78③	ちけん／しりみつ[妙]	一とのイ[西右]	
知見	ちけん	×	知見	方便	89④	漢名	78④			
知見	ちけん	ちけん	知見	方便	125⑥	漢名	110④	ちけん／しるみる[妙]		
知見	ちけん	×	知見	方便	126②	漢名	110⑥			
知見	ちけん	×	知見	方便	126④	漢名	111②			
知見	ちけん	×	知見	方便	127①	漢名	111③			
知見	ちけん	×	知見	方便	128②	漢名	112④			
知見	ちけん	×	知見	方便	133⑤	漢名	116③			
知見	ちけん	×	知見	方便	133③	漢名	116④			
知見	ちけん	×	知見	方便	133⑤	漢名	116⑥			
知見	ちけん	ちけん	知見	譬喩	205④	漢名	172⑥			
知見	ちけん	ちけん	知見	譬喩	254①	漢名	224⑥	ちけん／みしる[妙]		
知見	ちけん	ちけん	知見	譬喩	258①	漢名	229③	ちけん／しるみる[妙]		
知見	ちけん	ちけん	知見	譬喩	264④	漢名	235⑥	ちけん／しりみる[妙]	一と[西右]	
知見	ちけん	ちけん	知見	信解	348④	漢名	330③			
智見	ちけん	ちけん	知見	化城	507③	漢名	512①			
知見	ちけん	ちけん	知見	五百	564①	漢名	567②			
知見し	ちけんし	ちけん	知見	如來	892⑥	漢サ動	911⑥			
知見せ	ちけんせ	ちけん	知見	方便	94①	漢サ動	82⑥	ちけん・せ／しりみつ[妙]		
知見力	ちけんりき	一けんりき	知見力	化城	448④	漢名	442①	ちけんりき／しりみるちから[妙]		
知識	ちしき	ちしき	知識	随喜	971⑤	漢サ動	989⑥	ちしき／しれるもの[妙]		
知識せ	ちしきせ	ちしき	知識	序品	6②	漢サ動	5①	ちしき・せ／しられたる[妙]		
知識せ	ちしきせ	―しき	知識	授學	602③	漢サ動	610②	ちしき・せ／しりさとれる[妙]		
智者	ちしゃ	ちしや	智者	序品	36④	漢人倫名	31④			
智者	ちしゃ	ちしや	智者	藥草	392③	漢人倫名	378④	いさいちしや／いさいをしるもの[妙]	一なり[西左]	
智者	ちしゃ	×	智者	安樂	773⑥	漢人倫名	794②			
智者	ちしゃ	ちしや	智者	安樂	783①	漢人倫名	804②			
智者	ちしゃ	ちしや	智者	安樂	791②	漢人倫名	812④		一は[西右]	
智者	ちしゃ	×	智者	随喜	971①	漢人倫名	989①			

当該語	読みかな	傍訓	漢字表記	品名	頁数	語の種類	妙一本	和解語文	可読	異同語彙
智者	ちしゃ	×	智者	普賢	1325②	漢人倫名	1329⑤			ちしや[妙]
智積	ちしゃく	ちしゃく	智積	化城	455④	漢名	450③			
智積	ちしゃく	ちしゃく	智積	提婆	720④	漢名	738④			
智積	ちしゃく	×	智積	提婆	720⑤	漢名	738⑥			
智積	ちしゃく	×	智積	提婆	722④	漢名	740④			
智積	ちしゃく	ちしゃく	智積	提婆	724⑥	漢名	743①			
智積菩薩	ちしゃくぼさつ	ちしやくぼさつ	智積菩薩	提婆	722⑤	仏菩薩名	740⑤			
智積菩薩	ちしゃくぼさつ	×	智積菩薩	提婆	725①	仏菩薩名	743③			
智積菩薩	ちしゃくぼさつ	×	智積菩薩	提婆	726③	仏菩薩名	744④			
智積菩薩	ちしゃくぼさつ	×	智積菩薩	提婆	728⑥	仏菩薩名	746⑥			
智積菩薩	ちしゃくぼさつ	ちしやくぼさつと	智積菩薩	提婆	734②	仏菩薩名	752④			
智積菩薩	ちしゃくぼさつ	×	智積菩薩	提婆	737②	仏菩薩名	755⑥			
地種	ちしゅ	×	地種	化城	446④	漢名	439⑤			
地種	ちしゅ	ちしゆ	地種	化城	447②	漢名	440③	ちしゆ／ちのかす[妙]		
地種	ちしゅ	ぢしゆ	地種	化城	449④	漢名	443②			
智性	ちしょう	ちしやう	智性	譬喩	262③	漢名	233⑥			
稚小無知	ちしょうむち	ちせう—ち・をさなくしる事なくして	稚小無知	譬喩	280②	漢四熟名	251⑤	ちせうむち／おさなくしることなくして[妙]		
治せ	ちせ	×	治	如來	903⑤	漢サ動	922④			
治せ	ちせ	ち	治	如來	919②	漢サ動	937⑥		一するともその[西右]	
治世	ぢせ	ぢ—	治世	法功	1042①	漢名	1060⑥			ぢせ[妙]
馳走し	ちそうし	ちそう／はせん	馳走	譬喩	256⑤	漢サ動	227⑥	ちそうし／はしり[妙]		
馳走し	ちそうし	ちそう・はせはして／はしる心	馳走	譬喩	283⑥	漢サ動	255④	ちそう・し／はせはしりて[妙]		
馳走し	ちそうし	ちさう・はせさして	馳走	信解	358④	漢サ動	342⑥	ちそう／はせはしり[妙]		
知足	ちそく	×	知足	普賢	1331④	漢名	1335③			せうよくちそく[妙]
父	ちち	ちゝ	父	序品	52⑤	和人倫名	45⑤			
ちゝ	ちち	×	父	譬喩	243①	和人倫名	212⑤			
ちゝ	ちち	×	父	譬喩	243⑥	和人倫名	213④			
ちゝ	ちち	×	父	譬喩	244⑥	和人倫名	214④			
ちゝ	ちち	×	父	譬喩	246③	和人倫名	216①			
ちゝ	ちち	×	父	譬喩	247③	和人倫名	217②			
ちゝ	ちち	×	父	譬喩	247⑤	和人倫名	217③			
父	ちち	ちゝ	父	譬喩	253⑤	和人倫名	224④			
ちゝ	ちち	×	父	譬喩	257②	和人倫名	228③			
ちゝ	ちち	×	父	譬喩	266②	和人倫名	237③			
ちゝ	ちち	×	父	譬喩	281⑤	和人倫名	253③			
ちゝ	ちち	×	父	譬喩	285④	和人倫名	257②			
ちゝ	ちち	×	父	譬喩	285⑤	和人倫名	257③			
ちゝ	ちち	×	父	譬喩	285⑤	和人倫名	257③			
ちゝ	ちち	×	父	譬喩	289②	和人倫名	261②			
ちゝ	ちち	×	父	譬喩	294①	和人倫名	266②			
ちゝ	ちち	×	父	信解	322①	和人倫名	297④			
ちゝ	ちち	×	父	信解	322⑥	和人倫名	298④			ちち【父】[妙]
ちゝ	ちち	×	父	信解	324②	和人倫名	300②			
ちゝ	ちち	×	父	信解	324③	和人倫名	300④			
ちゝ	ちち	×	父	信解	326①	和人倫名	302③			
ちゝ	ちち	×	父	信解	326②	和人倫名	302⑤			
ちゝ	ちち	×	父	信解	327④	和人倫名	304②			
ちゝ	ちち	×	父	信解	331④	和人倫名	309②			
ちゝ	ちち	×	父	信解	332②	和人倫名	310①			
ちゝ	ちち	×	父	信解	335⑥	和人倫名	314②			
ちゝ	ちち	×	父	信解	338④	和人倫名	317④			
ちゝ	ちち	×	父	信解	342⑥	和人倫名	323③			
ちゝ	ちち	×	父	信解	344⑥	和人倫名	326①			
ちゝ	ちち	×	父	信解	345④	和人倫名	326④			
ちゝ	ちち	×	父	信解	353④	和人倫名	336⑥			

当該語	読みかな	傍訓	漢字表記	品名	頁数	語の種類	妙一本	和解語文	可読	異同語彙
ちゝ	ちち	×	父	信解	353⑥	和人倫名	337②			
ちゝ	ちち	×	父	信解	356⑥	和人倫名	340⑥			
ちゝ	ちち	×	父	信解	357①	和人倫名	341①			
ちゝ	ちち	×	父	信解	357⑤	和人倫名	341⑤			
ちゝ	ちち	×	父	信解	360①	和人倫名	344④			
ちゝ	ちち	×	父	信解	363②	和人倫名	348⑤			
ちゝ	ちち	×	父	信解	365①	和人倫名	350④			
ちゝ	ちち	×	父	信解	368①	和人倫名	354②			
ちゝ	ちち	×	父	化城	455⑥	和人倫名	450⑤			
ちゝ	ちち	×	父	化城	479⑤	和人倫名	479②			
ちゝ	ちち	×	父	安樂	790⑤	和人倫名	812②			
ちゝ	ちち	×	父	從地	859③	和人倫名	882②			
ちゝ	ちち	×	父	從地	867①	和人倫名	889⑤			
ちゝ	ちち	×	父	從地	867①	和人倫名	889⑥			
ちゝ	ちち	×	父	如來	900③	和人倫名	919④			
ちゝ	ちち	×	父	如來	900⑥	和人倫名	919⑥			
ちゝ	ちち	×	父	如來	901①	和人倫名	920④			
ちゝ	ちち	×	父	如來	903③	和人倫名	922③			
ちゝ	ちち	×	父	如來	904⑤	和人倫名	923⑤			
ちゝ	ちち	×	父	如來	906⑤	和人倫名	925④			
ちゝ	ちち	×	父	如來	906⑥	和人倫名	925⑤			
ちゝ	ちち	×	父	如來	907①	和人倫名	926①			
ちゝ	ちち	×	父	如來	908③	和人倫名	927②			
ちゝ	ちち	×	父	如來	919③	和人倫名	938③			
ちゝ	ちち	×	父	藥王	1128①	和人倫名	1146④			ちち[妙]
ちゝ	ちち	×	父	藥王	1146②	和人倫名	1164③			ちち[妙]
ちゝ	ちち	×	父	藥王	1146④	和人倫名	1164⑤			ちち[妙]
ちゝ	ちち	×	父	妙莊	1277①	和人倫名	1287②			ちち[妙]
ちゝ	ちち	×	父	妙莊	1277②	和人倫名	1287④			ちち[妙]
ちゝ	ちち	×	父	妙莊	1278②	和人倫名	1288③			ちち[妙]
ちゝ	ちち	×	父	妙莊	1278⑤	和人倫名	1288⑤			ちち[妙]
ちゝ	ちち	×	父	妙莊	1280④	和人倫名	1290③			ちち[妙]
ちゝ	ちち	×	父	妙莊	1280⑤	和人倫名	1290④			ちち[妙]
ちゝ	ちち	×	父	妙莊	1282③	和人倫名	1292①			ちち[妙]
ちゝ	ちち	×	父	妙莊	1283①	和人倫名	1292⑤			ちち[妙]
ちゝ	ちち	×	父	妙莊	1283②	和人倫名	1293①			ちち[妙]
ちゝ	ちち	×	父	妙莊	1289④	和人倫名	1298⑤			ちち[妙]
馳騁し	ちちょうし	ぢちやう／はしりはしる	馳騁	信解	322④	漢数名	298②	ちちやう・し／はせいきたつき[妙]		
知道者	ちどうしゃ	ちたう―	知道者	藥草	392④	漢人倫名	378①	ちたうしや／たうをしるもの[妙]		
智分	ちぶん	ちぶん	智分	譬喩	300⑥	漢名	273②			
魑魅	ちみ	ちみ	魑魅	譬喩	284⑥	漢名	256⑦	ちみ／やまのかみいへのかみ[妙]		
魑魅魍魎	ちみもうりょう	ちみまうりやう／山のかみいへのかみさとのかみすたま	魑魅魍魎	譬喩	273②	漢四熟名	244⑥	ちみまうりやう／やまのかみいゑのかみ[妙]		
笛	ちゃく	ちやく	笛	方便	166③	単漢楽具名	143③	ちやく／ふゑ[妙]		
笛	ちゃく	ちく	笛	法功	1002②	単漢楽具名	1020⑥	ちやく／ふへ[妙]		
着	ちゃく	ぢやく	着	方便	89①	単漢名	78②			
着	ちゃく	ぢやく	着	方便	101⑤	単漢名	89①		―せるを[西右]	
着	ちゃく	×	着	信解	369⑥	単漢名	356③		無貪を着にして[西右]	
着し	ちゃくし	ぢやく	着	方便	153⑤	漢サ動	133③			
着し	ちゃくし	ぢやく	着	方便	155②	漢サ動	134③			
着し	ちゃくし	ぢやく	着	方便	178②	漢サ動	153①			
着し	ちゃくし	ぢやく	着	譬喩	213②	漢サ動	181③			
着し	ちゃくし	ぢやく	着	譬喩	296②	漢サ動	268③			
着し	ちゃくし	ちゃくし	着	譬喩	310④	漢サ動	283④	ぢやく・し／つき[妙]		
着し	ちゃくし	ちゃく／き	着	法師	646④	漢サ動	660①	ちやく・し／きる[妙]		
着し	ちゃくし	ちゃく・き	着	法師	651⑥	漢サ動	665⑥	ちゃく・し／き[妙]		
着し	ちゃくし	ぢやく	着	安樂	770①	漢サ動	790②			
着し	ちゃくし	ぢやく	着	如來	920①	漢サ動	939②			
着し	ぢゃくし	ぢやく	着	譬喩	289③	漢サ動	261③			
着し	ぢゃくし	ぢやく	着	信解	348①	漢サ動	329⑥			

当該語	読みかな	傍訓	漢字表記	品名	頁数	語の種類	妙一本	和解語文	可読	異同語彙
着せ	ちゃくせ	ぢやく	着	方便	176③	漢サ動	151⑤			
着せ	ちゃくせ	×	着	譬喩	295④	漢サ動	267⑤			
着せ	ちゃくせ	ぢやく	着	譬喩	301③	漢サ動	273④			
着せ	ちゃくせ	ちやく・つくところ	着	譬喩	306⑤	漢サ動	279②			
着せ	ぢやくせ	ぢやく	着	化城	521⑤	漢サ動	526⑥			
着せ	ちゃくせ	×	着	法功	1002⑥	漢サ動	1021①			
着せ	ちゃくせ	ぢやく	着	妙荘	1277②	漢サ動	1287②			ちやく・せ[妙]
着せ	ちゃくせ	ちゃく	着	普賢	1312⑥	漢サ動	1318①			着(ぢやく)せ[妙]
着相	ちゃくそう	ちゃくさう	着相	方便	186⑥	漢名	160②		一にちやくして[西右]	
着法	ちゃくほう	ぢやく―	着法	常不	1079⑤	漢名	1098②			着法(ぢやくほう)[妙]
着法	ちゃくほう	ぢやく―	着法	常不	1080⑤	漢名	1099②			着法(ぢやくほう)[妙]
中	ちゅう	×	中	薬草	408④	単漢名	396①			
中	ちゅう	×	中	薬王	1124⑤	単漢名	1142⑤			なか
籌	ちゅう	ちう	籌	從地	838③	単漢名	861⑤	きやうちう・し／かすをつらぬ[妙]		行籌(きやうちう)かすをつらねし[妙]
杻械	ちゅうかい	ちうかい／てかせし	杻械	觀世	1213④	漢刑具名	1226⑥	ちうかい／てかしあしかし[妙]		
杻械	ちゅうかい	ちうかい／てかしあしかし	杻械	觀世	1239②	漢刑具名	1252②	×／てかしあしかし[妙]		
注記券疏する	ちゅうきけんじょする	ちうきくゑんじよ／しるしかきてわかつ	注記券疏	信解	357③	漢四熟サ動	341⑤			
中莖	ちゅうきょう	―きやう	中莖	薬草	389⑤	漢名	374⑥	ちうきやう／ちうのくき[妙]		
中間	ちゅうげん	ちうけん	中間	化城	463④	漢名	459⑤			
中間	ちゅうげん	×	中間	如來	888④	漢名	907⑤			
中根	ちゅうこん	―こん	中根	薬草	389⑤	漢名	374⑥	ちうこん／ちうのね[妙]		
中枝	ちゅうし	―し	中枝	薬草	389⑤	漢名	374⑥	ちうし／ちうのえた[妙]		
鍮石	ちゅうじゃく	ちうじゃく	鍮石	方便	163④	漢地儀名	141①			
中善	ちゅうぜん	ちうぜん	中善	序品	48⑤	漢名	41⑤	ちうせん／なかよく[妙]	なかよく[西右]	
中千界	ちゅうせんかい	×	中千界	分別	931①	漢名	949⑤			
中尊	ちゅうそん	×	中尊	序品	68④	漢名	60①			
中尊位	ちゅうそんい	―そんい	中尊位	序品	66②	漢名	58①			
中道	ちゅうどう	×	中道	化城	528②	漢名	533④	ちうたう／みちのなかに[妙]		
中夜	ちゅうや	ちうや	中夜	序品	60②	漢時候名	52⑤	ちうや／よなか[妙]		
中夜	ちゅうや	ちうや	中夜	序品	61④	漢時候名	53⑤			
中夜	ちゅうや	ちうや	中夜	序品	77④	漢時候名	67⑤	ちうや／よなか[妙]		
晝夜	ちゅうや	ちうや	晝夜	譬喩	306①	漢時候名	278②	ちうや／ひるよる[妙]		
晝夜	ちゅうや	ちうや	晝夜	安樂	781②	漢時候名	802①	ちうや／ひるよる[妙]		
晝夜	ちゅうや	ちうや	晝夜	安樂	794⑥	漢時候名	816③	ちうや／ひるよる[妙]		
晝夜	ちゅうや	ちうや	晝夜	從地	853②	漢時候名	875⑥	ちうや／ひるよる[妙]		
中葉	ちゅうよう	―よう	中葉	薬草	389⑤	仏名	375①	ちえう／ちうのは[妙]		
籌量し	ちゅうりょうし	ちうりやう	籌量	譬喩	212⑤	漢サ動	180⑤	ちりやうし／はかりき		
籌量し	ちゅうりょうし	ちうりやう／かそへはかり	籌量	信解	378①	漢サ動	366①			
稠林	ちゅうりん	ちうりん／きびしきはやし	稠林	方便	154⑤	漢名	134①	ちうりん／きひしはやし[妙]		
中路	ちゅうろ	ちうろ	中路	化城	523①	漢地儀名	528②	ちうろ／みちなか[妙]		
中路	ちゅうろ	―ろ／みちなか	中路	化城	544②	漢地儀名	552③			
中路	ちゅうろ	ちうろ	中路	化城	547①	漢地儀名	553③			
猪	ちよ	ちよ／いのしし	猪	譬喩	309④	単漢獣類名	282③	ちよ／いのしし[妙]		

当該語	読みかな	傍訓	漢字表記	品名	頁数	語の種類	妙一本	和解語文	可読	異同語彙
猪	ちよ	ちよ	猪	安樂	763④	単漢獣類名	783①	ちよ／ゐのしゝ[妙]		
猪	ちよ	ちよ／いのしゝ	猪	普賢	1330⑤	単漢獣類名	1334④	ちよ／ゐのしゝ[妙]		
帳	ちょう	ちやう	帳	信解	357②	単漢室具名	341②	ちやう／ちやう[妙]		
長	ちょう	×	長	随喜	971①	単漢名	989①	ちやう／ひとゝなれる[妙]	一ぜるもの[西右]	
長遠	ちょうおん	ちやうおん	長遠	化城	527①	漢名	532③			
長遠	ちょうおん	一おん・ながくとをし	長遠	化城	527⑤	漢名	533②	ちやうをん／なかくとをき[妙]		
長遠	ちょうおん	ちやうをん	長遠	分別	921③	漢名	940③	ちやうをん／なかくとおき[妙]		
長遠	ちょうおん	ぢやうをん	長遠	分別	922①	漢名	941①			
長遠	ちょうおん	ぢやうをん	長遠	分別	932③	漢名	951③	ちやうをん／なかくとをき[妙]		
長遠	ちょうおん	ぢやうをん	長遠	分別	937②	漢名	955⑤	ちやうをん／なかくとをき[妙]		
長遠	ちょうおん	ぢやうをん	長遠	分別	947③	漢名	966①	ち{や}うをん／なかくとをき[妙]		
長遠	ちょうおん	ぢやうをん	長遠	分別	949②	漢名	967⑥			
聽許し	ちょうこし	ちやうこ／ゆるし	聽許	化城	508①	漢サ動	512⑤	ちやうこ／ゆるし[妙]		
長子	ちょうし	ちやうし	長子	方便	117⑤	漢人倫名	103②		一なり[西右]	
長子	ちょうし	てうし	長子	授學	613⑤	漢人倫名	623②			
長子	ちょうし	ちやうし	長子	授學	614③	漢人倫名	624①			
長子	ちょうし	×	長子	授學	615①	漢人倫名	624⑤			
長子	ちょうし	×	長子	授學	615④	漢人倫名	625②			
長子	ちょうし	×	長子	授學	615⑥	漢人倫名	625④		一たりと[西右]	
長者	ちょうじゃ	てうしや	長者	譬喩	239⑥	漢人倫名	209②			
長者	ちょうじゃ	てうしや	長者	譬喩	240①	漢人倫名	209④			
長者	ちょうじゃ	×	長者	譬喩	241①	漢人倫名	210⑥			
長者	ちょうじゃ	てうしや	長者	譬喩	244①	漢人倫名	213⑤			
長者	ちょうじゃ	てうしや	長者	譬喩	246⑥	漢人倫名	216④			
長者	ちょうじゃ	てうじや	長者	譬喩	247⑥	漢人倫名	217⑤			
長者	ちょうじゃ	ちやうじや	長者	譬喩	251③	漢人倫名	221③			
長者	ちょうじゃ	×	長者	譬喩	251⑥	漢人倫名	221⑥			
長者	ちょうじゃ	×	長者	譬喩	252③	漢人倫名	222⑥			
長者	ちょうじゃ	×	長者	譬喩	252⑥	漢人倫名	223③			
長者	ちょうじゃ	×	長者	譬喩	253③	漢人倫名	223④			
長者	ちょうじゃ	ちやうじや	長者	譬喩	258⑤	漢人倫名	230①		一の[西右]	
長者	ちょうじゃ	×	長者	譬喩	265③	漢人倫名	236⑤			
長者	ちょうじゃ	×	長者	譬喩	268②	漢人倫名	239③			
長者	ちょうじゃ	×	長者	譬喩	268⑤	漢人倫名	239⑥			
長者	ちょうじゃ	×	長者	譬喩	270④	漢人倫名	241⑤			
長者	ちょうじゃ	ちやうじや	長者	譬喩	280③	漢人倫名	251⑥			
長者	ちょうじゃ	×	長者	譬喩	282①	漢人倫名	253④			
長者	ちょうじゃ	ちやうじや	長者	譬喩	284①	漢人倫名	255⑤			
長者	ちょうじゃ	×	長者	譬喩	286③	漢人倫名	258③			
長者	ちょうじゃ	ちやうじや	長者	信解	329②	漢人倫名	306②			
長者	ちょうじゃ	てうしや	長者	信解	333⑤	漢人倫名	311⑤			
長者	ちょうじゃ	×	長者	信解	339④	漢人倫名	319①			
長者	ちょうじゃ	×	長者	信解	340⑤	漢人倫名	320③			
長者	ちょうじゃ	×	長者	信解	357②	漢人倫名	341②			
長者	ちょうじゃ	×	長者	信解	358⑥	漢人倫名	343①			
長者	ちょうじゃ	×	長者	信解	359②	漢人倫名	344①			
長者	ちょうじゃ	×	長者	信解	361①	漢人倫名	345⑥			
長者	ちょうじゃ	×	長者	信解	361③	漢人倫名	346③			
長者	ちょうじゃ	×	長者	信解	362③	漢人倫名	347⑤			
長者	ちょうじゃ	×	長者	信解	371⑥	漢人倫名	358⑤			
長者	ちょうじゃ	×	長者	妙音	1190⑥	漢人倫名	1205②			ちやうしや[妙]
長者	ちょうじゃ	×	長者	妙音	1191④	漢人倫名	1205⑤			ちやうしや[妙]
長者	ちょうじゃ	てうしや	長者	觀世	1226②	漢人倫名	1239③			ちやうじや[妙]
長者	ちょうじゃ	×	長者	觀世	1226③	漢人倫名	1239④			ちやうしや[妙]
長者	ちょうじゃ	ちやうじや	長者	觀世	1228①	漢人倫名	1241⑤			ちやうじや[妙]
長壽	ちょうじゅ	×	長壽	分別	945⑤	漢名	964②	ちやうじゆ／なかきいのち[妙]		

当該語	読みかな	傍訓	漢字表記	品名	頁数	語の種類	妙一本	和解語文	可読	異同語彙
頂受し	ちょうじゅし	ちやうじゅ	頂受	分別	945④	漢サ動	964②	ちやうじゅ・し／いたゝきうけ[妙]	いたゝきに願ぜまく[西右]	
聽受し	ちょうじゅし	ちやうじゆ／きく心也	聽受	見寶	695⑤	漢サ動	714④	ちやうしゆ・し／きゝうけて[妙]		
聽受し	ちょうじゅし	てうじゆ	聽受	安樂	788①	漢サ動	809④	ちやうしゆ・し／きゝうけ[妙]		
聽受す	ちょうじゅす	てうしゆ	聽受	妙莊	1276⑥	漢サ動	1287①			聽受(ちやうしゆ)す[妙]
聽受す	ちょうじゅす	ちやうじゆ	聽受	普賢	1308⑤	漢サ動	1315①	ちやうじゆ・す／きゝうく[妙]		
頂受せ	ちょうじゅせ	ちやうじゆ	頂受	譬喩	298⑤	漢サ動	271①	ちやうじゆ・せ／いたゝきうけん[妙]		
頂受せ	ちょうじゅせ	ちやうじゆ／いたゝき	頂受	譬喩	315②	漢サ動	289③	ちやうじゆ／いたゝきうけん[妙]		
聽受せ	ちょうじゅせ	ちやうじゆ	頂受	譬喩	315⑥	漢サ動	290②	ちやうじゆ／いたゝきうけん[妙]		
聽受せ	ちょうじゅせ	ちやうしゆ	聽受	方便	118⑤	漢サ動	104①	ちやうしゆ・せ／きゝうけん[妙]		
聽受せ	ちょうじゅせ	ちやうしゆ	聽受	授記	432②	漢サ動	423③			
聽受せ	ちょうじゅせ	ちやうじゆ	聽受	随喜	979⑥	漢サ動	998①			
聽受せ	ちょうじゅせ	ちやうじゆ	聽受	法功	1033⑥	漢サ動	1052②	ちやうじゆ・せ／きゝうけん[妙]		
聽受せ	ちょうじゅせ	てうじゆ	聽受	常不	1081⑥	漢サ動	1100②	ちやうじゆ・せ／きゝうけ[妙]		
超出し	ちょうしゅつし	てうしゆつ	超出	化城	498④	漢サ動	501①	てうしゆつ／こへいてゝ[妙]		
頂上	ちょうじょう	てうしやう／いたゝきのうへにのみ	頂上	安樂	798①	漢名	819④	ちやうしやう／いたゝきのうへ[妙]		
頂上	ちょうじょう	てう―・いたゝきのうへ	頂上	妙莊	1300②	漢名	1307⑤	ちやうしやう／いたゝきのうえ[妙]		
長荘嚴三昧	ちょうしょうごんざんまい	ちやうしやうごんむ――	長荘嚴三昧	妙莊	1274⑤	仏五熟名	1285②		―と[西右]	ちやうしやうごんさんまい[妙]
長大	ちょうだい	ちやう―	長大	譬喩	274⑥	漢名	246③	ちやうたい／なかくおほきなり[妙]		
長大し	ちょうだいし	×	長大	信解	322②	漢サ動	298①			
頂戴し	ちょうだいし	ちやうだい	頂戴	信解	375③	漢サ動	363①	ちやうたい・し／いたゝき[妙]		
頂戴し	ちょうだいし	×	頂戴	分別	951②	漢サ動	970④	ちやうだい・し／いたゝき[妙]		
調達	ちょうたつ	でうだつ	調達	陀羅	1268①	漢名	1279⑤			てうだち[妙]
長短	ちょうたん	ぢやうたん／なかみしかし	長短	安樂	777③	漢名	798①	ちやうたん／なかみしかき[妙]		
長短	ちょうたん	ちやうたん	長短	安樂	784③	漢名	805④	ちやうたん／なかみしかき[妙]		
打擲すれ	ちょうちゃくすれ	ちやうちやく／うちなげ	打擲	常不	1066①	漢サ動	1084⑥	ちやうちやく・すれ／うちなく[妙]		
打擲せ	ちょうちゃくせ	てうちやく	打擲	譬喩	305②	漢サ動	277①	ちやうちやく／うちなけ[妙]		
調伏し	ちょうぶくし	てうぶく	調伏	信解	372⑥	漢サ動	359⑤	でうぶく・し／とゝのへふせ[妙]		
調伏し	ちょうぶくし	てうぶく	調伏	從地	849④	漢サ動	872②	てうふく・し／とゝのへふせ[妙]		
聽法	ちょうほう	ちやう―	聽法	法師	647⑥	漢名	661④			
聽法	ちょうほう	ちやう―	聽法	法師	655④	漢名	669⑥	ちやうほう／のりをきく[妙]		
聽法	ちょうほう	てう―	聽法	法功	1029①	漢名	1047⑤	ちやうほう／のりをきかん[妙]	法をきかんをもての[西右]	
聽法し	ちょうほうし	ちやう―	聽法	見寶	685④	漢サ動	703⑤	ちやうほう／のりをきく[妙]	法をきくことは[西右]	
長夜	ちょうや	ちやうや	長夜	信解	373⑤	漢時候名	360⑤	ちやうや／なかきよ[妙]		
頂礼す	ちょうらいす	ちやうらい	頂禮	觀世	1246②	漢サ動	1258⑤		―し奉るへし[西右]	ちやうらい・す[妙]
勅	ちょく	ちよく	勅	囑累	1110⑥	単漢名	1129④	ちよく／おゝせ[妙]		
勅	ちょく	ちよく	勅	囑累	1111①	単漢名	1130③		―し給ふか[西右]	ちやく[妙]
勅し	ちょくし	ちよく	勅	信解	359②	漢サ動	343④			

当該語	読みかな	傍訓	漢字表記	品名	頁数	語の種類	妙一本	和解語文	可読	異同語彙
勅し	ちょくし	ちょく	勅	信解	366②	漢サ動	352①			
勅し	ちょくし	ちょく	勅	藥王	1131⑤	漢サ動	1150②			ちょく・し[妙]
勅し	ちょくし	×	勅	藥王	1133②	漢サ動	1151⑤	ちょく・し／つけ[妙]		
智力	ちりき	ちりき	智力	譬喩	223③	漢名	192③	ちりき／ちゑのちから[妙]		
智力	ちりき	×	智力	從地	865①	漢サ動	887⑤	―りき／ちゑちから[妙]		
智力	ちりき	×	智力	如來	918①	漢名	936⑥		―の―[西右]	
珍々{ヒ}	ちん	ちん	珍	序品	29④	単漢名	25③			
珎異	ちんい	ちんい	珎異	分別	940④	漢名	958⑥	ちんい／たから[妙]		
珎異玩好	ちんいがんこう	ちんいぐはんかう	珎異玩好	化城	455⑤	漢四熟名	450⑤	ちんいくわんかう／たからのよき[妙]		
珍玩	ちんがん	ちんぐはん	珍玩	譬喩	246③	漢名	216③	ちんぐわきい／たからもてあそひ[妙]		
珍玩	ちんがん	ちんぐはん／もてあそひ	珍玩	譬喩	283①	漢名	254④	ちんくわん／たからもてあひ[妙]		
珍玩奇異	ちんがんきい	ちんくはんきゐ・い／もてあそひこのむものふしきなる[西右]	珍玩奇異	譬喩	245①	漢四熟名	214④	ちんぐわきい／たからもてあそび[妙]		
珍奇	ちんき	ちんき／めつらしき	珍奇	譬喩	248③	漢名	218③			
珍寶	ちんぽう	ちんほう	珍寶	譬喩	251④	漢名	221④	ちんほう／めつらしきたからの[妙]		
珍寶	ちんぽう	ちんほう／たから	珍寶	譬喩	259②	漢名	230④	ちんほう／たからの[妙]		
珎寶	ちんぽう	ちんほう	珎寶	信解	321④	漢名	297①	ちんぽう／―たから[妙]		
珎寶	ちんぽう	×	珎寶	信解	325①	漢名	301①	ちぼう／―たから[妙]		
珎寶	ちんぽう	ちんほう	珎寶	信解	341①	漢名	320⑥	ちんぽう／―たから[妙]		
珎寶	ちんぽう	ちんほう	珎寶	信解	342②	漢名	322④	ちんぽう／―たから[妙]		
珎寶	ちんぽう	ちんほう	珎寶	信解	365①	漢名	350⑤	ちんぽう／めつらしきたから[妙]		
珎寶	ちんぽう	ちんほう	珎寶	信解	376①	漢名	363⑤	ちんほう／たから[妙]		
珎寶	ちんぽう	ちんほう	珎寶	化城	522③	漢名	527③	ちんほう／たから[妙]		
珍寶	ちんぽう	ちんぽう	珍寶	安樂	797④	漢名	819①	ちんほう／たから[妙]		
珍寶	ちんぽう	ちんぽう	珍寶	安樂	806③	漢名	828④	ちんほう／たから[妙]		
珍寶	ちんぽう	ちんぽう	珍寶	隨喜	974①	漢名	992②	ちんほう／めつらしきたから[妙]		
珍寶	ちんぽう	ちんぽう	珍寶	隨喜	980②	漢名	998③	ちんほう／たから[妙]		
珍寶	ちんぽう	ちんぽう	珍寶	隨喜	992④	漢名	1011③	ちんほう／たから[妙]		
珍寶	ちんぽう	ちんぽう	珍寶	法功	1016③	漢名	1035①	ちんぽう／いつくしきたから[妙]	――と[西右]	
珍寶	ちんぽう	ちんぽう	珍寶	法功	1020④	漢名	1039③	ちんぽう／―たから[妙]	―の[西右]	
珎寶	ちんぽう	ちんほう	珎寶	神力	1092⑤	漢名	1111①	ちんほう／いつくしきたから[妙]		
珎寶物	ちんぽうもつ	ちんほうもつ	珎寶物	藥王	1141⑤	漢名	1159⑥	ちんほうもつ／たからもの[妙]	―と[西右]	
珎妙	ちんみょう	ちんみやう	珎妙	授記	428①	漢名	418③	ちんめう／めつらしきたへなる[妙]		
つい	つい	×	尋	五百	593④	和動	600⑥			つき[妙]
追求する	ついぐする	ついぐ／もとむる心	追求	譬喩	255④	漢サ動	226④			
墜堕し	ついだし	ついだ／おつる心	墜堕	方便	154②	漢サ動	133④	ついた／をつ[妙]		
つゐに	ついに	×	終	方便	149②	和副	129⑥			ついに[妙]
つゐに	ついに	×	終	方便	191③	和副	164③			
つゐに	ついに	×	終	譬喩	261①	和副	232③			

当該語	読みかな	傍訓	漢字表記	品名	頁数	語の種類	妙一本	和解語文	可読	異同語彙
つゐに	ついに	×	終	藥草	397⑥	和副	384①			
つゐに	ついに	×	終	藥草	406⑥	和副	394②			
つゐに	ついに	×	終	安樂	785②	和副	806④			
つゐに	ついに	×	終	随喜	982③	和副	1000④			
つゐに	ついに	×	終	法功	1031④	和副	1050②			
つゐに	ついに	×	終	普賢	1334②	和副	1337④			ついに[妙]
つゐに	ついに	×	尋	如來	908④	和副	927③			たつねて[妙]
つゐに	ついに	×	遂	信解	324②	和副	300②			
つゐに	ついに	×	遂	信解	357①	和副	341②			
ついに	ついに	×	遂	信解	364③	和副	349⑥			
つゐに	ついに	×	遂	法師	643④	和副	656③			
つゐに	ついに	×	遂	提婆	714⑤	和副	732③			
つゐに	ついに	×	遂	如來	907⑥	和副	926⑤			
つゐに	ついに	×	了	譬喩	243④	和副	213②			
通じ	つうじ	×	通	見寶	673⑥	単漢サ動	689④			
通し	つうじ	つう	通	見寶	676①	単漢サ動	692①			
通塞	つうそく	つうそく／ふさく心	通塞	化城	522⑤	漢名	527⑥	つうそく／とおりふさかる[妙]		
通泰し	つうたいし	つうたい	通泰	信解	342⑥	漢サ動	323⑥	つうたい・し／さとり[妙]		
通達	つうだつ	つうだつ	通達	授學	611④	漢名	620⑥	つうたつ／さとりて[妙]		
通達し	つうたつし	つうだつ	通達	序品	8②	漢サ動	6⑤			
通達し	つうたつし	つうだつ	通達	藥草	388①	漢サ動	373③	つうたつ／さとり[妙]		
通達し	つうたつし	つうだつ	通達	化城	451④	漢サ動	445④	つうたつ・し／さとり[妙]		
通達し	つうたつし	つうだつ	通達	五百	567①	漢サ動	570④	つうたつ・し／とをり[妙]		
通達し	つうたつし	つうだつ	通達	從地	862④	漢サ動	885③	つうだつ・し／さとり[妙]	せりと[西右]	
通達し	つうたつし	×	通達	神力	1093④	漢サ動	1112①			つうたつ・し[妙]
通達する	つうたつする	つうたつ	通達	序品	78④	漢サ動	69①	つうたつ・する／さとる[妙]		
通達せ	つうたつせ	つうだつ	通達	法功	1041③	漢サ動	1060①	つうたつ・せ／さとらん[妙]		
通達せ	つうたつせ	つうだつ	通達	法功	1044④	漢サ動	1063①	つうだつ・せ／さとらん[妙]		
通達せ	つうたつせ	つうだつ	通達	妙莊	1274④	漢サ動	1284⑥			つうたつ・せ[妙]
通達せ	つうたつせ	つうだつ	通達	妙莊	1275①	漢サ動	1285③			つうだつ・せ[妙]
通達せ	つうたつせ	×	通達	妙莊	1288③	漢サ動	1297⑤	つうたち・せ／さとり[妙]		
通達せ	つうたつせ	×	通達	妙莊	1288⑤	漢サ動	1298①	つうたつ・せ／さとれり[妙]		
通利	つうり	つうり	通利	序品	63⑤	漢名	55④			
通利	つうり	つうり	通利	序品	82③	漢名	72②	つうり／さとらす[妙]		
通利し	つうりし	つうり	通利	從地	850①	漢サ動	872⑥	つうり・し／さとり[妙]		
通利し	つうりし	つうり	通利	陀羅	1248⑤	漢サ動	1260⑥	つうり・し／さとり[妙]		
通利せ	つうりせ	つうり	通利	法師	654⑥	漢サ動	669②	つうり・せ／さとる[妙]		
通利せ	つうりせ	×	通利	普賢	1314④	漢サ動	1320③	つうり・せ／さとら[妙]	—せしめん[西右]	
つかひ	つかい	×	使	信解	331⑤	和動	309①			
つかひ	つかい	×	使	信解	335②	和動	313④			
つかひ	つかい	×	使	法師	627⑤	和動	638⑥			
つかひ	つかい	×	使	見寶	679①	和動	695④			
つかひ	つかい	×	使	勸持	758②	和動	777⑥			
つかひ	つかい	×	使	如來	906④	和動	925③			
つかひなさ	つかいなさ	×	使成	信解	328⑥	和複動	305⑤			
つかひひと	つかいびと	×	使人	信解	338②	和名	317②			
つかへ	つかえ	×	侍	觀世	1236①	和動	1248④		つかう[西右]	つかへ[妙]
つかれ	つかれ	×	疲	信解	354①	和動	337③			
つかは	つかわ	×	使	譬喩	306⑥	和動	279③			
つかはさ	つかわさ	×	遣	法師	627⑦	和動	638⑥			
つかはし	つかわし	×	遣	信解	330③	和動	307⑤			
つかはし	つかわし	×	遣	法師	634④	和動	646③			

当該語	読みかな	傍訓	漢字表記	品名	頁数	語の種類	妙一本	和解語文	可読	異同語彙
つかはし	つかわし	×	遣	法師	647⑥	和動	661③			
つかはし	つかわし	×	遣	法師	648①	和動	661⑤			
つかはし	つかわし	×	遣	法師	648⑤	和動	662③			
つかはし	つかわし	×	遣	法師	653④	和動	667⑤			
つかはし	つかわし	×	遣	法師	654②	和動	668②			
つかはし	つかわし	×	遣	法師	655④	和動	669⑤			
つかはし	つかわし	×	遣	見寶	677⑤	和動	694①			
つかはす	つかわす	×	遣	信解	334①	和動	312②			
つかはす	つかわす	×	遣	信解	360③	和動	344⑥			
つかはす	つかわす	×	遣	見寶	678⑥	和動	695④		やて／つかひをいたしてイ・す事ィ[西右左]	
つき	つき	×	月	妙音	1179⑥	和天象名	1194⑥			
つき	つき	×	椎	提婆	712④	和動	730①			
つき	つき	×	就	見寶	682⑤	和動	699⑤			
つき	つき	×	尋	序品	77①	和動	66⑥			
つき	つき	×	尋	方便	180①	和動	154⑤			
つき	つき	×	尋	譬喩	307③	和動	279⑤			
つき	つき	×	尋	化城	542③	和動	548②			
つき	つき	×	尋	觀世	1212③	和動	1225④		すなはち[西右]	つき[妙]
つき	つき	×	尋	觀世	1239③	和動	1251⑥		すなはち[西右]	
つき	つき	×	尋	觀世	1241⑤	和動	1254①		よてィ[西右]	
つき	つき	×	盡	序品	79①	和動	69④			
つき	つき	×	盡	方便	168②	和動	145②			
つき	つき	×	盡	譬喩	303①	和動	275②			
つき	つき	×	盡	譬喩	311②	和動	284③			
つき	つき	×	盡	譬喩	316④	和動	291②			
つき	つき	×	盡	化城	514②	和動	519②			
つき	つき	×	盡	見寶	672①	和動	687④			
つき	つき	×	盡	安樂	816②	和動	838⑤			
つき	つき	×	盡	如來	895③	和動	914③			
つき	つき	×	盡	如來	915①	和動	934①			
つき	つき	×	盡	常不	1077⑤	和動	1096②			
つき	つき	×	盡	藥王	1126④	和動	1144⑥			
つき	つき	×	着	觀世	1240②	和動	1252⑥			
つき	つぎ	×	次	法功	1026③	和動	1045②			
つき	つぎ	×	次	法功	1034⑥	和動	1053⑤			
つき	つぎ	×	繼	序品	80⑥	和動	71①			
つきで	つきで	×	尋	信解	335⑤	和接	314②			
つぎに	つぎに	×	次	序品	50①	和接	43②			
つぎに	つぎに	×	次	序品	60⑥	和接	53②			
つぎに	つぎに	×	次	序品	78④	和接	69①			
つぎに	つぎに	×	次	譬喩	225⑤	和接	194⑤			
つぎに	つぎに	×	次	安樂	767②	和接	787②			
つぎに	つぎに	×	次	從地	844①	和接	866⑤			つきて[妙]
つぎに	つぎに	×	次	法功	1040④	和接	1059③			
つぎに	つぎに	×	次	序品	49⑥	和接	43①			
つぎに	つぎに	×	次	法功	998②	和接	1017①			
つぎに	つぎに	×	次	法功	1008④	和接	1027①			
つく	つく	×	付	信解	329④	和動	306⑤			
つく	つく	×	付	信解	364④	和動	350②			
つく	つく	×	付	藥王	1132④	和動	1151①			
つく	つぐ	×	告	方便	101③	和動	88⑥			
つく	つぐ	×	告	方便	190④	和動	163④			
つぐ	つぐ	×	告	譬喩	243①	和動	212④			
つぐ	つぐ	×	告	譬喩	282⑥	和動	254⑤			
つく	つぐ	×	告	授記	429⑤	和動	420②			
つぐ	つぐ	×	告	法師	636⑥	和動	649①			
つく	つぐ	×	告	提婆	712④	和動	730②			
つくさ	つくさ	×	盡	序品	27⑤	和動	23④			
つくさ	つくさ	×	盡	化城	447②	和動	440④			
つくさ	つくさ	×	盡	化城	450①	和動	443⑥			
つくさ	つくさ	×	盡	如來	885①	和動	903⑥			
つくさ	つくさ	×	盡	如來	918⑤	和動	937⑤			
つくさ	つくさ	×	盡	分別	943⑥	和動	962③			
つくさ	つくさ	×	盡	藥王	1157②	和動	1174⑥			

当該語	読みかな	傍訓	漢字表記	品名	頁数	語の種類	妙一本	和解語文	可読	異同語彙
つくし	つくし	×	盡	序品	4⑥	和動	3⑤			
つくし	つくし	×	盡	序品	5①	和動	4①			
つくし	つくし	×	盡	序品	86②	和動	75④			
つくし	つくし	×	盡	方便	95③	和動	83⑤			
つくし	つくし	×	盡	方便	96①	和動	84③			
つくし	つくし	×	盡	方便	96⑤	和動	84⑥			
つくし	つくし	×	盡	譬喩	217⑥	和動	186④			
盡	つくし	つくし	盡	譬喩	253⑥	和動	224⑤			
つくし	つくし	×	盡	信解	375④	和動	363②			
つくし	つくし	×	盡	化城	449④	和動	443②			
つくし	つくし	×	盡	法師	626④	和動	637⑤		こと／＼く[西右]	ことことく
つくし	つくし	×	盡	從地	838⑤	和動	861③			
盡	つくし	つくして・ことごとく	盡	如來	887④	和動	906④			
つくし	つくし	×	盡	分別	941①	和動	959③			
つくし	つくし	×	盡	随喜	976①	和動	994②		一て[西右]	
つくし	つくし	×	盡	藥王	1153⑤	和動	1171⑤			
つくす	つくす	×	盡	藥草	387②	和動	372②		一るィ[西右]	
つくす	つくす	×	盡	化城	535③	和動	541⑥			
つくす	つくす	×	盡	五百	566②	和動	569④			
つくす	つくす	×	盡	安樂	783⑤	和動	804⑤			
つくす	つくす	×	盡	從地	858①	和動	880⑤			
つくす	つくす	×	盡	法功	1030②	和動	1048⑤			
つくす	つくす	×	盡	神力	1094④	和動	1113②			
つくす	つくす	×	盡	神力	1100①	和動	1118⑥			
つくす	つくす	×	盡	觀世	1220①	和動	1233③			
つくせ	つくせ	×	盡	方便	185①	和動	158⑤			
つくせ	つくせ	×	盡	譬喩	294②	和動	266⑤			
つくり	つくり	×	造	安樂	762⑥	和動	782⑤		つくる[西右]	
つくり	つくり	×	造	分別	956③	和動	975①			
つくり	つくり	×	造	分別	958①	和動	976⑤			
つくり	つくり	×	作	方便	164③	和動	141⑤			
つくり	つくり	×	作	方便	164④	和動	141⑥			
作り	つくり	×	作	方便	165①	和動	142③	ゑさ・せ／かきなせる[妙]		畫作(ゑさ)かきなせるせ[妙]
つくり	つくり	×	作	信解	339⑤	和動	319①		なし[西右]	
つくり	つくり	×	作	法師	634⑥	和動	646⑥			
つくり	つくり	×	作	勸持	753②	和動	773⑤			
つくり	つくり	×	作	分別	952①	和動	970⑥		つくて[西右]	
つくり	つくり	×	作	藥王	1134④	和動	1152⑥		つくて[西右]	つくり[妙]
つくる	つくる	×	作	分別	954④	和動	973③			
つくる	つくる	×	造	序品	40②	和動	34④			
つくれ	つくれ	×	作	方便	164①	和動	141③			
つくれ	つくれ	×	造	譬喩	286⑥	和動	258⑤			
つけ	つけ	×	着	信解	318②	和動	293①			
つけ	つけ	×	着	如來	887③	和動	906③			
つけ	つけ	×	着	如來	887③	和動	906④			
つけ	つけ	×	付	信解	372③	和動	359②		つくる[西右]	
つけ	つけ	×	付	化城	511④	和動	516①			
つけ	つけ	×	付	妙荘	1294⑤	和動	1303②			
つげ	つげ	×	告	序品	60⑥	和動	53①			
つげ	つげ	×	告	序品	77③	和動	67①			
つげ	つげ	×	告	方便	87①	和動	76③			
つげ	つげ	×	告	方便	99④	和動	87②			
つげ	つげ	×	告	方便	111④	和動	97④			
つげ	つげ	×	告	方便	119④	和動	104⑥			
つげ	つげ	×	告	方便	121⑥	和動	106⑥			
つげ	つげ	×	告	方便	123①	和動	108①			
つげ	つげ	×	告	方便	127⑤	和動	112①			
つげ	つげ	×	告	譬喩	218③	和動	187①			
つげ	つげ	×	告	譬喩	225①	和動	194②			
つげ	つげ	×	告	譬喩	237④	和動	206⑥			
つげ	つげす	×	告	譬喩	245②	和動	214⑥			
告	つげ	つげ	告	譬喩	253④	和動	224①			
つげ	つげ	×	告	譬喩	288⑥	和動	260⑥			
つげ	つげ	×	告	譬喩	293⑥	和動	266②			
つげ	つげ	×	告	譬喩	310⑥	和動	284①			

当該語	読みかな	傍訓	漢字表記	品名	頁数	語の種類	妙一本	和解語文	可読	異同語彙
つげ	つげ	×	告	譬喩	316③	和動	290⑥			
つげ	つげ	×	告	信解	337③	和動	316②			
つげ	つげ	×	告	藥草	386③	和動	371③			
つげ	つげ	×	告	授記	415③	和動	403④			
つげ	つげ	×	告	授記	418⑤	和動	407④			
つげ	つげ	×	告	授記	426②	和動	416④			
つげ	つげ	×	告	授記	433①	和動	424②			
つげ	つげ	×	告	授記	438⑥	和動	430⑤			
つげ	つげ	×	告	化城	451⑤	和動	445⑥			
つげ	つげ	×	告	化城	513②	和動	518②			
つげ	つげ	×	告	化城	445④	和動	438③			
つげ	つげ	×	告	化城	463①	和動	459①			
つげ	つげ	×	告	化城	524③	和動	529④			
つげ	つげ	×	告	化城	529④	和動	535①			
つげ	つげ	×	告	五百	564⑥	和動	568②			
つげ	つげ	×	告	五百	583②	和動	588④			
つげ	つげ	×	告	授學	603⑥	和動	612④			
つげ	つげ	×	告	授學	609①	和動	618⑤			
つげ	つげ	×	告	授學	612⑥	和動	622③			
つげ	つげ	×	告	授學	616⑤	和動	626⑤			
つげ	つげ	×	告	法師	621③	和動	632①			
つげ	つげ	×	告	法師	622⑤	和動	633④			
つげ	つげ	×	告	法師	637③	和動	649⑤			
つげ	つげ	×	告	見寶	663②	和動	677⑥			
つげ	つげ	×	告	見寶	661③	和動	675⑥			
つげ	つげ	×	告	見寶	665①	和動	679⑥			
つげ	つげ	×	告	見寶	668⑥	和動	684②			
つげ	つげ	×	告	見寶	678①	和動	694③			
つげ	つげ	×	告	見寶	684③	和動	701④			
つげ	つげ	×	告	見寶	689②	和動	706⑥			
つげ	つげ	×	告	提婆	715①	和動	732⑥			
つげ	つげ	×	告	提婆	708③	和動	725③			
つげ	つげ	×	告	提婆	716③	和動	734②			
つげ	つげ	×	告	提婆	719②	和動	737②			
つげ	つげ	×	告	提婆	720⑤	和動	738⑥			
つげ	つげ	×	告	勸持	741⑥	和動	760⑤			
つげ	つげ	×	告	勸持	744⑥	和動	763⑤			
つげ	つげ	×	告	安樂	760④	和動	780②			
つげ	つげ	×	告	從地	818⑤	和動	840⑥			
つげ	つげ	×	告	從地	843④	和動	866②			
つげ	つげ	×	告	從地	844⑤	和動	867③			
つげ	つげ	×	告	從地	848③	和動	871②			
つげ	つげ	×	告	如來	880③	和動	899③			
つげ	つげ	×	告	如來	880⑤	和動	899⑤			
つげ	つげ	×	告	如來	881①	和動	900①			
つげ	つげ	×	告	如來	882⑥	和動	901⑥			
つげ	つげ	×	告	如來	887①	和動	905⑥			
つげ	つげ	×	告	如來	906④	和動	925③		つく[西右]	
つげ	つげ	×	告	分別	921⑥	和動	940⑥			
つげ	つげ	×	告	分別	937①	和動	955③			
つげ	つげ	×	告	隨喜	970⑤	和動	988②			
つげ	つげ	×	告	隨喜	977③	和動	995④			
つげ	つげ	×	告	法功	994①	和動	1012⑤			
つげ	つげ	×	告	常不	1056③	和動	1075②			つけ[妙]
つげ	つげ	×	告	神力	1093⑥	和動	1112④			つけ[妙]
つげ	つげ	×	告	藥王	1116①	和動	1134③			つけ[妙]
つげ	つげ	×	告	藥王	1131①	和動	1149④			つけ[妙]
つげ	つげ	×	告	藥王	1140②	和動	1158③			つけ[妙]
つげ	つげ	×	告	妙音	1170⑤	和動	1186④			つけ[妙]
つげ	つげ	×	告	妙音	1175②	和動	1190④			つけ[妙]
つげ	つげ	×	告	妙音	1178②	和動	1193②			つけ[妙]
つげ	つげ	×	告	妙音	1178④	和動	1193⑤			つけ[妙]
つげ	つげ	×	告	妙音	1185②	和動	1200①			
つげ	つげ	×	告	妙音	1186④	和動	1201②			つけ[妙]
つげ	つげ	×	告	妙音	1197⑥	和動	1211⑤			つけ[妙]
つげ	つげ	×	告	觀世	1209①	和動	1222①			つけ[妙]
つげ	つげ	×	告	觀世	1222③	和動	1235⑤			つけ[妙]
つげ	つげ	×	告	觀世	1233①	和動	1245⑤			つけ[妙]

当該語	読みかな	傍訓	漢字表記	品名	頁数	語の種類	妙一本	和解語文	可読	異同語彙
つげ	つげ	×	告	陀羅	1249①	和動	1261②			つけ[妙]
つげ	つげ	×	告	陀羅	1269④	和動	1280④			つけ[妙]
つげ	つげ	×	告	妙荘	1271⑥	和動	1282⑤			つけ[妙]
つげ	つげ	×	告	妙荘	1276⑥	和動	1287①			つけ[妙]
つげ	つげ	×	告	妙荘	1277⑥	和動	1288①			つけ[妙]
つげ	つげ	×	告	妙荘	1285④	和動	1295②			つけ[妙]
つげ	つげ	×	告	妙荘	1292⑥	和動	1301⑤			つけ[妙]
つげ	つげ	×	告	妙荘	1297②	和動	1305②			つけ[妙]
つげ	つげ	×	告	妙荘	1303①	和動	1310⑤			つけ[妙]
つげ	つげ	×	告	普賢	1309③	和動	1315⑤			つけ[妙]
つしみくろま	つしみくろま	×	劭黒	随喜	983④	和複動	1001⑥			
つたな	つたな	×	咄	信解	337③	和形	316②			
つたなき	つたなき	×	咄	五百	591⑤	和形	598⑤			
つち	つち	×	土	方便	162③	和名	140①			
つち	つち	×	土	法師	643③	和名	656①			
つち	つち	×	土	法師	643④	和名	656③			
つち	つち	×	土	法師	650③	和名	664②			
つゝしん	つつしん	×	慎	化城	540⑤	和動	546③			
つゝま	つつま	×	縮	随喜	983②	和動	1001③			
つゞみ	つづみ	×	鼓	序品	45⑤	和楽具名	39③			
つゞみ	つづみ	×	鼓	序品	68③	和楽具名	59⑥			
つゞみ	つづみ	×	鼓	方便	166②	和楽具名	143③			
つゞみ	つづみ	×	鼓	化城	454④	和楽具名	449②			
つゞみ	つづみ	×	鼓	化城	490①	和楽具名	491⑤			
つゞみ	つづみ	×	鼓	化城	500⑤	和楽具名	504②			
つゞみ	つづみ	×	鼓	化城	530⑤	和楽具名	536③			
つゞみ	つづみ	×	鼓	提婆	709⑥	和楽具名	727①			
つゞみ	つづみ	×	鼓	如來	915⑥	和楽具名	934⑤			
つゞみ	つづみ	×	鼓	分別	927③	和楽具名	946①			
つゞみ	つづみ	×	鼓	分別	934②	和楽具名	952⑥			
つゞみ	つづみ	×	鼓	藥王	1162⑥	和楽具名	1179⑥			つつみ[妙]
つゞみ	つづみ	×	鼓	觀世	1241⑥	和楽具名	1254⑤			つつみ[妙]
つゞみ	つづみ	×	鼓	普賢	1332⑤	和楽具名	1336③			つゝみ[妙]
皷	つづみ	く	皷	法功	1002①	和楽具名	1020⑤	く／つゝみ[妙]		
つとめ	つとめ	×	勤	化城	544④	和動	552⑤			
つとめ	つとめ	×	勤	妙音	1177①	和動	1192③			つとめて[妙]
つとめ	つとめ	×	勤	妙荘	1295②	和動	1303④			
つとめ	つとめ	×	勸	分別	942③	和動	960⑥			
つとめて	つとめて	×	勤	序品	35②	和副	30②			
つとめて	つとめて	×	勤	信解	347⑥	和副	329④			
つとめて	つとめて	×	勤	五百	570①	和副	573⑥			
つとめて	つとめて	×	勤	五百	577③	和副	582②			
つとめて	つとめて	×	勤	五百	591②	和副	598①			
つとめて	つとめて	×	勤	授學	610①	和副	619③			
つとめて	つとめて	×	勤	法師	631④	和副	643①			
つとめて	つとめて	×	勤	見寶	685⑤	和副	703⑥			
勤行	つとめて	つとめて	勤行	藥王	1127⑤	和副	1146②			つとめて[妙]
つとめなせ	つとめなせ	×	勤作	信解	337①	和名	315⑤		一して[西右]	
つね	つね	×	常	法功	1001⑥	和名	1020④			
つね	つね	×	常	法功	1040②	和名	1059①			
つね	つね	×	常不	1070⑥	和名	1089③				
つね	つね	×	常	法功	1000⑥	和名	1019④			
つねに	つねに	×	毎	譬喩	207⑤	和副	175①			
つねに	つねに	×	毎	信解	324③	和副	300③			
つねに	つねに	×	毎	信解	325④	和副	301⑤			
毎	つねに	つねに	毎	如來	920⑤	和副	939⑤			
つねに	つねに	×	常	序品	7⑥	和副	6③			
つねに	つねに	×	常	序品	32④	和副	27⑥			
つねに	つねに	×	常	序品	41①	和副	35③			
つねに	つねに	×	常	序品	53②	和副	46②			
つねに	つねに	×	常	序品	81⑤	和副	71⑤			
つねに	つねに	×	常	方便	128①	和副	112③			
つねに	つねに	×	常	方便	154④	和副	133⑥			
つねに	つねに	×	常	方便	156⑥	和副	135④			
つねに	つねに	×	常	方便	172①	和副	148②			
つねに	つねに	×	常	方便	185①	和副	158⑤			
つねに	つねに	×	常	譬喩	205⑤	和副	172⑥			
つねに	つねに	×	常	譬喩	206①	和副	173②			

当該語	読みかな	傍訓	漢字表記	品名	頁数	語の種類	妙一本	和解語文	可読	異同語彙
つねに	つねに	×	常	譬喩	210①	和副	177⑥			
つねに	つねに	×	常	譬喩	212①	和副	179⑥			
つねに	つねに	×	常	譬喩	212③	和副	180③			
つねに	つねに	×	常	譬喩	218⑥	和副	187④			
つねに	つねに	×	常	譬喩	222①	和副	191①			
つねに	つねに	×	常	譬喩	224②	和副	193②			
つねに	つねに	×	常	譬喩	224③	和副	193③			
つねに	つねに	×	常	譬喩	227⑥	和副	197①			
つねに	つねに	×	常	譬喩	228①	和副	197②			
つねに	つねに	×	常	譬喩	236①	和副	205②			
常に	つねに	つねに	常	譬喩	254②	和副	225②			
常に	つねに	×	常	譬喩	254③	和副	225③			
つねに	つねに	×	常	譬喩	275①	和副	246③			
つねに	つねに	×	常	譬喩	289⑤	和副	261⑥			
つねに	つねに	×	常	譬喩	293②	和副	265③			
つねに	つねに	×	常	譬喩	303⑤	和副	275⑥			
つねに	つねに	×	常	譬喩	304③	和副	276④			
つねに	つねに	×	常	譬喩	306⑤	和副	279①			
つねに	つねに	×	常	譬喩	308⑤	和副	281②			
つねに	つねに	×	常	譬喩	309②	和副	281⑥			
つねに	つねに	×	常	譬喩	310③	和副	283②			
つねに	つねに	×	常	譬喩	312④	和副	286①			
つねに	つねに	×	常	譬喩	314②	和副	288①			
つねに	つねに	×	常	信解	329④	和副	306⑤			
つねに	つねに	×	常	信解	337④	和副	316③			
つねに	つねに	×	常	信解	338⑥	和副	318①			
つねに	つねに	×	常	信解	340②	和副	319⑤			
つねに	つねに	×	常	信解	346③	和副	327⑤			
つねに	つねに	×	常	信解	355①	和副	338⑤			
つねに	つねに	×	常	信解	361②	和副	346①			
つねに	つねに	×	常	藥草	405⑥	和副	393①			
つねに	つねに	×	常	藥草	406③	和副	393⑤			
つねに	つねに	×	常	藥草	406⑤	和副	394①			
つねに	つねに	×	常	藥草	408③	和副	395⑥			
つねに	つねに	×	常	藥草	409①	和副	396⑤			
つねに	つねに	×	常	藥草	411③	和副	399③			
つねに	つねに	×	常	授記	420③	和副	409③			
つねに	つねに	×	常	授記	424③	和副	414②			
つねに	つねに	×	常	授記	425④	和副	415④			
つねに	つねに	×	常	授記	426⑤	和副	416⑥			
つねに	つねに	×	常	授記	429①	和副	419③			
つねに	つねに	×	常	授記	431④	和副	422③			
つねに	つねに	×	常	授記	442⑤	和副	435①			
つねに	つねに	×	常	授記	443⑤	和副	436②			
つねに	つねに	×	常	化城	454②	和副	448⑥			
つねに	つねに	×	常	化城	454④	和副	449②			
つねに	つねに	×	常	化城	458④	和副	453⑥			
つねに	つねに	×	常	化城	459②	和副	454⑤			
つねに	つねに	×	常	化城	465①	和副	461③			
つねに	つねに	×	常	化城	496⑥	和副	499⑤			
つねに	つねに	×	常	化城	497③	和副	500③			
つねに	つねに	×	常	化城	498①	和副	501①			
つねに	つねに	×	常	化城	512②	和副	517②			
つねに	つねに	×	常	化城	513③	和副	518③			
つねに	つねに	×	常	化城	518①	和副	523①			
つねに	つねに	×	常	化城	530④	和副	536②			
つねに	つねに	×	常	化城	539②	和副	544⑥			
つねに	つねに	×	常	五百	565②	和副	568④			
つねに	つねに	×	常	五百	565③	和副	568⑥			
つねに	つねに	×	常	五百	567①	和副	570⑤			
つねに	つねに	×	常	五百	567④	和副	571②			
つねに	つねに	×	常	五百	568③	和副	572①			
つねに	つねに	×	常	五百	569⑥	和副	573⑥			
つねに	つねに	×	常	五百	572④	和副	576③			
つねに	つねに	×	常	五百	578④	和副	583④			
つねに	つねに	×	常	五百	579③	和副	584③			
つねに	つねに	×	常	五百	585⑥	和副	591③			
つねに	つねに	×	常	五百	586①	和副	591⑤			

つね 477

当該語	読みかな	傍訓	漢字表記	品名	頁数	語の種類	妙一本	和解語文	可読	異同語彙
つねに	つねに	×	常	五百	589④	和副	596①			
つねに	つねに	×	常	五百	592⑥	和副	600②			
つねに	つねに	×	常	五百	599②	和副	607⑤			
つねに	つねに	×	常	授學	601③	和副	609⑤			
つねに	つねに	×	常	授學	602③	和副	611①			
つねに	つねに	×	常	授學	609⑥	和副	619②			
つねに	つねに	×	常	授學	610①	和副	619③			
つねに	つねに	×	常	授學	613④	和副	623②			
つねに	つねに	×	常	法師	628③	和副	639④			
つねに	つねに	×	常	法師	631④	和副	643①			
つねに	つねに	×	常	法師	634⑤	和副	646⑤			
つねに	つねに	×	常	見寶	686③	和副	703⑥			
つねに	つねに	×	常	見寶	690⑤	和副	708⑤			
つねに	つねに	×	常	提婆	708⑤	和副	725⑤			
つねに	つねに	×	常	提婆	719⑥	和副	738①			
つねに	つねに	×	常	提婆	726③	和副	744③			
つねに	つねに	×	常	勸持	753①	和副	772④			
つねに	つねに	×	常	勸持	754①	和副	773⑤			
つねに	つねに	×	常	安樂	766⑤	和副	786⑤			
つねに	つねに	×	常	安樂	768②	和副	788②			
つねに	つねに	×	常	安樂	769②	和副	789③			
つねに	つねに	×	常	安樂	779①	和副	799⑥			
つねに	つねに	×	常	安樂	781②	和副	802①			
つねに	つねに	×	常	安樂	786④	和副	807⑥			
つゐ{ね}に	つねに	×	常	安樂	789③	和副	810⑥			
つねに	つねに	×	常	安樂	789⑥	和副	811④			
つねに	つねに	×	常	安樂	793⑥	和副	815③			
つねに	つねに	×	常	安樂	794③	和副	815⑥			
つねに	つねに	×	常	安樂	794⑥	和副	816③			
つねに	つねに	×	常	安樂	804④	和副	826⑤			
つねに	つねに	×	常	安樂	808⑥	和副	831①			
つねに	つねに	×	常	安樂	809⑤	和副	832①			
つねに	つねに	×	常	安樂	814⑤	和副	837③			
つねに	つねに	×	常	從地	830③	和副	852⑥			
つねに	つねに	×	常	從地	840②	和副	863②			
つねに	つねに	×	常	從地	850④	和副	873③			
つねに	つねに	×	常	從地	850⑥	和副	873⑤			
つねに	つねに	×	常	從地	851①	和副	873⑥			
つねに	つねに	×	常	從地	852④	和副	875②			
つねに	つねに	×	常	從地	853②	和副	875⑥			
つねに	つねに	×	常	從地	853④	和副	876②			
つねに	つねに	×	常	從地	858④	和副	881③			
つねに	つねに	×	常	從地	868⑤	和副	891④			
つねに	つねに	×	常	如來	888①	和副	907②			
つねに	つねに	×	常	如來	896⑤	和副	915④			
つねに	つねに	×	常	如來	907⑤	和副	926⑤			
つねに	つねに	×	常	如來	910⑥	和副	929⑥			
つねに	つねに	×	常	如來	911④	和副	930④			
つねに	つねに	×	常	如來	911⑤	和副	930④			
つねに	つねに	×	常	如來	913②	和副	932①			
つねに	つねに	×	常	如來	914⑥	和副	933⑥			
つねに	つねに	×	常	如來	915③	和副	934②			
つねに	つねに	×	常	如來	915⑥	和副	934⑤			
つねに	つねに	×	常	如來	919⑥	和副	938⑥			
つねに	つねに	×	常	如來	920②	和副	939②			
つねに	つねに	×	常	分別	942④	和副	961①			
つねに	つねに	×	常	分別	943①	和副	961④			
つねに	つねに	×	常	分別	949③	和副	968②			
つねに	つねに	×	常	分別	959②	和副	977⑤			
つねに	つねに	×	常	分別	963①	和副	981③			
つねに	つねに	×	常	分別	965②	和副	983④			
つねに	つねに	×	常	分別	966②	和副	984④			
つねに	つねに	×	常	分別	968④	和副	986⑥			
つねに	つねに	×	常	隨喜	982④	和副	1000⑤			
つねに	つねに	×	常	隨喜	991⑤	和副	1010③			
つねに	つねに	×	常	法功	1023⑥	和副	1042⑤			
つねに	つねに	×	常	法功	1030③	和副	1049①			
つねに	つねに	×	常	法功	1033④	和副	1052②			

当該語	読みかな	傍訓	漢字表記	品名	頁数	語の種類	妙一本	和解語文	可読	異同語彙
つねに	つねに	×	常	法功	1033⑥	和副	1052⑤			
つねに	つねに	×	常	法功	1034②	和副	1053①			
つねに	つねに	×	常	法功	1034③	和副	1053③			
つねに	つねに	×	常	常不	1065③	和副	1084②			
つねに	つねに	×	常	常不	1065④	和副	1084③			
つねに	つねに	×	常	常不	1066④	和副	1085③			
つねに	つねに	×	常	常不	1074①	和副	1092⑤			
つねに	つねに	×	常	常不	1075①	和副	1093④			
つねに	つねに	×	常	常不	1076①	和副	1095①			
つねに	つねに	×	常	藥王	1159④	和副	1177①			
つねに	つねに	×	常	藥王	1159⑤	和副	1177②			つね{に}[妙]
つねに	つねに	×	常	觀世	1216④	和副	1229⑥			
つねに	つねに	×	常	觀世	1217①	和副	1230③			
つねに	つねに	×	常	觀世	1217③	和副	1230⑤			
つねに	つねに	×	常	觀世	1218①	和副	1231③			
つねに	つねに	×	常	觀世	1243⑤	和副	1256①			
つねに	つねに	×	常	觀世	1243⑥	和副	1256②			
つねに	つねに	×	常	觀世	1245④	和副	1257⑤			
つねに	つねに	×	常	妙莊	1295①	和副	1303④			
つねに	つねに	×	常	妙莊	1300⑥	和副	1308③			
つねに	つねに	×	常	普賢	1318②	和副	1323④			
つねの	つねの	×	常	陀羅	1266④	和副	1277⑤		つねに[西右]	つねの[妙]
つぶさに	つぶさに	×	具	方便	99⑤	和副	87④			
つぶさに	つぶさに	×	具	譬喩	242⑥	和副	212④			
つぶさに	つぶさに	×	具	信解	335③	和副	313⑥			
つぶさに	つぶさに	×	具	五百	597①	和副	605②			
つぶさに	つぶさに	×	具	提婆	733①	和副	751②			
つぶさに	つぶさに	×	具	随喜	987②	和副	1005④			
つぶさに	つぶさに	×	具	常不	1067②	和副	1086①			つふさに[妙]
つぶさに	つぶさに	×	具	囑累	1111①	和副	1129⑤			つふさに[妙]
つぶさに	つぶさに	×	具	囑累	1111⑤	和副	1130①			つふさに[妙]
つぶさに	つぶさに	×	備	方便	154②	和副	133⑤			
つみ	つみ	×	罪	譬喩	304⑤	和名	277①			
つみ	つみ	×	罪	譬喩	306②	和名	278④			
つみ	つみ	×	罪	譬喩	308②	和名	280⑤			
つみ	つみ	×	罪	譬喩	309⑤	和名	282④			
つみ	つみ	×	罪	譬喩	310⑥	和名	283⑥			
つみ	つみ	×	罪	譬喩	311①	和名	284②			
つみ	つみ	×	罪	信解	331②	和名	308⑥			
つみ	つみ	×	罪	法師	628③	和名	639①			
つみ	つみ	×	罪	法師	628⑥	和名	640①			
つみ	つみ	×	罪	法師	635③	和名	647③			
つみ	つみ	×	罪	如來	909①	和名	928①			
つみ	つみ	×	罪	如來	916⑤	和名	935④			
つみ	つみ	×	罪	常不	1074③	和名	1093①			
つみ	つみ	×	罪	常不	1079①	和名	1097④			
つみ	つみ	×	罪	觀世	1213④	和名	1226⑤			
つみ	つみ	×	罪	觀世	1213④	和名	1226⑥			
つみ	つみ	×	罪	陀羅	1267⑤	和名	1278⑤			
つみ	つみ	×	罪	陀羅	1268①	和名	1279①			
つみ	つみ	×	殃	陀羅	1267⑥	和名	1278⑥			
つみ	つみ	×	殃	陀羅	1268③	和名	1279③			
つみ	つみ	×	積	方便	162④	和動	140①			
つみ	つみ	×	積	方便	165③	和動	142④			
つみ	つみ	×	積	提婆	729②	和動	747②			
つみぎ	つみき	×	櫁	藥王	1134①	和器財名	1152③			つみき[妙]
つめ	つめ	×	甲	見寶	694①	和身體名	712④			
つめ	つめ	×	爪	觀世	1241④	和身體名	1253③			
つめ	つめ	×	爪甲	方便	165①	和身體名	142②			
つるぎ	つるぎ	×	刀	觀世	1238④	和武具名	1251①			つるき[妙]
つるぎ	つるぎ	×	刀	觀世	1239③	和武具名	1251⑥			つるき[妙]
て	て	×	手	方便	168①	和身體名	144⑥			
て	て	×	手	信解	326⑥	和身體名	303③			
て	て	×	手	信解	336⑤	和身體名	315②			
て	て	×	手	普賢	1324②	和身體名	1328⑤			
泥	でい	×	泥	譬喩	271⑤	単漢地儀名	242③			
泥	でい	×	泥	法師	643④	単漢地儀名	656④			

当該語	読みかな	傍訓	漢字表記	品名	頁数	語の種類	妙一本	和解語文	可読	異同語彙
啼哭聲	ていこくしょう	たいこく―	啼哭聲	法功	999②	漢名	1018①	ていこくしやう／なくこへ[妙]		
躰性	ていしょう	たいしやう	躰性	藥草	396①	漢名	382①			
剃除し	ていじょし	ていぢよし	剃除	序品	31⑤	漢サ動	27①	たいちよ・し／そりのそきて[妙]	そりのそき	
泥土	でいど	でいど	泥土	方便	162②	漢名	139⑥	ていと／ていつち[妙]		
泥履 九	でいび	でいび	泥履 九	陀羅	1264⑥	仏梵語名	1276①			ていひ[妙]
泥履 七	でいび	でいび	泥履 七	陀羅	1264⑤	仏梵語名	1276①			ていひ[妙]
泥履 十	でいび	でいび	泥履 十	陀羅	1264⑥	仏梵語名	1276①			ていひ[妙]
泥履 八	でいび	でいひ	泥履 八	陀羅	1264⑤	仏梵語名	1276①			ていひ[妙]
泥履 六	でいび	でいび	泥履 六	陀羅	1264⑤	仏梵語名	1276①			ていひ[妙]
帝隷阿堕僧伽兜略 蘆遮反 阿羅帝波羅帝 十六	ていれいあだそうきゃとりやく	ていれいあどそうきゃとりや あらていばらてい	帝隷阿堕僧伽兜略 蘆遮反 阿羅帝波羅帝 十六	普賢	1319⑥	仏梵語名	1325①			ていれいあたそうきやとりやあらていはらてい[妙]
弟子	でし	×	弟子	序品	58①	漢人倫名	50④			
弟子	でし	でし	弟子	序品	63②	漢人倫名	55②			
弟子	でし	×	弟子	序品	81④	漢人倫名	71④			
弟子	でし	×	弟子	方便	95②	漢人倫名	84⑥			
弟子	でし	×	弟子	方便	96④	漢人倫名	84⑥			
弟子	でし	×	弟子	方便	136④	漢人倫名	119②		―の[西右]	
弟子	でし	×	弟子	方便	190①	漢人倫名	163⑥		―は[西右]	
弟子	でし	×	弟子	信解	366①	漢人倫名	351⑥			
弟子	でし	×	弟子	授記	415②	漢人倫名	403⑤			
弟子	でし	×	弟子	授記	428②	漢人倫名	418④			
弟子	でし	てし	弟子	授記	442②	漢人倫名	434④			
弟子	でし	×	弟子	授記	444⑤	漢人倫名	437③			
弟子	でし	×	弟子	化城	447④	漢人倫名	440⑥			
弟子	でし	×	弟子	化城	514③	漢人倫名	519③			
弟子	でし	×	弟子	化城	518⑥	漢人倫名	523⑥			
弟子	でし	×	弟子	化城	519①	漢人倫名	524①			
弟子	でし	×	弟子	五百	576⑤	漢人倫名	581④			
弟子	でし	×	弟子	五百	577①	漢人倫名	582⑤			
弟子	でし	×	弟子	授學	603②	漢人倫名	611⑤			
弟子	でし	×	弟子	授學	614①	漢人倫名	623④		―と[西右]	
弟子	でし	×	弟子	授學	619⑤	漢人倫名	629⑥		―と[西右]	
弟子	でし	てし	弟子	見寶	686⑥	漢人倫名	704④			
弟子	でし	てし	弟子	安樂	766④	漢人倫名	786④			
弟子	でし	×	弟子	從地	822④	漢人倫名	844⑥			
弟子	でし	×	弟子	從地	837④	漢人倫名	860②			
弟子	でし	×	弟子	分別	940②	漢人倫名	958⑤		と[西右]	
弟子	でし	×	弟子	法功	1034③	漢人倫名	1053②			
弟子	でし	×	弟子	妙荘	1281③	漢人倫名	1291②			てし[妙]
弟子	でし	×	弟子	妙荘	1282①	漢人倫名	1292①			てし[妙]
鐵圍	てちい	てつね	鐵圍	法功	997②	仏山名名	1015⑥		―と[西右]	
鐵圍	てちい	てつい	鐵圍	法功	1039②	仏山名名	1058①			
鐵圍山	てちいせん	×／くろかねめくりてうみをたむる山也	鐵圍山	見寶	673③	仏山名名	689③	てちゐせん／―やま[妙]	―と[西右]	
鐵圍山	てちいせん	てつい―	鐵圍山	見寶	676①	仏山名名	691⑥			
鐵圍山	てちいせん	てつゐ―	鐵圍山	法功	1018②	仏山名名	1036⑥		―と[西右]	
鐵圍山	てちいせん	ていせん	鐵圍山	法功	1036①	仏山名名	1054⑥			
鐵	てつ	てつ	鉄	方便	163⑤	単漢鉱物名	141②	てつ／くろかね[妙]		
てらさ	てらさ	×	照	序品	71④	和動	62⑤			
てらし	てらし	×	照	序品	17④	和動	14②			
てらし	てらし	×	照	序品	23②	和動	19③			
てらし	てらし	×	照	序品	24①	和動	20③			
てらし	てらし	×	照	序品	25①	和動	21③			
てらし	てらし	×	照	序品	42④	和動	36⑤			
てらし	てらし	×	照	序品	56④	和動	49②			
てらし	てらし	×	照	序品	69③	和動	60④			
てらし	てらし	×	照	序品	70①	和動	61②			
てらし	てらし	×	照	序品	72④	和動	63⑤			
てらし	てらし	×	照	化城	464④	和動	460⑥		―て[西右]	
てらし	てらし	×	照	安樂	812②	和動	834④			
てらし	てらし	×	照	神力	1086⑤	和動	1105①			
てらし	てらし	×	照	藥王	1130①	和動	1148⑤			

当該語	読みかな	傍訓	漢字表記	品名	頁数	語の種類	妙一本	和解語文	可読	異同語彙
てらし	てらし	×	照	妙音	1166①	和動	1182④			
てらし	てらし	×	照	妙音	1167③	和動	1183⑤			
てらし	てらし	×	照	妙音	1169③	和動	1185④			
てらし	てらし	×	照	妙音	1194③	和動	1208②			
てらし	てらし	×	照	妙荘	1300③	和動	1307⑥		一て[西右]	
てらす	てらす	×	照	方便	151⑥	和動	131⑤			
てらす	てらす	×	照	化城	463⑤	和動	459⑤			
てらす	てらす	×	照	化城	467①	和動	463⑥			
てらす	てらす	×	照	提婆	731①	和動	749①			
てらす	てらす	×	照	如來	918①	和動	937①		無量をもってすィ[西右]	
てらす	てらす	×	照	藥王	1124②	和動	1142④		一しき[西右]	てらす[妙]
てらす	てらす	×	照	觀世	1244②	和動	1256④		一し給ふ[西右]	てらす[妙]
てらする	てらする	×	照	安樂	811①	和動	833②			
てらせ	てらせ	×	照	序品	57③	和動	50①			
天	てん	×	天	序品	15④	単漢天象名	12④			
天	てん	てん	天	序品	16③	単漢天象名	13③			
天	てん	×	天	序品	41⑤	単漢天象名	35⑥			
天	てん	×	天	序品	54④	単漢天象名	47③			
天	てん	てん	天	序品	55③	単漢天象名	48②			
天	てん	×	天	序品	68③	単漢天象名	59⑤			
天	てん	×	天	序品	68③	単漢天象名	59⑤			
天	てん	×	天	方便	111⑥	単漢天象名	97⑥			諸天(しょてん)[妙]
天	てん	×	天	譬喩	230④	単漢天象名	199⑤			
天	てん	×	天	譬喩	231⑤	単漢天象名	200⑥			
天	てん	×	天	譬喩	231⑤	単漢天象名	200⑥			
天	てん	×	天	信解	374④	単漢天象名	361⑥			
天	てん	×	天	藥草	407⑥	単漢天象名	395③			
天	てん	×	天	化城	454④	単漢天象名	449②			
天	てん	×	天	化城	454⑤	単漢天象名	449③			
天	てん	×	天	化城	466⑤	単漢天象名	463④			
天	てん	×	天	化城	474①	単漢天象名	473①			
天	てん	×	天	化城	481④	単漢天象名	481③			
天	てん	×	天	化城	484①	単漢天象名	484③			
天	てん	×	天	化城	492⑥	単漢天象名	495②			
天	てん	×	天	化城	502①	単漢天象名	505⑤		一と[西右]	
天	てん	×	天	化城	530⑤	単漢天象名	536③			
天	てん	×	天	法師	633②	単漢天象名	645①			
天	てん	×	天	法師	633③	単漢天象名	645②			
天	てん	×	天	法師	648②	単漢天象名	662③			
天	てん	×	天	法師	655②	単漢天象名	669⑤			
天	てん	×	天	見寶	658③	単漢天象名	672⑤			
天	てん	×	天	見寶	676②	単漢天象名	692②			
天	てん	×	天	見寶	681⑥	単漢天象名	699①			
天	てん	×	天	安樂	810②	単漢天象名	832④			
天	てん	×	天	如來	915⑥	単漢天象名	934⑤			
天	てん	×	天	分別	927③	単漢天象名	946①			
天	てん	×	天	分別	933④	単漢天象名	952②			
天	てん	×	天	分別	934②	単漢天象名	952⑥		そら[西右]	
天	てん	×	天	随喜	992④	単漢天象名	1011②			天人(てんにん)[妙]
天	てん	×	天	法功	1013②	単漢天象名	1031④			
天	てん	×	天	法功	1021⑥	単漢天象名	1040⑤			
天	てん	×	天	神力	1085⑤	単漢天象名	1104②			てん[妙]
天	てん	×	天	神力	1088③	単漢天象名	1106④			てん[妙]
天	てん	×	天	藥王	1118⑥	単漢天象名	1137②			てん[妙]
天	てん	×	天	藥王	1123④	単漢天象名	1141⑥			てん[妙]
天	てん	×	天	藥王	1135⑥	単漢天象名	1154①			
天	てん	×	天	藥王	1139⑥	単漢天象名	1158①			
天	てん	×	天	藥王	1160⑤	単漢天象名	1178①			てん[妙]
天	てん	×	天	妙音	1179③	単漢天象名	1194④			てん[妙]
天	てん	×	天	妙音	1190②	単漢天象名	1204⑤			てん[妙]
天	てん	×	天	妙音	1192①	単漢天象名	1206②			てん[妙]
天	てん	てん	天	觀世	1229①	単漢天象名	1241⑥			てん[妙]
天	てん	×	天	觀世	1233②	単漢天象名	1245⑥			{天}(てん)[妙]
天	てん	×	天	觀世	1233⑥	単漢天象名	1246④			てん[妙]

当該語	読みかな	傍訓	漢字表記	品名	頁数	語の種類	妙一本	和解語文	可読	異同語彙
天	てん	×	天	普賢	1306⑥	単漢天象名	1313⑤			てん[妙]
天	てん	×	天	普賢	1337⑥	単漢天象名	1340④			てん[妙]
天衣	てんえ	一ゑ{え}	天衣	譬喩	232①	漢衣服名	201①	てんゑ／てんのころも[妙]		
天衣	てんえ	×	天衣	分別	927⑤	漢衣服名	946②			天衣(てんゑ)[妙]
天衣	てんえ	×	天衣	分別	934③	漢衣服名	953①			
天衣	てんえ	てんゑ	天衣	分別	962⑤	漢衣服名	981②	てんゑ／一ころも[妙]	一と[西右]	
天衣	てんえ	×	天衣	分別	967①	漢衣服名	985②	てんゑ／てんのころも[妙]		
天衣	てんえ	一ゑ{え}	天衣	妙荘	1291⑥	漢衣服名	1300⑥	てんゑ／てんのころも[妙]		
諂詃	てんおう	てんわう／へつらい	諂詃	安樂	784②	漢名	805①	てんわう／へつらひくるふ[妙]		
諂詃	てんおう	てんわう	諂詃	安樂	789②	漢名	810①	てんわう／へつらひくるい[妙]		
天王如来	てんおうにょらい	てんわうによらい	天王如来	提婆	716⑤	仏如来名	734⑤			
天王佛	てんおうぶつ	×	天王佛	提婆	717①	仏仏名名	735①			
天王佛	てんおうぶつ	×	天王佛	提婆	717⑥	仏仏名名	735⑥			
天甘露	てんかんろ	一かんろ	天甘露	法功	1027③	漢名	1046①		一の一一[西右]	
轉教せ	てんぎょうせ	てんきやう／つたへおしへる也	轉教	随喜	972①	漢サ動	990②	てんけう・せ／めくりをしへん[妙]	一じておしへむ[西右]	
轉教せ	てんぎょうせ	×	轉教	随喜	972②	漢サ動	990③		うたゝおしへむ[西右]	
天宮	てんぐう	×	天宮	随喜	980③	漢建築名	998④	てんくうてん／てんのくうてん[妙]	天宮殿(てんくうてん)てんのくうてん[妙]	てんくうてん(てんくうてん)てんのくうてん[妙]
天華	てんげ	一け	天華	譬喩	232④	漢植物名	201④			
天華	てんげ	×	天華	化城	453③	漢植物名	447⑥	てんくゑ／一はな[妙]		
天華	てんげ	×	天華	化城	467③	漢植物名	464③	一くゑ／一のはな[妙]		
天華	てんげ	×	天華	化城	468④	漢植物名	465⑤	てんくゑ／てんのはな[妙]	一の一[西右]	
天華	てんげ	×	天華	化城	475⑥	漢植物名	475①			
天華	てんげ	×	天華	化城	477①	漢植物名	476②	てんくゑ／てんのはな[妙]		
天華	てんげ	×	天華	化城	484④	漢植物名	485②	てんくゑ／一のはな[妙]		
天華	てんげ	×	天華	化城	485⑥	漢植物名	486⑤	てんくゑ／一はな[妙]		
天華	てんげ	×	天華	化城	493③	漢植物名	495⑥	てんくゑ／一のはな[妙]		
天華	てんげ	×	天華	化城	494④	漢植物名	497②	てんくゑ／てんのはな[妙]		
天華	てんげ	一け	天華	化城	530④	漢植物名	536②	てんくゑ／てんのはな[妙]		
天華	てんげ	一け	天華	分別	966⑥	漢植物名	985②	てんくゑ／てんのはな[妙]		
天眼	てんげん	一けん	天眼	授記	421③	仏身体名	410⑤	てんけん／一まなこ[妙]		
天眼	てんげん	一げん	天眼	法功	997⑥	仏身体名	1016④	てんけん／てんのまなこ[妙]		
天香	てんこう	×	天香	法功	1012①	漢香名名	1030④	てんかう／一のかう[妙]		
電光	でんこう	でんくわう／いなひかり	電光	藥草	400⑥	漢天象名	387③	てんくわう／いなひかりのひかり[妙]	一のひかりて[西右]	
田業	でんごう	でんごう	田業	信解	354⑤	漢名	338②	でんごう／た一[妙]		
諂曲	てんごく	てんごく／へつらい	諂曲	方便	155③	漢名	134④	てんこく／へつらい[妙]		
諂曲	てんごく	てんごく／へつらいまかる	諂曲	勧持	741①	漢名	759⑥			
諂曲	てんごく	てんこく／へつらいまかる	諂曲	勧持	751⑥	漢名	771③			

当該語	読みかな	傍訓	漢字表記	品名	頁数	語の種類	妙一本	和解語文	可読	異同語彙
轉次	てんし	てんし	轉次	序品	81①	漢名	71①			転次[妙]
轉次	てんし	てんし	轉次	五百	587④	漢名	593⑤			
轉次	てんし	てんし	轉次	五百	600④	漢名	609①	てんし／つゝきてほとけになるへしといふこと[妙]		
轉次	てんし	てんし	轉次	勧持	744②	漢名	763①	てんし／つゝきて[妙]		
點し	てんじ	てん	點	化城	450①	漢サ動	443⑤	てん・し／つけて[妙]		
天子	てんじ	てんじ	天子	序品	10①	漢人倫名	8①			
天子	てんじ	×	天子	序品	10③	漢人倫名	8③			
天子	てんじ	×	天子	序品	10⑤	漢人倫名	8④			
天子	てんじ	×	天子	序品	11①	漢人倫名	8⑥			
天子	てんじ	×	天子	譬喩	231④	漢人倫名	200⑤	×／てんのひと[妙]		
天子	てんじ	×	天子	譬喩	232⑥	漢人倫名	202①			
天子	てんじ	×	天子	法功	1028①	漢人倫名	1046⑥		一と[西右]	
天子	てんじ	×	天子	妙音	1201①	漢人倫名	1215⑤		一は[西右]	てんし[妙]
轉し	てんじ	てん	轉	譬喩	216⑤	漢サ動	185②	てんし／とき[妙]		
轉じ	てんじ	てん	轉	譬喩	218②	漢サ動	186⑥	てんし／ときて[妙]		
轉し	てんじ	てん	轉	譬喩	232⑤	漢サ動	201⑥			
轉し	てんじ	てん	轉	譬喩	232⑥	漢サ動	202①			
轉し	てんじ	てん	轉	譬喩	233④	漢サ動	202⑤			
轉じ	てんじ	てん	轉	藥草	409④	漢サ動	397②	×／とき[妙]		
轉し	てんじ	てん	轉	化城	460⑤	漢サ動	456③	てん／とき[妙]		
轉じ	てんじ	てん	轉	化城	462⑥	漢サ動	458⑤			
轉し	てんじ	てん	轉	化城	471⑥	漢サ動	470①			
轉し	てんじ	てん	轉	化城	480⑤	漢サ動	480③	てん／とき[妙]		
轉し	てんじ	×	轉	化城	481②	漢サ動	481①	てん／とき[妙]		
轉し	てんじ	×	轉	化城	489①	漢サ動	490④	てん／とき[妙]		
轉し	てんじ	×	轉	化城	489⑥	漢サ動	491④	てん／とき[妙]	一給へ[西右]	
轉し	てんじ	てん	轉	化城	500①	漢サ動	503④	りん{てん}／とき[妙]		
轉し	てんじ	×	轉	化城	500①	漢サ動	504②	てん／とき[妙]		
轉し	てんじ	×	轉	化城	501⑥	漢サ動	505⑤	てん／とき[妙]		
轉し	てんじ	×	轉	化城	534⑥	漢サ動	540②	てん／とき[妙]		
轉じ	てんじ	×	轉	勧持	747⑥	漢サ動	767①	てん・し／とき[妙]		
轉し	てんじ	てん	轉	安樂	815⑤	漢サ動	838②	てん・し／とき[妙]	一て[西右]	
轉じ	てんじ	てん	轉	從地	854②	漢サ動	876⑤	てん・し／とき[妙]		
轉じ	てんじ	てん	轉	随喜	980①	漢サ動	998②			
轉じ	てんじ	てん	轉	随喜	981⑥	漢サ動	999⑥			
轉じ	てんじ	てん	轉	随喜	982⑦	漢サ動	1000②			
轉じ	てんじ	てん	轉	神力	1097①	漢サ動	1116②	てん・し／とき		轉し[妙]
轉じ	てんじ	てん	轉	妙荘	1296②	漢サ動	1304③			轉(てん)し[妙]
轉し	てんじ	×	轉	普賢	1332⑤	漢サ動	1336②	てん・し／と[妙]		
典籍	でんじゃく	でんじゃく／よみもちふるふみ也	典籍	譬喩	316①	漢文具名	290④			×[妙]
天衆	てんじゅ	一じゅ	天衆	方便	178⑥	漢名	153⑥			
天衆	てんじゅ	×	天衆	法功	1034①	漢名	1053①			
天上	てんじょう	×	天上	譬喩	255①	漢名	226⑥			
天上	てんじょう	×	天上	法師	630⑥	漢名	641⑥			
天上	てんじょう	×	天上	法師	633③	漢名	645②			
天上	てんじょう	×	天上	法功	1011③	漢名	1029⑥			
天上	てんじょう	×	天上	法功	1021⑥	漢名	1039⑥			
天上	てんじょう	×	天上	法功	1021⑥	漢名	1040②			
天聲	てんじょう	てん一	天聲	法功	999⑤	漢名	1018④	てんしやう／てんのこゑ[妙]		
天神	てんじん	一じん	天神	化城	530③	漢神名名	536①			
轉す	てんず	てん	轉	序品	7④	漢サ動	6①		一じて[西右]	
轉ず	てんず	てん	轉	分別	923③	漢サ動	942③			
轉ず	てんず	てん	轉	分別	923⑥	漢サ動	942④			
轉ず	てんず	×	轉	分別	931①	漢サ動	949⑤	てん・す／とく[妙]		
轉ず	てんず	×	轉	分別	931③	漢サ動	950①			
轉する	てんずる	てん	轉	化城	502①	漢サ動	505⑥			

てん 483

当該語	読みかな	傍訓	漢字表記	品名	頁数	語の種類	妙一本	和解語文	可読	異同語彙
轉せ	てんぜ	てん	轉	授記	431③	漢サ動	422②			
轉せ	てんぜ	てん	轉	安樂	767③	漢サ動	787④	てん・せ／めくらす[妙]		
點ぜ	てんぜ	てん	點	化城	447⑥	漢サ動	441③	てん・せ／ちりをつくると[妙]		
點ぜ	てんぜ	てん	點	化城	448①	漢サ動	441③	てん・せ／ちりをつけさる[妙]		
點ぜ	てんぜ	てん	點	化城	450②	漢サ動	444①	てん・せ／つけたる[妙]		
點ぜ	てんぜ	てん	點	化城	450②	漢サ動	444①	てん・せ／つけさる[妙]		
天繪幡蓋	てんぞうはんがい	ーそうはんかい	天繪幡蓋	藥王	1124⑥	仏器財名	1143②	てんそうはんかい／てんのはたかい[妙]	ーと[西右]	
天帝釋	てんたいしゃく	ーだいしやく	天帝釋	方便	178⑤	仏名	153④			
天大将軍	てんたいしょうぐん	ーーしやうくん	天大将軍	妙音	1190⑥	漢人倫名	1204⑥			てんたいしやうくん[妙]
天大将軍	てんたいしょうぐん	てんたいしやうくん	天大将軍	觀世	1225①	漢人倫名	1238③			てんだいしやうぐん[妙]
天大将軍	てんたいしょうぐん	×	天大将軍	觀世	1225①	漢人倫名	1238④			てんたいしやうくん[妙]
田宅	でんたく	でんたく	田宅	譬喻	238⑥	漢地儀名	208②		ーとーと[西右]	
田宅	でんたく	てんたく	田宅	安樂	797②	漢地儀名	818⑤			てんたく／たいゑ[妙]
田宅	でんたく	てんたく	田宅	安樂	806②	漢地儀名	828③			てんたく／たいへ[妙]
天中天	てんちゅうてん	てんちゆうてん	天中天	序品	81①	漢名	71②			
天中天	てんちゅうてん	×	天中天	化城	478④	漢名	477⑥		ーのー[西右]	
展転し	てんでんし	てんてん／うこく心也	展転	譬喻	303①	漢サ動	275②	てんでん・し／めくりて[妙]		
展轉し	てんてんし	てんてん	展転	信解	357①	漢サ動	340⑥	てんでん・し／めくりて[妙]		
展轉し	てんてんし	てんてん	展転	化城	447②	漢サ動	440③			
展轉し	てんてんし	てんでん	展転	化城	449⑥	漢サ動	443⑤	てん〳〵・し／ついて[妙]		
展轉し	てんでんし	てんでん	展転	見寶	671⑤	漢サ動	687②			
展轉し	てんでんし	てんでん	展転	随喜	972③	漢サ動	990④			
展轉し	でんでんし	でん〳〵	展転	随喜	978③	漢サ動	997①			
展轉し	てんてんし	てんてん	展転	随喜	986③	漢サ動	1005①			
展轉し	てんてんし	てんてん	展転	随喜	989③	漢サ動	1007⑤			
展轉し	てんてんし	てんでん	展転	法功	1013③	漢サ動	1031⑥			
展轉し	てんてんし	てんでん	展転	法功	1023①	漢サ動	1041⑥			
天道	てんとう	ーだう	天道	提婆	717①	漢名	735①			
顛倒	てんどう	てんたう	顛倒	安樂	768①	漢名	788②	てんたう／くるいまとふ[妙]		
顛倒	てんどう	てんだう	顛倒	如來	911⑥	漢名	930⑥	てんだう／さかさま[妙]		
殿堂	でんどう	てんたう	殿堂	分別	954⑥	漢建築名	973③			
殿堂	でんどう	てんたう	殿堂	神力	1096⑤	漢建築名	1115③			でんたう[妙]
顛倒し	てんどうし	てんだう	顛倒	安樂	773⑥	漢サ動	794③	てんたう・し／さかさまに[妙]		
顛倒する	てんどうする	てんだう	顛倒	如來	919④	漢サ動	938④		ーせるをもて[西右]	
顛倒せ	てんどうせ	てんだう	顛倒	安樂	767③	漢サ動	787③			
顛倒せ	てんどうせ	てんだう	顛倒	如來	904⑤	漢サ動	923⑤	でんだう・せ／さかさまにたうる[妙]		
天耳	てんに	ーに	天耳	法功	1000⑤	漢名	1019⑤	てんに／てんのみゝ[妙]		
天耳	てんに	ーに	天耳	法功	1008②	漢名	1026⑤	てんに／てんのみゝ[妙]		
天女	てんにょ	×	天女	法功	1022④	漢人倫名	1041③			
天女	てんにょ	×	天女	法功	1028①	漢人倫名	1046⑥			
天女	てんにょ	×	天女	普賢	1323①	漢人倫名	1327⑤			てんにょ[妙]
天女	てんにょ	×	天女	普賢	1324⑥	漢人倫名	1329④			てんにょ[妙]

当該語	読みかな	傍訓	漢字表記	品名	頁数	語の種類	妙一本	和解語文	可読	異同語彙
天人	てんにん	×	天人	序品	59⑥	漢人倫名	52③		一とーと[西右]	
天人	てんにん	×	天人	序品	70②	漢人倫名	61③		一と一[西右]	
天人	てんにん	×	天人	序品	74①	漢人倫名	65②		一と[西右]	
天人	てんにん	×	天人	方便	114④	漢人倫名	100②			
天人	てんにん	×	天人	方便	159③	漢人倫名	137⑤			
天人	てんにん	×	天人	方便	172⑥	漢人倫名	148⑥			
天人	てんにん	×	天人	方便	189④	漢人倫名	162③		一とーと[西右]	
天人	てんにん	てんにん	天人	譬喩	214②	漢人倫名	182④			
天人	てんにん	×	天人	譬喩	218①	漢人倫名	186⑤			
天人	てんにん	×	天人	譬喩	218④	漢人倫名	187②		一とーと[西右]	
天人	てんにん	×	天人	譬喩	221⑤	漢人倫名	190④			
天人	てんにん	×	天人	譬喩	229⑤	漢人倫名	198⑥		一とーと[西右]	
天人	てんにん	てんにん	天人	譬喩	264⑤	漢人倫名	236①			
天人	てんにん	×	天人	藥草	391①	漢人倫名	376③			
天人	てんにん	×	天人	藥草	392④	漢人倫名	378②			
天人	てんにん	×	天人	藥草	404②	漢人倫名	391②		一とィーとのィ[西右]	
天人	てんにん	×	天人	藥草	404⑥	漢人倫名	392①		一とーと[西右]	天人衆(てんにんしゅ)[妙]
天人	てんにん	×	天人	授記	436①	漢人倫名	427②		一とーと[西右]	
天人	てんにん	×	天人	授記	441③	漢人倫名	433④			
天人	てんにん	×	天人	授記	443⑤	漢人倫名	436③			
天人	てんにん	×	天人	化城	460①	漢人倫名	455⑤		一とーと[西右]	
天人	てんにん	×	天人	化城	470③	漢人倫名	467⑥			
天人	てんにん	×	天人	化城	504④	漢人倫名	508④			
天人	てんにん	×	天人	五百	587③	漢人倫名	593②			
天人	てんにん	×	天人	授學	602②	漢人倫名	610⑥	てんにん／てんとひと[妙]		
天人	てんにん	×	天人	見寶	660⑤	漢人倫名	675①			
天人	てんにん	×	天人	見寶	663②	漢人倫名	677⑤			
天人	てんにん	×	天人	見寶	670④	漢人倫名	685②			
天人	てんにん	×	天人	見寶	672⑥	漢人倫名	688③			
天人	てんにん	×	天人	見寶	675②	漢人倫名	690⑥			
天人	てんにん	×	天人	見寶	687①	漢人倫名	704④			
天人	てんにん	×	天人	見寶	699③	漢人倫名	718④	てんにん／てんとひとゝ[妙]		
天人	てんにん	×	天人	見寶	699④	漢人倫名	718⑤			
天人	てんにん	×	天人	提婆	708③	漢人倫名	725③			
天人	てんにん	×	天人	提婆	731③	漢人倫名	749③			
天人	てんにん	×	天人	勸持	743⑥	漢人倫名	762⑥			
天人	てんにん	×	天人	勸持	746⑤	漢人倫名	765④			
天人	てんにん	×	天人	如來	883②	漢人倫名	902②			
天人	てんにん	×	天人	如來	915③	漢人倫名	934②			
天人	てんにん	×	天人	分別	961①	漢人倫名	979④			
天人	てんにん	×	天人	分別	967⑤	漢人倫名	986①			
天人	てんにん	×	天人	随喜	992③	漢人倫名	1011①		一とーと[西右]	
天人	てんにん	×	天人	法功	1038⑥	漢人倫名	1057⑤			
天人	てんにん	×	天人	常不	1058⑥	漢人倫名	1077②			てんにん[妙]
天人	てんにん	×	天人	常不	1077②	漢人倫名	1096①			天人(てんにん)[妙]
天人	てんにん	×	天人	囑累	1113⑥	漢人倫名	1132③			天(てん)人(にん)[妙]
天人	てんにん	×	天人	藥王	1116④	漢人倫名	1134⑥			てんにん[妙]
天人	てんにん	×	天人	藥王	1137④	漢人倫名	1155⑤			てんにん[妙]
天人	てんにん	×	天人	藥王	1139⑥	漢人倫名	1158②			てん・にん[妙]
天人	てんにん	×	天人	藥王	1158②	漢人倫名	1175⑤			てんにん[妙]
天人	てんにん	×	天人	妙莊	1276④	漢人倫名	1286⑥			てんにん[妙]
天人	てんにん	×	天人	普賢	1332⑥	漢人倫名	1336④			てんにん[妙]
天人師	てんにんし	てんにんし	天人師	序品	48①	漢人倫名	41④			
天人師	てんにんじ	てんにんし	天人師	譬喩	221⑤	漢人倫名	190②			
天人師	てんにんし	×	天人師	藥草	391①	漢人倫名	377②			
天人師	てんにんし	てんにんし	天人師	授記	416③	漢人倫名	404⑤			

てん 485

当該語	読みかな	傍訓	漢字表記	品名	頁数	語の種類	妙一本	和解語文	可読	異同語彙
天人師	てんにんし	×	天人師	授記	427②	漢人倫名	417③			
天人師	てんにんし	てんにんし	天人師	授記	435②	漢人倫名	426③			
天人師	てんにんし	×	天人師	授記	440⑤	漢人倫名	432⑤			
天人師	てんにんし	×	天人師	化城	446①	漢人倫名	439①			
天人師	てんにんし	てんにんし	天人師	五百	570②	漢人倫名	574④			
天人師	てんにんし	×	天人師	五百	584②	漢人倫名	589⑤			
天人師	てんにんし	×	天人師	授學	604②	漢人倫名	613①			
天人師	てんにんし	×	天人師	授學	613②	漢人倫名	622⑥			
天人師	てんにんし	×	天人師	授學	617⑥	漢人倫名	627⑥			
天人師	てんにんし	てんにんし	天人師	提婆	716⑥	漢人倫名	734⑥			
天人師	てんにんし	×	天人師	勸持	745⑤	漢人倫名	764④			
天人師	てんにんし	てんにんし	天人師	常不	1057⑥	漢人倫名	1076⑤			てんにんし[妙]
天人師	てんにんし	×	天人師	常不	1061①	漢人倫名	1079⑤			てんにんし[妙]
天人師	てんにんし	×	天人師	妙音	1166⑤	漢人倫名	1183①			てんにんし[妙]
天人衆	てんにんしゅ	×	天人衆	妙莊	1282①	漢名	1291⑤			てんにんしゆ[妙]
天人衆	てんにんしゅ	てんにんしゆ	天人衆	序品	77③	漢名	67①			
天人尊	てんにんそん	ーーそん	天人尊	化城	489④	漢名	491④		ーのー[西右]	
天寶	てんぽう	ーほう	天寶	法師	630②	漢名	641⑤	てんほう／てんのたから[妙]	ーのたから[西]	
轉法輪	てんぽうりん	てんほうりん	轉法輪	方便	179②	仏仏名名	154①	てんほうりん／のりをときたまへと[妙]		
轉法輪	てんぽうりん	てんーりん	轉法輪	方便	184③	仏仏名名	158②			
轉法輪	てんぽうりん	てんほうりん	轉法輪	化城	468②	仏仏名名	465②	てんほうりん／のりをときたまへと[妙]		
轉法輪	てんぽうりん	てんーりん	轉法輪	化城	476⑤	仏仏名名	475⑥			
轉法輪	てんぽうりん	てんーりん	轉法輪	化城	485③	仏仏名名	486①	てんほうりん／のりをときたまへと[妙]		
轉法輪	てんぽうりん	×	轉法輪	化城	494②	仏仏名名	496⑤	てんほうりん／のりをときたまへと[妙]		
轉法輪	てんぽうりん	てんーりん	轉法輪	化城	532①	仏仏名名	537④			
轉法輪	てんぽうりん	てんーりん	轉法輪	化城	533③	仏仏名名	539①			
轉法輪	てんぽうりん	てんーりん	轉法輪	化城	534②	仏仏名名	539⑤			
天曼陀羅華	てんまんだらけ	×	天曼陀羅華	見寶	658①	仏植物名	672④	まんたらくゑ／ーーはな[妙]	ーのィーーー[西右]	
田里	でんり	でんり	田里	随喜	971④	漢地儀名	989⑤			
天龍	てんりゅう	×	天龍	序品	21⑤	漢獣類名	18①			
天龍	てんりゅう	×	天龍	序品	22④	漢獣類名	18⑥			
天龍	てんりゅう	ーりう	天龍	序品	34⑤	漢獣類名	29④			
天龍	てんりゅう	×	天龍	序品	68④	漢獣類名	59⑥			
天龍	てんりゅう	×	天龍	方便	108⑤	漢獣類名	95②		ーと[西右]	
天龍	てんりゅう	ーりう	天龍	法功	1032④	漢獣類名	1051②		ーとーと[西右]	
天龍	てんりゅう	ーりう	天龍	法功	1033⑤	漢獣類名	1052④		ーとーと[西右]	
天龍	てんりゅう	ーりう	天龍	法功	1044⑥	漢獣類名	1063④		ーとーと[西右]	
天龍八部	てんりゅうはちぶ	てんりうーぶ	天龍八部	提婆	735⑥	漢名	754③			
畋猟	てんりょう	てんれう	畋猟	安樂	763④	漢名	783①	でんれう／やしなひかり[妙]		
畋猟	てんりょう	てんれう	畋猟	安樂	771②	漢名	791④	でんれう／ーかり[妙]	ーと[西右]	
轉輪	てんりん	てんりん	轉輪	安樂	805⑥	仏名	828①			
轉輪	てんりん	てんりん	轉輪	随喜	993①	仏名	1011④		ーと[西右]	
轉輪王	てんりんおう	×	轉輪王	安樂	796⑤	仏人名名	818②			
轉輪王	てんりんおう	×	轉輪王	安樂	800②	仏人名名	822①			
轉輪王	てんりんおう	りんてんわう	轉輪王	法功	1016①	仏人名名	1034⑤		ーと[西右]	
轉輪王	てんりんおう	てんりんわう	轉輪王	法功	1016②	仏人名名	1035②			
轉輪王	てんりんおう	てんりんー	轉輪王	法功	1033④	仏人名名	1052①		と[西右]	
轉輪聖王	てんりんじょうおう	てんりんじやうわう	轉輪王	序品	16⑥	仏人名名	13⑤			
轉輪聖王	てんりんじょうおう	てんりんじやうわう	轉輪聖王	序品	55⑤	仏人名名	48④			

当該語	読みかな	傍訓	漢字表記	品名	頁数	語の種類	妙一本	和解語文	可読	異同語彙
轉輪聖王	てんりんじょうおう	てんりんじやうわう	轉輪聖王	方便	111①	仏人名名	97②			
轉輪聖王	てんりんじょうおう	てんりんしやう―	轉輪聖王	藥草	407⑥	仏人名名	395③			
轉輪聖王	てんりんじょうおう	てんりんしやうわう	轉輪聖王	化城	456③	仏人名名	451③		一は[西右]	
轉輪聖王	てんりんじょうおう	てんりんしやう―	轉輪聖王	化城	507⑤	仏人名名	512③			
轉輪聖王	てんりんじょうおう	てんりんじやう	轉輪聖王	提婆	733④	仏人名名	751⑤			
轉輪聖王	てんりんじょうおう	てんりんじやうわう	轉輪聖王	安樂	796②	仏人名名	817⑤			
轉輪聖王	てんりんじょうおう	てんりんじやうわう	轉輪聖王	随喜	981②	仏人名名	999③			
轉輪聖王	てんりんじょうおう	てんりんじやうわう	轉輪聖王	藥王	1145②	仏人名名	1163③			てんりんしやうわう[妙]
轉輪聖王	てんりんじょうおう	てんりんしやう―	轉輪聖王	妙音	1190⑤	仏人名名	1205①			てんりんしやうわう[妙]
と	と	×	戸	見寶	680②	和家屋名	697①			
土	ど	ど	土	序品	18①	単漢地儀名	14⑤			
土	ど	×	土	序品	18②	単漢地儀名	14⑥			
土	ど	×	土	序品	23②	単漢地儀名	19③			
土	ど	×	土	序品	25②	単漢地儀名	21③			
土	ど	×	土	序品	29②	単漢地儀名	24⑥			
土	ど	×	土	序品	44②	単漢地儀名	38①			
土	ど	ど	土	序品	56②	単漢地儀名	49③			
土	ど	×	土	序品	68⑤	単漢地儀名	60①			
土	ど	×	土	序品	71③	単漢地儀名	62④			
土	ど	ど	土	譬喩	221④	単漢地儀名	190③			
土	ど	×	土	授記	417③	単漢地儀名	405⑤			
土	ど	と	土	授記	419⑥	単漢地儀名	408⑥			
土	ど	と	土	授記	427④	単漢地儀名	417⑤	と／と[妙]		
土	ど	×	土	授記	428①	単漢地儀名	418③			
土	ど	×	土	授記	435③	単漢地儀名	426④	と／と[妙]		
土	ど	×	土	授記	441①	単漢地儀名	433①			
土	ど	×	土	化城	449③	単漢地儀名	443①	と／こくとのつちを[妙]		
土	ど	×	土	化城	475②	単漢地儀名	474①			
土	ど	×	土	化城	519⑥	単漢地儀名	524⑥			
土	ど	×	土	化城	539②	単漢地儀名	544⑥			
土	ど	×	土	五百	570③	単漢地儀名	574②			
土	ど	×	土	授學	605②	単漢地儀名	614①			
土	ど	×	土	法師	632④	単漢地儀名	644③			
土	ど	×	土	法師	653①	単漢地儀名	667①			
土	ど	×	土	見寶	696①	単漢地儀名	715⑤			
土	ど	×	土	從地	818②	単漢地儀名	840①			
土	ど	×	土	如來	915②	単漢地儀名	934②		一は[西右]	
とひ	とい	×	説	序品	65⑥	和動	57⑤			
とひ	とい	×	問	序品	22⑥	和動	19①			
とひ	とい	×	問	序品	23⑤	和動	19⑥			
とひ	とい	×	問	序品	31③	和動	26⑥			
とひ	とい	×	問	序品	33③	和動	28⑤			
とひ	とい	×	問	譬喩	212①	和動	180①			
とひ	とい	×	問	提婆	726④	和動	744⑤			
とひ	とい	×	問	從地	831⑥	和動	854⑤			
とひ	とい	×	問	從地	834①	和動	857②			
とひ	とい	×	問	從地	844②	和動	866②			
とひ	とい	×	問	從地	845①	和動	867⑤			
とひ	とい	×	問	藥王	1164④	和動	1181④			とひ[妙]
とひ	とい	×	問	觀世	1234⑥	和動	1247③			とひ[妙]
とひ	とい	×	問	觀世	1235①	和動	1247④			
塔	とう	たう	塔	序品	19⑤	単漢建築名	16②			
塔	とう	とう	塔	序品	79②	単漢建築名	69⑤			
塔	とう	×	塔	方便	161③	単漢建築名	139③			
塔	とう	×	塔	方便	161⑥	単漢建築名	139⑤			
塔	とう	×	塔	授記	437②	単漢建築名	429②			
塔	とう	×	塔	授記	443①	単漢建築名	435③			
塔	とう	とう	塔	五百	574②	単漢建築名	578④			
塔	とう	×	塔	法師	640②	単漢建築名	652⑤			

当該語	読みかな	傍訓	漢字表記	品名	頁数	語の種類	妙一本	和解語文	可読	異同語彙
塔	とう	×	塔	法師	640⑤	単漢建築名	653②			
塔	とう	×	塔	法師	641①	単漢建築名	653④			
塔	とう	たう	塔	見寶	656⑤	単漢建築名	671①			
塔	とう	×	塔	見寶	659⑥	単漢建築名	674③			
塔	とう	×	塔	見寶	663③	単漢建築名	678②			
塔	とう	たう	塔	見寶	663⑥	単漢建築名	678⑤			
塔	とう	×	塔	見寶	664②	単漢建築名	678⑥			
塔	とう	×	塔	見寶	680②	単漢建築名	697③			
塔	とう	×	塔	見寶	682⑥	単漢建築名	699⑥			
塔	とう	×	塔	見寶	683②	単漢建築名	700②	たう／なゝつのたからのたう[妙]		
塔	とう	×	塔	提婆	718②	単漢建築名	736②			
塔	とう	×	塔	分別	926⑤	単漢建築名	945③			
塔	とう	×	塔	分別	952④	単漢建築名	971③			
塔	とう	×	塔	分別	952⑥	単漢建築名	971⑤			
塔	とう	×	塔	分別	958①	単漢建築名	976⑤			
塔	とう	たう	塔	分別	960⑥	単漢建築名	979③			
塔	とう	×	塔	分別	961①	単漢建築名	979⑤			
塔	とう	×	塔	分別	962①	単漢建築名	980④			
塔	とう	×	塔	分別	962⑤	単漢建築名	981⑤			
塔	とう	×	塔	分別	968①	単漢建築名	986③			
塔	とう	たう	塔	神力	1096⑥	単漢建築名	1115⑤			たう[妙]
塔	とう	×	塔	藥王	1133①	単漢建築名	1151⑤			たう[妙]
塔	とう	×	塔	藥王	1136④	単漢建築名	1154⑤			たう[妙]
塔	とう	とう	塔	妙音	1183⑤	単漢建築名	1198④			たう[妙]
稲	とう	たう／いね	稲	方便	98②	単漢穀物名	86②	たう／いね[妙]		
とふ	とう	×	問	序品	20⑤	和動	17①			
とふ	とう	×	問	序品	21③	和動	17⑤			
とふ	とう	×	問	序品	22①	和動	18③			
とふ	とう	×	問	方便	107③	和動	94①			
とふ	とう	×	問	方便	107④	和動	94②			
堂	どう	だう	堂	分別	963⑥	単漢名	982③			
道	どう	×	道	序品	19②	単漢名	15⑤	たう／みちを[妙]	一を[西右]	
道	どう	×	道	序品	85⑤	単漢名	75②			
道	どう	×	道	方便	93②	単漢名	81⑥			
道	どう	×	道	方便	93⑤	単漢名	82③			
道	どう	×	道	方便	107⑤	単漢名	94③	たう／みちを[妙]		
道	どう	×	道	方便	110①	単漢名	96②		一か[西右]	
道	どう	×	道	方便	111①	単漢名	97③	×／みち[妙]		
道	どう	×	道	方便	127①	単漢名	111③			
道	どう	だう	道	方便	133⑤	単漢名	116⑥			
道	どう	だう	道	方便	142⑥	単漢名	124④			
道	どう	だう	道	方便	144③	単漢名	125⑤	たう／ミち[妙]		
道	どう	×	道	方便	146④	単漢名	127③	たう／ミち[妙]		
道	どう	×	道	方便	156②	単漢名	135②	たう／みち[妙]		
道	どう	×	道	方便	157①	単漢名	135⑤			
道	どう	×	道	方便	157④	単漢名	136②			
道	どう	×	道	方便	171④	単漢名	147⑤			
道	どう	×	道	方便	173⑥	単漢名	149⑤			
道	どう	×	道	方便	180③	単漢名	155①			
道	どう	×	道	方便	190④	単漢名	163④			
道	どう	×	道	方便	192③	単漢名	165②			
道	どう	だう	道	譬喩	220①	単漢名	188⑥	だふ／みち[妙]		
道	どう	×	道	譬喩	220⑥	単漢名	189⑤			
道	どう	×	道	譬喩	227⑥	単漢名	196⑥			
道	どう	だう	道	譬喩	228③	単漢名	197⑤			
道	どう	だう	道	譬喩	291③	単漢名	263④			
道	どう	たう	道	譬喩	296③	単漢名	268④			
道	どう	たう	道	譬喩	296⑥	単漢名	269②			
道	どう	たう	道	信解	366③	単漢名	352②			
道	どう	だう	道	信解	370⑤	単漢名	357③			
道	どう	たう	道	信解	373③	単漢名	360④			
道	どう	×	道	信解	378②	単漢名	366②			
道	どう	たう	道	藥草	394①	単漢名	379⑤	たう／みち[妙]		
道	どう	×	道	藥草	394④	単漢名	380③			
道	どう	だう	道	授記	420②	単漢名	409②	たう／みち[妙]		
道	どう	たう	道	授記	426⑤	単漢名	417①			
道	どう	×	道	授記	434⑤	単漢名	426①			
一道	どう	一だう	道	授記	435⑥	単漢名	427②			

当該語	読みかな	傍訓	漢字表記	品名	頁数	語の種類	妙一本	和解語文	可読	異同語彙
道	どう	×	道	授記	443③	単漢名	435⑤			
道	どう	×	道	化城	459③	単漢名	454⑥	たう／みち[妙]		
道	どう	×	道	化城	462③	単漢名	458②	たう／みち[妙]		
道	どう	×	道	化城	472①	単漢名	470②			
道	どう	×	道	化城	481④	単漢名	481③			
道	どう	×	道	化城	500⑥	単漢名	504③			
道	どう	×	道	化城	502③	単漢名	506②	たう／みち[妙]		
一道	どう	たう	道	化城	525③	単漢名	530⑤			
道	どう	×	道	化城	537③	単漢名	543②	たう／みち[妙]		
道	どう	×	道	化城	547①	単漢名	553②			
道	どう	×	道	五百	570③	単漢名	574①			
道	どう	だう	道	五百	574⑥	単漢名	579③			
道	どう	×	道	五百	577④	単漢名	582②			
道	どう	×	道	五百	593⑤	単漢名	601②			
道	どう	×	道	法師	641④	単漢名	654②			
道	どう	×	道	法師	641⑥	単漢名	654④			
道	どう	×	道	法師	642②	単漢名	654⑥			
道	どう	×	道	法師	656①	単漢名	670④	たう／みち[妙]		
道	どう	×	道	見寶	662①	単漢名	676⑤			
道	どう	×	道	提婆	729②	単漢名	747③			
道	どう	×	道	提婆	730①	単漢名	748①			
道	どう	だう	道	提婆	736⑤	単漢名	755②			
道	どう	×	道	勸持	743④	単漢名	762④			
道	どう	×	道	勸持	752③	単漢名	771⑥			
道	どう	×	道	安樂	784⑥	単漢名	806①			
道	どう	×	道	安樂	785②	単漢名	806②		道を[妙]	
道	どう	×	道	安樂	785④	単漢名	806⑥			
道	どう	×	道	安樂	790③	単漢名	811⑥			
道	どう	×	道	安樂	815③	単漢名	837⑥			
道	どう	×	道	從地	849④	単漢名	872③			
道	どう	×	道	從地	858①	単漢名	881③			
道	どう	×	道	從地	859⑤	単漢名	882⑤			
道	どう	×	道	從地	865③	単漢名	887⑥			
道	どう	×	道	從地	865⑥	単漢名	888④			
道	どう	×	道	從地	867③	単漢名	890②			
道	どう	×	道	從地	867⑥	単漢名	890⑤			
道	どう	×	道	如來	895②	単漢名	914②			
道	どう	×	道	如來	920③	単漢名	939③			
道	どう	×	道	如來	920③	単漢名	939③			
道	どう	×	道	分別	945②	単漢名	963⑤			
道	どう	×	道	常不	1063①	単漢名	1081⑤			たう[妙]
道	どう	×	道	常不	1078④	単漢名	1097①			たう[妙]
道	どう	×	道	妙莊	1273⑤	単漢名	1284③			だうを[妙]
道	どう	×	道	普賢	1337③	単漢名	1340⑤			たう[妙]
道果	どうか	たうくわ	道果	藥草	411⑤	仏名名	399⑥	たうくわ／ほとけのみを[妙]		
道果	どうか	たうくは	道果	随喜	988①	仏名名	1006⑥			
堂閣	どうかく	だうかく	堂閣	譬喩	239③	漢家屋名	208⑤			
堂閣	どうかく	だうかく	堂閣	如來	915③	漢家屋名	934③			
堂閣	どうかく	だうかく	堂閣	分別	955③	漢家屋名	974①			
同學	どうがく	どうがく	同學	安樂	787⑥	漢名	809③			
銅器	どうき	どうき	銅器	法功	1020④	漢器財名	1039⑤	とうき／あかゝねのうつはもの[妙]		
東西	とうざい	とうざい	東西	譬喩	243⑥	漢方位名	213④	とうさい／ひんかしにし[妙]		
東西	とうざい	とうさい	東西	譬喩	256⑤	漢方位名	227⑤	とうさい／ひんかしにし[妙]		
東西南北	とうざいなんぼく	とうさいなんほく	東西南北	分別	957②	漢方位名	975⑥	とい{う}さいなんほく／ひかしにしみなみきた[妙]		
動作する	どうさする	どうさ	動作	法功	1042④	漢サ動	1061②	とうさ・する／うこかせる[妙]		
塔寺	とうじ	たうし	塔寺	勸持	757②	漢家屋名	776⑥			
塔寺	とうじ	たうじ	塔寺	分別	951⑥	漢家屋名	970⑤			
塔寺	とうじ	たうじ	塔寺	分別	956③	漢家屋名	975①			
當時	とうじ	たうし	當時	提婆	735①	漢名	753③	たうし／ときにあたる[妙]	ときにあたて／當時のイ[西右]	

当該語	読みかな	傍訓	漢字表記	品名	頁数	語の種類	妙一本	和解語文	可読	異同語彙
同師	どうし	×	同師	安樂	766④	漢人倫名	786⑤	とうし／しとをなしからん[妙]		
導師	どうし	だうし	導師	序品	23⑥	漢人倫名	20②			
導師	どうし	だうし	導師	序品	81③	漢人倫名	71③			
導師	どうし	×	導師	方便	172⑤	漢人倫名	148⑤			
導師	どうし	×	導師	方便	181①	漢人倫名	155④			
導師	どうし	たうし	導師	信解	371④	漢人倫名	358②			
導師	どうし	とうし	導師	化城	459⑥	漢人倫名	454⑤			
導師	どうし	とうし	導師	化城	522④	漢人倫名	527⑤		一の[西右]	
導師	どうし	たうし	導師	化城	523①	漢人倫名	528②			
導師	どうし	たうし	導師	化城	523④	漢人倫名	528⑤			
導師	どうし	×	導師	化城	525⑥	漢人倫名	531②			
導師	どうし	たうし	導師	化城	529②	漢人倫名	534⑤			
導師	どうし	だうし	導師	化城	541③	漢人倫名	547②			
導師	どうし	たうし	導師	化城	541⑤	漢人倫名	547④			
導師	どうし	×	導師	化城	542①	漢人倫名	547⑥			
導師	どうし	たうし	導師	化城	543⑥	漢人倫名	551⑥			
導師	どうし	×	導師	化城	544⑥	漢人倫名	553②			
導師	どうし	×	導師	化城	549⑥	漢人倫名	555⑤		一は[西右]	
導師	どうし	とうし	導師	從地	826⑥	漢人倫名	849①			
動し	どうじ	×	動	化城	458③	漢サ動	453⑤	とう／うこき[妙]	一き[西右]	
同吃	どうじ	どうじ	同吃	授學	617③	漢名	627③	とうし／をなしとき[妙]		
同時	どうじ	×	同時	授學	609⑤	漢名	619①	とうし／おなしとき[妙]		
同時	どうじ	どうし	同時	從地	820②	漢名	842④	とうし／をなしとき[妙]		
同時	どうじ	どうじ	同時	藥王	1124②	漢名	1142④	どうし／おなしとき[妙]		
童子	どうじ	×	童子	方便	162④	漢人倫名	140②	とうし／わらうへ[妙]		
童子	どうじ	どうじ	童子	方便	164⑤	漢人倫名	142①			
童子	どうじ	どうじ	童子	譬喩	305②	漢人倫名	277③	どうじ／わらうへ[妙]		
童子	どうじ	どうじ	童子	信解	353④	漢人倫名	336⑤	たうじ／わらは[妙]		
童子	どうじ	どうじ	童子	化城	505⑥	漢人倫名	510⑥	とうし／わらは[妙]		
童子	どうじ	どうじ	童子	化城	536⑥	漢人倫名	542⑤			
童子	どうじ	どうじ	童子	安樂	810③	漢人倫名	832④			
童子	どうじ	×	童子	法功	1002⑥	漢人倫名	1021④	とうし／わらうへ[妙]		
童子香	どうじこう	どうし―	童子香	法功	1010④	漢香名名	1029①	とうしかう／わらうへのか[妙]		
同止し	どうしし	とうし	同止	分別	959①	漢サ動	977④	とうし・し／おなしくすみ[妙]		
童子声	どうじしょう	どうじ―	童子聲	法功	999④	漢香名名	1018②	とうじしやう／わらはのこゑ[妙]		
蹈七寶華如来	とうしちほうげにょらい	だう―――――	蹈七寶華如來	授學	613①	仏如来名	622⑤			
蹈七宝華佛	とうしちほうげぶつ	だう―――――	蹈七寶華佛	授學	613⑥	仏仏名名	623③			
導師菩薩	どうしぼさつ	だうし――	導師菩薩	序品	9④	仏菩薩名	7⑤			
堂舎	どうしゃ	だうじや	堂舎	譬喩	270⑤	漢名	241⑥			
道樹下	どうじゅか	だうじゆげ	道樹下	分別	960⑤	漢名	979①	たうしゆけ／ほたいしゆのした[妙]		
刀杖	とうじょう	たうちやう／かたなつへ	刀杖	法師	652⑤	漢武具名	666⑤	たうちやう／かたなつゑ[妙]		
刀杖	とうじょう	たうぢやう	刀杖	法師	653⑥	漢武具名	668①	たうちやう／かたなつゑ[妙]	一と[西右]	
刀杖	とうじょう	たうぢやう／かたなつへ	刀杖	勸持	751④	漢武具名	771①	たうぢやう／かたなつへ[妙]		
刀杖	とうじょう	たうちやう	刀杖	安樂	782⑥	漢武具名	803⑥	たうちやう／かたなつゑ[妙]		
刀杖	とうじょう	たうじやう	刀杖	安樂	810③	漢武具名	832⑤	たうちやう／かたなつゑ[妙]		
刀杖	とうじょう	たうじやう／かたなつへ	刀杖	觀世	1212③	漢武具名	1225④	たうちやう／かたなつゑ[妙]		

当該語	読みかな	傍訓	漢字表記	品名	頁数	語の種類	妙一本	和解語文	可読	異同語彙
闘諍	とうじょう	とうじやう	闘諍	譬喩	274①	漢名	245②	とうじやう／たかひあらそひ[妙]		
道場	どうじょう	だうぢやう	道場	序品	43⑤	漢家屋名	37⑤			
道場	どうじょう	×	道場	方便	93⑥	漢家屋名	82③			
道場	どうじょう	だうぢやう	道場	方便	107⑥	漢家屋名	93⑥			
道場	どうじょう	×	道場	方便	172④	漢家屋名	148⑤			
道場	どうじょう	たうちやう	道場	方便	177④	漢家屋名	152④			
道場	どうじょう	だうぢやう	道場	譬喩	213①	漢家屋名	181②			道場(だうぢやう)[妙]
道場	どうじょう	たうちやう	道場	譬喩	293④	漢家屋名	265④			
道場	どうじょう	たうちやう	道場	化城	452①	漢家屋名	446②			
道場	どうじょう	たうちやう	道場	化城	456⑤	漢家屋名	451⑤		一り給は[西右]	
道場	どうじょう	たうちやう	道場	化城	467⑥	漢家屋名	464⑤			
道場	どうじょう	だうぢやう	道場	化城	476⑥	漢家屋名	475③			
道場	どうじょう	たうちやう	道場	化城	484⑥	漢家屋名	485⑥			
道場	どうじょう	たうちやう	道場	化城	493⑤	漢家屋名	496②			
道場	どうじょう	だうぢやう	道場	化城	530②	漢家屋名	535⑥			
道場	どうじょう	だうぢやう	道場	授學	619③	漢家屋名	629⑤			
道場	どうじょう	一じやう	道場	安樂	815①	漢家屋名	837⑤			
道場	どうじょう	たうじやう	道場	従地	856④	漢家屋名	879③			
道場	どうじょう	だうぢやう	道場	如來	883⑤	漢家屋名	902④			
道場	どうじょう	だうぢやう	道場	分別	946①	漢家屋名	964④			
道場	どうじょう	×	道場	分別	946⑥	漢家屋名	964⑥			
道場	どうじょう	たうちやう	道場	分別	960②	漢家屋名	978⑥			
道場	どうじょう	たうちやう	道場	分別	967④	漢家屋名	985⑥			
道場	どうじょう	だうぢやう	道場	神力	1097②	漢家屋名	1116①			たうじやう[妙]
道場	どうじょう	たうちやう	道場	神力	1101③	漢家屋名	1120⑥			たうちやう[妙]
道場	どうじょう	×	道場	藥王	1162⑤	漢家屋名	1179⑤			たうちやう[妙]
道場	どうじょう	一ちやう	道場	普賢	1332③	漢家屋名	1336①			たうちやう[妙]
等正覺	とうしょうがく	とうしやうかく	等正覺	授記	437⑥	漢名	429④	とうしやうかく／ほとけになか[妙]		
等正覺	とうしょうがく	×	等正覺	五百	585⑤	漢名	591②			
等正覺	とうしょうがく	×	等正覺	提婆	716①	漢名	733⑥	とうしやうかく／ほとけに[妙]	一を成し・なり[西右]	
等正覺	とうしょうがく	とうしやうかく	等正覺	提婆	735③	漢名	753⑥	とうしやうかく／ほとけに[妙]		
闘諍し	とうじょうし	とうじやう	闘諍し	法功	1018⑤	漢サ動	1037③	とうしやう・し／たたかいあらそい[妙]		
闘諍擴掣し	とうじょうしゃせいし	とうじやうしやせい／たゝかいあらそひつかみひて	闘諍擴掣	譬喩	272⑥	漢四熟サ動	244①	とうじやうしやせい／たたかひあらそひとりひき[妙]		
擣篩和合し	とうしわごうし	たうしはがう／つきふるひ――	擣篩和合	如來	902①	漢四熟サ動	921⑥	たうしわがう・し／つきふるひあはせて[妙]		
等心	とうしん	とうしん／ひとしき	等心	譬喩	250④	漢名	220③	とうしん／ひとしきこゝろ[妙]		
道心	どうしん	×	道心	従地	854④	漢名	876⑥			
動ぜ	どうぜ	どう	動	化城	452④	漢サ動	446⑤	とう／うこかす[妙]		
動ぜ	どうぜ	どう	動	安樂	767③	漢サ動	787③			
動せ	どうぜ	とう	動	安樂	774④	漢サ動	794⑤	とう・せ／うこか[妙]		
動せ	どうぜ	どう	動	安樂	774⑥	漢サ動	795③	とう・せ／うこかす[妙]		
當説	とうせつ	たう一／のちにとくへき	當説	法師	637④	漢名	649⑥	たうせち／まさにとくへき[妙]		
得大勢菩薩	とうだいせいぼさつ	とうだいせい――	得大勢菩薩	序品	8⑥	仏菩薩名	7②			
同等	どうとう	とうとう	同等	授學	618⑥	漢名	628②	とうとう／おなしき[妙]	おなしくひとしく[西右]	
たふとひ	とうとび	×	貴	分別	959②	和動	977⑥			
たうとび	とうとび	×	尊	方便	151⑥	和動	131⑤		たふとび[西右]	たふとふ[妙]
童男	どうなん	とうなん	童男	妙音	1191⑥	漢人倫名	1206①			とうなん[妙]
童男	どうなん	どうなん	童男	觀世	1228④	漢人倫名	1241④	どうなん／おのこゝ[妙]		

とう 491

当該語	読みかな	傍訓	漢字表記	品名	頁数	語の種類	妙一本	和解語文	可読	異同語彙
童男	どうなん	×	童男	觀世	1228⑤	漢人倫名	1241⑤			とうなん[妙]
童男形	どうなんぎょう	どうなんきやう	童男形	陀羅	1266⑤	漢名	1277⑥	とうなんきやう／わらうへのかたち[妙]	――のかたちにしてまれ[西右]	
東南方	とうなんほう	×	東南方	化城	473①	漢方位名	471③	とうなんはう／ひかしみなみ―[妙]		
東南方	とうなんほう	とうなんほう	東南方	化城	515③	漢方位名	520②	とうなんはう／ひんかしみなみのはう[妙]		
童女	どうにょ	×	童女	法功	1003①	漢人倫名	1021④	とうによ／めらうへ[妙]		
童女	どうにょ	×	童女	妙音	1192①	漢人倫名	1206①			とうによ[妙]
童女	どうにょ	どうによ	童女	觀世	1228④	漢人倫名	1241④	どうによ／おなこ[妙]		
童女	どうにょ	×	童女	觀世	1228⑥	漢人倫名	1241⑤			とうによ[妙]
童女形	どうにょぎょう	×	童女形	陀羅	1266⑥	漢名	1277⑥	とうによきやう／めらうへのかたち[妙]	――の―にしてまれ[西右]	
童女香	どうにょこう	とうによ―	童女香	法功	1010⑤	漢香名名	1029①	とうによかう／めらうへのか[妙]		
童女声	どうにょしょう	どうによ―	童女聲	法功	999④	漢名	1018②	どうによしやう／をんなこゑ[妙]		
銅鈸	どうばつ	とうばつ	銅鈸	方便	166④	漢楽具名	143③			
討罰せ	とうばつせ	たうはつ	討罰	安樂	796⑤	漢サ動	818③	たうばつ・せ／うたう[妙]	うたんィ[西右]	
幢幡	どうばん	どうばん／はたほこはたあげ	幢幡	序品	40⑤	漢器財名	35①			
幢幡	どうばん	どうばん	幢幡	授記	434②	漢器財名	425③			
幢幡	どうばん	とうはん	幢幡	授記	439⑥	漢器財名	431⑥			
幢幡	どうばん	どうはん	幢幡	法師	623⑤	漢器財名	634⑤	とうはん／はた[妙]		
幢幡	どうばん	どうはん	幢幡	法師	625④	漢器財名	636④	とうはん／はた[妙]		
幢幡	どうばん	とうばん	幢幡	法師	629⑥	漢器財名	641⑤	とうはん／はたほこ[妙]		
幢幡	どうばん	とうばん	幢幡	法師	640⑤	漢器財名	653⑤	とうはん／はた[妙]		
幢幡	どうばん	どうばん	幢幡	見寶	657②	漢器財名	671④	とうはん／はたほこはたを[妙]		
幢幡	どうばん	どうばん	幢幡	提婆	718④	漢器財名	736④	とうはん／はたほこ[妙]		
幢幡	どうばん	どうばん	幢幡	分別	948⑤	漢器財名	967③	とうはん／はたほこ[妙]		
東方	とうほう	とうほ{ば}う	東方	序品	17③	漢方位名	14②	とうはう／ひんかしのはう[妙]	――の[西右]	
東方	とうほう	とうはう	東方	序品	23②	漢方位名	19③	とうはう／ひかしのはう[妙]		
東方	とうほう	×	東方	序品	25②	漢方位名	21③	とうはう／ひかしのはう[妙]		
東方	とうほう	×	東方	序品	56③	漢方位名	49①	とうはう／ひかしのはう[妙]		
東方	とうほう	とうはう	東方	序品	69②	漢方位名	60④			
東方	とうほう	とうほう	東方	化城	446⑥	漢方位名	439⑥		―の[西右]	
東方	とうほう	とうほう	東方	化城	464⑤	漢方位名	461①		―の[西右]	
東方	とうほう	×	東方	化城	515③	漢方位名	520①			
東方	とうほう	×	東方	化城	532⑤	漢方位名	538②			
東方	とうほう	×	東方	見寶	661④	漢方位名	676②			
東方	とうほう	×	東方	見寶	667①	漢方位名	682②			
東方	とうほう	×	東方	見寶	676⑤	漢方位名	692⑤			
東方	とうほう	×	東方	如來	884④	漢方位名	903③	とうはう／ひかしのはう[妙]		
東方	とうほう	×	東方	妙音	1165⑤	漢方位名	1182③		―の[西右]	とうはう[妙]
東方	とうほう	×	東方	普賢	1306③	漢方位名	1313②			
道法	どうほう	×	道法	方便	87⑥	漢名	77②			道法(ほうほう)[妙]
道法	どうほう	×	道法	從地	853①	漢名	875⑤			
道法	どうほう	×	道法	妙莊	1293④	漢名	1302②		法を[西右]	だうほふ[妙]
僮僕	どうぼく	どうぼく／やつこもの也	僮僕	譬喩	239①	漢人倫名	208③	どうぼく／やつこ[妙]	―と[西右]	

当該語	読みかな	傍訓	漢字表記	品名	頁数	語の種類	妙一本	和解語文	可読	異同語彙
僮僕	どうぼく	どうぼく	僮僕	信解	323④	漢人倫名	299③	どうぼく／やつこ[妙]		
僮僕	どうぼく	どうぼく	僮僕	信解	326⑥	漢人倫名	303③			
僮僕	どうぼく	どうぼく／けんそく	僮僕	信解	354⑤	漢人倫名	338②	どうぼく／やつこ[妙]		
東北方	とうほくほう	×	東北方	化城	516④	漢方位名	521⑤			
同梵行者	どうぼんぎょうじゃ	どうぼんぎやうじや	同梵行者	五百	565⑥	漢人倫名	569③			
塔廟	とうみょう	たうめう	塔廟	序品	40②	漢家屋名	34④			
塔廟	とうみょう	たうめう	塔廟	序品	40⑤	漢家屋名	35①			
塔廟	とうみょう	たうめう	塔廟	序品	41③	漢家屋名	35⑤			
塔廟	とうみょう	たうめう	塔廟	方便	165⑥	漢家屋名	142⑥			
塔廟	とうみょう	たうめう	塔廟	方便	169②	漢家屋名	145⑤			
塔廟	とうみょう	たうめう	塔廟	信解	376①	漢家屋名	363⑤			
塔廟	とうみょう	たうめう	塔廟	授記	433⑤	漢家屋名	424⑥			
塔廟	とうみょう	たうめう	塔廟	授記	434①	漢家屋名	425③			
塔廟	とうみょう	たうめう	塔廟	授記	439③	漢家屋名	431③			
塔廟	とうみょう	たうめう	塔廟	授記	443③	漢家屋名	435⑤			
塔廟	とうみょう	たうめう	塔廟	見寶	662③	漢家屋名	677①			
塔廟	とうみょう	たうめう	塔廟	分別	966③	漢家屋名	984③			
燈明	とうみょう	とうミやう／ともしひ	燈明	授學	620⑤	仏仏名名	631⑤	とうみやう／さとりみあかし[妙]		
燈明佛	とうみょうぶつ	とうみやう—つ	燈明佛	序品	84③	仏仏名名	73⑤			
湯藥	とうやく	たうやく／くすり	湯藥	序品	37②	漢薬物名	32①	たうやく／くすり[妙]	——と[西右]	
湯藥	とうやく	たうやく	湯藥	信解	375⑥	漢薬物名	363⑤	たうやく／—くすり[妙]	くすり[西右]	
湯藥	とうやく	たうやく	湯藥	分別	955①	漢薬物名	973⑧	たうやく／くすり[妙]		
動揺せ	どうようせ	どうゑ{え}う／うこきうこく	動揺	妙音	1173①	漢サ動	1188⑥			とうえう・せ[妙]
當来	とうらい	たうらい	當來	授記	426③	漢名	416⑤	たうらい／のちのよ[妙]		
當来	とうらい	たうらい	當來	授記	433③	漢名	424③			
當来	とうらい	とうらい	當來	五百	569③	漢名	572⑥			
當来世	とうらいせ	たうらい—	當来世	方便	191③	漢名	164③	たうらいせ／のちのよ[妙]		
忉利	とうり	たうり	忉利	化城	452⑤	漢名	447①			
忉利	とうり	たうり	忉利	法功	1012⑤	漢名	1031②			
道力	どうりき	だうりき	道力	提婆	715⑥	漢名	733⑤			
導利す	どうりす	×／みちひきりやうする心也	導利	如來	888③	漢サ動	907④			
忉利天上	とうりてんしょう	たうり—	忉利天上	普賢	1322⑤	漢四熟名	1327④		———のうへ[西右]	たうりてんじやう[妙]
等倫	とうりん	とうりん	等倫	化城	461③	漢名	457①	とうりん／ひとしきともから[妙]		
とをから	とおから	×	遠	從地	856④	和形	879②			
とをから	とおから	×	遠	如來	883④	和形	902③			
とをから	とおから	×	遠	妙音	1173③	和形	1189①			
とをき	とおき	×	遠	法功	1010⑥	和形	1029③			
とをく	とおく	×	遠	方便	188③	和形	161④			
とをく	とおく	×	遠	譬喩	217④	和形	186①			
とをく	とおく	×	遠	信解	353④	和形	336⑥			
とをく	とおく	×	遠	藥草	400⑥	和形	387③			
とをく	とおく	×	遠	化城	541⑥	和形	547①			
とをく	とおく	×	遠	見寶	692④	和形	710⑥			
とをく	とおく	×	遠	如來	900①	和形	919①			
とをく	とおく	×	遠	如來	907③	和形	926②			
とをく	とおく	×	遠	法功	1015⑥	和形	1034④			
とをく	とおく	×	遠	常不	1063④	和形	1082②			
とをく	とおく	×	遠	常不	1066②	和形	1084⑥			
とをく	とおく	×	遠	普賢	1336④	和形	1339③			
とほし	とおし	×	遠	化城	523③	和形	528④			
とをし	とおし	×	遠	五百	575⑤	和形	580③			
とをし	とおし	×	遠	法師	643⑥	和形	656②			
とをし	とおし	×	遠	法師	644③	和形	657③			
とほし	とおし	×	遠	法師	650④	和形	664⑤			
とをし	とおし	×	遠	法師	651②	和形	665②			

当該語	読みかな	傍訓	漢字表記	品名	頁数	語の種類	妙一本	和解語文	可読	異同語彙
とをし	とおし	×	遠	安樂	785②	和形	806④			
とほせ	とおせ	×	通	見寶	688③	和動	706①			
とか	とか	×	解	藥王	1151③	和動	1169④			
とか	とか	×	説	序品	43⑥	和動	37⑥			
とか	とか	×	説	序品	84⑤	和動	74②			
とか	とか	×	説	方便	98②	和動	86②			とく[妙]
とか	とか	×	説	方便	109①	和動	95④			
とか	とか	×	説	方便	111⑥	和動	97⑥			
とか	とか	×	説	方便	114④	和動	100②			
とか	とか	×	説	方便	119⑥	和動	105①			
とか	とか	×	説	方便	145②	和動	126②			
とか	とか	×	説	方便	145②	和動	126③			
とか	とか	×	説	方便	149①	和動	129④			
とか	とか	×	説	方便	179⑥	和動	154⑤			
とか	とか	×	説	方便	186③	和動	159⑥			
とか	とか	×	説	譬喩	222⑤	和動	191④			
とか	とか	×	説	譬喩	302①	和動	274②			
とか	とか	×	説	譬喩	311①	和動	284②			
とか	とか	×	説	譬喩	316④	和動	291①			
とか	とか	×	説	信解	324⑤	和動	300⑤			
とか	とか	×	説	五百	577①	和動	581⑤			
とか	とか	×	説	五百	586②	和動	591⑤			
とか	とか	×	説	法師	627④	和動	638⑤			
とか	とか	×	説	法師	628①	和動	639②			
とか	とか	×	説	法師	638⑥	和動	651②			
とか	とか	×	説	法師	646③	和動	659⑤			
とか	とか	×	説	法師	651⑥	和動	665⑥			
とか	とか	×	説	法師	652⑤	和動	666⑤			
とか	とか	×	説	法師	653③	和動	667③			
とか	とか	×	説	見寶	684④	和動	701⑥			
とか	とか	×	説	見寶	691③	和動	709②			
とか	とか	×	説	見寶	693②	和動	711④			
とか	とか	×	説	見寶	695①	和動	713⑤			
とか	とか	×	説	見寶	699④	和動	718⑤			
とか	とか	×	説	提婆	710②	和動	727③			
とか	とか	×	説	提婆	717③	和動	735③			
とか	とか	×	説	勸持	740①	和動	758⑤			
とか	とか	×	説	勸持	756②	和動	775⑥			
とか	とか	×	説	勸持	758①	和動	777⑤			
とか	とか	×	説	安樂	760②	和動	779⑥			
とか	とか	×	説	安樂	760③	和動	780①		ーくへき[西右]	
とか	とか	×	説	安樂	760⑤	和動	780③			
とか	とか	×	説	安樂	766①	和動	785⑥			
とか	とか	×	説	安樂	769①	和動	789②			
とか	とか	×	説	安樂	772②	和動	792④			
とか	とか	×	説	安樂	775③	和動	795⑥			
とか	とか	×	説	安樂	776⑥	和動	797④			
とか	とか	×	説	安樂	777②	和動	797⑥			
とか	とか	×	説	安樂	777③	和動	798②			
とか	とか	×	説	安樂	777⑤	和動	798③			
とか	とか	×	説	安樂	787②	和動	808②			
とか	とか	×	説	安樂	787⑤	和動	809②			
とか	とか	×	説	安樂	789②	和動	810⑤			
とか	とか	×	説	安樂	789⑥	和動	811③			
とか	とか	×	説	安樂	793⑤	和動	815②			
とか	とか	×	説	安樂	800②	和動	822①		ーき給は[西左]	
とか	とか	×	説	安樂	802③	和動	824②			
とか	とか	×	説	安樂	814⑤	和動	837②			
とか	とか	×	説	安樂	816③	和動	839①			
とか	とか	×	説	從地	819⑤	和動	842①			
とか	とか	×	説	從地	835⑤	和動	858④			
とか	とか	×	説	從地	846④	和動	869②			
とか	とか	×	説	從地	867①	和動	889⑥			
とか	とか	×	説	如來	909②	和動	928①			
とか	とか	×	説	分別	946④	和動	965①			
とか	とか	×	説	分別	968①	和動	986③			

当該語	読みかな	傍訓	漢字表記	品名	頁数	語の種類	妙一本	和解語文	可読	異同語彙
とか	とか	×	説	随喜	972⑤	和動	990⑥			
とか	とか	×	説	随喜	986④	和動	1004⑥			
とか	とか	×	説	随喜	988②	和動	1006④			
とか	とか	×	説	法功	996④	和動	1015②			
とか	とか	×	説	法功	1005⑤	和動	1024②			
とか	とか	×	説	法功	1014④	和動	1033①			
とか	とか	×	説	法功	1032①	和動	1050⑤			
とか	とか	×	説	法功	1042②	和動	1060⑥		とくとも[西右]	
とか	とか	×	説	法功	1044④	和動	1063②			
とか	とか	×	説	法功	1045⑥	和動	1064③			
とか	とか	×	説	常不	1073①	和動	1091⑤			
とか	とか	×	説	神力	1103②	和動	1122②			
とか	とか	×	説	觀世	1236③	和動	1248⑤			
とか	とか	×	説	陀羅	1255④	和動	1267③			
とか	とか	×	説	陀羅	1258③	和動	1270②			
とか	とか	×	説	妙荘	1281③	和動	1291①			とか[妙]
とか	とか	×	説	普賢	1318③	和動	1323⑤			
とが	とが	×	失	方便	121④	和名	106④			
とか	とが	×	過	方便	141②	和名	123①		あやまち[西右]	
とが	とが	×	過	五百	589③	和名	595⑥			
とが	とが	×	過	五百	596③	和名	604③			
とが	とが	×	過	安樂	777②	和名	797⑥			
とが	とが	×	過	如來	910①	和名	928⑥			
とが	とが	×	咎	譬喩	206③	和名	173⑤			
とが	とが	×	咎	譬喩	268⑤	和名	239⑥			
とが	とが	×	咎	授記	424④	和名	414③			
とが	とが	×	咎	勸持	753②	和名	772⑥			
とき	とき	×	時	序品	9⑥	和時候名	8①			
とき	とき	×	時	序品	14③	和時候名	11④			
とき	とき	×	時	序品	15④	和時候名	12④			
とき	とき	×	時	序品	16②	和時候名	13②			
とき	とき	×	時	序品	17②	和時候名	14①			
とき	とき	×	時	序品	19⑥	和時候名	16③			
とき	とき	×	時	序品	21③	和時候名	17⑥			
とき	とき	×	時	序品	22②	和時候名	18④			
とき	とき	×	時	序品	43②	和時候名	37③			
とき	とき	×	時	序品	45①	和時候名	38⑥			
とき	とき	×	時	序品	47⑤	和時候名	41②			
とき	とき	×	時	序品	51④	和時候名	44⑤			
とき	とき	×	時	序品	53⑤	和時候名	46⑤			
とき	とき	×	時	序品	53⑤	和時候名	46⑤			
とき	とき	×	時	序品	54④	和時候名	47③			
とき	とき	×	時	序品	55②	和時候名	48①			
とき	とき	×	時	序品	56②	和時候名	48⑥			
とき	とき	×	時	序品	57①	和時候名	49④			
とき	とき	×	時	序品	57⑤	和時候名	50③			
とき	とき	×	時	序品	58①	和時候名	50④			
とき	とき	×	時	序品	58③	和時候名	50⑥			
とき	とき	×	時	序品	58⑤	和時候名	51①			
とき	とき	×	時	序品	59①	和時候名	51④			
とき	とき	×	時	序品	59⑤	和時候名	52①			
とき	とき	×	時	序品	60③	和時候名	52⑤			
とき	とき	×	時	序品	64④	和時候名	56③			
とき	とき	×	時	序品	65④	和時候名	57③			
とき	とき	×	時	序品	65④	和時候名	57③			
とき	とき	×	時	序品	67①	和時候名	58④			
とき	とき	×	時	序品	67③	和時候名	58⑥			
とき	とき	×	時	序品	67④	和時候名	59①			
とき	とき	×	時	序品	67⑥	和時候名	59③			
とき	とき	×	時	序品	73③	和時候名	64④			
とき	とき	×	時	序品	73④	和時候名	64⑤			
とき	とき	×	時	序品	75②	和時候名	66②			
とき	とき	×	時	序品	75④	和時候名	66③			
とき	とき	×	時	序品	75⑥	和時候名	66⑤			
とき	とき	×	時	序品	77④	和時候名	67②			
とき	とき	×	時	序品	77②	和時候名	67⑥			

当該語	読みかな	傍訓	漢字表記	品名	頁数	語の種類	妙一本	和解語文	可読	異同語彙
とき	とき	×	時	序品	78①	和時候名	68⑤			
とき	とき	×	時	序品	81④	和時候名	71④			
とき	とき	×	時	方便	86⑥	和時候名	76②			
とき	とき	×	時	方便	92①	和時候名	80⑤			
とき	とき	×	時	方便	101⑥	和時候名	89③			
とき	とき	×	時	方便	104②	和時候名	91②			
とき	とき	×	時	方便	106②	和時候名	93①			
とき	とき	×	時	方便	110③	和時候名	96④			
とき	とき	×	時	方便	111④	和時候名	97③			
とき	とき	×	時	方便	113③	和時候名	99①			
とき	とき	×	時	方便	115①	和時候名	100④			
とき	とき	×	時	方便	115⑥	和時候名	101③			
とき	とき	×	時	方便	117②	和時候名	102⑤			
とき	とき	×	時	方便	117②	和時候名	102⑥			
とき	とき	×	時	方便	119④	和時候名	104⑥			
とき	とき	×	時	方便	120③	和時候名	105⑤			
とき	とき	×	時	方便	121⑤	和時候名	106⑥			
とき	とき	×	時	方便	123②	和時候名	108②			
とき	とき	×	時	方便	123④	和時候名	108③			
とき	とき	×	時	方便	135⑥	和時候名	118⑤			
とき	とき	×	時	方便	140③	和時候名	122②			
とき	とき	×	時	方便	145④	和時候名	126⑤			
とき	とき	×	時	方便	172③	和時候名	148③			
とき	とき	×	時	方便	178④	和時候名	153③			
とき	とき	×	時	方便	180④	和時候名	155②			
とき	とき	×	時	方便	186④	和時候名	160①			
とき	とき	×	時	譬喩	204②	和時候名	171②			
とき	とき	×	時	譬喩	208⑤	和時候名	176①			
とき	とき	×	時	譬喩	211③	和時候名	179②			
とき	とき	×	時	譬喩	213⑤	和時候名	181①	×／とき[妙]		
とき	とき	×	時	譬喩	214②	和時候名	182③			
とき	とき	×	時	譬喩	214③	和時候名	182④			
とき	とき	×	時	譬喩	215⑤	和時候名	184②			
とき	とき	×	時	譬喩	218③	和時候名	187①			
とき	とき	×	時	譬喩	223⑤	和時候名	192④			
とき	とき	×	時	譬喩	225①	和時候名	194①			
とき	とき	×	時	譬喩	226④	和時候名	195④			
とき	とき	×	時	譬喩	228⑤	和時候名	197⑥			
とき	とき	×	時	譬喩	230④	和時候名	199⑤			
とき	とき	×	時	譬喩	232⑥	和時候名	202①			
とき	とき	×	時	譬喩	233①	和時候名	202②			
とき	とき	×	時	譬喩	233③	和時候名	202④			
とき	とき	×	時	譬喩	234②	和時候名	203③			
とき	とき	×	時	譬喩	235①	和時候名	204③			
とき	とき	×	時	譬喩	235④	和時候名	204⑤			
とき	とき	×	時	譬喩	237②	和時候名	206④			
とき	とき	×	時	譬喩	237③	和時候名	206⑤			
とき	とき	×	時	譬喩	237⑤	和時候名	207①			
とき	とき	×	時	譬喩	242④	和時候名	212②			
とき	とき	×	時	譬喩	244①	和時候名	213⑤			
とき	とき	×	時	譬喩	244③	和時候名	214①			
とき	とき	×	時	譬喩	246②	和時候名	216①			
とき	とき	×	時	譬喩	246⑥	和時候名	216④			
とき	とき	×	時	譬喩	247③	和時候名	217②			
とき	とき	×	時	譬喩	247⑤	和時候名	217④			
とき	とき	×	時	譬喩	247⑥	和時候名	217⑤			
とき	とき	×	時	譬喩	251①	和時候名	221①			
とき	とき	×	時	譬喩	259⑥	和時候名	231②			
とき	とき	×	時	譬喩	266④	和時候名	237⑥			
とき	とき	×	時	譬喩	269①	和時候名	240②			
とき	とき	×	時	譬喩	270②	和時候名	241②			
とき	とき	×	時	譬喩	270③	和時候名	241③			
とき	とき	×	時	譬喩	274②	和時候名	245④			
とき	とき	×	時	譬喩	275⑤	和時候名	247②			
とき	とき	×	時	譬喩	279⑤	和時候名	251③			
とき	とき	×	時	譬喩	282①	和時候名	253④			
とき	とき	×	時	譬喩	283⑥	和時候名	255③			
とき	とき	×	時	譬喩	285④	和時候名	257②			

当該語	読みかな	傍訓	漢字表記	品名	頁数	語の種類	妙一本	和解語文	可読	異同語彙
とき	とき	×		時	譬喩	286③	和時候名	258②		
時	とき	×		時	譬喩	288④	和時候名	260④		
とき	とき	×		時	譬喩	296③	和時候名	268⑤		
とき	とき	×		時	譬喩	305③	和時候名	277④		
とき	とき	×		時	譬喩	307⑤	和時候名	280①		ひ[西]
とき	とき	×		時	信解	317②	和時候名	291⑥		
とき	とき	×		時	信解	325⑥	和時候名	302②		
とき	とき	×		時	信解	330③	和時候名	307⑥		
とき	とき	×		時	信解	331②	和時候名	308⑤		
とき	とき	×		時	信解	333④	和時候名	311⑤		
とき	とき	×		時	信解	335④	和時候名	314①		
とき	とき	×		時	信解	339④	和時候名	318⑥		
とき	とき	×		時	信解	339⑤	和時候名	319②		
とき	とき	×		時	信解	340④	和時候名	320③		
とき	とき	×		時	信解	342①	和時候名	322②		
とき	とき	×		時	信解	345③	和時候名	326④		
とき	とき	×		時	信解	352④	和時候名	335④		
とき	とき	×		時	信解	355⑥	和時候名	339⑤		
とき	とき	×		時	信解	356②	和時候名	340①		
とき	とき	×		時	信解	356④	和時候名	340③		
とき	とき	×		時	信解	356⑤	和時候名	340④		
とき	とき	×		時	信解	357①	和時候名	341①		
とき	とき	×		時	信解	358⑥	和時候名	343②		
とき	とき	×		時	信解	367②	和時候名	353②		
とき	とき	×		時	藥草	386②	和時候名	371②		
とき	とき	×		時	藥草	392⑥	和時候名	378④		
とき	とき	×		時	藥草	399①	和時候名	385③		
とき	とき	×		時	授記	415②	和時候名	403③		
とき	とき	×		時	授記	418③	和時候名	407①		
とき	とき	×		時	授記	422②	和時候名	411④		
とき	とき	×		時	授記	426①	和時候名	416②		
とき	とき	×		時	授記	429③	和時候名	419⑥		
とき	とき	×		時	授記	429④	和時候名	420①		
とき	とき	×		時	授記	432⑥	和時候名	424①		
とき	とき	×		時	授記	436④	和時候名	428①		
とき	とき	×		時	授記	438⑥	和時候名	430⑤		
とき	とき	×		時	授記	441⑥	和時候名	434①		
とき	とき	×		時	化城	445⑤	和時候名	438⑤		
とき	とき	×		時	化城	448①	和時候名	442③		
とき	とき	×		時	化城	452⑤	和時候名	447①		
とき	とき	×		時	化城	453③	和時候名	447⑤	一に[西右]	
とき	とき	×		時	化城	460④	和時候名	456①		
とき	とき	×		時	化城	464⑤	和時候名	461①		
とき	とき	×		時	化城	465④	和時候名	462①		
とき	とき	×		時	化城	467②	和時候名	464①		
とき	とき	×		時	化城	468③	和時候名	465③		
とき	とき	×		時	化城	471④	和時候名	469④		
とき	とき	×		時	化城	472②	和時候名	471②		
とき	とき	×		時	化城	475③	和時候名	474⑤		
とき	とき	×		時	化城	478①	和時候名	477③		
とき	とき	×		時	化城	480②	和時候名	479⑥		
とき	とき	×		時	化城	481⑥	和時候名	481⑥		
とき	とき	×		時	化城	483③	和時候名	483⑤		
とき	とき	×		時	化城	484③	和時候名	484⑥		
とき	とき	×		時	化城	486⑤	和時候名	487④		
とき	とき	×		時	化城	488⑤	和時候名	490①		
とき	とき	×		時	化城	490⑤	和時候名	492④		
とき	とき	×		時	化城	491①	和時候名	492⑥		
とき	とき	×		時	化城	493②	和時候名	495④		
とき	とき	×		時	化城	499⑤	和時候名	503①		
とき	とき	×		時	化城	501④	和時候名	505②		
とき	とき	×		時	化城	505⑥	和時候名	510②		
とき	とき	×		時	化城	507⑤	和時候名	512③		
とき	とき	×		時	化城	508①	和時候名	512⑤		
とき	とき	×		時	化城	509①	和時候名	513⑥		
とき	とき	×		時	化城	509⑤	和時候名	514④		
とき	とき	×		時	化城	510②	和時候名	515②		
とき	とき	×		時	化城	510⑤	和時候名	515⑤		

とき 497

当該語	読みかな	傍訓	漢字表記	品名	頁数	語の種類	妙一本	和解語文	可読	異同語彙
とき	とき	×	時	化城	517③	和時候名	522③			
とき	とき	×	時	化城	518④	和時候名	523④			
とき	とき	×	時	化城	525②	和時候名	530④			
とき	とき	×	時	化城	525⑥	和時候名	531②			
とき	とき	×	時	化城	528③	和時候名	533⑥			
とき	とき	×	時	化城	529⑥	和時候名	535④			
とき	とき	×	時	化城	532③	和時候名	538①			
とき	とき	×	時	化城	533⑤	和時候名	539②			
とき	とき	×	時	化城	535②	和時候名	541①			
とき	とき	×	時	化城	539④	和時候名	545②			
とき	とき	×	時	化城	541③	和時候名	547①			
とき	とき	×	時	五百	562②	和時候名	565②			
とき	とき	×	時	五百	564⑤	和時候名	568①			
とき	とき	×	時	五百	574③	和時候名	578⑤			
とき	とき	×	時	五百	582③	和時候名	587⑤			
とき	とき	×	時	五百	585①	和時候名	590④			
とき	とき	×	時	五百	589①	和時候名	595③			
とき	とき	×	時	五百	590④	和時候名	597②			
とき	とき	×	時	五百	595⑤	和時候名	603③			
とき	とき	×	時	授學	601②	和時候名	609①			
とき	とき	×	時	授學	603①	和時候名	611⑤			
とき	とき	×	時	授學	603⑥	和時候名	612④			
とき	とき	×	時	授學	606④	和時候名	615④			
とき	とき	×	時	授學	608④	和時候名	617⑤			
とき	とき	×	時	授學	609②	和時候名	618③			
とき	とき	×	時	授學	611⑤	和時候名	621②			
とき	とき	×	時	授學	612⑥	和時候名	622③			
とき	とき	×	時	授學	614④	和時候名	624②			ときに[妙]
とき	とき	×	時	授學	615①	和時候名	624⑤			
とき	とき	×	時	授學	616③	和時候名	626②			
とき	とき	×	時	授學	620③	和時候名	630⑤			
とき	とき	×	時	法師	621②	和時候名	631⑥			
とき	とき	×	時	授學	618②	和時候名	628③			
とき	とき	×	時	法師	631①	和時候名	642③			
とき	とき	×	時	法師	637②	和時候名	649④			
とき	とき	×	時	法師	649③	和時候名	663②			
とき	とき	×	時	法師	654⑤	和時候名	668⑥			
とき	とき	×	時	見寶	656⑤	和時候名	671①			
とき	とき	×	時	見寶	658⑥	和時候名	673②			
とき	とき	×	時	見寶	659⑤	和時候名	674②			
とき	とき	×	時	見寶	660④	和時候名	674⑥			
とき	とき	×	時	見寶	661②	和時候名	675⑤			
とき	とき	×	時	見寶	664④	和時候名	679②			
とき	とき	×	時	見寶	665③	和時候名	680②			
とき	とき	×	時	見寶	666⑥	和時候名	681⑥			
とき	とき	×	時	見寶	668⑤	和時候名	684①			
とき	とき	×	時	見寶	670④	和時候名	686①			
とき	とき	×	時	見寶	671④	和時候名	687①			
とき	とき	×	時	見寶	676⑤	和時候名	692⑤			
とき	とき	×	時	見寶	677②	和時候名	693④			
とき	とき	×	時	見寶	677④	和時候名	693⑥			
とき	とき	×	時	見寶	679①	和時候名	695①			
とき	とき	×	時	見寶	681④	和時候名	698④			
とき	とき	×	時	見寶	682②	和時候名	699③			
とき	とき	×	時	見寶	683①	和時候名	700②			
とき	とき	×	時	見寶	684⑤	和時候名	701⑥			
とき	とき	×	時	見寶	685①	和時候名	702③			
とき	とき	×	時	提婆	708②	和時候名	725②			
とき	とき	×	時	提婆	711⑥	和時候名	729③			
とき	とき	×	時	提婆	715①	和時候名	733①			
とき	とき	×	時	提婆	715②	和時候名	733②			
とき	とき	×	時	提婆	721③	和時候名	739②			
とき	とき	×	時	提婆	725①	和時候名	743②			
とき	とき	×	時	提婆	732②	和時候名	750③			
とき	とき	×	時	提婆	733⑤	和時候名	752①			
とき	とき	×	時	提婆	735⑥	和時候名	754③			
とき	とき	×	時	提婆	736②	和時候名	754⑤			
とき	とき	×	時	勸持	737⑤	和時候名	756③			

当該語	読みかな	傍訓	漢字表記	品名	頁数	語の種類	妙一本	和解語文	可読	異同語彙
とき	とき	×	時	勧持	739③	和時候名	758②			
とき	とき	×	時	勧持	741②	和時候名	760①			
とき	とき	×	時	勧持	744③	和時候名	763②			
とき	とき	×	時	勧持	745⑥	和時候名	764⑥			
とき	とき	×	時	勧持	747④	和時候名	766④			
とき	とき	×	時	安樂	759③	和時候名	779①			
とき	とき	×	時	安樂	763⑤	和時候名	783③			
とき	とき	×	時	安樂	763⑥	和時候名	783④			
とき	とき	×	時	安樂	764④	和時候名	784②			
とき	とき	×	時	安樂	765⑥	和時候名	785⑤			
とき	とき	×	時	安樂	768④	和時候名	788④			
とき	とき	×	時	安樂	775④	和時候名	796①			
とき	とき	×	時	安樂	778⑤	和時候名	799④			
とき	とき	×	時	安樂	784①	和時候名	805②		一に[西右]	
とき	とき	×	時	安樂	787③	和時候名	808⑥			
とき	とき	×	時	安樂	788⑤	和時候名	810②			
とき	とき	×	時	安樂	793①	和時候名	814④		一に[西右]	
とき	とき	×	時	安樂	793⑤	和時候名	815②		一に[西右]	
とき	とき	×	時	安樂	794⑤	和時候名	816②		一に[西右]	
とき	とき	×	時	安樂	801⑥	和時候名	823⑤			
とき	とき	×	時	安樂	804①	和時候名	826②			
とき	とき	×	時	安樂	809①	和時候名	831③			
とき	とき	×	時	從地	817②	和時候名	839④			
とき	とき	×	時	從地	818③	和時候名	840⑤			
とき	とき	×	時	從地	825③	和時候名	847⑤			
とき	とき	×	時	從地	825③	和時候名	847⑥			
とき	とき	×	時	從地	826②	和時候名	848④			
とき	とき	×	時	從地	828④	和時候名	850⑤			
とき	とき	×	時	從地	829④	和時候名	851⑥			
とき	とき	×	時	從地	831③	和時候名	854①			
とき	とき	×	時	從地	832⑤	和時候名	855⑤			
とき	とき	×	時	從地	841⑥	和時候名	864⑤			
とき	とき	×	時	從地	843③	和時候名	866②			
とき	とき	×	時	從地	844④	和時候名	867③			
とき	とき	×	時	從地	846①	和時候名	868⑤			
とき	とき	×	時	從地	848②	和時候名	871①			
とき	とき	×	時	從地	851③	和時候名	874①			
とき	とき	×	時	從地	855①	和時候名	877⑥			
とき	とき	×	時	從地	856③	和時候名	879①		一に[西右]	
とき	とき	×	時	從地	863⑥	和時候名	886⑤			
とき	とき	×	時	如來	880②	和時候名	899②			
とき	とき	×	時	如來	881③	和時候名	900③			
とき	とき	×	時	如來	882④	和時候名	901④			
とき	とき	×	時	如來	886⑥	和時候名	905⑥			
とき	とき	×	時	如來	891⑥	和時候名	910⑥			
とき	とき	×	時	如來	891⑥	和時候名	911①			
とき	とき	×	時	如來	892①	和時候名	911①			
とき	とき	×	時	如來	892②	和時候名	911②			
とき	とき	×	時	如來	892②	和時候名	911③			
とき	とき	×	時	如來	892③	和時候名	911③			
とき	とき	×	時	如來	895②	和時候名	914②			
とき	とき	×	時	如來	900③	和時候名	919③			
とき	とき	×	時	如來	905⑥	和時候名	924⑤			
とき	とき	×	時	如來	906⑤	和時候名	925④			
とき	とき	×	時	如來	910②	和時候名	929①			
とき	とき	×	時	如來	915②	和時候名	934①		ときにも[西右]	
とき	とき	×	時	分別	921③	和時候名	940③			
とき	とき	×	時	分別	929①	和時候名	947⑤			
とき	とき	×	時	分別	936⑥	和時候名	955③			
とき	とき	×	時	分別	939③	和時候名	957⑥			
とき	とき	×	時	分別	946③	和時候名	964⑤			
とき	とき	×	時	分別	961②	和時候名	979⑤			
とき	とき	×	時	分別	963②	和時候名	981④		一に[西右]	
とき	とき	×	時	随喜	969②	和時候名	987③			
とき	とき	×	時	随喜	970④	和時候名	988⑤			
とき	とき	×	時	随喜	985⑥	和時候名	1004②			
とき	とき	×	時	法功	993⑥	和時候名	1012④			

とき 499

当該語	読みかな	傍訓	漢字表記	品名	頁数	語の種類	妙一本	和解語文	可読	異同語彙
とき	とき	×	時	法功	996①	和時候名	1014④			
とき	とき	×	時	法功	1001③	和時候名	1020①			
とき	とき	×	時	法功	1004①	和時候名	1022④			
とき	とき	×	時	法功	1012④	和時候名	1031①			
とき	とき	×	時	法功	1012⑥	和時候名	1031③			
とき	とき	×	時	法功	1013①	和時候名	1031④			
とき	とき	×	時	法功	1014⑤	和時候名	1033②			
とき	とき	×	時	法功	1018⑥	和時候名	1037④		一を[西右]	
とき	とき	×	時	法功	1022③	和時候名	1041②			
とき	とき	×	時	法功	1022⑥	和時候名	1041⑤		一を[西右]	
とき	とき	×	時	法功	1031②	和時候名	1049⑤			
とき	とき	×	時	法功	1034④	和時候名	1053③			
とき	とき	×	時	法功	1035⑤	和時候名	1054④		一と[西右]	
とき	とき	×	時	法功	1035⑥	和時候名	1054⑤		一と[西右]	
とき	とき	×	時	法功	1037②	和時候名	1056①			
とき	とき	×	時	法功	1043⑤	和時候名	1062③			
とき	とき	×	時	常不	1056②	和時候名	1075②			
とき	とき	×	時	常不	1061⑥	和時候名	1080④			
とき	とき	×	時	常不	1072④	和時候名	1091④			
とき	とき	×	時	常不	1073⑤	和時候名	1092③			
とき	とき	×	時	常不	1075①	和時候名	1093④			
とき	とき	×	時	常不	1076⑤	和時候名	1095②			
とき	とき	×	時	常不	1077⑥	和時候名	1096③		一に[西右]	とき[妙]
とき	とき	×	時	常不	1080④	和時候名	1098⑥			
とき	とき	×	時	常不	1080⑤	和時候名	1099①			
とき	とき	×	時	神力	1083⑤	和時候名	1102②			
とき	とき	×	時	神力	1085②	和時候名	1103⑤			
とき	とき	×	時	神力	1087③	和時候名	1105⑥			
とき	とき	×	時	神力	1093⑤	和時候名	1112③			
とき	とき	×	時	神力	1097⑤	和時候名	1116④			
とき	とき	×	時	囑累	1104⑥	和時候名	1123⑤			
とき	とき	×	時	囑累	1112①	和時候名	1130⑤			
とき	とき	×	時	囑累	1113①	和時候名	1131⑤		一に[西右]	とき[妙]
とき	とき	×	時	藥王	1114④	和時候名	1133①			
とき	とき	×	時	藥王	1115⑥	和時候名	1134③			
とき	とき	×	時	藥王	1119①	和時候名	1137③			
とき	とき	×	時	藥王	1130③	和時候名	1149①			
とき	とき	×	時	藥王	1130⑥	和時候名	1149③			
とき	とき	×	時	藥王	1133④	和時候名	1151⑥			そのときそのときに[妙]
とき	とき	×	時	藥王	1135①	和時候名	1153③			
とき	とき	×	時	藥王	1137③	和時候名	1155④			
とき	とき	×	時	藥王	1139⑤	和時候名	1157⑥			
とき	とき	×	時	藥王	1156①	和時候名	1173⑤			
とき	とき	×	時	藥王	1163⑤	和時候名	1180⑤			
とき	とき	×	時	妙音	1165③	和時候名	1182①			
とき	とき	×	時	妙音	1167③	和時候名	1183⑤			
とき	とき	×	時	妙音	1170④	和時候名	1186③			
とき	とき	×	時	妙音	1174①	和時候名	1189④			
とき	とき	×	時	妙音	1175①	和時候名	1190④			
とき	とき	×	時	妙音	1177⑥	和時候名	1193①			
とき	とき	×	時	妙音	1184⑤	和時候名	1199④			
とき	とき	×	時	妙音	1186①	和時候名	1200⑤			
とき	とき	×	時	妙音	1188②	和時候名	1202⑤			
とき	とき	×	時	妙音	1197①	和時候名	1210⑥			
とき	とき	×	時	妙音	1199②	和時候名	1213①			
とき	とき	×	時	妙音	1201⑥	和時候名	1215④			
とき	とき	×	時	觀世	1208②	和時候名	1221②			
とき	とき	×	時	觀世	1232⑥	和時候名	1245⑤			
とき	とき	×	時	觀世	1234⑤	和時候名	1247⑤			
とき	とき	×	時	觀世	1242②	和時候名	1254⑤			
とき	とき	×	時	觀世	1246③	和時候名	1258④			
とき	とき	×	時	觀世	1247③	和時候名	1259③			
とき	とき	×	時	陀羅	1247⑥	和時候名	1260①			
とき	とき	×	時	陀羅	1250③	和時候名	1262③			
とき	とき	×	時	陀羅	1255①	和時候名	1267①			
とき	とき	×	時	陀羅	1257⑥	和時候名	1269⑤			
とき	とき	×	時	陀羅	1259⑤	和時候名	1271③			

当該語	読みかな	傍訓	漢字表記	品名	頁数	語の種類	妙一本	和解語文	可読	異同語彙
とき	とき	×	時	陀羅	1262①	和時候名	1273④			
とき	とき	×	時	妙荘	1271⑥	和時候名	1282⑤			
とき	とき	×	時	妙荘	1275②	和時候名	1285④			
とき	とき	×	時	妙荘	1283⑥	和時候名	1293④			
とき	とき	×	時	妙荘	1287⑤	和時候名	1297②		一にも［西右］	
とき	とき	×	時	妙荘	1287⑥	和時候名	1297③			
とき	とき	×	時	妙荘	1290⑥	和時候名	1299⑥			
とき	とき	×	時	妙荘	1291②	和時候名	1300②			
とき	とき	×	時	妙荘	1292③	和時候名	1301②			
とき	とき	×	時	妙荘	1297①	和時候名	1305②			
とき	とき	×	時	妙荘	1301①	和時候名	1308⑤			
とき	とき	×	時	普賢	1306①	和時候名	1312⑥			
とき	とき	×	時	普賢	1310⑤	和時候名	1316⑥			
とき	とき	×	時	普賢	1312⑥	和時候名	1318⑥			
とき	とき	×	時	普賢	1313⑥	和時候名	1319⑤			
とき	とき	×	時	普賢	1314④	和時候名	1320③			
とき	とき	×	時	普賢	1324①	和時候名	1328⑤			
とき	とき	×	時	普賢	1326②	和時候名	1330②			
とき	とき	×	時	普賢	1336⑥	和時候名	1339⑤			
とき	とき	×	説	序品	14⑥	和動	12①			
とき	とき	×	説	序品	15②	和動	12①			
とき	とき	×	説	序品	27④	和動	23④			
とき	とき	×	説	序品	28①	和動	24①			
とき	とき	×	説	序品	28③	和動	24③			
とき	とき	×	説	序品	38⑥	和動	33④			
とき	とき	×	説	序品	44⑤	和動	38⑤			
とき	とき	×	説	序品	45④	和動	39②			
とき	とき	×	説	序品	46③	和動	40①			
とき	とき	×	説	序品	48⑥	和動	42②			
とき	とき	×	説	序品	49③	和動	42⑤			
とき	とき	×	説	序品	49④	和動	42⑥			
とき	とき	×	説	序品	51②	和動	44③			
とき	とき	×	説	序品	54①	和動	47①			
とき	とき	×	説	方便	88③	和動	77④			
とき	とき	×	説	方便	90②	和動	79②			
とき	とき	×	説	方便	92②	和動	81①			
とき	とき	×	説	方便	100⑥	和動	88③			
とき	とき	×	説	方便	103⑤	和動	90⑥			
とき	とき	×	説	方便	106③	和動	93②			
とき	とき	×	説	方便	106⑤	和動	93③			
とき	とき	×	説	方便	107①	和動	93⑤			
とき	とき	×	説	方便	107④	和動	94②			
とき	とき	×	説	方便	108③	和動	95①			
とき	とき	×	説	方便	109④	和動	95⑥			
とき	とき	×	説	方便	110④	和動	96⑤			
とき	とき	×	説	方便	112③	和動	98③			
とき	とき	×	説	方便	112④	和動	98③			
とき	とき	×	説	方便	113④	和動	99③			
とき	とき	×	説	方便	113⑤	和動	99④			
とき	とき	×	説	方便	115①	和動	100⑤			
とき	とき	×	説	方便	116②	和動	101⑤			
とき	とき	×	説	方便	117④	和動	103①			
とき	とき	×	説	方便	120③	和動	105④			
とき	とき	×	説	方便	123③	和動	108②			
とき	とき	×	説	方便	128⑤	和動	112⑥			
とき	とき	×	説	方便	136③	和動	119①			
とき	とき	×	説	方便	140④	和動	122④			
とき	とき	×	説	方便	142④	和動	124④			
とき	とき	×	説	方便	143⑤	和動	125②			
とき	とき	×	説	方便	144①	和動	125③			
とき	とき	×	説	方便	147⑤	和動	128④			
とき	とき	×	説	方便	156②	和動	135②			
とき	とき	×	説	方便	157④	和動	136②			
とき	とき	×	説	方便	159①	和動	137③			
とき	とき	×	説	方便	170③	和動	146⑥			
とき	とき	×	説	方便	171⑤	和動	148①			
とき	とき	×	説	方便	172⑥	和動	148⑥			
とき	とき	×	説	方便	173④	和動	149③			

当該語	読みかな	傍訓	漢字表記	品名	頁数	語の種類	妙一本	和解語文	可読	異同語彙
とき	とき	×	説	方便	174⑤	和動	150③			
とき	とき	×	説	方便	175④	和動	151①			
とき	とき	×	説	方便	184②	和動	158②			
とき	とき	×	説	方便	185①	和動	158⑥			
とき	とき	×	説	方便	188⑤	和動	161⑤			
とき	とき	×	説	方便	191⑤	和動	164④			
とき	とき	×	説	方便	192⑥	和動	165④			
とき	とき	×	説	譬喩	206④	和動	173⑥			
とき	とき	×	説	譬喩	207②	和動	174④			
とき	とき	×	説	譬喩	208⑥	和動	176③			
とき	とき	×	説	譬喩	212⑥	和動	181①			
とき	とき	×	説	譬喩	213④	和動	181④			
とき	とき	×	説	譬喩	214⑤	和動	183①			
とき	とき	×	説	譬喩	216①	和動	184③			
とき	とき	×	説	譬喩	216⑥	和動	185②			
とき	とき	×	説	譬喩	216⑥	和動	185③			
とき	とき	×	説	譬喩	226⑤	和動	195⑤			
とき	とき	×	説	譬喩	291②	和時候名	263③			といて[西]
とき	とき	×	説	譬喩	295⑥	和動	268②			
とき	とき	×	説	譬喩	297⑤	和動	269⑥			
とき	とき	×	説	信解	319②	和動	294②			
とき	とき	×	説	信解	321⑥	和動	297③			
とき	とき	×	説	信解	346③	和動	327⑥			
とき	とき	×	説	信解	348⑤	和動	330⑤			
とき	とき	×	説	信解	350②	和動	332③			
とき	とき	×	説	信解	351②	和動	333⑥			
とき	とき	×	説	信解	351③	和動	334②			
とき	とき	×	説	信解	352⑤	和動	335⑤			
とき	とき	×	説	信解	353②	和動	336④			
とき	とき	×	説	信解	365⑤	和動	351④			
とき	とき	×	説	信解	366②	和動	352①			
とき	とき	×	説	信解	366⑥	和動	352⑥			
とき	とき	×	説	信解	367⑥	和動	354①			
とき	とき	×	説	信解	368③	和動	354⑤			
とき	とき	×	説	信解	371②	和動	357⑥			
とき	とき	×	説	信解	371⑥	和動	358④			
とき	とき	×	説	信解	377②	和動	364⑥			
とき	とき	×	説	信解	377⑤	和動	365①			
とき	とき	×	説	信解	378③	和動	366③			
とき	とき	×	説	藥草	387②	和動	372③			
とき	とき	×	説	藥草	393③	和動	379②			
とき	とき	×	説	藥草	398②	和動	384④			
とき	とき	×	説	藥草	399②	和動	385④			
とき	とき	×	説	藥草	399④	和動	385⑥			
とき	とき	×	説	藥草	399⑥	和動	386②			
とき	とき	×	説	藥草	400③	和動	386⑥			
とき	とき	×	説	藥草	409⑥	和動	397④			
とき	とき	×	説	授記	415②	和動	403③			
とき	とき	×	説	授記	418④	和動	407②			
とき	とき	×	説	授記	422⑥	和動	412③			
とき	とき	×	説	授記	429②	和動	419④			
とき	とき	×	説	授記	436⑤	和動	428②			
とき	とき	×	説	授記	442①	和動	434③		とい[西右]	
とき	とき	×	説	化城	449①	和動	442④			
とき	とき	×	説	化城	460⑥	和動	456④			
とき	とき	×	説	化城	461②	和動	456⑥			
とき	とき	×	説	化城	461⑤	和動	457③			
とき	とき	×	説	化城	466②	和動	462⑤			
とき	とき	×	説	化城	472②	和動	470④			
とき	とき	×	説	化城	474②	和動	472⑤		といて[西右]	
とき	とき	×	説	化城	481①	和動	480⑥			
とき	とき	×	説	化城	492②	和動	494③			
とき	とき	×	説	化城	500③	和動	504①			
とき	とき	×	説	化城	502④	和動	506③			
とき	とき	×	説	化城	504④	和動	508⑤			
とき	とき	×	説	化城	507②	和動	511⑤			
とき	とき	×	説	化城	508⑤	和動	513③			
とき	とき	×	説	化城	508⑤	和動	513③			

当該語	読みかな	傍訓	漢字表記	品名	頁数	語の種類	妙一本	和解語文	可読	異同語彙
とき	とき	×	説	化城	509⑥	和動	514⑥			
とき	とき	×	説	化城	513④	和動	518④			
とき	とき	×	説	化城	514⑤	和動	519⑤			
とき	とき	×	説	化城	520③	和動	525④			
とき	とき	×	説	化城	521①	和動	526②			
とき	とき	×	説	化城	521⑥	和動	527①			
とき	とき	×	説	化城	528②	和動	533⑤			
とき	とき	×	説	化城	528③	和動	534①			
とき	とき	×	説	化城	529①	和動	534⑤			
とき	とき	×	説	化城	530①	和動	535⑤			
とき	とき	×	説	化城	537②	和動	543①		一給ひき[西右]	
とき	とき	×	説	化城	537④	和動	543③			
とき	とき	×	説	化城	537⑤	和動	543④			
とき	とき	×	説	化城	538③	和動	544②			
とき	とき	×	説	化城	540②	和動	545⑥			
とき	とき	×	説	化城	540④	和動	546②			
とき	とき	×	説	化城	547③	和動	553⑥			
とき	とき	×	説	化城	548①	和動	554⑤			
とき	とき	×	説	化城	549①	和動	556①			
とき	とき	×	説	五百	564②	和動	567③			
とき	とき	×	説	五百	567②	和動	570⑥			
とき	とき	×	説	五百	574④	和動	578⑥			
とき	とき	×	説	五百	578④	和動	583④			
とき	とき	×	説	五百	585②	和動	590⑥			
とき	とき	×	説	五百	595⑥	和動	603④			
とき	とき	×	説	授學	606⑤	和動	615⑤			
とき	とき	×	説	授學	611⑤	和動	621②			
とき	とき	×	説	授學	614⑤	和動	624④			
とき	とき	×	説	授學	620④	和動	630⑥			
とき	とき	×	説	授學	618③	和動	628④			
とき	とき	×	説	法師	631②	和動	642⑤			
とき	とき	×	説	法師	639⑥	和動	652③			
とき	とき	×	説	法師	649②	和動	663①			
とき	とき	×	説	法師	649④	和動	663③			
とき	とき	×	説	法師	654⑥	和動	669①			
とき	とき	×	説	法師	655②	和動	669③			
とき	とき	×	説	見寶	659③	和動	673⑥			
とき	とき	×	説	見寶	668①	和動	683②			
とき	とき	×	説	見寶	681②	和動	698②			
とき	とき	×	説	見寶	681⑥	和動	698⑥			
とき	とき	×	説	見寶	685②	和動	702④			
とき	とき	×	説	見寶	696①	和動	714⑥			
とき	とき	×	説	提婆	712①	和動	729④			
とき	とき	×	説	勸持	744⑤	和動	763④			
とき	とき	×	説	勸持	746④	和動	765③			
とき	とき	×	説	勸持	750⑥	和動	770①			
とき	とき	×	説	勸持	752⑤	和動	772②			
とき	とき	×	説	勸持	754④	和動	774②			
とき	とき	×	説	勸持	757①	和動	776⑤			
とき	とき	×	説	安樂	764⑤	和動	784③			
とき	とき	×	説	安樂	768⑤	和動	788⑥			
とき	とき	×	説	安樂	776①	和動	796⑤		一かんときには[西右]	
とき	とき	×	説	安樂	778⑥	和動	799⑤			
とき	とき	×	説	安樂	788③	和動	809⑥			
とき	とき	×	説	安樂	788③	和動	809⑥			
とき	とき	×	説	安樂	788⑥	和動	810④			
とき	とき	×	説	安樂	799③	和動	821①			
とき	とき	×	説	安樂	804③	和動	826③			
とき	とき	×	説	安樂	805⑤	和動	827⑥			
とき	とき	×	説	安樂	807⑥	和動	830①		一給き[西右]	
とき	とき	×	説	安樂	808①	和動	830②			
とき	とき	×	説	安樂	811④	和動	833⑥			
とき	とき	×	説	安樂	812④	和動	834⑥			
とき	とき	×	説	安樂	815⑥	和動	838③			
とき	とき	×	説	從地	819⑤	和動	842①			
とき	とき	×	説	從地	828④	和動	850⑥			

とき 503

当該語	読みかな	傍訓	漢字表記	品名	頁数	語の種類	妙一本	和解語文	可読	異同語彙
とき	とき	×	説	従地	831④	和動	854②		とい[西右]	
とき	とき	×	説	従地	834⑥	和動	857⑤			
とき	とき	×	説	従地	839①	和動	861⑥			
とき	とき	×	説	従地	840②	和動	863①			
とき	とき	×	説	従地	840⑥	和動	863⑤			
とき	とき	×	説	従地	846②	和動	868⑥			
とき	とき	×	説	従地	848②	和動	871①			
とき	とき	×	説	従地	851④	和動	874③			
とき	とき	×	説	従地	853⑤	和動	876③			
とき	とき	×	説	従地	864①	和動	886⑥			
とき	とき	×	説	従地	866③	和動	889①			
とき	とき	×	説	如來	881⑥	和動	900⑥			
とき	とき	×	説	如來	882③	和動	901③			
とき	とき	×	説	如來	888⑤	和動	907⑤			
とき	とき	×	説	如來	889⑤	和動	908⑤			
とき	とき	×	説	如來	890①	和動	909①			
とき	とき	×	説	如來	891⑥	和動	911①			
とき	とき	×	説	如來	894③	和動	913③			
とき	とき	×	説	如來	910③	和動	929②		といて[西右]	
とき	とき	×	説	如來	910⑥	和動	929⑥		といて[西右]	
とき	とき	×	説	分別	921④	和動	940④			
とき	とき	×	説	分別	922②	和動	941②		とく[西右]	
とき	とき	×	説	分別	926①	和動	944⑤			
とき	とき	×	説	分別	929③	和動	948②		とい[西右]	
とき	とき	×	説	分別	929⑤	和動	948③			
とき	とき	×	説	分別	933①	和動	951④			
とき	とき	×	説	分別	930③	和動	949①			
とき	とき	×	説	分別	933②	和動	951⑥			
とき	とき	×	説	分別	939④	和動	958①			
とき	とき	×	説	分別	946①	和動	964④			
とき	とき	×	説	分別	956①	和動	974④			
とき	とき	×	説	分別	957⑤	和動	976③			
とき	とき	×	説	分別	961③	和動	979⑥			
とき	とき	×	説	随喜	969⑥	和動	987⑥			
とき	とき	×	説	随喜	986②	和動	1004④			
とき	とき	×	説	法功	996②	和動	1014⑥			
とき	とき	×	説	法功	1001④	和動	1020②			
とき	とき	×	説	法功	1006②	和動	1024⑤			
とき	とき	×	説	法功	1014⑥	和動	1033③			
とき	とき	×	説	法功	1030⑤	和動	1049③			
とき	とき	×	説	法功	1031③	和動	1049⑥			
とき	とき	×	説	法功	1037③	和動	1056②			
とき	とき	×	説	法功	1043⑥	和動	1062④			
とき	とき	×	説	法功	1045⑤	和動	1064②			
とき	とき	×	説	常不	1058③	和動	1077②			
とき	とき	×	説	常不	1058⑤	和動	1077④			とき[妙]
とき	とき	×	説	常不	1059①	和動	1077⑥	一給ひき[西右]		
とき	とき	×	説	常不	1059③	和動	1078②			
とき	とき	×	説	常不	1067③	和動	1086②			
とき	とき	×	説	常不	1068③	和動	1087②			
とき	とき	×	説	常不	1071②	和動	1089⑤	一くに[西右]		とき[妙]
とき	とき	×	説	常不	1072②	和動	1090⑤			
とき	とき	×	説	常不	1073④	和動	1092①			
とき	とき	×	説	常不	1077①	和動	1095④			
とき	とき	×	説	常不	1082⑤	和動	1101②			
とき	とき	×	説	神力	1091④	和動	1109⑤			
とき	とき	×	説	神力	1097⑥	和動	1116⑤			
とき	とき	×	説	嘱累	1113①	和動	1131⑤			
とき	とき	×	説	藥王	1119④	和動	1137⑤			
とき	とき	×	説	藥王	1127③	和動	1145⑤			
とき	とき	×	説	藥王	1128①	和動	1146④			
とき	とき	×	説	藥王	1131②	和動	1149⑤			
とき	とき	×	説	藥王	1131③	和動	1149⑤			
とき	とき	×	説	藥王	1157②	和動	1174⑥			
とき	とき	×	説	藥王	1163⑤	和動	1180④			
とき	とき	×	説	妙音	1167①	和動	1183③			
とき	とき	×	説	妙音	1176⑥	和動	1192②			

当該語	読みかな	傍訓	漢字表記	品名	頁数	語の種類	妙一本	和解語文	可読	異同語彙
とき	とき	×	説	妙音	1198④	和動	1212③			
とき	とき	×	説	妙音	1201⑥	和動	1215④			
とき	とき	×	説	觀世	1222②	和動	1235④			
とき	とき	×	説	觀世	1231⑥	和動	1244⑤		とい[西右]	とき[妙]
とき	とき	×	説	觀世	1247②	和動	1259③			
とき	とき	×	説	陀羅	1251①	和動	1263①		といて[西右]	とき[妙]
とき	とき	×	説	陀羅	1256③	和動	1268②			
とき	とき	×	説	陀羅	1258④	和動	1270②			
とき	とき	×	説	陀羅	1260⑤	和動	1272⑤			
とき	とき	×	説	陀羅	1264②	和動	1275⑤			
とき	とき	×	説	陀羅	1267②	和動	1278②		といて[西右]	とき[妙]
とき	とき	×	説	陀羅	1268④	和動	1279④			
とき	とき	×	説	陀羅	1271③	和動	1282②			
とき	とき	×	説	妙莊	1275④	和動	1285⑥			
とき	とき	×	説	妙莊	1276⑤	和動	1286⑥			
とき	とき	×	説	妙莊	1282②	和動	1291⑥			
とき	とき	×	説	妙莊	1290⑥	和動	1300①		とい[西右]	とき[妙]
とき	とき	×	説	妙莊	1291④	和動	1300③		といて[西右]	とき[妙]
とき	とき	×	説	妙莊	1302⑥	和動	1310①			
とき	とき	×	説	妙莊	1305③	和動	1312③			
とき	とき	×	説	普賢	1308③	和動	1314⑤			
とき	とき	×	説	普賢	1308⑥	和動	1315②			
とき	とき	×	説	普賢	1317③	和動	1322⑥		といて[西右]	とき[妙]
とき	とき	×	説	普賢	1318④	和動	1323⑥			
とき	とき	×	説	普賢	1336⑥	和動	1339⑤			
とき	とき	×	説	普賢	1337④	和動	1340②			
とき	とき	×	解	安樂	806⑥	和動	829①		といて[西右]	
とき	とき	×	解	安樂	808④	和動	830⑤		といて[西右]	
とき	とき	×	疾	譬喩	249②	和形	219①			
とき	とき	×	利	觀世	1240⑥	和形	1253⑤		利[西左]	
ときに	ときに	×	于時	提婆	711④	和連語	728⑥			
ときに	ときに	×	于時	妙音	1178⑥	和連語	1194①			
ときに	ときに	×	時	序品	24⑤	和連語	21①			
ときに	ときに	×	時	信解	319③	和連語	294③			
ときに	ときに	×	時	信解	324①	和連語	299⑥			
ときに	ときに	×	時	信解	329①	和連語	306①			
ときに	ときに	×	時	信解	335②	和連語	313④			
ときに	ときに	×	時	信解	338⑥	和連語	318②			
ときに	ときに	×	時	信解	343②	和連語	323⑥			
ときに	ときに	×	時	藥草	393①	和連語	378⑤			
ときに	ときに	×	時	化城	453④	和連語	448①			
ときに	ときに	×	時	化城	455③	和連語	450②			
ときに	ときに	×	時	化城	463②	和連語	459③			
ときに	ときに	×	時	化城	469④	和連語	466⑥			
ときに	ときに	×	時	化城	472①	和連語	470②			
ときに	ときに	×	時	化城	473⑥	和連語	472③			
ときに	ときに	×	時	化城	476⑥	和連語	476①			
ときに	ときに	×	時	化城	480⑤	和連語	480④			
ときに	ときに	×	時	化城	485④	和連語	486①			
ときに	ときに	×	時	化城	489④	和連語	490⑥			
ときに	ときに	×	時	化城	494③	和連語	496⑥			
ときに	ときに	×	時	化城	495④	和連語	498①			
ときに	ときに	×	時	化城	498②	和連語	501②			
ときに	ときに	×	時	化城	500③	和連語	503⑥			
ときに	ときに	×	時	化城	501⑤	和連語	505④			
ときに	ときに	×	時	化城	504⑤	和連語	508⑥			
ときに	ときに	×	時	化城	505②	和連語	509④			
ときに	ときに	×	時	化城	509①	和連語	513⑥			
ときに	ときに	×	時	化城	535④	和連語	541③			
ときに	ときに	×	時	化城	536②	和連語	542①			
ときに	ときに	×	時	化城	542③	和連語	548②		一思ふて・一はくィ[西右]	
ときに	ときに	×	時	化城	548⑥	和連語	555⑤			
ときに	ときに	×	時	五百	593③	和連語	600⑤			
ときに	ときに	×	時	五百	597③	和連語	605④			
ときに	ときに	×	時	授學	611②	和連語	620⑤			
ときに	ときに	×	時	法師	648④	和連語	662②			
ときに	ときに	×	時	法師	652⑤	和連語	666⑤			

当該語	読みかな	傍訓	漢字表記	品名	頁数	語の種類	妙一本	和解語文	可読	異同語彙
ときに	ときに	×	時	見寶	662①	和連語	676⑤			とき[妙]
ときに	ときに	×	時	見寶	662⑥	和連語	677④			
ときに	ときに	×	時	見寶	669③	和連語	684⑤			
ときに	ときに	×	時	見寶	672①	和連語	687⑤			
ときに	ときに	×	時	見寶	680④	和連語	697④			
ときに	ときに	×	時	見寶	682⑤	和連語	699⑥			
ときに	ときに	×	時	見寶	683⑥	和連語	701②			のときに[妙]
ときに	ときに	×	時	提婆	709④	和連語	726⑤			
ときに	ときに	×	時	提婆	710③	和連語	727④			
ときに	ときに	×	時	提婆	712⑥	和連語	730④			
ときに	ときに	×	時	提婆	713③	和連語	731①			
ときに	ときに	×	時	提婆	713⑥	和連語	731④			
ときに	ときに	×	時	提婆	717①	和連語	735①			
ときに	ときに	×	時	提婆	717⑥	和連語	735⑥			
ときに	ときに	×	時	提婆	720③	和連語	738③			
ときに	ときに	×	時	提婆	730③	和連語	748④			
ときに	ときに	×	時	勧持	741⑥	和連語	760⑤			
ときに	ときに	×	時	勧持	749①	和連語	768②			
ときに	ときに	×	時	安樂	777①	和連語	797⑤			
ときに	ときに	×	時	安樂	787⑤	和連語	809②			
ときに	ときに	×	時	安樂	791④	和連語	813①			
ときに	ときに	×	時	安樂	796④	和連語	818②			
ときに	ときに	×	時	安樂	804⑥	和連語	827①			
ときに	ときに	×	時	從地	819⑥	和連語	842②			
ときに	ときに	×	時	從地	832②	和連語	855①			
ときに	ときに	×	時	從地	833⑤	和連語	856③			
ときに	ときに	×	時	從地	861③	和連語	884①			
ときに	ときに	×	時	如來	912⑥	和連語	931⑥			
ときに	ときに	×	時	如來	913①	和連語	932①			
ときに	ときに	×	時	分別	921⑥	和連語	940⑥			
ときに	ときに	×	時	分別	922②	和連語	941②			
ときに	ときに	×	時	分別	926①	和連語	944⑥			
ときに	ときに	×	時	常不	1065⑥	和連語	1084⑤			
ときに	ときに	×	時	常不	1067②	和連語	1085⑥			
ときに	ときに	×	時	常不	1068④	和連語	1087②			
ときに	ときに	×	時	常不	1078①	和連語	1096④			
ときに	ときに	×	時	常不	1079①	和連語	1097④			
ときに	ときに	×	時	常不	1082③	和連語	1100⑤		ときあて[西右]	ときに[妙]
ときに		×	時	常不	1082④	和連語	1101①		ときあて[西右]	ときに[妙]
ときに	ときに	×	時	神力	1090③	和連語	1108④			
ときに	ときに	×	時	神力	1093④	和連語	1112①			
ときに	ときに	×	時	囑累	1109⑥	和連語	1128③			
ときに	ときに	×	時	藥王	1121②	和連語	1139③			
ときに	ときに	×	時	藥王	1138③	和連語	1156④			
ときに	ときに	×	時	妙音	1178③	和連語	1193④			
ときに	ときに	×	時	妙音	1185②	和連語	1199⑥			
ゝ(と)きに	ときに	×	時	妙音	1198④	和連語	1212③			ときに[妙]
ときに	ときに	×	時	觀世	1232③	和連語	1245①			
ときに	ときに	×	時	觀世	1233③	和連語	1246③			
ときに	ときに	×	時	觀世	1240⑤	和連語	1253②			
ときに	ときに	×	時	陀羅	1254③	和連語	1266②			
ときに	ときに	×	時	陀羅	1271③	和連語	1282②			
ときに	ときに	×	時	妙莊	1275④	和連語	1285⑥			
ときに	ときに	×	時	妙莊	1280⑤	和連語	1290④			
ときに	ときに	×	時	妙莊	1286②	和連語	1295⑥			
ときに	ときに	×	時	妙莊	1292⑤	和連語	1301④			
ときに	ときに	×	時	妙莊	1294④	和連語	1303①			
ときに	ときに	×	時	妙莊	1305④	和連語	1312③			
ときに	ときに	×	時	普賢	1322⑥	和連語	1327⑤			
ときに	ときに	×	時	普賢	1337④	和連語	1340⑤			
ときには	ときには	×	時	化城	496⑥	和連語	499⑤			
ときには	ときには	×	時	法師	651①	和連語	665①			
ときには	ときには	×	時	安樂	772②	和連語	792⑤			
ときには	ときには	×	時	安樂	775③	和連語	795⑥			
ときには	ときには	×	時	如來	917③	和連語	936②			
得	とく	×	得	授記	430④	単漢名	421②			

当該語	読みかな	傍訓	漢字表記	品名	頁数	語の種類	妙一本	和解語文	可読	異同語彙
得	とく	×	得	化城	462①	単漢名	457⑥			
得	とく	×	得	化城	481④	単漢名	481③			
得	とく	×	得	化城	487④	単漢名	488⑤			
得	とく	×	得	化城	514④	単漢名	519④			
得	とく	×	得	五百	595④	単漢名	603③			
得	とく	え	獲	提婆	714④	単漢名	732③			
徳	とく	とく	徳	譬喩	224①	単漢名	192⑥			
徳	とく	×	徳	法師	655①	単漢名	669②			
徳	とく	とく	徳	提婆	725③	単漢名	743②			
徳	とく	×	徳	提婆	729②	単漢名	747②			
徳	とく	×	徳	分別	956⑥	単漢名	975④			
徳	とく	とく	徳	分別	966⑥	単漢名	985②			
徳	とく	×	徳	妙音	1167⑥	単漢名	1184①			とく[妙]
徳	とく	×	徳	妙音	1189①	単漢名	1203④		徳本[瑞]	とく[妙]
徳	とく	とく	徳	觀世	1218⑤	単漢名	1232②			とく[妙]
徳	とく	×	徳	妙莊	1304⑥	単漢名	1311⑤			とく[妙]
徳	とく	×	徳	普賢	1309⑥	単漢名	1316②			とく[妙]
とく	とく	×	説	序品	29①	和動	24⑥			
とく	とく	×	説	序品	74⑤	和動	65⑤			
とく	とく	×	説	方便	90⑥	和動	79⑥			
とく	とく	×	説	方便	111⑤	和動	97⑤			
とく	とく	×	説	方便	115③	和動	100⑥			
とく	とく	×	説	方便	117⑥	和動	103③			
とく	とく	×	説	方便	119②	和動	104③			
とく	とく	×	説	方便	122⑤	和動	107④			
とく	とく	×	説	方便	134⑤	和動	117⑤			
とく	とく	×	説	方便	144⑤	和動	125⑥			
とく	とく	×	説	方便	145⑤	和動	126⑤			
とく	とく	×	説	方便	145⑥	和動	126⑥			
とく	とく	×	説	方便	146①	和動	127②			
とく	とく	×	説	方便	146⑤	和動	127⑤			
とく	とく	×	説	方便	152①	和動	131⑥			
とく	とく	×	説	方便	156④	和動	135③			
とく	とく	×	説	方便	180④	和動	155①			
とく	とく	×	説	方便	181⑥	和動	156②			
とく	とく	×	説	方便	182③	和動	156⑤			
とく	とく	×	説	方便	182③	和動	156⑤			
とく	とく	×	説	方便	187③	和動	160⑤			
とく	とく	×	説	方便	188②	和動	161③			
とく	とく	×	説	譬喩	218⑤	和動	187③			
とく	とく	×	説	譬喩	220③	和動	189②			
とく	とく	×	説	譬喩	242③	和動	212①			
とく	とく	×	説	譬喩	246③	和動	216①			
とく	とく	×	説	譬喩	280⑥	和動	252③			
とく	とく	×	説	譬喩	283⑤	和動	255③			
とく	とく	×	説	譬喩	292①	和動	264①			
とく	とく	×	説	譬喩	294④	和動	266⑤			とく【説】[妙]
とく	とく	×	説	譬喩	295④	和動	267⑥			一き給ふ[西]
とく	とく	×	説	譬喩	298④	和動	270⑥			
とく	とく	×	説	譬喩	301②	和動	273③			
とく	とく	×	説	譬喩	301④	和動	273⑤			
とく	とく	×	説	譬喩	311④	和動	284⑤			
とく	とく	×	説	譬喩	312①	和動	285②			
とく	とく	×	説	譬喩	312③	和動	285⑥			
とく	とく	×	説	譬喩	312⑤	和動	286②			
とく	とく	×	説	譬喩	313②	和動	286⑥			
とく	とく	×	説	譬喩	313④	和動	287③			
とく	とく	×	説	譬喩	314①	和動	287⑥			
とく	とく	×	説	譬喩	314③	和動	288③			
とく	とく	×	説	譬喩	314⑥	和動	289①			
とく	とく	×	説	譬喩	315④	和動	289⑤			
とく	とく	×	説	譬喩	316②	和動	290⑤			
とく	とく	×	説	譬喩	316⑥	和動	291④			
とく	とく	×	説	信解	352①	和動	334⑥			
とく	とく	×	説	信解	363⑤	和動	349②			
とく	とく	×	説	藥草	386④	和動	371④			
とく	とく	×	説	藥草	387①	和動	372①			
とく	とく	×	説	藥草	405⑤	和動	392⑥			

とく 507

当該語	読みかな	傍訓	漢字表記	品名	頁数	語の種類	妙一本	和解語文	可読	異同語彙
とく	とく	×	説	藥草	406④	和動	393⑥			
とく	とく	×	説	藥草	414②	和動	402④			
とく	とく	×	説	授記	445②	和動	438①		一かんィ[西右]	
とく	とく	×	説	化城	538③	和動	544①		一き給き[西右]	
とく	とく	×	説	化城	548①	和動	554④			
とく	とく	×	説	化城	548②	和動	555①			
とく	とく	×	説	化城	548③	和動	555①			
とく	とく	×	説	五百	575⑤	和動	580③			
とく	とく	×	説	五百	579④	和動	584④			
とく	とく	×	説	五百	582②	和動	587④			
とく	とく	×	説	授學	606⑥	和動	615⑥			
とく	とく	×	説	授學	618⑥	和動	629②		一きつる[西右]	
とく	とく	×	説	法師	633②	和動	645①			
とく	とく	×	説	法師	646③	和動	659⑥			
とく	とく	×	説	法師	646⑥	和動	660③			
とく	とく	×	説	法師	647⑤	和動	661③			
説	とく	×	説	法師	652②	和動	666②			とけ[妙]
とく	とく	×	説	法師	653②	和動	667②			
とく	とく	×	説	見寳	662③	和動	677①			
とく	とく	×	説	見寳	663⑤	和動	678④			
とく	とく	×	説	見寳	664②	和動	679①			
ときく	とく	×	説	見寳	668③	和動	683④			
とく	とく	×	説	見寳	692①	和動	710②			
とく	とく	×	説	見寳	697①	和動	715⑥			
とく	とく	×	説	提婆	713③	和動	731①			
とく	とく	×	説	提婆	714⑥	和動	732⑤			
とく	とく	×	説	提婆	724⑤	和動	742②			
とく	とく	×	説	提婆	736②	和動	754⑥			
とく	とく	×	説	勸持	738④	和動	757②			
とく	とく	×	説	勸持	740⑤	和動	759④			
とく	とく	×	説	勸持	747①	和動	766①			
とく	とく	×	説	勸持	751③	和動	770⑤			
とく	とく	×	説	勸持	753⑤	和動	773③		一なり[西右]	
とく	とく	×	説	勸持	754①	和動	773⑤		一なり[西右]	
とく	とく	×	説	勸持	754⑤	和動	774③		一なり[西右]	
とく	とく	×	説	勸持	758③	和動	778①		一かん[西右]	
とく	とく	×	説	安樂	765①	和動	784④			
とく	とく	×	説	安樂	768②	和動	788②		一と観せよ[西右]	
とく	とく	×	説	安樂	772①	和動	792④			
とく	とく	×	説	安樂	776④	和動	797①			
とく	とく	×	説	安樂	783③	和動	804④			
とく	とく	×	説	安樂	783④	和動	804⑤			
とく	とく	×	説	安樂	790⑥	和動	812③			
とく	とく	×	説	安樂	802④	和動	824③			
とく	とく	×	説	安樂	808③	和動	830④		一き給ひき[西右]	
とく	とく	×	説	安樂	809②	和動	831③			
とく	とく	×	説	安樂	812①	和動	834③			
とく	とく	×	説	安樂	815⑤	和動	838②			
とく	とく	×	説	從地	818③	和動	840⑤		一かんと[西右]	
とく	とく	×	説	從地	847⑥	和動	870④		一かん[西右]	
とく	とく	×	説	從地	854⑤	和動	877③			
とく	とく	×	説	從地	868④	和動	891③			
とく	とく	×	説	如來	890⑥	和動	909⑥		ときし[西右]	
とく	とく	×	説	如來	892①	和動	911①			
とく	とく	×	説	如來	897②	和動	916②			
とく	とく	×	説	如來	910①	和動	928⑥			
とく	とく	×	説	如來	911⑤	和動	930④			
とく	とく	×	説	如來	913⑥	和動	932⑤			
とく	とく	×	説	如來	914⑤	和動	933⑤			
とく	とく	×	説	如來	917③	和動	936②			
とく	とく	×	説	如來	917⑤	和動	936④			
とく	とく	×	説	如來	918①	和動	936⑥			
とく	とく	×	説	如來	919③	和動	938②			

当該語	読みかな	傍訓	漢字表記	品名	頁数	語の種類	妙一本	和解語文	可読	異同語彙
とく	とく	×	説	如來	920⑤	和動	939⑤			
とく	とく	×	説	分別	944③	和動	962⑥			
とく	とく	×	説	分別	945③	和動	963⑥			
とく	とく	×	説	分別	949②	和動	968①			
とく	とく	×	説	分別	955⑥	和動	974③			
とく	とく	×	説	隨喜	985④	和動	1003⑥		聽説し[西右]	
とく	とく	×	説	隨喜	990④	和動	1009⑤		とかん[西右]	
とく	とく	×	説	隨喜	992③	和動	1010⑥		とかん[西右]	
とく	とく	×	説	法功	1029⑥	和動	1048④			
とく	とく	×	説	法功	1037①	和動	1055⑤			
とく	とく	×	説	法功	1040①	和動	1058⑤			
とく	とく	×	説	法功	1046⑤	和動	1065②			
とく	とく	×	説	常不	1056⑥	和動	1075⑥		一きつる[西右]	とく[妙右]
とく	とく	×	説	常不	1057②	和動	1076①		一きつる[西右]	とく[妙右]
とく	とく	×	説	常不	1065⑥	和動	1084⑤		一きし[西右]	とく[妙]
とく	とく	×	説	常不	1070①	和動	1088④		一き[西右]	とく[妙]
とく	とく	×	説	常不	1070⑤	和動	1089③		一きし[西右]	とく[妙]
とく	とく	×	説	常不	1073①	和動	1091⑤			
とく	とく	×	説	常不	1073④	和動	1092②			
とく	とく	×	説	常不	1079⑤	和動	1098①		一き給ふ[西右]	とく[妙]
とく	とく	×	説	常不	1080②	和動	1098⑤		一きし[西右]	とく[妙]
とく	とく	×	説	常不	1080③	和動	1098⑥			
とく	とく	×	説	常不	1083②	和動	1101⑤			
とく	とく	×	説	常不	1083③	和動	1101⑥			
とく	とく	×	説	神力	1084⑤	和動	1103②			
とく	とく	×	説	神力	1094④	和動	1113②			
とく	とく	×	説	藥王	1130④	和動	1149⑤			
とく	とく	×	説	妙音	1189⑥	和動	1204③			
とく	とく	×	説	妙音	1192③	和動	1206④			
とく	とく	×	説	妙音	1193①	和動	1207①			
とく	とく	×	説	妙音	1193⑥	和動	1207⑤		とけとも[西右]	とく[妙右]
とく	とく	×	説	妙音	1195①	和動	1208⑥			
とく	とく	×	説	妙音	1195③	和動	1209④			
とく	とく	×	説	妙音	1195⑥	和動	1209④			
とく	とく	×	説	妙音	1196②	和動	1210①			
とく	とく	×	説	觀世	1223①	和動	1236②			
とく	とく	×	説	觀世	1223③	和動	1236④			
とく	とく	×	説	觀世	1223⑤	和動	1236⑥			
とく	とく	×	説	觀世	1224①	和動	1237②			
とく	とく	×	説	觀世	1224③	和動	1237④			
とく	とく	×	説	觀世	1224⑤	和動	1237⑥			
とく	とく	×	説	觀世	1225①	和動	1238②			
とく	とく	×	説	觀世	1225④	和動	1238⑤			
とく	とく	×	説	觀世	1225⑥	和動	1239①			
とく	とく	×	説	觀世	1226②	和動	1239④			
とく	とく	×	説	觀世	1226④	和動	1239④			
とく	とく	×	説	觀世	1226⑥	和動	1239⑥			
とく	とく	×	説	觀世	1227②	和動	1240②			
とく	とく	×	説	觀世	1227④	和動	1240⑤			
とく	とく	×	説	觀世	1228①	和動	1241①			
とく	とく	×	説	觀世	1228④	和動	1241④			
とく	とく	×	説	觀世	1228⑥	和動	1241⑥			
とく	とく	×	説	觀世	1229④	和動	1242③			
とく	とく	×	説	觀世	1229⑥	和動	1242⑤			
とく	とく	×	説	陀羅	1254⑥	和動	1266⑤		一いて[西右]	とく[妙]
とく	とく	×	疾	方便	180①	和形	154⑤			
とく	とく	×	疾	譬喩	242④	和形	212②			
とく	とく	×	疾	信解	329①	和形	306①			
とく	とく	×	疾	信解	330④	和形	307⑥			
とく	とく	×	疾	法師	631⑤	和形	643②			
とく	とく	×	疾	見寶	698⑤	和形	717⑤			
とく	とく	×	疾	分別	957④	和形	976②			
とく	とく	×	疾	隨喜	988④	和形	1006⑥			
とく	とく	×	疾	觀世	1241②	和形	1253⑤			

当該語	読みかな	傍訓	漢字表記	品名	頁数	語の種類	妙一本	和解語文	可読	異同語彙
毒	どく	×	毒	安樂	810④	単漢名	832⑤			
毒	どく	どく	毒	如來	900④	単漢名	919④			
毒	どく	どく	毒	如來	904①	単漢名	923①			
毒	どく	×	毒	如來	904④	単漢名	923④			
毒害	どくがい	どくがい	毒害	譬喩	279④	漢名	251②		一の一[西右]	
讀経し	どくきょうし	×	讀經	法功	1024⑤	漢サ動	1043④			
得解する	とくげする	とくけ／さとる心	得解	方便	94⑥	漢サ動	83②	とくけ・する／さとりをうる[妙]	さとる事うる事[西右]	
得勤精進力菩薩	とくごんしょうじんりきぼさつ	とくこんしやうんりき――	得勤精進力菩薩	妙音	1201③	仏菩薩名	1215①			とくこんしやうしんりきほさつ[妙]
毒蛇	どくじゃ	どくじや	毒蛇	譬喩	278⑥	漢爬類名	250④			
毒虵	どくじゃ	どくじや	毒虵	譬喩	281①	漢爬類名	252⑤			毒蛇[妙]
徳叉迦龍王	とくしゃかりゅうおう	とくしやか――	德叉迦龍王	序品	11③	仏龍族名	9①			
讀誦	どくじゅ	とくしゆ	讀誦	法師	641⑤	漢名	654②	とくしゆ／よみしゆし[妙]		
讀誦	どくじゅ	どくじゆ	讀誦	從地	818①	漢名	840③	とくしゆ／よみしゆし[妙]	一し[西右]	
讀誦	どくじゅ	どくじゆ	讀誦	從地	850①	漢名	872⑥	とくしゆ／よみ[妙]	一し[西右]	
毒獸	どくじゅ	どくじゆ／とくのけたもの	毒獸	化城	540⑥	漢獸類名	546④	とくしゆ／とくのけたもの[妙]		
一読誦解説書寫す	どくじゅげせつしょしゃす	どくしゆ　げせつしよしや	讀誦解説書寫	常不	1076⑤	漢サ動	1095②	とくしゆけせつしよしや・す／よみときかきうつす[妙]	――し――し ――[西右]	読誦・解説・書寫す[妙]
読誦し	どくじゅし	どくじゆ	讀誦	譬喩	302③	漢サ動	274④	どくじゆ・し／よみしゆし[妙]		
讀誦し	どくじゅし	×	讀誦	藥草	395④	漢サ動	381④	とくしゆ／よみ[妙]	一しィ[西右]	
讀誦し	どくじゅし	どくじゆ／よみ	讀誦	法師	623③	漢サ動	634②	とくしゆ／よみとき[妙]		
讀誦し	どくじゅし	どくじゆ	讀誦	法師	625②	漢サ動	636③	とくしゆ／よみ[妙]		
讀誦し	どくじゅし	×	讀誦	法師	635②	漢サ動	647②	とくしゆ／よみ[妙]		
讀誦し	どくじゅし	どくじゆ	讀誦	法師	638⑤	漢サ動	651②	とくしゆ／よみ[妙]	一し[西右]	
讀誦し	どくじゅし	どくじゆ	讀誦	勸持	738④	漢サ動	757②	とくしゆ・し／よみ[妙]		
讀誦し	どくじゅし	どくじゆ	讀誦	勸持	739②	漢サ動	757⑥	とくしゆ・し／よみ[妙]		
讀誦し	どくじゅし	とくしゆ	讀誦	勸持	750①	漢サ動	769②	とくしゆ／よみ[妙]		
讀誦し	どくじゅし	どくじゆ	讀誦	安樂	760①	漢サ動	779⑤	とくしゆ・し／よみ[妙]		
讀誦し	どくじゅし	どくじゆ	讀誦	從地	819④	漢サ動	841⑥			
讀誦し	どくじゅし	どくじゆ	讀誦	分別	951③	漢サ動	970②	とくしゆ／よみ[妙]		
讀誦し	どくじゅし	どくじゆ	讀誦	分別	957⑤	漢サ動	976③	とくしゆ・し／よみ[妙]		
讀誦し	どくじゅし	どくじゆ	讀誦	隨喜	985⑤	漢サ動	1003⑥	とくしゆ／よみ[妙]		
讀誦し	どくごんじゅし	×	讀誦	法功	1005④	漢サ動	1024②	とくしゆ／よみ[妙]		
讀誦し	どくじゅし	どくじゆ	讀誦	法功	1006①	漢サ動	1024⑤	とくしゆ・し／よみ[妙]		
讀誦し	どくじゅし	どくじゆ	讀誦	法功	1024②	漢サ動	1043①	とくしゆ／よみしゆ[妙]		
読誦し	どくじゅし	×	讀誦	藥王	1156④	漢サ動	1174②	とくしゆ・し／よみ[妙]		
讀誦し	どくじゅし	どくじゆ	讀誦	陀羅	1248⑤	漢サ動	1260⑥	とくしゆ・し／よみ[妙]		
讀誦し	どくじゅし	×	讀誦	陀羅	1250②	漢サ動	1262②	とくしゆ・し／よみ[妙]		
讀誦し	どくじゅし	どくじゆ	讀誦	陀羅	1255③	漢サ動	1267②	とくしゆ・し／よみ[妙]		

当該語	読みかな	傍訓	漢字表記	品名	頁数	語の種類	妙一本	和解語文	可読	異同語彙
讀誦し	どくじゅし	×	讀誦	陀羅	1263⑤	漢サ動	1275①	とくしゆ・し／よみ[妙]		
讀誦し	どくじゅし	×	讀誦	普賢	1314③	漢サ動	1320③	とくしゆ・し[妙]		
讀誦し	どくじゅし	×	讀誦	普賢	1321④	漢サ動	1326④	しゆちとくしゆ・し／たもち[妙]		
讀誦し	どくじゅし	×	讀誦	普賢	1323④	漢サ動	1328②	しゆち・とくしゆ・し／うけたもちよみ[妙]		
讀誦し	どくじゅし	×	讀誦	普賢	1323⑥	漢サ動	1328④	しゆちとくしゆ・し／うけたもちよみ[妙]		
讀誦し	どくじゅし	×	讀誦	普賢	1325④	漢サ動	1330①	しゆちとくしゆ・し／うけたもちよみ[妙]		
讀誦し	どくじゅし	―じゅ	讀誦	普賢	1328②	漢サ動	1332②	しゆちとくしゆ・し／うけたもちよみ[妙]		
読誦す	どくじゅす	どくじゅ	讀誦	序品	63④	漢サ動	55④	とくしゆ・す／よみしゆ[妙]		
讀誦する	どくじゅする	とくしゆ	讀誦	法師	629⑤	漢サ動	640②	とくしゆ・する／よみしゆ[妙]		
讀誦する	どくじゅする	どくじゆ	讀誦	安樂	787⑥	漢サ動	809②	とくしゆ・する／よみしゆ[妙]		
一讀誦せ	どくじゅせ	どくじゆ	讀誦	見寶	689③	漢サ動	707②	とくしゆ・せ／よまん[妙]		
一讀誦せ	どくじゅせ	どくじゆ	讀誦	見寶	697④	漢サ動	716④	とくしゆ・せ／よまん[妙]		
讀誦せ	どくじゅせ	とくしゆ	讀誦	法師	628⑤	漢サ動	639⑥	とくしゆ／よみ[妙]		
讀誦せ	どくじゅせ	どくじゆ	讀誦	法師	654④	漢サ動	668⑤	とくしゆ・せ／よみ[妙]		
讀誦せ	どくじゅせ	どくじゆ	讀誦	法師	655②	漢サ動	669③			
讀誦せ	どくじゅせ	どくじゆ	讀誦	安樂	784①	漢サ動	805②	とくしゆ・せ／よまん[妙]		
讀誦せ	どくじゅせ	どくじゆ	讀誦	安樂	796①	漢サ動	817④	とくしゆ・せ／よみ[妙]		
読誦せ	どくじゅせ	どくじゆ	讀誦	常不	1063⑤	漢サ動	1082②	とくしゆ・せ／よみしゆ[妙]		
讀誦せ	どくじゅせ	×	讀誦	普賢	1312⑥	漢サ動	1318⑤	とくしゆ・せ／よみしゆ[妙]		
讀誦せ	どくじゅせ	×	讀誦	普賢	1316②	漢サ動	1321⑤	とくしゆ・せ／よみしゆ[妙]		
讀誦せ	どくじゅせ	×	讀誦	普賢	1332①	漢サ動	1335⑤	しゆちとくしゆ・せ／うけたもちよみしゆ[妙]		
讀誦せ	どくじゅせ	×	讀誦	普賢	1333③	漢サ動	1336⑤	しゆちとくしゆ・せ／うけたもちよみしゆ[妙]		
獨處	どくしょ	どくしょ／ひとりあるところ	獨處	從地	838①	漢名	860⑥			
德蔵	とくぞう	とくさう	德蔵	序品	60④	漢名	52⑥			
德蔵菩薩	とくぞうぼさつ	×	德蔵菩薩	序品	60⑥	仏菩薩名	53②		一は[西右]	
德蔵菩薩	とくぞうぼさつ	とくざうぼさつ	德蔵菩薩	序品	78②	仏菩薩名	68⑥			
得大勢	とくたいせい	とく―せい	得大勢	常不	1057②	漢名	1076②			とくたいせい[妙]
得大勢	とくたいせい	とく―せい	得大勢	常不	1059④	漢名	1078③			とくたいせい[妙]
得大勢	とくたいせい	×	得大勢	常不	1062①	漢名	1080⑥			とくたいせい[妙]
得大勢	とくたいせい	とく―せい	得大勢	常不	1071③	漢名	1089⑥			とくたいせつ[妙]
得大勢	とくたいせい	×	得大勢	常不	1072③	漢名	1091①			とくたいせい[妙]
得大勢	とくたいせい	×	得大勢	常不	1073⑤	漢名	1092③			とくたいせい[妙]
得大勢	とくたいせい	×	得大勢	常不	1074⑤	漢名	1093③			とくたいせい[妙]
得大勢	とくたいせい	×	得大勢	常不	1075⑥	漢名	1094③			とくたいせい[妙]
得大勢菩薩摩訶薩	とくたいせいぼさつまかさつ	とく―せい――――	得大勢菩薩摩訶薩	常不	1056②	仏菩薩名	1075②	とくたいせほさつまかさつ[妙]		
毒虫	どくちゅう	どくちう	毒虫	譬喩	277⑥	漢虫類名	249③	とくちう／とくのむし[妙]		

当該語	読みかな	傍訓	漢字表記	品名	頁数	語の種類	妙一本	和解語文	可読	異同語彙
毒虫	どくちゅう	どくちう	毒虫	譬喩	284⑥	漢虫類名	256③	どくちう／とくのむし[妙]		
毒虫	どくちゅう	どくちう	毒虫	譬喩	273②	漢虫類名	244④	どくちう／とくのむし[妙]		
毒虫	どくちゅう	どくちう	毒虫	譬喩	280⑥	漢虫類名	252②	とくちう／とくのむし[妙]		
得道し	とくどうし	とくたう	得道	譬喩	216⑤	漢サ動	185①		道をえん[西右]	
得道する	とくどうする	とくだう	得道	序品	18⑤	漢サ動	15③			
得道せ	とくどうせ	×	得道	化城	535⑥	漢サ動	541⑤			
得度す	とくどす	×	得度	化城	543⑤	漢サ動	551⑤			
得度す	とくどす	とくど／つみふくする心也	得度	妙音	1194⑥	漢サ動	1208⑤	とくと・す／わたすことう[妙]		
得度す	とくどす	×	得度	妙音	1195②	漢サ動	1209①			とくと・す[妙]
得度す	とくどす	×	得度	妙音	1195④	漢サ動	1209③	とくと・す／わたす[妙]		
得度す	とくどす	×	得度	妙音	1195⑥	漢サ動	1209⑤	とくと・す／わたす[妙]		
得度す	とくどす	×	得度	妙音	1196④	漢サ動	1210③	とくと・す／わたす[妙]		
得度す	とくどす	×	得度	觀世	1222⑤	漢サ動	1236①	とくと・す／わたすことう[妙]		
得度す	とくどす	とくど	得度	觀世	1223①	漢サ動	1236③	とくと・す／わたすことう[妙]		
得度す	とくどす	×	得度	觀世	1223③	漢サ動	1236⑤			とくど・す[妙]
得度す	とくどす	×	得度	觀世	1223⑤	漢サ動	1237①	とくと・す／わたす[妙]		
得度す	とくどす	×	得度	觀世	1224①	漢サ動	1237③			とくと・す[妙]
得度す	とくどす	×	得度	觀世	1224④	漢サ動	1237⑤			とくと・す[妙]
得度す	とくどす	×	得度	觀世	1224⑥	漢サ動	1238①	とくと・す／わたす[妙]		
得度す	とくどす	×	得度	觀世	1225②	漢サ動	1238③			とくと・す[妙]
得度す	とくどす	×	得度	觀世	1225④	漢サ動	1238⑤	とくと・す／わたす[妙]		
得度す	とくどす	×	得度	觀世	1225⑥	漢サ動	1239①	とくと・す／わた[妙]		
得度す	とくどす	×	得度	觀世	1226②	漢サ動	1239③			とくと・す[妙]
得度す	とくどす	×	得度	觀世	1226④	漢サ動	1239⑤	とくと・す／わたす[妙]		
得度す	とくどす	×	得度	觀世	1226⑥	漢サ動	1240①			とくと・す[妙]
得度す	とくどす	×	得度	觀世	1227②	漢サ動	1240③	とくと・す／わたす[妙]		
得度す	とくどす	×	得度	觀世	1227⑤	漢サ動	1240⑥	とくと・す／わたすことう[妙]		
得度す	とくどす	×	得度	觀世	1228②	漢サ動	1241③			とくと・す[妙]
得度す	とくどす	×	得度	觀世	1228⑤	漢サ動	1241⑤	とくと・す／わたす[妙]		
得度す	とくどす	×	得度	觀世	1229②	漢サ動	1242②			とくと・す[妙]
得度す	とくどす	×	得度	觀世	1229④	漢サ動	1242④			とくと・す[妙]
得度する	とくどする	とくと	得度	譬喩	258②	漢サ動	229③	とくとする／わたることうる[妙]		
徳薄垢重	とくはくくじゅう	とくはくくちう・あかおもかさ	徳薄垢重	如來	890③	漢四熟名	909④	とくはくくちう／とくうすくあかをもき[妙]		
毒療{病}	どくびょう	どくびょう	毒病	如來	908②	漢名	927①	とくひやう／とくのやまい[妙]		
得法	とくほう	とく―	得法	分別	942①	漢名	960③	とくほう／のりをえたる[妙]		
徳本	とくほん	とくほん	徳本	序品	7⑤	漢名	6②		とくのもと[西右]	
毒藥	どくやく	どくやく	毒藥	如來	900②	漢薬物名	919②			
毒藥	どくやく	どくやく	毒藥	如來	901②	漢薬物名	920③			
毒藥	どくやく	どくやく	毒藥	觀世	1240①	漢薬物名	1252④		―と[西右]	とくやく[妙]
毒藥	どくやく	どくやく	毒藥	陀羅	1269②	漢薬物名	1280⑤			どくやく[妙]
毒龍	どくりゅう	どくりう	毒龍	觀世	1240②	仏龍族名	1252⑥		―と[西右]	とくりう[妙]
とけ	とけ	×	説	譬喩	299⑥	和動	272②			―くべし[西]
とけ	とけ	×	説	信解	366③	和動	352②		とかしめて[西右]	
とけ	とけ	×	説	法師	652④	和動	666④			
とけ	とけ	×	説	見寶	689④	和動	707②			

当該語	読みかな	傍訓	漢字表記	品名	頁数	語の種類	妙一本	和解語文	可読	異同語彙
とけ	とけ	×	説	見寶	697⑤	和動	716⑤			
とけ	とけ	×	説	安樂	770⑥	和動	791②			
とけ	とけ	×	説	安樂	772⑥	和動	793③			
とけ	とけ	×	説	安樂	779①	和動	799⑥			
とけ	とけ	×	説	安樂	779⑤	和動	800④			
とけ	とけ	×	説	安樂	780②	和動	801①			
とけ	とけ	×	説	安樂	781①	和動	802①			
とけ	とけ	×	説	安樂	781②	和動	802②			
とけ	とけ	×	説	安樂	786⑤	和動	808②		一くへし[西右]	
とけ	とけ	×	説	藥王	1156⑤	和動	1174③		とくをもて[西右]	とけ[妙]
兜醯十八	とけい	とけい	兜醯十八	陀羅	1265①	仏梵語名	1276③			とけい[妙]
泄醯十九	とけい	とけい	泄醯十九	陀羅	1265①	仏梵語名	1276③			とけい[妙]
ところ	ところ	×	地	信解	328④	和形式名	305③			
ところ	ところ	×	所	序品	82②	和形式名	72①			
ところ	ところ	×	所	方便	87④	和形式名	76③			
ところ	ところ	×	所	方便	88③	和形式名	77④			
ところ	ところ	×	所	方便	91①	和形式名	80①			
ところ	ところ	×	所	方便	95⑤	和形式名	84①			
ところ	ところ	×	所	方便	103①	和形式名	90②			
ところ	ところ	×	所	方便	103②	和形式名	90④			
ところ	ところ	×	所	方便	103④	和形式名	90⑤			
ところ	ところ	×	所	方便	104①	和形式名	91②			
ところ	ところ	×	所	方便	107⑥	和形式名	94④			
ところ	ところ	×	所	方便	117①	和形式名	102④			
ところ	ところ	×	所	方便	124⑤	和形式名	109③			
ところ	ところ	×	所	方便	131⑥	和形式名	115③			
ところ	ところ	×	所	方便	151④	和形式名	131④			
ところ	ところ	×	所	方便	151⑥	和形式名	131⑥			
ところ	ところ	×	所	方便	173①	和形式名	148⑥			
ところ	ところ	×	所	方便	176⑤	和形式名	151⑥			[妙]「こころ」と誤。
ところ	ところ	×	所	方便	180③	和形式名	155①			
ところ	ところ	×	所	方便	189③	和形式名	162③			
ところ	ところ	×	所	譬喩	207②	和形式名	174④			
ところ	ところ	×	所	譬喩	208①	和形式名	175③			
ところ	ところ	×	所	譬喩	209①	和形式名	176⑤			
ところ	ところ	×	所	譬喩	223③	和形式名	192③			
ところ	ところ	×	所	譬喩	231③	和形式名	200③			
ところ	ところ	×	所	譬喩	242①	和形式名	211④			
ところ	ところ	×	所	譬喩	245③	和形式名	215①			
ところ	ところ	×	所	譬喩	246③	和形式名	216①			
ところ	ところ	×	所	譬喩	283④	和形式名	255①			
ところ	ところ	×	所	譬喩	286①	和形式名	257⑥			
ところ	ところ	×	所	譬喩	292④	和形式名	264⑤			
ところ	ところ	×	所	譬喩	296⑤	和形式名	268⑥			
ところ	ところ	×	所	譬喩	300②	和形式名	272④			
ところ	ところ	×	所	譬喩	306④	和形式名	278④			
ところ	ところ	×	所	譬喩	307①	和形式名	279③			
ところ	ところ	×	所	譬喩	307②	和形式名	279⑤			
ところ	ところ	×	所	信解	317④	和形式名	292②			
ところ	ところ	×	所	信解	318⑥	和形式名	293⑥			
ところ	ところ	×	所	信解	325③	和形式名	301④			
ところ	ところ	×	所	信解	329④	和形式名	306⑤			
ところ	ところ	×	所	信解	333②	和形式名	311②			
ところ	ところ	×	所	信解	336⑥	和形式名	315④			
ところ	ところ	×	所	信解	337⑥	和形式名	316⑤			
ところ	ところ	×	所	信解	340④	和形式名	320②			
ところ	ところ	×	所	信解	341③	和形式名	321②			
ところ	ところ	×	所	信解	342④	和形式名	322⑥			
ところ	ところ	×	所	信解	345②	和形式名	326②			
ところ	ところ	×	所	信解	345②	和形式名	326③			
ところ	ところ	×	所	信解	345⑥	和形式名	327②			
ところ	ところ	×	所	信解	347⑥	和形式名	329⑤			
ところ	ところ	×	所	信解	350④	和形式名	333①			
ところ	ところ	×	所	信解	352①	和形式名	335①			
ところ	ところ	×	所	信解	352③	和形式名	335③			

とけーとこ 513

当該語	読みかな	傍訓	漢字表記	品名	頁数	語の種類	妙一本	和解語文	可読	異同語彙
ところ	ところ	×	所	信解	355②	和形式名	338⑥			
ところ	ところ	×	所	信解	356⑤	和形式名	340③			
ところ	ところ	×	所	信解	356⑤	和形式名	340④			
ところ	ところ	×	所	信解	361④	和形式名	346⑤			
ところ	ところ	×	所	信解	364⑤	和形式名	350②			
ところ	ところ	×	所	信解	370⑤	和形式名	357②			
ところ	ところ	×	所	信解	377④	和形式名	365③			
ところ	ところ	×	所	藥草	386④	和形式名	371⑤			
ところ	ところ	×	所	藥草	387②	和形式名	372③			
ところ	ところ	×	所	藥草	387⑥	和形式名	373①			
ところ	ところ	×	所	藥草	402①	和形式名	388⑤			
ところ	ところ	×	所	藥草	403③	和形式名	390①			
ところ	ところ	×	所	藥草	407⑤	和形式名	395②			
ところ	ところ	×	所	藥草	408④	和形式名	396②			
ところ	ところ	×	所	藥草	410①	和形式名	397⑥			
ところ	ところ	×	所	藥草	410②	和形式名	398①			
ところ	ところ	×	所	化城	447⑥	和形式名	441②			
ところ	ところ	×	所	化城	482③	和形式名	482④			
ところ	ところ	×	所	化城	502②	和形式名	506①			
ところ	ところ	×	所	五百	568⑥	和形式名	572④			
ところ	ところ	×	所	五百	573②	和形式名	577③			
ところ	ところ	×	所	五百	578①	和形式名	582⑥			
ところ	ところ	×	所	五百	580②	和形式名	585③			
ところ	ところ	×	所	五百	586①	和形式名	591⑤			
ところ	ところ	×	所	五百	591③	和形式名	598③			
ところ	ところ	×	所	五百	593①	和形式名	600③			
ところ	ところ	×	所	五百	594③	和形式名	602①			
ところ	ところ	×	所	五百	598④	和形式名	606⑥			
ところ	ところ	×	所	授學	602②	和形式名	610⑤	ところなり	とまします[妙][西右]	
ところ	ところ	×	所	授學	602③	和形式名	610⑥			
ところ	ところ	×	所	授學	611④	和形式名	621①			
ところ	ところ	×	所	授學	618⑥	和形式名	629①			
ところ	ところ	×	所	法師	625⑤	和形式名	636⑥			
ところ	ところ	×	所	法師	629③	和形式名	640⑤			
ところ	ところ	×	所	法師	633①	和形式名	644⑤			
ところ	ところ	×	所	法師	638②	和形式名	650④			
ところ	ところ	×	所	法師	639②	和形式名	651⑤			
ところ	ところ	×	所	法師	652①	和形式名	666①			
ところ	ところ	×	所	見寶	660①	和形式名	674④			
ところ	ところ	×	所	見寶	686②	和形式名	703⑥			
ところ	ところ	×	所	提婆	711⑤	和形式名	729②			
ところ	ところ	×	所	提婆	713②	和形式名	730⑥			
ところ	ところ	×	所	提婆	722③	和形式名	740④			
ところ	ところ	×	所	提婆	723②	和形式名	741③			
ところ	ところ	×	所	提婆	723④	和形式名	741⑥			
ところ	ところ	×	所	提婆	724②	和形式名	742③			
ところ	ところ	×	所	提婆	726⑤	和形式名	744⑥			
ところ	ところ	×	所	提婆	731③	和形式名	749④			
ところ	ところ	×	所	勸持	757①	和形式名	776⑤			
ところ	ところ	×	所	勸持	757⑥	和形式名	777④			
ところ	ところ	×	所	勸持	758③	和形式名	778①			
ところ	ところ	×	所	安樂	761⑤	和形式名	781③			
ところ	ところ	×	所	安樂	763⑥	和形式名	783④			
ところ	ところ	×	所	安樂	764⑤	和形式名	784④			
ところ	ところ	×	所	安樂	770③	和形式名	790⑤			
ところ	ところ	×	所	安樂	778③	和形式名	799①			
ところ	ところ	×	所	安樂	781⑤	和形式名	802⑤			
ところ	ところ	×	所	安樂	785⑥	和形式名	807②			
ところ	ところ	×	所	安樂	795④	和形式名	817①			
ところ	ところ	×	所	安樂	802③	和形式名	824③			
ところ	ところ	×	所	安樂	804⑤	和形式名	826⑥			
ところ	ところ	×	所	從地	823②	和形式名	845④			
ところ	ところ	×	所	從地	828②	和形式名	850③			
ところ	ところ	×	所	從地	834⑤	和形式名	857④			
ところ	ところ	×	所	從地	834⑥	和形式名	857⑥			
ところ	ところ	×	所	從地	835④	和形式名	858③			
ところ	ところ	×	所	從地	835⑤	和形式名	858③			

当該語	読みかな	傍訓	漢字表記	品名	頁数	語の種類	妙一本	和解語文	可読	異同語彙
ところ	ところ	×	所	從地	847①	和形式名	869⑤			
ところ	ところ	×	所	從地	849①	和形式名	871⑥			
ところ	ところ	×	所	從地	853⑥	和形式名	876④			
ところ	ところ	×	所	從地	858⑥	和形式名	881⑤			
ところ	ところ	×	所	從地	862②	和形式名	885①			
ところ	ところ	×	所	從地	862④	和形式名	885②			
ところ	ところ	×	所	從地	866①	和形式名	888⑤			ことろ[妙]
ところ	ところ	×	所	從地	867②	和形式名	890④			
ところ	ところ	×	所	從地	868①	和形式名	891①			
ところ	ところ	×	所	如來	885⑥	和形式名	904⑥			
ところ	ところ	×	所	如來	886①	和形式名	904⑥			
ところ	ところ	×	所	如來	886⑤	和形式名	905④			
ところ	ところ	×	所	如來	889④	和形式名	908④			
ところ	ところ	×	所	如來	891④	和形式名	910⑤			
ところ	ところ	×	所	如來	892④	和形式名	911④			
ところ	ところ	×	所	如來	910④	和形式名	929④			
ところ	ところ	×	所	如來	915①	和形式名	934⑤			
ところ	ところ	×	所	如來	918③	和形式名	937②			
ところ	ところ	×	所	如來	920④	和形式名	939④			
ところ	ところ	×	所	分別	929⑥	和形式名	948④			
ところ	ところ	×	所	分別	933③	和形式名	952①			
ところ	ところ	×	所	分別	936①	和形式名	954④			
ところ	ところ	×	所	分別	938⑥	和形式名	957③			
ところ	ところ	×	所	分別	941④	和形式名	959⑥			
ところ	ところ	×	所	分別	946②	和形式名	964⑤			
ところ	ところ	×	所	分別	967⑥	和形式名	986①			
ところ	ところ	×	所	隨喜	977⑥	和形式名	996①			
ところ	ところ	×	所	隨喜	978①	和形式名	996⑤			
ところ	ところ	×	所	隨喜	980②	和形式名	998③			
ところ	ところ	×	所	隨喜	984⑥	和形式名	1003②			
ところ	ところ	×	所	隨喜	991④	和形式名	1010②		こひみらるゝことをえん[西右]	
ところ	ところ	×	所	法功	1012②	和形式名	1030⑤			
ところ	ところ	×	所	法功	1013⑤	和形式名	1032②			
ところ	ところ	×	所	法功	1016③	和形式名	1035①			
ところ	ところ	×	所	法功	1016⑥	和形式名	1035④			
ところ	ところ	×	所	法功	1020⑤	和形式名	1039③		を[西右]	
ところ	ところ	×	所	法功	1022⑤	和形式名	1041④			
ところ	ところ	×	所	法功	1027⑤	和形式名	1046③			
ところ	ところ	×	所	法功	1028③	和形式名	1047①			
ところ	ところ	×	所	法功	1031⑤	和形式名	1050③			
ところ	ところ	×	所	法功	1034②	和形式名	1053①			
ところ	ところ	×	所	法功	1038⑤	和形式名	1057③			
ところ	ところ	×	所	法功	1042④	和形式名	1061②			
ところ	ところ	×	所	法功	1042④	和形式名	1061②		一と[西右]	
ところ	ところ	×	所	法功	1042⑤	和形式名	1061③		一を[西右]	
ところ	ところ	×	所	法功	1043③	和形式名	1061⑥			
ところ	ところ	×	所	法功	1046④	和形式名	1065①			
ところ	ところ	×	所	法功	1046⑤	和形式名	1065②			
ところ	ところ	×	所	法功	1047①	和形式名	1065④			
ところ	ところ	×	所	妙音	1197⑤	和形式名	1211④			
ところ	ところ	×	所	觀世	1212③	和形式名	1225④			
ところ	ところ	×	所	陀羅	1249④	和形式名	1261④			
ところ	ところ	×	所	妙莊	1275⑤	和形式名	1286①			
ところ	ところ	×	所	妙莊	1282⑥	和形式名	1292④			
ところ	ところ	×	所	妙莊	1297③	和形式名	1305④			
ところ	ところ	×	所	普賢	1313②	和形式名	1319①			
ところ	ところ	×	所	普賢	1317②	和形式名	1322④			
ところ	ところ	×	所	普賢	1334②	和形式名	1337⑥			
ところ	ところ	×	處	序品	30②	和形式名	25⑤			
ところ	ところ	×	處	序品	43④	和形式名	37④			
ところ	ところ	×	處	序品	43⑥	和形式名	37⑥			
ところ	ところ	×	處	序品	51②	和形式名	44③			
ところ	ところ	×	處	序品	56⑤	和形式名	49③			
ところ	ところ	×	處	序品	63⑤	和形式名	55⑤			
ところ	ところ	×	處	序品	69④	和形式名	60⑤			
ところ	ところ	×	處	序品	74④	和形式名	65④			

とこ 515

当該語	読みかな	傍訓	漢字表記	品名	頁数	語の種類	妙一本	和解語文	可読	異同語彙
ところ	ところ	×	處	序品	75④	和形式名	66③			
ところ	ところ	×	處	譬喩	237①	和形式名	206③			
ところ	ところ	×	處	譬喩	242⑥	和形式名	212④			
ところ	ところ	×	處	譬喩	244⑥	和形式名	214④			
ところ	ところ	×	處	譬喩	247④	和形式名	217③			
ところ	ところ	×	處	譬喩	261⑤	和形式名	233②			
ところ	ところ	×	處	譬喩	261⑥	和形式名	233②			
ところ	ところ	×	處	譬喩	265④	和形式名	236⑥			
ところ	ところ	×	處	譬喩	268①	和形式名	239②			
ところ	ところ	×	處	譬喩	272①	和形式名	243②			
ところ	ところ	×	處	譬喩	281④	和形式名	253①			
ところ	ところ	×	處	譬喩	290④	和形式名	262⑤			
ところ	ところ	×	處	譬喩	292⑤	和形式名	264⑥			
ところ	ところ	×	處	譬喩	294⑤	和形式名	266⑥			
ところ	ところ	×	處	譬喩	304④	和形式名	276⑥			
ところ	ところ	×	處	譬喩	310③	和形式名	283③			
ところ	ところ	×	處	信解	328②	和形式名	305①			
ところ	ところ	×	處	信解	334③	和形式名	312④			
ところ	ところ	×	處	信解	354⑥	和形式名	338③			
ところ	ところ	×	處	藥草	388⑤	和形式名	374①			
ところ	ところ	×	處	藥草	390①	和形式名	375③			
ところ	ところ	×	處	藥草	393③	和形式名	379①			
ところ	ところ	×	處	藥草	394④	和形式名	380③			
ところ	ところ	×	處	藥草	395⑤	和形式名	381⑤			
ところ	ところ	×	處	藥草	401⑥	和形式名	388③			
ところ	ところ	×	處	藥草	402③	和形式名	389①			
ところ	ところ	×	處	藥草	403①	和形式名	389⑤			
ところ	ところ	×	處	授記	428③	和形式名	418⑤			
ところ	ところ	×	處	授記	438②	和形式名	429⑥			
ところ	ところ	×	處	化城	461①	和形式名	456①			
ところ	ところ	×	處	化城	463④	和形式名	459⑤			
ところ	ところ	×	處	化城	463⑤	和形式名	459⑥			
ところ	ところ	×	處	化城	465③	和形式名	461⑥			
ところ	ところ	×	處	化城	470⑤	和形式名	468③			
ところ	ところ	×	處	化城	473③	和形式名	471⑥			
ところ	ところ	×	處	化城	479⑤	和形式名	479①			
ところ	ところ	×	處	化城	487⑥	和形式名	489①			
ところ	ところ	×	處	化城	491⑥	和形式名	493③			
ところ	ところ	×	處	化城	492⑥	和形式名	495①			
ところ	ところ	×	處	化城	500②	和形式名	503⑤			
ところ	ところ	×	處	化城	500②	和形式名	503⑥			
ところ	ところ	×	處	化城	522②	和形式名	527③			
ところ	ところ	×	處	化城	522④	和形式名	527⑤			
ところ	ところ	×	處	化城	526④	和形式名	531⑥		一なり[西右]	
ところ	ところ	×	處	化城	533①	和形式名	538④			
ところ	ところ	×	處	化城	538⑤	和形式名	544④			
ところ	ところ	×	處	化城	541①	和形式名	546⑤			
ところ	ところ	×	處	化城	548③	和形式名	555②			
ところ	ところ	×	處	五百	579④	和形式名	584④			
ところ	ところ	×	處	授學	612②	和形式名	621⑥			
ところ	ところ	×	處	法師	640②	和形式名	652⑤			
ところ	ところ	×	處	法師	648④	和形式名	662②			
ところ	ところ	×	處	法師	654③	和形式名	668④			
ところ	ところ	×	處	見寶	662③	和形式名	677①			
ところ	ところ	×	處	見寶	668⑤	和形式名	683⑤			
ところ	ところ	×	處	提婆	719⑥	和形式名	738①			
ところ	ところ	×	處	提婆	722⑥	和形式名	741①			
ところ	ところ	×	處	提婆	723③	和形式名	741④			
ところ	ところ	×	處	提婆	729⑥	和形式名	747⑥			
ところ	ところ	×	處	安樂	764③	和形式名	784①			
ところ	ところ	×	處	安樂	766⑥	和形式名	786⑥			
ところ	ところ	×	處	安樂	773⑥	和形式名	794③			
ところ	ところ	×	處	安樂	774②	和形式名	794⑤			
ところ	ところ	×	處	從地	847④	和形式名	870③			
ところ	ところ	×	處	從地	850④	和形式名	873③			
ところ	ところ	×	處	從地	852⑤	和形式名	875③			
ところ	ところ	×	處	從地	868④	和形式名	891③			
ところ	ところ	×	處	分別	942⑥	和形式名	961③			

当該語	読みかな	傍訓	漢字表記	品名	頁数	語の種類	妙一本	和解語文	可読	異同語彙
ところ	ところ	×	處	分別	960⑤	和形式名	979③			
ところ	ところ	×	處	分別	964③	和形式名	982⑤			
ところ	ところ	×	處	分別	967⑥	和形式名	986②			
ところ	ところ	×	處	随喜	980④	和形式名	998⑤			
ところ	ところ	×	處	随喜	981③	和形式名	999③			
ところ	ところ	×	處	随喜	983⑤	和形式名	1002①		こと[西右]	
ところ	ところ	×	處	随喜	992⑤	和形式名	1011③			
ところ	ところ	×	處	法功	1017⑥	和形式名	1036⑤			
ところ	ところ	×	處	法功	1019③	和形式名	1037⑤			
ところ	ところ	×	處	法功	1030⑤	和形式名	1049③			
ところ	ところ	×	處	常不	1057①	和形式名	1075⑥			
ところ	ところ	×	處	常不	1057②	和形式名	1076①			
ところ	ところ	×	處	常不	1062③	和形式名	1081①		一とし[西右]	ところ[妙]
ところ	ところ	×	處	常不	1064④	和形式名	1083③			
ところ	ところ	×	處	常不	1067③	和形式名	1086②			
ところ	ところ	×	處	常不	1071②	和形式名	1089⑥			
ところ	ところ	×	處	常不	1077④	和形式名	1096①			
ところ	ところ	×	處	常不	1078②	和形式名	1096⑤			
ところ	ところ	×	處	神力	1084④	和形式名	1103①			
ところ	ところ	×	處	神力	1092⑥	和形式名	1111③			
ところ	ところ	×	處	神力	1096①	和形式名	1114⑥			ところ[妙]
ところ	ところ	×	處	神力	1097①	和形式名	1115⑥			
ところ	ところ	×	處	神力	1102①	和形式名	1120⑥			
ところ	ところ	×	處	囑累	1107⑤	和形式名	1126③			
ところ	ところ	×	處	藥王	1125③	和形式名	1143④			
ところ	ところ	×	處	藥王	1125④	和形式名	1143⑥			
処	ところ	×	處	藥王	1127④	和形式名	1146①			ところ[妙]
ところ	ところ	×	處	藥王	1139④	和形式名	1157⑤			
ところ	ところ	×	處	藥王	1140⑤	和形式名	1158⑥			
ところ	ところ	×	處	妙音	1194①	和形式名	1207⑤			
ところ	ところ	×	處	妙音	1196③	和形式名	1210②			
ところ	ところ	×	處	觀世	1210⑤	和形式名	1223⑥			
ところ	ところ	×	處	觀世	1217⑥	和形式名	1231②			
ところ	ところ	×	處	陀羅	1255①	和形式名	1266⑥			
ところ	ところ	×	處	普賢	1314②	和形式名	1320①			
ところ	ところ	×	所作	如來	895②	和形式名	914②			
ところ	ところ	×	所奉	序品	74⑤	和形式名	65⑤			
ところ	ところ	×	所從	從地	843②	和形式名	866①			
ところ	ところ	×	所須	見寶	698②	和形式名	717②			
とし	とし	×	年	譬喩	238⑤	和時候名	208①			
とし	とし	×	年	信解	318⑤	和時候名	293④			
とし	とし	×	年	信解	320②	和時候名	295③			
とし	とし	×	年	信解	322①	和時候名	297④			
とし	とし	×	年	信解	322③	和時候名	298①			
とし	とし	×	年	信解	330①	和時候名	307③			
とし	とし	×	年	信解	338⑤	和時候名	317⑥			
とし	とし	×	年	信解	355⑤	和時候名	339③			
とし	とし	×	年	提婆	727③	和時候名	745③			
とし	とし	×	年	從地	866④	和時候名	889②			
とし	とし	×	年	随喜	975①	和時候名	993②			
とし	とし	×	年	五百	592②	和時候名	599②			
とし	とし	×	年	從地	859①	和時候名	881⑥			
とし	とし	×	爲	授記	420①	和連語	409①			
とし	とし	×	爲	授記	427④	和連語	417⑥		一せん[西右]	
とし	とし	×	爲	授記	435③	和連語	426⑤			
とし	とし	×	爲	授記	435④	和連語	426⑤			
とし	とし	×	爲	授記	441①	和連語	433②		せんィ[西右]	
とし	とし	×	爲	五百	571①	和連語	574⑥			
とし	とし	×	爲	五百	598①	和連語	606②			
とし	とし	×	爲	授學	602④	和連語	611①			
とし	とし	×	爲	授學	615①	和連語	624⑤		たりき／なれりィ[西右左]	
とし	とし	×	爲	法師	652②	和連語	666③			
とし	とし	×	爲	法師	652③	和連語	666③			
とし	とし	×	爲	見寶	667④	和連語	682④			
とし	とし	×	爲	見寶	667④	和連語	682⑤			
とし	とし	×	爲	見寶	669⑤	和連語	684⑥			
とし	とし	×	爲	見寶	670⑥	和連語	686②			

とこ―とす 517

当該語	読みかな	傍訓	漢字表記	品名	頁数	語の種類	妙一本	和解語文	可読	異同語彙
とし	とし	×	爲	見寶	673①	和連語	688⑤			
とし	とし	×	爲	見寶	675③	和連語	691②			
とし	とし	×	爲	安樂	801②	和連語	823①			
とし	とし	×	爲	安樂	807①	和連語	829②			
とし	とし	×	爲	如來	881④	和連語	900③			
とし	とし	×	爲	如來	919③	和連語	938③			
とし	とし	×	爲	妙音	1173⑤	和連語	1189③			
とし	とし	×	爲	妙音	1173⑤	和連語	1189③			
とし	とし	×	爲	妙音	1173⑥	和連語	1189④			
とし	とし	×	爲	妙音	1174⑤	和連語	1190②			
とし	とし	×	爲	妙音	1174⑤	和連語	1190②			
とし	とし	×	爲	妙音	1174⑥	和連語	1190③			
とし	とし	×	疾	提婆	734④	和形	752⑥			
とし	とし	×	疾	提婆	734⑤	和形	753①			
度し	どし	ど	度	序品	49①	漢サ動	42③	と・し／わたし[妙]		
度し	どし	と	度	序品	66⑤	漢サ動	58③			わたし[妙]
度し	どし	と	度	序品	83③	漢サ動	73③			わたし[妙]
度し	どし	ど	度	方便	150②	漢サ動	130③			
度し	どし	と	度	方便	155⑥	漢サ動	135①	とし／わたし[妙]		
度し	どし	×	度	方便	168⑥	漢サ動	145③	と／わたし[妙]	一て[西右]	
度し	どし	ど	度	譬喩	254⑥	漢サ動	225⑥	とし／わたし[妙]		
度し	どし	ど	度	化城	472⑤	漢サ動	470⑥	と／わたし[妙]		
度し	どし	×	度	化城	481③	漢サ動	481②	と／わたし[妙]		
度し	どし	×	度	化城	490②	漢サ動	492①	と／わたし[妙]		
度し	どし	×	度	化城	496④	漢サ動	499③	と／わたし[妙]		
度し	どし	×	度	化城	500⑥	漢サ動	504③	と／わたし[妙]	一て[西右]	
度し	どし	ど	度	化城	511①	漢サ動	516①	と／わたし[妙]	一て[西右]	
度	どし	と	度	化城	516②	漢サ動	521②			
度し	どし	×	度	五百	579④	漢サ動	584⑤	と・し／わたす[妙]		
度し	どし	×	度	授學	620①	漢サ動	630③	と・し／わたし[妙]	一せん[西右]	
度し	どし	×	度	妙音	1182⑤	漢サ動	1197④	と・し／わた[妙]		
土石	どしゃく	としやー	土石	妙音	1171②	漢地儀名	1187①	としゃく／つちいし[妙]		
斗秤	としょう	としよ・せう／ますはかり	斗秤	陀羅	1267⑥	漢器財名	1278⑥			とせう[妙]
とす	とす	×	爲	序品	62②	和連語	54③			
とす	とす	×	爲	方便	127⑤	和連語	112①		なづく[西右]	
とす	とす	×	爲	信解	347④	和連語	329②			
一とす	とす	×	爲	信解	356①	和連語	339⑤			
とす	とす	×	爲	藥草	398③	和連語	384⑤			
とす	とす	×	爲	五百	565③	和連語	568⑤			
とす	とす	×	爲	五百	590②	和連語	596⑥			
とす	とす	×	爲	五百	591④	和連語	598④			
とす	とす	×	爲	五百	592⑤	和連語	×			
とす	とす	×	爲	五百	594①	和連語	601③			としき[妙]
とす	とす	×	爲	五百	596⑥	和連語	604⑥			としけり[妙]
とす	とす	×	爲	五百	600②	和連語	608⑤			
とす	とす	×	爲	法師	645⑤	和連語	659①			
とす	とす	×	爲	法師	646①	和連語	659③		なづくィ[西右]	
とす	とす	×	爲	法師	652③	和連語	666④		一して[西右]	
とす	とす	×	爲	見寶	673④	和連語	689②			
とす	とす	×	爲	見寶	691⑥	和連語	709⑥			
とす	とす	×	爲	見寶	693③	和連語	711⑤			
とす	とす	×	爲	見寶	693⑥	和連語	712③			
とす	とす	×	爲	見寶	694④	和連語	713①			
とす	とす	×	爲	見寶	695①	和連語	713⑥			
とす	とす	×	爲	見寶	695⑥	和連語	714⑤			
とす	とす	×	爲	見寶	696⑤	和連語	715④			
とす	とす	×	爲	見寶	698⑥	和連語	717⑥			
とす	とす	ど	爲	安樂	772⑤	和連語	793②			
とす	とす	×	爲	安樂	773④	和連語	794①			
とす	とす	×	爲	分別	950⑥	和連語	969⑤			
とす	とす	×	爲	分別	951③	和連語	970②		一なり[西右]	
とす	とす	×	爲	常不	1067①	和連語	1085⑥		なつけき[西右]	す[妙]

当該語	読みかな	傍訓	漢字表記	品名	頁数	語の種類	妙一本	和解語文	可読	異同語彙
とす	とす	×	爲	囑累	1109⑥	和連語	1128③		なり[西右]	とす[妙]
とす	とす	×	爲	藥王	1144⑤	和連語	1162⑤			とす[妙]
とす	とす	×	爲	觀世	1231②	和連語	1244①			
とす	とす	×	爲	陀羅	1249⑤	和連語	1261⑤			
とす	とす	×	爲	普賢	1315④	和連語	1321②			
度す	どす	とす	度	序品	8④	漢サ動	7①			
度す	どす	と	度	方便	178③	漢サ動	153③	と・す／わたす[妙]		
度す	どす	と	度	譬喩	227①	漢サ動	196③	と・す／わたす[妙]		
度す	どす	×	度	化城	527②	漢サ動	532④		わたる[西右]	
度す	どす		度	五百	576⑥	漢サ動	581④	と・す／わたす[妙]		
度す	どす	×	度	安樂	816①	漢サ動	838④			
どす	どす	×	度	從地	828①	漢サ動	850③	と・す／わたす[妙]		
度す	どす	と	度	如來	889③	漢サ動	908④	と・す／わたす[妙]		
度す	どす	×	度	如來	920④	漢サ動	939④	と・す／わたす[妙]		
度す	どす	×	度	妙音	1196③	漢サ動	1210①			と・す[妙]
とする	とする	×	爲	安樂	771①	和連語	791③			
度する	どする	と	度	藥草	409④	漢サ動	397③			
度する	どする	と	度	藥草	413①	漢サ動	401②	と・する／わたす[妙]		
度する	どする	×	度	提婆	716①	漢サ動	734①	と・する／わたす[妙]		
一と	とせ	×	爲	授記	420⑤	和連語	409⑤			
とせ	とせ	×	爲	化城	448②	和連語	441④			
とせ	とせ	×	爲	化城	450③	和連語	444④			
とせ	とせ	×	爲	化城	522④	和連語	527⑤			
とせ	とせ	×	爲	五百	580③	和連語	585④			
とせ	とせ	×	爲	五百	581①	和連語	586②			
とせ	とせ	×	爲	五百	586②	和連語	591⑥			
とせ	とせ	×	爲	授學	605③	和連語	614①			
とせ	とせ	×	爲	授學	619④	和連語	629⑥			
とせ	とせ	×	爲	見寶	657②	和連語	671⑤			
とせ	とせ	×	爲	見寶	692③	和連語	710④			
とせ	とせ	×	爲	見寶	692⑤	和連語	711①			
とせ	とせ	×	爲	見寶	693①	和連語	711③			
とせ	とせ	×	爲	見寶	693④	和連語	711⑥			
とせ	とせ	×	爲	見寶	694②	和連語	712⑤			
とせ	とせ	×	爲	見寶	694⑥	和連語	713④			
とせ	とせ	×	爲	見寶	695⑤	和連語	714③			
とせ	とせ	×	爲	見寶	696③	和連語	715②			
とせ	とせ	×	爲	安樂	784①	和連語	805②			
とせ	とせ	×	爲	如來	887③	和連語	906⑤			
とせ	とせ	×	爲	隨喜	970③	和サ動	988④			
とせ	どせ	×	度	序品	78⑥	漢サ動	69②			
度せ	どせ	×	度	序品	78⑥	漢サ動	69③	と・せ／わたさん[妙]		
度せ	どせ	ど	度	譬喩	229④	漢サ動	198⑤	どせ／わたさん[妙]		
度せ	どせ	と	度	藥草	391⑥	漢サ動	377②			
度せ	どせ	と	度	藥草	391⑥	漢サ動	377③			
度せ	どせ	と	度	授記	431①	漢サ動	421⑥	と／わたさん[妙]		
度せ	どせ	×	度	化城	457⑤	漢サ動	452⑥	と／わたさん[妙]	一するをもての[西右]	
度せ	どせ	×	度	化城	538⑤	漢サ動	544④	とせ／わたす[妙]		度世(とせ)わたす尊(そん)[妙]
度せ	どせ	と	度	如來	899②	漢サ動	918③	と・せ／わたさん[妙]	一するをもて[西右]	
度せ	どせ	×	度	如來	911②	漢サ動	930②		一するをもて[西右]	
度せ	どせ	×	度	分別	945⑤	漢サ動	964⑤	と・せ／わたさん[妙]		
とせり	とせり	×	爲	妙音	1174①	和連語	1189④		一るを化作す[西右]	
とせり	とせり	×	爲	妙音	1175①	和連語	1190③			

当該語	読みかな	傍訓	漢字表記	品名	頁数	語の種類	妙一本	和解語文	可読	異同語彙
土山	どせん	どせん	土山	藥王	1143④	漢山名名	1161④	どせん／つちのくろやま[妙]	一と[西右]	
兜率天上	とそつてんじょう	とそつ一のうへ	兜率天上	普賢	1324③	漢四熟名	1329①	とそつてんしやう[妙]		
土坯	どた	どた・つちくれ	土坯	譬喩	274①	漢地儀名	245③	どた／つちくれに[妙]		土埵[妙]
度脱し	どだつし	どだつ	度脱	方便	170⑤	漢サ動	147①			
度脱し	どだつし	どだつ	度脱	譬喩	269⑥	漢サ動	240③			
度脱し	どだつし	×	度脱	授記	438⑥	漢サ動	429⑤	とたつ／わたし[妙]		
度脱し	どだつし	どだつ	度脱	化城	461⑥	漢サ動	457④	とたつ／わたしぬき[妙]	一す[西右]	
度脱し	どだつし	と一	度脱	化城	471⑥	漢サ動	470①	とたつ／わたしぬき[妙]	一て[西右]	
度脱し	どだつし	×	度脱	化城	475④	漢サ動	474①	とたつ／わたしぬき[妙]		
度脱し	どだつし	どだつ	度脱	化城	480⑤	漢サ動	480④	とたつ／わたしぬき[妙]		
度脱し	どだつし	どだつ	度脱	化城	500②	漢サ動	503⑤	とたつ／わたし[妙]		
度脱し	どだつし	×	度脱	妙音	1197⑤	漢サ動	1211⑤		一する[西右]	度脱(とたつ)し[妙]
度脱し	どだつし	×	度脱	五百	575⑤	漢サ動	580③	とたつ・し／わたしぬき[妙]		
度脱す	どだつす	どだつ	度脱	序品	81⑥	漢サ動	71③	とたつ・す／わたしぬく[妙]		
度脱す	どだつす	×	度脱	藥王	1163①	漢サ動	1180①		ーーせんと[西右]	度脱(とたつ)す[妙]
度脱す	どだつす	どだつ	度脱	觀世	1230③	漢サ動	1243②	とたつ・す／わたしぬく[妙]		
度脱する	どだつする	どだつ	度脱	譬喩	206⑥	漢サ動	174⑦	とだつ・する／わたしぬかる[妙]		
度脱する	どだつする	どだつ	度脱	譬喩	264⑥	漢サ動	236②	とたつ／わたしぬく[妙]		
度脱する	どだつする	とたつ	度脱	化城	489③	漢サ動	490⑥	とたつ／わたしぬく[妙]		
度脱せ	どだつせ	どだつ	度脱	方便	165⑤	漢サ動	142①			
度脱せ	どだつせ	とたつ	度脱	授記	429②	漢サ動	419⑤	とたつ／わたしむかん[妙]		
度脱せ	どだつせ	とたつ	度脱	提婆	732①	漢サ動	750②	とたつ・せ／わたしぬかん[妙]		
度脱せ	どだつせ	とたつ	度脱	如來	891⑤	漢サ動	910⑥	とたつ・せ／わたさん[妙]		
土地	とち	とち	土地	藥草	388⑤	漢地儀名	373⑥	とち／つち[妙]		
土泥	どでい	どでい	土泥	法師	650⑤	漢地儀名	664④			
とゝのへ	ととのえ	×	整	信解	318①	和動	292⑥			
とゞま	とどま	×	止	信解	342④	和動	322⑥			
とゞまり	とどまり	×	止	信解	323①	和動	298⑥			
とゞまり	とどまり	×	止	信解	354④	和動	337④			
とゞまり	とどまり	×	止	化城	524⑤	和動	529⑥			
とゞまる	とどまる	×	止	信解	340③	和動	320②			
とゞめ	とどめ	×	止	方便	114①	和動	100①			
とゞめ	とどめ	×	留	見寶	670③	和動	685⑥			
とゞめ	とどめ	×	留	如來	906①	和動	924⑥		一てこゝに[西右]	
となへ	となえ	×	唱	藥草	391③	和動	376⑥			
となへ	となえ	×	唱	授記	415③	和動	403⑤			
となへ	となえ	×	唱	如來	895⑥	和動	914⑤			
となへ	となえ	×	唱	常不	1066②	和動	1085①			
となへ	となえ	×	唱	神力	1090④	和動	1108⑤			
泄那犁三	どなり	どなり	泄那犁三	陀羅	1258⑤	仏梵語名	1270③			となり[妙]
屠児	とに	とに	屠児	安樂	771②	漢人倫名	791⑥	とに／こをほふる[妙]	一と[西右]	
屠児	とに	どに	屠児	普賢	1330④	漢人倫名	1334④	とに／ししむらをほうる[妙]		
とひ	とび	×	飛	分別	934①	和動	952⑤			
とぼさ	とぼさ	×	燃	分別	965②	和動	983④			
とぼし	とぼし	×	燃	藥王	1124①	和動	1142③		ともし[西右]	とほし[妙]
とぼし	とぼし	×	燃	藥王	1141③	和動	1159④		ともし[西右]	とほし[妙]

当該語	読みかな	傍訓	漢字表記	品名	頁数	語の種類	妙一本	和解語文	可読	異同語彙
とほし	とぼし	×	燃	陀羅	1270⑤	和動	1281④			
とほし	とぼし	×	燃	分別	962⑥	和動	981③		ともし[西右]	
とほしひ	とぼしび	×	炬	藥王	1150⑥	和雜物名	1169①			
とほしび	とぼしび	×	燈	安樂	816②	和雜物名	838⑤			
とほす	とぼす	×	燃	藥王	1136⑤	和動	1154⑥		ともす[西右]	とほす[妙]
とま	とま	×	富	譬喩	271②	和動	242④			
とみ	とみ	×	富	譬喩	286④	和動	258③			
とみ	とみ	×	富	信解	323②	和動	298⑥			
とみ	とみ	×	富	信解	354③	和動	337⑥			
とみ	とみ	×	富	五百	597①	和動	605②			
とみ	とみ	×	富	五百	598⑥	和動	607②			
とめ	とめ	×	富	信解	329①	和動	306①			
とめ	とめ	×	富	信解	371⑥	和動	358⑤			
ともがら	ともがら	×	輩	方便	121①	和人倫名	106①			
ともがら	ともがら	×	輩	方便	138②	和人倫名	120③			
ともがら	ともがら	×	輩	譬喩	271⑥	和人倫名	243②			
ともがら	ともがら	×	輩	化城	542②	和人倫名	547⑥			
ともがら	ともがら	×	輩	見寶	683⑤	和人倫名	700⑥			
ともしから	ともしから	×	匱	譬喩	250⑥	和形	220⑥			
ともしき	ともしき	×	乏	提婆	711⑤	和形	729②			
ともしび	ともしび	×	燈	藥王	1150⑤	和雜物名	1168④			ともしひ[妙]
ともしび	ともしび	×	燈	藥王	1152③	和雜物名	1170②		一たる[西右]	ともしひ[妙]
ともしび	ともしび	×	燈	陀羅	1270③	和雜物名	1281②			とほしひ[妙]
ともに	ともに	×	俱	譬喩	277①	和連語	248④			
ともに	ともに	×	俱	譬喩	285①	和連語	256④			
ともに	ともに	×	俱	藥草	401④	和連語	388①			
ともに	ともに	×	俱	化城	456④	和連語	451④			
ともに	ともに	×	俱	化城	467③	和連語	464②			
ともに	ともに	×	俱	化城	467④	和連語	464③			
ともに	ともに	×	俱	化城	476①	和連語	475①			
ともに	ともに	×	俱	化城	484⑤	和連語	485②			
ともに	ともに	×	俱	化城	499④	和連語	502⑥			
ともに	ともに	×	俱	化城	506④	和連語	511①			
ともに	ともに	×	俱	化城	507③	和連語	511⑥			
ともに	ともに	×	俱	化城	536③	和連語	542①			
ともに	ともに	×	俱	化城	539②	和連語	545①			
ともに	ともに	×	俱	授學	601⑤	和連語	610②			
ともに	ともに	×	俱	見寶	683⑤	和連語	701①			
ともに	ともに	×	俱	勸持	737⑥	和連語	756④			
ともに	ともに	×	俱	勸持	741③	和連語	760②			
ともに	ともに	×	俱	勸持	743③	和連語	762②			
ともに	ともに	×	俱	勸持	750⑤	和連語	769②			
ともに	ともに	×	俱	安樂	779④	和連語	800③			
ともに	ともに	×	俱	從地	836④	和連語	859③			
ともに	ともに	×	俱	從地	838①	和連語	860⑥			
ともに	ともに	×	俱	如來	885④	和連語	904③			
ともに	ともに	×	俱	如來	903①	和連語	922①			
ともに	ともに	×	俱	如來	913①	和連語	931⑥			
ともに	ともに	×	俱	法功	1029⑤	和連語	1048③			
ともに	ともに	×	俱	常不	1077④	和連語	1096①			
ともに	ともに	×	俱	神力	1092⑤	和連語	1111②			
ともに	ともに	×	俱	囑累	1110⑤	和連語	1129③			
ともに	ともに	×	俱	囑累	1111④	和連語	1130②			
ともに	ともに	×	俱	藥王	1156①	和連語	1173⑥			
ともに	ともに	×	俱	藥王	1157②	和連語	1174⑤			とも{に}[妙]
ともに	ともに	×	俱	藥王	1158①	和連語	1175④			
ゝ(と)もに	ともに	×	俱	妙音	1179①	和連語	1194②			
ゝ(と)もに	ともに	×	俱	妙音	1198⑤	和連語	1212④			
ともに	ともに	×	俱	觀世	1215⑤	和連語	1229①			
ゝ(と)もに	ともに	×	俱	陀羅	1263②	和連語	1274⑤			ともに[妙]
ともに	ともに	×	俱	妙莊	1289⑥	和連語	1299①			
ともに	ともに	×	俱	妙莊	1290①	和連語	1299②			
ともに	ともに	×	俱	妙莊	1290②	和連語	1299③			
ともに	ともに	×	俱	普賢	1313①	和連語	1319①			
ともに	ともに	×	供	化城	531⑤	和連語	537⑥			
ともに	ともに	×	供	化城	544⑤	和連語	552⑥			
ともに	ともに	×	共	方便	96①	和連語	84③			
ともに	ともに	×	共	方便	96⑤	和連語	85①			

当該語	読みかな	傍訓	漢字表記	品名	頁数	語の種類	妙一本	和解語文	可読	異同語彙
ともに	ともに	×	共	方便	97③	和連語	85④			
ともに	ともに	×	共	方便	98⑤	和連語	86⑤			
ともに	ともに	×	共	方便	99②	和連語	87①			
ともに	ともに	×	共	譬喩	210⑥	和連語	178⑤			
ともに	ともに	×	共	譬喩	232③	和連語	201③			
ともに	ともに	×	共	譬喩	278②	和連語	249⑥			
ともに	ともに	×	共	信解	335②	和連語	313③			
ともに	ともに	×	共	信解	355③	和連語	338⑥			
ともに	ともに	×	共	授記	422⑤	和連語	412②			
ともに	ともに	×	共	授記	432②	和連語	423②			
ともに	ともに	×	共	化城	465⑤	和連語	462③			
ともに	ともに	×	共	化城	466⑤	和連語	463③			
ともに	ともに	×	共	化城	473⑤	和連語	472②			
ともに	ともに	×	共	化城	475①	和連語	473⑥			
ともに	ともに	×	共	化城	475②	和連語	474②			
ともに	ともに	×	共	化城	475⑤	和連語	474⑥			
ともに	ともに	×	共	化城	482⑤	和連語	482⑥			
ともに	ともに	×	共	化城	484④	和連語	485①			
ともに	ともに	×	共	化城	491⑤	和連語	493⑤			
ともに	ともに	×	共	化城	493②	和連語	495②			
ともに	ともに	×	共	化城	493③	和連語	495⑥			
共に	ともに	×	共	化城	508⑥	和連語	513⑤			
ともに	ともに	×	共	授學	606③	和連語	615③			
ともに	ともに	×	共	法師	639④	和連語	652①			
ともに	ともに	×	共	提婆	722④	和連語	740④			
ともに	ともに	×	共	提婆	724③	和連語	742④			
ともに	ともに	×	共	安樂	764③	和連語	784①			
ともに	ともに	×	共	安樂	765③	和連語	785②			
ともに	ともに	×	共	安樂	787⑥	和連語	809①			
ともに	ともに	×	共	安樂	799①	和連語	820①			
ともに	ともに	×	共	安樂	801②	和連語	823③			
ともに	ともに	×	共	從地	827④	和連語	849⑥			
ともに	ともに	×	共	從地	845②	和連語	867⑥			
ともに	ともに	×	共	分別	949⑤	和連語	968③			
ともに	ともに	×	共	分別	959①	和連語	977④			
ともに	ともに	×	共	隨喜	981⑤	和連語	999⑥			
ともに	ともに	×	共	隨喜	982②	和連語	1000③			
ともに	ともに	×	共	法功	1004①	和連語	1022④			
ともに	ともに	×	共	法功	1032⑤	和連語	1051⑥			
ともに	ともに	×	共	神力	1087⑤	和連語	1106①			
ともに	ともに	×	共	神力	1089②	和連語	1107③			
ゝ(と)もに	ともに	×	共	陀羅	1259⑥	和連語	1271④			ために[妙]
ともに	ともに	×	共	妙莊	1290③	和連語	1299③			
ともに	ともに	×	共	普賢	1308④	和連語	1315①			
ともに	ともに	×	共	普賢	1324⑤	和連語	1329③			
ともに	ともに	×	共俱	妙莊	1277③	和連語	1287④			
ともに	ともに	×	共俱	妙莊	1282④	和連語	1292②			
ともに	ともに	×	與	譬喩	231④	和連語	200⑤			
ともに	ともに	×	與	信解	335⑤	和連語	314②			
ともに	ともに	×	與	提婆	721①	和連語	739②			
ともに	ともに	×	與	安樂	766④	和連語	786④		ねがふて―[西右]	
ともに	ともに	×	與共	普賢	1314③	和連語	1320②			
ともにし	ともにし	×	俱	化城	513⑤	和連語	518⑤			
とら	とら	×	執	觀世	1212②	和動	1225④			とれ[妙]
とら	とら	×	取	譬喩	245④	和動	215②			
とら	とら	×	取	信解	368②	和動	354④			
とらふ	とらう	×	捉	信解	330④	和動	308①			
とらふ	とらう	×	執	信解	359④	和動	343⑥			
とらふる	とらうる	×	執	信解	331①	和動	308④			
とらへ	とらえ	×	捉	信解	330⑥	和動	308⑥			
とり	とり	×	禽	譬喩	273③	和禽類名	244⑤			
とり	とり	×	鳥	譬喩	276②	和禽類名	247⑤			鳥(とり)[妙]
とり	とり	×	鳥	分別	934①	和禽類名	952⑤			
とり	とり	×	採	提婆	711②	和動	728④			
とり	とり	×	採	提婆	713⑥	和動	731④			
とり	とり	×	執	信解	326⑥	和動	303③			
とり	とり	×	執	觀世	1238④	和動	1251①			

当該語	読みかな	傍訓	漢字表記	品名	頁数	語の種類	妙一本	和解語文	可読	異同語彙
とり	とり	×	捉	譬喩	274④	和動	245⑥			
とり	とり	×	把	見寶	693③	和動	711⑤		にきてィ[西右]	
とり	とり	×	取	方便	90④	和動	79③			
とり	とり	×	取	譬喩	273⑤	和動	245①			
とり	とり	×	取	譬喩	279②	和動	250⑤			
とり	とり	×	取	信解	335⑤	和動	314①			
とり	とり	×	取	安樂	765①	和動	784⑥			
とり	とり	×	取	如來	906①	和動	925①			
とり	とり	×	取	如來	908②	和動	927①			
とり	とり	×	取	藥王	1162④	和動	1179④			とり[妙]
とり	とり	×	執	信解	361④	和動	346④			
とり	とり	×	執	分別	935②	和動	953⑥			
とりあたふ	とりあたう	×	取與	信解	341②	和動	321②			
十力	とりき	×	十力	化城	548⑤	漢数名	555④			
十力	とりき	とりき	十力	提婆	715⑤	漢数名	733⑤			しふりき[妙]
とる{らん}	とる	×	取	信解	342③	和動	322⑤			
とる	とる	×	如來	895⑥	和動	914⑥				
兜楼婆	とろは	とろは	兜楼婆	藥王	1123②	仏梵語名	1141②		一と[西右]	とろば[妙]
とは	とわ	×	問	法師	624⑤	和動	635⑤			
とは	とわ	×	問	見寶	695⑥	和動	714⑤			
とは	とわ	×	問	安樂	792④	和動	814①			
とは	とわ	×	問	安樂	792⑤	和動	814①			
とはく	とわく	×	問	提婆	722⑤	和動ク	740⑥			
貪	とん	とん	貪	信解	369⑥	単漢名	356③		無貪を着にして[西右]	
鈍	どん	どん	鈍	方便	178①	単漢名	153①	とん／にふく[妙]	一なりィ[西右]	
貪愛	とんあい	とんあい	貪愛	方便	176④	漢名	151⑤	とんあい／むさほりあいする[妙]		
貪楽嬉戯す	とんぎょうきげす	とんげうきけす	貪楽嬉戯	譬喩	285①	漢サ四熟動	256⑤	とんげうきけ・す／むさほりねかひあそひたわふる[妙]	貪楽嬉戯しつるを[西]	
鈍根	どんごん	どんごん	鈍根	方便	144①	漢名	125③			
鈍根	どんごん	どんこん	鈍根	藥草	407③	漢名	394⑤			
鈍根小智	どんごんしょうち	どんごんせうち	鈍根小智	方便	186⑤	漢四熟名	160①			
貪嫉	とんしつ	とんしつ	貪嫉	方便	151①	漢名	131②	とんしち／むさふりねたむ[妙]		貪嫉(とんしち)[妙]
貪着	とんじゃく	とんぢゃく	貪着	譬喩	255④	漢名	226④			
貪着	とんじゃく	とんぢゃく	貪着	譬喩	290⑥	漢名	263①	とんぢゃく／むさほりつくこと[妙]		
貪着	とんじゃく	とんぢゃく	貪着	藥草	406③	漢名	393④			
貪着	とんじゃく	とんぢゃく	貪着	五百	564②	漢サ動	567④			
貪着し	とんじゃくし	とんぢゃく	貪着	方便	144②	漢サ動	125④			
貪着し	とんじゃくし	とんぢゃく	貪着	譬喩	260③	漢サ動	231⑥	とんぢゃくし／むさほりつき[妙]		
貪着し	とんじゃくし	とん・むぢゃく	貪着	安樂	769⑤	漢サ動	789⑥			
貪着し	とんじゃくし	とんぢゃく	貪着	如來	896④	漢サ動	915③		一せると[西右]	
貪着する	とんじゃくする	とんぢゃく	貪着	勧持	752④	漢サ動	772①			
貪着せ	とんじゃくせ	とんぢゃく	貪着	序品	63③	漢サ動	55③			
貪着せ	とんじゃくせ	とんぢゃく	貪着	序品	81⑥	漢サ動	71⑤	とんちゃく・せ／むさほりつき[妙]		
貪着せ	とんちゃくせ	とん・むぢゃく	貪着	普賢	1330②	漢サ動	1334②			とんぢゃく・せ[妙]
貪着せ	とんちゃくせ	とん・むぢゃく	貪着	普賢	1333④	漢サ動	1337①			とんちゃく・せ[妙]
頓弊し	とんへいし	とんべい／たちまちに	頓弊	譬喩	270⑤	漢サ動	241⑥		一やぶる[西右]	
頓乏し	とんぼくし	とんほく／ともして	頓乏	化城	541⑥	漢サ動	547⑤	とんほく／たちまちにとほし[妙]		
貪欲	とんよく	とんよく	貪欲	譬喩	296④	漢名	268⑤			
貪欲	とんよく	とんよく	貪欲	譬喩	296④	漢名	268⑤			
貪欲	とんよく	とんよく	貪欲	藥王	1154⑥	漢名	1172⑤		一に[西右]	とんよく[妙]
貪欲	とんよく	とむよく	貪欲	妙音	1182⑤	漢名	1197④			とんよく[妙]

当該語	読みかな	傍訓	漢字表記	品名	頁数	語の種類	妙一本	和解語文	可読	異同語彙
貪利し	とんりし	とんり	貪利	勸持	738⑤	漢サ動	757④	とんり・し／むさほり[妙]		
名	な	×	號	序品	83③	和名	73②			
な	な	×	號	譬喩	225⑤	和名	194⑥			
な	な	×	號	譬喩	226⑥	和名	195⑥			
な	な	×	號	授記	430①	和名	420⑤			
な	な	×	號	五百	570④	和名	574③			
な	な	×	號	五百	580①	和名	585②			
な	な	×	號	授學	607②	和名	616②			
名	な	×	號	提婆	716⑤	和名	734⑤			
な	な	×	字	信解	344③	和名	325②		あざ[西右]	
な	な	×	名	序品	5②	和名	4①			
名	な	×	名	序品	8⑤	和名	7①			
名	な	×	名	序品	78①	和名	68⑤			
名	な	×	名	序品	78⑤	和名	69②			
な	な	×	名	方便	113②	和名	99①			
な	な	×	名	方便	184⑤	和名	158③			
な	な	×	名	譬喩	221①	和名	189⑥			
な	な	×	名	譬喩	307③	和名	279⑥			
な	な	×	名	信解	344③	和名	325②			
な	な	×	名	信解	359④	和名	344①			
な	な	×	名	授記	416②	和名	404④			
な	な	×	名	授記	426⑥	和名	417②			
な	な	×	名	授記	434⑥	和名	426②			
な	な	×	名	授記	440③	和名	432④			
な	な	×	名	化城	523④	和名	528⑤		退還しなんとおもふと[西右]	
な	な	×	名	化城	523⑥	和名	529②			
な	な	×	名	化城	542①	和名	547⑥			
な	な	×	名	五百	584①	和名	589④			
な	な	×	名	五百	585①	和名	590④			
な	な	×	名	授學	603①	和名	611⑤			
な	な	×	名	授學	617⑤	和名	627⑤		一づけてィ[西右]	
名	な	×	名	見寶	661⑥	和名	676④			
な	な	×	名	見寶	699②	和名	718②			
名	な	×	名	提婆	720③	和名	738④			
名	な	×	名	勸持	742③	和名	761②			
な	な	×	名	勸持	744⑤	和名	763④			
な	な	×	名	勸持	753①	和名	772⑤			
な	な	×	名	安樂	777④	和名	798②			
な	な	×	名	安樂	777⑤	和名	798③			
な	な	×	名	如來	916⑥	和名	935⑥			
な	な	×	名	常不	1068⑤	和名	1087④			
な	な	×	名	常不	1077⑤	和名	1096②			
な	な	×	名	神力	1094④	和名	1113②			なほ[妙]
な	な	×	名	藥王	1130⑥	和名	1149③			なほ[妙]
な	な	×	名	妙音	1167⑤	和名	1183⑥			
な	な	×	名	觀世	1209④	和名	1222④		みな[西右]	な[妙]
な	な	×	名	觀世	1209⑤	和名	1223①		みな[西右]	な[妙]
な	な	×	名	觀世	1236⑥	和名	1248⑥			
な	な	×	名	觀世	1241⑤	和名	1254②			
な	な	×	名	陀羅	1269⑤	和名	1280⑤		みな[西右]	な[妙]
な	な	×	名	普賢	1328①	和名	1332⑤		みな[西右]	な[妙]
内	ない	ない・うちに	内	信解	368④	単漢名	354⑥	ない／うち[妙]		
内衣	ないえ	ないゑ	内衣	五百	597②	漢衣服名	605③	ないえ／ころも[妙]		
内衣	ないえ	×	内衣	五百	598①	漢衣服名	606③	ないえ／ころも[妙]		
乃往	ないおう	ないわう	乃往	見寶	661④	漢名	676①			
乃往過去	ないおうかこ	ないわうくはこ	乃往過去	化城	445④	漢四熟名	438④	ないわうくわこ／むかしのよの[妙]		
乃往過去無量恒河沙劫	ないおうかこむりょうごうがしゃごう	ないわうくはこのーーーーーー	乃往過去無量恒河沙	藥王	1116①	漢数名	1134④	ないわうくわこむりやうこうかしやこう[妙]	ーーーーーの一[西右]	乃往過去無量恒河沙劫[妙]
乃徃古昔	ないおうこしゃく	ないわうこしやく	乃徃古昔	常不	1057③	漢四熟名	1076②	ないわうこしやく[妙]		

当該語	読みかな	傍訓	漢字表記	品名	頁数	語の種類	妙一本	和解語文	可読	異同語彙
乃往古世	ないおうこせ	ないはうこせ	乃往古世	妙莊	1272①	漢四熟名	1282⑥	ないわうこせい[妙]	一に[西右]	
内外	ないけ	ないけ	内外	安樂	779④	漢名	800③	ないくゑ／うちほか[妙]		
内外	ないけ	ないけ	内外	法功	995③	漢名	1014①	ないげ／うちほか[妙]	うちとそととに[西右]	
内外	ないけ	ないげ	内外	法功	997②	漢名	1015⑥	ないけ／うちほか[妙]	一は[西右]	
内外	ないけ	×	内外	法功	999①	漢名	1017⑥	ないくゑ／うちほか[妙]	一の[西右]	
内外	ないけ	ないげ	内外	法功	1000④	漢名	1019		一に[西右]	
内外	ないけ	×	内外	法功	1007③	漢名	1025⑥	ないけ／うちほか[妙]		
内外	ないけ	×	内外	法功	1009②	漢名	1027⑤	ないくゑ／うちほか[妙]		
内外	ないけ	×	内外	法功	1029④	漢名	1048②	ないけ／うちほか[妙]		
内外	ないけ	ないげ	内外	法功	1044⑤	漢名	1063③	ないけ／うちほか[妙]		
乃至	ないし	ないし	乃至	方便	148①	漢接続	128⑤			
乃至	ないし	ないし	乃至	方便	150④	漢接続	130⑤			
乃至	ないし	ないし	乃至	方便	162④	漢接続	140②			
乃至	ないし	ないし	乃至	方便	164⑤	漢接続	142①			
乃至	ないし	×	乃至	方便	167①	漢接続	143⑥			
乃至	ないし	×	乃至	方便	167③	漢接続	144②			
乃至	ないし	×	乃至	方便	168①	漢接続	144⑤		一ち一[西右]	
乃至	ないし	×	乃至	方便	189⑤	漢接続	162⑤		すなはち[西右]	
乃至	ないし	ないし	乃至	譬喩	239②	漢接続	208⑤			
乃至	ないし	ないし	乃至	譬喩	252⑤	漢接続	222⑥			
乃至	ないし	ないし	乃至	譬喩	315⑥	漢接続	289④			
乃至	ないし	ないし	乃至	化城	452③	漢接続	446④		すなはち[西右]	
乃至	ないし	ないし	乃至	化城	464③	漢接続	460④		すなはちィ[西右]	
乃至	ないし	ないし	乃至	化城	490⑥	漢接続	492⑤		よりすなはち[西右]	
乃至	ないし	ないし	乃至	五百	591⑥	漢接続	598⑥		すなはち[西右]	
乃至	ないし	ないし	乃至	法師	622③	漢接続	633①		すなはち[西右]	
乃至	ないし	×	乃至	法師	622⑥	漢接続	633⑤		すなはち[西右]	
乃至	ないし	ないし	乃至	法師	623③	漢接続	634②		すなはち[西右]	
乃至	ないし	×	乃至	法師	623⑥	漢接続	634⑤		すなはち[西右]	
乃至	ないし	×	乃至	法師	625②	漢接続	636②		すなはち[西右]	
乃至	ないし	×	乃至	法師	627④	漢接続	638⑤		すなはち一句に至るまでを[西右]	
乃至	ないし	×	乃至	提婆	711③	漢接続	728⑤			
乃至	ないし	ないし	乃至	提婆	729④	漢接続	747④			
乃至	ないし	×	乃至	安樂	766②	漢接続	786②			
乃至	ないし	ないし	乃至	安樂	787①	漢接続	808③			
乃至	ないし	ないし	乃至	安樂	795②	漢接続	817②			
乃至	ないし	ないし	乃至	從地	821⑤	漢接続	844①			
乃至	ないし	×	乃至	從地	821⑥	漢接続	844②			
乃至	ないし	×	乃至	從地	822③	漢接続	844④			
乃至	ないし	×	乃至	從地	822③	漢接続	844⑤			
乃至	ないし	×	乃至	從地	823⑥	漢接続	846②			
乃至	ないし	×	乃至	從地	837②	漢接続	860①			
乃至	ないし	ないし	乃至	從地	837④	漢接続	860②			
乃至	ないし	×	乃至	從地	837⑥	漢接続	860⑤			
乃至	ないし	×	乃至	如來	899⑥	漢接続	919①			
乃至	ないし	×	乃至	分別	937③	漢接続	955⑥			
乃至	ないし	×	乃至	分別	938⑥	漢接続	957②			
乃至	ないし	×	乃至	分別	944④	漢接続	962⑥			

当該語	読みかな	傍訓	漢字表記	品名	頁数	語の種類	妙一本	和解語文	可読	異同語彙
乃至	ないし	ないし	乃至	分別	967⑥	漢接続	986②			
乃至	ないし	×	乃至	随喜	978③	漢接続	996⑤			
乃至	ないし	×	乃至	随喜	981⑥	漢接続	1000①			
乃至	ないし	×	乃至	随喜	986③	漢接続	1004⑤			
乃至	ないし	×	乃至	随喜	990③	漢接続	1008⑤			
乃至	ないし	×	乃至	法功	1005①	漢接続	1023④			
乃至	ないし	×	乃至	法功	1013③	漢接続	1031⑥			
乃至	ないし	ないし	乃至	法功	1023④	漢接続	1042③			
乃至	ないし	×	乃至	法功	1041②	漢接続	1059⑥			
乃至	ないし	×	乃至	法功	1041⑤	漢接続	1060③			
乃至	ないし	×	乃至	法功	1044③	漢接続	1062⑥			
乃至	ないし	×	乃至	常不	1063④	漢接続	1082②			ないし[妙]
乃至	ないし	ないし	乃至	藥王	1141②	漢接続	1159③			ないし[妙]
乃至	ないし	×	乃至	藥王	1142④	漢接続	1160⑤			ないし[妙]
乃至	ないし	×	乃至	藥王	1158③	漢接続	1176①			ないし[妙]
乃至	ないし	×	乃至	妙音	1192⑤	漢接続	1206⑥			ないし[妙]
乃至	ないし	×	乃至	妙音	1196④	漢接続	1210③			一し[妙]
乃至	ないし	×	乃至	觀世	1211③	漢接続	1224④			ないし[妙]
乃至	ないし	×	乃至	觀世	1220⑥	漢接続	1234②			ないし[妙]
乃至	ないし	×	乃至	陀羅	1250①	漢接続	1262①			ないし[妙]
乃至	ないし	×	乃至	陀羅	1266④	漢接続	1277④	いまし七日までにし[西右]		ないし[妙]
乃至	ないし	×	乃至	陀羅	1266⑥	漢接続	1277⑥			ないし[妙]
乃至	ないし	ないし	乃至	妙莊	1274③	漢接続	1284⑥			ないし[妙]
なを	なお	×	尚	方便	135②	和副	118①			
なを	なお	×	尚	授學	608⑤	和名	617⑥			
なを	なお	×	尚	法師	628⑤	和副	639⑤			
なを	なお	×	尚	法師	643⑤	和副	656⑥			
なを	なお	×	尚	法師	644③	和副	657③			
なを	なお	×	尚	法師	650④	和副	664③			
なを	なお	×	尚	見寶	685④	和副	702⑥			
なほ	なお	×	尚	從地	864④	和副	887③			
なを	なお	×	尚	随喜	978⑥	和副	997②			
なを	なお	×	尚	随喜	989④	和副	1007⑥			
なを	なお	×	尚	觀世	1213①	和副	1226②	なをし[西右]		なほ[妙]
なを	なお	×	猶	序品	39②	和副	33⑥			
なを	なお	×	猶	序品	72①	和副	63③			
なを	なお	×	猶	譬喩	281⑥	和副	253③			
なを	なお	×	猶	譬喩	289④	和副	261④			
なを	なお	×	猶	譬喩	300③	和副	272⑤			
なほ	なお	×	猶	信解	340④	和副	320②			
なを	なお	×	猶	信解	363①	和副	348②			
なを	なお	×	猶	藥草	404④	和副	391④			
なほ	なお	×	猶	授記	423⑥	和副	413④			
なを	なお	×	猶	授記	425①	和副	414⑥			
なを	なお	×	猶	授記	430④	和副	421③			
なを	なお	×	猶	化城	452④	和副	446⑤			
なを	なお	×	猶	化城	523③	和副	528②			
なを	なお	×	猶	五百	594①	和副	601④			
なを	なお	×	猶	授學	613⑤	和副	623③			
なを	なお	×	猶	法師	638④	和副	650⑥			
なほ	なお	×	猶	法師	643②	和副	656①			
なを	なお	×	猶	法師	650③	和副	664②			
なを	なお	×	猶	提婆	728③	和副	746③			
なほ	なお	×	猶	提婆	733②	和副	751③			
なを	なお	×	猶	安樂	766②	和副	786②			
なを	なお	×	猶	安樂	774⑤	和副	795②			
なほ	なお	×	猶	從地	838⑤	和副	861③			
なを	なお	×	猶	如來	895③	和副	914②			
なを	なお	×	猶	常不	1066②	和副	1085①			
なを	なお	×	猶	神力	1099⑥	和副	1118⑥			なほ[妙]
なを	なお	×	猶	藥王	1128②	和副	1146⑤			なほ[妙]
なを	なお	×	猶	藥王	1135③	和副	1153⑤			なほ[妙]
なを	なお	×	猶尚	譬喩	250⑥	和副	220⑥			
なを	なお	×	猶故	信解	330②	和副	307③			
なを	なお	×	猶故	信解	339⑥	和副	319④			
なを	なお	×	猶故	見寶	672①	和副	687④			
なを	なお	×	故	信解	342④	和副	323①			

当該語	読みかな	傍訓	漢字表記	品名	頁数	語の種類	妙一本	和解語文	可読	異同語彙
なを	なお	×	故	五百	592③	和副	599④			
なをから	なおから	×	直	随喜	991②	和形	1009⑤			なほから[妙]
猶	なおし	なほし	猶	譬喩	252⑥	和副	223①			
なか	なか	×	中	序品	4③	和方位名	3③			
なか	なか	×	中	序品	16③	和方位名	13②			
なか	なか	×	中	序品	25④	和方位名	21⑤			
なか	なか	×	中	序品	35②	和方位名	30②			
なか	なか	×	中	序品	54②	和方位名	47①			
なか	なか	×	中	序品	55②	和方位名	48①			
なか	なか	×	中	序品	57①	和方位名	49④			
なか	なか	×	中	序品	59②	和方位名	51⑤			
なか	なか	×	中	序品	60①	和方位名	52③			
なか	なか	×	中	序品	63②	和方位名	55②			
なか	なか	×	中	序品	65⑤	和方位名	57④			
なか	なか	×	中	序品	67⑤	和方位名	59②			
なか	なか	×	中	序品	70⑥	和方位名	62①			
なか	なか	×	中	序品	71⑥	和方位名	63①			
なか	なか	×	中	序品	80①	和方位名	70③			
なか	なか	×	中	方便	101⑥	和方位名	89③			
なか	なか	×	中	方便	116②	和方位名	101⑥			
なか	なか	×	中	方便	120④	和方位名	105⑤			
なか	なか	×	中	方便	131④	和方位名	115②			
なか	なか	×	中	方便	135②	和方位名	118①			
なか	なか	×	中	方便	139④	和方位名	121⑤			
なか	なか	×	中	方便	141④	和方位名	123③			
なか	なか	×	中	方便	148③	和方位名	129①			
なか	なか	×	中	方便	151②	和方位名	131②			
なか	なか	×	中	方便	154②	和方位名	133④			
なか	なか	×	中	方便	162③	和方位名	140①			
なか	なか	×	中	方便	169②	和方位名	145⑥			
なか	なか	×	中	方便	177⑤	和方位名	152⑤			
なか	なか	×	中	方便	187②	和方位名	160④			
なか	なか	×	中	譬喩	211①	和方位名	178⑤			
なか	なか	×	中	譬喩	214④	和方位名	182⑥			
なか	なか	×	中	譬喩	215⑥	和方位名	184③			
なか	なか	×	中	譬喩	217⑥	和方位名	186④			
なか	なか	×	中	譬喩	218⑤	和方位名	187②			
なか	なか	×	中	譬喩	219③	和方位名	188①			
なか	なか	×	中	譬喩	222⑥	和方位名	191⑥			
なか	なか	×	中	譬喩	232①	和方位名	201②			
なか	なか	×	中	譬喩	232②	和方位名	201③			
なか	なか	×	中	譬喩	239③	和方位名	208⑤			
なか	なか	×	中	譬喩	247①	和方位名	216⑥			
なか	なか	×	中	譬喩	256②	和方位名	227③			
なか	なか	×	中	譬喩	271④	和方位名	242⑥			
なか	なか	×	中	譬喩	275②	和方位名	246③			
なか	なか	×	中	譬喩	278①	和方位名	249④			
なか	なか	×	中	譬喩	289①	和方位名	261③			
なか	なか	×	中	譬喩	290③	和方位名	262④			
なか	なか	×	中	譬喩	294⑥	和方位名	267①			
なか	なか	×	中	譬喩	300②	和方位名	272④			
なか	なか	×	中	譬喩	304②	和方位名	276④			
なか	なか	×	中	譬喩	311③	和方位名	284⑤			
なか	なか	×	中	譬喩	314④	和方位名	288④			
なか	なか	×	中	信解	336①	和方位名	314④		うち[西右]	うち[妙]
なか	なか	×	中	信解	341②	和方位名	321①			
なか	なか	×	中	信解	344①	和方位名	324⑥			
なか	なか	×	中	信解	346④	和方位名	328①			
なか	なか	×	中	信解	347①	和方位名	328⑤			
なか	なか	×	中	信解	347⑤	和方位名	329③			
なか	なか	×	中	信解	351③	和方位名	334①			
なか	なか	×	中	信解	373⑥	和方位名	361①			
なか	なか	×	中	信解	374⑤	和方位名	362①			
なか	なか	×	中	藥草	391③	和方位名	376⑥			
なか	なか	×	中	藥草	394③	和方位名	380②			
なか	なか	×	中	藥草	404②	和方位名	391②			
なか	なか	×	中	授記	431①	和方位名	421⑤			
なか	なか	×	中	授記	431②	和方位名	422①			

当該語	読みかな	傍訓	漢字表記	品名	頁数	語の種類	妙一本	和解語文	可読	異同語彙
なか	なか	×	中	化城	463⑥	和方位名	460①			
なか	なか	×	中	化城	464①	和方位名	460③			
なか	なか	×	中	化城	464⑥	和方位名	461②			
なか	なか	×	中	化城	465⑥	和方位名	462③			
なか	なか	×	中	化城	473⑥	和方位名	472③			
なか	なか	×	中	化城	483①	和方位名	483③			
なか	なか	×	中	化城	491⑥	和方位名	494①			
なか	なか	×	中	化城	504④	和方位名	508⑤			
なか	なか	×	中	化城	507⑥	和方位名	512③			
なか	なか	×	中	化城	508③	和方位名	513①			
なか	なか	×	中	化城	509③	和方位名	514②			
なか	なか	×	中	化城	512③	和方位名	517③			
なか	なか	×	中	化城	518⑥	和方位名	523⑥			
なか	なか	×	中	化城	524①	和方位名	529③			
なか	なか	×	中	化城	524⑤	和方位名	529⑥			
なか	なか	×	中	五百	565②	和方位名	568⑤			
なか	なか	×	中	五百	566⑤	和方位名	570②			
なか	なか	×	中	五百	568⑤	和方位名	572③			
なか	なか	×	中	五百	568⑥	和方位名	572⑤			
なか	なか	×	中	五百	569①	和方位名	572⑥			
なか	なか	×	中	五百	569②	和方位名	573①			
なか	なか	×	中	五百	571③	和方位名	575②			
なか	なか	×	中	五百	583④	和方位名	589①			
なか	なか	×	中	授學	605⑤	和方位名	614④			
なか	なか	×	中	授學	608②	和方位名	617③			
なか	なか	×	中	授學	608④	和方位名	617⑤			
なか	なか	×	中	授學	615③	和方位名	625①			
なか	なか	×	中	法師	621③	和方位名	632①			
なか	なか	×	中	法師	628①	和方位名	639②			
なか	なか	×	中	法師	628②	和方位名	639④			
なか	なか	×	中	法師	634⑤	和方位名	646⑤			
なか	なか	×	中	法師	635④	和方位名	647⑤			
なか	なか	×	中	法師	637①	和方位名	649②			
なか	なか	×	中	法師	637④	和方位名	649⑥			
なか	なか	×	中	法師	640④	和方位名	653①			
なか	なか	×	中	法師	646⑥	和方位名	660③			
なか	なか	×	中	法師	647③	和方位名	660⑥			
なか	なか	×	中	見寶	661⑤	和方位名	676③			
なか	なか	×	中	見寶	663①	和方位名	677⑤			
なか	なか	×	中	見寶	667⑤	和方位名	682⑤			
なか	なか	×	中	見寶	676⑥	和方位名	693①			
なか	なか	×	中	見寶	677③	和方位名	693⑤			
なか	なか	×	中	見寶	679⑤	和方位名	696④			
なか	なか	×	中	見寶	688②	和方位名	705⑥			
なか	なか	×	中	見寶	693②	和方位名	711③			
なか	なか	×	中	見寶	694②	和方位名	712⑥			
なか	なか	×	中	見寶	694⑤	和方位名	713②			
なか	なか	×	中	見寶	697①	和方位名	716①			
なか	なか	×	中	提婆	708④	和方位名	725②			
なか	なか	×	中	提婆	708⑤	和方位名	725⑤			
なか	なか	×	中	提婆	719③	和方位名	737③			
なか	なか	×	中	提婆	720①	和方位名	738②			
なか	なか	×	中	提婆	721⑥	和方位名	740①			
なか	なか	×	中	提婆	724④	和方位名	742⑤			
なか	なか	×	中	提婆	726⑤	和方位名	744⑥			
なか	なか	×	中	勸持	739④	和方位名	758②			
なか	なか	×	中	勸持	743①	和方位名	762①			
なか	なか	×	中	勸持	744④	和方位名	763④			
なか	なか	×	中	勸持	745①	和方位名	763⑥			
なか	なか	×	中	勸持	745②	和方位名	764②			
なか	なか	×	中	勸持	751②	和方位名	770④			
なか	なか	×	中	勸持	751⑤	和方位名	771②			
なか	なか	×	中	勸持	754②	和方位名	773⑤			
なか	なか	×	中	勸持	755④	和方位名	775②			
なか	なか	×	中	安樂	764③	和方位名	784①			
なか	なか	×	中	安樂	776⑤	和方位名	797③			
なか	なか	×	中	安樂	781⑤	和方位名	802⑤			
なか	なか	×	中	安樂	791⑤	和方位名	813②			

当該語	読みかな	傍訓	漢字表記	品名	頁数	語の種類	妙一本	和解語文	可読	異同語彙
なか	なか	×	中	安樂	792①	和方位名	813③			
なか	なか	×	中	安樂	793③	和方位名	814⑥			
なか	なか	×	中	安樂	795⑤	和方位名	817②			
なか	なか	×	中	安樂	799②	和方位名	821①			
なか	なか	×	中	安樂	801①	和方位名	823①			
なか	なか	×	中	安樂	802⑤	和方位名	824⑤			
なか	なか	×	中	安樂	803④	和方位名	825①			
なか	なか	×	中	安樂	805⑤	和方位名	827⑥			
なか	なか	×	中	安樂	808⑤	和方位名	831①			
なか	なか	×	中	安樂	811①	和方位名	833③		うち[西右]	
なか	なか	×	中	安樂	812④	和方位名	834⑥			
なか	なか	×	中	安樂	814①	和方位名	836④			
なか	なか	×	中	安樂	816③	和方位名	838⑥			
なか	なか	×	中	從地	817④	和方位名	839⑤			
なか	なか	×	中	從地	820①	和方位名	842③			
なか	なか	×	中	從地	820⑤	和方位名	843①			
なか	なか	×	中	從地	826⑤	和方位名	849①			
なか	なか	×	中	從地	827③	和方位名	849④			
なか	なか	×	中	從地	829⑤	和方位名	851⑥			
なか	なか	×	中	從地	839⑥	和方位名	862⑤			
なか	なか	×	中	從地	840④	和方位名	863③			
なか	なか	×	中	從地	846⑥	和方位名	869④			
なか	なか	×	中	從地	849⑥	和方位名	872⑤			
なか	なか	×	中	如來	886④	和方位名	905④			
なか	なか	×	中	如來	896④	和方位名	915④			
なか	なか	×	中	如來	902⑥	和方位名	921⑥			
なか	なか	×	中	如來	913⑤	和方位名	932④			
なか	なか	×	中	如來	920②	和方位名	939②			
なか	なか	×	中	分別	926②	和方位名	944⑥			
なか	なか	×	中	分別	927③	和方位名	946①			
なか	なか	×	中	分別	934③	和方位名	952⑥			
なか	なか	×	中	分別	940②	和方位名	958④			
なか	なか	×	中	分別	944①	和方位名	962④			
なか	なか	×	中	分別	945⑥	和方位名	964③			
なか	なか	×	中	分別	950④	和方位名	969②			
なか	なか	×	中	分別	954⑥	和方位名	973⑤			
なか	なか	×	中	分別	955②	和方位名	973⑥			
なか	なか	×	中	分別	960⑥	和方位名	979③			
なか	なか	×	中	分別	968①	和方位名	986③			
なか	なか	×	中	分別	968④	和方位名	986⑥			
なか	なか	×	中	隨喜	979①	和方位名	997③			
なか	なか	×	中	隨喜	992③	和方位名	1011①			
なか	なか	×	中	法功	995⑤	和方位名	1014③			
なか	なか	×	中	法功	996③	和方位名	1015①			
なか	なか	×	中	法功	997⑤	和方位名	1016③			
なか	なか	×	中	法功	999①	和方位名	1017⑥			
なか	なか	×	中	法功	1000④	和方位名	1019②			
なか	なか	×	中	法功	1003①	和方位名	1021⑤			
なか	なか	×	中	法功	1004④	和方位名	1023①			
なか	なか	×	中	法功	1006⑥	和方位名	1025③			
なか	なか	×	中	法功	1015①	和方位名	1033⑤			
なか	なか	×	中	法功	1016③	和方位名	1035①			
なか	なか	×	中	法功	1018①	和方位名	1036⑤			
なか	なか	×	中	法功	1018②	和方位名	1037①			
なか	なか	×	中	法功	1020③	和方位名	1039②			
なか	なか	×	中	法功	1022①	和方位名	1040⑤			
なか	なか	×	中	法功	1027⑤	和方位名	1046③			
なか	なか	×	中	法功	1036①	和方位名	1054⑥			
なか	なか	×	中	法功	1036③	和方位名	1055②			
なか	なか	×	中	法功	1036③	和方位名	1055②			
なか	なか	×	中	法功	1036⑥	和方位名	1055⑤			
なか	なか	×	中	法功	1038⑥	和方位名	1057④			
なか	なか	×	中	法功	1040③	和方位名	1059①			
なか	なか	×	中	法功	1043⑤	和方位名	1062②			
なか	なか	×	中	法功	1045①	和方位名	1063⑤			
なか	なか	×	中	常不	1058③	和方位名	1077①			
なか	なか	×	中	常不	1061⑤	和方位名	1080③			
なか	なか	×	中	常不	1064②	和方位名	1082⑥			

当該語	読みかな	傍訓	漢字表記	品名	頁数	語の種類	妙一本	和解語文	可読	異同語彙
なか	なか	×	中	常不	1067②	和方位名	1086①			
なか	なか	×	中	常不	1069⑥	和方位名	1088④			
なか	なか	×	中	常不	1070④	和方位名	1089①			
なか	なか	×	中	常不	1071②	和方位名	1089⑤			
なか	なか	×	中	常不	1072①	和方位名	1090⑤			
なか	なか	×	中	常不	1075③	和方位名	1093⑥			
なか	なか	×	中	神力	1088②	和方位名	1106④			
なか	なか	×	中	神力	1090③	和方位名	1108⑤			
なか	なか	×	中	神力	1090⑥	和方位名	1109③			
なか	なか	×	中	神力	1092①	和方位名	1110③			
なか	なか	×	中	神力	1096②	和方位名	1114⑥			
なか	なか	×	中	神力	1096②	和方位名	1115①		林中[西右]	
なか	なか	×	中	神力	1096⑥	和方位名	1115④			
なか	なか	×	中	神力	1099⑥	和方位名	1118⑤			
なか	なか	×	中	囑累	1109③	和方位名	1128①			
なか	なか	×	中	藥王	1119⑥	和方位名	1138①			
なか	なか	×	中	藥王	1121③	和方位名	1139④			
なか	なか	×	中	藥王	1121⑤	和方位名	1139⑥			
なか	なか	×	中	藥王	1125⑥	和方位名	1144①			
なか	なか	×	中	藥王	1127①	和方位名	1145③			
なか	なか	×	中	藥王	1138④	和方位名	1156⑤			
なか	なか	×	中	藥王	1143①	和方位名	1161①			
なか	なか	×	中	藥王	1143③	和方位名	1161③			
なか	なか	×	中	藥王	1143⑤	和方位名	1161⑤			
なか	なか	×	中	藥王	1144①	和方位名	1162①			
なか	なか	×	中	藥王	1144②	和方位名	1162②			
なか	なか	×	中	藥王	1144④	和方位名	1162④			
なか	なか	×	中	藥王	1145②	和方位名	1163②			
なか	なか	×	中	藥王	1145⑤	和方位名	1163⑤			
なか	なか	×	中	藥王	1145⑤	和方位名	1163⑥			
なか	なか	×	中	藥王	1146①	和方位名	1164②			
なか	なか	×	中	藥王	1146⑤	和方位名	1164⑥			
なか	なか	×	中	藥王	1147③	和方位名	1165④			
なか	なか	×	中	藥王	1147⑤	和方位名	1165⑥			
なか	なか	×	中	藥王	1147⑥	和方位名	1166②			
なか	なか	×	中	藥王	1148②	和方位名	1166③			
なか	なか	×	中	藥王	1148⑤	和方位名	1166⑥			
なか	なか	×	中	藥王	1154①	和方位名	1171⑥			
なか	なか	×	中	藥王	1154⑤	和方位名	1172④		一の[西右]	
なか	なか	×	中	藥王	1156③	和方位名	1174②			
なか	なか	×	中	藥王	1158②	和方位名	1175⑤			
なか	なか	×	中	藥王	1159③	和方位名	1176⑥		うち[西右]	なか[妙]
なか	なか	×	中	藥王	1159⑤	和方位名	1177①			
なか	なか	×	中	藥王	1160③	和方位名	1177⑤			
なか	なか	×	中	妙音	1167④	和方位名	1183⑥			
なか	なか	×	中	妙音	1194④	和方位名	1208④			
なか	なか	×	中	妙音	1198②	和方位名	1212①			
なか	なか	×	中	觀世	1211③	和方位名	1224④			
なか	なか	×	中	觀世	1212④	和方位名	1225⑥			
なか	なか	×	中	觀世	1214②	和方位名	1227④			
なか	なか	×	中	觀世	1214④	和方位名	1227⑥			
なか	なか	×	中	觀世	1230⑥	和方位名	1243⑤			
なか	なか	×	中	觀世	1245①	和方位名	1257②			
なか	なか	×	中	觀世	1247③	和方位名	1259④		中[西右]	
なか	なか	×	中	陀羅	1259⑤	和方位名	1271③			
なか	なか	×	中	陀羅	1266⑥	和方位名	1277⑥		うち[西右]	なか[妙]
なか	なか	×	中	妙莊	1272⑥	和方位名	1283④			
なか	なか	×	中	妙莊	1276④	和方位名	1286⑥			
なか	なか	×	中	妙莊	1279①	和方位名	1289①			
なか	なか	×	中	妙莊	1279⑤	和方位名	1289⑤			
なか	なか	×	中	妙莊	1282①	和方位名	1291⑤			
なか	なか	×	中	妙莊	1282②	和方位名	1292③			
なか	なか	×	中	妙莊	1291④	和方位名	1300④			
なか	なか	×	中	妙莊	1291⑥	和方位名	1300⑤			
なか	なか	×	中	妙莊	1293③	和方位名	1302①			
なか	なか	×	中	妙莊	1294⑥	和方位名	1303③			
なか	なか	×	中	妙莊	1296②	和方位名	1304③			
なか	なか	×	中	妙莊	1299⑤	和方位名	1307③			

当該語	読みかな	傍訓	漢字表記	品名	頁数	語の種類	妙一本	和解語文	可読	異同語彙
なか	なか	×	中	妙荘	1303⑥	和方位名	1311①			
なか	なか	×	中	妙荘	1305⑤	和方位名	1312④			
なか	なか	×	中	普賢	1307④	和方位名	1314②			
なか	なか	×	中	普賢	1311①	和方位名	1317②			
なか	なか	×	中	普賢	1315⑥	和方位名	1321④			
なか	なか	×	中	普賢	1316④	和方位名	1322①		うち[西右]	なか[妙]
なか	なか	×	中	普賢	1323③	和方位名	1328①			
なか	なか	×	中	普賢	1325①	和方位名	1329④			
なか	なか	×	中	普賢	1333①	和方位名	1336④		一の[西右]	
ながく	ながく	×	永	譬喩	217⑥	和形	186①			
ながく	ながく	×	永	譬喩	308⑥	和形	281③			
ながく	ながく	×	永	信解	371③	和形	358①			
ながく	ながく	×	永	藥草	400②	和形	386④		まさにながく[西左]	
ながく	ながく	×	永	化城	458⑤	和形	454①			
ながく	ながく	×	永	化城	459⑤	和形	455②			
ながく	ながく	×	永	如來	918⑤	和形	937④			
ながく	ながく	×	永	妙荘	1300③	和形	1308①			なかく[妙]
ながく	ながく	×	修	随喜	991②	和形	1009⑤			
ながく	ながく	×	長	譬喩	305④	和形	277⑥			
ながく	ながく	×	長	授記	443①	和形	435③		長表の金利あらんィ[西右]	
ながく	ながく	×	長	随喜	984⑤	和形	1003①		一からん[西右]	
ながく	ながく	×	永	方便	184⑥	和形	158⑤			
ながく	ながく	×	永	譬喩	214④	和形	182⑤			
ながく	ながく	×	永	譬喩	308③	和形	280⑥			
永	ながく	ながく	永	譬喩	253⑥	和形	224⑤			
なかころ	なかごろ	×	中	信解	323①	和名	298⑤			
なから	なから	×	莫	陀羅	1267②	和形	1278①		一れィ[西右]	
なから	なから	×	無	序品	86②	和形	75⑤			
なから	なから	×	無	方便	138⑥	和形	121①			
なから	なから	×	無	方便	152④	和形	132③			
なから	なから	×	無	譬喩	268⑤	和形	239⑥			なき[妙]
なから	なから	×	無	譬喩	280⑤	和形	252②			
なから	なから	×	無	化城	549①	和形	555⑥			
なから	なから	×	無	提婆	711⑥	和形	729②			
なから	なから	×	無	勧持	742④	和形	761③			
なから	なから	×	無	陀羅	1259④	和形	1271②			
なから	なから	×	無	普賢	1311⑤	和形	1317⑥			
なかり	なかり	×	無	信解	345⑥	和形	327②			
なかり	なかり	×	無	信解	349②	和形	331③			
なかり	なかり	×	無	信解	349⑤	和形	332①			
なかり	なかり	×	無	信解	350⑤	和形	333①			
なかり	なかり	×	無	信解	352②	和形	335①			
なかり	なかり	×	無	信解	368⑥	和形	355②			
なかり	なかり	×	無	信解	369②	和形	355⑤			
なかり	なかり	×	無	信解	371④	和形	358②			
なかり	なかり	×	無	提婆	711④	和形	728⑥			
なかり	なかり	×	無	常不	1071③	和形	1089①			
なかる	なかる	×	無	譬喩	242⑤	和形	212③			
なかる	なかる	×	無	五百	593①	和形	600③			
なかる	なかる	×	無	普賢	1334③	和形	1337⑤			なかる[妙]
なかれ	なかれ	×	勿	方便	113⑥	和形	99⑤			
なかれ	なかれ	×	勿	方便	190③	和形	163③			
なかれ	なかれ	×	勿	譬喩	260③	和形	231⑤			
なかれ	なかれ	×	勿	譬喩	298⑤	和形	271①			
なかれ	なかれ	×	勿	譬喩	301④	和形	273⑤			
なかれ	なかれ	×	勿	信解	331⑥	和形	309④			
なかれ	なかれ	×	勿	信解	337②	和形	315⑥			
なかれ	なかれ	×	勿	信解	337⑤	和形	316①			
なかれ	なかれ	×	勿	信解	338①	和形	317①			
なかれ	なかれ	×	勿	信解	338④	和形	317⑤			
なかれ	なかれ	×	勿	化城	524④	和形	529⑥			
なかれ	なかれ	×	勿	化城	540⑤	和形	546④			
なかれ	なかれ	×	勿	化城	543②	和形	551①			
なかれ	なかれ	×	勿	五百	566③	和形	569⑥			
なかれ	なかれ	×	勿	安樂	770②	和形	790④			

当該語	読みかな	傍訓	漢字表記	品名	頁数	語の種類	妙一本	和解語文	可読	異同語彙
なかれ	なかれ	×	勿	安樂	771①	和形	791③			
なかれ	なかれ	×	勿	安樂	771⑤	和形	792①			
なかれ	なかれ	×	勿	安樂	771⑥	和形	792③			
なかれ	なかれ	×	勿	安樂	784④	和形	805⑤			
なかれ	なかれ	×	勿	從地	846⑤	和形	869③			
なかれ	なかれ	×	勿	從地	847③	和形	870①			
なかれ	なかれ	×	勿	如來	906②	和形	925②			
なかれ	なかれ	×	勿	如來	918④	和形	937③			
なかれ	なかれ	×	勿	常不	1083①	和形	1101④			
なかれ	なかれ	×	勿	囑累	1108③	和形	1127①			
なかれ	なかれ	×	勿	藥王	1160⑥	和形	1178②			
なかれ	なかれ	×	勿	妙音	1170⑥	和形	1186⑥			
なかれ	なかれ	×	勿	妙音	1172③	和形	1188①			
なかれ	なかれ	×	勿	觀世	1214⑥	和形	1228②			
なかれ	なかれ	×	勿	觀世	1245⑤	和形	1257⑥			
なかれ	なかれ	×	勿	陀羅	1265④	和形	1276⑤			
なかれ	なかれ	×	莫	譬喩	260②	和形	231④			
なかれ	なかれ	×	莫	譬喩	301②	和形	273⑤			
なかれ	なかれ	×	莫	譬喩	311④	和形	284⑤			
なかれ	なかれ	×	莫	信解	332②	和形	310①			
なかれ	なかれ	×	莫	化城	524④	和形	529⑤			
なかれ	なかれ	×	莫	安樂	771③	和形	791⑤			
なかれ	なかれ	×	莫	安樂	772①	和形	792④			
なかれ	なかれ	×	無	序品	78②	和形	68⑥			
なかれ	なかれ	×	無	信解	339①	和形	318③		欺怠と瞋恨と怨言とあることなかれ[西右]	
なかれ	なかれ	×	無	信解	342①	和形	322②			
なかれ	なかれ	×	無	安樂	763⑥	和形	783④			
なかれ	なかれ	×	無	安樂	764⑤	和形	784④			
なかれ	なかれ	×	無	安樂	772③	和形	792⑤			
なかれ	なかれ	×	無	安樂	781⑥	和形	802⑤			
なかれ	なかれ	×	無	安樂	784②	和形	805③			
なかれ	なかれ	×	無	安樂	785⑤	和形	807①			
ながれ	ながれ	×	流	譬喩	272①	和転成名	243③			
なき	なき	×	鳴	法功	1004⑤	和動	1023②		ないて[西右]	
なき	なき	×	無	方便	170②	和形	146④			
なき	なき	×	無	譬喩	216②	和形	184⑤			
なき	なき	×	無	譬喩	247②	和形	217①			
なき	なき	×	無	信解	334①	和形	312①			
なき	なき	×	無	信解	360②	和形	344⑥			
なき	なき	×	無	信解	368④	和形	354⑤			
なき	なき	×	無	化城	483⑤	和形	484①			
なき	なき	×	無	化城	522④	和形	527③			
なき	なき	×	無	化城	526①	和形	531③		なくなんぬと[西右]	
なき	なき	×	無	法師	654④	和形	668⑤			
なき	なき	×	無	安樂	810⑥	和形	833①		なからん[西右]	
なき	なき	×	無	從地	829①	和形	851②			
なき	なき	×	無	如來	919③	和形	938②			
なき	なき	×	無	分別	946②	和形	964⑤			
なき	なき	×	無	法功	1021①	和形	1039⑤			
なき	なき	×	無	神力	1102⑤	和形	1121④			
なき	なき	×	無	神力	1102⑥	和形	1121⑤			
なき	なき	×	無	藥王	1137④	和形	1155⑥			
なく	なく	×	無	序品	35④	和形	30④			
なく	なく	×	無	序品	38⑤	和形	33②			
なく	なく	×	無	序品	39④	和形	34①			
なく	なく	×	無	序品	48④	和形	41⑥			
なく	なく	×	無	序品	56⑤	和形	49②			
なく	なく	×	無	序品	82①	和形	71⑥			
なく	なく	×	無	方便	122①	和形	107①			
なく	なく	×	無	方便	148④	和形	129①			
なく	なく	×	無	方便	193④	和形	166①			
なく	なく	×	無	譬喩	227⑤	和形	196⑤			
なく	なく	×	無	譬喩	253⑥	和形	224⑤			
なく	なく	×	無	譬喩	254③	和形	225③			

当該語	読みかな	傍訓	漢字表記	品名	頁数	語の種類	妙一本	和解語文	可読	異同語彙
なく	なく	×	無	譬喩	312⑥	和形	286③			
なく	なく	×	無	譬喩	314①	和形	287⑥			
なく	なく	×	無	信解	369⑥	和形	356③		無貪を着にして[西右]	
なく	なく	×	無	信解	369⑥	和形	356③		無貪を着にして[西右]	
なく	なく	×	無	授記	417②	和形	405⑤			
なく	なく	×	無	授記	420⑤	和形	409⑥		一けんィ[西右]	
なく	なく	×	無	授記	427⑥	和形	418②			
なく	なく	×	無	授記	435⑥	和形	427②		一して・一なけん[西右]	
なく	なく	×	無	化城	461③	和形	457①		なし[西右]	
なく	なく	×	無	化城	540⑥	和形	546⑤		一して[西左]	
なく	なく	×	無	五百	571⑤	和形	575⑤			
なく	なく	×	無	五百	571⑤	和形	575⑤			
なく	なく	×	無	五百	571⑥	和形	575⑥			
なく	なく	×	無	五百	578①	和形	582⑥			
なく	なく	×	無	五百	579④	和形	584④			
なく	なく	×	無	五百	581⑤	和形	586⑥			
なく	なく	×	無	授學	612③	和形	622①			
なく	なく	×	無	法師	652①	和形	666②			
なく	なく	×	無	提婆	709③	和形	726④			
なく	なく	×	無	安樂	761⑥	和形	781③			
なく	なく	×	無	安樂	769①	和形	789②			
なく	なく	×	無	安樂	772④	和形	793①			
なく	なく	×	無	安樂	782⑤	和形	803④		なけん[西右]	
なく	なく	×	無	安樂	782⑤	和形	803⑥		一けん[西右]	
なく	なく	×	無	安樂	809⑥	和形	832⑤		なけん[西右]	
なく	なく	×	無	從地	838①	和形	860⑤		一して[西左]	
なく	なく	×	無	從地	868①	和形	891①		なし[西右]	
なく	なく	×	無	分別	941③	和形	959⑤			
なく	なく	×	無	分別	944⑥	和形	963③			
なく	なく	×	無	分別	947⑤	和形	966④			
なく	なく	×	無	分別	959①	和形	977⑤			
なく	なく	×	無	隨喜	991⑤	和形	1010③		なけん[西右]	
なく	なく	×	無	法功	1044②	和形	1062⑤		一けん[西右]	
なく	なく	×	無	囑累	1107④	和形	1126②			
なく	なく	×	無	神力	1100②	和形	1119⑤			
なく	なく	×	無	觀世	1213④	和形	1226⑥			
なくし	なくし	×	無	信解	331③	和形	308⑥			
なけ	なけ	×	無	序品	83⑤	和形	73④			
なけ	なけ	×	無	方便	97⑥	和形	85⑥			
なけ	なけ	×	無	方便	138⑤	和形	120⑥			
なけ	なけ	×	無	方便	171①	和形	147③			
なけ	なけ	×	無	譬喩	223④	和形	192④			
なけ	なけ	×	無	譬喩	230①	和形	199③			
なけ	なけ	×	無	譬喩	234⑤	和形	204①			
なけ	なけ	×	無	譬喩	304②	和形	276⑥			
なけ	なけ	×	無	譬喩	305①	和形	277④			
なけ	なけ	×	無	譬喩	306①	和形	278③			
なけ	なけ	×	無	譬喩	307①	和形	279④			
なけ	なけ	×	無	譬喩	307⑥	和形	280③			
なけ	なけ	×	無	信解	325③	和形	301④			
なけ	なけ	×	無	信解	325⑥	和形	302②			
なけ	なけ	×	無	授記	417③	和形	405⑥			
なけ	なけ	×	無	授記	418②	和形	406⑤			
なけ	なけ	×	無	授記	431①	和形	421⑤		一からん[西右]	
なけ	なけ	×	無	授記	438③	和形	430①			
なけ	なけ	×	無	五百	566②	和形	569⑤			
なけ	なけ	×	無	五百	571②	和形	575②			
なけ	なけ	×	無	五百	581④	和形	586⑥			
なけ	なけ	×	無	五百	581⑤	和形	587①			
なけ	なけ	×	無	授學	607⑥	和形	616⑥			
なけ	なけ	×	無	授學	614②	和形	623⑥			
なけ	なけ	×	無	授學	619⑥	和形	630①			
なけ	なけ	×	無	法師	655⑤	和形	670①			
なけ	なけ	×	無	安樂	775③	和形	796①			

当該語	読みかな	傍訓	漢字表記	品名	頁数	語の種類	妙一本	和解語文	可読	異同語彙
なけ	なけ	×	無	安樂	776②	和形	796⑥			
なけ	なけ	×	無	安樂	782⑤	和形	803⑤			
なけ	なけ	×	無	安樂	783①	和形	804①			
なけ	なけ	×	無	安樂	787⑤	和形	809②			
なけ	なけ	×	無	安樂	790⑥	和形	812④			
なけ	なけ	×	無	安樂	793⑥	和形	815③			
なけ	なけ	×	無	安樂	809⑤	和形	832①			
なけ	なけ	×	無	如來	902⑤	和形	921⑥		ーかるへ[西右]	
なけ	なけ	×	無	如來	910①	和形	929①			
なけ	なけ	×	無	分別	937④	和形	956①			
なけ	なけ	×	無	分別	939③	和形	957⑤			
なけ	なけ	×	無	分別	947②	和形	965⑤			
なけ	なけ	×	無	随喜	982⑤	和形	1000⑤			
なけ	なけ	×	無	随喜	982⑤	和形	1000⑥			
なけ	なけ	×	無	随喜	983⑤	和形	1002①			
なけ	なけ	×	無	随喜	984②	和形	1002⑤			
なけ	なけ	×	無	随喜	990⑤	和形	1009①			
なけ	なけ	×	無	随喜	990⑥	和形	1009④			
なけ	なけ	×	無	法功	1001⑤	和形	1020③			
なけ	なけ	×	無	法功	1012②	和形	1030⑤			
なけ	なけ	×	無	法功	1027④	和形	1046②			
なけ	なけ	×	無	法功	1043④	和形	1062②			
なけ	なけ	×	無	法功	1047①	和形	1065⑤			
なけ	なけ	×	無	神力	1100②	和形	1119①		なし[西右]	なけ[妙]
なけ	なけ	×	無	神力	1104③	和形	1123③			
なけ	なけ	×	無	觀世	1221②	和形	1234④			
なけ	なけ	×	無	陀羅	1256②	和形	1268①			
なけ	なけ	×	無	普賢	1317⑥	和形	1323②			
なけ	なけ	×	無	普賢	1334②	和形	1337④			
なげ	なげ	×	擲	見寶	692⑤	和形	710⑥			
なげをか	なげおか	×	擲置	見寶	692③	和複動	710④		擲置するとも・ーせんイ[西右]	
なけれ	なけれ	×	無	方便	107④	和形	94②			
なけれ	なけれ	×	無	譬喩	281⑤	和形	253②			
なさ	なさ	×	作	方便	166②	和動	143②			
なさ	なさ	×	作	信解	328⑥	和動	305②			
なさ	なさ	×	作	信解	334④	和動	312⑥			
なさ	なさ	×	作	信解	358④	和動	342⑤			
なさ	なさ	×	作	化城	527④	和動	533①			
なさ	なさ	×	作	法師	654②	和動	668③			
なさ	なさ	×	作	法師	655④	和動	669⑥			
なさ	なさ	×	作	勸持	753③	和動	773①			
なさ	なさ	×	作	常不	1065④	和動	1084③			
なさ	なさ	×	作	藥王	1117⑤	和動	1135⑥			
なさ	なさ	×	生	譬喩	260④	和動	231⑥			
なさ	なさ	×	生	提婆	719⑤	和動	737⑤			
なさ	なさ	×	生	安樂	777⑥	和動	798⑤			
なさ	なさ	×	生	安樂	790②	和動	811⑤			
なさ	なさ	×	生	從地	828③	和動	850④			
なさ	なさ	×	生	從地	829③	和動	851④			
なさ	なさ	×	生	從地	863⑥	和動	886④			
なさ	なさ	×	生	如來	914④	和動	933③			
なさ	なさ	×	生	分別	937④	和動	955⑥			
なさ	なさ	×	作	信解	338⑥	和動	318②		ーす[西右]	
なさく	なさく	×	作	序品	20①	和連語	16③			
なさく	なさく	×	作	序品	20⑥	和連語	17②			
なさく	なさく	×	作	序品	21⑥	和連語	18②			
なさく	なさく	×	作	方便	102④	和連語	89⑥			
なさく	なさく	×	作	方便	183②	和連語	157③			
なさく	なさく	×	作	方便	186②	和連語	159⑤			
なさく	なさく	×	作	譬喩	232④	和連語	201⑤			
なさく	なさく	×	作	譬喩	240③	和連語	209⑥			
なさく	なさく	×	作	譬喩	241②	和連語	210⑥			
なさく	なさく	×	作	譬喩	244②	和連語	213⑤			
なさく	なさく	×	作	譬喩	249⑤	和連語	219⑤			
なさく	なさく	×	作	譬喩	253①	和連語	223②			

当該語	読みかな	傍訓	漢字表記	品名	頁数	語の種類	妙一本	和解語文	可読	異同語彙
なさく	なさく	×	作	譬喩	257②	和連語	228②			なしたまはく[妙]
なさく	なさく	×	作	譬喩	282①	和連語	253⑤			
なさく	なさく	×	作	信解	325④	和連語	301⑥			
なさく	なさく	×	作	信解	327⑥	和連語	304⑤			
なさく	なさく	×	作	信解	329③	和連語	306④			
なさく	なさく	×	作	信解	345⑤	和連語	327①			
なさく	なさく	×	作	化城	460⑥	和連語	456④			
なさく	なさく	×	作	化城	464①	和連語	460③			
なさく	なさく	×	作	化城	465②	和連語	461④			
なさく	なさく	×	作	化城	469②	和連語	466③			
なさく	なさく	×	作	化城	471⑤	和連語	469⑥			
なさく	なさく	×	作	化城	477⑤	和連語	476⑥			
なさく	なさく	×	作	化城	480③	和連語	480②			
なさく	なさく	×	作	化城	486②	和連語	487②			
なさく	なさく	×	作	化城	489①	和連語	490③			
なさく	なさく	×	作	化城	495②	和連語	497⑤			
なさく	なさく	×	作	化城	523⑤	和連語	528⑥			
なさく	なさく	×	作	化城	542①	和連語	547⑥			
なさく	なさく	×	作	五百	563⑤	和連語	566⑥			
なさく	なさく	×	作	五百	582④	和連語	587④			
なさく	なさく	×	作	五百	591⑤	和連語	598⑤			
なさく	なさく	×	作	授學	601③	和連語	609⑤			
なさく	なさく	×	作	授學	608⑤	和連語	617⑥			
なさく	なさく	×	作	見寶	683③	和連語	700⑤			
なさく	なさく	×	作	勸持	738①	和連語	756⑤			
なさく	なさく	×	作	勸持	740③	和連語	759②			
なさく	なさく	×	作	勸持	744④	和連語	763③			
なさく	なさく	×	作	勸持	748③	和連語	767④			
なさく	なさく	×	作	勸持	748⑥	和連語	768①			
なさく	なさく	×	作	從地	833①	和連語	855⑤			
なさく	なさく	×	作	從地	855②	和連語	878②			
なさく	なさく	×	作	如來	902③	和連語	921③			
なさく	なさく	×	作	如來	904④	和連語	923④			
なさく	なさく	×	作	如來	905④	和連語	924④			
なさく	なさく	×	作	如來	907①	和連語	925⑥			
なさく	なさく	×	作	隨喜	974④	和連語	992⑤			
なさく	なさく	×	作	常不	1062⑤	和連語	1081③			
なさく	なさく	×	作	常不	1063⑥	和連語	1082④			
なさく	なさく	×	作	常不	1065⑤	和連語	1084③			
なさく	なさく	×	作	神力	1092③	和連語	1110⑤			
なさく	なさく	×	作	藥王	1120④	和連語	1138⑤			
なさく	なさく	×	作	藥王	1137⑤	和連語	1156①			
なさく	なさく	×	作	觀世	1208⑤	和連語	1221⑤			
なさく	なさく	×	作	觀世	1214⑤	和連語	1227⑥			なさく[妙]
なさく	なさく	×	作	觀世	1232①	和連語	1244⑥			
なさく	なさく	×	作	妙莊	1292③	和連語	1301②			
なされ	なされ	×	成	授記	423③	和動	413①			
なし	なし	×	作	方便	102⑥	和動	90②			
なし	なし	×	作	譬喩	257④	和動	228⑤			
なし	なし	×	作	譬喩	260①	和動	231③			
なし	なし	×	作	譬喩	261③	和動	232⑥			
なし	なし	×	作	五百	568③	和動	572②			
なし	なし	×	作	五百	586⑥	和動	592④			
なし	なし	×	作	五百	589④	和動	596①			
なし	なし	×	作	五百	594②	和動	601⑤			
なし	なし	×	作	法師	630①	和動	641④			
なし	なし	×	作	見寶	682④	和動	699④			
なし	なし	×	作	提婆	711③	和動	728⑤			せし[妙]
なし	なし	×	作	勸持	749④	和動	768⑤			
なし	なし	×	作	從地	817④	和動	839⑥			
なし	なし	×	作	從地	829⑤	和動	852①			
なし	なし	×	作	從地	862①	和動	884⑤			
なし	なし	×	作	如來	916①	和動	934⑥			
なし	なし	×	作	妙莊	1296①	和動	1304②		一つ[西右]	
なし	なし	×	作	妙莊	1297⑥	和動	1305⑥		一て[西右]	
なし	なし	×	作	普賢	1323①	和動	1327⑥		おこし[西右]	なし[妙]
なし	なし	×	作	普賢	1327⑤	和動	1331⑥			なし[妙]
なし	なし	×	作	普賢	1334②	和動	1337④			

当該語	読みかな	傍訓	漢字表記	品名	頁数	語の種類	妙一本	和解語文	可読	異同語彙
なし	なし	×	作	普賢	1338②	和動	1340⑥			
なし	なし	×	爲	化城	448①	和動	441④			
なし	なし	×	爲	化城	450③	和動	444②			
なし	なし	×	爲	勸持	751①	和動	770③			
なし	なし	×	爲	安樂	812⑥	和動	835③		一て[西左]	
なし	なし	×	爲	如來	884④	和動	903③			
なし	なし	×	爲	如來	887④	和動	906④			
なし	なし	×	成	方便	162④	和動	140②			
なし	なし	×	成	方便	163④	和動	141③			
なし	なし	×	成	化城	491④	和動	493④			
なし	なし	×	成	化城	519③	和動	524③			
なし	なし	×	成	化城	519⑤	和動	524⑤			
なし	なし	×	成	化城	530⑥	和動	536④		おこす[西右]	
なし	なし	×	成	提婆	716①	和動	733⑥		なり[西右]	なりて[妙]
なし	なし	×	成	藥王	1118⑥	和動	1137②		おこして[西右]	なし[妙]
なし	なし	×	生	方便	119③	和動	104⑤			
なし	なし	×	生	方便	193⑤	和動	166②			
なし	なし	×	生	化城	473④	和動	472②			
なし	なし	×	生	化城	543⑤	和動	551⑤			
なし	なし	×	生	化城	509④	和動	514④			
なし	なし	×	生	化城	525⑥	和動	531①			
生し	なし	な	生	安樂	791⑥	和動	813③			
なし	なし	×	生	從地	855③	和動	878①			
なし	なし	×	生	從地	869⑤	和動	892④			
なし	なし	×	生	如來	898④	和動	917④		一て[西右]	
なし	なし	×	無	序品	4⑥	和形	3⑥			
なし	なし	×	無	序品	17⑤	和形	14③			
なし	なし	×	無	序品	39②	和形	33⑤			
なし	なし	×	無	序品	59④	和形	51⑥			
なし	なし	×	無	序品	65①	和形	56⑥			
なし	なし	×	無	方便	92④	和形	81③			
なし	なし	×	無	方便	93①	和形	81⑤			
なし	なし	×	無	方便	94⑥	和形	83②			
なし	なし	×	無	方便	100③	和形	88①			
なし	なし	×	無	方便	107②	和形	93⑥			
なし	なし	×	無	方便	107④	和形	94②			
なし	なし	×	無	方便	128⑥	和形	113①			
なし	なし	×	無	方便	135②	和形	118②			
なし	なし	×	無	方便	140②	和形	122②			
なし	なし	×	無	方便	142①	和形	123⑥			なくして[妙]
なし	なし	×	無	方便	148②	和形	128⑥			
なし	なし	×	無	方便	148④	和形	129②			
なし	なし	×	無	方便	151②	和形	131①			
なし	なし	×	無	方便	151④	和形	131④			
なし	なし	×	無	方便	157⑥	和形	136④			
なし	なし	×	無	方便	158①	和形	136④			
なし	なし	×	無	方便	176①	和形	151③			
なし	なし	×	無	方便	176⑤	和形	152①			
なし	なし	×	無	方便	187②	和形	160③			
なし	なし	×	無	方便	190⑥	和形	163⑥			
なし	なし	×	無	譬喩	214④	和形	182⑤			
なし	なし	×	無	譬喩	217①	和形	185④			
なし	なし	×	無	譬喩	232③	和形	201③			
なし	なし	×	無	譬喩	235⑤	和形	204⑥			
なし	なし	×	無	譬喩	241②	和形	210⑥			
なし	なし	×	無	譬喩	242⑤	和形	212③			
なし	なし	×	無	譬喩	243④	和形	213②			
なし	なし	×	無	譬喩	249⑥	和形	219⑥			
なし	なし	×	無	譬喩	250②	和形	220②			
なし	なし	×	無	譬喩	253②	和形	223④			
なし	なし	×	無	譬喩	261⑥	和形	233②			
なし	なし	×	無	譬喩	266⑤	和形	237⑥			
なし	なし	×	無	譬喩	268⑥	和形	240①			
なし	なし	×	無	譬喩	282③	和形	254①			
なし	なし	×	無	譬喩	289③	和形	261④			
なし	なし	×	無	譬喩	289④	和形	261④			
なし	なし	×	無	譬喩	292③	和形	264④			

当該語	読みかな	傍訓	漢字表記	品名	頁数	語の種類	妙一本	和解語文	可読	異同語彙
なし	なし	×		無	譬喩	293⑤	和形	265⑥		
なし	なし	×		無	譬喩	295⑥	和形	268①		
なし	なし	×		無	譬喩	296⑤	和形	268⑥		
なし	なし	×		無	信解	318⑥	和形	293⑥		
なし	なし	×		無	信解	325②	和形	301③		
なし	なし	×		無	信解	329⑥	和形	307①		
なし	なし	×		無	信解	340③	和形	320①		
なし	なし	×		無	信解	342④	和形	322⑥		
なし	なし	×		無	信解	355①	和形	338④		
なし	なし	×		無	信解	356⑤	和形	340④		
なし	なし	×		無	信解	363②	和形	348④		
なし	なし	×		無	信解	370①	和形	356④		する事一[西右]
なし	なし	×		無	藥草	388②	和形	373③		
なし	なし	×		無	藥草	402②	和形	388⑤		
なし	なし	×		無	藥草	405③	和形	392④		
なし	なし	×		無	藥草	406③	和形	393④		
なし	なし	×		無	藥草	406③	和形	393⑤		
なし	なし	×		無	藥草	406⑥	和形	394②		なくして[西右]
なし	なし	×		無	藥草	407④	和形	394⑥		一きィ[西右]
なし	なし	×		無	藥草	409②	和形	397①		一き[西右]
なし	なし	×		無	授記	437②	和形	428⑥		
なし	なし	×		無	化城	446⑤	和形	439⑥		
なし	なし	×		無	化城	449⑤	和形	443③		
なし	なし	×		無	化城	459③	和形	454⑤		
なし	なし	×		無	化城	479⑥	和形	478⑤		
なし	なし	×		無	化城	482④	和形	482⑤		
なし	なし	×		無	化城	496⑤	和形	499④		一かりき[西右]
なし	なし	×		無	化城	520②	和形	525②		一けん[西右]
なし	なし	×		無	化城	521②	和形	526③		
なし	なし	×		無	化城	536①	和形	541⑤		
なし	なし	×		無	五百	567②	和形	570⑥		一かりき[西右]
なし	なし	×		無	法師	645②	和形	658④		
なし	なし	×		無	見寶	670①	和形	685②		
なし	なし	×		無	見寶	672⑤	和形	688③		
なし	なし	×		無	見寶	673⑥	和形	689④		
なし	なし	×		無	見寶	675①	和形	690⑥		
なし	なし	×		無	見寶	676①	和形	692①		
なし	なし	×		無	提婆	708⑤	和形	725⑤		一かりき[西右]
なし	なし	×		無	提婆	714①	和形	731⑥		
なし	なし	×		無	提婆	729⑥	和形	747⑥		
なし	なし	×		無	提婆	731⑤	和形	749⑤		
なし	なし	×		無	勸持	738②	和形	756⑥		
なし	なし	×		無	勸持	758③	和形	778①		一くして[西右]
なし	なし	×		無	安樂	767④	和形	787⑤		
なし	なし	×		無	安樂	767⑥	和形	787⑥		
なし	なし	×		無	安樂	773⑤	和形	794①		
なし	なし	×		無	安樂	773⑤	和形	794②		
なし	なし	×		無	安樂	773⑤	和形	794②		
なし	なし	×		無	安樂	774⑤	和形	795②		
なし	なし	×		無	安樂	774⑥	和形	795③		
なし	なし	×		無	從地	830②	和形	852④		
なし	なし	×		無	從地	836①	和形	858⑥		
なし	なし	×		無	從地	847④	和形	870②		一にあらずといふ事[西右]
なし	なし	×		無	從地	851①	和形	873⑥		
なし	なし	×		無	從地	853⑥	和形	876④		
なし	なし	×		無	從地	857②	和形	879⑥		
なし	なし	×		無	從地	867⑤	和形	890④		
なし	なし	×		無	從地	869②	和形	892②		
なし	なし	×		無	如來	893①	和形	912①		
なし	なし	×		無	如來	893②	和形	912②		
なし	なし	×		無	如來	893⑤	和形	912⑤		

当該語	読みかな	傍訓	漢字表記	品名	頁数	語の種類	妙一本	和解語文	可読	異同語彙
なし	なし	×	無	如來	907⑤	和形	926④			
なし	なし	×	無	常不	1064②	和形	1083①			
なし	なし	×	無	囑累	1105③	和形	1124②			
なし	なし	×	無	囑累	1106④	和形	1125②			
なし	なし	×	無	囑累	1107⑤	和形	1126③			
なし	なし	×	無	囑累	1110①	和形	1128⑤			
なし	なし	×	無	囑累	1112④	和形	1131③		なさくィ[西右]	
									けんィ[西右]	
なし	なし	×	無	藥王	1117④	和形	1135⑤			
なし	なし	×	無	藥王	1119①	和形	1137③			
なし	なし	×	無	藥王	1158③	和形	1175⑥			
なし	なし	×	無	藥王	1158⑤	和形	1176③		一と[西左]	
なし	なし	×	無	妙音	1182⑥	和形	1197⑤			
なし	なし	×	無	妙音	1183②	和形	1198①			なし[妙]
なし	なし	×	無	妙音	1194①	和形	1207⑥			
なし	なし	×	無	觀世	1234①	和形	1246⑤			
なし	なし	×	無	觀世	1243②	和形	1255④			
なし	なし	×	無	妙莊	1283④	和形	1293②			
なしおはり	なしおわり	×	作已	信解	328⑥	和複動	305⑥			
なしおはり	なしおわり	×	作已	化城	524①	和複動	529②			
なしおはり	なしおわり	×	作已	化城	543①	和複動	548⑥			
なしおはり	なしおわり	×	作已	如來	906③	和複動	925②			
なしおはり	なしおわり	×	作已	藥王	1126②	和複動	1144④			
なしおはり	なしおわり	×	作已	藥王	1126⑤	和複動	1145①			
なしおはり	なしおわり	×	作已	藥王	1136③	和複動	1154④			
なしおはり	なしおわり	×	作已	藥王	1139②	和複動	1157④		なすことおはる[西右]	なしおはり[妙]
なしおはる	なしおわる	×	作已	分別	953⑥	和複動	972④		一むめるなり[西右]	
なす	なす	×	作	序品	59③	和動	51⑥			
なす	なす	×	作	方便	180④	和動	155②			
なす	なす	×	作	譬喻	206①	和動	173②			
なす	なす	×	作	譬喻	294⑤	和動	266⑥			
なす	なす	×	作	信解	334②	和動	312③			
なす	なす	×	作	信解	335②	和動	313④			
なす	なす	×	作	藥草	406①	和動	393②		としき[西右]	
なす	なす	×	作	安樂	792②	和動	813⑤			
なす	なす	×	作	從地	824②	和動	846④		一して[西右]	
なす	なす	×	作	如來	891④	和動	910②			
なす	なす	×	作	如來	898①	和動	917①			
なす	なす	×	作	如來	920⑤	和動	939⑥			
なす	なす	×	作	分別	967③	和動	985⑤			
なす	なす	×	作	妙音	1200①	和動	1213⑥		おこしき[西右・立本寺・瑞]	なす[妙]
なす	なす	×	作	普賢	1306⑤	和動	1313④		をこす[西右]	なす[妙]
なす	なす	×	作	普賢	1321③	和動	1326②			
なす	なす	×	作	普賢	1332③	和動	1335②			
なす	なす	×	爲	信解	361③	和動	346②			
なす	なす	×	成	授學	607①	和動	616①		をなるィ	
なす	なす	×	成	常不	1066⑤	和動	1085④		一しい[西右]	なす[妙]
なす	なす	×	成	常不	1083①	和動	1101③			
なす	なす	×	成	囑累	1108③	和動	1127①			
なす	なす	×	成	藥王	1122②	和動	1140③		なし[西右]	なす[妙]
なす	なす	×	成	藥王	1135②	和動	1153④			
なす	なす	×	生	化城	525⑥	和動	531②		生せん[西右]	
なす	なす	×	生	安樂	765①	和動	784⑥			
なす	なす	×	生	安樂	790④	和動	812①			
生す	なす	な	生	安樂	805②	和動	827③			
なす	なす	×	生	如來	897①	和動	916①			
なす	なす	×	生	如來	918④	和動	937④			
なす	なす	×	生	藥王	1163④	和動	1180④			なすす[妙]
なす	なす	×	生	妙音	1170⑥	和動	1186⑤			
なす	なす	×	生	妙音	1172③	和動	1188①			
なす	なす	×	發	化城	454⑤	和動	449③		おこす[西右]	
なせ	なせ	×	作	信解	337④	和動	316③		一すべし[西右]	
なせ	なせ	×	作	見寶	678⑤	和動	695③			
なせ	なせ	×	作	藥王	1162③	和動	1179③			

当該語	読みかな	傍訓	漢字表記	品名	頁数	語の種類	妙一本	和解語文	可読	異同語彙
なせ	なせ	×	爲	譬喩	211⑥	和動	179⑥			
なせ	なせ	×	爲	安樂	806⑤	和動	828⑥		なすィ[西右]	
なせ	なせ	×	成	方便	163③	和動	140⑥			
なせ	なせ	×	成	方便	167①	和動	144①			
なせ	なせ	×	生	安樂	790⑤	和動	812③			
なせ	なせ	×	生	分別	967③	和動	985⑤			
那提迦葉	なだいかしょう	×	那提迦葉	序品	5③	仏人名名	4③			
那提迦葉	なだいかしょう	×	那提迦葉	五百	584③	仏人名名	589⑥			
なづく	なづく	×	號	序品	52③	和動	45③			
なづく	なづく	×	號	序品	63⑥	和動	55⑥			
なづく	なづく	×	號	妙音	1166⑤	和動	1183②		一け奉る[西右]	なつく[妙]
なづく	なづく	×	名	序品	15①	和動	12②			
なづく	なづく	×	名	序品	50①	和動	43②			
なづく	なづく	×	名	序品	50②	和動	43④			
なづく	なづく	×	名	序品	51①	和動	44①			
なづく	なづく	×	名	序品	54①	和動	46⑥			
なづく	なづく	×	名	序品	58④	和動	51①			
なづく	なづく	×	名	序品	68③	和動	59⑤			
なづく	なづく	×	名	方便	184③	和動	158②			
なづく	なづく	×	名	譬喩	263①	和動	234③			
なづく	なづく	×	名	譬喩	263⑥	和動	235②			
なづく	なづく	×	名	譬喩	265①	和動	236②			
なづく	なづく	×	名	譬喩	296⑥	和動	269①			
なづく	なづく	×	名	譬喩	297①	和動	269④			
なづく	なづく	×	名	藥草	409③	和動	397①			
なづく	なづく	×	名	藥草	412②	和動	400④			
なづく	なづく	×	名	藥草	412⑤	和動	400⑤			
なづく	なづく	×	名	藥草	413②	和動	401③			
なづく	なづく	×	名	化城	446①	和動	439①		一つ奉りき[西右]／一くるィ[西左]	
なづく	なづく	×	名	化城	449③	和動	442⑥			
なづく	なづく	×	名	化城	466①	和動	462④		一けき／一くるありきィ[西右左]	
なづく	なづく	×	名	化城	515②	和動	520①			
なづく	なづく	×	名	化城	515③	和動	520②			
なづく	なづく	×	名	化城	515④	和動	520③			
なづく	なづく	×	名	化城	515④	和動	520④			
なづく	なづく	×	名	化城	515⑥	和動	520⑤			
なづく	なづく	×	名	化城	516①	和動	521①			
なづく	なづく	×	名	化城	516②	和動	521②			
なづく	なづく	×	名	化城	516④	和動	521④			
なづく	なづく	×	名	化城	516④	和動	521⑤			
なづく	なづく	×	名	見寶	660④	和動	675①			
なづく	なづく	×	名	見寶	661⑤	和動	676③			
なづく	なづく	×	名	見寶	698⑤	和動	717⑤			
なづく	なづく	×	名	提婆	710⑤	和動	727⑥			
なづく	なづく	×	名	提婆	721①	和動	739②			
なづく	なづく	×	名	安樂	762②	和動	781⑤			
なづく	なづく	×	名	安樂	767①	和動	787②			
なづく	なづく	×	名	安樂	768④	和動	788④			
なづく	なづく	×	名	安樂	773⑥	和動	794③			
なづく	なづく	×	名	安樂	775①	和動	795④			
なづく	なづく	×	名	安樂	776④	和動	797②			
なづく	なづく	×	名	從地	827②	和動	849①			
なづく	なづく	×	名	随喜	981⑤	和動	999⑤			
なづく	なづく	×	名	常不	1058②	和動	1077①		なづけき[西右]	なつく[妙]
なづく	なづく	×	名	常不	1062①	和動	1080⑤		一けき[西右]	なつく[妙]
なづく	なづく	×	名	常不	1078①	和動	1096③		一けき[西右]	なつく[妙]
なづく	なづく	×	名	神力	1090⑥	和動	1109①			なつく[妙]
なづく	なづく	×	名	藥王	1116④	和動	1135①		一けき[西右]	なつく[妙]
なづく	なづく	×	名	藥王	1124③	和動	1143①			なつく[妙]
なづく	なづく	×	名	藥王	1125⑤	和動	1144①			なつく[妙]
なづく	なづく	×	名	妙音	1166③	和動	1182⑤			なつく[妙]

当該語	読みかな	傍訓	漢字表記	品名	頁数	語の種類	妙一本	和解語文	可読	異同語彙
なづく	なづく	×		名	妙音	1187②	和動	1201⑥		—けき[西右]	なつく[妙]
なづく	なづく	×		名	妙音	1198①	和動	1212①			なつく[妙]
なづく	なづく	×		名	觀世	1211⑥	和動	1225①			なつく[妙]
なつけ	なづく	×		名	陀羅	1262②	和動	1273⑤		なつく[西右]	なつけ[妙]
なづく	なづく	×		名	陀羅	1263①	和動	1274③			
なづく	なづく	×		名	妙莊	1272⑥	和動	1283④		なつけき[西右]	なつく[妙]
なづく	なづく	×		名	妙莊	1273①	和動	1283⑤			
なづく	なづく	×		名	妙莊	1273③	和動	1284①		——け[西右]	なつく[妙]
なづくる	なづくる	×		名	序品	65④	和動	57②			
なづくる	なづくる	×		名	序品	67④	和動	59①			
なづくる	なづくる	×		名	方便	125⑤	和動	110③			
なづくる	なづくる	×		名	譬喩	220③	和動	189②			
なづくる	なづくる	×		名	化城	508④	和動	513③			
なづくる	なづくる	×		名	安樂	761③	和動	781①			
なづくる	なづくる	×		名	安樂	762③	和動	781⑥			
なづくる	なづくる	×		名	神力	1091③	和動	1109⑤		—け奉る[西右]	なつくる[妙]
なづくる	なづくる	×		名	觀世	1208⑥	和動	1222①			なつくる[妙]
なづけ	なづけ	×		號	序品	61①	和動	53③			
なづけ	なづけ	×		號	序品	63②	和動	55②			
なづけ	なづけ	×		號	序品	81②	和動	71②			
なづけ	なづけ	×		號	序品	82④	和動	72③			
なづけ	なづけ	×		號	授記	443④	和動	436①			
なづけ	なづけ	×		號	五百	586②	和動	591⑥			
號	なづけ	なずけて		號	五百	587④	和動	593④		号して[西右]	なつけて[妙]
なづけ	なづけ	×		號	授學	604③	和動	613②			
なづけ	なづけ	×		號	授學	613③	和動	622⑥		号せん[西右]	
なづけ	なづけ	×		號	勸持	744①	和動	762⑥			
なづけ	なづけ	×		號	勸持	745⑤	和動	764⑤		号せんィ[西右]	
なづけ	なづけ	×		號	常不	1066⑥	和動	1085⑤		号し[西右]	なつけ[妙]
なづけ	なづけ	×		號	妙莊	1293⑤	和動	1302③			なつけ[妙]
なづけ	なづけ	×		名	譬喩	×	和動	196①			
なづけ	なづけ	×		名	五百	580③	和動	585④			
なづけ	なづけ	×		名	序品	51⑤	和動	44⑥			
なづけ	なづけ	×		名	序品	51⑥	和動	44⑥			
なづけ	なづけ	×		名	序品	51⑥	和動	45①			
なづけ	なづけ	×		名	序品	52①	和動	45②			
なづけ	なづけ	×		名	序品	52②	和動	45②			
なづけ	なづけ	×		名	序品	52②	和動	45③			
なづけ	なづけ	×		名	序品	57⑥	和動	50③			
なづけ	なづけ	×		名	序品	60③	和動	52⑤			
なづけ	なづけ	×		名	序品	63①	和動	55①			
なづけ	なづけ	×		名	序品	83③	和動	73②			
なづけ	なづけ	×		名	譬喩	221③	和動	190②			
なづけ	なづけ	×		名	譬喩	222⑤	和動	191④			なつく[妙]
なづけ	なづけ	×		名	譬喩	222⑥	和動	191⑤			
なづけ	なづけ	×		名	譬喩	227④	和動	196④			
なづけ	なづけ	×		名	譬喩	227④	和動	196⑤			
なづけ	なづけ	×		名	譬喩	265①	和動	236②			
なづけ	なづけ	×		名	譬喩	297③	和動	269④			
なづけ	なづけ	×		名	信解	339⑤	和動	319②			
なづけ	なづけ	×		名	藥草	409⑤	和動	397③			
なづけ	なづけ	×		名	授記	416④	和動	404⑥			
なづけ	なづけ	×		名	授記	416⑤	和動	405①			
なづけ	なづけ	×		名	授記	427③	和動	417④		—けん[西右]	
なづけ	なづけ	×		名	授記	427③	和動	417⑤			
なづけ	なづけ	×		名	授記	438③	和動	430②			
なづけ	なづけ	×		名	授記	440⑥	和動	432⑥			
なづけ	なづけ	×		名	授記	440⑥	和動	433①			
なづけ	なづけ	×		名	化城	446②	和動	439②			
なづけ	なづけ	×		名	化城	446②	和動	439⑥			
なづけ	なづけ	×		名	化城	455④	和動	450③			
なづけ	なづけ	×		名	化城	474①	和動	472④			
なづけ	なづけ	×		名	化城	483②	和動	483③		—をは[西右]	
なづけ	なづけ	×		名	化城	492①	和動	494②		—をは[西右]	

当該語	読みかな	傍訓	漢字表記	品名	頁数	語の種類	妙一本	和解語文	可読	異同語彙
なづけ	なづけ	×	名	化城	515⑤	和動	520⑤			
なづけ	なづけ	×	名	化城	516①	和動	520⑥			
なづけ	なづけ	×	名	化城	516②	和動	521①			
なづけ	なづけ	×	名	化城	516④	和動	521③			
なづけ	なづけ	×	名	化城	516⑤	和動	521⑤			
なづけ	なづけ	×	名	化城	517①	和動	521⑥		―く[西右]	[妙]なつく
なづけ	なづけ	×	名	五百	573⑤	和動	578①			
なづけ	なづけ	×	名	五百	573⑥	和動	578②			
なづけ	なづけ	×	名	五百	580①	和動	585②			
なづけ	なづけ	×	名	五百	580②	和動	585③			
なづけ	なづけ	×	名	授學	605②	和動	613⑥			
なづけ	なづけ	×	名	授學	605③	和動	614②			
なづけ	なづけ	×	名	授學	607③	和動	616③			
なづけ	なづけ	×	名	授學	619④	和動	629⑥			
なづけ	なづけ	×	名	提婆	717①	和動	735①			
なづけ	なづけ	×	名	安樂	772⑤	和動	793②			
なづけ	なづけ	×	名	安樂	773③	和動	793⑥			
なづけ	なづけ	×	名	從地	826⑥	和動	849②		なづく[西右]	
なづけ	なづけ	×	名	從地	827①	和動	849③		なづく[西右]	
なづけ	なづけ	×	名	從地	827①	和動	849③			
名つけ	なづけ	×	名	從地	843⑤	和動	866④			な[妙]
なつけ	なづけ	×	名	常不	1058①	和動	1076⑤			
なつけ	なづけ	×	名	常不	1058①	和動	1076⑥			
なつけ	なづけ	×	名	常不	1061①	和動	1079⑤			なつけ[妙]
なづけ	なづけ	×	名	常不	1062②	和動	1080⑥		―くとならば[西右]	なつけ[妙]
なつけ	なづけ	×	名	常不	1069⑥	和動	1088③			
なつけ	なづけ	×	名	常不	1070③	和動	1089①			
なつけ	なづけ	×	名	常不	1077②	和動	1095⑤			
なつけ	なづけ	×	名	神力	1091①	和動	1109⑤			なつけ
なづけ	なづけ	×	名	妙音	1186⑥	和動	1201④		―きィ[西右]	
なづけ	なづけ	×	名	妙音	1187①	和動	1201⑤			なつけ[妙]
なづけ	なづけ	×	名	觀世	1231②	和動	1244①			
なづけ	なづけ	×	名	觀世	1235②	和動	1247⑤			なつけ[妙]
なづけ	なづけ	×	名	陀羅	1262②	和動	1273④		なつく[西右]	なつけ[妙]
なづけ	なづけ	×	名	陀羅	1262③	和動	1273⑤			
なづけ	なづけ	×	名	陀羅	1262③	和動	1273⑥			
なづけ	なづけ	×	名	陀羅	1262④	和動	1273⑥			
なづけ	なづけ	×	名	陀羅	1262④	和動	1274①			
なづけ	なづけ	×	名	陀羅	1262⑤	和動	1274②			
なづけ	なづけ	×	名	陀羅	1262⑥	和動	1274③			
なづけ	なづけ	×	名	妙莊	1272④	和動	1283②		なつけき[西右]	なつけ[妙]
なづけ	なづけ	×	名	妙莊	1272⑤	和動	1283③			なつけ[妙]
なづけ	なづけ	×	名	妙莊	1273②	和動	1283⑥			なつけ[妙]
なづけ	なづけ	×	名	妙莊	1273③	和動	1284①			
なづけ	なづけ	×	名	妙莊	1293⑥	和動	1302④			
なづけ	なづけ	×	名	妙莊	1294①	和動	1302⑤			なつけ[妙]
なづけ	なづけ	×	名	普賢	1315③	和動	1321①			なつけ[妙]
なで	なで	×	摩	法師	639⑤	和動	652②			
なで	なで	×	摩	囑累	1106③	和動	1125②		―給てしかも[西右]	なてて[妙]
なで	なで	×	摩	囑累	1105③	和動	1124①		―給てしかも[西右]	なてて[妙]
なでら	なでら	×	摩	普賢	1322④	和動	1327③		―ることをえむ[西右]	なてら[妙]
なでら	なでら	×	摩	普賢	1329⑤	和動	1333④			なてら[妙]
なに	なに	×	何	序品	20②	和名	16④			
なに	なに	×	何	序品	22⑥	和名	19②			
なに	なに	×	何	序品	43③	和名	37④			
なに	なに	×	何	序品	74①	和名	65①			
なに	なに	×	何	方便	104⑤	和名	91⑤			
なに	なに	×	何	方便	104⑤	和名	91⑤			
なに	なに	×	何	譬喩	243⑤	和名	213②			
なに	なに	×	何	譬喩	243⑤	和名	213②			
何	なに	なに	何	譬喩	252②	和名	222②			
何	なに	なに	何	譬喩	252⑥	和名	223①			
なに	なに	×	何	譬喩	258④	和名	229⑤			

当該語	読みかな	傍訓	漢字表記	品名	頁数	語の種類	妙一本	和解語文	可読	異同語彙
なに	なに	×	何	譬喩	269③	和名	240④			
なに	なに	×	何	譬喩	297②	和名	269②			
なに	なに	×	何	信解	334⑤	和名	312⑥			
なに	なに	×	何	藥草	396①	和名	382①		なんのイ[西右]	
なに	なに	×	何	化城	465③	和名	461⑥			
なに	なに	×	何	化城	474③	和名	473①			
なに	なに	×	何	化城	482⑥	和名	483①			
なに	なに	×	何	化城	491⑤	和名	493⑤			
なに	なに	×	何	化城	492⑥	和名	494④			
なに	なに	×	何	授學	609①	和名	618②			
なに	なに	×	何	法師	625①	和名	636①			
なに	なに	×	何	見寶	660⑥	和名	675③			
なに	なに	×	何	從地	835①	和名	857⑥		なん[西右]	
なにこと	なにごと	×	何事	藥草	396①	和名	382②			
なにこと	なにごと	×	何事	藥草	396②	和名	382②	し／おもひ[妙]		
那波摩利油燈	なはまりゆとう	なはまりゆとう	那波摩利油燈	藥王	1152⑤	仏雑物名	1170⑥			なはまりゆとう[妙]
那履五	なび	なび	那履五	陀羅	1258⑥	仏梵語名	1270③			なり[妙]
南無觀世音菩薩	なむかんぜおんぼさつ	×	南無觀世音菩薩	觀世	1215⑥	仏菩薩名	1229②	なむくわんせおんほさつ[妙]		
南無釋迦牟尼佛	なむしゃかむにぶつ	×	南無釋迦牟尼佛	神力	1092③	仏菩薩名	1110⑤	なむしゃかむにふつ[妙]		
南無釋迦牟尼佛	なむしゃかむにぶつ	×	南無釋迦牟尼佛	神力	1092③	仏菩薩名	1110⑥			
南無佛	なむぶつ	×	南無佛	方便	169②	仏仏名名	145⑥			
南无佛	なむぶつ	×	南无佛	方便	183①	仏仏名名	157②			南無仏(なもふつ)[妙]
なやまさ	なやまさ	×	悩	分別	942②	和動	960⑤			
なやまさ	なやまさ	×	悩	藥王	1154⑥	和動	1172⑤		一る事をかうふらじ[西右]	
なやまさ	なやまさ	×	悩	藥王	1155①	和動	1172⑥		一る事をかうふらじ[西右]	
なやまさ	なやまさ	×	悩	藥王	1155②	和動	1173①		一る事をかうふらじ[西右]	
なやまさ	なやまさ	×	悩	觀世	1212⑤	和動	1226①			
なやまさ	なやまさ	×	悩	普賢	1331③	和動	1335①		るゝ事をかうふらし[西右]	
なやまさ	なやまさ	×	悩	普賢	1331④	和動	1335②		一るゝ事をかうふらし[西右]	
なやまし	なやまし	×	悩	安樂	784⑥	和動	806②			
なやます	なやます	×	悩	陀羅	1265④	和動	1276⑤			
なやます	なやます	×	悩	陀羅	1267①	和動	1278①			
なやます	なやます	×	悩	普賢	1312④	和動	1318④			
なら	なら	×	作	方便	182①	和動	156③		一ることをいう[西右]	
なら	なら	×	作	譬喩	221⑤	和動	190④			
なら	なら	×	作	譬喩	223③	和動	192③			
なら	なら	×	作	譬喩	224⑤	和動	193⑤			
なら	なら	×	作	譬喩	225①	和動	194①			
なら	なら	×	作	譬喩	305⑤	和動	278①			
なら	なら	×	作	譬喩	306④	和動	278⑥	はいく／せなかくくせ[妙]		
なら	なら	×	作	五百	576①	和動	580⑥			
なら	なら	×	作	授學	614③	和動	624①			
なら	なら	×	作	陀羅	1267④	和動	1278④			なら[妙]
なら	なら	×	作	妙莊	1284⑤	和動	1294②			
なら	なら	×	爲	勸持	743③	和動	762②			
なら	なら	×	爲	分別	945①	和動	963④			
なら	なら	×	成	方便	140①	和動	122①			なし【無】[妙]
なら	なら	×	成	方便	148②	和動	128⑥			
なら	なら	×	成	方便	171①	和動	147③			
なら	なら	×	成	譬喩	226⑥	和動	195⑥			
なら	なら	×	成	譬喩	228④	和動	197⑥			
なら	なら	×	成	藥草	409②	和動	396⑥			
なら	なら	×	成	授記	428③	和動	418⑥			
なら	なら	×	成	化城	499④	和動	502⑥			
なら	なら	×	成	化城	500②	和動	503⑤			

当該語	読みかな	傍訓	漢字表記	品名	頁数	語の種類	妙一本	和解語文	可読	異同語彙
なら	なら	×	成	授學	605①	和動	613⑥			
なら	なら	×	成	提婆	730③	和動	748③			
なら	なら	×	成	提婆	731⑤	和動	749⑥			
なら	なら	×	成	安樂	782①	和動	803①			
なら	なら	×	成	安樂	813③	和動	835⑥			
なら	なら	×	成	從地	857⑤	和動	880③			
なら	なら	×	成	從地	867②	和動	890①			あら[妙]
なら	なら	×	成	隨喜	977①	和動	995③		なり[西右]	
なら	なら	×	成	隨喜	982③	和動	1000①			
なら	なら	×	成	法功	1027③	和動	1046①			
なら	なら	×	成	法功	1031⑥	和動	1050④			
なら	なら	×	成	藥王	1139②	和動	1157③		あら[西右]	なら[妙]
那羅	なら	なら	那羅	安樂	763②	仏名	782⑤			
ならい	ならい	×	習	序品	82②	和転成名	72①			
ならひ	ならい	×	習	化城	501②	和動	504⑥			
ならひ	ならい	×	習	藥王	1119⑤	和動	1138①			
那羅延	ならえん	ならえん	那羅延	妙音	1180②	仏名	1195④		一のごとく[西右]	ならえん[妙]
ならくのみ	ならくのみ	×	耳	化城	529⑤	和連語	535③			
ならくのみ	ならくのみ	×	耳	化城	544②	和連語	552②		一るィ[西右]	
ならひ	ならび	×	并	方便	143⑥	和動	125③		あはせて[西右]	
ならひに	ならびに	×	並	譬喩	278③	和接	250①			
ならひに	ならびに	×	并	序品	18③	和接	×			あはせて[妙]
ならひに	ならびに	×	并	方便	162②	和接	139⑥			
ならひに	ならびに	×	并	方便	178⑥	和接	153⑤			あはせて[妙]
ならびに	ならびに	×	并	信解	318⑤	和接	293④			
ならびに	ならびに	×	并	信解	343③	和接	324①		あはせて[西右]	あはせて[妙]
ならひに	ならびに	×	并	信解	365①	和接	350⑤		あはせて[西右]	あはせて[妙]
ならひに	ならびに	×	并	化城	533③	和接	538⑥		あはせて[西右]	あはせて[妙]
并に	ならびに	ならひ	并	法師	631⑥	和接	643④			あはせて[妙]
并に	ならびに	あはせて	并	見寶	669②	和接	684③			あはせ[妙]
ならひに	ならびに	×	并	勸持	746②	和接	765①		あはせて[西右]	あはせて[妙]
ならひに	ならびに	×	并	從地	834①	和接	856⑤			あはせて[妙]
ならひに	ならびに	×	并	陀羅	1263①	和接	1274④		あはせて[西右]	あはせて[妙]
ならびに	ならびに	×	并	妙莊	1294⑤	和接	1303②			あはせて[妙]
ならまくのみ	ならまくのみ	×	耳	普賢	1334②	和連語	1337③		ならくのみ[西右]	
那梨二	なり	なり	那梨二	陀羅	1258⑤	仏梵語名	1270③			なり[妙]
なり	なり	×	鳴	分別	927④	和動	946①			
なり	なり	×	鳴	觀世	1241⑥	和動	1254②			
なり	なり	×	作	譬喩	215②	和動	183④			
なり	なり	×	作	譬喩	218①	和動	186⑤			
なり	なり	×	作	譬喩	304②	和動	276③			
なり	なり	×	作	譬喩	304⑥	和動	277②			
なり	なり	×	作	提婆	708⑤	和動	725⑥			
なり	なり	×	作	妙莊	1293③	和動	1302①		一て[西右]	
なり	なり	×	爲	方便	189⑥	和動	163①			
なり	なり	×	爲	授學	612④	和動	622②		一らん[西右]	
なり	なり	×	爲	授學	615⑥	和動	625⑤			
なり	なり	×	爲	見寶	673⑥	和動	689④			
なり	なり	×	爲	見寶	676②	和動	692①			
なり	なり	×	爲	見寶	690⑤	和動	708④			
なり	なり	×	爲	見寶	691④	和動	709④			
なり	なり	×	爲	提婆	714④	和動	732③			
なり	なり	×	爲	勸持	745②	和動	764①			
なり	なり	×	爲	分別	951⑤	和動	970④			
なり	なり	×	爲	分別	952⑤	和動	971④			
なり	なり	×	爲	分別	953④	和動	972④			
なり	なり	×	爲	分別	953⑥	和動	972⑤			
なり	なり	×	爲	分別	955⑤	和動	974③			
なり	なり	×	爲	分別	963①	和動	981④			
なり	なり	×	爲	分別	963④	和動	981⑥			
なり	なり	×	爲	妙音	1192⑥	和動	1206⑥		なて[西右]	なり[妙]

当該語	読みかな	傍訓	漢字表記	品名	頁数	語の種類	妙一本	和解語文	可読	異同語彙
なり	なり	×	爲	陀羅	1254②	和動	1266②			なり[妙]
なり	なり	×	爲	陀羅	1257⑥	和動	1269④			なり[妙]
なり	なり	×	爲	陀羅	1261⑥	和動	1273③			なり[妙]
なり	なり	×	成	方便	160④	和動	138⑤			
なり	なり	×	成	方便	161①	和動	139①			
なり	なり	×	成	方便	163①	和動	140④			
なり	なり	×	成	方便	163④	和動	140⑥			
なり	なり	×	成	方便	164②	和動	141④			
なり	なり	×	成	方便	164⑤	和動	141⑥			
なり	なり	×	成	方便	165④	和動	142⑤			
なり	なり	×	成	方便	167②	和動	144①			
なり	なり	×	成	方便	169⑥	和動	146③			
なり	なり	×	成	提婆	735②	和動	753⑤			
なり	なり	×	成	如來	884①	和動	902⑥			
なり	なり	×	成	如來	891①	和動	910①			
なり	なり	×	成	如來	894⑤	和動	913⑤			
なり	なり	×	成	如來	909③	和動	928③			
なる	なる	×	作	序品	78⑤	和動	69②			
なる	なる	×	作	方便	157②	和動	135⑥			
なる	なる	×	作	方便	187⑥	和動	161①			
なる	なる	×	作	方便	190①	和動	163①			
なる	なる	×	作	方便	193⑥	和動	166②			
なる	なる	×	作	譬喩	214②	和動	182③			
なる	なる	×	作	譬喩	214⑤	和動	182⑥			
なる	なる	×	作	譬喩	221①	和動	189⑥			
なる	なる	×	作	譬喩	225⑤	和動	194⑤			
なる	なる	×	作	信解	353②	和動	336③			
なる	なる	×	作	信解	365⑥	和動	351⑤	ならんとのたまはず[西右]		
なる	なる	×	作	信解	367④	和動	353④			
なる	なる	×	作	藥草	414⑤	和動	403①			
なる	なる	×	作	授記	419①	和動	407⑥			
なる	なる	×	作	授記	430①	和動	420⑤			
なる	なる	×	作	授記	434⑥	和動	426①			
なる	なる	×	作	授記	443④	和動	435⑥			
なる	なる	×	作	五百	575③	和動	579⑥			
なる	なる	×	作	五百	587④	和動	593④			
なる	なる	×	作	五百	587⑤	和動	593⑥			
なる	なる	×	作	授學	604②	和動	612⑥			
なる	なる	×	作	授學	613①	和動	622④			
なる	なる	×	作	授學	613⑤	和動	623②		一らん[西右]	
なる	なる	×	作	法師	624⑤	和動	635⑤			
なる	なる	×	作	法師	625①	和動	636①			
なる	なる	×	作	提婆	733③	和動	751④			
なる	なる	×	作	勸持	743④	和動	762④			
なる	なる	×	作	勸持	745③	和動	764②			
なる	なる	×	作	從地	844①	和動	866⑥		なるへき	なるへきあり[妙]
なる	なる	×	作	觀世	1245⑥	和動	1258①		なり給ふ[西右]	なる[妙]
なる	なる	×	作	妙莊	1293⑤	和動	1302③			
なる	なる	×	爲	譬喩	306③	和動	278⑤			
なる	なる	×	爲	譬喩	309⑥	和動	282⑤			
なる	なる	×	爲	提婆	712⑥	和動	730③			
なる	なる	×	爲	勸持	743②	和動	762①			
なる	なる	×	成	序品	80⑥	和動	71①			
なる	なる	×	成	序品	83③	和動	73①			
なる	なる	×	成	方便	145①	和動	126②			
なる	なる	×	成	譬喩	292②	和動	264③			
なる	なる	×	成	信解	366④	和動	352③			
なる	なる	×	成	藥草	408⑤	和動	396③		一らん[西右]	
なる	なる	×	成	藥草	413⑤	和動	401⑥			
なる	なる	×	成	授記	416②	和動	404③			
なる	なる	×	成	授記	419⑥	和動	408⑥			
なる	なる	×	成	授記	424⑥	和動	414⑤		ならんと[西右]	
なる	なる	×	成	授記	426⑥	和動	417②			
なる	なる	×	成	授記	440③	和動	432③			
なる	なる	×	成	授記	445①	和動	437⑤			

当該語	読みかな	傍訓	漢字表記	品名	頁数	語の種類	妙一本	和解語文	可読	異同語彙
なる	なる	×	成	化城	457⑥	和動	453⑥			
なる	なる	×	成	化城	491③	和動	493③			
なる	なる	×	成	化城	506①	和動	510④			
なる	なる	×	成	化城	527⑤	和動	533③			
なる	なる	×	成	化城	530③	和動	536①			
なる	なる	×	成	五百	579⑥	和動	585①			
なる	なる	×	成	五百	583⑥	和動	589③			
なる	なる	×	成	五百	585⑤	和動	591③			
なる	なる	×	成	授學	610②	和動	619④			
一なく{る}	なる	×	成	授學	614②	和形	623⑥			
なる	なる	×	成	授學	619②	和動	629③			
なる	なる	×	成	授學	617④	和動	627④			
なる	なる	×	成	授學	618⑤	和動	629①			
なる	なる	×	成	提婆	714⑤	和動	732④			
なる	なる	×	成	安樂	802③	和動	824③			
なる	なる	×	成	安樂	815④	和動	838①			
なる	なる	×	成	從地	854①	和動	876⑤			
なる	なる	×	成	從地	854④	和動	877②			
なる	なる	×	成	分別	931⑤	和動	950②			
なる	なる	×	成	分別	932①	和動	950⑤			
なる	なる	×	成	常不	1065⑤	和動	1084④			
なる	なる	×	成	常不	1066④	和動	1085③			
なる	なる	×	成	常不	1072③	和動	1090⑥			
なる	なる	×	成	常不	1078⑤	和動	1097②			
なる	なる	×	成	妙莊	1280⑥	和動	1290⑤		ある[西右]	なる[妙]
なる	なる	×	成	妙莊	1291⑤	和動	1300⑤			
なる	なる	×	鳴	妙音	1179④	和動	1194⑤			
なる	なる	×	作	序品	61①	和動	53③			
なれ	なれ	×	作	譬喩	217②	和動	185⑤			
なれ	なれ	×	作	提婆	712③	和動	729⑥			
なは	なわ	×	繩	譬喩	221⑥	和器財名	190⑤			
なは	なわ	×	繩	授記	417④	和器財名	406①			
なは	なわ	×	繩	授記	435④	和器財名	426⑤			
なは	なわ	×	繩	見寶	669⑤	和器財名	684⑥			
なん	なん	×	何	序品	23⑥	和名	20②			
なん	なん	×	何	序品	43①	和名	37②			
なん	なん	×	何	方便	102⑤	和名	90①			
なん	なん	×	何	方便	108③	和名	94⑥			
なん	なん	×	何	勸持	742①	和名	760⑥			
難	なん	なん	難	譬喩	259①	単漢名	230③			
難	なん	なん	難	譬喩	276④	単漢名	248①			
難	なん	なん	難	譬喩	279④	単漢名	251②			
難	なん	なん	難	譬喩	285②	単漢名	256⑥			
難	なん	なん	難	化城	522⑥	単漢名	528①			
難	なん	なん	難	化城	541④	単漢名	547①			
難	なん	なん	難	藥王	1117②	単漢名	1135⑤		一と[西右]	なん[妙]
難	なん	なん	難	觀世	1211⑤	単漢名	1224⑥			なん[妙]
難	なん	なん	難	妙莊	1285②	単漢名	1294⑤			なん[妙]
男	なん	×	男	安樂	773②	単漢人倫名	793④	なん／をとこ[妙]	一なり[西右]	
男	なん	×	男	觀世	1218②	単漢人倫名	1231⑤	なん／おとこ[妙]		
男	なん	×	男	觀世	1218④	単漢人倫名	1231⑥	なん／おのこおうみてん[妙]		
なんか	なんが	×	何	譬喩	222⑤	和代名	191⑤			
なんかゆへ	なんがゆえ	×	何故	方便	105④	和連語	92⑤			
なんがゆへ	なんがゆえ	×	何故	信解	358④	和連語	342②			
男形	なんぎょう	なんきやう	男形	陀羅	1266⑤	漢名	1277⑤	なんきやう／おとこのかたち[妙]	おとこのかたちに一てまれ[西右]	
難行し	なんぎょうし	なんきやう	難行	提婆	729②	漢サ動	747②		行しがたきをくるしく行し[西右]	難行苦行(なんきやうくぎやう)し[妙]
難解	なんげ	なんげ	難解	方便	91②	漢名	80①			さとりかたき[妙]
難解	なんげ	なんけ	難解	方便	105①	漢名	92①	なんけ／さとりかたき[妙]		
難解	なんげ	なんげ	難解	方便	106②	漢名	92⑥			さとりかたき
難解難入	なんげなんにゅう	なんけなんにう／さとりがたくいりがたし	難解難入	方便	87③	漢四熟名	76④	なんけなんにう／さとりかたくいりかたき[妙]	一いることかたし[西右]	

当該語	読みかな	傍訓	漢字表記	品名	頁数	語の種類	妙一本	和解語文	可読	異同語彙
㮇語	なんご	なんご／やわらかなることば	㮇語	信解	362③	漢名	347④	なんご／やはらかなことば[妙]		軟語[妙]
男香	なんこう	なん—	男香	法功	1010④	漢名	1028⑥	なんかう／をとこのか[妙]		
男子	なんし	×	男子	信解	337④	漢人倫名	316②			
男子	なんし	×	男子	提婆	735②	漢人倫名	753④	なんし／をのこ[妙]		
男子	なんし	×	男子	法功	1015⑤	漢人倫名	1034①			
難事	なんし	なんし／かたき事也	難事	見寶	691⑤	漢名	709⑥	なんし／かたきこと[妙]		
難事	なんし	なんし・かたきこと	難事	勧持	756②	漢名	775⑥	なんし／かたきこと[妙]	かたきこと[西右]	かたきこと[妙]
なんぢ	なんじ	×	汝	序品	64⑥	和人称代名	56⑤			
なんぢ	なんじ	×	汝	序品	74③	和人称代名	65③			
なんぢ	なんじ	×	汝	序品	74⑥	和人称代名	65⑥			
なんぢ	なんじ	×	汝	序品	77⑤	和人称代名	67③			なむち[妙]
なんぢ	なんじ	×	汝	序品	78②	和人称代名	68⑤			
なんぢ	なんじ	×	汝	序品	84①	和人称代名	73⑤			
なんぢ	なんじ	×	汝	方便	119⑤	和人称代名	104⑥			
なんぢ	なんじ	×	汝	方便	119⑥	和人称代名	105②			
なんぢ	なんじ	×	汝	方便	120②	和人称代名	105③			
なんぢ	なんじ	×	汝	方便	122④	和人称代名	107③			
なんぢ	なんじ	×	汝	方便	122④	和人称代名	107④			
なんぢ	なんじ	×	汝	方便	139⑥	和人称代名	121⑥			なんたち[妙]
なんぢ	なんじ	×	汝	譬喩	218⑥	和人称代名	187④			
なんぢ	なんじ	×	汝	譬喩	219①	和人称代名	187⑤			
なんぢ	なんじ	×	汝	譬喩	219②	和人称代名	187⑥			
なんぢ	なんじ	×	汝	譬喩	219④	和人称代名	188②			
なんぢ	なんじ	×	汝	譬喩	219⑤	和人称代名	188③			
なんぢ	なんじ	×	汝	譬喩	220①	和人称代名	188⑤			
なんぢ	なんじ	×	汝	譬喩	220④	和人称代名	189③			
なんぢ	なんじ	×	汝	譬喩	230②	和人称代名	199③			
なんぢ	なんじ	×	汝	譬喩	245④	和人称代名	215②			
なんぢ	なんじ	×	汝	譬喩	245⑥	和人称代名	215④			
なんぢ	なんじ	×	汝	譬喩	246①	和人称代名	215⑤			
なんぢ	なんじ	×	汝	譬喩	246②	和人称代名	215⑥			
なんぢ	なんじ	×	汝	譬喩	251③	和人称代名	221③			
汝	なんじ	×	汝	譬喩	253④	和人称代名	224②			
なんぢ	なんじ	×	汝	譬喩	260⑥	和人称代名	232③			
なんぢ	なんじ	×	汝	譬喩	280①	和人称代名	251④			
なんぢ	なんじ	×	汝	譬喩	283③	和人称代名	254⑥			
なんぢ	なんじ	×	汝	譬喩	286②	和人称代名	258①			
なんぢ	なんじ	×	汝	譬喩	291⑤	和人称代名	263⑥			
なんぢ	なんじ	×	汝	譬喩	293⑥	和人称代名	266①			
なんぢ	なんじ	×	汝	譬喩	298②	和人称代名	270④			
なんぢ	なんじ	×	汝	譬喩	299③	和人称代名	271⑤			
なんぢ	なんじ	×	汝	譬喩	299④	和人称代名	271⑥			
なんぢ	なんじ	×	汝	譬喩	300③	和人称代名	272④			
なんぢ	なんじ	×	汝	譬喩	301⑥	和人称代名	274①			
なんぢ	なんじ	×	汝	譬喩	302⑤	和人称代名	274④			
なんぢ	なんじ	×	汝	譬喩	311③	和人称代名	284④			
なんぢ	なんじ	×	汝	譬喩	316⑤	和人称代名	291③			
なんぢ	なんじ	×	汝	信解	333①	和人称代名	311①			
なんぢ	なんじ	×	汝	信解	334①	和人称代名	312②			
なんぢ	なんじ	×	汝	信解	334③	和人称代名	312④			
なんぢ	なんじ	×	汝	信解	334⑥	和人称代名	313②			
なんぢ	なんじ	×	汝	信解	335①	和人称代名	313③			
なんぢ	なんじ	×	汝	信解	337④	和人称代名	316②			
なんぢ	なんじ	×	汝	信解	337⑤	和人称代名	316④			
なんぢ	なんじ	×	汝	信解	338④	和人称代名	317②			
なんぢ	なんじ	×	汝	信解	338⑤	和人称代名	317⑥			
なんぢ	なんじ	×	汝	信解	338⑥	和人称代名	318①		—か[西右]	
なんぢ	なんじ	×	汝	信解	339②	和人称代名	318④			
なんぢ	なんじ	×	汝	信解	341③	和人称代名	321③			
なんぢ	なんじ	×	汝	信解	341⑤	和人称代名	321⑤			
なんぢ	なんじ	×	汝	信解	360③	和人称代名	345①			
なんぢ	なんじ	×	汝	信解	360⑤	和人称代名	345③			
なんぢ	なんじ	×	汝	信解	361⑥	和人称代名	346⑥			
なんぢ	なんじ	×	汝	信解	362②	和人称代名	347③			

当該語	読みかな	傍訓	漢字表記	品名	頁数	語の種類	妙一本	和解語文	可読	異同語彙
なんち	なんじ	×	汝	信解	367③	和人称代名	353③			
なんち	なんじ	×	汝	授記	433②	和人称代名	424②			
なんち	なんじ	×	汝	授記	439①	和人称代名	430⑥			
なんち	なんじ	×	汝	化城	514③	和人称代名	519③			
なんち	なんじ	×	汝	化城	528④	和人称代名	534②			
なむち	なんじ	×	汝	化城	540①	和人称代名	545⑥			
なんち	なんじ	×	汝	化城	540②	和人称代名	546①			
なんぢ	なんじ	×	汝	化城	540④	和人称代名	546②			
なんぢ	なんじ	×	汝	化城	544④	和人称代名	552⑤			
なんぢ	なんじ	×	汝	化城	548③	和人称代名	555①			
なんぢ	なんじ	×	汝	化城	548③	和人称代名	555①			
なんぢ	なんじ	×	汝	化城	548⑤	和人称代名	555④			
なんぢ	なんじ	×	汝	五百	588③	和人称代名	594④			
なんぢ	なんじ	×	汝	五百	588⑤	和人称代名	595②			
なんぢ	なんじ	×	汝	五百	592①	和人称代名	599①			
なんぢ	なんじ	×	汝	五百	592④	和人称代名	599③			
なんぢ	なんじ	×	汝	五百	592④	和人称代名	599⑤			
なんぢ	なんじ	×	汝	五百	592⑤	和人称代名	600①			
なんぢ	なんじ	×	汝	五百	594⑥	和人称代名	602⑤			
なんち	なんじ	×	汝	授學	604①	和人称代名	612⑤			
なんち	なんじ	×	汝	授學	612⑥	和人称代名	622④			
なんち	なんじ	×	汝	授學	616⑤	和人称代名	626⑤			
なんち	なんじ	×	汝	法師	621③	和人称代名	632①			
なんち	なんじ	×	汝	法師	636⑤	和人称代名	649①			
なんち	なんじ	×	汝	法師	650⑥	和人称代名	664⑤			
なんち	なんじ	×	汝	見寶	678①	和人称代名	694④			
なんぢ	なんじ	×	汝	提婆	713③	和人称代名	731①			
なんぢ	なんじ	×	汝	提婆	714⑥	和人称代名	732⑤			
なんぢ	なんじ	×	汝	提婆	732⑤	和人称代名	750③			
なんぢ	なんじ	×	汝	提婆	734⑤	和人称代名	753①			
なんぢ	なんじ	×	汝	勸持	742②	和人称代名	761①			なむち[妙]
なんぢ	なんじ	×	汝	勸持	742②	和人称代名	761②			
なんぢ	なんじ	×	汝	勸持	742⑥	和人称代名	761⑤			
なんぢ	なんじ	×	汝	勸持	743③	和人称代名	762③			
なんぢ	なんじ	×	汝	勸持	744⑥	和人称代名	763⑤			
汝	なんじ	なんぢ	汝	安樂	785③	和人称代名	806⑤			なんちは[妙]
なんぢ	なんじ	×	汝	安樂	789⑤	和人称代名	811②			
なんち	なんじ	×	汝	安樂	813③	和人称代名	835⑥			
なんち	なんじ	×	汝	從地	846⑤	和人称代名	869③			
なんち	なんじ	×	汝	從地	847⑤	和人称代名	869⑥			
なんち	なんじ	×	汝	從地	851⑥	和人称代名	874④			
なんち	なんじ	×	汝	如來	906①	和人称代名	925①			
なんち	なんじ	×	汝	如來	906④	和人称代名	925④			
なんち	なんじ	×	汝	隨喜	972⑤	和人称代名	990⑥			
なんち	なんじ	×	汝	隨喜	976②	和人称代名	994③			
なんち	なんじ	×	汝	隨喜	977③	和人称代名	995⑤			
なむち	なんじ	×	汝	隨喜	985①	和人称代名	1003③			
なんち	なんじ	×	汝	法功	996④	和人称代名	1015②			
なんち	なんじ	×	汝	常不	1064⑤	和人称代名	1083④			なんち[妙]
なんち	なんじ	×	汝	常不	1065⑤	和人称代名	1084③			なむち[妙]
なんち	なんじ	×	汝	常不	1074⑥	和人称代名	1093⑤			なんち[妙]
なんち	なんじ	×	汝	常不	1078③	和人称代名	1096⑥			なんち[妙]
なんち	なんじ	×	汝	常不	1080⑥	和人称代名	1099②			なんち[妙]
なんぢ	なんじ	×	汝	藥王	1131③	和人称代名	1149⑥			なんち[妙]
なんぢ	なんじ	×	汝	藥王	1131⑥	和人称代名	1150③			なんち[妙]
なんぢ	なんじ	×	汝	藥王	1132④	和人称代名	1150⑥			なんち[妙]
なんぢ	なんじ	×	汝	藥王	1132④	和人称代名	1151②			なんち[妙]
なんぢ	なんじ	×	汝	藥王	1140②	和人称代名	1158③			なんち[妙]
なんぢ	なんじ	×	汝	藥王	1156③	和人称代名	1174①			なんち[妙]
なんぢ	なんじ	×	汝	藥王	1157①	和人称代名	1174⑤			なんち[妙]
なんぢ	なんじ	×	汝	藥王	1157③	和人称代名	1175①			なんち[妙]
なんぢ	なんじ	×	汝	藥王	1158①	和人称代名	1175⑤			なんち[妙]
なんぢ	なんじ	×	汝	藥王	1158②	和人称代名	1175⑥			なんち[妙]
なんぢ	なんじ	×	汝	藥王	1158⑤	和人称代名	1176②			なんち[妙]
なんぢ	なんじ	×	汝	藥王	1160②	和人称代名	1177④			なんち[妙]
なんぢ	なんじ	×	汝	藥王	1160⑥	和人称代名	1178②			なんち[妙]
なんぢ	なんじ	×	汝	藥王	1161⑥	和人称代名	1179①			なんち[妙]
なんぢ	なんじ	×	汝	藥王	1164②	和人称代名	1181②			なんち[妙]

なん 547

当該語	読みかな	傍訓	漢字表記	品名	頁数	語の種類	妙一本	和解語文	可読	異同語彙
なんぢ	なんじ	×	汝	妙音	1170⑤	和人称代名	1186④			なんち[妙]
なんぢ	なんじ	×	汝	妙音	1171④	和人称代名	1187③			なんち[妙]
なんぢ	なんじ	×	汝	妙音	1171⑤	和人称代名	1187⑤			なんち[妙]
なんぢ	なんじ	×	汝	妙音	1172①	和人称代名	1187⑥			なんち[妙]
なんぢ	なんじ	×	汝	妙音	1178②	和人称代名	1193③			なんたち[妙]
なんぢ	なんじ	×	汝	妙音	1178⑤	和人称代名	1193⑥			なんち[妙]
なんぢ	なんじ	×	汝	妙音	1185③	和人称代名	1200②			なんち[妙]
なんぢ	なんじ	×	汝	妙音	1188①	和人称代名	1202④			なんち[妙]
なんぢ	なんじ	×	汝	妙音	1189①	和人称代名	1203⑤			なんち[妙]
なんぢ	なんじ	×	汝	觀世	1220②	和人称代名	1233③			なんち[妙]
なんぢ	なんじ	×	汝	觀世	1235④	和人称代名	1248①			なんち[妙]
なんぢ	なんじ	×	汝	觀世	1236②	和人称代名	1248⑤			なんち[妙]
なんぢ	なんじ	×	汝	陀羅	1249③	和人称代名	1261③			なむち[妙]
なんぢ	なんじ	×	汝	陀羅	1254④	和人称代名	1266④			なんち[妙]
なんぢ	なんじ	×	汝	妙莊	1276⑥	和人称代名	1287①			なんち[妙]
なんぢ	なんじ	×	汝	妙莊	1277②	和人称代名	1287③			なむたち[妙]
なんぢ	なんじ	×	汝	妙莊	1278①	和人称代名	1288①			なんち[妙]
なんぢ	なんじ	×	汝	妙莊	1285④	和人称代名	1295②			なんち[妙]
なんぢ	なんじ	×	汝	妙莊	1297③	和人称代名	1305②			なんち[妙]
なんぢ	なんじ	×	汝	妙莊	1298⑤	和人称代名	1306②		一か[西右]	なんち[妙]
なんぢ	なんじ	×	汝	普賢	1326⑤	和人称代名	1331①			なんち[妙]
なんぢ	なんじ	×	汝	普賢	1334①	和人称代名	1337⑥			なんち[妙]
難處	なんじょ	なんしよ	難處	譬喩	308⑤	漢名	281②			なんぞ[妙]
難處	なんじょ	なんしよ	難處	妙音	1192⑤	漢名	1206⑤		一に[西右]	なんしよ[妙]
男声	なんしょう	なんしやう	男声	法功	999③	漢名	1018②	なんしやう／おとこのこゑ[妙]		
なんちら	なんじら	×	汝等	譬喩	243①	和人称代名	212④			なんたち[妙]
なんぢら	なんじら	×	汝等	譬喩	245②	和人称代名	214⑥			
なんちら	なんじら	×	汝等	譬喩	260①	和人称代名	231⑤			
難信	なんしん	なんしん	難信	序品	46⑥	漢名	40④	なんしん／しんしか(た)き[妙]		
難信	なんしん	なんしん	難信	安樂	800④	漢名	822③	なんしん／なんしかたき[妙]	信じがたき[西右]	
難信難解	なんしんなんげ	なんしんなんけ	難信難解	化城	518③	漢四熟名	523③		一する事かたく、一する事かたけれとそ[西左右]	
難信難解	なんしんなんげ	なんしんなんけ／しんじがたきさとりがたき	難信難解	法師	637⑤	漢四熟名	650①	なんしむなんけ／しむしかたくさとりかたき[妙]		
なんすれぞ	なんすれぞ	×	何爲	信解	330⑥	和副	308③		なにすれば[西]	
南西北方	なんせいほっぽう	×	南西北方	見寶	668④	漢方位名	683④			
なんぞ	なんぞ	×	何	信解	359④	和副	344①			
なんぞ	なんぞ	×	何	五百	591⑤	和連語	598⑥			
難遭	なんそう	なんざう／あいかたし	難遭	如來	897①	漢名	915②	なんざう／あいかたき[妙]		
難遭	なんそう	なんさう	難遭	如來	898③	漢名	917④	なんざう／あいかたき[妙]		
難陀	なんだ	×	難陀	序品	5⑥	仏人名名	4⑤			
なんたぢ	なんだち	×	汝等	序品	77④	和人称代名	67②			
なんたち	なんだち	×	汝等	方便	123⑤	和人称代名	108④			
なんたち	なんだち	×	汝等	方便	144⑥	和人称代名	126②			
なんたち	なんだち	×	汝等	方便	190②	和人称代名	163②			
なんたち	なんだち	×	汝等	方便	190⑥	和人称代名	163⑥			
なんたち	なんだち	×	汝等	方便	193②	和人称代名	165⑤			
なんたち	なんだち	×	汝等	譬喩	260④	和人称代名	232①			
なんたち	なんだち	×	汝等	譬喩	261①	和人称代名	232④			
なんたち	なんだち	×	汝等	譬喩	261④	和人称代名	232⑥			
なんたち	なんだち	×	汝等	譬喩	283②	和人称代名	254⑥			
なんたち	なんだち	×	汝等	譬喩	292①	和人称代名	264②			
なんたち	なんだち	×	汝等	譬喩	294②	和人称代名	266②			
なんたち	なんだち	×	汝等	譬喩	294③	和人称代名	266④			
なんたち	なんだち	×	汝等	信解	337①	和人称代名	315⑤			
なんたち	なんだち	×	汝等	信解	348③	和人称代名	330②			
なんたち	なんだち	×	汝等	信解	365⑤	和人称代名	351④			
なんたち	なんだち	×	汝等	藥草	386⑥	和人称代名	371⑥			
なんたち	なんだち	×	汝等	藥草	392④	和人称代名	378②			

当該語	読みかな	傍訓	漢字表記	品名	頁数	語の種類	妙一本	和解語文	可読	異同語彙
なんたち	なんだち	×	汝等	藥草	398②	和人称代名	384⑤			
なんたち	なんだち	×	汝等	藥草	414②	和人称代名	402③			
なんたち	なんだち	×	汝等	藥草	414③	和人称代名	402⑤			
なんたち	なんだち	×	汝等	授記	429⑤	和人称代名	420②			
なんたち	なんだち	×	汝等	授記	445①	和人称代名	437⑥			
なんたち	なんだち	×	汝等	授記	445①	和人称代名	438①			
なんたち	なんだち	×	汝等	化城	447②	和人称代名	440④			
なんたち	なんだち	×	汝等	化城	512③	和人称代名	517③			
なんたち	なんだち	×	汝等	化城	518⑤	和人称代名	523③			
なんたち	なんだち	×	汝等	化城	524③	和人称代名	529⑤			
なんたち	なんだち	×	汝等	化城	526③	和人称代名	531⑤			
なんたち	なんだち	×	汝等	化城	526⑥	和人称代名	532②			
なんたち	なんだち	×	汝等	化城	528③	和人称代名	534①			
なんたち	なんだち	×	汝等	化城	535①	和人称代名	540⑥			
なんたち	なんだち	×	汝等	化城	543②	和人称代名	551①			
なんたち	なんだち	×	汝等	化城	544①	和人称代名	552①			
なんたち	なんだち	×	汝等	化城	544①	和人称代名	552③			
なんたち	なんだち	×	汝等	化城	547②	和人称代名	553⑤			
なんたち	なんだち	×	汝等	五百	564⑥	和人称代名	568③			
なんたち	なんだち	×	汝等	五百	566②	和人称代名	569⑤			
なんたち	なんだち	×	汝等	五百	594③	和人称代名	601⑥			
なんたち	なんだち	×	汝等	五百	594④	和人称代名	602②			
なんたち	なんだち	×	汝等	勧持	755②	和人称代名	774⑥			
なんたち	なんだち	×	汝等	安樂	785①	和人称代名	806③		なんた[西右]	
なんたち	なんだち	×	汝等	安樂	803⑥	和人称代名	826①			
なんたち	なんだち	×	汝等	安樂	809①	和人称代名	831③			
なんたち	なんだち	×	汝等	從地	818⑤	和人称代名	841①			
なんたち	なんだち	×	汝等	從地	832④	和人称代名	855②			
なんたち	なんだち	×	汝等	從地	844③	和人称代名	867①			
なんたち	なんだち	×	汝等	從地	845①	和人称代名	867⑥			
なんたち	なんだち	×	汝等	從地	847⑥	和人称代名	870⑤			
なんたち	なんだち	×	汝等	從地	848④	和人称代名	871③			
なんたち	なんだち	×	汝等	從地	848⑥	和人称代名	871⑤			
なんたち	なんだち	×	汝等	從地	854⑤	和人称代名	877③			
なんたち	なんだち	×	汝等	如來	880④	和人称代名	899④		なんちらィ[西右]	
なんたち	なんだち	×	汝等	如來	880⑥	和人称代名	899⑤			
なんたち	なんだち	×	汝等	如來	881②	和人称代名	900②			
なんたち	なんだち	×	汝等	如來	882⑥	和人称代名	901⑥			なむたち[瑞]
なんたち	なんだち	×	汝等	如來	887②	和人称代名	906②			
なんたち	なんだち	×	汝等	如來	902④	和人称代名	921④			
なんたち	なんだち	×	汝等	如來	905⑤	和人称代名	924④			
なんたち	なんだち	×	汝等	如來	918③	和人称代名	937②			
なんたち	なんだち	×	汝等	如來	913⑥	和人称代名	932⑤			
なんたち	なんだち	×	汝等	随喜	988④	和人称代名	1006⑥			
なんたぢ	なんだち	×	汝等	常不	1056③	和人称代名	1075③			なむら[妙]
なんたち	なんだち	×	汝等	常不	1062⑥	和人称代名	1081④			
なんたち	なんだち	×	汝等	常不	1063①	和人称代名	1081⑤			なんたち[妙]
なんたち	なんだち	×	汝等	常不	1063⑥	和人称代名	1082⑤			
なんたち	なんだち	×	汝等	常不	1064①	和人称代名	1082⑤		一は[西右]	なんたち[妙]
なんたち	なんだち	×	汝等	常不	1066③	和人称代名	1085②			なんち[妙]
なんたち	なんだち	×	汝等	常不	1066③	和人称代名	1085②		一は[西右]	なんたち[妙]
なんたち	なんだち	×	汝等	常不	1078④	和人称代名	1097①		一ちらは[西右]	なんたち[妙]
なんたち	なんだち	×	汝等	神力	1091④	和人称代名	1109⑥			
なんたち	なんだち	×	汝等	神力	1095③	和人称代名	1114①			
なんたち	なんだち	×	汝等	囑累	1105⑥	和人称代名	1124④			
なんたち	なんだち	×	汝等	囑累	1105⑥	和人称代名	1124④			
なんたち	なんだち	×	汝等	囑累	1106⑥	和人称代名	1125⑤			
なんたち	なんだち	×	汝等	囑累	1107①	和人称代名	1125⑤			
なんたち	なんだち	×	汝等	囑累	1108②	和人称代名	1126①			
なんたち	なんだち	×	汝等	囑累	1109④	和人称代名	1128①			
なんたち	なんだち	×	汝等	藥王	1135⑥	和人称代名	1154②			
なんたち	なんだち	×	汝等	觀世	1214⑥	和人称代名	1228②			
なんたち	なんだち	×	汝等	觀世	1215③	和人称代名	1228⑤			
なんたち	なんだち	×	汝等	觀世	1230③	和人称代名	1243②			
なんたち	なんだち	×	汝等	陀羅	1269④	和人称代名	1280⑤			
なんたち	なんだち	×	汝等	陀羅	1271①	和人称代名	1281⑥			

当該語	読みかな	傍訓	漢字表記	品名	頁数	語の種類	妙一本	和解語文	可読	異同語彙
なむたち	なんだち	×	汝等	妙荘	1277⑥	和人称代名	1288①			なんたち[妙]
なむたち	なんだち	×	汝等	妙荘	1281②	和人称代名	1291①			
なむたち	なんだち	×	汝等	妙荘	1282④	和人称代名	1292②			
なむたち	なんだち	×	汝等	妙荘	1293①	和人称代名	1301⑤			
難陀龍王	なんだりゅうおう	なんだ――	難陀龍王	序品	11②	仏王名名	8⑥			
なんとす	なんとす	×	一爲	譬喩	282⑤	和連語	254③			
なんとす	なんとす	×	一解	信解	356①	和連語	339⑦			
男女	なんにょ	×	男女	化城	543①	漢人倫名	548⑤			
男女	なんにょ	×	男女	法功	1002⑥	漢人倫名	1021④	なんにょ／おとこをんな[妙]		
男女	なんにょ	×	男女	法功	1013②	漢人倫名	1031④			男女の[妙]
男女	なんにょ	×	男女	法功	1018④	漢人倫名	1037③		一と[西右]	
男女	なんにょ	×	男女	法功	1019②	漢人倫名	1038①	なんにょ／おとこおんな[妙]	一か一か[西右]	
男女	なんにょ	×	男女	法功	1020②	漢人倫名	1038⑥			
なんの	なんの	×	何	藥草	396③	和連語	382③			
なんの	なんの	×	何	藥草	396③	和連語	382④			
なんの	なんの	×	何	藥草	396④	和連語	382④			
なんの	なんの	×	何	藥草	396④	和連語	382⑤			
なんの	なんの	×	何	藥草	396⑤	和連語	382⑤			
なんの	なんの	×	何	化城	466④	和連語	463②			
なんの	なんの	×	何	常不	1062①	和連語	1080⑥			
なんの	なんの	×	何	妙音	1176③	和連語	1191⑤		いかなる[西右]	なん[妙]
なんの	なんの	×	何	妙音	1176③	和連語	1191⑤		いかなる[西右]	なん[妙]
なんの	なんの	×	何	妙音	1186②	和連語	1201①		いかなる[西右]	なん[妙]
なんの	なんの	×	何	妙音	1186③	和連語	1201①		いかなる[西右]	なん[妙]
なんの	なんの	×	何	觀世	1208⑥	和連語	1221⑥			
なんの	なんの	×	何	觀世	1235②	和連語	1247⑤			
南方	なんぽう	なんほう	南方	化城	482①	漢方位名	482②	なんはう／みなみのかた[妙]		
南方	なんぽう	×	南方	化城	515②	漢方位名	520④	なんはう／みなみのはう[妙]		
南方無垢世界	なんぽうむくせかい	×	南方無垢世界	提婆	735③	仏名	753⑤			
難問する	なんもんする	なんもん	難問	安樂	778②	漢サ動	799①	なんもん・する／なんしとう[妙]		
難問する	なんもんする	なんもん／―とう	難問	安樂	780②	漢サ動	801①			
難問せ	なんもんせ	なんもん	難問	安樂	794⑤	漢サ動	816②			
難問答	なんもんどう	なんもん―	難問答	從地	867⑥	漢名	890⑥	なんもんたう／―といこたうる[妙]		
なんら	なんら	×	何等	序品	44⑥	和副	38⑤			
なんら	なんら	×	何等	法師	624④	和副	635④			
児	に	に・ちご	児	信解	339⑤	単漢人倫名	319②	に／こ[妙]		
耳	に	に・みゝ	耳	法功	994⑥	単漢身体名	1013②			
耳	に	×	耳	法功	998④	単漢名	1017③	に／みゝ[妙]		
耳	に	に	耳	常不	1057②	単漢名	1076②	に／みゝ[妙]		
耳	に	に	耳	常不	1070⑥	単漢名	1089④			
二	に	×	二	序品	51⑤	漢数名	44⑥			
二	に	×	二	方便	128⑤	漢数名	112⑥			
二	に	×	二	方便	148④	漢数名	129①			
二	に	×	二	化城	515④	漢数名	520②			
二	に	×	二	化城	515⑤	漢数名	520③			
二	に	×	二	化城	515⑤	漢数名	520⑤			
二	に	×	二	化城	516①	漢数名	520⑥			
二	に	×	二	化城	516②	漢数名	521②			
二	に	×	二	化城	516④	漢数名	521③			
二	に	×	二	化城	516⑤	漢数名	521⑤			
二	に	×	二	化城	548②	漢数名	554⑥		ふたつをときしなりィ[西右]	
二	に	×	二	從地	822④	漢数名	844⑥			
二	に	×	二	從地	826②	漢数名	849④			
二	に	×	二	從地	831②	漢数名	854①			
二	に	×	二	從地	837⑥	漢数名	860⑤			

当該語	読みかな	傍訓	漢字表記	品名	頁数	語の種類	妙一本	和解語文	可読	異同語彙
二	に	×	二	陀羅	1262②	漢数名	1273⑤			二[妙]
に	に	×	似	信解	346③	和動	327⑤			
にほひ	におい	×	薫	見寶	688④	和転成名	706②			
に於	において	×	於	方便	93⑤	和連語	82②			に[妙]
におゐて	において	×	於	方便	139④	和連語	121⑤			にして[妙]
に於	において	×	於	方便	144③	和連語	125⑤			
に於	において	×	於	方便	165⑥	和連語	143①			
に於	において	×	於	方便	169④	和連語	146②			の[妙]
に於	において	×	於	方便	177⑤	和連語	152⑤			
に於	において	×	於	譬喩	234⑤	和連語	203⑥			
におゐて	において	×	於	譬喩	252④	和連語	222⑤			より[妙]
におゐて	において	×	於	譬喩	294⑥	和連語	267①			にして[妙]して[西]
に於	において	において	於	五百	566④	和連語	570①		にして[西右]	にして[妙]
に於て	において	×	於	五百	570③	和連語	574②			
に於	において	×	於	五百	599②	和連語	607⑤			に[妙]
に於	において	×	於	授學	613①	和連語	622④			
に於	において	×	於	授學	617②	和連語	627④		一して[西右]	
に於	において	×	於	法師	624②	和連語	635②		して[西右]	
に於	において	×	於	法師	624⑥	和連語	635⑥			
に於	において	×	於	法師	627①	和連語	638①			
に於	において	×	於	法師	628②	和連語	639④			
に於	において	×	於	法師	635④	和連語	647⑤			
に於	において	×	於	法師	637①	和連語	649②			
におゐて	において	×	於	法師	647⑤	和連語	661③			にして[妙]
に於	において	×	於	法師	653②	和連語	667②			
におゐて	において	×	於	提婆	726②	和連語	744③			
におゐて	において	×	於	提婆	728①	和連語	746②			に[妙]
に於	において	×	於	提婆	730②	和連語	748③			
におゐて	において	×	於	安樂	781⑤	和連語	802⑤			に[妙]
におゐて	において	×	於	安樂	785④	和連語	806⑥			
におゐて	において	×	於	從地	842⑤	和連語	865④		おいて[西右]	
におゐて	において	×	於	從地	848④	和連語	871②			
におゐて	において	×	於	從地	849⑥	和連語	872⑤			
において	において	×	於	囑累	1106⑤	和連語	1125②			に[妙]
におゐて	において		於	陀羅	1267②	和連語	1278②	ふつせん／ほとけの御まへ[妙]	にして[西右]	
に於	において		於	普賢	1333⑤	和連語	1337①			
にをきて	にをきて	×	於	序品	78②	和連語	68⑤			
にをきて	にをきて	×	於	方便	97④	和連語	85⑤			
にをきて	にをきて	×	於	方便	100③	和連語	88①			
にをきて	にをきて	×	於	方便	109③	和連語	95⑤			
にをきて	にをきて	×	於	方便	109⑤	和連語	95⑥			
にをきて	にをきて	×	於	方便	136③	和連語	119①			
にをきて	にをきて	×	於	方便	141②	和連語	123②			
にをきて	にをきて	×	於	方便	148①	和連語	128⑤			
にをきて	にをきて	×	於	方便	150④	和連語	130⑤			
にをきて	にをきて	×	於	方便	151②	和連語	131③			
にをきて	にをきて	×	於	方便	155②	和連語	134⑤			
にをきて	にをきて	×	於	方便	169⑤	和連語	146⑤			
にをきて	にをきて	×	於	譬喩	253⑥	和連語	224⑤			
にをきて	にをきて	×	於	譬喩	256⑤	和連語	227⑤			
にをきて	にをきて	×	於	譬喩	290⑥	和連語	263①			
にをきて	にをきて	×	於	譬喩	292③	和連語	264④			
にをきて	にをきて	×	於	譬喩	297②	和連語	269③			
にをきて	にをきて	×	於	譬喩	298①	和連語	270③			
にをきて	にをきて	×	於	譬喩	300②	和連語	272④			において[西]
にをきて	にをきて	×	於	譬喩	300③	和連語	272⑤			
にをきて	にをきて	×	於	譬喩	309①	和連語	281⑤			
にをきて	にをきて	×	於	信解	319⑥	和連語	294⑥			
にをきて	にをきて	×	於	信解	320④	和連語	295⑤			
にをきて	にをきて	×	於	信解	347②	和連語	328⑤			
にをきて	にをきて	×	於	信解	349⑤	和連語	331⑥			
にをきて	にをきて	×	於	信解	369⑥	和連語	356③		一い一[西右]	
にをきて	にをきて	×	於	信解	370①	和連語	356④		をいて[西右]	
にをきて	にをきて	×	於	信解	371③	和連語	358①		をいて[西右]	
にをきて	にをきて	×	於	信解	373④	和連語	360④			
にをきて	にをきて	×	於	信解	373⑥	和連語	360⑥			

当該語	読みかな	傍訓	漢字表記	品名	頁数	語の種類	妙一本	和解語文	可読	異同語彙
にをきて	におきて	×	於	信解	374④	和連語	361⑥			
にをきて	におきて	×	於	信解	376③	和連語	364①		にをいて[西右]	
にをきて	におきて	×	於	信解	377②	和連語	365①		において[西右]	
にをきて	におきて	×	於	信解	378②	和連語	366②			
にをきて	におきて	×	於	藥草	386⑥	和連語	372①			
にをきて	におきて	×	於	藥草	387③	和連語	372④			
にをきて	におきて	×	於	藥草	394③	和連語	380②			
にをきて	におきて	×	於	藥草	410⑤	和連語	398④			
にをきて	におきて	×	於	授記	418⑥	和連語	407⑤		一して[西右]	
にをきて	におきて	×	於	授記	442⑤	和連語	435②		にをいて[西右]	
にをきて	におきて	×	於	授記	444②	和連語	436⑥			
にをきて	におきて	×	於	化城	447③	和連語	440④			
にをきて	におきて	×	於	化城	505④	和連語	509⑥			
におきて	におきて	×	於	化城	524①	和連語	529③			
にをきて	におきて	×	於	化城	529①	和連語	534④			
にをきて	におきて	×	於	化城	535⑤	和連語	541③			
にをきて	におきて	×	於	五百	564③	和連語	567⑤			
にをきて	におきて	×	於	五百	565④	和連語	569①			
にをきて	におきて	×	於	五百	566⑤	和連語	570③		にをいて[西右]	
にをきて	におきて	×	於	五百	568⑤	和連語	572③			
にをきて	におきて	×	於	五百	577③	和連語	582②			
にをきて	におきて	×	於	五百	583④	和連語	589①			
にをきて	におきて	×	於	五百	596④	和連語	604④			
にをきて	におきて	×	於	授學	602①	和連語	610③			
におきて	におきて	×	於	授學	605⑤	和連語	614④			
におきて	におきて	×	於	授學	615③	和連語	625①			
におきて	におきて	×	於	法師	623④	和連語	634③			
におきて	におきて	×	於	法師	625②	和連語	636②		一の[西右]	
におきて	におきて	×	於	法師	637④	和連語	649⑥			
にをきて	におきて	×	於	法師	649①	和連語	662⑥			
にをきて	におきて	×	於	見寶	693④	和連語	712①			
にをきて	におきて	×	於	見寶	694③	和連語	712⑥			
にをきて	におきて	×	於	見寶	695⑤	和連語	714④			
にをきて	におきて	×	於	見寶	696③	和連語	715③			
にをきて	におきて	×	於	見寶	697①	和連語	716①			
にをきて	におきて	×	於	見寶	697④	和連語	716③			
にをきて	におきて	×	於	見寶	698⑥	和連語	717⑥			
にをきて	におきて	×	於	見寶	699④	和連語	718④			
にをきて	におきて	×	於	提婆	708④	和連語	725④			
にをきて	におきて	×	於	提婆	708⑤	和連語	725⑤			
にをきて	におきて	×	於	提婆	729①	和連語	747②			
にをきて	におきて	×	於	勸持	758⑤	和連語	778③		のみもとにし[西右]	
にをきて	におきて	×	於	安樂	761⑤	和連語	781③			
にをきて	におきて	×	於	安樂	764⑥	和連語	784⑤			
にをきて	におきて	×	於	安樂	774④	和連語	798②			
にをきて	におきて	×	於	安樂	779②	和連語	800①			
にをきて	におきて	×	於	安樂	785⑥	和連語	807③			
にをきて	におきて	×	於	安樂	786①	和連語	807④			
にをきて	におきて	×	於	安樂	786②	和連語	807⑤			
にをきて	におきて	×	於	安樂	786④	和連語	807⑥			
にをきて	におきて	×	於	安樂	786⑤	和連語	808①			
にをきて	におきて	×	於	安樂	790⑤	和連語	812②			
にをきて	におきて	×	於	安樂	791⑥	和連語	813②		一は[西右]	
にをきて	におきて	×	於	安樂	792①	和連語	813④			
にをきて	におきて	×	於	安樂	795⑤	和連語	817②			
にをきて	におきて	×	於	安樂	803④	和連語	825④			
にをきて	におきて	×	於	安樂	805①	和連語	827②		にをいて[西右]	
にをきて	におきて	×	於	從地	827③	和連語	849④			
におきて	におきて	×	於	從地	830④	和連語	852⑥			
におきて	におきて	×	於	從地	832④	和連語	855③		において[西右]	
におきて	におきて	×	於	從地	837④	和連語	860③		までにあり[西右]	

当該語	読みかな	傍訓	漢字表記	品名	頁数	語の種類	妙一本	和解語文	可読	異同語彙
にをきて	にをきて	×	於	從地	840④	和連語	863③			
にをきて	にをきて	×	於	從地	850①	和連語	872⑤			
にをきて	にをきて	×	於	從地	855⑤	和連語	878③			
におきて	におきて	×	於	從地	857①	和連語	879⑤			
にをきて	にをきて	×	於	從地	857⑥	和連語	880⑤			
にをきて	にをきて	×	於	從地	860②	和連語	883①			
にをきて	にをきて	×	於	從地	862⑥	和連語	885⑤			
にをきて	にをきて	×	於	從地	869②	和連語	892①		にをいて[西右]	
にをきて	にをきて	×	於	從地	869④	和連語	892④		にをいて[西右]	
にをきて	にをきて	×	於	從地	870②	和連語	893①			
にをきて	にをきて	×	於	如來	886④	和連語	905④			
にをきて	にをきて	×	於	如來	888④	和連語	907⑤		をいて[西右]	
におきて	におきて	×	於	如來	904③	和連語	923②			
にをきて	にをきて	×	於	如來	908⑥	和連語	927⑤		にをいて[西右]	
にをきて	にをきて	×	於	如來	914⑥	和連語	933⑤		にをいて[西右]	
にをきて	にをきて	×	於	如來	918④	和連語	937③			
におきて	におきて	×	於	分別	937⑥	和連語	956③			
におきて	におきて	×	於	分別	939②	和連語	957④			
にをきて	にをきて	×	於	分別	940②	和連語	958④			
にをきて	にをきて	×	於	分別	944①	和連語	962④			
にをきて	にをきて	×	於	分別	947①	和連語	965⑤			
におきて	におきて	×	於	随喜	976①	和連語	994②			
におきて	におきて	×	於	随喜	976②	和連語	994③			
におきて	におきて	×	於	法功	1014③	和連語	1032⑥			
におきて	におきて	×	於	法功	1038③	和連語	1057①		において[西右]	
にをきて	にをきて	×	於	法功	1047①	和連語	1065④			
にをきて	にをきて	において	於	神力	1095②	和連語	1113⑥			
にをきて	にをきて		於	神力	1102④	和連語	1121④		一にをいて[西右]	
におきて	におきて		於	神力	1104②	和連語	1123②			
におきて	におきて		於	藥王	1131④	和連語	1149⑥			
におきて	におきて	×	於	藥王	1140②	和連語	1158④			
におきて	におきて		於	藥王	1143③	和連語	1161③			
におきて	におきて		於	藥王	1144①	和連語	1162①			
におきて	におきて		於	藥王	1144④	和連語	1162④			
におきて	におきて		於	藥王	1145④	和連語	1163⑤			
にをきて	にをきて		於	藥王	1145⑤	和連語	1163⑥			
におきて	におきて		於	藥王	1147⑤	和連語	1166①			
にをきて	にをきて		於	藥王	1148②	和連語	1166④			
におきて	におきて		於	藥王	1158②	和連語	1175⑤			
におきて	におきて		於	妙音	1173③	和連語	1189①			
におきて	におきて		於	妙音	1187②	和連語	1201⑥			
におきて	におきて		於	妙音	1188①	和連語	1202⑤			
におきて	におきて		於	妙音	1193⑥	和連語	1207⑥		においては[西右]	
におきて	におきて		於	觀世	1215④	和連語	1228⑤			
におきて	におきて		於	觀世	1220②	和連語	1233④			
におきて	におきて		於	觀世	1245⑥	和連語	1258①		において[西右]	
におきて	におきて	×	於	陀羅	1249③	和連語	1261④			
におきて	におきて		於	陀羅	1250①	和連語	1262①			
におきて	におきて		於	陀羅	1254⑥	和連語	1266⑤		にをいて[西右]	
におきて	におきて		於	妙荘	1275①	和連語	1285③		において[西右]	
におきて	におきて		於	妙荘	1288③	和連語	1297⑤		において[西右]	
におきて	におきて		於	妙荘	1288④	和連語	1298①		において[西右]	
におきて	におきて		於	妙荘	1303①	和連語	1310③		において[西右]	
にをきて	にをきて		於	妙荘	1305⑤	和連語	1312④			におきて[妙]
におきて	におきて		於	普賢	1314①	和連語	1320①			
におきて	におきて		於	普賢	1316④	和連語	1322①			

当該語	読みかな	傍訓	漢字表記	品名	頁数	語の種類	妙一本	和解語文	可読	異同語彙
におきても	におきても	×	於	五百	568⑥	和連語	572⑤		においても[西右]	
にをきても	におきても	×	於	五百	569②	和連語	573①			
にをきても	におきても	×	於	五百	569③	和連語	573②		にをいても[西右]	
にがく	にがく	×	苦	法功	1027①	和形	1045⑥			
肉	にく	にく	肉	序品	30⑤	漢身体名	26②			
肉髻	にくげ	にくけ	肉髻	妙音	1165③	漢身体名	1182①			にくけ[妙]
肉髻	にくげ	にくつけ	肉髻	妙荘	1300②	漢身体名	1307⑥		一の[西右]	にくけ[妙]
肉眼	にくげん	にくげん／ぼんぶのまなこ	肉眼	法功	995②	仏身体名	1013⑥			
肉眼	にくげん	にくげん	肉眼	法功	997⑥	仏身体名	1016⑤	にくげん／しゝむらのまなこ[妙]		
にくみ	にくみ	×	惡	譬喩	303⑤	和動	275⑥			
にくみ	にくみ	×	惡	安樂	810④	和動	832⑥			
にくむ	にくむ	×	惡	随喜	983⑤	和動	1002①			
にくむ	にくむ	×	惡	随喜	990⑥	和動	1009③			
尼揵{犍}子	にげんじ	にげんじ	尼犍子	安樂	762⑤	仏名	782②			
耳根	にこん	にこん	耳根	法功	1001②	漢身体名	1019⑥		にこん／みゝ[妙]	
耳根	にこん	にこん	耳根	法功	1004③	漢身体名	1023①		にこん／みゝ[妙]	
耳根	にこん	にこん	耳根	法功	1007⑤	漢身体名	1026⑤		にこん／みゝ[妙]	
二子	にし	×	二子	妙荘	1294⑤	漢数名	1303②	にし／ふたりのこ[妙]	一の一と[西右]	
二食	にじき	×	二食	五百	572④	漢数名	576④		一つの一[西右]	
一にして	にして	×	於	化城	513⑤	和連語	518⑤			
にして	にして	×	於	普賢	1325③	和数語	1329⑥			
にして	にして	×	於	普賢	1331①	和連語	1334⑥			
にして	にして	×	於	普賢	1331④	和連語	1335①			
にして	にして	×	於	普賢	1335①	和連語	1338①			
にして	にして	×	於	普賢	1335⑥	和連語	1338⑥			にして[妙]
にして	にして	×	於	五百	574①	和連語	578③			一あらん[妙]
二四天下	にしてんげ	×	二四天下	分別	924④	漢四熟数名	943②			
二尺	にしゃく	×	二尺	譬喩	274③	漢数名	245⑤			
二十	にじゅう	×	二十	譬喩	239⑥	漢数名	209③			
二十	にじゅう	×	二十	如來	899⑥	漢数名	919①			
二十億	にじゅうおく	×	二十億	序品	57①	漢数名	49⑤			
二十五	にじゅうご	×	二十五	從地	859①	漢数名	881⑥			
二十五	にじゅうご	×	二十五	從地	866④	漢数名	889③			
二十四劫	にじゅうしごう	×	二十四劫	授記	443⑤	漢四熟数名	436②			
二十四小劫	にじゅうししょうごう	×	二十四小劫	授記	441④	漢数名	433⑤			
二十小劫	にじゅうしょうごう	×	二十小劫	授記	416⑥	漢四熟数名	405②			
二十小劫	にじゅうしょうごう	×	二十小劫	授記	417①	漢四熟数名	405③			
二十小劫	にじゅうしょうごう	———こう	二十小劫	授記	421⑥	漢四熟数名	411①		ならん[西右]	
二十小劫	にじゅうしょうごう	×	二十小劫	授記	421⑥	漢四熟数名	411②			
二十小劫	にじゅうしょうごう	×	二十小劫	授記	428⑤	漢四熟数名	419②		一ならん[西右]	
二十小劫	にじゅうしょうごう	×	二十小劫	授記	428⑥	漢四熟数名	419③			
二十小劫	にじゅうしょうごう	×	二十小劫	授記	432⑤	漢四熟数名	423⑤			
二十小劫	にじゅうしょうごう	×	二十小劫	授記	432⑥	漢四熟数名	423⑥			
二十小劫	にじゅうしょうごう	×	二十小劫	授記	436③	漢四熟数名	427⑥			
二十小劫	にじゅうしょうごう	×	二十小劫	授記	436④	漢四熟数名	427⑥			
二十千万億	にじゅうせんまんおく	×	二十千万億	常不	1067④	漢数名	1086③			にしうせんまんおく[妙]
二十千万億恒河沙	にじゅうせんまんおくごうがしゃ	×	二十千万億恒河沙	授學	604⑥	漢数名	613④			

当該語	読みかな	傍訓	漢字表記	品名	頁数	語の種類	妙一本	和解語文	可読	異同語彙
二十中劫	にじゅうちゅうごう	×	二十中劫	提婆	717②	漢四熟数名	735②		―ならん[西右]	
二十中劫	にじゅうちゅうごう	×	二十中劫	提婆	718①	漢四熟数名	736①			
二十年	にじゅうねん	×	二十年	信解	362⑤	漢数名	347⑥			
二十年	にじゅうねん	×	二十年	信解	364②	漢数名	349④		―はかり[西右]	
二十年中	にじゅうねんちゅう	×	二十年中	信解	340①	漢四熟数名	319⑤			
二處	にしょ	―しょ	二處	安樂	772⑥	漢数名	793②			
二生	にしょう	×	二生	分別	924⑤	漢数名	943③		―あて[西右]	
二乘	にじょう	―じょう	二乘	方便	135②	漢数名	118①		―だも[西右]	
二乘	にじょう	×	二乘	方便	158①	漢数名	136④			
二乘	にじょう	―じやう	二乘	化城	521①	漢数名	526②			
二世尊	にせそん	×	二世尊	提婆	722②	漢数名	740③	にせそん／しやかたほう[妙]	ふたりの―[西右]	
二世尊	にせそん	×	二世尊	從地	823②	漢数名	846④	にせそん／しやかたほう[妙]	ふたりの―[西右]	
二世尊	にせそん	×	二世尊	從地	824⑥	漢数名	847①	にせそん／しやかたほう[妙]	―の――[西右]	
二千	にせん	×	二千	授學	618④	漢数名	628⑤			
二千億	にせんおく	×	二千億	常不	1069④	漢数名	1088②			―せんをく[妙]
二千億	にせんおく	×	二千億	常不	1070②	漢数名	1088⑤			―せんをく[妙]
二千中國土	にせんちゅうごくど	×	二千中國土	分別	923④	漢数名	942③			
二千人	にせんにん	×	二千人	序品	6④	漢数名	5②		―のひと[西右]	
二千人	にせんにん	×	二千人	授學	603②	漢数名	611⑤			
二千人	にせんにん	×	二千人	授學	616③	漢数名	626②			
二千人	にせんにん	×	二千人	授學	620③	漢数名	630⑤		―の[西]	
二千人	にせんにん	×	二千人	授學	616⑥	漢数名	626⑥			
二千由旬	にせんゆじゅん	×	二千由旬	序品	40⑤	漢四熟数名	34⑥			
二相	にそう	―さう	二相	序品	39②	漢数名	33⑤			
二足	にそく	×	二足	授記	419④	漢数名	408③			
二足	にそく	×	二足	隨喜	973②	漢数名	991③			
二地	にち	―ち	二地	化城	528②	漢数名	533⑥			
日	にち	×	日	信解	336①	単漢名	314④			
日月	にちがつ	×	日月	化城	463②	漢暦日名	459⑤			
日月	にちがつ	×	日月	五百	592②	漢暦日名	599③			
日月	にちがつ	×	日月	神力	1103②	漢暦日名	1122②			にちくわち[妙]
日月浄明徳如來	にちがつじょうみょうとくにょらい	×	日月浄明徳如來	藥王	1116②	仏如来名	1134⑤			にちくわつじやうみやうとくによらい[妙]
日月浄明徳佛	にちがつじょうみょうとくぶつ	×	日月浄明徳佛	藥王	1119②	仏仏名名	1138①			にちくわつじやうみやうとくふつ[妙]
日月浄明徳佛	にちがつじょうみょうとくぶつ	×	日月浄明徳佛	藥王	1120⑥	仏仏名名	1139②		―と[西右]	にちくわつじやうみやうとくふつ[妙]
日月浄明徳佛	にちがつじょうみょうとくぶつ	×	日月浄明徳佛	藥王	1123③	仏仏名名	1141⑤			にちくわつしやうみやうとくふつ[妙]
日月浄明徳佛	にちがつじょうみょうとくぶつ	×	日月浄明徳佛	藥王	1126⑥	仏仏名名	1145②			にちくわつしやうみやうとくふつ[妙]
日月浄明徳佛	にちがつじょうみょうとくぶつ	×	日月浄明徳佛	藥王	1128②	仏仏名名	1146⑤		―は[西右]	にちくわつじやうみやうとくぶつ[妙]
日月浄明徳佛	にちがつじょうみょうとくぶつ	×	日月浄明徳佛	藥王	1131①	仏仏名名	1149③			にちくわつしやうみやうとくふつ[妙]
日月浄明徳佛	にちがつじょうみょうとくぶつ	×	日月浄明徳佛	藥王	1133①	仏仏名名	1151④			にちくわつしやうみやうとくふつ[妙]
日月浄明徳佛	にちがつじょうみょうとくぶつ	×	日月浄明徳佛	藥王	1136①	仏仏名名	1154③			にちくわつじやうみやうとくふつ[妙]

にし―にふ 555

当該語	読みかな	傍訓	漢字表記	品名	頁数	語の種類	妙一本	和解語文	可読	異同語彙
日月燈佛	にちがつとうぶつ	×	日月燈佛	序品	73④	仏仏名名	64⑤			
日月燈明	にちがつとうみょう	――とうみやう	日月燈明	序品	49⑥	漢四熟名	43②			
日月燈明	にちがつとうみょう	×	日月燈明	序品	50②	漢四熟名	43③			
日月燈明	にちがつとうみょう	×	日月燈明	序品	50③	漢四熟名	43⑤			
日月燈明	にちがつとうみょう	×	日月燈明	序品	51①	漢四熟名	44②			
日月燈明	にちがつとうみょう	×	日月燈明	序品	66③	漢四熟名	58①			
日月燈明	にちがつとうみょう	――とうめう	日月燈明	常不	1069⑤	漢四熟名	1088③			にちくわつとうみやう[妙]
日月燈明如来	にちがつとうみょうにょらい	――とうみやうによらい	日月燈明如來	序品	47⑤	仏仏名名	41②			
日月燈明佛	にちがつとうみょうぶつ	×	日月燈明佛	序品	53⑤	仏仏名名	46⑤			
日月燈明佛	にちがつとうみょうぶつ	×	日月燈明佛	序品	58①	仏仏名名	50④			
日月燈明佛	にちがつとうみょうぶつ	×	日月燈明佛	序品	59④	仏仏名名	52①			
日月燈明佛	にちがつとうみょうぶつ	にち――――	日月燈明佛	序品	60④	仏仏名名	52⑥			
日月燈明佛	にちがつとうみょうぶつ	×	日月燈明佛	序品	62①	仏仏名名	54②			
日天子	にちてんし	×	日天子	藥王	1144⑤	漢人倫名	1162⑤	―てんし／ひ[妙]		
日夜	にちや	にちや	日夜	譬喩	212②	漢時候名	179⑥	にちや／ひるよる[妙]		
日夜	にちや	にちや	日夜	譬喩	212④	漢時候名	180④	にちや／ひるよる[妙]		
日夜	にちや	―や	日夜	譬喩	293②	漢時候名	265②	にちや／ひるよる[妙]		
日夜	にちや	×	日夜	信解	367①	漢時候名	353①			
日光	にっこう	×	日光	藥草	401①	漢天象名	387④	につくわう／ひのひかりを[妙]	―の―[西右]	
日星宿三昧	にっしょうしゅくざんまい	につしやうしゆく――	日星宿三昧	妙荘	1274⑤	漢名	1285①	にちしやうすくさんまい[妙]	―と[西右]	
日旋三昧	にっせんざんまい	―せん――	日旋三昧	妙音	1169①	漢四熟名	1185①			にちせんさんまい[妙]
如来座	にとらいざ	×	如來座	法師	647②	仏名	660⑤			
になひ	にない	×	擔負	見寶	694④	和動	713②		擔負して[西右]	になひて[妙]
二日	ににち	×	二日	陀羅	1266③	漢数名	1277④			にゝち[妙]
二如来	ににょらい	×	二如來	見寶	683①	漢数名	700②	―によらい／しやかたほう[妙]		
二人	ににん	ふたん	二人	信解	333⑥	漢数名	312①			
二人	ににん	ふたん	二人	信解	335①	漢数名	313③			
二涅槃	にねはん	×	二涅槃	化城	528②	漢数名	533⑤			
耳鼻舌身意根清浄	にびぜつしんいいこんしょうじょう	にびぜつしんいこん――	耳鼻舌身意根清淨	常不	1067⑥	漢名	1086⑤	にひせつしんいこんしやう〳〵／―はなしたみこゝろ――――[妙]	―なる事[西左]	
二百億劫	にひゃくおくごう	――おくこう	二百億劫	常不	1074①	漢四熟数名	1092⑤			にひやくおくこう[妙]
二百億那由他歳	にひゃくおくなゆたさい	―――――さい	二百億那由他歳	常不	1068②	漢数名	1087①			にひやくをくなゆたさい[妙]
二百五十由旬	にひゃくごじゅうゆじゅん	×	二百五十由旬	見寶	656⑥	漢数名	671②			
二百万億	にひゃくまんおく	×	二百万億	授記	440①	漢四熟数名	432①			
二百万億那由他	にひゃくまんおくなゆた	×	二百万億那由他	見寶	672③	漢数名	688①			
二百万億那由他	にひゃくまんおくなゆた	×	二百万億那由他	見寶	674⑤	漢数名	690④			
二佛	にぶつ	×	二佛	化城	515③	漢数名	520③			
二佛	にぶつ	×	二佛	化城	515④	漢数名	520④			
二佛	にぶつ	×	二佛	化城	515⑥	漢数名	520⑤		―をは[西右]	

当該語	読みかな	傍訓	漢字表記	品名	頁数	語の種類	妙一本	和解語文	可読	異同語彙
二佛	にぶつ	×	二佛	化城	516①	漢数名	521①		一をは[西右]	
二佛	にぶつ	×	二佛	化城	516③	漢数名	521②		一をは[西右]	
二佛	にぶつ	×	二佛	化城	516⑤	漢数名	521④		一をは[西右]	
二分	にぶん	×	二分	觀世	1234①	漢数名	1246⑤			にふん[妙]
二菩薩	にぼさつ	×	二菩薩	妙莊	1305①	漢数名	1312①	にほさつ／ふたりのほさつのな[妙]		
二万	にまん	×	二万	序品	10①	漢数名	8①			
二万	にまん	×	二万	序品	50②	漢数名	43④			
二万	にまん	×	二万	勧持	737⑥	漢数名	756④			
二万	にまん	×	二万	從地	821④	漢数名	843①			
二万	にまん	×	二万	從地	837①	漢数名	859⑥			
二万億	にまんおく	ーーおく	二万億	譬喩	218⑤	漢数名	187③			
二万億	にまんおく	×	二万億	授記	434③	漢数名	425④			
二万億	にまんおく	×	二万億	常不	1061②	漢数名	1079⑥			一まんおく[妙]
二万劫	にまんごう	ーーこう	二万劫	化城	508②	漢数名	512⑥			
若干	にやかん	にやかん	若干	序品	11⑤	漢副	9③		そこはくの[西右]	
若干	にやかん	にやかん	若干	序品	12②	漢副	9⑤		そこはくの[西右]	
若干	にやかん	にやかん	若干	序品	12⑤	漢副	10②			
若干	にやかん	にやかん	若干	序品	13③	漢副	10⑤	にやかん／そこはくの[妙]	そこはくの[西右]	
若干	にやかん	×	若干	序品	13⑥	漢副	11①			
若干	にやかん	×	若干	序品	14①	漢副	11①	にやかん／そこはくの[妙]		
若干	にやかん	にやかん	若干	方便	142⑥	漢副	124④		そこばく[西右]	
若干	にやかん	じやつかん／そこはく	若干	譬喩	220⑤	漢副	189④			
若干	にやかん	にやかん／そこはく	若干	信解	366⑤	漢副	352⑤	にやかん／そこはくの[妙]		
若干	にやかん	にやかん	若干	藥草	388⑥	漢副	374②	にやかん／そこはく[妙]	そこはく[西右]	
若干	にやかん	にやかん	若干	五百	564①	漢副	567②	にやかん／そこはこの[妙]	そこはく[西右]	
若干	にやかん	にやかん	若干	如來	894②	漢副	913②		そこばく[西右]	
若干	にやかん	にやかん	若干	分別	955③	漢副	974①	にやかん／そこはく[妙]	そこはく[西右]	
若干	にやかん	にやかん	若干	法功	1045②	漢副	1063⑤	にやかん／そこはくの[妙]		
若干	にやかん	にやかん	若干	常不	1071④	漢副	1090①			にやかん[妙]
若干	にやかん	にやー	若干	藥王	1114⑥	漢副	1133③		そこはく[西右]	にやかん[妙]
若干	にやかん	にやかん	若干	藥王	1133①	漢副	1151②		そこはく[西右]	にやかん[妙]
若干	にやかん	にやかん	若干	妙音	1174④	漢副	1190①		そこはく[西右]	にやかん[妙]
若干	にやかん	×	若干	妙音	1194①	漢副	1208①		そこはく[西右]	にやかん[妙]
入出	にゅうしゅつ	にうしゆつ	入出	信解	340③	漢名	320①	にうすつ／いりいつる[妙]		
入出	にゅうしゅつ	×	入出	從地	860④	漢名	883②	にうしゆつ／いりいて[妙]		
入出せ	にゅうしゅつせ	×	入出	信解	362④	漢四熟サ動	347⑥	にうしゆつ／いれいたさ[妙]		
入禅出禅する	にゅうぜんしゅつじんする	ーせんしゆつぜん	入禪出禪	法功	1023②	漢四熟サ動	1042①	にうせんしゆつせん・する／させんにいりせ{さ}せんにいつ[妙]	一の[西右]	
柔軟	にゅうなん	にうなん	柔軟	譬喩	217③	漢形動	186①			
柔軟	にゅうなん	にうなん	柔軟	譬喩	287④	漢形動	259④			
柔軟	にゅうなん	にうなん	柔軟	譬喩	314①	漢形動	288①			
柔軟	にゅうなん	にうなん	柔軟	授學	616④	漢形動	626③		してィ[西右]	
柔軟	にゅうなん	にうなん	柔軟	如來	912④	漢形動	931④			
柔軟	にゅうなんなり	にうなん	柔軟	方便	146②	漢形動	127②			
柔軟に	にゅうなんに	にうなん	柔軟	方便	90②	漢形動	79②			

当該語	読みかな	傍訓	漢字表記	品名	頁数	語の種類	妙一本	和解語文	可読	異同語彙
柔伏し	にゅうぶくし	にうふく	柔伏	信解	372②	漢サ動	359①	にうぶく・し／やわらけふせ[妙]		
入里	にゅうり	にうり	入里	安樂	772③	漢名	792⑥	にうり／さとにいりて[妙]	里にいりて[西右]	
柔和	にゅうわ	にうわ	柔和	安樂	761④	漢名	781②	にうわ／やはらかに[妙]		
柔和	にゅうわ	にうわ	柔和	安樂	790①	漢名	811④	にうわ／やわらか[妙]		
柔和	にゅうわ	にうは	柔和	分別	958⑥	漢名	977④	にうわ／やわらかなる[妙]		
柔和質直	にゅうわしつじき	にうはしちしき／やはらかにすくなる心也	柔和質直	如來	917①	漢四熟名	935⑥			
柔和忍辱	にゅうわにんにく	×	柔和忍辱	法師	647①	漢四熟名	660④	にうわにんにく／やわらかにしのひはつる[妙]		
柔和忍辱	にゅうわにんにく	にうわにんにく	柔和忍辱	法師	652③	漢四熟名	666③	にうわにんにく／やわらかにしのひはつる[妙]		
女	にょ	×	女	安樂	773②	和名	793⑤	によ／をんな[妙]	一なり[西右]	
如意迦樓羅王	にょいかるらおう	によいかる――	如意迦樓羅王	序品	13⑤	仏王名名	11①			
如意瓔珞	にょいようらく	によいしゆやうらく	如意瓔珞	分別	927⑥	仏四熟名	946④			如意珠瓔珞(によいしゆやうらく)[妙]
鐃	にょう	ねう	鐃	方便	166③	単漢名	143③			
如是縁	にょうぜえん	――ゑ・えん	如是縁	方便	91⑥	仏名	80④		一と[西右]	
如是果	にょうぜか	――くは	如是果	方便	91⑥	仏名	80⑤		一と[西右]	
如是性	にょうぜしょう	――しやう	如是性	方便	91⑤	仏名	80④	によせしやう／かくのこときのしやう[妙]	一と・かくのごとき―[西右]	
如是相	にょうぜそう	によせさう	如是相	方便	91⑤	仏名	80④	によせさう／かくのこときのさう[妙]	一と・かくのごとさう[西右]	
如レ是躰	にょうぜたい	――たい	如レ是躰	方便	91⑤	仏名	80④	によせたい／かくのこときのたい[妙]	一と[西右]	
如是報	にょうぜほう	――ほう	如是報	方便	91⑥	仏名	80⑤		一と[西右]	
饒益	にょうやく	ねうやく	饒益	化城	470④	漢サ動	468②	ねうやく／たのしめ[妙]		
饒益し	にょうやくし	ねうやく	饒益	方便	131⑤	漢サ動	115③	ねうやく／たのしめ[妙]		
饒益し	にょうやくし	ねうやく	饒益	譬喩	211④	漢サ動	179④	ねうやく／たのしめ[妙]		
饒益し	にょうやくし	ねうやく	饒益	化城	461②	漢サ動	456⑤	ねうやく／たのしめ[妙]		
饒益し	にょうやくし	×	饒益	化城	479⑥	漢サ動	479③	ねうやく／たのしめ[妙]		
饒益し	にょうやくし	ねうやく	饒益	五百	568①	漢サ動	571⑤	ねうやく・し／たのしめ[妙]		
饒益し	にょうやくし	ねうやく	饒益	五百	569⑤	漢サ動	573④	ねうやく・し／たのしめ[妙]		
饒益し	にょうやくし	ねうやく	饒益	分別	933③	漢サ動	952①	ねうやく／たのしめ[妙]		
饒益し	にょうやくし	ねうやく	饒益	分別	936③	漢サ動	955①	ねうやく／たのしめ[妙]		
饒益し	にょうやくし	ねうやく	饒益	常不	1060②	漢サ動	1079①	ねうやく・し／たのしめ[妙]	一給ひ[西右]	
饒益し	にょうやくし	ねうやく	饒益	常不	1076②	漢サ動	1094⑤	ねうやく・し[妙]		
饒益し	にょうやくし	ねうやく	饒益	藥王	1149③	漢サ動	1167④	ねうやく・し[妙]		
饒益し	にょうやくし	ねうやく	饒益	妙音	1200⑤	漢サ動	1214④	ねうやく・し／たのしむ[妙]		
饒益す	にょうやくす	ねうやく	饒益	五百	565⑥	漢サ動	569③	ねうやく・す／たのしめ[妙]		
饒益す	にょうやくす	ねうやく	饒益	妙音	1198③	漢サ動	1212②	ねうやく・す／たのしひ[妙]	一と[西右]	
饒益する	にょうやくする	ねうやく	饒益	序品	43④	漢サ動	37④	ねうやく・する／たのしめ[妙]		
饒益する	にょうやくする	ねうやく／ゆたかなる心	饒益	方便	117①	漢サ動	102④	ねうやく・する／たのしむ[妙]		

当該語	読みかな	傍訓	漢字表記	品名	頁数	語の種類	妙一本	和解語文	可読	異同語彙
饒益する	にょうやくする	ねうやく	饒益	觀世	1217⑥	漢サ動	1231②	ねうやく・する／たのしむ[妙]		
饒益する	にょうやくする	ねうやく	饒益	陀羅	1254⑥	漢サ動	1266⑥	ねうやく・する／たのしむる[妙]		
饒益せ	にょうやくせ	ねうやく	饒益	譬喩	253③	漢サ動	223⑥	ねうやく・せ／たのしめ[妙]		
饒益せ	にょうやくせ	ねうやく	饒益	化城	469③	漢サ動	466④	ねうやく・せ／たのしめ[妙]		
饒益せ	にょうやくせ	ねうやく	饒益	化城	477⑥	漢サ動	477①	ねうやく・せ／たのしめ[妙]		
饒益せ	にょうやくせ	ねうやく	饒益	化城	486④	漢サ動	487②	ねうやく・せ／たのしめ[妙]		
饒益せ	にょうやくせ	ねうやく	饒益	化城	495②	漢サ動	497⑥	ねうやく・せ／たのしめ[妙]		
饒益せ	にょうやくせ	ねうやく	饒益	妙莊	1296⑥	漢サ動	1304②	ねうやく・せ／たのしめ[妙]		
女形	にょぎょう	×	女形	陀羅	1266⑤	漢名	1277⑤	にょきやう／をんなのかたち[妙]	一のかたちにしてまれ[西右]	
女香	にょこう	にょー	女香	法功	1010④	漢名	1029①	にょかう／をんなのか[妙]		
如實	にょじつ	によしつ	如實	安樂	767②	仏名	787③			如実(によしち)[妙]
如實相	にょじつそう	―じつ―	如實相	安樂	761⑥	仏名	781④			
女声	にょしょう	にょ―	女聲	法功	999④	漢名	1018②	にょしやう／をんなのこゑ[妙]		
女色	にょしょく	×	女色	安樂	771④	漢名	791⑥	にょしき／をんなのいろ[妙]		
女色	にょしょく	×	女色	普賢	1330⑥	漢名	1334⑥	にょしき／おんなのいろをうる[妙]		
女身	にょしん	×	女身	提婆	732④	漢名	750⑤	にょしん／をんなのみ[妙]		
女身	にょしん	×	女身	提婆	733⑤	漢名	751⑥	にょしん／をんなのみ[妙]		
女身	にょしん	×	女身	藥王	1153⑤	漢名	1171⑥			にょしん[妙]
女身	にょしん	×	女身	妙音	1192⑤	漢名	1206⑥			にょしん[妙]
如レ是因	にょぜいん	――いん	如レ是因	方便	91⑤	仏名	80④		一と[西右]	
如レ是作	にょぜさ	――さ	如レ是作	方便	91⑤	仏名	80④		一と[西右]	
如レ是本末究竟等	にょぜほんまつくぎょうとう	――ほんまつくきやう	如レ是本末究竟等	方便	91⑥	仏名	80⑤		一と―と[西右]	
如レ是力	にょぜりき	――りき	如レ是力	方便	91⑤	仏名	80④		一と[西右]	
女人	にょにん	×	女人	提婆	733②	漢人倫名	751③			
女人	にょにん	×	女人	安樂	764⑥	漢人倫名	784⑤			
女人	にょにん	×	女人	安樂	765⑤	漢人倫名	785⑥			
女人	にょにん	×	女人	法功	1015⑤	漢人倫名	1034③			女人(によにん)の[妙]
女人	にょにん	×	女人	藥王	1117⑤	漢人倫名	1135④		一と[西右]	によにん[妙]
女人	にょにん	×	女人	藥王	1153⑤	漢人倫名	1171④			によにん[妙]
女人	にょにん	×	女人	藥王	1154①	漢人倫名	1172①			によにん[妙]
女人	にょにん	×	女人	觀世	1218②	漢人倫名	1231④			によにん[妙]
女人	にょにん	×	女人	普賢	1317⑥	漢人倫名	1323⑤			によにん[妙]
女人	にょにん	×	女人	五百	571⑤	漢名	575⑤			
女人	にょにん	×	女人	五百	581⑤	漢名	586⑤			
如来	にょらい	×	如來	序品	56⑥	仏如来名	48⑥			
如来	にょらい	×	如來	序品	60①	仏如来名	52④		一は[西右]	
如来	にょらい	×	如來	序品	65②	仏如来名	57①			
如来	にょらい	×	如來	序品	70④	仏如来名	61⑤			
如来	にょらい	×	如來	方便	89②	仏如来名	78②			
如来	にょらい	×	如來	方便	89④	仏如来名	78④			
如来	にょらい	×	如來	方便	90①	仏如来名	79①			
如来	にょらい	×	如來	方便	123②	仏如来名	108①			
如来	にょらい	×	如來	方便	127⑥	仏如来名	112①			
如来	にょらい	×	如來	方便	128③	仏如来名	112⑤			
如来	にょらい	×	如來	方便	136⑥	仏如来名	119③		一の[西右]	
如来	にょらい	×	如來	方便	140④	仏如来名	122①			
如来	にょらい	×	如來	方便	151①	仏如来名	131①			
如来	にょらい	×	如來	方便	170②	仏如来名	146⑤			
如来	にょらい	×	如來	方便	170④	仏如来名	146⑥		一は[西右]	

当該語	読みかな	傍訓	漢字表記	品名	頁数	語の種類	妙一本	和解語文	可読	異同語彙
如来	にょらい	×	如來	方便	186②	仏如来名	159⑤			
如来	にょらい	にょらい	如來	譬喩	205④	仏如来名	172⑤			
如来	にょらい	×	如來	譬喩	206②	仏如来名	173③			
如来	にょらい	×	如來	譬喩	253⑤	仏如来名	224③			
如来	にょらい	にょらい	如來	譬喩	257④	仏如来名	228⑤			
如来	にょらい	にょらい	如來	譬喩	258①	仏如来名	229②			
如来	にょらい	×	如來	譬喩	259③	仏如来名	230⑤			
如来	にょらい	にょらい	如來	譬喩	261③	仏如来名	232⑤			
如来	にょらい	にょらい	如來	譬喩	264④	仏如来名	235⑥		一と[西右]	
如来	にょらい	×	如來	譬喩	266①	仏如来名	237②			
如来	にょらい	×	如來	譬喩	266④	仏如来名	237⑥			
如来	にょらい	×	如來	譬喩	267③	仏如来名	238④			
如来	にょらい	×	如來	譬喩	268⑤	仏如来名	240①			
如来	にょらい	×	如來	譬喩	269③	仏如来名	240④			
如来	にょらい	×	如來	譬喩	289⑥	仏如来名	262①			
如来	にょらい	×	如來	信解	346②	仏如来名	327④			
如来	にょらい	×	如來	信解	346③	仏如来名	327⑤			
如来	にょらい	×	如來	信解	348②	仏如来名	330③			
如来	にょらい	×	如來	信解	348⑤	仏如来名	330④			
如来	にょらい	×	如來	信解	349③	仏如来名	331③			
如来	にょらい	×	如來	藥草	386④	仏如来名	371④			
如来	にょらい	×	如來	藥草	386⑤	仏如来名	371⑤			
如来	にょらい	×	如來	藥草	387②	仏如来名	372②			
如来	にょらい	×	如來	藥草	387⑤	仏如来名	373①			
如来	にょらい	×	如來	藥草	390⑤	仏如来名	376①			
如来	にょらい	×	如來	藥草	391④	仏如来名	377①	によらい／ほとけのとをのをんな[妙]		
如来	にょらい	×	如來	藥草	393①	仏如来名	378⑤			
如来	にょらい	×	如來	藥草	395②	仏如来名	381①			
如来	にょらい	×	如來	藥草	395④	仏如来名	381④			
如来	にょらい	×	如來	藥草	395⑥	仏如来名	381⑥			
如来	にょらい	×	如來	藥草	396⑥	仏如来名	383①			
如来	にょらい	×	如來	藥草	397④	仏如来名	383⑤			
如来	にょらい	×	如來	藥草	398③	仏如来名	384⑥			
如来	にょらい	×	如來	藥草	399④	仏如来名	385⑥			
如来	にょらい	×	如來	藥草	404③	仏如来名	391③			
如来	にょらい	×	如來	化城	448④	仏如来名	442①			
如来	にょらい	×	如來	化城	450⑥	仏如来名	444⑥	によらい／ほとけ[妙]		
如来	にょらい	×	如來	化城	507③	仏如来名	512①			
如来	にょらい	×	如來	化城	513②	仏如来名	518②			
如来	にょらい	×	如來	化城	518③	仏如来名	523③			
如来	にょらい	×	如來	化城	520②	仏如来名	525③			
如来	にょらい	×	如來	化城	520③	仏如来名	525④		一は[西右]	
如来	にょらい	×	如來	化城	521③	仏如来名	526④			
如来	にょらい	×	如來	化城	526⑤	仏如来名	532①			
如来	にょらい	×	如來	化城	528③	仏如来名	533⑥			
如来	にょらい	×	如來	化城	528⑥	仏如来名	534⑥			
如来	にょらい	×	如來	五百	565⑥	仏如来名	569③			
如来	にょらい	×	如來	五百	579⑤	仏如来名	584⑥			
如来	にょらい	×	如來	五百	590①	仏如来名	596④			
如来	にょらい	×	如來	授學	602①	仏如来名	610④			
如来	にょらい	×	如來	授學	606③	仏如来名	615②			
如来	にょらい	×	如來	授學	613④	仏如来名	623①			
如来	にょらい	×	如來	授學	617②	仏如来名	627②			
如来	にょらい	×	如來	法師	622⑤	仏如来名	633④			
如来	にょらい	×	如來	法師	625⑥	仏如来名	636⑥			
如来	にょらい	×	如來	法師	627⑤	仏如来名	638⑥			
如来	にょらい	×	如來	法師	627⑥	仏如来名	639①			
如来	にょらい	×	如來	法師	629③	仏如来名	640④			
如来	にょらい	×	如來	法師	634④	仏如来名	646④			
如来	にょらい	×	如來	法師	638③	仏如来名	650⑤			
如来	にょらい	×	如來	法師	638⑤	仏如来名	651①			
如来	にょらい	×	如來	法師	638⑥	仏如来名	651③			
如来	にょらい	×	如來	法師	639④	仏如来名	652①			
如来	にょらい	×	如來	法師	639⑤	仏如来名	652①			

当該語	読みかな	傍訓	漢字表記	品名	頁数	語の種類	妙一本	和解語文	可読	異同語彙
如来	にょらい	×		如來	法師	640④	仏如来名	653①			
如来	にょらい	×		如來	法師	646②	仏如来名	659④			
如来	にょらい	×		如來	法師	646④	仏如来名	659⑥			
如来	にょらい	×		如來	法師	646④	仏如来名	660①			
如来	にょらい	×		如來	法師	646④	仏如来名	660①			
如来	にょらい	×		如來	法師	651⑥	仏如来名	665⑥			
如来	にょらい	×		如來	法師	651⑥	仏如来名	665⑥			
如来	にょらい	×		如來	法師	652①	仏如来名	666①			
如来	にょらい	×		如來	見寶	661③	仏如来名	676①			
如来	にょらい	×		如來	見寶	664④	仏如来名	679③			
如来	にょらい	×		如來	見寶	677③	仏如来名	693⑤			
如来	にょらい	×		如來	見寶	683④	仏如来名	700⑥			
如来	にょらい	×		如來	見寶	684⑤	仏如来名	701⑥			
如来	にょらい	×		如來	勸持	742①	仏如来名	760⑥			
如来	にょらい	×		如來	勸持	749⑤	仏如来名	768⑥			
如来	にょらい	×		如來	安樂	786①	仏如来名	807④			
如来	にょらい	×		如來	安樂	792③	仏如来名	813⑥			
如来	にょらい	×		如來	安樂	793③	仏如来名	815①		一の[西右]	
如来	にょらい	×		如來	安樂	798③	仏如来名	820①			
如来	にょらい	×		如來	安樂	798⑥	仏如来名	820④			
如来	にょらい	×		如來	安樂	801①	仏如来名	822⑥			
如来	にょらい	×		如來	安樂	801⑥	仏如来名	823⑤			
如来	にょらい	×		如來	安樂	802⑤	仏如来名	824④			
如来	にょらい	×		如來	安樂	803③	仏如来名	825③			
如来	にょらい	×		如來	安樂	807①	仏如来名	829②			
如来	にょらい	×		如來	安樂	811②	仏如来名	833⑤			
如来	にょらい	×		如來	從地	829⑥	仏如来名	852②		一は[西右]	
如来	にょらい	×		如來	從地	830⑥	仏如来名	853③			
如来	にょらい	×		如來	從地	832④	仏如来名	855③			
如来	にょらい	×		如來	從地	833③	仏如来名	856③			
如来	にょらい	×		如來	從地	845③	仏如来名	868②			
如来	にょらい	×		如來	從地	856②	仏如来名	879①			
如来	にょらい	×		如來	如來	880④	仏如来名	899④			
如来	にょらい	×		如來	如來	880⑥	仏如来名	899⑥			
如来	にょらい	×		如來	如來	881②	仏如来名	900②			
如来	にょらい	×		如來	如來	883①	仏如来名	902①			
如来	にょらい	×		如來	如來	890②	仏如来名	909③			
如来	にょらい	×		如來	如來	891②	仏如来名	910⑤			
如来	にょらい	×		如來	如來	892⑤	仏如来名	911⑤			
如来	にょらい	×		如來	如來	893④	仏如来名	912④			
如来	にょらい	×		如來	如來	895⑥	仏如来名	914⑥			
如来	にょらい	×		如來	如來	896⑤	仏如来名	915④		一は[西右]	
如来	にょらい	×		如來	如來	897②	仏如来名	916②			
如来	にょらい	×		如來	如來	898①	仏如来名	917②			
如来	にょらい	×		如來	如來	898⑥	仏如来名	917⑥			
如来	にょらい	×		如來	如來	899①	仏如来名	918②			
如来	にょらい	×		如來	分別	922①	仏如来名	941①			
如来	にょらい	×		如來	分別	935⑤	仏如来名	954②			
如来	にょらい	×		如來	分別	947⑥	仏如来名	966④			
如来	にょらい	×		如來	分別	950⑥	仏如来名	969⑤			
如来	にょらい	×		如來	分別	951④	仏如来名	970③			
如来	にょらい	×		如來	分別	955⑥	仏如来名	974③			
如来	にょらい	×		如來	隨喜	970⑤	仏如来名	988⑥			
如来	にょらい	×		如來	法功	1040④	仏如来名	1059③			
如来	にょらい	×		如來	神力	1094⑤	仏如来名	1113③			によらい[妙]
如来	にょらい	×		如來	神力	1094⑥	仏如来名	1113④			によらい[妙]
如来	にょらい	×		如來	神力	1094⑥	仏如来名	1113④			によらい[妙]
如来	にょらい	×		如來	神力	1095①	仏如来名	1113⑤			によらい[妙]
如来	にょらい	×		如來	囑累	1107④	仏如来名	1126②			によらい[妙]
如来	にょらい	×		如來	囑累	1107⑥	仏如来名	1126④			によらい[妙]
如来	にょらい	×		如來	囑累	1108①	仏如来名	1126⑥			によらい[妙]
如来	にょらい	×		如來	囑累	1108②	仏如来名	1126⑥			によらい[妙]
如来	にょらい	×		如來	囑累	1108④	仏如来名	1127②			によらい[妙]
如来	にょらい	×		如來	囑累	1109③	仏如来名	1127⑥			によらい[妙]
如来	にょらい	×		如來	藥王	1124④	仏如来名	1142⑥			によらい[妙]
如来	にょらい	×		如來	藥王	1126①	仏如来名	1144③			によらい[妙]
如来	にょらい	×		如來	藥王	1143②	仏如来名	1161③			によらい[妙]
如来	にょらい	×		如來	藥王	1147①	仏如来名	1165②			によらい[妙]

当該語	読みかな	傍訓	漢字表記	品名	頁数	語の種類	妙一本	和解語文	可読	異同語彙
如来	にょらい	×	如來	藥王	1155⑥	仏如来名	1173⑤			にょらい[妙]
如来	にょらい	×	如來	藥王	1158③	仏如来名	1175⑥			にょらい[妙]
如来	にょらい	×	如來	妙音	1172⑤	仏如来名	1188④			にょらい[妙]
如来	にょらい	×	如來	妙音	1172⑥	仏如来名	1188④			にょらい[妙]
如来	にょらい	×	如來	妙音	1172⑥	仏如来名	1188④			にょらい[妙]
如来	にょらい	×	如來	妙莊	1299⑥	仏如来名	1307④			にょらい[妙]
如来	にょらい	×	如來	妙莊	1301④	仏如来名	1309①			にょらい[妙]
如来	にょらい	×	如來	妙莊	1302①	仏如来名	1309③			にょらい[妙]
如来	にょらい	×	如來	普賢	1322③	仏如来名	1327②			にょらい[妙]
如来衣	にょらいえ	×	如來衣	法師	647①	仏名	660④	にょらいえ／――ころも[妙]		
如来室	にょらいしつ	――しつ	如來室	法師	646⑥	仏名	660③			如来室(によらいしち)[妙]
如来滅後	にょらいめつご	×	如來滅後	安樂	776⑤	仏四熟名	797③		―― の ――[西右]	
如来滅後	にょらいめつご	――めつご	如來滅後	常不	1076④	仏四熟名	1095①		―― の ――[西右]	如来滅後(によらいめつご)[妙]
如来滅後	にょらいめつご	×	如來滅後	神力	1095③	仏四熟名	1114①		―― の ――[西右]	如来滅後(によらいめつご)[妙]
如来滅後	にょらいめつご	×	如來滅後	神力	1102⑥	仏四熟名	1121⑥		―― の ――[西右]	如来滅後(によらいめつご)[妙]
如来滅後	にょらいめつご	×	如來滅後	藥王	1153⑥	仏四熟名	1171⑥		―― に ――[西右]	によらいめつこ[妙]
如来滅後	にょらいめつご	×	如來滅後	普賢	1309①	仏四熟名	1315③		―― の ――[西右]	如来滅後(によらいめつご)[妙]
如来滅後	にょらいめつご	×	如來滅後	普賢	1309④	仏四熟名	1315⑥		―― の ――[西右]	如来滅後(によらいめちこ)[妙]
如来滅後	にょらいめつご	×	如來滅後	普賢	1310④	仏四熟名	1316⑤		―― の ――[西右]	如来滅後(によらいめちこ)[妙]
如来滅後	にょらいめつご	×	如來滅後	普賢	1326①	仏四熟名	1330③		―― の ――[西右]	如来滅後(によらいめちこ)[妙]
如来滅後	にょらいめつご	×	如來滅後	普賢	1331⑥	仏四熟名	1335④			によらいめちこ[妙]
人	にん	にん	人	序品	16⑤	単漢人倫名	13④			ひと[妙]
人	にん	×	人	藥草	407⑥	単漢人倫名	395③			ひと[妙]
人	にん	×	人	法師	621⑤	単漢人倫名	632③			ひと[妙]
人	にん	×	人	提婆	736①	単漢人倫名	754②			ひと[妙]
人	にん	×	人	法功	1045①	単漢人倫名	1063④		―と[西右]	ひと[妙]
一人	にん	×	人	常不	1065⑥	単漢人倫名	1084⑤	しゆにん／もろ〴〵のひと[妙]		ひと[西右]
一人	にん	×	人	常不	1078⑤	単漢人倫名	1097②			にん[妙]
人	にん	にん	人	觀世	1229②	単漢人倫名	1242①	にん／ひと[妙]		
人	にん	×	人	普賢	1307①	単漢人倫名	1313⑥			にん[妙]
仁	にん	×	仁	序品	42⑥	単漢名	37①	にん／きみ[妙]	きみとィ[西右]	
忍	にん	にん	忍	安樂	783①	単漢名	804①	にん／しのふ[妙]		
忍	にん	×	忍	藥王	1155③	単漢名	1173⑤			にん[妙]
人吉蔗	にんきっしゃ	×	人吉蔗	陀羅	1266②	仏鬼神名	1277③			にんきつしや[妙]
人間	にんげん	―けん	人間	譬喩	255⑥	漢名	226⑥			
人間	にんげん	×	人間	法師	624③	漢名	635③			
人間	にんげん	×	人間	勸持	752③	漢名	771⑥			
人衆	にんじゅ	×	人衆	化城	525⑥	漢名	531②			
人衆	にんじゅ	×	人衆	從地	868④	漢名	891④		―あらん事[西左]	
忍受し	にんじゅし	にんしゆ・しのびうけ	忍受	常不	1078⑥	漢サ動	1097④	にんしゆ・し／しのひうけ[妙]		
仁譲	にんじょう	にんじやう	仁譲	提婆	728⑤	漢名	746⑤	にんじやう／こゝろさし[妙]		
忍善	にんぜん	にんせん	忍善	化城	481⑤	漢名	481④	にんせん／よきをしのぶ[妙]		
忍善	にんぜん	にんぜん	忍善	從地	846⑥	漢名	869④	にんせん／しのひよき[妙]		
人相	にんそう	―さう	人相	隨喜	984⑥	漢名	1003①			ひと[妙]
人中	にんちゅう	×	人中	法師	630①	漢名	641④			
人中	にんちゅう	×	人中	法師	634④	漢名	646④			
人中	にんちゅう	×	人中	從地	860⑥	漢名	883⑤	にんちう／ひとのなか[妙]		
人天	にんでん	×	人天	五百	571④	漢名	575③			
人天	にんでん	×	人天	提婆	720①	漢名	738①			

当該語	読みかな	傍訓	漢字表記	品名	頁数	語の種類	妙一本	和解語文	可読	異同語彙
人天	にんでん	×	人天	提婆	736②	漢名	754⑤			
人天	にんでん	×	人天	従地	850⑥	漢名	873④			
忍辱	にんにく	にんにく	忍辱	序品	35⑥	漢名	30⑥	にんにく／しのひはつる[妙]		
忍辱	にんにく	にんにく	忍辱	序品	72③	漢名	63③	にんにく／はちしのふ[妙]		
忍辱	にんにく	にんにく	忍辱	方便	160②	漢名	138③	にんにく／しのひはち[妙]		
忍辱	にんにく	にんにく	忍辱	勧持	756①	漢名	775⑤	にんにく／しのひはつる[妙]		
忍辱	にんにく	にんにく	忍辱	安樂	761③	漢名	781①	にんにく／しのひはつる[妙]		
忍辱	にんにく	にんにく	忍辱	安樂	804④	漢名	826⑤	にんにく／しのひはつる[妙]		
忍辱	にんにく	にんにく	忍辱	安樂	807①	漢名	829②			
忍辱	にんにく	にんにく	忍辱	從地	868②	漢名	891①	にんにく／しのひはつる[妙]		
忍辱	にんにく	にんにく	忍辱	分別	941④	漢名	959⑥			
忍辱	にんにく	にんにく	忍辱	分別	956⑥	漢名	975④	にんにく／しのひはち[妙]		
忍辱	にんにく	にんにく	忍辱	分別	959①	漢名	977④			
忍辱	にんにく	にんにく	忍辱	分別	965⑥	漢名	984②		—し[西右]	
人民	にんみん	×	人民	提婆	718②	漢人倫名	736③			ひと[妙]
人民	にんみん	—みん	人民	譬喩	225①	漢人倫名	194②			
人民	にんみん	—みん	人民	信解	354⑤	漢人倫名	338②			
人民	にんみん	にんみん	人民	信解	364⑤	漢人倫名	350①			
人民	にんみん	×	人民	授記	428①	漢人倫名	418③			
人民	にんみん	—みん	人民	授記	432②	漢人倫名	423②			
人民	にんみん	—みん	人民	化城	456④	漢人倫名	451④			
人民	にんみん	—みん	人民	化城	461①	漢人倫名	456⑤			
人民	にんみん	—みん	人民	提婆	709④	漢人倫名	726⑤			
人民	にんみん	—みん	人民	安樂	794①	漢人倫名	815④		—と[西右]	
人民	にんみん	にんみん	人民	安樂	797⑤	漢人倫名	819②	にんみん／たみ[妙]		
人民	にんみん	—みん	人民	法功	1030①	漢人倫名	1048⑤			
人民	にんみん	×	人民	妙荘	1305①	漢人倫名	1312②			にんみん[妙]
ぬき	ぬぎ	×	抜	譬喩	257②	和動	228③			
ぬき	ぬぎ	×	脱	譬喩	213③	和動	181④			
ぬき	ぬぎ	×	脱	譬喩	231③	和動	200④			
ぬき	ぬぎ	×	脱	信解	336③	和動	315①			
ぬけ	ぬけ	×	脱	譬喩	271④	和動	242④			
ぬし	ぬし	×	主	譬喩	279④	和人倫名	251③			
ぬし	ぬし	×	主	藥王	1150①	和人倫名	1168②			
奴婢	ぬび	ぬび	奴婢	序品	29⑤	漢人倫名	25③			
奴婢	ぬび	ぬび	奴婢	提婆	709⑥	漢人倫名	726⑤	ぬひ／つふねやつこ[妙]		
奴婢	ぬび	ぬび	奴婢	安樂	797⑤	漢人倫名	819②	ぬひ／やつこ[妙]		
奴婢	ぬび	ぬび	奴婢	安樂	806③	漢人倫名	828④		—と[西右]	
奴僕	ぬぼく	ぬぼく／しうさ	奴僕	提婆	712⑥	漢人倫名	730③	ぬほく／したかうもの[妙]		
ぬり	ぬり	×	塗	信解	362①	和動	347②		—らん[西左]	
ぬり	ぬり	×	塗	安樂	779④	和動	800②			
ぬり	ぬり	×	塗	藥王	1123③	和動	1141⑤			
ぬれ	ぬれ	×	塗	法功	1016⑥	和動	1035④			
ね	ね	×	根	譬喩	239④	和植物名	208⑥			
ね	ね	×	根	譬喩	270⑥	和植物名	242①			
袮毗剃二十三	ねいびてい	ねいびてい	袮毗剃二十三	陀羅	1252②	仏梵語名	1264①			ねいひてい[妙]
ねがひ	ねがい	×	願	信解	330①	和転成名	307②			
ねがひ	ねがい	×	願	法師	626②	和転成名	637③			
ねがひ	ねがい	×	希	信解	368①	和動	354③			
ねがひ	ねがい	×	喜	普賢	1330②	和動	1334③			ねかひ[妙]
ねがひ	ねがい	×	樂	序品	32①	和転成名	27③			
ねがひ	ねがい	×	樂	方便	144①	和動	125④			
ねがひ	ねがい	×	樂	方便	181⑥	和動	156②			
ねがひ	ねがい	×	樂	譬喩	246④	和動	216④			
ねがひ	ねがい	×	樂	譬喩	260①	和動	231④			
ねかひ	ねがい	×	樂	譬喩	263⑤	和転成名	235④			
ねがひ	ねがい	×	樂	譬喩	315②	和動	289③			

当該語	読みかな	傍訓	漢字表記	品名	頁数	語の種類	妙一本	和解語文	可読	異同語彙
ねがひ	ねがい	×	樂	信解	351①	和動	333④			
ねがひ	ねがい	×	樂	信解	361②	和動	346②			
ねがひ	ねがい	×	樂	化城	513③	和動	518③			
ねがひ	ねがい	×	樂	化城	521④	和動	526⑤		志樂してィ[西右]	
ねがひ	ねがい	×	樂	五百	575①	和動	579④			
ねがひ	ねがい	×	樂	授學	609⑥	和動	619②			
ねがひ	ねがい	×	樂	法師	655⑤	和動	670①			
ねがひ	ねがい	×	樂	安樂	766③	和動	786③		ねかふ[西右]	
ねがひ	ねがい	×	樂	安樂	768②	和動	788③			
ねがひ	ねがい	×	樂	安樂	777①	和動	797⑥			
ねがひ	ねがい	×	樂	安樂	779①	和動	799⑥			
ねがひ	ねがい	×	樂	從地	851①	和動	873⑤			
ねかひ	ねがい	×	樂	從地	851②	和転成名	873⑥			
ねかひ	ねがい	×	樂	從地	852⑤	和転成名	875③			
ねかひ	ねがい	×	樂	從地	868④	和転成名	891④			
ねかひ	ねがい	×	樂	分別	965⑥	和転成名	984②			
ねかひ	ねがい	×	樂	法功	1033⑥	和転成名	1052⑤			
ねかひ	ねがい	×	樂	藥王	1119⑤	和転成名	1137⑤			
ねがひ	ねがい	×	樂	觀世	1243⑥	和動	1256②			ねかひ[妙]
ねがひ	ねがい	×	悕	信解	342③	和動	322⑤			
ねがふ	ねがう	×	冀	法師	634②	和動	646②			
ねかふ	ねがう	×	喜	隨喜	991④	和動	1010①		こひみらるゝことをえん[西右]	
ねかふ	ねがう	×	樂	信解	351①	和動	333⑤			
ねかふ	ねがう	×	樂	信解	351⑤	和動	334③			
ねかふ	ねがう	×	樂	信解	365①	和動	351③			
ねかふ	ねがう	×	樂	信解	372④	和動	359④			
ねかふ	ねがう	×	樂	化城	507④	和動	512①			
ねかふ	ねがう	×	樂	從地	822⑥	和動	845①			
ねかふ	ねがう	×	樂	從地	835④	和動	858③			
ねかふ	ねがう	×	樂	從地	838①	和動	860⑥			
ねかふ	ねがう	×	樂	從地	850④	和動	873③			
ねかふ	ねがう	×	樂	如來	890③	和動	909④			
ねかふ	ねがう	×	願	序品	30②	和動	25⑥			
ねかふ	ねがう	×	願	信解	349⑤	和動	331⑤			
ねかふ	ねがう	×	憙	法功	1035④	和動	1054②			
ねかふ	ねがう	×	憙	普賢	1317②	和動	1322④		一はるゝ[西右]	ねかふ[妙]
ねがへ	ねがえ	×	樂	信解	349⑥	和動	332②			
ねかへ	ねがえ	×	樂	信解	348②	和動	330①			
ねかは	ねがわ	×	願	五百	598①	和動	606③			
ねかは	ねがわ	×	樂	譬喩	219④	和動	188③			
ねかわ	ねがわ	×	樂	譬喩	283④	和動	255①			
ねかは	ねがわ	×	樂	安樂	810①	和動	832③			
ねかは	ねがわ	×	樂	序品	26⑤	和動	22⑥			
ねかは	ねがわ	×	樂	從地	850④	和動	873②			
ねかは	ねがわ	×	樂	從地	853①	和動	875②			
ねかは	ねがわ	×	樂	法功	1030④	和動	1049①			
ねかは	ねがわ	×	憙	法功	1038①	和動	1056⑤			
ねかは	ねがわ	×	樂	安樂	766⑤	和動	786⑤		を同しくせされ[西右]	
ねかはく	ねがわく	×	願	化城	469④	和名ク	466⑤			
ねかはく	ねがわく	×	願	化城	471③	和名ク	469②			
ねがわく	ねがわく	×	願	化城	472④	和名ク	470⑤		ねがはくは[西右]	
ねかはく	ねがわく	×	願	化城	488④	和名ク	489⑥			
ねかはく	ねがわく	×	願	化城	489⑥	和名ク	491④			
ねかはく	ねがわく	×	願	化城	536⑤	和名ク	542④			
ねかはく	ねがわく	×	願	普賢	1308⑤	和名ク	1315②			
ねがはくは	ねがわくは	×	願	序品	42⑤	和連語	36⑥			
ねがはくは	ねがわくは	×	願	方便	105⑤	和連語	92④			
ねがはくは	ねがわくは	×	願	方便	109②	和連語	95④			
ねがはくは	ねがわくは	×	願	方便	110③	和連語	96④			
ねがはくは	ねがわくは	×	願	方便	112②	和連語	98②			
ねがはくは	ねがわくは	×	願	方便	112③	和連語	98③			
ねがはくは	ねがわくは	×	願	方便	113⑤	和連語	99④			
ねがはくは	ねがわくは	×	願	方便	116①	和連語	101④			

当該語	読みかな	傍訓	漢字表記	品名	頁数	語の種類	妙一本	和解語文	可読	異同語彙
ねがはくは	ねがわくは	×	願	方便	117④	和連語	103①			
ねがはくは	ねがわくは	×	願	方便	118⑥	和連語	104②			
ねがはくは	ねがわくは	×	願	譬喩	237②	和連語	206④			
ねがはくは	ねがわくは	×	願	譬喩	247⑤	和連語	217④			
ねがはくは	ねがわくは	×	願	譬喩	285⑥	和連語	257④			
ねがはくは	ねがわくは	×	願	信解	321⑥	和連語	297②			
ねがはくは	ねがわくは	×	願	授記	425⑤	和連語	415⑤			
ねがはくは	ねがわくは	×	願	化城	461④	和連語	457②			
ねがはくは	ねがわくは	×	願	化城	471⑥	和連語	469⑥			
ねがはくは	ねがわくは	×	願	化城	477⑥	和連語	477②			
ねがはくは	ねがわくは	×	願	化城	480④	和連語	480②			
ねがはくは	ねがわくは	×	願	化城	486④	和連語	487③			
ねがはくは	ねがわくは	×	願	化城	489①	和連語	490③			
ねがはくは	ねがわくは	×	願	化城	495③	和連語	498①			
ねがはくは	ねがわくは	×	願	化城	499②	和連語	502④			
ねがはくは	ねがわくは	×	願	化城	500①	和連語	503④			
ねがはくは	ねがわくは	×	願	化城	501①	和連語	504④			
ねがはくは	ねがわくは	×	願	化城	534③	和連語	540①			
ねがはくは	ねがわくは	×	願	見寶	664⑤	和連語	679⑤			
ねがはくは	ねがわくは	×	願	見寶	666⑤	和連語	681⑤			
ねかくは	ねがわくは	×	願	見寶	683④	和連語	700⑤			
ねがはくは	ねがわくは	×	願	勧持	738①	和連語	756⑤			
ねがはくは	ねがわくは	×	願	勧持	750③	和連語	769④			
ねがはくは	ねがわくは	×	願	勧持	751①	和連語	770③			
ねがはくは	ねがわくは	×	願	勧持	758③	和連語	778②			
ねがはくは	ねがわくは	×	願	安樂	782①	和連語	802⑥			
ねがはくは	ねがわくは	×	願	從地	834⑤	和連語	857⑤			
ねがはくは	ねがわくは	×	願	從地	840①	和連語	862⑥			
ねがはくは	ねがわくは	×	願	從地	840⑥	和連語	863③			
ねがはくは	ねがわくは	×	願	從地	841④	和連語	864③			
ねがはくは	ねがわくは	×	願	從地	863③	和連語	886①			
ねがはくは	ねがわくは	×	願	從地	866①	和連語	888⑥			
ねがはくは	ねがわくは	×	願	從地	869②	和連語	892②			
ねがはくは	ねがわくは	×	願	從地	869⑥	和連語	892⑥			
ねがはくは	ねがわくは	×	願	如來	881⑥	和連語	900⑤			
ねがはくは	ねがわくは	×	願	如來	882②	和連語	901②			
ねがはくは	ねがわくは	×	願	如來	901③	和連語	920③			
ねがはくは	ねがわくは	×	願	嘱累	1111②	和連語	1129⑥			ねかはくは[妙]
ねがはくは	ねがわくは	×	願	嘱累	1111⑥	和連語	1130④			ねかはくは[妙]
ねがはくは	ねがわくは	×	願	藥王	1115②	和連語	1133⑤			ねかはくは[妙]
ねがはくは	ねがわくは	×	願	妙音	1176⑤	和連語	1192①			ねかはくは[妙]
ねがはくは	ねがわくは	×	願	妙音	1177③	和連語	1192⑤			ねかはくは[妙]
ねがはくは	ねがわくは	×	願	妙音	1184④	和連語	1199②			ねかはくは[妙]
ねがはくは	ねがわくは	×	願	妙莊	1276①	和連語	1286②			ねかはくは[妙]
ねかはくは	ねがわくは	×	願	妙莊	1283⑤	和連語	1293⑤			
ねがはくは	ねがわくは	×	願	妙莊	1284③	和連語	1294①			ねかはくは[妙]
ねがはくは	ねがわくは	×	願	妙莊	1285②	和連語	1294④			ねかはくは[妙]
ねがはくは	ねがわくは	×	願	妙莊	1286①	和連語	1295⑤			ねかはくは[妙]
ねかはくは	ねがわくは	×	願	普賢	1318②	和連語	1323④			
ねがはくは	ねがわくは	×	願樂	方便	122⑥	和連語	107④			
熱	ねつ	ねつ／あつき	熱	授記	423④	単漢名	413①	ねつ／あつき[妙]		
熱悩	ねつのう	ねつなう	熱悩	信解	346⑤	漢病症名	328②	ねちなう／あつきなやみ[妙]		
熱病	ねつびょう	×	熱病	陀羅	1266④	漢病症名	1277④	ねつびやう／あつきやみひ[妙]	一せしめん[西右]	
熱病する	ねつびょうする	ねつびやう	熱病	陀羅	1266②	漢病症サ動	1277③	ねつびやう・する／あつきやみひ[妙]	一せしむる[西右]	
涅梨埠婆底十三	ねつりちばてい	ねつりちばてい	涅梨埠婆底十三	陀羅	1257①	仏梵語名	1268⑥			ねつりちはち[妙]
涅隷多婆第八	ねつれいたはてい	ねつれいたはてい	涅隷多婆第八	陀羅	1256⑥	仏梵語名	1268④			ねつれいたはてい[妙]
涅絲埠捉十二	ねつれいちに	ねつれいちに	涅絲埠捉十二	陀羅	1257①	仏梵語名	1268⑤			ねつれいちに[妙]
涅隷第七	ねつれいてい	ねつれいてい	涅隷第七	陀羅	1256⑤	仏梵語名	1268④			ねつれいてい[妙]
涅槃	ねはん	ねはん	涅槃	序品	27④	漢名	23④			
涅槃	ねはん	ねはん	涅槃	序品	49①	漢名	42③			
涅槃	ねはん	×	涅槃	序品	77⑤	漢名	67③			
涅槃	ねはん	×	涅槃	序品	77③	漢名	68①			

当該語	読みかな	傍訓	漢字表記	品名	頁数	語の種類	妙一本	和解語文	可読	異同語彙
涅槃	ねはん	ねはん	涅槃	方便	101②	漢名	88⑤			
涅槃	ねはん	ねはん	涅槃	方便	103⑥	漢名	91①			
涅槃	ねはん	×	涅槃	方便	108②	漢名	94⑤			
涅槃	ねはん	×	涅槃	方便	137⑥	漢名	120①			
涅槃	ねはん	×	涅槃	方便	144④	漢名	125⑥			
涅槃	ねはん	ねはん	涅槃	方便	156③	漢名	135③			
涅槃	ねはん	ねはん	涅槃	方便	156④	漢名	135④			
涅槃	ねはん	×	涅槃	方便	180①	漢名	154⑤			
涅槃	ねはん	×	涅槃	方便	184④	漢名	158③			
涅槃	ねはん	ねはん	涅槃	方便	184⑤	漢名	158④			
涅槃	ねはん	ねはん	涅槃	譬喩	213③	漢名	181④			
涅槃	ねはん	ねはん	涅槃	譬喩	236③	漢名	205⑤			
涅槃	ねはん	ねはん	涅槃	譬喩	236⑤	漢名	206①			
涅槃	ねはん	ねはん	涅槃	譬喩	262⑥	漢名	234②			
涅槃	ねはん	ねはん	涅槃	譬喩	266④	漢名	237⑤			
涅槃	ねはん	ねはん	涅槃	信解	318⑥	漢名	293⑤			
涅槃	ねはん	ねはん	涅槃	信解	320①	漢名	295②			
涅槃	ねはん	ねはん	涅槃	信解	347②	漢名	328⑥			
涅槃	ねはん	×	涅槃	信解	348⑥	漢名	330⑥			
涅槃	ねはん	×	涅槃	藥草	392②	漢名	377⑥	ねはん／ほとけに なら[妙]		
涅槃	ねはん	ねはん	涅槃	藥草	404⑥	漢名	391①	ねはん／ほとけに なる[妙]		
涅槃	ねはん	ねはん	涅槃	藥草	405⑤	漢名	392⑥			
涅槃	ねはん	×	涅槃	藥草	408①	漢名	395⑤			
涅槃	ねはん	×	涅槃	化城	472①	漢名	470②			
涅槃	ねはん	×	涅槃	化城	500⑥	漢名	504③			
涅槃	ねはん	ねはん	涅槃	化城	519③	漢名	524④			
涅槃	ねはん	×	涅槃	化城	519⑤	漢名	524⑥			
涅槃	ねはん	×	涅槃	化城	520③	漢名	525④			
涅槃	ねはん	×	涅槃	化城	521⑥	漢名	527①			
涅槃	ねはん	×	涅槃	化城	528⑥	漢名	534③			
涅槃	ねはん	ねはん	涅槃	化城	547③	漢名	553⑥			
涅槃	ねはん	×	涅槃	化城	547⑤	漢名	554①			
涅槃	ねはん	×	涅槃	化城	549①	漢名	556①			
涅槃	ねはん	ねはん	涅槃	五百	594⑤	漢名	602③			
涅槃	ねはん	×	涅槃	五百	596②	漢名	604④			
涅槃	ねはん	×	涅槃	五百	599④	漢名	608②			
涅槃	ねはん	×	涅槃	授學	620①	漢名	630④			
涅槃	ねはん	ねはん	涅槃	見寶	684⑤	漢名	702①			
涅槃	ねはん	ねはん	涅槃	安樂	799⑤	漢名	821④			
涅槃	ねはん	×	涅槃	安樂	816①	漢名	838④			
涅槃	ねはん	×	涅槃	如來	888⑤	漢名	907⑥			
涅槃	ねはん	ねはん	涅槃	如來	889⑥	漢名	908⑥			
涅槃	ねはん	ねはん	涅槃	如來	911③	漢名	930③			
涅槃	ねはん	ねはん	涅槃	隨喜	988②	漢名	1006④			
涅槃	ねはん	ねはん	涅槃	常不	1058⑥	漢名	1077④			ねはん[妙]
涅槃	ねはん	ねはん	涅槃	常不	1082①	漢名	1100③			ねはん[妙]
涅槃	ねはん	ねはん	涅槃	藥王	1131②	漢名	1149⑤			ねはん[妙]
涅槃	ねはん	ねはん	涅槃	藥王	1133③	漢名	1151⑤			ねはん[妙]
涅槃せ	ねはんせ	ねはん	涅槃	藥草	392②	漢サ動	377⑤	ねはん／ほとけに なら[妙]		
ねふり	ねぶり	×	睡	分別	943①	和動	961④			
念	ねん	ねん	念	方便	102④	単漢名	89⑥			おもひ[妙]
ねん	ねん	×	念	譬喩	240③	単漢名	209⑥			
念	ねん	×	念	見寶	683③	単漢名	700④			おもひ[妙]
念	ねん	×	念	分別	967③	単漢名	985⑤	ねん／おもひ[妙]		
念	ねん	ねん	念	妙莊	1292③	単漢名	1301②			おもひ[妙]
念	ねん	×	念	普賢	1321③	単漢名	1326②			をもひ[妙]
年紀	ねんき	ねんき	年紀	如來	889⑤	漢名	908⑤	ねんき／とし[妙]		
ねんころに	ねんごろに	×	苦	五百	598③	和形動	606⑤			
ねんごろに	ねんごろに	×	慇懃	方便	104⑤	和形動	91⑥			
ねんごろに	ねんごろに	×	慇懃	方便	102⑤	和形動	90①			
ねんごろに	ねんごろに	×	慇懃	方便	105⑥	和形動	92⑥			
ねんごろに	ねんごろに	×	慇懃	方便	119⑤	和形動	105①			
念言	ねんごん	ねんこん・おもふて いはふ	念言	信解	358②	漢サ動	342③	ねんごん／おもひ いふ[妙]		
念言	ねんごん	ねんこん	念言	藥王	1120④	漢名	1138⑤	ねんごん／おもふ ことは[妙]		

当該語	読みかな	傍訓	漢字表記	品名	頁数	語の種類	妙一本	和解語文	可読	異同語彙
念言	ねんごん	×	念言	藥王	1162③	漢名	1179③			ねんこん[妙]
念言す	ねんごんす	×	念言	藥王	1122③	漢サ動	1140⑤	ねんごん・す/おもふていはく	―していはく[西右]	
念言す	ねんごんす	おもふていはく	念言	藥王	1135②	漢サ動	1153④	ねんごん・す/おもひいはく[妙]		
念し	ねんじ	×	念	方便	147①	単漢サ動	127⑥			
念じ	ねんじ	ねん	念	藥草	396①	単漢サ動	382②			
念じ	ねんじ	ねん	念	藥草	396②	単漢サ動	382②			
念じ	ねんじ	×	念	藥草	396③	単漢サ動	382④			
ねんし	ねんじ	×	念	提婆	728④	単漢サ動	746④			
念じ	ねんじ	×	念	安樂	765⑥	単漢サ動	785⑥			
念じ	ねんじ	×	念	安樂	772④	単漢サ動	793①			
念じ	ねんじ	×	念	法功	1034③	単漢サ動	1053③			
念し	ねんじ	×	念	觀世	1216④	単漢サ動	1229⑥			
念し	ねんじ	×	念	觀世	1217①	単漢サ動	1230③			
念じ	ねんじ	×	念	觀世	1217②	単漢サ動	1230③			念(ねん)し[妙]
年少	ねんしょう	ねんせう	年少	安樂	766②	漢人倫名	786②	ねんせう/としわかき[妙]		
年少	ねんしょう	ねんせう	年少	從地	859③	漢人倫名	882②	ねんせう/としわかき[妙]		
念ず	ねんず	×	念	藥王	1136①	単漢サ動	1154③			念(ねん)す[妙]
念す	ねんず	×	念	觀世	1218①	単漢サ動	1231③		―し奉る[西右]	念(ねん)す[妙]
念す	ねんず	×	念	觀世	1245④	単漢サ動	1257⑤		―じ奉る[西右]	ねん・す[妙]
念する	ねんずる	×	念	法師	652⑥	単漢サ動	666⑥			念(ねむ)する[妙]
念ずる	ねんずる	×	念	觀世	1236③	単漢サ動	1248⑥	ねん・する[妙]		念(ねん)する[妙]
念ぜ	ねんぜ	ねん	念	授學	612②	単漢サ動	621⑤			
念ぜ	ねんぜ	×	念	觀世	1236⑥	単漢サ動	1249③			念(ねん)せ[妙]
念ぜ	ねんぜ	×	念	觀世	1237③	単漢サ動	1249⑥			念(ねん)せ[妙]
念ぜ	ねんぜ	×	念	觀世	1237⑤	単漢サ動	1250②			念(ねん)せ[妙]
念せ	ねんぜ	×	念	觀世	1238②	単漢サ動	1250⑤			ねん・せ[妙]
念ぜ	ねんぜ	×	念	觀世	1238⑤	単漢サ動	1251②			念(ねん)せ[妙]
念せ	ねんぜ	×	念	觀世	1239①	単漢サ動	1251⑥			ねん・せ[妙]
念せ	ねんぜ	×	念	觀世	1239⑤	単漢サ動	1252②			ねん・せ[妙]
念せ	ねんぜ	×	念	觀世	1240②	単漢サ動	1252⑤			念(ねん)せ[妙]
念せ	ねんぜ	×	念	觀世	1240④	単漢サ動	1253①			ねん・せ[妙]
念ぜ	ねんぜ	×	念	觀世	1241①	単漢サ動	1253④			ねん・せ[妙]
念ぜ	ねんぜ	×	念	觀世	1241④	単漢サ動	1254①			ねん・せ[妙]
念ぜ	ねんぜ	×	念	觀世	1242②	単漢サ動	1254⑤			念(ねん)せ[妙]
念せ	ねんぜ	×	念	觀世	1245①	単漢サ動	1257③			ねん・せ[妙]
燃燈	ねんとう	ねんとう	燃燈	序品	63①	仏雑物名	55①			
燃燈佛	ねんどうぶつ	ねんとう―	燃燈佛	序品	81②	仏仏名名	71②			
燃燈佛	ねんとうぶつ	ねんとう―	燃燈佛	如來	888②	仏仏名名	907⑤			
念々	ねんねん	×	念々	觀世	1245④	漢畳語名	1257⑤			念念(ねん 〻)[妙]
悩	のう	なう/なやみ	悩	方便	153⑥	単漢名	133③			なやみをなす[妙]
悩	のう	なう・なやみ	悩	譬喩	209④	単漢名	177③	なう/なやみ[妙]		
悩	のう	なう	悩	譬喩	254⑤	単漢名	225⑥			
悩	のう	なう	悩	譬喩	255②	単漢名	226②			
悩	のう	なう	悩	譬喩	258②	単漢名	229④			
悩	のう	なう	悩	化城	503②	単漢名	507②			
悩	のう	なう	悩	化城	504②	単漢名	508④			
衲衣	のうえ	なうゑ	衲衣	勸持	752②	漢名	771⑤	のうえ/ころもをつゝりて[妙]		のうえ[妙]
悩急し	のうきゅうし	なうきう/なやみ	悩急	譬喩	281③	漢サ動	253①			なうきう・し[妙]
納受	のうじゅ	なうしゆ	納受	化城	488④	漢名	489②			
納受	のうじゅ	なうしゆ	納受	化城	499②	漢名	502③	なうしゆ/をさめ[妙]		
納受し	のうじゅし	なうしゆ	納受	化城	471③	漢サ動	469②	なうしゆ/をさめうけ[妙]		
納受し	のうじゅし	なうじゆ	納受	提婆	734②	漢サ動	752⑥	なうしゆ・し/をさめうけ[妙]		
納處	のうしょ	なうしよ/あはれみ	納處	化城	469④	漢名	466⑤	なうしよ/おさむるところ[妙]	―する事を[西右]	
納處	のうしょ	なう―	納處	化城	477⑥	漢名	477②	なうしゆ/おさめ[妙]		納受(なうしゆ)をさめ[妙]
納處	のうしょ	なうしよ	納處	化城	486④	漢名	487③	なうしよ/をさめ[妙]		

当該語	読みかな	傍訓	漢字表記	品名	頁数	語の種類	妙一本	和解語文	可読	異同語彙
納處	のうじょ	なうじよ	納處	化城	495③	漢名	498①	なうしよ／をさめ[妙]		
悩乱する	のうらんする	なうらん	悩亂	譬喩	215③	漢サ動	183⑤			
悩乱する	のうらんする	なうらん／なやます	悩亂	安樂	787⑤	漢サ動	809②	なうらん・する／なやみみたる[妙]		
悩乱せ	のうらんせ	なうらんせ	悩亂	方便	144④	漢サ動	125⑤			
悩乱せ	のうらんせ	なうらんせ	悩亂	陀羅	1267④	漢サ動	1278⑤			なうらん・せ[妙]
のおきて	のおきて	×	於	如來	885②	和連語	904①			におきて[妙]
のきぬけ	のきぬけ	×	差脱	譬喩	271③	和複動	242④			
のこり	のこり	×	餘	分別	931④	単漢名	950②			
のこり	のこり	×	餘	分別	932②	単漢名	950⑥			
のぞか	のぞか	×	除	從地	866②	和動	888②			
のぞか	のぞか	×	除	陀羅	1263⑥	和動	1275②			のそか[妙]
のぞき	のぞき	×	除	序品	36⑤	和動	31⑤			
のぞき	のぞき	×	除	方便	187⑤	和動	160⑥			
のぞき	のぞき	×	除	譬喩	209⑤	和動	177③			
のぞき	のぞき	×	除	譬喩	209⑤	和動	177④			
のぞき	のぞき	×	除	譬喩	213⑤	和動	181⑤			
のぞき	のぞき	×	除	授記	423④	和動	413②		のそいて[西右]	
のぞき	のぞき	×	除	安樂	780⑥	和動	801⑥			
のぞき	のぞき	×	除	從地	863④	和動	886②			
のぞき	のぞき	×	除	如來	902⑤	和動	921⑤		のぞい[西右]	
のぞき	のぞき	×	除	分別	943①	和動	961④			
のぞき	のぞき	×	除	普賢	1311③	和動	1317④		のそいて[西右]	のそき[妙]
のぞく	のぞく	×	除	方便	157⑤	和動	136③			
のぞく	のぞく	×	除	譬喩	225②	和動	194①			をく[妙]
のぞく	のぞく	×	除	方便	148⑤	和動	129⑤			をく[妙]
のぞく	のぞく	×	除	譬喩	293⑥	和動	265⑥			おく[妙]
除く	のぞく	×	除	方便	139①	和動	121①			おく[妙]
のぞく	のぞく	×	除	化城	520③	和動	525③			をく[妙]
のぞく	のぞく	×	除	從地	831①	和動	853⑤			おく[妙]
のぞく	のぞく	×	除	神力	1103③	和動	1122③			のそく[妙]
のぞく	のぞく	×	除	藥王	1144⑥	和動	1162⑥			のそく[妙]
のぞく	のぞく	×	除	藥王	1151①	和動	1169②			のそく[妙]
のぞこほる	のぞこおる	×	除	譬喩	214⑥	和動	183②			
のぞみ	のぞみ	×	望	授學	603①	和転成名	611④			
のぞみ	のぞみ	×	臨	信解	343③	和動	323⑥			
のぞみ	のぞみ	×	臨	見寶	663①	和動	677④			
のぞみ	のぞみ	×	臨	常不	1067②	和動	1086①		一む[西右]	のそみ[妙]
のぞみ	のぞみ	×	臨	常不	1079②	和動	1097⑤			
のぞみ	のぞみ	×	臨	觀世	1212①	和動	1225③		のぞめ[西右]	のそみ[妙]
のぞみ	のぞみ	×	臨	觀世	1239①	和動	1251⑤		のぞむ[西右]	のそみ[妙]
のたまひ	のたまい	×	言	安樂	799⑥	和敬意動	821⑤			
のたまふ	のたまう	×	云	從地	861⑤	和敬意動	884③			
のたまふ	のたまう	×	言	授記	424⑥	和敬意動	414⑤			
のたまふ	のたまう	×	言	五百	599⑥	和敬意動	×			
のたまふ	のたまう	×	言	五百	600②	和敬意動	608⑤			
のたまふ	のたまう	×	言	見寶	664①	和敬意動	678⑥			
のたまふ	のたまう	×	言	見寶	664③	和敬意動	679⑤			
の給ふ	のたまう	×	言	見寶	681③	和敬意動	698④			
のたまふ	のたまう	×	言	從地	831⑤	和敬意動	854④			
のたまふ	のたまう	×	言	如來	899①	和敬意動	918①			
のたまふ	のたまう	×	言	如來	909⑥	和敬意動	928⑤			
のたまはく	のたまわく	×	曰	授學	609③	和敬意動	618⑤			
のたまはく	のたまわく	×	曰	提婆	720⑤	和敬意動	738⑥			
のたまはく	のたまわく	×	言	序品	66①	和敬意動	57⑤			
のたまはく	のたまわく	×	言	方便	92②	和敬意動	81①			
のたまはく	のたまわく	×	言	方便	115②	和敬意動	100⑤			
のたまはく	のたまわく	×	言	方便	140④	和敬意動	122④			
のたまはく	のたまわく	×	言	譬喩	226⑤	和敬意動	195⑤			
のたまはく	のたまわく	×	言	譬喩	236②	和敬意動	205④			
のたまはく	のたまわく	×	言	譬喩	270③	和敬意動	241⑤			
のたまは	のたまわく	×	言	信解	365⑤	和敬意動	351⑤			
のたまはく	のたまわく	×	言	藥草	399②	和敬意動	385④			
のたまはく	のたまわく	×	言	授記	418⑤	和敬意動	407②			
のたまはく	のたまわく	×	言	授記	429④	和敬意動	420①			

当該語	読みかな	傍訓	漢字表記	品名	頁数	語の種類	妙一本	和解語文	可読	異同語彙
のたまはく	のたまわく	×	言	授記	436⑥	和敬意動	428②			
のたまはく	のたまわく	×	言	授記	442①	和敬意動	434③			
のたまはく	のたまわく	×	言	化城	449①	和敬意動	442④			
のたまはく	のたまわく	×	言	化城	530①	和敬意動	535⑤			
のたまはく	のたまわく	×	言	五百	574④	和敬意動	579①			
のたまはく	のたまわく	×	言	五百	585②	和敬意動	590⑥			
のたまはく	のたまわく	×	言	授學	606⑤	和敬意動	615⑤			
のたまはく	のたまわく	×	言	授學	614⑥	和敬意動	624④			
のたまはく	のたまわく	×	言	授學	618③	和敬意動	628④			
のたまはく	のたまわく	×	言	法師	631②	和敬意動	642⑤			
のたまはく	のたまわく	×	言	法師	649④	和敬意動	663③			
のたまはく	のたまわく	×	言	見寶	659①	和敬意動	673④			
のたまはく	のたまわく	×	言	見寶	669①	和敬意動	684②			
のたまはく	のたまわく	×	言	見寶	678①	和敬意動	694③			
のたまはく	のたまわく	×	言	見寶	685②	和敬意動	702④			
のたまはく	のたまわく	×	言	提婆	712①	和敬意動	729④			
のたまはく	のたまわく	×	言	安樂	768⑤	和敬意動	788⑥			
のたまはく	のたまわく	×	言	安樂	778⑥	和敬意動	799⑤			
のたまはく	のたまわく	×	言	安樂	789①	和敬意動	810④			
のたまはく	のたまわく	×	言	安樂	804③	和敬意動	826③			
のたまはく	のたまわく	×	言	從地	846②	和敬意動	868⑥			
のたまはく	のたまわく	×	言	從地	851④	和敬意動	874③			
のたまはく	のたまわく	×	言	從地	864②	和敬意動	886⑥			
のたまはく	のたまわく	×	言	如來	882⑥	和敬意動	901⑥			のたまふらく[瑞]
のたまはく	のたまわく	×	言	如來	909①	和敬意動	928②			
のたまはく	のたまわく	×	言	如來	910③	和敬意動	929②			
のたまはく	のたまわく	×	言	分別	939⑤	和敬意動	958①			
のたまはく	のたまわく	×	言	分別	961③	和敬意動	979⑤			
のたまはく	のたまわく	×	言	随喜	986②	和敬意動	1004④			
のたまはく	のたまわく	×	言	法功	996②	和敬意動	1014⑥			
のたまはく	のたまわく	×	言	法功	1001④	和敬意動	1020②			
のたまはく	のたまわく	×	言	法功	1014⑥	和敬意動	1033④			
のたまはく	のたまわく	×	言	法功	1031③	和敬意動	1050①			
のたまはく	のたまわく	×	言	法功	1037③	和敬意動	1056②			
のたまはく	のたまわく	×	言	法功	1044①	和敬意動	1062④			
のたまはく	のたまわく	×	言	常不	1077①	和敬意動	1095④			
のたまはく	のたまわく	×	言	神力	1097⑥	和敬意動	1116⑤			
のたまはく	のたまわく	×	言	藥王	1124③	和敬意動	1142⑤			
のたまはく	のたまわく	×	言	藥王	1156②	和敬意動	1173⑥			
のたまはく	のたまわく	×	言	藥王	1164②	和敬意動	1181①			
のたまはく	のたまわく	×	言	妙音	1185③	和敬意動	1200①			
のたまはく	のたまわく	×	言	觀世	1220⑤	和敬意動	1233⑥			
のたまはく	のたまわく	×	言	陀羅	1249⑥	和敬意動	1261⑥			
のたまはく	のたまわく	×	言	陀羅	1251①	和敬意動	1263①		まうし給はく[西右]	
のたまはく	のたまわく	×	言	陀羅	1254④	和敬意動	1266③			
のたまはく	のたまわく	×	言	陀羅	1256①	和敬意動	1268②			
のたまはく	のたまわく	×	言	妙莊	1292⑥	和敬意動	1301⑤			
のたまはく	のたまわく	×	言	妙莊	1297②	和敬意動	1305⑤			
のたまはく	のたまわく	×	言	普賢	1318⑤	和敬意動	1323⑥			
のたまはく	のたまわく	×	言	普賢	1326④	和敬意動	1330⑥			
のち	のち	×	已後	信解	339③	和形式名	318⑤			
のち	のち	×	已後	信解	340②	和形式名	319⑥			
のち	のち	×	後	序品	19④	和形式名	16①			
のち	のち	×	後	序品	39⑥	和形式名	34③			
のち	のち	×	後	序品	50⑥	和形式名	44①			
のち	のち	×	後	序品	61⑤	和形式名	53⑥			
のち	のち	×	後	序品	83③	和形式名	73①			
のち	のち	×	後	序品	83⑥	和形式名	73④			
のち	のち	×	後	方便	100⑤	和形式名	88②			
のち	のち	×	後	方便	138⑥	和形式名	121①			
のち	のち	×	後	方便	139①	和形式名	121②		一には[西右]	
のち	のち	×	後	譬喩	226②	和形式名	195②			
のち	のち	×	後	譬喩	229③	和形式名	198④			
のち	のち	×	後	譬喩	245④	和形式名	215②			
のち	のち	×	後	譬喩	255⑤	和形式名	226⑤			
のち	のち	×	後	譬喩	259②	和形式名	230④			
のち	のち	×	後	譬喩	268③	和形式名	239④			

のた一のち 569

当該語	読みかな	傍訓	漢字表記	品名	頁数	語の種類	妙一本	和解語文	可読	異同語彙
のち	のち	×	後	譬喩	269②	和形式名	240③			
のち	のち	×	後	譬喩	276⑥	和形式名	248③			
のち	のち	×	後	譬喩	302②	和形式名	274③			
のち	のち	×	後	信解	337③	和形式名	316①			
のち	のち	×	後	信解	372②	和形式名	359①			
のち	のち	×	後	藥草	393⑥	和形式名	379⑤			
のち	のち	×	後	授記	424②	和形式名	414①			
のち	のち	×	後	授記	444③	和形式名	437①			
のち	のち	×	後	化城	518⑥	和形式名	523⑥			
のち	のち	×	後	化城	519①	和形式名	524①			
のち	のち	×	後	化城	535⑥	和形式名	541④			
のち	のち	×	後	化城	538④	和形式名	544③			
のち	のち	×	後	化城	539①	和形式名	544⑤			
のち	のち	×	後	五百	574②	和形式名	578④			
のち	のち	×	後	五百	579⑥	和形式名	585①			
のち	のち	×	後	五百	583⑥	和形式名	589③			
後	のち	×	後	五百	587⑤	和時候名	593⑤		一には［西右］	
のち	のち	×	後	五百	591④	和形式名	598④			
のち	のち	×	後	五百	598③	和形式名	606⑤			
のち	のち	×	後	授學	604⑤	和形式名	613③			
のち	のち	×	後	授學	607①	和形式名	616①			
のち	のち	×	後	授學	619①	和形式名	629③			
のち	のち	×	後	法師	622⑤	和形式名	633④			
のち	のち	×	後	法師	627①	和形式名	638①			
のち	のち	×	後	法師	627③	和形式名	638④			
のち	のち	×	後	法師	634③	和形式名	646②			
のち	のち	×	後	法師	638④	和形式名	650⑥			
のち	のち	×	後	法師	647③	和形式名	660⑥			
のち	のち	×	後	法師	653③	和形式名	667③			
のち	のち	×	後	見寶	662②	和形式名	676⑥			
のち	のち	×	後	見寶	663②	和形式名	677⑥			
のち	のち	×	後	見寶	666①	和形式名	680⑥			
のち	のち	×	後	見寶	686②	和形式名	703⑤			
のち	のち	×	後	見寶	689②	和形式名	707①			
のち	のち	×	後	見寶	694②	和形式名	712⑤			
のち	のち	×	後	見寶	694⑥	和形式名	713④			
のち	のち	×	後	見寶	699②	和形式名	718②			
のち	のち	×	後	提婆	716④	和形式名	734③			
のち	のち	×	後	提婆	717⑥	和形式名	736①			
のち	のち	×	後	提婆	730①	和形式名	748①			
のち	のち	×	後	提婆	733①	和形式名	751③			
のち	のち	×	後	勸持	738④	和形式名	757②			
のち	のち	×	後	勸持	751②	和形式名	770④			
のち	のち	×	後	安樂	760①	和形式名	779⑤			
のち	のち	×	後	安樂	760②	和形式名	779⑥			
のち	のち	×	後	安樂	760④	和形式名	780②			
のち	のち	×	後	安樂	768⑥	和形式名	789①			
のち	のち	×	後	安樂	776③	和形式名	797①			
のち	のち	×	後	安樂	782③	和形式名	803③			
のち	のち	×	後	安樂	783⑥	和形式名	805①			
のち	のち	×	後	安樂	787⑥	和形式名	808⑤			
のち	のち	×	後	安樂	791③	和形式名	812⑥			
のち	のち	×	後	安樂	804⑥	和形式名	827①			
のち	のち	×	後	安樂	809②	和形式名	831④			
のち	のち	×	後	安樂	816①	和形式名	838④			
のち	のち	×	後	安樂	816②	和形式名	838⑥			
のち	のち	×	後	從地	844①	和形式名	866⑤			
のち	のち	×	後	如來	900①	和形式名	919②			
のち	のち	×	後	分別	961④	和形式名	980①			
のち	のち	×	後	隨喜	970①	和形式名	988②		し給ひて［西右］	
のち	のち	×	後	隨喜	992③	和形式名	1010⑥			
のち	のち	×	後	常不	1060③	和形式名	1079②			
のち	のち	×	後	常不	1060④	和形式名	1079②		一に［西右］	のち［妙］
のち	のち	×	後	常不	1061⑤	和形式名	1080③		一に［西右］	のち［妙］
のち	のち	×	後	常不	1069④	和形式名	1088②		一に［西右］	のちに［妙］
のち	のち	×	後	常不	1071⑥	和形式名	1090③			
のち	のち	×	後	神力	1087④	和形式名	1105⑥		一に［西右］	のち［妙］

当該語	読みかな	傍訓	漢字表記	品名	頁数	語の種類	妙一本	和解語文	可読	異同語彙
のち	のち	×	後	神力	1099②	和形式名	1118①			
ゝ(の)ち	のち	×	後	神力	1104①	和形式名	1123①			のち[妙]
ゝ(の)ち	のち	×	後	藥王	1126②	和形式名	1145②			のち[妙]
ゝ(の)ち	のち	×	後	藥王	1127②	和形式名	1145④		父の[西右]	ちちの
ゝ(の)ち	のち	×	後	藥王	1132⑤	和形式名	1151①		一に[西右]	のち[妙]
のち	のち	×	後	藥王	1134③	和形式名	1152⑤			
のち	のち	×	後	藥王	1153⑤	和形式名	1171⑤			
のち	のち	×	後	藥王	1153⑥	和形式名	1171⑤			
ゝ(の)ち	のち	×	後	藥王	1160②	和形式名	1177⑤		一に[西右]	のちのち[妙]
のち	のち	×	後	藥王	1160③	和形式名	1177⑤			のちのち[妙]
のち	のち	×	後	普賢	1310⑥	和形式名	1317②			
のち	のち	×	後	普賢	1315⑥	和形式名	1321③			
のち	のち	×	後	普賢	1315⑥	和形式名	1321③			
のち	のち	×	後	普賢	1331⑥	和形式名	1335④			
のち	のち	×	後	普賢	1333②	和時候名	1336⑤			
のふ	のぶ	×	宣	序品	80①	和動	70③			
のぶ	のぶ	×	宣	方便	184①	和動	158①			
のふ	のぶ	×	宣	勸持	748⑤	和動	767⑥			のべん[妙]
のぶ	のぶ	×	陳	信解	335④	和動	313⑥			
のぶる	のぶる	×	肆	信解	328④	和動	305③			
のぶる	のぶる	×	宣	五百	564④	和動	567⑤			
のぶる	のぶる	×	宣	提婆	723②	和動	741③			のふへき[妙]
のふる	のぶる	×	演	法師	627②	和動	638③			
のふる	のぶる	×	演	提婆	728④	和動	746④			
のふる	のぶる	×	演	法功	1046⑥	和動	1065③			
のべ	のべ	×	演	方便	88⑥	和動	78①			
のべ	のべ	×	演	信解	367⑤	和動	353⑥			
のへ	のべ	×	演	如來	891④	和動	910⑤			
のへ	のべ	×	宣	序品	23⑤	和動	19⑥			
のへ	のべ	×	宣	序品	43④	和動	37⑤			
のへ	のべ	×	宣	序品	45⑥	和動	39④			
のへ	のべ	×	宣	序品	60①	和動	52④			
のへ	のべ	×	宣	序品	65⑥	和動	57④			
のへ	のべ	×	宣	方便	92②	和動	80⑥			
のへ	のべ	×	宣	方便	106③	和動	93①			
のへ	のべ	×	宣	方便	113④	和動	99②			
のへ	のべ	×	宣	方便	117②	和動	102⑤			
のへ	のべ	×	宣	方便	140③	和動	122③			
のへ	のべ	×	宣	譬喩	208⑥	和動	176③			
のへ	のべ	×	宣	譬喩	226④	和動	195⑤			
のへ	のべ	×	宣	譬喩	233①	和動	202②			
のへ	のべ	×	宣	譬喩	270②	和動	241③			
のへ	のべ	×	宣	信解	343⑤	和動	324④			
のへ	のべ	×	宣	信解	352⑤	和動	335⑤			
のへ	のべ	×	宣	藥草	399②	和動	385③			
のへ	のべ	×	宣	藥草	404②	和動	391③			
のへ	のべ	×	宣	授記	416①	和動	404③		のへんィ[西左]／一ふる事うへし[西右]	
のへ	のべ	×	宣	授記	418④	和動	407②			
のへ	のべ	×	宣	授記	429③	和動	419⑥			
のへ	のべ	×	宣	授記	436⑤	和動	428②			
のへ	のべ	×	宣	授記	442①	和動	434②			
のへ	のべ	×	宣	化城	448⑥	和動	442③			
のへ	のべ	×	宣	化城	490④	和動	492③			
のへ	のべ	×	宣	化城	529⑥	和動	535④			
のへ	のべ	×	宣	化城	534⑥	和動	540④			
のへ	のべ	×	宣	五百	574③	和動	578⑥			
のへ	のべ	×	宣	五百	585②	和動	590⑤			
のへ	のべ	×	宣	五百	595⑥	和動	603④			
のへ	のべ	×	宣	授學	606⑤	和動	615④			
のへ	のべ	×	宣	授學	614⑤	和動	624③			
のへ	のべ	×	宣	授學	618③	和動	628④			
のへ	のべ	×	宣	法師	626③	和動	637④		廣演分別／廣演し[西右左]	
のへ	のべ	×	宣	法師	631①	和動	642④			
のへ	のべ	×	宣	法師	649④	和動	663②			

当該語	読みかな	傍訓	漢字表記	品名	頁数	語の種類	妙一本	和解語文	可読	異同語彙
のべ	のべ	×	宣	見寶	685②	和動	702④			
のべ	のべ	×	宣	提婆	712①	和動	729③			
のべ	のべ	×	宣	勧持	747③	和動	766④			
のべ	のべ	×	宣	安樂	768④	和動	788⑤			
のべ	のべ	×	宣	安樂	778⑤	和動	799④			
のべ	のべ	×	宣	安樂	788⑥	和動	810③			
のべ	のべ	×	宣	安樂	804②	和動	826③			
のべ	のべ	×	宣	從地	846①	和動	868⑤			
のべ	のべ	×	宣	從地	851④	和動	874②			
のべ	のべ	×	宣	從地	864①	和動	886②			
のべ	のべ	×	宣	如來	910②	和動	929②			
のべ	のべ	×	宣	分別	939④	和動	957⑥			
のべ	のべ	×	宣	分別	961③	和動	979⑥			
のべ	のべ	×	宣	随喜	986①	和動	1004③			
のべ	のべ	×	宣	法功	996①	和動	1014⑤			
のべ	のべ	×	宣	法功	1001③	和動	1020②			
のべ	のべ	×	宣	法功	1014⑥	和動	1033③			
のべ	のべ	×	宣	法功	1031②	和動	1049⑥			
のべ	のべ	×	宣	法功	1037③	和動	1056①			
のべ	のべ	×	宣	法功	1043⑥	和動	1062④			
のべ	のべ	×	宣	常不	1076⑥	和動	1095①			のへ[妙]
のべ	のべ	×	宣	神力	1097⑥	和動	1116④			
のべ	のべ	×	宣	囑累	1107②	和動	1125⑥			のへ[妙]
のべ	のべ	×	宣	妙莊	1284②	和動	1293⑤			のへ[妙]
のぼら	のぼら	×	昇	見寶	694①	和動	712④			
のほり	のぼり	×	上	分別	928④	和動	947②			
のほり	のぼり	×	上	法功	1023②	和動	1041⑥		かみ[西右]	
のほり	のぼり	×	昇	化城	510④	和動	515④			
のほり	のぼり	×	昇	五百	586④	和動	592②			
のぼる	のぼる	×	昇	妙莊	1295④	和動	1303⑥			のほる[妙]
のぼる	のぼる	×	上	陀羅	1265③	和動	1276④			
のみ	のみ	×	飲	譬喩	278②	和動	249⑥			
のみ	のみ	×	飲	如來	900②	和動	919②		一む[西右]	
のみ	のみ	×	飲	如來	900④	和動	919④		のむ[西右]	
のむ	のむ	×	飲	藥王	1123②	和動	1141④			
のら	のら	×	乗	随喜	980③	和動	998④			
のら	のら	×	乗	随喜	992⑤	和動	1011④			
のら	のら	×	罵	安樂	810④	和動	832⑥			
のり	のり	×	乗	譬喩	251①	和動	221①			
のり	のり	×	乗	譬喩	288⑤	和動	260⑤			乗し[西]
のり	のり	×	乗	普賢	1313③	和動	1319②		乗しィ[西右]	
のり	のり	×	乗	普賢	1313⑥	和動	1319⑤			
のり	のり	×	乗	普賢	1316⑥	和動	1322③			
のり	のり	×	罵	法師	634⑥	和動	646⑥			
のり	のり	×	罵	法師	652⑤	和動	666⑤			
のんど	のんど	×	咽	譬喩	275③	和身体名	246⑥			
は	は	×	歯	安樂	766①	和身体名	786⑤			
は	は	×	歯	随喜	982⑤	和身体名	1000⑥		はは[西右]	
は	は	×	歯	随喜	987⑤	和身体名	1006①			
歯	は	は	歯	随喜	990⑤	和身体名	1009①			
歯	は	は	歯	妙莊	1300⑤	和身体名	1308②			は[妙]
葉	は	えう／は	葉	藥草	402⑥	和植物名	389④	よう／は[妙]		
は	は	×	葉	化城	531①	和植物名	536⑤			
葉	は	よう／は	葉	見寶	671①	和植物名	686④	えう／は[妙]		
葉	は	×	葉	見寶	673②	和植物名	688⑥	えう／は[妙]		
葉	は	よう	葉	見寶	675④	和植物名	691③	えう／は[妙]		
葉	は	は	葉	妙音	1173⑤	和植物名	1189⑤			えう[妙]
葉	は	は	葉	妙音	1174⑤	和植物名	1190⑤			えう[妙]
葉	は	は	葉	妙音	1179⑤	和植物名	1194⑥			えう[妙]
貝	ばい	ばい	貝	方便	166③	単漢魚介名	143③	はい／かい[妙]		
拝跪問訊し	はいきもんじんし	はいき{ゐ}もんじん	拝跪問訊	如來	901①	漢四熟サ動	920①	はいくゐもんじん・し／ひさまつきおかみとふ[妙]		
背傴	はいく	はいく／せなかくヽせに	背傴	譬喩	306④	漢症病名	278⑥			
破有法王	はいくほうおう	はう―	破有法王	藥草	399③	仏王名名	385⑤	はうほうわう／うをはするほとけ[妙]	有を破する[西右]	

当該語	読みかな	傍訓	漢字表記	品名	頁数	語の種類	妙一本	和解語文	可読	異同語彙
倍し	ばいし	×	倍	五百	587②	漢サ動	593②	はい・し／まさり[妙]		
倍し	ばいし	はい	倍	授學	606①	漢サ動	614⑥	はい・し／まさる[妙]		
倍し	ばいし	×	倍	授學	608①	漢サ動	617①	はい・し／まさる[妙]		
倍せ	ばいせ	×	倍	五百	587③	漢サ動	593②	はい・せ／まさらん[妙]		
倍せ	ばいせ	はい	倍	授學	606①	漢サ動	615①	はい・せ／まさらん[妙]		
倍せ	ばいせ	×	倍	授學	608①	漢サ動	617②	はい・せ／まさる[妙]		
倍せ	ばいせ	ばい	倍	如來	895②	漢サ動	914③	はい・せ／まされり[妙]		
背喪し	はいそうし	はいさう	背喪	如來	906⑥	漢サ動	925⑤	はいさう・し／しぬ[妙]		
廃忘し	はいもうし	はいまう	廃忘	序品	82②	漢サ動	72②	はいまう・し／わすれて[妙]		
廢忘し	はいもうし	はいまう／わすれて	廢忘	五百	593④	漢サ動	601①	はいまう・し／わすれ[妙]		
破壊する	はえする	はゑ	破壊	普賢	1317②	漢サ動	1323②			はえ・する[妙]
破戒	はかい	はかい	破戒	安樂	769⑤	漢名	789⑥	はかい／かいをやふり[妙]		
はかり	はかり	×	量	序品	83⑤	和転成名	73③			
はかり	はかり	×	量	方便	170①	和転成名	146④			
はかり	はかり	×	量	譬喩	216②	和転成名	184④			
はかり	はかり	×	量	化城	535⑥	和動	541⑤			
はかり	はかり	×	量	授學	607②	和動	616②			
はかり	はかり	×	量	從地	835⑥	和動	858⑤			
ばかり	ばかり	×	許	提婆	729④	和動	747⑤			
はかる	はかる	×	計	授記	421③	和動	410④		かそふ[西右]	
はかる	はかる	×	計	提婆	723③	和動	741④			
はかる	はかる	×	計	陀羅	1269⑥	和動	1280⑥			
はかる	はかる	×	測	方便	96②	和動	84③			
はかる	はかる	×	測	方便	107③	和動	94①			
はかる	はかる	×	量	方便	92③	和動	81③			
はかる	はかる	×	量	方便	158③	和動	136⑥			
はかる	はかる	×	量	從地	847④	和動	870②			
はかる	はかる	×	量	從地	864⑤	和動	887④			
はかる	はかる	×	量	分別	930①	和動	948⑤			
はかる	はかる	×	量	分別	966⑤	和動	985①			
縛	ばく	はく／しはられたる心也	縛	藥王	1151③	単漢名	1169④			はく[妙]
薄拘羅	はくくら	はつくら	薄拘羅	序品	5⑥	仏鬼神名	4⑤			
薄拘羅	はくくら	はくら	薄拘羅	五百	584⑤	仏鬼神名	590②		一と[西右]	
白牛	はくご	はくご	白牛	譬喩	248⑥	漢畜類名	218⑤	ひやくこ／しろきうしの[妙]		
搏撮し	ばくさつし	はくさつ／とりとる	搏撮	譬喩	272⑤	漢サ動	243⑥	はくさつ・し／うちとりて[妙]		
薄徳	はくとく	はくとく／とくうすき	薄徳	如來	896②	漢名	915②	はくとく／とくうすき[妙]		
薄徳	はくとく	はくとく	薄徳	如來	897④	漢名	916④	はくとく／とくうすき[妙]		
薄徳小福	はくとくしょうふく	はくとくせうふく	薄徳小福	方便	154④	漢四熟名	133⑥	はくとくせうふく／とくうすくふくすくなし[妙]		
破し	はし	は	破	方便	191⑥	単漢サ動	164⑤	は・し／やふる[妙]		
はし	はし	×	破	譬喩	271①	単漢サ動	242②			
破し	はし	は	破	化城	452①	単漢サ動	446③	は・し／やふり[妙]		
破し	はし	は	破	化城	487③	単漢サ動	488③	は／やふり[妙]		
破し	はし	は	破	安樂	790⑥	単漢サ動	812③	は・し／やふり[妙]		
破し	はし	は・やぶり	破	藥王	1157④	単漢サ動	1175②	／まのぬすひとをやふり[妙]		
破し	はし	は／やふる	破	觀世	1244①	単漢サ動	1256③	は・し／やふり[妙]		
破し	はし	×	破	普賢	1332④	単漢サ動	1336②		一て[西右]	破(は)し[妙]

当該語	読みかな	傍訓	漢字表記	品名	頁数	語の種類	妙一本	和解語文	可読	異同語彙
婆師迦華油燈	ばしきゃかゆとう	はしかけ――	婆師迦華油燈	陀羅	1270④	仏雑物名	1281④			はしかくゑゆとう[妙]
はしめ	はじめ	×	首	信解	318⑤	和名	293④			かうべ[西]
はしめ	はじめ	×	首	如來	881④	和名	900③			
はしめ	はじめ	×	始	序品	74②	和副	65②			
はしめ	はじめ	×	始	譬喩	268⑥	和名	240②			
はしめ	はじめ	×	始	信解	373⑤	和名	360⑥			
はしめ	はじめ	×	始	化城	453②	和副	447⑤			
はしめ	はじめ	×	始	見寶	696⑥	和名	715⑤			
始	はじめ	はじめ	始	從地	830⑤	和動	853⑤			
はしめ	はじめ	×	始	從地	856⑥	和動	879④			
はしめ	はじめ	×	始	從地	866④	和動物名	889④			
はしめ	はじめ	×	初	序品	50⑤	和名	44①			
はしめ	はじめ	×	初	譬喩	207②	和名	174①			
はしめ	はじめ	×	初	譬喩	215①	和名	183①			
はしめ	はじめ	×	初	譬喩	268②	和名	239③			
はしめ	はじめ	×	初	信解	371⑤	和名	358④			一には[西右]
はしめ	はじめ	×	初	提婆	727③	和名	745③			
はしめ	はじめ	×	初	安樂	767①	和名	787①			
はしめ	はじめ	×	初	安樂	776③	和名	796⑥			
はしめ	はじめ	×	初	從地	839⑥	和名	862①			
はしめ	はじめ	×	初	從地	854③	和名	876④			
はしめ	はじめ	×	初	從地	861④	和名	884④			
はしめ	はじめ	×	初	隨喜	989⑤	和名	1008①			
はしめ	はじめ	×	初	法功	1019⑤	和名	1038③			
はしめて	はじめて	×	初	譬喩	223⑥	和副	192⑤			
はしめて	はじめて	×	始	方便	177③	和副	152④			
はしめて	はじめて	×	始	譬喩	232④	和副	201⑤			
はしめて	はじめて	×	始	安樂	803⑥	和副	825⑥			
波舎婆舎輸地三十五	はしゃばしゃゆだい	はしやばしやしゆたい	波舎婆舎輸地	陀羅	1253①	仏梵語名	1264⑥			はしやはしやしゆち[妙]
簸蔗毗叉膩二十二	はしゃびしゃに	はしやびしやに	簸蔗毗叉膩二十二	陀羅	1252①	仏梵語名	1264①			はしやひしやに[妙]
波旬	はしゅん	はしゆん	波旬	譬喩	216⑥	漢名	185③			
はしら	はしら	×	柱	譬喩	239④	和家屋名	208⑥			
はしら	はしら	×	柱	譬喩	270⑥	和家屋名	242①			
はしら	はしら	×	柱	譬喩	277②	和家屋名	248⑤			
はしり	はしり	×	走	譬喩	243⑥	和動	213④			
はしり	はしり	×	走	譬喩	279①	和動	250⑤			
はしり	はしり	×	走	信解	329①	和動	306①			
はしり	はしり	×	走	信解	330④	和動	307①			
はしり	はしり	×	走	觀世	1241②	和動	1253⑤			
はしり	はしり	×	奔	譬喩	283⑥	和動	255④			
破す	はす	は	破	藥王	1145①	単漢サ動	1163②			は・する[妙]
破せ	はせ	は	破	陀羅	1268⑤	単漢サ動	1279①			は・せ[妙]
はだか	はだか	×	裸	藥王	1149⑥	和身体名	×			×[妙]
はためく	はためく	×	爆	譬喩	277②	和派生動	248⑤			
八	はち	×	八	序品	52③	漢数名	45③			
八	はち	×	八	陀羅	1262⑤	漢数名	1274②			
鉢	はち	はち	鉢	妙音	1187⑤	単漢名	1202②			はち[妙]
婆稚阿修羅王	ばちあしゆらおう	はちあしゆら―	婆稚阿修羅王	序品	12⑥	仏王名名	10③			
八交道	はちきょうどう	やつのけうたう	八交道	譬喩	221⑤	漢数名	190④	はちけうだう／やつのましはれるみち[妙]		
八解脱	はちげだつ	―げだつ	八解脱	授記	431⑥	漢数名	422⑤	―／つみをとき[妙]		
八解脱	はちげだつ	×	八解脱	化城	505①	漢数名	509③	―けたつ／つみをときぬく[妙]		
八解脱	はちげだつ	―げだつ	八解脱	五百	573③	漢数名	577④	―けたつ／つみをときぬくこと[妙]		
八解脱	はちげだつ	―げだつ	八解脱	五百	580⑥	漢数名	586①			
八解脱	はちげだつ	―げだつ	八解脱	隨喜	976②	漢数名	994③			
八解脱	はちげだつ	―げだつ	八解脱	隨喜	988⑥	漢数名	1007②		―と[西右]	
八恒河沙	はちごうがしゃ	―こうかしや	八恒河沙	從地	817③	漢四熟数名	839④	―こうかしや／やつのこうかはのいさこのかす[妙]		
八十	はちじゅう	×	八十	隨喜	975①	漢数名	993②			

当該語	読みかな	傍訓	漢字表記	品名	頁数	語の種類	妙一本	和解語文	可読	異同語彙
八十億	はちじゅうおく	×	八十億	藥王	1116⑤	漢数名	1135①			はちしうをく[妙]
八十億劫	はちじゅうおくごう	×	八十億劫	法師	636⑤	漢四熟数名	648③			
八十億恒河沙	はちじゅうおくごうがしゃ	×	八十億恒河沙	藥王	1124①	漢数名	1142③			はちしうをくこうかいしや[妙]
八十億万劫	はちじゅうおくまんごう	ーーーーこう	八十億万劫	分別	943③	漢数名	961⑥		ーーーーのー[西右]	
八十歳	はちじゅうさい	×	八十歳	随喜	987③	漢数名	1005④			
八十種	はちじゅうしゅ	ーーしゅ	八十種	譬喩	211①	漢数名	178⑥			
八十小劫	はちじゅうしょうごう	×	八十小劫	序品	61⑥	漢四熟数名	54①			
八十小劫	はちじゅうしょうごう	はちじふしようがふ	八十小劫	序品	79⑥	漢四熟数名	70②			
八十年	はちじゅうねん	×	八十年	随喜	974④	漢数名	992⑥			
八十万億那由他	はちじゅうまんおくなゆた	×	八十万億那由他	勧持	747④	漢数名	766④			
八十万億那由他劫	はちじゅうまんおくなゆたごう	×	八十万億那由他劫	分別	937⑥	漢数名	956③			
八十万億那由他劫數	はちじゅうまんおくなゆたごうしゅ	ーーーおくなーーこうしゅ	八十万億那由他劫數	分別	939⑥	漢数名	958②		ーのー[西右]	
八十種好	はちじゅしゅごう	ーーしゆかう	八十種好	提婆	715⑤	漢四熟数名	733④			
八十種好	はちじゅしゅごう	ーーしゆがう	八十種好	提婆	731②	漢四熟数名	749③			
八十種好	はちじゅしゅごう	×	八十種好	提婆	735④	漢四熟数名	754①			
八小劫	はちしょうこう	ーせうこう	八小劫	譬喩	225②	漢数名	194②		ーな[西右]	
八小劫	はちしょうこう	ーせうかう	八小劫	譬喩	229②	漢数名	198③		ーな[西左]	
八世界	はちせかい	×	八世界	分別	925④	漢数名	944②			
八世界	はちせかい	×	八世界	分別	932⑤	漢数名	951③			
八多羅樹	はちたらじゅ	ーたらしゆ	八多羅樹	分別	954⑤	漢植物名	973④		ーして[西右]	
八多羅樹	はちたらじゅ	ーたらしゆ	八多羅樹	分別	964①	漢植物名	982⑤		ーして[西右]	
八道	はちどう	ーー・やつのー	八道	見寶	669⑤	漢数名	685①	はつたう／やつのみち[妙]		
八道	はちどう	×	八道	分別	950②	漢数名	968⑤		ーのー[西右]	
八万	はちまん	×	八万	法師	621②	漢数名	631⑥			
八万億	はちまんおく	×	八万億	化城	507⑥	漢数名	512⑥			
八万四千	はちまんせん	×	八万四千	見寶	695②	漢四熟数名	713⑥			
八万四千	はちまんせん	×	八万四千	藥王	1134③	漢四熟数名	1152⑤			はちまんせん[妙]
八万四千	はちまんせん	×	八万四千	藥王	1136③	漢四熟数名	1154⑤			ーまんせん[妙]
八万四千	はちまんせん	×	八万四千	藥王	1163⑤	漢四熟数名	1180⑤			ーまんせん[妙]
八万四千	はちまんせん	×	八万四千	妙音	1173④	漢四熟数名	1189②			ーまんせん[妙]
八万四千	はちまんせん	×	八万四千	妙音	1175④	漢四熟数名	1190⑥			はちまんせん[妙]
八万四千	はちまんせん	×	八万四千	妙音	1178⑥	漢四熟数名	1194②			はちまんせん[妙]
八万四千	はちまんせん	×	八万四千	妙音	1187④	漢四熟数名	1202②			はちまんせん[妙]
八万四千	はちまんせん	×	八万四千	妙音	1200②	漢四熟数名	1213⑥			ーまんせん[妙]
八万四千	はちまんせん	×	八万四千	妙音	1201④	漢四熟数名	1215②			
八万四千	はちまんせん	×	八万四千	觀世	1247③	漢四熟数名	1259④			はちまんせん[妙]
八万四千	はちまんせん	×	八万四千	妙莊	1305④	漢四熟数名	1312③			

当該語	読みかな	傍訓	漢字表記	品名	頁数	語の種類	妙一本	和解語文	可読	異同語彙
八万四千	はちまんしせん	×	八万四千	普賢	1322⑥	漢四熟数名	1327⑤			はちまんしせん[妙]
八万四千劫	はちまんしせんごう	×	八万四千劫	化城	510②	漢数名	515①		一なり[西右]	
八万四千劫	はちまんしせんごう	×	八万四千劫	化城	510④	漢数名	515④			
八万四千劫	はちまんしせんごう	×	八万四千劫	化城	511②	漢数名	516②			
八万四千劫	はちまんしせんごう	×	八万四千劫	化城	537⑥	漢数名	543⑤		一なり[西右]	
八万四千歳	はちまんしせんさい	×	八万四千歳	妙荘	1295①	漢数名	1303④		一に[西右]	八万四千歳(はちまんしせんざい)[妙]
八万四千塔	はちまんしせんとう	――――のたう	八万四千塔	藥王	1134④	漢数名	1152⑥			八万四千の塔(はちまんしせん(の)たう)[妙]
八万四千人	はちまんしせんにん	×	八万四千人	妙音	1198⑤	漢数名	1212④		――――の―は[西右]	一まんしせんにん[妙]
八万四千人	はちまんしせんにん	×	八万四千人	妙荘	1288①	漢数名	1297③		――――の―[西]	八万四千人(はちまんしせんにん)[妙]
八万人	はちまんにん	はつまんにん	八万人	序品	7①	漢数名	5④			
八万人	はちまんにん	はつまんにん	八万人	序品	9⑥	漢数名	7⑥			
八歳	はつさい	一さい	八歳	提婆	727③	漢数名	745④			
抜済し	ばつざいし	ばつさい／ぬきすくう	抜濟	譬喩	259⑤	漢サ動	231①	ばちさい／ぬきすくひ[妙]	一せんと[西右]	
抜済する	ばつざいする	ばつざい	抜濟	譬喩	252④	漢サ動	222④	ばちさい／ぬきすくう[妙]		
八子	はつし	×	八子	序品	62②	漢数名	54②	はし／やつのみこ[妙]		やたんのみこは[西右]
抜出し	ばつしゅつし	はつしゅつ／ぬきいたし	抜出	五百	564③	漢サ動	567④	はつしゆつ・し／ぬきいたし[妙]		
八生	はっしょう	×	八生	分別	924①	漢数名	942⑤		一にて[西右]	
八生	はっしょう	×	八生	分別	931③	漢数名	950③			
八千	はっせん	×	八千	授記	439②	漢数名	431①			
八千億	はっせんおく	×	八千億	授記	433③	漢数名	424④			
八千劫	はっせんごう	×	八千劫	化城	509⑤	漢数名	514④			
八千恒河沙	はっせんごうがしゃ	×	八千恒河沙	從地	832⑤	漢数名	855④			
八千恒河沙	はっせんごうがしゃ	×	八千恒河沙	從地	833⑤	漢数名	856④			
八千二百万億	はっせんにひゃくまんおく	×	八千二百万億	授記	442③	漢数名	434⑤			
八千人	はっせんにん	×	八千人	授學	608④	漢数名	617⑤			
八千人	はっせんにん	×	八千人	勸持	740①	漢数名	758⑤			
跋陀婆羅	ばつたばら	ばつだばら	跋陀婆羅	常不	1075③	仏鬼神名	1093⑥			はつたばら[妙]
颰陀婆羅菩薩	はたはらぼさつ	ばつだばら――	颰陀婆羅菩薩	序品	9③	仏菩薩名	7④			
跋難陀龍王	ばつなんたりゅうおう	ばつなんた――	跋難陀龍王	序品	11②	仏龍族名	9①			
般涅槃	はつねはん	はつねはん	般涅槃	提婆	717⑥	仏梵語名	735⑥			
般涅槃し	はつねはんし	はつねはん	般涅槃	序品	19③	仏サ動	15⑥	はつねはん・し／ほとけのねはん[妙]		
般涅槃し	はつねはんし	×	般涅槃	序品	19④	仏サ動	16①			
般涅槃し	はつねはんし	はつねはん	般涅槃	神力	1097④	仏サ動	1116③			しかもはつねはん[妙]
般涅槃す	はつねはんす	はつねはん	般涅槃	藥王	1131④	仏サ動	1150①			はつねはん・す[妙]
八百	はっぴゃく	×	八百	序品	58①	漢数名	50③			
八百	はっぴゃく	やお	八百	序品	63②	漢数名	55②			
八百	はっぴゃく	×	八百	法功	994③	漢数名	1013②			
八百	はっぴゃく	×	八百	法功	994④	漢数名	1013③			
八百	はっぴゃく	×	八百	法功	994⑤	漢数名	1013⑤			
八百	はっぴゃく	×	八百	法功	996⑤	漢数名	1015③			
八百	はっぴゃく	×	八百	法功	1008⑥	漢数名	1027⑤			
八百	はっぴゃく	×	八百	法功	1035②	漢数名	1054①			

当該語	読みかな	傍訓	漢字表記	品名	頁数	語の種類	妙一本	和解語文	可読	異同語彙
八百千万億那由他	はっぴゃくせんまんおくなゆた	×	八百千万億那由他	薬王	1128⑤	漢数名	1147②			ーーせんまんおくなゆた[妙]
八百万億那由他恒河沙	はっぴゃくせんまんおくなゆたごうがしゃ	×	八百万億那由他恒河沙	陀羅	1249②	漢数名	1261②	ーひゃくまんおくなゆたこうかしや／こうかゝわのいさこのかすの[妙]		
八方	はっぽう	×	八方	見寶	672③	漢数名	687⑥			
八方	はっぽう	×	八方	見寶	674⑤	漢数名	690③			
八方	はっぽう	×	八方	見寶	677②	漢数名	693③			
八方	はっぽう	×	八方	從地	842②	漢数名	865①			
はな	はな	×	鼻	随喜	983⑥	和身体名	1002①			
はな	はな	×	鼻	随喜	991①	和身体名	1009⑤			
花	はな	はな	花	法功	1017⑤	和植物名	1036⑤			
はな	はな	×	華	序品	41⑥	和植物名	35⑥			
はな	はな	×	華	方便	167③	和植物名	144②			
はな	はな	×	華	化城	453⑤	和植物名	448②			
花	はな	×	華	化城	454⑤	和植物名	448⑥			
はな	はな	×	華	化城	468⑤	和植物名	465③			
はな	はな	×	華	化城	469①	和植物名	466②			
花	はな	×	華	化城	477②	和植物名	476③			
花	はな	×	華	化城	477③	和植物名	476⑤			
花	はな	×	華	化城	485⑥	和植物名	486④			
花	はな	×	華	化城	486①	和植物名	486⑥			
花	はな	×	華	化城	494⑤	和植物名	497②			
はな	はな	×	華	化城	494⑥	和植物名	497④			
はな	はな	×	華	化城	531①	和植物名	536⑤			
花	はな	×	華	化城	533④	和植物名	538⑥			
花	はな	×	華	化城	534①	和植物名	539①			
はなち	はなち	×	發	譬喩	275②	和動	246④			
はなち	はなち	×	放	序品	17③	和動	14②			
はなち	はなち	×	放	序品	23①	和動	19③			
はなち	はなち	×	放	序品	34⑤	和動	29⑥			
はなち	はなち	×	放	序品	41⑥	和動	36①			
はなち	はなち	×	放	序品	42③	和動	36④			
はなち	はなち	×	放	序品	43②	和動	37②			
はなち	はなち	×	放	序品	56③	和動	49①			
はなち	はなち	×	放	序品	69①	和動	60①			
はなち	はなち	×	放	序品	85①	和動	74①			
はなち	はなち	×	放	薬草	413①	和動	401①			
はなち	はなち	×	放	五百	585⑥	和動	591③			
はなち	はなち	×	放	見寶	667①	和動	682①			
はなち	はなち	×	放	安樂	812②	和動	834④			
はなち	はなち	×	放	神力	1086④	和動	1104⑥			
はなち	はなち	×	放	神力	1087①	和動	1105④			
はなち	はなち	×	放	妙音	1165④	和動	1182②		ー給ひ[西右]	
はなち	はなち	×	放	妙音	1165⑤	和動	1182②		ー給ひ[西右]	
はなち	はなち	×	放	妙莊	1292⑥	和動	1301①			
はなちおはり	はなちおわり	×	放已	序品	46②	和複動	39⑥			
はなつ	はなつ	×	放	神力	1098④	和動	1117③		はなち給ふ[西右]	はなつ[妙]
はなはだ	はなはだ	×	甚	序品	70⑥	和副	61⑥			
はなはた	はなはだ	×	甚	序品	77①	和副	67⑤			
はなはだ	はなはだ	×	甚	方便	107⑤	和副	94③			
はなはだ	はなはだ	×	甚	方便	190①	和副	163①			
はなはだ	はなはだ	×	甚	譬喩	205④	和副	172⑤			
はなはだ	はなはだ	×	甚	譬喩	209④	和副	177②	けう／まれ[妙]		
はなはだ	はなはだ	×	甚	譬喩	217④	和副	186①			
はなはた	はなはだ	×	甚	譬喩	233④	和副	202⑤			
はなはだ	はなはだ	×	甚	譬喩	274①	和副	245③			
はなはだ	はなはだ	×	甚	譬喩	279③	和副	251②			
はなはだ	はなはだ	×	甚	譬喩	281③	和副	253①			
はなはだ	はなはだ	×	甚	譬喩	284④	和副	256②			
はなはだ	はなはだ	×	甚	譬喩	289④	和副	261⑤			
はなはだ	はなはだ	×	甚	信解	321①	和副	296③			
はなはだ	はなはだ	×	甚	信解	324①	和副	299⑥			
はなはだ	はなはだ	×	甚	信解	330①	和副	307②			
はなはだ	はなはだ	×	甚	信解	365②	和副	350⑥			
はなはた	はなはだ	×	甚	薬草	398③	和副	384⑤		ーこれ[西右]	

当該語	読みかな	傍訓	漢字表記	品名	頁数	語の種類	妙一本	和解語文	可読	異同語彙
はなはだ	はなはだ	×	甚	化城	458②	和副	453③			
はなはだ	はなはだ	×	甚	化城	470①	和副	467④			
はなはだ	はなはだ	×	甚	化城	471②	和副	468⑥			
はなはだ	はなはだ	×	甚	化城	478⑥	和副	478②			
はなはだ	はなはだ	×	甚	化城	483④	和副	483⑥			
はなはだ	はなはだ	×	甚	化城	487②	和副	488②			
はなはだ	はなはだ	×	甚	化城	498④	和副	501⑤			
はなはだ	はなはだ	×	甚	化城	511⑤	和副	516⑤			
はなはだ	はなはだ	×	甚	化城	532②	和副	537⑥			
はなはだ	はなはだ	×	甚	化城	534②	和副	539⑥			
はなはだ	はなはだ	×	甚	化城	541②	和副	547①			みなはた[妙]
はなはだ	はなはだ	×	甚	化城	542②	和副	548①			
はなはだ	はなはだ	×	甚	五百	563⑥	和副	567①			
はなはだ	はなはだ	×	甚	五百	574①	和副	578③			
はなはだ	はなはだ	×	甚	五百	575⑤	和副	580②			
はなはだ	はなはだ	×	甚	五百	580③	和副	585④			
はなはだ	はなはだ	×	甚	五百	582①	和副	587③			
はなはだ	はなはだ	×	甚	五百	591②	和副	598②			
はなはだ	はなはだ	×	甚	五百	592⑤	和副	599⑥			
はなはだ	はなはだ	×	甚	五百	595③	和副	603②			
はなはだ	はなはだ	×	甚	五百	597①	和副	605①			
はなはだ	はなはだ	×	甚	五百	597⑥	和副	606①			
はなはだ	はなはだ	×	甚	授學	612①	和副	621④			
はなはだ	はなはだ	×	甚	法師	628⑥	和副	640①			
はなはだ	はなはだ	×	甚	法師	651②	和副	665①			
はなはだ	はなはだ	×	甚	提婆	734④	和副	753①			
はなはだ	はなはだ	×	甚	安樂	759⑤	和副	779③			
はなはだ	はなはだ	×	甚	安樂	785②	和副	806③			
はなはだ	はなはだ	×	甚	安樂	800④	和副	822③			
はなはだ	はなはだ	×	甚	從地	861①	和副	883⑤			
はなはだ	はなはだ	×	甚	從地	865⑥	和副	888④			
はなはだ	はなはだ	×	甚	從地	866①	和副	888⑤			
はなはだ	はなはだ	×	甚	從地	867④	和副	890③			
はなはだ	はなはだ	×	甚	分別	962②	和副	980⑤			
はなはだ	はなはだ	×	甚	随喜	976⑤	和副	994⑥			
はなはだ	はなはだ	×	甚	法功	996⑥	和副	1015④			
はなはだ	はなはだ	×	甚	法功	1037⑤	和副	1056④			
はなはだ	はなはだ	×	甚	藥王	1130①	和副	1148④			はなはた[妙]
はなはだ	はなはだ	×	甚	觀世	1220④	和副	1233⑥			はなはた[妙]
はなはだ	はなはだ	×	甚	陀羅	1249⑤	和副	1261⑤			はなはた[妙]
はなはだ	はなはだ	×	甚	陀羅	1250②	和副	1262①			
はなはだ	はなはだ	×	甚	妙莊	1284④	和副	1294②			はなはた[妙]
はなはだ	はなはだ	×	甚	妙莊	1300①	和副	1307④			はなはた[妙]
はなはだ	はなはだ	×	甚	普賢	1314⑥	和副	1320⑤			はなはた[妙]
はなる	はなる	×	離	序品	76⑥	和動	67④			
はなるゝ	はなるる	×	離	譬喩	274②	和動	245④			
はなるる	はなるる	×	離	譬喩	297①	和動	269②			
はなるゝ	はなるる	×	離	譬喩	297②	和動	269④			
はなるゝ	はなるる	×	離	觀世	1216⑥	和動	1230②			はなるる[妙]
はなるゝ	はなるる	×	離	觀世	1217②	和動	1230④			はなるる[妙]
はなるゝ	はなるる	×	離	觀世	1217④	和動	1230⑤			はなるる[妙]
はなれ	はなれ	×	離	序品	32④	和動	27⑥			
はなれ	はなれ	×	離	序品	36④	和動	31④			
はなれ	はなれ	×	離	方便	89②	和動	78②			
はなれ	はなれ	×	離	譬喩	236③	和動	205⑤			
はなれ	はなれ	×	離	譬喩	236⑤	和動	206①			
はなれ	はなれ	×	離	譬喩	237③	和動	206⑤			
はなれ	はなれ	×	離	譬喩	284①	和動	255⑤			
はなれ	はなれ	×	離	譬喩	290①	和動	262②			
はなれ	はなれ	×	離	譬喩	313①	和動	286④			
はなれ	はなれ	×	離	藥草	394③	和動	380①			
はなれ	はなれ	×	離	藥草	404⑤	和動	391⑤			
はなれ	はなれ	×	離	安樂	769④	和動	789⑤			
はなれ	はなれ	×	離	安樂	781①	和動	802①			
はなれ	はなれ	×	離	藥王	1149①	和動	1167③			
はなれ	はなれ	×	離	藥王	1151③	和動	1169④			
はなれ	はなれ	×	離	陀羅	1269②	和動	1280②			
はなれ	はなれ	×	離	妙莊	1288⑥	和動	1298②			

当該語	読みかな	傍訓	漢字表記	品名	頁数	語の種類	妙一本	和解語文	可読	異同語彙
母	はは	×	母	藥王	1150②	和人倫名	1168②			はは[妙]
はゝ	はは	×	母	妙莊	1275⑤	和人倫名	1286①			はは[妙]
母	はは	はゝ	母	妙莊	1276①	和人倫名	1286③			はは[妙]
はゝ	はは	×	母	妙莊	1276⑥	和人倫名	1287①			はは[妙]
はゝ	はは	×	母	妙莊	1277③	和人倫名	1287⑤			はは[妙]
はゝ	はは	×	母	妙莊	1277⑥	和人倫名	1287⑥			はは[妙]
はゝ	はは	×	母	妙莊	1282⑤	和人倫名	1292④			はは[妙]
はゝ	はは	×	母	妙莊	1283①	和人倫名	1292⑤			はは[妙]
はゝ	はは	×	母	妙莊	1283⑤	和人倫名	1293②			はは[妙]
はゝ	はは	×	母	妙莊	1284②	和人倫名	1293⑤			はは[妙]
はゝ	はは	×	母	妙莊	1284④	和人倫名	1294①			はは[妙]
はゝ	はは	×	母	妙莊	1285④	和人倫名	1295②			はは[妙]
はゞか	はばか	×	離	信解	332④	和動	310③		—るところなりと[西右]	
はゞかり	はばかり	×	難	信解	340③	和動	320①			
はゞかる	はばかる	×	難	信解	338①	和動	317①			
破法罪業	はほうざいごう	はほうさいこう	破法罪業	從地	863②	漢四熟名	885②	はほうざいごう／のりをやぶるつみ[妙]	法を—[西右]	
破法不信	はほうふしん	は—ふしん	破法不信	方便	179⑤	漢四熟名	154③		法をはして信せさらんかィ[西右]	
はみ	はみ	×	食	譬喩	275⑤	和動	247①			くらひ[西右訓]
はむ	はむ	×	食	譬喩	273⑤	和動	245①			
はむ	はむ	×	噉	譬喩	278③	和動	249⑥			
林	はやし	はやし	林	序品	34④	和地儀名	29⑤			
はやし	はやし	×	林	序品	35①	和地儀名	30②			
はやし	はやし	林中	林	神力	1096③	和地儀名	1115①			
はらひ	はらい	×	除	信解	360⑥	和動	345⑤			
はらふ	はらう	×	除	信解	360④	和動	345③		のそかしめてィ[西右]	
はらふ	はらう	×	除	信解	335③	和動	314②			
頗羅堕	はらた	はらだ	頗羅堕	序品	50④	仏梵語名	43⑥		姓をィ[西右] —といひきィ[西右]	
波羅奈	はらない	はらない	波羅奈	方便	183⑥	仏梵語名	157⑤			
波羅奈	はらない	はらない	波羅奈	譬喩	232④	仏梵語名	201⑤			はらない【波羅奈】[妙]
波羅奈	はらない	はらない	波羅奈	譬喩	233②	仏梵語名	202③			はらない【波羅奈】[妙]
波羅蜜	はらみつ	はらみつ	波羅蜜	方便	89③	仏梵語名	78③			
波羅蜜	はらみつ	はらみつ	波羅蜜	譬喩	228②	仏名	197③	はらみつ／ふせしかいをたもちはちしのひやまはやしにましりさせんしひとをけうけす[妙]		
婆羅門	ばらもん	ばらもん	婆羅門	序品	59⑥	仏人倫名	52②			
婆羅門	ばらもん	はらもん	婆羅門	譬喩	218④	仏人倫名	187②			
波羅門	ばらもん	バらもん	波羅門	信解	326③	仏人倫名	302⑥			
婆羅門	ばらもん	はらもん	婆羅門	化城	489②	仏人倫名	490⑤			
婆羅門	ばらもん	ば——	婆羅門	化城	501⑥	仏人倫名	505⑤			
婆羅門	ばらもん	ばらもん	婆羅門	勸持	754③	仏人倫名	774①			
婆羅門	ばらもん	はらもん	婆羅門	安樂	775⑥	仏人倫名	796④			
婆羅門	ばらもん	ばらもん	婆羅門	安樂	794①	仏人倫名	815④			
婆羅門	ばらもん	ばらもん	婆羅門	法功	1030①	仏人倫名	1048⑤			
婆羅門	ばらもん	ばらもん	婆羅門	妙音	1191②	仏人倫名	1205①			×[妙]
婆羅門	ばらもん	×	婆羅門	妙音	1191⑥	仏人倫名	1206①			はらもん[妙]
婆羅門	ばらもん	ばらもん	婆羅門	觀世	1227②	仏人倫名	1240③			ばらもん[妙]
婆羅門	ばらもん	×	婆羅門	觀世	1227③	仏人倫名	1240④			はらもん[妙]
婆羅門	ばらもん	ばらもん	婆羅門	觀世	1228②	仏人倫名	1241②		—と[西右]	ばらもん[妙]
婆羅門法	ばらもんほう	×	婆羅門法	妙莊	1277①	仏名	1287②			ばらもんほふ[妙]
波羅々華香	はららげこう	はららけ—	波羅々華香	法功	1009④	仏香名名	1027⑥		—————の—[西右]	
波羅々油燈	はららゆとう	はららゆとう	波羅々油燈	藥王	1152⑤	仏雑物名	1170⑤			はららゆとう[妙]
婆羅隷 二十九	ばられい	はられい	婆羅隷 二十九	陀羅	1252④	仏梵語名	1264⑤			はられい[妙]
はらは	はらわ	×	除	信解	334⑥	和動	313②			
はらは	はらわ	×	除	信解	340②	和動	319⑤			

当該語	読みかな	傍訓	漢字表記	品名	頁数	語の種類	妙一本	和解語文	可読	異同語彙
はり	はり	×	針	譬喩	275③	和器財名	246⑥			
頗梨	はり	はり	頗梨	序品	69⑤	仏宝玉名	60⑥			
頗梨	はり	はり	頗梨	方便	161④	仏宝玉名	139③			
頗梨	はり	はり	頗梨	信解	362⑥	仏宝玉名	348①			
頗梨	はり	はり	頗梨	授記	427④	仏宝玉名	417⑥	はり／たま[妙]		
頗梨	はり	はり	頗梨	授記	435③	仏宝玉名	426④			
頗梨	はり	はり	頗梨	授記	441①	仏宝玉名	433②			
頗梨	はり	はり	頗梨	見寳	667③	仏宝玉名	682④			
罵詈し	ばりし	めり／のりのりる心	罵詈	勧持	755⑥	漢サ動	775④	めり／のり[妙]		
波利師迦油燈	はりしかゆとう	はりしかゆとう	波利師迦油燈	薬王	1152⑤	仏雑物名	1170⑥			はりしかゆとう[妙]
波利質多樹	はりしつたじゅ	はりしつたしゆ	波利質多樹	法功	1021③	仏植物名	1040①		一とを[西右]	
波利質多羅	はりしつたら	はりしつたら	波利質多羅	法功	1011④	仏名	1029⑥			
頗梨珠等	はりしゅとう	はりしゆ―	頗梨珠等	信解	323③	仏名	299①			
罵詈する	ばりする	ばり	罵詈	安樂	782⑤	漢サ動	803⑤	めり／のり[妙]	一の[西右]	
罵詈せ	ばりせ	ばり	罵詈	常不	1065③	漢サ動	1084②	めり・せ／のられ[妙]		
罵詈せ	ばりせ	×	罵詈	常不	1078⑥	漢サ動	1097③	めり・せ／のり[妙]	一し[西右]	罵詈せ[妙]
はりほとこせ	はりほどこせ	×	張施	譬喩	287②	和複動	259②			
はりまうけ	はりもうけ	×	張設	譬喩	248③	和複動	218②			
はるか	はるか	×	懸	方便	188③	和形動	161④			
はるか	はるか	×	遙	化城	540⑥	和形動	546④			
はるか	はるか	×	遙	化城	541②	和形動	547①			
はるか	はるか	×	遙	提婆	736③	和形動	755①			
はるか	はるか	×	遙	勧持	750④	和形動	769⑤			
はるか	はるか	×	遙	如來	900⑤	和形動	919⑥			
はるか	はるか	×	遙	法功	1004③	和形動	1022⑨			
はるか	はるか	×	遙	法功	1013②	和形動	1031⑤			
はるか	はるか	×	遙	法功	1014①	和形動	1032④			
はるかに	はるかに	×	遙	信解	326②	和形動	302④			
はるかに	はるかに	×	遙	信解	331④	和形動	309②			
はるかに	はるかに	×	遙	信解	336①	和形動	314④			
はるかに	はるかに	×	遙	信解	358⑥	和形動	343②			
はるかに	はるかに	×	遙	化城	522②	和形動	527③			
はるかに	はるかに	×	遙	提婆	736①	和形動	754④			
はるかに	はるかに	×	遙	神力	1092③	和形動	1111①			
はるかに	はるかに	×	遙	薬王	1156①	和形動	1173⑥			
はるかに	はるかに	×	遙	普賢	1308②	和形動	1314⑤			
波浪	はろう	はらう	波浪	觀世	1237③	漢地儀名	1249⑥	はらう／なみにしつむ[妙]	なみに[西右]	
半	はん	はん	半	從地	837②	単漢名	860①			
半億	はんおく	はんおく	半億	從地	837④	漢名	860②			
幡蓋	ばんがい	ばんがい	幡蓋	方便	166①	漢器財名	143①			
幡蓋	ばんがい	ばんがい	幡蓋	見寳	657⑥	漢器財名	672②	はんかい／はた[妙]		
幡蓋	ばんがい	ばんがい	幡蓋	見寳	658⑤	漢器財名	673①	はんかい／はたかい[妙]		
幡蓋	ばんがい	ばんがい	幡蓋	見寳	674②	漢器財名	689⑥	はんかい／はた[妙]		
幡蓋	ばんがい	ばんがい	幡蓋	見寳	676③	漢器財名	692③			
幡蓋	ばんがい	ばんがい／てんがいふた	幡蓋	分別	928③	漢器財名	947①			
幡蓋	ばんがい	ばんがい	幡蓋	分別	935①	漢器財名	953⑤			
幡蓋	ばんがい	ばんがい	幡蓋	分別	953①	漢器財名	971⑥	ばんがい／はたかひ[妙]		
幡蓋	ばんがい	ばんがい	幡蓋	神力	1092④	漢器財名	1111⑦			ばんがい[妙]
幡蓋	ばんがい	×	幡蓋	薬王	1134⑥	漢器財名	1153⑦			はんがい[妙]
幡蓋	ばんがい	はんかい	幡蓋	薬王	1152③	漢器財名	1170④			はんかい[妙]
幡蓋	ばんがい	はんかい	幢蓋	陀羅	1270②	漢器財名	1281②	ばんかい／はたかう[妙]		
半恒河沙	はんごがしゃ	はん――	半恒河沙	從地	821⑤	漢名	844①			
半座	はんざ	はんさ	半座	見寳	682③	漢名	699③			
半座	はんざ	はんさ	半座	見寳	682⑥	漢名	700①			
半日	はんにち	×	半日	從地	826①	漢名	848③			
般若波羅蜜	はんにゃはらみつ	はんにや―――	般若波羅蜜	分別	938③	仏梵語名	956⑤			

当該語	読みかな	傍訓	漢字表記	品名	頁数	語の種類	妙一本	和解語文	可読	異同語彙
般若波羅蜜	はんにゃはらみつ	はんにやはらみつ	般若波羅蜜	妙荘	1274①	仏梵語名	1284⑤	はんにやはらみつ／ほとけのちゑ[妙]	ーと[西右]	
ひ	ひ	×	日	安樂	811①	和時候名	833②			
ひ	ひ	×	日	觀世	1237⑥	和時候名	1250③			日[妙]
ひ	ひ	×	火	序品	77②	和雑物名	67①			
火	ひ	×	火	序品	79②	和雑物名	69④			
火	ひ	×	火	方便	169①	和雑物名	145④			
火	ひ	×	火	譬喩	239⑤	和雑物名	209②			
ひ	ひ	×	火	譬喩	240⑥	和雑物名	210④			
火	ひ	×	火	譬喩	242②	和雑物名	211⑥			
火	ひ	×	火	譬喩	242④	和雑物名	212②			
火	ひ	×	火	譬喩	243⑤	和雑物名	213②			
火	ひ	×	火	譬喩	254⑥	和雑物名	225⑥			
火	ひ	×	火	譬喩	276⑥	和雑物名	248③			
ひ	ひ	×	火	譬喩	278④	和雑物名	249⑤			
火	ひ	×	火	譬喩	278⑥	和雑物名	250⑥			
火	ひ	×	火	譬喩	279③	和雑物名	250⑥			
火	ひ	×	火	譬喩	282④	和雑物名	254②			
火	ひ	×	火	譬喩	284⑥	和雑物名	256④			
火	ひ	×	火	譬喩	289⑥	和雑物名	262①			
ひ	ひ	×	火	藥王	1126③	和雑物名	1144⑤			
ひ	ひ	×	火	藥王	1134②	和雑物名	1152④			
火	ひ	×	火	藥王	1149⑤	和雑物名	1168①			ひ[妙]
ひ	ひ	×	火	藥王	1156⑥	和雑物名	1174④			
火	ひ	×	火	觀世	1210①	和雑物名	1223②			ひ[妙]
ひ	ひ	×	火	妙荘	1279⑤	和雑物名	1289⑥			
ひ	ひ	×	火	妙荘	1279⑤	和雑物名	1289⑥			
悲	ひ	ひ	悲	譬喩	254⑤	単漢名	225⑤			
悲	ひ	ひ	悲	譬喩	255②	単漢名	226②			
悲	ひ	ひ	悲	譬喩	258②	単漢名	229④			
悲	ひ	ひ	悲	化城	503②	単漢名	507②			
悲	ひ	ひ	悲	化城	504④	単漢名	508④			
鼻	び	ひ／はな	鼻	随喜	984④	単漢身体名	1002⑥	ひ／はな[妙]	はなはながくしかもたかくなをからん[西右]	
鼻	び	ひ・はな	鼻	法功	994④	単漢身体名	1013③			
鼻	び	ひ	鼻	法功	1008⑥	単漢身体名	1027③	ひ／はな[妙]		
鼻	び	ひ・はな	鼻	法功	1015①	単漢身体名	1033⑤			
鼻	び	ひ・はな	鼻	法功	1025⑥	単漢身体名	1044⑤	ひ／はな[妙]		
鼻	び	ひ・はな	鼻	法功	1026①	単漢身体名	1044⑥	ひ／はな[妙]		
鼻	び	び	鼻	常不	1057②	単漢身体名	1076②	び／はな[妙]		
鼻	び	び	鼻	常不	1070②	単漢身体名	1089④			ひ[妙]
疲厭せ	ひえんせ	ひゑん／つかれいとふ	疲厭	藥草	406④	漢サ動	394②	ひえん／つかれいとは[妙]		
ひかり	ひかり	×	光	序品	17③	和転成名	14③			
ひかり	ひかり	×	光	序品	24①	和転成名	20⑤			
ひかり	ひかり	×	光	序品	34⑤	和転成名	29⑤			
ひかり	ひかり	×	光	序品	41⑥	和転成名	36①			
ひかり	ひかり	×	光	序品	46②	和転成名	39⑥			
ひかり	ひかり	×	光	序品	46④	和転成名	40③			
ひかり	ひかり	×	光	序品	56③	和転成名	49①			
ひかり	ひかり	×	光	序品	57⑤	和転成名	50②			
ひかり	ひかり	×	光	序品	69①	和転成名	60②			
ひかり	ひかり	×	光	序品	69②	和転成名	60④			
ひかり	ひかり	×	光	序品	69⑥	和転成名	61①			
ひかり	ひかり	×	光	序品	71④	和転成名	62⑤			
一ひかり	ひかり	×	光	序品	72④	和転成名	63⑤			
光	ひかり	くわう	光	藥草	403①	和転成名	389⑤	くわう／ひかり[妙]		
ひかり	ひかり	×	光	藥草	412⑥	和転成名	401①			
ひかり	ひかり	×	光	化城	464④	和転成名	460⑥			
ひかり	ひかり	×	光	化城	475②	和転成名	474①			
ひかり	ひかり	×	光	化城	488②	和転成名	489④			
ひかり	ひかり	×	光	化城	498⑥	和転成名	502①			
ひかり	ひかり	×	光	見寶	667②	和転成名	682①			
ひかり	ひかり	×	光	見寶	668④	和転成名	683⑤			
ひかり	ひかり	×	光	安樂	812②	和転成名	834④			

当該語	読みかな	傍訓	漢字表記	品名	頁数	語の種類	妙一本	和解語文	可読	異同語彙
ひかり	ひかり	×	光	神力	1086④	和転成名	1104⑥			
ひかり	ひかり	×	光	神力	1087①	和転成名	1105④			
ひかり	ひかり	×	光	神力	1098④	和転成名	1117③			
ひかり	ひかり	×	光	妙音	1165⑤	和転成名	1182②			
ひかり	ひかり	×	光	妙音	1169③	和転成名	1185③			
ひかり	ひかり	×	光	觀世	1244①	和転成名	1256②		一ある[西右]	
悲感	ひかん	ひかん	悲感	如來	907⑤	漢名	926⑤	ひかん／かなしみ[妙]		
悲觀	ひかん	ひ一	悲觀	觀世	1243⑤	漢名	1256①	ひくわん／かなしみのくわん[妙]	かなしみの一と[西右]	
彼岸	ひがん	ひかん	彼岸	序品	8②	漢名	6⑤			
悲感懊悩し	ひかんおうのうし	ひかんあうなう	悲感懊悩	藥王	1133⑤	漢四熟サ動	1152①	ひかんあうなう・し／かなしみのふかくなやむ[妙]		
ひき	ひき	×	行	從地	838④	和動	×		行してィ[西右]	
ひき	ひき	×	引	方便	101⑤	和動	89②			
ひき	ひき	×	引	化城	540③	和動	546①		みちィ一[西右]	
ひき	ひき	×	引	安樂	793②	和動	814⑤			
ひき	ひき	×	將	從地	822⑤	和動	844⑥		ゐたるィ[西右]	
ひきい	ひきい	×	牽	信解	331①	和動	308④			
ひきい	ひきい	×	將	見寶	670⑤	和動	686②			
ひきい	ひきい	×	將	從地	821③	和動	843⑤		ひき・をいたり[西右]	ゐ[妙]
ひきい	ひきい	×	將	從地	821④	和動	843⑥		ゐ[西右]	ゐ[妙]
ひきい	ひきい	×	將	觀世	1214③	和動	1227⑤		ゐ[西右]	ゐ[妙]
飛行自在	ひぎょうじざい	ひぎやうじざい／とひゆく	飛行自在	五百	572①	漢四熟名	576①			
比丘	びく	びく	比丘	序品	16③	仏人倫名	13②	ひく／ほうし[妙]		
比丘	びく	ひく	比丘	序品	18④	仏人倫名	15②	ひく／ほうし[妙]		
比丘	びく	×	比丘	序品	21④	仏人倫名	17⑥			
比丘	びく	×	比丘	序品	22⑤	仏人倫名	18⑤			
比丘	びく	×	比丘	序品	31⑥	仏人倫名	27③	ひく／そう[妙]		
比丘	びく	ひく	比丘	序品	55③	仏人倫名	48①	ひく／ほうし[妙]		
比丘	びく	×	比丘	序品	60⑤	仏人倫名	53①	ひく／ほうし[妙]		
比丘	びく	×	比丘	序品	71⑥	仏人倫名	63①	ひく／ほうし[妙]		
比丘	びく	×	比丘	序品	79③	仏人倫名	69⑥	ひく／ほうし[妙]		
比丘	びく	×	比丘	方便	102③	仏人倫名	89⑤	ひく／ほうし[妙]		
比丘	びく	×	比丘	方便	108④	仏人倫名	95①	ひく／ほうし[妙]	一と[西右]	
比丘	びく	×	比丘	方便	114⑥	仏人倫名	100③		一は[西右]	
比丘	びく	×	比丘	方便	120④	仏人倫名	105⑤	ひく／ほうし[妙]		
比丘	びく	×	比丘	方便	137④	仏人倫名	119⑥	ひく／ほうし[妙]		
比丘	びく	×	比丘	方便	138④	仏人倫名	120④			
比丘	びく	×	比丘	方便	140⑤	仏人倫名	122⑤	ひく／そう[妙]		
比丘	びく	ひく	比丘	譬喩	225④	仏人倫名	194④			
比丘	びく	×	比丘	譬喩	230④	仏人倫名	199⑤	ひく／ほふし[妙]		
比丘	びく	×	比丘	譬喩	315①	仏人倫名	289①			
比丘	びく	×	比丘	授記	418⑤	仏人倫名	407④			
比丘	びく	×	比丘	授記	426②	仏人倫名	416④			
比丘	びく	×	比丘	化城	445④	仏人倫名	438③			
比丘	びく	×	比丘	化城	446③	仏人倫名	439③			
比丘	びく	×	比丘	化城	447⑥	仏人倫名	441②			
比丘	びく	×	比丘	化城	451②	仏人倫名	445③			
比丘	びく	×	比丘	化城	451⑤	仏人倫名	445⑥			
比丘	びく	×	比丘	化城	454⑥	仏人倫名	449⑤			
比丘	びく	×	比丘	化城	463①	仏人倫名	459①			
比丘	びく	×	比丘	化城	473①	仏人倫名	471③			
比丘	びく	×	比丘	化城	482①	仏人倫名	482①			
比丘	びく	×	比丘	化城	513②	仏人倫名	518②			
比丘	びく	×	比丘	化城	514②	仏人倫名	519②			
比丘	びく	×	比丘	化城	517③	仏人倫名	522②			
比丘	びく	×	比丘	化城	518⑤	仏人倫名	523⑤			
比丘	びく	×	比丘	化城	520③	仏人倫名	525④			
比丘	びく	×	比丘	化城	521③	仏人倫名	526④			
比丘	びく	ひく	比丘	化城	526⑤	仏人倫名	532①			
比丘	びく	×	比丘	五百	564⑥	仏人倫名	568②			
比丘	びく	ひく	比丘	五百	568④	仏人倫名	572②			

当該語	読みかな	傍訓	漢字表記	品名	頁数	語の種類	妙一本	和解語文	可読	異同語彙
比丘	びく	×	比丘	五百	574⑤	仏人倫名	579②			
比丘	びく	×	比丘	五百	587③	仏人倫名	593③			
比丘	びく	×	比丘	五百	594③	仏人倫名	601⑥			
比丘	びく	×	比丘	法師	621⑤	仏人倫名	632③	ひく／ほうし[妙]		
比丘	びく	×	比丘	法師	648①	仏人倫名	661⑤	ひく／ほうし[妙]		
比丘	びく	×	比丘	法師	653④	仏人倫名	667④			
比丘	びく	×	比丘	見寶	663①	仏人倫名	677⑤	ひく／そう[妙]		
比丘	びく	×	比丘	提婆	715①	仏人倫名	732⑥			
比丘	びく	ひく	比丘	提婆	719②	仏人倫名	737③			
比丘	びく	×	比丘	勸持	751⑥	仏人倫名	771②			
比丘	びく	×	比丘	勸持	753④	仏人倫名	773①			
比丘	びく	×	比丘	安樂	764①	仏人倫名	783⑤			
比丘	びく	×	比丘	安樂	769⑤	仏人倫名	790①			
比丘	びく	×	比丘	安樂	772③	仏人倫名	792⑥		一を[西右]	
比丘	びく	×	比丘	安樂	772④	仏人倫名	793①			
比丘	びく	×	比丘	安樂	775①	仏人倫名	795⑤			
比丘	びく	×	比丘	安樂	779③	仏人倫名	800⑤	ひく／ほふし[妙]		
比丘	びく	×	比丘	安樂	782③	仏人倫名	803③			
比丘	びく	×	比丘	安樂	784④	仏人倫名	805⑤			
比丘	びく	×	比丘	安樂	793⑥	仏人倫名	815③	ひく／ほうし[妙]		
比丘	びく	×	比丘	如來	897②	仏人倫名	916②			
比丘	びく	×	比丘	如來	898①	仏人倫名	917①			
比丘	びく	×	比丘	分別	954⑥	仏人倫名	973④		一を[西右]	
比丘	びく	×	比丘	分別	966②	仏人倫名	984③			
比丘	びく	×	比丘	隨喜	970⑥	仏人倫名	988⑥	ひく／ほうし[妙]		
比丘	びく	×	比丘	法功	1029③	仏人倫名	1048①	ひく／ほうし[妙]		
比丘	びく	×	比丘	常不	1056④	仏人倫名	1075④	ひく／ほふし[妙]		
比丘	びく	×	比丘	常不	1061⑤	仏人倫名	1080④		一あり[西右]	比丘(ひく)[妙]
比丘	びく	×	比丘	常不	1062④	仏人倫名	1080⑤			
比丘	びく	×	比丘	常不	1062⑤	仏人倫名	1081①			
比丘	びく	×	比丘	常不	1062⑥	仏人倫名	1081②	ひく／ほうし[妙]		
比丘	びく	×	比丘	常不	1063③	仏人倫名	1082①			
比丘	びく	×	比丘	常不	1064④	仏人倫名	1083②		一は[西右]	比丘(ひく)[妙]
比丘	びく	×	比丘	常不	1066⑥	仏人倫名	1085④			
比丘	びく	×	比丘	常不	1067①	仏人倫名	1085⑥			
比丘	びく	×	比丘	常不	1068④	仏人倫名	1087③			
比丘	びく	×	比丘	常不	1073⑤	仏人倫名	1092③			
比丘	びく	×	比丘	神力	1085⑥	仏人倫名	1104①			
比丘	びく	×	比丘	妙音	1191③	仏人倫名	1205④	ひく／ほうし[妙]		
比丘	びく	×	比丘	觀世	1227④	仏人倫名	1240⑤	ひく／ほうし[妙]	一と[西右]	
比丘	びく	×	比丘	觀世	1227⑥	仏人倫名	1240⑥	ひく／ほうし[妙]		
比丘	びく	×	比丘	妙莊	1293③	仏人倫名	1302①			
比丘	びく	×	比丘	普賢	1316①	仏人倫名	1321④	ひく／はうし[妙]		
比丘衆	びくしゆ	ーーしゆ	比丘衆	授記	429⑤	仏人倫名	420②	ひくしゆ／そう[妙]		
比丘衆	びくしゆ	×	比丘衆	授記	433①	仏人倫名	424①			
比丘衆	びくしゆ	×	比丘衆	授記	437①	仏人倫名	428④			
比丘衆	びくしゆ	×	比丘衆	勸持	754③	仏人倫名	774①			
比丘衆	びくしゆ	×	比丘衆	安樂	811③	仏人倫名	833⑤			
比丘衆	びくしゆ	×	比丘衆	法功	1005④	仏人倫名	1023①		一と[西右]	
比丘衆	びくしゆ	×	比丘衆	法功	1023⑥	仏人倫名	1042⑤			
比丘聲	びくしよう	ひくー	比丘聲	法功	1000②	漢名	1018⑥	ひくしやう／ほうしのこゑ[妙]		
比丘僧	びくそう	びくそう	比丘僧	譬喩	299⑤	仏人倫名	272①			
比丘僧	びくそう	×	比丘僧	分別	955⑤	仏人倫名	974②			
比丘尼	びくに	ひくに	比丘尼	序品	18④	仏人倫名	15②	ひくに／あま[妙]		
比丘尼	びくに	びくに	比丘尼	序品	16③	仏人倫名	13②	ひくに／あま[妙]		
比丘尼	びくに	×	比丘尼	序品	21④	仏人倫名	17⑥			
比丘尼	びくに	×	比丘尼	序品	22④	仏人倫名	18⑤			
比丘尼	びくに	ひくに	比丘尼	序品	55③	仏人倫名	48①	ひくに／あま[妙]		
比丘尼	びくに	×	比丘尼	序品	79③	仏人倫名	69②			
比丘尼	びくに	×	比丘尼	方便	102③	仏人倫名	89⑤	ひくに／あま[妙]		
比丘尼	びくに	×	比丘尼	方便	108⑤	仏人倫名	95①	ひくに／あま[妙]	一と[西右]	
比丘尼	びくに	×	比丘尼	方便	120④	仏人倫名	105⑤	ひくに／あま[妙]		
比丘尼	びくに	×	比丘尼	方便	137④	仏人倫名	119⑥	ひくに／あま[妙]		
比丘尼	びくに	×	比丘尼	方便	140⑤	仏人倫名	122⑤	ひくに／あま[妙]		
比丘尼	びくに	×	比丘尼	譬喩	230④	仏人倫名	199⑤	ひくに／あま[妙]		
比丘尼	びくに	×	比丘尼	法師	621⑤	仏人倫名	632③	ひくに／あま[妙]		

当該語	読みかな	傍訓	漢字表記	品名	頁数	語の種類	妙一本	和解語文	可読	異同語彙
比丘尼	びくに	×	比丘尼	法師	648①	仏人倫名	661⑤			
比丘尼	びくに	×	比丘尼	法師	653④	仏人倫名	667④			
比丘尼	びくに	びくに	比丘尼	勸持	741③	仏人倫名	760②			
比丘尼	びくに	×	比丘尼	勸持	743②	仏人倫名	762②			
比丘尼	びくに	×	比丘尼	勸持	747①	仏人倫名	766①	ひくに／あま[妙]		
比丘尼	びくに	×	比丘尼	安樂	764①	仏人倫名	783⑤			
比丘尼	びくに	——に	比丘尼	安樂	769⑥	仏人倫名	790①			
比丘尼	びくに	×	比丘尼	安樂	779⑥	仏人倫名	800⑤	ひくに／あま[妙]		
比丘尼	びくに	×	比丘尼	安樂	784④	仏人倫名	805⑤			
比丘尼	びくに	×	比丘尼	安樂	793⑥	仏人倫名	815③	ひくに／あま[妙]	—と[西右]	
比丘尼	びくに	×	比丘尼	隨喜	970②	仏人倫名	988②	ひくに／あま[妙]		
比丘尼	びくに	×	比丘尼	法功	1005④	仏人倫名	1024①		—との[西右]	
比丘尼	びくに	×	比丘尼	法功	1029③	仏人倫名	1048①	ひくに／あま[妙]		
比丘尼	びくに	×	比丘尼	常不	1056④	仏人倫名	1075④	ひくに／あま[妙]		
比丘尼	びくに	×	比丘尼	常不	1062④	仏人倫名	1081②	ひくに／あま[妙]		
比丘尼	びくに	×	比丘尼	常不	1066⑥	仏人倫名	1085⑤			比丘尼（ひくに）[妙]
比丘尼	びくに	×	比丘尼	常不	1068④	仏人倫名	1087③			比丘尼（ひくに）[妙]
比丘尼	びくに	×	比丘尼	常不	1073⑥	仏人倫名	1092③			比丘尼（ひくに）[妙]
比丘尼	びくに	×	比丘尼	常不	1075④	仏人倫名	1094①		—と[西右]	比丘尼（ひくに）[妙]
比丘尼	びくに	×	比丘尼	神力	1085⑤	仏人倫名	1104①			比丘尼（ひくに）[妙]
比丘尼	びくに	×	比丘尼	妙音	1191③	仏人倫名	1205④	ひくに／あま[妙]		
比丘尼	びくに	×	比丘尼	觀世	1227④	仏人倫名	1240⑤	ひくに／あま[妙]	—と[西右]	
比丘尼	びくに	×	比丘尼	觀世	1227⑥	仏人倫名	1240⑥	ひくに／あま[妙]		
比丘尼	びくに	×	比丘尼	普賢	1316①	仏人倫名	1321④	ひくに／あま[妙]		
比丘尼声	びくにしょう	——に—	比丘尼聲	法功	1000②	漢名	1018②	ひくにしやう／あまのこゑ[妙]		
ひげ	ひげ	×	鬚	妙音	1173⑥	和植物名	1189③			ひけ[妙]
ひげ	ひげ	×	鬚	妙音	1174⑥	和植物名	1190③			ひけ[妙]
疲懈し	ひげし	ひげ／つかれたる也	疲懈	信解	319④	漢サ動	294④	ひげ・し／つかれ[妙]		
疲惓	ひけん	ひくゑん／つかれものうき	疲惓	化城	526①	漢名	531③			
疲惓	ひけん	ひけん／つかれ物うき	疲惓	五百	578②	漢名	583①			
疲惓し	ひけんし	ひけん／つかれ	疲惓	化城	541⑤	漢サ動	547④	ひくゑん／つかれものうく[妙]		
疲惓	ひけん	ひくゑん	疲惓	從地	829①	漢名	851②	ひくゑん／つかれものうき[妙]		
疲極	ひごく	ひこく	疲極	化城	525②	漢名	530④			
疲極し	ひごくし	ひごく／つかれ	疲極し	化城	523③	漢サ動	528③			
疲極し	ひごくし	ひごく／つかれ	疲極し	化城	544⑥	漢サ動	552⑥			
鼻根	びこん	びこん	鼻根	法功	1009②	漢身体名	1027④	ひこん／はな—[妙]		
鼻根	びこん	びこん	鼻根	法功	1014⑥	漢身体名	1032⑥	ひこん／はな[妙]		
ひざ	ひざ	×	膝	信解	318②	和身体名	293①			
ひさしから	ひさしから	×	久	譬喩	276⑤	和形	248②			
ひさしから	ひさしから	×	久	見寶	684⑤	和形	701⑥			
ひさしから	ひさしから	×	久	提婆	732③	和形	750④			
ひさしから	ひさしから	×	久	從地	859⑥	和形	882⑥			
ひさしから	ひさしから	×	久	從地	861⑥	和形	884④			
ひさしから	ひさしから	×	久	從地	864④	和形	887③			
ひさしから	ひさしから	×	久	分別	967④	和形	985⑤			
ひさしから	ひさしから	×	久	隨喜	975③	和形	993③			
ひさしから	ひさしから	×	久	隨喜	987⑥	和形	1006②			
ひさしから	ひさしから	×	久	神力	1102②	和形	1121⑤			
ひさしから	ひさしから	×	久	藥王	1162③	和形	1179④			
ひさしから	ひさしから	×	久	普賢	1332②	和形	1335⑥			
ひさしから	ひさしから	×	久	五百	574①	和形	578③			
ひさしかり	ひさしかり	×	久	信解	319③	和形	294②			
ひさしかる	ひさしかる	×	久	信解	340⑤	和形	320④			
ひさしく	ひさしく	×	久	方便	100④	和形	88②			
ひさしく	ひさしく	×	久	方便	106④	和形	93③			[西]「ひとしく」を「さ」に訂正。
ひさしく	ひさしく	×	久	譬喩	223⑥	和形	192⑥			

当該語	読みかな	傍訓	漢字表記	品名	頁数	語の種類	妙一本	和解語文	可読	異同語彙
ひさしく	ひさしく	×	久	信解	322②	和形	297⑤			
ひさしく	ひさしく	×	久	信解	328⑤	和形	305④			
ひさしく	ひさしく	×	久	信解	358③	和形	342④			
ひさしく	ひさしく	×	久	信解	374①	和形	361①			
ひさしく	ひさしく	×	久	藥草	399⑤	和形	386①			
ひさしく	ひさしく	×	久	化城	527⑤	和形	533②			
ひさしく	ひさしく	×	久	五百	594④	和形	602①			
ひさしく	ひさしく	×	久	見寶	685③	和形	702⑤			
ひさしく	ひさしく	×	久	見寶	687②	和形	704⑤			
ひさしく	ひさしく	×	久	見寶	689②	和形	706⑤			
ひさしく	ひさしく	×	久	見寶	689④	和形	707③			
ひさしく	ひさしく	×	久	見寶	690②	和形	708②			
ひさしく	ひさしく	×	久	安樂	800⑤	和形	822④			
ひさしく	ひさしく	×	久	安樂	803①	和形	825①			
ひさしく	ひさしく	×	久	從地	860④	和形	883④			
ひさしく	ひさしく	×	久	從地	864⑤	和形	887④			
ひさしく	ひさしく	×	久	如來	896②	和形	915①			
ひさしく	ひさしく	×	久	如來	917⑤	和形	936④			
ひさしく	ひさしく	×	久	如來	918②	和形	937②			
ひさしく	ひさしく	×	久	妙音	1167⑤	和形	1184①			
ひさしく	ひさしく	×	久	妙音	1184②	和形	1198⑤			
ひさしく	ひさしく	×	久	妙音	1189①	和形	1203④			
ひさしく	ひさしく	×	久	妙莊	1273⑤	和形	1284②			
ひさしく	ひさしく	×	久	妙莊	1288③	和形	1297⑤			
彼此	ひし	ひし／かれこれ	彼此	藥草	406②	漢名	393④	ひし／かれこれ[妙]		
秘し	ひし	ひ	秘	五百	576②	漢サ動	580⑥		かくし[西右]	
ひぢ	ひぢ	×	臂	藥王	1136④	和身体名	1154⑥			ひち[妙]
ひぢ	ひぢ	×	臂	藥王	1137③	和身体名	1155⑥			ひち[妙]
ひぢ	ひぢ	×	臂	藥王	1138③	和身体名	1156③			ひち[妙]
ひぢ	ひぢ	×	臂	藥王	1138④	和身体名	1156⑥			ひち[妙]
ひぢ	ひぢ	×	臂	藥王	1139①	和身体名	1157②			ひち[妙]
非實	ひじつ	ひじつ	非實	安樂	774①	漢名	794④	ひしち／まことにあらさる[妙]		
毗舍闍	びしゃじゃ	びしやじや	毗舍闍	普賢	1312②	仏鬼神名	1318③			毗舍闍(ひしやしや)[妙]
毗闍舍	びしゃじゃ	びしやじや	毗闍舍	法功	1033⑤	仏鬼神名	1052④		一と[西右]	
毘舍闍鬼	びしゃじゃき	ひしやじやき	毘舍闍鬼	譬喩	277⑥	仏鬼神名	249④			
毗沙門	びしゃもん	ひしやもん	毗沙門	觀世	1225④	漢名	1238⑤			毗沙門(びしやもん)[妙]
毗沙門	びしゃもん	×	毗沙門	觀世	1225⑤	漢名	1238⑥			毗沙門(びしやもん)[妙]
毗沙門天王	びしゃもんてんのう	ひしやもん――	毗沙門天王	妙音	1190①	漢王名名	1204⑥	ひしやもんてんわう[妙]		毗沙門天王(びしやもんてんおう)[妙]
毗沙門天王護世者	びしゃもんてんのうごせしゃ	びしやもん――ご――	毗沙門天王護世者	陀羅	1257②	漢人倫名	1269⑤	ひしやもんてんわうごせしや／よをまほるもの[妙]		
卑小	ひしょう	ひせう／いやしくちいさし	卑小	妙音	1171②	漢名	1187①			ひせう[妙]
非生	ひしょう	ひしやう	非生	安樂	774②	漢名	794⑤	ひしやう／うまるゝにあらさる[妙]		
肥壯多力	ひしょうたりき	ひしやうたりき／こへてさかりちからおほき	肥壯多力	譬喩	288①	漢名	259⑥	ひしやうたりき／こへさかりにちからおほくして[妙]		
卑賤	ひせん	ひせん	卑賤	安樂	810①	漢名	832②	ひせん／いやしく[妙]	一と[西右]	
秘蔵	ひぞう	ひざう	秘蔵	信解	367④	漢名	353⑤	×／かくすくら[妙]		
秘蔵	ひぞう	ひざう	秘蔵	提婆	727⑤	漢名	745⑥	ひぞう／かくすくら[妙]		
ひそか	ひそか	×	竊	法師	627③	和形動	638④			
ひそかに	ひそかに	×	竊	信解	327⑥	和形動	304④			
ひそかに	ひそかに	×	密	信解	333⑥	和形動	312①			
ひたひ	ひたい	×	額	随喜	984③	和身体名	1003①			
ひたひ	ひたい	×	額	随喜	991⑥	和身体名	1009⑥			
毗陀羅	びだら	びだら	毗陀羅	陀羅	1265⑥	仏鬼神名	1277①			びたら[妙]

当該語	読みかな	傍訓	漢字表記	品名	頁数	語の種類	妙一本	和解語文	可読	異同語彙
畢竟し	ひっきょうし	ひきやう	畢竟	神力	1103⑤	漢サ動	1122⑤	ひつきやう・し／ついに[妙]		
必定し	ひつじょうし	ひつちやう・かならずさだめて	必定	信解	331③	漢サ動	308⑥	―ちやう・し／―さためて[妙]		
逼迫せ	ひっぱくせ	ひつはく／せめらるゝ	逼迫	方便	154⑤	漢サ動	134①	×／せめらる[妙]		
逼迫せ	ひっぱくせ	ひつはく／せめらるゝ心	逼迫	信解	328⑤	漢サ動	305⑤	ひつはく／せめ[妙]		
逼迫せ	ひっぱくせ	ひつはく／せめらるゝ	逼迫	信解	358③	漢サ動	342④	ひちはく・せ／せめ[妙]		
畢力迦	ひつりきか	ひつりきか	畢力迦	薬王	1123①	仏梵語名	1141②		―と[西右]	ひつりきか[妙]
畢陵伽婆蹉	ひつりょうきゃばしゃ	ひつりやうかばしや	畢陵伽婆蹉	序品	5⑤	仏梵語名	4④			
人	ひと	×	人	序品	26⑤	和人倫名	22⑤			ひと[妙]
人	ひと	×	人	序品	27③	和人倫名	23③			ひと[妙]
人	ひと	×	人	序品	27⑤	和人倫名	23⑤			ひと[妙]
人	ひと	×	人	序品	36①	和人倫名	30⑥			ひと[妙]
人	ひと	×	人	序品	41①	和人倫名	35③			ひと[妙]
人	ひと	×	人	序品	55⑤	和人倫名	48③	にん／ひと[妙]		ひと[妙]
人	ひと	×	人	序品	62①	和人倫名	54①			ひと[妙]
人	ひと	×	人	序品	63⑥	和人倫名	55⑥			ひと[妙]
人	ひと	×	人	序品	66③	和人倫名	57⑥	にん／ひとの[妙]		ひと[妙]
人	ひと	×	人	序品	68④	和人倫名	60①			ひと[妙]
人	ひと	×	人	序品	85②	和人倫名	74⑥			ひと[妙]
ひと	ひと	×	人	方便	95④	和人倫名	83⑥			
人	ひと	×	人	序品	85⑥	和人倫名	75④			ひと[妙]
人	ひと	×	人	方便	111⑥	和人倫名	97⑥			ひと[妙]
人	ひと	×	人	方便	122③	和人倫名	107③			ひと[妙]
人	ひと	×	人	方便	138③	和人倫名	120④			ひと[妙]
人	ひと	×	人	方便	139③	和人倫名	121③			ひと[妙]
人	ひと	×	人	方便	141⑥	和人倫名	123⑤			ひと[妙]
人	ひと	×	人	方便	146⑥	和人倫名	127⑤			ひと[妙]
人	ひと	×	人	方便	150⑥	和人倫名	131①			ひと[妙]
人	ひと	×	人	方便	154④	和人倫名	134①			ひと[妙]
人	ひと	×	人	方便	155⑥	和人倫名	135①			ひと[妙]
ひと	ひと	×	人	方便	160④	和人倫名	138④			
人	ひと	×	人	方便	160⑥	和人倫名	138⑥			ひと[妙]
ひと	ひと	×	人	方便	162⑥	和人倫名	140③			
人	ひと	×	人	方便	163①	和人倫名	140④			ひと[妙]
ひと	ひと	×	人	方便	164①	和人倫名	141④			
人	ひと	×	人	方便	164④	和人倫名	141⑥			ひと[妙]
ひと	ひと	×	人	方便	165②	和人倫名	142③			
人	ひと	×	人	方便	165⑥	和人倫名	142⑥			ひと[妙]
人	ひと	×	人	方便	166②	和人倫名	143②			ひと[妙]
人	ひと	×	人	方便	167②	和人倫名	144①			ひと[妙]
人	ひと	×	人	方便	167⑥	和人倫名	144④			ひと[妙]
人	ひと	×	人	方便	169①	和人倫名	145⑤			ひと[妙]
人	ひと	×	人	方便	189①	和人倫名	162②			ひと[妙]
人	ひと	×	人	方便	190①	和人倫名	163①			ひと[妙]
ひと	ひと	×	人	方便	186⑤	和人倫名	160②			
人	ひと	×	人	譬喩	229②	和人倫名	198③			ひと[妙]
人	ひと	×	人	譬喩	236④	和人倫名	205⑤			ひと[妙]
人	ひと	×	人	譬喩	239②	和人倫名	208③			ひと[妙]
人	ひと	×	人	譬喩	267②	和人倫名	238③			ひと[妙]
人	ひと	×	人	譬喩	271④	和人倫名	242⑤			ひと[妙]
人	ひと	×	人	譬喩	273②	和人倫名	244④			ひと[妙]
人	ひと	×	人	譬喩	275④	和人倫名	247①			ひと[妙]
人	ひと	×	人	譬喩	276⑤	和人倫名	248②			ひと[妙]
人	ひと	×	人	譬喩	279⑥	和人倫名	251②			ひと[妙]
人	ひと	×	人	譬喩	295③	和人倫名	267④			ひと[妙]
人	ひと	×	人	譬喩	297①	和人倫名	269③			ひと[妙]
人	ひと	×	人	譬喩	297④	和人倫名	269⑥			ひと[妙]
人	ひと	×	人	譬喩	297⑤	和人倫名	270①			ひと[妙]
人	ひと	×	人	譬喩	298⑥	和人倫名	271②			ひと[妙]
人	ひと	×	人	譬喩	299①	和人倫名	271③			ひと[妙]
人	ひと	×	人	譬喩	299③	和人倫名	271⑤			ひと[妙]
人	ひと	×	人	譬喩	301④	和人倫名	273⑤			ひと[妙]
人	ひと	×	人	譬喩	302①	和人倫名	274②			ひと[妙]
人	ひと	×	人	譬喩	302⑤	和人倫名	274⑥			ひと[妙]

当該語	読みかな	傍訓	漢字表記	品名	頁数	語の種類	妙一本	和解語文	可読	異同語彙
人	ひと	×	人	譬喩	302⑤	和人倫名	275①			ひと[妙]
ひと	ひと	×	人	譬喩	303④	和人倫名	275⑥			
人	ひと	×	人	譬喩	306②	和人倫名	278⑤			ひと[妙]
人	ひと	×	人	譬喩	306④	和人倫名	279①			ひと[妙]
人	ひと	×	人	譬喩	306⑥	和人倫名	279②			ひと[妙]
ひと	ひと	×	人	譬喩	307①	和人倫名	279④			
人	ひと	×	人	譬喩	307②	和人倫名	279④			ひと[妙]
人	ひと	×	人	譬喩	307⑥	和人倫名	280③			ひと[妙]
ひと	ひと	×	人	譬喩	309⑥	和人倫名	282⑤			
ひと	ひと	×	人	譬喩	311③	和人倫名	284④			
人	ひと	×	人	譬喩	311⑥	和人倫名	285②			ひと[妙]
人	ひと	×	人	譬喩	312①	和人倫名	285③			ひと[妙]
人	ひと	×	人	譬喩	312③	和人倫名	285⑥			ひと[妙]
人	ひと	×	人	譬喩	312④	和人倫名	286①			ひと[妙]
人	ひと	×	人	譬喩	312⑥	和人倫名	286③			ひと[妙]
人	ひと	×	人	譬喩	313②	和人倫名	286⑤			ひと[妙]
人	ひと	×	人	譬喩	313②	和人倫名	286⑥			ひと[妙]
人	ひと	×	人	譬喩	313④	和人倫名	287②			ひと[妙]
人	ひと	×	人	譬喩	313⑥	和人倫名	287⑤			ひと[妙]
人	ひと	×	人	譬喩	314①	和人倫名	287⑥			ひと[妙]
人	ひと	×	人	譬喩	314③	和人倫名	288②			ひと[妙]
人	ひと	×	人	譬喩	314⑥	和人倫名	288⑥			ひと[妙]
人	ひと	×	人	譬喩	315④	和人倫名	289⑤			ひと[妙]
人	ひと	×	人	譬喩	315④	和人倫名	289⑥			ひと[妙]
人	ひと	×	人	譬喩	315⑥	和人倫名	290②			ひと[妙]
人	ひと	×	人	譬喩	316②	和人倫名	290⑤			ひと[妙]
人	ひと	×	人	譬喩	316⑤	和人倫名	291③			ひと[妙]
人	ひと	×	人	信解	322①	和人倫名	297③			ひと[妙]
人	ひと	×	人	信解	324④	和人倫名	300④			ひと[妙]
人	ひと	×	人	信解	330③	和人倫名	307①			ひと[妙]
人	ひと	×	人	信解	331⑤	和人倫名	309③			ひと[妙]
人	ひと	×	人	信解	335②	和人倫名	313⑤			ひと[妙]
人	ひと	×	人	信解	359④	和人倫名	343⑥			ひと[妙]
人	ひと	×	人	信解	374④	和人倫名	361⑥			ひと[妙]
人	ひと	×	人	藥草	413④	和人倫名	401⑤			ひと[妙]
ひと	ひと	×	人	化城	447⑥	和人倫名	441②			
人	ひと	×	人	化城	446⑤	和人倫名	439⑤			ひと[妙]
人	ひと	×	人	化城	449③	和人倫名	442⑥			ひと[妙]
人	ひと	×	人	化城	468①	和人倫名	464⑥	にん／ひと[妙]		
人	ひと	×	人	化城	476④	和人倫名	475④	にん／ひと[妙]		
人	ひと	×	人	化城	485②	和人倫名	485⑤			ひと[妙]
人	ひと	×	人	化城	494①	和人倫名	496③			ひと[妙]
人	ひと	×	人	化城	504⑤	和人倫名	508⑥			ひと[妙]
人	ひと	×	人	化城	507⑥	和人倫名	512④			ひと[妙]
人	ひと	×	人	化城	513①	和人倫名	518①			ひと[妙]
人	ひと	×	人	化城	519⑤	和人倫名	524⑤			ひと[妙]
人	ひと	×	人	化城	521⑥	和人倫名	527①			ひと[妙]
人	ひと	×	人	化城	522②	和人倫名	527③			ひと[妙]
人	ひと	×	人	化城	522⑥	和人倫名	528②			ひと[妙]
人	ひと	×	人	化城	524③	和人倫名	529④			ひと[妙]
人	ひと	×	人	化城	525⑤	和人倫名	531①			ひと[妙]
人	ひと	×	人	化城	526②	和人倫名	531④			ひと[妙]
人	ひと	×	人	化城	534⑤	和人倫名	540③			ひと[妙]
人	ひと	×	人	化城	541①	和人倫名	546⑤			ひと[妙]
人	ひと	×	人	五百	567④	和人倫名	571②			ひと[妙]
人	ひと	×	人	五百	568①	和人倫名	571⑥			ひと[妙]
人	ひと	×	人	五百	590③	和人倫名	597①			ひと[妙]
人	ひと	×	人	五百	590⑥	和人倫名	597⑤			ひと[妙]
人	ひと	×	人	五百	596⑥	和人倫名	604⑥			ひと[妙]
人	ひと	×	人	五百	597④	和人倫名	605⑤			ひと[妙]
人	ひと	×	人	授學	605④	和人倫名	614③			ひと[妙]
人	ひと	×	人	授學	617①	和人倫名	627①			ひと[妙]
人	ひと	×	人	法師	622⑥	和人倫名	633④			ひと[妙]
ひと	ひと	×	人	法師	624①	和人倫名	634⑥			
ひと	ひと	×	人	法師	624⑥	和人倫名	635⑥			
人	ひと	×	人	法師	623②	和人倫名	634①			ひと[妙]
人	ひと	×	人	法師	624④	和人倫名	635④			ひと[妙]
人	ひと	×	人	法師	625⑤	和人倫名	636⑤			ひと[妙]

ひと 587

当該語	読みかな	傍訓	漢字表記	品名	頁数	語の種類	妙一本	和解語文	可読	異同語彙
人	ひと	×	人	法師	626①	和人倫名	637①			ひと[妙]
人	ひと	×	人	法師	626⑥	和人倫名	637⑥			ひと[妙]
人	ひと	×	人	法師	627④	和人倫名	638⑤			ひと[妙]
人	ひと	×	人	法師	628①	和人倫名	639②			ひと[妙]
人	ひと	×	人	法師	628⑥	和人倫名	639⑤			ひと[妙]
人	ひと	×	人	法師	629②	和人倫名	640③			ひと[妙]
人	ひと	×	人	法師	630④	和人倫名	642①		一の[西右]	ひと[妙]
人	ひと	×	人	法師	632⑥	和人倫名	644⑤			ひと[妙]
人	ひと	×	人	法師	635③	和人倫名	647④			ひと[妙]
人	ひと	×	人	法師	638①	和人倫名	650③			ひと[妙]
人	ひと	×	人	法師	639③	和人倫名	651⑤			ひと[妙]
人	ひと	×	人	法師	639④	和人倫名	651⑥			ひと[妙]
人	ひと	×	人	法師	641①	和人倫名	653④			ひと[妙]
人	ひと	×	人	法師	641③	和人倫名	654①			ひと[妙]
人	ひと	×	人	法師	641⑥	和人倫名	654④			ひと[妙]
人	ひと	×	人	法師	642⑤	和人倫名	655④			ひと[妙]
人	ひと	×	人	法師	642⑥	和人倫名	655⑤			ひと[妙]
人	ひと	×	人	法師	644②	和人倫名	657②			ひと[妙]
人	ひと	×	人	法師	645②	和人倫名	658③			ひと[妙]
人	ひと	×	人	法師	645⑤	和人倫名	659⑤			ひと[妙]
人	ひと	×	人	法師	650②	和人倫名	663⑥			ひと[妙]
人	ひと	×	人	法師	651⑤	和人倫名	665⑤			ひと[妙]
人	ひと	×	人	法師	652⑤	和人倫名	666⑤			ひと[妙]
人	ひと	×	人	法師	653⑥	和人倫名	668①			ひと[妙]
人	ひと	×	人	法師	654①	和人倫名	668②			變化人(へんくゑにん)[妙]
人	ひと	×	人	法師	654③	和人倫名	668④			ひと[妙]
人	ひと	×	人	法師	654③	和人倫名	668④			ひと[妙]
人	ひと	×	人	法師	655①	和人倫名	669②			ひと[妙]
人	ひと	×	人	法師	655③	和人倫名	669④			ひと[妙]
人	ひと	×	人	法師	655④	和人倫名	669⑥			ひと[妙]
人	ひと	×	人	見寶	658④	和人倫名	672⑥	にん／ひと[妙]		ひと[妙]
人	ひと	×	人	見寶	693③	和人倫名	711⑤			ひと[妙]
人	ひと	×	人	見寶	693⑤	和人倫名	712②			ひと[妙]
人	ひと	×	人	見寶	695②	和人倫名	714①			ひと[妙]
人	ひと	×	人	見寶	696①	和人倫名	714⑤			ひと[妙]
人	ひと	×	人	見寶	698②	和人倫名	717②			ひと[妙]
ひと	ひと	×	人	提婆	724④	和人倫名	742⑤			
人	ひと	×	人	勸持	740⑥	和人倫名	759⑤			ひと[妙]
人	ひと	×	人	勸持	751④	和人倫名	770⑥			ひと[妙]
人	ひと	×	人	勸持	752⑥	和人倫名	772④			ひと[妙]
人	ひと	×	人	勸持	753⑥	和人倫名	773④			ひと[妙]
人	ひと	×	人	勸持	754⑤	和人倫名	774②			ひと[妙]
人	ひと	×	人	安樂	763⑤	和人倫名	783②			ひとら【人等】[妙]
人	ひと	×	人	安樂	765④	和人倫名	785③			ひと[妙]
人	ひと	×	人	安樂	769④	和人倫名	789⑤		一と[西右]	ひと[妙]
人	ひと	×	人	安樂	771⑤	和人倫名	792①			ひと[妙]
人	ひと	×	人	安樂	777②	和人倫名	797⑥			ひと[妙]
人	ひと	×	人	安樂	777④	和人倫名	798②			ひと[妙]
人	ひと	×	人	安樂	783④	和人倫名	804④			ひと[妙]
人	ひと	×	人	安樂	785①	和人倫名	806③			ひと[妙]
人	ひと	×	人	安樂	785③	和人倫名	806⑥			ひと[妙]
人	ひと	×	人	安樂	788④	和人倫名	810①			ひと[妙]
人	ひと	×	人	安樂	789④	和人倫名	811①			ひと[妙]
人	ひと	×	人	安樂	791⑤	和人倫名	813②			ひと[妙]
人	ひと	×	人	安樂	791⑥	和人倫名	813③			ひと[妙]
人	ひと	×	人	安樂	792②	和人倫名	813⑤			ひと[妙]
人	ひと	×	人	安樂	792⑤	和人倫名	814②			ひと[妙]
人	ひと	×	人	安樂	794⑤	和人倫名	816②			ひと[妙]
人	ひと	×	人	安樂	800⑤	和人倫名	822④			ひと[妙]
人	ひと	×	人	安樂	807③	和人倫名	829④			ひと[妙]
人	ひと	×	人	安樂	810④	和人倫名	832⑥			ひと[妙]
人	ひと	×	人	安樂	814⑥	和人倫名	837②			ひと[妙]
人	ひと	×	人	安樂	816④	和人倫名	839①			ひと[妙]
人	ひと	×	人	從地	831②	和人倫名	853⑤			ひと[妙]
人	ひと	×	人	從地	838③	和人倫名	861②			
ひと	ひと	×	人	從地	857⑥	和人倫名	880④			
人	ひと	×	人	從地	858⑥	和人倫名	881⑤			ひと[妙]

当該語	読みかな	傍訓	漢字表記	品名	頁数	語の種類	妙一本	和解語文	可読	異同語彙
ひと	ひと	×	人	從地	859①	和人倫名	881⑥			
人	ひと	×	人	從地	859②	和人倫名	882②			ひと[妙]
人	ひと	×	人	從地	866④	和人倫名	889②			ひと[妙]
人	ひと	×	人	從地	866④	和人倫名	889③			ひと[妙]
人	ひと	×	人	如來	884③	和人倫名	903②			ひと[妙]
人	ひと	×	人	如來	890④	和人倫名	909⑤			ひと[妙]
人	ひと	×	人	如來	896③	和人倫名	915②			ひと[妙]
人	ひと	×	人	如來	897④	和人倫名	916④			ひと[妙]
人	ひと	×	人	如來	899⑤	和人倫名	918⑥			ひと[妙]
人	ひと	×	人	如來	909①	和人倫名	927⑤			ひと[妙]
人	ひと	×	人	分別	939⑥	和人倫名	958②			ひと[妙]
ひと	ひと	×	人	分別	943⑥	和人倫名	962③			
ひと	ひと	×	人	分別	944⑤	和人倫名	963①			
人	ひと	×	人	分別	947⑤	和人倫名	966③			ひと[妙]
人	ひと	×	人	分別	948①	和人倫名	966⑤			ひと[妙]
人	ひと	×	人	分別	948②	和人倫名	967①			ひと[妙]
人	ひと	×	人	分別	948④	和人倫名	967②			ひと[妙]
人	ひと	×	人	分別	948⑥	和人倫名	967⑤			ひと[妙]
人	ひと	×	人	分別	951④	和人倫名	970③			ひと[妙]
人	ひと	×	人	分別	954②	和人倫名	973①			ひと[妙]
人	ひと	×	人	分別	956①	和人倫名	974⑤			ひと[妙]
人	ひと	×	人	分別	956⑤	和人倫名	975②			ひと[妙]
人	ひと	×	人	分別	957③	和人倫名	976①			ひと[妙]
人	ひと	×	人	分別	957④	和人倫名	976②			ひと[妙]
人	ひと	×	人	分別	957⑥	和人倫名	976④			ひと[妙]
人	ひと	×	人	分別	960②	和人倫名	978⑤			ひと[妙]
人	ひと	×	人	分別	961⑤	和人倫名	980②			ひと[妙]
人	ひと	×	人	分別	964⑥	和人倫名	983②			ひと[妙]
人	ひと	×	人	隨喜	973③	和人倫名	991④			ひと[妙]
人	ひと	×	人	隨喜	976⑤	和人倫名	994⑥			ひと[妙]
人	ひと	×	人	隨喜	977④	和人倫名	995⑤			ひと[妙]
人	ひと	×	人	隨喜	978①	和人倫名	996②			ひと[妙]
人	ひと	×	人	隨喜	978⑤	和人倫名	996⑥			ひと[妙]
人	ひと	×	人	隨喜	979④	和人倫名	997⑥			ひと[妙]
ひと	ひと	×	人	隨喜	980③	和人倫名	998④			
人	ひと	×	人	隨喜	980④	和人倫名	998⑤			ひと[妙]
人	ひと	×	人	隨喜	980⑥	和人倫名	999①			ひと[妙]
人	ひと	×	人	隨喜	981③	和人倫名	999④			ひと[妙]
人	ひと	×	人	隨喜	982①	和人倫名	1000②			ひと[妙]
ひと	ひと	×	人	隨喜	985⑤	和人倫名	1004①			
人	ひと	×	人	隨喜	986③	和人倫名	1004⑤			ひと[妙]
人	ひと	×	人	隨喜	986⑥	和人倫名	1005②			ひと[妙]
人	ひと	×	人	隨喜	989①	和人倫名	1007④			ひと[妙]
人	ひと	×	人	隨喜	990③	和人倫名	1008⑥			ひと[妙]
人	ひと	×	人	隨喜	991③	和人倫名	1010①			ひと[妙]
人	ひと	×	人	隨喜	992⑤	和人倫名	1011③			ひと[妙]
人	ひと	×	人	法功	994③	和人倫名	1013①			ひと[妙]
人	ひと	×	人	法功	996⑤	和人倫名	1015③			ひと[妙]
人	ひと	×	人	法功	1004⑥	和人倫名	1023②			ひと[妙]
人	ひと	×	人	法功	1015①	和人倫名	1033⑤			ひと[妙]
人	ひと	×	人	法功	1016⑤	和人倫名	1035③			ひと[妙]
人	ひと	×	人	法功	1024⑥	和人倫名	1043⑤			ひと[妙]
人	ひと	×	人	法功	1030④	和人倫名	1049②			ひと[妙]
人	ひと	×	人	法功	1031④	和人倫名	1050②			ひと[妙]
人	ひと	×	人	法功	1032⑥	和人倫名	1051④			ひと[妙]
人	ひと	×	人	法功	1043②	和人倫名	1061⑥			ひと[妙]
人	ひと	×	人	法功	1044①	和人倫名	1062⑤			ひと[妙]
人	ひと	×	人	法功	1046⑤	和人倫名	1065②			ひと[妙]
人	ひと	×	人	法功	1047⑥	和人倫名	1066②			ひと[妙]
人	ひと	×	人	常不	1068③	和人倫名	1087①			ひと[妙]
人	ひと	×	人	常不	1068⑤	和人倫名	1087③			ひと[妙]
人	ひと	×	人	常不	1073③	和人倫名	1092⑤			ひと[妙]
人	ひと	×	人	常不	1079④	和人倫名	1098⑤			ひと[妙]
人	ひと	×	人	常不	1081⑤	和人倫名	1100①			ひと[妙]
人	ひと	×	人	常不	1081⑥	和人倫名	1100③			ひと[妙]
人	ひと	×	人	神力	1086①	和人倫名	1104③			にん[妙]
人	ひと	×	人	神力	1088③	和人倫名	1106⑤			にん[妙]
人	ひと	×	人	神力	1100①	和人倫名	1118⑥			ひと[妙]

ひと 589

当該語	読みかな	傍訓	漢字表記	品名	頁数	語の種類	妙一本	和解語文	可読	異同語彙
人	ひと	×	人	神力	1103④	和人倫名	1122③			ひと[妙]
人	ひと	×	人	神力	1104②	和人倫名	1123②			ひと[妙]
人	ひと	×	人	嘱累	1109①	和人倫名	1127④			ひと[妙]
人	ひと	×	人	藥王	1115④	和人倫名	1134①			にん[妙]
人	ひと	×	人	藥王	1137①	和人倫名	1155②		ーとに[西右]	ひと[妙]
人	ひと	×	人	藥王	1142①	和人倫名	1160①			ひと[妙]
人	ひと	×	人	藥王	1142③	和人倫名	1160④			ひと[妙]
人	ひと	×	人	藥王	1146⑤	和人倫名	1164⑥			×[妙]
人	ひと	×	人	藥王	1151④	和人倫名	1169⑤			ひと[妙]
人	ひと	×	人	藥王	1151⑤	和人倫名	1169⑥			ひと[妙]
人	ひと	×	人	藥王	1153①	和人倫名	1171②			ひと[妙]
人	ひと	×	人	藥王	1159①	和人倫名	1176④			ひと[妙]
人	ひと	×	人	藥王	1159③	和人倫名	1176⑥		ーは[西右]	ひと[妙]
人	ひと	×	人	藥王	1161①	和人倫名	1178④			ひと[妙]
ひと	ひと	×	人	藥王	1161③	和人倫名	1178⑤			
人	ひと	×	人	藥王	1162③	和人倫名	1179④			ひと[妙]
人	ひと	×	人	藥王	1163③	和人倫名	1180②			ひと[妙]
人	ひと	×	人	妙音	1192③	和人倫名	1206③			摩睺羅人(ーにん)[妙]
人	ひと	×	人	觀世	1212①	和人倫名	1225②			ひと[妙]
人	ひと	×	人	觀世	1212⑤	和人倫名	1225⑥			ひと[妙]
人	ひと	×	人	觀世	1213③	和人倫名	1226⑤			ひと[妙]
人	ひと	×	人	觀世	1219⑤	和人倫名	1233①			ひと[妙]
人	ひと	×	人	觀世	1220⑤	和人倫名	1234①			ひと[妙]
人	ひと	×	人	觀世	1233③	和人倫名	1246①			にん[妙]
人	ひと	×	人	觀世	1233⑥	和人倫名	1246④			にん[妙]
人	ひと	×	人	觀世	1237⑤	和人倫名	1250①			ひと[妙]
人	ひと	×	人	觀世	1247①	和人倫名	1259②			ひと[妙]
人	ひと	×	人	陀羅	1268①	和人倫名	1278⑥			ひと[妙]
人	ひと	×	人	陀羅	1271④	和人倫名	1282②			ひと[妙]
人	ひと	×	人	妙荘	1304⑥	和人倫名	1311⑥			ひと[妙]
人	ひと	×	人	妙荘	1305④	和人倫名	1312③			ひと[妙]
人	ひと	×	人	普賢	1312④	和人倫名	1318④			ひと[妙]
人	ひと	×	人	普賢	1312⑤	和人倫名	1318⑤			ひと[妙]
人	ひと	×	人	普賢	1313⑤	和人倫名	1319④			ひと[妙]
人	ひと	×	人	普賢	1313⑥	和人倫名	1319⑥			ひと[妙]
人	ひと	×	人	普賢	1314①	和人倫名	1319⑥			ひと[妙]
人	ひと	×	人	普賢	1317②	和人倫名	1322⑤			ひと[妙]
人	ひと	×	人	普賢	1318②	和人倫名	1323④			ひと[妙]
ひと	ひと	×	人	普賢	1322①	和人倫名	1326⑥			
人	ひと	×	人	普賢	1322⑤	和人倫名	1327④		ーは[西右]	ひと[妙]
人	ひと	×	人	普賢	1323②	和人倫名	1327⑥			ひと[妙]
人	ひと	×	人	普賢	1323⑥	和人倫名	1328④			ひと[妙]
人	ひと	×	人	普賢	1324①	和人倫名	1328⑤			ひと[妙]
人	ひと	×	人	普賢	1325④	和人倫名	1330①			ひと[妙]
人	ひと	×	人	普賢	1328④	和人倫名	1332④			ひと[妙]
人	ひと	×	人	普賢	1329①	和人倫名	1333①			ひと[妙]
人	ひと	×	人	普賢	1329②	和人倫名	1333②			ひと[妙]
人	ひと	×	人	普賢	1329④	和人倫名	1333③			ひと[妙]
人	ひと	×	人	普賢	1329⑥	和人倫名	1333⑥			ひと[妙]
人	ひと	×	人	普賢	1330②	和人倫名	1334①			ひと[妙]
人	ひと	×	人	普賢	1330④	和人倫名	1334③			ひと[妙]
人	ひと	×	人	普賢	1331①	和人倫名	1334⑥			ひと[妙]
人	ひと	×	人	普賢	1331②	和人倫名	1335①			ひと[妙]
人	ひと	×	人	普賢	1331④	和人倫名	1335④			ひと[妙]
人	ひと	×	人	普賢	1331⑥	和人倫名	1335⑤			ひと[妙]
人	ひと	×	人	普賢	1332②	和人倫名	1335⑥			ひと[妙]
人	ひと	×	人	普賢	1333③	和人倫名	1336⑥			ひと[妙]
人	ひと	×	人	普賢	1333⑥	和人倫名	1337②			ひと[妙]
人	ひと	×	人	普賢	1335②	和人倫名	1338③		ーは[西右]	ひと[妙]
人	ひと	×	人	普賢	1337⑥	和人倫名	1340④			にん[妙]
ひとへに	ひとえに	×	偏	信解	318①	和副	292⑥			
ひとへに	ひとえに	×	偏	授學	603②	和副	611⑥			
ひとへに	ひとえに	×	偏	分別	929①	和副	947⑤			
ひとへに	ひとえに	×	偏	觀世	1208③	和副	1221③			
ひとへに	ひとえに	×	偏	陀羅	1248①	和副	1260②			
ひとしかり	ひとしかり	×	等	藥王	1117②	和形	1135④		ひとし[西右]	ひとしかり[妙]
ひとしき	ひとしき	×	等	信解	328①	和形	304⑥			

当該語	読みかな	傍訓	漢字表記	品名	頁数	語の種類	妙一本	和解語文	可読	異同語彙
ひとしき	ひとしき	×	等	信解	357⑥	和形	342①			
ひとしき	ひとしき	×	等	藥王	1158⑤	和形	1176②			
等	ひとしき	×	等	神力	1083⑤	和形	1102②		ひとしき[西 等(とう)[妙] 右]	
ひとしく	ひとしく	×	等	方便	152③	和形	132②			
ひとしく	ひとしく	×	等	譬喩	251③	和形	221③			
等く	ひとしく	ひとしく	等	譬喩	253⑤	和形	223④			
ひとしく	ひとしく	×	等	譬喩	265⑥	和形	237①			
ひとしく	ひとしく	×	等	譬喩	267②	和形	238③			
ひとしく	ひとしく	×	等	譬喩	288③	和形	260③			
ひとしく	ひとしく	×	等	藥草	389②	和形	374④			
ひとしく	ひとしく	×	等	藥草	401③	和形	388①			
等	ひとしく	×	等	藥草	402⑤	和形	389③		ひとしく・ひ としかるへし ィ[西右]	「とう」[妙]と訓 読。
ひとしく	ひとしく	×	等	藥草	407③	和形	394⑥			
ひとしく	ひとしく	×	等	授學	609④	和形	618⑥			
等	ひとしく	ひとしく	等	授學	619⑤	和形	630①			
一たひ	ひとたび	×	一度	序品	77②	漢数名	67⑥			
ひとたび	ひとたび	×	一	方便	123④	和数名	108③			
ひとたび	ひとたび	×	一	方便	169②	和数名	145⑥			
ひとたび	ひとたび	×	一	方便	189②	和数名	162④			
ひとたび	ひとたび	×	一	化城	458②	和数名	453④			
ひとたひ	ひとたび	×	一	化城	479①	和数名	478③			
ひとたび	ひとたび	×	一	化城	487④	和数名	488④			
ひとたひ	ひとたび	×	一	化城	532③	和数名	538①			
ひとつ	ひとつ	×	一	序品	36⑤	和数名	31④			
ひとつ	ひとつ	×	一	序品	41⑥	和数名	36①			
ひとつ	ひとつ	×	一	序品	42③	和数名	36④			
ひとつ	ひとつ	×	一	序品	85③	和数名	75①			
ひとつ	ひとつ	×	一	方便	97③	和数名	85④			
ひとつ	ひとつ	×	一	方便	98④	和数名	86③			
ひとつ	ひとつ	×	一	方便	99②	和数名	87①			
ひとつ	ひとつ	×	一	方便	118③	和数名	103⑥			
ひとつ	ひとつ	×	一	方便	167①	和数名	143⑥			
ひとつ	ひとつ	×	一	方便	167③	和数名	144②			
ひとつ	ひとつ	×	一	方便	168①	和数名	144⑤			
ひとつ	ひとつ	×	一	譬喩	239①	和数名	208②			
ひとつ	ひとつ	×	一	譬喩	241⑤	和数名	211③			
ひとつ	ひとつ	×	一	譬喩	270④	和数名	241⑤			
ひとつ	ひとつ	×	一	譬喩	279⑤	和数名	251②			
ひとつ	ひとつ	×	一	譬喩	282③	和数名	253⑥			
ひとつ	ひとつ	×	一	譬喩	295①	和数名	267②			
ひとつ	ひとつ	×	一	譬喩	305①	和数名	277③			
ひとつ	ひとつ	×	一	信解	323①	和数名	298⑤			
ひとつ	ひとつ	×	一	信解	354①	和数名	337④			
ひとつ	ひとつ	×	一	藥草	403③	和数名	390①			
ひとつ	ひとつ	×	一	藥草	405③	和数名	392①			
ひとつ	ひとつ	×	一	藥草	405⑤	和数名	393①			
ひとつ	ひとつ	×	一	授記	422③	和数名	411⑤			
ひとつ	ひとつ	×	一	授記	429⑤	和数名	420③			
ひとつ	ひとつ	×	一	授記	437①	和数名	428④			
ひとつ	ひとつ	×	一	化城	449⑥	和数名	443④			
ひとつ	ひとつ	×	一	化城	469⑤	和数名	467①			
ひとつ	ひとつ	×	一	化城	472②	和数名	470③			
ひとつ	ひとつ	×	一	化城	475①	和数名	473⑥			
ひとつ	ひとつ	×	一	化城	478②	和数名	477④			
ひとつ	ひとつ	×	一	化城	480⑥	和数名	480⑤			
ひとつ	ひとつ	×	一	化城	486⑥	和数名	487⑤			
ひとつ	ひとつ	×	一	化城	489④	和数名	491①			
ひとつ	ひとつ	×	一	化城	495⑤	和数名	498③			
ひとつ	ひとつ	×	一	化城	524②	和数名	529④			
ひとつ	ひとつ	×	一	五百	572④	和数名	576⑤			
ひとつ	ひとつ	×	一	授學	603③	和数名	612①			
ひとつ	ひとつ	×	一	法師	628④	和数名	639⑤			
ひとつ	ひとつ	×	一	法師	629⑤	和数名	641①			
ひとつ	ひとつ	×	一	見寶	663③	和数名	678①			
ひとつ	ひとつ	×	一	見寶	667①	和数名	682①			

ひと 591

当該語	読みかな	傍訓	漢字表記	品名	頁数	語の種類	妙一本	和解語文	可読	異同語彙
ひとつ	ひとつ	×	一	見寶	679⑥	和数名	696⑤			
ひとつ	ひとつ	×	一	提婆	733②	和数名	751④			
ひとつ	ひとつ	×	一	提婆	733⑥	和数名	752②			
ひとつ	ひとつ	×	一	勸持	741④	和数名	760③			
ひとつ	ひとつ	×	一	勸持	748②	和数名	767④			
ひとつ	ひとつ	×	一	安樂	760⑥	和数名	780④			
ひとつ	ひとつ	×	一	安樂	781⑥	和数名	802⑥			
ひとつ	ひとつ	×	一	安樂	798①	和数名	819④			
ひとつ	ひとつ	×	一	從地	845②	和数名	867⑥			
ひとつ	ひとつ	×	一	從地	846③	和数名	869①			
ひとつ	ひとつ	×	一	從地	848①	和数名	870⑤			
ひとつ	ひとつ	×	一	從地	854②	和数名	877③			
ひとつ	ひとつ	×	一	分別	938⑤	和数名	957①			
ひとつ	ひとつ	×	一	分別	942⑤	和数名	961②			
ひとつ	ひとつ	×	一	隨喜	978③	和数名	996④			
ひとつ	ひとつ	×	一	隨喜	985④	和数名	1003⑥			
ひとつ	ひとつ	×	一	隨喜	993②	和数名	1011⑤			
ひとつ	ひとつ	×	一	常不	1083①	和数名	1101④			
ひとつ	ひとつ	×	一	神力	1084①	和数名	1102④			
ひとつ	ひとつ	×	一	神力	1095④	和数名	1114②			
ひとつ	ひとつ	×	一	囑累	1106①	和数名	1124⑤			
ひとつ	ひとつ	×	一	藥王	1118②	和数名	1136②			
ひとつ	ひとつ	×	一	藥王	1118⑥	和数名	1136⑥			
ひとつ	ひとつ	×	一	藥王	1141③	和数名	1159④			
ひとつ	ひとつ	×	一	觀世	1215①	和数名	1228②			
ひとつ	ひとつ	×	一	觀世	1230④	和数名	1243⑤			
ひとつ	ひとつ	×	一	觀世	1238②	和数名	1250⑤			
ひとつ	ひとつ	×	一	妙莊	1301⑤	和数名	1309①			
ひとつ	ひとつ	×	一	普賢	1309⑤	和数名	1316①			
ひとつ	ひとつ	×	一	普賢	1325②	和数名	1329⑥			
ひといき	ひととき	×	一時	序品	4②	和時候名	3③			
ひとら	ひとら	×	人等	方便	116⑤	和人倫名	102③			
ひとら	ひとら	×	人等	化城	518②	和人倫名	523②		一は［西右］	
ひとら	ひとら	×	人等	法師	651①	和人倫名	664⑥			
ひとら	ひとら	×	人等	法師	651⑤	和人倫名	665④			
ひとら	ひとら	×	人等	安樂	770③	和人倫名	790④		ひととも［西右］	
ひとら	ひとら	×	人等	從地	819④	和人倫名	841⑥			
ひとら	ひとら	×	人等	分別	945④	和人倫名	964①			
ひとら	ひとら	×	人等	分別	947①	和人倫名	965④			
ひとら	ひとら	×	人等	隨喜	971⑥	和人倫名	990①		ひととも［西右］	
ひとら	ひとら	×	人等	觀世	1211⑤	和人倫名	1224⑥		ひととも［西右］	ひとら［妙］
ひとり	ひとり	×	一	序品	81④	和数名	71④			
ひとり	ひとり	×	一	安樂	772③	和数名	792⑥			
ひとり	ひとり	×	一	方便	170⑥	和数名	147②			
ひとり	ひとり	×	一	見寶	670⑤	和数名	686⑤			
ひとり	ひとり	×	一	觀世	1214②	和数名	1227④			
一	ひとり	ひとり	一	妙莊	1273③	和数名	1284①			
ひとり	ひとり	×	獨	序品	31⑥	和数名	27③			
ひとり	ひとり	×	獨	方便	151④	和数名	131④			
ひとり	ひとり	×	獨	譬喩	205⑤	和数名	173①			
ひとり	ひとり	×	獨	譬喩	211③	和数名	179②			
ひとり	ひとり	×	獨	譬喩	263④	和数名	235①			
ひとり	ひとり	×	獨	譬喩	267②	和数名	238③			
ひとり	ひとり	×	獨	譬喩	313①	和数名	286④			
ひとり	ひとり	×	獨	藥草	408②	和数名	395⑥			
ひとり	ひとり	×	獨	化城	465⑥	和数名	462⑥			
ひとり	ひとり	×	獨	化城	473⑥	和数名	472③			
ひとり	ひとり	×	獨	化城	483①	和数名	483③			
ひとり	ひとり	×	獨	化城	491⑥	和数名	494①			
ひとり	ひとり	×	獨	化城	522④	和数名	527⑤			
ひとり	ひとり	×	獨	化城	541③	和数名	547②			
ひとり	ひとり	×	獨	法師	654③	和数名	668④			
ひとり	ひとり	×	獨	勸持	744⑤	和数名	763④			
ひとり	ひとり	×	獨	安樂	765④	和数名	785④			
ひとり	ひとり	×	獨	安樂	765⑤	和数名	785⑤			

当該語	読みかな	傍訓	漢字表記	品名	頁数	語の種類	妙一本	和解語文	可読	異同語彙
ひとり	ひとり	×	獨	安樂	772①	和数名	792③			
ひとり	ひとり	×	獨	安樂	797⑥	和数名	819④			
ひとり	ひとり	×	獨	法功	1038④	和数名	1057②			
ひとり	ひとり	×	獨	法功	1039①	和数名	1058④			
ひとり	ひとり	×	獨	常不	1061⑥	和数名	1080⑤			
ひとり	ひとり	×	獨	常不	1077⑥	和数名	1096③			
ひとり	ひとり	×	獨	妙音	1167④	和数名	1183⑥			
非人	ひにん	ひにん	非人	序品	16⑤	漢人倫名	13④			
非人	ひにん	ひ―	非人	序品	41①	漢人倫名	35③			
非人	ひにん	ひにん	非人	序品	55⑤	漢人倫名	48③	ひにん／ひとにあらさるもの[妙]		
非人	ひにん	×	非人	化城	468①	漢人倫名	464⑥	ひにん／にとにあらさる[妙]		
非人	ひにん	ひ―	非人	化城	476①	漢人倫名	475①	ひにん／ひとにあらさる[妙]		
非人	ひにん	×	非人	化城	485②	漢人倫名	485⑤			
非人	ひにん	×	非人	化城	494①	漢人倫名	496③			
非人	ひにん	×	非人	法師	621⑤	漢人倫名	632③			
非人	ひにん	×	非人	見寶	658④	漢人倫名	672⑥	ひにん／ひとにあらさるもの[妙]		
非人	ひにん	ひ―	非人	提婆	736①	漢人倫名	754④			
非人	ひにん	ひ―	非人	法功	1019③	漢人倫名	1038①		―かを[西右]	
非人	ひにん	ひ―	非人	神力	1086②	漢人倫名	1104③			ひにん[妙]
非人	ひにん	×	非人	神力	1088②	漢人倫名	1106⑥			ひにん[妙]
非人	ひにん	ひ―	非人	藥王	1115⑥	漢人倫名	1134①			ひにん[妙]
非人	ひにん	×	非人	妙音	1192⑤	漢人倫名	1206⑥			ひにん[妙]
非人	ひにん	ひにん	非人	觀世	1229②	漢人倫名	1242①	ひにん／ひとにあらさる[妙]		
非人	ひにん	×	非人	觀世	1233③	漢人倫名	1246①			ひにん[妙]
非人	ひにん	×	非人	觀世	1233⑥	漢人倫名	1246④			ひにん[妙]
非人	ひにん	×	非人	普賢	1307②	漢人倫名	1313⑥			ひにん[妙]
非人	ひにん	×	非人	普賢	1317②	漢人倫名	1323②			ひにん[妙]
非人	ひにん	×	非人	普賢	1337⑥	漢人倫名	1340④			ひにん[妙]
悲惱	ひのう	ひなう	悲惱	序品	77④	漢名	68②	ひなう／かなしみなやみ[妙]		
ひゝき	ひびき	×	響	觀世	1241⑥	和動	1254③		うち[西右]	ひひき[妙]
誹謗し	ひぼうし	ひはう	誹謗	勸持	754④	漢サ動	774②			
非法聲	ひほうしょう	ひほう―	非法聲	法功	999④	漢名	1018③	ひほうしやう／のりにあらさるこゑ[妙]		
誹謗する	ひぼうする	ひはう／そしる心	誹謗	譬喩	302③	漢サ動	274④			
非菩薩	ひぼさつ	ひびさつ	非菩薩	安樂	791⑥	仏菩薩名	813③	ひほさつ／ほさつにあらさる[妙]		
非菩薩	ひぼさつ	ひ――	非菩薩	安樂	805①	仏菩薩名	827④	ひほさつ／ほさつにあらさる[妙]	―と[西右]	
毗摩質多羅阿修羅王	びましつたらあしゆらおう	びましつた――――	毗摩質多羅阿修羅王	序品	13①	仏王名名	10④			
秘密	ひみつ	ひみつ	秘密	安樂	803②	漢名	825③			
秘密	ひみつ	ひみつ	秘密	如來	883⑤	漢名	902①			
秘蜜	ひみつ	ひみつ	秘蜜	妙莊	1289②	漢名	1298④			秘密(ひみち)[妙]
非無想	ひむそう	×	非無想	随喜	973①	漢名	991③			
非有想	ひむそう	ひうさう	非有想	随喜	973②	漢名	991②			
ひめもす	ひめもす	×	終日	譬喩	207⑤	和名	174⑥			
躄	びゃく	びゃく・あしなへ	躄	譬喩	306③	単漢病症名	278⑥	びやく／あしなへ[妙]		
白衣	びゃくえ	びやくえ／さいけの心也	白衣	勸持	752④	漢衣服名	772②	ひやうくえ／さいけ[妙]		
白衣舍	びゃくえしゃ	びやくゑ―	白衣舍	神力	1096④	漢名	1115③	ひやくゑしや／さいけ[妙]	えの[西右]	
百億	ひゃくおく	×	百億	藥王	1118⑤	漢数名	1137①			ひやくをく[妙]
白毫	びゃくごう	びやくがう	白毫	序品	23⑥	漢身体名	20②	ひやくかう／しろきけ[妙]		
白毫	びゃくごう	―がう	白毫	見寶	667①	漢身体名	682①			
白毫	びゃくごう	ひやくかう	白毫	妙音	1167③	漢身体名	1183④			ひやくかう[妙]
白毫相	びゃくごうそう	びやくがうさう	白毫相	序品	17③	漢身体名	14①	ひやくかうさう／しろきけ[妙]		
白毫相	びゃくごうそう	ひやくかうさう	白毫相	序品	56②	漢身体名	49①	ひやくかうさう／しろきけのさう[妙]		

当該語	読みかな	傍訓	漢字表記	品名	頁数	語の種類	妙一本	和解語文	可読	異同語彙
白毫相	びゃくごうそう	一がうさう	白毫相	見寶	668④	漢身体名	683⑤			
白毫相	びゃくごうそう	びやくがう一	白毫相	妙音	1165④	漢身体名	1182②	ひやくかうさう／しろきけ[妙]	ーー相[西右]	
百穀	ひゃくこく	一こく	百穀	藥草	402①	漢数名	388④			
白銀	びゃくごん	一ごん	白銀	妙音	1173⑤	漢宝玉名	1189③	ひやくこん／しろかねをは[妙]		
白銀	びゃくごん	一こん	白銀	妙音	1174⑤	漢宝玉名	1190②	ひやくこん／しろかねをは[妙]		
百歳	ひゃくさい	一さい	百歳	從地	859①	漢数名	881⑥			
百歳	ひゃくさい	×	百歳	從地	859②	漢数名	882①			
百歳	ひゃくさい	一さい	百歳	從地	866⑤	漢数名	889③			
百三十劫	ひゃくさんじゅうごう	×	百三十劫	化城	487③	漢四熟数名	488④	ーーこう／ひさしきとし[妙]		
辟支佛	ひゃくしぶつ	ひやくし一	辟支佛	序品	49①	仏人名名	42③			
辟支佛	ひゃくしぶつ	ひやくし一	辟支佛	方便	87③	仏仏名名	76⑤			
辟支佛	ひゃくしぶつ	ひやくし一	辟支佛	方便	96⑥	仏仏名名	85②			
辟支佛	ひゃくしぶつ	ひやくし一	辟支佛	方便	102③	仏仏名名	89⑤			
辟支佛	ひゃくしぶつ	ひやくし一	辟支佛	方便	103③	仏仏名名	90⑤			
辟支佛	ひゃくしぶつ	ひやくし一	辟支佛	方便	136⑤	仏仏名名	119②			
辟支佛	ひゃくしぶつ	ひやくし一	辟支佛	方便	137②	仏仏名名	119⑤			
辟支佛	ひゃくしぶつ	ひやくしふつ	辟支佛	譬喩	259⑥	仏仏名名	231②		一と[西右]	
辟支佛	ひゃくしぶつ	ひやくしふつ	辟支佛	譬喩	260⑤	仏仏名名	232②			
辟支佛	ひゃくしぶつ	ひやくしぶつ	辟支佛	譬喩	300①	仏仏名名	272③			
辟支佛	ひゃくしぶつ	ひやくし一	辟支佛	化城	512④	仏仏名名	517⑤			
辟支佛	ひゃくしぶつ	ひやくし一	辟支佛	法師	621⑥	仏仏名名	632④			
辟支佛	ひゃくしぶつ	ひやくし一	辟支佛	提婆	718⑥	仏仏名名	736⑥			
辟支佛	ひゃくしぶつ	ひやくし一	辟支佛	安樂	784⑤	仏仏名名	805⑥			
辟支佛	ひゃくしぶつ	ひやくし一	辟支佛	如來	886⑥	仏仏名名	905②		一は[西右]	
辟支佛	ひゃくしぶつ	ひやくしふつ	辟支佛	法功	1013⑥	仏仏名名	1032③			
辟支佛	ひゃくしぶつ	ひやくし一	辟支佛	法功	1030③	仏仏名名	1049①			
辟支佛	ひゃくしぶつ	ひやくし一	辟支佛	法功	1036⑥	仏仏名名	1055⑤		と[西右]	
辟支佛	ひゃくしぶつ	ひやくし一	辟支佛	常不	1058⑥	仏仏名名	1077⑤			ひやくしふつ[妙]
辟支佛	ひゃくしぶつ	ひやくし一	辟支佛	藥王	1142②	仏仏名名	1160③		一と[西右]	ひやくしふつ[妙]
辟支佛	ひゃくしぶつ	ひやくし一	辟支佛	藥王	1146⑥	仏仏名名	1165①		一との[西右]	
辟支佛	ひゃくしぶつ	ひやくし一	辟支佛	藥王	1147⑥	仏仏名名	1166①			ひやくしふつ[妙]
辟支佛	ひゃくしぶつ	ひやくし一	辟支佛	藥王	1158⑥	仏仏名名	1176①			ひやくしふつ[妙]
辟支佛	ひゃくしぶつ	ひやくしふつ	辟支佛	妙音	1195①	仏仏名名	1209⑥			ひやくしふつ[妙]
辟支佛	ひゃくしぶつ	×	辟支佛	妙音	1195②	仏仏名名	1209⑥			ひやくしふつ[妙]
辟支佛	ひゃくしぶつ	ひやくしふつ	辟支佛	觀世	1223①	仏仏名名	1236②			びやくしぶつ[妙]
辟支佛	ひゃくしぶつ	×	辟支佛	觀世	1223②	仏仏名名	1236③			ひやくしぶつ[妙]
辟支佛声	ひゃくしぶつしょう	ひやくしふつ一	辟支佛聲	法功	1000②	仏四熟名	1018⑥	ひやくしふつしやう／ーのこゑ[妙]		
辟支佛乘	ひゃくしぶつじょう	ひやくしふつじよう	辟支佛乘	譬喩	263⑥	仏四熟名	235②			
百種	ひゃくしゅ	一しゅ	百種	序品	37②	漢数名	32①			
百數	ひゃくしゅ	一しゅ	百數	如來	899⑥	漢数名	919①	ひやくしゆ／一のかす[妙]		
百千	ひゃくせん	×	百千	妙莊	1291③	漢数名	1300③	けちきひやくせん／あたい[妙]		
百千	ひゃくせん	ひやくせん	百千	序品	13⑥	漢数名	11①			
百千	ひゃくせん		百千	妙音	1181③	漢数名	1196③	ひやくせん／あたいもしらぬ[妙]		
百千	ひゃくせん	×	百千	序品	11⑤	漢数名	9③			
百千	ひゃくせん	×	百千	序品	12②	漢数名	9⑤			
百千	ひゃくせん	ひやくせん	百千	序品	12⑤	漢数名	10②			
百千	ひゃくせん	ひやくせん	百千	序品	13③	漢数名	10⑤			
百千	ひゃくせん	ひやくせん	百千	序品	14①	漢数名	11②			
百千	ひゃくせん	×	百千	分別	954⑥	漢数名	973④			
百千	ひゃくせん	×	百千	分別	964②	漢数名	982④			
百千	ひゃくせん	×	百千	藥王	1157⑥	漢数名	1175④			ひやくせん[妙]
百千	ひゃくせん	×	百千	妙音	1179②	漢数名	1194④			ひやくせん[妙]
百千億無數	ひゃくせんおくむしゅ	ーーーーしゅ	百千億無數	方便	171⑤	漢数名	147⑥	ひやくせんをくむしゆ／一かすもしらぬ[妙]	ーーー の 一 [西右]	
百千劫	ひゃくせんごう	×	百千劫	化城	483⑥	漢数名	484②			
百千歳	ひゃくせんさい	×	百千歳	神力	1087③	漢数名	1105⑥			ひやくせんざい[妙]

当該語	読みかな	傍訓	漢字表記	品名	頁数	語の種類	妙一本	和解語文	可読	異同語彙
百千種	ひゃくせんしゅ	×	百千種	陀羅	1270⑥	漢数名	1281⑤		一に[西右]	ひゃくせんしう[妙]
百千市	ひゃくせんそう	ーーさふ	百千市	化城	468④	漢数名	465④	ひゃくせんまん{さう／}ーめくり[妙]		
百千市し	ひゃくせんそうし	×	百千市	化城	477①	漢サ動	476②			
百千市し	ひゃくせんそうし	ーーさう	百千市	化城	485⑤	漢サ動	486③			
百千市し	ひゃくせんそうし	ーーざう	百千市	化城	494④	漢サ動	497①			
百千万	ひゃくせんまん	×	百千万	方便	178⑥	漢数名	153⑥		一にして[西右]	
百千万	ひゃくせんまん	×	百千万	随喜	982③	漢数名	1000④			
百千万	ひゃくせんまん	×	百千万	妙音	1171⑥	漢数名	1187⑤			ひやくせんまん[妙]
百千万	ひゃくせんまん	×	百千万	妙音	1179⑤	漢数名	1194⑥			×
百千万	ひゃくせんまん	×	百千万	妙荘	1291⑥	漢数名	1300⑥			ひやくせんまん[妙]
百千万億	ひゃくせんまんおく	×	百千万億	方便	116③	漢数名	102①			
百千万億	ひゃくせんまんおく	×	百千万億	化城	456④	漢数名	451④			
百千万億	ひゃくせんまんおく	×	百千万億	化城	506②	漢数名	510⑤			
百千万億	ひゃくせんまんおく	×	百千万億	勧持	744⑥	漢数名	763⑥			
百千万億	ひゃくせんまんおく	×	百千万億	分別	955③	漢数名	974①			
百千万億	ひゃくせんまんおく	×	百千万億	分別	958②	漢数名	976⑥			
百千万億	ひゃくせんまんおく	×	百千万億	神力	1088⑤	漢数名	1107①			ひやくせんまんおく[妙]
百千万億	ひゃくせんまんおく	×	百千万億	妙音	1199⑥	漢数名	1213⑤			ひやくせんまんをく[妙]
百千万億	ひゃくせんまんおく	×	百千万億	觀世	1210⑤	漢数名	1223⑥			ひやくせんまんをく[妙]
百千万億	ひゃくせんまんおく	×	百千万億	普賢	1324⑥	漢数名	1329③			ひやくせんまんおく[妙]
百千萬億	ひゃくせんまんおく	×	百千萬億	方便	87⑤	漢数名	76⑥			
百千万億阿僧祇	ひゃくせんまんおくあそうぎ	×	百千万億阿僧祇	神力	1090④	漢数名	1108⑥			ひやくせんまんおく・あそうき[妙]
百千万億阿僧祇劫	ひゃくせんまんおくあそうぎこう	ーーーーあそうきこう	百千万億阿僧祇劫	化城	448③	漢数名	441⑥			
百千万億阿僧祇劫	ひゃくせんまんおくあそうぎのこう	×	百千万億阿僧祇劫	神力	1094②	漢数名	1112⑥		ーーーーーーーのー[西右]	ひやくせんまんおく・あそうぎこう[妙]
百千万億恒河沙	ひゃくせんまんおくごうがしゃ	×	百千万億恒河沙	妙音	1169②	漢数名	1185②			ひやくせんまんおくこうかしや[妙]
百千万億種	ひゃくせんまんおくしゅ	×	百千万億種	方便	158⑦	漢数名	136⑤			
百千万億旋陀羅尼	ひゃくせんまんおくせんだらに	×	百千万億旋陀羅尼	普賢	1315③	仏数名	1321②			ひやくせんまんおくせんたらに[妙]
百千万億旋陀羅尼	ひゃくせんまんおくせんだらに	ーーーーのせんーーー	百千万億旋陀羅尼	普賢	1337①	仏数名	1339⑥			ひやくせんまんおくせんたらに[妙]
百千万億那由他	ひゃくせんまんおくなゆた	×	百千万億那由他	妙音	1189②	漢数名	1203⑤			ひやくせんまんをくなゆた[妙]
百千万億那由他阿僧祇	ひゃくせんまんおくなゆたあそうぎ	×	百千万億那由他阿僧祇	如來	888②	漢数名	907③			

当該語	読みかな	傍訓	漢字表記	品名	頁数	語の種類	妙一本	和解語文	可読	異同語彙
百千万億那由他阿僧祇劫	ひゃくせんまんおくなゆたあそうぎこう	×	百千万億那由他阿僧祇劫	如來	887⑤	漢数名	906⑥			
百千万億那由他阿僧祇劫	ひゃくせんまんおくなゆたあそうぎこう	×	百千万億那由他阿僧祇劫	如來	909④	漢数名	928③			
百千万億那由他恒河沙	ひゃくせんまんおくなゆたごうがしゃ	————おくなゆたこうかしや	百千万億那由他恒河沙	見寶	676⑤	漢数名	692⑥			
百千万億那由他劫	ひゃくせんまんおくなゆたごうがしゃ	————なゆたこう	百千万億那由他劫	如來	884①	漢数名	903①			
百千万億那由他難行苦行	ひゃくせんまんおくなゆたのなんぎょうくぎょう	————————のなんーくー	百千万億那由他(佗)難行苦行	藥王	1115①	漢数名	1133③		————ーの—[西右]	ひやくせんまんをくなゆた{の}なんきやうくきやう[妙]
百千万億分	ひゃくせんまんおくぶん	×	百千万億分	分別	938⑤	漢数名	957①			
百千万億分	ひゃくせんまんおくぶん	×	百千万億分	随喜	978②	漢数名	996④			
百千万億無量	ひゃくせんまんおくむりょう	×	百千万億無量	分別	923①	漢数名	942①			一まんをくむりやう／一のはかりもなき[妙]
百千万億劫	ひゃくせんまんごう	×	百千万億劫	觀世	1221②	漢数名	1234④			ひやくせんまんとくこう[妙]
百千万億劫數	ひゃくせんまんごうしゅ	×	百千万億劫數	分別	944①	漢数名	962③		————の—[西右]	
百千万種	ひゃくせんまんしゅ	——まんじゅ	百千万種	譬喻	232②	漢数名	201③			
白象	びゃくぞう	—ざう	白象	普賢	1316⑥	漢獣類名	1322②			びやくざう[妙]
白象王	びゃくぞうおう	×	白象王	普賢	1313①	仏王名名	1319①			ひやくさうわう[妙]
白象王	びゃくぞうおう	—さう	白象王	普賢	1313①	仏王名名	1319⑤			ひやくさうわう[妙]
百足	ひゃくそく	—そく	百足	譬喻	281③	漢虫類名	252⑥			ひやくそく／やまひこ[妙]
百足	ひゃくそく／やまびこ	ひやくそく／やまひこ	百足	譬喻	271⑥	漢虫類名	243①			
蹞地	びゃくち	ひやくち／ちにたをれぬ	蹞地	信解	331④	漢名	309②			
百八万億那由他恒河沙	ひゃくはちまんおくなゆたごうがしゃ	×	百八万億那由他恒河沙	妙音	1165⑤	漢数名	1182③			ひやくはちまんをくなゆたこうかしや[妙]
百福	ひゃくふく	ひやくふく	百福	方便	164③	漢数名	141⑤			
百福	ひゃくふく	—ふく	百福	化城	461③	漢数名	457①			
百福	ひゃくふく	—ふく	百福	安樂	814④	漢数名	837①			
百福	ひゃくふく	—ふく	百福	法功	1045③	漢数名	1064①			
百福荘嚴	ひゃくふくしょうごん	×	百福荘嚴	藥王	1136①	漢四熟数名	1154⑥			ひやくふくしやうこん[妙]
百分	ひゃくぶん	×	百分	分別	938④	漢数名	957①			
百分	ひゃくぶん	×	百分	随喜	978②	漢数名	996③			
白拂	びゃくほつ	びやくほつ	白拂	信解	326⑥	漢名	303③	びやくほち／はへはらい[妙]		白払(びやくほち)はへはらい[妙]
百万	ひゃくまん	×	百万	從地	822③	漢数名	844⑥			
百万	ひゃくまん	×	百万	從地	837⑤	漢数名	860④			
百由旬	ひゃくゆじゅん	—ゆしゆん	百由旬	化城	453④	漢数名	448①		—なりき[西右]	
百由旬	ひゃくゆじゅん	×	百由旬	陀羅	1259③	漢数名	1271①			ひやくゆしゆん[妙]
白癩	びゃくらい	びやくらい	白癩	普賢	1335③	漢症病名	1338④	ひやくらい／しらはたけ[妙]		
白蓮華香	びゃくれんけこう	ひやくれん—	白蓮華香	法功	1009④	仏香名名	1028①		————の—[西右]	
白鑞	びゃくろう	びやくらう	白鑞	方便	163⑤	漢名	141①			
譬喻	ひゆ	ひゆ／たとへ	譬喻	方便	88⑤	漢名	77⑥	ひゆ／たとひ[妙]		
譬喻	ひゆ	ひゆ	譬喻	方便	124③	漢名	109①	ひゆ／たとひことは[妙]	一の[西右]	
譬喻	ひゆ	ひゆ	譬喻	方便	129③	漢名	113③	ひゆ／たとい[妙]		
譬喻	ひゆ	ひゆ／たとへ也	譬喻	方便	130④	漢名	114③		一の[西右]	

当該語	読みかな	傍訓	漢字表記	品名	頁数	語の種類	妙一本	和解語文	可読	異同語彙
譬喩	ひゆ	ひゆ	譬喩	方便	132①	漢名	115④			
譬喩	ひゆ	ひゆ	譬喩	方便	134③	漢名	117④	ひゆ／たとひ[妙]	一の[西右]	
譬喩	ひゆ	ひゆ	譬喩	方便	143②	漢名	124⑥			
譬喩	ひゆ	×	譬喩	方便	143⑥	漢名	125②		一と[西右]	
譬喩	ひゆ	ひゆ	譬喩	方便	158④	漢名	137①	ひゆ／たとひ[妙]		
譬喩	ひゆ	ひゆ	譬喩	方便	174④	漢名	150②	ひゆ／たとひ[妙]	一とまた[西右]	
譬喩	ひゆ	ひゆ	譬喩	譬喩	215③	漢名	183⑤			
譬喩	ひゆ	ひゆ／たとへ	譬喩	譬喩	223②	漢名	192②	ひゆ／たとひ[妙]		
譬喩	ひゆ	ひゆ	譬喩	譬喩	237⑤	漢名	207①	ひゆ／たとひ[妙]		
譬喩	ひゆ	ひゆ／たとふ	譬喩	譬喩	238②	漢名	207⑤	ひゆ／たとひ[妙]		
譬喩	ひゆ	ひゆ	譬喩	譬喩	238④	漢名	207⑥	ひゆ／たとひ[妙]		
譬喩	ひゆ	ひゆ／たとへ	譬喩	譬喩	291⑥	漢名	264①	ひゆ／たとへ[妙]		
譬喩	ひゆ	ひゆ	譬喩	譬喩	314⑤	漢名	288⑤	ひゆ／たとへ[妙]		
譬喩	ひゆ	ひゆ	譬喩	信解	321⑥	漢名	297②	ひゆ／たとひ[妙]		
譬喩	ひゆ	ひゆ	譬喩	信解	366⑤	漢名	352⑤	ひゆ／たとひ[妙]		
譬喩	ひゆ	ひゆ	譬喩	藥草	413⑥	漢名	402②	ひゆ／たとひ[妙]		
譬喩	ひゆ	ひゆ	譬喩	授記	428②	漢名	418⑤	ひゆ／たとへ[妙]		
譬喩	ひゆ	ひゆ／たとへ	譬喩	化城	537⑥	漢名	542⑥	ひゆ／たとひ[妙]	一と[西右]	
譬喩	ひゆ	ひゆ	譬喩	安樂	780④	漢名	801③	ひゆ／たとへ[妙]		
譬喩	ひゆ	ひゆ	譬喩	安樂	781③	漢名	802③	ひゆ／たとい[妙]		
譬喩	ひゆ	ひゆ	譬喩	安樂	783④	漢名	804⑤	ひゆ／たとひ[妙]		
譬喩	ひゆ	ひゆ	譬喩	從地	823①	漢名	845③	ひゆ／たとひ[妙]		
譬喩	ひゆ	ひゆ	譬喩	如來	894②	漢名	913③	ひゆ／たといの[妙]		
譬喩	ひゆ	ひゆ	譬喩	分別	938⑥	漢名	957②			辟喩(ひゆ)[妙]
譬喩	ひゆ	ひゆ	譬喩	随喜	978③	漢名	996⑤			
譬喩す	ひゆす	ひゆ	譬喩	随喜	989②	漢サ動	1007④	ひゆ・す／たとひ[妙]	一をう[西右]	
兵	ひょう	ひやう・つはもの	兵	安樂	796⑤	単漢人倫名	818④	ひやう／つわもの[妙]		
兵	ひょう	ひやう・つはもの	兵	安樂	805⑥	単漢人倫名	828①	ひやう／つはもの[妙]		
秘要	ひよう	ひえう	秘要	方便	191②	漢名	164①			
秘要	ひよう	ひよう	秘要	法師	637⑥	漢名	650②			
秘要	ひよう	×	秘要	神力	1095①	漢名	1113⑤			ひえう[妙]
秘要	ひよう	ひえう	秘要	神力	1102②	漢名	1121①			ひゑう[妙]
病	びょう	びやう	病	序品	27①	単漢病症名	23③	ひやう／やまひ[妙]		
病	びょう	びやう	病	序品	49①	単漢病症名	42③	ひやう／やまひ[妙]		
病	びょう	びやう	病	譬喩	236③	単漢病症名	205④	ひやう／やまい[妙]		
病	びょう	びやう	病	譬喩	254⑤	単漢病症名	225⑤	びやう／やまひし[妙]		
病	びょう	びやう	病	譬喩	255①	単漢病症名	226①	ひやう／やまひし[妙]		
病	びょう	びやう	病	譬喩	258③	単漢病症名	229⑤	ひやう／やまいし[妙]		
病	びょう	びやう	病	譬喩	289⑤	単漢病症名	261⑥	ひやう／やまひし[妙]		
病	びょう	びやう・やまひ	病	如來	899⑤	単漢病症名	918⑤	しゆびやう／もろ〳〵のやまいをつくろう[妙]	やまひ[西右]	衆病(しゆびやう)もろ〳〵のやまいをつくろう[妙]
病	びょう	びやう	病	常不	1058⑤	単漢病症名	1077④	ひやう／やまいし[妙]		
病	びょう	びやう	病	觀世	1243③	単漢病症名	1255⑤	ひやう／やまい[妙]		
表し	ひょうし	へう	表	授記	443①	漢サ動	435④		長表の金利あらんィ[西右]。一せん[西右]	
兵衆	びょうじゅ	ひやうしゆ	兵衆	序品	34①	漢人倫名	29②	ひやうしう／つはもの[妙]		
兵衆	びょうじゅ	ひやうしゆ	兵衆	安樂	796⑥	漢人倫名	818③			「びやうじゆ」[妙]と訓読。
兵衆	びょうじゅ	×	兵衆	安樂	800③	漢人倫名	822②			
屏處	びょうしょ	ひやうしよ／かくれたるところ	屏處	安樂	772①	漢名	792③	ひやうしよ／かくれたるところ[妙]		

当該語	読みかな	傍訓	漢字表記	品名	頁数	語の種類	妙一本	和解語文	可読	異同語彙
平正	ひょうじょう	びやうしやう	平正	譬喩	221④	漢形動	190③	ひやうじやう／たいらか[妙]		
平正	びょうしょう	びやうしやう／おなしき心	平正	譬喩	249②	漢形動	219①	ひやうしやう／たへらか[妙]		
平正	びょうしょう	×	平正	授記	417③	漢形動	405⑤	ひやうしやう／たいらか[妙]		
平正	びょうしょう	ひやうしやう	平正	授記	420⑤	漢形動	409⑤	ひやうしやう／たへらかに[妙]		
平正	びょうしょう	ひやうしやう	平正	授記	427④	漢形動	417⑤	ひやうしやう／たいらか[妙]		
平正	びょうしょう	×	平正	授記	435③	漢形動	426④	ひやうしやう／たいらか[妙]		
平正	びょうしょう	×	平正	授記	441①	漢形動	433①			
平正	びょうしょう	びやうしやう	平正	見寶	674①	漢形動	689⑤	ひやうしやう／たいらか[妙]	たいらかなる	
平正	びょうしょう	びやうしやう	平正	見寶	676②	漢形動	692②	ひやうしやう／たいらか[妙]		
平正	びょうしょう	ひやうじやう	平正	随喜	984⑤	漢形動	1003①	ひやうじやう／たいらか[妙]		
平正	びょうしょう	ひやうじやう	平正	随喜	991③	漢形動	1009⑥	ひやうしやう／たいらか[妙]		
平正	びょうしょう	ひやうじやう	平正	妙荘	1294③	漢形動	1302⑥	ひやうしやう／たいらか[妙]		
表刹	ひょうせつ	へうせつ	表刹	分別	962②	漢名	980⑤		一あて[西右]	
表刹荘厳し	ひょうせつしょうごんし	へうせつしやうごんす・ん	表刹荘嚴	藥王	1134②	漢四熟サ動	1153①	へうせつしやうこん・し[妙]		
飄堕せ	ひょうだせ	へうた・たゝよほしおとさむ	飄堕	觀世	1211②	漢サ動	1224④	へうた・せ／ひるかへしおとさん[妙]		
病痛	びょうつう	びやうつう	病痛	安樂	809⑥	漢症病名	832①	ひやうつう／やみいたみ[妙]		
病痛	びょうつう	びやうつう	病痛	藥王	1151②	漢症病名	1169④	ひやうつう／やみいたみ[妙]		
平等	びょうどう	×	平等	方便	150②	漢名	130④			
平等	びょうどう	びやうどう	平等	藥草	406②	漢名	393③			
平等	びょうどう	×	平等	藥草	406④	漢名	393⑥	ひやうとう／ひとしく[妙]		
平等	びょうどう	ひやうとう	平等	藥草	409⑥	漢名	397④			
平等	びょうどう	×	平等	安樂	786⑤	漢名	808②			
平等大恵	びょうどうたいえ	×	平等大惠	見寶	659②	漢四熟名	673⑤	ひやうとうたいゑ／いさいしゆしやうのひとしく[妙]		
平鼻	ひょうび	びやうび・ひらめるはな	平鼻	普賢	1335⑤	漢身体名	1338⑤	ひやうひ／ひらめるはなにし[妙]		
漂流し	ひょうりゅうし	へうりう	漂流	觀世	1237②	漢サ動	1249④	へうる・し／おほきなるうみにたよひなかれ[妙]		へうるし[妙・足]
ひらか	ひらか	×	開	方便	125⑦	和動	110④			
ひらか	ひらか	×	開	見寶	678⑥	和動	695③			
ひらか	ひらか	×	開	見寶	679④	和動	696②			
ひらき	ひらき	×	開	化城	472①	和動	470②			
ひらき	ひらき	×	開	化城	496④	和動	499②			
ひらき	ひらき	×	開	化城	534④	和動	540②		一いて[西右]	
ひらき	ひらき	×	開	法師	645①	和動	658②			
ひらき	ひらき	×	開	見寶	680②	和動	697①			
ひらき	ひらき	×	闢	提婆	732①	和動	750①			
ひらく	ひらく	×	開	見寶	680③	和動	697③			
毗藍婆	びらんば	びらんば	毗藍婆	陀羅	1262②	仏天象名	1273⑤			びらんば[妙]
毗梨耶波羅蜜	びりやはらみつ	びりだばらみつ	毗梨耶波羅蜜	妙荘	1274①	仏梵語名	1284④	びりやはらみつ／やまはやしにましはり[妙]	一と[西右]	
毗梨耶波羅蜜	びりやはらみつ	びりや―――	毗梨耶波羅蜜	分別	938②	仏梵語名	956④			
ひろひ	ひろい	×	拾	提婆	711②	和動	728④			
ひろひとり	ひろいとり	×	收取	藥王	1134③	和複動	1152⑤		をさめとり[西右]	ひろひとり[妙][西右]
疲勞	ひろう	ひらう／つかれいたわる	疲勞	從地	828③	漢名	850④	ひらう／つかれわつらひ[妙]		

当該語	読みかな	傍訓	漢字表記	品名	頁数	語の種類	妙一本	和解語文	可読	異同語彙
疲勞	ひろう	ひらう	疲勞	從地	829③	漢名	851④	ひらう／つかれわつらひ[妙]		
疲勞	ひろう	×	疲勞	從地	830②	漢名	852④	ひらう／つかれわつらい[妙]		
ひろく	ひろく	×	廣	序品	67③	和形	59②			
ひろく	ひろく	×	廣	序品	80①	和形	70③			
ひろく	ひろく	×	廣	序品	83④	和形	73②			
ひろく	ひろく	×	廣	方便	88⑥	和形	77⑥			
ひろく	ひろく	×	廣	方便	161⑤	和形	139④			
ひろく	ひろく	×	廣	方便	168⑤	和形	145③			
ひろく	ひろく	×	廣	方便	192③	和形	165②			
ひろく	ひろく	×	廣	譬喩	211④	和形	179④			
ひろく	ひろく	×	廣	譬喩	229③	和形	198④			
ひろく	ひろく	×	廣	譬喩	229③	和形	198⑥			
ひろく	ひろく	×	廣	授記	415⑥	和形	404②			
ひろく	ひろく	×	廣	化城	496④	和形	499①			
ひろく	ひろく	×	廣	化城	502③	和形	506③			
ひろく	ひろく	×	廣	化城	510⑤	和形	515⑤			
ひろく	ひろく	×	廣	化城	534③	和形	540①			
ひろく	ひろく	×	廣	法師	626③	和形	637⑤			
ひろく	ひろく	×	廣	法師	627①	和形	638②			
ひろく	ひろく	×	廣	法師	628①	和形	639②			
ひろく	ひろく	×	廣	法師	633①	和形	644⑥			
ひろく	ひろく	×	廣	法師	646⑤	和形	660⑤			
ひろく	ひろく	×	廣	法師	647④	和形	661②			
ひろく	ひろく	×	廣	法師	648④	和形	662⑤			
ひろく	ひろく	×	廣	法師	652②	和形	666⑤			
ひろく	ひろく	×	廣	見寶	684④	和形	701⑤			
ひろく	ひろく	×	廣	見寶	697①	和形	715⑥			
ひろく	ひろく	×	廣	提婆	716①	和形	733⑤			
ひろく	ひろく	×	廣	提婆	717②	和形	735②			
ひろく	ひろく	×	廣	提婆	725⑥	和形	744①			
ひろく	ひろく	×	廣	勸持	739⑥	和形	758⑤			
ひろく	ひろく	×	廣	勸持	740⑤	和形	759③			
ひろく	ひろく	×	廣	勸持	747③	和形	766③			
ひろく	ひろく	×	廣	勸持	748⑤	和形	767⑥			
ひろく	ひろく	×	廣	勸持	751②	和形	770⑤			
ひろく	ひろく	×	廣	從地	818③	和形	840⑤			
ひろく	ひろく	×	廣	從地	819⑤	和形	841⑥			
ひろく	ひろく	×	廣	如來	912③	和形	931⑤			
ひろく	ひろく	×	廣	分別	936③	和形	955①			
ひろく	ひろく	×	廣	分別	948①	和形	966⑤			
ひろく	ひろく	×	廣	分別	967⑤	和形	985⑥			
ひろく	ひろく	×	廣	隨喜	984⑤	和形	1003①		ひろくして[西右]	
ひろく	ひろく	×	廣	隨喜	991②	和形	1009⑥			
ひろく	ひろく	×	廣	常不	1068③	和形	1087①			
ひろく	ひろく	×	廣	常不	1079④	和形	1098①			
ひろく	ひろく	×	廣	常不	1083①	和形	1101⑤			
ひろく	ひろく	×	廣	神力	1084①	和形	1103①			
ひろく	ひろく	×	廣	囑累	1106①	和形	1124⑥			
ひろく	ひろく	×	廣	囑累	1107②	和形	1125⑥			
ひろく	ひろく	×	廣	藥王	1132⑥	和形	1151②			
ひろく	ひろく	×	廣	觀世	1242⑤	和形	1255②			
ひろく	ひろく	×	廣	妙莊	1282⑤	和形	1291⑤			
ひろく	ひろく	×	廣	妙莊	1300⑤	和形	1308①			
ひろく	ひろく	×	廣	普賢	1326②	和形	1330④			
ひろく	ひろく	×	弘	信解	347⑥	和形	329⑤			
琵琶	びわ	びは	琵琶	方便	166③	漢樂具名	143③			
ひわれ	ひわれ	×	圮	譬喩	271②	和動	242③			やふれ[妙]
ひんがし	ひんがし	×	東	如來	884⑥	和方位名	903⑤			
貧窮	びんぐう	びんぐう	貧窮	方便	176①	漢名	151③			
貧窮	びんぐう	びんぐう／ひんにして	貧窮	譬喩	306⑥	漢名	279②			
貧窮	びんぐう	びんぐう	貧窮	譬喩	309⑥	漢名	282⑥			
貧窮	びんぐう	ひんぐう	貧窮	信解	324①	漢名	299⑥			
貧窮	びんぐう	びんぐう	貧窮	五百	596⑥	漢名	604⑥			
貧窮	びんぐう	びんぐう	貧窮	安樂	809⑥	漢名	832②	ひんくう／まつしく[妙]	—と[西右]	

当該語	読みかな	傍訓	漢字表記	品名	頁数	語の種類	妙一本	和解語文	可読	異同語彙
貧窮	びんぐう	びんぐう	貧窮	如來	896③	漢名	915③		一なると[西右]	
貧窮困苦	びんぐうこんく	びんぐうこんく	貧窮困苦	譬喩	255⑥	漢四熟名	227①	びんぐうごんぐ／たしなむく[妙]		
儐從	ひんじゅう	ひんじゆう／したかふともから	儐從	譬喩	288②	漢人倫名	260②	ひんじゅう／したかふもの[妙]		
顰蹙[顰蹙]し	ひんしゅくし	ひんじやく／くちひそみする心	顰蹙	譬喩	301⑥	漢サ動	274①	ひんしく・し／くちひそんて[妙]		
顰蹙し	ひんじゅくし	ひんじゅく	嚬蹙	勸持	757②	漢サ動	776②		一じく[西右]	ひんしく[妙]
擯出せ	ひんじゅつせ	ひんじゆつ	擯出	勸持	757②	漢サ動	776②			
擯出せ	ひんじゅつせ	×	擯出	安樂	783①	漢サ動	804①			
貧人	ひんにん	びん一	貧人	五百	598③	漢人倫名	606⑤			
貧人	ひんにん	びん一	貧人	五百	598⑤	漢人倫名	607①			
頻婆菓	びんばか	びんばくは／あかくうつくしきこのみ也	頻婆菓	妙莊	1301①	仏果樹名	1308④	ひんはくわ／このみ[妙]		
頻婆羅	びんばら	びんが一	頻婆羅	藥王	1128⑥	仏鬼神名	1147③			ひんばら[妙]
繽紛	ひんぷん	ひんふん	繽紛	分別	933⑥	漢名	952④	ひんふん／まかうて[妙]		
貧里	ひんり	びんり／まづしきさと	貧里	信解	358⑤	漢名	342⑥	ひんり／まつしきさとをう		
ふ	ふ	×	經	化城	541②	和動	547①		へたる[西右]	
ふ	ふ	×	歷	觀世	1235⑥	和動	1248③			
布	ふ	ふ	布	方便	163⑥	単漢名	141②	ふ／ぬの[妙]		
蝮	ふ	ふ／むかて・はみとかけと	蝮	觀世	1241③	単漢虫類名	1253⑥	ふ／はみ[妙]		
怖畏	ふい	ふい	怖畏	譬喩	242③	漢名	211⑥	ふい／をそれ[妙]		
怖畏	ふい	ふい／おそれ	怖畏	譬喩	253⑤	漢名	224④	ふゐ／をそれ[妙]		
怖畏	ふい	ふゐ	怖畏	譬喩	266③	漢名	237④	ふゐ／おそれの[妙]		
怖畏	ふい	ふゐ	怖畏	化城	517①	漢名	521⑥			
怖畏	ふい	ふい	怖畏	化城	522②	漢名	527③	ふい／おそれ[妙]		
怖畏	ふい	ふい	怖畏	安樂	768⑥	漢名	789①	ふい／をそれ[妙]		
怖畏	ふい	ふい	怖畏	觀世	1230⑥	漢名	1243④		一と[西右]	ふい[妙]
怖畏し	ふいし	ふい	怖畏	安樂	782⑥	漢サ動	803⑥	ふい・し／をそれ[妙]	一と[西右]	
怖畏す	ふいす	ふい	怖畏	譬喩	274①	漢サ動	245③	ふゐ・す／おそる[妙]		
怖畏す	ふいす	ふい	怖畏	譬喩	279④	漢サ動	251②	ふゐ・す／おそる[妙]		
怖畏す	ふいす	ふゐ／おそれ	怖畏	譬喩	281④	漢サ動	253①	ふゐ・す／おそる[妙]		
怖畏す	ふいす	ふゐ／おそるゝ事	怖畏	譬喩	289⑤	漢サ動	261⑤	ふゐ・す／おそる[妙]		
怖畏す	ふいす	ふい	怖畏	化城	523②	漢サ動	528③	ふい／おそるゝ[妙]		
怖畏せ	ふいせ	ふい	怖畏	化城	541①	漢サ動	546⑤		一する[西右]	
怖畏せ	ふいせ	ふゐ	怖畏	法師	645④	漢サ動	658⑥	ふゐ・せ／うたかいをそる[妙]		
怖畏せ	ふいせ	ふゐ	怖畏	法師	645⑥	漢サ動	659②			
怖畏せ	ふいせ	ふゐ	怖畏	觀世	1245①	漢サ動	1257②	ふい・せ／おそれ[妙]		
風火	ふうか	×	風火	觀世	1244①	漢天象名	1256③	ふうくわ／かせひ[妙]		
諷誦通利し	ふうじゅつうりし	ふしゆつうり	諷誦通利	化城	509①	漢四熟サ動	513⑤	ふしゆつうり／よみさとり[妙]	一し一[西右]	
風聲	ふうしょう	ふう一	風聲	法功	1000①	漢名	1018⑤	ふうしやう／かせのこゑ[妙]		
敷演し	ふえんし	ふえん／ときのへたまふ	敷演	序品	71③	漢サ動	62③	ふえん・し／ひらきのへ[妙]		
敷演し	ふえんし	ふゑ・えん	敷演	方便	105⑤	漢サ動	92⑤	ふえん・し／ひらきのへ[妙]	一稱歎し給ふ[西左]	
敷演し	ふえんし	ふえん／しきのふ	敷演	化城	501③	漢サ動	504⑥	ふえん／ひらきのへ[妙]		
敷演し	ふえんし	ふえん	敷演	安樂	780④	漢サ動	801⑤	ふえん・し／ひらきのへ[妙]		
敷演す	ふえんす	ふゑ・えん	敷演	安樂	804①	漢サ動	826②	ふえん・す／ひらきのふ[妙]	一し給ふ[西右]	
不可	ふか	ふか	不可	方便	150⑤	漢名	130⑥			
ふかき	ふかき	×	深	序品	32③	和形	27⑤			

当該語	読みかな	傍訓	漢字表記	品名	頁数	語の種類	妙一本	和解語文	可読	異同語彙
ふかき	ふかき	×	深	方便	174②	和形	149⑥			
ふかき	ふかき	×	深	譬喩	291①	和形	263②			
ふかき	ふかき	×	深	譬喩	312②	和形	285⑤			
ふかき	ふかき	×	深	觀世	1235⑥	和形	1248②			
不可喜	ふかき	×	不可喜	随喜	984②	漢名	1002④			
不可議	ふかぎ	×	不可議	常不	1082②	漢名	1101①			ふかぎ[妙]
ふかく	ふかく	×	深	序品	32⑤	和形	28①			
ふかく	ふかく	×	深	序品	33②	和形	28④			
ふかく	ふかく	×	深	序品	72⑤	和形	63⑥			
ふかく	ふかく	×	深	方便	89⑤	和形	78⑤			
ふかく	ふかく	×	深	方便	155①	和形	134③			
ふかく	ふかく	×	深	方便	176②	和形	151④			
ふかく	ふかく	×	深	方便	176⑥	和形	152②			
ふかく	ふかく	×	深	譬喩	210②	和形	178①			
ふかく	ふかく	×	深	譬喩	217④	和形	186①			
ふかく	ふかく	×	深	譬喩	263⑤	和形	235②			
ふかく	ふかく	×	深	譬喩	289②	和形	261③			
ふかく	ふかく	×	深	譬喩	295②	和形	267④			
ふかく	ふかく	×	深	譬喩	296①	和形	268③			
ふかく	ふかく	×	深	譬喩	301②	和形	273④			
ふかく	ふかく	×	深	譬喩	310④	和形	283④			
ふかく	ふかく	×	深	信解	321③	和形	296⑤			
ふかく	ふかく	×	深	化城	520⑤	和形	525⑤			
ふかく	ふかく	×	深	化城	521③	和形	526④			
ふかく	ふかく	×	深	化城	521④	和形	526⑤			
ふかく	ふかく	×	深	提婆	727⑥	和形	745⑥			
ふかく	ふかく	×	深	提婆	731②	和形	749①			
ふかく	ふかく	×	深	安樂	770②	和形	790②			
ふかく	ふかく	×	深	安樂	787②	和形	808④			
ふかく	ふかく	×	深	安樂	813②	和形	835④			
ふかく	ふかく	×	深	安樂	814②	和形	836⑤			
ふかく	ふかく	×	深	如來	904①	和形	923①			
ふかく	ふかく	×	深	法功	1017⑥	和形	1036④			
ふかく	ふかく	×	深	常不	1062⑤	和形	1081④			
ふかく	ふかく	×	深	妙音	1197③	和形	1211②			
ふかく	ふかく	×	深	妙荘	1277①	和形	1287②			
ふかく	ふかく	×	深	普賢	1322②	和形	1327①			
不可計	ぶかげ	ぶかげ／かそふへからず	不可計	五百	579④	漢名	584⑤	ふかけ／かそふへからさる[妙]		
不可思議	ふかしぎ	ふかしぎ	不可思議	序品	20③	漢名	16⑥			
不可思議	ふかしぎ	ふかしき	不可思議	方便	106⑥	漢名	93⑤	ふかしき／おもひはかるへからす[妙]		
不可思議	ふかしぎ	ふかしぎ	不可思議	譬喩	220④	漢四熟名	189③			
不可思議	ふかしぎ	ふかしぎ	不可思議	譬喩	223④	漢四熟名	192①			
不可思議	ふかしぎ	ふかしぎ	不可思議	信解	376③	漢四熟名	364③			
不可思議	ふかしぎ	一かしぎ	不可思議	授記	432②	漢四熟名	423①			
不可思議	ふかしぎ	×	不可思議	化城	445④	漢四熟名	438④	ふかしき／おもひはかるへからさる[妙]		
不可思議	ふかしぎ	一かしぎ	不可思議	提婆	719①	漢四熟名	737①			
不可思議	ふかしぎ	×	不可思議	常不	1082②	漢四熟名	1100⑤		不可議[西右]	ふかき[妙]
不可思議	ふかしぎ	×	不可思議	神力	1094①	漢四熟名	1112⑤			ふかしき[妙]
不可思議	ふかしぎ	×	不可思議	藥王	1164②	漢四熟名	1181②			ふかしき[妙]
不可思議	ふかしぎ	×	不可思議	妙荘	1302①	漢四熟名	1309③			ふかしき[妙]
不可思議	ふかしぎ	×	不可思議	妙荘	1304⑤	漢四熟名	1311⑤			ふかしき[妙]
不可思議	ふかしぎ	×	不可思議	普賢	1327①	漢四熟名	1331③			ふかしき[妙]
不可思議阿僧祇劫	ふかしぎあそうぎこう	——しぎあそうぎこう	不可思議阿僧祇劫	序品	47④	漢数名	41①			
不可思議阿僧祇劫	ふかしぎあそうぎこう	一かしきあそうぎかう	不可思議阿僧祇劫	常不	1057②	漢数名	1076②	ふかしきあそうきこう[妙]		
不可思議阿僧祇劫	ふかしぎあそうぎこう	ふかしぎあそうぎこふ	不可思議阿僧祇劫	妙荘	1272①	漢数名	1282⑥	ふかしきあそうきこう／とし[妙]		
不可稱數	ふかしょうしゅ	——しやうしゅ	不可稱數	普賢	1306③	漢四熟数名	1313①	ふかしようしゅ／かそうへからさる[妙]		
ふき	ふき	×	吹	序品	45⑤	和動	39③			

当該語	読みかな	傍訓	漢字表記	品名	頁数	語の種類	妙一本	和解語文	可読	異同語彙
ふき	ふき	×	吹	方便	166③	和動	143③			
ふき	ふき	×	吹	化城	490①	和動	491⑤			
ふき	ふき	×	吹	化城	531①	和動	536⑤		一い[西右]	
ふき	ふき	×	吹	藥王	1162⑥	和動	1179⑥			
ふき	ふき	×	吹	觀世	1211②	和動	1224③		一い[西右]	ふき[妙]
ふき	ふき	×	吹	普賢	1332⑥	和動	1336③			
ふきさけ	ふきさけ	×	吹咲	化城	453⑤	和複動	448②			
不喜声	ふきしょう	ふき―	不喜聲	法功	999⑤	漢名	1018③	ふきしやう／よろこひのこゑ[妙]		
不軽	ふきょう	×	不輕	常不	1068⑥	漢名	1087④			ふきやう[妙]
不軽	ふきょう	×	不輕	常不	1080①	漢名	1098⑤			ふきやう[妙]
不軽	ふきょう	×	不輕	常不	1080④	漢名	1099①		と云し[西右]	不軽(ふきやう)[妙]
不軽	ふきょう	×	不輕	常不	1080⑤	漢名	1099②			ふきやう[妙]
奉行す	ぶぎょうす	ぶきやう	奉行	囑累	1111①	漢サ動	1129⑤	ぶぎょう・す／おこなひたてまつる[妙]		
奉行す	ぶぎょうす	×	奉行	囑累	1111⑤	漢サ動	1130③			ぶぎやう・す[妙]
不軽菩薩	ふきょうぼさつ	×	不輕菩薩	常不	1078②	仏菩薩名	1096④			ふきやうほさつ[妙]
不軽菩薩	ふきょうぼさつ	×	不輕菩薩	常不	1078⑥	仏菩薩名	1097③			ふきやうほさつ[妙]
ふく	ふく	×	吹	見寶	688⑥	和動	706④			
福	ふく	ふく	福	序品	27⑤	単漢名	23⑤			
福	ふく	ふく	福	化城	471②	単漢名	468⑥			
福	ふく	ふく	福	法師	636①	単漢名	648②			
福	ふく	ふく	福	分別	943④	単漢名	962①			
福	ふく	ふく	福	分別	944⑤	単漢名	963③			
福	ふく	×	福	分別	945①	単漢名	963⑤			
福	ふく	ふく	福	分別	961⑤	単漢名	980②			
福	ふく	×	福	分別	965④	単漢名	983⑥			
福	ふく	ふく	福	随喜	970③	単漢名	988④			
福	ふく	×	福	随喜	973④	単漢名	991⑤			
福	ふく	×	福	随喜	979②	単漢名	997④			
福	ふく	×	福	随喜	986⑥	単漢名	1005②			
福	ふく	×	福	随喜	989②	単漢名	1007④			
福	ふく	×	福	随喜	989③	単漢名	1007⑥			
福	ふく	×	福	随喜	992②	単漢名	1010③			
福	ふく	×	福	随喜	992⑤	単漢名	1011③			
福	ふく	×	福	随喜	993④	単漢名	1012①			
福	ふく	×	福	常不	1080②	単漢名	1098⑤			ふく[妙]
福	ふく	×／―のィ	福	藥王	1142⑤	単漢名	1160⑥		一のィ[西左]	ふく[妙]
福	ふく	×	福	妙音	1171⑤	単漢名	1187⑤			ふく[妙]
福	ふく	ふく	福	觀世	1219⑥	単漢名	1232⑤	ふく／ふく[妙]		
福	ふく	ふく	福	觀世	1221①	単漢名	1234③		一は[西右]	ふく[妙]
福	ふく	ふく	福	陀羅	1249④	単漢名	1261⑤		一は[西右]	ふく[妙]
福	ふく	ふく	福	陀羅	1269⑥	単漢名	1280⑥			ふく[妙]
蝮	ふく	ふく／まむし	蝮	譬喩	271⑤	単漢虫類名	242⑥			
蝮	ぶく	ぶく	蝮	譬喩	281②	単漢虫類名	252⑤			蝮(ふ)[妙]
不具	ふぐ	ふぐ	不具	譬喩	309②	漢名	281⑥	ふぐ／かけたらん[妙]		
不共	ふぐ	ふぐ	不共	譬喩	211②	漢名	178⑥			
福恵	ふくえ	ふくゑ	福惠	方便	176①	漢名	151③			福慧(ふくゑ)[妙]
腹行し	ふくぎょうし	ふくきやう／はらはい	腹行	譬喩	305⑥	漢サ動	278①	ふくきやう・し／はうてゆく[妙]	はらはいゆかん[西]	
福業	ふくごう	ふくごう	福業	譬喩	235①	漢名	204③			
不共三昧	ふぐざんまい	×	不共三昧	妙音	1168⑥	漢四熟数名	1185⑦			ふくさんまい[妙]
福子	ふくし	ふくし	福子	法功	1019⑥	漢人倫名	1038④		一のこ[西右]	
伏し	ふくし	×	伏	觀世	1244②	単漢サ動	1256③			ふく・し[妙]
服し	ぶくし	ぶく	服	藥王	1123①	単漢サ動	1141①			ふく・し[妙]
服し	ぶくし	×	服	如來	903①	単漢サ動	922②			
福聚	ふくじゅ	ふくしゆ	福聚	觀世	1246①	漢名	1258②	ふくじゆ／うかの[妙]		
服す	ぶくす	ぶく	服	譬喩	308①	単漢サ動	280③			
服す	ぶくす	ぶく	服	如來	902④	単漢サ動	921④		一して[西右]	
服す	ぶくす	×	服	如來	906①	単漢サ動	925①			
服する	ぶくする	×	服	如來	908②	単漢サ動	927①		一して[西右]	
服せ	ぶくせ	ぶく	服	如來	901③	単漢サ動	920③			
服せ	ぶくせ	ぶく	服	如來	902②	単漢サ動	921②			

当該語	読みかな	傍訓	漢字表記	品名	頁数	語の種類	妙一本	和解語文	可読	異同語彙
服せ	ぶくせ	ぶく	服	如來	904①	単漢サ動	922⑥			
服せ	ぶくせ	ぶく	服	如來	905②	単漢サ動	924②			
服せ	ぶくせ	×	服	如來	905③	単漢サ動	924③			
伏藏	ふくぞう	ふくざう	伏藏	法功	1020④	漢名	1039②			
不休息菩薩	ふくそくぼさつ	ふくそく――	不休息菩薩	序品	8⑥	仏菩薩名	7②			
福徳	ふくとく	ふくとく	福徳	方便	141⑥	漢名	123⑤			
福徳	ふくとく	ふくとく	福徳	方便	160③	漢名	138③			
福徳	ふくとく	ふくとく	福徳	譬喩	278①	漢名	249⑤			
福徳	ふくとく	×	福徳	藥王	1139③	漢名	1157⑤			ふくとく[妙]
福得{徳}	ふくとく	×	福得	藥王	1156⑤	漢名	1174③			ふくとく[妙]
福徳	ふくとく	ふくとく	福徳	觀世	1218④	漢名	1231⑥			ふくとく[妙]
福徳	ふくとく	×	福徳	觀世	1221④	漢名	1234⑥			ふくとく[妙]
福徳	ふくとく	ふくとく	福徳	妙莊	1273④	漢名	1284⑤		―と[西右]	ふくとく[妙]
福徳力	ふくとくりき	×	福徳力	普賢	1331⑥	漢名	1335⑦	ふくとくりき／――ちから[妙]		
福報	ふくほう	ふくほう	福報	随喜	990③	漢名	1008⑥		―を[西右]	
福報	ふくほう	ふくほう	福報	普賢	1333⑤	漢名	1337②			ふくほう[妙]
ふくみ	ふくみ	×	含	藥草	400⑥	和動	387③			
舞戯	ぶげ	ぶけ	舞戯	分別	953③	漢名	972②	ぶけ／まいたわふる[妙]	―し[西右]	
不懈怠	ふけたい	×	不懈怠	法師	647③	漢名	661①	ふけたい／おこたらさる[妙]	懈怠せざるぃ[西右]	
普賢	ふげん	×	普賢	普賢	1320⑥	仏人倫名	1325⑥			ふげん[妙]
普賢	ふげん	×	普賢	普賢	1321③	仏人倫名	1326③			ふけん[妙]
普賢	ふげん	×	普賢	普賢	1322①	仏人倫名	1326⑦			ふけん[妙]
普賢	ふげん	×	普賢	普賢	1326⑤	仏人倫名	1331①			ふけん[妙]
普賢	ふげん	×	普賢	普賢	1328①	仏人倫名	1332⑥			ふけん[妙]
普賢	ふげん	×	普賢	普賢	1331⑤	仏人倫名	1335③			ふけん[妙]
普賢	ふげん	×	普賢	普賢	1331⑥	仏人倫名	1335④			ふけん[妙]
普賢	ふげん	×	普賢	普賢	1333②	仏人倫名	1336⑤			ふけん[妙]
普賢	ふげん	×	普賢	普賢	1336⑤	仏人倫名	1339②			ふけん[妙]
普賢	ふげん	×	普賢	普賢	1337③	仏人倫名	1340②			ふけん[妙]
普賢	ふげん	×	普賢	普賢	1337⑤	仏人倫名	1340④			
普賢勧發品	ふげんかんぼつぽん	――くわんぽつほん	普賢勧發品	普賢	1336⑥	仏経巻名	1339⑤			ふけんくわんほつほん[妙]
普賢菩薩	ふげんぼさつ	×	普賢菩薩	普賢	1306①	仏菩薩名	1312⑥			ふけんほさつ[妙]
普賢菩薩	ふげんぼさつ	ふけん――	普賢菩薩	普賢	1309②	仏菩薩名	1315④			ふけんほさつ[妙]
普賢菩薩	ふげんぼさつ	×	普賢菩薩	普賢	1310③	仏菩薩名	1317①			ふけんほさつ[妙]
普賢菩薩	ふげんぼさつ	×	普賢菩薩	普賢	1327④	仏菩薩名	1332①			ふけんほさつ[妙]
普香天子	ふこうてんし	ふかう――	普香天子	序品	10②	仏天象名	8②			
附近し	ふごんし	ふこん／ちかづきて	附近	信解	361⑤	漢サ動	346⑤	ふごん・し／ちかつき[妙]		
奉覲し	ぶごんし	ふこん	奉覲	授記	419③	漢サ動	408②			
奉覲し	ぶごんし	ふこん	奉覲	授記	426④	漢サ動	416⑥	ふこん／まみへたてまつる[妙]		
奉獻す	ぶごんす	ぶこん／たてまつる心	奉獻	法師	630③	漢サ動	641⑥	ふこむ・す／たてまつる[妙]		
奉覲する	ぶこんする	ふこん	奉覲	授記	415⑤	漢サ動	404①	ふこん・する／みへたてまつる[妙]	―してィ[西右]	
奉獻せ	ぶごんせ	ぶごん	奉獻	五百	586⑤	漢サ動	592③		―し[西右]	
ふさ	ふさ	×	瓔	譬喩	287③	和名	259②			
ふさがれ	ふさがれ	×	塞	譬喩	278⑤	和動	250③			
ふし	ふし	×	臥	五百	597④	和動	605⑤			
膚色	ふしき	ふしき／はたへいろ	膚色	譬喩	248⑥	漢名	218⑥	ふしき／はたへいろ[妙]		
奉事し	ぶじし	ぶじ	奉事	授記	433④	漢サ動	424④	ふし／つかへたてまつる[妙]		
奉持し	ぶじし	ぶぢ	奉持	序品	79⑥	漢サ動	70②	ふち・し／たもちたてまつり[妙]		
奉持し	ぶじし	ぶぢ	奉持	勧持	738③	漢サ動	757①	ふち・し／たもちたてまつり[妙]		
奉事する	ぶじする	ぶじ／つかふまつる	奉事	提婆	711⑤	漢サ動	728⑥			
奉持す	ぶじする	ぶぢ	奉持	序品	74⑤	漢サ動	65⑤	ふち・す／たもちたてまつる[妙]	たもつ心	たもつ心
奉持せ	ぶじせ	ふち／たもつ	奉持	授記	421②	漢サ動	410②	ふち・せ／たもちたてまつる[妙]		
奉持せ	ぶじせ	ふち	奉持	授記	442⑥	漢サ動	435②	ふち／たもちたてまつる[妙]		

当該語	読みかな	傍訓	漢字表記	品名	頁数	語の種類	妙一本	和解語文	可読	異同語彙
奉持せ	ぶぢせ	ふち／たもち	奉持	見寶	696④	漢サ動	715④	ふち・せ／たもちたてまつらん[妙]		
奉持せ	ぶぢせ	ぶぢ	奉持	分別	961④	漢サ動	980①	ふち・せ／たもちたてまつらん[妙]		
不實	ふじつ	ふじつ	不實	方便	155④	漢名	134⑤			不実[妙]
不實	ふじつ	ふじつ	不實	勧持	741①	漢名	759⑥	ふしち／まことならさる[妙]		
不實	ふじつ	ふじつ	不實	安樂	773①	漢名	793④		一と[西右]	
不實	ふじつ	一じつ	不實	從地	847③	漢名	870②	ふしち／まことならぬみこと[妙]		
不實	ふじつ	ふしつ	不實	普賢	1335④	漢名	1338③			ふしち[妙]
不失心	ふしつしん	ふしつ一／心をうしなはざる	不失心	如來	902⑥	漢名	921⑥	ふしつしん／こゝろうせさる[妙]		
敷實せ	ふぢつせ	ふしつ	敷實	藥草	390②	漢サ動	375④	ふしち／ひらけみ[妙]	ひらけみつくィ[西右]	
不浄	ふじょう	ふじやう	不淨	譬喩	272①	漢名	243③			
不浄	ふじょう	ふじやう	不淨	信解	336②	漢名	314⑥			
不浄	ふじょう	ふじやう	不淨	授記	417②	漢名	405④			
不浄	ふじょう	×	不淨	常不	1064⑤	漢名	1083①			ふじやう[妙]
奉上し	ぶじょうし	ふ一	奉上	化城	469②	漢サ動	466③	ふしやう／たてまつり[妙]		
奉上し	ぶじょうし	ふ一	奉上	化城	477⑤	漢サ動	476⑥	ふしやう／たてまつり[妙]		
奉上し	ぶじょうし	ふ一	奉上	化城	486③	漢サ動	487①			
奉上し	ぶじょうし	×	奉上	化城	495①	漢サ動	497⑤			
奉上し	ぶじょうし	ふ一	奉上	化城	533③	漢サ動	539①	ふしやう／たてまつりて[妙]		
奉上し	ぶじょうし	ふ一一	奉上	妙音	1187⑤	漢サ動	1202⑤			ふしやう・し[妙]
不成就	ふじょうじゅ	ふ一一	不成就	法功	1019⑥	漢名	1038④		一せじ[西右]	
奉上す	ぶじょうす	ぶじやう	奉上	妙音	1181⑤	漢サ動	1196⑤	ふしやう・す／たてまつる[妙]		
奉上せ	ぶじょうせ	ふ一	奉上	妙音	1188④	漢サ動	1203①	ふしやう・せ／たからのうつはものをたてまつる[妙]		
不信	ふしん	一しん	不信	方便	140⑥	漢名	122⑥			
ふせ	ふせ	×	臥	五百	590③	和動	597⑤			
布施	ふせ	×	布施	提婆	709①	漢名	726②			
布施	ふせ	ふせ	布施	分別	940⑥	漢名	959②			
布施	ふせ	ふせ	布施	分別	956⑤	漢名	975③			
布施	ふせ	ふせ	布施	分別	965⑥	漢サ動	984②		一し[西右]	
布施し	ふせし	ふせ	布施	序品	29⑥	漢サ動	25④			
布施し	ふせし	ふせ	布施	方便	160②	漢サ動	138②			
布施し	ふせし	ふせ	布施	分別	940③	漢サ動	958⑤			
布施す	ふせす	ふせ	布施	藥王	1125③	漢サ動	1143⑤			ふせ・す[妙]
布施する	ふせする	ふせ	布施	序品	30④	漢サ動	26①			
布施する	ふせする	×	布施	隨喜	974③	漢サ動	992④			
布施せ	ふせせ	×	布施	藥王	1140⑤	漢サ動	1158⑥			ふせ・せ[妙]
不善	ふぜん	ふぜん	不善	化城	497③	漢名	500④			
不善	ふぜん	×	不善	法師	628②	漢名	639③			
不善	ふぜん	ふぜん	不善	法師	634⑤	漢名	646⑤			
不善	ふぜん	×	不善	藥王	1145②	漢名	1163①			ふぜん[妙]
不善根	ふぜんごん	ふぜんごん	不善根	方便	136①	漢名	118⑥			
不善根	ふぜんごん	一ぜんごん	不善根	勧持	738⑥	漢名	757④	ふせんこん／せんこんならさる[妙]		
付属	ふぞく	ふそく／あつらへる心也	付屬	見寶	684⑥	漢名	702②		ある事あるに付屬せんと[西右]	
付属す	ふぞくす	ふぞく	付屬	嘱累	1105②	漢サ動	1124④			ふぞく・す[妙]
付属す	ふぞくす	ふぞく	付屬	嘱累	1107②	漢サ動	1125⑤			ふぞく・す[妙]
付属す	ふぞくす	ふぞく	付屬	藥王	1132②	漢名	1151②			ふぞく・す[妙]
豊足せ	ぶそくせ	ぶそく／ゆたかに一	豊足	藥草	402①	漢サ動	388⑤	ふそく／ゆたかにたら[妙]	一たらずィ[西右]	
不退	ふたい	一たい	不退	方便	99①	漢名	86⑥			
不退	ふたい	ふたい／あひはつちのくらい也	不退	譬喩	291⑤	漢名	263⑥			
不退	ふたい	ふたい	不退	藥草	409③	漢名	397②	ふたい／しりそかさる[妙]		
不退	ふたい	ふたい	不退	授記	431②	漢名	422②			
不退	ふたい	ふたい	不退	提婆	737①	漢名	755④			

当該語	読みかな	傍訓	漢字表記	品名	頁数	語の種類	妙一本	和解語文	可読	異同語彙
不退	ふたい	×	不退	勸持	747⑥	漢名	766⑥	ふたい／しりそかす[妙]		
不退	ふたい	ふたい	不退	安樂	813①	漢名	835③			
不退	ふたい	ふたい	不退	從地	854③	漢名	877①	ふたい／しりそかす[妙]		
不退	ふたい	×	不退	從地	870③	漢名	893②	ふたい／しりそかぬ[妙]		
不退	ふたい	ふたい	不退	分別	923④	漢名	942②			
不退	ふたい	×	不退	分別	930④	漢名	949②			
不退	ふたい	×	不退	分別	931①	漢名	949⑤			
不退轉	ふたいてん	ふたいてん	不退轉	序品	7③	漢名	6①	ふたいてん／しりそかす[妙]		
不退轉	ふたいてん	ふたいてん	不退轉	提婆	717⑤	漢名	735⑥	ふたいてん／しりそかぬ[妙]		
不退轉	ふたいてん	一たいてん	不退轉	提婆	719①	漢名	737①	ふたいてん／しりそかす[妙]		
不退轉	ふたいてん	一たいてん	不退轉	提婆	728②	漢名	746②	ふたいてん／しりそかぬこと[妙]		
不退轉	ふたいてん	ふたいてん	不退轉	提婆	736⑤	漢名	755②	ふたいてん／しりそかぬこと[妙]		
ふたつ	ふたつ	×	兩	譬喩	274③	和数名	245⑤			
ふたつ	ふたつ	×	兩	信解	375③	和数名	363①			
ふたつ	ふたつ	×	兩	五百	571④	和数名	575④			
ふたつ	ふたつ	×	二	方便	149②	和数名	129⑤			
ふたつ	ふたつ	×	二	五百	572④	和数名	576⑤			
ふたつ	ふたつ	×	二	提婆	733③	和数名	751⑤			
ふたつ	ふたつ	×	二	神力	1087⑥	和数名	1106②			
ふたつ	ふたつ	×	二	藥王	1138④	和数名	1156⑤			
ふたつ	ふたつ	×	二	藥王	1139①	和数名	1157②			
ふたつ	ふたつ	×	二	普賢	1309⑥	和数名	1316②			
二人	ふたつひと	ふたつひと	二人	觀世	1221①	和数名	1234③			ににん[妙]
ふたり	ふたり	×	二	信解	335②	和数名	313④			
ふたり	ふたり	×	二	化城	514⑥	和数名	519⑥			
二	ふたり	×	二	妙莊	1273③	和数名	1284①			
ふたり	ふたり	×	二	妙莊	1273④	和数名	1284②			
ふたり	ふたり	×	二	妙莊	1275⑤	和数名	1286①			
ふたり	ふたり	×	二	妙莊	1281③	和数名	1291③			
ふたり	ふたり	×	二	妙莊	1282⑤	和数名	1292③			
ふたり	ふたり	×	二	妙莊	1284①	和数名	1293⑤			
ふたり	ふたり	×	二	妙莊	1285⑥	和数名	1295④			
ふたり	ふたり	×	二	妙莊	1289③	和数名	1298④			
ふたり	ふたり	×	二	妙莊	1290②	和数名	1299②			
ふたり	ふたり	×	二	妙莊	1295⑥	和数名	1304②			
ふたり	ふたり	×	二	妙莊	1296④	和数名	1304④			
ふたり	ふたり	×	二	妙莊	1298⑤	和数名	1306②			
ふたり	ふたり	×	二	妙莊	1298⑥	和数名	1306⑥			
ふたり	ふたり	×	二	妙莊	1304①	和数名	1311③			
二子	ふたりのこ	ふたりのこ	二子	妙莊	1278⑤	和数名	1288⑤	にし／ふたりのこ[妙]		
ふたん	ふたん	一一ん	二	妙莊	1273②	和数名	1283⑥			ふたり[妙]
富單那	ふたんな	ふたんな	富單那	陀羅	1255②	仏名	1267⑤			ふたんな[妙]
富單那	ふたんな	ふたんな	富單那	陀羅	1265⑤	仏名	1276⑥			ふたんな[妙]
富單那	ふたんな	ふたんな	富單那	普賢	1312③	仏名	1318③			ふたんな[妙]
奉持し	ぶちし	ぶち／たもつ	奉持	譬喩	220⑥	漢サ動	189⑤	ぶち／たもちたてまつり[妙]		
普智天人尊	ふちてんにんそん	ふち――	普智天人尊	化城	496③	仏尊号名	499①	ふちてんにんそん／あまねくてんとひとゝのたうとむほとけ[妙]	一の一[西右]	
佛	ぶつ	×	佛	序品	46④	単漢名	40②			
佛	ぶつ	ぶつ	佛	序品	48①	単漢名	41④			
佛	ぶつ	×	佛	序品	66②	単漢名	57⑥	ふつ／ほとけ[妙]		
佛	ぶつ	×	佛	方便	95②	単漢名	83④			諸仏(しょふつ)[妙]
佛	ぶつ	×	佛	方便	138⑥	単漢名	120⑥			
佛	ぶつ	×	佛	譬喩	205①	単漢名	172②			ほとけ[妙]
佛	ぶつ	×	佛	譬喩	214②	単漢名	182③			ほとけ[妙]
佛	ぶつ	×	佛	譬喩	214⑤	単漢名	182⑥			
佛	ぶつ	×	佛	譬喩	215③	単漢名	183⑤			

当該語	読みかな	傍訓	漢字表記	品名	頁数	語の種類	妙一本	和解語文	可読	異同語彙
佛	ぶつ	×	佛	譬喩	217②	単漢名	185⑤			ほとけ[妙]
佛	ぶつ	×	佛	譬喩	218③	単漢名	187①			ほとけ[妙]
佛	ぶつ	ぶつ	佛	譬喩	221③	単漢名	190②			
佛	ぶつ	×	佛	譬喩	225⑤	単漢名	194⑤			
佛	ぶつ	×	佛	譬喩	227①	単漢名	196②			佛(ほとけ)[妙]
佛	ぶつ	×	佛	譬喩	236②	単漢名	205③			
佛	ぶつ	ほとけ	佛	譬喩	237③	単漢名	206⑤			ほとけ【仏】[妙]
佛	ぶつ	×	佛	譬喩	253④	単漢名	224①			
佛	ぶつ	ほとけ	佛	譬喩	256⑥	単漢名	228①			
佛	ぶつ	×	佛	譬喩	266②	単漢名	237④			ほとけ[妙]
佛	ぶつ	×	佛	信解	365③	単漢名	351②			
佛	ぶつ	×	佛	信解	370④	単漢名	357②			
佛	ぶつ	ぶつ	佛	藥草	391⑤	単漢名	377②			
佛	ぶつ	×	佛	藥草	409⑤	単漢名	397④			
佛	ぶつ	ふつ	佛	授記	416④	単漢名	404⑤			
佛	ぶつ	×	佛	授記	427②	単漢名	417④			
佛	ぶつ	×	佛	授記	429①	単漢名	419③			
佛	ぶつ	×	佛	授記	430①	単漢名	420④			
佛	ぶつ	ふつ	佛	授記	435②	単漢名	426④			
佛	ぶつ	×	佛	授記	438③	単漢名	430①			ほとけ[妙]
佛	ぶつ	×	佛	授記	440⑤	単漢名	432⑥			
佛	ぶつ	×	佛	授記	443⑤	単漢名	436②			
佛	ぶつ	×	佛	授記	444③	単漢名	437①			
佛	ぶつ	×	佛	化城	446①	単漢名	439①	ふつ／ほとけのとをのな[妙]		
佛	ぶつ	×	佛	化城	462①	単漢名	457⑥			
佛	ぶつ	×	佛	化城	470⑥	単漢名	468④			
佛	ぶつ	×	佛	化城	498②	単漢名	501①		一は[西右]	ほとけ[妙]
佛	ぶつ	×	佛	化城	499⑤	単漢名	503②			
佛	ぶつ	×	佛	化城	499⑥	単漢名	503③			
佛	ぶつ	×	佛	化城	534①	単漢名	539⑤			
佛	ぶつ	×	佛	化城	538②	単漢名	544①			
佛	ぶつ	ふつ	佛	五百	570⑤	単漢名	574④			
佛	ぶつ	×	佛	五百	579⑥	単漢名	585①			
佛	ぶつ	×	佛	五百	583⑥	単漢名	589③			
佛	ぶつ	×	佛	五百	584②	単漢名	589⑤			
佛	ぶつ	×	佛	五百	587①	単漢名	592⑥			
佛	ぶつ	×	佛	五百	587④	単漢名	593③		一と[西右]	ほとけ[妙]
佛	ぶつ	×	佛	五百	587⑤	単漢名	593⑥			ほとけ[妙]
佛	ぶつ	×	佛	五百	599⑤	単漢名	608③			
佛	ぶつ	×	佛	授學	602⑤	単漢名	611②			
佛	ぶつ	×	佛	授學	604③	単漢名	613①			
佛	ぶつ	×	佛	授學	613③	単漢名	622⑥			
佛	ぶつ	×	佛	授學	617⑥	単漢名	628①			
佛	ぶつ	×	佛	見寶	666⑥	単漢名	681⑥			ほとけ[妙]
佛	ぶつ	ぶつ	佛	提婆	716⑥	単漢名	734⑥			
佛	ぶつ	×	佛	勸持	743⑥	単漢名	762⑥			
佛	ぶつ	×	佛	勸持	745⑤	単漢名	764④			
佛	ぶつ	×	佛	從地	817⑤	単漢名	839⑥			
佛	ぶつ	×	佛	如來	886⑥	単漢名	905⑥			
佛	ぶつ	×	佛	如來	887④	単漢名	906⑤			
佛	ぶつ	×	佛	分別	928②	単漢名	946⑥			仏上(ふつしやう)[妙]
佛	ぶつ	ぶつ	佛	常不	1057⑥	単漢名	1076⑤			ふつ[妙]
佛	ぶつ	×	佛	常不	1061①	単漢名	1079⑤			ふつ[妙]
佛	ぶつ	ほとけ	佛	常不	1071⑥	単漢名	1090④			ほとけ[妙]
佛	ぶつ	×	佛	藥王	1116④	単漢名	1134⑥			ふつ[妙]
佛	ぶつ	×	佛	妙音	1166⑤	単漢名	1183①			ふつ[妙]
佛	ぶつ	×	佛	妙音	1172②	単漢名	1188①			ふつ[妙]
佛意	ぶつい	一い	佛意	勸持	749②	仏名	768③	ふつい／ほとけのこゝろに[妙]		
佛恵	ぶつゑ	一ゑ	佛恵	序品	8②	仏名	6④	ふつゑ／ほとけのちゑ[妙]		仏慧(ふつゑ)ほとけのちゑ[妙]
佛恵	ぶつゑ	×	佛恵	方便	144⑤	仏名	126①	ふつゑ／ほとけのちゑ[妙]		仏慧(ふつゑ)ほとけのちゑ[妙]
佛恵	ぶつゑ	×	佛恵	方便	186③	仏名	159⑤			仏慧(ふつゑ)ほとけのちゑ[妙]
佛恵	ぶつゑ	一ゑ	佛恵	譬喩	224③	仏名	193③	ふつゑ／ほとけのちゑ[妙]		仏慧(ふつゑ)ほとけのちゑ[妙]

当該語	読みかな	傍訓	漢字表記	品名	頁数	語の種類	妙一本	和解語文	可読	異同語彙
佛恵	ぶつえ	×	佛恵	化城	528⑤	仏名	534②	ふつゑ／ほとけのちゑ[妙]		
佛恵	ぶつえ	×	佛恵	化城	540③	仏名	546①	ふつゑ／ほとけのちゑ[妙]		
佛恵	ぶつえ	×	佛恵	化城	549②	仏名	556③			
佛恵	ぶつえ	×	佛恵	從地	831②	仏名	853⑥	ふつゑ／ほとけのちゑ[妙]		
佛恵	ぶつえ	一ゑ	佛恵	分別	939⑥	仏名	958②	ふつゑ／ほとけのちゑ[妙]		仏慧(ふつゑ)ほとけのちゑ[妙]
佛恵	ぶつえ	一ゑ	佛恵	常不	1059④	仏名	1078②	ふつゑ／ほとけのちゑ[妙]		
佛恵	ぶつえ	×	佛恵	嘱累	1109①	仏名	1127④	ふつゑ／ほとけちゑ[妙]		
佛教	ぶっきょう	ふつきやう	佛教	譬喩	209③	仏名	177①	ふつけう／ほとけのをしへ[妙]	一のをしへ[西右]	
佛教	ぶっきょう	一けう・一のおしへ	佛教	信解	366④	仏名	352④	ふつけう／ほとけのおしへ[妙]		
佛口	ぶっく	ふつく	佛口	譬喩	208④	仏名	175⑥	ぶつく／ほとけのみくち[妙]		
佛口所生	ぶっくしょしょう	×	佛口所生	方便	110①	仏四熟名	96②			
佛眼	ぶつげん	一けん	佛眼	方便	175⑥	仏名	151②	ふつけん／ほとけのまなこ[妙]		
佛眼	ぶつげん	一けん	佛眼	授記	418⑥	仏名	407④	ふつけん／ほとけのまなこ[妙]		
佛眼	ぶつげん	一けん	佛眼	如來	889②	仏名	908③	ふつけん／ほとけのまなこ[妙]		
佛語	ぶつご	ふつこ・ほとけのみことば	佛語	方便	118④	仏名	104①	ふつこ／ほとけのみこと[妙]	ほとけのみことば[西右]	
佛語	ぶつご	一ご・ほとけのみことは	佛語	方便	139⑥	仏名	121⑥			
佛語	ぶつご	ぶつみことば	佛語	譬喩	300⑤	仏名	273①	ぶつご／ほとけのことは[妙]		
佛語	ぶつご	ふつこ	佛語	授記	432③	仏名	423③	ふつこ／ほとけのみことは[妙]		
佛語	ぶつご	一ご・一みことば	佛語	如來	918⑤	仏名	937⑤	ふつご／ほとけのことは[妙]		
佛語	ぶつご	一ご	佛語	分別	946⑥	仏名	965①	ふつこ／ほとけのことはさとらん[妙]	一の一[西右]	
佛語	ぶつご	一のみことば	佛語	普賢	1338①	仏名	1340⑤	ふつこ／ほとけのことは[妙]		
佛坐	ぶつざ	一さ	佛坐	見寶	683④	仏名	700⑤	ふつさ／ほとけのまします[妙]		
佛子	ぶつし	×	佛子	序品	28①	仏人倫名	24①	ふつし／ほさつ[妙]		
佛子	ぶつし	×	佛子	序品	33④	仏人倫名	28⑥	ふつし／ほとけのてし[妙]		
佛子	ぶつし	×	佛子	序品	35①	仏人倫名	30①			
佛子	ぶつし	×	佛子	序品	35⑥	仏人倫名	30⑥			
佛子	ぶつし	ぶつし	佛子	序品	39③	仏人倫名	33⑥	ふつし／ほさつ[妙]		
佛子	ぶつし	×	佛子	序品	40①	仏人倫名	34④	ふつし／ほとけのてし[妙]		
佛子	ぶつし	ぶつし	佛子	序品	41③	仏人倫名	35①			
佛子	ぶつし	×	佛子	序品	42⑤	仏人倫名	36⑥			
佛子	ぶつし	×	佛子	序品	43②	仏人倫名	37③	ふつし／ほとけのてし[妙]		
佛子	ぶつし	×	佛子	方便	146①	仏人倫名	127②			
佛子	ぶつし	×	佛子	方便	146④	仏人倫名	127④			
佛子	ぶつし	×	佛子	方便	156⑥	仏人倫名	135⑤	ふつし／ほさつ[妙]		
佛子	ぶつし	×	佛子	方便	185②	仏人倫名	158⑥	ふつし／ほさつ[妙]		
佛子	ぶつし	ぶつし	佛子	譬喩	208④	仏人倫名	175⑥	ぶつし／ほとけのみこ[妙]		
佛子	ぶつし	×	佛子	譬喩	210④	仏人倫名	178②			
佛子	ぶつし	ぶつし	佛子	譬喩	313④	仏人倫名	287③			
佛子	ぶつし	×	佛子	譬喩	314③	仏人倫名	288③			

当該語	読みかな	傍訓	漢字表記	品名	頁数	語の種類	妙一本	和解語文	可読	異同語彙
佛子	ぶつし	—のみこ	佛子	信解	346②	仏人倫名	327⑤	ふつし／ほとけのみこ[妙]		
佛子	ぶつし	×	佛子	信解	350②	仏人倫名	332⑤	ぶつし／ほとけのみこ[妙]		
佛子	ぶつし	×	佛子	信解	350⑥	仏人倫名	333③			
佛子	ぶつし	×	佛子	信解	352③	仏人倫名	335②	ふつし／ほさち[妙]		
佛子	ぶつし	×	佛子	信解	367①	仏人倫名	352⑥	ふつし／ほさつ[妙]		
佛子	ぶつし	ぶつし	佛子	信解	371①	仏人倫名	357⑤			
佛子	ぶつし	ぶつし	佛子	藥草	408⑥	仏人倫名	396④	ふつし／ほさつ[妙]		
佛子	ぶつし	×	佛子	五百	574⑤	仏人倫名	579⑤			
佛子	ぶつし	×	佛子	法師	634②	仏人倫名	646①	ふつし／ほさつ[妙]		
佛子	ぶつし	×	佛子	見寶	690①	仏人倫名	707⑥	ふつし／ほさちら[妙]		
佛子	ぶつし	×	佛子	見寶	699①	仏人倫名	718①			
佛子	ぶつし	×	佛子	安樂	789⑥	仏人倫名	811③	ふつし／ほさつ[妙]		
佛子	ぶつし	×	佛子	從地	864④	仏人倫名	887④	ふつし／ほさつ[妙]		
佛子	ぶつし	×	佛子	分別	930②	仏人倫名	948⑥			
佛子	ぶつし	×	佛子	分別	968③	仏人倫名	986④	ふつし／ほさつ[妙]		
佛子	ぶつし	ぶつし	佛子	法功	1039⑤	仏人倫名	1058⑤			仏子(てし)[妙]
佛子	ぶつし	×	佛子	觀世	1235②	仏人倫名	1247⑤	ふつし／ほさち[妙]	—をば[西右]	
佛事	ぶつじ	—し	佛事	五百	568③	仏名	572②			
佛事	ぶつじ	—し	佛事	五百	578②	仏名	583②			
佛事	ぶつじ	—し	佛事	從地	857②	仏名	879⑥			
佛事	ぶつじ	—じ	佛事	如來	894④	仏名	913④			
佛事	ぶつじ	—じ	佛事	妙莊	1283④	仏名	1293②			ふつし[妙]
佛事	ぶつじ	×	佛事	妙莊	1296①	仏名	1304②			ふつし[妙]
佛事	ぶつじ	×	佛事	妙莊	1297⑥	仏名	1305⑥			ふつし[妙]
佛舎利	ぶつしゃり	×	佛舎利	譬喩	315⑤	仏名	289⑥			
佛舎利	ぶつしゃり	×	佛舎利	分別	952⑤	仏名	971④		これ—の——[西右]	
佛種	ぶつしゅ	×	佛種	方便	172②	仏名	148②	ふつしゆ／ほとけのたね[妙]		
佛種	ぶつしゅ	ぶつしゆ／ほとけになるたねといふ也	佛種	譬喩	301⑤	仏名	273⑥	ふつしゆ／ほとけのたねを[妙]		
佛種	ぶつしゅ	ぶつしゆ	佛種	譬喩	304①	仏名	276②	ぶつしう・を／ほとけのたねを[妙]		
佛所	ぶつしょ	×	佛所	從地	838②	仏名	860⑥	ふつしよ／ほとけのみもとに[妙]	いたりて[西右]	
佛所	ぶつしょ	×／—のみもと	佛所	陀羅	1260①	仏名	1271⑤	ふつ—／ほとけのみもと[妙]		
佛所	ぶつしょ	×／—のみもと	佛所	陀羅	1263②	仏名	1274⑤			ふつしよ[妙]
佛所	ぶつしょ	×	佛所	妙莊	1278④	仏名	1288④	ふつしよ／ほとけのみもと[妙]	—のみもと[西右]	
佛声	ぶつしょう	ふつ—	佛聲	法功	1000③	仏名	1019①	ふつしやう／ほとけのこゑ[妙]		
佛上	ぶつじょう	×／—のみうへ	佛上	化城	468④	仏名	465⑤	ふつしやう／ほとけのみうへに[妙]		
佛上	ぶつじょう	×	佛上	化城	477②	仏名	476③	ふつしやう／ほとけのみうへに[妙]	—みうへ[西右]	
佛上	ぶつじょう	×	佛上	化城	485⑥	仏名	486④	ふつしやう／ほとけのみうへに[妙]	—のみうへ[西右]	
佛上	ぶつじょう	×	佛上	化城	494⑤	仏名	497②	ふつしやう／ほとけのみうへ[妙]	—のみうへ[西右]	
佛乘	ぶつじょう	×	佛乘	方便	174①	仏名	149⑤		—をもて[西右]	
佛乘	ぶつじょう	×	佛乘	方便	179③	仏名	154②			
佛乘	ぶつじょう	ふつしよう	佛乘	譬喩	259⑥	仏名	231②		—と[西右]	
佛乘	ぶつじょう	ふつしよう	佛乘	譬喩	260⑥	仏名	232②			
佛乘	ぶつじょう	×	佛乘	化城	520①	仏名	525②			
佛所護念	ぶつしょごねん	ぶつしよごねん	佛所護念	序品	15①	仏四熟名	12①			

当該語	読みかな	傍訓	漢字表記	品名	頁数	語の種類	妙一本	和解語文	可読	異同語彙
佛所護念	ぶつしょごねん	一しよごねん	佛所護念	序品	53⑥	仏四熟名	46⑥			
佛所護念	ぶつしょごねん	×	佛所護念	序品	58④	仏四熟名	50⑥			
佛所護念	ぶつしょごねん	ぶつしよごねん	佛所護念	序品	65③	仏四熟名	57②			
佛所護念	ぶつしょごねん	ぶつしよごねん	佛所護念	譬喩	220③	仏四熟名	189②			
佛所護念	ぶつしょごねん	ふつしよこねん	佛所護念	化城	508④	仏四熟名	513②			
佛所護念	ぶつしょごねん	一しよこねん	佛所護念	見寶	659②	仏四熟名	673⑤			
佛所護念	ぶつしょごねん	一しよこねん	佛所護念	神力	1091②	仏四熟名	1109⑤			ぶつしよごねん[妙]
佛身	ぶつしん	×	佛身	見寶	664⑥	仏身体名	679⑤	ふつしん／ほとけのみ[妙]		
佛身	ぶつしん	×	佛身	見寶	697③	仏身体名	716②	ふつしん／ほとけのみ[妙]		
佛身	ぶつしん	×	佛身	提婆	733④	仏身体名	751⑥	ふつしん／ほとけのみ[妙]		
佛身	ぶつしん	×	佛身	如來	921①	仏身体名	940①	ふつしん／ほとけのみ[妙]		
佛身	ぶつしん	×	佛身	藥王	1134①	仏身体名	1152③			ふつしん[妙]
佛身	ぶつしん	×	佛身	妙音	1171②	仏身体名	1187①			ふつしん[妙]
佛身	ぶつしん	一しん	佛身	觀世	1222④	仏身体名	1235⑥	ふつしん／ほとけおんみ[妙]		
佛身	ぶつしん	×	佛身	觀世	1222⑥	仏身体名	1236①	ふつしん／ほとけのおんみ[妙]		
佛身	ぶつしん	×	佛身	妙莊	1292②	仏身体名	1301②	ふつしん／ほとけのみ[妙]		
佛世	ぶつせ	×	佛世	五百	567④	仏身体名	571②	ふつせ／ほとけのよ[妙]		
佛世尊	ぶつせそん	×	佛世尊	序品	20②	仏尊号名	16⑤			
佛世尊	ぶつせそん	×	佛世尊	序品	45③	仏尊号名	39②			
佛世尊	ぶつせそん	×	佛世尊	譬喩	262④	仏尊号名	233⑥			
佛世尊	ぶつせそん	×	佛世尊	譬喩	263②	仏尊号名	234⑤	ふつせそん／ほとけ[妙]		
佛世尊	ぶつせそん	×	佛世尊	譬喩	264②	仏尊号名	235④			
佛世尊	ぶつせそん	×	佛世尊	五百	564④	仏尊号名	567⑥	ふつせん／ほとけ一[妙]		
佛前	ぶつぜん	一ぜん・一のみまへ	佛前	譬喩	230⑥	仏名	200①			
佛前	ぶつぜん	一ぜん・一のみまへ	佛前	譬喩	235⑤	仏名	205①	ふつせん／ほとけのミまへ[妙]		
佛前	ぶつぜん	一ぜん／一のみまへ	佛前	信解	320⑤	仏名	296①	ふつぜん／ほとけのみまへ[妙]		
佛前	ぶつぜん	みまへ	佛前	化城	469⑤	仏名	467①	ふつせん／ほとけのみまへ[妙]		
佛前	ぶつぜん	×	佛前	化城	478②	仏名	477③	ふつせん／ほとけのみまへ[妙]	一のみまへ[西右]	
佛前	ぶつぜん	一せん・一のみまへ	佛前	化城	486⑥	仏名	487⑤	ふつせん／ほとけのみまへ[妙]		
佛前	ぶつぜん	×	佛前	化城	495④	仏名	498②	ふつせん／ほとけのみまへ[妙]	一のみまへ[西右]	
佛前	ぶつぜん	×	佛前	五百	563③	仏名	566③	ふつせん／ほとけのみまへ[妙]	一のみまへ[西右]	
佛前	ぶつぜん	×	佛前	五百	589①	仏名	595②			
佛前	ぶつぜん	×	佛前	五百	589③	仏名	595⑤			
佛前	ぶつぜん	×	佛前	授學	601⑤	仏名	610①	ふつせん／ほとけのみまへ[妙]		
佛前	ぶつぜん	×	佛前	授學	603③	仏名	612①	ふつせん／ほとけの御まへ[妙]		
佛前	ぶつぜん	×	佛前	授學	610⑥	仏名	620②	ふつせん／ほとけのみまへ[妙]	のみまえ[西右]	
佛前	ぶつぜん	×	佛前	法師	622②	仏名	632⑥			
佛前	ぶつぜん	×	佛前	法師	628③	仏名	639④			
佛前	ぶつぜん	×	佛前	見寶	656⑤	仏名	671①	ふつせん／ほとけのみまへに[妙]		
佛前	ぶつぜん	×	佛前	見寶	689③	仏名	707②	ふつせん／ほとけのみまへ[妙]	一のみまへ[西右]	

当該語	読みかな	傍訓	漢字表記	品名	頁数	語の種類	妙一本	和解語文	可読	異同語彙
佛前	ぶつぜん	×	佛前	見寶	697⑤	仏名	716⑤			
佛前	ぶつぜん	一ぜん	佛前	提婆	719⑥	仏名	737⑥	ふつぜん／ほとけのみまへに[妙]		
佛前	ぶつぜん	×	佛前	提婆	720②	仏名	738②	ふつぜん／ほとけのみまへ[妙]		
佛前	ぶつぜん	×	佛前	提婆	722①	仏名	740②	ふつぜん／ほとけのみまへ[妙]	ほとけのみまへ[西右]	
佛前	ぶつぜん	×	佛前	勧持	738①	仏名	756⑤	ふつぜん／ほとけのみまへ[妙]		
佛前	ぶつぜん	×	佛前	勧持	746③	仏名	765②	ふつぜん／ほとけのみまへ[妙]		
佛前	ぶつぜん	×	佛前	勧持	748②	仏名	767②	ふつぜん／ほとけのみまへ[妙]		
佛前	ぶつぜん	一ぜん	佛前	勧持	749③	仏名	768④	ふつぜん／ほとけのみまへ[妙]		
佛前	ぶつぜん	一ぜん	佛前	法功	1025③	仏名	1044②			ふつせん[妙]
佛前	ぶつぜん	×	佛前	神力	1083⑥	仏名	1102③			ぶつぜん[妙]
佛前	ぶつぜん	×	佛前	陀羅	1256②	仏名	1268②			
佛前	ぶつぜん	×	佛前	陀羅	1264②	仏名	1275④	ふつぜん／ほとけのみまへ[妙]		
佛前	ぶつぜん	×	佛前	陀羅	1267①	仏名	1278②			
佛前	ぶつぜん	×	佛前	妙荘	1303④	仏名	1310⑤	ふつせんのくわうみやうしやうごんさうほさつ[妙]		
佛前	ぶつぜん	×	佛前	普賢	1318④	仏名	1323⑥	ふつせん・し／ほとけのみまへ[妙]	佛前して[妙]	ぶつまえしてみ
佛像	ぶつぞう	一ざう	佛像	方便	163⑥	仏名	141①	ふつさう／ほとけのかたち[妙]		
佛像	ぶつぞう	一ざう	佛像	方便	164②	仏名	141⑤	ふつさう／ほとけのかたち[妙]		
佛像	ぶつぞう	×	佛像	方便	165①	仏名	142③		しかも 一[西右]	
佛足	ぶつそく	一そく	佛足	化城	531⑥	仏身体名	537④	ふつ一／ほとけの一[妙]	一のみあしを[西右]	
佛道	ぶつだう	×	佛道	五百	575④	仏名	580②			
佛駄波羶祢八	ぶつだはせんね	ふつだばせんねい	佛駄波羶祢	普賢	1319②	仏梵語名	×			ふつたはせんねい[妙]
佛駄毗吉利袞帝 三十二	ふつだびきりじつてい	ふつだびきりぢつてい	佛駄毗吉利袞帝	陀羅	1252⑤	仏梵語名	1264④			ふつたひきりち[妙]
佛智	ぶっち	×	佛智	方便	96②	仏名	84③			
佛智	ぶっち	×	佛智	方便	98⑤	仏名	86⑤			
佛智	ぶっち	一ち	佛智	譬喩	264④	仏名	235⑥		一と[西右]	
佛智	ぶっち	×	佛智	化城	451③	仏名	445③	ふつち／ほとけのちゑ[妙]		
佛智	ぶっち	×	佛智	化城	512②	仏名	517②	ふつち／ほとけのちゑ[妙]		
佛智	ぶっち	×	佛智	法師	651①	仏名	665①			
佛智	ぶっち	×	佛智	從地	846⑤	仏名	869③			
佛智慧	ぶっちえ	一ちゑ	佛智慧	譬喩	257③	仏名	228④		一の一一[西右]	
佛弟子	ぶつでし	一でし	佛弟子	方便	137①	仏人倫名	119⑤			
佛土	ぶつど	ふつと	佛土	序品	56④	仏地儀名	49①			
佛土	ぶつど	ふつと	佛土	序品	57③	仏地儀名	50①			
佛土	ぶつど	ふつと	佛土	序品	69③	仏地儀名	60④			
佛土	ぶつど	ふつと	佛土	序品	69④	仏地儀名	60⑤			
佛土	ぶつど	ふつと	佛土	方便	131④	仏地儀名	115⑤			
一佛土	ぶつど	ふつと	佛土	方便	148②	仏地儀名	128⑥			
佛土	ぶつど	×	佛土	五百	568②	仏地儀名	572①			
佛土	ぶつど	ふつと	佛土	五百	569⑥	仏地儀名	573⑤			
佛土	ぶつど	ふつと	佛土	見寶	692③	仏地儀名	710③			
佛土	ぶつど	×	佛土	分別	933⑤	仏地儀名	952③			
佛土	ぶつど	ふつと	佛土	五百	576④	仏地儀名	581②			
佛土	ぶつど	ふつと	佛土	五百	578⑥	仏地儀名	583⑥			
佛土	ぶつど	ふつと	佛土	五百	579②	仏地儀名	584③			
佛塔	ぶっとう	×	佛塔	方便	162⑤	仏家屋名	140③			
佛塔	ぶっとう	×	佛塔	藥王	1141①	仏家屋名	1159⑤			ふつたう[妙]
佛道	ぶつどう	×	佛道	序品	29②	仏名	25①			
佛道	ぶつどう	×	佛道	序品	29⑥	仏名	25④			
佛道	ぶつどう	×	佛道	序品	32③	仏名	27⑤			

当該語	読みかな	傍訓	漢字表記	品名	頁数	語の種類	妙一本	和解語文	可読	異同語彙
佛道	ぶつどう	×	佛道	序品	34⑥	仏名	29⑥			
佛道	ぶつどう	×	佛道	序品	35②	仏名	30③			
佛道	ぶつどう	×	佛道	序品	35⑤	仏名	30⑤			
佛道	ぶつどう	×	佛道	序品	36②	仏名	31②			
佛道	ぶつどう	×	佛道	序品	36⑥	仏名	31⑥			
佛道	ぶつどう	×	佛道	序品	62⑥	仏名	54⑥			
佛道	ぶつどう	×	佛道	序品	70④	仏名	61⑤			
佛道	ぶつどう	×	佛道	序品	73③	仏名	64④			
佛道	ぶつどう	×	佛道	方便	145①	仏名	126②			
佛道	ぶつどう	×	佛道	方便	146⑥	仏名	127⑥			
佛道	ぶつどう	×	佛道	方便	152⑥	仏名	132⑤			
佛道	ぶつどう	×	佛道	方便	153②	仏名	132⑥			
佛道	ぶつどう	×	佛道	方便	159①	仏名	137③			
佛道	ぶつどう	×	佛道	方便	160④	仏名	138④			
佛道	ぶつどう	×	佛道	方便	161①	仏名	139①			
佛道	ぶつどう	×	佛道	方便	163①	仏名	140④			
佛道	ぶつどう	×	佛道	方便	163③	仏名	140⑥			
佛道	ぶつどう	×	佛道	方便	164②	仏名	141④			
佛道	ぶつどう	×	佛道	方便	164⑤	仏名	141⑥			
佛道	ぶつどう	×	佛道	方便	165④	仏名	142⑤			
仏道	ぶつどう	×	佛道	方便	167②	仏名	144①			
佛道	ぶつどう	×	佛道	方便	169③	仏名	146①			
佛道	ぶつどう	×	佛道	方便	169⑥	仏名	146③			
佛道	ぶつどう	×	佛道	方便	171②	仏名	147④			
佛道	ぶつどう	×	佛道	方便	175②	仏名	150⑤			
佛道	ぶつどう	×	佛道	方便	185③	仏名	159①			
佛道	ぶつどう	×	佛道	方便	191④	仏名	164③	ふつたう／ほとけのミち[妙]		
佛道	ぶつどう	×	佛道	方便	192①	仏名	164⑥			
佛道	ぶつどう	一だう	佛道	譬喩	219④	仏名	188②			
佛道	ぶつどう	×	佛道	譬喩	228⑥	仏名	198②			
佛道	ぶつどう	×	佛道	譬喩	234⑤	仏名	204①			
佛道	ぶつどう	×	佛道	譬喩	235②	仏名	204⑤			
佛道	ぶつどう	×	佛道	譬喩	292②	仏名	264③			
佛道	ぶつどう	ふつたう	佛道	譬喩	311⑤	仏名	285①			
仏道	ぶつどう	×	佛道	譬喩	316③	仏名	291①			
佛道	ぶつどう	一だう	佛道	信解	371②	仏名	357⑥			
佛道	ぶつどう	×	佛道	信解	374②	仏名	361③			
佛道	ぶつどう	×	佛道	藥草	409①	仏名	396⑤	ふつたう／ほとけのみち[妙]		
佛道	ぶつどう	×	佛道	藥草	413⑥	仏名	402②			
佛道	ぶつどう	×	佛道	授記	442④	仏名	434⑥			
佛道	ぶつどう	×	佛道	授記	443⑥	仏名	436③			
佛道	ぶつどう	×	佛道	化城	458⑥	仏名	454③			
佛道	ぶつどう	×	佛道	化城	499④	仏名	502⑥			
佛道	ぶつどう	×	佛道	化城	518③	仏名	523②			
佛道	ぶつどう	×	佛道	化城	527④	仏名	533②			
佛道	ぶつどう	×	佛道	化城	530③	仏名	536①			
佛道	ぶつどう	×	佛道	化城	531③	仏名	537①			
佛道	ぶつどう	×	佛道	化城	536⑤	仏名	542③			
佛道	ぶつどう	×	佛道	化城	539③	仏名	545①			
佛道	ぶつどう	×	佛道	化城	539⑥	仏名	545⑤			
佛道	ぶつどう	×	佛道	化城	540④	仏名	546③			
佛道	ぶつどう	×	佛道	授學	608③	仏名	617④			
佛道	ぶつどう	×	佛道	授學	612③	仏名	622①			
佛道	ぶつどう	×	佛道	授學	615②	仏名	624⑥			
佛道	ぶつどう	×	佛道	授學	615④	仏名	625③			
佛道	ぶつどう	×	佛道	法師	622①	仏名	632⑤			
佛道	ぶつどう	×	佛道	法師	631③	仏名	642⑥			
佛道	ぶつどう	×	佛道	法師	635④	仏名	647④			
佛道	ぶつどう	×	佛道	法師	642③	仏名	655①			
佛道	ぶつどう	×	佛道	見寶	696⑤	仏名	715⑤			
佛道	ぶつどう	×	佛道	見寶	698⑤	仏名	717⑤			
佛道	ぶつどう	×	佛道	提婆	732⑥	仏名	751①	ふつたう／ほとけのみちは[妙]		
佛道	ぶつどう	×	佛道	勸持	745②	仏名	764①			
佛道	ぶつどう	×	佛道	安樂	770④	仏名	790⑤			
佛道	ぶつどう	×	佛道	安樂	780⑤	仏名	801⑤			

当該語	読みかな	傍訓	漢字表記	品名	頁数	語の種類	妙一本	和解語文	可読	異同語彙
佛道	ぶつどう	×	佛道	安樂	782①	仏名	803①			
佛道	ぶつどう	×	佛道	安樂	784②	仏名	805④			
佛道	ぶつどう	×	佛道	安樂	805④	仏名	827④			
佛道	ぶつどう	×	佛道	安樂	809②	仏名	831④			
佛道	ぶつどう	×	佛道	安樂	813①	仏名	835④			
佛道	ぶつどう	×	佛道	從地	836③	仏名	859②			
佛道	ぶつどう	×	佛道	從地	839④	仏名	862③		—の—［西右］	
佛道	ぶつどう	×	佛道	從地	853②	仏名	875②			
佛道	ぶつどう	×	佛道	從地	860②	仏名	883②			
佛道	ぶつどう	×	佛道	從地	861②	仏名	884①			
佛道	ぶつどう	×	佛道	從地	865①	仏名	887⑤			
佛道	ぶつどう	×	佛道	從地	868⑤	仏名	891⑤			
佛道	ぶつどう	—だう	佛道	如來	891③	仏名	910③			
佛道	ぶつどう	×	佛道	如來	911①	仏名	930①			
佛道	ぶつどう	×	佛道	分別	931④	仏名	950②			
佛道	ぶつどう	×	佛道	分別	941①	仏名	959③			
佛道	ぶつどう	×	佛道	常不	1079⑥	仏名	1098③	ふつたう／ほとけのみち［妙］		
佛道	ぶつどう	×	佛道	常不	1080③	仏名	1098⑥	ふつたう／ほとけのみち［妙］	—を［西右］	
佛道	ぶつどう	×	佛道	常不	1083③	仏名	1101⑥			ふつたう［妙］
佛道	ぶつどう	×	佛道	神力	1098④	仏名	1117⑤			ふつたう［妙］
佛道	ぶつどう	×	佛道	神力	1104②	仏名	1123②			ふつたう［妙］
佛道	ぶつどう	×	佛道	藥王	1163②	仏名	1180①			ふつたう［妙］
佛德	ぶつとく	×	佛德	方便	166⑥	仏名	143⑥			
佛普智尊	ぶつふちそん	—ふちそん	佛普智尊	譬喩	226⑥	仏尊号名	195⑥			
佛法	ぶつほう	×	佛法	序品	27②	仏名	23②			
佛法	ぶつほう	×	佛法	譬喩	207③	仏名	174④			
佛法	ぶつほう	ぶつほう	佛法	譬喩	208④	仏名	176①			
佛法	ぶつほう	×	佛法	信解	347⑤	仏名	329⑤			
佛法	ぶつほう	×	佛法	信解	368③	仏名	354④			
佛法	ぶつほう	×	佛法	授記	418②	仏名	406⑥			
佛法	ぶつほう	×	佛法	授記	442⑥	仏名	435②			
佛法	ぶつほう	×	佛法	化城	530②	仏名	535⑥			
佛法	ぶつほう	×	佛法	化城	548⑤	仏名	555④			
佛法	ぶつほう	×	佛法	五百	569③	仏名	573②			
佛法	ぶつほう	×	佛法	授學	616①	仏名	625⑥			
佛法	ぶつほう	×	佛法	從地	839③	仏名	862②		—の—［西右］	
佛法	ぶつほう	×	佛法	隨喜	975②	仏名	993③			
佛法	ぶつほう	×	佛法	法功	1030⑥	仏名	1049④			
佛法	ぶつほう	×	佛法	法功	1043③	仏名	1062①			
佛法	ぶつほう	×	佛法	藥王	1131⑥	仏名	1150②			ふつほう［妙］
佛法	ぶつほう	×	佛法	妙莊	1287②	仏名	1296⑤			ふつほう［妙］
佛法	ぶつほう	×	佛法	妙莊	1289⑤	仏名	1298⑥			ふつほう［妙］
佛法	ぶつほう	×	佛法	妙莊	1294⑥	仏名	1303②			ふつほう［妙］
佛法	ぶつほう	×	佛法	妙莊	1296②	仏名	1304③			ふつほう［妙］
佛寶	ぶつほう	×	佛寶	五百	596④	仏名	604③			
佛廟	ぶつみょう	—めう	佛廟	方便	162④	仏家屋名	140①			
ふで	ふで	×	筆	方便	164⑥	和文具名	142②			
不同	ふどう	ふとう／おなしからさる事	不同	藥草	410①	漢名	397⑥	ふとう／おなしからす［妙］	—なる事［西右］	
不同	ふどう	ふどう	不同	如來	889⑤	漢名	908⑤		—と［西右］	
葡萄	ぶどう	ぶたう	葡萄	藥草	402①	単漢植物名	388④	ふたう／ゑひ［妙］	—とは［西右］	
不唐捐	ふとうえん	×	不唐捐	觀世	1219③	漢名	1232⑤	たうえん／むなしからし［妙］	むなしくすてじ［西右］	唐捐［妙］
不男	ふなん	ふなん	不男	安樂	765③	漢人倫名	785③	ふんなん／をとこならすをんならす［妙］		
不男	ふなん	×	不男	安樂	771①	漢人倫名	791②			
孚乳	ふにゅう	ふにう／はくゝみやしなひ	孚乳	譬喩	273③	漢サ動	244⑤	ふにう／はくゝみやしない［妙］		
婦女	ぶにょ	ふ—	婦女	妙音	1191④	漢人倫名	1205⑤			ふによ［妙］
婦女	ぶにょ	×	婦女	妙音	1191⑤	漢人倫名	1205⑥			ふによ［妙］
婦女	ぶにょ	×	婦女	妙音	1191⑥	漢人倫名	1206①			ふによ［妙］
婦女	ぶにょ	ぶによ	婦女	觀世	1228②	漢人倫名	1241②	ふによ／め［妙］		
婦女	ぶにょ	×	婦女	觀世	1228③	漢人倫名	1241③			ふによ［妙］
夫人	ぶにん	ぶ—	夫人	妙莊	1273①	漢人倫名	1283⑤	ふにん／きさき［妙］		

当該語	読みかな	傍訓	漢字表記	品名	頁数	語の種類	妙一本	和解語文	可読	異同語彙
夫人	ぶにん	×	夫人	妙莊	1289①	漢人倫名	1298③	ふにん／きさき[妙]		
夫人	ぶにん	×	夫人	妙莊	1291②	漢人倫名	1300③	ふにん／きさきの[妙]		
夫人	ぶにん	×	夫人	妙莊	1294⑤	漢人倫名	1303②	ふにん／きさきと[妙]		
ふね	ふね	×	船	藥王	1150②	和乗物名	1168③			
不美	ふび	ふーー	不美	法功	1027①	漢名	1045⑤	ふび／むまからさる[妙]	うまからざる[西右]	
普遍し	ふへんし	ふへん	普遍し	藥草	391①	漢サ動	376④	ふへん／あまねく[妙]	あまねへんし給ふことィ[西右]	
蓬炉	ぶほつ	ぶほつ・さかりにして／さかりなる心	蓬炉	譬喩	278⑤	漢名	250①	ぶほつ・さかりにして／さふうほつ[妙]		
普明	ふみょう	×	普明	五百	585①	漢名	590④			
普明	ふみょう	×	普明	五百	586①	漢名	591⑥			
普明	ふみょう	×	普明	五百	587④	漢名	593④			
普明如来	ふみょうにょらい	×	普明如來	五百	584①	仏如来名	589④			
ふむ	ふむ	×	履	妙莊	1280②	和動	1290②			
不滅	ふめつ	ふめつ	不滅	如來	913③	漢名	932①	ふめつ／しなさると[妙]	一と[西右]有と滅と不滅と[西左]	
父母	ぶも	ぶも	父母	随喜	971⑤	漢人倫名	989①	ふも／ちゝはゝ[妙]		
父母	ぶも	×	父母	法功	995②	漢人倫名	1013⑥	ふも／ちゝはゝの[妙]		
父母	ぶも	×	父母	法功	997①	漢人倫名	1015⑤	ふも／ちゝはゝの[妙]		
父母	ぶも	×	父母	法功	1000⑥	漢人倫名	1019④	ふも／ちゝはゝの[妙]		
父母	ぶも	×	父母	法功	1001⑤	漢人倫名	1020④	ふも／ちゝはゝの[妙]		
父母	ぶも	×	父母	妙音	1183①	漢人倫名	1197⑤	ふも／ちゝはゝ[妙]		
父母	ぶも	×	父母	陀羅	1267⑤	漢人倫名	1278⑤	ふも／ちゝはゝ[妙]		
父母	ぶも	×	父母	妙莊	1286①	漢人倫名	1295⑤	ふも／ちゝはゝ[妙]		
父母	ぶも	×	父母	妙莊	1286①	漢人倫名	1295⑤	ふも／ちゝはゝ[妙]		
父母	ぶも	×	父母	妙莊	1287③	漢人倫名	1296⑥			ふも[妙]
浮木	ふもく	ふほ{も}く	浮木	妙莊	1286①	漢名	1296⑤	ふもく／うきゝ[妙]		
普門示現	ふもんじげん	ふもんじげん	普門示現	觀世	1246⑥	仏名	1259①		一の[西右]	ふもんしけん[妙]
普門品	ふもんぼん	×	普門品	觀世	1247②	仏語経巻名	1259③			ふもんほん[妙]
ふらし	ふらし	×	雨	序品	45④	和動	39③			
ふらし	ふらし	×	雨	序品	85⑤	和動	75②			
ふらし	ふらし	×	雨	藥草	407③	和動	394⑥		一て[西右]	
ふらし	ふらし	×	雨	藥草	410⑥	和動	398⑤		ふて[西右]	
ふらし	ふらし	×	雨	化城	453⑥	和動	448③			
ふらし	ふらし	×	雨	化城	454②	和動	448⑥			
ふらし	ふらし	×	雨	化城	490②	和動	491⑥			
ふらし	ふらし	×	雨	化城	530④	和動	536②			
ふらし	ふらし	×	雨	化城	531②	和動	536⑥			
ふらし	ふらし	×	雨	見寶	658②	和動	672④			
ふらし	ふらし	×	雨	如來	916①	和動	934⑥			
ふらし	ふらし	×	雨	分別	927②	和動	945⑥		ふる[西右]	
ふらし	ふらし	×	雨	分別	927⑤	和動	946③			
ふらし	ふらし	×	雨	分別	933⑤	和動	952②		ふて[西右]	
ふらし	ふらし	×	雨	分別	933⑥	和動	952④			
ふらし	ふらし	×	雨	藥王	1121④	和動	1139⑤		ふり[西右]	
ふらし	ふらし	×	雨	藥王	1121⑥	和動	1140①		ふりて[西右]	ふらしき[妙]
ふらし	ふらし	×	雨	妙音	1179④	和動	1194④		ふり[西右]	ふらし[妙]
ふらし	ふらし	×	雨	妙音	1199⑥	和動	1213⑤		ふり[西右・立本寺・瑞]	ふらし[妙]
ふらし	ふらし	×	雨	普賢	1306④	和動	1313③			ふりて[妙]
ふらす	ふらす	×	雨	譬喩	232③	和動	201④		ふり[西右]	

当該語	読みかな	傍訓	漢字表記	品名	頁数	語の種類	妙一本	和解語文	可読	異同語彙
ふらす	ふらす	×	雨	化城	453④	和動	447⑥			
ふらす	ふらす	×	雨	普賢	1332⑥	和動	1336③		(ふ)て[西右]	ふらす[妙]
ふり	ふり	×	雨	序品	15⑥	和動	12⑥			
ふり	ふり	×	雨	序品	24②	和動	20④			
ふり	ふり	×	雨	序品	54⑥	和動	47⑤		ふてしかもィ[西右]	
ふり	ふり	×	雨	序品	68③	和動	59⑤			
ふり	ふり	×	雨	分別	926③	和動	945①			
ふり	ふり	×	雨	藥王	1139⑥	和動	1158①		一き[西右]	
ふり	ふり	×	雨	觀世	1242①	和動	1254③			
ふる	ふる	×	雨	藥草	394⑥	和動	380⑤		一にィ[西右]	
ふるひ	ふるい	×	震	譬喩	277②	和動	248⑥			
ふるひ	ふるい	×	震	藥草	401①	和動	387④			
ふるひ	ふるい	×	震	觀世	1244③	和動	1256⑤			
富樓那	ふるな	ふるな	富樓那	五百	566②	仏人名名	569⑤			
富樓那	ふるな	×	富樓那	五百	567⑥	仏人名名	571④			
富樓那	ふるな	ふるな	富樓那	五百	568④	仏人名名	572③			
富樓那	ふるな	ふるな	富樓那	五百	577②	仏人名名	582①			
富樓那比丘	ふるなびく	ふるな	富樓那比丘	五百	581②	仏人名名	587①			
富樓那弥多羅尼子	ふるなみたらにし	ふるなみたらにし	富樓那弥多羅尼子	序品	6①	仏人名名	4⑤			
富樓那弥多羅尼子	ふるなみたらにし	ふるなみたらにし	富樓那弥多羅尼子	五百	562②	仏人名名	565①			
富樓那弥多羅尼子	ふるなみたらにし	ふるなみたらにし	富樓那弥多羅尼子	五百	565①	仏人名名	568③			
不老不死	ふろうふし	ふろうふし／おいせずしせざる心也・一ずしてはしせず	不老不死	藥王	1161⑤	漢四熟名	1178⑥	ふらうふし／おいすしなさらん[妙]		
浮樓莎捉八	ぶろしやに	ぶろしやに	浮樓莎捉八	陀羅	1261①	仏梵語名	1272⑤			ふろさに[妙]
糞	ふん	ふん・あくた／かはやのくそ	糞	信解	334⑥	単漢名	313②	ふん／あくた		
糞	ふん	ふん・あくた	糞	信解	335⑤	単漢名	314②	ふん／あくた[妙]		
糞	ふん	ふん・あくた	糞	信解	340②	単漢名	319⑤	ふん／あくた[妙]		
糞	ふん	ふん・あくた	糞	信解	347②	単漢名	328②	ふん／あくた[妙]		
分	ぶん	ふん	分	譬喩	208⑤	単漢名	176①			
分	ぶん	×	分	信解	348④	単漢名	330②			
分	ぶん	ぶん	分	藥草	402④	単漢名	389②			
分	ぶん	×	分	五百	596④	単漢名	604④			
分	ぶん	×	分	五百	599④	単漢名	608②			
分	ぶん	×	分	授學	602①	単漢名	610④			
糞穢	ふんえ	ふんゑ	糞穢	信解	360④	漢名	345②	ふんゑ／あくたけかれ[妙]		
糞穢	ふんえ	×	糞穢	信解	360⑥	漢名	345⑤	ふんゑ／あくたけかれ[妙]		
分身	ふんじん	ふんしん	分身	見寶	665⑤	漢名	680④	ふんしん／みをわかつ[妙]		
分身	ふんじん	×	分身	見寶	666②	漢名	681②	ふんしん／みをわかつ[妙]		
分身	ふんじん	×	分身	見寶	666⑤	漢名	681⑤			
分身	ふんじん	×	分身	見寶	686④	漢名	704①	ふんしん／みをわかつ[妙]		
分身	ふんじん	ふんしん	分身	從地	841⑥	漢名	864⑤			
分身	ふんじん	ふんしん	分身	神力	1084③	漢名	1102⑥	ぶんしん／みをわかつほとけの[妙]		
分身	ふんじん	×	分身	神力	1100⑥	漢名	1119②			ふんじん[妙]
分身	ふんじん	ふんじん	分身	神力	1101①	漢名	1120②			ふんじん[妙]
分身	ふんじん	×	分身	囑累	1112③	漢名	1131①	ふんじん／みをわかつ[妙]		
分身	ふんじん	×	分身	囑累	1113②	漢名	1131⑥			ふんじん[妙]
奮迅	ふんじん	ふんじん	奮迅	從地	845⑤	漢名	868③			ふんしゆん[妙]
糞土	ふんど	ふんど	糞土	信解	336②	漢名	314⑤	ふんど／あくたつち[妙]		
分布し	ぶんぷし	ふんふ／わくる心	分布	序品	79②	漢サ動	69⑤	ふんふ・し／わかち[妙]		わくる心[妙]
分布し	ぶんぷし	ぶんふ	分布	法師	637⑥	漢サ動	650②			
分別	ふんべつ	×	分別	方便	124④	漢名	109②	ふんへち／わかち[妙]		

当該語	読みかな	傍訓	漢字表記	品名	頁数	語の種類	妙一本	和解語文	可読	異同語彙
分別	ふんべつ	ふんべつ	分別	如来	894①	漢名	913①	ふんへつ／わかつ[妙]		
分別し	ふんべつし	ふんべつ	分別	序品	67⑤	漢サ動	59②	ふんへち／わかち[妙]	――き[西右]	
分別し	ふんべつし	×	分別	方便	90①	漢サ動	79①	ふんへつ／わかち[妙]		
分別し	ふんべつし	×	分別	方便	117⑥	漢サ動	103②	ふんへち・し／わかち[妙]		
分別し	ふんべつし	ふんべち	分別	方便	119①	漢サ動	104③	ふんへち・し／わかち[妙]		
分別し	ふんべつし	×	分別	方便	120②	漢サ動	105④	ふんへち・し／わかち[妙]		
分別し	ふんべつし	×	分別	方便	136③	漢サ動	119①			分別(ふんへち)し[妙]
分別し	ふんべつし	ふんべつ	分別	方便	181⑤	漢サ動	156②	ふんへつ・し／わかち[妙]		
分別し	ふんべつし	×	分別	方便	182②	漢サ動	156④			分別(ふんへち)し[妙]
分別し	ふんべつし	ふんべつ	分別	譬喩	233②	漢サ動	202③			
分別し	ふんべつし	ふんべつ	分別	譬喩	270①	漢サ動	241②			
分別し	ふんべつし	×	分別	信解	348④	漢サ動	330③			
分別し	ふんべつし	×	分別	信解	378①	漢サ動	366①			
分別し	ふんべつし	ふんへつ	分別	薬草	404①	漢サ動	391①			
分別し	ふんべつし	×	分別	化城	461⑥	漢サ動	457⑤	ふんへち／わかち[妙]		
分別し	ふんべつし	×	分別	化城	529①	漢サ動	534⑤	ふんへち／わかち[妙]		
分別し	ふんべつし	×	分別	化城	537③	漢サ動	543②	ふんへち／わかち[妙]	―してィ[西右]	
分別し	ふんべつし	×	分別	化城	548①	漢サ動	554⑤			
分別し	ふんべつし	×	分別	法師	652②	漢サ動	666②			分別(ふんへち)し[妙]
分別し	ふんべつし	×	分別	法師	655⑤	漢サ動	670①	ふんへち・し／わかちて[妙]	―するに[西右]	
分別し	ふんべつし	×	分別	勧持	754①	漢サ動	773②	ふんへち／わかち[妙]		
分別し	ふんべつし	×	分別	従地	847⑤	漢サ動	870③	ふんへち・し／わかち[妙]	―する事[西右]	
分別し	ふんべつし	×	分別	従地	850①	漢サ動	872⑥	ふんへち・し／わかち[妙]		
分別し	ふんべつし	×	分別	従地	866③	漢サ動	889①			
分別し	ふんべつし	×	分別	従地	868④	漢サ動	891③			
分別し	ふんべつし	×	分別	分別	930②	漢サ動	948⑥			
分別し	ふんべつし	×	分別	随喜	985⑥	漢サ動	1004①			
分別し	ふんべつし	ふんへつ	分別	随喜	990④	漢サ動	1008⑤	ふんへつ／わかつ[妙]		
分別し	ふんべつし	×	分別	法功	1008①	漢サ動	1026④	ふんへち・し／わかちわかて[妙]		
分別し	ふんべつし	×	分別	法功	1011②	漢サ動	1029⑤	ふんへち・し／わかち―[妙]		分別(ふんへち)わかち[妙]
分別し	ふんべつし	×	分別	法功	1014③	漢サ動	1033①			分別(ふんへち)[妙]
分別し	ふんべつし	×	分別	法功	1048①	漢サ動	1066④	ふんへち・し／のへとかん[妙]		分別(ふんへち)わかちし[妙]
分別す	ふんべつす	×	分別	化城	510⑤	漢サ動	515⑥		廣説し[西右]。―しき[西右]	
分別す	ふんべつす	×	分別	安楽	774①	漢サ動	794③			分別(ふんへち)[妙]
分別す	ふんべつす	×	分別	随喜	987①	漢サ動	1005③			分別(ふんへち)[妙]
分別す	ふんべつす	×	分別	法功	1001②	漢サ動	1019⑥	ふんへち・す／わかつ[妙]		
分別する	ふんべつする	×	分別	法師	626③	漢サ動	637④			
分別せ	ふんべつせ	×	分別	安楽	762①	漢サ動	781④			分別(ふんへち)[妙]
分別せ	ふんべつせ	×	分別	安楽	773②	漢サ動	793⑤			分別(ふんへち)[妙]

ふん―へん 615

当該語	読みかな	傍訓	漢字表記	品名	頁数	語の種類	妙一本	和解語文	可読	異同語彙
分別せ	ふんべつせ	×	分別	如來	888⑥	漢サ動	908①			分別(ふんへち)せ[妙]
分別せ	ふんべつせ	×	分別	法功	1010⑦	漢サ動	1028⑤			分別(ふんへち)せ[妙]
分別せよ	ふんべつせよ	×	分別	安樂	780④	漢サ動	801③			分別(ふんへち)[妙]
分明	ふんみやう	ふんみやう	分明	如來	887②	漢名	906②	ふんみやう／あきらか[妙]		
分明	ふんみやう	ふんみやう	分明	随喜	977③	漢名	995⑤	ふんみやう／あきらか[妙]		
へ	へ	×	經	信解	342⑥	和動	323③			
へ	へ	×	經	信解	362⑤	和動	347⑥			
へ	へ	×	經	信解	363⑥	和動	349③			
へ	へ	×	經	化城	447⑥	和動	441②			
へ	へ	×	經	提婆	711④	和動	729①			
へ	へ	×	經	提婆	732⑥	和動	751②			
へ	へ	×	經	安樂	815⑥	和動	838②			
へ	へ	×	經	從地	825④	和動	847⑥			
へ	へ	×	經	如來	910④	和動	929④			
へ	へ	×	經	常不	1079①	和動	1097④			
へ	へ	×	經	觀世	1214④	和動	1227⑥			へすき[妙]
へ	へ	×	經	觀世	1244⑥	和動	1257②			
弊惡	へいあく	へいあく／けがれあしく	弊惡	勸持	740⑥	漢名	759⑤	へいあく／やつれあしく[妙]		
弊垢	へいく	へいく	弊垢	信解	361③	漢名	346③	へいく／やつれあかつき[妙]		
閉塞せ	へいそくせ	へいそく／とちふさかる	閉塞	安樂	810⑤	漢サ動	833①			
弊欲	へいよく	へいよく	弊欲	信解	348①	漢名	329⑥			
辯	べん	べん	辯	五百	566①	単漢名	569④	へん／わきまへ[妙]		
変化	へんげ	へんげ	變化	五百	581②	漢名	586④			
變化	へんげ	へんけ	變化	授記	432①	漢名	423①			
變化	へんげ	へんげ／ほとけのけしん	變化	法師	654①	漢名	668②			變化人(へんくゑにん)[妙]
變化	へんげ	×	變化	妙音	1193⑤	漢名	1207⑥	へんくゑ[妙]		
變化し	へんげし	へんぐゑ・げ	變化	妙音	1193⑤	漢サ動	1207⑥	へんくゑ・し[妙]		
變現	へんげん	へんげん	變現	安樂	763②	漢名	782⑥			
變現する	へんげんする	へん―	變現	妙音	1197⑤	漢サ動	1211④	へんけん・する[妙]		
邊際	へんさい	へんざい	邊際	化城	447④	漢名	440⑥	へんさい／ほとりきは[妙]		
邊際	へんさい	へんざい	邊際	神力	1100③	漢名	1119②	へんざい／ほとりきは[妙]	一ことくしてイ[西右]	
辨才無导	べんざいむげ	へんざいむげ	辨才無导	提婆	728②	漢四熟名	746②	べんざいむげ／くちきよくさわりなき[妙]		
遍し	へんじ	へんぜり	遍	信解	354⑥	漢サ動	338①			
遍じ	へんじ	×	遍	五百	586①	漢サ動	591④			
遍し	へんじ	×	遍	見寶	688④	漢サ動	706②			
遍し	へんじ	へん	遍	分別	927⑥	漢サ動	946⑥			
変し	へんじ	へん	變	見寶	674⑥	漢サ動	690④			
變し	へんじ	×	變	見寶	669④	漢サ動	684⑤			
變じ	へんじ	へん	變	見寶	672④	漢サ動	688①			
變じ	へんじ	へん	變	提婆	735①	漢サ動	753④			
變じ	へんじ	へん	變	法功	1027②	漢サ動	1046④			
變じ	へんじ	へん	變	神力	1093③	漢サ動	1111⑤			變し[妙]
變じ	へんじ	×	變	妙音	1192④	漢サ動	1206⑥			變し[妙]
變じ	へんじ	へん	變	觀世	1237①	漢サ動	1249④	へん・し／へん[妙]		變し[妙]
遍淨	へんじょう	へんじやう	遍淨	法功	1005①	漢名	1023④			
遍淨天	へんじょうてん	へんじやう―	遍淨天	法功	1023④	漢名	1042③		一と[西右]	
變する	へんずる	へん	變	譬喩	273①	漢サ動	244②			
遍せ	へんぜ	へん	遍	信解	323⑥	漢サ動	299⑤			
辨せ	べんぜ	へん	辨	化城	528①	漢サ動	534②			
辨ぜ	べんぜ	へん	辨	化城	547①	漢サ動	554①			
胼胝	へんたい	へんたい・はなひら／ひらめらじ	胼胝	随喜	983⑥	漢身体名	1002②	はなひら／へんたい／うすから[妙]		

当該語	読みかな	傍訓	漢字表記	品名	頁数	語の種類	妙一本	和解語文	可読	異同語彙
偏黨	へんどう	へんたう／ともから	偏黨	譬喩	250②	漢名	220②			
遍満し	へんまんし	へんまん	遍滿	化城	464④	漢サ動	460⑥		するィ[西右]	
遍満し	へんまんし	へんまん	遍滿	見寶	668③	漢サ動	683③			
遍満し	へんまんし	×	遍滿	見寶	671⑥	漢サ動	687③			
遍満し	へんまんし	へんまん	遍滿	見寶	677③	漢サ動	693⑤	へんまん・し／あまねくみち[妙]		
遍満し	へんまんし	×	遍滿	囑累	1110③	漢サ動	1128⑥	へんまん・し／あまねくみち[妙]		
遍満せ	へんまんせ	へんまん	遍滿	從地	826④	漢サ動	848⑥			
遍満せ	へんまんせ	へんまん	遍滿	法功	1033①	漢サ動	1051⑤			
遍満せ	へんまんせ	へんまん	遍滿	五百	574③	漢サ動	578⑤			
便利	べんり	べんり	便利	授記	417②	漢名	405④			
便利	べんり	べんり	便利	授記	427⑤	漢名	418①			
報	ほう	×	報	法功	1045②	仏名	1063⑤			
方	ほう	×	方	譬喩	298④	単漢名	270⑥			はう[妙]
方	ほう	×	方	法師	629④	単漢名	640⑥			
方	ほう	×	方	見寶	677②	単漢名	693⑤			
方	ほう	×	方	法功	1025②	単漢名	1043⑤			
方	ほう	×	方	觀世	1241②	単漢名	1253⑤			はう[妙]
法	ほう	×	法	序品	33⑥	単漢名	29①			
法	ほう	×	法	序品	38⑥	単漢名	33③			
法	ほう	×	法	序品	47①	単漢名	40⑤			
法	ほう	×	法	序品	48⑥	単漢名	42②			
法	ほう	×	法	序品	49③	単漢名	42④			
法	ほう	×	法	序品	51③	単漢名	44④			
法	ほう	×	法	序品	57②	単漢名	49⑤			
法	ほう	×	法	序品	66④	単漢名	58①			
法	ほう	×	法	序品	73②	単漢名	64③			
法	ほう	×	法	序品	73②	単漢名	64④			
法	ほう	×	法	序品	74⑥	単漢名	65⑤			
法	ほう	×	法	序品	75④	単漢名	66③			
法	ほう	×	法	序品	77⑥	単漢名	68③			
法	ほう	×	法	方便	88②	単漢名	77③			
法	ほう	×	法	方便	89⑥	単漢名	78⑥			
法	ほう	×	法	方便	90⑤	単漢名	79④			
法	ほう	×	法	方便	91②	単漢名	80①			
法	ほう	×	法	方便	92⑥	単漢名	81⑤			
法	ほう	×	法	方便	93③	単漢名	82①			
法	ほう	×	法	方便	94④	単漢名	83①			
法	ほう	×	法	方便	98②	単漢名	86②			
法	ほう	×	法	方便	99⑤	単漢名	87③			
法	ほう	×	法	方便	100③	単漢名	88①			
法	ほう	×	法	方便	100④	単漢名	88②			
法	ほう	×	法	方便	103①	単漢名	90③			
法	ほう	×	法	方便	103⑥	単漢名	91①			
法	ほう	×	法	方便	105①	単漢名	92②			
法	ほう	×	法	方便	106①	単漢名	92⑥			
法	ほう	×	法	見寶	106⑤	単漢名	93③			
法	ほう	×	法	方便	107①	単漢名	93⑤			
法	ほう	×	法	方便	107②	単漢名	93⑥			
法	ほう	×	法	方便	109⑥	単漢名	96②			
法	ほう	×	法	方便	115③	単漢名	100⑥			
法	ほう	×	法	方便	117④	単漢名	103①			
法	ほう	×	法	方便	118①	単漢名	103④			
法	ほう	×	法	方便	119②	単漢名	104④			
法	ほう	×	法	方便	124④	単漢名	109②			
法	ほう	×	法	方便	128⑤	単漢名	112⑥			
法	ほう	×	法	方便	129①	単漢名	113①			
法	ほう	×	法	方便	129④	単漢名	113④			
法	ほう	×	法	方便	130①	単漢名	113⑥			
法	ほう	×	法	方便	130⑥	単漢名	114⑤			
法	ほう	×	法	方便	131②	単漢名	114⑥			
法	ほう	×	法	方便	132②	単漢名	115⑤			
法	ほう	×	法	方便	132⑤	単漢名	116①			
法	ほう	×	法	方便	134⑤	単漢名	117⑤			
法	ほう	×	法	方便	138④	単漢名	120⑤			
法	ほう	×	法	方便	139④	単漢名	121⑤			
法	ほう	×	法	方便	141⑥	単漢名	123⑤			

当該語	読みかな	傍訓	漢字表記	品名	頁数	語の種類	妙一本	和解語文	可読	異同語彙
法	ほう	×	法	方便	142③	単漢名	124②			
法	ほう	×	法	方便	145⑤	単漢名	126⑥			
法	ほう	×	法	方便	147⑥	単漢名	128⑤			
法	ほう	×	法	方便	148③	単漢名	129①			
法	ほう	×	法	方便	149⑥	単漢名	130②			
法	ほう	×	法	方便	150③	単漢名	130④			
法	ほう	×	法	方便	155②	単漢名	134③			
法	ほう	×	法	方便	157③	単漢名	136①			
法	ほう	×	法	方便	159①	単漢名	137③			
法	ほう	×	法	方便	160①	単漢名	138②			
法	ほう	×	法	方便	169⑤	単漢名	146②			
法	ほう	×	法	方便	170③	単漢名	146⑤			
法	ほう	×	法	方便	170⑥	単漢名	147②			
法	ほう	×	法	方便	172①	単漢名	148②			
法	ほう	×	法	方便	172③	単漢名	148④			
法	ほう	×	法	方便	173④	単漢名	149③			
法	ほう	×	法	方便	176⑥	単漢名	152①			
法	ほう	×	法	方便	179④	単漢名	154③			
法	ほう	×	法	方便	179⑥	単漢名	154④			
法	ほう	×	法	方便	181①	単漢名	155①			
法	ほう	×	法	方便	181④	単漢名	156①			
法	ほう	×	法	方便	184④	単漢名	158③			
法	ほう	×	法	方便	184⑥	単漢名	158④			
法	ほう	×	法	方便	186①	単漢名	159④			
法	ほう	×	法	方便	186⑥	単漢名	160②			
法	ほう	×	法	方便	187④	単漢名	160⑤			
法	ほう	×	法	方便	188②	単漢名	161③			
法	ほう	×	法	方便	188⑤	単漢名	161⑤			
法	ほう	×	法	方便	188⑥	単漢名	161⑥			
法	ほう	×	法	方便	189①	単漢名	162①			
法	ほう	×	法	方便	189④	単漢名	162⑤			
法	ほう	×	法	方便	191⑥	単漢名	164⑤			
法	ほう	×	法	方便	192④	単漢名	165③			
法	ほう	×	法	方便	192⑥	単漢名	165④			
法	ほう	×	法	譬喩	205②	単漢名	172③			
法	ほう	×	法	譬喩	206②	単漢名	173④			
法	ほう	×	法	譬喩	208①	単漢名	175③			
法	ほう	×	法	譬喩	210④	単漢名	178③			
法	ほう	×	法	譬喩	211②	単漢名	179①			
法	ほう	×	法	譬喩	212⑥	単漢名	181①			
法	ほう	×	法	譬喩	216①	単漢名	184③			
法	ほう	×	法	譬喩	216③	単漢名	184⑥			
法	ほう	×	法	譬喩	217⑤	単漢名	186②			
法	ほう	×	法	譬喩	219③	単漢名	188①			
法	ほう	×	法	譬喩	222④	単漢名	191④			
法	ほう	×	法	譬喩	233④	単漢名	202⑤			
法	ほう	×	法	譬喩	234②	単漢名	203③			
法	ほう	×	法	譬喩	236③	単漢名	205④			
法	ほう	×	法	譬喩	237⑤	単漢名	207①			
法	ほう	×	法	譬喩	261④	単漢名	233①			
法	ほう	×	法	譬喩	262④	単漢名	234①			
法	ほう	×	法	譬喩	263③	単漢名	234⑥			
法	ほう	×	法	譬喩	264③	単漢名	235①			
法	ほう	×	法	譬喩	269⑤	単漢名	240⑤			
法	ほう	×	法	譬喩	293①	単漢名	265①			
法	ほう	×	法	譬喩	298①	単漢名	270③			
法	ほう	×	法	譬喩	299③	単漢名	271⑤			
法	ほう	×	法	譬喩	308⑥	単漢名	281④			
法	ほう	×	法	譬喩	315①	単漢名	289②			
法	ほう	×	法	信解	317④	単漢名	292②			ほふ[妙]
法	ほう	×	法	信解	319②	単漢名	294②	ほふ／のり[妙]		
法	ほう	×	法	信解	319⑤	単漢名	294⑤			
法	ほう	×	法	信解	321③	単漢名	296⑤			
法	ほう	×	法	信解	351②	単漢名	333⑥			
法	ほう	×	法	信解	367①	単漢名	353①			
法	ほう	×	法	信解	367⑤	単漢名	353⑤			
法	ほう	×	法	信解	370①	単漢名	356④			
法	ほう	×	法	信解	371②	単漢名	357⑥			

当該語	読みかな	傍訓	漢字表記	品名	頁数	語の種類	妙一本	和解語文	可読	異同語彙
法	ほう	×	法	信解	371③	単漢名	358①			
法	ほう	×	法	信解	373④	単漢名	360④			
法	ほう	×	法	信解	373⑥	単漢名	361①			
法	ほう	×	法	信解	377②	単漢名	365①			
法	ほう	×	法	信解	377⑤	単漢名	365⑤			
法	ほう	×	法	藥草	387③	単漢名	372④			
法	ほう	×	法	藥草	387⑤	単漢名	372⑥			
法	ほう	×	法	藥草	392⑤	単漢名	378③			
法	ほう	×	法	藥草	393①	単漢名	378⑤			
法	ほう	×	法	藥草	393③	単漢名	379②			
法	ほう	×	法	藥草	393⑤	単漢名	379④			
法	ほう	×	法	藥草	394①	単漢名	379⑥			
法	ほう	×	法	藥草	394②	単漢名	380①			
法	ほう	×	法	藥草	395④	単漢名	381④			
法	ほう	×	法	藥草	396③	単漢名	382③			
法	ほう	×	法	藥草	396③	単漢名	382④			
法	ほう	×	法	藥草	396④	単漢名	382⑤			
法	ほう	×	法	藥草	396⑤	単漢名	382⑤			
法	ほう	×	法	藥草	397④	単漢名	383⑤			
法	ほう	×	法	藥草	399④	単漢名	385⑥			
法	ほう	×	法	藥草	405⑤	単漢名	392⑥			
法	ほう	×	法	藥草	406④	単漢名	393⑥			
法	ほう	×	法	藥草	406⑤	単漢名	394①			
法	ほう	×	法	藥草	407④	単漢名	395①			
法	ほう	×	法	藥草	408①	単漢名	395④			
法	ほう	×	法	藥草	410⑥	単漢名	398⑥			
法	ほう	×	法	藥草	411③	単漢名	399③			
法	ほう	×	法	藥草	413③	単漢名	401④			
法	ほう	×	法	授記	429①	単漢名	419④			
法	ほう	×	法	授記	431②	単漢名	422④			
法	ほう	×	法	化城	452③	単漢名	446③			
法	ほう	×	法	化城	452④	単漢名	446⑤			
法	ほう	×	法	化城	455①	単漢名	449⑥			
法	ほう	×	法	化城	458⑥	単漢名	454②			
法	ほう	×	法	化城	460①	単漢名	455④			
法	ほう	×	法	化城	460⑥	単漢名	456④			
法	ほう	×	法	化城	472④	単漢名	470⑤			
法	ほう	×	法	化城	481④	単漢名	481③			
法	ほう	×	法	化城	497③	単漢名	500②			
法	ほう	×	法	化城	497⑥	単漢名	500⑤			
法	ほう	×	法	化城	500⑤	単漢名	504②			
法	ほう	×	法	化城	501②	単漢名	504⑥			
法	ほう	×	法	化城	502④	単漢名	506③			
法	ほう	×	法	化城	504④	単漢名	508⑤			
法	ほう	×	法	化城	504⑤	単漢名	508⑥			
法	ほう	×	法	化城	505①	単漢名	509⑤			
法	ほう	×	法	化城	507②	単漢名	511⑤			
法	ほう	×	法	化城	513⑥	単漢名	518⑥			
法	ほう	×	法	化城	514⑤	単漢名	519⑤			
法	ほう	×	法	化城	517⑤	単漢名	522④			
法	ほう	×	法	化城	518②	単漢名	523②			
法	ほう	×	法	化城	534⑤	単漢名	540④			
法	ほう	×	法	化城	535②	単漢名	540⑥			
法	ほう	×	法	化城	536④	単漢名	542②			
法	ほう	×	法	化城	537③	単漢名	543②			一たる√[西右]	
法	ほう	×	法	化城	539①	単漢名	544⑥			
法	ほう	×	法	化城	539④	単漢名	545③			
法	ほう	×	法	化城	547⑥	単漢名	554④			
法	ほう	×	法	五百	564②	単漢名	567③	ほう／のり[妙]		
法	ほう	×	法	五百	565④	単漢名	569①			
法	ほう	×	法	五百	566⑤	単漢名	569⑥			
法	ほう	×	法	五百	567②	単漢名	570⑥			
法	ほう	×	法	五百	569④	単漢名	573③			
法	ほう	×	法	五百	574①	単漢名	578③			
法	ほう	×	法	五百	577④	単漢名	582③			
法	ほう	×	法	五百	578④	単漢名	583④			

ほう 619

当該語	読みかな	傍訓	漢字表記	品名	頁数	語の種類	妙一本	和解語文	可読	異同語彙
法	ほう	×	法	五百	578⑥	単漢名	583⑥			
法	ほう	×	法	五百	579③	単漢名	584④			
法	ほう	×	法	授學	608②	単漢名	617③			
法	ほう	×	法	授學	610③	単漢名	619⑤			
法	ほう	×	法	授學	612②	単漢名	621⑤			
法	ほう	×	法	授學	612④	単漢名	622②			
法	ほう	×	法	授學	615②	単漢名	624⑥			
法	ほう	×	法	授學	615②	単漢名	624⑥			法子(ほうし)[妙]
法	ほう	×	法	法師	633②	単漢名	645①			
法	ほう	×	法	法師	648②	単漢名	662①			
法	ほう	×	法	法師	651③	単漢名	665②			
法	ほう	×	法	法師	652④	単漢名	666①			
法	ほう	×	法	法師	653②	単漢名	667②			
法	ほう	×	法	法師	653⑥	単漢名	668①			
法	ほう	×	法	見寶	668③	単漢名	683④			
法	ほう	×	法	見寶	685④	単漢名	702⑥			
法	ほう	×	法	見寶	685⑤	単漢名	703①			
法	ほう	×	法	見寶	686③	単漢名	703⑥			
法	ほう	×	法	見寶	686⑤	単漢名	704②			
法	ほう	×	法	見寶	687②	単漢名	704⑤			
法	ほう	×	法	見寶	689①	単漢名	706⑤			
法	ほう	×	法	見寶	690②	単漢名	708①			
法	ほう	×	法	見寶	696①	単漢名	714⑥			
法	ほう	ほふ	法	提婆	709⑤	単漢名	726⑥			法(ほふ)[妙]
法	ほう	×	法	提婆	710①	単漢名	727②			
法	ほう	×	法	提婆	711④	単漢名	729①			法(ほふ)[妙]
法	ほう	×	法	提婆	713①	単漢名	730⑤			法(ほふ)[妙]
法	ほう	×	法	提婆	714④	単漢名	732③			
法	ほう	×	法	提婆	725⑤	単漢名	743⑥			
法	ほう	×	法	提婆	736②	単漢名	754⑥			
法	ほう	×	法	提婆	736④	単漢名	755①			
法	ほう	×	法	勸持	743①	単漢名	762①			
法	ほう	×	法	勸持	745①	単漢名	763⑥			ほふ[妙]
法	ほう	×	法	勸持	748⑤	単漢名	767⑥			
法	ほう	×	法	勸持	750①	単漢名	769②			法(ほふ)[妙]
法	ほう	×	法	勸持	752⑤	単漢名	772②			法(ほふ)[妙]
法	ほう	×	法	勸持	757①	単漢名	776⑤			法(ほふ)[妙]
法	ほう	×	法	勸持	757⑤	単漢名	777④			法(ほふ)[妙]
法	ほう	×	法	勸持	758①	単漢名	777⑤			法(ほふ)[妙]
法	ほう	×	法	勸持	758③	単漢名	778①			法(ほふ)[妙]
法	ほう	×	法	安樂	761⑤	単漢名	781③			法(ほふ)[妙]
法	ほう	×	法	安樂	763⑥	単漢名	783④			法(ほふ)[妙]
法	ほう	×	法	安樂	764⑤	単漢名	784③			法(ほふ)[妙]
法	ほう	×	法	安樂	765①	単漢名	784⑥			
法	ほう	×	法	安樂	766①	単漢名	785⑥			
法	ほう	×	法	安樂	766②	単漢名	786②			
法	ほう	×	法	安樂	767②	単漢名	787③			
法	ほう	×	法	安樂	770⑥	単漢名	791②			
法	ほう	×	法	安樂	772①	単漢名	792④			法(ほふ)[妙]
法	ほう	×	法	安樂	772②	単漢名	792④			法(ほふ)[妙]
法	ほう	×	法	安樂	773①	単漢名	793③			法(ほふ)[妙]
法	ほう	×	法	安樂	773①	単漢名	793④			法(ほふ)[妙]
法	ほう	×	法	安樂	774④	単漢名	795①			法(ほふ)[妙]
法	ほう	×	法	安樂	775⑤	単漢名	796①			法(ほふ)[妙]
法	ほう	×	法	安樂	776③	単漢名	796⑥			法(ほふ)[妙]
法	ほう	×	法	安樂	778③	単漢名	799②			法(ほふ)[妙]
法	ほう	×	法	安樂	779①	単漢名	799⑥			法(ほふ)[妙]
法	ほう	×	法	安樂	781①	単漢名	802①			
法	ほう	×	法	安樂	784①	単漢名	805①		一の[西右]	
法	ほう	×	法	安樂	786⑤	単漢名	808②			
法	ほう	×	法	安樂	786⑤	単漢名	808②			
法	ほう	×	法	安樂	787①	単漢名	808④			
法	ほう	×	法	安樂	787③	単漢名	808⑥			
法	ほう	×	法	安樂	787⑤	単漢名	809①			法(ほふ)[妙]
法	ほう	×	法	安樂	789①	単漢名	811①			
法	ほう	×	法	安樂	789⑥	単漢名	811③			
法	ほう	×	法	安樂	790⑥	単漢名	812③			
法	ほう	×	法	安樂	791①	単漢名	812④			

当該語	読みかな	傍訓	漢字表記	品名	頁数	語の種類	妙一本	和解語文	可読	異同語彙
法	ほう	×	法	安樂	791④	単漢名	812⑥		—の[西右]	
法	ほう	×	法	安樂	793②	単漢名	814⑤			
法	ほう	×	法	安樂	793④	単漢名	815①			
法	ほう	×	法	安樂	793⑤	単漢名	815②			
法	ほう	×	法	安樂	794③	単漢名	815⑥			
法	ほう	×	法	安樂	794⑥	単漢名	816③			
法	ほう	×	法	安樂	798⑤	単漢名	820②			
法	ほう	×	法	安樂	801②	単漢名	823①			
法	ほう	×	法	安樂	805⑤	単漢名	827⑥			
法	ほう	×	法	安樂	807④	単漢名	829④			
法	ほう	×	法	安樂	807⑤	単漢名	830①			
法	ほう	×	法	安樂	811④	単漢名	833⑥			
法	ほう	×	法	安樂	812①	単漢名	834③			
法	ほう	×	法	安樂	812④	単漢名	834⑥			
法	ほう	×	法	安樂	812⑥	単漢名	835②			
法	ほう	×	法	安樂	813⑥	単漢名	836③			
法	ほう	×	法	安樂	814⑤	単漢名	837②			
法	ほう	×	法	安樂	815⑤	単漢名	838②			
法	ほう	×	法	安樂	816③	単漢名	839①			
法	ほう	×	法	從地	839①	単漢名	861⑤			
法	ほう	×	法	從地	847①	単漢名	869⑤		—を[西右]	法(ほう)は[妙]
法	ほう	×	法	從地	847⑤	単漢名	870②			
法	ほう	×	法	從地	851②	単漢名	873⑥			
法	ほう	×	法	從地	865②	単漢名	887⑥			
法	ほう	×	法	如來	890①	単漢名	909①			
法	ほう	×	法	如來	894③	単漢名	913③			
法	ほう	×	法	如來	899②	単漢名	918②			
法	ほう	×	法	如來	909⑥	単漢名	928⑥			
法	ほう	×	法	如來	910⑥	単漢名	929⑥			
法	ほう	×	法	如來	911④	単漢名	930④			
法	ほう	×	法	如來	913⑥	単漢名	932⑤			法(ほふ)[妙]
法	ほう	×	法	如來	914⑤	単漢名	933④			
法	ほう	×	法	如來	917③	単漢名	936②			
法	ほう	×	法	如來	920⑤	単漢名	939⑤			
法	ほう	×	法	分別	929⑤	単漢名	948③			
法	ほう	×	法	分別	933②	単漢名	951⑥			
法	ほう	×	法	分別	946①	単漢名	964④			
法	ほう	×	法	分別	958③	単漢名	977①			
法	ほう	×	法	隨喜	985③	単漢名	1003④			
法	ほう	×	法	隨喜	988②	単漢名	1006④			
法	ほう	×	法	隨喜	988⑤	単漢名	1007①			
法	ほう	×	法	法功	1006⑥	単漢名	1025⑤			
法	ほう	×	法	法功	1022②	単漢名	1041①			
法	ほう	×	法	法功	1023⑥	単漢名	1042⑤			
法	ほう	×	法	法功	1025④	単漢名	1044③			
法	ほう	×	法	法功	1029⑥	単漢名	1048④			
法	ほう	×	法	法功	1029⑥	単漢名	1048④			
法	ほう	×	法	法功	1030⑤	単漢名	1049③			
法	ほう	×	法	法功	1032①	単漢名	1050⑤			
法	ほう	×	法	法功	1032⑥	単漢名	1051④			
法	ほう	×	法	法功	1033④	単漢名	1052③			
法	ほう	×	法	法功	1037①	単漢名	1055⑥			
法	ほう	×	法	法功	1040①	単漢名	1058⑤			
法	ほう	×	法	法功	1041⑤	単漢名	1060④			
法	ほう	×	法	法功	1044③	単漢名	1062⑥			
法	ほう	×	法	法功	1044④	単漢名	1063②			
法	ほう	×	法	法功	1045④	単漢名	1064②			
法	ほう	×	法	法功	1045⑥	単漢名	1064③			
法	ほう	×	法	法功	1046⑥	単漢名	1065③			
法	ほう	×	法	法功	1046⑥	単漢名	1065③			
法	ほう	×	法	常不	1058③	単漢名	1077②			ほふ[妙]
法	ほう	×	法	常不	1058⑤	単漢名	1077④			ほう[妙]
法	ほう	×	法	常不	1059①	単漢名	1077⑥			ほう[妙]
法	ほう	×	法	常不	1059③	単漢名	1078②			
法	ほう	×	法	常不	1069⑥	単漢名	1088④			ほう[妙]
法	ほう	×	法	常不	1070④	単漢名	1089①			ほう[妙]
法	ほう	×	法	常不	1071②	単漢名	1089⑤			ほう[妙]
法	ほう	×	法	常不	1072①	単漢名	1090⑤			ほう[妙]

ほう 621

当該語	読みかな	傍訓	漢字表記	品名	頁数	語の種類	妙一本	和解語文	可読	異同語彙
法	ほう	×	法	常不	1074②	単漢名	1092⑥			ほう[妙]
法	ほう	×	法	常不	1077⑤	単漢名	1096②			ほう[妙]
法	ほう	×	法	常不	1078①	単漢名	1096④			ほう[妙]
法	ほう	×	法	常不	1081④	単漢名	1099⑥			ほう[妙]
法	ほう	×	法	常不	1081⑥	単漢名	1100②	ほう[妙]	一なる[西左]	法(ほう)[妙]
法	ほう	×	法	神力	1094⑥	単漢名	1113④	ほう[妙]	一と[西右]	ほう[妙]
法	ほう	×	法	神力	1102①	単漢名	1121①			ほう[妙]
法	ほう	×	法	囑累	1105⑤	単漢名	1124③			ほう[妙]
法	ほう	×	法	囑累	1106①	単漢名	1124⑤			ほう[妙]
法	ほう	×	法	囑累	1106⑥	単漢名	1125①			ほう[妙]
法	ほう	×	法	囑累	1107②	単漢名	1125⑥			ほう[妙]
法	ほう	×	法	囑累	1108②	単漢名	1126⑥			ほう[妙]
法	ほう	×	法	藥王	1119⑥	単漢名	1138①			ほう[妙]
法	ほう	×	法	藥王	1125⑥	単漢名	1144②			ほう[妙]
法	ほう	×	法	藥王	1126⑥	単漢名	1145①			ほう[妙]
法	ほう	×	法	藥王	1132②	単漢名	1150④	ほう[妙]	一をも[西右]	法(ほう)[妙]
法	ほう	×	法	藥王	1156⑥	単漢名	1174②			ほう[妙]
法	ほう	×	法	藥王	1162⑥	単漢名	1179⑥			ほう[妙]
法	ほう	×	法	妙音	1167①	単漢名	1183③			ほう[妙]
法	ほう	×	法	妙音	1183⑥	単漢名	1198④			ほう[妙]
法	ほう	×	法	妙音	1195①	単漢名	1208⑥			ほう[妙]
法	ほう	×	法	妙音	1195③	単漢名	1209②			ほう[妙]
法	ほう	×	法	妙音	1195⑤	単漢名	1209④			ほう[妙]
法	ほう	×	法	妙音	1196②	単漢名	1210①			ほう[妙]
法	ほう	×	法	觀世	1222②	単漢名	1235④			ほう[妙]
法	ほう	×	法	觀世	1222⑥	単漢名	1236②			ほう[妙]
法	ほう	×	法	觀世	1223③	単漢名	1236④			ほう[妙]
法	ほう	×	法	觀世	1223⑤	単漢名	1236⑥			ほう[妙]
法	ほう	×	法	觀世	1224①	単漢名	1237②			ほう[妙]
法	ほう	×	法	觀世	1224③	単漢名	1237④			ほう[妙]
法	ほう	×	法	觀世	1224⑤	単漢名	1237⑥			ほう[妙]
法	ほう	×	法	觀世	1225①	単漢名	1238②			ほう[妙]
法	ほう	×	法	觀世	1225③	単漢名	1238④			ほう[妙]
法	ほう	×	法	觀世	1225⑥	単漢名	1238⑥			ほう[妙]
法	ほう	×	法	觀世	1226②	単漢名	1239②			ほう[妙]
法	ほう	×	法	觀世	1226④	単漢名	1239④			ほう[妙]
法	ほう	×	法	觀世	1226⑥	単漢名	1239⑥			ほう[妙]
法	ほう	×	法	觀世	1227②	単漢名	1240②			ほう[妙]
法	ほう	×	法	觀世	1227④	単漢名	1240④			ほう[妙]
法	ほう	×	法	觀世	1228①	単漢名	1241①			ほう[妙]
法	ほう	×	法	觀世	1228④	単漢名	1241④			ほう[妙]
法	ほう	×	法	觀世	1228⑥	単漢名	1241⑥			ほう[妙]
法	ほう	×	法	觀世	1229④	単漢名	1242③			ほう[妙]
法	ほう	×	法	觀世	1229⑥	単漢名	1242⑤			ほう[妙]
法	ほう	×	法	妙莊	1272⑥	単漢名	1283④			ほう[妙]
法	ほう	×	法	妙莊	1290⑥	単漢名	1300①			ほう[妙]
法	ほう	×	法	妙莊	1293③	単漢名	1302④			ほう[妙]
法	ほう	×	法	妙莊	1302①	単漢名	1309③		一は[西右]	ほう[妙]
法	ほう	×	法	普賢	1317③	単漢名	1322⑥			ほう[妙]
法	ほう	×	法	普賢	1332③	単漢名	1336②			ほふ[妙]
法	ほう	×	法	普賢	1332⑤	単漢名	1336③			
法	ほう	×	法	普賢	1332⑥	単漢名	1336⑥			
法位	ほうい	×	法位	方便	172④	漢名	148④			
法意	ほうい	ほうー	法意	序品	52③	漢名	45③			
寶意	ほうい	ほうー	寶意	序品	51⑥	漢名	45①			
放逸	ほういつ	はういつ	放逸	序品	76⑥	漢名	67④			放逸(はういち)[妙]
放逸	ほういつ	はういつ	放逸	安樂	785③	漢名	806⑤	はういち/ほしきまゝ[妙]		
放逸	ほういつ	はういつ	放逸	如來	920①	漢名	939①			放逸(はういち)[妙]
寶威德上王佛	ほういとくじょうおうぶつ	一いーーーー	寶威德上王佛	普賢	1308①	仏仏名名	1314⑥	ほういとくしやうわうふつ[妙]		
法印	ほういん	一いん	法印	譬喩	298③	仏名	270⑤			
法雨	ほうう	ほうう	法雨	序品	85④	仏名	75②	ほうう/のりのあめ[妙]	一の一[西右]	
法雨	ほうう	一う	法雨	藥草	407③	仏名	394⑥	ほうう/のりのあめ[妙]		

当該語	読みかな	傍訓	漢字表記	品名	頁数	語の種類	妙一本	和解語文	可読	異同語彙
法雨	ほうう	ーう	法雨	藥草	410⑥	仏名	398⑤		ーのあめイ[西右]	
法雨	ほうう	ほうう	法雨	化城	487⑤	仏名	488⑥	ほうう／のりのあめ[妙]		
法雨	ほうう	ーう	法雨	化城	532①	仏名	537⑤	ほうう／のりのあめ[妙]		
法雨	ほうう	ほうう	法雨	觀世	1244⑤	仏名	1256⑥	ほうう／のりのあめ[妙]		
法會	ほうゑ	×	法會	随喜	971②	仏名	989③	ほうゑ／ちやうもん[妙]		
法會	ほうゑ	ーゑ	法會	随喜	986③	仏名	1004⑤	ほうゑ／ちやうもん[妙]		
法會	ほうゑ	ーゑ	法會	随喜	989④	仏名	1007⑥	ほうゑ／ちやうもん[妙]		
寶衣	ほうゑ	ほうゑ	寶衣	信解	375⑤	漢衣服名	363③	ほうえ／たからのころも[妙]		
寶衣	ほうゑ	ほうゑ	寶衣	信解	376②	漢衣服名	363⑤	ほうえ／たからのころも[妙]		
寶衣	ほうゑ	×	寶衣	見寶	667④	漢衣服名	682④	ほうえ／たからのころも[妙]		
寶衣	ほうゑ	×	寶衣	藥王	1123④	漢衣服名	1141⑥	ほうえ／たからのころも[妙]		
寶衣服	ほうゑぶく	ーゑぶく	寶衣服	法師	633③	漢衣服名	645②	ほうゑふく／たからのきもの[妙]	たからのーと[西右]	
泡焔	はうゑん	はうゑん	泡焔	随喜	988③	漢名	1006⑤	はうゑん／ほのを[妙]	ーとーと[西右]	
法王	ほうおう	×	法王	方便	113⑤	仏人倫名	99④			
法王	ほうおう	ほうわう	法王	譬喩	298⑤	仏人倫名	270④			
法王	ほうおう	×	法王	信解	352②	仏人倫名	335②			
法王	ほうおう	×	法王	信解	373⑥	仏人倫名	361①			
法王	ほうおう	×	法王	授記	421③	仏人倫名	410④	ほうわう／ほとけ[妙]		
法王	ほうおう	×	法王	授記	423①	仏人倫名	412④			
法王	ほうおう	×	法王	妙莊	1277⑤	仏人倫名	1287⑤			ほうわう[妙]
法音	ほうおん	ほうおん	法音	譬喩	204⑤	仏名	171⑥	ほうをん／のりのこゑ[妙]		
法音	ほうおん	ほうおん	法音	譬喩	209①	仏名	176④	ほうおん／のりのこへ[妙]		ほふおん[妙]
法音	ほうおん	ほうおん	法音	譬喩	214⑥	仏名	183①	ほうをん／のりのこゑ[妙]	くにのりのみこゑ[西右]	
法音	ほうおん	ーおん	法音	法功	1031⑥	仏名	1049⑥			
法音方便陀羅尼	ほうおんほうべんだらに	×	法音方便陀羅尼	普賢	1315④	仏梵語名	1321②	ほうおんはうべんたらに[妙]		
寶蓋	ほうがい	ほうかい	寶蓋	提婆	718④	漢名	736④	ほうかい／たからのかい[妙]		
法喜	ほうき	ーき	法喜	見寶	660①	仏名	674④	ほうき／のりのよろこひ[妙]		
法喜	ほうき	ーき	法喜	五百	581③	仏名	586⑤	ほうき／のり[妙]		
法器	ほうき	ほうき	法器	提婆	732⑤	仏名	750⑥	ほふき／のりのうつはもの[妙]		
寶器	ほうき	ほうき	寶器	妙音	1188④	漢名	1203①	ほうき／たからのうつはものをたてまつる[妙]		
寶机	ほうき	ほうき／たからのつくへ	寶机	信解	326③	漢名	302⑥	ほうき／たからのつくへ[妙]		
法喜食	ほうきじき	ほうきじき／ふつほうをゑさとす	法喜食	五百	572④	仏名	576⑤			
法緊那羅王	ほうきんならおう	ほうきんならー	法緊那羅王	序品	11⑥	仏王名名	9④			
法鼓	ほうく	ほうく	法鼓	序品	34①	仏名	29③		ーのー[西右]	
法空	ほうくう	×	法空	法師	647②	仏名	660⑤		ーのーィ[西右]	
法化	ほうけ	ほうけ	法化	譬喩	208④	仏名	176①			
法化	ほうけ	ほうけ	法化	化城	538④	仏名	544③			
法化	ほうけ	ーくゑ	法化	随喜	975⑤	仏名	993⑤	ーくゑ／ーをしへ[妙]		
寶華	ほうげ	ほうけ	寶華	譬喩	223⑤	漢名	192④	ほうくゑ／たからのはな[妙]		

当該語	読みかな	傍訓	漢字表記	品名	頁数	語の種類	妙一本	和解語文	可読	異同語彙
寶華	ほうげ	ほうくは・くゑ	寶華	授記	417⑤	漢名	406②	ほうくゑ／たからのはな[妙]		
寶華	ほうげ	ほうけ	寶華	授記	427⑥	漢名	418②	ほうくゑ／たからのはな[妙]		
寶華	ほうげ	×	寶華	見寶	674③	漢名	690①	ほうくゑ／たからのはな[妙]		
寶華	ほうげ	ほうけ	寶華	見寶	676④	漢名	692④	ほうくゑ／たからのはな[妙]		
寶華	ほうげ	×	寶華	見寶	677⑥	漢名	694②	ほうくゑ／たからのはな[妙]		
寶華	ほうげ	×	寶華	見寶	678④	漢名	695②	ほうくゑ／たからのはな[妙]		
寶華	ほうげ	×	寶華	法功	1021⑤	漢名	1040③	たからくゑ／ーはな[妙]		
寶華	ほうげ	×	寶華	藥王	1139⑥	漢名	1158①		ーを[西右]	ほうくゑ[妙]
寶華聚	ほうげじゅ	ほうげじゆ	寶華聚	見寶	682①	漢名	699①	ほうくゑしゆ／たからのはなのあつまれる[妙]		
寶月菩薩	ほうげつぼさつ	ほうぐわつ{ち}――	寶月菩薩	序品	9①	仏菩薩名	7③			
法眼淨	ほうげんじょう	―げんじやう	法眼淨	妙荘	1305⑤	仏名	1312④			ほふげんじやう[妙]
寶光天子	ほうこうてんし	ほうくはう――	寶光天子	序品	10②	仏名	8②			
法座	ほうざ	×	法座	序品	68①	仏名	59④			
法座	ほうざ	×	法座	化城	510④	仏名	515④			
法座	ほうざ	―ざ	法座	化城	511③	仏名	516③			
法座	ほうざ	―さ	法座	化城	538③	仏名	544②			
法座	ほうざ	ほうざ	法座	安樂	779④	仏名	800③			
法坐{座}	ほうざ	×	法座	囑累	1104⑥	仏名	1123⑤			ほうさ[妙]
法座	ほうざ	―さ	法座	妙音	1173③	仏名	1189①			ほうさ[妙]
法座	ほうざ	―さ	法座	妙荘	1281⑤	仏名	1291④			ほうざ[妙]
法座	ほうざ	×	法座	普賢	1333①	仏名	1336④			ほふさ[妙]
寶座	ほうざ	×	寶座	藥王	1154⑤	仏名	1172⑤	ほうさ／たからのさ[妙]		
法師	ほうし	―し	法師	序品	53③	仏人倫名	46③			
法師	ほうし	×	法師	法師	653④	仏人倫名	667⑤			
法師	ほうし	×	法師	法師	656①	仏人倫名	670③			
法師	ほうし	×	法師	勧持	743③	仏人倫名	762②			ほし[妙]
法師	ほうし	×	法師	安樂	777③	仏人倫名	798①			法師(ほし)[妙]
法師	ほうし	×	法師	分別	966⑥	仏人倫名	985①			
法師	ほうし	×	法師	法功	1005②	仏人倫名	1023⑤		ーは[西右]	
法師	ほうし	×	法師	法功	1005⑤	仏人倫名	1024②		ーは[西右]	法師(ほし)[妙]
法師	ほうし	×	法師	陀羅	1253⑥	仏人倫名	1265⑥			ほつし[妙]
法師	ほうし	×	法師	陀羅	1254④	仏人倫名	1266④			ほし[妙]
法師	ほうし	×	法師	陀羅	1255③	仏人倫名	1267④			ほうし[妙]
法師	ほうし	×	法師	陀羅	1257④	仏人倫名	1269②			ほうし[妙]
法師	ほうし	×	法師	陀羅	1258①	仏人倫名	1270①			ほうし[妙]
法師	ほうし	×	法師	陀羅	1259①	仏人倫名	1270⑤			ほうし[妙]
法師	ほうし	×	法師	陀羅	1261④	仏人倫名	1273①			ほうし[妙]
法師	ほうし	×	法師	陀羅	1263⑥	仏人倫名	1275②			ほし[妙]
法師	ほうし	×	法師	陀羅	1265④	仏人倫名	1276④			ほうし[妙]
法師	ほうし	×	法師	陀羅	1268②	仏人倫名	1279②	ほうし／ほくゑきやうをたもつひと[妙]		
法師	ほうし	×	法師	陀羅	1271②	仏人倫名	1282①			ほし[妙]
報じ	ほうじ	ほう	報	信解	370⑥	仏名	357④			
報じ	ほうじ	×	報	信解	375③	仏名	362④			
報じ	ほうじ	×	報	信解	376③	仏名	364②			
報{報}じ	ほうじ	×	報	囑累	1109⑤	仏名	1128③			報(ほう)し[妙]
寶飾	ほうしき	ほうしき	寶飾	序品	29⑤	漢名	25③	ほうしき／たからのかさり[妙]	ーをもてかざれるィ[西右]	
寶師子	ほうじし	×	寶師子	見寶	673③	漢名	688⑥			
寶師子	ほうじし	×	寶師子	見寶	675④	漢名	691④			
法施珍寶	ほうしちんぽう	―せいちんほう	法施珍寶	觀世	1232②	仏四熟名	1244⑥	ほふせちんほう／たからの[妙]		
寶舎	ほうしゃ	ほうしや	寶舎	序品	37⑥	漢家屋名	32④	ほうしや／たからのいゑ[妙]		
寶車	ほうしゃ	ほうしや	寶車	序品	30③	漢乗物名	26①			

当該語	読みかな	傍訓	漢字表記	品名	頁数	語の種類	妙一本	和解語文	可読	異同語彙
寶車	ほうしゃ	ほうしや／たからのくるま	寶車	譬喩	285⑥	漢乗物名	257⑤	ほうしや／たからのくるま[妙]		
寶車	ほうしゃ	ほうしや	寶車	譬喩	288②	漢乗物名	260①	ほうしや／たからのくるま[妙]		
寶車	ほうしゃ	ほうしや	寶車	譬喩	288⑤	漢乗物名	260⑤	ほうしや／たからのくるま[妙]		
房舎	ぼうしゃ	ばうしや	房舎	信解	361①	漢家屋名	345⑥	はうしや／一ゐ[妙]		
寶積菩薩	ほうしゃくぼさつ	ほうしゃく――	寶積菩薩	序品	9④	仏菩薩名	7⑤			
寶珠	ほうしゅ	ほうしゆ	寶珠	序品	35④	漢宝玉名	30④	ほうしゆ／たからのたま[妙]		
寶珠	ほうしゅ	ほうしゆ／たま	寶珠	五百	590④	漢宝玉名	597③	ほうしゆ／たからのたま[妙]		
寶珠	ほうしゅ	ほうしゆ	寶珠	五百	592②	漢宝玉名	599③	ほうしゆ／たからのたま[妙]		
寶珠	ほうしゅ	ほうしゆ	寶珠	五百	597②	漢宝玉名	605②	ほうしゆ／たからのたま[妙]		
寶珠	ほうしゅ	ほうしゆ	寶珠	五百	598②	漢宝玉名	606④	ほうしゆ／たからのたま[妙]		
寶珠	ほうしゅ	ほうしゆ	寶珠	提婆	733⑥	漢宝玉名	752②	ほうしゆ／たからのたま[妙]		
寶珠	ほうしゅ	×	寶珠	提婆	734③	漢宝玉名	752⑤	ほうしゆ／たからのたま[妙]		
寶珠	ほうしゅ	ほうしゆ	寶珠	觀世	1231⑤	漢宝玉名	1244④	しゆはうしゆ／もろ〳〵のたからのさま[妙]	衆寶珠[妙]	しゅうほうたまみ[妙]
寶樹	ほうじゅ	ほうしゆ	寶樹	授記	417④	漢名	405⑥	ほうしゆ／たからのき[妙]		
寶樹	ほうじゅ	ほうしゆ	寶樹	授記	420①	漢名	409①	ほうしゆ／たからのき[妙]		
寶樹	ほうじゅ	ほうしゆ	寶樹	授記	427②	漢名	417⑥	ほうしゆ／たからのき[妙]		
寶樹	ほうじゅ	ほうしゆ	寶樹	授記	435③	漢名	426⑤	ほうしゆ／たからのき[妙]		
寶樹	ほうじゅ	ほうしゆ	寶樹	授記	441①	漢名	433②			
寶樹	ほうじゅ	×	寶樹	見寶	667④	漢名	682④	ほうしゆ／たからのき[妙]		
寶樹	ほうじゅ	×	寶樹	見寶	669④	漢名	684⑥	ほうしゆ／たからのき[妙]		
寶樹	ほうじゅ	―しゆ	寶樹	見寶	670⑥	漢名	686②	ほうしゆ／たからのほたいしゆのき[妙]		
寶樹	ほうじゅ	×	寶樹	見寶	671①	漢名	686④			
寶樹	ほうじゅ	×	寶樹	見寶	671②	漢名	686⑤			
寶樹	ほうじゅ	×	寶樹	見寶	673①	漢名	688⑤	ほうしゆ／たからのき[妙]		
寶樹	ほうじゅ	×	寶樹	見寶	675③	漢名	691②	ほうしゆ／たからのき[妙]		
寶樹	ほうじゅ	ほうしゆ	寶樹	見寶	677③	漢名	693⑥	ほうしゆ／たからのき[妙]		
寶樹	ほうじゅ	―しゆ	寶樹	見寶	687⑤	漢名	705③			
寶樹	ほうじゅ	ほうしゆ	寶樹	見寶	687⑥	漢名	705④			
寶樹	ほうじゅ	ほうじゆ	寶樹	從地	842②	漢名	865①	ほうしゆ／たからのき[妙]	――下ィ[西右]	
寶樹	ほうじゅ	ほうじゆ	寶樹	如來	915④	漢名	934④	ほうしゆ／たからのき[妙]		
寶樹	ほうじゅ	ほうじゆ	寶樹	分別	950②	漢名	968⑤	ほうしゆ／たからのき[妙]		
寶樹	ほうじゅ	×	寶樹	藥王	1117⑤	漢名	1136①	ほうしゆ／ほたいしゆをかさりて[妙]		
寶樹	ほうじゅ	×	寶樹	藥王	1118④	漢名	1136⑤	ほうしゆ／ほたいしゆのき[妙]		
寶樹	ほうじゅ	―じゆ	寶樹	藥王	1132③	漢名	1150⑤	ほうしゆ／たからのき[妙]		
寶聚	ほうじゅ	ほうしゆ	寶聚	信解	353③	漢名	336④	ほうじゆ／たから―[妙]		

当該語	読みかな	傍訓	漢字表記	品名	頁数	語の種類	妙一本	和解語文	可読	異同語彙
寶聚	ほうじゅ	ほうじゅ	寶聚	法師	630③	漢名	641⑥	ほうしゆ／たからをあつむ[妙]		
寶樹下	ほうじゅげ	ほうじゆ—	寶樹下	從地	824①	漢名	846③			
寶樹下	ほうじゅげ	ほうじゆ—	寶樹下	分別	926③	漢名	945①			
寶樹下	ほうじゅげ	ほうしゆけ	寶樹下	神力	1086⑤	漢名	1105②	ほうしゆけ／たからのきのした[妙]		
寶樹下	ほうじゅげ	×	寶樹下	神力	1087②	漢名	1105⑤			ほうしゆけ[妙]
寶樹下	ほうじゅげ	ほうしゆけ	寶樹下	神力	1088⑥	漢名	1107②			ほうじゆけ[妙]
寶樹下	ほうじゅげ	ほうじゆげ	寶樹下	嘱累	1113②	漢名	1131⑥	ほうしゆげ／たからのきのもと[妙]		
方所	ほうしょ	×	方所	觀世	1235⑤	漢名	1248②			はうしよ[妙]
寶所	ほうじょ	ほうしよ	寶所	化城	525①	漢名	530③	ほうしよ／たからのところ[妙]		
寶所	ほうじょ	ほうじよ	寶所	化城	544⑤	漢名	552⑥			
寶處	ほうじょ	ほうしよ	寶處	化城	526③	漢名	531⑤		—は[西右]	
寶處	ほうじょ	ほうじよ	寶處	化城	529④	漢名	535②	ほうしよ／たからのところ[妙]	—は[西右]	
寶生	ほうしょう	—しやう	寶生	授記	427③	漢名	417⑤			
法聲	ほうじょう	ほう—	法聲	法功	999④	仏名	1018②	ほうしやう／のりのこゑ[妙]		
寶乗	ほうじょう	ほうしよう／のりものゝき也	寶乘	譬喩	293③	漢名	265④			
寶淨	ほうじょう	ほうじやう	寶淨	見寶	661⑤	漢名	676③			
寶繩	ほうじょう	ほうじよ・ぜう／たからのなは	寶繩	譬喩	248④	漢名	218③	ほうじよう／たからのなわを[妙]		
寶掌菩薩	ほうしょうぼさつ	ほうしやう——	寶掌菩薩	序品	9①	仏菩薩名	7②			
謗する	ぼうずる	はう／そしる	謗	譬喩	304⑤	漢サ動	276⑥	はう・する／そしらん[妙]		
謗する	ぼうずる	はう	謗	譬喩	306②	漢サ動	278④			
報せ	ほうぜ	ほう	報	信解	375①	漢サ動	362④		—し奉らんもの[西右]	
謗せ	ぼうせ	ばう	謗	譬喩	309⑤	漢サ動	282③			
謗せ	ぼうせ	ばう	謗	譬喩	310⑤	漢サ動	283⑥	ほうせ／そしる[妙]		—する[西]
謗せ	ぼうせ	はう	謗	譬喩	311③	漢サ動	284①			
法相	ほうそう	ほうさう	法相	安樂	768②	仏名	788③		—の—[西右]	
寶相	ほうそう	ほうさう	寶相	授學	619④	漢名	629⑥			
法蔵	ほうぞう	ほうさう	法藏	序品	74⑤	仏名	65④	ほうさう／のりのくらを[妙]		
法蔵	ほうぞう	ほうさう	法藏	序品	79⑥	仏名	70②	ほうさう／のりのくらを[妙]		
法蔵	ほうぞう	ほうさう	法藏	譬喩	266⑥	仏名	238①		ほふざう	
法蔵	ほうぞう	ほうさう	法藏	授學	602④	仏名	611①	ほうさう／のりのくらを[妙]		
法蔵	ほうぞう	ほうさう	法藏	授學	604④	仏名	613②	ほうさう／—くら[妙]		
法蔵	ほうぞう	ほうさう	法藏	授學	610③	仏名	619⑥	ほうさう／のりのくらを[妙]		
法蔵	ほうぞう	ほうさう	法藏	授學	611③	仏名	620⑥	ほうさう／のりのくら[妙]		
法蔵	ほうぞう	ほうさう	法藏	授學	619①	仏名	629②	ほうさう／のりのくらを[妙]		
法蔵	ほうぞう	×	法藏	授學	617③	仏名	627③	ほうさう／のりのくらを[妙]		
法蔵	ほうぞう	ほうさう	法藏	見寶	695②	仏名	713⑥	ほうさう／のりのくら[妙]		
寶像	ほうぞう	ほうざう	寶像	方便	165⑥	漢名	143①	ほうさう／たからのかたち[妙]		
寶蔵	ほうぞう	ほうざう	寶藏	信解	345⑥	漢名	327②	ほうさう／たからのくら[妙]		
寶蔵	ほうぞう	ほうざう	寶藏	信解	348④	漢名	330③	ほうざう／たから[妙]		
寶蔵	ほうぞう	ほうざう	寶藏	信解	368③	漢名	354④	ほうさう／たからのくら[妙]		
寶蔵	ほうぞう	ほうそう	寶藏	安樂	807②	漢名	829③	ほうさう／たからのくら[妙]		
寶蔵	ほうぞう	ほうざう	寶藏	法功	1016③	漢名	1035①	ほうざう／—くら[妙]	——と[西右]	

当該語	読みかな	傍訓	漢字表記	品名	頁数	語の種類	妙一本	和解語文	可読	異同語彙
寶相如来	ほうそうにょらい	×	寶相如來	授學	617⑤	仏如来名	627⑤			
寶臺	ほうだい	ほうたい	寶臺	授記	428①	漢名	418③	ほうたい／たからのうてな[妙]		
寶臺	ほうだい	―だい	寶臺	藥王	1132③	漢名	1150③	ほうだい／たからのうてな[妙]	―と[西右]	
寶臺{臺}	ほうだい	ほうたい	寶臺	妙莊	1291⑤	漢名	1300⑤	ほうだい／たからのうてな[妙]		
寶地	ほうち	×	寶地	見寶	674①	仏地儀名	689④	ほうち／たからの―[妙]		
寶地	ほうち	ほうち	寶地	見寶	676②	仏地儀名	692②	ほうち／たからのち[妙]		
房中	ぼうちゅう	はうちう	房中	安樂	764②	漢名	783⑥		―の―[西右]	房中(ばうぢう)[妙]
寶帳	ほうちょう	ほうちやう	寶帳	信解	327①	漢文具名	303②	ほうちやう／たからのちやう[妙]		
寶帳	ほうちょう	ほうちやう	寶帳	神力	1093②	漢文具名	1111⑤			ほうちやう[妙]
寶帳	ほうちょう	―ちやう	寶帳	藥王	1117⑥	漢文具名	1136①			ほうちやう[妙]
法轉し	ほうてんし	―てん	法轉	譬喩	233②	漢サ動	202③			
寶塔	ほうとう	ほうたう	寶塔	序品	40③	仏建築名	34⑤			
寶塔	ほうとう	×	寶塔	見寶	658②	仏建築名	672④			
寶塔	ほうとう	―たう	寶塔	見寶	658⑤	仏建築名	673②			
寶塔	ほうとう	×	寶塔	見寶	658⑥	仏建築名	673③			
寶塔	ほうとう	×	寶塔	見寶	661①	仏建築名	675④			
宝塔	ほうとう	×	寶塔	見寶	661③	仏建築名	675⑥			
寶塔	ほうとう	×	寶塔	見寶	663⑥	仏建築名	678⑥			
寶塔	ほうとう	×	寶塔	見寶	665②	仏建築名	680①			
寶塔	ほうとう	×	寶塔	見寶	669②	仏建築名	684④	ほうたう／たからのたう[妙]		
宝塔	ほうとう	×	寶塔	見寶	678⑥	仏建築名	695③			
寶塔	ほうとう	×	寶塔	見寶	679③	仏建築名	696②	ほうたう／たからのたう[妙]		
寶塔	ほうとう	×	寶塔	見寶	680⑤	仏建築名	697④	ほうたう／たからのたう[妙]		
寶塔	ほうとう	×	寶塔	見寶	682②	仏建築名	699③			
寶塔	ほうとう	×	寶塔	見寶	685③	仏建築名	702⑤			
寶塔	ほうとう	ほうとう	寶塔	見寶	690⑤	仏建築名	708⑤			
寶塔	ほうとう	×	寶塔	神力	1089②	仏建築名	1107⑤			ほうたう[妙]
寶塔	ほうとう	×	寶塔	藥王	1163⑥	仏建築名	1180⑥			ほうたう[妙]
寶幢	ほうどう	ほうおく{だう}	寶幢	分別	935④	仏装具名	954①	ほうどう／たからのはたほこ[妙]		
方に	ほうに	ほう	方	譬喩	307④	単漢名	279⑥			
寶女	ほうにょ	ほう―	寶女	法功	1016④	仏人倫名	1035②		――とを[西右]	
寶瓶	ほうびょう	―びやう	寶瓶	藥王	1118①	仏器財名	1136②		―と[西右]	ほうびやう[妙]
寶瓶	ほうびょう	―びやう	寶瓶	藥王	1134④	仏器財名	1152⑤			ほうびやう[妙]
法服	ほうぶく	ほうぶく／のりのころも	法服	序品	31⑤	仏衣服名	27②	ほうふく／けさ[妙]	のりのころも	
方便	ほうべん	はうへん	方便	序品	84⑥	仏名	74④			
方便	ほうべん	×	方便	方便	88⑥	仏名	78①	はうへん／はかりこと[妙]		
方便	ほうべん	×	方便	方便	89②	仏名	78③	はうへん／はかりこと[妙]	―とィ[西右]	
方便	ほうべん	×	方便	方便	102⑤	仏名	90①	はうへん／はかりことを[妙]		
方便	ほうべん	×	方便	方便	104⑥	仏名	91⑥		を稱歎し給ふ[西右]	
方便	ほうべん	×	方便	方便	124③	仏名	109①			
方便	ほうべん	×	方便	方便	129②	仏名	113③		―と[西右]	
方便	ほうべん	×	方便	方便	130④	仏名	114③		―と[西右]	
方便	ほうべん	×	方便	方便	132①	仏名	115④			
方便	ほうべん	×	方便	方便	144⑤	仏名	126①			
方便	ほうべん	×	方便	方便	148④	仏名	129②	はうへん／はかりこと[妙]		
方便	ほうべん	×	方便	方便	156①	仏名	135②			
方便	ほうべん	×	方便	方便	159④	仏名	137⑥			
方便	ほうべん	×	方便	方便	170④	仏名	146⑥			
方便	ほうべん	×	方便	方便	182②	仏名	156④			
方便	ほうべん	×	方便	方便	186①	仏名	159④			

当該語	読みかな	傍訓	漢字表記	品名	頁数	語の種類	妙一本	和解語文	可読	異同語彙
方便	ほうべん	×	方便	方便	187③	仏名	160④			
方便	ほうべん	×	方便	方便	192⑤	仏名	165③	はうへん／はかりこと［妙］		
方便	ほうべん	×	方便	譬喩	207①	仏名	174③	はうへん／たばかり［妙］		
方便	ほうべん	×	方便	譬喩	215⑥	仏名	184③			
方便	ほうべん	ほうべん	方便	譬喩	216②	仏名	184⑤			
方便	ほうべん	×	方便	譬喩	216⑤	仏名	185②	はうへん／はかりこと［妙］		
方便	ほうべん	×	方便	譬喩	219②	仏名	187⑥			
方便	ほうべん	ほうべん	方便	譬喩	244④	仏名	214②	はうへん／はかりこと［妙］		
方便	ほうべん	はうべん	方便	譬喩	253①	仏名	223③	はうへん／たかはかり［妙］		
方便	ほうべん	ほうべん	方便	譬喩	254②	仏名	225①			
方便	ほうべん	ほうべん	方便	譬喩	257⑥	仏名	229①			
方便	ほうべん	×	方便	譬喩	259④	仏名	231①			
方便	ほうべん	×	方便	譬喩	261②	仏名	232⑤			
方便	ほうべん	×	方便	譬喩	282⑥	仏名	254③			
方便	ほうべん	一べん	方便	譬喩	293⑤	仏名	265⑥			
方便	ほうべん	×	方便	譬喩	295②	仏名	267③			
方便	ほうべん	×	方便	信解	332⑤	仏名	310⑤			
方便	ほうべん	はうべん	方便	信解	333⑥	仏名	311⑥			
方便	ほうべん	×	方便	信解	337②	仏名	315⑥			
方便	ほうべん	×	方便	信解	360①	仏名	344⑤			
方便	ほうべん	×	方便	信解	372①	仏名	358⑥	はうへん／はかりこと［妙］		
方便	ほうべん	ほうへん	方便	信解	372⑤	仏名	359④			
方便	ほうべん	×	方便	藥草	387④	仏名	372⑤			
方便	ほうべん	×	方便	藥草	414①	仏名	402②	はうへん／はかりこと［妙］		
方便	ほうべん	はうへん	方便	化城	520②	仏名	525③			
方便	ほうべん	×	方便	化城	521③	仏名	526④			
方便	ほうべん	×	方便	化城	523④	仏名	528⑥			
方便	ほうべん	×	方便	化城	524①	仏名	529②			
方便	ほうべん	×	方便	化城	528①	仏名	533④			
方便	ほうべん	×	方便	化城	528⑥	仏名	534④			
方便	ほうべん	×	方便	化城	540②	仏名	546①			
方便	ほうべん	×	方便	化城	542③	仏名	548②			
方便	ほうべん	ほうへん	方便	五百	562③	仏名	565③		一の［西右］	
方便	ほうべん	ほうへん	方便	五百	564①	仏名	567②			
方便	ほうべん	×	方便	五百	567⑥	仏名	571④			
方便	ほうべん		方便	五百	574⑥	仏名	579③			
方便	ほうべん		方便	五百	575③	仏名	580①			
方便	ほうべん		方便	五百	579③	仏名	584④			
方便	ほうべん	×	方便	五百	594⑤	仏名	602③	はうへん／はかりこと［妙］		
方便	ほうべん	×	方便	授學	612④	仏名	622①			
方便	ほうべん	×	方便	法師	644⑥	仏名	658②			
方便	ほうべん	×	方便	見寶	688⑥	仏名	706⑤			
方便	ほうべん	ほうへん	方便	勸持	756⑥	仏名	776④	はうへん／はかりこと［妙］		
方便	ほうべん	×	方便	安樂	780④	仏名	801③			
方便	ほうべん	ほうへん	方便	安樂	792③	仏名	813⑥	はうへん／はかりこと［妙］		
方便	ほうべん	ほうへん	方便	安樂	805④	仏名	827⑤			
方便	ほうべん	はうへん	方便	如來	888⑥	仏名	908①			
方便	ほうべん	×	方便	如來	889⑥	仏名	909①			
方便	ほうべん	×	方便	如來	891②	仏名	910②			
方便	ほうべん	×	方便	如來	895⑥	仏名	914⑥			
方便	ほうべん	×	方便	如來	897②	仏名	916②			
方便	ほうべん	×	方便	如來	905③	仏名	924②			
方便	ほうべん	×	方便	如來	911③	仏名	930②			
方便	ほうべん	×	方便	如來	918⑥	仏名	937⑥			
方便	ほうべん	はうへん	方便	觀世	1222②	仏名	1235④			はうへん［妙］
方便	ほうべん	×	方便	觀世	1243①	仏名	1255③			
方便し	ほうべんし	×	方便	譬喩	252③	仏サ動	222④			
方便し	ほうべんし	ほうべん	方便	譬喩	291①	仏サ動	263②			
方便し	ほうべんし	×	方便	譬喩	296③	仏サ動	268④			

当該語	読みかな	傍訓	漢字表記	品名	頁数	語の種類	妙一本	和解語文	可読	異同語彙
方便し	ほうべんし	×	方便	信解	361⑤	仏サ動	346⑤	はうへん／はかりことを[妙]	一をもて[西右]	
方便し	ほうべんし	×	方便	藥草	410③	仏サ動	398②			
方便し	ほうべんし	×	方便	随喜	988②	仏サ動	1006④			
方便し	ほうべんし		方便	五百	576⑥	仏サ動	581④	はうへん・し／たはかりを[妙]		
方便し	ほうべんし	×	方便	方便	170③	仏サ動	146⑤	はうへん／はかりこと[妙]	一をも[西右]	
方便し	ほうべんし	×	方便	方便	172⑤	仏サ動	148⑤		一をもて[西右]	
方便し	ほうべんし	×	方便	方便	174⑤	仏サ動	150③			
方便し	ほうべんし	×	方便	方便	175⑤	仏サ動	150⑥		一をもて[西右]	
方便し	ほうべんし	ほうへん	方便	譬喩	234⑥	仏サ動	204②		一をも[西右]	
方便し	ほうべんし	×	方便	譬喩	237⑤	仏サ動	207①			
方便波羅蜜	ほうべんはらみつ	ほうべんはらみつ	方便波羅蜜	妙荘	1274⑤	仏梵語名	1284⑤		一と[西右]	はうべんはらみつ[妙]
方便力	ほうべんりき	×	方便力	方便	101③	仏名	88⑥	はうへんりき／はかりことのちから[妙]	ーーの一[西右]	
方便力	ほうべんりき	×	方便力	方便	134④	仏名	117④	はうへんりき／はかりことのちから[妙]	ーーの一と[西右]	
方便力	ほうべんりき	×	方便力	方便	136②	仏名	118⑥		ーーの一[西右]	
方便力	ほうべんりき	×	方便力	方便	142④	仏名	124②	はうへんりき／はかりことちから[妙]	ーーの一[西右]	
方便力	ほうべんりき	ほうへんりき	方便力	方便	143③	仏名	124⑥		ーーの一と[西右]	
方便力	ほうべんりき	×	方便力	方便	157②	仏名	136①		ーーの一[西右]	
方便力	ほうべんりき	×	方便力	方便	158④	仏名	137①	ほうへんりき／はかりことちから[妙]		
方便力	ほうべんりき	×	方便力	方便	173⑤	仏名	149④		ーーの一[西右]	
方便力	ほうべんりき	×	方便力	方便	180②	仏名	154⑥		ーーの一[西右]	
方便力	ほうべんりき	×	方便力	方便	181③	仏名	155⑤	はうへんりき／はかることのちから[妙]	ーーの一[西右]	
方便力	ほうべんりき	×	方便力	方便	184①	仏名	158①			
方便力	ほうべんりき	×	方便力	譬喩	270①	仏名	241①		ーーの一[西右]	
方便力	ほうべんりき	×	方便力	信解	348⑤	仏名	330④	はうへん／はかりことちから[妙]	ーーの一[西右]	方便[妙]
方便力	ほうべんりき	×	方便力	信解	350①	仏名	332③	はうへんりき／たはかりのちから[妙]		
方便力	ほうべんりき	×	方便力	化城	544③	仏名	552④			
方便力	ほうべんりき	×	方便力	化城	547③	仏名	553⑤			
方便力	ほうべんりき	×	方便力	化城	548①	仏名	554④		一の一[西右]	
方便力	ほうべんりき	×	方便力	如來	909⑤	仏名	928④			
方便力	ほうべんりき	×	方便力	如來	913②	仏名	932②		ーーの一[西右]	
方便力	ほうべんりき	×	方便力	妙荘	1289③	仏名	1298②	はうへんりき／ちから[妙]	ーーの一[西]	方便力(はうへんりき)ちから[妙]
法寳	ほうぼう	一ほう	法寳	五百	579⑥	仏名	584⑥	ほう へ／のりのたから[妙]		
寳幔	ほうまん	×	寳幔	見寳	667⑤	漢名	682⑥	ほうまん／たからのまん[妙]	一のィ一[西右]	
法明	ほうみょう	×	法明	五百	580①	仏名	585①			
寳明	ほうみょう	ほうミやう	寳明	五百	573⑤	漢名	578①			
宝明	ほうみょう	ほうミやう	寳明	五百	580③	漢名	585②			
法明如来	ほうみょうによらい	ほうミやうによらい	法明如来	五百	570④	仏如来名	574③			
法滅し	ほうめつし	×	法滅	五百	587③	仏サ動	593②		一せんとき[西右]	ほうめち・し[妙]

ほう 629

当該語	読みかな	傍訓	漢字表記	品名	頁数	語の種類	妙一本	和解語文	可読	異同語彙
方面	ほうめん	はうめん	方面	法功	1030④	漢名	1049②			
寶網	ほうもう	ーまう	寶網	見寶	667⑥	仏器財名	682⑥		ーのあみ[西右]	
寶物	ほうもつ	ほうもつ	寶物	譬喩	268③	漢名	239⑤		ーをもて[西右]	
寶物	ほうもつ	ほうもつ	寶物	譬喩	286⑤	漢名	258④			
寶物	ほうもつ	ほうもつ	寶物	信解	327②	漢名	303⑥	ほうふつ／たからのものを[妙]		
寶物	ほうもつ	ほうもつ	寶物	信解	357④	漢名	341④	ほうもつ／たからもの[妙]		
寶物	ほうもつ	×	寶物	見寶	657①	漢名	671③	ほうもつ／たからもの[妙]		
法門	ほうもん	×	法門	方便	175①	仏名	150⑤			
法門	ほうもん	×	法門	方便	171⑤	仏名	147⑥			
方藥	ほうやく	ほうやく	方藥	如來	899④	漢サ動	918⑤	ほうやく／くすり[妙]	ーを[西右]	
寶瓔珞	ほうようらく	ほうやうらく	寶瓔珞	見寶	657③	仏宝玉名	671⑤	ほうやうらく／たからのたま[妙]		
法利	ほうり	×	法利	分別	930②	仏名	948⑥			
寶鈴	ほうりょう	ほうりやう	寶鈴	序品	40⑥	仏楽具名	35②			
寶鈴	ほうりょう	ほうりやう／たからのすゞ	寶鈴	見寶	657③	仏楽具名	671⑤	ほうりやう／たからのすゞ[妙]		
寶鈴	ほうりょう	ーりやう	寶鈴	見寶	670③	仏楽具名	685⑤	ほうりやう／たからのすゞ[妙]		
寶鈴	ほうりょう	ほうりやう／たからのすゞ	寶鈴	分別	953②	仏楽具名	972①	ほうりやう／たからのすゞ[妙]		
寶鈴	ほうりょう	ほうりやう・たからすゞ	寶鈴	分別	962③	仏楽具名	980⑥	ほうりやう／たからのすゞ[妙]		
寶鈴	ほうりょう	ーりやう	寶鈴	藥王	1134⑥	仏楽具名	1153②			ほうりやう[妙]
法輪	ほうりん	ほうりん	法輪	序品	7④	仏名	6①	ほうりん／のりをとく[妙]		
法輪	ほうりん	ほうりん	法輪	譬喩	216⑤	仏名	185②	ほうりん／のりを[妙]		
法輪	ほうりん	ほうりん	法輪	譬喩	218②	仏名	186⑥	ほふりん／のり[妙]		
法輪	ほうりん	ほうりん	法輪	譬喩	232⑤	仏名	201⑥			ほふりん【法輪】[妙]
法輪	ほうりん	ーりん	法輪	譬喩	232⑤	仏名	201⑥	ほふりん／のりを[妙]		ほふりん【法輪】[妙]
法輪	ほうりん	ーりん	法輪	化城	460⑤	仏名	456②	ほうりん／ほうもん[妙]		
法輪	ほうりん	ーりん	法輪	化城	471⑥	仏名	470①			
法輪	ほうりん	ーりん	法輪	化城	480④	仏名	480③	ほうりん／のりを[妙]		
法輪	ほうりん	×	法輪	化城	481②	仏名	481①			
法輪	ほうりん	×	法輪	化城	489①	仏名	490④	ほうりん／のりを[妙]		
法輪	ほうりん	×	法輪	化城	489⑥	仏名	491④			
法輪	ほうりん	ーりん	法輪	化城	500①	仏名	503④	てんほう（りん）／のりを[妙]		
法輪	ほうりん	×	法輪	化城	500⑤	仏名	504②	ほうりん／のりを[妙]		
法輪	ほうりん	×	法輪	化城	501⑥	仏名	505④	ほうりん／のりを[妙]		
法輪	ほうりん	×	法輪	化城	534④	仏名	540②	ほうりん／のりを[妙]		
法輪	ほうりん	×	法輪	勸持	747⑥	仏名	767①	ほうりん／のりを[妙]		
法輪	ほうりん	ーりん	法輪	安樂	815④	仏名	838②	ほうりん／のりを[妙]		
法輪	ほうりん	ーりん	法輪	從地	854①	仏名	876⑤	ほうりん／のりを[妙]		
法輪	ほうりん	ほうりん	法輪	分別	923④	仏名	942③			
法輪	ほうりん	ほうりん	法輪	分別	923⑥	仏名	942④	ほうりん／のり[妙]		法輪（ほふりん）[妙]
法輪	ほうりん	×	法輪	分別	931①	仏名	949⑤	ほうりん／のりを[妙]		
法輪	ほうりん	×	法輪	分別	931②	仏名	949⑥	ほうりん／のり[妙]		

当該語	読みかな	傍訓	漢字表記	品名	頁数	語の種類	妙一本	和解語文	可読	異同語彙
法輪	ほうりん	—りん	法輪	神力	1097④	仏名	1116②	ほうりん／のり[妙]		
法輪	ほうりん	×	法輪	普賢	1332⑤	仏名	1336②	ほうりん／のりを妙]		
寶蓮華	ほうれんげ	×	寶蓮華	提婆	721⑤	仏花名名	739⑥	ほうれんくゑ／たからのはちす[妙]		
寶蓮華	ほうれんげ	×	寶蓮華	提婆	723⑤	仏花名名	742①	ほうれんくゑ／たからのはちす[妙]		
寶蓮華	ほうれんげ	ほうれんげ／ほうれんくゑ	寶蓮華	提婆	735③	仏花名名	753⑥	ほうれんくゑ／たからのはちす[妙]		
寶蓮華	ほうれんげ	×	寶蓮華	妙音	1199⑥	仏花名名	1213⑤	ほうれんくゑ[妙]		
寶蓮華	ほうれんげ	×	寶蓮華	普賢	1306④	仏花名名	1313③	ほうれんくゑ／たからのはちす[妙]	—と[西右]	
ほか	ほか	×	外	五百	576②	和名	580⑥			
ほか	ほか	×	餘	信解	337④	和名	316③			
僕従	ぼくじゅう	ぼくじゆう／したかふもの	僕從	譬喩	249①	漢人倫名	219②	ぼくじゆ／したかふもの[妙]		
僕従	ぼくじゅう	ぼくじう	僕從	提婆	709③	漢人倫名	726②	ほくしゆ／つかへしたかうもの[妙]		
乏短する	ぼくたんする	ほくたん／ともしくすくなき・たくはぬィ	乏短	五百	593①	漢サ動	600②	ほくたん・する／とほしくたらはさる[妙]		
法華経	ほけきょう	×	法華經	序品	75②	仏経典名	66①			法華経(ほくゑきやう)[妙]
法華経	ほけきょう	×	法華經	序品	75⑥	仏経典名	66⑤			法華経(ほくゑきやう)[妙]
法華経	ほけきょう	×	法華經	序品	80①	仏経典名	70③			法華経(ほくゑきやう)[妙]
法華経	ほけきょう	×	法華經	序品	84④	仏経典名	74②			法華経(ほくゑきやう)[妙]
法華経	ほけきょう	×	法華經	譬喩	299⑥	仏経典名	272②		ほくゑきやう[妙]	法華経(ほくゑきやう)[妙]
法華経	ほけきょう	×	法華經	化城	537③	仏経典名	543②			法華経(ほくゑきやう)[妙]
法華経	ほけきょう	×	法華經	化城	540④	仏経典名	546②			法華経(ほくゑきやう)[妙]
法華経	ほけきょう	×	法華經	法師	625②	仏経典名	636②			法華経(ほくゑきやう)[妙]
法花経	ほけきょう	×	法華經	法師	627③	仏経典名	638④			法華經(ほくゑきやう)[妙]
法華経	ほけきょう	×	法華經	法師	628⑤	仏経典名	639⑥			法華經(ほくゑきやう)[妙]
法花経	ほけきょう	×	法華經	法師	628⑥	仏経典名	640②			法華經(ほくゑきやう)[妙]
法華経	ほけきょう	×	法華經	法師	635①	仏経典名	647①			法華経(ほくゑきやう)[妙]
法華経	ほけきょう	×	法華經	法師	637⑤	仏経典名	650①			法華經(ほくゑきやう)[妙]
法華経	ほけきょう	×	法華經	法師	641④	仏経典名	654②			法華經(ほくゑきやう)[妙]
法華経	ほけきょう	×	法華經	法師	642②	仏経典名	655②			法華經(ほくゑきやう)[妙]
法華経	ほけきょう	×	法華經	法師	643⑥	仏経典名	656⑥			法華經(ほくゑきやう)[妙]
法華経	ほけきょう	×	法華經	法師	645①	仏経典名	658③			法華經(ほくゑきやう)[妙]
法華経	ほけきょう	×	法華經	法師	645④	仏経典名	658⑥			法華經(ほくゑきやう)[妙]
法華経	ほけきょう	×	法華經	法師	646②	仏経典名	659⑤			法華經(ほくゑきやう)[妙]
法華経	ほけきょう	×	法華經	法師	647⑤	仏経典名	661②			法華經(ほくゑきやう)[妙]
法華経	ほけきょう	×	法華經	法師	651①	仏経典名	664⑥			法華經(ほくゑきやう)[妙]
法華経	ほけきょう	×	法華經	見寶	662③	仏経典名	677①			法華經(ほくゑきやう)[妙]
法華経	ほけきょう	×	法華經	見寶	663⑤	仏経典名	678③			法華經(ほくゑきやう)[妙]

当該語	読みかな	傍訓	漢字表記	品名	頁数	語の種類	妙一本	和解語文	可読	異同語彙
法華経	ほけきょう	×	法華經	見寶	664②	仏経典名	678⑥			法華經(ほくゑきやう)[妙]
法華経	ほけきょう	×	法華經	見寶	665②	仏経典名	680①			法華經(ほくゑきやう)[妙]
法華経	ほけきょう	×	法華經	見寶	681②	仏経典名	698②			法華經(ほくゑきやう)[妙]
法華経	ほけきょう	×	法華經	提婆	708④	仏経典名	725④			法華經(ほくゑきやう)[妙]
法華経	ほけきょう	×	法華經	安樂	760①	仏経典名	779⑤			法華經(ほくゑきやう)[妙]
法華経	ほけきょう	×	法華經	安樂	776④	仏経典名	797①			法華經(ほくゑきやう)[妙]
法華経	ほけきょう	×	法華經	安樂	791④	仏経典名	813①			法華經(ほくゑきやう)[妙]
法華経	ほけきょう	×	法華經	安樂	795⑤	仏経典名	817②			法華經(ほくゑきやう)[妙]
法華経	ほけきょう	×	法華經	安樂	800②	仏経典名	822①			法華經(ほくゑきやう)[妙]
法華経	ほけきょう	×	法華經	安樂	801⑥	仏経典名	823⑥			法華經(ほくゑきやう)[妙]
法華経	ほけきょう	×	法華經	安樂	802④	仏経典名	824④			法華經(ほくゑきやう)[妙]
法華経	ほけきょう	×	法華經	安樂	803③	仏経典名	825③			法華經(ほくゑきやう)[妙]
法華経	ほけきょう	×	法華經	分別	958⑤	仏経典名	977③			法華經(ほうくゑきやう)[妙]
法華経	ほけきょう	×	法華經	随喜	969④	仏経典名	987⑤			法華經(ほくゑきやう)[妙]
法華経	ほけきょう	×	法華經	随喜	978①	仏経典名	996②			法華經(ほくゑきやう)[妙]
法華経	ほけきょう	×	法華經	随喜	978⑤	仏経典名	997①			法華經(ほくゑきやう)[妙]
法華経	ほけきょう	×	法華經	随喜	992①	仏経典名	1010⑤			法華經(ほくゑきやう)[妙]
法華経	ほけきょう	×	法華經	法功	994①	仏経典名	1012⑤			法華經(ほくゑきやう)[妙]
法華経	ほけきょう	×	法華經	法功	996④	仏経典名	1015②			法華經(ほくゑきやう)[妙]
法華経	ほけきょう	×	法華經	法功	1037⑤	仏経典名	1056③			法華經(ほくゑきやう)[妙]
法華経	ほけきょう	×	法華經	法功	1047①	仏経典名	1065⑤			法華經(ほくゑきやう)[妙]
法華経	ほけきょう	×	法華經	法功	1048②	仏経典名	1066⑤			法華經(ほくゑきやう)[妙]
法華経	ほけきょう	×	法華經	常不	1056④	仏経典名	1075④			ほくゑきやう[妙]
法華経	ほけきょう	×	法華經	常不	1067④	仏経典名	1086②			ほうくゑきやう[妙]
法華経	ほけきょう	×	法華經	常不	1068③	仏経典名	1087②			ほくゑきやう[妙]
法華経	ほけきょう	×	法華經	常不	1070①	仏経典名	1088④			ほくゑきやう[妙]
法華経	ほけきょう	×	法華經	常不	1076①	仏経典名	1094④			ほくゑきやう[妙]
法華経	ほけきょう	×	法華經	常不	1082③	仏経典名	1100⑥			ほくゑきやう[妙]
法華経	ほけきょう	×	法華經	嘱累	1108⑤	仏経典名	1127③			ほくゑきやう[妙]
法華経	ほけきょう	×	法華經	藥王	1119③	仏経典名	1137⑤			ほくゑきやう[妙]
法華経	ほけきょう	×	法華經	藥王	1120⑤	仏経典名	1139①			ほくゑきやう[妙]
法華経	ほけきょう	×	法華經	藥王	1121⑤	仏経典名	1139②		一と[西右]	ほくゑきやう[妙]
法華経	ほけきょう	×	法華經	藥王	1128⑤	仏経典名	1147⑤			ほくゑきやう[妙]
法華経	ほけきょう	×	法華經	藥王	1142④	仏経典名	1160④			ほうくゑきやう[妙]
法華経	ほけきょう	×	法華經	藥王	1143①	仏経典名	1161②			ほくゑきやう[妙]
法華経	ほけきょう	×	法華經	藥王	1143⑥	仏経典名	1161⑥			ほくゑきやう[妙]
法華経	ほけきょう	×	法華經	藥王	1144③	仏経典名	1162③			ほくゑきやう[妙]
法華経	ほけきょう	×	法華經	藥王	1151①	仏経典名	1169②			ほくゑきやう[妙]
法華経	ほけきょう	×	法華經	藥王	1151④	仏経典名	1169⑤			ほくゑきやう[妙]
法華経	ほけきょう	×	法華經	妙音	1175⑥	仏経典名	1191③			ほうくゑきやう[妙]
法華経	ほけきょう	×	法華經	妙音	1185④	仏経典名	1200③			ほくゑきやう[妙]
法華経	ほけきょう	×	法華經	陀羅	1248④	仏経典名	1260⑤			ほつくゑきやう[妙]
法華経	ほけきょう	×	法華經	陀羅	1255②	仏経典名	1267②			ほくゑきやう[妙]

当該語	読みかな	傍訓	漢字表記	品名	頁数	語の種類	妙一本	和解語文	可読	異同語彙
法華経	ほけきょう	×	法華經	陀羅	1260④	仏経典名	1272①			ほくゑきやう[妙]
法華経	ほけきょう	×	法華經	陀羅	1263④	仏経典名	1275①			ほくゑきやう[妙]
法華経	ほけきょう	×	法華經	妙荘	1275④	仏経典名	1285⑥			ほつくゑきやう[妙]
法華経	ほけきょう	×	法華經	妙荘	1276⑤	仏経典名	1286⑥			ほつくゑきやう[妙]
法華経	ほけきょう	×	法華經	妙荘	1282①	仏経典名	1291⑤			ひつくゑきやう[妙]
法華経	ほけきょう	×	法華經	妙荘	1288①	仏経典名	1297④			ほつくゑきやう[妙]
法華経	ほけきょう	×	法華經	妙荘	1299③	仏経典名	1307①			ほつくゑきやう[妙]
法華経	ほけきょう	×	法華經	普賢	1308②	仏経典名	1314⑤			ほくゑきやう[妙]
法華経	ほけきょう	×	法華經	普賢	1309②	仏経典名	1315④			
法華経	ほけきょう	×	法華經	普賢	1309⑤	仏経典名	1315⑥			ほくゑきやう[妙]
法華経	ほけきょう	×	法華經	普賢	1313④	仏経典名	1319③			ほくゑきやう[妙]
法華経	ほけきょう	×	法華經	普賢	1314①	仏経典名	1320①			ほくゑきやう[妙]
法華経	ほけきょう	×	法華經	普賢	1314④	仏経典名	1320③			ほくゑきやう[妙]
法華経	ほけきょう	×	法華經	普賢	1316③	仏経典名	1321⑥			ほくゑきやう[妙]
法華経	ほけきょう	×	法華經	普賢	1321①	仏経典名	1326①			ほくゑきやう[妙]
法華経	ほけきょう	×	法華經	普賢	1328②	仏経典名	1332②			ほくゑきやう[妙]
法華経	ほけきょう	×	法華經	普賢	1332①	仏経典名	1335⑤			ほくゑきやう[妙]
菩薩	ぼさつ	ぼさつ	菩薩	序品	14⑤	仏菩薩名	11⑥			
菩薩	ぼさつ	×	菩薩	序品	19②	仏菩薩名	15⑤			
菩薩	ぼさつ	×	菩薩	序品	26④	仏菩薩名	22④			
菩薩	ぼさつ	×	菩薩	序品	29②	仏菩薩名	24⑥			
菩薩	ぼさつ	×	菩薩	序品	30③	仏菩薩名	25⑥			
菩薩	ぼさつ	×	菩薩	序品	30④	仏菩薩名	26②			
菩薩	ぼさつ	×	菩薩	序品	30⑥	仏菩薩名	26③			
菩薩	ぼさつ	×	菩薩	序品	31⑥	仏菩薩名	27②			
菩薩	ぼさつ	×	菩薩	序品	32②	仏菩薩名	27④			
菩薩	ぼさつ	×	菩薩	序品	32⑥	仏菩薩名	28②			
菩薩	ぼさつ	×	菩薩	序品	33②	仏菩薩名	28③			
菩薩	ぼさつ	×	菩薩	序品	34①	仏菩薩名	29②			
菩薩	ぼさつ	×	菩薩	序品	34②	仏菩薩名	29③			
ぼさつ	ぼさつ	×	菩薩	序品	34④	仏菩薩名	29⑤			菩薩(ぼさつ)[妙]
菩薩	ぼさつ	×	菩薩	序品	36③	仏菩薩名	31②			
菩薩	ぼさつ	×	菩薩	序品	37①	仏菩薩名	32①			
菩薩	ぼさつ	×	菩薩	序品	38⑥	仏菩薩名	33③			
菩薩	ぼさつ	×	菩薩	序品	39②	仏菩薩名	33⑤			
菩薩	ぼさつ	×	菩薩	序品	39⑥	仏菩薩名	34②			
菩薩	ぼさつ	×	菩薩	序品	49③	仏菩薩名	42⑤			
菩薩	ぼさつ	×	菩薩	序品	57①	仏菩薩名	49⑤			
菩薩	ぼさつ	×	菩薩	序品	57③	仏菩薩名	49⑥			
菩薩	ぼさつ	×	菩薩	序品	57⑥	仏菩薩名	50③			
菩薩	ぼさつ	×	菩薩	序品	60③	仏菩薩名	52⑤			
菩薩	ぼさつ	×	菩薩	序品	66⑤	仏菩薩名	58③			
菩薩	ぼさつ	×	菩薩	序品	72②	仏菩薩名	63③			
菩薩	ぼさつ	×	菩薩	序品	72⑤	仏菩薩名	63⑥			
菩薩	ぼさつ	×	菩薩	序品	73②	仏菩薩名	64③			
菩薩	ぼさつ	×	菩薩	方便	97⑥	仏菩薩名	86①			
菩薩	ぼさつ	×	菩薩	方便	98①	仏菩薩名	×			
菩薩	ぼさつ	×	菩薩	方便	99①	仏菩薩名	86⑥			
菩薩	ぼさつ	×	菩薩	方便	110⑥	仏菩薩名	97①			
菩薩	ぼさつ	×	菩薩	方便	127⑥	仏菩薩名	112②			
菩薩	ぼさつ	×	菩薩	方便	133①	仏菩薩名	116③			
菩薩	ぼさつ	×	菩薩	方便	136⑥	仏菩薩名	119③			
菩薩	ぼさつ	×	菩薩	方便	147⑥	仏菩薩名	128④			
菩薩	ぼさつ	×	菩薩	方便	165④	仏菩薩名	142⑤			
菩薩	ぼさつ	×	菩薩	方便	182④	仏菩薩名	156⑤			
菩薩	ぼさつ	×	菩薩	方便	187②	仏菩薩名	160④			
菩薩	ぼさつ	×	菩薩	方便	187④	仏菩薩名	160⑤			
菩薩	ぼさつ	×	菩薩	方便	190⑤	仏菩薩名	163⑤			
菩薩	ぼさつ	×	菩薩	方便	190⑥	仏菩薩名	163⑥			
ほさつ	ぼさつ	×	菩薩	譬喩	205②	仏菩薩名	172③			菩薩(ぼさつ)[妙]
ほさつ	ぼさつ	×	菩薩	譬喩	212③	仏菩薩名	180④			菩薩(ぼさつ)[妙]
ぼさつ	ぼさつ	×	菩薩	譬喩	218③	仏菩薩名	186⑥			菩薩(ぼさつ)[妙]
ぼさつ	ぼさつ	×	菩薩	譬喩	220⑥	仏菩薩名	189⑤			菩薩(ぼさつ)[妙]

当該語	読みかな	傍訓	漢字表記	品名	頁数	語の種類	妙一本	和解語文	可読	異同語彙
ぼさつ	ぼさつ	×	菩薩	譬喩	223①	仏菩薩名	191⑥			菩薩（ぼさつ）[妙]
ぼさつ	ぼさつ	×	菩薩	譬喩	223②	仏菩薩名	192①			菩薩（ぼさつ）[妙]
ぼさつ	ぼさつ	×	菩薩	譬喩	223⑥	仏菩薩名	192⑤			菩薩（ぼさつ）[妙]
ぼさつ	ぼさつ	×	菩薩	譬喩	224⑤	仏菩薩名	193⑤	ほさつ／いさいしゆしやうをけうけするひと[妙]	菩薩（ぼさつ）[妙]	ぼさつ（ぼさつ）[妙]
ほさつ	ぼさつ	×	菩薩	譬喩	227②	仏菩薩名	196②			菩薩（ぼさつ）[妙]
ぼさつ	ぼさつ	×	菩薩	譬喩	228①	仏菩薩名	197②			菩薩（ぼさつ）[妙]
ぼさつ	ぼさつ	×	菩薩	譬喩	228⑤	仏菩薩名	197⑤			菩薩（ぼさつ）[妙]
ぼさつ	ぼさつ	×	菩薩	譬喩	238①	仏菩薩名	207③			菩薩（ぼさつ）[妙]
菩薩	ぼさつ	ぼさつ	菩薩	譬喩	265①	仏菩薩名	236②			
菩薩	ぼさつ	ぼさつ	菩薩	譬喩	291⑤	仏菩薩名	263⑥			菩薩（ぼさつ）[妙]
ぼさつ	ぼさつ	×	菩薩	譬喩	293③	仏菩薩名	265③			菩薩（ぼさつ）[妙]
ぼさつ	ぼさつ	×	菩薩	譬喩	294⑥	仏菩薩名	267①			菩薩（ぼさつ）[妙]
ぼさつ	ぼさつ	×	菩薩	譬喩	295③	仏菩薩名	267④			菩薩（ぼさつ）[妙]
ぼさつ	ぼさつ	×	菩薩	譬喩	299⑤	仏菩薩名	272①	ほさつ／たをみちひくひと[妙]		菩薩（ぼさつ）[妙]
ぼさつ	ぼさつ	×	菩薩	信解	319④	仏菩薩名	294⑤	ぼさつ／ひとをわたす[妙]		菩薩（ぼさつ）[妙]
菩薩	ぼさつ	ぼさつ	菩薩	信解	320③	仏菩薩名	295⑤			
ぼさつ	ぼさつ	×	菩薩	信解	349③	仏菩薩名	331④			菩薩（ぼさつ）[妙]
ぼさつ	ぼさつ	×	菩薩	信解	351④	仏菩薩名	334②			菩薩（ぼさつ）[妙]
ぼさつ	ぼさつ	×	菩薩	信解	367⑤	仏菩薩名	353⑤			菩薩（ぼさつ）[妙]
ぼさつ	ぼさつ	×	菩薩	信解	371②	仏菩薩名	357⑤			菩薩（ぼさつ）[妙]
菩薩	ぼさつ	×	菩薩	藥草	409⑤	仏菩薩名	397③			
ほさつ	ぼさつ	×	菩薩	藥草	412②	仏菩薩名	400③			菩薩（ぼさつ）[妙]
菩薩	ぼさつ	×	菩薩	授記	417⑥	仏菩薩名	406③			
菩薩	ぼさつ	×	菩薩	授記	426⑤	仏菩薩名	417①	ほさつ／ひとをあはれむみち[妙]		
ほさつ	ぼさつ	×	菩薩	授記	429②	仏菩薩名	419⑤			菩薩（ぼさつ）[妙]
ほさつ	ぼさつ	×	菩薩	授記	431②	仏菩薩名	422①			菩薩（ぼさつ）[妙]
ほさつ	ぼさつ	×	菩薩	授記	431④	仏菩薩名	422③			菩薩（ぼさつ）[妙]
菩薩	ぼさつ	×	菩薩	授記	434⑤	仏菩薩名	426①			
ぼさつ	ぼさつ	×	菩薩	授記	436①	仏菩薩名	427④		一と[西右]	菩薩（ぼさつ）[妙]
菩薩	ぼさつ	×	菩薩	授記	438④	仏菩薩名	430②			
ほさつ	ぼさつ	×	菩薩	授記	443②	仏菩薩名	435⑤			菩薩（ぼさつ）[妙]
菩薩	ぼさつ	×	菩薩	授記	444①	仏菩薩名	436⑤			
菩薩	ぼさつ	×	菩薩	化城	451②	仏菩薩名	445①		一と[西右]	
菩薩	ぼさつ	×	菩薩	化城	512⑤	仏菩薩名	517⑤			
菩薩	ぼさつ	×	菩薩	化城	513④	仏菩薩名	518④			
菩薩	ぼさつ	×	菩薩	化城	513⑤	仏菩薩名	518⑤			
菩薩	ぼさつ	×	菩薩	化城	514⑤	仏菩薩名	519⑥			
菩薩	ぼさつ	×	菩薩	化城	519②	仏菩薩名	524②			
菩薩	ぼさつ	×	菩薩	化城	520⑥	仏菩薩名	526①			
菩薩	ぼさつ	×	菩薩	化城	537③	仏菩薩名	543⑤			
菩薩	ぼさつ	×	菩薩	五百	567②	仏菩薩名	570⑥	ほさつ／しゆしやうをあはれむひと[妙]		
菩薩	ぼさつ	×	菩薩	五百	570①	仏菩薩名	574⑤			
菩薩	ぼさつ	×	菩薩	五百	575②	仏菩薩名	579⑥			
菩薩	ぼさつ	×	菩薩	五百	576②	仏菩薩名	580⑥			
菩薩	ぼさつ	×	菩薩	五百	586③	仏菩薩名	592①			
菩薩	ぼさつ	×	菩薩	五百	588①	仏菩薩名	594②			
菩薩	ぼさつ	×	菩薩	五百	593②	仏菩薩名	600④			
菩薩	ぼさつ	×	菩薩	五百	595②	仏菩薩名	602②			
菩薩	ぼさつ	×	菩薩	授學	604⑥	仏菩薩名	613⑤			
菩薩	ぼさつ	×	菩薩	授學	607③	仏菩薩名	616④			
菩薩	ぼさつ	×	菩薩	授學	608④	仏菩薩名	617⑤			
菩薩	ぼさつ	×	菩薩	授學	609②	仏菩薩名	618④			
菩薩	ぼさつ	×	菩薩	授學	618②	仏菩薩名	628⑤		一と[西右]	
菩薩	ぼさつ	×	菩薩	法師	641④	仏菩薩名	654①			
菩薩	ぼさつ	×	菩薩	法師	641⑥	仏菩薩名	654④			
菩薩	ぼさつ	×	菩薩	法師	642②	仏菩薩名	654⑥			
菩薩	ぼさつ	×	菩薩	法師	643⑤	仏菩薩名	656⑤			
菩薩	ぼさつ	×	菩薩	法師	644⑤	仏菩薩名	657⑥			
菩薩	ぼさつ	×	菩薩	法師	645②	仏菩薩名	658④			
菩薩	ぼさつ	×	菩薩	法師	645③	仏菩薩名	658⑤			
菩薩	ぼさつ	×	菩薩	法師	645⑤	仏菩薩名	659①			

当該語	読みかな	傍訓	漢字表記	品名	頁数	語の種類	妙一本	和解語文	可読	異同語彙
菩薩	ぼさつ	×	菩薩	法師	647④	仏菩薩名	661①			
菩薩	ぼさつ	×	菩薩	法師	656①	仏菩薩名	670③			
菩薩	ぼさつ	×	菩薩	見寶	661③	仏菩薩名	675⑥			
菩薩	ぼさつ	×	菩薩	見寶	662①	仏菩薩名	676⑤			
菩薩	ぼさつ	×	菩薩	見寶	667⑤	仏菩薩名	682⑤			
菩薩	ぼさつ	×	菩薩	見寶	668②	仏菩薩名	683③			
菩薩	ぼさつ	×	菩薩	見寶	668⑥	仏菩薩名	684②			
菩薩	ぼさつ	×	菩薩	見寶	678③	仏菩薩名	695①			
菩薩	ぼさつ	×	菩薩	提婆	708②	仏菩薩名	725①			
菩薩	ぼさつ	×	菩薩	提婆	720③	仏菩薩名	738④			
菩薩	ぼさつ	×	菩薩	提婆	721①	仏菩薩名	739①			
菩薩	ぼさつ	×	菩薩	提婆	721④	仏菩薩名	739⑤			
菩薩	ぼさつ	×	菩薩	提婆	724①	仏菩薩名	742②			
菩薩	ぼさつ	×	菩薩	提婆	724②	仏菩薩名	742④			
菩薩	ぼさつ	×	菩薩	提婆	729②	仏菩薩名	747③			
菩薩	ぼさつ	×	菩薩	提婆	729⑤	仏菩薩名	747⑤			
菩薩	ぼさつ	×	菩薩	提婆	735②	仏菩薩名	753⑤	ほさつのきやう／いさいしゆしやうをあわれむ[妙]		
菩薩	ぼさつ	×	菩薩	提婆	735⑥	仏菩薩名	754③			
菩薩	ぼさつ	×	菩薩	勧持	737⑥	仏菩薩名	756④			
菩薩	ぼさつ	×	菩薩	勧持	743④	仏菩薩名	762③			
菩薩	ぼさつ	×	菩薩	勧持	744②	仏菩薩名	763①			
菩薩	ぼさつ	×	菩薩	勧持	745①	仏菩薩名	763⑥			
菩薩	ぼさつ	×	菩薩	勧持	747⑤	仏菩薩名	766⑥			
菩薩	ぼさつ	×	菩薩	勧持	749②	仏菩薩名	768③			
菩薩	ぼさつ	×	菩薩	勧持	750⑤	仏菩薩名	769⑥			
菩薩	ぼさつ	×	菩薩	安樂	759⑤	仏菩薩名	779③			
菩薩	ぼさつ	×	菩薩	安樂	760⑥	仏菩薩名	780④			
菩薩	ぼさつ	×	菩薩	安樂	768⑥	仏菩薩名	789①			
菩薩	ぼさつ	×	菩薩	安樂	770③	仏菩薩名	790⑤			
菩薩	ぼさつ	×	菩薩	安樂	770④	仏菩薩名	790⑥			
菩薩	ぼさつ	×	菩薩	安樂	773③	仏菩薩名	793⑥			
菩薩	ぼさつ	×	菩薩	安樂	775③	仏菩薩名	796①			
菩薩	ぼさつ	×	菩薩	安樂	776③	仏菩薩名	796⑥			
ほさつ	ぼさつ	×	菩薩	安樂	778⑥	仏菩薩名	799⑥			菩薩(ぼさつ)[妙]
菩薩	ぼさつ	×	菩薩	安樂	784⑥	仏菩薩名	806①			
菩薩	ぼさつ	×	菩薩	安樂	786②	仏菩薩名	807⑤			
ほさつ	ぼさつ	×	菩薩	從地	819②	仏菩薩名	841④			菩薩(ぼさつ)[妙]
菩薩	ぼさつ	×	菩薩	從地	820③	仏菩薩名	842⑤			
菩薩	ぼさつ	×	菩薩	從地	820⑥	仏菩薩名	843②			
菩薩	ぼさつ	×	菩薩	從地	821②	仏菩薩名	843③			
ぼさつ	ぼさつ	×	菩薩	從地	823②	仏菩薩名	845④			菩薩(ぼさつ)[妙]
菩薩	ぼさつ	×	菩薩	從地	824④	仏菩薩名	846⑥			
ぼさつ	ぼさつ	×	菩薩	從地	825②	仏菩薩名	847③	一の[西右]		菩薩(ぼさつ)[妙]
菩薩	ぼさつ	×	菩薩	從地	826③	仏菩薩名	848⑤			
菩薩	ぼさつ	×	菩薩	從地	827②	仏菩薩名	849④			
菩薩	ぼさつ	×	菩薩	從地	833⑥	仏菩薩名	856④			
菩薩	ぼさつ	×	菩薩	從地	834④	仏菩薩名	857⑤			
菩薩	ぼさつ	×	菩薩	從地	835⑥	仏菩薩名	858⑤			
菩薩	ぼさつ	×	菩薩	從地	839④	仏菩薩名	862④			
菩薩	ぼさつ	×	菩薩	從地	841①	仏菩薩名	863⑥	一ら[西右]		
菩薩	ぼさつ	×	菩薩	從地	849③	仏菩薩名	872②			
菩薩	ぼさつ	×	菩薩	從地	849⑤	仏菩薩名	872④			
菩薩	ぼさつ	×	菩薩	從地	855②	仏菩薩名	878①			
菩薩	ぼさつ	×	菩薩	從地	858④	仏菩薩名	881②			
菩薩	ぼさつ	×	菩薩	從地	860①	仏菩薩名	883①			
菩薩	ぼさつ	×	菩薩	從地	862⑥	仏菩薩名	885④			
ぼさつ	ぼさつ	×	菩薩	從地	865①	仏菩薩名	887⑥			菩薩(ぼさつ)[妙]
菩薩	ぼさつ	×	菩薩	從地	867⑤	仏菩薩名	890④			
菩薩	ぼさつ	×	菩薩	從地	867⑥	仏菩薩名	890⑤			
菩薩	ぼさつ	×	菩薩	從地	870①	仏菩薩名	893①			
菩薩	ぼさつ	×	菩薩	如來	880②	仏菩薩名	899②			
菩薩	ぼさつ	×	菩薩	如來	882⑤	仏菩薩名	901⑤			
菩薩	ぼさつ	×	菩薩	如來	895②	仏菩薩名	914①			
菩薩	ぼさつ	×	菩薩	分別	928②	仏菩薩名	947①			
菩薩	ぼさつ	×	菩薩	分別	928⑤	仏菩薩名	947③			
菩薩	ぼさつ	×	菩薩	分別	930⑥	仏菩薩名	949④			

ほさ 635

当該語	読みかな	傍訓	漢字表記	品名	頁数	語の種類	妙一本	和解語文	可読	異同語彙
菩薩	ぼさつ	×	菩薩	分別	931②	仏菩薩名	949⑥			
菩薩	ぼさつ	×	菩薩	分別	931③	仏菩薩名	950①			
菩薩	ぼさつ	×	菩薩	分別	931⑥	仏菩薩名	950④			
菩薩	ぼさつ	×	菩薩	分別	932②	仏菩薩名	950⑥			
菩薩	ぼさつ	×	菩薩	分別	932⑥	仏菩薩名	951④			
菩薩	ぼさつ	×	菩薩	分別	945①	仏菩薩名	963④			
菩薩	ぼさつ	×	菩薩	分別	958③	仏菩薩名	977①			
菩薩	ぼさつ	×	菩薩	法功	1006①	仏菩薩名	1024④			
菩薩	ぼさつ	ぼさつ	菩薩	法功	1013⑥	仏菩薩名	1032③			
菩薩	ぼさつ	×	菩薩	法功	1024④	仏菩薩名	1043③			
菩薩	ぼさつ	×	菩薩	法功	1025⑥	仏菩薩名	1044⑤			
菩薩	ぼさつ	×	菩薩	法功	1029⑥	仏菩薩名	1048④			
菩薩	ぼさつ	×	菩薩	法功	1030③	仏菩薩名	1049①			
菩薩	ぼさつ	×	菩薩	法功	1036⑥	仏菩薩名	1055⑤		と［西右］	
菩薩	ぼさつ	×	菩薩	法功	1038③	仏菩薩名	1057①			
菩薩	ぼさつ	×	菩薩	法功	1039⑤	仏菩薩名	1058④			
菩薩	ぼさつ	×	菩薩	常不	1059②	仏菩薩名	1078①			
菩薩	ぼさつ	×	菩薩	常不	1062①	仏菩薩名	1080⑤			
菩薩	ぼさつ	×	菩薩	常不	1063①	仏菩薩名	1081⑤			
菩薩	ぼさつ	×	菩薩	常不	1069②	仏菩薩名	1087⑥			
菩薩	ぼさつ	×	菩薩	常不	1075①	仏菩薩名	1093⑤			
菩薩	ぼさつ	×	菩薩	常不	1075③	仏菩薩名	1094①		—と［西右］	
菩薩	ぼさつ	×	菩薩	常不	1077⑥	仏菩薩名	1096⑤			
菩薩	ぼさつ	×	菩薩	常不	1079⑤	仏菩薩名	1098②			
菩薩	ぼさつ	×	菩薩	常不	1081②	仏菩薩名	1099⑤			
菩薩	ぼさつ	×	菩薩	神力	1085④	仏菩薩名	1103⑥			
菩薩	ぼさつ	×	菩薩	神力	1101①	仏菩薩名	1119⑥			
菩薩	ぼさつ	×	菩薩	神力	1103⑤	仏菩薩名	1122④			
菩薩	ぼさつ	×	菩薩	藥王	1115⑤	仏菩薩名	1134②		—と［西右］	
菩薩	ぼさつ	×	菩薩	藥王	1117①	仏菩薩名	1135③			
菩薩	ぼさつ	×	菩薩	藥王	1119③	仏菩薩名	1137④		—と［西右］	
菩薩	ぼさつ	×	菩薩	藥王	1132①	仏菩薩名	1150③		—と［西右］	
菩薩	ぼさつ	×	菩薩	藥王	1135⑤	仏菩薩名	1154①			
菩薩	ぼさつ	×	菩薩	藥王	1137④	仏菩薩名	1155⑤			
菩薩	ぼさつ	×	菩薩	藥王	1139③	仏菩薩名	1157④			
菩薩	ぼさつ	×	菩薩	藥王	1146③	仏菩薩名	1164⑤			
菩薩	ぼさつ	×	菩薩	藥王	1147②	仏菩薩名	1165③			
菩薩	ぼさつ	×	菩薩	藥王	1148①	仏菩薩名	1166②		—を［西右］	
菩薩	ぼさつ	×	菩薩	藥王	1155③	仏菩薩名	1173②			
菩薩	ぼさつ	×	菩薩	藥王	1158④	仏菩薩名	1176②			
菩薩	ぼさつ	×	菩薩	藥王	1158⑥	仏菩薩名	1176⑤			
菩薩	ぼさつ	×	菩薩	藥王	1163⑤	仏菩薩名	1180⑤			
菩薩	ぼさつ	×	菩薩	妙音	1167④	仏菩薩名	1183⑥			
菩薩	ぼさつ	×	菩薩	妙音	1172②	仏菩薩名	1188①			
菩薩	ぼさつ	×	菩薩	妙音	1175④	仏菩薩名	1190⑥			
菩薩	ぼさつ	×	菩薩	妙音	1176③	仏菩薩名	1191⑤			
菩薩	ぼさつ	×	菩薩	妙音	1177②	仏菩薩名	1192④			
菩薩	ぼさつ	×	菩薩	妙音	1177④	仏菩薩名	1192⑥			
菩薩	ぼさつ	×	菩薩	妙音	1178③	仏菩薩名	1193⑤			
菩薩	ぼさつ	×	菩薩	妙音	1179①	仏菩薩名	1194②			
菩薩	ぼさつ	×	菩薩	妙音	1179④	仏菩薩名	1194⑤			
菩薩	ぼさつ	×	菩薩	妙音	1189⑤	仏菩薩名	1204②			
菩薩	ぼさつ	×	菩薩	妙音	1194①	仏菩薩名	1208③			
菩薩	ぼさつ	×	菩薩	妙音	1195②	仏菩薩名	1209③			
菩薩	ぼさつ	×	菩薩	妙音	1195⑤	仏菩薩名	1209④			
菩薩	ぼさつ	×	菩薩	妙音	1197②	仏菩薩名	1211③			
菩薩	ぼさつ	×	菩薩	妙音	1199①	仏菩薩名	1212⑥		—も［西右］	
菩薩	ぼさつ	×	菩薩	妙音	1200②	仏菩薩名	1213⑥			
菩薩	ぼさつ	×	菩薩	妙音	1201④	仏菩薩名	1215②			
菩薩	ぼさつ	×	菩薩	觀世	1210②	仏菩薩名	1223③			
菩薩	ぼさつ	×	菩薩	觀世	1215②	仏菩薩名	1228③			
菩薩	ぼさつ	×	菩薩	觀世	1219⑥	仏菩薩名	1233②			
菩薩	ぼさつ	×	菩薩	妙莊	1273⑤	仏菩薩名	1284⑥			
菩薩	ぼさつ	×	菩薩	普賢	1316⑥	仏菩薩名	1322③			
菩薩	ぼさつ	×	菩薩	普賢	1320⑤	仏菩薩名	1325③			
菩薩	ぼさつ	×	菩薩	普賢	1337①	仏菩薩名	1339⑥		—は［西右］	
菩薩	ぼさつ	×	菩薩	普賢	1337③	仏菩薩名	1340②		—は［西右］	
菩薩沙弥	ぼさつしゃみ	——しゃみ	菩薩沙彌	化城	509②	仏菩薩名	514①			

当該語	読みかな	傍訓	漢字表記	品名	頁数	語の種類	妙一本	和解語文	可読	異同語彙
菩薩沙弥	ぼさつしゃみ	ーーしやみ	菩薩沙彌	化城	510②	仏菩薩名	515②			
菩薩沙弥	ぼさつしゃみ	ーーしやみ	菩薩沙彌	化城	511⑤	仏菩薩名	516⑤			
菩薩衆	ぼさつしゅ	×	菩薩衆	方便	95①	仏菩薩名	83③			
菩薩衆	ぼさつしゅ	ーーしゅ	菩薩衆	授記	420⑥	仏菩薩名	409⑥			
菩薩衆	ぼさつしゅ	ーーしゅ	菩薩衆	授記	428④	仏菩薩名	418⑥			
菩薩衆	ぼさつしゅ	×	菩薩衆	五百	572⑥	仏菩薩名	577①			
菩薩衆	ぼさつしゅ	×	菩薩衆	五百	580③	仏菩薩名	585④			
菩薩衆	ぼさつしゅ	×	菩薩衆	授學	610④	仏菩薩名	619⑥			
菩薩衆	ぼさつしゅ	×	菩薩衆	從地	826⑤	仏菩薩名	849①			
菩薩衆	ぼさつしゅ	×	菩薩衆	從地	832⑥	仏菩薩名	855⑤			
菩薩衆	ぼさつしゅ	×	菩薩衆	從地	838⑥	仏菩薩名	861⑤			
菩薩衆	ぼさつしゅ	×	菩薩衆	從地	841③	仏菩薩名	864②			菩薩(ぼさつ)[妙]
菩薩衆	ぼさつしゅ	×	菩薩衆	分別	940③	仏菩薩名	958⑤			
菩薩衆	ぼさつしゅ	×	菩薩衆	分別	950③	仏菩薩名	969②			
菩薩衆	ぼさつしゅ	×	菩薩衆	妙音	1171③	仏菩薩名	1187②			菩薩衆(ぼさつしゅ)[妙]
菩薩衆	ぼさつしゅ	×	菩薩衆	妙音	1180⑥	仏菩薩名	1195⑥			ほさつしゅ[妙]
菩薩衆	ぼさつしゅ	×	菩薩衆	妙莊	1294②	仏菩薩名	1302⑥		一と[西右]	ほさつしゅ[妙]
菩薩衆	ぼさつしゅ	×	菩薩衆	普賢	1308④	仏菩薩名	1315①			ほさつしゅ[妙]
菩薩聲	ぼさつしょう	ほさつー	菩薩聲	法功	1000③	漢名	1019①	ほさつしやう／ほさつのこゑ[妙]		
菩薩淨三昧	ぼさつじょうざんまい	ーーのじやうーーまい	菩薩淨三昧	妙莊	1274④	仏菩薩名	1285①	ほさつしやうさんまい[妙]	一と[西右]	
菩薩聲聞	ぼさつしょうもん	×	菩薩聲聞	授記	441③	仏名	433④		ーーとーーと[西右]	
菩薩声聞	ぼさつしょうもん	×	菩薩聲聞	藥王	1118⑤	仏菩薩名	1136⑥			菩薩聲聞(ほさつしゃうもん)[妙]
菩薩大衆	ぼさつだいしゅ	×	菩薩大衆	從地	829④	仏菩薩名	851⑥			
菩薩大衆	ぼさつだいしゅ	×	菩薩大衆	從地	842④	仏菩薩名	865⑥			
菩薩大衆	ぼさつだいしゅ	×	菩薩大衆	從地	843②	仏菩薩名	866①			
菩薩大衆	ぼさつだいしゅ	×	菩薩大衆	如來	881⑤	仏菩薩名	900③			
菩薩大衆	ぼさつだいしゅ	×	菩薩大衆	神力	1093⑥	仏菩薩名	1112③			ほさつ・たいしゅ[妙]
菩薩大衆	ぼさつだいしゅ	×	菩薩大衆	囑累	1113④	仏菩薩名	1132②			ほさつ・たいしゅ[妙]
菩薩大衆	ぼさつだいしゅ	×	菩薩大衆	妙音	1166⑥	仏菩薩名	1183②			ほさつたいしゅ[妙]
菩薩道	ぼさつどう	ほさつたう	菩薩道	藥草	414④	仏菩薩名	402⑥			
ぼさつまかさつ	ぼさつまかさつ	×	菩薩摩訶薩	從地	820②	仏菩薩名	842③			
菩薩摩訶薩	ぼさつまかさつ	×	菩薩摩訶薩	序品	7①	仏菩薩名	5④	ほさつまかさつ／ひとをあはれむるをほむる[妙]		
菩薩摩訶薩	ぼさつまかさつ	ーさつまかさー	菩薩摩訶薩	序品	9⑤	仏菩薩名	7⑥			
菩薩摩訶薩	ぼさつまかさつ	×	菩薩摩訶薩	序品	18⑥	仏菩薩名	15④			
菩薩摩訶薩	ぼさつまかさつ	×	菩薩摩訶薩	見寶	660④	仏菩薩名	674⑥			
菩薩摩訶薩	ぼさつまかさつ	×	菩薩摩訶薩	勸持	747④	仏菩薩名	766⑤			
菩薩摩訶薩	ぼさつまかさつ	×	菩薩摩訶薩	安樂	760②	仏菩薩名	779⑥			
菩薩摩訶薩	ぼさつまかさつ	×	菩薩摩訶薩	安樂	760④	仏菩薩名	780②			
菩薩摩訶薩	ぼさつまかさつ	×	菩薩摩訶薩	安樂	761②	仏菩薩名	780⑥			
菩薩摩訶薩	ぼさつまかさつ	×	菩薩摩訶薩	安樂	761③	仏菩薩名	781①		一は[西右]	
菩薩摩訶薩	ぼさつまかさつ	×	菩薩摩訶薩	安樂	762①	仏菩薩名	781⑤			
菩薩摩訶薩	ぼさつまかさつ	×	菩薩摩訶薩	安樂	762②	仏菩薩名	781⑥			
菩薩摩訶薩	ぼさつまかさつ	×	菩薩摩訶薩	安樂	762③	仏菩薩名	782①			

当該語	読みかな	傍訓	漢字表記	品名	頁数	語の種類	妙一本	和解語文	可読	異同語彙
菩薩摩訶薩	ぼさつまかさつ	×	菩薩摩訶薩	安樂	764⑥	仏菩薩名	784④			
菩薩摩訶薩	ぼさつまかさつ	×	菩薩摩訶薩	安樂	767②	仏菩薩名	787②			
菩薩摩訶薩	ぼさつまかさつ	×	菩薩摩訶薩	安樂	768③	仏菩薩名	788③			
菩薩摩訶薩	ぼさつまかさつ	×	菩薩摩訶薩	安樂	787②	仏菩薩名	808⑤			
菩薩摩訶薩	ぼさつまかさつ	×	菩薩摩訶薩	安樂	793④	仏菩薩名	815①			
菩薩摩訶薩	ぼさつまかさつ	×	菩薩摩訶薩	從地	817②	仏菩薩名	839④			
菩薩摩訶薩	ぼさつまかさつ	×	菩薩摩訶薩	從地	819②	仏菩薩名	841④			
菩薩摩訶薩	ぼさつまかさつ	×	菩薩摩訶薩	從地	825①	仏菩薩名	847②			
菩薩摩訶薩	ぼさつまかさつ	×	菩薩摩訶薩	從地	843⑤	仏菩薩名	866④			
菩薩广訶薩	ぼさつまかさつ	——まかさつ	菩薩摩訶薩	分別	922④	仏菩薩名	941③			
菩薩摩訶薩	ぼさつまかさつ	×	菩薩摩訶薩	分別	922⑤	仏菩薩名	941⑤			
菩薩摩訶薩	ぼさつまかさつ	×	菩薩摩訶薩	分別	923①	仏菩薩名	941⑥			
菩薩摩訶薩	ぼさつまかさつ	×	菩薩摩訶薩	分別	923③	仏菩薩名	942②			
菩薩摩訶薩	ぼさつまかさつ	×	菩薩摩訶薩	分別	923⑤	仏菩薩名	942③			
菩薩摩訶薩	ぼさつまかさつ	×	菩薩摩訶薩	分別	923⑥	仏菩薩名	942④			
菩薩摩訶薩	ぼさつまかさつ	×	菩薩摩訶薩	分別	924③	仏菩薩名	943①			
菩薩摩訶薩	ぼさつまかさつ	×	菩薩摩訶薩	分別	924⑤	仏菩薩名	943③			
菩薩摩訶薩	ぼさつまかさつ	×	菩薩摩訶薩	分別	925①	仏菩薩名	943⑤			
菩薩摩訶薩	ぼさつまかさつ	×	菩薩摩訶薩	分別	925③	仏菩薩名	944①			
菩薩摩訶薩	ぼさつまかさつ	×	菩薩摩訶薩	分別	925⑥	仏菩薩名	944④			
菩薩摩訶薩	ぼさつまかさつ	×	菩薩摩訶薩	常不	1076①	仏菩薩名	1094⑤			ほさつまかさつ[妙]
菩薩摩訶薩	ぼさつまかさつ	×	菩薩摩訶薩	常不	1076③	仏菩薩名	1095①			ほさつまかさつ[妙]
菩薩摩訶薩	ぼさつまかさつ	×	菩薩摩訶薩	神力	1083⑤	仏菩薩名	1102②			ほさつまかさつ[妙]
菩薩摩訶薩	ぼさつまかさつ	×	菩薩摩訶薩	神力	1089④	仏菩薩名	1107⑥			ほさつまかさつ[妙]
菩薩摩訶薩	ぼさつまかさつ	×	菩薩摩訶薩	神力	1091②	仏菩薩名	1109③			ほさつまかさつ[妙]
菩薩摩訶薩	ぼさつまかさつ	×	菩薩摩訶薩	囑累	1105②	仏菩薩名	1124①			ほさつまかさつ[妙]
菩薩摩訶薩	ぼさつまかさつ	×	菩薩摩訶薩	囑累	1106③	仏菩薩名	1125①			ほさつまかさつ[妙]
菩薩摩訶薩	ぼさつまかさつ	×	菩薩摩訶薩	囑累	1109⑥	仏菩薩名	1128④			ほさつまかさつ[妙]
菩薩摩訶薩衆	ぼさつまかさつしゅ	×	菩薩摩訶薩衆	從地	818④	仏菩薩名	840⑥			
ほしき	ほしき	×	恣	信解	364⑤	和形	350②		—い[西右]	
ほしきまゝ	ほしきまま	×	恣	五百	599①	和形動	607③			
ほそくながから	ほそくながから	×	狹長	随喜	984①	和複合形	1002③			
菩提	ぼだい	×	菩提	化城	484⑥	仏名	485④			
菩提	ぼだい	×	菩提	提婆	726①	仏名	744②			
菩提	ぼだい	×	菩提	提婆	728⑥	仏名	746②			
菩提	ぼだい	×	菩提	提婆	730①	仏名	748①			
菩提	ぼだい	×	菩提	提婆	731⑤	仏名	749⑥			
菩提	ぼだい	ぼだい	菩提	安樂	815②	仏名	837⑤			

当該語	読みかな	傍訓	漢字表記	品名	頁数	語の種類	妙一本	和解語文	可読	異同語彙
菩提樹	ぼだいじゅ	ほたいしゆ	菩提樹	化城	468⑥	仏樹木名	466①	ほたいしゆ／一き[妙]		
菩提樹	ぼだいじゅ	×	菩提樹	化城	468⑥	仏樹木名	466①	ほたいしゆ／一き[妙]		
菩提樹	ぼだいじゅ	——しゆ	菩提樹	化城	477③	仏樹木名	476④			
菩提樹	ぼだいじゅ	×	菩提樹	化城	486①	仏樹木名	486⑤	ほたいしゆ／一き[妙]		
菩提樹	ぼだいじゅ	×	菩提樹	化城	494⑥	仏樹木名	497③			
菩提樹	ぼだいじゅ	ぼだいじゅ	菩提樹	従地	864⑤	仏樹木名	887⑤			
菩提樹下	ぼだいじゅげ	ほたいしゆけ	菩提樹下	化城	452⑥	仏四熟名	447②			
菩提樹下	ぼだいじゅげ	ほたいしゆ—	菩提樹下	化城	467⑤	仏四熟名	464⑤	ほたいしゆけ／一のきのした[妙]		
菩提樹下	ぼだいじゅげ	ぼだいじゆげ	菩提樹下	化城	476②	仏四熟名	475③			
菩提樹下	ぼだいじゅげ	×	菩提樹下	化城	493⑤	仏四熟名	496②			
菩提樹下	ぼだいじゅげ	ぼだいじゆ—	菩提樹下	従地	853⑥	仏四熟名	876④	ほたいしゆけ／一きのした[妙]		
菩提心	ぼだいしん	ほたいしん	菩提心	提婆	719①	仏名	737①			
菩提心	ぼだいしん	×	菩提心	提婆	728①	仏名	746②			
菩提心	ぼだいしん	ぼだい	菩提心	提婆	737⑤	仏名	755⑤			
發起し	ほつきし	ほつき	發起	妙荘	1296⑤	漢サ動	1304⑥	ほつき・し／おこし[妙]		
法華	ほっけ	×	法華	法師	631④	仏名	643①			
法華	ほっけ	×	法華	法師	637⑤	仏名	649②			
法華	ほっけ	×	法華	安樂	808③	仏名	830④			
法華	ほっけ	×	法華	随喜	981⑤	仏名	999⑤			法華(ほくゑ)[妙]
法華	ほっけ	×	法華	随喜	989⑥	仏名	1008②			
法華	ほっけ	×	法華	法功	1007⑤	仏名	1025④			法華(ほくゑ)[妙]
法華	ほっけ	×	法華	法功	1008①	仏名	1026②			法華(ほくゑ)[妙]
法華	ほっけ	×	法華	法功	1017②	仏名	1035⑥			法華(ほくゑ)[妙]
法華	ほっけ	—け	法華	法功	1045②	仏名	1063⑤			法華(ほくゑ)[妙]
法華	ほっけ	×	法華	法功	1046①	仏名	1064⑤			
法華	ほっけ	×	法華	陀羅	1269⑤	仏名	1280⑤			法華(ほくゑ)[妙]
法華三昧	ほっけざんまい	×	法華三昧	妙音	1168③	仏四熟名	1184④			法華三昧(ほくゑさんまい)[妙]
法華三昧	ほっけざんまい	×	法華三昧	妙音	1202⑤	仏四熟名	1215⑤			法華三昧(ほくゑさんまい)[妙]
法華三昧	ほっけざんまい	×	法華三昧	妙荘	1288②	仏四熟名	1297⑤			法華三昧(ほくゑさんまい)[妙]
欲	ほつし	ほつし	欲	譬喩	253⑤	単漢サ動	223⑥			おもひ[妙]
欲し	ほつし	ほつ	欲	見寶	664⑥	単漢サ動	679⑤		おもふと[西右]	
ほつし	ほつし	×	欲	觀世	1218②	単漢サ動	1231④			おもひ[妙]
欲し	ほつし	×	欲	妙荘	1284①	単漢サ動	1293⑤		おもふ[西右]	おもひ[妙]
法生	ほっしょう	ほつしやう	法生	法功	1025⑥	漢名	1044⑤			
法性	ほっしょう	ほつしやう	法性	譬喩	206①	漢名	173③			
法身	ほっしん	×	法身	提婆	731⑤	漢名	749③			
發心し	ほっしんし	ほつしん	發心	藥王	1140⑥	漢サ動	1159①	心をおこして[西右]	ほつしん・し[妙]	
發心せ	ほっしんせ	ほつしん	發心	従地	861③	漢サ動	884②	ほつしん・せ／こころをおこし[妙]	心をおこさ[西右]	
發心せ	ほっしんせ	×	發心	従地	870③	漢サ動	893②	ほつしん・せ／こゝろをゝこさ[妙]	心をおこさし[西右]	
欲す	ほっす	×	欲	方便	97⑤	単漢サ動	85⑤			
欲	ほっす	ほつ	欲	方便	118⑤	単漢サ動	104①		思へり[西右]	
欲	ほっす	ほつ	欲	方便	152④	単漢サ動	132③			おもひき[妙]
欲す	ほっす	ほつ	欲	方便	177②	単漢サ動	152③		おもへり[西右]	おもふ[妙]
ほつす	ほっす	×	欲	信解	358⑥	単漢サ動	343①		おもふ[西右]	おもふ[妙]
欲	ほっす	×	欲	見寶	685①	単漢サ動	702③		おぼめす[西右]	
欲	ほっす	ほつ	欲	妙荘	1296⑤	単漢サ動	1304⑥		おもふをもて[西右]	おもふ[妙]
欲する	ほっする	ほつ	欲	方便	133③	単漢サ動	116④		おぼす[西右]	おほす[妙]
ほつする	ほっする	×	欲	信解	343②	単漢サ動	323⑥			
欲る	ほっする	ほつ	欲	法師	631⑥	単漢サ動	643①			おもふ[妙]
欲する	ほっする	ほっする	ほ／おもふ事あらんにはイ	欲	見寶	665④	単漢サ動	680③		おもふ[妙]

当該語	読みかな	傍訓	漢字表記	品名	頁数	語の種類	妙一本	和解語文	可読	異同語彙
欲せ	ほっせ	ほつ	欲	法師	646③	単漢サ動	659⑤		おもはんィ[西右]	
欲せ	ほっせ	ほつ	欲	法師	649⑥	単漢サ動	663④		おもは[西右]	おもは[妙]
欲せ	ほっせ	ほつ	欲	法師	654①	単漢サ動	668②			せ[妙]
欲せ	ほっせ	×	欲	見寶	663③	単漢サ動	678①		おもはゝ[西右]	おもは[妙]
ほつせ	ほっせ	×	欲	觀世	1218⑤	単漢サ動	1232①		おもはゝ[西右]	おもは[妙]
ほつせ	ほっせ	×	欲	觀世	1239②	単漢サ動	1251⑤			せ[妙]
ほつせ	ほっせ	×	欲	觀世	1240①	単漢サ動	1252④		せられん[西右]	せられ[妙]
欲せ	ほっせ	×	欲	普賢	1316③	単漢サ動	1321⑥		おもはゝ[西右]	おもはん[妙]
發せ	ほっせ	×	發	從地	839②	単漢サ動	862①	ほつしん・せ/こゝろをおこし[妙]	おこし[西右]	発心(ほつしん)せこゝろをおこし[妙]
北方	ほっぽう	×	北方	化城	484⑤	漢方位名	485②			
北方	ほっぽう	×	北方	化城	516④	漢方位名	521④	ほほう/きたのはう[妙]		
發来す	ほつらいす	ほつらい・おこりきたり	發來	妙音	1179①	漢サ動	1194②	ほつらい・す/おこりきたり[妙]		
發来せ	ほつらいせ	はつらい/きたる心	發來	從地	821①	漢サ動	843③	ほつらい/をこりきたる[妙]		
ほとけ	ほとけ	×	佛	序品	4③	和名	3③			
ほとけ	ほとけ	×	佛	序品	14②	和名	11③			
ほとけ	ほとけ	×	佛	序品	15①	和名	12①			
ほとけ	ほとけ	×	佛	序品	15⑥	和名	12⑥			
ほとけ	ほとけ	×	佛	序品	16①	和名	13①			
ほとけ	ほとけ	×	佛	序品	17①	和名	13⑥			
ほとけ	ほとけ	×	佛	序品	17②	和名	14①			
ほとけ	ほとけ	×	佛	序品	19④	和名	16②			
ほとけ	ほとけ	×	佛	序品	21⑥	和名	18②			
ほとけ	ほとけ	×	佛	序品	23③	和名	19④			
ほとけ	ほとけ	×	佛	序品	27⑥	和名	23⑤			
ほとけ	ほとけ	×	佛	序品	31①	和名	26④			
ほとけ	ほとけ	×	佛	序品	31③	和名	26⑤			
ほとけ	ほとけ	×	佛	序品	37③	和名	32①			
ほとけ	ほとけ	×	佛	序品	37④	和名	32③			
ほとけ	ほとけ	×	佛	序品	38①	和名	32⑤			
ほとけ	ほとけ	×	佛	序品	38③	和名	32⑥			
ほとけ	ほとけ	×	佛	序品	39⑥	和名	34③			
ほとけ	ほとけ	×	佛	序品	41⑥	和名	36①			
ほとけ	ほとけ	×	佛	序品	43⑤	和名	37⑤			
ほとけ	ほとけ	×	佛	序品	47⑤	和名	41②			
ほとけ	ほとけ	×	佛	序品	49⑥	和名	43①			
ほとけ	ほとけ	×	佛	序品	50①	和名	43③			
ほとけ	ほとけ	×	佛	序品	50②	和名	43④			
ほとけ	ほとけ	×	佛	序品	50⑥	和名	44①			
ほとけ	ほとけ	×	佛	序品	50⑥	和名	44①			
ほとけ	ほとけ	×	佛	序品	51③	和名	44④			
ほとけ	ほとけ	×	佛	序品	53③	和名	46③			
ほとけ	ほとけ	×	佛	序品	54⑥	和名	47⑤			
ほとけ	ほとけ	×	佛	序品	55①	和名	47⑤			
ほとけ	ほとけ	×	佛	序品	56①	和名	48⑤			
ほとけ	ほとけ	×	佛	序品	59①	和名	51③			
ほとけ	ほとけ	×	佛	序品	61①	和名	53②			
ほとけ	ほとけ	×	佛	序品	61③	和名	53④			
ほとけ	ほとけ	×	佛	序品	61⑤	和名	53⑥			
ほとけ	ほとけ	×	佛	序品	62⑤	和名	54⑤			
ほとけ	ほとけ	×	佛	序品	63①	和名	55①			
ほとけ	ほとけ	×	佛	序品	66③	和名	58③			
ほとけ	ほとけ	×	佛	序品	66⑥	和名	58③			
ほとけ	ほとけ	×	佛	序品	67③	和名	58⑥			
ほとけ	ほとけ	×	佛	序品	67⑥	和名	59②			
ほとけ	ほとけ	×	佛	序品	68⑥	和名	60②			
ほとけ	ほとけ	×	佛	序品	69⑥	和名	61①			
ほとけ	ほとけ	×	佛	序品	70③	和名	61④			
ほとけ	ほとけ	×	佛	序品	71④	和名	62⑤			
ほとけ	ほとけ	×	佛	序品	72④	和名	63⑤			

当該語	読みかな	傍訓	漢字表記	品名	頁数	語の種類	妙一本	和解語文	可読	異同語彙
ほとけ	ほとけ	×	佛	序品	75⑥	和名	66⑤			
ほとけ	ほとけ	×	佛	序品	77③	和名	68①			
ほとけ	ほとけ	×	佛	序品	77⑤	和名	68②			
ほとけ	ほとけ	×	佛	序品	78⑤	和名	69②			
ほとけ	ほとけ	×	佛	序品	78⑥	和名	69③			
ほとけ	ほとけ	×	佛	序品	79⑥	和名	70②			
ほとけ	ほとけ	×	佛	序品	80③	和名	70⑤			
ほとけ	ほとけ	×	佛	序品	80⑥	和名	71①			
ほとけ	ほとけ	×	佛	序品	82⑤	和名	72④			
ほとけ	ほとけ	×	佛	序品	83③	和名	73①			
ほとけ	ほとけ	×	佛	序品	83⑥	和名	73④			
ほとけ	ほとけ	×	佛	序品	84④	和名	74②			
ほとけ	ほとけ	×	佛	序品	85①	和名	74④			
ほとけ	ほとけ	×	佛	序品	85④	和名	75②			
ほとけ	ほとけ	×	佛	序品	86①	和名	75④			
ほとけ	ほとけ	×	佛	方便	87⑤	和名	76⑥			
ほとけ	ほとけ	×	佛	方便	90⑤	和名	79⑤			
ほとけ	ほとけ	×	佛	方便	91①	和名	79⑥			
ほとけ	ほとけ	×	佛	方便	91②	和名	80②			
ほとけ	ほとけ	×	佛	方便	91③	和名	80②			
ほとけ	ほとけ	×	佛	方便	92④	和名	81③			
ほとけ	ほとけ	×	佛	方便	92④	和名	81③			
ほとけ	ほとけ	×	佛	方便	92⑥	和名	81④			
ほとけ	ほとけ	×	佛	方便	93①	和名	81⑥			
ほとけ	ほとけ	×	佛	方便	94③	和名	82⑥			
ほとけ	ほとけ	×	佛	方便	97④	和名	85⑤			
ほとけ	ほとけ	×	佛	方便	98①	和名	86①			
ほとけ	ほとけ	×	佛	方便	100①	和名	87⑤			
ほとけ	ほとけ	×	佛	方便	100③	和名	88①			
ほとけ	ほとけ	×	佛	方便	101③	和名	88⑥			
ほとけ	ほとけ	×	佛	方便	102⑥	和名	90②			
ほとけ	ほとけ	×	佛	方便	103④	和名	90⑤			
ほとけ	ほとけ	×	佛	方便	104④	和名	91④			
ほとけ	ほとけ	×	佛	方便	105②	和名	92②			
ほとけ	ほとけ	×	佛	方便	108③	和名	94⑥			
ほとけ	ほとけ	×	佛	方便	109②	和名	95④			
ほとけ	ほとけ	×	佛	方便	109③	和名	95⑤			
ほとけ	ほとけ	×	佛	方便	110⑤	和名	96⑥			
ほとけ	ほとけ	×	佛	方便	111④	和名	97④			
ほとけ	ほとけ	×	佛	方便	112①	和名	98①			
ほとけ	ほとけ	×	佛	方便	113①	和名	98⑥			
ほとけ	ほとけ	×	佛	方便	114③	和名	100①			
ほとけ	ほとけ	×	佛	方便	115⑥	和名	101③			
ほとけ	ほとけ	×	佛	方便	116④	和名	102①			
ほとけ	ほとけ	×	佛	方便	117⑤	和名	103②			
ほとけ	ほとけ	×	佛	方便	118②	和名	103④			
ほとけ	ほとけ	×	佛	方便	118⑥	和名	104②			
ほとけ	ほとけ	×	佛	方便	120⑥	和名	105⑥			
ほとけ	ほとけ	×	佛	方便	121⑥	和名	106⑥			
ほとけ	ほとけ	×	佛	方便	123①	和名	107⑥			
ほとけ	ほとけ	×	佛	方便	123⑤	和名	108④			
ほとけ	ほとけ	×	佛	方便	125⑥	和名	110③			
ほとけ	ほとけ	×	佛	方便	126②	和名	110⑥			
ほとけ	ほとけ	×	佛	方便	126④	和名	111①			
ほとけ	ほとけ	×	佛	方便	127①	和名	111③			
ほとけ	ほとけ	×	佛	方便	127⑤	和名	112①			
ほとけ	ほとけ	×	佛	方便	128②	和名	112③			
ほとけ	ほとけ	×	佛	方便	131①	和名	114⑥			
ほとけ	ほとけ	×	佛	方便	132④	和名	116①			
ほとけ	ほとけ	×	佛	方便	133②	和名	116③			
ほとけ	ほとけ	×	佛	方便	133③	和名	116④			
ほとけ	ほとけ	×	佛	方便	133⑤	和名	116⑥			
ほとけ	ほとけ	×	佛	方便	138⑥	和名	121①			
ほとけ	ほとけ	×	佛	方便	139①	和名	121②			
ほとけ	ほとけ	×	佛	方便	139③	和名	121④			
ほとけ	ほとけ	×	佛	方便	141⑤	和名	123④			
ほとけ	ほとけ	×	佛	方便	143①	和名	124⑤			
ほとけ	ほとけ	×	佛	方便	144②	和名	125⑤			

当該語	読みかな	傍訓	漢字表記	品名	頁数	語の種類	妙一本	和解語文	可読	異同語彙
ほとけ	ほとけ	×	佛	方便	147①	和名	127⑥			
ほとけ	ほとけ	×	佛	方便	147②	和名	128①			
ほとけ	ほとけ	×	佛	方便	147④	和名	128②			
ほとけ	ほとけ	×	佛	方便	148②	和名	128⑥			
ほとけ	ほとけ	×	佛	方便	148④	和名	129②			
ほとけ	ほとけ	×	佛	方便	148⑥	和名	129③			
ほとけ	ほとけ	×	佛	方便	149⑤	和名	130①			
ほとけ	ほとけ	×	佛	方便	150⑥	和名	131①			
ほとけ	ほとけ	×	佛	方便	151③	和名	131③			
ほとけ	ほとけ	×	佛	方便	155⑤	和名	134⑤			
ほとけ	ほとけ	×	佛	方便	157①	和名	135⑥			
ほとけ	ほとけ	×	佛	方便	158②	和名	136⑤			
ほとけ	ほとけ	×	佛	方便	159⑥	和名	138①			
ほとけ	ほとけ	×	佛	方便	163①	和名	140④			
ほとけ	ほとけ	×	佛	方便	167⑤	和名	144④			
ほとけ	ほとけ	×	佛	方便	168④	和名	145②			
ほとけ	ほとけ	×	佛	方便	169④	和名	146①			
ほとけ	ほとけ	×	佛	方便	170⑤	和名	147①			
ほとけ	ほとけ	×	佛	方便	171①	和名	147③			
ほとけ	ほとけ	×	佛	方便	173①	和名	149①			
ほとけ	ほとけ	×	佛	方便	176⑤	和名	152①			
ほとけ	ほとけ	×	佛	方便	180①	和名	154⑥			
ほとけ	ほとけ	×	佛	方便	180⑤	和名	155②			
ほとけ	ほとけ	×	佛	方便	181②	和名	155⑤			
ほとけ	ほとけ	×	佛	方便	182①	和名	156③			
ほとけ	ほとけ	×	佛	方便	185⑤	和名	159②			
ほとけ	ほとけ	×	佛	方便	187⑥	和名	161①			
ほとけ	ほとけ	×	佛	方便	189⑥	和名	162⑥			
ほとけ	ほとけ	×	佛	方便	191④	和名	164④			
ほとけ	ほとけ	×	佛	方便	193⑤	和名	166②			
ほとけ	ほとけ	×	佛	譬喩	204④	和名	171④			
ほとけ	ほとけ	×	佛	譬喩	207⑥	和名	175②			
ほとけ	ほとけ	×	佛	譬喩	209④	和名	177②			
ほとけ	ほとけ	×	佛	譬喩	211③	和名	179③			
ほとけ	ほとけ	×	佛	譬喩	212⑤	和名	180⑤			
ほとけ	ほとけ	×	佛	譬喩	214④	和名	182⑤			
ほとけ	ほとけ	×	佛	譬喩	215①	和名	183②			
ほとけ	ほとけ	×	佛	譬喩	215②	和名	183④			
ほとけ	ほとけ	×	佛	譬喩	215⑤	和名	184②			
ほとけ	ほとけ	×	佛	譬喩	215⑥	和名	184②			
ほとけ	ほとけ	×	佛	譬喩	216①	和名	184④			
ほとけ	ほとけ	×	佛	譬喩	217③	和名	185⑥			
ほとけ	ほとけ	×	佛	譬喩	218①	和名	186⑤			
ほとけ	ほとけ	×	佛	譬喩	218⑤	和名	187③			
ほとけ	ほとけ	×	佛	譬喩	220⑤	和名	189④			
ほとけ	ほとけ	×	佛	譬喩	221①	和名	189⑥			
ほとけ	ほとけ	×	佛	譬喩	222③	和名	191②			
ほとけ	ほとけ	×	佛	譬喩	223③	和名	192③			
ほとけ	ほとけ	×	佛	譬喩	224①	和名	193①			
ほとけ	ほとけ	×	佛	譬喩	225①	和名	194①			
ほとけ	ほとけ	×	佛	譬喩	226①	和名	195①			
ほとけ	ほとけ	×	佛	譬喩	228③	和名	197①			
ほとけ	ほとけ	×	佛	譬喩	228④	和名	197⑥			
ほとけ	ほとけ	×	佛	譬喩	229②	和名	198④			
ほとけ	ほとけ	×	佛	譬喩	231③	和名	200④			
ほとけ	ほとけ	×	佛	譬喩	231⑥	和名	201①			
ほとけ	ほとけ	×	佛	譬喩	232④	和名	201⑤			
ほとけ	ほとけ	×	佛	譬喩	234④	和名	203⑥			
ほとけ	ほとけ	×	佛	譬喩	235②	和名	204④			
ほとけ	ほとけ	×	佛	譬喩	235④	和名	204⑤			
ほとけ	ほとけ	×	佛	譬喩	258④	和名	229⑥			
ほとけ	ほとけ	×	佛	譬喩	270②	和名	241③			
ほとけ	ほとけ	×	佛	譬喩	292④	和名	264⑤			
ほとけ	ほとけ	×	佛	譬喩	292⑥	和名	265①			
ほとけ	ほとけ	×	佛	譬喩	293⑤	和名	265⑥			
ほとけ	ほとけ	×	佛	譬喩	294⑤	和名	266⑥			
ほとけ	ほとけ	×	佛	譬喩	295⑤	和名	268①			
ほとけ	ほとけ	×	佛	譬喩	297④	和名	269⑥			

当該語	読みかな	傍訓	漢字表記	品名	頁数	語の種類	妙一本	和解語文	可読	異同語彙
ほとけ	ほとけ	×	佛	譬喩	299②	和名	271④			
ほとけ	ほとけ	×	佛	譬喩	302①	和名	274②			
佛	ほとけ	ほとけ	佛	譬喩	308③	和名	280⑥		一の[西右]	ほとけ[妙]
ほとけ	ほとけ	×	佛	譬喩	312①	和名	285③			
ほとけ	ほとけ	×	佛	信解	317③	和名	292①			
ほとけ	ほとけ	×	佛	信解	318④	和名	293③			
ほとけ	ほとけ	×	佛	信解	319⑤	和名	294⑤			
ほとけ	ほとけ	×	佛	信解	320③	和名	295④			
ほとけ	ほとけ	×	佛	信解	348⑥	和名	330⑤			
ほとけ	ほとけ	×	佛	信解	349⑤	和名	332①			
ほとけ	ほとけ	×	佛	信解	350④	和名	332⑤			
ほとけ	ほとけ	×	佛	信解	351②	和名	333⑤			
ほとけ	ほとけ	×	佛	信解	351⑥	和名	334④			
ほとけ	ほとけ	×	佛	信解	352⑥	和名	336①			
ほとけ	ほとけ	×	佛	信解	353①	和名	336②			
ほとけ	ほとけ	×	佛	信解	353⑤	和名	336③			
ほとけ	ほとけ	×	佛	信解	365⑥	和名	351④			
ほとけ	ほとけ	×	佛	信解	366②	和名	352①			
ほとけ	ほとけ	×	佛	信解	366④	和名	352③			
ほとけ	ほとけ	×	佛	信解	367④	和名	353⑤			
ほとけ	ほとけ	×	佛	信解	369①	和名	355③			
ほとけ	ほとけ	×	佛	信解	369⑥	和名	356②			
ほとけ	ほとけ	×	佛	信解	370⑥	和名	357④			
ほとけ	ほとけ	×	佛	信解	372③	和名	359②			
ほとけ	ほとけ	×	佛	信解	373⑤	和名	360⑤			
ほとけ	ほとけ	×	佛	藥草	393①	和名	378④			
佛	ほとけ	ほとけ	佛	藥草	397⑥	漢名	384①		一は[西右]	
ほとけ	ほとけ	×	佛	藥草	403④	和名	390③			
ほとけ	ほとけ	×	佛	藥草	408⑤	和名	396②			
ほとけ	ほとけ	×	佛	藥草	409②	和名	396⑥			
ほとけ	ほとけ	×	佛	藥草	410②	和名	398②			
ほとけ	ほとけ	×	佛	藥草	410⑤	和名	398④			
ほとけ	ほとけ	×	佛	藥草	413③	和名	401④			
ほとけ	ほとけ	×	佛	藥草	414⑤	和名	403①			
ほとけ	ほとけ	×	佛	授記	416①	和名	404③			
ほとけ	ほとけ	×	佛	授記	416⑤	和名	405①			
ほとけ	ほとけ	×	佛	授記	419①	和名	407⑥			
ほとけ	ほとけ	×	佛	授記	419③	和名	408②			
ほとけ	ほとけ	×	佛	授記	419⑥	和名	408⑤	ぶつ／ほとけ[妙]		
ほとけ	ほとけ	×	佛	授記	421④	和名	410⑥			
ほとけ	ほとけ	×	佛	授記	423②	和名	412⑤			
ほとけ	ほとけ	×	佛	授記	424④	和名	414③			
ほとけ	ほとけ	×	佛	授記	424⑤	和名	414④			
ほとけ	ほとけ	×	佛	授記	424⑥	和名	414⑤			
ほとけ	ほとけ	×	佛	授記	425②	和名	415②			
ほとけ	ほとけ	×	佛	授記	426③	和名	416⑤			
ほとけ	ほとけ	×	佛	授記	426⑥	和名	417②			
ほとけ	ほとけ	×	佛	授記	428④	和名	419①			
ほとけ	ほとけ	×	佛	授記	430②	和名	420⑥			
ほとけ	ほとけ	×	佛	授記	430⑤	和名	421③			
ほとけ	ほとけ	×	佛	授記	431①	和名	421⑤			
ほとけ	ほとけ	×	佛	授記	431②	和名	421⑥			
ほとけ	ほとけ	×	佛	授記	432①	和名	422⑥			
ほとけ	ほとけ	×	佛	授記	432④	和名	423④			
ほとけ	ほとけ	×	佛	授記	433③	和名	424④			
ほとけ	ほとけ	×	佛	授記	434③	和名	425④			
ほとけ	ほとけ	×	佛	授記	434⑥	和名	426①			
ほとけ	ほとけ	×	佛	授記	436②	和名	427⑤			
ほとけ	ほとけ	×	佛	授記	437⑥	和名	429④			
ほとけ	ほとけ	×	佛	授記	438②	和名	429⑥			
ほとけ	ほとけ	×	佛	授記	440③	和名	432③			
ほとけ	ほとけ	×	佛	授記	441④	和名	433⑤			
ほとけ	ほとけ	×	佛	授記	443③	和名	435⑥			
ほとけ	ほとけ	×	佛	授記	444②	和名	436⑥			
ほとけ	ほとけ	×	佛	授記	445①	和名	437⑤			
ほとけ	ほとけ	×	佛	化城	445④	和名	438③			
ほとけ	ほとけ	×	佛	化城	445⑤	和名	438⑤			
ほとけ	ほとけ	×	佛	化城	446③	和名	439③			

ほと 643

当該語	読みかな	傍訓	漢字表記	品名	頁数	語の種類	妙一本	和解語文	可読	異同語彙
ほとけ	ほとけ	×	佛	化城	448②	和名	441④			
佛	ほとけ	ほとけ	佛	化城	449②	和名	442⑤			
ほとけ	ほとけ	×	佛	化城	450⑤	和名	444④			
ほとけ	ほとけ	×	佛	化城	451①	和名	444⑥			
ほとけ	ほとけ	×	佛	化城	451⑤	和名	445⑥			
ほとけ	ほとけ	×	佛	化城	451⑥	和名	446②			
ほとけ	ほとけ	×	佛	化城	452⑥	和名	447②			
ほとけ	ほとけ	×	佛	化城	453①	和名	447③			
ほとけ	ほとけ	×	佛	化城	454①	和名	448⑤			
ほとけ	ほとけ	×	佛	化城	454③	和名	449①			
ほとけ	ほとけ	×	佛	化城	455③	和名	450①			
ほとけ	ほとけ	×	佛	化城	456①	和名	451①			
ほとけ	ほとけ	×	佛	化城	457②	和名	452②			
ほとけ	ほとけ	×	佛	化城	457⑥	和名	453①			
ほとけ	ほとけ	×	佛	化城	459⑤	和名	455②			
ほとけ	ほとけ	×	佛	化城	459⑥	和名	455③			
ほとけ	ほとけ	×	佛	化城	460④	和名	456①			
ほとけ	ほとけ	×	佛	化城	463①	和名	459①			
ほとけ	ほとけ	×	佛	化城	466⑥	和名	463④			
ほとけ	ほとけ	×	佛	化城	468②	和名	465②			
ほとけ	ほとけ	×	佛	化城	468③	和名	465④			
ほとけ	ほとけ	×	佛	化城	468⑥	和名	465⑥			
ほとけ	ほとけ	×	佛	化城	469②	和名	466③			
ほとけ	ほとけ	×	佛	化城	471④	和名	469⑤			
ほとけ	ほとけ	×	佛	化城	474⑤	和名	473④			
ほとけ	ほとけ	×	佛	化城	475③	和名	474③			
ほとけ	ほとけ	×	佛	化城	476⑤	和名	475⑥			
ほとけ	ほとけ	×	佛	化城	477①	和名	476①			
ほとけ	ほとけ	×	佛	化城	477③	和名	476④			
ほとけ	ほとけ	×	佛	化城	477④	和名	476⑥			
ほとけ	ほとけ	×	佛	化城	479②	和名	478④			
ほとけ	ほとけ	×	佛	化城	479③	和名	478⑥			
ほとけ	ほとけ	×	佛	化城	480②	和名	480①			
ほとけ	ほとけ	×	佛	化城	484①	和名	484④			
ほとけ	ほとけ	×	佛	化城	485③	和名	485⑥			
ほとけ	ほとけ	×	佛	化城	485⑤	和名	486②			
ほとけ	ほとけ	×	佛	化城	486①	和名	486⑤			
ほとけ	ほとけ	×	佛	化城	486②	和名	487①			
ほとけ	ほとけ	×	佛	化城	488⑤	和名	490②			
ほとけ	ほとけ	×	佛	化城	492⑥	和名	495②			
ほとけ	ほとけ	×	佛	化城	494②	和名	496⑤			
ほとけ	ほとけ	×	佛	化城	494③	和名	496⑥			
ほとけ	ほとけ	×	佛	化城	494⑥	和名	497③			
ほとけ	ほとけ	×	佛	化城	495①	和名	497⑤			
ほとけ	ほとけ	×	佛	化城	496⑤	和名	499④			
ほとけ	ほとけ	×	佛	化城	497③	和名	500②			
ほとけ	ほとけ	×	佛	化城	498①	和名	500⑥			
ほとけ	ほとけ	×	佛	化城	504④	和名	508④			
ほとけ	ほとけ	×	佛	化城	506④	和名	511①			
ほとけ	ほとけ	×	佛	化城	507④	和名	512②			
ほとけ	ほとけ	×	佛	化城	508②	和名	512⑥			
ほとけ	ほとけ	×	佛	化城	509④	和名	514④			
ほとけ	ほとけ	×	佛	化城	510②	和名	515②			
ほとけ	ほとけ	×	佛	化城	513②	和名	518②			
ほとけ	ほとけ	×	佛	化城	514③	和名	519③			
ほとけ	ほとけ	×	佛	化城	515①	和名	520①			
ほとけ	ほとけ	×	佛	化城	516⑥	和名	521⑥			
ほとけ	ほとけ	×	佛	化城	519④	和名	524④			
ほとけ	ほとけ	×	佛	化城	519⑥	和名	524⑥			
ほとけ	ほとけ	×	佛	化城	527③	和名	532⑥			
ほとけ	ほとけ	×	佛	化城	527⑥	和名	533③			
ほとけ	ほとけ	×	佛	化城	530⑤	和名	536③			
ほとけ	ほとけ	×	佛	化城	531④	和名	537②			
ほとけ	ほとけ	×	佛	化城	531⑤	和名	537③			
ほとけ	ほとけ	×	佛	化城	533②	和名	538⑤			
ほとけ	ほとけ	×	佛	化城	533③	和名	539①			
ほとけ	ほとけ	×	佛	化城	533④	和名	539②			
ほとけ	ほとけ	×	佛	化城	536③	和名	542②			

当該語	読みかな	傍訓	漢字表記	品名	頁数	語の種類	妙一本	和解語文	可読	異同語彙
ほとけ	ほとけ	×	佛	化城	536⑥	和名	542⑤			
ほとけ	ほとけ	×	佛	化城	537⑤	和名	543③			
ほとけ	ほとけ	×	佛	化城	538①	和名	543⑥			
ほとけ	ほとけ	×	佛	化城	538④	和名	544②			
ほとけ	ほとけ	×	佛	化城	538⑥	和名	544⑤			
ほとけ	ほとけ	×	佛	化城	548④	和名	555②			
ほとけ	ほとけ	×	佛	五百	562②	和名	565②			
ほとけ	ほとけ	×	佛	五百	564③	和名	567④			
ほとけ	ほとけ	×	佛	五百	564⑥	和名	568②			
ほとけ	ほとけ	×	佛	五百	565③	和名	569②			
ほとけ	ほとけ	×	佛	五百	566④	和名	570②			
ほとけ	ほとけ	×	佛	五百	570⑥	和名	574⑤			
ほとけ	ほとけ	×	佛	五百	573④	和名	577⑤			
ほとけ	ほとけ	×	佛	五百	573⑥	和名	578②			
ほとけ	ほとけ	×	佛	五百	574②	和名	578④			
ほとけ	ほとけ	×	佛	五百	576①	和名	580⑤			
ほとけ	ほとけ	×	佛	五百	577③	和名	582②			
ほとけ	ほとけ	×	佛	五百	579①	和名	584①			
ほとけ	ほとけ	×	佛	五百	583①	和名	588③			
ほとけ	ほとけ	×	佛	五百	583⑤	和名	589②			
ほとけ	ほとけ	×	佛	五百	585④	和名	591①			
ほとけ	ほとけ	×	佛	五百	593②	和名	600③			
ほとけ	ほとけ	×	佛	五百	594④	和名	602②			
ほとけ	ほとけ	×	佛	五百	596②	和名	604①			
ほとけ	ほとけ	×	佛	五百	600①	和名	608④			
ほとけ	ほとけ	×	佛	五百	600②	和名	608⑥			
ほとけ	ほとけ	×	佛	授學	601⑥	和名	610②			
ほとけ	ほとけ	×	佛	授學	602⑤	和名	611②			
ほとけ	ほとけ	×	佛	授學	603⑥	和名	612④			
ほとけ	ほとけ	×	佛	授學	604①	和名	612⑤			
ほとけ	ほとけ	×	佛	授學	605③	和名	614②			
ほとけ	ほとけ	×	佛	授學	607④	和名	616⑤			
ほとけ	ほとけ	×	佛	授學	608②	和名	617③			
ほとけ	ほとけ	×	佛	授學	612⑥	和名	622③			
ほとけ	ほとけ	×	佛	授學	613①	和名	622④			
ほとけ	ほとけ	×	佛	授學	614②	和名	623⑥			
ほとけ	ほとけ	×	佛	授學	615③	和名	625①			
ほとけ	ほとけ	×	佛	授學	616④	和名	626④			
ほとけ	ほとけ	×	佛	授學	616⑤	和名	626④			
ほとけ	ほとけ	×	佛	授學	620③	和名	630⑤		一の一と[西]	
ほとけ	ほとけ	×	佛	授學	617④	和名	627④			
ほとけ	ほとけ	×	佛	法師	622⑤	和名	633③			
ほとけ	ほとけ	×	佛	授學	618⑤	和名	628⑥			
ほとけ	ほとけ	×	佛	法師	623④	和名	634③			
ほとけ	ほとけ	×	佛	法師	624①	和名	635①			
ほとけ	ほとけ	×	佛	法師	624⑤	和名	635⑤			
ほとけ	ほとけ	×	佛	法師	624⑥	和名	636①			
ほとけ	ほとけ	×	佛	法師	628③	和名	639④			
ほとけ	ほとけ	×	佛	法師	629②	和名	640③			
ほとけ	ほとけ	×	佛	法師	632②	和名	643⑥			
ほとけ	ほとけ	×	佛	法師	634⑥	和名	646⑥			
ほとけ	ほとけ	×	佛	法師	637②	和名	649④			
ほとけ	ほとけ	×	佛	法師	645②	和名	658④			
ほとけ	ほとけ	×	佛	法師	651⑤	和名	665⑤			
ほとけ	ほとけ	×	佛	法師	652⑥	和名	666⑥			
ほとけ	ほとけ	×	佛	法師	656②	和名	670⑤			
ほとけ	ほとけ	×	佛	見寶	660⑤	和名	675②			
ほとけ	ほとけ	×	佛	見寶	661②	和名	675⑥			
ほとけ	ほとけ	×	佛	見寶	661⑤	和名	676③			
ほとけ	ほとけ	×	佛	見寶	661⑥	和名	676④			
ほとけ	ほとけ	×	佛	見寶	662⑥	和名	677④			
ほとけ	ほとけ	×	佛	見寶	663④	和名	678②			
ほとけ	ほとけ	×	佛	見寶	664②	和名	679③			
ほとけ	ほとけ	×	佛	見寶	664⑥	和名	679⑤			
ほとけ	ほとけ	×	佛	見寶	665⑤	和名	680④			
ほとけ	ほとけ	×	佛	見寶	666④	和名	681③			
ほとけ	ほとけ	×	佛	見寶	678④	和名	695②			
ほとけ	ほとけ	×	佛	見寶	678⑤	和名	695③			

当該語	読みかな	傍訓	漢字表記	品名	頁数	語の種類	妙一本	和解語文	可読	異同語彙
ほとけ	ほとけ	×	佛	見寶	680①	和名	696⑥			
ほとけ	ほとけ	×	佛	見寶	681⑤	和名	698⑤			
ほとけ	ほとけ	×	佛	見寶	684⑥	和名	702①			
ほとけ	ほとけ	×	佛	見寶	685⑤	和名	703②			
ほとけ	ほとけ	×	佛	見寶	686②	和名	703④			
ほとけ	ほとけ	×	佛	見寶	688①	和名	705⑤			
ほとけ	ほとけ	×	佛	見寶	693①	和名	711③			
ほとけ	ほとけ	×	佛	見寶	694②	和名	712⑤			
ほとけ	ほとけ	×	佛	見寶	699②	和名	718②			
ほとけ	ほとけ	×	佛	提婆	708②	和名	725②			
ほとけ	ほとけ	×	佛	提婆	714⑤	和名	732④			
ほとけ	ほとけ	×	佛	提婆	715①	和名	732⑥			
ほとけ	ほとけ	×	佛	提婆	719②	和名	737②			
ほとけ	ほとけ	×	佛	提婆	727①	和名	745②			
ほとけ	ほとけ	×	佛	提婆	731⑥	和名	749⑥			
ほとけ	ほとけ	×	佛	提婆	734①	和名	752③			
ほとけ	ほとけ	×	佛	提婆	734①	和名	752③			
ほとけ	ほとけ	×	佛	提婆	736①	和名	754④			
ほとけ	ほとけ	×	佛	勸持	738③	和名	757①			
ほとけ	ほとけ	×	佛	勸持	739⑤	和名	758③			
ほとけ	ほとけ	×	佛	勸持	740③	和名	759①			
ほとけ	ほとけ	×	佛	勸持	741②	和名	760①			
ほとけ	ほとけ	×	佛	勸持	743④	和名	762④			
ほとけ	ほとけ	やしゆたら	佛	勸持	744⑤	和名	763⑤			
ほとけ	ほとけ	×	佛	勸持	745③	和名	764②			
ほとけ	ほとけ	×	佛	勸持	745⑥	和名	764⑤			
ほとけ	ほとけ	×	佛	勸持	747①	和名	766②			
ほとけ	ほとけ	×	佛	勸持	748④	和名	767⑤			
ほとけ	ほとけ	×	佛	勸持	748⑥	和名	768①			
ほとけ	ほとけ	×	佛	勸持	750②	和名	769③			
ほとけ	ほとけ	×	佛	勸持	751②	和名	770④			
ほとけ	ほとけ	×	佛	勸持	754⑥	和名	774③			
ほとけ	ほとけ	×	佛	勸持	755②	和名	774⑥			
ほとけ	ほとけ	×	佛	勸持	755⑥	和名	775④			
ほとけ	ほとけ	×	佛	勸持	756④	和名	776②			
ほとけ	ほとけ	×	佛	勸持	756⑥	和名	776④			
ほとけ	ほとけ	×	佛	勸持	757③	和名	777①			
ほとけ	ほとけ	×	佛	勸持	758①	和名	777⑤			
ほとけ	ほとけ	×	佛	勸持	758③	和名	778②			
ほとけ	ほとけ	×	佛	勸持	758③	和名	778③			
ほとけ	ほとけ	×	佛	勸持	758⑥	和名	778④			
ほとけ	ほとけ	×	佛	安樂	759④	和名	779①			
ほとけ	ほとけ	×	佛	安樂	759⑤	和名	779③			
ほとけ	ほとけ	×	佛	安樂	760③	和名	780①			
ほとけ	ほとけ	×	佛	安樂	765⑥	和名	785⑤			
ほとけ	ほとけ	×	佛	安樂	772④	和名	793①			
ほとけ	ほとけ	×	佛	安樂	789⑤	和名	811③			
ほとけ	ほとけ	×	佛	安樂	804⑤	和名	826⑥			
ほとけ	ほとけ	×	佛	安樂	812③	和名	834⑤			
ほとけ	ほとけ	×	佛	安樂	812⑤	和名	835①			
ほとけ	ほとけ	×	佛	安樂	813①	和名	835③			
ほとけ	ほとけ	×	佛	安樂	813④	和名	836①			
ほとけ	ほとけ	×	佛	安樂	814③	和名	836⑥			
ほとけ	ほとけ	×	佛	從地	817⑥	和名	840②			
ほとけ	ほとけ	×	佛	從地	818④	和名	840⑥			
ほとけ	ほとけ	×	佛	從地	819⑤	和名	842①			
ほとけ	ほとけ	×	佛	從地	824①	和名	846③			
ほとけ	ほとけ	×	佛	從地	825②	和名	847④			
ほとけ	ほとけ	×	佛	從地	825⑥	和名	848②			
ほとけ	ほとけ	×	佛	從地	826②	和名	848④			
ほとけ	ほとけ	×	佛	從地	834②	和名	857①			
ほとけ	ほとけ	×	佛	從地	836④	和名	859④			
ほとけ	ほとけ	×	佛	從地	842④	和名	865③			
ほとけ	ほとけ	×	佛	從地	842⑥	和名	865⑤			
ほとけ	ほとけ	×	佛	從地	844①	和名	866⑤			
ほとけ	ほとけ	×	佛	從地	844②	和名	867①			
ほとけ	ほとけ	×	佛	從地	844⑥	和名	867⑤			
ほとけ	ほとけ	×	佛	從地	847③	和名	870①			

当該語	読みかな	傍訓	漢字表記	品名	頁数	語の種類	妙一本	和解語文	可読	異同語彙
ほとけ	ほとけ	×	佛	從地	852①	和名	874⑤			
ほとけ	ほとけ	×	佛	從地	854④	和名	877②			
ほとけ	ほとけ	×	佛	從地	856②	和名	878⑥			
ほとけ	ほとけ	×	佛	從地	857②	和名	879⑥			
ほとけ	ほとけ	×	佛	從地	857③	和名	880①			
ほとけ	ほとけ	×	佛	從地	859⑤	和名	882④			
ほとけ	ほとけ	×	佛	從地	861⑤	和名	884③			
ほとけ	ほとけ	×	佛	從地	862①	和名	884⑥			
ほとけ	ほとけ	×	佛	從地	862②	和名	884⑥			
ほとけ	ほとけ	×	佛	從地	862③	和名	885②			
ほとけ	ほとけ	×	佛	從地	862⑥	和名	885④			
ほとけ	ほとけ	×	佛	從地	864②	和名	887①			
ほとけ	ほとけ	×	佛	從地	865⑥	和名	888④			
ほとけ	ほとけ	×	佛	從地	868③	和名	891②			
ほとけ	ほとけ	×	佛	從地	869①	和名	891⑥			
ほとけ	ほとけ	×	佛	從地	869④	和名	892②			
ほとけ	ほとけ	×	佛	如來	880②	和名	899②			
ほとけ	ほとけ	×	佛	如來	881⑤	和名	900④			
ほとけ	ほとけ	×	佛	如來	882①	和名	900⑥			
ほとけ	ほとけ	×	佛	如來	882③	和名	901③			
ほとけ	ほとけ	×	佛	如來	884①	和名	902⑥			
ほとけ	ほとけ	×	佛	如來	885④	和名	904④			
ほとけ	ほとけ	×	佛	如來	891①	和名	910①			
ほとけ	ほとけ	×	佛	如來	894⑤	和名	913⑤			
ほとけ	ほとけ	×	佛	如來	896②	和名	915①			
ほとけ	ほとけ	×	佛	如來	897⑤	和名	916⑤			
ほとけ	ほとけ	×	佛	如來	898④	和名	917⑤			
ほとけ	ほとけ	×	佛	如來	909②	和名	928①			
ほとけ	ほとけ	×	佛	如來	909④	和名	928②			
ほとけ	ほとけ	×	佛	如來	910④	和名	929④			
ほとけ	ほとけ	×	佛	如來	912⑤	和名	931④			
ほとけ	ほとけ	×	佛	如來	916①	和名	935①			
ほとけ	ほとけ	×	佛	如來	917④	和名	936③			
ほとけ	ほとけ	×	佛	如來	917⑤	和名	936④			
ほとけ	ほとけ	×	佛	如來	917⑥	和名	936⑤			
ほとけ	ほとけ	×	佛	分別	921③	和名	940③			
ほとけ	ほとけ	×	佛	分別	925⑥	和名	944④			
ほとけ	ほとけ	×	佛	分別	929③	和名	948①			
ほとけ	ほとけ	×	佛	分別	929⑤	和名	948③			
ほとけ	ほとけ	×	佛	分別	932①	和名	950③			
ほとけ	ほとけ	×	佛	分別	932④	和名	951②			
ほとけ	ほとけ	×	佛	分別	932⑥	和名	951④			
ほとけ	ほとけ	×	佛	分別	936①	和名	954⑤			
ほとけ	ほとけ	×	佛	分別	936②	和名	954⑥			
ほとけ	ほとけ	×	佛	分別	936⑥	和名	955③			
ほとけ	ほとけ	×	佛	分別	937②	和名	955④			
ほとけ	ほとけ	×	佛	分別	940②	和名	958④			
ほとけ	ほとけ	×	佛	分別	947③	和名	966①			
ほとけ	ほとけ	×	佛	分別	949③	和名	968②			
ほとけ	ほとけ	×	佛	分別	961①	和名	979④			
ほとけ	ほとけ	×	佛	分別	963⑤	和名	982④			
ほとけ	ほとけ	×	佛	分別	967②	和名	985④			
ほとけ	ほとけ	×	佛	分別	968④	和名	986⑤			
ほとけ	ほとけ	×	佛	随喜	969②	和名	987③			
ほとけ	ほとけ	×	佛	随喜	970④	和名	988⑤			
ほとけ	ほとけ	×	佛	随喜	976④	和名	994⑤			
ほとけ	ほとけ	×	佛	随喜	977②	和名	995④			
ほとけ	ほとけ	×	佛	法功	993⑥	和名	1012④			
ほとけ	ほとけ	×	佛	法功	1045③	和名	1063⑥			
ほとけ	ほとけ	×	佛	常不	1056②	和名	1075②			
ほとけ	ほとけ	×	佛	常不	1057③	和名	1076③			
ほとけ	ほとけ	×	佛	常不	1060②	和名	1079①			
ほとけ	ほとけ	×	佛	常不	1060⑤	和名	1079③			
ほとけ	ほとけ	×	佛	常不	1061②	和名	1080①			ほとけ[妙]
ほとけ	ほとけ	×	佛	常不	1063②	和名	1081⑥			
ほとけ	ほとけ	×	佛	常不	1064①	和名	1082⑥			
ほとけ	ほとけ	×	佛	常不	1065①	和名	1083⑤			
ほとけ	ほとけ	×	佛	常不	1065⑤	和名	1084④			

ほと 647

当該語	読みかな	傍訓	漢字表記	品名	頁数	語の種類	妙一本	和解語文	可読	異同語彙
ほとけ	ほとけ	×	佛	常不	1066④	和名	1085③			
ほとけ	ほとけ	×	佛	常不	1069⑤	和名	1088②			
ほとけ	ほとけ	×	佛	常不	1070②	和名	1088⑤		ほとけの[西右]	
ほとけ	ほとけ	×	佛	常不	1072②	和名	1090⑥			
ほとけ	ほとけ	×	佛	常不	1074②	和名	1092⑤			
ほとけ	ほとけ	×	佛	常不	1077②	和名	1095⑤		一は[西右]	ほとけ[妙]
ほとけ	ほとけ	×	佛	常不	1077⑤	和名	1096②			
ほとけ	ほとけ	×	佛	常不	1078④	和名	1097①			
ほとけ	ほとけ	×	佛	常不	1080①	和名	1098④			
ほとけ	ほとけ	×	佛	常不	1080⑥	和名	1099③			
ほとけ	ほとけ	×	佛	常不	1081①	和名	1099④			
ほとけ	ほとけ	×	佛	常不	1082⑤	和名	1101②			
ほとけ	ほとけ	×	佛	常不	1083②	和名	1101⑤			
ほとけ	ほとけ	×	佛	神力	1084②	和名	1102⑤			
ほとけ	ほとけ	×	佛	神力	1084③	和名	1102⑥			
ほとけ	ほとけ	×	佛	神力	1088④	和名	1106⑥			
ほとけ	ほとけ	×	佛	神力	1090⑥	和名	1109②		一は[西右]	ほとけ[妙]
ほとけ	ほとけ	×	佛	神力	1093⑤	和名	1112③			
ほとけ	ほとけ	×	佛	神力	1099②	和名	1118①			
ほとけ	ほとけ	×	佛	神力	1101④	和名	1120③		一と[西右]	ほとけ[妙]
ほとけ	ほとけ	×	佛	神力	1103①	和名	1121⑥			
ほとけ	ほとけ	×	佛	囑累	1107⑤	和名	1126④			
ほとけ	ほとけ	×	佛	囑累	1110①	和名	1128④			
ほとけ	ほとけ	×	佛	囑累	1110⑤	和名	1129②			
ほとけ	ほとけ	×	佛	囑累	1112③	和名	1131①			
ほとけ	ほとけ	×	佛	囑累	1113⑥	和名	1132④			
ほとけ	ほとけ	×	佛	藥王	1114④	和名	1133①			
ほとけ	ほとけ	×	佛	藥王	1115⑥	和名	1134③			
ほとけ	ほとけ	×	佛	藥王	1116②	和名	1134④			
ほとけ	ほとけ	×	佛	藥王	1116⑥	和名	1135①			
ほとけ	ほとけ	×	佛	藥王	1116⑥	和名	1135②			
ほとけ	ほとけ	×	佛	藥王	1118⑥	和名	1137②			
ほとけ	ほとけ	×	佛	藥王	1119②	和名	1137③			
ほとけ	ほとけ	×	佛	藥王	1119⑥	和名	1138②			
ほとけ	ほとけ	×	佛	藥王	1122①	和名	1140②			
ほとけ	ほとけ	×	佛	藥王	1122④	和名	1140⑤			
ほとけ	ほとけ	×	佛	藥王	1128③	和名	1146⑥			
ほとけ	ほとけ	×	佛	藥王	1129①	和名	1147④			
ほとけ	ほとけ	×	佛	藥王	1129④	和名	1148①			
ほとけ	ほとけ	×	佛	藥王	1129⑥	和名	1148③			
ほとけ	ほとけ	×	佛	藥王	1130⑤	和名	1149②			
ほとけ	ほとけ	×	佛	藥王	1133④	和名	1152①			
ほとけ	ほとけ	×	佛	藥王	1133⑤	和名	1152②			
ほとけ	ほとけ	×	佛	藥王	1138⑤	和名	1156⑥			
ほとけ	ほとけ	×	佛	藥王	1140①	和名	1158②			
ほとけ	ほとけ	×	佛	藥王	1142②	和名	1160②		一と[西右]	
ほとけ	ほとけ	×	佛	藥王	1148③	和名	1166④			
ほとけ	ほとけ	×	佛	藥王	1151⑥	和名	1170①			
ほとけ	ほとけ	×	佛	妙音	1166②	和名	1182⑤			
ほとけ	ほとけ	×	佛	妙音	1172③	和名	1188②			
ほとけ	ほとけ	×	佛	妙音	1174②	和名	1189⑤			
ほとけ	ほとけ	×	佛	妙音	1176②	和名	1191④			
ほとけ	ほとけ	×	佛	妙音	1181⑥	和名	1196⑤			
ほとけ	ほとけ	×	佛	妙音	1186①	和名	1200⑤			
ほとけ	ほとけ	×	佛	妙音	1186④	和名	1201②			
ほとけ	ほとけ	×	佛	妙音	1186⑤	和名	1201③			
ほとけ	ほとけ	×	佛	妙音	1189③	和名	1203⑥			
ほとけ	ほとけ	×	佛	妙音	1195⑥	和名	1209⑤			
ほとけ	ほとけ	×	佛	妙音	1196①	和名	1209⑥			
ほとけ	ほとけ	×	佛	妙音	1197①	和名	1211①			
ほとけ	ほとけ	×	佛	妙音	1197⑥	和名	1211⑤			
ほとけ	ほとけ	×	佛	妙音	1200④	和名	1214②			
ほとけ	ほとけ	×	佛	觀世	1208④	和名	1221④			
ほとけ	ほとけ	×	佛	觀世	1209①	和名	1222①			
ほとけ	ほとけ	×	佛	觀世	1220④	和名	1233⑥			
ほとけ	ほとけ	×	佛	觀世	1221⑤	和名	1235①			
ほとけ	ほとけ	×	佛	觀世	1222③	和名	1235⑤			

当該語	読みかな	傍訓	漢字表記	品名	頁数	語の種類	妙一本	和解語文	可読	異同語彙
ほとけ	ほとけ	×	佛	觀世	1231③	和名	1244①			
ほとけ	ほとけ	×	佛	觀世	1232⑥	和名	1245⑤			
ほとけ	ほとけ	×	佛	觀世	1236①	和名	1248④			
ほとけ	ほとけ	×	佛	觀世	1246④	和名	1258⑤			
ほとけ	ほとけ	×	佛	觀世	1247②	和名	1259③			
ほとけ	ほとけ	×	佛	陀羅	1248②	和名	1260③			
ほとけ	ほとけ	×	佛	陀羅	1248③	和名	1260④			
ほとけ	ほとけ	×	佛	陀羅	1249①	和名	1261①			
ほとけ	ほとけ	×	佛	陀羅	1249⑤	和名	1261⑥			
ほとけ	ほとけ	×	佛	陀羅	1250④	和名	1262④			
ほとけ	ほとけ	×	佛	陀羅	1255①	和名	1267①			
ほとけ	ほとけ	×	佛	陀羅	1258①	和名	1269⑤			
ほとけ	ほとけ	×	佛	陀羅	1260②	和名	1271⑥			
ほとけ	ほとけ	×	佛	陀羅	1263③	和名	1274⑥			
ほとけ	ほとけ	×	佛	陀羅	1268⑤	和名	1279⑤			
ほとけ	ほとけ	×	佛	陀羅	1269③	和名	1280③			
ほとけ	ほとけ	×	佛	妙莊	1271⑥	和名	1282⑤			
ほとけ	ほとけ	×	佛	妙莊	1272②	和名	1283①			
ほとけ	ほとけ	×	佛	妙莊	1272⑥	和名	1283④			
ほとけ	ほとけ	×	佛	妙莊	1275⑥	和名	1285⑤			
ほとけ	ほとけ	×	佛	妙莊	1276④	和名	1286⑤			
ほとけ	ほとけ	×	佛	妙莊	1283①	和名	1293③			
ほとけ	ほとけ	×	佛	妙莊	1284⑤	和名	1294③			
ほとけ	ほとけ	×	佛	妙莊	1284⑥	和名	1294④			
ほとけ	ほとけ	×	佛	妙莊	1285⑤	和名	1295③			
ほとけ	ほとけ	×	佛	妙莊	1286④	和名	1296②			
ほとけ	ほとけ	×	佛	妙莊	1290④	和名	1299⑤			
ほとけ	ほとけ	×	佛	妙莊	1290⑥	和名	1299⑥			
ほとけ	ほとけ	×	佛	妙莊	1292①	和名	1300⑥		一は[西右]	
ほとけ	ほとけ	×	佛	妙莊	1293④	和名	1302②		佛道[西右]	ほとけ[妙]
ほとけ	ほとけ	×	佛	妙莊	1293⑤	和名	1302③		とィ[西右]	
ほとけ	ほとけ	×	佛	妙莊	1295⑥	和名	1304①			
ほとけ	ほとけ	×	佛	妙莊	1298③	和名	1306④			
ほとけ	ほとけ	×	佛	妙莊	1299⑥	和名	1307③			
ほとけ	ほとけ	×	佛	妙莊	1301②	和名	1308⑤			
ほとけ	ほとけ	×	佛	妙莊	1301⑥	和名	1309②			
ほとけ	ほとけ	×	佛	妙莊	1302⑥	和名	1310②			
ほとけ	ほとけ	×	佛	妙莊	1303①	和名	1310②			
ほとけ	ほとけ	×	佛	妙莊	1305③	和名	1312②			
ほとけ	ほとけ	×	佛	普賢	1307⑥	和名	1314③			
ほとけ	ほとけ	×	佛	普賢	1309②	和名	1315⑤			
ほとけ	ほとけ	×	佛	普賢	1310②	和名	1317①			
ほとけ	ほとけ	×	佛	普賢	1328⑤	和名	1332⑤			
ほとけ	ほとけ	×	佛	普賢	1329②	和名	1333②			
ほとけ	ほとけ	×	佛	普賢	1336⑤	和名	1339④			
ほとけ	ほとけ	×	佛	普賢	1337④	和名	1340②			
佛上	ほとけのみうえ	一のみうへ	佛上	妙莊	1291④	和複合名	1300④	ふつしやう／ほとけのみうゑにちらす[妙]		ふつしやう[妙]
佛所	ほとけのみもと	一のみもと	佛所	妙莊	1290③	和複合名	1299④	ふつしよ／ほとけみもと[妙]		
ほとこし	ほとこし	×	施	信解	357②	和動	341②			
ほとこし	ほとこし	×	施	安樂	779②	和動	800①		一せよ[西右]	
ほとこし	ほとこし	×	施	隨喜	977⑤	和動	996①			
ほとこし	ほとこし	×	施	觀世	1215③	和動	1228④			
ほとこす	ほとこす	×	施	法師	643③	和動	656②			
ほとこす	ほとこす	×	施	觀世	1231①	和動	1243⑤			
ほとり	ほとり	×	側	譬喩	221⑥	和名	190⑤			
ほとり	ほとり	×	側	信解	326②	和名	302④			
ほとり	ほとり	×	側	授記	417⑤	和名	406①			
ほとり	ほとり	×	側	授記	420②	和名	409②			
ほとり	ほとり	×	側	授記	435④	和名	426⑥			
ほとり	ほとり	×	側	化城	536①	和名	541⑥			
ほとり	ほとり	×	邊	從地	858①	和名	880⑥			
ほとり	ほとり	×	邊	法功	1003⑥	和名	1022③			
ほとり	ほとり	×	邊	神力	1100②	和名	1119①			ほとり{も}なく[妙]
ほとり	ほとり	×	邊	藥王	1152①	和名	1170②			

当該語	読みかな	傍訓	漢字表記	品名	頁数	語の種類	妙一本	和解語文	可読	異同語彙
保任す	ほにんす	×	保任	譬喩	261①	漢サ動	232③	ほうにんす／まかす[妙]		
ほのほ	ほのお	×	炎	譬喩	277①	和名	248④			
ほのを	ほのお	×	炎	譬喩	285①	和名	256④			
ほのほ	ほのお	×	炎	觀世	1244⑤	和名	1257①			
ほむ	ほむ	×	讚	方便	192③	和動	165②			
ほめ	ほめ	×	歎	見寶	659①	和動	673②			
ほめ	ほめ	×	歎	見寶	698②	和動	717②			
ほめ	ほめ	×	歎	分別	941③	和動	959⑤			
ほめ	ほめ	×	讚	序品	30①	和動	25⑤			
ほめ	ほめ	×	讚	序品	33①	和動	28③			
ほめ	ほめ	×	讚	序品	74③	和動	65③			
ほめ	ほめ	×	讚	方便	179③	和動	154②			
ほめ	ほめ	×	讚	方便	189④	和動	162⑤			
ほめ	ほめ	×	讚	化城	460④	和動	456②			
ほめ	ほめ	×	讚	化城	471④	和動	469⑤			
ほめ	ほめ	×	讚	化城	480②	和動	480①			
ほめ	ほめ	×	讚	化城	488⑥	和動	490②			
ほめ	ほめ	×	讚	化城	499⑥	和動	503②			
ほめ	ほめ	×	讚	見寶	664⑤	和動	679②			
ほめ	ほめ	×	讚	安樂	804⑤	和動	826⑥			
ほめ	ほめ	×	讚	安樂	812⑤	和動	835①			
ほめ	ほめ	×	讚	從地	825③	和動	847④			
ほめ	ほめ	×	讚	從地	868③	和動	891②			
ほめ	ほめ	×	讚	藥王	1124③	和動	1142④			
ほめ	ほめ	×	讚	藥王	1129⑥	和動	1148③			
ほめ	ほめ	×	讚	藥王	1156⑥	和動	1173⑥			
ほめ	ほめ	×	讚	藥王	1164①	和動	1181②			
ほめ	ほめ	×	讚	陀羅	1254③	和動	1266②			
ほめ	ほめ	×	讚	普賢	1326③	和動	1330⑥			
ほめ	ほめ	×	讚	普賢	1329③	和動	1333②			
本	ほん	ほん・もとに	本	序品	65①	単漢名	56⑥			
本	ほん	もと	本	序品	84③	単漢名	74①	ほん／むかしの[妙]		
本	ほん	ほん	本	方便	145⑥	単漢名	127①			これもとなり[妙]
本	ほん	×	本	譬喩	224①	単漢名	192⑥			
本	ほん	ほん	本	譬喩	296①	単漢名	268②			
本	ほん	ほん	本	譬喩	296④	単漢名	268⑤			
本	ほん	ほん・もとの	本	信解	344③	単漢名	325③			
本	ほん	×	本	化城	540⑤	単漢名	546⑤			
本	ほん	×	本	妙音	1167⑥	単漢名	1184①			ほん[妙]
本	ほん	×	本	妙音	1189①	単漢名	1203④		德本[瑞]	ほん[妙]
本	ほん	ほん	本	觀世	1218⑥	単漢名	1232②			ほん[妙]
本	ほん	×	本	妙莊	1304②	単漢名	1311⑤			ほん[妙]
本	ほん	×	本	普賢	1309⑥	単漢名	1316②			ほん[妙]
梵	ぼん	ぼん	梵	序品	59⑥	単漢仏名	52②			
梵	ぼん	ぼん	梵	信解	374④	単漢仏名	361⑥			
梵	ぼん	ほん	梵	化城	489②	単漢仏名	490④			
梵	ぼん	×	梵	化城	502①	単漢仏名	505⑥		一と[西右]	
梵	ぼん	ほん	梵	化城	532⑤	単漢仏名	538③			
梵	ぼん	ほん	梵	化城	533①	単漢仏名	538⑤			
梵音	ぼんおん	ぼん／ほとけのみこゑ	梵音	序品	26⑤	単漢仏名	22⑤	ほんをん／きよきこゑ[妙]	ほとけのみこゑ	
梵音	ぼんおん	ほんおん	梵音	方便	180⑤	単漢仏名	155②			
梵音	ぼんおん	ほん―	梵音	觀世	1245③	単漢仏名	1257④	ほんおん／ほんのこゑ[妙]	一と[西右]	
梵音聲	ぼんおんじやう	ほんおんじやう	梵音聲	安樂	812②	仏名	834④	ほんをんしやう／きよきこゑ[妙]		
本願	ほんがん	ほんぐわん	本願	譬喩	222④	漢名	191③			
本願	ほんがん	―ぐはん	本願	五百	564⑤	漢名	568①			
本願	ほんがん	くはん	本願	授學	610⑤	漢名	620①			
本願	ほんがん	×	本願	授學	611④	漢名	621②			
本願	ほんがん	×	本願	見寶	686②	漢名	703⑤		もとねかひ給ひし[西右]	
本願	ほんがん	―くはん	本願	勸持	749③	漢名	768④			
本願所行	ほんがんしょぎょう	ほんぐはんしよぎやう	本願所行	譬喩	220①	漢四熟名	188⑥	ほんぐわんしよぎやう／もとねかひおこなうところの[妙]		

当該語	読みかな	傍訓	漢字表記	品名	頁数	語の種類	妙一本	和解語文	可読	異同語彙
瓫器	ぼんき	ぼんき／うつはもの	瓫器	信解	337⑥	漢器物名	316⑥	ぼんき／ほつき[妙]		
反逆し	ほんぎゃくし	ほんきやく／さかさま	反逆	譬喩	308①	漢サ動	280④	ほんぎやく・し／さかさまに[妙]		
梵行	ぼんぎょう	ぼん{む}ぎやう	梵行	序品	48⑤	仏名	42①			
梵行	ぼんぎょう	ぼん{む}ぎやう	梵行	序品	53②	仏名	46②	ほんきやう／きよきをこない[妙]		
梵行	ぼんぎょう	ほんきやう	梵行	序品	67②	仏名	58⑤	ほんきやう／きよきをこない[妙]		
梵行	ぼんぎょう	ほんぎやう	梵行	譬喩	224②	仏名	193①	ぼんぎやう／きよひをこなひ[妙]		
梵行	ぼんぎょう	ほんぎやう	梵行	信解	374①	仏名	361②	ぼんぎやう／きよきをきない[妙]		
梵行	ぼんぎょう	ほんきやう	梵行	授記	419④	仏名	408②	ほんきやう／きよこをこない[妙]		
梵行	ぼんぎょう	ほんきやう	梵行	授記	426⑤	仏名	417①	ほんきやう／きをこなひ[妙]		
梵行	ぼんぎょう	ほんきやう	梵行	授記	442⑤	仏名	435①	ほんきやう／きよをこない[妙]		
梵行	ぼんぎょう	ほんきやう	梵行	化城	506③	仏名	510⑥			
梵行	ぼんぎょう	×	梵行	化城	512②	仏名	517②			
梵行	ぼんぎょう	ほんぎやう	梵行	五百	567④	仏名	571①	ほんきやう／きよくをこない[妙]		
梵行	ぼんぎょう	ぼん―	梵行	從地	858④	仏名	881②	ぼんきやう／きよきをこない[妙]		
梵行	ぼんぎょう	ほん―	梵行	從地	860⑤	仏名	883④	ぼんきやう／きよきをこない[妙]		
凡愚	ぼんぐ	ぼんぐ	凡愚	譬喩	312⑥	漢名	286④	ぼんぐ／おろかなること[妙]		
梵宮	ぼんぐう	ほんくう	梵宮	化城	464③	仏名	460⑤	ほんくう／わうのみや[妙]		
本國	ほんごく	×	本國	信解	322⑥	漢名	298③			
本國	ほんごく	×	本國	五百	587①	漢名	592⑤			
本国	ほんごく	×	本國	妙音	1200④	漢名	1213⑥			ほんこく[妙]
本事	ほんじ	ほんじ／きやうの名也	本事	方便	143⑤	漢名	125②			
梵志	ぼんじ	ぼんじ	梵志	譬喩	213②	仏名	181③			
梵子{志}	ぼんじ	ぼんじ	梵志	安樂	762⑤	仏名	782②			
梵志	ぼんじ	ぼんじ	梵志	安樂	769④	仏名	789⑤		一と[西右]	
本生	ほんじやう	ほんじやう	本生	方便	143⑤	漢名	125②		一と[西右]	
梵衆	ぼんしゅ	ほんしゆ	梵衆	化城	466①	仏名	462⑤			
梵衆	ぼんしゅ	ほんしゆ	梵衆	化城	474①	仏名	472⑤			
梵衆	ぼんしゅ	ほんしゆ	梵衆	化城	483②	仏名	483④			
梵衆	ぼんしゅ	×	梵衆	化城	492②	仏名	494②			
本處	ほんじょ	ほんしよ／もとのところ	本處	信解	340④	漢名	320②			
本處	ほんじょ	ほんしよ	本處	信解	342④	漢名	323①			
本性	ほんしょう	ほんじやう	本性	方便	134③	漢名	117③			
焚焼す	ぼんしょうす	ぼんせう／もへやく	焚燒	譬喩	239⑥	漢サ動	209②	ぼんせうす／やく[妙]	やきやく[西右]	
本心	ほんしん	ほんしん	本心	如來	900④	漢名	919⑤			
本心	ほんしん	ほんしん・む	本心	如來	904①	漢名	923①			
梵世	ぼんぜ	ぼん・むぜ	梵世	神力	1086②	仏名	1104⑤			ぼんせ[妙]
本誓願	ほんぜいがん	ほんぜいぐはん	本誓願	方便	171②	漢名	147④	ほんせいくわん／もとのちかい[妙]		
寶山	ほんせん	ほう―	寶山	授記	430⑤	漢名	421③	ほうせん／たからのやま[妙]		
梵相	ぼんそう	ほんさう	梵相	化城	516①	仏名	520⑥			
梵天	ぼんでん	ぼん―	梵天	化城	464⑥	仏名	461②			
梵天	ぼんでん	ほん―	梵天	見寶	694①	仏名	712④			
梵天	ぼんでん	ほんてん	梵天	分別	928④	仏名	947②			
梵天	ぼんでん	ほん―	梵天	分別	935③	仏名	953⑥			
梵天	ぼんでん	ぼん―	梵天	分別	952⑥	仏名	971②			
梵天	ぼんでん	ぼんでん	梵天	分別	962③	仏名	980⑤			
梵天	ぼんでん	ぼんでん	梵天	法功	1013②	仏名	1031⑥			
梵天	ぼんでん	ほん―	梵天	法功	1023②	仏名	1042①			
梵天	ぼんでん	ぼん・むでん	梵天	神力	1098③	仏名	1117②			ほんでん[妙]
梵天王	ぼんてんおう	ほん―――	梵天王	序品	10⑥	仏王名名	8⑤			

当該語	読みかな	傍訓	漢字表記	品名	頁数	語の種類	妙一本	和解語文	可読	異同語彙
梵天王	ぼんてんおう	ほん――	梵天王	譬喩	231④	仏王名名	200⑤	ほんてんわう／しゆしやうのちち[妙]		
梵天王	ぼんてんおう	ほん――	梵天王	化城	453③	仏王名名	447⑥			
梵天王	ぼんてんおう	ほん――	梵天王	化城	465①	仏王名名	461④			
梵天王	ぼんてんおう	×	梵天王	化城	465④	仏王名名	462②			
梵天王	ぼんてんおう	ほん――	梵天王	化城	467②	仏王名名	464②			
梵天王	ぼんてんおう	×	梵天王	化城	468③	仏王名名	465③			
梵天王	ぼんてんおう	×	梵天王	化城	469⑤	仏王名名	466⑥			
梵天王	ぼんてんおう	×	梵天王	化城	471⑤	仏王名名	469⑤			
梵天王	ぼんてんおう	×	梵天王	化城	472①	仏王名名	470③			
梵天王	ぼんてんおう	×	梵天王	化城	475⑤	仏王名名	474⑤			
梵天王	ぼんてんおう	×	梵天王	化城	476⑥	仏王名名	476①			
梵天王	ぼんてんおう	×	梵天王	化城	478①	仏王名名	477③			
梵天王	ぼんてんおう	×	梵天王	化城	480②	仏王名名	479⑥			
梵天王	ぼんてんおう	×	梵天王	化城	480⑥	仏王名名	480④			
梵天王	ぼんてんおう	×	梵天王	化城	484③	仏王名名	484⑥			
梵天王	ぼんてんおう	×	梵天王	化城	485④	仏王名名	486②			
梵天王	ぼんてんおう	×	梵天王	化城	486⑤	仏王名名	487④			
梵天王	ぼんてんおう	×	梵天王	化城	488⑤	仏王名名	490①			
梵天王	ぼんてんおう	×	梵天王	化城	489①	仏王名名	491③			
梵天王	ぼんてんおう	×	梵天王	化城	493②	仏王名名	495④			
梵天王	ぼんてんおう	×	梵天王	化城	494③	仏王名名	496⑥			
梵天王	ぼんてんおう	×	梵天王	化城	495④	仏王名名	498②			
梵天王	ぼんてんおう	×	梵天王	化城	499⑤	仏王名名	503①			
梵天王	ぼんてんおう	×	梵天王	化城	500③	仏王名名	504①			
梵天王	ぼんてんおう	×	梵天王	化城	501④	仏王名名	505③			
梵天王	ぼんてんおう	ぼん――	梵天王	提婆	733③	仏王名名	751④			
梵天王	ぼんでんおう	ぼん――	梵天王	随喜	981②	仏王名名	999②			
梵天王	ぼんてんおう	ぼん――	梵天王	法功	1034①	仏王名名	1052⑥		―と［西右］	
梵天上	ぼんてんじょう	ぼん――	梵天上	法功	1005①	仏名	1023④		――のうへ［西右］	
本土	ほんど	ほんど	本土	提婆	720④	漢名	738⑤			もとのところ［妙］
本土	ほんど	ほんど	本土	提婆	721②	漢名	739③			
本土	ほんど	×	本土	嘱累	1112③	漢名	1131①			ほんと［妙］
本土	ほんど	×	本土	妙音	1199④	漢名	1213③			ほんと［妙］
本人	ほんにん	×	本人	觀世	1240②	漢名	1252⑥			ほんにんをたをやけん［妙］
煩悩	ぼんのう	ぼんなう	煩悩	序品	4⑥	仏名	3⑥			
煩悩	ぼんのう	ぼんなう	煩悩	化城	487②	仏名	488③			
煩悩	ぼんのう	ぼんなう	煩悩	化城	527①	仏名	532③			
煩悩	ぼんのう	ぼんなう	煩悩	觀世	1244⑤	仏名	1257①			ほんなう［妙］
梵王	ぼんのう	ほん―	梵王	方便	178④	仏王名名	153④			
梵王	ぼんのう	ぼむ・ん―	梵王	妙音	1190①	仏王名名	1204③			ほんわう［妙］
梵王	ぼんのう	ほんわう	梵王	觀世	1223⑤	仏王名名	1236⑥			ぼんわう［妙］
梵王	ぼんのう	×	梵王	觀世	1223⑥	仏王名名	1237②			ぼんわう［妙］
煩悩濁	ぼんのうじょく	ぼんなうぢよく	煩悩濁	方便	135④	仏名	118③	ほんなうちよく／ほんなうのにごる［妙］		
煩悩魔	ぼんのうま	ぼんなうま	煩悩魔	安樂	801③	仏名	823②		―の―と［西右］	
凡夫	ぼんぶ	ぼんぶ	凡夫	譬喩	301②	漢人倫名	273③	ほんふ／ほんふ［妙］		
凡夫	ぼんぶ	×	凡夫	信解	377①	漢人倫名	364⑥			
凡夫	ぼんぶ	ぼんぶ	凡夫	如來	919④	漢人倫名	938④			
凡夫	ぼんぶ	×	凡夫	藥王	1146⑤	漢人倫名	1164⑥			ほんふ［妙］
凡夫声	ぼんぶしょう	ぼんふ―	凡夫聲	法功	999⑤	漢名	1018③	ぼんぷしやう／ほんふのこゑ［妙］		
本末	ほんまつ	ほんまつ	本末	從地	841③	漢名	864②	ほんまつ／もとすへ［妙］		
魔	ま	ま	魔	序品	34①	単漢鬼神名	29②			
魔	ま	ま	魔	序品	59⑥	単漢鬼神名	52②			
魔	ま	ま	魔	譬喩	215②	単漢鬼神名	183④			
魔	ま	ま	魔	譬喩	217①	単漢鬼神名	185④			
魔	ま	ま	魔	譬喩	217③	単漢鬼神名	185⑥			
魔	ま	ま	魔	信解	374④	単漢鬼神名	361⑥			
魔	ま	ま	魔	授記	418②	単漢鬼神名	406⑤			
魔	ま	ま	魔	化城	489②	単漢鬼神名	490④			
魔	ま	×	魔	化城	502①	単漢鬼神名	505⑤		―と［西右］	

当該語	読みかな	傍訓	漢字表記	品名	頁数	語の種類	妙一本	和解語文	可読	異同語彙
魔	ま	ま	魔	安樂	807⑤	単漢鬼神名	829⑥			
魔	ま	×	魔	普賢	1311⑤	単漢鬼神名	1317⑥			ま[妙]
魔	ま	×	魔	普賢	1311⑥	単漢鬼神名	1318①			ま[妙]
米	まい	まい／こめ	米	信解	337⑥	単漢飲食名	316⑥	まい／よね[妙]		
玫瑰	まいえ	まいゑ	玫瑰	方便	161⑤	漢宝物名	139④			
玫瑰	まいえ	まいゑ	玫瑰	授記	434①	漢宝物名	425②			
玫瑰	まいえ	まいゑ	玫瑰	授記	439⑤	漢宝物名	431⑤			
玫瑰	まいえ	まいゑ	玫瑰	見寶	657⑥	漢宝物名	672③			
まへ	まえ	×	前	信解	351④	和方位名	334②			
まへ	まえ	×	前	授學	618④	和方位名	628②			
まへ	まえ	×	前	法師	635⑤	和方位名	647⑤			
まへ	まえ	×	前	見寶	662④	和方位名	677②			
まへ	まえ	×	前	見寶	663⑥	和方位名	678④			
まへ	まえ	×	前	提婆	730④	和方位名	748④			
まへ	まえ	×	前	從地	827⑥	和方位名	849⑤			
まへ	まえ	×	前	常不	1081④	和方位名	1099⑥			
まへ	まえ	×	前	神力	1086①	和方位名	1104③			
まへ	まえ	×	前	妙荘	1293①	和方位名	1301⑥			
まへ	まえ	×	前	普賢	1314①	和方位名	1319②			
まへ	まえ	×	前	普賢	1317③	和方位名	1322②			
魔王	まおう	まー	魔王	提婆	733④	仏王名名	751⑤			
魔王	まおう	まわう	魔王	安樂	798⑤	仏王名名	820④			
魔王	まおう	まはう	魔王	法功	1034①	仏王名名	1052⑥		一と[西右]	
魔怨	まおん	まおん	魔怨	妙音	1183④	仏名	1198②	まをん／まのあた[妙]		
摩訶迦旃延	まかかせんえん	まかかせんゑ・えん	摩訶迦旃延	序品	5④	仏梵語名	4③			
摩訶迦旃延	まかかせんえん	まかかせんゑん	摩訶迦旃延	信解	317⑥	仏梵語名	291⑥			
摩訶迦旃延	まかかせんえん	まかかせんゑん	摩訶迦旃延	授記	422②	仏梵語名	411④			
摩訶迦葉	まかかしょう	まかかせう	摩訶迦葉	序品	5②	仏人倫名	4②			
摩訶迦葉	まかかしょう	まかかせう	摩訶迦葉	信解	317②	仏人倫名	291⑥			
摩訶迦葉	まかかしょう	まかかせう	摩訶迦葉	信解	352④	仏人倫名	335④			
摩訶迦葉	まかかしょう	まかかせう	摩訶迦葉	藥草	386②	仏人倫名	371④	まかかせう／ふそくのをんてんし[妙]		
摩訶迦葉	まかかしょう	まかかせう	摩訶迦葉	授記	415④	仏人倫名	403⑥			
摩訶迦葉	まかかしょう	まかかせう	摩訶迦葉	五百	583①	仏人倫名	588④			
摩訶拘絺羅	まかくちら	まかくちら	摩訶拘絺羅	序品	5⑥	仏鬼神名	4⑤			
一摩訶薩	まかさつ	×	摩訶薩	序品	18⑥	仏菩薩名	15④			
摩訶薩	まかさつ	×	摩訶薩	序品	45①	仏菩薩名	38⑥			
摩訶薩	まかさつ	まかさつ	摩訶薩	譬喩	265①	仏菩薩名	236③			
一摩訶薩	まかさつ	×	摩訶薩	從地	855②	仏菩薩名	877⑥			
摩訶薩	まかさつ	×	摩訶薩	分別	921⑥	仏菩薩名	940⑥			
摩訶薩	まかさつ	×	摩訶薩	分別	936⑥	仏菩薩名	955⑥			
摩訶薩	まかさつ	×	摩訶薩	随喜	969②	仏菩薩名	987③			
摩訶薩	まかさつ	×	摩訶薩	随喜	970④	仏菩薩名	988⑤			
摩訶薩	まかさつと	×	摩訶薩	神力	1085②	仏菩薩名	1103⑥			
摩訶座隷二	まかざれい	まかざれい	摩訶座隷二	陀羅	1256②	仏梵語名	1268③			まかされい[妙]
まかせ	まかせ	×	委	提婆	709⑥	和動	727①			
まかせ	まかせ	×	任	藥草	394④	和動	380③			
摩訶波闍波提比丘尼	まかはじゃはだいびくに	まかはじやはだいびく	摩訶波闍波提比丘尼	序品	6④	仏人倫名	5②	まかはしやはたいひくに／ほとけのをはのあま[妙]		
摩訶波闍波提比丘尼	まかはじゃはだいびくに	まかハじやハだいびくに	摩訶波闍波提比丘尼	勧持	741③	仏人倫名	760①			
摩訶波闍波提比丘尼	まかはじゃはだいびくに	まかはしやはたい――	摩訶波闍波提比丘尼	勧持	746①	仏人倫名	764⑥		一に[西右]	
摩訶曼殊沙華	まかまんじゅしゃげ	まか――――	摩訶曼殊沙華	序品	15⑤	仏花名名	12⑤	まかまんしゆしやくゑ／おほきにあかきはな[妙]		
摩訶曼殊沙華	まかまんじゅしゃげ	まかまんじゆしやくゑ	摩訶曼殊沙華	序品	54⑤	仏花名名	47④	まかまんしゆしやくゑ／おほきにあかきはな[妙]		
摩訶曼殊沙華香	まかまんじゅしゃげこう	まかまんしゆしやけ―	摩訶曼殊沙華香	法功	1011⑥	仏香名名	1030②		――――――の―[西右]	
摩訶曼陀羅	まかまんだら	まかまんだら	摩訶曼陀羅	分別	933④	仏鬼神名	952②		一と[西右]	

当該語	読みかな	傍訓	漢字表記	品名	頁数	語の種類	妙一本	和解語文	可読	異同語彙
摩訶曼陀羅華	まかまんだらけ	まか————	摩訶曼陀羅華	序品	15⑤	仏花名名	12⑤	まかまんたらくゑ／おほきにしろきはな[妙]		
摩訶曼陀羅華	まかまんだらけ	まかまんだらくゑ	摩訶曼陀羅華	序品	54④	仏花名名	47④	まかまんたらくゑ／おほきにしろきはな[妙]		
摩訶曼陀羅華	まかまんだらけ	まかまんたらけ	摩訶曼陀羅華	譬喩	231⑤	仏花名名	200⑥			
摩訶曼陀羅華	まかまんだらけ	まかまんたらけ	摩訶曼陀羅華	分別	926②	仏花名名	944⑥			
摩訶曼陀羅華	まかまんだら け	まかまん———	摩訶曼陀羅華	薬王	1121③	仏花名名	1139⑤			まかまんだらくゑ[妙]
摩訶曼陀羅華香	まかまんだらけこう	まかまたらけ—	摩訶曼陀羅華香	法功	1011⑤	仏香名名	1030②		——————の—[西右]	
摩訶弥楼山	まかみろうさん	まかみろせん	摩訶彌樓山	法功	1036②	仏山名名	1055①			
摩訶弥楼山	まかみろうさん	まかみろせん	摩訶彌樓山	法功	1039③	仏山名名	1058①			
摩訶目揵連	まかもくげんれん	まかもくけんれん	摩訶目揵連	信解	317③	仏名	292①			
摩訶目真隣陀山	まかもくしんりんださん	×	摩訶目真隣陀山	見寶	673⑤	仏山名名	689③		—と[西右]	
摩訶目真隣陀山	まかもくしんりんださん	×	摩訶目真隣陀山	見寶	675⑥	仏山名名	691⑥			
まがれ	まがれ	×	曲	随喜	983①	和動	1001②			
まて{く}のみ	まくのみ	×	耳	方便	123⑤	和連語	108④			まくのみ【耳】[妙]
まくのみ	まくのみ	×	耳	見寶	666②	和連語	681①			
魔軍	まぐん	まくん	魔軍	化城	452①	仏名	446②	まくん／くのいくさ[妙]		
魔軍	まぐん	まくん	魔軍	薬王	1162⑤	仏名	1179⑤			まくん[妙]
まけ	まげ	×	曲	囑累	1110④	和動	1129①		かゝめ[西右]	まけ[妙]
まこと	まこと	×	誠	藥草	386④	和名	371⑤			
まこと	まこと	×	眞	方便	156④	和名	135④			しん[妙]
まこと	まこと	×	眞	譬喩	208③	和名	175④			
まこと	まこと	×	眞	信解	350②	和名	332④			
まこと	まこと	×	眞	信解	350⑥	和名	333②			
まこと	まこと	×	眞	信解	374①	和名	361③			
まこと	まこと	×	眞	信解	374③	和名	361⑤			
まこと	まこと	×	眞	見寶	699①	和名	718①		えん[西右]	
まこと	まこと	×	眞	勸持	752③	和名	771⑥			
まこと	まこと	×	眞	藥王	1124③	和名	1142⑤			まこと[妙]
まこと	まこと	×	眞	藥王	1138⑥	和名	1157①			
摩睺羅伽	まごらが	まごらか	摩睺羅伽	序品	16⑤	仏爬虫名	13⑥			
摩睺羅伽	まごらが	まこらか	摩睺羅伽	序品	55④	仏爬虫名	48③	まこらか／へひ[妙]		
摩睺羅伽	まごらが	まこらか	摩睺羅伽	譬喩	230⑤	仏爬虫名	199⑥	まごらが／へひ[妙]		
摩睺羅伽	まごらが	まこらか	摩睺羅伽	化城	467⑥	仏爬虫名	464⑥	まこらか／へひ[妙]		
摩睺羅伽	まごらが	まこらか	摩睺羅伽	化城	476④	仏爬虫名	475④	まこらか／へひ[妙]		
摩睺羅伽	まごらが	まこらか	摩睺羅伽	化城	485②	仏爬虫名	485⑤			
摩睺羅伽	まごらが	まこら—	摩睺羅伽	化城	493⑥	仏爬虫名	496③			
摩睺羅伽	まごらが	×	摩睺羅伽	法師	621⑤	仏爬虫名	632③		—との[西右]	
摩睺羅伽	まごらが	×	摩睺羅伽	見寶	658③	仏爬虫名	672⑥	まこらか／へひ[妙]		
摩睺羅伽	まごらが	まごらが	摩睺羅伽	法功	1029①	仏爬虫名	1047⑤		—と[西右]	
摩睺羅伽	まごらが	まこらか	摩睺羅伽	神力	1085⑥	仏爬虫名	1104③			まごらが[妙]
摩睺羅伽	まごらが	×	摩睺羅伽	神力	1088③	仏爬虫名	1106⑤			まごらが[妙]
摩睺羅伽	まごらが	—こ——	摩睺羅伽	藥王	1115④	仏爬虫名	1134①		—の[西右]	まごらが[妙]
摩睺羅伽	まごらが	×	摩睺羅伽	妙音	1192②	仏爬虫名	1206③			摩睺羅人(まこらか)[妙]
摩睺羅伽	まごらが	まこらか	摩睺羅伽	觀世	1229②	仏爬虫名	1242⑥	まこらか／へみ[妙]		
摩睺羅伽	まごらが	×	摩睺羅伽	觀世	1233③	仏爬虫名	1246⑤			まこらか[妙]
摩睺羅伽	まごらが	×	摩睺羅伽	普賢	1307②	仏爬虫名	1313⑤		—の[西右]	まこらか[妙]
摩睺羅伽声	まごらがしょう	まごらかしやう	摩睺羅伽聲	法功	1000①	仏名	1018⑤	まこらかしやう／へひのこゑ[妙]		
摩睺羅伽女	まごらがにょ	×	摩睺羅伽女	法功	1029①	仏人倫名	1047⑤		—と[西右]	

当該語	読みかな	傍訓	漢字表記	品名	頁数	語の種類	妙一本	和解語文	可読	異同語彙
まさしく	まさしく	×	正	方便	145③	和形	126④			
まさしく	まさしく	×	正	見寶	684④	和形	701⑥			
まさしく	まさしく	×	正	安樂	809①	和形	831②			
まさに	まさに	×	正	方便	186④	和副	159⑥			まさしく[妙]
まさに	まさに	×	將	信解	333⑤	和副	311⑤			
まさに	まさに	×	將	信解	340⑤	和副	320④			
まさに	まさに	×	將	信解	355⑥	和副	339⑤			
まさに	まさに	×	將	勸持	742②	和副	761①			
まさに	まさに	×	將	隨喜	975②	和副	993③			
まさに	まさに	×	將	方便	114⑥	和副	100③			
まさに	まさに	×	方	譬喩	280④	和副	252①			
まさに	まさに	×	方	信解	350③	和副	332⑥			
まさに	まさに	×	方	從地	861②	和副	884①			
まさに	まさに	×	當	序品	20④	和副	17①			
まさに	まさに	×	當	序品	21③	和副	17⑤			
まさに	まさに	×	當	序品	22①	和副	18③			
まさに	まさに	×	當	序品	28⑥	和副	24⑤			
まさに	まさに	×	當	序品	44①	和副	38①			
まさに	まさに	×	當	序品	44④	和副	38④			
まさに	まさに	×	當	序品	46④	和副	40②			
まさに	まさに	×	當	序品	50⑤	和副	45⑥			
まさに	まさに	×	當	序品	56⑥	和副	49④			
まさに	まさに	×	當	序品	60②	和副	52④			
まさに	まさに	×	當	序品	61①	和副	53②			
まさに	まさに	×	當	序品	64④	和副	56③			
まさに	まさに	×	當	序品	65②	和副	57①			
まさに	まさに	×	當	序品	77⑤	和副	67③			
まさに	まさに	×	當	序品	77⑥	和副	67④			
まさに	まさに	×	當	序品	78⑤	和副	69②			
まさに	まさに	×	當	序品	80③	和副	70④			
×	まさに	×	當	序品	83③	和副	73①			
まさに	まさに	×	當	序品	85②	和副	74⑥			
まさに	まさに	×	當	序品	85④	和副	75②			
まさに	まさに	×	當	序品	86①	和副	75④			
まさに	まさに	×	當	方便	100②	和副	87⑥			
まさに	まさに	×	當	方便	100④	和副	88①			
まさに	まさに	×	當	方便	100⑤	和副	88③			
まさに	まさに	×	當	方便	111⑥	和副	88①			
まさに	まさに	×	當	方便	114⑤	和副	97⑥			
まさに	まさに	×	當	方便	120②	和副	105③			
まさに	まさに	×	當	方便	122④	和副	107④			
まさに	まさに	×	當	方便	123⑤	和副	108④			
まさに	まさに	×	當	方便	130②	和副	114②			
まさに	まさに	×	當	方便	138②	和副	120③			
まさに	まさに	×	當	方便	139⑥	和副	121⑥			
まさに	まさに	×	當	方便	145①	和副	126②			
まさに	まさに	×	當	方便	152②	和副	132①			
まさに	まさに	×	當	方便	175⑤	和副	151②			
まさに	まさに	×	當	方便	182⑤	和副	156⑥			
まさに	まさに	×	當	方便	185②	和副	158⑥			
まさに	まさに	×	當	方便	186⑤	和副	160①			
まさに	まさに	×	當	方便	187⑥	和副	161①			
まさに	まさに	×	當	方便	191①	和副	164①			
まさに	まさに	×	當	方便	192②	和副	165①			
まさに	まさに	×	當	方便	192④	和副	165②			
まさに	まさに	×	當	方便	193⑤	和副	166②			
まさに	まさに	×	當	譬喩	214⑤	和副	182⑥			
まさに	まさに	×	當	譬喩	215②	和副	183④			
まさに	まさに	×	當	譬喩	218①	和副	186⑤			
まさに	まさに	×	當	譬喩	221①	和副	189⑥			
まさに	まさに	×	當	譬喩	225⑤	和副	194⑤			
まさに	まさに	×	當	譬喩	227①	和副	196①			
まさに	まさに	×	當	譬喩	234④	和副	203⑥			
まさに	まさに	×	當	譬喩	238②	和副	207④			
まさに	まさに	×	當	譬喩	241③	和副	211①			
まさに	まさに	×	當	譬喩	242②	和副	211⑤			
まさに	まさに	×	當	譬喩	242③	和副	211⑥			
まさに	まさに	×	當	譬喩	244④	和副	214②			

まさ 655

当該語	読みかな	傍訓	漢字表記	品名	頁数	語の種類	妙一本	和解語文	可読	異同語彙
まさに	まさに	×		當	譬喩	246②	和副	215⑥		
まさに	まさに	×		當	譬喩	250③	和副	220③		
まさに	まさに	×		當	譬喩	260⑤	和副	232②		
まさに	まさに	×		當	譬喩	261②	和副	232④		
まさに	まさに	×		當	譬喩	261④	和副	232⑥		
まさに	まさに	×		當	譬喩	269⑥	和副	241①		
まさに	まさに	×		當	譬喩	282④	和副	254②		
まさに	まさに	×		當	譬喩	286②	和副	257⑥		
まさに	まさに	×		當	譬喩	286③	和副	258②		
まさに	まさに	×		當	譬喩	292①	和副	264②		
まさに	まさに	×		當	譬喩	298⑥	和副	271②		
まさに	まさに	×		當	譬喩	302①	和副	274①		
まさに	まさに	×		當	譬喩	303②	和副	275③		
まさに	まさに	×		當	譬喩	316⑥	和副	291③		
まさに	まさに	×		當	信解	337⑤	和副	316④		
まさに	まさに	×		當	信解	341④	和副	321④		
まさに	まさに	×		當	信解	343⑥	和副	324④		
まさに	まさに	×		當	信解	348③	和副	330②		
まさに	まさに	×		當	信解	353②	和副	336③		
まさに	まさに	×		當	信解	356②	和副	340①		
まさに	まさに	×		當	信解	359④	和副	344①		
まさに	まさに	×		當	信解	360④	和副	345②		
まさに	まさに	×		當	信解	362②	和副	347③		
まさに	まさに	×		當	信解	366③	和副	352③		
まさに	まさに	×		當	信解	367④	和副	353④		
まさに	まさに	×		當	藥草	387①	和副	372②		
まさに	まさに	×		當	藥草	390④	和副	376①		
まさに	まさに	×		當	藥草	400④	和副	387①		
まさに	まさに	×		當	藥草	408⑤	和副	396②		
まさに	まさに	×		當	藥草	413⑤	和副	402①		
まさに	まさに	×		當	藥草	414⑤	和副	403①		
まさに	まさに	×		當	授記	415④	和副	403⑥		
まさに	まさに	×		當	授記	419①	和副	407⑥		
まさに	まさに	×		當	授記	421⑤	和副	410⑥		當のイ[西右]	
まさに	まさに	×		當	授記	424④	和副	414③		
まさに	まさに	×		當	授記	429⑤	和副	420③		
まさに	まさに	×		當	授記	430①	和副	420④		
まさに	まさに	×		當	授記	430②	和副	420⑤		
まさに	まさに	×		當	授記	432④	和副	423④		
まさに	まさに	×		當	授記	434③	和副	425④		
まさに	まさに	×		當	授記	434⑥	和副	426①		
まさに	まさに	×		當	授記	437③	和副	428⑥		
まさに	まさに	×		當	授記	439①	和副	431①		
まさに	まさに	×		當	授記	440①	和副	432②		
まさに	まさに	×		當	授記	440③	和副	432③		
まさに	まさに	×		當	授記	444③	和副	437①		
まさに	まさに	×		當	授記	444⑥	和副	437④		
まさに	まさに	×		當	授記	445②	和副	438①		
まさに	まさに	×		當	化城	451②	和副	445③		
まさに	まさに	×		當	化城	453①	和副	447④		
まさに	まさに	×		當	化城	460①	和副	455⑤		
まさに	まさに	×		當	化城	462⑤	和副	458⑤		
まさに	まさに	×		當	化城	475①	和副	473⑤		
まさに	まさに	×		當	化城	490③	和副	492②		
まさに	まさに	×		當	化城	506⑥	和副	511④		
まさに	まさに	×		當	化城	512③	和副	517④		
まさに	まさに	×		當	化城	513①	和副	518①		
まさに	まさに	×		當	化城	519③	和副	524③		
まさに	まさに	×		當	化城	521③	和副	526④		
まさに	まさに	×		當	化城	528⑤	和副	534②		
まさに	まさに	×		當	化城	535②	和副	540⑥		
まさに	まさに	×		當	化城	536④	和副	542③		
まさに	まさに	×		當	化城	542④	和副	548③		
まさに	まさに	×		當	化城	544①	和副	552①		
まさに	まさに	×		當	化城	544⑤	和副	552⑥		
まさに	まさに	×		當	化城	548④	和副	555③		
まさに	まさに	×		當	五百	570②	和副	574②		
まさに	まさに	×		當	五百	576①	和副	580⑤		

当該語	読みかな	傍訓	漢字表記	品名	頁数	語の種類	妙一本	和解語文	可読	異同語彙
まさに	まさに	×	當	五百	581⑥	和副	587②			
まさに	まさに	×	當	五百	583③	和副	588⑤			
まさに	まさに	×	當	五百	583⑤	和副	589②			
まさに	まさに	×	當	五百	584⑤	和副	590②			
まさに	まさに	×	當	五百	585④	和副	591①			
當ニ	まさに	まさに	當	五百	587③	和副	593③			
當に	まさに	まさに	當	五百	587⑤	和副	593⑥			
まさに	まさに	×	當	五百	588④	和副	594⑥			
まさに	まさに	×	當	五百	588⑤	和副	595②			
まさに	まさに	×	當	五百	590④	和副	597②			
まさに	まさに	×	當	授學	604①	和副	612⑤			
まさに	まさに	×	當	授學	604③	和副	613②			
まさに	まさに	×	當	授學	606⑥	和副	615⑥			
まさに	まさに	×	當	授學	613①	和副	622④			
まさに	まさに	×	當	授學	613③	和副	623①			
まさに	まさに	×	當	授學	614③	和副	624②			
まさに	まさに	×	當	授學	619①	和副	629③			
まさに	まさに	×	當	授學	617①	和副	627①			
まさに	まさに	×	當	法師	622④	和副	633②			
まさに	まさに	×	當	授學	618⑤	和副	628⑥			
まさに	まさに	×	當	法師	623⑥	和副	634⑥			
まさに	まさに	×	當	法師	624④	和副	635④			
まさに	まさに	×	當	法師	626①	和副	637①			
まさに	まさに	×	當	法師	626⑤	和副	637⑥			
まさに	まさに	×	當	法師	627④	和副	638⑤			
まさに	まさに	×	當	法師	629①	和副	640③			
まさに	まさに	×	當	法師	631④	和副	643①			
まさに	まさに	×	當	法師	631⑥	和副	643③			
まさに	まさに	×	當	法師	632②	和副	643⑥			
まさに	まさに	×	當	法師	632⑥	和副	644④			
まさに	まさに	×	當	法師	633⑤	和副	645④			
まさに	まさに	×	當	法師	638⑤	和副	651①			
まさに	まさに	×	當	法師	639③	和副	651⑥			
まさに	まさに	×	當	法師	641②	和副	653⑤			
まさに	まさに	×	當	法師	641⑥	和副	654③			
まさに	まさに	×	當	法師	642⑤	和副	655③			
まさに	まさに	×	當	法師	644①	和副	657②			
まさに	まさに	×	當	法師	645④	和副	658⑥			
まさに	まさに	×	當	法師	645⑥	和副	659⑤			
まさに	まさに	×	當	法師	649⑥	和副	663④			
まさに	まさに	×	當	法師	650⑥	和副	664⑤			
まさに	まさに	×	當	法師	651④	和副	665④			
まさに	まさに	×	當	見寶	674④	和副	690②			
まさに	まさに	×	當	見寶	684⑤	和副	702①			
まさに	まさに	×	當	見寶	690①	和副	707⑤			
まさに	まさに	×	當	見寶	690②	和副	708①			
まさに	まさに	×	當	提婆	710②	和副	727③			
まさに	まさに	×	當	提婆	710⑤	和副	728①			
まさに	まさに	×	當	提婆	712⑤	和副	730③			
まさに	まさに	×	當	提婆	713③	和副	731①			
まさに	まさに	×	當	提婆	716④	和副	734③			
まさに	まさに	×	當	提婆	720④	和副	738⑤			
まさに	まさに	×	當	提婆	723④	和副	741⑤			
まさに	まさに	×	當	提婆	731⑥	和副	750①			
まさに	まさに	×	當	勸持	738③	和副	757①			
まさに	まさに	×	當	勸持	739①	和副	757⑤			
まさに	まさに	×	當	勸持	740④	和副	759③			
まさに	まさに	×	當	勸持	742⑥	和副	761⑥			
まさに	まさに	×	當	勸持	743④	和副	762④			
まさに	まさに	×	當	勸持	745③	和副	764②			
まさに	まさに	×	當	勸持	748④	和副	767⑤			
まさに	まさに	×	當	勸持	749①	和副	768②			
まさに	まさに	×	當	勸持	751③	和副	770⑤			
まさに	まさに	×	當	勸持	751⑤	和副	771①			
まさに	まさに	×	當	勸持	755③	和副	775①			
まさに	まさに	×	當	勸持	756①	和副	775⑤			
まさに	まさに	×	當	勸持	756⑤	和副	776③			
まさに	まさに	×	當	勸持	757④	和副	777②			

当該語	読みかな	傍訓	漢字表記	品名	頁数	語の種類	妙一本	和解語文	可読	異同語彙
まさに	まさに	×	當	勸持	758③	和副	778①			
まさに	まさに	×	當	安樂	760⑤	和副	780③			
まさに	まさに	×	當	安樂	785⑥	和副	807②			
まさに	まさに	×	當	安樂	789②	和副	810⑤			
まさに	まさに	×	當	安樂	809④	和副	831⑤			
まさに	まさに	×	當	安樂	813③	和副	835⑥			
まさに	まさに	×	當	安樂	816①	和副	838④			
まさに	まさに	×	當	從地	818②	和副	840④			
まさに	まさに	×	當	從地	822④	和副	844⑥			
まさに	まさに	×	當	從地	844⑥	和副	867②			
まさに	まさに	×	當	從地	845①	和副	867⑥			
まさに	まさに	×	當	從地	846③	和副	869①			
まさに	まさに	×	當	從地	847①	和副	869⑥			
まさに	まさに	×	當	從地	847⑥	和副	870④			
まさに	まさに	×	當	從地	851③	和副	874④			
まさに	まさに	×	當	從地	854④	和副	877②			
まさに	まさに	×	當	從地	857④	和副	880③			
まさに	まさに	×	當	從地	869⑥	和副	892⑤			
まさに	まさに	×	當	如來	880④	和副	899④			
まさに	まさに	×	當	如來	880⑥	和副	899⑥			
まさに	まさに	×	當	如來	881②	和副	900②			
まさに	まさに	×	當	如來	881⑥	和副	900⑥			
まさに	まさに	×	當	如來	882③	和副	901③			
當に	まさに	まさ	當	如來	887①	和副	906①			
まさに	まさに	×	當	如來	889⑤	和副	908⑥			
まさに	まさに	×	當	如來	895⑤	和副	914⑤			
まさに	まさに	×	當	如來	897③	和副	916②			
まさに	まさに	×	當	如來	898③	和副	917④			
まさに	まさに	×	當	如來	905③	和副	924②			
まさに	まさに	×	當	如來	905⑤	和副	924④			
まさに	まさに	×	當	如來	909⑤	和副	928⑤			
まさに	まさに	×	當	如來	918④	和副	937④			
當に	まさに	まさ	當	分別	924①	和副	942⑥			
當に	まさに	まさに	當	分別	924③	和副	943②			
當に	まさに	まさに	當	分別	924⑤	和副	943④			
當に	まさに	×	當	分別	925①	和副	943⑥			
當に	まさに	×	當	分別	925③	和副	944②			
まさに	まさに	×	當	分別	931④	和副	950②			
まさに	まさに	×	當	分別	932③	和副	951①			
まさに	まさに	×	當	分別	950⑤	和副	969④			
まさに	まさに	×	當	分別	951②	和副	970①			
まさに	まさに	×	當	分別	960②	和副	978⑤			
まさに	まさに	×	當	隨喜	972⑤	和副	990⑥			
まさに	まさに	×	當	隨喜	975③	和副	993④			
まさに	まさに	×	當	隨喜	987①	和副	1005③			
まさに	まさに	×	當	隨喜	987⑥	和副	1006②			
まさに	まさに	×	當	隨喜	988③	和副	1006⑥			
まさに	まさに	×	當	隨喜	990④	和副	1008⑥			
まさに	まさに	×	當	隨喜	992②	和副	1010⑥			
まさに	まさに	×	當	法功	994③	和副	1013①			
まさに	まさに	×	當	常不	1056③	和副	1075③			
まさに	まさに	×	當	常不	1063②	和副	1081⑥			
まさに	まさに	×	當	常不	1064①	和副	1082⑤			
まさに	まさに	×	當	常不	1064⑥	和副	1083⑤			
まさに	まさに	×	當	常不	1065⑤	和副	1084④			
まさに	まさに	×	當	常不	1066④	和副	1085②			
まさに	まさに	×	當	常不	1072②	和副	1090⑥			
まさに	まさに	×	當	常不	1075⑥	和副	1094③			
まさに	まさに	×	當	常不	1078④	和副	1097①			
まさに	まさに	×	當	常不	1080⑥	和副	1099②			
まさに	まさに	×	當	常不	1083①	和副	1101④			
まさに	まさに	×	當	神力	1084③	和副	1103①			
まさに	まさに	×	當	神力	1091④	和副	1109⑥			
まさに	まさに	×	當	神力	1091⑤	和副	1110①			
まさに	まさに	×	當	神力	1095③	和副	1114①			
まさに	まさに	×	當	神力	1097①	和副	1115⑥			
まさに	まさに	×	當	神力	1102③	和副	1121②			
まさに	まさに	×	當	囑累	1105⑥	和副	1124⑤			

当該語	読みかな	傍訓	漢字表記	品名	頁数	語の種類	妙一本	和解語文	可読	異同語彙
まさに	まさに	×	當	囑累	1107①	和副	1125⑤			まさに{に}[妙]
まさに	まさに	×	當	囑累	1108⑤	和副	1127③			
まさに	まさに	×	當	囑累	1109②	和副	1127⑥			
まさに	まさに	×	當	囑累	1110⑥	和副	1129④			
まさに	まさに	×	當	囑累	1111⑤	和副	1130③			
まさに	まさに	×	當	藥王	1120⑥	和副	1139②			
まさに	まさに	×	當	藥王	1127④	和副	1145⑥			
まさに	まさに	×	當	藥王	1129①	和副	1147④			
まさに	まさに	×	當	藥王	1131④	和副	1150①			
まさに	まさに	×	當	藥王	1132②	和副	1151②			
まさに	まさに	×	當	藥王	1135③	和副	1153⑤			
まさに	まさに	×	當	藥王	1136①	和副	1154③			
まさに	まさに	×	當	藥王	1138⑤	和副	1156⑥			
まさに	まさに	×	當	藥王	1161①	和副	1178②			
まさに	まさに	×	當	藥王	1162④	和副	1179④			
まさに	まさに	×	當	藥王	1162⑥	和副	1179⑤			
まさに	まさに	×	當	藥王	1163③	和副	1180③			
まさに	まさに	×	當	妙音	1169⑤	和副	1185⑤			
まさに	まさに	×	當	妙音	1178②	和副	1193③			
まさに	まさに	×	當	觀世	1212①	和副	1225②			
まさに	まさに	×	當	觀世	1214⑥	和副	1228②			
まさに	まさに	×	當	觀世	1215④	和副	1228⑥			
まさに	まさに	×	當	觀世	1230③	和副	1243②			
まさに	まさに	×	當	觀世	1231④	和副	1244②			
まさに	まさに	×	當	觀世	1233①	和副	1245⑥			
まさに	まさに	×	當	觀世	1247①	和副	1259②			
まさに	まさに	×	當	陀羅	1250⑤	和副	1262⑤			
まさに	まさに	×	當	陀羅	1259②	和副	1270⑥			
まさに	まさに	×	當	陀羅	1268②	和副	1279②			
まさに	まさに	×	當	陀羅	1268⑥	和副	1279⑥			
まさに	まさに	×	當	陀羅	1271⑦	和副	1282①			
まさに	まさに	×	當	妙莊	1276③	和副	1286⑥			
まさに	まさに	×	當	妙莊	1278①	和副	1288①			
まさに	まさに	×	當	妙莊	1287③	和副	1296⑥			
まさに	まさに	×	當	妙莊	1293④	和副	1302②			
まさに	まさに	×	當	妙莊	1298①	和副	1306①			
まさに	まさに	×	當	普賢	1308⑤	和副	1315②			
まさに	まさに	×	當	普賢	1309④	和副	1315⑥			
まさに	まさに	×	當	普賢	1311②	和副	1317③			
まさに	まさに	×	當	普賢	1314③	和副	1320②			
まさに	まさに	×	當	普賢	1316⑤	和副	1322②			
まさに	まさに	×	當	普賢	1320⑥	和副	1325⑥			
まさに	まさに	×	當	普賢	1321⑥	和副	1326⑤			
まさに	まさに	×	當	普賢	1322⑤	和副	1327④			
まさに	まさに	×	當	普賢	1325③	和副	1329⑥			
まさに	まさに	×	當	普賢	1327⑤	和副	1331⑥			
まさに	まさに	×	當	普賢	1328③	和副	1332④			
まさに	まさに	×	當	普賢	1328⑥	和副	1332⑥			
まさに	まさに	×	當	普賢	1329②	和副	1333②			
まさに	まさに	×	當	普賢	1329③	和副	1333③			
まさに	まさに	×	當	普賢	1329⑤	和副	1333⑤			
まさに	まさに	×	當	普賢	1332③	和副	1336⑤			
まさに	まさに	×	當	普賢	1334③	和副	1337⑤			
まさに	まさに	×	當	普賢	1334⑤	和副	1337⑥			
まさに	まさに	×	當	普賢	1335④	和副	1338⑤			
まさに	まさに	×	當	普賢	1336④	和副	1339③			
まさに	まさに	×	當	普賢	1336⑥	和副	1339④			
まさら	まさら	×	勝	藥王	1141⑥	和動	1160①		すくれん[西右]	まされら[妙]
まさる	まさる	×	勝	授記	438③	和動	430①		すくるゝ[西右]	
まされ	まされ	×	勝	化城	465①	和動	461③			
まし	まし	×	益	信解	361⑥	和動	347①			
まし	まし	×	増	譬喩	307⑤	和動	280①			
まし	まし	×	増	勸持	738⑥	和動	757④			
磨し	まし	ま	磨	化城	446⑤	漢サ動	439⑤	ま・し／すりて[妙]		

当該語	読みかな	傍訓	漢字表記	品名	頁数	語の種類	妙一本	和解語文	可読	異同語彙
磨し	まし	ま・すりて	磨	化城	449④	漢サ動	443①	ま・し／すりて[妙]		
魔子	まし	×	魔子	普賢	1311⑤	仏名	1317⑥	まし／まのこ[妙]		
魔事	まじ	まし	魔事	授記	418②	仏名	406⑤			
まじへ	まじえ	×	交	見寶	674①	和動	689⑤			
ましへ	まじえ	×	交	見寶	676②	和動	692②			
まして	まして	×	倍	信解	334③	和副	312④			
まして	まして	×	倍	信解	360④	和副	345③			
ましまさ	ましまさ	×	在	如來	907①	和補助動	926①		いましまさは[西右]	
ましまさ	ましまさ	×	有・在	囑累	1111②	和補助動	1129⑥			ましまさ[妙]
ましまさ	ましまさ	×	有・在	囑累	1112①	和補助動	1130⑤		あらざれ[西右]	
ましまし	ましまし	×	爲	五百	593②	和補助動	600④			
ましまし	ましまし	×	爲	從地	856③	和補助動	879①			
ましまし	ましまし	×	在	譬喩	211④	和補助動	179①			
ましまし	ましまし	×	在	見寶	665⑥	和補助動	680⑤			
ましまし	ましまし	×	在	見寶	677④	和補助動	693⑥			
ましまし	ましまし	×	在	見寶	683②	和補助動	700③			
ましまし	ましまし	×	在	見寶	685④	和補助動	702⑥			
ましまし	ましまし	×	在	從地	842③	和補助動	865②		いまして[西右]	
ましまし	ましまし	×	在	如來	896⑤	和補助動	915④		いまして[西右]	
ましまし	ましまし	×	在	分別	949④	和補助動	968③			
ましまし	ましまし	×	在	分別	968④	和補助動	986⑥		いまし[西右]	
ましまし	ましまし	×	在	陀羅	1259⑤	和補助動	1271③		あて[西右]	あり[妙]
まし〳〵	ましまし	×	在	妙荘	1281⑥	和補助動	1291④		いまして[西右]	ましまし[妙]
ましまし	ましまし	×	有	序品	50①	和補助動	43③			
ましまし	ましまし	×	有	方便	124⑥	和補助動	109④			
ましまし	ましまし	×	有	化城	445⑥	和補助動	438⑤			
ましまし	ましまし	×	有	授學	607②	和補助動	616⑤			
ましまし	ましまし	×	有	見寶	661⑤	和補助動	676③			
まし〳〵	ましまし	×	有	妙荘	1272②	和補助動	1283①		いましき[西右]	ましまし[妙]
まし〳〵	ましまし	×	有	妙荘	1292①	和補助動	1301①		いまして[西右]	ましまし[妙]
まし〳〵	ましまし	×	有	普賢	1324⑤	和補助動	1329②			ましまし[妙]
ましまし	ましまし	×	有在	序品	47⑤	和補助動	41②			
ましまし	ましまし	×	有在	序品	49⑥	和補助動	43②			
ましまし	ましまし	×	有在	序品	66③	和補助動	58①			
ましまし	ましまし	×	有在	序品	71②	和補助動	62③			
ましまし	ましまし	×	有在	譬喩	269④	和補助動	240⑤			
ましまし	ましまし	×	有在	藥草	395⑥	和補助動	382①		いまして[西右]	
ましまし	ましまし	×	有在	藥草	397①	和補助動	383①			
ましまし	ましまし	×	有在	化城	449②	和補助動	442⑥			
ましまし	ましまし	×	有在	化城	470①	和補助動	467④			
ましまし	ましまし	×	有在	化城	539③	和補助動	545②			
ましまし	ましまし	×	有在	見寶	666③	和補助動	681②			
ましまし	ましまし	×	有在	法功	1045④	和補助動	1064①		にして[西右]	
ましまし	ましまし	×	有在	常不	1057④	和補助動	1076④			
ましまし	ましまし	×	有在	常不	1061⑤	和補助動	1080①		いましき[西右]	ましまし[妙]
まし〳〵	ましまし	×	有在	常不	1077②	和補助動	1095⑤		まし[西右]	ましまし[妙]
まし〳〵	ましまし	×	有在	神力	1089②	和補助動	1107④			ましまし[妙]
まし〳〵	ましまし	×	有在	藥王	1116②	和補助動	1134⑤		いましき[西右]	ましまし[妙]
まし〳〵	ましまし	×	有在	妙音	1183⑤	和補助動	1198④		いまし[西右]	ましまし[妙]
ましまし	ましまし	×	有在	妙音	1186⑤	和補助動	1201③		いましき[西右]	
************ます	************ます	×	在	勧持	750④	和補助動	769⑤		いましても[西右]	
************ます	************ます	×	有	序品	23①	和補助動	19②			
************ます	************ます	×	有	法師	640④	和補助動	653②			
************ます	************ます	×	有	見寶	665②	和補助動	680①			
************ます	************ます	×	有	分別	930①	和補助動	948⑤			
************ます	************ます	×	有	随喜	981④	和補助動	999⑤			

当該語	読みかな	傍訓	漢字表記	品名	頁数	語の種類	妙一本	和解語文	可読	異同語彙
まします	まします	×	有・在	信解	374⑤	和補助動	362①		います[西右]	
まします	まします	×	有・在	信解	376⑤	和補助動	364③		いまします[西右]	
まします	まします	×	有・在	化城	458②	和補助動	453④		います[西右]	
まします	まします	×	有・在	化城	461③	和補助動	457①		いまし[西左]	
まします	まします	×	有・在	化城	478⑥	和補助動	478②		います[西右]	
まします	まします	×	有・在	化城	479⑥	和補助動	478④		ある・いましきィ[西右]	
まします	まします	×	有・在	化城	496⑤	和補助動	499④			
まします	まします	×	有・在	化城	515②	和補助動	520②		います[西右]	
まします	まします	×	有・在	化城	515③	和補助動	520③			
まします	まします	×	有・在	化城	515⑤	和補助動	520④			
まします	まします	×	有・在	化城	515⑥	和補助動	520⑥			
まします	まします	×	有・在	化城	516①	和補助動	521①			
まします	まします	×	有・在	化城	516③	和補助動	521②			
まします	まします	×	有・在	化城	516⑤	和補助動	521④			
まします	まします	×	有・在	五百	563①	和補助動	566①		います[西右]	います[西]
まします	まします	×	有・在	五百	563④	和補助動	567①			
まします	まします	×	有・在	授學	602①	和補助動	×			
まします	まします	×	有・在	授學	612①	和補助動	621①		いィー[西右]	
まします	まします	×	有・在	授學	620⑤	和補助動	631②			
まします	まします	×	有・在	見寶	661④	和補助動	676①			
まします	まします	×	有・在	見寶	678③	和補助動	694⑥			
まします	まします	×	有・在	見寶	680⑥	和補助動	697⑥			
まします	まします	×	有・在	從地	828⑥	和補助動	851①		いますや[西右]	
まします	まします	×	有・在	神力	1090⑥	和補助動	1109②			まします[妙]
まします	まします	×	有・在	嘱累	1107④	和補助動	1126②		います[西右]	まします[妙]
まします	まします	×	有・在	嘱累	1112⑥	和補助動	1131④		います[西右]	まします[妙]
まします	まします	×	有・在	藥王	1128②	和補助動	1146②		います[西右]	まします[妙]
まします	まします	×	有・在	藥王	1148③	和補助動	1166⑤		なる[西右]	まします[妙]
まします	まします	×	有・在	妙音	1166③	和補助動	1182⑥			
まします	まします	×	有・在	妙音	1182③	和補助動	1197②		なりや[西右]	まします[妙]
まします	まします	×	有・在	妙荘	1300①	和補助動	1307⑤			まします[妙]
まします	まします	×	有・在	妙荘	1302③	和補助動	1309⑤		います[西右]	まします[妙]
ませ	ませ	×	有・在	藥王	1130⑥	和補助動	1149③		いませと[西右]	ませ[妙]
魔衆	ましゅ	×	魔衆	普賢	1332④	仏人倫名	1336①			
魔女	まじょ	×	魔女	普賢	1311⑥	仏人倫名	1318②			
ましはり	まじわり	×	交	序品	40⑥	和動	35②			
ます	ます	×	益	譬喩	282②	和動	253⑤			
ます	ます	×	増	藥草	411③	和動	399③			
ます	ます	×	増	常不	1068②	和動	1086⑥			
まづ	まず	×	先	信解	335④	和副	314①			
まづ	まず	×	先	化城	452⑤	和副	447①		さきだて[西右]	
まづ	まず	×	先	法功	1026①	和副	1044⑥			
まづ	まず	×	先	法功	1047④	和副	1066①			
まづ	まず	×	先	妙音	1174③	和副	1190①			まつ[妙]
まづしき	まずしき	×	貧	信解	328③	和形	305①			
まづしき	まずしき	×	貧	信解	333③	和形	311④			
まつしき	まずしき	×	貧	信解	363②	和形	348③			
まづしき	まずしき	×	貧	藥王	1150④	和形	1168⑤			まつしき[妙]
まづしく	まずしく	×	貧	信解	364⑥	和形	350③			
ますす	ますます	×	益	信解	355⑤	和副	339④			
ます〳〵	ますます	×	益	嘱累	1110③	和副	1129①			ますます[妙]
ますます	ますます	×	加	信解	322④	和副	298①			
ますます	ますます	×	倍復	序品	79④	和副	69⑥			
魔賊	まぞく	まぞく	魔賊	藥王	1157④	仏人倫名	1175①	まそく／まのぬすひとをやふり[妙]		
また	また	×	且	随喜	991②	和接	1009②			
また	また	×	還	法師	649②	和接	663①			
また	また	×	亦	序品	6⑥	和接	5④			
また	また	×	亦	序品	82④	和接	72③			
また	また	×	亦	方便	96④	和接	84⑥			
また	また	×	亦	方便	97②	和接	85③			
また	また	×	亦	方便	100①	和接	87⑤			
また	また	×	亦	方便	103②	和接	90⑥			

まし―また 661

当該語	読みかな	傍訓	漢字表記	品名	頁数	語の種類	妙一本	和解語文	可読	異同語彙
また	また	×	亦	方便	104③	和接	91④			
また	また	×	亦	方便	107③	和接	94①			
また	また	×	亦	方便	122③	和接	107③			
また	また	×	亦	方便	129①	和接	113②			
また	また	×	亦	方便	130③	和接	114③			
また	また	×	亦	方便	131⑥	和接	115④			
また	また	×	亦	方便	143⑤	和接	125②			
また	また	×	亦	方便	146②	和接	127②			
また	また	×	亦	方便	148④	和接	129①			
また	また	×	亦	方便	151①	和接	131②			
また	また	×	亦	方便	155⑤	和接	134⑥			
また	また	×	亦	方便	156④	和接	135④			
また	また	×	亦	方便	170②	和接	146⑤			
また	また	×	亦	方便	171③	和接	147⑤			
また	また	×	亦	方便	173③	和接	149③			
×	また	×	亦	方便	×	和接	150②			
また	また	×	亦	方便	174⑥	和接	150④			
また	また	×	亦	方便	177④	和接	152⑤			
また	また	×	亦	方便	180③	和接	155①			
また	また	×	亦	方便	181④	和接	155⑥			
また	また	×	亦	方便	183④	和接	157④			
また	また	×	亦	方便	188①	和接	161②			
また	また	×	亦	方便	189①	和接	162①			
また	また	×	亦	譬喩	209⑥	和接	177④			
また	また	×	亦	譬喩	210④	和接	178②			
また	また	×	亦	譬喩	216①	和接	184③			
また	また	×	亦	譬喩	216⑤	和接	185②			
また	また	×	亦	譬喩	222②	和接	191①			
また	また	×	亦	譬喩	226④	和接	195③			
また	また	×	亦	譬喩	289①	和接	261①			
また	また	×	亦	譬喩	299②	和接	271④			
また	また	×	亦	譬喩	301③	和接	273⑤			
また	また	×	亦	信解	323⑥	和接	299⑤			
また	また	×	亦	信解	335①	和接	313③			
また	また	×	亦	信解	342⑤	和接	323①			
また	また	×	亦	信解	365④	和接	351②			
また	また	×	亦	信解	372③	和接	359②			
また	また	×	亦	信解	376③	和接	364①			
また	また	×	亦	授記	417①	和接	405②			
また	また	×	亦	授記	421③	和接	410④			
また	また	×	亦	授記	421⑥	和接	411②			
また	また	×	亦	授記	428⑥	和接	419②			
また	また	×	亦	授記	441⑤	和接	433⑥			
また	また	×	亦	授記	444④	和接	437②			
また	また	×	亦	化城	462③	和接	458②			
また	また	×	亦	化城	506⑥	和接	511③			
また	また	×	亦	化城	525①	和接	530③			
又	また	×	亦	五百	565③	和接	568⑤			
また	また	×	亦	五百	566③	和接	570①			
また	また	×	亦	五百	568④	和接	572③			
また	また	×	亦	五百	568⑥	和接	572⑤			
また	また	×	亦	五百	569③	和接	573②			
また	また	×	亦	五百	571⑤	和接	575⑤			
また	また	×	亦	五百	579①	和接	584①			
また	また	×	亦	五百	579②	和接	584②			
また	また	×	亦	五百	580⑥	和接	586①			
また	また	×	亦	五百	581⑤	和接	587①			
また	また	×	亦	五百	582⑥	和接	588②			
また	また	×	亦	五百	587⑥	和接	594①			
また	また	×	亦	五百	588④	和接	594⑥			
また	また	×	亦	五百	593②	和接	600④			
また	また	×	亦	五百	599①	和接	607①			
また	また	×	亦	五百	599④	和接	608①			
また	また	×	亦	授學	601④	和接	609⑥			
また	また	×	亦	授學	602①	和接	610④			
また	また	×	亦	授學	603①	和接	611④			
また	また	×	亦	授學	610③	和接	619⑤			
また	また	×	亦	授學	611④	和接	621①			

当該語	読みかな	傍訓	漢字表記	品名	頁数	語の種類	妙一本	和解語文	可読	異同語彙
また	また	×	亦	授學	614①	和接	623⑤			
また	また	×	亦	授學	614②	和接	623⑥			
また	また	×	亦	法師	623①	和接	633⑥			
また	また	×	亦	法師	648①	和接	661④			
また	また	×	亦	法師	650②	和接	663⑥			
また	また	×	亦	見寶	666⑤	和接	681④			
また	また	×	亦	見寶	671③	和接	686⑥			
また	また	×	亦	見寶	673③	和接	688④			
また	また	×	亦	見寶	673④	和接	689②			
また	また	×	亦	見寶	675②	和接	691①			
また	また	×	亦	見寶	675⑤	和接	691④			
また	また	×	亦	見寶	692③	和接	710④			
また	また	×	亦	見寶	692⑤	和接	710⑥			
また	また	×	亦	見寶	692⑥	和接	711②			
また	また	×	亦	見寶	694①	和接	712⑤			
また	また	×	亦	見寶	694⑤	和接	713③			
また	また	×	亦	見寶	695④	和接	714③			
また	また	×	亦	見寶	696③	和接	715②			
また	また	×	亦	見寶	698①	和接	717①			
また	また	×	亦	提婆	714③	和接	732①			
また	また	×	亦	提婆	721⑤	和接	739⑤			
また	また	×	亦	勸持	739⑤	和接	758④			
また	また	×	亦	勸持	740④	和接	759③			
また	また	×	亦	勸持	747②	和接	766③			
また	また	×	亦	安樂	761④	和接	781②			
また	また	×	亦	安樂	761⑥	和接	781④			
また	また	×	亦	安樂	763①	和接	782④			
また	また	×	亦	安樂	765②	和接	785①			
また	また	×	亦	安樂	766④	和接	786④			
また	また	×	亦	安樂	771②	和接	791④			
また	また	×	亦	安樂	773②	和接	793④			
また	また	×	亦	安樂	773⑤	和接	794②			
また	また	×	亦	安樂	777②	和接	798①			
また	また	×	亦	安樂	777④	和接	798②			
また	また	×	亦	安樂	777⑤	和接	798③			
また	また	×	亦	安樂	782①	和接	803①			
また	また	×	亦	安樂	782⑤	和接	803⑤			
また	また	×	亦	安樂	782⑥	和接	803⑥			
また	また	×	亦	安樂	782⑥	和接	804①			
また	また	×	亦	安樂	784②	和接	805④			
また	また	×	亦	安樂	787①	和接	808④			
また	また	×	亦	安樂	788①	和接	809④			
また	また	×	亦	安樂	789④	和接	811①			
また	また	×	亦	安樂	799②	和接	820⑥			
また	また	×	亦	安樂	801⑥	和接	823⑤			
また	また	×	亦	安樂	807①	和接	829②			
また	また	×	亦	安樂	813⑤	和接	836②			
また	また	×	亦	從地	824②	和接	846④			
また	また	×	亦	從地	825⑥	和接	848②			
また	また	×	亦	從地	826②	和接	848④			
また	また	×	亦	從地	830③	和接	852⑥			
亦	また	×	亦	從地	831②	和接	853⑥			いまた[妙]
また	また	×	亦	從地	851①	和接	873⑥			
また	また	×	亦	從地	859②	和接	882②			
また	また	×	亦	從地	859⑤	和接	882④			
また	また	×	亦	從地	863⑥	和接	886④			
また	また	×	亦	從地	867①	和接	889⑤			またこれ[妙]
また	また	×	亦	從地	867③	和接	890②			
また	また	×	亦	如來	886①	和接	904⑥			
また	また	×	亦	如來	886④	和接	905④			
また	また	×	亦	如來	888②	和接	907③			
また	また	×	亦	如來	893①	和接	912①			
また	また	×	亦	如來	903④	和接	922④			
また	また	×	亦	如來	909③	和接	928②			
また	また	×	亦	如來	909⑥	和接	928⑤			
また	また	×	亦	如來	919③	和接	938③			
また	また	×	亦	分別	927①	和接	945④			
また	また	×	亦	分別	935④	和接	954②			

また 663

当該語	読みかな	傍訓	漢字表記	品名	頁数	語の種類	妙一本	和解語文	可読	異同語彙
また	また	×	亦	分別	942③	和接	960⑤			
また	また	×	亦	分別	946④	和接	965①			
また	また	×	亦	分別	958②	和接	976⑥			
また	また	×	亦	分別	965④	和接	983⑥			
また	また	×	亦	随喜	972②	和接	990③			
また	また	×	亦	随喜	982⑤	和接	1000⑥			
また	また	×	亦	随喜	982⑥	和接	1001①			
また	また	×	亦	随喜	983②	和接	1001③			
また	また	×	亦	随喜	983③	和接	1001④			
また	また	×	亦	随喜	983③	和接	1001⑤			
また	また	×	亦	随喜	983④	和接	1001⑥			
また	また	×	亦	随喜	983⑥	和接	1002②			
また	また	×	亦	随喜	984①	和接	1002③			
また	また	×	亦	随喜	984①	和接	1002③			
また	また	×	亦	法功	995⑤	和接	1014②			
また	また	×	亦	法功	1011③	和接	1029⑥			
また	また	×	亦	法功	1013③	和接	1032①			
また	また	×	亦	法功	1014①	和接	1032④			
また	また	×	亦	法功	1020③	和接	1039①			
また	また	×	亦	法功	1033⑤	和接	1052④			
また	また	×	亦	法功	1043④	和接	1062②			
また	また	×	亦	法功	1045⑥	和接	1064④			
また	また	×	亦	妙音	1171③	和接	1187②			
また	また	×	亦	妙音	1175⑥	和接	1191②			
また	また	×	亦	妙音	1199①	和接	1212⑥			
また	また	×	亦	陀羅	1255②	和接	1267②			
また	また	×	亦	陀羅	1257③	和接	1269③			
また	また	×	亦	陀羅	1263④	和接	1274⑥			
また	また	×	亦	陀羅	1267⑥	和接	1278⑥			
また	また	×	亦	妙莊	1275①	和接	1285③			
また	また	×	亦	妙莊	1276②	和接	1286④			
また	また	×	亦	妙莊	1285②	和接	1294⑥			
また	また	×	亦	妙莊	1287⑤	和接	1297②			
また	また	×	亦	普賢	1313④	和接	1319③			
また	また	×	亦	普賢	1317⑥	和接	1323②			
また	また	×	亦	普賢	1318①	和接	1323③			
また	また	×	亦	普賢	1331③	和接	1335②			
また	また	×	亦	普賢	1333⑤	和接	1337①			
また	また	×	又	序品	18①		×			たまふ[妙]
また	また	×	又	序品	36③	和接	31①			
また	また	×	又	方便	98②	和接	86②			
また	また	×	又	方便	99③	和接	87②			
また	また	×	又	方便	111①	和接	97①			
また	また	×	又	方便	159②	和接	137④			
又	また	×	又	譬喩	231⑤	和接	200⑤			
また	また	×	又	譬喩	241⑥	和接	211③			
又	また	×	又	譬喩	248②	和接	218②			
また	また	×	又	譬喩	249②	和接	219②			
また	また	×	又	譬喩	279②	和接	250⑥			
また	また	×	又	譬喩	300⑥	和接	273②			
また	また	×	又	譬喩	305①	和接	277⑤			
また	また	×	又	譬喩	313②	和接	286⑥			
また	また	×	又	信解	349③	和接	331③			
また	また	×	又	信解	335⑥	和接	314③			
また	また	×	又	信解	375⑤	和接	363②			
また	また	×	又	信解	377⑥	和接	365⑥			
また	また	×	又	化城	447①	和接	440②			
また	また	×	又	化城	462③	和接	458③			
また	また	×	又	化城	482①	和接	482①			
また	また	×	又	五百	566⑥	和接	570③			
また	また	×	又	五百	576⑤	和接	581③			
また	また	×	又	授學	602②	和接	610⑤		また、我等をもこれィ[西]	
また	また	×	又	法師	622⑤	和接	633④			
また	また	×	又	法師	639①	和接	651④			
また	また	×	又	見寳	659⑥	和接	674③			
また	また	×	又	見寳	661①	和接	675④			
また	また	×	又	見寳	672⑤	和接	688③			

当該語	読みかな	傍訓	漢字表記	品名	頁数	語の種類	妙一本	和解語文	可読	異同語彙
また	また	×	又	見寶	675①	和接	690⑥			
また	また	×	又	見寶	681①	和接	698①			
また	また	×	又	見寶	686③	和接	704①			
また	また	×	又	提婆	731⑤	和接	749⑥			
また	また	×	又	安樂	763③	和接	783①			
また	また	×	又	安樂	763⑥	和接	783④			
また	また	×	又	安樂	764⑥	和接	784④			
また	また	×	又	安樂	776⑤	和接	797③			
また	また	×	又	安樂	783⑥	和接	805①			
また	また	×	又	安樂	791③	和接	812⑥			
また	また	×	又	安樂	809⑥	和接	832①			
また	また	×	又	安樂	811④	和接	833⑥			
また	また	×	又	安樂	812①	和接	834③			
また	また	×	又	安樂	813⑥	和接	836③			
また	また	×	又	安樂	814⑥	和接	837③			
また	また	×	又	從地	829②	和接	851③			
また	また	×	又	如來	889⑥	和接	909①			
また	また	×	又	如來	899①	和接	918②			
また	また	×	又	分別	927②	和接	945①			
また	また	×	又	分別	927④	和接	946②			
また	また	×	又	分別	942⑤	和接	961②			
また	また	×	又	分別	947③	和接	966①			
また	また	×	又	分別	949⑥	和接	968④			
また	また	×	又	分別	950⑥	和接	969⑤			
また	また	×	又	分別	958④	和接	977①			
また	また	×	又	分別	962④	和接	981①			
また	また	×	又	分別	967③	和接	985⑤			
また	また	×	又	隨喜	977⑤	和接	996①			
また	また	×	又	隨喜	979④	和接	997⑤			
また	また	×	又	法功	1002⑤	和接	1021②			
また	また	×	又	法功	1012③	和接	1030⑥			
また	また	×	又	法功	1028①	和接	1046⑤			
また	また	×	又	法功	1030②	和接	1048⑥			
また	また	×	又	法功	1031①	和接	1049④			
また	また	×	又	法功	1038①	和接	1056⑤			
また	また	×	又	妙莊	1274④	和接	1285①			
また	また	×	又	妙莊	1286⑥	和接	1296③			
また	また	×	又	普賢	1306⑥	和接	1313④			
また	また	×	又復	如來	888⑤	和接	907⑤			またまた[妙]
また	また	×	復	序品	4⑥	和接	3⑥			
また	また	×	復	序品	6③	和接	5②			
また	また	×	復	序品	10②	和接	8②			
また	また	×	復	序品	18⑥	和接	15④			
また	また	×	復	序品	19②	和接	15⑥			
また	また	×	復	序品	19④	和接	16①			
また	また	×	復	序品	20⑤	和接	17②			
また	また	×	復	序品	22③	和接	18⑤			
また	また	×	復	序品	25⑥	和接	22①			
また	また	×	復	序品	30④	和接	26②			
また	また	×	復	序品	30⑥	和接	26③			
また	また	×	復	序品	32②	和接	27④			
また	また	×	復	序品	32④	和接	27⑥			
また	また	×	復	序品	32⑥	和接	28①			
また	また	×	復	序品	33②	和接	28③			
また	また	×	復	序品	33④	和接	28⑥			
また	また	×	復	序品	34②	和接	29③			
また	また	×	復	序品	34④	和接	29⑤			
また	また	×	復	序品	34⑥	和接	30①			
また	また	×	復	序品	35③	和接	30③			
また	また	×	復	序品	35⑥	和接	30⑤			
また	また	×	復	序品	39③	和接	33⑥			
また	また	×	復	序品	39⑤	和接	34②			
また	また	×	復	序品	40①	和接	34③			
また	また	×	復	序品	49⑥	和接	43①			
また	また	×	復	序品	49⑥	和接	43②			
また	また	×	復	序品	50①	和接	43③			
また	また	×	復	序品	50①	和接	43③			
また	また	×	復	序品	50④	和接	45⑤			

当該語	読みかな	傍訓	漢字表記	品名	頁数	語の種類	妙一本	和解語文	可読	異同語彙
また	また	×	復	序品	53①	和接	46①			
また	また	×	復	序品	58⑥	和接	51②			
また	また	×	復	序品	63④	和接	55③			
また	また	×	復	序品	64①	和接	55⑥			
また	また	×	復	序品	67②	和接	58⑤			
また	また	×	復	序品	70④	和接	61④			
また	また	×	復	序品	72②	和接	63③			
また	また	×	復	序品	72⑤	和接	63⑥			
また	また	×	復	序品	73①	和接	64②			
また	また	×	復	序品	78⑥	和接	69③			
また	また	×	復	序品	79④	和接	70①			
また	また	×	復	方便	90⑥	和接	79⑥			
また	また	×	復	方便	111⑤	和接	97⑤			
また	また	×	復	方便	114③	和接	100①			
また	また	×	復	方便	122①	和接	107①			
また	また	×	復	方便	137③	和接	119⑥			
また	また	×	復	方便	137⑥	和接	120②			
また	また	×	復	方便	167⑥	和接	144⑤			
また	また	×	復	方便	168②	和接	144⑥			
また	また	×	復	方便	182③	和接	156⑤			
また	また	×	復	方便	183②	和接	157②			
また	また	×	復	方便	187⑥	和接	161①			
また	また	×	復	方便	188⑤	和接	161⑥			
また	また	×	復	方便	193④	和接	166①			
また	また	×	復	譬喩	216②	和接	184⑤			
また	また	×	復	譬喩	219①	和接	187⑤			
また	また	×	復	譬喩	232⑤	和接	201⑥			
また	また	×	復	譬喩	233③	和接	202④			
また	また	×	復	譬喩	234③	和接	203⑤			
また	また	×	復	譬喩	235⑤	和接	204⑤			
また	また	×	復	譬喩	236④	和接	205⑥			
また	また	×	復	譬喩	238②	和接	207⑤			
また	また	×	復	譬喩	241⑤	和接	211②			
また	また	×	復	譬喩	247②	和接	216⑥			
また	また	×	復	譬喩	248③	和接	218③			
また	また	×	復	譬喩	252③	和接	222④			
復	また	また	復	譬喩	253⑤	和接	224③			
また	また	×	復	譬喩	255②	和接	226③			
また	また	×	復	譬喩	255③	和接	226④			
また	また	×	復	譬喩	256④	和接	227④			
また	また	×	復	譬喩	257④	和接	228⑤			
また	また	×	復	譬喩	258⑤	和接	230①			
また	また	×	復	譬喩	261③	和接	232⑥			
また	また	×	復	譬喩	270⑤	和接	241⑥			
また	また	×	復	譬喩	274⑥	和接	246②			
また	また	×	復	譬喩	275③	和接	246⑤			
また	また	×	復	譬喩	275③	和接	246⑥			
また	また	×	復	譬喩	275⑤	和接	247②			
また	また	×	復	譬喩	277⑥	和接	249④			
また	また	×	復	譬喩	281④	和接	253②			
また	また	×	復	譬喩	290⑤	和接	262⑤			
また	また	×	復	譬喩	299④	和接	271⑥			
また	また	×	復	譬喩	301⑥	和接	274①			
また	また	×	復	譬喩	302⑤	和接	274⑥			
また	また	×	復	譬喩	307③	和接	279⑤			
また	また	×	復	譬喩	307⑤	和接	280①			
また	また	×	復	譬喩	308①	和接	280④			
また	また	×	復	譬喩	314③	和接	288③			
また	また	×	復	譬喩	315⑥	和接	290③			
また	また	×	復	譬喩	316①	和接	290③			
また	また	×	復	信解	319①	和接	293⑥			
また	また	×	復	信解	320②	和接	295①			
また	また	×	復	信解	322④	和接	298①			
また	また	×	復	信解	325④	和接	301⑥			
また	また	×	復	信解	332②	和接	309⑥			
また	また	×	復	信解	337③	和接	316②			
また	また	×	復	信解	337④	和接	316③			
また	また	×	復	信解	338①	和接	317①			

当該語	読みかな	傍訓	漢字表記	品名	頁数	語の種類	妙一本	和解語文	可読	異同語彙
また	また	×	復	信解	338④	和接	317⑤			
また	また	×	復	信解	342⑤	和接	323②			
また	また	×	復	信解	362③	和接	347④			
また	また	×	復	信解	370①	和接	356③			
また	また	×	復	藥草	386⑤	和接	371⑤			
また	また	×	復	藥草	387⑥	和接	373②			
また	また	×	復	藥草	388②	和接	373④			
また	また	×	復	藥草	394①	和接	379⑥			
また	また	×	復	藥草	403④	和接	390⑤			
また	また	×	復	藥草	406③	和接	393⑤			
また	また	×	復	藥草	406⑤	和接	394①			
また	また	×	復	藥草	408⑥	和接	396④			
また	また	×	復	藥草	412⑤	和接	400⑤			
また	また	×	復	藥草	414①	和接	402③			
また	また	×	復	授記	424①	和接	413⑥			
また	また	×	復	授記	424③	和接	414②			
また	また	×	復	授記	432⑥	和接	423⑥			
また	また	×	復	授記	433①	和接	424①			
また	また	×	復	授記	434③	和接	425④			
また	また	×	復	授記	436④	和接	427⑥			
また	また	×	復	授記	437⑤	和接	429③			
また	また	×	復	授記	438⑥	和接	430⑤			
また	また	×	復	授記	440①	和接	432①			
また	また	×	復	化城	447①	和接	440②			
また	また	×	復	化城	448③	和接	441⑤			
また	また	×	復	化城	450②	和接	444①			
また	また	×	復	化城	450④	和接	444④			
また	また	×	復	化城	464②	和接	460④			
また	また	×	復	化城	473①	和接	471③			
また	また	×	復	化城	497①	和接	499⑥			
また	また	×	復	化城	505③	和接	509⑤			
また	また	×	復	化城	508①	和接	512⑤			
また	また	×	復	化城	509③	和接	514②			
また	また	×	復	化城	510④	和接	515④			
また	また	×	復	化城	519①	和接	524①			
また	また	×	復	化城	520④	和接	525④			
また	また	×	復	化城	523②	和接	528③			
また	また	×	復	化城	523②	和接	528④			
また	また	×	復	化城	526①	和接	531③			
また	また	×	復	化城	540①	和接	545⑥			
また	また	×	復	五百	562④	和接	565④			
また	また	×	復	五百	562⑤	和接	565⑥			
また	また	×	復	五百	562⑥	和接	565⑥			
また	また	×	復	五百	566⑤	和接	570③			
また	また	×	復	五百	568①	和接	571⑤			
また	また	×	復	五百	587②	和接	593②			
また	また	×	復	授學	606①	和接	614⑥			
また	また	×	復	授學	608①	和接	617②			
また	また	×	復	授學	612③	和接	621⑥			
また	また	×	復	法師	623②	和接	634①			
また	また	×	復	法師	635③	和接	647②			
また	また	×	復	法師	636①	和接	648②			
また	また	×	復	法師	637②	和接	649④			
また	また	×	復	法師	640③	和接	652⑥			
また	また	×	復	見寶	674⑤	和接	690③			
また	また	×	復	見寶	675⑥	和接	691⑤			
また	また	×	復	見寶	693④	和接	711⑥			
また	また	×	復	提婆	733②	和接	751③			
また	また	×	復	提婆	734⑥	和接	753③			
また	また	×	復	勸持	740①	和接	758⑤			
また	また	×	復	勸持	748⑤	和接	767⑥			
また	また	×	復	安樂	766③	和接	786①			
また	また	×	復	安樂	767①	和接	787②			
また	また	×	復	安樂	794③	和接	815⑥			
また	また	×	復	從地	821⑤	和接	844①			
また	また	×	復	從地	822①	和接	844②			
また	また	×	復	從地	822②	和接	844③		一あるをや[西右]	

また 667

当該語	読みかな	傍訓	漢字表記	品名	頁数	語の種類	妙一本	和解語文	可読	異同語彙
また	また	×	復	從地	822②	和接	844④			
また	また	×	復	從地	822③	和接	844⑤			
また	また	×	復	從地	822④	和接	844⑥			
また	また	×	復	從地	822⑤	和接	845①			
また	また	×	復	從地	837④	和接	860③			
また	また	×	復	從地	850⑥	和接	×			
また	また	×	復	從地	862①	和接	884⑥			
また	また	×	復	如來	880⑤	和接	899⑤			
また	また	×	復	如來	882②	和接	901②			
また	また	×	復	如來	887⑤	和接	906⑥			
また	また	×	復	如來	902⑤	和接	921⑤			
また	また	×	復	如來	906③	和接	925②			
また	また	×	復	如來	907⑤	和接	926④			
また	また	×	復	如來	913⑤	和接	932④			
また	また	×	復	分別	922③	和接	941③			
また	また	×	復	分別	922⑤	和接	941④			
また	また	×	復	分別	922⑥	和接	941⑥			
また	また	×	復	分別	923②	和接	942①			
また	また	×	復	分別	923④	和接	942③			
また	また	×	復	分別	923⑥	和接	942④			
復	また	また	復	分別	924②	和接	942⑥			
復	また	×	復	分別	924④	和接	943②			
復	また	×	復	分別	924⑥	和接	943④			
復	また	×	復	分別	925②	和接	943⑥			
また	また	×	復	分別	925④	和接	944②			
また	また	×	復	分別	931①	和接	949⑤			
また	また	×	復	分別	931③	和接	950①			
また	また	×	復	分別	932⑤	和接	951③			
また	また	×	復	分別	941①	和接	959④			
また	また	×	復	分別	941④	和接	959⑥			
また	また	×	復	分別	942③	和接	960⑥			
また	また	×	復	分別	951⑥	和接	970⑤			
また	また	×	復	分別	956③	和接	974⑥			
また	また	×	復	分別	956④	和接	975②			
また	また	×	復	分別	958①	和接	976⑤			
また	また	×	復	分別	958⑥	和接	977③			
また	また	×	復	分別	960①	和接	978④			
また	また	×	復	分別	964⑥	和接	983②			
また	また	×	復	分別	965⑤	和接	984①			
また	また	×	復	随喜	972①	和接	990②			
また	また	×	復	随喜	979②	和接	997④			
また	また	×	復	随喜	980③	和接	998④			
また	また	×	復	随喜	981③	和接	999④			
また	また	×	復	法功	998②	和接	1017①			
また	また	×	復	法功	1006①	和接	1024④			
また	また	×	復	法功	1008④	和接	1027①			
また	また	×	復	法功	1026③	和接	1045②			
また	また	×	復	法功	1034⑥	和接	1053⑤			
また	また	×	復	法功	1040④	和接	1059③			
また	また	×	復	常不	1060⑤	和接	1079③			
また	また	×	復	常不	1060⑤	和接	1079④			
また	また	×	復	常不	1069②	和接	1087⑥			
また	また	×	復	常不	1070①	和接	1088⑤			
また	また	×	復	常不	1071⑥	和接	1090③			
また	また	×	復	常不	1072①	和接	1090④			
また	また	×	復	常不	1074④	和接	1093②			
また	また	×	復	常不	1079④	和接	1097⑥			
また	また	×	復	神力	1084⑥	和接	1103③			
また	また	×	復	神力	1089④	和接	1107⑤			
また	また	×	復	神力	1091⑤	和接	1109⑥			
また	また	×	復	神力	1100⑤	和接	1119④			
また	また	×	復	神力	1100⑥	和接	1119⑤			
また	また	×	復	神力	1101⑤	和接	1120④			
また	また	×	復	神力	1101⑤	和接	1120④			
また	また	×	復	神力	1101⑤	和接	1120⑤			
また	また	×	復	神力	1102②	和接	1121②			
また	また	×	復	囑累	1107⑤	和接	1126③			
また	また	×	復	囑累	1108②	和接	1126⑥			

当該語	読みかな	傍訓	漢字表記	品名	頁数	語の種類	妙一本	和解語文	可読	異同語彙
また	また	×	復	藥王	1115④	和接	1134①			
また	また	×	復	藥王	1117②	和接	1135③			
また	また	×	復	藥王	1121⑤	和接	1140①			
また	また	×	復	藥王	1123①	和接	1141③			
また	また	×	復	藥王	1125④	和接	1143⑥			
また	また	×	復	藥王	1126⑥	和接	1145②			
また	また	×	復	藥王	1128⑤	和接	1147②			
また	また	×	復	藥王	1129①	和接	1147④			
また	また	×	復	藥王	1130③	和接	1148⑥			
また	また	×	復	藥王	1131⑤	和接	1150①			
また	また	×	復	藥王	1132②	和接	1150④			
また	また	×	復	藥王	1132⑤	和接	1151①			
また	また	×	復	藥王	1135①	和接	1153③			
また	また	×	復	藥王	1142①	和接	1160①			
また	また	×	復	藥王	1143④	和接	1161④			
また	また	×	復	藥王	1144①	和接	1162②			
また	また	×	復	藥王	1144⑤	和接	1162⑤			
また	また	×	復	藥王	1145①	和接	1163③			
また	また	×	復	藥王	1145⑤	和接	1163⑥			
また	また	×	復	藥王	1146①	和接	1164②			
また	また	×	復	藥王	1146④	和接	1164⑥			
また	また	×	復	藥王	1147⑤	和接	1166①		一これ[西右]	
また	また	×	復	藥王	1153③	和接	1171③			
また	また	×	復	藥王	1153⑤	和接	1171⑥			
また	また	×	復	藥王	1154⑤	和接	1172⑤			
また	また	×	復	妙音	1177①	和接	1192②			
また	また	×	復	妙音	1180①	和接	1195①			
また	また	×	復	妙音	1183⑥	和接	1198⑤		一問尋すらく[西右]	また[妙][西右]
また	また	×	復	妙音	1189②	和接	1203⑤			
また	また	×	復	妙音	1201②	和接	1214⑥			
また	また	×	復	妙音	1201④	和接	1215⑤			
また	また	×	復	觀世	1212①	和接	1225②			
また	また	×	復	觀世	1213③	和接	1226④			
また	また	×	復	觀世	1213③	和接	1226⑤			
また	また	×	復	觀世	1220①	和接	1233②			
また	また	×	復	觀世	1220⑤	和接	1234①			
また	また	×	復	觀世	1232④	和接	1245②			
また	また	×	復	陀羅	1258②	和接	1269⑥			
また	また	×	復	陀羅	1259②	和接	1270⑤			
また	また	×	復	陀羅	1260③	和接	1272①			
また	また	×	復	陀羅	1268⑥	和接	1279⑥			
また	また	×	復	妙莊	1279⑥	和接	1289⑤			
また	また	×	復	妙莊	1279⑥	和接	1289⑥			
また	また	×	復	妙莊	1282④	和接	1292本			
また	また	×	復	妙莊	1285①	和接	1294⑤			
また	また	×	復	妙莊	1301⑥	和接	1309②			
また	また	×	復	妙莊	1302④	和接	1309⑤			
また	また	×	復	妙莊	1305②	和接	1312②			
また	また	×	復	普賢	1313⑥	和接	1319⑤			
また	また	×	復	普賢	1315①	和接	1320⑤			
また	また	×	復	普賢	1330②	和接	1334①			
また	また	×	復	普賢	1333③	和接	1336⑥			
また	また	×	亦復	安樂	769④	和接	789⑤			
また	また	×	亦復	普賢	1334⑥	和接	1338①			
全くす	またくす	またく	全	譬喩	252①	和サ動	222①			
全すれ	またくすれ	またく	全	譬喩	252②	和サ動	222③			
またへ	またまた	×	又復	安樂	761⑤	和接	781③			
またへ	またまた	×	又復	安樂	772⑥	和接	793③			
またへ	またまた	×	又復	安樂	799⑤	和接	821④			
またへ	またまた	×	又亦	安樂	777⑥	和接	798④			
またへ	またまた	×	又亦	安樂	785⑤	和接	807①			
またへ	またまた	×	亦復	序品	46⑤	和接	40③			
またへ	またまた	×	亦復	方便	96⑥	和接	85①			
またへ	またまた	×	亦復	方便	99③	和接	87①			
またへ	またまた	×	亦復	方便	133⑥	和接	117①			
またへ	またまた	×	亦復	方便	189①	和接	162②			亦[妙]
またへ	またまた	×	亦復	譬喩	226①	和接	195①			

当該語	読みかな	傍訓	漢字表記	品名	頁数	語の種類	妙一本	和解語文	可読	異同語彙
また〜	またまた	×	亦復	譬喩	243④	和接	213②			
また〜	またまた	×	亦復	譬喩	259③	和接	230⑤			
また〜	またまた	×	亦復	譬喩	266①	和接	237②			
また〜	またまた	×	亦復	譬喩	268⑤	和接	240①			
また〜	またまた	×	亦復	譬喩	303④	和接	275⑤			
また〜	またまた	×	亦復	信解	368④	和接	354⑥			
また〜	またまた	×	亦復	藥草	390⑤	和接	376①			
また〜	またまた	×	亦復	授記	418①	和接	406④			
また〜	またまた	×	亦復	授記	434④	和接	425⑤			
また〜	またまた	×	亦復	授記	440②	和接	432②			
また〜	またまた	×	亦復	化城	454⑥	和接	449④			
また〜	またまた	×	亦復	化城	462②	和接	458①			
また〜	またまた	×	亦復	化城	490⑥	和接	492⑤			
また〜	またまた	×	亦復	化城	526⑤	和接	532①			
また〜	またまた	×	亦復	化城	534①	和接	539④			
また〜	またまた	×	亦復	化城	540⑥	和接	546⑤			
また〜	またまた	×	亦復	化城	544⑥	和接	553①			
また〜	またまた	×	亦復	五百	569②	和接	573①			
また〜	またまた	×	亦復	法師	643⑥	和接	656⑤			
また〜	またまた	×	亦復	見寶	668③	和接	683⑥			
また〜	またまた	×	亦復	見寶	679③	和接	695⑤			
また〜	またまた	×	亦復	見寶	691①	和接	709①			
また〜	またまた	×	亦復	安樂	765③	和接	785②			
また〜	またまた	×	亦復	安樂	798④	和接	820①			
また〜	またまた	×	亦復	安樂	801①	和接	822⑥			
また〜	またまた	×	亦復	如來	881①	和接	900①			
また〜	またまた	×	亦復	如來	889⑤	和接	908⑥			
また〜	またまた	×	亦復	分別	957③	和接	976①			
また〜	またまた	×	亦復	法功	1010③	和接	1028⑥			
また〜	またまた	×	亦復	常不	1063⑤	和接	1082③			またまた[妙]
また〜	またまた	×	亦復	神力	1086⑥	和接	1105③			またまた[妙]
また〜	またまた	×	亦復	藥王	1143②	和接	1161②		また[西右]	またまた[妙]
また〜	またまた	×	亦復	藥王	1143⑥	和接	1161⑥		また[西右]	またまた[妙]
また〜	またまた	×	亦復	藥王	1144③	和接	1162③		また[西右]	またまた[妙]
また〜	またまた	×	亦復	藥王	1144⑥	和接	1163①		また[西右]	またまた[妙]
また〜	またまた	×	亦復	藥王	1145③	和接	1163④		また[西右]	またまた[妙]
また〜	またまた	×	亦復	藥王	1145⑥	和接	1164①		また[西右]	またまた[妙]
また〜	またまた	×	亦復	藥王	1146②	和接	1164③		また[西右]	またまた[妙]
また〜	またまた	×	亦復	藥王	1147①	和接	1165①		また[西右]	またまた[妙]
また〜	またまた	×	亦復	藥王	1147④	和接	1165③		また[西右]	またまた[妙]
また〜	またまた	×	亦復	藥王	1148②	和接	1166②		また[西右]	またまた[妙]
また〜	またまた	×	亦復	藥王	1148④	和接	1166⑤		また[西右]	またまた[妙]
また〜	またまた	×	亦復	藥王	1151①	和接	1169②		また[西右]	またまた[妙]
また〜	またまた	×	亦復	藥王	1153①	和接	1171①		また[西右]	またまた[妙]
また〜	またまた	×	亦復	藥王	1154⑥	和接	1172⑥		また[西右]	またまた[妙]
また〜	またまた	×	亦復	藥王	1155①	和接	1173①		また[西右]	またまた[妙]
また〜	またまた	×	亦復	妙音	1194⑤	和接	1208④		また[西右]	またまた[妙]
また〜	またまた	×	亦復	陀羅	1266⑥	和接	1278①		また[西右]	またまた[妙]
また〜	またまた	×	亦復	普賢	1317④	和接	1322⑥		また[西右]	また[妙]
また〜	またまた	×	亦復	普賢	1330③	和接	1334③		また[西右]	またまた[妙]
まち	まち	×	待	序品	85④	和動	75②			まて[妙]
まち	まち	×	待	譬喩	206⑤	和動	173⑥			
まちあぐる	まちあぐる	×	待倦	方便	110②	和複動	96③			まつ【待】[妙]
まつ	まつ	×	待	提婆	720⑥	和動	739①			
まつ	まつ	×	待	提婆	723④	和動	741⑤			
抹	まつ	まつ	抹	法功	1010①	単漢名	1028③	まつ／くたける[妙]		
末後	まつご	まつこ／のちに	末後	授學	617②	漢名	627③	まつこ／すゑのちに[妙]		
末後	まつご	まつこ	末後	安樂	802⑥	漢名	824②	まつこ／のち[妙]		
末後	まつご	×	末後	安樂	808②	漢名	830④			
抹香	まっこう	まつかう	抹香	授記	434②	漢香名名	425②	まつかう／こにしたるかう[妙]		
抹香	まっこう	まつ一	抹香	授記	439⑥	漢香名名	431⑥	まつかう／こにしたるかう[妙]		
抹香	まっこう	まつかう	抹香	法師	623⑤	漢香名名	634④	まつかう／こにしたるかう[妙]		

当該語	読みかな	傍訓	漢字表記	品名	頁数	語の種類	妙一本	和解語文	可読	異同語彙
抹香	まっこう	まつ−	抹香	法師	625④	漢香名名	636④	まつかう／こにしたるかう[妙]		
抹香	まっこう	まつ−	抹香	法師	629⑥	漢香名名	641②	まつかう／このかう[妙]		
抹香	まっこう	まつかう	抹香	提婆	718③	漢香名名	736④	まつかう／こにしたるかう[妙]		
抹香	まっこう	まつかう	抹香	分別	953②	漢香名名	972①	まつかう／こにしたるかう[妙]		
抹香	まっこう	まつ−	抹香	分別	965①	漢香名名	983③	まつかう／こにしたるかうを[妙]		
抹香	まっこう	まつかう	抹香	法功	1011⑥	漢香名名	1030③	まつかう／くたけるかう[妙]		
抹香	まっこう	まつ−	抹香	藥王	1124⑥	漢香名名	1143②	まつかう／こにしたるかう[妙]		
抹香	まっこう	まつかう	抹香	藥王	1152③	漢香名名	1170④			まつかう[妙]
抹香	まっこう	まつ−	抹香	藥王	1162①	漢香名名	1179④			まつこう[妙]
抹香	まっこう	まつかう	抹香	陀羅	1270②	漢香名名	1281⑤	まつかう／こにしたるかう[妙]		
抹し	まつし	まつ／くだいてィ	抹	化城	448①	漢サ動	441④	まつ・し／くだきて[妙]		
抹し	まつし	まつ・くたいて	抹	化城	450③	漢サ動	444④	まつ・し／くだきて[妙]		
抹し	まつし	まつ／こな	抹	如來	884④	漢サ動	903③	まつ・し／くたきて[妙]		
末世	まっせ	まつせ	末世	安樂	783⑥	漢時候名	805①	まつせ／すへのよ[妙]		
末世	まっせ	まつせ	末世	安樂	787③	漢時候名	808⑥			
末世	まっせ	×	末世	安樂	791④	漢時候名	812⑥			
末世	まっせ	まつせ	末世	安樂	804⑥	漢時候名	827①	まつせ／すへのよ[妙]		
まつひ	まつひ	×	纏	藥王	1123⑤	和動	1142①		まとひ[西右]	まつひ[妙]
末法	まっぽう	まつほう	末法	安樂	776⑤	漢名	797③	まつほう／すへのよ[妙]		
末法	まっぽう	まつほう	末法	分別	963②	漢名	981④			
末利華香	まつりけこう	まつりけ−	末利華香	法功	1009③	漢香名名	1027⑥	まつりくゑかう／はなのか[妙]	−−−−−の−[西右]	
まつりごと	まつりごと	×	政	提婆	709⑥	和名	726⑥			
まて	まて	×	待	從地	843⑤	和動	866④			
まど	まど	×	牖	信解	361①	和家屋名	346①			
摩蹬耆六	まとうぎ	まとうぎ	摩蹬耆六	陀羅	1261①	仏梵語名	1272⑤			まとうき[妙]
まなこ	まなこ	×	眼	序品	74④	和身体名	65③			
まなこ	まなこ	×	眼	信解	373④	和身体名	360⑤			
まなこ	まなこ	×	眼	化城	479④	和身体名	479①			
まなこ	まなこ	×	眼	化城	498②	和身体名	501②			
まなこ	まなこ	×	眼	見寶	699③	和身体名	718⑤			
まなこ	まなこ	×	眼	法功	997①	和身体名	1015⑤			
まなこ	まなこ	×	眼	常不	1070⑥	和身体名	1089④			
まなこ	まなこ	×	眼	觀世	1213①	和身体名	1226⑤			
まなこ	まなこ	×	眼	妙莊	1300③	和身体名	1307⑥		−は[西右]	
まなこ	まなこ	×	眼	普賢	1334③	和身体名	1337⑤			
摩那斯龍王	まなしりゅうおう	まなし−−	摩那斯龍王	序品	11④	仏王名名	9②			
−まなひ	まなび	×	学	譬喩	219①	和動	187⑥			
摩尼	まに	まに	摩尼	序品	29④	仏宝玉名	25②			
曼尓 二	まに	まに	曼尓 二	陀羅	1251②	仏梵語名	1263②			まんに[妙]
摩尼珠瓔珞	まにしゅようらく	まにしゆやうらく	摩尼珠瓔珞	分別	927⑤	仏宝玉名	946③			
まぬか	まぬが	×	脱	譬喩	285②	和動	256⑥			
まぬか	まぬが	×	脱	信解	370③	和動	356⑥			
まぬかるゝ	まぬがるる	×	脱	妙莊	1285②	和動	1294⑥			まぬかるる[妙]
まぬかるゝ	まぬがるる	×	免	譬喩	244⑤	和動	214③			
まぬかるゝ	まぬがるる	×	免	譬喩	252①	和動	221⑥			
まぬかれ	まぬがれ	×	脱	方便	101①	和動	88⑤			
まぬかれ	まぬがれ	×	免	譬喩	258③	和動	229④			
まぬかれ	まぬがれ	×	免	譬喩	267④	和動	238⑤			
まぬかれ	まぬがれ	×	免	化城	525④	和動	530⑤			
摩祢 三	まねい	まねい	摩祢 三	陀羅	1251②	仏梵語名	1263②			まねい[妙]
まのあたり	まのあたり	×	面	譬喩	235⑤	和名	204④			
まのあたり	まのあたり	×	面	授學	610⑥	和名	620②			

当該語	読みかな	傍訓	漢字表記	品名	頁数	語の種類	妙一本	和解語文	可読	異同語彙
まほら	まほら	×	護	授記	418③	和動	406⑥			
まほら	まほら	×	護	見寶	690②	和動	708①			
まほら	まほら	×	護	普賢	1318②	和動	1323④			
まほり	まほり	×	護	五百	579②	和動	584②			
まほり	まほり	×	護	授學	610③	和動	619⑥			
まほり	まほり	×	護	安樂	795④	和動	816⑥			
まほりおしむ	まほりおしむ	×	護惜	方便	141③	和複動	123②			
まほる	まほる	×	護	序品	72①	和動	63②			
まほる	まほる	×	護	見寶	690③	和動	708①			
まほる	まほる	×	護	安樂	803①	和動	825①			
まゝ	まま	×	儘	信解	364⑤	和名	350②			
摩摩祢 四	ままねい	ままねい	摩摩祢 四	陀羅	1251②	仏梵語名	1263②			ままねい[妙]
魔民	まみん	まみん	魔民	授記	418②	仏人倫名	406⑥			
々(魔)民	まみん	まみん	魔民	藥王	1160④	仏人倫名	1177⑥		一と[西右]	
魔民	まみん	一みん	魔民	普賢	1311⑤	仏人倫名	1318①			まみん[妙]
魔網	まもう	まもう	魔網	安樂	801⑤	仏器財名	823②	ままう／まのあみ[妙]	一のあみ[西右]	
まゆ	まゆ	×	眉	随喜	984④	和身体名	1002⑥		一は[西右]	
まれ	まれ	×		譬喩	302②	和連語	274③			あれ[西]
まれ	まれ	×		譬喩	302②	和連語	274④			あれ[西]
まれ	まれ	×		法功	1039⑥	和連語	1058④			
まれ	まれ	×		法功	1039⑥	和連語	1058⑤			
まれ	まれ	×		神力	1096⑤	和連語	1115②			
万	まん	×	万	序品	10③	漢数名	8③			
慢	まん	まん	慢	安樂	789⑤	単漢名	810⑥	まん／あなつり[妙]		
蔓莚	まんえん	まんゑん／はひこれり	蔓莚	譬喩	280⑥	漢名	252④	まんえん／はひこる[妙]		
万億	まんおく	×	万億	方便	111①	漢数名	97①			
万億	まんおく	×	万億	方便	192⑤	漢数名	165③			
万億	まんおく	×	万億	見寶	657③	漢数名	671⑤			
万億	まんおく	×	万億	從地	837③	漢数名	860②			
万億	まんおく	一おく	万億	分別	930⑤	漢数名	949③			無礙樂説万億(むけうせつまんをく)[妙]
万億劫	まんおくごう	×	万億劫	化城	536①	漢数名	541⑤		一の一[西右]	
万億種	まんおくしゅ	一おくしゅ	万億種	方便	161③	漢数名	139②			
万億種	まんおくしゅ	×	万億種	分別	935②	漢数名	953⑥			
満月菩薩	まんげつぼさつ	まんぐつ{ち}ーー	滿月菩薩	序品	9②	仏菩薩名	7③			
満し	まんし	まん／みて	滿	藥王	1120③	漢サ動	1138③			まん・し[妙]
満し	まんし	まん／みて	滿	藥王	1123②	漢サ動	1141④			まん・し[妙]
曼殊沙	まんじゅしゃ	まんじゆしや	曼殊沙	法功	1021⑤	漢名	1040①		一と[西右]	
曼殊沙華	まんじゅしゃげ	まんじゆしやくゑ	曼殊沙華	序品	15⑤	漢花名名	12⑤	まんしゆしやくゑ／ちいさくあかきはな[妙]		
曼殊沙華	まんじゅしゃげ	一じゆしやくゑ	曼殊沙華	序品	24②	漢花名名	20④			
曼殊沙華	まんじゅしゃげ	まんじゆしやくゑ	曼殊沙華	序品	54⑤	漢花名名	47④	まんしゆくゑ／ちいさくあかきはな[妙]		
曼殊沙華香	まんじゅしゃげこう	まんしゆしやけー	曼殊沙華香	法功	1011⑤	漢香名名	1030②		ーーーーの一[西右]	
満す	まんす	×・みてき	滿	化城	454⑤	漢サ動	449③			
満す	まんす	×	滿	神力	1087④	漢サ動	1105⑥	まん・す／みつ[妙]		
満する	まんする	まん／のへとく心	滿	序品	61⑥	漢サ動	54①		みて[西右]	
満する	まんする	まん・みつる	滿	化城	454①	漢サ動	448④			
満せ	まんせ	まん	滿	勸持	749③	漢サ動	768④	まん・せ／みてん[妙]		
満足し	まんぞくし	まんぞく	滿足	方便	152②	漢サ動	132④			
満足せ	まんぞくせ	まんそく	滿足	提婆	709①	漢サ動	726②			
曼陀	まんだ	まんだ	曼陀	法功	1021⑤	仏花名名	1040①		一と[西右]	
曼陀華	まんだげ	まんたけ	曼陀華	序品	68③	仏花名名	59⑤			
曼哆羅 三十六	まんたら	まんたら	曼哆羅 三十六	陀羅	1253②	仏梵語名	1265①			まんたら[妙]
曼陀羅	まんだら	まんだら	曼陀羅	序品	24②	仏鬼神名	20③			
曼陀羅	まんだら	まんだら	曼陀羅	分別	933④	仏鬼神名	952②		一と[西右]	

当該語	読みかな	傍訓	漢字表記	品名	頁数	語の種類	妙一本	和解語文	可読	異同語彙
曼陀羅華	まんだらげ	まんだらくゑ	曼陀羅華	序品	15④	仏花名名	12④	まんたらくゑ／しろきはな[妙]		
曼陀羅華	まんだらげ	まんだらくゑ	曼陀羅華	序品	54⑤	仏花名名	47③	まんたらくゑ／しろきはな[妙]		
曼陀羅華	まんだらげ	まんだらくゑ	曼陀羅華	譬喩	231⑤	仏花名名	200⑥			
曼陀羅華	まんだらげ	まんたらけ	曼陀羅華	見寶	670④	仏花名名	685③	まんたらくゑ／一はな[妙]		曼陀羅華をもて[妙]
曼陀羅華	まんだらげ	まんだらくゑ	曼陀羅華	如來	916①	仏花名名	934⑤			
曼陀羅華	まんだらげ	まんだらけ	曼陀羅華	分別	926②	仏花名名	944⑥			
曼陀羅華	まんだらけ	まんだ――	曼陀羅華	藥王	1121③	仏花名名	1139④			まんだらけ[妙]
曼陀羅華香	まんだらげこう	まんだらけ―	曼陀羅華香	法功	1011④	漢香名名	1030①		―――――の―[西右]	
曼哆羅叉夜多 三十七	まんだらしゃやた	まんたらしややた	曼哆羅叉夜多 三十七	陀羅	1253②	仏梵語名	1265①			まんたらしややた[妙]
万二千	まんにせん	×	万二千	序品	11①	漢数名	8⑥			
万二千歳	まんにせんさい	―――さい	万二千歳	藥王	1120⑤	漢四熟名	1138③			まんにせんさい[妙]
万二千歳	まんにせんさい	×	万二千歳	妙音	1187⑤	漢四熟名	1201⑥			まんにせんさい[妙]
万二千人	まんにせんにん	まんにせんにん	万二千人	序品	4④	漢四熟名	3④			
万八千	まんはっせん	×	万八千	序品	17③	漢数名	14②			
万八千	まんはっせん	×	万八千	序品	23②	漢数名	19③			
万八千	まんはっせん	×	万八千	序品	25②	漢数名	21③			
万八千	まんはっせん	×	万八千	序品	69②	漢数名	60④			
万八千	まんはっせん	まんはちせん	万八千	序品	69②	漢数名	60④			
萬八千	まんはっせん	×	萬八千	序品	56③	漢数名	49①			万八千[妙]
み{實}	み	×	實	藥草	413⑤	和果実名	401⑥			
美	み	み	美	法功	1027⑤	単漢名	1045⑤	ひ／むまき[妙]	うまき[西右]	
美	み	×	美	法功	1027③	単漢名	1046②		うまからざる[西右]	
味	み	×	味	譬喩	260③	単漢五感名	231⑤	み／あちわひ[妙]		
味	み	み	味	法師	636②	単漢五感名	648③			
み	み	×	観	見寶	680①	和動	696⑥			
み	み	×	観	從地	827⑥	和動	850①			
み	み	×	視	勸持	742①	和動	761①			
み	み	×	身	譬喩	231②	和身体名	200③			
み	み	×	身	譬喩	304②	和身体名	276④			
み	み	×	身	信解	326⑤	和身体名	303②			
み	み	×	身	信解	336①	和身体名	314⑤			
み	み	×	身	信解	336④	和身体名	315②			
み	み	×	身	授記	442②	和身体名	434④			
み	み	×	身	五百	572①	和身体名	576①			
み	み	×	身	五百	581③	和身体名	586④			
み	み	×	身	法師	655⑤	和身体名	669④			
み	み	×	身	見寶	688③	和身体名	706①			
み	み	×	身	提婆	710②	和身体名	727③			
み	み	×	身	提婆	711③	和身体名	728⑤			
み	み	×	身	提婆	712⑤	和身体名	730③			
み	み	×	身	提婆	714③	和身体名	732①			
み	み	×	身	提婆	733②	和身体名	751③			
み	み	×	身	安樂	764⑥	和身体名	784⑤			
身	み	×	身	安樂	814①	和身体名	836③			み[妙]
み	み	×	身	分別	930③	和身体名	949①			
み	み	×	身	分別	967①	和身体名	985③			
身	み	×	身	隨喜	980①	和身体名	998②			み[妙]
身	み	×	身	隨喜	981①	和身体名	999②			み[妙]
身	み	×	身	隨喜	982①	和身体名	1000②			
み	み	×	身	法功	1017①	和身体名	1035⑤			
み	み	×	身	藥王	1126③	和身体名	1144⑤			
身	み	×	身	藥王	1126④	和動	1144⑥			み[妙]
み	み	×	身	藥王	1140④	和身体名	1158⑥			
み	み	×	身	藥王	1159④	和身体名	1177①			
み	み	×	身	妙音	1169②	和身体名	1185④			
み	み	×	身	妙音	1173①	和身体名	1188⑥			
身	み	×	身	妙音	1180①	和身体名	1195②			み[妙]
み	み	×	身	妙音	1180④	和身体名	1195④		なり[西右]	
身	み	×	身	妙音	1193②	和身体名	1207④			み[妙]
み	み	×	身	觀世	1213⑤	和身体名	1227①			
み	み	×	身	觀世	1240①	和身体名	1252④			

まん―み 673

当該語	読みかな	傍訓	漢字表記	品名	頁数	語の種類	妙一本	和解語文	可読	異同語彙
み	み	×		身	觀世 1242④	和身体名	1254⑥			
み	み	×		身	觀世 1243②	和身体名	1255④			
み	み	×		身	陀羅 1268⑥	和身体名	1279⑥			
み	み	×		身	妙荘 1279②	和身体名	1289②			
み	み	×		身	妙荘 1279③	和身体名	1289②			
み	み	×		身	妙荘 1279③	和身体名	1289③			
み	み	×		身	妙荘 1279④	和身体名	1289③			
身	み	×		身	普賢 1313②	和身体名	1319②			み[妙]
身	み	×		身	普賢 1317②	和身体名	1322⑤			み[妙]
み	み	×		見	序品 8①	和動	6④			
み	み	×		見	序品 17②	和動	13⑥			
み	み	×		見	序品 18①	和動	14⑥			
み	み	×		見	序品 18②	和動	14⑥			
み	み	×		見	序品 18⑤	和動	15③			
み	み	×		見	序品 19②	和動	15⑥			
み	み	×		見	序品 19③	和動	15⑥			
み	み	×		見	序品 21③	和動	17⑤			
み	み	×		見	序品 26①	和動	22①			
見	み	×		見	序品 42④	和動	36⑤			
み	み	×		見	序品 42⑥	和動	37①			
み	み	×		見	序品 46②	和動	39⑥			
み	み	×		見	序品 56②	和動	48⑥			
み	み	×		見	序品 57④	和動	50①			
み	み	×		見	序品 59③	和動	51⑤			
み	み	×		見	序品 67②	和動	58⑤			
み	み	×		見	序品 70⑤	和動	61⑤			
み	み	×		見	序品 71②	和動	62②			
み	み	×		見	序品 73⑤	和動	64⑥			
み	み	×		見	序品 80④	和動	70⑤			
み	み	×		見	序品 82⑤	和動	72④			
み	み	×		見	序品 83②	和動	72⑥			
み	み	×		見	序品 84③	和動	74①			
み	み	×		見	方便 112⑥	和動	98⑤			
み	み	×		見	方便 141②	和動	123②			
み	み	×		見	方便 167⑤	和動	144④			
み	み	×		見	方便 168④	和動	145②			
み	み	×		見	譬喩 205③	和動	172④			
み	み	×		見	譬喩 206③	和動	173⑤			
み	み	×		見	譬喩 211⑤	和動	179④			
み	み	×		見	譬喩 212③	和動	180⑤			
み	み	×		見	譬喩 231①	和動	200②			
み	み	×		見	譬喩 235②	和動	204④			
み	み	×		見	譬喩 240②	和動	209⑤			
み	み	×		見	譬喩 247②	和動	217①			
み	み	×		見	譬喩 265⑤	和動	236⑥			
み	み	×		見	譬喩 284②	和動	255⑥			
み	み	×		見	譬喩 299④	和動	271⑥			
み	み	×		見	譬喩 302④	和動	274⑤			
み	み	×		見	譬喩 308④	和動	281①			
み	み	×		見	譬喩 312①	和動	285⑤			
み	み	×		見	譬喩 313③	和動	287②			みては[西]
み	み	×		見	譬喩 313⑥	和動	287⑤			
み	み	×		見	信解 327⑤	和動	304③			
み	み	×		見	信解 329②	和動	306②			
み	み	×		見	信解 331⑤	和動	309②			
み	み	×		見	信解 335⑥	和動	314③			
み	み	×		見	信解 339③	和動	318⑤			
み	み	×		見	信解 357⑥	和動	341⑥			
み	み	×		見	信解 359①	和動	343③			
み	み	×		見	信解 364①	和動	349④			
み	み	×		見	薬草 405②	和動	392③		まみえ奉るイ[西右]	
み	み	×		見	授記 420③	和動	409②			
み	み	×		見	授記 430⑥	和動	421④			
み	み	×		見	授記 442③	和動	434⑤			
み	み	×		見	化城 459①	和動	454③			
み	み	×		見	化城 468①	和動	465①			
み	み	×		見	化城 473④	和動	472①			

当該語	読みかな	傍訓	漢字表記	品名	頁数	語の種類	妙一本	和解語文	可読	異同語彙
み	み	×		見	化城	474⑥	和動	473⑤		
み	み	×		見	化城	476⑤	和動	475⑤		
み	み	×		見	化城	482④	和動	482⑤		
み	み	×		見	化城	484①	和動	484③		
み	み	×		見	化城	485③	和動	485⑥		
み	み	×		見	化城	487②	和動	488②		
み	み	×		見	化城	487④	和動	488⑤		
み	み	×		見	化城	491③	和動	493③		
み	み	×		見	化城	492⑤	和動	495①		
み	み	×		見	化城	494③	和動	496④		
み	み	×		見	化城	496①	和動	498⑤		
み	み	×		見	化城	507⑥	和動	512⑤		
み	み	×		見	化城	527③	和動	532⑥		
み	み	×		見	化城	532②	和動	537⑥		
み	み	×		見	化城	533①	和動	538⑤		
み	み	×		見	化城	544③	和動	552④		
み	み	×		見	化城	547②	和動	553④		
み	み	×		見	五百	585④	和動	591①		
み	み	×		見	五百	598③	和動	606⑤		
み	み	×		見	五百	598⑤	和動	607①		
み	み	×		見	授學	615③	和動	625②		
み	み	×		見	法師	642④	和動	655②		
見	み	×		見	法師	643②	和動	656①		
み	み	×		見	法師	643④	和動	656③		
み	み	×		見	法師	650③	和動	664②		
み	み	×		見	法師	650⑤	和動	664④		
み	み	×		見	法師	656②	和動	670⑤		
み	み	×		見	見寶	659⑥	和動	674③		
み	み	×		見	見寶	664⑥	和動	679⑤		
み	み	×		見	見寶	666⑤	和動	681⑤		
み	み	×		見	見寶	680⑥	和動	697⑥		
み	み	×		見	見寶	681⑥	和動	698⑥		
み	み	×		見	見寶	683③	和動	700④		
み	み	×		見	見寶	686⑤	和動	704③		
み	み	×		見	提婆	725④	和動	743⑥		
み	み	×		見	提婆	729①	和動	747①		
み	み	×		見	提婆	736③	和動	754⑥		
み	み	×		見	安樂	773③	和動	793⑤		
み	み	×		見	安樂	796①	和動	817④		
み	み	×		見	安樂	796⑥	和動	818④		
み	み	×		見	安樂	800④	和動	822②		
み	み	×		見	安樂	810①	和動	832③		
み	み	×		見	安樂	811②	和動	833④		
み	み	×		見	安樂	811④	和動	833⑥		
み	み	×		見	安樂	811⑥	和動	834②		
み	み	×		見	安樂	812①	和動	834③		
み	み	×		見	安樂	812④	和動	834⑥			みるに[妙]
み	み	×		見	安樂	813⑥	和動	836③		
み	み	×		見	安樂	814③	和動	836⑥		
み	み	×		見	安樂	814③	和動	836⑥		
み	み	×		見	從地	830⑤	和動	853②		
み	み	×		見	從地	833①	和動	855⑤		
み	み	×		見	從地	834⑤	和動	857④		
み	み	×		見	從地	835④	和動	858③		
み	み	×		見	從地	840①	和動	862⑥		
み	み	×		見	從地	840④	和動	863③		
み	み	×		見	從地	842⑥	和動	865⑤		
み	み	×		見	從地	849①	和動	871⑤		
み	み	×		見	如來	890④	和動	909④		みきなはして[西右]
み	み	×		見	如來	893④	和動	912④		
み	み	×		見	如來	896⑥	和動	915⑤		
み	み	×		見	如來	897⑤	和動	916⑥		奉る事あり[西右]
み	み	×		見	如來	897⑥	和動	916⑥		
み	み	×		見	如來	898①	和動	917②		
み	み	×		見	如來	900⑥	和動	919⑥		
み	み	×		見	如來	901⑤	和動	920⑤		

当該語	読みかな	傍訓	漢字表記	品名	頁数	語の種類	妙一本	和解語文	可読	異同語彙
み	み	×	見	如來	903①	和動	922①			
み	み	×	見	如來	903④	和動	922④			
み	み	×	見	如來	904⑥	和動	923⑤			
み	み	×	見	如來	912①	和動	931①			
み	み	×	見	如來	912①	和動	931①			
み	み	×	見	如來	912⑤	和動	931④			
み	み	×	見	如來	917⑥	和動	936⑤			
み	み	×	見	分別	950④	和動	969③			
み	み	×	見	分別	966⑥	和動	985②			
み	み	×	見	隨喜	987⑤	和動	1006①			
み	み	×	見	隨喜	991④	和動	1010①	こひみらるゝことをえん[西右]		
み	み	×	見	法功	995⑤	和動	1014③			
み	み	×	見	法功	995⑥	和動	1014④			
み	み	×	見	法功	997⑥	和動	1016④			
み	み	×	見	法功	1030④	和動	1049①			
み	み	×	見	法功	1035④	和動	1054③			
み	み	×	見	法功	1038①	和動	1056⑤			
み	み	×	見	法功	1038④	和動	1057②			
み	み	×	見	法功	1038⑤	和動	1057③			
見	み	×	見	常不	1063⑤	和動	1082③			み[妙]
見	み	×	見	常不	1069①	和動	1087⑤			
見	み	×	見	常不	1074②	和動	1092⑥			
見	み	×	見	神力	1088⑥	和動	1107②			み[妙]
見	み	×	見	神力	1089③	和動	1107⑤			み[妙]
身	み	×	見	神力	1098③	和動	1117②			み[妙]
み	み	×	見	神力	1100⑤	和動	1119④			
見	み	×	見	神力	1100⑥	和動	1119⑤			み[妙]
見	み	×	見	神力	1101⑤	和動	1120④			み[妙]
身	み	×	見	囑累	1110②	和動	1128⑥			み[妙]
み	み	×	見	囑累	1110③	和動	1129①			
見	み	×	見	藥王	1121⑤	和動	1139⑥			み[妙]
身	み	×	見	藥王	1122⑤	和動	1140⑥			み[妙]
身	み	×	見	藥王	1123③	和動	1141⑤			み[妙]
身	み	×	見	藥王	1123⑤	和動	1142①			み[妙]
身	み	×	見	藥王	1123⑥	和動	1142②			み[妙]
見	み	×	見	藥王	1133⑤	和動	1152①			み[妙]
見	み	×	見	藥王	1137⑤	和動	1155⑥			み[妙]
見	み	×	見	藥王	1155⑥	和動	1173⑤			み[妙]
見{み}	み	×	見	藥王	1162①	和動	1179②			み[妙]
み	み	×	見	藥王	1163③	和動	1180③			
み	み	×	見	妙音	1174②	和動	1189⑤			
み	み	×	見	妙音	1177③	和動	1192⑤			
み	み	×	見	妙音	1178⑤	和動	1193⑥			
見	み	×	見	妙音	1184③	和動	1199②			み[妙]
み	み	×	見	妙音	1185⑤	和動	1200④	み奉らんをもて[西右]		
み	み	×	見	妙音	1200⑥	和動	1214④			
見	み	×	見	妙音	1201①	和動	1214⑤			み[妙]
み	み	×	見	妙音	1201②	和動	1214⑥			み[妙]
み	み	×	見	妙音	1201④	和動	1215②			み[妙]
見	み	×	見	觀世	1236③	和動	1248⑥			み[妙]
み	み	×	見	妙莊	1280⑥	和動	1290⑤	一給ひて[西右]		み[妙]
み	み	×	見	妙莊	1282④	和動	1292②	一奉らん[西右]		
見	み	×	見	妙莊	1296③	和動	1304④			み[妙]
み	み	×	見	普賢	1316⑤	和動	1322②			み[妙]
み	み	×	見	普賢	1317②	和動	1322④			
み	み	×	見	普賢	1328⑤	和動	1332⑤			
見	み	×	見	普賢	1332①	和動	1335⑥			み[妙]
見	み	×	見	普賢	1335①	和動	1338②			み[妙]
見	み	×	見	普賢	1336③	和動	1339③			み[妙]
み	み	×	視	方便	108⑥	和動	95③			
みあし	みあし	×	足	序品	14②	和派生名	11③			
みあし	みあし	×	足	化城	457②	和派生名	452②			
みあし	みあし	×	足	五百	563③	和派生名	566④			

当該語	読みかな	傍訓	漢字表記	品名	頁数	語の種類	妙一本	和解語文	可読	異同語彙
みあし	みあし	×	足	五百	589③	和派生名	595⑤			
みあし	みあし	×	足	授學	601⑤	和派生名	610②			
みあし	みあし	×	足	提婆	722②	和派生名	740③			
みあし	みあし	×	足	從地	823⑥	和派生名	846②			
みあし	みあし	×	足	藥王	1129④	和派生名	1148②			
みあし	みあし	×	足	妙音	1181⑤	和派生名	1196④			
みあし	みあし	×	足	妙莊	1290④	和派生名	1299⑤			
みうへ	みうえ	×	上	序品	15⑥	和派生名	12⑥			
みうへ	みうえ	×	上	序品	54⑥	和派生名	47⑤			
みうへ	みうえ	×	上	見寶	682②	和派生名	699②			
土{上}	みうえ	みうへ	上	分別	928③	和派生名	946⑥			仏上(ふつしやう)[妙]
みうへ	みうえ	×	上	神力	1093③	和派生名	1112①			みうゑ[妙]
みへ	みえ	×	見	安樂	814⑥	和動	837③			みらく[妙]
みへ	みえ	×	見	如來	908⑤	和動	927④			
美音乾闥婆王	みおんけんだつばおう	みおん————	美音乾闥婆王	序品	12④	仏王名名	10①			
みぎ	みぎ	×	右	信解	318①	和方位名	292⑥			
みぎ	みぎ	×	右	信解	318②	和方位名	293①			
みぎ	みぎ	×	右	信解	336⑤	和方位名	315②			
みぎ	みぎ	×	右	授學	603②	和方位名	611⑥			
みぎ	みぎ	×	右	見寶	680①	和方位名	697①			
みぎ	みぎ	×	右	從地	824②	和方位名	846④			
みぎ	みぎ	×	右	分別	929②	和方位名	947⑥			
みぎ	みぎ	×	右	囑累	1105①	和方位名	1123⑥			
みぎ	みぎ	×	右	觀世	1208③	和方位名	1221③			
みぎ	みぎ	×	右	陀羅	1248①	和方位名	1260②			みき[妙]
みぎ	みぎ	×	右	普賢	1307⑤	和方位名	1314③			みき[妙]
みくち	みくち	×	口	普賢	1328⑤	和派生名	1332⑤			
眉間	みけん	みけん	眉間	序品	17②	漢身体名	14①	みけん/まゆのあいた[妙]		
眉間	みけん	みけん	眉間	序品	23⑥	漢身体名	20②	みけん/まゆのあひた[妙]		
眉間	みけん	みけん	眉間	序品	25①	漢身体名	21②	みけん/まゆのあひた[妙]		
眉間	みけん	みけん	眉間	序品	56②	漢身体名	48⑥	みけん/まゆのあひた[妙]		
眉間	みけん	みけん	眉間	序品	68⑥	漢身体名	60②	みけん/まゆのあひた[妙]		
眉間	みけん	みけん	眉間	妙音	1165④	漢身体名	1182②	みけん/まゆのあひた		
眉間	みけん	みけん	眉間	妙莊	1300④	漢身体名	1308①			みけん[妙]
美乾闥婆王	みけんだつばおう	みけん———	美乾闥婆王	序品	12④	仏王名名	10①			
みこ	みこ	×	子	序品	21①	和派生名	17③			みに[妙]
みこ	みこ	×	子	方便	110①	和派生名	96③			
みこ	みこ	×	子	授記	421③	和派生名	410③			
みこ	みこ	×	子	化城	455④	和派生名	450③			
みこ	みこ	×	子	化城	455⑤	和派生名	450④			
みこ	みこ	×	子	化城	531④	和派生名	537②			
みこ	みこ	×	子	授學	602⑤	和派生名	611②			
子	みこ	みこ	子	授學	615②	和人倫名	624⑥		ーとなつく[西右]	法子(ほうし)[妙]
みこゑ	みこえ	×	聲	序品	26②	和派生名	22③			
みこゑ	みこえ	×	聲	化城	478④	和派生名	477⑥			
みこゑ	みこえ	×	聲	五百	596①	和派生名	603⑥			
みこゑ	みこえ	×	聲	神力	1098⑥	和派生名	1117⑤			
みこゑ	みこえ	×	聲	神力	1098⑥	和派生名	1117⑤			
みこゑ	みこえ	×	音	序品	26③	和派生名	22③			
みこゑ	みこえ	×	音	方便	110③	和派生名	96④			
みこゑ	みこえ	×	音	方便	182⑥	和派生名	157①			
みこゑ	みこえ	×	音	譬喩	209④	和派生名	177②			
みこゑ	みこえ	×	音	譬喩	217④	和派生名	186①			
みこゑ	みこえ	×	音	化城	490④	和派生名	492②			
みこゑ	みこえ	×	音	化城	501①	和派生名	504⑤			
みこゑ	みこえ	×	音	授學	620⑤	和派生名	631②			
みこゑ	みこえ	×	音	見寶	668①	和派生名	683①			みこゑ[妙]
みこと	みこと	×	語	方便	157⑥	和派生名	136④			

当該語	読みかな	傍訓	漢字表記	品名	頁数	語の種類	妙一本	和解語文	可読	異同語彙
みこと	みこと	×	語	如來	880⑥	和派生名	899⑥		みことば[西右]	
みこと	みこと	×	語	如來	881②	和派生名	900②		みことば[西右]	
みこと	みこと	×	語	如來	882①	和派生名	900⑥		みことば[西右]	
みこと	みこと	×	語	如來	882④	和派生名	901③		みことば[西右]	
みこと	みこと	×	言	方便	100②	和派生名	87⑥			
みこと	みこと	×	言	方便	123⑥	和派生名	108⑤			
みこと	みこと	×	言	方便	140①	和派生名	122①			
みこと	みこと	×	言	如來	880④	和派生名	899④			
みことば	みことば	×	語	序品	48③	和派生名	41⑥			
みことば	みことば	×	言	從地	862③	和派生名	885①			
語	みことば	みことバ	語	如來	898③	和派生名	917③			
語	みことば	みことば	語	囑累	1113②	和派生名	1131⑤	こ／こと[妙]		
みじかから	みじかから	×	短	随喜	991①	和形	1009④			
未成熟	みじょうじゅく	みしやうじゆ	未成熟	信解	378①	漢形動	365⑥			
微塵	みじん	みぢん	微塵	化城	447①	漢名	440①	みちん／ちいさきちり[妙]		
微塵	みじん	みぢん	微塵	化城	450④	漢名	444③	みちん／ちいさきちり[妙]		
微塵	みじん	みぢん	微塵	如來	884④	漢名	903③	みちん／ちいさきちり[妙]		
微塵	みじん	みぢん	微塵	如來	885①	漢名	903⑥	みちん／ちいさきちり[妙]		
微塵	みじん	×	微塵	如來	887③	漢名	906③	みぢん／ちゐさきちり[妙]		
微塵	みじん	みぢん	微塵	分別	923③	漢名	942②			微塵數(みちんしゆ)[妙]
微塵	みじん	みぢん	微塵	常不	1060①	漢名	1078⑤	みちん／こかねをとをるちりのかす[妙]		
微塵	みじん	×	微塵	常不	1060②	漢名	1078⑧			みちん[妙]
微塵	みじん	×	微塵	神力	1083⑤	漢名	1102②			みぢん[妙]
微塵	みじん	みぢん	微塵	普賢	1337②	漢名	1340①	みしん／ちりのかす[妙]		
微塵數	みじんしゅ	みちんしう	微塵數	授學	617②	漢名	627②	みちんしゆ／ちいさきちりのかす[妙]		
微塵數	みじんしゅ	みぢんしゆ	微塵數	分別	922⑤	漢名	941④	みちんしゆ／ちいさきちりのかす[妙]		
微塵數	みじんしゅ	みぢんじゅ	微塵數	分別	923①	漢名	941⑥			
微塵數	みじんしゅ	×	微塵數	分別	923⑤	漢名	942③			
微塵數	みじんしゅ	×	微塵數	分別	924②	漢名	943①			
微塵數	みじんしゅ	×	微塵數	分別	924⑤	漢名	943③			
微塵數	みじんしゅ	×	微塵數	分別	925①	漢名	943⑤			
微塵數	みじんしゅ	×	微塵數	分別	925②	漢名	944①	みちんしゆ／ちいさきちりのかす[妙]		
微塵數	みじんしゅ	×	微塵數	分別	925④	漢名	944③			
微塵數	みじんしゅ	×	微塵數	分別	930⑥	漢名	949④			
微塵數	みじんしゅ	×	微塵數	分別	931①	漢名	949⑤			
微塵數	みじんしゅ	×	微塵數	分別	931③	漢名	950③			
微塵數	みじんしゅ	×	微塵數	分別	931⑥	漢名	950④			
微塵數	みじんしゅ	みちんしゆ	微塵數	分別	932②	漢名	950⑥			
微塵數	みじんしゅ	×	微塵數	分別	932⑥	漢名	951④			
微塵數菩薩摩訶薩	みじんしゅぼさつまかさつ	み————	微塵數菩薩摩訶薩	分別	923⑥	仏菩薩名	942⑤			
みつ	みず	×	水	藥草	402④	和地儀名	389①			
みづ	みず	×	水	法師	643②	和地儀名	656②			
水	みず	×	水	法師	643⑤	和地儀名	656④			みつ[妙]
水	みず	×	水	法師	650④	和地儀名	664②			みつ[妙]
水	みず	×	水	法師	650⑤	和地儀名	664④			
みづ	みず	×	水	提婆	711②	和地儀名	728④			
みづ	みず	×	水	藥王	1156⑥	和地儀名	1174④			みつ[妙]
みづ	みず	×	水	妙莊	1279②	和地儀名	1289②			みつ[妙]

当該語	読みかな	傍訓	漢字表記	品名	頁数	語の種類	妙一本	和解語文	可読	異同語彙
みづ	みず	×	水	妙荘	1279③	和地儀名	1289③			みつ[妙]
水	みず	×	水	妙荘	1280②	和地儀名	1290①			みつ[妙]
水	みず	×	水	妙荘	1280②	和地儀名	1290①			みつ[妙]
みづから	みずから	×	自	序品	22②	和副	18④			
みづから	みずから	×	自	序品	73⑥	和副	65①			
みづから	みずから	×	自	方便	104③	和副	91④			
みづから	みずから	×	自	方便	106⑤	和副	93④			
みづから	みずから	×	自	方便	107④	和副	94②			
みづから	みずから	×	自	方便	109④	和副	95⑥			
みづから	みずから	×	自	方便	136④	和副	119②			
みづから	みずから	×	自	方便	137④	和副	119⑥			
みづから	みずから	×	自	方便	141②	和副	123①			
みづから	みずから	×	自	方便	149⑤	和副	130①			
みづから	みずから	×	自	方便	150②	和副	130③			
みづから	みずから	×	自	方便	155③	和副	134④			
みづから	みずから	×	自	方便	164③	和副	141⑤			
みづから	みずから	×	自	方便	168④	和副	145②			
みづから	みずから	×	自	方便	176②	和副	151⑥			
みづから	みずから	×	自	方便	179②	和副	154①			
みづから	みずから	×	自	方便	182①	和副	156③			
みづから	みずから	×	自	方便	193⑤	和副	166②			
みづから	みずから	×	自	譬喩	205④	和副	172⑤			
みづから	みずから	×	自	譬喩	207⑤	和副	175①			
みづから	みずから	×	自	譬喩	210②	和副	178①			
みづから	みずから	×	自	譬喩	210③	和副	178②			
みづから	みずから	×	自	譬喩	211⑤	和副	179④			
みづから	みずから	×	自	譬喩	211⑥	和副	179⑤			
みづから	みずから	×	自	譬喩	213⑤	和副	181⑥			
みづから	みずから	×	自	譬喩	214①	和副	182②			
みづから	みずから	×	自	譬喩	219⑤	和副	188④			
みづから	みずから	×	自	譬喩	230②	和副	199④			
みづから	みずから	×	自	譬喩	236④	和副	205⑥			
自	みずから	みづから	自	譬喩	253②	和副	223⑤			
みづから	みずから	×	自	譬喩	262①	和副	233④			
みづから	みずから	×	自	譬喩	262⑥	和副	234②			
みづから	みずから	×	自	譬喩	265⑤	和副	237①			
みづから	みずから	×	自	譬喩	273④	和副	244⑥			
みづから	みずから	×	自	譬喩	274⑤	和副	246②			
みづから	みずから	×	自	譬喩	277⑤	和副	249③			
みづから	みずから	×	自	譬喩	284③	和副	255⑥			
みづから	みずから	×	自	譬喩	307⑥	和副	280②			
みづから	みずから	×	自	譬喩	310①	和副	282⑥			
みづから	みずから	×	自	信解	318⑤	和副	293⑤			
みづから	みずから	×	自	信解	321③	和副	296⑥			
みづから	みずから	×	自	信解	324⑤	和副	300⑤			
みづから	みずから	×	自	信解	324⑥	和副	301①			
みづから	みずから	×	自	信解	331②	和副	308⑤			
みづから	みずから	×	自	信解	332③	和副	310②			
みづから	みずから	×	自	信解	338①	和副	316⑥			
みづから	みずから	×	自	信解	338③	和副	317③			
みづから	みずから	×	自	信解	339⑥	和副	319④			
みづから	みずから	×	自	信解	340⑤	和副	320④			
みづから	みずから	×	自	信解	343①	和副	323⑤			
みづから	みずから	×	自	信解	343⑤	和副	324③			
みづから	みずから	×	自	信解	347④	和副	329②			
みづから	みずから	×	自	信解	347⑤	和副	329③			
みづから	みずから	×	自	信解	349④	和副	331⑤			
みづから	みずから	×	自	信解	354②	和副	337⑤			
みづから	みずから	×	自	信解	358①	和副	342①			
みづから	みずから	×	自	信解	358②	和副	342③			
みづから	みずから	×	自	信解	363②	和副	348③			
みづから	みずから	×	自	信解	368③	和副	354⑤			
みづから	みずから	×	自	信解	368⑤	和副	355①			
みづから	みずから	×	自	信解	370①	和副	356④			
みづから	みずから	×	自	薬草	395⑤	和副	381⑥			
みづから	みずから	×	自	薬草	397③	和副	383④			
みづから	みずから	×	自	薬草	409①	和副	396⑥			
みづから	みずから	×	自	化城	461③	和副	457①			

みす―みせ 679

当該語	読みかな	傍訓	漢字表記	品名	頁数	語の種類	妙一本	和解語文	可読	異同語彙
身づから	みずから	みー	自	化城	473②	和副	471⑤			
みづから	みずから	×	自	化城	482②	和副	482③			
みづから	みずから	×	自	化城	491②	和副	493①			
みづから	みずから	×	自	化城	507④	和副	512②			
みつから	みずから	×	自	化城	519②	和副	524②			
みつから	みずから	×	自	化城	520③	和副	525④		をのつから[西右]	
みづから	みずから	×	自	化城	543⑤	和副	551⑤			
みづから	みずから	×	自	五百	572③	和副	576③			
みづから	みずから	×	自	五百	575④	和副	580②			
みづから	みずから	×	自	五百	576④	和副	581②			
みづから	みずから	×	自	五百	578⑥	和副	583⑥			
みづから	みずから	×	自	五百	579②	和副	584②			
みづから	みずから	×	自	五百	589④	和副	595⑥			
身づから	みずから	×	自	五百	589⑤	和副	596①			
みつから	みずから	×	自	五百	590②	和副	596⑥			
みづから	みずから	×	自	五百	593⑤	和副	601②			
みづから	みずから	×	自	五百	596③	和副	604③			
みづから	みずから	×	自	五百	596⑤	和副	604⑤			
みづから	みずから	×	自	五百	597⑤	和副	605⑥			
みづから	みずから	×	自	五百	598⑥	和副	607③			
みつから	みずから	×	自	五百	599⑤	和副	608②			
みつから	みずから	×	自	授學	601③	和副	609⑤			
みつから	みずから	×	自	授學	610⑥	和副	620③			
みつから	みずから	×	自	法師	626⑥	和副	637⑥			
みつから	みずから	×	自	法師	629②	和副	640④			
みつから	みずから	×	自	法師	636④	和副	648⑥			
みづから	みずから	×	自	見寶	688⑤	和副	706③			
みづから	みずから	×	自	見寶	689③	和副	707②			
みづから	みずから	×	自	見寶	693⑤	和副	712①			
みづから	みずから	×	自	見寶	697⑤	和副	716③			
みづから	みずから	×	自	勸持	739⑥	和副	758④			
みづから	みずから	×	自	勸持	749②	和副	768③			
みづから	みずから	×	自	勸持	752③	和副	771⑤			
みづから	みずから	×	自	勸持	753⑤	和副	773③			
みづから	みずから	×	自	勸持	756④	和副	776③			
身づから	みずから	みーー	自	勸持	758⑥	和副	778④			
みづから	みずから	×	自	安樂	771③	和副	791⑥			
みづから	みずから	×	自	安樂	811⑥	和副	834②			
みづから	みずから	×	自	安樂	813⑥	和副	836③			
みづから	みずから	×	自	從地	834①	和副	856⑤			
みづから	みずから	×	自	如來	889④	和副	908⑤			
みづから	みずから	×	自	如來	907④	和副	926③			
みづから	みずから	×	自	如來	912⑤	和副	931⑤			
自	みずから	みつから	自	如來	920⑤	和副	939⑤			
みづから	みずから	×	自	分別	948②	和副	966⑥			
みづから	みずから	×	自	分別	948③	和副	967②			
みづから	みずから	×	自	分別	954①	和副	972⑥			
みづから	みずから	×	自	分別	956①	和副	974⑤			
みづから	みずから	×	自	分別	957⑥	和副	976④			
みづから	みずから	×	自	法功	1003⑥	和副	1022③			
身づから	みずから	みーー	自	法功	1038④	和副	1057③			
みづから	みずから	×	自	常不	1064⑤	和副	1083⑤			みつから[妙]
みづから	みずから	×	自	神力	1084⑥	和副	1103③			みつから[妙]
みづから	みずから	×	自	藥王	1122③	和副	1140④			みつから[妙]
みづから	みずから	×	自	藥王	1123⑤	和副	1141⑥			
みづから	みずから	×	自	藥王	1123⑥	和副	1142②			みつから[妙]
みづから	みずから	×	自	藥王	1135①	和副	1153③			みつから[妙]
みづから	みずから	×	自	藥王	1151⑤	和副	1169⑥			みつから[妙]
みづから	みずから	×	自	陀羅	1259②	和副	1270⑥			みつから[妙]
みづから	みずから	×	自	陀羅	1268⑥	和副	1279⑥			みつから[妙]
みづから	みずから	×	自	妙荘	1302④	和副	1309⑥			
みづから	みずから	×	自	普賢	1313②	和副	1319②			みつから[妙]
身づから	みずから	みーー	自	普賢	1317①	和副	1322③			みつから[妙]
みつから	みずから	×	自	普賢	1318①	和副	1323③			
みづから	みずから	×	自	普賢	1325③	和副	1329⑥			みつから[妙]
みせ	みせ	×	見	序品	23③	和動	19⑤			
みせ	みせ	×	見	序品	44③	和動	38③			

当該語	読みかな	傍訓	漢字表記	品名	頁数	語の種類	妙一本	和解語文	可読	異同語彙
みせ	みせ	×	見	見寶	667③	和動	682③			
みせ	みせ	×	見	見寶	668③	和動	683④			
見せ	みせ	×	見	妙音	1184⑤	和動	1199③			みせ[妙]
美饍	みぜん	みぜん／あぢわひよきせん	美饍	信解	375⑤	漢名	363②	みぜん／よきそなへ[妙]		
未曽有	みぞうう	みぞうう	未曾有	序品	16⑥	漢形動	13⑤	みそうう／いまたむかしもあらさる[妙]		
未曽有	みぞうう	×	未曾有	序品	25①	漢形動	21②	みそうう／いまたむかしよりあらす[妙]	むかしにもあらざる事ィ[西右]	
未曽有	みぞうう	みぞうう	未曾有	序品	42④	漢形動	36⑤	みそうう／いまたむかしもあらす[妙]		
未曽有	みぞうう	みそうう	未曾有	序品	55⑥	漢形動	48⑤	みそうう／いまたむかしにもあらす[妙]		
未曽有	みぞうう	×	未曾有	序品	57④	漢形動	50①	みそうう／いまたむかしもあらさる[妙]		
未曽有	みぞうう	みぞうう	未曾有	方便	88②	漢形動	77③	みそうう／いまたむかしもあらさる[妙]		
未曽有	みぞうう	みぞうう	未曾有	方便	89⑥	漢形動	78⑥			
未曽有	みぞうう	みぞうう	未曾有	方便	90④	漢形動	79④			
未曽有	みぞうう	みぞうう	未曾有	方便	143⑤	漢形動	125②		一と[西右]	
未曽有	みぞうう	みそうう	未曾有	譬喩	204⑥	漢形動	172①	みぞうう／いまたかつてありき[妙]		
未曽有	みぞうう	みぞう	未曾有	譬喩	208①	漢形動	175③	みぞうう／いまたむかしもあらさる[妙]		
未曽有	みぞうう	みぞう	未曾有	譬喩	209①	漢形動	176④	みぞうう／いまたむかしもあらさる[妙]		
未曽有	みぞうう	みぞうう	未曾有	譬喩	251②	漢形動	221②	みぞうう／いまたむかしにもあらさる[妙]		
未曽有	みぞうう	みぞうう	未曾有	信解	317④	漢形動	292②	みぞうう／いまたむかしもあらさる[妙]		
未曾有	みぞうう	みそうう	未曾有	信解	321①	漢形動	296③	みそう／いまたむかしにもあらさる[妙]		
未曽有	みぞうう	みぞうう	未曾有	信解	333②	漢形動	311③	みそうう／いまたむかしもあらさ[妙]		
未曽有	みぞうう	みぞうう	未曾有	信解	345④	漢形動	326⑤	みそうう／いまたむかしもあらさる[妙]		
未曾有	みぞうう	みぞうう	未曾有	信解	353①	漢形動	336②	みぞうう／いまたかつてあらす[妙]		
未曾有	みぞうう	みぞうう	未曾有	信解	365③	漢形動	351①	みそうう／いまたあらさる[妙]		
未曾有	みぞうう	みそうう	未曾有	信解	373①	漢形動	359⑥			
未曽有	みぞうう	みそうう	未曾有	化城	492④	漢形動	494⑥	みそうう／いまたかつてあらさる[妙]		
未曾有	みぞうう	みぞうう	未曾有	化城	498⑤	漢形動	501⑥	みそうう／いまたむかしにもあらさる[妙]		
未曾有	みぞうう	みそうう	未曾有	化城	525③	漢形動	530⑤	みそうう／むかしにもあらさる[妙]		
未曾有	みぞうう	みぞうう	未曾有	五百	563①	漢形動	566②	みそうう／むかしにもあらさる[妙]		
未曾有	みぞうう	みぞうう	未曾有	五百	582④	漢形動	587⑥	みそうう／いまたむかしも[妙]		
未曾有	みぞうう	×	未曾有	五百	595④	漢形動	603②	みそうう／むかしにもあらさる[妙]		

当該語	読みかな	傍訓	漢字表記	品名	頁数	語の種類	妙一本	和解語文	可読	異同語彙
未曾有	みぞうう	×	未曾有	五百	596①	漢形動	604①	みそうう／むかしにもあらすと[妙]	歓喜いまたかつてあらす・ーする事ィ[西右]	
未曾有	みぞうう	×	未曾有	授學	611②	漢形動	620⑤			
未曾有	みぞうう	みぞうう	未曾有	見寶	660②	漢形動	674④	みそうう／いまたむかしにもあらす[妙]		
未曾有	みぞうう	みぞうう	未曾有	見寶	681⑥	漢形動	698⑥	みそうう／いまたむかしもあらさる[妙]		
未曾有	みぞうう	みぞうう	未曾有	勸持	746③	漢形動	765②			
未ぞう有	みぞうう	みーーう	未曾有	從地	855③	漢形動	878②	みそうう／むかしもあらさる[妙]		
未曾有	みぞうう	みぞうう	未曾有	神力	1090②	漢形動	1108④	みそうう／いまたむかしもあらさる[妙]		
未曾有	みぞうう	みぞうう	未曾有	藥王	1140①	漢形動	1158②	みぞうう[妙]		
未曾有	みぞうう	みぞうう	未曾有	妙莊	1281①	漢形動	1290⑤	みそう／いまたむかしもあらさる[妙]		
未曾有	みぞうう	みぞうう	未曾有	妙莊	1302①	漢形動	1309⑦	みぞうう／いまたむかしにもあらさる[妙]	ーにいます[西右]	
未曾有なる	みぞううなる	みぞう	未曾有	譬喩	295⑤	漢形動	267⑥	みぞうう／いまたむかしにもあらさる[妙]		
みそなはし	みそなわし	×	見	譬喩	257①	和動	228①			
みそなはし	みそなわし	×	見	譬喩	266④	和動	237⑤			
みそなはし	みそなわし	×	見	藥草	397②	和動	383②		ーす事[西右]	
みそなはし	みそなわし	×	見	授學	616③	和動	626②			
みそなはし	みそなわし	×	見	見寶	679③	和動	696①			
みそなはし	みそなわし	×	見	安樂	801⑤	和動	823⑤			
みそなはし	みそなわし	×	見	安樂	807⑤	和動	829⑥			
みそなはし	みそなわし	×	見	如來	893⑤	和動	912⑤			
みそなはす	みそなわす	×	見	勸持	747⑤	和動	766⑤		み給ふに[西右]	
みたび	みたび	×	三	方便	119⑤	和数名	105①			
みたび	みたび	×	三	化城	501⑥	和数名	505④			
みたび	みたび	×	三	如來	882①	和数名	901①			
みたび	みたび	×	三	如來	882⑤	和数名	901⑤			
みたび	みたび	×	三	囑累	1106②	和数名	1125①			みたひ[妙]
みだりに	みだりに	×	妄	譬喩	298④	和副	270⑥			
みだりに	みだりに	×	妄	法師	638①	和副	650②			
みだりに	みだりに	×	妄	安樂	800⑤	和副	822⑤			
みだりに	みだりに	×	妄	安樂	803⑤	和副	825⑥			
みだりに	みだりに	×	妄	安樂	808⑤	和副	831②			
みだる	みだる	×	亂	方便	135⑥	和動	118④			ミたれ[妙]
みだれ	みだれ	×	亂	序品	36⑤	和動	31⑤			
みだれ	みだれ	×	亂	譬喩	275⑥	和動	247③			
みだれ	みだれ	×	亂	分別	943④	和動	962①			
みだれおち	みだれおち	×	亂墜	譬喩	271③	和複動	242④			
みだれおつる	みだれおつる	×	亂墜	分別	934①	和複動	952④			
みち	みち	×	道	授記	417⑤	和地儀名	406①			
みち	みち	×	道	授記	420②	和地儀名	409①			
みち	みち	×	道	授記	435④	和地儀名	426⑥			
みち	みち	×	道	化城	522③	和地儀名	527④			
みち	みち	ごごん	道	安樂	767④	和地儀名	787⑤			
みち	みち	×	路	化城	×	和地儀名	547①	おもふにそのみち[西右]		
みち	みち	×	充	譬喩	278⑤	和動	250③			
みち	みち	×	滿	方便	97②	和動	85③			
みち	みち	×	滿	譬喩	211④	和動	179③			遍(へん)し[妙]
みち	みち	×	滿	授學	602⑥	和動	611④			
みち	みち	×	滿	授學	607⑤	和動	616⑥			
みち	みち	×	滿	妙莊	1279⑤	和動	1289⑤		ーて[西右]	
みちびき	みちびき	×	導	提婆	725⑥	和動	744①			
みつ	みつ	×	三	譬喩	286②	和数名	257⑥			
みつ	みつ	×	三	提婆	733③	和数名	751⑤			

当該語	読みかな	傍訓	漢字表記	品名	頁数	語の種類	妙一本	和解語文	可読	異同語彙
みつ	みつ	×	三	普賢	1310①	和数名	1316③			
密雲	みつうん	みつうん・きひしきくもみち	密雲	藥草	389①	漢名	374③	みつうん／きひしきくも[妙]		
密行	みつぎょう	みつぎやう／ないせうのきやうといふ事也	密行	授學	615⑤	漢名	625③			みちきやう[妙]
みつる	みつる	×	滿	序品	75③	和動	66②			
みつる	みつる	×	滿	藥王	1149⑤	和動	1167⑥		ありしむるごとく[西右]	みつる[妙]
みて	みて	×	手	法師	639⑤	和派生名	652②			
みて	みて	×	手	普賢	1329④	和派生名	1333④			
みて	みて	×	手	普賢	1322⑤	和派生名	1327②			
みて	みて	×	溢	譬喩	272②	和動	243③			
みて	みて	×	滿	方便	96③	和動	84④			
みて	みて	×	滿	方便	96⑤	和動	84⑥			
みて	みて	×	滿	見寶	677⑥	和動	694③			
みて	みて	×	滿	隨喜	973⑥	和動	992①			
みて	みて	×	滿	隨喜	974④	和動	992④			
みて	みて	×	滿	隨喜	987⑥	和動	1005⑤			
みて	みて	×	滿	囑累	1105①	和動	1123⑥			
みて	みて	×	滿	藥王	1142②	和動	1160②			
みて	みて	×	滿	藥王	1162②	和動	1179②			
みて	みて	×	滿	觀世	1212⑤	和動	1225⑥		みちて[西右]	みて[妙]
みて	みて	×	滿	觀世	1214②	和動	1227④			みて[妙]
みて	みて	×	滿	觀世	1214②	和動	1227④			みて[妙]
みな	みな	×	名	分別	936②	和派生名	954⑥			
名	みな	みな	名	觀世	1211④	和派生名	1224⑤			な[妙]
名	みな	みな	名	觀世	1212②	和派生名	1225⑤			な[妙]
名	みな	みな	名	觀世	1212⑥	和派生名	1226①			な[妙]
名	みな	みな	名	觀世	1213⑥	和派生名	1227②			な[妙]
みな	みな	×	名	觀世	1215③	和派生名	1228⑤			
名	みな	みな	名	觀世	1216①	和派生名	1229②			な[妙]
みな	みな	×	皆	譬喩	209②	和名	176⑥			
みな	みな	×	皆	譬喩	211②	和名	179①			
みな	みな	×	皆	譬喩	216①	和名	184③			
みな	みな	×	皆	譬喩	223⑥	和名	192⑥			
みな	みな	×	皆	譬喩	228②	和名	197③			
みな	みな	×	皆	譬喩	229⑥	和名	199①			
みな	みな	×	皆	譬喩	234②	和名	203④			
みな	みな	×	皆	譬喩	237①	和名	206④			
みな	みな	×	皆	譬喩	237⑥	和名	207②			
みな	みな	×	皆	譬喩	238①	和名	207③			
みな	みな	×	皆	譬喩	246②	和名	215⑥			
みな	みな	×	皆	譬喩	247①	和名	216⑤			
みな	みな	×	皆	譬喩	249⑤	和名	219④			
みな	みな	×	皆	譬喩	250①	和名	220①			
みな	みな	×	皆	譬喩	261④	和名	233①			
みな	みな	×	皆	譬喩	267①	和名	238②			
みな	みな	×	皆	譬喩	267③	和名	238⑤			
みな	みな	×	皆	譬喩	267⑥	和名	239①			
みな	みな	×	皆	譬喩	273①	和名	244③			
みな	みな	×	皆	譬喩	285⑤	和名	257③			
みな	みな	×	皆	譬喩	289②	和名	261②			
みな	みな	×	皆	譬喩	290②	和名	262③			
みな	みな	×	皆	譬喩	292①	和名	264②			
みな	みな	×	皆	譬喩	294①	和名	266①			
みな	みな	×	皆	譬喩	294①	和名	266③			
みな	みな	×	皆	譬喩	295③	和名	267④			
みな	みな	×	皆	信解	323④	和名	299②			
みな	みな	×	皆	信解	326④	和名	303①			
みな	みな	×	皆	信解	343④	和名	324②			
みな	みな	×	皆	信解	345①	和名	326②			
みな	みな	×	皆	信解	346②	和名	327⑤			
みな	みな	×	皆	信解	352③	和名	335③			
みな	みな	×	皆	信解	355③	和名	338⑥			
みな	みな	×	皆	信解	362⑥	和名	348②			
みな	みな	×	皆	信解	369③	和名	355⑥			
みな	みな	×	皆	信解	375③	和名	362⑤			

当該語	読みかな	傍訓	漢字表記	品名	頁数	語の種類	妙一本	和解語文	可読	異同語彙
みな	みな	×		皆	藥草	387③	和名	372④		
みな	みな	×		皆	藥草	387⑤	和名	372⑥		
みな	みな	×		皆	藥草	392⑤	和名	378②		
みな	みな	×		皆	藥草	393④	和名	379②		
みな	みな	×		皆	藥草	403①	和名	389⑥		
みな	みな	×		皆	藥草	404⑤	和名	391⑤		
みな	みな	×		皆	藥草	405①	和名	392②		
みな	みな	×		皆	藥草	406②	和名	393③		
みな	みな	×		皆	藥草	411⑤	和名	399⑥		
みな	みな	×		皆	藥草	414①	和名	402⑤		
みな	みな	×		皆	藥草	414④	和名	402⑥		
みな	みな	×		皆	授記	418③	和名	406⑥		
みな	みな	×		皆	授記	422③	和名	411⑤		
みな	みな	×		皆	授記	428①	和名	418③		
みな	みな	×		皆	授記	429⑤	和名	420②		
みな	みな	×		皆	授記	431③	和名	422①		
みな	みな	×		皆	授記	431⑤	和名	422④		
みな	みな	×		皆	授記	432③	和名	423②		
みな	みな	×		皆	授記	437①	和名	428④		
みな	みな	×		皆	授記	438①	和名	429⑥		
みな	みな	×		皆	授記	444③	和名	436⑥		
みな	みな	×		皆	授記	444⑥	和名	437④		
みな	みな	×		皆	化城	449⑤	和名	443②		
みな	みな	×		皆	化城	456①	和名	451①		
みな	みな	×		皆	化城	456④	和名	451④		
みな	みな	×		皆	化城	459⑥	和名	455③		
みな	みな	×		皆	化城	463⑤	和名	459⑥		
みな	みな	×		皆	化城	470④	和名	468②		
みな	みな	×		皆	化城	489②	和名	490⑤		
みな	みな	×		皆	化城	491①	和名	493①		
みな	みな	×		皆	化城	497④	和名	500④		
みな	みな	×		皆	化城	499④	和名	502⑤		
みな	みな	×		皆	化城	505①	和名	509②		
みな	みな	×		皆	化城	505⑥	和名	510③		
みな	みな	×		皆	化城	506⑥	和名	511③		
みな	みな	×		皆	化城	507②	和名	511⑥		
みな	みな	×		皆	化城	508⑥	和名	513⑤		
みな	みな	×		皆	化城	509②	和名	514①		
みな	みな	×		皆	化城	509④	和名	514③		
みな	みな	×		皆	化城	510⑥	和名	515⑥		
みな	みな	×		皆	化城	512③	和名	517③		
みな	みな	×		皆	化城	513①	和名	518①		
みな	みな	×		皆	化城	513⑥	和名	518⑥		
みな	みな	×		皆	化城	514④	和名	519④		
みな	みな	×		皆	化城	531④	和名	537②		
みな	みな	×		皆	化城	531④	和名	537③		
みな	みな	×		皆	化城	534⑥	和名	540⑤		
みな	みな	×		皆	化城	535③	和名	541②		
みな	みな	×		皆	化城	536②	和名	542①		
みな	みな	×		皆	化城	536④	和名	542③		
みな	みな	×		皆	化城	541⑤	和名	547④		
みな	みな	×		皆	化城	543①	和名	548⑥		
みな	みな	×		皆	化城	543④	和名	551③		
みな	みな	×		皆	化城	543④	和名	551④		
みな	みな	×		皆	化城	547⑤	和名	554②		
みな	みな	×		皆	五百	567⑤	和名	571③		
みな	みな	×		皆	五百	569②	和名	573①		
みな	みな	×		皆	五百	571⑥	和名	575⑥		
みな	みな	×		皆	五百	572②	和名	576③		
みな	みな	×		皆	五百	573②	和名	577④		
みな	みな	×		皆	五百	575⑥	和名	580④		
みな	みな	×		皆	五百	580④	和名	585⑤		
みな	みな	×		皆	五百	581②	和名	586③		
みな	みな	×		皆	五百	584⑤	和名	590②		
みな	みな	×		皆	五百	586③	和名	592①		
みな	みな	×		皆	五百	588②	和名	594③		
みな	みな	×		皆	授學	603②	和名	611⑤		
みな	みな	×		皆	授學	615④	和名	625②		

当該語	読みかな	傍訓	漢字表記	品名	頁数	語の種類	妙一本	和解語文	可読	異同語彙
みな	みな	×	皆	授學	619④	和名	629⑤			
みな	みな	×	皆	授學	617④	和名	627⑤			
みな	みな	×	皆	授學	618①	和名	628②			
みな	みな	×	皆	法師	622③	和名	633②			
みな	みな	×	皆	授學	618⑤	和名	628⑥			
みな	みな	×	皆	法師	640②	和名	652⑤			
みな	みな	×	皆	法師	641②	和名	653⑤			
みな	みな	×	皆	法師	644⑥	和名	658①			
みな	みな	×	皆	法師	655②	和名	669④			
みな	みな	×	皆	見寶	657④	和名	671⑥			
みな	みな	×	皆	見寶	659⑤	和名	674②			
みな	みな	×	皆	見寶	660①	和名	674④			
みな	みな	×	皆	見寶	663⑥	和名	678④			
みな	みな	×	皆	見寶	667③	和名	682④			
みな	みな	×	皆	見寶	671②	和名	686⑤			
みな	みな	×	皆	見寶	672④	和名	688①			
みな	みな	×	皆	見寶	673③	和名	688⑥			
みな	みな	×	皆	見寶	674⑥	和名	690④			
みな	みな	×	皆	見寶	675④	和名	691③			
みな	みな	×	皆	見寶	677①	和名	693③			
みな	みな	×	皆	見寶	677⑤	和名	694①			
みな	みな	×	皆	見寶	679③	和名	696①			
みな	みな	×	皆	見寶	680④	和名	697④			
みな	みな	×	皆	見寶	684①	和名	701③			
みな	みな	×	皆	見寶	699⑤	和名	718⑤			
みな	みな	×	皆	提婆	716②	和名	734①			
みな	みな	×	皆	提婆	724①	和名	742③			
みな	みな	×	皆	提婆	724③	和名	742④			
みな	みな	×	皆	提婆	724⑤	和名	742⑥			
みな	みな	×	皆	提婆	725④	和名	743⑤			
みな	みな	×	皆	提婆	735①	和名	753④			
みな	みな	×	皆	提婆	736①	和名	754④			
みな	みな	×	皆	勸持	738①	和名	756④			
みな	みな	×	皆	勸持	742⑤	和名	761⑤			
みな	みな	×	皆	勸持	746②	和名	765①			
みな	みな	×	皆	勸持	747⑥	和名	766⑥			
みな	みな	×	皆	勸持	750②	和名	769③			
みな	みな	×	皆	勸持	751⑤	和名	771①			
みな	みな	×	皆	勸持	755①	和名	774⑥			
みな	みな	×	皆	勸持	755③	和名	775①			
みな	みな	×	皆	勸持	757④	和名	777②			
みな	みな	×	皆	勸持	757⑥	和名	777④			
みな	みな	×	皆	安樂	770②	和名	790③			
みな	みな	×	皆	安樂	771①	和名	791③			
みな	みな	×	皆	安樂	771⑤	和名	792①			
みな	みな	×	皆	安樂	774④	和名	795②			
みな	みな	×	皆	安樂	780④	和名	801④			
みな	みな	×	皆	安樂	795①	和名	816④			
みな	みな	×	皆	安樂	800①	和名	821⑥			
みな	みな	×	皆	從地	820①	和名	842②			
みな	みな	×	皆	從地	820③	和名	842⑤			
みな	みな	×	皆	從地	821②	和名	843③			
みな	みな	×	皆	從地	824②	和名	846④			
みな	みな	×	皆	從地	825⑥	和名	848②			
皆	みな	みな	皆	從地	830⑥	和名	853③			
みな	みな	×	皆	從地	832⑥	和名	855⑤			
みな	みな	×	皆	從地	839⑥	和名	862⑤			
みな	みな	×	皆	從地	841①	和名	864①			
みな	みな	×	皆	從地	847①	和名	869⑤			
みな	みな	×	皆	從地	849⑤	和名	872④			
みな	みな	×	皆	從地	854③	和名	877①			
みな	みな	×	皆	從地	862④	和名	885②			
みな	みな	×	皆	從地	865③	和名	888②			
みな	みな	×	皆	如來	883③	和名	902②			
みな	みな	×	皆	如來	888⑥	和名	908①			
みな	みな	×	皆	如來	891⑤	和名	910⑤			
みな	みな	×	皆	如來	892④	和名	911⑤			
みな	みな	×	皆	如來	899②	和名	918②			

当該語	読みかな	傍訓	漢字表記	品名	頁数	語の種類	妙一本	和解語文	可読	異同語彙
みな	みな	×	皆	如來	899③	和名	918③			
みな	みな	×	皆	如來	900⑥	和名	920①			
みな	みな	×	皆	如來	901⑥	和名	920⑥			
みな	みな	×	皆	如來	902③	和名	921③			
みな	みな	×	皆	如來	904⑤	和名	923⑤			
みな	みな	×	皆	如來	908②	和名	927①			
みな	みな	×	皆	如來	912②	和名	931②			
みな	みな	×	皆	如來	917②	和名	936①			
みな	みな	×	皆	分別	925⑤	和名	944③			
みな	みな	×	皆	分別	930⑥	和名	949④			
みな	みな	×	皆	分別	931②	和名	949⑥			
みな	みな	×	皆	分別	933①	和名	951⑤			
みな	みな	×	皆	分別	936②	和名	954⑥			
みな	みな	×	皆	分別	940⑥	和名	959②			
みな	みな	×	皆	分別	950②	和名	969①			
みな	みな	×	皆	分別	961①	和名	979④			
みな	みな	×	皆	分別	964①	和名	982④			
みな	みな	×	皆	分別	964④	和名	982⑥			
みな	みな	×	皆	隨喜	973⑤	和名	991⑥			
みな	みな	×	皆	隨喜	975①	和名	993①			
みな	みな	×	皆	隨喜	975⑤	和名	993⑥			
みな	みな	×	皆	隨喜	976②	和名	994②			
みな	みな	×	皆	隨喜	984③	和名	1002⑤			
みな	みな	×	皆	隨喜	988③	和名	1006⑤			
みな	みな	×	皆	隨喜	988⑤	和名	1007①			
みな	みな	×	皆	法功	995①	和名	1013⑤			
みな	みな	×	皆	法功	997⑤	和名	1016④			
みな	みな	×	皆	法功	1001①	和名	1019⑤			
みな	みな	×	皆	法功	1005③	和名	1023⑥			
みな	みな	×	皆	法功	1005⑥	和名	1024③			
みな	みな	×	皆	法功	1006④	和名	1025①			
みな	みな	×	皆	法功	1007②	和名	1025⑤			
みな	みな	×	皆	法功	1007⑤	和名	1026①			
みな	みな	×	皆	法功	1011①	和名	1029④			
みな	みな	×	皆	法功	1013②	和名	1031⑤			
みな	みな	×	皆	法功	1013④	和名	1032①			
みな	みな	×	皆	法功	1014①	和名	1032④			
みな	みな	×	皆	法功	1018②	和名	1036⑥			
みな	みな	×	皆	法功	1018⑥	和名	1037④			
みな	みな	×	皆	法功	1025④	和名	1044③			
みな	みな	×	皆	法功	1027②	和名	1046①			
みな	みな	×	皆	法功	1027⑥	和名	1046⑤			
みな	みな	×	皆	法功	1028③	和名	1047②			
みな	みな	×	皆	法功	1029②	和名	1047⑥			
みな	みな	×	皆	法功	1030⑤	和名	1049②			
みな	みな	×	皆	法功	1031⑥	和名	1050④			
みな	みな	×	皆	法功	1032③	和名	1051①			
みな	みな	×	皆	法功	1032⑤	和名	1051③			
みな	みな	×	皆	法功	1037①	和名	1055⑥			
みな	みな	×	皆	法功	1038①	和名	1056⑤			
みな	みな	×	皆	法功	1038③	和名	1057②			
みな	みな	×	皆	法功	1039①	和名	1057⑥			
みな	みな	×	皆	法功	1039④	和名	1058③			
みな	みな	×	皆	法功	1040①	和名	1058⑤			
みな	みな	×	皆	法功	1041⑥	和名	1060⑤			
みな	みな	×	皆	法功	1042②	和名	1060⑥			
みな	みな	×	皆	法功	1042⑤	和名	1061③			
みな	みな	×	皆	法功	1043③	和名	1062①			
みな	みな	×	皆	法功	1045②	和名	1063⑥			
みな	みな	×	皆	法功	1046⑤	和名	1065③			
みな	みな	×	皆	常不	1061③	和名	1080①			
みな	みな	×	皆	常不	1062④	和名	1081②			
みな	みな	×	皆	常不	1063①	和名	1081⑤			
みな	みな	×	皆	常不	1064①	和名	1082⑤			
みな	みな	×	皆	常不	1066④	和名	1085②			
みな	みな	×	皆	常不	1069②	和名	1087⑥			
みな	みな	×	皆	常不	1069⑤	和名	1088③			
みな	みな	×	皆	常不	1075⑤	和名	1094②			

当該語	読みかな	傍訓	漢字表記	品名	頁数	語の種類	妙一本	和解語文	可読	異同語彙
みな	みな	×	皆	常不	1078④	和名	1097①			
みな	みな	×	皆	常不	1079⑤	和名	1098②			
みな	みな	×	皆	神力	1083⑥	和名	1102③			
みな	みな	×	皆	神力	1086④	和名	1104⑥			
みな	みな	×	皆	神力	1088①	和名	1106③			
みな	みな	×	皆	神力	1088④	和名	1106⑥			
みな	みな	×	皆	神力	1090①	和名	1108③			
みな	みな	×	皆	神力	1092⑤	和名	1111②			
みな	みな	×	皆	神力	1095②	和名	1113⑥			
みな	みな	×	皆	神力	1096⑥	和名	1115⑤			
みな	みな	×	皆	神力	1099①	和名	1117⑥			
みな	みな	×	皆	神力	1099③	和名	1118③			
みな	みな	×	皆	神力	1101③	和名	1120②			
みな	みな	×	皆	囑累	1110②	和名	1128⑥			
みな	みな	×	皆	囑累	1114①	和名	1132⑤			
みな	みな	×	皆	藥王	1115⑥	和名	1134②			
みな	みな	×	皆	藥王	1118②	和名	1136⑤			
みな	みな	×	皆	藥王	1120②	和名	1138⑥			
みな	みな	×	皆	藥王	1137②	和名	1155③			
みな	みな	×	皆	藥王	1157⑤	和名	1175③			
みな	みな	×	皆	妙音	1172⑤	和名	1188③			
みな	みな	×	皆	妙音	1179②	和名	1194③			
みな	みな	×	皆	妙音	1192⑤	和名	1206⑤			
みな	みな	×	皆	妙音	1198⑥	和名	1212⑤			
みな	みな	×	皆	觀世	1209⑤	和名	1222⑥			
みな	みな	×	皆	觀世	1211⑤	和名	1224⑥			
みな	みな	×	皆	觀世	1213⑥	和名	1227②			
みな	みな	×	皆	觀世	1219⑥	和名	1232⑥			
みな	みな	×	皆	觀世	1229②	和名	1242⑤			
みな	みな	×	皆	觀世	1231②	和名	1243⑥			
みな	みな	×	皆	觀世	1247③	和名	1259④			
みな	みな	×	皆	陀羅	1257③	和名	1269②			
みな	みな	×	皆	妙莊	1274③	和名	1284⑥			
みな	みな	×	皆	妙莊	1288①	和名	1297③			
みな	みな	×	皆	普賢	1306④	和名	1313③			
みな	みな	×	皆	普賢	1312④	和名	1318⑤			
みな	みな	×	皆	普賢	1321②	和名	1326③			
みな	みな	×	皆	普賢	1338②	和名	1340⑤			
みね	みね	×	峯	觀世	1237④	和地儀名	1250②			
弥布し	みふし	みふ	彌布	藥草	389①	漢サ動	374③	みふ／みちしき[妙]		
みまへ	みまえ	×	前	譬喩	236⑥	和派生名	206②			
みまへ	みまえ	×	前	五百	596⑤	和派生名	604②			
みまへ	みまえ	×	前	見寶	665③	和派生名	680②			
みまへ	みまえ	×	前	勸持	758⑤	和派生名	778③		一に[西右]	
みまへ	みまえ	×	前	從地	833③	和派生名	856②			
みまへ	みまえ	×	前	從地	865④	和派生名	888②			
みまへ	みまえ	×	前	分別	935③	和派生名	954①			
みまへ	みまえ	×	前	藥王	1123④	和派生名	1141⑤			
みまへ	みまえ	×	前	藥王	1136④	和派生名	1154⑤			まへ[妙]
みまへ	みまえ	×	前	妙莊	1301④	和派生名	1309④			
みゝ	みみ	×	耳	法功	998⑤	和身体名	1017④			み[妙]
みゝ	みみ	×	耳	法功	1000⑥	和身体名	1019④			
みゝ	みみ	×	耳	法功	1001⑤	和身体名	1020③			
みゝ	みみ	×	耳	法功	1001⑥	和身体名	1020④			
みゝ	みみ	×	耳	法功	1008③	和身体名	1026⑤			
みゝ	みみ	×	耳	法功	1007⑥	和身体名	1026①			
美味	みみ	みみ	美味	如來	901⑥	漢名	920⑥	みみ／よきあちわい[妙]		
美味	みみ	みみ	美味	如來	902③	漢名	921③	みみ／よきあちわい[妙]	一と[西右]	
美味	みみ	みみ	美味	如來	908①	漢名	926⑥	みみ／よきあちはい[妙]	一なる[西右]	
微妙	みみょう	みめう	微妙	序品	26②	漢形動	22②	みめう／めてたく[妙]		
微妙	みみょう	みめう	微妙	序品	70⑥	漢形動	61⑥			
微妙	みみょう	みめう	微妙	方便	93③	漢形動	82①			
微妙	みみょう	みめう	微妙	方便	99④	漢形動	87③			

当該語	読みかな	傍訓	漢字表記	品名	頁数	語の種類	妙一本	和解語文	可読	異同語彙
微妙	みみょう	みめう	微妙	方便	110③	漢形動	96④			
微妙	みみょう	みめう	微妙	方便	177⑥	漢形動	152⑥			
微妙	みみょう	みめう	微妙	方便	182⑥	漢形動	157①		—なる[西右]	
微妙	みみょう	みめう	微妙	譬喩	217④	漢形動	186①			
微妙	みみょう	みめう	微妙	譬喩	292②	漢形動	264③	みめう／たへ[妙]		
微妙	みみょう	みめう	微妙	化城	451③	漢形動	445③			
微妙	みみょう	みめう	微妙	化城	501①	漢形動	504⑤			
微妙	みみょう	みめう	微妙	提婆	713①	漢形動	730⑤			
微妙	みみょう	みめう	微妙	提婆	731②	漢形動	749②			
微妙	みみょう	みめう	微妙	安樂	780①	漢形動	800⑥			
微妙	みみょう	×	微妙	如來	890①	漢形動	909①			
微妙	みみょう	みめう	微妙	分別	940⑥	漢形動	959②			
微妙	みみょう	みめう	微妙	法功	1002⑤	漢形動	1021③			
微妙	みみょう	×	微妙	法功	1006⑤	漢形動	1025③			
微妙	みみょう	みめう	微妙	妙莊	1292④	漢形動	1301③			
微妙	みみょう	みめう	微妙	妙莊	1302②	漢形動	1309④			
微妙廣大	みみょうこうだい	みめうくはうだい	微妙廣大	提婆	728④	漢形動	746⑦	みめうくわうたい／たへにひろくおほきなり[妙]		
微妙なる	みみょうなる	みめう	微妙	序品	38④	漢形動	33①		—にして[西右]	
微妙に	みみょうに	×	微妙	方便	107⑥	漢形動	94③		—なり[西右]	
みもと	みもと	×	所	序品	7⑤	和派生名	6②			
みもと	みもと	×	所	序品	31③	和派生名	26⑥			
みもと	みもと	×	所	序品	53④	和派生名	46④			
みもと	みもと	×	所	方便	146③	和派生名	127③			
みもと	みもと	×	所	方便	185⑤	和派生名	159②			
みもと	みもと	×	所	譬喩	218⑥	和派生名	187④			
みもと	みもと	×	所	譬喩	224①	和派生名	193①			
みもと	みもと	×	所	譬喩	228③	和派生名	197④			
みもと	みもと	×	所	譬喩	285⑤	和派生名	257③			
みもと	みもと	×	所	信解	365①	和派生名	350④		ところ[西右]	
みもと	みもと	×	所	藥草	393①	和派生名	378⑤			
みもと	みもと	×	所	授記	442④	和派生名	435①			
みもと	みもと	×	所	化城	456④	和派生名	451①			
みもと	みもと	×	所	化城	512①	和派生名	517②			
みもと	みもと	×	所	化城	531⑥	和派生名	537④			
みもと	みもと	×	所	化城	533④	和派生名	538⑥			
みもと	みもと	×	所	化城	539⑤	和派生名	545④			
みもと	みもと	×	所	五百	566④	和派生名	570①			
みもと	みもと	×	所	五百	577⑤	和派生名	582④			
みもと	みもと	×	所	授學	609⑤	和派生名	619①			
みもと	みもと	×	所	法師	624②	和派生名	635①			
みもと	みもと	×	所	見寶	669⑤	和派生名	684③			
みもと	みもと	×	所	見寶	678②	和派生名	694④			
みもと	みもと	×	所	從地	823④	和派生名	845⑥			
みもと	みもと	×	所	從地	824②	和派生名	846③			
みもと	みもと	×	所	從地	858③	和派生名	881②			
みもと	みもと	×	所	如來	889④	和派生名	908②			
みもと	みもと	×	所	常不	1073③	和派生名	1091④			
みもと	みもと	×	所	藥王	1129④	和派生名	1148①			
みもと	みもと	×	所	妙音	1181④	和派生名	1196④			
みもと	みもと	×	所	妙音	1188②	和派生名	1202⑥			
みもと	みもと	×	所	妙音	1200③	和派生名	1214②			
みもと	みもと	×	所	妙莊	1276②	和派生名	1286③			
みもと	みもと	×	所	妙莊	1283⑥	和派生名	1293③			
みもと	みもと	×	所	妙莊	1286②	和派生名	1295⑥			
みもと	みもと	×	所	妙莊	1299②	和派生名	1307①			
みもと	みもと	×	所	妙莊	1304②	和派生名	1311④			
みもと	みもと	×	所	普賢	1322②	和派生名	1327①			
みもと	みもと	×	所	普賢	1324④	和派生名	1329②			
みや	みや	×	宮	從地	856③	和家屋名	879②			
みや	みや	×	宮	如來	883③	和家屋名	902③			
みや人	みやびと	×	宮人	法功	1016②	和人倫名	1034⑥			
冥	みょう	みやう・くらき	冥	化城	459④	単漢名	455②			
冥	みょう	みやう・くらき	冥	化城	459⑤	単漢名	455②	みやう／くらき[妙]		

当該語	読みかな	傍訓	漢字表記	品名	頁数	語の種類	妙一本	和解語文	可読	異同語彙
明	みょう	×	明	化城	465①	単漢名	461③	みやう／あかさ[妙]		
妙衣	みょうえ	一ゑ{え}	妙衣	譬喩	231⑤	漢衣服名	200⑥		一えと[西右]	たへなるころも[妙]
妙恵	みょうえ	めうゑ	妙恵	序品	39④	仏名	34①	めうゑ／たえなるちゑ[妙]		
名衣	みょうえ	みやうえ	名衣	序品	37③	漢名	32②	みやうえ／めてたきもの[妙]	なあるきぬィ[西右]	
妙音	みょうおん	めうおん／たへなる心	妙音	藥草	405⑥	漢名	393①	めうおん／たへなるこゑ[妙]		
妙音	みょうおん	一おん	妙音	妙音	1167⑤	漢名	1183⑥			めうをん[妙]
妙音	みょうおん	×	妙音	妙音	1185②	漢名	1199⑥			めうをん[妙]
妙音	みょうおん	×	妙音	觀世	1245②	漢名	1257④	めうをん／たへなるこゑ[妙]		
妙音聲	みょうおんじょう	一おんじやう	妙音聲	分別	928⑤	仏名	947③	めうをんしやう／たへなるこゑ[妙]	一なる一一[西左]	
妙音聲	みょうおんじょう	一おんしやう	妙音聲	分別	953③	仏名	972②	めうをんしやう／たへなるこゑ[妙]	一なる一一[西右]	
妙音遍満	みょうおんへんまん	一おんへんまん	妙音遍満	授學	605③	仏四熟名	614②			
妙音菩薩	みょうおんぼさつ	×	妙音菩薩	妙音	1170④	仏菩薩名	1186④			妙音菩薩(めうをんほさつ)[妙]
妙音菩薩	みょうおんぼさつ	×	妙音菩薩	妙音	1172③	仏菩薩名	1188②			妙音菩薩(めうをんほさつ)[妙]
妙音菩薩	みょうおんぼさつ	×	妙音菩薩	妙音	1173①	仏菩薩名	1188⑤			妙音菩薩(めうをんほさつ)[妙]
妙音菩薩	みょうおんぼさつ	×	妙音菩薩	妙音	1178⑥	仏菩薩名	1194①			妙音菩薩(めうをんほさつ)[妙]
妙音菩薩	みょうおんぼさつ	×	妙音菩薩	妙音	1185①	仏菩薩名	1199⑤			妙音菩薩(めうをんほさつ)[妙]
妙音菩薩	みょうおんぼさつ	×	妙音菩薩	妙音	1186②	仏菩薩名	1200⑥			妙音菩薩(めうをんほさつ)[妙]
妙音菩薩	みょうおんぼさつ	×	妙音菩薩	妙音	1187②	仏菩薩名	1201⑥			妙音菩薩(めうをんほさつ)[妙]
妙音菩薩	みょうおんぼさつ	×	妙音菩薩	妙音	1188③	仏菩薩名	1202⑥			妙音菩薩(めうをんほさつ)[妙]
妙音菩薩	みょうおんぼさつ	×	妙音菩薩	妙音	1188⑥	仏菩薩名	1203③			妙音菩薩(めうをんほさつ)[妙]
妙音菩薩	みょうおんぼさつ	×	妙音菩薩	妙音	1189③	仏菩薩名	1203⑥			妙音菩薩(めうをんほさつ)[妙]
妙音菩薩	みょうおんぼさつ	×	妙音菩薩	妙音	1193①	仏菩薩名	1207①			妙音菩薩(めうをんほさつ)[妙]
妙音菩薩	みょうおんぼさつ	×	妙音菩薩	妙音	1193③	仏菩薩名	1207⑦			妙音菩薩(めうをんほさつ)[妙]
妙音菩薩	みょうおんぼさつ	×	妙音菩薩	妙音	1197②	仏菩薩名	1211①			妙音菩薩(めうをんほさつ)[妙]
妙音菩薩	みょうおんぼさつ	×	妙音菩薩	妙音	1198②	仏菩薩名	1212①			妙音菩薩(めうをんほさつ)[妙]
妙音菩薩	みょうおんぼさつ	×	妙音菩薩	妙音	1198④	仏菩薩名	1212③			妙音菩薩(めうをんほさつ)[妙]
妙音菩薩	みょうおんぼさつ	×	妙音菩薩	妙音	1198⑤	仏菩薩名	1212④			妙音菩薩(めうをんほさつ)[妙]
妙音菩薩摩訶薩	みょうおんぼさつまかさつ	×	妙音菩薩摩訶薩	妙音	1175②	仏菩薩名	1190⑤			妙音菩薩摩訶薩(めうをんほさつまかさつ)[妙]
妙音菩薩摩訶薩	みょうおんぼさつまかさつ	×	妙音菩薩摩訶薩	妙音	1188⑤	仏菩薩名	1203②			妙音菩薩摩訶薩(めうをんほさつまかさつ)[妙]
妙音菩薩摩訶薩	みょうおんぼさつまかさつ	×	妙音菩薩摩訶薩	妙音	1196⑤	仏菩薩名	1210④			妙音菩薩摩訶薩(めうをんほさつまかさつ)[妙]
妙音菩薩摩訶薩	みょうおんぼさつまかさつ	×	妙音菩薩摩訶薩	妙音	1199②	仏菩薩名	1213①			妙音菩薩摩訶薩(めうをんほさつまかさつ)[妙]
妙音菩薩来徃品	みょうおんぼさつらいおうほん	一一一一らいわうほん	妙音菩薩來徃品	妙音	1201⑤	仏品名名	1215③			妙音菩薩来徃品(めうをんほさつらいわうほん)[妙]

みよ 689

当該語	読みかな	傍訓	漢字表記	品名	頁数	語の種類	妙一本	和解語文	可読	異同語彙
名月天子	みょうがつてんし	みやうぐはつーー	名月天子	序品	10②	仏菩薩名	8②			
明行足	みょうぎょうそく	みやうぎやうそく	明行足	序品	47⑥	漢名	41③			
明行足	みょうぎょうそく	みやうぎやうそく	明行足	譬喩	221⑥	漢名	190①			
明行足	みょうぎょうそく	みやうきやうそく	明行足	藥草	391④	漢名	377①			
明行足	みょうぎょうそく	みやうきやうそく	明行足	授記	416②	漢名	404④			
明行足	みょうぎょうそく	×	明行足	授記	427①	漢名	417③			
明行足	みょうぎょうそく	みやうきやうそく	明行足	授記	435①	漢名	426③			
明行足	みょうぎょうそく	×	明行足	授記	440④	漢名	432⑤			
明行足	みょうぎょうそく	×	明行足	化城	445⑥	漢名	438⑥			
明行足	みょうぎょうそく	ミやうぎやうそく	明行足	五百	570④	漢名	574③			
明行足	みょうぎょうそく	×	明行足	五百	584①	漢名	589④			
明行足	みょうぎょうそく	×	明行足	授學	604②	漢名	612⑥			
明行足	みょうぎょうそく	×	明行足	授學	613②	漢名	622⑤			
明行足	みょうぎょうそく	×	明行足	授學	617⑤	漢名	627⑥			
明行足	みょうぎょうそく	みやうぎやうそく	明行足	提婆	716⑤	漢名	734⑤			
明行足	みょうぎょうそく	×	明行足	勧持	743⑤	漢名	762⑤			
明行足	みょうぎょうそく	×	明行足	勧持	745⑤	漢名	764⑤			
明行足	みょうぎょうそく	みやうぎゃうそく	明行足	常不	1057⑤	漢名	1076④			
明行足	みょうぎょうそく	×	明行足	常不	1060⑥	漢名	1079④			
明行足	みょうぎょうそく	×	明行足	藥王	1116③	漢名	1134⑥			
明行足	みょうぎょうそく	×	明行足	妙音	1166②	漢名	1182⑥			
苗稼	みょうけ	めうけ	苗稼	藥草	402①	漢名	388④	めうけ／なへいね[妙]		
妙華	みょうげ	ーけ	妙華	授記	435④	仏名	426⑥	めうくゑ／たへなるはな[妙]		
名華	みょうげ	みやうけ	名華	信解	327②	漢名	303⑥	みやうくゑ／よきはなを[妙]		
名華	みょうげ	みやうくは	名華	授記	420④	漢名	409④	みやうくゑ／よきはな[妙]		
犛牛	みょうご	めうご	犛牛	方便	176③	漢獣類名	151⑤			
妙光	みょうこう	めうくはう	妙光	序品	57⑥	仏菩薩名	50①	めうくわう／もんしゅ[妙]		
妙光	みょうこう	めうくはう	妙光	序品	62②	仏菩薩名	54③			
妙光	みょうこう	めうくはう	妙光	序品	62②	仏菩薩名	54③			
妙光	みょうこう	めうくはう	妙光	序品	75①	仏菩薩名	66①			
妙光	みょうこう	めうくはう	妙光	序品	80②	仏菩薩名	70④			
妙好	みょうこう	めうかう	妙好	序品	41④	仏名	35⑥	めうかう／たへによき[妙]		
妙好	みょうこう	めうかう	妙好	譬喩	211①	仏名	178⑥			
妙好	みょうこう	めうかう	妙好	授記	437③	仏名	429①	めうかう／ーよき[妙]		
妙好	みょうこう	めうかう	妙好	分別	968②	仏名	986④	めうかう／たえによから[妙]		
名号	みょうごう	×	名號	授學	619③	漢名	629④	みやうかう／な[妙]		
名号	みょうごう	みやうかう	名號	從地	840②	漢名	863①			
名號	みょうごう	ーがう	名號	觀世	1210④	漢名	1223⑤	みやうかう／な[妙]		

当該語	読みかな	傍訓	漢字表記	品名	頁数	語の種類	妙一本	和解語文	可読	異同語彙
名号	みょうごう	×	名號	觀世	1215①	漢名	1228③			みやうかう[妙]
名号	みょうごう	みやうがう	名號	觀世	1219⑤	漢名	1232⑥			みやうかう[妙]
名号	みょうごう	一がう	名號	觀世	1220⑥	漢名	1234②			みやうかう[妙]
名号	みょうごう	×	名號	觀世	1221③	漢名	1234⑤			みやうかう[妙]
妙光法師	みょうこうほうし	めうくはうほうし	妙光法師	序品	75⑤	仏法師名	66④			
妙光法師	みょうこうほうし	×	妙光法師	序品	79⑤	仏法師名	70②			
妙光法師	みょうこうほうし	×	妙光法師	序品	81④	仏法師名	71④			
妙光法師	みょうこうほうし	×	妙光法師	序品	84①	仏法師名	73⑤			
妙光菩薩	みょうこうぼさつ	×	妙光菩薩	序品	58②	仏菩薩名	50⑤			
妙光菩薩	みょうこうぼさつ	×	妙光菩薩	序品	61②	仏菩薩名	53⑥			
妙光菩薩	みょうこうぼさつ	めうくわうぼさつ	妙光菩薩	序品	64④	仏菩薩名	56④			
妙光菩薩	みょうこうぼさつ	めうくはうぼさつ	妙光菩薩	序品	74②	仏菩薩名	65②			
名字	みょうじ	×	名字	方便	148⑤	漢名	129③			
名字	みょうじ	×	名字	方便	155⑤	漢名	134⑥			
名字	みょうじ	みやうし	名字	安樂	769⑤	漢名	790①			
名字	みょうじ	みやうじ	名字	安樂	795⑥	漢名	817②			
名字	みょうじ	みやうし	名字	如來	889④	漢名	908⑤	みやうし／な[妙]		
名字	みょうじ	みやうじ	名字	法功	1046③	漢名	1065①			
名字	みょうじ	みやうじ	名字	神力	1102②	漢名	1121③		一と[西右]	名字(みやうじ)[妙]
名字	みょうじ	×	名字	妙音	1176⑥	漢名	1192②			みやうし[妙]
名字	みょうじ	一じ	名字	觀世	1219⑥	漢名	1233②	みやうじ／な[妙]		
名字	みょうじ	×	名字	妙莊	1305①	漢名	1312①			みやうし[妙]
名色	みょうしき	みやうしき	名色	藥草	388⑥	漢名	374②	みやうしき／ないろ[妙]		
名色	みょうしき	みやうしき／一いろ	名色	化城	502②	漢名	506④	みやうしき／ないろ[妙]		
名色	みょうしき	×	名色	化城	502⑤	漢名	506⑤	みやうしき／ないろ[妙]		
名色	みょうしき	みやうしき	名色	化城	503④	漢名	507④	みやうしき／ないろ[妙]		
名色	みょうしき	×	名色	化城	503④	漢名	507④			
明珠	みょうじゅ	みやうしゆ	明珠	序品	72①	漢名	63②	みやうしゆ／あきらかなるたま[妙]		
明珠	みょうじゅ	みやうしゆ／あきらかなるたま	明珠	譬喩	313⑤	漢名	287④	みやうしゆ／あきらかなるたま[妙]		
明珠	みょうじゅ	みやうしゆ	明珠	安樂	797⑤	漢名	819④	みやうしゆ／あきらかなるたま[妙]		
明珠	みょうじゅ	×	明珠	安樂	803②	漢名	825①	みやうしゆ／あきらかなるたま[妙]		
明珠	みょうじゅ	みやうしゆ	明珠	安樂	806⑥	漢名	829①	みやうしゆ／たま[妙]		
明珠	みょうじゅ	×	明珠	安樂	808④	漢名	830⑤	みやうしゆ／あきらかなるたま[妙]		
命終	みょうじゅう	みやうじう	命終	常不	1069④	漢サ動	1088②	みやうしゆ／いのちをはりて[妙]		
命終	みょうじゅう	みやうしう	命終	常不	1079①	漢サ動	1097④	みやうしう／いのちおはりし[妙]		
命終	みょうじゅう	みやうじゆう	命終	藥王	1126⑤	漢サ動	1145②	みやうしゆ／いのちをはりて[妙]		
命終し	みょうじゅし	みやうじゆ／いのちおはり	命終	譬喩	302⑥	漢サ動	275①	みやうじゆ・し／いのちをはり[妙]		
命終し	みょうじゅし	×	命終	常不	1080①	漢サ動	1098③			みやうしゆ・し[妙]
命終し	みょうじゅし	×	命終	藥王	1154②	漢サ動	1172②			みやうしゆ・し[妙]
命終し	みょうじゅし	×	命終	普賢	1322⑤	漢サ動	1327④	みやうしゆ・し／いのちおはり[妙]		
命終せ	みょうじゅせ	×	命終	普賢	1324①	漢名	1328⑤	みやうしゆ・せ／いのちおわらん[妙]		命終せ[妙]

みよ 691

当該語	読みかな	傍訓	漢字表記	品名	頁数	語の種類	妙一本	和解語文	可読	異同語彙
名稱	みょうしょう	みやうしよう	名稱	序品	8③	漢名	6⑤	みやうしやう／な[妙]		
名稱	みょうしょう	みやうせう・しょー	名稱	方便	88①	漢名	77②	みやうしよう／な[妙]		
妙莊嚴	みょうしょうごん	めうしやうごん・むごん	妙莊嚴	妙莊	1273①	仏王名名	1283⑤			めうしやうごん[妙]
妙莊嚴王	みょうしょうごんおう	ーしやうごん・むわう	妙莊嚴王	妙莊	1275②	仏王名名	1285④			めうしやうこんわう[妙]
妙莊嚴王	みょうしょうごんおう	×	妙莊嚴王	妙莊	1287⑥	仏王名名	1297⑤			めうしやうこんわう[妙]
妙莊嚴王	みょうしょうごんおう	×	妙莊嚴王	妙莊	1289⑥	仏王名名	1299①			めうしやうこんわう[妙]
妙莊嚴王	みょうしょうごんおう	×	妙莊嚴王	妙莊	1291⑥	仏王名名	1300②			めうしやうこんわう[妙]
妙莊嚴王	みょうしょうごんおう	ーしやうこんー	妙莊嚴王	妙莊	1292③	仏王名名	1301②			めうしやうこんわう[妙]
妙莊嚴王	みょうしょうごんおう	×	妙莊嚴王	妙莊	1293①	仏王名名	1301⑤			めうしやうこんわう[妙]
妙莊嚴王	みょうしょうごんおう	×	妙莊嚴王	妙莊	1297②	仏王名名	1305②			めうしやうこんわう[妙]
妙莊嚴王	みょうしょうごんおう	×	妙莊嚴王	妙莊	1299④	仏王名名	1307②			めうしやうこんわう[妙]
妙莊嚴王	みょうしょうごんおう	×	妙莊嚴王	妙莊	1301②	仏王名名	1308⑤			めうしやうこんわう[妙]
妙莊嚴王	みょうしょうごんおう	×	妙莊嚴王	妙莊	1303②	仏王名名	1310③		ーは[西右]	めうしやうこんわう[妙]
妙莊嚴王	みょうしょうごんおう	×	妙莊嚴王	妙莊	1303⑤	仏王名名	1310⑤		ーと[西右]	めうしやうこんわう[妙]
妙莊嚴王本事品	みょうしょうごんおうほんじぼん	×	妙莊嚴王本事品	妙莊	1305③	仏品名名	1312②			めうしやうこんわうほんしほん[妙]
命濁	みょうじょく	みやうー	命濁	方便	135⑤	漢名	118④			
妙身	みょうしん	めうしん	妙身	法功	1040⑥	仏名	1058⑥	めうしん／たへなる[妙]		
妙相	みょうそう	×	妙相	化城	492⑤	仏名	494⑥			
妙相	みょうそう	×	妙相	觀世	1235③	漢名	1247⑥		具足し給へる[西右]	くそくめうさう[妙]
名相	みょうそう	みやうさう	名相	授記	430②	漢名	420⑤			
妙相具	みょうそうぐ	めうさうく	妙相具	觀世	1235①	仏名	1247⑥	めうさうく／たへなるさうをくしたまへり[妙]	ーし給へる[西右]	
名相如來	みょうそうにょらい	みやうさう	名相如來	授記	427①	仏如来名	417②			
妙智	みょうち	ーち	妙智	方便	98④	仏名	86④	めうち／たへなるちゑ[妙]		
妙土	みょうど	×	妙土	見寶	686⑥	仏名	704④		ーなるィ[西右]	
妙塔	みょうとう	ーたう	妙塔	提婆	718⑤	仏名	736⑤			
妙塔	みょうとう	ーたう	妙塔	從地	823④	仏名	845⑤			妙法(めうほう)[妙]
妙幡{幢}相三昧	みょうどうそうざんまい	ーどうさうーまい	妙幢相三昧	妙音	1168②	仏名	1184④			めうとうさうさんまい[妙]
妙法	みょうほう	めうほう	妙法	序品	43⑥	仏名	37⑥			
妙法	みょうほう	×	妙法	方便	123②	仏名	108①			
妙法	みょうほう	×	妙法	方便	191①	仏名	164①			
妙法	みょうほう	×	妙法	化城	483②	仏名	483④			
妙法	みょうほう	×	妙法	提婆	714①	仏名	731⑤			妙法(めうほふ)[妙]
妙法	みょうほう	×	妙法	提婆	717③	仏名	735③			
妙法	みょうほう	×	妙法	提婆	721②	仏名	739②			
妙法	みょうほう	×	妙法	提婆	735⑤	仏名	754②			
妙法	みょうほう	×	妙法	安樂	815⑥	仏名	838③			
妙法	みょうほう	×	妙法	從地	853⑤	仏名	876⑤			
妙寶	みょうほう	めうほう	妙寶	譬喩	283①	仏名	254④	めうー／たへなるたから[妙]		
妙法緊那羅王	みょうほうきんならおう	めうほうきんーーう	妙法緊那羅王	序品	11⑥	仏王名名	9④			

当該語	読みかな	傍訓	漢字表記	品名	頁数	語の種類	妙一本	和解語文	可読	異同語彙
妙寶聚	みょうほうじゅ	—ほうじゆ	妙寶聚	法師	633③	仏名	645①	めうほうしゆ／たえなるたからをあつむ[妙]	—と をィ[西右]	
妙法堂	みょうほうどう	×	妙法堂	法功	1012⑤	仏名	1031②			
妙法堂	みょうほうどう	——だう	妙法堂	法功	1022①	仏名	1040⑤		—と[西右]	
妙法蓮華	みょうほうれんげ	——れん—	妙法蓮華	序品	58③	仏名	50⑥			
妙法蓮華	みょうほうれんげ	めうほうれんげ	妙法蓮華	序品	65③	仏名	57②			
妙法蓮華	みょうほうれんげ	めうほうれんぐゑ	妙法蓮華	譬喩	220③	仏名	189①			
妙法蓮華	みょうほうれんげ	×	妙法蓮華	化城	508④	仏名	513②			
妙法蓮華	みょうほうれんげ	×	妙法蓮華	神力	1091②	仏名	1109④			めうほうれんくゑ[妙]
妙法蓮華経	みょうほうれんげきょう	×	妙法蓮華經	序品	61⑤	仏経典名	53⑥			
妙法蓮華経	みょうほうれんげきょう	×	妙法蓮華經	譬喩	316⑥	仏経典名	291④			
妙法蓮華経	みょうほうれんげきょう	×	妙法蓮華經	化城	513③	仏経典名	518③			
妙法蓮華経	みょうほうれんげきょう	×	妙法蓮華經	提婆	710④	仏経典名	727⑥			
妙法華経	みょうほけきょう	×	妙法華經	化城	510⑤	仏経典名	515⑤			妙法華経(めうほくゑきやう)[妙]
妙法華経	みょうほけきょう	×	妙法華經	法師	622②	仏経典名	633①			妙法華経(めうほくゑきやう)[妙]
妙法華経	みょうほけきょう	×	妙法華經	法師	622⑥	仏経典名	633⑤			妙法華経(めうほくゑきやう)[妙]
妙法華経	みょうほけきょう	×	妙法華經	法師	623②	仏経典名	634②			妙法華経(めうほくゑきやう)[妙]
妙法華経	みょうほけきょう	×	妙法華經	法師	626②	仏経典名	637④			妙法華経(めうほくゑきやう)[妙]
妙法華経	みょうほけきょう	×	妙法華經	法師	632①	仏経典名	643⑤			妙法華経(めうほくゑきやう)[妙]
妙法華経	みょうほけきょう	×	妙法華經	法師	632④	仏経典名	644②			妙法華経(めうほくゑきやう)[妙]
妙法華経	みょうほけきょう	×	妙法華經	見寶	659③	仏経典名	673⑤			妙法華経(めうほくゑきやう)[妙]
妙法華経	みょうほけきょう	×	妙法華經	見寶	684④	仏経典名	701⑤			妙法華経(めうほくゑきやう)[妙]
妙法華経	みょうほけきょう	×	妙法華經	見寶	684⑥	仏経典名	702②			妙法華経(めうほくゑきやう)[妙]
妙法華経	みょうほけきょう	×	妙法華經	提婆	719③	仏経典名	737④			妙法華経(めうほくゑきやう)[妙]
妙法華経	みょうほけきょう	×	妙法華經	提婆	726③	仏経典名	744④			妙法華経(めうほくゑきやう)[妙]
妙法華経	みょうほけきょう	×	妙法華經	安樂	782④	仏経典名	803③			妙法華経(めうほくゑきやう)[妙]
妙法華経	みょうほけきょう	×	妙法華經	妙莊	1295②	仏経典名	1303④			めうほつくゑきやう[妙]
命々	みょうみょう	みやう〳〵	命々	法功	1003②	漢畳語名	1021⑤	みやうみやう／とり[妙]		
眇目	みょうもく	めうもく／すかめ	眇目	信解	360②	漢名	344⑥	めうもく／すかめ[妙]		
妙物	みょうもつ	めうもつ	妙物	神力	1092⑤	漢名	1111②	めうもつ／たへなるもの[妙]		
名聞	みょうもん	みやうもん	名聞	譬喩	211④	漢名	179③			
名聞	みょうもん	みやうもん	名聞	五百	586①	漢名	591④			
名聞	みょうもん	みやうもん	名聞	授學	607⑤	漢名	616⑤			
名聞	みょうもん	みやうもん	名聞	授學	620①	漢名	630③			
名聞	みょうもん	みやうもん	名聞	勸持	753⑥	漢名	773④			
名聞	みょうもん	×	名聞	普賢	1306②	漢名	1313①			みやうもん[妙]
名利	みょうり	みやうり	名利	序品	81①	漢名	71⑤			
名利	みょうり	みやうり	名利	序品	81⑥	漢名	71⑥			
明利	みょうり	みやうり	明利	法功	1044①	漢名	1062⑤	みやうり／あきらか[妙]		

みよーみる 693

当該語	読みかな	傍訓	漢字表記	品名	頁数	語の種類	妙一本	和解語文	可読	異同語彙
明了	みょうりょう	みやうれう	明了	譬喩	311⑤	漢名	284⑥	みやうりやうに／あきらかに[妙]		
明了	みょうりょう	みやうりやう／あきらかにさとて	明了	藥草	397②	漢名	383②	みやうれう／あきらか[西右]		
明了	みょうりょう	みやうりやう	明了	化城	541④	漢名	547③			
明了	みょうりょう	みやうりやう／あきらか	明了	五百	567①	漢名	570④	みやうれう／あきらかにさとり[妙]		
明了	みょうりょう	みやうりやう	明了	法功	1038④	漢名	1057③	みやうれう／あきらか[妙]		
明了	みょうりょう	みやうりやう	明了	妙莊	1274④	漢名	1284⑥			みやうれう[妙]
妙樓閣	みょうろうかく	めうろうかく	妙樓閣	五百	586④	漢家屋名	592②			
未来	みらい	みらい	未來	方便	130②	漢時間名	114②			
未来	みらい	みらい	未來	方便	170①	漢時間名	146③	みらい／のちのよ[妙]		
未来	みらい	みらい	未來	譬喩	210⑤	漢時間名	178③	みらいに／すへのよ[妙]		
未来	みらい	みらい	未來	譬喩	216②	漢時間名	184②			
未来	みらい	みらい	未來	授記	444⑥	漢時間名	437④			
未来	みらい	みらい	未來	五百	569③	漢時間名	573②			
未来	みらい	×	未來	五百	579①	漢時間名	584①			
未来	みらい	×	未來	授學	618⑤	漢時間名	628⑥			
未来	みらい	みらい	未來	安樂	795③	漢時間名	816⑥	みらい／すへのよ[妙]		
未来	みらい	みらい	未來	從地	869③	漢時間名	892②			
未来	みらい	みらい	未來	分別	945⑤	漢時間名	964②			
未来	みらい	みらい	未來	神力	1101④	漢時間名	1120③	みらい／のちのよ[妙]		
未来世	みらいせ	みらい―	未來世	方便	171④	仏時候名	147⑥			
未来世	みらいせ	みらい―	未來世	譬喩	220④	仏時候名	189③			
未来世	みらいせ	みらい―	未來世	授記	415④	仏時候名	403⑥	みらいせ／のちのよ[妙]		
未来世	みらいせ	みらいせ	未來世	授記	418⑥	仏時候名	407⑤			
未来世	みらいせ	みらい―	未來世	化城	518⑥	仏時候名	523⑥			
未来世	みらいせ	×	未來世	授學	615②	仏時候名	625①			
未来世	みらいせ	×	未來世	法師	624④	仏時候名	635④	みらいせ／のちのよ[妙]	――のィ―[西右]	
未来世	みらいせ	×	未來世	法師	624⑥	仏時候名	635⑥			
未来世	みらいせ	みらいせ	未來世	提婆	719②	仏時候名	737③			
未来世	みらいせ	みらい―	未來世	從地	863⑥	仏時候名	886③			
未来世	みらいせ	×	未來世	分別	946②	仏時候名	964⑤			
未来世	みらいせ	×	未來世	囑累	1108③	仏時候名	1127①		――の―[西右]	みらいせ[妙]
みる	みる	×	視	譬喩	244①	和動	213④			
みる	みる	×	視	觀世	1213④	和動	1226③			
みる	みる	×	看	譬喩	276③	和動	247⑥			みち【看】[妙]
みる	みる	×	見	序品	19⑥	和動	16③			
みる	みる	×	見	序品	25⑥	和動	22①			
みる	みる	×	見	序品	30⑥	和動	26⑤			
みる	みる	×	見	序品	31②	和動	26⑤			
みる	みる	×	見	序品	31⑤	和動	27②			
みる	みる	×	見	序品	32②	和動	27④			
みる	みる	×	見	序品	32④	和動	27⑤			
みる	みる	×	見	序品	32⑥	和動	28①			
みる	みる	×	見	序品	33②	和動	28⑤			
みる	みる	×	見	序品	33④	和動	28⑥			
見る	みる	×	見	序品	34②	和動	29③			
みる	みる	×	見	序品	34④	和動	29⑤			
みる	みる	×	見	序品	34⑥	和動	30①			
みる	みる	×	見	序品	35③	和動	30③			
みる	みる	×	見	序品	35⑤	和動	30⑤			
みる	みる	×	見	序品	36③	和動	31②			
みる	みる	×	見	序品	37①	和動	31⑥			
みる	みる	×	見	序品	38⑤	和動	33③			
みる	みる	×	見	序品	39③	和動	33⑥			
みる	みる	×	見	序品	39⑤	和動	34②			
みる	みる	×	見	序品	40③	和動	34⑤			
みる	みる	×	見	序品	42②	和動	36①			
みる	みる	×	見	序品	56⑤	和動	49③			

当該語	読みかな	傍訓	漢字表記	品名	頁数	語の種類	妙一本	和解語文	可読	異同語彙
みる	みる	×	見	序品	65①	和動	56⑥			
みる	みる	×	見	序品	69⑥	和動	61①			
みる	みる	×	見	序品	70③	和動	61④			
みる	みる	×	見	序品	71⑤	和動	62⑥			
みる	みる	×	見	序品	72④	和動	63⑤			
みる	みる	×	見	序品	73①	和動	64②			
みる	みる	×	見	序品	73④	和動	64④			
みる	みる	×	見	方便	93③	和動	82①			
みる	みる	×	見	方便	176⑤	和動	151⑥			
みる	みる	×	見	方便	185③	和動	159①			
みる	みる	×	見	譬喩	299⑤	和動	272①			
みる	みる	×	見	信解	329⑤	和動	306⑥			
みる	みる	×	見	信解	361②	和動	346①			
みる	みる	×	見	授記	435⑤	和動	427①			
みる	みる	×	見	授記	441②	和動	433③		一ん[西右]	
みる	みる	×	見	化城	451②	和動	445②			
みる	みる	×	見	化城	468②	和動	465②		みき[西右]	
みる	みる	×	見	化城	476⑥	和動	475⑥		一き[西右]	
みる	みる	×	見	化城	485④	和動	486①			
みる	みる	×	見	化城	494③	和動	496⑥			
みる	みる	×	見	五百	565①	和動	568③			
みる	みる	×	見	五百	591⑤	和動	598⑤			み[妙]
みる	みる	×	見	授學	616⑥	和動	626⑥			
みる	みる	×	見	授學	617①	和動	627①		一つと[西右]	
みる	みる	×	見	法師	622①	和動	632⑤			
みる	みる	×	見	法師	641①	和動	653④			
みる	みる	×	見	法師	649①	和動	662⑤			
みる	みる	×	見	法師	655②	和動	669④			
みる	みる	×	見	見寶	691④	和動	709④		奉るなりィ[西右]	
みる	みる	×	見	提婆	735⑥	和動	754②			
みる	みる	×	見	安樂	811⑥	和動	834②			
みる	みる	×	見	從地	826⑤	和動	848⑥			
みる	みる	×	見	如來	907④	和動	926④			
みる	みる	×	見	如來	916④	和動	935④			
みる	みる	×	見	如來	917③	和動	936②			
みる	みる	×	見	如來	919⑥	和動	938⑥			
みる	みる	×	見	分別	949⑥	和動	968④			
みる	みる	×	見	法功	995④	和動	1014①		みん[西右]	
みる	みる	×	見	法功	997③	和動	1016②		みん[西右]	
みる	みる	×	見	法功	1038③	和動	1057①			
見る	みる	×	見	常不	1062③	和動	1081①			みる[妙]
見る	みる	×	見	神力	1089⑥	和動	1108②		一奉一[西右]	みる[妙]
みる	みる	×	見	神力	1090①	和動	1108③			
見るに	みる	×	見	神力	1101①	和動	1119⑥			みるに[妙]
見る	みる	×	見	妙音	1170④	和動	1186③		一奉らんと[西右]	みる[妙]
みる	みる	×	見	妙音	1177⑤	和動	1193①			
見る	みる	×	見	妙音	1189④	和動	1204①			みる[妙]
みる	みる	×	見	觀世	1246①	和動	1258②		み給ふ[西右]	みる[妙]
見る	みる	×	見	妙荘	1278②	和動	1288③			みる[妙]
みる	みる	×	見	妙荘	1293②	和動	1301⑥			
みる	みる	×	見	妙荘	1298③	和動	1306③			みる[妙]
みる	みる	×	見	妙荘	1298⑤	和動	1306④			
見る	みる	×	見	普賢	1314⑥	和動	1320④			みる[妙]
見る	みる	×	見	普賢	1315①	和動	1320⑥			みる[妙]
みれ	みれ	×	見	序品	29①	和動	24⑥			
みれ	みれ	×	見	序品	40①	和動	34④			
みれ	みれ	×	見	譬喩	255①	和動	226②			
みれ	みれ	×	見	信解	326②	和動	302⑤			
みれ	みれ	×	見	信解	336①	和動	314⑤			
みれ	みれ	×	見	授記	418⑥	和動	407②			
みれ	みれ	×	見	如來	914②	和動	933①			
弥楼	みろう	みろ	彌樓	法功	1039③	漢名	1058②			
弥楼山	みろうせん	みろうせん	彌樓山	法功	997②	仏山名名	1015⑥			
弥楼山	みろうせん	みろせん	彌樓山	法功	1036③	仏山名名	1055①			
弥勒	みろく	みろく	彌勒	序品	50⑤	仏菩薩名	43⑥			
弥勒	みろく	みろく	彌勒	序品	56⑥	仏菩薩名	49④			

当該語	読みかな	傍訓	漢字表記	品名	頁数	語の種類	妙一本	和解語文	可読	異同語彙
弥勒	みろく	みろく	彌勒	序品	64④	仏菩薩名	56③			
弥勒	みろく	みろく	彌勒	序品	83④	仏菩薩名	73②			
弥勒	みろく	みろく	彌勒	從地	843⑥	仏菩薩名	866④			
弥勒	みろく	みろく	彌勒	如來	881④	仏菩薩名	900③			
弥勒	みろく	みろく	彌勒	随喜	976④	仏菩薩名	994⑤			
弥勒	みろく	×	彌勒	随喜	977②	仏菩薩名	995④			
弥勒菩薩	みろくぼさつ	みろく——	彌勒菩薩	序品	9④	仏菩薩名	7⑤			
弥勒菩薩	みろくぼさつ	みろく——	彌勒菩薩	序品	19⑥	仏菩薩名	16③			
弥勒菩薩	みろくぼさつ	みろく——	彌勒菩薩	序品	22③	仏菩薩名	18④			
弥勒菩薩	みろくぼさつ	×	彌勒菩薩	序品	23③	仏菩薩名	19⑤			
弥勒菩薩	みろくぼさつ	×	彌勒菩薩	序品	45①	仏菩薩名	38⑥			
弥勒菩薩	みろくぼさつ	みろく——	彌勒菩薩	從地	832⑤	仏菩薩名	855④			
弥勒菩薩	みろくぼさつ	みろく——	彌勒菩薩	從地	844⑤	仏菩薩名	867③			
弥勒菩薩	みろくぼさつ	みろく——	彌勒菩薩	從地	848③	仏菩薩名	871①			
弥勒菩薩	みろくぼさつ	みろく——	彌勒菩薩	從地	863⑥	仏菩薩名	886⑤			
弥勒菩薩	みろくぼさつ	みろくぼさつ	彌勒菩薩	如來	885④	仏菩薩名	904③			
弥勒菩薩	みろくぼさつ	みろくぼさつ	彌勒菩薩	分別	921⑥	仏菩薩名	940⑥			
弥勒菩薩	みろくぼさつ	みろく——	彌勒菩薩	分別	929①	仏菩薩名	947⑤			
弥勒菩薩	みろくぼさつ	みろく——	彌勒菩薩	分別	936③	仏菩薩名	955③			
弥勒菩薩	みろくぼさつ	×	彌勒菩薩	随喜	969②	仏菩薩名	987③			
弥勒菩薩	みろくぼさつ	×	彌勒菩薩	随喜	970①	仏菩薩名	988⑤			
弥勒菩薩	みろくぼさつ	みろく——	彌勒菩薩	普賢	1324④	仏菩薩名	1329①			みろくほさつ[妙]
弥勒菩薩摩訶薩	みろくぼさつまかさつ	みろく——	彌勒菩薩	從地	855①	仏菩薩名	877⑥			
弥勒菩薩摩訶薩	みろくぼさつまかさつ	みろく—————	彌勒菩薩摩訶薩	從地	833⑤	仏菩薩名	856④			
愍	みん	あはれみ/かなしむィ	愍	五百	599②	単漢名	607⑤		めぐん[西右]	
愍哀	みんあい	みんあい	愍哀	化城	496③	漢名	499①		—して[西右]	
民衆	みんじゅ	みんしゆ	民衆	譬喩	229②	漢名	198③			
愍念	みんねん	みんねん/あはれむ心	愍念	譬喩	264⑤	漢名	236①	みんねん/あわれみおもひ[妙]	—し[西右]	
愍念し	みんねんし	みんねん	愍念	陀羅	1254⑤	漢サ動	1266②	みんねん・し/あはれみ[妙]		
愍念し	みんねんし	みんねん	愍念	陀羅	1258③	漢サ動	1269⑥	みんねん・し/あはれみおもひ[妙]		
愍念し	みんねんし	みんねん	愍念	妙荘	1299④	漢サ動	1307②	みんねん・し/あはれみおもひ[妙]		
愍念する	みんねんする	みんねん	愍念	法師	632③	漢サ動	644①			
愍念せ	みんねんせ	みんねん	愍念	妙荘	1275③	漢サ動	1285⑤	みんねん・し/あはれみおもふ[妙]	愍念し	愍念し
無	む	む	無	安樂	774①	単漢名	794④	む/なき[妙]		
無為	むい	むい/ほつしやう	無爲	安樂	773①	漢名	793④		—と[西右]	無爲(むゐ)[妙]
無畏	むい	むい	無畏	方便	106④	漢名	93④	むい/をそれなき[妙]		
無畏	むい	むゐ	無畏	譬喩	265④	漢名	236⑥	むゐ/をそれなき[妙]		
無畏	むい	—ゐ	無畏	譬喩	266⑥	漢名	238①	むゐ/をそれなき[妙]		
無畏	むい	むゐ	無畏	觀世	1215②	漢名	1228④	むゐ/おそれなき[妙]		
無畏	むい	むゐ	無畏	觀世	1230②	漢名	1243⑤	むい/おそれなき[妙]		
無有生	むうしょう	—うしやう	無有生	如來	892⑥	漢名	×			
無縁三昧	むえんざんまい	むゑ{え}ん——	無縁三昧	妙音	1168③	漢四熟名	1184⑤			むゑんさんまい[妙]
無厭足	むえんそく	むゑんそく	無厭足	陀羅	1262④	漢名	1274①			むけんぞく[妙]
無央數劫	むおうじゅごう	むわうしゆこふ	無央數劫	見寶	685⑥	漢四熟名	703③	むあふしゆこう/かすもしらぬとし[妙]		
むかひ	むかい	×	向	譬喩	276③	和動	247⑤			
むかひ	むかい	×	向	信解	322⑥	和動	298③			
むかひ	むかい	×	向	信解	324④	和動	300④			
むかひ	むかい	×	向	法師	629④	和動	640⑥			
むかひ	むかい	×	向	勸持	740③	和動	759①			
むかひ	むかい	×	向	勸持	754④	和動	774①			
むかひ	むかい	×	向	從地	823⑤	和動	846①			
むかひ	むかい	×	向	從地	834②	和動	857④			
むかひ	むかい	×	向	分別	929③	和動	948⑤			

当該語	読みかな	傍訓	漢字表記	品名	頁数	語の種類	妙一本	和解語文	可読	異同語彙
むかひ	むかい	×	向	法功	1030⑤	和動	1049③			
むかひ	むかい	×	向	神力	1092②	和動	1110⑤		むかて[西右]	むかひて[妙]
むかひ	むかい	×	向	囑累	1110⑤	和動	1129③			
むかひ	むかい	×	向	觀世	1208④	和動	1221④			
むかひ	むかい	×	向	陀羅	1248②	和動	1260③			
むかひ	むかい	×	向	妙莊	1281②	和動	1290⑥			
むかふ	むかう	×	向	普賢	1336④	和動	1339④			
むかへ	むかえ	×	向	普賢	1323②	和動	1327⑥			
無學	むがく	むがく	無學	序品	6④	漢名	5②	むかく／かくしたる[妙]		
無学	むがく	むがく	無學	譬喩	236④	漢名	205⑤	むかく／かくしたる[妙]		
無學	むがく	むがく	無學	授學	603①	漢名	611⑤	むかく／かくしたる[妙]		
無学	むがく	×	無學	授學	616③	漢名	626②			
無学	むがく	×	無學	授學	620④	漢名	630⑤		一に[西右]	
無学	むがく	×	無學	授學	616⑥	漢名	626⑤			
無學	むがく	むがく	無學	勸持	740①	漢名	758⑤	むかく／かくしたる[妙]		
無學	むがく	むがく	無學	勸持	741③	漢名	760④			
無學	むがく	×	無學	勸持	743②	漢名	762②			
無學	むがく	むがく	無學	藥王	1146③	漢名	1164④		一と[西右]	むかく[妙]
むかし	むかし	×	曾	序品	27⑤	和時候名	23⑤			
むかし	むかし	×	曾	方便	87⑤	和時候名	76⑥			
むかし	むかし	×	曾	方便	95②	和時候名	84⑥			
むかし	むかし	×	曾	方便	112④	和時候名	98⑤			
むかし	むかし	×	曾	方便	185⑥	和時候名	159③			
むかし	むかし	×	曾	譬喩	312①	和時候名	285③			
むかし	むかし	×	已曾	方便	118②	和時候名	103④			
むかし	むかし	×	已曾	譬喩	299①	和時候名	271④			
むかし	むかし	×	宿	觀世	1218⑥	和時候名	1232②			
むかし	むかし	×	昔	方便	105①	和時候名	92①			
むかし	むかし	×	昔	方便	152④	和時候名	132③			
むかし	むかし	×	昔	譬喩	205①	和時候名	172①			
むかし	むかし	×	昔	譬喩	207④	和時候名	174⑥			
むかし	むかし	×	昔	譬喩	209②	和時候名	176⑥			
むかし	むかし	×	昔	譬喩	219②	和時候名	188②			
むかし	むかし	×	昔	譬喩	232②	和時候名	201⑤			
むかし	むかし	×	昔	譬喩	233②	和時候名	202⑤			
むかし	むかし	×	昔	譬喩	233⑤	和時候名	203⑤			
むかし	むかし	×	昔	譬喩	236①	和時候名	205⑤			
むかし	むかし	×	昔	信解	344③	和時候名	325③			
むかし	むかし	×	昔	信解	350⑤	和時候名	333②			
むかし	むかし	×	昔	信解	351④	和時候名	334②			
むかし	むかし	×	昔	信解	364①	和時候名	349④			
むかし	むかし	×	昔	信解	364⑥	和時候名	350③			
むかし	むかし	×	昔	化城	465②	和時候名	461⑤			
むかし	むかし	×	昔	化城	466②	和時候名	463①			
むかし	むかし	×	昔	化城	473②	和時候名	471⑥			
むかし	むかし	×	昔	化城	474④	和時候名	473③			
むかし	むかし	×	昔	化城	482③	和時候名	482④			
むかし	むかし	×	昔	化城	487⑥	和時候名	489①			
むかし	むかし	×	昔	化城	491③	和時候名	493②			
むかし	むかし	×	昔	化城	492⑤	和時候名	495①			
むかし	むかし	×	昔	化城	496④	和時候名	499③			
むかし	むかし	×	昔	化城	506②	和時候名	510⑤			
むかし	むかし	×	昔	化城	511⑥	和時候名	517①			
むかし	むかし	×	昔	化城	532⑥	和時候名	538③			
むかし	むかし	×	昔	化城	540①	和時候名	545⑥			
むかし	むかし	×	昔	五百	577③	和時候名	582①			
むかし	むかし	×	昔	五百	591②	和時候名	599①			
むかし	むかし	×	昔	法師	624①	和時候名	635①			
むかし	むかし	×	昔	法師	638②	和時候名	650④			
むかし	むかし	×	昔	從地	833①	和時候名	855⑥			
むかし	むかし	×	昔	從地	834④	和時候名	857③			
むかし	むかし	×	昔	從地	839⑥	和時候名	862⑤			
むかし	むかし	×	昔	從地	846⑥	和時候名	869④			
むかし	むかし	×	昔	從地	848⑥	和時候名	871⑤			

当該語	読みかな	傍訓	漢字表記	品名	頁数	語の種類	妙一本	和解語文	可読	異同語彙
むかし	むかし	×	昔	從地	864②	和時候名	887①			
むかし	むかし	×	昔	分別	929⑤	和時候名	948③			
むかし	むかし	×	昔	分別	935⑥	和時候名	954③			
むかし	むかし	×	昔	妙音	1188⑥	和時候名	1203③			
むかし	むかし	×	昔	妙莊	1298⑥	和時候名	1306⑤			
むかし	むかし	×	昔曾	譬喩	218⑤	和時候名	187③			
むかし	むかし	×	適曾	藥王	1130②	和時候名	1148⑤			
むかし	むかし	×	已曾	序品	21①	和時候名	17③			
むかし	むかし	×	已曾	方便	116④	和時候名	102①			
むかし	むかし	×	嘗	序品	46①	和時候名	39⑥			
むかは	むかわ	×	向	從地	861④	和動	884③			
無形	むぎょう	一ぎゃう	無形	隨喜	973②	漢名	991②			
無垢清淨	むくせいじょう	一く一一	無垢清淨	觀世	1243⑥	漢四熟名	1256②	むくしやうべ／あかなき[妙]		
無垢世界	むくせかい	むく一かいハ	無垢世界	提婆	736⑥	漢四熟名	755③			
牟究隸二十七	むくれい	むくれい	牟究隸二十七	陀羅	1252⑥	仏梵語名	1264③			むきうれい[妙]
無导	むげ	むげ／さはりなき心	無导	譬喩	314⑥	仏数名	288⑥	むげ／さわりなき[妙]		無礙(むげ)[妙]
無导	むげ	一げ	無导	藥草	397②	仏数名	383②	むけ／さわりなき[妙]		
無导	むげ	むげ	無导	授學	611④	漢名	621①	むけ／さはりなき[妙]		無礙(むけ)[妙]
一無导	むげ	×	一無导	提婆	728②	仏数名	746②	むげ／さわりなき[妙]		
無导	むげ	むけ	無导	安樂	767⑥	漢名	788①		一し[西右]	無礙(むけ)[妙]
無價	むげ	むけ	無價	序品	37①	漢名	32③			
無價	むげ	むけ／あたひかさりなき	無價	五百	590⑥	漢名	597③	むけ／あたいもしらぬ[妙]		
無價	むげ	一け	無價	五百	592②	漢名	599③	むけ／あたいもしらぬ[妙]		
無價	むげ	一げ	無價	五百	597②	漢名	605③	むけ／あたいもしらぬ[妙]		
無價	むげ	一け	無價	五百	598②	漢名	606③			
無價	むげ	むけ	無價	分別	928①	漢名	946⑤	むけ／あたいもしらぬ[妙]		
無價	むげ	むけ／あたひしらす	無價	分別	934⑤	漢名	953③			
無礙	むげ	一げ	無礙	方便	89⑤	仏数名	78⑤	むけ／さわりなき[妙]	一と[西右]	
無礙	むげ	さはりなくしてィ一け	無礙	神力	1093④	仏数名	1112②			むげ[妙]
無导樂説	むげぎょうせつ	一げげうせつ	無导樂説	分別	930⑤	仏四熟数名	949③		ーーのーー[西右]	無礙樂説万億(むけけうせつまんをく)[妙]
無导智	むげち	むけち	無导智	化城	450⑥	仏数名	444⑥	むけち／さわりなききさとり[妙]		無礙智[妙]
某甲	むこう	むかう／それかしといひき	某甲	信解	344③	漢人称代名	325②	むかう／それかし[妙]		
某甲	むこう	むかう	某甲	五百	587⑤	漢人称代名	593⑥	むかう／それかし[妙]		
某甲	むこう	むかう／それがし	某甲	見寶	678④	漢人称代名	695③	むかう／それかし[妙]		
無根	むこん	一こん	無根	法功	1019②	漢名	1038①	むこん／ろこんなき[妙]	一か[西右]	
無作	むさ	むさう	無作	信解	319④	漢名	294②	むさ／しことなしと[妙]		
无際	むさい	むさい／きはなる心	无際	方便	89⑥	漢数名	78⑥		きはなし[西右]	無際(むさい)[妙]
むさぼら	むさぼら	×	貪	提婆	712③	和動	730①			
むさぼりおしむ	むさぼりおしむ	×	貪惜	信解	330②	和複動	307③			
むさほる	むさぼる	×	貪	譬喩	260④	和動	231⑤			
むさぼる	むさぼる	×	貪	勸持	753⑥	和動	773②			
むし	むし	×	蟲	譬喩	272④	和虫類名	243⑤			
無識	むしき	むしき／しらす	無識	信解	353⑥	漢名	336⑤	むしき／さとりなく[妙]		
無師智	むしち	むしち	無師智	譬喩	264④	漢名	235⑥	むしち／しなくしてしる[妙]	一と[西右]	
無數	むしゅ	一しゆ	無數	序品	39①	漢数名	33④			

当該語	読みかな	傍訓	漢字表記	品名	頁数	語の種類	妙一本	和解語文	可読	異同語彙
無數	むしゅ	一しゆ	無數	序品	71④	漢数名	62④			
無數	むしゅ	一しゆ	無數	序品	80③	漢数名	70⑤	むしゆ／かすもしらぬ[妙]		
無數	むしゅ	一しゆ	無數	序品	82⑤	漢数名	72④	むしゆ／かすもしらぬ[妙]		
無數	むしゅ	一しゆ	無數	方便	88⑥	漢数名	78①	むしゆ／かすもしらぬ[妙]		
無數	むしゅ	一しゆ	無數	方便	93①	漢数名	81⑤	むしゆ／かすもしらぬ[妙]		
無數	むしゅ	一しゆ	無數	方便	97⑥	漢数名	×			
無數	むしゅ	×	無數	方便	98①	漢数名	86①			
無數	むしゅ	むしゆ	無數	方便	124②	漢数名	109①			
無數	むしゅ	一しゆ	無數	方便	158①	漢数名	137①	むしゆ／かすもしらぬ[妙]		
無數	むしゅ	むしゆ	無數	方便	167④	漢数名	144③			
無數	むしゅ	一しゆ	無數	方便	168⑤	漢数名	145③	むしゆ／かすもしらぬ[妙]		
無數	むしゅ	むしゆ	無數	譬喩	227①	漢数名	196②	むしゆ／かすもしらす[妙]		
無數	むしゅ	むしゆ	無數	譬喩	228③	漢数名	197④	むしゆ／かすもしらぬ[妙]		
無數	むしゅ	むしゆ	無數	譬喩	231③	漢数名	200⑤	むしゆ／かすもしらぬ[妙]		
無數	むしゅ	一しゆ	無數	信解	323⑤	漢数名	299④			
無數	むしゅ	一しゆ	無數	藥草	412⑥	漢数名	401①	むしゆ／かすもしらぬ[妙]		
無數	むしゅ	むしゆ	無數	授記	418①	漢数名	406①			
無數	むしゅ	一しゆ	無數	授記	444②	漢数名	436①			
無數	むしゅ	むしゆ	無數	五百	575③	漢数名	579⑥			
無數	むしゅ	×	無數	五百	580⑥	漢数名	586①	むしゆ／かすもしらぬ[妙]		
無數	むしゅ	×	無數	授學	608②	漢数名	617③	むしゆ／かすもしらぬ[妙]		
無數	むしゅ	×	無數	法師	635⑤	漢数名	647⑥	むしゆ／かすもしらす[妙]		
無數	むしゅ	×	無數	見寶	657②	漢数名	671①	むしゆ／かすもしらぬ[妙]		
無數	むしゅ	むしゆ／かすもしらぬ	無數	見寶	692②	漢数名	710③			
無數	むしゅ	むしゆ	無數	提婆	718⑥	漢数名	736⑥			
無數	むしゅ	一しゆ	無數	從地	855②	漢数名	877⑥			
無數	むしゅ	×	無數	分別	930④	漢数名	948⑤			
無數	むしゅ	×	無數	分別	933⑤	漢数名	952③			
無數	むしゅ	一しゆ	無數	法功	1002④	漢数名	1021①	むしゆ／かすもしらぬ[妙]		
無數	むしゅ	×	無數	常不	1080①	漢数名	1098④	むしゆ／かすもしらぬ[妙]		
無數	むしゅ	×	無數	常不	1081①	漢数名	1099④			むしゆ[妙]
無數	むしゅ	むしゆ	無數	神力	1098④	漢数名	1117③			むしゆ[妙]
無數	むしゅ	×	無數	藥王	1136⑥	漢数名	1155①			むしゆ[妙]
無數	むしゅ	×	無數	普賢	1306⑥	漢数名	1313④			むしゆ[妙]
无數	むしゅ	一しゆ	无數	方便	87⑤	漢数名	77①			
無數百一千万億阿僧祇	むしゅいちせんまんをくあそうぎ	×	無數百一千万億阿僧祇	方便	112⑤	仏数名	98④	むしゆひやくせんまんをくあそうき／かすもしらぬ[妙]		
無數億	むしゅおく	一しゆおく	無數億	序品	66⑤	仏数名	58②	むしゆをく／かすもしらぬ[妙]		
無數億	むしゅおく	一しゆおく	無數億	如來	910⑥	仏数名	929⑥			
無數億万	むしゅおくまん	むしゆおく一	無數億万	序品	26④	仏四熟数名	22④	むしう――／かすもしらぬ――[妙]		
無數劫	むしゅごう	一しゆこう	無數劫	方便	158①	仏数名	136⑤	むしゆこう／かすもしらぬとし[妙]		
無數劫	むしゅごう	むしゆこう	無數劫	譬喩	303①	仏数名	275③			
無數劫	むしゅごう	一しゆこう	無數劫	譬喩	308⑥	仏数名	281④	むしゆこう／かすもしらぬとしの[妙]		
無數劫	むしゅごう	一しゆこう	無數劫	授記	419①	仏数名	407⑥	むしゆこう／かすもしらぬとし[妙]	一しゆのこう[西右]	

むし 699

当該語	読みかな	傍訓	漢字表記	品名	頁数	語の種類	妙一本	和解語文	可読	異同語彙
無數劫	むしゆごう	ーしゆこう	無數劫	從地	852①	仏数名	874⑤			
無數劫	むしゆごう	むしゆこう	無數劫	如來	918②	仏数名	937①			
無數劫	むしゆごう	×	無數劫	分別	942⑥	仏数名	961②		ーーのー[西右]	
無數恒沙	むしゆごうしゃ	むしゆこうじや	無數恒沙	序品	40②	仏四熟数名	34⑤			
無數千万	むしゆせんまん	ーしゆーー	無數千万	化城	541①	仏四熟数名	546⑥			
無數千万億	むしゆせんまんおく	×	無數千万億	見寶	667④	仏数名	682⑤	むしゆせんまんをく／かすしらす		
無數千万億種	むしゆせんまんおくしゆ	ーしゆーおくしゆ	無數千万億種	藥草	392⑥	仏数名	378④	むしゆせんまんをくしゆ／かすもしらぬ[妙]		
無數千万億那由他	むしゆせんまんおくなゆた	ーしゆーーおくなゆた	無數千万億那由他	授記	428④	仏数名	418⑥			
無數百千	むしゆひやくせん	むしゆーーー	無數百千	序品	8④	仏四熟数名	6⑥	むしゆひやくせん／かすもしらぬー[妙]		
無數菩薩	むしゆぼさつ	むしゆーー	無數菩薩	提婆	723⑤	仏菩薩名	741⑥	むしゆのほさつ／かすもしらぬー[妙]	ーーのーー[西右]	
無數万億	むしゆまんおく	ーしゆーーおく	無數万億	授記	430②	仏四熟数名	420⑥	むしゆまんをく／かすもしらぬ[妙]		
無所畏	むしょい	ーしよい	無所畏	方便	89⑤	漢名	78⑤	むしよい／ーをそるゝところなし[妙]	ーと[西右]	
無所畏	むしょい	ーしよい	無所畏	方便	92⑤	漢名	81③	むしよい／をそるゝところなし[妙]	ーと[西右]	
無所畏	むしょい	むしよい	無所畏	譬喩	254①	漢名	224⑥	むしよい／おそるゝところなき[妙]		
無所畏	むしょい	むしよい	無所畏	譬喩	258①	漢名	229②	むじよい／をそるゝところなき[妙]		
無所畏	むしょい	むしよい	無所畏	譬喩	259③	漢名	230⑤	むしよい／おそるゝところなく[妙]		
無所畏	むしょい	むしよゐ	無所畏	譬喩	264④	漢名	236①	むしよい／おそるゝところなき[妙]	ーと[西右]	
無所畏	むしょい	むしよゐ	無所畏	譬喩	269③	漢名	240④			
無所畏	むしょい	むしよい	無所畏	安樂	770⑤	漢名	790⑥	むしよい／をそるゝところなき[妙]		
無所畏	むしょい	×	無所畏	法功	996③	漢名	1015①	むしよう／をそるゝところなき[妙]	無所有(むしよう)をそるゝところなき[妙]	むしよう(むしよう)をそるゝところなき[妙]
無障	むしょう	むしやう	無障	安樂	767⑥	漢名	788①	むしやう／さはりなき[妙]		
無性	むしょう	ーしやう	無性	方便	172①	漢名	148②	むしやう／しやうなき[妙]	ーなし[西右]	
茂盛	むしょう	むしやう／さかん・しげくさかり	茂盛	序品	38②	漢名	32⑥			
無上	むじょう	×	無上	序品	28②	漢名	24②			
無上	むじょう	×	無上	方便	181①	漢名	155④			
無上	むじょう	×	無上	譬喩	218②	漢名	186⑥			
無上	むじょう	×	無上	信解	353③	漢名	336④			
無上	むじょう	むー	無上	信解	374①	漢名	361②	むしやう／かみなき[妙]		
無上	むじょう	×	無上	授記	419⑤	漢名	408⑤			
無上	むじょう	×	無上	授記	424②	漢名	414④			
無上	むじょう	×	無上	化城	461②	漢名	457②			
無上	むじょう	むー	無上	化城	489⑥	漢名	491④	むしやう／かみなき[妙]		
無上	むじょう	×	無上	化城	534④	漢名	540②			
無上	むじょう	×	無上	化城	538②	漢名	544①			
無上	むじょう	×	無上	五百	586⑤	漢名	592③			

当該語	読みかな	傍訓	漢字表記	品名	頁数	語の種類	妙一本	和解語文	可読	異同語彙
無上	むじょう	×	無上	五百	596①	漢名	603⑥			
無上	むじょう	×	無上	五百	599②	漢名	607⑥			
無上	むじょう	×	無上	五百	600①	漢名	608④			
無上	むじょう	×	無上	授學	619③	漢名	629⑤			
無上	むじょう	×	無上	法師	633②	漢名	645①			
無上	むじょう	×	無上	見寶	698⑤	漢名	717⑤			
無上	むじょう	×	無上	安樂	790⑤	漢名	812②			
無上	むじょう	×	無上	安樂	812④	漢名	834⑥			
無上	むじょう	×	無上	從地	851②	漢名	874①			
無上	むじょう	×	無上	從地	854①	漢名	876⑤			
無上	むじょう	×	無上	如來	913⑤	漢名	932⑤			
無上	むじょう	×	無上	分別	933①	漢名	951⑤			
無上	むじょう	×	無上	分別	936④	漢名	955②			
無上	むじょう	×	無上	分別	947⑥	漢名	966④			
無上	むじょう	×	無上	五百	577④	漢名	582③			
無上最大	むじょうさいだい	——さい—	無上最大	譬喩	232⑤	漢四熟名	201⑥			
無上士	むじょうし	むじゃうし	無上士	序品	48①	仏尊号名	41③			
無上士	むじょうし	むじゃうじ	無上士	譬喩	221②	仏尊号名	190①			
無上士	むじょうし	むしゃうし	無上士	藥草	391⑤	仏尊号名	377①			
無上士	むじょうし	むしゃうし	無上士	授記	416③	仏尊号名	404⑤			
無上士	むじょうし	×	無上士	授記	427①	仏尊号名	417③			
無上士	むじょうし	むしゃうし	無上士	授記	435②	仏尊号名	426③			
無上士	むじょうし	×	無上士	授記	440④	仏尊号名	432⑤			
無上士	むじょうし	×	無上士	化城	446①	仏尊号名	438⑥			
無上士	むじょうし	むじゃうじ	無上士	五百	570④	仏尊号名	574④			
無上士	むじょうし	×	無上士	五百	584②	仏尊号名	589⑤			
無上士	むじょうし	×	無上士	授學	604③	仏尊号名	613①			
無上士	むじょうし	×	無上士	授學	613②	仏尊号名	622⑥			
無上士	むじょうし	×	無上士	授學	617⑥	仏尊号名	627⑥			
無上士	むじょうし	むじゃうし	無上士	提婆	716⑥	仏尊号名	734⑥			
無上士	むじょうし	×	無上士	勸持	743②	仏尊号名	762⑥			
無上士	むじょうし	×	無上士	勸持	745⑤	仏尊号名	764④			
無上士	むじょうし	むじゃうじ	無上士	常不	1057⑥	仏尊号名	1076⑤			むしゃうし[妙]
無上士	むじょうし	×	無上士	常不	1060⑥	仏尊号名	1079⑤			
無上士	むじょうし	×	無上士	藥王	1116④	仏尊号名	1134⑥			
無上士	むじょうし	×	無上士	妙音	1166④	仏尊号名	1183①			
無上尊	むじょうそん	×	無上尊	方便	113⑤	仏尊号名	99④		——の—[西右]	
無上尊	むじょうそん	×	無上尊	藥草	405②	仏尊号名	392②	むしゃうそん／ほとけ[妙]		
無上尊	むじょうそん	む—そん	無上尊	化城	460②	仏尊号名	455⑥	むしゃうそん／ほとけ[妙]		
無上大法輪	むじょうだいほうりん	————りん	無上大法輪	譬喩	233④	漢名	202⑤	むしゃうだいほうりん／かみなきおほきなるのりをとき[妙]		
無上道	むしょうどう	×	無上道	序品	30⑤	漢名	26③			
無上道	むしょうどう	×	無上道	序品	31③	漢名	26⑥			
無上道	むしょうどう	×	無上道	序品	38⑤	漢名	33②			
無上道	むしょうどう	×	無上道	序品	39⑤	漢名	34①			
無上道	むしょうどう	×	無上道	序品	73①	漢名	64②			
無上道	むしょうどう	むしゃうだう	無上道	序品	79⑤	漢名	70①			
無上道	むしょうどう	むしゃうだう	無上道	序品	80②	漢名	70④			
無上道	むしょうどう	×	無上道	方便	150②	漢名	130④		——の—と[西右]	
無上道	むしょうどう	×	無上道	方便	168⑤	漢名	145③			
無上道	むしょうどう	×	無上道	方便	187③	漢名	160⑤			
無上道	むしょうどう	×	無上道	譬喩	210⑤	漢名	178③			
無上道	むしょうどう	×	無上道	譬喩	218⑥	漢名	187③			
無上道	むしょうどう	×	無上道	譬喩	227③	漢名	196⑤			
無上道	むしょうどう	×	無上道	譬喩	297③	漢名	270⑤			
無上道	むしょうどう	×	無上道	信解	366⑥	漢名	352⑥			
無上道	むしょうどう	×	無上道	五百	586②	漢名	591⑤			
無上道	むしょうどう	×	無上道	授學	616②	漢名	626①			
無上道	むしょうどう	×	無上道	提婆	717⑤	漢名	735⑤			
無上道	むしょうどう	×	無上道	提婆	732③	漢名	750④			
無上道	むしょうどう	×	無上道	勸持	756②	漢名	776①			
無上道	むしょうどう	×	無上道	安樂	781①	漢名	802②			

むし―むそ 701

当該語	読みかな	傍訓	漢字表記	品名	頁数	語の種類	妙一本	和解語文	可読	異同語彙
無上道	むしょうどう	×	無上道	安樂	815④	漢名	838①			
無上道	むしょうどう	む―たう	無上道	如來	920⑥	漢名	939⑥			
無上道	むしょうどう	×	無上道	分別	941③	漢名	959⑤			
無上道	むしょうどう	×	無上道	分別	943⑤	漢名	962①			
無生忍	むしょうにん	――にん	無生忍	提婆	717⑤	漢名	735⑤			
無生法忍	むしょうほうにん	むしやうほうにん	無生法忍	分別	922③	漢名	941③			
無生法忍	むしょうほうにん	―しやうほうにん	無生法忍	藥王	1155③	漢名	1173②		―と[西右]	むしやうほうにん[妙]
無生法忍	むしょうほうにん	―しやうほうにん	無生法忍	妙音	1201⑥	漢名	1215⑤			むしやうほうにん[妙]
無生法忍	むしょうほうにん	×	無生法忍	陀羅	1271④	漢名	1282③			むしやうほうにん[妙]
無上菩提	むしょうぼだい	むしやうぼだい	無上菩提	提婆	708⑥	漢名	725⑥			
無上菩提	むしょうぼだい	×	無上菩提	提婆	732⑤	漢名	751①			
無生無滅	むしょうむめつ	むしやうむめつ・生もなくめつもなし	無生無滅	信解	369④	漢名	355⑥	むしやうむめつ／うまるゝことなく―[妙]		
無上兩足尊	むしょうりょうそくそん	――りやうぞくそん	無上兩足尊	方便	117④	漢名	103①			
無上輪	むしょうりん	――りん	無上輪	化城	462⑥	漢名	458⑤	むしやうりん／むしやうののりをとき[妙]		
むしろ	むしろ	×	寧	方便	179⑥	和副	154④			むし[妙]
むしろ	むしろ	×	寧	譬喩	251④	和副	221④			
むしろ	むしろ	×	寧	隨喜	976③	和副	994③			
むしろ	むしろ	×	寧	陀羅	1249④	和副	1261⑤			
むしろ	むしろ	×	寧	陀羅	1265③	和副	1276④			
無盡意	むじんい	×	無盡意	觀世	1216②	仏数名	1229③			むしんい[妙]
無盡意	むじんい	×	無盡意	觀世	1219①	仏数名	1232⑤			むしんい[妙]
無盡意	むじんい	×	無盡意	觀世	1220③	仏数名	1233⑤			むしんい[妙]
無盡意	むじんい	×	無盡意	觀世	1221③	仏数名	1234⑤			むしんい[妙]
無盡意	むじんい	×	無盡意	觀世	1229⑥	仏数名	1242⑤			むしんい[妙]
無盡意	むじんい	×	無盡意	觀世	1232④	仏数名	1245②			むしんい[妙]
無盡意	むじんい	×	無盡意	觀世	1234③	仏数名	1247①			むしんい[妙]
無盡意	むじんい	×	無盡意	觀世	1235④	仏数名	1247⑥			むしんい[妙]
無盡意	むじんい	×	無盡為	觀世	1217⑤	仏数名	1231①			むしんい[妙]
無盡為	むじんい	―じんい	無盡為	觀世	1219⑤	仏数名	1233①			むしんい[妙]
無盡意菩薩	むじんいぼさつ	×	無盡意菩薩	觀世	1208②	仏菩薩名	1221②			むじんいほさつ[妙]
無盡意菩薩	むじんいぼさつ	×	無盡意菩薩	觀世	1209①	仏菩薩名	1222①			むしんいほさつ[妙]
無盡意菩薩	むじんいぼさつ	×	無盡意菩薩	觀世	1221⑤	仏菩薩名	1235②			むしんいほさつ[妙]
無盡意菩薩	むじんいぼさつ	×	無盡意菩薩	觀世	1222③	仏菩薩名	1235⑤			むしんいほさつ[妙]
無盡意菩薩	むじんいぼさつ	×	無盡意菩薩	觀世	1231②	仏菩薩名	1244①			むしんいほさつ[妙]
無盡意菩薩	むじんいぼさつ	×	無盡意菩薩	觀世	1233①	仏菩薩名	1245⑥		―と[西右]	むしんいほさつ[妙]
無盡意菩薩	むじんいぼさつ	×	無盡意菩薩	觀世	1234②	仏菩薩名	1247③			むしんいほさつ[妙]
むすめ	むすめ	×	女	提婆	727②	和人倫名	745③			
女	むすめ	むすめ	女	提婆	730②	和人倫名	748③	によ／をんな[妙]		
女	むすめ	むすめ	女	提婆	730④	和人倫名	748④	りうわうによ／りうわうのむすめ[妙]		竜王女[妙]
女	むすめ	×	女	提婆	734⑤	和人倫名	753①			女(によ)[妙]
女	むすめ	×	女	安樂	772①	和人倫名	792④	によ／をんな[妙]		
女	むすめ	×	女	觀世	1218④	和人倫名	1232③	によ／おんなこ[妙]		
無想	むそう	×	無想	隨喜	973②	漢名	991②			
無相	むそう	むさう	無相	信解	319④	漢名	294④	むさう／さうもなく[妙]		
無相	むそう	むさう・相もなし	無相	安樂	767⑤	漢名	787⑥	むさう／さうなき[妙]		

当該語	読みかな	傍訓	漢字表記	品名	頁数	語の種類	妙一本	和解語文	可読	異同語彙
無足	むそく	むそく／あしなし	無足	譬喩	305⑤	漢身体名	278①	むそく／あしなへ[妙]		
無足	むそく	一そく	無足	随喜	973②	漢身体名	991③			
無大無小	むだいむしょう	むたいむせう・大もなく小もなし	無大無小	信解	369④	漢四熟名	356①			
無知	むち	一ち	無知	譬喩	311③	漢名	284④			無智[西]
無知	むち	一ち	無知	信解	346⑤	漢名	328②	むち／しるところなく[妙]		
無知	むち	むち	無知	藥草	400①	漢名	386⑥			
無知	むち	×	無知	五百	599③	漢名	607⑥			無智(むち)[妙]
無智	むち	×	無智	方便	153②	漢名	132⑥			
無智	むち	×	無智	五百	589②	漢名	596③			
無智	むち	×	無智	五百	596②	漢名	604④			
無智	むち	×	無智	勸持	751②	漢名	770⑥	むち／ちゑなき[妙]		
無智	むち	一ち	無智	常不	1064④	漢名	1083②			むち[妙]
無等	むとう	むとう	無等	方便	154⑥	漢名	134②			
無等等阿耨多羅三藐三菩提心	むとうどうあのくたらさんみゃくさんぼうだい	×	無等等阿耨多羅三藐三菩提心	觀世	1247③	仏名	1259④		ーーのー[西右]	むとうとうあのくたらさんみゃくさんほたいしん[妙]
むなしから	むなしから	×	虚	譬喩	261①	和形	232③			
むなしから	むなしから	×	虚	信解	370⑤	和形	357③			
むなしから	むなしから	×	虚	藥草	387③	和形	372④			
むなしから	むなしから	×	虚	如來	892④	和形	911⑤			
むなしから	むなしから	×	虚	如來	899③	和形	918③		虚にあらず[西右]	
むなしから	むなしから	×	虚	如來	918⑥	和形	937⑤			
むなしから	むなしから	×	虚	藥王	1138⑥	和形	1157①			
むなしから	むなしから	×	虚	普賢	1333④	和形	1337①			
むなしく	むなしく	×	空	化城	479②	和形	478④			
むなしく	むなしく	×	空	化城	496②	和形	499③			
むなしく	むなしく	×	空	觀世	1236④	和形	1248⑥			
むなしく	むなしく	×	空	普賢	1334①	和形	1337⑤			
むね	むね	×	棟	譬喩	239④	和家屋名	209①			
むね	むね	×	棟	譬喩	270⑥	和家屋名	242②			
むね	むね	×	棟	譬喩	277①	和家屋名	248⑤			
無分別	むふんべつ	×	無分別	方便	188②	漢名	161③	むふんへつ／わかつことなき[妙]	一なり[西右]	
無邊	むへん	むへん	無邊	安樂	767⑥	仏数名	788①	むへん／ほとりなく[妙]	一し[西右]	
無邊	むへん	一へん・ほとりなき	無邊	分別	933②	仏数名	952②			
無邊	むへん	一へん	無邊	分別	965②	仏数名	983⑥	むへん／ほとりもなき[妙]		
無邊	むへん	一へん	無邊	觀世	1241②	仏数名	1253⑤			むへん[妙]
無邊阿僧祇	むへんあそうぎ	×	無邊阿僧祇	囑累	1113④	仏数名	1132⑤	むりやうあそうぎ[妙]		
無邊行	むへんぎょう	一へん一	無邊行	從地	826④	仏数名	849⑥			
無名	むみょう	むみやう・名もなく	無名	安樂	767⑤	漢名	787⑥	むみょう／なき[妙]		
無明	むみょう	むみやう／あきらかならす	無明	譬喩	253⑥	漢名	224⑤	むみやう／くらく[妙]		
無明	むみょう	むみやう	無明	化城	502④	漢名	506③	むみやう／あきらならさる[妙]		
無明	むみょう	むみやう	無明	化城	503②	漢名	507②	むみやうめつ／まとひつきぬ[妙]		
無明	むみょう	むみやう	無明	化城	534⑥	漢名	540④			
貿易す	むやくす	むやく／うながへん	貿易	五百	592⑥	漢サ動	600①	むやく・す／あきないかう[妙]		
無餘涅槃	むよねはん	一よねはん	無餘涅槃	序品	60②	仏四熟数名	52④	むよねはん／ほとけのねはん[妙]		
無餘涅槃	むよねはん	むよねはん	無餘涅槃	序品	61④	仏四熟数名	53⑤			
無餘涅槃	むよねはん	むよねはん	無餘涅槃	方便	168⑥	仏四熟数名	145③			
無量	むりょう	×	無量	序品	8③	漢名	6⑥			
無量	むりょう	×	無量	序品	21①	漢名	17④			
無量	むりょう	×	無量	序品	27①	漢名	23②			
無量	むりょう	×	無量	序品	33⑤	漢名	28⑥			
無量	むりょう	×	無量	序品	42③	漢名	36④			

むそ—むり 703

当該語	読みかな	傍訓	漢字表記	品名	頁数	語の種類	妙一本	和解語文	可読	異同語彙
無量	むりょう	×	無量	序品	66④	漢名	58②	むりやう／はかりもなき[妙]		
無量	むりょう	×	無量	序品	77⑥	漢名	68④	むりやう／はかりなき[妙]		
無量	むりょう	×	無量	序品	78⑥	漢名	69③			
無量	むりょう	×	無量	序品	79③	漢名	69⑤			
無量	むりょう	×	無量	序品	81③	漢名	71③			
無量	むりょう	×	無量	方便	87⑥	漢名	77②	むりやう／はかりなき[妙]		
無量	むりょう	×	無量	方便	89④	漢名	78④	むりやう／はかりなく[妙]	—と[西右]	
無量	むりょう	×	無量	方便	114①	漢名	99⑤	むっりやう／はかりもなきしゆしやう[妙]		
無量	むりょう	×	無量	方便	118①	漢名	103③	むりやう／はかりなき[妙]		
無量	むりょう	×	無量	方便	142③	漢名	124②	むりやう／はかりなき[妙]		
無量	むりょう	×	無量	方便	144②	漢名	125⑤			
無量	むりょう	×	無量	方便	146③	漢名	127③			
無量	むりょう	×	無量	方便	151⑥	漢名	131⑤			
無量	むりょう	×	無量	方便	158①	漢名	136⑤			
無量	むりょう	×	無量	方便	159①	漢名	137③			
無量	むりょう	×	無量	方便	165⑤	漢名	142⑥			
無量	むりょう	×	無量	方便	168③	漢名	145②			
無量	むりょう	×	無量	方便	170③	漢名	146⑥	むりやう／はかりなき[妙]		
無量	むりょう	×	無量	譬喩	205④	漢名	172⑥	むりやうの／はかりもなくしりみること[妙]		
無量	むりょう	×	無量	譬喩	215⑥	漢名	184②	むりやう／はかりなき[妙]		
無量	むりょう	×	無量	譬喩	227①	漢名	196①	むりやう／はかりなき[妙]		
無量	むりょう	×	無量	譬喩	231②	漢名	200③			
無量	むりょう	×	無量	譬喩	238⑥	漢名	208②			
無量	むりょう	×	無量	譬喩	249④	漢名	219③	むりやう／はりなく[妙]		
無量	むりょう	×	無量	譬喩	250③	漢名	220③			
無量	むりょう	むりやう	無量	譬喩	253⑥	漢名	224⑥			
無量	むりょう	×	無量	譬喩	262②	漢名	233⑤			
無量	むりょう	×	無量	譬喩	264⑤	漢名	236①			
無量	むりょう	×	無量	譬喩	269③	漢名	240④			
無量	むりょう	×	無量	信解	321④	漢名	297①			
無量	むりょう	むりやう	無量	信解	323②	漢名	299①			
無量	むりょう	むりやう	無量	信解	373①	漢名	360②			
無量	むりょう	×	無量	信解	375⑤	漢名	363③			
無量	むりょう	×	無量	信解	377⑤	漢名	365④			
無量	むりょう	×	無量	藥草	393⑥	漢名	379②			
無量	むりょう	×	無量	藥草	401④	漢名	388②	むりやう／はかりなく[妙]		
無量	むりょう	×	無量	授記	416①	漢名	404②			
無量	むりょう	×	無量	授記	429②	漢名	419⑤			
無量	むりょう	×	無量	授記	431①	漢名	421⑥	むりやう／はかりもなき[妙]		
無量	むりょう	×	無量	授記	432①	漢名	422⑥			
無量	むりょう	×	無量	授記	441④	漢名	433④			
無量	むりょう	×	無量	授記	443⑥	漢名	436③			
無量	むりょう	×	無量	化城	470②	漢名	467⑤			
無量	むりょう	×	無量	化城	487⑥	漢名	489②			
無量	むりょう	×	無量	化城	490②	漢名	491⑥			
無量	むりょう	×	無量	化城	537①	漢名	542⑥			
無量	むりょう	×	無量	五百	569④	漢名	573③			
無量	むりょう	×	無量	五百	573④	漢名	577⑥	むりやう／はかりもなき[妙]		
無量	むりょう	×	無量	五百	575⑤	漢名	580③			
無量	むりょう	×	無量	五百	582①	漢名	587③			
無量	むりょう	×	無量	五百	585④	漢名	591①			
無量	むりょう	×	無量	五百	596④	漢名	604③			

当該語	読みかな	傍訓	漢字表記	品名	頁数	語の種類	妙一本	和解語文	可読	異同語彙
無量	むりょう	×	無量	授學	612①	漢名	621⑤	むりやう／はかりもなき[妙]		
無量	むりょう	×	無量	法師	621③	漢名	632②			
無量	むりょう	×	無量	法師	635①	漢名	647①			
無量	むりょう	×	無量	法師	635⑥	漢名	648①	むりやう／はかりもなき[妙]		
無量	むりょう	×	無量	見寶	686④	漢名	704①			
無量	むりょう	×	無量	見寶	687④	漢名	705①			
無量	むりょう	×	無量	見寶	692⑥	漢名	711③			
無量	むりょう	×	無量	見寶	696⑥	漢名	715⑤			
無量	むりょう	むりやう	無量	提婆	709⑤	漢名	726⑤			
無量	むりょう	×	無量	提婆	717④	漢名	735④	むりやう／はかりもなき[妙]		
無量	むりょう	×	無量	提婆	718⑤	漢名	736⑤	むりやう／はかりなき[妙]		
無量	むりょう	×	無量	提婆	723①	漢名	741②		一にして[西右]	
無量	むりょう	×	無量	提婆	725③	漢名	743④			
無量	むりょう	×	無量	提婆	736④	漢名	755①			
無量	むりょう	×	無量	提婆	736⑤	漢名	755②			
無量	むりょう	むりやう	無量	安樂	767⑥	漢名	787⑥	むりやう／はかりなく[妙]	一し[西右]	
無量	むりょう	×	無量	安樂	781③	漢名	802②			
無量	むりょう	×	無量	安樂	791②	漢名	812⑤			
無量	むりょう	×	無量	安樂	795⑤	漢名	817②	むりやう／ほ{は}かりもなき[妙]		
無量	むりょう	むりやう	無量	安樂	812②	漢名	834④			
無量	むりょう	×	無量	安樂	815⑥	漢名	838④			
無量	むりょう	×	無量	從地	820④	漢名	842⑤			
無量	むりょう	×	無量	從地	857③	漢名	880②	むりやう／はかりもなき[妙]		
無量	むりょう	×	無量	從地	870①	漢名	893①			
無量	むりょう	×	無量	如來	917④	漢名	936③			
無量	むりょう	×	無量	如來	918②	漢名	937①	むりやう／いのち[妙]		
無量	むりょう	×	無量	分別	928⑤	漢名	947③			
無量	むりょう	×	無量	分別	936①	漢名	954⑤			
無量	むりょう	×	無量	分別	955③	漢名	974①			
無量	むりょう	×	無量	分別	961⑤	漢名	980②			
無量	むりょう	×	無量	分別	965③	漢名	983⑤			
無量	むりょう	×	無量	随喜	977①	漢名	995③			
無量	むりょう	×	無量	随喜	987②	漢名	1005④			
無量	むりょう	×	無量	随喜	989④	漢名	1007⑥			
無量	むりょう	×	無量	法功	1044②	漢名	1063①			
無量	むりょう	×	無量	法功	1045⑥	漢名	1064①			
無量	むりょう	×	無量	法功	1045⑥	漢名	1064⑧			
無量	むりょう	×	無量	常不	1080②	漢名	1098⑤			無量(むりやう)[妙]
無量	むりょう	×	無量	神力	1087①	漢名	1105④			無量(むりやう)[妙]
無量	むりょう	×	無量	神力	1098②	漢名	1117①			無量(むりやう)[妙]
無量	むりょう	×	無量	神力	1099④	漢名	1118③			無量(むりやう)[妙]
無量	むりょう	×	無量	神力	1103⑤	漢名	1122④			無量(むりやう)[妙]
無量	むりょう	×	無量	囑累	1105②	漢名	1123⑥	むりやう／はかりなき[妙]		
無量	むりょう	×	無量	囑累	1113①	漢名	1131⑥			無量(むりやう)[妙]
無量	むりょう	×	無量	藥王	1153①	漢名	1171①			無量(むりやう)[妙]
無量	むりょう	×	無量	藥王	1164⑤	漢名	1181④			無量(むりやう)[妙]
無量	むりょう	×	無量	妙音	1188⑥	漢名	1203③			無量(むりやう)[妙]
無量	むりょう	×	無量	妙音	1198③	漢名	1212②			無量(むりやう)[妙]

当該語	読みかな	傍訓	漢字表記	品名	頁数	語の種類	妙一本	和解語文	可読	異同語彙
無量	むりょう	×	無量	妙音	1199①	漢名	1212⑥			無量(むりやう)[妙]
無量	むりょう	×	無量	觀世	1242④	漢名	1254⑥			無量(むりやう)[妙]
無量	むりょう	×	無量	觀世	1246②	漢名	1258③			無量(むりやう)[妙]
無量	むりょう	×	無量	妙莊	1294①	漢名	1302⑤			無量(むりやう)[妙]
無量	むりょう	×	無量	妙莊	1294②	漢名	1302⑤			無量(むりやう)[妙]
無量	むりょう	×	無量	普賢	1316⑥	漢名	1322③			無量(むりやう)[妙]
無量阿僧祇	むりょうあそうぎ	むりやうあそうき	無量阿僧祇	五百	568①	仏数名	571⑤			
無量阿僧祇	むりょうあそうぎ	×	無量阿僧祇	藥王	1136⑥	仏数名	1155②			むりやうあそうぎ[妙]
無量阿僧祇劫	むりょうあそうぎこう	むりやうあそうきー	無量阿僧祇劫	五百	570②	仏数名	574①			
無量阿僧祇劫	むりょうあそうぎこう	――あそうきこう	無量阿僧祇劫	勸持	745⑥	仏数名	764⑤			
無量阿僧祇劫	むりょうあそうぎこう	むりやうあそうぎかう{こふ}	無量阿僧祇劫	如來	894⑥	仏数名	913⑥		一にして[西右]	
無量阿僧祇劫	むりょうあそうぎこう	×	無量阿僧祇劫	五百	573⑥	仏数名	578②			
無量阿僧祇千万億那由他	むりょうあそうぎせんまんおくなゆた	×	無量阿僧祇千万億那由他	五百	572⑤	仏数名	576⑥			
無量意	むりょうい	むりやうい	無量意	序品	51⑥	仏数名	45①			
無量恵	むりょうえ	――ゑ	無量惠	化城	534④	仏数名	540②			
無量億	むりょうおく	×	無量億	化城	538②	仏数名	544①			
無量億	むりょうおく	×	無量億	授學	615③	仏数名	625①			
無量億	むりょうおく	×	無量億	五百	580④	仏数名	585⑤			
無量億劫	むりょうおくごう	むりやうおくこう	無量億劫	方便	93④	仏四熟数名	82②			
無量億劫	むりょうおくごう	――おくこう	無量億劫	信解	375①	仏四熟数名	362③			
無量億劫	むりょうおくごう	――おくこう	無量億劫	藥草	386⑥	仏四熟数名	372①	むりやうをくこう／はかりもなくひさしきとし[妙]		
無量億劫	むりょうおくごう	×	無量億劫	法師	653①	仏四熟数名	667②			
無量億劫	むりょうおくごう	―――こう	無量億劫	分別	942④	仏四熟数名	961①			
無量億歳	むりょうおくさい	――おくさい	無量億歳	化城	457⑤	仏四熟数名	453①			
無量億千	むりょうおくせん	――おく―	無量億千	譬喩	266②	仏四熟数名	237④	むりやうをくせん／はかりもなき[妙]		
無量億千	むりょうおくせん	――おく―	無量億千	譬喩	292⑤	仏四熟数名	264⑥	むりやうをくせん／はかりもなき―[妙]		
無量億千万	むりょうおくせんまん	×	無量億千万	授學	616①	仏数名	625⑤			
無量億百千	むりょうおくひゃくせん	―おく―	無量億百千	藥草	409④	仏数名	397②			
無量義	むりょうぎ	むりやうぎ	無量義	序品	14⑥	仏数名	12①			
無量義	むりょうぎ	むりやうぎ	無量義	序品	53⑥	仏数名	46⑤			
無量義	むりょうぎ	×	無量義	序品	67③	仏数名	58⑥			
無量義處	むりょうぎしょ	―――しょ	無量義處	序品	68②	仏四熟数名	59⑤			
無量義處三昧	むりょうぎしょざんまい	むりやうぎしよさんまい	無量義處三昧	序品	15③	仏数名	12③			
無量義處三昧	むりょうぎしょざんまい	―――しよさんまい	無量義處三昧	序品	54②	仏数名	47②			
無量劫	むりょうごう	――こう	無量劫	譬喩	227③	仏数名	196③	むりやうこう／はかりもなきとしのかすを[妙]		
無量劫	むりょうごう	×	無量劫	授記	442⑤	仏数名	435②			
無量劫	むりょうごう	×	無量劫	化城	450⑥	仏数名	444⑤			

当該語	読みかな	傍訓	漢字表記	品名	頁数	語の種類	妙一本	和解語文	可読	異同語彙
無量劫	むりょうごう	×	無量劫	化城	451④	仏数名	445④		一のィ一[西右]	
無量劫	むりょうごう	×	無量劫	化城	496④	仏数名	499③			
無量劫	むりょうごう	×	無量劫	化城	501②	仏数名	504⑥			
無量劫	むりょうごう	むりやうごう	無量劫	提婆	708③	仏数名	725③			
無量劫	むりょうごう	むりやうがう	無量劫	提婆	716④	仏数名	734③			
無量劫	むりょうごう	×	無量劫	提婆	729①	仏数名	747①	むりやうこう／はかりなきとし[妙]		
無量劫	むりょうごう	×	無量劫	提婆	732⑥	仏数名	751③	むりやうこう／はかりなきとし[妙]	——の一[西右]	
無量劫	むりょうごう	×	無量劫	従地	867⑤	仏数名	890⑤			
無量劫	むりょうごう	×	無量劫	如來	911②	仏数名	930①			
無量劫	むりょうごう	×	無量劫	分別	945②	仏数名	963⑤			
無量劫	むりょうごう	×	無量劫	分別	962④	仏数名	981①			
無量劫	むりょうごう	×	無量劫	神力	1099⑥	仏数名	1118⑤			むりやうこう[妙]
無量恒河沙	むりょうごうがしゃ	むりやうかうかしや	無量恒河沙	化城	518④	仏数名	523④			
無量恒河沙劫	むりょうごうがしゃごう	×	無量恒河沙劫	藥王	1116①	仏数名	1134④		—————の一[西右]	無量恒河沙劫(むりやうこうかしやこう)[妙]
無量千億	むりょうせんおく	×	無量千億	授記	417⑥	仏数名	406③			
無量千万億	むりょうせんまんおく	×	無量千万億	方便	185④	仏数名	159①			
無量千万億	むりょうせんまんおく	×	無量千万億	化城	506⑤	仏数名	511②			
無量千万億	むりょうせんまんおく	×	無量千万億	授學	611③	仏数名	620⑥			
無量千万億	むりょうせんまんおく	×	無量千万億	法師	637③	仏数名	649⑤		一なりィ[西右]	
無量千万億	むりょうせんまんおく	×	無量千万億	見寶	668②	仏数名	683②			
無量千万億	むりょうせんまんおく	×	無量千万億	従地	820①	仏数名	842③			
無量千万億	むりょうせんまんおく	×	無量千万億	従地	834④	仏数名	857③			
無量千万億	むりょうせんまんおく	×	無量千万億	従地	842①	仏数名	864⑤			
無量千万億阿僧祇	むりょうせんまんおくあそうぎ	×	無量千万億阿僧祇	見寶	661④	仏数名	676②	むりやうせんまんおくあそうき／はかりなき[妙]		
無量千万億阿僧祇劫	むりょうせんまんおくあそうぎこう	×	無量千万億阿僧祇劫	授學	605④	仏数名	614③			
無量千万億劫	むりょうせんまんおくごう	———こう	無量千万億劫	見寶	681④	仏数名	698⑤			
無量千万億劫	むりょうせんまんおくごう	×	無量千万億劫	従地	860②	仏数名	883①			
無量千万億劫	むりょうせんまんおくごう	×	無量千万億劫	分別	953⑤	仏数名	972④			
無量千万億恒河沙	むりょうせんまんおくごうがしゃ	×	無量千万億恒河沙	授學	606②	仏数名	615②	むりやうせんまんおくこうかしや／一こうかゝはのいさこのかす[妙]		
無量千万億数	むりょうせんまんおくしゅ	×	無量千万億数	化城	512①	仏数名	517①			
無量智	むりょうち	×	無量智	五百	596②	仏名	604①	むりやうち／はかりもなきちゑ[妙]		
無量智	むりょうち	×	無量智	安樂	813④	仏数名	835⑥			
無量徳	むりょうとく	×	無量徳	従地	841③	仏数名	864②			
無量百千	むりょうひゃくせん	むりやう——	無量百千	序品	7④	仏四熟数名	6①	むりやうひゃくせん／はかりなき—[妙]	无量百千[妙]	无量百千[妙]
無量百千	むりょうひゃくせん	むりやう—	無量百千	五百	567⑥	仏四熟数名	571⑤			
無量百千	むりょうひゃくせん	×	無量百千	妙音	1180②	仏四熟数名	1195②			むりやうひゃくせん[妙]
無量百千億	むりょうひゃくせんおく	×	無量百千億	従地	841①	仏数名	863⑥			

むり 707

当該語	読みかな	傍訓	漢字表記	品名	頁数	語の種類	妙一本	和解語文	可読	異同語彙
無量百千億	むりょうひゃくせんおく	×	無量百千万億	神力	1085③	仏数名	1103⑥			無量百千万億(むりやうひやくせんまんをく)[妙]
無量百千万億	むりょうひゃくせんまんおく	むりやうひやくせんまんをく	無量百千万億	序品	62⑤	仏数名	54⑤			
無量百千万億	むりょうひゃくせんまんおく	むりやうひやくせんまんをく	無量百千万億	序品	64②	仏数名	56①			
無量百千万億	むりょうひゃくせんまんおく	×	無量百千万億	方便	131④	仏数名	115②			
無量百千万億	むりょうひゃくせんまんおく	────おく	無量百千万億	譬喩	224①	仏数名	193①	むりやうひやくせんまんをく／はかりなき─[妙]		
無量百千万億	むりょうひゃくせんまんおく	×	無量百千万億	化城	514⑤	仏数名	519⑤			
無量百千万億	むりょうひゃくせんまんおく	×	無量百千万億	從地	826④	仏数名	848⑤			
無量百千万億	むりょうひゃくせんまんおく	×	無量百千万億	從地	860④	仏数名	883③			
無量百千万億	むりょうひゃくせんまんおく	×	無量百千万億	分別	926③	仏数名	945①			
無量百千万億	むりょうひゃくせんまんおく	×	無量百千万億	妙音	1167⑥	仏数名	1184②			むりやうひやくせんまんをく[妙]
無量百千万億	むりょうひゃくせんまんおく	×	無量百千万億	觀世	1209②	仏数名	1222②			むりやうひやくせんまんおく[妙]
無量百千万億	むりょうひゃくせんまんおく	×	無量百千万億	妙莊	1301③	仏数名	1308⑥			むりようひやくせんまんおく[妙]
無量百千万億	むりょうひゃくせんまんおく	×	無量百千万億	妙莊	1304④	仏数名	1311④			むりやうひやくせんまんおく[妙]
無量百千万億	むりょうひゃくせんまんおく	×	無量百千万億	普賢	1306⑤	仏数名	1313④			むりやうひやくせんまんおく[妙]
無量百千万億阿僧祇劫	むりょうひゃくせんまんおくあそうぎこう	×	無量百千万億阿僧祇劫に	囑累	1105③	仏数名	1124②		──────の─[西右]	むりやうひやくせんまんをく・あそうぎこう[妙]
無量百千万億阿僧祇劫	むりょうひゃくせんまんおくあそうぎこう	×	無量百千万億阿僧祇劫に	囑累	1106④	仏数名	1125②			むりやうひやくせんまんおく・あそうきこう[妙]
無量百千万億劫	むりょうひゃくせんまんおくごう	×	無量百千万億劫	如來	897④	仏数名	916④			
無量百千万億劫	むりょうひゃくせんまんおくごう	×	無量百千万億劫	妙莊	1288④	仏数名	1297⑥			むりやうひやくせんまんおくこう[妙]
無量百千万億恒河沙	むりょうひゃくせんまんおくごうがしゃ	×	無量百千万億恒河沙	化城	517③	仏数名	522③			
無量百千万億載阿僧祇	むりょうひゃくせんまんおくさいあそうぎ	────さい─ぎ	無量百千万億載阿僧祇	如來	910⑤	仏数名	929⑤			
無量百千万億那由他数	むりょうひゃくせんまんおくなゆたしゅ	──────しゅ	無量百千万億那由他數	藥王	1140⑤	仏数名	1159①	むりやうひやくせんまんをくなゆたしゆ／はかりもなき[妙]	──────のかず	
無量不可思議	むりょうふかしぎ	──ふかしき	無量不可思議	分別	933②	仏四熟数名	951⑥			

当該語	読みかな	傍訓	漢字表記	品名	頁数	語の種類	妙一本	和解語文	可読	異同語彙
無量万億	むりょうまんおく	×	無量万億	授記	436②	仏四熟数名	427④			
無量万億	むりょうまんおく	×	無量万億	授記	438①	仏四熟数名	429⑤			
無量無数	むりょうむしゅ	———しゆ	無量無數	方便	129②	仏四熟数名	113②			
無量無数	むりょうむしゅ	———しゆ	無量無數	方便	130③	仏四熟数名	114③			
無量無数	むりょうむしゅ	—りやう—しゆ	無量無數	方便	132①	仏四熟数名	115④			
無量無数	むりょうむしゅ	×	無量無數	授記	438⑤	仏四熟数名	430③			
無量無数	むりょうむしゅ	—りやう—しゆ	無量無數	五百	579①	仏四熟数名	584①			
無量無数阿僧祇	むりょうむしゅあそうぎ	———しゆあそうぎ	無量無數阿僧祇	從地	848⑤	仏数名	871④		—にして[西右]	
無量無数劫	むりょうむしゅごう	———しゆこう	無量無數劫	序品	66②	仏数名	57⑥	むりやうむしゆこう／はかりなくかすもしらぬとし[妙]	—の—[西右]	
無量無数劫	むりょうむしゅごう	—しゆこう	無量無數劫	方便	188⑥	仏数名	161⑥	むりやうむしゆこう／はかりなくかすもなきとし[妙]		
無量無数色	むりょうむしゅしき	———しゆのしき{いろ}	無量無數色	神力	1086③	仏四熟数名	1104⑥			むりやうむしゆしき[妙]
無量無邊	むりょうむへん	———へん	無量無邊	序品	47③	仏四熟数名	41①			
無量無邊	むりょうむへん	———へん	無量無邊	譬喩	220④	仏四熟数名	189③			
無量無邊	むりょうむへん	——むへん	無量無邊	譬喩	223②	仏四熟数名	192①			
無量無邊	むりょうむへん	——むへん	無量無邊	譬喩	257②	仏四熟数名	228③			
無量無邊	むりょうむへん	———へん	無量無邊	譬喩	266⑥	仏四熟数名	238④	むりやうむへん／はかりもほとりもなき[妙]		
無量無邊	むりょうむへん	—りやう—むへん	無量無邊	信解	376④	仏四熟数名	364①			
無量無邊	むりょうむへん	——へん	無量無邊	藥草	386⑤	仏四熟数名	371⑥	むりやうむへん／はかりもなく[妙]		
無量無邊	むりょうむへん	———へん	無量無邊	授記	428②	仏四熟数名	418④			
無量無邊	むりょうむへん	×	無量無邊	化城	445⑤	仏四熟数名	438④	むりやうむへん／はかりもなくほとりもなく[妙]		
無量無邊	むりょうむへん	———へん	無量無邊	化城	448③	仏四熟数名	441⑥			
無量無邊	むりょうむへん	×	無量無邊	化城	449②	仏四熟数名	442⑤			
無量無邊	むりょうむへん	—りやう—へん	無量無邊	化城	505⑤	仏四熟数名	510①			
無量無邊	むりょうむへん	—りやうむへん	無量無邊	五百	569④	仏四熟数名	573③			
無量無邊	むりょうむへん	×	無量無邊	從地	823①	仏四熟数名	845②	むりやうむへん／はかりもほとりなく[妙]		
無量無邊	むりょうむへん	———へん	無量無邊	從地	858②	仏四熟数名	881①			
無量無邊	むりょうむへん	———へん	無量無邊	如來	884①	仏四熟数名	902⑥			
無量無邊	むりょうむへん	×	無量無邊	如來	885⑤	仏四熟数名	904⑤			
無量無邊	むりょうむへん	×	無量無邊	如來	886⑥	仏四熟数名	905⑤			
無量無邊	むりょうむへん	×	無量無邊	如來	909④	仏四熟数名	928③			
無量無邊	むりょうむへん	×	無量無邊	分別	921⑤	仏四熟数名	940⑤	むりやうむへん／はかりもなくほとりもなき[妙]		

むり―むろ 709

当該語	読みかな	傍訓	漢字表記	品名	頁数	語の種類	妙一本	和解語文	可読	異同語彙
無量無邊	むりょうむへん	ーーーへん	無量無邊	分別	948⑥	仏四熟数名	967⑤			
無量無邊	むりょうむへん	×	無量無邊	分別	957①	仏四熟数名	975⑤			
無量無邊	むりょうむへん	×	無量無邊	分別	957②	仏四熟数名	975⑥			
無量無邊	むりょうむへん	×	無量無邊	分別	957③	仏四熟数名	976①			
無量無邊	むりょうむへん	×	無量無邊	随喜	976⑥	仏四熟数名	995①			
無量無邊	むりょうむへん	×	無量無邊	随喜	978⑥	仏四熟数名	997②			
無量無邊	むりょうむへん	×	無量無邊	随喜	979①	仏四熟数名	997④			
無量無邊	むりょうむへん	ーーーへん	無量無邊	法功	1041②	仏四熟数名	1060①	むりやうむへん／はかりもなきほとりもなき[妙]		
無量無邊	むりょうむへん	×	無量無邊	常不	1057③	仏四熟数名	1076③			むりやうむへん[妙]
無量無邊	むりょうむへん	×	無量無邊	神力	1088⑤	仏四熟数名	1107①			むりやうむへん[妙]
無量無邊	むりょうむへん	ーーーへん	無量無邊	神力	1090④	仏四熟数名	1108⑥			むりやうむへん[妙]
無量無邊	むりょうむへん	×	無量無邊	神力	1094①	仏四熟数名	1112⑤			むりやうむへん[妙]
無量無邊	むりょうむへん	×	無量無邊	神力	1094②	仏四熟数名	1112⑥			むりやうむへん[妙]
無量無邊	むりょうむへん	×	無量無邊	藥王	1153③	仏四熟数名	1171③			むりやうむへん[妙]
無量無邊	むりょうむへん	×	無量無邊	藥王	1156⑤	仏四熟数名	1174③			むりやうむへん[妙]
無量無邊	むりょうむへん	×	無量無邊	妙音	1166⑤	仏四熟数名	1183②			むりやうむへん[妙]
無量無邊	むりょうむへん	ーーーへん	無量無邊	觀世	1221④	仏四熟数名	1234⑥	むりやうむへん／はかりもなくほとりもなき[妙]		
無量無邊	むりょうむへん	むりやうむへん	無量無邊	妙莊	1272①	仏四熟数名	1282⑥			むりやうむへん[妙]
無量無邊	むりょうむへん	×	無量無邊	普賢	1306②	仏四熟数名	1313①			むりやうむへん[妙]
無量無邊	むりょうむへん	×	無量無邊	普賢	1322①	仏四熟数名	1326⑥			むりやうむへん[妙]
無量無邊	むりょうむへん	×	無量無邊	普賢	1337①	仏四熟数名	1339⑥			むりやうむへん[妙]
无量無邊	むりょうむへん	むーーへん	无量無邊	方便	90④	仏四熟数名	79④			無量無辺[妙]
無量無邊阿僧祇	むりょうむへんあそうぎ	ーへんーそうぎ	無量無邊阿僧祇	從地	843①	仏数名	865⑥	むりやうむへんあそうき／はかりもなくほとりもなき[妙]		
無量無邊阿僧祇	むりょうむへんあそうぎ	ーーーへんあそうぎ	無量無邊阿僧祇	從地	855⑤	仏数名	878④			
無量無邊百千万億	むりょうむへんひゃくせんまんおく	×	無量無邊百千万億	神力	1089④	仏数名	1107⑤	むりやうむへんひやくまんをく[妙]		
無量無邊百千万億	むりょうむへんひゃくせんまんおく	×	無量無邊百千万億	普賢	1308③	仏数名	1314⑥	むりやうむへんひやくせんまんをく[妙]		
無量無漏	むりょうむろ	ーーーろ	無量無漏	分別	932④	仏四熟数名	951②			
無量力菩薩	むりょうりきぼさつ	むりやうりきーー	無量力菩薩	序品	9③	仏菩薩名	7④			
無漏	むろ	ーろ	無漏	方便	97①	漢名	85②	むろ／ほんなうなき[妙]		
無漏	むろ	ーろ	無漏	方便	108①	漢名	94④	むろ／ほんなうなき[妙]		
無漏	むろ	むろ	無漏	譬喩	210④	漢名	178③	むろ／ほんなうなき[妙]		
無漏	むろ	ーろ	無漏	譬喩	212⑥	漢名	181①	むろ／ほんなうなきことを[妙]		

当該語	読みかな	傍訓	漢字表記	品名	頁数	語の種類	妙一本	和解語文	可読	異同語彙
無漏	むろ	むろ	無漏	譬喩	262①	漢名	233③			
無漏	むろ	一ろ	無漏	信解	366①	漢名	351⑥	むろ／ほうなうなきこと[妙]		
無漏	むろ	一ろ	無漏	信解	373④	漢名	360④	むろ／ほうなうをはなるゝ[妙]		
無漏	むろ	むろ	無漏	信解	374①	漢名	361①	むろ／ほうなうなく[妙]		
無漏	むろ	一ろ	無漏	藥草	408①	漢名	395④	むろ／ほんなうなき[妙]		
無漏	むろ	×	無漏	授記	421②	漢名	410③	むろ／ほんなうなき[妙]		
無漏	むろ	一ろ	無漏	化城	458⑤	漢名	454②	むろ／ほんなうなき[妙]		
無漏	むろ	むろ	無漏	化城	459⑥	漢名	455④	むろ／ほんなうなき[妙]		
無漏	むろ	むろ	無漏	安樂	815⑥	漢名	838③	むろ／ほんなうなき[妙]		
無漏	むろ	むろ	無漏	法功	1025⑥	漢名	1044⑤	むろ／ほんなうなき[妙]		
無漏	むろ	一ろ	無漏	法功	1042⑥	漢名	1061④	むろ／ほんなうなき[妙]		
無漏	むろ	一ろ	無漏	法功	1047⑥	漢名	1066①	むろ／ほんなうなきこと[妙]		
無漏根力	むろこんりき	むろこんりき	無漏根力	安樂	799④	漢四熟名	821⑤	むろこんりき／ほんなうなきちから[妙]		
無漏實相	むろじつそう	むろしつさう	無漏實相	序品	78③	漢四熟名	68⑥	むろしつさう／ほんなうなき[妙]		
無漏智	むろち	むろのち	無漏智	方便	170⑤	漢名	147①	むろち／ほうなうなきちゑ[妙]		
無漏智	むろち	一ろち	無漏智	如來	886②	漢名	905①	むろち／ほんなうなきちゑ[妙]		
無漏不思議	むろふかしぎ	むろふしぎ／ほとけのくらい	無漏不思議	方便	99④	漢名	87①	むろふしき／ほうなうなき一[妙]		
無漏法性	むろほっしょう	一ろほつしやう	無漏法性	法功	1040①	漢四熟名	1058⑥	むろほつしやう／ほんなうなき[妙]		
無漏無爲	むろむい	むろむゐ	無漏無爲	信解	369④	漢四熟名	356①			
無漏無爲	むろむい	一ろ一い	無漏無爲	信解	376⑤	漢四熟名	364④	むろむゐ／ほんなうなき[妙]		
無漏無爲	むろむい	むろむゐ	無漏無爲	分別	967④	漢四熟名	985⑥	むろむゐ／ほんなうなき[妙]		
無漏無所導	むろむしょげ	一ろむしよけ	無漏無所導	化城	451③	漢名	445④	むろむしよげ／ほんなうなくさわるところなく[妙]	一なりィ[西右]	
め	め	×	目	譬喩	305①	和身体名	277③			
め	め	×	目	授記	422④	和身体名	412①			
め	め	×	目	五百	563④	和身体名	566⑤			
め	め	×	目	勧持	741⑤	和身体名	760④			
め	め	×	目	法功	996⑥	和身体名	1015④		まなこ[西右]	
め	め	×	目	妙音	1179④	和身体名	1194⑤			
馬	め	め	馬	信解	323④	単漢獣類名	299④	め／むま[妙]		
馬	め	め	馬	信解	354④	単漢獣類名	338①			
馬	め	め	馬	提婆	709②	単漢獣類名	726④	め／むま[妙]		
馬	め	め	馬	安樂	797⑤	単漢獣類名	819①	め／むま[妙]		
馬	め	め	馬	安樂	806①	単漢獣類名	828②	め／むま[妙]		
馬	め	め	馬	随喜	974②	単漢獣類名	992②	め／うま[妙]		
馬	め	め	馬	随喜	980⑥	単漢獣類名	998③	め／むま[妙]		
馬	め	め	馬	随喜	992④	単漢獣類名	1011①	め／むま[妙]		
馬	め	め	馬	法功	1002④	単漢獣類名	1020⑤	め／むま[妙]		
命	めい	めい	命	安樂	796④	単漢名	818①	みやう／をゝせ[妙]		
命じ	めいじ	めい	命	信解	343③	漢サ動	324①	みやう・し／おほせ[妙]		
迷悶し	めいもんし	めいもん	迷悶	信解	359③	漢サ動	343⑤	めいもん・し／まといいきたへ[妙]		
迷惑	めいわく	めいわく	迷惑	信解	346⑤	漢名	328②	めいわく／まとひて[妙]		
迷惑し	めいわくし	めいわく／まとふ心	迷惑	方便	153③	漢サ動	133①	めいわく／まとい[妙]		

当該語	読みかな	傍訓	漢字表記	品名	頁数	語の種類	妙一本	和解語文	可読	異同語彙
迷惑し	めいわくし	めいわく	迷惑	方便	191⑤	漢サ動	164⑤			
迷惑し	めいわくし	めいわく／まとふ心	迷惑	譬喩	300①	漢サ動	272⑤	めいわく・し／まとひて[妙]		
めぐる	めぐる	×	繞	化城	457②	和動	452③			
めぐる	めぐる	×	繞	化城	468④	和動	465④			
めぐる	めぐる	×	繞	化城	477①	和動	476②			
めぐる	めぐる	×	繞	化城	485⑤	和動	486③			
めぐる	めぐる	×	繞	化城	494④	和動	497①			
めぐる	めぐる	×	繞	從地	824③	和動	846④			
めぐる	めぐる	×	繞	妙莊	1290⑤	和動	1299⑤		めくり給ふ[西右]	めくる[妙]
めぐる	めぐる	×	繞	普賢	1307⑤	和動	1314③			めくる[妙]
馬香	めこう	め―	馬香	法功	1010④	漢香名名	1028⑥	めかう／うまのか[妙]		
めしひ	めしい	×	盲	方便	178④	和症病名	153②			
馬聲	めしょう	め―	馬聲	法功	999②	漢名	1018①	めしやう／むまのこゑ[妙]		
滅	めつ	×	滅	方便	156④	単漢名	135④			
滅	めつ	めつ・めつせるを	滅	信解	368⑤	単漢名	354⑥			
滅	めつ	めつ	滅	化城	502⑤	単漢名	506⑤	めつ／うする[妙]		
滅	めつ	×	滅	化城	548④	単漢名	555②			
滅	めつ	×	滅	化城	548⑥	単漢名	555⑤			
滅	めつ	×	滅	五百	594③	単漢名	602①			めち[妙]
滅	めつ	×	滅	五百	600②	単漢名	608⑤			滅(めち)[妙]
滅	めつ	めつ	滅	如來	913③	単漢名	932③	めつ／しぬると[妙]	―と[西右]有と滅と不滅と[西左]	
滅後	めつご	×	滅後	方便	169⑤	漢名	146②			
滅後	めつご	めつこ	滅後	授記	433④	漢名	424⑤			
滅後	めつご	×	滅後	授記	437④	漢名	429②			
滅後	めつご	めつこ	滅後	授記	439③	漢名	431②			
滅後	めつご	めつこ	滅後	授記	442⑥	漢名	435③			
滅後	めつご	めつこ	滅後	法師	633④	漢名	645③	めちこ／ねはんのゝち[妙]		
滅後	めつご	×	滅後	法師	638⑤	漢名	651①			滅後(めちご)[妙]
滅後	めつご	×	滅後	法師	646②	漢名	659④			
滅後	めつご	めつこ	滅後	見寶	693④	漢名	712①			滅後(めちご)[妙]
滅後	めつご	×	滅後	見寶	695③	漢名	714④			滅後(めちご)[妙]
滅後	めつご	×	滅後	見寶	696③	漢名	715④			滅後(めちご)[妙]
滅後	めつご	×	滅後	見寶	697③	漢名	716③			滅後(めちご)[妙]
滅後	めつご	めつご	滅後	勸持	738③	漢名	757①			
滅後	めつご	めつご	滅後	勸持	749⑤	漢名	768⑥			
滅後	めつご	めつこ	滅後	安樂	775②	漢名	795⑤			
滅後	めつご	めつご	滅後	安樂	793④	漢名	815①			
滅後	めつご	×	滅後	安樂	809②	漢名	831③			滅度(めつと)[妙]
滅後	めつご	めつご	滅後	從地	817⑥	漢名	840②			
滅後	めつご	めつご	滅後	從地	819⑥	漢名	841⑥			
滅後	めつご	めつご	滅後	從地	862⑥	漢名	885④			
滅後	めつご	×	滅後	分別	950⑥	漢名	969⑤			
滅後	めつご	×	滅後	分別	953⑥	漢名	972⑤			
滅後	めつご	×	滅後	分別	955⑥	漢名	974④			
滅後	めつご	×	滅後	分別	959⑤	漢名	978②			
滅後	めつご	×	滅後	随喜	970①	漢名	988②			滅度(めつこ)[妙]
滅後	めつご	×	滅後	随喜	970⑤	漢名	988⑥			
滅後	めつご	×	滅後	法功	1040⑤	漢名	1059③			
滅後	めつご	×	滅後	常不	1077⑤	漢名	1096②			めちこ[妙]
滅後	めつご	×	滅後	常不	1082⑥	漢名	1101②			めつこ[妙]
滅後	めつご	めつご	滅後	神力	1084③	漢名	1102⑥		―に[西右]	滅後(めちご)[妙]
滅後	めつご	×	滅後	普賢	1309①	漢名	1315③	によらいめつご[妙]		
滅後	めつご	×	滅後	普賢	1309④	漢名	1315⑥			によらいめちご[妙]
滅後	めつご	×	滅後	普賢	1310④	漢名	1316⑤			によらいめちこ[妙]
滅後	めつご	×	滅後	普賢	1326①	漢名	1330③			
滅後	めつご	×	滅後	普賢	1331⑥	漢名	1335④			
滅し	めつし	めつ	滅	序品	77③	漢サ動	68③			
滅し	めつし	めつ	滅	譬喩	296④	漢サ動	268⑥			
滅し	めつし	めつ	滅	化城	526②	漢サ動	531④			

当該語	読みかな	傍訓	漢字表記	品名	頁数	語の種類	妙一本	和解語文	可読	異同語彙
滅し	めっし	めつ	滅	安樂	801④	漢サ動	823④	めつ・し／くち[妙]		
滅し	めっし	めつ	滅	如來	896⑤	漢サ動	915⑤			滅(めち)し[妙]
滅し	めっし	めつ	滅	如來	898⑥	漢サ動	918①			滅(めち)し[妙]
滅し	めっし	×	滅	常不	1061⑤	漢サ動	1080③			めつ・し[妙]
滅し	めっし	×	滅	神力	1103⑤	漢サ動	1122④			めつ・し[妙]
滅し	めっし	×	滅	藥王	1134②	漢サ動	1152④			
滅し	めっし	×	滅	妙莊	1280①	漢サ動	1289⑥			めち・し[妙]
滅除す	めつじょす	めつぢょ	滅除	觀世	1244⑤	漢サ動	1257①	滅除し給ふ[西右]	滅除(めちちょ)す[妙]
滅盡	めつじん	めつしん	滅盡	藥王	1131③	漢名	1149⑤			めつじん[妙]
滅尽し	めつじんし	めつじん	滅盡	譬喩	229④	漢サ動	198⑤	めつじん／きへつき[妙]		
滅盡し	めつじんし	めつじん	滅盡	常不	1060⑤	漢サ動	1079②			めつしん・し[妙]
滅盡する	めつじんする	めつじん／つくす心也	滅盡	譬喩	296⑤	漢サ動	269①	めつしん・する／ほろほしつくせ[妙]		
滅す	めつす	めつ	滅	化城	503③	漢サ動	507③			行滅[妙]
滅す	めつす	×	滅	化城	503③	漢サ動	507④	しきめつ／さとりめつ[妙]		識滅[妙]
滅す	めつす	×	滅	化城	503③	漢サ動	507④	めつ／めつ[妙]		
滅す	めつす	×	滅	化城	503⑤	漢サ動	507⑤	ろくにうめつ／ろこんめつ[妙]		
滅す	めつす	めつ	滅	化城	503⑤	漢サ動	507⑤	そくめつ／ふるゝめつ[妙]		觸滅[妙]
滅す	めつす	めつ	滅	化城	503⑥	漢サ動	507⑥	しゆめつ／うくるめつ[妙]		受滅[妙]
滅す	めつす	めつ	滅	化城	504①	漢サ動	508①	あいめつ／あいすることめつ[妙]		愛滅[妙]
滅す	めつす	めつ	滅	化城	504①	漢サ動	508②	しゆめつ／とることめつ[妙]		取滅[妙]
滅す	めつす	めつ	滅	化城	504②	漢サ動	508③	うめつ／あること[妙]		有滅[妙]
滅す	めつす	めつ	滅	化城	504③	漢サ動	508③	しやうめつ／うまゝることめつ[妙]		生滅[妙]
滅す	めつす	めつ	滅	化城	504③	漢サ動	508④		一と[西右]	
滅す	めつす	めつ	滅	如來	919⑤	漢サ動	938⑤			滅(めち)す[妙]
滅す	めつす	めつ	滅	觀世	1236④	漢サ動	1249①			めち・す[妙]
滅すれ	めつすれ	めつ	滅	化城	503②	漢サ動	507②	むみやうめつ／まとひつきぬ[妙]		
滅すれ	めつすれ	×	滅	化城	503③	漢サ動	507③			
滅すれ	めつすれ	×	滅	化城	503③	漢サ動	507④	しきめつ／さとりめつ[妙]		識滅[妙]
滅すれ	めつすれ	×	滅	化城	503④	漢サ動	507④	めつ／めつ[妙]		
滅すれ	めつすれ	×	滅	化城	503⑤	漢サ動	507⑤	ろくにうめつ／ろこんめつ[妙]		
滅すれ	めつすれ	×	滅	化城	503⑥	漢サ動	507⑥			觸滅[妙]
滅すれ	めつすれ	×	滅	化城	503⑥	漢サ動	507⑥			受滅[妙]
滅すれ	めつすれ	×	滅	化城	504①	漢サ動	508①	あいめつ／あいすることめつ[妙]		愛滅[妙]
滅すれ	めつすれ	×	滅	化城	504①	漢サ動	508②	しゆめつ／とるこ とめつ[妙]		取滅[妙]
滅すれ	めつすれ	×	滅	化城	504②	漢サ動	508③	うめつ／あること[妙]		有滅[妙]
滅すれ	めつすれ	×	滅	化城	504③	漢サ動	508③	しやうめつ／うまゝることめつ[妙]		生滅[妙]
めつせ	めつせ	×	滅	方便	169①	漢サ動	145④			きゆる[妙]
滅せ	めつせ	めつ	滅	譬喩	294⑤	漢サ動	266⑥			
滅せ	めつせ	×	滅	安樂	784①	漢サ動	805①			
滅せ	めつせ	×	滅	安樂	787③	漢サ動	808⑥			
滅せ	めつせ	×	滅	安樂	791④	漢サ動	812⑥			
滅せ	めつせ	めつ	滅	如來	895①	漢サ動	914①			めち・せ[妙]
滅せ	めつせ	×	滅	如來	913②	漢サ動	932②			
滅せ	めつせ	×	滅	觀世	1243④	漢サ動	1255⑥			めち・せ[妙]
滅相	めっそう	めつさう	滅相	藥草	397②	漢名	383⑥		一の一[西右]	
滅諦	めったい	めつたい	滅諦	譬喩	296⑤	漢名	269①			
滅度	めつど	めつど	滅度	序品	39⑥	漢名	34③			
滅度	めつど	×	滅度	序品	61⑥	漢名	53⑥			
滅度	めつど	×	滅度	序品	83⑥	漢名	73④			

めつ 713

当該語	読みかな	傍訓	漢字表記	品名	頁数	語の種類	妙一本	和解語文	可読	異同語彙
滅度	めつど	めつど	滅度	方便	138⑥	漢名	120⑥			滅度[妙]
滅度	めつど	×	滅度	方便	139①	漢名	121②			滅度[妙]
滅度	めつど	めつど	滅度	方便	158②	漢名	136⑤			
滅度	めつど	めつと	滅度	譬喩	213⑥	漢名	182①			
滅度	めつど	めつど	滅度	譬喩	214①	漢名	182②			
滅度	めつど	めつど	滅度	譬喩	215⑥	漢名	184②			
滅度	めつど	めつど	滅度	譬喩	219⑥	漢名	188④			
滅度	めつど	めつど	滅度	譬喩	226②	漢名	195②			
滅度	めつど	めつど	滅度	譬喩	229②	漢名	198④			
滅度	めつど	めつど	滅度	譬喩	267②	漢名	238③			
滅度	めつど	×	滅度	譬喩	267⑥	漢名	238⑤			
滅度	めつど	×	滅度	譬喩	297⑥	漢名	270②			
滅度	めつど	めつと	滅度	譬喩	302②	漢名	274③			
滅度	めつど	×	滅度	授記	444③	漢名	437①			
滅度	めつど	×	滅度	化城	451①	漢名	444⑥			
滅度	めつど	×	滅度	化城	451②	漢名	445②			
滅度	めつど	×	滅度	化城	454②	漢名	448⑤		一にいたる[西右]	滅後(めつご)[妙]
滅度	めつど	×	滅度	化城	454⑤	漢名	449④			
滅度	めつど	×	滅度	化城	518③	漢名	523⑥			
滅度	めつど	×	滅度	化城	519①	漢名	524①			
滅度	めつど	×	滅度	化城	519③	漢名	524③			
滅度	めつど	めつと	滅度	化城	519⑤	漢名	524⑤			
滅度	めつど	×	滅度	化城	520①	漢名	525②			
滅度	めつど	×	滅度	化城	521①	漢名	526②			
滅度	めつど	×	滅度	化城	521①	漢名	526③			
滅度	めつど	×	滅度	化城	539①	漢名	544⑤			
滅度	めつど	×	滅度	五百	587⑤	漢名	593⑤			
滅度	めつど	×	滅度	五百	589⑤	漢名	596②			めちと[妙]
滅度	めつど	×	滅度	五百	594⑥	漢名	602④			めちと[妙]
滅度	めつど	めつと	滅度	五百	599⑤	漢名	608④			滅度(めちと)[妙]
滅度	めつど	×	滅度	法師	622⑤	漢名	633④			
滅度	めつど	×	滅度	法師	626⑥	漢名	638①			
滅度	めつど	×	滅度	法師	627③	漢名	638③		めちと[妙]	
滅度	めつど	×	滅度	法師	638④	漢名	650⑥			滅度(めちと)[妙]
滅度	めつど	×	滅度	法師	653②	漢名	667③			滅度(めちと)[妙]
滅度	めつど	×	滅度	見寶	662⑥	漢名	677④		一に臨み給し[西右]	
滅度	めつど	×	滅度	見寶	663②	漢名	677⑥	めつと・し／ねはん[妙]		
滅度	めつど	×	滅度	見寶	686②	漢名	703⑥			
滅度	めつど	×	滅度	見寶	686⑤	漢名	704②		一し給ふ・ひにしィ[西右]	滅後(めちご)[妙]
滅度	めつど	×	滅度	見寶	689②	漢名	707①			
滅度	めつど	×	滅度	見寶	693①	漢名	711③			滅後(めちご)[妙]
滅度	めつど	×	滅度	見寶	694②	漢名	712⑤			滅後(めちご)[妙]
滅度	めつど	×	滅度	見寶	694⑥	漢名	713④			滅後(めちご)[妙]
滅度	めつど	×	滅度	見寶	699②	漢名	718②			
滅度	めつど	めつと	滅度	勧持	751②	漢名	770⑤			
滅度	めつど	めつと	滅度	安樂	770①	漢名	790③	めつと／しぬること[妙]		
滅度	めつど	×	滅度	安樂	782③	漢名	803⑤			
滅度	めつど	×	滅度	安樂	799⑥	漢名	821④			
滅度	めつど	めつど	滅度	如來	893②	漢名	912②	めちと／しぬる[妙]		
滅度	めつど	めつど	滅度	如來	895④	漢名	914④			
滅度	めつど	×	滅度	如來	895⑥	漢名	914⑤			
滅度	めつど	×	滅度	如來	912①	漢名	931①		一しぬ[西右]	滅度(めちと)[妙]
滅度	めつど	×	滅度	分別	961④	漢名	980①			
滅度	めつど	一ど	滅度	神力	1084④	漢名	1103①			めつと[妙]
滅度	めつど	×	滅度	神力	1099②	漢名	1118①			めつと[妙]
滅度	めつど	めつど	滅度	神力	1101②	漢名	1120②			めつと[妙]
滅度	めつど	×	滅度	神力	1104①	漢名	1123①			めつと[妙]
滅度	めつど	×	滅度	藥王	1132⑤	漢名	1151①			滅後(めつと)[妙]
滅度し	めつど	×	滅度	藥王	1133⑤	漢名	1152①		し給ひぬる[西右]	滅度(めつと)[妙]
滅度	めつど	×	滅度	藥王	1160②	漢名	1177⑤			めつと[妙]

当該語	読みかな	傍訓	漢字表記	品名	頁数	語の種類	妙一本	和解語文	可読	異同語彙
滅度	めつど	×	滅度	妙音	1196④	漢名	1210③		滅度を以て得度すへき者には[西左右補入符号]	めつと[妙]
滅度	めつど	×	滅度	妙音	1196④	漢名	1210④	めつと[妙]		
滅度	めつど	めつと	滅度	五百	574②	漢名	578②	めちと／ねはん[妙]		
滅度し	めつどし	めつと	滅度	序品	78①	漢サ動	68⑤			
滅度し	めつどし	×	滅度	序品	79①	漢サ動	69④			
滅度し	めつどし	×	滅度	方便	160⑤	漢サ動	138⑤			
滅度し	めつどし	×	滅度	方便	161②	漢サ動	139①			
滅度し	めつどし	めつと	滅度	化城	446③	漢サ動	439③			
滅度し	めつどし	めつと	滅後	化城	448②	漢サ動	441⑤			
滅度し	めつどし	めつと	滅度	化城	450⑤	漢サ動	444④			
滅度し	めつどし	×	滅度	見寶	662②	漢サ動	676⑥	めつと・し／ねはん[妙]		
滅度し	めつどし	めつと	滅度	見寶	681⑤	漢サ動	698⑤			
滅度し	めつどし	めつと	滅度	見寶	685③	漢サ動	702⑤			滅度(めちと)し[妙]
滅度し	めつどし	×	滅度	見寶	685⑥	漢サ動	703②			滅後(めちご)[妙]
滅度し	めつどし	×	滅度	見寶	689④	漢サ動	707③			滅後(めちご)[妙]
滅度し	めつどし	めつど	滅度	常不	1060③	漢サ動	1079②			めつと・し[妙]
滅度し	めつどし	×	滅度	常不	1061④	漢サ動	1080②			めちと・し[妙]
滅度す	めつどす	めつと	滅度	譬喩	294③	漢サ動	266④			一せり[西]
滅度す	めつどす	×	滅度	如來	899①	漢サ動	918①			
滅度す	めつどす	×	滅度	如來	909⑥	漢サ動	928⑤			滅度(めちと)[妙]
滅度せ	めつどせ	×	滅度	譬喩	267⑥	漢サ動	238⑤		一しめ[西右]	
滅度せ	めつどせ	めつど	滅度	譬喩	297④	漢サ動	269⑥			
滅度せ	めつどせ	めつと	滅度	藥草	414②	漢サ動	402②			
滅度せ	めつどせ	×	滅度	五百	593⑤	漢サ動	601②	めちと・せ／ねはん[妙]		
滅度せ	めつどせ	×	滅度	如來	911④	漢サ動	930③			
滅度せ	めつどせ	×	滅度	如來	914①	漢サ動	932⑥			滅度(めちと)[妙]
馬瑙	めのう	めなう	馬瑙	安樂	797④	漢宝玉名	819①			瑪瑙(めなう)[妙]
馬瑙	めのう	めなう	馬瑙	随喜	974②	漢宝玉名	992①			
馬瑙	めのう	めなう	馬瑙	觀世	1210⑥	漢宝玉名	1224①			めなう[妙]
碼脳	めのう	めなう	碼脳	見寶	657⑥	漢宝玉名	672②			
碼瑙	めのう	めなう	碼瑙	授記	433⑥	漢宝玉名	425①			
碼瑙	めのう	めなう	碼瑙	授記	439⑤	漢宝玉名	431⑤			
碼磁	めのう	めなう	碼瑙	方便	161④	漢宝玉名	139③			馬瑙(めなう)[妙]
碼脳	めのう	めなう	碼瑙	序品	29④	漢宝玉名	25②			
馬磁	めのう	めなう	碼瑙	譬喩	286②	漢宝玉名	258④			
碼脳	めのう	めなう	碼瑙	信解	354②	漢宝玉名	338①			
麺	めん	めん／むぎ	麺	信解	337⑥	単漢飲食名	316⑥	めん／かむたち[妙]		
免濟し	めんざいし	めんさい	免濟	譬喩	259①	漢サ動	230③	めんさい／すくう[妙]		
勉出し	めんしゅつし	めんしゆつ・すゝめいたし	勉出	化城	496②	漢サ動	498⑥	めんしゆつ／ひきいたし[妙]		
面貌	めんみょう	めんめう／みめかたちとゝのふる也	面貌	随喜	984④	漢名	1002⑥	めんめう／おもてかた[妙]		
面貌	めんみょう	めんめう	面貌	妙音	1179⑥	漢名	1195①	めんめう／おもてかほ[妙]		
面目	めんもく	めんもく・おもてめ	面目	随喜	991③	漢名	1009⑥	めんもく／おもてめ[妙]		
盲	もう	まう／めしい	盲	譬喩	306④	単漢病症名	278⑥			
盲	もう	まう	盲	譬喩	309⑥	単漢病症名	282⑤	まう／めしい[妙]		
毛孔	もうく	もうゆう{く}	毛孔	神力	1086③	漢身体名	1104⑤			もうく[妙]
毛孔	もうく	×	毛孔	藥王	1159④	漢身体名	1177①	もうく／けのあな[妙]		
まうく	もうく	×	設	化城	542④	和動	548③			
まうけ	もうけ	×	設	方便	144⑤	和動	126①			
まうけ	もうけ	×	設	方便	156①	和動	135②			
まうけ	もうけ	×	設	譬喩	244④	和動	214②			
まうけ	もうけ	×	設	譬喩	282⑥	和動	254③			
まうけ	もうけ	×	設	信解	333⑥	和動	311⑥			
まうけ	もうけ	×	設	五百	597②	和動	605③			
まうけ	もうけ	×	設	提婆	711②	和動	728⑤			
まうけ	もうけ	×	設	如來	905③	和動	924②			

当該語	読みかな	傍訓	漢字表記	品名	頁数	語の種類	妙一本	和解語文	可読	異同語彙
まうけ	もうけ	×	設	法功	1032④	和動	1051②			
まうけ	もうけ	×	設	藥王	1132⑥	和動	1151③		一て[西右]	
まうさく	もうさく	×	日	提婆	730⑥	和敬連	748⑥			
まうさく	もうさく	×	日	從地	834③	和敬連	857②			
まうさく	もうさく	×	日	觀世	1234⑥	和敬連	1247③			
まうさく	もうさく	×	啓	提婆	720④	和敬意連	738⑤			
まうさく	もうさく	×	白	提婆	713①	和敬意連	730⑤			
まうさく	もうさく	×	白	妙莊	1283①	和敬意連	1292⑤			
まうさく	もうさく	×	白	妙莊	1284②	和敬意連	1293⑤			
まうさく	もうさく	×	言	方便	104④	和敬意連	91⑤			
まうさく	もうさく	×	言	方便	106④	和敬意連	93②			
まうさく	もうさく	×	言	方便	112②	和敬意連	98②			
まうさく	もうさく	×	言	方便	113④	和敬意連	99③			
まうさく	もうさく	×	言	方便	116①	和敬意連	101④			
まうさく	もうさく	×	言	方便	117③	和敬意連	102⑥			
まうさく	もうさく	×	言	方便	122⑤	和敬意連	107⑤			
まうさく	もうさく	×	言	譬喩	204④	和敬意連	171④			
まうさく	もうさく	×	言	譬喩	208⑥	和敬意連	176③			
まうさく	もうさく	×	言	譬喩	233①	和敬意連	202②			
まうさく	もうさく	×	言	譬喩	235④	和敬意連	204⑥			
まうさく	もうさく	×	言	譬喩	247④	和敬意連	217②			
まうさく	もうさく	×	言	譬喩	251④	和敬意連	221⑤			
まうさく	もうさく	×	言	譬喩	285⑤	和敬意連	257④			
まうさく	もうさく	×	言	信解	318④	和敬意連	293③			
まうさく	もうさく	×	言	信解	352⑤	和敬意連	335⑥			
まうさく	もうさく	×	言	授記	422⑥	和敬意連	412③			
まうさく	もうさく	×	言	化城	457④	和敬意連	452④			
まうさく	もうさく	×	言	化城	461②	和敬意連	456⑥			
まうさく	もうさく	×	言	化城	469⑥	和敬意連	467③			
まうさく	もうさく	×	言	化城	472③	和敬意連	470④			
もうさく	もうさく	×	言	化城	478③	和敬意連	477⑤			
まうさく	もうさく	×	言	化城	481①	和敬意連	480⑥			
まうさく	もうさく	×	言	化城	487①	和敬意連	488①			
まうさく	もうさく	×	言	化城	489⑤	和敬意連	491②			
まうさく	もうさく	×	言	化城	495⑥	和敬意連	498④			
まうさく	もうさく	×	言	化城	500①	和敬意連	503③			
まうさく	もうさく	×	言	化城	500④	和敬意連	504①			
まうさく	もうさく	×	言	化城	506⑤	和敬意連	511①			
まうさく	もうさく	×	言	化城	523①	和敬意連	528③			
まうさく	もうさく	×	言	化城	541⑥	和敬意連	547⑤			
まうさく	もうさく	×	言	五百	595⑥	和敬意連	603④			
まうさく	もうさく	×	言	授學	601⑥	和敬意連	610③			
まうさく	もうさく	×	言	授學	611⑥	和敬意連	621⑤			
まうさく	もうさく	×	言	授學	620④	和敬意連	630⑥			
まうさく	もうさく	×	言	見寶	660⑥	和敬意連	675③			
まうさく	もうさく	×	言	見寶	664⑤	和敬意連	679④			
まうさく	もうさく	×	言	見寶	666④	和敬意連	681④			
まうさく	もうさく	×	言	提婆	710④	和敬意連	727⑤			
まうさく	もうさく	×	言	勸持	739⑤	和敬意連	758③			
まうさく	もうさく	×	言	勸持	746④	和敬意連	765③			
まうさく	もうさく	×	言	勸持	747②	和敬意連	766②			
まうさく	もうさく	×	言	勸持	750⑥	和敬意連	770①			
まうさく	もうさく	×	言	安樂	759④	和敬意連	779②			
まうさく	もうさく	×	言	從地	817①	和敬意連	840①			
まうさく	もうさく	×	言	從地	827⑥	和敬意連	850①			
まうさく	もうさく	×	言	從地	828④	和敬意連	850⑥			
まうさく	もうさく	×	言	從地	831④	和敬意連	854②			
まうさく	もうさく	×	言	從地	843①	和敬意連	865⑥			
まうさく	もうさく	×	言	從地	856②	和敬意連	879①			
まうさく	もうさく	×	言	如來	881⑤	和敬意連	900⑤			
まうさく	もうさく	×	言	如來	882②	和敬意連	901②			
まうさく	もうさく	×	言	如來	885⑤	和敬意連	904④			
まうさく	もうさく	×	言	分別	929④	和敬意連	948②			
まうさく	もうさく	×	言	隨喜	969③	和敬意連	987④			
まうさく	もうさく	×	言	隨喜	969⑥	和敬意連	987⑥			
まうさく	もうさく	×	言	隨喜	976⑤	和敬意連	994⑥			
まうさく	もうさく	×	言	神力	1084②	和敬意連	1102⑤			
まうさく	もうさく	×	言	囑累	1110⑥	和敬意連	1129④			

当該語	読みかな	傍訓	漢字表記	品名	頁数	語の種類	妙一本	和解語文	可読	異同語彙
まうさく	もうさく	×	言	嘱累	1111④	和敬意連	1130②			
まうさく	もうさく	×	言	藥王	1114⑤	和敬意連	1133②			
まうさく	もうさく	×	言	藥王	1128①	和敬意連	1146④			
まうさく	もうさく	×	言	藥王	1130⑤	和敬意連	1149②			
まうさく	もうさく	×	言	妙音	1169④	和敬意連	1185⑤			
まうさく	もうさく	×	言	妙音	1172④	和敬意連	1188②			
まうさく	もうさく	×	言	妙音	1174②	和敬意連	1189⑥			
まうさく	もうさく	×	言	妙音	1176④	和敬意連	1191④			
まうさく	もうさく	×	言	妙音	1181⑥	和敬意連	1196⑥			
まうさく	もうさく	×	言	妙音	1186④	和敬意連	1200⑥			
まうさく	もうさく	×	言	妙音	1197④	和敬意連	1211①			
まうさく	もうさく	×	言	妙音	1200④	和敬意連	1214③			
まうさく	もうさく	×	言	觀世	1220④	和敬意連	1233⑤			
まうさく	もうさく	×	言	觀世	1221⑤	和敬意連	1235①			
まうさく	もうさく	×	言	觀世	1231③	和敬意連	1244②			
まうさく	もうさく	×	言	觀世	1232④	和敬意連	1245③			
まうさく	もうさく	×	言	觀世	1246④	和敬意連	1258⑤			
まうさく	もうさく	×	言	陀羅	1248③	和敬意連	1260④			
まうさく	もうさく	×	言	陀羅	1250④	和敬意連	1262④			
まうさく	もうさく	×	言	陀羅	1255②	和敬意連	1267①			
まうさく	もうさく	×	言	陀羅	1258①	和敬意連	1269⑥			
まうさく	もうさく	×	言	陀羅	1260③	和敬意連	1271⑥			
まうさく	もうさく	×	言	陀羅	1263④	和敬意連	1274⑥			
まうさく	もうさく	×	言	陀羅	1267②	和敬意連	1278②			
まうさく	もうさく	×	言	陀羅	1268⑤	和敬意連	1279⑤			
まうさく	もうさく	×	言	妙莊	1275⑥	和敬意連	1286②			
まうさく	もうさく	×	言	妙莊	1277④	和敬意連	1287⑤			
まうさく	もうさく	×	言	妙莊	1281④	和敬意連	1291②			
まうさく	もうさく	×	言	妙莊	1286①	和敬意連	1295⑤			
まうさく	もうさく	×	言	妙莊	1295④	和敬意連	1304①			
まうさく	もうさく	×	言	妙莊	1299⑥	和敬意連	1307④			
まうさく	もうさく	×	言	妙莊	1301④	和敬意連	1309④			
まうさく	もうさく	×	言	普賢	1307⑥	和敬意連	1314④			
まうさく	もうさく	×	言	普賢	1310⑥	和敬意連	1317①			
まうし	もうし	×	白	方便	104④	和補助動	91⑤			
まうし	もうし	×	白	方便	112②	和補助動	98①			
まうし	もうし	×	白	方便	116①	和補助動	101③			
まうし	もうし	×	白	譬喩	204④	和補助動	171④			
まうし	もうし	×	白	譬喩	235④	和補助動	204⑤			
まうし	もうし	×	白	譬喩	247②	和補助動	217②			
まうし	もうし	×	白	譬喩	285⑤	和補助動	257③			ゆいてしかも[西]
まうし	もうし	×	白	信解	318④	和補助動	293③			
まうし	もうし	×	白	化城	499⑥	和補助動	503③			
まうし	もうし	×	白	化城	506④	和補助動	511①			
まうし	もうし	×	白	化城	523①	和補助動	528②			
まうし	もうし	×	白	化城	541⑤	和補助動	547④			
まうし	もうし	×	白	授學	601⑥	和補助動	610②			
まうし	もうし	×	白	見寶	660⑥	和補助動	675②			
まうし	もうし	×	白	見寶	664⑤	和補助動	679④			
まうし	もうし	×	白	見寶	666④	和補助動	681④			
まうし	もうし	×	白	提婆	710③	和補助動	727⑤			
まうし	もうし	×	白	勸持	739⑤	和補助動	758③			
まうし	もうし	×	白	勸持	747②	和補助動	766②			
まうし	もうし	×	白	安樂	759④	和補助動	779②			
まうし	もうし	×	白	從地	817⑤	和補助動	840①			
まうし	もうし	×	白	從地	843①	和補助動	865⑤			
まうし	もうし	×	白	從地	856②	和補助動	878⑥			
まうし	もうし	×	白	如來	881⑤	和補助動	900④			
まうし	もうし	×	白	如來	882②	和補助動	901①			
まうし	もうし	×	白	如來	885④	和補助動	904④			
まうし	もうし	×	白	隨喜	969③	和補助動	987③			
まうし	もうし	×	白	隨喜	976④	和補助動	994⑤			
まうし	もうし	×	白	神力	1084②	和補助動	1102⑤			
まうし	もうし	×	白	藥王	1114④	和補助動	1133①			
まうし	もうし	×	白	藥王	1128①	和補助動	1146⑤			
まうし	もうし	×	白	藥王	1129②	和補助動	1147⑤			
まうし	もうし	×	白	藥王	1130⑤	和補助動	1149②			
まうし	もうし	×	白	妙音	1169④	和補助動	1185⑤			

当該語	読みかな	傍訓	漢字表記	品名	頁数	語の種類	妙一本	和解語文	可読	異同語彙
まうし	もうし	×	白	妙音	1172④	和補助動	1188①			
まうし	もうし	×	白	妙音	1174②	和補助動	1189②			
まうし	もうし	×	白	妙音	1176②	和補助動	1191④			
まうし	もうし	×	白	妙音	1181⑥	和補助動	1196⑥			
まうし	もうし	×	白	妙音	1186①	和補助動	1200⑥			
まうし	もうし	×	白	妙音	1197②	和補助動	1211①			
まうし	もうし	×	白	妙音	1200④	和補助動	1214②			
まうし	もうし	×	白	觀世	1221⑤	和補助動	1235①			
まうし	もうし	×	白	觀世	1231③	和補助動	1244⑤			
まうし	もうし	×	白	觀世	1232③	和補助動	1245③			
まうし	もうし	×	白	觀世	1246④	和補助動	1258⑤			
まうし	もうし	×	白	陀羅	1248③	和補助動	1260④			
まうし	もうし	×	白	陀羅	1250④	和補助動	1262④			
まうし	もうし	×	白	陀羅	1255②	和補助動	1267①			
まうし	もうし	×	白	陀羅	1258①	和補助動	1269⑤			
まうし	もうし	×	白	陀羅	1260②	和補助動	1271⑥			
まうし	もうし	×	白	陀羅	1263③	和補助動	1274⑥			
まうし	もうし	×	白	陀羅	1268⑤	和補助動	1279⑤			
まうし	もうし	×	白	妙荘	1275⑥	和補助動	1286⑤			
まうし	もうし	×	白	妙荘	1277④	和補助動	1287③			
まうし	もうし	×	白	妙荘	1281④	和補助動	1291④			
まうし	もうし	×	白	妙荘	1286①	和補助動	1295⑤			
まうし	もうし	×	白	妙荘	1295⑤	和補助動	1304①			
まうし	もうし	×	白	妙荘	1299⑥	和補助動	1307④			
まうし	もうし	×	白	妙荘	1301⑥	和補助動	1309②			
まうし	もうし	×	白	普賢	1307⑥	和補助動	1314③			
まうし	もうし	×	白	普賢	1310⑤	和補助動	1317①			
忘失し	もうしつし	まうしつ／わするゝ	忘失	譬喩	307③	漢サ動	279⑤	まうしつ・し／うしなひ[妙]		
忘失せ	もうしつせ	まうしつ／わするゝ心	忘失	序品	63⑤	漢サ動	55⑤	まうしつ・せ／わすれうしなう[妙]		
忘失せ	もうしつせ	まうしつ	忘失	法師	649②	漢サ動	662⑥	まうしち・せ／わすれうしなふ[妙]		
忘失せ	もうしつせ	まうしつ／わすれ	忘失	法師	654⑥	漢サ動	669①	まうしち・せ／わすれうしなふ[妙]		
妄失せ	もうしつせ	×	忘失	普賢	1314②	漢サ動	1320①	まうしち・せ／わすれうしなう[妙]		
蟒身	もうしん	まうしん／やまかゝちのみ	蟒身	譬喩	305④	漢虫類名	277⑥	まうしん／やまかゝちのみ[妙]		
まうせ	もうせ	×	白	見寶	678②	和補助動	694⑤			
まうて	もうで	×	詣	譬喩	285⑤	和動	257③			
まうて	もうで	×	詣	化城	484⑤	和動	485②		いたて[西右]	
まうて	もうで	×	詣	化城	493④	和動	495⑥		いたりて[西右]	
まうで	もうで	×	詣	提婆	722①	和動	740①			
まうで	もうで	×	詣	提婆	723⑥	和動	742②			
まうで	もうで	×	詣	從地	823⑤	和動	845⑥			
まうで	もうで	×	詣	陀羅	1260②	和動	1271⑤			まうて[妙]
まうで	もうで	×	詣	陀羅	1263②	和動	1274④			まうて[妙]
まうで	もうで	×	詣	妙荘	1290③	和動	1299②			まうて[妙]
網幔	もうまん	まうまん	網幔	見寶	670②	漢器財名	685④	まうまん／あみ[妙]		
盲冥	もうみょう	まうみやう	盲冥	方便	176⑤	漢名	151⑥	まうみやう／めしいくらく[妙]	一とィ[西右]	
盲冥	もうみょう	まうみやう／くらき也	盲冥	化城	459②	漢名	454⑤	まうみやう／めくらく[妙]		
目	もく	もく／め	目	序品	30⑥	単漢身体名	26④			
木	もく	もく	木	方便	163⑤	単漢樹木名	141②	もく／き[妙]		
木	もく	もく	木	常不	1065⑥	単漢樹木名	1084⑤			もく[妙]
墨	もく	もく／すみ	墨	化城	447⑤	単漢文具名	440④	もく／すみ[妙]		
墨	もく	もく	墨	化城	449⑤	単漢文具名	443③	もく／すみ[妙]		
黙し	もくし	もく・た	黙	信解	359①	漢サ動	343③	もく・し／ものいはすして[妙]		
黙し	もくし	もく	黙	藥草	399⑤	漢サ動	386①	もく／ものいわす[妙]	つゝんでィ[西右]	
嘿し	もくし	もくし／もだし	嘿	五百	597③	漢サ動	605④	もく・し／ものいはす[妙]		
目真隣陀山	もくしんりんだーだーさん	もくしんりんだー	目真隣陀山	見寶	673⑤	仏山名名	689②	もくしんりんたせん／―やま[妙]	―と[西右]	

当該語	読みかな	傍訓	漢字表記	品名	頁数	語の種類	妙一本	和解語文	可読	異同語彙
目真隣陀山	もくしんりんだざん	もくしんりんたー	目真隣陀山	見寶	675⑥	仏山名名	691⑥	もくしんりんたせん／ーやま[妙]		
目多履 十一	もくたび	もくたび	目多履 十一	陀羅	1251④	仏梵語名	1263④			もくたひ[妙]
目帝 十	もくてい	もくてい	目帝 十	陀羅	1251④	仏梵語名	1263④			もくてい[妙]
黙然	もくねん	もくねん	黙然	化城	472⑥	漢名	471②	もくねん／ものいはす[妙]		
黙然	もくねん	もくねん／ものもいはぬ也	黙然	化城	481⑥	漢名	481⑥	もくねん／ものいはす[妙]		
黙然	もくねん	もくねん	黙然	化城	490⑤	漢名	492④	もくねん／ものいはす[妙]		
黙念	もくねん	もくねん	黙念	方便	121⑤	漢名	106⑤			
嘿然	もくねん	もくねん	嘿然	從地	825⑥	漢名	848②	もくねん／ものいわす[妙]		
黙然し	もくねんし	もくねん	黙然	藥王	1126②	漢サ動	1144④			もくねん・し[妙]
嘿然し	もくねんとし	もくねんと	嘿然	化城	533⑥	漢サ動	539③			
嘿然とし	もくねんとし	もくねん	嘿然	提婆	737③	漢サ動	755⑥	もくねん／ものいわす[妙]		
嘿然とし	もくねんとし	もくねん	嘿然	勧持	748⑥	漢サ動	768①	もくねん／ものいわす[妙]		
嘿然とし	もくねんとし	もくねん	嘿然	從地	825⑤	漢サ動	847⑥	もくねん／ものいわす[妙]		
木櫁	もくみつ	もくみつ	木櫁	方便	162①	漢植物名	139⑥	もくみち／しきみ[妙]		
もし	もし	×	或	信解	328①	和副	304⑤			
もし	もし	×	頗	如來	908⑥	和副	927⑥			
もし	もし	×	如	安樂	806④	和副	828⑤			
もし	もし	×	如	随喜	987①	和副	1005③			
もし	もし	×	茂	藥草	402③	漢サ動	388⑥		しげし・くィ[西右]	
×	もし	×	若	方便	×	和副	121④		もし[西右]	
もし	もし	×	若	序品	27③	和副	23③			
もし	もし	×	若	序品	27⑤	和副	23⑤			
もし	もし	×	若	序品	28①	和副	24①			
もし	もし	×	若	序品	78①	和副	68④			
もし	もし	×	若	序品	85⑥	和副	75④			
もし	もし	×	若	方便	111⑤	和副	97⑤			
もし	もし	×	若	方便	114④	和副	100①			
もし	もし	×	若	方便	136④	和副	119②			
もし	もし	×	若	方便	138③	和副	120④			
もし	もし	×	若	方便	138④	和副	120⑤			
もし	もし	×	若	方便	150③	和副	130④			
もし	もし	×	若	方便	150⑥	和副	131①			
もし	もし	×	若	方便	153①	和副	132⑤			
もし	もし	×	若	方便	159⑤	和副	137⑥			
もし	もし	×	若	方便	160①	和副	138②			
もし	もし	×	若	方便	160⑤	和副	138⑤			
もし	もし	×	若	方便	163①	和副	140④			
もし	もし	×	若	方便	165⑥	和副	142⑥			
もし	もし	×	若	方便	167②	和副	144②			
もし	もし	×	若	方便	169①	和副	145⑤			
もし	もし	×	若	方便	169⑤	和副	146②			
もし	もし	×	若	方便	170⑥	和副	147②			
もし	もし	×	若	方便	179③	和副	154②			
もし	もし	×	若	譬喩	206④	和副	173⑤			
もし	もし	×	若	譬喩	214②	和副	182③			
もし	もし	×	若	譬喩	223④	和副	192⑤			
もし	もし	×	若	譬喩	238⑤	和副	208⑤			
もし	もし	×	若	譬喩	244③	和副	214①			
もし	もし	×	若	譬喩	245④	和副	215②			
若	もし	×	若	譬喩	252②	和副	222③			
もし	もし	×	若	譬喩	252⑤	和副	222⑥			
もし	もし	×	若	譬喩	255⑤	和副	226⑥			
もし	もし	×	若	譬喩	257⑤	和副	228⑥			
もし	もし	×	若	譬喩	260③	和副	231⑥			
もし	もし	×	若	譬喩	262③	和副	233⑤			
もし	もし	×	若	譬喩	263②	和副	234⑤			
もし	もし	×	若	譬喩	264②	和副	235④			
もし	もし	×	若	譬喩	266②	和副	237③			

当該語	読みかな	傍訓	漢字表記	品名	頁数	語の種類	妙一本	和解語文	可読	異同語彙
もし	もし	×	若	譬喩	291③	和副	263④			
もし	もし	×	若	譬喩	292①	和副	264②			
もし	もし	×	若	譬喩	294⑥	和副	267①			
もし	もし	×	若	譬喩	295③	和副	267④			
もし	もし	×	若	譬喩	296①	和副	268②			
もし	もし	×	若	譬喩	296④	和副	268⑤			
もし	もし	×	若	譬喩	298⑤	和副	271①			
もし	もし	×	若	譬喩	299③	和副	271⑤			
もし	もし	×	若	譬喩	301④	和副	273⑤			
もし	もし	×	若	譬喩	303③	和副	275④			
もし	もし	×	若	譬喩	306②	和副	278⑤			
もし	もし	×	若	譬喩	307②	和副	279⑤			
もし	もし	×	若	譬喩	307③	和副	279⑥			
もし	もし	×	若	譬喩	307⑤	和副	280②			
もし	もし	×	若	譬喩	308①	和副	280④			
もし	もし	×	若	譬喩	309⑤	和副	282⑤			
もし	もし	×	若	譬喩	311①	和副	284②			
もし	もし	×	若	譬喩	311④	和副	284⑤			
もし	もし	×	若	譬喩	312①	和副	285③			
もし	もし	×	若	譬喩	312④	和副	285⑥			
もし	もし	×	若	譬喩	312⑤	和副	286③			
もし	もし	×	若	譬喩	313②	和副	286⑥			
もし	もし	×	若	譬喩	313④	和副	287③			
もし	もし	×	若	譬喩	314①	和副	287⑥			
もし	もし	×	若	譬喩	315①	和副	289①			
もし	もし	×	若	信解	325⑤	和副	301⑥			
もし	もし	×	若	信解	328④	和副	305④			
もし	もし	×	若	信解	334④	和副	312⑤			
もし	もし	×	若	信解	334⑤	和副	312⑥			
もし	もし	×	若	信解	351①	和副	333④			
もし	もし	×	若	信解	358③	和副	342④			
もし	もし	×	若	信解	369①	和副	355③			
もし	もし	×	若	薬草	386⑥	和副	371⑥			
もし	もし	×	若	薬草	387②	和副	372③			
もし	もし	×	若	薬草	399⑥	和副	386②			
もし	もし	×	若	薬草	412②	和副	400②			
もし	もし	×	若	授記	423②	和副	412⑥			
もし	もし	×	若	授記	424①	和副	413⑥			
もし	もし	×	若	授記	425②	和副	415②			
もし	もし	×	若	化城	447⑥	和副	441③			
もし	もし	×	若	化城	449③	和副	442⑥			
もし	もし	×	若	化城	462①	和副	457⑥			
もし	もし	×	若	化城	512④	和副	517⑤			
もし	もし	×	若	化城	520③	和副	525④			
もし	もし	×	若	化城	521⑥	和副	527①			
もし	もし	×	若	化城	522②	和副	527④			
もし	もし	×	若	化城	524⑥	和副	530①			
もし	もし	×	若	化城	525①	和副	530②			
もし	もし	×	若	化城	527②	和副	532⑤			
もし	もし	×	若	化城	528②	和副	533⑥			
もし	もし	×	若	五百	576⑥	和副	581⑤			
もし	もし	×	若	五百	582⑤	和副	588①			
もし	もし	×	若	五百	591③	和副	598③			
もし	もし	×	若	授學	602⑤	和副	611②			
もし	もし	×	若	授學	605④	和副	614③			
もし	もし	×	若	法師	622⑥	和副	633④			
もし	もし	×	若	法師	623②	和副	634①			
もし	もし	×	若	法師	624④	和副	635③			
もし	もし	×	若	法師	625①	和副	636②			
もし	もし	×	若	法師	627②	和副	638③			
もし	もし	×	若	法師	628①	和副	639③			
もし	もし	×	若	法師	628④	和副	×			
もし	もし	×	若	法師	631③	和副	642⑥			
もし	もし	×	若	法師	632①	和副	643⑤			
もし	もし	×	若	法師	634③	和副	646②			
もし	もし	×	若	法師	634⑤	和副	646⑤			
もし	もし	×	若	法師	636④	和副	648⑤			
もし	もし	×	若	法師	640⑥	和副	653④			

当該語	読みかな	傍訓	漢字表記	品名	頁数	語の種類	妙一本	和解語文	可読	異同語彙
もし	もし	×		若	法師	641④	和副	654②		
もし	もし	×		若	法師	642①	和副	654⑤		
もし	もし	×		若	法師	643⑥	和副	656⑥		
もし	もし	×		若	法師	644③	和副	657④		
もし	もし	×		若	法師	645③	和副	658⑤		
もし	もし	×		若	法師	645⑤	和副	659①		
もし	もし	×		若	法師	646①	和副	659④		
もし	もし	×		若	法師	648③	和副	662①		
もし	もし	×		若	法師	649①	和副	662⑥		
もし	もし	×		若	法師	651②	和副	665②		
もし	もし	×		若	法師	651⑤	和副	665⑤		
もし	もし	×		若	法師	652④	和副	666④		
もし	もし	×		若	法師	653②	和副	667③		
もし	もし	×		若	法師	653⑥	和副	668①		
もし	もし	×		若	法師	654②	和副	668③		
もし	もし	×		若	法師	654⑤	和副	669①		
もし	もし	×		若	法師	655①	和副	669②		
もし	もし	×		若	法師	655③	和副	669④		
もし	もし	×		若	法師	656①	和副	670③		
もし	もし	×		若	見寶	662①	和副	676⑥		
もし	もし	×		若	見寶	663⑤	和副	678③		
もし	もし	×		若	見寶	665②	和副	680①		
もし	もし	×		若	見寶	691③	和副	709③		
もし	もし	×		若	見寶	692②	和副	×		
もし	もし	×		若	見寶	692③	和副	710⑤		
もし	もし	×		若	見寶	692⑤	和副	711①		
もし	もし	×		若	見寶	693①	和副	711③		
もし	もし	×		若	見寶	693⑥	和副	712③		
もし	もし	×		若	見寶	694⑥	和副	713④		
もし	もし	×		若	見寶	695①	和副	713⑥		
もし	もし	×		若	見寶	696①	和副	714①		
もし	もし	×		若	見寶	696④	和副	715③		
もし	もし	×		若	見寶	697②	和副	716①		
もし	もし	×		若	見寶	697⑥	和副	716⑥		
もし	もし	×		若	提婆	710⑤	和副	727⑥		
もし	もし	×		若	提婆	712⑤	和副	730②		
もし	もし	×		若	提婆	713②	和副	730⑥		
もし	もし	×		若	提婆	719③	和副	737③		
もし	もし	×		若	提婆	720①	和副	738①		
もし	もし	×		若	提婆	720②	和副	738②		
もし	もし	×		若	提婆	726⑥	和副	745①		
もし	もし	×		若	勸持	748③	和副	767④		
もし	もし	×		若	安樂	760④	和副	780②		
もし	もし	×		若	安樂	761③	和副	781①		
もし	もし	×		若	安樂	765②	和副	785①		
もし	もし	×		若	安樂	765⑤	和副	785④		
もし	もし	×		若	安樂	765⑥	和副	785⑥		
もし	もし	×		若	安樂	768⑥	和副	789①		
もし	もし	×		若	安樂	770③	和副	790④		
もし	もし	×		若	安樂	772②	和副	792④		
もし	もし	×		若	安樂	772④	和副	792⑥		
もし	もし	×		若	安樂	775①	和副	795①		
もし	もし	×		若	安樂	777①	和副	797⑤		
もし	もし	×		若	安樂	777①	和副	797⑤		
もし	もし	×		若	安樂	779⑤	和副	800④		
もし	もし	×		若	安樂	780②	和副	801①		
もし	もし	×		若	安樂	782③	和副	803③		
もし	もし	×		若	安樂	784④	和副	805⑤		
もし	もし	×		若	安樂	789②	和副	810⑤		
もし	もし	×		若	安樂	794④	和副	816①		
もし	もし	×		若	安樂	798①	和副	819⑤		
もし	もし	×		若	安樂	810④	和副	832⑥		
もし	もし	×		若	安樂	811①	和副	833①		
もし	もし	×		若	安樂	816②	和副	838⑥		
もし	もし	×		若	從地	817⑤	和副	840①		
もし	もし	×		若	從地	838③	和副	861②		
もし	もし	×		若	從地	863①	和副	885⑤		
もし	もし	×		若	從地	869④	和副	892③		

もし 721

当該語	読みかな	傍訓	漢字表記	品名	頁数	語の種類	妙一本	和解語文	可読	異同語彙
もし	もし	×	若	如來	889①	和副	908②			
もし	もし	×	若	如來	893①	和副	912①			
もし	もし	×	若	如來	896①	和副	915①			
もし	もし	×	若	如來	896⑤	和副	915④			
もし	もし	×	若	如來	907①	和副	925⑥			
もし	もし	×	若	分別	937④	和副	956①			
もし	もし	×	若	分別	939①	和副	957③			
もし	もし	×	若	分別	939⑥	和副	958②			
もし	もし	×	若	分別	941②	和副	959④			
もし	もし	×	若	分別	941⑤	和副	959⑥			
もし	もし	×	若	分別	942③	和副	960⑥			
もし	もし	×	若	分別	944⑤	和副	963①			
もし	もし	×	若	分別	946④	和副	965②			
もし	もし	×	若	分別	947③	和副	966①			
もし	もし	×	若	分別	949①	和副	967⑥			
もし	もし	×	若	分別	950④	和副	969③			
もし	もし	×	若	分別	951①	和副	969⑤			
もし	もし	×	若	分別	953⑥	和副	972⑤			
もし	もし	×	若	分別	957④	和副	976②			
もし	もし	×	若	分別	959③	和副	978②			
もし	もし	×	若	分別	961②	和副	980①			
もし	もし	×	若	分別	963④	和副	982①			
もし	もし	×	若	分別	964④	和副	983①			
もし	もし	×	若	分別	964⑤	和副	983②			
もし	もし	×	若	分別	966④	和副	984⑥			
もし	もし	×	若	分別	966⑤	和副	985①			
もし	もし	×	若	随喜	969③	和副	987④			
もし	もし	×	若	随喜	970②	和副	988③			
もし	もし	×	若	随喜	970⑤	和副	988⑥			
もし	もし	×	若	随喜	972⑥	和副	990⑥			
もし	もし	×	若	随喜	976⑥	和副	995①			
もし	もし	×	若	随喜	979④	和副	997⑥			
もし	もし	×	若	随喜	980③	和副	998④			
もし	もし	×	若	随喜	981③	和副	999④			
もし	もし	×	若	随喜	986③	和副	1004⑤			
もし	もし	×	若	随喜	989⑤	和副	1008②			
もし	もし	×	若	随喜	991⑥	和副	1010④			
もし	もし	×	若	随喜	992⑤	和副	1011②			
もし	もし	×	若	法功	994①	和副	1012⑤			
もし	もし	×	若	法功	996③	和副	1015①			
もし	もし	×	若	法功	998②	和副	1017①			
もし	もし	×	若	法功	1008④	和副	1027①			
もし	もし	×	若	法功	1014③	和副	1032⑥		一は[西右]	
もし	もし	×	若	法功	1019②	和副	1037⑥			
もし	もし	×	若	法功	1026③	和副	1045②			
もし	もし	×	若	法功	1027④	和副	1046②		一は[西右]	
もし	もし	×	若	法功	1032⑥	和副	1051⑤			
もし	もし	×	若	法功	1034⑥	和副	1053⑤			
もし	もし	×	若	法功	1037⑤	和副	1056③			
もし	もし	×	若	法功	1040④	和副	1059③			
もし	もし	×	若	法功	1042①	和副	1060⑤			
もし	もし	×	若	常不	1056④	和副	1075②			
もし	もし	×	若	常不	1056⑤	和副	1075⑤			
もし	もし	×	若	常不	1072⑤	和副	1091③			
もし	もし	×	若	神力	1094①	和副	1112⑤			
もし	もし	×	若	神力	1095⑤	和副	1114④			
もし	もし	×	若	嘱累	1108④	和副	1127①			
もし	もし	×	若	嘱累	1109②	和副	1127⑤			
もし	もし	×	若	嘱累	1109④	和副	1128②			
もし	もし	×	若	藥王	1124⑤	和副	1143①			
もし	もし	×	若	藥王	1138⑥	和副	1157①			もしはヒ[妙]
もし	もし	×	若	藥王	1140⑥	和副	1159①			
もし	もし	×	若	藥王	1141⑥	和副	1160①			
もし	もし	×	若	藥王	1142④	和副	1160④		もしかしィ[西左]	もし[妙]
もし	もし	×	若	藥王	1151④	和副	1169⑤			
もし	もし	×	若	藥王	1152②	和副	1170③			
もし	もし	×	若	藥王	1153①	和副	1171①			

当該語	読みかな	傍訓	漢字表記	品名	頁数	語の種類	妙一本	和解語文	可読	異同語彙
もし	もし	×	若	藥王	1153③	和副	1171③			
もし	もし	×	若	藥王	1153⑥	和副	1171⑥			
もし	もし	×	若	藥王	1154①	和副	1172①			
もし	もし	×	若	藥王	1159①	和副	1176④			
もし	もし	×	若	藥王	1161③	和副	1178⑤			
もし	もし	×	若	藥王	1161⑥	和副	1179①			
もし	もし	×	若	妙音	1172②	和副	1187⑥		一は[西右]	
もし	もし	×	若	妙音	1194⑤	和副	1208④			
もし	もし	×	若	觀世	1209②	和副	1222②			
もし	もし	×	若	觀世	1209⑥	和副	1223①			
もし	もし	×	若	觀世	1210③	和副	1223③			
もし	もし	×	若	觀世	1210⑤	和副	1223⑥			
もし	もし	×	若	觀世	1211③	和副	1224④			
もし	もし	×	若	觀世	1211⑥	和副	1225②			
もし	もし	×	若	觀世	1212④	和副	1225⑤			
もし	もし	×	若	觀世	1214①	和副	1227③			
もし	もし	×	若	觀世	1215③	和副	1228⑤			
もし	もし	×	若	觀世	1216④	和副	1229⑥			
もし	もし	×	若	觀世	1216⑥	和副	1230②			
もし	もし	×	若	觀世	1217②	和副	1230④			
もし	もし	×	若	觀世	1218②	和副	1231④			
もし	もし	×	若	觀世	1219②	和副	1232④			
もし	もし	×	若	觀世	1219⑤	和副	1233①			
もし	もし	×	若	觀世	1220⑤	和副	1234①			
もし	もし	×	若	觀世	1222④	和副	1235⑥			
もし	もし	×	若	觀世	1240⑤	和副	1253②			
もし	もし	×	若	觀世	1246⑤	和副	1258⑥			
もし	もし	×	若	陀羅	1248③	和副	1260④			
もし	もし	×	若	陀羅	1249①	和副	1261②			
もし	もし	×	若	陀羅	1249③	和副	1261⑥			
もし	もし	×	若	陀羅	1253⑥	和副	1265⑤			
もし	もし	×	若	陀羅	1255④	和副	1267④			
もし	もし	×	若	陀羅	1257④	和副	1269②			
もし	もし	×	若	陀羅	1261④	和副	1273①			
もし	もし	×	若	陀羅	1263⑥	和副	1275②			
もし	もし	×	若	陀羅	1267③	和副	1278③			
もし	もし	×	若	妙莊	1278②	和副	1288②			
もし	もし	×	若	妙莊	1297④	和副	1305④			
もし	もし	×	若	妙莊	1304⑥	和副	1311⑥			
もし	もし	×	若	普賢	1308⑥	和副	1315③			
もし	もし	×	若	普賢	1309③	和副	1315⑤			
もし	もし	×	若	普賢	1313⑤	和副	1319④			
もし	もし	×	若	普賢	1314①	和副	1320①			
もし	もし	×	若	普賢	1315⑤	和副	1321③			
もし	もし	×	若	普賢	1320⑤	和副	1325⑤			
もし	もし	×	若	普賢	1321④	和副	1326③			
もし	もし	×	若	普賢	1322④	和副	1327③			
もし	もし	×	若	普賢	1323⑥	和副	1328④			
もし	もし	×	若	普賢	1328①	和副	1332②			
もし	もし	×	若	普賢	1331⑤	和副	1335④			
もし	もし	×	若	普賢	1331⑥	和副	1335⑤			
もし	もし	×	若	普賢	1333②	和副	1336④			
もし	もし	×	若	普賢	1333⑥	和副	1337②			
もし	もし	×	若	普賢	1334④	和副	1337⑤			
もし	もし	×	若	普賢	1334⑥	和副	1338①			
もし	もし	×	若	普賢	1335③	和副	1338④			
もし	もし	×	若	普賢	1336③	和副	1339②			
もしは	もしは	×	或	信解	328①	和接	304⑥			
もしは	もしは	×	若	序品	59③	和接	51⑤			
もしは	もしは	×	若	序品	59③	和接	51⑤			
もしは	もしは	×	若	方便	128⑤	和接	112⑥			
もしは	もしは	×	若	方便	128⑤	和接	112⑥			
もしは	もしは	×	若	方便	147⑥	和接	128④			
もしは	もしは	×	若	方便	154⑤	和接	134①			
もしは	もしは	×	若	方便	154⑤	和接	134②			
もしは	もしは	×	若	方便	162③	和接	140①			
もしは	もしは	×	若	方便	164④	和接	141⑥			
もしは	もしは	×	若	方便	164⑥	和接	142①			

もし 723

当該語	読みかな	傍訓	漢字表記	品名	頁数	語の種類	妙一本	和解語文	可読	異同語彙
もしは	もしは	×	若	方便	166②	和接	143②			
もしは	もしは	×	若	譬喩	205⑥	和接	173①			
もしは	もしは	×	若	譬喩	205⑥	和接	173①			
もしは	もしは	×	若	譬喩	210①	和接	177⑥			
もしは	もしは	×	若	譬喩	210①	和接	177⑥			
もしは	もしは	×	若	譬喩	235①	和接	204④			
もしは	もしは	×	若	譬喩	239⑥	和接	209③			
もしは	もしは	×	若	譬喩	241④	和接	211①			
もしは	もしは	×	若	譬喩	302①	和接	274②			
もしは	もしは	×	若	譬喩	302②	和接	274③			
もしは	もしは	×	若	譬喩	304②	和接	276③			
もしは	もしは	×	若	信解	357⑥	和接	342①			
もしは	もしは	×	若	信解	362③	和接	347④			
もしは	もしは	×	若	信解	375③	和接	362⑥			
もしは	もしは	×	若	藥草	395④	和接	381④			
もしは	もしは	×	若	化城	447④	和接	440⑤			
もしは	もしは	×	若	化城	447④	和接	440⑥			
もしは	もしは	×	若	化城	481④	和接	481③			
もしは	もしは	×	若	化城	501⑥	和接	505⑤			
もしは	もしは	×	若	化城	502①	和接	505⑤			
もしは	もしは	×	若	法師	639⑥	和接	652③			
もしは	もしは	×	若	法師	639⑥	和接	652③			
もしは	もしは	×	若	法師	640①	和接	652④			
もしは	もしは	×	若	法師	640①	和接	652④			
もしは	もしは	×	若	法師	640①	和接	652④			
もしは	もしは	×	若	法師	642④	和接	655②			
もしは	もしは	×	若	法師	642④	和接	655②			
もしは	もしは	×	若	見寶	693⑤	和接	712①			
もしは	もしは	×	若	見寶	693⑤	和接	712②			
もしは	もしは	×	若	安樂	764②	和接	783⑥			
もしは	もしは	×	若	安樂	764②	和接	784①			
もしは	もしは	×	若	安樂	764③	和接	784①			
もしは	もしは	×	若	安樂	788④	和接	810①			
若は	もしは	×	若	如來	887③	和接	906③			
もしは	もしは	×	若	如來	893①	和接	912①			
もしは	もしは	×	若	如來	899⑥	和接	918⑥			
もしは	もしは	×	若	分別	942⑥	和接	961③			
もしは	もしは	×	若	分別	943①	和接	961③			
もしは	もしは	×	若	分別	948①	和接	966⑤			
もしは	もしは	×	若	分別	948②	和接	966⑥			
もしは	もしは	×	若	分別	948②	和接	967①			
もしは	もしは	×	若	分別	948③	和接	967②			
もしは	もしは	×	若	分別	948③	和接	967②			
もし	もしは	×	若	分別	948④	和接	967③		もしは[西右]	
もしは	もしは	×	若	分別	954①	和接	972⑥			
もしは	もしは	×	若	分別	954②	和接	972⑥			
もしは	もしは	×	若	分別	955⑥	和接	974④		もしは[西右]	
もしは	もしは	×	若	分別	956①	和接	974⑤			
もしは	もしは	×	若	分別	956①	和接	974⑤			
もしは	もしは	×	若	分別	957⑥	和接	976③			
もしは	もしは	×	若	分別	957⑥	和接	976④			
もしは	もしは	×	若	分別	960⑤	和接	979②			
もしは	もしは	×	若	分別	960⑤	和接	979②			
もしは	もしは	×	若	分別	960⑤	和接	979②			
もしは	もしは	×	若	分別	967⑥	和接	986②			
もしは	もしは	×	若	分別	968⑤	和接	987①			
もしは	もしは	×	若	随喜	971①	和接	989①			
もしは	もしは	×	若	随喜	971①	和接	989②			
もしは	もしは	×	若	随喜	971③	和接	989③			
もしは	もしは	×	若	随喜	971③	和接	989④			
もしは	もしは	×	若	随喜	971③	和接	989④			
もしは	もしは	×	若	随喜	973①	和接	991②			
もしは	もしは	×	若	随喜	979②	和接	998①			
もしは	もしは	×	若	随喜	979⑥	和接	998①			
もしは	もしは	×	若	随喜	980⑥	和接	999①			
もしは	もしは	×	若	随喜	981①	和接	999②			
もしは	もしは	×	若	随喜	981②	和接	999③			
もしは	もしは	×	若	法功	994②	和接	1012⑥			

当該語	読みかな	傍訓	漢字表記	品名	頁数	語の種類	妙一本	和解語文	可読	異同語彙
もしは	もしは	×	若	法功	994②	和接	1012⑥			
もしは	もしは	×	若	法功	994②	和接	1012⑥			
もしは	もしは	×	若	法功	994③	和接	1013①			
もしは	もしは	×	若	法功	998③	和接	1017②			
もしは	もしは	×	若	法功	998③	和接	1017②			
もしは	もしは	×	若	法功	998③	和接	1017②			
もしは	もしは	×	若	法功	998④	和接	1017③			
もしは	もしは	×	若	法功	1005④	和接	1024①			
もしは	もしは	×	若	法功	1005⑤	和接	1024②			
もしは	もしは	×	若	法功	1006⑤	和接	1024⑤			
もしは	もしは	×	若	法功	1008⑤	和接	1027②			
もしは	もしは	×	若	法功	1008⑤	和接	1027②			
もしは	もしは	×	若	法功	1008⑥	和接	1027③			
もしは	もしは	×	若	法功	1010①	和接	1028③			
もしは	もしは	×	若	法功	1010①	和接	1028③			
もしは	もしは	×	若	法功	1010①	和接	1028④			
もしは	もしは	×	若	法功	1010⑥	和接	1029②			
もしは	もしは	×	若	法功	1010⑥	和接	1029②			
もしは	もしは	×	若	法功	1012⑤	和接	1031①			
もしは	もしは	×	若	法功	1012⑤	和接	1031①			
もしは	もしは	×	若	法功	1015②	和接	1033⑥			
もしは	もしは	×	若	法功	1015②	和接	1033⑥			
もしは	もしは	×	若	法功	1017①	和接	1035⑤			
もしは	もしは	×	若	法功	1022②	和接	1041①			
もしは	もしは	×	若	法功	1024①	和接	1042⑥			
もしは	もしは	×	若	法功	1024①	和接	1042⑥			
もしは	もしは	×	若	法功	1024⑤	和接	1043④			
もしは	もしは	×	若	法功	1026④	和接	1045③			
もしは	もしは	×	若	法功	1026④	和接	1045③			
もしは	もしは	×	若	法功	1026⑤	和接	1045④			
もしは	もしは	×	若	法功	1026⑤	和接	1045④			
もしは	もしは	×	若	法功	1026⑥	和接	1045④			
もしは	もしは	×	若	法功	1026⑥	和接	1045⑤			
もしは	もしは	×	若	法功	1027①	和接	1045⑤			
もしは	もしは	×	若	法功	1027①	和接	1045⑤			
もしは	もしは	×	若	法功	1035①	和接	1053⑥			
もしは	もしは	×	若	法功	1035①	和接	1053⑥			
もしは	もしは	×	若	法功	1035②	和接	1053⑥			
もしは	もしは	×	若	法功	1035②	和接	1054①			
もしは	もしは	×	若	法功	1036⑥	和接	1055⑤			
もしは	もしは	×	若	法功	1039⑤	和接	1058④			
もしは	もしは	×	若	法功	1039⑥	和接	1058④			
もしは	もしは	×	若	法功	1040⑤	和接	1059④			
もしは	もしは	×	若	法功	1040⑤	和接	1059④			
もしは	もしは	×	若	法功	1040⑥	和接	1059⑤			
もしは	もしは	×	若	法功	1040⑥	和接	1059⑤			
もしは	もしは	×	若	法功	1044⑥	和接	1063③			
若	もしは	もし	若	常不	1062③	和接	1081①			もし[妙]
もしは	もしは	×	若	神力	1096①	和接	1114⑤			
もしは	もしは	×	若	神力	1096①	和接	1114⑥			
もしは	もしは	×	若	神力	1096②	和接	1115①			
もしは	もしは	×	若	神力	1096③	和接	1115①			
もしは	もしは	×	若	神力	1096③	和接	1115②			
もしは	もしは	×	若	神力	1096④	和接	1115②			
もしは	もしは	×	若	神力	1096④	和接	1115③			
もしは	もしは	×	若	神力	1096⑤	和接	1115④			
もしは	もしは	×	若	藥王	1147①	和接	1165③			
もしは	もしは	×	若	藥王	1147②	和接	1165③			
もしは	もしは	×	若	藥王	1151⑤	和接	1169⑥			
もしは	もしは	×	若	藥王	1151⑤	和接	1169⑥			
もしは	もしは	×	若	觀世	1213③	和接	1226⑤			
もしは	もしは	×	若	觀世	1213④	和接	1226⑥			
もしは	もしは	×	若	陀羅	1248⑤	和接	1260⑥			
もしは	もしは	×	若	陀羅	1248⑥	和接	1260⑥			
もしは	もしは	×	若	陀羅	1255⑤	和接	1267④			
もしは	もしは	×	若	陀羅	1255⑤	和接	1267⑤			
もしは	もしは	×	若	陀羅	1255⑥	和接	1267⑤			

当該語	読みかな	傍訓	漢字表記	品名	頁数	語の種類	妙一本	和解語文	可読	異同語彙
もしは	もしは	×	若	陀羅	1255⑥	和接	1267⑤			
もしは	もしは	×	若	陀羅	1255⑥	和接	1267⑤			
もしは	もしは	×	若	陀羅	1256①	和接	1267⑥			
もしは	もしは	×	若	陀羅	1265④	和接	1276⑤			
もしは	もしは	×	若	陀羅	1265④	和接	1276⑤			
もしは	もしは	×	若	陀羅	1265⑤	和接	1276⑥			
もしは	もしは	×	若	陀羅	1265⑤	和接	1276⑥			
もしは	もしは	×	若	陀羅	1265⑥	和接	1277①			
もしは	もしは	×	若	陀羅	1265⑥	和接	1277①			
もしは	もしは	×	若	陀羅	1266①	和接	1277②			
もしは	もしは	×	若	陀羅	1266①	和接	1277②			
もしは	もしは	×	若	陀羅	1266②	和接	1277③			
もしは	もしは	×	若	陀羅	1266②	和接	1277③			
もしは	もしは	×	若	陀羅	1266③	和接	1277③			
もしは	もしは	×	若	陀羅	1266③	和接	1277④			
もしは	もしは	×	若	陀羅	1266③	和接	1277④			
もしは	もしは	×	若	陀羅	1266④	和接	1277⑤			
もしは	もしは	×	若	陀羅	1266⑤	和接	1277⑤			
もしは	もしは	×	若	陀羅	1266⑤	和接	1277⑤			
もしは	もしは	×	若	陀羅	1266⑤	和接	1277⑥			
もしは	もしは	×	若	普賢	1311⑤	和接	1317⑥			
もしは	もしは	×	若	普賢	1311⑤	和接	1317⑥			
もしは	もしは	×	若	普賢	1311⑤	和接	1317⑥			
もしは	もしは	×	若	普賢	1311⑥	和接	1318①			
もしは	もしは	×	若	普賢	1311⑥	和接	1318①			
もしは	もしは	×	若	普賢	1312①	和接	1318②			
もしは	もしは	×	若	普賢	1312②	和接	1318②			
もしは	もしは	×	若	普賢	1312②	和接	1318③			
もしは	もしは	×	若	普賢	1312③	和接	1318③			
もしは	もしは	×	若	普賢	1312③	和接	1318③			
もしは	もしは	×	若	普賢	1312③	和接	1318④			
もしは	もしは	×	若	普賢	1312⑤	和接	1318⑤			
もしは	もしは	×	若	普賢	1312⑤	和接	1318⑥			
もしは	もしは	×	若	普賢	1321①	和接	1326①			もし[妙]
もしは	もしは	×	若	普賢	1325④	和接	1330①			
もしは	もしは	×	若	普賢	1330④	和接	1334④			
もしは	もしは	×	若	普賢	1330⑤	和接	1334④			
もしは	もしは	×	若	普賢	1330⑤	和接	1334⑤			
もしは	もしは	×	若	普賢	1330⑥	和接	1334⑤			
もしは	もしは	×	若	普賢	1335①	和接	1338②			
もしは	もしは	×	若	普賢	1335②	和接	1338③			
もち	もち	×	持	法師	630②	和動	641⑤			
もち	もち	×	持	分別	943④	和動	962①			
もち	もち	×	持	妙音	1181③	和動	1196③			
もちゐ	もちい	×	須	信解	331⑥	和動	309④			
もちゐ	もちい	×	須	信解	338②	和動	317⑥			
もちゐ	もちい	×	須	法師	643①	和動	655①			もちゐ[妙]
もちゐ	もちい	×	須	法師	650②	和動	664①			
もちゐ	もちい	×	須	從地	818⑥	和動	841②			
もちい	もちい	×	須	分別	952②	和動	971①			もちゐ[妙]
もちい	もちい	×	須	分別	956④	和動	975②	ーゐさらんと とく[西右]		
もちゐ	もちい	×	用	方便	181③	和動	155⑥			
もちゐ	もちい	×	用	譬喩	258⑥	和動	230②			
もちゐ	もちい	×	用	譬喩	259④	和動	230⑥			
もちい	もちい	×	用	信解	364⑤	和動	350②	所用を[西右]		
もちゐ	もちい	×	用	授記	425①	和動	416①	まてィ[西右]		
もちゐ	もちい	×	用	常不	1065②	和動	1084①			
もちい{ゐ}る	もちいる	×	須	信解	337⑥	和動	316⑤			
もちゐる	もちいる	×	用	信解	359⑤	和動	344①	ーん[西右]		
もつ	もつ	×	齎	見寶	677⑥	和動	694③			とつ[妙]
目𥄎 四	もつき	もつき	目𥄎 四	陀羅	1256④	仏梵語名	1268③			ほき[妙]

当該語	読みかな	傍訓	漢字表記	品名	頁数	語の種類	妙一本	和解語文	可読	異同語彙
没在し	もつざいし	もつざい	没在	譬喩	256②	漢サ動	227③	もつさい／おもて[妙]		
没在せ	もつざいせ	もつさい	没在	方便	179④	漢サ動	154③			
没在せ	もつざいせ	もつさい／おちいる心也	没在	如來	914②	漢サ動	933①		一せるを[西右]	
没し	もつし	もつ	没	妙音	1178⑥	漢サ動	1194①			もつ・し[妙]
没する	もつする	もつ	没	觀世	1237③	漢サ動	1249⑥	もつ・せ／なみにしつむ[妙]	没せしむる[妙]	
もて	もって	×	持以	方便	166⑤	和連語	143⑤			
一もて	もって	×	以	法功	1008③	和連語	1026⑥			
一もて	もって	×	以	序品	8①	和連語	6④			
一もて	もって	×	以	序品	19⑤	和連語	16②			
一もて	もって	×	以	序品	20②	和連語	16⑤			
もて	もって	×	以	序品	20④	和連語	17①			
一もて	もって	×	以	序品	22⑥	和連語	19②			
一もて	もって	×	以	序品	23⑤	和連語	19⑥			
一もて	もって	×	以	序品	24④	和連語	20⑤			
一もて	もって	×	以	序品	27②	和連語	23①			
一もて	もって	×	以	序品	29②	和連語	25①			
一もて	もって	×	以	序品	29⑤	和連語	25④			
一もて	もって	×	以	序品	31①	和連語	26②			
一もて	もって	×	以	序品	33①	和連語	28②			
一もて	もって	×	以	序品	33⑤	和連語	29①			
もて	もって	×	以	序品	34③	和連語	29④			
もて	もって	×	以	序品	35⑤	和連語	30⑤			
もて	もって	×	以	序品	36②	和連語	31②			
もて	もって	×	以	序品	36⑥	和連語	31⑥			
一もて	もって	×	以	序品	37②	和連語	×			
もつて{見せ消ち}	もって	×	以	序品	37④	和連語	×			
一もて	もって	×	以	序品	37⑥	和連語	×			
一もて	もって	×	以	序品	39④	和連語	34①			
もて	もって	×	以	序品	41②	和連語	35③			
一もて	もって	×	以	序品	44②	和連語	38②			
一もて	もって	×	以	序品	64①	和連語	56①			
一もて	もって	×	以	序品	69⑤	和連語	60⑥			
もて	もって	×	以	序品	73①	和連語	64②			
もて	もって	×	以	序品	79⑤	和連語	×			
一もて	もって	×	以	序品	82③	和連語	72②			
一もて	もって	×	以	序品	84④	和連語	74②			
一もて	もって	×	以	方便	88⑥	和連語	77⑥			
一もて	もって	×	以	方便	89①	和連語	78①			
一もて	もって	×	以	方便	98④	和連語	86④			
一もて	もって	×	以	方便	101③	和連語	88⑥			
一もて	もって	×	以	方便	101④	和連語	×			
一もて	もって	×	以	方便	111③	和連語	97③			
一もて	もって	×	以	方便	121④	和連語	106⑤			
一もて	もって	×	以	方便	124④	和連語	109②			
一もて	もって	×	以	方便	125②	和連語	109⑥			
一もて	もって	×	以	方便	125④	和連語	110②			
一もて	もって	×	以	方便	127④	和連語	111⑥			
一もて	もって	×	以	方便	128②	和連語	112④			
一もて	もって	×	以	方便	128④	和連語	112⑤			
一もて	もって	×	以	方便	129③	和連語	113③			
一もて	もって	×	以	方便	130④	和連語	114④			
一もて	もって	×	以	方便	132②	和連語	115④			
一もて	もって	×	以	方便	133②	和連語	116③			
一もて	もって	×	以	方便	133③	和連語	116⑤			
一もて	もって	×	以	方便	134④	和連語	117④			
一もて	もって	×	以	方便	136②	和連語	119①			
一もて	もって	×	以	方便	142④	和連語	124②			
一もて	もって	×	以	方便	143③	和連語	124⑥			
一もて	もって	×	以	方便	145⑥	和連語	127①			
一もて	もって	×	以	方便	147①	和連語	127⑥			
一もて	もって	×	以	方便	148⑤	和連語	129③			
一もて	もって	×	以	方便	149④	和連語	129⑥			
一もて	もって	×	以	方便	150①	和連語	130③			
一もて	もって	×	以	方便	150③	和連語	130⑤			
一もて	もって	×	以	方便	151⑤	和連語	131④			

もつ 727

当該語	読みかな	傍訓	漢字表記	品名	頁数	語の種類	妙一本	和解語文	可読	異同語彙
—もて	もって	×	以	方便	153②	和連語	132⑥			
—もて	もって	×	以	方便	154①	和連語	133④			
—もて	もって	×	以	方便	156③	和連語	135③			
もて	もって	×	以	方便	158⑤	和連語	137①			
—もて	もって	×	以	方便	159⑤	和連語	137⑥			
—もて	もって	×	以	方便	161⑤	和連語	139④			
—もて	もって	×	以	方便	162②	和連語	139⑥			
—もて	もって	×	以	方便	163④	和連語	141①			
—もて	もって	×	以	方便	163⑥	和連語	141③			
—もて	もって	×	以	方便	165①	和連語	142②			
—もて	もって	×	以	方便	166①	和連語	143①			
—もて	もって	×	以	方便	166⑥	和連語	143⑥			
—もて	もって	×	以	方便	167④	和連語	144③			
—もて	もって	×	以	方便	168③	和連語	145①			
—もて	もって	×	以	方便	170④	和連語	147①			
—もて	もって	×	以	方便	173⑤	和連語	149④			
—もて	もって	×	以	方便	174⑤	和連語	150③			
—もて	もって	×	以	方便	175②	和連語	150⑤			
—もて	もって	×	以	方便	175③	和連語	150⑥			
—もて	もって	×	以	方便	175⑥	和連語	151②			
—もて	もって	×	以	方便	176①	和連語	151⑥			
—もて	もって	×	以	方便	177①	和連語	152②			
—もて	もって	×	以	方便	180⑤	和連語	155③			
—もて	もって	×	以	方便	182②	和連語	156④			
—もて	もって	×	以	方便	184①	和連語	157⑥			
—もて	もって	×	以	方便	184②	和連語	158①			
—もて	もって	×	以	方便	185⑤	和連語	159②			
—もて	もって	×	以	方便	190⑤	和連語	163⑤			
—もて	もって	×	以	方便	191③	和連語	164②			
—もて	もって	×	以	方便	192⑤	和連語	165③			
—もて	もって	×	以	譬喩	206②	和連語	173④			
—もて	もって	×	以	譬喩	206⑥	和連語	174②			
—もて	もって	×	以	譬喩	207①	和連語	174③			
もて	もって	×	以	譬喩	212①	和連語	180①			
—もて	もって	×	以	譬喩	212④	和連語	180④			
—もて	もって	×	以	譬喩	215④	和連語	183⑥			
—もて	もって	×	以	譬喩	216③	和連語	184⑤			
—もて	もって	×	以	譬喩	216⑤	和連語	185②			
—もて	もって	×	以	譬喩	217①	和連語	185④			
—もて	もって	×	以	譬喩	219②	和連語	187⑥			
もて	もって	×	以	譬喩	221⑥	和連語	190⑤			
—もて	もって	×	以	譬喩	222②	和連語	191①			
—もて	もって	×	以	譬喩	222④	和連語	191③			
—もて	もって	×	以	譬喩	223①	和連語	191⑥			
—もて	もって	×	以	譬喩	227⑤	和連語	196⑥			
—もて	もって	×	以	譬喩	227⑤	和連語	196⑥			
—もて	もって	×	以	譬喩	228⑥	和連語	198②			
もて	もって	×	以	譬喩	231③	和連語	200④			
—もて	もって	×	以	譬喩	231⑥	和連語	201①			
—もて	もって	×	以	譬喩	236⑤	和連語	206①			
—もて	もって	×	以	譬喩	237⑤	和連語	207①			
—もて	もって	×	以	譬喩	238③	和連語	207⑤			
—もて	もって	×	以	譬喩	238④	和連語	207⑥			
—もて	もって	×	以	譬喩	241③	和連語	211①			
—もて	もって	×	以	譬喩	241④	和連語	211②			
—もて	もって	×	以	譬喩	243②	和連語	212⑤			
もて	もって	×	以	譬喩	245⑥	和連語	215④			
—もて	もって	×	以	譬喩	248④	和連語	218③			
もって	もって	×	以	譬喩	248⑥	和連語	×			
—もて	もって	×	以	譬喩	249⑥	和連語	219⑥			
—もて	もって	×	以	譬喩	250⑤	和連語	220⑤			
以て	もって	もて	以	譬喩	252②	和連語	222②			
以て	もって	—もって	以	譬喩	252⑥	和連語	223①			
—もて	もって	×	以	譬喩	253①	和連語	223③			
—もて	もって	×	以	譬喩	253②	和連語	223④			
—もて	もって	×	以	譬喩	255③	和連語	226③			
—もて	もって	×	以	譬喩	255④	和連語	226④			
もて	もって	×	以	譬喩	256⑥	和連語	227⑥			

当該語	読みかな	傍訓	漢字表記	品名	頁数	語の種類	妙一本	和解語文	可読	異同語彙
一もて	もって	×	以	譬喩	257⑥	和連語	229①			
一もて	もって	×	以	譬喩	258①	和連語	229②			
一もて	もって	×	以	譬喩	259①	和連語	230③			
一もて	もって	×	以	譬喩	259⑤	和連語	231①			
一もて	もって	×	以	譬喩	261②	和連語	232⑤			
一もて	もって	×	以	譬喩	262①	和連語	233④			
一もて	もって	×	以	譬喩	265⑥	和連語	237②			
一もて	もって	×	以	譬喩	266③	和連語	237④			
一もて	もって	×	以	譬喩	267③	和連語	238⑤			
一もて	もって	×	以	譬喩	268②	和連語	239④			
一もて	もって	×	以	譬喩	269②	和連語	240③			
一もて	もって	×	以	譬喩	269③	和連語	240④			
一もて	もって	×	以	譬喩	269⑥	和連語	241①			
一もて	もって	×	以	譬喩	274⑤	和連語	246①			
もて	もって	×	以	譬喩	283④	和連語	255②	ゆけ・す／あそひたわふる[妙]		
一もて	もって	×	以	譬喩	286②	和連語	258①			
一もて	もって	×	以	譬喩	286⑥	和連語	258⑤			
一もて	もって	×	以	譬喩	287⑤	和連語	259④			
一もて	もって	×	以	譬喩	287⑥	和連語	259⑥			
一もて	もって	×	以	譬喩	288②	和連語	260①			
一もて	もって	×	以	譬喩	288③	和連語	260③			
一もて	もって	×	以	譬喩	291①	和連語	263②			
一もて	もって	×	以	譬喩	291⑥	和連語	264①			
一もて	もって	×	以	譬喩	293④	和連語	265⑤			
一もて	もって	×	以	譬喩	295②	和連語	267③			
一もて	もって	×	以	譬喩	300④	和連語	272⑤			
一もて	もって	×	以	譬喩	310①	和連語	282⑥			
一もて	もって	×	以	譬喩	310②	和連語	283②			
一もて	もって	×	以	譬喩	311③	和連語	284③			
一もて	もって	×	以	譬喩	314④	和連語	288⑤			
一もて	もって	×	以	譬喩	314⑤	和連語	288⑤			
一もて	もって	×	以	譬喩	316③	和連語	291①			
もて	もって	×	以	信解	321⑥	和連語	297③			もの[妙]
もて	もって	×	以	信解	322④	和連語	298②			
一もて	もって	×	以	信解	325③	和連語	301④			
一もて	もって	×	以	信解	326⑤	和連語	303②			
一もて	もって	×	以	信解	327①	和連語	303④			
一もて	もって	×	以	信解	332①	和連語	309⑤			
一もて	もって	×	以	信解	332⑤	和連語	310⑤			
もて	もって	×	以	信解	333④	和連語	311④			
一もて	もって	×	以	信解	336①	和連語	314④			
一もて	もって	×	以	信解	337②	和連語	315⑥			
一もて	もって	×	以	信解	346④	和連語	328①			
もて	もって	×	以	信解	347④	和連語	329②			
一もて	もって	×	以	信解	348⑤	和連語	330④			
もて	もって	×	以	信解	349①	和連語	331①			
一もて	もって	×	以	信解	350①	和連語	332③			
一もて	もって	×	以	信解	351⑥	和連語	334⑤			
一もて	もって	×	以	信解	355③	和連語	339①			
一もて	もって	×	以	信解	360②	和連語	344⑤			
もて	もって	×	以	信解	362③	和連語	347④			
もて	もって	×	以	信解	364④	和連語	350①			
一もて	もって	×	以	信解	366⑥	和連語	352⑤			
もて	もって	×	以	信解	371②	和連語	357⑥			
一もて	もって	×	以	信解	372①	和連語	358⑥			
一もて	もって	×	以	信解	372⑤	和連語	359⑤			
一もて	もって	×	以	信解	374③	和連語	361④			
一もて	もって	×	以	信解	374⑥	和連語	362②			
一もて	もって	×	以	信解	375①	和連語	362④			
一もて	もって	×	以	信解	375②	和連語	362⑤			
一もて	もって	×	以	信解	375②	和連語	362⑤			
もて	もって	×	以	信解	375③	和連語	362⑥			
一もて	もって	×	以	信解	375⑥	和連語	363④			
一もて	もって	×	以	信解	376①	和連語	363⑤			
一もて	もって	×	以	信解	376②	和連語	363⑥			
一もて	もって	×	以	信解	377⑤	和連語	365④		一しかも[西右]	

もつ 729

当該語	読みかな	傍訓	漢字表記	品名	頁数	語の種類	妙一本	和解語文	可読	異同語彙
一もて	もって	×		以	薬草	387④	和連語	372⑤		
一もて	もって	×		以	薬草	391①	和連語	376③		
一もて	もって	×		以	薬草	394①	和連語	379⑤		
一もて	もって	×		以	薬草	396③	和連語	382③		一か[西右]
一もて	もって	×		以	薬草	396④	和連語	382④		一か[西右]
一もて	もって	×		以	薬草	396④	和連語	382④		
一もて	もって	×		以	薬草	396⑤	和連語	382⑤		
一もて	もって	×		以	薬草	399①	和連語	385②		
一もて	もって	×		以	薬草	400③	和連語	386⑥		
一もて	もって	×		以	薬草	405⑥	和連語	393①		
一もて	もって	×		以	薬草	410③	和連語	398②		
一もて	もって	×		以	薬草	410④	和連語	398③		
一もて	もって	×		以	薬草	411④	和連語	399④		
一もて	もって	×		以	薬草	413④	和連語	401⑤		
一もて	もって	×		以	薬草	413⑥	和連語	402②		
もて	もって	×		以	授記	417⑤	和連語	406①		
一もて	もって	×		以	授記	418⑥	和連語	407⑤		
一もて	もって	×		以	授記	420④	和連語	409⑤		
一もて	もって	×		以	授記	421④	和連語	410⑤		
一もて	もって	×		以	授記	423④	和連語	413①		
一もて	もって	×		以	授記	431④	和連語	422③		
一もて	もって	×		以	授記	433④	和連語	424④		
一もて	もって	×		以	授記	434①	和連語	425②		
もて	もって	×		以	授記	435④	和連語	426⑥		
一もて	もって	×		以	授記	437③	和連語	429①		
一もて	もって	×		以	授記	437⑤	和連語	429③		
一もて	もって	×		以	授記	439②	和連語	431①		
一もて	もって	×		以	授記	439⑤	和連語	431⑤		
一もて	もって	×		以	授記	439⑥	和連語	431⑥		
もて	もって	×		以	授記	443②	和連語	435④		
もて	もって	×		以	化城	446⑤	和連語	439⑥		
一もて	もって	×		以	化城	448④	和連語	442①		
一もて	もって	×		以	化城	449③	和連語	443①		
もて	もって	×		以	化城	449⑤	和連語	443③		
一もて	もって	×		以	化城	450⑥	和連語	444⑥		
一もて	もって	×		以	化城	457④	和連語	452④		
一もて	もって	×		以	化城	460④	和連語	456①		
一もて	もって	×		以	化城	461③	和連語	457①		
一もて	もって	×		以	化城	465③	和連語	461⑥		
一もて	もって	×		以	化城	467③	和連語	464②		
一もて	もって	×		以	化城	468④	和連語	465⑤		
もて	もって	×		以	化城	468⑥	和連語	465⑥		
一もて	もって	×		以	化城	469②	和連語	466③		
一もて	もって	×		以	化城	469⑥	和連語	467②		
もて	もって	×		以	化城	471②	和連語	469①		
一もて	もって	×		以	化城	471④	和連語	469④		
一もて	もって	×		以	化城	472⑤	和連語	470⑥		
一もて	もって	×		以	化城	475⑥	和連語	474⑥		
一もて	もって	×		以	化城	477②	和連語	476③		
もて	もって	×		以	化城	477③	和連語	476④		
一もて	もって	×		以	化城	477④	和連語	476⑤		
一もて	もって	×		以	化城	478③	和連語	477⑤		
一もて	もって	×		以	化城	480②	和連語	479⑥		
一もて	もって	×		以	化城	482⑥	和連語	483①		
一もて	もって	×		以	化城	484④	和連語	485①		
一もて	もって	×		以	化城	485⑥	和連語	486④		一しかも[西右]
もて	もって	×		以	化城	486①	和連語	486⑤		
一もて	もって	×		以	化城	486②	和連語	487①		
一もて	もって	×		以	化城	487①	和連語	487⑥		
一もて	もって	×		以	化城	487⑤	和連語	488⑥		
一もて	もって	×		以	化城	488③	和連語	489⑤		
一もて	もって	×		以	化城	488⑤	和連語	490①		
一もて	もって	×		以	化城	489⑤	和連語	491②		
一もて	もって	×		以	化城	491⑤	和連語	493⑥		
一もて	もって	×		以	化城	492③	和連語	494④		
一もて	もって	×		以	化城	493③	和連語	495⑤		

当該語	読みかな	傍訓	漢字表記	品名	頁数	語の種類	妙一本	和解語文	可読	異同語彙
一もて	もって	×	以	化城	494④	和連語	497②		ーしかも[西右]	
もて	もって	×	以	化城	494⑥	和連語	497③			
一もて	もって	×	以	化城	495①	和連語	497⑤			
一もて	もって	×	以	化城	495⑤	和連語	498④			
もて	もって	×	以	化城	499①	和連語	502②			
一もて	もって	×	以	化城	499③	和連語	502④			
一もて	もって	×	以	化城	499⑤	和連語	503②			
一もて	もって	×	以	化城	501②	和連語	504⑤			
一もて	もって	×	以	化城	504⑥	和連語	509①			
一もて	もって	×	以	化城	505④	和連語	509⑤			
一もて	もって	×	以	化城	506①	和連語	510③			
一もて	もって	×	以	化城	514①	和連語	519①			
もて	もって	×	以	化城	514⑥	和連語	519⑥			
一もて	もって	×	以	化城	518②	和連語	523②			
一もて	もって	×	以	化城	518④	和連語	523④			
一もて	もって	×	以	化城	520①	和連語	525②		ーのみ[西右]	
一もて	もって	×	以	化城	521②	和連語	526③			
もて	もって	×	以	化城	524①	和連語	529③			
一もて	もって	×	以	化城	528②	和連語	533④			
もて	もって	×	以	化城	530④	和連語	536②			
一もて	もって	×	以	化城	532①	和連語	537⑤			
もて	もって	×	以	化城	533②	和連語	538⑥			
一もて	もって	×	以	化城	533④	和連語	539②			
もて	もって	×	以	化城	534③	和連語	540①			
一もて	もって	×	以	化城	537①	和連語	543①			
一もて	もって	×	以	化城	540②	和連語	546①			
一もて	もって	×	以	化城	540③	和連語	546②			
一もて	もって	×	以	化城	544④	和連語	552④			
一もて	もって	×	以	化城	547③	和連語	553⑤			
一もて	もって	×	以	化城	548①	和連語	554⑤			
一もて	もって	×	以	五百	564①	和連語	567③			
一もて	もって	×	以	五百	564④	和連語	567⑤			
一もて	もって	×	以	五百	567⑥	和連語	571④			
一もて	もって	×	以	五百	570⑥	和連語	574⑥			
一もて	もって	×	以	五百	571①	和連語	574⑥			
もて	もって	×	以	五百	571⑥	和連語	575⑥			
一もて	もって	×	以	五百	572③	和連語	576③			
一もて	もって	×	以	五百	572④	和連語	576⑤			
一もて	もって	×	以	五百	575③	和連語	580①			
以	もって	×	以	五百	578②	和連語	583②			
一もて	もって	×	以	五百	579③	和連語	584④			
一もて	もって	×	以	五百	581①	和連語	586②			
一もて	もって	×	以	五百	586⑤	和連語	592③			
一もて	もって	×	以	五百	590②	和連語	596⑥			
一もて	もって	×	以	五百	590⑤	和連語	597③			
もて	もって	×	以	五百	591④	和連語	598③			
一もて	もって	×	以	五百	592②	和連語	599③			
もて	もって	×	以	五百	592④	和連語	599⑤			
一もて	もって	×	以	五百	592⑥	和連語	600①			
一もて	もって	×	以	五百	594⑤	和連語	602③			
一もて	もって	×	以	五百	595③	和連語	603②			
もて	もって	×	以	五百	596⑤	和連語	604⑥			
一もて	もって	×	以	五百	597②	和連語	605③			
一もて	もって	×	以	五百	598④	和連語	607①			
一もて	もって	×	以	授學	607⑥	和連語	617①			
一もて	もって	×	以	授學	612④	和連語	622①			
もて	もって	×	以	授學	619③	和連語	629⑤			
もて	もって	×	以	授學	615⑥	和連語	625⑤			
もて	もって	×	以	授學	616②	和連語	626①			
一もて	もって	×	以	授學	619⑥	和連語	630②			
一もて	もって	×	以	法師	625①	和連語	636①			
一もて	もって	×	以	法師	625④	和連語	636⑤		供養し[西右]	
一もて	もって	×	以	法師	625⑥	和連語	636⑥			
一もて	もって	×	以	法師	628②	和連語	639③			
一もて	もって	×	以	法師	628④	和連語	639⑥			
一もて	もって	×	以	法師	629②	和連語	640④			
一もて	もって	×	以	法師	630①	和連語	641③			

もつ 731

当該語	読みかな	傍訓	漢字表記	品名	頁数	語の種類	妙一本	和解語文	可読	異同語彙
一もて	もって	×	以	法師	630②	和連語	641④			
もて	もって	×	以	法師	630②	和連語	641⑤			
一もて	もって	×	以	法師	630③	和連語	641⑥			
一もて	もって	×	以	法師	633①	和連語	644⑥			
一もて	もって	×	以	法師	633③	和連語	645②			
一もて	もって	×	以	法師	634①	和連語	646①			
一もて	もって	×	以	法師	635⑤	和連語	647⑥			
一もて	もって	×	以	法師	636②	和連語	648③			
一もて	もって	×	以	法師	639①	和連語	651③			
一もて	もって	×	以	法師	639⑤	和連語	652②			
一もて	もって	×	以	法師	640⑥	和連語	653③			
一もて	もって	×	以	法師	647④	和連語	661①			
一もて	もって	×	以	法師	652⑤	和連語	666⑤			
一もて	もって	×	以	見寶	657①	和連語	671③			
もて	もって	×	以	見寶	657③	和連語	671⑤			
一もて	もって	×	以	見寶	658①	和連語	672③			
一もて	もって	×	以	見寶	658⑤	和連語	673①			
一もて	もって	×	以	見寶	659③	和連語	673⑥			
一もて	もって	×	以	見寶	660⑥	和連語	675③			
一もて	もって	×	以	見寶	663④	和連語	678③			
一もて	もって	×	以	見寶	664①	和連語	679③			
一もて	もって	×	以	見寶	665④	和連語	680③			
一もて	もって	×	以	見寶	667③	和連語	682④			
一もて	もって	×	以	見寶	667④	和連語	682④			
一もて	もって	×	以	見寶	668①	和連語	683②			
もて	もって	×	以	見寶	669⑤	和連語	685①			
一もて	もって	×	以	見寶	670②	和連語	685④			
もて	もって	×	以	見寶	670⑤	和連語	686②			
一もて	もって	×	以	見寶	671③	和連語	686⑥			
一もて	もって	×	以	見寶	673①	和連語	688④			
一もて	もって	×	以	見寶	673③	和連語	689②			
一もて	もって	×	以	見寶	675③	和連語	691③			
一もて	もって	×	以	見寶	675⑤	和連語	691⑤			
一もて	もって	×	以	見寶	678④	和連語	695②			
一もて	もって	×	以	見寶	680②	和連語	697①			
一もて	もって	×	以	見寶	682①	和連語	699①			
一もて	もって	×	以	見寶	683⑤	和連語	700⑥			
一もて	もって	×	以	見寶	684①	和連語	701②			
一もて	もって	×	以	見寶	684②	和連語	701④			
一もて	もって	×	以	見寶	684⑥	和連語	702②			
一もて	もって	×	以	見寶	686①	和連語	703④			
一もて	もって	×	以	見寶	687④	和連語	705①			
一もて	もって	×	以	見寶	688⑥	和連語	706⑤			
一もて	もって	×	以	見寶	692④	和連語	710⑤			
もて	もって	×	以	見寶	693③	和連語	711⑥			
一もて	もって	×	以	見寶	693⑥	和連語	712③			
一もて	もって	×	以	提婆	711③	和連語	728⑤			
一もて	もって	×	以	提婆	718④	和連語	736⑤			
一もて	もって	×	以	提婆	723②	和連語	741③			
一もて	もって	×	以	提婆	723③	和連語	741④			
一もつて	もって	×	以	提婆	725②	和連語	743③			
一もて	もって	×	以	提婆	730⑤	和連語	748⑥			
一もて	もって	×	以	提婆	731③	和連語	749⑤			
もて	もって	×	以	提婆	734①	和連語	752③			
一もて	もって	×	以	提婆	734⑤	和連語	753②			
もて	もって	×	以	勸持	738②	和連語	756⑥			
一もて	もって	×	以	勸持	742①	和連語	760⑥			
一もて	もって	×	以	勸持	756⑥	和連語	776④			
もて	もって	×	以	安樂	765④	和連語	785③			
一もて	もって	×	以	安樂	768①	和連語	788①			
一もて	もって	×	以	安樂	770③	和連語	790⑤			
一もて	もって	×	以	安樂	770⑤	和連語	791①			
もて	もって	×	以	安樂	771①	和連語	791③			
一もて	もって	×	以	安樂	772⑥	和連語	793③			
一もて	もって	×	以	安樂	775④	和連語	796②			
一もて	もって	×	以	安樂	778③	和連語	799②			
もて	もって	×	以	安樂	778④	和連語	799③			
一もて	もって	×	以	安樂	779②	和連語	800②			

当該語	読みかな	傍訓	漢字表記	品名	頁数	語の種類	妙一本	和解語文	可読	異同語彙
ーもて	もって	×	以	安樂	780①	和連語	801①			
ーもて	もって	×	以	安樂	780③	和連語	801③			
もて	もって	×	以	安樂	780④	和連語	801④			
ーもて	もって	×	以	安樂	781①	和連語	802①			
ーもて	もって	×	以	安樂	781③	和連語	802③			
ーもて	もって	×	以	安樂	783④	和連語	804⑤			
ーもて	もって	×	以	安樂	786⑥	和連語	808②			
ーもて	もって	×	以	安樂	793②	和連語	814⑤			
ーもて	もって	×	以	安樂	795⑤	和連語	816⑥			
ーもて	もって	×	以	安樂	796⑤	和連語	817⑥			
もて	もって	×	以	安樂	797⑥	和連語	819③			
もて	もって	×	以	安樂	798①	和連語	819⑤			
ーもて	もって	×	以	安樂	798⑤	和連語	820②			
ーもて	もって	×	以	安樂	799⑤	和連語	821③			
ーもて	もって	×	以	安樂	800⑥	和連語	822⑤			ーしかも[西右]
ーもて	もって	×	以	安樂	801②	和連語	823①			
ーもて	もって	×	以	安樂	805④	和連語	827⑤			
ーもて	もって	×	以	安樂	807②	和連語	829③			
ーもて	もって	×	以	安樂	808①	和連語	830②			
もて	もって	×	以	安樂	810③	和連語	832④			
ーもて	もって	×	以	安樂	812③	和連語	834⑤			
ーもて	もって	×	以	安樂	814④	和連語	837①			
ーもて	もって	×	以	從地	824④	和連語	846⑥			
ーもて	もって	×	以	從地	825②	和連語	847④			
ーもて	もって	×	以	從地	826③	和連語	848⑤			
ーもて	もって	×	以	從地	834③	和連語	857①			
ーもて	もって	×	以	從地	835①	和連語	857⑥			
ーもて	もって	×	以	從地	857②	和連語	880①			
もつて	もって	×	以	從地	857③	和連語	880①			もてやせし[妙]
ーもて	もって	×	以	如來	886②	和連語	905①			
以	もって	もつて	以	如來	887④	和連語	906④			
ーもて	もって	×	以	如來	888⑥	和連語	908①			
ーもて	もって	×	以	如來	889②	和連語	908③			
ーもて	もって	×	以	如來	890①	和連語	909①			
ーもて	もって	×	以	如來	891②	和連語	910③			
ーもて	もって	×	以	如來	894①	和連語	913①			
ーもて	もって	×	以	如來	894③	和連語	913③			
ーもて	もって	×	以	如來	896①	和連語	914⑥			
ーもて	もって	×	以	如來	897②	和連語	916⑥			
ーもて	もって	×	以	如來	897⑥	和連語	916⑥			
ーもて	もって	×	以	如來	900①	和連語	919①			
ーもて	もって	×	以	如來	909⑤	和連語	928⑤			
ーもて	もって	×	以	如來	911③	和連語	930③			
ーもて	もって	×	以	如來	911⑥	和連語	930⑥			
ーもて	もって	×	以	如來	913③	和連語	932②			
ーもて	もって	×	以	如來	915④	和連語	934③			
ーもて	もって	×	以	如來	916⑤	和連語	935⑤			
ーもて	もって	×	以	如來	919①	和連語	937⑥			
ーもて	もって	×	以	如來	919⑥	和連語	938⑥			
もて	もって	×	以	分別	926③	和連語	945①			
ーもて	もって	×	以	分別	928⑤	和連語	947③			
ーもて	もって	×	以	分別	935④	和連語	954②			
もて	もって	×	以	分別	936④	和連語	955②			
ーもて	もって	×	以	分別	938④	和連語	956⑥			
ーもて	もって	×	以	分別	940⑤	和連語	959①			
もて	もって	×	以	分別	940⑤	和連語	959①			
もて	もって	×	以	分別	941①	和連語	959③			
ーもて	もって	×	以	分別	943②	和連語	961⑤			
ーもて	もって	×	以	分別	948⑤	和連語	967④			
ーもて	もって	×	以	分別	950①	和連語	968⑤			
ーもて	もって	×	以	分別	950②	和連語	969①			
ーもて	もって	×	以	分別	952①	和連語	970⑥			
ーもて	もって	×	以	分別	952⑤	和連語	971④			
ーもて	もって	×	以	分別	953④	和連語	972③			
ーもて	もって	×	以	分別	954④	和連語	973②			
ーもて	もって	×	以	分別	955①	和連語	974②			
ーもて	もって	×	以	分別	958③	和連語	977①			

もつ 733

当該語	読みかな	傍訓	漢字表記	品名	頁数	語の種類	妙一本	和解語文	可読	異同語彙
—もて	もって	×	以	分別	958④	和連語	977②			
—もて	もって	×	以	分別	962①	和連語	980②			
—もて	もって	×	以	分別	962①	和連語	980④			
—もて	もって	×	以	分別	963⑥	和連語	982②			
—もて	もって	×	以	分別	965②	和連語	983④			
—もて	もって	×	以	分別	967①	和連語	985②			
もて	もって	×	以	分別	967①	和連語	985③			
もて	もって	×	以	分別	968②	和連語	986④			
—もて	もって	×	以	随喜	975③	和連語	993④		—しかも[西右]	
—もて	もって	×	以	随喜	977④	和連語	995⑥			
—もて	もって	×	以	随喜	993①	和連語	1011④			
—もて	もって	×	以	法功	994⑥	和連語	1013④			
—もて	もって	×	以	法功	995③	和連語	1013⑥			
—もて	もって	×	以	法功	996③	和連語	1015②			
—もて	もって	×	以	法功	996⑥	和連語	1015④			
—もて	もって	×	以	法功	997①	和連語	1015⑤			
—もて	もって	×	以	法功	998⑤	和連語	1017④			
—もて	もって	×	以	法功	1000③	和連語	1019①			
—もて	もって	×	以	法功	1001①	和連語	1019④			
—もて	もって	×	以	法功	1001⑥	和連語	1020④			
—もて	もって	×	以	法功	1009①	和連語	1027④			
—もて	もって	×	以	法功	1019⑤	和連語	1038③			
—もて	もって	×	以	法功	1020①	和連語	1038⑥			
—もて	もって	×	以	法功	1021⑤	和連語	1040④			
—もて	もって	×	以	法功	1022⑤	和連語	1041④			
—もて	もって	×	以	法功	1027④	和連語	1046③			
—もて	もって	×	以	法功	1030①	和連語	1048④			
—もて	もって	×	以	法功	1032①	和連語	1050⑤			
—もて	もって	×	以	法功	1032①	和連語	1050⑥			
—もて	もって	×	以	法功	1032⑤	和連語	1051⑤			
—もて	もって	×	以	法功	1033①	和連語	1051⑤			
—もて	もって	×	以	法功	1033④	和連語	1052②			
—もて	もって	×	以	法功	1033⑥	和連語	1052⑤			
—もて	もって	×	以	法功	1040③	和連語	1059①			
—もて	もって	×	以	法功	1041②	和連語	1059⑥			
—もて	もって	×	以	法功	1044②	和連語	1062⑥			
—もて	もって	×	以	法功	1046②	和連語	1064⑤			
—もて	もって	×	以	法功	1046⑥	和連語	1065④			
—もて	もって	×	以	法功	1048①	和連語	1066④			
—もて	もって	×	以	常不	1062②	和連語	1080⑥			
—もて	もって	×	以	常不	1066①	和連語	1084⑤		—も[西右]	
—もて	もって	×	以	常不	1066⑤	和連語	1085④			
—もて	もって	×	以	常不	1070①	和連語	1088⑤			
—もて	もって	×	以	常不	1074①	和連語	1092⑥			
—もて	もって	×	以	常不	1081①	和連語	1099④			
—もて	もって	×	以	神力	1088④	和連語	1106⑥			
—もて	もって	×	以	神力	1092⑤	和連語	1111②			
—もて	もって	×	以	神力	1094②	和連語	1112⑥			
—もて	もって	×	以	神力	1094⑤	和連語	1113③			
—もて	もって	×	以	神力	1099③	和連語	1118②			
—もて	もって	×	以	嘱累	1105②	和連語	1123⑥			
もて	もって	×	以	嘱累	1105⑥	和連語	1124④			
もて	もって	×	以	嘱累	1106⑥	和連語	1125④			
もて	もって	×	以	藥王	1119①	和連語	1137③			
もて	もって	×	以	藥王	1122①	和連語	1140②			
—もて	もって	×	以	藥王	1122④	和連語	1140⑤			
—もて	もって	×	以	藥王	1122⑤	和連語	1141①			
—もて	もって	×	以	藥王	1123④	和連語	1141⑥			
—もて	もって	×	以	藥王	1123⑥	和連語	1142②			
—もて	もって	×	以	藥王	1124④	和連語	1142⑥			
—もて	もって	×	以	藥王	1125②	和連語	1143④			
—もて	もって	×	以	藥王	1125③	和連語	1143⑤			
—もて	もって	×	以	藥王	1125⑥	和連語	1144②			
—もて	もって	×	以	藥王	1129⑤	和連語	1148③			
—もて	もって	×	以	藥王	1131⑥	和連語	1150②			
—もて	もって	×	以	藥王	1132④	和連語	1150⑥			
—もて	もって	×	以	藥王	1134①	和連語	1152③			

当該語	読みかな	傍訓	漢字表記	品名	頁数	語の種類	妙一本	和解語文	可読	異同語彙
もて	もって	×	以	藥王	1134②	和連語	1152④			
もて	もって	×	以	藥王	1134④	和連語	1152⑥			
もて	もって	×	以	藥王	1136⑤	和連語	1155①			
一もて	もって	×	以	藥王	1141⑥	和連語	1159⑥			
一もて	もって	×	以	藥王	1142①	和連語	1160②			
一もて	もって	×	以	藥王	1152①	和連語	1170②			
一もて	もって	×	以	藥王	1152⑥	和連語	1170⑥			
一もて	もって	×	以	藥王	1155⑤	和連語	1173④			
一もて	もって	×	以	藥王	1157⑥	和連語	1175④			
一もて	もって	×	以	藥王	1160①	和連語	1177④			
一もて	もって	×	以	藥王	1161①	和連語	1178③			
一もて	もって	×	以	藥王	1162①	和連語	1179②			
一もて	もって	×	以	妙音	1173②	和連語	1189①			
一もて	もって	×	以	妙音	1173⑥	和連語	1189④			
一もて	もって	×	以	妙音	1174⑥	和連語	1190③			
一もて	もって	×	以	妙音	1177④	和連語	1192⑥			
一もて	もって	×	以	妙音	1181①	和連語	1196③			
一もて	もって	×	以	妙音	1187③	和連語	1202①			
一もて	もって	×	以	妙音	1187⑥	和連語	1202③			
一もて	もって	×	以	妙音	1188③	和連語	1203①			
一もて	もって	×	以	妙音	1194②	和連語	1208①			
一もて	もって	×	以	妙音	1194⑥	和連語	1208⑤			
一もて	もって	×	以	妙音	1195②	和連語	1209①			
一もて	もって	×	以	妙音	1195④	和連語	1209③			
一もて	もって	×	以	妙音	1195⑥	和連語	1209⑤			
一もて	もって	×	以	妙音	1196④	和連語	1210③			
一もて	もって	×	以	觀世	1208⑥	和連語	1221⑥			
一もて	もって	×	以	觀世	1211⑥	和連語	1225①			
一もて	もって	×	以	觀世	1213②	和連語	1226③		一も[西右]	
一もて	もって	×	以	觀世	1215②	和連語	1228④			
一もて	もって	×	以	觀世	1222⑤	和連語	1235⑥			
一もて	もって	×	以	觀世	1223①	和連語	1236③			
一もて	もって	×	以	觀世	1223③	和連語	1236⑤			
一もて	もって	×	以	觀世	1223⑤	和連語	1237①			
一もて	もって	×	以	觀世	1224①	和連語	1237③			
一もて	もって	×	以	觀世	1224③	和連語	1237⑤			
一もて	もって	×	以	觀世	1224⑥	和連語	1238①			
一もて	もって	×	以	觀世	1225②	和連語	1238③			
一もて	もって	×	以	觀世	1225④	和連語	1238⑤			
一もて	もって	×	以	觀世	1225⑥	和連語	1239①			
一もて	もって	×	以	觀世	1226②	和連語	1239③			
一もて	もって	×	以	觀世	1226④	和連語	1239⑤			
一もて	もって	×	以	觀世	1226⑥	和連語	1240①			
一もて	もって	×	以	觀世	1227②	和連語	1240③			
一もて	もって	×	以	觀世	1227⑤	和連語	1240⑤			
一もて	もって	×	以	觀世	1228②	和連語	1241②			
一もて	もって	×	以	觀世	1228⑤	和連語	1241④			
一もて	もって	×	以	觀世	1229②	和連語	1242②			
一もて	もって	×	以	觀世	1229④	和連語	1242④			
一もて	もって	×	以	觀世	1230②	和連語	1243①			
もて	もって	×	以	觀世	1232①	和連語	1244⑤			
一もて	もって	×	以	觀世	1234⑥	和連語	1247③			
一もて	もって	×	以	觀世	1235②	和連語	1247⑤			
一もて	もって	×	以	觀世	1235③	和連語	1247⑥			
一もて	もって	×	以	觀世	1243③	和連語	1255⑤			もて[妙]
一もて	もって	×	以	觀世	1246①	和連語	1258②			
もて	もって	×	以	陀羅	1250⑥	和連語	1262⑥			
一もて	もって	×	以	陀羅	1259①	和連語	1270⑤			
一もて	もって	×	以	陀羅	1260④	和連語	1272①			
一もて	もって	×	以	陀羅	1267⑥	和連語	1278⑥			
一もて	もって	×	以	陀羅	1270⑥	和連語	1281⑤			一もて[妙]
一もて	もって	×	以	妙莊	1284②	和連語	1293⑤			
一もて	もって	×	以	妙莊	1289④	和連語	1298⑤			
もて	もって	×	以	妙莊	1291④	和連語	1300④			
一もて	もって	×	以	妙莊	1294④	和連語	1303①			
一もて	もって	×	以	妙莊	1296①	和連語	1304③			
一もて	もって	×	以	妙莊	1300②	和連語	1307⑤			
一もて	もって	×	以	普賢	1306②	和連語	1313①			

当該語	読みかな	傍訓	漢字表記	品名	頁数	語の種類	妙一本	和解語文	可読	異同語彙
一もて	もって	×	以	普賢	1315①	和連語	1320⑥			
もて	もって	×	以	普賢	1317②	和連語	1322⑤			
もて	もって	×	以	普賢	1322③	和連語	1327②			
もて	もって	×	以	普賢	1325⑥	和連語	1330③			
一もて	もって	×	以	普賢	1327⑥	和連語	1332①			
一もて	もって	×	以	普賢	1329④	和連語	1333④			
一もてす	もってす	×	以	化城	540①	和連語サ変	545⑤			
もとも	もっとも	×	最	方便	178①	和副	153①			
もとも	もっとも	×	最	五百	565②	和副	568⑤			
もとも	もっとも	×	最	五百	566⑥	和副	570⑤			
もとも	もっとも	×	最	法師	637①	和副	649②			
もとも	もっとも	×	最	法師	637⑤	和副	650①			
もっとも	もっとも	×	最	安樂	802⑥	和副	824⑤			
もとも	もっとも	×	最	安樂	803④	和副	825⑤			
もとも	もっとも	×	最	從地	827③	和副	849④			
もとも	もっとも	×	最	藥王	1142⑤	和副	1160⑥			
もとも	もっとも	×	最	藥王	1143③	和副	1161③		一これ[西右]	
もとも	もっとも	×	最	藥王	1144①	和副	1162①		一これ[西右]	
もとも	もっとも	×	最	藥王	1144②	和副	1162②		一これ[西右]	
もとも	もっとも	×	最	藥王	1145②	和副	1163②		一これ[西右]	
もとも	もっとも	×	最	藥王	1145④	和副	1163⑤			
もとも	もっとも	×	最	藥王	1147③	和副	1165④		一これ[西右]	
もとも	もっとも	×	最	藥王	1148②	和副	1166④			
もはら	もっぱら	×	純	方便	122①	和副	107①			
もはら	もっぱら	×	純	藥草	409①	和副	396⑤			
もはら	もっぱら	×	純	常不	1063③	和副	1082①		一に[西右]	もはら[妙]
もてあそび	もてあそび	×	玩	譬喩	245③	和複動	214⑥			
もと	もと	×	下	見寶	671①	和名	686③			
もと	もと	×	下	見寶	671②	和名	686⑤			
もと	もと	×	下	見寶	677④	和名	693⑥			
もと	もと	×	下	見寶	688①	和名	705④			
もと	もと	×	下	從地	842②	和方位名	865①			
もと	もと	×	本	序品	84⑤	和名	74③			
もと	もと	×	本	方便	93①	和名	81⑤			
もと	もと	×	本	方便	152②	和名	132①			
もと	もと	×	本	方便	156⑤	和名	135④			
もと	もと	×	本	譬喩	213②	和名	181②			
もと	もと	×	本	譬喩	251②	和名	221②			
もと	もと	×	本	信解	344②	和名	325②			
もと	もと	×	本	信解	345⑤	和名	327①			
もと	もと	×	本	信解	352①	和名	334⑥			
もと	もと	×	本	化城	452①	和名	446②			
もと	もと	×	本	見寶	661⑥	和名	676④			
もと	もと	×	本	見寶	687⑤	和名	705③			
本	もと	もと	本	提婆	724③	和名	742⑤			
もと	もと	×	本	如來	895②	和名	914①			
もと	もと	×	本	囑累	1112⑥	和名	1131④			
もと	もと	×	本	藥王	1118④	和名	1136⑥			
もと	もと	×	本	藥王	1139①	和名	1157③			
もとひ	もとい	×	本	譬喩	271④	和名	242②			
もとゝり	もとどり	×	髻	安樂	808③	和身体名	830②			
もとむ	もとむ	×	求	序品	29③	和動	25①			
もとむ	もとむ	×	求	序品	79⑤	和動	70①			
もとむ	もとむ	×	求	譬喩	272⑥	和動	244①			
もとむ	もとむ	×	求	譬喩	275②	和動	246⑤			
もとむ	もとむ	×	求	信解	322⑤	和動	298②			
もとむ	もとむ	×	求	信解	333④	和動	311⑤			
もとむ	もとむ	×	求	化城	466⑤	和動	463③		一めん[西右]	
もとむ	もとむ	×	求	化城	475①	和動	473⑥		一めん[西右]	
もとむ	もとむ	×	求	化城	483⑥	和動	484②			
もとむ	もとむ	×	求	化城	508①	和動	512⑤		一めしかば[西右]	
もとむ	もとむ	×	求	授學	616②	和動	626①		一め[西右]	
もとむ	もとむ	×	求	法師	635④	和動	647④			
もとむ	もとむ	×	求	從地	851③	和動	874①			
もとむる	もとむる	×	求	序品	27⑥	和動	23⑥			
もとむる	もとむる	×	求	序品	28③	和動	24②			

当該語	読みかな	傍訓	漢字表記	品名	頁数	語の種類	妙一本	和解語文	可読	異同語彙
もとむる	もとむる	×	求	序品	30⑥	和動	26③			
もとむる	もとむる	×	求	序品	31②	和動	26④			
もとむる	もとむる	×	求	序品	35⑤	和動	30⑤			
もとむる	もとむる	×	求	序品	36②	和動	31②			
もとむる	もとむる	×	求	序品	37①	和動	31⑥			
もとむる	もとむる	×	求	序品	38⑤	和動	33②			
もとむる	もとむる	×	求	序品	39⑤	和動	34②			
もとむる	もとむる	×	求	序品	48⑤	和動	42①			
もとむる	もとむる	×	求	序品	49⑤	和動	42④			
もとむる	もとむる	×	求	序品	73①	和動	64②			
もとむる	もとむる	×	求	序品	73④	和動	64④			
もとむる	もとむる	×	求	序品	81⑥	和動	71⑥			
もとむる	もとむる	×	求	序品	85⑤	和動	75②			
もとむる	もとむる	×	求	序品	85⑥	和動	75④			
もとむる	もとむる	×	求	方便	101①	和動	88④			
もとむる	もとむる	×	求	方便	108②	和動	94⑤			
もとむる	もとむる	×	求	方便	108④	和動	95①			
もとむる	もとむる	×	求	方便	110⑥	和動	96⑥			
もとむる	もとむる	×	求	方便	118⑥	和動	104②			
もとむる	もとむる	×	求	譬喩	241②	和動	210⑤			
もとむる	もとむる	×	求	譬喩	262⑥	和動	234③			
もとむる	もとむる	×	求	譬喩	263①	和動	234④			
もとむる	もとむる	×	求	譬喩	264①	和動	235③			
もとむる	もとむる	×	求	譬喩	265①	和動	236③			
もとむる	もとむる	×	求	譬喩	265②	和動	236④			
もとむる	もとむる	×	求	譬喩	293⑤	和動	265⑤			
もとむる	もとむる	×	求	譬喩	311⑤	和動	285①			
もとむる	もとむる	×	求	譬喩	313⑥	和動	287④			一めん[西]
もとむる	もとむる	×	求	譬喩	315⑤	和動	290①			
もとむる	もとむる	×	求	譬喩	316④	和動	291①			
もとむる	もとむる	×	求	信解	322⑥	和動	298④			
もとむる	もとむる	×	求	信解	335③	和動	313⑤			
もとむる	もとむる	×	求	信解	349②	和動	331②			
もとむる	もとむる	×	求	信解	354①	和動	337③			
もとむる	もとむる	×	求	藥草	412③	和動	400④			
もとむる	もとむる	×	求	化城	459④	和動	454⑥			
もとむる	もとむる	×	求	化城	547①	和動	553②			
もとむる	もとむる	×	求	五百	577⑤	和動	582③			
もとむる	もとむる	×	求	五百	592⑤	和動	599⑥			
もとむる	もとむる	×	求	法師	621⑥	和動	632④			
もとむる	もとむる	×	求	法師	621⑥	和動	632⑤			
もとむる	もとむる	×	求	法師	622①	和動	632⑤			
もとむる	もとむる	×	求	提婆	729③	和動	747③			
もとむる	もとむる	×	求	勧持	753⑥	和動	773④			
もとむる	もとむる	×	求	勧持	757⑥	和動	777④			
もとむる	もとむる	×	求	安樂	764①	和動	783⑤			
もとむる	もとむる	×	求	安樂	770①	和動	790③			
もとむる	もとむる	×	求	安樂	784③	和動	805⑤			
もとむる	もとむる	×	求	安樂	784⑤	和動	805⑥			
もとむる	もとむる	×	求	安樂	784⑤	和動	806①			
もとむる	もとむる	×	求	安樂	784⑥	和動	806①			
もとむる	もとむる	×	求	安樂	815③	和動	837⑥			
もとむる	もとむる	×	求	從地	836③	和動	859②			もとむ[妙]
もとむる	もとむる	×	求	從地	853②	和動	875⑥			
もとむる	もとむる	×	求	從地	868⑥	和動	891⑤			
もとむる	もとむる	×	求	常不	1058④	和動	1077③			
もとむる	もとむる	×	求	常不	1058⑥	和動	1077⑤			
もとむる	もとむる	×	求	神力	1098④	和動	1117③			
もとむる	もとむる	×	求	藥王	1120①	和動	1138②		もとめて[西右]	もともる[妙]
もとむる	もとむる	×	求	藥王	1136⑥	和動	1155②			
もとむる	もとむる	×	求	陀羅	1256①	和動	1267②			
もとむる	もとむる	×	求	陀羅	1264①	和動	1275③			
もとめ	もとめ	×	求	方便	176⑥	和動	152①			
もとめ	もとめ	×	求	方便	191④	和動	164③			
もとめ	もとめ	×	求	譬喩	254③	和動	225③			
もとめ	もとめ	×	求	譬喩	256④	和動	227⑤			
もとめ	もとめ	×	求	譬喩	263④	和動	235①			

当該語	読みかな	傍訓	漢字表記	品名	頁数	語の種類	妙一本	和解語文	可読	異同語彙
もとめ	もとめ	×	求	譬喩	264⑤	和動	236①			
もとめ	もとめ	×	求	譬喩	315①	和動	289②			
もとめ	もとめ	×	求	譬喩	315⑥	和動	290②			
もとめ	もとめ	×	求	譬喩	316①	和動	290③			
もとめ	もとめ	×	求	信解	319②	和動	294①			すゝみ[西]
もとめ	もとめ	×	求	信解	321⑤	和動	297①			
もとめ	もとめ	×	求	信解	353③	和動	336④			
もとめ	もとめ	×	求	信解	371②	和動	357⑥			
もとめ	もとめ	×	求	藥草	408④	和動	396②			
もとめ	もとめ	×	求	化城	506④	和動	511①			
もとめ	もとめ	×	求	化城	519⑥	和動	525①			
もとめ	もとめ	×	求	五百	597⑤	和動	605⑥			
もとめ	もとめ	×	求	五百	599⑤	和動	608③			
もとめ	もとめ	×	求	授學	615④	和動	625③			
もとめ	もとめ	×	求	法師	642③	和動	655①			
もとめ	もとめ	×	求	法師	643②	和動	656①			
もとめ	もとめ	×	求	提婆	708④	和動	725④			
もとめ	もとめ	×	求	提婆	708⑥	和動	726①			
もとめ	もとめ	×	求	提婆	710①	和動	727②			
もとめ	もとめ	×	求	提婆	712②	和動	729⑤			
もとめ	もとめ	×	求	安樂	807④	和動	829⑤			
もとめ	もとめ	×	求	安樂	809②	和動	831④			
もとめ	もとめ	×	求	如來	902①	和動	921①			
もとめ	もとめ	×	求	分別	939⑥	和動	958②			
もとめ	もとめ	×	求	分別	941④	和動	959⑥			
もとめ	もとめ	×	求	隨喜	973④	和動	991⑤			
もとめ	もとめ	×	求	藥王	1163②	和動	1180①			
もとめ	もとめ	×	求	觀世	1211①	和動	1224②		一むるをしてィ[西右]	
もとめ	もとめ	×	求	觀世	1218②	和動	1231④			
もとめ	もとめ	×	求	觀世	1218⑤	和動	1232①			
もとめ	もとめ	×	求	普賢	1311④	和動	1317⑤		もとむる[西右]	もとめ[妙]
もの	もの	×	語	安樂	765③	和形式名	785②			
もの	もの	×	物	譬喩	243⑤	和形式名	213②			
もの	もの	×	物	譬喩	250⑤	和形式名	220⑤			
×	もの	×	物	譬喩	×	和形式名	276④			
もの	もの	×	物	信解	328②	和形式名	305①			
もの	もの	×	物	信解	342②	和形式名	323②			
もの	もの	×	物	信解	356②	和形式名	340①			
もの	もの	×	物	信解	362⑥	和形式名	348②			
もの	もの	×	物	信解	363②	和形式名	348④			
もの	もの	×	物	信解	368②	和形式名	354③			
もの	もの	×	物	安樂	806①	和形式名	828②		一たる[西右]	
もの	もの	×	物	法功	1015②	和形式名	1034①		一を[西右]	
もの	もの	×	者	序品	18⑤	和形式名	15③			
もの	もの	×	者	序品	19③	和形式名	15⑥			
もの	もの	×	者	序品	20⑤	和形式名	17②			
もの	もの	×	者	序品	48⑤	和形式名	42①			
もの	もの	×	者	序品	49②	和形式名	42④			
もの	もの	×	者	序品	58⑤	和形式名	51②			
もの	もの	×	者	序品	84①	和形式名	73⑤			
もの	もの	×	者	序品	85⑤	和形式名	75③			
もの	もの	×	者	方便	92④	和形式名	81③			
もの	もの	×	者	方便	93①	和形式名	81⑤			
もの	もの	×	者	方便	95①	和形式名	83③			
もの	もの	×	者	方便	95⑥	和形式名	84②			
もの	もの	×	者	方便	96③	和形式名	84④			
もの	もの	×	者	方便	101①	和形式名	88④			
もの	もの	×	者	方便	101②	和形式名	88⑥			
もの	もの	×	者	方便	107②	和形式名	93⑥			
もの	もの	×	者	方便	107⑤	和形式名	94①			
もの	もの	×	者	方便	108②	和形式名	94⑤			
もの	もの	×	者	方便	108④	和形式名	95①			
もの	もの	×	者	方便	114①	和形式名	99⑥			
もの	もの	×	者	方便	115⑤	和形式名	101①			
もの	もの	×	者	方便	118⑥	和形式名	104②			
もの	もの	×	者	方便	136⑤	和形式名	119③			

当該語	読みかな	傍訓	漢字表記	品名	頁数	語の種類	妙一本	和解語文	可読	異同語彙
もの	もの	×	者	方便	139③	和形式名	121③			
もの	もの	×	者	方便	153③	和形式名	132⑥			
もの	もの	×	者	方便	161③	和形式名	139②			
もの	もの	×	者	方便	168③	和形式名	×			
もの	もの	×	者	方便	169③	和形式名	×			
もの	もの	×	者	方便	170⑥	和形式名	147②			
もの	もの	×	者	方便	185③	和形式名	159①			
もの	もの	×	者	方便	186⑥	和形式名	160②			
もの	もの	×	者	方便	189①	和形式名	162①			
もの	もの	×	者	方便	192③	和形式名	165①			
もの	もの	×	者	方便	193①	和形式名	165⑤			
もの	もの	×	者	譬喩	223④	和形式名	192④			
もの	もの	×	者	譬喩	233⑤	和形式名	202⑥			物[妙]
もの	もの	×	者	譬喩	236①	和形式名	205③			
もの	もの	×	者	譬喩	238④	和形式名	207⑥			
もの	もの	×	者	譬喩	243⑤	和形式名	213③			
もの	もの	×	者	譬喩	245①	和形式名	214⑤			
もの	もの	×	者	譬喩	246①	和形式名	216②			
もの	もの	×	者	譬喩	298⑤	和形式名	271①			
もの	もの	×	者	譬喩	299①	和形式名	271③			
もの	もの	×	者	譬喩	301①	和形式名	273③			
もの	もの	×	者	譬喩	302④	和形式名	274⑤			
もの	もの	×	者	譬喩	311①	和形式名	284②			は[西]
もの	もの	×	者	譬喩	311⑥	和形式名	285①			
もの	もの	×	者	譬喩	316④	和形式名	291①			
もの	もの	×	者	信解	334①	和形式名	312②			
もの	もの	×	者	信解	338②	和形式名	317②			
もの	もの	×	者	信解	351⑤	和形式名	334③			
もの	もの	×	者	信解	355④	和形式名	339②			
もの	もの	×	者	信解	360③	和形式名	344⑥			
もの	もの	×	者	信解	366③	和形式名	352③			
もの	もの	×	者	信解	372④	和形式名	359④			
もの	もの	×	者	信解	375①	和形式名	362④			
もの	もの	×	者	信解	378①	和形式名	366①			
もの	もの	×	者	薬草	391⑥	和形式名	377③			
もの	もの	×	者	薬草	392①	和形式名	377④			
もの	もの	×	者	薬草	392①	和形式名	377④			
もの	もの	×	者	薬草	392②	和形式名	377⑤			
もの	もの	×	者	薬草	405③	和形式名	392④			
もの	もの	×	者	薬草	407⑤	和形式名	395①			
もの	もの	×	者	授記	420③	和形式名	409①			
もの	もの	×	者	授記	423⑤	和形式名	413③		が[西右]	
もの	もの	×	者	授記	425⑥	和形式名	415⑥		が[西右]	
もの	もの	×	者	授記	427⑥	和形式名	418①			
もの	もの	×	者	授記	430⑥	和形式名	421④		一をィ[西右]	
もの	もの	×	者	授記	435⑤	和形式名	427①			
もの	もの	×	者	授記	438③	和形式名	430①			
もの	もの	×	者	授記	441②	和形式名	433③			
もの	もの	×	者	化城	453⑥	和形式名	448③			
もの	もの	×	者	化城	478⑤	和形式名	478①			
もの	もの	×	者	化城	479⑥	和形式名	479③			
もの	もの	×	者	化城	481⑤	和形式名	481④			
もの	もの	×	者	化城	487③	和形式名	488③			
もの	もの	×	者	化城	509③	和形式名	514②			
もの	もの	×	者	化城	513①	和形式名	518①			
もの	もの	×	者	化城	518①	和形式名	522⑥			
もの	もの	×	者	化城	531②	和形式名	536⑥			
もの	もの	×	者	化城	535⑥	和形式名	541⑤			
もの	もの	×	者	化城	539①	和形式名	544⑥			
もの	もの	×	者	化城	539⑤	和形式名	545③			
もの	もの	×	者	化城	547①	和形式名	553②		一の[西右]	
もの	もの	×	者	五百	566②	和形式名	569⑤		こと[西右]	
もの	もの	×	者	五百	577①	和形式名	581⑥			
もの	もの	×	者	五百	582③	和形式名	587⑥			
もの	もの	×	者	五百	588⑤	和形式名	595①			
もの	もの	×	者	五百	589⑥	和形式名	596③			
もの	もの	×	者	五百	598①	和形式名	606③			
もの	もの	×	者	法師	621⑥	和形式名	632④		一と[西右]	

当該語	読みかな	傍訓	漢字表記	品名	頁数	語の種類	妙一本	和解語文	可読	異同語彙
もの	もの	×		者	法師	622①	和形式名	632⑤			
もの	もの	×		者	法師	622①	和形式名	632⑤			
もの	もの	×		者	法師	622③	和形式名	633②			
もの	もの	×		者	法師	623①	和形式名	633⑥			
もの	もの	×		者	法師	626⑤	和形式名	637⑥			
もの	もの	×		者	法師	628⑤	和形式名	640①			
もの	もの	×		者	法師	629①	和形式名	640③			
もの	もの	×		者	法師	631④	和形式名	643②			
もの	もの	×		者	法師	631⑥	和形式名	643③			
もの	もの	×		者	法師	632②	和形式名	643⑥			
もの	もの	×		者	法師	632④	和形式名	644③			
もの	もの	×		者	法師	633⑤	和形式名	645④			
もの	もの	×		者	法師	634③	和形式名	646③			
もの	もの	×		者	法師	635②	和形式名	647②			
もの	もの	×		者	法師	638⑥	和形式名	651②			
もの	もの	×		者	法師	642②	和形式名	654⑥			
もの	もの	×		者	法師	642③	和形式名	655②			
もの	もの	×		者	法師	646①	和形式名	659③			
もの	もの	×		者	法師	646③	和形式名	659⑤			
もの	もの	×		者	法師	650②	和形式名	663⑥			
もの	もの	×		者	法師	653③	和形式名	667④			
もの	もの	×		者	見寶	663③	和形式名	678①			
もの	もの	×		者	見寶	666③	和形式名	681③			
もの	もの	×		者	見寶	690④	和形式名	708③			
もの	もの	×		者	見寶	691②	和形式名	709②			
もの	もの	×		者	見寶	695③	和形式名	714②			
もの	もの	×		者	見寶	698①	和形式名	716⑥			
もの	もの	×		者	見寶	698⑤	和形式名	717⑤			
もの	もの	×		者	提婆	710②	和形式名	727③			
もの	もの	×		者	提婆	712⑤	和形式名	730②			
もの	もの	×		者	提婆	719⑤	和形式名	737⑤			
もの	もの	×		者	提婆	731⑤	和形式名	749⑤			
もの	もの	×		者	勸持	739④	和形式名	758③			
もの	もの	×		者	勸持	740①	和形式名	758⑥			
もの	もの	×		者	勸持	751⑤	和形式名	771①			
もの	もの	×		者	勸持	752④	和形式名	772①			
もの	もの	×		者	勸持	757⑥	和形式名	777④			
もの	もの	×		者	安樂	762⑥	和形式名	782④			
もの	もの	×		者	安樂	769③	和形式名	789④			
もの	もの	×		者	安樂	769⑤	和形式名	789⑥		一と[西右]	
もの	もの	×		者	安樂	769⑥	和形式名	790②		一と[西右]	
もの	もの	×		者	安樂	771③	和形式名	791⑤			
もの	もの	×		者	安樂	778②	和形式名	799①			
もの	もの	×		者	安樂	782⑤	和形式名	803⑤		一と[西右]	
もの	もの	×		者	安樂	784②	和形式名	805②			
もの	もの	×		者	安樂	784③	和形式名	805④			
もの	もの	×		者	安樂	784⑤	和形式名	805⑥			
もの	もの	×		者	安樂	784⑤	和形式名	806①			
もの	もの	×		者	安樂	784⑥	和形式名	806①			
もの	もの	×		者	安樂	787①	和形式名	808④			
もの	もの	×		者	安樂	787④	和形式名	809①			
もの	もの	×		者	安樂	787⑤	和形式名	809②			
もの	もの	×		者	安樂	791⑤	和形式名	813②			
もの	もの	×		者	安樂	793⑤	和形式名	815②			
もの	もの	×		者	安樂	795①	和形式名	816④			
もの	もの	×		者	安樂	796⑥	和形式名	818④			
もの	もの	×		者	安樂	799②	和形式名	820⑥			
もの	もの	×		者	安樂	800③	和形式名	822②			
もの	もの	×		者	安樂	805①	和形式名	827②			
もの	もの	×		者	安樂	806④	和形式名	828⑤			
もの	もの	×		者	安樂	809③	和形式名	831④			
もの	もの	×		者	安樂	809⑤	和形式名	832①			
もの	もの	×		者	從地	821⑤	和形式名	843⑥			
もの	もの	×		者	從地	822⑤	和形式名	844⑥			
もの	もの	×		者	從地	822⑥	和形式名	845②		をや[西右]	
もの	もの	×		者	從地	828②	和形式名	850③		一は[西右]	
もの	もの	×		者	從地	831①	和形式名	853⑤			

当該語	読みかな	傍訓	漢字表記	品名	頁数	語の種類	妙一本	和解語文	可読	異同語彙
もの	もの	×	者	從地	838①	和形式名	860⑥		一 も あり[西右]	
もの	もの	×	者	從地	842②	和形式名	864⑥			
もの	もの	×	者	從地	849①	和形式名	871⑥			
もの	もの	×	者	從地	869⑤	和形式名	892⑤			
もの	もの	×	者	如來	887③	和形式名	906④			
もの	もの	×	者	如來	890③	和形式名	909④			
もの	もの	×	者	如來	890④	和形式名	909④			
もの	もの	×	者	如來	893②	和形式名	912②			
もの	もの	×	者	如來	897②	和形式名	916①			
もの	もの	×	者	如來	900⑤	和形式名	919⑥			
もの	もの	×	者	如來	902⑥	和形式名	921⑥			
もの	もの	×	者	如來	903③	和形式名	922③			
もの	もの	×	者	如來	910①	和形式名	928⑥			
もの	もの	×	者	如來	913④	和形式名	932④			
もの	もの	×	者	如來	917②	和形式名	936①			
もの	もの	×	者	如來	917⑥	和形式名	936⑤			
もの	もの	×	者	如來	918④	和形式名	937③			
もの	もの	×	者	如來	919②	和形式名	938②			
もの	もの	×	者	如來	919④	和形式名	938④			
もの	もの	×	者	分別	930②	和形式名	948⑥			
もの	もの	×	者	分別	942①	和形式名	960③			
もの	もの	×	者	分別	946⑤	和形式名	965②			
もの	もの	×	者	分別	950⑤	和形式名	969④			
もの	もの	×	者	分別	951④	和形式名	970③			
もの	もの	×	者	分別	958⑥	和形式名	977④			
もの	もの	×	者	分別	959⑥	和形式名	978④			
もの	もの	×	者	分別	963②	和形式名	981⑤			
もの	もの	×	者	分別	965③	和形式名	983⑤			
もの	もの	×	者	隨喜	969⑤	和形式名	987⑤			
もの	もの	×	者	隨喜	970②	和形式名	988③			
もの	もの	×	者	隨喜	973③	和形式名	991④			
もの	もの	×	者	隨喜	979②	和形式名	997③			
もの	もの	×	者	隨喜	989⑤	和形式名	1008①			
もの	もの	×	者	法功	1006⑤	和形式名	1025②			
もの	もの	×	者	法功	1007①	和形式名	1025④			
もの	もの	×	者	法功	1008①	和形式名	1026④			
もの	もの	×	者	法功	1010②	和形式名	1028④			
もの	もの	×	者	法功	1011②	和形式名	1029⑤			
もの	もの	×	者	法功	1017②	和形式名	1036①			
もの	もの	×	者	法功	1018①	和形式名	1036⑥			
もの	もの	×	者	法功	1019②	和形式名	1037⑥			
もの	もの	×	者	法功	1020③	和形式名	1039①			
もの	もの	×	者	法功	1023③	和形式名	1042②		一を[西右]	
もの	もの	×	者	法功	1027②	和形式名	1045⑥		一を[西右]	
もの	もの	×	者	法功	1027④	和形式名	1046②			
もの	もの	×	者	法功	1032③	和形式名	1051①			
もの	もの	×	者	法功	1037③	和形式名	1056③			
もの	もの	×	者	法功	1047②	和形式名	1065⑤			
もの	もの	×	者	常不	1056⑤	和形式名	1075⑤			
もの	もの	×	者	常不	1058④	和形式名	1077③			
もの	もの	×	者	常不	1058⑥	和形式名	1077⑤			
もの	もの	×	者	常不	1064③	和形式名	1083①			
もの	もの	×	者	常不	1068⑥	和形式名	1087④			
もの	もの	×	者	常不	1075②	和形式名	1093⑤			
もの	もの	×	者	常不	1075⑥	和形式名	1094③			
もの	もの	×	者	常不	1080⑤	和形式名	1099②			
もの	もの	×	者	常不	1081④	和形式名	1100①			
もの	もの	×	者	神力	1083⑥	和形式名	1102③			
もの	もの	×	者	神力	1093①	和形式名	1111④			
もの	もの	×	者	神力	1098⑤	和形式名	1117③			
もの	もの	×	者	神力	1100④	和形式名	1119③			
もの	もの	×	者	神力	1101②	和形式名	1120①			
もの	もの	×	者	神力	1102②	和形式名	1121①			
もの	もの	×	者	神力	1102③	和形式名	1121③			
もの	もの	×	者	神力	1104①	和形式名	1122⑥			
もの	もの	×	者	囑累	1113③	和形式名	1132①			
もの	もの	×	者	藥王	1125②	和形式名	1143③			

もの 741

当該語	読みかな	傍訓	漢字表記	品名	頁数	語の種類	妙一本	和解語文	可読	異同語彙
もの	もの	×	者	藥王	1138①	和形式名	1156②			
もの	もの	×	者	藥王	1141②	和形式名	1159②			
もの	もの	×	者	藥王	1141⑥	和形式名	1160①			
もの	もの	×	者	藥王	1146④	和形式名	1164⑤			
もの	もの	×	者	藥王	1147④	和形式名	1165⑤			
もの	もの	×	者	藥王	1148⑥	和形式名	1167①			
もの	もの	×	者	藥王	1149⑤	和形式名	1167⑥			
もの	もの	×	者	藥王	1149⑤	和形式名	1168①			
もの	もの	×	者	藥王	1149⑥	和形式名	×			
もの	もの	×	者	藥王	1153②	和形式名	1171③			
もの	もの	×	者	藥王	1158②	和形式名	1175⑥			
もの	もの	×	者	藥王	1158⑤	和形式名	1176②		一は[西右]	
もの	もの	×	者	藥王	1162①	和形式名	1179②			
もの	もの	×	者	藥王	1163②	和形式名	1180②			
もの	もの	×	者	妙音	1188④	和形式名	1203①		一は[西右]	
もの	もの	×	者	妙音	1193②	和形式名	1207②			
もの	もの	×	者	妙音	1194⑥	和形式名	1208⑤			
もの	もの	×	者	妙音	1195②	和形式名	1209①			
もの	もの	×	者	妙音	1195④	和形式名	1209③			
もの	もの	×	者	妙音	1196①	和形式名	1209⑤			
もの	もの	×	者	妙音	1196③	和形式名	1210②			
者	もの	×	者	妙音	1196④	和形式名	1210④			もの[妙]
もの	もの	×	者	妙音	1198⑤	和形式名	1212④			
もの	もの	×	者	觀世	1210①	和形式名	1223②			
もの	もの	×	者	觀世	1222⑤	和形式名	1236①			
もの	もの	×	者	觀世	1223②	和形式名	1236③			
もの	もの	×	者	觀世	1223④	和形式名	1236⑤			
もの	もの	×	者	觀世	1223⑥	和形式名	1237①			
もの	もの	×	者	觀世	1224②	和形式名	1237③			
もの	もの	×	者	觀世	1224④	和形式名	1237⑤			
もの	もの	×	者	觀世	1224⑥	和形式名	1238①			
もの	もの	×	者	觀世	1225②	和形式名	1238③			
もの	もの	×	者	觀世	1225④	和形式名	1238⑤			
もの	もの	×	者	觀世	1226①	和形式名	1239①			
もの	もの	×	者	觀世	1226②	和形式名	1239③			
もの	もの	×	者	觀世	1226④	和形式名	1239⑤			
もの	もの	×	者	觀世	1227①	和形式名	1240①			
もの	もの	×	者	觀世	1227③	和形式名	1240③			
もの	もの	×	者	觀世	1227⑤	和形式名	1240⑥			
もの	もの	×	者	觀世	1228③	和形式名	1241③			
もの	もの	×	者	觀世	1228⑤	和形式名	1241⑤			
もの	もの	×	者	觀世	1229③	和形式名	1242②			
もの	もの	×	者	觀世	1229⑤	和形式名	1242④			
もの	もの	×	者	觀世	1240①	和形式名	1252⑤			
もの	もの	×	者	觀世	1247①	和形式名	1259②			
もの	もの	×	者	陀羅	1248⑤	和形式名	1260⑥			
もの	もの	×	者	陀羅	1254①	和形式名	1266①			
もの	もの	×	者	陀羅	1255③	和形式名	1267③			
もの	もの	×	者	陀羅	1257④	和形式名	1269③			
もの	もの	×	者	陀羅	1259③	和形式名	1270⑥			
もの	もの	×	者	陀羅	1260④	和形式名	1272②			
もの	もの	×	者	陀羅	1261⑤	和形式名	1273②			
もの	もの	×	者	陀羅	1263⑤	和形式名	1275①			
もの	もの	×	者	陀羅	1264①	和形式名	1275③		ことあらんものに[西右]	もの[妙]
もの	もの	×	者	陀羅	1268②	和形式名	1279②			
もの	もの	×	者	陀羅	1269①	和形式名	1280①			
もの	もの	×	者	陀羅	1269⑤	和形式名	1280⑥			
もの	もの	×	者	陀羅	1270⑥	和形式名	1281⑤			
もの	もの	×	者	妙莊	1305①	和形式名	1312①			
もの	もの	×	者	普賢	1311②	和形式名	1317③			
もの	もの	×	者	普賢	1311⑤	和形式名	1317⑤			
もの	もの	×	者	普賢	1312①	和形式名	1318②			もの[妙]
もの	もの	×	者	普賢	1312④	和形式名	1318⑤			
もの	もの	×	者	普賢	1314⑤	和形式名	1320④			
もの	もの	×	者	普賢	1316②	和形式名	1321⑤			
もの	もの	×	者	普賢	1316②	和形式名	1321⑤			
もの	もの	×	者	普賢	1316②	和形式名	1321⑥			

当該語	読みかな	傍訓	漢字表記	品名	頁数	語の種類	妙一本	和解語文	可読	異同語彙
もの	もの	×	者	普賢	1316③	和形式名	1321⑥			
もの	もの	×	者	普賢	1317⑥	和形式名	1323②			
もの	もの	×	者	普賢	1320⑥	和形式名	1325⑥			
もの	もの	×	者	普賢	1321③	和形式名	1326②			
もの	もの	×	者	普賢	1328①	和形式名	1332①			
もの	もの	×	者	普賢	1328③	和形式名	1332④			
もの	もの	×	者	普賢	1330⑤	和形式名	1334⑤			もの[妙]
もの	もの	×	者	普賢	1330⑥	和形式名	1334⑤			
もの	もの	×	者	普賢	1332①	和形式名	1335⑤			
もの	もの	×	者	普賢	1333③	和形式名	1336⑥		一は[西右]	
もの	もの	×	者	普賢	1333④	和形式名	1337①		一とに[西右]	
もの	もの	×	者	普賢	1334⑤	和形式名	1337⑥			
もの	もの	×	者	普賢	1335①	和形式名	1338②			
もの	もの	×	者	普賢	1335④	和形式名	1338⑤			
もの	もの	×	者	普賢	1336③	和形式名	1339③			
ものうき	ものうき	×	倦	提婆	711③	和形	728⑥			
もゆ	もゆ	×	燃	譬喩	279③	和動	250⑥			
もゆる	もゆる	×	燃	藥王	1126③	和動	1144⑤			
もゆる	もゆる	×	燃	觀世	1241③	和動	1253⑥			
もらし	もらし	×	漏	信解	341⑥	和動	322①			
もり	もり	×	盛	化城	467③	和動	464③			
もり	もり	×	盛	化城	475⑥	和動	475①			
もり	もり	×	盛	化城	484⑤	和動	485②			
もり	もり	×	盛	化城	493③	和動	495⑥			
もり	もり	×	盛	藥王	1162②	和動	1179②			もて{り}[妙]
もれ	もれ	×	盛	法功	1020⑤	和動	1039③			
もろもろ	もろもろ	×	衆	序品	44②	和畳語名	38①			
もろもろ	もろもろ	×	衆	序品	82④	和畳語名	72③			
もろもろ	もろもろ	×	衆	方便	166④	和畳語名	143④			
もろもろ	もろもろ	×	衆	譬喩	279⑤	和畳語名	251②			
諸々	もろもろ	×	衆	譬喩	281①	和畳語名	252④			
諸々	もろもろ	×	衆	信解	327②	和畳語名	303⑤			
諸々	もろもろ	×	衆	信解	342②	和畳語名	322③			
もろもろ	もろもろ	×	衆	授記	420③	和畳語名	409③			
もろもろ	もろもろ	×	衆	法師	634①	和畳語名	645⑥			
もろもろ	もろもろ	×	衆	勧持	757③	和畳語名	777①			
もろもろ	もろもろ	×	衆	安樂	808⑤	和畳語名	830⑥			
もろもろ	もろもろ	×	衆	如來	902⑤	和畳語名	921⑤			
もろもろ	もろもろ	×	衆	如來	915⑥	和畳語名	934②			
もろもろ	もろもろ	×	衆	分別	941⑤	和畳語名	960①			
もろもろ	もろもろ	×	衆	分別	953①	和畳語名	971⑥			
諸々	もろもろ	×	衆	分別	962⑥	和畳語名	981②			
もろもろ	もろもろ	×	衆	法功	1003③	和畳語名	1021⑥			
もろもろ	もろもろ	×	衆	法功	1004③	和畳語名	1022⑥			
諸々	もろもろ	×	衆	法功	1020④	和畳語名	1039②			
×	もろもろ	×	衆	法功	×	和畳語名	1040③		もろ〳〵[西右]	
衆	もろもろ	もろ〳〵	衆	觀世	1231⑤	和名	1244④	しゆはうしゆ／もろ〳〵のたからのさま[妙]		衆寶珠[妙]
もろもろ	もろもろ	×	諸	序品	7⑤	和畳語名	6②			諸仏(しよふつ)[妙]
もろもろ	もろもろ	×	諸	序品	14⑤	和畳語名	11⑥			
もろもろ	もろもろ	×	諸	序品	16①	和畳語名	12⑥			
もろもろ	もろもろ	×	諸	序品	16⑤	和畳語名	13④			
もろもろ	もろもろ	×	諸	序品	16⑥	和畳語名	13⑤			
もろもろ	もろもろ	×	諸	序品	18④	和畳語名	15②			
諸の	もろもろの	×	諸	序品	18⑤	和畳語名	15③			もろもろ[妙]
もろもろ	もろもろ	×	諸	序品	18⑥	和畳語名	15④			
もろもろ	もろもろ	×	諸	序品	21⑤	和畳語名	18①			
もろもろ	もろもろ	×	諸	序品	22④	和畳語名	18⑥			
もろもろ	もろもろ	×	諸	序品	25④	和畳語名	21⑤			
もろもろ	もろもろ	×	諸	序品	26③	和畳語名	22④			
もろもろ	もろもろ	×	諸	序品	27④	和畳語名	23④			
諸	もろもろ	×	諸	序品	29④	和畳語名	25③			
諸の	もろもろの	×	諸	序品	33⑥	和畳語名	29②			もろもろ[妙]
諸の	もろもろの	×	諸	序品	36③	和畳語名	31③			もろもろ[妙]
諸	もろもろ	×	衆	序品	37⑥	和畳語名	32④			

当該語	読みかな	傍訓	漢字表記	品名	頁数	語の種類	妙一本	和解語文	可読	異同語彙
もろもろ	もろもろ	×		諸	序品	40①	和畳語名	34④			
もろもろ	もろもろ	×		諸	序品	41②	和畳語名	35④			
もろもろ	もろもろ	×		諸	序品	45②	和畳語名	38⑥			
もろもろ	もろもろ	×		諸	序品	45⑥	和畳語名	39⑤			
もろもろ	もろもろ	×		諸	序品	47③	和畳語名	40⑥			
もろもろ	もろもろ	×		諸	序品	49③	和畳語名	42⑤			
もろもろ	もろもろ	×		諸	序品	52④	和畳語名	45⑤			
もろもろ	もろもろ	×		諸	序品	53④	和畳語名	46④			
もろもろ	もろもろ	×		諸	序品	54⑥	和畳語名	47⑤			
もろもろ	もろもろ	×		諸	序品	55⑤	和畳語名	48③			
もろもろ	もろもろ	×		諸	序品	55⑥	和畳語名	48④			
もろもろ	もろもろ	×		諸	序品	57②	和畳語名	49⑥			
もろもろ	もろもろ	×		諸	序品	60⑤	和畳語名	53①			
もろもろ	もろもろ	×		諸	序品	62④	和畳語名	54④			
もろもろ	もろもろ	×		諸	序品	63④	和畳語名	55③			
もろもろ	もろもろ	×		諸	序品	64①	和畳語名	55⑥			
もろもろ	もろもろ	×		諸	序品	67④	和畳語名	59①			
もろもろ	もろもろ	×		諸	序品	68④	和畳語名	59⑥			
もろもろ	もろもろ	×		諸	序品	69①	和畳語名	60③			
もろもろ	もろもろ	×		諸	序品	69④	和畳語名	60⑤			
諸	もろもろ	×		諸	序品	70①	和畳語名	61②			
もろもろ	もろもろ	×		諸	序品	70④	和畳語名	61⑤			
もろもろ	もろもろ	×		諸	序品	71⑥	和畳語名	62⑥			
もろもろ	もろもろ	×		諸	序品	72②	和畳語名	63③			
諸	もろもろ	×		諸	序品	72⑥	和畳語名	63⑥			
もろもろ	もろもろ	×		諸	序品	72⑤	和畳語名	63⑥			
もろもろ	もろもろ	×		諸	序品	79②	和畳語名	69⑤			
もろもろ	もろもろ	×		諸	序品	80①	和畳語名	70③			
もろもろ	もろもろ	×		諸	序品	83④	和畳語名	73③			
もろもろ	もろもろ	×		諸	序品	85②	和畳語名	74⑥			
もろもろ	もろもろ	×		諸	序品	85⑥	和畳語名	75③			
もろもろ	もろもろ	×		諸	方便	89①	和畳語名	78②			
諸	もろもろ	×		諸	方便	92⑥	和畳語名	81④			
もろもろ	もろもろ	×		諸	方便	92⑤	和畳語名	81④			
もろもろ	もろもろ	×		諸	方便	93②	和畳語名	81⑥			
もろもろ	もろもろ	×		諸	方便	93⑤	和畳語名	82②			
もろもろ	もろもろ	×		諸	方便	94⑥	和畳語名	83③			
諸	もろもろ	×		諸	方便	95①	和畳語名	83④			諸仏(しよふつ)[妙]
もろもろ	もろもろ	×		諸	方便	95④	和畳語名	83⑥			
もろもろ	もろもろ	×		諸	方便	96④	和畳語名	84⑤			
諸	もろもろ	×		諸	方便	98①	和畳語名	86①			
もろもろ	もろもろ	×		諸	方便	99①	和畳語名	86⑥			
もろもろ	もろもろ	×		諸	方便	100⑥	和畳語名	88③			
もろもろ	もろもろ	×		諸	方便	102①	和畳語名	89③			
もろもろ	もろもろ	×		諸	方便	108①	和畳語名	94④			
もろもろ	もろもろ	×		諸	方便	108⑤	和畳語名	95②			
もろもろ	もろもろ	×		諸	方便	109③	和畳語名	95⑤			
もろもろ	もろもろ	×		諸	方便	110⑥	和畳語名	96⑥			
もろもろ	もろもろ	×		諸	方便	111①	和畳語名	97①			
諸	もろもろ	×		諸	方便	111⑥	和畳語名	97⑥			諸天(しよてん)[妙]
もろもろ	もろもろ	×		諸	方便	115④	和畳語名	101①			
もろもろ	もろもろ	×		諸	方便	129⑤	和畳語名	113⑤			
もろもろ	もろもろ	×		諸	方便	131①	和畳語名	114⑤			
もろもろ	もろもろ	×		諸	方便	132④	和畳語名	115⑥			
もろもろ	もろもろ	×		諸	方便	136①	和畳語名	118⑤			
もろもろ	もろもろ	×		諸	方便	137③	和畳語名	119⑥			
もろもろ	もろもろ	×		諸	方便	142②	和畳語名	123⑥			
もろもろ	もろもろ	×		諸	方便	142⑥	和畳語名	124④			
もろもろ	もろもろ	×		諸	方便	143②	和畳語名	124⑥			
もろもろ	もろもろ	×		諸	方便	144④	和畳語名	125④			
もろもろ	もろもろ	×		諸	方便	146④	和畳語名	127④			
もろもろ	もろもろ	×		諸	方便	153⑥	和畳語名	133③			
もろもろ	もろもろ	×		諸	方便	154②	和畳語名	133⑤			
もろもろ	もろもろ	×		諸	方便	154⑥	和畳語名	134②			
もろもろ	もろもろ	×		諸	方便	156②	和畳語名	135②			
もろもろ	もろもろ	×		諸	方便	157③	和畳語名	136①			

当該語	読みかな	傍訓	漢字表記	品名	頁数	語の種類	妙一本	和解語文	可読	異同語彙
もろもろ	もろもろ	×	諸	方便	157⑤	和畳語名	136⑤			
諸	もろもろ	×	諸	方便	158③	和畳語名	136⑥			
もろもろ	もろもろ	×	諸	方便	158⑥	和畳語名	137②			
もろもろ	もろもろ	×	諸	方便	159②	和畳語名	137④			
もろもろ	もろもろ	×	諸	方便	159⑥	和畳語名	138①			
もろもろ	もろもろ	×	諸	方便	160③	和畳語名	138④			
もろもろ	もろもろ	×	諸	方便	160⑥	和畳語名	138⑥			
もろもろ	もろもろ	×	諸	方便	161⑥	和畳語名	139④			
もろもろ	もろもろ	×	諸	方便	162⑥	和畳語名	140③			
もろもろ	もろもろ	×	諸	方便	163②	和畳語名	140⑤			
もろもろ	もろもろ	×	諸	方便	164①	和畳語名	141⑥			
もろもろ	もろもろ	×	諸	方便	165②	和畳語名	142③			
もろもろ	もろもろ	×	諸	方便	165④	和畳語名	142⑤			
もろもろ	もろもろ	×	諸	方便	169④	和畳語名	146①			
もろもろ	もろもろ	×	諸	方便	170①	和畳語名	146④			
もろもろ	もろもろ	×	諸	方便	170②	和畳語名	146⑤			
諸	もろもろ	×	諸	方便	170③	和畳語名	146⑥			
もろもろ	もろもろ	×	諸	方便	170④	和畳語名	147①			
もろもろ	もろもろ	×	諸	方便	171⑤	和畳語名	147⑥			
もろもろ	もろもろ	×	諸	方便	174①	和畳語名	149⑥			
もろもろ	もろもろ	×	諸	方便	177①	和畳語名	152②			
もろもろ	もろもろ	×	諸	方便	178①	和畳語名	153③			
もろもろ	もろもろ	×	諸	方便	178④	和畳語名	153④			
もろもろ	もろもろ	×	諸	方便	178⑥	和畳語名	153⑤			
もろもろ	もろもろ	×	諸	方便	181②	和畳語名	155④			
もろもろ	もろもろ	×	諸	方便	181⑤	和畳語名	156①			
もろもろ	もろもろ	×	諸	方便	182③	和畳語名	156④			
もろもろ	もろもろ	×	諸	方便	187②	和畳語名	160③			
もろもろ	もろもろ	×	諸	方便	190④	和畳語名	163④			
諸	もろもろ	×	諸	方便	190⑤	和畳語名	163⑤			
もろもろ	もろもろ	×	諸	方便	193④	和畳語名	166①			
もろもろ	もろもろ	×	諸	譬喩	205②	和畳語名	172③			
諸もろ	もろもろ	×	諸	譬喩	208①	和畳語名	175④			もろもろ[妙]
もろもろ	もろもろ	×	諸	譬喩	210⑥	和畳語名	178⑤			
もろもろ	もろもろ	×	諸	譬喩	212③	和畳語名	180③			
もろもろ	もろもろ	×	諸	譬喩	213②	和畳語名	181③			
もろもろ	もろもろ	×	諸	譬喩	216②	和畳語名	184⑤			
もろもろ	もろもろ	×	諸	譬喩	218②	和畳語名	186⑥			
もろもろ	もろもろ	×	諸	譬喩	220②	和畳語名	189①			
もろもろ	もろもろ	×	諸	譬喩	223①	和畳語名	192①			
もろもろ	もろもろ	×	諸	譬喩	223⑤	和畳語名	192⑤			
もろもろ	もろもろ	×	諸	譬喩	225④	和畳語名	194③			
もろもろ	もろもろ	×	諸	譬喩	228①	和畳語名	197②			
諸々	もろもろ	×	諸	譬喩	229③	和畳語名	198⑤			もろもろ[妙]
もろもろ	もろもろ	×	諸	譬喩	232③	和畳語名	201④			
もろもろ	もろもろ	×	諸	譬喩	232⑥	和畳語名	202①			
諸々	もろもろ	×	諸	譬喩	236①	和畳語名	205②			もろもろ[妙]
もろもろ	もろもろ	×	諸	譬喩	238①	和畳語名	207③			
もろもろ	もろもろ	×	諸	譬喩	238③	和畳語名	207⑥			
諸々	もろもろ	×	諸	譬喩	238⑥	和畳語名	208②			もろもろ[妙]
諸々	もろもろ	×	諸	譬喩	239②	和畳語名	208④			もろもろ[妙]
諸々	もろもろ	×	諸	譬喩	239⑥	和畳語名	209②			もろもろ[妙]
もろもろ	もろもろ	×	諸	譬喩	240④	和畳語名	210②			
諸々	もろもろ	×	諸	譬喩	243②	和畳語名	212⑥			もろもろ[妙]
諸々	もろもろ	×	諸	譬喩	244③	和畳語名	213⑥			もろもろ[妙]
もろもろ	もろもろ	×	諸	譬喩	244⑥	和畳語名	214④			
もろもろ	もろもろ	×	諸	譬喩	246⑥	和畳語名	216⑤			
諸々	もろもろ	×	諸	譬喩	247③	和畳語名	217②			もろもろ[妙]
もろもろ	もろもろ	×	諸	譬喩	248⑤	和畳語名	218④			
諸々	もろもろ	もろもろ	諸	譬喩	249⑥	和畳語名	219⑥			もろもろ[妙]
諸々	もろもろ	×	諸	譬喩	251⑥	和畳語名	221⑥			もろもろ[妙]
諸	もろもろ	もろもろ	諸	譬喩	253③	和畳語名	223⑤			
諸	もろもろ	もろもろ	諸	譬喩	253⑤	和畳語名	224④			
もろもろ	もろもろ	×	諸	譬喩	255①	和畳語名	226①			
諸々	もろもろ	×	諸	譬喩	255④	和畳語名	226⑤			もろもろ[妙]
諸々	もろもろ	×	諸	譬喩	256②	和畳語名	227②			もろもろ[妙]
諸々	もろもろ	×	諸	譬喩	257⑥	和畳語名	229①			もろもろ[妙]
もろもろ	もろもろ	×	諸	譬喩	258②	和畳語名	229③			

もろ 745

当該語	読みかな	傍訓	漢字表記	品名	頁数	語の種類	妙一本	和解語文	可読	異同語彙
諸	もろもろ	×	諸	譬喩	259④	和畳語名	230③	しよし／もろ〳〵のこ[妙]		諸子(しよし)[妙]
もろもろ	もろもろ	×	諸	譬喩	265③	和畳語名	236⑤			
もろもろ	もろもろ	×	諸	譬喩	267①	和畳語名	238②			
諸々	もろもろ	×	諸	譬喩	267④	和畳語名	238⑤			もろもろ[妙]
もろもろ	もろもろ	×	諸	譬喩	271⑥	和畳語名	243①			
もろもろ	もろもろ	×	諸	譬喩	272②	和畳語名	243③			
諸々	もろもろ	×	諸	譬喩	273③	和畳語名	244④			もろもろ[妙]
諸々	もろもろ	×	諸	譬喩	274⑥	和畳語名	246②			もろもろ[妙]
諸々	もろもろ	×	諸	譬喩	275③	和畳語名	246⑤			もろもろ[妙]
もろもろ	もろもろ	×	諸	譬喩	275④	和畳語名	246⑥			
諸々	もろもろ	×	諸	譬喩	276②	和畳語名	247⑤			もろもろ[妙]
もろもろ	もろもろ	×	諸	譬喩	276③	和畳語名	247⑥			
諸々	もろもろ	×	諸	譬喩	277③	和畳語名	249①			もろもろ[妙]
もろもろ	もろもろ	×	諸	譬喩	278④	和畳語名	250②			
諸々	もろもろ	×	諸	譬喩	279②	和畳語名	250⑥			もろもろ[妙]
諸々	もろもろ	×	諸	譬喩	280①	和畳語名	251④			もろもろ[妙]
諸々	もろもろ	×	諸	譬喩	280⑤	和畳語名	252③			もろもろ[妙]
もろもろ	もろもろ	×	諸	譬喩	281②	和畳語名	252⑤			
諸々	もろもろ	×	諸	譬喩	282③	和畳語名	254①			
諸々	もろもろ	×	諸	譬喩	282⑤	和畳語名	254③			
諸々	もろもろ	×	諸	譬喩	282⑥	和畳語名	254④			もろもろ[妙]
諸	もろもろ	×	諸	譬喩	283④	和畳語名	255②	しよし／もろ〳〵のこ[妙]		諸子(しよし)[妙]
諸々	もろもろ	もろ〳〵	諸	譬喩	283⑤	和畳語名	255③			もろもろ[妙]
諸々	もろもろ	×	諸	譬喩	284①	和畳語名	255④			もろもろ[妙]
諸々	もろもろ	×	諸	譬喩	284④	和畳語名	256①			もろもろ[妙]
諸々	もろもろ	×	諸	譬喩	284⑤	和畳語名	256③			もろもろ[妙]
諸	もろもろ	×	諸	譬喩	286①	和畳語名	257⑥	しよし／もろ〳〵のこ[妙]		諸子(しよし)[妙]
もろもろ	もろもろ	×	諸	譬喩	286⑤	和畳語名	258④			
諸々	もろもろ	×	諸	譬喩	286⑥	和畳語名	258⑤			もろもろ[妙]
諸々	もろもろ	×	諸	譬喩	287③	和畳語名	259②			
諸々	もろもろ	×	諸	譬喩	288②	和畳語名	260②			もろもろ[妙]
諸	もろもろ	×	諸	譬喩	288④	和畳語名	260④	しよし／もろ〳〵のこ[妙]		諸子(しよし)[妙]
諸	もろもろ	×	諸	譬喩	288④	和畳語名	260④			諸子(しよし)[妙]
諸々	もろもろ	×	諸	譬喩	289④	和畳語名	261⑤			もろもろ[妙]
諸々	もろもろ	もろ〳〵	諸	譬喩	290④	和畳語名	262⑤			衆[西]
もろもろ	もろもろ	×	諸	譬喩	290⑥	和畳語名	263①			
もろもろ	もろもろ	×	諸	譬喩	291②	和畳語名	263③			
諸々	もろもろ	×	諸	譬喩	291③	和畳語名	263④			もろもろ[妙]
諸々	もろもろ	×	諸	譬喩	292③	和畳語名	264④			もろもろ[妙]
諸々	もろもろ	×	諸	譬喩	292⑥	和畳語名	264⑥			もろもろ[妙]
もろもろ	もろもろ	×	諸	譬喩	293①	和畳語名	265②			
諸々	もろもろ	×	諸	譬喩	293③	和畳語名	265③			もろもろ[妙]
もろもろ	もろもろ	×	諸	譬喩	294②	和畳語名	266③			
もろもろ	もろもろ	×	諸	譬喩	296⑤	和畳語名	268⑥			
諸諸	もろもろ	もろ―	諸諸	譬喩	296⑥	和畳語名	269②			もろもろ[妙]
もろもろ	もろもろ	×	諸	譬喩	299⑤	和畳語名	272①			
諸々{ヒ}	もろもろ	×	諸	譬喩	304③	和畳語名	276⑤			
諸々	もろもろ	×	諸	譬喩	305②	和畳語名	277③			もろもろ[妙]
諸々	もろもろ	×	諸	譬喩	305②	和畳語名	277④			
諸々	もろもろ	×	諸	譬喩	305⑥	和畳語名	278②			もろもろ[妙]
諸々	もろもろ	×	諸	譬喩	312②	和畳語名	285④			
諸々	もろもろ	×	諸	譬喩	312⑥	和畳語名	286④			
諸々	もろもろ	×	諸	信解	323③	和畳語名	299②			もろもろ[妙]
もろもろ	もろもろ	×	諸	信解	324①	和畳語名	299⑥			
諸々	もろもろ	×	諸	信解	326③	和畳語名	302⑥			もろもろ[妙]
諸々	もろもろ	×	諸	信解	327①	和畳語名	303④			
諸々	もろもろ	×	諸	信解	336⑥	和畳語名	315④			もろもろ[妙]
諸々	もろもろ	×	諸	信解	337⑥	和畳語名	316⑤			もろもろ[妙]
諸々	もろもろ	×	諸	信解	339②	和畳語名	318④			もろもろ[妙]
もろもろ	もろもろ	×	諸	信解	342②	和畳語名	322④			
諸々	もろもろ	×	諸	信解	346⑤	和畳語名	328②			もろもろ[妙]
諸々	もろもろ	×	諸	信解	349③	和畳語名	331④			もろもろ[妙]
諸々	もろもろ	×	諸	信解	354③	和畳語名	337⑥			もろもろ[妙]
もろもろ	もろもろ	×	諸	信解	355③	和畳語名	339①			

当該語	読みかな	傍訓	漢字表記	品名	頁数	語の種類	妙一本	和解語文	可読	異同語彙
諸々	もろもろ	×		諸	信解	356②	和畳語名	340①			もろもろ[妙]
諸々	もろもろ	×		諸	信解	360④	和畳語名	345②			もろもろ[妙]
もろもろ	もろもろ	×		諸	信解	361①	和畳語名	345⑤			
もろもろ	もろもろ	×		諸	信解	362⑥	和畳語名	348②			
諸々	もろもろ	×		諸	信解	365⑥	和畳語名	351⑤			もろもろ[妙]
諸々	もろもろ	×		諸	信解	366⑤	和畳語名	352④			もろもろ[妙]
もろもろ	もろもろ	×		諸	信解	366⑥	和畳語名	352⑥			
諸々	もろもろ	×		諸	信解	368①	和畳語名	354②			もろもろ[妙]
諸々	もろもろ	×		諸	信解	371①	和畳語名	357⑤			もろもろ[妙]
諸々	もろもろ	×		諸	信解	374④	和畳語名	361⑤			もろもろ[妙]
もろもろ	もろもろ	×		諸	信解	375⑤	和畳語名	363③			
諸々	もろもろ	×		諸	信解	376①	和畳語名	363④			もろもろ[妙]
諸々	もろもろ	×		諸	信解	377③	和畳語名	365②			
諸々	もろもろ	×		諸	信解	377⑥	和畳語名	365⑤			もろもろ[妙]
諸々	もろもろ	×		諸	薬草	386②	和畳語名	371②			もろもろ[妙]
諸々	もろもろ	×		諸	薬草	388③	和畳語名	373④			もろもろ[妙]
もろもろ	もろもろ	×		諸	薬草	388⑥	和畳語名	374①			
諸々	もろもろ	×		諸	薬草	389④	和畳語名	374⑤			もろもろ[妙]
もろもろ	もろもろ	×		諸	薬草	389⑥	和畳語名	375①			
諸々	もろもろ	×		諸	薬草	390④	和畳語名	375⑥			もろもろ[妙]
もろもろ	もろもろ	×		諸	薬草	393⑤	和畳語名	379③			
もろもろ	もろもろ	×		諸	薬草	394②	和畳語名	380①			
諸々	もろもろ	×		諸	薬草	394⑤	和畳語名	380④			もろもろ[妙]
諸々	もろもろ	×		諸	薬草	397②	和畳語名	383③			もろもろ[妙]
もろもろ	もろもろ	×		諸	薬草	401⑥	和畳語名	388④			
もろもろ	もろもろ	×		諸	薬草	402⑤	和畳語名	389③			
諸々	もろもろ	×		諸	薬草	403⑥	和畳語名	390⑥			もろもろ[妙]
もろもろ	もろもろ	×		諸	薬草	404①	和畳語名	391①			
諸々	もろもろ	×		諸	薬草	404⑥	和畳語名	392①			もろもろ[妙]
諸々	もろもろ	×		諸	薬草	407⑤	和畳語名	395②			もろもろ[妙]
諸々	もろもろ	×		諸	薬草	408⑥	和畳語名	396④			もろもろ[妙]
もろもろ	もろもろ	×		諸	薬草	411①	和畳語名	399①		諸樹のィ[西右]	
もろもろ	もろもろ	×		諸	薬草	411④	和畳語名	399④			
諸々	もろもろ	×		諸	薬草	412②	和畳語名	400③			もろもろ[妙]
諸々	もろもろ	×		諸	薬草	413①	和畳語名	401②			もろもろ[妙]
諸々	もろもろ	×		諸	薬草	413⑥	和畳語名	402①			もろもろ[妙]
もろもろ	もろもろ	×		諸	薬草	414②	和畳語名	402④			
もろもろ	もろもろ	×		諸	授記	415③	和畳語名	403④			
もろもろ	もろもろ	×		諸	授記	417②	和畳語名	405④			
もろもろ	もろもろ	×		諸	授記	417⑤	和畳語名	406②			
もろもろ	もろもろ	×		諸	授記	418①	和畳語名	406④			
諸々	もろもろ	×		諸	授記	418⑤	和畳語名	407④			もろもろ[妙]
諸々	もろもろ	×		諸	授記	420①	和畳語名	409①			もろもろ[妙]
諸々	もろもろ	×		諸	授記	420⑥	和畳語名	409⑥			もろもろ[妙]
もろもろ	もろもろ	×		諸	授記	421②	和畳語名	410③			
もろもろ	もろもろ	×		諸	授記	426①	和畳語名	416②			
諸々	もろもろ	×		諸	授記	426②	和畳語名	416③			もろもろ[妙]
もろもろ	もろもろ	×		諸	授記	427⑤	和畳語名	417⑥			
諸々	もろもろ	×		諸	授記	428③	和畳語名	418⑥			もろもろ[妙]
もろもろ	もろもろ	×		諸	授記	429④	和畳語名	420②			
もろもろ	もろもろ	×		諸	授記	431②	和畳語名	422①			
諸々	もろもろ	×		諸	授記	431⑤	和畳語名	422④			もろもろ[妙]
もろもろ	もろもろ	×		諸	授記	433①	和畳語名	424①			
もろもろ	もろもろ	×		諸	授記	433②	和畳語名	424③			
もろもろ	もろもろ	×		諸	授記	436①	和畳語名	427③			
もろもろ	もろもろ	×		諸	授記	436①	和畳語名	427③			
もろもろ	もろもろ	×		諸	授記	437①	和畳語名	428④			
もろもろ	もろもろ	×		諸	授記	441③	和畳語名	433③			
もろもろ	もろもろ	×		諸	授記	444⑤	和畳語名	437③			
もろもろ	もろもろ	×		諸	化城	445④	和畳語名	438③			
もろもろ	もろもろ	×		諸	化城	446③	和畳語名	439②			
もろもろ	もろもろ	×		諸	化城	447③	和畳語名	440⑤			
諸々	もろもろ	×		諸	化城	447⑤	和畳語名	441①			もろもろ[妙]
もろもろ	もろもろ	×		諸	化城	449④	和畳語名	443②			
もろもろ	もろもろ	×		諸	化城	450①	和畳語名	443⑤			
もろもろ	もろもろ	×		諸	化城	450②	和畳語名	443⑥			
諸々	もろもろ	×		諸	化城	450④	和畳語名	444③			もろもろ[妙]

当該語	読みかな	傍訓	漢字表記	品名	頁数	語の種類	妙一本	和解語文	可読	異同語彙
諸々	もろもろ	×		諸	化城	451②	和畳語名	445②			もろもろ[妙]
諸々	もろもろ	×		諸	化城	451⑤	和畳語名	445⑤			もろもろ[妙]
もろもろ	もろもろ	×		諸	化城	453③	和畳語名	447⑤			
もろもろ	もろもろ	×		諸	化城	453③	和畳語名	447⑥			
諸々	もろもろ	×		諸	化城	454⑥	和畳語名	449⑤			もろもろ[妙]
諸々	もろもろ	×		諸	化城	455⑤	和畳語名	450④			もろもろ[妙]
諸々	もろもろ	×		諸	化城	458①	和畳語名	453②			もろもろ[妙]
諸々	もろもろ	×		諸	化城	461⑤	和畳語名	457④			もろもろ[妙]
もろもろ	もろもろ	×		諸	化城	463①	和畳語名	459①			
もろもろ	もろもろ	×		諸	化城	464⑥	和畳語名	461②			
諸々	もろもろ	×		諸	化城	465①	和畳語名	461③			もろもろ[妙]
もろもろ	もろもろ	×		諸	化城	465④	和畳語名	462④			
もろもろ	もろもろ	×		諸	化城	466①	和畳語名	462⑤			
もろもろ	もろもろ	×		諸	化城	466③	和畳語名	463①			
もろもろ	もろもろ	×		諸	化城	467②	和畳語名	464①			
諸々	もろもろ	×		諸	化城	467③	和畳語名	464③			もろもろ[妙]
諸々	もろもろ	×		諸	化城	468③	和畳語名	465③			もろもろ[妙]
諸々	もろもろ	×		諸	化城	469④	和畳語名	466⑥			もろもろ[妙]
もろもろ	もろもろ	×		諸	化城	470④	和畳語名	468①			
諸々	もろもろ	×		諸	化城	471④	和畳語名	469④			もろもろ[妙]
もろもろ	もろもろ	×		諸	化城	472①	和畳語名	470②			
もろもろ	もろもろ	×		諸	化城	473①	和畳語名	471③			
諸々	もろもろ	×		諸	化城	473②	和畳語名	471④			もろもろ[妙]
諸々	もろもろ	×		諸	化城	474①	和畳語名	472⑤			もろもろ[妙]
もろもろ	もろもろ	×		諸	化城	474④	和畳語名	473②			
諸々	もろもろ	×		諸	化城	475⑤	和畳語名	474⑤			もろもろ[妙]
諸々	もろもろ	×		諸	化城	475⑥	和畳語名	474⑥			もろもろ[妙]
もろもろ	もろもろ	×		諸	化城	476⑥	和畳語名	476①			
諸々	もろもろ	×		諸	化城	478①	和畳語名	477③			もろもろ[妙]
諸々	もろもろ	×		諸	化城	480②	和畳語名	479⑥			もろもろ[妙]
諸々	もろもろ	×		諸	化城	480⑤	和畳語名	480④			もろもろ[妙]
諸々	もろもろ	×		諸	化城	481④	和畳語名	481④			もろもろ[妙]
諸々	もろもろ	×		諸	化城	482①	和畳語名	482①			もろもろ[妙]
もろもろ	もろもろ	×		諸	化城	482②	和畳語名	482②			
もろもろ	もろもろ	×		諸	化城	483②	和畳語名	483④			
諸々	もろもろ	×		諸	化城	483④	和畳語名	483⑥			もろもろ[妙]
諸々	もろもろ	×		諸	化城	484③	和畳語名	484⑥			もろもろ[妙]
もろもろ	もろもろ	×		諸	化城	484④	和畳語名	485①			
諸々	もろもろ	×		諸	化城	485④	和畳語名	486②			もろもろ[妙]
もろもろ	もろもろ	×		諸	化城	486⑤	和畳語名	487④			
諸々	もろもろ	×		諸	化城	487②	和畳語名	488③			もろもろ[妙]
諸々	もろもろ	×		諸	化城	487④	和畳語名	488⑤			もろもろ[妙]
諸々	もろもろ	×		諸	化城	488②	和畳語名	489④			もろもろ[妙]
諸々	もろもろ	×		諸	化城	488⑤	和畳語名	490①			もろもろ[妙]
諸々	もろもろ	×		諸	化城	489④	和畳語名	491①			もろもろ[妙]
もろもろ	もろもろ	×		諸	化城	492①	和畳語名	494②			
諸々	もろもろ	×		諸	化城	492③	和畳語名	494④			もろもろ[妙]
諸々	もろもろ	×		諸	化城	493②	和畳語名	495④			もろもろ[妙]
もろもろ	もろもろ	×		諸	化城	493③	和畳語名	495⑤			
諸々	もろもろ	×		諸	化城	494③	和畳語名	496⑥			もろもろ[妙]
もろもろ	もろもろ	×		諸	化城	495④	和畳語名	498②			
もろもろ	もろもろ	×		諸	化城	496②	和畳語名	498⑥			
諸々	もろもろ	×		諸	化城	498③	和畳語名	501③			もろもろ[妙]
もろもろ	もろもろ	×		諸	化城	498⑥	和畳語名	502①			
諸々	もろもろ	×		諸	化城	499⑤	和畳語名	503①			もろもろ[妙]
諸々	もろもろ	×		諸	化城	500③	和畳語名	503⑥			もろもろ[妙]
諸々	もろもろ	×		諸	化城	501④	和畳語名	505②			もろもろ[妙]
諸々	もろもろ	×		諸	化城	505⑤	和畳語名	510①			もろもろ[妙]
もろもろ	もろもろ	×		諸	化城	506⑤	和畳語名	511②			
もろもろ	もろもろ	×		諸	化城	512⑤	和畳語名	517⑤			
諸々	もろもろ	×		諸	化城	513②	和畳語名	518②			もろもろ[妙]
諸々	もろもろ	×		諸	化城	514②	和畳語名	519②			もろもろ[妙]
もろもろ	もろもろ	×		諸	化城	517②	和畳語名	522②			
諸々	もろもろ	×		諸	化城	517⑥	和畳語名	522⑤			もろもろ[妙]
諸々	もろもろ	×		諸	化城	518③	和畳語名	523①			もろもろ[妙]
諸々	もろもろ	×		諸	化城	518⑤	和畳語名	523⑤			もろもろ[妙]
諸々	もろもろ	×		諸	化城	520②	和畳語名	525③			もろもろ[妙]
諸々	もろもろ	×		諸	化城	520③	和畳語名	525③			もろもろ[妙]

当該語	読みかな	傍訓	漢字表記	品名	頁数	語の種類	妙一本	和解語文	可読	異同語彙
諸々	もろもろ	×	諸	化城	520⑥	和畳語名	525⑥			もろもろ[妙]
諸々	もろもろ	×	諸	化城	523④	和畳語名	528⑤			もろもろ[妙]
もろもろ	もろもろ	×	諸	化城	524③	和畳語名	529④			
諸々	もろもろ	×	諸	化城	525⑤	和畳語名	530⑥			もろもろ[妙]
もろもろ	もろもろ	×	諸	化城	526②	和畳語名	531④			
諸々	もろもろ	×	諸	化城	526⑤	和畳語名	532①			もろもろ[妙]
もろもろ	もろもろ	×	諸	化城	526⑥	和畳語名	532③			
諸々	もろもろ	×	諸	化城	530③	和畳語名	536①			もろもろ[妙]
もろもろ	もろもろ	×	諸	化城	530⑥	和畳語名	536④			
もろもろ	もろもろ	×	諸	化城	532⑤	和畳語名	538②			
諸々	もろもろ	×	諸	化城	533①	和畳語名	538④			もろもろ[妙]
もろもろ	もろもろ	×	諸	化城	534⑤	和畳語名	540③			
諸々	もろもろ	×	諸	化城	535①	和畳語名	540⑤			もろもろ[妙]
もろもろ	もろもろ	×	諸	化城	535③	和畳語名	541①			
諸々	もろもろ	×	諸	化城	537①	和畳語名	542⑥			もろもろ[妙]
もろもろ	もろもろ	×	諸	化城	537①	和畳語名	542⑥			
もろもろ	もろもろ	×	諸	化城	537②	和畳語名	543①			
諸々	もろもろ	×	諸	化城	538①	和畳語名	543⑤			もろもろ[妙]
諸々	もろもろ	×	諸	化城	538⑤	和畳語名	544④			もろもろ[妙]
諸々	もろもろ	×	諸	化城	539①	和畳語名	544⑤			もろもろ[妙]
諸々	もろもろ	×	諸	化城	541④	和畳語名	547③			もろもろ[妙]
もろもろ	もろもろ	×	諸	化城	542⑤	和畳語名	548④			
諸々	もろもろ	×	諸	化城	547①	和畳語名	553②			もろもろ[妙]
諸々	もろもろ	×	諸	化城	547②	和畳語名	553④			もろもろ[妙]
もろもろ	もろもろ	×	諸	五百	562④	和畳語名	565④			
もろもろ	もろもろ	×	諸	五百	564⑥	和畳語名	568②			
諸々	もろもろ	×	諸	五百	568④	和畳語名	572②			もろもろ[妙]
諸々	もろもろ	×	諸	五百	571⑤	和畳語名	575④			もろもろ[妙]
もろもろ	もろもろ	×	諸	五百	572⑤	和畳語名	576⑥			
もろもろ	もろもろ	×	諸	五百	574⑤	和畳語名	579②			
諸々	もろもろ	×	諸	五百	575②	和畳語名	579⑥			もろもろ[妙]
もろもろ	もろもろ	×	諸	五百	575⑤	和畳語名	580①			
もろもろ	もろもろ	×	諸	五百	578③	和畳語名	583③			
諸々	もろもろ	×	諸	五百	578⑤	和畳語名	583⑤			もろもろ[妙]
もろもろ	もろもろ	×	諸	五百	579③	和畳語名	584③			
諸々	もろもろ	×	諸	五百	579⑤	和畳語名	584⑥			もろもろ[妙]
諸々	もろもろ	×	諸	五百	581①	和畳語名	586③			もろもろ[妙]
もろもろ	もろもろ	×	諸	五百	581④	和畳語名	586⑥			
諸々	もろもろ	×	諸	五百	581⑤	和畳語名	587①			もろもろ[妙]
諸々	もろもろ	×	諸	五百	585⑥	和畳語名	591③			もろもろ[妙]
諸々	もろもろ	×	諸	五百	586④	和畳語名	592②			もろもろ[妙]
諸々	もろもろ	×	諸	五百	588①	和畳語名	594②			もろもろ[妙]
諸々	もろもろ	×	諸	五百	588③	和畳語名	594⑤			もろもろ[妙]
諸々	もろもろ	×	諸	五百	594③	和畳語名	601⑥			もろもろ[妙]
諸々	もろもろ	×	諸	五百	596③	和畳語名	604④			もろもろ[妙]
諸々	もろもろ	×	諸	五百	597②	和畳語名	605②			もろもろ[妙]
もろもろ	もろもろ	×	諸	五百	598⑥	和畳語名	607②			
諸々	もろもろ	×	諸	授學	604⑥	和畳語名	613④			もろもろ[妙]
もろもろ	もろもろ	×	諸	授學	607③	和畳語名	616③			
諸々	もろもろ	×	諸	授學	608②	和畳語名	617③			もろもろ[妙]
もろもろ	もろもろ	×	諸	授學	608⑤	和畳語名	618①			
諸々	もろもろ	×	諸	授學	609①	和畳語名	618②			もろもろ[妙]
諸々	もろもろ	×	諸	授學	609②	和畳語名	618④			
もろもろ	もろもろ	×	諸	授學	609④	和畳語名	618⑤			
もろもろ	もろもろ	×	諸	授學	610④	和畳語名	619⑥			
もろもろ	もろもろ	×	諸	授學	615⑥	和畳語名	625⑤			
もろもろ	もろもろ	×	諸	授學	617①	和畳語名	627①			
もろもろ	もろもろ	×	諸	授學	619⑥	和畳語名	630②			
もろもろ	もろもろ	×	諸	法師	624①	和畳語名	634⑥			
諸々	もろもろ	×	諸	法師	624⑥	和畳語名	635⑥			もろもろ[妙]
諸々	もろもろ	×	諸	法師	630①	和畳語名	641③			もろもろ[妙]
もろもろ	もろもろ	×	諸	序品	73②	和畳語名	64②			
諸々	もろもろ	×	諸	法師	632②	和畳語名	644①			もろもろ[妙]
諸々	もろもろ	×	諸	法師	632③	和畳語名	644①			
諸々	もろもろ	×	諸	法師	636⑥	和畳語名	649①			もろもろ[妙]
もろもろ	もろもろ	×	諸	法師	647④	和畳語名	661①			
もろもろ	もろもろ	×	諸	法師	648②	和畳語名	661⑥			
もろもろ	もろもろ	×	諸	法師	649⑥	和畳語名	663④			

もろ 749

当該語	読みかな	傍訓	漢字表記	品名	頁数	語の種類	妙一本	和解語文	可読	異同語彙
もろもろ	もろもろ	×		諸	法師	651①	和畳語名	664⑥		
もろもろ	もろもろ	×		諸	法師	653⑤	和畳語名	667⑤		
もろもろ	もろもろ	×		諸	見寶	657⑤	和畳語名	672②		
もろもろ	もろもろ	×		諸	見寶	658②	和畳語名	672⑤		
もろもろ	もろもろ	×		諸	見寶	663①	和畳語名	677⑤		
もろもろ	もろもろ	×		諸	見寶	667③	和畳語名	682③		
もろもろ	もろもろ	×		諸	見寶	668②	和畳語名	683③		
もろもろ	もろもろ	×		諸	見寶	668⑥	和畳語名	684①		
もろもろ	もろもろ	×		諸	見寶	669⑥	和畳語名	685①		
もろもろ	もろもろ	×		諸	見寶	670②	和畳語名	685④		
もろもろ	もろもろ	×		諸	見寶	670④	和畳語名	685⑥		
もろもろ	もろもろ	×		諸	見寶	671②	和畳語名	686④		
もろもろ	もろもろ	×		諸	見寶	672⑥	和畳語名	688③		
もろもろ	もろもろ	×		諸	見寶	673③	和畳語名	689①		
もろもろ	もろもろ	×		諸	見寶	674②	和畳語名	689⑥		
諸々	もろもろ	×		諸	見寶	675①	和畳語名	690⑥		もろもろ[妙]
もろもろ	もろもろ	×		諸	見寶	676③	和畳語名	692③		
諸々	もろもろ	×		諸	見寶	676④	和畳語名	692④		もろもろ[妙]
もろもろ	もろもろ	×		諸	見寶	684①	和畳語名	701②		
もろもろ	もろもろ	×		諸	見寶	687①	和畳語名	704④		
もろもろ	もろもろ	×		諸	見寶	688①	和畳語名	705⑤		
もろもろ	もろもろ	×		諸	見寶	689①	和畳語名	706⑥		
もろもろ	もろもろ	×		諸	見寶	690①	和畳語名	707⑥		
もろもろ	もろもろ	×		諸	見寶	691①	和畳語名	709①		
もろもろ	もろもろ	×		諸	見寶	691④	和畳語名	709④		
もろもろ	もろもろ	×		諸	見寶	691④	和畳語名	709⑤		
もろもろ	もろもろ	×		諸	見寶	695③	和畳語名	714①		
もろもろ	もろもろ	×		諸	見寶	697③	和畳語名	716③		
もろもろ	もろもろ	×		諸	見寶	699③	和畳語名	718③		
もろもろ	もろもろ	×		諸	提婆	708②	和畳語名	725②		
もろもろ	もろもろ	×		諸	提婆	714②	和畳語名	731⑥		
もろもろ	もろもろ	×		諸	提婆	715①	和畳語名	732⑥		
もろもろ	もろもろ	×		諸	提婆	716③	和畳語名	734②		
もろもろ	もろもろ	×		諸	提婆	719②	和畳語名	737②		
もろもろ	もろもろ	×		諸	提婆	724①	和畳語名	742②		
もろもろ	もろもろ	×		諸	提婆	725④	和畳語名	743⑤		
もろもろ	もろもろ	×		諸	提婆	725⑥	和畳語名	744①		
もろもろ	もろもろ	×		諸	勧持	747①	和畳語名	766①		
もろもろ	もろもろ	×		諸	勧持	747④	和畳語名	766⑤		
もろもろ	もろもろ	×		諸	勧持	747⑤	和畳語名	766⑥		
もろもろ	もろもろ	×		諸	勧持	748①	和畳語名	767①		
もろもろ	もろもろ	×		諸	勧持	749①	和畳語名	768②		
もろもろ	もろもろ	×		諸	勧持	750⑤	和畳語名	769⑥		
もろもろ	もろもろ	×		諸	勧持	751③	和畳語名	770⑤		
もろもろ	もろもろ	×		諸	勧持	753③	和畳語名	773①		
もろもろ	もろもろ	×		諸	勧持	755①	和畳語名	774④		
もろもろ	もろもろ	×		諸	勧持	755⑤	和畳語名	775②		
もろもろ	もろもろ	×		諸	勧持	756②	和畳語名	775⑥		
もろもろ	もろもろ	×		諸	勧持	757⑤	和畳語名	777③		
もろもろ	もろもろ	×		諸	安樂	759④	和畳語名	779②		
もろもろ	もろもろ	×		諸	安樂	762④	和畳語名	782②		
もろもろ	もろもろ	×		諸	安樂	763①	和畳語名	782④		
もろもろ	もろもろ	×		諸	安樂	770②	和畳語名	790③		
もろもろ	もろもろ	×		諸	安樂	770⑥	和畳語名	791②		
もろもろ	もろもろ	×		諸	安樂	771⑥	和畳語名	792②		
もろもろ	もろもろ	×		諸	安樂	775⑤	和畳語名	796③		
諸々	もろもろ	×		諸	安樂	778①	和畳語名	798⑥		もろもろ[妙]
もろもろ	もろもろ	×		諸	安樂	779⑥	和畳語名	800⑤		
もろもろ	もろもろ	×		諸	安樂	781①	和畳語名	801⑥		
もろもろ	もろもろ	×		諸	安樂	781②	和畳語名	802②		
もろもろ	もろもろ	×		諸	安樂	786①	和畳語名	807③		
もろもろ	もろもろ	×		諸	安樂	786②	和畳語名	807⑤		
もろもろ	もろもろ	×		諸	安樂	786③	和畳語名	807⑦		
もろもろ	もろもろ	×		諸	安樂	796③	和畳語名	817⑥		
諸々	もろもろ	×		諸	安樂	796④	和畳語名	818①		もろもろ[妙]
もろもろ	もろもろ	×		諸	安樂	798②	和畳語名	819⑤		
もろもろ	もろもろ	×		諸	安樂	798⑥	和畳語名	820③		
もろもろ	もろもろ	×		諸	安樂	799③	和畳語名	821①		

当該語	読みかな	傍訓	漢字表記	品名	頁数	語の種類	妙一本	和解語文	可読	異同語彙
もろもろ	もろもろ	×	諸	安樂	800③	和畳語名	822①			
もろもろ	もろもろ	×	諸	安樂	802④	和畳語名	824④			
もろもろ	もろもろ	×	諸	安樂	802⑤	和畳語名	824⑤			
もろもろ	もろもろ	×	諸	安樂	803④	和畳語名	825④			
もろもろ	もろもろ	×	諸	安樂	805④	和畳語名	827⑤			
もろもろ	もろもろ	×	諸	安樂	806①	和畳語名	828②			
もろもろ	もろもろ	×	諸	安樂	806②	和畳語名	828③			
もろもろ	もろもろ	×	諸	安樂	807③	和畳語名	829④			
もろもろ	もろもろ	×	諸	安樂	807⑤	和畳語名	829⑤			
諸々	もろもろ	もろ〳〵	諸	安樂	808①	和畳語名	830②			もろもろ[妙]
もろもろ	もろもろ	×	諸	安樂	810②	和畳語名	832④			
もろもろ	もろもろ	×	諸	安樂	811②	和畳語名	833④			
諸々	もろもろ	×	諸	安樂	811③	和畳語名	833⑤			もろもろ[妙]
もろもろ	もろもろ	×	諸	安樂	814②	和畳語名	836④			
もろもろ	もろもろ	×	諸	安樂	816④	和畳語名	839②			
もろもろ	もろもろ	×	諸	從地	818④	和畳語名	840⑥			
諸々	もろもろ	×	諸	從地	819③	和畳語名	841⑤			もろもろ[妙]
もろもろ	もろもろ	×	諸	從地	820③	和畳語名	842④			
諸々	もろもろ	×	諸	從地	820⑥	和畳語名	843⑤			もろもろ[妙]
もろもろ	もろもろ	×	諸	從地	823②	和畳語名	845④			
もろもろ	もろもろ	×	諸	從地	824①	和畳語名	846②			
諸々	もろもろ	×	諸	從地	824④	和畳語名	846⑥			もろもろ[妙]
もろもろ	もろもろ	×	諸	從地	825①	和畳語名	847②			
諸々	もろもろ	×	諸	從地	825②	和畳語名	847③			もろもろ[妙]
もろもろ	もろもろ	×	諸	從地	825⑤	和畳語名	848①			
もろもろ	もろもろ	×	諸	從地	826①	和畳語名	848③			
諸々	もろもろ	×	諸	從地	826③	和畳語名	848⑤			もろもろ[妙]
もろもろ	もろもろ	×	諸	從地	829②	和畳語名	851③			
もろもろ	もろもろ	×	諸	從地	829④	和畳語名	851⑥			
もろもろ	もろもろ	×	諸	從地	829⑥	和畳語名	852②			
諸	もろもろ	×	諸	從地	830①	和畳語名	852③			
諸々	もろもろ	×	諸	從地	830②	和畳語名	852⑤			もろもろ[妙]
諸	もろもろ	×	諸	從地	830⑤	和畳語名	853②		一の[西右]	
諸々	もろもろ	×	諸	從地	831③	和畳語名	854①			もろもろ[妙]
もろもろ	もろもろ	×	諸	從地	831④	和畳語名	854③			
諸々	もろもろ	×	諸	從地	832②	和畳語名	855①			もろもろ[妙]
諸々	もろもろ	×	諸	從地	832⑥	和畳語名	855④			もろもろ[妙]
もろもろ	もろもろ	×	諸	從地	833⑥	和畳語名	856④			
もろもろ	もろもろ	×	諸	從地	834④	和畳語名	857③			
諸々	もろもろ	×	諸	從地	835⑤	和畳語名	858④			もろもろ[妙]
もろもろ	もろもろ	×	諸	從地	835⑥	和畳語名	858⑤			
諸々	もろもろ	×	諸	從地	836③	和畳語名	859②			もろもろ[妙]
諸々	もろもろ	×	諸	從地	836③	和畳語名	859③			もろもろ[妙]
もろもろ	もろもろ	×	諸	從地	837③	和畳語名	860②			
諸々	もろもろ	×	諸	從地	838③	和畳語名	861①			もろもろ[妙]
もろもろ	もろもろ	×	諸	從地	838⑤	和畳語名	861④			
もろもろ	もろもろ	×	諸	從地	839④	和畳語名	862③			
諸々	もろもろ	×	諸	從地	840③	和畳語名	863②			もろもろ[妙]
諸々	もろもろ	×	諸	從地	841①	和畳語名	863⑥			もろもろ[妙]
もろもろ	もろもろ	×	諸	從地	841②	和畳語名	864②			
諸々	もろもろ	×	諸	從地	842②	和畳語名	865①			もろもろ[妙]
もろもろ	もろもろ	×	諸	從地	843①	和畳語名	865⑥			
諸	もろもろ	×	諸	從地	843④	和畳語名	866③		一の[西右]	
諸々	もろもろ	×	諸	從地	848⑤	和畳語名	871③			もろもろ[妙]
もろもろ	もろもろ	×	諸	從地	849③	和畳語名	872①			
もろもろ	もろもろ	×	諸	從地	849⑤	和畳語名	872③			
もろもろ	もろもろ	×	諸	從地	850①	和畳語名	872⑤			
諸々	もろもろ	×	諸	從地	850②	和畳語名	873①			もろもろ[妙]
もろもろ	もろもろ	×	諸	從地	851⑥	和畳語名	874④			
諸	もろもろの	もろ〳〵の	諸	從地	853①	和畳語名	875⑤	しよし／もろ〳〵のこ[妙]		
もろもろ	もろもろ	×	諸	從地	855②	和畳語名	878①			
もろもろ	もろもろ	×	諸	從地	855⑥	和畳語名	878④			
もろもろ	もろもろ	×	諸	從地	858③	和畳語名	881②			
諸々	もろもろ	×	諸	從地	860①	和畳語名	883①			もろもろ[妙]
もろもろ	もろもろ	×	諸	從地	860⑤	和畳語名	883④			
諸々	もろもろ	×	諸	從地	862⑤	和畳語名	885④			もろもろ[妙]
もろもろ	もろもろ	×	諸	從地	863④	和畳語名	886③			

もろ 751

当該語	読みかな	傍訓	漢字表記	品名	頁数	語の種類	妙一本	和解語文	可読	異同語彙
諸々	もろもろ	×	諸	從地	864④	和畳語名	887③			もろもろ[妙]
諸々	もろもろ	×	諸	從地	867④	和畳語名	890③			もろもろ[妙]
もろもろ	もろもろ	×	諸	如來	880②	和畳語名	899②			
諸々	もろもろ	×	諸	如來	880③	和畳語名	899③			もろもろ[妙]
諸々	もろもろ	×	諸	如來	881①	和畳語名	900①			もろもろ[妙]
もろもろ	もろもろ	×	諸	如來	882④	和畳語名	901④			
もろもろ	もろもろ	×	諸	如來	885①	和畳語名	903⑥			
諸々	もろもろ	×	諸	如來	885①	和畳語名	904①			もろもろ[妙]
もろもろ	もろもろ	×	諸	如來	885①	和畳語名	904①			
もろもろ	もろもろ	×	諸	如來	886⑤	和畳語名	905⑤			
もろもろ	もろもろ	×	諸	如來	887①	和畳語名	906①			
もろもろ	もろもろ	×	諸	如來	887②	和畳語名	906②			
もろもろ	もろもろ	×	諸	如來	888③	和畳語名	907④			
もろもろ	もろもろ	×	諸	如來	889①	和畳語名	908①			
もろもろ	もろもろ	×	諸	如來	890②	和畳語名	909②			
諸々	もろもろ	×	諸	如來	890③	和畳語名	909③			もろもろ[妙]
諸々	もろもろ	×	諸	如來	891④	和畳語名	910④			もろもろ[妙]
諸々	もろもろ	×	諸	如來	892③	和畳語名	911④			もろもろ[妙]
もろもろ	もろもろ	×	諸	如來	893①	和畳語名	912⑤			
諸々	もろもろ	×	諸	如來	894①	和畳語名	913①			もろもろ[妙]
もろもろ	もろもろ	×	諸	如來	895①	和畳語名	914①			
諸々	もろもろ	×	諸	如來	897④	和畳語名	916④			もろもろ[妙]
もろもろ	もろもろ	×	諸	如來	898①	和畳語名	917①			
諸々	もろもろ	×	諸	如來	899⑤	和畳語名	918⑥			もろもろ[妙]
諸	もろもろ	もろ〲	諸	如來	900①	和畳語名	919②	しよし／もろ〲のこ[妙]		諸子(しよし)もろ〲のこ[妙]
諸	もろもろ	もろもろの	諸	如來	900④	和畳語名	919④			諸子(しよし)[妙]
もろもろ	もろもろ	×	諸	如來	901⑤	和畳語名	920⑤			
諸	もろもろ	もろもろ	諸	如來	902⑥	和畳語名	921⑥	しよし／もろ〲のこ[妙]	一の[西右]	諸子(しよし)[妙]
諸	もろもろ	×	諸	如來	906⑤	和畳語名	925⑤	しよし／もろ〲のこ[妙]	一の[西右]	諸子(しよし)[妙]
もろもろ	もろもろ	×	諸	如來	908⑥	和畳語名	927⑤			
もろもろ	もろもろ	×	諸	如來	910⑤	和畳語名	929⑤			
諸々	もろもろ	×	諸	如來	911⑤	和畳語名	930⑤			もろもろ[妙]
諸々	もろもろ	×	諸	如來	914①	和畳語名	933①			もろもろ[妙]
もろもろ	もろもろ	×	諸	如來	915①	和畳語名	933⑥			
もろもろ	もろもろ	×	諸	如來	915①	和畳語名	934③			
もろもろ	もろもろ	×	諸	如來	916③	和畳語名	935②			
もろもろ	もろもろ	×	諸	如來	916⑤	和畳語名	935④			
もろもろ	もろもろ	×	諸	如來	917①	和畳語名	935⑥			
もろもろ	もろもろ	×	諸	如來	919④	和畳語名	938③			
もろもろ	もろもろ	×	諸	分別	925⑥	和畳語名	944④			
もろもろ	もろもろ	×	諸	分別	927①	和畳語名	945⑤			
もろもろ	もろもろ	×	諸	分別	927⑤	和畳語名	946③			
諸々	もろもろ	×	諸	分別	928③	和畳語名	947①			もろもろ[妙]
もろもろ	もろもろ	×	諸	分別	928⑤	和畳語名	947③			
諸々	もろもろ	×	諸	分別	930①	和畳語名	948⑤			もろもろ[妙]
もろもろ	もろもろ	×	諸	分別	934⑥	和畳語名	953④			
もろもろ	もろもろ	×	諸	分別	935⑤	和畳語名	954②			
もろもろ	もろもろ	×	諸	分別	940①	和畳語名	958③			
もろもろ	もろもろ	×	諸	分別	940③	和畳語名	958⑤			
もろもろ	もろもろ	×	諸	分別	941①	和畳語名	959③			
もろもろ	もろもろ	×	諸	分別	942①	和畳語名	960③			
諸々	もろもろ	×	諸	分別	943③	和畳語名	961⑤			もろもろ[妙]
もろもろ	もろもろ	×	諸	分別	943⑤	和畳語名	962②			
もろもろ	もろもろ	×	諸	分別	944①	和畳語名	962④			
諸々	もろもろ	×	諸	分別	944⑤	和畳語名	963②			もろもろ[妙]
もろもろ	もろもろ	×	諸	分別	945①	和畳語名	963④			
もろもろ	もろもろ	×	諸	分別	945④	和畳語名	964①			
もろもろ	もろもろ	×	諸	分別	947①	和畳語名	965①			
もろもろ	もろもろ	×	諸	分別	949④	和畳語名	968③			
もろもろ	もろもろ	×	諸	分別	953①	和畳語名	971⑥			
もろもろ	もろもろ	×	諸	分別	954④	和畳語名	973②			
諸々	もろもろ	×	諸	分別	959②	和畳語名	977⑥			もろもろ[妙]
もろもろ	もろもろ	×	諸	分別	959③	和畳語名	978①			
もろもろ	もろもろ	×	諸	分別	959⑤	和畳語名	978③			
もろもろ	もろもろ	×	諸	分別	960①	和畳語名	978④			

当該語	読みかな	傍訓	漢字表記	品名	頁数	語の種類	妙一本	和解語文	可読	異同語彙
もろもろ	もろもろ	×	諸	分別	961⑥	和畳語名	980③			
もろもろ	もろもろ	×	諸	分別	962⑤	和畳語名	981②			
もろもろ	もろもろ	×	諸	分別	963③	和畳語名	981⑥			
もろもろ	もろもろ	×	諸	分別	964②	和畳語名	982⑤			
もろもろ	もろもろ	×	諸	分別	966①	和畳語名	984③			
もろもろ	もろもろ	×	諸	分別	967⑤	和畳語名	986①			
もろもろ	もろもろ	×	諸	随喜	971⑥	和畳語名	990①			
もろもろ	もろもろ	×	諸	随喜	974①	和畳語名	992②			
もろもろ	もろもろ	×	諸	随喜	976①	和畳語名	994①			
もろもろ	もろもろ	×	諸	随喜	983③	和畳語名	1002①			
もろもろ	もろもろ	×	諸	法功	997③	和畳語名	1016①			
もろもろ	もろもろ	×	諸	法功	997⑤	和畳語名	1016③			
もろもろ	もろもろ	×	諸	法功	1000⑤	和畳語名	1019③			
もろもろ	もろもろ	×	諸	法功	1003⑤	和畳語名	1022②			
もろもろ	もろもろ	×	諸	法功	1005①	和畳語名	1023④			
諸々	もろもろ	×	諸	法功	1005④	和畳語名	1024①			もろもろ[妙]
もろもろ	もろもろ	×	諸	法功	1006①	和畳語名	1024④			
もろもろ	もろもろ	×	諸	法功	1006③	和畳語名	1024⑥			
もろもろ	もろもろ	×	諸	法功	1006⑤	和畳語名	1025②			
もろもろ	もろもろ	×	諸	法功	1007③	和畳語名	1025⑥			
諸々	もろもろ	×	諸	法功	1009②	和畳語名	1027⑤			もろもろ[妙]
もろもろ	もろもろ	×	諸	法功	1011①	和畳語名	1029③			
もろもろ	もろもろ	×	諸	法功	1012①	和畳語名	1030③			
諸々	もろもろ	×	諸	法功	1012⑥	和畳語名	1031③			
もろもろ	もろもろ	×	諸	法功	1016①	和畳語名	1034⑤			
諸々	もろもろ	×	諸	法功	1016④	和畳語名	1035②			もろもろ[妙]
もろもろ	もろもろ	×	諸	法功	1017③	和畳語名	1036②	諸樹ィ[西右]		
もろもろ	もろもろ	×	諸	法功	1017⑤	和畳語名	1036④			
諸々	もろもろ	×	諸	法功	1018②	和畳語名	1037①			もろもろ[妙]
もろもろ	もろもろ	×	諸	法功	1018⑤	和畳語名	1037③			
諸々	もろもろ	×	諸	法功	1020④	和畳語名	1039②			
諸々	もろもろ	×	諸	法功	1020⑥	和畳語名	1039⑤			もろもろ[妙]
もろもろ	もろもろ	×	諸	法功	1021④	和畳語名	1040②			
もろもろ	もろもろ	×	諸	法功	1023⑥	和畳語名	1042④			
もろもろ	もろもろ	×	諸	法功	1027①	和畳語名	1045⑥			
もろもろ	もろもろ	×	諸	法功	1028①	和畳語名	1046⑥			
もろもろ	もろもろ	×	諸	法功	1028④	和畳語名	1047③			
諸もろ	もろもろ	×	諸	法功	1030②	和畳語名	1048⑥			もろもろ[妙]
諸々	もろもろ	×	諸	法功	1032①	和畳語名	1050⑤			もろもろ[妙]
もろもろ	もろもろ	×	諸	法功	1032③	和畳語名	1051①			
もろもろ	もろもろ	×	諸	法功	1032④	和畳語名	1051②			
もろもろ	もろもろ	×	諸	法功	1033⑤	和畳語名	1052③			
諸々	もろもろ	×	諸	法功	1034①	和畳語名	1052⑥			
諸々	もろもろ	×	諸	法功	1036②	和畳語名	1055①			
もろもろ	もろもろ	×	諸	法功	1038②	和畳語名	1056⑥			
もろもろ	もろもろ	×	諸	法功	1038⑥	和畳語名	1057④			
諸々	もろもろ	×	諸	法功	1039①	和畳語名	1057⑥			もろもろ[妙]
もろもろ	もろもろ	×	諸	法功	1039④	和畳語名	1058②			
もろもろ	もろもろ	×	諸	法功	1041⑤	和畳語名	1060④			
もろもろ	もろもろ	×	諸	法功	1044⑥	和畳語名	1063③			
諸々	もろもろ	×	諸	常不	1059①	和畳語名	1077⑥			もろもろ[妙]
もろ〳〵	もろもろ	×	諸	常不	1070⑤	和畳語名	1089②			もろもろ[妙]
もろ〳〵	もろもろ	×	諸	常不	1071⑤	和畳語名	1090②			もろもろ[妙]
もろ〳〵	もろもろ	×	諸	常不	1076①	和畳語名	1094④			もろもろ[妙]
諸	もろもろ	もろ〳〵	諸	常不	1076③	和畳語名	1094⑥			もろもろ[妙]
もろ〳〵	もろもろ	×	諸	常不	1078①	和畳語名	1096④			もろもろ[妙]
もろ〳〵	もろもろ	×	諸	常不	1079④	和畳語名	1097⑥			もろもろ[妙]
諸	もろもろ	×	諸	常不	1079⑤	和畳語名	1098②			もろもろ[妙]
もろ〳〵	もろもろ	×	諸	常不	1081⑤	和畳語名	1100①			もろもろ[妙]
もろ〳〵	もろもろ	×	諸	神力	1085④	和畳語名	1104①			もろもろ[妙]
諸	もろもろ	もろ〳〵	諸	神力	1086⑤	和畳語名	1105②			もろもろ[妙]
諸	もろもろ	もろ〳〵	諸	神力	1088③	和畳語名	1107①			もろもろ[妙]
諸	もろもろ	×	諸	神力	1089⑤	和畳語名	1107⑥			もろもろ[妙]
もろ〳〵	もろもろ	×	諸	神力	1091①	和畳語名	1109③			もろもろ[妙]
諸	もろもろ	もろ〳〵	諸	神力	1091⑥	和畳語名	1110②			もろもろ[妙]
諸	もろもろ	×	諸	神力	1092④	和畳語名	1111①			もろもろ[妙]
諸	もろもろ	もろ〳〵	諸	神力	1093①	和畳語名	1111③			もろもろ[妙]
もろ〳〵	もろもろ	×	諸	神力	1100⑤	和畳語名	1119④			もろもろ[妙]

当該語	読みかな	傍訓	漢字表記	品名	頁数	語の種類	妙一本	和解語文	可読	異同語彙
諸	もろもろ	もろへ	諸	神力	1100⑥	和疊語名	1119⑥			もろもろ[妙]
もろもろ	もろもろ	×	諸	方便	128①	和疊語名	112②			
諸	もろもろ	もろへの	諸	神力	1103③	和疊語名	1122②		一の[西右]	もろもろの[妙]
もろへ	もろもろ	×	諸	嘱累	1106②	和疊語名	1125①			もろもろ[妙]
諸	もろもろ	×	諸	嘱累	1107④	和疊語名	1126②			もろもろ[妙]
もろへ	もろもろ	×	諸	嘱累	1109⑥	和疊語名	1128④			もろもろ[妙]
もろへ	もろもろ	×	諸	嘱累	1112②	和疊語名	1130⑥			もろもろ[妙]
もろへ	もろもろ	×	諸	藥王	1117③	和疊語名	1135⑤			もろもろ[妙]
諸	もろもろ	もろへ	諸	藥王	1118③	和疊語名	1136④		一の[西右]	もろもろ[妙]
諸	もろもろ	もろへ	諸	藥王	1119②	和疊語名	1137③		一の[西右]	もろもろ[妙]
もろへ	もろもろ	×	諸	藥王	1119③	和疊語名	1137⑤			もろもろ[妙]
もろへ	もろもろ	×	諸	藥王	1122⑥	和疊語名	1141②			もろもろ[妙]
諸	もろもろ	もろへの	諸	藥王	1123②	和疊語名	1141③			もろもろ[妙]
諸	もろもろ	もろへの	諸	藥王	1123⑤	和疊語名	1142①			もろもろ[妙]
諸々	もろもろ	×	諸	藥王	1125①	和疊語名	1143③			もろもろ[妙]
もろへ	もろもろ	×	諸	藥王	1125⑤	和疊語名	1144①			もろもろ[妙]
諸	もろもろ	もろへ	諸	藥王	1126①	和疊語名	1144②			もろもろ[妙]
もろへ	もろもろ	×	諸	藥王	1132①	和疊語名	1150③			もろもろ[妙]
もろへ	もろもろ	×	諸	藥王	1132③	和疊語名	1150⑤			もろもろ[妙]
諸	もろもろ	×	諸	藥王	1134①	和疊語名	1153①			もろもろ[妙]
もろへ	もろもろ	×	諸	藥王	1134⑥	和疊語名	1153③			もろもろ[妙]
もろへ	もろもろ	×	諸	藥王	1135⑤	和疊語名	1154①			もろもろ[妙]
諸	もろもろ	もろへ	諸	藥王	1137③	和疊語名	1155⑤			もろもろ[妙]
もろへ	もろもろ	×	諸	藥王	1141⑤	和疊語名	1159⑥			もろもろ[妙]
もろへ	もろもろ	×	諸	藥王	1143②	和疊語名	1161②			もろもろ[妙]
もろへ	もろもろ	×	諸	藥王	1144④	和疊語名	1162④			もろもろ[妙]
諸	もろもろ	もろへ	諸	藥王	1145①	和疊語名	1163②			もろもろ[妙]
諸	もろもろ	もろへ	諸	藥王	1145③	和疊語名	1163④		衆経ィ[西右]	もろもろ[妙]
諸	もろもろ	×	諸	藥王	1147③	和疊語名	1165④			もろもろ[妙]
もろへ	もろもろ	×	諸	藥王	1148②	和疊語名	1166③			もろもろ[妙]
もろへ	もろもろ	×	諸	藥王	1149①	和疊語名	1167②			もろもろ[妙]
もろへ	もろもろ	×	諸	藥王	1149④	和疊語名	1167⑥			もろもろ[妙]
もろもろ	もろもろ	×	諸	方便	134①	和疊語名	117②			
もろへ	もろもろ	×	諸	藥王	1157③	和疊語名	1175①			もろもろ[妙]
もろへ	もろもろ	×	諸	藥王	1158④	和疊語名	1176①			もろもろ[妙]
もろへ	もろもろ	×	諸	藥王	1160④	和疊語名	1177⑥			もろもろ[妙]
もろへ	もろもろ	×	諸	藥王	1162⑤	和疊語名	1179⑤			もろもろ[妙]
もろへ	もろもろ	×	諸	妙音	1167⑤	和疊語名	1184①			もろもろ[妙]
もろへ	もろもろ	×	諸	妙音	1171③	和疊語名	1187②			もろもろ[妙]
諸	もろもろ	もろへ	諸	妙音	1179②	和疊語名	1194②			もろもろ[妙]
もろへ	もろもろ	×	諸	妙音	1180⑥	和疊語名	1195③			もろもろ[妙]
もろへ	もろもろ	×	諸	妙音	1183③	和疊語名	1198②			もろもろ[妙]
もろへ	もろもろ	×	諸	妙音	1189⑥	和疊語名	1204②			もろもろ[妙]
諸	もろもろ	×	諸	妙音	1190⑤	和疊語名	1205①			もろもろ[妙]
もろへ	もろもろ	×	諸	妙音	1192④	和疊語名	1206⑤			もろもろ[妙]
もろへ	もろもろ	×	諸	妙音	1193②	和疊語名	1207②			もろもろ[妙]
もろへ	もろもろ	×	諸	妙音	1193⑤	和疊語名	1207⑤			もろもろ[妙]
もろへ	もろもろ	×	諸	妙音	1199⑤	和疊語名	1213④			もろもろ[妙]
もろへ	もろもろ	×	諸	觀世	1209②	和疊語名	1222③			もろもろ[妙]
もろへ	もろもろ	×	諸	觀世	1211④	和疊語名	1224⑤			もろもろ[妙]
もろへ	もろもろ	×	諸	觀世	1213①	和疊語名	1226②			もろもろ[妙]
もろへ	もろもろ	×	諸	觀世	1214③	和疊語名	1227⑤			もろもろ[妙]
もろへ	もろもろ	×	諸	觀世	1214⑤	和疊語名	1228①			もろもろ[妙]
諸々	もろもろ	×	諸	觀世	1215⑤	和疊語名	1228⑥		諸[西右]	もろもろ[妙]
もろへ	もろもろ	×	諸	觀世	1230②	和疊語名	1243①			もろもろ[妙]
諸々	もろもろ	×	諸	觀世	1233⑤	和疊語名	1246③		諸[西右]	もろもろ[妙]
もろへ	もろもろ	×	諸	觀世	1235⑤	和疊語名	1248②			もろもろ[妙]
もろへ	もろもろ	×	諸	觀世	1237②	和疊語名	1249⑤			もろもろ[妙]
もろへ	もろもろ	×	諸	觀世	1239⑥	和疊語名	1252④			もろもろ[妙]
もろへ	もろもろ	×	諸	觀世	1240③	和疊語名	1252⑥			もろもろ[妙]
もろへ	もろもろ	×	諸	觀世	1243①	和疊語名	1255①			もろもろ[妙]
諸	もろもろ	もろへ	諸	觀世	1243⑤	和疊語名	1255⑤			もろもろ[妙]
諸々	もろもろ	×	諸	觀世	1244①	和疊語名	1256②			もろもろ[妙]
もろへ	もろもろ	×	諸	陀羅	1254⑥	和疊語名	1266⑤			もろもろ[妙]
諸	もろもろ	もろへ	諸	陀羅	1259③	和疊語名	1271①			もろもろ[妙]
諸	もろもろ	もろへ	諸	陀羅	1268④	和疊語名	1279④			もろもろ[妙]
諸	もろもろ	×	諸	陀羅	1269②	和疊語名	1280②			もろもろ[妙]
諸	もろもろ	もろへ	諸	陀羅	1269②	和疊語名	1280②			もろもろ[妙]

当該語	読みかな	傍訓	漢字表記	品名	頁数	語の種類	妙一本	和解語文	可読	異同語彙
もろ〳〵	もろもろ	×	諸	陀羅	1269③	和畳語名	1280③			もろもろ[妙]
もろ〳〵	もろもろ	×	諸	妙荘	1271⑥	和畳語名	1282⑤			もろもろ[妙]
もろ〳〵	もろもろ	×	諸	妙荘	1285①	和畳語名	1294⑤			もろもろ[妙]
もろ〳〵	もろもろ	×	諸	妙荘	1288⑥	和畳語名	1298②			もろもろ[妙]
諸	もろもろ	もろ〳〵	諸	妙荘	1294⑤	和畳語名	1303②			もろもろ[妙]
もろ〳〵	もろもろ	×	諸	妙荘	1303⑤	和畳語名	1310⑥			もろもろ[妙]
もろ〳〵	もろもろ	×	諸	妙荘	1304③	和畳語名	1311③			もろもろ[妙]
もろ〳〵	もろもろ	×	諸	妙荘	1304④	和畳語名	1311⑤			もろもろ[妙]
もろ〳〵	もろもろ	諸	諸	妙荘	1304⑥	和畳語名	1311⑥			もろもろ[妙]
諸	もろもろ	もろ〳〵	諸	普賢	1306③	和畳語名	1313②			もろもろ[妙]
もろ〳〵	もろもろ	×	諸	普賢	1306⑥	和畳語名	1313③			もろもろ[妙]
もろ〳〵	もろもろ	×	諸	普賢	1308④	和畳語名	1314⑥			もろもろ[妙]
もろ〳〵	もろもろ	×	諸	普賢	1309⑥	和畳語名	1316②			もろもろ[妙]
もろ〳〵	もろもろ	×	諸	普賢	1312④	和畳語名	1318④			もろもろ[妙]
もろ〳〵	もろもろ	×	諸	普賢	1322③	和畳語名	1327①			もろもろ[妙]
もろ〳〵	もろもろ	×	諸	普賢	1323①	和畳語名	1327⑤			もろもろ[妙]
もろ〳〵	もろもろ	×	諸	普賢	1330④	和畳語名	1334③			もろもろ[妙]
諸	もろもろ	×	諸	普賢	1332③	和畳語名	1336①			もろもろ[妙]
もろ〳〵	もろもろ	×	諸	普賢	1336③	和畳語名	1339①			もろもろ[妙]
もろ〳〵	もろもろ	×	諸	普賢	1337③	和畳語名	1340①			もろもろ[妙]
諸	もろもろ	×	諸	普賢	1337⑤	和畳語名	1340③			諸聲聞(しよしやうもん)[妙]
もろ〳〵	もろもろ	×	諸	普賢	1337⑥	和畳語名	1340④			もろもろ[妙]
聞	もん	×	聞	法師	645④	単漢名	658⑥			
聞	もん	×	聞	法師	651③	単漢名	665③			
聞	もん	×	聞	従地	847②	単漢名	869⑥			
聞	もん	×	聞	法功	1044③	単漢名	1063①			
問	もん	×	問	方便	107②	単漢名	93⑥	もん／とうこと[妙]		
問	もん	もん	問	安樂	779⑤	単漢名	800④	もん／とう[妙]		
門	もん	×	門	方便	87②	単漢名	76④	もん／かと[妙]		
門	もん	×	門	譬喩	224④	単漢名	193④	もん／かと[妙]		
門	もん	×	門	信解	357②	単漢名	341②			
門	もん	×	門	化城	496③	単漢名	499②	もん／かた{と}[妙]		
門	もん	もん	門	化城	534③	単漢名	540①			
門	もん	×	門	法師	644⑥	単漢名	658②			
門	もん	×	門	見寶	680③	単漢名	697③			
門外	もんげ	もんけ	門外	譬喩	279⑥	漢名	251③	もんぐわい[妙]	一の[西右]	
門外	もんげ	もんげ／かとのほか	門外	譬喩	245⑤	漢名	215③	もんくゑ／かとのほか[妙]		
門外	もんげ	もんけ	門外	譬喩	283②	漢名	254⑤	もんくわい／かとのほか[妙]		
門外	もんげ	もんくゑ・一のほか	門外	信解	363①	漢名	348⑥	もんくゑ／かとのほか[妙]		
聞持陀羅尼門	もんじだらにもん	もんぢだらにもん	聞持陀羅尼門	分別	922④	仏名	941④			
文殊	もんじゅ	×	文殊	序品	42⑤	仏名	36⑥			
文殊	もんじゅ	×	文殊	序品	44④	仏名	38④			
文殊師利	もんじゅしり	一し一	文殊師利	序品	23⑥	仏梵語名	20②			
文殊師利	もんじゅしり	×	文殊師利	序品	22⑤	仏梵語名	19①			
文殊師利	もんじゅしり	×	文殊師利	序品	28④	仏梵語名	24③			
文殊師利	もんじゅしり	×	文殊師利	序品	31②	仏梵語名	26⑤			
文殊師利	もんじゅしり	×	文殊師利	序品	39⑤	仏梵語名	34②			
文殊師利	もんじゅしり	×	文殊師利	序品	41②	仏梵語名	35④			
文殊師利	もんじゅしり	×	文殊師利	序品	45①	仏梵語名	38⑥			
文殊師利	もんじゅしり	×	文殊師利	序品	65⑤	仏梵語名	57③			
文殊師利	もんじゅしり	×	文殊師利	提婆	721①	仏梵語名	739②			
文殊師利	もんじゅしり	×	文殊師利	提婆	721③	仏梵語名	739③			
文殊師利	もんじゅしり	×	文殊師利	提婆	722⑤	仏梵語名	740⑥			
文殊師利	もんじゅしり	×	文殊師利	提婆	723②	仏梵語名	741②			
文殊師利	もんじゅしり	×	文殊師利	提婆	724①	仏梵語名	742③			
文殊師利	もんじゅしり	×	文殊師利	提婆	724⑤	仏梵語名	743①			
文殊師利	もんじゅしり	×	文殊師利	提婆	726②	仏梵語名	744③			
文殊師利	もんじゅしり	×	文殊師利	提婆	726③	仏梵語名	744④			
文殊師利	もんじゅしり	×	文殊師利	提婆	727①	仏梵語名	745②			
文殊師利	もんじゅしり	×	文殊師利	安樂	760③	仏梵語名	780①			
文殊師利	もんじゅしり	×	文殊師利	安樂	761②	仏梵語名	780⑥			

当該語	読みかな	傍訓	漢字表記	品名	頁数	語の種類	妙一本	和解語文	可読	異同語彙
文殊師利	もんじゆしり	×	文殊師利	安樂	764⑥	仏梵語名	784④			
文殊師利	もんじゆしり	×	文殊師利	安樂	767①	仏梵語名	787①			
文殊師利	もんじゆしり	×	文殊師利	安樂	776②	仏梵語名	796⑥			
文殊師利	もんじゆしり	×	文殊師利	安樂	776⑤	仏梵語名	797③			
文殊師利	もんじゆしり	×	文殊師利	安樂	787②	仏梵語名	808⑤			
文殊師利	もんじゆしり	×	文殊師利	安樂	793③	仏梵語名	814⑥			
文殊師利	もんじゆしり	×	文殊師利	安樂	795④	仏梵語名	817①			
文殊師利	もんじゆしり	×	文殊師利	安樂	796①	仏梵語名	817⑤			
文殊師利	もんじゆしり	×	文殊師利	安樂	798③	仏梵語名	820①			
文殊師利	もんじゆしり	×	文殊師利	安樂	800②	仏梵語名	822①			
文殊師利	もんじゆしり	×	文殊師利	安樂	802④	仏梵語名	824③			
文殊師利	もんじゆしり	×	文殊師利	安樂	803③	仏梵語名	825③			
文殊師利	もんじゆしり	×	文殊師利	神力	1085②	仏梵語名	1103⑤			もんしゆしり[妙]
文殊師利	もんじゆしり	×	文殊師利	妙音	1175①	仏梵語名	1190④			もんしゆり[妙]
文殊師利	もんじゆしり	×	文殊師利	妙音	1176①	仏梵語名	1191④			もんしゆしり[妙]
文殊師利	もんじゆしり	×	文殊師利	妙音	1177⑥	仏梵語名	1193②			もんしゆしり[妙]
文殊師利	もんじゆしり	×	文殊師利	妙音	1185⑤	仏梵語名	1200③			もんしゆしり[妙]
文殊師利法王	もんじゆしりほうおう	もんじゆしりー	文殊師利法王	序品	20⑥	仏人名名	17③			
文殊師利法王子	もんじゆしりほうおうじ	×	文殊師利法王子	妙音	1178④	仏人名名	1193⑥			もんしゆしりほうわうし[妙]
文殊師利法王字	もんじゆしりほうおうじ	×	文殊師利法王字	妙音	1174①	仏人名名	1189⑤			もんしゆしりほうわうし[妙]
文殊師利法王子菩薩	もんじゆしりほうおうしぼさつ	×	文殊師利法王子菩薩	妙音	1170①	仏菩薩名	1186①			もんしゆしりほうわうしほさつ[妙]
文殊師利法王子菩薩	もんじゆしりほうおうしぼさつ	×	文殊師利法王子菩薩	妙音	1201②	仏菩薩名	1214⑥			もんしゆしりほうわうしほさつ[妙]
文殊師利法王子菩薩摩訶薩	もんじゆしりほうおうしぼさつまかさつ	もんじゆしりほうわうじぼさつまかさつ	文殊師利法王子菩薩摩訶薩	安樂	759③	仏菩薩名	779①			
文殊師利菩薩	もんじゆしりぼさつ	×	文殊師利菩薩	序品	8⑤	仏菩薩名	7①			
文殊師利菩薩摩訶薩	もんじゆしりぼさつまかさつ	×	文殊師利菩薩摩訶薩	安樂	783⑥	仏菩薩名	805①			
文殊師利菩薩摩訶薩	もんじゆしりぼさつまかさつ	×	文殊師利菩薩摩訶薩	安樂	791③	仏菩薩名	812⑥			
問訊し	もんじんし	もんじん	問訊	見寶	677⑥	漢サ動	694②	もんしん／とい[妙]	もんじんせしめ奉り給ふ[西右訓]	
問訊し	もんじんし	もんじん	問訊	從地	827⑥	漢サ動	850①	もんじん・し／とう[妙]		
問訊し	もんじんし	もんしん	問訊	從地	833④	漢サ動	856③	もんしん・し／い[妙]		
問訊し	もんじんし	もんじん	問訊	如來	903④	漢サ動	922④	もんしん・し／うて[妙]		
問訊し	もんじんし	もんじん	問訊	妙音	1182①	漢サ動	1196⑥	もんしん・し／う[妙]	一すらく[西右]	
問訊し	もんじんし	×	問訊	妙音	1184①	漢サ動	1198⑤	もんしん・し／う[妙]		
問訊せ	もんじんせ	もんじん	問訊	安樂	764②	漢サ動	783⑥	もんじん・せ／ものをとう[妙]		
悶絶し	もんぜつし	もんぜつ／いきたへ	悶絶	信解	331④	漢サ動	309②			
聞知する	もんちする	もんち／きゝしる	聞知	序品	47①	漢サ動	40⑤	もんち・する／きゝしる[妙]		
聞知する	もんちする	きゝしること	聞知	囑累	1107③	漢サ動	1126①	もんち・する／きゝしる[妙]		
聞知する	もんちする	きゝしる	聞知	囑累	1108⑥	漢サ動	1127④	もんち・する／きゝしる[妙]		
問答	もんどう	もんたう	問答	從地	860⑥	漢名	883⑤	もんだう／とひこたうる[妙]		
問難	もんなん	もんなん／といこたふる也	問難	分別	959④	漢名	978②	もんなん／とわん[妙]		
問難する	もんなんする	×	問難	分別	966③	漢サ動	984⑤	もんなん・する／とへる[妙]		
文筆	もんひつ	もんひつ	文筆	安樂	762⑤	漢名	782③		一との[西右]	

当該語	読みかな	傍訓	漢字表記	品名	頁数	語の種類	妙一本	和解語文	可読	異同語彙
聞法し	もんほうし	もんほう	聞法	随喜	985①	漢サ動	1003②	もんほう・し／のりをきき[妙]	佛みたてまつり法をきゝて信受し教誨せられん[西右]	
聞法得果する	もんほうとくかする	もん―とくくは／法をきゝて果をうる	聞法得果	薬草	412①	漢四熟サ動	400①	もんほうとくくわ／のりをきゝくわをうる[妙]		
悶乱し	もんらんし	もんらん	悶亂	如來	900②	漢サ動	919③	もんらん・し／こころたへみたり[妙]		
夜闇	やあん	×	夜闇	見寶	688②	漢時間名	705⑥	やあん／やみのよ[妙]		
一やいなや	やいなや	×	不	譬喩	251②	和連語	221⑤			
やか	やか	×	焚	譬喩	244④	和動	214①			
やか	やか	×	燒	譬喩	244②	和動	213⑥			
やか	やか	×	燒	譬喩	260④	和動	232①			
やか	やか	×	燒	譬喩	294②	和動	266③			
やかる	やかる	×	燒	譬喩	258④	和動	229⑤			
やかれ	やかれ	×	燒	譬喩	242②	和動	211⑥			
やかれ	やかれ	×	燒所	譬喩	278⑥	和動	250④			
野干	やかん	やかん／こきつね	野干	譬喩	272③	漢獣類名	243④	やかん／きつね[妙]		
野干	やかん	やかん	野干	譬喩	278③	漢獣類名	250①	やかん／きつね[妙]		
野干	やかん	やかん	野干	譬喩	281③	漢獣類名	252⑥	やかん／きつね[妙]		
野干	やかん	やかん	野干	譬喩	303③	漢獣類名	275④	やかん／きつね[妙]		
野干	やかん	やかん	野干	譬喩	304⑥	漢獣類名	277①	やかん／きつね[妙]		
やき	やき	×	燒	藥王	1134②	和動	1152④			
やき	やき	×	燒	藥王	1138②	和動	1156③		たい[西右]	やき[妙]
やく	やく	×	燒	譬喩	242④	和動	212①			
やく	やく	×	燒	如來	915②	和動	934①			やか[妙]
やく	やく	×	燒	藥王	1156⑥	和動	1174④			
やく	やく	×	燒	觀世	1210①	和動	1223②			
藥王	やくおう	×	藥王	法師	621③	仏菩薩名	632①			薬王(やくわう)[妙]
藥王	やくおう	×	藥王	法師	622⑤	仏菩薩名	633③			薬王(やくわう)[妙]
藥王	やくおう	×	藥王	法師	623⑥	仏菩薩名	634⑥			薬王(やくわう)[妙]
藥王	やくおう	×	藥王	法師	624④	仏菩薩名	635③			薬王(やくわう)[妙]
藥王	やくおう	×	藥王	法師	626⑤	仏菩薩名	637⑥			薬王(やくわう)[妙]
藥王	やくおう	×	藥王	法師	628①	仏菩薩名	639③			薬王(やくわう)[妙]
藥王	やくおう	×	藥王	法師	628⑥	仏菩薩名	640②			薬王(やくわう)[妙]
藥王	やくおう	×	藥王	法師	636⑤	仏菩薩名	648⑥			薬王(やくわう)[妙]
藥王	やくおう	×	藥王	法師	637⑤	仏菩薩名	650①			薬王(やくわう)[妙]
藥王	やくおう	×	藥王	法師	638⑤	仏菩薩名	651①			薬王(やくわう)[妙]
藥王	やくおう	×	藥王	法師	639⑥	仏菩薩名	652③			薬王(やくわう)[妙]
藥王	やくおう	×	藥王	法師	641③	仏菩薩名	653⑥			薬王(やくわう)[妙]
藥王	やくおう	×	藥王	法師	642⑥	仏菩薩名	655⑤			薬王(やくわう)[妙]
藥王	やくおう	×	藥王	法師	645③	仏菩薩名	658⑤			薬王(やくわう)[妙]
藥王	やくおう	×	藥王	法師	646①	仏菩薩名	659④			薬王(やくわう)[妙]
藥王	やくおう	×	藥王	法師	647⑤	仏菩薩名	661③			薬王(やくわう)[妙]

当該語	読みかな	傍訓	漢字表記	品名	頁数	語の種類	妙一本	和解語文	可読	異同語彙
藥王	やくおう	×	藥王	法師	650⑥	仏菩薩名	664⑤			薬王(やくわう)[妙]
藥王	やくおう	×	藥王	陀羅	1249①	仏菩薩名	1261②			薬王(やくわう)[妙]
藥王	やくおう	×	藥王	陀羅	1254④	仏菩薩名	1266③			薬王(やくわう)[妙]
藥王	やくおう	×	藥王	妙荘	1304②	仏菩薩名	1311②			薬王(やくわう)[妙]
藥王菩薩	やくおうぼさつ	やくわう―	藥王菩薩	序品	9①	仏菩薩名	7③			薬王菩薩(やくわうほさつ)[妙]
藥王菩薩	やくおうぼさつ	×	藥王菩薩	法師	621②	仏菩薩名	631⑥			薬王菩薩(やくわうほさつ)[妙]
藥王菩薩	やくおうぼさつ	×	藥王菩薩	藥王	1114⑤	仏菩薩名	1133②			薬王菩薩(やくわうほさつ)[妙]
藥王菩薩	やくおうぼさつ	×	藥王菩薩	藥王	1114⑥	仏菩薩名	1133③		――――は[西右]	薬王菩薩(やくわうほさつ)[妙]
藥王菩薩	やくおうぼさつ	やくわう――	藥王菩薩	藥王	1140④	仏菩薩名	1158⑤			薬王菩薩(やくわうほさつ)[妙]
藥王菩薩	やくおうぼさつ	×	藥王菩薩	妙音	1170②	仏菩薩名	1186①			薬王菩薩(やくわうほさつ)[妙]
藥王菩薩	やくおうぼさつ	×	藥王菩薩	妙音	1201③	仏菩薩名	1215①			薬王菩薩(やくわうほさつ)[妙]
藥王菩薩	やくおうぼさつ	×	藥王菩薩	陀羅	1247⑥	仏菩薩名	1260①			薬王菩薩(やくわうほさつ)[妙]
藥王菩薩	やくおうぼさつ	×	藥王菩薩	陀羅	1250③	仏菩薩名	1262④			薬王菩薩(やくわうほさつ)[妙]
藥王菩薩	やくおうぼさつ	×	藥王菩薩	陀羅	1254③	仏菩薩名	1266④			薬王菩薩(やくわうほさつ)[妙]
藥王菩薩	やくおうぼさつ	×	藥王菩薩	妙荘	1304①	仏菩薩名	1311②			薬王菩薩(やくわうほさつ)[妙]
藥王菩薩本事品	やくおうぼさつほんじぼん	やく―――ほんじほん	藥王菩薩本事品	藥王	1153②	仏品名名	1171②			薬王菩薩本事品(やくわうほさつほんしほん)[妙]
藥王菩薩本事品	やくおうぼさつほんじぼん	×	藥王菩薩本事品	藥王	1153④	仏品名名	1171④			薬王菩薩本事品(やくわうほさつほんしほん)[妙]
藥王菩薩本事品	やくおうぼさつほんじぼん	×	藥王菩薩本事品	藥王	1159②	仏品名名	1176⑤			薬王菩薩本事品(やくわうほさつほんしほん)[妙]
藥王菩薩本事品	やくおうぼさつほんじぼん	×	藥王菩薩本事品	藥王	1160①	仏品名名	1177③			薬王菩薩本事品(やくわうほさつほんしほん)[妙]
藥王菩薩本事品	やくおうぼさつほんじぼん	×	藥王菩薩本事品	藥王	1163④	仏品名名	1180④	やくわうほさつほんしほん/―――もとのこと[妙]		薬王菩薩本事品(やくわうほさつほんしほん)[妙]
藥王菩薩摩訶薩	やくおうぼさつまかさつ	やくわう――まかさつ	藥王菩薩摩訶薩	勧持	737⑤	仏菩薩名	756③			薬王菩薩摩訶薩(やくわうほさつまかさつ)[妙]
藥王菩薩摩訶薩	やくおうぼさつまかさつ	×	藥王菩薩摩訶薩	法師	637②	仏仏名名	649④			薬王菩薩摩訶薩(やくわうほさつまかさつ)[妙]
藥上菩薩	やくしょうぼさつ	×	藥上菩薩	妙音	1170③	仏菩薩名	1186③			薬上菩薩(やくわうほさつ)[妙]
藥上菩薩	やくしょうぼさつ	×	藥上菩薩	妙荘	1304①	仏菩薩名	1311②			薬上菩薩(やくしやうほさつ)[[妙]
藥上菩薩	やくしょうぼさつ	×	藥上菩薩	妙荘	1304②	仏菩薩名	1311③			薬上菩薩(やくしやうほさつ)[妙]
藥草	やくそう	やくさう	藥草	藥草	388⑥	漢薬物名	374②	やくさう/くすりのくさ[妙]		
藥草	やくそう	やくさう	藥草	藥草	389④	漢薬物名	374⑥	やくさう/くすりのくさ[妙]		
藥草	やくそう	やくそう	藥草	藥草	394⑤	漢薬物名	380⑤	やくさう/くすりのくさ[妙]	―と[西右]	
藥草	やくそう	やくそう	藥草	藥草	397③	漢薬物名	383④	やくさう/くすりのくさ[妙]		
藥草	やくそう	×	藥草	藥草	401⑥	漢薬物名	388③	やくさう/くすりのくさ[妙]		
藥草	やくそう	×	藥草	藥草	408①	漢薬物名	395④	やくさう/くすりのくさ[妙]		

当該語	読みかな	傍訓	漢字表記	品名	頁数	語の種類	妙一本	和解語文	可読	異同語彙
藥草	やくそう	やくさう	藥草	藥草	408④	漢薬物名	396①	やくさう／くすりのくさ[妙]		
藥草	やくそう	×	藥草	藥草	408⑥	漢薬物名	396④	やくさう／くすりのくさ[妙]		
藥草	やくそう	×	藥草	藥草	412①	漢薬物名	400①	やくさう／くすりのくさ[妙]		
藥草	やくそう	やくさう	藥草	如來	901⑥	漢薬物名	920⑥	やくさう／くすりのくさ[妙]		
藥發	やくほつ	やくほつ・くすり	藥發	如來	900②	漢薬物名	919②	やくほつ／くすりおこり[妙]	一し[西右]	
藥木	やくもく	×	藥木	藥草	402②	漢薬物名	388⑥	やくもく／くすりのき[妙]		
やけ	やけ	×	燒	見寶	694⑤	和動	713③			
やけつき	やけつき	×	燒盡	如來	916⑥	和複動	935②			
野牛	やご	やご	野牛	法功	1019①	漢獣類名	1037⑤	やこ／のうし[妙]	一と[西右]	
やしなふ	やしなう	×	畜	普賢	1330⑤	和動	1334④			
夜叉	やしゃ	やしや	夜叉	序品	16④	仏鬼神名	13③			
夜叉	やしゃ	やしや	夜叉	序品	55③	仏鬼神名	48②	やしや／をに[妙]		
夜叉	やしゃ	やしや	夜叉	譬喩	230⑤	仏鬼神名	199⑥	やしや／おに[妙]		
夜叉	やしゃ	やしや	夜叉	譬喩	273③	仏鬼神名	244③	やしや／さとのかみ[妙]		
夜叉	やしゃ	やしや	夜叉	譬喩	273④	仏鬼神名	244⑥	やしや／おに[妙]		
夜叉	やしゃ	やしや	夜叉	譬喩	276①	仏鬼神名	247④			
夜叉	やしゃ	やしや	夜叉	譬喩	281②	仏鬼神名	252⑤			
夜叉	やしゃ	×	夜叉	法師	621④	仏鬼神名	632②		一と[西右]	
夜叉	やしゃ	×	夜叉	法師	655③	仏鬼神名	669⑤			
夜叉	やしゃ	×	夜叉	見寶	658③	仏鬼神名	672⑤			
夜叉	やしゃ	やしや	夜叉	法功	1028②	仏鬼神名	1047③		一と[西右]	
夜叉	やしゃ	やしや	夜叉	法功	1032③	仏鬼神名	1051②		一と[西右]	
夜叉	やしゃ	やしや	夜叉	法功	1033⑤	仏鬼神名	1052⑤		一と[西右]	
夜叉	やしゃ	やしや	夜叉	法功	1045①	仏鬼神名	1063④			
夜叉	やしゃ	×	夜叉	神力	1085⑤	仏鬼神名	1104②			やしや[妙]
夜叉	やしゃ	×	夜叉	神力	1088②	仏鬼神名	1106④			やしや[妙]
夜叉	やしゃ	×	夜叉	藥王	1115③	仏鬼神名	1133⑥			やしや[妙]
夜叉	やしゃ	やしや	夜叉	藥王	1135⑥	仏鬼神名	1154②			やしや[妙]
夜叉	やしゃ	やしや	夜叉	藥王	1160⑤	仏鬼神名	1178①		一と[西右]	やしや[妙]
夜叉	やしゃ	×	夜叉	妙音	1192①	仏鬼神名	1206②			やしや[妙]
夜叉	やしゃ	やしや	夜叉	觀世	1212⑤	仏鬼神名	1225⑥			
夜叉	やしゃ	やしや	夜叉	觀世	1229①	仏鬼神名	1241⑥	やしや／おに[妙]		
夜叉	やしゃ	×	夜叉	觀世	1233②	仏鬼神名	1245⑤			やしや[妙]
夜叉	やしゃ	やしや	夜叉	陀羅	1255⑤	仏鬼神名	1267④			やしや[妙]
夜叉	やしゃ	やしや	夜叉	陀羅	1265④	仏鬼神名	1276⑤			やしや[妙]
夜叉	やしゃ	×	夜叉	普賢	1306⑥	仏鬼神名	1313⑤			やしや[妙]
夜叉	やしゃ	×	夜叉	普賢	1312①	仏鬼神名	1318②			やしや[妙]
夜叉吉蔗	やしゃきっしゃ	やしやきつしや	夜叉吉蔗	陀羅	1266②	仏名	1277②			やしやきつしや[妙]
夜叉衆	やしゃしゅ	やしやしゅ	夜叉衆	序品	70②	仏人倫名	61③			
夜叉衆	やしゃしゅ	やしや—	夜叉衆	譬喩	214③	仏人倫名	182②			
夜叉聲	やしゃしょう	やしや—	夜叉聲	法功	999⑥	仏名	1018②	やしやしやう／おにのこゑ[妙]		
夜叉女	やしゃにょ	——によ	夜叉女	法功	1028⑤	仏人倫名	1047③		一と[西右]	
やすから	やすから	×	易	信解	328④	和形	305③			
やすから	やすから	×	易	授記	425④	和形	415④		一くせんと[西右]	
やすき	やすき	×	安	譬喩	289③	和形	261④			
やすし	やすし	×	安	妙音	1182③	和形	1197④			
やすし	やすし	×	易	從地	828②	和形	850③			
やすし	やすし	×	易	從地	829②	和形	851③			
やすし	やすし	×	易	從地	830①	和形	852③			
やすし	やすし	×	易	從地	831⑤	和形	854④		一ごかりけり[西右]	
やすみ	やすみ	×	安	化城	529③	和動	534⑥		いこひィ[西右]	
やすみ	やすみ	×	安	化城	549①	和動	556①			
やすみ	やすみ	×	息	化城	543⑥	和動	551⑥			
やすめ	やすめ	×	息	化城	547③	和動	553⑤		いこへ[西右]	
やすめ	やすめ	×	息	化城	549①	和動	555⑥			
やすらか	やすらか	×	安	譬喩	215④	和形動	183⑥			
やすらか	やすらか	×	安	勸持	746⑥	和形動	765⑤			

当該語	読みかな	傍訓	漢字表記	品名	頁数	語の種類	妙一本	和解語文	可読	異同語彙
やすらかに	やすらかに	×	安	信解	338③	和形動	317④		一くすべし[西右]	
八王子	やたんのおうじ	やたんのわうじ	八王子	序品	51④	仏人倫数名	44⑤			
八王子	やたんのおうじ	やたんのわうじ	八王子	序品	52③	仏人倫数名	45④			
八王子	やたんのおうじ	やたんのわうじ	八王子	序品	67①	仏人倫数名	58⑤			
八王子	やたんのおうじ	やたんのわうじ	八王子	序品	80②	仏人倫数名	70③			
八龍王	やたんのりうわう	一りうわう	八龍王	序品	11①	仏龍族数名	8⑥		やたんの――[西右]	
やとふ	やとう	×	雇	信解	334⑥	和動	313②			
やぶら	やぶら	×	壊	法功	1001②	和動	1019⑥			
やふら	やぶら	×	壊	法功	1004④	和動	1023①		ゑせじィ[西右]	
やふら	やぶら	×	壊	法功	1007⑥	和動	1026②		ゑせずして[西右]	
やふら	やぶら	×	壊	法功	1014③	和動	1032⑥		ゑせず[西右]	
やふら	やぶら	×	中	如來	904⑤	和動	923⑤		あてらるゝことをかうふて[西右]	
やふり	やぶり	×	破	序品	34①	和動	29③			
やぶり	やぶり	×	破	藥王	1157④	和動	1175②			やふり[妙]
やぶる	やぶる	×	破	安樂	801⑤	和動	823④			
やぶる	やぶる	×	破	藥王	1162⑤	和動	1179⑤			やふる[妙]
やぶれ	やぶれ	×	毀	如來	916②	和動	935②			
やま	やま	×	山	序品	32③	和地儀名	27⑤			
やま	やま	×	山	法功	1017⑥	和地儀名	1036④			
やま	やま	×	山	藥王	1143⑤	和地儀名	1161⑤	しゆせん／もろ〳〵のやま[妙]	衆山[妙]	
やま	やま	×	息	譬喩	289⑥	和動	262①			
やま	やま	×	已	譬喩	282①	和動	253④			
やま	やま	×	已	法師	643③	和動	656②			
やま	やま	×	廢	如來	894④	和動	913④			
やま	やま	×	止	如來	882⑤	和動	901⑤			
やまひ	やまい	×	患	随喜	990④	和転成名	1009①			
やまひ	やまい	×	疾	信解	340⑤	和転成名	320③			
やまひ	やまい	×	病	譬喩	307④	和転成名	279⑥			
やまひ	やまい	×	病	譬喩	307④	和転成名	280①			
やまひ	やまい	×	病	譬喩	307⑥	和転成名	280②			
やまひ	やまい	×	病	譬喩	310②	和転成名	283②			
やまひ	やまい	×	病	如來	903②	和転成名	922②			
やまひ	やまい	×	病	如來	903④	和転成名	922④			
やまひ	やまい	×	病	随喜	982④	和転成名	1000①			
やまひ	やまい	×	病	随喜	982⑤	和転成名	1000⑥			
やまひ	やまい	×	病	藥王	1150④	和転成名	1168②			
やまひ	やまい	×	病	藥王	1161③	和転成名	1178④			
やまひ	やまい	×	病	藥王	1161④	和転成名	1178⑤			
やまひ	やまい	×	病	藥王	1161④	和転成名	1178⑥			
やまひ	やまい	×	病	普賢	1335③	和転成名	1338④			
やみ	やみ	×	止	方便	90⑥	和動	79⑤			
やみ	やみ	×	止	方便	111⑤	和動	97⑤			
やみ	やみ	×	止	方便	111⑤	和動	97⑤			
やみ	やみ	×	止	方便	115③	和動	100⑥			
やみ	やみ	×	止	方便	115③	和動	100⑥			
やみ	やみ	×	止	從地	818⑤	和動	841①			
闇	やみ	やみ・くらき	闇	藥王	1150②	単漢名	1168④			あん[妙]
耶輪陀羅	やゆだら	やしゆたら	耶輪陀羅	勧持	744②	仏人倫名	763⑤			
耶輪陀羅比丘尼	やゆだらびくに	やしゆたら―――	耶輪陀羅比丘尼	勧持	744②	仏人倫名	763③			
耶輪陀羅比丘尼	やゆだらびくに	やしゆたら―――	耶輪陀羅比丘尼	勧持	746①	仏人倫名	764⑥		一と[西右]	
鼬	ゆ	ゆ／いたち	鼬	譬喩	271⑥	漢獣類名	243①			
唯一	ゆいいつ	ゆい一／ただし	唯一	方便	158①	漢名	136④			唯一(ゆいいち)[妙]
惟付す	ゆいじゅんす	ゆいじゆん／はからひはかるに	惟付	序品	65②	漢サ動	57①		ゆいじゆんするに[西右]	

当該語	読みかな	傍訓	漢字表記	品名	頁数	語の種類	妙一本	和解語文	可読	異同語彙
惟忖する	ゆいじゅんする	ゆいじゅん	惟忖	序品	45③	漢サ動	39①	ゆいしゅん・する／おもひはかる[妙]	はからひはかる	
惟念す	ゆいねんす	ゆいねん／おもふ	惟念	信解	355⑥	漢サ動	339④	ゆいねん・す／おもひはからは[妙]		
誘因し	ゆういんし	ゆういん／こしらへ	誘因	譬喩	268③	漢サ動	239④			
誘引せ	ゆういんせ	ゆういん／こしらへひく	誘引	信解	333⑤	漢サ動	311⑥	ゆういん／こしらへひかん[妙]		
勇鋭し	ゆうえつし	ゆゑひ／いさみおこつて	勇鋭	譬喩	246④	漢サ動	216③	ゆえい／いさみとく[妙]		
誘進し	ゆうしんし	ゆうしん／こしらへすゝむ・めんと	誘進	譬喩	261③	漢サ動	232⑤	ゆしんし／こしらへすゝめ[妙]		
幽邃	ゆうすい	ゆうすい	幽邃	藥草	401⑤	漢名	388③	えうすい／はるかなるに[妙]		
勇猛	ゆうみょう	ゆふみやう	勇猛	五百	586③	漢名	592①		一なるイ[西右]	
勇猛	ゆうみょう	ゆみやう／いさむ	勇猛	見寶	698③	漢名	717②	ゆみやう／いさみたけき[妙]		
勇猛	ゆうみょう	ゆうみやう	勇猛	分別	959③	漢名	977⑥	ゆみやう／いさみたけく[妙]		
幽冥	ゆうみょう	ゆうみやう	幽冥	化城	463④	漢名	459⑤	えみやう／かすかにくらき[妙]		
勇猛精進し	ゆうみょうしょうじんし	ゆみやうしやうじん	勇猛精進	序品	32②	漢四熟サ動	27④	ゆみやうしやうしん・し／いさみたけくすゝみ[妙]		
勇猛精進し	ゆうみょうしょうじんし	ゆみやうしやうじん	勇猛精進	方便	88①	漢四熟サ動	77②	ゆみやうしやうしん・し／いさみたけくすゝみて[妙]		
誘喩す	ゆうゆす	ゆうゆ／こしらへさとす	誘喩	譬喩	243②	漢サ動	212⑥	ゆゆう／こしらう[妙]		
猶豫	ゆうよ	ゆよ／ふしきなるおもひ	猶豫	方便	108④	漢名	95③	ゆよ／ためらい[妙]		
ゆへ	ゆえ	×	所以	方便	87④	和形式名	76⑥			
ゆへ	ゆえ	×	所以	方便	89②	和形式名	78②			
ゆへ	ゆえ	×	所以	方便	91①	和形式名	79⑥			
ゆへ	ゆえ	×	所以	方便	112④	和形式名	98④			
ゆへ	ゆえ	×	所以	方便	120⑥	和形式名	106①			
ゆへ	ゆえ	×	所以	方便	124②	和形式名	108⑥			
ゆへ	ゆえ	×	所以	方便	125①	和形式名	109⑤			
ゆへ	ゆえ	×	所以	方便	138③	和形式名	120④			
ゆへ	ゆえ	×	所以	方便	139①	和形式名	121①			
ゆへ	ゆえ	×	所以	方便	145②	和形式名	126③			
ゆへ	ゆえ	×	所以	方便	186③	和形式名	159⑤			
ゆへ	ゆえ	×	所以	譬喩	205①	和形式名	172①			
ゆへ	ゆえ	×	所以	譬喩	249③	和形式名	219③			
ゆへ	ゆえ	×	所以	譬喩	250⑤	和形式名	220⑤			
ゆへ	ゆえ	×	所以	譬喩	258②	和形式名	229③			
ゆへ	ゆえ	×	所以	信解	320①	和形式名	295①			
ゆへ	ゆえ	×	所以	信解	332②	和形式名	310①			
ゆへ	ゆえ	×	所以	信解	338④	和形式名	317⑤			
ゆへ	ゆえ	×	所以	信解	341⑤	和形式名	321⑤			
ゆへ	ゆえ	×	所以	信解	349⑥	和形式名	332①			
ゆへ	ゆえ	×	所以	信解	350⑤	和形式名	333①			
ゆへ	ゆえ	×	所以	信解	369③	和形式名	355⑤			
ゆへ	ゆえ	×	所以	化城	512④	和形式名	517④			
ゆへ	ゆえ	×	所以	五百	590①	和形式名	596⑤			
ゆへ	ゆえ	×	所以	法師	630④	和形式名	641⑥			
ゆへ	ゆえ	×	所以	法師	640③	和形式名	653①			
ゆへ	ゆえ	×	所以	提婆	732④	和形式名	750⑤			
ゆへ	ゆえ	×	所以	勸持	740⑤	和形式名	759④			
ゆへ	ゆえ	×	所以	安樂	785③	和形式名	806⑤			
ゆへ	ゆえ	×	所以	安樂	795②	和形式名	816⑤			
ゆへ	ゆえ	×	所以	安樂	797⑥	和形式名	819③			
ゆへ	ゆえ	×	所以	從地	818④	和形式名	841②			
ゆへ	ゆえ	×	所以	從地	830②	和形式名	852④			
ゆへ	ゆえ	×	所以	如來	892⑤	和形式名	911⑤			
ゆへ	ゆえ	×	所以	如來	896①	和形式名	915①			
ゆへ	ゆえ	×	所以	如來	897④	和形式名	916④			
ゆへ	ゆえ	×	所以	如來	904①	和形式名	922⑥			

当該語	読みかな	傍訓	漢字表記	品名	頁数	語の種類	妙一本	和解語文	可読	異同語彙
ゆへ	ゆえ	×	所以	分別	952②	和形式名	971①			
ゆへ	ゆえ	×	所以	妙荘	1285⑤	和形式名	1295③			
ゆへ	ゆえ	×	所以	妙荘	1287④	和形式名	1297①			
ゆへ	ゆえ	×	故	序品	23⑥	和形式名	20②			
ゆへ	ゆえ	×	故	序品	43①	和形式名	37②			
ゆへ	ゆえ	×	故	方便	102⑤	和形式名	90①			
一ゆへ	ゆえ	×	故	方便	105⑥	和形式名	92⑤			
ゆへ	ゆえ	×	故	方便	108③	和形式名	94⑥			
ゆへ	ゆえ	×	故	方便	129⑤	和形式名	113⑤			
ゆへ	ゆえ	×	故	方便	131①	和形式名	114⑤			
ゆへ	ゆえ	×	故	方便	132④	和形式名	115⑥			
ゆへ	ゆえ	×	故	方便	133③	和形式名	116④			
ゆへ	ゆえ	×	故	方便	133④	和形式名	116⑤			
ゆへ	ゆえ	×	故	方便	133⑥	和形式名	117①			
ゆへ	ゆえ	×	故	方便	135①	和形式名	117⑥			
ゆへ	ゆえ	×	故	方便	145③	和形式名	126④			
ゆへ	ゆえ	×	故	方便	186③	和形式名	159⑥			
ゆへ	ゆえ	×	故	譬喩	206④	和形式名	173⑤			
ゆへ	ゆえ	×	故	譬喩	222⑤	和形式名	191⑤			
ゆへ	ゆえ	×	故	譬喩	223①	和形式名	192①			
ゆへ	ゆえ	×	故	譬喩	238②	和形式名	207④			
ゆへ	ゆえ	×	故	譬喩	297⑤	和形式名	270①			
一ゆへ	ゆえ	×	故	信解	358①	和形式名	342②			
ゆへ	ゆえ	×	故	藥草	395⑥	和形式名	381⑥			
ゆへ	ゆえ	×	故	藥草	398④	和形式名	385①			
ゆへ	ゆえ	×	故	化城	471①	和形式名	468⑤			
ゆへ	ゆえ	×	故	化城	518②	和形式名	523③			
ゆへ	ゆえ	×	故	法師	630⑥	和形式名	642③			
ゆへ	ゆえ	×	故	法師	644⑤	和形式名	657⑥			
ゆへ	ゆえ	×	故	見寶	686①	和形式名	703④			
ゆへ	ゆえ	×	故	見寶	690⑥	和形式名	708⑤			
ゆへ	ゆえ	×	故	提婆	716②	和形式名	734②			
ゆへ	ゆえ	×	故	勸持	742①	和形式名	760⑥			
ゆへ	ゆえ	×	故	常不	1063①	和形式名	1081⑤			
ゆへ	ゆえ	×	故	神力	1084⑤	和形式名	1103②			
ゆへ	ゆえ	×	故	神力	1097②	和形式名	1115⑤			
ゆへ	ゆえ	×	故	囑累	1107③	和形式名	1126①			
ゆへ	ゆえ	×	故	囑累	1109①	和形式名	1127⑤			
ゆへ	ゆえ	×	故	藥王	1161②	和形式名	1178③			
ゆへ	ゆえ	×	故	觀世	1210③	和形式名	1223④			
ゆへ	ゆえ	×	故	妙荘	1276④	和形式名	1286⑤			
ゆへ	ゆえ	×	故	妙荘	1286④	和形式名	1296①			
ゆへ	ゆえ	×	故	妙荘	1289②	和形式名	1298③			
ゆへに	ゆえに	×	故	序品	46④	和接	40②			
ゆへに	ゆえに	×	故	序品	64②	和接	56①			
ゆへに	ゆえに	×	故	序品	65②	和接	57①			
ゆへに	ゆえに	×	故	序品	82③	和接	72③			
ゆへに	ゆえに	×	故	方便	119①	和接	104③			
ゆへに	ゆえに	×	故	方便	125②	和接	109⑥			
ゆへに	ゆえに	×	故	方便	125⑤	和接	110②			
ゆへに	ゆえに	×	故	方便	126①	和接	110⑤			
ゆへに	ゆえに	×	故	方便	126③	和接	110⑥			
ゆへに	ゆえに	×	故	方便	126⑤	和接	111②			
ゆへに	ゆえに	×	故	方便	127②	和接	111④			
ゆへに	ゆえに	×	故	方便	127④	和接	111⑥			
ゆへに	ゆえに	×	故	方便	128④	和接	112⑤			
ゆへに	ゆえに	×	故	方便	134④	和接	117④			
ゆへに	ゆえに	×	故	方便	136②	和接	118⑥			
ゆへに	ゆえに	×	故	方便	141⑤	和接	123④			
ゆへに	ゆえに	×	故	方便	146①	和接	127①			
ゆへに	ゆえに	×	故	方便	147②	和接	128①			
ゆへに	ゆえに	×	故	方便	149①	和接	129④			
一ゆへに	ゆえに	×	故	方便	151③	和接	131③			
ゆへに	ゆえに	×	故	方便	153⑥	和接	133③			
ゆへに	ゆえに	×	故	方便	156①	和接	135①			
ゆへに	ゆえに	×	故	方便	163②	和接	140⑤			
ゆへに	ゆえに	×	故	方便	172③	和接	148③			
ゆへに	ゆえに	×	故	方便	173③	和接	149③			

当該語	読みかな	傍訓	漢字表記	品名	頁数	語の種類	妙一本	和解語文	可読	異同語彙
ゆへに	ゆえに	×	故	方便	173⑤	和接	149④			
ゆへに	ゆえに	×	故	方便	175①	和接	150⑤			
ゆへに	ゆえに	×	故	方便	177②	和接	152③			
ゆへに	ゆえに	×	故	方便	179⑤	和接	154④			
ゆへに	ゆえに	×	故	方便	182②	和接	156④			
ゆへに	ゆえに	×	故	方便	184②	和接	158①			
ゆへに	ゆえに	×	故	譬喩	217②	和接	185⑥			
ゆへに	ゆえに	×	故	譬喩	218⑥	和接	187④			
ゆへに	ゆえに	×	故	譬喩	219③	和接	188①			
ゆへに	ゆえに	×	故	譬喩	220①	和接	188⑥			
ゆへに	ゆえに	×	故	譬喩	222④	和接	191③			
ゆへに	ゆえに	×	故	譬喩	246④	和接	216③			
ゆへに	ゆえに	×	故	譬喩	252②	和接	222②			
ゆへに	ゆえに	×	故	譬喩	252⑥	和接	223②			
ゆへに	ゆえに	×	故	譬喩	255③	和接	226③			
ゆへに	ゆえに	×	故	譬喩	255④	和接	226⑤			
ゆへに	ゆえに	×	故	譬喩	265①	和接	236③			
ゆへに	ゆえに	×	故	譬喩	269③	和接	240④			
ゆへに	ゆえに	×	故	譬喩	270①	和接	241④			
ゆへに	ゆえに	×	故	譬喩	278①	和接	249⑥			
ゆへに	ゆえに	×	故	譬喩	285③	和接	257①			
ゆへに	ゆえに	×	故	譬喩	291①	和接	263②			
ゆへに	ゆえに	×	故	譬喩	295④	和接	267⑤			
ゆへに	ゆえに	×	故	譬喩	296③	和接	268④			
ゆへに	ゆえに	×	故	譬喩	296⑥	和接	269②			
ゆへに	ゆえに	×	故	譬喩	298④	和接	270⑥			
ゆへ	ゆえに	×	故	譬喩	300⑤	和接	273①			
ゆへに	ゆえに	×	故	譬喩	304①	和接	276③			
ゆへに	ゆえに	×	故	譬喩	304⑤	和接	277①			
ゆへに	ゆえに	×	故	譬喩	306②	和接	278④			
ゆへに	ゆえに	×	故	譬喩	309⑤	和接	282④			
ゆへに	ゆえに	×	故	譬喩	310⑥	和接	283⑥			
ゆへに	ゆえに	×	故	信解	337②	和接	316①			
ゆへに	ゆえに	×	故	信解	340①	和接	319⑤			
ゆへに	ゆえに	×	故	信解	346④	和接	328①			
ゆへに	ゆえに	×	故	信解	347⑥	和接	329④			
ゆへに	ゆえに	×	故	信解	352①	和接	334⑥			
ゆへに	ゆえに	×	故	信解	355④	和接	339①			
ゆへに	ゆえに	×	故	信解	371⑤	和接	358③			
ゆへに	ゆえに	×	故	藥草	392⑥	和接	378③		一と[西右]	
ゆへに	ゆえに	×	故	藥草	398①	和接	384③			
ゆへに	ゆえに	×	故	藥草	400②	和接	386⑤			
ゆへに	ゆえに	×	故	授記	423②	和接	412⑤			
ゆへに	ゆえに	×	故	授記	442④	和接	434⑥			
ゆへに	ゆえに	×	故	化城	448④	和接	442①			
ゆへに	ゆえに	×	故	化城	457⑤	和接	452⑥			
ゆへに	ゆえに	×	故	化城	460②	和接	455⑤			
ゆへに	ゆえに	×	故	化城	488③	和接	489④			
ゆへに	ゆえに	×	故	化城	497⑤	和接	500④			
ゆへに	ゆえに	×	故	化城	499①	和接	502②			
ゆへに	ゆえに	×	故	化城	504⑥	和接	509①			
ゆへに	ゆえに	×	故	化城	505④	和接	509⑤			
ゆへに	ゆえに	×	故	化城	508⑥	和接	513⑤			
ゆへに	ゆえに	×	故	化城	521⑥	和接	527①			
ゆへに	ゆえに	×	故	化城	528②	和接	533⑤			
ゆへに	ゆえに	×	故	化城	529②	和接	534⑥			
ゆへに	ゆえに	×	故	化城	540②	和接	545⑥			
ゆへに	ゆえに	×	故	化城	548②	和接	554⑥			
ゆへに	ゆえに	×	故	五百	568③	和接	572①			
ゆへに	ゆえに	×	故	五百	569⑥	和接	573⑥			
ゆへに	ゆえに	×	故	五百	574⑥	和接	579③			
ゆへに	ゆえに	×	故	五百	575②	和接	579⑤			
ゆへに	ゆえに	×	故	五百	591①	和接	598①			
ゆへに	ゆえに	×	故	五百	594⑤	和接	602③			
ゆへに	ゆえに	×	故	五百	599③	和接	608①			
ゆへに	ゆえに	×	故	授學	607⑥	和接	617①			
ゆへ	ゆえに	×	故	授學	610①	和接	619③			
ゆへに	ゆえに	×	故	法師	624③	和接	635③			

当該語	読みかな	傍訓	漢字表記	品名	頁数	語の種類	妙一本	和解語文	可読	異同語彙
ゆへに	ゆえに	×	故	法師	625①	和接	636①			
ゆへに	ゆえに	×	故	法師	627①	和接	638②			
ゆへに	ゆえに	×	故	法師	632⑤	和接	644④			
ゆへに	ゆえに	×	故	法師	635⑥	和接	648①			
ゆへに	ゆえに	×	故	法師	652⑥	和接	666⑥			
ゆへに	ゆえに	×	故	法師	655⑥	和接	670②			
ゆへに	ゆえに	×	故	見寶	662④	和接	677②			
ゆへに	ゆえに	×	故	見寶	664②	和接	679①			
ゆへに	ゆえに	×	故	見寶	664④	和接	679③			
ゆへに	ゆえに	×	故	見寶	665③	和接	680②			
ゆへに	ゆえに	×	故	見寶	672③	和接	687⑥			
ゆへに	ゆえに	×	故	見寶	674⑤	和接	690③			
ゆへに	ゆえに	×	故	見寶	681③	和接	698③			
ゆへに	ゆえに	×	故	見寶	687②	和接	704⑥			
ゆへに	ゆえに	×	故	提婆	709⑤	和接	726⑥			
ゆへに	ゆえに	×	故	提婆	711⑤	和接	729①			
ゆへに	ゆえに	×	故	提婆	712②	和接	729⑥			
一ゆへに	ゆえに	×	故	提婆	714①	和接	731⑥			
ゆへに	ゆえに	×	故	提婆	715④	和接	733③			
ゆへに	ゆえに	×	故	提婆	729⑥	和接	748①			
ゆへに	ゆえに	×	故	勸持	741②	和接	760①			
ゆへに	ゆえに	×	故	勸持	752④	和接	772②			
ゆへに	ゆえに	×	故	勸持	753④	和接	773③			
ゆへに	ゆえに	×	故	勸持	754①	和接	773④			
ゆへに	ゆえに	×	故	勸持	754②	和接	773⑥			
ゆへに	ゆえに	×	故	勸持	754⑥	和接	774④			
ゆへに	ゆえに	×	故	勸持	757④	和接	777②			
ゆへに	ゆえに	×	故	安樂	759⑥	和接	779④			
ゆへに	ゆえに	×	故	安樂	768②	和接	788②			
ゆへに	ゆえに	×	故	安樂	778①	和接	798⑥			
ゆへに	ゆえに	×	故	安樂	783①	和接	804②			
ゆへに	ゆえに	×	故	安樂	785④	和接	806⑥		一と[西右]	
ゆへに	ゆえに	×	故	安樂	786⑥	和接	808⑤			
ゆへに	ゆえに	×	故	安樂	790③	和接	811⑥			
ゆへに	ゆえに	×	故	安樂	794③	和接	815⑥			
ゆへに	ゆえに	×	故	安樂	794⑥	和接	816③			
ゆへに	ゆえに	×	故	安樂	795④	和接	817①			
ゆへに	ゆえに	×	故	從地	826①	和接	848③			
ゆへに	ゆえに	×	故	從地	826③	和接	848⑤			
ゆへに	ゆえに	×	故	從地	853③	和接	876①			
ゆへに	ゆえに	×	故	從地	860③	和接	883②			
ゆへに	ゆえに	×	故	從地	868②	和接	891⑤			
ゆへに	ゆえに	×	故	如來	894①	和接	913①			
ゆへに	ゆえに	×	故	如來	897②	和接	916②			
ゆへに	ゆえに	×	故	如來	897⑥	和接	917①			
ゆへに	ゆえに	×	故	如來	898⑥	和接	917⑥			
ゆへに	ゆえに	×	故	如來	904②	和接	923②			
ゆへに	ゆえに	×	故	如來	909⑤	和接	928④			
ゆへに	ゆえに	×	故	如來	911③	和接	930②			
ゆへに	ゆえに	×	故	如來	913③	和接	932②			
一ゆへに	ゆえに	×	故	如來	914②	和接	933②			
ゆへ	ゆえに	×	故	如來	919①	和接	938①			
ゆへに	ゆえに	×	故	如來	919⑥	和接	938⑥			
ゆへに	ゆえに	×	故	分別	937⑥	和接	956②			
ゆへに	ゆえに	×	故	分別	943②	和接	961⑤			
ゆへに	ゆえに	×	故	分別	955⑤	和接	974③			
ゆへに	ゆえに	×	故	隨喜	979⑤	和接	997⑥			
ゆへに	ゆえに	×	故	法功	996⑥	和接	1015④			
ゆへに	ゆえに	×	故	法功	1007⑥	和接	1026③			
ゆへに	ゆえに	×	故	法功	1019⑤	和接	1038③			
ゆへに	ゆえに	×	故	法功	1020②	和接	1038⑥			
ゆへに	ゆえに	×	故	法功	1029①	和接	1047⑥			
ゆへに	ゆえに	×	故	法功	1030①	和接	1048④			
ゆへに	ゆえに	×	故	法功	1035⑤	和接	1054③			
ゆへに	ゆえに	×	故	法功	1046⑥	和接	1065④			
ゆへに	ゆえに	×	故	法功	1048②	和接	1066⑤			
ゆへに	ゆえに	×	故	常不	1064②	和接	1082⑥			

当該語	読みかな	傍訓	漢字表記	品名	頁数	語の種類	妙一本	和解語文	可読	異同語彙
ゆへに	ゆえに	×	故	常不	1066⑤	和接	1085④			
ゆへに	ゆえに	×	故	常不	1070⑥	和接	1089③			
ゆへに	ゆえに	×	故	常不	1073④	和接	1092②			
ゆへに	ゆえに	×	故	常不	1074①	和接	1092⑤			
ゆへに	ゆえに	×	故	常不	1076③	和接	1094⑥			
ゆへに	ゆえに	×	故	常不	1079③	和接	1097⑥			
ゆへに	ゆえに	×	故	常不	1080②	和接	1098⑤			
ゆへに	ゆえに	×	故	常不	1082⑤	和接	1101②			
ゆへに	ゆえに	×	故	神力	1088④	和接	1106⑥			
ゆへに	ゆえに	×	故	神力	1094③	和接	1113①			
ゆへに	ゆえに	×	故	神力	1095③	和接	1114①			
ゆへに	ゆえに	×	故	神力	1098②	和接	1117①			
ゆへに	ゆえに	×	故	神力	1099③	和接	1118②			
ゆへに	ゆえに	×	故	神力	1099⑤	和接	1118④			
ゆへに	ゆえに	×	故	神力	1103⑥	和接	1122⑥			
ゆへに	ゆえに	×	故	藥王	1126①	和接	1144③		ゆえなり[西右]	ゆへに[妙]
ゆへに	ゆえに	×	故	藥王	1160①	和接	1177③			
ゆへに	ゆえに	×	故	藥王	1163①	和接	1180①			
ゆへに	ゆえに	×	故	妙音	1172⑥	和接	1187⑤			
ゆへに	ゆえに	×	故	觀世	1216①	和接	1229③			
ゆへに	ゆえに	×	故	觀世	1218①	和接	1231③			
ゆへに	ゆえに	×	故	觀世	1219④	和接	1232⑥			
ゆへに	ゆえに	×	故	觀世	1230③	和接	1243②			
ゆへに	ゆえに	×	故	觀世	1231①	和接	1243⑥			
ゆへに	ゆえに	×	故	觀世	1232⑤	和接	1245④			
ゆへに	ゆえに	×	故	觀世	1233④	和接	1246②			
ゆへに	ゆえに	×	故	觀世	1245③	和接	1257⑤			
ゆへに	ゆえに	×	故	觀世	1246②	和接	1258③			
ゆへに	ゆえに	×	故	陀羅	1254⑤	和接	1266④			
ゆへに	ゆえに	×	故	陀羅	1258③	和接	1270①			
ゆへに	ゆえに	×	故	妙莊	1275⑤	和接	1285⑥			
ゆへに	ゆえに	×	故	妙莊	1278⑤	和接	1288⑥			
ゆへに	ゆえに	×	故	妙莊	1285⑥	和接	1295④			
ゆへに	ゆえに	×	故	妙莊	1287②	和接	1296⑤			
ゆへに	ゆえに	×	故	妙莊	1296⑥	和接	1305①		一来て[西右]	
ゆへに	ゆえに	×	故	妙莊	1297④	和接	1305⑤			
ゆへに	ゆえに	×	故	妙莊	1300②	和接	1307⑤			
ゆへに	ゆえに	×	故	妙莊	1303⑥	和接	1311①			
ゆへに	ゆえに	×	故	普賢	1313④	和接	1319④			ゆへなり[妙]
ゆへに	ゆえに	×	故	普賢	1315②	和接	1320⑥			
ゆへに	ゆえに	×	故	普賢	1317⑤	和接	1323①			
ゆへに	ゆえに	×	故	普賢	1325②	和接	1329⑤			
ゆへに	ゆえに	×	故	普賢	1325⑥	和接	1330③			
ゆへに	ゆえに	×	故	普賢	1336②	和接	1339②			
蚰蜒	ゆえん	ゆゑん／なめくぢ	蚰蜒	譬喩	278⑥	漢虫類名	250③			
蚰蜒	ゆえん	ゆゑん／なめくち	蚰蜒	譬喩	271⑤	漢虫類名	243①			
ゆか	ゆか	×	床	信解	326③	和家屋名	302⑤			
ゆか	ゆか	×	床	妙莊	1291⑥	和家屋名	1300⑤			
ゆか	ゆか	×	往	普賢	1324④	和動	1329②			
ゆがめ	ゆがめ	×	曲	譬喩	271①	和動	242②			
ゆかめ	ゆがめ	×	曲	随喜	984②	和動	1002④			
ゆき	ゆき	×	徃	信解	328③	和動	305②			
ゆき	ゆき	×	徃	信解	330④	和動	307⑥			
ゆき	ゆき	×	徃	信解	333④	和動	311④			
ゆき	ゆき	×	徃	信解	358⑤	和動	343①			
ゆき	ゆき	×	徃	信解	361⑤	和動	346⑤			
ゆき	ゆき	×	徃	化城	467④	和動	464④		いき[西右]	
ゆき	ゆき	×	徃	化城	531⑥	和動	537④			
ゆき	ゆき	×	徃	五百	597①	和動	605①			
ゆき	ゆき	×	徃	見寶	669②	和動	684③			
ゆき	ゆき	×	徃	見寶	686③	和動	703⑥			
ゆき	ゆき	×	徃	提婆	722④	和動	740④			
ゆき	ゆき	×	徃	提婆	722⑥	和動	740⑥			
ゆき	ゆき	×	徃	提婆	735③	和動	753⑥			
ゆき	ゆき	×	徃	安樂	796⑤	和動	818②			
ゆき	ゆき	×	徃	随喜	981⑤	和動	999⑥			
ゆき	ゆき	×	徃	随喜	985③	和動	1003④			

当該語	読みかな	傍訓	漢字表記	品名	頁数	語の種類	妙一本	和解語文	可読	異同語彙
ゆき	ゆき	×	徃	随喜	990②	和動	1008②			
ゆき	ゆき	×	徃	常不	1063⑤	和動	1082③		ゆい[西右]	ゆき[妙]
ゆき	ゆき	×	徃	常不	1078②	和動	1096⑤			
ゆき	ゆき	×	徃	藥王	1129④	和動	1148①			
ゆき	ゆき	×	徃	藥王	1154④	和動	1172④		ゆい[西右]	ゆき[妙]
ゆき	ゆき	×	徃	妙音	1172①	和動	1187⑥		ゆい[西右]	ゆき[妙]
ゆき	ゆき	×	徃	妙莊	1277②	和動	1287③		ゆい[西右]	ゆき[妙]
ゆき	ゆき	×	行	如來	884⑥	和動	903⑤			
ゆき	ゆき	×	行	随喜	972①	和動	990②		ゆい[西右]	
ゆき	ゆき	×	詣	信解	334②	和動	312②			
ゆき	ゆき	×	詣	分別	967④	和動	985⑥			
ゆき	ゆき	×	詣	随喜	992①	和動	1010④		―て[西右]	
ゆきいたら	ゆきいたら	×	往至	妙莊	1278④	和複動	1288④			
遊行し	ゆぎょうし	ゆぎゃう	遊行	信解	322⑤	漢サ動	298③	ゆきやう・し／あそひありき[妙]		
遊行し	ゆぎょうし	×／あそひゆきて	遊行	五百	591①	漢サ動	597⑥	ゆきやう・し／あそひありき[妙]		
遊行し	ゆぎょうし	ゆきやう	遊行	五百	597④	漢サ動	605⑥	ゆきやう・し／あそひありき[妙]		
一遊行	ゆぎょうし	ゆきやう	一遊行	譬喩	274③	漢サ動	245⑤			
遊行せ	ゆぎょうせ	――する	遊行	見寶	693③	漢サ動	711⑥		―するィ[西右]	
遊行せ	ゆぎょうせ	ゆ―	遊行	安樂	810⑤	漢サ動	833①	ゆぎやう・せ／あそ[妙]	―するィ[西右]	
ゆく	ゆく	×	行	五百	590④	和動	597③			
ゆく	ゆく	×	徃	妙莊	1282⑤	和動	1292②			
遊戲	ゆげ	ゆけ	遊戲	妙音	1172⑥	漢名	1188④		―と[西右]	ゆけ[妙]
遊戲し	ゆげし	ゆけ	遊戲	譬喩	256③	漢サ動	227③	ゆけし／あそひたわふる[妙]		
遊戲し	ゆげし	ゆけ	遊戲	信解	319⑤	漢サ動	294⑤	ゆけ・し／あそひたわふれ[妙]		
遊戲し	ゆげし	ゆけ	遊戲	法功	1017①	漢サ動	1035⑤			
遊戲す	ゆげす	ゆけ／あそひたはむれ	遊戲	譬喩	245⑥	漢サ動	215④	ゆけ／あそひたわふる[妙]		
遊戲す	ゆげす	ゆけ	遊戲	譬喩	283④	漢サ動	255②			
遊戲する	ゆげする	ゆけ	遊戲	譬喩	293②	漢サ動	265③			
遊戲する	ゆげする	ゆけ	遊戲	法功	1013①	漢サ動	1031④	ゆけ・する／あそひたわふる[妙]		
遊戲する	ゆげする	ゆけ	遊戲	法功	1018⑤	漢サ動	1037⑥	ゆけ・する／あそひたわふれ[妙]		
遊戲する	ゆげする	ゆけ	遊戲	法功	1022⑥	漢サ動	1041⑤	ゆけ・する／あそひたわふるゝ[妙]		
遊戲せ	ゆげせ	ゆけ	遊戲	譬喩	280①	漢サ動	251⑤			ゆけ・せ[妙]
遊戲せ	ゆげせ	ゆけ	遊戲	譬喩	257③	漢サ動	228④	ゆけせ／あそひたわふれ[妙]		
涌現し	ゆげんし	ゆげん	涌現	見寶	662④	漢サ動	677②	ゆけん・し／わきあらはれて[妙]		
勇健	ゆごん	ゆこん	勇健	提婆	725③	漢名	743④	ゆごん／いさみたけく[妙]		
勇健	ゆごん	ゆごん	勇健	安樂	806④	漢名	828⑤	ゆごん／いさみたけき[妙]	―あてィ[西右]	
踊在する	ゆざいする	ゆざい	踊在	妙莊	1278⑥	漢サ動	1288⑥	ゆさい・する／おとりある[妙]		
湧出し	ゆじゅつし	ゆじゅつ	湧出	提婆	721⑥	漢サ動	740①	ゆしゆつ／わきいて[妙]		
湧出し	ゆじゅつし	ゆじゅつ	湧出	提婆	723⑥	漢サ動	742①	ゆしゆつ・し／わきて[妙]		
湧出し	ゆじゅつし	ゆじゅつ	湧出	從地	825①	漢サ動	847③	ゆしゆつ・し／わきいて[妙]	―せり[西右]	
湧出し	ゆじゅつし	ゆじゅつ	湧出	從地	833③	漢サ動	856①	ゆしゆつ・し／わきいて[妙]		
湧出し	ゆじゅつし	×	湧出	從地	842⑤	漢サ動	865④	ゆしゆつ・し／わきいて[妙]		
湧出し	ゆじゅつし	ゆじゅつ	湧出	從地	848⑥	漢サ動	871④	ゆしゆつ・し／わきいて[妙]	―せる[西右]	
湧出し	ゆじゅつし	×	湧出	從地	865③	漢サ動	888①	ゆしゆつ・し／わきいて[妙]		
涌出し	ゆじゅつし	ゆじゅつ／わきいつる	涌出	見寶	656⑥	漢サ動	671②	ゆしゆつ・し／わきいつ[妙]		

当該語	読みかな	傍訓	漢字表記	品名	頁数	語の種類	妙一本	和解語文	可読	異同語彙
涌出し	ゆじゅつし	ゆじゅつ	涌出	見寶	661①	漢サ動	675④	ゆしゆつ・し／わきいつる[妙]	一する[西右]	
涌出し	ゆじゅつし	×	涌出	見寶	663⑥	漢サ動	678④	ゆしゆつ・し／わきいつ[妙]		
涌出し	ゆじゅつし	ゆじゅつ	涌出	見寶	664②	漢サ動	679①	ゆしゆつ・し／一いつ[妙]		
湧出す	ゆじゅつす	ゆじゅつ	湧出	從地	820②	漢サ動	842④	ゆしゆつ・す／わきいつ[妙]	一せり[西右]	
湧出せ	ゆじゅつせ	ゆじゅつ	湧出	從地	839⑥	漢サ動	862⑤	ゆしゆつ・せ／わきいつ[妙]		
涌出せ	ゆじゅつせ	×	涌出	神力	1083⑥	漢サ動	1102③	ゆしゆつ・せ／わきいてたる[妙]		
勇施菩薩	ゆぜぼさつ	ゆぜーー	勇施菩薩	序品	9①	仏菩薩名	7③			
勇施菩薩	ゆぜぼさつ	ゆぜーー	勇施菩薩	妙音	1170②	仏菩薩名	1186②			ゆせほさつ[妙]
勇施菩薩	ゆぜぼさつ	×	勇施菩薩	妙音	1201③	仏菩薩名	1215①			ゆせほさつ[妙]。「菩薩」補入符号
勇施菩薩	ゆぜぼさつ	ゆぜーー	勇施菩薩	陀羅	1255①	仏菩薩名	1267①			ゆせほさつ[妙]
油燈	ゆとう	ゆとう	油燈	藥王	1152①	漢雑物名	1170④			ゆとう[妙]
油燈	ゆとう	ゆとう	油燈	陀羅	1270⑤	漢雑物名	1281⑤			ゆとう[妙]
ゆび	ゆび	×	指	方便	165①	和身體名	142②			
ゆび	ゆび	×	指	見寶	680①	和身體名	697①			
ゆび	ゆび	×	指	見寶	692④	和身體名	710⑤			
ゆび	ゆび	×	指	藥王	1141②	和身體名	1159③			ゆひ[妙]
ゆび	ゆび	×	指	藥王	1141④	和身體名	1159④			ゆひ[妙]
ゆめ	ゆめ	×	夢	安樂	811①	和名	833③			
ゆめ	ゆめ	×	夢	安樂	814①	和名	837③			
ゆめ	ゆめ	×	夢	安樂	814⑥	和名	837③			
ゆめ	ゆめ	×	夢	陀羅	1266②	和名	1277②			
踊躍	ゆやく	ゆやく／おとろきうれしき心	踊躍	譬喩	204⑥	漢名	171①	ゆやく／おとるこ とく[妙]		
踊躍	ゆやく	ゆやく	踊躍	化城	531④	漢名	537②	ゆやく／おとるこ と[妙]		
踊躍し	ゆやくし	ゆやく／おとるおとる心	踊躍	譬喩	204②	漢サ動	171②	ゆやく・し／おとり[妙]		
踊躍し	ゆやくし	ゆやく	踊躍	信解	353①	漢サ動	336②	ゆやく・し／おとり[妙]		
踊躍し	ゆやくし	ゆやく	踊躍	提婆	711①	漢サ動	728②			
踊躍す	ゆやくす	ゆやく／おとる心	踊躍	譬喩	247②	漢サ動	217①			
踊躍す	ゆやくす	ゆやく	踊躍	五百	563②	漢サ動	566③	ゆやく・す／おとる[妙]	一すトル[西右]	
踊躍する	ゆやくする	ゆやく／おとる	踊躍	譬喩	231②	漢サ動	200③	ゆやくする／おとる[妙]		
遊樂する	ゆらくする	ゆらく	遊樂	如來	915⑤	漢サ動	934④			
ゆるさ	ゆるさ	×	聽	妙莊	1283⑤	和動	1293②			
ゆるさ	ゆるさ	×	許	信解	334④	和動	312⑤			
ゆるし	ゆるし	×	縱	信解	348③	和動	330②			
ゆるし	ゆるし	×	聽	從地	818②	和動	840④			
ゆるし	ゆるし	×	聽	妙莊	1278⑤	和動	1288⑤			
ゆるし	ゆるし	×	聽	妙莊	1285③	和動	1295①			
ゆるし	ゆるし	×	聽	普賢	1318④	和動	1323⑤			
ゆるし	ゆるし	×	聽	妙莊	1287③	和動	1296⑥			
ゆるし	ゆるし	×	許	譬喩	247④	和動	217③			
ゆるし	ゆるし	×	許	譬喩	286①	和動	257⑤			
ゆるし	ゆるし	×	許	化城	472⑥	和動	471③			
ゆるし	ゆるし	×	許	化城	481⑥	和動	482①			
ゆるし	ゆるし	×	許	化城	490⑤	和動	492⑤			
ゆるし	ゆるし	×	放	妙莊	1284③	和動	1294①			ゆるし[妙]
ゆるす	ゆるす	×	聽	妙莊	1285⑤	和動	1295③			
ゆるす	ゆるす	×	放	信解	333①	和動	311①			
よ	よ	×	夜	序品	79①	和時間名	69③			
よ	よ	×	夜	藥王	1133⑦	和時間名	1151⑤		よる[西右]	よ[妙]
よ	よ	×	世	序品	66②	和時候名	57⑥			
よ	よ	×	世	方便	125②	和時候名	109⑥			
世	よ	×	世	方便	125⑤	和時候名	110②			
世	よ	×	世	方便	126①	和時候名	110⑤			
よ	よ	×	世	方便	126③	和時候名	111①			
よ	よ	×	世	方便	126⑤	和時候名	111③			
よ	よ	×	世	方便	127④	和時候名	111⑥			
世	よ	×	世	方便	130③	和時候名	114②			

当該語	読みかな	傍訓	漢字表記	品名	頁数	語の種類	妙一本	和解語文	可読	異同語彙
よ	よ	×	世	方便	149①	和時候名	129④			
よ	よ	×	世	方便	188③	和時候名	161④			
よ	よ	×	世	方便	188④	和時候名	161⑤			
世	よ	×	世	方便	193③	和時候名	165⑥	せ／よ[妙]		
よ	よ	×	世	譬喩	226②	和時候名	195②			
よ	よ	×	世	譬喩	226③	和時候名	195③			
よ	よ	×	世	譬喩	228⑤	和時候名	198①			
よ	よ	×	世	譬喩	229①	和時候名	198②			
よ	よ	×	世	譬喩	229③	和時候名	198④			
よ	よ	×	世	譬喩	247⑥	和時候名	217⑤			
よ	よ	×	世	譬喩	289③	和時候名	261③			
よ	よ	×	世	譬喩	298②	和時候名	270④			
よ	よ	×	世	藥草	390⑤	和時候名	376②			
よ	よ	×	世	藥草	403④	和時候名	390④			
よ	よ	×	世	藥草	403⑥	和時候名	390⑤			
世	よ	×	世	藥草	405④	和時候名	392⑤			
よ	よ	×	世	授記	416⑥	和時候名	405②			
よ	よ	×	世	授記	421⑤	和時候名	411①			
よ	よ	×	世	授記	426⑤	和時候名	416⑤			
よ	よ	×	世	授記	428⑤	和時候名	419⑤			
よ	よ	×	世	授記	432⑤	和時候名	423⑤			
よ	よ	×	世	授記	433②	和時候名	424③			
よ	よ	×	世	授記	436③	和時候名	427⑤			
よ	よ	×	世	授記	441⑤	和時候名	433⑥			
よ	よ	×	世	授記	444⑥	和時候名	437⑤			
よ	よ	×	世	化城	475③	和時候名	474③			
よ	よ	×	世	化城	479④	和時候名	478⑥			
よ	よ	×	世	授學	605⑥	和時候名	614⑤			
よ	よ	×	世	授學	606①	和時候名	614⑥			
よ	よ	×	世	法師	634③	和時候名	646①			
よ	よ	×	世	見寶	691⑤	和時候名	709①			
よ	よ	×	世	見寶	699④	和時候名	718④			
よ	よ	×	世	提婆	709④	和時候名	726⑤			
よ	よ	×	世	提婆	712③	和時候名	729⑥			
よ	よ	×	世	提婆	717②	和時候名	735①			
よ	よ	×	世	提婆	718①	和時候名	736①			
よ	よ	×	世	提婆	726⑤	和時候名	744⑥			
よ	よ	×	世	提婆	734⑥	和時候名	753③			
よ	よ	×	世	勸持	742⑥	和時候名	761⑥			
よ	よ	×	世	勸持	752⑤	和時候名	772②			
よ	よ	×	世	安樂	776④	和時候名	797①			
よ	よ	×	世	安樂	807③	和時候名	829④			
よ	よ	×	世	從地	858⑤	和時候名	881②			
よ	よ	×	世	從地	867②	和時候名	889⑥			
よ	よ	×	世	如來	896②	和時候名	915②			
よ	よ	×	世	如來	919③	和時候名	938③			
世	よ	×	世	隨喜	982③	和時候名	1000④			
よ	よ	×	世	隨喜	988③	和時候名	1006④			
よ	よ	×	世	法功	1038③	和時候名	1057②		に[西右]	
よ	よ	×	世	常不	1058②	単和名	1077①			
よ	よ	×	世	常不	1059⑥	和時候名	1078⑤			
よ	よ	×	世	常不	1060①	和時候名	1078⑥			
よ	よ	×	世	藥王	1130⑥	和時候名	1149③			
世	よ	×	世	妙音	1182④	和時候名	1197③			せ[妙]
よ	よ	×	世	普賢	1315⑥	和時候名	1321③		(よ)の[西右]	
よ	よ	×	世	普賢	1333②	和時候名	1336⑤			
餘	よ	あまり	餘	序品	86②	単漢名	75④			のこり【余】[妙]
餘	よ	×	餘	方便	92⑥	単漢名	81⑤			
餘	よ	よ	餘	方便	96④	単漢名	84⑤			
餘	よ	よ	餘	方便	118⑥	単漢名	104②			
餘	よ	よ	餘	方便	139③	単漢名	121④			
餘	よ	よ	餘	方便	149②	単漢名	129⑤			
餘	よ	よ	餘	方便	162②	単漢名	139⑥			
餘	よ	よ	餘	方便	178⑥	単漢名	153⑤			
餘	よ	×	餘	譬喩	214④	単漢名	182⑤	よ／のこり[妙]		
餘	よ	×	餘	譬喩	253⑥	単漢名	224⑤		あまり[西右]	
餘	よ	よ	餘	譬喩	292⑥	単漢名	265①			
餘	よ	よ	餘	譬喩	300④	単漢名	272⑥			

当該語	読みかな	傍訓	漢字表記	品名	頁数	語の種類	妙一本	和解語文	可読	異同語彙
餘	よ	よ	餘	譬喩	300⑤	単漢名	272⑥			
餘	よ	よ	餘	譬喩	304④	単漢名	276⑥			
餘	よ	よ	餘	譬喩	309③	単漢名	282①			
餘	よ	よ	餘	信解	339②	単漢名	318⑤			
餘	よ	よ	餘	信解	368⑥	単漢名	355②			
餘	よ	×	餘	化城	454④	単漢名	449②			
餘	よ	よ	餘	化城	456④	単漢名	451④			
餘	よ	×	餘	化城	498③	単漢名	501⑥			
餘	よ	よ	餘	化城	502①	単漢名	505⑥			
餘	よ	よ	餘	化城	509③	単漢名	514③			
餘	よ		餘	五百	582⑤	単漢名	588②			
餘	よ		餘	五百	588③	単漢名	594⑤			
餘	よ	×	餘	五百	599⑤	単漢名	608③			
餘	よ	×	餘	見寶	658②	単漢名	672⑤			
餘	よ	よ	餘	勸持	754③	単漢名	774①			
餘	よ	よ	餘	如來	903③	単漢名	922③			
餘	よ	よ	餘	如來	915①	単漢名	933⑥			
餘	よ	×	餘	隨喜	970⑥	単漢名	989①			
餘	よ	よ	餘	法功	997③	単漢名	1016①			
餘	よ	×	餘	法功	1013①	単漢名	1031④			
餘	よ	×	餘	囑累	1109③	単漢名	1127⑥			よ[妙]
幼	よう	×	幼	隨喜	971①	単漢名	989②	えう／いとけなき[妙]	いとけなきもの[西右]	
羊	よう	やう	羊	信解	323⑤	単漢獣類名	299④	やう／ひつし[妙]		
羊	よう	やう	羊	信解	354⑤	単漢獣類名	338②			
羊	よう	やう	羊	安樂	763①	単漢獣類名	783①	やう／ひつし[妙]		
羊	よう	やう／ひつし	羊	普賢	1330⑤	単漢獣類名	1334④	やう／ひつし[妙]		
要	よう	えう	要	方便	90①	単漢名	79③			
要	よう	よう	要	藥草	399②	単漢名	386①			
要	よう	えう	要	法功	1000③	単漢名	1019①			
要	よう	えう	要	神力	1094⑤	単漢名	1113③			ゑう[妙]
盈溢せ	よういつ	やういつ／みちみてる也	盈溢	信解	323④	漢サ動	299③	やういつ／やういち／みてり[妙]		
盈溢せ	よういつ	やういつ／みちみてり	盈溢	信解	325①	漢サ動	301②	やういつ／みて[妙]		
盈溢せ	よういつせ	やういつ	盈溢	信解	341⑤	漢サ動	321①	やういち・せ／みちみち[妙]		
容顔	ようがん	ようがん	容顔	藥王	1130①	漢名	1148④			ようげん[妙]
傭作せ	ようさせ	ようさ	傭作	信解	358⑤	漢サ動	343①	ようさ・せ／つくのいなさん[妙]		
羊車	ようしゃ	やうしや	羊車	譬喩	247⑤	漢乗物名	217④	やうじゃ／ひつしのくるま[妙]		
羊車	ようしゃ	×	羊車	譬喩	263④	漢乗物名	234④	やうしや／ひつしのくるま[妙]		
羊車	ようしゃ	やうしや	羊車	譬喩	283①	漢乗物名	254⑤	やうしや／ひつしのくるま[妙]		
羊車	ようしゃ	やうしや／ひつしのくるま	羊車	譬喩	245⑤	漢乗物名	215③		一と[西右]	
營從	ようじゅう	やうしゆう／いとなみ	營從	化城	536④	漢名	542③	ゐやうしよう／いとなみしたかふ[妙]		
容受せ	ようじゅせ	よう{ゆう}じゅ	容受	見寶	672②	漢サ動	687⑤			
用心	ようじん	ようしん	用心	信解	341⑥	漢名	322①			
幼稚	ようち	ゑうち／いとけなく	幼稚	譬喩	241⑥	漢名	211④	ゑうち／いとけなく[妙]		
幼稚	ようち	ようち／いとけなき	幼稚	信解	322①	漢名	297④	えうち／いとけなく[妙]		
幼稚	ようち	えうち／いとけなく	幼稚	信解	353④	漢名	336⑤	えうち／いとけなく[妙]		
幼童	ようどう	ゑうどう／いとけき―	幼童	譬喩	250①	漢名	220①	えうどう／いとけなきわらは[妙]		
傭賃	ようにん	ようにん	傭賃	信解	357①	漢名	340⑥	ようにん／ちんおつくのい[妙]		
傭賃展轉し	ようにんてんでんし	ようにんてんでん／あたひをつのふ心	傭賃展轉	信解	325⑥	漢四熟サ動	302②			
幽冥	ようみょう	ゆ{えう}みやう	幽冥	神力	1103③	漢名	1122③	えうみやう／かすかなる[妙]		
やうやく	ようやく	×	徐	信解	334②	和副	312①			
やうやく	ようやく	×	漸	方便	167④	和副	144③			

よ―よき 769

当該語	読みかな	傍訓	漢字表記	品名	頁数	語の種類	妙一本	和解語文	可読	異同語彙
やうやく	ようやく	×	漸	方便	168③	和副	145②			
やうやく	ようやく	×	漸	信解	342⑥	和副	323⑤			
やうやく	ようやく	×	漸	信解	362④	和副	347⑤			
やうやく	ようやく	×	漸	信解	363③	和副	348⑤			
やうやく	ようやく	×	漸	藥草	394④	和副	380③			
やうやく	ようやく	×	漸	藥草	411②	和副	399②			
やうやく	ようやく	×	漸	授記	430③	和副	421①			
やうやく	ようやく	×	漸	化城	518②	和副	523②			
やうやく	ようやく	×	漸	化城	539⑥	和副	545②			
やうやく	ようやく	×	漸	五百	576①	和副	580⑤			
やうやく	ようやく	×	漸	授學	620①	和副	630③			
やうやく	ようやく	×	漸	法師	643④	和副	656③			
やうやく	ようやく	×	漸	法師	650④	和副	664③			
やうやく	ようやく	×	漸	勸持	745②	和副	764①			
やうやく	ようやく	×	漸	常不	1080②	和副	1098⑤			
やうやく	ようやく	×	漸	觀世	1243④	和副	1255⑥			
瓔珞	ようらく	やうらく	瓔珞	信解	326④	漢宝玉名	303①			
瓔珞	ようらく	やうらく	瓔珞	信解	336③	漢宝玉名	314⑥			
瓔珞	ようらく	やうらく	瓔珞	授記	434①	漢宝玉名	425②	やうらく／たま[妙]		
瓔珞	ようらく	やうらく	瓔珞	授記	439⑥	漢宝玉名	431⑥	やうらく／たま[妙]		
瓔珞	ようらく	やうらく	瓔珞	法師	623⑤	漢宝玉名	634④			
瓔珞	ようらく	やうらく	瓔珞	法師	625④	漢宝玉名	636④	やうらく／たま[妙]		
瓔珞	ようらく	やうらく	瓔珞	法師	629⑥	漢宝玉名	641②	やうらく／たま[妙]		
瓔珞	ようらく	やうらく	瓔珞	法師	640⑤	漢宝玉名	653②	やうらく／たま[妙]		
瓔珞	ようらく	×	瓔珞	見寶	658④	漢宝玉名	673①	やうらく／たま[妙]		
瓔珞	ようらく	やうらく	瓔珞	提婆	718④	漢宝玉名	736④	やうらく／たま[妙]		
瓔珞	ようらく	やうらく	瓔珞	分別	927⑤	漢宝玉名	946③			
瓔珞	ようらく	やうらく	瓔珞	分別	948④	漢宝玉名	967③	やうらく／たま[妙]		
瓔珞	ようらく	やうらく	瓔珞	分別	953②	漢宝玉名	972①	やうらく／たま[妙]		
瓔珞	ようらく	やうらく	瓔珞	分別	962⑤	漢宝玉名	981②			
瓔珞	ようらく	やうらく	瓔珞	法功	1016⑤	漢宝玉名	1035③		ーーと[西右]	
瓔珞	ようらく	やうらく	瓔珞	法功	1020⑥	漢宝玉名	1039④			
瓔珞	ようらく	やうらく	瓔珞	神力	1092④	漢宝玉名	1111①			やうらく[妙]
瓔珞	ようらく	やうらく	瓔珞	藥王	1124⑤	漢宝玉名	1143①		ーと[西右]	やうらく[妙]
瓔珞	ようらく	やうらく	瓔珞	藥王	1152②	漢宝玉名	1170③		ーと[西右]	やうらく[妙]
瓔珞	ようらく	やうらく	瓔珞	妙音	1181③	漢宝玉名	1196③			やうらく[妙]
瓔珞	ようらく	×	瓔珞	妙音	1181⑤	漢宝玉名	1196⑤			やうらく[妙]
瓔珞	ようらく	やうらく	瓔珞	觀世	1231⑥	漢宝玉名	1244⑤			やうらく[妙]
瓔珞	ようらく	やうらく	瓔珞	觀世	1232②	漢宝玉名	1245①	やうらく／たま[妙]		
瓔珞	ようらく	×	瓔珞	觀世	1232⑥	漢宝玉名	1245④			やうらく[妙]
瓔珞	ようらく	×	瓔珞	觀世	1233④	漢宝玉名	1246②	やうらく／たま[妙]		
瓔珞	ようらく	×	瓔珞	觀世	1234①	漢宝玉名	1246④			やうらく[妙]
瓔珞	ようらく	やうらく	瓔珞	陀羅	1270②	漢宝玉名	1281①			やうらく[妙]
瓔珞	ようらく	やうらく	瓔珞	妙莊	1291③	漢宝玉名	1300③	しんしゆやうらく／まことのたまの[妙]		
傭力し	ようりきし	ようりき	傭力	信解	328②	漢サ動	304⑥	ようりき・し／ちからをつくのう[妙]		
ーよから	よから	×	善	五百	582⑥	和形	588③			
よから	よから	×	美	如來	904③	和形	923③			
よき	よき	×	好	化城	531②	和形	536⑥		うるはしき[西右]	
よき	よき	×	好	五百	598①	和形	606③			
よき	よき	×	好	安樂	814⑥	和形	837③			
よき	よき	×	好	如來	901⑥	和形	920⑥			
よき	よき	×	好	如來	903①	和形	922①			
よき	よき	×	好	如來	904②	和形	923②			

当該語	読みかな	傍訓	漢字表記	品名	頁数	語の種類	妙一本	和解語文	可読	異同語彙
よき	よき	×	好	如來	905①	和形	924①			
よき	よき	×	好	如來	905⑥	和形	924⑥			
よき	よき	×	好	隨喜	980②	和形	998③			
よき	よき	×	好	法功	1022⑤	和形	1041④			
よき	よき	×	好	安樂	787⑥	和形	809②			
よき	よき	×	善	方便	180⑥	和形	155③			
よき	よき	×	善	譬喩	237①	和形	206③			
よき	よき	×	善	藥草	386③	和形	371③			
よき	よき	×	善	化城	496①	和形	498⑤			
よき	よき	×	善	如來	918⑥	和形	937⑥			
よき	よき	×	善	藥王	1115①	和形	1133④		よい[西右]	よき[妙]
よき	よき	×	善	藥王	1124③	和形	1142⑤			
〜（よき）	よき	×	善	藥王	1124③	和形	1142⑤			よき[妙]
よき	よき	×	善	藥王	1164②	和形	1181①		よい[西右]	よき[妙]
よき	よき	×	善	藥王	1164②	和形	1181②		よい[西右]	よき[妙]
よき	よき	×	善	妙音	1185③	和形	1200①		よい[西右]	よき[妙]
〜（よき）	よき	×	善	妙音	1185③	和形	1200①		よい[西右]	よき[妙]
よき	よき	×	善	陀羅	1254④	和形	1266③			
〜（よき）	よき	×	善	陀羅	1254④	和形	1266③			よき[妙]
〜（よき）	よき	×	善	陀羅	1269④	和形	1280④		よい[西右]	よき[妙]
よき	よき	×	善	陀羅	1269④	和形	1280④			
よき	よき	×	善	妙莊	1286①	和形	1295⑤			
よき{よい}	よき	×	善	普賢	1326④	和形	1330⑥			よき[妙]
〜（よき{よい}）	よき	×	善	普賢	1326⑤	和形	1331①			よき[妙]
善	よき	よき	善	譬喩	253④	和形	224①			
善(々)	よき	よき	善	譬喩	253④	和形	224②			
よき	よき	×	善	藥草	386③	和形	371③			
善	よき	せん	善	化城	497⑥	和形	500⑥			
よき	よき	×	善	見寳	659①	和形	673④			
よき	よき	×	善	見寳	659①	和形	673④			
よき	よき	×	善	從地	831④	和形	854③			
よき	よき	×	善	從地	831④	和形	854③			
よき	よき	×	善	從地	832③	和形	855②		よい[西右]	
よき	よき	×	善	從地	832③	和形	855②			
よき	よき	×	善	從地	844⑤	和形	867④			
よき	よき	×	善	從地	844⑥	和形	867④			
善	よき	×	善	法功	1020③	和形	1039①			
よき	よき	×	善	藥王	1156②	和形	1173⑥		よい[西右]	よき[妙]
〜（よき）	よき	×	善	藥王	1156②	和形	1174①		よい[西右]	よき[妙]
よき	よき	×	美	安樂	777⑤	和形	798⑤			
餘經	よきょう	よきやう	餘經	譬喩	315③	漢名	289④			
餘經	よきょう	よきやう	餘經	譬喩	315③	漢名	290③			
餘經	よきょう	×	餘經	見寳	692⑥	漢名	711②			
欲	よく	×	欲	序品	32④	単漢名	27⑥			
欲	よく	×	欲	序品	57⑤	単漢名	50②			
欲	よく	×	欲	方便	123⑥	単漢名	107⑥			
欲	よく	×	欲	方便	134①	単漢名	117②			
欲	よく	よく	欲	方便	153⑥	単漢名	133③			
欲	よく	×	欲	譬喩	212②	単漢名	180②			
欲	よく	よく	欲	藥草	399③	単漢名	385⑤			
欲	よく	×	欲	安樂	765①	単漢名	784⑤			
欲	よく	×	欲	如來	893⑥	単漢名	912⑥			
欲	よく	よく	欲	觀世	1216⑥	単漢名	1230①			よく[妙]
欲	よく	ほつす・おもふ	欲	陀羅	1263⑥	単漢名	1275②			おもふ[妙]
欲	よく	ほつし	欲	妙莊	1275③	単漢名	1285⑤		おぼしめすか[西右]	×[妙]
よく	よく	×	好	法功	1002③	和形	1020⑥			
よく	よく	×	好	信解	338③	和形	317③			
よく	よく	×	善	方便	120①	和形	105③			
よく	よく	×	善	方便	122④	和形	107④			
よく	よく	×	善	方便	142②	和形	124①			
よく	よく	×	善	譬喩	×	和形	197④			
よく	よく	×	善	譬喩	263⑤	和形	235④			
よく	よく	×	善	五百	573①	和形	577②			
よく	よく	×	善	五百	574⑥	和形	579③			
よく	よく	×	善	法師	641⑥	和形	654④			
よく	よく	×	善	提婆	727④	和形	745④			

当該語	読みかな	傍訓	漢字表記	品名	頁数	語の種類	妙一本	和解語文	可読	異同語彙
よく	よく	×	善	勧持	758③	和形	778①			
よく	よく	×	善	安樂	778①	和形	798⑤			
よく	よく	×	善	安樂	783②	和形	804②			
よく	よく	×	善	從地	860③	和形	883②			
よく	よく	×	善	從地	865①	和形	887⑤			
よく	よく	×	善	如來	899⑤	和形	918⑤			
よく	よく	×	善	如來	901①	和形	920①			
よく	よく	×	善	分別	959④	和形	978②			
よく	よく	×	善	随喜	972⑤	和形	990⑥			
よく	よく	×	善	法功	1029⑥	和形	1048④			
よく	よく	×	善能	從地	860⑤	和形	883④			
よく	よく	×	善能	從地	868③	和形	891③			
よく	よく	×	能	序品	8①	和形	6④			
よく	よく	×	能	序品	8④	和形	6⑥			
よく	よく	×	能	序品	20⑤	和形	17②			
よく	よく	×	能	序品	33③	和形	28④			
よく	よく	×	能	序品	36②	和形	31①			
よく	よく	×	能	序品	74⑤	和形	65④			
よく	よく	×	能	序品	74⑥	和形	65⑥			
よく	よく	×	能	序品	75⑤	和形	66④			
よく	よく	×	能	方便	90①	和形	79①			
よく	よく	×	能	方便	91③	和形	80②			
よく	よく	×	能	方便	92④	和形	81③			
よく	よく	×	能	方便	92⑥	和形	81⑤			
よく	よく	×	能	方便	94③	和形	82⑥			
よく	よく	×	能	方便	94⑤	和形	83②			
よく	よく	×	能	方便	97⑤	和形	85⑥			
よく	よく	×	能	方便	107②	和形	93⑥			
よく	よく	×	能	方便	107③	和形	94①			
よく	よく	×	能	方便	113②	和形	99①			
よく	よく	×	能	方便	114①	和形	99⑥			
よく	よく	×	能	方便	116⑥	和形	102③			
よく	よく	×	能	方便	118①	和形	103④			
よく	よく	×	能	方便	124⑤	和形	109③			
よく	よく	×	能	方便	124⑥	和形	109④			
よく	よく	×	能	方便	179⑥	和形	×			
よく	よく	×	能	方便	189①	和形	162①			
よく	よく	×	能	譬喩	209④	和形	177②			
よく	よく	×	能	譬喩	223④	和形	192③			
よく	よく	×	能	譬喩	224④	和形	193④			
よく	よく	×	能	譬喩	233⑤	和形	202⑥			
よく	よく	×	能	譬喩	236③	和形	205④			
よく	よく	×	能	譬喩	240③	和形	209⑥			
よく	よく	×	能	譬喩	258④	和形	229⑥			
よく	よく	×	能	譬喩	268①	和形	239②			
よく	よく	×	能	譬喩	269④	和形	240⑤			
よく	よく	×	能	譬喩	269⑤	和形	240⑥			
よく	よく	×	能	譬喩	290⑤	和形	262⑥			
よく	よく	×	能	譬喩	292①	和形	264②			
よく	よく	×	能	譬喩	294⑥	和形	267②			
よく	よく	×	能	譬喩	299③	和形	271⑤			
よく	よく	×	能	譬喩	316⑤	和形	291⑤			
よく	よく	×	能	信解	375①	和形	362④			
よく	よく	×	能	信解	376⑥	和形	364④			
よく	よく	×	能	藥草	386④	和形	371④			
よく	よく	×	能	藥草	393④	和形	379③			
よく	よく	×	能	藥草	398③	和形	384⑥			
よく	よく	×	能	藥草	398④	和形	384⑥			
よく	よく	×	能	藥草	398④	和形	385①			
よく	よく	×	能	藥草	400①	和形	386③			
よく	よく	×	能	藥草	405①	和形	392②			
よく	よく	×	能	藥草	405③	和形	392④			
よく	よく	×	能	藥草	408①	和形	395⑤			
よく	よく	×	能	授記	425③	和形	415③			
よく	よく	×	能	授記	438②	和形	430①			
よく	よく	×	能	授記	445②	和形	438①			
よく	よく	×	能	化城	447④	和形	440⑥			
よく	よく	×	能	化城	470②	和形	467⑥			

当該語	読みかな	傍訓	漢字表記	品名	頁数	語の種類	妙一本	和解語文	可読	異同語彙
よく	よく	×	能	化城	496①	和形	498⑥			
よく	よく	×	能	化城	496③	和形	499②			
よく	よく	×	能	化城	512⑤	和形	517⑤			
よく	よく	×	能	化城	522⑤	和形	527⑥			
よく	よく	×	能	化城	525①	和形	530③			
よく	よく	×	能	化城	525④	和形	530⑥			
よく	よく	×	能	五百	564⑤	和形	567⑥			
よく	よく	×	能	五百	565④	和形	569①			
よく	よく	×	能	五百	566①	和形	569④			
よく	よく	×	能	五百	566①	和形	569④			
よく	よく	×	能	五百	566②	和形	569⑤			
よく	よく	×	能	五百	567①	和形	570⑤			
よく	よく	×	能	五百	578①	和形	582⑥			
よく	よく	×	能	授學	615⑤	和形	625④			
よく	よく	×	能	法師	626④	和形	637⑤			
よく	よく	×	能	法師	627③	和形	638④			
よく	よく	×	能	法師	632①	和形	643⑤			
よく	よく	×	能	法師	632③	和形	644②			
よく	よく	×	能	法師	633①	和形	644⑥			
よく	よく	×	能	法師	633④	和形	645③			
よく	よく	×	能	法師	634③	和形	646②			
よく	よく	×	能	法師	638⑤	和形	651②			
よく	よく	×	能	法師	645②	和形	658③			
よく	よく	×	能	法師	653③	和形	667③			
よく	よく	×	能	法師	655⑥	和形	670②			
よく	よく	×	能	見寶	659②	和形	673⑤			
一よく	よく	×	能	見寶	681②	和形	698②			
よく	よく	×	能	見寶	684③	和形	701⑤			
よく	よく	×	能	見寶	689②	和形	707①			
よく	よく	×	能	見寶	690②	和形	708①			
よく	よく	×	能	見寶	690③	和形	708②			
よく	よく	×	能	見寶	693②	和形	711③			
よく	よく	×	能	見寶	695④	和形	714②			
よく	よく	×	能	見寶	696④	和形	715③			
よく	よく	×	能	見寶	697②	和形	716①			
よく	よく	×	能	見寶	697④	和形	716④			
よく	よく	×	能	見寶	698⑥	和形	717⑥			
よく	よく	×	能	見寶	699②	和形	718②			
よく	よく	×	能	見寶	699④	和形	718④			
よく	よく	×	能	提婆	710①	和形	727②			
よく	よく	×	能	提婆	713②	和形	730⑥			
よく	よく	×	能	提婆	727⑥	和形	745⑥			
よく	よく	×	能	提婆	728⑥	和形	746⑥			
よく	よく	×	能	提婆	732⑤	和形	750⑥			
よく	よく	×	能	勸持	747②	和形	766③			
よく	よく	×	能	勸持	749⑥	和形	769①			
よく	よく	×	能	安樂	760③	和形	780①			
よく	よく	×	能	安樂	761①	和形	780⑤			
よく	よく	×	能	安樂	765①	和形	784⑤			
よく	よく	×	能	安樂	772⑥	和形	793③			
よく	よく	×	能	安樂	776③	和形	797①			
よく	よく	×	能	安樂	782③	和形	803③			
よく	よく	×	能	安樂	783②	和形	804③			
よく	よく	×	能	安樂	787⑤	和形	809②			
よく	よく	×	能	安樂	788②	和形	809⑤			
よく	よく	×	能	安樂	788②	和形	809⑤			
よく	よく	×	能	安樂	788③	和形	809⑥			
よく	よく	×	能	安樂	788③	和形	809⑥			
よく	よく	×	能	安樂	790①	和形	811④			
よく	よく	×	能	安樂	795①	和形	816④			
よく	よく	×	能	安樂	802①	和形	823⑥			
よく	よく	×	能	安樂	804⑤	和形	826⑥			
よく	よく	×	能	安樂	806⑤	和形	828⑥			
よく	よく	×	能	從地	819④	和形	841⑥			
よく	よく	×	能	從地	831⑥	和形	854④			
よく	よく	×	能	從地	832④	和形	855③			
よく	よく	×	能	從地	844⑥	和形	867④			
よく	よく	×	能	從地	861⑥	和形	884⑤			

よく 773

当該語	読みかな	傍訓	漢字表記	品名	頁数	語の種類	妙一本	和解語文	可読	異同語彙
よく	よく	×		能	如來	890①	和形	909②		
よく	よく	×		能	如來	907②	和形	926②		
よく	よく	×		能	如來	909①	和形	927⑥		
よく	よく	×		能	如來	909⑥	和形	928⑥		
よく	よく	×		能	如來	919②	和形	938②		
よく	よく	×		能	分別	923④	和形	942②		
よく	よく	×		能	分別	923⑤	和形	942④		
よく	よく	×		能	分別	930⑥	和形	949④		
よく	よく	×		能	分別	931②	和形	949⑥		
よく	よく	×		能	分別	937③	和形	955⑥		
よく	よく	×		能	分別	942③	和形	960⑥		
よく	よく	×		能	分別	943②	和形	961⑤		
よく	よく	×		能	分別	945③	和形	963⑥		
よく	よく	×		能	分別	946⑥	和形	965③		
よく	よく	×		能	分別	947⑥	和形	966④		
よく	よく	×		能	分別	948⑥	和形	967⑤		
よく	よく	×		能	分別	950⑤	和形	969③		
よく	よく	×		能	分別	954①	和形	972⑥		
よく	よく	×		能	分別	956⑤	和形	975③		
よく	よく	×		能	分別	958①	和形	976⑤		
よく	よく	×		能	分別	958⑥	和形	977③		
よく	よく	×		能	分別	961④	和形	980①		
よく	よく	×		能	分別	963②	和形	981④		
よく	よく	×		能	分別	963④	和形	982①		
よく	よく	×		能	分別	966④	和形	984⑥		
よく	よく	×		能	隨喜	970②	和形	988③		
よく	よく	×		能	法功	1002⑤	和形	1021②		
よく	よく	×		能	法功	1008①	和形	1026③		
よく	よく	×		能	法功	1010③	和形	1028⑤		
よく	よく	×		能	法功	1017③	和形	1036①		
よく	よく	×		能	法功	1018②	和形	1036⑥		
よく	よく	×		能	法功	1018⑥	和形	1037④		
よく	よく	×		能	法功	1019④	和形	1038②		
よく	よく	×		能	法功	1020⑤	和形	1039④		
よく	よく	×		能	法功	1020⑥	和形	1039⑤		
よく	よく	×		能	法功	1021③	和形	1040②		
よく	よく	×		能	法功	1021⑥	和形	1040⑤		
よく	よく	×		能	法功	1022②	和形	1041①		
よく	よく	×		能	法功	1022④	和形	1041③		
よく	よく	×		能	法功	1023①	和形	1041⑥		
よく	よく	×		能	法功	1023③	和形	1042②		
よく	よく	×		能	法功	1023⑤	和形	1042④		
よく	よく	×		能	法功	1024⑥	和形	1043⑥		
よく	よく	×		能	法功	1025③	和形	1044②		
よく	よく	×		能	法功	1025⑤	和形	1044④		
よく	よく	×		能	法功	1027⑥	和形	1046④		
よく	よく	×		能	法功	1030⑥	和形	1049④		
よく	よく	×		能	法功	1031①	和形	1049④		
よく	よく	×		能	法功	1033②	和形	1052①		
よく	よく	×		能	法功	1041④	和形	1060②		
よく	よく	×		能	法功	1045⑤	和形	1064③		
よく	よく	×		能	法功	1048①	和形	1066④		
よく	よく	×		能	常不	1067⑤	和形	1086④		
よく	よく	×		能	常不	1076②	和形	1094⑤		
よく	よく	×		能	常不	1078⑥	和形	1097③		
よく	よく	×		能	神力	1099②	和形	1118①		
よく	よく	×		能	神力	1100④	和形	1119③		
よく	よく	×		能	神力	1101①	和形	1120①		
よく	よく	×		能	神力	1102①	和形	1121①		
よく	よく	×		能	神力	1102③	和形	1121②		
よく	よく	×		能	神力	1103③	和形	1122②		
よく	よく	×		能	神力	1103④	和形	1122④		
よく	よく	×		能	囑累	1107⑤	和形	1126③		
よく	よく	×		能	囑累	1109④	和形	1128②		
よく	よく	×		能	藥王	1141②	和形	1159③		
よく	よく	×		能	藥王	1144⑤	和形	1162⑤		
よく	よく	×		能	藥王	1145①	和形	1163①		
よく	よく	×		能	藥王	1147③	和形	1165⑤		

当該語	読みかな	傍訓	漢字表記	品名	頁数	語の種類	妙一本	和解語文	可読	異同語彙
よく	よく	×	能	藥王	1148⑤	和形	1167①			
よく	よく	×	能	藥王	1149①	和形	1167②			
よく	よく	×	能	藥王	1149②	和形	1167③			
よく	よく	×	能	藥王	1149④	和形	1167⑤			
よく	よく	×	能	藥王	1151②	和形	1169③			
よく	よく	×	能	藥王	1151③	和形	1169④			
よく	よく	×	能	藥王	1153④	和形	1171⑤			
よく	よく	×	能	藥王	1156③	和形	1174①			
よく	よく	×	能	藥王	1157③	和形	1175①			
よく	よく	×	能	藥王	1159②	和形	1176⑤			
よく	よく	×	能	藥王	1164③	和形	1181③			
よく	よく	×	能	妙音	1176④	和形	1191⑥			
よく	よく	×	能	妙音	1177②	和形	1192④			
よく	よく	×	能	妙音	1183③	和形	1198②			
よく	よく	×	能	妙音	1185③	和形	1200②			よく[妙]
よく	よく	×	能	妙音	1192⑤	和形	1206⑤			
よく	よく	×	能	妙音	1193①	和形	1207①			
よく	よく	×	能	妙音	1197④	和形	1211③			
よく	よく	×	能	妙音	1198③	和形	1212①			
よく	よく	×	能	觀世	1215②	和形	1228④			
よく	よく	×	能	觀世	1230⑥	和形	1243⑤			
よく	よく	×	能	觀世	1235⑤	和形	1248②			
よく	よく	×	能	觀世	1236④	和形	1249①			
よく	よく	×	能	觀世	1242⑤	和形	1255①			
よく	よく	×	能	觀世	1244①	和形	1256③			
よく	よく	×	能	觀世	1245⑥	和形	1258①			
よく	よく	×	能	陀羅	1248④	和形	1260⑤			
よく	よく	×	能	陀羅	1249⑥	和形	1262①			
よく	よく	×	能	陀羅	1256②	和形	1268①			
よく	よく	×	能	陀羅	1269⑤	和形	1280⑤			
よく	よく	×	能	妙莊	1289②	和形	1298④			
よく	よく	×	能	妙莊	1289④	和形	1298⑤			
よく	よく	×	能	妙莊	1297⑥	和形	1305⑥			
よく	よく	×	能	普賢	1309①	和形	1315④			
よく	よく	×	能	普賢	1317⑥	和形	1323②			
よく	よく	×	能	普賢	1326⑤	和形	1331①			
よく	よく	×	能	普賢	1327④	和形	1331⑤			
×	よく	×	能	普賢	1327⑥	和形	1332①		よく[西右]	よく[妙]
よく	よく	×	能	普賢	1331⑤	和形	1335⑤			
よく	よく	×	能善	方便	98②	和形	86②			
欲樂	よくぎょう	よくげう	欲樂	信解	377③	漢名	365②			よくらく[妙]
欲樂	よくぎょう	よくらく{げう}	欲樂	化城	462④	漢名	458③	よくらく／おもひねかひ[妙]		よくらく[妙]
欲性	よくしょう	よくしやう	欲性	方便	142⑥	漢名	124④			
欲性	よくしょう	よくしやう	欲性	方便	174③	漢名	150①		一と[西右]	
欲せ	よくせ	ほつ・おもはん	欲	譬喩	223④	単漢サ動	192④			おもふ[妙]
欲染	よくぜん	よくぜん／よくふかき心也	欲染	譬喩	290⑥	漢名	263①	よくぜん／よくにそむ[妙]		
浴池	よくち	よくち	浴池	序品	38②	漢地儀名	32⑥			
浴地	よくち	よくち	浴地	化城	542⑤	漢地儀名	548⑤	よくち／あむるいけ[妙]	一と[西右]	
浴池	よくち	よくち	浴池	分別	954⑥	漢地儀名	973⑤	よくち／あむるいけ[妙]		
浴池	よくち	よくち	浴池	分別	964⑤	漢地儀名	982⑤	よくち／あむるいけ[妙]	一と[西右]	
能善	よくよく	×	能善	法師	642②	和畳語形	654⑥			
餘國	よこく	よこく	餘國	化城	519④	漢地儀名	524④			
餘國	よこく	×	餘國	法師	647⑤	漢地儀名	661③			
餘国	よこく	よこく	餘國	如來	900①	漢地儀名	919②		一のくに[西右]	
餘国	よこく	よこく	餘國	如來	913③	漢地儀名	932③			
よこさまに	よこさまに	×	横	譬喩	308②	和形動	280⑤			
よし	よし	×	由	信解	329⑤	和形	306⑥			
よし	よし	×	佳	方便	122④	和形	107③			
餘事	よじ	よし	餘事	安樂	766③	漢名	786③		一の一[西右]	
餘食	よじき	よしき	餘食	五百	581④	漢名	586⑤			
與授す	よじゅす	よしゆ	與授	五百	583④	漢サ動	588⑥		あたへさつくィ[西右]	

当該語	読みかな	傍訓	漢字表記	品名	頁数	語の種類	妙一本	和解語文	可読	異同語彙
與授す	よじゅす	よじゆ	與授	法師	622④	漢サ動	633②	よしゆ・す／一さつく[妙]		
與授す	よじゅす	×	與授	授學	618⑤	漢サ動	628⑥	よしゆ・す／あたへさつく[妙]		
與授す	よじゅす	よしゆ	與授	法師	623②	漢サ動	634①		一と[西右]	
餘處	よしょ	よしょ	餘處	如來	888②	漢名	907③		一のところ[西右]	
餘處	よしょ	よしょ	餘處	隨喜	971②	漢名	989③		一のところ[西右]	
餘乘	よじょう	よじよう	餘乘	方便	128⑤	漢名	112⑥			
餘乘	よじょう	よじよう	餘乘	方便	140②	漢名	122①		一は[西右]	
餘乘	よじょう	よじよう	餘乘	譬喻	293⑤	漢名	265⑥			
餘乘	よじょう	よしよう	餘乘	化城	520②	漢名	525②			
よせ	よせ	×	因	序品	58②	和動	50⑤			
よせ	よせ	×	因	法師	621②	和動	631⑥			
よせ	よせ	×	因	常不	1059③	和動	1078①			
よたり	よたり	×	四	從地	826⑤	和数名	849①			
よたり	よたり	×	四	從地	827②	和数名	849④		よたん[西右]	
四阿修羅王	よたんのあしゆらおう	よたんのあしゆらわう	四阿修羅王	序品	12⑥	仏王名名	10②	しあしゆらわう／よつのとうしやうするわう[妙]		
四緊那羅王	よたんのきんならわう	一きんならわう	四緊那羅王	序品	11⑥	仏王名名	9④	しきんならわう／よつのまいうとの[妙]	よたんの一一[西右]	
四乾闥婆王	よたんのけんだつば	よたんのけんだつば	四乾闥婆王	序品	12③	仏王名名	9⑥	しけんたつはわう／よつのかくにん[妙]		
よつ	よつ	×	四	提婆	733④	和数名	751①			
よつ	よつ	×	四	普賢	1310①	和数名	1316⑤			
四迦樓羅王	よつのかるらおう	よつのかるら一	四迦樓羅王	序品	13③	仏王名名	10⑤	しかるらわう／よつのとりのわう[妙]		
與泥	よでい	よでい	與泥	方便	163⑤	漢名	141②			およひ泥(てい)[妙]
餘人	よにん	よ一	餘人	信解	360②	漢名	344⑤			
餘人	よにん	×	餘人	隨喜	972②	漢名	990②		一の一[西右]	
餘人	よにん	×	餘人	隨喜	981④	漢名	999④			
餘人	よにん	×	餘人	法功	1038⑤	漢名	1057③			
よま	よま	×	讀	見寶	694③	和動	713①			
よま	よま	×	讀	安樂	777①	和動	797⑤			
よま	よま	×	讀	安樂	809⑤	和動	831⑥			
よみ	よみ	×	讀	法師	640①	和動	652④			
よみ	よみ	×	讀	法功	994②	和動	1012⑥			
よみ	よみ	×	讀	法功	998③	和動	1017②			
よみ	よみ	×	讀	法功	1008⑤	和動	1027②			
よみ	よみ	×	讀	法功	1026④	和動	1045③			
よみ	よみ	×	讀	法功	1035①	和動	1053⑤			
よみ	よみ	×	讀	法功	1040①	和動	1059④			
よみたもた	よみたもた	×	讀持	見寶	698⑥	和複動	717⑥			
よも	よも	×	四	譬喻	276②	和名	247⑤			
よもき	よもぎ	×	蓬	譬喻	275⑥	和名	247③			
よもすがら	よもすがら	×	竟夜	譬喻	207⑤	和名	175①			
世々	よよ	よよ	世世	方便	116④	和疊名名	102①	せせ／よよ[妙]		
世々	よよ	×	世世	方便	118②	和疊名名	103④			
世々	よよ	×	世世	方便	127②	和疊語名	111④			よ[妙]
世々	よよ	×	世世	方便	154③	和疊語名	133⑥	せせ／よよ[妙]		
世々	よよ	×	世世	從地	830②	和疊語名	852⑤			
世々	よよ	×	世世	隨喜	984⑥	和疊語名	1003②	せゝ／よよに[妙]		
世々	よよ	×	世世	常不	1082①	和疊語名	1100④			世世(せせ)[妙]
世々	よよ	×	世世	常不	1083②	和疊語名	1101③			せせ[妙]
世々	よよ	×	世世	妙莊	1297⑤	和疊語名	1305⑤			世世[妙]
與欲し	よよくし	よよく／おもふなりと	與欲	見寶	678⑥	漢サ動	695④	よよく・し／くみ[妙]		
與欲し	よよくし	×	與欲	見寶	679④	漢サ動	696②	よよく・し／くみ[妙]		
より	より	×	因	從地	844③	和動	867②			
より	より	×	因	如來	914④	和動	933④			
より	より	×	緣	隨喜	980①	和動	998②			
より	より	×	依	如來	901⑥	和動	920⑥			

当該語	読みかな	傍訓	漢字表記	品名	頁数	語の種類	妙一本	和解語文	可読	異同語彙
よりて	よりて	×	因	信解	349③	和接	331④			
よる	よる	×	因	提婆	716②	和動	734②			
よる	よる	×	由	信解	340①	和動	319⑤			
よる	よる	×	由	法師	635⑥	和動	648①			
よる	よる	×	由	提婆	715④	和動	733③			
よる	よる	×	由	觀世	1210③	和動	1223④			
よろひ	よろい	×	鎧	勸持	756①	和名	775⑤			
よろひ	よろい	×	鎧	從地	845②	和名	868①			
よろこば	よろこば	×	喜	序品	43③	和動	37③			
よろこば	よろこば	×	喜	法師	655⑥	和動	670②			
よろこば	よろこば	×	喜	神力	1098①	和動	1116⑥			
よろこば	よろこば	×	悦	安樂	799④	和動	821②			
よろこひ	よろこび	×	慶	譬喩	284③	和動	256①			
よろこひ	よろこび	×	喜	方便	187①	和動	160③			
よろこひ	よろこび	×	喜	譬喩	295⑤	和動	267⑥			一ん一[西]
よろこひ	よろこび	×	喜	如來	904⑥	和動	923⑥			
よろこび	よろこび	×	喜	序品	34③	和轉成名	29④			
よろこび	よろこび	×	喜	方便	147③	和轉成名	128②			
よろこび	よろこび	×	喜	方便	183①	和轉成名	157②			
よろこび	よろこび	×	喜	化城	498⑤	和轉成名	501⑥			
よろこび	よろこび	×	喜	見寶	688⑤	和轉成名	706②			
よろこぶ	よろこぶ	×	欣	信解	339⑥	和動	319③			
よろしき	よろしき	×	宜	方便	88③	和形	77④			
よろしき	よろしき	×	宜	方便	192⑤	和形	165③			
よろしき	よろしき	×	宜	譬喩	207①	和形	174③			
よろしき	よろしき	×	宜	譬喩	212⑥	和形	180⑥			
よろしき	よろしき	×	宜	譬喩	234⑥	和形	204②			
よろしき	よろしき	×	宜	譬喩	242④	和形	212①			よろしく[妙]
よろしき	よろしき	×	宜	信解	377①	和形	364⑥			
よろしき	よろしき	×	宜	信解	378①	和形	366③			
よろしき	よろしき	×	宜	勸持	756⑥	和形	776⑥			
よろしき	よろしき	×	宜	安樂	764④	和形	784⑥			
よろしく	よろしく	×	應	如來	920③	和形	939③			
よろしく	よろしく	×	宜	譬喩	230②	和形	199③			
よろしく	よろしく	×	宜	譬喩	245⑥	和形	215⑤			
よろしく	よろしく	×	宜	譬喩	250④	和形	220④			
よろしく	よろしく	×	宜	譬喩	280④	和形	252①			
よろしく	よろしく	×	宜	信解	341⑥	和形	321⑥			
よろしく	よろしく	×	宜	化城	466④	和形	463③			
よろしく	よろしく	×	宜	化城	483⑤	和形	484①			
よろしく	よろしく	×	宜	見寶	691⑥	和形	709⑤			
よろしく	よろしく	×	宜	妙莊	1276⑤	和形	1286⑥			
ら	ら	×	等	序品	9⑤	和接辞	7⑥			
ら	ら	×	等	序品	38③	和接辞	33①			
等	ら	とう・ら	等	序品	55⑤	和接辞	48④			
ら	ら	×	等	序品	78②	和接辞	68⑤			
ら	ら	×	等	方便	95②	和接辞	83⑥			
ら	ら	×	等	方便	97③	和接辞	85④			
ら	ら	×	等	方便	118②	和接辞	103⑤			
ら	ら	×	等	方便	139②	和接辞	121②			
ら	ら	×	等	方便	147②	和接辞	128①			
ら	ら	×	等	方便	160④	和接辞	138④			
ら	ら	×	等	方便	162⑥	和接辞	140③			
ら	ら	×	等	方便	164①	和接辞	141④			
ら	ら	×	等	方便	165②	和接辞	142④			
ら	ら	×	等	方便	178③	和接辞	153②			
ら	ら	×	等	方便	191③	和接辞	164③			
ら	ら	×	等	方便	192③	和接辞	165①			
ら	ら	×	等	譬喩	211②	和接辞	179①			
ら	ら	×	等	譬喩	228④	和接辞	197⑤			
ら	ら	×	等	譬喩	243①	和接辞	212⑤			
ら	ら	×	等	譬喩	244⑤	和接辞	214③			子(こ)とも[妙]
ら	ら	×	等	譬喩	245⑥	和接辞	215⑥			
ら	ら	×	等	譬喩	256①	和接辞	227②			
ら	ら	×	等	譬喩	289⑥	和接辞	262①			
ら	ら	×	等	譬喩	308②	和接辞	280⑤			
ら	ら	×	等	譬喩	310②	和接辞	283②			
ら	ら	×	等	譬喩	316⑤	和接辞	291②			

当該語	読みかな	傍訓	漢字表記	品名	頁数	語の種類	妙一本	和解語文	可読	異同語彙
ら	ら	×	等	信解	327③	和接辞	304①			
ら	ら	×	等	信解	376②	和接辞	363⑥			
ら	ら	×	等	化城	521⑤	和接辞	526⑥			
ら	ら	×	等	化城	523⑤	和接辞	528⑥		一をは[西右]	
ら	ら	×	等	五百	573④	和接辞	577⑥			
ら	ら	×	等	五百	581①	和接辞	586②			
ら	ら	×	等	五百	583①	和接辞	588③			
ら	ら	×	等	授學	617①	和接辞	627①			
ら	ら	×	等	法師	622①	和接辞	632⑥			
ら	ら	×	等	法師	624①	和接辞	634⑥			
ら	ら	×	等	法師	624⑥	和接辞	635⑥		なとィ[西右]	
ら	ら	×	等	法師	641②	和接辞	653⑤			
ら	ら	×	等	法師	649②	和接辞	662⑥			
ら	ら	×	等	見寶	692①	和接辞	710②			
ら	ら	×	等	勸持	757③	和接辞	777①			
ら	ら	×	等	安樂	805②	和接辞	827③			
ら	ら	×	等	從地	822⑥	和接辞	845②			
ら	ら	×	等	從地	852③	和接辞	875①			
ら	ら	×	等	從地	855①	和接辞	877⑤			
ら	ら	×	等	從地	858②	和接辞	881①			
ら	ら	×	等	分別	932③	和接辞	951①			
ら	ら	×	等	分別	940⑥	和接辞	959②			
ら	ら	×	等	随喜	973③	和接辞	991③			
ら	ら	×	等	随喜	982⑥	和接辞	1001①			
ら	ら	×	等	随喜	983①	和接辞	1001②			
ら	ら	×	等	随喜	983①	和接辞	1001③			
ら	ら	×	等	随喜	983②	和接辞	1001④			
ら	ら	×	等	随喜	984②	和接辞	1002④			
ら	ら	×	等	法功	1012①	和接辞	1030④			
ら	ら	×	等	藥王	1125①	和接辞	1143③			
ら	ら	×	等	妙音	1169①	和接辞	1185②			
ら	ら	×	等	觀世	1217⑤	和接辞	1231②			
ら	ら	×	等	陀羅	1270⑥	和接辞	1281⑤			
ら	ら	×	等	妙莊	1277③	和接辞	1287③			なむたち[妙]
ら	ら	×	等	妙莊	1280③	和接辞	1290④			
ら	ら	×	等	妙莊	1301③	和接辞	1308⑤			
ら	ら	×	等	普賢	1315⑤	和接辞	1321③			
ら	ら	×	等	普賢	1330①	和接辞	1334⑥			
螺	ら	ら	螺	法功	1002①	単漢名	1020⑤	ら／かい[妙]		
癩	らい	らい／かさ	癩	譬喩	305①	単漢名	277③	らい／しらはたけ[妙]		
癩	らい	らい／かさ	癩	譬喩	310①	単漢名	283①			
礼	らい	×	禮	從地	817④	単漢名	839⑥			
礼	らい	×	禮	從地	824②	単漢名	846④			
礼	らい	×	禮	普賢	1338②	単漢名	1340⑤	らい／おかみ[妙]		
来往行坐臥	らいおうぎょうざが	らいわうぎやうざ	來往行坐臥	法功	1022③	漢名	1041②	らいわうきやうさくわ／きたりゆきゐふしたらん[妙]	一し一し一し一しするを[西右]	
礼敬し	らいぎょうし	らいきやう	禮敬	信解	375②	漢サ動	362⑤	らいきやう・し／をかみうやまい[妙]		
礼敬し	らいぎょうし	らいきやう	禮敬	法師	633⑤	漢サ動	645②			
礼敬し	らいぎょうし	らいきやう	禮敬	提婆	730⑤	漢サ動	748⑤	らいきやう・し／をかみうやまひ[妙]		
来詣し	らいけいし	らいけい	禮詣	妙音	1181①	漢サ動	1196②	らいけい・し／きたりたまうて[妙]		
来下し	らいげし	らい一	來下	分別	934④	漢サ動	953②			
礼し	らいし	×	禮	序品	14②	単漢サ動	11④			
礼し	らいし	×	禮	方便	120⑥	単漢サ動	106①	らい・し／をかみ[妙]	一奉りしかも[西右]	
礼し	らいし	×	禮	方便	179①	単漢サ動	153②			
礼し	らいし	らい	禮	化城	457②	単漢サ動	452②		一て[西右]	
礼し	らいし	×	禮	化城	468③	単漢サ動	465④			
礼し	らいし	×	禮	化城	477①	単漢サ動	476②		一奉り[西右]	
礼し	らいし	×	禮	化城	485⑤	単漢サ動	486③			
礼し	らいし	×	禮	化城	494③	単漢サ動	497①			
礼し	らいし	らい	禮	化城	531⑥	単漢サ動	537④			
礼し	らいし	×	禮	五百	563③	単漢サ動	566④			

当該語	読みかな	傍訓	漢字表記	品名	頁数	語の種類	妙一本	和解語文	可読	異同語彙
礼し	らいし	×	禮	五百	589③	単漢サ動	595⑥			
礼し	らいし	×	禮	五百	596③	単漢サ動	604②			
礼し	らいし	×	禮	授學	601⑤	単漢サ動	610②			
礼し	らいし	×	禮	分別	967②	単漢サ動	985④	らい・し／おがみ[妙]		
礼し	らいし	×	禮	藥王	1129⑤	単漢サ動	1148②		一て[西右]	
礼し	らいし	×	禮	妙音	1181⑤	単漢サ動	1196⑤			
礼し	らいし	×	禮	妙莊	1290④	単漢サ動	1299⑤		一て[西右]	
礼し	らいし	×	禮	妙莊	1302⑥	単漢サ動	1310②			
礼し	らいし	×	禮	普賢	1307⑤	単漢サ動	1314⑥		一て[西右]	
来至し	らいじし	らいし	來至	藥草	393①	漢サ動	378⑤	らいし／きたりたり[妙]		
来至し	らいじし	らいし	來至	見寶	687②	漢サ動	704⑥			
来至し	らいじし	らいし	來至	妙音	1175③	漢サ動	1191①			
来至する	らいじする	らいし	來至	如來	889②	漢サ動	908②	らいし・する／きたりたる[妙]		
来至せ	らいじせ	らいし	來至	方便	185⑤	漢サ動	159③	らいし・せ／きたりいたる[妙]		
来至せ	らいじせ	らいし	來至	信解	327⑥	漢サ動	304④	らいし・せ／きたりいたる[妙]		
来至せ	らいじせ	らいし	來至	信解	364③	漢サ動	349⑥	らいし・せ／きたりいたれ[妙]		
来至せ	らいじせ	らいし	來至	見寶	681②	漢サ動	698③	らいし・せ／きたりいたれり[妙]		
来至せ	らいじせ	らいし	來至	從地	838②	漢サ動	860⑥	らいし・せ／きたりたる[妙]		
来至せ	らいじせ	らいし	來至	法功	1034②	漢サ動	1053①	らいし・せ／きたりいたらん[妙]		
来至せ	らいじせ	らいし	來至	妙音	1185⑥	漢サ動	1200⑤	らいし・せ／きたりいたれ[妙]		
来集し	らいしゅうし	らいしゅ／きたりあつまり	來集	見寶	677①	漢サ動	693②		一す[西右]	
来集し	らいしゅうし	×	來集	見寶	677②	漢サ動	693③			
来集し	らいしゅうし	らいしゅ	來集	見寶	679②	漢サ動	695⑥	らいしう・し／きたりあつまる[妙]		
雷聲	らいしょう	らいしやう／一のこゑ	雷聲	藥草	400⑥	漢名	387③	らいしやう／いかづちのこゑ[妙]	一のこゑ[西右]	
来生せ	らいしょうせ	×	來生	妙莊	1297①	漢サ動	1305①		うまれたるを[西右]	り[妙]
礼す	らいす	×	禮	法師	629④	単漢サ動	640⑥			
礼す	らいす	×	禮	從地	823⑥	単漢サ動	846②		一し奉る[西右]	
来世	らいせ	らい―	來世	方便	146⑥	漢名	127⑤			
来世	らいせ	らい―	來世	方便	157①	漢名	135⑥			
来世	らいせ	らいせ	來世	譬喩	226⑥	漢名	195⑥			
来世	らいせ	×	來世	信解	367③	漢名	353④			
来世	らいせ	×	來世	授記	419②	漢名	408②			
来世	らいせ	×	來世	授學	604①	漢名	612⑤			
来世	らいせ	×	來世	授學	613①	漢名	622④			
来世	らいせ	×	來世	見寶	698⑥	漢名	717⑥			
来世	らいせ	×	來世	勸持	744②	漢名	763⑤			
来世	らいせ	×	來世	勸持	756④	漢名	776②	らいせ／のちのよ[妙]		
来世	らいせ	らい―	來世	安樂	813④	漢名	835⑥			
来入する	らいにゅうする	らいにう	來入	譬喩	304⑥	漢サ動	277②	らいにう／きたりいる[妙]		
来入せ	らいにゅうせ	らいにう／きたりいる	來入	譬喩	280②	漢サ動	251⑤	らいにう／きたりいれり[妙]	一して[西左]	
禮拜	らいはい	らいはい	禮拜	提婆	718⑤	漢名	736⑥			
礼拜	らいはい	らいはい	禮拜	常不	1063④	漢名	1082②	らいはゐ／おがみ[妙]		礼拜(らいはゐ)おがみ[妙]
礼拜	らいはい	×	禮拜	妙音	1201①	漢名	1214⑤		一し[西右・立本寺]	
礼拜供養せ	らいはいくようせ	らいはい――	禮拜供養	法師	641①	漢四熟サ動	653⑤		一する事[西右]	
礼拜讚歎{歎}し	らいはいさんだんし	らいはいさんたん	禮拜讚歎	常不	1062⑤	漢四熟サ動	1081③	らいはひさんだん・し／おがみほめ[妙]	―― し ――[西右]	礼拜讚歎(らいはひさんだん)し[妙]

当該語	読みかな	傍訓	漢字表記	品名	頁数	語の種類	妙一本	和解語文	可読	異同語彙
礼拝讃歎し	らいはいさんだんし	ーーさんたん	禮拝讃歎	常不	1063⑤	漢四熟サ動	1082④	らいはいさんだん・し／おかみほめ[妙]	礼拝讃歎(らいはいさんだんし)し[妙]	
礼拝し	らいはいし	らいはい	禮拝	方便	167⑥	漢サ動	144⑤			
礼拝し	らいはいし	×	禮拝	見寶	666⑥	漢サ動	681⑥			
礼拝し	らいはいし	らいはい	禮拝	神力	1091⑤	漢サ動	1110①			らいはい・し[妙]
礼拝し	らいはいし	ーはい	禮拝	妙音	1169⑥	漢サ動	1185⑥			らいはい・し[妙]
礼拝し	らいはいし	×	禮拝	觀世	1218⑥	漢サ動	1231⑤			らいはい・し[妙]
礼拝し	らいはいし	×	禮拝	觀世	1220⑥	漢サ動	1234②			らいはい・し[妙]
礼拝す	らいはいす	らいはい	禮拝	譬喩	292⑤	漢サ動	264⑥			
礼拝す	らいはいす	×	禮拝	安樂	786④	漢サ動	808①	らいはい・す／をかむ[妙]		
礼拝す	らいはいす	×	禮拝	妙荘	1305②	漢サ動	1312⑤			らいはい・す[妙]
羅漢	らかん	らかん	羅漢	方便	108①	仏人倫名	94⑤			
羅漢	らかん	らかん	羅漢	方便	187⑥	仏人倫名	160⑥			
羅漢	らかん	らかん	羅漢	勸持	752⑥	仏人倫名	772③			
羅漢	らかん	らかん	羅漢	安樂	769④	仏人倫名	790①		ーと[西右]	
躶形黒瘦	らぎょうこくしゅ	らきやうこくしゆ／はたかなるかたちくろみやせなり	躶形黒瘦	譬喩	274⑥	漢四熟名	246③	はたかなるかたちくろみやせなり[妙]		
樂	らく	らく	樂	譬喩	289③	単漢名	261④			
樂	らく	らく	樂	藥草	394①	単漢名	379⑥			
樂	らく	らく	樂	藥草	404②	単漢名	391⑥		ーと[西右]	
樂	らく	らく	樂	化城	470②	単漢名	468④			
樂	らく	らく	樂	化城	497⑤	単漢名	500⑤			
樂	らく	×	樂	化城	497⑤	単漢名	500⑤			
樂	らく	らく	樂	提婆	712④	単漢名	730①			
樂	らく	らく	樂	提婆	714②	単漢名	732①			
樂	らく	×	樂	普賢	1330②	単漢名	1334②			
樂具	らくぐ	らくー	樂具	分別	955②	漢名	973⑥			
樂具	らくぐ	らくー	樂具	随喜	977①	漢名	995②			
樂具	らくぐ	らくぐ	樂具	随喜	977④	漢名	995⑤			
駝駞{駝}	らくだ	らくだ／にをおふむま	駝駞{駝}	譬喩	304②	漢獸類名	276③	らくだ／にをいむま[妙]	駝駞(たくだ)[妙]	
樂土	らくど	らくど	樂土	序品	31④	漢名	27②			
羅睺	らご	らこ	羅睺	授學	615①	仏人名名	624⑤			羅睺羅(らごら)[妙]
羅睺阿修羅王	らごあしゅらおう	らごーーーー	羅睺阿修羅王	序品	13②	仏王名名	10④			
羅睺羅	らごら	らごら	羅睺羅	序品	6②	仏人名名	4⑥	らごら／ほとけのみこ[妙]		
羅睺羅	らごら	らごら	羅睺羅	授學	601②	仏人名名	609④	らこら／ほとけの御こ[妙]		
羅睺羅	らごら	らこら	羅睺羅	授學	602④	仏人名名	611②			
羅睺羅	らごら	ーこー	羅睺羅	授學	603⑤	仏人名名	612⑤			
羅睺羅	らごら	らこら	羅睺羅	授學	612⑥	仏人名名	622③			
羅睺羅	らごら	×	羅睺羅	授學	615⑤	仏人名名	625③			
羅睺羅母	らごらも	らこらも	羅睺羅母	勸持	744⑥	仏人名名	763⑥			
羅睺羅母耶輸陀羅比丘尼	らごらもやしゆだらびくに	らごらもやじゆたらびくに	羅睺羅母耶輸陀羅比丘尼	序品	6⑤	仏名	5③	らごらもやしゆたらひくに／ーのはゝ[妙]		
螺聲	らしょう	らー	螺聲	法功	999③	漢名	1018①	らしやう／かいのこゑ[妙]		
羅利	らせつ	ーせつ	羅利	法功	1033⑤	仏鬼神名	1052④		ーと[西右]	
羅利	らせつ	らせつ	羅利	觀世	1211⑤	仏鬼神名	1224⑥			らせつ[妙]
羅利	らせつ	らせつ	羅利	觀世	1212⑤	仏鬼神名	1225⑦			らせつ[妙]
羅利	らせつ	らせつ	羅利	陀羅	1255⑤	仏鬼神名	1267⑤			らせつ[妙]
羅利	らせつ	らせつ	羅利	陀羅	1265⑤	仏鬼神名	1276⑥			らせつ[妙]
羅利	らせつ	らせつ	羅利	普賢	1312⑤	仏鬼神名	1318②			らせち[妙]
羅利鬼	らせつき	らせつき・くゐ／人をくらふおに	羅利鬼	觀世	1211⑤	仏鬼神名	1224⑥			らせつき[妙]
羅利女	らせつにょ	らせつー	羅利女	陀羅	1262①	仏人倫名	1273④			らせつによ[妙]
羅利女	らせつにょ	らせつー	羅利女	陀羅	1268④	仏人倫名	1279④			らせつによ[妙]
羅利女	らせつにょ	らせつー	羅利女	陀羅	1269④	仏人倫名	1280④			らせつによ[妙]
邏祢履剃二十四	らねびてい	らねびてい	邏祢履剃二十四	陀羅	1252②	仏梵語名	1264②			らねいひてい[妙]
羅網	らもう	らまう	羅網	譬喩	287②	漢名	259①	らまう／あみ[妙]		
羅列し	られつし	られつ／つらなる心	羅列	信解	327③	漢サ動	303⑥	られつ・し／あみつらねて[妙]		

当該語	読みかな	傍訓	漢字表記	品名	頁数	語の種類	妙一本	和解語文	可読	異同語彙
欄楯	らんじゅん	らんじゅん／たてさまよこさま	欄楯	序品	30③	漢名	26①			
欄楯	らんじゅん	らんじゅん	欄楯	譬喩	248②	漢名	218①			
欄楯	らんじゅん	らんじゅん	欄楯	譬喩	287①	漢名	258⑥			
欄楯	らんじゅん	らんじゅん	欄楯	見寶	657①	漢名	671④			
卵生	らんしょう	らんしやう／かфこ	卵生	随喜	973①	漢名	991①			
嬾惰	らんだ	らんだ	嬾惰	安樂	780⑥	漢名	801⑤			
藍婆	らんば	らんば	藍婆	陀羅	1262①	仏人倫名	1273④			らんば[妙]
利	り	×	利	譬喩	211⑤	単漢名	179⑤			
利	り	×	利	信解	321④	単漢名	296⑥			
利	り	×	利	信解	371⑥	単漢名	358④			
利	り	×	利	化城	460②	単漢名	455⑤			
利	り	り	利	安樂	771②	単漢名	791④			
利	り	×	利	神力	1104①	単漢名	1122⑥			り[妙]
利	り	×	利	觀世	1221④	単漢名	1234⑥			り[妙]
狸	り	り／たぬき	狸	譬喩	271⑥	漢獣類名	243①			
力	りき	りき	力	方便	89⑤	単漢名	78⑤			
力	りき	りき	力	方便	92⑤	単漢名	81③	りき／ちから[妙]		
力	りき	りき	力	方便	106⑤	単漢名	93④	りき／ちから[妙]		
力	りき	りき	力	譬喩	254①	単漢名	224⑥	りき／ちから[妙]		
力	りき	りき	力	譬喩	258②	単漢名	229②	りき／ちから[妙]		
力	りき	りき	力	譬喩	259③	単漢名	230③	りき／ちから[妙]		
力	りき	りき	力	譬喩	264④	単漢名	235⑥	りき／ちから[妙]		
力	りき	りき	力	譬喩	269③	単漢名	240④			
力	りき	りき	力	譬喩	292⑥	単漢名	265①	りき／ちから[妙]		
離垢	りく	りく	離垢	譬喩	221③	仏名	190②			
離垢	りく	りく	離垢	譬喩	227④	仏名	196⑤			
六	りく	×	六	序品	52①	漢数名	45②			
六	りく	×	六	陀羅	1262④	漢数名	1274①			
六牙	りくが	×	六牙	普賢	1313①	漢数名	1319①	ろくげ／むつのきはある[妙]		
利根	りこん	一こん	利根	方便	146②	単形動	127②		一こんなり[西右]	
利根	りこん	りこん	利根	譬喩	311④	単形動	284⑥		一一と[西右]	
利根	りこん	りこん	利根	藥草	407②	単形動	394⑤		一一と[西右]	
利根	りこん	りこん	利根	授記	431②	単形動	422②			
利根	りこん	りこん	利根	提婆	727③	単形動	745④		一一なり[西右]	
利根	りこん	りこん	利根	分別	959④	単形動	978①			
利根	りこん	りこん	利根	随喜	982②	単形動	1000③			
離諸悪趣三昧	りしょあくしゅざんまい	りしよあくしゆ――	離諸惡趣三昧	妙莊	1288⑤	漢名	1298①			りしよあくしふさんまい[妙]
離衰	りすい	りすい	離衰	常不	1058②	漢名	1076⑥			りすい[妙]
利せ	りせ	×	利	分別	967⑤	漢サ動	986①			
離相	りそう	りさう	離相	藥草	397⑤	漢名	383⑥	りさうめつさう／はなれほろほすさう[妙]	一の一[西右]	
離相滅相	りそうめつそう	りさうめつさう	離相滅相	藥草	395②	漢四熟名	381②	りさうめつさう／はなれほろほすさう[妙]	一の一[西右]	
梨黶	りたん	りたん／つゝしみくろみ	梨黶	譬喩	303③	漢名	275⑤	りたん／つゝしみくろみ[妙]		
利智	りち	×	利智	方便	97①	漢名	85②			
利鈍	りどん	りどん	利鈍	方便	174③	漢名	150②	りとん／ときにふき[妙]		
利鈍	りどん	りどん	利鈍	藥草	393②	漢名	378⑥	りとん／ときにふき[妙]		
利鈍	りどん	りどん	利鈍	五百	578④	漢名	583③	りどん／ときにふき[妙]		
利鈍	りどん	りどん	利鈍	如來	889③	漢名	908②			
離婆多	りはた	りはた	離婆多	序品	5⑤	仏人名名	4④			
離波多	りはた	りはた	離波多	五百	584④	仏人名名	590①		一と[西右]	
離別し	りべつし	りべつ	離別	信解	324③	漢サ動	300③	りへつ／はなれわかる[妙]		
吏民	りみん	りみん／つかふもの也	吏民	信解	323④	漢人倫名	299③	つかふもの也		
吏民	りみん	りみん	吏民	信解	326⑤	漢人倫名	303③			
利益	りやく	りやく	利益	普賢	1325②	漢名	1329⑤			りやく[妙]

当該語	読みかな	傍訓	漢字表記	品名	頁数	語の種類	妙一本	和解語文	可読	異同語彙
りやくし	りゃくし	×	略	序品	29①	漢サ動	24⑤		ほどくへしィ[西右]略してとかん[西左]	
略し	りゃくし	りやく	略	觀世	1236②	漢サ動	1248⑤			りやく・し[妙]
略し	りゃくし	りやく	略	五百	582②	漢サ動	587④			
利益し	りゃくし	りやく	利益	譬喻	254③	漢サ動	225③			
利益し	りゃくし	りやく	利益	譬喻	264⑥	漢サ動	236②			
利益し	りゃくし	りやく	利益	信解	374⑥	漢サ動	362③			
利益する	りゃくする	×	利益	藥王	1164⑤	漢サ動	1181②			利益(りやく)す[妙]
利益せ	りゃくせ	りやく	利益	譬喻	298③	漢サ動	270⑤			
利益せ	りゃくせ	×	利益	普賢	1327①	漢サ動	1331②			りやく・せ[妙]
竜	りゅう	りう	竜	譬喻	230⑤	単漢獸類名	199⑥	りう／たつ[妙]		
龍	りゅう	りう	龍	序品	16③	単漢獸類名	13③			
龍	りゅう	りう	龍	序品	55③	単漢獸類名	48②	りう／たつ[妙]		
龍	りゅう	—	龍	法師	648④	単漢獸類名	662③			
龍	りゅう	—	龍	見寳	658③	単漢獸類名	672⑤			
龍	りゅう	りう	龍	法功	1028①	単漢獸類名	1047③		一と[西右]	
龍	りゅう	×	龍	神力	1085⑤	単漢獸類名	1104②			りう[妙]
龍	りゅう	×	龍	神力	1088⑤	単漢獸類名	1106④			りう[妙]
龍	りゅう	×	龍	藥王	1135⑤	単漢獸類名	1154①			りう[妙]
龍	りゅう	りう	龍	藥王	1160⑤	単漢獸類名	1178①			
龍	りゅう	×	龍	妙音	1192⑤	単漢獸類名	1206②			りう[妙]
龍	りゅう	りう	龍	觀世	1229①	単漢獸類名	1241⑥	りう／たつ[妙]		
龍	りゅう	×	龍	觀世	1233②	単漢獸類名	1245⑥			りう[妙]
龍	りゅう	×	龍	觀世	1233⑥	単漢獸類名	1246④			りう[妙]
龍	りゅう	りう	龍	觀世	1237②	単漢獸類名	1249⑤	りう／たつ[妙]	一と[西右]	
龍	りゅう	×	龍	普賢	1306⑤	単漢獸類名	1313⑤			りう[妙]
龍	りゅう	×	龍	普賢	1337②	単漢獸類名	1340④			りう[妙]
竜王	りゅうおう	りう—	竜王	化城	476③	漢王名名	475④	りうわう／たつ[妙]		
竜王	りゅうおう	りう—	竜王	化城	485①	漢王名名	485④			
竜王	りゅうおう	りう—	竜王	化城	530③	漢王名名	536②			
龍王	りゅうおう	りう—	龍王	化城	467⑥	漢王名名	464②	りうわう／たつ[妙]		
龍王	りゅうおう	りう—	龍王	化城	493⑥	漢王名名	496③			
龍王	りゅうおう	りう—	龍王	法師	621④	漢王名名	632②		一と[西右]	
龍王	りゅうおう	りう—	龍王	法師	655③	漢王名名	669⑤			
龍王	りゅうおう	りう—	龍王	提婆	730④	漢王名名	748④	りうわうにょ／りうわうのむすめ[妙]		竜王女[妙]
龍宮	りゅうぐう	りう—	龍宮	提婆	722⑤	漢地儀名	740⑥			
立し	りゅうし	×	立	分別	960⑤	漢サ動	979②	りう・し／たち[妙]		
立し	りゅうし	りう	立	随喜	979⑥	漢サ動	998①	りう・し／たちて[妙]		
立し	りゅうし	×	立	普賢	1312⑤	漢サ動	1318⑥	りう・し／たち[妙]		
龍聲	りゅうしょう	りう—	龍聲	法功	999⑤	漢名	1018④	りうしやう／りうのこゑ[妙]		竜声(りうしやう)りうのこゑ[妙]
龍神	りゅうじん	りうじん	龍神	序品	41①	漢神名名	35⑤			
龍神	りゅうじん	りうじん	龍神	序品	44⑤	漢神名名	38④			
龍神	りゅうじん	りうじん	龍神	序品	70②	漢神名名	61③			
龍神	りゅうじん	りうしん	龍神	方便	110⑤	漢神名名	96⑤			
龍神	りゅうじん	りうじん	龍神	譬喻	214③	漢神名名	182④			
龍神	りゅうじん	りうじん	龍神	見寳	687①	漢神名名	704④			
龍神	りゅうじん	りうじん	龍神	提婆	731④	漢神名名	749④			
龍神	りゅうじん	りうじん	龍神	安樂	811⑤	漢神名名	834①			
龍神	りゅうじん	りうじん	龍神	常不	1077④	漢神名名	1096①			
龍神	りゅうじん	×	龍神	藥王	1115⑤	漢神名名	1133⑥			りうしん[妙]
立せ	りゅうせ	りう・たて	立	五百	568②	漢サ動	571⑥	りう・せ／たて[妙]		
立せ	りゅうせ	×	立	五百	569⑥	漢サ動	573⑤			
龍女	りゅうにょ	りう—	龍女	提婆	732②	漢神名名	750③			
龍女	りゅうにょ	りう—	龍女	提婆	733⑥	漢神名名	752①			
龍女	りゅうにょ	りう—	龍女	提婆	734②	漢神名名	752⑤			
龍女	りゅうにょ	りう—	龍女	提婆	735①	漢神名名	753⑤			
龍女	りゅうにょ	りう—	龍女	提婆	736①	漢神名名	754④			

当該語	読みかな	傍訓	漢字表記	品名	頁数	語の種類	妙一本	和解語文	可読	異同語彙
龍女	りうにょ	りう―	龍女	法功	1028④	漢神名名	1047③		―と[西右]	
聾	りょう	れう／みゝしい	聾	譬喩	305⑤	単漢病症名	278①	れう／みゝしい[妙]		
聾	りょう	れう／みゝしい	聾	譬喩	306④	単漢病症名	278⑥			
聾	りょう	れう／みゝしい	聾	譬喩	308⑤	単漢病症名	281③	れう／みゝしひ[妙]		
聾	りょう	れう／みゝしい	聾	譬喩	309①	単漢病症名	281⑤	れう／みゝしひ[妙]		
聾	りょう	れう／りよう	聾	譬喩	309⑥	単漢病症名	282⑤	りよう／みゝしい[妙]		
利養	りょう	りやう	利養	序品	63③	漢名	55③			
利養	りょう	りよう	利養	勧持	752④	漢名	772①			
利養	りょう	×	利養	勧持	753④	漢名	773①			
猟師	りょうし	れうし	獵師	普賢	1330⑥	漢人倫名	1334⑤			れうし[妙]
霊鷲山	りょうじゅせん	りやうじゆせん	靈鷲山	提婆	722①	仏山名名	740①			
霊鷲山	りょうじゅせん	りやうじゆせん	靈鷲山	提婆	723⑥	仏山名名	742①	りやうしゆせん／―やま[妙]		
霊鷲山	りょうじゅせん	りやうじゆせん	靈鷲山	如來	913①	仏山名名	931⑥			
霊鷲山	りょうじゅせん	りやうじゆせん	靈鷲山	如來	914⑥	仏山名名	933⑥			
鈴聲	りょうしょう	りやう―	鈴聲	法功	999③	漢名	1018②	りやうしやう／すゝのこゑ[妙]		
領す	りょうす	りやう	領	序品	52④	漢サ動	45④		おさむィ[西右]―給引き[西右]	
両足	りょうそく	りやうそく	兩足	譬喩	230①	漢名	199②			
兩足	りょうそく	りやうぞく	兩足	藥草	404③	漢名	391③			
兩足尊	りょうそくそん	りやうそくそん	兩足尊	方便	108⑥	仏尊号名	95③	りやうそくそん／―ほとけ[妙]	―― の―[西右]	
兩足尊	りょうそくそん	りやうそくそん	兩足尊	方便	172①	仏尊号名	148②		―― の―[西右]	
両足尊	りょうそくそん	りやうぞくそん	兩足尊	化城	449②	仏尊号名	442⑤	りやうそくそん／ほとけ[妙]		
両足尊	りょうそくそん	りやうぞくそん	兩足尊	從地	834⑥	仏尊号名	857⑤	りやうそくそん／―ほとけ[妙]		
了達し	りょうだつし	りやうたつ	了達	方便	98②	漢サ動	86②	れうたつ・し／さとる[妙]		
了達し	りょうだつし	れうたつ	了達	藥草	412③	漢サ動	400④	りやうたつ／さりとをる[妙]		
了達し	りょうだつし	―たつ	了達	化城	520⑤	漢サ動	525⑤	れうたつ／さとり[妙]		
了達し	りょうだつし	×	了達	提婆	728①	漢サ動	746①	れうたつ・し／さとり[妙]	―せり[西右]	
領知すれ	りょうちすれ	りやうち	領知	信解	342③	漢サ動	322④	りやうち・すれ／あつかりしれ[妙]		
令知せ	りょうちせ	りやうち・おゝせしらしむれども	令知	信解	363①	漢サ動	348②	りやうち・せ／しら[妙]		
伶俜辛苦する	りょうひょうしんくする	りやうびゃうしんく／さすらへくるしみ	伶俜辛苦	信解	344②	漢四熟サ動	325①	りやうひやうしんく・する／さすらひくるしむ[妙]		
繚戻し	りょうらいし	れうらい・まとえりもとり	繚戻	普賢	1335⑥	漢サ動	1338⑥			
輪	りん	りん	輪	藥草	409④	単漢名	397⑤	りん／のりを[妙]		
輪	りん	りん	輪	授記	431②	単漢名	422②	りん／のり[妙]		
輪廻し	りんえし	りんゑ	輪廻	方便	154②	漢サ動	133④			
悋惜し	りんじゃくし	りんじやくする／おしむ心也	悋惜	信解	350④	漢サ動	333①	りんぜき・し／おしみ[妙]		
悋惜する	りんじゃくする	りんしやく／かへおしむ	悋惜	提婆	709③	漢サ動	726④	りんじやく／をしむ[妙]		
林樹下	りんじゅげ	りんじゆげ／はやしきのもと	林樹下	譬喩	210①	漢名	177⑤	りんじゆげ／はやしきのもとに[妙]	―― のした[西右]	
林藪	りんそう	りん―／―おゝふ	林藪	見寶	669⑥	漢名	685②	りんそう／はやしやぶ[妙]		
倫匹	りんひつ	りんひち	倫匹	譬喩	230①	漢名	199②	りんひつ／ともから[妙]		
林野	りんや	りんや／はやしの	林野	譬喩	290②	漢名	262②	りんや／はやしのに[妙]		

当該語	読みかな	傍訓	漢字表記	品名	頁数	語の種類	妙一本	和解語文	可読	異同語彙
類	るい	るい	類	方便	92④	単漢名	81③		一とは[西右]	
類	るい	るい	類	方便	94⑤	単漢名	83②		一は[西右]	
類	るい	るい	類	方便	159③	単漢名	137⑤			
類	るい	たぐい	類	方便	159⑥	単漢名	138①			
類	るい	るい	類	方便	178③	単漢名	153②			
類	るい	るい	類	方便	181⑤	単漢名	156①			
類	るい	るい	類	化城	461⑥	単漢名	457④			
類	るい	るい	類	化城	496③	単漢名	499①			
類	るい	るい	類	五百	573①	単漢名	577②			
類	るい	るい	類	五百	575③	単漢名	580①			
類	るい	るい	類	法師	622⑥	単漢名	632⑥			
類	るい	るい	類	提婆	731④	単漢名	749⑤			
累劫	るいごう	るいこう／こうをかさねる也	累劫	譬喩	294②	漢名	266③		こうをかさねて[西右]	
羸痩	るいしゅ	るいしゆ／つかれおとろへ	羸痩	信解	336②	漢名	314⑤	るいしゆ／つかれやせ[妙]		
羸痩し	るいしゅし	るいしゆ／つかれおとろへ	羸痩	信解	356⑤	漢サ動	340⑤	るいしゅ／つかれて[妙]		
流澍する	るじゆする	るしゆ／なかれうるをす／ながれそゝくことィ	流澍	藥草	401④	漢サ動	388①	るしゆ／をす[妙]		
流泉	るせん	るせん	流泉	序品	38②	漢名	32⑥			
流布し	るふし	るふ	流布	譬喩	229⑤	漢サ動	198⑥			
流布し	るふし	るふ	流布	囑累	1106①	漢サ動	1124⑥			るふ・し[妙]
流布し	るふし	るふ	流布	藥王	1160④	漢サ動	1177⑥			るふ・し[妙]
流布せ	るふせ	るふ	流布	藥王	1132⑥	漢サ動	1151②			るふ・せ[妙]
流布せ	るふせ	るふ	流布	普賢	1326②	漢サ動	1330④			るふ・せ[妙]
瑠璃	るり	るり	瑠璃	序品	69⑤	漢宝玉名	60⑥			
瑠璃	るり	るり	瑠璃	譬喩	221⑤	漢宝玉名	190④			
瑠璃	るり	るり	瑠璃	譬喩	227⑤	漢宝玉名	196⑤	るり／たま[妙]		
瑠璃	るり	るり	瑠璃	譬喩	286⑤	漢宝玉名	258④			
瑠璃	るり	るり	瑠璃	信解	323②	漢宝玉名	299①			
瑠璃	るり	るり	瑠璃	信解	354④	漢宝玉名	338①			
瑠璃	るり	るり	瑠璃	授記	417③	漢宝玉名	405⑥			
瑠璃	るり	るり	瑠璃	授記	420①	漢宝玉名	408⑥			
瑠璃	るり	るり	瑠璃	授記	433⑥	漢宝玉名	425①			
瑠璃	るり	るり	瑠璃	授記	439⑤	漢宝玉名	431④			
瑠璃	るり	×	瑠璃	授學	605②	漢宝玉名	614①			
瑠璃	るり	るり	瑠璃	見寶	657⑤	漢宝玉名	672⑤			
瑠璃	るり	×	瑠璃	見寶	669④	漢宝玉名	684⑥			
瑠璃	るり	×	瑠璃	見寶	673①	漢宝玉名	688④			
瑠璃	るり	×	瑠璃	見寶	675②	漢宝玉名	691④			
瑠璃	るり	るり	瑠璃	安樂	797④	漢宝玉名	819①			
瑠璃	るり	るり	瑠璃	分別	950①	漢宝玉名	968⑤			
瑠璃	るり	るり	瑠璃	隨喜	973⑥	漢宝玉名	992①		一と[西右]	
瑠璃	るり	るり	瑠璃	藥王	1117⑤	漢宝玉名	1135⑥			るり[妙]
瑠璃	るり	るり	瑠璃	觀世	1210⑥	漢宝玉名	1224①			るり[妙]
瑠璃珠	るりしゅ	るりしゆ	瑠璃珠	方便	161⑤	漢宝玉名	139④			
劣	れつ	×	劣	信解	372①	単漢名	358⑤	れち／をとれ[妙]		れち[妙]
蓮	れん	れん	蓮	譬喩	306③	単漢病症名	278⑥	れん／なへ[妙]		
蓮華	れんげ	×	蓮華	見寶	687⑥	漢花名名	705⑤			
蓮華	れんげ	×	蓮華	提婆	720②	漢花名名	738③			
蓮華	れんげ	×	蓮華	提婆	721③	漢花名名	739④			
蓮華	れんげ	×	蓮華	提婆	722①	漢花名名	740②			
蓮華	れんげ	×	蓮華	從地	865②	漢花名名	888①			
蓮華	れんげ	×	蓮華	藥王	1154④	漢花名名	1172④			れんくゑ[妙]
蓮華	れんげ	×	蓮華	妙音	1174④	漢花名名	1189⑤			れんくゑ[妙]
蓮華	れんげ	×	蓮華	妙音	1174④	漢花名名	1190①			れんけ[妙]
蓮華	れんげ	×	蓮華	妙音	1179④	漢花名名	1194④			れんくゑ[妙]
練し	れんじ	れん	練	如來	899④	漢サ動	918⑤			
戀着せ	れんちゃくせ	れんちやく／こひやくせり	戀着	譬喩	242①	漢サ動	211⑤	れんちゃく／こいつけり[妙]		
憐愍し	れんびんし	れんみん／あはれみ	憐愍	化城	461①	漢サ動	456⑤	れんみん／あはれみ[妙]		
戀慕	れんぼ	れんぼ	戀慕	如來	898④	漢名	917⑤	れんぼ／こひしのふこと[妙]		
戀慕	れんぼ	れんぼ	戀慕	如來	912③	漢名	931②	れんぼ／こいしのふこと[妙]		
戀慕し	れんぼし	れんぼ	戀慕	藥王	1133⑥	漢サ動	1152②			れんぼ・し[妙]

当該語	読みかな	傍訓	漢字表記	品名	頁数	語の種類	妙一本	和解語文	可読	異同語彙
戀慕する	れんぼする	れんぼ	戀慕	如來	914④	漢サ動	933④	れんぼ・する／しのふ[妙]		
憐愍	れんみん	れんみん／あはれみ	憐愍	信解	374⑥	漢名	362②	れんみん／あはれみ[妙]		
憐愍し	れんみんし	れんみん／あはれむ心	憐愍	譬喩	243①	漢サ動	212⑤	れんみん／あはれみ[妙]		
輦輿	れんよ	れんよ	輦輿	序品	29④	漢名	25③	れんよ／てくるまとこし[妙]	てぐるまとたごしと[西右]	
輦輿	れんよ	れんよ	輦輿	信解	354④	漢名	338②	れん一／一こし[妙]		
輦輿	れんよ	れんよ／こし	輦輿	随喜	980②	漢名	998③	れんよ／てくるまこし[妙]		
輦輿	れんよ	れんよ	輦輿	随喜	992④	漢名	1011②	れんよ／てくるまこし[妙]		
驢	ろ	ろ／うさきむま	驢	譬喩	304②	単漢獣類名	276④	ろ／うさきむま[妙]		
驢	ろ	ろ／うさきむま	驢	譬喩	309④	単漢獣類名	282⑤	ろ／うさきうま[妙]		
漏	ろう	ろ／ほんなう也	漏	方便	95③	単漢名	83⑤	ろ／ほんなう[妙]	一を[西右]	
狼	ろう	らう	狼	法功	1019①	単漢獣類名	1037⑤	らう／をうかみ[妙]	一と[西右]	
老	ろう	らう	老	序品	27③	単漢名	23③	らう／をい[妙]		
老	ろう	らう	老	序品	49①	単漢名	42②	らう／をいたり[妙]		
老	ろう	らう	老	譬喩	236①	単漢名	205④	らう／をい[妙]		
老	ろう	らう	老	譬喩	254⑤	単漢名	225⑤	らう／おい[妙]		
老	ろう	らう	老	譬喩	255⑥	単漢名	226④	らう／おい[妙]		
老	ろう	らう	老	譬喩	258④	単漢名	229④	らう／をい[妙]		
老	ろう	らう	老	譬喩	289⑤	単漢名	261⑥	らう／をい[妙]		
老	ろう	らう	老	化城	503②	単漢名	507②	らう／をひ[妙]		
老	ろう	らう	老	化城	504③	単漢名	508④	らう／をい[妙]		
老	ろう	らう	老	常不	1058⑤	単漢名	1077④	らう／をい[妙]		
老	ろう	らう	老	觀世	1243③	単漢名	1255⑤	らう／おい[妙]		
良醫	ろうい	らうい	良醫	如來	899①	漢人倫名	918④	らうい／よきくすし[妙]		
良醫	ろうい	らうい／くすし	良醫	如來	909①	漢人倫名	927⑥	らうい／よきくすし[妙]		
樓閣	ろうかく	ろうかく	樓閣	授記	428①	漢家屋名	418④			
樓閣	ろうかく	ろうかく	樓閣	随喜	974①	漢家屋名	992③			
老朽し	ろうくし	らうく／おいくちて	老朽	信解	324⑥	漢サ動	301①	らうく／おいくち[妙]		
牢固	ろうご	らうこ／かたからざる	牢固	随喜	988③	漢名	1006⑤	らうこ／かたからさる[妙]	かたくかたからざる事[西右]	
老死	ろうし	らうし	老死	化城	534⑥	漢名	540④	らうし／をいしぬる[妙]		
狼藉	ろうじゃく	らうじやく／みたれかはしくし	狼藉	譬喩	272④	漢名	243⑤	らうじやく／みたれかはし[妙]		
漏盡	ろうじん	ろじん	漏盡	方便	102①	漢名	89①	ろしん／ほんなうつくせる[妙]		
漏尽する	ろうじんする	ろしん／うれへなやみ	漏盡	譬喩	209⑤	漢サ動	177③	ろじん／ほんなうつくす[妙]	一をつくせたる事えたれども[西右]	
老大し	ろうだいし	らうたい	老大	信解	338⑤	漢サ動	317⑥	らうたい／おいおほきなり[妙]		
老病死海	ろうびょうしかい	らうびやうしかい	老病死海	藥王	1163①	漢四熟名	1180①	らうひやうしかい／おいやまひしぬるうみをわたす[妙]		
老弊	ろうへい	らうへい／つかれたる也	老弊	信解	338①	漢名	317②	らうへい／おいやつれたる[妙]		
良藥	ろうやく	らうやく	良藥	譬喩	308①	漢名	280③	りやうやく／よきくすり[妙]		
良藥	ろうやく	らうやく	良藥	如來	903①	漢名	922①	らうやく／よきくすり[妙]		
良藥	ろうやく	らうやく	良藥	如來	905⑥	漢名	924⑥	らうやく／よきくすり[妙]		
良藥	ろうやく	らうやく	良藥	藥王	1161③	漢名	1178④	らうやく／よきくすり[妙]		

当該語	読みかな	傍訓	漢字表記	品名	頁数	語の種類	妙一本	和解語文	可読	異同語彙
路伽耶陀	ろかやだ	ろかやだ／けたのたくひ	路伽耶陀	安樂	762⑥	仏梵語名	782③			
六牙	ろくげ	一げ	六牙	普賢	1316⑤	漢数名	1322②	ろくげ／むつのきは[妙]		
鹿車	ろくしゃ	ろくしゃ／しか―	鹿車	譬喻	245⑤	漢乘物名	215③		―と[西右]	
鹿車	ろくしゃ	ろくしゃ	鹿車	譬喻	247⑤	漢乘物名	217④	ひくしゃ／かせきのくるま[妙]		
鹿車	ろくしゃ	ろくしゃ	鹿車	譬喻	283①	漢乘物名	254⑤	らくしゃ／かせきのくるま[妙]		
六種	ろくしゅ	一しゆ	六種	序品	16②	漢数名	13①			
六種	ろくしゅ	一しゆ	六種	序品	24⑤	漢数名	20⑥			六種(ろくしう)[妙]
六種	ろくしゅ	×	六種	序品	55①	漢数名	48①			
六種	ろくしゅ	一しゆ	六種	化城	463③	漢数名	459④			
六種	ろくしゅ	×	六種	化城	464③	漢数名	460⑤			
六種	ろくしゅ	×	六種	神力	1088①	漢数名	1106④			ろくしゆ[妙]
六種	ろくしゅ	×	六種	神力	1099②	漢数名	1118②			ろくしう[妙]
六種	ろくしゅ	×	六種	藥王	1139⑤	漢数名	1158⑤			
六種	ろくしゅ	×	六種	妙音	1179⑤	漢数名	1194⑤			一しう[妙]
六種	ろくしゅ	×	六種	妙音	1199⑤	漢数名	1213⑥			一しう[妙]
六趣	ろくしゅ	一しゆ	六趣	序品	18①	漢数名	14⑤	ろくしう／ちこくかきちくしやうしゆらにんてん[妙]		
六趣	ろくしゅ	一しゆ	六趣	方便	154①	漢数名	133④			
六趣	ろくしゅ	一しゆ	六趣	随喜	972⑥	漢数名	991①			
六趣	ろくしゅ	一しゆ	六趣	随喜	977⑤	漢数名	995⑥			
六趣	ろくしゅ	一しゆ	六趣	法功	1042③	漢数名	1061①			
六趣	ろくしゅ	一しゆ	六趣	法功	1045①	漢数名	1063④			
六銖	ろくしゅ	一しゆ	六銖	藥王	1121⑥	漢数名	1140②			ろくしゆ[妙]
六十五百千万億那由他恒河沙	ろくじゅうごひゃくせんまんおくなゆた	×	六十五百千万億那由他恒河沙	妙莊	1298⑥	漢数名	1306⑤	ろくしうこひやくせんまんおくなゆたこうかしや／こうかゝわのいさこのかす[妙]		
六十小劫	ろくじゅうしょうごう	×	六十小劫	序品	58④	漢四熟数名	51①	一せうこう／一と し[妙]		
六十小劫	ろくじゅうしょうごう	―――こう	六十小劫	序品	58⑥	漢四熟数名	51②			
六十小劫	ろくじゅうしょうごう	×	六十小劫	序品	59④	漢四熟数名	52①			
六十小劫	ろくじゅうしょうごう	ろくじふしようかふ	六十小劫	序品	75③	漢四熟数名	66②			
六十二	ろくじゅうに	×	六十二	方便	155①	漢数名	134③			
六十二億	ろくじゅうにおく	×	六十二億	授學	604④	漢四熟数名	613②			
六十二億恒河沙	ろくじゅうにおくごうがしゃ	×	六十二億恒河沙	觀世	1219⑥	漢数名	1233①	ろくしうにおくこうかしや／こうかゝわのいさこのかす[妙]		
六十二億恒河沙	ろくじゅうにおくごうがしゃ	×	六十二億恒河沙	陀羅	1253⑤	漢数名	1265⑤	ろくしうにおくこうかしや[妙]		
六十由旬	ろくじゅうゆじゅん	――ゆじゅん	六十由旬	提婆	718②	漢四熟数名	736②			
六神通	ろくじんつう	一じんづう	六神通	譬喻	291④	漢数名	263⑤			
六神通	ろくじんつう	一しんつう	六神通	藥草	408②	漢数名	395⑤			
六神通	ろくじんつう	×	六神通	授記	431⑥	漢数名	422⑤			
六神通	ろくじんつう	×	六神通	見寶	695③	漢数名	714②	一しんつう／てんのまなこてんのみゝをえひとのこゝろをしりむかしのことをしりとひかけるほんなうつくす[妙]		
六神通	ろくじんつう	×	六神通	見寶	696②	漢数名	715①			
六神通	ろくじんつう	×	六神通	随喜	988⑥	漢数名	1007②		―と[西右]	
六千	ろくせん	×	六千	勸持	743②	漢数名	762②			
六千	ろくせん	×	六千	勸持	744②	漢数名	763①			

当該語	読みかな	傍訓	漢字表記	品名	頁数	語の種類	妙一本	和解語文	可読	異同語彙
六千人	ろくせんにん	×	六千人	序品	6⑤	漢数名	5③		一のひと[西右]	
六千人	ろくせんにん	×	六千人	勧持	741③	漢数名	760②			
六通	ろくつう	一つう	六通	授記	444①	漢数名	436④			
六通	ろくつう	一つう	六通	化城	505①	漢数名	509②		一と[西右]	
六通	ろくつう	一つう	六通	勧持	752⑥	漢数名	772③			
六通	ろくつう	×	六通	五百	573③	漢数名	577④			
六道	ろくどう	×	六道	序品	25④	漢数名	21⑤	ろくたう／ちこくかきちくしやうしゆらにんてん[妙]		
六道	ろくどう	×	六道	方便	175⑥	漢数名	151②			
六入	ろくにゅう	ろくにう／ろくこん	六入	化城	502⑤	漢数名	506⑤	ろくにう／ろこん[妙]		
六入	ろくにゅう	×	六入	化城	502⑥	漢数名	506⑤	一にう／ろこん[妙]		
六入	ろくにゅう	×	六入	化城	503⑤	漢数名	507⑤	ろくにうめつ／ろこんめつ[妙]		
六入	ろくにゅう	×	六入	化城	503⑤	漢数名	507⑤	ろくにうめつ／ろこんめつ[妙]		
六波羅蜜	ろくはらみつ	一はらみつ	六波羅蜜	序品	49④	仏四熟名	42⑤			
六波羅蜜	ろくはらみつ	一は一一みつ	六波羅蜜	序品	83①	仏四熟名	72⑥			
六波羅蜜	ろくはらみつ	一はらみつ	六波羅蜜	化城	537②	仏四熟名	543①	ろくはら／せをきやうしかいをたもちはらたゝすやまはやしにしつかにゐるひとをおしふ[妙]	一と[西右]	
六波羅蜜	ろくはらみつ	ろくはらみつ	六波羅蜜	提婆	709①	仏四熟名	726①			
六波羅蜜	ろくはらみつ	ろくはらみつ	六波羅蜜	提婆	715④	仏四熟名	733④	ろくはらみつ／せをきやうしかいをたもちはらたてすしつかにゐさせんしひとをけうけし[妙]		
六波羅蜜	ろくはらみつ	一はらみつ	六波羅蜜	提婆	724③	仏四熟名	742④			
六波羅蜜	ろくはらみつ	一はらみつ	六波羅蜜	常不	1059④	仏四熟名	1078②			一はらみち[妙]
六反振動す	ろくへんしんどうす	一へんしんどう	六反振動	提婆	736③	漢数名	755③			
六万劫	ろくまんごう	×	六万劫	五百	587②	漢数名	593①		一ならん[西右]	
六万恒沙	ろくまんごうしゃ	×	六万恒沙	従地	836②	漢数名	859①			
六万二千億	ろくまんにせんおく	×	六万二千億	五百	583⑤	漢数名	589②			
六万八千	ろくまんはっせん	×	六万八千	陀羅	1271③	漢数名	1282②			ろくまんはちせん[妙]
六万八千億	ろくまんはっせんおく	×	六万八千億	勧持	743①	漢数名	761⑥			
樓醯十一	ろけい	ろけい	樓醯十一	陀羅	1264⑥	仏梵語名	1276②			ろけい[妙]
樓醯十二	ろけい	ろけい	樓醯十二	陀羅	1264⑥	仏梵語名	1276②			ろけい[妙]
樓醯十三	ろけい	ろけい	樓醯十三	陀羅	1264⑥	仏梵語名	1276②			ろけい[妙]
樓醯十四	ろけい	ろけい	樓醯十四	陀羅	1265①	仏梵語名	1276②			ろけい[妙]
露地	ろじ	ろぢ／あらはなるち	露地	譬喩	247⑥	漢名	216⑥	ろぢ／あらはなるところ[妙]		
六根	ろっこん	一こん	六根	法功	995①	漢数名	1013⑤			六根(ろこん)[妙]
六根清浄	ろっこんしょうじょう	×	六根清浄	常不	1068②	漢四熟数名	1086⑤	ろこんしやう〜[妙]		
六根清浄	ろっこんしょうじょう	×	六根清浄	常不	1079②	漢四熟数名	1097⑤	ろこんしやうべ[妙]		
六百八十万億那由他恒河沙	ろっぴゃくはちじゅうまんおくなゆたこうかしゃ	×	六百八十万億那由他恒河沙	分別	922②	漢数名	941②			
六百八十万由旬	ろっぴゃくはちじゅうまんゆじゅん	×	六百八十万由旬	妙音	1171⑤	漢数名	1187④	一ひやくはちしうまんゆしゆん[妙]		
六百万億姟	ろっぴゃくまんおくかい	一一一一一かい	六百万億姟	化城	535③	漢数名	541①		一のひと[西右]	

当該語	読みかな	傍訓	漢字表記	品名	頁数	語の種類	妙一本	和解語文	可読	異同語彙
六百万億恒河沙	ろっぴゃくまんおくごうがしゃ	×	六百万億恒河沙	化城	538⑥	漢数名	544④			
六百万億那由他	ろっぴゃくまんおくなゆた	―――なゆた	六百万億那由他	化城	504⑤	漢数名	508⑥			
六百万億那由他恒河沙	ろっぴゃくまんおくなゆたごうがしゃ	――なゆたかうかしや	六百万億那由他恒河沙	化城	510⑥	漢数名	515⑥	一ひやくまんなゆたこうかしや／一こうかわのいさこのかす[妙]		
六百万億那由他恒河沙	ろっぴゃくまんおくなゆたごうがしゃ	―――なゆたかうかしや	六百万億那由他恒河沙	化城	513④	漢数名	518④	一ひやくまんなゆたこうかしや／一こうかわのいさこのかす[妙]		
六万恒河沙	ろっぴゃくまんごうがしゃ	×	六万恒河沙	従地	819①	漢数名	841③			
六万恒河沙	ろっぴゃくまんごうがしゃ	×	六万恒河沙	従地	819③	漢数名	841⑤			
六万恒河沙	ろっぴゃくまんごうがしゃ	×	六万恒河沙	従地	821③	漢数名	843④			
六万恒河沙	ろっぴゃくまんごうがしゃ	×	六万恒河沙	従地	836④	漢数名	859③		一あて[西右]	
露幔	ろまん	ろまん／かざり	露幔	序品	40⑥	漢装具名	35①		ましはれる[西右]	
露幔	ろまん	ろまん／一とーと	露幔	見寳	674①	漢装具名	689⑤		まじはる――あまねく[西右]	
露幔	ろまん	ろまん	露幔	見寳	676②	漢装具名	692②		交れる―[西右]	
論議	ろんぎ	ろんぎ	論議	勧持	753⑤	漢名	773②			
論議	ろんぎ	ろんぎ	論議	勧持	754⑤	漢名	774③			
論説し	ろんぜつし	ろんぜつ	論説	提婆	721②	漢サ動	739③			
論説す	ろんぜつす	ろんぜつ	論説	提婆	724③	漢サ動	742④	ろんせつ／あきらめとく[妙]		
汚穢	わえ	わゑ	汚穢	信解	336②	漢名	314⑥	わゑ／けかれ[妙]		
わが	わが	×	吾	譬喩	289②	和人称代名	261③			
わが	わが	×	吾	譬喩	290③	和人称代名	262④			
わが	わが	×	我	序品	74⑤	和人称代名	65⑤			
わが	わが	×	我	序品	84②	和人称代名	73⑥			
わが	わが	×	我	譬喩	249⑤	和人称代名	219⑤			
わが	わが	×	我	信解	328②	和人称代名	304⑥			
わが	わが	×	我	信解	329④	和人称代名	306④			
わが	わが	×	我	信解	359⑥	和人称代名	344③			
わが	わが	×	我	信解	362③	和人称代名	347⑤			
わが	わが	×	我	授記	423②	和人称代名	412⑥			
わが	わが	×	我	授記	429②	和人称代名	420⑥			
わが	わが	×	我	授記	429⑥	和人称代名	420④			
わが	わが	×	我	授記	437①	和人称代名	428⑤			
わが	わが	×	我	化城	501①	和人称代名	504④			
わが	わが	×	我	法師	627③	和人称代名	638③			
わが	わが	×	我	法師	634④	和人称代名	646③			
わが	わが	×	我	法師	649①	和人称代名	662⑤			
わが	わが	×	我	法師	653②	和人称代名	667③			
わが	わが	×	我	法師	655②	和人称代名	669④			
わが	わが	×	我	見寳	666①	和人称代名	681①			
わが	わが	×	我	見寳	666②	和人称代名	681①			
わが	わが	×	我	見寳	686④	和人称代名	704⑤			
わが	わが	×	我	見寳	689⑥	和人称代名	707⑤			
わが	わが	×	我	見寳	696③	和人称代名	715②			
わが	わが	×	我	序品	45③	和人称代名	39①			
わが	わが	×	我	序品	64⑤	和人称代名	56④			
わが	わが	×	我	方便	107②	和人称代名	93⑥			
わが	わが	×	我	方便	115③	和人称代名	100⑥			
わが	わが	×	我	方便	121⑥	和人称代名	107①			
わが	わが	×	我	方便	136④	和人称代名	119②			
わが	わが	×	我	方便	145⑤	和人称代名	126⑥			
わが	わが	×	我	方便	147⑥	和人称代名	128④			
わが	わが	×	我	方便	152③	和人称代名	132⑤			
わが	わが	×	我	方便	152④	和人称代名	132③			
わが	わが	×	我	方便	171②	和人称代名	147④			

当該語	読みかな	傍訓	漢字表記	品名	頁数	語の種類	妙一本	和解語文	可読	異同語彙
わが	わが	×	我	方便	177⑥	和人称代名	152⑥			
わが	わが	×	我	方便	180②	和人称代名	154⑥			
わが	わが	×	我	譬喩	213③	和人称代名	181④			
わが	わが	×	我	譬喩	215②	和人称代名	183④			
わが	わが	×	我	譬喩	217⑤	和人称代名	186③			
わが	わが	×	我	譬喩	219③	和人称代名	188①			
わが	わが	×	我	譬喩	235①	和人称代名	204③			
わが	わが	×	我	譬喩	236③	和人称代名	205④			
わが	わが	×	我	譬喩	241③	和人称代名	210⑥			
わが	わが	×	我	譬喩	250②	和人称代名	220①			
わが	わが	×	我	譬喩	267①	和人称代名	238②			
わが	わが	×	我	譬喩	282②	和人称代名	253⑤			
わが	わが	×	我	譬喩	282④	和人称代名	254①			
わが	わが	×	我	譬喩	290③	和人称代名	262③			
わが	わが	×	我	譬喩	294①	和人称代名	266①			
わが	わが	×	我	譬喩	297⑥	和人称代名	270②			
わが	わが	×	我	譬喩	298③	和人称代名	270⑤			
わが	わが	×	我	信解	330①	和人称代名	307②			
わが	わが	×	我	信解	332⑥	和人称代名	310⑥			
わが	わが	×	我	信解	341④	和人称代名	321③			
わが	わが	×	我	信解	343⑥	和人称代名	324⑤			
わが	わが	×	我	信解	343⑥	和人称代名	324⑤			
わが	わが	×	我	信解	344③	和人称代名	325②			
わが	わが	×	我	信解	344⑥	和人称代名	325⑥			
わが	わが	×	我	信解	345①	和人称代名	326①			
わが	わが	×	我	信解	351②	和人称代名	333⑥			
わが	わが	×	我	信解	363⑥	和人称代名	349②			
わが	わが	×	我	信解	364③	和人称代名	350①			
わが	わが	×	我	信解	365④	和人称代名	351②			
わが	わが	×	我	信解	367⑥	和人称代名	353⑤			
わが	わが	×	我	信解	371⑤	和人称代名	358③			
わが	わが	×	我	藥草	407④	和人称代名	395①			
わが	わが	×	我	藥草	414①	和人称代名	402②			
わが	わが	×	我	授記	415④	和人称代名	403⑤			
わが	わが	×	我	授記	442②	和人称代名	434④			
わが	わが	×	我	授記	444⑤	和人称代名	437③			
わが	わが	×	我	化城	518⑤	和人称代名	523⑤			
わが	わが	×	我	化城	519①	和人称代名	524①			
わが	わが	×	我	化城	526④	和人称代名	531⑥			
わが	わが	×	我	化城	529⑤	和人称代名	535③			
わが	わが	×	我	五百	565④	和人称代名	568⑥			
わが	わが	×	我	五百	566③	和人称代名	569⑥			
わが	わが	×	我	五百	568⑥	和人称代名	572④			
わが	わが	×	我	五百	576⑤	和人称代名	581④			
わが	わが	×	我	五百	583④	和人称代名	589①			
わが	わが	×	我	五百	587⑥	和人称代名	594①			
わが	わが	×	我	授學	602⑥	和人称代名	611④			
わが	わが	×	我	授學	610③	和人称代名	619⑤			
わが	わが	×	我	授學	615⑥	和人称代名	625④			
わが	わが	×	我	授學	618④	和人称代名	628⑤			
わが	わが	×	我	法師	626⑥	和人称代名	638①			
わが	わが	×	我	法師	633④	和人称代名	645③			
わが	わが	×	我	法師	635⑤	和人称代名	647⑤			
わが	わが	×	我	法師	636⑥	和人称代名	649①			
わが	わが	×	我	法師	637③	和人称代名	649⑤			
わが	わが	×	我	見寶	662③	和人称代名	677①			
わが	わが	×	我	見寶	663②	和人称代名	677⑥			
わが	わが	×	我	見寶	663②	和人称代名	677⑥			
わが	わが	×	我	見寶	665②	和人称代名	680①			
わが	わが	×	我	見寶	665④	和人称代名	680③			
わが	わが	×	我	見寶	678②	和人称代名	694⑤			
わが	わが	×	我	見寶	689②	和人称代名	707①			
わが	わが	×	我	見寶	693④	和人称代名	711⑥			
わが	わが	×	我	見寶	694⑥	和人称代名	713④			
わが	わが	×	我	見寶	695⑤	和人称代名	714③			
わが	わが	×	我	見寶	697③	和人称代名	716③			
わが	わが	×	我	提婆	710①	和人称代名	727②			
わが	わが	×	我	提婆	712⑤	和人称代名	730③			

当該語	読みかな	傍訓	漢字表記	品名	頁数	語の種類	妙一本	和解語文	可読	異同語彙
わが	わが	×	我	提婆	715②	和人称代名	733①			
わが	わが	×	我	提婆	734⑤	和人称代名	753②			
わが	わが	×	我	勸持	744⑤	和人称代名	763④			
わが	わが	×	我	勸持	754④	和人称代名	774②			
わが	わが	×	我	勸持	758⑥	和人称代名	778④			
わが	わが	×	我	安樂	775②	和人称代名	795⑤			
わが	わが	×	我	安樂	782③	和人称代名	803②			
わが	わが	×	我	安樂	783③	和人称代名	804③			
わが	わが	×	我	安樂	790④	和人称代名	812①			
わが	わが	×	我	安樂	809②	和人称代名	831⑤			
わが	わが	×	我	從地	819①	和人称代名	841③			
わが	わが	×	我	從地	819④	和人称代名	841⑥			
我	わが	わが	我	從地	830③	和人称代名	852⑥			わか[妙]
我	わが	わが	我	從地	830⑤	和人称代名	853②			
我	わが	わが	我	從地	830⑤	和人称代名	853⑤			
我	わが	われ	我	從地	831②	和人称代名	853⑥			われ[妙]
わが	わが	×	我	從地	839⑥	和人称代名	862⑤		われ[西右]	
わが	わが	×	我	從地	840②	和人称代名	863①		われ[西右]	
わが	わが	×	我	從地	852②	和人称代名	874⑥			
わが	わが	×	我	從地	852③	和人称代名	875①			
わが	わが	×	我	從地	853①	和人称代名	875⑤			
わが	わが	×	我	從地	859②	和人称代名	882①			
わが	わが	×	我	從地	859③	和人称代名	882②			
わが	わが	×	我	從地	866⑥	和人称代名	889⑤			
わが	わが	×	我	如來	887④	和人称代名	906⑤			
わが	わが	×	我	如來	889①	和人称代名	908②			
わが	わが	×	我	如來	910①	和人称代名	928⑥			
わが	わが	×	我	如來	912①	和人称代名	931①			
わが	わが	×	我	如來	915②	和人称代名	934②			
わが	わが	×	我	如來	916②	和人称代名	935①			
わが	わが	×	我	如來	917②	和人称代名	936②			
わが	わが	×	我	如來	918①	和人称代名	936⑥			
わが	わが	×	我	分別	944③	和人称代名	962⑥			
わが	わが	×	我	分別	945②	和人称代名	963⑤			
わが	わが	×	我	分別	949②	和人称代名	967⑥			
わが	わが	×	我	分別	951⑥	和人称代名	970⑤			
わが	わが	×	我	分別	953⑥	和人称代名	972⑤			
わが	わが	×	我	分別	959⑤	和人称代名	978②			
わが	わが	×	我	分別	961④	和人称代名	980①			
わが	わが	×	我	常不	1072⑤	和人称代名	1091③			わか[妙]
わが	わが	×	我	常不	1080④	和人称代名	1099①			わか[妙]
わが	わが	×	我	常不	1081④	和人称代名	1099⑥			わか[妙]
わが	わが	×	我	神力	1100⑥	和人称代名	1119⑤			
わが	わが	×	我	神力	1104①	和人称代名	1123①			
わが	わが	×	我	藥王	1132④	和人称代名	1151①			わか[妙]
わが	わが	×	我	藥王	1139①	和人称代名	1157②			
わが	わが	×	我	藥王	1160②	和人称代名	1177⑤			
わが	わが	×	我	妙音	1171⑤	和人称代名	1187③			わか[妙]
わが	わが	×	我	陀羅	1265③	和人称代名	1276④			
わが	わが	×	我	陀羅	1267③	和人称代名	1278③			
わが	わが	×	我	妙莊	1285③	和人称代名	1294⑥			
わが	わが	×	我	妙莊	1293①	和人称代名	1301⑥			{わ}か[妙]
わが	わが	×	我	妙莊	1293⑤	和人称代名	1302①			わか[妙]
わが	わが	×	我	妙莊	1295⑥	和人称代名	1304②			わか[妙]
わが	わが	×	我	妙莊	1296②	和人称代名	1304③			
わが	わが	×	我	妙莊	1296④	和人称代名	1304⑤			
わが	わが	×	我	妙莊	1296⑥	和人称代名	1305①			わか[妙]
わが	わが	×	我	普賢	1314⑤	和人称代名	1320④			わか[妙]
わが	わが	×	我	普賢	1318①	和人称代名	1323③			
わが	わが	×	我	普賢	1318③	和人称代名	1323⑤			
わかく	わかく	×	少	信解	338⑥	和形	318①			
わかく	わかく	×	少	從地	866③	和形	889②			
わかく	わかく	×	少	從地	867①	和形	889⑤		一して[西右]	
わかち	わかち	×	分	見寶	682③	和動	699③			
わかち	わかち	×	分	隨喜	980⑥	和動	999①		わかて[西右]	
わかち	わかち	×	分	觀世	1234①	和動	1246⑤			
わかれ	わかれ	×	分	藥草	403②	和動	389⑥			

当該語	読みかな	傍訓	漢字表記	品名	頁数	語の種類	妙一本	和解語文	可読	異同語彙
和顔	わがん	はかん・かほをやはらか	和樂	安樂	780②	漢名	801①	わげん／やわらかなるかほ[妙]		
わきまへ	わきまえ	×	別	法功	1010⑤	和動	1029②			
わきまへ	わきまえ	×	辯	法功	1019④	和動	1038①			
惑乱せ	わくらんせ	はくらん	惑乱	普賢	1318①	漢サ動	1323③	わくらん・せ／まとひみたさ[妙]		
和香	わこう	はかう	和香	法功	1010①	漢香名名	1028③			
和合し	わごうし	一がう	和合	法功	1012①	漢サ動	1030④			
和合せ	わごうせ	×	和合	妙音	1179⑥	漢サ動	1194⑥	わかう・せ／あはせ[妙]		
わざわひ	わざわい	×	殃	譬喩	308③	和名	280⑥			つみ[妙]
和修吉龍王	わしゅきつりゅうおう	わしゆきつ一	和修吉龍王	序品	11②	仏王名名	9①			
わすれ	わすれ	×	忘	譬喩	219⑤	和動	188③			
わすれ	わすれ	×	忘	法功	1046①	和動	1064④			
わたし	わたし	×	度	常不	1058⑤	和動	1077④			
わたし	わたし	×	度	序品	66④	和動	58②			
わたらひ	わたらい	×	濟	五百	597⑤	和動	606①			
わたり	わたり	×	度	五百	578③	和動	583③			
わたり	わたり	×	度	五百	580④	和動	585④			
わたり	わたり	×	渡	藥王	1150②	和動	1168③			
わたる	わたる	×	度	化城	547②	和動	553④			
和鳴す	わみょうす	はみやうす	和鳴	序品	40⑥	漢サ動	35②			「やはらかになり」[妙]と訓読。
われ	われ	×	吾	方便	120②	和人称代名	105③			
われ	われ	×	吾	譬喩	218④	和人称代名	187②			
われ	われ	×	吾	信解	344①	和人称代名	324⑥			
われ	われ	×	吾	提婆	710②	和人称代名	727③			
われ	われ	×	吾	提婆	713③	和人称代名	731①			
われ	われ	×	我	序品	4②	和人称代名	3②			
われ	われ	×	我	序品	21③	和人称代名	17⑤			
われ	われ	×	我	序品	28④	和人称代名	24③			
われ	われ	×	我	序品	29①	和人称代名	24⑥			
われ	われ	×	我	序品	31②	和人称代名	26⑤			
われ	われ	×	我	序品	42①	和人称代名	36②			
われ	われ	×	我	序品	43①	和人称代名	37①			
われ	われ	×	我	序品	46①	和人称代名	39⑤			
われ	われ	×	我	序品	66②	和人称代名	57⑥			
われ	われ	×	我	序品	77④	和人称代名	67③			
われ	われ	×	我	序品	78①	和人称代名	68④			
われ	われ	×	我	序品	84②	和人称代名	73⑥			
われ	われ	×	我	方便	88④	和人称代名	77⑤			
われ	われ	×	我	方便	93⑥	和人称代名	82④			
われ	われ	×	我	方便	94②	和人称代名	82⑤			
われ	われ	×	我	方便	99⑤	和人称代名	87③			
われ	われ	×	我	方便	99⑥	和人称代名	87④			
われ	われ	×	我	方便	101①	和人称代名	88⑤			
われ	われ	×	我	方便	105①	和人称代名	92①			
われ	われ	×	我	方便	109③	和人称代名	95⑤			
われ	われ	×	我	方便	109④	和人称代名	95⑥			
われ	われ	×	我	方便	117⑤	和人称代名	103②			
われ	われ	×	我	方便	124②	和人称代名	109①			
われ	われ	×	我	方便	133⑥	和人称代名	117①			
われ	われ	×	我	方便	144⑤	和人称代名	125⑥			
われ	われ	×	我	方便	146⑤	和人称代名	127⑤			
われ	われ	×	我	方便	150④	和人称代名	130⑤			
われ	われ	×	我	方便	151④	和人称代名	131④			
われ	われ	×	我	方便	152②	和人称代名	132①			
われ	われ	×	我	方便	153①	和人称代名	132⑤			
われ	われ	×	我	方便	153④	和人称代名	133①			
われ	われ	×	我	方便	156①	和人称代名	135①			
われ	われ	×	我	方便	156③	和人称代名	135③			
われ	われ	×	我	方便	157②	和人称代名	136①			
われ	われ	×	我	方便	174⑥	和人称代名	150④			
われ	われ	×	我	方便	175②	和人称代名	150⑤			
われ	われ	×	我	方便	175⑥	和人称代名	151②			
われ	われ	×	我	方便	177③	和人称代名	152④			
われ	われ	×	我	方便	179①	和人称代名	153⑥			

当該語	読みかな	傍訓	漢字表記	品名	頁数	語の種類	妙一本	和解語文	可読	異同語彙
われ	われ	×	我	方便	179②	和人称代名	154①			
われ	われ	×	我	方便	179⑥	和人称代名	154④			
われ	われ	×	我	方便	180⑤	和人称代名	155③			
われ	われ	×	我	方便	182⑤	和人称代名	157①			
われ	われ	×	我	方便	183③	和人称代名	157③			
われ	われ	×	我	方便	183④	和人称代名	157④			
われ	われ	×	我	方便	185①	和人称代名	158⑤			
われ	われ	×	我	方便	185②	和人称代名	158⑥			
われ	われ	×	我	方便	186①	和人称代名	159④			
われ	われ	×	我	方便	187①	和人称代名	160③			
われ	われ	×	我	方便	188①	和人称代名	161②			
われ	われ	×	我	方便	190③	和人称代名	163③			
われ	われ	×	我	譬喩	205①	和人称代名	172①			
われ	われ	×	我	譬喩	205⑤	和人称代名	172⑥			
われ	われ	×	我	譬喩	207④	和人称代名	174⑥			
われ	われ	×	我	譬喩	208⑥	和人称代名	176④			
われ	われ	×	我	譬喩	209⑤	和人称代名	177③			
われ	われ	×	我	譬喩	209⑥	和人称代名	177⑤			
われ	われ	×	我	譬喩	211②	和人称代名	179①			
われ	われ	×	我	譬喩	211③	和人称代名	179③			
われ	われ	×	我	譬喩	211⑥	和人称代名	179⑤			
われ	われ	×	我	譬喩	211⑥	和人称代名	179⑥			
われ	われ	×	我	譬喩	212③	和人称代名	180③			
われ	われ	×	我	譬喩	213②	和人称代名	181②			
われ	われ	×	我	譬喩	213④	和人称代名	181⑤			
われ	われ	×	我	譬喩	214⑤	和人称代名	182⑥			
われ	われ	×	我	譬喩	215⑤	和人称代名	184①			
われ	われ	×	我	譬喩	217①	和人称代名	185④			
われ	われ	×	我	譬喩	217②	和人称代名	185⑤			
われ	われ	×	我	譬喩	218①	和人称代名	186④			
われ	われ	×	我	譬喩	218⑤	和人称代名	187③			
われ	われ	×	我	譬喩	219①	和人称代名	187⑤			
われ	われ	×	我	譬喩	219②	和人称代名	187⑥			
われ	われ	×	我	譬喩	219③	和人称代名	188①			
われ	われ	×	我	譬喩	219⑥	和人称代名	188⑤			
われ	われ	×	我	譬喩	235⑤	和人称代名	204⑥			
われ	われ	×	我	譬喩	237④	和人称代名	206⑥			
われ	われ	×	我	譬喩	240③	和人称代名	209⑥			
われ	われ	×	我	譬喩	242②	和人称代名	211⑥			
われ	われ	×	我	譬喩	244②	和人称代名	213⑥			
われ	われ	×	我	譬喩	244④	和人称代名	214②			
われ	われ	×	我	譬喩	250②	和人称代名	220②			
われ	われ	×	我	譬喩	250⑤	和人称代名	220⑤			
我	われ	われ	我	譬喩	253①	和人称代名	223③			
われ	われ	×	我	譬喩	257②	和人称代名	228②			
われ	われ	×	我	譬喩	257⑤	和人称代名	228⑥			
われ	われ	×	我	譬喩	260⑥	和人称代名	232②			
われ	われ	×	我	譬喩	266⑤	和人称代名	238①			
われ	われ	×	我	譬喩	282⑥	和人称代名	254④			
われ	われ	×	我	譬喩	283②	和人称代名	254⑥			
われ	われ	×	我	譬喩	284③	和人称代名	256①			
われ	われ	×	我	譬喩	285②	和人称代名	256⑥			
われ	われ	×	我	譬喩	285⑤	和人称代名	257①			
われ	われ	×	我	譬喩	289①	和人称代名	261①			
われ	われ	×	我	譬喩	290⑤	和人称代名	262⑥			
われ	われ	×	我	譬喩	291⑥	和人称代名	264①			
われ	われ	×	我	譬喩	294①	和人称代名	266②			
われ	われ	×	我	譬喩	294②	和人称代名	266③			
われ	われ	×	我	譬喩	294③	和人称代名	266④			
われ	われ	×	我	譬喩	297⑥	和人称代名	270③			—はこれ[西]
われ	われ	×	我	譬喩	299④	和人称代名	271⑥			
われ	われ	×	我	譬喩	311③	和人称代名	284③			
われ	われ	×	我	譬喩	316③	和人称代名	290⑥			
われ	われ	×	我	信解	319③	和人称代名	294③			
われ	われ	×	我	信解	325⑤	和人称代名	301⑥			
われ	われ	×	我	信解	328⑥	和人称代名	305⑤			
われ	われ	×	我	信解	329④	和人称代名	306⑤			
われ	われ	×	我	信解	330①	和人称代名	307③			

当該語	読みかな	傍訓	漢字表記	品名	頁数	語の種類	妙一本	和解語文	可読	異同語彙
われ	われ	×	我	信解	330⑥	和人称代名	308②			
われ	われ	×	我	信解	333①	和人称代名	311①			
われ	われ	×	我	信解	338③	和人称代名	317④			
われ	われ	×	我	信解	338⑤	和人称代名	317⑥			
われ	われ	×	我	信解	341①	和人称代名	320⑥			
われ	われ	×	我	信解	341⑤	和人称代名	321⑤			
われ	われ	×	我	信解	344⑥	和人称代名	325⑥			
われ	われ	×	我	信解	345⑤	和人称代名	327①			
われ	われ	×	我	信解	356①	和人称代名	339⑥			
われ	われ	×	我	信解	358②	和人称代名	342③			
われ	われ	×	我	信解	359④	和人称代名	343⑥			
われ	われ	×	我	信解	359⑤	和人称代名	344②			
われ	われ	×	我	信解	363⑥	和人称代名	349③			
われ	われ	×	我	信解	366④	和人称代名	352④			
われ	われ	×	我	信解	367①	和人称代名	352⑥			
われ	われ	×	我	信解	373③	和人称代名	360③			
われ	われ	×	我	藥草	391④	和人称代名	377①			
われ	われ	×	我	藥草	392③	和人称代名	378①			
われ	われ	×	我	藥草	404③	和人称代名	391③			
われ	われ	×	我	藥草	405②	和人称代名	392③			
われ	われ	×	我	藥草	406①	和人称代名	393②			
われ	われ	×	我	藥草	406③	和人称代名	393④			
われ	われ	×	我	藥草	408④	和人称代名	396②			
われ	われ	×	我	藥草	410⑤	和人称代名	398⑤			
われ	われ	×	我	授記	418⑤	和人称代名	407④			
われ	われ	×	我	授記	433①	和人称代名	424②			
われ	われ	×	我	授記	439①	和人称代名	430⑥			
われ	われ	×	我	授記	445①	和人称代名	437⑥			
われ	われ	×	我	授記	445②	和人称代名	437⑥			
われ	われ	×	我	化城	448④	和人称代名	442①			
われ	われ	×	我	化城	449②	和人称代名	442⑤			
われ	われ	×	我	化城	514②	和人称代名	519③			
われ	われ	×	我	化城	517①	和人称代名	522①			
われ	われ	×	我	化城	517④	和人称代名	522④			
われ	われ	×	我	化城	518①	和人称代名	523①			
われ	われ	×	我	化城	519④	和人称代名	524④			
われ	われ	×	我	化城	532①	和人称代名	537⑤			
われ	われ	×	我	化城	540①	和人称代名	545⑤			
われ	われ	×	我	化城	544②	和人称代名	552②			
われ	われ	×	我	化城	544⑥	和人称代名	553①			
われ	われ	×	我	五百	565①	和人称代名	568④			
われ	われ	×	我	五百	576⑥	和人称代名	581⑤			
われ	われ	×	我	五百	582②	和人称代名	587④			
われ	われ	×	我	五百	583②	和人称代名	588⑤			
我	われ	われ	我	五百	587④	和人称代名	593⑤			
われ	われ	×	我	五百	591⑥	和人称代名	599①			
われ	われ	×	我	五百	594④	和人称代名	602①			
われ	われ	×	我	五百	599⑥	和人称代名	608③			
われ	われ	×	我	五百	600②	和人称代名	608⑥			
われ	われ	×	我	授學	606⑥	和人称代名	615⑥			
われ	われ	×	我	授學	609④	和人称代名	618⑥			
われ	われ	×	我	授學	609⑥	和人称代名	619②			
われ	われ	×	我	授學	610①	和人称代名	619③			
われ	われ	×	我	授學	612①	和人称代名	621④			
われ	われ	×	我	授學	612③	和人称代名	621⑥			
われ	われ	×	我	授學	615①	和人称代名	624⑤			
われ	われ	×	我	授學	615①	和人称代名	624⑥			
われ	われ	×	我	授學	615⑤	和人称代名	625④			
われ	われ	×	我	授學	620⑤	和人称代名	631②			
われ	われ	×	我	法師	622③	和人称代名	633②			
われ	われ	×	我	法師	623①	和人称代名	633⑥			
われ	われ	×	我	法師	636⑤	和人称代名	648⑥			
われ	われ	×	我	法師	647⑤	和人称代名	661③			
われ	われ	×	我	法師	648④	和人称代名	662②			
われ	われ	×	我	法師	648⑥	和人称代名	662④			
われ	われ	×	我	法師	649②	和人称代名	662⑥			
われ	われ	×	我	法師	653①	和人称代名	667①			
われ	われ	×	我	法師	653③	和人称代名	667④			

当該語	読みかな	傍訓	漢字表記	品名	頁数	語の種類	妙一本	和解語文	可読	異同語彙
われ	われ	×	我	法師	654④		668⑥			
われ	われ	×	我	法師	655③	和人称代名	669⑤			
われ	われ	×	我	見寶	662②	和人称代名	676⑥			
われ	われ	×	我	見寶	669①	和人称代名	684②			
われ	われ	×	我	見寶	681②	和人称代名	698②			
われ	われ	×	我	見寶	686②	和人称代名	703⑤			
われ	われ	×	我	見寶	690④	和人称代名	708④			
われ	われ	×	我	見寶	691③	和人称代名	709③		これィ[西右]	
われ	われ	×	我	見寶	696⑤	和人称代名	715④			
われ	われ	×	我	見寶	698①	和人称代名	717①			
われ	われ	×	我	提婆	708③	和人称代名	725③			
われ	われ	×	我	提婆	710④	和人称代名	727⑤			
われ	われ	×	我	提婆	710⑤	和人称代名	728①			
われ	われ	×	我	提婆	712②	和人称代名	729⑤			
われ	われ	×	我	提婆	713①	和人称代名	730⑤			
われ	われ	×	我	提婆	715④	和人称代名	733③			
われ	われ	×	我	提婆	725④	和人称代名	743⑤			
われ	われ	×	我	提婆	726②	和人称代名	744③			
われ	われ	×	我	提婆	729①	和人称代名	747①			
われ	われ	×	我	提婆	731⑥	和人称代名	750①			
われ	われ	×	我	提婆	734③	和人称代名	752⑤			
われ	われ	×	我	勸持	742②	和人称代名	761①			
われ	われ	×	我	勸持	742④	和人称代名	761④			
われ	われ	×	我	勸持	749①	和人称代名	768②			
われ	われ	×	我	勸持	755⑥	和人称代名	775③			
われ	われ	×	我	勸持	756③	和人称代名	776①			
われ	われ	×	我	勸持	757⑥	和人称代名	777④			
われ	われ	×	我	勸持	758①	和人称代名	777⑤			
われ	われ	×	我	勸持	758③	和人称代名	778①			
我	われ	×	我	勸持	758④	和人称代名	778②			
われ	われ	×	我	安樂	792⑥	和人称代名	814③			
われ	われ	×	我	安樂	805④	和人称代名	827④			
われ	われ	×	我	安樂	808⑥	和人称代名	831①			
われ	われ	×	我	從地	840④	和人称代名	863③			
われ	われ	×	我	從地	846③	和人称代名	869①			
われ	われ	×	我	從地	847②	和人称代名	869⑥			
われ	われ	×	我	從地	848③	和人称代名	871②			
われ	われ	×	我	從地	849①	和人称代名	871⑥			
われ	われ	×	我	從地	853⑥	和人称代名	876④			
われ	われ	×	我	從地	854⑤	和人称代名	877②			
われ	われ	×	我	從地	854⑥	和人称代名	877④			
われ	われ	×	我	如來	883⑥	和人称代名	902⑤			
われ	われ	×	我	如來	888①	和人称代名	907①			
われ	われ	×	我	如來	888④	和人称代名	907⑤			
われ	われ	×	我	如來	889②	和人称代名	908③			
われ	われ	×	我	如來	890④	和人称代名	909⑤			
われ	われ	×	我	如來	890⑥	和人称代名	910①			
われ	われ	×	我	如來	894⑤	和人称代名	913⑤			
われ	われ	×	我	如來	895①	和人称代名	914①			
われ	われ	×	我	如來	898①	和人称代名	917①			
われ	われ	×	我	如來	905②	和人称代名	924②			
われ	われ	×	我	如來	905⑤	和人称代名	924⑤			
われ	われ	×	我	如來	907③	和人称代名	926②			
われ	われ	×	我	如來	909②	和人称代名	928②			
われ	われ	×	我	如來	910④	和人称代名	929④			
われ	われ	×	我	如來	911⑤	和人称代名	930④			
われ	われ	×	我	如來	912⑥	和人称代名	931⑥			
われ	われ	×	我	如來	913①	和人称代名	932①			
われ	われ	×	我	如來	913⑤	和人称代名	932④			
われ	われ	×	我	如來	914①	和人称代名	932⑥			
われ	われ	×	我	如來	914①	和人称代名	933①			
われ	われ	×	我	如來	919③	和人称代名	938③			
われ	われ	×	我	如來	919⑥	和人称代名	938⑥			
われ	われ	×	我	如來	920②	和人称代名	939②			
われ	われ	×	我	分別	922①	和人称代名	941①			
われ	われ	×	我	分別	943⑤	和人称代名	962②			
われ	われ	×	我	分別	945⑤	和人称代名	964②			
われ	われ	×	我	分別	955④	和人称代名	974②			

当該語	読みかな	傍訓	漢字表記	品名	頁数	語の種類	妙一本	和解語文	可読	異同語彙
われ	われ	×	我	分別	955⑤	和人称代名	974③			
われ	われ	×	我	随喜	972⑤	和人称代名	990⑤			
われ	われ	×	我	随喜	974⑤	和人称代名	992⑤			
われ	われ	×	我	随喜	975③	和人称代名	993④			
われ	われ	×	我	随喜	977③	和人称代名	995④			
われ	われ	×	我	随喜	987⑥	和人称代名	1006②			
われ	われ	×	我	常不	1062⑤	和人称代名	1081③			
われ	われ	×	我	常不	1063⑥	和人称代名	1082④			
われ	われ	×	我	常不	1064⑤	和人称代名	1083④			
われ	われ	×	我	常不	1066①	和人称代名	1085①			
われ	われ	×	我	常不	1072⑥	和人称代名	1091③			
われ	われ	×	我	常不	1073②	和人称代名	1091⑥			
われ	われ	×	我	常不	1074①	和人称代名	1092④			
われ	われ	×	我	常不	1078③	和人称代名	1096⑥			
われ	われ	×	我	常不	1081④	和人称代名	1100①			
われ	われ	×	我	神力	1094②	和人称代名	1112⑤			
われ	われ	×	我	神力	1100⑤	和人称代名	1119④			
われ	われ	×	我	神力	1101③	和人称代名	1120①			
われ	われ	×	我	嘱累	1105③	和人称代名	1124②			
われ	われ	×	我	嘱累	1106④	和人称代名	1125②			
われ	われ	×	我	藥王	1120④	和人称代名	1138⑥			
われ	われ	×	我	藥王	1120⑥	和人称代名	1139①			
われ	われ	×	我	藥王	1122③	和人称代名	1140⑤			
われ{我れ	われ	×	我	藥王	1127④	和人称代名	1145⑥			われ[妙]
われ	われ	×	我	藥王	1128③	和人称代名	1146⑥			
われ	われ	×	我	藥王	1129①	和人称代名	1147④			
われ	われ	×	我	藥王	1130②	和人称代名	1148⑤			
われ	われ	×	我	藥王	1131②	和人称代名	1149⑤			
われ	われ	×	我	藥王	1131④	和人称代名	1149⑥			
われ	われ	×	我	藥王	1131⑥	和人称代名	1150②			
われ	われ	×	我	藥王	1135②	和人称代名	1153④			
われ	われ	×	我	藥王	1135⑤	和人称代名	1153⑤			
われ	われ	×	我	藥王	1136①	和人称代名	1154③			
われ	われ	×	我	藥王	1138①	和人称代名	1156②			
われ	われ	×	我	藥王	1138④	和人称代名	1156⑤			
われ	われ	×	我	妙音	1169⑤	和人称代名	1185⑤			
われ	われ	×	我	妙音	1172④	和人称代名	1188③		わが[西右]	われ[妙]
われ	われ	×	我	妙音	1175⑤	和人称代名	1191②			
われ	われ	×	我	妙音	1177⑤	和人称代名	1192⑥			
われ	われ	×	我	妙音	1184③	和人称代名	1199①			
われ	われ	×	我	妙音	1184④	和人称代名	1199③			
われ	われ	×	我	妙音	1200⑤	和人称代名	1214③			
われ	われ	×	我	觀世	1231③	和人称代名	1244②			
われ	われ	×	我	觀世	1235①	和人称代名	1247④			
われ	われ	×	我	觀世	1236②	和人称代名	1248⑤			
われ	われ	×	我	陀羅	1250④	和人称代名	1262⑤			
われ	われ	×	我	陀羅	1255②	和人称代名	1267②		一も[西右]	
われ	われ	×	我	陀羅	1258①	和人称代名	1269⑥		一も[西右]	
われ	われ	×	我	陀羅	1259②	和人称代名	1270⑤		一も[西右]	
われ	われ	×	我	陀羅	1260③	和人称代名	1272①		一も[西右]	
われ	われ	×	我	陀羅	1267④	和人称代名	1278④			
われ	われ	×	我	妙荘	1282②	和人称代名	1291⑥			
われ	われ	×	我	妙荘	1282③	和人称代名	1292①			
われ	われ	×	我	妙荘	1296⑤	和人称代名	1304⑥			
われ	われ	×	我	妙荘	1302③	和人称代名	1309⑤			
われ	われ	×	我	普賢	1308①	和人称代名	1314④			
われ	われ	×	我	普賢	1311②	和人称代名	1317③			
われ	われ	×	我	普賢	1312⑥	和人称代名	1318⑥			
われ	われ	×	我	普賢	1313⑥	和人称代名	1319⑤			
われ	われ	×	我	普賢	1314③	和人称代名	1320②		一句一偈も一 [西右]	
われ	われ	×	我	普賢	1315①	和人称代名	1320⑥			
われ	われ	×	我	普賢	1316⑤	和人称代名	1322②			
われ	われ	×	我	普賢	1325⑥	和人称代名	1330②			
われ	われ	×	我	普賢	1327⑤	和人称代名	1331⑥			
われら	われら	×	我等	序品	42④	和人称代名	36⑤			
われら	われら	×	我等	方便	103⑤	和人称代名	90⑥			
われら	われら	×	我等	方便	116③	和人称代名	101⑥			

当該語	読みかな	傍訓	漢字表記	品名	頁数	語の種類	妙一本	和解語文	可読	異同語彙
われら	われら	×	我等	方便	118⑤	和人称代名	104①			
われら	われら	×	我等	方便	181③	和人称代名	155⑥			
われら	われら	×	我等	譬喩	205③	和人称代名	172④			
われら	われら	×	我等	譬喩	206①	和人称代名	173②			
われら	われら	×	我等	譬喩	206③	和人称代名	173④			
われら	われら	×	我等	譬喩	206④	和人称代名	173⑥			
われら	われら	×	我等	譬喩	207①	和人称代名	174③			
われら	われら	×	我等	譬喩	210③	和人称代名	178②			
われら	われら	×	我等	譬喩	233⑤	和人称代名	202⑥			
われら	われら	×	我等	譬喩	234②	和人称代名	203④			
われら	われら	×	我等	譬喩	234③	和人称代名	203⑤			
われら	われら	×	我等	譬喩	285⑥	和人称代名	257④			
われら	われら	×	我等	信解	318④	和人称代名	293④			
われら	われら	×	我等	信解	320①	和人称代名	295①			
われら	われら	×	我等	信解	320②	和人称代名	295③			
われら	われら	×	我等	信解	320⑤	和人称代名	295⑥			
われら	われら	×	我等	信解	321⑤	和人称代名	297②			
われら	われら	×	我等	信解	335①	和人称代名	313③			
われら	われら	×	我等	信解	346②	和人称代名	327④			
われら	われら	×	我等	信解	346③	和人称代名	327⑤			
われら	われら	×	我等	信解	346④	和人称代名	327⑥			
われら	われら	×	我等	信解	346⑥	和人称代名	328③			
われら	われら	×	我等	信解	347①	和人称代名	328⑤			
われら	われら	×	我等	信解	348①	和人称代名	329⑥			
われら	われら	×	我等	信解	348⑥	和人称代名	330⑤			
われら	われら	×	我等	信解	349③	和人称代名	331③			
われら	われら	×	我等	信解	349⑥	和人称代名	332①			
われら	われら	×	我等	信解	350①	和人称代名	332③			
われら	われら	×	我等	信解	350②	和人称代名	332④			
われら	われら	×	我等	信解	350③	和人称代名	332⑤			
われら	われら	×	我等	信解	350⑤	和人称代名	333②			
われら	われら	×	我等	信解	351①	和人称代名	333④			
われら	われら	×	我等	信解	352①	和人称代名	334⑥			
われら	われら	×	我等	信解	352⑥	和人称代名	336①			
われら	われら	×	我等	信解	365⑥	和人称代名	351⑤			
われら	われら	×	我等	信解	366②	和人称代名	352①			
われら	われら	×	我等	信解	368③	和人称代名	354④			
われら	われら	×	我等	信解	368④	和人称代名	354⑥			
われら	われら	×	我等	信解	369①	和人称代名	355③			
われら	われら	×	我等	信解	369⑤	和人称代名	356②			
われら	われら	×	我等	信解	370②	和人称代名	356⑤			
われら	われら	×	我等	信解	371①	和人称代名	357⑤			
われら	われら	×	我等	信解	372⑥	和人称代名	359⑥			
われら	われら	×	我等	信解	373⑤	和人称代名	360⑤			
われら	われら	×	我等	信解	374②	和人称代名	361③			
われら	われら	×	我等	信解	374③	和人称代名	361④			
われら	われら	×	我等	信解	374⑥	和人称代名	362③			
われら	われら	×	我等	授記	423①	和人称代名	412④			
われら	われら	×	我等	授記	424③	和人称代名	414②			
われら	われら	×	我等	授記	424⑤	和人称代名	414⑤			
われら	われら	×	我等	授記	425⑤	和人称代名	415⑤			
われら	われら	×	我等	化城	459①	和人称代名	454③			
われら	われら	×	我等	化城	460①	和人称代名	455④			
われら	われら	×	我等	化城	461⑤	和人称代名	457③			
われら	われら	×	我等	化城	462①	和人称代名	457⑥			
われら	われら	×	我等	化城	466③	和人称代名	463①			
われら	われら	×	我等	化城	469③	和人称代名	466④			
われら	われら	×	我等	化城	470⑤	和人称代名	468②			
われら	われら	×	我等	化城	471①	和人称代名	468⑤			
われら	われら	×	我等	化城	474④	和人称代名	473②			
われら	われら	×	我等	化城	477⑤	和人称代名	477①			
われら	われら	×	我等	化城	478⑤	和人称代名	478①			
われら	われら	×	我等	化城	479⑥	和人称代名	479③			
われら	われら	×	我等	化城	482⑥	和人称代名	483①			
われら	われら	×	我等	化城	483④	和人称代名	483⑥			
われら	われら	×	我等	化城	486③	和人称代名	487②			
われら	われら	×	我等	化城	488②	和人称代名	489③			
われら	われら	×	我等	化城	490②	和人称代名	492①			

当該語	読みかな	傍訓	漢字表記	品名	頁数	語の種類	妙一本	和解語文	可読	異同語彙
われら	われら	×	我等	化城	491⑤	和人称代名	493⑥			
われら	われら	×	我等	化城	492③	和人称代名	494④			
われら	われら	×	我等	化城	495②	和人称代名	497⑥			
われら	われら	×	我等	化城	498④	和人称代名	501⑤			
われら	われら	×	我等	化城	498⑥	和人称代名	502①			
われら	われら	×	我等	化城	499③	和人称代名	502⑤			
われら	われら	×	我等	化城	507①	和人称代名	511④			
われら	われら	×	我等	化城	507②	和人称代名	511⑤			
われら	われら	×	我等	化城	507③	和人称代名	511⑤			
われら	われら	×	我等	化城	517③	和人称代名	522②			
われら	われら	×	我等	化城	523①	和人称代名	528③			
われら	われら	×	我等	化城	525③	和人称代名	530⑤			
われら	われら	×	我等	化城	536④	和人称代名	542③			
われら	われら	×	我等	化城	541⑥	和人称代名	547⑤			
われら	われら	×	我等	五百	564③	和人称代名	567④			
われら	われら	×	我等	五百	564⑤	和人称代名	567⑥			
われら	われら	×	我等	五百	582④	和人称代名	587⑥			
われら	われら	×	我等	五百	589③	和人称代名	595⑥			
われら	われら	×	我等	五百	590①	和人称代名	596④			
われら	われら	×	我等	五百	593③	和人称代名	600⑤			
われら	われら	×	我等	五百	594②	和人称代名	601⑤			
われら	われら	×	我等	五百	596①	和人称代名	603⑥			
われら	われら	×	我等	五百	599①	和人称代名	607④			
われら	われら	×	我等	五百	599③	和人称代名	607⑥			
われら	われら	×	我等	授學	601③	和人称代名	609⑤			
われら	われら	×	我等	授學	601⑥	和人称代名	610③			
われら	われら	×	我等	授學	602②	和人称代名	610④			
われら	われら	×	我等	授學	608⑤	和人称代名	617⑥			
われら	われら	×	我等	見寶	664⑤	和人称代名	679④			
われら	われら	×	我等	見寶	666④	和人称代名	681④			
われら	われら	×	我等	見寶	683⑤	和人称代名	700⑥			
われら	われら	×	我等	勸持	738③	和人称代名	757①			
われら	われら	×	我等	勸持	739①	和人称代名	757⑤			
われら	われら	×	我等	勸持	739⑤	和人称代名	758④			
われら	われら	×	我等	勸持	740④	和人称代名	759②			
われら	われら	×	我等	勸持	746⑤	和人称代名	765④			
われら	われら	×	我等	勸持	747②	和人称代名	766②			
われら	われら	×	我等	勸持	748②	和人称代名	767④			
われら	われら	×	我等	勸持	749⑤	和人称代名	768⑥			
われら	われら	×	我等	勸持	751③	和人称代名	770⑤			
われら	われら	×	我等	勸持	751⑤	和人称代名	771①			
われら	われら	×	我等	勸持	753②	和人称代名	772⑤			
われら	われら	×	我等	勸持	754②	和人称代名	773⑥			
われら	われら	×	我等	勸持	754⑥	和人称代名	774③			
われら	われら	×	我等	勸持	755⑥	和人称代名	775④			
われら	われら	×	我等	勸持	756④	和人称代名	776②			
われら	われら	×	我等	從地	817⑤	和人称代名	840①			
われら	われら	×	我等	從地	832①	和人称代名	854⑥			
われら	われら	×	我等	從地	833①	和人称代名	855⑤			
われら	われら	×	我等	從地	859③	和人称代名	882③			
われら	われら	×	我等	從地	862①	和人称代名	884⑤			
われら	われら	×	我等	從地	863③	和人称代名	886②			
われら	われら	×	我等	從地	869①	和人称代名	891⑥			
われら	われら	×	我等	如來	881⑥	和人称代名	900⑥			
われら	われら	×	我等	如來	882③	和人称代名	901③			
われら	われら	×	我等	如來	886③	和人称代名	905③			
われら	われら	×	我等	如來	901②	和人称代名	920②			
われら	われら	×	我等	如來	904⑥	和人称代名	923⑤			われ[妙]
われら	われら	×	我等	如來	907②	和人称代名	926①			
われら	われら	×	我等	分別	946②	和人称代名	964⑤			
われら	われら	×	我等	常不	1064⑥	和人称代名	1083④			
われら	われら	×	我等	常不	1065①	和人称代名	1083⑥			
われら	われら	×	我等	神力	1084③	和人称代名	1102⑥			
われら	われら	×	我等	神力	1084⑤	和人称代名	1103②			われら[妙]
われら	われら	×	我等	藥王	1137⑥	和人称代名	1156①			
われら	われら	×	我等	妙音	1176⑤	和人称代名	1192①			
われら	われら	×	我等	妙音	1177①	和人称代名	1192②			
われら	われら	×	我等	觀世	1232⑤	和人称代名	1245③			

当該語	読みかな	傍訓	漢字表記	品名	頁数	語の種類	妙一本	和解語文	可読	異同語彙
われら	われら	×	我等	陀羅	1263④	和人称代名	1274⑥			
われら	われら	×	我等	陀羅	1268⑤	和人称代名	1279⑤		一も［西左］	
われら	われら	×	我等	妙荘	1276②	和人称代名	1286④			
われら	われら	×	我等	妙荘	1277④	和人称代名	1287⑤			
われら	われら	×	我等	妙荘	1278④	和人称代名	1288④			
われら	われら	×	我等	妙荘	1282②	和人称代名	1291⑥			
われら	われら	×	我等	妙荘	1283④	和人称代名	1293①			
われら	われら	×	我等	妙荘	1284③	和人称代名	1294①			
われら	われら	×	我等	妙荘	1284④	和人称代名	1294③			
われら	われら	×	我等	妙荘	1287①	和人称代名	1296④			
われら	われら	×	我等	妙荘	1287③	和人称代名	1296⑥			
をもて	をもって	×	以	序品	8①	和連語	6④			
をもて	をもって	×	以	序品	19⑤	和連語	16②			
をもて	をもって	×	以	序品	20②	和連語	16⑤			
をもて	をもって	×	以	序品	22⑥	和連語	19②			
をもて	をもって	×	以	序品	23⑤	和連語	19⑥			
をもて	をもって	×	以	序品	24④	和連語	20⑤			
をもて	をもって	×	以	序品	27①	和連語	23①			
をもて	をもって	×	以	序品	29②	和連語	25①			
をもて	をもって	×	以	序品	29⑤	和連語	25④			
をもて	をもって	×	以	序品	31①	和連語	26④			
をもて	をもって	×	以	序品	33①	和連語	28②			
をもて	をもって	×	以	序品	33⑤	和連語	29①			
をもて	をもって	×	以	序品	37②	和連語	32①			
をもて	をもって	×	以	序品	37⑥	和連語	32⑤			
をもて	をもって	×	以	序品	39④	和連語	34①			
をもて	をもって	×	以	序品	44②	和連語	38②			
をもて	をもって	×	以	序品	64①	和連語	56①			
をもて	をもって	×	以	序品	69⑤	和連語	60⑥			
をもて	をもって	×	以	序品	82②	和連語	72②			
をもて	をもって	×	以	序品	84④	和連語	74①			
をもて	をもって	×	以	方便	88⑥	和連語	77⑥			
をもて	をもって	×	以	方便	89①	和連語	78①			
をもて	をもって	×	以	方便	98④	和連語	86④			
をもて	をもって	×	以	方便	101③	和連語	88⑥			
をもて	をもって	×	以	方便	101④	和連語	89①			をも［妙］
をもて	をもって	×	以	方便	111②	和連語	97③			
をもて	をもって	×	以	方便	121④	和連語	106⑤			
をもて	をもって	×	以	方便	124③	和連語	109②			
をもて	をもって	×	以	方便	125②	和連語	109⑥			
をもて	をもって	×	以	方便	125④	和連語	110②			
をもて	をもって	×	以	方便	127④	和連語	111⑥			
をもて	をもって	×	以	方便	128②	和連語	112④			
をもて	をもって	×	以	方便	128④	和連語	112⑤			
をもて	をもって	×	以	方便	129③	和連語	113③			
をもて	をもって	×	以	方便	130④	和連語	114④			
をもて	をもって	×	以	方便	132②	和連語	115④			
をもて	をもって	×	以	方便	133②	和連語	116③			
をもて	をもって	×	以	方便	133③	和連語	116⑤			
をもて	をもって	×	以	方便	134④	和連語	117④			
をもて	をもって	×	以	方便	136②	和連語	119①			
をもて	をもって	×	以	方便	142④	和連語	124②			
をもて	をもって	×	以	方便	143③	和連語	124⑥			
をもて	をもって	×	以	方便	145⑥	和連語	127①			
をもて	をもって	×	以	方便	147①	和連語	127⑥			
をもて	をもって	×	以	方便	148⑤	和連語	129③			
をもて	をもって	×	以	方便	149④	和連語	129⑥			
をもて	をもって	×	以	方便	150①	和連語	130③			
をもて	をもって	×	以	方便	150③	和連語	130④			
をもて	をもって	×	以	方便	151⑤	和連語	131④			
をもて	をもって	×	以	方便	153②	和連語	132⑥			
をもて	をもって	×	以	方便	154①	和連語	133④			
をもて	をもって	×	以	方便	156③	和連語	135③			
をもて	をもって	×	以	方便	159④	和連語	137⑥			
をもて	をもって	×	以	方便	161⑤	和連語	139④			
をもて	をもって	×	以	方便	162②	和連語	139⑥			
をもて	をもって	×	以	方便	163④	和連語	141①			
をもて	をもって	×	以	方便	163⑥	和連語	141②			

当該語	読みかな	傍訓	漢字表記	品名	頁数	語の種類	妙一本	和解語文	可読	異同語彙
をもて	をもって	×	以	方便	165①	和連語	142②			
をもて	をもって	×	以	方便	166①	和連語	143①			
をもて	をもって	×	以	方便	166⑥	和連語	143⑥			
をもて	をもって	×	以	方便	167③	和連語	144③			
をもて	をもって	×	以	方便	168②	和連語	145①			
をもて	をもって	×	以	方便	170④	和連語	147①			
をもて	をもって	×	以	方便	173⑤	和連語	149④			
をもて	をもって	×	以	方便	174④	和連語	150③			
をもて	をもって	×	以	方便	175①	和連語	150⑤			
をもて	をもって	×	以	方便	175③	和連語	150⑥			
をもて	をもって	×	以	方便	175⑥	和連語	151②			
をもて	をもって	×	以	方便	176④	和連語	151⑥			
をもて	をもって	×	以	方便	177①	和連語	152②			
をもて	をもって	×	以	方便	180⑤	和連語	155③			
をもて	をもって	×	以	方便	182②	和連語	156④			
をもて	をもって	×	以	方便	184①	和連語	157⑥			
をもて	をもって	×	以	方便	184②	和連語	158①			
をもて	をもって	×	以	方便	185⑤	和連語	159②			
をもて	をもって	×	以	方便	190④	和連語	163⑤			
をもて	をもって	×	以	方便	191③	和連語	164②			
をもて	をもって	×	以	方便	192⑤	和連語	165③			
をもて	をもって	×	以	譬喩	206②	和連語	173④			
をもて	をもって	×	以	譬喩	206⑥	和連語	174②			
をもて	をもって	×	以	譬喩	207①	和連語	174③			
をもて	をもって	×	以	譬喩	212④	和連語	180④			
をもて	をもって	×	以	譬喩	215④	和連語	183⑤			
をもて	をもって	×	以	譬喩	216③	和連語	184⑤			
をもて	をもって	×	以	譬喩	216⑤	和連語	185②			
をもて	をもって	×	以	譬喩	217①	和連語	185④			
をもて	をもって	×	以	譬喩	219②	和連語	187⑥			
をもて	をもって	×	以	譬喩	222②	和連語	191①			
をもて	をもって	×	以	譬喩	222④	和連語	191③			
をもて	をもって	×	以	譬喩	223①	和連語	191⑥			
をもて	をもって	×	以	譬喩	227⑤	和連語	196⑥			
をもて	をもって	×	以	譬喩	227⑤	和連語	196⑥			
をもて	をもって	×	以	譬喩	228⑥	和連語	198②			
をもて	をもって	×	以	譬喩	231⑥	和連語	201①			
をもて	をもって	×	以	譬喩	236⑤	和連語	206①			
をもて	をもって	×	以	譬喩	237⑤	和連語	207①			
をもて	をもって	×	以	譬喩	238③	和連語	207⑤			
をもて	をもって	×	以	譬喩	238④	和連語	207⑥			
をもて	をもって	×	以	譬喩	241③	和連語	211①			
をもて	をもって	×	以	譬喩	241④	和連語	211①			
をもて	をもって	×	以	譬喩	243②	和連語	212⑤			
をもて	をもって	×	以	譬喩	248④	和連語	218③			
をもて	をもって	×	以	譬喩	249⑥	和連語	219⑥			
をもて	をもって	×	以	譬喩	250⑤	和連語	220⑤			
以て	をもって	をもて	以	譬喩	252⑥	和連語	223①			
をもて	をもって	×	以	譬喩	253①	和連語	223③			
をもて	をもって	×	以	譬喩	253②	和連語	223④			
をもて	をもって	×	以	譬喩	255③	和連語	226③			
をもて	をもって	×	以	譬喩	255④	和連語	226④			
をもて	をもって	×	以	譬喩	257⑥	和連語	228⑥			
をもて	をもって	×	以	譬喩	258①	和連語	229②			
をもて	をもって	×	以	譬喩	259①	和連語	230③			
をもて	をもって	×	以	譬喩	259⑤	和連語	231①			
をもて	をもって	×	以	譬喩	261②	和連語	232⑤			
をもて	をもって	×	以	譬喩	262①	和連語	233④			
をもて	をもって	×	以	譬喩	265⑥	和連語	237②			
をもて	をもって	×	以	譬喩	266③	和連語	237④			
をもて	をもって	×	以	譬喩	267③	和連語	238④			
をもて	をもって	×	以	譬喩	268②	和連語	239④			
をもて	をもって	×	以	譬喩	269②	和連語	240③			
をもて	をもって	×	以	譬喩	269③	和連語	240④			
をもて	をもって	×	以	譬喩	269⑥	和連語	241①			
をもて	をもって	×	以	譬喩	274④	和連語	246①			
をもて	をもって	×	以	譬喩	286②	和連語	258①			
をもて	をもって	×	以	譬喩	286⑥	和連語	258⑤			

当該語	読みかな	傍訓	漢字表記	品名	頁数	語の種類	妙一本	和解語文	可読	異同語彙
をもて	をもって	×	以	譬喩	287⑤	和連語	259④			
をもて	をもって	×	以	譬喩	287⑥	和連語	259⑥			
をもて	をもって	×	以	譬喩	288②	和連語	260①			
をもて	をもって	×	以	譬喩	288③	和連語	260③			
をもて	をもって	×	以	譬喩	291①	和連語	263②			
をもて	をもって	×	以	譬喩	291⑥	和連語	264①			
をもて	をもって	×	以	譬喩	293④	和連語	265⑤			
をもて	をもって	×	以	譬喩	295②	和連語	267③			もちひ給ふ[西]
をもて	をもって	×	以	譬喩	300④	和連語	272⑤			
をもて	をもって	×	以	譬喩	310①	和連語	282⑥			
をもて	をもって	×	以	譬喩	310②	和連語	283②			
をもて	をもって	×	以	譬喩	311②	和連語	284③			
をもて	をもって	×	以	譬喩	314④	和連語	288④			
をもて	をもって	×	以	譬喩	314⑤	和連語	288⑤			
をもて	をもって	×	以	譬喩	316③	和連語	291①			
をもて	をもって	×	以	信解	325③	和連語	301④			
をもて	をもって	×	以	信解	326⑤	和連語	303②			
をもて	をもって	×	以	信解	327①	和連語	303④			
をもて	をもって	×	以	信解	332①	和連語	309①			
をもて	をもって	×	以	信解	332⑤	和連語	310⑤			
をもて	をもって	×	以	信解	336①	和連語	314④			
をもて	をもって	×	以	信解	337②	和連語	315⑥			
をもて	をもって	×	以	信解	346④	和連語	328①			
をもて	をもって	×	以	信解	348⑤	和連語	330④			
をもて	をもって	×	以	信解	350①	和連語	332③			
をもて	をもって	×	以	信解	351⑥	和連語	334⑤			
をもて	をもって	×	以	信解	355③	和連語	339①			
をもて	をもって	×	以	信解	360②	和連語	344⑤			
をもて	をもって	×	以	信解	366⑥	和連語	352⑤			
をもて	をもって	×	以	信解	372①	和連語	358⑥			
をもて	をもって	×	以	信解	372⑤	和連語	359⑤			
をもて	をもって	×	以	信解	374③	和連語	361④			
をもて	をもって	×	以	信解	374⑥	和連語	362②			
をもて	をもって	×	以	信解	375①	和連語	362④			
をもて	をもって	×	以	信解	375②	和連語	362⑤			
をもて	をもって	×	以	信解	375②	和連語	362⑤			
をもて	をもって	×	以	信解	375⑥	和連語	363④			
をもて	をもって	×	以	信解	376①	和連語	363⑤			
をもて	をもって	×	以	信解	376②	和連語	363⑥			
をもて	をもって	×	以	信解	377⑤	和連語	365④			
をもて	をもって	×	以	藥草	387④	和連語	372⑤			
をもて	をもって	×	以	藥草	390⑥	和連語	376③			
をもて	をもって	×	以	藥草	394①	和連語	379⑤			
をもて	をもって	×	以	藥草	396③	和連語	382③			一か[西右]
をもて	をもって	×	以	藥草	396③	和連語	382④			一か[西右]
をもて	をもって	×	以	藥草	396④	和連語	382④			
をもて	をもって	×	以	藥草	396④	和連語	382⑤			
をもて	をもって	×	以	藥草	399①	和連語	385②			
をもて	をもって	×	以	藥草	400③	和連語	386⑥			
をもて	をもって	×	以	藥草	405⑥	和連語	393①			
をもて	をもって	×	以	藥草	410③	和連語	398②			
をもて	をもって	×	以	藥草	410④	和連語	398③			
をもて	をもって	×	以	藥草	411④	和連語	399④			
をもて	をもって	×	以	藥草	413④	和連語	401⑤			
をもて	をもって	×	以	藥草	413⑥	和連語	402②			
をもて	をもって	×	以	授記	418⑥	和連語	407⑤			
をもて	をもって	×	以	授記	420④	和連語	409⑤			
をもて	をもって	×	以	授記	421④	和連語	410⑤			
をもて	をもって	×	以	授記	423④	和連語	413①			
をもて	をもって	×	以	授記	431④	和連語	422③			
をもて	をもって	×	以	授記	433③	和連語	424①			
をもて	をもって	×	以	授記	434①	和連語	425②			
をもて	をもって	×	以	授記	437③	和連語	429①			
をもて	をもって	×	以	授記	437⑤	和連語	429③			
をもて	をもって	×	以	授記	439②	和連語	431①			
をもて	をもって	×	以	授記	439⑤	和連語	431⑤			
をもて	をもって	×	以	授記	439⑥	和連語	431⑥			
をもて	をもって	×	以	化城	448④	和連語	442①			

当該語	読みかな	傍訓	漢字表記	品名	頁数	語の種類	妙一本	和解語文	可読	異同語彙
をもて	をもって	×	以	化城	449③	和連語	443①			
をもて	をもって	×	以	化城	450⑥	和連語	444⑥			
をもて	をもって	×	以	化城	457③	和連語	452④			
をもて	をもって	×	以	化城	460④	和連語	456①			
をもて	をもって	×	以	化城	461③	和連語	457①			
をもて	をもって	×	以	化城	465③	和連語	461⑥			
をもて	をもって	×	以	化城	467③	和連語	464②			
をもて	をもって	×	以	化城	468④	和連語	465⑤		一しかも[西右]	
をもて	をもって	×	以	化城	469②	和連語	466③			
をもて	をもって	×	以	化城	469⑥	和連語	467②			
をもて	をもって	×	以	化城	471④	和連語	469④			
をもて	をもって	×	以	化城	472⑤	和連語	470⑥			
をもて	をもって	×	以	化城	475⑥	和連語	474⑥			
をもて	をもって	×	以	化城	477②	和連語	476③			
をもて	をもって	×	以	化城	477④	和連語	476⑤			
をもて	をもって	×	以	化城	478③	和連語	477⑤			
をもて	をもって	×	以	化城	480②	和連語	479⑥			
をもて	をもって	×	以	化城	482⑥	和連語	483①			
をもて	をもって	×	以	化城	484④	和連語	485①			
をもて	をもって	×	以	化城	485⑥	和連語	486④			
をもて	をもって	×	以	化城	486②	和連語	487①			
をもて	をもって	×	以	化城	487①	和連語	487⑥			
をもて	をもって	×	以	化城	487⑤	和連語	488⑥			
をもて	をもって	×	以	化城	488③	和連語	489⑤			
をもて	をもって	×	以	化城	488⑤	和連語	490①			
をもて	をもって	×	以	化城	489⑤	和連語	491②			
をもて	をもって	×	以	化城	491⑤	和連語	493⑥			
をもて	をもって	×	以	化城	492③	和連語	494④			
をもて	をもって	×	以	化城	493③	和連語	495⑤			
をもて	をもって	×	以	化城	494④	和連語	497②			
をもて	をもって	×	以	化城	495①	和連語	497⑤			
をもて	をもって	×	以	化城	495⑤	和連語	498④			
をもて	をもって	×	以	化城	499③	和連語	502④			
をもて	をもって	×	以	化城	499⑤	和連語	503②			
をもて	をもって	×	以	化城	501②	和連語	504⑤			
をもて	をもって	×	以	化城	504⑥	和連語	509①			
をもて	をもって	×	以	化城	505③	和連語	509⑤			
をもて	をもって	×	以	化城	505⑥	和連語	510③			
をもて	をもって	×	以	化城	514①	和連語	519①			
をもて	をもって	×	以	化城	518②	和連語	523②			
をもて	をもって	×	以	化城	518④	和連語	523③			
をもて	をもって	×	以	化城	520①	和連語	525②			
をもて	をもって	×	以	化城	521②	和連語	526③			
をもて	をもって	×	以	化城	528①	和連語	533④			
をもて	をもって	×	以	化城	532①	和連語	537⑤			
をもて	をもって	×	以	化城	533④	和連語	539②			
をもて	をもって	×	以	化城	537①	和連語	542⑥			
をもて	をもって	×	以	化城	540①	和連語	545⑤			
をもて	をもって	×	以	化城	540②	和連語	546①			
をもて	をもって	×	以	化城	540③	和連語	546②			
をもて	をもって	×	以	化城	544③	和連語	552④			
をもて	をもって	×	以	化城	547③	和連語	553⑤			
をもて	をもって	×	以	化城	548①	和連語	554⑤			
をもて	をもって	×	以	五百	564①	和連語	567③			
をもて	をもって	×	以	五百	564④	和連語	567⑤			
をもて	をもって	×	以	五百	567⑥	和連語	571④			
をもて	をもって	×	以	五百	570⑥	和連語	574⑤			
をもて	をもって	×	以	五百	571①	和連語	574⑥			
をもて	をもって	×	以	五百	572③	和連語	576⑤			
をもて	をもって	×	以	五百	572④	和連語	576⑤			
をもて	をもって	×	以	五百	575③	和連語	580①			
をもて	をもって	×	以	五百	579③	和連語	584④			
をもて	をもって	×	以	五百	581①	和連語	586②			
をもて	をもって	×	以	五百	586⑤	和連語	592③			
をもて	をもって	×	以	五百	590②	和連語	596⑥			
をもて	をもって	×	以	五百	590⑤	和連語	597③			
をもて	をもって	×	以	五百	592②	和連語	599③			

当該語	読みかな	傍訓	漢字表記	品名	頁数	語の種類	妙一本	和解語文	可読	異同語彙
をもて	をもって	×	以	五百	592⑥	和連語	600①			
をもて	をもって	×	以	五百	594⑤	和連語	602③			
をもて	をもって	×	以	五百	595③	和連語	603①			
をもて	をもって	×	以	五百	597②	和連語	605③			
をもて	をもって	×	以	五百	598④	和連語	607①			
をもて	をもって	×	以	授學	607⑥	和連語	617①			
をもて	をもって	×	以	授學	612④	和連語	622①		—して[西右]	
をもて	をもって	×	以	授學	619⑥	和連語	630②			
をもて	をもって	×	以	法師	625①	和連語	636①			
をもて	をもって	×	以	法師	625④	和連語	636④			
をもて	をもって	×	以	法師	625⑥	和連語	636⑥			
をもて	をもって	×	以	法師	628②	和連語	639③			
をもて	をもって	×	以	法師	628④	和連語	639⑥			
をもて	をもって	×	以	法師	629②	和連語	640④			
をもて	をもって	×	以	法師	630①	和連語	641③			おもて[妙]
をもて	をもって	×	以	法師	630②	和連語	641④			
をもて	をもって	×	以	法師	630③	和連語	641⑥			おもて[妙]
をもて	をもって	×	以	法師	633①	和連語	644⑥			
をもて	をもって	×	以	法師	633③	和連語	645②			
をもて	をもって	×	以	法師	634①	和連語	646①			
をもて	をもって	×	以	法師	635⑤	和連語	647⑥			
をもて	をもって	×	以	法師	636②	和連語	648③			
をもて	をもって	×	以	法師	639①	和連語	651③			
をもて	をもって	×	以	法師	639⑤	和連語	652②			
をもて	をもって	×	以	法師	640⑥	和連語	653③			
をもて	をもって	×	以	法師	647③	和連語	661①			
をもて	をもって	×	以	法師	652⑤	和連語	666⑤			
をもて	をもって	×	以	見寶	657①	和連語	671③			
をもて	をもって	×	以	見寶	658①	和連語	672③			
をもて	をもって	×	以	見寶	658⑤	和連語	673①			
をもて	をもって	×	以	見寶	659③	和連語	673⑥			
をもて	をもって	×	以	見寶	660⑥	和連語	675③			
をもて	をもって	×	以	見寶	663④	和連語	678③			
をもて	をもって	×	以	見寶	664④	和連語	679③			
をもて	をもって	×	以	見寶	665④	和連語	680③			
をもて	をもって	×	以	見寶	667③	和連語	682④			
をもて	をもって	×	以	見寶	667④	和連語	682④			
をもて	をもって	×	以	見寶	668①	和連語	683②			
をもて	をもって	×	以	見寶	670②	和連語	685②			
をもて	をもって	×	以	見寶	671③	和連語	686⑥			
をもて	をもって	×	以	見寶	673①	和連語	688④			
をもて	をもって	×	以	見寶	673④	和連語	689②			
をもて	をもって	×	以	見寶	675②	和連語	691②			
をもて	をもって	×	以	見寶	675⑤	和連語	691⑤			
をもて	をもって	×	以	見寶	678④	和連語	695②			
をもて	をもって	×	以	見寶	680②	和連語	697①			
をもて	をもって	×	以	見寶	682①	和連語	699①			
をもて	をもって	×	以	見寶	683④	和連語	700⑥			おもて[妙]
をもて	をもって	×	以	見寶	684①	和連語	701②			
をもて	をもって	×	以	見寶	684②	和連語	701④			
をもて	をもって	×	以	見寶	684⑥	和連語	702②			おもて[妙]
をもて	をもって	×	以	見寶	686①	和連語	703④			
をもて	をもって	×	以	見寶	687④	和連語	705①			
をもて	をもって	×	以	見寶	688⑥	和連語	706⑤			
をもて	をもって	×	以	見寶	692④	和連語	710⑤			
をもて	をもって	×	以	見寶	693⑥	和連語	712③			
をもて	をもって	×	以	提婆	711③	和連語	728⑤			
をもて	をもって	×	以	提婆	718④	和連語	736④			
をもて	をもって	×	以	提婆	723②	和連語	741③			
をもて	をもって	×	以	提婆	723③	和連語	741④			
をもて	をもって	×	以	提婆	730⑤	和連語	748⑥			
をもて	をもって	×	以	提婆	731⑤	和連語	749③			
をもて	をもって	×	以	提婆	734⑤	和連語	753②			
をもて	をもって	×	以	勸持	742①	和連語	760⑥			
をもて	をもって	×	以	勸持	756⑥	和連語	776④		—し[西右]	
をもて	をもって	×	以	安樂	768①	和連語	788①			
をもて	をもって	×	以	安樂	770③	和連語	790⑤			
をもて	をもって	×	以	安樂	770⑤	和連語	791①			

当該語	読みかな	傍訓	漢字表記	品名	頁数	語の種類	妙一本	和解語文	可読	異同語彙
をもて	をもって	×	以	安樂	772⑥	和連語	793③			
をもて	をもって	×	以	安樂	775④	和連語	796②			
をもて	をもって	×	以	安樂	778③	和連語	799②			
をもて	をもって	×	以	安樂	779②	和連語	800①			
をもて	をもって	×	以	安樂	780①	和連語	801①			
をもて	をもって	×	以	安樂	780③	和連語	801③			
をもて	をもって	×	以	安樂	781①	和連語	802①			
をもて	をもって	×	以	安樂	781③	和連語	802③			
をもて	をもって	×	以	安樂	783④	和連語	804⑤			
をもて	をもって	×	以	安樂	786⑥	和連語	808②			
をもて	をもって	×	以	安樂	793②	和連語	814⑤			
をもて	をもって	×	以	安樂	795④	和連語	816⑥			
をもて	をもって	×	以	安樂	796②	和連語	817⑤			
をもて	をもって	×	以	安樂	798④	和連語	820②			
をもて	をもって	×	以	安樂	799⑤	和連語	821③			
をもて	をもって	×	以	安樂	800⑥	和連語	822⑤		—しかも［西右］	
をもて	をもって	×	以	安樂	801②	和連語	823①			
をもて	をもって	×	以	安樂	805④	和連語	827⑤			
をもて	をもって	×	以	安樂	807②	和連語	829③			
をもて	をもって	×	以	安樂	807⑥	和連語	830②			
をもて	をもって	×	以	安樂	812③	和連語	834⑤			
をもて	をもって	×	以	安樂	814④	和連語	837①			
をもて	をもって	×	以	從地	824④	和連語	846⑥			
をもて	をもって	×	以	從地	825②	和連語	847④			
をもて	をもって	×	以	從地	826③	和連語	848⑤			
をもて	をもって	×	以	從地	834③	和連語	857①			
をもて	をもって	×	以	從地	835①	和連語	857⑥			
をもて	をもって	×	以	從地	857②	和連語	880①			
をもて	をもって	×	以	如來	886②	和連語	905①			
をもて	をもって	×	以	如來	888⑥	和連語	908①			
をもて	をもって	×	以	如來	889②	和連語	908③			
をもて	をもって	×	以	如來	890①	和連語	909①			
をもて	をもって	×	以	如來	891②	和連語	910③			
をもて	をもって	×	以	如來	894①	和連語	913①			
をもて	をもって	×	以	如來	894③	和連語	913③			
をもて	をもって	×	以	如來	896①	和連語	914⑥			
をもて	をもって	×	以	如來	897①	和連語	916②			
をもて	をもって	×	以	如來	897⑥	和連語	916⑥			
をもて	をもって	×	以	如來	900①	和連語	919①			
をもて	をもって	×	以	如來	909⑤	和連語	928⑤			
をもて	をもって	×	以	如來	911③	和連語	930③		をして［西右］	
をもて	をもって	×	以	如來	911⑥	和連語	930⑤			
をもて	をもって	×	以	如來	913③	和連語	932②			
をもて	をもって	×	以	如來	915④	和連語	934③			
をもて	をもって	×	以	如來	916⑤	和連語	935⑤			
をもて	をもって	×	以	如來	919①	和連語	937⑥			
をもて	をもって	×	以	如來	919⑥	和連語	938⑥			
をもて	をもって	×	以	分別	928⑤	和連語	947③			
をもて	をもって	×	以	分別	935④	和連語	954②			
をもて	をもって	×	以	分別	938④	和連語	956⑥			
をもて	をもって	×	以	分別	940⑤	和連語	958⑥			
をもて	をもって	×	以	分別	943②	和連語	961⑤			
をもて	をもって	×	以	分別	948⑤	和連語	967④			
をもて	をもって	×	以	分別	950①	和連語	968⑤			
をもて	をもって	×	以	分別	950③	和連語	969①			
をもて	をもって	×	以	分別	952①	和連語	970⑥			
をもて	をもって	×	以	分別	952⑤	和連語	971④			
をもて	をもって	×	以	分別	953④	和連語	972②			
をもて	をもって	×	以	分別	954④	和連語	973②			
をもて	をもって	×	以	分別	955③	和連語	974②			
をもて	をもって	×	以	分別	958③	和連語	977①			
をもて	をもって	×	以	分別	958④	和連語	977②			
をもて	をもって	×	以	分別	962①	和連語	980④			
をもて	をもって	×	以	分別	962①	和連語	980④			
をもて	をもって	×	以	分別	963⑤	和連語	982②			
をもて	をもって	×	以	分別	965②	和連語	983④			
をもて	をもって	×	以	分別	967①	和連語	985②			

当該語	読みかな	傍訓	漢字表記	品名	頁数	語の種類	妙一本	和解語文	可読	異同語彙
をもて	をもって	×	以	随喜	975③	和連語	993④		一しかも[西右]	
をもて	をもって	×	以	随喜	977④	和連語	995⑥			
をもて	をもって	×	以	随喜	993①	和連語	1011④			
をもて	をもって	×	以	法功	994⑥	和連語	1013④			
をもて	をもって	×	以	法功	995②	和連語	1013⑥			
をもて	をもって	×	以	法功	996③	和連語	1015①			
をもて	をもって	×	以	法功	996⑥	和連語	1015④			
をもて	をもって	×	以	法功	997①	和連語	1015⑤			
をもて	をもって	×	以	法功	998⑤	和連語	1017④			
をもて	をもって	×	以	法功	1000③	和連語	1019①			
をもて	をもって	×	以	法功	1000⑥	和連語	1019④			
をもて	をもって	×	以	法功	1001⑥	和連語	1020④			
をもて	をもって	×	以	法功	1009①	和連語	1027④			
をもて	をもって	×	以	法功	1019⑤	和連語	1038③			
をもて	をもって	×	以	法功	1020①	和連語	1038⑥			
をもて	をもって	×	以	法功	1021⑤	和連語	1040④			
をもて	をもって	×	以	法功	1022⑤	和連語	1041④			
をもて	をもって	×	以	法功	1027④	和連語	1046③			
をもて	をもって	×	以	法功	1029⑥	和連語	1048④			
をもて	をもって	×	以	法功	1032①	和連語	1050⑤			
をもて	をもって	×	以	法功	1032②	和連語	1050⑥			
をもて	をもって	×	以	法功	1032⑤	和連語	1051③			
をもて	をもって	×	以	法功	1033①	和連語	1051⑤			
をもて	をもって	×	以	法功	1033④	和連語	1052②			
をもて	をもって	×	以	法功	1033⑥	和連語	1052④			
をもて	をもって	×	以	法功	1040③	和連語	1059①			
をもて	をもって	×	以	法功	1041②	和連語	1059⑥			
をもて	をもって	×	以	法功	1044②	和連語	1062⑥			
をもて	をもって	×	以	法功	1046②	和連語	1064⑤			
をもて	をもって	×	以	法功	1046⑥	和連語	1065④			
をもて	をもって	×	以	法功	1048①	和連語	1066④			
をもて	をもって	×	以	常不	1062②	和連語	1080⑥			
をもて	をもって	×	以	常不	1066①	和連語	1084⑤		をもても[西をもて[妙]右]	
をもて	をもって	×	以	常不	1066⑤	和連語	1085④			
をもて	をもって	×	以	常不	1070①	和連語	1088⑤			
をもて	をもって	×	以	常不	1074①	和連語	1092④			
をもて	をもって	×	以	常不	1081①	和連語	1099④			
をもて	をもって	×	以	神力	1088④	和連語	1106⑥			
をもて	をもって	×	以	神力	1092⑤	和連語	1111②			
をもて	をもって	×	以	神力	1094②	和連語	1112⑥			
をもて	をもって	×	以	神力	1094⑤	和連語	1113③			
をもて	をもって	×	以	神力	1099③	和連語	1118②			
をもて	をもって	×	以	嘱累	1105②	和連語	1123⑥			
をもて	をもって	×	以	藥王	1122②	和連語	1140⑤			
をもて	をもって	×	以	藥王	1122⑤	和連語	1140⑧			
をもて	をもって	×	以	藥王	1123④	和連語	1141⑥		一しかも[西右]	
をもて	をもって	×	以	藥王	1123⑥	和連語	1142②			
をもて	をもって	×	以	藥王	1124④	和連語	1142⑥			
をもて	をもって	×	以	藥王	1125②	和連語	1143③			
をもて	をもって	×	以	藥王	1125③	和連語	1143⑤			
をもて	をもって	×	以	藥王	1125⑥	和連語	1144②			
をもて	をもって	×	以	藥王	1129⑤	和連語	1148③			
をもて	をもって	×	以	藥王	1131①	和連語	1150②			
をもて	をもって	×	以	藥王	1132④	和連語	1150⑥			
をもて	をもって	×	以	藥王	1134①	和連語	1152③			
をもて	をもって	×	以	藥王	1141⑥	和連語	1159⑥		一しかも[西をもて[妙]右]	
をもて	をもって	×	以	藥王	1142①	和連語	1160②			
をもて	をもって	×	以	藥王	1151⑥	和連語	1170②			
をもて	をもって	×	以	藥王	1152⑥	和連語	1170⑥			
をもて	をもって	×	以	藥王	1155⑤	和連語	1173④			
をもて	をもって	×	以	藥王	1157⑥	和連語	1175④			
をもて	をもって	×	以	藥王	1160②	和連語	1177④			
をもて	をもって	×	以	藥王	1161①	和連語	1178③			
をもて	をもって	×	以	藥王	1162①	和連語	1179②			

当該語	読みかな	傍訓	漢字表記	品名	頁数	語の種類	妙一本	和解語文	可読	異同語彙
をもて	をもって	×	以	妙音	1173②	和連語	1188⑥			
をもて	をもって	×	以	妙音	1173⑥	和連語	1189④			
をもて	をもって	×	以	妙音	1174⑥	和連語	1190③			
をもて	をもって	×	以	妙音	1177④	和連語	1192⑥			
をもて	をもって	×	以	妙音	1181③	和連語	1196③			
をもて	をもって	×	以	妙音	1187③	和連語	1202①			
をもて	をもって	×	以	妙音	1187⑤	和連語	1202③			
をもて	をもって	×	以	妙音	1188③	和連語	1203①			
をもて	をもって	×	以	妙音	1194②	和連語	1208①			
をもて	をもって	×	以	妙音	1194④	和連語	1208⑤			
をもて	をもって	×	以	妙音	1195②	和連語	1209①			
をもて	をもって	×	以	妙音	1195④	和連語	1209③			
をもて	をもって	×	以	妙音	1195⑥	和連語	1209⑤			
をもて	をもって	×	以	妙音	1196④	和連語	1210③			
をもて	をもって	×	以	觀世	1208⑥	和連語	1221⑥			
をもて	をもって	×	以	觀世	1211⑥	和連語	1225①			
をもて	をもって	×	以	觀世	1213②	和連語	1226③		一も[西右]	
をもて	をもって	×	以	觀世	1215②	和連語	1228④			
をもて	をもって	×	以	觀世	1222⑤	和連語	1235⑥			
をもて	をもって	×	以	觀世	1223①	和連語	1236③			
をもて	をもって	×	以	觀世	1223③	和連語	1236⑤			
をもて	をもって	×	以	觀世	1223⑤	和連語	1237①			
をもて	をもって	×	以	觀世	1224①	和連語	1237③			
をもて	をもって	×	以	觀世	1224③	和連語	1237⑤			
をもて	をもって	×	以	觀世	1224⑥	和連語	1238①			
をもて	をもって	×	以	觀世	1225②	和連語	1238③			
をもて	をもって	×	以	觀世	1225④	和連語	1238⑤			
をもて	をもって	×	以	觀世	1225⑥	和連語	1239①			
をもて	をもって	×	以	觀世	1226②	和連語	1239③			
をもて	をもって	×	以	觀世	1226④	和連語	1239⑤			
をもて	をもって	×	以	觀世	1226⑥	和連語	1240①			
をもて	をもって	×	以	觀世	1227②	和連語	1240③			
をもて	をもって	×	以	觀世	1227⑤	和連語	1240⑤			
をもて	をもって	×	以	觀世	1228②	和連語	1241②			
をもて	をもって	×	以	觀世	1228④	和連語	1241④			
をもて	をもって	×	以	觀世	1229②	和連語	1242②			
をもて	をもって	×	以	觀世	1229④	和連語	1242④			
をもて	をもって	×	以	觀世	1230②	和連語	1243①			
をもて	をもって	×	以	觀世	1234②	和連語	1247③			
をもて	をもって	×	以	觀世	1235②	和連語	1247⑤			
をもて	をもって	×	以	觀世	1235③	和連語	1247⑥			
をもて	をもって	×	以	觀世	1243③	和連語	1255⑤			もて[妙]
をもて	をもって	×	以	觀世	1246①	和連語	1258②			
をもて	をもって	×	以	陀羅	1259①	和連語	1270⑤			
をもて	をもって	×	以	陀羅	1260④	和連語	1272①			
をもて	をもって	×	以	陀羅	1267⑥	和連語	1278⑥			
をもて	をもって	×	以	陀羅	1270⑥	和連語	1281⑤			をもて[妙]
をもて	をもって	×	用	法功	1008③	和連語	1026⑥			
をもて	をもって	×	以	妙荘	1284②	和連語	1293⑤			
をもて	をもって	×	以	妙荘	1289④	和連語	1298⑤			
をもて	をもって	×	以	妙荘	1294④	和連語	1303①			
をもて	をもって	×	以	妙荘	1296①	和連語	1304③			
をもて	をもって	×	以	妙荘	1300①	和連語	1307⑤			
をもて	をもって	×	以	普賢	1306②	和連語	1313①			
をもて	をもって	×	以	普賢	1315①	和連語	1320⑥			
をもて	をもって	×	以	普賢	1327⑥	和連語	1331⑥			
をもて	をもって	×	以	普賢	1329④	和連語	1333④			

から和訳仏典へと時代のなかで移行していく過程が混在する。日本語のことばとして『法華経』の語文を訓もうとする人々の意識や仏教経典の『法華経』の語の読み方を大きく転換していくことの有り様が如実に表出していることを知ることができるのである。この解読した読みこそが和解句というものであって、これらの語を斯くも多く収蔵していることは殊更言うまでもない。そして、この『仮名書き法華経』の語索引を完成させることに努めてきた理由もこの一点にあって、この索引を用いることによって特異なる語表現を端的に探りだすための緒に着いたに過ぎないのであるが、一歩一歩とバランス良く、これらの語検証を進めることで、ことばの意味内容を深く見つめながら語の神髄に逼ることをめざすことになる。引き続き、語彙研究の立場から日本語文献資料との関わりを含めて見ていきたいと考える次第である。

参考資料

妙一記念館本『仮名書き法花経』影印・翻字・索引編（霊友会刊）
足利本『仮名書き法花経』影印・翻字・索引編（勉誠出版刊）
西來寺本『仮名書き法花経』（私家版）・翻字編（勉誠出版刊）
田島毓堂編、佼成図書館蔵『仮名書き法花経』影印編（右文書院刊）
野沢勝夫編『仮名書き法花経の研究』（勉誠出版刊）
小学館『日本国語大辞典』第二版
角川『古語大辞典』（角川書店刊）

その他、ここに引用した書物各々あるが、これらは文中に記載することにした。

○若干の千万の蓮華ありて、閻浮檀金をくきとし、白銀を葉葉とし、金剛をひけとし、甄叔迦寶をもて、その臺とせり」。〔西來寺本・妙音一一七四④〕

○若干の千万の蓮華ありて、閻浮檀金をくきとし、白銀を葉とし、金剛をひけとし、甄叔迦寶をもて、その臺とせり〕。〔妙一本・妙音一一九〇③〕

ここでは、耆闍崛山の植物を譬喩的に表現していて、この法華經語彙では、妙音菩薩品第二十四に二例が見えている。そして、この「ひげ【鬚】」の語は、植物における長い毛を金剛に見立てている意味項目を充たしていない語となっている。ただし、【方言】(11・12)で植物の根をいうとして、『日国』の意味記述には該当する意味項目を意味項目(2)動物の口あたりにはえる長い毛《以下略》と同じく、沖縄県、沖縄県首里を示していることで、植物の根の意として特立しておく必要がある好例として指摘しておきたい。

五、まとめ

今回、ここで取り上げたように、漢語名詞の語彙を中心に検証してみたのであるが、これらの語に『分類語彙表』増補改訂版〔国立国語研究所編、大日本図書刊〕に従って分類意味コードを付載していく前段階の取り組みとして、現行の国語辞典〔『日国』他の字典類〕がどのように記述しているかを見定めておくことを慮って主要な語をもって検証を試みたものである。その一例を取り上げるならば、「露地」の語のように古えから継承しつつ現代の日本人がどのようなかたちをもって文化的社会活動のなかでこの『法華經』のことばを身につけ使用し続けてきているのかをできる限り精緻に探りだしておくべきであることを実感するに他ならない。

そのうえで、語種分類を示しておくと、語彙表で示した総語数四五、四二二語を対象にして考察していくこととなる。そのうえで、語種分類を示しておくと、漢語〔二一、六二九語〕、混種語〔二語〕、単漢字〔三、八六五語〕、仏語〔三、四七〇語〕、和語〔二五、四三九語〕とし、その語数については必ずしも完全精緻なるものとは位置づけることはまだむつかしい段階ではあるが、その語数を知るための目安として、この語数表をもとに見ていくと、『仮名書き法華經』の語には、語種別表を数値の多い語種順にして示しておくと、漢語数表、和語数表、仏語数表とになってくる。古語のことば表現から近代語の位置づけとなることば群が数多く含まれていて、漢訳仏典

69

《補助資料》

『日国』第二版

あき−びと【商人】〖名〗「あきんど〈商人〉」に同じ。*日本書紀〔七二〇〕雄略一三年八月(前田本訓)「又商客の艤舮を断へて、悉に以て奪ひ取る」*古今集〔九〇五〜九一四〕仮名序「文屋の康秀は、ことばたくみにて、そのさま身におはず。いはば、あき人のよききぬたらんがごとし」*十巻本和名抄〔九三四頃〕一「商賈 文選西京賦云商賈〈賈音古、師説阿岐比斗〉」*観智院本名義抄〔一二四一〕「賈賣 二正、音商、アキナフ〈略〉アキビト」*天草本平家物語〔一五九二〕四・一〇「キタノカタ(アキビト)タヨリニ フミ ナドノヲ ヅカラ カヨウニモ」*源氏物語〔一〇〇一〜一四頃〕玉鬘「あやしき市女あき人のなかにて、いぶせく世の中を思ひつつ」

しき市女あき人のなかにて、いぶせく世の中を思ひつつ」

草本平家物語〔一五九二〕四・一〇「キタノカタ(アキビト)タヨリニ フミ ナドノヲ ヅカラ カヨウニモ」*読本 雨月物語〔一七七六〕貧福論「百姓は勤て穀を出し、〈略〉商賈務めて此を通はし」【語誌】(1)「あき〈商〉＋ひと(人)」の複合語で、挙例の「観智院本名義抄」により平安時代では「アキビト」と連濁していたとみられる。(2)バ行四段動詞の連用形、たとえば、「飛びて」が音便によ り、撥音便形「飛んで」、ウ音便形「飛うで」となるように、アキビトのビが音便を起こすようになる。まず、平安時代の訓点資料に撥言便形アキンドが現われ、ウ音便形アキウドは、遅れて室町時代に現われ、江戸前期の上方語にも用いられたが、江戸後期の江戸語では、撥音便形アキンドがさかんに使われたが、一方、この江戸語の中で、アキウドは、改まった言い方、文章語的な表現、上方語らしさを示す場合などに用いられている。→あきんど・あきゅうど。

●〈京ア〉【0】【辞書】和名・色葉・名義・易林・日葡・ヘボン・言海【表記】商人〗色葉・名義・易林・ヘボン・言海

あきひと【商人】〖名〗「あき」は、あきない。商いをする人。商売人。「あきうど」「あきんど」とも。「商人阿岐比人一に云はく百族毛毛夜加良」〖和名抄〕「賈アキビト、商、商人アキヒト」〖名義抄〕「商客アキヒト」〖前田本色葉字類抄〗「四の宮川原と云ふ所にて、袖くらべといふ。あき人あつまる所あり」〖宇治拾遺物語・五・一〕

角川『古語大辞典』

ひげ【鬚】〔三例〕

【漢訳原文】閻浮檀金為茎 金剛為鬚 甄叔迦宝以為其台〔五五中〕
○閻浮檀金をくきとし、白銀を葉とし、金剛をひげとし、甄叔迦寶たからのななりをもて、その臺とせり。〔西來寺本・妙音二一

七三⑤
○閻浮檀金をくきとし、白銀しろかねをはを葉とし、金剛こんがうをひげとし、甄叔迦寶けんしくかほうをもて、その臺たいとせり。〔妙一本・妙音二一八九③〕

【漢訳原文】有若千千万蓮華 閻浮檀金為茎 白銀為葉 金剛為鬚 甄叔迦宝以為其台〔五五中〕

『仮名書き法華経』における語彙考察

○さむきものの、ひをえたるかことく、この、ははをえたるかことく、はたかなるものゝころもをえたるかことく、あきひとの、ぬしをえたるかことく、わたりに、ふねをえたるかことく、やみひに、ともしひをえたるかことく、まつしきに、たからをえたるかことく、たみの、王をえたるかことく、賈客あきひとの、海をえたるかことく、とほしひの、闇やみをのそくかことく、この法華経も、またまた、かくのごとく。〔妙一本・藥王本菩薩事品32⑥〕

○さむきものゝ、火をえたるかことく、はたかなるものゝころもをえたるかことく、あき人の、ぬしをえたるかことく、ははをえたるかことく、ふねをえたるかことく、わたりに、はたかなるものゝころもをえたるかことく、くすしをえたるかことく、やみにともしひをえたるかことく、まつしきに、たからをえたるかことく、こきゃくの、かひをえたるかことく、とほしひの、あんをのそくかことく、この法華経も、またく、かくのことし。〔足利本・藥王菩薩本事品434行245下①〕

とあって、標記語を「商人」で和語訓み「あきひと」「あき人」として和解句は未記載にする。用例はこの一例のみを所載する。

『日国』には、この「商人」の見出し語を収載し、意味の「商いをする人。商売人」は、和解句に用いられていない。さらに、漢和辞典では『大漢字源』に、「商」字の熟語用例に「商人」の語として、白居易『琵琶行』の「商人重レ利軽二別離一」（口部1240上327・1）を記載する。

山家版『法華経』に、

如商人得主〔上軽去上入平〕

とあって、標記語「商人」で字音「シャウ（ニン）」を記載し、声点は「去上」と差声する。

観智院本『類聚名義抄』に、

商人アキヒト〔法上92⑤〕

とあって、標記語「商人」で和訓を「あきひと」と共通する。

度不可計（ケ）衆　第三冊 ［平上平平］

とあって、標記語を「不可計」で字音「不可計」を記載し、声点は「上平平濁」「上平平」と差声する。

また、他の仏教関係の資料として、教学伝道研究センター編『浄土真宗聖典』（注釈版）第二版・本願寺出版社）に、

(29) 已今当の往生は　この土の衆生のみならず　十方仏土よりきたる　無量無数不可計なり。【左訓】「かぞふべからずと

なり」（浄土和讃・561頁）〔親鸞聖人作『浄土和讃』〕

とこの「不可計」の用例が見えている。さらに、時代は降って、江戸時代の根岸鎮衞『耳囊』巻之一・人の運不可計事（計り得

因みに、『日国』・角川『古語大辞典』には、この語を未収載にする。

ない）の意）が知られるところである。

次に、和語語彙について見ておきたい。

あきびと【商人】

『仮名書き法華経』に、

【漢訳原文】如寒者得火　如裸者得衣　如商人得主　如子得母　如渡得船　如病得医　如暗得燈　如貧得宝　如民得王　如
賈客得海　如此除暗　此法華経亦復如是　〔藥王菩薩本事品第二十三・3中〕

○さむきものの、火をえたるかごとく、はだかなるものゝころもをえたるかごとく、あき人の、ぬしをえたるかごとく、子
の、母をえたるかごとく、わたりに、ふねをえたるかごとく、やまひに、くすりをえたるかごとく、くらきに、ともしび
をえたるかごとく、まづしきに、たからをえたるかごとく、たみの、王をえたるかごとく、賈客（こきゃく）の、海（うみ）をえたるかごとく、
とほしひの、闇（やみ）をのぞくがごとく、この法華経も、またく〴〵、かくのごとし。〔西來寺本・藥王菩薩本事品 1150①〕

『仮名書き法華経』における語彙考察

を供養し、法寶の蔵を護持せん。〔足利本・五百弟子授記品105行86上②〕

とあって、標記語を「不可計」で字音訓み「ぶかげ」として和解句は「かぞふべからず」と記載する。用例はこの一例のみを所載する。漢訳では、もう一例あるのを『仮名書き法華経』は、

【漢訳原文】諸声聞衆　無漏後身　法王之子　亦不可計〔授記品第六・20下〕

○もろもろ〳〵の聲聞衆の、無漏の後身にして、法王のみこなる、また、はかるべからず。〔西來寺本・授記品410〕
○もろもろの聲聞衆の、無漏の後身にして、法王のみこなる、また、はかるべからず。〔妙一本・授記品421③〕
○もろもろの聲聞衆の、無漏の後身にして、法王のみこなる、また、はかるべからず。〔足利本・授記品行上〕

として、和解句「はかるべからず」を以て記載しているため、漢語「不可計」の語として見えていないのである。

『日国』には、この語は未収載にする。

さらに、漢和辞典では『大漢字源』『廣漢和大辞典』『大漢語林』『大漢和辞典』に、「不」字の熟語用例「不可計」の語を未収載にする。こちらも清代の何元『高要縣志』第四～六巻に、

溺重淵骸骨浮海者不可計海濡之間農不釋鋤

溺重淵骸骨浮　海者不可計海　濡之間農不釋鋤

亦不可計　第三冊〔入上平平濁〕

とあって、この語を引用する。

山家版『法華経』に、

とあって、標記語を「堆阜」で字音訓み「タイフ」〔西〕「ツイフ」〔妙・足〕そして和解句は妙一本・西來寺本に「をかつふれ」と記載する。用例はこの一例を所載する。

『日国』には、この見出し語は未収載にする。

さらに、漢和辞典では角川『大字源』及び『廣漢和辞典』に、「退」字の熟語用例に「退没」の語は未収載にする。

山家版『法華経』に、

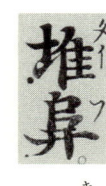

坑坎堆阜〔平平〕〔キョウカンタイフ〕〔第二冊12④〕

とあって、標記字「退没」に字音「タイフ」を記載し、声点は「平平」と差声することで、「タイフ」の訓みとなる。

《補助資料》

『日国』及び角川『古語大辞典』には、この語は未収載にする。

ブカゲ【不可計】〈C10〉〔一例〕※漢訳原文には、他に訓読み一例を所載する

『仮名書き法華経』に、

【漢訳原文】常以諸方便　説法無所畏　度不可計衆　成就一切智
〇つねにもろ〴〵の方便をもて、法をとくにおそるゝところなく、不可計の衆を度して、一切智を成就せしめ、〔西來寺本・五百弟子授記品579④〕

供養諸如来　護持法宝蔵〔五百弟子授記品第八・28中〕
〇つねにもろもろの如来を供養し、法寶の蔵を護持せん。〔西來寺本・五百弟子授記品579④〕

〇つねにもろもろの方便をもて、法をとくにおそるゝところなく、不可計の衆を度して、一切智を成就せしめ、諸々の如来を供養し、法寶の蔵を護持せん。〔妙一本・五百弟子授記品584③〕

〇つねにもろもろの方便をもて、法をとくにおそるゝところなく、不可計の衆を度して、一切智を成就せしめ、諸々の如来

『仮名書き法華経』における語彙考察

心意 [平去] コヽロ、コヽロ、ヲモフ〔志部熊藝門942①〕

《補助資料》

『日国』第二版

しん-い【心意】〔名〕こころ。意志。精神。心神。*三教指帰〔七九七頃〕上「老猿毒蛇之観、何起二心意一」*正法眼蔵〔一二三一～五三〕別輯・一百八法明門「寂定観是法明門、不レ擾二乱心意一故」*塵芥〔一五一〇～五〇頃〕「心意 シンイ」*暴夜物語〔伝光録〔一二九九～一三〇二頃〕〈永峰秀樹訳〉後翁並二犬の伝「必ず教育なく心意卑しからしと思ひければ」*夏目漱石〔一九一〇～一二〕「健康の常時とは心意の趣を異にする病裡の鏡に臨んだ刹那の感情」*易経-明夷「入二于左腹一、獲二心意一也」〈発音〉〈標ア〉[シ]〈京ア〉[シ]〈辞書〉文明〈表記〉【心意】文明

角川『古語大辞典』には、この語は未収載にする。

タイフ・ツイフ【堆阜】〈C10〉

『仮名書き法華経』に、

【漢訳原文】国界厳飾　無諸穢悪瓦礫荊棘便利不浄　其土平正　無有高下抗坎堆阜〔授記品第六20下〕

○國界、厳飾して、もろ〴〵の穢悪・瓦礫・荊棘・便利の不浄なく、その土、平正にして、高下・坑坎あなこあな・堆阜をかつふれあることなけん。〔西來寺本・授記品1023⑤〕

○國界くにさかい、厳飾かさりして、もろもろの穢悪けかれあしく・瓦礫かわらやく・荊棘おとろからたち・便利の不浄なく、その土、平正たいらかにして、高下たかくひきく・坑坎あなよこふけ・堆阜をかつふれあることなけん。〔妙一本・授記品1042⑤〕

○こつかひ、こんしきにして、かうけ・きやうかむ・ついふあることなけん。〔足利本・授記品224行89下④〕

もろ〴〵のゑあく・くはりやく・きやうこく・へんりのふしやうなく、そのと、ひやうしやう平正にして、かうけ・きやうかむ・ついふあることなけん。

【漢訳原文】是人心意質直 有正憶念有福徳力（普賢菩薩勧發品第二十八・62上）

○この人は、心意質直にして正憶念あり、福徳力あらん。〔西來寺本・普賢菩薩勧發品1331①〕

○このひとは、心意こころ質直すなをにして正憶念あり、福徳力ちからあらん。〔妙一本・普賢菩薩勧發品1334⑥〕※「正憶念あり」を欠文。

○この人は、心いしつちきにして正をくねんあり、ふくとくりきあらん。〔足利本・普賢菩薩勧發品823行282上⑪〕

とあって、標記語を「心意」で字音〔シンイ〕として和語訓は妙一本「こころ」と記載する。

『日国』には、この見出し語「しん-い【心意】」の語を収載し、意味説明に「こころ。思い。意思。意志。精神。心神」「象曰、入于左腹獲心意也」〔史記・李斯傳〕「所下以飾二後宮一充チ下陳二娯シマシメ心意一、説中ハシムル耳目上」」とあって、両書とも漢籍資料である『史記』の用例を所載するが、この訓みは「シンイ」とする。

さらに、漢和辞典では角川『大字源』〔心部0画1頁〕『廣漢和辭典』〔中巻心部0画622頁〕に【心意】しんこころ。しんこころ。思い。意思。意志。精神。心神〔易經、明夷〕〔史記・李斯伝〕「娯二心意一、説二耳目二」粋【心意】〔史記・李斯傳〕」の用例を所載する。

山家版『法華経』に、

是人心意質直
〔平濁去去平入入濁〕〔(シン)ニ〕〔(シン)ニシチシキ〕〔第三冊25⑧〕

とあって、標記字「心意」に字音〔シン〕〔ニ〕の一例を記載し、声点は「去平」と差声する。「シンニシチジキ」と連声して訓むのだが、この訓みは辞典類には反映されていない。室町時代の古辞書である広本『節用集』に、

『仮名書き法華経』における語彙考察

とあって、標記語を「伏蔵」で字音「フク（サウ）」の一例を記載し、声点は「入濁平濁」と差声する。「ブクザウ」と訓む。古辞書には未収載の語となっている。

地中衆伏蔵 [平濁上上入濁平濁]「ヂチユウシユブクザウ」（第三冊44①）

《補助資料》

『日国』第二版

ふく－ぞう[:ザウ]【伏蔵】〔名〕①（－する）ふし隠れること。表に現われないで潜み隠れること。*乾坤弁説〔一六五六〕亨・一四「地震と云は、土大の穴々より、風大吹沖して土中に伏蔵す」*東洋学芸雑誌―四六号〔一八八五〕唯物論一斑〈中川重麗訳〉「唯物質の作用を借りて、他の物質中に伏蔵する作用を呼び起すのみ」*伊沢蘭軒〔一九一六～一七〕〈森鷗外〉二三一「此間に或秘密が伏蔵してゐはせぬかと疑った」*墨子雑守「可以迹中知往来者少多、及所三伏蔵一之処」②（「ぶくぞう」とも）仏語。地中にひめ隠された財宝の蔵。*観智院本三宝絵詞〔九八四〕下「ふるき仙霊窟、伏蔵地、佐々名実長等山と申て」*今昔物語集〔一一二〇頃か〕三・二「庭の中に十種の吉祥を現ず。一は天降て覆へり、二は地より伏蔵を上ぐ」*十善法語〔一七七五〕二「このところ伏蔵ありとつぐ」【発音】フクゾー〈標ア〉[0]

角川『古語大辞典』

ぶくぞう『伏蔵』【名】仏語。地中に埋められ隠された財宝。今まで知られていなかった仏の教えをたとえていう。「二は地より伏蔵を上ぐ」[今昔物語集・三・二]「かの貧窮において伏蔵とならん」[教行信証・行]

『古今圖集成』

暦忌釋曰三伏無定日伏者也金氣伏蔵之日也。

（11）『日国』に見出し語未収載の語

シンイ【心意】〈C10〉

『仮名書き法華経』に、

61

四C前）四八・女院六道廻物語事「是れや此の、天上の五衰退没(ゴスイタイモツ)の苦ならん」＊太平記〔一四C後〕一七・還幸供奉人人被禁殺事「五衰退没(ゴスイタイモツ)の今の悲しみに、天上の五衰退没の苦ならんの昔の楽しみを思出し給ふにも、大梵高台の昔の楽しみを思出し給ふにも、世の憂事は数添ひて、涙の尽くる時はなし」

（10）『日国』に妙一本『仮名書き法華経』の語を引用しない語

ブクザウ【伏蔵】〈B9〉

『仮名書き法華経』に、

【漢訳原文】地中衆伏蔵　金銀諸珍宝　銅器之所盛　聞香悉能知〔法師功徳品第十九・49上〕

○地のなかの諸々の○地のなかの諸々の伏蔵の金・銀、諸々の珍寶、銅器にもれるところ、かをかきてことくよくしらん。〔西来寺本・法師功徳品1020③〕

○地のなかのもろもろの伏蔵の金(こかね)・銀(しろかね)、もろもろの珍寶(ちんぼう)たから、銅器(どうき)あかゝねのうつはものにもれるところ、かをかきてことくよくしらん。〔妙一本・法師功徳品1039⑤〕

○地のなかのもろくのふくさうのこむ・く、もろくのちんほう、とうきにもれるところ、かをかきてことくよくしらん。〔足利本・法師功徳品682行220下⑫〕

とあって、標記語を「伏蔵」で字音「ブクザウ」と記載する。用例はこの一例を所載する。

『日国』には、この見出し語「ふく-ぞう［：ザウ］【伏蔵】」の語を収載し、意味説明に「②（「ぶくぞう」とも）仏語。地中にひめ隠された財宝の蔵」とする。

さらに、漢和辞典では角川『大字源』〔人部4画91頁〕の「伏」の熟語例【伏蔵】(ふくぞう)(ぞう)伏匿に同じ。」、『廣漢和辭典』〔中巻人部4画875頁〕に、

山家版『法華経』に、「伏蔵」の語は未収載にする。

60

『仮名書き法華経』における語彙考察

○くはうをん・へんしやうてん、ないしうちやうまてのよしやう、をよひたいもつ、かをかきてことくくよくしらん。
〔足利本・法師功徳品706行221下①〕

とあって、標記語を「退没」で字音訓み「タイモツ」として和解句は妙一本「しぬる」、西來寺本「五すいの心也」と記載する。用例はこの一例を所載する。

『日国』には、この見出し語「たいーもつ【退没】」の語を収載する。和解句の「しぬる」は、『日国』の意味説明である「③死ぬこと。死亡」に共通している。また、西來寺本の和解句「五すいの心也」については、見出し語「ごすいーたいもつ【五衰退没】」に継承している。

さらに、漢和辞典では角川『大字源』及び『廣漢和辞典』に、「退」字の熟語用例に「退没」の語は未収載にする。

山家版『法華経』に、

初生及退没（タイモツ）〔上重上平重濁平入〕〔ショショウギユタイモツ〕〔第三冊44⑨〕

とあって、標記字「退没」に字音「タイモツ」を記載し、声点は「平入」と差声することで、「タイモツ」の訓みとなる。

《補助資料》
『日国』第二版
たいーぼつ【退没】〔名〕「たいーもつ（退没）」に同じ。
たいーもつ【退没】〔名〕①しりぞき隠れること。②仏語。上地から下地に、楽の世界から苦の世界に落ちること。*私聚百因縁集〔一二五七〕六・一五〔若し天上生能く退没の苦三有界を救はん〕*源平盛衰記〔一四C前〕一九・文覚発心〔上界の天人も退没の雲にかなしむ五衰とあれにも苦があるのさ〕③死ぬこと。死亡。*妙一本仮名書き法華経〔鎌倉中〕六・法師功徳品第十九〔光音・遍浄天、乃至有頂までの初生、および退没《注》シヌル》、かをかきてことくとくよくしらん〕*地蔵菩薩霊験記〔一六C後〕二・三〔然るに一時俄に受レ病て不ニ幾退没ス〕
ごすいーたいもつ【五衰退没】〔名〕（「もつ」は「没」の慣用音）五衰の相が現われて、天人の果報が尽きること。五衰滅色。*源平盛衰記〔一

（9）『日国』に妙一本『仮名書き法華経』の語を引用する語

タイモツ【退没】〈B8〉

『仮名書き法華経』に、

【漢訳原文】光音遍浄天 乃至于有頂 初生及退没 聞香悉能知【法師功徳品第十九 49中】
○光音・遍浄天、乃至有頂までの初生、をよひ退没（たいもつ）五すいの心也、かをかきてことごとくよくしらん。【西來寺本・法師功徳品 1023⑤】
○光音・遍浄天、乃至有頂まての初生（しょしょう）うまれはしめ、および退没（たいもつ）しぬる、かをかきてことごとくよくしらん。【妙一本・法師功徳品 1042④】

四衢道の中の露地に坐し、また障礙無きを見て…」とあるのによって、煩悩を去り俗界を脱離した境界や、その機縁となるものや状況などをたとえていう。「さても花山院は、三界の火宅を出でさせ給て、四衢道のなかの露地におはしまし歩ませ給ひつらん御足の裏には」〔栄花物語・花山たづぬる中納言〕「いでいでさらば露地の白牛を打つて見せんと」〔謡曲・車僧〕③茶道用語。広くは茶室に配された庭園をいうが、狭くは茶庭の入り口から茶室までの通路をいう。内露地と外露地に区分され、その配石・植込は自然に飾りけのないように作られる。客と亭主の最初の出会いの場として重要な意味を持つ。「茶の湯は出さねど、口切前に露地をつくり」〔日本永代蔵・六・四〕「露地の出入は、客も亭主もげたをはくこと、心をつけてかんじつゝ」〔酒茶論〕「茶ふかき所往来するゆへ、是くの如し」〔南方録・覚書〕「はゝき離さぬきれいずき、炉路の飛石しき松葉」〔鑓権三・上〕④近世上方の中流以上の商家で、商用以外の客が出入りして玄関に通じる表庭のこと。見世に接して、商用のために出入りする見世庭とは区別される。「路地の飛石をつたふとて 水うてばすべらん事もえぞしらぬ道の苦なれや坪の石ぶみ」〔吾吟我集・九〕

《注記》【露地】ろぢ ①久松真一編『南方録』解説（467頁～471頁）に引用する「古來無レ之露地草庵一風ノ茶」を茲に説く。②「茶をめぐることば」京都市立芸術大学名誉教授中西進『露地』（二〇一四年三月号・月刊〔淡交〕68～69頁）に、「草木にみちた茶室の庭を意味するようになったたいへん重要なことだ。ここを露地と名づけたのは、千利休だといわれる《原色茶道大辞典》。彼はこのことばを『法華経』（第三、譬喩品）から採用した。〈中略〉煩悩の焔が燃えさかる火宅のような世間を出て、何の心のかげりもない露地の安らぎの中に入ることこそが人間の幸せだと説く釋迦の、みごとな例え話である。〈中略〉中国の僧慧遠が著した『大乗義章』（一五巻）には「露地ニ坐スルハ、樹下蔭湿ニシテ久シク居レバ患ヲ致ス。故ニ露地ニ至ル」とあるから、広々として開放的な空間が、悟りのために必要だったことがここにも確認されている」と解説する。※傍線は論者である吾人が附した。

58

『仮名書き法華経』における語彙考察

《補助資料》

『日国』第二版

ろーじ【::ヂ】【露地・露路・路地】〔名〕①（露地）おおうものの何もないむきだしの土地。屋根などのない土地。地上。＊東南院文書‐三〇四・天徳三年（九五九）二月二六日・太政官牒（平安遺文一・二七三）「樹木漸切掃、墳墓作露地」②屋敷や寺などの庭内や門内の通路。「ろぢのはく牛打ってみしせんと」＊日葡辞書（一六〇三～〇四）「Rogi．（ロヂ）〈訳〉チャニュの建物に通ずる狭くてひっそりとした道。また、寺院の境内にあって、ボンズの部屋や、境内の他の建物へ通ずる道」＊仮名草子・竹斎（一六二一～二三）上「ろじの戸をほとほとと叩く」＊浮世草子・日本永代蔵（一六八八）二・一「娘を付置、露地の戸の鳴しらせと申置しに」＊俳諧・類船集（一六七六）呂「路地（略）隣塀の蔵のわきは皆路地なり」＊洒落本・禁現大福帳（一七五五）四「猫の事なれば路地の潜り様が未熟ゆへと」＊滑稽本・風来六部集（一七八〇）天狗髑髏鑒定縁起「長屋も露地も踏もすべるもそこらだらけが医者だらけ」＊人情本・花筐（一八四二）四・二四回「小浜一寸一つ走り往って来てお呉れな。まだ路地はしまるまいから」＊三四郎（一九〇八）〈夏目漱石〉九「軒燈ばかり明かな露地を抜けて表へ出ると」＊南方録（一七C後）覚書「露地にて亭主の初の所作に水を運び、客も初の所作に手水をつかふ、これ露地草菴の大本也」③町中の、家と家の間の狭い道。また、切見世などの細い通路。④茶室に付属する庭のこと。腰掛、石灯籠、飛石、蹲踞などが配され、多くは、露地門によって内露地と外露地とに分けた二重露地になっている。露地庭。茶庭。＊仮名草子・犬枕（一六〇六頃）「路ぢに水打ちたる」⑤（露地）仏語。煩悩を離脱した境界。『法華経‐譬喩品』に説く燃えさかる家から逃れた長者の子どもたちが露地で大白牛車をもらうというたとえによる。＊栄花物語（一〇二八～九二頃）花山たづぬる中納言「さても花山院は三界の火宅を出でさせ給て、四衢道のなかの露地におはしまし歩ませ給ひつらん」＊華厳五教章一「界外露地、所　授大白牛車、是一乗教也」⑤王土。国土。＊東大寺続要録（一二八一～一三〇〇頃）諸院篇「只偏奉レ祈二朝家之安全一、為レ添二露地之潤色一也」〈略〉醍醐寺新要録（一六二〇）以附法之資一、為二爪牙耳目一、各引二露地之万機一、専授二覚王之印璽一」②座敷前の庭。《ろじ》広島県山県郡054③内庭。《ろじ》静岡県磐田郡543④前庭から庭園に通じる家の入口などの土間。家の上がり口。《ろじ》山梨県南巨摩郡463長野県北安曇郡474静岡県安倍郡521愛知県北設楽郡011上郡福島県中蒲原郡050347長野県南佐久郡711②座敷前の庭。《ろじ》広島県山県郡054③内庭。《ろじ》静岡県磐田郡543④139新潟県中蒲原郡050347長野県上伊那郡155鳥取県徳治三年四月廿六日〈略〉文永七年四月日＊上之資一、為二爪牙耳目一、各引二露地之万機一、専授二覚王之印璽一」④〈方言〉①庭。庭園。《ろじ》山形県北村山郡最之資一、為二爪牙耳目一、各引二露地之万機一、専授二覚王之印璽一②座敷前の庭。《ろじ》広島県山県郡054③内庭。《ろじ》静岡県磐田郡543④前庭から庭園に通じる家の入口などの土間。家の上がり口。《ろじ》岡山市762⑥裏木戸。《ろじ》広島県高田郡829香川県仲多度郡474〈発音〉①は［ロ］／［ー］②③④はロージ〔ー〕【辞書】路次〔標ア〕〈なまり〉ドウヂ〔岐阜・対馬〕ドヂ〔飛騨・鳥取・熊本分布相〕ドジ〔飛騨〕裏木戸。《ろじ》広島県高田郡829香川県仲多度郡474〈発音〉①は［ロ］／［ー］②③④はロージ〔ー〕【辞書】路次〔標ア〕〈なまり〉ドウヂ〔岐阜・対馬〕ドヂ〔栃木・埼玉方言・京言葉・神戸・紀州・鳥取・徳島・讃岐〕ロオジ〔播磨〕ローヂ〔伊予〕〔標ア〕［ロ］〔京ア〕①は［ロ］②③④はロージ〔ー〕／〔ー〕【辞書】路次〔ヘボン〕【路地】言海

角川『古語大辞典』

ろぢ【露地・露路・路地】【表記】露地・蘆地〕書言〔路次〕ヘボン【路地】言海〔名〕①漢語。覆うもののない露出した地面。路上。「樹木漸く切り掃ひ、墳墓露地と作（な）る」〔東南院文書・天徳三・一二・二六・太政官符案〕②仏語。『法華経・譬喩品』の火宅のたとへの条に、「是の時、長者、諸子等の〈火宅ヲ〉安穏に出づるを得て、皆、

57

○この時に、長者、諸の子ども、安穏にいつることをえて、みな四衢道よつのちまたのみちのなかの、露地あらはなるところに、しかも坐して、また障導さわりなきをゑて、その心、泰然やすらかにとして、歓喜よろこひし、踊躍す。〔妙一本・譬喩品216⑥〕

○この時に、長者、諸子とも、あんをんにいつることを、みなよつのちまたのみちの中、ろちに、しかもさして、またしやうけなきをゐて、その心、たいねんとして、くはんきし、ゆやくす。〔足利本・306行50上⑥〕

とあって、標記語を「露地」で字音訓み「ロヂ」として和解句「あらはなるところ」〔妙〕「あらはなるち」〔西〕と記載する。用例は一例のみを所載する。

『日国』には、この「ろーじ〔…ヂ〕」【露地・露路・路地】の見出し語を収載し、意味は①〔露地〕おおうものの何もないむきだしの土地。屋根などのない土地。地面。地上」と「⑤〔露地〕仏語。三界の火宅を離れ安らぎを得た境をたとえていう語。煩悩を離脱した境界。「法華経=譬喩品」に説く燃えさかる家から逃れた長者の子どもたちが露地で大白牛車をもらうというたとえによる。」と記載し、『法華経』のこの用例を収載する。また、角川『古語大辞典』にも、「ろぢ【露地・露路・路地】の見出し語を収載し、意味を ②仏語。『法華経・譬喩品』の火宅のたとえに、「是の時、長者、諸子等の(火宅ヲ)安穏に出づるを得て、皆、四衢道の中の露地に坐し、また障礙無きを見て…」とあるのによって、煩悩を去り俗界を脱離した境界や、その機縁となるものや状況などをたとえていう。いずれも仏語としてこの語を取り扱うのだが、「…たとえていう」説明文に仏教語の仏教語としての位置づけを伺わせているようだ。

露地而坐。

露地而坐〔平平濁上平濁〕

山家版『法華経』に、

とあって、標記語「露地」で字音「ロチ」を記載し、声点は「平平濁」と差声する。

『仮名書き法華経』における語彙考察

所載する。

『日国』には、この「れいーせい【鈴声】」の見出し語を収載し、意味の最後「すずの音」は、妙一本の和解に共通するが仏教語としての訓み「リヤウシヤウ」については見出し語そして用例も補遺も全く反映されていない。山家版『法華経』に、

鐘聲鈴聲〔平上去上〕

とあって、標記語を「鈴聲」で字音「リヤウ（シャウ）」を記載し、声点は「去上」と差声する。

《補助資料》

『日国』第二版

れいーせい【鈴声】〔名〕すずの鳴る音。すずの音。＊延喜式（九二七）四・神祇・伊勢太神宮「凡駅使入三太神宮堺一者。到二于飯高郡下樋小川一止二鈴声一」＊本朝無題詩（一一六二〜六四頃）二・鳩逢鷹〈藤原忠通〉「独宿三孤巣一傾レ耳聴、鈴声左右欲レ何行」＊西京繁昌記（一八七七）〈増山守正〉初・上「鈴声心耳を澄し、柏手誠心を表す」＊呉志・甘寧伝「民聞二鈴声一即知二是寧一」〔発音〕レィセィ〈京ア〉〔０〕

角川『古語大辞典』には、この語を未収載にする。

（8）『日国』に漢訳原文の語を引用する語

ロヂ【露地】〈B 7〉

『仮名書き法華経』に、

【漢訳原文】是時長者 見諸子等安穏得出皆於四衢道中露地而坐無復障礙其心泰然歡喜踊躍〔譬喩品第三12上〕

○このときに、長者、もろ〲の子ども、安穏（あんおん）たやすくにいづることをゑて、みな四衢道（くはんだう）よつのちまたのなかの、露地（ろぢ）あらはなるちにして、坐して、また障㝵（しやげ）さわりなきを、みてその心、泰然（たいねん）たやすくとして、歓喜（くはんぎ）し、踊躍（ゆやく）おどる心す。〔西來寺本・譬喩品246⑥〕

○この清浄のみゝをもて、三千大千世界の、しも、阿鼻地獄にいたり、かみ、有頂にいたるまで、そのなかの内外種々の所有の語言の音聲、象聲・馬聲・牛聲・車聲・啼哭聲・螺聲・皷聲・鐘聲・鈴聲・笑聲・語聲・男聲・女聲・童子聲・童女聲・法聲・非法聲・苦聲・楽聲・凡夫聲・聖人聲・喜聲・不喜聲・天聲・龍聲・夜叉聲・乾闥婆聲・阿修羅聲・迦楼羅聲・緊那羅聲・摩睺羅伽聲・火聲・水聲・風聲・地獄聲・畜生聲・餓鬼聲・比丘聲・比丘尼聲・聲聞聲・辟支佛聲・菩薩聲・佛聲をきかん。〔西來寺本・法師功徳品998⑤〕

○この清浄のみゝをもて、三千大千世界の、しも、阿鼻地獄にいたり、かみ、有頂にいたるまで、そのなかの内外種々の所有の語言あるところのことはの音声ここへ、象声さうのこゑ・馬声むまのこゑ・牛声うしのこゑ・車声くるまのこゑ・啼哭聲ないこゑ・螺声かいのこゑ・皷声つゞみのこゑ・鐘声かねのこゑ・鈴声すゞのこゑ・笑声わらうこゑ・語声ものい
ふこゑ・男声おとこのこゑ・女声をんなのこゑ・童子声わらはのこゑ・童女声をんなごのこゑ・法声のりのこゑ・非法声のりにあらざるこゑ・
苦声くるしみのこゑ・楽声たのしみのこゑ・凡夫声ほんぶのこゑ・聖人声しやうにんのこゑ・喜声よろこひのこゑ・不喜声よろこはぬのこゑ・
天声てんのこゑ・竜声りうのこゑ・夜叉聲おにのこゑ・乾闥婆声けんだつばのこゑ・阿修羅声あしゆらのこゑ・迦楼羅声かるらのこゑ・緊那羅声まい
うとのこゑ・摩睺羅伽声へひのこゑ・火声ひのこゑ・水声みつのこゑ・聖人声しやうにんのこゑ・地獄声ちごくのこゑ・畜生声ちくしやうのこゑ・仏声ほとけ
餓鬼声かきのこへ・比丘声ほうしのこゑ・比丘尼声あまのこゑ・風声かせのこゑ・辟支仏声ひやくしふつのこゑ・菩薩声ほさつのこゑ・
のこるをきかん。〔妙一本・法師功徳品1018②〕

○このしやうく〳〵のみゝをもて、三千大千世界の、しも、あひ地こくにいたり、かみ、うちやうにいたるまて、その中のなかいくるしゆく〳〵の所有のことんをんしやう、さうしやう・めしやう・こしやう・しやしやう・たいこくしやう・しうたん
しやう・らしやう・くしやう・しよしやう・せうしやう・りやうしやう・なんしやう・女しやう・とうししや
う・とう女しやう・法しやう・ひほつしやう・らくしやう・聖人しやう・きしやう・ふきしや
う・てんしやう・りうしやう・やしやしやう・けんたつはしやう・あしゆらしやう・かるらしやう・きんならしやう・ま
こらからしやう・くはしやう・しやうもむしやう・ひやくしふつしやう・地こくしやう・ちくしやうしやう・かくぬしやう・ひくしやう・
ひくにしやう・しやうもむしやう・ひやくしふつしやう・菩薩しやう・佛しやうをきかん。〔足利本・517行216上9〕

とあって、標記語を「鈴聲」で字音訓み「リヤウシヤウ」として和解「すゞのこゑ」〔妙〕と記載する。用例はこの一例のみを

『仮名書き法華経』における語彙考察

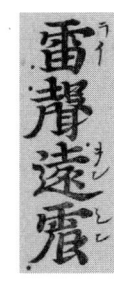

雷聲遠震　第三冊［平上去平］

とあって、標記語を「雷聲」で字音「ライ（シャウ）」を記載し、声点は「平上」と差声する。

《補助資料》

『日国』第二版

らい―しょう【…シャウ】【雷声】〖名〗（「しょう」は「声」の呉音）「らいせい（雷声）」に同じ。②→らいじょう（雷声）

らい―じょう【…ジャウ】【雷声】〖名〗［らいじょ（来序）］①に同じ。＊童舞抄〈邯鄲〉「大臣。如常。但てうづかけなし。人数多少をえらばず。雷声にて出る。雷声、真也」＊虎明本狂言・唐相撲〈室町末～近世初〉「らいじゃうにて出、だいに上り、つうじにたう人ことばにていひ付る」

らい―せい【雷声】〖名〗①かみなりの音。雷鳴。らいしょう。《季・夏》＊続日本紀‐天平九年〔七三七〕四月壬子「因レ此。雖レ有二雷声一。無レ所二災害一」＊権記‐寛弘四年〔一〇〇七〕二月二九日「雷声在二御社方一」＊明治月刊〔一八六八〕〈大阪府編〉四「雷光を見るの後十秒時を過て雷声を聞く時は」＊王守仁‐夜宿天池月下聞雷詩「昨夜月明峰頂宿、隠隠雷声在二山麓一」②かみなりのように大きい音、もしくは声。＊西洋道中膝栗毛〔一八七〇～七六〕〈仮名垣魯文〉六・上「小炮の連発ドドドドドド大炮の雷声ドロドロドロ、煙りは天を覆ひて」＊荘子‐在宥「尸居而龍見、淵黙而雷声」【発音】ライセィ〈標ア〉［0］【辞書】日葡

リヤウシヤウ【鈴聲】〈Ａ6〉

『仮名書き法華経』に、

【漢訳原文】以是清浄耳聞三千大千世界 下至阿鼻地獄上至有頂 其中内外種種所有語言音声　象声　馬声　牛声　車声　啼哭声　愁歎声　螺声　鼓声　鐘声　鈴声　笑声　語声　男声　女声　童子声　童女声　法声　非法声　苦声　楽声　凡夫声　聖人声　喜声　不喜声　天声　龍声　夜叉声　乾闥婆声　阿修羅声　迦楼羅声　緊那羅声　摩睺羅伽声　火声　水声　風声　地獄声　畜生声　餓鬼声　比丘声　比丘尼声　声聞声　辟支仏声　菩薩声　仏声（法師功徳品第十九48上）

ば醜陋の報を得」＊名語記〔一二七五〕五「あまりに形貌の醜陋にて」卯余集〔一四〇九頃〕下・辞大内道雄居士請括香書「呈‑乎醜陋」。不ㇾ可ㇾ勝ㇾ算」＊露団々〔一八八九〕〈幸田露伴〉一「容貌は不具にあらざれば、非常の醜陋なるもよし」【発音】シューロー〈標ア〉〔0〕

角川『古語大辞典』には、この語を未収載にする。

ライシャウ【雷聲】〈A6〉

『仮名書き法華経』に、

【漢訳原文】慧雲含潤　電光是曜　雷声遠震　令衆悦予　日光掩蔽　地上清涼

○恵雲ゑうんのくもうるおひをふくみて、電光いなひかりのひかり、晃曜てりかゝやくし、雷聲らいしゃうのこる、とをくふるひて、衆をして悦豫よろこはせしめ、日光ひのひかりを、掩蔽おほひかくしして、地のうへ清涼しゃうりゃうきよくすゝしきなり。〔西來寺本・藥草喩品400⑤〕

○恵雲ゑうんのくもうるおひをふくみて、電光いなひかりのひかり、晃曜てりかゝやきし、雷聲いかつちのこる、とほくふるひて、衆をして悦豫よろこふせて悦豫えつよろこはせしめ、日光につくわうを、掩蔽おほひかくしして、地のうる清涼きよくすゝしきなり。〔妙一本・藥草喩品387③〕

○ゑうん、うるおひをふくみて、てんくはう、らいしゃう、とをくふるひて、衆をしてるつせしむ。日光、あんへいして、地のうへしやうりやうなり。〔足利本・藥草喩品105行86上②〕

とあって、標記語を「雷聲」で字音訓み「ライシヤウ」として和解句は「いかづちのこゑ」と記載にする。用例はこの一例のみを所載する。

『日国』には、この「らい‑しゃう【雷声】→らい‑じょう【∵ジャウ】【雷声】」と「らい‑せい【雷声】」の見出し語を収載し、意味の「かみなりの音。雷鳴」は、和解句の「いかづちのこゑ」に類似する。

さらに、漢和辞典では『大漢字源』『廣漢和大辞典』に、「雷」字の熟語用例「雷声」の語を未収載にする。『大漢語林』〔42245番 12巻38頁〕更に『大漢和辞典』〔1500頁〕に、【雷声（聲）】ライセイ①かみなりの音。雷鳴」で『漢書』、五行志中之下「天地之氣、以ㇾ類相應、譖二告人君一、甚微而著、雉者聽察、先聞二雷聲一（雨部）を記載する。

山家版『法華経』に、

『仮名書き法華経』における語彙考察

○また、病痛なく、顔色鮮白にして、貧窮・卑賤・醜陋にむまれじ。〔西來寺本・安樂行品810①〕
○また、病痛やみいたみなく、顔色かをのいろ鮮白あさやかにして、貧窮まづしく・卑賤いやしく・醜陋みにくしにむまれじ。〔足利本・安樂行品791行177上⑦〕
○また、ひやうつうなく、けんしきせんびやくにして、ひんくう・ひせん・しゆるにむまれじ。〔妙一本・安樂行品832②〕

甲賤醜陋（ヒセンシュル）
卑賤醜陋〔平平平上〕〔ヒセンシュル〕〔第三冊35⑨〕

山家版『法華経』に、
とあって、標記語を「醜陋」で字音「シュル」として和語訓は妙一本「みにくし」、西來寺本「みにくき」と記載する。用例はこの一例を所載する。
『日国』には、この見出し語「しゅうーろう〔シウ：〕【醜陋】」の語を収載し、意味説明に「みにくく卑しいこと。そのさま」と共通する。
さらに、漢和辞典では角川『大字源』「醜」（鬼部七画1975頁）の熟語例【醜陋】、『廣漢和辭典』（下巻酉部10画969頁）に「醜陋シュウロウ顔かたちが醜くていやしい。転じて、心がけが卑しくけがらわしい。〔世説・容止・注〕醜怪。〔元、宋无、題二スルノ中山出遊ノ圖一ニ詩〕老馗回ラシテ頭ヲ四目鬪ヒ、料ルニ亦不レシテ嫌ハ馗醜陋ナリ。」とあって、両書とも漢籍資料である元代の『宋无』の用例を所載するが、この訓みは「シュウロウ」とする。
とあって、標記語を「醜陋」で字音「シュル」の一例を記載し、声点は「去平」と差声する。「シュル」と訓むのだが、この訓みは辞典類には反映されていない。

《補助資料》
『日国』第二版
しゅうーろう〔シウ：〕【醜陋】〔名〕（形動）みにくく卑しいこと。また、そのさま。＊日蓮遺文・佐渡御書〔一二七二〕「形状端厳をそしれ

とあって、標記語を【鬚髪】で字音「シュホツ」として和語訓は妙一本・西來寺本「ひげかみ」と記載する。用例はこの一例を所載する。

『日国』には、この見出し語「しゅーはつ【鬚髪・須髪】」の語を収載し、意味説明に「あごひげと髪の毛」と共通する。

さらに、漢和辞典では角川『大字源』〔髟部12画1971頁〕の【鬚】の熟語例【鬚髪】しゅほつあごひげと、かみのけ。〔漢・蘇武伝〕「始以ニ彊壮ー出、及レ還鬚髪尽白」。『廣漢和辞典』〔下巻髟部12画1313頁〕に【鬚髪】シュハツあごひげとかみ。須髪。〔漢・蘇武伝〕「始以ニ彊壮ー出、及レ還鬚髪尽白」。

漢籍資料である『漢書』の用例を所載し、この訓みは「シュハツ」とする。

山家版『法華経』に、

剝除鬚髪〔タイチョシュホツ〕
テイ
〔平上濁平入〕〔タイ／テイジョシュホツ〕〔第一冊10⑧〕

とあって、標記語の【鬚髪】で字音「シュホツ」の一例を記載し、声点は「平入」と差声する。「タイヂョシュホツ」と訓む。

《補助資料》
『日国』第二版
しゅーはつ【鬚髪・須髪】【名】あごひげと髪の毛。*太平記〔一四C後〕一九・奥州国司顕家卿上洛并新田徳寿丸上洛事「さてこそ鬚髪(シュハツ)を染て討死せし実盛が末とは覚へたれと、万人感せし言の下に、先祖の名をぞ揚たりける」*尺素往来〔一四三九〜六四〕「不レ持二戒律一不レ剃二鬚髪一。執二付無量之雑具一」*浮城物語〔一八九〇〕〈矢野龍渓〉二八「一人の酋長らしく、年齢五十許り鬚髪半白の者、上座に在り」*漢書・蘇武伝「始以二彊壮一出、及レ還須髪尽白」【辞書】易林【表記】【鬚髪】易林
※易林本『節用集』に、この語は未収載にする。

シユル 【醜陋】〈A6〉
『仮名書き法華経』に、
【漢訳原文】又無病痛　顔色鮮白　不生貧窮　卑賎醜陋〔安樂行品第十四・39中〕

【鬚髪】〔比部支軆門222⑦〕の字形相似による語収載歟。

『仮名書き法華経』における語彙考察

また、山家版『妙法蓮華経』には、

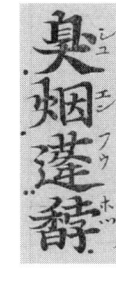
臭烟蓬㶿（平平平濁入）

とあって、「蓬」と「㶿」字を以て記載している。訓みは「ブウホツ」とする。

《補助資料》

『日国』第二版

ほう-ぼつ【蓬勃】〔形動タリ〕盛んにおこりたつさま。*宝覚真空禅師録〔一三四六〕乾・立地・西禅寺開山石菴和尚忌拈香「我想在充満活力且蓬勃発展的公司工作」（活気があって勢いのある会社で働きたい）と用いている。

※現在の中国語では、「朝気蓬勃」で日本語の「元気溌剌」の意にあたる。「蓬蓬勃勃地」で「盛んである」の意。

角川『古語大辞典』には、この語は未収載にする。

（7）『日国』に別訓みで収載する語

シュホツ【鬚髪】〈A6〉

『仮名書き法華経』に、

【漢訳原文】便捨楽土宮殿臣妾　剃除鬚髪而被法服

○すなはち樂土・宮殿・臣妾をすて、鬚髪を剃除そりのそきして而法服をきるをみる。〔妙一本・序品27①〕

○すなはち樂土・宮殿・臣妾たいしんきさきをすて、鬚髪ひけかみを剃除そりのそきして而法服けさをきるをみる。〔西來寺本・序品31④〕

○すなはちらくと・くうてむ・しんせうをすて、ひけ・かみをそりのそきてほうふくをきるをみる。〔足利本・序品156行8上⑨〕

と『法華経』を引用し説く。

楽行〉は〈六根清浄〉となり、〈六根清浄〉は〈四安楽行〉となる。

ぶうほつ・ぶほつ【蓬㶮】〈A5〉

『仮名書き法華経』に、

【漢訳原文】臭煙蓬㶮四面充塞〔大正大蔵経14上〕

○くさきけふり、蓬㶮さかりならんと四面にみちふさがれり。〔西來寺本・譬喩品278⑤〕
○くさきけふり、蓬㶮にして四面にみちふさかれり。〔妙一本250③〕
○くさきけふり、ぶうほつと四面にみちふさかれり。〔足利本539・57④〕

とあって、「蓬㶮」の語訓は「ふうほつ」「ぶほつ」としか表記されない仏教語である。この語が『日国』の見出し語「ほう—ぼつ【蓬勃】」と同語であるかをまず確認しておく必要がある。「蓬㶮」と「蓬埻」といった具合に、表記字の下位文字の扁が「火へん」と「土へん」と異なることをまず明らかにし、これが後に用いられる「蓬埻」へと変字していく経過点をみておく必要である。

現行の漢和辞典における字音「ホツ」を繙くに、「勃」字は収載されていても、「㶮」「埻」の漢字は未収載である。このあたり、どうも変字機能が働いていたやも知れない。

だが、西來寺本・妙一記念館本は表記では「蓬㶮」を用いていて、西來寺本の左訓に「さかりならん」と和解句注記が付記されていて、これが『日国』の意味「盛んにおこりたつさま」と共通する。このことからして、この語における変字説が浮かび上がってくる。

そして、足利本の書写年代である元徳二（一三三〇）年は、鎌倉末期にあたる。『日国』の見出し語「ほう—ぼつ【蓬勃】」の初出用例「蓬埻」は、『宝覚真空禅師録』（一三四六年成）であるからして、『仮名書き法華経』の方がこの用例よりも古例ということになる。漢訳『妙法蓮華経』は更に古い。と同時に、「ふうほつ」「ぶほつ」→「ほうぼつ」へと訓みが変化していることも留意せねばなるまい。

『仮名書き法華経』における語彙考察

澡浴塵穢（サウヨク ヂンヱ）子　[平入去濁平]「サウヨクヂンネ」[第三冊25⑧]

とあって、標記語を「塵穢」で字音「(ヂン)ネ」一例を記載し、声点は「去濁平」と差声する。「ソウヨクヂンネ」と連声して訓むのだが、この訓みは辞典類には反映されていない。

《補助資料》

『日国』第二版

じん－え【ヂンヱ】【塵穢】[名] ちりにけがれること。ちりにまみれること。＊本朝文粋〔一〇六〇頃〕五・為清慎公乞身表〈菅原文時〉「更尋三家風於塵穢一、還降二関白之紫綬一」＊浮世草子・男色大鑑〔一六八七〕一・三「あやうき露命まぬかれ、塵汚を濯ぎ、肌をあらため」＊後漢書曹世叔妻伝「盥二浣塵穢、服飾鮮絜一」

【発音】〈標ア〉[ジ]

じん－わい【ヂン…】【塵穢】[名] [じんえ(塵穢)]に同じ。

角川『古語大辞典』には、この語は未収載にする。

道元禅師『正法眼蔵』第五十・洗面に、法華経に云く、以油塗身、澡浴塵穢、著新淨衣、内外倶淨《油を以て身に塗り、塵穢を澡浴し、新淨の衣を著る、内外倶に淨らかなり》。いはゆるこの法は、如来まさに法華会上にして、四安楽行の行人のためにときましますところなり。餘会の説にひとしからず、餘経におなじからず。しかあれば、身心を澡浴して香油をぬり、塵穢をのぞくは第一の仏法なり。新淨の衣を著する、ひとつの淨法なり。塵穢を澡浴し、香油を身に塗るに、内外倶淨なるべし。内外倶淨なるときは、依報正報 清淨なり。〔岩波文庫三・114頁、乾坤本十34オ③〜⑨〕※乾坤本「着」。

《注解》

〈以油塗身＝著新淨衣〉は〈澡浴塵穢＝内外倶淨〉となり、〈倶淨内外＝塵穢澡浴〉は〈以身塗油＝浄衣着新〉となり、〈法華経＝釈尊〉は〈四安楽行〉を説いている。〈四安楽行〉とは、〈身安楽行＝身を安定して、誘惑を避け、静安な〈時空＝場〉で修行する②口安楽行＝他者を軽蔑せず、穏やかに説く③意安楽行＝他者に対して嫉妬・誹謗・勝他の念を抱かない④請願安楽行＝慈悲心を以て一切衆生を救う請願を発する——の四つである。〈四安楽行〉は〈行人〉となり、〈行人〉は〈四安楽行〉となる。〈文底＝奥底〉を参学すれば〈四安

(6)『日国』に禅籍資料と本邦文献資料を引用するが仏教語(仏語)の認定がない語

ヂンヱ【塵穢】〈A5〉

『仮名書き法華経』に、

【漢訳原文】 於清浄地 而施牀座 以油塗身 澡浴塵穢 著新浄衣 内外俱浄 安處法座 隨問為説〔安樂行品第十四・38上〕

○清浄の地におきて、牀座をほとこし、あぶらをもて身にぬり、塵穢ちりあくたを澡浴し、あたらしくきよきころもをき、内外ともにきよくして、法座に安處して、問にしたかひてためにとけ。〔西來寺本・安樂行品779③〕

○清浄の地におきて、牀座ゆかさをほとこし、あぶらをもてみにぬり、塵穢けかれを澡浴あらいし、あたらしくきよきころもをき、内外うちほかともにきよくして、法座ほうさに安處して、問にしたかひてためにとけ。〔妙一本・安樂行品800②〕

○しゃう〲の地にをきて、しやうさをほとこし、あふらをもて身にぬり、こむゑをさうよくし、あたらしくきよきころもをき、ないくるゑともにきよくして、ほうさにあむしまして、もむにしたかひてためにとけ。〔足利本・安樂行品551行170上⑱〕

とあって、標記語を「塵穢」で字音「チンヱ」として和語訓は妙一本「けかれ」、西來寺本「ちりあくた」と記載する。用例はこの一例を所載する。

『日国』には、この見出し語「じん-え[ヂンヱ]【塵穢】」とじん-わい[ヂン…]【塵穢】」の語を収載し、意味説明に「ちりにけがれること。ちりにまみれること。」とする。

さらに、漢和辞典では角川『大字源』〔土部11画392頁〕【塵穢】②けがれ。塵汚。』・『廣漢和辭典』〔上巻土部11画728頁〕【塵穢】 じん あい(ぢん) ちん ①ちりで汚れること。また、ちりでけがれる。〔後漢書・列女・曹世叔妻伝〕「盥洗ン塵穢ヲ服飾鮮絜、沐浴以レテス時ヲ、身不二垢辱一ナラ、是ヲ謂フ二婦容ト一。」②けがれ。塵汚。」とあって、両書とも漢籍資料である『後漢書』の用例を所載するが、この訓みは「ジンアイ」とするが、国語辞典とは異なることに留意しておきたい点である。

山家版『法華経』に、

『仮名書き法華経』における語彙考察

若獵師［レフ］［去入上］

とあって、標記語「獵師」で字音「レウシ」を記載し、声点は「入上」と差声する。

《補助資料》

『日国』第二版

りょうーし［レフ：］【猟師】［名］①狩猟をする人。野や山で鳥獣を捕えてくらしを立てている人。かりゅうど。＊菅家文草〔九〇〇頃〕四・懺悔会作「漁叟暗傷昔兄弟、猟師好殺旧君親」＊百座法談聞書抄〔一一一〇〕三月三日「昔しすいの世にれうしの侍けるが鹿をいころして侍ける」＊幼学読本〔一八八七〕〈西邨貞〉六「猟師の中には山野に住む者有り」＊今昔物語集〔一一二〇頃か〕二〇・一三「其山の西の方に一人の猟師有けり、鹿・猪を射殺すを以役とせり」＊列仙伝・毛女「毛女者字玉姜、在華陰山中、猟師世世見_レ之」＊浮世草子・好色五人女〔一六八六〕二・三「此浜の猟師ちゃうれんして岩飛とて水入の男には舟さがされたるも同事」＊歌舞伎・韓人漢文手管始〔唐人殺し〕〔一七八九〕一「猟師は浪の音にて魚のゐる所を知る」＊幼学読本〔一八八七〕〈西邨貞〉六「浜辺に住む者の中にて最も多きは猟師なり」○〈京ア〉［リョ］【辞書】色葉・下学・文明・伊京・明応・天正・饅頭・黒本・易林・書言・ヘボン・言海○〈西邨貞〉六「浜辺に住む者の中にて最も多きは猟師なり」②「りょうし（漁師）」に同じ。＊車屋本謡曲・国栖〔一五三四頃〕「猟師の身をひそかに二人やとひて」【発音】リョウシ〈なまり〉ヨーシ〈栃木〉〔標ア〕［リョ］〈ア史〉江戸●○〈西邨貞〉六〔浜辺に住む者の中にて最も多きは猟師なり〕〔標ア〕［リョ］【表記】【猟師】色葉・下学・文明・伊京・明応・天正・饅頭・黒本・易林・日葡・書言・ヘボン・言海

れふし【猟師】［名］漢語。漁猟を職業とする人。狩人とも。「猟師リョウシ」〔下学集〕「れうしにもあはぬ我こそあふことをともしの松のもえこがれぬれ」〔源順集〕「招き居ゑ可き輩者、鍛冶、鋳物師…猟師、狩人」〔庭訓往来・四月〕「あるとき、しうゆう海辺へいで、れうしに、うをゝこいしければ」〔御伽草子・秀祐之物語〕「しかれども水車の辺にて網打ことは淀の御城より御制道あれは、猟師みだりに魚を取ことは叶はず」〔日本山海名物図会・五〕「漁人其時を竢てこれを綱し得るなり」〔魚鑑・上〕「漁師町色の白イは名主の子」〔俳諧柳多留・一五六〕

角川『古語大辞典』

四C前〕三一・青山琵琶流泉啄木事「抑流泉の曲とは都率の内院の秘曲なり、菩提楽とは此楽なり」〔発音〕リューセン〈標ア〉[0]〔辞書〕日葡

角川『古語大辞典』

りうせん【流泉】〔名〕〔二〕漢語。水が流れ出ている泉。「渇きを解かむとして流泉に嗽ぐ」〔菅家文草・二〕〔二〕琵琶の秘曲の名。啄木・楊真操とともに三曲とされる。『源平盛衰記・三二』には、漢の武帝の前で天人がこの曲を調べた時、竜王が南庭の泉底に隠れて聴聞したところ、庭上に泉流れて満ちたので、流泉と名付けたという話が載る。『教訓抄』・八に「石上流泉〈返風香弾ㇾ之〉」とあり、返風香調で弾く独奏曲で、石上流泉とも。「流泉・啄木などは今夜や弾くらむと思ひて、琵琶譜をぐして会坂に向かふ」〔類従本江談抄・三〕「胡渭州の最良秘曲、流泉・啄木なむ申曲侍る」〔教訓抄・八〕

レウシ【猟師】〈A4〉

『仮名書き法華経』に、

【漢訳原文】亦復不喜親近其人及諸悪者若屠児。若畜猪羊雞狗。若猟師。若衒売女色。

○またまた、ねがひてその人およびもろもろの悪者、もしは屠児、もしは猪のしし・羊ひつじ・雞にはとり・狗いぬをやしなふもの、もしは猟師、もしは女色を衒賣するものに親近せじ。〔西來寺本・普賢品 1330⑥〕

○またまた、ねかひてその人およびもろもろの悪者あしきもの、もしは屠児ししむらをほうる、もしは猪のしし・羊ひつし・雞にはとり・狗いぬをやしなふもの、もしは猟師、もしは女色おんなのいろをを衒賣うるものに親近ちかつくせじ。〔妙一本・譬喩品 1334⑤〕

又、〳〵また、ねかひてその人をよひもろ〳〵のあくしや、もしはとに、もしはちよいのしし・やうひつし・けひにはとり・くいぬをやしなふ物、もしはれうし、もしは女色をくゑんまひする物にしんこんせし。〔足利本・822 行 282 上 9〕

とあって、標記語を「猟師」で字音訓み「レウシ」〔レフ::〕【猟師】として和解句は未記載にする。用例はこの一例のみを所載する。

『日国』には、この「りょうーし」【猟師】の見出し語を収載し、意味の最後「かりゅうど」は、和解句に用いられていない。

山家版『法華経』に、

『仮名書き法華経』における語彙考察

○あるひは、菩薩の、けうせんをむしき・百しゆのたうやくを、ほとけをよひそうにせし、みやうえ・上ふくのけちき千万なる、あるひは、むけのころもを、ほとけをよひそうにほとこし、千万億しゆのせんたむのほうしや、もろ〴〵のたえなるくわくを、ほとけをよひそうにほとこし、しやう〳〵のそのはやしのはな・このみ、しけくさかりなると、るせん・よくちを、ほとけをよひそうにほとこし、かく〴〵のこときらのせのしゆ〳〵みめうなるをくはんきして、いとうことなく、無上道をもとむるをみる。〔足利本・序品197行9上⑯〕

とあって、標記語の「流泉」で字音訓み「ルセン」として和解は未記載にする。用例はこの一例のみを所載する。

『日国』には、この「りゅうーせん〔リウ∵〕〔流泉〕」の見出し語を収載し、意味の「水があふれ流れ出ている泉」は、和解に用いられていない。さらに、漢和辞典では『廣漢和辞典』に、「流」字の熟語用例に「流泉」の語として、『詩経』大雅、公劉「相二其ノ陰陽ヲ一觀ニ其ノ流泉流泉ヲ一」〔中855・3〕を記載する。

山家版『法華経』に、

流泉浴池〔上軽平濁入上〕

とあって、標記字「流泉」に字音「ルセン」を記載し、声点は「上軽平濁」と差声する。この訓みは「ルゼン」とすべきか。因みに、慈海版も「ルゼン」と訓んでいる。

《補助資料》

『日国』第二版

りゅう-せん〔リウ∵〕【流泉】〔一〕〔名〕水があふれ流れ出ている泉。*経国集〔八二七〕一四・清涼殿画壁山水歌〈嵯峨天皇〉「嶺上流泉聴無響、潺湲触石落渓隈」*日葡辞書〔一六〇三~〇四〕「Riūxen (リュウセン)。ナガルルミヅ〈訳〉流れる水。文書語」*いさなとり〔一八九一〕〈幸田露伴〉八九「耳に流泉落葉の音のほかを聞かざるやうの生活様して」*詩経-大雅・公劉「相二其陰陽一、観二其流泉一」〔二〕平安時代初期頃からの、琵琶で奏する秘曲の名。*今昔物語集〔一一二〇頃か〕二四・二三「琵琶に流泉・啄木と云曲有り」*源平盛衰記〔一

《補助資料》

『日国』第二版

とうーりん【等倫】〔名〕同じ程度の仲間。同等のともがら。同輩。＊色葉字類抄〔一一七七～八一〕「等倫 朋友部 同袍詞 トウリム」＊玉葉－文治二年〔一一八六〕一〇月三日「就レ中父卿、奉公勝二等倫一、其身為二才卿一」＊常途往来〔鎌倉中頃〕「拝趣之忠勲、殆超二等倫一」＊源平盛衰記〔一四C前〕二〇・石橋合戦事「弓箭取っては等倫に劣るべからず」＊列子説符「俠客相与言日〈略〉請与二若等一、戮レ力一レ志、率二徒属一必滅二其家一為二等倫一、皆許諾」

角川『古語大辞典』

とうりん【等倫】〔名〕漢語。同じ程度の仲間。同輩。[等倫トウリム〈同（＝朋友部）、同袍詞〉](前田本字類抄)「眉の毛逆に上りて、目の尻悉にさけたり。其体等倫に異也」(源平盛衰記・二九)

【辞書】色葉・文明 【表記】【等倫】色葉・文明

ルゼン【流泉】〈A4〉

『仮名書き法華経』に、

【漢訳原文】或見菩薩肴膳飲食　百種湯薬施仏及僧　清浄園林華果茂盛　流泉浴池施仏及僧　如是等施種々微妙　歓喜無厭求無上道〔序品第一3中〕

施仏及僧　清浄園林華果茂盛　流泉浴池施仏及僧　名衣上服価値千万　或無価衣施仏及僧　千万億種栴檀寶舎　衆妙臥具

○あるひは、菩薩の、肴膳飲食・百種の湯薬くすりをもて、ほとけおよび僧に施ほどこし、名衣なあるきぬ・上服すくれたるきもの價直あたひ千万なる、あるひは、無價の衣をもつて、ほとけおよび僧に施し、千万億種の栴檀の寶舎、諸のたへなる臥具しきものをもつて、ほとけおよび僧に施し、清浄の園林の華・果このみ、茂盛さかんしげくさかりなると、流泉・浴池あるを、ほとけおよび僧に施し、かくのこときらの施の種々微妙なるを歓喜よろこひして、いとふことなく、無上道をもとむるをみる。〔西來寺本・普賢品38②〕

○あるいは、菩薩の、肴膳くゑたものそなへ・飲食くいもの・百種の湯薬くすりをもつて、ほとけおよひ僧に施ほとこし、名衣めてたききもの・上服の価直あたひ千万なる、あるいは、無価の衣をもつて、ほとけおよひ僧に施し、千万億種の栴檀の宝舎、もろもろのたへなる臥具しきものを、ほとけおよひ僧に施ほとこし、かくのこときらの施の種々微妙みめうなるを歓喜よろこひして、いとふことなく、無上道をもとむるをみる。〔妙一本・序品32⑥〕

『仮名書き法華経』における語彙考察

『日国』には、この見出し語「とうーりん【等倫】」の語を収載し、意味説明に「同じ程度の仲間。同等のともがら。同輩」と共通する。

さらに、漢和辞典では『廣漢和辭典』（下巻竹部6画76頁）に「【等倫】トウリンともがら。なかま。同輩。等輩。〔漢書、甘延壽傳〕投石拔距、絶二於等倫一。」とあって、「等倫」の語を収載する。

山家版『法華経』に、

世雄無等倫〔平平上平平〕「セヲウムトウリン」（第三冊44①）

とあって、標記語を「等倫」で字音（トウ）（リン）の一例を記載し、声点は「平平」と差声する。「トウリン」と訓む。

古辞書では、平安時代後期の三巻本『色葉字類抄』に、

等倫〔平〕同／同程詞／トウリム（前田本・登部畳字門62ウ⑦）

とあって、「等倫」の語は表記と差声も共通する。

また、室町時代の広本『節用集』に、

等倫〔上平軽〕ヒトシ、トモガラ〔態藝門136⑦〕

とあって、「等倫」の語を収載する。但し、差声は異なる。

淳厚　シュンコウ〔平軽上・去〕アツシ、アツシ——所致〔志部熊藝門968②〕

とあって、「淳厚」の語を収載し、語注記には「——所致（チシ）」として『法華経』のこの語句を引用する。ただし、差声は山家本『法華経』とは異なっている。妙一本では、「去濁入」と差声する。

《補助資料》

『日国』第二版

じゅん‐こう【醇厚・淳厚・純厚】〔名〕（形動）風俗や人柄などが素朴で人情に厚いこと。また、そのさま。＊文明本節用集〔室町中〕「淳厚　ジュンコウ　淳厚所致」＊集義和書〔一六七六頃〕五「伏羲の民は、礼儀を不し習といへども、質朴純厚にして情欲うすく利害なし」＊東巡録〔一八七六〕〈金井之恭〉三・吏治「民俗、勇悍褊固、淳厚の風に乏し」＊日本教育史略〔一八七七〕〈大槻修二〉「上世は風俗樸素人心淳厚なるを以て、時に背叛者無きに非ずと雖」＊国民精神作興に関する詔書‐大正一二年〔一九二三〕一一月一〇日「綱紀を粛正し風俗を匡励し〈略〉軽佻詭激を矯めて醇厚中正に帰し」＊詩経‐疏「上皇之世、人性醇厚」【発音】ジュンコー〔0〕【辞書】文明【表記】淳厚　文明

角川『古語大辞典』には、この語は未収載にする。

トウリン【等倫】〈A4〉

『仮名書き法華経』に、
【漢訳原文】重説偈言　世雄無等倫〔化城喩品第七・49上〕
○かさねて偈（け）をときてまうさく、『世雄は等倫（とうりん）なくまします。』〔西來寺本・化城喩品461③〕
○かさねて偈をときてまうさく、『世雄ほとけは等倫ひとしきともからなくまします。』〔妙一本・法師功徳品457①〕
○かさねてけをときてまうさく、『せをうはとうりんなくまします。』〔足利本・化城喩品682行220下⑫〕

とあって、標記語を「等倫」で字音「トウリン」と記載する。用例はこの一例を所載する。

ジュンコウ【淳厚】〈A4〉

『仮名書き法華経』に、

【漢訳原文】由斯菩薩福徳智慧淳厚所致〔藥王菩薩本事品第二十三・54上〕

○この菩薩の福徳・智恵、淳厚なるによりて、いたすところなり。〔西來寺本・藥王菩薩本事品1139③〕

○この菩薩の福徳・智恵、淳厚あつきなるによりて、いたすところなり。〔妙一本・藥王菩薩本事品1157⑤〕

○このほさつのふくとく・ちゑ、しゅんかうなるによりて、いたすところなり。〔足利本・藥王菩薩本事品365行243下②〕

とあって、標記語を「淳厚」で字音「ジュンカウ」として和語訓は妙一本「こころ」と記載する。用例はこの一例を所載する。

『日国』には、この見出し語「じゅんこう【醇厚・淳厚・純厚】」の語を収載し、意味説明に「風俗や人柄などが素朴で人情に厚いこと。また、そのさま」と共通する。

さらに、漢和辞典では角川『大字源』〔水部8画1036頁〕の「淳」の熟語例【淳厚】じゅんこう 真心があって手厚い。〔漢・朱邑伝〕「為ㇾ人淳厚、篤ニ於故旧一」 同醇厚じゅんこう・純厚」、『廣漢和辞典』〔中巻水部8画875頁〕に【淳厚】ジュンコウ ジュンこう邪心がなく（真心があって）手厚い。人情があついこと。醇厚ジュン。〔漢書、循吏、朱邑傳〕爲ㇾ人淳厚ニシテ、篤シ於故舊一」とあって、両書とも漢籍資料である『漢書』の用例を所載するが、この訓みは「ジュンコウ」とする。

山家版『法華経』に、

淳厚所致
シュンコウ ショ チ
〔去濁平平上〕〔シュンコウ（ショ）チ〕〔第四冊27⑩〕

とあって、標記語の「淳厚」に字音「シュンコウ」の一例を記載し、声点は「去濁平」と差声する。「ジュンコウショチ」と訓む。

室町時代の古辞書である広本『節用集』に、

淳厚所致
シュンコウ
コリ

39

端正姝妙（タンシ°ヤウシユメウ）〔去平濁上平〕※「端正」の「正」は、新濁

とあって、標記字「殊妙」「姝妙」に字音「シユ（メウ）」を記載し、声点は「上平」と差声する。

古辞書としては、室町時代の広本『節用集』に、

殊妙（シュメウ）〔〇去〕コトニタヘナリ〔之部態藝門944⑤〕※〔姝好〕944⑥の語では〔姝〕左訓「カホヨシ」と記載

とあって、「殊妙」の語だけを収載する。結果としては、標記語「姝妙」は古辞書にも所載されなかった。

《補助資料》

『日国』第二版

しゅーみょう【……メウ】【殊妙】【名】（形動）ことに妙なること。非常にすぐれていること。また、そのさま。＊往生要集〔九八四〜九八五〕大文二「彼土衆生〈略〉三十二相、具足荘厳、端正殊妙、世間無レ比」＊海道記〔一二二三頃〕東国は仏法の初道「端厳殊妙の餝は身の上に備へり」＊私聚百因縁集〔一二五七〕一・一「形色端厳にして果報殊妙なり」＊三国伝記〔一四〇七〜四六頃か〕一・二三「端正殊妙にして花麗芬郁の衣を着ながら生たり」＊陶潜・読山海経十三首詩・其九「神力既殊妙、傾ニ河焉足レ有」【辞書】文明・易林・書言【表記】【殊妙】文明・易林・書言

角川『古語大辞典』

しゆめう【殊妙】【名・形動ナリ】漢語。きわめて優れているさま。絶妙とも。「（殊）妙（シユ）メウ）」〔易林本節用集〕「法喜禅悦の味は口の中にみち、端厳殊妙の飾は身の上に備へり」〔海道記〕「善見天の殊妙の（＝殊勝〕ノ誤リトスル説モアル）荘厳もかくやとぞ見えける」〔増鏡・内野の雪〕

※ただし、【端正姝妙】の語での見出し語は国語辞典には未収載にする。

『仮名書き法華経』における語彙考察

○さいこしむに、三十二相をえて、たんしやうしゆめうなること、なをほうせんのことくならん。〔足利本・授記品325行92上⑰〕

※「殊妙」

とあって、標記語を「殊妙」で字音訓み「シュメウ」として和解句は足利本1に「ことにたえなる」とする。また、標記語を「端正殊妙」で字音訓み「タンシャウシュメウ」とし、和解句として西來寺本に「いつくしきかたち也」と記載する。用例は三例を所載する。

ここで、「ことにたえなる」は、意訓表現となる。『法華経』のなかにあって、「端正殊妙」の語だけが「殊」字にて明記する所以もここにある。

『日国』には、この見出し語「しゅーみょう〔‥メウ〕【殊妙】」の語を収載する。和解句の「ことにたえなる」は、そのまま『日国』の意義説明「ことに妙なること」と共通している。

さらに、漢和辞典では角川『大字源』は未収載だが、『廣漢和辞典』に、「殊」字の熟語用例に「殊妙」の語を収載するところを『雑寶藏經』の「仙人所レ生ム女子、端正殊妙ナリ」（中・726頁2）を所載し、意味を極めてすぐれる。絶妙と記載する。

山家版『法華経』に、

種種殊妙〔平平濁上平〕 ※「種種」の下位は、新濁

光明殊妙〔去上上平〕

シユメウ 【殊妙】〈A4〉

『仮名書き法華経』に、

1
【漢訳原文】仏放一光我及衆會　見此國界種々殊妙〔序品第三1下〕
○ほとけ、ひとつのひかりをはなちたまふに、われ、およひ衆會、この國界の種々に殊妙なるをみる。〔西來寺本・序品42①〕
○ほとけ、ひとつのひかりをはなちたまふに、われ、および衆會ちゃうもんしゆ、この國界の種々に殊妙なるをみる。〔妙一本・序品36〕
○ほとけ、ひとつのひかりをはなち給に、われ、をよひしゆゑ、このくにさかひのしゆくくにことにたえなるをみる。〔足利本・序品222行10上⑤〕

2
【漢訳原文】百千万福光明殊妙〔妙音菩薩品第二十四55中〕
○百千万の福ありて、光明、殊妙なり。〔西來寺本・妙音菩薩品1172①〕
○百千万の福ありて、光明、殊妙なり。〔妙一本・妙音菩薩品1187〕
○百千万のふくありて、くはうみやう、しゆめうなり。〔足利本・妙音菩薩品585行249下⑩〕

3
【漢訳原文】最後身得　三十二相　端正殊妙　猶如宝山〔授記品第二十四21中〕
○最後身に、三十二相を得て、端正殊妙いつくしきかたち也ななること、なを寶山のことくなる。〔西來寺本・授記品430④〕
○最後身に、三十二相を得て、端正殊妙なること、なを寶山のことくならん。〔妙一本・授記品421②〕
○最後身にて、三十二相をへて、端正殊妙ななること、なを寶山たからのやまのことくならん。

シユメウ【殊妙】〈A4〉

『仮名書き法華経』に、

は跡なくなりにき。只ひとりうどにて心ぼそく哀なる身の有様を思にも」観智院本名義抄〔一二四一〕「鰥 ヤモメ ヒトリウト」*古今著聞集〔一二五四〕一六・五五一「年比憑みて侍りし男に、おくれ候ひて、憑むかたなきひとりうどにて候ふ」*塵袋〔一二六四〜八八頃〕五「ひとりうとと云ふはしたしきものもなき人か常にははくろみ扶持するものなき孤露独身の義也」日葡辞書〔一六〇三〜〇四〕Fitoriu<do（ヒトリウド）《訳》孤独な人、つまり、ただ一人だけで日々を暮らしている人【方言】①独身者。《ひとりぞ・ふとおぞ》熊本県蘆北郡・八代郡 933《ひとりゅうど》熊本県玉名郡 058《ふとおど》島根県仁多郡・能義郡 725 ②家族のいない者。《ひとりうど》長崎県壱岐島「ひとりゅーどでなかなか忙しい」914《ひとりゅうど》男一人しかいないこと。③働き手が男一人しかいないこと。《ひとりうど》熊本県玉名郡 058【辞書】名義・日葡【表記】【鰥】名義

『仮名書き法華経』における語彙考察

孤露同／コロ〔平去〕〔前田本・巻下畳字門11ウ①〕

とあって、この「孤露」の標記語を以て、字音「コロ」を記載する。だが、和訓は未記載としている。

《補助資料》

『日国』第二版

（1）こ－ろ【孤露】〔名〕たよりのない身の上。みなしご。＊日本後紀－延暦二四年（八〇五）一一月甲申「源噁早為二孤露一、无二復所一恃」＊色葉字類抄〔一一七七～八一〕「孤露 貧賤分 コロ」＊日蓮遺文―観心本尊抄〔一二七三〕「徳薄垢重幼稚、貧窮孤露、同二禽獣一也」＊老のくりごと〔一四七五頃〕「拙子が孤露の草の一葉のかくろへだに枯れはて侍るに」＊艸山続集〔一六七四〕二四・十楽詩「人有下幼而喪二父母一、一生孤露、無二復怙恃一者上」＊法華経―寿量品「自惟三孤露無二復怙恃二」

角川『古語大辞典』には、この語を未収載にする。

（2）みなし－ご【孤・孤児】〔名〕（身無子）で「身」は親族・身寄りの意か）親のない子。孤児。＊正倉院文書－大宝二年（七〇二）御野国本簀郡栗栖太里戸籍〈寧楽遺文〉「巳奈志児刀良売年一緑女父母也」＊万代〔一二四八～四九〕雑六「たらちねの親にわかれしみなしこのうきは我が身に限りけるかな〈良守〉」＊仮名草子・清水物語〔一六三八〕上「鰥をんなや孤子、ふるき眷属の内より力無き孤児となるもの之多し」【語源説】（1）ミナシゴ（身無子）の義。身は親族、すなわち身寄の義〔和訓栞後編・大言海〕。（2）タノミナシゴの上略〔日本釈名〕。（3）ミナシコ（皆無子）の義。父母共に無い子の意〔名言記〕。（4）ムナシコ（空子）の義〔名言通〕。〔和語私臆鈔・言元梯〕。【発音】ミナシゴ〔標ア〕〔シ〕〇〈京ア〉平安●●●〇 江戸 〔シ〕〇 上代特殊仮名遣い〔巳〕は、同文書中に十二支の〔巳〕に基づくとされる「身麻呂」「身売」などの人名があるのによれば、ミナシゴ 正倉院文書に見える「巳奈志児」の「巳」と同じみの仮名と判断しうる。【表記】【孤】名義・下学・和玉・文明・饅頭・易林・日葡・書言・ヘボン・言海【孤子】辞書・和名・名義・下学・和玉・文明・饅頭・易林・書言・言海【孤児】省・彰・和玉【孤児】ヘボン

（3）ひとり－うど【独人】〔名〕→ひとりゅうど（独人）ひとりゅうど【独人】〔名〕（「ひとりびと（独人）」の変化した語〕ひとりもの。また、みよりのない者。孤立無援の者。鰥寡。やもお。やもめ。＊発心集〔一二一六頃か〕六・后宮半者悲一乗寺僧正入滅事「親

○いまは、われをすてゝ、とをく他国に喪しにしたまひぬ」みづからおもひみるに、孤露みなしこにして、また恃怙たのむする ことなし。〔西來寺本・如来無量壽品 907③〕

○いまは、われをすてゝ、とをく他国に喪ほろび しする心したまひぬ」みづからおもひみるに、孤露ひとりうどにして、また恃怙たのみたのむすることなし。〔妙一本・如来無量壽品 926④〕

○いまは、われをすてゝ、とをくたこくにさうし給いぬ」みつからおもひみるに、ころにして、またゑすることなし。〔足利本・如来無量壽品 189行 200上⑯〕

とあって、「孤露」の和解句として、「みなしご」〔西〕・「ひとりうど」〔妙〕と記載する。この両本の和解句は意味上で類義語としてみるときには共通するが、精細な意味に取れば「みなしご」は年少者が対象であり、「ひとりうど」は年長者が対象となることから大いに異なるものとなっている。足利本には和解句の記載はないのでこの両本の和解句をここでは見据えておく必要があることになる。

ここで同じく、鎌倉時代の資料である『塵袋』(一二六四～八八頃)巻第五に、

ひとりうとと云ふはしたしきものもなき人か常にははぐくみ扶持するものなき孤露独身の義也。

とあって、「したしきものもなき人か常にははぐくみ扶持するものなき孤露独身の義」という「ひとりうど」の語義解釈のなかで「孤露独身」の意を記載している点に留意しておきたい。

山家版『法華経』に、

孤露無復恃怙。
自惟孤露無復恃怙〔上平〕

古辞書三巻本『色葉字類抄』に、

『仮名書き法華経』における語彙考察

とあって、標記語「慳貪(ケンドン)」の語はいずれの「節用集」類にも見えているが、次の標記語「ケンリン」の語については、広本『節用集』に「慳悋(ケンドン)」、易林本『節用集』に「慳悋(ケンリン)」とそれぞれに所載するにとどまる。また、山家版『法華経』には、

無諸慳悋(ケンリン) [去・平]

勿生慳悋(モッ ケンリン) [去・平]

とあって、「慳悋(ケンリン)」の標記語を以て収載する。

《補助資料》

『日国』第二版

けん―りん【慳吝・慳悋・倹吝】〘名〙〘形動〙欲が深く、けちであること。また、そのさま。＊今昔物語集〔一一二〇頃か〕九・三九「其の人本より性慳悋也」＊文明本節用集〔室町中〕「慳悋 ケンリン」＊読本・英草紙〔一七四九〕三・五「善悪を弁へず、慳吝(〈注〉シワシ)にして」＊西国立志編〔一八七〇～七一〕〈中村正直訳〉一〇・一二三「倹吝の弁」＊一年有半〔一九〇一〕〈中江兆民〉附録・善忘国民に告ぐ「公等は慳吝を代理され、濫費を代理され」＊原化記「慳吝未除、術何由成」＊晉書-義陽成王望伝「望性倹吝、而好聚斂」

【辞書】文明・易林【表記】【慳悋】文明【慳悋】易林

角川『古語大辞典』には、この語は未収載にする。

コーロ【孤露】〈A4〉

【仮名書き法華経】に、

【漢訳原文】今者捨我遠喪他国 自惟孤露無復恃怙（43中）

33

ケンリン【慳悋・慳悋】〈A4〉

『仮名書き法華経』に、

1 【漢訳原文】 無諸慳悋亦無所畏〔52下〕
○もろ〴〵の慳悋なく、また、おそるゝところなし。〔西來寺本・嘱累品1107④〕
○もろ〴〵の慳悋かたくをしむことなく、また、おそるゝところなし。〔妙一本・嘱累品1126②〕
○×〔足利本・嘱累品第二十二〕

2 【漢訳原文】 勿生慳悋〔52下〕
○慳悋をなすことなかれ。〔西來寺本・嘱累品第二十二1108③〕
○慳悋をなすことなかれ。〔妙一本・嘱累品第二十二1127①〕
○×〔足利本・嘱累品第二十二〕

とあって、「慳悋」「妙」「慳悋」「西」の語を所載する。「けんりん」の「りん」の字音漢字が「悋」と「悋」と異なっている。この語における和解として妙一本に「かたくをしむこと」とある。

この二つの同音異字「リン」の表記については、室町時代の古辞書『節用集』にも「慳悋」「慳悋」と両表記が各々所載され見えている。次に示す。

慳悋〔ケンリン〕〔広本〔文明本〕『節用集』氣部態藝門615④〕

慳貪—悋〔リン〕〔易林本・計部言辞門146②〕

慳貪—悋〔ケンドン〕〔リン〕 ヲシミヲシミ〔平軽・去〕

九・心ときめきするもの「心ときめきするもの〈略〉かしら洗ひ化粧じて、かうはしうしみたるきぬなど着たる」*咄本・喜美賀楽寿〔一七七七〕せんだん「何によらず、魚類はけっして御無用でござります。あぶらこいもの、香ばしい物を、御禁じなさりまし」*滑稽本・七偏人〔一八五七〜六三〕初・中「成程これがしんせいの香煎か。〈略〉何だかめっぽう香ばしい」*東京風俗志〔一八九九〜一九〇二〕(梶井基次郎)鐙二郎〕上・二「売声と行商「辻占なかのお茶菓子は花の便がちょいと出るよ、かうばしやくわりん糖」*冬の日〔一九二七〕(梶井基次郎)三「肉を炙る香ばしい匂ひが夕凍みの匂ひに混って来た」②見た目や心に受ける感じなどが、すばらしい。魅力的である。美しい。好ましい。*六条修理大夫集〔一一二三頃〕「かうばしき御音づれは、『此の官は、先祖多田満仲法師、始めて為りたりしかば、其の跡かうばしくは存じ候へ共」中・関白殿本官に帰復し給ふ事「義朝申しけるは、『此の官は、先祖多田満仲法師、始めて為りたりしかば、其の跡かうばしくは存じ候へ共」*御伽草子・梵天国〔室町末〕「香の衣に、同じ袈裟かけて、いとかうばしき高僧おはします」*俳諧・冬の日〔一六八五〕「寅の日の旦を鍛冶の急起て〈芭蕉〉雲かうばしき南京の地〈羽笠〉」*浮世草子・けいせい伝受紙子〔一七一〇〕二・四「かかる臆病至極の者とはしらで、今迄心中を芳しう思ひ」*多情多恨〔一八九六〕(尾崎紅葉)前・五・三「母親が傍で、睨まれるのは余り香しくない」語誌(1)中古から用例が認められ、「かぐはし」の音が変化した形として、嗅覚的な美を表わす。(2)中世から近世と時代が進むにつれて、嗅覚的な美のみならず、芳香が辺り全体を包み込むように、対象そのものから発せられる全体的な印象や感じが好ましくて、心がひかれるという「かぐはし」にもある意味や、一歩進んで、客観的にすばらしいといえる状態を表わす用例も見える。(3)近代に入ると、そのまでの派生的な美の意識よりも、嗅覚的な美を表わすという原義での用法が主流となり、挙例の「多情多恨」のような用法は「かんばしくない」の形で残される。【方言】①魚などの脂肪が多くて美味である。《こうばしい》埼玉県秩父郡038④奥ゆかしい。《こうばしい》長野県上伊那郡488下伊那郡492②美味である。うまい。利口そうである。《こうばしい》(1)古言のカクハシ(香細)の音便〔万葉代匠記・日本釈名・俗語考・大言海〕。(2)【語源説】大分県北海部郡938【発音】〈なまり〉カバシィ〔熊本・鹿児島方言〕カンバラシカ(熊本)カバシィ〔標ア〕〔京ア〕〔バ〕〔文〕〔辞書〕色葉・名義・和玉・文明・明応・天正・饅頭・黒本・易林・書言・ヘボン〔香〕色葉・名義・和玉・文明・明応・天正・黒本・易林・書言【薫】色葉・名義・和玉・文明・明応・天正・黒本・書言【馥】色葉・名義・和玉・文明・易林・書言【郁】和玉・文明・易林・書言【菲】色葉・名義【秘】色葉・名
●●●鎌倉「かうばしき」コーバス〔千葉〕コバシイ〔飛騨〕●●●○江戸「かうばしき」カバシカ〔佐賀〕〔言元梯〕。〔言海〕。●●●○〔京ア〕〔バ〕〔ア史〕平安カウルハシ(香愛)の義【表記】【香】色葉・名義・和玉・日葡・言海・ヘボン・言海〔0〕〔シ〕
頭・黒本・易林・書言・ヘボン【香】色葉・名義・和玉・文明・明応・天正・黒本・書言【薫】色葉・名義・和玉・文明・明応・天正・黒本・書言【馨】色葉・名義・和玉・文明・書言【芬】色葉・名義・和玉・文明・書言【芳】色葉・名義・和玉・文明・書言【蘭・蘮】色葉・名義・和玉・書言【苞・苴】色葉・和玉・書言【孴・孴】色葉・和玉【舙】名義【苒・孴】和玉
明・黒本・書言【芬】色葉・名義・和玉・文明・書言【芯】名義・和玉【芝】名義・和玉・書言【蘭・蘮】名義・和玉
義・和玉
角川『古語大辞典』には、この「香風」の語を未収載にする。

また、山家版『法華経』に、

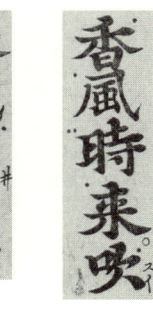

栴檀香風〔去上濁上〕〔序品〕

香風時来〔去上上濁上〕〔化城喩品〕

香風吹萎萎華〔去上去平上〕〔化城喩品〕

とあって、序品の語には、「カウフウ」の訓みが施されている。但し、差声点は、序品の「栴檀香風」の語だけが「上声・上声」と異なっている。上接語「栴檀」が「去上濁」であることが影響しているのか。

《補助資料》

『日国』第二版

こう‐ふう〔カウ‥〕【香風】〔名〕かおりのある風。花などに吹いて香気を含んだ風。花の香をもたらす風。*菅家文草〔九〇〇頃〕五・翫梅花「香風豈啻花吹出、半是清涼殿裏煙」*経国集〔八二七〕一〇・梅花引〔小野岑守〕「地近恩煦花早発。君主帳裡香風来」*蕉堅藁〔一四〇三〕花下留客「千里佳期一夕同、花辺開〔レ〕席坐〔二〕香風〔一〕」*花柳春話〔一八七八~七九〕〈織田純一郎訳〉二二「香風一村に薫ず」*暮笛集〔一八九九〕〈薄田泣菫〉尼が紅「堅き蹄をふみあげて、雄か香風にいななけば」〔発音〕コーフー〈標ア〉〔0〕

こうばし・い〔かうばし‐〕【香・芳】〔形口〕文かうば・し〔形シク〕(〈かぐわしい〉の変化した語)①かおりがよい。においがよい。かぐわしい。*日本書紀〔七二〇〕皇極三年三月〔岩崎本平安中期訓〕「大気味有り」*地蔵十輪経元慶七年点〔八八三〕「道気を檀林に受けて、香しき風、更に馥(カウバ)し」*宇津保物語〔九七〇~九九九頃〕楼上下「楼のかうはしきにほひ限りなし」*枕草子〔一〇C終〕二

『仮名書き法華経』における語彙考察

第七 453 ④
○香風（かうはしきかせ）、時にきたりて、しほめるはなをふきさけて、さらにあたらしき物をふらしき。〔足利本・化城喩品第七 448 ①〕

○かうふう、時にきたりて、しほめるはなをふきさけて、さらにあたらしきものをふらしき。〔妙一本・化城喩品 499 行 97 下①〕

3【漢訳原文】諸天神龍王　阿修羅衆等　常雨於天華　以供養彼仏　諸天撃天鼓　並作衆伎楽　香風吹萎華　更雨新好者〔26上〕

○諸々の天神・竜王・阿修羅衆等、つねに天華をふらして、もてかのほとけに供養したてまつる、諸天、天のつづみをうち、あはせてもろ〴〵の妓樂をなし、かほばしきかぜ、しぼめるはなはをふきて、さらにあたらしくよきものをふらしき。〔西來寺本・化城喩品 26上〕

○もろ〴〵の天神・竜王・阿修羅衆等、つねに天華をふらして、もてかのほとけに供養したてまつり、諸天、天のつゝみをうち、あはせてもろ〴〵の妓樂をなし、かほばしきかぜ、しほめるはなはをふきて、さらにあたらしくよきものをふらしき。〔妙一本・化城喩品 530 ③〕

○もろ〴〵のてんしん・りう王・あしゆらしゆとう、つねにてんくゑをふらして、もてかの佛にくゑしたてまつり、しよてん、てんのつゝみをうち、あはせてもろ〴〵のきかくをなし、かほばしきかせ、しほめるはなはをふきて、さらにあたらしくよき物をふらしき。〔足利本・化城喩品 1092 行 114 上⑫〕

とあって、標記語を「香風」で訓みを「カウフウ」として和解句「かほはしきかぜ」と記載する。うち二例は、漢字で「香風」〔妙・西〕、「かうふう」〔足〕と記載する。この語における和解句として「かうはしきかぜ」とする。国語辞書には、標記語「香風」の語を収載するのは『日国』だけであり、用例も漢籍資料に傾斜していると思われる。仏教語として、「香風」を捉えてみていく必要性を見出す語であるが、本書のなかで和解句にして記す「かほばしきかせ」と和らげられているのだが、化城喩品の一例だけが字音語「香風」で記述する点が何を意味するのか深い考察が残されている。ここに、語形だけによる語彙分析で取り扱うと全くかけ離れたものとなってしまう懼れが潜んでいる点を述べておく。そこで、意味による語彙分析が補助的であれ必要なことを補足しておきたい。

29

及薰油香氣（入濁上上上上平）

とあって、「香氣」で声点［上平］としている。訓みは「カウケ」と清音で訓む。

《補助資料》
『日国』第二版
こう‐き［カウ‥］【香気】〔名〕よいにおい。よいかおり。こうけ。＊経国集（八二七）一〇・和惟逸人春道秋日臥疾華厳山寺精舎之作〈嵯峨天皇〉「天花流二遼潤一、香気度二烟霄一」＊名語記（一二七五）二「香気ある物を善悪につけて、かと香づく如何。答、かは香也」＊蕉堅藁（一四〇三）古河禊言「香気陰窓晨霧潤、棋声深院夕陽遅」＊養生訓（一七一三）三「生蘿蔔、生葱などの香気を助け、悪臭を去り、魚毒を去り、食気をめぐらすために」＊読本・椿説弓張月（一八〇七～一一）残・五七回「三ツの舎は忽然と開きて、香気はじめにいやましたり」＊幼学読本（一八八七）〈西邨貞〉七「其の花は紅、白有りて、香気頗る好し」＊列子湯問「白い黄ばんだ柿の花は最早到る処に落ちて、香気を放って居た」＊千曲川のスケッチ（一九一二）〈島崎藤村〉二・古城の初夏「沐二浴神漢一、膚色脂沢、香気経二旬乃歇一」【発音】コーキ〈標ア〉［コ］【京ア】［コ］【辞書】ヘボン・言海【表記】【香気】ヘボン・言海

角川『古語大辞典』には、この語を未収載にする。

カウフウ【香風】〈A4〉

『仮名書き法華経』に、

1 【漢訳原文】雨曼陀羅曼殊沙華 栴檀香風悦可衆心（2下）
○曼陀羅・曼殊沙華ふりて、栴檀のかほばしきかぜ、衆のこゝろを悦可よろこはすする。〔西來寺本・序品24③〕
○曼陀羅・曼殊沙華ふりて、栴檀のかほばしきかぜ、衆のこゝろを悦可よろこはしむる。〔妙一本・序品20④〕
○まむたら・まむしゆしやくるゑふりて、せむたんのかほばしき風、しゆの心をよろこはしむ。〔足利本・序品第一109行6下⑬〕

2 【漢訳原文】香風時来次去萎華。更雨新者。〔2中〕
○香風かうはしきかぜ、ときにきたりて、しぼめるはなをふきさけて、さらにあたらしきものをふらしき。〔西來寺本・化城喩品

『仮名書き法華経』における語彙考察

とあって、標記字「倫匹」に字音「リンヒツ」を記載し、声点は「平入」と差声する。

《補助資料》

『日国』第三版

りん‐ひつ【倫匹】[名] 仲間。同類。たぐい。ともがら。＊大唐西域記‐六「太子伎芸多能、独抜二倫匹一」

倫匹《注》トモカラ なけん

角川『古語大辞典』には、この語は未収載にする。

(5) 『日国』に漢籍資料及び本邦文献資料を引用するが仏教語（仏語）の認定がない語

カウケ【香氣】〈A4〉

『仮名書き法華経』に、

【漢訳原文】諸樹華果実 及蘇油香気 持経者住此 悉知其所在〔48下〕

○もろ＼／のきの華・菓實、および蘇油の香氣とを、持経者はこゝに住して、ことごとくその所在をしらん。〔西來寺本・法師功徳品 1017 ④〕

○もろもろのきの華はな・菓実、および蘇油あぶらの香氣、持経者はここに住ちうして、ことことくその所在ありところをしらん。〔妙一本・法師功徳品 1036 ②〕

○もろ＼／のきのくゑ・くはしつ、をよひそゆのかうけ、ちきやうしやはこゝにちうして、こと＼／くそのしよさひをしらん。〔足利本・法師功徳品第十九 658 行 220 上 ⑥〕

とあって、「香氣」の和訓を「かうけ」〔足〕〔妙〕〔西〕と記載する。

『日国』では見出し語「こうけ」の語は無く、漢音の「コウキ」で「香気」の語を収載する。仏教語の用例として『仮名書き法華経』からは引用しない。

また、山家版『法華経』に、

てんじゃく【典籍】〔名〕漢語。呉音。のちに漢音で「てんせき」という。書物。特に、古い大切な書物。「図書寮は典籍を持して内裏に供奉することを掌る」〔続日本紀・天平宝字二・八・二五〕「多聞といえるは、内外典籍を習いしり、大小の教門を弁えたる也」〔米沢本沙石集・一〇末〕「太弟聡明にて、君としてためしなく、和漢の典籍にわたらせたまひ」〔春雨物語・血かたびら〕

リンヒツ【倫匹】〈A3〉
『仮名書き法華経』に、
【漢訳原文】其両足聖尊　最勝無倫匹
○その両足の聖尊、最勝にして、倫匹なけん。〔譬喩品第三12上〕
○その両足の聖尊ほとけ、最勝もともすくれてにして、倫匹ともからなけん。〔西來寺本・譬喩品230①〕
○そのりやうそくのしやうそむ、さいしようにして、倫匹ともからなけん。〔妙一本・譬喩品199②〕
○そのりやうそくのしやうそむ、さいしようにして、りむひつなけん。〔足利本・183行46下3〕
とあって、標記語を「倫匹」で字音訓み「リンヒツ」として和解句を「ともから」〔妙〕と記載する。用例は一例のみを所載する。

『日国』には、この「りん‐ひつ【倫匹】」の見出し語を収載し、意味の最後「ともがら」は、妙一本の和解に共通する。用例は当に妙一本のこの語例である。あと、仏典紀行文『大唐西域記』巻第六の用例を引用する。

漢和辞典にも「倫」字の熟語用例として収載を見る。

白川静『字通』【倫匹】りんひつ　なかま。比類。〔抱朴子、自叙〕世人好んで人物を論ずる者有るを見る毎に、倫匹に比方すること、未だ必ずしも當允ならず。襃貶（褒貶）與奪（是非すること）、或いは準格を失ふ。

といったように、用例は漢籍に留まる。

また、山家版『法華経』に、

最勝　無倫匹
サイショウ　ムリンピツ
［去上　上平入］

『仮名書き法華経』における語彙考察

『日国』には、この「てんーじゃく【典籍】」と「てんーせき【典籍】」の見出し語を収載し、意味の「(和書・漢籍・仏典など)書物。書籍」より『仮名書き法華経』の和解の方がよりわかりやすい表現となっている。さらに、漢和辞典では『廣漢和辞典』に、「典」字の熟語用例に「典籍（テンセキ）」の語として、「古い大切な書物。典書。典志」で「左氏傳」昭公十五、「昔而ノ高祖ノ孫伯驁、司ニリ晉之典籍ヲ以テ爲セリ大政ニ」[上296・3]を記載する。

また、山家版『法華経』に、

外ケ道典籍（クヱテンシャク）[平濁平濁入濁]

とあって、標記字「典籍」に字音「テンシャク」を記載し、声点は「平濁入濁」と差声することで、「デンジャク」の訓みとなる。

※「籍」字と差声は、縦に濁符号で表記する。これは、「本来は清音であるが連声法等により濁音に変じた新濁」（西方寺長谷川明紀著『法華経山家本』読誦法の研究）の判断A—14頁参照）を表す。

《補助資料》

『日国』第二版

てんーじゃく【典籍】【名】（「じゃく」は「籍」の呉音。「でんじゃく」とも）「てんせき（典籍）」に同じ。*米沢本沙石集〔一二八三〕一〇末・一一「多聞といえるは内外典籍を習いしり」*源平盛衰記〔一四C前〕三六・福原忌日事「忌日と云ふ事は、内外の典籍に明文あり」*仮名草子・祇園物語〔一六四四頃〕下「堯舜以下も、五倫みだれたる事、典籍に文あり」【発音】〈標ア〉[0]

てんーせき【典籍】【名】（和書・漢籍・仏典など）書物。てんじゃく。*名語記〔一二七五〕二「孔子老子の典籍によせては」*続日本紀—天平宝字二年〔七五八〕八月甲子「図書寮。掌下持二典籍一、供中奉内裏上」*名語記〔一二七五〕三・下「聰明にて、君としてためしなく、和漢の典籍にわたらせたまひ」*布令必用新撰字引〔一八六九〕〈松田成己〉「典籍 テンセキ ショモツ」*孟子—告子・下「諸侯之地方百里、不二百里一、不レ足三以守二宗廟之典籍一」【発音】〈標ア〉[0]〈テ京ア〉[0]

角川『古語大辞典』

と記載する。

《補助資料》

『日国』第二版

せん−たく【鮮沢】〔名〕(形動)あざやかでうるおいがあること。また、そのさま。＊妙一本仮名書き法華経〔鎌倉中〕三・薬草喩品第五「一雨のおよぼすところ、みな鮮沢〈センタク〉〈注〉アサヤカニウルヲヘル〉なることう」＊陸機-園葵詩之一「零露垂二鮮沢一、朗月耀二其輝一」

角川『古語大辞典』には、この語は未収載にする。

デンジャク【典籍】〈A3〉

『仮名書き法華経』に、

【漢訳原文】如人至心　求仏舎利　如是求経　得已頂受　其人不復　志求余経　亦未曾有　外道典籍　如是之人　乃可為説
〔譬喩品第三16中〕

○人の、心をいたしてぶっしゃり佛舎利をもとむるがごとく、かくのごとく、経をもとめ、ゑをはりて頂受せん、その人、また、餘経を心さしもとめす、いまだかつて外道のげだう典籍よみもちうるふみ也をおもはざらん、かくのこときの人には、いましためにとくへし』。〔西來寺本・譬喩品316①〕

○人の、こころをいたしてぶっしゃり佛舎利をもとむるかことく、かくのことく、経をもとめ、ゑをはりてちゃうじゅ頂受いたゝきうけせん、そのひと、また、餘経をこころさしもとめす、いまたかつて外道のでんじゃく典籍をおもはさらん、かくのこときのひとには、いましためにとくへし』。〔妙一本・譬喩品290④〕

○人の、心をいたして佛しゃりをもとむるかことく、かくのことく、きゃうをもとめ、えをはりてちゃうしゅせん、その人、また、よきゃうを心さしもとめす、いまたかつてくゐ道のてんしゃくをおもはさらん、かくのこときの人には、いましためにとくへし』。〔足利本・譬喩品829行65下⑬〕

とあって、標記語を「典籍」で字音訓み「デンジャク」として和解句は西來寺本にだけだが、「よみもちうるふみ也」と記載する。用例はこの一例のみを所載する。

『仮名書き法華経』における語彙考察

の僧をむかへ、禅窟を開て、今に世の費をなす」＊北史－孝行伝・皇甫遐「復於￨墓南￩作￨二禅窟￩、陰雨則穿￨窟、晴霽則営￨墓」【辞書】日葡 角川『古語大辞典』には、この語は未収載にする。

センタク 【鮮澤】〈A3〉

『仮名書き法華経』に、

【漢訳原文】根莖枝葉　華果光色　一雨所及　皆得鮮沢

○根ね・莖くき・枝ゑた・葉は・華はな・菓・光・色あり、一雨のをよほすところ、みなあさやかなる心なることをう。【西來寺本・藥草喩品・403①】※あさやかなる心【西】

○根ね・莖きゃう・枝くき・葉は・華くゑ・菓このみ・光ひかり・色いろ、一雨ひとつのあめのおよほすところ、みな鮮澤あさやかにうるをへるなることう。【妙一本・藥草喩品・389⑥】※あさやかにうるをへる【妙】

○こむ・きゃう・し・えゑう・くゑ・くは、うのをよほすところ、みな、せんたくなることをう。【足利本・120・86下②】

とあって、孤例にして「鮮澤」の語を収載し、訓みを「せんたく」とし、左訓に和解「あさやかなる心」【西】、「あさやかにうるをへる」【妙】を記載する。

この「鮮澤」の語は、『日国』には見出し語として収載され、この『仮名書き法華経』の用例を初出例として妙一本を以て収載している。

また、山家本『法華経』に、

皆得鮮澤（センタク）［去入平入］

和解を記載する。用例はこの二例のみを所載する。足利本はこの分別品第十七を欠くので対象外となる。

『日国』には、この「ぜんーくつ【禅窟】」の見出し語を収載し、意味の「僧が座禅をするいわや」は、和解句のうち、西來寺本の「ざぜんするいわや」が最も近い。

さらに、漢和辞典では白川静『字通』に、「禅」字の熟語用例に「禅窟」の語として、「禅庵」と記載する。漢籍資料には『北史』孝行伝・皇甫遐に所載する。

山家版『法華経』に、

経行禪窟［去上濁去濁入］

とあって、標記字「禅窟」に字音「ゼンクツ」を記載し、声点は「去濁入」と差声する。

経行及禪窟［去上濁去濁入濁軽去濁入］

とあって、本邦古辞書に収載を見ないこの「禅窟」の語を収載する。

キリシタン資料『日葡辞書』に、

Iencut. ゼンクツ（禅窟）。［邦訳356ｒ］

《補助資料》

『日国』第二版

ぜん-くつ【禅窟】【名】僧が座禅をするいわや。＊妙一本仮名書き法華経〔鎌倉中〕六・分別功徳品第十七「経行のところ、および禅窟（ゼンクツ）」＊読史余論〔一七一二〕二・北条代々天下の権を司る事「異国
（注）サセンノイハヤあリて、種々にみな厳好にせんかごとくになりなむ

『仮名書き法華経』における語彙考察

羅樹高広厳好　百千比丘於其中止　園林浴池　経行禅窟　衣服飲食　牀蓐湯薬　一切楽具充満其中〔分別品第十七45下〕

○阿逸多、もしわが滅後に、この経典をきゝて、よく受持し、もしはみづからもかき、もしは人にもをしへてもかゝしむることあらんは、すなはちこれ僧坊を起立し、赤栴檀をもてもろもろの殿堂をつくること三十有二にして、たかさ八多羅樹、高広たかくひろくおごそかにして、百千の比丘、そのなかにすみ、園林・浴池・経行・禅窟・衣服・飲食・牀蓐・湯薬・一切の楽具、そのなかに充満せらん。〔西來寺本・分別品955①〕

○阿逸多、もしわが滅後に、この経典をきゝて、よく受持たもちし、もしはみづからもかき、もしは人をおしへてもかゝしむることあらんは、すなはちこれ僧坊を起立たてし、赤栴檀あかくかうはしきをもてもろもろの殿堂をつくること三十有二にして、たかさ多羅樹、高広たかくひろくおごそかいつくしくにして、百千の比丘、そのなかにすみ、園林そのはやし・浴池あむるいけ・経行へめくり・禅窟しつかなるわや・衣服きもの・飲食くいもの・湯薬くすり・一切の樂具、そのなかに充満せん。〔妙一本・分別品973⑤〕

×〔足利本・分別品第十七〕

2 【漢訳原文】若能持此経　則如仏現在　以牛頭栴檀　起僧坊供養　堂有三十二　高八多羅樹　上膳妙衣服　牀臥皆具足　百千衆住処　園林諸浴池　経行及禅窟　種種皆厳好一切楽具充満其中〔分別品第十七46上〕

○もしよくこの経をたもたんは、すなはちほとけの現在に、牛頭栴檀をもて僧坊をたてゝ供養し、堂三十二ありて、たかさ八多羅樹、上膳すくれたるそなへ、たへなる衣服、牀臥みな具足し、百千の衆の住處、園林、もろもろの浴池あり、経行のところ、をよひ禅窟せんくわありて、種々にみな厳好うはしきになりなむ。〔西來寺本・分別品第二十三964③〕

○もしよくこの経をたもたんは、すなはちほとけの現在に、牛頭栴檀かうはしききをもて僧坊をたてゝ供養し、百千の衆もろくの住處、園林、もろもろの浴池あむるいけあり、経行のところ、をよひ禅窟せんのいはやありて、種々にみな厳好かさりいつくしからんにせんがごとくになりなむ。〔妙一本・分別品第十七982⑤〕

×〔足利本・分別品第十七〕

とあって、標記語を「禅窟（ぜんくつ）」で和語訓み「しづかなる（い）わや」〔妙〕・「ざぜんのいはや」〔西〕・「ざぜんするいわや」〔西〕といった

載する。用例はこの二例を所載する。

 之所焼害 [上平去平濁]

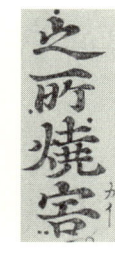 令無焼害 [去上去平濁]

とあって、標記字「焼害」に字音「(セウ)ガイ」を記載し、声点は「去平濁」と差声することで、「セウガイ」の訓みとなる。

『日国』には、この見出し語「しょうーがい【焼害】」の語を収載する。和解の「やきころす」は、『日国』の意味説明である「焼き殺すこと」に共通している。

さらに、漢和辞典では角川『大字源』及び『廣漢和辞典』に、「焼」字の熟語用例に「焼害」の語は未収載にする。

また、山家版『法華経』に、

《補助資料》

『日国』第二版

しょうーがい[セウ‥]【焼害】[名]焼き殺すこと。*妙一本仮名書き法華経〔鎌倉中〕二・譬喩品第三「この家はすでに焼く。よろしく時にとくいたりて、火の焼害(〈注〉ヤキコロス)する所たらしむる事なからしむべし」

角川『古語大辞典』には、この語を未収載にする。

ゼンクツ【禅窟】〈A3〉

『仮名書き法華経』に、

1 【漢訳原文】阿逸多 若我滅後聞是経典 有能受持若自書若教人書 則為起立僧坊 以赤栴檀作諸殿堂三十有二 高八多

『仮名書き法華経』における語彙考察

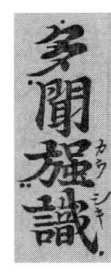

多聞強識［上上平濁入］

ごうーしき［ガゥ‥］【強識】（名）（形動）記憶力がよく、知識が深いこと。また、そのさま。きょうしき。＊妙一本仮名書き法華経（鎌倉中）二・譬喩品第三「もし利根にして、智恵明了に、多聞強識（ガウシキ《注》コワキサトリ）にして、仏道をもとむることあらんもの

角川『古語大辞典』には、この語を未収載にする。

《補助資料》
『日国』第二版

とあって、「強識」で声点［平濁入］としている。

セウガイ【焼害】〈A3〉

『仮名書き法華経』に、

1
【漢訳原文】宜時疾出　無令為火之所焼害
○よろしきときに、とくいだして、火のために焼害せられ、しむる事なかるへし」。（西來寺本・譬喩品242⑤）
○よろしきときに、とくいだして、火のために焼害やきころすする所たらしむる事なかるへし」。（西來寺本・譬喩品212）
○よろしき時に、とくいたして、ひのせうかひするところなからしむるへし」。（足利本・譬喩品274行49上⑧）

2
【漢訳原文】方宜救済　令無焼害（譬喩品第三12中）
○まさによろしく救濟すくいして、焼害やきかいすることなからしむへし。（西來寺本・譬喩品252②）
○まさによろしく救濟すくいてして、焼害やきころすすることなからしむへし。（妙一本・譬喩品280④）
○まさによろしくくはさひして、せうかひすることなからしむへし。（足利本・譬喩品552行57下⑰）

とあって、標記語を「焼害」で字音訓みを「セウガイ」として和解句を妙一本「やきころす」、西來寺本「やきがいする」と記

(4) 『日国』に妙一本『仮名書き法華経』を引用するが仏教語（仏語）の認定がない語

ガウシキ　【強識】〈A3〉

『仮名書き法華経』に、

【漢訳原文】若有利根　智慧明了　多聞強識　求仏道者　如是之人　乃可為説〔16 上〕

○もし利根にして、智恵明了に、多聞強識にして、佛道をもとむることあらんもの、かくのごときの人に、すなはちためにとくべし。〔西來寺本・譬喩品 311 ④〕

○もし利根にして、智恵明了あきらかにに、多聞強識たもんがうしきにして、佛道をもとむることあらんもの、かくのごときのひとに、いましためにとくべし。〔妙一本・譬喩品 284〕

○もしりこむにして、ちゑみやうれうに、たもんかうしきにして、佛道をもとむることあらんもの、かくのごときの人に、すなはちためにとくべし。〔足利本・2795 行〕

とあって、『強識』の和解句として、妙一本は唯一「こわきさとり」と記載する。

また、山家版『法華経』に、『日国』の用例として、妙一記念館所蔵『仮名書き法華経』のこの箇所から引用する。そして、他の用例は未収載とする。

《補助資料》

『日国』第二版

こう-ぎょう【好楽】［カウゲウ］〔名〕（「ぎょう」は「楽」の去声の呉音。願い求める意）好みねがうこと。*雑談集〔一三〇五〕九・事理の行事「信解品に、迦葉昔の小乗の見を述べて云。無大無小。於二仏智恵一。無貪無著等浄仏国土。成就衆生事不生一念。好楽之心と云」*法華経-信解品「又今我等年已朽邁。於下仏教二化菩薩上阿耨多羅三藐三菩提二不生二一念好楽之心一。我等今於二仏前一聞レ授二声聞阿耨多羅三藐三菩提記二」

角川『古語大辞典』には、この語を未収載にする。

○ふたりの子、かくのごとく方便力をもて、よくその父を化して、心をして佛法を信解し好楽せしむ。【西來寺本・妙荘品1289⑤】

○ふたりのこ、かくのごとく方便力をもて、よくその父を化して、こころをして仏法を信解し好楽せしむ。【妙一本・妙荘品1298⑥】

○ふたりのこ、かくのごとく、はうへんりきをもて、よくその父をくゑして、心をして佛法をしむけしかうけうせしむ。【足利本・542行274上16】

とあって、標記語を「好楽」で字音訓み「かうげう」と和解句を「ねかふ心」[西]、「たのみねがふ」[妙]と記載する。用例は二例を所載する。

『日国』には、この[こう-ぎょう【好楽】]の見出し語を収載し、この用例として鎌倉時代の仏教説話集『雑談集』とこの『法華経』信解品の用例を記載している。そして、意味は妙一本の和解を引用していると見て良かろう。これに対し、漢和辞典には、「コウガク」と「コウラク」の語を示し、これに関わる用例を収載するがこの仏教語としての「コウギョウ」については皆無に等しい。

また、山家版『法華経』に、

好楽之心 [平平濁上上]
カウゲウ

好樂佛法 [平平濁上入濁入]
ケウフッポフ

とあって、信解品の語には、「カウケウ」、妙荘厳王本事品に「(カウ)ケウ」の訓みが施されている。声点は、「平平濁」とすることから「カウゲウ」と訓む。

しょっ−けい【食頃】〘名〙「じききょう(食頃)」に同じ。*帰省〔一八九〇〕〈宮崎湖処子〉五「新富座の演劇は、食頃に巨万の富を挙げ」*史記‐孟嘗君傳「出如二食頃一、秦追果至」関
くい−ごろ【食頃】〘名〙食べるのに最も適した時期。食べごろ。*少年行〔一九〇七〕〈中村星湖〉七「普通の畑の蜀黍はまだやうやう尺余りでも、子供のある家ではよく庭の隅なぞへ早蒔をする。〈略〉それがたうとう喰ひ頃になった」[発音]クイゴロ〈標ア〉
[コ][0]〈京ア〉[イ]
たべ−ごろ【食頃】〘名〙ある物を食べるのに、いちばん適した頃合。また、その時節。「己等食頃、此に留り、後日に頼朝を尋ぬ可し」〔源平闘諍録・一上〕
しょくけい【食頃】〘名〙漢語。食事をするほどのわずかな時間。しばらく。*長い夢路〔一九六八〕〈倉橋由美子〉「枇杷はすでに終り、秋果の食べごろには早すぎた」「あの柿の実は、何日ごろには食べごろのはずだとか」
[発音]クイゴロ〈標ア〉[コ][0]〈京ア〉[ゴ]

角川『古語大辞典』には、この語は未収載にする。

（3）『日国』に漢訳原文の語を引用するが仏教語（仏語）の認定がない語

カウゲウ【好樂】〈A2〉

『仮名書き法華経』に、

1【漢訳原文】又今我等年已朽邁 於仏教化菩薩阿耨多羅三藐三菩提 不生一念好楽之心〔信解品第四・1616中〕
○またいま、われら、としすでに朽邁して、ほとけの、菩薩を阿耨多羅三藐三菩提に教化したまふにをきて、一念の好樂ねかふ心の心を生せざりき。〔西來寺本・信解品320②〕
○またいま、われら、としすでに朽邁くちすきして、ほとけの、菩薩を阿耨多羅三藐三菩提に教化したまふにおきて、一念の好樂たのみねかふのこころを生せざりき。〔妙一本・信解品295⑤〕
○またいま、われら、としすてにくまひして、ほとけの、菩薩をあのくたら三藐三菩提にけうくゑしたまふにおきて、一念のかうけうの心をしやうせさりき。〔足利本・信解品862行66下⑪〕

2【漢訳原文】二子如是以方便力。善化其父令心信解好楽仏法。〔妙荘厳王本事品第二十七60中〕

『仮名書き法華経』における語彙考察

とあって、［ジキ］クヰヤウ｛右訓｝、［ジキ］キヤウ｛左訓｝とすることからも、この字音訓みは妙一本の「ジキキヤウ」が正しいことになる。

2 足利本の和解「しきのあひた」に共通する妙一本の和解「しきのあひた」があって、何らかの継承性を有するのに対し、西來寺本の「物くふあいた」と「ときのあいだ」の二語の和解は、更に意訳された別継承の流れを示すものとみてとれよう。

さて、現行の国語辞典にはどう記述されているかであるが、『日国』では、漢訳原文の『法華経』の語用例でこの箇所を引用収載する。古典資料としては、派生用例に重点が置かれていてここでは漢音読みの「ショクケイ」の用例としては、『続本朝往生伝』（一二〇一～〇四）と『狂雲集』（一五C後）看杜詩とを用例としてこの『法華経』用例の前に引き、原拠を示すものの、『続本朝往生伝』（一二〇一～〇四）や『狂雲集』（一五C後）看杜詩の前にある用例は明治時代の宮崎湖処子『帰省』（一八九〇）を引く。これを角川『古語大辞典』に、この用例を求めると、軍記資料『源平闘諍録』巻一・上（国立公文書館内閣文庫所蔵、一四世紀初頭成る、編者は千葉氏に関わる人物：『平家物語大事典』730頁参照）には、

〇己等、食頃此こに留まり、還つて此れを討ち候はん」とて、彼等二人思ひ切つて出で立ちければ、盛長・定綱申しけるは、「所詮所詮候ふ、彼の入道思ひ立たざる前に、後日に頼朝を尋ぬべし」と言ひしが如く、未だ父の敵清盛入道を討たざる間、何事の有りとも我と騒ぐべからず。〔十一・頼朝、北条の嫡女に嫁する事〕

といった用例を収載する。この意味で、呉音読みの「ジキキヤウ」と漢音読みの「ショクケイ」の両用訓みが鎌倉時代には発生していたと見て良かろう。但し、この二つの訓みは、意味の上では共通し、そう長く用いられていず、国語辞典の用例から分析するに、明治の宮崎湖処子『帰省』を終焉の時期とみることにもなるまいか。

《補助資料》
『日国』第二版

じき—きょう［ ：キヤウ］【食頃】〖名〗食事をするぐらいの短い時間のこと。たちまちの意。*続本朝往生伝（一二〇一～〇四）「心の中に大きに恥むじて、深く本朝の神明仏法を念じて、食頃に観念せり」*狂雲集（一五C後）看杜詩「涙愁春雨又秋風、食頃難レ忘天子宮」

しょく—けい【食頃】〖名〗→しょっけい（食頃）

*法華経序品「六十小劫身心不レ動、聴二仏所説一謂レ如二食頃一」
善法語（一七七五）九「劫数を食頃に経とある」

○ほとけの所説をきくこと、食頃物くふあいたのこととしとおもへりき。〔西來寺本・序品・59〕
○ほとけの所説ときたまふところをきくこと、食頃しきのあひたのこととしとおもへりき。〔妙一本・序品・51④〕
○ほとけときたまうところをきくこと、しきのあひたのこととしとおもへり。〔足利本・333行13上⑨〕

とあって、足利本では「食頃」の語を和解にて「しきのあひた」と表現し、これを妙一本と西來寺本とでは、漢字熟語にて「食頃」とし、右訓に字音「じききやう」〔妙〕、「じきちやう」〔西〕とし、左訓に和解として「しきのあいた」〔妙〕、「物くふあいた／ときのあいだ」〔西〕と記載する。

ここで、

1 字音「じききやう」か「じきちやう」かについて見定めておくと、山家本『法華経』では、

謂如食頃 クヰャウ
キャウ 〔平上入濁平〕

法隆寺蔵『細字法華経』「食頃」

※法隆寺蔵国宝『細字法華経』には、「食頃」と見てよい表記例を確認する。今後『法華経』諸本の字例を以て検証を進めていくことで、「頃」から「項」に転じて表記された時期が見えてこよう。この検証については今後に委ねる。

※漢和辞典『大字源』に以下のようにある。

〔頃〕ケイ〔漢音〕キョウ（キャウ）〔呉音〕キ〔漢呉音〕
〔頂〕テイ〔漢音〕チョウ（チャウ）〔呉音〕
〔項〕コウ〔漢音〕

字形相似による表記字の書き誤り歟。正しくは〔食頃〕〔じきよう〕。現行漢和辞典『廣漢和辞典』〔下巻食部1247頁①〕〔食〕19052イ〔食頃〕食事をするぐらいのわずかな時間。また、しばらく、まもなく」としている。用例は『日国』第二版と同様の『史記』孟嘗君傳を引用するに留まる。

『仮名書き法華経』における語彙考察

対応語としては、「今世」「来世」なる語がある。

《補助資料》

『日国』第二版

すぐ―せ【過世】【名】→すくせ

すく―せ【宿世】【名】（後世「すぐせ」とも）仏語。（1）過去の世。さきの世。前世。しゅくせ。＊仮名草子・都風俗鑑〔一六八一〕（天和元）二「ながれをたつるほど悲しきはなしといへども、大夫さまともてはやされ、すくせのえにしあれば、大かたならぬすぐせのちぎりなりかし」＊俳諧・写経社集〔一七七六〕（安永五）洛東芭蕉庵再興記「されば道立子の今此挙にあづかり給ふも、すくせにふかく結びけん、縁しこそ喜しけれ」＊読本・椿説弓張月〔一八〇七〕（文化四）〜一二・三三回「可懐しさも宛然過世の夢をここに繰返すやうなもの」＊泉鏡花〔二〕〈一〇〇前〉二一「かかる君につかうまつらで、すくせつたなくかなしきこと」＊宇津保物語〔九七〇〜九九九〕賢木「心にもあらず、俊蔭の、わがすくせの逃れざりけるを、天翔りてもいかにかひなく見給ふらむ」＊源氏物語〔一〇〇一〜一四頃〕賢木「心にもあらず、御髪の、とり添へられたりけれは、いと、心憂く、すくせの程おぼし知られて、いみじと思したり」＊梁塵秘抄〔一一七九（治承三）頃〕二・法文歌「我等がすくせのめでたさは、釈迦牟尼仏の正法に、この世に生れて人となり、一乗妙法きくぞかし」＊古今著聞集〔一二五四（建長六）〕一六・五四七「さすが又すぐせつきぬれば、ながらへてすぐしければ」【語誌】（1）梵語 puﾟ-rvajātaﾟ- ta の漢訳語。三世の過去世をさす語で、（2）の用法が本来の用法であるが、中古仮名文学では「前世」に代わる語として「さきのよ」が多用されたが、「さきのよ」は一〇世紀中頃まで仏書以外にはほとんど用例がない。（2）類義語「先世」「前世」「宿世」がほぼ同じではなく、「さきのよの契」（御伽草子・横笛の草紙）のようにいった。他に「シウセ」【教行信証・六】の訓読形「さきの世」に相当する。（3）中世には「宿世」に代わる語を用いた。また、単に過去世をいう時は「前世」を用いた。（4）仮名表記「すくせ」は「すぐせ」から転じて、果】（御伽草子・横笛の草紙）のようにいった。他に「シウセ」（教行信証・六）の訓読形「さきの世」に相当する。（3）中世には「宿世」に代わる語を用いた。また、単に過去世をいう時は「前世」を用いた。（4）仮名表記「すくせ」は「すぐせ」から転じて、「しゅくせ」とよんでいるので、漢字で表記された例、仏典の例は「しゅくせ」に便宜上一括した。（5）「すぐせ」は「すくせ」と宿世は全く同じではなく、和文の類はほとんど「すくせ」と表記されているが、「日葡辞書」「易林本節用集」などでは「しゅくせ」とよんでいるので、漢字で表記された例、仏典の例は「しゅくせ」に便宜上一括した。【発音】〈標ア〉〔ク〕【辞書】書言・ヘボン・言海【表記】【宿世】書言・ヘボン・言海

ジキキャウ【食頃】〈A1〉

『仮名書き法華経』に、

【漢訳原文】聽佛所説謂如食頃（4上）

この一例のみで所載する。

『日国』には、この「かーせ【過世】」の見出し語は未収載にし、別の「すぐーせ【過世】」で「すくせ(宿世)」の意味と同じとし「仏語」。(1)過去の世。さきの世。前世。しゅくせ」としているが、この『仮名書き法花経』の妙一本及び西來寺本では、標記語「過世」の訓みは両本とも「くわせ」としている点について留意しておく必要があるのではなかろうか。この「過世」は、後世江戸期の資料である読本『椿説弓張月』(一八〇七(文化四)～一二)続・三三回では、

　嫖夫の契絶ずして、夫の刃にかかる事、過世にふかく結びけん、縁しこそ喜しけれ。

と標記語「過世」に対し、「すくせ」の混種訓みが用いられている。では、標記語「過世」の訓みを「くわせ」から「すくせ」へと変容したのは何時頃なのかを、語誌を精確に検証しておく必要があるのではないかと考える。

さらに、漢和辞典では白川静著『字通』に、「過」字の熟語用例に「過世」の語として、

【過世】かせい 死ぬ。

と記載する。漢籍資料については標記語「過世」の訓みを「くわせい」としていて、『大字源』にも「①世人を超越する。〔莊子・盗跖〕「絶レ俗過レ世之士」②死ぬこと。〔晉・符登載記〕「過レ世為レ神」1757頁」を所載するが意味が異なることが分かる。

また、山家版『法華経』に、

〔過世〕〔平・平〕

方便随宜説 我所有福業 今世若過世 及見佛功德 盡廻向佛道 軟時舎利弗

とあって、「過世」〔平・平〕で共通する。『日国』では、『仮名書き法花経』の「過世」の語訓は適確に記述されていないことが見えて来た。仏典資料における語彙が日本語へ浸透していく過程を眺めていくと実に奥深い物があるのであるからして、研究に最も適応したこのような『仮名書き法花経』の資料を活用していくことが必要となってくることを指摘しておきたい。

『仮名書き法華経』における語彙考察

及毛尾倶同二氂牛一。犙小而氂大」*本草綱目-獣部・氂牛・集解「時珍曰、氂牛出二西南徼外一、居二深山中一野牛也」【発音】リギュー〈標ア〉

[0] [リ]

その二…りーぎゅう[::ギウ]【犂牛】【名】まだらな毛色の牛。まだらうし。*日葡辞書［一六〇三（慶長八）～〇四］「Riguiŭ（リギュウ）。マダラウシ〈訳〉ぶちの牛」*漢書-平帝紀「賜二田宅什器一、仮二与犂牛種食一」【辞書】文明・日葡【表記】【犂牛】文明

その三…りぎゅうの尾を愛するが如し（氂牛）は、仏教の慣用読みで「みょうご」とも読む）牛が役に立たない自分の尾をいとおしむように、人が無意味な欲望から逃れられないさまをいう。*法華経・方便品「深著二於五欲一、如二氂牛愛一尾」*随筆・梧窓漫筆［一八一三（文化一〇）～四〇］上「法華に云へる氂牛の尾を愛するに同じと云ふことをさとる時は、色欲も薄し」

（2）『日国』に仏教語（仏語）の認定がない語

クワセ【過世】〈A 1〉

『仮名書き法華経』に、

【漢訳原文】方便随宜説　我所有福業　今世若過世　及見仏功徳　尽回向仏道 [12上]

○方便して、よろしきに、したかひて、とき給ひ、わが所有あらゆるの福業、今世いまのよ、もしは過世さきの世にあれ、をよび見佛ほとけをみたてまつる功徳、ことごとく、佛道に廻向す」。〔西來寺本・譬喩品234⑥〕

○方便して、よろしきに、したかひて、ときたまひけり、わか所有あらゆるところの福業、今世こんぜ、もしは、過世くわせすきにしよ、および、見佛けんぶつほとけをみたてまつる功徳、ことごとく、佛道に廻向す」。〔妙一本・204④〕

あを過世くわせたりしよ

［過世］（平・平）

とあって、標記語を［過世］に和語左訓「すきにしよ」［妙］、「さきの世にあれ」［西］といった和解句を各々記載する。用例は

11

うし]といい、その三では『法華経』の慣用句文言として、その一と同表記「犛牛」とするが、その二の見出し語は「犁牛」と表記し、その初出用例である『長秋詠藻』に引く『法華経』方便品の用例は、同じ句を引用していながら、「犛牛」を「犁牛」と記述する。このことは、『日国』が初版本から第二版に至るまで引用底本とした岩波日本古典文学大系80の用例記載に依拠していることに要因する。同じ箇所を明治書院和歌大系所載の『長秋詠藻』でみると、「深着スルコト於五欲一、如シ犛牛愛スルレ尾ヲ」とし、脚注には「犛牛はミョウゴで、牛ノ一種。ヤク」[九二頁]としていることから、補正が必要であろう。因みに、宮内庁書陵部本『長秋詠藻』では、

猫牛

と同音異表記の「猫」字を用いて記載している。このことから、『日国』は、「仮名書き法華経」のこの用例に基づくところの見出し語「みょうご【犛牛】」を新たに所載し、その一とその三とを連動させることで、「仏教の慣用読みで「みょうご」とも」の説明をもっと明確にしておかねばなるまい。

また、山家本『妙法蓮華経』には、

犛牛〔上・上濁〕 メウコ

とある。

《補助資料》

小学館『日本国語大事典』第二版(以下、《補助資料》と略す)内では、『日国』第二版と

その一::りーぎゅう[::ギウ]【犛牛】[名]「ヤク」[名]に同じ。*大和本草附録[一七一五(正徳五)]二「犛牛(リギウ)時珍曰、居深山中、野牛也。状

『仮名書き法華経』における語彙考察

C 『日国』に見出し語未収載の語
10 「日国」「己利(コリ)」「心意(シンイ)」「堆皁(タイフ)」「不可計(ブカゲ)」

以上は、『仮名書き法華経』に所載するこれらの語が現行の国語辞典である『日国』でどのように分類されているか、語の用例を含めての僅かながらの用例で検証して見た結果である。また、Cの四例は、全く現代の国語辞典に反映されていない語例とみることができよう。こうした語に今後どのように語の分類意味コードを認定していくかを自ら問い糺すものとしたい。

四、主要語の解析

漢語の語について若干の解析を次に記述する。A―0は国語辞典所載以前に問題となるべき語を示した。次にA―1からC―10までの語は上記分類順に所載することとした（A0～C10と表記する）。但し、主要なる語をもって所載する。

（1） 特異語

メウゴ【犛牛】（一例）〈A0〉
『仮名書き法華経』に、
【漢訳原文】深著於五欲　如犛牛愛尾（9中）
○ふかく五欲に着せること、犛牛のおを愛するがごとし。〈西來寺本・方便品176②〉
○ふかく五欲に着せること、犛牛のおを愛するがごとし。〈妙一本・方便品151⑤〉
とある。
この方便品に引用する動物は、「めうご」のなかでも人の家畜とした牛でない所謂「野牛」を称するのだが、「日国」では、「りぎゅう」として次の如く三項目を以て所載する。その一では、「ヤク」といい、その二では、「まだら

2 『日国』に漢訳原文の語を引用するが仏教語（仏語）の認定がない語
「過世(クヮッセ)」「食頃(ジキキャウ)」「項(カゥ)」「好樂(カゥゲゥ)」

3 『日国』に漢籍資料と本邦文献資料を引用するが仏教語（仏語）の認定がない語
「慮(ウラおもひ)」「強識(ガゥシキ)」「焼害(セウガイ)」「禪窟(ゼンクツ)」「鮮澤(センタク)」「典籍(デンジャク)」「倫匹(リンヒツ)」

4 『日国』に漢籍資料を引用するが仏教語（仏語）の認定がない語
「商人(あきびと)」「香氣(カゥケ)」「香風(カゥフウ)」「慳怪(ケンリン)」「孤露(コロ)」「殊妙(シュメウ)」「淳厚(ジュンコゥ)」「等倫(トウリン)」「流泉(ルセン)」「猟師(レゥシ)」

5 『日国』に禅籍資料と本邦文献資料を引用するが仏教語（仏語）の認定がない語
「塵穢(デンヱ)」「蓬荜(ブホツ)」

6 『日国』に別訓みで収載する語
「鬚髪(シュホツ)」「醜陋(シュル)」「雷聲(ライシャウ)」「鈴聲(リャゥシャウ)」

B 『日国』に仏教語（仏語）の認定のある語

7 『日国』に漢訳原文の語を引用する語。但し、別用例
「恵命(エミャゥ)」「鬼神(キジン)」「雜穢(ザフヱ)」「燃燈佛(ネントゥブツ)」「露地(ロヂ)」

8 『日国』に妙一本『仮名書き法華経』の語を引用する語
「一味(イチミ)」「開化(カイゲ)」「迦樓羅女(カルラニョ)」「形色(ギャゥシキ)」「形体(ギャゥタイ)」「空法(クゥホウ)」「休息(クノク)」「牛車(ゴシャ)」「邪慢(ジャマン)」「乗(ジョウ)」「生縁(シャゥエン)」「精勤(シャゥゴン)」「塵數(ジンジュ)」「舌相(ゼッサゥ)」「善本(ゼンポン)」「大自在(ダイジザイ)」「退没(タイモツ)」「癡愛(チナイ)」「稠林(チゥリン)」「道(ダゥ)」「二相(ニサウ)」「柔和質直(ニゥワシチヂキ)」「奉事(ブジ)」「梵音声(ボンオンジャゥ)」「梵焼(ボンセウ)」「魔怨(マヲン)」「魔民(マミン)」「漏盡(ロウジン)」

9 『日国』に妙一本『仮名書き法華経』を引用しない語
「未曾有(ミゾゥゥ)」「冥(ミャゥ)」「妙智(メゥチ)」「無數劫(ムシュコゥ)」「無分別(ムフンベツ)」「迷悶(メイモン)」「滅(メチ)」「盲冥(マゥミャゥ)」「欲性(ヨクシャゥ)」「與欲(ヨョク)」「利智(リチ)」「六牙白象(ロクゲビャクザゥ)」「六入(ロクニフ)」
「道果(ダゥカ)」「伏蔵(ブクザゥ)」

三、考察した語彙

『日国』に見出し語を収載する語

0 特異語

　「荘挍（シャウケウ）」（妙本「荘嚴（シャウゴン）」）「犛牛（メウゴ）」

1 『日国』に仏教語（仏語）の認定がない語

となる。これらの語を分類すると以下の如くとなる。

※ここで、太字にて表記した語は仏教語（仏語）と『日国』が認定しているが、『仮名書き法華経』の用例は別と認定した語であることを示す。見出し語を左訓から引用している語については左訓を記載している。うち、「にも」は足利本を引用するが、他の語の典拠は全て妙一本に基づく記載となっている。

「根」「彼此」「卑小」「悲惱」「秘密」「白銀」「百千万億」「白払」「百分」「兵衆」「平正」「漂流」「收取（ひろひとる）」「閉塞」「貧窮」「貧人」
「福慧」「伏」「服」「附近」「蒲萄」「普遍」「遍」「放逸」
「寶衣」「法鼓」「法子」「方處」「奉事」「奉持」「奉上」「不成就」「不同」「稱揚（ほめあぐる）」「駭（がい）ほれ」
「瓫器」「梵志」「焚燒」「法相」「佛意」「佛座」「佛世」「不」「法師」「法身」「稱揚（しゃうやう）ほめあぐる」「梵音声」
「人」「滿」「滿足」「足（みあし）」「子（みこ）」「玫瑰」「法性」「魔怨」「寶帳」「寶鈴」「摩訶迦葉」「摩訶薩」「摩（ほふる）」「魔賊」「抹」「末後」「冥」「護（まふる）」「魔民」「舞」
「名稱」「命」「妙智」「妙土」「愍哀」「愍念」「微塵數」「水腫（すいしゆ）みつふくれ」「未曾有」「充足（みちたら）」「美味」「抹」「冥」「名華」「妙華」「名字」
「所畏」「茂盛」「無足」「無分別」「無名」「貿易」「无」「馬」「迷悶」「無偽」「無垢世界」「某甲」「無根」「貪着（とんちゃく）むさほりつく」「無數」「無數劫（とうにょ）」「無」
「闇」「麵」「免済」「止」「面目」「唯一」「毛孔」「忘失」「忘失」「蚰蜒」「黙」「茂」「木」「没在」「没」「滅」「滅後」「滅」「滅度」「滅」「夜」
「浴池」「益」「欲樂」「餘國」「惟忖」「惟念」「勇猛精進」「與授」「與欲」「遊樂」「樂具」「弱」「容顔」「傭作」「門外」「文殊師利」「聞知」「傭力」「問難」「欲性」
「了達」「領知」「輪」「恪惜」「横（よこさま）」「餘食」「餘人」「猶豫」「羅剎」「羅列」「傭賃」「梨黶」「龍魚」「立」「了」
「和顔」「童子（わらうへ）」「戀着」「良醫」「老朽」「狼藉」「良藥」「六牙白象」「六入」「漏盡」「露幔」「論義」「論説」「利智」「童女（めらうへ）」

［各各］かつかく　兼――　［蜉蝣］かげろふ　［伽耶］がや　［伽耶城］ガヤジヤウ　［歌詠］カヨウ　［菓蓏］クワラ　［蚯］カラスクチナワ　［迦楼羅女］かるらによ　［乾痟］きはめつくし　［麪］めん　［願求］ガング　［聽受］　［闍崛山］しやくつせん

［起］　［儀則］　［經書］　［敬心］　［敬信］　［軽賤］　［經典］　［經法］　［經歴］キヤウリヤク　［起立］　［究盡］きはめつくし　［禽獸］きうじうけ　［疑懼］　［窮困］

［處］　［宮殿］　［恭敬］　［孔穴］　［求索］　［形體］　［腐敗］　［恐怖］　［華香］　［怯弱］　［決定］　［衒賣］　［箜篌］　［空］

遠　［香氣］　［高廣］　［強識］　［合成］　［好醜］くちやふれ　［好心］　［厚暖］　［華香］　［怯弱］　［決定］　［高妙］　［還來］　［好惡］　［高

彫　［忽然］　［牛羊］　［勤苦］　［言詞］　［嚴飾］　［在在］　［告勅］　［采女］　［最妙］　［摧滅］　［巷陌］　［講法］　［高宮］　［刻

悪道　［志意］　［侍衛］　［食］　［色像］　［志求］　［止宿］　［在在處處］　［思］　［質直］　［實相］　［志念］　［熾然］　［坐處］　［筭師］　［四

［将導］（日国「奨導」）　［小女］　［上味］　［照明］　［諸苦］　［歳］　［四衆］　［差別］　［醜］　［衆苦］　［住在］　［住所］　［慈念］　［衆

等　生縁　［精勤］　［貞實］　［稱揚］　［出］　［衆人］　［手筆］　邪慢　［首］　［指爪］　［執持］　［枝葉］　乘　［城

衣　［城邑］　［焼害］　［牀座］　［靜室］　［小車］　［稱數］　［借問］　［死屍］　［修福］　［採女］　［住所］　［執持］　［枝葉］　生長　［正

宝　［重宝］　［殊好］　［縦廣］　［車］　［衆多］　［釈然］　［思求］　［死厄］　［困厄］　［好醜］　［華香］　［清淨光明］　［淨心］　［接］　［杖棰］　［上饌］　［上

［四部］　［四部衆］　［車］　［釈迦文］　［釈然］　［思求］　［信歸］　［稱揚］　［諸苦］　［諸山］　［諸子］　［初生］　［姓］

力　［震裂］　［頭］　［水］　［衰患］　［親友］　［深奥］　［深遠］　［水腫］　［酔酒］　［水草］　［衰悩］　［水腹］　［睡眠］　身中　［新發意］　［臣民］　［盡滅］　［所欲］

［諸欲］　［侍立］　［身意］　［小女］　［上味］　［照明］　［諸苦］　［濁穢］　［諸山］　［神智］　［諸子］　［初生］　［處］　［諸鳥］　［所欲］

［說］　［刹］　［接］　［世人］　［善友］　［甄瓦］　［禪窟］　［宣語］　［賎人］　［宣護］　［宣告］　［山谷］　［善言］　［瞻察］　［漸次］　［穿鑿］　［染］　［宣

法　［利接］　［世人］　［善友］　［善軟］　［雜寶］　［相撲］　［相貌］　［淺薄］　［宣護］　［宣告］　［山谷］　［善言］　［瞻察］　［漸次］　［穿鑿］　［染］　［宣

［山林］　［山川］　［山澤］　［鮮澤］　［梅檀樹］　［喪］　［聴達］　［雑穢］　［雜寶］　［相撲］　［造立］　［叢林］　［觸］　［屬］　［千分］　［船舫］　［染欲］　［宣令

尊重　［駝］　［川流］　［前路］　［大雲］ゆ　［大火］　［大果報］　［歎］　［知識］　［治世］　［剃除］　［退］　［大水］　［大勢］　［泰然］　［退沒］　［息利］　［尊顏］　［損滅］　［蹲踞］

饒益たのしめ　[猶豫ためらい］ゆ　［ ］　［珍玩］　［通］　［通塞］　［使成］　［告喩つけさと（し）］ガウュ　［稠林］　［中路］　［長遠］　［聽許］　［頂受］　［打擲］　［度量］　［堕］　［達

智力　［珎異］　［動］　［童女］　［塔廟］　［解脱］ツミヲトキタク ケタツ　［悩なやみなす］　［毒］　［獨處］　（日国「告諭」）　［勤］　［天香］　［轉次］　［典籍］　［勅］　［稠林］　［勅

［銅器］　［動作］　［闘諍摑掣トリヒキ］トウジヤウしやせい　［貪愛］　［南無佛］　［柔和質直］　［女色］　［仁］　［仁者］　［忍受］　［人相］　［人民］　［奴僕］　［妬嫉ねたみそねむ］　［三世尊］　［三相］　［日

月　［肉髻］　［二分］　［若干］　［貪利］　［何故］　［男］　［男子］　［難事］　［耳］　［三食］　［忍受］　［人相］　［人民］　［奴僕］　［妬嫉］　［三世尊］　［三相］　［日

［野牛］やこのうし　飲食のみもの　［倍］　［量はかり］　［破］　［抜出］　［蝮はみ］　［腹立はらたち］　［半日］　［鼻］　［東南ひかしみなみ］　［悲観］　鼻

三　峰岸明「妙一記念館本仮名書き法華経における漢語訓読の態度について」の緒言で、「原漢文のある漢語は訓読され、また別の漢語は音読される。どのような漢語が訓読され、また音読されるかということは、漢文訓読の問題としてだけでなく、和訓の成立、漢字による日本語表記、漢語の受容などという、言語の面における異文化摂取の状況を考える上でも重要な問題であろうと思う」（154頁上）と説くように、妙一本と西來寺本は、この原漢文（以下、「漢訳原文」と記載する）に対する解釈作業において全文の語形を明確にしうる漢字ひらがな交り文であって、漢字表記語の右傍に字音ふりがな、左傍語釈という文章形式を用いているという三点が語彙考察を行ううえで最も注目した点である。

四　「柏谷直樹妙一本仮名書き法華経」と「足利本仮名書き法華経」の間」（埼玉短期大学研究紀要第3号）では、鎌倉時代中期〔十三世紀〕書写の妙一本における特徴を解析し、なかでも漢訳経文が仮名書き本は、春日版系統に依拠するものであるが、足利本と妙一本では相異する箇所が存在すること、この相異箇所が西來寺本では春日版と合致することが指摘されている。

この一、二、三、四の論に促され、西來寺本を妙一本と対照して考察するうえで重要な資料であることをここで再び喚起することが、今回の語彙考察の取り組みとした所以なのである。

二、語彙考察と検証結果

今回の考察は、おおよその検討をつけるに留まることから精確なデータ語数の計数値は表示しないことにした。国語辞典としては、小学館『日本国語大辞典』第二版（以下、『日国』と略す）を基軸にしたとき、五九四語が相当していて、これに角川『古語大辞典』他を適宜参照していくことにした。

『仮名書き法華経』の用例として、妙一記念館本から引用した語数は、全部で五九四語あって、次に列挙しておくと、

［愛］［阿逸多］〔あいつた〕［愛欲］［相呼］〔あひよはふ〕［明一］〔あからか〕［悪者〕［悪比丘〕［悪味〕［阿私仙〕〔あつかりしれ〕［領知〕［甘蔗〕〔あまかつら〕［闇〕［安〕［暗瞑〕［云何〕〔いかんそ〕［為作〕［一雲〕［一味〕〔イチミ〕［慈〕〔うつくしみ〕［西來寺本「うつくしみ」］［二百〕〔いちひやく〕『日国：いっぴゃく）［老朽〕〔おいくち〕［生長〕〔をいそたつ〕［惶怖〕［証惑〕［処女〕〔をとめ〕［受持〕〔うけたもち〕［童女〕〔うさきむす〕〔をはならはく〕［思惟〕〔おもひはかり〕［商估賈〕〔あきびと〕

［愛］［恵］［得難］［依求］［衛護］［衣食］［悦豫］［衣服］［老朽］［生長］［惶怖］［証惑］［処女］［受持］［蝎］〔をおはち〕〔オシハラヒ〕〔オナカごから〕〔オナゴせ〕［推排］〔うさきむす〕［異］［慮］〔おもひはからく〕［思惟］〔おもひはかり〕［園］

［怨嫌］［飲食］［怨賊］［遠離］［園林］［歌］［開示］［開化］［廻去］［嗅知］［角睞］〔おほはち〕［覚悟］［欠落］［歌嘆］［荷擔］〔うりかふ〕［渇〕

2 妙一記念館本〔識語欠（鎌倉時代中期）写〕霊友会、影印・翻字・索引・研究篇刊

3 天理図書館本〔巻三のみ鎌倉時代中期写本〕薬草喩品第五から三品。唐招提寺本版経断簡二片〈薬草喩品〉と合致（化城喩品第七の551頁から556頁に一部欠損あり。

4 京都深草瑞光寺本〔巻六・巻七のみ鎌倉時代中期写本〕2研究篇本文翻刻に収載。

5 故矢代仁兵衛旧蔵本〔鎌倉時代初期写〕現存未確認資料

6 津西來寺本〔識語欠（江戸時代中期）写〕私家本影印・勉誠出版翻字刊完本にて平安時代の訓點本である立本寺本（寛治元年（一〇八七）写、巻三・巻六欠）訓が天台宗学僧宗淵上人の手で右側に付訓

7 佼正図書館本〔刊本八帖〕〔写本八冊〕

が知られている。このうち、2の妙一本における研究が最も重要視され、多くの研究者からなる考究結果が報告されている。

このうち、今発表の語彙研究に関わる考究として、

一 小林芳規博士による「妙法蓮華経の訓読史から観た妙一記念館本仮名書き法華経」が知られ、この（五）再読文字「當」「將」の訓法のなかで「再読字が再読表現に訓読されるようになるのは、平安中期以降であるから、その古い訓法を示している」〔75頁〕と論述され、また（六）「況」字の訓法の「何況有三」は「○いかにいはんや、三あらんや」〔方便品135②、むや〕118〕、（八）応答の「唯然」の訓法は「たゞし、しかなり」〔授學品616⑤、妙626頁〕とされていて、6の西來寺本も妙一本と同様であることが既に指摘されている。

二 田島毓堂先生も「妙一記念館本仮名書き法華経における為字訓──為字和訓考の一環として──」において「為」訓分類十五を示す。この（一）「イマス」の訓例では、妙一本・足利本とが「王子といまさんときに」〔妙197頁〕・「王子といまさむときに」〔足二173行〕と共通する語表現をしているのに対して西來寺本は、「○ほとけ、王子たらんときに、国をすて、よのさかへをすてゝ、最末後の身をもて、出家し佛道成就したまはん。」〔譬喩品228④・妙197頁〕としていて西來寺本だけが異なる語表現を見せている。だが、（九）ナリ四八【是】〔133頁下〕で示す「○われつねにそれを稱して、説法人のなかにをきて、もとも第一なりとす。」〔五百品565①・妙568頁〕・「我常稱其於説法人中最為第一」〔27中〕は、妙一本と西來寺本とが「為」字訓を「なり」と共通する訓例の一つであったりする。

一、書誌情報と語彙考察の意味

漢訳『妙法蓮華経』が本邦に伝来して書写・講読・注釈されていく過程を茲に詳細に語ることはしないが、現存する法華経資料としては聖徳太子自筆『法華義疏』（六四五年成）が最も古い文献である。漢訳『妙法蓮華経』八巻の書写資料は、各時代毎に枚挙を問わない。この流れを仏教史の観点でいえば、最澄が比叡山延暦寺を建立して天台宗を開き、『妙法蓮華経』を根本経典として以来、平安朝の貴族社会では、写経成仏・女人成仏を説く法華経信仰が隆盛を迎えていく。『妙法蓮華経』は、第一「序品（じょほん）」から第二十八品「普賢菩薩勧発品（ふげんぼさつかんぼっぽん）」に及ぶ二十八品から成り、さらに、開経（《無量義経》）と結経（《勧普賢経（かんふげんきょう）》）の二経を加えた三十巻を一具として取り扱う習慣が営まれてきた。この三十巻から成る経典を書写するにあたって、周圏縁者複数の人々に成仏の「縁（えにし）」を結ばせようという配慮から、一人あたり一品一巻ずつ分担して書写する行為が営まれて行く。それを「一品経供養」「結縁経供養」と呼称する。そして、一品経供養が成る当夜は、竟宴が開かれ、歌会が催される。この席上、結縁者三十人が各々の経意を和歌に詠む。この「一品経和歌懐紙（いっぽんきょうわかかいし）」十五枚が現存し、藤原頼輔（よりすけ）、寂然（じゃくねん）、源師光（もろみつ）、寂蓮（じゃくれん）、藤原隆親（たかちか）といった平安時代後期の政治家、僧侶、歌人などの名が遺されている。西行筆「二品経和歌懐紙（いっぽんきょうわかかいし）」（薬草喩品（やくそうゆほん））（京都民芸館蔵・国宝）もその経裏懐紙の一枚である。末法思想が盛んになった平安時代末期にこの『妙法蓮華経』は、篤い信仰を集め、法華経を主題に和歌を詠むことで、その功徳に預かることを願ったのであろう。西行も薬草喩品を主題に次の二首の和歌を詠んでいる。

ふたつなく　みつなきのりの　あめなれと　いつゝのうるひ　あまねかりけり

（二つ三つあるわけでなく唯一の仏の教えだけれど、あまねく衆生にふりそそぐ）

わたつうみの　ふかきちかひに　たのみあれは　かのきしへにも　わたらさらめや

（海のように深い仏の願いに縁があれば、彼岸にわたることができるのではないか）

筆者は、漢訳『妙法蓮華経』をさらに仮名書きにしてみようとする試みに至っては、「結縁経供養」の営みが大いに関わっていたものと見る立場にある。現存する『仮名書き法華経』の文献資料は、

1　足利鑁阿寺本（ばんなじ）〔元徳二年（一三三〇）書写〕勉誠出版、影印・翻字・索引刊

（分別功徳品・如来神力品・嘱累品）を欠く

『仮名書き法華経』における語彙考察

編者略歴

萩原義雄（はぎはら・よしお）

駒澤大学総合教育研究部日本文化部門教授。
専門は国語学研究、日本古辞書の研究。
主な著書に、『西來寺蔵『仮名書き法華経』影印編』（棱伽林）、『西來寺蔵『仮名書き法華経』翻字編』（勉誠社）、『日本庭園学の源流『作庭記』における日本語研究』（勉誠出版）などがある。

西來寺蔵仮名書き法華経対照索引並びに研究
<small>せいらいじぞうかながきほけきょうたいしょうさくいんならびにけんきゅう</small>

平成26年度駒澤大学特別研究出版助成による研究成果報告
2015年3月20日　初版発行

編　者　萩原義雄
発行者　池嶋洋次
発行所　勉誠出版株式会社
　　　　〒101-0051　東京都千代田区神田神保町3-10-2
　　　　TEL：(03)5215-9021(代)　FAX：(03)5215-9025
〈出版詳細情報〉http://bensei.jp

印　刷　シナノ
製　本　若林製本工場

© HAGIHARA Yoshio 2015, Printed in Japan
ISBN978-4-585-28019-4　C3081

西來寺蔵仮名書き法華経 翻字篇

近藤良一 監修／萩原義雄 編・本体一六〇〇〇円（＋税）

妙一本系統で宗淵上人自筆による他本との校合書込みが多く散見し、妙一本にない独自の仏教語の和解が採録される完本西來寺本の全文を翻刻。

「仮名書き法華経」研究序説

野澤勝夫 著・本体一三〇〇〇円（＋税）

妙一本群とは系統を異にする「瑞光寺本」「月ガ瀬本」という二種の伝本を初めて紹介。その翻字および妙一本との異同を比較した新資料を収録。

日本庭園学の源流 『作庭記』における日本語研究 影印対照翻刻・現代語訳・語の注解

萩原義雄 著・本体一二〇〇〇円（＋税）

谷村家所蔵『作庭記』上巻・下巻二軸（昭和十三年貴重図書複製会の影印複製本）の本文を影印し、それに見合う翻刻と詳細な現代語訳・注釈を付した。

東洋文庫善本叢書 梵語千字文／胎蔵界真言

公益財団法人東洋文庫 監修／石塚晴通・小助川貞次 解題・本体二五〇〇〇円（＋税）

平安中期の片仮名・ヲコト点が附された最古写本『梵語千字文』と高山寺旧蔵本で醍醐寺の開山・理源大師聖宝の筆とされる『胎蔵界真言』を原寸原色で影印。

国宝 岩崎本 日本書紀

京都国立博物館所蔵

京都国立博物館編／石塚晴通・赤尾栄慶 解題・本体三五〇〇〇円（＋税）

双方の写本としては現在最古のものであり、日本文化史上、特に大きな意義を持つ『岩崎本 日本書紀』を全編原寸・原色で影印。フルカラー全編公開は史上初。

国宝 西大寺本 金光明最勝王経

天平宝字六年百済豊虫願経

総本山西大寺編／佐伯俊源・月本雅幸 解題・本体一〇〇〇〇〇円（＋税）

絶大な資料的価値を有する、天平写経の最優品を原寸・原色影印。高精細な製版・印刷により、流麗な筆致、詳密に付された白点・朱点を完全再現。

国宝 浄名玄論

京都国立博物館所蔵

京都国立博物館編／石塚晴通・赤尾栄慶 解題・本体一〇〇〇〇〇円（＋税）

本文は六朝時代の趣をたたえた筆致で書写され、また、各所に平安時代初期と推定される白点が施された、訓点資料として国語学上重要な資料をフルカラー全編影印。

日本語史の新視点と現代日本語

小林賢次・小林千草 編・本体一三〇〇〇円（＋税）

古代日本語から近代日本語への史的展開、近・現代日本語の形成、現代日本語文法の機能と表現、現代日本語の動態分析と対照研究という視角から捉える画期的論集。

日韓漢文訓読研究

藤本幸夫 編・本体一〇〇〇〇円（+税）

各国の言語文化における言語的・思想的展開について、日韓の最先端の研究者を集め論究、東アジアにおける漢字・漢文理解の方法と思想を探る。

近世儒学韻学と唐音
訓読の中の唐音直読の軌跡

湯沢質幸 著・本体九八〇〇円（+税）

日本独特の漢文の読み方＝「訓読」を背景として、儒学、加えて隣接分野の中国音研究＝「韻学」は、どのように「唐音」を取り扱い消化していったのかを追究。

漢文訓読と近代日本語の形成

齋藤文俊 著・本体七五〇〇円（+税）

漢文資料はもとより、蘭学・英学資料、さらには近代の日本語資料を渉猟し、漢文訓読という型のもたらした史的影響を明らかにする。

漢字字体史研究

石塚晴通 編・本体八〇〇〇円（+税）

漢字字体の歴史的・地域的変遷や諸文献中の字体異同、実用例と字書記述とを検討し、その資料的意義を体系化し、対象文献の時代比定や作成背景を探る画期的資料論。